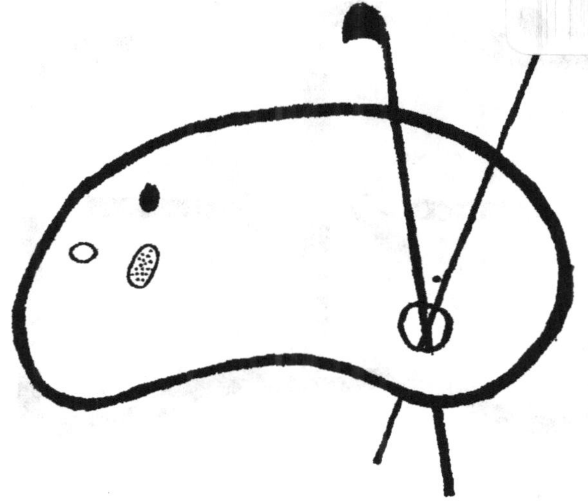

COUVERTURE SUPERIEURE ET INFERIEURE
EN COULEUR

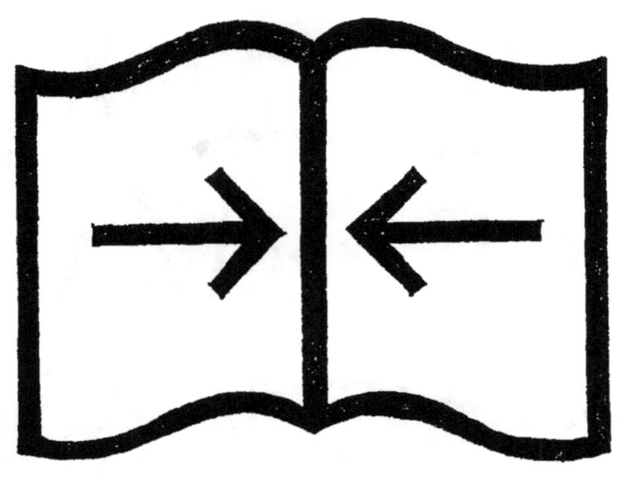

RELIURE SERRÉE
ABSENCE DE MARGES INTÉRIEURES

VALABLE POUR TOUT OU PARTIE DU DOCUMENT REPRODUIT

DICTIONNAIRE GÉNÉALOGIQUE

DES

FAMILLES CANADIENNES

DEPUIS LA FONDATION DE LA COLONIE JUSQU'A NOS JOURS

PAR

MGR CYPRIEN TANGUAY

Camérier Secret de Sa Sainteté.
Attaché du Bureau des Statistiques du Canada, Docteur-ès-Lettres de l'Université Laval,
membre de la Société Royale du Canada, membre des Sociétés historiques
de Montréal et du Missouri.

Monumentum exegi ære perennius.
Hor., Liv. III, Odes.

CINQUIÈME VOLUME

MONTRÉAL (CANADA)
EUSÈBE SENÉCAL & FILS, IMPRIMEURS-ÉDITEURS

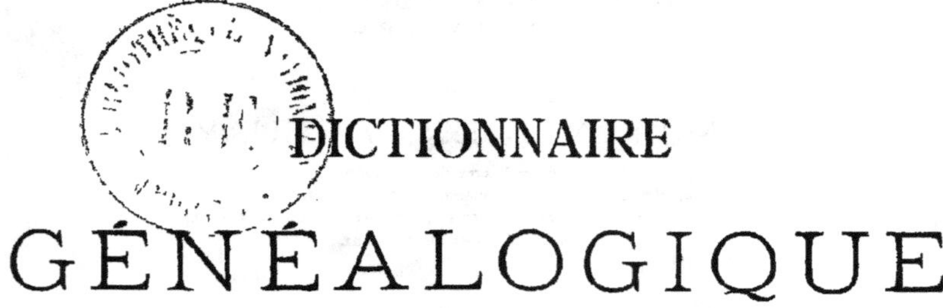

DICTIONNAIRE GÉNÉALOGIQUE

DES

FAMILLES CANADIENNES

4° Nv 138

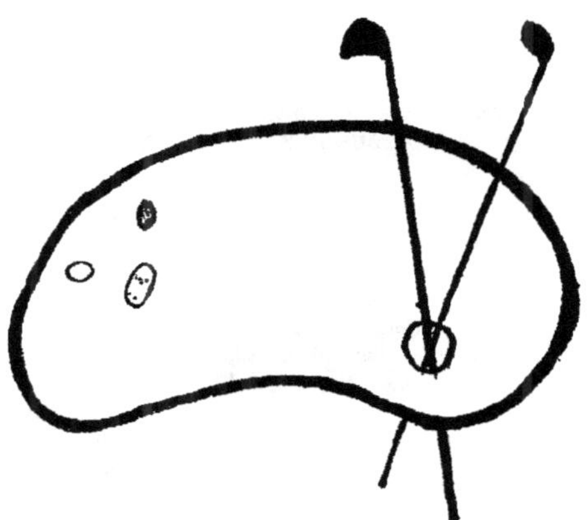

ORIGINAL EN COULEUR
NF Z 43-120-8

DICTIONNAIRE

[illegible]

DES

[illegible]

**DEPUIS LA FONDATION DE LA COLONIE
JUSQU'A NOS JOURS**

117.243

PAR

[illegible]

Camérier Secret de Sa Sainteté.
Attaché du Bureau des Statistiques du Canada, Docteur-ès-Lettres de l'Université Laval,
membre de la Société Royale du Canada, membre des Sociétés historiques
de Montréal et du Missouri.

Monumentum exegi ære perennius.
HOR., Liv. III, Odes.

CINQUIÈME VOLUME

EUSÈBE SENÉCAL & FILS, IMPRIMEURS-ÉDITEURS

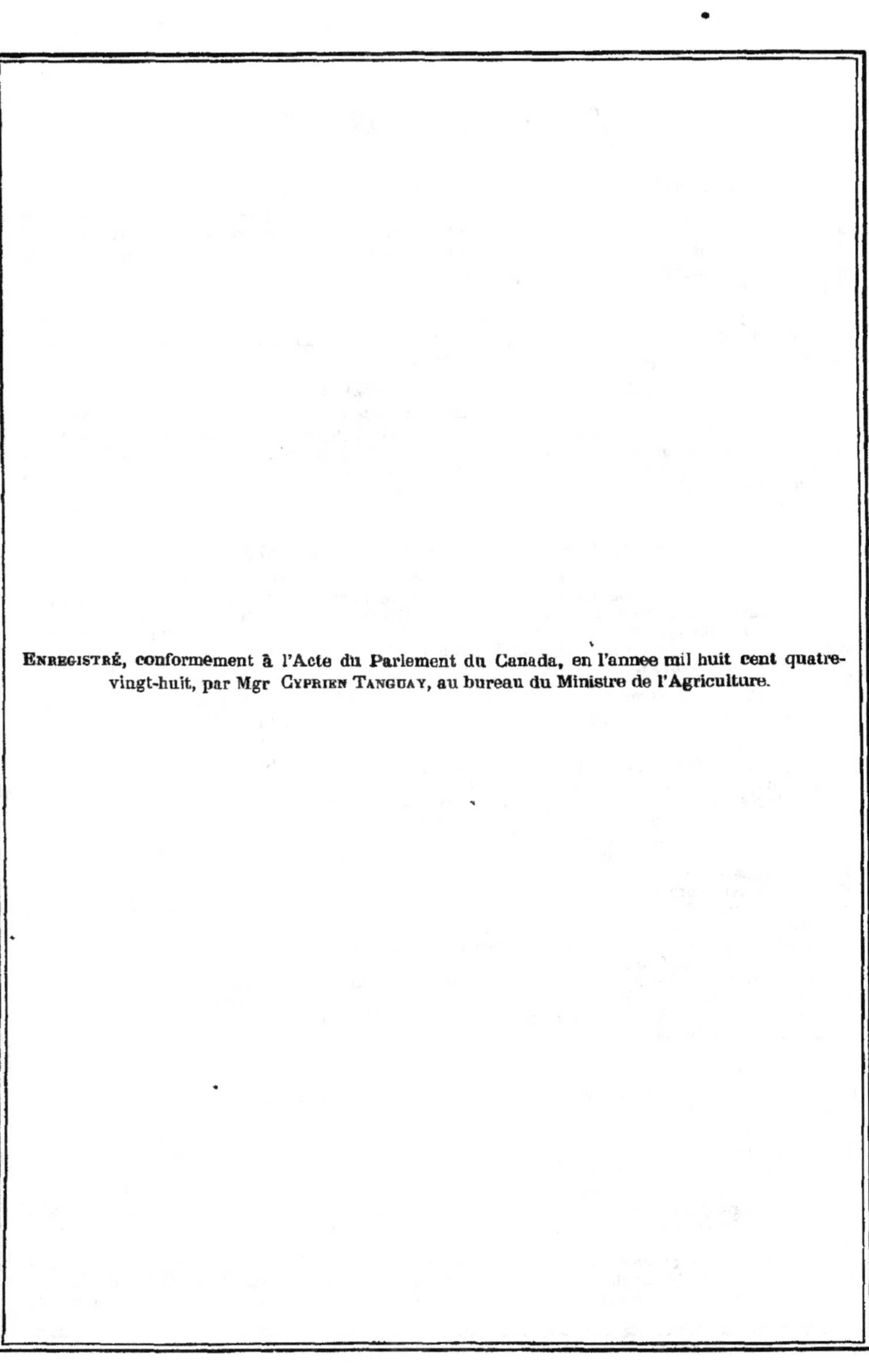

Enregistré, conformement à l'Acte du Parlement du Canada, en l'annee mil huit cent quatre-vingt-huit, par Mgr Cyprien Tanguay, au bureau du Ministre de l'Agriculture.

AVIS DES EDITEURS.

Nous sommes heureux de pouvoir enfin offrir au public le cinquième volume du *Dictionnaire généalogique des familles canadiennes*. L'apparition en a été retardée de quelques six mois par l'absence de l'auteur. Mais nous en sommes amplement dédommagés par le plaisir que nous avons aujourd'hui d'inscrire son nom, en le désignant désormais comme *Mgr Cyprien Tanguay, Camérier Secret de Sa Sainteté Léon XIII*.

Cette précieuse marque de bienveillance de Notre Saint-Père le Pape, envers un docteur de l'Université Laval, fut annoncée à Mgr Tanguay par le document suivant que nous reproduisons avec sa traduction :

PREFETTURA DEI SS. PALAZZI APOSTOLICI

DALLE STANZE AL VATICANO, LI 24 FEBBRAIO 1888.

La Santità de Nostro Signore essendosi benignamente degnata di annoverare trà Suoi Camerieri Segreti Sopranumerari, il Sacerdote D. Cipriano Tanguay dell' Archidiocesi di Ottawa nel Canada, il Sottoscretto Maggiordomo della Santità Sua si rende sollecito di porgegli l'annunzio di questo speciale tratto di Sovrana Pontificia considerazione.

SIG. D. CIPRIANO TANGUAY. L. MACCHI.

PRÉFECTURE DES SS. PALAIS APOSTOLIQUES

DE LA DEMEURE DU VATICAN, LE 24 FÉVRIER 1888.

La Saintete de Notre Saint-Père Léon XIII dans sa bonté, ayant daigné admettre au nombre de Ses Camériers Secrets Surnuméraires M. l'abbé Cyprien Tanguay, de l'archidiocèse d'Ottawa, en Canada, le soussigne majordôme de Sa Sainteté s'empresse de lui faire parvenir la nouvelle de cet acte tout spécial de consideration du Souverain Pontife.

M. CYPRIEN TANGUAY. L. MACCHI.

Le *Monde* de Montréal, en date du 5 mai 1888, rend ainsi compte du voyage pendant lequel l'auteur du *Dictionnaire généalogique* a reçu cette haute distinction du Saint-Père:

Monseigneur Tanguay, Camérier Secret de Sa Saintete Léon XIII, qui etait parti du Canada pour l'Europe, au commencement d'octobre dernier, est arrivé à Montreal ce matin, après avoir pris quelques jours de repos à Quebec. Un représentant du *Monde* a eu une entrevue aujourd'hui avec notre éminent compatriote, et nous sommes heureux d'annoncer que Mgr Tanguay nous est revenu en excellente santé et enchante de son lointain voyage.

Mgr Tanguay a commencé par faire un séjour de quelques semaines à Paris, où il a fait de nombreuses connaissances dans les cercles les plus éminents, tant civils qu'ecclésiastiques. Partout l'on y parle avec enthousiasme du Canada auquel les Français attachent un intérêt toujours de plus en plus vif. Ceux qui etaient le moins renseignés sur notre pays ne pouvaient s'empêcher, en entendant Mgr Tanguay, de s'écrier : "Quel heureux pays que le vôtre! Vous êtes le peuple le plus heureux du monde." Un comte belge entre autres ne cessait de répéter : " Si j'étais plus jeune je m'en irais vivre au Canada."

Mgr Tanguay a fait à Paris la connaissance de M. le vicomte Oscar de Poly, president du Conseil Héraldique. Ce Français distingué possède toute une bibliothèque de documents heraldiques, se rapportant à la noblesse canadienne. M. de Poly a adressé la lettre suivante à Mgr Tanguay, alors à Rome :

" Paris, 16 janvier 1888.

" Monsieur l'abbé,

" Diverses circonstances ayant retarde mon départ, je n'ai pu vous porter à Rome, comme je me l'étais propose, le diplôme que j'ai l'honneur de vous adresser.

" Le Conseil Heraldique tient à grand honneur de pouvoir compter au nombre de ses membres honoraires l'illustre auteur du monumental *Dictionnaire des familles canadiennes*, ce précieux trait d'union entre l'ancienne et la nouvelle France, etc.

" (Signe) Vicomte OSCAR DE POLY, President."

Mgr Tanguay a passé deux mois à Rome, à consulter les archives de la Propagande relativement à l'histoire ecclésiastique du Canada. Il a l'intention de publier bientôt le résultat de ses recherches.

Mgr Tanguay a obtenu plusieurs audiences du Saint-Père. Lors de la première, il se trouvait au nombre des pèlerins anglais, introduits par le duc de Norfolk. Nous avons déjà parlé de cette audience, dans nos comptes-rendus des fêtes du Jubilé. Mais il a eu le bonheur d'être admis en

audience particulière au Vatican, en compagnie du comte et de la comtesse Moroni, neveu et nièce du Pape. Cette audience dura trois quarts d'heure.

Le public sera également heureux d'apprendre que Mgr Tanguay appartient en quelque sorte à la famille de Notre Saint-Père le Pape Léon XIII. C'est pendant son séjour à Rome qu'il a assisté au mariage de son filleul, le jeune comte Michel-Cyprien Moroni, garde-noble au Vatican, avec la nièce de Léon XIII, la jeune comtesse Maria Pecci.

Pendant l'audience qu'il a eue avec ces deux illustres époux, Monseigneur a déposé aux pieds de Léon XIII son *Dictionnaire généalogique des familles canadiennes*, richement et artistiquement relié.

La supplique suivante accompagnait cette offrande :

TRÈS SAINT-PÈRE,

Prosterné aux pieds de Votre Sainteté, le soussigné a l'honneur de Lui présenter les ouvrages suivants, fruits de trente années de labeur : 1° *Dictionnaire généalogique des familles canadiennes ;* 2° *A travers les Registres ;* 3° *Notes sur Mgr DeLauberivière, cinquième évêque de Québec.*

Il est heureux de profiter du glorieux evénement du jubilé sacerdotal de Votre Saintete pour déposer à Ses pieds l'hommage du profond respect et du filial attachement qu'il Lui conservera jusqu'à son dernier jour.

Veuillez agreer. Très Saint-Père, l'expression de mes humbles hommages avec les souhaits ardents que je forme pour Votre bonheur, pour la paix et le triomphe de l'Eglise.

J'implore, en ce moment, pour moi-même et pour mes œuvres, la faveur de Votre sainte Bénediction.

De Votre Saintete le fils soumis et devoue,

CYPRIEN TANGUAY, Ptre.

Et le 26 janvier suivant, Son Eminence le cardinal Rampolla, Secrétaire d'Etat de Sa Sainteté, transmettait à Mgr Tanguay la précieuse réponse que nous reproduisons à la page VIII dans le texte original avec sa traduction :

Au cours de l'audience, Monseigneur dit à Sa Sainteté qu'il se prosternait à ses pieds avec tout le peuple canadien depuis son origine jusqu'à la generation actuelle. Le Saint-Père demanda le nom du premier Canadien qui s'etablit dans le pays. Mgr Tanguay lui apprit que ce Canadien etait Louis Hebert, qui a commence le premier à defricher le sol canadien. Le motif qui l'amena au Canada n'etait pas de faire fortune, mais de jeter les bases d'une colonie chretienne. Il etait proprietaire de presque tout le terrain qu'occupe aujourd'hui la Haute-Ville de Quebec, partie de ce terrain est actuellement la propriete de l'Universite Laval, de la Basilique de Notre-Dame et du palais du cardinal Taschereau. Monseigneur fit ici remarquer à Sa Saintete que le cardinal Taschereau descendait en ligne directe, par les femmes, de ce pionnier des Canadiens, de sorte que Son Eminence se trouve à occuper aujourd'hui l'ancienne propriete de ses ancêtres. Le Saint-Père encouragea vivement Mgr Tanguay à continuer son ouvrage. "J'aime beaucoup le peuple canadien, a ajoute le Saint-Père, je l'aime beaucoup à cause de sa foi profonde, et c'est pour le recompenser de sa foi vive que je lui ai donné un cardinal."

Là-dessus Sa Saintete demanda à Mgr Tanguay comment la nouvelle de l'élévation de Mgr Taschereau au cardinalat avait été accueillie au Canada.

" Avec une joie universelle," se hâta de repondre Monseigneur.

" Oui, reprit le Saint-Père, et non seulement parmi les catholiques, mais même parmi les protestants ; car j'ai reçu, à l'occasion de cette nomination, des lettres de felicitations de la cour même d'Angleterre."

Les journaux ont parle, il y a quelques semaines, de ce qu'ils ont appele, si nous nous rappelons bien, un pieux larcin commis au Vatican par Mgr Tanguay. Mgr Tanguay n'aurait fait ni plus ni moins que de s'approprier, par des moyens habiles, la calotte que portait Léon XIII à sa messe jubilaire, le 1er janvier. Mgr Tanguay nous a fait voir cet avant-midi cette précieuse relique, et l'on verra par le certificat suivant qui l'accompagne, que son acquisition a été parfaitement legitime sous tous les rapports :

Rome, Vatican, le 18 fevrier 1888.

Le soussigne certifie que cette calotte a été portée par le Saint-Père Leon XIII, et que ce n'est qu'en ce moment que l'adjudant de chambre de Sa Saintete me l'a fait parvenir par un domestique du Saint-Pere.

En foi de quoi, etc.

(Signe) MARCELLO MASSARENTI,
Secrétaire de l'aumônerie du Saint-Père au Vatican.

J'ajoute que j'en fis la demande au nom de Mgr Cyprien Tanguay.
Ce certificat porte le sceau du Vatican.

Mgr Tanguay a passé le jour de Noel à Lorette et a célébre la sainte messe dans la chapelle de la Santa Casa. Il a aussi fait le pèlerinage de Lourdes, et a visité à Lyon la maison-mère des religieuses de Jésus-Marie, qui dirigent le couvent de Sillery, à Quebec. Quatre religieuses canadiennes s'y trouvent actuellement.

Nous aimons à reproduire l'article suivant publié il y a quelques mois dans *La France Illustrée*, journal de Paris, pour montrer à nos compatriotes combien les Français de la vieille France savent apprécier les travaux de Mgr Tanguay :

Naguères, à Rome, assistait comme temoin au mariage du garde-noble, comte Moroni avec la jeune comtesse Maria Pecci, nièce du Pape Léon XIII, M. l'abbe Cyprien Tanguay, prêtre justement illustre du Canada.

Que ce nom tombe avec admiration et sympathie de notre plume, il ne faut point s'en étonner. Nous aimons à nous incliner devant le merite, et de plus, Canada et France ont des liens si intimes !... Ces liens, M. l'abbe Tanguay, par un travail surprenant, les a rendus et plus manifestes et plus etroits ; aussi est-ce avec un sentiment d'une joie vraiment patriotique que nous appelons l'attention de notre pays sur un ouvrage non seulement très interessant en lui-même, mais utile encore et nécessaire à beaucoup de familles.

Quand, vers le milieu du XVIe siècle, Jacques Cartier, parti de St-Malo, s'en alla reconnaître ces terres de l'Amérique du Nord qu'aucun Europeen n'avait encore saluees ; quand, un demi-siècle plus tard, Pierre du Guast, sieur des Monts, et, après lui, Samuel de Champlain jetèrent les premières bases d'une colonie française sur les rives incultes du fleuve Saint-Laurent, ils ne se doutaient pas qu'après une periode de trois cents ans, on trouverait inscrits, dans un ouvrage desormais immortel, la naissance, la vie et la mort de tous ces vaillants de race française qui, par le fer, l'epee et la charrue ont conquis leur place sur le sol fertile du Canada. Et, cependant, cela est. Tout ce qui a germe de sang français dans le Nouveau-Brunswick, la Nouvelle-Ecosse, l'Ile-du-Prince-Édouard, dans les provinces de Quebec et d'Ontario, et ce qui s'en est repandu au sud du Saint-Laurent et des grands lacs, jusque dans la Louisiane, a trouvé un historien qui en a marque la transmission par familles et par individus jusqu'à nos jours. Ainsi, aujourd'hui, les 2,000.000 d'individus de race française qui habitent le Canada et les Etats-Unis ont chacun leur genealogie complète ; les 400,000 familles, qui constituent l'ensemble de cette population, peuvent remonter jusqu'à l'origine de la Nouvelle-France, retrouver non seulement le nom du premier colon qui a fait souche pour chacune d'elle, mais encore la province, le diocèse, la paroisse de France d'où celui-ci tire son origine.

Ce qu'il a fallu de recherches incessantes et minutieuses, de patience intelligente et d'energie soutenue pour entreprendre, poursuivre et achever ce travail gigantesque qui a nom : *Dictionnaire généalogique des familles canadiennes*, M. l'abbé Tanguay pourrait seul nous le dire. Qu'il nous suffise de savoir que, pendant vingt-cinq annees, cet historien a feuillete, examine, avec un soin scrupuleux, tous les registres de toutes les paroisses canadiennes et des greffes de chaque district, qu'il a consulté plus de 500,000 actes de naissance, qu'il a recueilli, classe, compare, mis en ordre toutes ces notes puisees aux sources les plus authentiques, et en a formé ces volumes, qui sont d'un prix inestimable. Quoi de plus interessant, en effet, au point de vue de l'histoire, que de suivre cet epanouissement fecond du sang français sur le nouveau continent ! Quoi de plus utile, pour notre pays lui-même, que de connaitre le nom de ces exiles volontaires, qui s'en allaient, encourages par Henri IV, Richelieu et Colbert, porter notre influence et notre civilisation au-delà de l'Ocean ! Quoi de plus precieux que de posséder leur nom patronymique, les surnoms adoptes dans la nouvelle patrie, les variations de ces noms, puis de retrouver les lignes directes, collaterales, les dates authentiques des trois points du plus haut interêt dans la vie de chaque individu : sa naissance, son mariage et sa mort ! Au point de vue même de certaines successions, ce travail a encore une utilite incontestable, car les familles y peuvent trouver dans un tableau clair et precis les membres divers qui en font partie. Or, si l'on sait que chaque province, chaque departement de France a là-bas quelque représentant, de quel interêt n'est-ce pas pour notre pays de consulter ce *Dictionnaire généalogique !*

L'espace nous manque pour entrer dans l'examen approfondi, détaillé de cet ouvrage, pour en indiquer la classification, la methode ; ce que nous pouvons affirmer, c'est qu'on ne peut voir rien de plus simple, ni de plus ingenieux. La division en est aussi logique que possible. Elle comprend, dans une première partie, l'histoire genéalogique de toutes les familles françaises qui, de 1608 jusqu'à 1700 viennent s'etablir sur les rives du Saint-Laurent. La seconde periode s'etend depuis 1700 jusqu'à la cession du Canada à l'Angleterre par le funeste traite de Paris, 10 fevrier 1763. Enfin une troisième partie indique l'accroissement successif des familles canadiennes jusqu'à nos jours.

Il serait injuste de ne pas rendre ici un public hommage au clerge qui a ete, sur le continent americain, le fidèle gardien de notre langue, le plus zele defenseur des traditions de notre race. Sans ressources, sans secours, en butte à toutes les tribulations et à toutes les oppressions, il a soutenu le courage de nos compatriotes qui ont lutte jusqu'à epuisement et contre les hommes et contre les elements, pour maintenir fières et pures les traces de la patrie d'origine (1). Saluons,

(1) Aussi Mgr Tanguay avait-il su dedier dès l'origine son ouvrage *à l'Eglise* et *à son Pays*.

en passant, la Compagnie de Saint-Sulpice qui, à Montréal, donne depuis plus de deux siècles l'exemple de la vertu, du savoir et des plus sages traditions.

C'est à l'aide des registres tenus avec ordre et fidélité par le clergé canadien que M. l'abbé Tanguay a pu reconstituer ces annales de tout un peuple depuis son berceau jusqu'à son épanouissement complet, en nos jours.

Jamais pareille œuvre n'avait encore été réalisée, et le Canada est le seul pays au monde qui puisse exhiber ses titres et son accroissement successif par famille et par individu. Aussi rend-il un juste tribut d'hommage et de reconnaissance à celui qui a consacre sa vie toute entière à cette étude de l'histoire et de la gloire d'un peuple, et M. l'abbé Cyprien Tanguay a vu le Gouvernement lui-même reconnaître l'utilité de son *Dictionnaire généalogique* en l'invoquant comme autorité dans certaines successions et en l'admettant comme preuve juridique au même titre que les registres et les greffes qu'il coordonne et qu'il complète souvent.

Quant à nous, nous sommes heureux d'avoir eu connaissance de cet ouvrage, et beaucoup de lecteurs de la *France Illustrée* nous sauront gré de le leur avoir fait connaître, car pour plusieurs assurement ce sera un moyen de retrouver les traces d'un sang qui est le leur.

Qu'il nous soit permis, en terminant ces lignes, d'envoyer aux Canadiens-Français l'expression de notre sympathie et de notre admiration. Si, aujourd'hui, la France souffre, c'est qu'elle a oublié les sages traditions dont elle avait le vertueux secret. Quand sonnera l'heure de la regénération, elle jettera les yeux sur ce Canada qui a conserve intacts non seulement le langage, mais les mœurs simples et les vertus de la patrie d'origine. C'est là notre esperance, et nos compatriotes d'outremer pourront être fiers de rendre à la mère-patrie ce que celle-ci leur avait donné.

Ph. Devillaire.

All Illmo Signore Il Sig. Cipriano Tanguay, Professore nell' Universita di Laval, addetto al ministero di Agricoltura al Governo Federale di Ottawa, Canada.

Illmo Signore,

Sono giunte al Santo Padre coll' ossequioso foglio di V. S. Illmâ le varie opere che Ella Gli ha offerte in occasione del Suo Giubileo Sacerdotale.

Questa testimonianza di affetto è riuscita di particolare gradimento alla Santità Sua che, come è ben note, tiene in molto pregio gli studii storici, specialmente se riguardano argomensi che interressino la chiesa ed i Suori ministri. L'Augusto Pontefice pertanto, mentreloda le laboriose ricerche, di cui sono frutto siffate opere. Le perge i Suoi ringeaziamensi per la gradita offerta, e benedice dall' intimo del cuore la S. V. è le Societa di carita è del Buon Pastore del Canada.

Mi affretto a renderla di cio consapevole con sensi de distinta stima, mi è grato dichiarasme

Di V. S. Illmâ,

Affirmo per servila,

M. Card. Rampolla.

Roma 26 Gennajo 1888.

A l'illustrissime Seigneur Cyprien Tanguay, professeur à l'Universite Laval, attaché du ministère de l'Agriculture du Gouvernement Féderal du Canada, Ottawa.

Illustrissime Seigneur,

Le Saint-Père a reçu, en même temps que la lettre respectueuse de Votre Seigneurie illustrissime, les différents ouvrages que Vous Lui avez offerts à l'occasion de Son Jubilé Sacerdotal.

Ce témoignage d'affection a été particulièrement agréable à Sa Saintete qui, comme il est bien connu, attache un grand prix aux études historiques surtout lorsqu'elles portent sur des questions qui interessent l'Eglise et ses ministres. C'est pourquoi, l'Auguste Pontife, tout en louant les laborieuses recherches dont vos ouvrages sont le fruit, Vous remercie de l'offrande que Vous Lui en avez faite, et qu'Il a agréée si volontiers, et Il bénit, du fond de Son cœur, Votre Seigneurie, ainsi que les communautés de la Charite et du Bon Pasteur du Canada.

Je m'empresse donc de Vous faire part de ces choses, et je suis heureux de me souscrire, avec des sentiments de profonde estime,

de Votre Seigneurie Illustrissime,

le très dévoué serviteur,

M. Card. Rampolla.

Rome, 26 janvier 1888.

DICTIONNAIRE

GÉNÉALOGIQUE

DES

FAMILLES CANADIENNES

J

JOACHIM.—*Surnoms :* LAVERDURE—RIENDEAU.

—

1679, (11 nov.) Trois-Rivières.

I.—JOACHIM (1), BERNARD, b 1649.

PEPIN, Marguerite, [GUILLAUME I. b 1662.

Lucas, b 31 oct. 1683, à Boucherville[3]; m 28 sept. 1705, à Marie-Anne ROUGEAU, à Varennes.[4] —*Marguerite*, b[3] 1er avril 1689; 1° m[3] 1er février 1711, à Joseph MAILLOT; 2° m[3] 27 nov. 1741, à Jean PAQUET.—*Marie-Jeanne*, b[3] 12 sept. 1691; m[3] 26 nov. 1714, à Joseph JARED; s[3] 23 avril 1724.—*Geneviève*, b[3] 14 mars 1694; m[3] 15 mai 1730, à Pierre MORIN.—*Marie-Joseph*, b[3] 18 mars 1696; s[3] 5 juillet 1719.—*François*, b[3] 23 juillet 1700; 1° m[4] 17 juillet 1724, à Angelique BREILLARD-AMBRIA; 2° m[3] 23 février 1751, à Marie-Antoinette JUSSEREAU-ST-AMANT.

—

1705, (28 sept) Varennes.[5]

II.—JOACHIM (2), LUCAS, [BERNARD I. b 1683.

ROUGEAU (3), Marie-Anne, [JEAN I. b 1687.

Marie-Anne, b... m 20 oct. 1738, à Jean-Baptiste MORIN, à Boucherville.[6]—*Pierre*, b[5] 18 avril et s[5] 2 nov. 1714.—*Pierre*, b[6] 13 mars 1718; m[6] 26 oct. 1746, à Michelle CHAUVIN.—*Gilles*, b[6] 26 août 1726; m[6] 7 oct. 1748, à Marie-Louise BOYER.—*Madeleine*, b 13 avril 1730, à Lachenaye.

(1) Dit Laverdure; voy. vol. I, p. 323.
(2) Dit Laverdure.
(3) Dit Berger.

1724, (17 juillet) Varennes.[7]

II.—JOACHIM (1), FRANÇOIS, [BERNARD I. b 1700.

1° BREILLARD-AMBRIA, Angélique, [AMABLE I. b 1706.

François, b[7] 17 février 1724; m 19 mai 1750, à Geneviève-Françoise TRUNET, à Boucherville.[8] —*Louis*, b 1725; m à Marie CHARBONNEAU.—*Paul*, b 1728; 1° m 5 nov. 1753, à Marie-Amable JUSSEREAU-ST-AMANT, à Montréal; 2° m[7] 15 nov. 1756, à Marie-Joseph DESJARDINS.—*Charles*, b 1730; m[7] 9 janvier 1758, à Amable POUTRÉ-LAVIGNE.—*Marie-Joseph*, b... m[7] 11 avril 1763, à Pierre LETOURNEUR.

1751, (23 février).[8]

2° JUSSEREAU (2), Marie-Antoinette, [JOSEPH II. b 1728.

—

1746, (26 oct.) Boucherville.

III.—JOACHIM, PIERRE, [LUCAS II. b 1718.

CHAUVIN, Michelle, [JEAN I. b 1703; veuve de Nicolas Petit.

—

1748, (7 oct.) Boucherville.[9]

III.—JOACHIM, GILLES, [LUCAS II. b 1726.

BOYER, Marie-Louise, [JACQUES II. b 1727.

Félicité, b... m[9] 22 juillet 1771, à Louis LERICHE.

(1) Dit Laverdure.
(2) Dit St-Amant.

III.—JOACHIM, Louis, [François II.
b 1725.
Charbonneau, Marie, [Pierre III.
b 1726.
Amable, b... m 2 juin 1766, à Marie-Joseph Hayet, à Varennes.

1750, (19 mai) Boucherville.
III.—JOACHIM, François, [François II.
b 1724.
Trunet (1), Geneviève-Françoise, [Etienne I.
b 1725.

1753, (5 nov.) Montréal.
III.—JOACHIM (2), Paul, [François II.
b 1728.
1° Jussereau (3), Marie-Amable, [Joseph II.
b 1735.
1756, (15 nov.) Varennes.
2° Desjardins (4), Marie-Joseph, [Pierre III.
b 1728.

1758, (9 janvier) Varennes.
III.—JOACHIM, Charles, [François II.
b 1730.
Poutré-Lavigne, Amable, [Jacques III.
b 1732.

1766, (2 juin) Varennes.
IV.—JOACHIM, Amable. [Louis III.
Hayet, Marie-Joseph, [Louis II.
b 1742.

JOANNE.—*Variations et surnom:* De Joannes — Joannes — Jouan — Jouanne — Jouin — Sanschagrin.

1670, (17 sept.) Ste-Famille, I. O.[3]
I.—JOANNE (5), Jean,
b 1647.
Grimbaut, Anne,
b 1645.
Jean, b[3] 6 juin 1673; s 20 sept. 1747, au Sault-au-Recollet.—*Martin*, b[3] 16 oct. 1675.—*Marc*, b[3] 20 mars 1678; 1° m 31 janvier 1699, à Thérèse Poisson, à St-Jean, I. O.; 2° m 1709, à Marie-Anne Plante; s 22 juillet 1723, à St-Laurent, I. O.[4]—*Charles*, b[4] 20 juillet 1680.—*Pierre*, b[4] 16 et s[4] 20 mars 1684.—*Anne*, b[4] 6 janvier 1686; 1° m[4] 18 oct. 1701, à Charles Manseau; 2° m[4] 24 nov. 1710, à Pierre Roberge-Lacroix.

1699, (31 janvier) St-Jean, I. O.[5]
II.—JOANNE, Marc, [Jean I.
b 1678; s 22 juillet 1723, à St-Laurent, I. O.[6]
1° Poisson, Therèse, [Martin I.
b 1679; s[6] 27 nov. 1705.
Marc, b[5] 20 oct. 1700; s[5] 12 mars 1703.—*Jean-Baptiste*, b[6] 1er nov. 1702; s[6] 25 février 1703.—*Charles*, b[6] 5 mars et s[6] 7 juin 1704.

(1) Dit Francœur.
(2) Dit Laverdure.
(3) Et Huchereau dit St-Amant.
(4) Dit Charbonnier.
(5) Voy. vol. I, p. 322.

1709.
2° Plante, Marie-Anne, [Georges II.
b 1689.
Marguerite, b[6] 22 sept. 1710; m 30 sept. 1734, à Joseph Fournier, à St-Thomas[7]; s[7] 2 juillet 1756.—*Marie-Anne*, b... m[6] 18 nov. 1726, à Jean Audet.—*Marie-Thérèse*, b[6] 14 juin 1713; m[6] 13 nov. 1730, à André Pouliot.—*Marie*, b[6] 20 février 1716; m 5 nov. 1740, à Pierre Bélanger, à Québec; s 18 février 1785, à Lachenaye.—*Geneviève*, b[6] 12 nov. 1717; s[6] 20 déc. 1733.—*Cécile*, b[6] 6 oct. 1720; m[6] 6 nov. 1741, à Pierre Chabot; s 17 déc. 1748, à Beaumont.—*Marie-Madeleine*, b[6] 19 nov. 1722; s[6] 12 sept. 1733.

1708, (24 sept.) Contrecœur.
II.—JOANNE (1), Nicolas. [Charles I (2).
Coderre (3), Marguerite, [Antoine I.
b 1679.
Marguerite, b 5 mars 1710, à Repentigny.[1]—*Marie-Thérèse*, b[1] 30 sept. 1712.—*Marie-Charlotte*, b 1714; m à Pierre Beignet.

1713, (5 oct.) Trois-Rivières.[3]
I.—JOANNE (4), François-Augustin, fils de Balthazar (lieutenant-colonel du régiment de la Ferté) et de Catherine Mortier, de St-Roch, Paris.
Fafard (5), Françoise, [Jean-Bte II.
b 1692; s[3] 22 août 1763.
François-Charles, b[3] 14 et s[3] 18 avril 1715.—*Marie-Suzanne*, b[3] 4 et s[3] 6 janvier 1717.—*Anonyme*, b[3] et s[3] 23 juillet 1718.—*Joseph*, b[3] 2 et s[3] 10 déc. 1719.—*Louis-Antoine*, b[3] 27 juin et s[3] 6 juillet 1723.—*Françoise-Madeleine*, b[3] 22 août 1724; s[3] 27 juillet 1727.—*François-Charles*, b[3] 22 sept. 1725.—*Alexis* (6), b[3] 16 février 1727; s[3] 13 avril 1730.—*Françoise-Louise*, b[3] 9 mars 1728; s[3] 30 avril 1730.—*Marie-Anne*, b[3] 15 dec. 1729.—*Jean-Maurice* (7), b[3] 19 nov. 1732; s[3] 21 mai 1733.—*Pierre*, b[3] 1er et s[3] 25 nov. 1733.—*Louis-Joseph*, b[3] 16 sept. 1735.—*Jacques*, b[3] 26 avril 1738.

1730.
I.—JOANNE, Jacques.
Riou, Marie-Anne, [Nicolas II.
b 1712.
Marie-Louise, b... m 4 avril 1758, à Melchior Buisson, à St-Charles.

I.—JOANNE (8), Antoine,
Acadien.
Boudreau, Marguerite,
Acadienne.
Joseph, b 6 oct. et s 1er déc. 1757, à Québec.

(1) Et Jouane.
(2) Voy. vol. I, p. 322.
(3) Emery.
(4) Baron de Joannes; chevalier et lieutenant d'une compagnie.
(5) Dit Laframboise.
(6) De Chacorlaque.
(7) Filleul du gouverneur DeBeaucour.
(8) Et Joannes.

1761, (9 fevrier) Batiscan. [4]
I.—JOANNE (1), ANTOINE.
DUBORD, Geneviève, [JOSEPH-DOMINIQUE II.
b 1727; veuve de Charles Dutaut.
Françoise, b [4] 3 déc. 1761.—*Amable* et *Antoine*, b [4] 17 juin 1764.

JOANNES.—Voy. JOANNE.

JOANNET.—Voy. ROUANGE.

JOANNIS.—Voy. LAVALLETTE.

JOANNIS, ...
CARTIER (2), Marie-Anne.
Marie-Claire, b et s 28 oct. 1747, à la Longue-Pointe. [4] —*Archange*, b et s 26 août 1753, à Longueuil.—*Martin*, b [4] et s [4] 21 juin 1758.

JOARY.—Voy. DESNOYERS—LAJEUNESSE.

JOBARD.—Voy. JOUBERT.

1760, (4 février) Montréal.
I.—JOBERT (3), JEAN-BTE, b 1733; fils de Joseph (chirurgien) et de Louise Barthélemy, de St-Martin, diocèse de Langres, Champagne.
LARCHEVÊQUE, Charlotte, [JACQUES IV.
b 1742.

JOBET.—*Variation :* DOBÉ.

1742, (20 mai) Trois-Rivières. [4]
I.—JOBET (4), PIERRE, fils de Pierre et de Gabrielle Serpeau, de Terrée, diocèse de La-Rochelle, Aunis.
CORDIER, Marie-Catherine, [JACQUES I.
b 1717.
Paul, b [4] 26 et s [4] 28 mars 1743. — *Pierre*, b [4] 29 nov. 1744.—*Jacques*, b [4] 1er juin 1747.

JOBIDON (5).

1655, (3 nov.) Québec.
I.—JOBIDON (6), LOUIS,
b 1625.
DELIGNY, Marie,
b 1640.
Louis, b 1662; m 20 nov. 1690, à Marie-Anne BOUCHARD, à L'Ange-Gardien; s 8 août 1742, au Château-Richer.

1690, (20 nov.) L'Ange-Gardien. [3]
II.—JOBIDON (7), LOUIS, [LOUIS I.
b 1662; s 8 août 1742, au Château-Richer. [4]
BOUCHARD, Anne, [CLAUDE I.
b 1670; s [4] 8 avril 1731.
Marie-Anne, b [4] 13 et s [4] 22 déc. 1691.—*Julien*, b [4] 10 janvier 1693; m [4] 7 fevrier 1718, à Anne NAVERS; s [4] 18 juillet 1771.— *Louis*, b [4] 31 mars 1695; s [4] 9 mai 1696.— *Louis*, b [4] 1er avril 1697; m [4] 25 oct. 1717, à Anne TOUPIN; s [4] 21 déc. 1727.—*Marie-Madeleine*, b [4] 21 avril 1699; 1° m [4] 23 sept. 1715, à Charles BÉLANGER; 2° m [3] 6 avril 1728, à Jean-Baptiste LECLERC; s 24 avril 1758, à Lotbinière.

1717, (25 oct.) Château-Richer. [4]
III.—JOBIDON, LOUIS, [LOUIS II.
b 1697; s [4] 21 dec. 1727.
TOUPIN (1), Anne, [ANTOINE II.
b 1695.
Anne, b [4] 14 oct. 1718; m [4] 30 mai 1740, à Joseph COTÉ.—*Marie-Louise*, b [4] 5 janvier 1721; m [4] 7 avril 1739, à Jean-Baptiste GAGNON.— *Louis*, b [4] 27 oct. 1722; m [4] 28 sept. 1750, à Angélique NADEAU.—*Catherine*, b [4] 6 mars 1725; m [4] 3 avril 1742, à Joseph VÉSINA. — *François*, b [4] 21 avril 1727.

1718, (7 février) Château-Richer. [4]
III.—JOBIDON (2), JULIEN, [LOUIS II.
b 1693; s [4] 18 juillet 1771.
NAVERS, Anne, [JEAN-BTE I.
b 1699; s [4] 2 avril 1764.
Marie-Elisabeth, b [4] 2 avril 1720; m [4] 11 février 1737, à Charles MICHEL.

1750, (28 sept.) Château-Richer. [8]
IV.—JOBIDON, LOUIS, [LOUIS III.
b 1722.
NADEAU, Angélique. [JOSEPH III.
Julien, b [8] 20 fevrier 1752. — *François*, b [8] 6 mars 1754. — *Angélique*, b [8] 17 mars 1755; m [8] 16 fevrier 1778, à Pierre-Jean-Baptiste JACQUES. — *Marie-Louise*, b 18 avril 1757, à L'Ange-Gardien. [9] —*Geneviève*, b [8] 15 février 1762. — *Louis*, b [9] 21 sept. 1764. — *François*, b [8] 9 nov. 1769.— *Jean-Marie*, b [8] 8 et s [8] 30 nov. 1772.

JOBIN.— *Variations et surnoms :* JOLIN — JOUBIN.—BOISVERD.—LAFLEUR.

I.—JOBIN (3), FRANÇOISE, b... m 1653, à .... LAJEUNESSE.

1658.
I.—JOBIN (4), PIERRE.
RENOS, Jeanne.
Jean, b 1661; m 2 mai 1694, à Françoise RENAUD, aux Grondines [4]; s [4] 21 mars 1737.

I.—JOBIN (5), CHARLES,
b 1620; s 26 nov. 1705, à Charlesbourg. [8]
1° GIRARD, Madeleine,
b 1640; s 11 avril 1675, à Québec. [9]

(1) Et Joannes dit Sanschagrin, sergent de la compagnie de Lanaudière.

(2) Dit Larose.

(3) Chirurgien de la flûte du roy "La Marie."

(4) Et Dobé.

(5) Ce nom s'est formé du nom de baptême *Job* et du nom de famille *Bidon*.

(6) Pour Bidon; voy. vol. I, pp. 50-51.

(7) Pour Bidon; voy. vol. I, p. 51.

(1) Elle épouse, le 14 juin 1729, Jacques Giroux, au Chateau-Richer.

(2) Et Bidon.

(3) Aucune autre information; voy. vol. I. p. 339.

(4) Et Joubin dit Boisverd; voy. vol. I, p. 322.

(5) Arrivé au Canada avec sa femme et quatre enfants; voy. vol. I, pp. 322-323.

Jean, b 1658, à Paris [7]; s [8] 26 sept 1677.—*Charles*, b [7] 1661. — *Marie-Madeleine*, b [7] 1664; m 3 nov. 1683, à François FAFARD, à Champlain. [6]—*Catherine*, b [7] 1666; m [6] 22 avril 1686, à Michel LEMAY. —*Jacques*, b [9] 8 déc. 1669; m [8] 23 nov. 1694, à Adrienne BOURBEAU. — *Marie-Thérèse*, b [9] 7 mai 1672; m [8] 5 fevrier 1691, à Jean ROY-AUDY.

1677, (16 février). [9]

2° ROUSSEAU, Marie, fille de François et de Catherine Ecolière, de N.-D. de Fontenay, diocèse de LaRochelle, Aunis.

Toussaint-Charles, b [9] 17 dec. 1677; s [9] 15 mars 1678. — *René-Louis*, b [9] 11 janvier 1679; m [8] 24 juillet 1702, à Jeanne ROSE. — *Catherine*, b [9] 25 et s [9] 31 mars 1682.—*Françoise-Madeleine*, b [9] 19 mars 1683; m [8] 29 oct. 1709, à Pierre SASSEVILLE.—*François*, b 1684; m 7 janvier 1711, à Suzanne JOUSSET, à Montréal. — *Henri*, b [9] 25 juillet 1686; s [8] 18 nov. 1688.—*Marie-Madeleine*, b [8] 8 mars 1689; m à François BOUDEAU; s 29 juin 1725, à St-Antoine-Tilly.—*Jean-Charles*, b [8] 28 juillet 1695; m [8] 10 janvier 1718, à Elisabeth CHORET; s [8] 30 avril 1758.

1694, (2 mai) Grondines. [5]

II.—JOBIN (1), JEAN, [PIERRE I.
b 1661; s [5] 21 mars 1737.

RENAUD, Frse-Elisabeth, [PIERRE-ANDRÉ I.
b 1675.

Françoise, b [5] 7 juin 1694.—*Jean-Baptiste*, b [5] 29 janvier 1696; m 29 juillet 1733, à Marguerite CHEVALIER, à Quebec. [6] — *François*, b [5] 10 mars 1698; m [5] 22 janvier 1731, à Françoise LESCUYER; s 26 sept. 1733, à Ste-Anne-de-la-Perade. [7] — *Joseph*, b 1702; m [5] 7 nov. 1729, à Marie-Joseph LESCUYER; s [7] 14 avril 1734. — *Alexis*, b [5] 8 juillet 1704; m [6] 30 sept. 1734, à Charlotte HAMELIN; s [5] 20 janvier 1774.—*Marie*, b [5] 22 fevrier 1707; s [5] 9 sept. 1729.—*Marie-Joseph*, b [5] 3 janvier 1710; m [5] 23 janvier 1731, à François RICARD.— *Marie-Françoise*, b 2 juillet 1713, à Deschambault; m [5] 9 nov. 1739, à Bonaventure SAUVAGEAU; s [5] 13 fevrier 1742. — *Charles*, b [7] 7 juin 1716; m [5] 15 avril 1749, à Marie-Anne RIPAU.

1694, (23 nov.) Charlesbourg. [3]

II.—JOBIN (2), JACQUES, [CHARLES I.
b 1669.

BOURBEAU, Adrienne, [SIMON I.
b 1677; s [3] 15 déc. 1746.

Jacques-Charles, b [3] 11 dec. 1695; m [3] 13 avril 1722, à Marguerite LEFRANÇOIS; s [3] 23 avril 1759. —*Marie-Marguerite*, b [3] 25 mai 1704; m 1725, à Jean-François RASSET; s 5 dec. 1736, à St-Augustin. — *Jacques-Jean*, b 1706; m [3] 26 janvier 1728, à Madeleine BLONDEAU.—*Jean-Charles*, b [3] 10 sept. 1708; m [3] 3 nov. 1735, à Marie-Joseph GLINEL. — *Marie-Thérèse*, b... 1° m [3] 22 janvier 1731, à Jean-Baptiste PAGEOT; 2° m [3] 20 mai 1746, à Charles RATEL.—*Pierre*, b [3] 26 oct. 1715; 1° m 11 fevrier 1743, à Marie-Jeanne PIQUET, à Lorette [4]; 2° m [3] 6 oct. 1749, à Marie-Madeleine TRUDEL. — *Joseph*, b [3] 13 janvier 1718; m [3] 31 juillet 1747, à Marie-Charlotte BERTHIAUME. — *Louis*, b [3] 8 mai 1720; m à Angélique TRUDEL. —*Charles-François*, b [3] 21 mai 1723; m [3] 14 avril 1749, à Marguerite LABERGE.

(1) Et Joubin dit Boisverd; voy. vol. I, p. 322.

(2) Voy. vol. I, p. 323.

1702, (24 juillet) Charlesbourg. [6]

II.—JOBIN (1), RENÉ-LOUIS, [CHARLES I.
b 1679.

ROSE, Marie-Jeanne, [NOEL I.
b 1685; s [6] 20 mai 1756.

Charles-François, b [6] 21 janvier et s [6] 3 février 1705.—*Louis-François*, b [6] 7 et s [6] 10 avril 1706. —*Jean-Charles*, b [6] 10 août et s [6] 26 oct. 1708.— *Pierre*, b [6] 16 janvier et s [6] 5 mars 1710. — *Jacques-Charles*, b [6] 21 sept. 1711; 1° m 23 mai 1735, à Geneviève POULIN, à Ste-Anne; 2° m [6] 26 oct. 1761, à Marguerite RENAULT. — *Louis-Joseph*, b [6] 17 mars 1714; m 1739, à Marie-Anne RENAULT. — *Pierre*, b [6] 3 sept. 1716. — *Pierre-François*, b [6] 9 avril 1719; 1° m [6] 8 janvier 1742, à Marie-Anne CLICHE; 2° m [6] 28 juillet 1755, à Marie-Joseph VIVIER.—*Louis-Joseph*, b [6] 13 nov. 1721; s [6] 6 mars 1722.— *Louise-Geneviève*, b [6] 2 mars 1723; s [6] 8 oct. 1759.—*François*, b... 1° m [6] 22 oct. 1742, à Marie-Joseph HENNE-LEPIRE; 2° m [6] 13 juin 1746, à Marie-Barbe PHILIPPE.

1711, (7 janvier) Montréal. [3]

II.—JOBIN, FRANÇOIS, [CHARLES I.
b 1684; forgeron.

JOUSSET, Suzanne, [PIERRE I.
b 1690.

Pierre-Joseph, b [3] 4 oct. 1711; s [3] 28 janvier 1713.—*Elisabeth*, b [3] 22 janvier 1713; m [3] 7 janvier 1740, à Jean-Baptiste GUYARD.—*Marie-Madeleine*, b 16 mars 1714, à St-François, I. J. — *Louis-François*, b [3] 23 juillet 1719; m 20 août 1753, à Marie-Anne PEPIN, à Verchères.—*Marie-Madeleine*, b [3] 28 et s [3] 30 juin 1721. — *Marie-Suzanne*, b [3] 3 juillet 1722.—*Madeleine*, b [3] 5 et s [3] 27 nov. 1723.—*Madeleine*, b 1724; s [3] 14 janvier 1733.—*Pierre*, b [3] 20 août 1725.—*François-Marie*, b [3] 19 avril 1728. — *Marie-Anne*, b [3] 2 et s [3] 3 juin 1730.

1718, (10 janvier) Charlesbourg. [1]

II.—JOBIN, JEAN-CHARLES, [CHARLES I.
b 1695; s [1] 30 avril 1758.

CHORET, Elisabeth, [PIERRE II.
b 1700.

Marie-Françoise, b [1] 31 janvier et s [1] 8 février 1720.— *Marie-Charlotte*, b [1] 3 nov. 1721; s [1] 24 janvier 1722. — *Marie-Charlotte*, b [1] 9 et s [1] 12 janvier 1723.—*Marie-Thérèse*, b [1] 4 juillet 1724; m [1] 7 oct. 1743, à Charles AUCLAIR. — *Jean-François*, b [1] 26 juin et s [1] 1er août 1726. — *Jean-Charles*, b [1] 11 déc. 1727; m [1] 12 juin 1747, à Felicite-Jeanne POULIN. — *Charles-Joseph*, b [1] 19 mars et s [1] 24 mai 1730. — *Pierre*, b [1] 29 août 1732; m [1] 15 nov. 1756, à Marie-Joseph LEFEBVRE. — *Marie-Thérèse*, b [1] 15 et s [1] 24 sept. 1734.— *Marguerite*, b [1] 27 juillet 1736; m [1] 17 avril 1758, à Louis PARÉ.—*Louis-Joseph*, b [1] 8 et s [1] 16 oct. 1738.—*Charles*, b [1] 29 mai 1740; s [1] 13 août 1749.—*Marie-Anne*, b [1] 11 nov. 1742; s [1] 2 juin 1743.—*Catherine*, b [1] 28 juin 1744; m [1] 22 août 1763, à Jean-Baptiste PAQUET.

(1) Et Jolin.

1722, (13 avril) Charlesbourg.[2]

III.—JOBIN, JACQUES-CHARLES, [JACQUES II.
b 1695; s[2] 23 avril 1759.
LEFRANÇOIS, Madeleine, [NICOLAS II.
b 1703; s[2] 24 mars 1761.
Jacques-Charles, b[2] 7 sept. 1723; m 14 avril 1749, à Dorothée COUTURE, à St-Pierre, I. O.—*Marguerite*, b[2] 2 juin 1725; m[2] 10 juillet 1741, à Jean-Baptiste PARADIS. — *Charles*, b[2] 12 mars et s[2] 18 nov. 1727. — *Marie-Thérèse*, b[2] 8 sept. 1728; s[2] 22 août 1729. — *Madeleine*, b[2] 27 oct. 1730; m à François BEDARD.—*Pierre*, b[2] 12 mars et s[2] 13 oct. 1733. — *Marie-Joseph*, b[2] 18 fevrier 1735; m[2] 20 août 1753, à Charles BEDARD.—*Françoise*, b[2] 11 janvier 1737; m[2] 8 nov. 1762, à François BLONDEAU. — *Pierre*, b[2] 6 août 1738. —*Elisabeth*, b[2] 2 juillet 1740; m[2] 17 janvier 1763, à Joseph-François VILLENEUVE. — *Joseph*, b[2] 17 fevrier et s[2] 28 juin 1743. — *Marie-Thérèse*, b[2] 5 nov. 1744; m[2] 8 nov. 1762, à Jacques LEFEBVRE.

1728, (26 janvier) Charlesbourg.[6]

III.—JOBIN, JACQUES-JEAN, [JACQUES II.
b 1706.
BLONDEAU, Madeleine, [THOMAS II.
b 1710.
Marie-Louise, b[6] 3 avril 1730; s[6] 13 avril 1749.—*Jean-Baptiste*, b[6] 27 oct. 1733; m 14 oct. 1754, à Marie-Agathe COUTURE, à St-Pierre, I. O. —*Marie-Anne*, b[6] 13 déc. 1735; s[6] 11 avril 1749. — *Marie-Thérèse*, b[6] 26 avril 1738; s[6] 5 avril 1749.—*Marie-Marguerite*, b[6] 4 juin 1740; m[6] 16 nov. 1761, à Pierre PAGEOT. — *Elisabeth-Geneviève*, b[6] 21 juin 1742.—*Joseph*, b[6] 30 mai 1746; s[6] 26 mai 1747.

1729, (7 nov.) Grondines.[4]

III.—JOBIN (1), JOSEPH, [JEAN II.
b 1702; s 14 avril 1734, à Ste-Anne-de-la-Pérade.
LESCUYER (2), Marie-Joseph, [ANTOINE II.
b 1705.
Marie-Joseph, b[4] 3 oct. 1730; s 30 janvier 1744, à St-Jean-Deschaillons.

1731, (22 janvier) Grondines.[6]

III.—JOBIN (3), FRANÇOIS, [JEAN II.
b 1698; s 26 sept. 1733, à Ste-Anne-de-la-Pérade.[7]
LESCUYER (4), Françoise, [ANTOINE II.
b 1703.
Marie-Françoise, b[7] 21 avril 1732; m[7] 8 nov. 1751, à Michel RICARD. — *Marie-Anne*, b[6] 18 janvier et s[6] 12 oct. 1733. — *Marie-Anne*, b[7] oct. et s[7] 19 déc. 1733. — *Marie-Marguerite*, b[6] 3 juin 1734.

(1) Et Joubin dit Boisverd.

(2) Elle épouse, le 25 avril 1735, Pierre Limousin-Beaufort, à St-Pierre-les-Becquets.

(3) Dit Boisverd. Il était, à Ste-Anne-de-la-Pérade, le 9 déc. 1728.

(4) Elle epouse, le 6 février 1736, Pierre Ricard, à Ste-Anne-de-la-Perade.

1733, (29 juillet) Québec.

III.—JOBIN, JEAN-BTE, [JEAN II.
b 1696.
CHEVALIER, Marguerite, [ETIENNE II.
b 1713.

1734, (30 sept.) Québec.

III.—JOBIN (1), ALEXIS, [JEAN II (2).
b 1704; s 20 janvier 1774, aux Grondines.[3]
HAMELIN, Charlotte, [FRANÇOIS I.
b 1716.
Alexis, b[3] 21 août 1735; m à Elisabeth GERMAIN. — *Thérèse*, b[3] 2 juin 1737; m 20 juillet 1767, à Basile BARIL, à Ste-Anne-de-la-Pérade[4]; s[4] 3 juin 1774. — *Deux anonymes*, b[3] et s[3] 10 déc. 1738. — *Marie-Françoise*, b[3] 14 mars 1742; m[3] 8 janvier 1762, à Louis TROTIER.—*François-Marie*, b[3] 17 janvier 1744; m[4] 10 janvier 1774, à Marie-Anne DUMAY. — *Jean-Baptiste*, b[3] 6 février 1746; m[3] 8 fevrier 1773, à Marie-Joseph GUILLET.—*Joseph-Marie*, b[3] 2 avril 1747.—*Eustache*, b[4] 2 oct. 1748; m à Marie-Joseph ST-MICHEL.—*Charles*, b[3] 5 nov. 1750.—*Marie-Joseph*, b[3] 17 sept. 1751. — *Augustin*, b[3] 6 juillet 1754; m[4] 11 avril 1774, à Marie-Anne GASTINEAU.—*Marie-Louise*, b[3] 20 janvier 1756. — *Abraham*, b[3] 13 sept. 1758; s[3] 22 nov. 1759. — *Abraham*, b[3] 5 avril 1761.

1735, (23 mai) Ste-Anne.[5]

III.—JOBIN, JACQUES-CHS, [RENÉ-LOUIS II.
b 1711.
1° POULIN, Geneviève, [JEAN-BTE III.
b 1720; s 10 mars 1758, à Charlesbourg.[6]
Marie-Madeleine, b[6] 6 mai 1736; s[6] 3 février 1759.—*Marie-Charlotte*, b[6] 16 nov. 1738; m[6] 7 fevrier 1763, à Charles-Joseph DUPUIS.— *Marie-Françoise*, b[6] 16 juin 1741.—*Charles*, b[5] 10 février et s[5] 25 mars 1744.—*Jacques-Charles*, b[6] 1er juin 1745.—*Jean-Baptiste*, b[6] 16 avril et s[6] 7 juillet 1748.—*Charles-François*, b[6] 11 avril 1751. —*Marie-Louise*, b[6] 15 fevrier 1754.

1761, (26 oct.)[6]

2° RENAULT, Marguerite, [PIERRE II.
b 1714; veuve de Louis-Michel Pepin.

1735, (3 nov.) Charlesbourg.[5]

III.—JOBIN, JEAN-CHARLES, [JACQUES II.
b 1708.
GLINEL, Marie-Joseph, [PIERRE II.
b 1714.
Pierre-Charles, b[5] 11 avril 1737; m[5] 11 avril 1763, à Marie-Charlotte BEAUMONT. — *Marie-Agathe*, b[5] 1er août 1739; m[5] 14 avril 1760, à Charles BEAUMONT.—*Marie-Marguerite*, b[5] 6 juin 1741. — *Marie-Joseph*, b[5] 9 mars 1743. — *Marie-Louise*, b[5] 22 janvier 1745.—*Louis-Joseph*, b[5] 2 avril 1746; s[5] 23 août 1747. — *Jacques-Charles*, b[5] 23 oct. 1747.—*Jean-Baptiste*, b[5] 6 juin 1751. — *Pierre-Louis*, b[5] 5 février 1754.—*Marie-Charlotte*, b[5] 1er oct. 1756; s[5] 28 sept. 1758.

(1) Dit Boisverd.

(2) Et non pas Guillaume, voy. Boisverd, vol. II, p. 335.

1739.

III.—JOBIN, Ls-Joseph, [René-Louis II.
b 1714.

Renault, Marie-Anne. [Joseph II.

Marie-Joseph, b 21 mars 1740, à Charlesbourg.[5] —*Louis-Joseph*, b [5] 9 avril et s [5] 2 juillet 1742.—*Marie-Marguerite*, b [5] 11 mai 1743; m à Jacques Martin. — *Anonyme*, b [5] et s [5] 12 avril 1745.—*Marie-Françoise*, b [5] 17 juin 1746; s [5] 27 août 1747.— *Marie-Madeleine*, b [5] 19 janvier et s [5] 18 mars 1748.—*Marie-Charlotte*, b [5] 17 janvier 1749. — *Marie-Madeleine*, b [5] 23 août 1750. — *Louis-André*, b [5] 23 avril 1752; m 21 oct. 1777, à Elisabeth Dion, à Québec. — *Marie-Anne*, b [5] 17 mars 1754; s [5] 27 mars 1756. — *Charles-Joseph*, b [5] 12 mai et s [5] 3 juin 1756.—*Marie*, b 1758; s [5] 7 mai 1759.—*Marie-Charlotte*, b [5] 19 juin 1760.

1742, (8 janvier) Charlesbourg. [4]

III.—JOBIN, Pierre-Frs, [René-Louis II.
b 1719.

1° Cliche, Marie-Anne, [Vincent II.
b 1723; s [4] 30 dec. 1754.

Pierre, b [4] 16 avril 1743. — *Marie-Anne*, b [4] 6 mai 1744; s [4] 2 janvier 1746. — *Joseph*, b [4] 15 juin 1745.—*Ignace*, b [4] 23 nov. 1746; s [4] 8 juillet 1747. — *Charles-François*, b [4] 23 nov. 1746. — *Marie-Agathe*, b [4] 11 mars 1748.—*Jacques-Charles*, b [4] 19 août 1749. — *Marie-Joseph*, b [4] 5 janvier 1751.— *Louis-François*, b [4] 11 mars 1752; s [4] 13 mars 1754. — *Jean-Charles*, b [4] 14 août 1753; s [4] 13 mai 1754.—*Marie-Agnès*, b [4] 25 oct. 1754; s [4] 3 fevrier 1755.

1755, (28 juillet). [4]

2° Vivier, Marie-Joseph, [Pierre II.
b 1719.

1742, (22 oct.) Charlesbourg. [8]

III.—JOBIN, François. [René-Louis II.

1° Hennel-Lepire, Marie-Joseph, [Jacques II.
b 1717; veuve de Jean Lauze; s [8] 23 avril 1744.

François, b [8] 6 oct. 1743.

1746, (13 juin). [8]

2° Philippe, Marie-Barbe, [Jacques III.
b 1720.

Jacques-Philippe, b [8] 28 sept. 1748. — *Jean-François*, b [8] 16 oct. 1750. — *Joseph*, b [8] 30 mai 1753.

1743, (11 février) Lorette. [2]

III.—JOBIN, Pierre, [Jacques II.
b 1715.

1° Piquet, Marie-Jeanne, [Joseph I.
b 1720; s [2] 10 juin 1748.

Pierre, b 1er juin 1744, à St-Augustin[3]; s [2] 27 nov. 1759.—*Marie-Anne*, b... m [2] 12 nov. 1764, à Joseph Marois.

1749, (6 oct.) [2]

2° Trudel, Marie-Madeleine. [Alexandre III.

Marie-Madeleine, b [2] 4 août et s [2] 15 sept. 1750. —*Jean-Baptiste*, b [2] 27 sept. 1751. — *Louis*, b [2] 4 juillet 1753.—*Marie-Madeleine*, b [2] 30 juillet 1755. — *Marie-Angélique*, b [2] 14 mai 1757. — *Joseph-Marie*, b [2] 8 sept. 1760. — *Pierre*, b [2] 1er sept. 1762; m [3] 6 février 1792, à Madeleine Rochon. —*Jacques*, b [2] 8 oct. 1764; m [3] 30 juillet 1792, à Marie-Louise Villeneuve.

1747, (12 juin) Charlesbourg. [5]

III.—JOBIN, Jean-Charles, [Jean-Charles II.
b 1727.

Poulin Felicité-Jeanne, [Jean-Bte III.
b 1732.

Catherine, b [5] 15 juillet 1748; m 3 février 1777, à François Fortin, à St-Joseph, Beauce[6]; s [6] 3 février 1778. — *Marie-Joseph*, b... m [6] 27 janvier 1766, à Pierre Rodrigue. — *Jean-Charles*, b [5] 20 mai 1752; s [5] 1er avril 1753. — *Jean-Baptiste*, b [5] 25 déc. 1753. — *Jean-Charles*, b 1754; s 22 mai 1755, à Quebec.[9] —*François*, b [9] 15 nov. 1755.— *Jean-Martin*, b [9] 25 sept. 1757; s [9] 11 janvier 1758.—*Marie-Charlotte*, b [9] 18 janvier 1759; s [6] 16 juin 1766.—*Marie-Louise*, b [6] 15 avril 1761.— *Félicité*, b [6] 20 mai 1764. — *Louis*, b [6] 23 oct. 1768; s [6] 21 mars 1772. — *Jean-Paul*, b [6] 2 juin 1770.—*Marie-Geneviève*, b [6] 27 sept. 1772.

1747, (31 juillet) Charlesbourg. [4]

III.—JOBIN, Joseph, [Jacques II.
b 1718.

Berthiaume, Marie-Charlotte, [Jean I.
b 1726.

Joseph, b [4] 25 mai 1749; s [4] 14 déc. 1752.— *Marie-Charlotte*, b [4] 3 fevrier et s [4] 25 août 1751. —*Marie-Joseph*, b [4] 16 mai 1753.—*Marie-Marguerite*, b [4] 12 mars 1755; s [4] 2 nov. 1758. — *Marie-Ursule*, b [4] 8 juin 1763.

1749, (14 avril) St-Pierre, I. O.

IV.—JOBIN, Jacques-Chs, [Jacques-Chs III.
b 1723.

Couture, Marie-Dorothée, [Joseph III.
b 1729.

Geneviève, b 22 avril 1751, à Charlesbourg.[5]— *Marie-Dorothée*, b [5] 19 oct. 1753; s [5] 10 sept. 1759.—*Pierre-François*, b [5] 3 avril 1759. — *Brigitte*, b [5] 29 juillet 1761. — *Marie-Joseph*, b [5] 25 juillet 1763.

1749, (14 avril) Charlesbourg. [8]

III.—JOBIN, Charles-Frs, [Jacques II.
b 1723.

Laberge (1), Marguerite, [Guillaume III.
b 1730.

Jacques, b [8] 11 juin 1750; s [8] 27 janvier 1751. —*Jacques-Charles*, b [8] 8 août 1751; s [8] 11 avril 1755. — *François*, b [8] 27 nov. 1753; s [8] 27 mars 1760.—*Pierre*, b [8] 7 avril 1756.

1749, (15 avril) Grondines. [9]

III.—JOBIN (2), Charles, [Jean II.
b 1716.

Ripau, Marie-Anne, [Jacques II.
s [9] 13 fevrier 1751.

---

(1) Elle epouse, le 18 fevrier 1760, Joseph Bedard, à Charlesbourg.

(2) Marié sous le nom de Boisverd.

III.—JOBIN, Louis, [Jacques II.
b 1720.
Trudel, Angélique,
b 1732; s 27 avril 1792, à St-Augustin.[5]
Louis, b[5] 7 février 1755; m[5] 12 janvier 1795, à Marie-Joseph Raté.—*Thérèse*, b[5] 11 mai 1762; m[5] 2 août 1784, à François Masson. — *Nicolas*, b... m[5] 16 nov. 1789, à Angélique Ouvrard.—*Marie-Anne*, b... m[5] 2 fevrier 1795, à Ambroise Ouvrard.

JOBIN, Joseph.
Beaulieu, Elisabeth.
Joseph, b 1751; s 27 oct. 1759, à Charlesbourg.

1753, (20 août) Verchères.
III.—JOBIN, Louis-Frs, [François II.
b 1719.
Pepin, Marie-Anne. [Michel III.
Joseph, b... m 23 fevrier 1784, à Marguerite-Dorothee Levry, au Detroit.

1754, (14 oct.) St-Pierre, I. O.
IV.—JOBIN, Jean-Bte, [Jacques-Jean III.
b 1733.
Couture, Marie-Agathe, [Joseph III.
b 1734.
Geneviève, b 15 janvier 1758, à Charlesbourg.[8] — *Jean-Baptiste*, b[8] 2 déc. 1762.

1756, (15 nov.) Charlesbourg.[8]
III.—JOBIN, Pierre, [Jean-Charles II.
b 1732.
Lefebvre, Marie-Joseph, [Claude III.
b 1734.
Jean-Baptiste, b[8] 3 déc. 1758; s[8] 28 juin 1759. —*Jean-Baptiste*, b[8] 16 août 1760.—*Marie-Joseph*, b[8] 25 mars 1762.—*Pierre*, b[8] 25 juillet 1763.

JOBIN, Pierre.
Liénard, Charlotte.
Marie-Angélique, b... m 18 juillet 1797, à Jean-Baptiste Moisan, à Quebec.

I.—JOBIN (1), Guillaume.

JOBIN, Pierre.
Couture, Marie-Thècle.
Marie-Thècle, b 14 janv. 1763, à Charlesbourg.

1763, (11 avril) Charlesbourg.
IV.—JOBIN, Pierre-Chs, [Jean-Charles III.
b 1737.
Beaumont, Marie-Charlotte, [Pierre II.
b 1741.

IV.—JOBIN (2), Alexis, [Alexis III.
b 1735.
Germain, Elisabeth,
b 1739; s 12 sept. 1789, aux Grondines.
Raphael, b... m 19 janvier 1790, à Marie-Joseph Langlois, à Batiscan.

(1) Dit Lafleur; sergent au régiment de Berry (11 février 1759, à Charlesbourg.)

(2) Dit Boisverd.

JOBIN, Pierre.
St-George, Marie-Louise.
Jean-Baptiste, b 11 sept. 1767, à Repentigny.

1773, (8 février) Grondines.
IV.—JOBIN (1), Jean-Bte, [Alexis III.
b 1746.
Guillet, Marie-Joseph. [Antoine.

1774, (10 janvier) Ste-Anne-de-la-Pérade.
IV.—JOBIN (1), François-Marie, [Alexis III.
b 1744.
Dumay (2), Marie-Anne, [Jean-Frs III.
b 1751.

1774, (11 avril) Ste-Anne-de-la-Pérade.[1]
IV.—JOBIN (1), Augustin, [Alexis III.
b 1754.
Gastineau, Marie-Anne, [Louis-Joseph III.
b 1753.
Louis-Augustin, b[1] 23 avril 1775; s[1] 8 juillet 1776.—*Joseph-Marie-Louis*, b[1] 24 oct. 1776.—*Marie-Anne-Marguerite*, b[1] 31 oct. 1778.—*Louis-Augustin*, b[1] 30 oct. 1780.

IV.—JOBIN (1), Eustache, [Alexis III.
b 1748.
St-Michel, Marie-Joseph.
Marie-Anne-Bibianne, b 1er déc. 1775, aux Grondines[2]; s[2] 12 janvier 1776.—*Pierre-Eustache*, b[2] 13 avril 1779.

JOBIN (1), Jean-Bte.
Lécuyer, Marie-Joseph.
Jean-Baptiste, b 22 fevrier 1775, aux Grondines.[3]—*Marie-Joseph*, b[3] 26 sept. 1776.—*Augustin*, b[3] 25 janvier 1780.—*Geneviève*, b 8 mars 1785, à St-Cuthbert.[4] — *Marie-Anne*, b[4] 29 nov. 1788.

1777, (21 oct.) Québec.
IV.—JOBIN, Louis-André, [Louis-Joseph III.
b 1752.
Dion, Elisabeth, [Joseph III.
b 1744.

JOBIN, Jacques.
Alain, Marie-Madeleine.
Marie-Joseph, b 12 mai 1781, à Ste-Foye.

JOBIN, Louis.
Trudel, Therèse.
Louis, b 9 juillet 1781, à St-Augustin.[5] — *Joseph*, b[5] 13 oct. 1782.—*Marguerite*, b[5] 7 nov. 1786; s[5] 4 janvier 1791.—*Thérèse*, b[5] 25 janvier 1790.—*Louis*, b[5] 13 sept. 1794.

1784, (23 février) Détroit.
IV.—JOBIN, Joseph. [Louis-François III.
Levry, Marguerite-Dorothée, [Martin.
b 1767.

(1) Dit Boisverd.

(2) Et Demers.

1789, (16 nov.) St-Augustin. [6]

IV.—JOBIN, NICOLAS. [LOUIS III.
OUVRARD, Angélique, [JOSEPH-ANTOINE III.
b 1749.
Thérèse, b [6] 25 janvier 1791.—*Nicolas,* b [6] 21 janvier 1793.—*Marie-Joseph,* b [6] 23 déc. 1794.

1790, (19 janvier) Batiscan.

V.—JOBIN (1), RAPHAEL. [ALEXIS IV.
LANGLOIS, Marie-Joseph, [JEAN V.
b 1776.

1792, (6 février) St-Augustin. [7]

IV.—JOBIN, PIERRE, [PIERRE III.
b 1762.
ROCHON, Madeleine. [JOSEPH.
Joseph, b [7] 19 nov. 1795.

1792, (30 juillet) St-Augustin.

IV.—JOBIN, JACQUES, [PIERRE III.
b 1764.
VILLENEUVE, Marie-Louise. [FRANÇOIS.

1795, (12 janvier) St-Augustin.

IV.—JOBIN, LOUIS, [LOUIS III.
b 1755.
RATÉ, Marie-Joseph. [JOSEPH-GASPARD IV.

I.—JOCTEAU, JULIEN.
JAMOT, Jeanne.
François, b... m 15 oct. 1708, à Marie FAUCON-LAFOND, à la Pte-aux-Trembles, M. [7]; s [7] 23 oct. 1708.

1708, (15 oct.) Pte-aux-Trembles, M. [8]

II.—JOCTEAU, FRANÇOIS, [JULIEN I.
s [8] 23 oct. 1708.
FAUCON-LAFOND, Marie,
b 1644; veuve de Guillaume Chartier.

JODOIN.—Voy. JODOUIN.

JODOUIN.—*Variations :* GEODOIN—GEODOUIN—JAUDOIN—JAUDOUIN—JODOIN.

JODOUIN (2), MARIE-CLAIRE, épouse de François RANCOUR.

JODOUIN (2), MARGUERITE, épouse de Louis MAJOR.

1666, (22 mars) Montréal. [5]

I.—JODOUIN (3), CLAUDE,
b 1636.
THOMAS (4), Anne,
b 1646.
Claude, b [3] 31 janvier 1667; 1° m 31 janvier 1695, à Marguerite DESRY, à la Pte-aux-Trembles, Q.; 2° m à Marie-Madeleine VAUCLIN; 3° m 18 oct. 1706, à Louise LOCAT, au Château-Richer; s 20 mai 1735, à Sorel. [4]— *Marie-Rose,* b [4] 6 janvier 1671; m 1er sept. 1688, à Michel JEAN-MONEAU, à Boucherville [5]; s [5] 24 déc. 1721.—*Thomas,* b [5] 24 mars 1673.—*Barbe,* b [5] 17 février 1677.—*Jacques,* b [5] 8 mai 1682; m 4 nov. 1709, à Marie-Jeanne REGUINDEAU, à Varennes.—*André,* b [5] 17 juillet 1684; m 11 oct. 1712, à Louise SÉDILOT, à Ste-Foye.—*Louise,* b [5] 4 juin 1687; 1° m 30 juin 1705, à Gabriel TESTARD-FORVILLE, à St-François, I. J.; 2° m [5] 16 août 1723, à Jean TOURNOIS; s [5] 27 déc. 1724.

(1) Dit Boisverd.
(2) Et Jodoin.
(3) Et Jodoin; voy. vol. I, p. 323.
(4) Elle épouse, en 1691, Pierre Godambert-Desjardins.

1695, (31 janvier) Pte-aux-Trembles, Q.

II.—JODOUIN (1), CLAUDE, [CLAUDE I.
b 1667; s 20 mai 1735, à Sorel. [1]
1° DESRY (2), Marguerite, [JACQUES I.
b 1675.
Marguerite, b 1699; m 2 déc. 1730, à Jean MATHIEU, à Montréal.—*Louis,* b 1701; m 6 avril 1728, à Ursule DENEVERS, à Champlain [2]; s [2] 23 avril 1733.—*Jean-Baptiste,* b... m 1736, à Thérèse BOISVERD.
2° VAUCLIN, Madeleine.
François, b 1705; m 30 oct. 1731, à Marie-Joseph LEMERLE, à Ste-Geneviève.

1706, (18 oct.) Château-Richer.

3° LOCAT, Louise, [PIERRE I.
b 1686.
Charles, b 13 déc. 1709, à Québec [3]; m 1er juillet 1741, à Marie-Thérèse BARIBAUT, à Ste-Anne-de-la-Perade [4]; s [4] 18 janvier 1767.—*Marie,* b [3] 15 mars 1712.—*Marie-Joseph,* b 29 sept. 1715, à Deschambault. [5]—*Joseph,* b [5] 14 mai 1717.—*Marie-Louise,* b... m 4 février 1743, à Jean-Baptiste CADIEU, à Varennes.—*Angélique,* b... m [1] 23 nov. 1744, à Pierre BERGERON.—*Marie-Françoise,* b [1] 16 juillet 1727; m à Jean-Baptiste BABRIAUT.

1709, (4 nov.) Varennes. [8]

II.—JODOUIN, JACQUES, [CLAUDE I.
b 1682.
REGUINDEAU, Marie-Jeanne, [JOACHIM I.
b 1675; veuve de Nicolas Petit.
Marie-Jeanne, b [8] 27 juillet 1710; m 1730, à Jean-Baptiste HÉBERT.—*Jacques,* b [8] 13 sept. 1712; m [8] 25 oct. 1740, à Charlotte GIRARD.—*Jacques-Charles,* b... m [8] 3 mai 1739, à Marie-Gabrielle MONGEAU.—*André,* b... m [8] 21 nov. 1740, à Elisabeth HÉBERT.—*Charles,* b... m 1740, à Marie GAUTIER.—*Jean-Baptiste,* b... m [8] 21 janvier 1743, à Françoise PREVOST.

1712, (11 oct.) Ste-Foye. [1]

II.—JODOUIN (3), ANDRÉ, [CLAUDE I.
b 1684.
SÉDILOT, Louise, [JEAN II.
b 1693.
André, b [1] 29 juillet 1714.—*Marie-Louise,* b 1715; m 18 sept. 1730, à Jean-Baptiste AUGER, à Montréal [2]; s [2] 14 janvier 1745.—*Marie-Thérèse,* b [2] 2 août 1720.—*Joseph,* b 1723; 1° m 12 janvier

(1) Et Jodoin; voy. vol. I, p. 323.
(2) Dit Larose.
(3) Et Jodoin—Geodoin.

1748, à Suzanne HARDOUIN, à St-Laurent, M.[3]; 2° m[8] 9 février 1756, à Marie-Louise MARTIN.—*Marie-Joseph*, b 20 sept. 1724, à la Pte-aux-Trembles, M.; s[2] 19 janvier 1738.—*Thérèse*, b 9 mars 1725, à la Longue-Pointe.—*Françoise*, b 1728; m[2] 7 fevrier 1746, à Joseph LAMY.—*Pierre*, b[2] 22 avril et s[2] 24 août 1729.

1728, (6 avril) Champlain.[4]

III.—JODOUIN (1), LOUIS, [CLAUDE II. b 1701; s[4] 23 avril 1733.
DENEVERS (2), Ursule. [FRANÇOIS III.
Jean-Baptiste, b[4] 14 janvier 1729.—*Joseph*, b[4] 22 sept. 1731.

1731, (30 oct.) Ste-Geneviève.[4]

III.—JODOUIN (1), FRANÇOIS, [CLAUDE II. b 1705.
LEMERLE (3), Marie-Joseph, [JEAN III. b 1708.
Joseph, b 29 mars 1732, à Champlain.[5]—*Etienne*, b[5] 31 mars et s[5] 17 juillet 1734.—*Anonyme*, b[5] et s[5] 11 dec. 1735.—*Marie-Thérèse*, b[4] 27 avril 1738; m 1763, à Joseph BAUCHÉ.

1736.

III.—JODOUIN (4), JEAN-BTE. [CLAUDE II.
BOISVERD, Thérèse.
Joseph, b 1737; m 27 nov. 1758, à Agathe CHAUVIN, aux Trois-Rivières.

1739, (3 mai) Varennes.[7]

III.—JODOUIN, JACQUES-CHARLES. [JACQUES II.
MONGEAU, Marie-Gabrielle, [GABRIEL III. b 1718.
Marie-Anne, b... m[7] 7 sept. 1761, à Gaspard MONPETIT.—*Marguerite*, b... m[7] 3 oct. 1763, à François CHEVRIER.—*Marie-Joseph*, b... m[7] 10 février 1766, à François ROCH.

1740.

III.—JODOUIN (1), CHARLES. [JACQUES II.
GAUTIER, Marie.
Marie-Anne, b... m 18 nov. 1766, à Simon ROCH, à Varennes.

1740, (25 oct.) Varennes.[8]

III.—JODOUIN, JACQUES, [JACQUES II. b 1712.
GIRARD, Charlotte, [JACQUES II. b 1714.
Jacques, b 1741; 1° m[8] 30 sept. 1765, à Charlotte CADIEU; 2° m[8] 1er février 1768, à Thérèse PATENOTE. — *Marie-Claire*, b... m[8] 10 février 1766, à Alexandre ROBERT.—*Joseph*, b 1743; m[8] 2 mars 1767, à Angelique DELPÉE-PARISEAU.—*Marie-Joseph*, b... m[8] 17 février 1772, à Gabriel MESSIER.

(1) Et Jodoin.
(2) Elle epouse, le 7 janvier 1734, André Content, à Champlain.
(3) Dit Semiot.
(4) Et Jaudoin.

1740, (21 nov.) Varennes.[9]

III.—JODOUIN, ANDRÉ. [JACQUES II.
HÉBERT, Elisabeth, [AUGUSTIN III. b 1724.
Isabelle, b... m[9] 12 janvier 1761, à Jacques BRUNEL.—*André*, b 1741; m[9] 26 juin 1770, à Anne PREVOST.—*Marie-Archange*, b... m[9] 7 janvier 1771, à Jean-Marie MARTIN.

1741, (1er juillet) Ste-Anne-de-la-Pérade.[1]

III.—JODOUIN, CHARLES, [CLAUDE II. b 1709; s[1] 18 janvier 1767.
BARIBAUT, Marie-Therèse, [JEAN II. b 1717.
Marie-Thérèse, b[1] 28 sept. et s[1] 7 oct. 1741.—*Charles*, b[1] 2 sept. 1742.—*Jean-Charles*, b[1] 11 avril 1745.

1743, (21 janvier) Varennes.[8]

III.—JODOUIN (1), JEAN-BTE. [JACQUES II.
PREVOST, Françoise, [PIERRE II. b 1721.
Marie-Anne, b... m[2] 12 janvier 1767, à Jacques ROUGEAU.

1748, (12 janvier) St-Laurent, M.[3]

III.—JODOUIN, JOSEPH, [ANDRÉ II. b 1723.
1° HARDOUIN, Suzanne, [PIERRE-CHARLES II. b 1731; s[3] 4 dec. 1754.
1756, (9 février).[3]
2° MARTIN (2), Marie-Louise, [JEAN-BTE II. b 1729.
Joseph, b 21 mars 1759, à Lachine.

1758, (27 nov.) Trois-Rivières.

IV.—JODOUIN (3), JOSEPH, [JEAN-BTE III. b 1737.
CHAUVIN, Agathe, [JOSEPH III. b 1737.

1765, (30 sept.) Varennes.[4]

IV.—JODOUIN (1), JACQUES, [JACQUES III. b 1741.
1° CADIEU, Charlotte, [FRANÇOIS IV. b 1744.
1768, (1er février).[4]
2° PATENOTE, Therèse. [TOUSSAINT III.

1767, (2 mars) Varennes.

IV.—JODOUIN (1), JOSEPH, [JACQUES III. b 1743.
DELPEE-PARISEAU, Angélique, [JOSEPH III. b 1746.

1770, (26 juin) Varennes.

IV.—JODOUIN (1), ANDRÉ, [ANDRÉ III. b 1741.
PREVOST, Anne, [RENÉ II. b 1740.

(1) Et Jodoin.
(2) Dit Ladouceur.
(3) Et Jaudoin.

JOFFRION.—*Variation et surnom :* GEOFFRION—JEOFFRION—ST-JEAN.

1698, (17 avril) Varennes. [8]

II.—JOFFRION (1), JEAN, [PIERRE I.
b 1671.
1° MILOT (2), Catherine, [JACQUES I.
b 1665; veuve de Jacques Mongeau; s [8] 10 oct. 1708.
Catherine, b [8] 16 nov. 1698; m à Pierre TAILLEFER.—*Marie-Marguerite,* b [8] 25 sept. 1701; m [8] 22 sept. 1721, à Pierre MASSON.—*Jean-Baptiste,* b [8] 26 sept. 1703; m à Marie GRANDPIERRE.—*Joseph,* b 1705; s 20 avril 1719, à la Pte-aux-Trembles, M.—*Claude,* b [8] 13 sept. et s [8] 12 oct. 1706.—*Joseph,* b [8] 18 mars 1708; m [8] 6 avril 1728, à Marie-Anne LAROCQ.
1709, (19 mars). [8]
2° LEFRANÇOIS, Marie. [PIERRE I.
Marie-Charlotte, b [8] 13 août 1709; s [8] 13 oct. 1712.—*Claude,* b [8] 20 et s [8] 24 avril 1711.—*Anonyme,* b [8] et s [8] 9 nov. 1713.

III.—JOFFRION, JEAN-BTE, [JEAN II.
b 1703.
GRANDPIERRE, Marie.
Gabriel, b... m 24 juillet 1741, à Anne-Marguerite FONTAINE, à Varennes.

1728, (6 avril) Varennes. [9]

III.—JOFFRION, JOSEPH, [JEAN II.
b 1708.
LAROCQ, Marie-Anne. [JEAN I.
Marie, b... m [9] 18 oct. 1746, à Claude LAFOND.

1741, (24 juillet) Varennes. [4]

IV.—JOFFRION (3), GABRIEL. [JEAN-BTE III.
FONTAINE (4), Anne-Marguerite, [PIERRE II.
b 1701; veuve de Louis Tetreau.
Marguerite, b... m [4] 26 janvier 1761, à André SUPERNON.—*Pierre,* b... m [4] 7 nov. 1768, à Marie HÉBERT.—*Gabriel,* b... m [4] 13 janvier 1772, à Madeleine DELPÉE-PARISEAU.

1768, (7 nov.) Varennes.

V.—JOFFRION (5), PIERRE. [GABRIEL IV.
HÉBERT, Marie. [GABRIEL III.

1772, (13 janvier) Varennes.

V.—JOFFRION, GABRIEL. [GABRIEL IV.
DELPÉE-PARISEAU, Madeleine, [GABRIEL III.
b 1752.

JOFLARE.—Voy. JOUFFARD, 1743.

I.—JOHNSON, DANIEL,
de Dublin.
CREDISON, Elisabeth.
Marie-Catherine, b 4 oct. 1756, à Québec.

(1) Voy. vol. I, p. 323.
(2) Dit Laval.
(3) Dit St-Jean.
(4) Dit Bienvenu.
(5) Et Jeoffrion.

I.—JOHNSON, JEAN,
Irlandais.
BOUCHER, Madeleine.
Marie, née 26 juin 1767; b 30 juin 1771, à St-Cuthbert. [4]—*Jacques,* né 8 juin 1769; b [4] 30 juin 1771.

I.—JOHNSON, JEAN,
maître d'école.
LAURENT (1), Marie-Catherine, [CHARLES III.
b 1760; s 2 juillet 1798, à Québec.

JOIGNIER.—*Surnom :* LAFRANCE.

1712, (21 nov.) Québec. [4]

I.—JOIGNIER (2), JACQUES, b 1678; fils de Jacques et de Marie LeBlond, de Ste-Catherine, Orléans; s [4] 24 dec. 1750.
ALARY, Marie-Louise, [RENÉ I.
b 1686; s [4] 18 juillet 1754.
Louise, b [4] 11 fevrier 1714; m [4] 25 nov. 1749, à Michel LAPORTE.—*Joseph,* b [4] 24 sept. 1716.—*Geneviève,* b [4] 23 fevrier 1720; s [4] 25 avril 1751.—*Marie-Ursule,* b [4] 19 août 1723; m [4] 11 oct. 1745, à Pierre CAMUSAT.—*Etienne,* b [4] 5 et s [4] 6 mai 1728.

JOING.—Voy. GOUIN—JUIN.

JOINVILLE.—Voy. BALAN—FAFARD—LACOMBE.

JOLI.—Voy. JOLY.

1713, (28 février) Montréal. [4]

I.—JOLIBERT (3), SIMON.
LEPAGE, Marguerite, [JACQUES I.
b 1692.
Jean-Simon, b [4] 21 fevrier 1714.—*Jean-Baptiste,* b [4] 21 juillet 1715.—*François,* b [4] 17 août 1717.—*Angélique,* b... m 25 juillet 1746, à François RACINE, au Détroit.

JOLIBOIS.—Voy. AVES—AYMOND—CALMET—CAQUEREL—DHYERRE—GAUTRAY—JACKSON—LAMARQUE—ODELIN—POMIER—VILLEMONT—VIMONT.

JOLICŒUR.—Voy. AMAND—BERNARD—BOUCHARD—BOYER—BRUNEAU—CASSELET—CHAMPOUX—CHAPELLE—CŒUR—CONTREMINE—CORRÈGE—COULEAU—COURAGE—DENEAU—DEVAU—DENIORD—DUBOIS—DUPUIS—FOREST—GAULTIER—GEORGETEAU—GRESLON—GUITAUT—HARDY—HOC—HOSTEAU—HOUÉ—JEANTOT—JOLY—LABARD—LACHAINE—LACHESNE—LEBLANC—LECLERC—LEPARON—LESUEUR—LIMOGES—MARTIN—MEUNIER—MILLET—MONESTE—MORIAU—NORMAND—OUÉE—PILET—POLIQUIN—TAUREL—TEMOINS.

(1) Dit Lorty.
(2) Dit Lafrance.
(3) Dit Sanscrainte. Le véritable nom est Gélibert dit Sanspeur; voy. voy. IV, p 230.

1699.

I.—JOLICŒUR (1), *Louis*,
s 28 janvier 1723, à Montréal.
Charles, Marguerite.
Joseph, b 1700; s 20 juin 1716, à Montréal.[4]—*Louise*, b 1714; m 1734, à Charles Lanon.—*Armand*, b 1715; s[4] 12 juin 1747.

JOLIET.—Voy. Jolliet.

JOLIETTE.—Voy. Jolliet.

JOLIN.—*Variations* : Jalin—Jallain—Jodin—Jollain—Jollais.

1690, (4 avril) St-François, I. O.[5]

I.—JOLIN (2), Jean,
b 1645; s[5] 25 déc. 1724.
Boisleau, Marie-Marguerite,
b 1645; veuve de Simon Chambrelan; s[5] 21 juillet 1721.
Simon, b[5] 1er mai 1691; m[5] 17 août 1711, à Elisabeth Dalère; s 5 déc. 1749, à St-Jean, I. O.

1711, (17 août) St-François, I. O.[3]

II.—JOLIN (3), Simon, [Jean I.
b 1691; s 5 déc. 1749, à St-Jean, I. O.[1]
Dalère, Elisabeth, [François II.
b 1695; s[1] 28 nov. 1749.
Elisabeth, b 21 oct. 1712, à Ste-Famille, I. O.[2]; m[3] 23 avril 1743, à Louis-Joseph Lepage.—*Marie*, b 1713; s[3] 28 janvier 1730.—*Angélique*, b[2] 12 sept. 1714; m[3] 16 nov. 1730, à Ambroise Vérieul.—*Jean-Baptiste*, b[3] 6 juin 1716; m[3] 26 avril 1740, à Marie Bonneau; s 12 mai 1756, à St-Frs-du-Sud.—*Marie*, b[3] 11 juin et s[3] 6 juillet 1718.—*Joseph*, b[3] 24 juin 1719; m[2] 22 avril 1743, à Thérèse Meneux.—*Dominique*, b[3] 23 août 1721; s[3] 23 dec. 1729.—*Augustin*, b 1722; s[3] 29 déc. 1729.—*Jacques*, b[3] 25 juillet 1723; s[3] 4 fevrier 1725.—*Elisabeth*, b[3] 23 avril 1725.—*Marie-Madeleine*, b[3] 14 mars 1727; s[3] 24 fevrier 1730.—*François*, b[3] 27 janvier 1729; s[3] 28 juin 1730.—*Gertrude*, b 19 sept. 1731, à St-Joachim; 1° m[3] 24 août 1750, à Joseph Chrétien; 2° m 22 juillet 1788, à Victor Martineau, à Québec.—*Marie-Louise*, b[3] 26 juillet 1733; 1° m[3] 10 avril 1752, à Louis Guérard; 2° m[3] 26 janvier 1778, à Charles Dufau.—*Marie-Madeleine*, b[3] 18 déc. 1735; m[3] 8 avril 1755, à Joseph Emond; s[3] 27 nov. 1755.

1727, (10 février) Québec.[4]

I.—JOLIN (4), Thomas, fils de Henri et de Charlotte Lamarinière, de N.-D. de Grandville, diocèse de Coutances, Normandie.
Duret, Catherine, [Jacques I.
b 1707.
Catherine, b[4] 15 nov. 1727; m[4] 12 juillet 1751, à Jean Lafond.—*Jean-Baptiste*, b[4] 17 sept. 1729.—*Marie-Geneviève*, b[4] 29 juillet 1731.—*Etienne*, b[4] 14 mars 1734; m[4] 17 sept. 1753, à Marie-Agathe Leroux.—*Marie-Charlotte*, b[4] 5 mai 1738; m[4] 6 fevrier 1758, à François Del'oeil.—*Louis*, b[4] 20 déc. 1740; s[4] 26 mars 1741.—*Jacques-Michel*, b[4] 29 sept. 1742; s[4] 10 nov. 1748.—*Charles*, b[4] 26 oct. 1744; m à Marie-Louise Legris.—*Marie-Joseph*, b[4] 31 mars 1749.

1740, (26 avril) St-François, I. O.[1]

III.—JOLIN, Jean, [Simon II.
b 1716; s 12 mai 1756, à St-Frs-du-Sud.[2]
Bonneau (1), Marie, [Augustin II.
b 1720.
Jean-Baptiste, b[1] 6 avril 1741.—*Marie*, b[1] 16 avril 1743.—*Marie-Geneviève*, b 2 août 1744, à St-Valier.[3]—*Marie-Louise*, b[3] 11 avril 1746; s[3] 17 juillet 1749.—*Marie-Reine*, b[3] 2 juillet 1747.—*Marie-Françoise*, b[3] 5 avril 1749.—*Joseph-Marie*, b[2] 19 juillet 1750.—*Pierre-Noël*, b[2] 16 juin 1752.—*François-Marie*, b[2] 8 juin 1754; s[2] 3 mars 1760.—*Zacharie*, b[2] 6 et s[2] 31 mai 1756.

1743, (22 avril) Ste-Famille, I. O.

III.—JOLIN, Joseph, [Simon II.
b 1719.
Meneux (2), Thérèse, [René II.
b 1724.
Joseph-Marie, b 11 mai 1744, à St-François, I. O.[4]—*Marie-Thérèse*, b[4] 26 oct. et s[4] 6 déc. 1745.—*Marie-Thérèse*, b[4] 26 déc. 1746; m[4] 1er mai 1764, à Etienne Canac.—*Jean*, b[4] 20 nov. 1748; s[4] 28 oct. 1749.—*Jean*, b[4] 29 mai 1750.—*Louis-Jérôme*, b[4] 31 mars et s[4] 17 mai 1752.—*Marie-Victoire*, b[4] 16 juin 1753; s[4] 9 déc. 1759.—*Zacharie*, b[4] 6 mai 1755; s[4] 25 nov. 1759.—*Louis*, b[4] 23 avril 1757.—*François*, b[4] 20 août 1758.—*Rosalie*, b[4] 3 janvier 1760; m 14 oct. 1783, à Charles-Georges-Frédéric Rath, à Quebec.[5]—*Marie-Madeleine*, b[4] 16 déc. 1761.—*Marie-Louise*, b[4] 11 sept. 1763; m[5] 7 janvier 1784, à Jean-Baptiste Luders.—*Marie-Victoire*, b[4] 28 juin 1765; m[4] 6 oct. 1779, à Charles Lemelin.—*Marie-Thérèse*, b[4] 4 avril 1767.

1753, (17 sept.) Québec.[6]

II.—JOLIN (3), Etienne, [Thomas I.
b 1734.
Leroux, Marie-Agathe, [François III.
b 1736.
Marie-Agathe, b[6] 14 et s[6] 26 février 1755.—*François*, b[6] 12 avril 1757; s[6] 19 nov. 1758. *Etienne*, b[6] 15 février 1759; s 30 mars 1760, à Charlesbourg.—*Pierre-Etienne*, b[6] 22 mai 1763; m[6] 28 oct. 1794, à Marguerite Lebrun.

II.—JOLIN (4), Charles, Thomas I.
b 1744.
Legris, Marie-Louise.
Marie, b... m 9 oct. 1798, à Louis Guérard, à Quebec.

(1) Soldat de la compagnie de M. Bégon.
(2) Ce nom est aussi écrit Jobin.
(3) Et Jobin—Jollain.
(4) Appelé aussi Jallain.

(1) Dit Labécasse; elle épouse, le 7 février 1757, Joseph-Marie Boule, à St-Frs-du-Sud.
(2) Dit Châteauneuf.
(3) Et Jallain.
(4) Et Jalin.

1794, (28 oct.) Québec.
III.—JOLIN (1), PIERRE-ETIENNE, [ETIENNE II.
b 1763.
LEBRUN, Marguerite. [GRÉGOIRE.

JOLIVE.—Voy. JOLIVET.

JOLIVÉ.—Voy. JOLIVET.

JOLIVET.— *Variations et surnoms :* JOLIVE— JOLIVÉ—JOLY—JOLLIET—LÉPINE—MITRON.

I.—JOLIVET (2), CHARLOTTE, b 1648; fille de Louis et de Louise Bellemanière, d'Andreusil, diocèse de Rouen, Normandie; 1° m 12 oct. 1671, à Leonard GIRARDIN, à Québec; 2° m 18 oct. 1688, à Simon TRIAULT, à Lachine.

1690.
I.—JOLIVET (3), AIMÉ.
FISET, Anne, [FRS-ABRAHAM I.
b 1671; s 7 mai 1711, à Lorette. [6]
Marguerite, b 5 avril 1691, à Ste-Anne; m 29 juillet 1715, à Nicolas VÉSINA, à L'Ange-Gardien [7]; s [7] 1er août 1754. — *Joachim,* b [7] 16 mars 1693; m 27 nov. 1719, à Marie-Françoise BAYARD, à Montréal. [8] — *Françoise,* b [6] 9 janvier 1695; m [6] 19 mai 1723, à Jean-Philippe LAMARRE.— *Marie-Joseph,* b [6] 11 février 1696; m [6] 21 juillet 1721, à Rene LETARTE. — *Charles-François,* b [6] 2 oct. 1701; m [8] 4 avril 1731, à Marguerite PANISE.— *Marie-Anne,* b [6] 1er juillet 1703. —*Joseph,* b [6] 25 mai 1705; m 8 nov. 1728, à Marie-Charlotte GUENET, à Beaumont; s 16 janvier 1758, à St-Charles. — *Barbe,* b [6] 29 juin 1708; 1° m [7] 25 février 1727, à Athanase LETARTE; 2° m [7] 4 nov. 1732, à Pierre DUBEAU.— *Mathieu,* b [6] 11 janvier 1710.

1693, (8 sept.) Lac-des-Deux-Montagnes.
I.—JOLIVET (4), NICOLAS.
MORIN, Marie-Catherine, [JACQUES I.
b 1671; veuve de Michel Foureau; s 16 février 1714, à Montreal. [5]
Marie-Catherine, b [5] 25 sept. 1697; m [5] 20 février 1713, à Jean ZACHARIE-LAGENOIS.—*Jeanne,* b [5] 28 février 1699; m [5] 2 sept. 1726, à Jean-Baptiste HÉBERT.—*Marie-Madeleine,* b 6 oct. 1701, à Lachine.—*Pierre-Nicolas,* b [5] 3 déc. 1706; m [5] 20 fevrier 1730, à Therèse ALARY.—*Jean-Baptiste,* b [5] 31 janvier 1709. — *Pierre,* b [5] 13 sept. 1711, 1° m 29 juillet 1732, à Marie-Anne BLÉNIER, à St-Laurent, M.; 2° m 2 mai 1757, à Marie GAUTIER, à Ste-Geneviève, M. — *Marie-Clémence,* b [5] 18 dec. 1712.

I.—JOLIVET (5), NICOLAS.
MARSTA, Geneviève, [MATHURIN I.
b 1674.

(1) Et Jalin.
(2) Voy. vol. I, p. 270.
(3) Dit Mitron; voy. vol. I, pp. 324-325.
(4) Et Jolive dit Lépine; voy. vol. I, p. 324.
(5) Et Jolive.

Catherine, b 1699; m 9 janvier 1730, à Jean-Baptiste PREVOST, à Montréal.

I.—JOLIVET, JACQUES.
FISET, Madeleine.
Marie-Jeanne, b 1706; m 20 nov. 1730, à André DESNOYERS, à Montréal.

1719, (27 nov.) Montréal.
II.—JOLIVET (1), JOACHIM, [AIMÉ I.
b 1693.
BAYARD (2), Marie-Françoise, [JACQUES II.
b 1699.
Marie-Charlotte, b 7 juillet 1721, à St-Laurent, M. — *Joachim,* b 6 oct. 1724, à L'Assomption [8]; s [8] 25 mars 1726. — *Jean-Baptiste.* b [8] 10 oct. 1725; s [8] 25 avril 1727. — *Marie-Madeleine,* b [8] 3 mars et s [8] 5 sept. 1727.—*Jean-Baptiste,* b [8] 24 juin 1728. — *Marie-Angélique,* b [8] 30 mars 1730. — *Marie-Louise,* b [8] 24 avril 1731.—*Marie-Madeleine,* b [8] 17 juillet 1732.—*François,* b 1734; m 16 nov. 1767, à Geneviève ROUGEAU, à Repentigny.

1728, (8 nov.) Beaumont. [6]
II.—JOLIVET, JOSEPH, [AIMÉ I.
b 1705; s 16 janvier 1758, à St-Charles. [7]
GUENET, Charlotte, [PIERRE II.
b 1709; s [7] 12 avril 1757.
Marie-Anne, b [6] 23 juillet 1730; s [6] 21 août 1749. — *Joseph-Marie,* b [6] 4 février 1733; m 4 fevrier 1754, à Marie-Louise BISSONNET, à St-Michel. — *Thérèse,* b [6] 20 mars 1735. — *Marie-Marthe* b [6] 14 fevrier 1737. — *Louis,* b [6] 30 nov. 1738; s [6] 10 janvier 1739.— *Marie-Marthe,* b [6] 5 nov. 1739; m 7 sept. 1761, à Ignace POULIN, à St-Valier. — *Charles-Joseph,* b [6] 21 nov. 1741.— *Marie-Catherine,* b [6] 9 nov. 1743; s [6] 15 déc. 1744. — *François,* b [6] 7 nov. 1745; m [6] 29 avril 1765, à Marguerite DOIRON.—*Cécile,* b [6] 19 fevrier et s [6] 6 oct. 1748.

1730, (20 février) Montréal. [8]
II.—JOLIVET (3), PIERRE-NICOLAS, [NICOLAS I.
b 1706.
ALARY, Marie-Thérèse, [PIERRE I.
b 1707.
Pierre, b 1732; m [8] 4 oct. 1756, à Madeleine-Amable BOURDRIA.—*Jacques,* b [8] 12 juillet 1734; m 27 fevrier 1775, à Geneviève JEAN-GODON, à St-Laurent, M. [7] — *Marie-Louise,* b... m [7] 4 oct. 1756, à Martin PARISEAU. — *Marie-Joseph,* b [8] 29 mars 1737; m [7] 12 fevrier 1759, à Michel PARANT. — *Marie-Thérèse,* b... m [7] 22 juin 1761, à Jean-Baptiste GIROUX.

1731, (4 avril) Montréal. [1]
II.—JOLIVET, CHARLES-FRANÇOIS, [AIMÉ I.
b 1701; s 21 août 1763, à St-Philippe. [2]
PACHAT (4), Marguerite,
b 1703; s [2] 18 janvier 1765.

(1) Dit Mitron.
(2) Et Baillard dit Vidalles.
(3) Et Jolive dit Lépine.
(4) Panise de nation; esclave de veuve Etienne Campeau (Jeanne Faucher).

Charles-Amable, b[1] 13 oct. 1734; s 23 mai 1743, à Laprairie.[3] — *Pierre-Maurice,* b 1736; m[3] 5 mars 1764, à Marie-Joseph DENEAU.—*Jean-Louis,* b[3] 27 mars 1737; m[3] 25 août 1766, à Marie-Catherine RAYMOND.—*Joseph-Marie,* b[3] 7 juin 1739; s[3] 30 juillet 1743.—*Antoine,* b[3] 29 oct. 1741.—*Marguerite,* b... m[3] 2 mai 1768, à Gabriel RAYMOND.

1732, (29 juillet) St-Laurent, M.[4]

II.—JOLIVET (1), PIERRE, [NICOLAS I.
b 1711.
1° BLÉNIER (2), Marie-Anne, [BERNARD I.
b 1716; s[4] 6 août 1756.

Suzanne, b 1736; m 6 fevrier 1758, à Jacques LANGEVIN, à Ste-Geneviève, M.[5]; s[4] 2 juin 1760. —*Bernard,* b... m 12 janvier 1767, à Geneviève-Amable PRÉZEAU, à la Pointe-Claire. — *Jean-Marie,* b[5] 16 sept. 1742. — *Marie-Marguerite,* b[5] 30 déc. 1744; s[5] 3 janvier 1759.—*Agathe,* b[5] 7 mars 1747.—*Pierre,* b[5] 11 et s[5] 24 avril 1749.—*Marie-Joseph,* b[5] 29 juillet 1751.—*Marie-Anne,* b[5] 5 oct. 1753; s[5] 12 janvier 1754.

1757, (2 mai).[5]

2° GAUTIER, Marie, [JEAN-BTE II.
b 1720; veuve de François Brunet.

Marie-Catherine, b[5] 13 avril et s[5] 17 sept. 1758.

1754, (4 février) St-Michel.[6]

III.—JOLIVET (3), JOSEPH-MARIE, [JOSEPH II.
b 1733.
BISSONNET, Marie-Louise, [JEAN-BTE III.
b 1731.

Joseph, b 14 mai et s 24 nov. 1755, à St-Charles.[7] —*Charles,* b[7] 26 mai et s[7] 5 juin 1757.—*Anonyme,* b[7] et s[7] 26 mai 1757.—*Anonyme,* b[7] et s[7] 26 janvier 1758.—*Marie-Louise,* b[6] 22 février 1759.—*Marie-Françoise,* b... m à François PRUNEAU.

1756, (4 oct.) Montréal.

III.—JOLIVET (1), PIERRE, [PIERRE-NICOLAS II.
b 1732.
BOURDRIA (4), Madeleine-Amable, [ANTOINE II.
b 1738.

Pierre-Joseph, b 21 juin et s 4 août 1757, à St-Laurent, M.[8] — *Pierre,* b[8] 5 sept. 1758.—*Jacques,* b[8] 3 nov. 1759; s[8] 30 janvier 1762.—*Marie-Madeleine,* b[8] 6 et s[8] 28 janvier 1761.

1764, (5 mars) St-Philippe.

III.—JOLIVET, PIERRE-MAURICE, [CHS-FRS II.
b 1736.
DENEAU, Marie-Joseph, [JOSEPH III.
b 1742.

1765, (29 avril) Beaumont.

III.—JOLIVET, FRANÇOIS, [JOSEPH II.
b 1745.
DOIRON, Marguerite, [PAUL I.
b 1736.

(1) Et Jolivé dit Lépine.
(2) Dit Jary.
(3) Dit Mitron.
(4) Et Baudrias—Bouchard, 1761.

1766, (25 août) St-Philippe.

III.—JOLIVET, JEAN-LOUIS, [CHARLES-FRS II.
b 1737.
RAYMOND, Marie-Cath.-Hélène, [JEAN-BTE II.
b 1735.

1767, (12 janvier) Pointe-Claire.

III.—JOLIVET (1), BERNARD. [PIERRE II.
PRÉZEAU (2), Geneviève-Amable. [ANDRÉ I.
Acadienne.

1767, (16 nov.) Repentigny

III.—JOLIVET, FRANÇOIS, [JOACHIM II.
b 1734.
ROUGEAU (3), Geneviève. [PIERRE III.

1775, (27 février) St-Laurent, M.

III.—JOLIVET (4), JACQUES, [PIERRE-NICOLAS II.
b 1734.
JEAN-GODON, Geneviève, [PIERRE-CHS III.
b 1752.

JOLIVET, JOSEPH.
GONTIER, Marie.

Joseph, b... m 4 février 1807, à Françoise CARRIER, à Beaumont.

1807, (4 février) Beaumont.

JOLIVET, JOSEPH. [JOSEPH.
CARRIER, Françoise. [JOSEPH.

JOLLAIN.—Voy. JOLIN.

JOLLAIS.—Voy. JOLIN.

I.—JOLLET (5), JEAN.
MARTIN (6), Marguerite, [JOACHIM I.
b 1675.

Louis, b 11 oct. 1694, à St-Pierre, I. O.; m 8 nov. 1719, à Marie-Jeanne-Ursule GÉLY, à Québec.

1719, (8 nov.) Quebec.[1]

II.—JOLLET, LOUIS, [PIERRE I.
b 1694.
GÉLY, Jeanne-Ursule, [JEAN I.
b 1683, veuve de Jean Dauphin.

Marie-Joseph, b[1] 7 et s[1] 21 sept. 1720.—*Charles,* b[1] 15 oct. 1721.—*Barthélemi-Louis,* b 21 déc. 1723, au Cap-St-Ignace[2]; m 25 nov. 1760, à Marie-Rose MICHAUD, à Kamouraska.—*Jean-François,* b[2] 2 mai 1725; m[2] 21 janvier 1754, à Marie-Joseph GUIMOND.

1754, (21 janvier) Cap-St-Ignace.[3]

III.—JOLLET, JEAN-FRANÇOIS, [LOUIS II.
b 1725.
GUIMOND, Marie-Joseph, [FRANÇOIS III.
b 1738.

(1) Et Jolive dit Lépine.
(2) Et Prijean.
(3) Dit Berger.
(4) Dit Lépine.
(5) Décédé le 15 janvier 1698 à l'Hopital St-Louis, basse-ville de Boulogne-sur-mer.
(6) Elle épouse, le 9 février 1705, Jacques Picoron, à St-Pierre, I. O.

Jean-François, b [3] 31 janvier 1755.—*Luxin*, b [3] 11 oct. 1756.—*Joseph-Marie*, b 28 juin 1758, à Kamouraska.[4] — *Marie-Joseph*, b [4] 20 et s [4] 27 février 1761.—*Benjamin*, b [4] 26 nov. 1762.—*Marie-Joseph*, b [4] 2 juin et s [4] 7 sept. 1764.—*Louis*, b [4] 1er et s [4] 8 sept. 1765.—*Jacques-Bénoni*, b [4] 27 janvier 1767.

1760, (25 nov.) Kamouraska. [5]

III.—JOLLET, BARTHÉLEMI, [LOUIS II.
b 1723.
MICHAUD, Marie-Rose, [ANTOINE III.
b 1740.
Jean-Baptiste, b [5] 20 et s [5] 24 juillet 1764.

JOLLIET.—*Variations et surnoms:* JOLIET—JOLIETTE — JOLIVET, 1745 — BAILLARGÉ — D'ANTICOSTI—D'AU—DEMINGAN.

1639, (9 oct.) Québec. [8]

I.—JOLLIET (1), JEAN, b 1574, fils de Claude, de Sézanne, province de Brie, département de la Seine; s [8] 24 avril 1651.
D'ABANCOUR, Marie.
Adrien, b... m 22 janvier 1664, à Jeanne DODIER, aux Trois-Rivières.

1664, (22 janvier) Trois-Rivières.

II.—JOLLIET (1), ADRIEN. [JEAN I.
DODIER, Jeanne.
Jean-Baptiste, b 1667; m à Marie-Jeanne CUSSON; s 12 nov. 1741, au Cap-de-la-Madeleine.

1675, (7 oct.) Québec. [7]

II.—JOLLIET (2), LOUIS, [JEAN I.
b 1645.
BISSOT, Claire-Françoise, [FRANÇOIS I.
b 1656; s [7] 2 mars 1710.
Charles, b [7] 12 juin 1678; m 7 nov. 1714, à Jeanne LEMELIN, à St-Laurent, I. O.; s 24 oct. 1746, à l'Hôtel-Dieu, Q.

1702.

III.—JOLLIET (3), JEAN-BTE, [ADRIEN II.
b 1667; s 12 nov. 1741, au Cap-de-la-Madeleine.
CUSSON, Marie-Jeanne, [JEAN I.
b 1663; veuve de Claude Guérin.
Marie-Thérèse, b 1702; m 21 fevrier 1735, à André DEMERS, à Montréal. [9] — *Jean-Baptiste*, b 1704; m [9] 10 février 1738, à Marie-Joseph ROBERT-WATSON.—*Joseph*, b 1706; m [9] 7 janvier 1745, à Marie-Joseph LUPIEN.—*Marie-Charlotte*, b 1712; m 14 fevrier 1752, à Charles DOUILLARD, à la Longue-Pointe; s 5 mai 1788, à l'Hôpital-Général, M. — *François*, b 1713; m [9] 11 nov. 1748, à Cécile PAPIN.—*Marie-Catherine* (4), b... m 11 oct. 1745, à Joseph ARNAUD, à Laprairie.

(1) Voy. vol. I, p. 324.
(2) Le découvreur du Mississipi.
(3) Et Joliet, lieutenant de milice.
(4) Appelée Jolivet à son mariage; voy. vol. II, p. 52.

1708, (11 sept.) Québec. [7]

III.—JOLLIET (1), JEAN-BTE, [LOUIS II.
b 1683.
MARS (2), Marie, [SIMON I.
b 1688.
Claire, née 13 nov. 1709, à Mingan [8]; b [7] 27 août 1710. — *Jean-Joseph*, b [7] 22 déc. 1710. — *Marie-Louise*, b [7] 21 mai 1712. — *Marie-Anne*, b 1er juillet 1714, à Montréal; 1° m [7] 26 mai 1732, à Louis-Alexandre LARCHEVÊQUE; 2° m [7] 27 août 1742, à Jean TACHÉ; s [7] 22 avril 1776.—*Marie-Claire*, née [8] juin 1719; b [7] 15 sept. 1720; s [7] 20 janvier 1721. — *Claire-Michelle*, b [7] 17 février 1721; 1° m [7] 10 juin 1749, à François VOLANT; 2° m 1760, à Nicolas-Gaspard BOISSEAU.

1714, (7 nov.) St-Laurent, I. O. [6]

III.—JOLLIET (3), CHARLES, [LOUIS II.
b 1678; s 24 oct. 1746, à l'Hôtel-Dieu, Q.
LEMELIN, Jeanne, [LOUIS II.
s 8 mai 1762, à St-Frs-du-Lac. [7]
Charlotte, née sept. 1715, à Mingan; b 12 juillet 1716, à Québec [8]; 1° m [6] 7 sept. 1735, à Joseph-Vital CARON; 2° m [7] 14 avril 1749, à Ignace ABRAHAM; 3° m [7] 23 août 1751, à Louis GOTTON. — *Charles*, b [6] 27 sept. 1719. — *Marie-Madeleine*, b [6] 20 sept. 1723; m [8] 28 oct. 1754, à Jean MARCOUX; s 25 nov. 1767, à l'Hôpital-Général, M.—*Louis*, b [6] 20 sept. 1723.—*Geneviève*, b [6] 31 sept. 1725; m [7] 12 juin 1747, à Joseph ABRAHAM.—*Marie*, b [6] 14 mars 1726; m [8] 26 sept. 1742, à Philibert GUICHET. — *Marie*, b... m [8] 10 nov. 1750, à Pierre SORE.—*Anonyme*, b [6] et s [6] 9 oct. 1731. — *Louis-Charles-Joseph*, né août 1735; b [8] 13 sept. 1738.

1738, (10 février) Montréal. [8]

IV.—JOLLIET (4), JEAN-BTE, [JEAN-BTE III.
b 1704; marchand-voyageur.
ROBERT (5), Marie-Joseph, [JOSEPH I.
b 1715.
Jean-Baptiste, b [8] 22 déc. 1738.—*Marie-Joseph*, b [8] 11 juin 1741. — *Joseph*, b [8] 9 juin et s [8] 3 juillet 1743.—*Pierre*, b [8] 11 nov. 1745.

1745, (7 janvier) Montréal. [8]

IV.—JOLLIET (6), JOSEPH, [JEAN-BTE III.
b 1706.
LUPIEN, Marie-Joseph, [PIERRE II.
b 1719; s [8] 20 avril 1750.
Anonyme, b [8] et s [8] 20 déc. 1745.

1748, (11 nov.) Montréal. [9]

IV.—JOLLIET (7), FRANÇOIS, [JEAN III.
b 1713.
PAPIN (8), Cécile, [GILLES II.
b 1724.

(1) Et Joliet de Mingan, voy. vol. I, p. 324.
(2) Elle épouse, le 18 avril 1735, Jean-Louis Volant d'Hautebourg.
(3) Et Joliet d'Anticosti.
(4) Et Joliet—Baillargé.
(5) Dit Watson; elle épouse, le 9 sept. 1754, Joseph Lamoureux, à Montréal.
(6) Et Joliet.
(7) Et Joliette.
(8) Elle épouse, plus tard, Drouet de Richardville.

Joseph-François, b [9] 12 nov. 1749. — *Joseph-Marie*, b... s 2 mars 1756, à Lavaltrie.—*Antoine*, b... m 30 mai 1785, à Catherine FARIBAULT, à Berthier en haut; s 1789, à St-Thomas.

1785, (30 mai) Berthier.
V.—JOLLIET (1), ANTOINE, [FRANÇOIS IV.
notaire-public; s 1789, à St-Thomas.[8]
FARIBAULT, Catherine, [BARTHÉLEMI I.
b 1762; s 1854, à Joliette.[9]
Barthélemi, b [8] 9 sept. 1789; m 27 sept. 1813, à Marie-Charlotte TARIEU, à Lavaltrie; s [9] juin 1850.—*Antoine*, b...

1813, (27 sept.) Lavaltrie.
VI.—JOLLIET (1), BARTHÉLEMI, [ANTOINE V.
b 1789; s juin 1850, à Joliette.
TARIEU, Marie-Charlotte.

JOLLY.—Voy. JOLY.

JOLY.—*Variations et surnoms :* JOLI—JOLLY—BOISJOLI — CHARLEBOIS — DELBEC—GÉLY—JOLIBOIS—JOLICOEUR— JOLIVET — LAFOREST—SAINTONGE—SANSCHAGRIN—ST-ONGE.

JOLY, MARIE, épouse de Philippe LEFEBVRE.

JOLY, MARIE-JOSEPH, épouse de Pierre LECLAIR.

JOLY, MARIE-ANNE, épouse de Jean LESCUYER.

JOLY, ANGÉLIQUE, épouse de Jean RIVAL.

JOLY, MARGUERITE, épouse de Pierre SAMSON.

JOLY, ANGÉLIQUE, épouse de Pierre ZACHARIE.

I.—JOLY, MARIE, b 1623; fille de Jean et de Simon Fouquet; m 6 oct. 1641, à Antoine DAMIEN, à Quebec.

I.—JOLY (2), MARIE-CHARLOTTE, b 1648; fille de Pierre et de Marie Milleraye, de St-Solaine-de-Blois, diocèse de Chartres, en Beauce; m 20 août 1669, à Antoine DRAPEAU, à Ste-Famille, I. O.; s 2 déc. 1718, à Quebec.

JOLY, MARIE, b 1660; s 28 déc. 1755, à St-Frs-du-Lac.

1670, (19 juin) Québec.[1]
I.—JOLY (3), JEAN,
b 1643; boulanger; s [1] 5 oct. 1691.
AMIOT, Marguerite, [MATHIEU II.
b 1656; s [1] 26 fevrier 1724.
Jean-Baptiste, b [1] 8 dec. 1675; s [1] 5 juin 1698.—*Geneviève*, b [1] 17 avril 1679; m 7 nov. 1706, à Joseph LEDUC, à Montréal[2]; s [2] 26 août 1721.—*Pierre*, b [1] 20 mai 1682; 1° m 30 août 1710, à Anne LECOMPTE, à Levis; 2° m 10 février 1718, à Marie-Anne AUBUCHON, à la Pte-aux-Trembles, Q.; s [1] 23 mai 1743.

(1) Et Joliet.
(2) Voy. vol. I, p. 200.
(3) Voy. vol. I, p. 325.

1673, (4 juillet) Québec.
I.—JOLY (1), PIERRE,
b 1651; s 12 nov. 1721, à l'Ile-Dupas.[2]
TESSIER (2), Geneviève, b 1653; fille de Nicolas et de Barbe Gauvre, de Troye, Champagne.
Julien, b... m 1699, à Catherine VANET. — *Antoine*, b 1691; m [2] 5 août 1721, à Marie-Anne BOUCHER.

1681, (9 déc.) Montréal.[7]
II.—JOLY (3), NICOLAS, [JEAN I.
b 1652.
HUNAULT (4), Françoise, [TOUSSAINT I.
b 1667.
Jean-Baptiste, b 1683; m [7] 3 nov. 1715, à Madeleine GALARNEAU.—*Jacques*, b 5 oct. 1684, à la Pte-aux-Trembles, M.[8]; 1° m [7] 19 mars 1711, à Marie-Madeleine POUPARD; 2° m 1714, à Marie-Anne ERICHÉ.—*Nicolas*, b [8] 14 janvier 1686; m à Marie BAUDET. — *Pierre*, b 7 oct. 1687, à la Rivière-des-Prairies.

II.—JOLY (5), JEAN-BTE, [JEAN I.
b 1675; s 5 juin 1698, à Québec.
....
Jean-Baptiste, b 1691; m 10 février 1718, à Marie SÉGUIN, à la Pte-aux-Trembles, M.

1698, (5 août) Québec.[6]
I.—JOLY (3), VITAL,
s [6] 23 dec. 1711.
JINCHEREAU (6), Marie-Geneviève, [LOUIS I.
b 1680.
Marie-Angélique, b [6] 3 août 1702; m 12 juillet 1723, à Louis BLANCHET, à Berthier.[7]— *Marie-Louise*, b [6] 6 nov. 1703; m [6] 4 nov. 1733, à François GODBOUT. — *Claire-Françoise*, b [6] 16 mars 1705; m [7] 11 nov. 1727, à Jean-Baptiste PROULX.—*Marie-Joseph*, b [6] 26 mai 1706; m [7] 21 janvier 1725, à Pierre BLANCHET. — *Jean-Dominique*, b [6] 16 déc. 1707; s [6] 9 fevrier 1708.—*Etienne*, b [6] 30 sept. et s [6] 8 oct. 1708.— *Marie-Anne*, b [6] 13 oct. 1709; m [6] 11 avril 1747, à Augustin MERCIER.—*Marie-Jeanne*, b [6] 11 et s [6] 13 oct. 1711.

1699.
II.—JOLY (7), JULIEN. [PIERRE I.
VANET (8), Catherine, [CHARLES I.
b 1675.
Catherine, b 30 oct. 1699, à Sorel[2]; m [2] 9 janvier 1724, à Pierre BÉRARD. — *Marie-Louise*, b... m [2] 9 sept. 1725, à François PLANTE. — *Thérèse*, b [2] 31 avril 1704. — *Cécile*, b [2] 1707; s [2] 29 avril 1714.—*Alexis*, b [2] 10 mars 1709.— *Geneviève*, b [2] 10 mai et s [2] 10 juin 1711. — *Anonyme*, b [2] et s [2] 18 nov. 1712.—*Jean*, b [2] 9 sept. 1714; m à Marie-Charlotte VALOIS.

(1) Dit Delbec; voy. vol. I, p. 325.
(2) Dit Fevillon.
(3) Voy. vol. I, p. 325.
(4) Elle épousa, en 1693, Jean Charpentier.
(5) Et Boisjoli.
(6) Elle épouse, le 25 oct. 1715, François Buteau, à St-François, I. O.
(7) Dit Delbec—Laforest.
(8) Dit Leparisien.

1710, (30 août) Levis.

II.—JOLY, Pierre, [Jean I.
b 1682; maître-boulanger; s 23 mai 1743, à Québec.[5]

1° Lecompte, Anne, [Adrien I.
b 1680; s[5] 6 mars 1717.

Pierre-Adrien, b[5] 16 et s 20 août 1711, à Charlesbourg.[6]—*Jean-Marie,* b[5] 3 sept. 1712; s[5] 6 oct. 1713.—*Pierre,* b[5] 23 sept. 1713. — *Marie-Anne,* b[5] 29 janvier 1715; s[5] 28 mars 1716.—*Marie-Louise-Suzanne,* b[5] 9 janvier 1717; s[6] 22 février 1717.

1718, (10 février) Pte-aux-Trembles, Q.

2° Aubuchon, Marie-Anne, [Joseph-Jean II.
b 1692; veuve de Jean-Baptiste Tessier.

Pierre, b[5] 30 oct. 1718; s[5] 12 juin 1719. —*Pierre-Cyprien,* b[5] 30 mars 1720; m[5] 7 sept. 1744, à Marie-Angélique Marchand; s[5] 8 août 1747.—*François,* b[5] 25 nov. 1722.—*Marie-Madeleine,* b[5] 4 juillet 1724; m[5] 3 nov. 1742, à Jean-Baptiste Lussac; s[5] 15 nov. 1747. — *François,* b[5] janvier et s[5] 18 déc. 1726. — *Joseph,* b[5] 29 août 1727. — *Marie-Catherine,* b[5] 25 avril 1729; m[5] 24 juin 1748, à Louis Carrerot; s[5] 27 nov. 1749. — *Louise,* b... s 26 août 1730, à St-Augustin (dans l'église). — *Marie-Louise,* b[5] 9 avril 1730; m[5] 19 février 1754, à Joseph Lemieux; s[5] 16 mars 1762. — *Jean-Baptiste,* b[5] 20 avril 1731. —*Françoise,* b[5] 24 février 1733.

1711, (19 mars) Montréal.[8]

III.—JOLY, Jacques, [Nicolas II.
b 1684.

1° Poupard, Marie-Madeleine, [Vincent I.
b 1690; s[8] 22 mars 1714.

Marie-Catherine, b... m 1733, à Antoine Charon.

2° Eriché, Marie-Anne, [Jacques I.
b 1699.

Jean-Baptiste, b 1715; m 6 juin 1735, à Véronique Paris, à Terrebonne. — *Michel,* b 1721; m 8 janvier 1746, à Marie-Joseph Sorieul, à St-Laurent, M.

1713, (24 janvier) Boucherville.[8]

I.—JOLY (1), Pierre, fils de Jean et de Marie Giraut, de St-Pierre, diocèse de Xaintes, Saintonge.

Lussier, Catherine, [Jacques I.
b 1677; veuve de Jacques David; s[8] 11 août 1719.

Marie-Renée, b... m[8] 3 nov. 1733, à Joseph Véronneau.—*Pierre,* b[8] 29 avril 1717; 1° m 15 février 1745, à Marie-Anne Rougeau, à Varennes; 2° m 19 février 1759, à Françoise Chartran, à St-Vincent-de-Paul; 3° m 13 oct. 1760, à Angélique Paysant, au Sault-au-Recollet.

1715, (3 nov.) Montreal.[1]

III.—JOLY, Jean-Bte, [Nicolas II.
b 1683.

Galernau, Marie-Madeleine, [Jacques I.
b 1676; veuve de Jean Deslandes; s[1] 16 juillet 1716.

(1) Dit St-Onge.

1718, (10 février) Pte-aux-Trembles, M.[7]

III.—JOLY (1), Jean-Bte, [Jean-Bte II.
b 1691.

Séguin, Marie, [Robert II.
b 1695.

Jean-Baptiste, b[7] 17 juillet 1718.—*Marie,* b... m 1747, à Louis Boesmé.

1721, (5 août) Ile-Dupas.[3]

II.—JOLY (2), Antoine, [Pierre I.
b 1691.

Boucher, Marie-Anne, [Charles III.
b 1704.

Antoine, b[3] 9 janvier 1722.—*Marie-Anne,* b 20 mai 1723, à Sorel.[8]—*Louis,* b[8] 10 mai 1725.

1724, (27 nov.) Ste-Anne-de-la-Pérade.[9]

I.—JOLY (3), Pierre, b 1664; fils de Jean et de Marie Giraut, de St-Pierre, diocèse de Xaintes, Saintonge; s[9] 9 juin 1734.

Sionneau, Marie-Joseph, [Mathurin I.
b 1704.

Pierre, b[9] 28 août 1725; s[9] 23 février 1734. —*Jeanne,* b... m[9] 8 juin 1740, à Pierre Tellier.

III.—JOLY, Nicolas, [Nicolas II.
b 1686.

Baudet, Marie.

Marie-Marguerite, b 17 juillet 1724, à Laprairie.[9]—*Marie,* b... m[9] 3 février 1744, à Andre Roy.—*Madeleine,* b[9] 17 janvier 1726. — *Joseph,* b[9] 17 et s[9] 30 oct. 1727.—*Catherine-Pélagie,* b[9] 10 et s[9] 14 mai 1729.—*Louise-Antoinette,* b[9] 25 juin 1730. — *Françoise-Catherine,* b[9] 29 mars 1732.—*Joseph-Amable,* b[9] 4 juillet 1734.

1735, (6 juin) Terrebonne.[6]

IV.—JOLY, Jean-Bte, [Jacques-Jean-Bte III.
b 1715.

Paris, Véronique, [François-Gilles I.
b 1715; s[6] 15 sept. 1745.

Marie-Joseph, b 1er oct. 1736, à Lachenaye; m 10 février 1755, à Jean-Baptiste Forget, à Ste-Rose.[7]—*Elisabeth,* b[6] 11 mars 1738; m[7] 15 oct. 1753, à Joseph Levert; s[7] 17 sept. 1764.—*Jean-Baptiste* b[6] 24 avril 1739. — *Jean-Baptiste,* b[6] 10 avril 1740; m[7] 8 janvier 1759, à Marie Vaillancour.—*Marie-Amable,* b[7] 21 juin et s[7] 3 juillet 1741.—*Joseph,* b[7] 4 fevrier 1743. —*Marie-Véronique,* b[7] 9 et s[7] 19 sept. 1745.

JOLY, Cécile, épouse de Joseph Provost.

1735, (11 juillet) Québec.

I.—JOLY, Julien, fils de Louis et de Marie Neau, de St-Pierre-d'Ancenis, diocèse de Nantes, Haute-Bretagne.

Gagnon, Marie-Anne-Suzanne, [Joseph II.
b 1714.

(1) Et Boisjoli.
(2) Dit Delbec.
(3) Dit Saintonge.

1739, (23 nov.) Sorel.[9]
III.—JOLY (1), JEAN-BTE, [PIERRE II.
b 1715.
GABAILLE (2), Thérèse-Claire, [MATHURIN II.
b 1719.
Marie-Jeanne, b[9] 26 mai 1743; m 22 février 1762, à Pierre BONIN, à Lanoraie.

1744, (7 sept.) Québec.[9]
III.—JOLY, PIERRE-CYPRIEN, [PIERRE II.
b 1720; capitaine de navire; s[9] 8 août 1747.
MARCHAND (3), Lse-Angélique, [PIERRE II.
b 1714.

1745, (15 février) Varennes.
II.—JOLY (4), PIERRE, [PIERRE I.
b 1717.
1° ROUGEAU (5), Marie-Anne, [JEAN-BTE II.
b 1725.
Marie-Madeleine, b... m 12 août 1771, à François CHAUVIN, à Boucherville.
1759, (19 février) St-Vincent-de-Paul.[9]
2° CHARTRAN, Françoise, [THOMAS II.
b 1717; veuve d'Augustin Valiquet; s[9] 13 juillet 1759.
1760, (13 oct.) Sault-au-Récollet.
3° PAYSANT (6), Angélique, [ANTOINE I.
b 1733.

1746, (8 janvier) St-Laurent, M.[5]
IV.—JOLY, MICHEL, [JACQUES-JEAN-BTE III.
b 1721.
SORIEUL (7), Marie-Joseph, [PIERRE I.
b 1729.
Marie-Joseph, b[5] 22 oct. 1749. — *Marie-Angélique*, b[5] 25 juin 1752.—*Marie-Madeleine*, b[5] 10 oct. 1753; s[5] 25 juin 1754.—*Marie-Suzanne*, b[5] 21 fevrier 1755; m[5] 10 janvier 1780, à François LEGAUT. — *Michel-Amable*, b[5] 18 février 1757.—*Joseph*, b[5] 22 juin 1759; s[5] 25 juillet 1760.—*Jean-Marie*, b[5] 16 janvier 1762.

JOLY, JEAN-BTE.
1° LAMOTTE (8), Marie, [FRANÇOIS I.
b 1697; s 16 mars 1761, à Ste-Rose.[9]
Toussaint, b 15 et s 24 août 1747, à Terrebonne.
1762, (2 août).[9]
2° FOUCAUT (8), Marie-Anne, [GUILLAUME II.
b 1719.

JOLY, PIERRE.
CLAIR, Marie.
Véronique et *Thérèse*, b 16 déc. 1751, à Lanoraie[9]; s[9] 16 janvier 1752.—*François*, b[9] 16 dec. 1751; s[9] 15 fevrier 1752.—*Joseph-François*, b[9] 16 avril 1757.

(1) Voy. Delbec, vol. III, p. 307.
(2) Et Blet.
(3) Elle épouse, le 1er sept. 1750, Benjamin Maillou, à Québec.
(4) Dit St-Onge.
(5) Dit Berger.
(6) Dit Sansquartier.
(7) Dit Sanssoucy.
(8) Dit Laramée.
(9) Pour Fouquereau.

1753, (22 janvier) Québec.[8]
I.—JOLY (1), NICOLAS, tambour-major; fils de Louis et d'Elie Lamarre, de St-Léonard, ville d'Alençon, diocèse de Seés, Normandie.
PROULX, Marie-Louise, [JEAN II.
b 1721.
Nicolas, b[8] 13 sept. 1754; s 8 sept. 1755, aux Trois-Rivières.

JOLY, FRANÇOIS.
SANSFAÇON, Marie
Joseph-Bernard, b 15 nov. 1753, à l'Ile-Dupas.

III.—JOLY (2), JEAN, [JULIEN II.
b 1714.
VALOIS, Marie-Charlotte.
Antoine-Régis, b 20 août 1755, à l'Ile-Dupas.[7] —*Joseph-Marie*, b[7] 20 août 1755; m[7] 23 avril 1781, à Marie-Joseph DEFOND. — *Michel*, b[7] 6 nov. 1757. — *Geneviève*, b... m[7] 20 août 1781, à Louis PLANTE.

JOLY, JEAN-BTE.
GERBENIOL, Geneviève.
Jean-Baptiste, b 15 juillet 1755, à l'Ile-Dupas.

1755, (28 avril) Ste-Anne-de-la-Pérade.
I.—JOLY, JOSEPH, fils de Jean et de Marie Letourneur, de Ste-Marguerite, diocèse de Tréguier, Basse-Bretagne.
CLAUDE (3), Madeleine.

1758, (21 nov.) Lorette.
I.—JOLY, ETIENNE, fils de Nicolas et de Marie-Anne Girardin, de N.-D. de Pernay, Champagne.
BERTHIAUME, Félicité, [IGNACE III.
b 1734.

1759, (8 janvier) Ste-Rose.[9]
V.—JOLY, JEAN-BTE, [JEAN-BTE IV.
b 1740.
VAILLANCOUR, Marie. [JOSEPH III.
Marie-Madeleine, b[9] 1er déc. 1759. — *Marie-Archange*, b[9] 7 nov. 1760; m 5 fevrier 1781, à Pierre OUIMET, à Terrebonne. — *Jean-Baptiste*, b[9] 30 nov. et s[9] 13 déc. 1761.— *Jean-Baptiste*, b[9] 28 oct. 1762.

1760, (6 oct.) Lachenaye.[1]
I.—JOLY (4), FÉLIX, capitaine de milice; fils de Michel et de Marie Joly, de St-Jean, diocèse de Perpignan, Roussillon.
CROTEAU, Elisabeth, [BERNARD III.
b 1737.
Marie-Rose, b[1] 23 déc. 1759; m[1] 11 mai 1778, à Jean-Rene CARTIER.—*Marie-Amable*, b[1] 19 fevrier 1762.—*Louise*, b... s[1] 9 juillet 1764.—

(1) Dit Jolibois.
(2) Dit Laforest.
(3) Elle épouse, le 21 février 1757, Pierre Servant, à Ste-Anne-de-la-Pérade. Deux témoins prouvent la mort de son mari.
(4) Soldat dans le régiment LeRoussillon.

Marie-Elisabeth, b [1] 12 déc. 1764.—*Marie-Marguerite*, b [1] 5 juillet 1766.—*Anonyme*, b [1] et s [1] 20 janvier 1767.—*Marie-Archange*, b [1] 8 juin et s [1] 11 oct. 1768.

1761, (26 oct.) Lévis. [2]

I.—JOLY (1), Pierre, b 1726; fils de Pierre et de Marie Legrand, de St-Sulpice, Paris; s 19 nov. 1766, au Détroit.
Marchand (2), Elisabeth, [Louis II.
b 1725; veuve de Jean Cadoret.
Louis, b [2] 12 oct. 1762; s [2] 25 mai 1765.—*Michel*, b [2] 17 juillet 1764; s [2] 26 mai 1765.

JOLY, Jean.
Cadieux, Marie-Amable,
b 1737; s 14 mars 1829, à Ste-Thérèse.
Joseph, b 10 juin 1768, à Lachenaye.

JOLY, Fidèle,
marchand.
1° Croteau, Angélique, [Jean-Bte III.
b 1734; s 29 sept. 1769, à Lachenaye [3] (dans l'église).
Fidèle, b [3] 31 mai 1769.
1769, (20 oct.) Terrebonne.
2° Vital (3), Marguerite, [Nicolas III.
b 1736.
Marie-Clémence-Félicité, b [3] 10 août 1770.

JOLY, Jean-Bte.
Vallier, Angélique.
Michel, b 15 janvier 1772, à Lachenaye. [4] —*Noel*, b [4] 2 déc. 1774.

I.—JOLY, Laurent,
Espagnol.
1° L'Écuier, Jeanne.
1765, (14 janvier) Lorette.
2° Guyon (4), Marie-Charlotte, [Louis II.
b 1747.

1781, (23 avril) Ile-Dupas. [5]

IV.—JOLY (5), Joseph-Marie, [Jean III.
b 1755.
Defond, Marie-Joseph. [Pierre.
Louis, b [5] 2 nov. 1781.

JOLY, Joseph.
Bonin, Marie-Louise.
Marie-Marguerite, b 3 déc. 1789, à St-Cuthbert.

JONCAIRE.—Voy. Chabert—DeJoncaire.

I.—JONCAIRE (6), Louis-Thomas,
b 1670.
LeGuay, Madeleine, [Jean-Jérome I.
b 1689; s 22 juin 1771, à Repentigny. [7]

(1) Dit Sanschagrin, ancien soldat de la compagnie de M. Vergor.

(2) Elle épouse, le 11 janvier 1767, Joseph Bousseau, à Lévis.

(3) Pour Caron.

(4) Mariée sous le nom de Dion.

(5) Dit Laforest.

(6) Messire, noble homme, interprête du roi. Pour De-Joncaire, voy. vol. III, p. 283.

Daniel-Marie, b [7] 6 janvier 1714; m 19 janvier 1751, à Marguerite Rocbert-Lamorandière, à Montréal; s 5 juillet 1771, au Detroit.

1751, (19 janvier) Montréal.

II.—JONCAIRE (1), Daniel-Marie, [Ls-Ths I.
b 1714; s 5 juillet 1771, au Detroit. [7]
Rocbert (2), Marguerite [Etienne II.
b 1730; s [7] 21 janvier 1773.

JONCAS.—*Surnom*: Lapierre.

JONCAS, Claire, épouse d'Augustin Sylvestre.

1672, (8 juin) Ste-Famille, I. O.

I.—JONCAS (3), Pierre,
b 1648; s 21 mai 1717, à St-Thomas. [8]
Boulé, Jaqueline, [Robert I.
b 1658; s [8] 22 février 1736.
Pierre, b 14 oct. 1673, à Québec; m 30 juillet 1696, à Louise Nolin, à St-Pierre, I. O.; s [8] 22 août 1704.

1696, (30 juillet) St-Pierre, I. O.

II.—JONCAS, Pierre, [Pierre I.
b 1673; s 22 août 1704, à St-Thomas. [7] (4)
Nolin (5), Louise, [Jacques I.
b 1678.
Pierre, b [7] 17 oct. 1697; m [7] 2 mai 1719, à Marthe Fournier.—*Louise*, b [7] 17 mars 1700; m [7] 11 fevrier 1717, à Jean Fournier.—*Joseph*, b [7] 18 mars 1702; m 5 nov. 1725, à Elisabeth Bernier, au Cap-St-Ignace [8]; s [7] 14 avril 1762.—*Jacques*, b [7] 14 février 1704; 1° m [7] 5 février 1725, à Louise Fournier; 2° m [8] 30 août 1751, à Marie-Madeleine Gamache; s 11 sept. 1782, à l'Islet.

1719, (2 mai) St-Thomas. [9]

III.—JONCAS, Pierre, [Pierre II.
b 1697.
Fournier, Marthe, [Louis II.
b 1702; s [9] 6 juin 1773.
Marie-Marthe, b [9] 29 mai 1720; m [9] 13 juin 1740, à Clément Langlois; s [9] 26 dec. 1749.—*Pierre*, b [9] 31 déc. 1722; s [9] 28 juillet 1725.—*Elisabeth*, b [9] 10 et s [9] 11 dec. 1724.—*Geneviève-Régis*, b [9] 5 mars et s [9] 4 août 1726.—*Pierre*, b [9] 15 juin 1727; m 22 février 1751, à Marie-Joseph Martin, à Ste-Anne-de-la-Pocatière.—*Louis*, b [9] 9 mai 1729.—*Paul*, b [9] 22 janvier 1731; m 11 janvier 1758, à Marie-Marguerite Gagné, au Cap-St-Ignace.—*Jacques*, b [9] 8 oct. 1733; m [9] 10 février 1755, à Madeleine Couillard.—*Joseph*, b [9] 18 déc. 1735.—*Jean-Baptiste*, b [9] 27 nov. 1737; m [9] 18 nov. 1765, à Marguerite Daguet.—*Marie-Claire*, b [9] 15 sept. 1739; m [9] 10 nov. 1760, à Joseph Roussin.—*Marie-Anne*, b [9] 30 dec. 1741; m [9] 15 nov. 1762, à Michel Damours; s [9] 12 mai

(1) Chabert; officier des troupes et interprète des cinq nations iroquoises.

(2) Lamorandière.

(3) Voy. vol. I, p. 325.

(4) Pris dans une attrappe à ours.

(5) Elle épouse, le 11 août 1705, Joseph Langlois, à St-Thomas.

1769.—*Chrysostôme*, b [9] 2 juillet 1744; m [9] 23 avril 1770, à Marie-Louise MORIN.—*Louis*, b [9] 3 avril et s [9] 17 mai 1746.

1723, (5 février) St-Thomas. [4]

III.—JONCAS, JACQUES, [PIERRE II.
b 1704; s 11 sept. 1782, à l'Islet. [5]
1° FOURNIER, Louise, [LOUIS II.
b 1705.
Jacques, b... s [4] 20 janvier 1726.—*Louise*, b [4] 19 mars 1727; s [4] 28 février 1757.—*Marie-Rose*, b 1728; s [4] 13 nov. 1733.—*Pierre-Simon*, b 8 avril et s 19 août 1729, à Québec.—*Charles-Alexandre*, b [4] 4 nov. 1730; m [4] 23 février 1756, à Madeleine BAILLARGEON.—*Elisabeth*, b [4] 10 août 1732; m [4] 14 juillet 1749, à Nicolas COUTURE; s 20 mai 1759, à St-Charles.—*Brigitte*, b [4] 21 août 1733.—*Jean-Baptiste*, b [4] 4 février 1735; s 8 août 1756, à Chambly.—*Marie-Geneviève*, b [4] 20 nov. 1736; m [4] 10 janvier 1757, à Etienne ROY.—*Claire*, b [4] 14 oct. 1738; m [4] 19 oct. 1761, à Augustin SYLVESTRE.—*Jacques*, b [4] 3 et s [4] 19 avril 1741.—*Françoise*, b [4] 3 et s [4] 26 avril 1741.—*Marie-Madeleine*, b [4] 16 août 1742; m [4] 18 oct. 1762, à Jean-Baptiste BARNICHE. — *Marguerite*, b [4] 30 juillet et s [4] 15 août 1744.—*Pierre*, b [4] 19 janvier et s [4] 7 juillet 1746.—*Marie-Louise*, b [4] 6 avril 1747.

1751, (30 août) Cap-St-Ignace.
2° GAMACHE, Marie-Madeleine, [LOUIS II.
b 1714; s [5] 4 mars 1773.
Marie, b... m à Jerôme-Paul CLOUTIER. — *Marie-Euphrosine*, b [4] 15 juillet 1753; m [5] 8 nov. 1773, à Jean-Baptiste LACOMBE.—*Ursule*, b [4] 9 mai 1755; m [5] 27 août 1781, à Simon-Alexandre GAMACHE.

1725, (5 nov.) Cap-St-Ignace.

III.—JONCAS, JOSEPH, [PIERRE II.
b 1702; s 14 avril 1762, à St-Thomas. [2]
BERNIER, Elisabeth, [CHARLES II.
b 1704; s [2] 30 janvier 1750.
Marie-Elisabeth, b [2] 25 février et s [2] 18 avril 1727. — *Joseph*, b [2] 18 mars 1728; m 1752, à Marie-Elisabeth DAGUET. — *Marie-Geneviève*, b [2] 8 avril 1729; s [2] 14 janvier 1736.—*Augustin*, b [2] 25 avril 1730. — *Pierre*, b [2] 14 mai 1731. —*Jean-Baptiste*, b [2] 14 mars 1733. — *Hubert-Joseph*, b [2] et s [2] 9 mars 1734.—*Marguerite*, b [2] 9 avril 1735; m à Augustin FOURNIER.—*Elisabeth*, b [2] 16 et s [2] 29 juillet 1736. —*Louis*, b [2] 29 mai 1738; m [2] 10 nov. 1760, à Louise COUILLARD. — *Augustin*, b [2] 12 déc. 1740; s [2] 8 juillet 1741.

1751, (22 février) Ste-Anne-de-la-Pocatière. [1]

IV.—JONCAS, PIERRE, [PIERRE III.
b 1727.
MARTIN, Marie-Joseph, [FRANÇOIS II.
b 1722; veuve de François Michaud.
Marie-Anne, b [1] 25 déc. 1751. — *Pierre*, b 19 juin et s 14 sept. 1753, à St-Thomas. [2] — *Pierre*, b [2] 30 juin 1754.—*Jean-Baptiste*, b [2] 17 oct. 1756. —*Louis*, b [2] 18 août 1758.— *Marie-Joseph*, b [2] 17 oct. 1760.

1752.

IV.—JONCAS, JOSEPH, [JOSEPH III.
b 1728.
DAGUET (1), Marie-Elisabeth. [RÉMI-PIERRE I.
Joseph-Marie, b et s 28 juillet 1753, à St-Thomas.

1755, (10 février) St-Thomas. [3]

IV.—JONCAS, JACQUES, [PIERRE III.
b 1733.
COUILLARD, Madeleine, [CHARLES III.
b 1737.
Jacques, b [3] 22 oct. 1755.—*Charles*, b [3] 22 oct. 1756. — *Jacques*, b [3] 22 janvier et s [3] 4 février 1758.—*Marie-Thérèse*, b [3] 31 juillet et s [3] 6 sept. 1760.

1756, (23 février) St-Thomas. [6]

IV.—JONCAS, CHS-ALEXANDRE, [JACQUES III.
b 1730.
BAILLARGEON, Marie-Madeleine. [NICOLAS.
Marie-Madeleine, b [6] 20 mars 1758. — *Marie-Claire*, b [6] 16 oct. 1759.— *Marie-Elisabeth*, b [6] 27 déc. 1760.

1758, (11 janvier) Cap-St-Ignace. [6]

IV.—JONCAS, PAUL, [PIERRE III.
b 1731.
GAGNÉ, Marie-Marguerite, [LOUIS IV.
veuve de Pierre Gamache.
Marie-Madeleine, b [6] 1er juin 1761.

1760, (10 nov.) St-Thomas. [4]

IV.—JONCAS, LOUIS, [JOSEPH III.
b 1738.
COUILLARD, Louise, [CHARLES III.
b 1738.
Louis-Marie, b [4] 9 janvier 1761.

1765, (18 nov.) St-Thomas.

IV.—JONCAS, JEAN-BTE, [PIERRE III.
b 1737.
DAGUET, Marguerite, [RENÉ-PIERRE I.
b 1743.

1770, (23 avril) St-Thomas.

IV.—JONCAS, CHRYSOSTOME, [PIERRE III.
b 1744.
MORIN, Marie-Louise, [ISIDORE IV.
b 1744; veuve de Pierre Stuart.

I.—JONCE (2), BENJAMIN,
b 1722; Anglais; s 14 déc. 1794, au Détroit. [7]
DAVID, Marie-Angelique.
Marie-Angélique, b [7] 27 nov. 1765; m à Etienne LETPHÉNÉENS. — *François*, b [7] 11 mars 1769. — *Madeleine*, b [7] 30 avril 1770. — *Charles*, b [7] 8 juin 1772. — *Benjamin*, b [7] 1er juin 1775.— *Jean-Baptiste*, b [7] 2 juillet 1777.— *Archange*, b [7] 15 février 1779; m [7] 20 avril 1795, à Pierre HUNAUT.—*Louise*, b [7] 17 mars 1783.

(1) Elle épouse, le 24 nov. 1761, Jean Harbour, à St-Thomas.

(2) Pas marié.

JONEAU.—Voy. BEAUFORT.

JONNEAU, MARIE-ANNE, b 1716; m à Vincent BAUVAL; s 19 nov. 1781, à Québec.

I.—JONES, BÉNONI, de Northampton, Nouvelle-Angleterre.
INGHESTON, Esther, de Northampton; s 7 déc. 1705, à Montreal.

I.—JOPPY, ANNE, b 1619; m 13 sept. 1657, à Georges CADORET.

I.—JOQUIN, GUILLAUME, de St-Servant, près de St-Malo, Bretagne.
POINTEL, Gilette-Périne.
Marie-Catherine, b 21 juin 1743, à Sorel.—*Jean-Baptiste*, b 1745; s 14 nov. 1747, à St-Jean, I. O.

1755, (30 juin) Montréal.

I.—JORAM, JEAN, b 1718; fils de François et de Jeanne-Françoise Chapuis, de Dadelais, diocèse de Besançon, Franche-Comté.
VARRIN, Marie-Louise, [LOUIS-JOSEPH II. b 1733.

1763, (4 août) Québec. [4]

I.—JORAND, JACQUES, fils de David et de Suzanne Amé, d'Yverdon, Suisse.
GIRARD, Claire, [JEAN I. b 1741.
Marie-Angélique, b [4] 16 mai 1764.

JORDAN.—*Variation :* JORDIN.

1760, (10 nov.) St-Philippe. [4]

I.—JORDAN, ANDRÉ, fils de Jean-Antoine et de Marie-Anne Amiliers, de St-Sauveur, diocèse d'Agde, Languedoc.
BABEU, Marie-Anne, [FRANÇOIS II. b 1742.
André-Ignace, b 22 mars 1761, à St-Constant.—*Marie-Angélique*, b [4] 20 mai et s [4] 8 août 1762.—*François*, b [4] 12 juillet 1763; 1° m à Barbe CHAPARD; 2° m 24 août 1818, à Marie-Anne LEPAGE, à Sioux, Mo.

II.—JORDAN, FRANÇOIS, [ANDRÉ I. b 1763.
1° CHAPARD, Barbe.
1818, (24 août) Sioux, Mo.
2° LEPAGE, Marie-Anne, [JOSEPH III. veuve d'Augustin Clermont.

JORDIN.—Voy. JORDAN.

1687, (10 juin) Lévis.

I.—JORIAN (1), ANDRÉ, b 1661, tonnelier; fils de Pierre et de Michelle Erdouin, de St-Alban, diocèse de Xaintes, Saintonge.
1° ALBERT, Barbe-Charlotte, [GUILLAUME II. b 1668; s 12 dec. 1708, à Quebec. [2]

(1) Voy. vol. 1, p. 326.

Françoise-Barbe, b [2] 18 déc. 1689; hospitalière dite St-André; s 24 février 1728, à l'Hôtel-Dieu, Q.—*André*, b [2] 19 mars 1691; ordonne 6 avril 1715; s 28 dec. 1748, à Berthier.
1709, (1er oct.) Ste-Foye.
2° HAMEL, Marguerite. [CHARLES II.
François-André, b 10 fevrier 1718, à Lorette.

JORON.—*Surnom :* LATULIPPE.

1758, (6 février) Beauport. [8]

I.—JORON (1), LOUIS, fils de Louis et de Marguerite Plé, de St-Remy, ville d'Amiens, Picardie.
GIROUX, Marie-Françoise, [VINCENT III. b 1736.
Louis, b [2] 11 nov. 1758.

JOSEPH.—*Surnom :* LANGOUMOIS.

I.—JOSEPH, PIERRE.
ST-JEAN, Marie-Joseph.
Jean-Baptiste, b... m 30 janvier 1731, à Marie-Charlotte MORAND, à St-Augustin.

1718, (21 nov.) Québec. [3]

I.—JOSEPH (2), PIERRE, fils de Pierre et d'Antoinette Massiot, de St-Andre, diocèse d'Angoulême, Angoumois.
AUGER, Marie-Anne, b 1704; fille de Jean et de Louise Deschaufours, rivière St-Jean, Canada; s [2] 17 mars 1759.
Joseph-Barthélemi, b 24 août 1719, à Charlesbourg.[3] — *Marie-Michelle*, b... 1° m [2] 12 janvier 1743, à Jean-Baptiste CARPENTIER; 2° m [2] 29 août 1757, à Jacques-Joseph PUCE.—*Michel*, b [3] 9 mai 1722; m [2] 9 janvier 1747, à Agathe TERREAU. — *Marie-Angélique*, b [3] 10 février 1724.—*Marie-Joseph*, b [3] 13 mai et s [3] 8 août 1725.—*Marie-Claude*, b [2] 12 janvier 1727; s [2] 20 mai 1730.—*Louise-Henri*, b [2] 29 janvier 1731; s [2] 24 avril 1733.—*Pierre*, b [2] 30 janvier 1733.—*Marie-Joseph*, b [2] 13 fevrier 1735; m [2] 21 nov. 1758, à Pierre-Guilin ETIN. — *François*, b [2] 15 mai 1736.—*Marie-Anne*, b [2] 15 mai et s [2] 30 nov. 1738.—*François*, b [2] 17 mars 1740.

JOSEPH, GUILLAUME.
TARTE, Marie-Anne.
Joseph, b 29 août 1723, à Montréal.

1731, (30 janvier) St-Augustin.[5]

II.—JOSEPH, JEAN-BTE. [PIERRE I.
MORAND, Marie-Charlotte, [JEAN I. b 1710.
Augustin, b [5] 17 déc. 1731.

1747, (9 janvier) Québec. [3]

II.—JOSEPH, MICHEL, [PIERRE I. b 1722; forgeron.
TERREAU (3), Marie-Agathe. [PIERRE II.

(1) Dit Latulippe, soldat de la compagnie de M. Cadillac, régiment de Berry.
(2) Dit Langoumois.
(3) Dit Olivier.

Marie-Agathe, b [5] 4 mai 1749; s [5] 7 mars 1751. —*Pierre*, b [5] 12 nov. 1750; s [5] 24 août 1751.— *Marie-Louise*, b [5] 27 août 1752. — *Michel*, b [5] 15 sept. 1754; s [5] 9 déc. 1757.— *Marie*, b [5] 27 mai et s [5] 7 déc. 1757. — *Thomas-Michel*, b [5] 9 déc. 1761.

1801, (19 oct.) St-Jean-Deschaillons.

JOSEPH, ...

COURTOIS, Catherine. [FRANÇOIS.

I.—JOSSARD (1), ELISABETH, b 1654; fille de Gaspard et de Marie Deschamps, de Paris; m 1672, à Jean-Baptiste POITIERS, sieur Du Buisson; s 10 nov. 1728, à Montréal.

I.—JOSSE, FRANÇOIS, charpentier, navigateur.

LANGLOIS, Marie.

Marguerite, b 1733; m 29 avril 1749, à Jean-François DEGUISE, à Québec [5]; s [5] 3 mars 1751.— *Jean-Marie* (2), né 23 août 1745; b [5] 30 juin 1748.

JOTTARD, ..., b 1726; s 11 avril 1750, à l'Ile-Dupas.

JOUAN.—Voy. JOANNE.

JOUANNE.—Voy. JOANNE.

JOUARD, MADELEINE, épouse de Pierre RICHARD.

JOUBART, PIERRE, meunier; s 8 mai 1718, à Ste-Famille, I. O. (noyé).

JOUBER.—Voy. JOUBERT.

1738, (24 nov.) Québec.

I.—JOUBERGE, ADRIEN, fils de Pierre et de Madeleine Mazurier, de St-Maclou, diocèse de Rouen, Normandie.

MONTMINY, Marie-Jeanne, [GUILLAUME II. b 1698; veuve de Nicolas Maupas.

JOUBERNE.—Voy. JOUBERT.

JOUBERT.—*Variations et surnoms:* CHOUBERT —JOBARD—JOBERNE—JOUBER—JOUBERNE— JUBER—GIBERNE—CHÉTIF—DESFONTAINES— LAVOLONTÉ.

I.—JOUBERT (3), JACQUES, b 1643.

DUVAL, Madeleine, b 1653.

Madeleine, b 26 juillet 1673, à Sorel; 1° m 30 mai 1688, à Joseph JOURDAIN, à Lachine; 2° m 27 nov. 1698, à François COURAGE, à Montréal [1]; s [1] 27 mars 1745.—*Jean-Baptiste*, b 26 mai 1681, à Repentigny; m 28 dec. 1709, à Marie PEPIN, aux Trois-Rivières; s [1] 28 déc. 1743.

(1) Voy. vol. I, p. 493.

(2) Né pendant la captivité de ses parents, prisonniers de guerre à Boston.

(3) Voy. vol. I, p. 323.

1696, (22 oct.) Charlesbourg. [8]

II.—JOUBERT (1), PIERRE, [JEAN I. b 1670.

1° BOESMÉ, Madeleine, [JEAN I. b 1676.

Pierre, b [8] 15 juillet 1701; m 17 nov. 1727, à Agathe JARRY, à Montréal. [7]

1703, (16 juillet). [8]

2° CHRÉTIEN, Claudine, [MICHEL I. b 1675; veuve de Robert Sigouin; s [8] 11 avril 1711.

Michel, b [8] 24 avril 1704; m [8] 16 nov. 1733, à Marie-Madeleine ROY.—*Marguerite*, b... m 1726, à Thomas DUPUY. — *Marie-Geneviève*, b [8] 28 février 1706; m [7] 19 avril 1728, à Joseph CHARTRAN.—*Marie-Jeanne*, b [8] 31 mars 1708; m à Philippe FASCHE. — *Jean*, b... m à Marguerite Roy.

1712, (9 février). [8]

3° LEBLANC, Françoise, [JACQUES I. b 1674; veuve de Pierre Guilbaut.

1709, (28 déc.) Trois-Rivières. [4]

II.—JOUBERT (2), JEAN-BTE, [JACQUES I. b 1681; s 28 dec. 1743, à Montréal. [5]

PEPIN, Marie, [JACQUES II. b 1683; s [5] 3 août 1754.

Marguerite, b [4] 5 mars 1710; s [5] 23 janvier 1724.—*Michel*, b [4] 1er mars 1712.—*Jean-Baptiste*, b [5] 20 juillet 1714; m 18 janvier 1741, à Geneviève GENDRON, à Châteauguay.—*Jeanne*, b [5] et s [5] 3 mars 1716.—*Charles*, b [5] 22 janvier 1718.

1727, (17 nov.) Montréal. [3]

III.—JOUBERT, PIERRE, [PIERRE II. b 1701.

JARRY (3), Agathe, [HENRI II. b 1704.

Marie-Joseph, b [3] 10 août 1728; s [3] 29 août 1729. — *Joseph-Paschal*, b [3] 23 avril 1730. — *Pierre*, b [3] 10 mars 1732; m 25 février 1754, à Marie-Françoise ST-AUBIN, à Chambly. [1] — *Jean-Baptiste*, b... m à Geneviève FRAPPE.— *Agathe*, b 1734; m 1756, à Claude-François DUDEVOIR.— *Marie-Joseph*, b 1736; s [1] 3 janvier 1752.

1733, (16 nov.) Charlesbourg. [9]

III.—JOUBERT, MICHEL, [PIERRE II. b 1704.

ROY, Marie-Madeleine, [PIERRE II. b 1705.

Marie-Madeleine, b [9] 4 sept. 1734; s 22 déc. 1755, à Quebec. [8] — *Marie-Joseph*, b [9] 17 juin 1736; s [8] 13 avril 1744. — *Marie-Louise*, b [9] 30 sept. 1738; m [9] 5 nov. 1759, à Jean-Marie DEGUISE. — *Marguerite*, b [8] 2 sept. 1740. — *Jean-Baptiste*, b [8] 13 avril 1743. — *Michel*, b 16 juillet 1745, à St-Joachim. [7] —*Pierre*, b [7] 30 sept. 1746.—*Michel*, b [7] 7 et s [7] 23 déc. 1748.

JOUBERT, JEAN.

ROY, Marguerite.

Marie-Joseph, b... m à Henri DEGUISE.

(1) Voy. vol. I, p. 326.

(2) Surnommé Chétif.

(3) Et Henri.

1741, (18 janvier) Châteauguay. [9]
III.—JOUBERT (1), JEAN-BTE, [JEAN-BTE II.
b 1714.
GENDRON, Geneviève, [JEAN-BTE II.
b 1716.
Marie-Anne, b... m [9] 24 oct. 1756, à Amable LEPAGE.

—

1754, (25 février) Chambly. [6]
IV.—JOUBERT, PIERRE, [PIERRE III.
b 1732.
ST-AUBIN, Marie-Françoise. [JEAN-SIMON III.
Pierre, b... m [6] 10 nov. 1777, à Marguerite RICHARD.—*Marie-Madeleine*, b [6] 31 janvier 1757. —*Marie-Ursule*, b [6] 20 oct. 1758.—*Louis-Antoine*, b [6] 6 mars 1760. — *Marie-Françoise*, b [6] 20 janvier 1762.

—

IV.—JOUBERT, JEAN-BTE. [PIERRE III.
FRAPPE (2), Geneviève.
Marie-Suzanne, b 14 nov. 1756, au Bout-de-l'Ile, M.

—

JOUBERT (3), ANTOINE.
1° MOUET, Françoise.
1757, (10 janvier) Trois-Rivières.
2° LEPELLÉ, Charlotte, [ANTOINE II.
b 1710 ; veuve de René Baudry.

JOUBERT, JEAN-BTE.
LEFEBVRE, Marie-Joseph.
Pierre-Jean, b 12 août 1760, à St-Antoine-de-Chambly.

—

1777, (10 nov.) Chambly.
V.—JOUBERT, PIERRE. [PIERRE IV.
RICHARD, Marguerite. [JOSEPH III.

—

JOUBERT (4), PIERRE.
TELLIER, Marie-Joseph.
Pierre, b 11 août 1775, à Montréal ; s 18 février 1777, à St-Cuthbert. [8] — *François*, b... m 9 janvier 1798, à Louise ALBEUF, à Québec. [9]—*Pierre*, b [8] 25 janvier 1778.— *Alexis*, b [8] 18 avril 1781.— *Françoise*, b [9] 31 déc. 1784 ; s [9] 26 janvier 1786.

1798, (9 janvier) Québec.
JOUBERT (5), FRANÇOIS. [PIERRE.
ALBEUF (6), Louise. [FRANÇOIS.

—

JOUBIN.—Voy. BOISVERD—JOBIN.

—

1694, (22 nov.) Varennes. [8]
I.—JOUET (7), JOSEPH,
b 1655 ; s [8] 7 juin 1713.
VOYNE, Marie. [JACQUES II.

(1) Et Jouber—Juber.
(2) Dit Durocher.
(3) Dit Lavolonté.
(4) Et Choubert dit Giberne.
(5) Et Choubert.
(6) Dit Boutet.
(7) Voy. vol. I, p. 326.

1730, (5 sept.) Québec. [8]
I.—JOUET, FRANÇOIS, b 1701 ; fils de Louis et d'Anne Blondet, de St-Martin-de-Rhé, diocèse de LaRochelle, Aunis ; s 8 avril 1759, à Berthier. [9]
1° POITEVIN, Anne, [JEAN II.
b 1704 ; s [8] 11 février 1737.
Marie-Anne-Henriette, b [8] 10 sept. 1731 ; s [8] 1er août 1733. — *Marie-Madeleine-Françoise*, b [8] 8 août 1733 ; s [8] 29 janvier 1735.
1737, (15 oct.) [9]
2° GROISA (1), Geneviève, [JEAN-BTE-IGNACE I.
François, b [9] 15 oct. 1738.—*Jean-Baptiste*, b 20 nov. 1740, à St-Thomas.— *Augustin-Romain*, b [9] 9 août 1743.—*Félicité*, b 6 mars 1746, à St-Valier. —*Marie*, b... m 16 août 1771, à Etienne BLANCHARD, à Lachenaye. —*Marie-Thérèse*, b 1er janvier 1749, à St-Pierre-du-Sud. [6]— *Marie-Geneviève*, b [6] 1er janvier et s [9] 3 fevrier 1749.—*Marie-Madeleine*, b [9] 25 mai 1750 ; s [9] 23 sept. 1773.— *Marie-Geneviève*, b [9] 25 mai 1750. — *Jean-Baptiste*, b [9] 1er oct. 1753.— *Marie-Madeleine*, b [9] 12 avril 1756.

—

JOUFFARD.— *Variation et surnom :* JOUSSARD —ST-MÉDARD.

—

1743, (25 nov.) Montréal. [1]
I.—JOUFFARD (2), JEAN, b 1714 ; fils de François et de Marguerite Deslandes, de St-Médard-de-Poitiers, Poitou.
CARDINAL, Marie-Anne, [PIERRE II.
b 1721.
Antoine-Noël, b [1] 25 déc. 1744. — *Marie-Anne-Marguerite*, b 14 oct. 1747, à Québec.—*Paul*, b [1] 11 sept. 1750.

—

1729, (12 sept.) Montréal. [1]
II.—JOUGON (3), PIERRE, [PIERRE I.
b 1708.
1° LANGEVIN, Madeleine, [LOUIS II.
b 1709 ; s [1] 10 avril 1739.
Pierre, b [1] 10 juillet 1730 ; m 7 février 1757, à Marie-Archange LEGAUT.
1739, (26 août) Longue-Pointe.
2° FISSIAU, Marie-Françoise, [JACQUES II.
b 1720 ; s [1] 14 juillet 1756.
3° FORTIN, Marie-Joseph,
b 1686 ; s 19 janvier 1777, à St-Cuthbert.

1757, (7 février) Lachine.
III.—JOUGON, PIERRE, [PIERRE II.
b 1730.
LEGAUT, Marie-Archange. [PIERRE-NOEL II.

—

JOUIEL.—Voy. JOYELLE.

—

JOUIN.—Voy. JOANNE—JOING.

—

I.—JOUIN (4), JEAN-BTE,
b 1709 ; s 1er août 1754, à Michillimackinac.

....

(1) Et Graisard—Groisard—Grosse—Grozard—Rosard.
(2) Et Joussard dit St-Medard ; soldat de la compagnie de Noyan.
(3) Pour Goujon ; voy. vol I, p. 326.
(4) Dit Champagne.

JOUINEAU.—Voy. JUNEAU.

1713, (24 avril) Lorette.[7]

I.—**JOULLIET,** Louis, fils de Louis et de Catherine Gillet, de St-Antoine, diocèse de Paris.
HÉLY, Marie-Madeleine, [PIERRE I.
b 1692.
Marie-Louise, b[7] 17 juillet 1713.

JOURDAIN.—*Variations et surnoms :* JARDIN—JOURDIN—BELLEROSE—LABROSSE—LAFRANCE—LAFRISADE—LAROSE—LONGPRÉ—ST-LOUIS.

I.—JOURDAIN (1), MARGUERITE, b 1651 ; fille de Claude et de Marguerite De la Haye, de Bois-Robert, Normandie ; 1° m 25 nov. 1667, à Bernard DELPESCHES, à Montréal ; 2° m 8 janvier 1689, à Louis MAILHOT, à Repentigny.

1678, (18 avril) Québec.[1]

I.—JOURDAIN (2), GUILLAUME, b 1653 ; s 21 février 1724, à Lévis.[2]
CONSTANTIN, Jeanne, [GUILLAUME I.
b 1664 ; s[2] 21 nov. 1744.
Guillaume-Alexandre, b[1] 25 juillet 1686 ; m 24 nov. 1709, à Angélique ROY, à Montréal.—*Michel,* b[1] 26 mai 1695 ; 1° m 1729, à Claire DELISLE ; 2° m[1] 14 sept. 1751, à Geneviève DUPUIS ; s[1] 7 nov. 1752.—*Marie-Madeleine-Charlotte,* b[1] 22 juillet 1698 ; m[2] 20 oct. 1722, à Jean LEVASSEUR ; s[2] 2 janvier 1743.

1696, (6 nov.) Montréal.[3]

I.—JOURDAIN (3), DENIS,
b 1671 ; maître-menuisier ; s[3] 7 avril 1743.
FAGOT, Marie-Madeleine, [GUILLAUME I.
b 1670.
Paul-Raymond, b[3] 20 sept. 1697 ; m[3] 16 juillet 1725, à Françoise GODET.—*Denis,* b 1701 ; m[3] 28 janvier 1726, à Marie BLOT.—*Madeleine,* b[3] 7 mars 1702 ; m[3] 21 sept. 1723, à Nicolas GERVAISE.—*Joseph,* b[3] 22 août 1705.—*Charles,* b[3] 12 déc. 1707 ; m 5 nov. 1731, à Marie-Joseph AUBUCHON, à la Longue-Pointe.—*Jean-Louis,* b[3] 20 nov. 1709 ; m[3] 27 juin 1744, à Catherine PEPIN ; s[3] 3 avril 1748.—*Marie-Anne,* b[3] 18 juillet 1712.—*Marie-Thérèse,* b[3] 12 juin et s[3] 16 août 1716.

1702, (24 avril) Québec.[4]

I.—JOURDAIN (4), THOMAS, fils de Daniel et de Marguerite Murphy, de St-Jacques, Dublin.
FONTAINE, Anne, [LOUIS I.
b 1676.
Catherine, b[4] 31 janvier et s[4] 9 février 1703.—*Marie-Anne,* b[4] 19 août 1704 ; s 26 août 1715, à Lorette.[6]—*Marie-Anne,* b[4] 3 avril 1706 ; m[5] 4 juillet 1723, à Joseph GAUVIN.—*Marie-Marguerite,* b[5] 17 juillet 1707 ; m 1725, à Jean-Baptiste DARVEAU.—*René-Thomas,* b[5] 15 déc. 1708 ; s[5] 2 août 1715.—*Marie-Agnès,* b[5] 2 sept. 1710 ; s[4] 27 nov. 1710.—*Geneviève,* b[5] 1er avril 1712 ; m[5] 15 janvier 1732, à Pierre ROBITAILLE ; s[5] 7 mai 1755.—*Dorothée-Thérèse,* b[5] 15 oct. 1713 ; s[5] 13 nov. 1714.—*Jean-Baptiste,* b[5] 23 mars 1715 ; s[5] 24 mars 1719.—*Abel,* b[5] 12 mars et s 21 mai 1717, à Charlesbourg.

1706, (9 janvier) Québec.[6]

I.—JOURDAIN (1), PIERRE, fils de Pierre et de Catherine Dupuis, de St-Jacques-de-la-Boucherie, Paris.
1° CRÊTE, Marie, [JEAN I.
b 1657 ; veuve de Robert Pepin et de Jean Bridaut ; s[6] 10 nov. 1722.
1723, (1er avril) Pte-aux-Trembles, Q.
2° AIDE-CRÉQUI (2), Marie-Catherine, [JEAN I.
b 1703.
Marie-Catherine, b[6] 16 mai 1724 ; m[6] 8 juin 1750, à Charles-Thomas GUILBAUT.—*Marie-Thérèse,* b[6] 30 juillet 1726 ; m[6] 5 oct. 1744, à Joseph SÉGUIN.—*Catherine-Françoise,* b[6] 14 déc. 1727 ; m[6] 28 avril 1749, à François DEGUISE.—*Pierre-Charles,* b[6] 6 février 1730.—*Marie-Catherine,* b[6] 18 avril 1732.—*Marie-Jeanne,* b[6] 15 juin 1734.—*Marguerite,* b[6] 31 août 1736 ; m[6] 9 juillet 1764, à Jean RASSET.—*Madeleine,* b... m[6] 28 avril 1749, à Gabriel LABERGE.

1709, (24 nov.) Montréal.[7]

II.—JOURDAIN, GUILL.-ALEX., [GUILLAUME I.
b 1686.
ROY (3), Angélique, [YVES I.
b 1694 ; s[7] 15 mars 1741.
Marie-Angélique, b[7] 7 août 1711 ; m[7] 28 février 1729, à Pierre PAYMENT.—*Marie-Joseph,* b[7] 23 mars 1715 ; m[7] 12 juin 1741, à François BONNERON ; s[7] 1er août 1746.—*Marie-Anne,* b[7] 3 nov. 1716 ; m[7] 10 avril 1736, à Philippe JANSON ; s[7] 5 mars 1743.—*Jean-Baptiste,* b[7] 27 juin 1718 ; m 1746, à Marie-Joseph REAUME, à Michillimackinac.—*Madeleine,* b[7] 9 oct. 1719 ; m[7] 26 avril 1740, à Jean-Baptiste SÉRAT.—*Françoise,* b[7] 15 mars 1721 ; m[7] 23 nov. 1744, à Julien GLINEL-DELINOT.—*Louis-Alexandre,* b[7] 9 août 1722 ; s[7] 19 février 1733.—*Louise,* b[7] 3 nov. 1724 ; s[7] 14 oct. 1725.—*Joseph-Antoine,* b[7] 18 oct. 1726 ; 1° m[7] 22 avril 1748, à Marie-Anne DUFRESNE ; 2° m[7] 24 nov. 1749, à Marie-Joseph BONNERON.—*Louise,* b[7] 27 oct. 1730 ; m[7] 10 avril 1752, à Louis CHENET.

1712, (7 janvier) Montréal.[8]

I.—JOURDAIN (4), FRANÇOIS, b 1670 ; fils de Charles et de Catherine Derins, de DeGrais, diocèse de Bayeux, Normandie.
BENOIT, Geneviève, [ETIENNE I.
b 1682.
François-Toussaint, b[8] 2 nov. 1712 ; m 30 jan-

(1) Voy. vol. I, pp. 177-404.
(2) Voy. vol. I, pp. 326-327.
(3) Dit Larose—Labrosse, 1744 ; voy. vol. I, p. 327.
(4) Marié sous le nom de Jardin.

(1) Dit Bellerose, 1710, Lorette.
(2) Appelée Tardif à son second mariage. Créquy, 1726. Elle épouse, le 27 janvier 1743, Louis-Joseph Moreau, à Ste-Foye.
(3) Aussi appelée LaReine.
(4) Dit Lafrance.

vier 1748, à Anne Coulon-Courault, à Varennes. —*Geneviève*, b [8] 12 mars 1714.—*Daniel*, b 1715; m 1750, à Geneviève Cauchon; s 8 mars 1761, à Lanoraie.

1712, (8 fevrier) Lévis. [9]

I.—JOURDAIN (1), Louis, b 1680; fils de Jean et de Michelle Honersard, de Toussaint, ville de Rennes, Bretagne; s 6 sept. 1745, à l'Hôpital-Général, M.

1° Boucher, Barbe, [Pierre II. b 1663; veuve de Georges Cadoret; s [9] 20 mars 1724.

1724, (21 oct.) Québec.

2° Duquet, Anne, [Pierre II. b 1674; veuve de Jean Parant; s [9] 1er mars 1733.

1718, (11 avril) Lévis. [7]

II.—JOURDAIN, Joseph, [Guillaume I. b 1697; s [7] 29 sept. 1756.

1° Duquet, Catherine-Ursule, [Jean II. b 1694; s [7] 12 août 1730.

Catherine-Rosalie, b [7] 27 juin 1718; m 22 janvier 1759, à Jean Gontier, à St-Charles.[8]—*Charlotte*, b [7] 2 oct. 1719; m [7] 26 oct. 1750, à Louis Girard. — *Marie-Françoise*, b [7] 27 sept. 1721.— *Geneviève*, b [7] 22 oct. 1723; m [7] 25 février 1756, à Jacques Nau.—*Marie-Joseph*, b [7] 2 mars 1726; m [7] 25 juin 1753, à Louis Georget. —*Suzanne*, b [7] 19 sept. 1728; m [7] 18 oct. 1751, à Claude Poliquin; s [7] 19 mars 1754.

1739, (14 mai). [7]

2° Boucher, Therèse. [Prisque III. *Jeanne*, b [7] 20 mars 1739; m [8] 9 janvier 1758, à Jacques Lafontaine.—*Angélique*, b [7] 22 juillet 1740.—*Marie-Thérèse*, b [7] 20 mars 1742.—*Joseph*, b [7] 7 nov. 1743; s [7] 27 juin 1744.—*Joseph-Marie*, b [7] 19 déc. 1745.—*Pierre*, b [7] 4 juin 1750.—*Geneviève-Béatrix*, b [7] 2 janvier 1754.

1725, (16 juillet) Montréal. [5]

II.—JOURDAIN (2), Paul-Raymond, [Denis I. b 1697.

Godet, Françoise, [Jacques III. b 1705.

Paul, b [6] 9 mai 1727. —*Jean-Baptiste*, b [6] 26 mai 1729. — *Dominique*, b [6] 12 août 1730; m 18 août 1755, à Jeanne Cardinal, au Detroit.—*Bertrand*, b [6] 23 janvier 1733. — *Françoise*, b [6] 21 juillet 1735. — *Marie-Anne*, b [6] 3 février 1737; m [6] 22 mai 1755, à Jean-Baptiste Lafond-Montgrain.—*Françoise*, b [6] 3 oct. 1739.—*François*, b [6] 1er janvier 1741. — *Marie-Joseph*, b [6] 13 juillet 1743. — *Joseph*, b... m 27 avril 1771, à Therèse Damours, à St-Louis, Mo.

1726, (28 janvier) Montréal. [4]

II.—JOURDAIN (3), Denis, [Denis I. b 1701.

Blot, Marie, [François II. b 1704.

Françoise, b [4] 14 avril 1727; m [4] 2 janvier 1747, à Louis Ducharme; s 18 août 1782, à la Longue-Pointe.[5]— *Denis*, b [4] 14 juillet 1729. — *Jacques*, b 1732; s [4] 24 déc. 1734. — *Amable*, b [4] 19 avril 1734.—*Louis*, b [4] 12 sept. 1737.—*Marie-Anne*, b [4] 24 février 1742; m [5] 11 oct. 1779, à François Lauzon.—*François*, b [4] 26 août 1744.—*Louis*, b [4] 5 janvier 1748.

1729.

II.—JOURDAIN, Michel, [Guillaume I. b 1695; s 7 nov. 1752, à Québec. [9]

1° Delisle, Claire, [Antoine II. b 1704; s [9] 19 mai 1740.

Pierre-Michel, b [9] 21 nov. et s [9] 6 déc. 1729.—*Marie-Claire*, b [9] 21 et s [9] 24 nov. 1729.—*Michel-Augustin*, b [9] 20 février 1731; m [9] 27 sept. 1756, à Angélique Deguise; s [9] 31 déc. 1797.—*Marie-Claire*, b [9] 12 mars 1732. — *Louise*, b [9] 21 déc. 1733.— *Jacques-Michel*, b [9] 21 juillet 1735. — *Angélique*, b [9] 8 janvier 1737; s [9] 3 mars 1743.—*Jean-Augustin*, b [9] 26 août 1738; m [9] 24 oct. 1763, à Marie-Louise Deguise.

1751, (14 sept.) [9]

2° Dupuis (1), Marie-Geneviève, [Pierre I. b 1717; s [9] 9 nov. 1784.

1731, (5 nov.) Longue-Pointe. [5]

II.—JOURDAIN (2), Charles, [Denis I. b 1707.

Aubuchon, Marie-Joseph, [Jacques II. b 1705.

Charles, b [8] 9 mai 1734.—*Martin*, b [8] 14 et s [8] 20 mai 1735. — *Marie-Anne*, b [8] 11 avril et s [8] 16 août 1736.—*Joseph*, b [8] 14 et s [8] 29 mars 1737.—*Marie-Anne*, b [8] 5 mai 1738; s 7 mai 1744, à Montréal.[9]—*Thérèse*, b [8] 11 sept. 1739. —*Joseph*, b [6] 4 février et s [6] 20 août 1741.—*Marie-Joseph*, b [8] 11 février et s [8] 19 mars 1742.—*Marie-Joseph*, b 1743; m [9] 18 mai 1761, à Joseph Hautz.

JOURDAIN, Marie-Jeanne, b 1732; s 6 juin 1744, à Longueuil.

JOURDAIN, François.

Grouillau (3), Louise.

Marie-Anne, b 23 oct. 1738, à Montréal[1]; s [1] 18 fevrier 1740.

1741, (18 avril) Québec. [2]

I.—JOURDAIN (4), Nicolas, b 1708, brasseur; fils de Jacques et de Marie-Anne Patri, de Longère, diocèse d'Amiens, Picardie; s [2] 29 juillet 1776.

Lallemand, Marie-Françoise, [François I. b 1720.

Marie-Françoise, b [2] 23 juin 1741; s [2] 23 avril 1742.—*Nicolas-Robert*, b [2] 15 juin 1742.—*Pierre*, b [2] 14 mai 1743. — *Marie-Françoise*, b [2] 8 mai 1744; m [2] 4 sept. 1758, à Jean Garnier.—*Valentin-Eustache*, b [2] 9 juillet 1745; s [2] 5 nov.

---

(1) Dit St-Louis.
(2) Dit LaBrosse; sculpteur et facteur d'orgues.
(3) Dit Labrosse.

(1) Dit St-Michel.
(2) Dit Labrosse.
(3) Et Gourlau.
(4) Dit Longpré.

1748.—*Marie-Anne*, b [2] 27 août 1746.—*Paul*, b [2] 21 dec. 1747; s [2] 2 mai 1749. — *Jean-Baptiste*, b [2] 21 juin 1750; m [2] 31 août 1779, à Marie-Joseph ROBERT. — *Louis*, b [2] 30 dec. 1751. — *Joseph*, b [2] 7 avril 1753. — *Marie-Louise*, b [2] 25 juillet 1754.

1744, (27 juin) Montréal.[1]

II.—JOURDAIN, JEAN-LOUIS, [DENIS I. b 1709; s [1] 3 avril 1748.

PEPIN, Catherine, [PIERRE III. b 1723; s [1] 13 juillet 1744.

Marie-Catherine, b [1] 30 juin et s [1] 10 juillet 1744.

1746, Michillimackinac.[5]

III.—JOURDAIN (1), J.-BTE, [GUILL.-ALEX. II. b 1718.

RÉAUME, Marie-Joseph. [JEAN-BTE.

Marie-Joseph (*Lisette*), b [5] 20 juin 1747; m [5] 24 juillet 1764, à Jean-Baptiste LEBEAU.—*Jean-Baptiste*, b [5] 4 juillet 1749. — *Marie-Joseph*, nee 10 oct. 1751; b [5] 19 juillet 1756; m [5] 24 juillet 1764, à François LEBLANC. —*Marie-Madeleine*, née 25 janvier 1754; b [5] 19 juillet 1756.— *Marie-Angélique*, née 2 février 1759; b [5] 16 juillet 1760; m à Augustin ROCH. — *Marie-Louise*, b... 1° m à Jean-Baptiste LEBEAU; 2° m 30 juin 1790, à Michel QUESNEL, à St-Louis, Mo.

1748, (30 janvier) Varennes.

II.—JOURDAIN (2), FRS-TOUSSAINT, [FRS I. b 1712.

COULON-COURAULT, Anne. [FRANÇOIS III.

François, b 21 avril 1750, à Lavaltrie.—*Marie-Joseph*, b 15 avril 1763, à la Baie-du-Febvre.[4] — *Jean-Baptiste*, b [4] 13 juin et s [4] 10 oct. 1768.

1748, (22 avril) Montréal.[4]

III.—JOURDAIN, JOSEPH-ANT., [GUILLAUME II. b 1726.

1° DUFRESNE, Marie-Anne, [JEAN-BTE II. b 1726; s [4] 8 sept. 1748.

1749, (24 nov.) [4]

2° BONNERON, Marie-Joseph, [FRS-MATHURIN I. b 1729.

Marie-Joseph, b [4] 4 sept. et s [4] 2 nov. 1750.

II.—JOURDAIN (2), DANIEL, [FRANÇOIS I. b 1715; s 8 mars 1761, à Lanoraie.[6]

CAUCHON, Geneviève, s [6] 21 janvier 1757.

Daniel, b 28 fevrier 1751, à Lavaltrie. — *Charles*, b [6] 5 juillet 1753; s [6] 1er janvier 1756.— *Joseph-Ambroise*, b [6] 29 janvier 1755.—*Anonyme*, b [6] et s [6] 15 janvier 1757.

1755, (18 août) Détroit.

III.—JOURDAIN (3), DOMINIQUE, [PAUL-RAY. II. b 1730; maître-sculpteur.

CARDINAL, Jeanne, [JACQUES III. b 1735.

(1) Etabli à la Baie-Verte.

(2) Dit Lafrance.

(3) Dit Labrosse; marié sous ce nom.

1756, (27 sept.) Québec.[6]

III.—JOURDAIN, MICHEL-AUG., [MICHEL II. b 1731; maître-maçon; s [6] 31 déc. 1797.

DEGUISE, Angelique, [JACQUES II. b 1742.

Michel, b [6] 19 août 1757. — *François*, b [6] 20 août 1758.— *Louis*, b [6] 6 sept. et s [6] 8 oct. 1759. —*Angélique*, b 29 août 1760, à Beauport; s [6] 3 sept. 1761. — *Catherine*, b [6] 25 nov. 1761; s [6] 3 nov. 1762.—*Marie-Marguerite*, b [6] 24 avril 1763; s [6] 28 mars 1764. — *Marie-Anne*, b [6] 30 juillet et s 3 août 1764, à Lorette.—*Julie*, b... m [6] 21 fevrier 1797, à Charles HAMEL.

1763, (24 oct.) Québec.[1]

III.—JOURDAIN, JEAN-AUGUSTIN, [MICHEL II. b 1738.

DEGUISE, Marie-Louise, [JACQUES II. b 1749.

Augustin, b... m [1] 12 nov. 1793, à Marie-Victoire PROU. — *Angélique*, b... m [1] 5 août 1794, à François PROU.

1771, (27 avril) St-Louis, Mo.[8]

III.—JOURDAIN (1), JOSEPH. [PAUL-RAYMOND II.

DAMOURS (2), Marie-Thérèse, [LOUIS III. b 1746; veuve de Louis Deshêtres.

Félicité, b [8] 20 février 1772. — *Joseph-Etienne*, b [8] 8 mars 1774.

1779, (31 août) Québec.

II.—JOURDAIN, JEAN-BTE, [NICOLAS I. b 1750.

ROBERT, Marie-Joseph, [JEAN I. b 1752.

JOURDAIN (1), LOUIS.

RAINVILLE, Marie.

François, b... m 23 mai 1804, à Sally RUSSELL, à St-Louis, Mo.

1793, (12 nov.) Québec.

IV.—JOURDAIN, AUGUSTIN, [JEAN-AUG III.

PROU, Marie-Victoire. [FRANÇOIS III.

1804, (23 mai) St-Louis, Mo.

JOURDAIN (1), FRANÇOIS. [LOUIS.

RUSSELL, Sally. [JEAN.

JOURDAN.—*Surnom :* ST-LO—ST-LAU.

1740, (14 nov.) Montréal.[4]

I.—JOURDAN (3), GUILLAUME, b 1715; fils de Michel et de Jeanne Ledain, de N.-D. de St-Lo, diocèse de Coutances, Normandie; s [4] 16 juillet 1748.

BLUTEAU, Marie-Angélique, [LOUIS II. b 1711.

Marie-Angélique, b [4] 14 oct. 1740; m [4] 10 janvier 1757, à Joseph GUILLIMIN. — *Claude*, b [4] 4 fevrier et s [4] 18 mai 1743. — *Geneviève*, b [4] 15

(1) Dit Labrosse.

(2) De Louvières.

(3) Dit St-Lo—St-Lau; soldat de la compagnie de M. de Beaujeu.

sept. 1744; m 5 juin 1780, à Joseph Bisson, à Terrebonne.—*François*, b [4] 28 juillet et s [4] 4 oct. 1746.—*Marie-Louise*, b [4] 14 et s [4] 29 juin 1749.—*Joseph*, b [4] 24 oct. 1750; s [4] 26 janvier 1751.

JOURDANAIS. — *Variations et surnom :* Jandonnet—Jourdonnez, 1759—Tranquil.

1755, (8 avril) Laprairie.

I.—JOURDANAIS (1), Pierre, fils de Pierre et de Jeanne Clair, de Beauce, diocèse d'Annecy, Savoie.

Charland, Marie-Louise, [Jacques III. b 1730.

Jean-Pierre, b 3 mars 1756, à Chambly.[9]—*Pierre*, b [9] 26 mai 1759.

JOURDIF.—Voy. Sourdif.

JOURDIN.—Voy. Jourdain.

JOURDINE.—Voy. Sourdive.

JOURDONNEZ.—Voy. Jourdanais.

JOURNEAU.—*Surnom :* Beaufort.

1706, (3 fevrier) Montréal.

I.—JOURNEAU (2), Jacques, b 1671; fils d'André (marchand) et de Marie Boussot, de N.-D. d'Aulonne, diocèse de Luçon, Poitou.

Duval, Marie, [Jean I. b 1682.

Jacques, b 17 avril 1709, à St-Nicolas.[2]—*François* et *Marie-Anne*, b [2] 9 mai 1711.

1721, (10 août) Québec.

I.—JOURNEAU (3), Jean-Bte, fils de René et de Guionne LeRoy, de St-Malo, Bretagne.

Alarie (4), Ursule, [René I. b 1701.

Marie-Thérèse, b et s 10 nov. 1722, à la Pte-aux-Trembles, M.[8]—*Jean*, b [8] 22 mars 1724.—*Marie-Anne*, b 3 sept. 1725, à la Longue-Pointe; m 27 avril 1746, à Louis Levasseur, à Lévis.

JOURNET.—*Variations et surnoms :* Tournet—Trunet—Bourguignon—Francoeur.

1700, (25 nov.) Montréal.

I.—JOURNET (5), François, b 1670; fils de François et de Marie Gabriel, de St-Amien, diocèse d'Autun, Bourgogne.

Deguire (6), Marie-Madeleine, [François I. b 1679.

JOUSSARD.—Voy. Jouffard, 1743.

(1) Et Jandonnet—Jourdonnez dit Tranquil.
(2) Dit Beaufort.
(3) Marchand voyageur sur mer.
(4) Et Grandalary.
(5) Dit Bourguignon; soldat de M. Levasseur.
(6) Elle épouse, 1o 23 fevrier 1716, Charles Valade, à Montréal.

JOUSSAY, Louis.
sergent.

Sellière, Marie.

Marie-Joseph, b 6 sept. 1758, aux Trois-Rivières.

JOUSSELAN.—Voy. Jousselau.

JOUSSELAU.—*Variations et surnoms :* Jousselan—Jousseleau—Jousselot — L'Africain —Thibot.

I.—JOUSSELAU (1), Marie, b 1650; fille de Pierre et d'Ozanne Drapeau, de St-Pierre-du-Langon, diocèse de LaRochelle; m 10 nov. 1669, à René Gervais, à Quebec.

I.—JOUSSELAU (2), Renée, b 1660; m 29 janvier 1674, à Jean Senelé, à Québec[7]; s [7] 6 nov. 1720.

I.—JOUSSELAU (3), Anne, b... 1° m 9 février 1677, à Joseph Galois, à Québec[1]; 2° m [1] 23 mai 1678, à Toussaint Dubau; 3° m 21 juillet 1698, à André Duval, à Charlesbourg [2]; 4° m [2] 13 juin 1712, à Jean Maranda; 5° m à .... Dubreuil.

1732, (18 nov.) Montréal. [3]

I.—JOUSSELAU (4), Jacques, b 1700; fils de Jacques et de Marie-Hélène Maine, de St-Godard, diocèse de Poitiers, Poitou.

1° Blanchon (5), Marie-Louise, [Etienne I. b 1680; s [3] 10 mars 1750.

1751, (8 février). [3]

2° Gagnier, Marie-Louise, [Francois II. b 1716.

JOUSSELEAU.—Voy. Jousselau.

JOUSSELOT.—Voy. Jousselau.

JOUSSET.—*Surnom :* LaLoire.

JOUSSET (6), Louise, b... m 1679, à Claude Maugue.

1677, (22 nov.) Pte-aux-Trembles, M. [4]

I.—JOUSSET (7), Pierre, b 1649; s 11 avril 1730, à Laprairie.

Goguet, Jeanne, [Pierre I. b 1651; veuve de Noël Sommereux.

Charlotte, b 1678.—*Jean*, b 1679.—*Marie*, b [4] 9 déc. 1684; m [4] 30 mai 1701, à Charles Chevaudier.—*Suzanne*, b 1690; m 7 janvier 1711, à François Jobin, à Montreal.[5]—*Marguerite*, b 1692; m [5] 30 oct. 1712, à Jacques Desgagnes.—*Françoise*, b [5] 2 fevrier 1695; m [5] 3 avril 1714, à Paul Poiriot.—*Catherine*, b [5] 23 juin 1696; m [5] 14 nov. 1718, à Jean Perrier.

(1) Et Jousselot; voy. vol. I, pp. 265-327.
(2) Et Jousselot; sœur de la précédente.
(3) Et Jousselot; sœur de la précédente; voy. vol. I, pp. 202-228-250-327-407.
(4) Dit l'Africain.
(5) Dit St-Germain.
(6) Dit LaLoire.
(7) Voy. vol. I, p. 327.

1760, (11 nov.) Montréal.

I.—JOUTEAU, Jean, b 1732; fils de Jacques et de Reine Furodeau, de St-Jean, ville d'Angers, Anjou.
Desève, Marie-Joseph, [François II. b 1738.

JOUTRAS.—Voy. Jutrat.

JOUVIN, Pierre, b 1681; s 26 juin 1765, à Ste-Anne-de-la-Pocatière.

1747, (22 nov.) Kamouraska. [6]

I.—JOUVIN, Philippe, fils de Louis et de Louise Couillard, de Granville, diocèse de Coutances, Normandie.
1° Paradis, Marie-Joseph, [Jean III. b 1723; s [6] 5 mars 1771.
Marie-Thècle, b [6] 23 sept. et s [6] 5 oct. 1748.—*Jean-Baptiste,* b... m [6] 7 janvier 1771, à Marie-Madeleine Laplante.—*Louis,* b [6] 11 mai et s [6] 4 sept. 1752.—*Marie-Judith,* b [6] 7 sept. 1753; m [6] 29 mai 1781, à Jean Martin.—*Joseph,* b [6] 24 juin 1758.—*Marie-Joseph,* b [6] 18 juillet 1762.—*Marie-Charlotte* b [6] 29 sept. 1764; s [6] 12 nov. 1768.

1771, (12 août). [6]

2° Moreau, Marie-Rose, [Pierre-Joseph III. b 1746; veuve de François Ouellet; s [6] 1826.

1771, (7 janvier) Kamouraska.

II.—JOUVIN, Jean-Bte. [Philippe I.
De la Bourlière (1), Marie-Mad., [J.-Bte III. b 1752.

I.—JOUY, Jean, b 1704, soldat; s 25 février 1741, aux Trois-Rivières.

JOY.—Voy. Yon—Rochefort..

JOYAL.—Voy. Breza—Carey—Joyelle.

JOYAU.—Voy. Joyaux.

JOYAUX.—*Variation et surnom:* Joyau—Bourbonnais.

1757, (6 juin) Montréal.

I.—JOYAUX (2), Jacques, b 1729, soldat; fils de Claude et de Catherine Clément, de St-Pierre-de-Moulins, Autun, Bourgogne.
Dufresne (3), Marie-Charlotte, [François III. b 1740.

JOYBERT.—Voy. DeJoybert.

JOYEL.—Voy. Joyelle.

JOYELLE.—*Variations et surnoms:* Johiel—Jouiel—Joyal—Joyel—Bergeron—Lafrenière—Perrot—Quercy—St-Cantin.

JOYELLE (1), Marie-Anne, épouse de Jean-Baptiste Larivière.

JOYELLE (2), Marie-Anne, épouse de Jacques Martin.

JOYELLE (1), Marie-Joseph, épouse de Richard Soyer.

JOYELLE (1), Marie-Louise, épouse de Claude Tourigny.

I.—JOYELLE, b 1622; s 26 mars 1716, à St-Frs-du-Lac.

1669, (10 nov.) Trois-Rivières. [1]

I.—JOYELLE (3), Jacques, b 1642.
Moral, Gertrude, [Quentin I. b 1658; s 28 août 1736, à St-Frs-du-Lac. [2]
Gertrude, b [1] 19 mai 1681; m [2] 19 février 1703, à Joseph Forcier; s [2] 16 avril 1732.—*Jean,* b [1] 22 sept. 1683; 1° m [2] 26 sept. 1707, à Françoise Cartier; 2° m [2] 1er février 1723, à Therèse Gagné.—*Marie-Joseph,* b [2] 21 sept. 1690; m [2] 28 nov. 1711, à Pierre Abraham.—*François,* b 1691; m [2] 27 avril 1716, à Marie-Catherine Rault; s [2] 19 oct. 1761.—*Joseph,* b 10 janvier 1694, à Sorel [3]; m [2] 9 avril 1731, à Madeleine Patry.—*Antoine,* b [3] 4 avril 1696; m [2] 21 nov. 1719, à Marguerite Patry.

1707, (26 sept.) St-Frs-du-Lac. [4]

II.—JOYELLE, Jean, [Jacques I. b 1683.
1° Cartier, Françoise, [Guillaume I. b 1688; s [4] 6 oct. 1721.
Louis-Antoine, b [4] 22 juillet 1708.—*Angélique,* b 1709; s [4] 24 février 1747.—*Marguerite-Françoise,* b [4] 7 avril 1715; s [4] 23 mars 1742.—*Joseph-Noel,* b [4] 30 mars 1717; m [4] 29 mai 1747, à Marie-Gertrude Couturier.—*Louis-Régis,* b [4] 9 sept. 1720; m 16 janvier 1753, à Marie-Joseph Gautier, à la Baie-du-Febvre.

1723, (1er février). [4]

2° Gagné, Thérèse, [François I. b 1702.
Anne-Elisabeth, b [4] 1er nov. 1723.—*Agathe,* b [4] 23 oct. 1724.—*François-Régis,* b [4] 3 oct. 1726.—*Michel,* b [4] 6 oct. 1728.—*Marie-Louise,* b [4] 7 oct. 1730; m [4] 30 août 1762, à Claude Thouvenin.—*Madeleine,* b [4] 22 oct. 1732; m [4] 10 janvier 1757, à Gabriel Gautier.—*Jeanne-Thérèse,* b [4] 20 juillet 1734.—*Jean-Baptiste-Antoine,* b [4] 23 mai 1736.—*Antoine-Joseph,* b [4] 19 août et s [4] 6 sept. 1737.—*François,* b [4] 15 oct. et s [4] 22 nov. 1738.—*Geneviève,* b [4] 17 déc. 1739.

(1) Dit Laplante.
(2) Et Joyau dit Bourbonnais.
(3) Elle épouse, le 26 oct. 1760, Joseph-Antoine Roupe, à St-Laurent, M.

(1) Et Joyel.
(2) Et Joyal.
(3) Marié sous le nom de Bergeron dit Johiel; voy. vol. I, p. 42-327.

1716, (27 avril) St-Frs-du-Lac. [5]
II.—JOYELLE (1), FRANÇOIS, [JACQUES I.
b 1691 ; s[5] 19 oct. 1761.
RAULT (2), Marie-Catherine. [PIERRE I.
Joseph, b[5] 16 juin 1718.—*Louise*, b[5] 3 mars 1721 ; m[5] 9 juin 1756, à Jacques FORCIER.—*Jean-François*, b[5] 20 dec. 1722 ; m[5] 23 mai 1757, à Gertrude DUPUIS.—*Antoine*, b[5] 8 février 1725 ; m[5] 4 nov. 1755, à Louise LEGRIS.—*Jean-Baptiste*, b[5] 12 juillet 1726.—*Marie-Catherine*, b[5] 27 avril 1729.—*Marie-Jeanne*, b... m[5] 21 août 1758, à Christophe GAUTIER.— *Pierre*, b[5] 10 nov. 1738.

1719, (21 nov.) St-Frs-du-Lac. [6]
II.—JOYELLE, ANTOINE, [JACQUES I.
b 1696.
PATRY, Marguerite, [JEAN I.
b 1697.
Louise-Marguerite, b[6] 19 sept. 1720 ; m[6] 31 mai 1745, à Ignace SALOUER.—*Jean-Baptiste*, b[6] 31 janvier 1722 ; m[6] 8 janvier 1753, à Françoise CHAPDELAINE.—*Antoine-Joseph*, b[6] 17 sept. 1723 ; m[6] 12 janvier 1752, à Catherine BOURBONNAIS.—*François-Régis*, b[6] 8 nov. 1725.—*Joseph*, b[6] 2 mars 1727 ; s[6] 31 mai 1728.—*Joseph*, b[6] 28 mars 1729.—*Marie-Anne*, b[6] 27 nov. 1730 ; m[6] 5 mars 1753, à Jean-Baptiste CHAPDELAINE.—*Jacques*, b[6] 24 sept. 1732 ; m[6] 1er février 1762, à Marie-Jeanne CHAPDELAINE.—*Nicolas*, b[6] 15 juin 1734 ; s[6] 18 août 1736.—*Angélique*, b[6] 6 avril 1736.—*Marie-Geneviève*, b[6] 7 sept. 1739 ; m[6] 16 août 1762, à Charles CHAPDELAINE.

1726, (7 oct.) St-Frs-du-Lac. [7]
I.—JOYELLE (3), JEAN, fils de Jean-Joseph et de Jeanne Maguin, de St-Pierre-de-Cahors, Quercy.
GUIGNARD, Thérèse. [PIERRE II.
Joseph, b 17 août 1727, à la Rivière-du-Loup. [8] —*Jean-Joseph*, b 3 avril 1729, à St-Michel-d'Yamaska. [9]— *Marie-Joseph*, b[7] 25 mai 1731. — *Antoine*, b[9] 27 août 1734.—*Marie-Thérèse*, b[8] 5 mars 1736.—*Françoise*, b[8] 12 oct. 1737.—*Marguerite*, b[7] 9 janvier 1744.

1731, (9 avril) St-Frs-du-Lac. [3]
II.—JOYELLE (4), JOSEPH, [JACQUES I.
b 1694.
PATRY, Madeleine, [JEAN I.
b 1707.
Marie-Anne, b[3] 6 mars 1732 ; m[3] 20 oct. 1760, à Jacques MARTIN.—*Joseph*, b[3] 21 juin 1733 ; m 10 janvier 1763, à Marie-Charlotte FORCIER, à St-Michel-d'Yamaska.—*Marie-Angélique*, b[3] 21 nov. et s[3] 11 dec. 1734.—*Marie-Madeleine*, b[3] 20 juin 1736 ; m[3] 31 mars 1761, à Joseph BELLEROSE-HYACINTHE ; s 4 nov. 1796, à Nicolet.—*Jean-Baptiste*, b[3] 7 mai 1738 ; m à Marie-Jeanne FORCIER.—*Louis-François*, b[3] 4 sept. 1741.—*Marie-Agathe*, b[3] 28 février 1743.—*Michel*, b[3] 28 sept. 1744. — *Catherine-Antoinette*, b[3] 30 mai 1747.—*Marie-Jeanne*, b[3] 10 juin 1749.—*Paul*, b[3] 16 février 1751 ; s[3] 15 fevrier 1752.

(1) Dit St-Cantin.
(2) Appelée Vanasse, du nom de sa mère.
(3) Et Jouiel – Joyel dit Perrot—Quercy.
(4) Dit Lafrenière.

JOYELLE, MARGUERITE, b... s 21 oct. 1740, à St-Frs-du-Lac.

JOYELLE (1), MARGUERITE, b 1742 ; m à Jean-Baptiste MACKENEN ; s 27 déc. 1772, à la Baie-du-Febvre.

1747, (29 mai) St-Frs-du-Lac. [9]
III.—JOYELLE, JOSEPH-NOEL, [JEAN II.
b 1717.
COUTURIER, Marie-Gertrude, [PIERRE II.
b 1722 ; s[9] 27 janvier 1762.
Joseph-Marie, b[9] 20 et s[9] 26 août 1748.—*Marie-Anne-Amable-Nymphe*, b[9] 10 et s[9] 19 nov. 1750.—*Joseph-Louis*, b[9] 5 nov. 1751 ; s[9] 13 oct. 1752.—*Exupère*, b[9] 11 avril 1753.—*Joseph-Louis*, b[9] 20 déc. 1754 ; s[9] 20 mai 1755.—*Joseph*, b[9] 29 dec 1755.—*Thérèse*, b[9] 21 sept. 1757.—*Louis*, b[9] 20 juillet et s[9] 13 sept. 1759.—*Pierre-Jean*, b[9] 6 et s[9] 17 août 1760.

1752, (12 janvier) St-Frs-du-Lac. [5]
III.—JOYELLE, ANTOINE-JOS., [ANTOINE II.
b 1723.
BOURBONNAIS, Catherine, [CLAUDE I.
b 1736.
Julien, b[5] 26 janvier 1753.—*Marie-Catherine*, b[5] 9 sept. 1754 ; s[5] 27 août 1758. — *Marie-Geneviève*, b[5] 17 mars et s[5] 14 juin 1756.—*Antoine*, b[5] 4 février 1759.

1753, (8 janvier) St-Frs-du-Lac. [1]
III.—JOYELLE, JEAN-BTE, [ANTOINE II.
b 1722.
CHAPDELAINE (2), Françoise, [PIERRE II.
b 1730.
Marie-Jeanne, b[1] 20 déc. 1753 ; m 17 mai 1774, à Pierre RITCHOT, à St-Michel-d'Yamaska. [2]—*Jean-Baptiste*, b[2] 12 nov. 1754.—*Marie-Charlotte*, b[2] 20 sept. 1757 ; s[2] 23 juillet 1758. — *Marie-Charlotte*, b[2] 1er oct. 1759.—*Paul*, b[2] 5 janvier 1764.—*Joseph-Basile*, b[2] 21 février 1766.—*Marie-Françoise*, b[2] 21 fevrier 1769.

1753, (16 janvier) Baie-du-Febvre.
III.—JOYELLE, LOUIS-RÉGIS, [JEAN II.
b 1720.
GAUTIER, Marie-Joseph. [ETIENNE II.
Jean-Baptiste, b 4 dec. 1753, à St-Michel-d'Yamaska. [3] — *Marie*, b[3] 12 et s[3] 15 fevrier 1756.—*Marie-Anne*, b[3] 12 fevrier 1756. — *Marie-Antoinette*, b[3] 31 oct. 1758.— *Marguerite*, b[3] 14 mars 1762 ; s[3] 1er oct. 1763.

1755, (4 nov.) St-Frs-du-Lac. [3]
III.—JOYELLE (3), ANTOINE, [FRANÇOIS II.
b 1725.
LEGRIS-LÉPINE, Louise. [JEAN.
Marie-Louise, b[3] 5 août 1756.—*Antoine*, b[3] 27 avril 1759 ; s[3] 16 mai 1760. — *Jean-Baptiste*, b[3] 15 août 1762.

(1) Dit Saloi.
(2) Dit Larivière.
(3) Dit St-Cantin.

1757, (23 mai) St-Frs-du-Lac.
III.—JOYELLE, JEAN-FRANÇOIS, [FRANÇOIS II.
b 1722.
DUPUIS, Gertrude, [JEAN-FRANÇOIS I.
b 1714; veuve de Pierre Blanchard.

1762, (1er février) St-Michel-d'Yamaska.
III.—JOYELLE (1), JACQUES, [ANTOINE II.
b 1732.
CHAPDELAINE (2), Marie-Jeanne, [PIERRE II.
b 1740.
Angélique, b 1er déc. 1762, à St-Frs-du-Lac.

1763, (10 janvier) St-Michel-d'Yamaska.[3]
III.—JOYELLE (3) JOSEPH, [JOSEPH II.
b 1733.
FORCIER, Marie-Charlotte, [JACQUES III.
b 1742.
Marie-Catherine, b [3] 5 et s [3] 6 déc. 1768.

III.—JOYELLE (1), JEAN-BTE, [JOSEPH II.
b 1738.
FORCIER, Marie-Jeanne.
Geneviève, b 12 janvier 1768, à St-Michel-d'Yamaska[5]; s [5] 2 avril 1770.

JOYELLE (1), ANTOINE.
RIDEAU, Agathe.
Joseph, b... m 3 août 1818, à Thérèse LABADIE, à St-Louis, Mo.

JOYELLE (1), PIERRE.
GAMELIN, Madeleine.
Basile, b... m 18 avril 1836, à Pauline BIRON, à Cahokia.

1818, (3 août) St-Louis, Mo.[5]
JOYELLE (1), JOSEPH. [ANTOINE.
LABADIE, Thérèse. [JOSEPH.
Joseph, b [5] 9 juillet 1819. — *Olivier*, b [5] 2 février 1821.—*Joseph*, b [5] 26 août 1824.—*François*, b [5] 12 déc. 1826. — *Louise-Amanda*, b [5] 31 mars 1829.—*Antoine*, b [5] 26 avril 1831. — *Agathe*, b [5] 22 avril 1833.—*Joseph*, b [5] 17 mai 1835. — *Elisabeth*, b [5] 16 avril 1838.

1836, (18 avril) Cahokia.
JOYELLE (1), BASILE. [PIERRE.
BIRON, Pauline. [CHARLES.

I.—JOYEUX (4), JACQUES.

JUBER.—Voy. JOUBERT.

JUBINVILLE.—*Surnom :* ST-MICHEL.

JUBINVILLE, ...
ST-MICHEL, Marie,
b 1671 ; s 13 janvier 1761, à St-Laurent, M.

(1) Et Joyal.
(2) Dit Larivière.
(3) Et Joyal dit Lafrenière.
(4) Dit Dupassage ; on rencontre ce nom à acte de foy et hommage, vol. I, 1ère partie, pp. 133-134, annee 1668. (Archives d'Ottawa, il signe Joyeux).

1706, (8 juin) Montréal.[4]
I.—JUBINVILLE (1), MICHEL, b 1671 ; fils de Pierre (libraire-imprimeur) et de Marguerite Blainville, de St-Severin de Paris; s [4] 16 déc. 1718.
BARBEAU, Marguerite, [FRANÇOIS I.
b 1674 ; veuve de Pierre Gendron.
Jean-Baptiste, b [4] 22 août 1707 ; m 3 février 1733, à Angélique HOUÉ-JOLICŒUR, à St-Laurent, M.[5]— *Michel*, b 1708; m [5] 11 oct. 1734, à Marie-Catherine BOURDON. — *Jean-Baptiste*, b [4] 26 mai 1710; m [5] 3 fevrier 1733, à Angelique QUENNEVILLE. —*Marguerite*, b [4] 14 janvier 1713 ; s [4] 28 février 1718. —*Marie-Catherine*, b [4] 2 avril 1715; m 18 oct. 1734, à Jean LEBLANC, à la Longue-Pointe; s [4] 1er avril 1741.— *François*, b [4] 13 août 1717; s [4] 25 mai 1741.—*Angélique*, b [4] 19 août 1719; m [4] 28 août 1741, à François CARDINAL.

1733, (3 février) St-Laurent, M.[7]
II.—JUBINVILLE (2), JEAN-BTE, [MICHEL I.
b 1707.
HOUÉ (3), Angélique, [JEAN-BTE I.
b 1710.
Angélique, b... m [7] 14 février 1757, à Charles TURCOT.—*Joseph*, b... m [7] 14 avril 1766, à Marie-Joseph RÉAUME.— *Marie-Françoise*, b [7] 6 mai et s [7] 12 juin 1750.—*Marie-Anne*, b [7] 24 sept. 1751. —*Pierre*, [7] 31 oct. 1753.

1733, (3 février) St-Laurent, M.
II.—JUBINVILLE, JEAN-BTE, [MICHEL I.
b 1710.
QUENNEVILLE (4), Angélique, [JEAN II.
b 1706.
Marie-Joseph, b 16 juin 1742, au Sault-au-Récollet[1]; s [1] 13 juin 1744. — *Marie-Ursule*, b [1] 20 janvier et s [1] 24 juillet 1744. — *Marie-Joseph*, b [1] 26 avril 1745.—*Jean-Baptiste*, b [1] 5 mai 1747. —*Marie-Madeleine*, b [1] 28 fevrier 1749.

1734, (11 oct.) St-Laurent, M.
II.—JUBINVILLE, MICHEL, [MICHEL I.
b 1708.
BOURDON, Marie-Anne, [CÉSAR-MARIN II.
b 1712.
Michel, b 27 avril 1738, au Sault-au-Récollet.[6] — *Joseph-Paschal*, b [6] 16 et s [6] 21 avril 1740. — *Jacques*, b [6] 27 août 1741. — *Marie*, b... m 31 mars 1761, à François BEAUGRAND, à Lanoraie.[7] —*Marc-Antoine*, b 2 avril 1746, à Lavaltrie.[8]— *Joseph-Marie*, b [8] 1er avril 1749. — *François*, b [8] 23 mars 1751. — *Jean-Baptiste*, b 3 juin 1754, à l'Ile-Dupas ; s [7] 8 juillet 1755. — *Jean-Baptiste*, b [7] 26 juillet 1757.

1766, (14 avril) St-Laurent, M.
III.—JUBINVILLE, JOSEPH, [JEAN-BTE II.
RÉAUME, Marie-Joseph, [NICOLAS III.
b 1750.

(1) Dit St-Michel; soldat de M. Duplessis.
(2) Dit St-Michel.
(3) Anné dit Jolicœur.
(4) Elle epouse, le 30 janvier 1758, Joseph Berthiaume, au Sault-au-Recollet.

1683, (24 février) Beauport.[1]
III.—JUCHEREAU (1), Ignace, [Nicolas II.
b 1658; s[1] 8 avril 1715.
Peuvret, Marie-Catherine, [Jean-Bte I.
b 1667; s[1] 17 fevrier 1739.
Marie-Anne-Louise, b[1] 15 oct. 1689; m[1] 29 mars 1728, à Philippe Damours.—*Madeleine*, b[1] 12 avril 1707; m[1] 4 sept. 1729, à Jean-Christophe DeMonceaux.— *Marie-Thérèse*, b[1] 10 déc. 1708; 1° m 5 oct. 1729, à Théodose Denys de Vitré, à l'Hôpital-Général, Q.; 2° m[1] 5 février 1742, à Antoine Daillebout.—*Madeleine-Louise*, b[1] 29 mai 1711; m[1] 30 juillet 1750, à Michel Sallabery.

1691, (10 sept.) St-Pierre, I. O.
I.—JUCHEREAU, Antoine, fils de Pierre et de Jeanne Danlague, de St-Etienne, ville de Bourges, Berry.
Petit (2), Marie-Anne-Charlotte, veuve de Joachim Martin.

1692, (21 avril) Montréal.[2]
III.—JUCHEREAU (1), Charles, [Nicolas II.
b 1655.
Migeon (3), Denise-Thérèse, [Jean-Bte I.
b 1678.
Catherine, b[2] 23 sept. 1693; m[2] 24 juillet 1718, à Jean-Baptiste-René Legardeur; s[2] 12 août 1727.— *Joseph-Charles*, b[2] 9 août 1696; m 1715, à Maria Pedro de Vilesca, à Mexico.

1715, Mexico.
IV.—JUCHEREAU, Jos.-Chs, [Charles III.
b 1696.
Pedro de Vilesca, Maria.

IV.—JUCHEREAU, Joseph, [Ignace III.
b 1685; s 1er avril 1720, à Québec.

1737, (13 mai) Québec.
IV.—JUCHEREAU (4), Antoine, [Ignace III.
b 1704.
Chartier (5), Marie-Françoise, [Eustache III.
b 1712.
Marie-Catherine, b 14 mars 1738, à Beauport.[1] — *Antoine*, b[1] 8 février 1740; 1° m[1] 12 août 1765, à Julie-Louise Liénard de Beaujeu; 2° m à Catherine Dupré.— *Marie-Eustache*, b[1] 25 oct. 1741.—*Louis-Ignace*, b[1] 5 août et s[1] 7 oct. 1743. — *Louise-Michelle*, b[1] 28 fevrier et s[1] 1er mai 1745.

1765, (12 août) Beauport.[8]
V.—JUCHEREAU (6), Antoine, [Antoine IV.
b 1740.
1° Liénard (7), Julie-Louise, [Louis II.
b 1748.

(1) Voy. vol. I, p. 328.
(2) Elle épouse, le 11 juin 1703, Jean-Paul Maheu, à St-Pierre, I. O.
(3) Elle épouse, le 6 sept. 1706, Louis Liénard de Beaujeu à Montréal.
(4) Seigneur Duchesnay de Beauport.
(5) Mariée par son père l'archidiacre.
(6) Dit Duchesnay.
(7) DeBeaujeu.

Antoine-Louis, b... m 11 février 1793, à Marie-Louise DeFleury, à Deschambault.
2° Dupré, Catherine.
Jean-Baptiste, b[8] 16 février 1779.— *Henrielle-Catherine*, b[8] 7 juillet 1784; m à François-Xavier Blanchet.—*Michel*, b[8] 15 mars 1786.

1793, (11 février) Deschambault.[7]
VI.—JUCHEREAU, Antoine-Ls. [Antoine V.
DeFleury, Marie-Louise, [Louis III.
b 1768.
Antoine-Narcisse, b[7] 22 nov. 1793.

JUDE, Marie, épouse de Jean Peachy.

JUDITH. — *Variations et surnoms :* Jeudy — Judic — Judicq — Juillet— Billet— Rencontre.

I.—JUDITH, Madeleine, b... m 1691, à Louis Lequien.

1706, (15 mai) Québec.
I.—JUDITH (1), François, b 1670; fils de Pierre et d'Eléonard, Coutant, de St-Julien, diocèse de Limoges, Limousin; s 24 déc. 1726, à Montréal.[6]
Buteau (2), Marie-Agathe. [Nicolas I.
Louis, b 13 fevrier 1708, au Détroit[7]; m 9 avril 1731, à Angelique Robidou, à Longueuil.— *Madeleine*, b[7] 5 févrer 1710; m 3 nov. 1734, à Louis Hunaut, à Montréal.[8] — *Marie-Charlotte*, b[8] 3 fevrier 1712; m[8] 21 avril 1732, à Paul Biset; s[8] 16 août 1755.—*René*, b[8] 25 nov. 1713; s[8] 12 janvier 1726.—*Marie-Françoise*, b[8] 13 oct. 1715; s[8] 18 déc. 1720. — *Marie-Anne*, b 1717; m à Louis Hébert; s 13 mars 1753, à Verchères. —*Marie-Louise*, b[8] 14 mars 1718; m[8] 9 sept. 1748, à Richard Dulong.— *Suzanne*, b[8] et s[8] 5 déc. 1720.— *Jean*, b[8] 2 août 1723; s[8] 15 mars 1728. — *Marie-Françoise*, b[8] 12 oct. et s[8] 4 déc. 1724. — *Jacques*, b[8] 21 janvier et s[8] 4 février 1726.—*François*, b[8] 10 et s[8] 24 juin 1727.

1731, (9 avril) Longueuil.
II.—JUDITH (3), Louis, [François I.
b 1708.
Robidou, Marie-Anne-Angél., [Guillaume II.
b 1711.
Louis, b... s 19 oct. 1734, à Montréal.[6] — *Joseph*, b[6] 20 février et s[6] 24 nov. 1735.—*Marie-Agathe*, b[6] 28 janvier et s[6] 24 juillet 1736.— *François*, b[6] 22 mars 1737; m[6] 9 janvier 1758, à Louise Pitaillier. — *Jean-Baptiste*, b[6] 29 oct. 1738; s[6] 8 mars 1739.— *Marie-Catherine*, b[6] 28 déc. 1739.— *Marie-Marguerite*, b[6] 24 mars et s[6] 11 avril 1741. — *Louis*, b[6] 29 mai et s[6] 14 juin 1742. — *Joseph*, b[6] 27 sept. et s[6] 7 oct. 1743.— *Alexis*, b[6] 14 nov. 1744. — *Marie-Louise*, b[6] 9 avril 1746. — *Joseph-Marie*, b[6] 17 juin et s[6] 20 juillet 1747.—*Pierre-Amable*, b[6] 29 juin et s[6] 16 juillet 1748.—*François*, b[6] 9 août 1749.

(1) Et Judic dit Rencontre—Billet—Juillet, 1710.
(2) Et Dutaut, 1748.
(3) Et Judicq dit rencontre.

1758, (9 janvier) Montréal.
III.—JUDITH (1), FRANÇOIS, [LOUIS II.
b 1737.
PITAILLIER (2), Louise, [CHARLES I.
b 1734.

JUDITH (1), ANTOINE.
OUARD, Marie-Louise.
Alexandre-Antoine, b... m 16 avril 1798, à Joséphine ROY, à St-Louis, Mo.

1798, (16 avril) St-Louis, Mo. 1
JUDITH (3), ALEXANDRE-ANTOINE. [ANTOINE.
ROY, Joséphine. [ANDRÉ.
Antoine, b 1 11 mai 1800; m 18 sept. 1823, à Marie DUBREUIL, à Florissant, Mo. 2 — *Marie-Eulalie*, b 2 5 avril 1804; m 2 15 mai 1820, à Jean-Alain PIQUET.

1823, (18 sept.) Florissant, Mo.
JUDITH (1), ANTOINE, [ALEXANDRE-ANTOINE.
b 1800.
DUBREUIL, Marie.

1724, (13 nov.) Québec. 8
I.—JUDON, LOUIS, b 1693, fils de Michel et de Françoise Cheveau, de St-Simplicien, ville de Tours, Touraine; s 3 1er mai 1733.
NOLIN, Marie-Anne, [JACQUES I.
b 1697; s 3 1er avril 1732.

JUGNAC.—*Variations :* GIGNAC—JUNIAC.

JUGNAC, MARIE-ANNE, épouse d'Alexis PICHET.

JUGNAC, CATHERINE, épouse d'Alexis MARCOT.

JUGNAC, FRANÇOISE, épouse de Michel MARCOT.

JUGNAC, THÉRÈSE, épouse d'Alexis MATTE.

JUGNAC, LOUIS, b 1696; s 3 janvier 1738, au Cap-Santé.

1688.
I.—JUGNAC (4), FRANÇOIS,
b 1657; s 23 juillet 1737, au Cap-Santé. 5
1° DUCLOS, Anne, [FRANÇOIS I.
b 1668; s 5 31 janvier 1709.
Jacques, b 5 8 mai 1689; m 5 7 nov. 1713, à Marie-Anne RICHARD.—*François*, b 5 8 sept. 1690. —*Guillaume*, b... m à Isabelle RICHARD.—*Pierre*, b 5 23 sept. 1693; m 5 24 janvier 1718, à Brigitte PETIT.—*Louis*, b 5 27 mai 1695.—*Marie-Françoise*, b 6 janvier 1697, à Batiscan.—*Marguerite-Louise*, b 5 29 mars 1700; m 5 5 février 1725, à Jean-Baptiste LEFEBVRE.—*François*, b 5 29 mai 1703; m 5 4 mars 1726, à Madeleine PETIT.—*Marie-Catherine*, b 5 25 sept. 1707; m 17 avril 1731, à Pierre FRENET, à Deschambault 6; s 6 3 août 1770.—*Marie-Angélique*, b... s 5 18 juin 1725.

(1) Judicq dit Rencontre.
(2) Elle épouse, le 17 oct. 1763, Prisque Bergevin, à Montréal.
(3) Dit Rencontre.
(4) Voy. vol. I, p. 328.

1710, (30 juillet). 5
2° BRIÈRE, Anne, [JEAN I.
b 1676; veuve de Jean Chaillé; s 14 avril 1746, à Montréal.
Antoine, b 5 16 avril 1711; m à Marie-Anne SÉDILOT.—*Marie-Joseph*, b 5 22 nov. 1714; m 5 29 juillet 1728, à Nicolas RICHARD.—*Marie*, b... m 17 août 1739, à Pierre HALEAU, à Québec 7; s 7 5 janvier 1740.—*Angélique*, b... m 5 17 mai 1751, à René CUILLERIER.

1713, (7 nov.) Cap-Santé. 8
II.—JUGNAC, JACQUES, [FRANÇOIS I.
b 1689.
RICHARD, Marie-Anne, [ALEXIS II.
b 1695.
Marie-Anne, b 1714; m 8 24 janvier 1735, à Louis-Joseph DELISLE; s 12 avril 1746, à Deschambault.—*Elisabeth*, b 1719; m 8 10 juin 1738, à Alexis DELISLE; s 8 26 avril 1749.—*Jacques*, b... 1° m 6 février 1741, à Marie-Françoise LAFOND-MONGRAIN, à Batiscan; 2° m 1er oct. 1764, à Françoise SURET, à Ste-Foye.

1718, (24 janvier) Cap-Santé. 8
II.—JUGNAC, PIERRE, [FRANÇOIS I.
b 1693.
PETIT, Brigitte, [NICOLAS II.
b 1701.
Marie-Madeleine, b... m 8 22 oct. 1736, à Jean-Baptiste CARPENTIER.—*Joseph-Marie*, b... m 8 11 janvier 1745, à Marie-Madeleine GALARNEAU.—*Brigitte*, b... m 8 26 fevrier 1748, à Pierre RICHARD.—*Marie*, b 8 28 février 1726; m 8 23 août 1745, à Alexis MATTE.—*Louis-Joseph*, b 8 5 mai 1728; m 8 25 janvier 1751, à Marie-Madeleine RICHARD.—*Marie-Félicité*, b 8 23 février 1730; s 8 14 sept. 1751.—*Marie-Angélique*, b 8 28 sept. 1732; m 8 10 janvier 1752, à Pierre PICHÉ.—*Pierre*, b 8 4 avril 1734.—*Jacques*, b 8 18 janvier 1736.—*Marie-Marguerite*, b 8 11 nov. 1737.—*Jean-Baptiste*, b 8 6 juin 1740; s 8 22 août 1751. —*Marie-Joseph*, b 8 26 mai 1743.

II.—JUGNAC, GUILLAUME. [FRANÇOIS I.
RICHARD, Isabelle, [ALEXIS II.
b 1697.
Etienne, b 21 oct. 1721, au Cap-Santé 6; m 6 sept. 1745, à Geneviève-Elisabeth GROSLEAU, à Deschambault 7; s 7 4 sept. 1754.—*Joseph*, b... m 21 août 1747, à Marie-Madeleine RIVARD, à Batiscan.—*Jean-Baptiste*, b 6 18 mars 1725; m 7 7 avril 1750, à Marguerite MONTAMBAULT.—*Jacques*, b 1727; s 6 13 fevrier 1734.—*Elisabeth*, b 6 5 mars 1729; s 6 15 février 1734.—*Guillaume*, b 6 23 janvier 1732; m 2 août 1751, à Thérèse GRENON, à la Pte-aux-Trembles, Q.—*Jean-François*, b 6 22 fevrier 1735; m 7 19 oct. 1760, à Marie-Marguerite BENOIT-ABEL.

1726, (4 mars) Cap-Santé. 8
II.—JUGNAC, FRANÇOIS, [FRANÇOIS I.
b 1703.
PETIT, Madeleine, [NICOLAS II.
b 1706.
Marie, b... s 8 29 juin 1728.—*Marie-Madeleine*,

b [8] 16 avril 1729; m [8] 17 nov. 1749, à Joseph Chaillé.—*Marie-Joseph*, b [8] 23 février 1731; m [8] 3 fevrier 1750, à Joseph Frenet.—*Marie-Anne*, b [8] 23 mars 1733.—*Augustin*, b [8] 25 fevrier 1735. —*Jean-François*, b [8] 4 avril 1737; s [8] 13 février 1740.—*Joseph*, b [8] 3 juillet 1739.—*Marie-Charlotte*, b [8] 23 janvier 1742.—*François-de-Sales*, b [8] 3 mars 1745.

II.—JUGNAC (1), Antoine, [François I.
b 1711.
Sédilot (2), Marie-Anne.
Suzanne, b 1736; s 17 avril 1754, à Soulanges.[2] —*Marie-Anne*, b 13 nov. 1739, au Bout-de-l'Ile, M.[3]; m [2] 18 janvier 1762, à Joseph Legros.—*Marie-Joseph*, b [3] 14 mai 1741; m [2] 18 juin 1759, à Antoine Leclair.—*Antoine*, b [3] 7 février 1745; s [2] 8 mars 1752.—*Marie-Jeanne*, b 26 juin 1746, à Montreal.—*Antoine*, b... s [2] 1er nov. 1761.

1741, (6 février) Batiscan.[1]
III.—JUGNAC (3), Jacques. [Jacques II.
1° Lafond (4), Anne-Françoise, [Jean III.
b 1719.
Joseph, b 21 janvier 1742, au Cap-Santé[2]; m 5 oct. 1767, à Marie-Jeanne LeSieur-Vilard, à Yamachiche.—*Alexis*, b [2] 15 avril 1743; s [2] 7 oct. 1745.—*Jacques*, b [2] 30 août 1744.—*Jacobé*, b... m 8 février 1768, à Marie-Modeste Robichau, à Deschambault.[8]—*Marie-Françoise*, b [2] 20 fevrier 1746; s [1] 22 sept. 1749.—*Marie*, b [2] 6 mai 1747.—*Marie-Thérèse-Marguerite*, b [2] 31 août 1748.—*Augustin*, b [8] 31 janvier 1750.—*Catherine*, b [2] 20 juillet 1751.—*Marie-Anne*, b [8] 8 mai 1753.—*Alexis*, b [8] 23 janvier et s [8] 11 février 1756.
1764, (1er oct.) Ste-Foye.
2° Suret, Françoise,
veuve de .... Sincenne.

1745, (11 janvier) Cap-Santé.[7]
III.—JUGNAC, Joseph-Marie. [Pierre II.
Galarneau, Madeleine, [Philippe-Joseph III.
b 1726.
Joseph, b [7] 10 nov. 1745.—*Jean-Baptiste*, b [7] 9 déc. 1746.—*Augustin*, b [7] 28 avril et s [7] 7 juin 1748.—*Marie-Madeleine*, b [7] 8 sept. 1749.—*Marie-Anne*, b [7] 5 août 1753.

1745, (6 sept.) Deschambault.[6]
III.—JUGNAC (1), Etienne, [Guillaume II.
b 1721; s [6] 4 sept. 1754.
Grosleau (5), Genev.-Elisabeth, [Jean-Bte II.
b 1716.
Geneviève, b [6] 25 janvier 1755; m [6] 19 nov. 1770, à Jean-Baptiste Langlois.

(1) Et Gignac.
(2) Dit Montreuil, 1746. Elle épouse, le 7 janvier 1762, René Drouillard, à Soulanges.
(3) Et Juniac.
(4) Et Lalande dit Mongrain.
(5) Elle épouse, le 6 février 1758, Joseph Gallian, à Deschambault.

1747, (21 août) Batiscan.[1]
III.—JUGNAC (1), Joseph. [Guillaume II.
Rivard (2), Marie-Madeleine, [François II.
b 1724.
Madeleine, b et s 23 déc. 1748, à St-Pierre-les-Becquets.[2]—*Marie-Joseph*, b 1749; s 16 janvier 1761, à Ste-Anne-de-la-Pérade.[3]—*Marie-Thérèse*, b 6 sept. 1751, à Deschambault.—*Joseph*, b [2] 10 février 1754; m 3 juin 1792, à Marie-Anne Crevier, au Cap-de-la-Madeleine.—*Marie-Geneviève*, b [2] 21 sept. 1755.—*Marie-Marguerite*, b [2] 6 août 1757; s [1] 8 oct. 1758.—*Marie-Madeleine*, b [3] 4 oct. 1760.—*Marie*, b [3] 16 juin 1762.—*Marguerite*, b [3] 5 mars 1764.

1750, (7 avril) Deschambault.[7]
III.—JUGNAC, Jean-Bte, [Guillaume II.
b 1725.
Montambault, Marguerite, [Jacques II.
b 1716.
Jean-Baptiste, b [7] 12 fevrier 1751.—*François*, b [7] 18 fevrier 1753.—*Marie-Marguerite*, b [7] 21 janvier 1755.—*Marie-Joseph*, b [7] 25 sept. 1757; s [7] 16 janvier 1758.—*Joseph*, b [7] 9 déc. 1759; s [7] 9 sept. 1760.

1751, (25 janvier) Cap-Santé.[8]
III.—JUGNAC, Louis-Joseph, [Pierre II.
b 1728.
Richard, Marie-Madeleine, [Pierre III.
b 1731.
Pierre, b [8] 23 nov. 1751.—*Louis*, b [8] 6 sept. 1753.—*Marie-Madeleine*, b 4 oct. 1759, aux Ecureuils.

1751, (2 août) Pte-aux-Trembles, Q.
III.—JUGNAC (3), Guillaume, [Guillaume II.
b 1732.
Grenon, Thérèse, [Joseph II.
b 1731.

1760, (19 oct.) Deschambault.[8]
III.—JUGNAC (3), Jean-Frs, [Guillaume II.
b 1735.
Benoit-Abel, Marie-Marguerite, [Jean-Frs III.
b 1741.
Marie-Isabelle, b [8] 25 janvier 1768; m [8] 9 février 1789, à Paul Perron.

1767, (5 oct.) Yamachiche.[4]
IV.—JUGNAC, Joseph, [Jacques III.
b 1752.
LeSieur (4), Marie-Jeanne, [Augustin III.
b 1747.
Marie-Joseph, b [4] 29 juillet 1768.

1768, (8 février) Deschambault.
IV.—JUGNAC (3), Jacobé. [Jacques III.
Robichau, Marie-Modeste. [Pierre I.

(1) Et Juniac.
(2) Dit Lacoursière.
(3) Et Gignac.
(4) Dit Vilars—Desauniers.

JUGNAC, Joseph.
Giroux, Geneviève.
Geneviève, b... m 24 janvier 1797, à François Filteau, à Deschambault.

JUGNAC (1), Jean-Bte.
............, Marie-Joseph.
Jean-Baptiste, b 19 août 1795, à Batiscan.

1792, (3 juin) Cap-de-la-Madeleine.[5]
IV.—JUGNAC (2), Joseph, [Joseph III.
b 1754.
Crevier, Marie-Anne, [Antoine IV.
b 1759.
Marie-Marguerite, b [5] 23 avril 1793. — *Marie-Joseph*, b [5] 3 oct. 1794.

JUGON.—Voy. Lemaitre.

JUGON, Marin.
Arambour (3), Marie.
Michel, b 25 juillet 1757, à Beauport.—*Jacques*, b 27 août 1760, à Chambly.

JUILLET. — *Variations et surnom:* Huyet-Ponceley, 1718—Judith—Avignon.

1651, (10 février) (4).
I.—JUILLET (5), Blaise,
s 19 avril 1660, à Montréal.[5]
Liercour, Marie-Antoinette,
b 1634.
Mathurine, b [5] 31 déc. 1651 ; m [5] 20 oct. 1664, à Urbain Baudereau ; s [5] 6 mars 1723.— *Louis*, b [5] 11 oct. 1658 ; m [5] 25 janvier 1683, à Catherine Celles-Duclos ; s [5] 7 mai 1736.

1679, (4 dec.) Montréal.[5]
II.—JUILLET (6), Charles, [Blaise I.
b 1656 ; s [5] 5 juillet 1690.
Sainctar (7), Catherine,
b 1653.
Blaise, b [5] 20 nov. 1680 ; m [5] 18 juillet 1701, à Marie-Madeleine Fortier ; s 2 août 1748, à la Longue-Pointe.

1683, (25 janvier) Montréal.[3]
II.—JUILLET (8), Louis, [Blaise I.
b 1658 ; s [3] 7 mai 1736.
Celles-Duclos, Catherine, [Gabriel I.
b 1665 ; s [3] 4 février 1743.
Catherine, b [3] 30 juillet 1686 ; 1° m [3] 19 juin 1702, à Jacques Hussey ; 2° m [3] 1er déc. 1711, à Joseph Poupart. — *Pierre*, b [3] 8 août 1690 ; s [3] 23 août 1720. — *Marie-Louise*, b [3] 3 avril 1699 ; m [3] 25 nov. 1715, à Nicolas Sarrazin. — *Marie-Angélique*, b [3] 23 août 1705.—*Marie*, b 1707 ; m [3] 9 sept. 1737, à Louis-Joseph Hubert.—*Louis*, b [3] 15 juillet 1708.—*Marie-Charlotte*, b 1709 ; m [3] 10 janvier 1729, à Rene-Etienne Montret ; s [3] 13 avril 1740.

(1) Et Gignac—Juniac.
(2) Et Gignac.
(3) Et Laronbourg de Pabos.
(4) Date du contrat de mariage.
(5) Dit Avignon ; voy. vol. I, p. 324.
(6) Voy. vol. I, p. 329.
(7) Elle épouse Claude Baillif.
(8) Voy. vol. I, p. 329.

1701, (18 juillet) Montréal.[6]
III.—JUILLET, Blaise, [Charles II.
b 1680 ; s 2 août 1748, à la Longue-Pointe.[7]
Fortier, Marie-Madeleine, [Etienne I.
b 1683.
Marie-Madeleine, b [6] 23 sept. 1702 ; s [6] 1er mai 1703. — *Blaise*, b 30 mars 1704, à la Pte-aux-Trembles, M.[8] ; m 2 août 1739, à Marie-Anne Vaillant, à L'Assomption. — *Marie-Joseph*, b [8] 1er juin 1705 ; s [6] 13 avril 1719. — *Marie-Madeleine*, b [8] 18 sept. et s [8] 23 nov. 1706. — *Marie-Charlotte*, b [8] 26 sept. 1707 ; s 9 mai 1708, à Longueuil.— *Marie-Louise-Catherine*, b [8] 30 mai 1710 ; m 6 mai 1730, à Joseph Durocher, à Batiscan.[9]— *Marie-Madeleine*, b [8] 4 juin 1711.— *Marie-Joseph*, b [8] 5 et s [8] 24 août 1712. — *Jean-Baptiste*, b [8] 30 sept 1713 ; m [6] 1er sept. 1738, à Marie-Charlotte Ledoux. — *Angélique*, b 1714 ; m [7] 21 juin 1734, à Pierre Vessière ; s [9] 13 mai 1735. — *Marie-Thérèse*, b [8] 20 oct. 1718 ; m [6] 25 sept. 1741, à Olivier Brien. — *Marie-Marguerite*, b [8] 28 oct. 1719 ; m [6] 7 mai 1742, à Toussaint Truteau. — *Marie-Gabrielle*, b [8] 21 déc. 1720.— *Marie-Anne*, b [8] 4 nov. 1722 ; 1° m [7] 4 nov. 1745, à Joseph Prudhomme ; 2° m 3 avril 1761, à Joseph Girard, à St-Laurent, M. — *Charles-Noël*, b [8] 27 déc. 1723 ; s [6] 18 janvier 1724. — *Joseph*, b [8] 27 déc. 1723 ; s [7] 14 juin 1724. — *Marie-Françoise*, b [7] 9 et s [7] 31 mars 1725. — *Suzanne*, b [7] 9 mars 1725 ; s [7] 23 février 1733.— *Julie*, b [7] 1er et s [7] 25 juin 1727.

JUILLET (1), Antoine.
Pilet, Charlotte.
Charlotte, b 1737 ; m 8 janvier 1754, à Charles Campeau, au Détroit[7] ; s [7] 24 juillet 1773.

1738, (1er sept.) Montréal.[9]
IV.—JUILLET, Jean-Bte, [Blaise III.
b 1713.
Ledoux, Marie-Charlotte, [Nicolas II.
b 1718.
Jean-Baptiste, b 8 janvier 1740, à la Longue-Pointe.[8]— *Nicolas*, b [8] 29 août 1741 ; m 7 avril 1766, à Marie-Françoise Hunaut, au Bout-de-l'Ile, M.—*Urbain*, b [8] 30 juillet et s [8] 6 déc. 1743. —*Antoine* et *Prudent*, b [8] 24 et s [8] 25 mars 1745. *François*, b [8] 23 mars 1746.—*Joseph-Marie*, b [9] 23 avril 1748.—*Catherine*, b [9] 24 mai 1750.

1739, (2 août) L'Assomption.
IV.—JUILLET, Blaise, [Blaise III.
b 1704.
Vaillant, Marie-Anne. [Pierre-René II.

1766, (7 avril) Bout-de-l'Ile, M.
V.—JUILLET, Nicolas, [Jean-Bte IV.
b 1741.
Hunaut, Marie-Françoise. [Pierre IV.

(1) Dit Montreuil.

JUIN.—*Variations :* JOING.—JOUIN.

JUIN, MARIE-JEANNE, b... 1° m à René PERRIN; 2° m 20 nov. 1712, à Pierre FAVREAU, à Montréal.

I.—JUIN (1), PIERRE,
b 1634; s 23 dec. 1683, à St-Jean, I. O.
BEAUJEAN, Marie-Jeanne,
b 1642.
Pierre, b 1672; m 14 avril 1698, à Marguerite LEFEBVRE, à St-François, I. O.; s 17 janvier 1746, à St-Michel.

1698, (14 avril) St-François, I. O.
II.—JUIN (1), PIERRE, [PIERRE I.
b 1672; s 17 janvier 1746, à St-Michel. [7]
LEFEBVRE, Marguerite, [CLAUDE I.
b 1684; s [7] 4 janvier 1751.
Pierre, b 28 oct. 1704, à Beaumont[3]; 1° m 25 avril 1746, à Marie MOLEUR, à Lévis; 2° m 9 fevrier 1750, à Thérèse GAGNON, à Québec.—*Joseph*, b [3] 24 janvier 1706. — *Marie-Geneviève*, b 27 nov. 1708, à Montréal.—*Suzanne*, b 30 sept. 1710, à St-Jean, I. O.; m 1er juin 1739, à Antoine VIGER, à St-Valier: s [7] 23 juin 1750.—*Marie*, b... m 30 nov. 1748, à Simon BLANCHARD, à Ste-Anne-de-la-Pérade.

JUIN (2), PIERRE.
FOURNIER, Marie.
André, b 27 déc. 1712, à Beaumont[4]; s [4] 15 janvier 1713.—*Jean*, b [4] 27 déc. 1712.

1746, (25 avril) Lévis. [4]
III.—JUIN (3), PIERRE, [PIERRE II.
b 1704.
1° MOLEUR (4), Marie, [JEAN-BTE III.
s 26 février 1747, à St-Joseph, Beauce (gelee).
1750, (9 fevrier) Québec. [5]
2° GAGNON, Thérèse, [JEAN III.
b 1718.
Bernard, b [5] 12 juillet 1752. — *Marie-Thérèse*, b [4] 17 avril et s [4] 8 août 1754.—*Marie-Hélène*, b [5] 11 juillet 1755.—*Jacques*, b [5] 3 janvier 1758.

JUINEAU.—Voy. JUNEAU.

I.—JULHE (5), ANTOINE, b 1734; fils de Joseph-Bertrand (marchand à Clermont, Auvergne) et de Marie Audera.

(1) Voy. vol. I, p. 329.
(2) Et Jouin.
(3) Et Joing.
(4) Dit L'Allemand.
(5) Soldat au régiment de Béarn, compagnie de Mongay. En danger de mort, il dicte ainsi ses dernières volontes: "Par devant l'Aumônier de l'Hôtel-Dieu de Montréal, soussigné, Antoine Julhe, volontaire au régiment de Béarn, soussigné, fils de Joseph-Bertrand Julhe, marchand à Clermont, en Auvergne, et de Marie Audera, âgé de vingt-six ans. étant malade en la salle haute du dit Hôtel-Dieu, sain néanmoins d'esprit et d'entendement, a déclaré par ces présentes qu'il donne pouvoir à Desermons, maitre-tailleur de cette ville, ou à sa femme, de se saisir, lorsque D eu aura disposé de lui, de toutes ses hardes et effets et argent à lui appartenant. de vendre les dites hardes et effets pour payer autant qu'il le pourra toutes les dettes qu'il a contractées jusqu'à ce jour; dont il le prie de se charger, savoir à Lamarche, aubergiste, deux cent trente-huit livres; au nommé Lalane, chirurgien à la Prairie de la Madeleine, quinze ou seize livres; à LaSelle, maitre de billard en cette ville, quinze ou vingt livres; à Henri, aubergiste, vingt-quatre livres.
Fait en la dite Salle de l'Hôtel-Dieu, le 10 mars 1760.
Signé JULHE. VALLIERES, Ptre.

JULIEN.—*Variation et surnoms :* ST. JULIEN—BOUY — BROUILLET — DRAGON — HELLOT — HÉRY — LEDRAGON — LISOT — QUESSI — ST. LAURENT—VANTABON.

I.—JULIEN (1), ANNE, b 1651; fille de Pierre et de Marie DePien, de St-Germain d'Auxerre, Paris; m 12 nov. 1668, à Nicolas CHOQUET, à Montréal.

I.—JULIEN, THÉRÈSE, b... m 1686, à Jean VERGER.

I.—JULIEN (2), THÉOTISTE, b... m à Gabriel MESSAGUÉ.

I.—JULIEN (3), JACQUES,
b 1644; s 6 nov. 1689, à St-François-du-Lac.[2]
LABRECQUE, Anne. [PIERRE I.
Françoise, b 12 juillet 1687, à Sorel; s [2] 28 juillet 1688.

I.—JULIEN, JACQUES, b 1673; du Languedoc; s 3 juillet 1753, à Québec.

I.—JULIEN (4), JEAN, b 1687; s 12 janvier 1764, à l'Hôpital-Général, M.

1709, (21 mai) Montréal. [1]
I.—JULIEN (5), JACQUES, b 1679; fils de Louis et de Marguerite Dufresne, de St-Michel, ville de Puleran, diocèse de Carcassonne, Languedoc.
DUPONT, Marie-Barbe, [GILLES I.
veuve de Pierre Pinel.
Charles, b [1] 10 déc. 1709; m 11 août 1735, à Geneviève SABOURIN, à la Pointe-Claire.[2]—*Françoise*, b 25 oct. 1711, à Lachine.—*Marguerite*, b [2] 2 fevrier 1714; m 26 janvier 1739, à Louis LAROCQUEBRUNE, au Bout-de-l'Ile, M. — *Charlotte*, b [2] 23 juillet 1716; m [1] 3 oct. 1736, à Joseph JANARD.—*Joseph-Antoine*, b [2] 5 nov. 1718; m [2] 13 avril 1744, à Marie-Joseph HOMAY.

JULIEN, JOSEPH, b 1721; s 6 avril 1740, à St-François-du-Lac.

1717, (8 février) L'Ange-Gardien. [1]
III.—JULIEN (6), JEAN, [NICOLAS II.
b 1698.
TRUDEL, Louise, [NICOLAS II.
b 1697; s [1] 13 mai 1762.
Louise, b [1] 20 janvier 1718; 1° m à Etienne RACINE; 2° m [1] 30 juillet 1749, à Augustin LES-

(1) Voy. vol. I, p. 128.
(2) Dit Quessi.
(3) Tué par les Iroquois avec Levaseur.
(4) Et St. Julien.
(5) Et St. Julien dit LeDragon.
(6) Voy. vol. I, p. 329.

SARD. — *Nicolas*, b [1] 11 mars 1719 ; m [1] 7 avril 1750, à Angelique QUENTIN ; s 22 juillet 1787, à St-Augustin. [2] — *Barbe*, b [1] 4 avril 1722 ; m à Guillaume LABERGE. — *Jean*, b [1] 7 oct. 1723 ; m [1] 29 mai 1752, à Marie-Madeleine LABERGE. — *Geneviève*, b [1] 2 janvier 1725 ; m [1] 3 août 1750, à Jacques ALARD. — *Marguerite*, b [1] 24 juillet 1726. — *Michel*, b [1] 29 sept. 1727 ; m à Marie RÉAUME ; s [2] 27 nov. 1795. — *Marguerite*, b [1] 9 mars 1729. — *Jacques*, b [1] 5 juillet 1730 ; m [1] 22 nov. 1762, à Marie RIOPEL ; s [2] 16 mars 1795. — *Marie*, b [1] 2 nov. 1733 ; m [1] 30 juillet 1753, à Joseph RIOPEL. — *Marguerite*, b [1] 27 juin 1735. — *Joseph*, b [1] 14 oct. 1736 ; m 1765, à Marie JACOB. — *Marie-Madeleine*, b [1] 4 mars 1738 ; m 11 fevrier 1765, à Joseph JACOB, au Château-Richer. — *Marguerite*, b [1] 24 mai 1739 ; m [1] 3 janvier 1763, à Pierre GARNAUD. — *François*, b [1] 24 août 1740. — *Marie-Joseph*, b [1] 25 avril 1742.

1728, (22 nov.) Montréal. [3]

I.—JULIEN, JEAN, b 1700 ; fils de Jean et de Marie Archaie, de Nisme, Bas-Languedoc.
DUBIEN, Marie-Anne, [ETIENNE I.
b 1709 ; s [3] 22 nov. 1744.

Jean-Hypolite, b [3] 30 sept. 1729. — *Marie-Joseph*, b 1733 ; m [3] 17 avril 1758, à Noël CHOMBRIAU — *Marie-Anne*, b [3] 18 février 1734. — *Marie-Françoise*, b [4] 4 déc. 1736 ; s [3] 5 déc. 1737. — *Antoine*, b [3] 23 mars et s [3] 4 avril 1739. — *Joseph-Marie*, b [4] 23 mars 1739 ; s [3] 11 avril 1740. — *Jean-Baptiste*, b [3] 31 dec. 1740. — *Pierre*, b [3] 27 mai et s [3] 25 juin 1742. — *Thérèse*, b [3] 20 août 1743.

1735, (11 août) Pointe-Claire.

II.—JULIEN, CHARLES, [JACQUES I.
b 1709.
SABOURIN, Geneviève. [PIERRE II.

1744, (13 avril) Pointe-Claire.

II.—JULIEN (1), JOSEPH-ANT., [JACQUES I.
b 1718.
HOMAY (2), Marie-Joseph. [CLAUDE II.

JULIEN JACQUES.—Voy. ST. LAURENT, 1720.

1750, (7 avril) L'Ange-Gardien.

IV.—JULIEN, NICOLAS, [JEAN III.
b 1719 ; s 22 juillet 1787, à St-Augustin. [6]
QUENTIN (3), Angelique, [GUILLAUME III.
b 1727 ; veuve de Jean-Bte Côte.

Nicolas, b [6] 10 juillet 1754 ; m [6] 19 août 1782, à Françoise GINGRAS. — *Marie-Angélique*, b 10 avril 1756, à la Pte-aux-Trembles, Q. [1] — *Marie-Geneviève*, b [6] 10 mars 1758 ; m [6] 15 nov. 1790, à Rene MATHIEU. — *Jean*, b [7] et s [7] 6 juin 1761. — *Jean-Baptiste*, b... m [6] 7 fevrier 1785, à Marie-Sarah DOSTIF

(1) Dit Dragon.
(2) Et Aumay.
(3) Et Cantin.

1752, (29 mai) L'Ange-Gardien. [5]

IV.—JULIEN, JEAN, [JEAN III.
b 1723.
LABERGE, Madeleine, [JEAN-BTE III.
b 1730 ; s 31 janvier 1765, au Château-Richer.

Jean, b [5] 8 et s [5] 23 mars 1753. — *Marie-Madeleine*, b [5] 8 mars 1753. — *Jean*, b [5] 6 sept. 1754. — *Marie-Louise*, b [5] 20 février 1759. — *Jacques*, b [5] 2 oct. 1762.

IV.—JULIEN, MICHEL, [JEAN III.
b 1727 ; s 27 nov. 1795, à St-Augustin. [4]
RÉAUME, Marie,
b 1744 ; s [4] 21 février 1794.

Marguerite, b... m [4] 27 juin 1791, à Jean-Baptiste Peltier. — *Michel*, b... m [4] 20 avril 1795, à Marie-Joseph PRUDHOMME.

1762, (22 nov.) L'Ange-Gardien. [6]

IV.—JULIEN, JACQUES, [JEAN III.
b 1730 ; s 16 mars 1795, à St-Augustin. [7]
RIOPEL, Marie, [PIERRE II.
b 1747 ; s [7] 7 nov. 1786.

Angélique, b [6] 2 oct. 1763. — *Françoise*, b... m [7] 19 janvier 1789, à Prisque FISET. — *Marie*, b... m [7] 24 janvier 1791, à Joseph COTÉ. — *Marie-Louise*, b... m [7] 17 fevrier 1794, à François TRUDEL. — *Marie-Anne*, b... m [7] 17 fevrier 1794, à Joseph TRUDEL. — *Jacques*, b... m [7] 17 février 1794, à Rose HOULE. — *Joseph*, b [7] 12 juin 1781 ; s [7] 19 juin 1794. — *Geneviève*, b [7] 13 juillet 1784. — *Marguerite*, b [7] 23 juillet 1786.

III.—JULIEN (1), LOUIS. [JEAN-BOUY II.
HUET (2), Marie-Elisabeth, [JOSEPH II.
b 1720.

Charles, b 9 déc. 1753, à Verchères. [6] — *Pierre*, b [6] 14 août 1755.

1765.

IV.—JULIEN, JOSEPH, [JEAN III.
b 1736.
JACOB, Marie.

Geneviève, b 2 janvier 1766, au Château-Richer.

1772, (27 janvier) St-Augustin.

JULIEN, JEAN-NICOLAS.
TAPIN (3), Marie-Joseph, [JEAN-BTE III.
b 1741.

1782, (19 août) St-Augustin. [2]

V.—JULIEN, NICOLAS, [NICOLAS IV.
b 1754.
GINGRAS, Françoise, [MICHEL III.
b 1761.

Marie, b [2] 4 fevrier 1784. — *Marie-Joseph*, b [2] 6

(1) Pour Bouy et Brouillet. Julien est le nom de baptême Voy vol. II, pp. 443-485.
(2) Elle épouse, le 16 août 1762, Louis Dugré, à Varennes.
(3) Elle épouse, le 29 août 1791, Jean-Bte McCarty, à St-Augustin. Etaient présents Joseph Gingras, beau-frère du marié, Ambroise McCarty, frère du marié, Jean-Baptiste Tapin, frère de la mariee, et Etienne Vermet, beau-frère de la mariée.

oct. 1786.—*Angélique*, b [2] 4 mars 1788.—*Nicolas*, b [2] 10 mars 1789.—*Louis*, b [2] 27 oct. 1791.—*Marie*, b [2] 30 mai 1793.—*Jean-Baptiste*, b [2] 15 août 1794.

1785, (7 février) St-Augustin. [3]
V.—JULIEN, JEAN-BTE. [NICOLAS IV.
DOSTIE (1), Marie-Sarah, [PIERRE I.
b 1766.
Madeleine, b [3] 30 mars 1786.—*Jean-Baptiste*, b [3] 28 mars 1787.—*Nicolas*, b [3] 10 juillet 1788.—*François*, b [3] 6 janvier 1790.—*Marie-Joseph*, b [3] 30 nov. 1792.—*Christine*, b [3] 3 mars 1795.

1794, (17 février) St-Augustin. [4]
V.—JULIEN, JACQUES. [JACQUES IV.
HOULE, Rose, [PIERRE-SIMON IV.
b 1774; s [4] 23 juin 1794.

1795, (20 avril) St-Augustin.
V.—JULIEN, MICHEL. [MICHEL IV.
PRUDHOMME, Marie-Joseph. [FRANÇOIS I.

JUMONVILLE.—Voy. COULON de 1745.

JUNEAU.—*Variations et surnom :* JANOT—JOUINEAU—JUINEAU—LOUINEAU—TUINEAU—LATULIPPE.

1654, (30 août) Québec. [3]
I.—JUNEAU (2), PIERRE,
s [3] 30 mars 1655.
DUVAL (3), Madeleine,
b 1636.
Jean-Pierre, b [3] 21 sept. 1655; m 6 février 1690, à Geneviève TINON, à la Pte-aux-Trembles, Q.; s 28 mars 1719, à St-Augustin.

1690, (6 février) Pte-aux-Trembles, Q. [4]
II.—JUNEAU (4), JEAN-PIERRE, [PIERRE I.
b 1655; s 28 mars 1719, à St-Augustin. [5]
TINON, Geneviève, [EMARD I.
b 1672; s [5] 22 février 1715.
Geneviève, b [4] 13 juin 1691; m 12 février 1725, à Jean-Baptiste HARDY, à Quebec. [6]—*Barthélemi*, b [5] 25 juillet 1698; m [6] 19 oct. 1723, à Marie-Louise GILBERT; s [6] 27 sept. 1790.—*Charles*, b [5] 9 juillet 1700; m 2 mai 1727, à Madeleine BARIBAUD, à Ste-Anne de la Pérade [7]; s [7] 26 déc. 1746.—*François*, b [5] 17 janvier 1704; 1° m [4] 18 juillet 1729, à Marie-Joseph JEAN-DENIS; 2° m [5] 26 août 1742, à Marguerite VALLIÈRE.—*Joseph*, b [4] 9 juin 1712; m [5] 27 sept. 1734, à Celeste JEAN-DENIS.—*Marie-Charlotte*, b... m [5] 5 sept. 1730, à Mathieu GINGRAS.

1698, (7 déc.) Montréal.
II.—JUNEAU (5), AUGUSTIN, [PIERRE I.
b 1672.
BLANCHON, Elisabeth, [ETIENNE I.
b 1679.

(1) De Montplaisir.
(2) Tué par les Iroquois. Voy. vol. I, p. 329.
(3) Elle épouse, le 25 juin 1657, Pierre Chappau, à Québec.
(4) Voy. vol. I, p 330.
(5) Et Juineau dit Latulippe; voy. vol. I, p. 330.

Marie-Joseph, b... m 17 sept. 1725, à Paul BERTRAND, à Batiscan [2]; s [2] 4 avril 1764.—*Jean-Baptiste*, b... m 1728, à Marguerite BARIBEAU.—*Marie*, b 14 oct. 1713, à Quebec. [3]—*Catherine*, b... m 30 sept. 1734, à Alexis TIFAUT, à Ste-Geneviève. [4]—*Louis*, b [3] 23 juillet 1715; m 23 juin 1748, à Therèse DAUPHIN, au Cap-St-Ignace.—*Joseph*, b... m [4] 25 mai 1739, à Marie-Catherine RIVARD.—*François*, b... m à Marie-Agnès BRIEN; s 5 déc. 1770, à Repentigny.

1721, (17 nov.) St-Augustin. [7]
III.—JUNEAU, JEAN-BTE, [JEAN-PIERRE II.
b 1693.
GINGRAS, Marie-Françoise, [CHARLES I.
b 1696.
Marie-Joseph, b [7] 27 sept. 1722.—*Charles*, b [7] 5 mai 1724; m à Geneviève GIRARD.—*Jean-Baptiste*, b [7] 27 nov. 1725; s [7] 7 déc. 1741.—*Pierre-Augustin*, b [7] 11 fevrier 1728; s [7] 8 avril 1747.—*Marie-Louise*, b [7] 16 mars 1729.—*Joseph*, b [7] 22 avril 1731; s [7] 23 juin 1733.—*Marie-Anne*, b [7] 21 juin 1733; m [7] 8 janvier 1759, à Nicolas AUBRY.—*Augustin-Bernard*, b [7] 20 août 1735; m [7] 17 nov. 1760, à Marie-Anne VALLIÈRE.—*Marie-Thérèse*, b [7] 17 août 1737.—*Marie-Catherine*, b [7] 20 oct. 1739.—*Joseph*, b [7] 8 avril 1742; m 28 janvier 1765, à Marie BOIVIN, à Lorette.

1723, (19 oct.) Quebec. [9]
III.—JUNEAU, BARTHÉLEMI, [JEAN-PIERRE II.
b 1698; charpentier; s [9] 27 sept. 1790.
GILBERT, Marie-Louise, [ETIENNE I.
b 1700.
Barthélemi-Marie, b [9] 15 sept. 1727; s [9] 17 février 1756.—*Marie-Louise*, b [9] 24 nov. 1730; s [9] 29 mars 1733.—*Marie-Angelique*, b [9] 6 avril 1732; s [9] 30 mai 1747.—*Pierre*, b [9] 13 mars 1740; s [9] 23 avril 1741.

1727, (2 mai) Ste-Anne de la Pérade. [2]
III.—JUNEAU, CHARLES, [JEAN-PIERRE II.
b 1700; s [2] 26 dec. 1746.
BARIBAUD, Marie-Madeleine, [LOUIS II.
b 1705.
Anonyme, b [2] et s [2] 30 janvier 1728.—*Charles-François*, b [2] 19 dec. 1728.—*Marie-Madeleine*, b [2] 1er sept. 1730; 1° m [2] 7 fevrier 1752, à Thomas RICARD; 2° m [2] 18 janvier 1773, à Charles DORION.—*Marie-Joseph*, b [2] 16 février et s [2] 11 sept. 1732.—*Deux anonymes*, b [2] et s [2] 19 mai 1733.—*Marie-Joseph*, b [2] 10 mai 1734; s [2] 26 janvier 1735.—*Marie-Geneviève*, b [2] 18 janvier 1737.—*Jean-Baptiste*, b [2] 3 mai 1740; m 1773, à Marie-Jeanne LEDUC.—*Joseph*, b [2] 1er juin 1744; s [2] 19 oct. 1765.

1728.
III.—JUNEAU (1), JEAN-BTE. [AUGUSTIN II.
BARIBEAU, Marguerite, [JEAN II.
b 1707.
Jean, b 30 janvier 1729, à Ste-Geneviève. [3]—*François*, b 27 juin 1730, à Batiscan.—*Joseph*, b [3] 15 juillet 1732.—*Marie-Marguerite*, b [3] 1er

(1) Et Juneau.

mars 1734.—*Prisque*, b [3] 13 août 1736 ; m 1762, à Françoise LEFEBVRE.—*Marie-Madeleine*, b [3] 27 déc. 1738.

1729, (18 juillet) Pte-aux-Trembles, Q.
III.—JUNEAU, FRANÇOIS, [JEAN-PIERRE II.
b 1704.
1° JEAN (1), Marie-Joseph. [NICOLAS II.
b 1699 ; s 29 janvier 1736, à St-Augustin.[1]
Marie-Anne, b [1] 27 juillet 1730 ; m 8 août 1762, à Jean GUILLON, à Montreal.—*Geneviève*, b 21 janvier et s 5 août 1732, à Québec.—*Marie-Joseph*, b [1] 11 sept. 1733 ; s [1] 8 nov. 1747.—*Louis-Antoine-François*, b [1] 3 mai 1735 ; s [1] 21 avril 1738.
1742, (26 août).[1]
2° VALLIÈRE, Marguerite, [PIERRE II.
b 1708 ; veuve de Pierre Dautour ; s [1] 15 février 1781.
Jean-Baptiste, b [1] 20 juin 1743 ; s [1] 6 mai 1744.—*Jacques-Augustin*, b [1] 11 fevrier 1745 ; m 1776, à Marie-Joseph Thibaut.

1733.
III.—JUNEAU (2), FRANÇOIS. [PIERRE II.
TOUIN, Marie-Charlotte, [JEAN-BTE II.
b 1711.
Philippe, b... 1° m 1er juillet 1771, à Marie-Thérèse GERVAIS, à Repentigny ; 2° m à Agathe GRATON.

1734, (27 sept.) St-Augustin.[2]
III.—JUNEAU, JOSEPH, [JEAN-PIERRE II.
b 1712.
JEAN (3), Marie-Céleste, [NICOLAS II.
b 1706 ; veuve de Charles-François Caillé.
Joseph, b [2] 23 août 1735.—*Marie-Céleste-Charlotte*, b [2] 7 août 1737.—*Jacques-Philippe*, b [2] 30 mars 1739.—*Anonyme*, b [2] et s [2] 1er mai 1741.—*Marie-Françoise*, b [2] 14 mars 1743.

1739, (25 mai) Ste-Geneviève.
III—JUNEAU (4), JOSEPH. [AUGUSTIN II.
RIVARD, Marie-Catherine, [CLAUDE III.
b 1715.

III.—JUNEAU (5), FRANÇOIS, [AUGUSTIN II.
b 1704 ; s 5 déc. 1770, à Repentigny.
BRIEN, Marie-Agnès, [LOUIS I.
b 1698.

1748, (23 juin) Cap-St-Ignace.[7]
III.—JUNEAU (6), LOUIS, [AUGUSTIN II.
b 1715.
DAUPHIN, Thérèse, [JEAN II.
b 1709 ; veuve de Jean Doucet.
Louis-François, b [7] 16 août 1749.

(1) Et Jahan dit Denis.
(2) Pour Janot ; voy. vol IV, p. 583.
(3) Dit Denis.
(4) Et Juineau dit Latulippe.
(5) Dit Latulippe.
(6) Et Juineau.

1757, (21 nov.) Pte-aux-Trembles, M.
IV.—JUNEAU (1), FRANÇOIS, [FRANÇOIS III.
b 1734.
VAINE, Marie-Charlotte, [JEAN-BTE III.
b 1735 ; s 16 nov. 1785, à Repentigny.[3]
Jean-Baptiste, b... m [3] 23 janvier 1786, à Françoise PAYET.—*Marie-Charlotte*, b... m [3] 4 sept. 1786, à Joachim PARISEAU.—*Antoine*, b [3] 30 mai 1767.—*Joseph-Marie*, b [3] 26 février 1768 ; m [3] 23 juillet 1792, à Angélique SOLQUIN.—*Paschal*, b [3] 12 avril et s [3] 29 juin 1770.—*Amable*, b [3] 4 mars et s [3] 8 juillet 1772.—*Marie-Angélique*, b [3] 8 février et s [3] 22 mai 1773.—*Michel*, b [3] 10 juin 1775.

1760, (17 nov.) St-Augustin.[2]
IV.—JUNEAU, AUG.-BERNARD, [JEAN-BTE III.
b 1735.
VALLIÈRE, Marie-Anne, [PIERRE III.
b 1738.
Marie-Louise, b... m [2] 22 janvier 1787, à Isaac DORVAL.—*Marie-Charlotte*, b... m [2] 7 janvier 1788, à Pierre VERMET.—*Augustin*, b... m [2] 9 février 1795, à Marie-Joseph CANTIN.

1762.
IV.—JUNEAU (2), PRISQUE, [JEAN-BTE III.
b 1736.
LEFEBVRE, Françoise.
Marie-Françoise, b 22 déc. 1763, à Batiscan.—*Marie-Elisabeth*, b 15 mai 1775, à Ste-Anne de la Pérade.

1765, (28 janvier) Lorette.
IV.—JUNEAU, JOSEPH, [JEAN-BTE III.
b 1742.
BOIVIN, Marie, [PIERRE III.
b 1745.
Joseph, b... m 24 février 1794, à Marie-Anne Rasset, à St-Augustin.

1771, (1er juillet) Repentigny.[6]
IV.—JUNEAU (3), PHILIPPE. [FRANÇOIS III.
1° GERVAIS, Marie-Thérèse, [JEAN-BTE.
b 1750 ; s [6] 4 nov. 1774.
Marie-Charlotte, b [6] 9 et s [6] 25 juillet 1773.—*Anonyme*, b [6] et s [6] 29 oct. 1774.—*Marie-Thérèse*, b... m [6] 23 janvier 1792, à Frédéric MIREAU.
2° GRATON, Agathe-Marie-Charlotte.
Marguerite, b [6] et s [6] 6 mars 1780.—*Marie-Charlotte*, b 3 mars 1781, à Lachenaye.[2]—*Marie-Charlotte*, b [2] 13 oct. 1784.—*Marie-Clémence*, b [6] 19 et s [6] 29 juin 1789.

1773.
IV.—JUNEAU, JEAN-BTE, [CHARLES III.
b 1740.
LEDUC, Marie-Jeanne.
Jean-Baptiste, b 19 juillet 1774, à Ste-Anne de la Pérade.[1]—*Marie-Jeanne*, b [1] 16 février 1776.—*Pierre*, b [1] 21 janvier et s [1] 30 mai 1778.—*Marie-Joseph*, b [1] 26 mai 1779.

(1) Pour Janot dit Latulippe, voy. vol. IV, p. 584.
(2) Et Juineau.
(3) Dit Latulippe.

JUNEAU, Alexis.
Lefebvre, Marie-Louise.
Alexis, b 17 février 1774, à Ste-Anne de la Pérade.[1]—*François*, b[1] 30 août 1775.

IV.—**JUNEAU**, Charles, [Jean-Bte III.
b 1724.
Girard, Geneviève,
b 1732; s 14 janvier 1792, à St-Augustin.

1776.

IV.—**JUNEAU**, Jacques-Augt., [François III.
b 1745.
Thibaut, Marie-Joseph,
b 1759; s 5 février 1789, à St-Augustin.[1]
Jacques, b 1776; s[1] 23 mai 1788.—*François*, b[1] 21 juillet 1781.—*Augustin*, b[1] 26 sept. 1782.—*Marie*, b[1] 12 mai 1785.—*Louise*, b[1] 14 nov. 1786; s[1] 5 mai 1788.

JUNEAU, Augustin.
Drolet, Marguerite, [Philippe IV.
b 1760.
Marguerite, b 4 avril 1782, à St-Augustin.[2]—*Nicolas*, b[2] 16 juillet 1785.—*Marie*, b[2] 22 juillet 1787.—*Mathieu*, b[2] 21 sept. 1791.—*Euphrosine*, b[2] 18 août 1793.—*Angélique*, b[2] 13 mai 1795.

JUNEAU, Charles.
Moreau, Catherine.
Antoine, b 17 février 1782, à Lachenaye.

JUNEAU (1), Joseph.
Langlois (2), Marie.
Angélique, b 1785; s 21 sept. 1786, à Repentigny.[1]—*Raphael*, b[1] 1er août 1786.—*Marie-Félicité*, b[1] 2 mars et s[1] 24 août 1789.

1786, (23 janvier) Repentigny.[2]

V.—**JUNEAU**, Jean-Bte. [François IV.
Payet, Marie-Françoise. [Charles III.
Marie-Charlotte, b[2] 5 et s 12 déc. 1786, à Lachenaye.—*Antoine*, b[2] 14 et s[2] 21 juin 1790.—*Jean-Baptiste*, b[2] 4 mars et s[2] 17 août 1792.—*Joseph*, b[2] 21 mai et s[2] 27 juillet 1794.—*François-Marie*, b[2] 21 août et s[2] 19 sept. 1795.

JUNEAU (1), François.
Galarneau, Therèse.
Félicité, b 26 avril 1786, à Repentigny.[1]—*François-Xavier*, b[1] 9 mai 1787; s[1] 24 juillet 1789.—*François-Xavier*, b[1] 10 mars 1790; s[1] 19 février 1795.—*Joseph*, b[1] 21 sept. 1791; s[1] 19 février 1795.—*Laurent-Salomon*, b[1] 9 août 1793.—*Jean-Baptiste*, b[1] 29 janvier 1795.

JUNEAU, Philippe.
Dalpé (3), Françoise.
François, b 27 février 1792, à Repentigny.[1]—*Françoise*, b[1] 24 janvier 1794.

(1) Dit Latulippe.
(2) Dit Lachapelle.
(3) Appelee Briand ou Brien, 1794.

1792, (23 juillet) Repentigny.[4]

V.—**JUNEAU** (1), Joseph-Marie, [François IV.
b 1768.
Soloquin, Marie-Angélique, [Jean-Bte II.
b 1774.
Marie-Angélique, b[4] 12 juin 1793.—*Joseph*, b[4] 1er oct. 1794.

1794, (24 février) St-Augustin.

V.—**JUNEAU**, Joseph. [Joseph IV.
Rasset, Marie-Anne. [Jacques III.

1795, (9 février) St-Augustin.

V.—**JUNEAU**, Augustin. [Aug.-Bernard IV.
Cantin, Marie-Joseph. [Nicolas V.

JUNIAC.—Voy. Jugnac.

1786, (12 sept.) Québec.

I.—**JURGENS**, Jean-Frédéric, fils de Rodolphe et d'Elisabeth Birman, de Helmstad, principauté de Brunswick, Allemagne.
Filteau, Marie. [François III.

JUSGRAIN (2), Pierre.
Boutet, Marie-Jeanne.

JUSSEAU.—*Variations et surnom :* Jusseaume—Jussiaume—St. Pierre.

1713, (20 nov.) Boucherville.

I.—**JUSSEAU** (3), Léonard, b 1679; fils de Jean-Baptiste et de Marguerite Bardon, de St-Martin, diocèse de Xaintes, Saintonge; s 24 février 1749, à Montréal.[9]
Laporte, Angélique, [Paul II.
b 1691.
Angélique, b 1714; m[9] 27 août 1738, à Vincent Morand.—*Marie-Madeleine*, b 1715; s[9] 13 août 1748.—*Thérèse*, b[9] 23 juillet 1718; m[9] 4 mars 1737, à Pierre Pagé; s 24 nov. 1749, à Longueuil.—*Pierre*, b[9] 21 janvier 1720; 1° m[9] 23 nov. 1744, à Marie-Joseph Lepage, 2° m[9] 27 oct. 1749, à Marie-Louise Boulé; s 27 août 1767, à la Longue-Pointe.—*Léonard*, b[9] 1er nov. 1721.—*Marie-Jeanne*, b[9] 25 janvier et s[9] 8 février 1724.—*Jean-Baptiste*, b 1725; m[9] 5 mai 1749, à Charlotte Lamothe; s[9] 18 déc. 1749.—*Louise*, b[9] 14 avril et s[9] 27 août 1728.—*Joseph-Marie*, b[9] 18 août 1729.—*Louise*, b[9] 22 février et s[9] 2 mars 1734.

I.—**JUSSEAU** (4), François.
Langelle, Catherine.
Alexandre, b... m 17 février 1749, à Madeleine Audet, à Boucherville.

1744, (23 nov.) Montréal.[2]

II.—**JUSSEAU** (3), Pierre, [Léonard I.
b 1720; s 27 août 1767, à la Longue-Pointe.
1° Lepage, Marie-Joseph, [Jacques II.
b 1727; s[2] 5 juillet 1749.

(1) Dit Latulippe.
(2) Voy. Chupin.
(3) Et Jusseaume dit St. Pierre.
(4) Et Jusseaume.

Marie-Joseph, b [2] 15 avril 1745.—*Marie-Catherine*, b [2] 26 fevrier 1747 ; s [2] 23 février 1748.—*Pierre*, b [2] 12 oct. 1748.

1749, (27 oct.) [2]

2° BOULÉ, Marie-Louise, [NICOLAS I. b 1731.

Marie-Louise, b [2] 8 nov. 1750.

1740, (17 février) Boucherville.

II.—JUSSEAU (1), ALEXANDRE. [FRANÇOIS I.

AUDET, Madeleine. [INNOCENT II.

Angélique, b 3 avril 1756, à Chambly; m à Alexis ROCHEREAU ; s 1er mai 1779, à Ste-Anne de la Pérade.[3]—*Marie*, b .. m [3] 21 juin 1779, à Etienne ROY.

1749, (5 mai) Montréal.[4]

II.—JUSSEAU (2), JEAN-BTE, [LÉONARD I. b 1725 ; s [4] 18 déc. 1749.

LAMOTHE (3), Marie-Charlotte, [PIERRE I. b 1730.

Charlotte, b [4] 31 janvier et s 21 juillet 1750, à Lachine.

JUSSEAU (4), ALEXIS.

LEGRIS, Marie-Louise.

Joseph, b 9 fevrier 1786, à Lachenaye.[5]—*Nicolas*, b [5] 2 janvier 1788.

JUSSEAUME.—Voy. JUSSEAU.

JUSSELIN.—*Variation et surnom :* ENSELIN—CONDÉ.

1741, (16 août) Montréal.[6]

I.—JUSSELIN (5), LOUIS, b 1706 ; fils de Joseph et de Suzanne Vathios, de Condé-sur-Marne, diocèse de Reims, Bourgogne.

POIRIER, Louise-Helène, [PIERRE I. b 1707; veuve de Jean-Baptiste Vignau.

Claude, b [6] 8 juin 1742; s [6] 6 mars 1744.—*Louis-Jacques*, b [6] 8 et s [6] 10 juillet 1744.—*Louis*, b [6] 19 juin 1745 ; s [6] 21 janvier 1749.—*François*, b [6] 19 août 1746.—*Joseph*, b [6] 12 déc. 1748.—*Anne-Suzanne*, b [6] 8 mai 1749.

JUSSEREAU.—*Variations et surnoms* : HUCHEREAU—ROCHEREAU—DUPLESSIS—ST. AMANT.

I.—JUSSEREAU (6), PIERRE-JEAN.

HÉLIE, Madeleine, [JEAN I. b 1678 ; veuve de Louis Boutin.

Joseph-Elie, b 1702 ; m 7 août 1724, à Jeanne FONTENEAU, à Montréal.[7] — *Elisabeth*, b 1705 ; 1° m [7] 7 janvier 1733, à Barthélemi Vallee ; 2° m [7] 21 janvier 1744, à Sulpice BLANCHETIÈRE.

(1) Et Jusseaume.

(2) Et Jusseaume dit St. Pierre.

(3) Elle épouse, le 8 janvier 1753, Bernard Mirau, à Montréal.

(4) Et Jussiaume.

(5) Pour Enselin dit Condé, voy. vol. III, p. 544; soldat de la compagnie de Contrecœur.

(6) Dit St. Amant.

1724, (7 août) Montréal.[8]

II.—JUSSEREAU (1), JOSEPH-ELIE, [PIERRE I. b 1702 ; maçon.

FONTENEAU (2), Jeanne, [PIERRE I. b 1698.

Marie-Marguerite, b [8] 24 avril et s [8] 12 mai 1725.—*Joseph*, b [8] 26 avril 1726.—*Louis*, b [8] 12 mai 1727.—*Marie-Antoinette*, b 1728 ; m 23 février 1751, à François JOACHIM, à Boucherville.[9]—*Charles*, b [8] 7 février 1729. — *Marie-Catherine*, b [8] 1er août 1730 ; m [9] 21 nov. 1757, à Paul GAUTIER.—*Marie-Amable*, b 14 nov. 1734, à la Longue-Pointe ; m [8] 5 nov. 1753, à Paul JOACHIM.

JUSSIAUME.—Voy. JUSSEAU.

I.—JUST (3), MADELEINE, b 1662 ; fille d'Hubert et de Madeleine Daumont, de Bourg-du-Brèves, en Bourgogne ; 1° m 17 déc. 1685, à Jean-Jérôme LEGUAY, à Montréal[6] ; 2° m [6] 19 avril 1697, à Pierre YOU.

I.—JUSTINIEN (4).

JUTRAS.—Voy. JUTRAT.

JUTRAT.—*Variations et surnoms* : JOUTRAS—JUTRAS—DE LA LUSODIÈRE—DE LA VALLÉE—DESROSIERS—LA PERROTIÈRE—LAVALLÉE.

1657, (5 nov.) Trois-Rivières.

I.—JUTRAT (5), CLAUDE, b 1630.

RADISSON, Elisabeth, b 1638.

Marie, b... s 28 nov. 1722, à Champlain.

1684, (9 janvier) Sorel.

I.—JUTRAT (6), DOMINIQUE, b 1643 ; s 26 mars 1699, aux Trois-Rivières.[6]

NIQUET (7), Marie. [PIERRE-RENÉ I.

Michel, b [6] 11 juillet 1688 ; m [6] 14 juin 1714, à Marie-Ursule PINARD ; s 24 fevrier 1765, à Nicolet. — *Dominique*, b [6] 3 et s 12 mars 1690, à St-François-du-Lac. [7] — *Madeleine*, b [6] 5 déc. 1695.—*Françoise*, b [6] 7 mars 1698 ; m [7] 22 juillet 1726, à Antoine Giguère. — *Jean-Baptiste*, b... 1° m [7] 12 fevrier 1725, à Marie-Jeanne PINARD ; 2° m [7] 24 fevrier 1728, à Claire CREVIER ; s [7] 18 janvier 1762.

(1) Et Rochereau dit Duplessis—dit St. Amant.

(2) Dit Desmoulins.

(3) Voy. vol. I, pp. 373-591.

(4) Père Récollet.—Transporté, 3 octobre 1769, du domaine de M. de la Gorgendière, où on l'avait enterré dans la chapelle qui servait alors de paroisse, et inhumé dans l'église de Saint-Joseph, Beauce.

(5) Dit Lavallée ; voy. vol. I, p. 330.

(6) Et Jutras dit Desrosiers ; voy. vol. I, p. 330.

(7) Elle épouse, le 20 juillet 1699, François Pelloquin, aux Trois-Rivières.

1710, (24 nov.) Trois-Rivières.[1]

II.—JUTRAT (1), JEAN-BTE, [CLAUDE I.
b 1678.

GODFROY (2), Marie-Joseph, [MICHEL II.
b 1682.

Anonyme, b[1] et s[1] 3 oct. 1711.—*Didace*, b[1] 4 oct. 1711; s[1] 31 mai 1756.—*Antoine*, b[1] 11 janvier 1713.—*Marie-Joseph*, b[1] 14 avril 1714; m[1] 26 août 1743, à Joseph PEZARD.—*Jean-Baptiste*, b[1] 27 oct. 1714; m 7 juillet 1748, à Marie-Catherine LARCHEVÊQUE, à Michillimakinac.—*Joseph*, b[1] 21 janvier 1718; m[1] 7 juillet 1755, à Marie-Anne GODFROY-ST. PAUL.—*Michel* (3), b[1] 23 oct. 1720; m[1] 12 février 1759, à Marie-Amable LISIEUX; s 18 mai 1760, à Ste-Croix.—*Charlotte-Claire*, b[1] 13 avril 1723; m[1] 5 mai 1749, à Gilles BOLVIN.

1714, (14 juin) Trois-Rivières.[1]

II.—JUTRAT (4), MICHEL, [DOMINIQUE I.
b 1688; s 24 fevrier 1765, à Nicolet.[2]

PINARD, Marie-Ursule, [LOUIS I.
b 1692; s[2] 24 mars 1760.

Marie-Antoinette, b[2] 27 juillet 1716; m[2] 3 juin 1739, à Claude LASPRON. — *Marie-Joseph*, b[1] 23 janvier 1718; m[2] 30 juin 1739, à Charles PROVENCHER. — *Marie-Louise*, b[2] 21 avril 1721; m[2] 3 février 1738, à Charles LACERTE.—*Dominique*, b[2] 9 avril 1722; 1° m[2] 14 avril 1749, à Marguerite MALBEUF; 2° m[2] 23 nov. 1750, à Marie-Joseph TROTIER; s[2] 24 juin 1788.—*Joseph*, b[2] 23 juin 1724; m[2] 15 janvier 1748, à Marie-Joseph MOUET-MORAS. — *Marie-Ursule*, b[2] 24 fevrier 1726; 1° m[2] 7 janvier 1749, à Jean-Baptiste LOISEAU; 2° m 8 juin 1765, à Pierre BRUNEAU, à l'Ile-Dupas.—*Jean-Baptiste*, b 1727; s[2] 7 juin 1735.—*Michel*, b[2] 26 janvier 1730; m[2] 8 janvier 1758, à Marie-Louise DUMAS.—*Marie-Jeanne*, b[2] 3 sept. 1731.—*Marie-Joseph*, b[2] 5 mars 1734; m[2] 7 mai 1753, à Louis-Joseph DESHOSIERS-DESILETS; s[2] 9 mars 1770.

1725, (12 février) St-François-du-Lac.[3]

II.—JUTRAT (5), JEAN-BTE, [DOMINIQUE I.
s[3] 18 janvier 1762.

1° PINARD, Marie-Jeanne, [LOUIS II.
b 1707; s[3] 5 oct. 1725.

1728, (24 fevrier).[3]

2° CREVIER, Claire, [JOSEPH III.
b 1707; s[3] 18 avril 1734.

Jean-Baptiste, b[3] 14 mars 1729.—*Marie-Claire*, b[3] 15 mai 1731; s[3] 1er janvier 1734. — *Joseph*, b[3] 30 juin 1732; s[3] 22 août 1734.—*Marie-Joseph*, b[3] 14 avril 1734; m[3] 25 fevrier 1755, à Hyacinthe-Jacques DELORME.

---

(1) Et Jutras sieur de la Vallée, appelé Claude, 1717.

(2) De Linctot.

(3) Milicien canadien, revenant du service du Roy, s'est noyé vis-à-vis l'église de Ste-Croix.

(4) Et Jutras.

(5) Et Jutras dit Desrosiers, seigneur de la Lussodière.

1748, (15 janvier) Nicolet.

III.—JUTRAT (1), JOSEPH, [MICHEL II.
b 1724.

MOUET (2), Marie-Joseph, [PIERRE II.
b 1697; veuve de Joseph Potier; s 7 mai 1761, aux Trois-Rivières.

1748, (7 juillet) Michillimakinac.

III.—JUTRAT (3), JEAN-BTE, [JEAN-BTE II.
b 1714.

LARCHEVÊQUE, Marie-Catherine. [AUGUSTIN.

1749, (14 avril) Nicolet.[4]

III.—JUTRAT (3), DOMINIQUE, [MICHEL II.
b 1722; s[4] 24 juin 1788.

1° MALBEUF, Marguerite, [FRANÇOIS II.
b 1724; s[4] 24 fevrier 1750.

Anonyme, b[4] et s[4] 22 fevrier 1750.

1750, (23 nov.)[4]

2° TROTIER, Marie-Joseph, [MICHEL III.
b 1723; s[4] 1er nov. 1796.

Marie-Joseph, b[4] 10 sept. 1751. — *Michel*, b[4] 6 fevrier 1753. — *Louis*, b[4] 4 juillet et s[4] 1er oct. 1754. — *Jean-Baptiste*, b[4] 29 août et s[4] 20 nov. 1755.— *Pierre*, b[4] 5 et s[4] 25 août 1756.— *Marie-Thérèse*, b[4] 6 nov. 1757; m[4] 11 avril 1774, à François-Xavier LACOURSE.—*Marie-Louise*, b[4] 6 fevrier et s[4] 16 août 1759.—*Louis*, b[4] 29 janvier 1760.—*Marie-Louise*, b... m[4] 16 mai 1796, à Gabriel HOUDE.—*Claude*, b... m[4] 13 fevrier 1797, à Marie-Anne DESFOSSÉS.

1755, (7 juillet) Trois-Rivières.[5]

III—JUTRAT (3), JOSEPH, [JEAN-BTE II.
b 1718.

GODFROY (4), Marie-Anne, [JEAN-BTE III.
b 1727.

Marie-Joseph, b[5] 14 mai 1757. — *Jean-Joseph*, b[5] 5 avril 1759.—*Marie-Charlotte*, b[5] 19 fevrier 1761.

1758, (8 janvier) Nicolet[6]

III.—JUTRAT (3), MICHEL, [MICHEL II.
b 1730.

DUMAS, Marie-Louise, [JEAN-BTE III.
b 1738.

Marie-Louise, b[6] 16 août 1758; m[6] 12 février 1776, à Augustin PARMENTIER. — *Joseph*, b[6] 4 oct. 1759.—*Michel*, b... m[6] 16 août 1790, à Geneviève PARMENTIER.—*Ursule*, b... m[6] 9 fevrier 1795, à Joseph PROVENCHER.

1759, (12 février) Trois-Rivières.[7]

III.—JUTRAT (3), MICHEL, [JEAN-BTE II.
b 1720; s 18 mai 1760, à Ste-Croix.

LISIEUX, Marie-Amable, [JEAN I.
b 1737; s[7] 28 oct. 1765.

Amable-Charles, b[7] 11 mars 1760.

JUTRAT (3), ANTOINE, b 1765; s 29 août 1795, à Nicolet.

---

(1) Et Jutras dit Desrosiers.

(2) Et Moitte de Moras.

(3) Et Jutras.

(4) De St. Paul.

1790, (16 août) Nicolet.
IV.—JUTRAT (1), MICHEL. [MICHEL III.
PARMENTIER, Geneviève, [LOUIS I.
b 1748.

1797, (13 février) Nicolet.
IV.—JUTRAT (1), CLAUDE. [DOMINIQUE III.
DESFOSSÉS, Marie-Anne. [JOSEPH IV.

K

KAIANIS.—Voy. RAPIN, 1703.

I.—KAINE, JEAN.
BRETEAU, Marie.
Marie, b... m 5 nov. 1754, à Pierre GOUIN, à St-Nicolas.

KARGRET.—Voy. CARGUERET — KERGRECOLET.

I.—KEATINGS, ROBERT.
ARCHDAREN, Jane,
veuve de Jacques Kelly.

KEBEN.—Voy. KEBLE.

KEBLE.—*Variation* : KEBEN.

I.—KEBLE (2), THÉODORE.
CAMERON, Marie-Louise.
Marie, b... 1° m à Joseph CARRIER; 2° m 31 août 1807, à François FORBÈS, à Rimouski. [4]—*Pierre*, b [4] 30 juillet 1791. — *Françoise*, b [4] 29 juillet 1793.

1781, (10 sept.) Québec.
I.—KEHO, JEAN, fils de Hugh et de Marie Ustis, de Londres, Angleterre.
POTTIN, Marie. [ADRIEN I.

1783, (27 mai) Québec.
I.—KELIE, JEAN, fils de Jean et de Marie Kelie, de Halifax.
MIGNERON, Marguerite, [AUGUSTIN IV.
b 1756.

I.—KELLARMAN (3), JEAN-FRÉDÉRIC.
—— Jeanne-Elisabeth.
Jean-Baptiste-Georges, b 8 juillet 1770, à Batiscan.

I.—KELLER (4), DANIEL.
SKAȣENNATI, Madeleine,
s 6 juin 1761, au Lac des Deux-Montagnes. [2]
Pierre, b [2] 26 nov. 1760; s [2] 16 avril 1761.

I.—KELLER (5), MICHEL.
YONNE, Anne.
Helène, b 1803; s 30 janvier 1810, à l'Hôpital-General, M.

(1) Et Jutras
(2) Aussi Keben.
(3) Soldat allemand.
(4) Et Caler, alias Claude Sonhaȣentas, Anglais de nation.
(5) Du 49me régiment.

I.—KELLY, JACQUES.
ARCHDAREN (2), Jane.
Sara, b... m 8 nov. 1784, à Alexandre WILSON, à Québec.

KEMLEUR.—Voy. QUEMLEUR.

I.—KENERÉ, THOMAS.
LEPARC, Suzanne.
Thomas, b... m 17 juin 1754, à Suzanne Desjardins, à Varennes.

1754, (17 juin) Varennes.
II.—KENERÉ, THOMAS, [THOMAS I.
Anglais.
DESJARDINS, Suzanne. [PIERRE III.

1778, (23 février) Berthier. [3]
I.—KENNEDY, DANIEL, fils d'Alexandre et de Marie McMalen, de Glengary, Ecosse.
McNEIL, Marie,
veuve de Rodrigue McIntyre.
Daniel, b [3] 25 sept. 1779.

I.—KENNY, HENRI,
b 1734; s 29 nov. 1774, à Québec.
GAGNÉ, Marguerite, [JOSEPH V.
b 1753.
Joseph, b... s 11 mars 1770, à Ste-Foye.

1783, (7 janvier) Québec.
I.—KENNY, JEAN, fils de Patrick et de Catherine Kennedy, de Lispool, comte de Keny, Irlande.
BROWN, Marie-Anne.

KERCANIFET.—Voy. GUERGANIVET.

KERCY.—Voy CARCY.

KERDORÈS.—*Variation et surnom* : KÉRODEAU, —LARAMEE.

1741, (5 sept.) Montréal. [3]
I.—KERDORÈS (3), JEAN-BTE, b 1701; fils de Jean-Baptiste et de Marie Bruneau, de Notre-Dame d'Ennebon, diocèse de Vannes, Bretagne.
1° COUTANCINEAU, Marie-Louise, [JEAN-FRS III.
b 1719; veuve de Charles Bernier; s 12 avril 1742, à Nicolet.

(1) Et Jutras.
(2) Elle épouse Robert Keatings.
(3) Dit Laramee—Kerodeau, 1750.

1750, (17 août).[2]
2° PÉRILLARD, Anne-Félicité, [NICOLAS I.
b 1711 ; veuve de Laurent Guignard.

KERGRECOLET.—*Variations et surnoms* : CARGUERET — COLLET — KARGRET — CARDERI — COTTY—LADOUCEUR—LECOUTI—LÉVEILLÉ.

1715, (28 avril) Montréal.[3]
I.—KERGRECOLET (1), NICOLAS,
b 1691.
HÉBERT, Jeanne, [THOMAS I.
b 1689.
Jeanne, b [3] 6 sept. 1717 ; m [3] 22 juillet 1737, à Jean-Baptiste VALLÉE.—*Claude*, b [3] 29 avril 1722 ; m 9 février 1750, à Anne DENEAU, à Longueuil.

1750, (9 février) Longueuil.[4]
II.—KERGRECOLET (2), CLAUDE, [NICOLAS I.
b 1722.
DENEAU, Marie-Anne, [JEAN-BTE III.
b 1734.
Jean-Baptiste, b [4] 20 déc. 1750.—*Marie-Louise*, b... m 6 février 1775, à Antoine LEGAUT, à St-Laurent, M.—*Antoine*, b [4] 13 juin 1755 ; s [4] 2 mai 1756.

I.—KERIE, JEAN-LOUIS.
LORANGE, Marie-Madeleine,
b 1710 ; s 30 janvier 1790, à Québec.

1759, (26 février) Chambly.[5]
I.—KERLE, JEAN-BTE, soldat ; fils de Dominique et de ...., de la Garde, diocèse de Metz, Lorraine.
PAQUET, Marguerite. [NOEL IV.
Marie-Louise, b [5] 5 janvier 1760.

KEROAC.—Voy. LE BRICE.

KERODEAU.—Voy. KERDORÈS, 1741.

KERRIGOU (DE).—Voy. FILY.

1770, (30 avril) St-Laurent, M.
I.—KERSAN (3), CHRISTOPHE, fils d'Hyacinthe et de Catherine Manhis, d'Irlande.
HODIESNE, Marie. [GERVAIS I.

KESSY.—Voy. QUESSY.

I.—KEY, MARGUERITE-RENÉE, b 1679 ; fille de Jean Key, de la Nouvelle-Angleterre ; m 20 oct. 1705, à Charles-Michel L'HUILIER, à Montreal.

I.—KILBURG, JEAN-BTE, de Trèves, Luxembourg ; soldat du regiment d'Anhaltserbs en 1793.

KIMBER.—Voy. JEKIMBERT.

(1) Pour Cargueret, voy. vol. II, p. 546.
(2) Pour Cargueret, baptisé sous ce nom. Maître-menuisier.
(3) Et Carson.

KIMBERT.—Voy. JEKIMBERT.

I.—KIMLIN (1),
capitaine.
FOURRÉ, Madeleine.
Anonyme, b et s 17 déc. 1763, à Québec.

KIMPER.—Voy. DIVELEC.

KINCHIEN (2).

I.—KINDHEMANINE, AGNÈS, b... m 16 janvier 1758, à Joseph STEINDRE, à Québec.

1786, (5 février) Repentigny.[7]
I.—KING (3), HENRI (Frédéric), fils de Henry et d'Elisabeth Dipsy, d'Aurtwinsingberg, Allemagne.
ROY, Madeleine. [JEAN-BTE.
Marie-Madeleine, b [7] 15 février 1787. — *Marie-Joseph*, b [7] 13 fevrier 1794.—*Charles*, b [7] 15 nov. 1795.

KINSAC.—Voy. PABO.

I.—KIRARD (4), MAURICE.
CHARBONNEAU, Marie-Joseph,
b 1699 ; s 3 mars 1805, à l'Hôpital-Général, M.

KIRI, FRANÇOIS,
b 1715 ; s 15 juillet 1750, à Ste-Geneviève, M.
RAPIDIOU, Marie-Louise.

KIRIAU.—Voy. TIRIOT.

I.—KISE, JEAN,
Ecossais.
KISE, Elisabeth,
b 1732 ; s 25 février 1784, à Québec.

I.—KLING, ALBERT.
DELUGA (5), Rose-Judith. [GUILLAUME I.

I.—KNIP, FRÉDÉRIC.
SHAWP, Marguerite.
Cuthbert, b 23 janvier 1795, à St-Cuthbert.

KOCK.—Voy. COOK.

1784, (12 juillet) Lachenaye.
I.—KOCH, ANDRÉ, fils de Pierre et de Charlotte Corecheman, de Salstercheiden, province de Hanovre, Allemagne.
BENOIT, Marie-Joseph, [MICHEL III.
b 1753.

(1) Se disent mariés.
(2) C'est un nom de lieu où résidaient, en 1753, François Diel, Pierre Lalonde. (Rég. Ste-Anne du Bout de l'Ile, 11 nov. 1753.)
(3) Et Skine.
(4) Dit St. Jean, caporal dans le régiment de la colonie.
(5) Elle épouse, le 20 sept. 1825, F. X. Vaillancour, à Québec.

I.—KŒNIG (1), EDMOND-VICTOR.
JEAN, Louise.
Adélaïde, b 17 janvier 1785, à Québec.

KOMAIN (2), IVES.

1791, (25 janvier) Québec.
I.—KRATZ, GEORGES, fils de Guillaume et de .... de Franckford, Allemagne.
VALIN, Marie-Angélique. [NICOLAS.

L

LABADIE.—*Variation et surnoms :* LABADY—DESCOMPS—GODFROY — LABATH—TRIVAREF.

1671, (28 avril) L'Ange-Gardien. [1]
I.—LABADIE (3), FRANÇOIS,
b 1644; s 24 nov. 1720, à Québec. [2]
HÉBERT, Jeanne, [FRANÇOIS I.
b 1653; s 12 février 1727, à la Pte-aux-Trembles, Q. [3]
Jeanne, b [1] 12 mars 1674; 1° m [3] 23 nov. 1691, à Nicolas SYLVESTRE; 2° m 6 juillet 1700, à Thomas LEMARIÉ, à Ste-Foye; 3° m 26 oct. 1733, à Michel-Charles MIVILLE, à Montréal; s 10 mars 1746, à Terrebonne. — *Marie-Françoise*, b [3] 16 nov. 1687; 1° m [3] 3 sept. 1708, à Antoine-Simon BUISSON; 2° m [2] 6 juin 1728, à Pierre MOLEUR; s 15 mars 1765, à Beaumont. [4]—*Louis-Joseph*, b [3] 7 nov. 1697; 1° m [2] 27 nov. 1719, à Marie-Anne MARTIN; 2° m [2] 30 sept. 1763, à Marie-Gabrielle LAROCHE; s [4] 22 juin 1783.—*Pierre*, b [3] 25 février 1701; m 24 sept. 1725, à Marie-Louise GERVAIS, à Charlesbourg; s [2] 24 sept. 1753.

LABADIE, PIERRE.
GADBOIS, Marie-Louise.
Pierre, b 16 août 1719, à Charlesbourg.

1719, (27 nov.) Québec. [2]
II.—LABADIE (4), LOUIS-JOSEPH, [FRANÇOIS I.
b 1697; s 22 juin 1783, à Beaumont.
1° MARTIN (5), Marie-Anne, [PIERRE I.
b 1696; s [2] 19 août 1761.
Louis-Joseph, b [2] 8 nov. 1720. — *Marie-Madeleine*, b [2] 22 février et s [2] 27 mars 1722.— *Marie-Françoise*, b [2] 22 août 1723; m [2] 7 janvier 1740, à Thomas DOYON; s [2] 29 déc. 1742.—*Pierre*, b [2] 29 avril 1725; s [2] 6 déc. 1726. — *Hilaire-Martin*, b [2] 22 déc. 1726; m [2] 28 sept. 1750, à Marie-Joseph ALLAIRE.—*Marie-Madeleine*, b [2] 7 avril et s [2] 1er mai 1728.—*Pierre-Antoine*, b [2] 28 mars et s [2] 19 août 1729. — *André*, b [2] 29 sept. 1730; m 12 nov. 1757, à Catherine-Amable BONNERON, à Montréal. [1]— *Jacques-Noel*, b [2] 25 déc. 1731; s [2] 16 janvier 1732.—*Marie-Louise*, b [2] 24 mars 1733; m [2] 4 sept. 1752, à Jean RASSET; s [2] 10 août 1757.—*Louise*, b 1741; s [3] 18 février 1747.

1763, (30 sept.) [2]
2° LAROCHE, Marie-Gabrielle, [MICHEL I.
b 1710, veuve de Nicolas Dasilva; s [2] 1er déc. 1790

(1) Baron de Kœnig.
(2) Dit Beausejour, soldat. Il était, le 20 juillet 1759, à Charlesbourg.
(3) Voy. vol. I, p. 331.
(4) Et Labady.
(5) Dit Langoumois.

1723, (21 nov.) Québec. [4]
II.—LABADIE, FRANÇOIS, [FRANÇOIS I.
b 1693.
LECOUTI (1), Marguerite, [NICOLAS I.
b 1702; s [4] 5 avril 1729.
Marie-Joseph, b [4] 9 février 1725; s [4] 12 avril 1752.—*Marguerite*, b [4] 9 juillet 1726; m [4] 28 mai 1748, à Guillaume CRÉPAUT. — *Michel-François*, b [4] 29 sept. 1727; s [4] 5 août 1728.—*Marie-Angélique*, b [4] 11 février et s [4] 11 mars 1729.

1725, (24 sept.) Charlesbourg. [3]
II.—LABADIE, PIERRE, [FRANÇOIS I.
b 1701; s 24 sept. 1753, à Québec. [4]
GERVAIS, Marie-Louise, [JACQUES II.
b 1705; s [4] 21 avril 1783.
Pierre, b [3] 16 août 1726; 1° m [4] 24 mai 1751, à Marie-Louise-Madeleine PACQUET; 2° m [4] 20 février 1775, à Marie-Joseph MAGNAN. — *Louis-Hilaire*, b [3] 16 janvier 1728; s [4] 8 mai 1733.—*Eustache*, b [4] 21 juillet 1729; s [4] 19 juin 1730.—*Marie-Louise*, b [4] 30 mars et s [4] 12 juillet 1731. — *Marie-Louise*, b [4] 16 août 1732; m [4] 22 oct. 1753, à Charles-Augustin NORMANDEAU.—*Louis*, b [4] 13 oct. 1734; m [4] 11 sept. 1775, à Marie-Anne-Charlotte DASILVA; s [4] 17 mars 1793. — *Marie-Marguerite*, b [4] 20 sept. 1736; m [4] 25 juin 1764, à Louis GIRARD. — *Angélique*, b [4] 5 août 1738; s [4] 2 février 1745 — *Françoise*, b [4] 31 juillet 1740; s [4] 28 août 1742.—*Joseph*, b [4] 27 août et s [4] 21 sept. 1743.—*Hilaire-Martin*, b [4] 17 avril 1745.

LABADIE, LOUIS.
LEPAGE, Catherine.
Marie-Catherine, b 1749; m 17 oct. 1768, à Thomas LETENDRE, à St-Antoine-de-Chambly.

I.—LABADIE, PIERRE-NICOLAS, b 1717, de la Gascogne; s 4 juillet 1817, à l'Hôtel-Dieu, M.

LABADIE, PIERRE.
GILLEBROT, Marie-Joseph.
Marie-Joseph, b... m 10 janvier 1763, à Joseph Rochereau, au Cap-de-la-Madeleine.

1750, (28 sept.) Québec. [1]
III.—LABADIE, HILAIRE-MARTIN, [LS-JOSEPH II.
b 1726.
ALLAIRE (2), Marie-Joseph. [JEAN-FRANÇOIS.
Marie-Joseph, b [1] 13 février et s [1] 22 sept. 1755. —*Marie-Louise*, b [1] 2 février et s [1] 12 sept. 1758. —*Marie-Elisabeth*, b [1] 30 avril et s [1] 11 mai 1761.

(1) Et Cotty.
(2) Et Ladrière.

—*Hilaire-Martin*, b [1] 27 mars et s [1] 25 mai 1764. —*Elisabeth*, b... 1° m [1] 7 janvier 1788, à Germain FLUET; 2° m [1] 27 août 1793, à François-Bernard DECOUAGNE. — *Louise-Marguerite*, b... m [1] 9 avril 1793, à Jean-Baptiste FLUET.

1751, (24 mai) Québec. [1]

III.—LABADIE (1), PIERRE, [PIERRE II.
b 1726; tonnelier.
1° PACQUET, Marie-Lse-Madeleine, [RENÉ IV.
b 1730; s [1] 31 mai 1774.

Pierre, b [1] 27 juillet et s [1] 14 août 1752.—*Augustin*, b [1] 20 sept. 1753; m [1] 18 nov. 1776, à Marie MAGNAN.—*Pierre-Nicolas*, b [1] 5 nov. 1755. —*Bernard*, b [1] 23 oct. 1757; s [1] 8 dec. 1759.—*Marie-Louise*, b [1] 26 janvier 1759; m à Charles-Fréderic-Christian DALDELSHIEM.—*Joseph*, b [1] 14 mars 1762.

1775, (20 février). [1]
2° MAGNAN, Marie-Joseph,
veuve de Joseph Carrier.

LABADIE, JEAN, colporteur; s 19 sept. 1757, à Lanoraie.

1757, (8 janvier) Montréal.

I.—LABADIE, PIERRE, b 1727; fils de Jean et de Bernarde Caseneuve, de St-Michel, ville de Toulouse, Languedoc.
LEMIRE, Marguerite, [MICHEL II.
b 1733.

1757, (12 nov.) Montréal.

III.—LABADIE (2), ANDRÉ, [LOUIS-JOSEPH II.
b 1730.
BONNERON, Cather.-Amable, [FRS-MATHURIN I.
b 1732.

LABADIE, ... (3), b... s 27 juillet 1761, à l'Ile-Dupas.

1759, (24 sept.) Québec. [7]

I.—LABADIE, JEAN, navigateur; fils de Pierre et de Marie Lardi, de St-Roch, diocèse de Bordeaux.
LARIEUX (4), Marie-Angélique, [GATIEN I.
b 1743.

Jean-André, b 15 sept. 1760, à St-Valier.—*Jacques*, b [7] 23 août 1761; 1° m [7] 13 juin 1786, à Marguerite ROBINEAU-DESLORIERS; 2° m [7] 12 sept. 1797, à Charlotte MORIN.—*Pierre*, b [7] 1er juillet 1763.—*Marie-Angélique*, b... m [7] 11 janvier 1791, à David DESLORIERS.—*Madeleine*, b... m [7] 6 mai 1794, à Joseph MORIN.

1775, (11 sept) Quebec. [8]

III.—LABADIE, LOUIS, [PIERRE II.
b 1734; s [8] 17 mars 1793.
DASILVA, Anne-Charlotte, [JEAN-MARIE II.
b 1741.

(1) Il était, le 18 mars 1764, aux Grondines.
(2) Et Labady.
(3) Trouvé noyé au rivage.
(4) Aussi appelee Louise.

1776, (18 nov.) Québec.

IV.—LABADIE, AUGUSTIN, [PIERRE III.
b 1753.
MAGNAN, Marie. [MICHEL.

1786, (13 juin) Québec. [2]

II.—LABADIE, JACQUES, [JEAN I.
b 1761.
1° DESLORIERS (1), Marguerite, [RENÉ.
b 1769; s [2] 15 mai 1796.
1797, (12 sept.) [2]
2° MORIN, Charlotte. [JEAN.

LABADY.—Voy. LABADIE.

LABALETTE.—Voy. LA VALETTE.

I.—LABARBE, JEANNE, b 1605; m 1634, à Pierre DUVAL.

I.—LABARBIDE (2), MARIE, b 1619; 1° m 1636, à Nicolas MARSOLET; 2° m 8 mai 1681, à Denis LEMAITRE, à Québec [4]; s [4] 21 fevrier 1688.

1744, (30 sept.) Québec.

I.—LABARD, LOUIS, fils de Pierre et d'Anne Bonet, de Sumuscar, diocèse de Xaintes, Saintonge.
POUSSARD (3), Marie-Madeleine, [RAYMOND I.
b 1720.

LABARDEAU, JOSEPH.
...... Catherine.
Geneviève, b 1757; s 5 février 1758, à Québec.

LABARRE.—Voy. GENEST—MAREST—MAZEROS —MAZEROU.

I.—LABARRE (4), JEAN, b 1684; s 24 déc. 1709, à Montreal.

LABARRIÈRE.—Voy. GOTERON, 1706.

LABASTIÈRE.—Voy. VINCELET.

I.—LABASTILLE (5), Renée, b 1649; native de St-Séverin, Paris; 1° m 1668, à Rene Réaume; 2° m 11 avril 1669, à René GAUTIER dit LAROSE, à Ste-Famille, I. O.

I.—LABASTILLE (6), ANTOINE, b 1643; s 15 janvier 1723, à Montreal.

LABATH.—*Variations et surnoms:* DE LABATH —LABADIE—LABAT—DE SIVRAC—SIVRAC.

(1) Dit Robineau—Babineau, 1797.
(2) Et LeBarbier; voy. vol. I, pp. 374 et 413.
(3) Dit Jolicœur.
(4) Soldat de la compagnie de Repentigny.
(5) Voy. vol I, pp. 258 et 511.
(6) Ancien soldat.

1750, (5 oct.) Beauport.[5]

I.—LABATH (1), LOUIS-NICOLAS, b 1720; fils de François et d'Elisabeth de Ducos, de St-Pierre, diocèse de Condom, Gascogne; s[5] 31 janvier 1794.
MARANDA, Agathe. [JACQUES I.
Marie-Louise, b[5] 23 juillet 1753; m à Jean-Baptiste VOCELLE.—*Louis-Antoine*, b[5] 27 mai 1755; 1° m 3 oct. 1795, à Elisabeth CHRÉTIEN, à Québec; 2° m[5] 10 janvier 1815, à Marguerite BERGEVIN.—*Charles*, b 9 janvier et s 27 mai 1757, à St-Pierre-du-Sud.[6]—*Marie-Reine*, b[6] 22 avril et s[6] 19 mai 1758.—*Marie-Françoise*, b[6] 8 oct. 1759.—*Agathe*, b[5] 13 février 1765.—*Marie-Pierre*, b[5] 7 oct. 1767.—*Joseph*, b[5] 18 mars 1769.

LABATH, HILAIRE-MARTIN.—Voy. LABADIE, 1750.

LABATH (2), ... chirurgien.
DESROCHERS, Thérèse.
Philippe, b 20 oct. et s 9 nov. 1760, à Longueuil.

1757, (10 janvier) Boucherville.

I.—LABATH (3), GUILLAUME, fils de Pierre et de Suzanne Tujot, de Lachapelle, diocèse de Lectoure, Gascogne.
1° LAMOUREUX, Archange, [JOSEPH III b 1741; s 10 sept. 1776, à Terrebonne.[3]
Marie-Desanges, b[3] 30 juillet 1767.—*Joseph*, b[3] 5 nov. 1770.
1777, (12 mai).[3]
2° GUILLET (4), Anne-Ant., [NICOLAS-AUG. I. b 1744.

1759, (8 janvier) Montréal.

I.—LABATH JEAN-MARIE (soldat), b 1729; fils de Bernard et de Jeanne Touron, de St-Sernin, ville de Toulouse, Languedoc.
DESÈVE, Marie-Anne, [JOSEPH-DENIS II. b 1737.

1795, (3 oct.) Québec.[4]

II.—LABATH (5), LOUIS-ANTOINE, [LOUIS I. b 1755.
1° CHRÉTIEN, Elisabeth. [JEAN-BTE IV.
Marie-Tharsille, b.[4]—*Louise-Anne*, b[4]; m[4] à Jacques DUGAL; s 4 mars 1860, à la Rivière-du-Loup.—*Marie-Elisabeth*, née 23 janvier 1798 (6), b[4] 16 mai et s[4] 6 juin 1798.
1815, (10 janvier) Beauport.
2° BERGEVIN, Marguerite.

LABATRIE.—Voy. BARÈGE, 1759.

LABATTE.—Voy. PONTAS, 1757.

(1) Chevalier de Sivrac—Voy. aussi De Labath, vol. III, p. 283.

(2) Et Labat.

(3) Chirurgien et sergent au régiment de Béarn; il était, le 6 janvier 1756, à Longueuil.

(4) De Chaumont.

(5) Et Labat; tué à la tour de Lotbinière par Chambers.

(6) Née au Petit Mécatina.

I.—LABATTERIE, ... soldat français.
BEAULIEU (1), Louise.

LABATTU (2), JEAN.

1741, (4 avril) Varennes.[6]

I.—LABATY, PIERRE, fils de Pierre et de Marie Lapèche, de St-Bernard, diocèse de Vienne, Dauphiné; s 19 déc. 1756, à Contrecœur.[6]
1° TROYE, Marie-Renee. [ANTOINE-ETIENNE I.
Marie-Renée, b... m[5] 19 juin 1758, à Jean-Baptiste SENÉCAL.
1756, (7 janvier).[6]
2° CHARBONNEAU (3), Marie-Anne. [MICHEL III.
Marie-Louise, b[6] 21 nov. 1756.

LABAUBIER, JACQUES.
LIÉNARD, Marie-Louise.
Jacques-Guillaume, b 22 mai 1742, à Québec.

LABAUVE, PAUL-OLIVIER.
LABENT (4), Marie-Louise.
Marie-Olivette, b... m 11 juillet 1797, à Pierre BADEAU, à Québec.

LABBÉ.—*Surnoms* : AUBIN-ST. ONGE—CHEVALIER—LEFEBVRE—SACERLIER.

I.—LABBÉ (5), JEANNE, b 1641; fille de Charles et de Marie Françoise, de St-Gilles de Paris; m 28 nov. 1669, à Jean HELIE, à Ste-Famille, I. O.

I.—LABBÉ (6), ANNE, de St-Mié, Duiseau, près de Blois, diocèse de Chartres; 1° m à Guillaume GILLES, en France; 2° m 5 nov. 1663, à Marc GIRARD, à Quebec; s 17 oct. 1665, au Château-Richer.

1672, (31 juillet) Ste-Famille, I. O.[6]

I.—LABBÉ (7), PIERRE,
b 1645; s 4 janvier 1709, à St-François, I.O.[7]
1° BESNARD, Catherine,
veuve de Jacques Delaunay; s[6] 24 oct. 1672.
Pierre, b 1672; m[7] 16 juin 1715, à Reine GUERINET; s 10 août 1720, à Beaumont.
1674, (10 avril) Ste-Anne.
2° MEUNIER (8), Marguerite, [MATHURIN I. b 1659; s[7] 18 juin 1733.
Marguerite, b[6] 4 avril 1675; s[7] 30 mai 1691.—*Jacques*, b[6] 9 oct. et s[6] 8 nov. 1676.—*Marie*, b[6] 15 et s[6] 20 déc. 1677.—*Jacques*, b[7] 12 mai

(1) Excommuniée le 2 oct. 1774, au Détroit, ainsi que Louis Deshetres.

(2) Il signe, le 21 janvier 1752, à Charlesbourg.

(3) Elle épouse, le 9 janvier 1758, François Renault, à Contrecœur.

(4) Dit Provençal.

(5) Elle avait passé contrat de mariage le 22 oct. 1669 avec Pierre Mercier, et épousa, le 28 nov. suivant, Jean Hélie. Voy. vol. I, p. 303.

(6) Voy. vol. I, p. 268.

(7) Voy. vol. I, p. 331.

(8) Elle épouse, le 12 juin 1710, Jean Deblois, à St-François, I. O.

1687; m [6] 25 nov. 1709, à Françoise Deblois. — *Jean*, b [7] 20 avril 1699; m [7] 10 janvier 1724, à Marie Lepage; s [7] 10 juin 1775. — *Geneviève*, b [7] 18 février 1701; m [7] 26 avril 1718, à Pierre Martineau; s [7] 23 juin 1766.

1698, (27 nov.) Montréal. [8]

I.—LABBÉ (1), Louis, fils de Thomas et de Jeanne Benureau, de Mathan, diocèse de Xaintes, Saintonge.

Lavergne, Madeleine, [Laurent I.
b 1674.

Marie-Charlotte, b [8] 21 avril 1705; m [8] 12 oct. 1737, à Etienne Dufaye. — *Joseph*, b [8] 22 juillet 1712.

1709, (25 nov.) Ste-Famille, I. O. [6]

II.—LABBÉ, Jacques, [Pierre I.
b 1687.

Deblois, Françoise, [Jean II.
b 1691; s 12 nov. 1759, à St-François, I. O. [7]

Françoise, b [7] 21 nov. 1710.—*Marie-Madeleine*, b [7] 12 sept. 1712. — *Jacques*, b [7] 11 sept. et s 4 oct. 1714, à St-Jean, I. O. [8]—*Charles*, b [7] 16 déc. 1715; m 8 nov. 1739, à Ursule Morin, à l'Islet [9]; s 25 avril 1783, à St-Jean-Port-Joli. — *Marie-Marthe*, b [7] 23 déc. 1717; m [7] 19 janvier 1740, à Pierre Paquet. — *Joseph-Marie*, b [7] 13 et s [7] 14 mars 1720. — *Jacques*, b [7] 10 mai 1721; m 25 nov. 1743, à Marie-Françoise Mercier, à Berthier; s [7] 7 oct. 1744.—*Pierre*, b [7] 18 août 1723; m [6] 7 février 1746, à Angélique Martineau; s [7] 30 mars 1758.—*Joseph*, b [6] 27 sept. 1725; s [7] 28 oct. 1744. — *Jean-Baptiste*, b [7] 11 sept. 1727.—*Marie*, b 1728; s [7] 18 juillet 1730.—*François*, b [7] 8 janvier et s [7] 15 juillet 1730. — *Jean-François*, b [8] 20 juin 1731; m [9] 5 juillet 1751, à Marie-Joseph Gaulin.

1715, (16 juin) St-François, I. O. [1]

II.—LABBÉ, Pierre, [Pierre I.
b 1672; s 10 août 1720, à Beaumont. [2]

Guerinet (2), Reine, [François I.
b 1687; s [3] 19 juin 1741.

Pierre, b [1] 5 mai 1716; m 20 nov. 1741, à Agnès Cauchon, à St-Valier [3]; s 7 juin 1759, à St-Michel. [4] — *Jean-Baptiste*, b [2] 6 fevrier 1718; 1° m [3] 3 nov. 1744, à Marie-Françoise Cauchon; 2° m 14 août 1752, à Cécile Fiset, à L'Ange-Gardien; 3° m [4] 2 février 1756, à Marguerite Denis; s [2] 26 janvier 1760.—*Joseph*, b [2] 1er sept. et s [2] 2 oct. 1719. — *Marie-Joseph* (posthume), b [2] 28 oct. 1720; m [2] 20 nov. 1747, à Louis Marceau.

1724, (10 janvier) St-François, I. O. [1]

II.—LABBÉ, Jean, [Pierre I.
b 1699; s [1] 10 juin 1775.

Lepage, Marie, [Pierre II.
b 1701; s [1] 7 déc. 1762.

Michel, b [1] 29 sept. 1724; m [1] 17 nov. 1749, à Geneviève Alaire. — *Jean-Baptiste*, b [1] 19 sept. 1726; s [1] 17 août 1727. — *Hélène*, b... m [1] 9 oct. 1747, à Pierre Boivin. — *Marie-Louise*, b [1] 29 juillet 1730; m [1] 22 nov. 1745, à Joseph Alaire; s [1] 10 juin 1751. — *Marie*, b [1] 19 et s [1] 20 oct. 1732. — *Marie-Brigitte*, b [1] 12 nov. 1733; m [1] 12 janvier 1756, à Pierre Lefebvre.—*Jean-Baptiste*, b [1] 15 nov. 1735; m [1] 25 mai 1761, à Marie-Joseph Asselin.—*Marie-Françoise*, b [1] 24 mars et s [1] 18 août 1738. — *Augustin*, b... m 17 avril 1760, à Geneviève Parant, à St-Joseph, Beauce. —*Joseph-Marie*, b 13 juin 1742, à St-Jean, I. O; m [1] 25 mai 1762, à Madeleine Marceau; s [1] 8 août 1779.

LABBÉ, Jacques.—Voy. Lefebvre.

1739, (8 nov.) Islet. [3]

III.—LABBÉ, Charles, [Jacques II.
b 1715; s 25 avril 1783, à St-Jean-Port-Joli.

Morin, Ursule,
veuve de Joseph Dubé.

Charles, b 19 août 1740, à St-François, I. O.— *Pierre*, b [3] 20 juillet 1742.

1741, (20 nov.) St-Valier.

III.—LABBÉ, Pierre, [Pierre II.
b 1716, s 7 juin 1759, à St-Michel. [5]

Cauchon (1), Agnès, [Jean-René II.
b 1716.

Marie-Agnès, b 28 nov. 1742, à Beaumont [6]; s [6] 10 août 1744. — *Marie-Reine*, b [6] 2 avril 1745; m [6] 19 juillet 1779, à Pierre Goupil.—*Pierre*, b [6] 9 avril 1746. — *Michel*, b [6] 30 sept. 1747.—*René*, b [6] 10 août et s [6] 3 oct. 1749.—*Marie-Angélique*, b [6] 22 déc. 1751.—*Charles*, b [6] 2 nov. 1753; m 5 oct. 1779, à Madeleine-Elisabeth Massé, à Quebec.—*Marie-Joseph*, b [5] 14 mai 1756.

1743, (25 nov.) Berthier.

III.—LABBÉ, Jacques, [Jacques II.
b 1721; s 7 oct. 1744, à St-François, I. O. [7]

Mercier (2), Marie-Françoise. [Pierre III.

Jacques, b [7] 4 juin 1745; s [7] 2 mars 1748.

1744, (3 nov.) St-Valier. [1]

III.—LABBÉ, Jean-Bte, [Pierre II.
b 1718; s 26 janvier 1760, à Beaumont. [2]

1° Cauchon (1), Marie-Françoise, [Jean-René II.
b 1724; s [2] 14 janvier 1750.

Jean-Baptiste, b [2] 3 mai 1746; m [1] 9 février 1767, à Marie Lefebvre.—*René*, b [2] 30 août et s [2] 13 sept. 1747.—*Marie-Françoise*, b [2] 21 dec. 1749.

1752, (14 août) L'Ange-Gardien.

2° Fiset, Cecile, [Charles II.
b 1731; s [2] 8 février 1754.

Louis, b [2] 31 oct. et s [2] 27 nov. 1753.

1756, (2 fevrier) St-Michel.

3° Denis, Marguerite, [Joseph II.
b 1728; s [2] 2 nov. 1756.

Marie-Marguerite, b [2] 23 et s [2] 26 oct. 1756.

(1) Pour Aubin dit St. Onge. Voy. vol. I, p. 15.

(2) Voy. Garinet.

(1) Dit Laverdière.

(2) Elle épouse, le 8 février 1746, Augustin Martineau, à St-François, I. O.

1746, (7 février) Ste-Famille, I.O.
III.—LABBÉ, PIERRE, [JACQUES II.
b 1723 ; s 30 mars 1758, à St-François, I.O.
MARTINEAU, Angélique, [GERMAIN III.
b 1722 ; s 2 mai 1793, à Québec.

1749, (17 nov.) St-François, I. O.
III.—LABBÉ, MICHEL, [JEAN II.
b 1724.
ALAIRE, Geneviève, [LOUIS II.
b 1728.

LABBÉ (1), JOSEPH, b 1754; s 3 oct. 1770, à St-Joachim.

1751, (5 juillet) Islet.
III.—LABBÉ, JEAN-FRANÇOIS, [JACQUES II.
b 1731.
GAULIN, Marie-Joseph, [ROBERT II.
b 1712 ; veuve de Charles Caron.
Joseph, b... m 3 nov. 1776, à Ursule DUCROS, à St-Jean-Port-Joli.

1751.
LABBÉ, JEAN.
CHOUINARD (2), Louise, [PIERRE II.
b 1724.
Jean-Baptiste, b 27 février 1752, à l'Islet.

1760, (17 avril) St-Joseph, Beauce.[3]
III.—LABBÉ, AUGUSTIN. [JEAN II.
PARANT, Geneviève, [ETIENNE III.
b 1734 ; veuve de Gabriel Lessard.
Jean-Baptiste, b[3] 13 juillet 1761.—*Marie-Geneviève*, b[3] 10 avril 1763; s[3] 28 avril 1766.—*Marie-Geneviève*, b[3] 24 sept. 1764 ; s[3] 1er sept. 1765.—*Marie*, b[3] 1er mars 1766.—*Marie-Charlotte*, b[3] 20 février 1768.—*Marie-Hélène*, b[3] 19 mars 1770.—*Augustin*, b[3] 21 nov. 1772; s[3] 5 mars 1774.—*Augustin*, b[3] 23 oct. 1774.

1760, (14 oct.) Québec.
I.—LABBÉ (3), JEAN, fils d'Abel et de Catherine Blévin, de Piedran, diocèse de St-Brieux, Bretagne.
PETITCLAIR, Geneviève, [LOUIS III.
b 1739.

1761, (25 mai) St-François, I.O.[4]
III.—LABBÉ, JEAN-BTE, [JEAN II.
b 1735.
ASSELIN, Marie-Joseph, [JOSEPH III.
b 1745.
Jean-Marie, b[4] 18 mai 1762 ; m 11 nov. 1783, à Marie DORION, à Québec.[5]—*Marie-Joseph*, b[4] 3 avril 1764 ; m[4] 10 fevrier 1783, à François BILODEAU.—*Marie-Louise*, b[4] 20 juin 1766; m[5] 24 nov. 1789, à Jacques BILODEAU.—*Joseph*, b[4] 13 juillet 1768; m[5] 27 avril 1790, à Marie-Joseph DORION.—*Augustin*, b[4] 27 dec. 1770.—*Marie-Victoire*, b[4] 26 oct. 1772.—*Jacques*, b[4] 30 sept. 1775; m[5] 7 nov. 1797, à Geneviève FORTON.

(1) Habitant de la Nouvelle-Beauce.
(2) Elle épouse, le 28 février 1757, Louis Bourget, à l'Islet.
(3) Chef de cuisine de M. Bigot.

1762, (25 mai) St-François, I. O.[7]
III.—LABBÉ, JOSEPH-MARIE, [JEAN II.
b 1742 ; s[7] 8 août 1779.
MARCEAU, Madeleine, [ANTOINE III.
b 1739.
Madeleine, b[7] 14 mars 1763.—*Joseph*, b[7] 1er août 1765.—*Marie-Louise*, b[7] 22 mars 1768 ; s[7] 10 mai 1770. — *Jean-Marie*, b[7] 11 juin 1770.—*Marie-Françoise*, b[7] 28 janvier 1772.—*Louis*, b[7] 2 nov. 1774.

LABBÉ, NICOLAS.
BLANCHARD, Marie.
Marie, b 1764 ; m 29 août 1785, à Joseph BENOIT, à Nicolet[8]; s[8] 10 dec. 1786.

LABBÉ (1), NICOLAS.
....
Angelique, b... m 17 janvier 1735, à Alexis PROVENCHER, à Becancour.

1767, (9 fevrier) St-Valier.
IV.—LABBÉ, JEAN-BTE, [JEAN-BTE III.
b 1746.
LEFEBVRE, Marie. [JOSEPH.

LABBÉ, PIERRE.
CARON, Madeleine.
Marie-Archange, b 23 déc. 1773, à l'Islet.[7]—*Elisabeth-Ursule*, b[7] 13 oct. 1775.

1776, (3 nov.) St-Jean-Port-Joli.
IV.—LABBÉ, JOSEPH. [JEAN-FRANÇOIS III.
DUCROS, Marie-Ursule. [NICOLAS II.

1777, (10 février) St-Jean-Port-Joli (2).
LABBÉ, JEAN. [JEAN-BTE.
CHOUINARD, Marie-Anne, [PIERRE II.
b 1754.

1779, (5 oct.) Québec.[5]
IV.—LABBÉ, CHARLES, [PIERRE III.
b 1753.
MASSÉ, Madeleine-Elisabeth, [JOSEPH III.
b 1745 ; s[5] 12 juin 1832.

1783, (11 nov.) Québec.
IV.—LABBE, JEAN-MARIE, [JEAN-BTE III.
b 1762.
DORION, Marie. [JEAN-ETIENNE III.

1790, (27 avril) Québec.
IV.—LABBE, JOSEPH, [JEAN-BTE III.
b 1768.
DORION, Marie-Joseph. [JEAN-ETIENNE III.

(1) Ou Labry—Leblanc.
(2) Avec dispense du 3ème au 3ème degré.

1797, (7 nov.) Québec.
IV.—LABBÉ, JACQUES, [JEAN-BTE III.
b 1775.
FORTON, Geneviève. [JEAN III.

I.—LABEAUSSIÈRE (1), ...

LABEL.—Voy. LABELLE.

LABELLE. —*Variation et surnoms :* LABEL — BELANGER—LABONTÉ.

1671, (23 nov.) Montréal. [3]
I.—LABELLE (2), GUILLAUME,
b 1650; s 2 janvier 1710, à la Pte-aux-Trembles, M. [5]
CHARBONNEAU, Anne, [OLIVIER I.
b 1657.
Charles, b 24 déc. 1679, à Repentigny; m 23 février 1705, à Marguerite ETHIER, à St-François, I. J.[4]; s [3] 23 août 1740.—*Jacques*, b 1682; 1° m [4] 21 nov. 1712, à Marie-Anne LECLERC; 2° m [4] 19 juin 1730, à Suzanne DAZÉ; s 6 déc. 1748, à St-Vincent-de-Paul. — *Jean-François*, b... 1° m [5] 9 sept. 1711, à Denise MAJOR; 2° m à Catherine BERLOIN; 3° m [4] 8 mai 1739, à Geneviève AUGÉ-BARON. — *Joachim*, b 1692; 1° m [4] 20 janvier 1716, à Madeleine BRUNET; 2° m 10 janvier 1735, à Geneviève SÉGUIN, à Terrebonne; s 25 février 1764, à Ste-Rose.

1705, (23 février) St-François, I. J. [4]
II.—LABELLE, CHARLES, [GUILLAUME I.
b 1679; s 23 août 1740, à Montréal.
ETHIER, Marguerite, [LÉONARD I.
b 1679.
Marguerite, b [4] 21 juin 1707. — *Agathe*, b [4] 18 février 1709; m [4] 8 nov. 1728, à Andre DUBREUIL. —*Marie-Anne*, b... m [4] 7 fevrier 1729, à Jean DESJARDINS.—*Madeleine*, b... m [4] 14 février 1729, à Jean GUINDON.—*Marie-Joseph*, b [4] 20 mai et s [4] 26 juillet 1714.—*Suzanne*, b [4] 6 juillet 1715; m [4] 11 janvier 1740, à Pierre LAPORTE. — *Marie-Joseph*, b [4] 14 juin 1716.— *Catherine*, b [4] 25 mai 1717.—*Charles*, b... m 20 mai 1742, à Madeleine FORGET, à Lachenaye.—*Michel*, b... m 17 août 1744, à Marie-Louise-Aimée BEAUMONT, à Terrebonne.[5]—*Joseph*, b... m [5] 5 juillet 1745, à Véronique MAISONNEUVE.

1709, (25 nov.) St-François, I. J. [6]
II.—LABELLE, JOSEPH. [GUILLAUME I.
LAMOUREUX, Marguerite, [LOUIS I.
b 1690; veuve de Joseph Gotineau.
Françoise, b [6] 3 dec. 1712; m [6] 16 nov. 1733, à Jean BERLOIN-NANTEL; s 10 avril 1737, à Terrebonne.—*Marguerite*, b [6] 8 août 1714; m [6] 8 nov. 1734, à Jacques BEAUCHAMP. — *Joseph*, b [6] 19 février 1716.— *Marie-Louise*, b... m [6] 1er fevrier 1740, à Jean-Baptiste PRESSEAU.—*Pierre*, b... m 2 fevrier 1750, à Agathe LAPORTE, à Boucherville.—*Jean*, b... m 27 juillet 1750, à Agathe FORGET, à Ste-Rose.[2] — *Toussaint*, b [6] 31 oct. 1730; m [2] 2 oct. 1758, à Marie-Reine BAUDOIN.

1711, (9 sept.) Pte-aux-Trembles, M. [1]
II.—LABELLE, JEAN-FRS. [GUILLAUME I.
1° MAJOR, Denise, [LOUIS.
s 9 janvier 1718, à St-François, I. J. [2]
Denise, b [2] 2 oct. 1712; m [2] 12 janvier 1733, à Jean-Baptiste ARCHAMBAULT.— *Jean-François*, b [1] 7 juillet 1714; 1° m [2] 24 nov. 1738, à Madeleine VANDANDAIQUE; 2° m 1er juillet 1748, à Marie BRUNET-LÉTANG, à St-Laurent, M.—*Paul-Charles*, b [2] 9 mars 1716; 1° m 1742, à Marie-Joseph CORBEIL; 2° m à Marie-Louise MAJOR; 3° m 1er fevrier 1751, à Marie-Joseph ALAIRE, à St-Vincent-de-Paul.[5]—*Joseph*, b [2] 4 janvier 1718.
2° BERLOIN, Catherine, [JEAN I.
b 1698; s [2] 18 mars 1739.
Marie-Anne, b 1723; m [2] 27 juillet 1739, à Ignace PAQUET; s [5] 3 février 1749.—*Joseph*, b... m 11 janvier 1745, à Marie-Joseph LEBLANC, au Sault-au-Récollet; s 7 nov. 1774, à Terrebonne —*Pierre*, b [2] et s [2] 25 nov. 1727.—*Anonyme*, b [2] et s [2] 7 février 1729.—*Anonyme*, b [2] et s [2] 25 nov. 1729. — *Prisque*, b [2] 19 déc. 1731; m 1753, à Michelle LESPÉRANCE.— *Anonyme*, b [2] et s [2] 1er dec. 1733.— *Catherine*, b 2 janvier et s 7 juin 1735, à Lachenaye.
1739, (8 mai). [2]
3° AUGÉ (1), Geneviève, [JEAN-BTE II.
b 1714.
François-Amable, b [2] 8 mai 1740; m [1] 18 mai 1761, à Marie CADORET.

II.—LABELLE, PIERRE. [GUILLAUME I.
BOULLARD, Jeanne. [FRANÇOIS I.
Pierre, b 17 juillet 1712, à St-François, I. J.[1], m à Geneviève BRAZEAU.— *Marguerite*, b [1] 7 dec. 1715; m [1] 17 mai 1734, à Charles-Augustin RÉAUME.—*Barbe*, b... m [1] 13 juillet 1739, à Jean-Baptiste LACASSE.— *Claude*, b... m 25 nov. 1748, à Marie-Anne QUENNEVILLE, à St-Vincent-de-Paul. — *Paul*, b [1] 25 sept. 1731; m 25 oct. 1751, à Marie-Anne FILION, à Ste-Rose[2]; s [2] 29 oct. 1760.

1712, (21 nov.) St-François, I. J. [1]
II.—LABELLE, JACQUES, [GUILLAUME I.
b 1682; s 6 dec. 1748, à St-Vincent-de-Paul.[2]
1° LECLERC, Marie-Anne, [GUILLAUME I.
b 1685; s [1] 26 mars 1730.
Jacques, b [1] 18 août 1713; 1° m [1] 29 juillet 1737, à Marie-Joseph HOGUE; 2° m [1] 3 fevrier 1739, à Isabelle VANIER.—*Marie-Catherine*, b [1] 8 sept. 1714; m [1] 7 juin 1734, à Nicolas RÉAUME.— *Angélique*, b [1] 25 fevrier 1716; m [2] 7 nov. 1746, à Pierre ARCHAMBAULT.—*Jean-Baptiste*, b [1] 21 août 1717; m 30 juillet 1753, à Agathe LAFRANCHISE, au Sault-au-Recollet.[3] — *Françoise*, b... m [1] 1er juin 1739, à Pierre QUENNEVILLE.— *Joseph*, b... m [3] 11 janvier 1745, à Louise VANIER.—*Jean*, b 1719; 1° m à Marguerite DAZÉ; 2° m 16 août 1756, à Marie-Catherine MONIN, à Montréal

(1) Brûlé en 1690 par les Iroquois. (*Recueil*, depuis 1682 à 1712, par GEDEON DE CATALOGNE).
(2) Voy. vol. I, pp. 331-332.

(1) Dit Baron. Elle épouse, le 23 sept. 1743, Jean-François PROUX, au Sault-au-Récollet.

1730, (19 juin). [1]
2° Dazé, Suzanne, [Paul-Charles II.
b 1701.
Marie-Charlotte, b [1] 23 février 1732; m [2] 7 nov. 1746, à Pierre Archambault. — *Marie-Suzanne*, b [1] 28 avril 1733; m [2] 27 fevrier 1748, à Jean-Baptiste Rochon. — *Marie-Joseph*, b [1] 10 mars 1735; m [2] 25 oct. 1751, à Pierre Carbonneau. — *François-Charles*, b [1] 13 juin 1737; m [2] 10 avril 1758, à Marie-Charlotte Bayard. — *Marie-Joseph-Geneviève*, b [1] 19 mars 1739; m [2] 18 avril 1757, à Pierre Truteau.—*Marie-Marguerite*, b [2] 2 mars 1744.—*Pierre*, b [2] 1er mars 1746; s [2] 5 mai 1753.

1716, (20 janvier) St-François, I J. [6]
II.—LABELLE, Joachim, [Guillaume I.
b 1692; s 25 février 1764, à Ste-Rose. [7]
1° Brunet, Madeleine, [François II.
b 1698; s [6] 10 oct. 1734.
Marie-Madeleine, b [6] 28 oct. 1716; m à Jean Cotineau. — *Charles*, b... m [7] 12 nov. 1753, à Marie-Joseph Masson.—*Antoine*, b [6] 12 mars et s [6] 12 juillet 1729.—*Joseph*, b [6] 12 mars et s [6] 13 juillet 1729.
1735, (10 janvier) Terrebonne. [8]
2° Séguin, Geneviève. [Pierre.
Jean-Baptiste, b 26 janvier 1736, à Lachenaye.[9] —*Françoise*, b [6] 12 oct. 1737; m [7] 9 janvier 1758, à François Lamoureux. — *Hypolite*, b [6] 30 mai 1739; s [6] 27 mai 1740. — *Marie-Louise*, b... m [7] 25 janvier 1762, à Pierre Maisonneuve.—*Antoine*, b... m [8] 15 oct. 1770, à Therese Ouimet. — *Athanase*, b [9] 22 oct. 1750.

LABELLE, Pierre, b 1728; s 13 juillet 1753, à Ste-Rose.

III.—LABELLE, Pierre, [Pierre II.
b 1712.
Brazeau, Geneviève.
Pierre-Marie, b 6 avril 1735, à Terrebonne. [8]— *Pierre*, b [8] 3 sept. 1736.—*Marguerite*, b [8] 3 février 1740; m 5 fevrier 1759, à Louis Bélanger, à St-Vincent-de-Paul. [4] — *Vincent*, b [4] 6 mai 1746.—*Joseph*, b [4] 17 mars 1748; s [4] 3 août 1752. — *Gabriel*, b [4] 18 fevrier 1750; s [4] 9 août 1752.—*Augustin*, b [4] 7 juillet 1752; m à Marie Presot. —*Gabriel*, b... s [4] 7 nov. 1754.—*Gabriel*, b [4] 11 oct. 1755.

1737, (29 juillet) St-François, I. J. [1]
III.—LABELLE, Jacques, [Jacques II.
b 1713.
1° Hogue, Marie-Joseph, [François II.
b 1719; s [1] 28 nov. 1737.
1739, (3 février). [1]
2° LeVanier, Isabelle. [Jean-Bte II.
Isabelle, b [1] 25 déc. 1739. — *Pierre*, b... m 13 juillet 1761, à Catherine Chartran, à St-Vincent-de-Paul. [2] — *Jean-Baptiste*, b 16 mai 1743, au Sault-au-Récollet.—*Joseph*, b [2] 31 janvier 1745.—*François*, b [2] 7 mars 1747; s [2] 26 nov. 1751.—*Nicolas*, b [2] 17 juillet 1749.—*François*, b [2] 23 déc. 1751.—*Pierre*, b [2] 4 et s [2] 19 août 1753.—*Joseph-Amable*, b [2] 1er oct. 1754. — *Pierre*, b [2] 5 nov. 1756.

1738, (24 nov.) St-François, I. J. [6]
III.—LABELLE, Jean-Frs, [Jean-Frs II.
b 1714.
1° Vandandaique, Madeleine, [Claude II.
b 1717; s 12 oct. 1747, à St-Vincent-de-Paul. [7]
Marie-Françoise, b [6] 3 déc. 1739; s 27 février 1740, à Terrebonne. [8]—*Marie-Joseph*, b [8] 10 sept. 1741. — *François*, b [7] 12 mars 1744. — *Marie-Joseph*, b [7] 27 mai 1745; m [7] 8 février 1762, à Jean-Baptiste Handgrave. — *Claude*, b [7] 9 oct. 1746.—*Jean-Baptiste*, b 14 avril 1747, au Sault-au-Récollet.
1748, (1er juillet) St-Laurent, M.
2° Brunet-Létang, Marie, [Michel II.
veuve de Jean-Noel Cousineau.

1742, (20 mai) Lachenaye. [1]
III.—LABELLE, Charles. [Charles II.
Forget, Madeleine, [Jean-Bte II.
b 1716.
Charles, b [1] 26 juillet 1743; m 22 juillet 1765, à Catherine Berloin-Nantel, à Terrebonne. [2]—*Marie-Madeleine*, b [2] 15 oct. 1744; m [2] 18 juin 1770, à François Cusson. — *Jacques*, b [2] 6 mai 1746; m [2] 15 juin 1772, à Marie-Joseph Berloin-Nantel.—*Michel*, b 2 mai 1747, à Ste-Rose. [3]—*Elisabeth*, b [2] 26 sept. 1748; s [2] 5 sept. 1749.—*Marie-Thérèse*, b [3] 9 mai et s [2] 23 juillet 1751.—*Françoise*, b [1] 9 fevrier et s [1] 9 sept. 1753.—*Joseph-Marie*, b [2] 19 juillet 1755.

1742.
III.—LABELLE (1), Paul-Chs, [Jean-Frs II.
b 1716.
1° Corbeil, Marie-Joseph.
Paul-Charles, b 5 fevrier et s 13 oct. 1743, à Terrebonne. [3] — *Marie-Joseph*, b [3] 22 mai 1744; m 7 juin 1762, à Germain Gariépy, à Ste-Rose. [4] — *Jean-Baptiste*, b [3] 16 sept. 1745; m [4] 25 juin 1764, à Marie-Reine Baudoin.—*François*, b... m [4] 22 oct. 1764, à Marie-Angelique Limoges.—*Joseph*, b [3] 2 déc. 1747; s [3] 10 juillet 1748.
2° Major, Marie-Louise, [Sébastien I.
b 1729; s [4] 24 fevrier 1750.
1751, (1er février) St-Vincent-de-Paul.
3° Alaire, Marie-Joseph, [Joseph III.
b 1728; s [4] 30 janvier 1754.
Marie-Joseph, b [4] 16 janvier 1752.

III.—LABELLE, Jean, [Jacques II.
b 1719.
1° Dazé, Marie-Marguerite, [Paul-Chs II.
b 1725.
Charles, b 23 janvier 1744, à St-Vincent-de-Paul.—*Marie-Marguerite*, b 5 février et s 28 mars 1745, au Sault-au-Recollet. [5]—*Marie-Marguerite*, b [5] 17 juillet 1746.—*Basile*, b... s 17 oct. 1750, à Montreal. [4]— *Marie-Victoire*, b... m [3] 25 janvier 1768, à Jean-Baptiste Leblanc.

(1) Et Labonté.

1756, (16 août). [4]
2° Morin, Marie-Catherine, [Joseph IV.
b 1736.
Marie-Joseph, b 8 janvier 1761, à Lachenaye.

1744, (17 août) Terrebonne. [5]
III.—LABELLE, Michel. [Charles II.
Beaumont, Louise-Aimée. [Vincent II.
Louise-Anne, b [5] 24 nov. 1745.—*Michel*, b [5] 30 janvier 1747. — *Marie-Joseph*, b [5] 29 février 1748. —*Marie-Catherine*, b [5] 24 janvier et s [5] 30 sept. 1750. — *Marie-Françoise*, b [5] 19 août 1753. — *Charles*, b [5] 23 sept. 1756. — *Marie-Desanges*, b [5] 28 juillet 1759.

1745, (11 janvier) Sault-au-Récollet.
III.—LABELLE, Joseph. [Jacques II.
Vanier, Louise, [Jean-Bte II.
b 1728.

1745, (11 janvier) Sault-au-Récollet.
III.—LABELLE, Joseph, [Jean-Frs II.
s 7 nov. 1774, à Terrebonne. [4]
Leblanc, Marie-Joseph, [Charles II.
b 1722.
Marie-Joseph, b 26 déc. 1745, à St-Vincent-de-Paul. [5] — *Marie-Louise*, b [5] 30 janvier 1748. — *François*, b [5] 11 juin et s[5] 17 juillet 1750.—*Joseph*, b [5] 11 juin et s [5] 27 juillet 1750. — *Marie-Joseph*, b [5] 17 août 1751.—*Marie-Catherine*, b [5] 12 juillet 1753.— *Marie-Amable*, b... m [4] 7 janvier 1772, à François-de-Sales Gautier. — *Jean-Baptiste*, b [4] 22 avril et s [4] 24 mai 1755.—*Marie-Françoise*, b [4] 26 avril 1756 ; 1° m [4] 3 juillet 1781, à Barthelemi Vaillancour ; 2° m [4] 23 sept. 1782, à Jean-Baptiste Renaud. — *Marie-Joseph*, b 6 mars 1758, à Ste-Rose.—*Louis*, b [4] 24 mai 1760 ; m [4] 11 fevrier 1782, à Marie Migneron.

1745, (5 juillet) Terrebonne. [4]
III.—LABELLE, Joseph. [Charles II.
Maisonneuve, Véronique, [Jean-Bte II.
b 1734.
Marie-Françoise, b 6 mai 1747, à Ste-Rose [5] ; s [5] 4 déc. 1755. — *Marie-Thérèse*, b [5] 6 nov. 1748. — *Joseph*, b [5] 7 février 1750 ; s [5] 8 juin 1751.— *Joseph*, b [5] 18 sept. 1751 ; s [5] 31 mars 1762.— *Marie-Rose*, b [5] 20 février 1753.— *Marie-Amable*, b [5] 5 oct. 1754. — *Etienne*, b [5] 19 février 1757.— *Paul*, b [5] 10 janvier et s [5] 18 sept. 1758.— *Paul*, b... m [4] 26 fevrier 1781, à Angélique Touin.— *Marie-Françoise*, b [5] 3 juillet 1761 ; m à Jean-Baptiste Labelle.

IV.—LABELLE (1), Basile. [François III.

1748, (25 nov.) St-Vincent-de-Paul.
III.—LABELLE, Claude. [Pierre II.
Quenneville, Marie-Anne. [François III.
Claude, b 16 et s 25 août 1749, à Ste-Rose. [3]— *Joseph*, b [3] 17 oct. 1750.—*Pierre*, b [3] 28 nov. 1752. — *François*, b [3] 3 et s [3] 18 déc. 1754. — *Marie-Anne*, b [3] 22 déc. 1756. — *Marie-Amable*, b [3] 27 février 1759.—*Paul*, b [3] 6 février 1760.

(1) Pour Bélanger, 1722, voy. vol. II, p. 195.

1750.
LABELLE, Michel.
Hervé (1), Louise, [Jean I.
b 1714.
Marie-Marguerite, b 2 mai 1755, à Terrebonne. —*Marie*, b 1760 ; s 12 janvier 1761, à Ste-Rose.

1750, (2 février) Boucherville.
III.—LABELLE, Pierre. [Joseph II.
Laporte (2), Agathe. [Joseph III.

1750, (27 juillet) Ste-Rose. [3]
III.—LABELLE, Jean. [Joseph II.
Forget, Agathe, [Jean-Bte III.
b 1731.
Agathe, b 1er avril 1751, à Lachenaye.—*Marie-Françoise*, b [3] 5 février 1752.— *Marguerite*, b [3] 2 juin 1753.—*Jean*, b [3] 25 février 1755 ; m à Marie-Françoise Labelle.— *Joseph*, b [3] 4 mars 1759.— *François*, b [3] 30 août 1760.— *Michel*, b [3] 28 mars et s [3] 20 juillet 1762.

1751, (25 oct.) Ste-Rose. [4]
III.—LABELLE, Paul, [Pierre II.
b 1731 ; s [4] 29 oct. 1760.
Filion (3), Marie-Anne, [Joseph III.
b 1735.
Marie-Thérèse, b [4] 4 nov. 1752.— *Marie-Françoise*, b [4] 4 déc. 1753 ; s [4] 6 juillet 1754. — *Paul*, b [4] 22 janvier 1755.— *Marie-Anne*, b [4] 28 sept. et s [4] 23 oct. 1756.—*Pierre*, b [4] 20 oct. 1757.—*Jean-Baptiste*, b [4] 22 août 1759 ; s [4] 25 oct. 1760.

1753, (30 juillet) Sault-au-Récollet.
III.—LABELLE, Jean-Bte, [Jacques II.
b 1717.
Lafranchise, Agathe. [Simon I.

1753.
III.—LABELLE, Prisque, [Jean-Frs II
b 1731.
Lespérance, Michelle. [Jacques III
Prisque, b 5 nov. 1754, à St-Vincent-de-Paul [4] —*Marie-Marguerite*, b [4] 25 août 1756.

1753, (12 nov.) Ste-Rose. [3]
III.—LABELLE, Charles. [Joachim II
Masson, Marie-Joseph, [Pierre III.
b 1735.
Louis, b [3] 4 sept. 1754.—*Marie-Anne*, b [3] 1er et s [3] 12 nov. 1755.—*Charles* et *Marie-Joseph*, b [3] 28 nov. 1756.—*Joseph*, b [3] 26 sept. et s [3] 18 déc. 1758. —*Eustache*, b [3] 17 oct. 1759.—*Jean-Baptiste*, b [3] 10 janvier 1762.

LABELLE, Paul.
Baudoin, Marie.
Paul, b 12 juillet 1758, à Terrebonne. [4]—*Marie*, b [4] 16 juin 1760.—*Augustin*, b 13 fevrier 1765, à Lachenaye.

(1) Ou Ervé dit Rivet.

(2) Elle épouse, le 3 février 1755, François Brazeau, à Boucherville.

(3) Elle épouse, le 11 janvier 1763, Augustin Hébert, à Ste-Rose.

1758, (10 avril) St-Vincent-de-Paul.
III.—LABELLE, CHARLES-FRS, [JACQUES II.
b 1737.
BAYARD, Marie-Charlotte. [FRANÇOIS III.

1758, (2 oct.) Ste-Rose. [3]
III.—LABELLE, TOUSSAINT, [JOSEPH II.
b 1730.
BAUDOIN (1), Marie-Reine, [LOUIS III.
b 1742.
Joseph, b [3] 4 février 1761.— *Marie-Joseph*, b... s [3] 27 mai 1762. — *Marie-Charlotte*, b [3] 10 juin 1762.

1761, (18 mai) Pte-aux-Trembles, M.
III.—LABELLE, FRS-AMABLE, [JEAN-FRS II.
b 1740.
CADORET, Marie-Catherine, [FRANÇOIS II.
b 1743.

1761, (13 juillet) St-Vincent-de-Paul.
IV.—LABELLE, PIERRE. [JACQUES III.
CHARTRAN, Catherine, [FRANÇOIS IV.
b 1746.

1764, (25 juin) Ste-Rose.
IV.—LABELLE, JEAN-BTE, [PAUL-CHS III.
b 1745.
BAUDOIN, Marie-Reine, [LOUIS III.
b 1742; veuve de Toussaint Labelle.
Jean-Baptiste, b 16 janvier 1774, à Lachenaye.

1764, (22 oct.) Ste-Rose.
IV.—LABELLE, FRANÇOIS. [PAUL-CHS III.
LIMOGES, Marie-Angelique, [JACQUES II.
b 1738.

1765, (22 juillet) Terrebonne.
IV.—LABELLE, CHARLES, [CHARLES III.
b 1743.
BERLOIN-NANTEL, Catherine. [JEAN II.

1770, (15 oct.) Terrebonne.
III.—LABELLE, ANTOINE. [JOACHIM II.
OUIMET (2), Thérèse, [JOSEPH III.
b 1750.

1772, (15 juin) Terrebonne.
IV.—LABELLE, JACQUES, [CHARLES III.
b 1746.
BERLOIN-NANTEL, Marie-Joseph. [JEAN II.

IV.—LABELLE, AUGUSTIN, [PIERRE III.
b 1752.
PRÉSOT, Marie, [JEAN-BTE III.
b 1753.
Marie-Marguerite, b 18 oct. 1776, à Lachenaye.

LABELLE, PRISQUE.
BOTQUIN, Marie-Marguerite. [JOSEPH III.
Prisque, b 1777; s 4 nov. 1789, à Repentigny. [9] —*Marguerite*, b [9] 24 mars 1786.—*Marie-Joseph*, b [9] 17 juin 1787.— *Michel*, b [9] 21 avril 1789.— *Angélique*, b [9] 11 août 1790.—*Joseph*, b [9] 24 nov. et s [9] 4 déc. 1791.

1781, (26 février) Terrebonne.
IV.—LABELLE, PAUL. [JOSEPH III.
TOUIN, Angelique. [JEAN-BTE III.

1782, (11 février) Terrebonne.
IV.—LABELLE, LOUIS, [JOSEPH III.
b 1760.
MIGNERON, Marie. [ATHANASE IV.
Marie, b... m 8 sept. 1800, à Joseph FORGET, au Bout-de-l'Ile, M.

IV.—LABELLE, JEAN, [JEAN III.
b 1755.
LABELLE, Marie-Françoise, [JOSEPH III.
b 1761.
Jean-Baptiste, b 20 sept. 1786, à Lachenaye.

LABELLE, JEAN-BTE.
CHARBONNEAU, Marie-Reine.
Joseph, b 22 janvier 1788, à Lachenaye.

LABELLE, JEAN-BTE.
VALIQUET, Marie-Joseph.
Marie-Louise, b 1er mai 1790, à Lachenaye.

LABERGE.—*Surnom* : BONSECOURS.

LABERGE, GENEVIÈVE, b 1695; s 4 avril 1715, à St-Laurent, I. O.

LABERGE, MARIE-ROSE, b 1705; s 22 oct. 1771, à St-Michel-d'Yamaska.

LABERGE, ANGÉLIQUE, b 1715; s 13 août 1756, à St-Vincent-de-Paul.

1663, (28 mai) Château-Richer. [9]
I.—LABERGE (1), ROBERT,
b 1638; s [9] 2 avril 1712.
GAUSSE, Françoise,
b 1634; s 9 mars 1714, à Beauport.
François, b [9] 12 juin 1669; 1° m [9] 14 avril 1692, à Marguerite BOUCHER; 2° m [9] 13 avril 1711, à Marguerite GRAVEL; s [9] 26 juin 1728.

1692, (29 janvier) L'Ange-Gardien. [4]
II.—LABERGE (1), NICOLAS, [ROBERT I.
b 1672.
QUENTIN, Madeleine, [NICOLAS I.
b 1671; s 17 dec. 1743, à St-Augustin. [5]
Jean-Baptiste, b 1699; m [4] 23 juillet 1725, à Marie-Rose-Madeleine HUOT; s [5] 31 août 1744.

1692, (14 avril) Château-Richer. [9]
II.—LABERGE (1), FRANÇOIS, [ROBERT I.
b 1669; s [9] 26 juin 1728.
1° BOUCHER, Marguerite, [GUILLAUME II.
b 1675; s [9] 26 fevrier 1705.
Guillaume, b [9] 19 fevrier 1694; m 1721, à Marie-Anne COITEUX-ST-JEAN; s 30 nov. 1764, à

(1) Elle épouse, le 25 juin 1764, Jean-Baptiste Labelle, à Ste-Rose.

(2) Elle épouse, le 24 avril 1775, Pierre Limoges, à Terrebonne.

(1) Voy. vol. I, p. 332.

St-Antoine-de-Chambly.—*Marie-Françoise*, b[9] 3 février 1696; m 30 août 1729, à Paul Lambert, à Québec[8]; s[8] 28 nov. 1747.—*François*, b[9] 27 oct. 1697; m[9] 17 nov. 1727, à Geneviève Gravel; s[9] 23 février 1774.—*Marguerite*, b[9] 26 oct. 1701; m[9] 28 janvier 1727, à Claude Gravel; s[9] 26 janvier 1778.

1711, (13 avril).[9]

2° Gravel, Marguerite, [Jean II.
b 1688; s[9] 2 mai 1720.

Marie-Angélique, b[9] 10 nov. 1712; m 20 nov. 1731, à Athanase Vésinat, à L'Ange-Gardien.—*Guillaume*, b... m[9] 28 août 1730, à Marguerite Cloutier.—*Jean*, b[9] 16 juillet et s[9] 1er sept. 1717.—*Jean*, b[9] 17 sept. et s[9] 1er oct. 1718.—*Joseph*, b... m[9] 1er juillet 1765, à Marie-Joseph Crépeau; s[9] 10 oct. 1777.

1695, (14 février) L'Ange-Gardien.[3]

II.—LABERGE (1), Guillaume, [Robert I.
b 1674.
Quentin, Marie-Jeanne, [Nicolas I.
b 1678; s[3] 3 déc. 1749.

Charles, b[3] 12 août 1699; m[3] 3 février 1728, à Madeleine Amelot; s 29 nov. 1759, à Québec.[4]—*Timothée*, b[3] 24 juillet 1704; m[3] 4 nov. 1727, à Marie-Anne Amelot.—*François*, b[3] 12 nov. 1710; m 9 février 1739, à Marie-Anne Charles, à St-François, I. J.—*Gabriel*, b[3] 1er juillet 1715, 1° m[4] 22 sept. 1744, à Marie-Anne Parant; 2° m[4] 28 avril 1749, à Madeleine Jourdain.—*Pierre*, b[3] 16 mai 1717; m[4] 15 nov. 1751, à Marie-Anne Corbin; s[4] 30 oct. 1757.—*Jean-Baptiste*, b[3] 23 mars 1720; m 25 sept. 1747, à Marie-Joseph Roy-Audy, à Charlesbourg.

1717, (22 nov.) L'Ange-Gardien.

III.—LABERGE, Nicolas, [Nicolas II
b 1692.
Trudel (2), Angélique, [Philippe II.
b 1697.

Angélique, b... 1° m 19 nov. 1736, à Joseph Prou, à St-Thomas[3]; 2° m[3] 17 juin 1771, à Joseph Coté.—*Nicolas*, b[3] 13 août 1719; m 3 mai 1752, à Geneviève Coté, à St-Pierre-du-Sud.—*Anonyme*, b[3] et s[3] 25 janvier 1721.—*François*, b[3] 18 janvier 1722.—*Joseph*, b[3] 15 nov. 1723, s[3] 9 avril 1731.—*Marie-Ursule*, b[3] 25 août 1725, m[3] 28 sept. 1772, à Jean-Baptiste Daigle.—*Scholastique*, b[3] 24 août 1727; s[3] 13 nov. 1733.—*Marie-Madeleine*, b[3] 25 avril 1729.

1720, (25 juin) L'Ange-Gardien.[4]

III.—LABERGE, Jacques, [Guillaume II.
b 1697; s[4] 20 déc. 1759.
Gagnon, Marguerite, [Germain II.
s[4] 12 avril 1756.

Guillaume, b[4] 24 août 1721; m 1749, à Barbe Julien.—*Marie-Angélique*, b[4] 8 janvier 1724; m[4] 9 nov. 1744, à Antoine Goulet; s 27 août 1765, au Château-Richer.

(1) Voy. vol. I, p. 332.
(2) Elle épouse, le 9 avril 1731, Jean Regault, à St-Thomas.

1720, (10 juillet) Contrecœur (1).

III.—LABERGE (2), Guillaume. [Guillaume II.
Larue, François, [Jacques II.
b 1699.

Joseph, b 2 juillet 1721, à Ste-Anne-de-la-Pérade.—*Marie-Françoise*, b 25 juin 1724, à St-Ours[5]; m 4 oct. 1741, à Louis Crespin, aux Trois-Rivières.—*Marie-Madeleine*, b[5] 10 avril et s[5] 13 juillet 1727.

I.—LABERGE (3), Jean-Bte.
Montauban, Marguerite, [Michel I.
b 1678.

Marie-Joseph, b 1720; m 1er mars 1756, à Raphaël Demers, à Ste-Geneviève, M.

1721, (24 nov.) L'Ange-Gardien.[4]

III.—LABERGE, Pierre, [Nicolas II.
b 1698.
Paré Marguerite, [François II.
b 1692; veuve de François Bélanger.

Louise, b[4] 6 sept. 1722; m 1755, à Pierre-Joseph Defoy.—*Marie-Madeleine*, b 26 oct. 1724, à St-Augustin[5]; m[5] 20 oct. 1755, à Charles Cantin.—*Marie-Françoise*, b[5] 20 juillet 1727; m 1753, à François-Louis Beauchamp-Laprairie.—*Marie-Agathe*, b[5] 2 mai et s[5] 13 sept. 1729.—*Marie-Anne*, b[5] 2 mai et s[5] 5 sept. 1729.—*Marie-Anne*, b[5] 1er et s[5] 16 oct. 1730.—*Marie-Angélique*, b[5] 3 et s[5] 11 sept. 1734.—*Jacques-Philippe* (4), b... m 26 juillet 1756, à Marie-Anne Choret, à la Pte-aux-Trembles, Q.

1721.

III.—LABERGE, Guillaume, [François II.
b 1694; s 30 nov. 1764, à St-Antoine-de-Chambly.[3]
Coiteux (5), Marie-Anne. [Jacques I.

Joseph, b 1722; m 30 juin 1750, à Thérèse Lamagdelaine, à Montreal.—*Marie-Joseph*, b 1729, m[3] 28 juin 1751, à François Garaut.—*Louis*, b 21 juin 1734, à L'Ange-Gardien; m[3] 17 sept. 1764, à Marie-Anne Brilland.—*Marie-Madeleine*, b 1737; m[3] 17 janvier 1757, à Joseph Daudelin.—*Guillaume*, b 1740; m[3] 14 janvier 1765, à Marie Phaneuf.

1725, (23 juillet) L'Ange-Gardien.[4]

III.—LABERGE, Jean-Bte, [Nicolas II.
b 1699; s 31 août 1744, à St-Augustin.[5]
Huot (6), Marie-Rose-Madeleine, [Jean II.
b 1702.

Jean-Baptiste, b[5] 23 août 1726; m 23 nov. 1757, à Françoise Sévigny, à la Pte-aux-Trembles, Q.—*Marie-Madeleine*, b[5] 18 janvier 1730; m[4] 29 mai 1752, à Jean Julien; s 31 janvier 1765, au Château-Richer.—*Augustin*, b[5] 24 août 1732.—*Marie-Anne*, b[5] 24 fevrier 1736.—*Louis-Joseph*, b[5] 18 août 1739; m 1770, à Felicite Tardif.

(1) On trouve aussi cet acte aux registres de St-Ours.
(2) Fermier de M. Pécaudy.
(3) Dit Bonsecours.
(4) Fils adoptif.
(5) Dit St. Jean.
(6) Et Jotte.

1727, (4 nov.) L'Ange-Gardien. [3]
III.—LABERGE, TIMOTHÉE, [GUILLAUME II.
b 1704.
AMELOT (1), Marie-Anne, [JACQUES I.
b 1712.
Marie-Angélique, b 5 sept. 1728, à Beauport [4]; m 25 janvier 1751, à Etienne MERLOT, à Lachine. [5]—*Louis*, b [4] 22 mai 1730 ; m [5] 20 janvier 1755, à Marie-Amable MERLOT.—*Jacques*, b [5] 12 mai 1732; m 7 janvier 1755, à Marie-Joseph PRIMOT, à Châteauguay. [6] — *Marie-Anne*, b [4] 8 mars 1734. — *Guillaume*, b [4] 11 juillet 1735.—*Elisabeth*, b 19 mai 1737, à St-Thomas; m [6] 4 avril 1758, à Jacques PARÉ. — *Charles*, b [3] 2 mai 1739; m [6] 16 avril 1766, à Catherine CARON.—*Pierre*, b 6 avril 1741, à Montreal [7]; 1° m à Marie-Anne PRIMOT ; 2° m 30 juin 1783, à Marie-Joseph LEPAGE, à St-Laurent, M. — *Marie*, b [7] 25 mars 1743; m [6] 12 janvier 1761, à Jean-Baptiste DUQUET.—*Joseph-Marie*, b [7] 22 mars 1745. — *Jean-Baptiste*, b [5] 12 nov. 1749. — *Hyacinthe*, b [5] 19 fevrier 1751.

1727, (17 nov.) Château-Richer. [8]
III.—LABERGE, FRANÇOIS, [FRANÇOIS II.
b 1697; s [8] 23 fevrier 1774.
GRAVEL, Geneviève, [CLAUDE II.
b 1689; s [8] 2 mars 1776.
Geneviève, b [8] 27 avril 1728.—*Joseph*, b [8] 19 mars 1730.—*Marie-Agnès*, b [8] 29 avril 1732; m [8] 25 oct. 1751, à François CLOUTIER.—*Marie-Louise-Catherine-Geneviève*, b [8] 16 mars 1734; m [8] 1er mars 1756, à Prisque VERREAU. — *Marie-Louise*, b [8] 2 juillet 1736.

1728, (3 février) L'Ange-Gardien. [9]
III.—LABERGE, CHARLES, [GUILLAUME II.
b 1699; voiturier; s 29 nov. 1759, à Quebec.
AMELOT (1), Madeleine, [JACQUES I.
b 1708.
Charles, b [9] 27 nov. 1728; m [9] 18 août 1749, à Louise HUOT.—*Jacques*, b [9] 14 mai 1739.

1730, (28 août) Château-Richer. [4]
III.—LABERGE, GUILLAUME. [FRANÇOIS II.
CLOUTIER, Marguerite, [CHARLES III.
b 1697; s [4] 15 mai 1770.
Marguerite, b [4] 24 nov. 1730; 1° m 14 avril 1749, à Charles-François JOBIN, à Charlesbourg [5]; 2° m [5] 18 fevrier 1760, à Joseph BEDARD.—*Augustin*, b [4] 29 août 1732; s [4] 25 janvier 1733. —*Marthe*, b [4] 7 juin 1734; m [5] 5 mars 1753, à Joseph-Toussaint MARTIN.—*Marie*, b 1735; s [4] 2 août 1756. — *Marie-Louise*, b [5] 14 oct. 1738.—*Jean-Marie*, b [5] 16 nov. 1740.

1731, (11 avril) L'Ange-Gardien. [1]
III.—LABERGE, LOUIS, [GUILLAUME II.
b 1706.
1° TARDIF, Véronique, [GUILLAUME II.
b 1705.
Guillaume, b [1] 31 mars 1732.

(1) Dit Sanspeur.

1737, (18 nov.) St-François, I. J. [2]
2° GARIÉPY, Marie-Françoise, [ALEXIS II.
b 1716.
Marie-Françoise, b [2] 1er avril 1739.

1739, (9 février) St-François, I. J. [6]
III.—LABERGE, FRANÇOIS, [GUILLAUME II.
b 1710.
CHARLES, Marie-Anne, [JEAN-BTE II.
b 1719.
Marie-Anne, b [6] 19 nov. et s [6] 3 déc. 1739.—*François*, b 11 fevrier 1741, à Terrebonne [7]; m 4 fevrier 1771, à Marie-Charlotte SENÉCAL, à Varennes. — *Jean-Baptiste*, b [7] 9 février 1743. — *Marie-Thérèse*, b [7] 19 juillet 1744; m 8 juillet 1765, à Jean-Baptiste GENDREAU, à la Pte-aux-Trembles, M.—*Françoise*, b [7] 23 fevrier 1747; s [7] 27 février 1748.—*Marie-Charlotte*, b [7] 10 mars et s [7] 8 oct. 1749.— *Louis-Joseph*, b 21 mars 1751, à Ste-Rose.

1744, (22 sept.) Québec. [9]
III.—LABERGE, GABRIEL, [GUILLAUME II.
b 1715.
1° PARANT, Marie-Anne, [JACQUES III.
b 1721; s [9] 5 janvier 1748.
Gabriel-Daniel, b [9] 27 déc. 1747; s 15 mai 1748, à Beauport.

1749, (28 avril). [9]
2° JOURDAIN, Madeleine. [PIERRE I.
Marie-Madeleine, b [9] 3 février 1750. — *Gabriel*, b [9] 27 janvier 1751. — *Marie-Louise*, b 19 juillet 1754, à la Pte-aux-Trembles, M.

1747, (25 sept.) Charlesbourg. [6]
III.—LABERGE, JEAN-BTE, [GUILLAUME II.
b 1720; charpentier.
ROY-AUDY, Marie-Joseph, [JEAN-BTE III.
b 1729.
Jean-Baptiste, b 16 juillet 1748, à Québec. [7]—*Marie-Charlotte*, b [7] 10 dec. 1749. — *François-Guillaume*, b [7] 12 mars 1751.—*Marie-Angélique*, b 1752; s [7] 4 mars 1754. — *Charles-René*, b [7] 24 mai 1753.— *Marie-Madeleine*, b [7] 27 sept. 1754; s [6] 20 fevrier 1756.— *Pierre-Michel*, b [7] 28 sept. et s [7] 22 oct. 1756.— *Marie-Suzanne*, b [7] 9 et s [7] 20 mars 1758.— *Pierre*, b [6] 26 avril et s [6] 12 mai 1761.— *Marie*, b [7] 23 août et s [7] 18 nov. 1762.—*Denis*, b [7] 12 sept. et s [7] 2 nov. 1763.

1749, (18 août) L'Ange-Gardien. [6]
IV.—LABERGE, CHARLES, [CHARLES III.
b 1728.
HUOT, Louise-Angélique, [PIERRE II.
b 1713.
Charles, b [6] 28 juillet et s [6] 9 août 1750.—*Pierre*, b [6] 27 juin 1751; m 5 oct. 1778, à Rosalie GIRARD, aux Eboulements.—*Charles*, b [6] 1er avril 1753. — *Marie-Louise*, b [6] 8 mars 1755. — *Louis*, b [6] 28 août 1757.—*Charles* (1), b [6] 26 juillet 1759. —*Marguerite*, b [6] 19 juin 1763.

(1) Cet acte est écrit le 13 sept. 1762, ne l'ayant pas été en son jour à cause des embarras du siège.

1749.

IV.—LABERGE (1), Guillaume, [Jacques III.
b 1721.
Julien, Barbe. [Jean III.
Guillaume, b 4 mars 1750, à L'Ange-Gardien.[9] —*Marie-Marguerite*, b [9] 30 nov. 1751.—*Jacques*, b [9] 7 avril 1753; s [9] 13 juin 1764.—*Pierre*, b [9] 29 nov. 1756.—*Joseph*, b [9] 26 oct. 1762. — *François-Marie*, b 17 sept. 1765, au Château-Richer.— *Louis* (2), b... m 22 avril 1788, à Marguerite Paré, à Châteauguay[8]; s [8] 3 avril 1828.

1750, (30 juin) Montréal.

IV.—LABERGE, Joseph, [Guillaume III.
b 1722.
Lamagdelaine (3), Thérèse. [Nicolas II.
Joseph, b 16 avril et s 17 mai 1753, à Lachine. —*Joseph-Marie*, b 1er août 1754, à Ste-Geneviève, M.[4]—*Marie-Claire*, b [4] 10 sept. 1756.

1751, (15 nov.) Québec.[3]

III.—LABERGE, Pierre, [Guillaume II.
b 1717; s [3] 30 oct. 1757.
Corbin, Marie-Jeanne, [David II.
b 1717; veuve de Jean-Baptiste Marchesseau.
Marie-Jeanne, b [3] 11 sept. 1752.—*Pierre*, b [3] 8 janvier 1754. — *Henri-Joseph*, b [3] 20 avril et s [3] 2 sept. 1755. — *Marie-Louise*, b [3] 11 avril 1757; s [3] 10 juin 1758.

1752, (3 mai) St-Pierre-du-Sud.

IV.—LABERGE, Nicolas, [Nicolas III.
b 1719.
Coté, Geneviève, [Isidore IV.
b 1735; s 26 mars 1758, à St-Thomas.[2]
Nicolas, b [2] 28 oct. 1753. — *Jean-Baptiste*, b [2] 27 fevrier 1755. — *Marie-Geneviève*, b [2] 28 oct. 1756.

1755, (7 janvier) Châteauguay.

IV.—LABERGE, Jacques, [Timothée III.
b 1732.
Primot, Marie-Joseph. [Paul II.

1755, (20 janvier) Lachine.[1]

IV.—LABERGE, Louis, [Timothée III.
b 1730.
Merlot (4), Marie-Amable. [François II.
Louis-François-Régis, b [1] 24 oct. 1755. —*Jean-Amable*, b [1] 22 juin 1759.

1756, (26 juillet) Pte-aux-Trembles, Q.

IV.—LABERGE, Jacques-Philippe. [Pierre III.
Choret, Marie-Anne, [Pierre III.
b 1726.

---

(1) Il était présent au mariage de son beau-frère, Jacques Julien, en 1762, à L'Ange-Gardien.

(2) De L'Ange-Gardien il s'etablit en 1780 à Châteauguay.

(3) Dit Ladouceur.

(4) Elle épouse, le 3 mai 1762, Ignace Grandmaitre, à Chateauguay.

1757, (23 nov.) Pte-aux-Trembles, Q.[2]

IV.—LABERGE, Jean-Bte, [Jean-Bte III.
b 1726.
Sévigny, Françoise, [Antoine II.
b 1736.
Jean-Baptiste, b [2] 10 sept. 1758.—*Louis*, b [2] 21 février 1760; m 13 nov. 1787, à Thérèse Marchand, à Québec.— *Marie-Geneviève*, b [2] 9 juin 1761.— *Françoise*, b [2] 29 juillet 1763. — *Etienne*, b [2] 23 mai 1765.—*Marie-Louise*, b [2] 27 sept. 1767.

LABERGE, Nicolas.
Prou, Reine,
b 1737; s 16 nov. 1773, à St-Thomas.[1]
Marie-Reine, b [1] 13 et s [1] 26 dec. 1759.—*Marie*, b [1] 25 janvier 1761.

1764, (17 sept.) St-Antoine-de-Chambly.

IV.—LABERGE, Louis, [Guillaume III.
b 1734.
Brilland (1), Marie-Anne, [Georges.
b 1734.

1765, (14 janvier) St-Antoine-de-Chambly.

IV.—LABERGE, Guillaume, [Guillaume III.
b 1740.
Phaneuf, Marie, [Claude II.
b 1747.

1765, (1er juillet) Château-Richer.[1]

III.—LABERGE, Joseph, [François II.
s [1] 10 oct. 1777.
Crépeau (2), Marie-Joseph, [Charles III.
b 1743.
Anonyme, b [1] et s [1] 7 mars 1769.

1766, (16 avril) Châteauguay.

IV.—LABERGE, Charles, [Timothée III.
b 1739.
Caron, Catherine. [Jean-Bte III.

IV.—LABERGE, Pierre, [Timothée III.
b 1741.
1° Primot, Marie-Anne.
1783, (30 juin) St-Laurent, M.
2° Lepage, Marie-Joseph. [Joseph III.

1770.

IV.—LABERGE, Louis-Joseph, [Jean-Bte III
b 1739.
Tardif, Félicité, [François IV.
b 1749.
François, b... m 7 mai 1793, à Judith Alary, à Québec.[2]—*Louis*, b... m [2] 23 sept. 1794, à Charlotte DeLessard. — *Félicité*, b 25 oct. 1784, à St-Augustin.[3]—*Joseph*, b [3] 2 oct. 1788.—*Etienne*, b [3] 23 sept. 1790.—*Marie-Joseph*, b [3] 29 août 1792.

---

(1) Voy. Briant.

(2) Elle épouse, le 3 février 1779, Paul Verreau, au Château-Richer.

1771, (4 février) Varennes.

IV.—LABERGE, François, [François III.
b 1741.
Senecal, Marie-Charlotte. [Etienne IV.

1778, (5 oct.) Eboulements.[4]

V.—LABERGE, Pierre, [Charles IV.
b 1751.
Girard, Marie-Rosalie, [Jérome III.
b 1759.
Pierre, b[4] 25 juillet 1779.—*Charles*, b[4] 2 août 1781.—*Marie-Victoire*, b[4] 14 sept. 1783.—*Etienne*, b[4] 3 juillet 1785.

LABERGE, Jean.
Fiset, Marie.
Louise, b 31 août 1781, à St-Augustin.

LABERGE, Augustin.
Lépine, Angelique.
Marie-Ursule, b 3 août 1786, à St-Cuthbert[5]; s[5] 12 juin 1787.

1787, (13 nov.) Québec.

V.—LABERGE, Louis, [Jean-Bte IV.
b 1760.
Marchand, Marie-Thérèse. [Etienne IV.

1788, (22 avril) Châteauguay.[6]

V.—LABERGE, Louis, [Guillaume IV.
s[6] 3 avril 1828.
Paré, Marguerite. [Jacques III.
Guillaume, b... m à Judith Lefebvre, à l'Ile-Perrot; s[6] 18 nov. 1860

1793, (7 mai) Québec.

V.—LABERGE, François. [Louis IV.
Alary, Judith. [Jean-Bte.

1794, (23 sept.) Québec.

V.—LABERGE, Louis. [Louis IV.
DeLessard, Charlotte. [Prisque.

VI.—LABERGE, Guillaume, [Louis V.
s 18 nov. 1860, à Châteauguay.[7]
Lefebvre, Judith, [Augustin.
s mars 1885.
Judith, b... Religieuse (Congrég. N.-D.); s 13 sept. 1852, à Montreal.[8]—*François-Xavier*, b[7] 18 nov. 1836; ord.[8] 19 dec. 1863.—*Marie*, b... Religieuse (Congrég. N.-D.)—*Jean-Baptiste* (1), b... s...—*Rose*, b... Religieuse (Sœurs Grises).

LaBETOLLE.—*Surnom:* Limousin.

1705, (8 janvier) Batiscan.[1]

I.—LaBETOLLE (2), Simon, b 1669; fils de Jean et de Marie-Françoise ...., du Bourg de Blond, diocèse de Poitou; s[1] 9 mars 1709.
Viel (3), Marie-Madeleine, [Pierre I.
b 1689.

(1) Notaire public.

(2) Dit Limousin.

(3) Elle épouse, le 22 juin 1710, Pierre LeDuc, à Batiscan.

Marie-Joseph, b[1] 6 sept. 1706; m 1727, à Jacques Lussier; s 15 sept. 1728, à Verchères.[2]—*Augustin*, b[1] 23 déc. 1708; s[2] 9 février 1729.

1664.

I.—LABIÈRE (1), Laurent.
LaGrange (2), Jacqueline, b 1640; fille de Jean et de Marguerite Bouré; veuve de Michel Théodore.
Jacques, b 29 mai 1676, à Montréal[1]; s[1] 1er fevrier 1721.

LABISSONNIÈRE. — Voy. Dessureaux — Trotier.

LABISSONNIÈRE, ...
Laframboise, Marie.
Geneviève, b 1746; s 14 avril 1766, aux Trois-Rivières.

1758, (5 juin) Montréal.

I.—LABIT, François, b 1728, soldat; fils de Gabriel et de Louise Basile, de St-Jean de Jacquemont, diocèse de Bazas, Gascogne.
Varin, Marie-Charlotte, [Louis-Joseph II.
b 1740.

1761, (2 fevrier) Montréal.

I.—LABITH, Jacques, b 1730; fils de Jacques et de Françoise Delpat, de St-Baugely, diocèse de Rhodes, Guienne.
Cauchery, Marie, [Guillaume I.
b 1736.

I.—LABOCTEAU (3), Pierre, fils de Jean et de Marguerite Perras, du faubourg St-Gervais, ville de Genève, Savoye.

LABOISSIÈRE.—*Surnoms:* Luandre — Vincelet.

1720, (28 nov.) St-Ours.[2]

I.—LABOISSIÈRE (4), Jean, fils de Jean-Baptiste et d'Antoinette Foidry, de Nantes, Haute-Bretagne.
Martin, Catherine, [Antoine III.
b 1700.
Jean-Baptiste, b[2] 6 déc. 1721.—*Pierre-Louis*, b[2] 16 sept. 1725.

1757, (23 mai) Montréal.

I.—LABOISSIÈRE, (5), Philippe-Jean-Jacques, b 1733; fils de Philippe et de Thérèse Toscaneau, de St-Corentin, Quimper, Bretagne.
Viger, Marie-Anne-Amable, [René III.
b 1734; s 16 juin 1764, à St-Henri-de-Mascouche.

(1) Voy. Glory, vol. I, p. 272.

(2) Elle épouse, le 27 nov. 1681, Nicolas Ragueneau, à la Pte-aux-Trembles, M.

(3) Baptisé, à l'âge de 21 ans, le 24 avril 1759, à la Baie-St-Paul.

(4) Soldat de la compagnie de Tonty.

(5) Dit Luandre, chirurgien. Il était à la Pte-aux-Trembles, Q., le 21 oct. 1767.

LABOISSIÈRE, CLAUDE.
VALENTIN, Angélique.
Joseph, b 2 sept. 1758, à St-Ours.

LABOISSONNIÈRE.—Voy. BOISSONNIÈRE.

LABOMBARBE.—Voy. BOMBARDIER—DELAVOYE.

II.—LABOMBARBE (1), ANDRÉ, [ANDRÉ I.
b 1712.
POUDRET, Marie. [PIERRE II.
Marie-Charlotte, b 11 et s 18 août 1758, à Chambly.

1750, (9 février) Pte-aux-Trembles, M.
II.—LABOMBARBE (1), JOSEPH, [ANDRÉ I.
b 1729.
TIBAUT, Marie, [NICOLAS II.
b 1728.
Pierre, b 1752; s 4 avril 1753, à Chambly.[7] — *Marie-Agathe*, b [7] 12 juin 1755.

I.—LABOMBARDE, PHILIPPE.
BROUILLET, Marie.
Marguerite, b... m 8 oct. 1792, à Nicolas DION, à Québec.

LABONNE.— *Variation et surnom:* BEAUNE— L'ÉVEILLÉ.

1732, (30 avril) Québec.[1]
I.—LABONNE (2), JEAN, b 1677; fils de Jean et de Marie-Louise Gautier, de Bonay, diocèse d'Angoulême, Angoumois; s [1] 28 nov. 1749.
SAVARIA (3), Flavie, [FRANÇOIS I.
b 1701; s [1] 1er déc. 1749.
Marie-Louise, b [1] 17 avril et s [1] 29 août 1734.— *Marie-Jeanne*, b [1] 24 et s 28 juin 1735, à Lévis.— *François-Jean-Antoine*, b [1] 19 sept. 1736.—*Anonyme*, b [1] et s [1] 19 sept. 1736.—*François*, b [1] 20 nov. 1737.—*Florent*, b [1] 12 oct. 1739.—*François-Xavier*, b [1] 23 mars et s [1] 20 avril 1742.

1739, (27 juillet) Trois-Rivières.[2]
I.—LABONNE (4), PIERRE, fils de Gerbert et de Madeleine Berton, du Chesne, diocèse de Moulins, en Bourbonnais.
DENEVERS (5), Madeleine, [FRANÇOIS III.
b 1723; s [2] 15 nov. 1754.
Marie-Madeleine, b [2] 1er mai 1740; m [2] 13 mai 1761, à Jean DUREL.—*Nicolas*, b [2] 21 mai 1742.— *Joseph*, b [2] 31 oct. 1747; s [2] 12 nov. 1748.—*Angélique*, b... m 7 janvier 1768, à Joseph GRENIER, à Yamachiche.—*Jean-François*, b [2] 22 août 1752.

LABONNE, CLAUDE.
BOISVERD, Marie-Louise.
Marie-Joseph, b... m 29 oct. 1770, à Bonaventure LIONAIS, à la Baie-du-Febvre.

(1) Pour Bombardier, voy. vol. II, p. 345.
(2) Dit l'Eveillé, 1734. Soldat au régiment de Languedoc. Il était aux Ecureuils, le 8 janvier 1758.
(3) Et Savary.
(4) Appelé Beaune, 1740.
(5) Et Dupré—Boisverd.

LABONNEVIE.—Voy. LEMANCEAU, 1749.

LABONTÉ.—Voy. BAUDRIAS—BENOIT—BERGIN—BERGEVIN—BRAY—CAMPION—CLÉMENT—COUTURIER—GAUTHIER—LABELLE—LAPORTE—MAROT—NOEL—RENAUD—ROUSSEAU—TOUSSAINT—VÉGIARD—VIDAL.

I.—LABONTÉ (1), JACQUES, b 1667; s 31 déc. 1717, à Montréal.

1712, (25 nov.) Pte-aux-Trembles, M.
I.—LABONTÉ (2), ANTOINE,
soldat.
POUTRÉ, Jeanne, [ANDRÉ I.
b 1684.
Antoine, b 21 mars 1711, à Montréal.

LABONTÉ, JEAN-BTE, b 1729; s 22 oct. 1751, à Cahokia.

1735, (7 nov.) Montréal.
III.—LABONTÉ (3), JOSEPH, [LÉGER II.
b 1706.
ST. AUBIN, Cecile, [JULIEN II.
b 1715.
Joseph-Amable, b 4 janvier 1737, à Longueuil; m 13 juillet 1772, à Agathe PICARD, à la Longue-Pointe.

1758, (9 janvier) St-Michel.[7]
III.—LABONTE (4), LOUIS, [LOUIS II.
b 1734.
GOSSELIN, Geneviève, [PIERRE III.
b 1734.
Geneviève, b 26 oct. 1758, à St-Charles.—*Marie*, b [7] 11 août et s [7] 8 sept. 1760.

LABONTÉ, MARIE, b 1759; s 4 sept. 1760, aux Trois-Rivières.

LABONTE, JOSEPH.
...... Therèse.
Jean-François, b 5 déc. 1763, à l'Ile-Dupas.

1772, (13 juillet) Longue-Pointe.
IV.—LABONTÉ (5), JOSEPH-AMABLE, [JOSEPH III.
b 1737.
PICARD, Agathe, [PIERRE-JOSEPH III.
b 1754.

LABORDE.— *Variation et surnoms:* DELABORDE—BERGOPSOM—BIERNAIS—BRIERE—HAMARD.

LABORDE, PIERRE, b 1692; s 13 juillet 1712, à Montreal (noye).

(1) Soldat de la compagnie Desjordis.
(2) Voy. Baudrias, vol. II, p. 151.
(3) Voy. Bray, vol II, p. 455.
(4) Clément dit Labonté; voy. vol. III, p. 83.
(5) Bray dit Labonté.

1696, (12 nov.) Quebec.

I.—LABORDE (1), JACQUES.
LEMOINE (2), Marie, [PIERRE I.
b 1675; veuve de Sébastien Marignier.

I.—LABORDE, JEAN,
notaire royal, de Louisbourg, Acadie.
DUPUY, Louise.
Catherine, b... m 22 janvier 1749, à Antoine MORIN, à Quebec.

1727, (4 janvier) Québec.[1]

II.—LABORDE, PIERRE-MARIE, [JACQUES I.
b 1699; navigateur.
LEVITRE, Marie-Madeleine, [GUILLAUME I.
b 1691.
Marie-Madeleine, b[1] 16 oct. 1727; m[1] 15 sept. 1749, à François BENOIT; s[1] 14 août 1759.—*Marie*, b 1729; m 1744, à Jean IMBERT.—*Louise-Catherine*, b[1] 10 mai 1730; s[1] 1er mai 1733.—*Marie-Geneviève*, b[1] 29 dec. 1732; m[1] 30 janvier 1753, à Maurice CLUSEAU.

1741, (29 mai) Quebec.[2]

I.—LABORDE, PIERRE, fils d'Alexandre et de Marguerite DeBornatef, de St-Etienne, diocèse d'Acqs, Gascogne.
MASSY, Marie-Madeleine, [JACQUES I.
b 1704.
François-Xavier, b[2] 14 fevrier 1742.—*Madeleine*, b 1743; m 1763, à Charles HÉON.—*Marie-Joseph*, b[2] 7 et s[2] 18 fevrier 1745.

I.—LABORDE (3), JEAN, b 173.; de Bordeaux.

1756, (8 nov.) Québec.

I.—LABORDE, JEAN, fils de Jean et de Catherine Brocas, de l'Alleanque, diocèse d'Auch, Gascogne.
GROMELIN (4), Geneviève, [NOEL I.
b 1711.

LABORDE, FRANÇOIS.
FOURRE (5), Marie, [RENÉ I.
b 1740, s 5 oct. 1797, à Québec.

I.—LABORDE (6), LÉONARD.

1761, (21 sept.) Pte-aux-Trembles, Q.[3]

I.—LABORDE, JEAN, fils de Bernard et de Marguerite Mouche, de Ste-Colombe, ville et diocèse de Bordeaux.
CHORET, Madeleine, [PIERRE III.
b 1734.
Marie-Anne, b[3] 27 février 1762.—*Marie-Madeleine*, b[3] 8 août 1763; s[3] 17 nov. 1773.—*Marie-Anne*, b[3] 27 sept. 1767; s[3] 25 sept. 1769.

---

(1) Dit Biernais, voy. vol. 1, pp. 332-333.
(2) Elle épouse, le 20 nov. 1712, Pierre Bourgouin, à Québec.
(3) Dit Bergopsom; venu en 1743.
(4) Et Gremelin dit Laforme.
(5) Dit Vadeboncœur.
(6) Sergent de la compagnie de M. de la Ronde; il était, le 13 mars 1760, à la Pte-aux-Trembles, Q.

LABORDE, PIERRE.
TERRIEN, Marie-Madeleine.
Marie-Louise, b 18 juillet 1788, à Lachenaye.

1717, (3 mai) Québec.[4]

I.—LABORY, MICHEL, fils de Jean et de Marie Laurent, de St-Spire, diocèse de Bordeaux.
GLINEL (1), Louise, [JACQUES I.
b 1691.
Michel, b[4] 17 oct. et s[4] 25 nov. 1719.

LABOSSÉ.—*Surnom :* LABROSSE.

1713, (3 fevrier) Montréal.[5]

I.—LABOSSÉ (2), JACQUES, fils de Pierre et de Marie Martineau, de Blansac, diocèse de Xaintes, Saintonge.
BUTAUD, Marie. [NICOLAS I.
Marie-Anne, b[5] 11 juin 1716; s[5] 22 mars 1717.—*Marie-Geneviève*, b 1717; m[5] 3 sept. 1742, à Louis COUTELAIS.—*Madeleine*, b 2 avril 1718, à Longueuil.[6]—*Catherine*, b 1718; m[5] 12 août 1743, à François GUICHETEAU.—*Marie-Madeleine*, b[6] 18 mars et s[6] 9 avril 1720.

1723, (11 oct.) Boucherville.

II.—LABOSSIÈRE (3), NICOLAS, [NICOLAS I.
b 1701; s 4 juin 1742, au Détroit.
GARAUT (4), Geneviève, [JEAN I.
b 1698.

LABOSSIÈRE, CLAUDE.
GRÉGOIRE, Angelique.
Joseph et *Charles-Michel*, b 21 juillet et s 8 août 1757.

LABOUCANNE.—Voy. FOURNAISE—FOURNEL.

LABOURLIÈRE.—Voy. LAPLANTE DE LA BOURLIÈRE.

LABOURSIÈRE.—Voy. RIVARD-LACOURSIÈRE.

LABOURSODIÈRE. — *Variation :* LABOURSOLIÈRE.

I.—LABOURSODIÈRE, JEAN-BTE.
MARGUET, Marie-Catherine.
Jean-Baptiste, b... m 2 fevrier 1767, à Thérèse DEJEAN, à la Pointe-Claire.

1767, (2 février) Pointe-Claire.

II.—LABOURSODIÈRE, JEAN-BTE. [JEAN-BTE I.
DEJEAN (5), Thérèse. [JEAN-BTE II.
Jean-Baptiste, b 8 mai 1768, au Bout-de-l'Ile, M.; m 24 fevrier 1794, à Marie-Anne HESSE, au Detroit.

---

(1) Elle épouse, le 13 avril 1722, Barthélemi Tinon, à Québec.
(2) Dit LaBrosse, soldat de la compagnie de M. de Lacorne.
(3) Voy. Geoffroy, vol. IV, p. 246.
(4) Elle épouse, le 22 avril 1743, Louis Robin, à Boucherville.
(5) Pour Jean dit Vincent, voy. vol. IV, p. 595.

1794, (24 février), Détroit.
III.—LABOURSODIÈRE, J.-BTE, [JEAN-BTE II.
b 1768.
HESSE, Marie-Anne. [CHARLES I.

LABOURSOLIÈRE.—Voy. LABOURSODIÈRE.

1740, (7 janvier) Varennes.
I.—LABOYTANIÈRE (DE), THOMAS, fils de Jean et de Marie Dauphine, de St-Paix, France.
NEVEU, Catherine. [FRS-THOMAS I.

LABRANCHE.—*Surnoms* : FOREST —LAFLAMME —LAFOREST—PAMPALON.

LABRANCHE, CATHERINE, b... 1° m... 2° m 27 nov. 1727, à Julien PERDRIEL, à Québec.

LABRANCHE, JEAN, b... s 5 nov. 1733, à Berthier (noyé).

I.—LABRANCHE PIERRE, b 1685 ; soldat ; s 30 mars 1715, à Montreal.

LABRANCHE (1), PIERRE,
b 1709 ; s 15 nov. 1775, à St-Jean-Port-Joli.
CARON (2), Marie-Louise.

LABRANCHE, THOMAS.
DUCHESNE Rosalie.
Catherine, b... m 12 juillet 1745, à Louis MERCIER, à St-Joachim.

1747, (7 nov.) Québec.[2]
I.—LABRANCHE (3), JEAN, b 1708, sergent ; fils de Jean et de Marguerite Boyer, de St-Jean, ville d'Avranches, diocèse de Clermont, Auvergne ; s [2] 17 oct. 1788.
PATOILE (4), Marie-Anne, [JEAN-NICOLAS I.
b 1728.
Marie-Anne, b [2] 11 mars et s [2] 12 août 1748.—*Marie-Anne*, b [2] 20 mai et s [2] 9 juillet 1758.

LABRÈCHE.—Voy. DELGUEL — DÉZIEL — DIEL—DUCAS—DUGAS—VIGER.

1737, (3 mars) Ste-Foye.
II.—LABRÈCHE (5), PIERRE, [JEAN I.
b 1709 ; voiturier.
BARBEAU, Catherine, [PIERRE II.
b 1719.
Jacques, b 9 janvier 1750, à Québec ; m 6 août 1781, à Catherine LAVENTURE, à St-Cuthbert ; s 12 mai 1849, à Maskinongé.

1781, (6 août) St-Cuthbert.
III.—LABRÈCHE, JACQUES, [PIERRE II.
b 1750 ; s 12 mai 1849, à Maskinonge.
LAVENTURE, Catherine. [FRANÇOIS II.

(1) Notaire Royal.
(2) Elle épouse, le 11 août 1778, Joseph Veau, à St-Jean-Port-Joli.
(3) Dit Laflamme.
(4) Dit Desrosiers.
(5) Voy. Ducas, vol. III, p. 489.

LABRECQUE. — *Variation et surnoms :* LABRÈQUE—LAVALLÉE—ST. LAURENT.

LABRECQUE, JEAN, b 1694 ; s 25 juillet 1776, à Beaumont.

1658, (11 nov.) (1).
I.—LABRECQUE (2), PIERRE,
b 1626.
1° BARÉ, Gabrielle.
1663, (2 janvier) Château-Richer.[1]
2° TOTAR, Jeanne,
b 1636.
Mathurin, b [4] 7 février 1664 ; m 5 nov. 1693, à Marthe LEMIEUX, à Levis ; s 18 fevrier 1736, à Beaumont.—*Marie-Anne*, b 1666 ; m à Gilles LAURENT ; s 19 mars 1752, à St-Frs-du-Lac.—*Pierre*, b 15 août 1668, à Ste-Famille, I. O. ; m 1695, à Marie-Marthe COLOMBE ; s 23 mars 1756, à St-Laurent, I. O.

1664, (28 nov.) Château-Richer.
I.—LABRECQUE (3), JEAN,
b 1638.
BAILLARGEON (4), Jeanne, [JEAN I.
b 1651.
Jacques, b 1669 ; m 15 nov. 1693, à Marguerite PAQUET-LAVALLÉE, à Québec [1] ; s 25 nov. 1749, à St-Laurent, I. O.[2] — *Marguerite*, b 1670 ; m 26 février 1691, à Antoine GODBOUT, à St-Pierre, I.O.[3] ; s [2] 21 oct. 1748. — *François*, b [1] 14 juin 1673.—*Françoise*, b... m [3] 10 juillet 1690, à François GOSSELIN ; s [2] 28 dec. 1736.

LABRECQUE, CHARLES.
MANSEAU, Marie,
b 1677 ; s 21 mars 1703, à St-Laurent, I. O.

1693, (5 nov.) Lévis.[4]
II.—LABRECQUE, MATHURIN, [PIERRE I.
b 1664 ; s 18 février 1736, à Beaumont.[5]
LEMIEUX, Marthe, [GABRIEL I.
b 1675 ; s [5] 26 nov. 1761.
Ignace, b [4] 26 sept. 1696 ; m [5] 13 nov. 1724, à Louise COUTURE.—*Joseph*, b [5] 9 déc. 1700 ; m [5] 17 juin 1734, à Marie-Joseph ROY ; s [5] 16 oct. 1777.—*Pierre*, b [5] 8 sept. 1706 ; m [5] 21 juin 1734, à Marie PAQUET ; s [5] 17 mars 1781.—*Louis*, b [5] 10 janvier 1709 ; 1° m [5] 9 nov. 1745, à Marie-Louise ROY ; 2° m 2 août 1762, à Marie-Anne ROYER, à St-Jean, I. O. — *Madeleine*, b [5] 16 fevrier 1711 ; m [5] 16 nov. 1733, à Charles GUAY ; s [4] 29 oct. 1759. — *Marie-Louise*, b [5] 8 août 1713 ; m [5] 6 avril 1739, à Antoine MOLEUR ; s [5] 10 oct. 1780 — *Charles*, b [5] 14 sept. 1716 ; m à Marguerite GUENET ; s [5] 22 juin 1801. — *François*, b [5] 18 dec. 1718 ; m [5] 10 juin 1748, à Louise NADEAU.

(1) Date du contrat de mariage.
(2) Voy. vol. I, p. 333.
(3) Frère du précédent, voy. vol. I, p. 333.
(4) Elle épouse, le 1er nov. 1674, Pierre Burlon, à Ste-Famille, I. O.

1693, (15 nov.) Québec. [4]

II.—LABRECQUE (1), JACQUES, [JEAN I.
b 1669; s 25 nov. 1749, à St-Laurent, I. O.[5]
PAQUET (2), Marguerite, [ISAAC I.
b 1675; s [5] 16 fevrier 1739.

Catherine, b 1699; m [5] 27 sept. 1723, à Pierre GODBOUT; s [5] 18 déc. 1749. — *Geneviève*, b 1701; s [5] 9 nov. 1725.—*Louis*, b [5] 11 et s [5] 20 juin 1702. —*Louis*, b... m 12 nov. 1728, à Angelique RÉAUME, à St-Valier.— *Marie-Angélique*, b [5] 19 et s [5] 22 février 1704.— *Marie-Françoise*, b [5] 28 fevrier 1705; m [5] 10 nov. 1733, à Clément FORTIER.—*Marie-Madeleine*, b... m [5] 17 janvier 1729, à François THOMAS.—*Jeanne*, b [5] 6 juin 1707; m [5] 17 janvier 1729, à Louis THOMAS. — *Marie-Thérèse*, b [5] 5 août 1709; m [5] 7 fevrier 1736, à Nicolas LÉTOURNEAU. — *Françoise*, b [5] 7 avril 1712; s [5] 5 nov. 1714. — *Pierre*, b [5] 23 février et s [5] 23 nov. 1714. — *Jacques*, b [5] 14 déc. 1715; s [5] 4 janvier 1730. — *Laurent*, b [5] 30 mars 1718; m [5] 6 fevrier 1741, à Marguerite DUMAS; s [4] 28 nov. 1749. — *Joseph*, b [5] 22 oct. 1721; m [4] 14 oct. 1743, à Marguerite DUMAS.

1695.

II.—LABRECQUE, PIERRE, [PIERRE I.
b 1668; s 23 mars 1756, à St-Laurent, I. O.[4]
COLOMBE, Marie-Marthe, [LOUIS I.
b 1673; s [4] 5 avril 1760.

Joseph, b 1696; m [4] 27 juillet 1722, à Geneviève PAULET; s [4] 20 oct. 1750.—*Jean*, b [4] 25 mai 1701; s [4] 14 dec. 1752. —*Anonyme*, b [4] et s [4] 20 mars 1703.—*Marie*, b [4] 5 mars 1704; m [4] 24 nov. 1727, à Pierre AUDET. — *Jeanne*, b [4] 4 oct. 1706; s [4] 9 avril 1764.—*Louis*, b 1707; m [4] 6 nov. 1730, à Marie-Anne DELAGE; s [4] 30 avril 1754.—*François*, b [4] 18 nov. 1708.—*Gabriel*, b [4] 23 nov. 1710. —*Marguerite-Angélique*, b [4] 9 nov. 1712; m [4] 1er juillet 1754, à Joseph GOSSELIN.

1722, (27 juillet) St-Laurent, I. O. [2]

III.—LABRECQUE, JOSEPH, [PIERRE II.
b 1696; s [2] 20 oct. 1750.
PAULET, Geneviève, [ANTOINE II.
b 1688; veuve d'Antoine Paquet; s [2] 29 juin 1761.

Pierre, b [2] 7 juillet 1723; m [2] 17 nov. 1755, à Cecile BAILLARGEON. — *Marguerite*, b [2] 26 nov. 1724; m [2] 18 fevrier 1754, à Louis GOSSELIN; s [2] 18 mars 1758.— *Angélique*, b [2] 9 dec. 1726; m [2] 26 fevrier 1753, à Jean RUEL.— *Marie-Louise*, b [2] 12 fevrier et s [2] 10 juin 1728.— *Gertrude*, b [2] 1er mars 1730; m [2] 26 oct. 1761, à Jean BAILLARGEON.

1724, (13 nov.) Beaumont. [3]

III.—LABRECQUE, IGNACE, [MATHURIN II.
b 1696.
COUTURE, Louise, [CHARLES II.
b 1698.

Jean-François, b [3] 16 et s [3] 26 oct. 1732. — *Louis*, b [3] 18 fevrier 1737; m 22 janvier 1759, à Cecile ROY, à St-Charles.

(1) Voy. vol. I, p. 333.
(2) Dit Lavallée.

1727, (5 août) Beaumont. [3]

III.—LABRECQUE, JEAN-BTE, [MATHURIN II.
b 1698.
BOISSEL, Louise, [PIERRE III.
b 1709; s [3] 16 avril 1782.

Marie-Louise, b [3] 30 mai 1728; 1° m [3] 23 février 1756, à Etienne SYLVAIN; 2° m 28 avril 1767, à Noël SIMARD, à St-Valier. [4] —*Jean-Baptiste*, b [3] 16 mai 1730; s 15 août 1752, à Quebec [5] (noyé). — *Marie-Joseph*, b [3] 5 avril 1733; m [4] 11 nov. 1760, à Louis BOLDUC. — *Pierre*, b [3] 26 août 1735; m [5] 16 janvier 1766, à Therèse GALARD-DECLU.—*Charles*, b [3] 14 et s [3] 17 mars 1738. — *Joseph-Marie*, b [3] 15 et s [3] 19 mai 1739. — *Charles*, b [3] 29 juin 1740. — *Louis*, b [3] 12 mars 1743; s [3] 14 mars 1812.—*Marie-Charlotte*, b [3] 18 mars 1746.—*Joseph*, b [3] 19 et s [3] 23 sept. 1748.— *Joseph*, b [3] 1er sept. 1751.

1728, (12 nov.) St-Valier.

III.—LABRECQUE, LOUIS, [JACQUES II.
RÉAUME, Angelique, [René II.
veuve de Pierre Dubeau.

1730, (6 nov.) St-Laurent, I.O.[1]

III.—LABRECQUE (1), LOUIS, [PIERRE II.
b 1707; s [1] 30 avril 1754.
DELAGE, Marie-Anne, [CHARLES II.
b 1709; s [1] 21 avril 1756.

Louis, b [1] 15 oct. 1731.—*Laurent*, b [1] 5 août 1733. —*Jean-Baptiste*, b [1] 28 mai 1736.—*Jacques*, b [1] 20 mars 1738; m [1] 7 fevrier 1763, à Charlotte GOSSELIN.—*Pierre*, b [1] 25 fevrier 1740.—*Joseph*, b [1] 31 mai 1742.—*Charles*, b 16 juillet 1744, à St-Jean, I.O.; s [1] 4 mai 1745. — *Marie-Anne*, b [1] 10 mars 1746.—*Ignace*, b [1] 24 août 1749.

1734, (17 juin) Beaumont.[2]

III.—LABRECQUE, JOSEPH, [MATHURIN II.
b 1700; s [2] 16 oct. 1777.
ROY, Marie-Joseph, [GUILLAUME III.
b 1716; s [2] 25 avril 1758.

Joseph-Marie, b [2] 28 avril et s [2] 2 mai 1735.— *Marie-Louise*, b [2] 30 juin et s [2] 12 juillet 1736.— *Joseph-Marie*, b [2] 2 fevrier 1738; m 4 fevrier 1765, à Suzanne GIRARD, à Levis; s [2] 30 juin 1803.— *Marie-Marguerite*, b [2] 15 août 1740; m [2] 14 fevrier 1763, à Joseph GIRARD; s [2] 16 janvier 1808.— *Etienne*, b [2] 25 dec. 1742; s [2] 8 juin 1813.—*Jean-Baptiste*, b [2] 3 et s [2] 6 nov. 1744.—*Geneviève*, b [2] 17 et s [2] 31 juillet 1748.—*Marthe*, b [2] 20 oct. 1749; s [2] 11 sept. 1750.—*Dorothée*, b... m [2] 10 janvier 1780, à Louis FORGUES.

1734, (21 juin) Beaumont. [3]

III.—LABRECQUE (2), PIERRE, [MATHURIN II.
b 1706; s [3] 17 mars 1781.
PAQUET, Marie, [ETIENNE III.
b 1719; s 29 nov. 1797, à Québec. [4]

Pierre, b [3] 12 fevrier 1736; s [3] 15 mars 1760.— *Etienne*, b [3] 13 avril 1737.—*Louis*, b [3] 4 oct. 1739. —*Joseph*, b [3] 1er mars 1742; m à Marie-Anne LA-

(1) Et Labrèque.
(2) Dit Lavallée.

CASSE ; s [3] 6 oct. 1783.—*Marie-Joseph*, b [4] 23 fevrier et s [3] 29 août 1744.—*Pierre*, b [3] 13 oct. 1745.—*François*, b [3] 23 oct. 1747.—*Anonyme*, b [3] et s [3] 7 janvier 1750.—*Mathurin*, b [3] 22 fevrier 1751.—*Charles*, b [3] 1er janvier 1753.—*Ignace*, b [3] 16 et s [3] 18 juin 1754.—*Marie-Marthe*, b [3] 4 sept. 1755 ; m [3] 8 janvier 1781, à Claude-Nicolas PETITCLERC.—*Mathurin*, b 11 sept. 1758, à St-Charles.

1741, (6 février) St-Laurent, I. O.[5]

III.—LABRECQUE (1), LAURENT, [JACQUES II.
b 1718 ; s 28 nov. 1749, à Québec.
DUMAS (2), Marguerite, [FRANÇOIS III.
b 1720.

Jean-Philippe, b 9 janvier 1742, à St-Jean, I. O.[6] —*Marguerite*, b [6] 24 fevrier 1743 ; m 30 janvier 1775, à Prisque VÉSINA, au Château-Richer.—*Marie-Françoise*, b [5] 7 sept. 1744 ; s [5] 4 mai 1747. —*Marie-Charlotte*, b [5] 30 avril et s [5] 2 sept. 1746. —*Laurent*, b [5] 31 mars 1749.

1743, (14 oct.) Québec.

III.—LABRECQUE (1), JOSEPH, [JACQUES II.
b 1721.
DUMAS, Marguerite, [FRANÇOIS II.
b 1723.

Philippe, b 26 juillet 1744, à St-Laurent, I. O. —*Louis*, b 24 juin 1746, à Beaumont.[7] —*Joseph*, b [7] 31 mars 1748 ; s 7 sept. 1758, à St-Charles.[8]—*Jacques*, b... m 26 fevrier 1770, à Angelique CLÉMENT, à St-Valier.—*Laurent*, b [8] 31 janvier 1750 ; s [8] 29 oct. 1755.—*Jean-François*, b [8] 27 avril 1752 ; s [8] 27 mars 1754.—*Marie-Marguerite*, b [8] 31 juillet 1754.—*Jean-Baptiste*, b 13 sept. 1756, à St-Michel. —*Marie*, b [8] 9 mai 1758 ; s [8] 15 nov. 1759.

I.—LABRECQUE, PIERRE,
b 1688 ; s 15 fevrier 1758, à St-Joseph, Beauce.[1]
JACQUES (3), Marie-Charlotte, [PIERRE II.
b 1720.

Gabriel, b [1] 16 déc. 1744 ; m [1] 14 février 1774, à Marie-Louise CONSIGNY.—*François*, b [1] 29 mai 1746 ; s 13 mars 1763, à St-François, I. O.—*Anonyme*, b [1] et s [1] 29 janvier 1748.—*Joseph*, b 16 déc. 1754, à Beaumont.—*Joseph*, b [1] 13 fevrier 1758.

1745, (9 nov.) Beaumont.[6]

III.—LABRECQUE, LOUIS, [MATHURIN II.
b 1709.
1° ROY, Marie-Louise, [GUILLAUME III.
b 1728.

Marie-Joseph, b [6] 18 déc. 1746.—*Mathurin*, b [6] 16 nov. 1748.—*Marie-Louise*, b 26 fevrier et s 15 juin 1751, à St-Charles.[7] — *Marie-Marthe*, b [7] 25 août 1752.—*Marie-Pélagie*, b [7] 9 oct. 1753.—*Louis*, b [7] 21 janvier et s [7] 5 avril 1755.—*Louis*, b [7] 18 mars 1756.—*Benoît*, b [7] 7 avril et s [7] 12 sept. 1758.—*Catherine*, b [7] 29 juin 1760.

(1) Et Labrèque.

(2) Elle épouse, le 7 sept. 1750, Louis Audet, à St-Laurent, I. O.

(3) Elle épouse, le 18 février 1765, Pierre Prévost, à St-Joseph, Beauce.

1762, (2 août) St-Jean, I. O.
2° ROYER, Marie-Anne, [AUGUSTIN III.
b 1743.

III.—LABRECQUE, CHARLES, [MATHURIN II.
b 1716 ; s 22 juin 1801, à Beaumont.[8]
GUENET, Marguerite.

Marguerite-Angélique, b [8] 21 nov. 1747 ; m [8] 3 fevrier 1772, à François TURGEON ; s [8] 27 mai 1822. —*Antoine*, b [8] 21 dec. 1749 ; m à Marie-Elisabeth BOUFFARD ; s [8] 19 janvier 1827.—*Marie-Angélique*, b [8] 25 sept. 1752.

1748, (10 juin) Beaumont.[1]

III.—LABRECQUE, FRANÇOIS, [MATHURIN II.
b 1718.
NADEAU, Louise, [JOSEPH III.
b 1729.

Anonyme, b [1] et s [1] 1er juin 1749.—*Jean-François*, b 5 et s 23 juillet 1750, à St-Charles.[2]—*François-Michel*, b [1] 26 sept. 1751.—*Thérèse*, b [1] 31 janvier et s [2] 17 février 1754.—*Marie-Thérèse*, b [2] 5 mars 1755.—*Gabriel*, b [2] 25 janvier et s [2] 28 juillet 1757.—*Joseph*, b [2] 11 mars 1759.

1755, (17 nov.) St-Laurent, I. O.[2]

IV.—LABRECQUE, PIERRE, [JOSEPH III.
b 1723.
BAILLARGEON, Cecile, [JEAN III.
b 1732.

Pierre, b 30 août 1756, à St-Jean, I. O.—*Louis*, b [2] 31 mai 1758. — *Cécile*, b [2] 30 nov. 1760.—*Marie-Louise*, b [2] 20 dec. 1762.

1759, (22 janvier) St-Charles.[3]

IV.—LABRECQUE, LOUIS, [IGNACE III.
b 1737.
ROY, Cécile, [JEAN III.
b 1739 ; s [3] 15 août 1760.

François, b [3] 16 août et s [3] 15 oct. 1760.

1763, (7 février) St-Laurent, I. O.[4]

IV.—LABRECQUE, JACQUES, [LOUIS III.
b 1738.
GOSSELIN, Charlotte. [ANTOINE III.

Anonyme, b [4] et s [4] 4 déc. 1763.

1765, (4 février) Lévis.

IV.—LABRECQUE, Joseph-Marie, [JOSEPH III.
b 1738 ; s 30 juin 1803, à Beaumont.[4]
GIRARD, Suzanne, [CLAUDE III.
b 1745 ; s [4] 5 mai 1788.

Joseph, b 1765 ; m [4] 14 janvier 1806, à Françoise BUSSIÈRE ; s [4] 2 août 1832. — *Charlotte*, b... m [4] 16 janvier 1798, à Louis BOILARD. — *Marguerite*, b... m [4] 8 janvier 1799, à Claude Paquet.

1766, (16 janvier) Québec.[7]

IV.—LABRECQUE (1), PIERRE, [JEAN-BTE III.
b 1735.
GALARD (2), Thérèse, [ANTOINE I.
b 1745 ; s [7] 15 dec. 1778.

(1) Dit Lavallée.

(2) Dit Déclus et Routhier du nom de sa mère, 1785.

Thérèse, b... m [7] 2 août 1785, à Pierre LOFFARD.—*Jacques*, b... m [7] 23 oct. 1792, à Marie-Agathe DORION.—*Nicolas*, b... m [7] 1er sept. 1795, à Marie GARNIER.—*Pierre*, b... m [7] 17 nov. 1795, à Marie-Joseph LEBRETON.

LABRECQUE, CHARLES,
b 1728 ; s 9 avril 1802, à Beaumont.[8]
FOURNIER, Marie,
b 1747 ; s [8] 27 juin 1829.
Marie, b... m [8] 3 oct. 1796, à Jean-Baptiste HÉLY.

1770, (26 fevrier) St-Valier.
IV.—LABRECQUE, JACQUES. [JOSEPH III.
CLÉMENT (1), Angelique, [ANDRÉ II.
b 1742 ; veuve d'Augustin Roy.

1774, (14 fevrier) St-Joseph, Beauce.[7]
II.—LABRECQUE, GABRIEL, [PIERRE I.
b 1744.
CONSIGNY, Marie-Louise, [FRANÇOIS I.
b 1740.
Gabriel, b [7] 6 nov. 1774 ; s [7] 3 oct. 1777.—*Jacques-Maurice*, b [7] 22 sept. 1776.—*Angélique*, b [7] 11 oct. 1778.

LABRECQUE, PIERRE.
ROCHELLE, Marie-Charlotte.
Catherine, b 22 fevrier 1786, à l'Ile-Perrot.

IV.—LABRECQUE, JOSEPH, [PIERRE III.
b 1742 ; s 6 oct. 1783, à Beaumont.
LACASSE (2), Marie-Anne.

LABRECQUE, MATHURIN,
b 1743 ; s 8 juin 1821, à Beaumont.
PATRY, Marie.

IV.—LABRECQUE, ANTOINE, [CHARLES III.
b 1749 ; s 19 janvier 1827, à Beaumont.[7]
BOUFFARD, Marie-Elisabeth,
b 1749 ; s [7] 27 mai 1829.
Agathe, b... m [7] 9 fevrier 1808, à Guillaume BOSCHÉ.—*Charles*, b... m [7] 22 nov. 1808, à Rosalie BOSCHÉ.—*François*, b... m [7] 23 janvier 1809, à Marie-Angelique PATRY.

1792, (23 oct.) Québec.
V.—LABRECQUE (3), JACQUES. [PIERRE IV.
DORION, Marie-Agathe. [JEAN-ETIENNE III.

LABRECQUE, MATHIEU.
1° NADEAU, Marthe,
b 1765 ; s 10 nov. 1795 à Beaumont.[1]
1799, (13 août).[1]
2° FOURNIER, Marie-Anne. [AUGUSTIN III.

(1) Dit Labonté.
(2) Elle épouse, le 15 nov. 1790, Michel Forgues, à Beaumont.
(3) Dit Lavallée.

1795, (1er sept.) Québec.
V.—LABRECQUE (1), NICOLAS. [PIERRE IV.
GARNIER (2), Marie. [ANTOINE I.

1795, (17 nov.) Québec.[4]
V.—LABRECQUE (1), PIERRE. [PIERRE IV.
LEBRETON, Marie-Joseph,
b 1755 ; veuve de Pierre Guillet-Tourangeau ; s [4] 15 fevrier 1797.

1803, (14 juillet) Beaumont.
LABRECQUE, ETIENNE.
VALLIÈRE, Françoise. [FRANÇOIS IV.

1806, (14 janvier) Beaumont.[1]
V.—LABRECQUE, JOSEPH, [JOSEPH IV.
b 1765 ; s [1] 2 août 1832.
BUSSIÈRE, Françoise. [PIERRE V.

1808, (22 nov.) Beaumont.
V.—LABRECQUE, CHARLES. [ANTOINE IV.
BOSCHÉ, Rosalie. [GUILLAUME.

1809, (23 janvier) Beaumont.
V.—LABRECQUE, FRANÇOIS. [ANTOINE IV.
PATRY, Marie-Angelique. [JOSEPH.

LABRÈQUE.—Voy. LABRECQUE.

I.—LABRETACHE, ELISABETH, b 1638 ; Sœur Ste. Catherine de la Cong. N.-D. ; s 7 oct. 1719, à Montreal.

1758, (6 nov.) Montréal.
I.—LABRIANCE, LÉONARD, b 1727 ; fils de Léonard et de Françoise Tessier, de St-Pierre Labussière, diocèse de Limoges, Limousin.
CHAUMELOT, Marie-Louise-Frse, [LÉONARD I.
b 1743.

LABRIE : *Variation et surnoms :* LABRY—DESNEAU—JEAN—LAGRILLADE—LEBLANC—MATOU—MIGNEAU—MIOT—NAUD—ROGER.

LABRIE, MARIE-JEANNE, b 1712 ; s 4 oct. 1787, à Nicolet.

LABRIE, JEAN-BTE, b 1712 ; s 18 mars 1731, à Becancour.

LABRIE (3), JEAN-BTE, b 1719 ; s 31 janvier 1774, à l'Islet.

LABRIE, LOUIS-FRANÇOIS.
BASILE, Marie-Claire,
b 1756 ; s 16 janvier 1782, à l'Islet.

LABRIE, JOSEPH.
MIGNERON, Marie-Joseph.
Jean-Baptiste, b... m 24 février 1794, à Marie-Joseph METAYER, à Repentigny.

(1) Et Labrèque dit Lavallée.
(2) Dit Courtois.
(3) Dit Desneau.

LABRIE (1), BERNARD.
LAVOIE, Marie-Anne.
Marie, b 1er nov. 1786, à Rimouski.

1794, (24 fevrier) Repentigny.
LABRIE (2), JEAN-BTE. [JOSEPH.
MÉTAYER, Marie-Joseph. [JOSEPH.

LABRIÈRE.—Voy. ALAIN—LABRUYÈRE.

LABRIÈRE, JACQUES.
ROUSSEAU, Marie.
Elisabeth, b 27 janvier 1739, à Québec.

LABROQUERIE.—Voy. BOUCHER—HÉBERT.

LABROSSE.—Voy. LABOSSÉ, 1713—JOURDAIN—RAYMOND.

LABROSSE, ...
ST-GERMAIN, Marie-Françoise,
b 1670 ; s 22 fevrier 1727, à Montréal.

1724, (9 mai) Pointe-Claire.
I.—LABROSSE, RAYMOND, fils de Claude et de Georgette Morin, de St-Sinforin-des-Bois.
CLÉMENT, Marie-Louise, [PIERRE I.
b 1703.

LABROSSE (3), CHARLES, b... s 22 juillet 1743, au Sault-au-Recollet.

LABROSSE, JOACHIM.
DAU, Louise.
Joachim, b... m 7 août 1775, à Judith GROU, à St-Laurent, M.

LABROSSE (4), MICHEL.
VINET (5), Thérèse.
Marie-Thérèse, b 27 juillet 1750, à Ste-Geneviève, M. [6]—*Marie-Eugénie*, b [6] 4 oct. 1751 ; s [6] 25 dec. 1754.—*Marie-Dorothée*, b [6] 15 oct. 1752. —*Marie-Louise*, b [6] 5 nov. 1753 ; s [6] 11 juin 1754. —*Michel*, b [6] 5 nov. 1753 ; s [6] 1er juin 1754.—*Louise-Suzanne*, b [6] 16 janvier 1755.—*Marie-Joseph-Rosalie*, b [6] 21 fevrier et s [6] 23 juillet 1756.—*Rose-Amable*, b [6] 15 mars 1757.

1775, (7 août) St-Laurent, M.
LABROSSE (4), JOACHIM. [JOACHIM.
GROU, Judith. [JEAN.

I.—LABROUSSE, PIERRE, ecrivain.
CHEVALIER, Geneviève, [JEAN I.
b 1720 ; s 4 mai 1760, à Québec.
Michel, b... m 7 janvier 1771, à Marguerite SIMONEAU, à St-Thomas.

(1) Dit Miot.
(2) Et Labry.
(3) Enfant en nourrice chez Jean Saraut.
(4) Dit Raymond.
(5) Dit Larente.

1771, (7 janvier) St-Thomas.
II.—LABROUSSE, MICHEL. [PIERRE I.
SIMONEAU, Marguerite, [CHARLES II.
b 1743.

LABRUYÈRE.—*Variation :* LABRIÈRE.

LABRUYÈRE, LOUIS-AUGUSTIN.
PLOUF, Marie-Angélique.
Jean-Baptiste, b... s 15 février 1750, à Sorel.—*Marie-Louise*, b 24 janvier 1751, à St-Ours. [1]—*Michel*, b [1] 7 mars 1756.— *Augustin*, b [1] 1er dec. 1758.

LABRY.—Voy. LABRIE.

LABUTTE.—Voy. CHESNE.

1714, (12 février) Montréal. [4]
I.—LACAGE, JEAN-BTE, b 1692 ; fils de Jean-Baptiste et d'Angèle Laforme, de la ville de Lyon, Lyonnois.
DESAUTELS (1), Marie-Catherine, [JOSEPH II.
b 1694.
Marie-Fortunée, b [4] 25 nov. 1715. — *Antoine*, b 28 oct. 1721, à l'Ile-Dupas.

LACAILLADE.—Voy. GODER.[2]

1761, (30 juin) Yamachiche. [3]
I.—LACAILLE, JACQUES, fils de Pierre et de Suzanne Reau, de St-Pierre, diocèse de Rouen, Normandie.
PINEAU (2), Suzanne, [JOSEPH III.
b 1743.
Madeleine, b [3] 25 mars 1762.—*François*, b [3] 24 déc. 1763.—*Brigitte*, b [3] 25 février 1765.

1762, (14 juin) St-Joseph, Beauce. [3]
I.—LACAILLE (3), NICOLAS, b 1741 ; fils de Jean et de Marie Luton, de Garday, diocèse de Chartres, en Beauce.
DOYON, Anne, [JEAN-BTE III.
b 1726 ; veuve de Paul Vachon.
Nicolas, b [3] 23 mai 1763. — *Jean-Baptiste*, b [3] 30 nov. 1766.

LACAILLE, PIERRE.
BERTRAND, Marie.
Pierre, b... s 24 avril 1764, à Yamachiche.

LACASSE.—Voy. CASSE—CASSÉ.

LACASSE, ANGÉLIQUE, b 1715 ; s 22 août 1738, à Beaumont.

LACASSE, ANTOINE.
SIONNAUX, Marguerite,
b 1706 ; s 27 nov. 1778, à Repentigny.

(1) Dit Lapointe.
(2) Dit Laperle.
(3) Soldat de Guyenne, venu en 1752 avec un oncle nommé Jean-Baptiste Luthon. (Procès-verbal.)

LACASSE, Joseph.
St. André, Marie,
b 1721; s 9 janvier 1748, à Beaumont.[9]
Marie-Anne, b [9] 3 janvier 1748.

LACASSE, Pierre.
Clément, Geneviève.
Pierre, b et s 13 oct. 1754, à Beaumont.

LACASSE, Ignace, b 1739; s 5 déc. 1766, à St-Valier.

LACASSE, Jean, b 1757; s 27 janvier 1760, à Beaumont.

LACASSE, Antoine.
Pichet, Agathe.
Agathe, b et s 15 sept. 1778, à Repentigny.[4]—*Louise*, b 1783; s [4] 15 fevrier 1784.— *Marie-Joseph*, b [4] 23 juillet 1787.— *Charles*, b [4] 28 oct. 1788.—*Ambroise*, b [4] 9 juillet 1790.—*Marie-Angélique*, b [4] 6 août 1792.

LACASSE, François,
b 1749; s 15 nov. 1782, à Québec.
Richard, Marguerite.

LACASSE, Joseph,
b 1743; s 28 sept. 1807, à Beaumont.
Lelièvre, Ursule.

LACAVÉE.—Voy. Hamelin.

LACÉ.—Voy. Tacé—Tassé.

LACELAIN.—*Surnom :* Bellefleur.

1757, (7 février) Québec.
I.—LACELAIN (1), Romain, fils de Pierre et de Jeanne Manègue, de Villercouchi, diocèse de Cambray, Hainaut.
Grenier, Marguerite, [Louis I.
veuve de Paul Beaucour.

LACELLE.— *Variations :* Celles-Duclos —DeLacelle—DeLaselle—Laselle.

1698, (8 août) Montréal.[7]
I.—LACELLE (2), Jacques,
b 1670; menuisier.
Gibaut, Angelique, [Gabriel I.
b 1677.
Nicolas, b [7] 17 février 1715; m 14 janvier 1754, à Marie-Joseph Cardinal, au Détroit [8]; s [8] 28 avril 1779.

II.—LACELLE (3), Alexandre. [Gabriel I.
Perrault, Marguerite, [Jacques I.
b 1679.
Dominique, b 15 oct. 1713, à Montréal [2]; s [2] 4 dec. 1717.

(1) Dit Bellefleur; soldat.
(2) Pour DeLacelle, voy. vol. III, p. 285.
(3) Pour Celles-Duclos, voy. vol. II, p. 590.

1733, (16 février) Montréal.[2]
II.—LACELLE (1), Jacques, [Jacques I.
b 1701.
Lalande, Marie-Anne, [Jean-Léonard I.
b 1701.
Jacques, b [2] 1er mai 1735; m 18 février 1765, à Therèse Berthelet, à Lachine; s 14 août 1791, au Détroit.—*Marie-Catherine*, b [2] 13 août 1736.—*Marie-Charlotte*, b [2] 2 oct. 1737; s [2] 10 mai 1738. — *Marie-Louise*, b [2] 30 janvier et s [2] 3 fevrier 1739.—*Pierre*, b [2] 17 mars 1740; s [2] 26 août 1742. — *Louise-Charlotte*, b [2] 17 nov. 1741. — *Louis-Marie*, b [2] 8 déc. 1743; s [2] 29 nov. 1744. — *Antoine*, b [2] 22 nov. 1745. — *Hyacinthe*, b [2] 8 nov. 1748.

1740, (25 janvier) Sault-au-Récollet.[7]
II.—LACELLE, René, [Jacques I.
b 1713.
Langlois, Louise-Jeanne. [François III.
Pierre-François, b [7] 30 juin 1743. — *Marie-Louise*, b [7] 19 nov. 1744.—*Louis*, b [7] 25 janvier 1746.—*Marie-Joseph*, b [7] 30 août 1747.

1754, (14 janvier) Détroit.[3]
II.—LACELLE (2), Nicolas, [Jacques I.
b 1715; s [3] 28 avril 1779.
Cardinal, Marie-Joseph, [Jean-Bte III.
b 1733; s [3] 26 sept. 1763.
Nicolas, b [3] 3 juillet 1755. — *Marie-Joseph*, b [3] 25 avril 1757; m [3] 17 janvier 1774, à Pierre Gatignon.— *Hyacinthe*, b [3] 28 janvier et s [3] 9 nov. 1759.— *Joseph*, b [3] 25 janvier et s [3] 31 août 1760. — *Jean-Baptiste*, b [3] 4 juillet 1761.— *Archange*, b [3] 17 et s [3] 29 juillet 1763.

1765, (18 fevrier) Lachine.
III.—LACELLE (3), Jacques, [Jacques II.
b 1735; s 14 août 1791, au Détroit.[4]
Berthelet (4), Therèse. [François II.
Hyacinthe, né 25 fevrier et b [4] 18 juin 1777.—*Antoine*, b [4] 1er juillet 1781.

III.—LACELLE (1), Hyacinthe, [Jacques II.
b 1748.

LACELLE (5), Jean-Bte.
1° Meloche, Marguerite.
1790, (20 nov.) Détroit.[5]
2° Rivard, Catherine. [Jean-Bte.
Félicité, b [5] 21 nov. 1790.

LACERISÉE.—Voy. Lefebvre.

LACERTE.—Voy. Vacher.

(1) Et Laselle—DeLacelle.
(2) Et Laselle.
(3) Et Laselle; maître-menuisier; en 1775 il était négociant aux Miamis (*régistres du Détroit, 1er mai 1775*); il était, le 6 avril 1755, au Detroit.
(4) Dit Savoyard.
(5) Il était, le 18 juin 1777, au Détroit.

1714, (30 juin) Laprairie.

I.—LACETIERE, JEAN, fils de Jean et de Léonarde Bergère.
DUVAL, Louise, [JEAN I.
b 1687; veuve de Pierre Rousseau.

LACHAINE.—*Variation et surnom :* LACHESNE —JOLICŒUR.

I.—LACHAINE (1), PIERRE.
HULIN (2), Marie-Anne. [PHILIPPE I.
Marie-Anne, b 1692; 1° m 9 mai 1712, à Jean BUREAU, à Lorette[6]; 2° m [6] 15 oct. 1731, à Olivier GUIGUIN; s [6] 2 avril 1732.—*Jean-Baptiste,* b [6] 14 nov. 1695; 1° m 19 janvier 1722, à Madeleine HOSTAIN, à Beauport; 2° m [6] 4 juin 1731, à Marie-Anne BOUIN-DUFRESNE; s [6] 18 nov. 1749.—*Marie-Renée,* b [6] 18 juillet 1697; m [6] 14 avril 1722, à François GIRARD.

1722, (19 janvier) Beauport.

II.—LACHAINE (3), JEAN-BTE, [PIERRE I.
b 1695; s 18 nov. 1749, à Lorette. [7]
1° HOSTAIN, Madeleine, [JEAN I.
b 1705; s [7] 6 juillet 1728.
Marie-Madeleine, b [7] 23 nov. et s [7] 13 déc. 1722. —*Jean-Baptiste,* b [7] 22 oct. 1724; m [7] 27 oct. 1749, à Marie-Madeleine DION.—*Pierre,* b... m [7] 4 sept. 1751, à Marie-Catherine HAMEURY.—*Marie-Joseph,* b [7] 19 mars et s [7] 11 sept. 1727.—*Louis-Pierre,* b [7] 30 juin et s [7] 26 juillet 1728.

1731, (4 juin). [7]

2° BOUIN (4), Marie-Anne, [CHARLES II.
b 1712.
Charles, b [7] 19 juillet 1731; m [7] 2 nov. 1750, à Marie-Louise BOUTIN.—*Jacques,* b [7] 30 mars et s [7] 26 juillet 1733.—*Joseph-Marie,* b [7] 23 juin et s [7] 14 juillet 1734.—*Joseph,* b [7] 12 juillet 1735; 1° m 8 oct. 1753, à Marguerite DUCHESNEAU, à Charlesbourg; 2° m 8 janvier 1759, à Elisabeth-Félicité DION, à Québec.—*Michel,* b [7] 30 janvier 1737.—*François,* b [7] 20 juillet 1740.—*Louis,* b [7] 21 mai 1743.—*Marie-Thérèse,* b 1745; s [7] 24 mai 1748.—*Marie-Louise,* b [7] 4 et s [7] 23 juillet 1747.—*Ignace,* b [7] 1er oct. 1749.

1749, (27 oct.) Lorette. [2]

III.—LACHAINE (5), JEAN-BTE, [JEAN-BTE II.
b 1724.
DION, Marie-Madeleine. [JOSEPH III.
Jean-Baptiste, b [2] 2 sept. 1750; s [2] 4 août 1751. —*Pierre-Amable,* b [2] 27 avril 1754.—*Marie-Félicité,* b [2] 25 janvier 1756. — *Marie-Joseph,* b [2] 17 août 1757; s [2] 20 juin 1758.—*André,* b [2] 25 avril 1759.

(1) Voy. Lachesne, vol. I, p. 334.
(2) Elle épouse, le 10 février 1698, Laurent Guestier, à Lorette.
(3) Et Lachesne.
(4) Dit Dufresne; elle épouse, le 10 mai 1751, Ignace Fournier, à Lorette.
(5) Dit Jolicœur.

1750, (2 nov.) Lorette. [9]

III.—LACHAINE (1), CHARLES, [JEAN-BTE II.
b 1731.
BOUTIN (2), Marie-Louise, [GABRIEL III.
b 1730.
Charles, b [9] 28 juillet 1751; s [9] 8 août 1754.—*Marie-Thérèse,* b [9] 9 oct. 1753.— *Pierre,* b [9] 19 janvier et s [9] 24 dec. 1755. — *Marie-Angélique,* b 15 nov. 1756, à Lachine.

1751, (4 sept.) Lorette. [1]

III.—LACHAINE (1), PIERRE. [JEAN-BTE II.
HAMEURY (3), Marie-Catherine, [GUILLAUME I.
b 1733.
Pierre, b 1752; s [1] 19 mai 1753.— *Marie-Marguerite,* b [1] 23 oct. 1753. —*Marie-Marguerite,* b [1] 18 février 1755.—*Marie-Thérèse,* b 17 nov. 1757, au Cap-St-Ignace. [2]— *Pélagie,* b [2] 5 mai 1764; 1° m 22 juillet 1783, à Jean-Baptiste-Etienne BELANGER, à Québec [3]; 2° m [3] 15 fevrier 1791, à Joseph SAVARD.

1753, (8 oct.) Charlesbourg. [4]

III.—LACHAINE (1), JOSEPH, [JEAN-BTE II.
b 1735.
1° DUCHESNEAU (4), Marguerite, [PIERRE II.
b 1732; s [4] 29 mai 1758.
Marie-Marguerite, b [4] 1er juillet et s [4] 4 oct. 1754.—*Marie-Joseph,* b... s [4] 5 juillet 1757.

1759, (8 janvier) Québec.

2° DION, Elisabeth-Felicite, [JOSEPH III.
b 1734.
Anonyme, b et s 21 oct. 1759, à Lorette. [3]—*Joseph,* b [3] 4 et s [3] 15 janvier 1761.—*Antoine,* b [3] 4 janvier et s [3] 10 juillet 1761.—*Joseph,* b [3] 9 avril 1762; s [3] 28 janvier 1763. — *Marie-Marguerite,* b [3] 16 sept. 1763.—*Joseph,* b [3] 16 fevrier 1765.

LACHAISE. —*Variation et surnom :* LACHÈZE—LAVIGNE.

1667, (30 oct.) (5).

I.—LACHAISE (6), LOUIS, fils de Louis et de Marie Georget, du diocèse d'Amboise, Touraine.
DUBOISANDRÉ, Jeanne-Claude, veuve de Pierre Rencourt.

1706, (6 déc.) Boucherville. [4]

I.—LACHAISE (7), JEAN-BTE.
MÉNARD (8), Jeanne-Françoise, [JACQUES I.
b 1669; veuve d'Etienne Demers.
Jean-Baptiste, b 1707; m [4] 2 déc. 1730, à Hélène VALIQUET; s 16 janvier 1782, à Terrebonne. — *Angélique,* b... 1° m [4] 31 mai 1723, à Jean-Baptiste LAMOUREUX; 2° m 3 fevrier 1738, à Jean-Baptiste BLEAU, à St-François, I. J.

(1) Dit Jolicœur.
(2) Dit Denise.
(3) Et Amury—Demury.
(4) Dit Sansregret.
(5) Date du contrat de mariage.
(6) Voy. vol. I, p. 334.
(7) Et Lachèze dit Lavigne.
(8) Elle épouse, le 22 août 1735, Charles Brazeau, à Boucherville.

LACHAISE, JEAN-BTE.
GILBERT, Jeanne.
Jeanne, b 8 fevrier 1718, à la Pte-aux-Trembles, M.

1730, (2 déc.) Boucherville.

II.—LACHAISE (1), JEAN-BTE, [JEAN-BTE I.
b 1707; s 16 janvier 1782, à Terrebonne.[8]
VALIQUET, Helène. [PIERRE II.
Marie-Joseph, b... 1° m[8] 12 janvier 1756, à Julien FORTIN; 2° m[8] 18 février 1760, à Joseph LAUZON; s[8] 28 août 1768. — *Jean-Baptiste*, b 2 sept. 1738, à St-François, I. J. — *François*, b[8] 25 janvier et s[8] 8 avril 1741. — *Anonyme*, b[8] et s[8] 25 janvier 1741.—*Anne*, b[8] 13 et s[8] 25 août 1743. *Julien*, b[8] 13 août 1743; m[8] 7 janvier 1771, à Angelique LAROCHE. — *Marie-Agathe*, b[8] 19 oct. 1748; m[8] 7 janvier 1771, à Antoine COURSEL.— *Jean-Baptiste*, b[8] 28 mars 1750.

1771, (7 janvier) Terrebonne.

III.—LACHAISE, JULIEN, [JEAN-BTE II.
b 1743.
LAROCHE, Angélique. [FRANÇOIS II.

LACHAMBRE.—Voy. DECHAMBRE.

LACHANCE.—Voy. PEPIN—SANCHE.

LACHAPELLE. — *Variation et surnoms :* CHAPELLE—BOURG — DUBOURG—GUYON—JACQUET — JANOT — LANGLOIS — LANGOUMOIS — PARSEILLÉ—RENOU—SARCELIER—TRÉPIAL.

LACHAPELLE, MARIE-ANNE, b 1693; s 6 fevrier 1761, à Lachine.

1684, (31 janvier) Montréal.

II.—LACHAPELLE (2), PIERRE, [MARIN I.
b 1660.
TESSIER, Catherine-Pétronille, [URBAIN I.
b 1670; s 19 mai 1751, à la Pte-aux-Trembles, M.[3]
Pétronille, b[3] 27 sept. 1704; m[3] 8 nov. 1723, à Jean-Baptiste BRICAUT-LAMARCHE.—*Laurent*, b[3] 9 août 1706.—*Charles*, b[3] 13 juin 1708.

LACHAPELLE, ANDRÉ.
BISCORNET, Françoise,
b 1677; s 10 mars 1707, à Montréal.

I.—LACHAPELLE (3), JEAN, b 1705; s 15 avril 1760, à Quebec.

LACHAPELLE, ...
LACHANCE, Marie-Louise,
b 1707; s 6 janvier 1763, aux Trois-Rivières.

LACHAPELLE, ANTOINE, b 1662; s 27 août 1729, à Montreal.

(1) Dit Lavigne.
(2) Voy. Janot, vol. IV, p. 581.
(3) Pauvre mendiant.

LACHAPELLE, ..., b 1714; s 26 nov. 1759, à Lorette.

LACHAPELLE, ETIENNE, b... s 8 déc. 1713, à Repentigny.

LACHAPELLE (1), JOSEPH, b... s 18 mars 1760, au Detroit.

1762, (22 fevrier) St-Frs-du-Lac.[1]

I.—LACHAPELLE (2), JEAN-BTE, fils de Jean-Baptiste et de Marie Rinfret, de Romillai, Bretagne.
BOISSEL, Marie. [JEAN-BTE III.
Jean-Baptiste, b[1] 10 nov. 1762.

LACHAPELLE, FRANÇOIS.
PROVOST, Marie-Louise.
Antoine, b 12 août 1767, à Repentigny.

1767.

LACHAPELLE (3), BERNARD.
MAURICEAU, Marie-Joseph.
François-Marie, b 4 août 1769, à Lachenaye.

LACHARITÉ. — Voy. DESFOSSÉS — LASPRON — ST. LOUIS.

LACHARPENTE.—Voy. GABRIEL.

I.—LACHASSAIGNE, FRANÇOIS, b 1667; soldat; s 13 août 1717, à Montréal.

LACHASSE.—Voy. ALY—LECERF.

LACHASSE, PAUL.
SERRÉ (4), Marie-Anne.

LACHAUFET, ...
DESJARDINS, Catherine,
b 1727; s 20 juin 1777, à Nicolet.

1761, (20 oct.) Québec.[2]

I.—LACHAUME (5), PIERRE, b 1737, boulanger; fils de Jean et de Marie Bize, de Suze, diocèse de Laon, Ile-de-France.
MARANDA, Marie, [JEAN III.
b 1726; veuve de Pierre Delinel.
Jean, b[2] 9 oct. et s[2] 21 nov. 1762.—*Marie*, b[2] 9 et s[2] 29 oct. 1762.

LACHAUSSÉE.—Voy. DE LA CHAUSSÉE sieur DE LA DURANTAYE—LEROUX—MAINGUY.

LACHAUVIGNERY (DE).—Voy. MARAY.

LACHAUX.—*Surnom :* LAGRENADE.

(1) Milicien du détachement de la Belle-Rivière.
(2) Dit Trépial.
(3) Voy. aussi Janot, vol. IV, p. 585.
(4) Elle épouse, le 26 sept. 1751, Simon Périllard, à St-Laurent, M.
(5) Au registre des procès-verbaux de 1761, il est dit venu de la paroisse de St-Bertrand, diocèse de Cominges, en 1751.

1759, (23 avril) Quebec.

I.—LACHAUX (1), Louis-Nicolas, fils de François et de Thérèse Soupe, de Sedan, diocèse de Reims, Normandie.

Danleau, Elisabeth, veuve de François Borderon.

Louis, b 9 sept. 1760, à St-Laurent, M.

I.—LACHENAL, Jacques, b 1730, soldat; de St-Sulpice, Paris; s 16 oct. 1749, à Montréal.

1721, (24 nov.) Montréal.[1]

II.—LACHENAYE (2), Philippe, [Prosper I. b 1699.

Tessier, Marguerite, [Jean II. b 1701.

Philippe, b [1] 19 janvier et s [1] 3 février 1724.—*Charlotte-Françoise*, b [1] 11 fevrier 1725.—*Louise*, b [1] 7 mars et s [1] 8 avril 1727. — *François*, b [1] 18 février et s [1] 17 mars 1728.—*Jean-Baptiste*, b 24 juin 1733, au Détroit.[2]— *Catherine*, b [2] 31 mai et s [2] 4 juin 1734.—*Marie-Anne*, b [2] 9 oct. et s [2] 6 déc. 1735.

LACHESNE.—Voy. Lachaine.

LACHÈZE.—Voy. Lachaise.

LACHEZI.—*Variation :* Luckezy.

1758, (23 oct.) Québec.[3]

I.—LACHEZI (3), Jean-Philippe, plâtrier, fils de Jean et de Catherine Simoni, de St-Michel-de-Lucques, Italie.

Dubreuil, Marie-Catherine, [Jean-Etienne II. b 1739.

Jean-Philippe, b [3] 11 juillet et s [3] 1er août 1759. — *Marie-Catherine*, b [3] 11 nov. 1760. — *Jean-Etienne*, b [3] 19 juillet et s 29 août 1762, à Charlesbourg.—*Marie-Catherine*, b [3] 30 juillet 1763.

LACHINE.—Voy. Dudevoir.

LACIER. — *Variation et surnom :* Dacier — Tournay.

1750, (17 août) Québec.[3]

I.—LACIER (4), Pierre-Nicolas, fils de Nicolas et de Madeleine Martinet, de St-Laurent, Paris.

Potère (5), Marie-Simone, [Simon I. b 1721; veuve d'Alexis Dumas.

Jean-Pierre, b [3] 10 fevrier 1751; m 2 février 1778, à Veronique Frigon, à Batiscan.

1778, (2 fevrier) Batiscan.[5]

II.—LACIER (6), Jean-Pierre, [Pierre I. b 1751.

Frigon, Véronique, [Pierre III. b 1760.

(1) Dit Lagrenade.

(2) Pour De la Chenaye, voy. vol. I, p. 285.

(3) Il signe Luckezi.

(4) Dit Tournay; soldat de Fonville.

(5) Dit Chevalier. Elle épouse, le 26 juin 1758, Pierre Pilet, à Montréal.

(6) Et Dacier.

Marie-Françoise, b [5] 2 nov. 1782; s [5] 24 janvier 1789.—*Pierre*, b [5] 12 juin 1784.—*Véronique*, b [5] 4 juin 1786.—*Marie-Marguerite*, b [5] 7 nov. 1788. —*François-Xavier*, b [5] 17 avril 1791. — *Marie-Scholastique*, b 21 sept. 1793, à St-Cuthbert.

LACISERAIE.—Voy. Lefebvre.

LACISERAY.—Voy. Lefebvre.

LACISERAYE.—Voy. Lefebvre.

LACISERÉE.—Voy. Lefebvre.

LACOMBE.—*Variation et surnoms :* Lacomble —Balan — Briasse— Joinville — Martin— St. Amand—Truillier—Trulier.

LACOMBE, Jean-Bte, b 1674; s 5 nov. 1770, à l'Ile-Dupas.

1672, (9 juin) Québec.

I.—LACOMBE (1), Pierre.

Birette (2), Marie-Renée.

René, b 1er avril 1681, à l'Islet; m 8 mai 1702, à Marie-Renée Boutin, à Lorette. — *Louis-François*, b 1690; m 12 janvier 1722, à Marguerite Hardouin, à St-Laurent, M.

1678, (20 juin) Montréal.[1]

I.—LACOMBE (3), Jean, b 1648.

Millet, Marie-Charlotte, [Nicolas I. b 1662; s 17 mai 1751, à la Pte-aux-Trembles, M.[2]

Marie, b [2] 10 janvier 1681; m [2] 21 nov. 1701, à Pierre Archambault.— *Jean*, b 1683; m [1] 3 fevrier 1711, à Marguerite Diel. — *Catherine*, b [2] 1er août 1685; m [2] 12 janvier 1705, à Simon Alard.—*Françoise*, b [2] 14 sept. 1692; s [2] 21 août 1708. — *Jean-Baptiste*, b [1] 28 juin 1696. — *Geneviève-Anne*, b [2] 18 janvier 1700.—*Anonyme*, b [2] et s [2] 5 mars 1702.—*Marie-Madeleine*, b... m [2] 4 janvier 1723, à Augustin Maguet.—*Joseph* et *Marie*, b [2] 4 mai 1704.— *Pierre*, b [2] 12 août 1707; m 1739, à Catherine Galipeau; s [2] 21 mai 1750.

1702, (8 mai) Lorette.[4]

II.—LACOMBE (4), René, [Pierre I. b 1681.

Boutin, Marie-Renée, [Jean II. s [4] 23 janvier 1703.

(1) Dit Joinville; marié Balan-Lacombe, voy. vol. I, pp. 22-23 et vol. II, p. 104.

(2) Et Breilla; elle épouse, en 1692, Jean Brias.

(3) Voy. vol. I, p. 334.

(4) Et Lacomble.

1703, (30 juillet) Montréal [2]

I.—LACOMBE (1), GUILLAUME, b 1675; fils de Michel et de Marguerite .... du Verny diocèse de Clermont, Auvergne; s [2] 22 nov. 1703.

QUÉVILLON (2), Catherine, [ADRIEN I.
b 1686.

LACOMBE, GENEVIÈVE, b 1709; s 1er mai 1784, à l'Hôpital-Général, M.

LACOMBE, PIERRE, b 1708; écolier; s 17 déc. 1725, à Québec.

1711, (3 février) Montréal.

II.—LACOMBE, JEAN, [JEAN I.
b 1683.

DIEL, Marguerite, [CHARLES I.
b 1691.

Jean, b 8 février 1712, à la Pte-aux-Trembles, M. [1]; m à Madeleine VENNE. — *Jacques*, b [1] 26 avril 1714; 1° m à Elisabeth CHARTRAN; 2° m 22 août 1746, à Marie-Elisabeth SICARD, au Sault-au-Récollet. [2]—*Marguerite*, b... 1° m [2] 16 nov. 1739, à François CHARTRAN; 2° m 7 février 1752, à Jean GAGNON, à St-Vincent-de-Paul. — *Marie-Françoise*, b... m à François-Marie LAUZON.— *Madeleine*, b... m [2] 10 janvier 1746, à Ignace CHORET. —*Marie-Anne*, b... m [2] 15 janvier 1746, à Gabriel LAUZON. — *Françoise*, b... m 12 janvier 1750, à Michel DUMAY, à Ste-Geneviève, M.

LACOMBE, LOUIS.

ST. GEORGE, Catherine.

Charlotte, b 28 juillet 1712, à Montréal.

1722, (12 janvier) St-Laurent, M.

II.—LACOMBE (3), LOUIS-FRS, [PIERRE-JEAN I.
b 1690.

HARDOUIN, Marguerite, [PIERRE I.
b 1704.

1729, (17 oct.) St-Valier.

III.—LACOMBE (4), JEAN-BTE, [JEAN-BTE II.
b 1702.

HÉLY, Marguerite. [PIERRE II.

Louis-Joseph, b 18 nov. 1736, à Ste-Geneviève. [3] —*Geneviève*, b [3] 18 mai 1738.

III.—LACOMBE, JEAN, [JEAN II.
b 1712.

VENNE (5), Madeleine.

Marie-Joseph, b 1736; m 12 février 1759, à Basile GALIPEAU, à la Pte-aux-Trembles, M. [4] — *Marie-Amable*, b... m 26 janvier 1767, à Georges DEROME-DESCARREAUX, à Repentigny.—*Françoise*, b [4] 19 mai 1749. — *Jean-Baptiste*, b... s [4] 10 nov. 1750.—*Antoine*, b [4] 13 février 1752.— *Maurice*, b [4] 21 oct. et s [4] 14 déc. 1754. — *Charles*, b [4] 21 oct. 1754.

(1) Dit St. Amand.

(2) Elle épouse, le 6 juin 1704, Samuel Papineau, à la Rivière-des-Prairies.

(3) Dit Joinville.

(4) Voy. Balan, vol. II, p. 104.

(5) Varin, 1750.

1739.

II.—LACOMBE, PIERRE, [JEAN I.
b 1707; s 21 mai 1750, à la Pte-aux-Trembles, M. [5]

GALIPEAU (1), Catherine, [ANTOINE I.
b 1710.

Pierre, b 31 mars 1740, à la Longue-Pointe. — *Joseph*, b [5] 26 juin et s [5] 3 août 1749.—*Françoise*, b [5] 17 juillet et s [5] 1er août 1750.

1740, (29 mai) St-Laurent, M.

I.—LACOMBE, LOUIS, b 1716; fils de Jean et de Marguerite Vafeure, de Travigny, diocèse de Dié, Dauphiné.

BOUIN, (2) Marie-Anne, [LOUIS II.
b 1718.

Jean, b 1745; s 30 juin 1747, à Montréal. [4]— *Louis*, b [4] 9 oct. et s [4] 22 nov. 1746. — *Marie-Joseph*, b [4] 6 déc. 1747.— *Marie-Joseph*, b [4] 21 août 1750.—*Anonyme*, b et s 12 avril 1762, à Ste-Rose.

LACOMBE, PIERRE, b 1745; s 14 janvier 1768, à Beauport.

III.—LACOMBE, JACQUES, [JEAN II.
b 1714.

1° CHARTRAN, Elisabeth,
b 1718; s 15 avril 1741, au Sault-au-Récollet. [2]

1746, (22 août). [2]

2° SICARD (3), Marie-Elisabeth. [SIMON II.

Jacques, b [2] 29 avril 1747; s [2] 14 août 1748.— *Jacques*, b 24 février 1749, à St-Vincent-de-Paul.

LACOMBE, JEAN-BTE-GABRIEL.

GRENIER, Marie.

Charles, b 12 février 1750, aux Trois-Rivières. [4] —*Louis*, b [4] 13 février 1752.— *François*, b [4] 21 sept. 1755.—*Pierre*, b [4] 4 mars 1758.

1756, (7 janvier) Montréal.

I.—LACOMBE, JEAN-PIERRE, b 1728, soldat; fils de Pierre-Jean et de Jeanne Duroseau, de St-Amant, diocèse de Rhodes, Guienne.

LEBŒUF, Marie-Agathe, [PIERRE-RENÉ III
b 1736.

LACOMBE, ANTOINE.

LEBŒUF, Marie.

Joseph, b et s 9 juillet 1763, à la Longue-Pointe.

1758, (6 février) Yamachiche. [3]

IV.—LACOMBE (4), JEAN-BTE, [JEAN-BTE III.
b 1734.

LEMAY, Marie-Anne, [JOSEPH III.
veuve de Joseph Rivard.

Pierre, b [3] 9 sept. 1765; m 21 nov. 1791, à Marie-Charlotte CORBIN, au Cap-de-la-Madeleine.

(1) Elle épouse, le 21 janvier 1754, Jean-Baptiste Meilleur, à la Pte-aux-Trembles, M.

(2) Et Boin dit Dufresne.

(3) Et Picard.

(4) Voy. Balan, vol. II, p. 105.

LACOMBE, François.
ARCHAMBAULT, Therèse.
François, b... m 6 oct. 1794, à Angélique CHEVALIER, à Repentigny.

1772, (16 nov.) St-Thomas.
IV.—LACOMBE, CHARLES, [CHARLES III (1).
b 1748.
MÉTIVIER, Marie-Ursule. [JACQUES II.

1791, (21 nov.) Cap-de-la-Madeleine.
V.—LACOMBE (2), PIERRE, [JEAN-BTE IV.
b 1765.
CORBIN, Marie-Charlotte. [JEAN-BTE IV.

LACOMBE, AUGUSTIN.
TELLIER, Elisabeth.
Pierre, b 15 janvier 1793, à Repentigny.

1794, (6 oct.) Repentigny.
LACOMBE, FRANÇOIS. [FRANÇOIS.
CHEVALLIER, Angelique. [JOSEPH III.

LACOMBLE.—Voy. LACOMBE.

1754, (11 juin) Trois-Rivières. [3]
I.—LACOMMANDE, ANTOINE, fils de Jean et de Marguerite Pradel, de St-Nolin, diocèse de Lescar, Béarn.
LEBOULANGER (3), Marie-Joseph, [JOSEPH II.
b 1734.
Charles-Antoine, b [3] 1er juillet 1755. — *Marie-Joseph*, b [3] 18 mars 1757.

LACOSTE.— *Variation et surnoms :* LACÔTE—COURAULT—LANGE—LANGUEDOC.

1688, (7 janvier) Boucherville. [1]
I.—LACOSTE (4), ALEXANDRE,
b 1665.
1° ROBIN, Jeanne-Catherine, [JEAN I.
b 1673; s [1] 10 mars 1690.
1690, (24 avril). [1]
2° DENIAU, Marguerite, [JEAN I.
b 1672.
Hélène, b [1] 2 juillet 1692; m [1] 16 oct. 1712, à Jean-Baptiste MEUNIER; s 24 avril 1777, à Repentigny.—*François*, b 1693; m [1] 24 avril 1719, à Angelique MARTINBAUT; s 7 sept. 1762, au Bout-de-l'Ile, M.—*Jean-Baptiste*, b [1] 22 juin 1694; m [1] 25 oct. 1723, à Madeleine PINAUD.—*Louis*, b 1698; 1° m [1] 13 fevrier 1720, à Marie-Anne BABIN-LACROIX; 2° m 18 sept. 1752, à Elisabeth PETIT, à Varennes.—*Antoine*, b 28 juin 1701, à Longueuil [2]; 1° m [1] 13 avril 1722, à Marie FAVREAU; 2° m [1] 27 juillet 1730, à Marie-Joseph TIBAUT.—*André*, b [2] 16 avril 1703; 1° m [2] 10 janvier 1729, à Marie BOUTIN; 2° m 10 avril 1736, à Elisabeth DURAND, à Montréal.—*Marguerite*, b [2] 14 juin 1705; m [1] 5 oct. 1722, à Nicolas FAVREAU.

(1) Voy. Balan, 1747, vol. II, p. 105.
(2) Balan.
(3) Elle épouse, le 25 janvier 1759, François-Xavier Bochereau, aux Trois-Rivières.
(4) Dit Languedoc; voy. vol. I, p. 334.

1719, (24 avril) Boucherville. [3]
II.—LACOSTE (1), FRANÇOIS, [ALEXANDRE I.
b 1693; s 7 sept. 1762, au Bout-de-l'Ile, M.
MARTINBAUT, Angélique, [JACQUES I.
b 1698.
François, b [3] 30 janvier 1720; m 8 janvier 1753, à Madeleine BOURON, au Détroit.—*Omer*, b [3] 20 janvier 1722.—*Louis*, b [3] 23 mai 1723.—*André*, b [3] 9 sept. 1725; m 6 oct. 1749, à Marie-Louise BOUDIER, à Montréal.—*Madeleine*, b... m [3] 7 février 1757, à Augustin BÉNARD.—*Etienne*, b 1730; m [3] 18 avril 1768, à Marie-Anne POIRIER.

1720, (13 février) Boucherville. [4]
II.—LACOSTE (1), LOUIS, [ALEXANDRE I.
b 1698.
1° BABIN (2), Marie-Anne, [PIERRE I.
b 1701.
Marie-Madeleine, b [4] 17 nov. 1720; m [4] 21 oct. 1742, à Richard FAVREAU.—*Louis*, b [4] 7 sept. 1722; m [4] 15 mai 1752, à Marie-Elisabeth LOISEAU.—*François*, b [4] 14 février 1724; m à Marie-Joseph GAZE.—*Marie-Joseph*, b [4] 19 mars 1726; 1° m [4] 8 mai 1752, à Louis MARTINBAUT; 2° m [4] 5 juillet 1757, à Jean-Baptiste GAUTIER.—*Charles*, b... m [4] 28 oct. 1754, à Marguerite LOISEAU.—*Catherine*, b... m [4] 11 nov. 1754, à François GAUTIER. —*Marie-Charlotte*, b... m [4] 30 janvier 1759, à Jean-Baptiste CHICOT.
1752, (18 sept.) Varennes.
2° PETIT, Elisabeth, [PAUL II.
b 1704; veuve de Jacques Choquet.

1722, (13 avril) Boucherville. [5]
II.—LACOSTE, ANTOINE, [ALEXANDRE I.
b 1701.
1° FAVREAU (3), Marie. [NICOLAS II.
Marie, b [5] 24 janvier 1723; m [5] 27 nov. 1741, à Pierre RENAUD.—*Antoine*, b [5] 21 janvier 1724; 1° m 10 nov. 1743, à Pétronille SENÉCAL, à Varennes [6]; 2° m [6] 19 mai 1750, à Marie-Louise SENÉCAL; 3° m [6] 25 nov. 1764, à Marguerite PETIT. —*Joseph*, b [5] 23 août 1725.
1730, (27 juillet). [5]
2° TIBAUT, Marie-Joseph, [PIERRE I.
b 1704.
Marie-Joseph, b... m [6] 21 février 1757, à Pierre LEDOUX.

LACOSTE, ANTOINE.
DENIAU, Marie.
Véronique, b... m 11 août 1760, à Ignace LEDOUX, à Varennes.

1723, (25 oct.) Boucherville. [7]
II.—LACOSTE, JEAN-BTE, [ALEXANDRE I.
b 1694.
PINAUD, Madeleine, [MICHEL II.
b 1696; s 18 août 1741, à Montréal. [6]
Marie-Madeleine, b [7] 19 juillet 1724; 1° m [7] 11

(1) Dit Languedoc.
(2) Dit Lacroix.
(3) Appelée Meunier, 1741, du nom de sa mère.

août 1744, à Joseph REGUINDEAU; 2° m [7] 12 nov. 1770, à Louis MONGEAU.—*Marie-Charlotte*, b [7] 5 janvier et s [7] 27 nov. 1726.—*Catherine*, b 1727; m 16 août 1752, à Antoine COURTEMANCHE, à St-Antoine-de-Chambly.[8]—*Marie-Charlotte-Geneviève*, b [6] et s [6] 2 mars 1728.—*Jean-Baptiste*, b 1736; m [8] 20 février 1764, à Marie HÉBERT.—*Marie-Marguerite*, b 1739; m [8] 12 janvier 1767, à François ARCHAMBAULT.—*André*, b 1739; m [8] 22 août 1768, à Marie CASAVAN.

1729, (10 janvier) Longueuil.

II.—LACOSTE (1), ANDRÉ, [ALEXANDRE I.
b 1703.
1° BOUTIN, Marie, [MICHEL I.
b 1706.
Marie-Madeleine, b... 1° m 6 mai 1749, à Nicolas MONTPLAISIR, à Chambly [3]; 2° m [3] 27 oct. 1760, à Jacques LATOUR.— *Louis*, b 1735; m [3] 12 janvier 1761, à Adrienne LAMOUREUX.

1736, (10 avril) Montréal.

2° DURAND, Elisabeth, [LOUIS II.
b 1708.
Marie-Elisabeth, b... m [3] 4 nov. 1760, à Jean DUBORD. — *Charlotte*, b [3] 5 oct. 1746. — *Marie-Marthe*, b [3] 30 juin 1748.

1736.

LACOSTE, JEAN-BTE.
LEMARCHAND, Marie-Joseph. [CONSTANT I.
Jean-Baptiste, b 20 février 1737, à Montreal.

1743, (10 nov.) Varennes. [4]

III.—LACOSTE, ANTOINE, [ANTOINE II
b 1724.
1° SENÉCAL, Pétronille. [ANDRÉ III.
Marie-Renée, b... m [4] 14 février 1763, à François MALEPART.

1750, (19 mai). [4]

2° SENÉCAL, Marie-Louise, [LOUIS III.
b 1725.

1764, (25 nov.) [4]

3° PETIT, Marguerite, [MICHEL III.
veuve de Louis Savaria.

1745, (24 nov.) Montréal. [3]

II.—LACOSTE (2), PIERRE, [PIERRE I.
LECOMPTE-DUPRÉ, Louise, [JEAN II.
b 1729.
Louise, b [3] 26 dec. 1747; s 23 mars 1748, au Sault-au-Recollet.—*Louise*, b [3] 14 janvier 1749.

III.—LACOSTE (3), FRANÇOIS, [LOUIS II.
b 1724.
GAZE (4), Marie-Joseph.

1747.

LACOSTE (3), JEAN-BTE.
TROUILLET, Veronique.
Marie-Véronique, b 2 juin 1748, à Chambly. [9]

(1) Et Lacôte dit Languedoc.
(2) Voy. Courault, vol. III, p. 169.
(3) Dit Languedoc.
(4) Elle épouse, le 16 janvier 1764, Louis Renaud, à Boucherville.

—*Marie-Anne*, b [9] 11 mars 1751.—*Charles*, b [9] 16 janvier 1753.—*Etienne*, b [9] 17 sept. 1754.—*François-Régis*, b [9] 20 juillet 1756.—*Paul*, b [9] 16 janvier 1759.

1749, (6 oct.) Montréal. [3]

III.—LACOSTE, ANDRÉ, [FRANÇOIS II.
b 1725.
BOUDIER (1), Marie-Louise, [JEAN-FRS II.
b 1724.
Louise, b [3] 16 et s [3] 31 août 1750.

1752, (15 mai) Boucherville. [9]

III.—LACOSTE, LOUIS, [LOUIS II.
b 1722.
LOISEAU, Marie-Elisabeth, [JEAN III.
b 1731.
Marie-Anne, b... m [9] 25 juin 1770, à Joseph PREVOST.

1753, (8 janvier) Détroit. [4]

III.—LACOSTE (2), FRANÇOIS, [FRANÇOIS II.
b 1720; s [4] 1er dec. 1762.
BOURON, Madeleine, [ANTOINE-JOSEPH II.
b 1722; veuve de Jean Putelle.
François, b 1753; s [4] 4 janvier 1754. — *Marie-Madeleine*, b [4] 3 avril 1755, m [4] 18 juin 1770, à Jean-Baptiste BINET. — *Angelique*, b [4] 1er avril 1757.—*Cécile*, b [4] 22 mars 1759. —*Marie-Joseph*, b [4] 4 avril 1761. —*François-Xavier*, b [4] et s [4] 24 juin 1762.

1754, (28 oct.) Boucherville. [2]

III.—LACOSTE, CHARLES, [LOUIS II.
b 1728.
LOISEAU, Marguerite, [JEAN III.
b 1734.
Marguerite, b... m [2] 28 mai 1770, à Pierre LEVASSEUR. — *Marie-Joseph*, b 6 mars 1770, à Repentigny.

1758, (1er mai) Montréal.

I—LACOSTE, ANTOINE, b 1733, soldat; fils de Jacques et de Marie Montaverger, de St-Etienne, diocèse de Lavaur, Languedoc.
1° CAMPAGNAC, Marie-Joseph, [CHS-JOSEPH III.
b 1737.
2° HODIESNE, Marie-Joseph. [GERVAIS I.
Jean-Baptiste, b 1760; m 27 mai 1782, à Françoise VERRA, à la Longue-Pointe.

LACOSTE, GUILLAUME.
LAFRANCE (3), Madeleine.

1761, (12 janvier) Chambly.

III.—LACOSTE, LOUIS, [ANDRÉ II.
b 1735.
LAMOUREUX, Adrienne, [PIERRE III.
b 1737.

(1) Elle épouse, le 13 juillet 1761, Féréol Coulon, à Montréal.
(2) Dit Lange—Languedoc.
(3) Elle épouse, le 23 oct. 1761, Louis Moreau, aux Trois-Rivières.

1764, (20 février) St-Antoine-de-Chambly.
III.—LACOSTE, Jean-Bte, [Jean-Bte II.
b 1736.
Hébert, Marie, [Pierre I.
b 1741.

LACOSTE (1), Pierre ; s 12 mars 1793, à Kaskakia.

1768, (18 avril) Boucherville.
III.—LACOSTE, Etienne, [François II.
b 1730.
Poirier, Marie-Anne, [Jean-Bte III.
b 1736.

1768, (22 août) St-Antoine-de-Chambly.
III.—LACOSTE, André, [Jean-Bte II.
b 1739.
Casavan, Marie, [Joseph III.
b 1750.

1782, (27 mai) Longue-Pointe.
II.—LACOSTE, Jean-Bte, [Antoine I.
b 1760.
Verra, Françoise, [Raymond I.
b 1764.

LACOTE.—*Variation et surnom :* Lacoste—Lamarche.

1756, (12 janvier) Montreal.
I.—LACOTE (2), Jean, b 1727 ; fils d'Antoine et de Marguerite Villeprau, de La-Chapelle-de-Taillefer, diocèse de Limoges, Limousin.
Danny, Marie-Pélagie, [Jean-Bte III.
b 1735.

LACOUDRAY.—*Surnom :* Tourangeau.

1696, (30 avril) Quebec.[1]
I.—LACOUDRAY (3), Jean-Bte,
b 1671 ; s[1] 9 juillet 1731.
Gautier, Catherine-Agnes, [René I.
b 1674 ; s[1] 23 avril 1756.
Jean-Baptiste, b[1] 30 avril 1698 ; ord.[1] 19 juin 1721 ; s[1] 5 mai 1760.—*Anne-Catherine,* b[1] 1er mai 1712 ; m 2 oct. 1758, à Pierre-Jacques Levasseur, à Varennes.

LACOURSE.—Voy. Bourbeau—David—Gélinas—Ginat.

III.—LACOURSE (4), Pierre, [Jean II.
b 1674 ; s 11 mai 1731, à Yamachiche.
Bourbeau, Madeleine, [Pierre I.
b 1686 ; s 14 juillet 1722, aux Trois-Rivières.
Michel, b 18 avril 1715, à la Riviere-du-Loup.

(1) Tué sur la rivière Cumberland avec Louis Clermont
(2) Et Lacoste.
(3) Dit Tourangeau ; voy. vol. I, pp. 334 335.
(4) Dit Gélina ; voy. ce nom, vol. IV, p. 231.

1745, (25 oct.) Bécancour.[2]
II.—LACOURSE (1), François. [Jean I.
Perrot (2), Catherine, [Nicolas II.
b 1719.
François-Xavier, b[2] 23 juillet 1747 ; m 11 avril 1774, à Marie-Thérèse Jutras, à Nicolet.

LACOURSE, Jean-Bte.
Courville, Marie-Joseph.
Jean-Baptiste, b 1759 ; s 24 février 1781, à Terrebonne.

LACOURSE (3), Jean-Bte, s 13 avril 1784, au Detroit.

1774, (11 avril) Nicolet.
III.—LACOURSE, Frs-Xavier, [François II.
b 1747.
Jutras, Marie-Thérèse, [Dominique III.
b 1757.

III.—LACOURSIÈRE (4), Joseph. [François II.
Duranceau (5), Marie-Joseph. [Jean I.
Anonyme, b et s 8 nov. 1739, à St-Pierre-les-Becquets.

LACOUTURE.—Voy. Cauchy—Chatignon—Dufort—Goneau, 1734—Gueneau—Mailly.

LACROAUT.—Voy. Lacroix.

LACROIX.—*Variations et surnoms :* DeLacroix—Lacroaut—Babin—Bourgaud et Bourgaux—Corbin—Damesteuil—Darragon—Desnoyers—Doisson—Février—Fouet—Fouin—Foy—Girard—Hubert—Lagiroflée—Lainé—Langevin—Launay—Lefebvre—Leroux—Maguet—Major—Neveu—Roberge—Voisin.

LACROIX, Suzanne, b... m 17 oct. 1672, à Jacques Savaria, s 14 dec. 1718, à Quebec.

LACROIX, Madeleine, b 1702 ; m à Jean Mousseau ; s 1er août 1782, à Repentigny.

LACROIX, Marie, b 1743 ; m à Jacques Languedoc ; s 16 janvier 1779, à Québec.

LACROIX, Judith, b 1750 ; m à Georges Munro, s 22 juillet 1777, à Quebec.

I.—LACROIX, Louis, b 1646 ; soldat ; s 5 nov. 1706, à Montreal.

LACROIX, Marie-Anne, b 1684 ; s 28 mars 1758, à St-Joseph, Beauce.

(1) Voy. David, 1745, vol. III, p. 256.
(2) Dit Turbal.
(3) De Batiscan.
(4) Voy. Rivard, 1720.
(5) Pour Desranlot dit Châteauneuf.

1670, (11 sept.) Ste-Anne.[3]
I.—LACROIX (1), François,
b 1642; s[3] 28 août 1710.
Gasnier (2), Anne, [Louis II.
b 1653.
Louis, b[3] 30 nov. 1672; m 1707, à Marguerite Caron.

1671, (19 oct.) Québec.
I.—LACROIX (3), David-Joseph,
b 1644.
1° Bluteau, Antoinette.
1681, (20 janvier) Islet.
2° Maillou, Barthelemi, [Michel I.
b 1667.
Perrine, b 28 août 1687, à Lévis; 1° m 13 nov. 1708, à Jean-Baptiste Drapeau, à Beaumont[6]; 2° m[6] 2 mai 1724, à François Dumont.

I.—LACROIX, Jean.
Rancin, Jeanne,
b 1648; s 24 mars 1708, à Montréal.

I.—LACROIX, Louis, b 1650; s 18 mars 1730, à Laprairie.

1706, (5 mai) Beaumont.[3]
II.—LACROIX, André, [David-Joseph I.
b 1683.
Marchand, Madeleine, [François II.
b 1686; s 5 avril 1762, à St-Michel.[4]
Marie-Madeleine, b[4] 3 février 1707. — *Marie-Anne*, b[4] 10 août 1708; m[4] 28 nov. 1742, à Joseph Quéret.—*André*, b[4] 28 février 1710; m[4] 22 nov. 1745, à Elisabeth Goupy.—*Nicolas*, b[3] 13 fevrier 1712; m[4] 31 janvier 1736, à Angelique Leroux. — *Catherine*, b[3] 9 mai 1714; m[4] 20 juillet 1736, à Joseph-Marie Lefebvre; s[4] 7 nov. 1748.—*Jean-Baptiste*, b[3] 1er janvier 1718; m[4] 22 fevrier 1745, à Marguerite Forgues.—*Joseph*, b[4] 13 oct. 1720; s[3] 31 oct. 1722.—*Michel*, b[3] 7 mars 1722; 1° m[4] 15 juillet 1748, à Marie-Joseph Gautron; 2° m 30 oct. 1760, à Marie Denis, à St-Jean, I. O. — *Marie-Joseph*, b[3] 24 sept. 1724; m[4] 23 nov. 1750, à Michel Montminy; s[4] 8 mars 1755.—*Elisabeth*, b[3] 17 mars 1726; m[4] 23 nov. 1750, à Louis-Josué Dulignon. — *Joseph*, b 10 juillet 1728, à St-Valier; m[4] 10 oct. 1757, à Marie-Anne Ouimet.

1707.
II.—LACROIX, Louis, [François I.
b 1672.
Caron, Marguerite, [Jean II.
b 1664; s 19 dec. 1759, à St-Joachim.[7]
Louise, b 1710; s[7] 30 oct. 1731.— *Agathe*, b... 1° m à Jean Fortin; 2° m[7] 28 fevrier 1729, à Charles Boismé.

(1) Voy. vol. I, p. 335.
(2) Pour Gagné.
(3) Et DeLacroix; voy. vol. I, p. 335.

1708, (30 janvier) Ste-Anne.[4]
II.—LACROIX, Augustin, [François I.
b 1680.
Paré, Jeanne, [Jean II.
b 1685; s[4] 22 déc. 1757.
Marie-Anne, b[4] 26 nov. 1708; m[4] 22 mai 1730, à Jean DeLessard; s[4] 12 avril 1757. — *Marguerite*, b[4] 18 nov. 1710; m[4] 26 janvier 1733, à François Barette. — *Pierre-François*, b[4] 8 avril 1713; m[4] 16 nov. 1761, à Agnès Poulin.—*Elisabeth*, b[4] 23 mai 1715; m[4] 19 fevrier 1737, à Etienne Racine. — *Agnès*, b[4] 19 juillet 1717; m[4] 26 août 1744, à Joseph Alaire; s[4] 14 août 1757. — *Geneviève*, b[4] 8 mars 1720; m[4] 21 janvier 1749, à Etienne Racine. — *Anonyme*, b[4] et s[4] 12 sept. 1724. — *Augustin*, b[4] 28 avril 1726; m 14 nov. 1746, à Marie-Anne Gagnon, à St-Joachim. —*François*, b[4] 19 et s[4] 20 fevrier 1732.

LACROIX (1), ..., s 7 juin 1744, à Montréal.

1714, (14 janvier) Beaumont.[4]
II.—LACROIX, Louis, [David-Joseph I.
b 1691; s[4] 17 fevrier 1726.
Labrecque (2), Suzanne, [Mathurin II.
b 1694.
Louis, b[4] 24 oct. 1714; 1° m 12 janvier 1739, à Marie-Elisabeth Bacquet, à St-Michel[5]; 2° m[5] 3 août 1750, à Genevieve Fortier. — *Joseph*, b[4] 29 dec. 1715; s[4] 6 janvier 1716.—*Joseph*, b[5] 29 mars 1717; m[5] 25 mai 1739, à Marie-Louise Brideau. — *Marie-Louise*, b[4] 20 nov. 1718; m[5] 28 janvier 1743, à Michel Patry. — *Michel*, b[4] 25 avril 1720. — *Charles*, b[4] 17 mai 1722; m[5] 27 avril 1750, à Marie-Anne Patry; s[5] 25 juin 1761. — *Marie-Madeleine*, b[4] 16 juillet 1724; m[5] 14 oct. 1743, à Jean-Baptiste Verdieux.

1716, (19 juillet) Château-Richer.
II.—LACROIX, Gabriel, [David-Joseph I.
b 1694.
Cloutier, Marie-Anne-Agnès, [Jean III.
b 1698; s 3 fevrier 1761, à St-Michel.[5]
Angélique, b 12 sept. 1717, à Beaumont[4]; m[5] 19 janvier 1739, à Michel Gautron. — *Marie-Anne*, b[4] 27 oct. 1720; s[4] 10 nov. 1721.—*Marie-Reine*, b[4] 4 oct. 1722; s[4] 25 avril 1723.—*Gabriel*, b[4] 23 janvier 1724.—*Marie-Joseph*, b 1725; s 27 avril 1728, à St-Valier.[6]—*Marie-Elisabeth*, b[4] 24 mars et s[4] 1er avril 1726. — *Marie-Louise*, b[5] 8 mars 1727; 1° m[5] 10 fevrier 1744, à Joseph Leblond; 2° m[5] 29 mai 1747, à Jacques Blais.— *Claude*, b[5] 25 fevrier 1729. — *Geneviève*, b[5] 13 fevrier 1731; m[5] 26 oct. 1750, à Jean-Baptiste Ruel. — *Marie-Catherine*, b[5] 14 août 1733; m[5] 21 oct. 1754, à Augustin Gautron.—*Joseph-Nicolas*, b[5] 27 janvier 1735; m 27 oct. 1755, à Marie-Joseph Blouin, à St-Jean, I. O.— *Gabriel*, b[5] 17 juin 1743; s[5] 11 oct. 1748.

(1) Ancien soldat de la compagnie de Varennes.
(2) Elle épouse, le 27 juillet 1727, Joseph-Noël Gourmelin, à St-Valier.

LACROIX, Joseph.
Lemelin, Marie.
Joseph, b 8 sept. 1716, à St-Laurent, I. O.[2]—*Marguerite*, b 1729; s[2] 26 oct. 1733.

LACROIX, Pierre.
Joanne, Marie-Anne.
Marie-Anne, b 8 janvier et s 9 août 1717, à St-Laurent, I. O.

I.—LACROIX (1), ... b... s 26 juin 1724, à St-Jean, I. O.

LACROIX, Marie-Anne, b 1720; s 14 août 1742, à Montréal.

LACROIX, Sébastien.—Voy. Major.

1723, (25 janvier) Ste-Anne.[3]
II.—LACROIX, Pierre, [François I.
b 1693.
Barette, Jeanne, [François II.
b 1703; s 15 janvier 1757, à St-Thomas.[4]
Pierre-François, b[3] nov. et s[3] 10 déc. 1723. —*Louis*, b[3] 16 nov. et s[3] 12 déc. 1724.—*Pierre*, b[3] 26 déc. 1725; m 1751, à Geneviève Bélanger. —*Joseph*, b[3] 14 mars et s[3] 7 avril 1728.—*Véronique*, b[3] 5 mars 1730; m[4] 23 nov. 1750, à Jean Posé.—*Louis*, b 29 mai 1732, à Quebec.[5]—*Jean-Baptiste*, b[5] 21 juillet 1734.—*Thérèse*, b[5] 27 août 1736; m[4] 21 nov. 1757, à Joseph Gosselin.—*Joseph*, b[5] 22 et s[5] 23 février 1739.—*Dorothée*, b[5] 24 sept. 1740; m[4] 7 fevrier 1767, à Charles Boulet.—*Etienne*, b[4] 26 déc. 1742; s[4] 13 avril 1745.—*François*, b[4] 2 déc. 1744.—*Elisabeth*, b[4] 3 et s[4] 13 avril 1748.

LACROIX, Louis.—Voy. Darragon.

LACROIX, Pierre.
Séguin, Marie-Anne,
b 1692; s 28 mars 1767, à Repentigny.
Joseph-Amable, b 1730; s 23 juin 1743, à Montréal.

1729, (20 nov.) Charlesbourg.
I.—LACROIX, Claude, fils de Claude et de Louise Lucie, de St-Leu-et-St-Gilles, Paris.
Morin, Marie-Louise, [Simon II.
b 1706.
Claude, b 20 août 1730, à Québec[7]; s[7] 30 mai 1733.—*Marie-Joseph*, b[7] 29 sept. 1732.—*Claude-François*, b[7] 8 déc. 1734.—*Marie-Louise*, b[7] 29 nov. 1735; m[7] 24 janvier 1752, à Julien Blanchard.

LACROIX, Elisabeth, b 1734; s 29 mai 1747, à St-Thomas.

(1) Contremaître du vaisseau "Le Dragon-volant," appartenant à M. de la Minotière; noyé le 16 juin 1724.

1732, (4 février) Québec.[8]
I.—LACROIX (1), Hubert-Joseph,
b 1703; chirurgien; s 6 janvier 1760, à Beaumont.[9]
Dontaille, Anne-Madeleine, [Jacques I.
b 1710.
Catherine, b[8] 19 nov. 1737; m[9] 18 février 1760, à Joseph Turgeon.—*Paul*, b[8] 26 juillet 1740; 1° m[8] 10 janvier 1764, à Marguerite Maclure; 2° m[8] 17 fevrier 1775, à Marguerite-Catherine Launière.

I.—LACROIX, François.
Montmini, Barbe, de Rouen, Normandie.
Marie-Joseph, b... m 1er mars 1756, à Alexandre Langlois, à Cahokia.

LACROIX, Pierre.
Laverdure, Catherine.
Pierre, b et s 9 sept. 1736, à Laprairie.

I.—LACROIX (2), Jean-Baptiste.
Gaudet, Agathe.
Jean-Baptiste, b... m 3 nov. 1765, à Marie-Claire Benoit, à Nicolet.

1736, (31 janvier) St-Michel.[7]
III.—LACROIX, Nicolas, [André II.
b 1712.
Leroux, Marie-Angélique. [Jean III.
Augustin, b[7] 22 oct. 1736; m[7] 14 février 1763, à Geneviève Montminy.—*Nicolas*, b[7] 3 nov. 1737; s[7] 25 août 1758.—*Jean-Pierre*, b[7] 29 juin 1739.—*Joseph*, b[7] 3 sept. 1741.—*Marie-Françoise*, b[7] 2 sept. 1743.—*Michel*, b[7] 25 mai 1745.—*Marie-Joseph*, b[7] 29 janvier 1747; s[7] 1er nov. 1748.—*Claude*, b[7] 4 mars 1749.—*André*, b[7] 29 juin 1750; s[7] 13 fevrier 1752.—*Marie-Angélique*, b[7] 5 mars 1752.—*Ambroise*, b[7] 5 mars 1754.—*Marie-Elisabeth*, b[7] 16 sept. 1755.—*Jacques*, b[7] 26 sept. 1757; s[7] 15 sept. 1758.—*Céleste*, b[7] 26 mars 1759.—*Joseph-Marie*, b[7] 3 février 1761.

1739, (12 janvier) St-Michel.[7]
III.—LACROIX, Louis, [Louis II.
b 1714.
1° Bacquet, Marie-Elisabeth, [François II.
b 1711; s[7] 24 nov. 1749.
Joseph-Louis, b[7] 10 juillet 1740; m[7] 28 oct. 1760, à Françoise Fortier.—*Marie-Geneviève*, b[7] 8 avril 1742.—*Michel*, b[7] 28 sept. 1744.—*Louis*, b[7] 11 mai 1746.—*Marie-Madeleine*, b[7] 16 août 1748; s[7] 22 oct. 1749.
1750, (3 août).[7]
2° Fortier, Geneviève. [Guillaume II.
Jean-Baptiste, b[7] 9 sept. 1751; s[7] 13 août 1753.—*Marie-Geneviève*, b[7] 18 sept. 1753; s[7] 8 dec. 1757.—*Marie*, b[7] 1er mars 1756; s 28 août 1758, à Quebec.[8]—*Jean-François*, b[7] 22 dec. 1760; m[8] 4 fevrier 1783, à Marie-Joseph Hélot.

(1) Pour De la Croix, voy. vol. III, p. 286.
(2) Dit Fouet.

1739, (3 février) Charlesbourg. [9]

I.—LACROIX (1), JACQUES, b 1710 ; fils de Jacques et de Marie GrandPierre, de Rondgebel, diocèse de Beauvais, Picardie ; s [9] 17 août 1762.

CHRÉTIEN, Catherine-Elisabeth, [JEAN-BTE II. b 1710.

Jean-François, b 26 et s 29 nov. 1739, à Québec. [8]—*Jacques*, b [9] 19 août et s [9] 3 sept. 1741.—*Louise*, b [8] 12 et s [8] 22 nov. 1743.—*Michel*, b [8] 28 oct. et s [8] 9 nov. 1745.— *Pierre*, b [8] 28 juin 1747. —*Catherine-Elisabeth*, b [8] 22 juillet et s [8] 28 sept. 1750. — *Jean*, b [8] 24 août 1753 ; 1° m [8] 25 juin 1782, à Marie-Angélique PARANT ; 2° m [8] 4 sept. 1792, à Marie LEROUX.

1739, (25 mai) St-Michel. [6]

III.—LACROIX, JOSEPH, [LOUIS II. b 1717.

BRIDEAU, Marie-Louise, [JEAN-HILAIRE II. b 1719.

Pierre, b [6] 29 juin 1740 ; m 25 juin 1767, à Hélène LARCHE, à St-Louis, Mo.—*Joseph*, b 15 mars 1742, à Beaumont. — *Marie-Louise*, b [6] 2 fevrier 1745. — *Jean-Charles*, b [6] 24 oct. 1747. — *Marie-Anne*, b 16 avril 1750, à St-Valier. [7]— *Marie-Madeleine*, b [7] 23 avril 1751. — *Anonyme*, b [7] et s [7] 15 mai 1752.—*Marie-Joseph*, b [7] 11 oct. 1757.

1745, (22 février) St-Michel. [6]

III.—LACROIX, JEAN-BTE, [ANDRÉ II. b 1718.

FORGUES, Marguerite, [JOSEPH III. b 1724.

Jean-Joseph, b [6] 18 août 1746. — *Elisabeth*, b [6] 15 fevrier 1748 ; s [6] 11 fevrier 1749. — *Elisabeth*, b [6] 28 août 1749 ; s [6] 23 juin 1753. — *André*, b [6] 15 fevrier 1751. — *Marie-Marguerite*, b [6] 2 sept. 1752 ; s [6] 2 janvier 1761. — *Marie-Madeleine*, b [6] 14 mars 1754 ; s [6] 15 juin 1755. — *Marie-Catherine*, b [6] 6 oct. 1755. — *Marie-Thérèse*, b [6] 7 mai 1757.—*Marie-Félicité*, b [6] 30 mars 1759.—*Marie-Louise*, b [6] 2 déc. 1760. — *Marie-Françoise*, b [6] 8 août 1762.

LACROIX, JACQUES.

RANGER, Geneviève.

Jacques, b... m 30 août 1762, à Catherine POINEAU, à Châteauguay.

LACROIX, JEAN-BTE.

TOUPIN, Marie. [JEAN.

Marie-Thérèse (2), b 16 sept. 1745, au Cap-de-la-Madeleine.

1745, (22 nov.) St-Michel. [3]

III.—LACROIX, ANDRÉ, [ANDRÉ II. b 1710.

COUPY, Elisabeth. [ANTOINE I.

André, b [3] 19 août 1746.—*Véronique*, b [3] 25 et s [3] 30 nov. 1747.—*Michel*, b [3] 14 déc. 1748 ; s [3] 31 mars 1749.—*Louis*, b [3] 29 janvier 1750 ; s [3] 17 mars 1751.—*Pierre*, b [3] 7 avril et s [3] 10 mai 1751.—*Marie-Anne*, b [3] 30 juillet 1752.—*Antoine*, b [3] 17 février 1754.—*Marie-Judith*, b [3] 17 mai 1755. — *Marie-Angélique*, b [3] 23 juillet 1756 ; s [3] 20 janvier 1760.—*Thérèse*, b [3] 2 déc. 1757. — *François*, b [3] 30 juillet et s [3] 4 août 1759. — *Marie-Geneviève*, b [3] 12 nov. 1760. — *Marie-Joseph*, b [3] 12 janvier 1762.

(1) Dit Lagiroflée.

(2) Marie-Anne Rhéault, grand'mère et marraine.

1746, (14 nov.) St-Joachim.

III.—LACROIX, AUGUSTIN, [AUGUSTIN II. b 1726.

GAGNON, Marie-Anne. [JEAN III.

Augustin, b... m 15 février 1773, à Marie-Anne RACINE, à Ste-Anne. [2]— *Marguerite-Euphrasie*, b [2] 22 et s [2] 23 mars 1749.— *Marguerite-Euphrasie*, b [2] 9 août 1751 ; m [2] 12 fevrier 1770, à Pierre RACINE.—*Marie-Anne*, b [2] 2 août 1756.— *Ignace-Henri*, b [2] 12 oct. 1758.—*Marie-Geneviève*, b [2] 10 oct. 1760.—*Jean-Baptiste*, b [2] 26 mai 1763 ; s [2] 26 janvier 1770. — *Marie-Agnès*, b [2] 2 mai 1765.—*Etienne-Simon*, b [2] 28 oct. 1769.

I.—LACROIX (1), GILLES, b 1696, de Caucasse, diocèse de St-Malo, Bretagne ; s 8 déc. 1749, à Lévis.

1748, (15 juillet) St-Michel. [7]

III.—LACROIX, MICHEL, [ANDRÉ II. b 1722.

1° GAUTRON, Marie-Joseph, [MICHEL II. b 1728 ; s [7] 22 mars 1760.

Marie-Joseph, b [7] 8 avril et s [7] 4 sept. 1750.—*Marie-Angélique*, b [7] 2 août 1751.—*Michel*, b [7] 30 janvier 1753.—*Marie-Anne*, b [7] 6 juillet 1755 ; s [7] 29 sept. 1758. — *Marie-Geneviève*, b [7] 22 sept. 1757.— *Marie-Reine*, b [7] 3 nov. 1759 ; s [7] 21 juin 1760.

1760, (30 oct.) St-Jean, I. O.

2° DENIS, Marie. [PIERRE-JACQUES II.

Joseph, b [7] 15 janvier 1762.

1750, (27 avril) St-Michel. [8]

III.—LACROIX, CHARLES, [LOUIS II. b 1722 ; s [8] 25 juin 1761.

PATRY, Marie-Anne, [ANDRÉ II. b 1725.

Marie-Anne, b [8] 15 juillet 1751. — *Charles*, b [8] 27 juin 1753.—*Jean-Baptiste*, b [8] 7 juillet 1755.—*Marie-Joseph*, b [8] 24 fevrier 1757. — *Madeleine*, b [8] 10 mars 1759.

1751.

III.—LACROIX, PIERRE, [PIERRE II. b 1725.

BÉLANGER, Geneviève, [CHARLES IV. b 1733.

Marie-Geneviève, b 19 sept. 1752, à St-Valier.

LACROIX, RENÉ-HUBERT.

BRAU (2), Françoise. [JEAN-BTE III.

(1) Dit Girard.

(2) Elle épouse, le 3 août 1768, Pierre Couillard, à Lachine.

1754, (7 janvier) Cap-St-Ignace.[2]
I.—LACROIX (1), LOUIS, fils de Françoise et de Catherine Veval, de Thun, diocèse de Coutances, Normandie.
MARTIN, Marie-Catherine, [FRANÇOIS III.
b 1738.
Louis-François, b[2] 11 oct. 1754; m 13 janvier 1777, à Marie-Marguerite ...., à Kamouraska.[3] —*Marie-Catherine*, b[3] 20 sept. 1762.—*François-Guillaume*, b[3] 11 fevrier 1764. — *Marie-Judith*, b[3] 9 et s[3] 22 juillet 1765. — *Marie-Joseph*, b[3] 23 janvier 1767. — *Marie-Madeleine*, b[3] 4 janvier 1769.—*Marie-Louise*, b[3] 17 fevrier 1771.

LACROIX, BONAVENTURE.
LAPISTOLE, Angélique.
Jean-Louis, b 27 mars 1754, à St-Ours.

1755, (27 oct.) St-Jean, I. O.
III.—LACROIX, JOS.-NICOLAS, [GABRIEL II.
b 1735.
BLOUIN, Marie-Joseph, [JOSEPH-MARIE III.
b 1736.
Joseph, b 22 sept. 1756, à St-Michel.[6]— *Marie-Joseph*, b[6] 15 août 1758. — *Marie-Apolline*, b[6] 8 fevrier 1761.

LACROIX, FRANÇOIS.
CODERRE, Françoise.
François, b 10 fevrier 1756, à Contrecœur.[1]— *Joseph-Marie*, b[1] 4 fevrier 1758.

1757, (10 oct.) St-Michel.[2]
III.—LACROIX, JOSEPH, [ANDRÉ II.
b 1728.
OUIMET, Marie-Anne, [GABRIEL III.
b 1737.
Joseph-Marie, b[2] 30 sept. 1758; s[2] 11 avril 1759.—*Michel*, b[2] 3 mars 1760; s[2] 16 février 1761.—*Marie-Anne*, b[2] 29 nov. 1761.—*Marie-Joseph*, b[2] 30 janvier 1763.

LACROIX, PAUL.
MORIN, Marie-Louise,
b 1730; s 28 mars 1776, à Québec.

1758, (24 janvier) Kamouraska.[3]
I.—LACROIX (2), GUILLAUME, fils de François et de Catherine Veval, de Thun, diocèse de Coutances, Normandie.
GUÉRET (3), Marie-Salomee, [JEAN-BTE II.
b 1736.
Marie-Catherine, b[3] 1er fevrier 1759.—*Marie-Anne*, b[3] 25 août 1760.—*Marie-Judith*, b[3] 29 mars 1763.—*Marie-Madeleine*, b[3] 30 mai 1765.—*Louis-Cyriac*, b[3] 28 fevrier 1768 · s[3] 8 oct. 1769. —*Marie-Madeleine*, b[3] 18 sept. 1769.—*Marie-Euphrosine*, b[3] 1er mars 1771.

LACROIX, NICOLAS.
BÉLANGER, Marie.
François, b 1er juin 1759, à St-Charles.

(1) Dit Corbin, frère de Guillaume, 1758.
(2) Dit Corbin, frère de Louis, 1754.
(3) Dit Dumont.

1760, (28 oct.) St-Michel.[4]
IV.—LACROIX, JOSEPH-LOUIS, [LOUIS III.
b 1740.
FORTIER, Françoise, [ANTOINE III.
b 1734; veuve de Basile Plante.
Joseph-Marie, b[4] 9 oct. 1761.

LACROIX, JEAN-BTE.
GAUDIN, Marie-Joseph.
Marie-Anne, b 13 oct. 1761, à St-Laurent, M.

LACROIX, JOSEPH.
CADRIN, Marie-Joseph.
Marie-Apolline, b 8 fevrier 1761, à St-Michel.

1761, (16 nov.) Ste-Anne.
III.—LACROIX, PIERRE-FRANÇOIS, [AUGUSTIN II.
b 1713.
POULIN, Agnès, [MARTIN II.
veuve d'Alexandre Simard.

1762, (30 août) Châteauguay.
LACROIX, JACQUES. [JACQUES.
POINEAU, Catherine. [ANTOINE II.

LACROIX, LOUIS.
DROUIN, Marie-Rosalie.
Rosalie, b... m 22 sept. 1795, à François DELAGE, à Québec.

1763, (14 février) St-Michel.
IV.—LACROIX, AUGUSTIN, [NICOLAS III.
b 1736.
MONTMINY, Marie-Geneviève, [JEAN-BTE III.
b 1736.

1764, (10 janvier) Québec[5]
II.—LACROIX (1), PAUL, [HUBERT-JOSEPH I.
b 1740; marchand.
1° MCCLURE, Marguerite, [JEAN I.
b 1743; s 27 fevrier 1773, à St-Henri-de-Mascouche.
1775, (17 février).[5]
2° LAUNIÈRE, Marguerite-Catherine, [JOSEPH IV.
b 1754.

1765, (3 nov.) Nicolet.[6]
II.—LACROIX (2), JEAN-BTE. [JEAN-BTE I.
BENOIT, Marie-Claire, [MICHEL III.
b 1745; s[6] 18 mars 1791.
Marie-Claire, b... m[6] 20 février 1792, à François COLTRET.

1767, (25 juin) St-Louis, Mo.
IV.—LACROIX, PIERRE, [JOSEPH III.
b 1740.
LARCHE, Helène. [FRANÇOIS.

1769, (9 janvier) Lachenaye.[7]
LACROIX, JOSEPH.
TERRIEN, Louise, [JOACHIM III.
b 1745.

(1) Et De la Croix, voy. vol. III, p. 286.
(2) Dit Fouet.

Marie-Angélique, b [7] 3 mai et s [7] 26 août 1770.—*Joseph*, b [7] 15 dec. 1771; s [7] 18 nov. 1772.—*Louis*, b [7] 23 avril 1773.—*Marie-Angelique*, b [7] 22 janvier et s [7] 27 juillet 1775.—*Joseph-Marie*, b [7] 18 mars 1777.—*Marie-Louise*, b [7] 22 juin 1783; s [7] 27 mars 1784.—*Marie-Louise*, b [7] 5 mai 1785.

LACROIX, JACQUES.
ROY, Marie-Joseph.
Marie-Joseph, b 30 juin 1770, à St-Michel-d'Yamaska.

1773, (15 fevrier) Ste-Anne.

IV.—LACROIX, AUGUSTIN. [AUGUSTIN III.
RACINE, Marie-Anne, [FRANÇOIS IV.
b 1750.

1777, (13 janvier) Kamouraska.

II.—LACROIX (1), LOUIS-FRANÇOIS, [LOUIS I.
b 1754.
.... Marie-Marguerite.

1782, (25 juin) Québec. [4]

II.—LACROIX, JEAN, [JACQUES I.
b 1753.
1° PARANT, Marie-Angélique, [LOUIS-BARTH. IV.
b 1759; s [4] 13 mars 1791.
1792, (4 sept.) [4]
2° LEROUX, Marie, [PIERRE IV.
b 1763.

1783, (4 fevrier) Québec.

IV.—LACROIX, JEAN-FRANÇOIS, [LOUIS III.
b 1760.
HÉLOT (2), Marie-Joseph. [CHARLES-LOUIS II.

LACROIZET.—Voy. GOUJOU, 1764.

LADÉ.—Voy. SADÉ.

LADÉBAUCHE.—Voy. CASAVAN.

LADÉROUTE.—Voy. BARDOL—BOYER—CHAINÉ—CHAUVÉ—JAVRAY—LECLERC—LEROUX—SÉGUIN—ST. AMANT—YON.

LADÉROUTE (3), JACQUES, s 14 nov. 1768, à Kaskakia.

1700.

I.—LADIENNE, ANDRÉ.
COTÉ, Marie, [JEAN II.
b 1677.
Jean, b 1702; s 19 nov. 1707, à Longueuil.

LADOUCEUR. — Voy. CHENON — COTTY — DELFOSSE—DESCOLOMBIERS—DUMÉNIL—FRÈRE—LECERF — MADELEINE — MAGNY — MARTIN—METAY—MICHON—MIOT—ROUDOT—VIVIER.

LADRIÈRE.—*Surnoms :* FLAMAND—MONS.

(1) Dit Corbin.
(2) Elle épouse, le 12 janvier 1790, Pierre Gauvin, à Quebec.
(3) Tué en janvier 1768 par les sauvages.

1742, (5 nov.) Lévis. [2]

I.—LADRIÈRE (1), JOSEPH, b 1716, perruquier; fils de feu sieur Pierre (marchand en la ville de Mons) et de Marie-Joseph Bertun, de la paroisse de St-Nicolas, diocèse de Cambray; s 22 nov. 1749, à Quebec. [4]
1° LEMIEUX, Marie-Anne, [MICHEL II.
b 1713; s [3] 15 janvier 1748.
Marie-Anne, b [3] 7 et s [2] 23 juillet 1743.—*Joseph*, b [2] 16 juin 1745; m [2] 28 fevrier 1767, à Geneviève DUSSAULT; s [4] 2 avril 1785. — *Marie-Anne-Charlotte*, b [2] 2 janvier 1748.
1748, (22 août) St-Nicolas.
2° DUBOIS (2), Marie-Joseph. [NICOLAS II.
Marie, b [3] 13 nov. 1749.

1767, (28 fevrier) Levis. [5]

II.—LADRIÈRE (3), JOSEPH, [JOSEPH I.
b 1745; s 2 avril 1785, à Québec.
DUSSAULT, Geneviève, [JOSEPH-MARIE III.
b 1746.
Joseph, b [5] 11 fevrier 1768.—*Etienne*, b [5] 1er oct 1769.

LAFANTAISIE.—Voy. LARIOU—MAURICE.

I.—LAFANTAISIE, JEAN,
b 1670; s 25 fevrier 1745, à St-Michel-d'Yamaska.
MINEAU, Geneviève.

LAFARGE.—Voy. DRAPEAU—PRADET.

1720, (9 nov.) Québec. [4]

I.—LAFARGE, ELIE, b 1684; fils de François et de Marguerite Delery, de Riour, diocèse de Bordeaux; s [4] 20 août 1724.
BÉRIAU (4), Marie-Madeleine, [VINCENT I
b 1691.
Marie-Madeleine, b [4] 27 nov. 1721; s [4] 25 janvier 1722.—*Marie-Madeleine*, b [4] 18 dec. 1722; 1° m [4] 30 sept. 1738, à Jean-Antoine BACHELIER; 2° m [4] 14 avril 1750, à Antoine SABOURIN.—*Elie-Barthélemi* (posthume), b [4] 7 oct. 1724; s [4] 29 sept. 1726.

LAFARGE, JEAN.
ROULIER, Marie.
Marie-Elisabeth, b et s 2 oct. 1747, à Québec.

LAFARGUE.—*Surnoms :* LARIVIÈRE—STE. FOY.

1713, (7 mai) Montréal. [1]

I.—LAFARGUE (5), FRANÇOIS, b 1690; fils de Guillaume et de Germain Gour, de St-Quentin, diocèse d'Agen, Guienne-d'Agenois; s [1] 22 avril 1725.
QUENNEVILLE, Catherine, [JEAN-BTE I.
b 1689.

(1) Dit Mons; soldat de Lusignan.
(2) Elle épouse, le 29 juillet 1754, Eustache Toupin, à Quebec.
(3) Dit Flamand.
(4) Elle épouse, le 23 février 1727, Thomas Castillon, à Quebec.
(5) Dit Ste. Foy; soldat de Chalus; tailleur d'habits, 1725.

Jean-Baptiste, b [1] 29 avril et s [1] 8 mai 1713.—*Jean*, b [1] 3 et s [1] 4 février 1714.—*Pierre*, b [1] 8 et s [1] 11 nov. 1714.—*Louise*, b [1] 1er oct. 1715; s [1] 21 nov. 1735.—*François-Michel*, b [1] 3 janvier 1718; s [1] 23 mai 1734. — *Catherine*, b [1] 23 déc. 1721; m [1] 14 avril 1749, à Jacques LAGARDE. — *Jean-Baptiste*, b [1] 6 fevrier 1724.— *Geneviève*, b [1] 3 déc. 1724. — *Marie-Françoise*, b [1] 3 déc. 1725.—*Marguerite*, b... s [1] 15 mai 1727.

LAFATIGUE.—Voy. BILLERON.

LAFAVERIE.—Voy. BISSONNET.

LAFAVRY.—Voy. BISSONNET.

LAFAY.—*Surnoms :* LYONAIS et LYONNAIS.

1739, (28 juillet) Montréal.

I.—LAFAY (1), HENRI, b 1698; fils de Henri et de Jeanne Alognette, de St-Ouzier, diocèse de Lyon, Lyonnais.
CABASSIER, Marguerite, [CHARLES II.
b 1706; s 2 août 1784, à l'Hôpital-Général, M.

LAFAYE.—*Variations et surnom :* DELAFAYE—LAFEY—LAFONTAINE.

I.—LAFAYE, PIERRE,
b 1625.
BERTONET-MONTARGIS, Madeleine.
Pierre b... m 26 juin 1718, à Marie-Geneviève BODA, à Repentigny.

1688, (13 sept.) Lachine.

I.—LAFAYE (DE) (2), RENÉ-ANTOINE,
b 1654.
COURAULT, Françoise, [CYBAR I.
b 1672.
Marie-Elisabeth, b 26 avril 1691, à Montréal [2]; m à Michel BRÉDANT; s [2] 8 déc. 1745.

1715, (12 nov.) Montréal. [3]

I.—LAFAYE (3), PIERRE,
b 1667; de St-André-d'Angoulême.
SABOURIN (4), Françoise, [JEAN I.
b 1670; veuve de Pierre Sérat; s [3] 27 nov. 1716.

1718, (26 juin) Repentigny. [4]

II.—LAFAYE, PIERRE. [PIERRE I.
BODA, Marie-Geneviève, [PIERRE I.
b 1693.
Jean-Baptiste, b [4] 31 déc. 1718.—*Marie-Charlotte*, b 11 nov. 1720, à Montréal. [5]—*Marie-Françoise*, b [5] 26 août 1723.

(1) Dit Lyonais, sergent.
(2) Voy. vol. I, pp. 167-335.
(3) Dit Lafontaine.
(4) Dit Sérat.

1735, (7 février) Québec. [6]

I.—LAFAYE (1), ANTOINE, perruquier; fils de Pierre et de Marie Cheraut, de St-Martin-d'Angle, diocèse de Poitiers, Poitou.
MORAND (2), Elisabeth, [JEAN II.
b 1710.
Antoine, b [6] 19 déc. 1735.—*Marie-Elisabeth*, b [6] 21 juin 1737.—*Augustin*, b [6] 17 mars 1739.—*Marie-Louise*, b [6] 25 et s [6] 28 août 1740.—*François*, b [6] 6 et s [6] 8 sept. 1741.—*Vincent*, b [6] 13 août 1742.—*Marguerite*, b [6] 7 février et s [6] 8 sept. 1744.—*Marie-Louise*, b [6] 31 janvier 1745.—*Julienne*, b [6] 26 juin 1746; s [6] 16 août 1748.—*Nicolas*, b [6] 25 fevrier et s [6] 4 sept. 1748.

LAFAYETTE.—Voy. FAILLE—FAYE.

LAFERDAINE.—Voy. BARBIER.

LAFERME.—Voy. MOURAND, 1731.

LAFERRIÈRE.—Voy. AUBÉ—CAZE—CHARON.

I.—LAFERRIÈRE, JEAN, de Ste-Croix, diocèse de Bordeaux.

LAFERRIÈRE, ANTOINE.
LAFRENIÈRE, Marie-Anne.
Marie-Joseph, b 8 nov. 1746, à Sorel.

1766, (22 avril) Ile-Dupas.

LAFERRIÈRE, ANDRÉ.
DALPÉ (3), Charlotte, [FRANÇOIS II.
b 1743.

LAFERRIÈRE, ANDRÉ.
LAVENTURE, Geneviève, [FRANÇOIS I.
b 1740.
Geneviève, b 15 février 1771, à St-Cuthbert [1]; m [1] 30 mai 1791, à Jean-Baptiste BERARD. — *Joseph*, b [1] 15 oct. 1776. — *Marie-Joseph*, b [1] 2 oct. 1779.— *Alexis*, b [1] 21 fevrier 1784. — *Marie-Christine*, b [1] 2 août 1787.

LAFERTÉ. — Voy. TÉRAULT — THÉROU — VESSIÈRE.

LAFETIÈRE.—*Surnom :* JASMIN.

1714.

I.—LAFETIÈRE (4), JEAN-BTE, b 1675; de Bordeaux; s 14 nov. 1764, à l'Hôpital-Général, M.
DUVAL, Marie-Louise.
Marie-Rose, b 16 et s 23 février 1715, à Laprairie. [9] — *Jean*, b [9] 5 février 1716; 1° m [9] 28 août 1747, à Anne-Catherine LEFEBVRE; 2° m à Anne-Françoise HUBERT; s 10 nov. 1760, à Lachine. — *Marie-Louise*, b [9] 27 sept. 1717; m [9] 20 nov. 1747, à Jacques GUÉRIN. — *Agnès*, b [9] 13 sept. 1718.—*Marie-Angélique*, b [9] 3 sept. 1719 — *Marie-Louise*, b [9] 25 janvier 1721. — *Catherine*,

(1) Pour Lafey.
(2) Elle épouse, le 26 nov. 1749, Jean Yvon, à Québec.
(3) Voy. Delpée.
(4) Dit Jasmin.

b [9] 21 sept. 1722. —*Ange*, b [9] 16 oct. 1723; m [9] 4 février 1754, à Marie-Françoise DEMERS.—*Marie-Madeleine*, b [9] 23 juillet 1725. — *Gabriel*, b [9] 26 nov. et s [9] 2 déc. 1727.— *Marie-Renée*, b [9] 23 janvier 1729; m [9] 18 fevrier 1754, à André BANLIER. —*Ursule-Amable*, b [9] 15 juin 1733.

1747, (28 août) Laprairie.

II.—LAFETIÈRE (1), JEAN, [JEAN-BTE I.
b 1716; s 10 nov. 1760, à Lachine. [1]
1° LEFEBVRE, Anne-Catherine. [PIERRE II.
1748.
2° HUBERT (2), Marie-Françoise, [PIERRE III.
b 1730.
Basile, b 1748; s [1] 15 nov. 1760. — *Louis*, b 1749; s [1] 12 nov. 1760. — *Suzanne-Amable*, b [1] 30 mars 1753; s [1] 5 janvier 1754. — *Marie-Françoise*, b [1] 9 août 1758. — *Marie-Françoise*, b [1] 17 sept. 1760.

1754, (4 février) Laprairie.

II.—LAFETIÈRE, ANGE, [JEAN-BTE I.
b 1723.
DEMERS, Marie-Françoise, [JACQUES III.
b 1733.

LAFEUILLADE. — Voy. CAMUS — DAVIGNON— DUMAIS—FAULT—FAYARD—HOTTE—JAVILLON—MARC-AURÈLE et MARCOURELLES—PELISSIER.

I.—LAFEUILLADE (3), PIERRE, b 1646; s 15 août 1726, à Montreal.

I.—LAFEUILLADE (4), ... b 1651; s 24 mars 1711, à Montreal.

LAFEUILLADE, JOSEPH, b 1707; s 9 mars 1746, à l'Hôpital-General, M.

LAFIDÉLITÉ.—Voy. FARGE, 1748.

LAFLAMME.— Voy. DUMONT — KEMLEUR—LABRANCHE—LALLEMAND—LEBEUF— QUEMENEUR —QUEMLEUR.

LAFLÈCHE.—Voy. AUBRY—CHEVALIER—PELOT —RICHER—TRIGANNE.

LAFLÈCHE, ...
HOULE, Marie-Louise.
Louise, b 1712; s 16 nov. 1714, à Montréal.

LAFLÈCHE, PIERRE.
LECOMPTE, Marie-Angélique.
Marie-Angélique, b... m 4 oct. 1756, à Joseph PÉRODEAU, à Lachine.

(1) Dit Jasmin.
(2) Elle épouse, le 20 mai 1765, Jean Bourdon, à Lachine.
(3) Caporal de Lignery.
(4) Soldat de la compagnie de Desjordy.

LAFLEUR—Voy. AUGÉ—BATZ—BÉIQUE—BENIAC —BERTRAND—BERZA—BIROLEAU—BONPART— BOYER—BRAU—BREZA—BROUSSEAU—BROUSSON — CHANTAL— COUC— COUSSI—COUSSY— DELAGE—DELASSE—DÉRY—DESMARETS—DESMONTAIS — DESROCHERS DIT FRAPPE—DROUSSON — DUMOMT — DUBIVEAU — DUROCHER— DUSSAULT—FLEURET— GÉRAUD—GIPOULON— GRUET — HÉTU—JACOM — JEAN— LALUMAUDIÈRE — LATRÉMOUILLÈRE — LECOMPTE— LEVASSEUR — MÉNIER — MEUNIER—MONTAY — MORIN — PEPIE—PÉRIER — PÉRODEAU—PINSONNEAU — PLAMONDON — PLEAU—POIRIER— POTVIN — POUPART — PREVOST — PRIEUR— RIQUET — RODIER — ROUSSEAU — SÉVIGNY— SIMON — SINCERNY — SOUMANDE — TIBAUT— TOUCHE—TROCHE—VERGNE.

I.—LAFLEUR, OLIVIER, b 1667; s 17 nov. 1755, à l'Hôpital-General, M.

I.—LAFLEUR, CHARLES, b 1671; s 15 oct. 1716, à Montréal.

I.—LAFLEUR (1), ABEL, b... s 14 oct. 1721, à Montréal.

LAFLEUR, MARGUERITE, b 1683; s 7 avril 1732, à l'Hôpital-General, M.

LAFLEUR (2), ...
TRÉPAGNY, ...
Marie-Thérèse, b 26 nov. 1703, à Charlesbourg.

I.—LAFLEUR (3), PIERRE, b 1700; s 3 juin 1730, aux Trois-Rivières (noye à Montréal).

1705, (8 juin) Pte-aux-Trembles, Q. [1]

II.—LAFLEUR (4), JOSEPH-SAMUEL, [JACQUES I.
b 1672.
HARBOUR, Elisabeth, [MICHEL I.
b 1684.
Marie-Elisabeth, b [1] 9 avril 1708; m 26 août 1730, à Jean MONTARY, à Québec.

LAFLEUR, IGNACE.
ST. LAURENT, Angélique.
Jacques-Joseph, b 14 mai 1719, à St-Frs-du-Lac.

LAFLEUR, PIERRE.
BAROY, Madeleine. [ANTOINE I.
Pierre-Charles, b 1728; s 13 janvier 1729, à Montreal.

1731, (26 nov.) Montréal.

I.—LAFLEUR, PIERRE, b 1706; fils de Pierre et de Jeanne Palue, de Roscanvel, diocèse des Cornouailles, Basse-Bretagne.
LECOMPTE (5), Angelique-Françoise, [PIERRE I.
b 1714.

(1) Caporal de la compagnie de St. Ours.
(2) Boucher de Québec.
(3) Dit Sincerny; voy. Delpée, vol. I, pp. 176-177.
(4) Voy. Déry, vol. III, p. 357.
(5) Dit Lafleur.

Catherine b 1741 ; m 23 avril 1759, à Jacques Bénard, à Lachine.[2]—*Pierre*, b... m[2] 10 janvier 1763, à Marie Raymond.—*Charlotte*, b [2] 12 nov. 1749.—*Joseph*, b[2] 19 février 1752.—*Jean-Baptiste*, b [2] 23 janvier 1754.—*Marie-Angélique*, b [2] 28 déc. 1755.—*Marie-Angélique*, b[2] 12 et s[2] 22 mars 1757.—*Louise*, b [2] 22 mai 1759.

1735, (22 août) Ste-Anne-de-la-Pérade.[3]

II.—LAFLEUR (1), Ambroise, [François I.
b 1707 ; s[3] 30 juillet 1753.
Gervais, Marie-Joseph, [Jean-Bte I.
b 1714.
Ambroise, b[3] 21 déc. 1735 ; m 11 avril 1763, à Marie-Joseph-Angelique Roussel, à Lachine.

1738, (27 juillet) Champlain.[4]

I.—LAFLEUR, Jacques, fils d'Antoine et d'Elisabeth Derené, d'Avion, Auvergne.
Hayot, Marie-Joseph. [Jean-Bte.
Marie-Joseph, b[4] 5 août 1739.—*Jacques-Joseph*, b[4] 12 sept. 1740.

1739, (10 février) Québec.

I.—LAFLEUR (2), Guillaume.
1° Chaillé, Marie-Joseph, [François II.
b 1716.
Marie-Marguerite, b 24 déc. 1749, aux Trois-Rivières.
1756, (9 juin) Pte-du-Lac.
2° Laforest, Marie-Catherine, [Jean III.
veuve de François Bigon.

1740, (9 juin) Pointe-Claire.

II.—LAFLEUR (3), Etienne. [Pierre I.
Larocque (4), Marie-Joseph, [Michel II.
b 1720.
François-Amable, b 26 mai 1756, à Ste-Geneviève, M. ; m 7 février 1780, à Marie Hodiesne, à St-Laurent, M.

1749, (29 nov.) Québec.[5]

I.—LAFLEUR (5), Dominique, tonnelier ; fils de François et d'Elisabeth Oupart, du Fort-Royal, Ile-de-la-Martinique.
Talon, Marie. [Etienne II.
Marie-Joseph, b[5] 12 avril 1750.

1763, (10 janvier) Lachine.

II.—LAFLEUR, Pierre. [Pierre I.
Raymond, Marie. [Etienne.

1763, (11 avril) Lachine.

III.—LAFLEUR (1), Ambroise, [Ambroise II.
b 1735.
Roussel, Marie-Joseph-Angélique, [Antoine II.
b 1728.

(1) Dit Rousseau—Brousseau ; voy. ce nom, vol. II, p. 490.
(2) Pour Bonpart, voy. vol. II, p. 346.
(3) Pour Biroleau, voy. vol. II, p. 288.
(4) Voy. Larocquebrune.
(5) Maure de nation ; il appartenait à madame veuve Philibert.

1764, (4 juin) Québec.[6]

I.—LAFLEUR (1), Pierre,
b 1736 ; s[6] 11 mars 1794.
Demitre, Angélique, [Jean I.
b 1729 ; veuve de Mathieu Chapelet.

LAFLEUR (2), Joseph ; s 20 avril 1780, à Kaskakia.

LAFLEUR, François.
Robidou, Marie-Louise.
Jacques-Antoine, b 3 août 1770, à St-Michel-d'Yamaska.

LAFLEUR (3), Antoine, b 1776 ; s 27 janvier 1797, à Quebec.

I.—LAFLEUR (4), Louis-Lambert.

1780, (7 février) St-Laurent, M.

III.—LAFLEUR (5), Frs-Amable, [Etienne II.
b 1756.
Hodiesne, Marie. [Gervais I.

LAFLOTTE.—Voy. Coursol—Richer.

LAFOND.— *Variation et surnoms :* DeLafond —Brousseau —Maugrain—Maugrin —Mongrain— Montgrain — Parsonne — Pepin— Rousseau—Sargnat—Serminac.

1645, (30 janvier) Québec.

I.—LAFOND (6), Etienne,
b 1615 ; s 15 sept. 1665, à Batiscan.[6]
Boucher, Marie, [Gaspard I.
b 1630 ; s[6] 30 nov. 1706.
Pierre, b 24 avril 1655, aux Trois-Rivières[7] ; m à Madeleine Rivard ; s[6] 7 janvier 1721.—*Françoise*, b[7] mai 1658 ; m .... Lonnat ; s 2 oct. 1717, à Montréal.

II.—LAFOND (7), Pierre, [Etienne I.
b 1655 ; s 7 janvier 1721, à Batiscan.[4]
Rivard, Madeleine, [Nicolas I.
b 1663 ; s[4] 11 mars 1737.
François, b[4] 17 janvier 1688 ; s 14 mai 1724, à Montreal.[5]—*Marie-Agnès*, b[4] 14 mars 1696 ; 1° m[4] 19 sept. 1723 ; 2° m[5] 15 février 1734, à Jean-Gabriel Picard.

II.—LAFOND (8), Jean, [Etienne I.
b 1646 ; s 10 mai 1716, à Batiscan.[6]
1° Senécal, Catherine. [Adrien I.
Etienne, b 1679 ; 1° m 3 février 1707, à Jeanne Louineau, à Quebec ; 2° m[6] 26 fevrier 1732, à

(1) Voy. Batz, vol. II, p. 135.
(2) Tué avec Jean DeNoyon, le 1er avril, dans la Belle-Rivière, et enterré dans l'*Ile-aux-Bœufs* par tous les gens d'une berge et d'une pirogue.
(3) De la compagnie des Roy.-Can.-Vol.
(4) Arrivé en 1803 (Regist. du P. V., 1806).
(5) Biroleau.
(6) Voy. vol. I, p. 336 ; voy. aussi Pepin, vol. I. p. 472.
(7) Dit Maugrain ; voy. vol. I, p. 336.
(8) Voy. vol. I, p. 336.

Marie-Anne Drue.— *Pierre*, b [6] 28 avril 1688; m [6] 13 août 1715, à Jeanne Lefebvre; s 14 mars 1731, à la Baie-du-Febvre.

1697, (28 août). [6]

2° Ananontha, Catherine, b 1649; veuve de Jacques Couturier.

1707, (3 février) Québec. [3]

III.—LAFOND, Etienne, [Jean II. b 1679.

1° Louineau, Jeanne, [Pierre I. b 1686; s 20 déc. 1730, à Batiscan. [4]

Etienne, b [3] 27 nov. 1707; m 13 janvier 1738, à Marie-Joseph Bertrand, à Ste-Geneviève.— *Pierre*, b [4] 23 juin 1709; m [4] 21 février 1735, à Marie-Joseph Herbecq.—*Jean-Baptiste*, b [4] 9 mai et s [4] 24 nov. 1711. — *Jean-Baptiste*, b [4] 19 et s [4] 29 nov. 1712. — *Etienne*, b [4] 1er fevrier 1714.— *François-Xavier*, b [4] 15 mai 1716 —*Marie-Jeanne*, b [4] 11 et s [4] 20 juin 1718. —*Jean-Baptiste*, b [4] 31 mai 1719; m [4] 26 mai 1743, à Françoise Frigon. —*Marie-Louise*, b [4] 24 dec. 1721; s [4] 1er janvier 1722.—*Marie-Jeanne*, b [4] 2 juillet 1723.—*Joseph*, b [4] et s [4] 25 oct. 1724. — *Marie-Joseph*, b [4] 6 juin 1726; s [4] 15 juin 1788. — *Marie-Madeleine*, b [4] 12 et s [4] 16 mai 1730.

1732, (26 fevrier). [4]

2° Drue, Marie-Anne. [Thomas I. *Antoine*, b [4] 28 mai 1733.

1715, (13 août) Batiscan. [1]

III.—LAFOND, Pierre, [Jean II. b 1688; s 14 mars 1731, à la Baie-du-Febvre.[2]

Lefebvre (1), Marie-Jeanne. [Ange II.

Marie-Thérèse, b [1] 9 juillet 1716; m [4] 6 juin 1735, à Etienne Gautier.—*Marguerite-Françoise*, b [1] 12 et s [1] 18 avril 1718.— *Pierre*, b [1] 16 mars 1720; m [2] 22 avril 1743, à Gabrielle Houde.— *Claude*, b 22 fevrier 1722, à St-Frs-du-Lac [3], m 18 oct. 1746, à Marie Joffrion, à Varennes.[4]— *Jean-Baptiste*, b [3] 22 avril 1724; s [2] 14 juillet 1747. — *Antoine*, b [3] 12 juin 1726; m [2] 21 sept. 1750, à Marie-Joseph Chevrefils. — *François-Joseph*, b... 1° m [4] 22 fevrier 1751, à Marie-Joseph Mongeau; 2° m [2] 5 fevrier 1759, à Marie-Joseph Desrochers.—*Joseph*, b [2] 14 fevrier 1728. — *Jeanne*, b... m 10 janvier 1763, à François Doucet, aux Trois-Rivières[5]; s [5] 26 nov. 1763.— *Marie-Madeleine*, b [2] 22 janvier 1730.

1716, (16 nov.) Batiscan. [5]

III.—LAFOND (2), Jean, [Pierre II. b 1681; s [5] 19 août 1744.

Rivard, Françoise, [Robert II. b 1694.

Jean-Baptiste, b [5] 19 août 1717; m 22 mai 1755, à Marie-Anne Jourdain, à Montreal. — *Anne-Françoise*, b [5] 7 mai 1719; m [5] 6 février 1741, à Jacques Juniac. — *Marie-Joseph*, b 17 dec. 1721, à Ste-Anne-de-la-Perade; s [5] 15 mars 1739. — *Marie-Anne*, b [5] 19 février 1723; m [5] 29 janvier 1747, à Pierre Duclos; s [5] 17 mars 1760.—*Alexis*, b [5] 5 janvier 1725. — *Marie-Agnès*, b [5] 28 fevrier 1727; m [5] 16 août 1746, à Andre Chapdelaine.— *Pierre-Robert*, b [5] 3 mars 1729; m [5] 23 fevrier 1756, à Marie-Charlotte Roy.—*Claude-Joseph*, b [5] 24 février 1732; s [5] 14 oct. 1749. — *Marie-Louise*, b [5] 6 fevrier 1733; s [5] 21 sept. 1749.— *Joseph*, b [5] 16 avril 1735; s [5] 19 dec. 1755.

(1) Dit Descôteaux. Elle épouse, le 23 sept. 1742, Gabriel Houde, à la Baie-du-Febvre.

(2) Dit Mongrain, procureur fiscal, 1735, à Ste-Geneviève.

1732, (12 août) Québec. [1]

I—LAFOND (1), Pierre, fils de Pierre et de Michelle Marié, de St-Malo, Bretagne; s 14 mars 1756, à Charlesbourg. [2]

1° L'Arrivé (2), Madeleine, [Jacques II. b 1708; s [1] 14 dec. 1735.

Pierre-Ignace, b 1733; s [1] 5 mai 1737.

1739, (12 janvier). [2]

2° Duchesneau, Angelique, [René I. b 1710.

Marie-Angélique, b [2] 5 nov. 1739; s [2] 5 mai 1744. — *Pierre*, b [2] 3 sept. et s [2] 20 nov. 1742.— *Joseph*, b [2] 14 oct. 1744. — *Marie-Angélique*, b [2] 22 janvier 1746. —*Jacques*, b [2] 29 juillet 1748.— *Pierre-François*, b [2] 13 juillet 1750. — *Jacques*, b [2] 22 dec. 1751; s [2] 9 mars 1752. — *Marie-Charlotte*, b [2] 11 juin et s [2] 18 août 1753.

I.—LAFOND (3), Jean, b 1693, de Bayonne, Gascogne; s 24 dec. 1806, à l'Hôpital-General, M.

1735, (21 fevrier) Batiscan.

IV.—LAFOND, Pierre, [Etienne III. b 1709.

Herbecq, Marie-Jos.-Cath., [Frs-Nicolas I. b 1704.

1736, (6 août) Batiscan. [8]

III.—LAFOND (4), Pierre, [Pierre II. b 1704.

Trotier, Catherine, [Augustin III. b 1714.

Pierre-Joseph, b [8] 7 mai 1737; m [8] 29 oct. 1758, à Marie-Anne Vésina.—*Joseph-Augustin*, b [8] 18 mars 1739.— *Anonyme*, b [8] et s [8] 28 juin 1740.— *Marie-Catherine*, b [8] 9 juin 1741; m [8] 5 mars 1764, à Regis Lefebvre.—*Marie-Madeleine*, b [8] 25 avril 1743; s [8] 19 fevrier 1749.— *Marie-Anne*, b [8] 26 janvier 1745; m à Louis-Michel Hurteau.— *Marie-Elisabeth*, b [8] 4 oct. 1746.—*Anonyme*, b [8] et s [8] 8 mars 1748. — *Marie-Marguerite*, b [8] 10 avril 1749; s [8] 26 dec. 1755.—*Anonyme*, b [8] et s [8] 7 mai 1752. — *Marie-Joseph*, b [8] 29 oct. 1753.— *François-Xavier*, b [8] 15 oct. 1755; s [8] 5 janvier 1756.

1738, (7 janvier) Montréal.

I.—LAFOND, Simon, b 1710, soldat, chirurgien; fils de Jean (chirurgien) et de Petronille Chailla, de St-Martin-du-bois, diocèse de Bordeaux.

Lamotte, Marie-Anne, [Pierre I. b 1716.

(1) Il était, à Charlesbourg, le 20 juillet 1738.

(2) Voy. Arrivé.

(3) A sa sépulture il est dit âgé de 113 ans.

(4) Dit Maugrain—Mongrain.

Marie-Anne, b 1738; m 4 nov. 1760, à Pierre-François LECOMPTE, à la Pte-aux-Trembles, M. [7] —*François*, b [7] 20 fevrier 1750. — *Marie-Charlotte*, b [7] 27 janvier et s [7] 22 mars 1751.—*Joseph*, b [7] 5 oct. et s 18 nov. 1752, à la Longue-Pointe. —*Marie-Joseph*, b [7] 31 dec. 1754.

1738, (13 janvier) Ste-Geneviève. [2]
IV.—LAFOND, ETIENNE, [ETIENNE III.
b 1707.
BERTRAND (1), Marie-Joseph, [PAUL I.
b 1709.
Marie-Joseph, b [2] 12 oct. 1738; m 3 août 1761, à François FÈCHE, à Ste-Anne-de-la-Perade. [3]—*Etienne-Joseph*, b [2] 1er février 1740. — *Angélique*, b... m [3] 11 août 1767, à François-Louis LAROSE.

1743, (22 avril) Baie-du-Febvre. [3]
IV.—LAFOND, PIERRE, [PIERRE III.
b 1720.
HOUDE, Gabrielle, [GABRIEL III.
b 1725.
Marie-Jeanne, b [3] 17 janvier 1744; s [3] 4 avril 1748. — *Pierre*, b [3] 28 avril 1746; s [3] 31 mars 1748.—*Marie-Joseph*, b [3] 13 et s [3] 28 avril 1748.—*Pierre*, b [3] 23 mars 1749; m [3] 26 oct. 1772, à Marie-Joseph RIVARD.— *Marie-Joseph*, b [3] 12 déc. 1751; s [3] 30 oct. 1771.— *Joseph*, b [3] 20 juillet 1754; s [3] 15 avril 1758. — *Monique*, b 1764; s [3] 19 sept. 1769.

1743, (26 mai) Batiscan. [1]
IV.—LAFOND, JEAN-BTE, [ETIENNE III.
b 1719.
FRIGON, Françoise, [FRANÇOIS II.
b 1719.
Marguerite-Françoise, b [1] 27 juillet 1743.—*Jean-Baptiste*, b [1] 23 juillet 1746. — *Marie-Françoise*, b [1] 28 avril 1750.

1746, (18 oct.) Varennes.
IV.—LAFOND, CLAUDE, [PIERRE III.
b 1722.
JOFFRION, Marie. [JOSEPH III.
Pierre, b 11 dec. 1753, à la Baie-du-Febvre. [3] —*André*, b [3] 15 août 1755.—*Marie-Charlotte*, b [3] 5 avril 1757.

1750, (21 sept.) Baie-du-Febvre. [9]
IV.—LAFOND, ANTOINE, [PIERRE III.
b 1726.
CHEVREFILS (2), Marie-Joseph, [LOUIS II.
b 1719; veuve de Joseph Aubry.
Marie-Antoinette, b [9] 17 juillet 1751; m [9] 25 nov. 1771, à Antoine BENOIT.— *Catherine*, b [9] 15 mars 1753.—*Marie-Thérèse*, b [9] 6 janvier 1755.—*Monique*, b [9] 29 déc. 1756. — *Joseph*, b [9] 18 avril 1759.—*Antoine*, b [9] 26 mai 1761.

(1) Elle épouse, le 6 juillet 1750, René Gendron, à Ste-Anne-de-la-Pérade.

(2) Dit Belisle.

1751, (9 février) Quebec. [8]
I.—LAFOND JEAN, meunier; fils d'Antoine et de Jeanne Tapin, de St-Paul, diocèse de Comminge, Gascogne.
GADIOU (1), Marguerite-Louise, [JEAN-BTE II.
b 1731; s 23 oct. 1773, à Sorel.
Jean-Joseph, b [8] 12 nov. 1751.—*Marie*, b 1752; s 18 nov. 1755, à St-Pierre, I. O. — *Marguerite*, b [8] 30 mars et s [8] 22 avril 1753.— *Marie-Marguerite*, b [8] 15 et s [8] 18 mars 1754. — *Marie-Joseph*, b [8] 7 mars 1756; s [8] 22 déc. 1758. — *Jean*, b 29 oct. et s 21 nov. 1757, à Lévis.— *Catherine*, b [8] 3 et s [8] 25 nov. 1758.—*Marguerite*, b 25 nov. 1764, à Beauport.

1751.
I.—LAFOND, ANTOINE, de Bordeaux.
LEFEBVRE, Marie-Charlotte.
Marie-Anne, b 4 sept. 1757, à Batiscan. [1]—*Marie-Joseph*, b [1] 9 juin 1760.—*Marie-Françoise*, b [1] 1er sept. 1761.—*Antoine*, b [1] 28 nov. 1762.—*Michel*, b [1] 5 mars 1764.—*Amable*, b [1] 7 mars 1770.—*Louis*, b 5 mai 1779, à Ste-Anne-de-la-Pérade.

1751, (22 février) Varennes.
IV.—LAFOND, FRANÇOIS-JOSEPH. [PIERRE III.
1° MONGEAU, Marie-Joseph, [JEAN-BTE III.
b 1725.
1759, (5 février) Baie-du-Febvre. [2]
2° DESROCHERS, Marie-Jos., [PIERRE-JOSEPH II.
b 1735.
Marie-Joseph, b [2] 5 janvier 1760.—*Marie-Marguerite*, b [2] 6 mai 1764.—*Marie-Elisabeth*, b [2] 5 mai 1766.

1751, (12 juillet) Québec. [3]
I.—LAFOND (2), JEAN, charpentier; fils de Jean et de Jeanne Derbeau, de St-Michel, diocèse de Bordeaux.
JOLIN (3), Catherine, [THOMAS-JACQUES I.
b 1727.
Catherine, b [3] 23 mars et s [3] 30 sept. 1752.—*Deux anonymes*, b [3] et s [3] 5 fevrier 1753.—*Martin*, b [3] 20 sept. et s [3] 14 nov. 1754.—*Pierre*, b [3] 15 oct. 1755.—*Marie-Joseph*, b [3] 28 sept. 1757; s 9 déc. 1757, à Lévis.—*Marguerite*, b [3] 28 nov. 1758; s 10 sept. 1759, à Charlesbourg.—*Catherine*, b 10 juin et s 16 août 1760, à Beauport.—*Catherine*, b [3] 3 nov. 1761.—*Marie-Ursule*, b [3] 31 juillet 1764.

LAFOND, JEAN-BTE.
VALOIS, Marie-Charlotte.
Jean-Baptiste, b 30 juillet 1753, à l'Ile-Dupas. [4] —*Antoine*, b... s [4] 18 déc. 1755.

1755, (22 mai) Montréal.
IV.—LAFOND (4), JEAN-BTE, [JEAN III.
b 1717.
JOURDAIN (5), Marie-Anne, [PAUL II.
b 1737.

(1) Dit St. Louis.

(2) Il était, en 1747 et 1748, sur le vaisseau "Le Terrible," de Bordeaux, capitaine Delomb. (Procès-Verbaux.)

(3) Aussi Jallain.

(4) Dit Montgrain.

(5) Dit Labrosse.

Marie-Joseph, b... s 8 juillet 1759, à St-Laurent, M.

1756, (23 février) Batiscan.[5]

IV.—LAFOND (1), PIERRE-ROBERT, [JEAN III.
b 1729.
ROY, Marie-Charlotte, [JOSEPH III.
b 1736.
Marie-Françoise, b[5] 11 et s[5] 17 nov. 1757.—*Charlotte*, b[5] 4 nov. 1758.—*Marie-Anne*, b[5] 4 sept. 1760.—*Pierre*, b[5] 4 avril 1762.—*Théotiste*, b[5] 5 août 1771.—*Françoise*, b[5] 12 et s[5] 20 déc. 1773.

1758, (29 oct.) Batiscan.[3]

IV.—LAFOND (2), PIERRE-JOSEPH, [PIERRE III.
b 1737.
VÉSINA, Marie-Anne, [FRANÇOIS IV.
b 1738; s[3] 9 juillet 1795.
Joseph, b[3] 11 nov. 1761.—*Marie-Anne*, b 31 août 1780, à Ste-Anne-de-la-Pérade.

1759, (15 janvier) Montréal.

I.—LAFOND, GUILLAUME, fils d'Antoine et de Marguerite Caussade, de N.-D.-d'Auch, Gascogne.
AMIOT, Marie-Madeleine, [JEAN-BTE IV.
b 1741.

1772, (26 oct.) Baie-du-Febvre.

V.—LAFOND, PIERRE, [PIERRE IV.
b 1749.
RIVARD, Marie-Joseph. [PIERRE.

LAFONTAINE.—Voy. ANDRÉ — BERDIN — BERNARD—BERTIN—BIENVENU—BLANOT—BOYER—CHARIER—CLERMONT—CONNEFROY—COUILLARD—DEBELCOUR—DE LA FONTAINE—DENIS—DUBORD—GAMELIN—GENDRON—GERMAIN—GUÉRIN—JACOTEL—LAFAYE—LAMOTTE—LANGERON—LARIOU—LAROC—LÉRIN—LESIÉGE—MARIE — MARION — MAURICE — MÉNARD — MOREL—PENIN—PERRAS—PHILIPPE—PION—POITIERS — ROBERT— ROCHE — ROCHETTE—SÉVAIN — SÉVIN—ST. ANDRÉ — SUPERNANT—TUOT—VANNIER—YVON.

I.—LAFONTAINE (3), JEAN-BTE, b 1669; s 2 janvier 1719, à Montréal.

I.—LAFONTAINE, RAYMOND, b 1672; s 24 janvier 1712, à Montreal.

I.—LAFONTAINE, ANTOINE, b 1677; s 16 janvier 1727, à Montreal.

I.—LAFONTAINE, PIERRE-CLAUDE.
FAILLY, Marie,
b 1680; s 3 mars 1744, à Montréal.[4]
Jeanne, b 1707; m[4] 21 juillet 1729, à Louis ARSENAULT.

(1) Dit Mongrain—Mograin, 1762.
(2) Dit Mongrain.
(3) Sergent de la compagnie de Vermeil.

1712, Grondines.[6]

II.—LAFONTAINE (1), CHARLES, [GUILLIN I.
b 1681; s[6] 30 oct. 1749.
RIPAU-ROLET, Marie, [JACQUES-ROCH I.
b 1691; s[6] 26 mars 1759.
Marie-Madeleine, b[6] 10 avril 1722; m[6] 12 nov. 1741, à Antoine LÉCUYER. — *François-Marie*, b[6] 15 déc. 1729. — *René*, b[6] 4 mai 1731; s 17 déc. 1755, à Ste-Anne-de-la-Pérade. — *Jean-Baptiste*, b[6] et s[6] 12 avril 1733.—*Nicolas*, b[6] 4 mai 1734. —*Alexis*, b[6] 18 mai 1736.

1713, (12 juin) Québec.[5]

I.—LAFONTAINE (2), DENIS, b 1691, doreur; fils de Julien et de Marguerite Morenge, de St-Côme, Paris; s[5] 13 mai 1755.
SAVARD, Marie-Anne, [JEAN II.
b 1692; s 12 janvier 1760, à Charlesbourg.
Marie-Catherine, b[5] 13 mai 1714. — *Marie-Anne*, b[5] 16 juillet 1715; s[5] 14 février 1717.—*Guillaume-Denis*, b[5] 14 mai 1717.—*Marguerite-Dorothée*, b[5] 25 oct. 1718; m[5] 8 oct. 1748, à Bernard DUMOUCHEL. — *Marie-Anne*, b[5] 15 août 1720; s[5] 1er mai 1743. — *Joseph*, b[5] 15 mars 1722.—*Jean-François*, b[5] 20 janvier 1724. — *Madeleine*, b 1725; s[5] 22 mai 1726.—*Flavien*, b[5] 7 février 1728.—*Louis*, b[5] 23 et s[5] 25 août 1729.—*Claude*, b[5] 8 nov. et s[5] 23 dec. 1731.

LAFONTAINE, JEAN-FRANÇOIS.
....
Marie-Joseph, b... m 21 janvier 1754, à François JEAN-DENIS, à la Pte-aux-Trembles, Q.[9]; s[9] 3 avril 1770.

LAFONTAINE, JOACHIM, b 1715; s 14 janvier 1737, à Montréal.

1720, (30 janvier) Grondines.

II.—LAFONTAINE (3), MALCŒUR, [GUILLIN I.
b 1694.
RIPAU-ROLET, Marie-Joseph, [JACQ.-ROCH I.
b 1699.
Marie, b 30 juin 1726, à Sorel.

1725, (29 janvier) Laprairie.[5]

II.—LAFONTAINE (4), JACQUES, [CLAUDE I.
b 1697.
1° SENÉCAL, Marie-Anne, [PIERRE II.
b 1702; s[5] 20 janvier 1743.
Pierre-Jacques, b[5] 30 nov. 1725.—*Marie-Agathe*, b[5] et s[5] 22 août 1727. — *Marie-Anne* (5), b[5] 21 mai 1732; m[5] 28 janvier 1754, à François PICARD.—*Albert*, b[5] 3 mars 1734.

1728, (24 oct.) Québec.[4]

I.—LAFONTAINE (6), JACQUES.
1° BISSOT, Charlotte, [FRANÇOIS II.
b 1704; s[4] 22 nov. 1749.

(1) Dit Clermont—Dubord; voy. ce nom, vol. III, p. 480.
(2) Berdin, 1722, voy. vol. II, p. 223.
(3) Voy. Dubord, vol. III, p. 480.
(4) Dit Germain—Guérin; voy. ce nom, vol. IV, pp. 399-400.
(5) Mariée Guérin.
(6) Pour De la Fontaine, voy. vol. III, p. 287.

Nicolas-Joseph, b [4] 20 juillet 1744; m 29 janvier 1781, à Marie-Françoise Couillard, à Beaumont.

1729, (15 mai) Laprairie. [2]
II.—LAFONTAINE (1), Ange, [Claude I.
b 1701.
Lebert, Marie-Anne, [François II.
b 1710.
Marie-Anne, b [2] 13 février et s [2] 16 nov. 1730.

1741, (19 janvier) Lévis.
III.—LAFONTAINE (2), Joseph, [Pierre II.
b 1703.
Mercereau, Marie-Anne, [Pierre II.
b 1720.
Marie-Joseph, b 10 déc. 1741, à Champlain.

1751, (1er février) Baie-St-Paul.
I.—LAFONTAINE (3), François.
2° Simard, Cécile, [Noel III.
b 1724.
Marie-Joseph, b 4 mars 1753, à St-Joachim.

LAFONTAINE (4), François.
Cuvillon, Jeanne.
Antoine, b 11 nov. 1754, à Ste-Geneviève, M. [4] —*Marie-Joseph,* b [4] 21 mai 1757.

LAFONTAINE, Alexis.
Bellecque, Marguerite.
Marie-Angélique, b 18 février 1759, à Lanoraie. — *Marie-Marguerite,* b 21 nov. 1760, à Lachenaye.

1763, (10 janvier) Quebec. [6]
II.—LAFONTAINE (5), Alexandre, [Denis I.
b 1735.
Bisson, Marie-Ursule, [Jacques I.
b 1745; s [6] 15 avril 1787.

1781, (29 janvier) Beaumont.
II.—LAFONTAINE, Nicolas-Jos., [Jacques I.
b 1744.
Couillard, Marie-Françoise. [Charles IV.

LAFONTAINE, François.
Nau, Marguerite.
Jean, b... m 28 août 1797, à Marie-Françoise Marceau, à Beaumont.

1797, (28 août) Beaumont.
LAFONTAINE, Jean. [François.
Marceau, Marie-Françoise. [Louis.

LAFORCE.—Voy. Pepin—Pouchat.

(1) Voy. Guérin, vol. IV, p. 400.
(2) Voy. Dubord, vol. III, p. 481.
(3) Voy. Bernard, 1733, vol. II, p. 239.
(4) Dit André.
(5) Voy. Berdin, vol. II, p. 224.

LAFORCE. (1)

LAFORCE, Joseph.
Lavallée, Marguerite.
Joseph, b... m 15 janvier 1761, à Théotiste Orion, à Nicolet.

1761, (15 janvier) Nicolet.
LAFORCE, Joseph. [Joseph.
Orion, Théotiste. [Charles.

I.—LAFORCE (2), Ignace.
Ga8ennontié, Marie.
Thérèse, b 30 sept. 1765, au Lac-des-Deux-Montagnes.

LAFOREST.—*Variations et surnoms :* De la Forest—Forest—Benoit—DeMontigny—Fort—Jean—Joly—Labranche—Lapierre—Lefort—Léonard—Payment—Sèmegrain—Tessier—Testard—Tiriac.

I.—LAFOREST, Louis, b 1682; soldat; s 28 août 1712, à Montreal.

1679, (27 juillet) Ste-Anne. [1]
II.—LAFOREST (3), Pierre. [Pierre I.
Gaudin, Charlotte, [Elie I.
b 1655; veuve de Pierre Fréchet.
Thomas, b [1] 16 janvier 1685; m 8 août 1712, à Rosalie Duchesne, à Berthier.—*Marguerite,* b 1689; m 10 juin 1706, à Antoine Térou-Laferté, à Montréal.—*Catherine,* b 27 février 1690, au Cap-St-Ignace; 1° m 5 avril 1712, à Guillaume LePrince, à St-Thomas; 2° m 27 nov. 1727, à Julien Perdriel, à Quebec.—*Charlotte,* b 11 oct 1692, à St-Pierre, I. O.

I.—LAFOREST, François,
b 1649; s 2 juillet 1719, à Boucherville.
Laurent, Jeanne.
Pierre, b 1687; m 7 avril 1720, à Marie-Françoise Devaut, à Québec [2]; s [2] 17 oct. 1749.

1705, (20 août) Trois-Rivières.
II.—LAFOREST (4), Pierre, [Gabriel I
b 1670; s 25 avril 1745, à la Baie-du-Febvre [3]
DeGerlais (5), Marie-Anne-Jeanne, [Jean I.
b 1690; s [3] 25 nov. 1771.
Joseph (6), b 25 sept. 1715, à la Rivière-du-Loup [4]; m [3] 11 janvier 1741, à Madeleine Prou. —*Marie-Madeleine,* b [4] 27 août 1718; s [3] 26 sept. 1733.

(1) Donné en otage par les Français aux Anglais pour l'exécution des articles de la capitulation du fort *Nécessité* (1753). Fut mis, en 1756, au commandement d'un des bâtiments que fit bâtir, à Frontenac, DeVaudreuil, pour croiser sur le lac.—Envoyé à Niagara, en 1758, avec le sieur de Cressé.
(2) En Iroquois " Kentjiong8a."
(3) Voy. vol. I, p. 337.
(4) Dit Sèmegrain—Benoit, voy. ce nom, vol. II, p. 216.
(5) Dit St-Amant.
(6) Marié Benoit; voy. vol. II, pp. 217 et 218.

1709, (22 oct.) Québec.[1]
III.—LAFOREST (1), JEAN, [PIERRE II.
b 1682.
RANCOUR, Marie-Françoise, [JOSEPH I.
b 1693.
Joseph, b[1] 14 juillet 1710; 1° m 5 juin 1732, à Barbe BOUCHARD, à la Baie-St-Paul[2]; 2° m[1] 10 janvier 1746, à Félicite VÉSINA.—*Marie-Catherine*, b... 1° m 2 oct. 1736, à Jacques BONNEAU, à la Petite-Rivière; 2° m 10 nov. 1749, à François BIGON (2), à St-Joachim[3]; 3° m 9 juin 1756, à Guillaume BOMPART, à la Pte-du-Lac.—*Jean-Baptiste*, b 17 janvier 1717, au Cap-St-Ignace; m à Marguerite BONNEAU; s[2] 17 oct. 1752.—*Louis*, b[2] 29 juin 1720. — *Antoine*, b[2] 29 juin 1721; 1° m[2] 13 nov. 1742, à Marguerite MARTEL; 2° m[2] 26 janvier 1767, à Marguerite-Euphrosie POITRAS. — *Marie-Judith*, b[2] 4 avril 1723; m[2] 13 février 1741, à Augustin TREMBLAY. — *Guillaume*, b[2] 7 avril 1725; 1° m[2] 23 mai 1746, à Marguerite TREMBLAY; 2° m 12 août 1771, à Geneviève-Amable FAUVEL, au Detroit.—*Marguerite*, b[2] 20 juillet 1728; 1° m[2] 2 fevrier 1746, à Joseph-François-Xavier DELAVOYE; 2° m[3] 3 nov. 1767, à François GAGNÉ. — *Marie-Joseph*, b[2] 9 oct. 1730; m[3] 19 avril 1751, à Pierre POULIN.

1712, (8 août) Berthier.
III.—LAFOREST (1), THOMAS, [PIERRE II.
b 1685.
DUCHESNE, Rosalie, [PIERRE I.
b 1683; s 6 avril 1762, à St-Joachim.[1]
Marie-Rose, b 16 mai 1716, à Quebec.[2]—*Marie-Charlotte*, b[2] 29 oct. et s[2] 13 nov. 1717.—*Marie-Elisabeth*, b[2] et s[2] 25 oct. 1718.—*Marie-Catherine*, b[2] 28 dec. 1719.—*Madeleine-Thérèse*, b[2] 31 juillet et s[2] 11 août 1721.—*Barbe*, b 6 oct. 1725, à la Baie-St-Paul.[3] — *Marie-Geneviève*, b[3] 11 mars 1727.—*Jean*, b 1730; m[1] 15 fevrier 1762, à Marguerite-Euphrosie GAGNON.

1720, (7 avril) Québec.[4]
II.—LAFOREST, PIERRE, [FRANÇOIS I.
b 1687; cordonnier; s[4] 17 oct. 1749.
DAVAUT, Marie-Françoise, [CHARLES I.
b 1680; veuve de Joseph Rancour.
Jeanne, b[4] 1er nov. 1721; m[4] 2 oct. 1752, à Jean CONDAMINE.—*Pierre*, b[4] 15 avril 1724; m à Louise MIGNOT.

I.—LAFOREST, JACQUES.
CATTI, Marie-Anne, [PAUL I.
b 1706.
Marie-Charlotte, b 1730; m 29 oct. 1753, à Jacques DEGUINNE, à Montréal.

1732, (5 juin) Baie-St-Paul.[5]
IV.—LAFOREST (1), JOSEPH, [JEAN III.
b 1710; charpentier.
1° BOUCHARD, Marie-Barbe, [FRANÇOIS II.
b 1704; s[5] 25 mars 1739.
Marguerite, b[5] 5 avril 1733.—*Marie-Gertrude*, b 13 dec. 1734, à la Petite-Rivière.[6] — *Marie-Agathe*, b[6] 10 avril 1737; m 15 sept. 1778, à Joseph TREMBLAY, à l'Ile-aux-Coudres; s 6 mars 1782, aux Eboulements.
1746, (10 janvier) Québec.[7]
2° VÉSINA, Félicité, [PIERRE III.
b 1712; veuve d'Etienne Dubreuil; s[7] 4 oct. 1757.
Charlotte, b[7] 29 déc. 1746; s[7] 13 janvier 1758. —*Joseph*, b 1749; s[7] 19 sept 1757.—*Marie-Geneviève*, b[7] 31 mai 1751; s[7] 16 avril 1753.—*Maurice*, b[7] 20 juillet 1753; s[7] 5 déc. 1757.— *Alexandre*, b[7] 31 mars 1756; s[7] 17 juin 1757.

1741, (11 janvier) Baie-du-Febvre.[8]
III.—LAFOREST (1), JOSEPH, [PIERRE II.
b 1715.
PROU, Madeleine, [CLAUDE II.
b 1716.
Elisabeth, b[8] 15 nov. 1744; s 22 sept. 1748, à Nicolet.[9] — *Marguerite*, b[8] 22 dec. 1746; s[9] 25 oct. 1748.—*Marie-Elisabeth*, b[8] 30 janvier 1749; s[8] 7 mars 1750.

LAFOREST, PIERRE,
boulanger.
LACROIX, Elisabeth.
Pierre, b 1741; s 17 mars 1744, à Québec.[1] — *Joseph*, b[1] 19 mai 1743.—*Elisabeth*, b[1] 22 janvier 1746.

1742.
IV.—LAFOREST (2), JEAN-BTE, [JEAN III.
b 1717; s 17 oct. 1752, à la Baie-St-Paul.[2]
BONNEAU, Marguerite, [JACQUES II.
b 1725.
Marie-Joseph-Marguerite, b[2] 3 nov. 1743; m[2] 17 oct. 1774, à Jean-François FORTIN; s[2] 23 mai 1776.—*Marie-Victoire-Apolline*, b[2] 3 nov. 1745; m 24 février 1763, à Ignace GAGNÉ, aux Eboulements.—*Adrien-Hilaire-David-Denis*, b[2] 2 mars 1747; m[2] 22 nov. 1773, à Madeleine TREMBLAY.— *Aimé-Clément*, b[2] 15 nov. 1748; s[2] 5 dec. 1767. —*Marie-Victoire-Pélagie*, b[2] 2 sept. 1751; m 30 janvier 1775, à David GAGNON, à l'Ile-aux-Coudres. — *Marguerite*, (posthume) b[2] 16 mars 1753.

LAFOREST, FRANÇOIS,
b 1709; s 2 mai 1787, à Nicolet.
JANELLE, ...

1742, (13 nov.) Baie-St-Paul.[3]
IV.—LAFOREST (2), ANTOINE, [JEAN III.
b 1721.
1° MARTEL, Marguerite, [JEAN-BTE II.
b 1725; s[3] 12 août 1766.
Marie-Marguerite-Joseph, b[3] 16 juin 1744; m 15 oct. 1771, à Jacques GAUDREAU, à l'Ile-aux-Coudres.[4] — *Marie-Joseph-Nathalie-Suzanne*, b[3] 19 juillet 1746; m[4] 7 avril 1777, à Joseph-Sebastien GAGNON.—*Antoine-Magloire-Samson*, b[3] 15 mars 1748; m 17 janvier 1774, à Marie-Anne VAUDRY, à St-Henri-de-Mascouche.[5] — *Louis-*

(1) Dit Labranche.
(2) Voy. aussi Mijon.

(1) Voy. Benoit, vol. II, pp. 217 et 218.
(2) Dit Labranche.

Charles-Joseph, b [3] 3 nov. 1749; m [6] 7 nov. 1774, à Rose Berloin.—*Françoise-Julie-Nathalie-Suzanne*, b [3] 12 dec. 1751.—*Marie-Charlotte*, b [3] 18 et s [3] 21 janvier 1753.—*Anonyme*, b [3] 18 et s [3] 20 janvier 1753.—*Jean-Baptiste*, b [3] 11 février 1756. —*Ursule*, b [3] 11 et s [3] 14 dec. 1757.—*Marie-Desanges*, b [3] 26 oct. 1761.—*Rodolphe-Timothée-François*, b [3] 5 août 1766.

1767, (26 janvier). [3]

2° Poitras, Marguerite-Euphrosie, [Jacques II. b 1742.

François, b [3] 23 nov. 1767.

1746, (23 mai) Baie-St-Paul. [4]

IV.—LAFOREST, Guillaume, [Jean III. b 1725.

1° Tremblay, Marie-Marguerite, [Antoine III. b 1725; s 15 août 1768, au Détroit. [5]

Jean-Baptiste-Antoine, b [4] 10 mai 1746; m [5] 2 février 1780, à Louise-Charlotte Cassé.—*Marie-Thérèse*, b [4] 21 nov. 1747.—*Pierre-Louis-Honoré-Guillaume*, b [4] 9 avril 1749.—*Antoine*, b [5] 15 et s [5] 20 sept. 1751. — *Marguerite*, b [5] 25 août 1753, m [5] 12 nov. 1770, à Alexis Arcouet.— *François*, b [5] 20 janvier 1755. — *Joseph-Marie*, b [5] 6 dec. 1756; m [5] 8 janvier 1794, à Catherine Tibaut. — *Marie-Joseph*, b [5] 7 avril et s [5] 2 oct. 1758. — *Alexis*, b [5] 30 juillet 1759; s [5] 23 mai 1760.— *Madeleine*, b [5] 16 août 1761; 1° m [5] 26 juin 1775, à Antoine Goulet; 2° m [5] 20 janvier 1794, à Ignace Tibaut. — *Marie-Geneviève*, b [5] 17 juin 1764.—*Marie-Archange*, b [5] 2 nov. 1766.

1771, (12 août). [5]

2° Fauvel, Geneviève-Amable, [François II. b 1741; veuve de Gabriel Charpentier.

Guillaume-Amable, b [5] 10 mai et s [5] 26 nov. 1772. — *Catherine*, b [5] 14 dec. 1773. — *Marie-Joseph*, b [5] 14 mars 1775. —*Prosper*, b [5] 29 juin 1776.

III.—LAFOREST, Pierre, [Pierre II. b 1724.

Mignot, Louise.

Pierre, b... m 19 août 1771, à Marie-Madeleine Devost, à Kamouraska.

I.—LAFOREST, Joseph, Acadien.

Labauve, Marie-Joseph, Acadienne.

Pierre, b 1754; s 26 nov. 1756, à Québec.

1762, (15 février) St-Joachim. [4]

IV.—LAFOREST (1), Jean, [Thomas III. b 1730.

Gagnon, Marguerite-Euphrosie, [Jean III. b 1740.

Marguerite-Euphrosine, b [4] 30 mars 1763. — *Jean*, b [4] 13 nov. 1764. — *Louis*, b [4] 24 juin 1768. —*Pierre*, b [4] 23 mars 1770. — *Etienne*, b 1771; s [4] 29 nov. 1778. — *Marie-Angélique*, b 1773; s [4] 15 nov. 1778. — *Paul*, b [4] 14 mai 1775.— *Geneviève*, b [4] 21 août 1777.

(1) Dit Labranche.

1771, (19 août) Kamouraska.

IV.—LAFOREST, Pierre. [Pierre III.

Devost, Marie-Madeleine. [Jacques.

1773, (22 nov.) Baie-St-Paul. [1]

V.—LAFOREST (1), David, [Jean-Bte IV. b 1747.

Tremblay, Madeleine. [François IV.

Jean-Baptiste, b [1] 10 oct. 1774. — *Marie-Madeleine*, b [1] 23 août 1776.

1774, (17 janvier) St-Henri-de-Mascouche.

V.—LAFOREST, Antoine, [Antoine IV. b 1748.

Vaudry, Marie-Anne, [Antoine III b 1753.

1774, (7 nov.) St-Henri-de-Mascouche.

V.—LAFOREST (2), Joseph, [Antoine IV. b 1749.

Berloin, Rose, [Joseph II. b 1756.

Joseph, b 14 juillet 1783, à Lachenaye.

LAFOREST, Jean-Bte.

Gauché, Marguerite.

Marie-Marguerite, b 18 sept. 1781, à St-Cuthbert. [1]—*Marie-Angélique*, b [1] 25 sept. 1783.

1780, (2 février) Detroit. [3]

V.—LAFOREST, Jean-Bte-Ant., [Guillaume IV. b 1746; charpentier.

Cassé, Louise-Charlotte, [Charles II b 1756.

Jean-Baptiste, b [3] 15 janvier 1781. —*André*, b [3] 7 avril 1783.

1794, (8 janvier) Détroit.

V.—LAFOREST, Joseph-Marie, [Guillaume IV. b 1756.

Tibaut, Catherine, [Ignace IV. b 1777.

LAFORGE.—Voy. Andrieux — Barbe—Garnier —Henry—Hu et Lehu —Latour — Lavot— Pradet.

LAFORGE, ...

Labranche, Catherine, b 1689; s 5 mai 1757, à Québec.

1703.

I.—LAFORGE, Daniel, Anglais.

Beaucour, Anne.

Bonaventure, b 14 juillet 1704, à Québec.

1761, (13 janvier) Kamouraska. [1]

I.—LAFORGE, André, fils de Nicolas et d'Anne Breton, de Menville-le-berger, diocèse de Coutances, Normandie.

Tardif, Marguerite-Apolline, [Charles III b 1735.

(1) Dit Labranche.

(2) Et Forest dit Labranche.

François, b [1] 20 nov. 1761. — *Anonyme*, b [1] et s [1] 31 août 1763.—*André*, b [1] 22 mai et s [1] 9 juin 1765.—*Marie-Madeleine*, b [1] 11 mai 1766.—*Marie-Charlotte*, b [1] 9 déc. 1767.

LAFORME.—Voy. BISSONNET—GILIBERT—GROMELIN—LASERRE—MORARD et MORARE.

LAFORME, JOSEPH.
DENIS, Marie-Joseph.
Marie-Joseph, b 17 mars 1762, à Québec.

LAFORTUNE.—Voy. CHAUVIN—DUCONGÉ—FORTIER—PIGEON — PILON — POURVEU—TELLIER.

I.—LAFORTUNE, BERNARD, b 1658; s 20 déc. 1718, à la Baie-du-Febvre.

I.—LAFORTUNE (1), LOUIS, b 1678; s 16 déc. 1718, à Montréal.

LAFORTUNE, FRANÇOIS.
BISSON, Marie-Joseph.
Marie-Anne, b 5 fevrier 1742, à Beaumont. [2]—*Joseph*, b [2] 12 avril 1751.

LAFOSSE.—Voy. HODIAU—PUYPEROUX.

I.—LAFOY, ANTOINE, maitre-perruquier.
MOREAU, Elisabeth.
Elisabeth, b 1739; m 23 mai 1757, à François PLAID, à Montreal. — *Augustin*, b... m 28 nov. 1763, à Elisabeth ST. COME, au Détroit.[1]—*Louise*, b 1746; m à Louis VESSIÈRE; s [1] 31 janvier 1767.

1763, (28 nov.) Détroit. [2]
II.—LAFOY, AUGUSTIN. [ANTOINE I.
ST. COME, Elisabeth, [PIERRE-LAURENT II.
b 1747; s [2] 2 mars 1776.
Augustin, b [2] 7 sept. 1764; m [2] 28 janvier 1793, à Catherine BOURDEAU.

1793, (28 janvier) Détroit.
III.—LAFOY, AUGUSTIN, [AUGUSTIN II.
b 1764.
BOURDEAU, Catherine, [JOSEPH III.
b 1773.

LAFRAICHEUR.—Voy. CARREAU.

LAFRAMBOISE.—Voy. DENOYON — DEVOYON—FAFARD — FRANCHE—FRAYE—FRENCH—FRINCHE — GAIGNEUX — GUILBERT—LEMEUNIER—MENANTEAU—PRIVÉ—RENNERO—SENÉGAL.

1736.
II.—LAFRAMBOISE (2), NICOLAS, [PIERRE I.
b 1713.
LANGEVIN, Cunégonde, [ANTOINE II.
b 1717.
Nicolas, b... m 7 janvier 1776, à Amable BOUCHARD, à St-Laurent, M.

(1) Soldat de la compagnie de Desgagnés.
(2) Voy. DeVoyon, vol. III, p. 413.

1776, (7 janvier) St-Laurent, M.
III.—LAFRAMBOISE, NICOLAS. [NICOLAS II.
BOUCHARD, Amable. [JEAN-BTE II.

LAFRAMBOISE, JOSEPH.
FOURNIER, Marie,
b 1764; s 26 déc. 1792, à Québec.

LAFRANCE.—Voy. AUBIN—BOYER — DARRAGON —DESLORIERS — DUBOIS — HUBERDEAU—JOIGNIER—JOURDAIN—LÉVÊQUE—NIOF—PINEL—ROUGIER—ROUGIEU—TOUSSIN.

I.—LAFRANCE (1), ..., b 1654; s 1er déc. 1714, à Montréal.

I.—LAFRANCE, JOSEPH.
CHARON, Madeleine.
Marie-Angélique, b 3 oct. 1744, à Sorel; m 11 janvier 1762, à Jean-Baptiste LAURENT, à St-Laurent, M.—*Joseph-Ambroise*, b 3 sept. 1749, à Lavaltrie.—*Jean-Baptiste*, b 20 dec. 1754, à l'Ile-Dupas.

LAFRANCE (2), JEAN-BTE.
CLAVEAU, Amable.
Jean-Baptiste, b 26 sept. 1757, à Chambly. [5] — *Marie-Amable*, b [5] 5 mars 1759.

LAFRANCE, FRANÇOIS.
DELINEL, Angélique.
Antoine, b 9 fevrier 1759, à la Longue-Pointe.

LAFRANCE, FRANÇOIS.
BIRON, Marie-Anne.
Marie-Thérèse, b et s 23 sept. 1749, à Ste-Croix.[1] — *Joseph-François*, b [1] 12 août et s [1] 25 oct. 1750.—*Marie*, b [1] 15 août 1755.—*Marguerite*, b [1] 16 sept. 1757; s [1] 10 août 1758. — *Simon-Marie*, b 17 juin 1766, à Lotbinière[2]; s [2] 21 avril 1767.

LAFRANCE, CHARLES.
PLOURDE, Angelique.
Marie-Thérèse, b 6 sept. 1771, à Repentigny.

LAFRANCE, JEAN-BTE.
DESJARDINS, Françoise-Pierre.
Marie-Catherine, b 29 oct. 1775, à Lachenaye.

LAFRANCHISE. — Voy. BEAUNE — CONTENT—DUGUAY— DUMAREUIL — PASTOUREL — RAMENEUIL—TROY.

LAFRANCHISE.
GIGUÈRE, Marie-Anne,
b 1682; s 27 juillet 1760, à Kamouraska.

I.—LAFRANCHISE, SIMON.
LAGRAVE, Madeleine. [PIERRE I.
Agathe, b... m 30 juillet 1753, à Jean-Baptiste LABELLE, au Sault-au-Recollet.

LAFREDAINE.—Voy. BARBIER.

(1) Soldat de la compagnie de Vaudreuil.
(2) Dit Darragon.

LAFRENAIE.—Voy. CLERC DE BRUCY— FAFART —LECLERC—MIGNOT.

LAFRENAIE, JOSEPH.
GERBAUT, Marie-Anne.
Marie-Joseph, b 22 nov. 1757, à Contrecœur.

LAFRENIÈRE.—Voy. LAFRESNIÈRE.

LAFRESNIÈRE.—Voy. BISSONNET—DESROCHERS —DESROSIERS—FOISY—JOYELLE—PIET.

LAFRESNIÈRE, PIERRE.
CASAUBON (1), Geneviève, [JEAN-FRS II.
b 1723.
Joseph, b... s 2 juin 1749, à Lavaltrie.[1]—*Joseph-Amable*, b[1] 1er mars 1750. — *Alexis*, b 30 juillet 1754, à l'Ile-Dupas.

LAFRESNIÈRE, PIERRE.
GENEREUX, Marie-Anne.
Marguerite, b 20 sept. 1777, à St-Cuthbert.[1]—*Jean-Baptiste*, b[1] 17 nov. 1791.

LAFRESNIÈRE (2), JOSEPH.
PETIT Madeleine.
Marie-Geneviève, b... m 18 oct. 1790, à Joseph BRULÉ, à St-Cuthbert.

LAFRESNIÈRE, ANTOINE.
ROCHELEAU, Elisabeth.
François, b 7 juillet 1777, à St-Cuthbert.

LAFRESNIÈRE (2), ALEXIS.
GÉNÉREUX, Louise-Pelagie.
Sophie, b 28 août 1781, à St-Cuthbert.[1]—*Marie-Geneviève*, b[1] 2 fevrier 1791.

LAFRESNIÈRE (2), JEAN-BAPTISTE.
LOISEAU, Marguerite.
Marguerite, b 26 dec. 1781, à St-Cuthbert.[1]—*Amable*, b[1] 29 oct. 1783. — *Claude*, b[1] 5 oct. 1785.— *Augustin*, b[1] 27 août 1787; s[1] 27 oct. 1790.—*Geneviève*, b[1] 24 mai 1789. — *Angélique*, b[1] 19 août 1791. — *Joseph*, b[1] 27 juin 1793.—*Julie*, b[1] 4 juin 1795.

L'AFRICAIN.—Voy. JUSSEAUME—JUSSELAU, 1732.

LAFRISADE.—Voy. JOURDAIN.

LAFRONDE.—Voy. OZANNES.

LAGACÉ.—Voy. MIGNIER.

LAGANIÈRE.—Voy. HAMELIN.

LAGARDE.—*Variation et surnoms* : DE LA GARDE —AUBAN —GOUYAU — LUCAS—ST. JEAN—ST. ROCH.

I.—LAGARDE (3), JEAN-BTE, b 1674; s 1er janvier 1724, à Montreal.

(1) Dit Didier.
(2) Dit Desrosiers.
(3) Sergent de la compagnie de Repentigny.

1733, (11 août) Montréal.[2]
I.—LAGARDE (1), JEAN-BTE, b 1709; fils de Pierre et de Geneviève Leriche, de St-Louis, diocèse de LaRochelle, Aunis.
1° MARTIN, Marguerite, [PIERRE I.
b 1707.
Jean-Baptiste, b[2] 13 mai 1734. — *Antoine*, b[2] 3 août 1736; m 23 janvier 1759, à Elisabeth MADOUE, à St-Frs-du-Lac. — *Louis*, b[2] 28 déc. 1737, s[2] 29 mai 1738. — *Laurent*, b[2] 30 avril 1739.—*Anonyme*, b[2] et s[2] 29 avril 1740.
1742, (18 juin).[2]
2° MARANDA, Angélique, [CHARLES II
b 1702.

1740, (14 nov.) Québec.[1]
I.—LAGARDE, GEORGES, fils de Gilbert et de Marie Bougerole, de Marseliac, diocèse de Clermont, en Bourbonnais.
GENDRON (2), Geneviève, [JACQUES II
b 1719.
Marie-Geneviève, b[1] 26 juin et s[1] 8 juillet 1741.—*Georges-Augustin*, b[1] 10 sept. 1742; s 16 janvier 1745, à Lachenaye.[2]— *François-Xavier*, b[2] 19 avril et s[2] 24 juin 1745.

1749, (14 avril) Montréal.
I.—LAGARDE (3), JACQUES, b 1722; fils de Mathurin et de Suzanne Nolin, de St-Roch de Paris.
LAFARGUE, Catherine, [FRANÇOIS I.
b 1721.

1753, (12 nov.) Montréal.
I.—LAGARDE, JEAN, b 1727; fils de Jean et de Marie Gervais, de Ste-Croix, diocèse de Bordeaux.
BIREAU, Marie-Anne, [JEAN-BTE I.
b 1732.

1759, (23 janvier) St-François-du-Lac.
II.—LAGARDE (4), ANTOINE, [JEAN-BTE I.
b 1736
MADOUE, Elisabeth, [FRANÇOIS II.
b 1735.

LAGARENNE.—Voy. BOUVIER—CHEFDEVILLE—CHESNÉ—DUPUIS—VALLIÈRES, 1729.

1687, (4 février) Trois-Rivières.
I.—LAGARENNE (5), JACQUES,
b 1657.
PREVOST (6), Madeleine, [ELIE I
b 1673.
Marie-Anne, b 1695; m 12 janvier 1724, à Antoine ARCAN, à Deschambault[1]; s[1] 27 fevrier 1730.

(1) Dit St. Jean, soldat.
(2) Appelée Trudel, en 1745, du nom de sa mère. Elle épouse, le 18 nov. 1746, Charles Mathieu, à Lachenaye.
(3) Dit St. Roch; soldat de la compagnie de Herbin.
(4) Dit St. Jean.
(5) Dupuis, voy. vol. I, p. 218.
(6) Dit Laviolette; elle épouse, le 23 mai 1710, Thomas Stilet, aux Trois-Rivières.

LAGASSÉ.—Voy. MIGNIER.

LAGAUDIÉ.—*Variation :* GOYER.

I.—LAGAUDIÉ (1), JEAN.
SOREAU, Anne.
Jean, b... m 26 avril 1745, à Catherine GOBEIL, à St-Jean, I. O.

1745, (26 avril) St-Jean, I. O.
II.—LAGAUDIÉ, JEAN. [JEAN I.
GOBEIL (2), Catherine, [BARTHÉLEMI II.
b 1698; veuve de Michel Gosselin.

LAGAUDRIOLE.—Voy. VARIN dit GAUDRIA.

LAGENOIS.—Voy. ZACHARIE.

1708, (23 oct.) Québec. [3]
I.—LAGÈRE (3), LAURENT, marchand; fils de Pierre et d'Anne Duperrier, de Ste-Croix-du-mont, diocèse de Bordeaux; s [3] 4 mars 1711.
ALBERT (4), Jeanne, [GUILLAUME II.
b 1684.
Marie-Louise, b [3] 11 juillet 1709. — *Laurent*, b [3] 13 août 1710. — *Marie-Catherine* (posthume), b [3] 6 sept. 1711.

LAGERNE.—Voy. CHOVET.

I.—LAGERNE, ..., b 1690; s 18 janvier 1750, à Ste-Anne-de-la-Pérade.

LAGERRE.—Voy. LAGUER.

LAGIMAUDIÈRE, JEAN.
ROY, Clémence-Amable.
Toussaint, b et s 7 sept. 1758, au Bout-de-l'Ile, M. [3] — *Clémence*, b [3] 22 oct. 1759. — *Anne-Amable*, b [3] 16 fevrier 1762.

LAGIRAUDIÈRE.—Voy. HOURÉ.

LAGIROFLÉE. — Voy. BERTHELOT — BIGEAU — BIGOT — CAPELANT — CARCY—CHAUMEREAU—CHOUANARD—COSSET—DESMOULINS—DROUILLARD—JEAN— LORAIN— LORAINE—RENAUD—RIPON — ROLLAND — SAINTON— SATAGUERÉ—SIMON—SOULIÈRE—TOURNEUR.

1713, (29 mai) St-Frs-du-Lac. [1]
I.—LAGIROFLÉE (5), MATHURIN, b 1681; de St-Gilles, diocèse de Xaintes, Saintonge; s 2 sept. 1731, à St-Michel-d'Yamaska.
1° LAURENT, Marie-Anne, [GILLES I.
b 1693; s [1] 15 déc. 1714.
1716, (26 août). [1]
2° VANASSE, Jeanne, [FRANÇOIS I.
veuve de François Gagné.
Marguerite, b [1] et s [1] 25 sept. 1724.
1730, (29 mai) Rivière-du-Loup.
3° BANHIAC (1), Marie-Jeanne, [FRANÇOIS I.
b 1692; veuve de Jean Gaussin.

(1) Et Goyer.

(2) Elle épouse, le 21 février 1746, Guillaume Aubry, à St-Joseph, Beauce.

(3) Elu marguillier l'année de sa mort.

(4) Elle épouse, le 3 février 1714, Gabriel Graysac, à Québec.

(5) Voy. Berthelot, 1713, vol. II, p. 250.

LAGNEAU.—*Surnom :* POITEVIN.

1718, (15 sept.) Québec. [2]
I.—LAGNEAU (2), DENIS, fils de Thomas et de Marguerite Desjardins, de St-Barthélemi, Paris.
DEKIERK, Marie-Anne, fille de Nicolas et d'Angélique Kéni, de Saxe, Allemagne.
Marie-Joseph, b [2] 3 et s [2] 24 nov. 1718.—*Michel*, b [2] 24 oct. et s [2] 18 nov. 1719. — *Henri-Denis* et *Marie-Anne*, b [2] 4 sept. 1720.—*Marguerite*, b [2] 8 juin et s [2] 24 juillet 1722.—*Louis-Denis*, b [2] 16 août 1723.

1726, (20 mai) Québec. [3]
I.—LAGNEAU (3), ETIENNE, b 1697, journalier; fils de François et de Mathurine Boileau, de N.-D.-de-Poitiers, Poitou; s [3] 20 mars 1747.
LEREAU (4), Marie-Marguerite, [PIERRE II.
b 1706.
Etienne-Basile, b [3] 21 avril 1727; s [3] 9 août 1742.—*Simon*, b [3] 21 janvier 1729; s [3] 8 février 1730.—*Louis-Antoine*, b 21 oct. 1730, à Charlesbourg.—*Marguerite*, b [3] 5 nov. 1732; s [3] 20 déc. 1733.—*Marie-Geneviève-Cécile*, b [3] 7 nov. 1734; 1° m 2 juin 1757, à Augustin BILLOT, à Ste-Foye [4]; 2° m [4] 30 août 1762, à Michel MOISAN.—*Marie-Louise*, b [3] 18 nov. 1738; m [4] 18 février 1760, à Jean-Baptiste COLOMBE.—*Pierre*, b [3] 11 déc. 1740. —*Marie-Françoise*, b [3] 27 déc. 1743.—*Geneviève-Félicité*, b [3] 8 juin 1746; m [4] 10 avril 1769, à André BLONDEAU.

LAGNEL.—Voy. LANIEL.

LAGNIER.—*Surnom :* LATENDRESSE.

1756, (13 sept.) Montréal.
I.—LAGNIER (5), THOMAS, b 1725; fils d'Hypolite et de Jeanne Forest, de Retel-Mazarin, diocèse de Reims, Champagne.
SÉTO, Catherine, [JEAN I.
b 1734.

LAGORCE.—*Surnoms :* LAVOLONTÉ—PERROT.

(1) Voy. Bayard.

(2) Il était à Ste-Anne-de-la-Pérade en 1721.

(3) Dit Poitevin.

(4) Elle épouse, le 21 avril 1749, Jean Chenaux, à Québec.

(5) Dit Latendresse; sergent.

1757, (18 avril) Pte-aux-Trembles, M.
I.—LAGORCE (1), JEAN, b 1727 ; fils de Paul et de Marie Pierrefil, de St-Julien, diocèse de Limoges, Limousin ; s 28 déc. 1781, à Terrebonne.
LAMARRE (2), Marie-Joseph, [HENRI I. b 1693 ; veuve de Jean-François Comparet.

1784, (10 août) Québec. [2]
I.—LAGORCE (3), JEAN, b 1750 ; fils de Jean et de Jeanne Meliton, de Baumour, diocèse de Bourges, en Berry.
GIRAULT (4), Marie-Louise, [CHARLES I. b 1764.
Charles, b 1786 ; m [2] 1810, à Angélique MORIN ; s 1825, à St-Hyacinthe.

1810, Québec. [3]
II.—LAGORCE, CHARLES, [JEAN I. b 1786 ; s 1825, à St-Hyacinthe. [4]
MORIN, Angélique, s [4] 1836.
Claire, b [4] 1811 ; religieuse de l'Hôpital-Général, Q. ; s 1849.—*Charles-Irénée*, b [4] 6 juin 1813 ; ord. prêtre 30 juillet 1837 ; s 22 février 1864, à Ste-Claire, comté de Dorchester (5). — *Marie-Zoé*, b 1815 ; m [3] 1837, à Léonard BOIVIN.

LAGORGENDIÈRE.—Voy. DEFLEURY.

1759, (8 janvier) Lachine. [1]
I.—LAGOTERIE, PIERRE, fils de Pierre et de Marie-Christine Parque, de St-Van, diocèse de Chambourg.
PILLET, Marie-Marguerite, [PASCHAL-JOSEPH III. b 1736.
Pierre-Paschal, b [1] 16 déc. 1759.—*Rosalie-Félicité*, b [1] 28 février et s [1] 20 mai 1761.

LAGRANDEUR. — Voy. DUMONTET — DUSSAU — FAVREAU—FORTIN.

LAGRANGE.—Voy. BAUDON— BOUDON—CHALUT — CHANLUC — DECHAMBRE — SANSCHAGRIN — TÊTU.

1759, (19 nov.) Montréal.
I.—LAGRANGE (6), JEAN, b 1734 ; fils de Dominique et de Bernarde Raymond, de St-Pierre-de-Lamotte, diocèse de Lectoure, Gascogne.
LENOIR, Marguerite-Amable, [ANTOINE II. b 1736.

LAGRANGE, CHARLES.
FAUCHER, Marie-Angélique.
Charles, b 19 août 1764, à St-Joseph, Beauce.

(1) Dit Lavolonté ; soldat de la compagnie de feu Denau, du régiment de Guienne.
(2) Dit Belisle.
(3) Venu en Amérique avec Lafayette, il avait alors 20 ans ; décédé en 1835, à St-Césaire, à l'âge de 85 ans.
(4) Pour Giroux dit Poitevin, voy. vol. IV, p. 299.
(5) Inhumé à St-Hyacinthe.
(6) Dit Sanschagrin ; soldat.

LAGRAVE. — *Surnoms :* AUBERT — CHAINE — CHÊNE — CHESNAY — CHESNE — HANDGRAVE— LECHÊNE—ST. FRANÇOIS.

1673.
I.—LAGRAVE (1), PIERRE.
OUABANOIS, Françoise.
Charles, b 1692 ; m 8 janvier 1720, à Marie-Anne GUIBORD, à Ste-Anne-de-la-Pérade [2] ; s [2] 22 nov. 1727.

I.—LAGRAVE (2), RAYMOND.
1° MAILLOT, Rose. [RENÉ I.
Madeleine, b 20 août 1695, aux Grondines [4] ; m 10 avril 1725, à Joseph CHARETS, à Ste-Anne-de-la-Pérade. [5]
2° RENAUD, Marguerite.
Geneviève, b... 1° m 1er avril 1717, à François RIVARD, à Batiscan [3] ; 2° m [3] 8 janvier 1732, à Guillaume CORVESSIER. — *Marie-Jeanne*, b [4] 24 juin 1702 ; m [5] 12 août 1733, à Pierre CHARIER.— *Marie-Anne*, b [4] 10 avril 1705 ; m 5 février 1728, à Louis LEMERLE, à Lotbinière. — *Elisabeth*, b 1710 ; s [4] 29 juillet 1715.—*Marguerite*, b... m [3] 4 mars 1737, à Martin LEFEBVRE. — *Marie-Joseph*, b... m [5] 14 sept. 1739, à Claude-Joseph VINCENT. —*Louis*, b... m 1739, à Marie-Jeanne PORTELANCE.

1720, (8 janvier) Ste-Anne-de-la-Pérade. [6]
II.—LAGRAVE, CHARLES, [PIERRE I. b 1692 ; s [6] 22 nov. 1727.
GUIBORD (3), Marie-Anne. [ANTOINE I.
Charles, b [6] 8 oct. 1720 ; m à Marie-Joseph RICHER.—*Marie-Joseph*, b [6] 8 nov. 1722.—*François*, b 27 juin 1724, à Sorel [7] ; m [6] 12 juillet 1745, à Marguerite BERCIER. — *Jean-Baptiste*, b [7] 27 avril 1726.

LAGRAVE, FRANÇOIS.
ST. LAURENT, Marie.
Pierre, b 1726 ; s 30 nov. 1728, à Lotbinière. [8] —*Marie-Geneviève*, b [8] 27 déc. 1728.—*Louise*, b [8] 3 janvier 1731.

LAGRAVE, FRANÇOIS.
HOUI, Marie.
Marie-Joseph, b 1er mai 1735, à St-Pierre-les-Becquets. — *Joseph-Marie*, b 5 mars 1741, à St-Jean-Deschaillons. [1] —*Jean-Baptiste*, b [1] 25 mars et s [1] 17 sept. 1743.

II.—LAGRAVE (4), LOUIS. [RAYMOND I.
PORTELANCE (5), Marie-Jeanne.
Louis, b 1740 ; s 4 août 1742, aux Grondines. —*François*, b 2 février 1742, à St-Jean-Deschaillons. [1]— *Louis*, b... m 14 janvier 1766, à Agnès BEAUSÉJOUR, à l'Ile-Dupas. [2]— *Lazare*, b [1] 17 janvier 1744. — *Marie-Agathe*, b 23 janvier 1746, à Nicolet [3] ; m [3] 27 janvier 1766, à Antoine LATOUR ; s [3] 15 juin 1774. — *Antoine*, b [3] 22 avril et s [3] 14 mai 1748. — *Marie-Geneviève*, b [3] 22 avril 1748 ;

(1) Voy. vol. I, p. 338.
(2) Voy. Chêne, vol. I, p. 124.
(3) Elle épouse, plus tard, Jean-Baptiste Piette-Courville.
(4) Dit Chaine—Chesne—Lechêne.
(5) Elle épouse, le 10 février 1766, Jean Blangé, à Sorel.

m 21 sept. 1767, à Jean-Baptiste DEGUIRE, à Sorel.—*Joseph*, b [3] 8 mai et s [3] 18 juillet 1750.

1743, (25 nov.) Montréal. [4]

I.—LAGRAVE (1), FRANÇOIS, b 1717; fils d'Etienne et de Catherine Gardemont, de St-Sebastien-de-la-marche, diocèse de Bourges, en Berry.
HALLÉ, Marie-Catherine, [JEAN III.
b 1714.
Catherine, b [4] 2 oct. 1744; m [4] 2 février 1761, à Pierre FROLIN.—*François-Marie*, b [4] 19 janvier 1747.—*Louis-Antoine*, b [4] 23 mai 1749. — *Marie-Joseph*, b [4] 22 janvier 1751.

III.—LAGRAVE (2), CHARLES, [CHARLES II.
b 1720.
RICHER, Marie-Joseph.
Marie-Joseph, b 18 sept. 1743, à St-Jean-Deschaillons [2]; m 1761, à Pierre BARIAU. — *Marie-Charlotte*, b 15 juillet 1745, à Ste-Anne-de-la-Perade.—*Marie-Angélique*, b 13 mars 1747, à St-Pierre-les-Becquets. [3]—*Charles*, b [2] 30 avril 1753. —*Alexis*, b [3] 18 nov. 1759.

1745, (12 juillet) Ste-Anne-de-la-Pérade.

III.—LAGRAVE, FRANÇOIS, [CHARLES II.
b 1724.
BERGIER, Marguerite, [JACQUES II.
b 1724.
Charlotte, b 1751; s 6 juin 1753, à St-Jean-Deschaillons. [1] — *Eustache*, b [1] 25 oct. 1752. — *Marie-Catherine*, b 2 oct. et s 19 nov. 1755, aux Trois-Rivières. [2]—*René*, b [2] 19 et s [2] 22 mars 1757. —*Marguerite*, b [1] 17 sept. 1760; s [2] 12 mai 1761. — *Marie-Geneviève*, b 23 août 1762, à Quebec.

1758, (17 avril) Bécancour.

LAGRAVE, FRANÇOIS-RAYMOND.
DALUMATE, Marie-Joseph,
veuve de Jacques Drolet.

LAGRAVE, FRANÇOIS.
MAROT, Marie-Louise.
Joseph, b 8 juillet 1763, à l'Ile-Dupas.

1766, (14 janvier) Ile-Dupas. [1]

III.—LAGRAVE, LOUIS. [LOUIS II.
BEAUSÉJOUR, Marie-Agnès. [ANTOINE.
Marie-Agathe, b [1] 1er mai 1773.

1767.

I.—LAGRAVE (3), LOUIS, de St-Sauveur-d'Argenton, diocèse de Bourges, en Berry.
DROLET, Marie,
b 1747.

L'AGREMENT.—Voy. BOSSUS.

LAGRENADE. — Voy. DESGOUGRES, 1759 — LACHAUX—LAHAYE—LEGUAY.

(1) Dit St. François; soldat de la compagnie de Beauharnais.

(2) Dit Lechêne.

(3) Registres des Procès Verbaux, 1767, archevêché de Quebec.

LAGRILLADE.—Voy. BOISSEL—BOISSY—BOSSIA.

LAGROANDIÈRE.—Voy. CHERNEL, 1712.

1752, (26 juin) Montréal.

I.—LAGRUE, MICHEL, b 1719; fils de Charles et de Henriette Provost, de Beauvoir, diocèse de Sées, Normandie.
LECLERC, Elisabeth, [LOUIS II.
b 1727.

LAGU. — *Variations et surnoms:* LADIEUX — LAGUE—LAGUEUX—SANSCARTIER—SANSQUARTIER.

1710, (2 dec.) Boucherville. [2]

I.—LAGU (1), MICHEL, b 1682; fils de Claude et de Marie Moran, de St-Paul, ville d'Orléans, Orléanois.
LECLERC (2), Catherine, [GUILLAUME I.
b 1688.
Michel-Guillaume, b 21 février 1712, à Repentigny; 1° m 9 fevrier 1739, à Louise BARSALOU, à Montréal; 2° m... 3° m 8 sept. 1749, à Louise DERAINVILLE, à Chambly. [3] — *Nicolas*, b [2] 13 nov. 1717; m [3] 4 nov. 1748, à Marie MÉNARD.—*Marie-Anne*, b [2] 15 dec. 1719.—*Jean-Baptiste*, b [2] 1er fevrier 1722.—*Charles*, b... m 1757, à Françoise LETROFILE.—*Marie-Joseph*, b... m [3] 21 fevrier 1757, à Jean GOUR.

1739, (9 fevrier) Montréal.

II.—LAGU (3), MICHEL-GUILLAUME, [MICHEL I.
b 1712.
1° BARSOLOU, Louise, [GIRARD I.
b 1716.
2° ......
1749, (8 sept.) Chambly. [4]
3° DERAINVILLE, Louise, [CHARLES-VITAL IV.
s [4] 15 nov. 1760.
Louise, b [4] 7 juillet 1750.—*Anonyme*, b [4] et s [4] 8 oct. 1755.—*Marie-Elisabeth*, b [4] 2 fevrier et s [4] 12 sept. 1757.—*Marie-Elisabeth*, b [4] 29 sept. 1758; s [4] 24 août 1759.—*Raymond*, b [4] 28 fevrier et s [4] 23 juin 1760.

1748, (4 nov.) Chambly. [5]

II.—LAGU (3), NICOLAS, [MICHEL I.
b 1717.
MÉNARD, Marie. [JEAN-BTE III.
Jean-Marie, b [5] 19 février 1752 —*Marie-Joseph*, b [5] 3 sept. 1753.—*Anonyme*, b [5] et s [5] 2 juin 1756.

II.—LAGU, CHARLES. [MICHEL I.
LETROFILE, Françoise.
Pierre et *Toussaint*, b 26 nov. 1758, à Chambly.

LAGU, JEAN.
LAPRISE, Marie-Anne.
Marie-Anne, b 29 sept. 1760, à Chambly.

(1) Et Lague.

(2) Elle épouse, plus tard, Charles Legrain.

(3) Dit Sanscartier.

1756, (10 juin) Petite-Rivière.

I.—LAGU (1), PIERRE, fils de Bernard et de Françoise Jude, de St-Michel-de-Bordeaux, Guienne.

TREMBLAY, Marie-Madeleine, [FRANÇOIS III. b 1722; s 15 avril 1804, à Québec. [1]

Pierre-Bernard, b 25 juillet 1757, à l'Ile-aux-Coudres. [2] — *François,* b [2] 20 janvier 1759; s [1] 23 oct. 1784.—*Marie,* b 1760; m à Michel LECOURS. —*François,* b [2] 22 août 1761. — *Abraham,* b [2] 11 avril 1763; m à Marie-Louise BÉGIN. — *Etienne,* b... m [1] 20 janvier 1789, à Cecile GRIAU.

1789, (20 janvier) Québec. [2]

II.—LAGU (2), ETIENNE, [PIERRE I. s [2] 3 août 1842.

GRIAU-LARIVIÈRE (3), Cecile, [FRANÇOIS. s [2] 5 sept. 1845.

Cécile, b... m à Jean-Olivier BRUNET. — *Henriette,* b... m à Edouard GLACKMEYER; s [2] 19 mai 1833.

II.—LAGU, ABRAHAM, [PIERRE I. b 1763.

BÉGIN, Louise.

LAGUE.—Voy. LAGU.

LAGUENIER.—Voy. HAMELIN.

LAGUER.—*Variations et surnom:* LAGERRE—LAGUERRE—MORVILLE.

1717, (14 nov.) Québec. [1]

I.—LAGUER (4), CLAUDE-DOROTHÉ, fils de Pierre (sieur de Charbise, Lieut.-Colonel au regiment de Lorraine et ingénieur du Roi) et de Nicole Gascard, de St-Pantaléon, diocèse de Rheims, Champagne; s [1] 12 nov. 1722 (dans l'église).

DELAJOUE, Marie-Thérèse, [FRANÇOIS I. b 1696; s [1] 1er février 1758.

Marie-Dorothée-Thérèse, b [1] 21 août 1718; m [1] 11 février 1749, à Louis-Charles ROUER.—*Marie-Anne,* b [1] 7 juillet 1721; s [1] 1er nov. 1728.—*Claude-Dorothé,* b [1] 2 mars 1723; m 13 janvier 1750, à Elisabeth HAMEL, à Ste-Foye [2]; s [2] 7 oct. 1760.

1750, (13 janvier) Ste-Foye. [6]

II.—LAGUER (5), CLAUDE-DOROTHÉ, [CLAUDE I. b 1723; s [6] 7 oct. 1760.

HAMEL (6), Marie-Elisabeth. [MICHEL II.

Marie-Elisabeth, b 17 juin 1751, à Quebec. [7] — *Claude-Gilbert,* b [7] 9 mai et s [7] 24 sept. 1752.— *Claude-Michel,* b [7] 11 avril 1753. — *Marie-Dorothée,* b [7] 11 mai 1754.—*Claude-Pierre,* b [7] 22 mai 1755; s [7] 18 août 1758.—*Pierre,* b [7] 20 sept, 1757; s 5 février 1758, à Lorette. [8] — *Claude-Elisabeth,* b [8] 30 juillet 1759.

(1) Et Lagûe; ce nom est devenu Lagueux. Au départ des vaisseaux anglais, en 1763, il fut emmene comme pilote et ne revint jamais au pays.

(2) Et Lagûe—Lagueux—Ladieux.

(3) Et Griault.

(4) De Morville. Il était à Charlesbourg, en 1714.

(5) Et Lagerre—Laguerre de Morville, cadet a l'éguillier des troupes, compagnie de Forville.

(6) Elle épousa, le 3 oct. 1763, Pierre Gauvin, à Ste-Foye.

LAGUERCE.—*Variation et surnoms:* LAGUERCHE—DESORCY—LAUNAY.

1713, (29 mai) Trois-Rivières. [5]

I.—LAGUERCE, JEAN-FRANÇOIS, b 1685, sergent de Tonty; fils de Jean-François (receveur des droits du roy et bourgeois de Paris) et de Catherine Plagnole, de Saint-Paul, Paris; s [5] 27 sept. 1754.

1° LEFEBVRE (1), Marie-Marguerite, [MICHEL II. b 1686; s [5] 4 mai 1724.

Antoine-François, b [5] 14 août 1713; m [5] 16 nov. 1743, à Barbe-Suzanne LEPELÉ. — *Louise-Ursule,* b [5] 21 juin 1715; m 18 juillet 1735, à Antoine HUS, à Sorel [6]; s [6] 18 janvier 1761.—*Joseph,* b [5] 5 fevrier 1717; s [5] 30 août 1718.—*Marie-Marguerite,* b [5] 25 mai 1718; m [6] 14 juin 1751, à Louis LAVALLÉE. — *Joseph,* b [5] 1er nov. 1720; s [5] 27 fevrier 1721. — *Nicolas,* b [5] 1er dec. 1721; m [6] 7 janvier 1750, à Marie-Joseph LAMY.

1729, (20 janvier). [5]

2° BISSONNET (2), Marguerite, [JACQUES II. b 1699; s [5] 10 août 1757.

Jeanne-Françoise, b [5] 10 juillet 1731. — *Marie-Madeleine,* b [5] 23 mars 1733; m [5] 15 oct. 1753, à Simon CLAPIER.— *Marie-Joseph,* b 1734; m [5] 25 février 1755, à Joseph FAFARD.—*Jacques-Georges,* b [5] 7 et s [5] 26 mai 1739.

1743, (16 nov.) Trois-Rivières. [5]

II.—LAGUERCE (3), ANTOINE-FRS, [JEAN-FRS I b 1713.

LEPELÉ (4), Barbe-Suzanne, [ANTOINE II b 1718.

Barbe, b [5] 20 août 1744.—*Charlotte-Elisabeth,* b [5] 29 juin 1746. — *Antoine,* b [5] 19 juin 1748.— *Barbe,* b [5] et s [5] 14 avril 1749.—*Jean-Baptiste,* b [5] 9 fevrier 1750; s [5] 3 mars 1752. — *Marie-Joseph,* b [5] 22 mai 1752.— *Joseph,* b [5] 30 juillet 1753; s [5] 23 janvier 1758. — *Marie-Joseph,* b [5] 20 juillet 1754.—*Simon,* b [5] 18 mars et s [5] 23 août 1756.— *Simon,* b [5] 24 et s [5] 26 mai 1757. — *Barbe,* b [5] 7 août 1758. — *Madeleine,* b [5] 26 mai et s [5] 6 juin 1761.

1750, (7 janvier) Sorel. [4]

II.—LAGUERCE (5), NICOL.-SIMON, [JEAN-FRS I. b 1721.

LAMY, Marie-Joseph. [LOUIS III.

Joseph, b [4] 15 et s [4] 18 juillet 1751. — *Marie-Joseph,* b 25 février 1753, à l'Ile-Dupas [5]; m [4] 11 oct. 1773, à Pierre-Amable DORVAL. — *Pierre,* b [4] 8 mai 1757.—*Marie-Louise,* b [5] 15 août 1759.

LAGUERCHE.—Voy. LAGUERCE—TÉFÉ, 1712.

(1) Dit Lasisseraye, 1718—Lafavrie.

(2) Dit Lafanville.

(3) Il signe Laguerche.

(4) Dit Desmarets.

(5) Dit Desorcy.

I.—LAGUERCHE, FRANÇOIS, de St-Eustache, Paris.[1]
PLAGNOL, Jeanne.
Marie-Françoise, b [1] 1689 ; 1° m à Philippe LESAUNIER ; 2° m 27 nov. 1747, à Pierre PEPIN, à Montreal.

LAGUERRE.—Voy. AGNÈS—BENOIT—DAGUERRE —DUBOIS—LAGUER-MORVILLE—LAQUERRE.

I.—LAGUERRE (1), ... s 20 février 1748, à Chambly.

I.—LAGUERRE (2), MICHEL, b 1721; charpentier; s 20 déc. 1761, à Quebec.

1757, (21 nov.) Québec.

I.—LAGUERRE (3), DOMINIQUE, fils de Jean et de Marguerite Cheveri, de St-Pie, diocèse de Bayonne; s 18 août 1761, à St-François, I. O. (4).
HEVÉ (5), Madeleine. [JOSEPH III.
Michel, b 1757 ; s 11 juin 1762, à Berthier. — *Dominique*, b 26 mars 1761, à St-Valier.

LAGUEUX.—Voy. LAGU—LAIGU.

LAHAIE.—*Variations et surnoms :* DE LA HAYE —LAHAYE—LEHAYS (6)—GAILLARD—JARRY— LEPELÉ.

1697, (9 sept.) Québec.

I.—LAHAIE (7), JEAN, fils de Thomas et de Catherine Willow, d'Irlande.
SCHOUARDEN (8), Madeleine, fille de Jean et d'Anne Ebal, de Salem, N. A.
François, b 8 et s 12 juin 1698, à Montreal. [1]— *Madeleine*, b [1] 7 janvier 1701. — *Jeanne-Marguerite*, b [1] 5 sept. 1702, m [1] 31 mai 1719, à Pierre NORMAND. —*Thomas*, b [1] 24 et s [1] 30 mai 1705.— *Marie-Anne*, b [1] 30 juin 1706; s [1] 10 sept. 1708.— *Jean-François*, b [1] 8 janvier 1708 ; m 13 juin 1735, à Marie GAUTIER, à la Pointe-Claire [2] ; s 28 fevrier 1750, à Ste-Geneviève, M. [3] — *Silvie*, b [1] 19 mars 1710 ; 1° m 1740, à Jacques-François BENOIT-LAGUERRE ; 2° m [3] 18 août 1749, à Jean-Baptiste CHARBONNEAU.— *Marie-Joseph*, b [1] 22 et s [1] 25 dec. 1711.—*Marie-Catherine*, b [1] 8 et s [1] 18 mars 1713. —*Joseph*, b [1] 12 fevrier 1714 ; m [2] 9 janvier 1736, à Suzanne GAUTIER. — *Marie-Madeleine*, b [1] 13 oct. 1715 ; m [1] 20 mai 1737, à Claude COLOMBE. —*Claude-Jean-Baptiste*, b [1] 23 janvier 1717.

(1) Soldat de M. Cabanac.
(2) Basque de nation.
(3) Marié Daguerre, voy. vol. III, p. 221.—Marinier qui conduisait le batiment "La Geneviève."
(4) Noyé dans la rade, devant cette paroisse. (Rég. de St-François, I. O.)
(5) Elle épouse, le 1er mai 1764, Ambroise Rémillard, à St-Valier.
(6) Ce nom est le véritable.
(7) Né en 1670, à Sollo, Irlande; baptisé le 19 mars 1696, à Montréal. Marié sous le nom de Lehays, voy. vol. I, p. 373. Aussi appelé Lahey—De la Haye, voy. ce nom, vol. III, pp 290 et 291. Il avait été pris par les Flamands de Corlar et était au service de M. LeBer.
(8) Et Souard—Swarten.

1735, (13 juin) Pointe-Claire.

II.—LAHAIE (1), JEAN-FRANÇOIS, [JEAN I.
b 1708 ; s 28 février 1750, à Ste-Geneviève, M.[6]
GAUTIER, Marie. [JEAN-BTE II.
Marie, b... s [6] 27 février 1758.—*Ignace-Amable*, b [6] 8 oct. 1741 ; m [6] 8 février 1775, à Marie LANIEL. —*Pierre*, b [6] 15 sept. 1743.—*Marie-Joseph-Archange*, b [6] 19 mars 1748 ; s [6] 28 février 1750.— *Antoine* (posthume), b [6] 30 avril 1750.

1736, (9 janvier) Pointe-Claire.

II.—LAHAIE (1), JOSEPH, [JEAN I.
b 1714.
GAUTIER, Suzanne, [JEAN-BTE II.
b 1718.
Joseph, b... m 9 janvier 1764, à Marie-Elisabeth CHATILLON, à St-Laurent, M. — *Marie-Thérèse*, b 1er mai 1741, à Ste-Geneviève, M. [7]— *Marie-Geneviève*, b [7] 23 dec. 1742.—*Marie-Suzanne*, b [7] 8 dec. 1744.—*Michel*, b [7] 4 janvier et s [7] 21 oct. 1746.—*Anonyme*, b [7] et s [7] 8 oct. 1748.—*Marie-Cécile*, b [7] 18 février 1750.—*Marie-Archange*, b [7] 15 sept. 1751.—*Marie-Charlotte*, b [7] 1er mars 1753. —*Jean-Baptiste*, b [7] 22 juin et s [7] 3 juillet 1754. —*Marie-Madeleine*, b [7] 27 juillet 1755.—*Marie-Véronique*, b [7] 22 mai et s [7] 1er août 1757.—*Jean-Baptiste*, b [7] 19 nov. 1758.

1764, (9 janvier) St-Laurent, M.

III.—LAHAIE (1), JOSEPH. [JOSEPH II.
CHATILLON, Marie-Elisabeth. [JACQUES III.

1775, (8 février) Ste-Geneviève, M.

III.—LAHAIE (1), IGNACE-AMABLE, [JEAN-FRS II.
b 1741.
LANIEL, Marie-Thérèse. [JEAN-BTE III.
Marie-Joseph, b... m 8 août 1808, à François ST. AUBIN, à St-Laurent, M.

LAHAYE.—Voy. LAHAIE.

LAIGNEAU.—*Surnom :* L'ESPÉRANCE.

I.—LAIGNEAU (2), MATHIEU, b 1660 ; de Tiercé, Anjou ; s 1er juillet 1741, à l'Hôpital-General, M.

I.—LAIGNIER, FRANÇOIS,
marchand.
NOISEUX, Claude-Elisabeth.
Antoinette-Victoire, b 13 juin 1754, à Québec.

LAIGU.—*Variations et surnoms :* LAIGUE—LÉGU —LEHIUX—LEIEUX —LEILLU—LEYEUX—LEYU —LANON, 1735—LANOUE—LANOUX.

1709.

I.—LAIGU (3), RENÉ-CHARLES, soldat ; fils d'Isaac et de Thérèse Doucet, de N.-D. d'Alençon, diocèse de Seez, Normandie.
1° ROYER, Marie.

(1) Et Lahaye ; voy. aussi De la Haye, vol. III, p. 291.
(2) Dit L'Espérance.
(3) Et Légu—Leillu dit Lanoue.

François, b 3 déc. 1710, à Montréal[1]; m à Marie-Anne LEROUX.

1714, (12 février) Québec.[2]

2° BERNARD (1), Marie-Anne, [HILAIRE I. b 1699; s[2] 21 mai 1734.

René-Charles, b[2] 20 fevrier 1715; m[1] 22 sept. 1735, à Louise DENIORT.— *Barthélemi*, b[2] 3 avril 1717.—*Marie-Françoise*, b[2] 23 et s[2] 29 nov. 1719. —*Pierre-Noel*, b[2] 24 dec. 1720; s[2] 21 août 1721. — *Marie-Angélique*, b[2] 28 sept. 1722; m[2] 27 avril 1745, à Pierre MILLET.—*Louise*, b[2] 30 avril 1724; m 28 sept. 1744, à Charles POULIOT, à St-Laurent, I. O.; s[2] 8 sept. 1783.— *Marie-Joseph*, b[2] 10 mai 1726.—*Louis*, b[2] 18 mars 1728; m 26 février 1748, à Marie-Louise TERRIEN, à St-Valier. —*Louis-François*, b[2] 31 janvier et s[2] 23 juillet 1730. — *Charles*, b[2] 18 sept. 1731; s[2] 25 sept. 1732.—*Marie-Thérèse*, b[2] 16 avril 1734.

I.—LAIGU (2), PIERRE.
ALARY, Marie-Madeleine.

Pierre-Joseph, b... 1° m 25 juin 1736, à Marie-Geneviève DUPUIS, à Quebec; 2° m 19 oct. 1756, à Marguerite GARAND, à Lévis.

1735, (22 sept.) Montréal.[1]

II.—LAIGU (3), RENÉ-CHARLES, [RENÉ-CHS I. b 1715.
DENIORT (4), Louise, [JACQUES I. b 1717.

Charles, b[1] 18 déc. 1735; s[1] 20 août 1736.— *Jean-Baptiste*, b[1] 5 janvier 1737; m[1] 2 juin 1762, à Marie CAMPAGNAC. — *Louise-Catherine*, b[1] 11 oct. 1738; s[1] 17 janvier 1740. — *Philippe-Sébastien*, b[1] 2 mai 1740.—*François*, b[1] 12 mars 1742; s[1] 20 août 1743.— *Louise*, b[1] 4 février et s[1] 16 mars 1744.

II.—LAIGU (5), FRANÇOIS, [RENÉ-CHARLES I. b 1710.
LEROUX, Marie-Anne.

Marie-Anne, b... m 14 oct. 1766, à Antoine CHRÉTIEN, à Ste-Anne-de-la-Pocatière.

1736, (25 juin) Quebec.[6]

II.—LAIGU (2), PIERRE-JOSEPH, [PIERRE I. journalier.
1° DUPUIS (6), Marie-Geneviève, [PIERRE I. b 1716; s[6] 22 juin 1756.

Louis-François, b[6] 25 avril 1737. — *Marie-Anne*, b[6] 31 mai 1739; m 15 oct. 1764, à François BÉGARD, à l'Ile-Dupas. — *Marie-Geneviève*, b[6] 23 mars 1743; m[6] 30 août 1762, à Jean-Baptiste GIRARD.—*Marie-Joseph*, b[6] 24 mars 1746.— *Joseph-François*, b[6] 6 mars 1748.—*Pierre*, b[6] 13 déc. 1749; s[6] 9 fevrier 1750.—*Marie-Louise*, b[6] 2 mars et s[6] 10 sept. 1751. — *François*, b[6] 8 et s[6] 14 juillet 1752.—*Pierre*, b[6] 5 mars 1754.—*François*, b[6] 21 mai et s[6] 9 juillet 1756.

(1) Dit Larivière.
(2) Dit Lanoue.
(3) Dit Lanoue—Lanon, 1735.
(4) Dit Jolicœur. Elle épouse, le 9 nov. 1761, Jacques Métayer, à Montréal.
(5) Et Légu—Lanoux.
(6) Dit St. Pierre.

1756, (19 octobre) Lévis.

2° GARAND, Marguerite, [PIERRE II. b 1726; veuve de François Aubert.

Jean, b[6] 19 août et s[6] 19 nov. 1757.—*Nicolas-Marie*, b[6] 1er et s[6] 18 janvier 1759. — *Anonyme*, b[6] et s[6] 6 nov. 1759. — *Augustin*, b[6] 1er déc. 1760.—*François*, b[6] 10 avril 1762.

LAIGU (1), PIERRE.
MILLET, Marie-Madeleine.

Marie, b et s 13 sept. 1749, à Québec.

1748, (26 fevrier) St-Valier.[1]

II.—LAIGU (2), LOUIS-MARIE, [RENÉ-CHARLES I. b 1728.
TERRIEN, Marie-Louise, [GUILLAUME II. b 1724.

Marie-Marguerite, b[1] 13 avril et s[1] 26 mai 1749.—*Louis*, b[1] 23 sept. 1752. — *Marie-Louise*, b 26 sept. 1754, à St-Pierre-du-Sud. — *Antoine*, b 21 avril 1757, à St-Frs-du-Sud.[2] — *Joseph*, b[2] 19 oct. 1760.

1762, (2 juin) Montréal.

III.—LAIGU (3), JEAN-BTE, [RENÉ-CHARLES II. b 1737.
CAMPAGNAC, Marie, [LOUIS III. b 1740.

LAIGUE.—Voy. LAIGU.

LAIR.—Voy. LERT.

LAIRE.—Voy. LERT.

LAIREAU.—Voy. LEREAU.

LAIRET.—Voy. HILAREST—ROCHEFORT.

1756, (30 août) Québec.

III.—LAIRET (4), JEAN-BTE, [HENRI II. b 1734.
BARBEAU, Marie. [SIMON II.

Françoise, b... m 20 avril 1795, à Jean-Baptiste PLANTE, à St-Cuthbert.

III.—LAIRET (5), HENRI-LS, [HENRI II. b 1740.
GAUTIER, Marie-Charlotte.

Joseph-Marie, b 11 dec. 1775, à Lachenaye; s 8 juin 1791, à St-Cuthbert.[4]— *Marie-Marguerite*, b 1779; s[4] 14 mai 1793. — *François-Xavier*, b[4] 22 mars 1782.—*Marie-Pélagie*, b[4] 6 juin 1784.— *Jean-Baptiste-Antoine*, b[4] 6 oct. 1785. — *Marie-Geneviève*, b[4] 8 janvier 1787. — *Anonyme*, b[4] et s[4] 6 fevrier 1788.— *Marie-Charlotte*, b[4] 6 fevrier et s[4] 6 mai 1788.—*Marie-Anne*, b[4] 16 juillet 1790. —*Félicité*, b[4] 20 oct. 1791.

(1) Dit Lanoue.
(2) Et Légu dit Lanoux.
(3) Et Légu dit Lanoue.
(4) Et Liret—Hilarest, voy. ce nom, vol. IV, p. 507.
(5) Pour Hilarest, voy. vol. IV, p. 507.

1698, (24 nov.) St-Pierre, I. O.

I.—LAISDON (1), JEAN-BTE.
COTÉ, Ursule-Louise, [NOEL II.
b 1676.

Ursule, b 3 avril 1701, à Lorette; 1° m 21 février 1729, à Pierre BARET, à L'Ange-Gardien[2]; 2° m [2] 28 août 1736, à Charles GAUDIN.

LAISNÉ.— *Variations et surnoms :* LAINÉ — LESNÉ—BRIARD—DE LA CROIX—LAJEUNESSE—LALIBERTÉ—LAPLUME—OLIVIER—ST. PIERRE —TRANCHEMONTAGNE.

1680.

I.—LAISNÉ (2), BERNARD,
b 1656.
DIONNE (3), Anne, [ANTOINE I.
b 1665.

Marie-Madeleine, b 18 août 1684, à Ste-Famille, I. O.; m 29 dec. 1703, à François ARRIVÉ, à St-François, I. O. [9]—*Jean*, b 3 oct. 1691, à St-Jean, I. O.[8], m à Marie GINGRAS; s 4 sept. 1758, à St-Augustin.— *Pierre*, b 1692; m [8] 30 janvier 1720, à Marguerite PLANTE; s [8] 26 nov. 1748. — *Marie-Anne*, b [9] 16 fevrier 1694; 1° m 1709, à Maurice LARRIVÉE; 2° m 9 juillet 1734, à Barthelemi ROSA, à Québec.[7]—*Charles*, b [8] 2 juin 1696; m [7] 18 nov. 1720, à Angelique MINGOT. — *Geneviève*, b [8] 8 juin 1698; m [7] 9 avril 1720, à Jacques LAMOTHE. — *Elisabeth*, b [8] 4 fevrier 1701; m [7] 12 avril 1722, à Nicolas DASILVA; s [7] 25 fevrier 1758. — *Ursule*, b [8] 14 mars 1704; 1° m [7] 7 janvier 1728, à Jean-Baptiste BROUSSEAU; 2° m [7] 9 août 1745, à Charles-François RANCOUR. — *Agathe*, b [8] 27 janvier 1706; 1° m [7] 18 août 1729, à Pierre TERREAU; 2° m [7] 11 février 1760, à Louis GODBOUT; s [7] 31 janvier 1782.

I.—LAISNÉ (4), MICHEL, b 1661; s 10 juillet 1739, à Montréal.

1700, (24 nov.) Montréal. [1]

I.—LAISNÉ (5), OLIVIER, b 1658; fils de Jacques et de Françoise Guedel, de Doulan, diocèse des Cornouailles, Bretagne; s [1] 22 fevrier 1730.
AUBRY (6), Madeleine-Therèse, [TEC I.
b 1671; veuve de Jean Capet; s [1] 20 juillet 1748.

Louise, b [1] 5 juin 1701; m [1] 1er déc. 1725, à Claude DEVAU; s [1] 17 janvier 1750.—*Marie-Anne*, b [1] 2 mai 1703; m [1] 13 avril 1739, à Mathieu TILIER.—*Françoise*, b [1] 3 juin 1705; 1° m [1] 31 oct. 1729, à François CARDINAL; 2° m [1] 5 sept. 1740, à François GUILLEMIN.—*Louis*, b [1] 19 juillet 1707; s [1] 22 avril 1716.—*Joseph*, b [1] 4 mai 1709. —*Marie-Jeanne*, b [1] 20 août 1713; s [1] 10 dec. 1714.

(1) Et Jaldan dit Champagne; voy. vol. IV, p. 577.
(2) Voy. vol. I, p. 339.
(3) Et Dianne.
(4) Dit Tranchemontagne.
(5) Dit Laplume; soldat de la compagnie de Dumesny.
(6) Voy. Aubrenan.

1713, (17 janvier) Québec.

I.—LAISNÉ (1), ETIENNE, b 1685; fils de Pierre et de Marie Briseau, de N.-D.-de-LaRochelle, Aunis; s 5 janvier 1749, à Montréal. [2]
1° FONTAINE, Françoise, [LOUIS I.
b 1672; veuve de Jean-Baptiste Renaut.
1737, (30 sept.) [2]
2° GRENIER (2), Marie-Catherine, [MICHEL I.
b 1682; veuve de Jean-Baptiste Cavelier.

LAISNÉ, PIERRE.
PATENOTE, Louise.
François, b 16 mars 1720, à Longueuil.

1720, (30 janvier) St-Jean, I. O.[3]

II.—LAISNÉ (3), PIERRE, [BERNARD I.
b 1692; s [3] 26 fevrier 1748.
PLANTE, Marguerite. [PIERRE II.

Pierre, b [3] 5 août 1721; s [3] 6 oct. 1723 (brûlé dans la lessive).—*Pierre* (4), b 2 nov. 1723, à St-François, I. O.[4]; m [3] 9 nov. 1750, à Marie-Angelique ALAIRE.—*Marguerite*, b 1726; s [3] 7 mars 1750.—*Joseph*, b 1727; m [4] 19 nov. 1753, à Angelique ASSELIN; s [3] 21 fevrier 1760.—*Geneviève*, b... m [3] 20 nov. 1753, à Jean ASSELIN.—*Charles*, b [3] 30 dec. 1731.—*Marie-Joseph*, b 1732; s [3] 1er mars 1748.—*Thècle*, b [3] 7 avril 1733; m [3] 20 oct. 1760, à Pierre MOREAU.—*Marie-Madeleine*, b... m 4 août 1760, à Pierre BILODEAU, à St-Charles.—*Ambroise*, b [4] 25 mars 1736; s [3] 18 oct. 1738.—*Jean-Marie*, b... m [3] 4 juin 1764, à Basilisse AUDET.—*Pierre*, b [3] 15 juin 1740; s [3] 13 dec. 1743.

1720, (18 nov.) Québec. [5]

II.—LAISNÉ (5), CHARLES, [BERNARD I.
b 1696.
MINGOT (6), Angélique, [JEAN II.
b 1694; veuve de Jean-Baptiste Dasilva.

Charles, b 1723; s [5] 17 mars 1734.—*Jean*, b [5] 23 juin 1724.—*Marie-Angélique*, b [5] 17 juin 1726; s [5] 15 avril 1733.—*Marie-Elisabeth*, b... m 5 fevrier 1742, à Jacques DEGUISE, à St-Augustin. —*Marguerite*, b [5] 20 mai 1728; s [5] 7 mai 1733.—*Nicolas*, b [5] 10 nov. 1730; m à Madeleine VERMET.

1740, (3 oct.) Québec. [6]

I.—LAISNÉ (7), AUGUSTIN, fils de Pierre et de Jeanne Toreux, de St-Briard, diocèse de St-Malo, Bretagne.
ROUILLARD (8), Marie-Joseph, [MICHEL III.
b 1720.

Marie-Joseph, b [6] 18 avril 1742; s [6] 21 août 1757.—*Augustin*, b [6] 4 mars et s [6] 24 mai 1744.

(1) Dit St. Pierre; soldat de la compagnie de M. de St. Martin.
(2) Voy. Garnier, vol. I.
(3) Dit Laliberté, 1721.
(4) Il était à St-Jean, I. O., le 7 mars 1750.
(5) Dit Laliberté; fermier du domaine de Maure.
(6) Voy. Mingou.
(7) Dit Briard.
(8) Elle épouse, le 25 janvier 1745, Jean-Antoine Barthélemi, à Québec.

II.—LAISNÉ, JEAN, [BERNARD I.
b 1691; s 4 sept. 1758, à St-Augustin.[7]
GINGRAS (1), Marie.
Jean-Baptiste, b [7] 4 février 1748.—*Marie-Anne*, b [7] 12 août 1754.

I.—LAISNÉ (2), JEAN-THOMAS,
b 1711; s 4 dec. 1749, à Québec.[8]
CRAMOISSAN, Madeleine-Françoise-Cécile, b 1709; du Hâvre-de-Grâce; s [8] 10 déc. 1749.
Jean-René, b [8] 30 juillet 1744.—*Jean-François*, b [8] 18 déc. 1745.—*Jean-Marie*, b [8] 18 et s [8] 27 mai 1747. — *Henri-Marie*, b [8] 15 oct. 1748. — *Jean-Thomas*, b [8] 3 déc. 1749.

1750, (9 nov.) St-Jean, I. O.
III.—LAISNÉ, PIERRE, [PIERRE II.
b 1723.
ALAIRE (3), Marie-Angélique, [JACQUES III.
b 1725.
Pierre, b 8 mars 1752, à St-Charles.[3] — *Louis-Barthélemi*, b [3] 26 août 1753.—*Marie-Angélique*, b [3] 24 juin et s [3] 20 nov. 1755.—*Angélique*, b [3] 25 sept. 1756. — *Etienne*, b [3] 15 juillet 1758; s [3] 27 dec. 1759.—*Marie-Anne*, b [3] 6 nov. 1760.

1753, (19 nov.) St-François, I. O.
III.—LAISNÉ, JOSEPH, [PIERRE II.
b 1727; s 21 fevrier 1760, à St-Jean, I. O.[5]
ASSELIN (4), Angélique, [JEAN III.
b 1727.
Joseph, b [5] 31 janvier 1755.—*Jean-Baptiste*, b [5] 30 nov. 1756.

III.—LAISNÉ, NICOLAS, [CHARLES II.
b 1730.
VERMET, Marie-Madeleine.
Pierre, b 4 et s 6 mai 1754, à St-Augustin.[2] — *Pierre*, b... s [2] 20 sept. 1755.— *Marie*, b [2] 8 déc. 1755.— *Louis-Joseph*, b 1757; s [2] 23 juin 1759.— *Marie-Rose*, b 1er à Ste-Foye et s [2] 27 sept. 1758. — *Marie-Louise*, b [2] 22 mars 1760; m [2] 10 nov. 1783, à Nicolas TINON.—*Nicolas*, b [2] 19 mai 1762; s [2] 9 mars 1788. — *Marie-Charlotte*, b [2] 19 mai 1762.— *Brigitte*, b... m [2] 14 janvier 1783, à Jean-Marie DAGORY.

1756, (12 janvier) Kamouraska.[5]
I.—LAISNÉ, MICHEL, b 1734; fils de Nicolas et de Marie Boutloup, de St-Martin-des-Biards; s [5] 25 déc. 1776.
OUELLET (5), Marie-Angelique, [AUGUSTIN III.
b 1738.
Théotiste, b [5] 2 mai 1757; m [5] 30 juin 1778, à Pierre LANDRY. — *Michel*, b [5] 25 janvier 1763.— *Marie-Madeleine*, b [5] 15 déc. 1764. — *Michel-Amable*, b [5] 12 avril 1770.

(1) Elle épouse, le 11 février 1760, Jean-Baptiste Cottin, à St-Augustin.

(2) Maître mâteur des vaisseaux du roy.

(3) Et Dallaire.

(4) Elle épouse, le 2 février 1761, Jean-Marie Emond, à St-Jean, I. O.

(5) Elle épouse, le 19 juillet 1779, Augustin Miville, à Kamouraska.

1764, (4 juin) St-Jean, I. O.
III.—LAISNÉ, JEAN-MARIE. [PIERRE II.
AUDET, Basilisse, [JOSEPH III.
b 1745.

I.—LAISNÉ, FRANÇOIS, b 1736, de Perrier, diocèse de Coutances, Normandie.
BRETON, Madeleine.
Marie-Louise, b... m 23 mai 1796, à Pierre VALENTIN, à Québec.

LAISNÉ, AUGUSTIN.
BELLEAU-LAROSE, Marie.
Marie-Olivier, b 9 août 1792, à St-Augustin.[5] —*Louise*, b [5] 2 oct. 1793. — *Augustin*, b [5] 2 janvier 1795.

LAISNÉ, JEAN-MARIE.
LEFEBVRE, Françoise,
b 1755; s 3 mars 1827, à Beaumont.[4]
Marie, b... m [4] 6 fevrier 1809, à Joseph NADEAU.

LAIZEAU.— *Variations :* LEZEAU — LOISEAU — LOIZEAU.

1678, (24 oct.) Québec.[4]
I.—LAIZEAU (1), PIERRE,
s 5 oct. 1702, à St-Laurent, I. O.
LEMAITRE (2), Geneviève, [PASCHAL I.
b 1661.
Charles, b [4] 13 déc. 1694; 1° m 22 nov. 1729, à Geneviève AUDET, à Ste-Famille, I. O.[5]; 2° m [5] 11 janvier 1746, à Marie DEBLOIS; s [5] 31 mars 1762.

1719, (23 juillet) Québec.[8]
II.—LAIZEAU, RENÉ, [PIERRE I.
b 1690.
LEMOINE (3), Marie-Joseph, [FRANÇOIS I.
b 1696; veuve de Charles Chenier.
Marie-Louise, b [8] 29 août 1720; m [8] 9 oct 1741, à Jean CARRÉ; s [8] 13 mai 1749. — *Marie-Catherine*, b [8] 10 oct. 1722.—*Jean-Baptiste*, b [8] 30 janvier 1724; s [8] 10 oct. 1725.—*Geneviève*, b 1727, s [8] 8 mai 1733.—*François-Marie*, b [8] 28 fevrier 1729. — *Marie-Marthe*, b [8] 15 août 1731; s [8] 30 oct. 1732.

1729, (22 nov.) Ste-Famille, I. O.[9]
II.—LAIZEAU (4), CHARLES, [PIERRE I.
b 1694; s [9] 31 mars 1762.
1° AUDET (5), Geneviève, [NICOLAS I
b 1694; veuve de Gentien Morisset; s [9] 30 août 1734.
Charles, b [9] 5 et s [9] 23 nov. 1730. — *Charles*, b [9] 23 oct. 1731; s [9] 27 nov. 1733.—*Louis-Charles*, b [9] 29 août 1734; m [9] 22 nov. 1751, à Marthe LOIGNON; s [9] 29 nov. 1755.

(1) Et Loiseau, maître de barque; voy. vol. I, p. 330.

(2) Elle épouse, le 21 juin 1706, Jean Deblois, à Québec.

(3) Elle épouse, le 21 février 1733, Pierre Bouchard, à Québec.

(4) Et Loizeau.

(5) Dit Simon.

1746, (11 janvier).[9]
2° DEBLOIS, Marie, [GERMAIN II.
b 1707.
Marie-Angélique, b[9] 9 février 1748 ; m[9] 1er février 1768, à Etienne DROUIN.

1751, (22 nov.) Ste-Famille, I. O.[4]
III.—LAIZEAU (1), LS-CHARLES, [CHARLES II.
b 1734 ; s[4] 29 nov. 1755.
LOIGNON (2), Marthe, [CHARLES III.
b 1733.
Marthe-Abondance, b[4] 18 nov. 1752.—*Charles*, b[4] 3 août 1755.

LAJEUNESSE.— Voy. ASSAILLI — AUDIBERT — BALTÉ—BENOIT—BESNARD—BIGEOT—BROUILLET—CHARLES — CHEVRIER — CLÉMENT — DE BEAU — DESNOYERS — DUBORD — ESTÈNE — GAUGLY—GOUR—GUILBAUT—GUILLET — HUSSEREAU—LECOQ—LÉGER—LESCASE—LUTON—MACHABÉ— MAGNERON — PILET — POIRIER— QUENOCHE— RENAUD — ROSSIGNOL — STÈBRE — STÈRE — TROUILLET — UBRY — VALADE— VAUCHER.

I.—LAJEUNESSE (3), ..., s 18 nov. 1706, à Montreal.

I.—LAJEUNESSE (4), JEAN-BTE, b 1688 ; s 14 juin 1727, à Montréal.

I.—LAJEUNESSE, ..., b 1677 ; s 22 août 1759, à Lorette.

I.—LAJEUNESSE, JEAN-BTE.
CHARLES, Marie.
Jean-Baptiste, b 1710 ; m 27 juillet 1734, à Marie-Joseph HAREL, à Montréal.

LAJEUNESSE, ...
LAFORTUNE, Marie-Anne.
Marie, b 1721 ; s 12 août 1722, à Longueuil.

1728, (18 oct.) St-François, I. J.
III.—LAJEUNESSE (5), MICHEL. [ETIENNE II.
BEAUCHAMP, Marie. [PIERRE II.
Madeleine, b 12 sept. 1729, à Lachenaye.

1729, (25 février) St-François, I. J.
II.—LAJEUNESSE (6), JEAN-BTE, [ETIENNE I.
b 1689.
2° LAMOTTE (7), Marie-Anne, [FRANÇOIS I.
b 1704.
Etienne, b 4 sept. 1729, à Terrebonne.—*Marie*, b... m 20 oct. 1760, à Joseph VERMET, à Ste-Rose.

(1) Et Loizeau.
(2) Elle épouse, le 4 avril 1758, Joseph Baucher, à Ste-Famille, I. O.
(3) Soldat de la compagnie de Cabanac.
(4) Soldat de la compagnie DeLignery.
(5) Voy. Charles, vol. III, p. 17.
(6) Voy. Charles, 1715, vol. III, p. 17.
(7) Dit Laramée.

LAJEUNESSE, FRANÇOIS.
LAROSÉE, Suzanne.
Joseph-Marie, b 3 février 1730, à St-François, I. J.

1734, (27 juillet) Montréal.
II.—LAJEUNESSE, JEAN-BTE, [JEAN-BTE I.
b 1710 ; s 14 mai 1750, à Longueuil.[4]
HAREL (1), Marie-Joseph, [JEAN-FRS II.
b 1713.
Marie-Joseph, b[4] 11 juillet 1735 ; m[4] 17 janvier 1757, à Vincent BRICAUT.—*Marie-Madeleine*, b[4] 16 sept. 1736 ; m[4] 8 janvier 1759, à Nicolas LHUISSIER. — *Jean-Baptiste*, b[4] 31 janvier 1738 ; m[4] 2 fevrier 1761, à Marie-Thérèse PAGÉ.— *Antoine*, b[4] 15 août 1739 ; m 15 juin 1767, à Marguerite REGUINDEAU, à Boucherville.—*Pierre*, b[4] 2 janvier 1741. — *Philippe*, b[4] 27 juin et s[4] 16 août 1742. — *François*, b[4] 3 dec. 1743.— *Marie-Geneviève*, b[4] 6 mai et s[4] 4 juillet 1746.—*Marie-Elisabeth*, b[4] 28 juillet et s[4] 11 août 1747.— *Marie-Louise*, b[4] 18 janvier 1749.— *Prudent*, b[4] 17 fevrier 1750.

LAJEUNESSE, PIERRE.
POIDRAS, Marie-Anne.
Marie-Madeleine, b 2 et s 11 juin 1735, à Québec.

1740, (11 janvier) St-François, I. J.
III.—LAJEUNESSE (2), JEAN-BTE, [ETIENNE II.
b 1716.
1° DESSUREAUX, Marie-Renée. [JEAN-BTE II.
Marie-Françoise, b 5 juillet 1742, à Terrebonne ; m 23 nov. 1761, à Louis DUVILLARS, à Ste-Rose.
1756, (26 avril) Ste-Geneviève, M.[1]
2° MARTEL, Agathe. [FRANÇOIS II.
Marie-Agathe, b[1] 28 juin 1758.

LAJEUNESSE, NICOLAS.
LANIEL, Jeanne.
Anonyme, b et s 17 avril 1747, à Ste-Geneviève, M.

LAJEUNESSE, ETIENNE.
LAFONTAINE, Marie-Madeleine,
b 1723 ; s 5 dec. 1760, à St-Michel.

LAJEUNESSE, NICOLAS.
SAUVÉ, Louise,
b 1732 ; s 20 sept. 1767, à Soulanges.

LAJEUNESSE, NICOLAS.
BRASAU, Jeanne-Danielle.
Marie-Louise-Claire, b 12 et s 21 août 1751, au Lac-des-Deux-Montagnes.

LAJEUNESSE, JEAN-BTE,
b 1724 ; s 16 oct. 1756, à l'Hôpital-Général, M.

LAJEUNESSE, FRANÇOIS.
CHARPENTIER, Catherine.
Marie, b... m 27 janvier 1777, à Joseph TÉTRO,

(1) Elle épouse, le 28 janvier 1754, Pierre Edeline, à Longueuil.
(2) Dit Charles ; voy. vol. III, p. 18.

à Lachenaye.—*Catherine*, b 20 nov. 1760, à Terrebonne. — *Marie-Rose*, b 30 août 1761, à Ste-Rose.

1761, (2 février) Longueuil.[7]
III.—LAJEUNESSE, JEAN-BTE, [JEAN-BTE II.
b 1738.
PAGÉ, Marie-Thérèse, [PIERRE II
b 1740.
Marie-Thérèse, b[7] 2 nov. 1761.

1767, (15 juin) Boucherville.
III.—LAJEUNESSE, ANTOINE, [JEAN-BTE II.
b 1739.
REGUINDEAU, Marguerite. [JOSEPH III.

LAJEUNESSE, JOSEPH.
MIGNAULT, Melina.
Emma, (1), née en 1848, à Chambly; m à John GYE (2), à Londres, Angleterre.

LAJOIE. —*Variation et surnoms :* LAJOY—ARNAUD — BAREILLES — BRUNET — CHATELET — CHUPIN—DROGUE—DUBOIS—HADNIN—HUSSON —LIMOUSIN — MANSEAU— MASSELOT — MAURIER—MERCIER—MORIN— NORMANDIN— PONCET—PRÉTAT—RÉBILLAU—ROUSSEAU.

I.—LAJOIE, ...
BOUCHER, Catherine-Gertrude, [JEAN II.
b 1673; s 9 mai 1758, à Quebec.

I.—LAJOIE, b 1727; soldat; de Bourgogne; s 7 nov. 1757, à Chambly.

1748, (18 nov.) Ile-aux-Coudres.[6]
I.—LAJOIE (3), FRANÇOIS.
DEBIEN (4), Brigitte, [ETIENNE II.
b 1728.
François, b[6] 28 sept. 1749; m 4 nov. 1772, à Thérèse BOUCHARD, aux Eboulements.[7] — *Louis*, b[7] 6 juin 1751; m[6] 9 août 1774, à Thècle BOUCHARD.—*Anonyme*, b[6] et s[6] 29 mars 1753.—*Etienne*, b[6] 22 avril 1754; m 3 février 1777, à Sophie SIMARD, à la Baie-St-Paul.—*Marie-Félicité*, b[6] 23 avril 1756; m[7] 24 avril 1775, à Godfroy TREMBLAY.—*Rose*, b[6] 30 août 1757; s[6] 27 janvier 1758.—*Brigitte*, b... m[7] 14 oct. 1776, à François GAGNON.

LAJOIE (5), ...
DUPUIS, Angélique.
Brigitte-Angélique, b 22 mars 1751, aux Trois-Rivières.

LAJOIE, PIERRE.
RACINE, Marie-Anne.
Joseph, b 1761; s 7 oct. 1763, à Québec.

(1) Connue sous le nom d'Albani, ou Diva canadienne.
(2) Directeur de l'Opéra italien de Londres.
(3) Et Lajoy.
(4) Elle épouse, le 2 août 1773, Joseph Gonthier, à l'Ile-aux-Coudres.
(5) Dit Limousin.

1772, (4 nov.) Eboulements.
II.—LAJOIE, FRANÇOIS, [FRANÇOIS I.
b 1749.
BOUCHARD, Marie-Thérèse, [ANTOINE III.
b 1753.
Marie-Julie, b 24 nov. 1773, à l'Ile-aux-Coudres[2] —*François*, b[2] 13 oct. 1775.—*Emérance*, b[2] 22 mars 1780.—*Louis*, b[2] 13 oct. 1782.

1774, (9 août) Ile-aux-Coudres.[3]
II.—LAJOIE, LOUIS, [FRANÇOIS I.
b 1751.
BOUCHARD, Thècle, [JOSEPH-FRANÇOIS III.
b 1754.
Marie-Thècle, b[3] 20 juin 1775.—*Marie-Charlotte*, b[3] 20 nov. 1776.—*Louis*, b[3] 28 oct. 1778. —*Emérance*, b[3] 23 avril 1781.—*Joseph-Marie*, b[3] 2 juin 1783.

1777, (3 février) Baie-St-Paul.
II.—LAJOIE, ETIENNE, [FRANÇOIS I.
b 1754.
SIMARD, Sophie, [ANGE IV.
b 1757.
Marie-Julienne, b 4 nov. 1781, aux Eboulements.

LAJOIE, PIERRE, b 1763; s 29 avril 1809, à l'Hôpital-General, M.

1787, (22 oct.) St-Cuthbert.
I.—LAJOIE, JOSEPH.
BRULÉ, Marie-Joseph. [ANTOINE.

I.—LAJONQUILLE (1), b... s 20 février 1705, à Montreal.

LAJOY.—Voy. LAJOIE.

1754, (21 avril) Verchères.[3]
I.—LAJUDIC, JEAN-BTE, fils de Jean-Baptiste et d'Eleonore Chazelas, de St-Maurice, diocèse de Limoges, Limousin.
GUYON, Marie-Charlotte. [JOSEPH IV.
Jean-Baptiste, b[3] 30 oct. et s[3] 26 nov. 1754.—*Marie-Catherine*, b[3] 25 nov. et s[3] 13 déc. 1755. —*Joseph*, b 1757, s[3] 26 avril 1759.

1697, (21 nov.) Québec.[4]
I.—LAJUS (2), JOURDAIN,
b 1672; s[4] 12 mars 1742.
1° ROGER, Marie-Louise, [GUILLAUME I
b 1676; s[4] 11 janvier 1716.
1717, (8 sept.)[4]
2° MOREAU (3), Louise-Elisabeth, [PIERRE I
b 1691.
François-Michel, b[4] 20 juillet 1720; 1° m[4] 7 janvier 1758, à Louise-Michelle POULIN; 2° m 28 nov. 1761, à Marguerite-Véronique PARANT, à Beauport.—*François*, b[4] 28 août 1721; 1° m[4] 14 nov. 1747, à Marguerite BAILLEUL-AUDET; 2° m[4]

(1) Soldat de la compagnie de Cabanac.
(2) Voy. vol. I, p. 339.
(3) Dit Lataupine.

11 août 1776, à Angélique-Jeanne HUBERT. — *Ignace*, b et s 15 oct. 1724, à Lorette.[5] — *Louis*, b[5] et s[5] 7 déc. 1734.

1747, (14 nov.) Québec.[5]

II.—LAJUS, FRANÇOIS, [JOURDAIN I.
b 1721; chirurgien.
1° AUDET (1), Marguerite, [LOUIS I.
b 1717; s[5] 19 oct. 1775.

François, b[5] 1er sept. 1749; s[5] 25 juillet 1750. —*Marguerite*, b[5] 1er sept. et s[5] 3 nov. 1749.— *Anonyme*, b[5] et s[5] 20 sept. 1751.—*Marguerite*, b[5] 11 janvier et s 18 août 1754, à Levis. — *Pierre-Jean-Baptiste*, b[5] 24 et s[5] 29 mars 1755. —*François*, b[5] 15 dec. 1757; s[5] 1er juin 1758. —*Anonyme*, b[5] et s[5] 5 fevrier 1759.

1776, (11 août).[5]

2° HUBERT, Angélique-Jeanne, [JACQ.-FRS III.
b 1746.

François-Marie-Olivier-Hubert, b[5] 17 juillet 1777. — *Angélique-Geneviève-Dosithée*, b[5] 24 fevrier et s 14 mars 1780, à Ste-Foye. — *Jeanne-Françoise-Louise-Luce*, b... m[5] 26 juillet 1796, à Pierre-Stanislas BEDARD.— *Jean-Baptiste-Isidore-Hospice*, b[5] 21 mai 1781; ordonné 27 mai 1804; s 5 janvier 1836, aux Trois-Rivières.— *René-Flavien*, b[5] 24 juin 1785; ordonne 24 sept. 1808; s 13 fevrier 1839, à St-Pierre, I. O.

1758, (7 janvier) Québec.[1]

II.—LAJUS (2), FRANÇOIS-MICHEL, [JOURDAIN I.
b 1720.
1° POULIN, Louise-Michelle, [PIERRE IV.
b 1721; s 16 sept. 1759, aux Trois-Rivières.

1761, (28 nov.) Beauport.[2]

2° PARANT, Margte-Véronique, [FRANÇOIS III.
b 1739.

François-Michel, b[2] 15 mars et s[2] 11 mai 1762. —*Elisabeth*, b[1] 20 fèvrier et s[1] 11 mars 1763.— *Jean-Antoine*, b[1] 20 mars 1764.

LALAGUE.—*Surnom :* CHARPENTIER.

1726, (25 nov.) Ste-Foye.

I.—LALAGUE (3), JOSEPH, b 1699; fils de Raymond et de Jeanne Caumont, de Montcauban; s 22 janvier 1771, à St-Joseph, Beauce.[1]
1° TERRIEN-CARIÉ, Catherine, [LOUIS II.
b 1701; s[1] 29 nov. 1744.

Louis-Joseph, b 1er oct. 1727, à Québec[2]; m[1] 16 oct. 1769, à Louise RACINE.— *Marie-Catherine*, b[2] 28 mars 1729; s 25 août 1733, à St-Valier.[3]— *Marie-Thérèse*, b[3] 6 oct. 1730; 1° m[3] 21 février 1746, à Jean LEDUC; 2° m[3] 14 janvier 1760, à Pierre GUILLON. — *Anne-Françoise*, b[3] 4 nov. 1731.—*Louis*, b 1732; s[1] 9 avril 1756.— *Joseph*, b[3] 3 juillet et s[3] 14 août 1733.—*Marie-Elisabeth*, b[3] 21 août 1734; s[3] 4 nov. 1747. — *Catherine*, b 26 mai 1736, à Lévis. — *Marie-Salomée*, b... m[1] 17 juillet 1758, à Jean DOYON.—*Marie-Madeleine*, b[1] 30 juillet 1739; 1° m[1] 22 février 1762, à Gabriel BISSONNET; 2° m[1] 28 sept. 1778, à Joseph FORTIN. — *Marguerite*, b... m[1] 7 février 1763, à Charles CLOUTIER. — *Angélique-Victoire*, b[1] 18 sept. et s[1] 6 nov. 1744.

1749, (22 août) Château-Richer.

2° MOREAU (1), Marie, [PIERRE II.
b 1711; veuve de Basile Cloutier.

Joseph, b... ~~m[1] 16 oct. 1769~~, ~~à Louise RACINE~~. —*Marie-Anne*, b[1] 18 fevrier 1754; s[1] 23 avril 1755.

1769, (16 oct.) St-Joseph, Beauce.[4]

II.—LALAGUE, LOUIS-JOSEPH, [JOSEPH I.
b 1727.
RACINE, Louise, [ETIENNE IV.
b 1749.

Marie-Louise, b[4] 25 août 1770 —*Marie-Louise*, b[4] 22 sept. 1771. — *Marie-Ursule*, b[4] 6 janvier 1773.—*Marie-Geneviève*, b[4] 12 mars 1774; s[4] 17 fevrier 1776. — *Marie-Barbe*, b[4] 12 mars 1774; s[4] 16 sept. 1775.—*Joseph*, b[4] 3 sept. 1775; s[4] 10 déc. 1776.—*François*, b[4] 17 nov. 1776. — *Marie-Joseph*, b[4] 21 avril 1778. — *Joseph*, b[4] 21 août 1779.

LALANCETTE.—Voy. BONNELLE—CARLES—CLAVEAU—DUBOIS—FABRE—LEBRETON—MARION —SCIPION—SÉGUIN.

I.—LALANCETTE (2), P., chirurgien.

LALANDE.—*Variation et surnoms :* LALONDE—BIGOT—DORMET—GUILLEMOT — LANGLICHE— LATREILLE—MAUGÉ—ST. LOUIS.

1676, (24 nov.) Montréal.

I.—LALANDE (3), ETIENNE-LOUIS,
b 1641.
FILASTREAU, Nicole, [RENÉ I.
b 1662.

Marie-Anne, b 24 oct. 1690, à Lachine; m 1710, à Antoine-François BEAULNE.—*Marie-Jeanne*, b... m 28 dec. 1723, à Jacques LEBRUN, à la Pointe-Claire.

I.—LALANDE (4), JEAN, d'Amboy, Nouvelle-Angleterre.
PERRIN, Elisabeth,
née 1673; b 1690; s 26 mars 1736, à Montreal.[9]

Marie, b 1689; m[9] 9 février 1711, à Pierre BRASSARD; s[9] 17 nov. 1739.—*Jean*, b 1694; m[9] 18 dec. 1719, à Elisabeth GAREAU. — *Charles*, b 1699; s[9] 8 juin 1712.—*Marie-Anne*, b[9] 23 juillet 1709; m[9] 16 fevrier 1733, à Jacques LACELLE.

(1) De Piercotte de Bailleul.
(2) Capitaine de navire.
(3) Dit Charpentier.

(1) Elle épouse, le 18 nov. 1775, Jacques Ducharme, à St-Joseph, Beauce.
(2) Il signe, le 30 mars 1756, à Kamouraska.
(3) Dit Langliche; voy. vol. I, p. 339.
(4) Interprète des Anglais et Flamands en ce pays; voy. vol. I, p. 339.

1698, (18 nov.) Lachine. [1]

I.—LALANDE (1), Léonard,
b 1672.
Beaune, Gabrielle, [Jean I.
b 1673 ; veuve de Jean Vincent.
Marguerite, b [1] 23 sept. 1699 ; m 19 août 1721, à Nicolas Magdeleine, à la Pointe-Claire.[2]—*Marie-Anne*, b [1] 18 dec. 1701 ; m [2] 2 mai 1732, à Jean-Baptiste LeGardeur de Repentigny. — *Jacques*, b 1703 ; 1° m [1] 17 fevrier 1726, à Judith Reaume ; 2° m 24 sept. 1753, à Marie-Françoise Philibot, à Montréal. [3]—*Pierre*, b 19 fevrier 1704, au Bout-de-l'Ile, M. [4] ; m [1] 30 oct. 1730, à Angelique Messaguier.— *Marguerite*, b [4] 13 dec. 1705 ; m [2] 12 janvier 1729, à Joseph Poirier. — *Antoine*, b... 1° m [4] 11 juillet 1729, à Marie-Claire .... ; 2° m [2] 10 janvier 1735, à Suzanne Legaut-Deslauriers ; s 6 déc. 1759, à Ste-Rose.— *Marie-Louise*, b 1710 ; s [3] 21 janvier 1730.—*Ursule*, b... 1° m [4] 7 janvier 1739, à Michel Raynard ; 2° m [4] 17 août 1750, à Bernard Chambly.—*Jeanne-Françoise*, b [4] 24 février 1717.—*Anonyme*, b [2] et s [2] 26 avril 1718.—*Léonard*, b [2] 26 avril 1718. — *Louis*, b 1719 ; s 12 oct. 1780, à l'Hôpital-General, M.

I.—LALANDE (2), Jacques.
Terriault (3), Marie.
Jacques, b 10 fevrier 1715, à Kaskakia. [1] — *Elisabeth*, b [1] 20 nov. 1717.—*Marie*, b [1] 20 nov. 1717 ; m à Pierre Aubuchon ; s [1] 8 fevrier 1765.— *Etienne* et *Gabriel*, b [1] 14 juillet 1721.—*Jean-Baptiste*, b 1722 ; s [1] 27 avril 1724.

1719, (18 dec.) Montréal. [2]

II.—LALANDE, Jean, [Jean I.
b 1694.
Gareau (4), Elisabeth, [Pierre II.
b 1700.
Elisabeth, b [2] 13 oct. 1720 ; s [2] 11 août 1721.— *Marguerite*, b [2] 13 fevrier 1722.—*Jean-Baptiste*, b [2] 14 et s [2] 15 février 1723.—*Marie-Elisabeth*, b [2] 28 fevrier 1724 ; m [2] 27 nov. 1752, à Louis Lefebvre.

1726, (17 février) Lachine.

II.—LALANDE (5), Jacques, [Léonard I.
b 1703.
1° Réaume, Judith, [Robert II.
b 1707.
Thérèse, b... m 31 août 1744, à Joseph-Paschal Boivin, à St-Vincent-de-Paul. [3] —*Angélique*, b 22 fevrier 1729, au Bout-de-l'Ile, M. [4] ; s [4] 7 fevrier 1730.—*Marie-Joseph*, b [4] 25 avril 1731 ; 1° m 27 janvier 1749, à Pierre Tibaut, au Sault-au-Récollet [5] ; 2° m [5] 12 février 1759, à André Chabot. —*Françoise-Amable*, b [4] 14 mai 1733 ; m 25 sept. 1752, à Pierre Defoy, à Montréal. [6] —*Jacques*, b [4] 30 juillet 1735 ; s [4] 11 dec. 1749.—*Robert*, b [4] 16 juin 1737 ; m 25 nov. 1765, à Euphrosine Perron, à la Baie-St-Paul.—*Jean-Baptiste*, b [4] 4 janvier et s [4] 29 juin 1740.—*Marie-Thérèse*, b [4] 2 mai 1741. —*Marie-Charlotte*, b [4] 25 juin 1741 ; m [5] 6 fevrier 1758, à François Boucher.—*Louis*, b [4] 29 août 1743 ; s [3] 30 août 1745.—*Raphael*, b [3] 8 juin et s [3] 13 août 1745.— *Louis-Marie*, b [3] 17 sept. 1747.— *Joseph-Marie*, b [3] 3 mars 1750.

1753, (24 sept.) [6]

2° Philibot, Marie-Françoise, [Charles II.
b 1728 ; veuve de François Gadois.

I.—LALANDE (1), Jacques, b 1678 ; s 15 sept. 1728, à Montréal.

1729, (11 juillet) Bout-de-l'Ile, M. [1]

II.—LALANDE, Antoine, [Léonard I.
s 6 dec. 1759, à Ste-Rose. [2]
1° ...., Marie-Claire,
b 1705 ; s [1] 27 avril 1733.
Félicité-Charlotte, b [1] 11 déc. 1729 ; m 26 oct. 1756, à Pierre Delestre, à Montreal. — *Joseph*, b [1] 2 sept. 1731 ; s [1] 8 mai 1733. — *Anonyme*, b [1] et s [1] 20 avril 1733.

1735, (10 janvier) Pointe-Claire.

2° Legaut-Deslauriers, Suzanne [Noel I.
Antoine, b [1] 7 janvier 1736 ; m 1756, à Rosalie Pilon.—*Michel-Amable*, b [1] et s [1] 17 avril 1737. —*Suzanne-Amable*, b [1] 7 juin 1738 ; m 19 sept. 1757, à Thomas Pilon, à Ste-Geneviève, M. [3]— *Marie-Amable*, b [1] 25 février 1740.— *Marie-Geneviève* et *Marie-Louise-Renée*, b [1] 10 et s [1] 12 nov 1741.—*Marie-Catherine*, b [3] 4 juillet 1743 ; m [3] 7 janvier 1761, à Pierre Périllard. — *Marie-Marguerite*, b [3] 9 mai 1745 ; s [3] 21 oct. 1750.— *Michel*, b [3] 22 fevrier et s [3] 9 déc. 1747 —*Anonyme*, b [3] et s [3] 28 sept. 1748.—*Jean-Baptiste*, b [3] 15 sept. 1750. — *Ambroise*, b [3] 16 juillet 1752— *Marie-Archange*, b [3] 27 avril 1754. — *Jacques-Amable*, b [3] 27 juillet et s [3] 7 août 1755.

II.—LALANDE (2), Louis, [Léonard I.
b 1719 ; s 12 oct. 1780, à l'Hôpital-General, M.

1730, (30 oct.) Lachine.

II.—LALANDE (2), Pierre, [Léonard I.
b 1704.
Messaguier (3), Angélique, [Hugues I.
b 1704.
Pierre, b 1731 ; m 26 février 1753, à Marie-Joseph Barbe, à la Longue-Pointe. [7] — *Louis*, b... m [7] 26 avril 1756, à Madeleine Barbe-Abel. —*Marie-Angélique*, b 10 mai 1733, au Bout-de-l'Ile, M. [8] ; m [8] 15 mai 1752, à Pierre Lefebvre. —*Albert*, b [8] 21 et s [8] 27 fevrier 1735. — *Marie-Charlotte*, b... m [8] 27 oct. 1760, à Pierre Menetrier. — *Louis-Amable*, b [8] 25 avril 1737 ; s [8] 12 nov. 1742. — *Gabriel-Albert*, b [8] 2 mars 1739, m 26 fevrier 1759, à Suzanne Guitard, à Ste-Geneviève, M. — *François-Amable*, b [8] 23 sept. 1740.— *Joseph-Marie*, b [8] 1er fevrier et s [8] 25 mai 1742.—*Joseph*, b 14 août, à Montreal et s [8] 22 oct. 1744.—*Marie-Amable*, b [8] 7 et s [8] 11 sept. 1748.

---

(1) Dit Latreille ; voy. vol. I, pp. 339-340.
(2) Dit Bigot.
(3) Ou Terrhio.
(4) Elle épouse, le 18 nov. 1725, Pierre Guy, à Montréal.
(5) Dit Mauger.

(1) Natif de Dieppe ; matelot de la barque *La Reine Esther*.
(2) Dit Latreille.
(3) Et Messagué dit Laplaine.

I.—LALANDE (1), Claude-Louis.
Caplante, Louise,
b 1704; s 17 déc. 1753, à Kamouraska.[8]
Pierre, b... m [8] 29 oct. 1764, à Marie Moreau. —*Dorothée*, b [8] 7 avril 1743; m [8] 23 juillet 1764, à Athanase Michaud. — *Marie-Ursule*, b [8] 19 oct. 1745.— *Agathe*, b [8] 28 janvier 1748.— *Guillaume*, b 1750; s [8] 12 mai 1752.

1740.

II.—LALANDE (2), Charles. [Léonard I.
Lacombe, Marie-Joseph.
Gabriel, b 26 février 1741, à Ste-Geneviève, M.[3]; m 19 nov. 1764, à Marie-Louise Dumay, au Bout-de-l'Ile, M.[4] — *Marie-Joseph*, b [3] 21 juin 1743; s [3] 26 oct. 1748.—*Marie-Geneviève*, b [3] 25 janvier et s 3 juin 1746, au Sault-au-Recollet. — *Geneviève*, b [3] 15 mai 1747. — *Charles*, b [3] 11 nov. 1748.—*Marie-Joseph*, b [8] 14 juillet 1750 —*Marie-Marguerite*, b [4] 19 nov. 1752. — *Marie-Elisabeth*, b [4] 11 et s [4] 14 août 1754. — *Jean-Baptiste*, b [4] 4 oct. 1755.—*Marie-Elisabeth*, b [4] 11 juillet 1757.— *Marie-Archange*, b [4] 28 oct. 1759.—*Marie-Elisabeth*, b [4] 27 février 1760.

1753, (26 février) Longue-Pointe.
III.—LALANDE (3), Pierre, [Pierre II.
b 1731.
Barbe (4), Marie-Joseph, [Louis-Joseph II.
b 1731.
Marie-Thérèse, b 26 nov. 1753, au Bout-de-l'Ile, M.[1] — *Marie-Angélique*, b [1] 27 mai 1755.— *Pierre*, b [1] 23 juillet 1756.—*Marie-Madeleine*, b [1] 6 août 1757.—*Charlotte-Amable*, b [1] 5 juin 1760.

1756.

III.—LALANDE, Antoine, [Antoine II.
b 1736.
Pilon, Rosalie.
Antoine, b 15 sept. et s 13 oct. 1757, à Ste-Geneviève, M.[2]—*Antoine*, b [2] 10 et s [2] 28 sept. 1758. —*Anonyme*, b et s 4 avril 1761, à Ste-Rose.— *François*, b 6 mars 1762, au Bout-de-l'Ile, M.

1756, (26 avril) Longue-Pointe.[3]
III.—LALANDE (3), Louis. [Pierre II.
Barbe (4), Marie-Madeleine-Barbe. [Ls-Jos. II.
Louis, b [3] 31 mars 1756.—*Marie-Amable*, b 9 sept. 1759, au Bout-de-l'Ile, M.[4]; s [4] 20 juillet 1760.—*Jean-Baptiste*, b [4] 20 juin et s [4] 13 août 1762.—*Louis*, b [4] 26 juin 1763.

1759, (26 février) Ste-Geneviève, M.
III.—LALANDE (5), Gabriel-Albert, [Pierre II.
b 1739.
Guitard, Marie-Suzanne, [Jean I.
b 1742.
Albert, b 27 sept. 1767, au Bout-de-l'Ile, M.

(1) Dit St. Louis.
(2) Et Lalonde dit Latreille.
(3) Dit Latreille, marié sous ce nom.
(4) Dit Abel.
(5) Dit Latreille.

1764, (29 oct.) Kamouraska.[1]
II.—LALANDE (1), Pierre. [Claude-Louis I.
Moreau, Marie. [Pierre III.
Pierre, b [1] 17 juillet et s [1] 4 août 1766.—*Marie-Anne*, b [1] 27 juillet 1768.—*Marie-Joseph*, b [1] 3 mars 1771.

1764, (19 nov.) Bout-de-l'Ile, M.[2]
III.—LALANDE, Gabriel, [Charles II.
b 1741.
Dumay (2), Marie-Louise,
veuve d'Augustin Merlot.
Gabriel, b [2] 22 août 1765.—*Marie-Amable*, b [2] 18 avril 1768.

1765, (25 nov.) Baie-St-Paul.[3]
III.—LALANDE, Robert, [Jacques II.
b 1737.
Perron, Marie-Euphrosine, [Jacques III.
b 1746
Marguerite-Angélique, b [3] 19 août 1766.

1730, (23 janvier) Laprairie.[9]
I.—LALANNE, Joseph, b 1704, chirurgien; fils de Pierre (chirurgien) et de Marie Lartigue, de Montessau, diocèse d'Auch, Gascogne.
1° Pinsonneau, Charlotte, [Pierre II.
b 1706; s [9] 23 février 1737.
Charlotte, b [9] 24 nov. 1730; s [9] 7 avril 1733. — *Marthe-Hélène*, b [9] 6 mars 1732.—*Marie-Charlotte*, b [9] 8 juillet 1733.—*Joseph*, b [9] 13 oct. 1734 — *Clément*, b [9] 26 déc. 1735; s [9] 28 avril 1738.— *Marie-Marguerite*, b [9] 22 février et s [9] 11 août 1737.

1738, (20 oct.)[9]
2° Rougier, Suzanne-Françoise, [Antoine I.
b 1709.
Suzanne-Elisabeth, b [9] 3 mars 1740.—*Marie-Constance*, b [9] 15 janvier 1741; s [9] 18 avril 1742. —*Marie-Joseph*, b [9] 3 déc. 1742; s [9] 8 juillet 1743. —*François*, b [9] 23 août 1744.

1760, (7 oct.) Verchères.[3]
I.—LALANNE (3), Jean-Antoine, fils de Jean-Pierre et de Marie-Claire Meric, de St-Michel-de-la-Grâce, diocèse de Carcassonne, Languedoc.
Guillet, Marie-Joseph. [Louis-Daniel IV.
Marie-Joseph, b [3] 22 janvier 1760.

LALEU.—*Variations et surnoms :* De la Leu—Lalude—Lalue—Lamontagne—Lanoue.

1689, (10 janvier) Boucherville.
I.—LALEU (4), Léonard-Antoine,
b 1670; s 23 sept. 1707, à Montréal.[3]
Petit (5), Marie-Françoise, [Nicolas I.
b 1671.

(1) Dit St. Louis.
(2) Et Omay, 1768.
(3) Soldat du Royal Roussillon.
(4) Dit Lanoue—Lamontagne, voy. vol. I, p. 340.
(5) Elle épouse, le 24 nov. 1712, Joseph Demers, à Varennes.

Marie-Joseph, b 5 mai 1694, à Varennes[4]; m[4] 11 fevrier 1725, à Joseph Bissonnet. — *Jean-Baptiste*, b[4] 24 déc. 1698; 1° m 9 janvier 1730, à Marie-Madeleine Pagé, à Longueuil; 2° m[3] 9 juin 1732, à Catherine Leduc. — *Marguerite*, b... m[4] 16 avril 1731, à Jean-Baptiste Rougeau. — *Madeleine*, b 5 oct. 1705, à Lachine; m[4] 2 mai 1735, à Ignace Lereau.

1730, (9 janvier) Longueuil.[5]

II.—LALEU (1), Jean-Bte, [Antoine I.
b 1698.
1° Pagé, Marie-Madeleine, [Antoine I.
b 1712; s[5] 6 avril 1730.
1732, (9 juin) Montréal.
2° Leduc, Catherine, [Charles II.
b 1708.

Jean-Baptiste, b 1733; m 10 février 1755, à Marie-Amable Basinet, à la Longue-Pointe.—*Véronique*, b... m 3 juillet 1752, à Jean-Baptiste Rivet, à Varennes.[6] — *Marie-Joseph*, b... m[6] 10 janvier 1757, à Claude Remont.—*Angélique*, b... m[6] 21 nov. 1757, à Michel Petit. — *Basile*, b... m[6] 29 oct. 1770, à Catherine Fontaine.

LALEU (2), Jean-Bte.
Laleu, Marguerite.
Marguerite, b... m 24 sept. 1770, à Joseph Burel, à Varennes.

1755, (10 février) Longue-Pointe.

III.—LALEU (3), Jean-Bte, [Jean-Bte II.
b 1733.
Basinet, Marie-Amable, [Pierre III.
b 1730.

1770, (29 oct.) Varennes.

III.—LALEU, Basile. [Jean-Bte II.
Fontaine, Catherine. [Augustin III.

LALIBERTÉ.—Voy. Alexandre — Charoux — Colin — Deliefe— Deliège—Desrochers—Dupuis—Galet — Gilbert—Hervé—Laisné—Lehoux—Letendre—Mouilleron—Payen — Petit — Roiroux — Senet — Tessier — Touin—Végéars—Vergens—Viau—Vinet.

I.—LALIBERTÉ, Pierre, b 1635; s 17 mai 1710, à Montreal.

I.—LALIBERTÉ, ... b 1689; s 22 déc. 1749, à St-François-du-Sud.

I.—LALIBERTÉ, Gaspard, b 1664; s 14 fevrier 1718, aux Grondines.

1743, (15 oct.) Ile-Dupas.

III.—LALIBERTÉ (4), Joseph. [Michel II.
Bérard, Angelique. [Gabriel II.
Gabriel, b... m 11 février 1771, à Madeleine Rémillard, à St-Cuthbert.

(1) Dit Lanoue—Lamontagne.
(2) Dit Lamontagne.
(3) Et Lalue dit Lamontagne.
(4) Voy. Colin, vol. III, p. 110.

LALIBERTÉ, Jean.
Gingras, Marie-Joseph, [Jean-Bte II.
b 1732.
Marie-Anne, b... m 27 mars 1775, à Pierre Dehornay, à St-Antoine-Tilly.

LALIBERTÉ, Antoine.
Chaussée, Therèse.
Marie-Thérèse et *Marie-Antoinette*, b 10 août 1745, à Lavaltrie.

LALIBERTÉ, Joseph.
Charpentier, Marie-Joseph.
Marie-Joseph, b 13 août 1750, à Lavaltrie.

1771, (11 février) St-Cuthbert.[2]

IV.—LALIBERTÉ (1), Gabriel. [Joseph III
Rémillard, Madeleine, [Augustin III
b 1750.
Pierre-Gabriel, b[2] 22 nov. 1771; s[2] 22 juillet 1777.

LALIME.—Voy. Cazal—Chaufau — Chèvrefils—Girardeau—Leboesme—Lépine—Lombard—Sadé—Vivier.

LALIME, Michel,
b 1753; s 6 oct. 1795, à Québec.
Amelot, Louise. [Jacques II.

LALLEMAND.—Voy. Daigle — Durand — Fritern — Moiseur — Moleur — Phriters — Quemleur.

1719, (20 nov.) Québec.[4]

I.—LALLEMAND, François, fils de Jean et de Jeanne Elie, de Mezi, diocèse de Bayeux, Normandie.
Moreau, Charlotte, [Louis II.
b 1700; s[4] 10 mai 1764.
Marie-Françoise, b[4] 21 juin 1720; m[4] 18 avril 1741, à Nicolas Jourdain.—*Louis-François*, b[4] 22 mars 1722.—*Marie-Louise*, b[4] 26 avril 1724; m[4] 8 janvier 1748, à Jean Colin. — *Marie-Hélène*, b[4] 12 janvier 1726; m[4] 6 nov. 1747, à Alexis-Charles Mirmond.—*Valentin*, b[4] 2 déc. 1727; s[4] 21 sept. 1747.—*Marie-Charlotte*, b[4] 16 sept. 1729; s[4] 17 juin 1730.—*François*, b[4] 23 juin 1731; s 1er juin 1743 (noyé), au Cap-de-la-Madeleine.—*Louis*, b[4] 6 sept. 1735; m 21 mai 1757, à Marie-Anne Vigé, à Montréal.—*Jean-Baptiste*, b[4] 16 sept. 1738.

LALLEMAND, Jean.
Desplaines, Marie-Joseph.
Jean-Baptiste, b 31 déc. 1755, à Contrecœur,[2] s[2] 30 juillet 1756.

LALLEMAND, François.
Laronde, Marie-Anne.
François, b 21 août 1755, à Québec.— *Anonyme*, b et s 29 juillet 1759, à Ste-Anne-de-la-Perade.

(1) Dit Colin.

1757, (21 mai) Montréal.

II.—LALLEMAND (1), LOUIS, [FRANÇOIS I.
b 1735.
VIGER, Marie-Anne, [CHARLES III.
b 1730; s 13 mars 1807, à l'Hôpital-Général, M.

LALLEMAND, JACQUES.
LAPOINTE, Marguerite,
s 23 mars 1761, à St-Vincent-de-Paul.

LALLEMANT.—Voy. LALLEMAND.

1730, (5 oct.) Deschambault.

I.—LALLIER, JEAN, fils de Denis et de Catherine Gaucher, de Vivarennes, diocèse de Bourges, en Berry.
PAQUIN, Marguerite, [JEAN II.
b 1733.
Adrien, b 16 déc. 1752, au Cap-Santé[2]; s [2] 10 août 1753.—*Jean-Baptiste*, b... m 8 nov. 1785, à Felicite GARIÉPY, aux Grondines.

1785, (8 nov.) Grondines.

II.—LALLIER, JEAN-BTE. [JEAN I.
GARIÉPY, Marie-Felicite, [LOUIS-JOSEPH IV.
b 1764.

L'ALLOUETTE.—Voy. LAPORTE—LEBEAU.

LALOIRE.—Voy. ALLAIRE—TRINQUE.

LALONDE.—*Variation et surnoms :* LALANDE—LABONTÉ—LESPÉRANCE—RÉCOLLET.

I.—LALONDE (2), JEAN,
b 1640.
BARBARY (3), Marie,
b 1639.
Jean-Baptiste, b 10 oct. 1675, à Montréal; 1° m 3 fevrier 1698, à Marguerite MASTA, à la Pte-aux-Trembles, M.; 2° m 24 oct. 1701, à Jeanne GERVAIS, à Laprairie; s 4 fevrier 1750, au Bout-de-l'Ile, M.—*Guillaume*, b 21 août 1684, à Lachine; m 1710, à Madeleine EDELINE.

1698, (3 février) Pte-aux-Trembles, M.[5]

II.—LALONDE (4), JEAN-BTE, [JEAN I.
b 1675; s 4 fevrier 1750, au Bout-de-l'Ile, M.[6]
1° MASTA, Marguerite, [MATHURIN I.
b 1680; s [5] 22 sept. 1699.
François, b [5] 4 sept. 1699; 1° m 5 mars 1726, à Marie-Joseph TROTIER, à Lachine; 2° m [6] 4 juillet 1757, à Marie-Anne CESIRE-RIBERVILLE.

1701, (24 oct.) Laprairie.

2° GERVAIS, Jeanne, [MATHURIN I
b 1679; s [6] 1er nov. 1765.
Jean-Baptiste, b 1er mai 1703, à Montréal[7]; m [6] 3 mars 1726, à Marie-Joseph BREBAN.—*Guillaume*, b [6] 26 février 1705; m [6] 16 janvier 1730, à Angélique BRUNET.—*Joseph*, b [7] 27 mars 1707; m [6] 30 janvier 1730, à Marie LÉGER.—*Marie-Rose*, b... 1° m [6] 9 nov. 1728, à Joseph GAUTIER; 2° m [6] 3 février 1749, à Pierre-Docile DUBUISSON.—*Antoine*, b 26 oct. 1713, à la Pointe-Claire; m [6] 26 avril 1735, à Felicite SAUVÉ.—*Marie-Anne*, b [6] 8 avril 1715; m [6] 5 mai 1732, à Nicolas ROBILLARD; s [6] 28 juillet 1754.—*Marie*, b [6] 18 dec. 1717; m [6] 13 janvier 1738, à Augustin BRÉBANT.—*Jeanne*, b... m à Jean BRUNET.

(1) Dit Durand.

(2) Voy. vol. I, p. 340.

(3) Elle épouse, le 26 janvier 1688, Pierre de Tabaut, à Lachine.

(4) Voy. vol. I, p. 340.

II.—LALONDE (1), GUILLAUME, [JEAN I.
b 1684.
EDELINE (2), Madeleine,
b 1684; s 26 dec. 1764, à Soulanges.[1]
Edouard, b 17 mai 1712, au Bout-de-l'Ile, M.[2]; 1° m [2] 24 janvier 1735, à Suzanne SÉDILOT; 2° m 1743, à Madeleine MESSIER; 3° m 1751, à Elisabeth DUCLOS.—*Marie-Louise*, b 8 nov. 1713, à la Pointe-Claire: s [2] 25 oct 1722.—*Louis*, b 1714; m 7 fevrier 1740, à Louise PICARD, aux Trois-Rivières.—*Louise*, b [2] 30 août 1715.—*André*, b [2] 10 avril 1717; m [2] 7 avril 1750, à Marie-Joseph DIEL.—*Albert*, b [2] 27 mai 1719; m [2] 7 fevrier 1746, à Angélique MAUPETIT.—*François*, b [2] 2 juillet 1721; m [2] 8 fevrier 1745, à Marie-Elisabeth RÉAUME.—*Marie-Joseph*, b [2] 12 mars 1724; m [2] 17 fevrier 1749, à Thomas OUATIER.—*Joseph-Marie*, b [2] 19 nov. 1725; 1° m 10 janvier 1752, à Marguerite SARRAZIN, à Lachine[3]; 2° m [3] 27 février 1764, à Angelique MERLOT.—*Geneviève*, b [2] 27 oct. 1727; m [2] 6 mai 1750, à Charles LECOMPTE.—*Guillaume*, b [2] 19 juin 1730; m [1] 7 janvier 1754, à Charlotte BRAY.—*Marie-Anne*, b [2] 31 juillet 1732.—*Jean-Baptiste*, b [2] 16 juin 1734.

1726, (3 mars) Bout-de-l'Ile, M.[8]

III.—LALONDE, JEAN-BTE, [JEAN-BTE II.
b 1703.
BREBAN, Marie-Joseph, [MICHEL II.
b 1711; s [8] 5 avril 1750.
Jean, b [8] 10 et s [8] 24 oct. 1727.—*Antoine*, b [8] 5 janvier 1729; m [8] 27 nov. 1752, à Marie-Charlotte GRENIER.—*Marie-Thérèse*, b [8] 4 nov 1731; s [8] 26 avril 1742.—*Marie-Joseph*, b [8] 4 août 1734; m [8] 25 fevrier 1754, à Pierre LEDUC.—*Françoise-Amable*, b [8] 29 avril 1737; m [8] 7 fevrier 1763, à Augustin HUNAUT.—*Marie-Catherine*, b [8] 6 août 1739; s [8] 9 janvier 1749.—*Agathe*, b [8] 22 avril 1744.—*Marie-Elisabeth*, b [8] 24 mai 1746; m [8] 7 janvier 1766, à Augustin LEDUC.—*Marguerite*, b [8] 21 août 1748.—*Anonyme*, b [8] et s [8] 4 avril 1750.

1726, (5 mars) Lachine.

III.—LALONDE, FRANÇOIS, [JEAN-BTE II.
b 1699.
1° TROTIER, Marie-Joseph, [JOSEPH III.
b 1708; s 15 mars 1755, au Bout-de-l'Ile, M.[9]
Marie-Joseph, b [9] 15 avril 1727.—*Marie-Thérèse*, b [9] 12 mai 1729; 1° m [9] 10 avril 1747, à Alexandre BOYER; 2° m [9] 25 mai 1761, à Joseph AYMOND.—*François-Marie*, b [9] 25 août 1731; m [9]

(1) Dit L'Espérance.

(2) Aussi appelée : Trilène—Hélène—Edouard—Lebert.

16 oct. 1752, à Madeleine Hunaut.—*Marie-Agathe*, b [9] 5 oct. 1733; m [9] 20 avril 1752, à Charles Marion.—*Joseph-Marie*, b [9] 30 mars 1736; m 18 avril 1757, à Marie-Angélique Bray, à Soulanges. — *Marie-Catherine*, b [9] 20 fevrier 1738, m [9] 10 février 1755, à Joseph-Marie Sauvé. — *Marie-Anne*, b [9] 21 fevrier 1740; m [9] 2 août 1756, à Etienne Bray.—*Marie-Rose*, b [9] 14 avril 1742; m [9] 19 fevrier 1759, à Jean-Baptiste Sauvé — *Marie-Elisabeth*, b [9] 26 nov. 1744.— *Elisabeth*, b [9] 19 mai 1746. — *Marie-Louise*, b [9] 28 juin 1747.—*Anonyme*, b [9] et s [9] 4 juin 1749.— *Marie-Joseph*, b [9] 19 déc. 1751; s [9] 27 fevrier 1753.

1757, (4 juillet). [9]
2° Cesire (1), Marie-Anne, [Joseph I.
b 1711; veuve de Claude Boyer.

—

1730, (16 janvier) Bout-de-l'Ile, M. [1]
III.—LALONDE, Guillaume, [Jean-Bte II.
b 1705.
Brunet, Angelique, [François II.
b 1711.
François-Amable, b [1] 26 mai 1731; m [1] 28 avril 1755, à Marie-Anne Boyer. — *Marie-Françoise-Amable*, b [1] 9 mars 1733; s [1] 26 juin 1740. — *Marie-Catherine*, b [1] 15 janvier 1735; m [1] 7 janvier 1755, à Dominique Bray. — *Guillaume*, b [1] 21 déc. 1736; m [1] 2 fevrier 1761, à Marie-Charlotte Sauvé.—*Antoine-Marie*, b [1] 2 mai 1738; m [1] 4 nov. 1760, à Agathe Hunaut. — *Gabriel-Joseph*, b [1] 30 janvier et s [1] 29 déc. 1740.—*Marie-Angélique*, b [1] 10 sept. 1741; m [1] 2 fevrier 1761, à Charles-Marie Sauvé.—*Marie-Françoise*, b 1742; 1° m [1] 2 fevrier 1761, à Joseph-Marie Cuillerier; 2° m [1] 20 oct. 1766, à François Duménil.—*Marie-Joseph*, b [1] 15 oct. 1744. — *Marie-Geneviève*, b [1] 2 fevrier 1746; m [1] 7 fevrier 1763, à François Bray. —*Marie-Louise*, b [1] 29 avril 1748.—*Joseph-Marie*, b [1] 26 déc. 1749. — *Marie-Agathe*, b [1] 28 mars et s [1] 26 juillet 1751. — *Marie-Joseph*, b [1] 31 oct. 1752; s [1] 23 sept. 1753. — *Marie-Joseph*, b [1] 15 juin et s [1] 19 août 1754.—*Marie-Joseph*, b [1] 17 sept. 1755; s [1] 12 avril 1756.

—

1730, (30 janvier) Bout-de-l'Ile, M. [3]
III.—LALONDE, Joseph, [Jean-Bte II.
b 1707.
Léger, Marie. [Pierre I.
Marie-Joseph, b [3] 25 mai 1732; m [3] 3 fevrier 1749, à Michel Sédilot. —*Joseph-Amable*, b [3] 28 sept. 1734; m [3] 2 mai 1757, à Françoise Lamoureux.—*Marie-Suzanne*, b [3] 27 août 1737, m [3] 24 sept. 1759, à Andre Blondeau. — *Jean-Baptiste*, b [3] 1er fevrier 1740; m à Cecile Héry. —*Antoine*, b [3] 4 nov. 1744. — *Geneviève*, b [3] 1er juin 1747, m [3] 4 oct. 1762, à Andre Roy. — *Marie-Anne*, b [3] 7 nov. 1750; m [3] 29 août 1768, à Pierre Vallée.

1735, (24 janvier) Bout-de-l'Ile, M. [3]
III.—LALONDE, Edouard, [Guillaume II.
b 1712.
1° Sédilot, Suzanne, [Jean-Bte III.
b 1715.
Gabriel-Joseph, b [3] 11 oct. 1735.

(1) Dit Riberville.

1743.
2° Messier (1), Madeleine,
b 1724; s [3] 20 fevrier 1750.
Marie-Madeleine, b [3] 8 nov. 1744. — *Edouard*, b [3] 10 juillet et s [3] 31 août 1748. — *Joseph-Marie*, b [3] 30 sept. 1749.

1751.
3° Duclos, Elisabeth.
Marie-Hypolite, b 2 août 1752, à Soulanges [2]; s [2] 17 fevrier 1754. — *Louis-Claude*, b [2] 21 nov. 1753.—*Alexis*, b [2] 18 avril 1755.—*Hypolite*, b [2] 7 sept. 1756. — *François-Régis*, b [2] 7 nov. 1758.— *Rémi*, b [2] 8 mai 1760.

—

1735, (26 avril) Bout-de-l'Ile, M. [4]
III.—LALONDE (2), Antoine, [Jean-Bte II.
b 1713.
Sauvé, Félicité. [Pierre I
Marie-Félicité, b [4] 23 mai 1736; m [4] 24 nov. 1760, à Charles Normand. — *Antoine*, b [4] 8 dec 1737. — *Marie-Agathe*, b [4] 7 dec. 1739; m [4] 27 janvier 1766, à Jean-Noël Legault. — *Joseph-Marie*, b [4] 26 nov. 1741. — *Marguerite-Brigitte*, b [4] 8 oct. 1743; m [4] 31 janvier 1763, à Joseph Leduc. — *Charles*, b [4] 20 oct. 1745. — *André*, b [4] 26 oct. 1747.—*Marie-Louise*, b [4] 17 et s [4] 19 dec 1748.—*Paschal*, b [4] 27 mars 1750.—*Marie-Joseph*, b [4] 24 mai 1752. — *Amable*, b [4] 14 mars 1754.— *Augustin-François*, b [4] 7 mars 1756.

—

1740.
LALONDE, Louis.
Bonin, Marie-Anne, [André I.
veuve de Louis Chapdelaine.
Marie-Catherine, b 1742; m 3 sept. 1760, à Etienne Charles, à Montréal.

—

1740, (7 février) Trois-Rivières. [1]
III.—LALONDE, Louis, [Guillaume II
b 1714.
Picard, Louise-Geneviève, [Pierre II
b 1720; s 3 juin 1765, à Soulanges. [2]
Jean-Louis, b [1] 17 nov. 1740; m [2] 20 fevrier 1764, à Clemence Raymond.—*Joseph-Marie*, b 20 août 1742, au Bout-de-l'Ile, M. [3]; m [3] 10 fevrier 1766, à Françoise Emery.—*Marie-Renée*, b 1744, m 22 fevrier 1762, à Bonaventure Gariepy, à Lachenaye. [4] — *Geneviève*, b [3] 24 juillet 1746. — *Marie-Joseph*, b [3] 2 avril 1748. — *Jean-Baptiste*, b [3] 17 oct. 1749.— *Marie-Joseph-Amable*, b [2] 3 fevrier 1753; m [2] 8 avril 1766, à Joseph Martin — *Marie-Louise*, b [2] 16 sept. 1754; m [4] 3 oct 1774, à Joseph Duprat. — *Guillaume*, b [4] 30 juin 1756.—*Elisabeth*, b [4] 12 nov. 1757. — *Anonyme*, b [4] et s [4] 25 mai 1759. — *Véronique*, b [4] 4 juin 1760.

—

LALONDE, Jean-Bte.
Parisien, Jeanne.
François, b 11 sept. 1742, au Bout-de-l'Ile, M

(1) Dit Duchesne, 1749.
(2) Capitaine de milice.

1745, (8 février) Bout-de-l'Ile, M.[4]
III.—LALONDE, François, [Guillaume II.
b 1721.
Réaume, Marie-Elisabeth. [Simon III.
Isabelle, b[4] 2 janvier 1746; m 28 oct. 1765, à Albert Rousseau, à Soulanges.[5] — *Marie-Catherine*, b[4] 19 janvier 1748; m[5] 2 mars 1767, à Paul Milot. — *Ursule*, b[4] 26 août 1749; m[5] 21 sept. 1767, à Joseph Massia. — *Guillaume*, b[5] 16 avril et s[5] 25 mai 1753. — *François-Marie*, b[5] 26 janvier 1755; s[5] 16 juillet 1756.—*François-Paschal*, b[5] 9 avril 1757; s[5] 5 sept. 1758.—*Jean-Baptiste*, b[5] 16 fevrier 1759.—*Joseph*, b[5] 10 dec. 1760.

1746, (7 février) Bout-de-l'Ile, M.[4]
III.—LALONDE, Albert, [Guillaume II.
b 1719.
Maupetit (1), Angélique, [Pierre II.
b 1727.
Marie, b[4] et s[4] 21 juillet 1749. — *Marie-Françoise*, b[4] 13 juillet 1750.—*Joseph-Marie*, b 5 mars 1752, à Soulanges.[5] — *Etienne*, b[5] 16 juin 1754. —*Angélique*, b[5] 26 et s[5] 28 février 1756. — *Pierre*, b[5] 22 avril 1757. — *Michel*, b[5] 29 sept. 1759.—*Jean-Baptiste*, b[5] 24 juin 1761.

LALONDE, Michel, b 1720; s 19 mai 1760, au Cap-St-Ignace.

LALONDE, Guillaume, b... s 22 août 1752, à Soulanges.

1750, (7 avril) Bout-de-l'Ile, M.
III.—LALONDE, André, [Guillaume II.
b 1717.
Diel, Marie-Joseph, [Charles II.
b 1729.
Marie-Angélique, b 30 avril et s 2 mai 1753, à Soulanges.[3] — *Joseph*, b[3] 26 juin 1754.

1752, (10 janvier) Lachine.[3]
III.—LALONDE, Jos.-Marie, [Guillaume II.
b 1725.
1° Sarrazin, Marguerite, [Pierre III.
b 1721; s 23 juillet 1763, à Soulanges.[4]
Guillaume, b[4] 31 oct. 1752; s[4] 7 mars 1754.—*Joseph*, b[4] 3 juin 1755. — *Marguerite*, b[4] 18 juillet 1757.—*Louis*, b[4] 7 avril 1758; s[4] 25 sept. 1760. — *Anonyme*, b[4] et s[4] 30 janvier 1760.—*Philippe*, b[4] 16 janvier 1762.
1764, (27 fevrier)[3]
2° Merlot, Angelique. [François II.

1752, (16 oct.) Bout-de-l'Ile, M.[5]
IV.—LALONDE, Frs-Marie, [François III.
b 1731.
Hunaut (2), Madeleine. [Jean-Bte.
François-Xavier, b[5] 19 oct. 1753.—*Pierre*, b[5] 16 fevrier 1755; s[5] 18 juin 1756.

(1) Et Monpetit.

(2) Elle épouse, le 9 février 1756, Simon Cuillerier, au Bout-de-l'Ile, M.

1752, (27 nov.) Bout-de-l'Ile, M.[5]
IV.—LALONDE, Antoine, [Jean-Bte III.
b 1729.
Grenier, Marie-Charlotte, [Claude III.
b 1737.
Antoine, b[5] 26 sept. 1753. — *Marie-Charlotte*, b[5] 13 fevrier 1755. — *Marie-Joseph*, b[5] 12 sept. 1756.—*Joseph*, b[5] 3 déc. 1758.—*Angélique*, b[5] 18 nov. 1760. — *Michel*, b[5] 6 janvier et s[5] 23 juin 1763.—*Marie-Amable*, b[5] 23 juin et s[5] 14 juillet 1764. — *Marie-Françoise*, b[5] 25 juillet 1765. — *Hyacinthe*, b[5] 12 oct. 1767.

1754, (7 janvier) Soulanges.[7]
III.—LALONDE, Guillaume, [Guillaume II.
b 1730.
Bray, Charlotte. [Etienne III.
Marie-Joseph, b[7] 21 sept. 1754; s[7] 26 mars 1757.—*Guillaume*, b[7] 5 oct. 1757.—*Marie-Angelique*, b[7] 27 janvier 1758.—*Judith*, b[7] 20 février 1759; s[7] 29 nov. 1760. — *Marie-Charlotte*, b[7] 3 avril et s[7] 23 sept. 1760.— *Thomas*, b[7] 26 avril et s[7] 2 août 1761.

1755, (28 avril) Bout-de-l'Ile, M.[5]
IV.—LALONDE, Frs-Amable, [Guillaume III.
b 1731.
Boyer, Marie-Anne, [Claude III.
b 1739.
Rose, b[5] 24 oct. et s[5] 1er déc. 1756. — *Guillaume*, b 1758; s[5] 26 mai 1761. — *François-Amable*, b[5] 21 avril 1759.

1757, (18 avril) Soulanges.
IV.—LALONDE (1), Jos.-Marie, [François III.
b 1736.
Bray, Marie-Angélique. [Etienne III.
Joseph, b 6 juin 1759, au Bout-de-l'Ile, M.[3] — *Antoine*, b[3] 4 juin et s[3] 13 août 1761. — *Judith*, b[3] 2 juillet 1762.—*Paschal*, b[3] et s[3] 9 oct. 1764. — *Marie-Joseph*, b[3] 25 dec. 1767; s[3] 3 sept. 1768.

1757, (2 mai) Bout-de-l'Ile, M.[5]
IV.—LALONDE, Joseph-Amable, [Joseph III.
b 1734.
Lamoureux (2), Françoise, [François-Chs IV.
b 1741.
Marguerite, b[5] 28 déc. 1759.— *Amable-Joseph*, b[5] 11 août 1761. — *Antoine*, b[5] 9 et s[5] 17 nov. 1762.—*Louis*, b[5] 29 dec. 1763.—*Marie-Archange*, b[5] 4 mars et s[5] 22 juin 1765. — *Marie-Joseph*, b[5] 26 mars 1766.—*Paulin*, b[5] 21 juin 1768.

1760, (4 nov.) Bout-de-l'Ile, M.[3]
IV.—LALONDE (3), Ant.-Marie, [Guillaume III.
b 1738.
Hunaut (4), Agathe, [Jean-Bte.
veuve de Jacques Brunet.
Marie-Agathe, b 24 août 1761, à Soulanges.—

(1) Et Lalande.

(2) Dit St. Germain.

(3) Dit Recollet, 1768.

(4) Dit Deschamps.

Antoine, b [8] 22 avril 1763.—*François*, b [8] 25 nov. 1764.—*Pierre*, b [4] 9 sept. 1766; m à Marie-Joseph BOURBONNAIS. — *Marie-Angélique*, b [8] et s [8] 21 août 1768.

1761, (2 février) Bout-de-l'Ile, M. [5]

IV.—LALONDE, GUILLAUME, [GUILLAUME III.
b 1736.
SAUVÉ, Marie-Charlotte, [FRANÇOIS II.
b 1742.
Guillaume, b [5] 30 déc. 1761. — *Marie-Charlotte*, b [5] 13 oct. 1763.—*Marie-Joseph*, b [5] 11 nov. 1765.

1764, (20 fevrier) Lac-des-Deux-Montagnes.

LALONDE, JEAN-BTE.
HÉRY (1), Cécile.
Joseph, b 22 oct. 1765, au Bout-de-l'Ile, M. [1]—*Jean-Baptiste*, b [1] 9 déc. 1767.

1764, (20 fevrier) Soulanges.

IV.—LALONDE (2), JEAN-LOUIS, [LOUIS III.
b 1740.
RAYMOND, Marie-Clémence, [PIERRE II.
b 1744.

1766, (10 février) Bout-de-l'Ile, M.

IV.—LALONDE, JOSEPH-MARIE, [LOUIS III.
b 1742.
EMERY, Françoise-Gabrielle, [JOSEPH III.
b 1740.

LALONDE ANTOINE.
LEFEBVRE (3), Marie-Joseph.
Marie-Joseph, b 26 janvier 1767, au Bout-de-l'Ile, M.

LALONDE, JOSEPH.
ST. DENIS, Charlotte.
Marie-Joseph, b 12 mai et s 12 juin 1767, au Bout-de-l'Ile, M. [3]—*Joseph*, b [3] 5 août 1768.

LALONDE, FRANÇOIS.
CHAMAILLARD, Geneviève.
François, b 8 juin 1768, au Bout-de-l'Ile, M.

1784.

LALONDE, JEAN-BTE.
HUNAUT (4), Charlotte, [PIERRE IV.
b 1762.
Joseph, b... s 4 juin 1786, à l'Ile-Perrot.

LALONDE, JOSEPH.
BRUNET, Catherine.
Agathe, b... m 1er oct. 1810, à Narcisse VALOIS, à la Pointe-Claire.

V.—LALONDE (5), PIERRE, [ANTOINE-MARIE IV.
b 1766.
BOURBONNAIS, Marie-Joseph.

(1) En sauvage : Kilsabé.
(2) Et Lalande,
(3) Dit Laciseraye.
(4) Dit Deschamps.
(5) Dit Récollet.

Pierre, b... m 3 août 1818, à Louise L'ECUYER, à Soulanges.

1818, (3 août) Soulanges.

VI.—LALONDE, PIERRE. [PIERRE V.
L'ECUYER, Louise. [FRANÇOIS.

LALONGÉ.—*Variation et surnoms :* LALONGÉE —GASCON—LEGASCON —LEMAITRE— L'ESPAGNOL—MARIÉ.

1697, (17 avril) Repentigny. [6]

I.—LALONGÉ (1), BERTRAND-PIERRE,
b 1656; s 9 oct. 1736, à St-François, I. J. [7]
ETHIER, Anne, [LÉONARD I.
b 1676; s [7] 13 juin 1713.
Pierre, b [6] 3 fevrier 1698; m à Jeanne DRAPEAU; s 14 avril 1753, à St-Vincent-de-Paul. [8]—*Madeleine*, b 1701; m 22 nov. 1725, à Nicolas PÉRINEAU, à Montréal.—*Joseph*, b [7] 10 août 1708; m 8 janvier 1731, à Cecile PITON, à la Longue-Pointe; s [8] 6 juillet 1759.—*Marie*, b... m à Pierre LANGLOIS.

II.—LALONGÉ (2), PIERRE, [BERTRAND-PIERRE I.
b 1698; s 14 avril 1753, à St-Vincent-de-Paul. [1]
DRAPEAU, Jeanne (3), [JEAN-BTE II.
b 1702.
Pierre, b 1727; s 18 avril 1733, à St-François, I. J. [2] — *Marie-Amable*, b [2] 11 mai 1734; s [2] 27 sept. 1735. — *Charles*, b... m [1] 31 mai 1759, à Marie-Joseph DRAPEAU.—*Jacques-Charles*, b [2] 20 avril et s [2] 3 mai 1736.—*Michel*, b [2] 30 août 1740.

LALONGÉ, MAURICE, b 1701; s 28 mai 1753, aux Trois-Rivières.

1731, (8 janvier) Longue-Pointe. [3]

II.—LALONGÉ (2), JOSEPH, [BERTRAND-PIERRE I.
b 1708; s 6 juillet 1759, à St-Vincent-de-Paul. [4]
PITON, Cecile, [SIMON I.
b 1704.
Joseph-Amable, b [3] 5 avril 1732; 1° m [4] 15 oct. 1752, à Marguerite GALARNEAU; 2° m [4] 13 oct. 1760, à Marie-Joseph PAQUET. — *François*, b... m [4] 21 janvier 1754, à Thérèse PAQUET.—*Pierre-Noël*, b 26 déc. 1738, à Montréal; m [4] 15 fevrier 1762, à Marie BÉLANGER. — *Marie-Amable*, b [4] 24 fevrier 1745.

1742, (20 août) Sault-au-Récollet.

II.—LALONGÉ, AUGUSTIN, [BERTRAND-PIERRE I.
b 1713.
COLERET, Marie-Joseph. [FRANÇOIS I.
Marie-Joseph, b 21 juillet 1744, à St-Vincent-de-Paul. [3] — *Augustin*, b [3] 30 août 1748; s [3] 19 mars 1750. — *Marie-Thérèse*, b [3] 16 mai et s [3] 22 juin 1754.

(1) Dit Le Gascon, voy. vol. I, p. 340.
(2) Dit Gascon.
(3) Appelée Geneviève, 1734.

1752, (15 oct.) St-Vincent-de-Paul.[4]
III.—LALONGÉ, JOSEPH-AMABLE, [JOSEPH II.
b 1732.
1° GALARNEAU, Marguerite, [CHARLES III.
b 1733.
Marie-Marguerite, b[4] 1er sept. 1753 ; s[4] 29 oct. 1755.—*Joseph*, b[4] 27 août 1754. — *Jacques-Amable*, b[4] 19 mars 1756.
1760, (13 oct.)[4]
2° PAQUET, Marie-Joseph, [LOUIS IV.
b 1737.

1754, (21 janvier) St-Vincent-de-Paul.[5]
III.—LALONGÉ, FRANÇOIS. [JOSEPH II.
PAQUET, Therèse. [LOUIS IV.
Marie-Thérèse, b[5] 23 oct. et s[5] 3 déc. 1754.—*Louis*, b[5] 25 fevrier 1756.

1759, (31 mai) St-Vincent-de-Paul.
III.—LALONGÉ, CHARLES. [PIERRE II.
DRAPEAU, Marie-Joseph, [JEAN III.
b 1732.

1762, (15 février) St-Vincent-de-Paul.
III.—LALONGÉ, PIERRE-NOEL, [JOSEPH II.
b 1738.
BÉLANGER, Marie. [LOUIS IV.

LALONGÉ, LOUIS.
GASCON Catherine.
Marie, b... m 12 juin 1797, à Antoine FORGET, à Ste-Anne-des-Plaines.

LA LONGUE ALLÉE —Voy. LEGRAS.

LALUDE.—Voy. LALEU.

LALUE.—Voy. LALEU

LALUMAUDIÈRE.—*Surnom* : LAFLEUR.

1713, (12 sept.) Montréal.[5]
I.—LALUMAUDIÈRE (1), FRANÇOIS, b 1675; fils de François et de Renée Frerot, de St-Jean-d'Angely, diocèse de Xaintes, Saintonge ; s[5] 28 juillet 1743.
MORAND, Marie-Anne, [ANTOINE I.
b 1692 ; s[5] 17 janvier 1745.
François, b[5] 25 nov. 1715. — *Marie-Anne*, b[5] 12 dec. 1717. — *Marie-Louise*, b[5] 22 mai 1720 ; m[5] 12 avril 1742, à François DESBOEUFS.—*Louis*, b[5] 30 déc. 1723 ; m[5] 22 nov. 1762, à Françoise DENEAU ; s 16 mai 1798, à l'Hôpital-General, M.

1762, (22 nov.) Montréal.
II.—LALUMAUDIÈRE (2), LOUIS, [FRANÇOIS I.
b 1723 ; charpentier ; s 16 mai 1798, à l'Hôpital-Général, M.
DENEAU, Françoise, [ANDRÉ III.
b 1738.

LALUMIÈRE.—Voy. PETIT, 1720.

(1) Dit Lafleur ; soldat de Marigny.
(2) Dit Lafleur.

LAMADELAINE.—Voy. LAMAGDELAINE, 1751.

LAMADELEINE.—Voy. MADELAINE.

LAMAGDELAINE (DE).— Voy. DAILLEBOUT — MADELAINE—PAVIS et PARIS.

1751, (22 fevrier) Québec.[6]
I.—LAMAGDELAINE (1), GUILLAUME-THOMAS, charpentier; fils de Pierre et de Geneviève Lebrun, de St-Nicolas-de-Grandville, diocèse de Coutances, Normandie.
CLUSEAU, Marie-Françoise, [LOUIS II.
b 1731.
Marie-Louise, b[6] 4 avril 1752.

LAMAGDELÈNE.—Voy. MADELAINE.

LAMALÉTIE.—*Variation* : DE LA MALÉTIE.

1747, (14 nov.) Québec.[6]
I.—LAMALÉTIE (2), JEAN-ANDRÉ, marchand ; fils de Louis-François et d'Anne Benet, de St-Michel, ville de Bordeaux.
FOUCAULT, Therèse, [FRANÇOIS I.
b 1729.
Jean-François, b[6] 14 août et s 13 oct. 1748, à Charlesbourg.[7]— *Thérèse-Elisabeth*, b[6] 3 dec. 1749 ; s[6] 6 sept. 1750. — *Geneviève-Joseph*, b[6] 5 février et s[6] 19 août 1751. — *Catherine*, b[6] 1er avril 1752. — *Anonyme*, b[6] et s[6] 26 fevrier 1753. —*Jean-François*, b[6] 2 fevrier et s[7] 19 août 1754.—*Charlotte*, b[6] 28 mai et s[6] 16 juillet 1755. — *Thérèse-Louise*, b[6] 8 juillet 1756 ; s[6] 3 août 1757.—*Marie-Joseph*, b[6] 18 avril 1758.

LAMALGUE.—Voy. LAMARQUE, 1720.

LAMALICE.—Voy. HÉRITIER.

LAMANQUE.—Voy. MATHIEU.

LAMARC —Voy. LAMARQUE.

LAMARCHE.—Voy. BADEL — BARITAULT—BARITEAU—BAUDRY—CHARTIER — DAUVIER—DESJARDINS—DUFAUT— DUFAY—DUFOUR—JARAN — LACOTE — LAMARRE — LANGUILLE — PÉRINAULT et PERRINOT — PETIT — ROUILLER et ROULIER—SOULARD.

I.—LAMARCHE, ANDRÉ, b 1611 ; s 20 février 1711, à Montreal.

I.—LAMARCHE, JACQUES, b 1697 ; s 3 oct. 1727, à Montreal.

LAMARCHE, ...
soldat.
TÊTU, Marie.
Joseph, b 11 mars 1716, à Montréal.

(1) Et Lamadelaine.
(2) Et De la Malétie ; greffier du conseil de guerre.

1706, (15 nov.) Trois-Rivières.[5]

II.—LAMARCHE (1), JOSEPH. [URBAIN I.
LECLERC-FLEURANT, Françoise, [FLORENT II.
b 1688; s[5] 2 dec. 1733.
Marie, b... m[5] 25 mai 1750, à René PATRY.—*Catherine*, b[5] 26 avril 1722; m[5] 5 juin 1752, à Pierre BOUVET. — *Ursule*, b[5] 10 mars 1726; m[5] 14 juillet 1749, à Jean-Baptiste LEPELÉ-LAMOTTE-MARCOT.

LAMARCHE, NICOLAS.
THIERRY, Marie.
Marie-Madeleine, b février et s 1er mars 1724, à Montreal.

LAMARCHE, NICOLAS.
CARRÉ, Marie, [FRANÇOIS.
s 14 fevrier 1725, à Montréal.

LAMARCHE, NICOLAS.
LALONGÉ, Madeleine.
Marie-Joseph-Amable, b 15 mai 1739, au Bout-de-l'Ile, M.

LAMARCHE, JACQUES.
MÉTOT, Françoise-Régis.
Marie-Joseph, b 30 oct. 1740, à Québec.

LAMARCHE, PIERRE.
PALIN (2), Geneviève. [LOUIS.

LAMARE.—Voy. LAMARRE.

LAMARINE.—Voy. PITALIER.

LAMARQUE.—*Variations et surnoms :* LAMAIGUE—LAMARC—LAMARRE—MARIN DE LA MARQUE—JOLIBOIS.

1668, (6 février) Montréal.[1]

I.—LAMARQUE (3), JACQUES-ROCH,
b 1642; s[1] 12 août 1705.
POURNAIN, Marie,
b 1621; veuve de Jacques Tétard; s[1] 2 oct. 1699.

I.—LAMARQUE (4), PIERRE.
DELISLE (5), Madeleine.
Pierre-François, b... m 19 nov. 1725, à Marguerite MESNIL, à Laprairie.[1]—*Marie-Anne*, b[1] 21 oct. 1705; m[1] 23 avril 1730, à François DUMONT. s[1] 10 avril 1731.—*Marguerite*, b[1] 22 mai 1707, m 24 mai 1732, à Gilles BOIVIN, aux Trois-Rivières.—*Agnès*, b[1] 23 juillet 1709; m[1] 14 mai 1731, à François DUMAIS. — *René*, b[1] 30 janvier 1711; m[1] 11 fevrier 1743, à Marie DENEAU.—*Marie-Michelle*, b[1] 18 nov. 1712; m[1] 21 oct. 1743, à Joseph BOYER. —*Pierre*, b[1] 17 juin 1716.—*Joseph*, b[1] 18 sept. 1717.

1725, (19 nov.) Laprairie.[3]

II.—LAMARQUE (1), PIERRE-FRS. [PIERRE I.
MESNIL, Marguerite, [CLAUDE I.
b 1703.
Jean-François, b[2] 17 et s[2] 20 août 1726.—*Marie-Françoise*, b[2] 28 sept. et s[2] 5 oct. 1727.—*François*, b[2] 1er oct. 1728; s[2] 15 nov. 1729.—*Marguerite*, b[2] 20 janvier 1730; m[2] 26 nov. 1753, à Jean-Baptiste LONGTIN.—*Marie-Joseph*, b[2] 11 août 1731; m[2] 30 janvier 1754, à Joseph-Marie LONGTIN.—*Marie-Catherine*, b[2] 24 fevrier et s[2] 15 juillet 1733.—*Catherine*, b[2] 3 juin 1734; m[2] 30 janvier 1754, à Augustin LONGTIN.—*Marie-Françoise*, b[2] 4 et s[2] 6 sept. 1735.—*Marie*, b[2] 5 janvier 1737.—*René*, b[2] 11 mars et s[2] 8 août 1738.—*Marie-Michelle*, b[2] 30 juillet et s[2] 27 août 1739.—*Joseph-Marie*, b[2] 16 mars 1741.—*Marie-Anne*, b[2] 5 oct. 1742; m[2] 26 juin 1761, à François BISAILLON.—*Marie-Félicite*, b[2] 12 février 1744.

LAMARQUE, CHARLES.
ST. PIERRE, Marie.
Charles, b 1728; s 2 juin 1729, à Montréal.—*Charles*, b et s 23 sept. 1730, à Laprairie.[4]—*Anonyme*, b[3] et s[3] 22 janvier 1736.

1743, (11 fevrier) Laprairie.[4]

II.—LAMARQUE, RENÉ, [PIERRE I.
b 1711.
DENEAU, Marie, [CLAUDE-JACQUES II.
b 1722.
René, b[4] 7 et s[4] 11 nov. 1743.—*Marie-Agnès*, b 16 mai 1753, à St-Constant.

1756, (11 fevrier) Montréal.

I.—LAMARQUE (2), JEAN-CHRYSOSTOME, b 1730, soldat; fils de Chrysostome et de Françoise Lamarque, de St-Jean, ville d'Ansot, diocèse de Jean d'Arragon.
TESSIER, Marie-Louise, [JEAN-BTE III.
b 1726.

LAMARRE. —*Variations et surnoms:* DE LA MARE—DE LAMARRE—LAMARCHE—LAMARE—LAMARQUE—AYMART—BELISLE et BELLE-ISLE—CHABOT—GAMACHE—JABOT — L'EVEILLE — ROUILLÉ—SIRENDE—ST. ANDRÉ.

1684, (7 février) St-Pierre, I. O.

II.—LAMARRE (3), PIERRE, [LOUIS I.
b 1660.
PAULET, Marie, [ANTOINE I.
b 1662; s 14 août 1733, à Québec.
Marie-Anne, b 6 sept. 1685, à L'Ange-Gardien, 1° m 24 nov. 1705, à Pierre BIORT, à St-Thomas[2], 2° m 23 avril 1730, à François DUMONT, à La-

---

(1) Et Baudry, voy. vol. II, p. 151.

(2) Elle épouse, le 23 février 1756, Jean-Pierre Astier, à Montreal.

(3) Voy. vol. I, pp. 340-341.

(4) Et Lamarre dit Sanssoucy.

(5) Elle épouse, le 16 août 1718, Dominique Destrée, à Laprairie.

(1) Et Lamarc, 1725.

(2) Dit Jolibois.

(3) Voy. aussi DeLamarre, vol. III, p. 292.

prairie[1]; s[1] 10 avril 1732.— *Joseph*, b 14 oct. 1692, à Beauport; m[2] 21 oct. 1715, à Marie Vérieul.

1686, (14 janvier) L'Ange-Gardien.
II.—LAMARRE (1), Louis, [Louis I.
b 1661; s 16 août 1687, à la Pte-aux-Trembles, Q.[9]
Quentin (2), Anne, [Nicolas I.
b 1665.
Jean-Philippe, b[9] 10 mars 1687; 1° m 6 nov. 1712, à Jeanne St. Aubin, à Longueuil; 2° m 19 mai 1723, à Françoise Jolivet, à Montreal; s 25 dec. 1765, à St-Philippe.

1690, (26 juin) Québec.[1]
I.—LAMARRE (3), Henri, marchand; fils d'Antoine (droguiste) et de Marguerite Levasseur, de St-Michel, ville d'Angers, Anjou.
Demosny, Catherine, [Jean I.
b 1675.
Marie-Catherine, b[1] 14 déc. 1691; m 10 août 1713, à Barthelemi Sicard, à la Pte-aux-Trembles, M.[2]—*Marie-Joseph*, b[1] 10 nov. 1693; 1° m à Jean-François Comparet; 2° m[2] 18 avril 1757, à Jean Lagorce. — *Marie-Geneviève*, b[1] 20 mars 1695; m[2] 18 janvier 1718, à Joseph Truteau.

I.—LAMARRE (4), André,
b 1660; s 12 juillet 1756, à Longueuil.[9]
Chapacou, Angelique, [Simon-Jean I.
b 1668, veuve d'André Bouteiller; s[9] 12 nov. 1746.
Marie-Angélique, b[9] 15 avril 1701; m[9] 24 nov. 1721, à Etienne Patenote.—*Jacques*, b[9] 28 dec. 1702. — *Marie-Charlotte*, b[9] 23 avril 1703, m[9] 11 août 1724, à Thomas Simon. — *Joseph*, b[9] 16 mai 1704.— *Marie-Anne*, b[9] 31 dec. 1705; s[9] 4 janvier 1706.—*Marie-Jeanne*, b[9] 11 nov. 1706; m[9] 25 nov. 1726, à Pierre Deniau; s[9] 6 dec 1734. — *André*, b[9] 14 juillet 1708; m[9] 22 oct 1731, à Marie Lanctot. — *Louis*, b[9] 26 fevrier 1710. — *Jacques*, b[9] 14 dec. 1711; s[9] 20 nov. 1714. — *Geneviève*, b[9] 16 juin 1714; 1° m[9] 13 fevrier 1736, à Guillaume Bray; 2° m[9] 20 fevrier 1745, à François Patenote.

1703, Lorette.
III.—LAMARRE (5), Michel. [Michel II
Charon (6), Madeleine, [Jean I.
b 1684.
Jean-Baptiste, b 1708; m 24 oct. 1728, à Marie-Jeanne Plouf, à St-Laurent, M.

1712, (6 nov.) Longueuil.[6]
III.—LAMARRE (7), Jean-Philippe, [Louis II
b 1687; s 25 dec. 1765, à St-Philippe.[5]
1° St. Aubin, Jeanne, [Adrien I
b 1691; s 30 avril 1721, à Montreal.[7]
Jean-Louis, b[7] 14 janvier 1714; m 3 avril 1742, à Charlotte Roy, à Laprairie.[8]—*Marie-Anne*, b[7] 25 janvier 1716; m[6] 24 sept. 1736, à Jacques Supernant. — *Joseph*, b[6] 23 fevrier 1718; s[6] 27 janvier 1719.— *Elisabeth*, b[7] 8 nov. 1720; s[7] 16 mai 1721.

1723, (19 mai).[7]
2° Jolivet, Marie-Françoise, [Aimé I.
b 1695.
Paul, b[7] 20 mai 1724; m[5] 24 janvier 1763, à Marguerite Poissant.—*Joseph-Marie*, b 30 mars 1729, à la Longue-Pointe[9]; m[6] 15 janvier 1753, à Marie-Joseph Gadois. — *Marie-Louise*, b[9] 23 août 1730.—*Charles*, b[9] 10 oct. 1731; m 14 juin 1754, à Marie-Anne Bienvenu, au Detroit[3]; s[3] 5 sept. 1767. — *Marie-Joseph*, b[9] 15 janvier 1733; m[7] 23 oct. 1759, à Jean Colby. — *François*, b[9] 24 oct. 1734; s 12 mars 1761, à St-Constant.— *Thomas-Amable*, b[9] 22 déc. 1735; m[5] 8 oct. 1764, à Marie-Madeleine Dumont. — *Laurent*, b[8] 26 avril et s[8] 25 mai 1737. —*Jacques-Alexis*, b[8] 26 mars 1739.—*Marie-Louise*, b[8] 30 et s[8] 31 mai 1740.—*Pierre*, b[8] 4 et s[8] 17 août 1741.—*Jacques-Michel*, b[8] 29 sept. 1743; m[5] 16 août 1768, à Hedwige Robert.

1715, (21 oct.) St-Thomas.[4]
III.—LAMARRE, Joseph, [Pierre II.
b 1692.
Vérieul (1), Marie, [Nicolas II.
b 1693.
Antoine, b[4] 15 nov. 1722; m[4] 1er mars 1745, à Genevieve Boilard.—*Elisabeth*, b[4] 15 juin 1725; m[4] 2 mars 1767, à Louis Lebel. — *Louise*, b[4] 8 juin 1727; s[4] 19 mai 1728.—*Joseph-Marie*, b[4] 1er août 1729; m 28 fevrier 1764, à Marie-Anne St. Pierre, à St-Roch.—*Angélique*, b[4] 26 mai 1732, m[4] 8 nov. 1756, à Joseph Lebel.—*Jean-Baptiste*, b[4] 24 oct. 1734.

1720, (25 nov.) Québec.[7]
II.—LAMARRE (2), Henri, [Henri I.
b 1696.
Gautier, Catherine, [François II.
b 1701.
Marie-Catherine, b[7] 5 déc. 1721; s[7] 27 juin 1723. — *Henri*, b[7] 19 oct. et s[7] 10 déc. 1723. — *Henri*, b[7] 26 et s[7] 29 nov. 1724.—*Catherine*, b[7] 26 nov. 1724; s[7] 21 juin 1733. — *Pierre*, b[7] 25 avril et s[7] 29 août 1728.—*Louise*, b[7] 4 déc. 1729; m[7] 15 oct. 1754, à Jacques Samson. — *Charlotte*, b[7] 10 août 1732; m[7] 26 nov. 1754, à Michel Levitre.

IV.—LAMARRE (3), Pierre. [Michel III.
1° Fournier, Marie-Barbe. [Pierre II.
Pierre, b... m 3 mai 1751, à Marie-Angelique Terrien, à St-Frs-du-Sud.

(1) Voy. De la Mare, vol. I, p. 168.
(2) Elle épouse, le 1er mars 1688, Louis Oavrard, au Chateau-Richer.
(3) Dit Belisle; voy. vol. I, p. 341.
(4) Et DeLamarre dit St André.
(5) Voy. Chabot, vol. II, p. 591.
(6) Dit Laferrière.
(7) Et DeLamarre.

(1) Elle épouse, le 17 août 1742, Pierre Adam, à St-Thomas.
(2) Dit Belisle.
(3) Voy. Chabot, vol. II, p. 595.

1728, (24 oct.) St-Laurent, M.
IV.—LAMARRE, JEAN-BTE, [MICHEL III.
b 1708.
PLOUF, Marie-Jeanne, [FRANÇOIS II.
b 1707.

1731, (22 oct.) Longueuil.[9]
II.—LAMARRE, ANDRÉ, [ANDRÉ I.
b 1708.
LANCTOT, Marie, [FRANÇOIS III.
b 1712.
Marie-Geneviève, b[9] 20 oct. 1732; m[9] 22 février 1751, à Pierre BÉTOURNÉ; s[9] 28 nov. 1760. —*André,* b[9] 17 juin et s[9] 15 juillet 1734.—*Marie-Angélique,* b[9] 14 juillet 1735; m[9] 29 mai 1752, à Pierre POUDRET. — *Marie-Anne-Amable,* b[9] 12 sept. 1736; 1° m[9] 27 janvier 1755, à Antoine BISET; 2° m[9] 22 février 1762, à Etienne TRUTEAU. —*André-Joseph,* b[9] 19 janvier 1738; m[9] 13 nov. 1758, à Marguerite VINCENT.—*Joseph,* b[9] 16 sept. 1739; m[9] 11 janvier 1761, à Marie CAMPEAU.—*Elisabeth,* b[9] 18 février 1741; s[9] 27 oct. 1756.—*Séraphin-François,* b[9] 3 fevrier 1742; m[9] 14 août 1763, à Louise ROUILLÉ. — *Alexis,* b[9] 20 et s[9] 24 mars 1743. — *Prudent,* b[9] 23 mars 1744; s[9] 12 fevrier 1761.—*Louis,* b[9] 20 fevrier 1746.—*Alexis,* b[9] 27 mai et s[9] 10 juin 1747. — *Marie-Archange,* b[9] 25 sept. 1748; s[9] 15 mars 1750.—*Marie-Amable,* b[9] 7 juin et s[9] 6 août 1751.—*Marie-Archange,* b[9] 9 mai et s[9] 16 juillet 1753. —*Alexis,* b[9] 2 mars et s[9] 7 juillet 1756.

I.—LAMARRE, PIERRE, b 1714, de Hautménil, diocèse de Coutances, Normandie; s 22 février 1744, à Ste-Anne-de-la-Pocatière.

1742, (3 avril) Laprairie.[6]
IV.—LAMARRE, JEAN-LS, [JEAN-PHILIPPE III.
b 1714.
ROY (1), Charlotte, [PIERRE II.
b 1720.
Jean-Louis, b[6] 22 janvier 1743; s 14 sept. 1763, à St-Philippe.[7] — *Marie-Charlotte,* b[6] 24 mai 1744.—*Marie-Joseph,* b... m[7] 13 fevrier 1764, à Jean-Baptiste MONET.

1742, (16 sept.) Longueuil.[3]
II.—LAMARRE (2), MICHEL, [PIERRE I.
b 1723.
1° EDELINE, Marie-Anne, [CHARLES II.
b 1709.
Marie-Anne, b[3] 28 avril et s[3] 15 juin 1744.—*Michel,* b[3] 28 avril 1744.
1756, (31 mai) St-Constant.[4]
2° MONET, Marie-Anne, [FRANÇOIS II.
b 1735.
Joseph, b 26 février et s 24 juillet 1759, à St-Philippe.[5] — *Marie-Anne,* b[5] 15 juin 1760. — *Marie-Joseph,* b[4] 11 déc. 1761. — *Ignace,* b[5] 29 oct. 1763.

(1) Elle épouse, la 10 fevrier 1749, Jean Boyer, à Laprairie.
(2) Voy. Roulier.

1745, (1er mars) St-Thomas.[5]
IV.—LAMARRE, ANTOINE, [JOSEPH III.
b 1722.
BOILARD (1), Marie-Geneviève. [J.-BTE-FRS II.
Antoine, b[5] 15 dec. 1745; m[5] 23 nov. 1767, à Elisabeth PROU.—*Geneviève,* b[5] 25 oct. 1747; m[5] 21 janvier 1765, à Louis COTÉ.—*Joseph,* b[5] 15 mars 1750.—*Pierre,* b[5] 17 et s[5] 20 déc. 1754.—*Elisabeth,* b[5] 20 janvier 1756.—*Louis,* b... s 2 août 1759, à St-Pierre-du-Sud.—*Marie-Euphrosine,* b[5] 29 oct. 1760.

1749, (8 sept.) Beauport.
I.—LAMARRE (2), CLAUDE, charretier; fils de Claude et de Marguerite Caron, de Bayeux, diocèse de Beauvais, Ile-de-France.
TARDIF, Louise-Geneviève, [FRANÇOIS III.
b 1715.
Marie-Geneviève, b 11 et s 16 août 1750, à Quebec.[3]—*Marie-Geneviève,* b[3] 8 juillet 1751; s[3] 2 dec. 1752.—*Charles-Claude,* b[3] 25 janvier 1753; m 12 janvier 1784, à Marie-Françoise GAGNON, à la Rivière-Ouelle.[4] — *Augustin,* b... m[4] 5 fevrier 1781, à Marie-Françoise DANCOSSE —*Germain,* b... m[4] 28 oct. 1782, à Theotiste DUBÉ. — *Marie-Françoise,* b 20 août 1761, à Rimouski.

1751, (3 mai) St-Frs-du-Sud.[5]
V.—LAMARRE, PIERRE. [PIERRE IV.
TERRIEN, Marie-Angelique, [IGNACE III.
b 1732.
Marie-Angélique, b 19 mai 1752, à St-Pierre-du-Sud.[6] — *Marie-Françoise,* b[5] 1er déc. 1753.—*Marie-Madeleine,* b[6] 10 avril 1756.—*Pierre-Noël,* b[6] 28 août et s[6] 18 oct. 1759.—*Marie-Thècle,* b[5] 4 oct. 1760.

1753, (15 janvier) Longueuil.[3]
IV.—LAMARRE, JOS.-MARIE, [JEAN-PHILIPPE III.
b 1729.
GADOIS, Marie-Joseph. [JEAN-BTE III.
Joseph-Marie, b[3] 10 oct. 1753.—*Marie-Joseph,* b 21 oct. 1758, à St-Philippe.[4]—*Marie-Anne* et *Pierre,* b 7 avril 1761, à St-Constant.—*Charlotte,* b[4] 21 dec. 1762; s[4] 7 août 1763.

1754, (14 juin) Détroit.[6]
IV.—LAMARRE, CHARLES, [JEAN-PHILIPPE III.
b 1731; s[6] 5 sept. 1767.
BIENVENU, Marie-Anne, [FRANÇOIS I.
b 1704; veuve de Jean-Baptiste Mallet; s[6] 5 fevrier 1785.

IV.—LAMARRE, FRANÇOIS, [JEAN-PHILIPPE III.
b 1734; s 12 mars 1761, à St-Constant.

1758, (13 nov.) Longueuil.[7]
III.—LAMARRE, ANDRÉ-JOSEPH, [ANDRÉ II.
b 1738.
VINCENT, Marguerite, [FRANÇOIS I.
b 1742.
André, b[7] 24 février 1760.—*Marie-Charlotte,* b[7] 2 déc. 1761.

(1) Mariée sous le nom de Bouchard.
(2) Dit L'Eveillé.

1761, (11 janvier) Longueuil. [8]

III.—LAMARRE, Joseph, [André II.
b 1739.
Campeau, Marie, [Etienne III.
b 1738.
Marie, b [8] 13 février et s [8] 8 mars 1762.

1761, (23 juin) Ste-Anne-de-la-Pocatière. [9]

I.—LAMARRE, Pierre, fils de René et de Marie-Madeleine Dalair, de St-François, Hâvre-de-Grâce, diocèse de Rouen, Normandie.
Boucher, Madeleine, [Pierre IV.
b 1741.
Madeleine, b [9] 29 mars 1762; m 3 mars 1783, à Jean-François Lévêque, à la Rivière-Ouelle.

1763, (24 janvier) St-Philippe.

IV.—LAMARRE, Paul, [Jean-Philippe III.
b 1724.
Poissant, Marguerite, [Jacques I.
veuve de Louis Glinel.

1763, (14 août) Longueuil.

III.—LAMARRE, Séraphin-Frs, [André II.
b 1742.
Rouillé, Louise, [Joseph II.
b 1734; veuve de Toussaint Benoît.

1764, (28 fevrier) St-Roch.

IV.—LAMARRE, Joseph-Marie, [Joseph III.
b 1729.
St. Pierre, Marie-Anne, [Pierre II.
b 1743.

1764, (8 oct.) St-Philippe.

IV.—LAMARRE, Thomas-Amable, [Jean-Ph. III.
b 1735.
Dumont, Marie-Madeleine, [François II.
b 1743.

1767, (23 nov.) St-Thomas.

V.—LAMARRE, Antoine, [Antoine IV.
b 1745.
Prou, Elisabeth, [Jean-Bte III.
b 1736; veuve de Charles-Claude Côte.
Marie-Théotiste, b... m 23 nov. 1802, à François-Regis Dutremble, à Rimouski.

1768, (16 août) St-Philippe.

IV.—LAMARRE, Jacques-Michel, [Jean-Ph. III.
b 1743.
Robert, Hedwige. [Jacques II.

LAMARRE, Joseph.
Rousseau, Louise.
Louis, b 30 janvier 1770, à l'Islet.

1781, (5 février) Rivière-Ouelle.

II.—LAMARRE, Augustin. [Claude I.
Dancosse, Marie-Françoise, [Joseph III.
b 1755.

1782, (28 oct.) Rivière-Ouelle.

II.—LAMARRE, Germain. [Claude I.
Dubé, Theotiste, [Charles IV.
b 1763.

1784, (12 janvier) Rivière-Ouelle.

II.—LAMARRE, Charles-Claude, [Claude I.
b 1753.
Gagnon, Marie-Françoise. [Pierre IV.

I.—LAMARTINIÈRE (1), Pierre, b 1662; de Lande-de-Roué, diocèse de Coutances, Normandie.

LaMARZELLE.—Voy. Bernier.

LAMAUDAIS.—Voy. Lamondè.

I.—LAMAX, Nathaniel.
Clarke, Delivrance.
Elisabeth (2), nee mai 1698; b 11 sept. 1707, à Montreal [1]; 1° m [1] 25 nov. 1721, à Joseph Parant; 2° m [1] 6 juin 1735, à Jean-Baptiste Jetté; s [1] 5 avril 1737.

LAMBEGE.—Voy. Lamblye, 1706.

LAMBERT.—*Surnoms* : Aubin — Champagne — Dumont—Robillard—St. Paul.

I.—LAMBERT, Jean,
b 1636.
1° Tartarin, Marie.
1686, (19 mai) Lévis.
2° Bellesoeur, Anne, [Germain I.
b 1639; veuve de Nicolas Massard.

1670, (29 sept.) Québec. [3]

I.—LAMBERT (3), Aubin,
b 1632; s 4 avril 1713, à St-Nicolas. [4]
Aubert, Elisabeth,
b 1636.
Jean-Aubin, b 1674; m 1706, à Marie-Anne Houde; s [4] 25 déc. 1727.—*François*, b [3] 27 sept. 1676; 1° m [4] 17 nov. 1699, à Marguerite Pilote; 2° m 29 août 1724, à Therèse Bonhomme, à Ste-Foye; s [4] 22 août 1731.—*Catherine-Elisabeth*, b 23 dec. 1682, à la Pte-aux-Trembles, Q. [6]; m [4] 26 avril 1713, à Jacques Coté.—*Anne*, b [5] 28 mars 1685; m [4] 20 avril 1711, à François Dubois.—*Pierre-François*, b [3] 16 oct. 1689; m 1721, à Louise Houde; s 5 mai 1757, à St-Antoine-Tilly.

I.—LAMBERT, Philippe, b 1682; s 8 janvier 1757, à Quebec.

1680, (4 mars) Québec.

I.—LAMBERT (4), Pierre,
b 1650; s 25 nov. 1712, à St-Antoine-Tilly. [3]
LeNormand, Marie, [Jean I.
b 1662; s 13 juin 1712, à St-Nicolas. [4]
Michel, b... m 26 nov. 1708, à Louise-Catherine Grenier, à Lotbinière; s 30 avril 1733, à Ste-Croix.

(1) Registre des procès-verbaux de 1767. (Archevêché de Québec).

(2) Prise le 1er juin 1707 par les Abênaquis, elle demeure chez Etienne Roobert, garde-magasin du roy. Filleule du gouverneur de Ramezay.

(3) Voy. vol. I, p. 341.

(4) Le missionnaire baptise dans sa maison en 1696; voy. vol. I, p. 311.

—*Marie-Françoise*, b... m [4] 16 août 1706, à René METOT.—*Pierre*, b 9 juin 1686, à la Pte-aux-Trembles, Q. [5]; m [4] 17 janvier 1714, à Louise BOUTREL.—*Marie-Anne*, b 1690; m [3] 16 avril 1714, à Joseph COTÉ; s [3] 16 mars 1727.—*Jean-Baptiste*, b [5] 5 nov. 1695; m [4] 25 nov. 1717, à Elisabeth LEMARIÉ; s [3] 7 mars 1752.

1682, (31 janvier) Contrecœur.

II.—LAMBERT (1), EUSTACHE, [EUSTACHE I.
b 1658.
VANNECK, Sophie,
b 1653; veuve d'Edouard Scott (2).
Eustache, b 13 mai 1688, à Québec [6]; m [6] 19 oct. 1733, à Charlotte PETIT; s 23 avril 1760, à Ste-Rose.

1686, (18 juin) Québec. [3]

II.—LAMBERT (3), GABRIEL, [EUSTACHE I.
b 1657; s 25 juillet 1719, à Lévis.
ROUSSEL, Renee-Françoise, [TIMOTHÉE I.
b 1669; s [3] 7 sept. 1748.
Gabriel, b [3] 11 oct. 1687; m [3] 6 sept. 1715, à Marguerite ARNAUD.

1699, (17 nov.) St-Nicolas [4] (4).

II.—LAMBERT (5), FRANÇOIS, [AUBIN I.
b 1676; s [4] 22 août 1731.
1° PILOTE, Marguerite, [JEAN II.
b 1683; s [4] 22 fevrier 1722.
Anonyme, b [4] et s [4] 12 dec. 1702.—*Marguerite*, b [4] 11 dec. 1703; m [4] 25 avril 1722, à Andre BOUCHER.—*Marie-Françoise*, b [4] 21 et s [4] 23 dec. 1705.—*Pierre*, b [4] 25 janvier 1707; m [4] 8 janvier 1733, à Louise DUBOIS.—*Marie-Angélique*, b... m 20 fevrier 1730, à Joseph DORVAL, à Québec [5]; s 11 mars 1774, à la Baie-St-Paul.—*Marie-Joseph*, b [4] 10 avril 1709; m [4] 3 sept. 1726, à Nicolas BOUCHER.—*Louise-Elisabeth*, b [4] 14 sept. 1711; m [5] 9 nov. 1733, à Augustin CADDÉ; s [5] 22 janvier 1753.—*Jean-François*, b [4] 10 sept. 1713.—*Jacques*, b [5] 20 janvier 1716; s [4] 5 janvier 1718.—*Marie-Françoise*, b [4] 14 mai 1719.

1724, (29 août) Ste-Foye.

2° BONHOMME (6), Therèse, [NICOLAS III.
b 1700.
Marie-Thérèse, b [4] 30 mai 1725; 1° m à Rene METOT; 2° m [4] 8 juillet 1749, à Jean GAGNON; s [4] 7 janvier 1752.—*Joseph-François*, b [4] 11 mai 1727; m [4] 2 oct. 1747, à Marie-Anne METOT.—*Charles*, b [4] 5 et s [4] 30 juin 1729.—*Jean-Baptiste*, b [4] 5 juin et s [4] 2 sept. 1729.—*Jacques*, b [4] 26 juillet et s [4] 28 août 1730.—*Marie-Joseph*, b [4] 29 nov. 1731; s [4] 17 fevrier 1732.

(1) Dit Dumont, voy. vol. I, p. 341.

(2) Marchand aux Iles de l'Amérique Méridionale.

(3) Voy. vol. I, p. 341.

(4) Le contrat de ce mariage, passé le 13 nov. 1699, est au greffe de Charles Rageot, notaire royal.

(5) Dit Champagne.

(6) Elle épouse, le 16 février 1733, Pierre Marion, à St-Antoine-Tilly.

1706.

II.—LAMBERT (1), JEAN-AUBIN, [AUBIN I.
b 1674; s 25 dec. 1727, à St-Nicolas. [1]
HOUDE (2), Marie-Anne, [JEAN II.
b 1690.
Marie-Elisabeth, b [1] 7 sept. et s [1] 11 déc. 1707. —*Geneviève*, b... m [1] 4 fevrier 1727, à René SIMONEAU.—*Marie-Anne*, b... m [1] 9 janvier 1730, à Joseph BARON.—*Pierre-Joseph*, b [1] 14 mars 1714, m 1749, à Marie-Anne LEGENDRE.—*Marie-Madeleine*, b [1] 30 janvier 1716; m [1] 23 nov. 1733, à Antoine CADORET.—*Aubin*, b [1] 8 et s [1] 17 nov. 1717.—*Jean-Baptiste*, b [1] 28 avril 1719; m [1] 6 oct. 1738, à Marguerite BOUCHER.—*Marie-Joseph*, b [1] 23 fevrier 1721; s [1] 15 mars 1722.—*François-Aubin*, b [1] 24 janvier 1723; 1° m 22 fevrier 1745, à Marie-Catherine GENEST, à St-Antoine-Tilly, 2° m [1] 15 fevrier 1751, à Marie-Marguerite DEMERS. —*Marie-Thérèse*, b [1] 21 sept. 1724.—*Madeleine-Angélique*, b... m 24 oct. 1740, à Charles CRÉPEAU, à Quebec. [2]—*Jean-Baptiste*, b [2] 26 juin 1726; m 7 avril 1750, à Anne CLOUTIER, au Château-Richer.

1708, (26 nov.) Lotbinière.

II.—LAMBERT, MICHEL, [PIERRE I.
s 30 avril 1733, à Ste-Croix. [7]
GARNIER (3), Lse-Catherine. [ISAAC-JOSEPH II.
Françoise, b... m à Jean-Joseph CHORET.—*Michel*, b... m à Elisabeth VILLARD.—*Gervais*, b... m 20 mai 1748, à Marie-Ursule HUS, à Sorel. —*Marie-Angélique*, b 13 août 1724, à St-Antoine-Tilly; m à Louis HAMEL.—*Marie-Joseph*, b [7] 9 mai 1728; m 1749, à Pierre-François CHOREL.—*Marie-Louise*, b [7] 23 juin 1730.—*Marie-Catherine*, b... m [7] 14 sept. 1754, à Jean-Baptiste ROGNON.

1714, (17 janvier) St-Nicolas. [1]

II.—LAMBERT, PIERRE, [PIERRE I.
b 1686; navigateur.
BOUTREL (4), Louise, [JACQUES I.
b 1694.
Marie-Louise, b [1] 7 juillet 1715; 1° m 11 janvier 1740, à Jacques BERGERON, à St-Antoine-Tilly [2]; 2° m 23 juin 1755, à François LOUVE, à Quebec. [3]—*Pierre-Noel*, b [2] 25 dec. 1717; 1° m [2] 5 fevrier 1742, à Marie-Joseph BARON; 2° m 25 août 1749, à Catherine HARDY, à la Pte-aux-Trembles, Q.; 3° m 25 janvier 1768, à Therèse HAREL, à St-Michel-d'Yamaska.—*Pierre-Jean*, b [2] 7 nov. 1719.—*Joseph*, b 1720; s [3] 23 oct. 1721. —*Etienne*, b [3] 4 mars 1722.—*Charles*, b [2] 27 fevrier 1724; 1° m 10 avril 1752, à Therèse DUSSAULT, à Levis; 2° m [2] 2 août 1756, à Catherine BAUDRY.—*Louis-Joseph*, b [2] 18 juillet 1726; s [2] 4 juin 1727.—*Pierre-Antoine*, b [2] 11 avril et s [2] 1er juillet 1728.—*Marie-Charlotte*, b [2] 26 déc. 1729; m [2] 26 oct. 1761, à Louis-Joseph-Pierre GENEST. —*Marie-Geneviève*, b [2] 11 mai 1732; s [2] 8 nov. 1767.—*René-Marie*, b [3] 3 oct. 1736; m [2] 1er août

(1) Dit Champagne.

(2) Elle épouse, le 8 janvier 1731, Pierre Dubois, à St-Nicolas.

(3) Et Grenier.

(4) Et Boutret dit Dubois, 1745; voy. vol. II, p. 439.

1774, à Geneviève BERGERON.—*François*, b 1742, s [3] 17 août 1745. — *Pierre*, b [3] 5 sept 1746. — *Marie-Geneviève*, b [3] 25 janvier 1752; s [3] 22 août 1754.

1715, (6 sept.) Québec.

III.—LAMBERT, GABRIEL, [GABRIEL II. b 1687.

ARNAUD, Marguerite, [BERTRAND I. b 1696.

1717, (25 nov.) St-Nicolas.

II.—LAMBERT, JEAN-BTE, [PIERRE I. b 1695; s 7 mars 1752, à St-Antoine-Tilly. [7]

MARIÉ (LE), Elisabeth, [MICHEL II. b 1686.

Jean-Baptiste, b [7] 14 sept. 1718; m [7] 6 février 1747, à Marie-Angélique HOUDE — *Joseph*, b [7] 16 janvier 1721; s [7] 16 février 1743. — *Marie-Françoise*, b [7] 23 nov. 1722; m [7] 6 fevrier 1741, à Pierre-Charles BERGERON.—*Pierre-Michel*, b [7] 15 oct. 1724; s [7] 13 juillet 1727.—*Marie-Charlotte*, b [7] 28 déc. 1726; s [7] 14 août 1730. — *Charles-Augustin*, b [7] 19 mars 1729; s [7] 14 août 1730. — *Jean-Baptiste*, b [7] 13 mai 1749.

1721.

II.—LAMBERT (1), PIERRE, [AUBIN I. b 1689; s 5 mai 1757, à St-Antoine-Tilly. [8]

HOUDE (2), Louise.

Pierre-Joseph, b [8] 10 avril 1722. — *Jean-François*, b [8] 6 janvier 1726.—*Anonyme*, b et s 22 nov. 1727, à Ste-Croix. [4] — *Marie-Elisabeth*, b [4] 6 dec. 1728; m à François MAROT. — *Marie-Louise*, b [4] 27 août et s [4] 21 sept. 1730. — *Angélique*, b... 1° m [4] 10 juillet 1753, à Nicolas TAVERNIER; 2° m 2 mars 1778, à Guillaume SMITH, à Quebec. — *Marie-Joseph*, b [4] 7 sept. 1732.

1722, (16 nov.) Québec. [9]

III.—LAMBERT (3), LOUIS-JOSEPH, [GABRIEL II. b 1695; s 21 janvier 1760, à Lévis. [8]

ROUER (4), Geneviève-Françoise, [AUGUSTIN II. b 1700; s 16 avril 1760, à St-Nicolas.

Geneviève, b [9] 22 oct. 1723; m [8] 7 août 1751, à Jacques DE LA FONTAINE; s [9] 10 janvier 1756.—*Louis-Joseph*, b [9] 6 janvier 1724; m [9] 11 nov. 1748, à Marie-Thérèse FRONTIGNY. — *Anonyme*, b [8] et s [8] 14 janvier 1725. — *Marie-Anne*, b [9] 18 août 1726; s [8] 12 oct. 1733.—*Marie*, b... s [8] 4 mai 1731.—*Louise-Angélique*, b [9] 2 mars 1728; s [8] 19 sept. 1737.— *Marie-Joseph*, b [8] 25 février 1729.—*Marie-Catherine*, b [9] 20 août 1730.— *Louis-François*, b [9] 21 juillet et s [8] 19 août 1731.—*Louis-Charles*, b [9] 15 juin 1732; m [9] 17 oct. 1752, à Angelique-Charlotte MÉNARD.— *Marie-Françoise*, b [9] 7 août 1733.—*Angélique*, b [9] 3 août 1734.—*Marie-Angélique*, b [9] 25 oct. 1735; s [8] 29 juin 1736.—*Louis-Ignace*, b [9] 10 nov. 1736; m [9] 6 fevrier 1758, à Geneviève BOURASSA. — *Marie-Thérèse*, b [9] 12 avril 1738; s [8] 8 oct. 1739. —*Jean*, b [9] 25 janvier 1740; s [8] 7 nov. 1749.—*Michel*, b [8] 2 mai et s [8] 9 juillet 1741. — *Pierre*, b [8] 2 et s [8] 17 mai 1741.—*Louis*, b [9] 8 nov. 1742.

(1) Dit Champagne.

(2) Dit Bellefeuille.

(3) Dit Ste. Marie; Colonel, commandant la côte du sud.

(4) Dit Villeray.

1723, (7 juin) Québec. [5]

III.—LAMBERT, RENE-LOUIS, [GABRIEL II. b 1691; s [5] 26 mai 1736.

PINGUET (1), Elisabeth. [NICOLAS III.

Louis-Nicolas, b [5] 19 avril 1724; s [5] 4 février 1726.—*Philippe*, b [5] 8 août 1725.—*Louise-Marie-Anne*, b [5] 20 août 1726; m [5] 1er mai 1753, à Thomas POISSET. — *Louis-Charles*, b [5] 11 sept. 1727.—*Marie-Elisabeth*, b [5] 12 janvier 1729; m [5] 21 fevrier 1757, à Edme BILLAUT. — *Marie-Madeleine*, b [5] 4 mai 1730; s [5] 6 nov. 1739.— *Charles*, b [5] 28 juillet 1731. —*Françoise-Geneviève*, b [5] 29 sept. 1732; m [5] 25 sept. 1752, à Charles Porlier. —*Ursule-Madeleine*, b [5] 21 juillet 1734.— *Jeanne-Elisabeth*, (posthume) b [5] 21 janvier 1737; m 25 sept. 1758, à Antoine CHARVET, à Ste-Foye.

I.—LAMBERT (2), GASPARD-SIMON, de Paris.

1729, (30 août) Québec. [5]

I.—LAMBERT (3), PAUL, b 1691, orfèvre; fils de Paul et de Therèse Huard, de Ste-Catherine, ville d'Arras, en Artois; s [5] 26 nov. 1749.

1° LABERGE, Marie-Françoise, [FRANÇOIS II. b 1697; s [5] 28 nov. 1747.

Marie-Françoise, b [5] 9 juin 1730; s [5] 11 mai 1733.— *Paul-Antoine*, b [5] 2 sept. 1731. — *Joseph*, b [5] 29 janvier et s 2 sept. 1733, au Château-Richer. — *Marie-Françoise*, b [5] 3 mai 1734; m [5] 13 sept. 1756, à François DOMAS. — *François-Marie*, b [5] 31 mars 1736. — *Marie-Catherine*, b [5] 1er dec. 1737.—*Pierre-Joseph*, b [5] 31 juillet et s [5] 19 sept. 1739. — *Jacques-Louis-Amable*, b [5] 10 mai 1741; s [5] 4 nov. 1745. — *Joseph-Claude*, b [5] 22 mars et s 26 mars 1745, à Charlesbourg.

1748, (19 fevrier). [5]

2° MAILLOU (4), Marie-Marguerite, [PIERRE II. b 1722.

Anonyme, b [5] et s [5] 20 juin 1749. — *Anonyme*, b [5] et s [5] 18 juillet 1749.

1733, (8 janvier) St-Nicolas. [4]

III.—LAMBERT (5), PIERRE, [FRANÇOIS II. b 1707.

DUBOIS (6), Louise, [PIERRE II. b 1707.

Pierre, b [4] 29 mars et s [4] 13 juillet 1733. — *Pierre-Joseph*, b [4] 29 juin 1734.— *Marie-Marguerite*, b [4] 19 juin 1736.—*Pierre-Joseph*, b [4] 1er juillet 1737. — *Marie-Louise*, b [4] 4 sept. 1738; m 12 août 1783, à Leonard FRÉROT, à Quebec. [5]— *Marie-Joseph*, b [4] 12 avril 1740; m [5] 5 oct. 1761, à Etienne MOURARD.—*Anonyme*, b [4] et s [4] 6 juillet 1742.—*François*, b [4] 21 juillet 1743.

(1) De Targis.

(2) Il était, le 4 déc. 1730, à St-Augustin.

(3) Dit St. Paul, 1737; il était, le 31 janvier 1739, à Charlesbourg.

(4) Elle épouse, le 18 janvier 1751, Elie Laparre, à Québec.

(5) Dit Champagne.

(6) Elle épouse, le 25 oct. 1762, Augustin Demoliers, à Québec.

1733, (19 oct.) Québec.[3]
III.—LAMBERT (1), EUSTACHE, [EUSTACHE II.
b 1688; s 23 avril 1760, à Ste-Rose.
PETIT, Charlotte-Louise, [JEAN I.
b 1707; s[3] 10 mai 1744.
Louise-Charlotte, b[3] 24 juin 1735; m[3] 7 janvier 1755, à Louis-Pierre POULIN-COURVAL.— *Louis-Eustache,* b[3] 1er oct. 1736; m à Marie-Angelique BOISSEAU.—*Louis,* b[3] 29 nov. 1737.—*François-Marie,* b[3] 29 déc. 1738.—*Marie-Charlotte,* b[3] 1er avril 1740.— *Gilles-Louise-Geneviève,* b[3] 16 mai 1741; m 26 oct. 1761, à Claude-Joseph POULIN, aux Trois-Rivières.[4] — *Anne-Charlotte,* b[3] 19 juillet 1742; s[4] 16 août 1842.—*Marguerite,* b[3] 3 mai 1744.—*Louise-Angélique,* b... m 5 février 1793, à Antoine LEFEBVRE, à St-Eustache[5]; s[5] 24 nov. 1831.

LAMBERT, PIERRE-JOSEPH.
COTTU, Françoise.
Françoise, b 18 mai 1738, à Lanoraie.—*Marie-Marguerite,* b 14 sept. 1744, à Sorel.

1738, (6 oct.) St-Nicolas.[9]
III.—LAMBERT, JEAN-BTE, [JEAN-AUBIN II.
b 1719.
BOUCHER, Marguerite, [FRANÇOIS IV.
b 1719.
Marie-Anne, b[9] 26 juillet et s[9] 4 oct. 1739.—*Marie-Anne,* b 1740; s[9] 4 fevrier 1742.—*Jean-Baptiste,* b[9] 1er mai 1742.—*Marie-Marguerite,* b[9] 28 avril 1743.—*François,* b[9] 29 sept. 1747.—*Marie-Louise,* b[9] 3 juillet 1749.—*Charlotte,* b[9] 24 mars et s[9] 24 août 1751.—*Joseph,* b[9] 15 et s[9] 18 avril 1752.—*Joseph-Marie,* b[9] 21 avril 1753.—*Marie-Elisabeth,* b[9] 25 fevrier 1756.—*Thérèse,* b[9] 16 juillet 1757.

1740, (22 nov.) St-Frs-du-Sud.
I.—LAMBERT, JEAN, fils de Grégoire et de Marie-Charlotte Marcère, de Quennia, diocèse de Clermont, Auvergne.
LARRIVÉ, Marie-Joseph, [FRANÇOIS II.
b 1720.

LAMBERT (2), PIERRE.
BARABÉ, Therèse.
Angélique, b 1737; s 8 août 1747, aux Trois-Rivières.[3]— *Marie-Thérèse,* b 17 janvier 1742, à Lotbinière.—*Marie-Catherine,* b[3] 10 déc. 1744.—*Geneviève,* b[3] 18 janvier 1747.—*Antoine-Charles,* b[3] 4 et s[3] 22 nov. 1748.—*Thérèse,* b[3] 19 dec. 1749.—*Marie-Claire,* b[3] 17 fevrier 1752.

LAMBERT (3), PIERRE, b 1721; s 25 sept. 1779, à Kamouraska.

1742, (5 février) St-Antoine-Tilly.[6]
III.—LAMBERT, PIERRE-NOEL, [PIERRE II.
b 1717.
1° BARON, Marie-Joseph, [JACQUES III.
b 1722.
Pierre-Joseph, b[6] 2 avril et s[6] 18 août 1743.—*Pierre-Noël,* b[6] 11 sept. 1744.—*Augustin,* b[6] 5 fevrier 1746; m 16 fevrier 1767, à Marie-Madeleine ALARD, à St-Michel-d'Yamaska.[7]
1749, (25 août) Pte-aux-Trembles, Q.
2° HARDY, Marie-Catherine, [JEAN-BTE II.
b 1722.
Joseph, b[6] 25 mai et s[6] 10 juillet 1750.—*Joseph,* b[6] 3 dec. 1751; s[6] 18 fevrier 1752.—*Jacques,* b[6] 10 fevrier 1753.—*Louis-Joseph,* b[6] 11 mars 1754; m[7] 14 fevrier 1774, à Suzanne DANY.—*François-Jacques,* b[6] 7 nov. et s[6] 13 déc. 1755.—*Marie-Joseph,* b[6] 11 sept. 1757; s[7] 30 mai 1762.—*Michel,* b[7] 1er janvier et s[7] 16 juin 1760.—*Michel,* b[7] 1er juin et s[7] 18 juillet 1761.
1768, (25 janvier).[7]
3° HAREL, Therèse, [PIERRE III.
b 1750.
Pierre-Michel, b[7] 12 mars 1769.

1745, (22 février) St-Antoine-Tilly.
III.—LAMBERT (1), FRS-AUBIN, [JEAN-AUBIN II.
b 1723.
1° GENEST (2), Marie-Catherine, [JACQUES II.
b 1721; s 17 mai 1748, à St-Nicolas.[6]
Marie-Charlotte, b[6] 17 mai 1747.
1751, (15 février).[6]
2° DEMERS (3), Marie-Marguerite, [JOSEPH III.
b 1728.
Marie-Marguerite, b[6] 3 mai 1752; m 7 fevrier 1780, à Nicolas LEBEL, à Kamouraska.[7] — *François,* b[6] 11 fevrier 1754.—*François,* b[7] 19 juillet 1756. — *Marie-Rosalie,* b... m[7] 24 avril 1777, à Augustin-Charles LANGLOIS.—*Marie-Thérèse,* b[7] 24 déc. 1760; s[7] 15 janvier 1762. — *Charles,* b[7] 25 déc. 1763.—*Jean,* b[7] 25 dec. 1763; s[7] 20 avril 1765.—*Marie,* b[7] 7 juillet 1765. — *Marie-Louise,* b[7] 3 juillet 1768.

1747, (6 février) St-Antoine-Tilly.[7]
III.—LAMBERT, JEAN-BTE, [JEAN-BTE II.
b 1718.
HOUDE, Marie-Angélique, [JEAN-BTE III.
b 1724.
Marie-Angélique, b[7] 30 oct. 1747; s[7] 19 nov. 1748.—*Marie-Françoise,* b[7] 29 août 1751; s[7] 15 nov. 1753.— *Marie-Angélique,* b[7] 4 fevrier et s 29 avril 1754, à St-Nicolas. — *Marie-Joseph,* b[7] 4 fevrier et s[7] 9 juillet 1754.—*Marie-Charlotte,* b[7] 23 déc. 1755; s[7] 22 avril 1759. — *Louis-Joseph,* b[7] 11 sept. 1757; s[7] 11 fevrier 1759. — *Marie-Madeleine,* b[7] 10 mai et s[7] 4 sept. 1761—*Marie-Geneviève,* b[7] 10 mai 1761.

1747, (2 oct.) St-Nicolas.[6]
III.—LAMBERT (4), JOSEPH-FRS, [FRANÇOIS II.
b 1727; charpentier.
METOT (5), Marie-Anne, [RENÉ II.
b 1721.

---

(1) Dit Dumont, lieutenant des troupes, seigneur des Mile-Iles. Il signait Dumontz.
(2) Dit Champagne.
(3) Dit Aubin.

(1) Marié Aubin—Champagne, 1765.
(2) Et Labarre.
(3) Et Demère.
(4) Dit Champagne.
(5) Et Etoque.

Antoine, b [6] 1er juillet 1749; s 11 déc. 1750, à Québec. [7] — *François*, b [7] 17 mars 1751.—*Marie-Marguerite*, b [7] 30 oct. 1753.

1748, (20 mai) Sorel.

III.—LAMBERT, GERVAIS. [MICHEL II.
Hus (1), Marie-Ursule, [ETIENNE II.
b 1731.
Marie-Joseph, b 18 mars 1749, à Yamachiche.

1748, (11 nov.) Québec. [2]

IV.—LAMBERT, LS-JOSEPH, [LOUIS-JOSEPH III.
b 1724.
FRONTIGNY, Marie-Thérèse, [PIERRE I.
b 1725.
Louis-Joseph, b [2] 15 août 1749.— *Marie-Thérèse*, b [2] 28 août 1750. — *Marie-Angélique*, b [2] 23 août 1751.—*Charlotte*, b 17 dec. 1752, à Lévis. [3] —*Louis*, b [3] 22 juillet 1755. — *Ignace*, b [3] 14 fevrier 1757. — *Antoine*, b [3] 11 avril et s [3] 6 juin 1758.— *Marie-Madeleine*, b [3] 11 avril et s [3] 2 juin 1758. — *Marie-Elisabeth*, b 28 juin et s 23 juillet 1759, à St-Antoine-Tilly. — *Etienne*, b 22 mars 1762, à St-Nicolas.—*Elisabeth*, b [3] 10 oct. et s [3] 13 dec. 1763.

1749.

III.—LAMBERT (2), PIERRE-JOS., [JEAN-AUBIN II.
b 1714.
LEGENDRE, Marie-Anne.
Pierre, b 2 avril 1750, à Ste-Croix [2]; m 22 août 1775, à Marie-Claire CLOUTIER, à St-Joseph, Beauce. [3] — *Gervais*, b [2] 19 nov. 1751. — *Joseph*, b... m [4] 3 février 1772, à Marie-Charlotte DUPUY. —*Jean-Baptiste*, b [3] 3 juillet 1753. — *Elisabeth*, b... m à Pierre MORISSET.— *Jean-Charles*, b [2] 22 juin 1755; m [4] 3 fevrier 1777, à Geneviève DE LESSARD. — *Marguerite*, b [2] 20 février 1757; m [3] 12 oct. 1778, à Etienne NADEAU. — *Marie*, b... m [3] 9 août 1779, à Joseph DU GRENIER.

LAMBERT (3), LOUIS, b 1729; s 6 juin 1789, à Repentigny (noyé).

LAMBERT, JEAN.
BIRON, Marie-Joseph.
Antoine-Henri, b 4 mai et s 2 juin 1750, à Ste-Croix. —*Antoine*, b 16 sept. 1760, à la Rivière-du-Loup.

1750, (7 avril) Château-Richer.

III.—LAMBERT (4), JEAN-BTE, [JEAN-AUBIN II.
b 1726.
CLOUTIER, Anne, [JEAN-BTE III.
b 1723.
Jean-Baptiste, b 26 mars 1751, à St-Nicolas. [3] —*Joseph-Marie*, b [3] 6 nov. 1752. —*Pierre*, b [3] 11 sept. 1754. — *Marie-Anne*, b [3] 29 fevrier et s [3] 25 août 1756. — *Marie-Marguerite*, b 7 oct. 1757, à St-Antoine-Tilly.

(1) Elle épouse, le 25 août 1755, Joseph Cartier, à Sorel.
(2) Dit Champagne.
(3) Etranger à la paroisse.
(4) Dit Aubin.

1752, (10 avril) Lévis.

III.—LAMBERT, CHARLES, [PIERRE II.
b 1724.
1° DUSSAULT, Thérèse, [PIERRE III.
b 1733; s 8 nov. 1755, à St-Antoine-Tilly. [3]
Marie-Geneviève, b [3] 4 mars et s [3] 29 déc. 1753. —*Pierre-Charles* (1), b [3] 23 déc. 1754.

1756, (2 août). [4]

2° BAUDRY, Catherine, [PIERRE II.
b 1738.
Jean-Baptiste, b [3] 31 mai 1757. — *Charles*, b [3] 28 déc. 1758. — *Pierre*, b [3] 20 mars et s [3] 8 mai 1761.—*Marie-Catherine*, b [3] 21 avril et s [3] 25 juin 1762.—*Louis-Joseph*, b [3] 27 oct. 1763; s [3] 28 déc. 1764.—*Jacob*, b [3] 17 juin 1765. — *Augustin*, b [3] 4 juin 1767.

1752, (17 oct.) Québec. [6]

IV.—LAMBERT, LOUIS-CHS, [LS-JOSEPH III.
b 1732.
MÉNARD, Angélique-Charlotte, [JACQUES II.
b 1726.
Louis-Charles, b [6] 28 nov. 1753; s 28 mars 1754, à Lévis. [7] — *Angélique*, b [7] 5 et s [7] 12 janvier 1755. — *Marie-Angélique*, b [6] 6 déc. 1755; s [6] 24 juillet 1756.

LAMBERT, JOSEPH.
LAMBERT, Marie-Anne.
Marie-Anne, b 15 dec. 1755, à St-Nicolas.

LAMBERT (2), JEAN-BTE.
LEMÈRE, Madeleine.
Pierre, b 1757; s 20 mars 1769, à Kamouraska.

1758, (23 janvier) St-Michel-d'Yamaska. [7]

I.—LAMBERT, JACQUES,
de Loudan.
GODARD-LAPOINTE, Marie. [NOEL II.
Jacques, b [7] 19 fevrier 1758; s [7] 16 janvier 1759.

1758, (6 fevrier) Lévis. [1]

IV.—LAMBERT, LOUIS-IGNACE, [LOUIS-JOS. III.
b 1736.
BOURASSA, Geneviève, [PIERRE III.
b 1738.
Geneviève, b [1] 16 nov. 1758. — *Louis-Ignace*, b 31 août 1761, à St-Nicolas. — *Joseph*, b 20 avril 1763, à Quebec. [2] — *Louis-Charles*, b [2] 8 sept. 1765.—*Gabriel*, b [2] 2 mars 1767.—*Suzanne*, b 12 avril 1769, à Ste-Foye.

LAMBERT, EUSTACHE.
GERBEAU (3), Angelique.
François-Eustache, b 13 sept. 1760, à la Rivière-du-Loup.

1767, (16 février) St-Michel-d'Yamaska. [6]

IV.—LAMBERT, AUGUSTIN, [PIERRE-NOEL III.
b 1746.
ALARD, Marie-Madeleine. [JEAN-BTE III.

(1) Geneviève Huard, grand'mère.
(2) Dit Aubin.
(3) Dit Bellegarde.

Augustin, b [6] 9 janvier et s [6] 29 juillet 1768.—*Augustin*, b [6] 28 février 1769.—*Jean-Baptiste*, b [6] 17 juin et s [6] 12 juillet 1770.

III.—LAMBERT, MICHEL. [MICHEL II.
VILLARD (1), Elisabeth. [CHARLES III.
Marie, b... m 31 janvier 1785, à Michel BELLEROSE, à Nicolet.

1772, (3 février) St-Joseph, Beauce. [3]
IV.—LAMBERT (2), JOSEPH. [PIERRE-JOSEPH III.
DUPUY, Marie-Charlotte. [GILBERT-CHARLES I.
Marie, b [3] 21 nov. 1772.—*Joseph*, b [3] 12 mars 1774.—*Marie-Charlotte*, b [3] 25 mai 1776; s [3] 20 avril 1778.—*Nicolas*, b [3] 20 avril 1778.

1774, (14 février) St-Michel-d'Yamaska.
IV.—LAMBERT, LOUIS-JOS., [PIERRE-NOEL III.
b 1754.
DANY, Suzanne, [GABRIEL III.
b 1753.

LAMBERT, CHARLES.
PINGUET (3), Madeleine.

1774, (1er août) St-Antoine-Tilly.
III.—LAMBERT, RENÉ-MARIE, [PIERRE II.
b 1736.
BERGERON, Geneviève, [JEAN-BTE III.
b 1748.

1775, (22 août) St-Joseph, Beauce. [4]
IV.—LAMBERT (2), PIERRE, [PIERRE-JOSEPH III.
b 1750.
CLOUTIER, Marie-Claire, [ZACHARIE V.
b 1754.
Prisque, b [4] 22 janvier 1780.

1777, (3 février) St-Joseph, Beauce. [5]
IV.—LAMBERT, JEAN-CHS, [PIERRE-JOSEPH III.
b 1755.
DELESSARD, Geneviève, [AUGUSTIN III.
b 1748.
Marie-Geneviève, b [5] 24 janvier 1778.—*Pierre-Joseph*, b [5] 18 février 1779.

IV.—LAMBERT (4), LOUIS-EUST., [EUSTACHE III.
b 1736.
BOISSEAU, Marie-Angélique, [NICOLAS II.
b 1755.
Marie-Louise-Angélique, b... m 5 février 1793, à Antoine LEFEBVRE-BELLEFEUILLE, à St-Eustache [2]; s [2] 24 nov. 1831.

LAMBEYE.—*Variations et surnoms :* LAMBEGE—LIMBEGE—BOYER—LAROSE.

(1) Dit Provencher.
(2) Dit Champagne.
(3) Elle épouse, le 22 oct. 1787, Antoine Boisverd, aux Grondines.
(4) Dit Dumont.

1706, (22 nov.) Pte-aux-Trembles, M. [6]
I.—LAMBEYE (1), PIERRE, soldat; fils de Bertrand et de Jeanne DeCamas, du diocèse de Lesca, province de Bernaise.
RICHARD (2), Marie-Madeleine, [GUILLAUME I.
b 1688.
Marie-Joseph, b 13 nov. 1707, à Montréal. [7]—*Jean-Baptiste*, b [7] 29 janvier 1709.—*Pierre*, b [6] 21 juin 1711.—*François*, b [7] 12 et s [7] 19 mars 1713—*Marie-Madeleine*, b [7] 7 et s [7] 9 août 1714.—*Louis*, b [7] 5 et s [7] 8 mars 1716.—*Suzanne*, b [7] 23 et s [7] 30 avril 1717.—*Agathe*, b [7] 5 et s [7] 9 sept. 1718.—*Madeleine*, b [7] 26 sept. et s [7] 12 oct. 1719—*Michel*, b [7] 19 et s [7] 30 mai 1721.

LAMÉDÈQUE.—Voy. LEMÉDÈQUE.

LAMÉLANCOLIE.—Voy. BLANCHON.

LAMER.—Voy. RAPIDIOU.

LAMÈRE.—Voy. RAPIDIOU.

LAMI.—Voy. LAMY.

LAMICHE.—Voy. LEBLANC.

LAMIE.—Voy. LAMY.

LAMINÉE —Voy. VACHON.

LAMIRANDE, FRANÇOIS.
ST. YVES, Marie-Joseph.
Marie-Joseph, b 8 mai et s 27 sept. 1759, à la Rivière-du-Loup. [4] — *Marie-Joseph*, b [4] 1er et s [4] 2 oct. 1760.

I.—LAMIRANDE, JEAN,
Acadien.
JEANPART, Françoise,
Acadienne.
Marie-Françoise, b... m 2 février 1778, à Alex. FLEURY, à St-Cuthbert.

LAMIRANDE, MICHEL.
BENOIT, Marie-Joseph.
Joseph, b... m 18 mai 1795, à Angélique SALIOT au Détroit.

1795, (18 mai) Détroit.
LAMIRANDE, JOSEPH. [MICHEL
SALIOT, Angélique. [JEAN-BTE

LAMONDE.—Voy. COUTURE.

1761, (30 mars) Islet. [2]
IV.—LAMONDE (3), JACQUES, [ALEXIS III
b 1731.
2° CLOUTIER, Genev.-Ursule, [PIERRE-PAUL V
b 1742; s [2] 4 nov. 1774.
Bénoni, b [2] 13 janvier 1763; m 15 juillet 1782 à Thérèse ALARD, à St-Cuthbert. [3] — *Marie-Anne* b... m [3] 5 février 1787, à François COLIN.

(1) Et Lambege—Limbege dit Larose.
(2) Elle épouse, le 24 mai 1723, Pierre Desjardins, à la Pte-aux-Trembles, M.
(3) Pour Couture, voy. vol. III, p. 187.

1782, (15 juillet) St-Cuthbert.[4]

V.—LAMONDE (1), Bénoni. [Jacques IV.
Alard, Therèse, [François III.
b 1748; veuve de Jean-Baptiste Bouet; s[4] 14 février 1793.
Marie-Thérèse, b[4] 10 nov. 1783.

LAMONDÉ.—*Variation :* Lamaudais.

1744, (12 avril) Rivière-Ouelle.[4]

I.—LAMONDÉ (2). Joseph, fils de Joseph et de Marie-Jeanne Denis, de Bonard, diocèse de St-Malo, Bretagne.
1° Soucy, Françoise, [Pierre III.
s[4] 30 avril 1771.
Marie-Joseph, b[4] 23 nov. 1745; s[4] 19 avril 1771. — *Marie-Anne*, b[4] 14 nov. 1747. — *Marie-Madeleine*, b[4] 19 août 1749; m[4] 30 sept. 1771, à Joseph Guéret. — *Marie-Euphrosine*, b[4] 22 oct. 1753. — *Marie-Geneviève*, b[4] 18 avril 1757. — *Marie-Adélaïde*, b[4] 18 mai 1759; s[4] 7 sept. 1761.
1772, (10 février).[4]
2° Pelletier, Madeleine, [Jean-François V.
b 1737.

LAMONTAGNE.—Voy. Bacquet — Banhiac — Banyaque—Bayard— DeLalue—Desforces — Desnoyers — Desrives — DeVillars — Dilay— Douville — Durocher— Etienne— Jérémie — Laleu — Martel — Poitevin — Pont—Rigaud—Voisie.

I.—LAMONTAGNE, Gilles, b 1645; s 20 août 1705, à la Pte-aux-Trembles, M.

I.—LAMONTAGNE, Pierre, b 1662; s 10 sept. 1712, à Montréal.

I.—LAMONTAGNE (3), Louis, b 1686; s 4 déc. 1720, à Montréal.

1677.

I.—LAMONTAGNE (4), François.
1° Doyon, Madeleine. [Jean I.
1680.
2° Pelletier, Marie-Angélique. [François II.
Charles, b 9 dec. 1700, aux Trois-Rivières; m 30 oct 1729, à Madeleine Lemaitre-Lalongé, à la Rivière-du-Loup.

I.—LAMONTAGNE, François, b 1713; s 25 mars 1736, à Quebec.

I.—LAMONTAGNE (5), Jean-Bte.
Poiré (6), Marie-Madeleine.
Marie-Liduige, b 26 mai 1710, à la Rivière-Ouelle; s 24 mars 1717, à Ste-Anne.[2] — *Jean-Baptiste*, b 1714; s[2] 12 fevrier 1717. — *Augustin*, b 1715; m 6 mai 1748, à Françoise-Rose Biard, à Québec[3]; s[3] 7 sept. 1755. — *Marie-Madeleine*, b 1723; 1° m[3] 11 février 1743, à Charles André; 2° m 9 juin 1760, à Pierre Sigouin, à Montréal.

1711, (12 janvier) Trois-Rivières.[3]

II.—LAMONTAGNE (1), François, [François I.
b 1678.
Faye (2), Marie, [Pierre I.
b 1691.
Geneviève, b[3] 26 mai 1714; 1° m à Michel Rabouin; 2° m 6 juillet 1751, à René Panneau, à Yamachiche. — *François*, b 21 juin 1716, à la Rivière-du-Loup; 1° m 24 juin 1748, à Claude Gamelin, à St-Frs-du-Lac; 2° m 20 avril 1762, à Marie-Jeanne Desrosiers, à la Baie-du-Febvre.

1729, (30 oct.) Rivière-du-Loup.[3]

II.—LAMONTAGNE (3), Charles, [François I.
b 1700.
Lemaitre (4), Madeleine, [Jean II.
b 1708.
Jean-François, b[3] 18 déc. 1730. — *Antoine*, b[3] 8 août 1734. — *Marie-Catherine*, b[3] 3 nov. 1737.

1748, (24 juin) St-Frs-du-Lac.[3]

III.—LAMONTAGNE, François, [François II.
b 1716.
1° Gamelin, Claude, [Jean II.
b 1700; veuve de Guillaume Cartier; s[3] 14 avril 1761.
1762, (20 avril) Baie-du-Febvre.
2° Desrosiers, Marie-Jeanne, [Pierre II.
b 1710; veuve de François Benoit.

1749, (18 juin) Québec.[3]

I.—LAMONTAGNE (5), Charles, b 1719; fils d'Etienne et de Marie Antoine, de St-Andre-des-Arts, Paris, s[3] 26 août 1788.
1° Racine, Catherine, [Frs-Clément III.
b 1731.
Jean-Charles, b[3] 30 nov. 1754; s[3] 25 mars 1755. — *Alexis*, b[3] 4 janvier 1756; s[3] 21 août 1757. — *Françoise*, b[3] 22 déc. 1757; s[3] 14 juillet 1758. — *Pierre*, b[3] 3 mars 1759; m[3] 7 août 1781, à Angelique Duverni. — *Marie*, b... m[3] 2 mars 1778, à Bernard Perrot. — *Louis-Nicolas*, b[3] 8 avril 1761. — *Antoine*, b[3] 11 mai 1763; m[3] 7 juin 1791, à Françoise Dasylva. — *François-Xavier*, b 4 dec. 1766, à Terrebonne; 1° m à Marie Boure; 2° m à Marie-Madeleine Franchère; s 13 juin 1853, à la Rivière-du-Loup. — *Catherine*, b... m[3] 30 mai 1786, à Louis Presser. — *Marie-Charlotte*, b... m à Nicolas Brunet. — *Marie-Anne* (6), b... m 25 janvier 1794, à Pierre Fabre, à Montreal. — *Jean-Baptiste*, b... m[3] 4 juillet 1797, à Elisabeth Langlois.

(1) Dit Couture—Lemonthe, 1793.
(2) Et Lamaudais, 1745.
(3) Soldat demeurant chez les hospitaliers.
(4) Voy. Bayard, vol. II, p. 158.
(5) Dit Durocher.
(6) Et Poirier dit Langevin.

(1) Marié Bayard, voy. vol. II. p. 158.
(2) Dit Sanscartier.
(3) Marié Banhiac.
(4) Dit Lalongé.
(5) Soldat de Denis de Bonaventure.
(6) Grand'mère de l'archevêque Edouard-Charles Fabre.

1777, (10 sept.) [3]
2° DECHAMBRE (1), Louise, [FRANÇOIS I
b 1738; veuve d'Alexis Brunet; s [3] 29 sept. 1795.

1749, (21 juillet) Québec. [4]
III.—LAMONTAGNE (2), JOSEPH, [FRANÇOIS II.
b 1712.
DURIVEAU (3), Madeleine-Genev., [ETIENNE I.
b 1721.
Louis-Joseph, b [6] 21 juin et s 26 déc 1750, à Charlesbourg. [1]—*Joseph*, b [6] 6 mars et s [7] 1er mai 1752.—*Michel*, b [6] 30 avril 1755. — *Thomas*, b [6] 18 sept. et s [6] 23 nov. 1758.

LAMONTAGNE, JEAN-FRS.
DESNOYER, Marie-Anne.
.... (4), b 1755; s 30 août 1760, à la Rivière-du-Loup. [1]—*Antoine*, b [1] 17 mai 1759.

1781, (7 août) Québec.
II.—LAMONTAGNE, PIERRE, [CHARLES I.
b 1759.
DUVERNI, Angélique, [JACQUES II.
b 1759.

1783, (7 janvier) Montréal.
LAMONTAGNE, LOUIS.
CHARTRAIN, Marie.

1791, (7 juin) Québec.
II.—LAMONTAGNE, ANTOINE, [CHARLES I.
b 1763.
DASYLVA, Françoise. [JEAN-BTE.

LAMONTAGNE, CHRISTOPHE.
ROY, Cécile.
Joseph, b 30 juin 1794, à Repentigny.

1797, (4 juillet) Québec.
II.—LAMONTAGNE, JEAN-BTE. [CHARLES I.
LANGLOIS, Elisabeth. [JEAN.

II.—LAMONTAGNE, FRS-XAVIER, [CHARLES I.
b 1766; s 13 juin 1853, à la Rivière-du-Loup.
1° BOURÉ, Marie.
2° FRANCHÈRE, Marie-Madeleine.

LAMORANDIÈRE.—Voy. ROCBERT.

LAMORILLE.—Voy. LEMAITRE.

LAMOTTE. — *Variations et surnoms:* DE LA MOTHE—DELAMOTHE — LAMOTHE —AIGRON—BIGOT — BRÉBANT — CADILLAC — CAUCHON — DEJOURDIS — DESMARETS —FRETÉ—GAUDARD —GIBOIRE et GYBOISE — LAFONTAINE — LARAMÉE — LAURENT — LEPELÉ — MARCOT—MOTTARD—NORMANDIN.

(1) Et Lachambre.
(2) Et Bayard—il s'est marié sous le nom de Banhiac; voy. vol. II, p. 159.
(3) Et Corriveau.
(4) Le nom manque au registre.

I.—LAMOTTE (1), JEAN, b 1686; s 23 janvier 1736, à Québec.

1697, (28 janvier) Charlesbourg.
I.—LAMOTTE (2), FRANÇOIS-LOUIS.
1° LEROUX, Marie-Anne, [FRANÇOIS I.
b 1678; s 17 avril 1715, à Beauport. [3]
Louis, b [3] 2 février 1699; m [3] 29 oct. 1727, à Marie-Charlotte ALARD; s [3] 19 oct. 1743.—*Geneviève*, b [3] 13 août 1707; m [3] 21 juillet 1749, à Joseph GIROUX.—*François*, b... m 25 juillet 1736, à Marie NOLIN, à Québec. [4]
1715, (18 nov.) [3]
2° BOURBON, Marie-Anne, [JEAN I.
b 1692; s [3] 23 déc. 1748.
Noel, b [3] 23 sept. 1716; m 1er déc. 1742, à Marie-Joseph SYLVESTRE, à la Pte-aux-Trembles, Q.—*Marie-Anne*, b [3] 8 août 1718; m [4] 17 sept. 1738, à Jean-Baptiste MORIÉ.—*Louise-Angélique*, b [3] 11 juillet 1720.—*Marie-Louise*, b [3] 28 juillet 1721; m [3] 27 juillet 1744, à Charles BRUNEAU.—*Thérèse*, b... m [3] 13 oct. 1740, à Jean-François LANGLOIS.

1698, (14 oct.) Québec. [5]
I.—LAMOTTE (3), JEAN,
b 1664; s [5] 16 août 1724.
BRUNEAU, Anne, [RENÉ I.
b 1670; veuve de Jean Mingou.
Jacques-Marie, b [5] 4 mars 1699; m [5] 9 avril 1720, à Geneviève LAISNÉ.—*Jean*, b [5] 26 février 1701; m [5] 26 mai 1721, à Françoise GLINEL—*Marie-Angélique*, b [5] 7 sept. 1705; m [5] 9 oct. 1724, à Jean-Baptiste DUBORD.—*Marguerite*, b [5] 19 juin 1707; m [5] 6 avril 1733, à Joseph ROUSSEAU; s [5] 9 mars 1745.—*Jeanne*, b 1708; m [5] 8 mai 1730, à Jean-Baptiste LESAGE.—*François*, b... m 4 sept. 1741, à Marie-Françoise HOUDE, à St-Antoine-Tilly [6]; s [6] 11 oct. 1764.

LAMOTTE, CHARLES.
PONTEAU, Anne.
Jeanne, b 14 déc. 1709, à Québec.

I.—LAMOTTE (4), ANTOINE, b 1685; s 31 janvier 1723, à Montréal.

I.—LAMOTTE (5), MARTIN,
b 1690.
JEAN (6), Elisabeth-Madeleine.
Louise, b 15 oct. 1713, à Québec.—*Marie-Joseph*, b 12 avril et s 1er mai 1715, à St-Valier.—*Louise*, b 27 mai 1716, à Rimouski.

I.—LAMOTTE (7), JACQUES, b 1683; s 1er juin 1728, à Montreal.

(1) Dit Laramée.
(2) Pour DeLamothe, voy. vol. I, p. 169.
(3) Pour De la Mothe, voy. vol. I, p. 169.
(4) Soldat de la compagnie de Deschaillons.
(5) Dit Giboire—Gyboise.
(6) Et Madelon.
(7) Dit Lafontaine; caporal de la compagnie de Laperrière.

1715, (23 nov.) Montréal.[3]

I.—LAMOTTE (1), PIERRE, b 1693; fils de Bruno et de Jeanne LeVallois, de St-Meixant, diocèse de Bordeaux; s 4 nov. 1755, à Soulanges.

1° ST. YVES (2), Marie-Anne, [JACQUES I. b 1695; s [3] 26 juillet 1739.

Marie, b [3] 13 et s [3] 14 janvier 1716. — *Marie-Anne*, b [3] 22 nov. 1716; m [3] 7 janvier 1738, à Simon LAFOND.—*Marguerite*, b [3] 26 juillet et s [3] 8 oct. 1718. — *François*, b [3] 29 août et s [3] 24 oct. 1719.—*Marie-Joseph*, b [3] 11 sept. 1720; 1° m [3] 4 fevrier 1741, à Jean-François BARSOLOU; 2° m 15 mai 1752, à Pierre GUÉRINEAU, à la Pte-aux-Trembles, M.—*François*, b [3] 11 sept. et s [3] 14 oct. 1721.—*Anonyme*, b [3] et s [3] 29 juin 1722.—*Catherine*, b [3] 13 oct. et s [3] 1er nov. 1723. — *Antoine*, b [3] 29 oct. et s [3] 16 nov. 1724. — *Elisabeth*, b [3] 9 nov. 1725. — *Marie-Geneviève*, b [3] 7 nov. 1726; s [3] 16 août 1727.—*Marie-Thérèse*, b [3] 15 et s [3] 25 nov. 1727.—*Michel*, b [3] 12 déc. 1728; s [3] 24 nov. 1729—*Marie-Charlotte*, b [3] 18 janvier 1730; 1° m [3] 5 mai 1749, à Jean-Baptiste JUSSEAUME; 2° m [3] 8 janvier 1753, à Bernard MIRANT. — *Pierre*, b [3] 9 mai 1734. — *Marie-Amable*, b [3] 23 août 1735.— *Alexis*, b [3] 27 mai 1738.

1740, (21 janvier).[3]

2° CARON (3), Angelique, [VITAL II. b 1707.

Pierre-Vital, b [3] 20 oct. 1740.— *Joseph-Marie*, b [3] 25 janvier 1742; m 24 nov. 1777, à Catherine BLONDEAU, à Lachine.—*Pierre-Guillaume*, b [3] 21 janvier 1744.

1720, (9 avril) Québec.[4]

II.—LAMOTTE, JACQUES-MARIE, [JEAN I. b 1699.

LAISNÉ, Geneviève, [BERNARD I. b 1698.

Jacques, b [4] 27 février 1721; m 10 avril 1747, à Marie-Louise COTTIN, à St-Augustin —*Geneviève*, b [4] 13 mai 1723; s [4] 24 sept. 1727.—*Marie-Ursule*, b [4] 15 janvier 1726; s [4] 8 mai 1733. — *Pierre*, b 1727; s [4] 15 déc. 1729. — *Pierre-Olivier*, b [4] 24 nov. 1730; s [4] 3 janvier 1731.— *Marie-Geneviève*, b [4] 7 nov. 1731; s [4] 28 sept. 1733. — *Pierre*, b 13 juillet 1734, au Château-Richer.[5] — *Joseph*, b [5] 1er janvier 1737.—*Louis*, b [5] 10 mai 1739.

1721, (26 mai) Québec.

II.—LAMOTTE (4), JEAN, [JEAN I. b 1701.

GLINEL, Françoise, [JACQUES I. b 1697.

Françoise, b 14 mars 1722, à la Pte-aux-Trembles, Q.; m 20 oct. 1738, à Rene CUILLERIER, au Cap-Santé[4]; s [4] 3 dec. 1748.—*Marie-Thérèse*, b... m [4] 9 avril 1742, à François-de-Sales MOTARD.— *Joseph*, b... m [4] 12 fevrier 1748, à Marie-Elisabeth LESAGE. — *Geneviève*, b [4] 23 sept. 1728; m [4] 29 janvier 1748, à Adrien BRIÈRE.—*Marie-Anne*, b [4] 24 janvier et s [4] 20 août 1730. — *François-de-Sales*, b [4] 2 juillet 1731.—*Prisque*, b [4] 29 janvier et s [4] 11 dec. 1733. — *Jean-Baptiste*, b [4] 27 juillet 1734; m [4] 7 janvier 1754, à Marie-Joseph PAGÉ. —*Augustin*, b 10 février 1742, à St-Augustin.

(1) Et Lamothe.

(2) Et St. Agne dit Hogue.

(3) Elle épouse, le 6 juin 1757, Michel Henry, à Montréal.

(4) En 1740, est maître pour les Dames Seigneuresses, au moulin à farine, et à la ferme du Domaine, avec Gabriel Maranda. (St-Augustin).

1725, (4 nov.) Québec.[3]

I.—LAMOTTE, PIERRE, maître-tailleur; fils de Pierre et de Catherine Chardon, de St-Maurice, ville de Limoges, Limousin.

1° BOISDORÉ (1), Charlotte, [FRANÇOIS-JEAN I. b 1708; s [6] 27 août 1744.

Marie-Charlotte, b [6] 4 nov. 1726; m [6] 27 avril 1745, à Claude HUGUET. — *Jacques*, b [6] 30 sept. 1727; s [6] 8 juillet 1730. — *Angélique*, b [6] 17 oct. 1728; m [6] 1er sept. 1749, à Pierre BADEAU.—*Jean-Baptiste*, b [6] 28 sept. 1730; s [6] 31 mai 1733. — *Pierre*, b [6] 5 juillet 1732; m 18 février 1765, à Marie-Angélique CROTEAU, à St-Antoine-Tilly.— *Marie-Louise*, b [6] 24 fevrier 1734; m [6] 21 août 1752, à Pierre MÉNARD.—*Jacques-Antoine*, b [6] 11 sept. 1735; m [6] 2 juin 1755, à Marie-Louise-Madeleine DROLET; s [6] 8 juillet 1780. — *Henri*, b [6] 24 dec. 1736; s [6] 8 mai 1738.—*Laurent*, b [6] 10 mars 1738. — *Marie-Thérèse*, b [6] 20 février 1739; s [6] avril 1760.— *Barbe*, b [6] 26 août 1740. — *Claude*, b [6] 9 sept. et s 17 oct. 1741, à Charlesbourg.— *Barbe*, b [6] 16 juillet 1742. — *Elisabeth*, b [6] 1er fevrier et s [6] 27 juillet 1744.

1749, (20 oct.)[6]

2° DOYON, Angelique, [THOMAS II. b 1730.

Marie-Angélique, b [6] 31 oct. 1750. — *Jean*, b [6] 26 nov. 1751. — *Marguerite*, b [6] 14 et s [6] 15 nov. 1752.— *Thomas*, b 10 juin et s 19 juillet 1755, à St-Thomas.[8] — *Joseph-Marie*, b [8] 13 août 1757; s [8] 11 fevrier 1760.—*François*, b [8] 13 nov. 1758; s [8] 14 fevrier 1760. — *Marguerite*, b [8] 6 mai 1760.

1727, (29 oct.) Beauport.[9]

II.—LAMOTTE (2), LOUIS, [FRS-LOUIS I. b 1699; s [9] 19 oct. 1743.

ALARD (3), Marie-Charlotte, [JEAN-FRS II. b 1704.

Marie-Louise, b [9] 13 oct. 1728; m [9] 24 mai 1751, à André GUILLOT. — *Louis-Jacques*, b [9] 7 mars 1730. — *Marie-Louise*, b [9] 27 mai et s [9] 2 juin 1731. — *Marie-Catherine*, b [9] 30 mai 1732; m [9] 19 oct 1761, à Antoine GADIOU. — *Louis-Michel-Thérèse*, b [9] 8 fevrier 1734. — *Joseph*, b [9] 21 mai 1735; m [9] 23 juin 1767, à Marie-Louise MOREL. — *Eustache*, b [9] 15 avril 1737. — *Marie-Françoise*, b [9] 14 fevrier 1739; m [9] 7 janvier 1765, à Michel O'BRIEN. — *Michel*, b [9] 15 août 1740.— *Marie-Louise*, b [9] 20 juin 1742; s [9] 11 janvier 1749.

(1) Marié sous le nom de Barbeau.

(2) Dit Laramée.

(3) Et Lardon; elle épouse, le 11 janvier 1745, Pierre Protot, à Beauport.

1736, (25 juillet) Québec.
II.—LAMOTTE (1), François. [Frs-Louis I.
Nolin, Marie, [Jacques II.
b 1716.

1741, (4 sept.) St-Antoine-Tilly.[7]
II.—LAMOTTE (2), François, [Jean I.
s[7] 11 oct. 1764.
Houde, Marie-Françoise, [Jacques II.
b 1704; veuve de Pierre Demers.
Antoine, b[7] 21 déc. 1742; m[7] 1er mai 1764, à Marie-Catherine Houde.—*Marie-Angélique*, b[7] 8 avril 1746; m[7] 4 juin 1764, à Pierre Croteau.—*François-de-Sales*, b[7] 7 mars 1748.

LAMOTTE, Jean-Bte-Sylvestre.
Tessier, Catherine.
Etienne, b et s 24 juin 1742, à Montréal.

1742, (1er déc.) Pte-aux-Trembles, Q.[7]
II.—LAMOTTE (1), Noel, [François-Louis I.
b 1716; maçon.
Sylvestre, Marie-Joseph, [Pierre II.
b 1717.
Charles, b 7 sept. 1743, à Beauport. — *Marie-Joseph*, b 15 oct. 1746, à Quebec.[8]— *Paul-Sylvestre*, b[8] 26 janvier 1750; m[7] 10 février 1777, à Elisabeth Augers. — *Pierre-Gaspard*, b[8] 6 janvier 1752. — *Marie-Anne*, b[8] 29 sept. 1753; m[7] 13 janvier 1777, à Augustin Fournel. — *Françoise*, b[7] 24 juin et s[7] 11 juillet 1756. — *Pierre-Joseph*, b[7] 19 mars et s[7] 23 juin 1758.—*Augustin*, b[7] 5 et s[7] 26 sept. 1760. — *Jean-Baptiste*, b[7] 27 nov. 1761.

1743, (3 février) St-Antoine-Tilly.[1]
IV.—LAMOTTE, Jean-Bte, [Jean III (3).
b 1720, s[1] 10 juin 1756.
Bergeron, Marie-Louise, [Jean II.
b 1704; veuve de François Dussault.
Jean-Baptiste, b[1] 8 mai 1745.

1747, (10 avril) St-Augustin.
III.—LAMOTTE, Jacques, [Jacques-Marie II.
b 1721; voiturier.
Cottin, Marie-Louise, [Joseph II.
b 1729.
Jacques, b 6 avril 1749, à Quebec[2]; s[2] 14 sept. 1750.—*Louise*, b[2] 4 mars 1751.—*Marie-Joseph*, b[2] 18 avril 1754.—*Jacques*, b[2] 6 avril et s[2] 26 nov. 1756.—*Louis*, b 26 mars 1759, à la Rivière-Ouelle.

LAMOTTE, Jacques, b 1723; s 16 janvier 1769, à St-Valier.

1748, (12 février) Cap-Santé.[3]
III.—LAMOTTE, Joseph. [Jean II.
Lesage, Marie-Elisabeth. [Nicolas II.
Marie-Françoise, b[3] 1er nov. 1748.—*Marie-Elisabeth*, b[3] 1er déc. 1749.—*Marie-Joseph*, b[3] 11 oct. 1750.—*Marie-Madeleine*, b[3] 2 avril 1752.—*Jean-Baptiste*, b 6 juin 1753, à Deschambault.—*Marie-Angélique*, b 23 août 1758, aux Ecureuils.

LAMOTTE, Jean-Bte.
Lamarche, Ursule.
Jean-Baptiste, b 20 nov. 1750, aux Trois-Rivières.[1]—*Marie-Ursule*, b[1] 1er et s[1] 27 mai 1757.—*Michel*, b[1] 26 oct. 1758; m 27 février 1786, à Angelique Pinard, à Nicolet.—*Marie-Ursule*, b[1] 2 oct. 1760.

LAMOTTE, François.
Tessier, Marie-Joseph.
Marie, b... s 25 oct. 1752, au Cap-Santé.[2]—*François*, b[2] 25 oct. 1752.—*Marie*, b[2] 19 mai 1754.

1754, (7 janvier) Cap-Santé.
III.—LAMOTTE, Jean-Bte, [Jean II.
b 1734.
Pagé, Marie-Joseph, [Louis IV.
b 1738.

LAMOTTE, François.
Gagnon, Louise,
b 1738; s 26 nov. 1760, à St-Vincent-de-Paul.

1755, (2 juin) Québec.[3]
II.—LAMOTTE, Jacques-Antoine, [Pierre I.
b 1735; s[3] 8 juillet 1780.
Drolet, Marie-Louise-Madeleine, [Charles III
b 1738.
Marie-Louise, b[3] 16 nov. 1756; s[3] 25 sept 1759.—*Elisabeth*, b[3] 3 avril 1758; s[3] 4 oct. 1759.—*Antoine*, b[3] 23 nov. 1759; ord.[3] 15 août 1784; s 14 février 1829, à Lachenaye.—*Charles*, b[3] 30 mai et s[3] 15 juin 1761.—*Louis*, b[3] 7 juin 1763—*Louis*, b[3] 26 avril 1764; ord.[3] 16 août 1789, s 20 nov. 1835, à St-Cuthbert.

1765, (18 février) St-Antoine-Tilly.[4]
II.—LAMOTTE, Pierre, [Pierre I.
b 1732.
Croteau, Marie-Angélique, [Pierre III.
b 1744.
Pierre, b[4] 10 janvier 1766.—*Marie-Angélique*, b[4] 22 avril et s[4] 28 mai 1767.

1767, (23 juin) Beauport.
III.—LAMOTTE, Joseph, [Louis II.
b 1735.
Morel, Marie-Louise. [Jean I
Geneviève, b... m 8 oct. 1793, à Jean-Baptiste Tessier, à Quebec.

1777, (10 février) Pte-aux-Trembles, Q.[7]
III.—LAMOTTE, Paul-Sylvestre, [Noel II.
b 1750.
Augers, Elisabeth, [Jean-Bte III.
b 1751.
Paul-Sylvestre, b[7] 2 janvier 1778.

(1) Dit Laramée.
(2) Dit Cochon.
(3) Voy. Cauchon, 1717, vol. II, p. 583.

1777, (24 nov.) Lachine.

II.—LAMOTTE (1), JOSEPH-MARIE, [PIERRE I.
b 1742.
BLONDEAU, Catherine.
Joseph-Maurice, b... m 1er février 1813, à Marie-Joseph LAFRAMBOISE, à Montréal.

LAMOTTE, PIERRE.
1° MASSÉ (2), Marie-Joseph,
b 1760; s 7 avril 1787, au Cap-de-la-Madeleine.[2]
François, b [2] 4 déc. 1786.
1793, (22 oct.) [2]
2° ARCENEAU, Clotilde. [JOSEPH III.
Alexis, b [2] 14 et s [2] 25 février 1794. —*Joseph*, b [2] 22 mars 1795.

1786, (27 février) Nicolet.

LAMOTTE, MICHEL, [JEAN-BTE.
b 1758.
PINARD, Angélique. [JEAN-BTE III.

LAMOTTE (3), GUILLAUME.
AUTRAY, Marie-Joseph.
Alexandre, b 27 oct. et s 19 déc. 1792, au Détroit.

1813, (1er février) Montréal.

III.—LAMOTTE, JOSEPH-MAURICE. [JOSEPH II.
LAFRAMBOISE, Marie-Joseph.

LAMOUCHE.—Voy. MONCIAU — MOSSION — ROBERT.

L'AMOUR.—Voy. GUILLON.

LAMOUREUX. — *Surnoms ;* DELESTRE — ENFOURS—PAGÉ—ST. GERMAIN.

I.—LAMOUREUX, PIERRE, b 1644; s 25 sept. 1709, à Montréal.

1664.

I.—LAMOUREUX (4), LOUIS,
s 25 février 1715, à St-François, I. J. [2]
BOIVIN, Françoise,
b 1642; s 15 avril 1717, à Boucherville.[3]
Jean-Baptiste, b 14 sept. 1669, à Montréal; m [3] 2 déc. 1690, à Marie GAREAU. — *Catherine*, b [3] 5 avril 1688; m [2] 19 janvier 1704, à Jean COTINAULT; s 12 mai 1757, à Lachenaye.

II.—LAMOUREUX (5), PIERRE, [JEAN I.
b 1649.
1° PIGAROUICHE, Marguerite,
b 1647; Sauvagesse.
François, b 1675; m à Marguerite MÉNARD; s 30 déc. 1740, au Bout-de-l'Ile, M.

(1) Et Lamothe.
(2) Dit Baumier.
(3) Ancien capitaine des volontaires du Détroit.
(4) Voy. vol. I, p. 342.
(5) De St. Germain. Voy. vol. I, p. 342.

1684, (2 oct.) Montréal.[1]
2° CELLES, Barbe, [GABRIEL I.
b 1662; veuve de Louis Charbonnier.
Barbe, b [1] 25 juillet 1685.

1690, (2 déc.) Boucherville. [8]

II.—LAMOUREUX (1), JEAN-BTE, [LOUIS I.
b 1669.
GAREAU, Marie, [JEAN I.
b 1671.
Louis, b [8] 31 janvier 1692; m [8] 31 mai 1717, à Marie-Madeleine BABIN. — *Françoise*, b [8] 20 oct. 1693; m à Jacques CHARBONNEAU.—*Jean-Baptiste*, b [8] 23 déc. 1695; m à Marie-Amable TETREAU.—*Catherine*, b [8] 6 fevrier 1701; m [8] 20 nov. 1719, à Pierre HUET; s [8] 11 sept. 1726. — *Madeleine*, b 1703; m [8] 3 déc. 1728, à Charles MÉNARD.—*Joseph*, b 1707; m 8 mars 1734, à Thérèse DESROCHES, à Montréal. — *Marie-Joseph*, b 1708; m [8] 16 août 1730, à Jean-Baptiste CHAPERON.—*Pierre*, b... m [8] 5 fevrier 1731, à Angelique ROBERT.—*Michel*, b... m [8] 15 sept. 1732, à Charlotte MÉNARD.—*François*, b... m 19 nov. 1731, à Marguerite ACHIN, à Longueuil.

1693, (6 avril) Boucherville. [9]

II.—LAMOUREUX (1), ADRIEN, [LOUIS I.
b 1671.
VÉRONNEAU, Denise, [DENIS I.
b 1674.
Jean-Baptiste, b [9] 9 juin 1699; m [9] 31 mai 1723, à Angelique LACHAISE; s 26 nov. 1736, à St-François, I. J. — *François*, b [9] 1er août 1700; m 7 fevrier 1722, à Marie-Joseph PETIT, à la Pte-aux-Trembles, M.; s 8 avril 1754, à Terrebonne. — *Catherine*, b [9] 19 déc. 1701; 1° m [9] 28 juillet 1721, à Julien COUTANCINEAU; 2° m [9] 26 août 1738, à Michel CHABOT. — *Elisabeth*, b... 1° m [9] 17 nov. 1727, à François MÉNARD; 2° m [9] 30 juillet 1742, à François DEGANNES. —*Joseph*, b... m 17 nov. 1732, à Marie-Madeleine PATENOTE, à Longueuil.—*Angélique*, b... m [9] 1er mars 1734, à Joseph-Charles LEFRANÇOIS. — *Pierre-Adrien*, b 1716; m [9] 3 oct. 1735, à Marie-Joseph DAUNAY.—*Marie-Marguerite*, b [9] 28 fevrier 1718.

I.—LAMOUREUX (2), ETIENNE.
MARTINEAU, Marie.
Françoise, b... 1° m à Antoine HUBERT; 2° m à Pierre RAYMOND; 3° m 2 sept. 1748, à René GEORGES, à Québec. — *Marie-Charlotte*, b... m à Pierre HUBERT.

III.—LAMOUREUX (3), FRANÇOIS, [PIERRE II.
b 1675; marchand; s 30 déc. 1740, au Bout-de-l'Ile, M. [7]
MÉNARD (4), Marguerite.
Marie-Joseph, b 1er mai 1714, à la Pointe-Claire.—*François-Charles*, b [7] 23 août 1715; m [7] 6 février 1741, à Marie-Joseph PERRIN. — *Marie-*

(1) Voy. vol. I, p 342.
(2) Dit St. Germain.
(3) Dit St. Germain; seigneur du fief de Bellevue, Bout-de-l'Ile, M.
(4) Et Bénard.

Charlotte, b [7] 7 mai 1717; m [7] 24 avril 1741, à Pierre HUBERT; s 11 juin 1745, à la Longue-Pointe.—*Joseph*, b [7] 9 mai 1719; m 9 sept. 1754, à Marie-Joseph WATSON, à Montréal. [8] — *Louis-Philippe*, b [8] 15 février 1721; m [7] 25 février 1743, à Marie-Louise BRÉBANT; s [7] 21 oct. 1760. — *Louise*, b [8] 30 avril et s [8] 11 août 1722. — *Pierre*, b [8] 14 juin 1723. — *Louis*, b [8] 16 juin 1724; m [8] 28 déc. 1756, à Cécile PRUDHOMME. — *Jean-Baptiste*, b [8] 13 fevrier et s [8] 2 nov. 1726. — *Marguerite-Thérèse*, b [8] 14 avril 1727. — *Thérèse-Catherine*, b 1728; m [7] 14 avril 1749, à Joseph RANGER; s [7] 23 oct. 1765. — *Marie-Catherine*, b [8] 22 mars et s [8] 19 juillet 1729.—*Michel*, b [8] 17 janvier 1731.

1717, (31 mai) Boucherville. [9]

III.—LAMOUREUX (1), LOUIS, [JEAN-BTE II.
b 1692.
BABIN, Marie-Madeleine, [PIERRE I.
b 1696.

Marie-Madeleine, b [9] 5 mars 1718. — *Louis*, b 12 oct. 1719, à Verchères; m 8 février 1751, à Marguerite LAPORTE, à Chambly. — *Jean*, b 3 mars 1721, à St-Ours [6]; 1° m à Ursule LUSIGNAN; 2° m 3 février 1766, à Marie-Charlotte CHAILLÉ, à St-Antoine-de-Chambly. — *Marie-Anne*, b [6] 29 juillet 1724; m [9] 22 juillet 1749, à Antoine PIGEON; s 18 avril 1761, à la Longue-Pointe.—*Joseph*, b [6] 20 mai 1726.—*Antoine*, b... m [6] 25 fevrier 1754, à Marie-Charlotte EMERY-CODERRE.—*Jean-Baptiste*, b... m [6] 18 nov. 1754, à Marie-Angelique ALAIRE. —*François*, b... m [6] 15 nov. 1756, à Angélique CHAPDELAINE. — *Jacques*, b... m [6] 6 oct. 1760, à Marie-Amable EMERY-CODERRE.

1722, (7 février) Pte-aux-Trembles, M.

III.—LAMOUREUX, FRANÇOIS, [ADRIEN II.
b 1700; s 8 avril 1754, à Terrebonne. [5]
PETIT, Marie-Joseph, [NICOLAS II.
b 1702; s [5] 23 mars 1772.

Marie-Joseph, b... m [5] 25 mai 1739, à Antoine RENAUD. — *Angélique* b... m [5] 6 mai 1743, à Joseph CHARBONNEAU.—*Joseph-Marie*, b [5] 7 déc. 1729, à St-François, I. J. [6] — *Jean-Baptiste*, b [6] 24 déc. 1731; m 26 février 1759, à Therèse VAUDRY, à Lachenaye. — *Marie-Thérèse*, b... m [5] 18 janvier 1751, à François RANGER. — *Jacques*, b [6] 8 janvier 1734; m [5] 11 février 1765, à Marie-Françoise MIGNERON. — *Louis*, b [6] 28 février 1736.—*Marie-Amable*, b [6] 4 avril 1738; 1° m [5] 10 janvier 1763, à Pierre RANGER; 2° m [5] 15 oct. 1764, à Louis GOURRE.—*Antoine*, b [5] 7 et s [5] 8 mars 1742.

1723, (31 mai) Boucherville. [2]

III.—LAMOUREUX, JEAN-BTE, [ADRIEN II.
b 1699; s 26 nov. 1736, à St-François, I. J. [3]
LACHAISE (2), Angelique. [JEAN-BTE I.

Jean-Baptiste, b [2] 13 août 1724.—*Angélique*, b... m 6 mai 1743, à Joseph CHARBONNEAU, à Terrebonne. [4] — *Catherine*, b [3] 2 oct. 1727; m 14 janvier 1754, à François ROCHON, à Ste-Rose [5]; s [5] 23 juin 1761. — *Louis*, b [3] 10 juillet 1729. — *Joseph*, b [3] 12 avril 1732; 1° m [5] 14 janvier 1754, à Marie-Louise BRUNET; 2° m [4] 31 août 1756, à Madeleine GARAUD; 3° m [4] 21 janvier 1760, à Marie-Rose CARBONNEAU.—*François-Marie*, b 11 mars 1734, à Lachenaye; m [6] 9 janvier 1758, à Françoise LABELLE.—*Charles*, b [3] 5 déc. 1735.

III.—LAMOUREUX, JEAN-BTE, [JEAN-BTE II.
b 1695.
TÉTREAU, Marie-Amable.

Marie-Joseph, b... m 27 janvier 1756, à Louis DUHAMEL, à Contrecœur. [1] — *Angélique*, b... m [1] 8 janvier 1759, à Antoine GIARS.

1731, (5 fevrier) Boucherville.

III.—LAMOUREUX, PIERRE. [JEAN-BTE II.
ROBERT, Angelique. [JOSEPH III.

Angélique, b... m 19 avril 1751, à Guillaume LAROC, à Chambly. [8] — *Charlotte*, b... m [8] 18 juin 1753, à Clement BESSET.— *Marie-Anne*, b [8] 9 février 1748; m [8] 2 fevrier 1761, à Amable DAVIGNON.—*Marie-Agathe*, b... s [8] 27 mai 1750.— *Jean-Michel*, b [8] 8 mai 1750.—*Amable*, b [8] 15 oct. 1752.

1731, (19 nov.) Longueuil. [1]

III.—LAMOUREUX, FRANÇOIS. [JEAN-BTE II.
ACHIN, Marguerite, [FRANÇOIS II.
b 1710.

Marie-Joseph, b... m 19 nov. 1753, à François CHARON, à Boucherville. [2] — *Charlotte*, b... m [2] 7 fevrier 1757, à Jean-Baptiste PROVOST. — *François-Antoine*, b... m [1] 8 janvier 1759, à Elisabeth AYMART.—*Joseph*, b... m [2] 14 oct 1765, à Louise QUENTIN.—*Marguerite*, b 5 mai 1742, à Montreal; m [2] 13 janvier 1766, à Théodore LOISEAU.—*Marie-Amable*, b... m [2] 15 février 1768, à Jean-Baptiste NORMANDIN.

1732, (15 sept.) Boucherville.

III.—LAMOUREUX, MICHEL. [JEAN-BTE II.
MÉNARD, Charlotte. [LOUIS II.

1732, (17 nov.) Longueuil. [6]

III.—LAMOUREUX, JOSEPH. [ADRIEN II.
PATENOTE, Marie-Madeleine, [CHARLES II.
b 1710.

Joseph, b... m 22 janvier 1759, à Marie-Anne VINCELET, à Boucherville. [7] — .... (1), b... m [7] 22 janvier 1759, à Geneviève VINCELET. — *François-Adrien*, b... m [7] 7 nov. 1763, à Isabelle CHAPERON. — *Madeleine*, b... m [7] 18 fevrier 1765, à Michel CHARBONNEAU.—*Marie-Angélique*, b... m [7] 11 nov. 1765, à Jean-Baptiste REGNIER.— *Thérèse*, b [6] 21 janvier 1747; m [7] 21 sept. 1767, à Antoine FONTENEAU.

1734, (8 mars) Montréal.

III.—LAMOUREUX, JOSEPH, [JEAN-BTE II.
b 1707.
DESROCHES, Thérèse, [PIERRE II.
b 1707.

(1) Voy. vol. I, p. 342.

(2) Et Lachèze; elle épouse, le 3 février 1738, Jean-Baptiste Bleau, à St-François, I. J.

(1) Le nom manque au registre.

Archange, b 1741 ; m 10 janvier 1757, à Guillaume Labath, à Boucherville ; s 10 sept. 1776, à Terrebonne. — *Joseph*, b... m 21 sept. 1761, à Marie-Joseph Gélineau, à Longueuil.

1735, (3 oct.) Boucherville.

III.—LAMOUREUX, Pierre. [Adrien II.
Daunay (1), Marie-Joseph, [Pierre-Antoine II.
b 1704.
Adrienne, b 1737 ; m 12 janvier 1761, à Louis Lacoste, à Chambly.

1741, (6 février) Bout-de-l'Ile, M. [4]

IV.—LAMOUREUX (2), Frs-Chs, [François III.
b 1715.
Perrin, Marie-Joseph, [Mathieu II.
b 1709.
Marie-Françoise, b 1741 ; m [4] 2 mai 1757, à Joseph-Amable Lalonde.

1743, (25 février) Bout-de-l'Ile, M. [4]

IV.—LAMOUREUX (2), Ls-Phil., [François III.
b 1721 ; s [4] 21 oct. 1760.
Brédant (3), Marie-Louise, [Michel II.
b 1725.
Marie-Louise, b [4] 2 nov. 1752 ; s [4] 15 juin 1754. — *Marie-Amable*, b [4] 14 février 1757. — *Joseph-Philippe*, b [4] 11 déc. 1759.

IV.—LAMOUREUX (2), Jean-Bte, [Louis III.
b 1721.
1° Lusignan, Ursule.
Marie, b 1749 ; m 9 février 1767, à François Bonin, à St-Antoine-de-Chambly. [2]
1766, (3 fevrier). [2]
2° Chaillé, Marie-Charlotte, [Jean-Bte III.
b 1733.

1751, (8 fevrier) Chambly.

IV.—LAMOUREUX, Louis, [Louis III.
b 1719.
Laporte (4), Marguerite. [François III.
Jean-Louis-Marie, b 23 et s 25 nov. 1751, à St-Antoine-de-Chambly. [6] — *Louis*, b [6] 8 fevrier 1753. — *François-Xavier*, b [6] 17 avril et s [6] 3 juillet 1754. — *Marie-Marguerite-Rosalie*, b [6] 23 sept. 1755. — *Jacques*, b 17 mai 1757, à St-Ours [7] ; s [7] 25 mars 1758. — *Charlotte*, b [7] 26 dec. 1759 ; s [7] 20 janvier 1760.

1754, (14 janvier) Ste-Rose. [1]

IV.—LAMOUREUX, Joseph, [Jean III.
b 1732.
1° Brunet, Marie-Louise, [Pierre III.
s [1] 3 avril 1755.
Joseph-Marie, b [1] 23 mars 1755.
1756, (31 août) Terrebonne. [2]
2° Gareau (5), Madeleine. [Pierre II.

(1) Et Daunais.
(2) Dit St. Germain.
(3) Elle épouse, le 31 mars 1761, Jacques Moineau, au Bout-de-l'Ile, M.
(4) Et Labonté.
(5) Et Garau, 1758.

Pierre, b [1] 3 oct. 1757 ; s [1] 6 fevrier 1758. — *Marie-Madeleine*, b [1] 27 nov. 1758.
1760, (21 janvier). [2]
3° Carbonneau, Marie-Rose, [Pierre II.
b 1737.
Pierre, b [1] 3 juillet 1761 ; s [1] 16 sept. 1762.

1754, (25 fevrier) St-Ours. [3]

IV.—LAMOUREUX, Antoine. [Louis III.
Coderre (1), Marie-Charlotte. [Antoine III.
Pierre-Antoine, b [3] 8 avril 1756. — *Jean-Baptiste*, b [3] 26 fevrier et s [3] 9 juin 1758. — *Marie-Charlotte*, b [3] 23 août 1759.

1754, (9 sept.) Montréal.

IV.—LAMOUREUX (2), Joseph, [François III.
b 1719.
Watson (3), Marie-Joseph, [Joseph I.
b 1715 ; veuve de Jean-Baptiste Joliet-Baillargé.

1754, (18 nov.) St-Ours.

IV.—LAMOUREUX, Jean-Bte. [Louis III.
Alaire, Angelique. [Etienne III.
Marie-Joseph, b 25 dec. 1756, à Contrecœur. [4] — *François*, b [4] 27 juin 1758.

LAMOUREUX, Joseph.
Giard, Suzanne, [Gabriel II.
b 1725 , s 11 mai 1756, à Contrecœur.

LAMOUREUX, Jean-Bte.
Chaussee, Marguerite.
Jean-Baptiste, b 9 nov. 1756, à Contrecœur.

1756, (26 oct.) Montréal.

I.—LAMOUREUX (4), Pierre,
b 1730.
Lalande, Felicité-Charlotte, [Antoine II.
b 1729.
Pierre, b... s 3 juillet 1760, à Chambly.

1756, (15 nov.) St-Ours. [7]

IV.—LAMOUREUX, François. [Louis III.
Chapdelaine, Angelique. [Valérien II.
Marie-Angélique, b [7] 29 août 1757. — *François-Marie*, b [7] 4 sept. 1758. — *Joseph-Marie*, b [7] 5 déc. 1759.

1756, (28 dec.) Montréal.

IV.—LAMOUREUX, Louis, [François III.
b 1724.
Prudhomme, Cécile, [François III.
b 1728.

1758, (9 janvier) Ste-Rose. [8]

IV.—LAMOUREUX, Frs-Marie, [Jean-Bte III.
b 1734.
Labelle, Françoise, [Joachim II.
b 1737.

(1) Dit Emery.
(2) Dit St. Germain.
(3) Et Ouatsen dit Robert.
(4) Dit Delestre ; voy. ce nom, vol. III, p. 314.

François-Marie, b[8] 3 déc. 1758.—*Michel*, b[8] 28 sept. et s[8] 17 nov. 1760.

1759, (8 janvier) Longueuil.[9]
IV.—LAMOUREUX, Frs-Ant. [François III.
Aymart (1), Elisabeth, [Vincent II.
b 1742.
François, b[9] 21 oct. 1759 ; s[9] 29 mars 1760.—*Elisabeth*, b[9] 29 sept. et s[9] 6 oct. 1760.—*Antoine*, b[9] 24 sept. 1761 ; s[9] 21 janvier 1762.

1759, (22 janvier) Boucherville.
IV.—LAMOUREUX, Joseph. [Joseph III.
Vincelet, Marie-Anne. [Nicolas II.
Joseph-Adrien, b 12 août 1760, à Chambly.

1759, (22 janvier) Boucherville.
IV.—LAMOUREUX, ... [Joseph III.
Vincelet, Geneviève, [Nicolas II.
veuve de Louis Robert.

1759, (26 février) Lachenaye.[4]
IV.—LAMOUREUX, Jean-Bte, [François III.
b 1731.
Vaudry, Thérèse, [Jacques III.
b 1736.
Joseph, b 1761 ; s[4] 17 juin 1770.—*Jacques*, b[4] 1er janvier 1764.—*Amable*, b[4] 8 et s[4] 10 janvier 1765.—*Félix*, b[4] 17 avril et s[4] 1er août 1766.—*Charles*, b... s[4] 21 août 1767.—*Etienne*, b[4] 7 fevrier et s[4] 8 août 1768.—*Toussaint*, b[4] 8 et s[4] 11 juin 1769.—*Anonyme*, b[4] et s[4] 16 nov. 1770.—*François*, b[4] et s[4] 8 août 1771.—*Gabriel*, b[4] 27 février et s[4] 3 mars 1774.—*Marie-Joseph*, b[4] 11 juillet et s[4] 1er août 1775.—*Toussaint*, b[4] 1er nov. 1776.—*Jean-Baptiste*, b... m à Marie-Angelique Chabot.

1760, (6 oct.) St-Ours.
IV.—LAMOUREUX, Jacques. [Louis III.
Coderre (2), Marie-Amable. [Antoine III.

1761, (21 sept.) Longueuil.
IV.—LAMOUREUX, Joseph. [Joseph III.
Gélineau, Marie-Joseph, [Daniel-Marie II.
b 1742.
Archange, b... m 17 février 1783, à Paschal-Marie Dubuc, à Boucherville.

1763, (7 nov.) Boucherville.
IV.—LAMOUREUX, Frs-Adrien. [Joseph III.
Chaperon, Isabelle. [Jacques III.
François, b 10 oct. 1765, à la Longue-Pointe.[6]—*Elisabeth*, b[6] 30 déc. 1766.

1765, (11 février) Terrebonne.
IV.—LAMOUREUX, Jacques, [François III.
b 1734.
Migneron, Marie-Françoise, [Jacques III.
b 1749.
Marie-Archange, b 1er oct. 1772, à Lachenaye.

(1) Et Bourdon, du nom de sa mère.
(2) Dit Emery.

1765, (14 oct.) Boucherville.
IV.—LAMOUREUX, Joseph. [François III.
Quentin, Louise. [Joseph.

LAMOUREUX, Jean.
Dubois, Marie-Marguerite.
Charles, b 23 avril 1772, à Lachenaye.

V.—LAMOUREUX, Jean-Bte. [Jean-Bte IV.
Chabot, Marie-Angélique. [Nicolas-Amant I.
Jean-Baptiste, b 14 nov. 1784, à Lachenaye.[1]—*Marie-Amable*, b[1] 28 février 1788.

LAMOUREUX, François.
Charbonneau, Judith.
Louise, b 30 mars 1791, à Lachenaye.

LAMPRON.—Voy. Laspron.

1760, (20 oct.) Montréal.
I.—LAMPY, Jean-Bte, b 1723 ; fils de Jean-Baptiste et d'Elisabeth Périneau, de Neufchatel, diocèse de Laon, Ile-de-France ; s 25 janvier 1780, à Québec.
Chevalier, Marie-Madeleine, [Nicolas-René I.
b 1732.

LAMURE.—Voy. Barbeau.

LAMURY.—Voy. Amury—Hameury.

1732, (30 oct.) Cap-St-Ignace.[1]
I.—LAMURY (1), Guillaume.
Chamberlan, Marguerite, [Gabriel II.
b 1707.
Marguerite-Françoise, b[1] 12 sept. 1740; m 23 août 1762, à Charles Giroux, à Quebec.

LAMUSETTE.—Voy. Piché—Pichet.

LAMUSIQUE.—Voy. Dumesnil—Lépine.

LAMY.—*Variations et surnoms :* Lami—Lamie—Brodeur—Defond et Desfonds—Lavigne—Oreste.

1663, (22 oct.) Québec.[2]
I.—LAMY (2), Isaac,
b 1640 ; tanneur.
Decheurainville, Madeleine,
b 1650 ; s 19 mai 1733, à Sorel.[3]
Marie, b[2] 24 août 1670 ; m[3] 18 mai 1688, à Michel Dagneau.—*Michel*, b... m 9 février 1723, à Marie-Madeleine Dutremble-Desrosiers, à l'Ile-Dupas.—*Joseph*, b[3] 21 août 1685 ; m à Marie-Françoise Rivard.

I.—LAMY (3), François, b 1643 ; s 3 nov. 1715, à Ste-Famille, I. O.

(1) Voy. Hameury, vol. IV, p 457.
(2) Voy. vol. I, p 343.
(3) Curé de Ste-Famille, I. O., venu le 28 mai 1673.

1680, (15 avril) Cap-St-Ignace.[3]

I.—LAMY (1), PIERRE,
b 1646; s 25 avril 1726, à l'Islet.[4]
PICARD (2), Marie-Renée,
b 1658; s [4] 25 février 1726.

Guillaume, b 1687; m 1714, à Marguerite GIGNARD.—*Etienne*, b[3] 2 juillet 1689; m à Marguerite BLAIS; s 24 avril 1747, à Yamachiche.—*Marie-Marthe*, b[3] 16 mars 1692; m à Jean DAGNEAU. —*Geneviève*, b[3] 5 mai 1705; m 1723, à Guillaume DAGNEAU, à Berthier[5]; s[5] 28 août 1736.

1689.

II.—LAMY (1), PIERRE, [ISAAC I.
b 1668; s 26 août 1757, à Sorel.[5]
1° BADAILLAC, Catherine.

Louis, b[5] 29 août 1690; m 18 janvier 1718, à Cécile PRUDHOMME, à Montréal[6]; s[5] 25 sept 1748. —*Pierre*, b[5] 7 déc. 1692; m[6] 27 juillet 1718, à Catherine PRUDHOMME.

1697, (30 nov.)[5]

2° SALVAYE, Catherine, [PIERRE I.
b 1678; s[5] 20 août 1764.

Catherine, b 1698; m à Armand DROUET.—*Marie-Anne*, b 1699; s 10 mars 1766, à Berthier. —*Marie*, b[5] 13 juillet 1701; m à Antoine DROUET. —*Jean-Baptiste*, b 1705; m[6] 27 nov. 1753, à Therèse LEFEBVRE.

I.—LAMY (3), JOSEPH,
s 6 mai 1725, à Kaskakia.
PROVOST, Marie-Anne,
veuve de .... Delavigne.

LAMY (4), THÉRÈSE, b 1715.

I.—LAMY, JEAN.
SALOUER, Marguerite,
b 1679; s 12 janvier 1709, à St-Laurent, I. O.

1714.

II.—LAMY (5), GUILLAUME. [PIERRE I.
GIGNARD, Marguerite.

Pélagie, b 17 août 1715, à St-Valier.[2]—*Anne*, b[2] 8 juin 1717.—*Marguerite*, b[2] 4 avril 1721.—*Marie*, b 11 mai 1729, à Québec[3]; s[3] 17 juillet 1730.—*Marie-Madeleine*, b[3] 11 mai 1729; s[3] 28 mai 1730.—*Marie-Ursule*, b[3] 21 oct. 1733; m 7 oct. 1757, à Jean-Marie GAUDIN, à St-Frs-du-Sud.

II.—LAMY, ETIENNE, [PIERRE I.
b 1689; s 24 avril 1747, à Yamachiche.[4]
BLAIS (6), Marguerite, [PIERRE I.
b 1688; s[4] 6 mai 1765.

Gertrude, b 1719; s 25 janvier 1721, à Berthier.[5]—*Marguerite-Thérèse*, b[5] 16 sept. 1721; 1° m[4] 12 août 1737, à Jean-Baptiste LESIEUR; 2° m[4] 26 juillet 1756, à Jean-Baptiste BABABÉ.—*Etienne*, b... m[4] 16 mars 1742, à Elisabeth LESIEUR.—*Joseph-Marie*, b[5] 21 mars 1723; m 1749, à Madeleine LEFEBVRE-DESCOTEAUX; s[4] 1er janvier 1764.—*Pierre*, b[4] 8 dec 1724; 1° m[4] 9 janvier 1758, à Marie-Anne HÉROU; 2° m[4] 5 mars 1764, à Angelique MARCOT. — *Jean-Baptiste*, b[4] 29 juillet 1726; 1° m[4] 8 janvier 1753, à Marie BERTHIAUME; 2° m[4] 18 août 1766, à Marie-Joseph GÉLINAS-BELLEMARE.—*Alexis*, b[4] 20 mars 1728; m à Marie-Joseph GÉLINAS. — *Thérèse*, b 1729; s[4] 15 juillet 1759. — *Jacques*, b[4] 12 nov. 1730; m[4] 16 nov. 1762, à Louise ALARY.

(1) Voy. vol. I, p. 343.

(2) Dit Montminy.

(3) Marguillier en charge, tué par un parti d'ennemis, à deux pas du village de Cascacias; il était à Kaskakia le 20 nov. 1717.

(4) Et Lamie; imbécille qui était aux Trois-Rivières le 28 juin 1744.

(5) Et Lamie.

(6) Et Blaye.

1718, (18 janvier) Montréal.[1]

III.—LAMY, LOUIS, [PIERRE II.
b 1690; s 25 sept. 1748, à Sorel.[2]
PRUDHOMME, Cécile, [FRANÇOIS-XAVIER II.
b 1689.

Louis, b[1] 12 nov. 1718; m[1] 10 avril 1752, à Marie-Joseph GUY.—*Marie-Joseph*, b... m[2] 7 janvier 1750, à Nicolas LAGUERCE. — *Joseph*, b[2] 3 août 1732.—*Pierre*, b... m[2] 27 oct. 1780, à Marie-Elisabeth COLETTE.

1718, (27 juillet) Montréal.

III.—LAMY, PIERRE, [PIERRE II.
b 1692.
PRUDHOMME, Catherine. [FRANÇOIS-XAVIER II.

Pierre, b 1725; m 1753, à Elisabeth COLTRET; s 9 mars 1770, à Sorel.

II.—LAMY, JOSEPH, [ISAAC I.
b 1685.
RIVARD (1), Marie-Françoise.

Joseph, b 1723; m 7 février 1746, à Françoise JODOIN, à Montreal.

1723, (9 fevrier) Ile-Dupas.

II.—LAMY, MICHEL. [ISAAC I.
DESROSIERS (2), Marie-Madeleine, [JEAN II.
b 1697.

1725, (24 juillet) Montréal.[3]

I.—LAMY, MICHEL, b 1690; fils de Pierre et de Marie-Elisabeth Lauzon, de Ste-Catherine, diocèse de Liège.
PETIT (3), Marie-Anne, [JEAN I.
b 1698.

Marie-Anne, b[3] 8 juin 1726; s[3] 24 nov. 1750. — *François-Michel*, b[3] 25 avril 1728. — *Marie-Joseph*, b 1730; s 27 février 1801, à l'Hôpital-General, M. — *Jean*, b 1733; s 14 juillet 1734, à St-François, I. J.

1742, (16 mars) Yamachiche.[8]

III.—LAMY, ETIENNE. [ETIENNE II.
LESIEUR, Elisabeth, [JEAN-BTE II.
b 1722.

Marie-Elisabeth, b[8] 15 oct. 1743; m[8] 18 février 1760, à François CARPENTIER.—*Etienne*, b[8] 9 oct.

(1) Elle épouse, le 5 mars 1726, Jean-Baptiste Thaumur, à Kaskakia.

(2) Dit Dutremble.

(3) Dit Boismorel.

1745. — *François*, b [8] 12 nov. 1747; m 15 avril 1771, à Marie-Catherine TOUPIN-DUSSAULT, aux Ecureuils.—*Etienne*, b [8] 5 et s [8] 19 avril 1752.

1746, (7 février) Montréal. [1]

III.—LAMY (1), JOSEPH, [JOSEPH II.
b 1723; voyageur.
JODOIN, Françoise, [ANDRÉ II.
b 1728.
Louis-Joseph, b [1] 9 nov. 1746. — *Françoise*, b [1] 13 février 1748. — *Pierre-André*, b [1] 2 déc. 1749.

1749.

III.—LAMY, JOSEPH-MARIE, [ETIENNE II.
b 1723; s 1er janvier 1764, à Yamachiche. [1]
LEFEBVRE (2), Madeleine,
b 1730; s [1] 21 juin 1765.
Marie-Madeleine, b [1] 5 avril 1750. — *Joseph-Marie*, b [1] 3 sept. 1751.—*Marie-Antoinette*, b [1] 4 avril 1755. — *Michel*, b [1] 17 mars 1757; s [1] 12 août 1759.—*Alexis*, b [1] 13 sept. 1759.—*Jean-Baptiste*, b [1] 13 juillet 1762; s [1] 31 juillet 1765.

1752, (10 avril) Montréal. [2]

IV.—LAMY (1), LOUIS, [LOUIS III.
b 1718.
GUY, Marie-Joseph, [PIERRE-THÉODORE I.
b 1734.
Marie-Joseph, b [2] 16 janvier 1753.—*Louis*, b et s 7 juillet 1764, à la Longue-Pointe.

LAMY, THOMAS.
PILON, Madeleine.
Joseph, b 30 nov. 1753, à Ste-Rose. [2] — *Marie-Madeleine*, b [2] 10 mai 1755. — *Marie-Geneviève*, b [2] 11 mai 1756. —*Jean-Baptiste*, b [2] 4 et s [2] 21 mars 1758.—*Thomas*, b [2] 23 février 1759.—*Marie-Anne*, b [2] 6 mars 1760.

1753, (8 janvier) Yamachiche. [6]

III.—LAMY, JEAN-BTE, [ETIENNE II.
b 1726.
1° BERTHIAUME, Marie, [ANDRÉ III.
b 1734; s [6] 31 mars 1766.
Anonyme, b [6] et s [6] 7 février 1756.— *Jean-Baptiste*, b [6] 3 et s [6] 6 mars 1757.—*Marie-Louise*, b [6] 25 janvier 1758.—*Marie-Louise*, b [6] 10 juillet 1760. —*Marie*, b... m 22 janvier 1781, à Alexis BRULÉ, à l'Ile-Dupas. — *Marie-Anne*, b [6] 14 janvier 1763. —*Joseph*, b [6] 21 avril 1764.—*Anonyme*, b [6] et s [6] 28 mars 1766.

1766, (18 août). [6]

2° GÉLINAS (3), Marie-Joseph, [PIERRE IV.
b 1747.
Etienne, b [6] 5 nov. 1767.

LAMY, ETIENNE.
BERGERON, Madeleine.
Marie-Madeleine, b 16 juillet 1754, à Yamachiche. [2]—*Marie-Madeleine*, b [2] 24 avril 1756.

(1) Dit Desfonds.
(2) Dit Descôteaux.
(3) Dit Bellemare.

1753, (27 nov.) Montréal.

III.—LAMY (1), JEAN-BTE, [PIERRE II.
b 1705.
LEFEBVRE (2), Thérèse, [LOUIS I.
b 1715.

1753.

IV.—LAMY (1), PIERRE, [PIERRE III.
b 1725; s 9 mars 1770, à Sorel. [4]
COLTRET (3), Elisabeth, [PIERRE II.
b 1733.
Marie-Elisabeth, b [4] 18 sept. et s [4] 3 nov. 1754. —*Marguerite*, b [4] 19 mars 1757. —*Jean-Baptiste*, b 1er mai 1759, à l'Ile-Dupas [3]; s [3] 26 mars 1782. —*Marie-Joseph*, b... m [3] 23 avril 1781, à Joseph-Marie LAFOREST.

1757, (17 oct.) Ste-Rose. [8]

LAMY, NICOLAS.
PEYET (4), Marie-Anne,
veuve de Joseph Fanef.
François-Marie, b [8] 31 juillet 1758. — *Jacques*, b 10 mars 1761, à St-Henri-de-Mascouche; s [8] 4 mars 1762.

1758, (9 janvier) Yamachiche. [6]

III.—LAMY, PIERRE, [ETIENNE II.
b 1724.
1° HÉROU, Marie-Anne, [JEAN-BTE III.
b 1735; s [6] 8 mars 1762.
Pierre, b [6] 25 oct. 1758. — *Marie-Anne*, b [6] 7 juillet 1760.—*Anonyme*, b [6] et s [6] 2 mars 1762.

1764, (5 mars). [6]

2° MARCOT, Angélique, [MICHEL III.
b 1740.
Marie-Angélique, b [6] 24 mars 1766. — *Marie-Joseph*, b [6] 22 février 1768.

LAMY (1), JOSEPH.
GALLIEN (5), Geneviève. [PIERRE III.
Joseph, b 18 nov. 1757, à l'Ile-Dupas.

LAMY, JOSEPH.
GAUTIER, Catherine.
Jean-Baptiste, b 18 déc. 1760, à Yamachiche.

III.—LAMY, ALEXIS, [ETIENNE II.
b 1728.
GÉLINAS, Marie-Joseph.
Marie-Joseph, b 22 juillet 1762, à Yamachiche [3]; s [3] 17 juillet 1763. — *Marie-Joseph*, b [3] 1er juin 1764.—*Alexis*, b [3] 18 juin 1766. — *Marie*, b [3] 29 juillet 1768.

1762, (16 nov.) Yamachiche. [8]

III.—LAMY, JACQUES, [ETIENNE II.
b 1730.
ALARY, Louise. [FRANÇOIS-JEAN-BTE II.
Marie-Louise, b [8] 8 mai 1765.

(1) Dit Defond.
(2) Duchouquet.
(3) Elle épouse, le 24 février 1772, Pierre Lasiseray, à l'Ile-Dupas.
(4) Et Payet dit St. Amour.
(5) Elle épouse, le 20 nov. 1758, Joseph Hudon-Beaulieu, à Lavaltrie.

1771, (15 avril) Ecureuils.
IV.—LAMY, François, [Etienne III.
b 1747.
Toupin (1), Marie-Catherine, [Jean-Bte IV.
b 1753.

1780, (27 oct.) Sorel.
IV.—LAMY (2), Pierre. [Louis III.
Colette, Marie-Elisabeth, [Claude I.
b 1729.

LANAUDIÈRE.—Voy. Tarieu.

LANAUX.—Voy. Balé, 1731.

1721, (23 nov.) Québec. [4]
III.—LANCELEUR, J.-René. [René-J.-Bte II (3).
Dumesnil (4), Barbe, [Pierre I.
b 1704.
Marie-Angélique, b [4] 15 nov. 1722; m 17 juin 1737, à Antoine Girard, à Charlesbourg. — *Louise-Hélène,* b [4] 20 nov. 1724; m [4] 18 avril 1746, à Nicolas Jacques.—*Louis-René,* b 25 mars 1726, à Ste-Anne; s [4] 9 nov. 1727. — *Paul-Rene,* b [4] 19 dec. 1727. — *Marie-Angélique,* b [4] 2 sept 1729; 1° m [4] 21 oct. 1748, à Pierre LeBrun; 2° m [4] 12 janvier 1761, à Jean-Baptiste Vatel. — *Madeleine-Thérèse* (posthume), b [4] 27 dec. 1730.

1728, (15 mai) Québec. [3]
III.—LANCELEUR J.-Bte, [René-J.-Bte II (3).
b 1696.
Marigny (5), Catherine, [Sébastien I.
b 1694; veuve de Pierre Audiran.
Pierre, b [3] 11 dec. 1730.—*Jean-Paschal,* b [3] 19 mai et s [3] 17 juin 1732. — *Barthélemi,* b [3] 6 avril 1734; 1° m 14 juin 1756, à Charlotte Péron, à la Baie-St-Paul; 2° m 10 fevrier 1766, à Geneviève Gagnon-Belzile, à la Rivière-Ouelle; 3° m [3] 29 juillet 1788, à Dorothée Gagnon. — *Charles-Antoine,* b [4] 29 mai 1737; m 4 avril 1758, à Agnès Senet, à Montréal.

1756, (14 juin) Baie-St-Paul. [4]
IV.—LANCELEUR, Barthélemi, [Jean-Bte III.
b 1734.
1° Péron, Marie-Charlotte, [Jacques III.
b 1740; s [4] 23 fevrier 1758.
Marie-Denise, b [4] 24 sept. 1757.
1766, (10 février) Rivière-Ouelle.
2° Gagnon (6), Geneviève, [Jean III.
veuve de Joseph Guéret-Dumont.
1788, (29 juillet) Québec.
3° Gagnon, Dorothee, [François IV.
b 1736; veuve de Jean-Marie Leroux.

(1) Dit Dussault.
(2) Dit Defond.
(3) Voy. vol. I, p. 343.
(4) Elle épouse, le 9 juillet 1731, Jean Despagnol, à Québec.
(5) Voy. Marignier.
(6) Dit Belzile.

1758, (4 avril) Montréal.
IV.—LANCELEUR, Chs-Antoine, [Jean-Bte III.
b 1737.
Senet, Agnès, [Esprit I.
b 1739.

LANCOGNAC.—Voy. Lancognard.

LANCOGNARD.—*Variation et surnom :* Lancognac—Santerre.

1743, (26 nov.) Rivière-Ouelle. [4]
I.—LANCOGNARD (1), Pierre-René, fils de Thomas et de Jeanne Chausse, de St-Nicolas-de-Grandville, diocèse de Coutances, Normandie; s 25 janvier 1762, à Ste-Anne-de-la-Pocatière. [5]
1° Dubé, Marie-Madeleine. [Alexandre III.
Pierre-Jean-François, b [4] 15 dec. 1744; s [4] 29 avril 1745.—*Pierre-François,* b [4] 14 fevrier 1746. —*Jean-Bernard,* b [4] 11 oct. 1747; m [4] 14 nov. 1768, à Marie-Joseph Tériault. — *Marie-Madeleine,* b [4] 27 fevrier 1749; m [5] 11 fevrier 1765, à Jean St. Pierre.—*Joseph-Marie,* b [5] 3 oct. 1750. — *Joseph-Marie,* b [4] 6 mars 1752; m [4] 25 nov. 1771, à Marie-Joseph Hudon. — *Marie-Anne,* b... m [5] 8 janvier 1770, à Bernard Mignot.
2° Lévêque, Angelique,
b 1738; s [5] 24 janvier 1762.
Gabriel, b [5] 26 janvier 1760.—*Marie-Angélique,* b [5] 6 janvier 1762.

1768, (14 nov.) Rivière-Ouelle.
II.—LANCOGNARD (1), Jean-Bern., [P.-René I.
b 1747.
Tériault, Marie-Joseph, [Paul I.
veuve de Pierre Levêque.
Judith, b... m 12 nov. 1804, à Benjamin Chassé, à Kamouraska.

1771, (25 nov.) Rivière-Ouelle.
II.—LANCOGNARD (1), Jos.-Marie, [P.-René I.
b 1752.
Hudon (2), Marie-Joseph, [Joseph III.
b 1749.

LANCOGNET.—Voy. Lancougnier.

1668, (9 oct.) Québec.
I.—LANCOUGNIER (3), Pierre,
b 1638; s 5 dec. 1708, à Montréal.
Hiardin, Marie.

LANCTOT.—*Variation :* Lanqueteau.

I.—LANCTOT (4), Jean,
b 1620; s 23 nov. 1654, aux Trois-Rivières.
Vien, Marie, [Etienne I.
b 1639.
François, b 1654; m 14 oct. 1681, à Marguerite Ménard, à Boucherville [8]; s [8] 4 déc. 1694.

(1) Dit Santerre.
(2) Dit Beaulieu.
(3) Et Lancognet; voy. vol. I, p. 343.
(4) Voy. vol. I. p. 343.

1681, (14 oct.) Boucherville.[1]
II.—LANCTOT (1), François, [Jean I.
b 1654 ; s[1] 4 déc. 1694.
Ménard (2), Marguerite, [Jacques I.
b 1668.
François, b[1] 22 avril 1686 ; 1° m 9 mai 1707, à Claire Badaillac, à Montréal[2] ; 2° m[3] 18 février 1732, à Catherine Poupart ; 3° m 14 mai 1742, à Jeanne-Françoise Ronseray, à Longueuil.[3] — *Marie*, b[1] 10 juillet 1694 ; m[3] 26 juin 1712, à François Robert.

LANCTOT, ...
Etienne, Marie.
Charlotte, b 1691 ; s 24 déc. 1709, à Montréal.

1707, (9 mai) Montréal.[1]
III.—LANCTOT, François, [François II.
b 1686.
1° Badaillac (3), Claire, [Louis I.
b 1686 ; s 23 mai 1731, à Longueuil.[2]
Marie-Charlotte, b[2] 25 janvier 1708 ; m[2] 28 nov. 1725, à François Bouteiller.—*François*, b[2] 25 février 1710 ; 1° m[2] 11 janvier 1734, à Marie-Joseph Patenote ; 2° m 8 février 1745, à Marie-Joseph Gagné, à Laprairie.— *Marie*, b[2] 23 nov. 1712 ; m[2] 22 oct. 1731, à André Lamarre.— *Marie-Anne*, b[2] 25 février 1716. — *Marie-Reine*, b[2] 30 avril 1718 ; m[2] 10 avril 1736, à Jean-Baptiste Gervais. — *Angélique*, b[2] 10 nov. et s[2] 10 déc. 1719. — *Joseph*, b[2] 26 mai et s[2] 10 juillet 1721.—*Marie-Joseph*, b[2] 25 juillet 1722 ; m[2] 11 mai 1739, à Joseph Marsil. — *Jean-Baptiste*, b[2] 17 oct. 1723 ; m[2] 26 avril 1746, à Marie-Anne Dumais.—*Catherine*, b[2] 27 février et s[2] 19 mars 1725. — *Marie-Michelle*, b[2] 24 sept. et s[2] 9 oct. 1726.—*Marguerite*, b[2] 23 oct. 1727 ; s[2] 25 juillet 1728.—*Pierre*, b[2] 29 juillet 1729 ; s[2] 4 mai 1731. —*Anonyme*, b[2] et s[2] 17 mai 1731.
1732, (18 février).[1]
2° Poupart, Catherine, [Pierre I.
b 1684 ; s[2] 3 février 1741 ; veuve de Bonaventure Compain.
Marie-Charlotte, b... m à François Bouteiller.
1742, (14 mai).[2]
3° Ronseray, Jeanne-Françoise, [Jean I.
b 1674 ; veuve de Jean Gervais.

1734, (11 janvier) Longueuil.[6]
IV.—LANCTOT, François, [François III.
b 1710.
1° Patenote, Marie-Joseph, [Jean III.
b 1715 ; s[6] 14 oct. 1740.
Anonyme, b[6] et s[6] 22 oct. 1735. — *Joseph-François*, b[6] 17 déc. 1736 ; s 12 avril 1738, à Laprairie.[7] — *Joseph*, b[6] 26 janvier et s[7] 14 sept. 1738. — *Antoine*, b[7] 7 avril 1739 ; m 1762, à Louise-Angélique Roy.

1745, (8 février).[7]
2° Gagné (1), Marie-Joseph, [Ls-Etienne II.
b 1721.
Marie-Anne, b 10 avril 1752, à St-Constant[8], s[8] 28 juin 1753. — *Marie-Monique*, b[8] 28 nov. 1753.—*René-Paschal*, b[8] 11 février 1755. — *Raphaël*, b[8] 10 mars 1757.—*Marguerite*, b... m[8] 18 nov. 1771, à Antoine LeBer.

LANCTOT, Jacques.
Robidou, Marie-Joseph.
Jacques, b et s 4 juin 1742, à Montréal.

1746, (26 avril) Longueuil.[9]
IV.—LANCTOT, Jean-Bte, [François III.
b 1723.
Dumais (2), Marie-Anne, [Pierre III.
b 1729.
Marie-Anne, b[9] 16 déc. 1747. — *Jean-Baptiste*, b[9] 6 avril 1750.

V.—LANCTOT, Antoine, [François IV.
b 1739.
Roy, Louise-Angélique.
Joseph, b 12 oct. 1763, à St-Philippe.

I.—LANDAIS, Jacques.
Allard, Charlotte.
Marie-Agnès, b 19 nov. 1733, à Rimouski[2]— *Jacques*, b[2] 4 février 1736. — *Cécile*, b[2] 20 juin 1738 ; m[2] 19 janvier 1758, à Joseph Bernard.— *Madeleine*, b[2] 6 février 1741 ; 1° m[2] 7 janvier 1758, à François Brisson ; 2° m[2] 20 février 1765, à François Provost (3). — *Pierre*, b[2] 13 sept. 1743.— *Paul*, b[2] 30 nov. 1749. — *Catherine*, b... m à Jacques Bouillon.

LANDEAU.—Voy. Rode.

LANDFORD.—*Variation :* Loffard.

1764, (23 janvier) Beauport.[4]
I.—LANDFORD, Archibald, b 1724 ; fils d'Archibald et de Marguerite Gowen, de Pekin, Chine ; s 3 janvier 1791, à Québec.[5]
Landry, Marie-Louise, [Joseph III.
b 1737.
Jean-Baptiste, b[4] 11 avril 1764 ; s[4] 14 février 1765.— *Marie-Louise*, b[4] 8 et s[4] 12 juillet 1765. —*Pierre*, b... m[5] 2 août 1785, à Therèse Labrecque.—*Marie-Louise*, b... m[5] 18 sept. 1792, à Jean-Baptiste Dorval.

1785, (2 août) Québec.
II.—LANDFORD (4), Pierre. [Archibald I.
Labrecque, Thérèse. [Pierre IV

LANDIRAND.—Voy. Audiran.

I.—LANDONAIS, Jean-Bte.
Toulouze, Marie-Joseph.
Simon, b 1er mars 1759, à Chambly.

(1) Voy. vol. I, p. 343.
(2) Elle épouse, le 11 février 1697, Pierre Cadieu, à Boucherville.
(3) Dit Laplante.

(1) Dit Belavance.
(2) Voy. Dumay.
(3) Ce mariage est déclaré nul le 15 janvier 1771.
(4) Marié Loffard.

I.—LANDORNEAU (1), ...
BRAUT, Geneviève,
b 1691; s 1er mars 1748, à Montréal.

1748, (22 avril) Quebec. [1]

I.—LANDREVIE, JEAN, navigateur; fils de Joseph et de Marie Larchet, de St-Michel, diocèse de Bordeaux.
ROUILLARD, Marie-Joseph, [CHARLES III.
b 1732.
Marie-Joseph, b [1] 23 oct. 1751.

LANDREVILLE.—Voy. GAUTIER, 1720—LANDRY.

I.—LANDRIEFFE (2).

LANDRIÈRE. — *Variation et surnom :* LANDRIÈVE—DESBORDES.

1759, (29 nov.) Montréal.

I.—LANDRIÈRE (3), PIERRE, b 1733; fils de François et de Marie Lamaurie Des Combes, d'Aubusson, diocèse de Limoges, Limousin.
DAIGNAU (4), Catherine, [LOUIS-CÉSAIRE II.
b 1742.
Pierre-Luc, b... s 29 sept. 1770, à la Longue-Pointe.

1761, (25 juin) Montréal.

I.—LANDRIÈRE (5), JEAN-MARIE, *b* 1713; fils de Gabriel (president au siège de l'election de la Marche à Querat) et de Marguerite Mercier, de Ste-Croix-d'Aubusson, diocèse de Limoges, Limousin.
CHAUSSEGROS, Marie-Gilles, [JOS.-GASPARD I.
b 1732.

LANDRIÈVE.—Voy. LANDRIÈRE.

LANDRILLE.—Voy. LANDRY.

I.—LANDROCHE (6), JOSEPH.
LACHASSE, Marie.
Andre, b... m 1744, à Anne PARANT, à Michillimackinac.

1744, Michillimackinac. [1]

II.—LANDROCHE (6), ANDRÉ, [JOSEPH I.
voyageur.
PARANT, Anne, [PIERRE.
b 1723; s 9 déc. 1768, à Lachine. [2]
Marie-Anne, b [1] 28 sept. 1745.—*Geneviève*, b... m [2] 26 oct. 1767, à Antoine CLÉMENCEAU.—*Antoine-Gabriel*, b [2] 14 juin 1759.—*Anonyme*, b [2] et s [2] 24 sept. 1761.—*André*, b... m 2 fevrier 1778, à Madeleine CASSE, au Détroit.

(1) Dit Léveillé.

(2) Commissaire préposé pour les affaires de S. M. très chrétienne. Il était, le 14 février 1763, à St-Antoine-de-Chambly.

(3) Et Landriève.

(4) Voy. Dagneau-Dequindre; elle épouse Charles-Dixio Shekleton.

(5) Dit Desbordes.

(6) Dit Skayanisse.

1778, (2 fevrier) Détroit. [3]

III.—LANDROCHE (1), ANDRÉ. [ANDRÉ II.
CASSE, Madeleine, [CHARLES II.
b 1759.
Suzanne, b [3] 26 nov. 1778.

1667, (10 oct.) Québec. [4]

I.—LANDRON (2), ETIENNE,
b 1656; s [4] 9 nov. 1702.
DECHAVIGNY, Elisabeth, [FRANÇOIS I.
b 1649.
Jean-François, b [4] 29 déc. 1686; m 22 nov. 1719, à Marie-Anne BERGERON, à Montréal.—*Madeleine*, b [4] 30 août 1696; m [4] 18 oct. 1717, à Jean-Baptiste GUENET; s 12 mars 1785, à Deschambault.

1719, (22 nov.) Montréal.

II.—LANDRON, JEAN-FRANÇOIS, [ETIENNE I.
b 1686; orfèvre.
BERGERON, Marie-Anne, [DOMINIQUE I.
b 1701; s 23 fevrier 1776, à Quebec.

1742, (5 février) Charlesbourg. [5]

I.—LANDRON, PIERRE, fils d'Isaac et de Marguerite Gendron, du Quay, diocèse de Bordeaux.
GUÉRIN, Marguerite, [HENRI II.
b 1720.
Marie-Marguerite, b [5] 12 août 1743; s [5] 25 sept. 1744.—*Marie-Geneviève*, b [5] 13 février 1749.

LANDRON, FRANÇOIS-XAVIER, marchand; s 24 janvier 1760, à St-Joseph, Beauce.

LANDRY.—*Variations et surnoms :* LANDREVILLE—LANDRILLE—CHARLOT—CROQS—ST. ANDRÉ.

I.—LANDRY, PIERRE, b 1668; s 20 sept. 1748, à St-François, I. O.

I.—LANDRY, MICHEL, b 1703; s 25 août 1751, à Lanoraie.

1688, (17 août) Ste-Famille, I. O. [1]

II.—LANDRY (3), CLAUDE, [GUILLAUME I.
b 1662.
VERIEUL, Angelique, [NICOLAS I.
b 1673; s 9 oct. 1743, à St-François, I. O. [2]
Claude, b [2] 20 avril 1694; m [2] 2 mai 1728, à Suzanne TAREAU.—*Louis-Hyacinthe*, b [1] 21 mai 1696; m 1723, à Geneviève MIGNERON.—*Marie*, b [1] 7 mars 1699, m 17 juin 1722, à Jean-Baptiste DUPRAC, à Beauport [3]; s [3] 25 mars 1727.—*Joseph*, b [2] 29 avril 1702; m [3] 19 janvier 1728, à Madeleine GIROUX.—*Angélique*, b 1703; 1° m [3] 25 oct. 1723, à Louis VACHON; 2° m [3] 1er oct. 1731, à Louis BINET.—*Geneviève*, b [2] 17 mai 1704; m 21 nov. 1735, à Gabriel MARANDA, à Quebec. [4]—*Jean-François*, b [1] 10 juin 1706; m 4 août 1732, à Marie-Anne PROTEAU, à Charles-

(1) Dit Skayanisse.

(2) Voy. vol. I, p 343.

(3) Voy. vol. I, p. 344.

bourg. — *Augustin*, b [1] 29 mai 1708; 1° m [2] 25 nov. 1729, à Angelique Guyon; 2° m [2] 11 fevrier 1748, à Felicite Deblois-Grégoire; 3° m [2] 22 juin 1750, à Scholastique Dompierre; s [2] 7 mars 1758. — *Isidore*, b [1] 13 août 1710; m [2] 26 nov. 1731, à Marie-Therèse Arrivée. — *Marie-Marthe*, b [1] 13 mars 1713. — *Marie-Madeleine*, b [1] 21 mai 1715; 1° m [4] 23 nov. 1739, à Jacques Moran; 2° m [4] 17 juin 1748, à Louis Brousseau. — *Marie-Catherine*, b [1] 18 sept. 1718; m [4] 9 janvier 1764, à Joseph Gagnon.

1714, (22 janvier) Annapolis, Acadie. [4]

I.—LANDRY, Jean, fils de Pierre et de Madeleine Robichau, Acadiens.

Melançon, Marguerite, fille de Charles et de Marie Dugas, Acadiens.

Pierre, b [4] 10 juin 1715.—*Marie-Joseph*, b [4] 22 avril 1718.—*Jean-Baptiste*, b [4] 15 août 1721; m 14 juillet 1760, à Catherine Brault, à St-Joachim. — *Marguerite*, b [4] 6 sept. 1726. — *Brigitte*, b [4] 6 avril 1730.

1715, (25 nov.) St-François, I. O. [6]

III.—LANDRY, Charles, [Claude II.
b 1690; s 26 janvier 1770, à Lévis.

Legrapt (1), Marie-Madeleine, [Charles II.
s 1er avril 1760, à Beaumont.

Pierre, b 26 nov. 1716, à Ste-Famille, I. O. [7]; m [6] 5 oct. 1745, à Marie-Anne Gagné; s [6] 20 janvier 1772. — *Marie-Angélique*, b [6] 24 août 1718; s [6] 1er fevrier 1719. — *Charles*, b [6] 25 déc. 1719; m [6] 7 nov. 1746, à Catherine Deblois-Grégoire. —*Marie-Joseph*, b [6] 30 janvier 1722; m [6] 5 oct. 1745, à Joseph Gagné. — *Marie-Louise*, b [6] 8 fevrier et s [6] 7 mars 1724.—*Jean-Baptiste*, b [6] 18 et s [6] 19 juin 1725.—*Julien*, b [7] 14 janvier 1727; m [6] 30 sept. 1748, à Marthe Gagné.—*Marie-Angélique*, b [6] 28 février 1729; m [6] 31 juillet 1752, à Joseph Alaire.—*Geneviève*, b [6] 27 fevrier 1731; 1° m [6] 4 nov. 1760, à Jean Rosen; 2° m 11 oct. 1773, à Joseph Truchon, à St-Henri-de-Mascouche; 3° m 9 juillet 1781, à Amable Guérin, à Terrebonne.—*Germain*, b [6] 5 déc. 1732; m [6] 1er février 1762, à Angelique Gagnon.—*Firmin*, b [6] 14 février 1735; m 17 juillet 1771, à Marguerite Siouse, au Detroit. — *Marie-Véronique*, b [6] 18 sept. 1736. — *Marie-Anne*, b [6] 24 juillet 1738; m [6] 20 avril 1773, à Pierre Gagné.—*Joseph-Marie*, b [6] 9 mars 1740; s [6] 22 fevrier 1741.—*Madeleine*, b... m [6] 27 janvier 1766, à Joseph-Benjamin Guyon.

1723.

III.—LANDRY, Louis-Hyacinthe, [Claude II.
b 1696.

Migneron (2), Geneviève. [Jean II.

Louis-Antoine, b 5 août 1724, à St-Ours. [3] — *François*, b... m 27 mai 1748, à Marie-Anne Fortin, à Lavaltrie. [4] — *Claude*, b [3] 7 oct. 1726. —*Joseph*, b... m 22 avril 1754, à Marie-Joseph Barbeau, à Lachine.— *Marie-Joseph*, b [4] 11 avril 1733.

(1) Voy. Guérard.

(2) Et Mitron. Elle épouse, le 3 mai 1733, Louis Tessier, à Lavaltrie.

I.—LANDRY, Antoine,
b 1718; Acadien; s 29 déc. 1763, à l'Islet [5]

Cormier, Marie,
Acadienne.

Marie, b... m [5] 14 juin 1764, à Joseph Gaudreau.

1728, (19 janvier) Beauport. [1]

III.—LANDRY, Joseph, [Claude II
b 1702.

Giroux, Madeleine, [Jean II.
b 1706.

Joseph, b [1] 9 avril 1729; s [1] 13 août 1751 — *Marie-Geneviève*, b [1] 30 janvier 1731; 1° m [1] 8 janvier 1759, à Nicolas Naudet; 2° m 25 juin 1774, à Thomas Morange, à Quebec.—*Jean-Baptiste*, b [1] 31 mars 1733; m [1] 21 sept. 1761, à Elisabeth Vallée. — *Marie-Angélique*, b [1] 5 déc. 1734.— *Marguerite*, b [1] 14 et s [1] 15 juin 1736 — *Louise*, b [1] 10 oct. 1737; m [1] 23 janvier 1764, à Archibald Landford. — *Marie-Madeleine*, b [1] 2. mars 1739; m à Jean Bariau. — *Jean-Marie*, b [1] 8 mai 1740; m [1] 10 août 1767, à Angelique Bergevin. — *Geneviève*, b [1] 3 et s [1] 10 août 1741 — *Charles*, b [1] 11 sept. 1742. — *Marie-Agnès*, b [1] 1. mai et s [1] 11 sept. 1744.—*Louis*, b [1] 16 avril 1746 s [1] 15 avril 1767.

1728, (2 mai) St-François, I. O. [2]

III.—LANDRY, Claude, [Claude II
b 1694.

Tareau (1), Suzanne, [Isaac-Laurent I
b 1707.

Marie-Madeleine, b [2] 9 avril 1729; s [2] 29 mai 1743. — *Hilarion*, b [2] 28 avril 1731; m 20 sept 1753, à Marie Taphorin, à Quebec. [3] — *Jean-Baptiste*, b 4 juillet 1733, à Ste-Famille, I. O. [4], s [4] 22 janvier 1751. — *Claude*, b [2] 8 sept. 1736; s [4] 1. août 1738.—*Marie-Félicité*, b [2] 4 avril 1739; m [4] 14 oct. 1754, à Charles Doucet; s [3] 17 juillet 1762.—*Charles*, b [4] 13 mars 1742. — *Claude*, b [4] 28 avril 1745. — *Marie-Angélique*, b [3] 29 fevrier 1748.—*Marie-Geneviève*, b [3] 30 oct. 1750; s [1] 7 mai 1752.

1729, (25 nov.) St-François, I. O. [9]

III.—LANDRY, Augustin, [Claude II.
b 1708; s [9] 7 mars 1758.

1° Guyon, Angelique, [Jean III
b 1697; veuve de Denis Gagné; s [9] 13 déc 1747.

Marie-Madeleine, b [9] 27 avril 1731; s [9] 1er janvier 1758. — *Geneviève*, b [9] 13 avril 1733; m 11 avril 1763, à Joseph-Marie Raymond, à St-Joseph Beauce. [8] — *Augustin*, b [9] 3 avril 1735; s [9] 4 mai 1737.—*Monique*, b [9] 8 avril 1737; m [8] 7 janvier 1766, à Vincent Gobeil.—*Augustin*, b [9] 11 fevrier 1740; m [9] 20 août 1764, à Therèse Pepin.

1748, (11 fevrier). [9]

2° Deblois-Grégoire, Felicite, [Jean-Bte II
b 1726, s [9] 12 mars 1750.

Barthélemi, b [9] 20 nov. 1748; m [9] 2 mai 1768, à Madeleine Langlois.

(1) Voy. Sareau dit Champagne; elle épouse, le 6 oct. 1756, André Deschevaux, à Québec.

1750, (22 juin). [9]
3° DOMPIERRE, Scholastique, [MARC-ANTOINE III. b 1731.
Joseph, b [9] 5 avril 1751. — *Marie-Victoire*, b [9] 18 mai 1754; 1° m 10 fevrier 1772, à Michel DETAU, à Batiscan [7], 2° m [7] 4 avril 1785, à Jean-Baptiste TESSIER.—*Dorothée*, b [9] 2 sept. 1757; s [9] 11 janvier 1760.

1731, (26 nov.) St-François, I. O. [9]
III.—LANDRY, ISIDORE, [CLAUDE II. b 1710.
ARRIVÉE, Marie-Thérèse, [MAURICE II. b 1715.
Jean-Baptiste, b [9] 9 mai 1732. — *Augustin*, b [9] 19 nov. 1733. — *Joseph-Marie*, b [9] 20 nov. 1735; s 25 nov. 1738, à Quebec. [8] — *Louis-Amable*, b 6 fevrier 1738, à Ste-Famille, I. O.—*Geneviève*, b [8] 13 dec. 1740. — *Louis-Etienne*, b [8] 26 oct. 1743; s [8] 28 nov. 1744.— *Marie-Anne*, b [8] 22 nov. 1745; s [8] 10 fevrier 1746.—*Anonyme*, b [8] et s [8] 21 juillet 1747.—*Madeleine*, b [8] 22 juillet et s [8] 8 nov. 1749. — *Marie-Joseph*, b [8] 13 et s [8] 24 janvier 1751.— *Anonyme*, b [8] et s [8] 13 janvier 1751. — *Antoine*, b [8] 2 janvier 1753.

1732, (4 août) Charlesbourg.
III—LANDRY, JEAN-FRANÇOIS, [CLAUDE II. b 1706.
PROTEAU, Marie-Anne, [JEAN II. b 1713.
Marie-Geneviève, b 4 sept. 1733, à Beauport. [1] —*Marie-Madeleine*, b [1] 22 juillet et s [1] 1er août 1734.—*Marie-Geneviève*, b [1] 4 oct. 1735; m 10 janvier 1757, à Antoine DASQUÉ, à Québec. [2] — *Marie-Joseph*, b [1] 16 sept. 1737; s [1] 9 janvier 1738. —*Marie-Angélique*, b [2] 26 février 1739; m [2] 28 janvier 1761, à Jean GAUTRAY.—*Jean-Michel*, b [2] 28 sept. et s [2] 14 oct. 1740.—*Marie-Louise*, b... s [2] 26 dec. 1743.

I.—LANDRY, JEAN, Acadien.
SINCENNE, Anne, Acadienne.
Marguerite, b... m 8 fevrier 1762, à Charles DOUCET, à Sorel.

I.—LANDRY (1), ALEXIS, Acadien.
AUCOIN (2), Marguerite, Acadienne.
Madeleine, b... 1° m 5 juillet 1762, à Jean CORMIER, à Kamouraska [3]; 2° m [3] 22 août 1775, à Jean-Baptiste LEVASSEUR. — *Charles*, b... m [3] 12 oct. 1772, à Marie-Joseph LEVASSEUR.—*Jean-Baptiste*, b... m [3] 4 oct. 1773, à Madeleine LEVASSEUR.— *Marie-Joseph*, b... m [3] 9 oct. 1775, à Amable DOUCET.

I.—LANDRY, JOSEPH, Acadien.
MÉLANÇON, Anne, Acadienne.
Marie-Madeleine, b... m à Jean BARIAU. — *Anne*, b... m 5 fevrier 1764, à François VERRAULT, à St-Joachim.

(1) Et Landreville.
(2) Et Bergeron.

I.—LANDRY, FRANÇOIS, Acadien.
CORMIER, Catherine, Acadienne.
Marie-Anne, b... m 18 fevrier 1765, à François MICHAUD, à Kamouraska.

1743, (1er mai) Détroit. [4]
I.—LANDRY (1), CLAUDE, b 1700; fils de Claude et de Marie Marie, de St-Pierre-de-Poigny, diocèse de Chartres, en Beauce; s [4] 16 juillet 1777.
LEDUC, Angélique, [JEAN-BTE III. b 1725.

1745, (5 oct.) St-François, I. O. [9]
IV.—LANDRY, PIERRE, [CHARLES III. b 1716; s [9] 20 janvier 1772.
GAGNÉ, Marie-Anne, [JEAN-BTE IV. b 1726.
Pierre, b [9] 21 août 1746.—*Marie-Anne*, b... s [9] 25 juin 1750.—*Geneviève*, b [9] 12 sept. 1750.— *Charles-François*, b [9] 7 avril 1752.—*Joseph-Marie*, b [9] 15 fevrier 1754.—*Francois*, b [9] 6 fevrier 1756. —*Louise*, b [9] 8 sept. 1758.—*Louis*, b [9] 28 mai 1761; m 19 sept. 1786, à Marie ARCENEAU, au Cap-de-la-Madeleine.—*Julien*, b [9] 1er fevrier 1764; m 6 juillet 1784, à Marguerite CROTEAU, à Quebec. —*Jean-Baptiste*, b [9] 1er fevrier 1764. — *Marie-Anne*, b [9] 19 sept. 1766.

1746, (7 nov.) St-François, I. O. [1]
IV.—LANDRY, CHARLES, [CHARLES III. b 1719.
DEBLOIS (2), Catherine, [JEAN-BTE II. b 1730; s 27 avril 1760, à St-Joseph, Beauce.
Louise, b 1750; s [1] 6 avril 1757.—*Charles*, b... s [1] 20 mai 1757.—*Geneviève*, b... m [1] 27 juillet 1778, à Augustin CAMPAGNA.

1748, (27 mai) Lavaltrie.
IV.—LANDRY, FRANÇOIS, [LOUIS-HYACINTHE III.
FORTIN (3), Marie-Anne. [CHARLES II.

1748, (30 sept.) St-François, I. O. [8]
IV.—LANDRY, JULIEN, [CHARLES III. b 1727.
GAGNÉ, Marthe, [DENIS IV. b 1725.
Marie-Marthe, b [8] 5 nov. 1752. — *Marie-Anne*, b [8] 13 janvier 1755; s [8] 16 nov. 1758. — *Marie-Monique*, b [8] 18 mai 1757.—*Jean-Baptiste*, b [8] 21 mars 1759.—*Marie-Geneviève*, b 14 et s 16 juillet 1763, à St-Joseph, Beauce.

I.—LANDRY, JEAN-BTE, Acadien.
COMEAU, Marie, Acadienne.
Marie, b... m 14 oct. 1765, à Alexis GÉLINA, à Yamachiche.

(1) Dit St. André; ancien caporal dans les troupes de France; il était au Détroit en 1771.
(2) Dit Grégoire.
(3) Elle épouse, le 23 avril 1759, Joseph Goulet, à Lanoraie.

I.—LANDRY, Pierre,
Acadien.
Brau, Anne,
Acadienne.
Marie, b 1749; m 8 janvier 1787, à Joseph Leblanc, à Nicolet[5]; s[5] 28 mars 1794.

1753, (20 sept.) Quebec.[8]

IV.—LANDRY (1), Hilarion, [Claude III.
b 1731.
Taphorin (2), Marie. [Guillaume I.
Marie-Madeleine, b[8] 13 août 1753. — *Gabriel-Hilarion*, b[8] 9 dec. 1754; m[8] 29 avril 1776, à Angelique Migneron.—*Marie-Thérèse*, b[8] 20 juin 1756; s[8] 14 août 1758.—*Marie-Angélique*, b 1757; m[8] 4 sept. 1775, à Joseph-Augustin Migneron; s[8] 31 dec. 1785.

1754, (22 avril) Lachine.[7]

IV.—LANDRY, Joseph. [Louis III.
Barbeau (3), Marie-Joseph. [Jean II.
Marie-Joseph, b[7] 16 avril 1755.—*Marie-Cécile*, b 26 juin 1757, à Lanoraie.

I.—LANDRY, Joseph,
Acadien.
Raymond, Anne,
Acadienne.
Madeleine, b... m 8 février 1773, à Pierre Ethier, à Sorel.

I.—LANDRY, Joseph,
b 1708; Acadien; s 15 fevrier 1768, à Deschambault.[7]
Robichau, Marie-Jeanne,
Acadienne.
Euphrosine, b... m 1er fevrier 1762, à Pierre Loubert, à Ste-Foye. — *Marie*, b... m 23 nov. 1768, à Joseph Hamelin, aux Grondines. — *Marguerite*, b... m[7] 13 janvier 1772, à Jean-Baptiste Rivard.—*Florent*, b... m[7] 18 janvier 1773, à Marguerite Gregoire.

I.—LANDRY, Pierre, Acadien.
Aucoin, Anne,
b 1723; Acadienne; s 15 fevrier 1758, à St-Charles.[1]
Pierre, b[1] 12 et s[1] 28 février 1758.

I.—LANDRY, Alexis,
Acadien.
Turgeon, Marie-Anne,
Acadienne.
Pierre, b... m 30 juin 1778, à Théotiste Laisné, à Kamouraska.

I.—LANDRY, François,
Acadien.
Thibaudeau, Agnès,
Acadienne.

(1) Le 22 avril 1758, il revenait en bateau de la Rivière-au-Beuf au Fort Duquesne lorsqu'il fut tué par les Sauvages, à environ six arpents du Fort. (Reg. des procès-verbaux, 1762)

(2) Dit Migneron; elle épouse, le 15 février 1762, Louis Charlan, à Québec.

(3) Dit Poitevin.

Marie-Anne, b... m 9 oct. 1775, à Maurice Sirois, à Kamouraska.[8] — *François*, b[8] 6 nov 1761; m[8] 15 nov. 1779, à Marie-Genevieve Sirois. —*Jean-Baptiste* et *Alexandre*, b[8] 8 sept. 1764.—*Joseph*, b[8] 2 janvier 1769.

1760, (14 juillet) St-Joachim.[1]

II.—LANDRY (1), Jean-Bte, [Jean I.
b 1721.
Brault, Catherine. [Jean I
Jean-Baptiste, b[1] 28 juillet et s[1] 6 août 1761 — *Marie-Claire*, b[1] 17 sept. 1762. — *Madeleine-Scholastique*, b[1] 10 août 1765; s[1] 22 avril 1768 —*Françoise*, b 1767; s[1] 13 mars 1768. — *Louis*, b[1] 24 mars 1768. — *Jean-Baptiste*, b[1] 20 sept. 1769. — *Marie-Joseph*, b[1] 28 juillet 1775; s[1] 6 avril 1776. — *Pierre*, b[1] 31 janvier et s[1] 24 oct. 1777.

1761, (21 sept.) Beauport.[9]

IV.—LANDRY, Jean-Bte, [Joseph III
b 1733.
Vallée, Elisabeth, [Charles III.
b 1736.
Elisabeth, b[9] 20 oct. 1762.—*Jean-Baptiste*, b[9] 6 avril 1765.

I.—LANDRY (2), Joseph,
Acadien.
Douairon, Madeleine,
Acadienne.

1762, (1er février) St-François, I. O.

IV.—LANDRY, Germain, [Charles III
b 1732.
Gagnon, Angélique, [Jean IV
b 1742.
Germain, b 27 mars 1763, à Ste-Famille, I. O — *Marie-Angélique*, b 4 nov. 1764, à St-Joseph Beauce.

LANDRY, Jean.
Degré, Marguerite.
Marie, b... m 27 fevrier 1786, à Joseph Bourgrit, à Repentigny.

I.—LANDRY, Jean-Bte,
Acadien.
Doucet, Catherine,
Acadienne.
Marguerite, b 14 janvier 1764, à St-Joachim.

1764, (20 août) St-François, I. O.

IV.—LANDRY, Augustin, [Augustin III
b 1740.
Pepin, Thérèse. [Louis III

LANDRY, René.
Benoit, Anne.
Cécile, b 9 nov. 1766, à Yamachiche.

(1) Dit Croqs.

(2) De ce mariage sont nés, en Acadie, sept enfants Joseph, Marguerite, Pierre, Paul, Marie, Jean-Baptiste et Madeleine. Les 5 premiers ont été baptisés le 23 août 176[illegible] à Yamachiche, et les deux autres, le 4 octobre de la même année, dans la même paroisse.

I—LANDRY, CHARLES,
Acadien.
HÉBERT, Marie,
Acadienne.
Charles, ne... b 18 oct. 1767, à Yamachiche.[6]—*Cécile*, nee... b[6] 18 oct. et s[6] 15 nov. 1767.—*Marie-Madeleine*, b[6] 5 sept. 1768.

1767, (10 août) Beauport.
IV.—LANDRY, JEAN-MARIE, [JOSEPH III.
b 1740.
BERGEVIN, Marie-Angélique,
veuve de François Laviolette.

1768, (2 mai) St-François, I. O.[3]
IV.—LANDRY, BARTHÉLEMI, [AUGUSTIN III.
b 1748.
LANGLOIS, Marie-Madeleine, [FRANÇOIS IV.
b 1746.
François, b[3] 22 avril 1769.

1771, (17 juillet) Détroit[1]
IV.—LANDRY (1), FIRMIN, [CHARLES III.
b 1735.
SIOUSE, Marguerite,
s[1] 24 mai 1773.
Suzanne, b[1] 6 juin 1766.—*Marie-Joseph*, b[1] 28 déc. 1769.—*Antoine*, b[1] 14 dec. 1771; s[1] 7 sept. 1772.—*Augustin*, b[1] 19 mai et s[1] 12 juin 1773.

1772, (12 oct.) Kamouraska.
II—LANDRY, CHARLES. [ALEXIS I.
LEVASSEUR, Marie-Jos., [JOSEPH-CLÉMENT IV.
b 1743.

1773, (18 janvier) Deschambault.
II.—LANDRY, FLORENT. [JOSEPH I.
GRÉGOIRE, Marguerite, [JEAN-BTE III.
b 1745.

1773, (4 oct.) Kamouraska.
II—LANDRY (2), JEAN-BTE. [ALEXIS I.
LEVASSEUR, Madeleine, [PIERRE IV.
b 1755.

1776, (29 avril) Québec.[2]
V.—LANDRY, GABRIEL-HIL., [HILARION-GAB. IV.
b 1754.
MIGNERON, Angélique, [AUGUSTIN IV.
b 1750.
Marie-Angélique, b... m[2] 16 mai 1797, à Jean-Baptiste GINGRAS.

1778, (30 juin) Kamouraska.
II.—LANDRY (3), PIERRE. [ALEXIS I.
LAISNÉ, Théotiste, [MICHEL I.
b 1757.

(1) Dit Charlot.—Il avait acheté Marguerite Siouse, esclave de Claude Landry dit St. André, à condition qu'il l'épouserait; il avait d'elle deux filles, Suzanne et Marie-Joseph.

(2) Et Landreville—Landrille.

(3) Et Landrille.

1779, (15 nov.) Kamouraska.
II.—LANDRY (1), FRANÇOIS, [FRANÇOIS I.
b 1761.
SIROIS, Marie-Geneviève, [JOSEPH III.
b 1761.

LANDRY, JOSEPH.
CARON, Marie-Joseph.
Marie-Joseph, b 13 mai 1780, à l'Ile-Dupas.

LANDRY, JOSEPH.
VERMET, Geneviève.
Ambroise, b 28 août 1780, à St-Cuthbert.

LANDRY, CHARLES.
LORIOT, Marie-Therèse.
Marie-Thérèse, b 19 fevrier 1784, à Lachenaye.—*Marie-Charlotte*, b 21 juillet 1786, à Repentigny.[3] — *Marie-Amable*, b[3] 30 juillet 1787 — *Marie*, b[3] 11 avril 1791.—*Louis*, b[3] 3 mai 1792.

LANDRY, FRANÇOIS.
MOREAU, Marie-Rose. [JOSEPH.
François, b 15 fevrier 1784, à Lachenaye.—*Louis*, b 22 oct. 1789, à Repentigny.

1784, (6 juillet) Quebec.
V.—LANDRY, JULIEN, [PIERRE IV.
b 1764.
CROTEAU, Marguerite. [JEAN I.

1786, (19 sept.) Cap-de-la-Madeleine.
V.—LANDRY (2), LOUIS, [PIERRE IV.
b 1761.
ARCENEAU, Marie. [FRANÇOIS III.

1786, (25 juillet) Québec.
I.—LANDSEYGNER, JEAN, fils de Jean et de Marie Payran, de Vienne, Allemagne.
VALLIÈRES, Marie-Joseph. [ETIENNE IV.

I.—LANE, ROBERT, b 1748; bourreau; s 7 février 1796, à Quebec.

I.—LANEAU, FRANÇOIS.
PERROT, Marie-Anne.
Marie-Françoise, b... m 8 janvier 1759, à Jean GERBERT, à St-Roch.—*Joseph-François*, b 21 nov. 1743, à la Rivière-Ouelle.[4]—*Marie-Madeleine*, b[4] 6 mai 1748; s[4] 6 oct. 1751.

1751, (14 janvier) Rimouski.
LANEAU, LOUIS.
GAGNÉ, Marie, [ALEXIS III.
b 1703; veuve de Jean Poulin.

LANEUVILLE.—Voy. CHAMPEAU—DEHORNAY—DEHORNE—DUVERNAY—LESCUYER.

I.—LANG, JEAN, de Saxe Gaudi, Allemagne.
BERTRAND, Marie.
Jean, b... m 9 mai 1786, à Marie-Michelle AUBOIS, à Quebec.

(1) Et Landrille.

(2) Marchand de Bécancour.

1786, (9 mai) Québec.
II.—LANG, JEAN. [JEAN I.
AUBOIS, Marie-Michelle, [CHARLES III.
b 1754; veuve de Jean Boubon.

1723, (8 nov.) Québec. [4]
I.—L'ANGE, ANDRÉ, fils d'André et de Jeanne Ursine, de Nantilly, diocèse d'Angers, Anjou.
BOURGET, Marie-Anne, [CLAUDE I.
b 1696; s [4] 23 nov. 1760.
Catherine, b [4] 26 février 1724; m [4] 16 janvier 1747, à René-Jean LEGALLAIS.— *Marie-Anne*, b [4] 17 mai 1726; m [4] 12 sept. 1746, à Joseph ALARY. —*Jean-André*, b [4] 24 mars 1729. — *Marie-Angélique*, b [4] 17 avril 1731.

1735, (5 sept.) Québec. [7]
I.—L'ANGE, SIMON, b 1669; fils de Simon et de Françoise Marie, de N.-D.-des-Accoules, diocèse de Marseilles, Provence; s 12 mai 1751, à Lorette.
BOURÉ, Jeanne, [GILLES I.
b 1678; veuve d'André Bernier; s 11 sept. 1747, à Charlesbourg.
Angélique, b... 1° m à Joseph LEMIEUX; 2° m [7] 26 août 1786, à David HÉON.

1692, (2 juin) Château-Richer.
II.—LANGELIER (1), CHARLES, [SÉBASTIEN I.
b 1670.
DESTROISMAISONS, Françoise, [PHILIPPE I.
b 1674.
François, b 26 nov. 1694, au Cap-St-Ignace [5]; m 11 oct. 1721, à Angelique BILODEAU, à St-François, I. O.; s 3 mars 1757, à St-Thomas.—*Louis*, b [6] 25 nov. 1696; 1° m 13 nov. 1724, à Geneviève FORTIN, à l'Islet [7]; 2° m [7] 17 mai 1756, à Geneviève DOMINGO; s [7] 16 juillet 1775.—*Marie-Madeleine*, b [6] 19 janvier 1707; 1° m [6] 21 nov. 1735, à Louise FORTIN; 2° m [6] 22 mai 1753, à Pierre MORIN.

1721, (11 oct.) St-François, I. O. [4]
III.—LANGELIER, FRANÇOIS, [CHARLES II.
b 1694; s 3 mars 1757, à St-Thomas.
BILODEAU, Angelique, [SIMON II.
b 1699.
François, b [4] 23 juillet 1722; m 24 nov. 1750, à Angélique PROVOST, à Quebec. — *Angélique*, b [4] 7 nov. 1724; m 23 juin 1760, à François PERROT, à St-Joseph, Beauce. [5]—*Pierre*, b [4] 18 oct. 1729; m 23 fevrier 1756, à Reine JEANNOT, à Lévis.—*Marie-Joseph*, b [4] 28 juillet 1733.—*Marie-Claire*, b [4] 25 février 1736; m [5] 26 janvier 1761, à Jean LEFEBVRE. — *Marie-Geneviève*, b [4] 22 mai 1738.—*Louise*, b... m [5] 21 fevrier 1757, à Joseph BOULET.—*Joseph*, b... m [5] 11 oct. 1762, à Louise JACQUES. — *Jean-Baptiste*, b... m à Geneviève PROVOST.

(1) Voy. vol 1, p. 344.

1724, (13 nov.) Islet. [1]
III.—LANGELIER, LOUIS, [CHARLES II.
b 1696; s [1] 16 juillet 1775.
1° FORTIN, Geneviève, [PIERRE II.
b 1698; s [1] 11 janvier 1750.
Louis-Marie, b [1] 22 déc. 1725; 1° m [1] 14 nov. 1746, à Madeleine BOISSEL; 2° m 26 fevrier 1759, à Marie DURETTE, au Cap-St-Ignace. [2]—*Marie-Geneviève*, b [1] 2 avril 1727. — *Louise-Geneviève*, b [1] 5 fevrier 1729; 1° m [1] 3 février 1744, à Alexis LEMIEUX; 2° m [1] 26 avril 1746, à Pierre CLOUTIER. —*Marie-Louise*, b... m [1] 23 nov. 1750, à Pierre GRAVEL; s [1] 21 mars 1755.—*Jean-Baptiste*, b [1] 20 janvier 1732: m [2] 11 nov. 1754, à Marie-Claire BERNIER.—*Marie*, b... m 1752, à Jean-Baptiste BERNIER.— *Bonaventure*, b [1] 15 juillet 1735; m [1] 4 avril 1758, à Marie-Anne BRISSON. — *Marie-Claire*, b [1] 9 juin 1737; m [1] 23 janvier 1757, à Bonaventure CARON.—*Joseph*, b [1] 18 dec. 1739.

1756, (17 mai). [1]
2° DOMINGO, Geneviève, [ETIENNE I.
veuve de François Caron.

1746, (14 nov.) Islet. [3]
IV.—LANGELIER, LOUIS, [LOUIS III.
b 1725.
1° BOISSEL, Madeleine, [PIERRE III.
veuve de Jean Caron.
Louis-Marie, b [3] 20 juin 1749; s [3] 23 avril 1750.

1759, (26 février) Cap-St-Ignace.
2° DURETTE (1), Marie, [LOUIS I.
b 1716.
Marie-Louise, b [3] 15 sept. 1761.—*Marie-Théotiste*, b [3] 6 fevrier 1763. — *Charles*, b [3] 6 fevrier 1775.

1750, (24 nov.) Québec. [7]
IV.—LANGELIER, FRANÇOIS, [FRANÇOIS III.
b 1722.
PROVOST, Angélique. [PIERRE III.
François, b [7] 17 sept. 1751; s [7] 17 janvier 1753. —*Louis*, b [7] 6 sept. 1753. — *Marie-Louise*, b 1er oct. 1755, à St-Joseph, Beauce.—*Pierre-Florent*, b [7] 6 avril et s [7] 21 août 1757.—*Michel*, b [7] 5 nov 1762.

1754, (11 nov.) Cap-St-Ignace. [3]
IV.—LANGELIER, JEAN-BTE, [LOUIS III.
b 1732.
BERNIER, Marie-Claire, [JACQUES III.
b 1738.
Jacques, b [3] 20 et s [3] 31 déc. 1755.— *Marie-Louise*, b [3] 20 fevrier 1757. — *Jean-Baptiste*, b 8 mars 1758, à l'Islet. [4] — *Jean-Baptiste*, b [3] 21 oct 1759.—*Marie-Pélagie*, b [3] 22 nov. 1761.—*Pierre-Léon*, b [4] 11 avril 1763. — *Louis*, b [4] 6 janvier 1765.—*Marie-Claire*, b [4] 28 août 1774.

1756, (23 février) Lévis.
IV.—LANGELIER, PIERRE, [FRANÇOIS III.
b 1729.
JEANNOT (2), Marie-Reine. [JEAN-BTE II.

(1) Et Durelle.
(2) Voy. Janeau.

Marie-Reine, b 25 déc. 1761, à St-Joseph, Beauce.[4] — *Marie-Louise*, b [4] 28 juin 1763. — *Marie-Geneviève*, b [4] 6 janvier 1765.

1758, (4 avril) Islet.[7]

IV.—LANGELIER, BONAVENTURE, [LOUIS III.
b 1735.
BRISSON, Marie-Anne, [JEAN II.
b 1716; veuve de Joseph Bélanger.
Marie-Thècle, b [7] 7 mars 1760; m [7] 17 février 1780, à Joseph-François TONDREAU. — *Bonaventure*, b [7] 25 nov. 1761.

1762, (11 oct.) St-Joseph, Beauce.[8]

IV.—LANGELIER, JOSEPH. [FRANÇOIS III.
JACQUES, Louise, [PIERRE II.
b 1733.
Marie-Louise, b [8] 3 avril 1764. — *Marie-Charlotte*, b [8] 3 avril 1766.—*Marie*, b [8] 24 mai 1767.—*Marie-Anne*, b [8] 5 fevrier 1769. — *Joseph*, b [8] 5 juin 1772.

IV.—LANGELIER, JEAN-BTE. [FRANÇOIS III.
PROVOST, Geneviève.
Michel, b... m 6 nov. 1792, à Marie MADELAINE, à Québec.

1792, (6 nov.) Québec.

V.—LANGELIER, MICHEL. [JEAN-BTE IV.
MADELAINE, Marie.

LANGERON.—*Surnom :* LAFONTAINE.

1768, (18 janvier) Détroit.

I.—LANGERON (1), ETIENNE, fils de Charles et de Jeanne Bensi, de St-Valier, diocèse d'Autun, province Charolais, Bourgogne.
CASSE, Catherine, [PIERRE II.
veuve de Charles Dupuis.

LANGEVIN.—*Surnoms :* BAZIÈRE—BERGEVIN—BOURBON—BOURBOULON—BRANSARD—CARTIER—CLAVEAU—COUTANCEAU—DEGRAIS—GAUDAIS—GODERRE—GUICHETEAU—LACROIX—MARCOUR—MARTIN—MOCOUR—MORAN—PANNEAU—POIRIER—RADUMÉ—RAGEOT.

1654, (5 oct.) Québec.[3]

I.—LANGEVIN (2), MATHURIN,
b 1636.
1° RENAUT, Marie,
b 1633; s 27 oct. 1673, à Montréal.[3]
1674, (9 oct.)[3]
2° MARTIN (3), Marie-Thérèse. [ANTOINE I.
Louis, b [3] 16 janvier 1676; 1° m [3] 12 oct. 1703, à Jeanne GATEAU; 2° m [3] 7 oct. 1715, à Madeleine ROY.—*Antoine*, b [3] 16 fevrier 1685; m [3] 20 nov. 1712, à Marie-Louise COUSINEAU.—*Charles*, b [3] 27 fevrier 1688; 1° m 22 nov. 1711, à Madeleine VÉRONNEAU, à Boucherville[4]; 2° m [4] 17 avril 1730, à Marie-Jeanne GARANT; s 11 juillet 1771, à Terrebonne.—*Nicolas*, b 1691; s [3] 6 janvier 1710.

(1) Dit Lafontaine.
(2) Dit Lacroix; voy. vol. I, p. 344.
(3) Dit Beaulieu.

1692.

I.—LANGEVIN, MICHEL.
HÉLIE (1), Marguerite.
Michel, b 1693; 1° m 23 avril 1714, à Marguerite GUERTIN, à Verchères; 2° m 24 oct. 1747, à Thérèse VIGER, à Montréal.

1703, (1er oct.) Charlesbourg.

I.—LANGEVIN (2), MATHURIN.
CHARBONNEAU (3), Suzanne-Elisabeth. [JEAN I
Marie-Joseph, b 18 mars 1714, à Quebec; m 26 sept. 1740, à Pierre COULEAU, à Montréal.

1703, (12 oct.) Montréal.[7]

II.—LANGEVIN (4), LOUIS, [MATHURIN I.
b 1676.
1° GATEAU, Jeanne, [JEAN I.
b 1674; veuve de Louis Heurtebise; s [7] 2 mai 1715.
Marie-Louise, b [7] 10 sept. 1704; s [7] 27 nov. 1708.—*Jeanne*, b [7] 15 oct. et s [7] 17 nov. 1706.—*Antoine*, b [7] 28 dec. 1707; s [7] 16 février 1709.—*Madeleine-Angélique*, b [7] 7 nov. 1709; m [7] 12 sept. 1729, à Pierre GOUJON; s [7] 10 avril 1739.—*Françoise*, b [7] 3 dec. 1710; m [7] 30 juin 1736, à Pierre-Joseph GASTIGNON.—*Jacques*, b [7] 26 fevrier 1713; m [7] 7 janvier 1744, à Marie-Marguerite-Joseph POTHIER.—*Elisabeth*, b [7] 30 mars 1715; m [7] 10 avril 1741, à Pierre DESFORETS; s [7] 14 fevrier 1748.
1715, (7 oct.)[7]
2° ROY, Madeleine, [JEAN II.
b 1695.
Cécile, b [7] 23 août 1716; m [7] 3 nov. 1740, à André DUBUC.—*Catherine*, b [7] 25 nov. 1717; m [7] 7 janvier 1738, à Jean-Baptiste BOUVIER; s [7] 6 mars 1748.—*Marie-Anne*, b [7] 3 sept. 1719; m [7] 16 août 1746, à Louis BISSONNET.—*Marguerite*, b [7] 10 oct. 1721; s [7] 16 janvier 1723.—*Angélique*, b [7] 26 sept. 1723; m 6 avril 1750, à Louis LEGROS, à Lachine.—*François-Louis*, b [7] 14 mars 1735.

I.—LANGEVIN, JOSEPH, b 1675; s 19 oct. 1735, à Beauport.

1711, (22 nov.) Boucherville.[5]

II.—LANGEVIN (4), CHARLES, [MATHURIN I.
b 1688; s 11 juillet 1771, à Terrebonne.[4]
1° VÉRONNEAU, Madeleine, [DENIS I.
b 1685.
Charles, b... 1° m [5] 7 nov. 1735, à Geneviève MENANTEAU; 2° m [5] 2 juin 1747, à Marie-Charlotte BOURBEAU.—*Marie-Joseph*, b [5] 30 mars 1718; m° 8 sept. 1738, à François MENANTEAU.—*Madeleine*, b [5] 3 fevrier 1720. — *Louis*, b [5] 11 mars 1721.—*Marguerite*, b [5] 17 août 1723.
1730, (17 avril).[5]
2° GARANT, Marie-Jeanne, [PIERRE I.
b 1688; veuve de Nicolas Menanteau-Laframboise; s [4] 24 avril 1769.
Marie, b... m [5] 1er mars 1756, à Basile DAUNAY.

(1) Dit Samson.
(2) Voy. Bourbon—Bourdelon, vol. II, p. 412.
(3) Elle épouse, le 4 février 1716, Etienne DeLaporte, à Charlesbourg.
(4) Dit Lacroix.

1712, (20 nov.) Montréal.[2]
II.—LANGEVIN (1), ANTOINE, [MATHURIN I.
b 1685.
COUSINEAU, Marie-Louise, [JEAN-BTE I.
b 1697.
Antoine, b [2] 13 juin 1713; s [2] 14 février 1715. —*Louise*, b [2] 7 et s [2] 15 dec. 1714. — *Louis*, b [2] 5 janvier 1716; 1° m [2] 10 nov. 1738, à Marie-Anne LEBUY; 2° m 8 nov. 1745, à Madeleine DEVOYON, à St-Laurent, M.[4] — *Cunégonde*, b [2] 5 nov. 1717; m 1736, à Nicolas DE VOYON.—*Marie-Louise*, b [2] 1er sept. 1719; m [2] 28 août 1741, à Louis DEVOYON.—*Cecile*, b [3] 15 juin 1721.—*Antoine*, b 1724; m [3] 8 nov. 1745, à Marie-Louise DEVOYON. — *Jean-Baptiste*, b... m 22 fevrier 1751, à Charlotte ROLIN, à Ste-Geneviève, M.[4]—*Jeanne*, b [2] 28 janvier 1734; m [4] 7 janvier 1755, à Jean-Baptiste PIMPARÉ. — *Madeleine*, b 1735; m [2] 25 nov. 1754, à Joseph-Amable PIMPARÉ. — *Marie-Amable*, b... m 1er mars 1756, à Louis CUILLERIER, à Lachine. —*Jacques*, b... m [4] 6 fevrier 1758, à Suzanne JOLIVÉ.—*Pierre*, b [2] 22 mars 1738; m [4] 2 mai 1763, à Marie-Apolline MIVILLE.—*François*, b [2] 23 dec. 1739; s[2] 19 avril 1740.

1713, (13 fevrier) Beauport.
II.—LANGEVIN (2), JEAN-FRS, [JEAN I.
b 1690; s 5 janvier 1758, à Charlesbourg.[2]
TESSIER, Marie-Madeleine, [MATHIEU I.
b 1692; s [2] 24 juillet 1758.
Jean, b... m 21 fevrier 1735, à Marie-Thérèse VÉSINAT, à L'Ange-Gardien.

1714, (23 avril) Verchères.
II.—LANGEVIN, MICHEL, [MICHEL I.
b 1693.
1° GUERTIN, Marguerite, [LOUIS II.
b 1692.
Louis, b 1715; m à Marie-Thérèse DESMARETS; s 13 juillet 1747, à Montreal.[4] — *Marguerite*, b 1716; m [4] 6 fevrier 1736, à Antoine LENOIR; s [4] 13 sept. 1756.—*Michel*, b 6 mars 1718, à St-Ours, m 15 sept. 1739, à Marie BANLIER, à Varennes.
1747, (24 oct.)[4]
2° VIGER, Thérèse, [JACQUES II.
b 1704.
Anonyme, b [4] et s [4] 22 mai 1750.

1728, (4 janvier) Québec.[5]
I.—LANGEVIN (3), LOUIS.
DUPÉRÉ, Marie-Joseph, [MICHEL I.
b 1700.
Marie-Louise, b [5] 10 janvier 1733; m 18 nov. 1754, à Basile MIVILLE, à Kamouraska[6]; s [6] 2 mars 1760.—*Marie-Marguerite*, b [5] 11 sept. 1736; m 28 janvier 1754, à Jean-Baptiste RULAU, à la Rivière-Ouelle.

(1) Dit Lacroix.
(2) Voy. Bergevin, vol. II, pp. 232-233.
(3) Voy. Coutanceau, vol. III, pp. 178-179.

1734, (23 nov.) Beauport.[3]
III.—LANGEVIN (1), LOUIS, [LOUIS II
b 1711.
PARANT, Marie-Joseph. [JEAN II
Louis, b [3] 26 août 1735. — *Marie-Joseph*, b [3] 3 sept. 1738.—*François*, b [3] 15 juin 1740.—*Charles*, b... m 15 avril 1765, à Marguerite PRIMOT, à Châteauguay. — *Jean-Barthélemi*, b [3] 21 août 1746.

1735, (21 février) L'Ange-Gardien.[4]
III.—LANGEVIN, JEAN. [JEAN-FRANÇOIS II
VÉSINAT, Marie-Therèse, [NICOLAS III.
b 1709.
Jean-Baptiste, b [4] 31 déc. 1735. — *François*, b 1er sept. 1737, à Beauport.[5] —*Marie-Geneviève*, b [5] 6 juin 1740. — *François-Régis*, b [5] 24 avril 1744.

1735, (7 nov.) Boucherville.[6]
III.—LANGEVIN, CHARLES. [CHARLES II
1° MENANTEAU, Geneviève. [NICOLAS II.
Marie-Anne, b... m [6] 13 fevrier 1757, à François LEDOUX.
1747, (2 juin).[6]
2° BOURBEAU, Marie-Charlotte, [PIERRE II.
b 1710; veuve de Jean-Baptiste Favreau.

I.—LANGEVIN (2), ..., b 1702; s 9 juin 1737, aux Grondines.

1737, (5 février) Baie-du-Febvre.[4]
I.—LANGEVIN (3), FRANÇOIS.
VANASSE (4), Marie-Catherine, [FRANÇOIS II
b 1714; s 16 mars 1762, aux Trois-Rivières.
Jean-Baptiste, b [4] 28 juillet 1746; s 1er juillet 1748, à Nicolet.[5] — *Pierre*, b [5] 5 sept. 1748; s [5] 17 août 1750 —*Louis*, b [5] 20 juillet 1750.—*Marie-Anne*, b [5] 6 juillet 1754.—*Marie-Antoinette*, b [5] 12 juin 1756.—*Charles*, b... s [5] 15 juillet 1760.

I.—LANGEVIN, JEAN-BTE, b 1705; s 4 dec. 1755, à Deschambault.

1738, (10 nov.) Montréal.
III.—LANGEVIN (5), LOUIS, [ANTOINE II
b 1716.
1° LEBUY, Marie-Anne-Elisabeth. [LOUIS II
1745, (8 nov.) St-Laurent, M [6]
2° DEVOYON (6), Madeleine, [PIERRE I
b 1723.
Marie-Madeleine, b [6] 22 mars 1750. — *Pierre*, b [6] 30 oct. 1751.—*Hélène*, b [6] 29 sept. 1754; s [6] 4 avril 1755 —*Jean-Baptiste*, b [6] 15 fevrier 1756—*Joseph*, b [6] 1er avril 1757; s [6] 10 sept. 1758.

(1) Voy. Bergevin, vol. II, p. 233.
(2) Allant en canot aux Trois-Rivières, il se noya sur les pointes du fief des Grondines.
(3) Voy. Degrais, vol. III, p. 276.
(4) Dit Précour.
(5) Dit Lacroix.
(6) Dit Laframboise.

1739, (15 sept.) Varennes.[7]

III.—LANGEVIN, MICHEL, [MICHEL II.
b 1718.
BANLIER, Marie. [JEAN-BTE II.
Thérèse, b... m[7] 11 oct. 1762, à Louis-Marie TETRO.—*Michel*, b... m[7] 3 février 1766, à Marie-Victoire FONTAINE. — *Madeleine*, b... m[7] 7 août 1769, à Louis LHUISSIER.

III.—LANGEVIN, LOUIS, [MICHEL II.
b 1715; s 13 juillet 1747, à Montréal.
DESMARETS (1), Marie-Thérèse. [PIERRE III.
Louis, b... m 6 oct. 1760, à Marie-Angélique LEDUC, à Verchères.

1744, (7 janvier) Montréal.

III.—LANGEVIN, JACQUES, [LOUIS II.
b 1713.
POTHIER (2), Marie-Margte-Joseph, [CHARLES II.
b 1716; veuve de Michel Valade.

1745, (8 nov.) St-Laurent, M.[2]

III.—LANGEVIN (3), ANTOINE, [ANTOINE II.
b 1724.
DEVOYON (4), Marie-Louise, [PIERRE I.
b 1726.
Marie-Joseph, b... s 10 juillet 1748, à Ste-Geneviève, M. — *Marie-Charlotte*, b[2] 17 janvier 1750 —*Antoine*, b[2] 10 juin 1751.—*Anonyme*, b[2] et s[2] 26 janvier 1753.—*Jacques*, b[2] 24 et s[2] 26 avril 1754. — *Marguerite*, b[2] 28 mai 1755 — *Marie-Amable*, b[2] 6 mars 1757.—*Marie-Catherine*, b[2] 28 juillet 1759.—*Marie-Joseph*, b[2] 6 avril 1761.

1750, (21 sept.) Charlesbourg.

III.—LANGEVIN (5), GERMAIN. [JEAN-FRS II.
NADEAU, Elisabeth. [DENIS II.
François-René, b 26 et s 30 juillet 1753, à Québec.[3]—*Charles*, b[3] 3 déc. 1757; s[3] 26 janvier 1758.

1751, (22 février) Ste-Geneviève, M.

III.—LANGEVIN (3), JEAN-BTE. [ANTOINE II.
ROBIN, Charlotte. [PHILIPPE I.
Jean-Baptiste, b 26 déc. 1751, à St-Laurent, M.[4], m[4] 7 juin 1773, à Marie-Angélique FACHE.—*Marie-Charlotte*, b[4] 13 avril et s[4] 14 juillet 1753. —*Charles*, b[4] 17 juin 1754.—*François*, b[4] 26 sept. 1755.—*Jean-Etienne*, b[4] 26 nov. 1756; s[4] 3 mars 1759.—*Joseph*, b[4] 6 mars 1758.—*Marie-Charlotte*, b[4] 14 juillet et s[4] 10 déc. 1759.

1758, (6 février) Ste-Geneviève, M.

III.—LANGEVIN (3), JACQUES. [ANTOINE II
JOLIVÉ (6), Suzanne, [PIERRE II.
b 1736; s 2 juin 1760, à St-Laurent, M.[5]
Marie, b[5] 29 déc. 1758; s[5] 4 août 1759.—*Marie-Joseph*, b[5] 29 déc. 1758; s[5] 5 juillet 1759. —*Jacques*, b[5] 5 avril 1760.

1759, (29 janvier) Québec.

III.—LANGEVIN (1), NICOLAS, [JEAN-FRS II.
b 1720; journalier.
2° BLONDEAU, Barbe, [GERMAIN III.
b 1740, s 6 février 1768, à St-Valier.

1760, (6 oct.) Verchères.

IV.—LANGEVIN, LOUIS. [LOUIS III.
LEDUC, Marie-Angélique. [JEAN-BTE III.

LANGEVIN, FRANÇOIS.
LEFEBVRE, Marie-Anne.
Louis, b 29 sept 1763, à Ste-Anne-de-la-Pérade; m 24 nov. 1789, à Louise DORION, à Québec.

1763, (2 mai) St-Laurent, M.

III.—LANGEVIN, PIERRE, [ANTOINE II.
b 1738.
MIVILLE, Marie-Apolline. [JOSEPH IV.

1763, (7 nov.) Beauport.[6]

IV.—LANGEVIN (2), FRANÇOIS. [LOUIS III.
PARANT, Marguerite. [JOSEPH III.
Joseph-François, b[6] 24 janvier 1765.

1765, (15 avril) Châteauguay.

IV.—LANGEVIN, CHARLES. [LOUIS III.
PRIMOT, Marguerite. [PAUL II.

1766, (3 février) Varennes.

IV.—LANGEVIN, MICHEL. [MICHEL III.
FONTAINE, Marie-Victoire. [GABRIEL IV.

1773, (7 juin) St-Laurent, M.

IV.—LANGEVIN (2), JEAN-BTE. [JEAN-BTE III.
FACHE (3), Marie-Angélique, [JOACHIM III.
b 1756.

1789, (24 nov.) Québec.

LANGEVIN, LOUIS, [FRANÇOIS.
b 1763.
DORION, Louise. [JEAN-ETIENNE III.

LANGEVIN, JEAN.
VILLERS, Marie-Françoise.
Antoinette, b... m 24 juillet 1809, à Jacques LEBLOND, à Québec.[7]—*Jean* b... m[7] 15 août 1820, à Sophie PEPIN-LAFORCE

1820, (15 août) Québec.[3]

LANGEVIN, JEAN, [JEAN.
marchand.
PEPIN-LAFORCE, Sophie. [PIERRE V.

(1) Elle épouse, le 18 oct. 1751, André Chagnon, à Verchères.

(2) Elle épouse, le 22 oct. 1759, Joseph Lauzon, à Montréal.

(3) Dit Lacroix.

(4) Et Desvoyaux—Denoyon—Laframboise. Voy. vol. III, pp 347 et 413.

(5) Voy. Bergevin, vol. II, p. 233.

(6) Dit Lépine.

(1) Voy. Bergevin, 1747, vol. II, p. 233.

(2) Voy. Bergevin, vol. II, p. 234.

(3) Dit Robert.

Jean-Pierre-François (1), b [3] 22 sept. 1821; ordonné [3] 12 sept. 1844; consacre évêque le 1er mai 1867.—*Edmond-Charles-Hyppolyte* (2), b [3] 30 août 1824; ordonne [3] 18 sept. 1847.— *Louis-Hector* (3), b [3] 25 août 1826. — *Edouard-Joseph-Xavier-Casimir*, b [3] 2 oct. 1833. — *Marie-Malvina*, b... m à François-Magloire Derome.

LANGIS.—Voy. DeLangy—Levraux.

LANGLADE.—Voy. Mouet de Moras.

LANGLAIS.—Voy. Langlois.

LANGLICHE.—Voy. Lalande, 1676.

LANGLOIS.—*Variation et surnoms :* Langlais —Aubé—Boisverdun — Clement— Cot—De Monségur — Dubreuil — Gems—Germain— Hains — Holl — Jacob — Jacques—Lachapelle—Liberon—Méry—Monségur—Otisse —Ouabard — Ouabert — Ouabord—Pain— Renaud — Sanssoucy — Sérien—St. Jean— Traversy.

I.—LANGLOIS (4), Sébastien, b 1652; s 21 juin 1732, à l'Hôpital-Général, Q.

1634, (25 juillet) Québec. [8]

I.—LANGLOIS (5), Noel,
b 1606; pilote; s 15 juillet 1684, à Beauport.
1° Grenier, Françoise,
s [6] 1er nov. 1665.
1666, (27 juillet) Château-Richer.
2° Crevet, Marie,
b 1603; veuve de Robert Caron; s 22 nov. 1695, à la Baie-St-Paul.

1661, (5 déc.) Montréal. [6]

I.—LANGLOIS (6), Honoré,
b 1632.
Pontonier, Marie,
b 1646; veuve de Pierre Martin; s 7 janvier 1718, à la Pte-aux-Trembles, M. [7]
Jeanne, b [6] 16 janvier 1664; m [7] 7 avril 1682, à Joseph Loisel; s [7] 23 février 1719.—*André*, b [6] 15 juillet 1675; 1° m 7 nov. 1701, à Françoise Bissonnet, à Varennes [8]; 2° m [8] 23 janvier 1708, à Marguerite Gautier; s [7] 26 février 1751. — *Françoise*, b [7] 27 nov. 1678; m [8] 12 janvier 1700, à Louis Baudry; s [7] 24 février 1713.

1665, (19 oct.) Château-Richer. [1]

II.—LANGLOIS (7), Jean, [Noel I.
b 1641; s 26 août 1687, à Québec. [2]
Bélanger (8), Françoise-Charlotte, [François I.
b 1650.

(1) Evêque de Rimouski.
(2) Vicaire-général de Rimouski.
(3) Sir Hector Langevin, ministre des travaux publics au fédéral.
(4) Dit Dubreuil; ancien sergent.
(5) Voy. vol. I, p. 345.
(6) Dit Lachapelle; voy. vol. I, p. 345.
(7) Dit Boisverdun; voy. vol. I, p. 345.
(8) Elle épouse, le 4 juillet 1691, Thomas Rousseau, à St-Pierre, I. O.

Jean-François, b [1] 28 février 1667; 1° m 28 janvier 1692, à Geneviève Rousseau, à St-Pierre, I. O. [5]; 2° m 9 avril 1709, à Charlotte Laplante, à St-Thomas [4]; 3° m [4] 30 avril 1714, à Angelique Picard-Destroismaisons; s [4] 19 janvier 1715.— *Geneviève*, b [2] 23 avril 1672; m [3] 27 nov. 1690, à Guillaume Levitre; s [2] 14 oct. 1727.—*Madeleine*, b 3 juin 1674, à Ste-Famille, I. O. [5]; m [3] 22 nov. 1691, à Jean Leclerc.—*Pierre*, b [5] 21 déc. 1677, 1° m 21 nov. 1701, à Angelique Baillargeon, à St-Laurent, I. O. [6]; 2° m [6] 22 nov. 1717, à Madeleine Godbout; s [3] 27 mars 1759.—*Joseph*, b [3] 19 mai 1680; m [4] 11 août 1705, à Louise Nolin; s [4] 25 juillet 1715.—*Clément*, b [5] oct. 1682; 1° m [1] 25 juin 1704, à Marie-Anne Prévost; 2° m à Madeleine Guyon; s 29 oct. 1747, à Ste-Anne.—*Madeleine*, b... m 11 janvier 1699, à Jean Gagné, au Cap-St-Ignace; s [4] 31 août 1741.

1668, (15 oct.) Québec.

I.—LANGLOIS (1), Jean.
Gomond (2), Madeleine.

1671, (26 oct.) Québec. [6]

I.—LANGLOIS (1), Nicolas,
b 1640; s 13 oct. 1721, à la Pte-aux-Trembles, Q. [7]
Cretel, Elisabeth,
b 1649; s [7] 27 mai 1704.
Claudine, b [6] 26 déc. 1672; m [7] 11 août 1692, à Alexis Richard; s 20 janvier 1740, au Cap-Santé

1672.

II.—LANGLOIS (3), Noel, [Noel I.
b 1651; s 9 oct. 1693, à Beauport. [6]
1° Caron, Aymée, [Robert I.
b 1655; s [6] 5 oct. 1685.
1686, (2 déc.) [6]
2° Parant, Geneviève, [Pierre I.
b 1670.
Jean, b [6] 16 juillet 1688; m 10 oct. 1712, à Madeleine Bisson, à Ste-Foye [7]; s [7] 9 mars 1767.— *Noël*, b... m 1er juillet 1721, à Marie-Françoise Niquet, à St-Frs-du-Lac.

1675, (14 juillet) Québec. [8]

I.—LANGLOIS (4), Germain,
b 1645; s [8] 17 février 1749.
Chalifour, Jeanne, [Paul I.
b 1659; s [8] 18 janvier 1703.
Jacques, b 1676; m à Marie Toupin-Dussault, s 30 janvier 1733, à Montréal.

I.—LANGLOIS, Jean, b 1682; s 26 avril 1767, à St-Joachim.

(1) Voy. vol I, p. 345.
(2) Elle épouse, le 16 août 1670, Pierre Lefrançois, à Québec.
(3) Dit Traversy; voy. vol. I, p. 345.
(4) Voy. vol. I, pp. 345-346.

1675, (5 déc.) Québec.

II.—LANGLOIS (1), JEAN, [NOEL I.
b 1648.

CADIEU (2), Marie. [CHARLES I.

Louis, b 19 nov. 1684, à Beauport; 1° m 5 nov. 1708, à Madeleine GUYON, à St-François, I. O.; 2° m 23 nov. 1711, à Françoise-Gabrielle DENEAU, à Berthier. — *François*, b 30 mars 1690, au Cap-St-Ignace[9]; m 1719, à Marie GENEST; s[9] 4 janvier 1759.

1681, (8 nov.) Ste-Anne.

I.—LANGLOIS (1), JACQUES,
b 1648; s 10 oct. 1702, à Québec.[8]

DELESSARD, Marie-Thérèse, [ETIENNE I.
b 1662; s[8] 4 juin 1749.

Marie-Thérèse, b[8] 25 janvier 1684; s 18 janvier 1703, à St-Pierre, I. O.

1692, (28 janvier) St-Pierre, I. O.[7]

III.—LANGLOIS (1), JEAN-FRANÇOIS, [JEAN II.
b 1667; s 19 janvier 1715, à St-Thomas.[8]

1° ROUSSEAU, Geneviève, [THOMAS I.
b 1671.

Jean-François, b[7] 28 oct. et s[7] 5 nov. 1692.—*Louis*, b[8] 19 nov. 1693; s[8] 3 oct. 1714. — *Marie-Louise*, b[8] 13 oct. 1696; m 1715, à Pierre BOULÉ. —*Geneviève*, b[8] 5 janvier 1701; m à Nicolas FOURNIER; s[8] 27 mai 1772.

1709, (9 avril).[8]

2° LAPLANTE (3), Charlotte, [CHARLES I.
s[8] 12 fevrier 1714.

Louise-Charlotte, b[8] 26 janvier 1710, s[8] 14 oct. 1714.—*Jean*, b[8] 16 oct. 1711. — *Marguerite*, b[8] 14 fevrier 1714; m[8] 21 oct. 1731, à Joseph FOURNIER.—*Jean-François*, b... m 19 nov. 1737, à Marie-Bernardine VOYER, à Québec.

1714, (30 avril).[8]

3° DESTROISMAISONS (4), Angélique, [PHILIPPE I.
b 1670; veuve d'Alphonse Morin.

1696, (17 sept.) Beauport.[1]

III.—LANGLOIS (5), FRANÇOIS, [NOEL II.
b 1673.

BAUGIS, Jeanne, [MICHEL II.
b 1675.

Madeleine, b... m[1] 30 juillet 1730, à François PARANT.—*Jean-François*, b[1] 16 oct. 1708; m[1] 13 oct. 1740, à Therèse LAMOTTE.—*André*, b[1] 1er avril 1714; m 1er nov. 1735, à Marie-Elisabeth GIBAUT, à Montréal.—*Louise-Jeanne*, b[1] 23 sept. 1719; m 25 janvier 1740, à René LASELLE, au Sault-au-Récollet.—*Barbe*, b[1] 20 août 1722; m 31 janvier 1746, à Alexandre CARON, au Cap-St-Ignace[7]; s[7] 22 mars 1758.—*Marie*, b... s[1] 14 oct 1725.

(1) Voy. vol. I, p. 346.
(2) Elle épouse, le 19 juin 1694, Jean Gosselin, à Québec.
(3) Davaux.
(4) Dit Picard.
(5) Dit Traversy; voy. vol. I, p. 346.

1698, (10 février) Pte-aux-Trembles, Q.[3]

II.—LANGLOIS (1), ETIENNE, [NICOLAS I.
b 1673.

FAUCHER, Elisabeth, [LÉONARD I.
b 1676; s 30 avril 1731, au Cap-Sante.[4]

Etienne, b[3] 26 nov. 1699; 1° m 1727, à Angélique BERTRAND; 2° m[4] 8 février 1740, à Marie-Marguerite TELLIER.—*Nicolas*, b[3] 25 juillet 1704; 1° m[4] 6 avril 1728, à Angélique CUILLERIER; 2° m 13 nov 1752, à Marie-Thérèse GAUDIN, aux Ecureuils.—*Jean-François*, b[4] 10 mai 1711; m[4] 18 oct. 1734, à Thérèse BERTRAND.—*Joseph-Marie*, b[4] 26 mars 1713; m[4] 31 août 1739, à Marie-Joseph CUILLERIER.—*Jean-Baptiste*, b 1714; m[3] 13 août 1742, à Marie-Jeanne CUILLERIER; s 27 mai 1774, à Ste-Anne-de-la-Pérade.— *Marie-Angélique*, b... m[4] 14 nov. 1740, à Jean-Baptiste TELLIER.

1698, (4 nov.) Varennes.[5]

II.—LANGLOIS (2), JEAN, [HONORÉ I.
b 1672.

GAUTIER (3), Jeanne, [MATHURIN I.
b 1680.

Marie-Marguerite, b[6] 5 oct. 1699. — *Marie-Anne*, b... m 19 juin 1719, à Nicolas RIVET, à Repentigny.[7] — *Jean-Baptiste*, b 1703; s[7] 3 dec. 1727.—*Françoise-Charlotte*, b 9 oct. 1706, à la Pte-aux-Trembles, M.[8]; m[7] 27 janvier 1728, à Louis GOULET.—*Nicolas*, b[8] 21 fevrier 1710; m[7] 29 janvier 1769, à Marie GAMACHE; s[7] 17 dec. 1783.—*Marie-Madeleine*, b[8] 3 avril 1712.—*Thérèse*, b[7] 18 avril et s[7] 9 juillet 1716.—*Joseph*, b[7] 30 janvier 1718; 1° m à Marie-Joseph RIVET; 2° m[7] 12 février 1770, à Madeleine BLANCHARD — *François*, b[7] 6 nov. 1720; m 1760, à Marie-Louise PROVOST. — *Marie-Joseph*, b[7] 22 mars 1722.

1701, (7 nov.) Varennes.[2]

II.—LANGLOIS (4), ANDRÉ, [HONORÉ I.
b 1675; s 26 février 1751, à la Pte-aux-Trembles, M.[3]

1° BISSONNET, Françoise, [JACQUES I.
b 1680.

Louis, b[2] 18 août 1702.—*Marie-Joseph*, b[2] 5 sept. 1704; m[2] 20 fevrier 1730, à Pierre BROUSSON. —*André*, b[2] 14 mai 1706.

1708, (23 janvier).[2]

2° GAUTIER, Marguerite, [MATHURIN I.
b 1686; s 9 dec. 1767, à Repentigny.

Jean, b[2] 27 dec. 1708; m[2] 17 fevrier 1738, à Marie-Anne MESSIER.—*Marie-Marguerite*, b[2] 6 juillet 1710.—*Marie-Marguerite*, b[2] 28 nov. 1711. —*Pierre*, b[2] 26 juillet 1714; m à Marie-Charlotte JANOT.—*Thérèse*, b[3] 30 mai 1722; m[3] 18 janvier 1751, à Jean-Louis DUFORT-BOUGRET. — *Jean-Baptiste*, b[3] 16 avril 1723; m[3] 4 juillet 1763, à Françoise GERVAIS.—*Nicolas*, b[3] 21 sept. et s[3] 18 oct. 1724.—*Marie-Charlotte*, b 9 juin 1729, à

(1) Voy. vol. I, p. 346.
(2) Dit Lachapelle; voy. vol. I, p. 345.
(3) Dit Landreville.
(4) Dit Lachapelle.

St-François, I. J. — *Louis-Raphael,* b... m 22 fevrier 1762, à Thérèse BAZINET, à la Longue-Pointe.

1701, (21 nov.) St-Laurent, I. O. [4]

III.—LANGLOIS, PIERRE, [JEAN II. b 1677; s 27 mars 1759, à St-Pierre, I. O.[5]

1° BAILLARGEON, Angelique, [NICOLAS II. b 1685; s[5] 10 mai 1717.

Dorothée, b [5] 3 sept. 1702; m [5] 1er février 1730, à Pierre BOUCHARD.—*Pierre,* b [5] 1er déc. 1703; m[5] 19 nov. 1731, à Marguerite TURCOT.—*Geneviève,* b [5] 1er déc. 1703; m [5] 13 juin 1729, à Ignace RATÉ. —*Marthe,* b [5] 14 février 1706; m 29 août 1729, à Jean-François TIVIERGE, à Ste-Famille, I. O.[6]— *Louis,* b [5] 27 mai 1708; m [5] 22 nov. 1735, à Ursule COTÉ. — *Prisque,* b [5] 23 janvier 1710; m 3 fevrier 1738, à Marie-Joseph ALAIRE, à St-Jean, I. O —*Alexis,* b [5] 24 oct. 1712; m [5] 3 nov. 1745, à Marie-Joseph BOUCHARD-DORVAL; s 29 dec 1749, à St-François, I. O — *Jean-Baptiste,* b [5] 2 avril 1715; m [5] 16 nov. 1739, à Helène-Eleonard NOLIN. — *Louise,* b [5] 1er mai 1717; m [6] 11 nov. 1743, à Nicolas TURCOT.

1717, (22 nov.) [4]

2° GODBOUT, Marie-Madeleine, [NICOLAS II. b 1704.

François-Marie, b [5] 14 nov. 1719; m [5] 20 nov. 1741, à Marie-Dorothee DUPILLE. — *Marie-Anne,* b [5] 7 fevrier 1721; m [5] 27 oct. 1749, à Louis DORVAL —*Joseph-Marie,* b [5] 21 oct. 1722; s [5] 12 dec 1729.—*Augustin,* b [5] 16 juin 1724; m [5] 10 avril 1747, à Geneviève COUTURE; s 3 mars 1759, à St-Antoine-Tilly.—*Madeleine,* b [5] 20 juin 1726, 1° m 10 oct. 1757, à Antoine PELLETIER, à la Pte-aux-Trembles, Q.[7]; 2° m [7] 4 juin 1768, à Pierre-Rene LEFEBVRE. — *Gabriel,* b [5] 28 mars 1728; m [5] 9 fevrier 1750, à Helene LECLERC.— *Joseph,* b [5] 12 avril 1730; m [6] 19 nov. 1753, à Marthe TURCOT. — *Paul,* b [5] 22 juin 1732; m [5] 7 janvier 1754, à Madeleine PAULET. — *Ambroise* b [5] 13 mars 1735.—*Charles,* b [5] 6 mars 1737; m 12 fevrier 1765, à Louise-Angelique MAHEU, à Beauport. — *Marie-Françoise,* b [5] 29 août 1740.

1703, (5 fevrier) Montréal. [3]

I.—LANGLOIS (1), GUILLAUME, ne 1683; Anglais.

LIMOUSIN-BEAUFORT (2), Catherine, [HILAIRE I b 1678.

Catherine, b 3 mai 1704, au Bout-de-l'Ile, M., m 1724, à Pierre PARANT.—*Jean,* b[3] 15 mai 1707, m 19 nov. 1731, à Marie-Isabelle BROUILLET, à la Longue-Pointe.[4] — *Pierre,* b 19 juin 1710, à la Pte-aux-Trembles, M.[5]; 1° m à Marie LALONGÉ, 2° m [4] 4 août 1744, à Madeleine SIMON-LEONARD.— *Marie-Anne,* b [5] 21 juin 1712; m [4] 29 oct. 1731, à Joseph LARCHEVÊQUE; s [4] 18 juin 1744. —*Joseph,* b... m [4] 23 nov. 1744, à Catherine SIMON-LÉONARD

(1) Marié sous le nom de Gems, voy vol. I. p. 262 —Appelé Jacques a quelques actes, voy. vol. IV, p. 572.—Dit L'Anglais—Sanssoucy.

(2) Elle épouse, le 2 décembre 1721, Mathieu Morin, à la Pte-aux-Trembles, M.

1704, (25 juin) Château-Richer. [7]

III.—LANGLOIS, CLÉMENT, [JEAN II. b 1682; s 29 oct. 1747, à Ste-Anne.

1° PREVOST, Marie-Anne, [LOUIS II. veuve de Jean David.

Clément, b [7] 10 sept. 1705; m 13 juin 1740, à Marie-Marthe JONCAS, à St-Thomas — *Jacques,* b [7] 5 avril 1707; 1° m [7] 25 nov. 1737, à Angelique GAGNON; 2° m à Marie-Barbe BALAN; s [7] 12 dec. 1756.—*Joseph,* b [7] 30 oct. 1709; m [7] 11 juillet 1735, à Rose GAGNON. — *Henri,* b [7] 25 juin 1711; s [7] 4 nov. 1712 — *Louis,* b [7] 30 oct. 1714; m [7] 8 juillet 1743, à Madeleine BACON.— *Reine,* b [7] 25 dec. 1716; m [7] 7 avril 1739, à Eustache AVISSE.

2° GUYON, Madeleine, [CLAUDE II. s 14 mai 1723, à Ste-Famille, I. O.

1704, (20 oct.) Pte-aux-Trembles, Q. [2]

II.—LANGLOIS, NICOLAS, [NICOLAS I. b 1679; s [2] 18 fevrier 1713.

DESERRE, Angélique, [ANTOINE I. b 1683.

Nicolas, b [2] 5 sept. 1705; s [2] 12 mai 1716.— *Jean-Baptiste,* b [2] 25 juin 1707; m [2] 12 janvier 1733, à Marie-Anne DELISLE. — *Marie-Françoise,* b [2] 26 sept. 1710; s [2] 28 fevrier 1723.—*François,* b [2] 2 juin 1712; s [2] 14 avril 1724.

1705, (11 août) St-Thomas. [7]

III.—LANGLOIS, JOSEPH, [JEAN II. b 1680; s [7] 25 juillet 1715.

NOLIN (1), Louise, [JACQUES I b 1678; veuve de Pierre Joncas.

Marie-Angélique, b [7] 1er juin 1706; m [7] 15 oct. 1725, à Charles FOURNIER. — *Charlotte,* b [7] 7 janvier 1708; m [7] 15 nov. 1723, à Augustin MORIN; s [7] 31 dec. 1750.—*Jean-Baptiste,* b [7] 4 nov. 1709 m [7] 4 oct. 1734, à Marthe FORTIN.—*Geneviève,* b [7] 12 juin 1711; 1° m [7] 19 juin 1729, à Jean-Baptiste-Charles COUILLARD; 2° m [7] 4 oct. 1734, à Paul COTÉ; s [7] 29 juin 1758. — *Joseph,* b [7] 23 mars 1713; s [7] 21 oct. 1714.—*Marie-Claire,* b [7] 19 août 1714; m [7] 28 janvier 1732, à Pierre MORIN; s [7] 10 fevrier 1752.

1706, (13 août) Beauport. [8]

II.—LANGLOIS, GERMAIN, [GERMAIN I. b 1678; s [8] 31 janvier 1717.

PARANT (2), Angelique, [JACQUES II. b 1688.

Louise-Angélique, b 1er juin 1707, à Québec[9]; m 21 nov. 1735, à François THAUMIER, à Montreal — *Jeanne,* b [8] 14 dec. 1708; m [8] 9 sept. 1726, à Jacques COLOMBIER. — *Louis-Germain,* b [8] 3 août 1710; m [9] 17 nov. 1738, à Marie-Anne LEPAGE, s [9] 10 mars 1797. — *Marie-Joseph,* b [8] 28 janvier 1712; m [8] 31 janvier 1735, à Jacques DAMIEN.— *Marie-Angélique,* b [8] 5 août 1713; s [8] 1er sept 1714.—*Marie-Charlotte,* b [8] 5 nov. 1714; m [9] 19 oct. 1747, à Felix GIARD.— *Marie-Angélique* (posthume), b [8] 26 mai 1717; s [8] 13 mai 1733.

(1) Elle épouse, le 31 janvier 1719, Louis Couillard, à St-Thomas.

(2) Elle épouse Nicolas Dupont.

1707, (8 mars) Château-Richer.[8]

I.—LANGLOIS (1), JEAN,
b 1681.

1° RATÉ, Anne, [JACQUES I.
b 1670; veuve de Jacques Trépanier; s[8] 25 déc. 1709.

Marie, b[8] 25 déc. 1709; s[8] 10 janvier 1710.

1710, (29 août).[8]

2° DARDE (2), Therèse, [ANTOINE I.
b 1692.

Antoine, b[8] 28 mai 1712. — *Marie-Madeleine,* b[8] 31 mars 1714. —*Jean,* b[8] 27 janvier 1716; m 18 oct. 1745, à Marguerite BRUNET, à Montréal.— *Marguerite,* b[8] 1er mars 1719; m 10 fevrier 1738 à Pierre DE GUISE, à Québec.—*Pierre,* b[8] 10 mai et s[8] 13 sept. 1720.

II.—LANGLOIS, JACQUES, [GERMAIN I
b 1676; s 30 janvier 1733, à Montreal.[8]

TOUPIN-DUSSAUT, Marie-Renee.

Marie-Madeleine, b 1708; m[4] 18 février 1737, à Louis GERVAISE; s 29 oct. 1763, au Detroit.[4]— *Antoine,* b[4] 13 nov. 1709; s[4] 26 juillet 1710.— *Madeleine,* b[4] 19 août 1711; s[4] 10 sept. 1715.— *Jacques,* b[4] 29 juin 1713.— *Augustin,* b[4] 20 juin et s[4] 25 août 1715. — *Marie-Joseph,* b[3] 29 avril 1719; m[3] 24 mai 1745, à Pierre LEFEBVRE. — *Jacques,* b[3] 31 juillet 1721; s[4] 2 avril 1725. — *Noel,* b[4] 14 fevrier 1723; m[3] 13 mai 1754, à Marie-Joseph TESSIER.—*Agathe,* b[3] 24 mai 1725, m[4] 4 fevrier 1743, à Charles BARITEAU; s 28 mars 1764, à Soulanges—*Angelique,* b[3] 28 nov 1726; s[4] 11 janvier 1728.—*Elisabeth,* b[3] 20 nov 1727; m[3] 29 oct. 1743, à Jean-Marie LUPIEN.— *Philippe,* b[3] 7 et s[3] 16 avril 1729. — *Alexandre,* b[3] 8 mars 1730; m 1er mars 1756, à Marie-Joseph LACROIX, à Cahokia.

1708, (5 nov.) St-François, I. O.

III.—LANGLOIS (3), LOUIS, [JEAN II
b 1684.

1° GUYON, Marie-Madeleine, [JEAN III
b 1689; s 10 janvier 1709, au Cap-St-Ignace.[8]

1711, (23 nov.) Berthier.

2° DENEAU, Françoise-Gabrielle, [RENÉ I.
b 1695.

Marie-Madeleine, b 22 juillet 1713, à Ste-Anne[7]; m 9 janvier 1736, à Pierre-Basile FOURNIER, à St-Thomas[6]; s[6] 4 dec. 1757. —*Joseph,* b 31 oct. 1715, à Quebec. — *Louis,* b 1718; m 12 janvier 1747, à Marie-Louise AUBÉ, à St-Valier; s 1er avril 1750, à St-Pierre-du-Sud.[5]— *Agathe,* b[8] 4 mars 1725; m[5] 10 janvier 1757, à Julien POMERET; s[5] 13 nov. 1759. — *Charles-François,* b... m[6] 1er mai 1747, à Madeleine HINS. — *Marie-Françoise,* b... m 1748, à Augustin DESTROISMAISONS. — *Antoine,* b... m[6] 27 juillet 1750, à Marie-Reine GAUDREAU.—*Jean-Claude,* b[8] 16 sept. 1729; m 1754, à Marie-Joseph BOULET.—*Marie-Rosalie,* b[8] 22 fevrier 1732; s[5] 10 janvier 1759. —*Marie-Anne,* b[6] 6 oct. 1735.

(1) Marié sous le nom de Jean; voy. vol. IV, p. 594.

(2) Et Barde—Bélair dit Beaupre.

(3) Marié St. Jean.

1710, (12 février) L'Ange-Gardien.[4]

I.—LANGLOIS (1), JOSEPH,
b 1689; menuisier.

1° MAROIST, Marguerite, [GUILLAUME I.
b 1687; s 27 avril 1717, à Québec.[5]

Marie, b[4] 6 avril 1712; s[5] 20 mars 1715.

1712, (10 oct.) Ste-Foye.[5]

III.—LANGLOIS (2), JEAN, [NOEL II.
b 1688; s[5] 9 mars 1767.

BISSON (3), Madeleine. [JOSEPH III.

Marie-Madeleine, b 10 déc. 1713, à Quebec[6]; s 14 sept. 1714, à Beauport.—*Antoine,* b 1714; m[5] 10 fevrier 1733, à Geneviève SÉDILOT.—*Madeleine,* b[5] 19 mars 1716; m[5] 26 janvier 1738, à Pierre BERTHIAUME; s[5] 21 mai 1740.—*Geneviève-Angélique,* b[5] 7 et s[5] 27 nov. 1717. — *Jean-Baptiste,* b[5] 18 nov. 1718; m[5] 27 juin 1744, à Thérèse MASSÉ —*Marie-Geneviève,* b[5] 16 sept. 1720; m[5] 10 nov. 1738, à Joseph GUÉRARD; s[5] 23 fevrier 1788.— *Louise,* b[6] 30 janvier 1724; m[5] 17 nov. 1744, à Joseph SIMON.—*Michel-François,* b[5] 22 mars 1726; m[5] 30 juin 1749, à Felicite HAMEL; s[5] 5 janvier 1778.—*Michel,* b[5] 6 sept. 1727; 1° m[5] 16 nov. 1750, à Marie SAMSON; 2° m[5] 5 oct. 1761, à Marie PETITCLERC; s[5] 23 mars 1776. — *Michel,* b[5] 12 dec. 1729. — *Elisabeth,* b[5] 9 mars et s[5] 22 mai 1730 —*Clément,* b[5] 29 mai 1732; m[5] 14 janvier 1754, à Marie-Geneviève MASSÉ. — *Marie-Angélique,* b... m[5] 12 oct. 1750, à Jean VERRET.

I.—LANGLOIS (4), SEM, b 1718; s 27 avril 1743, à Montreal.

1716, (9 nov.) Québec.[4]

II.—LANGLOIS, MARTIN, [GERMAIN I.
b 1689; s[4] 5 dec. 1749.

1° PASQUIER, Marie-Louise, [JACQUES III.
b 1703; s[4] 26 juin 1746.

Marie-Joseph, b[4] 2 nov. 1717; s[4] 17 janvier 1727.—*Joseph,* b[4] 19 mars et s[4] 12 mai 1719.— *Rose-Félicité,* b[4] 10 mars 1720; s[4] 21 oct. 1734. —*Antoine,* b[4] 18 janvier 1722. — *Jacques,* b[4] 9 juillet 1724; s[4] 21 dec. 1726.—*Louis,* b[4] 31 août 1726; m 7 janvier 1750, à Louise VALADE, à Montreal.—*François-Régis,* b[4] 24 mai 1728; s[4] 5 janvier 1730. — *Paul,* b[4] 7 fevrier 1730; s[4] 19 mai 1733.—*Jean-Baptiste,* b[4] 16 avril 1731; s[4] 7 mars 1733.—*Marie-Louise,* b[4] 20 août 1732; m[4] 24 janvier 1752, à Augustin DAZÉ. — *Paul-François,* b[4] 11 dec. 1733; s[4] 8 nov. 1749. — *Pierre,* b[4] 12 dec. 1735.—*Jean-Baptiste,* b[4] 7 sept. 1737. —*Marie-Anne,* b[4] 27 sept. 1739.— *Marie-Anne,* b[4] 21 juillet 1741. — *Barthélemi,* b[4] 4 et s[4] 15 avril 1744. — *Elisabeth,* b[4] 25 juin et s[4] 17 août 1746.

1747, (30 oct.)[4]

2° ALAIRE (5), Marie-Louise, [FRANÇOIS I.
b 1725; veuve d'Yves Lapierre.

Jacques, b[4] 13 sept. 1748; s[4] 7 dec. 1749.

(1) Voy. Hains, 1710, vol. IV, p. 442.

(2) Dit Traversy.

(3) Et Buisson—David.

(4) Soldat de la compagnie Lafreuière.

(5) Elle épouse, le 26 juillet 1751, François Bonneron, à Quebec.

1718, (22 janvier) Rivière-Ouelle. [1]

I.—LANGLOIS (1), Louis-Philippe. [Jean II.
DeLavoye, Marguerite,
b 1693; s [7] 5 fevrier 1773.
Marguerite, b [7] 5 février 1719; m [7] 13 août 1736, à Jean-Baptiste Gagnon. — *François*, b [7] 3 avril 1720; m [7] 9 fevrier 1750, à Marie-Joseph Hudon. — *Marie-Madeleine*, b [7] 25 et s [7] 29 déc. 1721.—*Madeleine*, b... m [7] 3 avril 1742, à Joseph Hudon; s [7] 16 août 1766.

1719.

III.—LANGLOIS (2), François, [Jean II.
b 1690; s 4 janvier 1759, au Cap-St-Ignace. [5]
Genest, Marie,
s 20 avril 1765, à St-Jean, I. O.
Charles-François, b [5] 10 mars 1720. — *Jean*, b [5] 29 mars 1724; m [5] 17 nov. 1749, à Charlotte Guimond; s [5] 23 janvier 1760. — *Joseph*, b [5] 19 mars 1726.—*Antoine*, b [5] 22 mars 1727. — *Marie-Louise*, b [5] 10 avril 1728; m [5] 27 nov. 1752, à Jean-Baptiste Bernier. — *Marie-Joseph*, b [5] 15 nov. 1729; m 1752, à Joseph Bauché. — *Louis-Jérôme*, b [5] 22 fevrier 1732; m à Geneviève Lemieux. — *Marie-Marguerite*, b [5] 15 mai 1734; m [5] 5 juin 1752, à Jacques-Philippe Normand. — *Marie-Françoise*, b [5] 12 juin 1736. — *Charles*, b [5] 3 mars 1741; m 24 oct. 1763, à Angelique Gagnon, à l'Islet.—*Julien*, b... m [5] 1er février 1762, à Marie-Joseph Bernier.

1721, (1er juillet) St-Frs-du-Lac. [1]

III.—LANGLOIS (3), Noel. [Noel II.
Niquet, Marie-Françoise, [Alexis II.
b 1701; s [1] 15 avril 1750.
Françoise, b [1] 28 juin 1722.—*Noël-Joseph*, b [1] 22 et s [1] 24 janvier 1724. — *Marie-Jeanne*, b [1] 4 déc. 1724; 1° m [1] 30 juillet 1754, à Eustache-Xavier Couturier; 2° m 24 nov. 1767, à Joseph Goguet, à St-Michel-d'Yamaska. [2] — *Alexis*, b [1] 1er sept. 1726; m [1] 25 fevrier 1754, à Marguerite Babie; s [1] 12 sept. 1755.—*Joseph*, b [1] 24 fevrier 1728; m [1] 21 février 1757, à Charlotte Caron.—*Marie-Claire*, b [1] 1er mai 1729.—*Charlotte*, b [1] 4 août 1730.—*Marie-Marguerite*, b [1] 23 sept. 1731; m [1] 22 février 1751, à Gabriel Prou. — *Marie-Geneviève*, b [1] 13 mai 1733; m [1] 26 sept. 1757, à Amable Prou; s 14 juin 1760, à la Baie-du-Febvre. [3] — *Pierre-Noel*, b [1] 11 juin 1734.—*Marie-Anne*, b [1] 24 juillet et s [1] 19 août 1735.—*Pétronille*, b [1] 29 août 1736.—*Jean-Baptiste*, b [1] 11 et s [1] 13 mai 1738.—*Marie-Thérèse*, b [1] 27 juin et s [1] 13 juillet 1741.—*Marie-Rose*, b [1] 9 août 1743; m [3] 18 janvier 1768, à Urbain Rouillard. — *Angélique*, b 1745; m [2] 8 fevrier 1762, à Antoine Dion.

(1) Dit Sérien, Anglais de nation.

(2) Dit St. Jean de Monségur.—Capitaine de Brigantin; il signe à Kamouraska (Janvier 1741); il était aussi au Cap-St-Ignace, le 20 juillet 1744.

(3) Dit Traversy.

1725, (24 sept.) Lachine. [4]

IV.—LANGLOIS (1), Louis, [François III.
b 1696; s 27 sept. 1756, à St-Laurent, M. [5]
Tomelet (2), Marie-Françoise, [Jacques I.
b 1702.
Marie-Françoise, b [4] 21 juillet 1726; m [5] 8 janvier 1748, à Jacques-Michel Larocquebrune. —*Marguerite*, b [4] 12 juillet 1728; m 2 mai 1763, à François Germain, à Montréal.—*Marie-Amable*, b [4] 5 avril 1731; m [5] 21 avril 1755, à Jean-Baptiste Vincent.—*Marie-Catherine*, b 1735; s 30 avril 1745, à Ste-Geneviève, M.—*Marie-Joseph*, b 1738; m [5] 4 avril 1758, à Antoine Dumay.—*Toussaint*, b 1748; s [4] 25 fevrier 1757.

1727.

III.—LANGLOIS, Etienne, [Etienne II.
b 1699.
1° Bertrand, Angélique, [Jean-François II.
b 1702; s 11 nov. 1735, au Cap-Santé. [6]
Marie-Angélique, b [6] 29 août 1728; s [6] 22 avril 1741.—*Marie-Madeleine*, b [6] 8 avril 1730; m [6] 10 nov. 1749, à François Pagé.—*François-de-Sales*, b [6] 11 nov. 1731; s [6] 2 déc. 1733.—*Etienne*, b [6] 1er et s [6] 20 mai 1734.

1740, (8 fevrier). [6]

2° Tellier, Marie-Marguerite. [François II
Etienne, b [6] 16 et s [6] 24 mars 1742.—*Antoine*, b [6] 28 avril et s [6] 17 mai 1744.—*Marie-Thérèse*, b [6] 17 mai 1745; s [6] 16 fevrier 1747.—*Marie-Angélique*, b [6] 17 mai et s [6] 8 juillet 1747.—*Barthélemi*, b [6] 17 août 1750.—*Marie-Anne*, b [6] 25 mai 1753.

1728, (6 avril) Cap-Santé. [7]

III.—LANGLOIS, Nicolas, [Etienne II.
b 1704.
1° Cuillerier, Angélique, [René-Hilaire II.
b 1711; s [7] 15 avril 1751.
Nicolas, b [7] 5 janvier 1729; m 7 sept. 1761, à Madeleine Pilet, au Détroit.—*François-de-Sales*, b [7] 6 et s [7] 7 mai 1730.—*Ignace*, b [7] 17 mars 1731; 1° m [7] 15 mai 1752, à Marie-Marguerite Marcot; 2° m 7 nov. 1757, à Marie-Joseph Gélina, à Yamachiche.—*René*, b [7] 11 août 1732.—*Marie-Joseph*, b [7] 19 mars 1734.—*Jean-François*, b [7] 21 sept. 1736.—*Antoine*, b [7] 24 janvier 1738.—*Alexis*, b [7] 17 avril 1739.—*Marie-Angélique*, b [7] 8 janvier 1741.—*Jean-Baptiste*, b [7] 20 avril 1742; m 19 nov. 1770, à Geneviève Gignac, à Deschambault. —*Marie-Françoise*, b [7] 5 juin et s [7] 5 sept. 1743. —*Jean-Baptiste*, b [7] 4 août 1744.—*Etienne*, b [7] 13 nov. 1745; s [7] 20 mars 1747.—*Elisabeth*, b [7] 13 avril 1747.—*Marie-Thérèse*, b [7] 20 avril et s [7] 5 mai 1748.—*Marie-Joseph*, b [7] 9 et s [7] 18 sept. 1749. —*Marie-Joseph*, b [7] 25 fevrier et s [7] 19 avril 1751.

1752, (13 nov.) Ecureuils.

2° Gaudin, Marie-Thérèse, [Alexis II.
b 1711.

(1) Dit Traversy.

(2) Et Toumelet—Thomelet—Pomelay.

1729, (27 juin) Québec.[1]

II.—LANGLOIS, Pierre-Marie, [Jacques I.
b 1696.

Boucher, Marie-Catherine, [Elie I.
b 1708; s[1] 16 sept. 1783.

Pierre-Philippe, b[1] 24 nov. 1729. — *Marie-Catherine,* b[1] 1er mai et s[1] 16 août 1731.—*Louis,* b[1] 6 oct. et s[1] 15 déc. 1732.— *Marie-Anne,* b[1] 21 février 1734; m[1] 29 sept. 1755, à Louis Berthon. —*Jacques,* b[1] 14 avril 1735. — *Catherine,* b[1] 13 juillet 1736; m 7 juillet 1760, à Thomas Lée, à Ste-Foye.—*Louis-Marie,* b[1] 2 déc. 1738.

1731, (19 nov.) St-Pierre, I. O.[6]

IV.—LANGLOIS, Pierre, [Pierre III.
b 1703.

Turcot, Marguerite, [François II.
b 1709.

Pierre, b 30 août 1732, à Ste-Famille, I. O.[7]; s[7] 30 sept. 1733.—*Jean-Baptiste,* b[7] 26 nov. 1735. —*Marie-Marguerite,* b[7] 28 et s[7] 29 dec. 1737.— *Perpétue,* b[7] 8 mars 1738.— *Marie-Elisabeth,* b[7] 28 fevrier 1741. — *Pierre-François,* b[7] 3 dec. 1742. — *Marie-Thérèse,* b[7] 17 février 1745. — *Augustin,* b[7] 16 nov. 1747; s[6] 15 sept. 1748.

1731, (19 nov.) Longue-Pointe.

II.—LANGLOIS (1), Jean, [Guillaume I.
b 1707.

Brouillet, Marie-Isabelle, [Pierre I.
b 1705; veuve de Joseph Martel.

1733, (12 janvier) Pte-aux-Trembles, Q[1]

III.—LANGLOIS, Jean-Bte, [Nicolas II.
b 1707.

Delisle, Marie-Anne, [Jean-Bte II.
b 1709; s[1] 19 oct. 1756.

Marie-Anne, b[1] 4 avril 1734. — *Marie-Angélique,* b[1] 15 nov. 1735; m[1] 9 janvier 1764, à Ignace Dubuc.—*Jean-Baptiste,* b[1] 29 avril 1737; m 24 nov. 1760, à Marie-Jeanne Bernier, à Charlesbourg.—*Louis-Joseph,* b[1] 11 oct. 1738; m[1] 2 fevrier 1767, à Marie-Veronique Paulet. —*Augustin,* b[1] 26 avril 1740. — *Antoine,* b[1] 29 août 1743; s[1] 9 août 1744.—*Antoine,* b 22 mai 1745, aux Ecureuils; s[1] 21 nov. 1747. — *Thierry,* b[1] 22 avril 1747.—*François-Xavier,* b[1] 7 avril 1749.

1733, (10 février) Ste-Foye.

IV.—LANGLOIS, Antoine, [Jean III.
b 1714; charretier.

Sédilot, Geneviève, [Louis III.
b 1716; s 18 avril 1793, à Québec.[8]

Antoine, b[8] 29 nov. 1734; m 19 août 1754, à Félicite Jean-Vincent, à Lachine.—*Jean,* b[8] 10 nov. 1735; m 22 fevrier 1762, à Geneviève Rivard-Lacoursière, à Batiscan.—*Louis,* b[8] 7 et s[8] 28 janvier 1738.—*Pierre,* b[8] 16 juillet 1739; 1° m[8] 3 mai 1762, à Marie-Catherine Guay; 2° m[8] 25 sept. 1787, à Marguerite Hianveu. — *Marie-Madeleine,* b[8] 25 oct. 1741; m[8] 25 nov. 1776, à Pierre Jean-Maurice.—*Noël,* b[8] 8 mars 1744; m[8] 16 janvier 1764, à Françoise Lavau. — *Marie-Jeanne,* b[8] 12 dec. 1745; m à Jean Doyon-Moreau. — *Marie-Louise,* b[8] 7 fevrier 1748; s[8] 18 février 1751.— *Marie-Catherine,* b[8] 2 fevrier et s[8] 3 mars 1750. — *Thomas,* b[8] 10 février 1752. — *Marie,* b[8] 13 déc. 1753; m à Louis Fluet; s[8] 31 août 1779.— *Louise,* b[8] 9 dec. 1755; 1° m[8] 7 juillet 1777, à Joseph Trudel; 2° m[8] 21 janvier 1783, à Charles Dumesny.—*Jean-Baptiste,* b[8] 6 janvier 1758.

1734, (4 oct.) St-Thomas.[6]

IV.—LANGLOIS, Jean-Bte, [Joseph III.
b 1709.

Fortin, Marthe, [Eustache II.
b 1714; veuve de Jean Côté.

Joseph, b[6] 24 juin 1735.—*Marie-Geneviève,* b[6] 7 juin 1737; m[6] 25 nov. 1754, à Louis Coté.— *Marie-Claire,* b[6] 24 avril 1739; m[6] 6 nov. 1768, à François Rousseau. — *Augustin,* b[6] 20 mai 1741. — *Louis,* b[6] 17 mars 1743; m[6] 18 fevrier 1765, à Charlotte Simoneau. — *François,* b[6] 28 juillet et s[6] 11 août 1745. — *François,* b[6] 11 juillet et s[6] 28 août 1746. — *Pierre-Roger,* b[6] 3 janvier 1748; s[6] 10 nov. 1749.—*André,* b[6] 1er mars 1750; s[6] 30 nov. 1754. — *Jacques,* b[6] 1er oct. 1751; m[6] 12 juillet 1773, à Marie-Elisabeth Pelletier.—*Therèse,* b[6] 14 juillet 1757.

1734, (18 oct.) Cap-Santé.[6]

III.—LANGLOIS, Jean-François, [Etienne II.
b 1711.

Bertrand, Thérèse, [Jean-François II.
b 1708; s[6] 12 déc. 1753.

Marie-Thérèse, b[6] 21 sept. 1735.—*François-de-Sales,* b[6] 21 juillet 1737; s[6] 10 nov. 1751. — *Joseph-Marie,* b[6] 22 avril 1739, m 28 oct. 1782, à Lisette Sauvagesse, à St-Louis, Mo. — *Marie-Joseph,* b[6] 31 mars 1741; s[6] 7 janvier 1754.— *Marie-Anne,* b 18 oct. 1742, aux Ecureuils. — *Marie-Madeleine,* b[6] 31 mai 1744.—*Jean-Baptiste,* b[6] 25 et s[6] 30 juin 1746. — *Jean-Baptiste,* b[6] 17 mai 1748; s[6] 16 janvier 1749.—*Marie-Françoise,* b[6] 7 avril 1751.

1735, (11 juillet) Château-Richer.

IV.—LANGLOIS, Joseph, [Clément III.
b 1709.

Gagnon, Rose, [Jean III.
b 1707.

Marguerite-Rose, b 31 déc. 1736, à St-Frs-du-Sud.[7] —*Joseph,* b 1741; s[7] 24 janvier 1759.

LANGLOIS, Joseph.

Gagnon, Reine-Geneviève.

Jacques, b 14 sept. 1742, à St-Valier.[7] —*Marie-Joseph,* b[7] 19 fevrier 1744.—*Geneviève-Reine,* b[7] 8 août 1746.—*Jean-Baptiste,* b[7] 3 mai 1749.

1735, (1er nov.) Montréal.[1]

IV.—LANGLOIS (1), André, [François III.
b 1714.

Gibaut, Marie-Elisabeth, [Etienne II.
b 1711.

André, b[1] 23 oct. 1736; m[1] 5 février 1759, à Marie-Anne Prudhomme. — *Pierre,* b[1] 11 nov. 1738.

(1) Dit Jacques.

(1) Dit Traversy.

1735, (22 nov.) St-Pierre, I. O.[8]
IV.—LANGLOIS, Louis, [Pierre III.
b 1708.
Coté, Ursule, [Pierre III.
b 1712.
Louis, b [8] 2 oct. et s [8] 3 nov. 1736. — *Marie-Marthe*, b [8] 20 dec. 1737.—*Jean-François*, b [8] 23 juin 1740. — *Marie-Louise*, b [8] 6 dec. 1742; m 9 fevrier 1767, à François Boutillet, au Château-Richer. — *Alexis*, b [8] 3 mai et s [8] 15 sept. 1744.— *Pierre*, b [8] 15 oct. 1745. — *Gabriel*, b [8] 17 avril 1747.—*Hélène*, b [8] 22 sept. 1748. — *Alexis*, b [8] 22 avril 1750. — *Marie-Joseph*, b [8] 12 et s [8] 19 août 1752.—*Marie-Reine*, b [8] 21 mai 1754; s [8] 10 juillet 1758.—*Louis*, b [8] 23 mars et s [8] 7 avril 1758.

1737, (19 nov.) Quebec.[6]
IV.—LANGLOIS, Jean-Frs, [Jean-François III.
charpentier.
Voyer, Marie-Bernardine, [Michel II.
b 1720.
Jean-François, b [6] 26 et s [6] 30 sept. 1738. — *Jean-François*, b [6] 5 août et s [6] 10 sept. 1740.— *François-Noel*, b [6] 16 et s [6] 20 fevrier 1742 — *Pierre-François*, b [6] 16 fevrier 1743.—*Michel*, b [6] 9 et s [6] 11 oct. 1744. — *Ignace*, b [6] 8 et s [6] 12 nov. 1745.—*Etienne*, b [6] 23 nov. 1746. — *Marie-Anne*, b [6] 21 et s [6] 26 avril 1748. — *Marie-Anne*, b [6] 21 juillet 1749.—*Ignace*, b [6] 28 et s [6] 31 août 1750.— *Geneviève*, b [6] 9 oct. 1751. — *Marie-Anne*, b [6] 23 nov. 1752.— *Amable*, b [6] 27 juin 1754. — *Marie-Charlotte*, b [6] 6 sept. 1755. — *Pierre*, b [6] 18 et s 20 août 1758, à Charlesbourg.—*Marie-Charlotte*, b [6] 27 sept. 1761.

1737, (25 nov.) Château-Richer.[7]
IV.—LANGLOIS (1), Jacques, [Clement III.
b 1707; s [7] 12 dec. 1756.
Gagnon, Angelique, [Jean III.
b 1709; s [7] 23 mars 1774.
Marie-Thérèse, b [7] 30 août 1738.—*Jacques*, b [7] 15 dec. 1739.—*Reine*, b [7] 9 janvier 1742; m [7] 25 juin 1764, à Prisque Cloutier. — *Jean-Baptiste*, b [7] 19 janvier 1744. — *François*, b [7] 26 fevrier et s [7] 30 juillet 1746. — *Pierre*, b [7] 30 juin et s [7] 10 oct. 1747.—*Catherine-Angélique*, b [7] 6 oct. 1749; m [7] 30 oct. 1769, à Pierre Cloutier. — *Marie-Madeleine*, b [7] 27 nov. 1751; s [7] 13 août 1752.

LANGLOIS (1), Jacques,
boulanger.
Balan (2), Marie-Barbe.
Marie-Geneviève, b... m 27 avril 1767, à Joseph Bilodeau, à Berthier.—*Marie-Françoise*, b 9 sept. 1747, à Quebec[2]; s [2] 9 sept. 1748.

1738, (3 fevrier) St-Jean, I. O.[8]
IV.—LANGLOIS, Prisque, [Pierre III.
b 1710; meunier.
Alaire, Marie-Joseph.
Marie-Marguerite, b [8] 25 mai 1739. — *Marie-Joseph*, b [8] 13 nov. 1740. — *Prisque*, b [8] 29 janvier 1742. — *Marie-Jeanne*, b [8] 25 mai 1744. — *Rosalie*, b [8] 23 janvier 1746. — *Joseph-Marie*, b [8] 9 dec. 1747. — *Marie-Angélique*, b 29 mars 1750, à Ste-Famille, I. O.[9] — *François*, b [9] 7 mai 1753. —*Prudent*, b [9] 23 oct. 1755.

(1) Dit Clement.
(2) Dit Lacombe.

1738, (17 fevrier) Varennes.
III.—LANGLOIS (1), Jean, [André II.
b 1708.
Messier, Marie-Anne, [François-Michel II.
b 1711.
Toussaint, b 22 oct. 1749, à la Pte-aux-Trembles, M.

1738, (17 nov.) Quebec.[8]
III.—LANGLOIS (2), Ls-Germain, [Germain II.
b 1710; s [8] 10 mars 1797.
Lepage, Marie-Anne, [Blaise I.
b 1720; s [8] 20 mars 1790.
Marie-Anne, b [8] 8 janvier 1740.—*Louis*, b [8] 2 dec. 1740.—*Michel*, b [8] 9 sept. 1742.—*Marie-Anne*, b [8] 24 mai 1744; m à Rene-Ignace Toupin; s [8] 31 juillet 1783.—*Louis*, b [8] 13 dec. 1745; s [8] 4 sept. 1746.—*Louise*, b [8] 16 juin 1747; s [8] 17 août 1748. —*Joseph*, b [8] 31 mai et s [8] 30 nov. 1749.—*Pierre*, b [8] 14 dec. 1750; s [8] 8 nov. 1751.—*Joseph*, b [8] 8 et s [8] 16 sept. 1752.—*Marie-Joseph*, b [8] 16 fevrier 1755; s [8] 3 sept. 1758.—*Joseph*, b [8] 18 août 1756; s [8] 17 dec. 1785.—*Ignace-Chrysostome*, b [8] 7 juillet 1758.—*Joseph*, b [8] 21 août 1759.

1739, (31 août) Cap-Santé.[9]
III.—LANGLOIS, Joseph-Marie, [Etienne II.
b 1713.
Cuillerier, Marie-Joseph. [René-Hilaire II.
Françoise, b [9] 17 nov. 1740.—*Joseph-Marie*, b [9] 14 mai 1742.—*Jean-Baptiste*, b [9] 17 avril et s [9] 11 juin 1743.—*Marie-Joseph*, b [9] 20 nov. 1744— *Augustin*, b [9] 20 nov. 1746.—*Jean-Baptiste*, b [9] 18 oct. 1748; s [9] 23 nov. 1749.—*Marie-Louise*, b [9] 13 mars 1750; s [9] 22 mai 1751.—*Marie-Marguerite*, b [9] 21 janvier 1752. — *Marie-Hélène*, b 5 mars 1755, aux Ecureuils.

1739, (16 nov.) St-Pierre, I. O.[2]
IV.—LANGLOIS, Jean-Bte, [Pierre III.
b 1715.
Nolin, Hélène-Eleonore, [Pierre II.
b 1716.
Jean-Baptiste-Marie, b [2] 17 oct. 1740.—*Marie-Anne*, b 19 fevrier 1742, à St-Laurent, I. O.[3] — *Antoine*, b [3] 21 août 1744.—*Helène*, b 18 fevrier 1746, à St-Jean, I. O.; m [3] 5 nov. 1770, à Louis Audet.—*Louis*, b [3] 17 mars 1748.—*Joseph*, b [3] 15 juin 1750.—*Joseph*, b [3] 19 sept. 1752.—*Paul*, b [3] 3 nov. 1754.—*Marie-Geneviève*, b [3] 25 nov. 1756. —*François*, b [3] 26 mars 1759; m 3 sept. 1798, à Catherine Raby, à Quebec.

II.—LANGLOIS (3), Pierre, [Guillaume I.
b 1710.
1° Lalongé, Marie. [Bertrand-Pierre I.
Jean-Baptiste, b 1740; s 31 dec. 1748, à la Longue-Pointe.[2]

(1) Dit Lachapelle.
(2) Dit Germain, maître-menuisier.
(3) Jacques dit Sanssoucy.

1744, (4 août). [2]

2° SIMON-LÉONARD, Madeleine, [LÉONARD-FRS III. b 1725.

Ignace, b [2] 17 janvier 1746.— *Pierre*, b [2] 5 oct. 1747.—*Marie-Madeleine*, b [2] 31 août 1749.—*Elisabeth*, b [2] 31 août 1749 ; s [2] 23 août 1751.—*Joseph*, b [2] 31 janvier 1751.

1740, (13 juin) St-Thomas. [2]

IV.—LANGLOIS, CLÉMENT, [CLÉMENT III. b 1705.
JONCAS, Marie-Marthe, [PIERRE III. b 1720 ; s [2] 26 dec. 1749.

Clément, b [2] 3 mars 1741. —*Marie-Marthe*, b 2 oct. 1742, au Cap-St-Ignace [3] ; s 6 août 1765, à Ste-Famille, I. O. — *Marie*, b [3] 26 avril 1744.— *Jean-Baptiste*, b [2] 1er fevrier 1746 ; s [2] 30 sept. 1749.—*Joseph*, b [2] 25 nov. 1747 ; s [2] 20 oct. 1749.

1740, (13 oct.) Beauport. [1]

IV.—LANGLOIS (1), JEAN-FRS, [FRANÇOIS III. b 1708.
LAMOTTE, Thérèse. [FRANÇOIS-LOUIS I.

Jean-Antoine, b [1] 1er mars et s [1] 11 mai 1743.— *Jean-Marie*, b [1] 24 mars et s [1] 3 sept. 1744.—*Jean*, b [1] 16 août 1745 ; m 1770, à Marguerite GOSSELIN —*Marie-Thérèse*, b [1] 7 mai 1748 ; s [1] 15 mai 1749.—*Marie-Catherine*, b [1] 5 mai 1750.—*Marie-Louise*, b [1] 13 mai et s [1] 30 août 1752. — *Louise*, b [1] 24 août 1753.

1740.

I.—LANGLOIS (2), NICOLAS-FRANÇOIS.
GOURDEAU, Marie-Anne. [JACQUES II.

1741, (20 nov.) St-Pierre, I. O. [2]

IV.—LANGLOIS (3), FRS-MARIE, [PIERRE III. b 1719.
DUPILLE, Marie-Dorothée, [AUGUSTIN II. b 1720.

Dorothée, b [2] 23 avril 1743 ; m 8 février 1762, à Jean GAGNÉ, à St-François, I. O. [3] — *François*, b [2] 10 dec. 1744 ; m [3] 4 nov. 1771, à Marie-Therese PEPIN. — *Marie-Thècle*, b [2] 25 juin 1746.— *Marie-Madeleine*, b [2] 25 juin 1746 ; m [3] 2 mai 1768, à Barthelemi LANDRY.—*Marie-Agathe*, b 23 août 1747, à St-Augustin. —*Elisabeth*, b [3] 28 août 1750. — *Marie-Agnès*, b 1751 ; s 26 août 1759, à Charlesbourg. [4]—*Joseph-Benjamin*, b [3] 1er mars 1752. — *Marie-Joseph*, b [3] 1er nov. 1753.— *Marie-Louise*, b [3] 9 mai 1755. — *Jean*, b [3] 24 janvier 1757 ; s [4] 10 sept. 1759. — *Marie-Angélique*, b 27 août 1759, à Ste-Famille, I. O. — *Marie-Victoire*, b 30 nov. 1760, à St-Frs-du-Sud. — *Marie-Joseph*, b [3] 4 fevrier 1763.

LANGLOIS (1), FRANÇOIS.
PARADIS Marie-Angélique.

Marie-Agathe, b 21 juillet 1742, au Sault-au-Recollet [5] — *François*, b [5] 25 janvier et s [5] 22 fevrier 1744. — *François*, b [5] 13 juillet 1745.— *Marie-Joseph*, b [5] 10 février et s [5] 5 mars 1747.— *André*, b [5] 8 janvier 1748.

LANGLOIS, PIERRE.
ALGONQUINE, Madeleine.

Louis, b 5 juin 1742, aux Trois-Rivières.

LANGLOIS, LOUIS, b 1716 ; s 9 juillet 1742, au Cap-Sante.

1742, (13 août) Pte-aux-Trembles, Q. [1]

III.—LANGLOIS, JEAN-BTE, [ETIENNE II. b 1714 ; s 27 mai 1774, à Ste-Anne-de-la-Perade. [2]
CUILLERIER, Marie-Jeanne. [RENÉ-HILAIRE II.

Marie-Angélique, b 12 juin 1743, au Cap-Santé. [3] —*Marie-Geneviève*, b [3] 16 nov. 1744 ; s [3] 24 sept. 1746.—*Jean-Baptiste*, b [3] 15 janvier 1746.—*Joseph-Marie*, b [3] 16 mars 1747.—*Geneviève*, b [3] 7 janvier 1749 ; m [2] 28 janvier 1771, à Pierre TESSIER ; s [2] 26 fevrier 1776.—*Marie-Joseph*, b [3] 23 sept. 1750 ; s [3] 21 sept. 1752. —*François*, b [3] 11 février 1752. —*Joseph-Marie*, b [3] 27 juillet 1753.—*Marie-Anne*, b 1754 ; m [1] 12 fevrier 1771, à Joseph DROUIN.

LANGLOIS (1), LOUIS, b 1740 ; s 24 mai 1798, à Quebec.

1743, (8 juillet) Château-Richer. [4]

IV.—LANGLOIS, LOUIS, [CLÉMENT III. b 1714.
BACON, Madeleine, [JOSEPH III. b 1721.

Marie-Madeleine, b [4] 14 juin 1744.—*Louis*, b 3 juin, à Ste-Anne et s [4] 12 août 1745. — *Clément*, b [4] 20 juin 1746 ; m 30 janvier 1775, à Rose CARRÉ, à St-Cuthbert —*Marie-Charlotte*, b [4] 12 août 1747 ; s [4] 19 mai 1749.—*Marie-Angélique*, b [4] 15 oct. 1748.—*Reine*, b [4] 10 mai 1750.—*Françoise*, b [4] 20 oct. et s [4] 16 nov. 1751.—*Louis*, b [4] 17 oct. 1752 ; s [4] 9 août 1753.—*Dorothée*, b [4] 7 février 1754.— *Jean-Marie*, b [4] 12 mai 1755.—*Geneviève*, b [4] 17 juillet 1757.—*François*, b [4] 7 dec. 1760 ; s [4] 22 mars 1762.—*Brigitte-Amable*, b [4] 29 nov. 1762.— *Louis-Jean-Baptiste*, b [4] 23 juin 1764.—*Louis*, b [4] 31 oct. 1767.

1744, (27 juin) Ste-Foye. [9]

IV.—LANGLOIS, JEAN-BTE, [JEAN III. b 1718.
MASSE, Thérèse, [JOSEPH III. b 1720.

Thérèse-Angélique, b [9] 2 et s [9] 25 juin 1746.— *Jean-Baptiste*, b [9] 29 mai et s [9] 2 sept. 1750.— *Marie-Thérèse-Angélique*, b [9] 21 août 1751 ; s [9] 23 fevrier 1752.—*Marie-Marguerite*, b [9] 23 juillet 1753 ; m [9] 24 oct. 1768, à Rene HAMEL ; s [9] 12 fevrier 1770.—*Jean-Baptiste*, b [9] 21 juillet 1756.— *Marie-Angélique*, b... s [9] 10 juillet 1759.

1744, (23 nov.) Longue-Pointe. [2]

II.—LANGLOIS (2), JOSEPH. [GUILLAUME I.
SIMON (3), Catherine. [LÉONARD-FRANÇOIS III.

(1) Dit Traversy.
(2) Seigneur de Crebœuf ; conseiller au parlement de Rouen. Edits, T. III, p. 348.
(3) Meunier au moulin de Maure.

(1) Major du 1er bataillon de milice de Quebec.
(2) Jacques dit Sanssoucy.
(3) Dit Léonard.

Catherine, b [2] 17 mai 1746.—*Anne-Thérèse*, b [2] 22 mars 1748.

1745, (18 oct.) Montréal.

II.—LANGLOIS, JEAN, [JEAN I.
b 1716 ; s 23 janvier 1789, à Québec. [3]
BRUNET (1), Marguerite. [JEAN.
Jean-Baptiste, b [3] 11 mai 1747.—*Véronique*, b [3] 2 avril 1749.—*Marguerite*, b [3] 12 août 1750 ; s [3] 29 janvier 1751.—*Joseph*, b [3] 21 sept. 1752.

LANGLOIS, JEAN-BTE.
TAILLEFER, Marie-Madeleine,
b 1726 ; s 3 dec. 1766, à la Longue-Pointe.

1745, (3 nov.) St-Pierre, I. O.

IV.—LANGLOIS, ALEXIS, [PIERRE III.
b 1712 ; s 29 déc. 1749, à St-François, I. O. [5]
BOUCHARD (2), Marie-Joseph, [PIERRE III.
b 1726.
Pélagie, b 26 sept., à Ste-Famille, I. O. et s [5] 28 oct. 1746.—*Jean-Baptiste*, b [5] 5 avril 1748.

LANGLOIS, FRANÇOIS,
charpentier.
BÉNARD, Henriette.
Marie, b 1743 ; s 2 mars 1748, à Québec. [6] — *Thomas-Marie*, b [6] 22 nov. 1747 ; s [6] 10 avril 1749.

1747, (12 janvier) St-Valier.

IV.—LANGLOIS (3), LOUIS, [LOUIS III.
b 1718 ; s 1er avril 1750, à St-Pierre-du-Sud. [7]
AUBÉ (4), Marie-Louise, [ANDRÉ I.
b 1727.
André, b [7] 11 février 1750.

1747, (10 avril) St-Pierre, I. O. [3]

IV.—LANGLOIS, AUGUSTIN, [PIERRE III.
b 1724 ; meunier ; s 3 mars 1759, à St-Antoine-Tilly. [4]
COUTURE (5), Geneviève, [JOSEPH III.
b 1731.
Marie-Anne, b [3] 7 mai 1749.—*Louis-Augustin*, b [4] 2 mars 1752.—*Prisque*, b [4] 3 dec. 1753 ; m [4] 27 février 1775, à Françoise JEAN.—*Marie-Joseph*, b [4] 11 janvier et s [4] 29 sept. 1756.—*Marie-Catherine*, b [4] 31 juin 1757 ; s 26 janvier 1761, à Charlesbourg.

1747, (1er mai) St-Thomas [1]

IV.—LANGLOIS (6), CHARLES-FRS. [LOUIS III.
HINS (7), Madeleine, [JOSEPH I.
b 1725 ; s [1] 3 sept 1767.
Marie-Madeleine, b [1] 24 janvier 1748 ; s [1] 3 mars 1749.—*Marie-Madeleine*, b [1] 20 oct. 1749. — *Augustin-Charles*, b [1] 6 août 1751 ; 1° m 24 avril 1777, à Rosalie LAMBERT, à Kamouraska ; 2° m 9 août 1784, à Françoise HUDON, à la Rivière-Ouelle. —*Jean-François*, b [1] 20 juillet 1753. — *Marie-Anne*, b [1] 26 sept. 1754. — *Marie-Pélagie*, b [1] 29 sept. 1758.—*Charles*, b [1] 7 nov. 1760.

(1) Dit Laitan pour Létang, 1749.

(2) Dit Dorval ; elle épouse, le 28 sept. 1750, Gabriel Ferland, à St-Pierre, I. O.

(3) Dit St. Jean.

(4) Elle épouse, le 22 nov. 1758, Joseph-Marie Rouleau, à St-Valier.

(5) Elle épouse, le 22 sept. 1761, Louis Charland, à St-Antoine-Tilly.

(6) Dit St. Jean.

(7) Voy. Hains.

1749, (30 juin) Ste-Foye. [3]

IV.—LANGLOIS (1), MICHEL-FRS, [JEAN III.
b 1726 ; s [3] 5 janvier 1778.
HAMEL, Felicite, [ANDRÉ III.
b 1724 ; s [3] 29 déc. 1775.
Jean-François, b [3] 4 mai et s [3] 9 juin 1750.—*Marie-Félicité*, b [3] 28 juillet 1751.—*François*, b [3] 25 juin 1753 ; s [3] 23 déc. 1775. — *Joseph*, b [3] 29 sept. 1755 ; m 6 fevrier 1786, à Françoise GINGRAS, à St-Augustin. — *Marie-Madeleine*, b... m [3] 24 février 1778, à Louis DERY. — *Marie-Joseph*, b [3] 5 oct. 1759.—*Marie-Louise*, b [3] 21 dec. 1761 ; m [3] 24 janvier 1780, à Ignace BONHOMME.—*Clément*, b [3] 19 nov. 1763 ; s [3] 16 nov. 1781.

1749, (17 nov.) Cap-St-Ignace [3]

IV.—LANGLOIS (2), JEAN, [FRANÇOIS III.
b 1724 ; s [3] 23 janvier 1760.
GUIMOND (3), Charlotte, [CLAUDE II.
b 1728.
Jean-François, b [3] 23 et s [3] 29 nov. 1750 — *Marie-Charlotte*, b [3] 20 juin 1752.—*Flavie*, b [3] 29 sept. 1753.—......... (4), b [3] 13 oct. 1754. — *Jean-Baptiste*, b [3] 13 avril 1756.—*Anne-Elisabeth*, b [3] 4 mai et s [3] 7 oct. 1758.—*Marie-Catherine*, b [3] 21 juillet et s [3] 22 août 1760.

1750, (7 janvier) Montréal.

III.—LANGLOIS, LOUIS, [MARTIN II.
b 1726.
VALADE, Louise, [CHARLES II.
b 1727.

LANGLOIS, JOSEPH, b 1754 ; s 13 sept. 1794, au Detroit.

1750, (9 février) Rivière-Ouelle. [2]

II.—LANGLOIS (5), FRANÇOIS, [LS-PHILIPPE I.
b 1720.
HUDON, Marie-Joseph. [NICOLAS II.
Marie-Joseph, b [2] 4 mars et s [2] 5 mai 1751.—*Henri*, b [2] 7 août 1752 ; m [2] 4 fevrier 1777, à Anne DOUCET. —*Jean-François*, b [2] 6 janvier 1754 — *Paschal*, b [2] 7 juin 1757. — *Joseph*, b [2] 14 mars 1759.

1750, (9 février) St-Pierre, I. O. [6]

IV.—LANGLOIS, GABRIEL, [PIERRE III.
b 1728.
LECLERC, Hélène, [JEAN III.
b 1731.
Hélène, b [6] 6 déc. 1750.—*Geneviève*, b [6] 31 oct.

(1) Dit Traversy.

(2) Dit St. Jean.

(3) Elle épouse, le 2 février 1761, Bernard Dubeau, au Cap-St-Ignace.

(4) Le nom manque au registre.

(5) Et Langlais dit Sérien.

1751.—*Marie-Thérèse*, b [6] 4 août 1754; s 13 mars 1756, à St-Charles.[7] — *Marie-Françoise*, b [7] 6 avril 1756. — *Charles*, b 6 mars 1758, à Beaumont. — *Prisque*, b 5 août 1759, à Lorette. — *Toussaint*, b 25 avril 1762, à St-Antoine-Tilly.[8] —*Rosalie*, b [8] 15 janvier et s [8] 4 sept. 1764. — *Jean-François*, b [8] 1er mars 1765.—*Jean-Baptiste*, b [8] 21 juin 1766. — *Marie-Madeleine*, b [8] 15 déc. 1767.

1750, (27 juillet) St-Thomas.[6]
IV.—LANGLOIS, ANTOINE. [LOUIS III.
GAUDREAU, Marie-Reine. [CHARLES II.
Marie-Reine, b [6] 10 mars et s 2 avril 1751, à St-Pierre-du-Sud.[7] — *Joseph-Antoine*, b [7] et s [7] 2 mars 1752.— *Isaac*, b [7] 10 fevrier 1753.—*Marie-Reine*, b 1754; s [6] 22 mai 1772.

1750, (16 nov.) Ste-Foye.[5]
IV.—LANGLOIS (1), MICHEL, [JEAN III.
b 1727; s [5] 23 mars 1776.
1° SAMSON, Marie, [JOSEPH III.
b 1730; s [5] 5 février 1760.
Michel, b [5] 12 nov. 1751; m [5] 16 nov. 1778, à Ursule ROUTIER. — *Jean-Baptiste*, b [5] 21 et s [5] 27 juin 1753.—*Joseph*, b [5] 7 fevrier 1755. — *Joseph-Pierre*, b [5] 28 nov. 1756; s [5] 10 juin 1760. — *Pierre*, b [5] 5 février et s [5] 1er avril 1759.—*Marie*, b [5] et s [5] 17 déc. 1759.
1761, (5 oct.) [5]
2° PETITCLERC, Marie, [AUGUSTIN III.
b 1738; s [5] 16 fevrier 1788.
Marie-Louise, b [5] et s [5] 20 juillet 1762. — *Marguerite*, b [5] 4 janvier 1764.—*Elisabeth*, b [5] 6 mars et s [5] 13 avril 1765.—*Jean-Baptiste*, b [5] 14 février et s [5] 8 août 1766.—*Marie-Françoise*, b [5] 6 et s [5] 7 avril 1767.—*Marie-Madeleine*, b [5] 6 avril 1767.—*Marie-Françoise*, b [5] 15 mars 1768; m 13 oct. 1789, à Joseph GIRARD, à Québec.[6] — *Marie-Joseph*, b [5] 1er juin 1769; m [5] 22 mai 1792, à Antoine MARCEAU. — *Marie-Elisabeth*, b [5] 18 janvier 1771; m [6] 7 sept. 1790, à François GUYON. — *Thérèse-Dominique*, b [5] 4 août 1772; m [6] 1er oct. 1793, à Joseph JALBERT. — *Augustin-Julien*, b [5] 9 janvier 1774.

III.—LANGLOIS (2), PIERRE, [ANDRÉ II.
b 1714.
JANOT (3), Marie-Charlotte.
Pierre, b 1752; m 27 fevrier 1775, à Marie-Louise PAYET, à Repentigny.

LANGLOIS (1), FRANÇOIS.
LAVIGNE, Angélique.
Geneviève, b 2 sept. et s 24 déc. 1751, à Lanoraie.

1752, (15 mai) Cap-Santé.[6]
IV.—LANGLOIS, IGNACE, [NICOLAS III.
b 1731.
1° MARCOT, Marie-Marguerite, [MICHEL III.
b 1725.

(1) Dit Traversy.
(2) Dit Lachapelle.
(3) Dit Belhumeur.

Marie-Thérèse et *Marguerite*, b [6] 21 et s [6] 22 janvier 1753.— *Marguerite*, b [6] 26 fevrier 1754.— *Marie-Joseph*, b 2 mars et s 1er sept. 1756, à Yamachiche.[7]
1757, (7 nov.) [7]
2° GÉLINA (1), Marie-Joseph, [PIERRE III.
b 1721; veuve de Joseph LeSieur.
Antoine, b [7] 23 août 1758.—*Pierre*, b [7] 20 juillet 1761.—*Ignace*, b [7] 19 fevrier 1764.

1753, (19 nov.) Ste-Famille, I. O.
IV.—LANGLOIS, JOSEPH, [PIERRE III.
b 1730.
TURGOT, Marthe, [JACQUES III.
b 1729.
Marie-Marthe, b 29 mars 1759, à St-Pierre, I.O.

1754, (7 janvier) St-Pierre, I. O.
IV.—LANGLOIS, PAUL, [PIERRE III.
b 1732.
PAULET (2), Madeleine, [JEAN III.
b 1735.
Paul-Eustache, b 18 janvier 1757, à la Pte-aux-Trembles, Q.

LANGLOIS, JOSEPH.
MORIN, Marie-Louise.
Marie-Charlotte, b 24 janvier 1754, au Cap-St-Ignace.[2]—*Anonyme*, b [2] et s [2] 12 janvier 1765.

1754, (14 janvier) Ste-Foye.[4]
IV.—LANGLOIS, CLÉMENT, [JEAN III.
b 1732.
MASSE, Marie-Geneviève, [JOSEPH III.
b 1732.
Marie, b [4] 28 mars 1755. — *Clément-François*, b [4] 26 août 1756; s [4] 5 mars 1757.— *Marie-Angélique*, b [4] 5 et s [4] 29 nov. 1758. — *Joseph-Marie*, b [4] 2 mai 1762.— *Marie-Thérèse*, b [4] 2 nov. 1763. — *Gabriel*, b [4] 11 janvier et s [4] 21 mai 1765.— *Marie-Madeleine*, b [4] 29 juillet et s [4] 14 août 1766. — *Marie-Marguerite*, b [4] 3 fevrier 1768; s [4] 27 avril 1770. — *Marie-Elisabeth*, b [4] 18 oct. 1769; s [4] 11 mai 1770. — *Marie-Catherine*, b [4] 26 nov. 1770; s [4] 21 août 1771.

1754, (25 février) St-Frs-du-Lac.[1]
IV.—LANGLOIS, ALEXIS, [NOEL III.
b 1726; s [1] 12 sept. 1755.
BADIE (3), Marguerite, [PIERRE II.
veuve de Jean-Baptiste Couturier.

1754, (13 mai) Montréal.
III.—LANGLOIS, NOEL, [JACQUES II.
b 1723.
TESSIER, Marie-Joseph, [PAUL III.
b 1734.

(1) Dit Lacourse.
(2) Et Poulet.
(3) Elle épouse, le 16 oct. 1757, Michel Laforest, à St-Frs-du-Lac.

1754, (19 août) Lachine. [8]
V.—LANGLOIS (1), ANTOINE, [ANTOINE IV.
b 1734.
JEAN-VINCENT, Félicité, [JEAN-BTE II.
b 1728.
Charles-Antoine, b 11 mai 1755, à Québec.—*Jean-Bernard* et *Louise-Amable*, b [3] 10 avril 1757. —*Marie-Claire*, b 8 et s 9 sept. 1758, à Ste-Geneviève, M.

LANGLOIS (1), PIERRE.
CHAPOU, Michelle.
Joseph, b 1er juin 1755, à la Pte-du-Lac.

1754.
IV.—LANGLOIS, JEAN-CLAUDE, [LOUIS III.
b 1729.
BOULET, Marie-Joseph.
Jean-Gabriel, b 19 avril et s 19 sept. 1755, à St-Pierre-du-Sud.[1]—*Marie-Joseph*, b [1] 6 mars 1756; m 19 nov. 1776, à Pierre CEDERAT, à Québec.[2]—*Joseph-Paschal*, b [1] 18 mars et s [1] 3 juillet 1758. — *Marie-Louise*, b 7 oct. 1760, à St-Frs-du-Sud; 1° m [2] 21 mai 1781, à Etienne CHEVALIER; 2° m [2] 6 juillet 1796, à Gabrielle DIONNE.

1756, (1er mars) Cahokia.
III.—LANGLOIS, ALEXANDRE, [JACQUES II.
b 1730.
LACROIX, Marie-Joseph, [FRANÇOIS.
veuve de Jean-Baptiste Gouin.

1757, (21 février) St-Frs-du-Lac. [9]
IV.—LANGLOIS (2), JOSEPH, [NOEL III.
b 1728.
CARON, Charlotte, [JOSEPH-VITAL III.
b 1737.
Françoise, b [9] 10 sept. 1758.—*Pierre-Joseph*, b [9] 21 janvier 1760.—*André*, b [9] 6 sept. 1761.

III.—LANGLOIS (3), JOSEPH, [JEAN II.
b 1718.
1° RIVET, Marie-Joseph.
Marie-Angélique, b 1756; m 11 nov. 1771, à Pierre BAUDOIN, à Repentigny. [5] — *Louis*, b ... s [5] 9 mai 1783.—*Marie-Agathe*, b... m [5] 24 février 1772, à Claude DESMARETS.—*Urbain*, b... m 5 fevrier 1781, à Cécile GALIPEAU, à la Longue-Pointe.—*Louis*, b 1769; s [5] 6 juin 1781 (noyé).
1770, (12 fevrier). [5]
2° BLANCHARD, Madeleine. [JEAN-BTE I.
Pierre, b [5] 15 déc. 1772.—*Marie-Joseph*, b [5] 9 oct. 1774.

LANGLOIS, JEAN-BTE.
LEFEBVRE (4), Madeleine. [JEAN.
Marguerite, b 1758; s 5 août 1778, à Ste-Anne-de-la-Perade. [9] — *Marie-Joseph*, b 1764; s [9] 26 mars 1778.—*Antoine*, b [9] 12 mai 1767.—*François*, b [9] 17 avril 1769; s [9] 13 mars 1770.—*Marie-Madeleine*, b [9] 12 sept. 1771.

(1) Et Langlais.
(2) Dit Traversy.
(3) Dit Lachapelle.
(4) Elle épouse, le 14 oct. 1776, Michel Tessier, à Ste-Anne-de-la-Pérade.

1759, (5 fevrier) Montréal.
V.—LANGLOIS, ANDRÉ, [ANDRÉ IV.
b 1736.
PRUDHOMME, Marie-Anne, [JEAN-BTE III.
b 1742.
Ambroise, b... m 21 janvier 1794, à Suzanne SOUDRIET, au Detroit.

1760, (24 nov.) Charlesbourg.
IV.—LANGLOIS, JEAN-BTE, [JEAN-BTE III.
b 1737; navigateur.
BERNIER, Marie-Jeanne, [BARTHÉLEMI II.
b 1735.
Antoine, b 7 oct. 1761, à la Pte-aux-Trembles, Q. [3]; s [3] 13 mars 1762. — *Jean-Baptiste*, b 19 janvier 1763, à Québec. [4] —*Marie-Anne*, b [4] 8 août 1764.—*Marie*, b... s [3] 12 mai 1765.—*Antoine*, b [3] 14 sept. 1766.—*François-Xavier*, b [3] 22 oct. 1768. —*Marie-Charlotte*, b [3] 17 sept. 1770. — *Marie-Louise*, b [3] 29 oct. 1773.—*Marie-Catherine*, b [3] 2 et s [3] 27 sept. 1775.—*Charles*, b [3] 28 oct. et s [3] 9 nov. 1776.

1760.
III.—LANGLOIS (1), FRANÇOIS, [JEAN II.
b 1720.
PROVOST, Marie-Louise.
Joseph-Marie, b 1761; s 28 août 1771, à Repentigny. [9] — *Pierre*, b [9] 1er et s [9] 14 août 1767.—*Antoine*, b [9] 1er août 1767.—*Marie-Anne*, b .. m [9] 1er oct. 1792, à Jean-Baptiste PAYET. — *Jean-Baptiste*, b... m [9] 21 oct. 1793, à Marguerite PAYET.

1761, (7 sept.) Detroit. [1]
IV.—LANGLOIS, NICOLAS, [NICOLAS III.
b 1729.
PILET, Madeleine. [JACQUES II.
Nicolas, b... m [1] 25 sept. 1792, à Marie-Desanges MELOCHE.

IV.—LANGLOIS, LS-JÉROME, [FRANÇOIS III.
b 1732.
LEMIEUX, Geneviève.
Marie-Geneviève, b... m 9 nov. 1781, à Alexandre DANCOSSE, à l'Islet.

1762, (1er fevrier) Cap-St-Ignace.
IV.—LANGLOIS, JULIEN. [FRANÇOIS III.
BERNIER, Marie-Joseph, [JACQUES III.
b 1729.

1762, (22 février) Longue-Pointe.
III.—LANGLOIS (1), LS-RAPHAEL. [ANDRÉ II.
BAZINET, Therèse (2), [PIERRE III.
b 1741.
Marie-Louise, b... m 10 août 1794, à François DUSSAULT, à Repentigny. [6] — *André*, b [6] 15 et s [6] 18 déc. 1774. — *Marie*, b... m [6] 28 sept. 1795, à Ignace DUCLOS.—*Jean-Baptiste*, b [6] et s [6] 3 juillet 1780.—*Marie-Anne*, b [6] et s [6] 18 sept. 1781.

(1) Dit Lachapelle.
(2) Ou Marie-Louise, 1731.

1762, (22 février) Batiscan. [1]

V.—LANGLOIS, JEAN, [ANTOINE IV.
b 1735.
RIVARD (1), Geneviève. [LUC-ANTOINE III.
Marie-Marguerite, b [1] 28 janvier 1763. — *Geneviève*, b 24 juillet 1764, à Quebec. — *Joseph*, b 1772; s 9 juin 1776, à Ste-Anne-de-la-Perade. [2] — *Marie-Joseph*, b [2] 18 mai 1776; m [1] 19 janvier 1790, à Raphaël JOBIN. — *Geneviève*, b 10 février 1778, à la Pte-aux-Trembles, Q.

1762, (3 mai) Québec [3]

V.—LANGLOIS, PIERRE, [ANTOINE IV.
b 1739.
1° GUAY, Marie-Catherine, [MICHEL II.
b 1701; veuve de Joachim Girard.
1787, (25 sept.) [3]
2° HIANVEU, Marie-Marguerite, [MATHIEU I.
b 1762.

1763, (4 juillet) Pte-aux-Trembles, M.

III.—LANGLOIS (2), JEAN-BTE, [ANDRÉ II.
b 1723.
GERVAIS (3), Françoise, [NICOLAS III.
b 1725; veuve de Jean-Louis Tenant-St. Lambert.
Jean-Baptiste, b 18 dec. 1766, à la Longue-Pointe.

1763, (24 oct.) Islet. [3]

IV.—LANGLOIS (4), CHARLES, [FRANÇOIS III.
b 1741.
GAGNON, Marie-Angélique, [PRISQUE IV.
b 1740; veuve d'Alexandre Dancosse.
Marie-Charlotte, b [3] 26 août 1764. — *Charles-Marie*, b [3] 22 oct. 1774.

1764, (16 janvier) Québec. [7]

V.—LANGLOIS, NOEL, [ANTOINE IV.
b 1744.
LAVAU (5), Marie-Françoise, [CHARLES.
b 1744.
Louis, b 1770; s [7] 1er juin 1774. — *Michel*, b 11 juillet 1787, à Ste-Foye.

1765, (12 février) Beauport. [2]

IV.—LANGLOIS, CHARLES, [PIERRE III.
b 1737.
MAHEU, Louise-Angélique, [NICOLAS IV.
b 1741.
Charles-Joseph, b [2] 4 déc. 1765.

1765, (18 fevrier) St-Thomas.

V.—LANGLOIS, LOUIS, [JEAN-BTE IV.
b 1743.
SIMONEAU, Charlotte, [CHARLES II.
b 1740.

(1) Dit Lacoursière.
(2) Dit Lachapelle.
(3) Voy. Gervaise.
(4) Dit St. Jean.
(5) Et Laros—Navau.

LANGLOIS (1), JOSEPH.
CHAMBELLAN, Elisabeth,
b 1731; s 4 août 1761, à St-Vincent-de-Paul.

LANGLOIS, THOMAS.
LACASSE, Marie-Louise.
Marie-Louise, b... m 27 nov. 1787, à Louis BILODEAU, à Québec. [1] — *Geneviève*, b... m [1] 8 janvier 1793, à Jean-Baptiste DUBERGÉ.

1767, (2 février) Pte-aux-Trembles, Q. [2]

IV.—LANGLOIS, LOUIS-JOSEPH, [JEAN-BTE III.
b 1738.
PAULET, Marie-Véronique, [JEAN III.
b 1732.
Véronique, b [2] 22 déc. 1767; s [2] 22 déc. 1773. —*Marie-Françoise*, b [2] 7 avril 1769.—*Joseph*, b [2] 1er sept. 1770 —*Louis-Benjamin*, b 7 nov. 1773, aux Ecureuils; s [2] 8 janvier 1774.— *Marie-Angélique*, b [2] 17 mars 1776.

LANGLOIS, MICHEL.
LAPLANTE, Elisabeth.
Basile, b 2 sept. 1764, à St-Michel-d'Yamaska. [3] —*André*, b [3] 1er avril 1769; s [4] 1er mars 1770.

1769, (29 janvier) Repentigny. [4]

III.—LANGLOIS (2), NICOLAS, [JEAN II.
b 1710; s [4] 17 dec. 1783.
GAMACHE, Marie, [FRANÇOIS III.
veuve de Jean-Baptiste Pilon.
Marie-Joseph, b [4] 1er nov. 1769; s [4] 22 mai 1770.—*Nicolas*, b [4] 13 mai 1771; s [4] 7 avril 1773. —*Jean-Baptiste*, b [4] 26 mars 1774; m [4] 17 février 1794, à Marie PAYET.

1770.

V.—LANGLOIS, JEAN, [JEAN-FRANÇOIS IV.
b 1745.
GOSSELIN, Marguerite, [PIERRE IV.
b 1753.
Françoise, b... m 27 mai 1789, à Jean-Baptiste BANVILLE, à Rimouski. [9] — *François*, b 1774; s [9] 17 nov. 1793 (noye). — *Louis*, b... m [9] 23 fevrier 1802, à Julienne RÉHEL.—*Geneviève*, b... m [9] 15 janvier 1805, à Pierre DRAPEAU.—*Antoine*, b... m [9] 12 nov. 1805, à Gertrude ST. LAURENT.—*Jean-Baptiste*, b... m [9] 24 oct. 1809, à Louise PARANT. —*Marie*, b... m [9] 28 janvier 1811, à Etienne FOURNIER.

1770, (19 nov.) Deschambault.

IV.—LANGLOIS, JEAN-BTE, [NICOLAS III.
b 1742.
GIGNAC (3), Geneviève, [ETIENNE III.
b 1755.
Jean-Baptiste, b 1776; s 31 juillet 1778, à St-Cuthbert. [7] — *Marie*, b 1777; s [7] 15 nov. 1795. —*Marie-Amable*, b [7] 27 avril 1778 —*Jean-Baptiste*, b 1779; s [7] 17 juillet 1789. — *Pierre*, b [7] 4 avril 1782.

(1) Dit Traversy.
(2) Dit Lachapelle.
(3) Dit Droseau, 1782.

1771, (4 nov.) St-François, I. O. [8]
V.—LANGLOIS, François, [Frs-Marie IV.
b 1744.
Pepin, Marie-Thérèse. [Louis III.
François, b [8] 17 sept. 1772 ; s [8] 7 août 1773.—
Joseph-Marie, b [8] 23 mars 1774.

1773, (12 juillet) St-Thomas.
V.—LANGLOIS, Jacques, [Jean-Bte IV.
b 1751.
Pelletier, Marie-Elisabeth, [Joseph V.
b 1751.

1775, (30 janvier) St-Cuthbert.
V.—LANGLOIS, Clément, [Louis IV.
b 1746.
Carré (1), Rose. [Jean.
Clément, b 13 oct. 1786, aux Trois-Pistoles. [9]—
Benjamin, b [9] 15 mai 1792.

1775, (27 février) St-Antoine-Tilly.
V.—LANGLOIS, Prisque, [Augustin IV.
b 1753.
Jean, Françoise, [Maurice-Michel I.
b 1752.

1775, (27 février) Repentigny.
IV.—LANGLOIS (2), Pierre, [Pierre III.
b 1752.
Payet, Marie-Louise. [Pierre IV.

LANGLOIS, Jean,
b 1729; s 17 oct. 1779, à Québec.
Rousseau, Marie-Joseph.

LANGLOIS, Jean-Bte.
1° Rousseau, Marie-Anne.
1778, (4 août) Québec. [2]
2° Bro (3), Elisabeth. [Jean.
Elisabeth, b... m [2] 4 juillet 1797, à Jean-Baptiste Lamontagne.

1777, (4 février) Rivière-Ouelle.
III.—LANGLOIS (4), Henri, [François II.
b 1752.
Doucet, Anne. [Paul-Laurent I.

1777, (24 avril) Kamouraska.
V.—LANGLOIS, Augustin-Chs, [Chs-Frs IV.
b 1751.
1° Lambert, Marie-Rosalie, [Frs-Aubin III.
1784, (9 août) Rivière-Ouelle.
2° Hudon, Françoise, [Louis III.
b 1758.

(1) Dit Boucher.
(2) Dit Lachapelle.
(3) Et Brau; elle épouse, le 27 nov. 1782, Pierre Huot, à Québec.
(4) Et Langlais.

1778, (16 nov.) Ste-Foye. [2]
V.—LANGLOIS, Michel, [Michel IV.
b 1751.
Routier, Ursule, [Michel III.
b 1754.
Marguerite, b 1781 ; s [2] 14 juin 1788. — *Archange*, b [2] 7 sept. 1787. — *Louise*, b [2] 31 juillet 1789.

LANGLOIS, Joseph, b 1752; s 25 août 1778, à Repentigny.

LANGLOIS, Joseph.
Gilbert, Hélène,
b 1732; s 15 avril 1782, à Repentigny.

LANGLOIS, Joseph.
Brisset, Marie-Joseph.
Joseph, b et s 2 fevrier 1781, à Repentigny.

1781, (5 fevrier) Longue-Pointe.
IV.—LANGLOIS (1), Urbain. [Joseph III
Galipeau, Cecile. [Joseph III
Marie-Louise, b 29 janvier 1786, à Repentigny.

1782, (28 oct.) St-Louis, Mo.
IV.—LANGLOIS, Joseph-Marie, [Jean-Frs III.
b 1739.
Sauvagesse, Lisette.

LANGLOIS, François, b 1737 ; s 1er sept. 1796, au Lac-des-Deux-Montagnes.

LANGLOIS (1), François.
Maret-Lépine (2), Marie-Louise.
Marie, b 4 fevrier 1786, à Repentigny. [2]— *Suzanne*, b [2] et s [2] 5 août 1789. — *Marie-Angélique*, b [2] 29 mai 1790.

LANGLOIS (1), Joseph.
Godu, Marie-Victoire.
Madeleine, b 19 dec. 1786, à Repentigny.

1786, (6 février) St-Augustin. [8]
V.—LANGLOIS (3), Joseph, [Michel-Frs IV.
b 1755.
Gingras, Françoise. [Pierre III
Joseph, b [8] 14 déc. 1786. — *Jacques*, b [8] 9 nov. 1788. — *Marie*, b 1790 ; s [8] 30 mai 1794.— *François*, b [8] 11 mars 1791. — *François-Xavier*, b [8] 26 août 1794.

LANGLOIS, François.
Desjordis, Marie-Anne.
Jean-Baptiste, b 15 août 1787, à Repentigny. [3]
—*Marie-Angélique*, b [3] 22 juillet 1789. — *Madeleine*, b [3] 21 et s [3] 23 déc. 1791.

1792, (25 sept.) Détroit.
V.—LANGLOIS, Nicolas. [Nicolas IV.
Meloche, Marie-Desanges, [Jean-Bte III
b 1771.

(1) Dit Lachapelle.
(2) Et Marais dit Beaulac, 1789.
(3) Dit Traversy.

1793, (21 oct.) Repentigny.[7]

IV.—LANGLOIS (1), Jean-Bte. [François III.
Payet, Marguerite, [Pierre IV.
b 1774.
Jean-Baptiste, b[7] 3 oct. 1794. — *Joseph,* b[7] 28 déc. 1795.

1794, (21 janvier) Détroit.

VI.—LANGLOIS, Ambroise. [André V.
Soudriet, Suzanne. [François I.

1794, (17 fevrier) Repentigny.[5]

IV.—LANGLOIS (1), Jean-Bte, [Nicolas III.
b 1774.
Payet, Marie. [Pierre IV.
Marie, b[5] 1er avril 1795.

1798, (3 sept.) Québec.

V.—LANGLOIS, François, [Jean-Bte IV.
b 1759.
Raby, Catherine. [Augustin-Jérome III.

1802, (23 fevrier) Rimouski.

VI.—LANGLOIS, Louis. [Jean V.
Réhel, Julienne, [Julien II.
b 1780.

1805, (12 nov.) Rimouski.

VI.—LANGLOIS, Antoine. [Jean V.
St. Laurent, Gertrude, [Toussaint III.
b 1783.

1809, (24 oct.) Rimouski.

VI.—LANGLOIS, Jean-Bte. [Jean V.
Parant, Louise, [Jacques.
b 1792.

LANGOUMOIS.—Voy. Chapelle — Courcambec — Coussin — Darveau — Hero—Hervaux— Joseph — Lachapelle—Lisieux— Martin— Rochereau—Souchereau.

1748, (5 fevrier) Montréal.

I.—LANGOUMOIS (2), Jean,
b 1721.
Duret, Geneviève, [Charles II.
b 1722.
Antoine, b 1752; s 23 juillet 1764, à la Longue-Pointe.

LANGRAVE.—Voy. Handgrave.

1763, (10 janvier) Montréal.

I.—LANGRENÉ, Nicolas-Joseph, b 1719; fils de Nicolas et de Jeanne Sirope, de St-Nicolas-de-Douay, diocèse d'Arras, en Artois.
Clignancourt, Marguerite,
b 1719.

(1) Dit Lachapelle.
(2) Dit Lachapelle; voy. Chapelle, vol. II, p. 619.

LANGUEDOC—Voy. Beaulieu— Bertin—Casselette—Corbière—Desfostes—Garigue— Gazelette—Guérigue — Guérite—Lacoste —Lannolier—Larigue — Monier—Riousel Rival—Rousse—Touzelier.

I.—LANGUEDOC (1), ... b 1663; s 16 nov. 1688, à la Baie-St-Paul.

I.—LANGUEDOC (2), Jean, b 1708; s 2 avril 1728, à Montreal.

I.—LANGUEDOC (3), Charles, b 1711; s 27 août 1759, à Ste-Anne.

I.—LANGUEDOC (4). ....

I.—LANGUEDOC, Julien, de Bretagne; s 9 mars 1760, à Quebec.

1734, (15 juin) Québec.[9]

II.—LANGUEDOC, François, [Jean I (5).
b 1713; s[9] 29 nov. 1748.
Martel (6), Catherine, [Jean-Bte II.
b 1713.
Jean-François, b[9] 3 sept. 1738.—*Pierre,* b[9] 22 mars et s[9] 16 avril 1740.—*Catherine,* b[9] 24 mai et s[9] 5 juin 1741.—*Joseph,* b[9] 1er oct. 1743; s[9] 26 juin 1746.—*Jacques,* b[9] 12 sept. 1745.

LANGUEDOC, Jacques.
Lanoux, Marie,
b 1743; s 16 janvier 1779, à Québec.

LANGY (De).—Voy. Levraux.

LANIEL.—*Variations et surnoms :* Agnel — Daniel — Haniel — Lagnel—Lanielle—Laquel—Bellerose—Desrosiers.

1689, (10 janvier) Batiscan.

I.—LANIEL (7), Julien,
b 1663; cordonnier.
1° Fafard, Marie-Anne, [François I.
s 17 fevrier 1703, à St-Antoine-Tilly.[5]
Antoine, b 9 fevrier 1693, à St-Pierre, I. O.; m 29 nov. 1719, à Marie-Anne Urbain, à Repentigny.—*Nicolas,* b 15 mai 1695, à Quebec[6]; m 3 fevrier 1719, à Marie-Anne Sylvain, à Sorel.[7] — *Marie-Louise,* b 12 avril 1697, à la Pte-aux-Trembles, M.[8]; m 17 fevrier 1721, à Pierre Mandeville, à l'Ile-Dupas.—*Jean-Baptiste,* b[8] 5 mars 1699; m 25 sept. 1724, à Madeleine Couturier, à Montreal.—*Marie-Charlotte,* b 10 juillet 1701, à St-Nicolas; m[7] 20 janvier 1726, à Mathurin Pilon.

(1) Décédé sur le navire *Le St-Honoré.*
(2) Soldat de la compagnie de Budemont.
(3) Tué par les Anglais.
(4) Officier dans le fort Carillon sous Montcalm lors de l'attaque de ce fort par les Anglais (7 juillet 1758).
(5) Voy. Gangue, vol. IV, p. 178.
(6) Elle épouse, le 1er février 1751, Louis Vien, à Beaumont.
(7) Dit Desrosiers; voy. vol. I, pp. 346 et 347.

1703, (28 août).[6]
2° GUAY (1), Rosalie, [JEAN I.
b 1673; veuve de Silvain Duplais; s 22 janvier 1749, à la Baie-du-Febvre.[9]
Alexis, b [5] 26 août 1704.—*Julien*, b... s [5] 6 février 1707.—*Julien*, b [5] 20 février 1707; s [5] 1er août 1708.—*Joseph-Alphonse*, b [5] 15 avril 1708.—*Marie-Rosalie*, b [5] 30 juin 1709.—*Marguerite*, b [5] 15 nov. 1710; 1° m [9] 2 mai 1735, à Jacques LEFEBVRE; 2° m [9] 19 fevrier 1745, à Pierre BRUNO; s [9] 24 nov. 1751.—*Marie-Angélique* et *Rosalie*, b [5] 14 oct. 1712.

1719, (3 fevrier) Sorel.[2]
II.—LANIEL (2), NICOLAS, [JULIEN I.
b 1695.
SYLVAIN (3), Marie-Anne, [BLAISE I.
b 1698; s 10 février 1758, à Lavaltrie.[8]
Marie, b [2] 21 dec. 1719.—*Marie-Anne*, b... m [3] 18 nov. 1744, à Ignace FORTIN.—*Marie-Agnès*, b [2] 2 juillet 1724; s [2] 19 janvier 1727.—*Pierre-Antoine*, b [2] 21 février 1726.—*Marie-Thérèse*, b [2] 2 juin 1728.—*Marie-Françoise*, b... s [2] 22 nov. 1730. — *Marie-Madeleine*, b [2] 1er fevrier 1732. — *Marguerite*, b [2] 17 déc. 1733 —*Marie*, b... m [3] 4 nov. 1760, à Jean DUFOUR.—*Joseph*, b [2] 3 février 1737. —*François*, b 17, à l'Ile-Dupas et s [2] 18 oct. 1739.

1719, (29 nov.) Repentigny.
II.—LANIEL (4), ANTOINE, [JULIEN I.
b 1693.
URBAIN (5), Marie-Anne, [PIERRE I.
b 1693; veuve de Marien-Joseph Rivière.
Antoine, b 24 mars 1721, à St-Ours; s 5 août 1722, à Montréal.[1]—*Jean Baptiste*, b [1] 21 janvier 1723; m 13 fevrier 1747, à Françoise AUBAN, à Ste-Geneviève, M.[2]—*Marie-Anne*, b [1] 3 janvier et s [1] 15 août 1726. — *Antoine-Laurent*, b [1] 11 août 1727.—*Marie-Francoise*, b [1] 20 février 1729; m [2] 1er février 1751, à François-Honoré AUBAN.— *Laurent*, b [1] 11 août 1734. — *Marie-Anne*, b [1] 31 oct. 1736; m [2] 17 janvier 1757, à Antoine MELOCHE.

1724, (25 sept.) Montréal.[3]
II.—LANIEL (6), JEAN-BTE, [JULIEN I.
b 1699.
COUTURIER, Marie-Madeleine, [FRANÇOIS I.
b 1700.
Joseph, b [3] 14 nov. 1725. — *Jean-Marie*, b 1er mars 1737, au Sault-au-Récollet.[4] — *Marie-Angélique*, b [4] 22 juin et s [4] 10 juillet 1739. — *Marie-Madeleine*, b [4] 10 et s [4] 21 août 1740.

1747, (13 février) Ste-Geneviève, M.[6]
III.—LANIEL (4), JEAN-BTE, [ANTOINE II.
b 1723.
AUBAN, Françoise, [FRANÇOIS-HONORÉ I.
b 1726.
Marie-Françoise, b [6] 24 juin 1748; s [6] 18 fevrier 1749. — *Marie-Joseph*, b [6] 5 juin 1750. — *Marie-Geneviève*, b [6] 28 mars 1752.—*Jean-Baptiste*, b [6] 9 oct. 1753. — *Antoine*, b [6] 18 oct. 1755.— *Marie-Louise*, b [6] 29 mai 1757 —*Marie*, b... m [6] 8 fevrier 1775, à Ignace-Amable LAHAYE.—*Marie-Suzanne*, b [6] 27 février et s [6] 3 mars 1759.

1748, (15 juin) Montréal.[7]
I.—LANIEL (1), THOMAS, b 1712; fils de Guillaume et d'Anne Hallé, de Francheville, diocèse de Rouen, Normandie.
CONTANT (2), Marie-Frse-Claire, [ANDRÉ II.
b 1721.
Marie-Madeleine, b [7] 6 et s [7] 22 sept. 1748.—*Paul-Thomas*, b [7] 3 nov. 1749.—*Jacques*, b [7] 3 et s [7] 14 nov. 1750.

LANIELLE.—Voy. LANIEL.

LANNOLIER.—*Surnom* : LANGUEDOC.

1749, (2 juin) Montréal.
I.—LANNOLIER (3), JEAN, b 1714; fils de Jacques et de Jeanne Dupont, des Iles, diocèse de Carcassonne, Languedoc.
BERTRAND, Marie-Renee, [JEAN-BTE I.
b 1713; veuve de Jean-François Charpentier.

LANOIS.—Voy. LANOIX.

LANOIX.—Voy. CHIMAIS—CHIMAY—DAUTREPE—ENOUILLE—LÉPICIER—RICHOUX.

LANOIX (4), JEAN-BTE.
1° TURCOT, Marie-Anne.
1757, (21 fevrier) Ile-Dupas.
2° FAFARD, Geneviève, [JOSEPH III.
b 1734.

LANON.—Voy. LAIGU.

LANOS.—*Surnom* : LASONDE.

I.—LANOS (5), PIERRE.

LANOUE.—Voy. LAIGU—LALEU—ROBUTEL.

LANOUETTE.—Voy. RIVARD.

LANOUILLIER.—Voy. LANOULLIER.

LANOULLIER. — *Surnoms* : BOISCLERC — DE BOISCLAIR—DESGRANGES.

(1) Voy. LeGuay, vol. I, pp. 372 et 373.
(2) Dit Bellerose-Desrosiers.
(3) Pour Sylvain-Duplais.
(4) Dit Desrosiers.
(5) Et Robin, 1727; voy. Fouquereau, vol. I, p. 238.
(6) Et Lanielle.

(1) Et Agnel.
(2) Elle épouse, le 27 oct. 1760, Antoine Durand, à Montréal.
(3) Dit Languedoc; caporal de la compagnie Céloron.
(4) Et Lanois.
(5) Dit Lasonde; sergent de la compagnie Derbins, régiment de Guyenne. Il était, le 12 avril 1760, à Verchères.

1719, (21 déc) Québec.[1]

I.—LANOULLIER (1), JEAN-EUSTACHE, fils de Jean et de Marie Taudet, de St-Nicolas-du-Chardonet, Paris.

DUROY, Marie-Marguerite, [PIERRE I. b 1693; veuve de Claude Chasle; s [1] 4 déc. 1750.

Jean-Eustache-Nicolas, b [1] 12 sept. 1720. —*Pierre*, b [1] 5 juillet 1721; s [1] 10 mai 1733.—*Marie-Marguerite*, b [1] 20 mai 1722.—*Louis-Antoine*, b [1] 28 mai 1723.—*François*, b [1] 3 et s 10 juin 1724, à Charlesbourg. [2] — *Françoise-Barbe*, b [1] 17 mars et s [2] 20 mai 1726. — *Thomas*, b [1] 8 mars 1727; s [1] 28 avril 1733.—*Jacques-Etienne*, b [1] 21 juillet 1728; s [1] 7 oct. 1750. —*Marie-Anne*, b [1] 5 oct. 1729; s [1] 11 mai 1733.—*Louise*, b [1] 23 mai 1731; s 30 sept. 1812, à l'Hôtel-Dieu, M.—*Charlotte*, b [1] 17 sept. 1732. — *Nicolas-Charles-Laurent*, b [1] 9 août 1733; s [1] 17 sept. 1738.— *Louise-Madeleine*, b [1] 9 août et s [2] 22 nov. 1733.—*Gilles*, b [1] 20 nov. 1734; s [1] 17 sept. 1738. —*Jeanne-Elisabeth*, b [1] 7 août 1736; s 18 mars 1772, à l'Hôpital-Général, M.

1730, (15 mars) Québec.[5]

I.—LANOULLIER (2), PAUL-ANTOINE-FRANÇOIS, fils de Jean et de Marie-Reine Gasse, de St-Nicolas, Paris.

DUROY, Louise, [PIERRE I. b 1704.

Antoine-Nicolas-Michel, b [6] 25 déc. 1730.

LANQUETEAU.—Voy. LANCTOT—LANGUEDOC.

LANSAC.—Voy. PABO, 1714.

I.—LANT (3), ETIENNE, b 1741, d'Aonne, diocèse de Metz, Lorraine.

LANTHIER.—Voy. LANTIER.

LANTIÉ.—Voy. LANTIER.

LANTIER.—*Variations :* LANTHIER—LANTIÉ.

1694, (8 février) Montréal.

I.—LANTIER (4), JACQUES.

1° MATOU (5), Angelique, [PHILIPPE I. b 1672.

Catherine, b 23 déc. 1695, à Lachine [2]; m 1er août 1718, à Nicolas BACHAN, à Boucherville.—*Jacques*, b... m 26 avril 1723, à Cunégonde DUBOIS-BRISEBOIS, à la Pointe-Claire. [3] — *Angélique*, b [2] 29 juin 1704; m [3] 28 mai 1725, à Rene BRISEBOIS.—*Anne*, b... m [3] 7 janvier 1732, à François DUMAY.

2° VINET, Cunégonde, [BARTHÉLEMI I. b 1674, veuve de François Dubois.

(1) Sieur de Boisclair, contrôleur de la marine, conseiller et grandvoyer du pays, 1730.

(2) Dit DesGranges.

(3) Venu en 1758, dans les Fichers. (Régistre des procès-verbaux, 1766, archevêché.)

(4) Voy. vol. I, p. 347.

(5) Dit Labry.

Antoine, b 1714; 1° m [3] 10 fevrier 1734, à Geneviève PROU; 2° m [3] 24 nov. 1738, à Marie-Louise BAUNE.—*Suzanne*, b [2] 22 juin 1718.

1723, (26 avril) Pointe-Claire.

II.—LANTIER (1), JACQUES. [JACQUES I.

DUBOIS (2), Cunégonde. [JEAN-FRANÇOIS II.

1734, (10 février) Pointe-Claire.[1]

II.—LANTIER, ANTOINE, [JACQUES I. b 1714.

1° PROU, Geneviève, [JACQUES. b 1716.

1738, (24 nov.) [1]

2° BEAUNE, Marie-Louise, [ALBERT II. b 1715.

Marie-Louise, b 12 février 1749, à Ste-Geneviève, M. [3] — *Louis*, b [3] 26 juin 1754.

LANTIER, FRANÇOIS.

VINCENT, Madeleine.

François-Chrystophe, b 15 juin 1756, à Ste-Geneviève, M. [4] — *Marie-Joseph*, b [4] 17 juin et s [4] 11 sept. 1758.

LANTIER, PIERRE,

b 1739; s 10 oct. 1765, au Bout-de-l'Ile, M.

VINCENT, Thérèse.

LANTIER, JOSEPH.

TRIOLET, Madeleine.

Marie-Joseph, b 4 et s 28 mai 1763, au Bout-de-l'Ile, M. [5] — *Louis*, b [5] 27 fevrier 1767.—*François-Hyacinthe*, b [5] 5 avril 1768.

LANTIER, CHARLES.

NEVEU, Marie-Anne.

Marie-Anne, b 3 et s 23 janvier 1764, au Bout-de-l'Ile, M. [6] — *Charles-Marie*, b [6] 18 nov. et s [6] 8 déc. 1764.—*Jacques*, b [6] 14 janvier et s [6] 10 mars 1766.—*Charles*, b [6] 31 janvier 1767.

I —LAON, MICHEL, Acadien.

GUILBAUT (3), Gertrude, Acadienne.

LAPALME.—Voy. GABORIAU—JANSON.

LAPARRE.—*Variation et surnom :* LAPPARRE —LIVREAUX.

1751, (18 janvier) Québec.[9]

I.—LAPARRE, ELIE, chirurgien; fils de Pierre et de Suzanne Conseil, de Valette, diocèse d'Agen, Guienne-d'Agenois.

MAILLOU, Marguerite, [PIERRE II. b 1722; veuve de Paul Lambert.

Marguerite, b [9] 3 et s [9] 6 juin 1752.—*Louise*, b [9] 3 juin 1752; s [9] 5 mars 1753.—*Joseph*, b [9] 8 mai 1753; s [9] 11 sept. 1755.—*Marie-Geneviève*, b [9] 7 avril 1754; m 1768, à Jacob BETTER.—*Marie-Anne*, b [9] 7 juillet 1756.—*Henri-Elie*, b [9] 20

(1) Et Lanthier.

(2) Et Brisebois.

(3) Elle épouse, le 28 avril 1788, Jean Perrot, à Deschambault.

déc. 1757; m [9] 23 août 1785, à Marie-Joseph Hubert. — *Louis-Abel-Isaac-Abraham-Samson-César-Alexandre-Chaumont*, b 18 oct. 1761, à la Petite-Rivière; s [9] 30 avril 1785.—*André*, b 23 avril 1763, à la Baie-St-Paul.—*Jacques*, b... m [9] 26 janvier 1790, à Marie Huot.

1785, (23 août) Québec.

II.—LAPARRE (1), Henri-Elie, [Elie I.
b 1757.
Hubert, Marie-Joseph, [Charles-Régis II.
b 1761.

1790, (26 janvier) Québec.

II.—LAPARRE (1), Jacques. [Elie I.
Huot (2), Marie. [Jean-Bte-Marie IV.

LAPENSÉE.—Voy. Bron — Paviot — Péret — Roy.

LAPERCHE.—*Surnoms :* Rochereau—Sabourin —St. Jean.

1700, (11 janvier) Boucherville.

I.—LAPERCHE, Jean-Bte, b 1674 ; fils de Jean-Baptiste et de Marguerite Cousino, de St-Martin, diocèse de Loudun, Poitou.
Emery-Coderre, Françoise, [Antoine I.
b 1682.
Pierre, b... m à Marie-Madeleine Langlois.—*Marie*, b... m à Paul Chevalier.—*Jean-Baptiste*, b 14 février 1705, à Repentigny[9]; m [9] 25 février 1726, à Agathe Goulet. — *François*, b [9] 18 avril 1713.—*Joseph*, b... 1° m à Marie-Madeleine Mousseau; 2° m 5 oct. 1738, à Madeleine Morin, à l'Assomption.

II.—LAPERCHE (3), Pierre. [Jean-Bte I.
Langlois, Marie-Madeleine.
Marie-Madeleine, b... m à Joseph Beauchamp, s 19 avril 1757, à St-Henri-de-Mascouche. — *Pierre*, b ... m 17 février 1786, à Therèse Chrétien, à Cahokia.

1726, (25 fevrier) Repentigny.

II.—LAPERCHE (3), Jean-Bte, [Jean-Bte I.
b 1705.
Goulet, Agathe. [Charles II.
Marie-Anne, b 15 février 1727, à l'Assomption.[7] —*Jean-Baptiste*, b [7] 30 août 1728.— *Joseph*, b [7] 9 mai 1731.—*Louis-Basile*, b [7] 18 sept. 1732.

II.—LAPERCHE, Joseph. [Jean-Bte I.
1° Mousseau, Marie-Madeleine.
Joseph, b 28 dec. 1729, à l'Assomption.[3]—*Marie-Madeleine*, b [3] 5 février 1732.
1738, (5 oct.) [3]
2° Morin Madeleine, [Pierre I.
b 1720.

(1) Et Lapparre.
(2) Dit St. Laurent.
(3) Dit St. Jean.

LAPERCHE, Louis-Hyacinthe.
Chaillé, Marie-Elisabeth.
Louis-Hyacinthe, b 20 avril 1764, à Ste-Anne-de-la-Perade.[1] — *Marie-Elisabeth*, b [1] 16 avril et s [1] 2 mai 1765. — *Joseph-Alexis*, b [1] 9 avril 1766.

LAPERCHE (1), Joseph.
Beignier, Marie-Agathe.
Marie-Marguerite, b 9 sept. 1773, à Repentigny.[3]—*Joseph*, b [3] et s [3] 15 sept. 1777.

1779.

LAPERCHE (1), François.
Gour (2), Therèse,
b 1750; s 30 dec. 1780, à Repentigny.[4]
Marie-Louise, b [4] et s [4] 27 août 1780.

1786, (17 fevrier) Cahokia.[9]

III.—LAPERCHE, Pierre. [Pierre II.
Chrétien, Therèse. [François
Pierre, b... m [9] 4 juin 1816, à Louise Poupard. —*Joseph*, b... m [9] 13 avril 1818, à Marie-Anne Roy.— *Thérèse*, b... m [9] 3 avril 1825, à Edmond Hébert. — *Jean-Baptiste*, b... m [9] 3 oct. 1825, à Clémence Létang. — *Adrien*, b... m [9] 25 janvier 1830, à Louise Létang.

LAPERCHE (1), Louis.
Perrault, Marie-Geneviève.
Antoine, b 4 juin 1787, à Repentigny.[5] —*Marie-Joseph*, b [5] 6 mai 1789.

LAPERCHE (1), Jean-Bte.
Colin (3), Marie.
Louis, b 4 août 1789, à Repentigny.[2]— *André*, b [2] 18 juin 1791.—*Salomon-Bernard*, b [2] 20 août 1793.

LAPERCHE, Joseph.
Perrault, Cecile.
Madeleine, b 18 mai 1790, à Repentigny.[4] — *Marie-Charlotte*, b [4] 25 avril 1792.

1816, (4 juin) Cahokia.

IV.—LAPERCHE, Pierre. [Pierre III.
Poupard, Louise. [Joseph

1818, (13 avril) Cahokia.

IV.—LAPERCHE, Joseph. [Pierre III.
Roy, Marie-Anne. [Antoine.

1825, (3 oct.) Cahokia.

IV.—LAPERCHE, Jean-Bte. [Pierre III.
Létang (4), Clemence. [Paschal

1830, (25 janvier) Cahokia.

IV.—LAPERCHE, Adrien. [Pierre III
Létang (5), Louise. [Paschal

(1) Dit St. Jean.
(2) Dit Lajeunesse.
(3) Dit Laliberté.
(4) Et Lessens, 1833.
(5) Et Letemps.

LAPERELLE.—Voy. EURY.

I.—LAPERELLE, CHARLES, officier; s 4 février 1749, à Montreal.

LAPÉRIÈRE. — Voy. BOUCHER — FABRE — MEUNIER, 1712—OUVRARD.

I.—LAPÉRIÈRE, ISIDORE, b 1648; s 4 sept. 1738, à l'Hôpital-Général, Q

LAPERLE.—Voy. BANLIER—BAULIN—FRÉMON—PINCAU.

LAPERLE, JEAN-BTE.
CLÉMENT, Marie.
Anne, b 22 juillet 1726, à Varennes.

1721, (7 janvier) Laprairie.
II—LAPERLE (1), ANDRÉ. [MATHURIN I.
DENEAU, Marie-Joanne, [CHARLES I.
b 1693.
Marie-Renée, b 1736; s 7 mai 1768, à l'Hôpital-General, M.

LAPERON.—Voy. LASPRON.

LAPÉROUSE.—*Surnom :* VADEBONCŒUR.

1756.
I.—LAPÉROUSE (2), NICOLAS,
b 1723; s 9 janvier 1758, à Québec.[1]
BÉCHARD (3), Madeleine, [GABRIEL II.
veuve de Jean Mantenet.
Marie-Joseph, b [1] 25 août 1757.

LAPERRIÈRE.—Voy. LAPÉRIÈRE.

LAPICARDIE.—Voy. DENIS, 1749.

LAPIERRE.—Voy. BARDET—BRIGNON—BRUNEAU—BRUNION—DENIS—DUCHESNE—FRANCŒUR—GIRARD—GLORGET—JONCAS—LAFOREST—LEBOURDAIS—L'ENCLU—LESCUYER—LESIEUR—MARÇAN—MARCHAND—MAZURET—MERSAN—MEUNIER—ROBERT.

I.—LAPIERRE, PÉRINNE, b 1646; fille de Pierre et de Claude Leclerc, de St-Léonard, à Corbay, près Paris; 1° m 20 mars 1666, à Honore DANNY, à Montreal[2]; 2° m 19 mars 1705, à Yves LUCAS, à Lachine; s [2] 24 avril 1712.

I.—LAPIERRE, JACQUES, b 1695; meunier; s 16 oct. 1758, à l'Hôpital-General, M.

LAPIERRE, JACQUES (4), b 1728; s 21 juillet 1747, à Chambly.

(1) Voy. Banlier, vol. II, p. 107.
(2) Dit Vadeboncœur.
(3) Et Béchet.
(4) Revenant d'un parti de guerre.

1710, (6 janvier) Montréal.
II—LAPIERRE (1), JEAN, [PIERRE I.
b 1678.
PROVOST, Anne-Charlotte, [EUSTACHE I.
b 1690.
Joseph, b 1731; 1° m 24 nov. 1755, à Marie-Amable MARTINEAU, au Sault-au-Récollet; 2° m 1er fevrier 1760, à Marie BEAULIEU-MONTPELLIER, à St-Laurent, M.

1723, (22 oct.) L'Ange-Gardien.
II.—LAPIERRE (2), PIERRE-JACQUES, [PIERRE I.
b 1688; s 17 avril 1758, à St-Laurent, I. O.[3]
MATHIEU, Veronique, [RENÉ II.
b 1704.
Anonyme, b [3] et s [3] 4 mai 1731.—*Nicolas*, b [3] 3 oct. 1734.

I.—LAPIERRE, PIERRE.
BOURAN, Anne.
Guillaume, b 1732; 1° m à Cécile CLUSEAU; 2° m 19 avril 1762, à Marie-Joseph LIBERSON, à Montreal.

LAPIERRE, PIERRE.
LAMARCHE, Marie-Louise.
Pierre, b 1737; s 2 sept. 1748, à Montréal.

1743, (17 oct.) Québec.[6]
I.—LAPIERRE (3), YVES, fils de Jean et de Jeanne Gaudin, de St-Sauveur, diocèse de St-Malo, Bretagne.
ALLAIRE (4), Louise, [FRANÇOIS I.
b 1725.
Marie-Louise, b [6] 10 juillet 1744. — *Pierre-Yves*, b [6] 23 juillet 1746.

1748, (14 fevrier) Sorel.[6]
III.—LAPIERRE (1), LÉONARD, [JEAN II.
b 1718; s [6] 29 mars 1761.
2° MANDEVILLE, Marie-Anne-Cath., [J.-BTE II.
b 1728.
Joseph, b... m 17 janvier 1780, à Rosalie OLIVIER, à St-Louis, Mo.

1749, (24 nov.) St-Valier.
III.—LAPIERRE (5), CHARLES, [CHARLES II.
b 1723.
FRADET, Marie-Louise-Geneviève, [JEAN I,
b 1724.
Elisabeth, b 12 avril 1754, à St-Charles.

1755, (24 nov.) Sault-au-Récollet.
III.—LAPIERRE (6), JOSEPH, [JEAN II.
b 1731.
1° MARTINEAU, Marie-Amable, [PIERRE III.
b 1735.

(1) Voy. Brignon, vol. II, p. 470.
(2) Voy. Denis, vol. III, p. 344.
(3) Dit Laforest.
(4) Elle épouse, le 30 oct. 1747, Martin Langlois, à Quebec.
(5) Voy. Denis, vol. III, p. 345.
(6) Voy. aussi Brignon, vol. II, p. 470.

1760, (1er février) St-Laurent, M.
2° MONTPELLIER (1), Marie. [JEAN-BTE.

II.—LAPIERRE, GUILLAUME, [PIERRE I.
b 1732.
1° CLUSEAU, Cécile.
1762, (19 avril) Montréal.
2° LIBERSON, Marie-Joseph, [FRANÇOIS II.
b 1742; veuve de Jean Hussereau; s 2 juin 1788, à l'Hôpital-Général, M.

1759, (26 février) Ste-Rose.[7]
I.—LAPIERRE (2), FRANÇOIS, fils de Jean-François et de Madeleine Escombert, de Mauleon, province d'Auch, diocèse d'Aire, Gascogne.
ROBIN, Louise, [JOSEPH III.
b 1736.
Marie-Louise, b 25 août 1760, à Terrebonne.—*François*, b[7] 4 sept. 1762.

1766, (13 janvier) Berthier.
I.—LAPIERRE, THOMAS, fils de Thomas et de Madeleine Quessy, de Beaubassin, Acadie.
BOUCHARD, Elisabeth, [IGNACE II.
b 1733.

1780, (17 janvier) St-Louis, Mo.
IV.—LAPIERRE (3), JOSEPH. [LÉONARD III.
OLIVIER, Rosalie. [JEAN-BTE.

LAPINTARDE.—Voy. BOYER—PAGÉ—POYER.

I.—LAPINTERIE (4), DENIS, b 1665; s 11 avril 1715, à Montréal.

LAPISTOLE.—Voy. VARIN.

LAPLAINE.—Voy. MESSAGUÉ — MESSAGUIER — PRIMOT.

LAPLANCHE.—Voy. DUHEMME — DUVERGER — FRÉGEAU et FRÉGEOT.

LAPLANTE. — Voy. BADAILLAC — BONNIER — CHAMPAGNE — DAVAUX — DE LA BOURLIÈRE — DESSUREAUX—D'ORVEILLIERS—LABOURIER — LERIGE—MERCIER—PANIER — ROUX — SAUVÉ —TESSIER.

1673, (19 sept.) Québec.[3]
I.—LAPLANTE (5), CHARLES,
b 1639.
D'AUBIGNY (6), Marguerite,
b 1655; s[2] 2 nov. 1705.
Charlotte, b... m 9 avril 1709, à Jean LANGLOIS, à St-Thomas[8]; s[8] 12 fevrier 1714.

(1) Dit Beaulieu.
(2) Dit Francœur.
(3) Brignon.
(4) Sergent de la compagnie d'Esglis.
(5) Voy. Davaux, vol. III, p. 253.
(6) Daneau.

1721, (21 avril) Montréal.
I.—LAPLANTE (1), THOMAS-BONAVENTURE, b 1696; fils de Thomas et de Marie LaTissonnière, de St-Hilaire, diocèse de Poitiers, Poitou.
BARBAU, Marie, [FRANÇOIS I.
b 1699.
Ursule, b... m 11 janvier 1745, à Charles LEBLANC, au Sault-au-Recollet.[7] —*Jean-Baptiste*, b... m 12 janvier 1756, à Marie-Catherine GROTON, à St-Laurent, M.—*Michel*, b 1727; m[7] 10 janvier 1757, à Marie MARTINEAU.—*Marie-Joseph*, b 1734; m[7] 19 nov. 1754, à Michel RÉAUME.

I.—LAPLANTE, LOUIS, b 1694; s 14 nov. 1722, à Ste-Famille, I. O.

LAPLANTE, JOSEPH, b 1733; s 30 août 1793, au Détroit.

1756, (12 janvier) St-Laurent, M.[9]
II.—LAPLANTE, J.-BTE. [THS-BONAVENTURE I.
GROTON, Marie-Catherine. [DOMINIQUE II.
Jean-Baptiste, b[9] 29 sept. 1756.—*Marie-Marguerite*, b[9] 20 février 1759.—*Jean-Louis*, b[9] 22 mai 1761.

1757, (10 janvier) Sault-au-Récollet.
II.—LAPLANTE, MICHEL, [THS-BONAVENTURE I.
b 1727.
MARTINEAU (2), Marie, [PIERRE III.
b 1736.
Marie-Marguerite, b 20 oct. 1759, à St-Laurent, M.

1758, (11 avril) Nicolet.[7]
I.—LAPLANTE, JOSEPH, fils de Jean-Baptiste et de Marguerite Lacotte, d'Angoulême, Angoumois.
COLTRET, Marie-Louise, [PIERRE II.
b 1731; veuve d'Ignace Daniau.
Marie-Anne, b[7] 22 janvier 1759; m[7] 7 nov. 1774, à Jean-Baptiste MARCOT.—*Joseph*, b... m[7] 26 fevrier 1781, à Cécile BOUDROT.—*Marie-Antoinette*, b... m[7] 21 juillet 1783, à François CLOUTIER.—*Marguerite*, b... m[7] 22 oct. 1787, à Jean-Baptiste DUMAS.—*Marie-Joseph*, b... m[7] 7 janvier 1789, à François DESHAIES.

1781, (26 fevrier) Nicolet.
II.—LAPLANTE, JOSEPH. [JOSEPH I.
BOUDROT (3), Cecile. [ATHANASE I.

LAPLUME.—Voy. DUBRAY — LAISNÉ—MIGLET—MOREAU.

LAPOINTE.—Voy. AUDET — CLÉMENT — DESAUTELS—GAUDARD et GODARD—MAURICE—PALATIN — ROBIN — SIMON — ST-GEORGES—TOUSIGNAN.

(1) Dit Champagne.
(2) Elle épouse, le 28 nov. 1760, Antoine Lebeau, à St-Laurent, M.
(3) Voy. Boudreau.

1710, (12 nov.) St-Laurent, I. O.
II.—LAPOINTE (1), INNOCENT, [NICOLAS I.
b 1689.
LEMELIN, Geneviève. [LOUIS II.
Louis, b 11 août 1711, à St-Jean, I. O.; m 21 avril 1732, à Madeleine SIMARD, à Ste-Anne[2]; s[2] 6 avril 1733.

1725, (5 nov.) St-Jean, I. O.[1]
III.—LAPOINTE (2), JOSEPH. [PIERRE II.
1° JAHAN, Marie-Charlotte, [JACQUES II.
b 1709.
1740, (22 février).[1]
2° TERRIEN, Marie-Anne, [BARTHÉLEMI II.
b 1722; s 28 déc. 1759, à Deschambault.
Barthélemi, b[1] 2 mars 1741; m 1765, à Madeleine TREMBLAY. — *Gabriel*, b 24 oct. 1748, à St-François, I. O.

1726, (20 août) Sorel.
III.—LAPOINTE (3), MICHEL, [JOSEPH II.
b 1701.
BERGERON, Louise-Catherine, [JACQUES II.
b 1708.
Joseph, b... s 8 mai 1733, à Lavaltrie. — *Gaspard*, b... m 10 février 1772, à Marie-Anne GOSSELIN, à St-Michel-d'Yamaska.

LAPOINTE, MICHEL.
LEMAY, Catherine.
Joseph, b... m 4 mai 1751, à Marguerite MACÉ, au Cap-de-la-Madeleine[5]; s[5] 3 sept. 1762.

1732, (21 avril) Ste-Anne.[3]
III.—LAPOINTE (4), LOUIS, [INNOCENT II.
b 1711; s[1] 6 avril 1733.
SIMARD (5), Madeleine, [PIERRE II.
veuve de Jean Boivin.
Félicité, b[1] 23 janvier 1733; m[1] 31 janvier 1752, à Joseph BOIVIN.

LAPOINTE, ANTOINE.
TERRIEN, Marie.
Angélique, b 1736; s 27 déc. 1760, à St-Charles.

1736, (19 nov.) St-Laurent, I. O.[2]
III.—LAPOINTE (6), FRANÇOIS, [FRANÇOIS II.
b 1710.
1° BAILLARGEON, Madeleine, [JEAN III.
b 1716; s[2] 3 août 1761.
Geneviève, b[2] 14 oct. 1758, s 27 août 1759, à Charlesbourg.

LAPOINTE, LOUIS.
MOREAU, Geneviève,
b 1722; s 13 sept. 1767, à Terrebonne.[4]

(1) Voy. aussi Audet, vol. II, p. 74.
(2) Voy. Audet, vol. II, pp. 74 et 75.
(3) Voy. Desautels, vol. III, p. 360.
(4) Et Audet.
(5) Elle épouse, le 11 janvier 1734, Jean-Baptiste Malbeuf, à Ste-Anne.
(6) Voy. Audet, vol. II, p. 75.

Marie-Geneviève, b... m[4] 29 sept. 1766, à Pierre ROUX. — *Marie-Angélique*, b... m[4] 29 sept. 1766, à Etienne ROBIN. — *Marie-Louise*, b... m[4] 13 août 1770, à Gérard REGIMBAL.

1744, (9 nov.) Laprairie.
III.—LAPOINTE (1), JOSEPH. [INNOCENT II.
HERTEAU (2), Marie-Suzanne, [JACQUES I.
b 1725.
Marie-Charlotte, b 1753; s 13 mars 1754, à St-Constant.[2] — *Joseph*, b[2] 27 août 1755.

1749, (18 août) St-Laurent, I. O.
III.—LAPOINTE (1), PIERRE, [FRANÇOIS II.
b 1725.
MAILLY, Françoise. [FRANÇOIS I.
Marie-Françoise, b 19 mars 1751, à St-Charles.[7] — *Pierre*, b[7] 27 février 1753.

1751, (4 mai) Cap-de-la-Madeleine.[2]
LAPOINTE, JOSEPH, [MICHEL.
s[2] 3 sept. 1762.
MACÉ (3), Marguerite. [JEAN-BTE II.
Anonyme, b[2] et s[2] 9 juillet 1752. — *Jean-Baptiste*, b[2] 14 août 1758.

1752, (17 avril) Boucherville.[3]
III.—LAPOINTE (1), JOSEPH. [JOACHIM II.
1° CHARBONNEAU, Marie-Anne, [JACQUES III.
b 1726; s 9 oct. 1754, à Longueuil.[4]
Joseph, b[4] et s[4] 22 sept. 1754.
1757, (24 janvier).[3]
2° CHARLES-FRANÇOIS, Angélique. [JOSEPH III.
Marguerite, b[4] 14 oct. 1761.

LAPOINTE, IGNACE.
LEMAY, Angélique.
Antoine, b 1752; s 16 juillet 1761, à Yamachiche.

1753.
LAPOINTE, (4) JEAN.
DALERET, Marie-Joseph, [MARTIN I.
b 1728; s 4 mars 1763, à Québec.
Joseph, b 1754; s 21 mai 1757, à St-Charles.[2] — *Louis*, b[2] 12 mars 1757.

1753, (8 janvier) St-Michel.
III.—LAPOINTE (1), GABRIEL. [JOSEPH II.
HAUTBOIS, Marie-Félicité, [CHARLES II.
b 1732.
Joseph-Marie, b 5 oct. 1753, à St-Valier.[7] — *Gabriel-François*, b[7] 15 et s[7] 28 nov. 1755. — *Marie-Félicité*, b[7] 9 déc. 1756. — *Jean-Gabriel*, b[7] 27 juin 1758. — *Pierre*, b[7] 3 oct. 1760.

(1) Voy. Audet, vol. II, p. 76.
(2) Dit St. Pierre.
(3) Appelée Baumier, 1752.
(4) Voy. Audet, vol. II, p. 77.

I.—LAPOINTE (1), Augustin.

1756, (16 février) St-Jean, I. O.
IV.—LAPOINTE, Joseph. [Joseph III.
Tiberge, Marguerite, [Jean-François III.
b 1733.
Jean-Baptiste, b 27 août 1772, à St-François, I. O.

LAPOINTE, Pierre.
Rondeau, Geneviève.
Marie-Jeanne, b 28 mars 1756, à Rimouski.

LAPOINTE, Antoine.
Payment, Barbe,
b 1733; s 22 juillet 1771, à Terrebonne.

LAPOINTE, Joseph.
Augé, Geneviève,
b 1737; s 17 oct. 1766, à Yamachiche.

1765.
IV.—LAPOINTE, Barthélemi, [Joseph III.
b 1741.
Tremblay, Madeleine.
Barthélemi-Pantaléon, b 27 juillet 1766, à la Baie-St-Paul.[2] — *Pierre*, b 22 fevrier 1768, à l'Ile-aux-Coudres.[3] — *Marie-Madeleine*, b [2] 25 août 1770. — *Marie-Anne*, b [3] 30 août 1771. — *Louis*, b [3] 13 avril et s [3] 5 mai 1774. — *Louis-Marie*, b [3] 21 juillet 1775. — *Guillaume*, b [3] 14 juin 1777.—*Jean-Baptiste*, b [3] 2 août et s [3] 27 oct. 1778.—*Ursule*, b 3 juillet 1785, aux Eboulements.

LAPOINTE (2), Pierre.
Fauvel, Marie-Joseph.
Pierre, né 27 juin et b 12 juillet 1770, au Detroit.[2] — *Amable*, b [2] 18 août 1771.

LAPOINTE, Jean-Baptiste.
Goyau, Marie-Catherine.
Marguerite, b... m 27 sept. 1790, à Jean-Baptiste Rhault, au Détroit.

1772, (10 février) St-Michel-d'Yamaska.
IV.—LAPOINTE, Gaspard. [Michel III.
Gosselin, Marie-Anne, [Joseph II.
b 1755.

LAPOINTE (3), Louis.
Henri, Marie-Françoise.
Jean, b 7 oct. 1773, à Lachenaye.

LAPOMERAIS.—Voy. Robert, 1719.

LAPOMMERAYE.—Voy. Robert.

LAPORTE.—*Variation et surnoms:* De la Porte —Desilets — De St. Georges— Labonté— L'Allouette—Richelieu—St. Georges.

(1) Habitant de la Côte St-Michel, guéri de la fièvre par les reliques du Père François Regis. Voy. Louis-Michel Duhemme.

(2) Habitant la coulée des Renards.

(3) Dit St. Georges.

1657, (3 sept.) Montréal.[7]
I.—LAPORTE (1), Jacques,
b 1626.
Duchesne, Nicole,
b 1636.
Paul, b [7] 15 avril 1659; 1° m 24 février 1688, à Marie Lussier, à Boucherville[8]; 2° m [7] 25 juillet 1695, à Marguerite Matou.—*Georges*, b [8] 23 avril 1662; m à Madeleine Guertin; s [8] 20 août 1693 —*Jean*, b 6 fevrier 1674, à Sorel[9]; m à Marie-Angélique Lescarbot.—*Pierre*, b [9] 24 mai 1678; 1° m [7] 27 juillet 1703, à Marie-Anne Jean; 2° m à Marie-Antoinette Cusson; s 6 sept. 1751, à Lavaltrie.

1687, (9 janvier) Contrecœur.
II.—LAPORTE (2), Jacques, [Jacques I.
b 1665.
Paviot (3), Madeleine, [Jacques I.
b 1671; s 15 août 1750, à St-Antoine-de-Chambly.
François, b... m 21 juin 1721, à Marie-Louise Chedevergue, à Becancour.— *Marie-Madeleine*, b 14 dec. 1707, à Verchères.

1688, (24 fevrier) Boucherville.[6]
II.—LAPORTE (4), Paul, [Jacques I.
b 1659.
1° Lussier, Marie, [Jacques I
b 1671; s [6] 21 mai 1695.
Marie, b [6] 25 janvier 1689; m [6] 22 sept. 1706, à Nicolas Gladius.—*Angelique*, b [6] 28 janvier 1691; m [6] 20 nov. 1713, à Léonard Jusseau—*Paul*, b [6] 2 avril 1695; m [6] 3 février 1718, à Catherine Savary.

1695, (25 juillet) Montréal.
2° Matou, Marguerite, [Philippe I.
b 1678.
Joseph, b [6] 27 fevrier 1699; m [6] 16 août 1730, à Agathe Bau.—*Pierre*, b [6] 6 janvier 1701; 1° m 24 janvier 1735, à Marie-Anne Longtin, à Laprairie[7]; 2° m [7] 6 février 1747, à Marie-Catherine Dupuis; s 26 avril 1762, à St-Philippe. — *Denis*, b... 1° m à Marie Macé; 2° m 27 oct. 1749, à Marie-Anne Dubois, à Chambly[8]; 3° m [8] 9 janvier 1758, à Marie-Louise Maillot.— *Angélique*, b... m [6] 26 août 1733, à Joseph Reguindeau.—*Jean-Baptiste*, b... 1° m [6] 5 mai 1737, à Marie-Joseph Véronneau; 2° m [6] 9 avril 1741, à Marie-Anne Audet.—*Gabriel*, b [6] 9 avril 1717.—*Marie-Joseph*, b [6] 22 juin 1719; 1° m [7] 5 juillet 1736, à Charles Dupuy; 2° m 17 avril 1752, à Pierre Lemay, à St-Constant.

II.—LAPORTE (5), Georges, [Jacques I.
b 1662; s 20 août 1693, à Boucherville.[4]
Guertin, Madeleine. [Louis I.
Pierre, b [4] 11 mars 1692; m [4] 10 juillet 1712, à Madeleine Viger.

(1) Voy. vol. I, pp. 170-347 et vol. III, p. 293.

(2) Dit Labonte, voy. vol. I, p. 170 et vol. III, p. 294.

(3) Dit Daniau—Panis.

(4) Et De la Porte dit St. Georges, voy. vol. I, pp. 170-348.

(5) Voy. vol. I, p. 343.

1703, (27 juillet) Montréal.

II.—LAPORTE (1), PIERRE, [JACQUES I.
b 1678, s 6 sept. 1751, à Lavaltrie. [7]
1° JEAN (2), Marie-Anne, [FRANÇOIS I.
b 1688.
Nicolas, b... 1° m à Marie-Rose MOUSSEAU; 2° m à Marie-Jeanne CADERON; 3° m [7] 19 août 1748, à Angelique PILOTE. — *Marguerite*, b 14 juin 1711, à Repentigny. [6] —*Antoine*, b [8] 14 mars 1713; 1° m 1737, à Madeleine CADERON-ST. PIERRE; 2° m 13 juin 1753, à Marie-Louise SOULANGES, à Sorel.
2° CUSSON, Marie-Antoinette, [NICOLAS-CHS II.
b 1709; s [7] 3 août 1758.
Marguerite, b... m [7] 16 oct. 1752, à François BOURDON.— *Marie-Anne*, b... m [7] 18 oct. 1756, à Pierre CODERRE.—*Joseph*, b [7] 19 janvier et s [7] 5 mars 1744. — *Marie-Louise*, b [7] 6 juillet et s [7] 4 août 1745.— *Louis*, b [7] 23 avril 1748; m [8] 2 août 1773, à Marie-Angélique GAUTIER. — *Marie-Suzanne*, b [7] 8 et s [7] 21 août 1750.

1707, (2 mai) St-François, I. J. [8]

I.—LAPORTE (3), PIERRE, fils de Jean et de Jeanne Minet, de St-Georges, diocèse de Périgueux, Perigord.
FOURNIER, Madeleine, [GUILLAUME I.
b 1675.
Joseph-Cécille, b [8] 23 nov. 1707; m [8] 24 janvier 1735, à Angélique NADON.—*Marie-Madeleine*, b [8] 12 janvier 1709; m 1729, à Louis DEVAUX.—*Pierre*, b [8] 12 déc. 1712; m [8] 11 janvier 1740, à Suzanne LABELLE. — *Hélène*, b [8] 29 juillet 1716; m [8] 16 mai 1740, à Jacques FILIATREAU; s 19 nov. 1761, à Ste-Rose.

LAPORTE (4), LOUIS.
MASSEAU (5), Madeleine, [JEAN I.
s 9 juillet 1713, à Repentigny. [9]
Marie-Joseph, b [9] 20 oct. 1710.

1712, (10 janvier) Repentigny. [1]

III.—LAPORTE, JOSEPH, [GEORGES II.
b 1690.
CAZAVAN (6), Marie-Anne. [JEAN I.
Marie-Joseph, b [1] 25 oct. 1712; s 15 janvier 1717, à Boucherville. [2] —*Joseph*, b [1] 25 nov. 1713; m 29 fevrier 1740, à Therèse REGNIER, à Montréal. [3] —*Marie-Marguerite*, b [2] 3 mars 1718; m [3] 24 oct. 1740, à François LECOMPTE; s 14 mars 1802, à l'Hôpital-General, M.—*Marguerite-Thérèse*, b [2] 29 dec. 1719; s [2] 1er mai 1720.—*Marie-Anne*, b [2] 19 janvier 1721; m 2 juillet 1742, à Jacques LEDOUX, à Varennes.—*Jacques*, b [2] 4 et s [2] 12 juin 1722.—*Jean-Baptiste*, b [2] 26 juin 1723; 1° m à Marie-Madeleine CUSSON; 2° m [1] 27 fevrier 1775, à Cecile ARCHAMBAULT.—*Françoise*, b [2] 30 sept. et s [2] 8 oct. 1724.—*François*, b [2] 15 janvier et s [2] 2 mars 1726.

(1) Dit St. Georges.
(2) Et Jean-Han dit Lachaussée—Appelée aussi Parant—Arcan.
(3) Dit St. Georges, 1707.
(4) Et De la Porte, voy. vol. I, p. 170.
(5) Et Mazot.
(6) Dit Ladébauche.

1712, (10 juillet) Boucherville. [4]

III.—LAPORTE, PIERRE, [GEORGES II.
b 1692.
VIGER, Madeleine, [DÉSIRÉ I.
b 1683.
Marie-Madeleine, b... m [4] 26 janvier 1733, à Joseph ROBERT.—*Anonyme*, b [4] et s [4] 12 sept. 1717.—*Marie-Véronique*, b [4] 29 janvier 1719; m [4] 1er juillet 1736, à Pierre GAUTIER.

1718, (3 fevrier) Boucherville. [5]

III.—LAPORTE, PAUL, [PAUL II.
b 1695.
SAVARY, Catherine, [FRANÇOIS I.
b 1690; veuve de Louis Arnaud.
Marie-Anne, b [5] 20 nov. 1718.—*Joseph*, b... m 28 oct. 1754, à Louise COULON, à Chambly.

II.—LAPORTE, JEAN, [JACQUES I.
b 1674.
LESCARBOT (1), Marie-Angélique, [JEAN I.
b 1704; s 29 janvier 1740, à Montréal.
Agathe, b... m 3 nov. 1744, à Antoine BOISJOLY, à Lavaltrie. [6] —*Jean-Baptiste*, b... m [6] 26 janvier 1750, à Marie-Louise PROVOST.—*Marie-Louise*, b... m [6] 9 nov. 1752, à Jean-Baptiste RICHARD.

1720, (9 avril) Repentigny. [7]

I.—LAPORTE, JEAN, fils de Pierre et de Catherine Thomas, de St-Surin, diocèse de Bordeaux.
DESMARÈS, Jeanne, [ROBERT I.
b 1683; veuve de Jean-Baptiste LeRiche.
Marie-Anne, b [7] 28 mars 1721. — *Marie-Joseph*, b [7] 17 et s [7] 23 août 1726.

III.—LAPORTE, DENIS. [PAUL II.
1° MACÉ, Marie,
s 23 août 1746, à Chambly. [9]
Marie-Amable, b... m [9] 9 nov. 1750, à Louis PARANT.—*Marie-Angélique*, b... m [9] 1er oct. 1753, à Jean-Baptiste ROBERT.—*Marie-Charlotte*, b... m [9] 13 janvier 1759, à Charles DESROCHES.—*Joseph*, b... m [9] 12 janvier 1761, à Pelagie CLAVEAU.

1749, (27 oct.) [9]

2° DUBOIS, Marie-Anne-Catherine, [CLÉMENT II.
b 1701; veuve de Pierre Blanchet; s [9] 17 avril 1757.

1758, (9 janvier). [9]

3° MAILLOT, Marie-Louise, [JEAN I.
veuve de Michel Macé.

1721, (21 juin) Becancour.

III.—LAPORTE, FRANÇOIS. [JACQUES II.
CHEDEVERGUE, Marie-Louise, [LOUIS I.
b 1695.
Marie-Louise, b 12 février 1725, à St-Ours. [1] —*Marie-Agathe*, b [1] 10 mars 1726; m 12 sept. 1763, à Joseph MÉNARD, à St-Antoine-de-Chambly.—*Marguerite*, b... m 8 fevrier 1751, à Louis LAMOUREUX, à Chambly. [2] — *Louis* (2), b 1731; s [2] 22 avril 1751.

(1) Et Lescabeau.
(2) Mort dans le bois, au Lac Champlain.

I.—LAPORTE, JEAN-BTE, b 1695 ; fils de Pierre et de Catherine Thomas, de St-Surin, Bordeaux.
1° ADHÉMAR, Elisabeth, [ANTOINE I. veuve de Jean-Baptiste LeRiche.
1738, (3 oct.) Montréal.
2° DESFORGES, Madeleine-Françoise, [JEAN I. b 1707.

1727, (25 janvier) Québec. [9]

I.—LAPORTE, MICHEL, b 1698; bourgeois; fils de Charles et de ...., de Notre-Dame-de-Rochefort, LaRochelle, Aunis; s [9] 27 juin 1763.
1° GIRARD, Catherine, [JOACHIM I. b 1704 ; s [9] 7 août 1747.
Angélique, b [9] 10 mars 1728 ; m [9] 11 avril 1747, à Louis BAZERT.—*Marie-Joseph*, b [9] 6 oct. 1729 ; m 2 février 1761, à Antoine-Amable RIVARD, à Batiscan.—*Marie-Catherine*, b [9] 27 sept. 1730 ; m [9] 6 oct. 1755, à Julien FLAUX.—*Jean-Baptiste*, b [9] 8 avril 1732 ; s [9] 17 mars 1733.—*Marie-Elisabeth*, b [9] 14 avril et s [9] 14 mai 1733.—*Michel-Thomas*, b [9] 12 oct. 1734.—*Cyrille*, b [9] 12 juillet 1736.—*Charles-Michel*, b [9] 17 oct. 1737 ; s [9] 10 juin 1741.—*Marie-Françoise*, b 1738 ; s [9] 9 nov. 1741.—*Henri-Marie*, b [9] 10 juin 1739.—*Marie-Joseph*, b [9] 21 sept. 1740.—*Reine*, b [9] 20 nov. 1741.—*Louis*, b [9] 21 fevrier 1743.
1749, (25 nov.) [9]
2° JOIGNIER, Louise, [JACQUES I. b 1714.
Marie-Louise, b [9] 25 août 1751.—*Geneviève*, b [9] 1er oct. 1752.—*Joseph-Nicolas*, b [9] 26 août 1754.

III.—LAPORTE (1), NICOLAS. [PIERRE II.
1° MOUSSEAU, Marie-Rose.
Marie-Anne, b... m 21 nov. 1747, à Louis LAURENCE, à Lavaltrie. [5]—*Jean-Baptiste*, b... 1° m [5] 25 nov. 1754, à Marie-Thérèse LAURENCE ; 2° m [5] 11 août 1760, à Marie-Joseph RIEL.
2° CADERON, Jeanne, s [5] 27 avril 1748.
Marie-Pierre, b [5] 6 avril 1738.—*Marie-Antoinette*, b... m [5] 8 avril 1755, à Pierre GUINARD.—*Françoise-Antoinette*, b... m [5] 20 nov. 1758, à Antoine VADENAIS.—*Marie-Judith*, b [5] 20 oct. 1741 ; s [5] 1er janvier 1745.—*Jacques*, b... s [5] 24 nov. 1744.—*Angélique-Amable*, b [5] 15 avril 1744.—*Marie-Judith*, b [5] 15 juin 1745.—*Marie-Joseph*, b [5] 9 mars et s [5] 27 avril 1747.—*Marie-Félicité*, b [5] 27 avril et s [5] 18 mai 1748.—*Marie-Louise*, b [5] 27 avril et s [5] 1er juin 1748.
1748, (19 août). [5]
3° PILOTE, Angelique, [JEAN III. b 1718.
Marie-Amable, b [5] 5 juin 1749.—*Louis*, b [5] 11 sept. 1751.—*Marie-Archange*, b [5] 2 juin 1753.—*Joseph*, b [5] 25 juillet 1754.—*Jean-Baptiste*, b [5] 13 et s [5] 24 dec. 1757.—*Marie-Joseph*, b [5] 4 mars 1759.

(1) De St. Georges.

1730, (16 août) Boucherville. [6]

III.—LAPORTE, JOSEPH, [PAUL II. b 1699.
BAU (1), Agathe, [LOUIS II. b 1706.
Agathe, b... 1° m [6] 2 février 1750, à Pierre LABELLE; 2° m [6] 3 fevrier 1755, à François BRAZEAU.—*Angélique*, b... m [6] 17 nov. 1766, à Pierre PEPIN.—*Noel*, b... m [6] 20 nov. 1769, à Charlotte CARPENTIER.

1735, (24 janvier) St-François, I. J. [7]

II.—LAPORTE, JOSEPH-CÉCILLE, [PIERRE I. b 1707.
NADON, Angélique, [PIERRE I. b 1713.
Pierre-Amable, b [7] 19 nov. 1735 ; s [7] 3 février 1740.—*Marie-Joseph*, b 19 mai 1737, au Sault-au-Recollet.—*Marie-Angélique*, b [7] 15 mars 1739.

I.—LAPORTE (2), GUILLAUME, b 1733 ; s 1er nov. 1758, à Contrecœur.

1735, (24 janvier) Laprairie. [4]

III.—LAPORTE, PIERRE, [PAUL II. b 1701 ; s 26 avril 1762, à St-Philippe [5]
1° LONGTIN, Marie-Anne, [JÉROME I. b 1714; s [4] 17 nov. 1744.
Marie-Anne, b [4] 29 juillet 1736 ; s [4] 6 fevrier 1743.—*Jean-Baptiste*, b [4] 11 mars 1738 ; s [4] 22 mars 1741.—*Pierre*, b [4] 13 mars 1740.—*Laurent*, b [4] 9 et s [4] 13 dec. 1742.—*Monique*, b [4] 13 juin 1744.
1747, (6 février). [4]
2° DUPUY, Marie-Charlotte, [MOISE II. b 1712; s [5] 31 janvier 1767.

1737, (5 mai) Boucherville. [6]

III.—LAPORTE, JEAN-BTE. [PAUL II.
1° VÉRONNEAU, Marie-Joseph. [JOSEPH II.
1741, (9 avril). [6]
2° AUDET, Marie-Anne-Madeleine, [JOACHIM II. b 1723.
Marie-Joseph, b 16 sept. 1751, à St-Antoine-de-Chambly [7] ; s 6 sept. 1812, à l'Hôpital-General, M.—*François*, b [7] 21 juillet 1753.—*Jean*, b [7] 18 mai 1759.

1737.

III.—LAPORTE (3), ANTOINE, [PIERRE II. b 1713.
1° CADERON (4), Madeleine, s 30 oct. 1751, à Lavaltrie. [9]
Jean-Baptiste, b [9] 13 fevrier 1738.—*Joseph*, b... s [9] 14 dec. 1740.—*Joseph*, b [9] 19 mars 1741.—*Madeleine*, b... s [9] 29 janvier 1742.—*Antoine*, b... s [9] 30 janvier 1742.—*Marie-Isabelle*, b [9] 24 juin 1743.—*Marie-Thérèse*, b [9] 26 juillet 1745.—*Gaspard-Antoine*, b [9] 2 oct. et s [9] 1er nov. 1747—*Joseph*, b [9] 25 janvier et s [9] 15 juillet 1749.—

(1) Et Lebeau.

(2) Soldat de la compagnie de Courtemanche, décédé dans le bateau revenant de Carillon.

(3) Dit St. Georges.

(4) Dit St. Pierre.

Marie-Anne, b [9] 26 mai et s [9] 20 sept. 1750.—*Anonyme*, b [9] et s [9] 11 sept. 1751.

1753, (13 juin) Sorel.

2° SOULANGES (1), Marie-Louise. [JEAN-BTE I.
Marie-Louise, b [9] 30 juin 1754.— *Marie-Catherine*, b [9] 20 juillet 1755. — *Pierre-Antoine*, b [9] 17 fevrier 1757.—*Marie-Bergitte*, b [9] 26 avril 1758.—*Louis-Henri*, b [9] 4 déc. 1759; s [9] 15 août 1760.

1740, (11 janvier) St-François, I. J.

II.—LAPORTE, PIERRE, [PIERRE I.
b 1712.
LABELLE, Suzanne, [CHARLES II.
b 1715; s 12 juillet 1756, à St-Vincent-de-Paul. [4]
Pierre-Amable, b [4] 22 oct. 1746.—*Marie-Joseph*, b [4] 25 mars et s [4] 10 juillet 1749.—*Ignace*, b [4] 13 sept. 1750.—*Marie*, b 1752; s [4] 16 nov. 1753.—*Marie-Louise*, b [4] 15 sept. 1754.

1740, (29 fevrier) Montréal.

IV.—LAPORTE, JOSEPH, [JOSEPH III.
b 1713.
RÉGNIER (2), Thérèse, [PIERRE-HENRI I.
b 1722.

LAPORTE, JEAN-BTE.
LEBEAU, Véronique.
Marie-Joseph, b 26 mars et s 13 avril 1746, à Chambly. — *Marie-Ursule*, b 13 dec. 1750, à St-Ours [1]; s [1] 20 janvier 1751.

LAPORTE, JEAN.
GUERTIN, Charlotte.
Pierre, b 29 mars et s 5 août 1746, à Lavaltrie.[3] —*Marie-Geneviève*, b [3] 10 sept. 1749.—*Marie-Cécile*, b... s [3] 22 janvier 1752.—*Antoine-Sulpice*, b [3] 12 juin 1753.—*Charles*, b [3] 4 nov. 1755.

LAPORTE, JEAN-BTE.
BESSET, Jeanne.
Jean-Baptiste, b 4 juillet 1747, à Chambly.

1749, (23 juin) Pte-aux-Trembles, M.

I.—LAPORTE (3), JEAN, b 1728; fils de Jean et de Marie Coville, de St-Jacques-du-Haut-Pas, Paris.
MONET, Marie-Louise, [JEAN-BTE II.
b 1728.
Jean-Baptiste, b 3 mars 1750, à Montréal.

IV.—LAPORTE (4), JEAN-BTE, [JOSEPH III.
b 1723.
1° CUSSON, Marie-Madeleine,
s 8 janvier 1775, à Repentigny. [4]
Marie-Joseph, b... m [4] 14 nov, 1768, à Jacques LÉVÊQUE.—*Jean-Baptiste*, b 1751; m [4] 18 nov. 1771, à Marie-Archange LORION.

(1) Dit Desrosiers.

(2) Elle épouse, le 6 sept. 1745, Hugues Delage, à Montréal.

(3) Dit Richelieu, soldat de la compagnie de Lacorne.

(4) Dit L'allouette. Sa grand'mère, Madeleine Guertin, avait épousé en secondes noces René Bau dit L'allouette; de là probablement lui est venu le surnom "L'allouette."

1775, (27 février). [4]

2° ARCHAMBAULT, Cécile, [ANDRÉ III.
veuve de Jean-Baptiste Lévêque.

1750, (26 janvier) Lavaltrie.

III.—LAPORTE, JEAN-BTE. [JEAN II.
PROVOST, Marie-Louise. [JOSEPH III.

LAPORTE (1), PIERRE.
CHARBONNEAU, Angelique.
Pierre-Sulpice, b 20 dec. 1752, à Lavaltrie. [5]—*Marie-Louise*, b [5] 14 avril 1755.—*Laurent-Sulpice*, b [5] 14 et s [5] 23 mars 1757.—*François*, b [5] 19 nov. 1759.

1754, (28 oct.) Chambly. [6]

IV.—LAPORTE, JOSEPH. [PAUL III.
COULON, Louise. [FRANÇOIS III.
Marie-Françoise, b [6] 26 mars 1760.

1754, (25 nov.) Lavaltrie. [7]

IV.—LAPORTE (1), JEAN-BTE. [NICOLAS III.
1° LAURENCE, Marie-Therèse, [CLAUDE III.
b 1738; s [7] 1er mars 1760.
Anonyme, b [7] et s [7] 13 déc. 1755.—*Marie-Agathe*, b [7] 8 février 1758.—*Marie-Ursule*, b [7] 2 fevrier et s [7] 29 juillet 1760.

1760, (11 août). [7]

2° RIEL, Marie-Joseph, [JACQUES II.
b 1738.

LAPORTE, JEAN-BTE.
HUNAUT, Marie-Anne, [JEAN-BTE III.
b 1726.
Pierre, b 1756; s 22 juillet 1773, à Repentigny.

LAPORTE, PIERRE.
PATENOTE, Ursule,
b 1740; s 22 avril 1770, à St-Constant.

1760, (5 fevrier) St-Ours.

LAPORTE, FRANÇOIS.
MOREAU, Marie-Louise. [IGNACE-FRS III.

1761, (12 janvier) Chambly.

IV.—LAPORTE, JOSEPH. [DENIS III.
CLAVEAU, Pelagie. [JOSEPH I.

1769, (20 nov.) Boucherville.

IV.—LAPORTE, NOEL. [JOSEPH III.
CARPENTIER, Charlotte. [CHARLES I.

1771, (18 nov.) Repentigny. [8]

V.—LAPORTE (2), JEAN-BTE, [JEAN-BTE IV.
b 1751.
LORION, Marie-Archange, [PIERRE III.
b 1753.
Joseph, b [8] 28 fevrier 1773.—*Marie-Archange*, b [8] 10 juin 1774; s [8] 1er avril 1775.

(1) Dit St. Georges.

(2) Dit L'allouette.

1773, (2 août) Repentigny.
III.—LAPORTE, Louis, [Pierre II.
b 1748.
Gautier, Marie-Angélique. [Charles III.

LAPORTE, Antoine.
Champou (1), Marie-Angélique.
Jean-Baptiste, b et s 16 août 1777, à Repentigny.[9] — *Marie-Louise,* b[9] et s[9] 14 juillet 1779.—*Marie-Charlotte,* b[9] et s[9] 23 sept. 1780.—*Marie-Louise,* b[9] et s[9] 20 juin 1782.—*Ambroise,* b[9] 25 mars 1790.

LAPORTE, Michel.
Brunet, Geneviève.
Jean-Baptiste, b 18 nov. 1785, à Québec.

LAPORTE, Charles.
Goulet, Marie.
Louis-Marie, b 3 mars 1785, à Lachenaye.

LAPPARRE.—Voy. La Parre.

LAPRADE.—Voy. Rigealle—Régeas.

LAPRAIRIE. — Voy. Beauchamp — David — Etienne — Fore — Giraudot — Lefort — Lejeune—Mériault—Piédalu—Rousselot.

I.—LAPRAIRIE, André, b 1677; soldat; s 6 dec. 1712, à Montreal.

1730.
I.—LAPRAIRIE, Jean.
Gagné, Marie, [Pierre II.
b 1699; s 9 juin 1779, à Québec.

1753.
II.—LAPRAIRIE (2), François-Ls, [François I.
b 1718.
Laberge, Françoise, [Pierre III.
b 1727.
Pierre, b... m 11 oct. 1779, à Catherine Beauchamp, à Lachenaye.

1779, (11 oct.) Lachenaye.
III.—LAPRAIRIE (3), Pierre. [François-Ls II.
Beauchamp, Catherine, [Barthélemi III.
b 1752.

LAPRÉE.—Voy. Petit.

I.—LAPRISE.—Voy. Dagneau—Drouillard.

I.—LAPRISE, Charles.
Daniau, Françoise.
Augustin, b... m 6 août 1734, à Catherine Valade, au Bout-de-l'Ile, M.

(1) Dit Fagnan, 1780.
(2) Voy. Beauchamp, vol II, p. 168.
(3) Dit Beauchamp.

1734, (6 août) Bout-de-l'Ile, M.
II.—LAPRISE, Augustin. [Charles I.
Valade, Catherine, [Guillaume I.
b 1698; veuve de Jean Moran.

LAPRISE, Guillaume.
Lafleur, Marie-Louise.
Marie-Louise, b... m 19 oct. 1761, à Joseph Vacher, aux Trois-Rivières.

1740, (11 janvier) Beaumont.[3]
III.—LAPRISE (1), Jean, [Jean II.
b 1717; s 4 avril 1758, à Québec.
Guenet (2), Marguerite-Thérèse, [Jacques III.
b 1724.
Marie-Reine, b[3] 24 février 1746; s 17 janvier 1750, à St-Charles.[4] — *Jean,* b[3] 16 août 1747.—*Joseph,* b[3] 28 avril et s[4] 31 déc. 1749.

LAPROMENADE.—Voy. Larchevêque.

LAPRON.—Voy. Laspron.

LAQUAIR.—Voy. Laquerre.

LAQUAIRE.—Voy. Laquerre.

LAQUALITÉ.—Voy. Beauchamp.

LAQUEL.—Voy. Laniel.

LAQUERRE.—*Variations :* DeLaquerre — Laguerre—Laquair—Laquaire—Laquière.

I.—LAQUERRE (3), Jean.
Croisette, Marie,
s 30 juin 1716, à Ste-Anne-de-la-Pérade[3]
Pierre, b 1677; m[3] 5 oct. 1700, à Marie-Anne Picard; s[3] 9 fevrier 1740.

1700, (5 oct.) Ste-Anne-de-la-Pérade.[3]
II.—LAQUERRE (4), Pierre, [Jean I.
b 1677; s[3] 9 fevrier 1740.
Picard (5), Marie-Anne, [Jean I.
b 1678; s[3] 24 dec. 1749.
Jean-Baptiste, b[3] 4 janvier 1702; s[3] 6 dec. 1716.—*Pierre-Thomas,* b[3] 17 mars 1704; m[3] 21 nov. 1725, à Françoise Roy-Chatellereau.—*Joseph,* b[3] 1er mars 1706; m[3] 6 fevrier 1741, à Geneviève Baril; s[3] 28 janvier 1779.—*Joachim,* b[3] 18 mai 1708.—*Louis,* b[3] 1er mai 1710; s[3] 6 déc. 1716. — *Marie-Anne,* b[3] 5 juin 1712.—*Joachim,* b[3] 12 mars 1714.—*Marie-Anne,* b[3] 6 mai 1715; m[3] 12 juin 1741, à Antoine Charets.—*François,* b[3] 15 mai 1718; m[3] 23 nov. 1750, à Marie-Joseph Roy; s[3] 20 dec. 1761.

(1) Voy. Dagneau, vol. III, p. 219.
(2) Elle épouse, le 14 février 1763, François Greffard, à St-Michel.
(3) Voy. vol. I, p. 346.
(4) Et DeLaquerre—Laquair, 1700.
(5) Appelée Pichard, 1702.

LAQUERRE, François.
Julien, Marie.
Marguerite, b 1720; m 25 avril 1740, à François Robidou, à Laprairie.

1725, (20 nov.) Ste-Anne-de-la-Pérade. [2]
III.—LAQUERRE, Pierre-Ths, [Pierre II.
b 1704.
Roy-Chatellereau, Marie-Frse, [Edmond II.
b 1703; s [2] 5 dec. 1760.
Jean-Baptiste, b [2] 1er sept. 1726.—*Marie-Joseph*, b [2] 2 janvier 1729; s [2] 3 mars 1750. — *Pierre*, b [2] 21 mars 1731. — *Marie-Anne*, b [2] 22 oct. 1733; 1° m [2] 6 oct. 1755, à Louis-Joachim Gouin; 2° m [2] 29 oct. 1765, à Jean Dupuis.—*Louis-Joachim*, b [2] 17 avril 1736. — *Michel-François*, b [2] 7 janvier 1739; s [2] 24 oct. 1760. —*Joseph*, b [2] 3 mai 1741; m 17 août 1761, à Marie-Louise Trotier, aux Grondines. — *Marie-Françoise*, b [2] 11 sept. 1744; m [2] 6 fevrier 1764, à Alexis Ricard; s [2] 15 juillet 1776.—*Marie-Joseph*, b [2] 24 mars 1752.

1741, (6 février) Ste-Anne-de-la-Pérade. [1]
III.—LAQUERRE, Joseph, [Pierre II.
b 1706; s [1] 28 janvier 1779.
Baril (1), Geneviève, [Jean II.
b 1710.
Joseph, b [1] 12 janvier 1742; m [1] 11 février 1765, à Thérèse Roy. — *Geneviève*, b [1] 30 mars 1744; m [1] 24 fevrier 1772, à Antoine Charets.— *Marie-Françoise*, b [1] 14 août 1746; m [1] 27 oct. 1777, à Jean Demers.

1750, (23 nov.) Ste-Anne-de-la-Pérade. [3]
III—LAQUERRE, François, [Pierre II.
b 1718; s [3] 20 déc. 1761.
Roy, Marie-Joseph. [Pierre II.
Marie-Joseph, b... m [3] 8 fevrier 1773, à Louis-Joseph Perrault.—*Pierre*, b [3] 26 août 1754.

1761, (17 août) Grondines.
IV.—LAQUERRE (2), Joseph, [Pierre III.
b 1741.
Trotier, Marie-Louise.
Marie-Louise, b 1762; s 8 déc. 1765, à Ste-Anne-de-la-Pérade. [3] — *Marie-Françoise*, b [3] 9 août 1763. — *Marie-Elisabeth*, b [3] 9 mars 1766.— *Marie-Judith*, b [3] 9 oct. 1767; s [3] 2 mars 1770.— *Marie-Judith*, b [3] 9 déc. 1770.—*Marguerite*, b [3] 6 juillet 1774. — *Joseph*, b [3] 4 sept. 1776.— *Pierre-Charles*, b [3] 14 avril 1778.— *Marie-Louise*, b [3] 16 juin 1780.

1765, (11 février) Ste-Anne-de-la-Pérade. [2]
IV.—LAQUERRE, Joseph, [Joseph III.
b 1742.
Roy-Chatellereau, Thérèse, [Michel III.
b 1741.
Marie-Marguerite, b [2] 11 février 1766.—*Joseph*, b [2] 27 mars 1768; m 7 oct. 1793, à Marguerite Germain, à Deschambault.—*Marie-Thérèse*, b [2] 8 juillet 1771.—*Pierre-Patrice*, b [2] 17 mars 1776.—*Charles*, b [2] 30 nov. 1778.

(1) Dit Ducheny.
(2) Et Laquière.

1793, (7 oct.) Deschambault.
V.—LAQUERRE (1), Joseph, [Joseph IV.
b 1768.
Germain, Marguerite. [Louis-Alexis IV.

LAQUIÈRE.—Voy. Laquerre.

LARABEL.—Voy. Bluteau — Buteau — Lameunier.

I.—L'ARAGUI (2), Bertrand, b 1682; s 17 oct. 1737, à Québec.

LARAMÉE.—Voy. Adam—Ango—Aupry—Bertrand—Dehornais—Dion—Fissiau—Godfroy—Kerdorès—Lamotte—Lard—Malsoi — Marchand—Marchenot—Marchesleau—Mathieu — Mersot—Meunier — Porcher—Vialtet—Zillon.

I.—LARAMÉE, ..., b 1653; s 23 janvier 1736, à Montreal.

LARAMÉE, Jean-Bte,
b 1730; s 26 oct. 1786, à Québec.
Sylvain, Marguerite.

LARAMÉE, Joseph.
Robitaille, Therèse.
Joseph-Marie, b 26 août 1769, à Ste-Foye.

I.—LARASTIE, Bertrand, b 1693; navigateur; s 2 oct. 1756, à Québec.

LARAUE.—*Variations:* De la Raue—Laraut—Laraux—Lareau—Larue—Lavau—Lavaux.

1669, (28 oct.) Quebec. [2]
II.—LARAUE (3), François, [Jacques I.
b 1646; s [2] 30 juin 1726.
DeQuain, Anne,
b 1647; s [2] 7 février 1734.
Jean, b... m à Agnès Gagnon.

III.—LARAUE, Jean. [François II.
Gagnon, Agnès, [Jean II.
b 1688; veuve de Jean Roy; s 30 dec. 1729, à Québec.

1703, (30 avril) Québec. [4]
III.—LARAUE, François, [François II.
b 1676.
Pinguet (4), Marie-Angelique, [Pierre II.
b 1672; veuve de Pierre Bodin; s [4] 13 mai 1744.
François, b [4] 19 février 1704; m [4] 1er juillet 1754, à Marie-Angélique Liberge; s [4] 21 avril 1760.—*Guillaume*, b [4] 3 avril 1706. — *Marie-Madeleine*, b [4] 16 nov. 1708; s [4] 29 avril 1710. —

(1) Et Laquaire.
(2) Capitaine de vaisseau.
(3) Voy. Larue, vol. I, p. 351.
(4) Dit Lacanadière, 1754.

Pierre, b 4 18 juillet 1712; s 4 30 août 1757.— *Marie-Madeleine*, b 4 7 et s 4 10 fevrier 1716.— *Marie-Anne*, b 4 17 et s 4 23 janvier 1719.

1712, (1er fevrier) Québec. 5
III.—LARAUE, Noel, [François II.
b 1682; s 5 8 dec. 1718.
Pilotte, Marie-Agnès, [Jean II.
b 1680; veuve de Pierre Hédouin.
Noel, b 5 28 déc. 1712; m 22 janvier 1753, à Marie Ménard, à Chambly. 6 — *Joseph*, b 5 8 fevrier 1714; 1° m 5 3 nov. 1735, à Marie-Anne LeNormand; 2° m 6 20 janvier 1753, à Louise Lefort. — *Michel*, b 5 23 fevrier 1715; m 5 28 sept. 1739, à Geneviève Normand; s 5 23 nov. 1749.—*Jean-Baptiste*, b 5 18 mai 1716. — *Marie-Marguerite*, b 5 26 juin 1717; m 5 5 nov. 1733, à Charles Campagna.

1712, (21 nov.) Quebec. 5
III.—LARAUE, Jacques, [François II.
b 1677; s 5 24 oct. 1715.
LeGris, Marie-Françoise, [Adrien I.
b 1689; s 5 25 oct. 1714.
Louis, b 5 25 août 1713; s 5 10 oct. 1714.

1735, (3 nov.) Québec. 5
IV.—LARAUE (1), Joseph, [Noel III.
b 1714.
1° LeNormand, Marie-Anne, [Jean-Joseph II.
b 1711; s 8 oct. 1751, à Chambly. 6
Joseph-Antoine, b 5 18 mai 1738.—*Joseph*, b 5 8 déc. 1739.—*Marie-Angélique*, b 6 9 juillet 1747.— *Marie-Françoise*, b 6 7 oct. 1749.
1753, (20 janvier). 6
2° Lefort, Louise. [Jean-Bte I.
Michel, b 6 21 mai et s 6 9 août 1754.—*Marguerite*, b 6 13 février 1758. — *Marguerite*, b 6 17 et s 6 22 août 1759.—*Antoine*, b 6 7 oct. 1760.

1739, (28 sept.) Québec. 5
IV.—LARAUE, Michel, [Noel III.
b 1715; s 5 23 nov. 1749.
Normand, Geneviève, [Jean-Joseph II.
b 1719; s 5 10 mars 1750.
Michel, b 5 20 août 1741.—*Marie-Geneviève*, b 5 22 nov. 1744; s 5 3 août 1745.— *François-Michel*, b 5 10 janvier 1747; m 8 janvier 1770, à Thérèse Richaume, à Repentigny. — *Marie-Geneviève*, b 5 19 mai et s 5 6 juin 1748.—*Geneviève-Marguerite*, b 5 28 février 1750; s 5 20 avril 1751.

1741, (14 février) Ste-Foye.
III.—LARAUE, Pierre, [François II.
b 1683.
Pin, Angelique, [Jean-Bte II.
b 1692.

IV.—LARAUE, Pierre, [François III.
b 1712; s 30 août 1757, à Québec.

(1) Et Laraux.

1753, (22 janvier) Chambly. 2
IV.—LARAUE, Noel, [Noel III
b 1712.
Ménard, Marie. [Antoine III.
Marie-Geneviève, b 2 15 oct. 1753.—*Joseph*, b 2 19 janvier 1755.—*Marguerite*, b 2 27 août et s 2 9 sept. 1756.—*Michel*, b 2 29 oct. 1757. — *François*, b 2 29 janvier 1760.

1754, (1er juillet) Québec. 5
IV.—LARAUE (1), François, [François III.
b 1704; s 5 21 avril 1760.
Liberge, Marie-Angélique, [Jean-Marie II
b 1724; s 5 22 août 1798.
Louise-Thérèse, b 5 27 août 1756. — *Marie-Elisabeth*, b 5 26 nov. 1757. — *François*, b 26 sept et s 12 oct. 1759, à Lorette. — *Jean-Marie*, b 5 8 déc. 1760; m 5 22 janvier 1788, à Madeleine Marié.

1770, (8 janvier) Repentigny. 4
V.—LARAUE, François-Michel, [Michel IV.
b 1747.
Richaume (2), Marie-Thérèse. [Pierre IV
Marie-Thérèse, b 4 12 sept. 1770.—*Marie-Joseph*, b 4 13 juillet 1772.—*Michel*, b 4 25 mai 1774.

1788, (22 janvier) Québec.
V.—LARAUE, Jean-Marie, [François IV.
b 1760.
Marié, Madeleine. [Charles IV.

LARAUE, Joseph.
Richaume, Marie.
Véronique, b 1782; s 18 mai 1784, à Repentigny.

LARAUT.—Voy. Laraue.

LARAUX.—Voy. Laraue.

L'ARCHE.—Voy. L'Archevêque.

LARCHER.— *Variation et surnoms :* Larchet —Beausange—Champagne—Parisien.

1723, (27 avril) Québec. 2
I.—LARCHER (3), Jean-Bte-Benoit, maître-pâtissier; fils de Claude (officier, chef de la Bouche de Son Altesse Royale de Lorraine) et d'Anne Nicole, de la ville de Commercy, diocèse de Toul, en Lorraine.
Blain, Marie-Anne-Geneviève, [Nicolas I.
b 1705; s 2 25 janvier 1737.
Jean-Baptiste, b 2 9 fevrier et s 2 2 mars 1724. — *Marie-Angélique*, b 2 25 mars 1725; m 2 13 avril 1744, à Etienne Plantis. — *Jean-Baptiste*, b 2 28 mars et s 2 6 juillet 1726. — *Jean-Nicolas-Marie*, b 2 7 juin 1727.— *Geneviève-Charlotte*, b 2 1er juin et s 2 20 sept. 1729.— *Nicolas*, b 2 21 juillet 1730; s 5 mai 1733, à Charlesbourg. 3 —

(1) Marié Lavau.
(2) Elle épouse, le 2 oct. 1786, Joseph Noiseux, à Repentigny.
(3) Et Larchet.

Charlotte-Françoise, b [2] 8 mai 1732; 1° m 9 juin 1755, à Joseph-Marie PROU, à St-Thomas [4]; 2° m [4] 2 août 1756, à Simon DENEAU.—*Jeanne-Marie*, b [2] 25 avril 1734; s [2] 6 juillet 1747. — *Marie-Angélique*, b [2] 27 juin 1735; m [2] 7 janvier 1754, à Jean-Baptiste CHAMARD; s 5 janvier 1781, à Kamouraska.— *Joseph*, b [2] 28 déc. 1736; s [3] 26 déc. 1737.

1729, (30 août) Québec. [4]

I.—LARCHER (1), JACQUES, b 1706; fils de Jean-Baptiste et de Claudine Reviriau, de St-Jean, diocèse de Dijon, en Bourgogne; s [4] 22 mars 1779.

CHAMARD, Angélique, [PIERRE II.
née 1707; s [4] 1er sept. 1743.

Angélique-Catherine, b [4] 6 mars et s 13 mai 1730, à Charlesbourg. [5] — *Jacques-Pierre*, b [4] 30 avril et s [5] 27 oct. 1731. — *Joseph*, b [4] 29 mars et s [5] 26 mai 1732. — *Jacques*, b [4] 10 juillet 1733. — *Angélique*, b [5] 9 juillet 1734. — *Louis-Alexis*, b [4] 11 dec. 1736.—*Angélique-Elisabeth*, b [4] 4 mai 1738. — *Jacques-Barthélemi*, b [4] 24 août et s [4] 7 oct. 1739. — *Françoise*, b [4] 1er juin 1741.—*Angelique-Charlotte*, b [4] 19 juillet 1742. — *Pierre-Antoine*, b [4] 30 août et s [5] 7 sept. 1743.

LARCHET.—Voy. LARCHER.

L'ARCHEVÊQUE. — *Variations et surnoms :* L'ARCHE—LARCHE — LARCHEVÊQUE— DEFRENAIE—LAPROMENADE.

1645, (6 février) Québec. [5]

I—L'ARCHEVÊQUE (2), CLAUDE.

SIMON, Marie.

Jacques, b [5] 16 fevrier 1648; m [5] 3 juin 1669, à Madeleine LEGUAY; s 15 janvier 1727, à Montréal. — *Jean*, b [5] 13 août 1659; 1° m [5] 7 janvier 1683, à Catherine DELAUNAY; 2° m [5] 24 avril 1718, à Marie CARTIER; s [5] 19 avril 1745.

1665, (7 sept.) Québec. [6]

II.—L'ARCHEVÊQUE (2), JEAN, [CLAUDE I.
b 1646; s [6] 6 avril 1699.

POUSSIN, Marie,
b 1642; s [6] 23 janvier 1708.

Mathieu, b [6] 29 juin 1677; m 2 avril 1704, à Catherine ACHIN, à Montréal.— *Marguerite*, b [6] 7 avril 1679; m 31 mai 1700, à Policarpe AUGÉART, à Ste-Foye; s 26 déc. 1740. à Lorette.

1669, (3 juin) Québec. [2]

II.—L'ARCHEVÊQUE (3), JACQUES, [CLAUDE I.
b 1648; s 15 janvier 1727, à Montreal.

LEGUAY, Madeleine,
b 1640.

Joseph-Nicolas, b [2] 15 mai 1672; 1° m 8 août 1707, à Renee MERÇAN-DUFRESNÉ, à la Pte-aux-Trembles, M. [3]; 2° m [3] 6 nov. 1719, à Anne-Hélène BARDET; s 13 juillet 1754, à l'Hôpital-Général, M. — *Philippe*, b [2] 18 février 1674; m 1706, à Marie MORAS.

1683, (7 janvier) Québec. [5]

II.—L'ARCHEVÊQUE (1), JEAN, [CLAUDE I.
b 1659; s [5] 19 avril 1745.

1° DELAUNAY, Catherine, [JACQUES I.
b 1665; s [5] 29 sept. 1715.

Françoise-Catherine, b [5] 18 juin 1698; m 1727, à François-Jacques BLAU.—*Augustin*, b [5] 18 mars 1702; m 13 sept. 1731, à Marie-Madeleine RÉAUME, à Michillimakinac.

1718, (24 avril). [5]

2° CARTIER, Marie, [PAUL I.
veuve de Joseph Gaulin; s [5] 31 déc. 1756.

Ignace, b [5] 4 et s 8 mars 1719, à Charlesbourg.

III.—L'ARCHEVÊQUE (2), JACQUES. [JACQUES II.

HAYOT, Madeleine, [JEAN II.
b 1666; veuve de Michel Robert; s 24 juillet 1746, à Montreal. [1]

Marie-Madeleine-Agathe, b... m 23 sept. 1715, à Jean-Baptiste BRUNET, à Québec. — *Félicité*, b 11 juillet 1703, à Ste-Foye [2]; 1° m 1724, à Joseph DUPRÉ; 2° m [1] 28 mai 1726, à Jean PRUDHOMME.—*Jean-Baptiste*, b [2] 27 février 1707; m [1] 12 juin 1730, à Marguerite MENESSON —*Jacques*, b [2] 31 mars 1710, m [1] 11 janvier 1734, à Jeanne GODET; s 13 avril 1785, à l'Hôpital-Général, M.

1704, (2 avril) Montréal. [9]

III.—L'ARCHEVÊQUE, MATHIEU, [JEAN II.
b 1677.

ACHIN (3), Catherine, [ANDRÉ I.
b 1687.

Françoise, b [9] 25 déc. 1706.—*Suzanne*, b [9] 1er et s [9] 14 août 1708. — *Marie-Charlotte*, b [9] 5 déc. 1709; m [9] 18 nov. 1732, à Paul BAUGIS. — *Louis-Mathieu*, b [9] 16 mars 1713; s [9] 25 nov. 1716. — *Jacques*, b [9] 14 mai 1716. — *Marie-Anne*, b [9] 27 juillet 1718; s [9] 29 sept. 1723. — *Anonyme*, b [9] et s [9] 8 février 1720.—*Françoise-Renée*, b [9] 24 février 1721; m [9] 7 janvier 1744, à Jean-Baptiste RENAUD. —*Louis*, b [9] 5 sept. 1723. — *Joseph*, b [9] 10 mai 1726; m [9] 11 oct. 1751, à Elisabeth DESÈVE.— *Charlotte-Amable*, b [9] 18 août 1729.

1705, (13 janvier) Québec [1]

III.—L'ARCHEVÊQUE (4), J.-BTE, [JACQUES II.
b 1678; s [1] 1er octobre 1742.

HAYOT, Marie-Thérèse, [JEAN II.
b 1671; s [1] 24 sept. 1732.

Angélique, b [1] 13 février 1706; s [1] 5 mars 1715. —*Jean-Baptiste*, b [1] 9 août 1707; s [1] 26 nov. 1714. —*Marie-Thérèse*, b... m [1] 28 oct. 1725, à Jean-Baptiste LELIÈVRE; s 1er sept. 1759, à Charlesbourg.—*Marie-Joseph*, b [1] 19 janvier 1710.—*Anonyme*, b [1] et s [1] 14 février 1711.— *Marie-Thérèse*, b [1] 15 juillet 1712; s [1] 21 août 1714.

(1) Dit Parisien.
(2) Voy. vol. I, p. 348.
(3) Dit Lapromenade; voy. vol. I, p. 348.

(1) Voy. vol. I, p. 349.
(2) Dit Lapromenade; voy. vol. I, p. 349.
(3) Dit St. André.
(4) Appelé Lapromenade, 1714.

1706, (19 janvier) Québec.

III.—L'ARCHEVÊQUE, François, [Jacques II. b 1677; s 16 janvier 1711, à Ste-Foye.[2]

Chabot (1), Marie-Therèse. [Michel II.

Jean-François, b[2] 19 juin 1707; m 17 août 1730, à Madeleine Provost, à Repentigny.—*Charles,* b[2] 27 janvier 1710; m 7 janvier 1743, à Angélique Gatien, à Montréal; s 11 fevrier 1800, à l'Hôpital-Genéral, M.

1706.

III.—L'ARCHEVÊQUE, Philippe, [Jacques II. b 1674.

Moras (2), Marie.

Joseph, b 2 oct. 1707, à Montreal[3]; s[3] 22 juin 1708.—*Marie-Angélique,* b[3] 23 oct. 1708; s[3] 20 mai 1715.—*Antoinette,* b[3] 25 janvier 1710; m[3] 4 fevrier 1726, à Antoine LeTellier.—*Paul-Philippe,* b[3] 14 oct. 1711; m[3] 27 août 1731, à Angelique Leboeuf; s[3] 21 dec. 1744.—*Alexandre,* b[3] 27 mars 1713; 1° m[3] 4 mars 1737, à Marie-Joseph Cardinal; 2° m[3] 22 février 1746, à Marie-Françoise Dutour.—*Thérèse,* b[3] 21 fevrier 1715; m[3] 25 janvier 1734, à Jean Bidet.—*Charles-Benigne,* b[3] 7 sept. 1716.—*Jean-Baptiste,* b[3] 28 sept. 1718, s[3] 9 juillet 1719.—*Marie-Anne,* b[3] 26 juillet 1720; m 20 oct. 1760, à Guillaume Duleau, à Verchères.—*Marie-Elisabeth,* b 1722; s[3] 29 juin 1726.

1707, (8 août) Pte-aux-Trembles, M.[4]

III.—L'ARCHEVÊQUE, Jos.-Nic., [Jacques II. b 1672; s 13 juillet 1754, à l'Hôpital-General, M.[5]

1° Merçan, Marie-Renée, [Pierre I. b 1674; veuve de Jean-Baptiste Dufresne; s 19 oct. 1716, à Montreal.[6]

Joseph, b[4] 12 sept. 1708; 1° m 29 oct. 1731, à Marie-Anne Langlois-Jacques, à la Longue-Pointe[7]; 2° m[7] 3 nov. 1746, à Elisabeth Simon-Léonard.—*Marie-Françoise,* b[4] 11 fevrier 1710. —*Antoine,* b[4] 2 juillet et s[4] 26 oct. 1711.—*Marie-Joseph,* b[4] 19 sept. 1712; s[4] 13 fevrier 1714.—*Thérèse,* b[6] 22 sept. 1714; s[5] 17 avril 1762.

1719, (6 nov.)[4]

2° Bardet, Anne-Helène, b 1689; s[7] 29 août 1752.

Hélène, b 1721; m[7] 17 avril 1741, à François Chartier.—*Marie-Anne,* b 1722; m[7] 20 avril 1739, à Louis Desautels.—*Elisabeth,* b[7] 5 oct. 1725; m 26 juillet 1745, à Charles Normand, au Sault-au-Récollet.—*Antoine-Henri,* b[7] 26 sept. 1728.—*Jacques,* b[7] 22 oct. 1730.—*Marie-Françoise,* b[7] 15 fevrier 1733.

1712, (4 fevrier) Québec.[1]

III.—L'ARCHEVÊQUE, Jean, [Jean II. b 1688; navigateur, s[1] 12 oct. 1750.

DeRainville, Angelique, [Charles II. b 1685; veuve de Robert Choret; s[1] 8 fevrier 1729.

Jean-Antoine, b[1] 23 janvier 1713.—*Charlotte-Agathe,* b[1] 11 mai 1715; s[1] 4 février 1764.—*Charles,* b[1] 11 nov. 1716.—*Denis-Joseph,* b[1] 23 mars 1718; m[1] 2 juillet 1742, à Marie-Joseph LeGris; s[1] 26 avril 1783.—*Louise-Agnès,* b[1] 21 mars 1720; m[1] 2 déc. 1741, à Pierre LeBreton-Dubois; s 14 mars 1765, à Ste-Anne-de-la-Pocatière.—*Julienne-Marguerite,* b[1] 23 nov. 1722; m[1] 28 dec. 1743, à Pierre Chalou; s[1] 17 janvier 1756.—*Henri-Hyacinthe,* b[1] 23 fevrier et s[1] 17 mars 1725.—*Marie-Jeanne,* b[1] 23 avril 1726; m[1] 13 janvier 1749, à Mathurin Beland.—*Louis-Jacques,* b[1] 21 août 1728; s 14 fevrier 1730, à Charlesbourg.

(1) Dit Lamarre; elle épouse, le 23 nov. 1711, Eustache Harnois, à Quebec.

(2) Dit Desmarets, 1737.

L'ARCHEVÊQUE, Pierre.

Arrivé, Marguerite, [Maurice I. s 16 juin 1715, à St-François, I. O.[2]

Elisabeth, b[2] 7 avril et s[2] 15 juin 1715.

1722, (25 nov.) Quebec.[3]

III.—L'ARCHEVÊQUE (1), Charles, [Jean II. b 1690; s[3] 1er nov. 1727.

Cartier, Jeanne-Elisabeth, [Paul I. b 1687; s 26 mars 1774, à Lachenaye.

Charles-Ignace, b[3] 21 juin 1724.—*Jeanne-Geneviève-Angélique,* b[3] 6 mars 1726; m[3] 26 nov. 1753, à Marc Tinon.

L'ARCHEVÊQUE, Charles, s 30 juin 1742, à Quebec.

Dumont, Marie-Jeanne.

Joseph-Ignace, b 23 août 1724, à Charlesbourg.

1730, (12 juin) Montréal.[4]

IV.—L'ARCHEVÊQUE (2), J.-Bte, [Jacques III. b 1707; voyageur.

Menesson (3), Marguerite, [Claude-Vincent I. b 1709.

Jean-Baptiste, b et s 2 nov. 1730, à Longueuil[5] —*Raymond,* b[4] 17 et s[4] 22 août 1735.—*Raymond,* b... s[5] 15 oct. 1737.—*Jeanne-Marguerite,* b[4] 28 août 1741.—*Jean-Baptiste,* b[4] 9 fevrier et s 16 mai 1743, à Ste-Geneviève, M. — *Marguerite,* b[4] 22 nov. 1746.—*Marie-Angélique,* b[4] 19 avril 1748

1730, (17 août) Repentigny.

IV.—L'ARCHEVÊQUE, Jean-Frs, [Frs III. b 1707.

Provost, Madeleine, [François II. b 1700.

Charles, b... m 6 oct. 1760, à Marie-Louise Plouf, à Lavaltrie.

1731, (27 août) Montreal.[6]

IV.—L'ARCHEVÊQUE, Paul-Phil., [Philip. III. b 1711; s[6] 21 dec. 1744.

Leboeuf (4), Angelique, [Pierre I. b 1710.

Thérèse, b 1733; s[6] 21 sept. 1734.—*Joseph-*

(1) Abrège son nom et s'appelle L'Arche.

(2) Dit Lapromenade.

(3) Et Melson, 1743.

(4) Elle épouse, le 29 janvier 1745, Jean Milton, à Montreal.

Paul, b [6] 12 janvier 1735.—*Louis*, b [6] 31 juillet 1736.—*Marie-Joseph*, b [6] 7 janvier 1738; m [6] 4 juillet 1757, à Louis HARDY.—*Thomas*, b [6] 15 et s [6] 16 janvier 1740.—*Charles-Joseph*, b [6] 30 janvier 1741.—*Joseph-Marie*, b [6] 6 et s [6] 26 fevrier 1742.—*Jean-Baptiste*, b [6] 16 et s [6] 28 avril 1743.—*Amable*, b [6] 30 oct. et s [6] 28 déc. 1744.

1731, (13 sept.) Michillimakinac. [7]

III.—L'ARCHEVÊQUE (1), AUGUSTIN, [JEAN II.
b 1702; marchand.
BÉAUME, Marie-Madeleine.
Marie-Catherine, b... m [7] 7 juillet 1748, à Jean-Baptiste JUTRAS. — *Marie-Anne*, b 1733; m à Augustin GIBAUT; s 19 sept. 1763, au Detroit.—*Marie-Joseph-Esther*, b [7] 1er janvier 1734; m [7] 2 août 1748, à Jacques BARITAU.—*Augustin*, né 9 janvier 1746; b [7] 7 juillet 1748.—*Marie-Charlotte*, b... m 17 oct. 1780, à Gabriel MÉTODE, à St-Louis, Mo.

1731, (29 oct.) Longue-Pointe. [7]

IV.—L'ARCHEVÊQUE, JOSEPH, [JOSEPH III.
b 1708.
1° LANGLOIS (2), Marie-Anne, [GUILLAUME I.
b 1712; s [7] 18 juin 1745.
Joseph, b [7] 8 dec. 1732; s [7] 2 avril 1733. — *Hélène*, b [7] 25 février 1734; m [7] 4 fevrier 1754, à Jean-Baptiste ROY.—*Marie-Amable*, b [7] 19 février 1736; s [7] 13 mars 1748. — *Jacques*, b [7] 24 sept. 1738; m [7] 11 oct. 1771, à Françoise MORIN.—*Marie-Anne*, b [7] 26 août 1740. — *Marie*, b... m [7] 1er août 1768, à Louis TRUDEAU. — *Joseph*, b [7] 8 oct. 1742. — *Jean-Baptiste*, b [7] 21 juillet 1744; m [7] 26 juillet 1773, à Marie-Madeleine SENET.

1746, (3 nov.) [7]

2° SIMON (3), Elisabeth, [LÉONARD-FRS III.
b 1727.
Marie-Anne, b [7] 8 mai 1749; s [7] 29 mars 1752.—*Nicolas*, b [7] 22 déc. 1750; s [7] 18 mars 1752.—*François*, b [7] 8 et s [7] 17 janvier 1753. — *Marie-Céleste*, b [7] 5 avril 1754; m [7] 11 février 1771, à Pierre POUTRÉ. — *Marie-Elisabeth*, b [7] 17 mai 1756. — *Marie-Véronique*, b [7] 31 mars et s [7] 27 août 1758. — *Marie-Amable*, b [7] 5 août 1759. — *Marie*, b... m [7] 5 oct. 1778, à Jean-Baptiste CHOQUET. — *François*, b [7] 12 dec. 1761; s [7] 20 mars 1765.—*Laurent*, b [7] 26 février 1765.

1732, (26 mai) Québec. [8]

III.—L'ARCHEVÊQUE, LS-ALEXAND., [JEAN II.
b 1706; s [8] 19 mars 1733.
JOLIET (4), Marie-Anne, [JEAN III.
b 1714.

1734, (11 janvier) Montréal. [6]

IV.—L'ARCHEVÊQUE (5), JACQ., [JACQUES III.
b 1710; s 13 avril 1785, à l'Hôpital-Général, M.
GODET, Jeanne, [JACQUES III.
b 1711.
Jacques, b [6] 2 avril 1735; s 3 janvier 1736, à Laprairie.—*Jacques*, b [6] 29 mars 1736. — *Jeanne*, b [6] 2 mars 1737 —*Jeanne*, b [6] 4 avril 1738; s [6] 5 mars 1739. — *Dominique*, b [6] 16 juin 1739. — *Marie-Joseph*, b [6] 6 juin 1740; m [6] 12 janvier 1761, à Philippe DEJEAN. — *Marie-Charlotte*, b [6] 21 juin 1742; m [6] 4 février 1760, à Jean-Baptiste JOBERT.—*Marie-Jeanne*, b [6] 7 sept. 1743.—*Alexis*, b [6] 16 dec. 1744.—*Marguerite*, b [6] 4 février 1746.—*Thérèse*, b [6] 10 mars 1747.—*Maurice-Régis*, b [6] 20 mars 1748. — *Suzanne-Amable*, b [6] 18 oct. 1750; s 5 mai 1752, à Ste-Geneviève, M.

(1) Et L'Arche.
(2) Dit Jacques—Sanssoucy.
(3) Dit Léonard.
(4) Elle épouse, le 27 août 1742, Jean Taché, à Québec.
(5) Dit Lapromenade.

L'ARCHEVÊQUE (1), FRANÇOIS.
DAUPHINÉ, Elisabeth.
Hélène, b... m 25 juin 1767, à Pierre LACROIX, à St-Louis, Mo.

1737, (4 mars) Montreal. [8]

IV.—L'ARCHEVÊQUE, ALEX., [PHILIPPE III.
b 1713.
1° CARDINAL, Marie-Joseph, [PIERRE III.
b 1722; s [8] 29 mars 1745.
Marie-Louise, b [8] 3 février 1738; m [8] 27 oct. 1760, à François BERNARD.—*Charles-Amable*, b [8] 22 mai 1741.—*André*, b [8] 16 juin et s [8] 14 juillet 1742.—*Alexandre*, b [8] 1er avril 1743. — *Marguerite*, b [8] 14 et s [8] 31 juillet 1744.

1746, (22 février). [8]

2° DUTOUR, Marie-Françoise, [JEAN-PIERRE I.
b 1723.
Pierre-Joseph, b [8] 15 et s [8] 24 août 1747. — *Pierre*, b [8] 24 juillet et s [8] 10 août 1748. — *Marguerite*, b [8] 24 sept. et s [8] 11 oct. 1749. — *Marie-Françoise*, b [8] 3 nov. 1750.

1742, (2 juillet) Québec. [2]

IV.—L'ARCHEVÊQUE, DENIS-JOS., [JEAN III.
b 1718; s [2] 26 avril 1783.
LEGRIS, Marie-Joseph, [CLAUDE II.
b 1721; s [2] 21 janvier 1793.

1743, (7 janvier) Montréal. [1]

IV.—L'ARCHEVÊQUE, CHARLES, [FRANÇOIS III.
b 1710; voyageur; s 11 fevrier 1800, à l'Hôpital-General, M.
GATIEN, Angelique, [FRANÇOIS-LUCIEN II.
b 1724.
Marie-Angélique, b [1] 19 dec. 1743. — *Marie-Charlotte*, b [1] 17 août 1746.—*Charles*, b [1] 27 sept. 1747.—*Marie-Joseph*, b [1] 14 mai et s 13 oct. 1749, à Longueuil.

L'ARCHEVÊQUE (1), CHARLES.
GATIEN, Therèse.
Thérèse, b août et s 1er sept. 1746, à Ste-Geneviève, M.

1751, (11 oct.) Montréal.

IV.—L'ARCHEVÊQUE, JOSEPH, [MATHIEU III.
b 1726.
DESÈVE, Elisabeth, [JOSEPH-DENIS II.
b 1730.

(1) Et Larche.

L'ARCHEVÊQUE (1), Louis.
Gatien, Marie.
Louis, b et s 24 sept. 1759, à Longueuil.

1760, (6 oct.) Lavaltrie.
V.—L'ARCHEVÊQUE, Charles. [Jean-Frs IV.
Ploufe, Marie-Louise. [Louis.

L'ARCHEVÊQUE (1), François.
Mousseau, Madeleine.
Marie-Thérèse, b 14 mars 1768, à Repentigny[8]; m[8] 8 fevrier 1790, à François Hadnin-Lajoie. — *Marie-Catherine*, b[8] 12 mai et s[8] 30 juillet 1770. — *Charles*, b[8] 28 juin et s[8] 8 août 1771.—*Marie-Barbe*, b[8] 7 avril et s[8] 10 août 1773.

1771, (11 oct.) Longue-Pointe.
V.—L'ARCHEVÊQUE, Jacques, [Joseph IV.
b 1738.
Morin, Françoise, [Jean-Bte III.
b 1752.

L'ARCHEVÊQUE (1), François.
.... Charlotte.
Louis, b 31 mai 1772, à St-Louis, Mo.

1773, (26 juillet) Longue-Pointe.
V.—L'ARCHEVÊQUE (1), J.-Bte, [Joseph IV.
b 1744.
Senet, Marie-Madeleine, [Joseph II.
b 1750.

L'ARCHEVÊQUE (1), François.
Ethier, Rose.
Rose, b et s 6 sept. 1793, à Repentigny.

I.—LARDET (2), Olivier, b 1691; s 14 février 1719, à Montreal.

L'ARDOISE.—Voy. Breton — Gautier — Vachard.

L'ARDOISE, Guillaume.
Veré, Jeanne.
Pierre, b 4 avril 1718, à Montréal.

L'ARDOISE, Guillaume, b... s 5 nov. 1718, à Montreal.

LARDON.—Voy. Alard.

LAREAU.—Voy. Laraue.

LARÈGLE.—Voy. Gatineau, 1752.

LAREINE.—Voy. Coupal.

LARÉJOUISSANCE.—Voy. Dubois, 1749.

1770, (29 oct.) Sorel.
I.—LARELLE, Julien, fils de Jean et d'Anne Geoffriteau, de Ste-Croix, Bordeaux.
St. Antoine, Madeleine. [Jean-Bte.

(1) Et Larche.
(2) Prêtre S S.S. arrivé au Canada le 9 juillet 1717.

LARENTE.—Voy. Vinet.

I.—LARÉOLE (1), ..., b 1711; s 19 mars 1783, au Détroit.

LARGEAU.—*Surnom :* St. Jacques.

1735, (26 avril) Montréal. [1]
I.—LARGEAU (2), Jacques, b 1700; fils de François et de Marie Debouté, de St-Pierre-le-Vieu, diocèse de LaRochelle, Aunis.
Gatignon, Marie-Anne, [Antoine-Leonard I
b 1704.
Louis-François, b[1] 1er sept. 1736.

II.—LARGEAU (3), Louis-Frs, [Jacques I.
b 1736.

L'ARGENTERIE (De).—Voy. DeMiray.

I.—LARICHARDIE, Jacques.
Delomé, Marie-Louise.
Alexis, b 1731; m 4 juillet 1763, à Marie-Louise Droux, à Montreal.

1763, (4 juillet) Montréal.
II.—LARICHARDIE, Alexis, [Jacques I
b 1731.
Droux (4), Marie-Louise, [Jean-François III.
b 1738; veuve de François-Joseph Duteau.

LARICHARDIÈRE.—Voy. Lavallée.

LARIE.—Voy. Tarte.

LARIEU.—Voy. Lariou

LARIEUX.— *Variation et surnom :* Delcrieux —Gatien.

1740, (1er août) Québec. [4]
I.—LARIEUX (5), Gatien, charpentier; fils de Pierre et de Jeanne Delamarque, d'Aspare, diocèse de Bayonne, Gascogne.
Richard, Marie-Louise, [Louis I.
b 1719; s[4] 24 janvier 1758.
Marie-Louise, b[4] 19 avril 1741; m 22 janvier 1761, à Henri Laverdière, à St-Valier.—*Angélique*, b[4] 6 fevrier 1743; m[4] 24 sept. 1759, à Jean Labadie. — *Charlotte*, b[4] 13 avril et s[4] 30 dec. 1746. — *Louis*, b[4] 29 avril et s[4] 19 nov. 1748 —*Pierre*, b[4] 2 juin 1751.—*Christophe*, b[4] 7 nov. 1753.—*Marie-Angélique*, b[4] 22 nov. 1755; s[4] 26 février 1756 —*Marie-Joseph*, b[4] 22 nov. 1755; s[4] 7 juillet 1758.

LARIGUEUR.—Voy. Cassin—Cazin.

(1) Européen de nation.
(2) Dit St. Jacques.
(3) Il était au Detroit, le 30 janvier 1779.
(4) Voy. Gendron
(5) Gatien, 1748—Delcrieux.

LARIGUEUR, JEAN, journalier.
BERTHELOT, Marie-Françoise.
Marie-Françoise, b 1747; s 29 juillet 1748, à Quebec.

LARIOU.—*Variation et surnoms :* LARIEU—LAFANTAISIE—LAFONTAINE—LEGASCON.

1674, (16 avril) Québec.
I.—LARIOU (1), JEAN, b 1630; s 14 fevrier 1715, à Batiscan.[3]
MONGEAU, Catherine, [PIERRE I. b 1659; s [3] 22 mai 1719.

1716, (18 février) Batiscan.[4]
II.—LARIOU (2), JEAN-FRANÇOIS, [JEAN I. b 1690; s [4] 17 sept. 1730.
VIEL (3), Catherine, [PIERRE I. b 1693.
Anonyme, b [4] et s [4] 4 janvier 1717.—*Jean-Baptiste*, b [4] 24 déc. 1717.—*Marie-Madeleine*, b [4] 3 août 1720; s [4] 28 fevrier 1734.—*Joseph*, b [4] 30 mars 1723; m [4] 29 sept. 1744, à Ursule ADAM.—*Alexis-François*, b [4] 24 nov. 1724.—*Marie-Joseph*, b [4] 3 juin 1727.—*Marie-Louise*, b [4] 17 sept. 1729; s [4] 8 mars 1741.

1721, (24 nov.) Batiscan.[5]
II.—LARIOU (4), PIERRE, [JEAN I. b 1699; s [5] 3 oct. 1729.
TIFAUT (5), Elisabeth, [JACQUES I. b 1700.
Marie-Elisabeth, b [5] 20 avril 1724.—*Joseph*, b 1727; s [5] 27 mars 1731.

1744, (29 sept.) Batiscan.[6]
III.—LARIOU (6), JOSEPH, [JEAN-FRANÇOIS II. b 1723.
ADAM, Ursule, [JEAN-BTE II. b 1724.
Marie-Ursule, b... m [6] 23 janvier 1764, à Charles DUMONT.—*Théotiste*, b... m [6] 19 janvier 1779, à Joseph LEFEBVRE.

LARIVÉ.—Voy. LARRIVÉ.

LARIVÉE.—Voy. LARRIVÉ.

LARIVIÈRE.—Voy. RIVIÈRE—BARTHE—BAUDON—BERNARD—BERNEZÉ—BERTIN—BOYER—BRENEZI—CAMBIN—CHAMBELLY—CHAPDELAINE—CHAUMAUX—CLÉMENT—DELAGE—DUPÉRÉ—DURBOIS—GIRARD—GRIAU—GRUYAU—LA VICTOIRE—LEMERLE—MARTIN—NOLET—PAQUET—PAYMENT—PIERRE—QUÉRIO—ROUILLARD—TARTE—TÊTU—TOUVENIN—TRIOLET.

(1) Voy. vol. I, p. 349.
(2) Et Larieu dit Lafontaine, 1717.
(3) Elle épouse, le 28 janvier 1732, Joseph L'Heureux, à Batiscan.
(4) Dit Lafontaine, 1724.
(5) Elle épouse, le 26 mai 1732, Louis Lemay, à Ste-Geneviève.
(6) Dit Lafontaine.

I.—LARIVIÈRE, JACQUES, b 1660; s 7 mars 1742, à Montréal.

I.—LARIVIÈRE, JÉROME, b 1665; soldat; s 23 mai 1715, à Montréal.

1749, (29 sept.) Québec.[3]
I.—LARIVIÈRE (1), JEAN-FRANÇOIS, b 1724; fils de Jean-Paul et de Marie-Madeleine Barthelemy, de N.-D. de Bonne-Nouvelle, Paris; s [3] 19 mai 1777.
COUTURE (2), Louise-Elisabeth, [GUILLAUME II. b 1728.
Elisabeth, b [3] 28 et s [3] 29 sept. 1750. — *Marie-Joseph*, b [3] 2 nov. 1751; s [3] 22 janvier 1752. — *Angélique*, b [3] 11 nov. 1752; s [3] 19 juin 1753.

LARIVIÈRE, ETIENNE.
BISSON, Louise.
Marie-Anne, b 1752; s 7 avril 1753, à Québec.

LARIVIÈRE, FRANÇOIS.
CAMPAGNA, Marie-Joseph.
Joseph, b 7 avril 1770, à Ste-Anne-de-la-Pérade.

L'ARME.—Voy. DE L'ARMÉ.

LARMELOEIL.—Voy. REMENEUIL.

LAROC.—Voy. LAROCQUE—LAROCQUEBRUNE.

LAROCHE. — *Variations et surnoms :* DE LA ROCHE—DESROCHES—ROCHE—BARAIRE—BARÊME—BARETTE—BARRET—BRAYARD—BREILLARD—BRIEN—BRILLAC—BRISSON—CARRÉ—DUMOUCHEL—FONTAINE—LAROSE—LE MARCHÉ—PICARD—POITEVIN—ROGNON—ROIGNON—TOUCHÉ.

I.—LAROCHE, JEAN, b 1645; maçon; s 29 mars 1715, à Montreal.

I.—LAROCHE (3), JEAN, b 1648; s 31 mai 1706, à Montreal.

I.—LAROCHE (4), INNOCENT.
QUOY, Marguerite.
Innocent, b 1662, en France [1]; m 1688, à Marie HARDOUR; s 25 fevrier 1738, à la Pte-aux-Trembles, Q.[2] — *François*, b [1] 1669; m [2] 14 fevrier 1695, à Marie-Françoise MATTE; s 10 janvier 1741, au Cap-Sante.

1683, (19 juillet) Montreal.[1]
I.—LAROCHE (5), JEAN, b 1668; s [1] 25 fevrier 1713.
LEREAU (6), Madeleine, [SIMON I. b 1669.

(1) Dit LaVictoire; soldat de Lanaudière.
(2) Elle épouse, le 15 février 1779, Yves Roussel, à Québec.
(3) Soldat de la compagnie DesBergeres.
(4) Voy. vol I, p. 349.
(5) Et Roche—Desroches; voy. vol. I, p. 349.
(6) Elle épouse, le 8 juillet 1719, Louis Leduc, à Laprairie.

Marie-Marguerite, b 3 janvier 1693, à Laprairie[2]; m[1] 22 août 1718, à Jean-Baptiste Desnoyers. — *Pierre*, b[2] 4 août 1695; m à Marie-Rose Olivier. — *Marie-Anne*, b[2] 17 sept. 1702; 1° m 24 nov. 1721, à Etienne Robidou, à Longueuil; 2° m[1] 26 février 1724, à Jacques-Philippe Vêtu.— *Marie-Madeleine*, b[2] 7 oct. 1704; m[2] 7 janvier 1734, à Louis Bertrand. — *Pierre-François*, b[1] 21 mars 1707; m à Marie Langlois. — *Marie-Françoise*, b[2] 27 avril 1710; m[2] 9 nov. 1728, à Jean-Baptiste Raymond.—*Pierre*, b... s[1] 15 oct. 1717.

1688.

II.—LAROCHE (1), Innocent, [Innocent I.
b 1662; s 25 février 1738, à la Pte-aux-Trembles, Q.[4]
Harbour, Marie.

Jean-Baptiste, b[4] 24 oct. 1694; m[4] 17 nov. 1721, à Marie-Anne Augé; s[4] 3 mai 1739.—*Noel*, b[4] 17 janvier 1697; m[4] 3 juillet 1726, à Charlotte Grégoire.—*Jean-François*, b[4] 11 nov. 1699; m[4] 8 février 1725, à Marie Pelletier; s 26 avril 1759, à St-Valier.—*Marie-Ursule*, b[4] 4 nov. 1709; s[4] 7 oct. 1710.

1695, (14 février) Pte-aux-Trembles, Q.[6]

II.—LAROCHE (1), François, [Innocent I.
b 1669; s 10 janvier 1741, au Cap-Santé.[9]
Matte, Françoise, [Nicolas I.
b 1675; s[9] 23 mars 1749.

Madeleine, b[6] 13 janvier 1696; m[9] 10 avril 1725, à Denis Dussault; s 20 août 1747, aux Ecureuils. — *Jean-François*, b[6] 28 fevrier 1706; 1° m à Marie-Madeleine Piché; 2° m[9] 30 nov. 1725, à Marie-Angélique Carpentier. — *Marie-Marguerite*, b... m[9] 5 février 1725, à François Pagé. — *Marie-Jeanne*, b[9] 14 sept. 1709; m[9] 6 février 1736, à Joseph Brière. — *Marie-Thérèse*, b 1711; m[9] 27 nov. 1741, à Louis Brière. — *Jean-Baptiste*, b... m[9] 6 fevrier 1747, à Marie-Joseph Galarneau.

I.—LAROCHE (2), Michel,
b 1660; boulanger; s 17 avril 1735, à Québec.[1]
Bisson, Marie-Anne, [René-Gervais II.
s[1] 5 mars 1727.

Marie-Anne, b 18 février 1699, à la Baie-St-Paul.[2]—*Augustin*, b[2] 23 août 1700; m[1] 9 avril 1724, à Louise Corbin, s[1] 10 sept. 1739. — *Philippe*, b[2] 1er mai 1702.

I.—LAROCHE, Noel, b 1696; s 20 juillet 1752, à Quebec.

1706, (11 juin) Montréal

I.—LAROCHE (3), François,
b 1671.
Olivier (4), Marie-Anne, [Jean-Olivier I.
b 1677.

(1) Voy. vol. I, p. 350.
(2) Dit Fontaine; voy. vol. I, pp. 349-350.
(3) Voy. Carré, vol. II, p. 545.
(4) Elle épouse, le 28 juillet 1728, Pierre Hélie, à Sorel.

François, b 30 mars 1710, à St-François-du-Lac; m 14 février 1735, à Marie-Françoise Renaud, à Terrebonne. — *Jean-Marie*, b 20 mars 1718, à Sorel[2]; m à Marie-Louise Mandeville; s[2] 15 sept. 1752.—*Marie-Joseph*, b[2] 22 août 1723; m[2] 5 nov. 1748, à Jean-Baptiste Goguet; s[2] 22 mars 1749.

1708, (20 février) Charlesbourg.[4]

I.—LAROCHE (1), Pierre.
Valade (2), Marguerite, [Guillaume I.
b 1687.

Pierre, b[4] 18 février 1709; s 9 oct. 1730, à Montréal.— *Marie-Françoise*, b[4] 10 avril 1711, m 23 nov. 1729, à Jean Martin, à Quebec[5]; s[5] 20 avril 1731.—*Marguerite-Angélique*, b[4] 30 avril et s[4] 15 juin 1713. — *Jean*, b[4] 7 avril et s[4] 23 sept. 1714. — *Marguerite*, b[4] 26 sept. 1718; m[5] 10 avril 1736, à Louis Marchand.

1714, (28 mai) Laprairie.[3]

II.—LAROCHE, Jean (3), [Jean I.
b 1687.
Dumets, Madeleine-Catherine (4), [Eustache II.
b 1693.

Marie-Catherine, b[3] 12 avril 1715.— *Marie-Anne*, b 1716; m 4 nov. 1738, à Jacques Brunet, à Montréal[4]; s[4] 7 mars 1740.—*Madeleine*, b[3] 29 avril 1717. — *Suzanne*, b[3] 2 janvier 1719; s[4] 3 janvier 1737. —*Marie-Jeanne*, b[3] 25 août 1720, m 27 février 1740, à Jean-Baptiste Béchet, à Champlain.—*Jean-Baptiste*, b[3] 24 juin 1725.

1719, (2 nov.) Ste-Anne-de-la-Pérade.

II.—LAROCHE (5), Pierre, [Amable I
b 1695.
Perrault, Elisabeth, [Pierre I.
b 1694.

Pierre, b 23 oct. 1720, à St-Ours; m 10 février 1755, à Elisabeth Régeas, à Lanoraie.

LAROCHE, Pierre, b 1714; s 3 août 1750, à Montreal.

II.—LAROCHE, Pierre, [Jean I.
b 1695.
Olivier, Marie-Rose.

Marie-Joseph-Rose, b... m 3 nov. 1735, à Jean Capelet, à St-Frs-du-Lac.

1719, (2 dec.) Quebec.[5]

II.—LAROCHE (6), Michel, [Michel I.
b 1689; boulanger; s[5] 5 mars 1764.
Payment, Marie-Dorothée. [Pierre I

Marie-Dorothée, b[5] 10 nov. 1720; s[5] 10 janvier 1730. — *Pierre-Michel*, b[5] 24 août 1722, s[5] 17 sept. 1723.—*Marie-Louise-Anne*, b[5] 24 juillet

(1) Dit Larose.
(2) Elle épouse, le 25 mai 1747, Pierre Dubreuil, à Quebec.
(3) Et Joseph, 1740
(4) Et Eustache, 1740; elle épouse, le 18 juin 1726, Guillaume Soucy, à Laprairie,
(5) Voy. Breillard, vol. II, p 460.
(6) Et De la Roche.

1724; 1° m[5] 29 oct. 1743, à Ignace Roy; 2° m[5] 9 février 1751, à Jacques Choret.—*Marie-Joseph*, b[5] 23 juin 1726; m[5] 15 oct. 1747, à Jean-François Laurent; s[5] 21 août 1755. — *Jean-Michel*, b[5] 10 janvier 1728; m 13 oct. 1749, à Louise Choret, à Beauport. — *Augustin*, b[5] 29 avril 1730; m 25 juin 1753, à Jeanne Petit, à St-Michel-d'Yamaska.—*Marie-Gabrielle*, b[5] 28 déc. 1731; s[5] 9 février 1732. — *Marie-Jeanne*, b[5] 10 février 1733; s[5] 4 avril 1734.—*Joseph-Marie*, b[5] 27 juin 1735; s[5] 7 sept. 1736. — *Marie-Félicité*, b[5] 13 oct. 1737. — *Marie-Félicité*, b[5] 16 sept. 1742; m à Pierre Duprat; s[5] 21 avril 1778.

1721, (17 nov.) Pte-aux-Trembles, Q. [7]

III.—LAROCHE, Jean-Bte, [Innocent II.
b 1694; s[7] 3 mai 1739.

Augé (1), Marie-Anne, [Pierre I.
b 1700.

Marie-Anne, b[7] 10 juin 1722; m 27 mai 1744, à Joseph Chaussé, à Quebec[8]; s[8] 10 nov. 1757. —*Marie-Angélique*, b[7] 25 fevrier 1725; m 16 janvier 1753, à Jean-Baptiste Charest, à Lévis.[9]—*Madeleine*, b[7] 15 fevrier 1727; m[9] 10 mai 1745, à Joseph Carrier. — *Jacques*, b 1728; s 24 nov. 1745, à Montreal. — *Jean-Baptiste*, b[7] 18 avril 1729. — *Marguerite*, b[7] 8 juin 1731; m 1758, à Antoine Disquet. — *Marie-Jeanne*, b... m[8] 14 août 1752, à Ignace Bertrand. — *Marie-Louise*, b[7] 26 mai 1734; m[8] 18 janvier 1758, à Jean-Baptiste Massé.—*Augustin*, b[7] 22 juillet 1736.—*Jean-Baptiste*, b[7] 16 sept. 1739; s[7] 29 nov. 1740.

LAROCHE, Jean.

Perras, Catherine.

Marie-Joseph, b 12 août 1723, à Laprairie.

1723, (29 oct.) Montréal. [1]

I.—LAROCHE, Jean, b 1696; fils de Jean et d'Antoinette Larose, de Chebolain, diocèse de Poitiers, Poitou; s 8 avril 1753, à Longueuil.[2]

Turpin, Suzanne, [Alexandre I.
b 1705.

Marie-Clémence, b 1724; 1° m[1] 17 août 1739, à Pierre Maublot; 2° m 17 août 1761, à Louis Regné, à St-Constant.[3] — *Michel*, b... m[2] 10 nov. 1748, à Marie-Joseph Robert.—*Joseph*, b 1727; m[2] 24 mai 1751, à Veronique Robert; s[3] 22 fevrier 1761.—*Marie-Anne*, b[2] 17 avril 1734; m[2] 22 nov. 1751, à Jean-Baptiste Cusson.—*Marie-Louise*, b[1] 17 sept. 1737; m 23 fevrier 1756, à Pierre Duquet, à Laprairie.—*Gabriel*, b[1] 16 janvier 1740; m 1763, à Marie-Louise Magnan — *Nicolas-Amable*, b[2] 17 sept. 1741. — *Marie-Amable*, b[2] 25 oct. 1743.—*Suzanne*, b[2] 6 juillet 1747.

LAROCHE, Pierre.

Gautier, Suzanne.

Michel, b 21 sept. 1725, au Bout-de-l'Ile, M.

(1) Elle epouse, le 25 avril 1746, Jean-François Gaudin, aux Ecureuils.

1724, (9 avril) Québec. [5]

II.—LAROCHE, Augustin, [Michel I.
b 1700; maître-boulanger; s[5] 10 sept. 1739.

Corbin (1), Marie-Louise, [André II.
b 1706.

Augustin, b[5] 19 juillet 1724; s[5] 26 mai 1744. —*Joseph-Marie*, b[5] 25 mars et s[5] 13 juin 1726.—*Charles-Etienne*, b[5] 18 mai 1727; m 9 janvier 1752, à Marie-Charlotte Pepin, aux Trois-Rivières; s 26 mars 1760, à Nicolet.—*André*, b[5] 18 et s[5] 28 nov. 1728.—*Anonyme*, b[5] et s[5] 16 mai 1730. —*François-Marie*, b[5] 27 mai 1731; m 23 oct. 1763, à Marie-Françoise Gosselin, à St-Jean, I. O. — *Jean-Baptiste*, b[5] 2 nov. 1732. — *Marie-Louise*, b[5] 30 oct. 1734; s[5] 12 mars 1740.—*Marie-Joseph*, b[5] 6 mars 1736; 1° m[5] 9 janvier 1753, à Jean Requiem; 2° m 6 oct. 1760, à Alexandre Dumas, à l'Islet. — *Marie-Charlotte*, b[5] 11 avril 1737; m[5] 8 août 1763, à Charles Porcheron. —*Marie-Madeleine*, b[5] 28 juillet 1738; s[5] 18 nov. 1742. — *Joseph-Marie*, b[5] 15 sept. 1739; s[5] 22 juillet 1754.

1725, (8 février) Pte-aux-Trembles, Q.

III.—LAROCHE, Jean-Frs, [Innocent II.
b 1699; s 26 avril 1759, à St-Valier.

Pelletier, Marie. [Noel II.

1726, (3 juillet) Pte-aux-Trembles, Q. [9]

III.—LAROCHE, Noel, [Innocent II.
b 1697.

Grégoire, Charlotte, [François I.
b 1702; s[9] 19 sept. 1774.

Joseph, b[9] 1er oct. 1726.—*Jean-Baptiste*, b[9] 21 janvier 1729; s[9] 8 mai 1730.—*Marie-Angélique*, b[9] 15 avril 1731; 1° m[9] 8 fevrier 1752, à Joseph Morisset; 2° m[9] 13 oct. 1760, à Jean Osman.—*Jean-Baptiste*, b[9] 27 dec. 1732; s[9] 14 sept. 1733. —*Marie-Madeleine*, b[9] 22 avril 1734; s[9] 30 mai 1735.—*Marie-Charlotte*, b[9] 19 et s[9] 21 juin 1735. —*Marie-Madeleine*, b[9] 17 fevrier 1737; m[9] 8 avril 1755, à Jean-Baptiste Courtin.—*Augustin*, b[9] 19 mars et s[9] 6 avril 1738.—*Jean-Baptiste*, b[9] 23 juin 1740.—*Marie-Louise*, b[9] 6 août 1743; m[9] 13 oct. 1760, à Augustin Béland; s[9] 21 oct. 1762. —*Marie-Charlotte*, b[9] 16 nov. 1745; s[9] 19 mars 1746.

III.—LAROCHE, Jean-François, [François II.
b 1706.

1° Piché, Marie-Madeleine.

Marie-Marguerite, b... 1° m 26 janvier 1750, à Bernardin Lesage, au Cap-Sante[3]; 2° m 11 oct. 1760, à Alexis Rochereau, à Ste-Anne-de-la-Perade.[4]

1725, (30 nov.) [3]

2° Carpentier, Marie-Angelique, [Jean-Bte II.
b 1704; s[3] 12 janvier 1747.

Angélique, b[3] 17 dec. 1726; s[3] 4 janvier 1727. —*François*, b 18 oct. 1727, à la Pte-aux-Trembles, Q.[5]; s[3] 9 mars 1728.—*Jean-François*, b[5] 18 oct. 1727; m[3] 15 janvier 1753, à Marie-Madeleine Richard.—*Adrien*, b[3] 25 avril 1729.—*Marie-Ma-*

(1) Elle épouse, le 30 janvier 1749, Nicolas Doyon, à Québec.

deleine, b [5] 25 février 1731; 1° m à Sebastien ETIENNE; 2° m 30 sept. 1771, à Pierre BELISLE, à Terrebonne. [6] — *Jean-Baptiste*, b [3] 7 nov. 1732. —*Louis-Joseph*, b [3] 21 avril et s [3] 6 août 1734.— *Marie-Angélique*, b [3] 2 sept. 1736; m [4] 22 fevrier 1762, à Michel GENDRON; s [4] 17 sept. 1765.— *Marie-Françoise*, b [3] 17 sept. 1738.—*Jérôme*, b [3] 1er oct. 1741; s [3] 30 nov. 1746.—*Joseph*, b [3] 7 nov. 1743; m [6] 7 janvier 1772, à Marie-Joseph RENAUD-LOCAT.—*Anonyme*, b [3] et s [3] 24 avril 1746.— *Marie-Thérèse*, b [4] 24 et s [3] 25 avril 1746.

1729, (31 janvier) Pte-aux-Trembles, Q. [2]

III.—LAROCHE (1), JOSEPH, [FRANÇOIS II.
b 1702.

DUSSAULT (2), Thérèse, [JACQUES II.
b 1711.

Jean-Baptiste, b 1735; m 2 février 1761, à Marie-Louise PAGÉ, aux Ecureuils [3]; s 25 août 1780, à Québec.—*Jean-François*, b [2] 23 juin 1738. —*Thérèse*, b [2] 5 et s [2] 20 avril 1740.—*Marie-Thérèse*, b [3] 16 mars et s 4 mai 1743, au Cap-Sante. [4] —*Claire*, b [4] 20 juin 1744.—*François-de-Sales*, b [4] 11 avril 1746. — *Marie-Joseph*, b [4] 13 mars et s [4] 5 mai 1750.

1735, (14 fevrier) Terrebonne. [5]

II.—LAROCHE (3), FRANÇOIS, [FRANÇOIS I.
b 1710.

RENAUD, Marie-Françoise, [FRANÇOIS II.
b 1716.

Marie-Françoise, b [5] 5 janvier 1736; s [5] 11 nov. 1749.—*Marie-Joseph*, b [5] 5 sept. 1737; s [5] 5 mars 1753.—*Marie-Charlotte*, b [5] 14 oct. 1739; m [5] 11 fevrier 1765, à François COURCEL.—*Marie-Reine*, b [5] 20 avril 1741. — *François*, b [5] 30 août 1744; m [5] 11 avril 1768, à Marie-Catherine LECOMPTE.— *Marie-Agnès*, b [5] 5 juillet 1746.—*Marie-Catherine*, b [5] 20 août 1748. — *Angélique*, b... m [5] 7 janvier 1771, à Julien LACHAISE — *Marie-Louise*, b [5] 19 oct. 1751.—*Joseph*, b [5] 13 nov. 1753. — *Jacques*, b [5] 5 sept. 1755.—*Dominique*, b [5] 27 sept. 1757; s [5] 14 mars 1758.

LAROCHE, PIERRE.

COCHON (4), Marie-Madeleine.

Pierre-Amable, b 6 oct. 1738, à Sorel. [8] —*Marie-Reine*, b [8] et s [8] 21 juin 1747. — *Marie-Catherine*, b [8] 13 juillet 1748. — *Marie-Agathe*, b [8] 8 août 1750.

I.—LAROCHE (5), PIERRE

ROY, Madeleine.

Marie-Marguerite, b 22 déc. 1739, à Montréal.

III.—LAROCHE (3), JEAN-MARIE, [FRANÇOIS II.
b 1718; s 15 sept. 1752, à Sorel. [4]

MANDEVILLE, Marie-Louise. [JEAN I.

Pierre, b [4] 29 juin 1742.—*Marie-Geneviève*, b [4] 2 mars 1746; m [4] 31 janvier 1763, à Jean-Baptiste AUGER. — *Marguerite*, b [4] 10 nov. 1747; s [4] 21 août 1749.—*Joseph*, b [4] 21 mai et s [4] 16 juillet 1749.—*Marie-Joseph*, b [4] 17 août 1750. — *Marie*, b [4] 3 avril 1752.—*Marie-Anne*, b... m [4] 22 fevrier 1773, à François CHAUVIN.

(1) Et De Laroche.
(2) Toupin.
(3) Carré.
(4) Dit Dupont.
(5) Dit Barret; sergent.

1747, (6 fevrier) Cap-Santé. [3]

III.—LAROCHE, JEAN-BTE. [FRANÇOIS II.

GALARNEAU, Marie-Joseph. [PHILIPPE-JOS. III.

Jean-Baptiste, b [3] 9 juillet et s [3] 28 dec. 1748— *Marie-Joseph*, b [3] 22 juillet 1749; s [3] 4 dec. 1751. —*Jean-François*, b [3] 22 nov. 1750. — *Augustin*, b [3] 10 juillet 1752.—*Anonyme*, b [3] et s [3] 22 nov. 1753.—*François*, b 5 août 1758, aux Ecureuils— *Marie-Joseph*, b... m 14 fevrier 1791, à Jacques-Alexis PERROT, à Deschambault.

1748, (10 nov.) Longueuil. [5]

II.—LAROCHE, MICHEL. [JEAN I.

ROBERT, Marie-Joseph. [FRANÇOIS III

Marie-Anne, b 1751; s 26 juillet 1764, à St-Philippe. [6] — *Michel*, b [5] 6 sept. 1752; m [6] 19 nov. 1770, à Marie-Sophie TREMBLAY.

1749, (13 oct.) Beauport.

III.—LAROCHE, JEAN-MICHEL, [MICHEL II.
b 1728; forgeron.

CHORET, Louise, [CHARLES III
b 1727.

Jean-Michel, b 11 et s 26 août 1750, à Quebec.

1751, (24 mai) Longueuil. [1]

II.—LAROCHE, JOSEPH, [JEAN I
b 1727; s 22 fevrier 1761, à St-Constant.

ROBERT (1), Véronique, [PIERRE IV.
b 1731.

Marie, b [1] 2 mars 1752.—*Joseph*, b [1] 17 août 1753.—*Marie-Amable*, b 4 dec. 1758, à St-Philippe.

1752, (9 janvier) Trois-Rivières.

III.—LAROCHE, CHS-ETIENNE, [AUGUSTIN II
b 1727; forgeron; s 26 mars 1760, à Nicolet [6]

PEPIN, Marie-Charlotte. [CHARLES III.

Etienne, b 11 dec. 1756, à la Pte-du-Lac— *Augustin*, b [6] 14 mars 1759.

LAROCHE, ALEXANDRE.

DUFOUR, Françoise.

Antoine, b 1753; s 14 mai 1754, à St-Laurent, M.

1753, (15 janvier) Cap-Santé. [2]

IV.—LAROCHE, JEAN-FRS, [JEAN-FRANÇOIS III
b 1727.

RICHARD, Marie-Madeleine, [NICOLAS III.
b 1729.

Marie-Joseph, b [2] 23 juillet et s [2] 17 sept. 1754.

1753, (25 juin) St-Michel-d'Yamaska. [3]

III.—LAROCHE, AUGUSTIN, [MICHEL II
b 1730.

PETIT, Marie-Jeanne, [JEAN II
b 1732.

(1) Elle épouse, le 9 août 1762, Jean-Baptiste GIROUX, à St-Philippe.

François-Xavier, b [3] 15 et s [3] 19 mars 1754.—*Jeanne*, b [3] 15 avril 1755.—*Basile-Michel*, b 7 février 1757, à St-Frs-du-Lac. [4] — *François*, b [4] 16 juillet et s [4] 24 août 1758.—*Marguerite*, b [4] 26 août 1759.—*Augustin*, b [4] 17 fevrier 1761.—*Marie-Rose*, b [4] 24 juin 1762.—*Jean-Baptiste*, b 1765; s [3] 18 dec. 1767.—*Jean-Baptiste*, b [3] 28 avril 1768.—*Marie-Catherine*, b [3] 28 avril 1768; s [3] 21 avril 1769.

1755, (10 fevrier) Lanoraie. [5]

III.—LAROCHE, Pierre, [Pierre II.
b 1720.
Régeas, Elisabeth. [Jacques III.
Pierre, b [5] 19 mai 1759.

1761, (2 fevrier) Ecureuils.

IV.—LAROCHE, Jean-Bte, [Joseph III.
b 1735; s 25 août 1780, à Québec.
Pagé, Marie-Louise, [Jean-Bte IV.
b 1736.

LAROCHE, Louis-Joseph.
Faucher, Marie-Joseph.
Marie-Madeleine, b 16 mars 1764, à Lotbinière. [7] —*Marie-Antoinette*, b [7] 28 oct. 1765.— *Marie-Françoise*, b [7] 1er oct. 1767.

1763, (23 oct.) St-Jean, I. O.

III.—LAROCHE, François-Marie, [Augustin II.
b 1731.
Gosselin, Marie-Françoise, [Joseph III.
b 1738; veuve de Pierre Pepin-Laforce.

1763.

II—LAROCHE, Gabriel, [Jean I.
b 1740.
Magnan, Marie-Louise.
Gabriel, b 9 mai et s 7 juillet 1764, à St-Philippe.

LAROCHE, François.
Samson, Françoise.
François, b... m 21 nov. 1797, à Marie Drolet, à Quebec.

1768, (11 avril) Terrebonne. [8]

III.—LAROCHE (1), François, [François II.
b 1744.
Lecompte, Marie-Catherine, [Joseph III.
b 1740, s [8] 27 nov. 1771.
Marie-Louise, b 3 avril 1769, à Lachenaye.

1770, (19 nov.) St-Philippe.

III.—LAROCHE, Michel, [Michel II.
b 1752.
Tremblay, Marie-Sophie, [Louis-André IV.
b 1743.

1772, (7 janvier) Terrebonne.

IV.—LAROCHE, Joseph, [Jean-Frs III.
b 1743.
Renaud-Locat, Marie-Joseph, [Joseph.
b 1755.

(1) Carré.

LAROCHE, Louis.
Desrochers, Victoire.
Abraham, b... m 17 février 1824, à Marie-Reine Lemay, à St-Jean-Deschaillons.

1797, (21 nov.) Québec.

LAROCHE, François. [François.
Drolet, Marie. [Benjamin.

1824, (17 fevrier) St-Jean-Deschaillons.

LAROCHE, Abraham. [Louis.
Lemay, Marie-Reine. [Pierre.

LAROCHELLE — Voy. Coutelet —Gautron—Métra—Simonet—Sorin.

LAROCQ.—Voy. Larocque—Larocquebrune.

LAROCQUE.—*Variations et surnoms :* Laroc—Larocq—Larocquebrune—Laroque—Roque—Carie—Couillau—Lafontaine.

I.—LAROCQUE (1), Jean.
Sillerie, Anne.
Marie-Anne, b... m 6 avril 1728, à Joseph Joffrion, à Varennes.

1717, (21 mars) Montreal.

I.—LAROCQUE (2), Guillaume, b 1682; fils d'Antoine et d'Anne Morel, de Marsac, diocèse d'Alby, Languedoc.
Boivin, Jeanne, [Michel II.
b 1699; s 15 mai 1758, à Chambly. [4]
Marie-Joseph (3), b 1726; m [4] 1744, à François Demers. — *Guillaume*, b... m [4] 19 avril 1751, à Angelique Lamoureux.— *Thérèse*, b... m [4] 8 janvier 1753, à Antoine-Joseph Ménard. — *Marie-Agathe*, b... m [4] 29 oct. 1753, à Jean-Baptiste Barré.—*Michel* (4), b... m 9 avril 1755, à Catherine Cadieu-Poitevin, à Longueuil.—*Louise*, b... m [4] 23 août 1756, à François Barré.—*Archange*, b 1740; m [4] 20 juin 1757, à Michel Lesueur; s 9 oct. 1790, au Detroit.

I.—LAROCQUE (5), Louis.

1751, (19 avril) Chambly. [8]

II.—LAROCQUE (1), Guillaume. [Guillaume I.
Lamoureux, Angelique [Pierre III.
Joseph, b [8] 19 fevrier 1752. — *Michel-Antoine*, b [8] 7 mars 1753. — *Henri-Marie*, b [8] 5 sept. 1754. —*Pierre*, b [8] 4 dec. 1756.— *Marie-Angélique*, b [8] 18 sept. 1758.—*Jacques*, b [8] 19 avril 1760.

(1) Et Larocq.

(2) Et Laroc dit Lafontaine.

(3) Seconde femme de François Dumay, veuf de Catherine Poirier. Ce François Dumay est fils de Robert II et non de Jean-François III; voy. vol. III, p 530.

(4) Guillaume Larocque et Jeanne Boivin par leur grand âge ont ete empeches de se trouver au mariage de Michel leur fils.

(5) Sergent au régiment de Berry. Il était, le 20 mars 1758, à St-Laurent, I. O.

1752, (2 dec.) Quebec. [9]
I.—LAROCQUE, ANTOINE, écrivain ; fils de Philippe (1er consul de la ville de Trie) et de Madeleine DeBoisjoly, de N.-D. de Trie, diocèse d'Auch, Gascogne.
GUILLEMOT, Catherine, [MATHURIN II. b 1716 ; veuve d'Alexis Sauvageau.
François-Antoine, b [9] 23 sept. 1753. — *Louise*, b [9] 10 et s [9] 23 avril 1755.—*Marie-Madeleine*, b [9] 26 oct. 1756 ; s [9] 19 janvier 1760.—*Joseph*, b [9] 17 et s [9] 21 juillet 1758.

1755, (9 avril) Longueuil.
II.—LAROCQUE (1), MICHEL. [GUILLAUME I.
CADIEU (2), Catherine. [JACQUES-CHRISTOPHE II.
Marie-Joseph, b 5 janvier 1757, à Chambly [2] ; s [2] 16 mars 1758. — *François*, b [2] 3 dec. 1758.—*Michel*, b [2] 3 déc. 1758 ; s [2] 13 sept. 1759.—*Noel*, b [2] 25 dec. 1760 ; s [2] 9 janvier 1761.

LAROCQUEBRUNE.—*Variations et surnoms :* LAROC—LAROCQ—LAROCQUE—LAROQUE—LAROQUEBRUNE—ROC — ROCH — ROQUEBRUNE—COUILLAU—GACHINIAC—VACHIGNAC.

1676.
I.—LAROCQUEBRUNE (3), PHILBERT, b 1647.
DE LA PORTE (4), Suz.-Catherine, [JACQUES I. b 1663.
Louis, b 1684 ; m 21 mai 1716, à Marie-Madeleine SABOURIN, à la Pointe-Claire ; s 5 juin 1764, au Lac-des-Deux-Montagnes.—*François*, b 6 déc. 1686, à Contrecœur ; m 1722, à Marie-Joseph GRENON. — *Michel*, b... m 2 fevrier 1718, à Marie-Joseph PINEL, au Bout-de-l'Ile, M. — *Marie*, b 1696 ; m 25 juin 1722, à Jean-Baptiste SCOFEN, à Montréal.

1704, (11 sept.) Varennes. [2]
II.—LAROCQUEBRUNE (5), J.-B., [PHILBERT I. b 1677.
DESLORIERS (6), Anne.
Jean-Baptiste-Marie, b [2] 14 oct. 1707 ; m [2] 4 février 1730, à Marie LEDOUX.—*Antoine*, b... m à Marie-Anne BRIAND. — *Joseph*, b [2] 24 nov. 1709 ; m 6 nov. 1735, à Marie-Louise HOULE, à la Baie-du-Febvre ; s 30 mai 1795, à l'Hôpital-General, M. —*Augustin*, b 1716 ; 1° m [2] 11 fevrier 1743, à Catherine CADIEU ; 2° m 21 juin 1756, à Marie-Amable DAVID, à la Pte-aux-Trembles, M. — *Catherine*, b 1720 ; m [2] 11 janvier 1740, à Pierre DELINE. — *Louis*, b... m [2] 4 fevrier 1748, à Geneviève DESEL.—*André*, b... m [2] 11 janvier 1751, à Suzanne DESEL.

(1) Et Laroc.
(2) Et Poitevin.
(3) Couillau dit Roquebrune—Larocque. Voy. Couillau vol. I, p. 144 et vol. III, p. 166.
(4) Dit St. Georges. Elle épouse, le 9 oct. 1706, Jean Charpentier, à Varennes.
(5) Et Roch ; voy. Couillau, vol III, p. 166,
(6) Et Prévost—Celerier.

1716, (21 mai) Pointe-Claire.
II.—LAROCQUEBRUNE (1), LOUIS, [PHILBERT I. b 1684 ; s 5 juin 1764, au Lac-des-Deux-Montagnes. [3]
SABOURIN, Marie-Madeleine, [PIERRE II. b 1699.
Louis, b 21 février 1718, au Bout-de-l'Ile, M [4], m [4] 26 janvier 1739, à Marguerite ST. JULIEN.—*Pierre*, b [4] 3 juillet 1723. — *Marie-Madeleine*, b [4] 12 avril 1725.—*Marie-Joseph*, b [4] 12 janvier 1727, m [4] 25 février 1743, à Jacques POIRIER.—*Catherine*, b [4] 22 août 1729. — *Antoine*, b [4] 15 juillet 1731 ; m [4] 5 mars 1753, à Marie-Anne POIRIER.—*Françoise-Amable*, b [4] 17 mai 1733. — *François-Marie*, b [4] 6 avril 1735 ; m [3] 21 oct. 1754, à Marie-Jeanne PILON.— *Angélique-Louise*, b [4] 9 et s [4] 16 sept. 1736.—*Hyacinthe*, b [4] 10 mars et s [4] 10 sept 1738.—*Joseph-Mathieu*, b [4] 21 sept. 1739 ; m [4] 20 février 1764, à Marie-Joseph SAUVÉ.—*Pierre*, b [4] 12 mai 1741 ; m [3] 14 sept. 1761, à Catherine SÉGUIN.

1718, (2 février) Bout-de-l'Ile, M. [3]
II.—LAROCQUEBRUNE (2), MICHEL. [PHILB I
PINEL (3), Marie-Joseph, [PIERRE-JEAN II b 1701.
Jacques-Michel, b 27 janvier 1719, à la Pointe-Claire [4], m 8 janvier 1748, à Françoise LANGLOIS-TRAVERSY, à St-Laurent, M. — *Marie-Joseph*, b 1720 ; m [4] 9 juin 1740, à Etienne BIROLEAU (4). — *Antoine*, b... m [3] 1er mars 1756, à Dorothée MAGDELAINE. — *Marie-Charlotte*, b... m 7 août 1758, à Pierre PARANT, à Ste-Geneviève, M.

1722.
II.—LAROCQUEBRUNE (5), FRS, [PHILBERT I b 1686.
GRENON (6), Marie-Joseph. [PIERRE I
Paschal, b 4 oct. 1723, à Sorel. [1] — *François*, b... m [1] 23 fevrier 1751, à Marie-Joseph VENNE—*Marie-Reine*, b 17 sept. 1725, à St-Ours. [2]—*Alexis*, b [2] 24 janvier 1727 ; m 1758, à Catherine LAPOINTE. — *Marie-Elisabeth*, b 18 et s 26 mai 1730, à Repentigny. — *Jean-Baptiste*, b 13 août 1731, à St-Frs-du-Lac. [3] — *Elisabeth-Amable*, b 20 juillet 1733, à St-Michel-d'Yamaska.—*Madeleine*, b [3] 19 fevrier 1735 ; s [1] 19 nov. 1755. — *Marie-Louise*, b [3] 21 janvier 1737. — *René*, b [3] 14 nov. 1738. — *Louise-Amable*, b [3] 27 mai et s [3] 9 juin 1740. — *Marie-Anne-Amable*, b [3] 31 dec. 1741.—*Pierre*, b [3] 18 oct. 1745.

1723, (21 juin) Becancour.
II.—LAROCQUEBRUNE (7), ANT., [PHILBERT I b 1683.
CHEDEVERGUE, (8), Marie-Madeleine. [LOUIS I
François, b... m 10 fevrier 1755, à Charlotte AUDET, à Boucherville.

(1) Dit Gachiniac—Vachignac.
(2) Couillau dit Roquebrune.
(3) Et Spinel—Pivel.
(4) Voy. aussi Lafleur.
(5) Et Larocque.—Rocq
(6) Et Greslon dit Laviolette.
(7) Et Larocque ; marié Couillau, voy. vol. III, p. 166.
(8) Dit Larose.

III.—LAROCQUEBRUNE (1), ANT. [J.-BTE II.
BRIAND, Marie-Anne.
François, b... m 8 janvier 1753, à Marie-Charlotte PINEAU, à Verchères.

1730, (4 février) Varennes. [2]
III.—LAROCQUEBRUNE (2), J.-BTE, [J.-BTE II.
b 1707.
LEDOUX, Marie. [JACQUES II.
Marie, b... m [2] 26 février 1748, à Joseph CHARBONNEAU.

1735, (6 nov.) Baie-du-Febvre. [4]
III.—LAROCQUEBRUNE (2), JOS., [J.-BTE II.
b 1709; s 30 mai 1795, à l'Hôpital-Général, M.
HOUDE, Marie-Louise. [GABRIEL.
Joseph-Marie, b [4] 18 déc. 1736.—*Marie-Louise*, b... m 12 avril 1763, à Charles CHARBONNEAU, à Varennes. [5]—*François*, b [4] 19 mars 1739, m [5] 10 février 1766, à Marie-Louise JODOIN.— *Marie-Jeanne*, b [4] 16 mars 1741.— *Gabriel*, b [4] 7 avril 1743; m 17 avril 1772, à Marie-Joseph CHARBONNEAU, à Boucherville.

1739, (26 janvier) Bout-de-l'Ile, M. [1]
III.—LAROCQUEBRUNE, LOUIS, [LOUIS II.
b 1718.
ST. JULIEN, Marguerite, [JACQUES I.
b 1714.
Marie-Geneviève, b [1] 8 nov. 1739; m [1] 2 février 1761, à Antoine POIRIER. — *Louis*, b [1] 21 mars 1741; m [1] 20 février 1764, à Marie-Françoise MAGDELAINE.—*Charles*, b [1] 25 juillet 1742; m 10 oct. 1768, à Geneviève SAUVÉ, à Soulanges. [2]—*Marie*, b [1] 8 sept. 1744; m [1] 5 mars 1764, à Joseph DICAIRE.—*Jacques*, b [1] 11 déc. 1745; m [2] 10 février 1766, à Agathe POIRIER. — *Joseph-Marie*, b [1] 12 février 1747.—*Catherine*, b... m [1] 9 février 1767, à Paschal BOYER.—*Marguerite-Paule*, b 24 sept. 1750, au Lac-des-Deux-Montagnes. [3]—*Suzanne*, b [3] 22 avril 1752. — *Marie-Madeleine*, b [3] 25 oct. 1754. — *Marie-Joseph*, b [3] 14 juillet 1756.

1743, (11 février) Varennes. [2]
III.—LAROCQUEBRUNE (2), AUG., [J.-BTE II.
b 1716.
1° CADIEU, Catherine. [JEAN-BTE III.
Christophe, b... m [2] 18 mai 1772, à Marie-Anne SENÉCAL.

1756, (21 juin) Pte-aux-Trembles, M.
2° DAVID, Marie-Amable, [JOSEPH III.
b 1738; s 8 juin 1760, à Terrebonne. [3]
René, b... s [3] 18 avril 1759. — *Augustin*, b [3] 25 mai et s 11 juillet 1760, à Ste-Rose. — *Marie-Amable*, b [3] 25 mai 1760.

1748, (8 janvier) St-Laurent, M. [2]
III.—LAROCQUEBRUNE, JACQUES, [MICHEL II.
b 1719.
LANGLOIS-TRAVERSY, Françoise, [FRANÇOIS IV.
b 1726.

(1) Et Larocque.
(2) Et Roch.

Michel-Archange, b 4 mars, à Ste-Geneviève, M. [3] et s [2] 29 juillet 1750. — *Marie-Catherine*, b [3] 29 mai 1751.—*Hyacinthe*, b [3] 7 mars 1753.—*Marguerite-Ursule*, b [3] 28 juin 1755. — *François*, b [3] 25 dec. 1756.

1748, (4 février) Varennes.
III.—LAROCQUEBRUNE (1), LOUIS. [J.-BTE II.
DESEL (2), Geneviève. [ETIENNE III.

1751, (11 janvier) Varennes.
III.—LAROCQUEBRUNE (1), ANDRÉ. [J.-B. II.
DESEL (3), Suzanne, [MICHEL III.
b 1726.

1751, (23 février) Sorel. [4]
III.—LAROCQUEBRUNE (4), FRS. [FRANÇOIS II.
VENNE, Marie-Joseph, [LOUIS III.
b 1730.
Anonyme, b [4] et s [4] 20 février 1752.—*Anonyme*, b [4] et s [4] 29 avril 1753.—*Marie*, b [4] 1er août 1754; m [4] 26 oct. 1772, à Michel VERRET.—*Marie-Thérèse*, b [4] 10 février 1757.

LAROCQUEBRUNE (4), JEAN-BTE.
SÉGUIN (5), Marie-Charlotte.
Pierre-Paul, b 29 juin et s 2 juillet 1752, au Lac-des-Deux-Montagnes. [3] — *Hyacinthe*, b [3] 17 oct. 1753.—*Paul*, b [3] 5 et s 10 mai 1757, au Bout-de-l'Ile, M.—*Marie-Charlotte*, b [3] 29 sept. 1759.—*Thomas*, b [3] 22 déc. 1761. — *Joseph*, b [3] 17 avril 1764.

1753, (8 janvier) Verchères. [1]
IV.—LAROCQUEBRUNE (4), FRS. [ANT. III.
PINEAU, Marie-Charlotte-Thérèse. [PIERRE III.
François, b [1] 24 août et s [1] 19 déc. 1754.—*Thérèse*, b [1] 13 nov. 1755.

1753, (5 mars) Bout-de-l'Ile, M. [1]
III.—LAROCQUEBRUNE (4), ANT., [LOUIS II.
b 1731.
POIRIER, Marie-Anne, [JOSEPH I.
b 1732.
Marie-Madeleine, b 28 février et s 4 mars 1754, au Lac-des-Deux-Montagnes. [2] — *Marie-Anne*, b [2] 25 mars et s [2] 14 août 1755.—*Marie*, b [2] 26 avril 1756.—*Angélique*, b [2] 26 août 1757.—*Geneviève*, b [2] 24 août et s [1] 6 sept. 1758. — *Marie-Anne*, b [2] 19 oct. 1759.—*Antoine*, b [2] 16 et s [2] 25 nov. 1760. —*Marie-Charlotte*, b [2] 13 déc. 1761; s [2] 27 mai 1765.—*Ursule-Amable*, b [2] 22 mai et s [2] 3 juillet 1763.— *André-Antoine*, b [2] 21 juin et s [2] 16 juillet 1764.—*Antoine-Marie*, b [2] 17 août 1765.— *Marie-Charlotte*, b [2] 12 avril 1767.— *Jean-Baptiste*, b [2] 2 et s [2] 8 avril 1768.

(1) Et Roc.
(2) Voy. Celles-Duclos; elle épouse, le 20 août 1770, Alexandre Blanchet, à Varennes.
(3) Voy. Celles-Duclos.
(4) Et Laroque.
(5) Dit Laderoute.

1754, (21 oct.) Lac-des-Deux-Montagnes. [8]
III.—LAROCQUEBRUNE (1), FRS-MARIE, [Ls II.
b 1735.
PILON, Marie-Jeanne. [JACQUES III.
Marie, b... s [8] 8 nov. 1755.—*Charles-Léon*, b [8] 12 nov. 1756.—*Marie-Madeleine*, b 30 oct. 1759, au Bout-de-l'Ile, M.—*Marie-Angélique*, b 13 et s 30 juillet 1761, à St-Henri-de-Mascouche.—*François-Barthélemi*, b [8] 22 août 1762.—*Pierre*, b [8] 7 juin et s [8] 5 juillet 1764.—*Marguerite*, b [8] 30 juillet 1765.—*Amable-Suzanne*, b [8] 26 avril 1767.

1755, (10 fevrier) Boucherville.
III.—LAROCQUEBRUNE (1), FRS. [ANT. II.
AUDET, Charlotte. [INNOCENT II.

1756, (1er mars) Bout-de-l'Ile, M.
III.—LAROCQUEBRUNE (2), ANT. [MICHEL II.
MAGDELAINE, Dorothée, [JEAN-BTE III.
b 1736; veuve de François Sabourin.
Marie-Eugénie, b 21 déc. 1756, à Ste-Geneviève, M. [4] — *Antoine*, b [4] 21 août 1758.

1758.
III.—LAROCQUEBRUNE (2), ALEXIS, [FRS II.
b 1727.
LAPOINTE, Catherine.
Paul, b 16 avril et s 6 août 1759, à St-Michel-d'Yamaska. [5] — *Jean-Baptiste*, b [5] 31 mai et s [5] 7 juin 1761.—*Marie-Jeanne*, b [5] 13 et s [5] 26 août 1762.—*Angélique*, b [5] 1er oct. 1763.—*Joseph*, b [5] 20 janvier 1765.—*Louis*, b [5] 30 mars et s [5] 4 déc. 1768.—*Paul*, b [5] 10 sept. 1769.

1761, (14 sept.) Lac-des-Deux-Montagnes. [6]
III.—LAROCQUEBRUNE (2), PIERRE, [LOUIS II.
b 1741.
SÉGUIN, Catherine, [PIERRE III.
veuve de Guillaume Heate.
Pierre-Alexis, b [6] 15 nov. et s [6] 22 déc. 1763.—*Marie-Catherine*, b [6] 29 janvier et s [6] 12 mai 1765.—*Marie-Louise*, b [6] 4 dec. 1766.

1764, (20 février) Bout-de-l'Ile, M.
IV.—LAROCQUEBRUNE, LOUIS, [LOUIS III.
b 1741.
MAGDELAINE, Marie-Françoise, [JEAN-BTE III.
b 1741.
Jean-Baptiste, b 20 février et s 9 mars 1765, au Lac-des-Deux-Montagnes. [7] — *Jean*, b [7] 20 et s [7] 23 dec. 1766.—*Marguerite*, b [7] 29 avril 1768.

1764, (20 fevrier) Bout-de-l'Ile, M.
III.—LAROCQUEBRUNE, JOS.-MATH., [Ls II.
b 1739.
SAUVÉ, Marie-Joseph, [PIERRE II.
b 1745.
Marie-Joseph, b 20 janvier 1765, au Lac-des-Deux-Montagnes. [7] — *Marguerite-Eugénie*, b [7] 15 nov. 1766.

(1) Et Larocque.
(2) Couillau.

1766, (10 fevrier) Varennes.
IV.—LAROCQUEBRUNE (1), FRS. [JOSEPH III.
JODOIN, Marie-Joseph. [CHARLES-JACQUES III.

1766, (10 fevrier) Soulanges.
IV.—LAROCQUEBRUNE (1), JACQUES, [Ls III.
b 1745.
POIRIER, Agathe, [JOSEPH II.
b 1750.

1766, (18 nov.) Varennes.
IV.—LAROCQUEBRUNE (1), SIMON. [JOS III.
JODOIN, Marie-Anne. [CHARLES III.

LAROCQUEBRUNE (2), PIERRE.
VIEN, Marie.
Michel, b 13 mai 1768, à St-Michel-d'Yamaska [8]; s [8] 15 janvier 1769.—*Geneviève*, b [8] 29 oct. 1769.

1768, (10 oct.) Soulanges.
IV.—LAROCQUEBRUNE (3), CHAS, [LOUIS III
b 1742.
SAUVÉ, Geneviève, [PIERRE II.
b 1747.

1772, (18 mai) Varennes.
IV.—LAROCQUEBRUNE (1), CHRIST. [AUG. III
SENÉCAL, Marie-Anne. [JEAN-BTE

1772, (17 août) Boucherville.
IV.—LAROCQUEBRUNE (1), GABRIEL. [JOS. III
CHARBONNEAU, Marie-Joseph. [JACQUES

LARONDE.—*Surnoms :* MOLAIRE—PHIBONIÈRE.

I.—LARONDE (4), LOUIS.
DESAULES, Suzanne.
Louis, b 7 juin 1750, à Montréal.

LARONDIÈRE.—Voy. LEMAY.

LAROQUE.—Voy. LAROCQUE—LAROCQUEBRUNE.

LAROQUEBRUNE.—Voy. LAROCQUEBRUNE.

LAROSE. — Voy. ABIRON—AUBRY—BATINIER—BELLEAU — BERGERON — BERNET — BIZEU—BLANCHARD—BLANCHON —CARTIER — CHAPOS—CHAUVEAU — CHEDEVERGUE — CHEDEVERT—CHEFDEVERGUE — CLÉMENCEAU — CRESPIN—CROIZAU — DAVELUY — DEGUIRE — DERY—DÉRY—DOUTRE—GAUTIER —GIROGUE—GIVOC—GROUARD—GUÉRARD—GUICHARD— GUILLOT—GUINEAU—GUIRÉ—HÉBERT—HÉRODO—KERE—LAMBEYE—LAROCHE— LAURENT—LECOMPTE—LUCHEUX — MAILLOU — MAROT—MAZEAU—MÉTIVIER — MIRMOND — RAVELET — REBEL—RICHARD—SAUVIN—ST. GERMAIN—TISSAUT—VIGEANT.

(1) Et Roch.
(2) Et Larocq.
(3) Et Larocque—Roquebrune.
(4) Dit Phibonière.

I.—LAROSE, Jean-Bte, b 1659 ; s 26 août 1739 (noye), à Ste-Anne-de-la-Pérade.

I.—LAROSE, Noel.
Montménil, Marie. [René I.
Charles, b... m 29 juillet 1704, à Marie Patenotre, à Québec.

I.—LAROSE, Jacques.
Lafleur, Marie.
Marie, b 1700 ; m 29 janvier 1720, à Jean-Baptiste Gouyau, au Détroit[3] ; s [3] 1er mars 1733.

I.—LAROSE, Jean-Bte, b 1692 ; s 10 février 1717, à St-Frs-du-Lac.

I.—LAROSE, Alexandre,
b 1661 ; s 11 sept. 1746, à Québec.
Laliberté, ...

1704, (29 juillet) Québec.
II.—LAROSE, Charles. [Noel I.
Patenotre, Marie, [Jean II.
b 1686 ; s 10 nov. 1737, au Sault-au-Récollet.

LAROSE, François.
Foisy, Françoise.
Marie-Madeleine, b 15 août 1720, à St-Ours.

1727, (21 avril) Champlain.
II.—LAROSE (1), Pierre. [Louis I.
Béchard (2), Marie, [Yves I
b 1709.
Marie-Geneviève, b 12 sept. 1747, au Cap-de-la-Madeleine.

LAROSE, François-Jean.
Lacroix, Angelique.
René-Jean-Baptiste, b 7 avril 1742, à St-Joachim.[3] — *Jean-Marie*, b [3] 15 oct. 1747.

1751, (11 janvier) Berthier.
IV.—LAROSE, Jean-Bte, [Jean-Bte III (3).
b 1728.
Vermet, Marie-Joseph, [Pierre III.
b 1729.
Marie-Joseph, b 15 oct. et s 22 nov. 1751, à Levis.[3] — *Marie-Geneviève*, b [3] 6 nov. 1752. — *Marie-Joseph*, b [3] 24 avril et s [3] 16 mai 1754.— *Jean-Baptiste*, b [3] 5 sept. 1756.—*Joseph-Hippolyte*, b [3] 23 mars et s [3] 10 sept. 1758. — *Pierre*, b [3] 28 février 1761.—*Geneviève*, b [3] 20 mai 1764 ; s [3] 12 mai 1765.

LAROSE, Jean-Bte.
Girard, Marie-Françoise.
Eustache-Athanase, b 2 mai et s 23 juillet 1759, à Verchères.

LAROSE, Pierre.
Ricard, Marie-Catherine.
Marie-Catherine, b et s 23 juillet 1762, à Ste-Anne-de-la-Perade.

(1) Dit Chefdevergue, voy. ce nom, vol. III, p. 49.
(2) Et Béchet.
(3) Belleau dit Larose, voy. vol. II, p. 209.

1767, (11 août) Ste-Anne-de-la-Perade.[4]
I.—LAROSE, François-Louis, fils de François-Louis et de Marie-Anne Bergefils, d'Anvers, Flandre.
Lafond, Angélique. [Etienne IV.
Joseph, b [4] 22 juin 1772.

LAROSE, Charles,
b 1751 ; s 5 sept. 1782, à St-Jean-Port-Joli.
Fonzami, Marie-Charlotte. [Léonard.

LAROSÉE.—Voy. Aly—Fare—Silvain.

LAROUCHE.—Voy. Gautier.

1743.
III.—LAROUCHE (1), François, [Claude II.
b 1719.
Nadon, Madeleine. [Pierre I.
François, b 28 avril 1746, à St-Vincent-de-Paul.[4] — *Joseph*, b [4] 13 février 1748.

1747, (11 oct.) Baie-St-Paul.[9]
III.—LAROUCHE (1), Louis, [Claude II.
b 1723 ; s [9] 19 juillet 1757.
Perron, Felicite, [Jean III.
b 1726.
Marie-Félicité, b 19 février 1757, à Contrecœur.

I.—LAROYALE (2), Jerome, b 1647 ; s 28 juillet 1707, à Montreal.

LARRIVÉ.—*Variations et surnoms :* Arrivé—Larive—Larivée—Rivet — Delisle— Maurice.

1666.
I.—LARRIVÉ (3), Jean,
b 1621 ; s 9 février 1707, à Ste-Famille, I. O.[1]
Bardaret, Jeanne,
b 1638 ; s [1] 23 mai 1713.
Joseph, b [1] 2 août 1678 ; m [1] 23 nov. 1716, à Louise Leureau ; s [1] 25 mars 1747.

1673, (26 mai) Boucherville.[2]
I.—LARRIVÉ (4), Pierre,
b 1643.
Beauchamp, Denise, [Jacques I.
b 1661.
Catherine, b [2] 28 août 1686 ; m [2] 11 oct. 1706, à Pierre Richard.—*Pierre*, b [2] 18 mars 1689 ; m 23 février 1718, à Marie-Anne Payet, à la Pte-aux-Trembles, M.

1700, (18 nov.) Lévis.[3]
II.—LARRIVÉ, Jean-Bte, [Jean I.
b 1677 ; s 9 sept. 1729, à Beaumont.[4]
Poiré, Catherine, [Laurent I.
b 1676 ; s [4] 14 sept. 1753.
Antoine, b [4] 31 oct. 1702 ; s [4] 17 janvier 1703.—

(1) Voy. Gautier, vol. IV, p. 214.
(2) Soldat de la compagnie LeVerrier.
(3) Voy. vol. I, p. 350.
(4) Voy. vol. I, p. 350, et Arrivée, vol. II, p. 53.

Marie-Joseph, b [4] 20 mars 1705 ; m 25 janvier 1740, à François LETELLIER, à Québec[5] ; s[5] 2 mai 1743.—*Marie-Anne*, b [4] 8 avril 1707 ; m [4] 30 sept. 1738, à Claude BOILARD ; s [4] 17 mai 1750.—*Jean-Baptiste*, b [4] 11 février 1710 ; m[4] 8 nov. 1745, à Marguerite LIS ; s [4] 6 déc. 1791.—*Joseph*, b[4] 24 février 1712 ; m [3] 1er juin 1744, à Marie-Thérèse BÉGIN ; s [4] 19 mai 1760.—*Marguerite*, b [4] 22 juin et s [4] 26 oct. 1714.—*Charles*, b [4] 16 déc. 1715 ; m 1er mars 1745, à Marie PREVOST, à Montréal.—*Marie-Catherine*, b [4] 26 juin 1719 ; s [4] 11 mai 1748.—*Marie-Louise*, b [4] 22 mai 1722 ; m [4] 15 janvier 1753, à Jacques LIS ; s [4] 15 avril 1805.

1703, (29 déc.) St-François, I. O. [5]

II.—LARRIVÉ (1), FRANÇOIS, [MAURICE I.
b 1674.
LAISNÉ (2), Marie-Madeleine, [BERNARD I.
b 1688.

Louis-François, b [5] 22 avril 1706 ; s 4 déc. 1788, à l'Hôpital-Général, M.—*Marie-Hélène*, b [5] 27 août 1707 ; m 2 nov. 1722, à Pierre BENETO, à Berthier.[6] — *François*, b [5] 13 oct. 1709 ; m [6] 7 janvier 1730, à Geneviève GAUDIN.— *Joseph*, b 16 oct. 1710, à Ste-Famille, I. O.—*Jean-Baptiste*, b... m 1er août 1742, à Marie-Joseph PARÉ, à St-Frs-du-Sud. [8]—*Marie-Joseph*, b [8] 18 août 1720 ; m [8] 22 nov. 1740, à Jean LAMBERT.—*Joseph*, b [6] 18 janvier 1723 ; m 8 nov. 1745, à Marguerite DÉVISS, à Québec.[7] — *Marie-Louise*, b [6] 1er juin 1728 ; 1° m [8] 21 juillet 1744, à Jean-François DODIER ; 2° m [7] 26 février 1759, à Pierre-Louis HÉLEINE.

1709, (29 juillet) St-François, I. O. [8]

II.—LARRIVÉ (3), SIMON, [MAURICE I.
b 1673 ; s [8] 20 juin 1715.
GARANT (4), Marie-Catherine, [PIERRE I.
b 1684 ; veuve de Jean Martin.

Geneviève, b [8] 25 juin 1710 ; m 10 sept. 1730, à Pierre BROUILLET, à Champlain. — *Louis* (posthume), b [8] 18 sept. 1715.

1709.

II.—LARRIVÉ (5), MAURICE, [MAURICE I.
b 1671 ; s 18 déc. 1733, à St-François, I. O. [3]
LAISNÉ (6), Marie-Anne, [BERNARD I.
b 1694.

Marie, b 1720 ; m 8 juin 1750, à Claude HOTTE, à Québec[4] ; s [4] 25 juillet 1758.—*Marie-Anne*, b [3] 3 janvier 1725 ; s [4] 20 juillet 1756.

II.—LARRIVÉ (7), JEAN, [PIERRE I.
b 1684.
MAILLÉ (8), Marie. [PIERRE II.
Pierre, b 4 oct. 1711, à Montréal.

(1) Et Arrivée—Larivée—Rivet dit Maurice, voy. vol. II, p. 54.
(2) Dit Laliberté.
(3) Et Arrivé—Larrivée, voy. vol. II, p. 54.
(4) Elle épouse, le 25 juin 1716, Yves Bechec, à St-Thomas.
(5) Et Arrivé dit Delisle, voy. vol. II, p. 54.
(6) Elle épouse, le 9 juillet 1734, Barthelemi Roza, à Québec.
(7) Et Arrivée ; voy. vol. II, p. 54.
(8) Et Maguet.

1716, (23 nov.) Ste-Famille, I. O. [9]

II.—LARRIVÉ (1), JOSEPH, [JEAN I.
b 1678 ; s [9] 25 mars 1747.
LEUREAU, Louise, [PIERRE II
b 1697 ; s [9] 24 juillet 1737.

Joseph, b [9] 15 sept. 1717 ; m 17 janvier 1757, à Marie LEFEBVRE, à St-Michel.—*Anonyme*, b [9] et s [9] 20 juin 1720.—*Marie-Louise*, b [9] 19 août 1721, m [9] 10 oct. 1747, à Jean-Baptiste MORISSET.—*Marie-Joseph*, b [9] 27 sept. 1723 ; m [9] 9 sept. 1743, à Louis-Laurent DEBLOIS ; s [9] 29 mai 1744.—*Jean-Baptiste*, b [9] 4 oct. 1725 ; s [9] 15 sept. 1733.—*Marie-Brigitte*, b [9] 8 oct. 1727 ; s [9] 12 sept. 1733—*Marie-Françoise*, b [9] 4 mars et s [9] 5 sept. 1730—*Marie-Madeleine*, b [9] 25 août et s [9] 15 sept. 1733.—*Pierre*, b [9] 1er déc. 1734 ; s [9] 10 janvier 1737.

1718, (23 février) Pte-aux-Trembles, M.

II.—LARRIVÉ (1), PIERRE, [PIERRE I.
b 1689.
PAYET, Marie-Anne. [PIERRE I.

Nicolas, b 1er juillet 1721, à Boucherville [1].—*Pierre*, b [1] 26 juin 1724 ; s [1] 25 janvier 1725.—*François*, b... m [1] 17 oct. 1757, à Marie-Joseph DAUNAY.

1723, (7 janvier) Boucherville [1]

II.—LARRIVÉ (1), JACQUES, [PIERRE I
b 1697.
PEPIN-LAFORCE, Marie-Anne, [PIERRE II.
b 1697.

Joseph, b 20 sept. 1727, aux Trois-Rivières[2], m 28 juillet 1750, à Brigitte PETIT, à Varennes, s 27 sept. 1769, au Detroit. — *Marie-Anne*, b [2] 28 juillet 1729 ; s [2] 21 juillet 1730. — *Marie-Angélique*, b [2] 2 août 1731 ; m [1] 28 sept. 1750, à Joseph PETIT. —*Jacques*, b [2] 10 mai 1733 ; m [1] 7 nov. 1757, à Marie DAUNAY.—*Marie-Joseph*, b [1] 6 juin 1735 ; m [1] 4 avril 1758, à Charles LUSIGNAN.—*Hippolyte*, b 23 sept. 1738, à Nicolet.[3]—*Marie-Anne*, b [3] 5 août 1741.

III.—LARRIVÉ (2), PHILIPPE, [JACQUES II.
b 1702 ; major ; s 1er mars 1768, à Soulanges.
NORMAND, Marie-Ignace-Anne, [LOUIS II
b 1710.

Joseph, b... m 7 janvier 1761, à Marie-Madeleine DAOUT, au Bout-de-l'Ile, M. [4]—*Marie-Jeanne*, b [4] 24 mars 1739.— *François*, b... m [4] 23 février 1767, à Charlotte HUNAUT.

1730, (7 janvier) Berthier. [7]

III.—LARRIVÉ, FRANÇOIS, [FRANÇOIS II.
b 1709.
GAUDIN, Geneviève, [PIERRE II.
b 1706.

Geneviève, b [7] 28 nov. 1730. — *Marie-Joseph*, b [7] 28 janvier 1733 ; 1° m 13 février 1753, à Jean MINET-MONTIGNY, à St-Frs-du-Sud [8] ; 2° m 19 avril 1762, à Jean LEBRON, à St-Valier.— *Jean-François*, b [7] 5 août 1735.—*Marie-Madeleine*, b [7] 29 mai 1737 ; m [8] 28 nov. 1753, à Charles MORIN.

(1) Et Arrivé ; voy. vol. II, p. 54.
(2) Et Arrivé dit Delisle, voy. vol. II, p. 54.

—*Marie-Louise*, b [8] 24 sept. 1741. — *Marie-Marguerite*, b [8] 5 mai 1744. — *Marie-Angélique*, b [7] 1er août 1747; m 21 août 1764, à Joseph GUIGNARD, à Kamouraska.

LARRIVÉ, NOEL.
GERVAIS, Marie-Anne.
François-Amable, b 30 août 1733, au Bout-de-l'Ile, M.

LARRIVÉ, PIERRE.
ROLET, Suzanne.
Pierre, b 1741; s 14 nov. 1755, à Chambly.

III.—LARRIVÉ, LOUIS, [FRANÇOIS II.
b 1706; s 4 déc. 1788, à l'Hôpital-General, M.

1742, (1er août) St-Frs-du-Sud.
III.—LARRIVÉ (1), JEAN-BTE. [FRANÇOIS II.
PARÉ, Marie-Joseph, [JOSEPH II.
veuve de Pierre Guignard.

LARRIVÉ, ETIENNE,
b 1757; s 24 déc. 1787, à Ste-Foye.
ST. PIERRE, Marie-Louise.
Madeleine, b... m 8 avril 1766, à Claude FRÉROT, à Beauport.

LARRIVÉ, PIERRE.
TROTIER (2), Suzanne.
Marie-Suzanne, b 12 mai 1744, au Sault-au-Recollet. [6] — *Jacques*, b [6] 23 avril 1746.—*Marie-Marguerite*, b 5 et s 14 juillet 1758, à Chambly.

1744, (1er juin) Levis. [4]
III.—LARRIVÉ, JOSEPH, [JEAN-BTE II.
b 1712; s 19 mai 1760, à Beaumont. [5]
BÉGIN, Thérèse, [JEAN-BTE II.
b 1723; s [5] 26 avril 1793.
Marie-Thérèse, b [5] 4 et s [4] 26 avril 1745. — *Joseph*, b [5] 13 mars 1746; s [5] 28 janvier 1750.— *Michel*, b [5] 28 août 1747; m à Thècle RATÉ; s [5] 29 sept. 1830. — *Marie-Catherine*, b [5] 28 mars 1749. — *Joseph*, b [5] 14 mai et s [5] 11 juin 1750.— *Joseph*, b [5] 15 nov. 1751. — *Thérèse*, b [5] 15 avril 1753; s [5] 24 juin 1758. — *Marie-Louise*, b [5] 31 janvier et s [5] 11 mars 1755. — *Charles*, b [5] 24 fevrier 1756. — *Jean-Baptiste*, b [5] 5 janvier et s [5] 1er sept. 1758.— *Marie-Marguerite*, b [5] 22 janvier et [5] 3 fevrier 1760.

1745, (1er mars) Montréal. [6]
III.—LARRIVÉ, CHARLES, [JEAN-BTE II.
b 1715.
PREVOST, Marie. [EUSTACHE II.
Marie-Marguerite, b [6] 12 oct. 1748.—*Catherine*, b [6] 5 oct. 1749.—*Charles*, b [6] 2 oct. 1750.

1745, (8 nov.) Québec. [4]
III.—LARRIVÉ (1), JOSEPH, [FRANÇOIS II.
b 1723.
DÉVISS (3), Marguerite, [CHARLES I.
b 1722.

(1) Marie sous le nom de Rivet.
(2) Appelée Badariac, 1746, Badaillac, 1758.
(3) Et Levisse.

Marie-Marguerite, b 20 août 1746, à St-Frs-du-Sud [5]; m [4] 29 août 1774, à René SASSEVILLE.— *Marie-Joseph*, b [5] 4 oct. 1747. — *Pierre-Jean*, b [4] 14 fevrier 1749; s [4] 22 sept. 1751. — *Marie-Elisabeth*, b [4] 3 août 1752. — *Jean*, b [4] 8 juin 1755.— *Marie-Geneviève*, b [4] 7 dec. 1756; s [4] 16 février 1758.—*Catherine*, b [4] 26 nov. 1758.—*Marie-Charlotte*, b [4] 1er juillet 1761.—*Marie-Geneviève*, b [4] 4 avril 1764. — *Marie-Jeanne*, b... m [4] 27 fevrier 1786, à Louis GALARNEAU.

1745, (8 nov.) Beaumont. [3]
III.—LARRIVÉ, JEAN-BTE, [JEAN-BTE II.
b 1710; s [3] 6 déc. 1791.
LIS (1), Marguerite, [JACQUES II.
b 1720; s [3] 15 dec. 1791.
Jean, b [3] 30 janvier 1747; m 1782, à Geneviève RIOUX. — *Marie-Marguerite*, b [3] 21 oct. 1748. — *Geneviève*, b [3] 18 mai et s [3] 10 déc. 1750. — *Charles*, b [3] 2 mars 1752. — *Joseph*, b [3] 29 mai 1754.—*Louis*, b [3] 1er février 1756; m 9 fevrier 1779, à Marie-Louise-Madeleine MONIER, à Québec. —*Claude*, b [3] 19 août 1757; m 5 nov. 1787, à Marie-Reine PINAULT, aux Trois-Pistoles.

1750, (28 juillet) Varennes.
III.—LARRIVÉ, JOSEPH, [JACQUES II.
b 1727; s 27 sept. 1769, au Détroit.
PETIT (2), Brigitte. [MICHEL III.

LARRIVÉ, JOSEPH.
SAVARIE, Marie-Joseph.
Marie-Catherine, b 30 dec. 1750, à Québec.

LARRIVÉ, JEAN-BTE.
LARCHE, Marie-Françoise.
Marie-Françoise, b 25 janvier 1754, à Chambly.[7] — *Marie-Louise*, b [7] 14 fevrier 1755. — *Marie-Joseph*, b [7] 28 mai 1756.

LARRIVÉ, JOSEPH.
VALLIÈRE, Charlotte.
Joseph, b 19 juillet 1757, à Chambly. [7] —*Joseph*, b [7] 3 sept. 1758.

1757, (17 janvier) St-Michel. [2]
III.—LARRIVÉ, JOSEPH, [JOSEPH II.
b 1717.
LEFEBVRE (3), Marie-Joseph, [JEAN-BTE III.
b 1739.
Marie-Joseph, b [2] 29 oct. 1757; s [2] 9 nov. 1758. — *Charles-Lin*, b 22 sept. 1760, à Beaumont; m 22 juillet 1783, à Marie-Geneviève DROUIN, à Québec.—*Marie-Joseph*, b et s 16 janvier 1763, à la Baie-du-Febvre.

LARRIVÉ, CHARLES.
LEFEBVRE, Marie-Joseph.
Marthe-Abondance, b 14 juin 1759, à St-Michel.

(1) Et Elys dit Gourdeau.
(2) Dit Lalumière.
(3) Dit Boulanger.

1761, (7 janvier) Bout-de-l'Ile, M.[9]
IV.—LARRIVÉ (1), JOSEPH. [PHILIPPE III.
DAOUT, Marie-Madeleine, [CHARLES II.
b 1738.
Marie, b [9] et s [9] 4 mai 1763.

1767, (23 février) Bout-de-l'Ile, M.
IV.—LARRIVÉ, FRANÇOIS. [PHILIPPE III.
HUNAUT, Charlotte, [JOSEPH IV.
b 1747.

LARRIVÉ, FRANÇOIS.
LAUZON, Elisabeth.
Angélique, b 1766; s 3 mai 1790, à Lachenaye.[4] — *Jean-Baptiste,* b [4] 27 mars 1768. — *Joseph,* b [4] 3 oct. 1776. — *Marie-Judith,* b [4] 10 mars 1785.

1779, (9 février) Québec.
IV.—LARRIVÉ, LOUIS, [JEAN-BTE III.
b 1756.
MONIER, Marie-Lse-Madeleine, [FRANÇOIS.
b 1751.

1782.
IV.—LARRIVÉ, JEAN, [JEAN-BTE III.
b 1747.
RIOUX, Geneviève.
Scholastique, b 3 sept. 1783, aux Trois-Pistoles.[8] — *Marie-Geneviève,* b [8] 16 déc. 1784. — *Michel,* b [3] 14 fevrier 1787. — *François,* b [3] 25 déc. 1788.—*Marie-Suzanne,* b [3] 14 août 1791.

1783, (22 juillet) Québec.
IV.—LARRIVÉ, CHARLES-LIN, [JOSEPH III.
b 1760.
DROUIN, Marie-Geneviève, [ALEXIS IV.
b 1762.
Marie-Joseph, b 23 avril 1788, à Ste-Foye.

IV.—LARRIVÉ, MICHEL, [JOSEPH III.
b 1747; s 29 sept. 1830, à Beaumont.[6]
RATÉ, Thècle.
Catherine, b... m [6] 19 sept. 1809, à Joseph LEFRANÇOIS.

1787, (5 nov.) Trois-Pistoles.[1]
IV.—LARRIVÉ, CLAUDE, [JEAN-BTE III.
b 1757.
PINAULT, Marie-Reine, [LOUIS II.
b 1762; veuve d'Ambroise Damours.
Marie, b [1] 30 dec. 1792.—*Michel,* b [1] 19 mars 1796.

LARRIVÉ, CHARLES.
FILTEAU, Marie-Charlotte,
b 1755; s 12 fevrier 1833, à Beaumont.

LARSONNEUR.—*Variation :* SCELEUR.

(1) Et Arrivée dit Delisle, voy. vol. II. p. 54.

1760, (18 fevrier) Québec.[3]
I.—LARSONNEUR (1), MICHEL, traiteur; fils de Jacques et de Rose Lafineur, de St-Paul, Paris.
BAUDIN, Marie-Joseph, [PHILIPPE II.
b 1737; s [3] 26 août 1783.
Michel, b [3] 2 dec. 1760; s 12 juin 1761, à Lévis. —*Nicolas-François,* b [3] 18 janvier 1762.—*Jean,* b [3] 23 janvier 1763.—*Marie-Joseph,* b 27 juin 1764, à Beauport.

1783, (30 juin) Montréal.
II.—LARSONNEUR, NICOLAS-FRS, [MICHEL I
b 1762.
PETEL, Marguerite.

LART.—*Surnoms :* BERTRAND—LARAMÉE.

1699, (28 février) St-Nicolas.
I.—LART (2), PIERRE-BERTRAND,
s 4 juin 1717, à Québec.[4]
COUTARD, Marie, [ROBERT I.
b 1677; s [4] 30 mai 1717.
Madeleine, b... m [4] 13 nov. 1730, à Jacques CAMPEAU.

1766, (15 sept.) Montréal.[5]
I.—LARTIGUE, JEAN-JACQUES, b 1734; fils de Pierre-Etienne et de Marie-Charlotte Caussac, de Miradou, diocèse d'Aulch, Gascogne
CHERIER, Marie-Charlotte-Marg., [FRS-PIERRE I
b 1743.
Jean-Jacques (3), b [5] 20 juin 1777; ord. 21 sept 1800; consacré le 21 janvier 1821; s [5] 19 avril 1840.

LARUE.—*Variations et surnoms :* DE LA RAU —DE LA RUE — LARAUE — BAYONNE — MONTENON.

1663, (3 oct.) Trois-Rivières.
I.—LARUE (4), GUILLAUME,
b 1636; notaire royal; s 9 janvier 1717, à Ste-Anne-de-la-Pérade.
PEPIN, Marie, [GUILLAUME I.
b 1649.
Marie-Barbe, b 23 janvier 1681, à Champlain, sœur dite de l'Enfant Jésus (Congreg. N.-D.), s 22 juin 1706, à Quebec.

1697, (4 février) Batiscan.
II.—LARUE (4), ETIENNE. [GUILLAUME I.
JUIN, Madeleine, [PIERRE I.
b 1670.
Etienne, b 16 dec. 1702, à Ste-Anne-de-la-Pérade; m 5 février 1727, à Marie-Jeanne DEGUIRE, à St-Ours.

(1) Sceleur, 1761.
(2) Dit Laramée—Bertrand, 1730; voy. vol. I, p. 349.
(3) Premier évêque de Montréal; nommé le 13 mai 1836.
(4) Voy. vol. I, p. 351.

1697, (22 juillet) Ste-Anne-de-la-Pérade.
II.—LARUE (1), JACQUES, [GUILLAUME I.
b 1671; s 5 mai 1718, à St-Ours.[1]
COUILLARD (2), Madeleine-Marguerite, [FRS I.
b 1677.
Françoise, b 26 avril 1699, à Batiscan; m[1] 10 juillet 1720, à Guillaume LABERGE.

1722, (17 mars) Varennes.
I.—LARUE, JEAN-BTE,
b 1669; s 7 août 1749, à Terrebonne.[2]
LEVERD, Geneviève, [JEAN-JACQUES I.
b 1671; veuve d'Elie Lamothe; s[2] 30 août 1756.

1727, (5 fevrier) St-Ours.
III.—LARUE, ETIENNE, [ETIENNE II.
b 1702.
DEGUIRE, Marie-Jeanne. [JEAN II.

1759, (8 janvier) Montréal.
I.—LARUE, JEAN, b 1723; fils de Pierre et de Marie Malval, de Ste-Croix, diocèse de Lyon, Lyonnois.
DELAUNAY, Françoise, [CHARLES II.
b 1709.

I.—LARUE (3), JACQUES, b... s 5 mai 1760, à Ste-Foye.

1770, (27 août) Détroit.[4]
I.—LARUE (4), JEAN-BTE, fils de Jean et de Jeanne DeVigneau, de N.-D.-de-Lahtte, diocèse d'Axe, Basse-Guyenne.
BINEAU, Elisabeth, [LOUIS II.
b 1754.
Isabelle, b[4] 23 mars 1772.

LARUE, AUGUSTIN.
PROULX, Marie.
Marie, b 26 janvier 1782, à St-Augustin.

IV.—LARUE (5), AUGUSTIN, [AUGUSTIN III.
b 1749.
JEAN, Marie-Anne.
Augustin, b.. 1° m 3 juin 1806, à Ursule BORNE, à Québec; 2° m...

1788, (20 nov.) Québec.[5]
IV.—LARUE (5), JEAN-BTE, [AUGUSTIN III.
b 1765, arpenteur; s 25 nov. 1852, à Kamouraska.
CLESSE, Geneviève. [FRANÇOIS-IGNACE II.
Julie, b... m[5] 14 mai 1810, à Paschal TACHÉ.

1806, (3 juin) Quebec.
V.—LARUE, AUGUSTIN, [AUGUSTIN IV.
notaire public.
1° BORNE, Ursule, [GEORGES I.
b 1781.

(1) Voy. vol. I, p. 351.
(2) Elle épouse, le 14 août 1718, Pierre Pineau, à St-Ours.
(3) Grenadier du régiment de Languedoc.
(4) Dit Bayonne.
(5) Voy. aussi De la Rue, vol. III, p. 206.

Nazaire, b... m à Adelaïde ROY.
2° ....

VI.—LARUE, NAZAIRE. [AUGUSTIN V.
ROY, Adelaïde.
François-Alexandre-Hubert, b... m 10 juillet 1760, à Marie-Alphonsine-Philomène PANET, à Quebec.

1860, (10 juillet) Québec.
VII.—LARUE, FRS-ALEX.-HUBERT. [NAZAIRE VI.
PANET, Alphonsine-Philomène, [PHILIPPE III.
b 1839.

LARUINE.—Voy. MICHEL.

LARY.—Voy. ALARY.

LARY (1), PAUL,
navigateur.
MÉRIEU (2), Madeleine. [JEAN I.
Madeleine, b... m 12 janvier 1792, à Jean DENOME, à Quebec.

LASABLONNIÈRE.—Voy. BRUNEL.

1719, (23 janvier) Montréal.[4]
II.—LASABLONNIÈRE (3), JEAN, [JEAN I.
b 1687.
MAUGUE, Louise, [CLAUDE I.
b 1693; s[4] 2 avril 1755.
Jean-Baptiste, b[4] 10 oct. 1730; s 24 février 1762, à l'Hôpital-Général, M.

1732, (31 oct.) Nicolet.
II.—LASABLONNIÈRE (3), FRANÇOIS. [JEAN I.
QUINTAL, Agathe. [FRANÇOIS II.
François, b 2 avril 1734, à Montréal; m 2 mai 1757, à Madeleine TESSIER, à Contrecœur.

III.—LASABLONNIÈRE (3), JACQUES, [JACQ. II.
b 1726.
MICHELET, Marguerite, [MELCHIOR I.
b 1722.
Hyacinthe, b 1755; s 27 déc. 1757, à Contrecœur.

1757, (2 mai) Contrecœur.
III.—LASABLONNIÈRE, FRS, [FRANÇOIS II.
b 1734.
TESSIER, Madeleine, [PIERRE III.
b 1741.

LASAGUE.—Voy. DE LA SALLE, 1698.

LASALINE.—Voy. POISSON, 1752.

LASALLE.—*Variation et surnoms* : DE LA SALLE—CASTAGNAN—TALUSIER.

I.—LASALLE, GUILLAUME, b 1700, soldat; fils de Jean et de Marie Vinquet; s 26 déc. 1750, à Montreal.

(1) Pour Alary.
(2) Dit Bourbon.
(3) Voy. Brunel, vol. II, p. 494.

1740.

I.—LASALLE, Jean-Bte, b 1715, maître-tailleur; fils de Pierre et de Grâce de Castagnet, de St-Jean d'Isor, diocèse d'Oléron, Gascogne.
1° De la Ricon, Catherine.
1752, (26 juin) Montréal.
2° Malidor (1), Therèse, [Sébastien-Victor I. b 1729.
Thérèse, b 1755; s 2 août 1756, à Longueuil.[2] —*Archange*, b [2] et s [2] 9 fevrier 1757.

LASALLE, Pierre.
Huard, Véronique, b 1727; s 14 mai 1754, à Quebec.

LASANTÉ.—Voy. Pinon.

LASARTE, François.
Quenneville, Catherine.
Marguerite, b 27 déc. 1719, à Montréal.

LASARTE (2), Joseph.
Payet, Marie-Madeleine.
Joseph, b 1779; s 14 avril 1787, à Lachenaye.[4] —*Antoine*, b [4] et s [4] 1er sept 1785.—*Jean-Baptiste*, b [4] 1er sept. 1785; s [4] 19 juillet 1786. —*Amable*, b [4] 2 oct. 1786; s [4] 8 oct. 1787. —*Honoré*, b [4] et s [4] 4 juin 1790.

LASAUSSAYE, Pierre, b 1693; s 25 août 1756, à Ste-Anne-de-la-Pérade.

LASAVANE.—Voy. Mercereau.

LASBRON.—Voy. Laspron.

LASEIGNEURIE.—Voy. Boda, 1692.

LASELLE.—Voy. Lacelle.

LASERRE.—*Variation et surnoms* : Lasser—DeBluche—Gallais—Laforme—Montamel.

LASERRE, Pierre.
....
b 1675; s 26 avril 1715, à Montréal.

1704, (3 mai) Ile-Dupas.

I.—LASERRE (3), Guillaume, b 1673; maître-chapelier; s 1er août 1719, à Montreal.[1]
Boisseau (4), Angélique, [Pierre I. b 1683.
Guillaume, b [1] 11 mai 1705; m [1] 3 juillet 1730, à Elisabeth Desroches. — *Jean-Baptiste*, b [1] 11 oct. 1706; m 23 mai 1746, à Jeanne-Elisabeth Renou, à St-Frs-du-Lac. — *Pierre-Joseph*, b [1] 16 juillet et s [1] 16 nov. 1708. — *Paul-Joseph*, b [1] 2 janvier 1710; s [1] 6 juillet 1711. — *François-Thomas*, b [1] 21 déc. 1711; s [1] 3 mars 1712. — *Marie-Thérèse*, b [1] 25 janvier 1714; sœur grise, s 14 mai 1783, à l'Hôpital-Général, M. — *Joseph-François*, b [1] 8 mars 1716. — *Pierre*, b [1] 7 février et s [1] 2 mai 1719. — *Joachim* (posthume), b [1] 2 avril 1720; s [1] 1er août 1721.

1730, (3 juillet) Montréal.[7]

II.—LASERRE (1), Guillaume, [Guillaume I. b 1705.
Desroches, Elisabeth, [Pierre II. b 1705.
Marie-Joseph, b [7] 1er sept. et s 2 oct. 1731, à la Longue-Pointe.

1746, (23 mai) St-Frs-du-Lac.

II.—LASERRE, Jean-Bte, [Guillaume I. b 1706.
Renou, Jeanne-Elisabeth, [Michel-Frs II. b 1717.

LASERRE, Charles.
Poitrau, Marie.
Marie-Angélique, b 16 nov. 1749, à Montréal.

1757, (1er fevrier) Québec.[3]

I.—LASERRE (2), Jean, soldat; fils d'Antoine et de Jeanne Mariole, de St-Eustache, Paris.
Balan, Geneviève, [Pierre II. b 1734.
Jean-Julien, b [3] 29 juin et s [3] 18 juillet 1758. — *Marie-Madeleine*, b [3] 29 juin 1758.

LASERTE.—Voy. LePailleur—Vacher.

LASÈVE.—Voy. Bluche.

LASISSERAYE.—Voy. Lefebvre.

I.—LASNE, Jean-Bte, b 1723, soldat; fils de Charles et de Marie-Anne Audeman, de St-Nicolas-du-Chardonnet, Paris; s 31 août 1754, à la Longue-Pointe (noyé.)

LASONDE.—Voy. Brun — Couture-Lamonde—Guichard—Husard—Lanos—Laurent—Lebrun—Leriche—Malidor — Moller—Riche—Vauquier.

1720, (21 oct.) St-Pierre, I. O.[7]

III.—LASONDE (3), Jean-Bte, [Jean-Bte II. b 1700; s [7] 7 janvier 1750.
1° Leclerc, Marguerite, [Jean-Charles II. b 1703; s [7] 17 oct. 1725.
Marie-Joseph, b [7] 31 janvier 1723.

LASOUDURE.—Voy. Roulier.

LASOURCE.—Voy. Maillou.

LASPRON.—*Variations et surnoms* : Lampron—Laperon — Lapron — Lasbron — De la Charité—Desfossés—Lacharité—St. Louis.

(1) Dit Lasonde.
(2) Lasarpe en 1786.
(3) Dit Laforme.
(4) Elle épouse, le 29 août 1723, Jean-Baptiste Chaufour, à Montréal.

(1) Dit Laforme.
(2) Dit Montamel.
(3) Pour Couture dit Lamonde, voy. vol. III, p 184.

1669, (7 oct.) Québec.

I.—LASPRON (1), JEAN,
b 1645.
RENAULT, Anne,
b 1651, s 25 déc. 1714, aux Trois-Rivières. [2]
Jean-Baptiste, b [2] 31 juillet 1673; m [2] 4 nov. 1700, à Madeleine GEOFFROY; s 1er janvier 1749, à Nicolet. — *Marie*, b [2] 4 août 1683; s 20 déc. 1749, à la Pte-aux-Trembles, M.[3] — *Maurice*, b [2] 2 sept. 1685; 1° m [3] 13 avril 1711, à Marie AUBUCHON; 2° m [3] 7 janvier 1749, à Jeanne ARCHAMBAUT.

1700, (4 nov.) Trois-Rivières. [4]

II.—LASPRON (2), JEAN-BTE, [JEAN I.
b 1673; s 1er janvier 1749, à Nicolet.[5]
GEOFFROY (3), Madeleine, [NICOLAS I.
b 1679; s [5] 31 mars 1753.
Anonyme, b [4] et s [4] 10 sept. 1701.—*Claude*, b [4] 28 août 1702; 1° m [5] 24 sept. 1720, à Marguerite FOUCAULT; 2° m à Marie-Françoise GUERTIN; s [5] 10 oct. 1769.—*Louis*, b 1705; m 6 fevrier 1741, à Marguerite AREL, à St-Frs-du-Lac; s [5] 31 août 1765.—*Marguerite*, b [4] 30 oct. 1709.—*Marie-Marguerite*, b [4] 25 janvier 1712; m [5] 27 mai 1749, à Antoine LEMAY. —*Marie-Anne*, b [4] 20 avril 1714.—*Marie-Jeanne*, b 1716; m [5] 2 février 1750, à Jean-Baptiste DESILETS; s [5] 26 sept. 1794.— *Marie-Anne*, b [5] 14 mars 1717; m [5] 7 janvier 1765, à Joseph PRÉCOUR; s [5] 21 nov. 1780.—*Jean-Baptiste*, b [5] 4 mars 1719; 1° m 23 juin 1749, à Madeleine GAUTIER-ST. GERMAIN, à Boucherville; 2° m [5] 25 sept. 1760, à Marie-Agathe PITRE; s [5] 11 mars 1796. — *Madeleine*, b... m [5] 11 sept. 1741, à François BENOIT.

1711, (13 avril) Pte-aux-Trembles, M. [6]

II.—LASPRON (4), MAURICE. [JEAN I.
1° AUBUCHON, Marie, [JEAN I.
b 1668; veuve de René Philip; s 15 avril 1746, à la Longue-Pointe. [3]
Basile, b [6] 8 mai 1712; s [6] 15 février 1724.—*Alexis*, b [6] 5 dec. 1714; s [3] 3 avril 1730.

1749, (7 janvier). [6]

2° ARCHAMBAUT, Jeanne, [LAURENT III.
veuve de Henri Belisle.

1712, (7 janvier) Trois-Rivières. [2]

II.—LASPRON (5), CLAUDE, [JEAN I.
b 1679.
BRUNO, Marie-Charlotte, [JEAN-RENÉ I.
b 1683.
Claude, b [2] 1er juin 1712; m 3 juin 1739, à Marie-Antoinette JUTRAS, à Nicolet [3]; s [3] 16 avril 1784. —*Marie-Joseph*, b [2] 19 mars 1714; s 2 avril 1717, à la Rivière-du-Loup. [6] — *Jean-Baptiste*, b [6] 30 janvier 1716. — *Joseph*, b [6] 13 sept. 1717; m [3] 6 nov. 1747, à Marie VERTEFEUILLE.

(1) Dit Lacharité; voy. vol. I, p. 352.
(2) Et Lampron dit Desfossés—Lacharité.
(3) Dit St. Germain.
(4) Dit Lacharité.
(5) Et Lapron sieur de la Charité—Lacharité.

1720, (24 sept.) Nicolet. [6]

III.—LASPRON (1), CLAUDE, [JEAN-BTE II.
b 1702; s [6] 10 oct. 1769.
1° FOUCAULT, Marguerite, [DENIS II.
b 1698.
Marie-Catherine, b 1723; m 9 oct. 1747, à Joseph LEBEAU, à la Longue-Pointe. [7]—*Basile-Prisque*, b... m 6 avril 1750, à Madeleine LEMIRE, à la Baie-du-Febvre; s [6] 17 février 1792.—*Augustin*, b... m [7] 4 mai 1761, à Geneviève JEAN-DENIS.—*François*, b... m [7] 7 nov. 1763, à Marie-Louise BARBE-ABEL.
2° GUERTIN, Marie-Françoise, [PIERRE II.
b 1705.

1739, (3 juin) Nicolet. [1]

III.—LASPRON (2), CLAUDE, [CLAUDE II.
b 1712; s [1] 16 avril 1784.
JUTRAS, Marie-Antoinette, [MICHEL II.
b 1716.
Marie-Geneviève, b [1] 23 avril et s [1] 1er juin 1740.—*Claude*, b [1] 3 mai 1741; m [1] 16 janvier 1764, à Marie-Ursule DUFAUT.—*Michel*, b [1] 12 mai 1743; m [1] 14 janvier 1771, à Madeleine PINARD. — *Joseph*, b [1] 26 sept. 1745. — *Jean-Baptiste*, b [1] 4 août 1748; m [1] 2 août 1779, à Marie PELLERIN.—*Marie-Geneviève*, b [1] 6 avril 1751; m à Jacques BARON; s [1] 1er juillet 1786.—*François*, b [1] 20 fevrier 1753; m [1] 7 nov. 1774, à Marie-Antoinette LEMIRE-FOUCAUT.—*Marie-Antoinette*, b [1] 22 avril 1757.

1741, (6 février) St-Frs-du-Lac.

III.—LASPRON (3), LOUIS, [JEAN-BTE II.
b 1705; s 31 août 1765, à Nicolet. [8]
AREL, Marguerite, [JEAN-LOUIS II.
b 1721; s [8] 27 avril 1752.
Marie-Marguerite, b [8] 18 janvier 1742; m [8] 28 mai 1764, à Joseph DUBOIS; s [8] 24 avril 1784.—*Geneviève-Françoise*, b [8] 10 juin 1743; 1° m [8] 18 fevrier 1765, à François ST. LAURENT; 2° m [8] 6 nov. 1786, à Jean-Baptiste DUPUIS.—*Joseph*, b [8] 2 janvier 1745; m [8] 9 nov. 1767, à Catherine DUPUIS; s [8] 12 juin 1792.—*Jean-Baptiste*, b [8] 30 avril 1747; m [8] 10 fevrier 1766, à Marie-Charlotte TERRIEN; s [8] 30 août 1769.—*François*, b [8] 5 juillet et s [8] 2 nov. 1749.—*Louis*, b [8] 21 oct. 1750; s [8] 4 mars 1751.

1747, (6 nov.) Nicolet. [9]

III.—LASPRON (2), JOSEPH, [CLAUDE II.
b 1717.
VERTEFEUILLE, Marie. [JEAN-FRANÇOIS I.
Joseph, b [9] 11 août 1748; s [9] 11 sept. 1751.—*Alexis*, b [9] 29 juin et s [9] 2 juillet 1750.—*Joseph*, b [9] 9 mars 1752; m [9] 12 fevrier 1781, à Marie-Joseph DUPUIS.—*Marie-Geneviève*, b [9] 4 sept. 1755; s [9] 3 juin 1756.—*Marie-Louise*, b... s [9] 15 nov. 1757.—*Marie-Geneviève*, b [9] 20 avril 1757.—*Joseph*, b 1758; s [9] 15 oct. 1759.

(1) Dit Lacharité—Desfossés; voy. aussi ce nom, vol. III, p. 372.
(2) Dit Lacharité.
(3) Desfossés—Lacharité—St. Louis.

1749, (23 juin) Boucherville.
III.—LASPRON (1), JEAN-BTE, [JEAN-BTE II.
b 1719; s 11 mars 1796, à Nicolet. [1]
1° GAUTIER (2), Madeleine, [FRANÇOIS II.
b 1723; s [1] 31 mars 1753.
Joseph-Geoffroy, b [1] 8 août 1750; m [1] 17 février 1772, à Agathe RÈCHE.
1760, (25 sept.) [1]
2° PITRE, Marie-Agathe. [JEAN-BTE I.

1750, (6 avril) Baie-du-Febvre.
IV.—LASPRON (3), BASILE-PRISQUE, [CLAUDE III.
s 17 février 1792, à Nicolet. [8]
LEMIRE, Madeleine, [JEAN-FRANÇOIS III.
b 1729.
Joseph, b [8] 11 février 1753; m [8] 11 février 1782, à Geneviève DELEIGNE.—*Jean-François*, b [8] 12 mai 1755.—*Pierre*, b [8] 1er et s [8] 3 juillet 1757.—*Pierre*, b [8] 26 mai 1759; m [8] 16 février 1795, à Marie-Joseph ROUILLARD.—*Jean-Baptiste*, b... m [8] 26 février 1781, à Agathe FLEURANT.—*Madeleine*, b... m [8] 14 février 1791, à Antoine PINARD.—*Augustin*, b... m [8] 10 février 1794, à Marie-Anne TOPHINÉ.

1761, (4 mai) Longue-Pointe. [4]
IV.—LASPRON (4), AUGUSTIN. [CLAUDE III.
JEAN (5), Geneviève, [NICOLAS III.
b 1743.
Augustin, b [4] 9 février et s [4] 7 août 1762.—*Marie-Geneviève*, b [4] 8 juillet 1763.—*Marie-Catherine*, b [4] 11 nov. 1764.—*Augustin*, b [4] 28 sept. 1766; s [4] 24 août 1767.—*Jean-Baptiste*, b [4] 19 déc. 1768.

1763, (7 nov.) Longue-Pointe. [7]
IV.—LASPRON (6), FRANÇOIS. [CLAUDE III.
BARBE (7), Marie-Louise. [LOUIS-JOSEPH II.
Marie-Louise, b [7] 28 mars 1764.—*Marie*, b [7] 10 août 1766; m [7] 21 nov. 1785, à Louis MORAN.—*François*, b [7] 12 juillet 1769.

1764, (16 janvier) Nicolet. [5]
IV.—LASPRON (3), CLAUDE, [CLAUDE III.
b 1741.
DUFAUT, Marie-Ursule, [FRANÇOIS-LÉONARD I.
b 1739.
Joseph, b... m [5] 17 oct. 1796, à Françoise GAURON.

1766, (10 février) Nicolet. [6]
IV.—LASPRON (8), JEAN-BTE, [LOUIS III.
b 1747; s [6] 30 août 1769.
TERRIEN, Marie-Charlotte, [THOMAS III.
b 1742.
François, b... m [6] 20 février 1797, à Thérèse VILLAT.

(1) Dit Desfossés—Lacharité.
(2) Dit St. Germain.
(3) Dit Lacharité.
(4) Et Lampron dit Lacharité.
(5) Dit Denis.
(6) Et Lampron.
(7) Dit Abel.
(8) Marié sous le nom de Desfossés.

1767, (9 nov.) Nicolet. [7]
IV.—LASPRON (1), JOSEPH, [LOUIS III.
b 1745; s [7] 12 juin 1792.
DUPUIS, Catherine, [JEAN-BTE II.
b 1744; s [7] 15 mars 1789.
Louis, b... m [7] 6 oct. 1788, à Marie-Louise BARON.—*Catherine*, b... m [7] 19 sept. 1791, à Jean-Baptiste ROBERT.

1771, (14 janvier) Nicolet. [6]
IV.—LASPRON (2), MICHEL, [CLAUDE III.
b 1743.
PINARD, Madeleine, [JEAN-BTE III.
b 1752.
Michel, b... m [6] 10 oct. 1796, à Madeleine DESFOSSÉS.—*Madeleine*, b... m [6] 25 sept. 1797, à Jean-Baptiste LIÉVIN.

1772, (17 février) Nicolet. [9]
IV.—LASPRON (1), JOS.-GEOFFROY, [J.-BTE III.
b 1750.
RÈCHE, Agathe, [JEAN-BTE II.
b 1753; s [9] 6 février 1790.
Madeleine, b... m [9] 10 oct. 1796, à Michel LASPRON.—*Agathe*, b... m [9] 6 février 1797, à Clement LIÉVIN.

1774, (7 nov.) Nicolet. [9]
IV.—LASPRON (2), FRANÇOIS, [CLAUDE III.
b 1753.
LEMIRE (3), Marie-Antoinette, [JEAN-BTE III.
b 1750.
François, b... m [9] 19 mai 1794, à Marie-Louise RATIER.

1779, (2 août) Nicolet.
IV.—LASPRON (2), JEAN-BTE, [CLAUDE III.
b 1748.
PELLERIN, Marie, [PIERRE I
Acadienne; veuve de Jean-Baptiste Desfossés.

1781, (12 février) Nicolet.
IV.—LASPRON (2), JOSEPH, [JOSEPH III.
b 1752.
DUPUIS, Marie-Joseph. [JEAN-BTE II.

1781, (26 février) Nicolet.
V.—LASPRON (2), J.-BTE. [BASILE-PRISQUE IV.
PINARD-FLEURANT, Agathe. [JOSEPH III.

1782, (11 février) Nicolet.
V.—LASPRON (2), JOSEPH, [BASILE-PRISQUE IV.
b 1753.
DELEIGNE, Geneviève. [JEAN-PIERRE I.

1788, (6 oct.) Nicolet.
V.—LASPRON (4), LOUIS. [JOSEPH IV.
BARON, Marie-Louise, [JACQUES IV.
b 1753.

(1) Marié sous le nom de Desfossés.
(2) Dit Lacharité.
(3) Dit Foucaut.
(4) Dit St. Louis—Desfossés; marié sous ce dernier nom.

1794, (10 février) Nicolet.
V.—LASPRON (1), Aug. [Basile-Prisque IV.
Tophiné, Marie-Anne. [Jean-Bte I.

1794, (19 mai) Nicolet.
V.—LASPRON (1), François. [François IV.
Ratier, Marie-Louise. [Amable III.

1795, (16 février) Nicolet.
V.—LASPRON, Pierre, [Basile-Prisque IV.
b 1759.
Rouillard, Marie-Joseph, [Joseph IV.
b 1750.

1796, (10 oct.) Nicolet.
V.—LASPRON (1), Michel. [Michel IV.
Laspron (2), Madeleine. [Jos.-Geoffroy IV.

1796, (17 oct.) Nicolet.
V.—LASPRON (1), Joseph. [Claude IV.
Gauron, Françoise. [Michel.

1797, (20 février) Nicolet.
V.—LASPRON (3), François. [Jean-Bte IV.
Villat, Thérèse. [Jean-Bte II.

LASSER —Voy. Laserre.

LASSISERAI.—Voy. Lefebvre.

LASSISERAY.—Voy. Lefebvre.

I.—LATACHE, Jean.
Desaut, Marie.
Marie, b... m 3 nov. 1750, à Blaise Marié, à Quebec.

I.—LATAILLE (4), Henri, b 1711 ; ordonné 22 sept. 1742 ; s 27 juin 1768, à l'Hôpital-Général, M. (dans l'église).

I.—LATAILLE, Jean-Bte,
menuisier.
Louineau, Marie-Geneviève.
Geneviève, b 24 février 1746, à Québec.[8] — *Nicolas*, b [8] 21 mai 1747. — *Jean-Baptiste*, b [8] 14 oct. 1749.

LATARTRE.—*Surnom :* Francœur.

1757, (11 janvier) Québec.[7]
I.—LATARTRE (5), François-Hubert, b 1728, soldat ; fils de Jean et d'Antoinette Truchot, de Mezière, diocèse de Besançon, Franche-Comte ; s [7] 20 août 1761.
1° Dagneau (6), Marie-Joseph, [Jean II.
b 1724.
Jean-Baptiste, b [7] 28 nov. 1757.
2° Garant, Geneviève.
Jean, b [7] 29 juillet 1761.

(1) Dit Lacharité.
(2) Dit Desfossés—Geoffroy.
(3) Marié sous le nom de Desfossés.
(4) Curé de St-Charles-de-Chambly.
(5) Dit Francœur.
(6) Et Daniau dit Laprise.

LATAUPINIÈRE.—Voy. Grimard.

LATEICLERC.—Voy. Druilhet.

LATENDRESSE.—Voy. Frémot — Lagnier — Poitevin.

LATERREUR.—Voy. Besnard — Conquet—Ducros—Guéguin—Laurin—Lorin—Martin.

LATERRIÈRE.—*Surnom :* DeSales.

1799, (10 oct.) Québec.
I.—LATERRIÈRE (1), Pierre, chirurgien ; fils de Pierre et de Marie Delargue, du diocèse d'Alby, Languedoc.
Delzenne, Marie-Catherine-Jos., [Ignace-Frs I.
b 1755 ; veuve de Christophe Pélissier (directeur des forges St-Maurice).

LATERRIÈRE, Pierre,
marchand.
Bulmer, Marie-Anne.
Guillaume-Fenwick-Bulmer, b 1819 ; s 30 nov. 1820, à Quebec.

LATHRULIÈRE (De).—Voy. Dreuillet.

LATOISE.—Voy. Théoturie.

LATOUCHE. — Voy. Aubert — MaCarty — Pézard — Roger — Soupras — Tantevin — Tantouin.

I.—LATOUCHE (2), Marguerite, fille de Jean et de Marie Tevellon, de Rennes, Bretagne ; m 21 sept. 1673, à Jacques Manseau, à Québec ; s 21 mai 1732, à St-Laurent, I. O.

1680, (15 janvier) Boucherville.[1]
I.—LATOUCHE (3), Roger,
b 1648.
Garreau, Marie, b 1659 ; fille de Dominique et de Marie Pinard, de Ste-Marguerite-de-Cogne, diocèse de LaRochelle, Aunis.
Marien, b [1] 27 mars 1692 ; m [1] 18 oct. 1717, à Marie-Marguerite Daudelin.—*Jean-Baptiste*, b [1] 20 oct. 1695 ; m [1] 24 janvier 1724, à Madeleine Rougeau ; s 20 juillet 1775, à Belœil.—*Marie-Anne*, b [1] 5 février 1698 ; m [1] 19 juin 1724, à Jean-Baptiste Rougeau.—*Françoise*, b 1700 ; m à François Edeline.

1714, (16 avril) Varennes.
II.—LATOUCHE, Lucas, [Roger I.
b 1684.
LeTellier (4), Thérèse, [Jean II.
b 1692 ; s 5 nov. 1784, à Repentigny.[5]

(1) DeSales.
(2) Voy. vol. I, p 407.
(3) Voy. vol. I, p. 352.
(4) Dit Lafortune.

Marie-Renée, b [5] 21 et s [5] 28 janvier 1715.—*Marie-Thérèse*, b 8 déc. 1717, à Boucherville. [6]—*Jean-Baptiste*, b [6] 17 juillet 1719.—*Jacques*, b [6] 17 mai 1721; s [6] 24 avril 1724.—*Marie-Madeleine*, b [6] 12 nov. 1722; s [6] 22 avril 1724.—*Geneviève*, b [6] 5 et s [6] 10 sept. 1724.—*Luc*, b [6] 25 sept. 1725; m à Marie-Anne LAPORTE.—*Louis*, b [5] 8 avril 1728; m à Thérèse FUGÈRE.—*Marie-Anne*, b [5] 12 et s [5] 18 fevrier 1730.

1717, (18 oct.) Boucherville.

II.—LATOUCHE, MARIEN, [ROGER I.
b 1692.
DAUDELIN, Marie-Marguerite, [RENÉ II.
b 1696.

Joseph, b 18 nov. 1720, à St-Ours [7]; s 8 juin 1754, à Verchères. [8]—*Louis*, b 1723; s [7] 20 février 1724.—*Marie-Louise*, b [7] 15 mai 1724; m [8] 7 mai 1742, à François DEVILLE.—*Jean-Baptiste*, b [8] 25 février 1729; m à Marie-Amable CHALU.

1724, (24 janvier) Boucherville.

II.—LATOUCHE, JEAN-BTE, [ROGER I.
b 1695; s 20 juillet 1775, à Belœil.
ROUGEAU, Madeleine, [JEAN I.
b 1706.

Véronique, b... m 11 oct. 1745, à Jean-Baptiste BUREL, à Varennes. [9] — *Marie-Charlotte*, b... m [9] 22 fevrier 1751, à Michel RENAUD.—*Thomas*, b... m [9] 11 janvier 1762, à Madeleine RENAUD.—*Jean-Baptiste*, b... m [9] 11 février 1771, à Marguerite CADIEU.

1725, (30 juillet) Montréal. [5]

I.—LATOUCHE (1), JEAN, b 1685, sergent; fils de Claude et de Marie Maugis, de Celertenn, diocèse de Luçon, Poitou; s [5] 21 oct. 1741.
VALLÉE (2), Elisabeth. [JEAN I.

Louise-Elisabeth, b [5] 9 juin 1726; m [5] 27 juillet 1761, à François BUREAU.—*Marie-Louise*, b [5] 29 déc. 1727.—*Scholastique-Amable*, b [5] 23 juillet 1729; 1° m [5] 5 mars 1753, à Paul AUGER; 2° m [5] 10 nov. 1760, à François ROGER.—*Louis-Joseph*, b [5] 13 déc. 1730; m 16 juin 1755, à Michelle-Françoise PRIVÉ, à Verchères.—*Simon*, b [5] 10 fevrier et s [5] 23 oct. 1734.—*Elisabeth*, b [5] 7 et s [5] 22 mai 1735.—*Marie-Catherine*, b [5] 26 avril et s [5] 12 mai 1737.—*Marie-Marguerite*, b [5] 4 et s [5] 24 juin 1739.—*Marie-Marguerite*, b [5] 19 avril 1741.

1737, (7 oct.) Quebec.

I.—LATOUCHE (3), CHARLES, fils de Timothée et d'Helène Thee, de St-Sauveur, Lyon, Lyonnois.
GUILLEMIN, Angélique-Jeanne, [CHARLES I.
b 1717.

LATOUCHE, JEAN.
CABACHÉ, Charlotte.

Jean-Laurent, b et s 16 mars 1744, à Montréal.

(1) Dit Soupras.

(2) Dit Soucy; elle épouse, le 17 février 1745, Jean Legrand, à Montréal.

(3) Sieur de MaCarty, frère de Timothée MaCarty.

III.—LATOUCHE, JOSEPH, [MARIEN II
b 1720; s 8 juin 1754, à Verchères.

III.—LATOUCHE (1), LUC, [LUCAS II.
b 1725.
LAPORTE, Marie-Anne.

Marie-Anne, b 1751; s 18 juin 1767, à Repentigny. [1]— *Thérèse*, b 1753; m [1] 3 fevrier 1772, à François GOULET. — *Luc*, b... m à Marie-Anne PICHET.

1755, (16 juin) Verchères.

II.—LATOUCHE (2), LOUIS-JOSEPH, [JEAN I.
b 1730.
PRIVÉ, Françoise-Michelle, [MICHEL I.
b 1734.

III.—LATOUCHE (1), JEAN-BTE, [MARIEN II.
b 1729.
CHALU, Marie-Amable.

Françoise, b 1758; s 10 juillet 1774, à Repentigny. [1]—*Etienne*, b 18 fevrier 1761, à Verchères.—*Amable*, b 1766; s [1] 27 mars 1767.—*Marie-Angélique*, b [1] 1er mai et s [1] 12 juin 1771.

1762, (11 janvier) Varennes.

III.—LATOUCHE, THOMAS. [JEAN-BTE II.
RENAUD (3), Madeleine. [CHARLES

1771, (11 fevrier) Varennes.

III.—LATOUCHE (1), JEAN-BTE. [JEAN-BTE II.
CADIEU, Marguerite, [JEAN-BTE IV
veuve d'Augustin Lavigne.

III.—LATOUCHE (1), LOUIS, [LUCAS II
FUGÈRE (4), Therèse.

Angélique, b... m 20 août 1787, à Pierre SOUMIS, à Repentigny. [1] — *Euphrosine*, b... m [1] 24 janvier 1791, à Michel JANOT.

LATOUCHE (1), LUC.
CHARBONNEAU, Marie.

Louis, b et s 10 mai 1784, à Repentigny. [1]—*Joseph*, b [1] 28 sept. 1786; s [1] 5 oct. 1787.—*Marie-Louise*, b... s [1] 12 fevrier 1794.—*Joseph-Léon*, b [1] 12 avril 1794.

IV.—LATOUCHE (1), LUC. [LUC III
PICHET, Marie-Anne.

Marie-Angélique et *Marie-Joseph*, b 4 avril 1787, à Repentigny. [1]—*Jean-Baptiste*, b [1] 24 août et s [1] 2 sept. 1789. — *Michel*, b [1] 30 sept. 1790—*Joseph*, b [1] 21 oct. et s [1] 8 nov. 1792.—*Marie*, b [1] 30 déc. 1793.

LATOUR.—*Variation et surnoms :* DE LA TOUR—ARTAUT—BALARD — BAUMELEBLANC—BEAUME—BONNET — DEFOUCAULT— DEMASSOINGS—DEZÉRY—DUFOUR — FOUCAULT— GOURNAY et GOURNÉ — HUGUET—JÉROME— LAFORGE—LE CANTEUR—LOYER—SIMONET—THUILLIER.

(1) Et Roger.

(2) Dit Soupras.

(3) Dit Desloriers.

(4) Dit Champagne.

1703, (23 janvier) Montréal. [6]

I.—LATOUR (1), JEAN, b 1675, marchand; fils de Gabriel (seigneur de Mouzin) et de Marguerite Payen, de Mouzin, diocèse de Lavaur, Languedoc; s [6] 14 avril 1749.

PRUDHOMME, Marguerite, [LOUIS I. b 1656; veuve de Jean Martinet; s [6] 3 sept. 1725.

1730, (11 février). [6]

2° TAILHANDIER, Jeanne, [MARIEN I. b 1690; veuve de Jean-Baptiste Tetreau.

1705, (1er dec.) Ile-Dupas. [6]

I.—LATOUR (2), PIERRE.

BAILLARD (3), Etiennette. [FRANÇOIS.

Pierre, b 27 sept. 1708, à Sorel [7]; s 8 juillet 1730, à Yamachiche (noyé). — *Antoine*, b [6] 25 août et s [6] 27 sept. 1710. — *Anonyme*, b [7] et s [7] 3 mai 1713.— *Marie-Françoise*, b [7] 8 avril 1715.— *Marie-Louise* et *Marie-Angélique*, b [6] 21 avril 1717.—*Marie-Rose*, b [7] 4 avril 1719. —*Pierre*, b [6] 20 avril 1721.—*Gertrude*, b... s [7] 14 mars 1725.— *Joseph*, b [7] 8 nov. 1725.

1712, (3 oct.) Beauport. [6]

I.—LATOUR (4), PIERRE, b 1666; veuf en 2des noces de Jacquette Levasseur, de LaRochelle, Aunis: s 19 janvier 1736, à Montreal. [7]

CHEVALIER (5), Catherine, [JEAN II. b 1692.

Marie-Joseph, b 20 août et s 30 sept. 1713, à Quebec. [8]—*Pierre-Charles*, b [8] 11 août 1715; s [6] 6 fevrier 1716.—*Madeleine-Marguerite*, b [7] 2 sept. 1718; m [8] 15 sept. 1744, à Louis BARDET.—*Jean-Baptiste*, b [7] 10 mars et s [7] 7 sept. 1720.—*Michel*, b [8] 16 juillet 1722; s [8] 7 sept. 1725. — *Marie-Joseph*, b [8] 1er oct. 1723; m [8] 11 nov. 1749, à François LEMAITRE.

1722, (1er juin) Montréal.

I.—LATOUR (6), PIERRE.

GUIGNARD (7), Geneviève, [PIERRE I. b 1705; s 30 mars 1780, à l'Hôpital-Géneral, M.

Joseph-Charles, b 31 mars 1735, à Terrebonne; m 7 nov. 1757, à Françoise DROUIN, au Sault-au-Recollet.

1739, (1er juin) Ile-Dupas. [8]

III.—LATOUR (8), LOUIS, [AUGUSTIN II. b 1713; s [3] 17 sept. 1768.

BRULÉ, Marguerite. [ANTOINE I.

Marguerite, b... m [3] 19 janvier 1761, à Jean-Baptiste GUEVREMONT. — *Louis-Amable*, b [3] 15 mars 1741; m [3] 13 juin 1763, à Geneviève BÉRARD. —*Antoine*, b [3] 20 avril 1743; m [3] 27 janvier 1766, à Marie CHÊNE-LAGRAVE. — *Joseph*, b... m [3] 7 fevrier 1774, à Marie-Ane GAGNON. — *Marie-Joseph*, b 1750; m 1775, à Albert FARLY.

I.—LATOUR, GILLES, b 1724; de LaRochelle, Aunis; s 8 sept. 1754, à Nicolet.

1745, (27 avril) Québec. [4]

II.—LATOUR (1), CLAUDE-ANT., [CLAUDE I. b 1725.

2° LAMOTTE, Marie-Charlotte, [PIERRE I. b 1723; s [4] 1er janvier 1786.

Marie-Joseph, b [4] 14 juin 1756; s 15 juillet 1758, à St-Augustin. [5] — *Claude*, b [4] 19 sept. et s [5] 7 oct. 1758.

LATOUR, PIERRE, maître-tailleur.

DARDENNE, Geneviève.

Amable, b... 1° m 15 avril 1771, à Suzanne CASSE, au Détroit [8]; 2° m [8] 20 janvier 1777, à Agnès MESNY.—*François*, b... m 1776, à Marguerite MELOCHE.

1746, (17 août) Eboulements. [6]

III.—LATOUR (2), AUGUSTIN, [AUGUSTIN II. armurier.

TREMBLAY, Victoire-Cécile. [ETIENNE III.

Elisabeth, b [6] 17 janvier 1761; m 24 janvier 1791, à Andre TURGEON, à Beaumont.

LATOUR, PIERRE.

DENIS, Catherine, b 1737; s 27 sept. 1775, à Terrebonne.

1757, (7 nov.) Sault-au-Récollet.

II.—LATOUR, JOSEPH-CHARLES, [PIERRE I. b 1735.

DROUIN, Marie-Françoise, [PIERRE III. b 1739.

1760, (27 oct.) Chambly.

I.—LATOUR, JACQUES, fils d'Antoine et d'Anne Richard, de Villefremont, diocèse d'Agen, Guienne-d'Agenois.

LACOSTE, Madeleine, [ANDRÉ II. veuve de Nicolas Montplaisir.

LATOUR, LOUIS.

BOUCANNE, Marie-Madeleine, s 22 janvier 1762, à l'Ile-Dupas. [4]

Louis-Amable, b [4] 15 janvier et s [4] 9 juillet 1762.

1763, (13 juin) Ile-Dupas. [4]

IV.—LATOUR, LOUIS-AMABLE, [LOUIS III. b 1741.

BÉRARD, Geneviève, [PIERRE II. b 1739.

Louis, b [4] 24 avril 1764.—*Marie-Geneviève*, b [4] 6 sept. 1765. — *Marie-Charlotte*, b 25 avril 1772, à St-Cuthbert. [5] — *Michel*, b [5] 19 et s [5] 29 juillet 1774.—*Marie-Marguerite*, b [5] 5 avril 1777; s [5] 5 fevrier 1778.—*Joseph-Marie*, b [5] 11 sept. 1779.

(1) DeFoucault.
(2) Dit Laforge.
(3) Et Baillac.
(4) Maître fondeur de cloches.
(5) Elle épouse, le 16 oct. 1741, François Rageot, à Québec.
(6) Voy. Dufour, vol. III, p. 504.
(7) Aussi appelée St. Our.
(8) Voy. Balard, vol. II, p. 106.

(1) Voy. Huguet, vol. IV, p. 543.
(2) Voy. Balard, vol. II, p. 108.

1766, (27 janvier) Ile-Dupas.[8]
IV.—LATOUR, Antoine, [Louis III.
b 1743.
Chêne (1), Marie, [Louis II.
b 1746; s[8] 15 juin 1774.
Antoine, b[8] 20 nov. 1767.—*Jean-Baptiste*, b[8] 2 sept. 1769. — *Louis-Amable*, b[8] 26 oct. 1771.—*Marguerite*, b[8] 14 juin et s[8] 21 juillet 1774.

LATOUR, Amable.
Lépine, Marie-Joseph.
Pierre, b 20 juin 1768, à l'Ile-Dupas.

1771, (15 avril) Detroit.[2]
LATOUR, Amable, [Pierre.
maître-charpentier.
1° Casse, Suzanne, [Noel II.
veuve de Pierre Parant; s[2] 24 août 1771.
1777, (20 janvier).[2]
2° Mesny, Agnès, [Antoine II.
b 1758.
François, b[2] 28 déc. 1777. — *Agnès*, b[2] 3 février 1779.—*Judith*, b[2] 8 avril et s[2] 14 juin 1780. —*Jeanne*, b[2] 17 sept. 1781.— *Charles*, b[2] 5 janvier 1783.—*Judith*, b[2] 15 mai 1785.

1774, (7 février) Ile-Dupas.[1]
IV.—LATOUR, Joseph. [Louis III.
Gagnon, Marie-Anne, [Mathurin IV.
b 1754.
Marie-Anne, b[1] 15 et s[1] 17 mai 1775.—*Anonyme*, b[1] et s[1] 15 février 1776.—*Marie-Anne*, b[1] 13 avril 1777.—*Joseph*, b[1] 4 oct. 1778.—*Françoise*, b[1] 21 et s[1] 24 janvier 1780.—*Louis*, b[1] 26 février 1781.—*Alexis*, b[1] 27 oct. 1782.—*Balthazar*, b... 1° m 30 juillet 1820, à Joséphine Roy, à Sioux, Mo.; 2° m 6 juillet 1826, à Catherine Pepin, à St-Louis, Mo.

1776.
LATOUR, François, [Pierre.
maître-cordonnier.
Meloche, Marguerite.
François-Amable, b 23 janvier 1777, au Détroit.[3] —*Charles*, b[3] 29 mai 1779.

1782.
LATOUR (2), Etienne.
Langoumois, Marie-Françoise.
Geneviève, b 7 sept. 1783, au Détroit.[4] — *Nicolas*, b[4] 15 sept. 1784.

1820, (30 juillet) Sioux, Mo.
V.—LATOUR, Balthazar. [Joseph IV.
1° Roy, Marie-Joséphine, fille d'Antoine et de Félicité Saraphin, du village du Pé.
1826, (1er juillet) St-Louis, Mo.[6] (3).
2° Pepin, Catherine. [Etienne.
Etienne, b[6] 21 déc. 1834.

(1) Dit Lagrave.
(2) Dit Balard.
(3) Déjà mariés devant témoins le 24 mars 1825.

LATOURELLE.—Voy. Dubord—Maranda.

I.—LATOURELLE, Louis, b 1670; de France; s 29 mai 1721, à Montréal.

LATOURMENTE.—Voy. Besnard, 1753.

I.—LATOURMENTE (1), Joseph, b... s 10 mars 1757, à St-Joachim.

LATOURNELLE.—Voy. Cocquin.

LATRAVERSE.—Voy. Hus.

III.—LATRAVERSE, Jos., [J.-Bte-Ant. II (2).
b 1727; s 10 déc. 1753, à Sorel.

1751, (30 juin) Ile-Dupas.[7]
III.—LATRAVERSE (3), Pierre, [J.-Bte-Ant. II.
b 1717.
Desorcy (4), Marie-Anne, [Jean-Bte III.
b 1725; s 20 déc. 1760, à Sorel.[8]
Pierre, b[7] 5 et s[8] 26 mai 1752.—*Pierre*, b[8] 1er juillet 1753.—*Marie-Anne*, b[8] 14 avril 1755—*Marie*, b[8] 13 avril et s[8] 18 juin 1756.—*Marie-Catherine*, b[8] 31 mai et s[8] 6 juin 1757.

1752, (10 oct.) Sorel.
III.—LATRAVERSE (3), Luc. [J.-Bte-Ant. II.
Salvail, Marie-Catherine, [Pierre II.
b 1726.

LATREILLE.—Voy. Bériasse—Bériau—Brias—Briasse—Lalande—Lalonde—Ledoux—Plumereau.

LATREILLE, Gabriel, b 1689; s 17 juillet 1761, à l'Hôpital-Général, M.

I.—LATREILLE (5), Gabriel, b 1724; s 11 août 1750, à St-Thomas.

1743, (29 juillet) Montréal.
III.—LATREILLE (6), Gabriel, [Gabriel II.
b 1719; cordonnier.
Cardinal (7), Geneviève, [Pierre II.
b 1724.
Geneviève-Louise, b 13 et s 25 oct. 1745, à Québec.[8] — *François-Gabriel*, b[8] 22 déc. 1746; s[8] 20 août 1747. — *Marie-Geneviève*, b[8] 8 juillet et s[8] 2 août 1748.—*Gabriel*, b[8] 11 mai 1750; m 1785, à Marie-Joseph Léonard.

1785.
IV.—LATREILLE, Gabriel, [Gabriel III.
b 1750.
Léonard, Marie-Joseph.

(1) Soldat trouvé gelé.
(2) Voy. Hus, 1714, vol. IV, pp. 560 et 561.
(3) Voy. Hus, vol. IV, p. 563.
(4) Dit Lincour.
(5) De l'équipage du brigantin *La Louise*, commandé par le capitaine Denis Larche.
(6) Voy. Brias, vol. II, p. 463.
(7) Dit Faucher, 1748; elle épouse, le 26 janvier 1755, Louis Gallé, à Québec.

Marie, b 6 mai et s 3 juin 1786, au Cap-de-la-Madeleine.[8] — *Joseph*, b[8] 2 oct. 1788.—*François*, b[8] 3 déc. 1791; s[8] 26 mars 1792.—*Alexis*, b[8] 27 sept. 1794.

LATRÉMOUILLE.—Voy. Miguet, 1706.

LATRÈMOUILLÈRE.—*Surnom :* Lafleur.

1763, (22 août) L'Ange-Gardien.[9]

I.—LATRÉMOUILLÈRE (1). Jérome, fils d'Étienne et de Guillemette Galtier, de St-Roch-en-Sisac, en Quercy.
Trudel, Rose, [Joseph III.
b 1740.
Jérôme, b[9] 12 juin 1764.

LATULIPPE.—Voy. Choudin — Dufaux — Flagiole — Joron — Jouineau — Juneau— Labrosse — Leheu—Mailhot — Maublot—Mobleau — Monbleau — Ponsant— Quéret— Sauteur—Savin—Sévin.

I.—LATULIPPE, Jean, b 1648; soldat; s 24 avril 1734, à Montreal.

I.—LATULIPPE (2), Pierre, b 1662; s 24 déc. 1712, à Montreal.

LAUBERGE.—Voy. Roberge, 1747.

LAUDENOZ.—Voy. Sorel.

LAUDMAN.—Voy. Lothman—Barrois.

LAULIÈRE.—Voy. Gaudin, 1730.

L'AUMONIER.—Voy. Traversy.

LAUNAY.—*Surnoms :* Lacroix—Laguerce.

1729, (9 mai) Berthier.[6]

I.—LAUNAY (3), François-Nicolas, fils de Julien et de Françoise Perche, de Roc-sur-Brieu, diocèse de Dol, Bretagne.
Roy, Angelique, [Nicolas II.
veuve de Louis Baudoin; s 24 août 1751, à St-Thomas.[7]
Marie-Agathe, b[6] 18 avril 1730.—*Marie-Angélique*, b... m[6] 4 nov. 1749, à Jean-Baptiste Rogeri.—*Marie-Joseph*, b[6] 23 août 1732; s[7] 6 juillet 1750.—*Marie-Elisabeth*, b[6] 10 août 1734.

I.—LAUNAY (4), Jean, de St-Pierre, diocèse de Xaintes, Saintonge.

(1) Dit Lafleur.
(2) Soldat de la compagnie de Tonty.
(3) Dit Lacroix.
(4) Dit Laguerce.—Parti à l'âge de 13 ans pour le Canada, il est fait prisonnier, conduit en Angleterre, échangé puis renvoyé à Quebec. Incorporé dans le régiment de Berry il fait la campagne de Carillon dans la compagnie de Cadillac.

1752, (3 juillet) Québec.

I.—LAUNEL, Pierre, fils de Jean et de Marguerite Mignon, de Monbartier, diocèse de Montauban, Guienne.
St. Onge, Marie-Françoise, [Louis.
veuve de Jacques Hyvert.

1757, (13 juin) Chambly.

I.—LAUNIER, Louis, soldat; fils de Pierre et de Marie Robert, du diocèse d'Angers, Anjou.
Vetu (1), Marie-Anne. [Jacques I.

LAUNIÈRE.—Voy. Gamelin—Pinard.

1699, (19 mars) St-Frs-du-Lac.[1]

II.—LAUNIÈRE (2), Jean-Bte, [Michel I.
b 1670.
Maugras, Marguerite, [Jacques I.
b 1674; s[1] 28 sept. 1746.
François, b... m[1] 7 janvier 1724, à Catherine Dubois; s 18 nov. 1754, à Québec.

1724, (7 janvier) St-Frs-du-Lac.[3]

III.—LAUNIÈRE (3), François, [Jean-Bte II.
s 18 nov. 1754, à Québec.[4]
Dubois, Catherine, [Charles II.
s[4] 1er avril 1780.
Louise, b 1725; s 6 dec. 1748, à Montréal.—*Joseph*, b[3] 8 déc. 1726; m[3] 8 sept. 1749, à Marguerite Renou.—*Marie-Catherine*, b[3] 1er déc. 1728; s[4] 2 juin 1749.

1749, (8 sept.) St-Frs-du-Lac.

IV.—LAUNIÈRE (4), Joseph, [François III.
b 1726.
Renou (5), Marguerite, [Michel-François II.
b 1732.
Marguerite, b 13 nov. à Québec[5] et s 2 déc. 1750, à Charlesbourg.—*Joseph*, b[5] 27 janvier 1753.—*Marguerite-Catherine*, b[5] 4 février 1754; m[5] 17 février 1775, à Paul Lacroix.—*Madeleine*, b[5] 25 mars et s[5] 16 août 1755.—*Michel*, b[5] 24 avril 1756.—*Marguerite-Joseph*, b[5] 29 juillet et s 10 août 1757, à Lévis.—*Augustin*, b 15 juin 1759, aux Ecureuils.—*Joseph*, b 21 nov. 1760, à St-Michel-d'Yamaska.—*Marguerite*, b[5] 7 mars 1762.—*Gilles*, b[5] 19 juillet 1763.

LAUNIÈRE, Augustin.
Delavoye, Anne.
Marie-Angélique, b 23 sept. 1752, à Québec.

LAUNIÈRE (6), Joseph.
Lécuyer (7), Marthe-Thérèse.

LAUNOIS.—Voy. Louvois—Maugin—Maugits.

(1) Dit Bélaire.
(2) Voy. Gamelin, vol. IV, p. 166.
(3) Interprète des sauvages.
(4) Gamelin; interprète.
(5) Dit Grandbois.
(6) Officier du département des sauvages.
(7) Elle épouse, le 24 mai 1798, Roger Lelièvre, à Québec.

LAUR.—*Variations :* LOR—LORD.

I.—LAUR, JEAN, de Chipody, Acadie.
COMEAU (1), Madeleine, Acadienne.
Marie-Joseph, b... m 10 nov. 1760, à Etienne HÉRON, à Yamachiche.[1]—*Madeleine*, b... m[1] 18 février 1765, à Joseph LEFEBVRE-DESCOTEAUX.—*Marguerite*, b... m[1] 27 janvier 1766, à Joseph BLAY.—*Nathalie*, b 1750; s[1] 5 mai 1762.

I.—LAUR (2), JACQUES, de St-François, Acadie.
BONNEVIE, Marie-Charlotte.
Pierre-Benjamin, b... m 10 août 1764, à Marie BLANCHARD, à Kamouraska.

I.—LAUR (3), JOSEPH,
b 1739, de Ste-Anne, Acadie; s 19 mai 1764, aux Trois-Rivières.
1° BLANCHARD, Anne, Acadienne.
Joseph, b 1744; s 31 juillet 1777, à la Baie-St-Paul.—*Pierre*, b... m 7 janvier 1777, à Emérance SAVARD, à l'Ile-aux-Coudres.[3]
1760, (10 nov.) St-Joachim.[4]
2° PITRE, Judith, Acadienne; veuve de René Boudreau.
Marguerite, b[4] 20 sept. 1761; m[3] 25 nov. 1782, à Jérôme CARON.—*Louis-Denis*, b[4] 31 oct. 1763.

I.—LAUR (3), JOSEPH,
Acadien; s 17 avril 1775 (noyé), à l'Ile-aux-Coudres.[5]
LABRANCHE, Anne,
Acadienne.
Jean, b 1745; s[5] 6 avril 1773.

I.—LAUR (3), DANIEL,
Acadien.
SURET, Marguerite,
Acadienne.
Louis, b 3 nov. 1757, à Québec.

1764, (10 août) Kamouraska.[6]
II.—LAUR (4), PIERRE-BENJAMIN. [JACQUES I.
BLANCHARD, Marie. [PIERRE I.
Marie-Rose, b[6] 11 avril 1765; m 24 janvier 1791, à Michel MARTIN, à Nicolet.[7]—*Marie-Joseph*, b... m[7] 26 sept. 1791, à Claude TURCOT.—*Pierre*, b... m[7] 20 mai 1793, à Marguerite BABINEAU.

I.—LAUR, CHARLES,
Acadien.
GARCEAU, Marie-Marguerite,
Acadienne.
Jean, b 1766; s 12 sept. 1767, à Yamachiche.[3]—*Joseph* et *Honoré*, b[3] 14 août 1768.

I.—LAUR, HONORÉ,
Acadien.
GARCEAU, Hypolite,
Acadienne.
Honoré, b 28 février 1768, à Yamachiche.

(1) Elle épouse, le 24 oct. 1763, Pierre Dupaul, à Yamachiche.
(2) Et Lor.
(3) Et Lord.
(4) Ayant, en l'absence du prêtre, contracté en Acadie, le 31 mai 1763.

I.—LAUR, JEAN-BTE,
Acadien.
GARCEAU, Marie,
Acadienne.
Jean, b 29 juin 1768, à Yamachiche.

I.—LAUR (1), PIERRE,
Acadien.
TREMBLAY, Marie-Joseph,
Acadienne.
Anonyme, b et s 21 juillet 1775, à l'Ile-aux-Coudres.[9]—*Pierre-Thomas*, b[9] 20 déc. 1777.—*Marie-Joseph*, b[9] 23 oct. 1779.—*Geneviève-Constance*, b[9] 25 juin 1781.—*François*, b[9] 28 février 1783.

1777, (7 janvier) Ile-aux-Coudres.[2]
II.—LAUR (1), PIERRE. [JOSEPH I.
SAVARD, Emérance. [JEAN IV.
Pierre, b[2] 1er nov. 1777. — *Emérance*, b[2] 8 mars 1779.

1793, (20 mai) Nicolet.
III.—LAUR, PIERRE. [PIERRE II.
BABINEAU, Marguerite. [JEAN I.

LAURANDEAU.—Voy. ROLANDEAU.

LAURANDO.—Voy. ROLANDEAU.

LAURAU.—Voy. LOREAU.

I.—LAUREAU, JOSEPH.
CHAILLÉ, Marie.
Louis, b... m 16 février 1767, à Marie-Joseph BOURGUIGNON, à Yamachiche.

1767, (16 février) Yamachiche.
II.—LAUREAU, LOUIS. [JOSEPH I.
BOURGUIGNON (2), Marie-Joseph, [LAURENT III.
b 1738; veuve de Louis Girard.

LAURENCE.—*Variations :* LAURENT—LORANCE.

1667, (3 nov.) Trois-Rivières.
I.—LAURENCE (3), NOEL,
b 1645; s 4 nov. 1687, à Repentigny.
1° LIMOGES, Marie.
1673, (6 nov.) Boucherville.
2° BERTAULT, Isabelle, [JACQUES I.
b 1659; veuve de Julien Latouche.

1710.
II.—LAURENCE, NICOLAS, [NOEL I.
b 1682.
MIGNERON, Marie.
Marie-Agathe, b 23 juin 1711, à Repentigny[1], m 1737, à Antoine BRAULT. — *Claude*, b[3] 28 oct. 1713; m 19 mai 1738, à Marguerite BERGERON, à Lavaltrie.[4] — *Louise*, b 1718; m 1736, à Claude IMBAUT.—*Joseph*, b 1723; m 1744, à Mari-

(1) Et Lord.
(2) Voy. Bourgoin.
(3) Et Lorance, voy. vol. I, p. 352.

Rose FROMENT ; s[3] 27 déc. 1778.—*Louis*, b... m[4] 21 nov. 1747, à Marie-Anne LAPORTE.

1738, (19 mai) Lavaltrie.[4]

III.—LAURENCE, CLAUDE, [NICOLAS II.
b 1713.
BERGERON, Marguerite, [JACQUES II.
b 1721.
Marie-Thérèse, b 1738 ; m[4] 25 nov. 1754, à Jean-Baptiste LAPORTE ; s[4] 1er mars 1760.

1744.

III.—LAURENCE, JOSEPH, [NICOLAS II.
b 1723 ; s 27 déc. 1778, à Repentigny.
FROMENT, Marie-Rose.
Marie-Cécile, b 28 juin 1745, à Lavaltrie.[3]—*Marie-Anne*, b[3] 6 avril et s[3] 19 juillet 1747.

1747, (21 nov.) Lavaltrie.[6]

III.—LAURENCE, LOUIS. [NICOLAS II.
LAPORTE, Marie-Anne. [NICOLAS III.
Louis, b[6] 9 nov. 1748; s[6] 4 juillet 1749.—*Marie-Louise*, b[6] 14 avril 1752.—*Agathe*, b[6] 22 août 1755; m à Laurent VIGNAU.

LAURENCE, NICOLAS.
MORIN, Madeleine.
Joseph, b... m 13 août 1792, à Madeleine GUIGNARD, à St-Cuthbert.

LAURENCE, LAURENT.
GRÈTE (1), Marie. [PIERRE.

LAURENCE, JEAN-BTE.
GUELTE, Madeleine.
Jean-Baptiste, b et s 21 juillet 1781, à Repentigny.

LAURENCE, MARC.
RIEL, Cecile.
Marc, b et s 27 avril 1783, à Repentigny.

LAURENCE, JOSEPH.
LAPORTE, Louise.
Charles, b 2 janvier 1793, à Repentigny.

1792, (13 août) St-Cuthbert.

LAURENCE, JOSEPH. [NICOLAS.
GUIGNARD, Madeleine. [ANTOINE.

LAURENCEL.—*Variation :* LAURENCELLE.

1760, (6 oct.) Montréal.

I—LAURENCEL, JOSEPH, b 1738 ; fils de Pierre et de Marie Desmarets, de St-Germain d'Argentaut, diocèse de Séez, Normandie.
1° DELLEUR, Marie-Louise, fille de Henri et de Louise Brassard, de St-Etienne-du-mont, Paris.
Jean-Baptiste-Joseph, b 19 juin 1763, à Québec.[5]
. 1785, (30 août)[6]
2° PERRAULT, Geneviève. [PIERRE I.

(1) Elle épouse, le 11 nov. 1748, Pierre Petit, à Québec.

Godfroy, b 29 août 1791, à St-Augustin.[8]—*François*, b[8] 7 mai 1793.—*Julie*, b[8] 23 fevrier 1795.

I.—LAURENCEL, PIERRE,
b 1743 ; s 17 nov. 1789, à Québec.[8]
PALANGE (1), Marie-Louise-Angelique.
Marie-Louise, b... m 29 oct. 1792, à Simon ROY-AUDY, à St-Augustin. — *Pierre*, b... m[8] 30 mai 1797, à Marie BLONDIN. — *Marie-Joseph*, b... m[6] 19 avril 1797, à Pierre-Antoine DAVID.

1797, (30 mai) Québec.

II.—LAURENCELLE, PIERRE. [PIERRE I.
BLONDIN, Marie. [JOSEPH.

LAURENCELLE —Voy. LAURENCEL.

LAURENDEAU.—Voy. ROLANDEAU.

LAURENDO.—Voy. ROLANDEAU.

LAURENS.—Voy. LAURENT.

LAURENT.—*Variations et surnoms :* LAURENCE—LAURENS—LORANT—ST.LAURENT—CARTIER-DU-LAURENT—CHAMPAGNE — COQUOT—JULIEN—LACHAPELLE—LAMOTTE—LAROSE—LASONDE—LAUZON—LAVIOLETTE—LEBEAUME—L'HORTY—LOREAU—LORTIE—LORTY—PROVENÇAL.

I.—LAURENT, ..., b 1648 ; s 16 avril 1718, à Montreal.

I.—LAURENT, FRANÇOIS, b 1692 ; s 7 mai 1762, à Charlesbourg.

1680, (15 janvier) Québec.[6]

I.—LAURENT (2), JEAN,
b 1634 ; s 1er août 1711, à Charlesbourg.[7]
LECHARDON, Madeleine, [JACQUES I.
b 1662; s[6] 16 dec. 1702.
Jean-Baptiste, b... m[7] 9 février 1711, à Antoinette BOURÉ.—*Jean*, b[6] 11 fevrier 1693 ; m[6] 4 janvier 1716, à Marie-Louise CHORET ; s 2 oct. 1770, à Beauport.—*Joseph-Alexis*, b[6] 17 juillet 1698 ; s[7] 2 août 1710.

1685.

I.—LAURENT (3), GILLES.
LABRECQUE, Anne, [PIERRE I.
b 1666 ; s 19 mars 1752, à St-Frs-du-Lac.[8]
Jacques-Julien, b 1686 ; m[8] 9 avril 1720, à Catherine PATRY ; s[8] 29 nov. 1736.—*Marie-Anne*, b 1693 ; m[8] 29 mai 1713, à Mathurin BERTHELOT.—*Marguerite*, b 10 janvier 1694, à Sorel ; m[8] 28 juillet 1711, à Pierre-Louis PARENTEAU.—*Marie-Madeleine*, b[8] 12 sept. 1700 ; m[8] 24 août 1718, à Jean-Baptiste BROUILLARD ; s 30 juillet 1736, à St-Michel-d'Yamaska.—*Marie-Gabrielle*, b 1701 ; m[8] 29 juillet 1726, à René GAGNÉ.—*Angélique*, b... m[8] 30 mars 1718, à Ignace BARSA.—

(1) Et Bélanger.
(2) Voy. vol. I, p. 353.
(3) Et St. Laurent ; voy. vol I, p. 353.

Marie, b[8] 24 juillet 1707.—*Marie-Louise-Thérèse*, b[8] 7 juillet 1709; m[8] 12 sept. 1729, à Joseph CANTARA.

—

1699, (12 janvier) St-François, I. O.[4]

I.—LAURENT (1), PIERRE,
b 1674.

GUÉRINETTE, Constance, [FRANÇOIS I.
b 1677.

Pierre, b[4] 19 déc. 1699; m 20 avril 1729, à Marie-Renée ALLARD, à Rimouski.[5]—*Isabelle*, b[5] 7 sept. 1703; m[5] 21 nov. 1726, à Joseph GASSE.—*Etienne*, b[5] 8 juillet 1706; s[5] 10 déc. 1729.—*Jean-Baptiste*, b[5] 3 juillet 1708.—*Joseph*, b[5] 26 juillet 1709; m[5] 20 oct. 1739, à Louise RIOUX.—*Constance*, b[5] 10 février 1712.—*Marie-Louise*, b[5] 8 juillet 1714.—*Marie-Françoise*, b[5] 10 juin 1717; m[5] 7 janvier 1738, à Jacques BOUILLON; s[5] 5 août 1792.—*Geneviève*, b[5] 12 oct. 1718.—*Ambroise*, b[5] 1er sept. 1720; m 1747, à Marie-Louise PINEAU.

—

1700, (7 sept.) Montréal.[8]

I.—LAURENT (2), PIERRE, b 1673; fils de Pierre et de Marie-Anne Poirier, de St-Pierre, ville de Xaintes, Saintonge.

TESSIER, Catherine, [PIERRE I.
b 1669; veuve de Vincent Dugast.

Paul-Augustin, b[8] 28 août 1701; s[8] 3 avril 1703.—*Louise-Françoise*, b[8] 14 oct. 1703.—*Marie-Joseph*, b[8] 30 mars 1705.—*Henri*, b[8] 19 juillet 1708.

—

1711, (9 février) Charlesbourg.[3]

II.—LAURENT (3), JEAN-BTE. [JEAN I.

BOURÉ (4), Antoinette, [GILLES I.
b 1692.

Marie-Louise, b[3] 1er août 1712; m 8 février 1740, à Louis CHARLAN, à Québec[4]; s[4] 27 mars 1761.—*Anonyme*, b[3] et s[3] 12 avril 1715.—*Marie-Charlotte*, b[3] 26 sept. 1717; m[4] 8 janvier 1748, à Jacques RODIER.—*André*, b[3] 5 oct. 1720; m 11 janvier 1751, à Marie-Joseph HERPIN-POTVIN, à St-Ours.—*Jean-Pierre*, b[3] 23 juillet 1725.—*Charles*, b[4] 1er mars 1728; m[4] 1er juillet 1754, à Charlotte NADEAU; s[4] 17 avril 1783.—*Isidore*, b[4] 14 oct. 1730; s[4] 6 mai 1733.

—

1716, (4 janvier) Québec.[7]

II.—LAURENT (5), JEAN, [JEAN I.
b 1693; s 2 oct. 1770, à Beauport.[8]

CHORET, Marie-Louise, [IGNACE II.
b 1692.

Marie-Marguerite, b[7] 4 nov. 1716.—*Louise-Angélique*, b[7] 9 nov. 1717; s[7] 12 mars 1719.—*Marie-Louise-Ignace*, b[7] 14 mars 1719.—*Marie-Joseph*, b[8] 11 juillet 1720.—*Louise-Geneviève*, b[8] 28 août 1721; m[8] 11 mai 1750, à Joseph MARCOU.—*Pierre*, b[8] 21 oct. 1722; 1° m[8] 25 janvier 1751, à Marie-Louise BARBEAU; 2e m[8] 11 janvier 1762, à Marie-Thérèse BAUGY.—*Jean-Baptiste*, b[8] 3 avril 1724; m[7] 31 janvier 1752, à Louise CHAL-FOUR.—*Jean-Barthélemi*, b[8] 12 février et s[8] 11 nov. 1726.—*Louise*, b[8] 14 juin 1727; m[8] 29 janvier 1753, à Jean DRUILHET-LATEICLERC.—*Louis*, b[8] 12 juillet 1728.—*Timothée*, b[8] 17 août et s[8] 14 nov. 1729.—*Marie-Madeleine*, b[8] 29 sept. 1730; m[8] 4 nov. 1754, à Jean MONJON; s[7] 14 déc. 1756.—*Antoine-Clément*, b[8] 7 avril 1732; s[8] 11 février 1733.—*Marie-Elisabeth*, b[8] 1er juillet 1733; s[8] 12 janvier 1735.—*Angélique*, b... m[8] 22 janvier 1748, à Jacques PARANT.—*Joseph*, b[8] 29 juillet 1735; m[8] 31 janvier 1757, à Marie-Jeanne GIROUX.—*Dominique*, b[8] 11 oct. 1736; 1° m[8] 8 oct. 1764, à Marie-Anne CHORET; 2° m[8] 11 juillet 1768, à Françoise PARANT.

—

1717, (7 janvier) Champlain.[2]

I.—LAURENT (1), FRANÇOIS, b 1686; fils de Jean et de Marie Perrault, de Lachapelle-à-Charre, diocèse de Luçon, Poitou; s 3 juin 1734, à Laprairie.[3]

ROCHEREAU, Marie-Madeleine, [VIVIEN I.
b 1690.

Marie-Anne, b[2] 25 juillet 1719; m[3] 20 avril 1739, à Jacques ROBERT; s[3] 6 sept. 1744.—*Marie-Geneviève*, b[2] 6 et s[2] 16 mars 1723.—*François*, b[2] 23 avril et s[2] 6 mai 1725.—*Anonyme*, b[2] et s[2] 17 mai 1727.

—

1720, (9 avril) St-François-du-Lac[6]

II.—LAURENT (2), JACQUES-JULIEN, [GILLES I
b 1686; s[6] 29 nov. 1736.

PATRY (3), Catherine, [JEAN I.
b 1702.

Augustin, b[6] 21 juin 1721.—*Agathe-Catherine*, b[6] 7 nov. 1723; m[6] 9 oct. 1747, à François SALOUER.—*Anne-Elisabeth*, b[6] 21 juillet 1726; m[6] 15 sept. 1749, à Antoine-Laurent DANY.—*Catherine*, b[6] 1er juin 1728.—*Jean-Joseph* (4), b[6] 2 mars 1732; m 4 fevrier 1765, à Marie-Jeanne-Thérèse GODARD-LAPOINTE, à St-Michel-d'Yamaska.—*Jean-Chrysostôme-Xavier*, b[6] 27 janvier 1734; s[6] 29 mars 1747.

—

I.—LAURENT, NICOLAS, superieur de la mission et vicaire-genéral de Quebec; s 1er janvier 1759, à Cahokia.

—

1726, (23 sept.) Montréal.[7]

I.—LAURENT, JEAN, b 1701; fils de Philippe et de Marguerite Ledoux, de Plegydé, diocese de Treguier, Basse-Bretagne.

ETHIER, Marie-Anne. [FRANÇOIS II.

Marie-Anne, b 1727; m[7] 10 fevrier 1749, à Joseph BERTRAND.—*Anonyme*, b[7] et s[7] 24 mai 1729.—*Jean-Baptiste*, b[7] 7 mai et s 4 sept. 1730.

(1) Devenu St. Laurent; voy. vol. I, p. 353.

(2) Dit Laviolette, 1703; écuyer de cuisine de l'intendant Bochart.

(3) Dit Lortie.

(4) Elle épouse, le 23 janvier 1734, Joseph Gaudreau, à Quebec.

(5) Et Lortie dit Cartier—DuLaurent—Lorty dit Coquot, 1726; cordonnier et procureur fiscal de N.-D.-des-Anges.

(1) Dit Lamothe.

(2) Et St. Laurent—Julien, 1765.

(3) Elle épouse, le 24 février 1737, François Thésard, à St-Frs-du-Lac.

(4) Marié sous le nom de Julien.

à Laprairie.[8] — *Marie-Angélique*, b [8] 13 janvier 1732; s [8] 22 avril 1733.—*Jean-Baptiste*, b [8] 8 mai 1733; m 11 janvier 1762, à Marie-Angelique LAFRANCE, à St-Laurent, M. — *Marie-Angélique*, b [8] 26 mars 1735; s [8] 15 sept. 1737.—*Marguerite*, b [8] 20 fevrier 1737; 1° m [7] 4 avril 1758, à Jean-Baptiste DARAC; 2° m 2 mars 1767, à François VÉSINA, au Bout-de-l'Ile, M. — *François*, b [8] 7 mai 1739; m [8] 15 février 1762, à Marie-Joseph LONGTIN.—*Gabriel*, b [8] 27 nov. 1740.—*Véronique*, b [8] 8 mars 1742; m [7] 26 janvier 1761, à Pierre ROUSSEAU.—*Pierre-Amable*, b [7] 5 mai et s [7] 29 août 1744.—*Marie-Catherine*, b [7] 19 nov. 1745. — *Marie-Joseph*, b [7] 7 nov. 1747; s [7] 8 janvier 1750.—*Marie-Catherine*, b [7] 7 mai 1750.

I.—LAURENT, GUILLAUME.
PROVENÇAL, Marie-Charlotte.
Françoise, b... m 19 août 1751, à Christophe COROLLAIRE, à Québec.

1729, (20 avril) Rimouski.[4]
II.—LAURENT (1), PIERRE, [PIERRE I. b 1699.
ALLARD (2), Marie-Renée. [BERTRAND I.
Pierre, b [4] 10 mars 1730.—*Judith*, b [4] 8 janvier 1733; m [4] 23 fevrier 1757, à Basile GAGNÉ.—*Joseph*, b [4] 8 sept. 1735. — *Gabriel*, b [4] 8 sept. 1735; m [4] 19 janvier 1758, à Marie DESPRÉS.—*Jean-Baptiste*, b [4] 8 et s [4] 12 fevrier 1738. — *Claire*, b [4] 28 juillet 1740. — *Marie-Louise*, b [4] 12 juillet 1745.—*Marie*, b... m 26 juin 1768, à Pierre BOUCHER, à Kamouraska. — *André*, b [4] 21 mars 1750; m [4] 17 juillet 1783, à Rosalie LEPAGE.—*Paul*, b... m 20 janvier 1772, à Marie-Rose GAGNON, à la Rivière-Ouelle.

1729, (16 août) Montréal.[6]
I.—LAURENT (3), ANTOINE, fils de Pierre et de Françoise Joachim, de St-Sauveur, Paris.
ONDOYER, Charlotte, [MARTIN I. b 1711.
Marie-Françoise, b [6] 2 février 1730.

LAURENT, FRANÇOIS.
GARAUT, Marie.
Joseph, b 14 mai 1730, à Lachenaye.

1736, (23 janvier) St-Valier.
I.—LAURENT, PIERRE, fils d'Etienne et de Périnne Lefebvre, de St-Servant, diocèse de St-Malo, Bretagne.
FRADET, Madeleine, [JEAN I. b 1695; veuve de Jean Fournier; s 18 oct. 1768, à Lachenaye.

1737, (18 nov.) Quebec.[6]
I.—LAURENT, LOUIS, b 1693; fils de Charles et de Marie Pirau, de Poisé-Joly, diocèse de Poitiers, Poitou; s [6] 14 avril 1758.
LOUINEAU, Louise-Apolline, [PIERRE II. b 1715; s [6] 3 oct. 1743.
Marie-Louise, b [6] 29 sept. 1738; s [6] 2 nov. 1741.—*Louis-Ignace*, b [6] 20 oct. 1740; s [6] 20 novembre 1742. — *Marie-Jeanne*, b [6] 29 nov. 1742; s [6] 2 mai 1743.

1738, (15 sept.) Québec.[7]
I.—LAURENT (1), JEAN, b 1713, boulanger; fils de Claude et de Louise Bonafay, de St-Feréol, ville de Marseilles, Provence; s [7] 6 juillet 1787.
PALIN (2), Louise, [MATHURIN I. b 1710; veuve de Julien Berthelot.
Marie-Rose, b [7] 5 juin et s [7] 7 août 1739.—*Marie-Charlotte*, b [7] 3 dec. 1740; s [7] 13 sept. 1741. — *Jean-Baptiste*, b [7] 4 mars 1742; 1° m [7] 9 nov. 1762, à Jeanne-Thérèse BEDARD; 2° m 30 mai 1776, à Marie-Anne CRÉPIN, au Château-Richer.—*Louise*, b [7] 6 avril et s [7] 4 mai 1743.—*Jacques-Victor*, b [7] 19 juin 1744.— *Marie-Louise*, b [7] 30 juin 1746.—*Antoine*, b [7] 17 fevrier 1748.—*Joseph*, b [7] 3 avril et s [7] 2 juin 1749.—*Marie-Marguerite*, b [7] 24 avril et s 22 juin 1750, à Beauport.—*Claire*, b [7] 29 sept. 1751.

1739, (20 oct.) Rimouski.[9]
II.—LAURENT (3), JOSEPH, [PIERRE I. b 1709.
RIOUX, Louise, [NICOLAS II. b 1715.
Toussaint, b [9] 1er nov. 1740; m [9] 5 juillet 1774, à Agnès RUEST.—*Marie-Madeleine*, b [9] 27 janvier 1743.—*Joseph*, b [9] 10 avril 1745; m 13 juillet 1767, à Reine COTÉ, à l'Ile-Verte. — *Marie-Geneviève*, b [9] 10 fevrier 1748; m 21 sept. 1763, à Ambroise DAMOURS, aux Trois-Pistoles.[8]— *Germain*, b [9] 25 oct. 1750; m [9] 5 juillet 1774, à Véronique RUEST.— *Pierre*, b [9] 25 avril 1756; 1° m à Barbe METOT; 2° m [8] 22 août 1796, à Marie-Joseph HUDON-BEAULIEU.—*Marie-Catherine*, b... m [9] 15 juillet 1783, à Antoine PINAUT.

I.—LAURENT, JEAN, b 1717; de la ville d'Orleans, France; s 19 oct. 1752, à Berthier.

1747, (15 oct.) Quebec.[8]
I.—LAURENT, JEAN-FRANÇOIS, navigateur; fils de Jean-François et de Suzanne Desbasanier, de Louisbourg.
1° LAROCHE, Marie-Joseph, [MICHEL II. b 1726; s [8] 21 août 1755.
Dorothée, b 1748; s 4 juillet 1754, à Beauport (frappee de la foudre).—*Marie-Joseph*, b [8] 2 déc. 1751; s [8] 29 janvier 1752.—*Antoine-François*, b [8] 27 mars 1753, s [8] 13 nov. 1754. — *Marie-Dorothée*, b [8] 15 et s [8] 22 août 1755.
1756, (3 nov.) St-Jean, I. O.
2° GOSSELIN, Marie, [JOSEPH III. veuve de Pierre Curodeau.

---

(1) Et St. Laurent.
(2) Elle épouse, le 17 janvier 1757, Louis Vautour, à Rimouski.
(3) Et St. Laurent; soldat de la compagnie Duvivier et tambour-major.

(1) Dit Provençal, 1749.
(2) Et Palan.
(3) Et St. Laurent.

1747.
II.—LAURENT (1), Ambroise, [Pierre I.
b 1720.
Pineau, Marie-Louise. [Jean II.
Ambroise, b 15 avril 1748, à Rimouski. 6—*Marie-Françoise*, b 6 2 janvier 1750; m 6 5 juillet 1774, à Joseph-Charles Fournier; s 6 23 août 1795.—*Ambroise*, b 6 8 fevrier 1752.—*Pierre*, b 6 24 janvier 1756. — *Marie-Anne*, b 6 10 janvier 1758; m 6 15 mai 1788, à Jacques Canuel.—*Louis-Gabriel*, b... m 6 12 oct. 1802, à Therèse Proulx. — *Germain*, b... m 6 28 janvier 1806, à Marie-Françoise Canuel.

1751, (11 janvier) St-Ours. 8
III.—LAURENT, André, [Jean-Bte II.
b 1720.
Harpin-Potvin, Marie-Joseph. [Pierre III.
André-Marie, b 6 18 dec. 1751; s 6 1er janvier 1753.—*André*, b 6 25 août 1753. — *Jean-Baptiste*, b 6 10 oct. et s 6 29 nov. 1754. — *Louis*, b 6 24 et s 6 26 nov. 1755. — *Marie-Archange*, b 6 16 oct. 1756.—*Louis*, b 6 16 avril et s 6 17 sept. 1758. — *Jean-Baptiste*, b 6 15 oct. 1759.

1751, (25 janvier) Beauport. 9
III.—LAURENT (2), Pierre, [Jean II.
b 1722.
1° Barbeau, Marie-Louise, [Jacques II.
b 1729; s 9 19 nov. 1760.
Pierre, b 9 6 nov. 1751; s 9 10 janvier 1752.—*Anonyme*, b 9 et s 9 18 fevrier 1753.—*Marie-Louise*, b 9 8 juillet et s 9 10 août 1754.—*Jean-Baptiste*, b 9 13 juillet et s 9 3 sept. 1755.—*Marie-Joseph*, b 9 14 août 1756.—*Pierre-Clément*, b 9 8 et s 9 22 août 1757.—*Marie-Louise*, b 9 8 août 1757.—*Marie-Madeleine*, b 9 24 août 1758.—*Marguerite*, b 9 15 nov. 1759.—*Anonyme*, b 9 et s 9 11 nov. 1760.—*Simon*, b 9 11 nov. et s 9 12 déc. 1760.
1762, (11 janvier). 9
2° Baugy, Marie-Thérèse, [Louis IV.
b 1736.
Marie-Angélique, b 9 31 oct. 1762.—*Dominique*, b 9 9 juillet 1764.

1752, (31 janvier) Quebec.
III.—LAURENT (2), Jean-Bte, [Jean II.
b 1724.
Chalifour (3), Louise. [Joseph III.
Marie-Louise, b 3 mai 1753, à St-Vincent-de-Paul. 3 — *Pierre*, b 3 20 juillet 1754. — *Jean-Baptiste*, b 3 24 déc. 1756.

1752, (23 oct.) Québec. 4
I.—LAURENT (4), Georges, chirurgien; fils de Pierre et d'Ursule Ménard, de Semur, diocèse d'Autun, Bourgogne.
1° Griau (5), Marie-Jeanne, [Jacques I.
b 1734; s 4 1er mai 1761.

(1) Et St. Laurent.
(2) Dit Lorty.
(3) Geneviève, 1754.
(4) Dit Lasonde.
(5) Et Griault—Guillot, mariée sous ce nom—Baudon-Larivière Noyée au passage de la Petite-Rivière (voy. Joseph Vallée).

Anonyme, b 4 et s 4 19 juillet 1753.—*Georges-Charles*, b 2 juillet 1754, à St-Pierre, I. O.—*Georges*, b 26 juillet 1755, à Ste-Famille, I. O; m 4 3 fevrier 1777, à Therèse Collet.—*Etienne*, b 5 15 février 1757; m 21 janvier 1782, à Euphrosine Caron, à l'Islet.—*Jean-François*, b 5 3 juin 1760; m 4 22 nov. 1785, à Marguerite Fortier.—*Pierre*, b... m 7 oct. 1782, à Marie-Louise Girard, à St-François, I. O.
1762, (25 oct) 5
2° Turcot, Rose, [Joseph III.
b 1741.
Marie-Ursule, b 5 30 nov. et s 5 17 dec. 1764.—*Jacques*, b 5 5 nov. 1765.—*Rose*, b... m 4 22 nov. 1785, à Joseph Fortier.—*Pélagie*, b... m 4 11 avril 1790, à Augustin Wexler.

1754, (1er juillet) Québec. 1
III.—LAURENT (1), Charles, [Jean-Bte II.
b 1728; s 1 17 avril 1783.
Nadeau (2), Charlotte, fille de Pierre-Henri et de Marguerite Lamotte, de Louisbourg, Acadie.
Charlotte-Angélique, b 1 25 janvier 1756; s 1 ... déc. 1761.—*Marie-Gilette-Louise*, b 1 6 oct. 1757.—*Louis-Charles*, b 1 8 nov. 1758.—*Catherine*, b 1 30 nov. 1760; m à Jean Johnson; s 1 2 juillet 1798.—*Marie-Joseph*, b 1 8 juin et s 10 juillet 1762, à St-Augustin.—*Joseph*, b 1 11 dec. 1763.—*Pierre*, b... m 1 30 oct. 1792, à Françoise Moreau.

LAURENT, Paul.
Paquet (3), Marie-Joseph.
Marie-Joseph, b 30 août 1755, à la Longue-Pointe.

1757, (31 janvier) Beauport. 4
III.—LAURENT (4), Joseph, [Jean II.
b 1735.
Giroux, Marie-Jeanne, [Michel III.
b 1740.
Joseph, b 4 10 déc. 1758; s 4 3 sept. 1759.—*Louise*, b 4 4 août 1760. — *Jean-Baptiste*, b 4 31 mars et s 4 5 sept. 1762.—*Marie-Angelique*, b 4 17 sept. 1763.—*Marie-Catherine*, b 4 16 janvier 1765.—*Charles*, b... m 8 fevrier 1796, à Louise Garnier, à Québec.

1758, (19 janvier) Rimouski. 5
III.—LAURENT (5), Gabriel, [Pierre II.
b 1735.
Desprès, Marie, [Guy-Joseph I.
b 1739.
Louis-Gabriel, b 1759; m 1788, à Brigitte Bernier; s 5 5 nov. 1794.— *Marie-Ursule*, b 5 10 déc. 1761; m 5 21 juin 1784, à Germain Pinaut.—*Thérèse*, b... m 5 1er août 1786, à Antoine Morin.—*Geneviève*, b... m 5 8 oct. 1787, à Jean Ross.—*Marie-Pétronille*, b 5 29 juin 1774.— *Jean-Pierre*, b 5 3 oct. 1776; m 5 8 fevrier 1796, à Geneviève McKinnon; s 5 4 août 1875.

(1) Dit Lortie.
(2) Dit Laviolette—Lachapelle.
(3) Dit Ranger.
(4) Et Lorty.
(5) Et St. Laurent.

LAURENT, PIERRE-GEORGES.
PAGE, Marie.
Pierre-Jérémie, b 26 oct. 1758, à St-Pierre, I. O.

1759, (26 nov.) St-Michel-d'Yamaska. [5]
I.—LAURENT (1), PIERRE, b 1725; fils de Jean et de Marie-Anne Julien, de Lausiur, diocèse d'Agen, Guienne-d'Agenois; s [5] 25 janvier 1770.
MARTIN, Madeleine, [ETIENNE II.
b 1733.
Isabelle, b [5] 7 oct. 1760. — *Pierre*, b [5] 5 mai 1762.—*Madeleine*, b [5] 27 fevrier 1763; s [5] 11 oct. 1766. — *Madeleine*, b [5] 28 avril 1764. — *Marie-Angélique* et *Marie-Madeleine*, b [5] 27 mai 1769.

1760, (14 avril) Québec.
I.—LAURENT, CHARLES, fils de Charles et de Marie Piraud, de Portepille, diocèse de Poitiers, Poitou.
BERTHELOT, Thérèse-Lse-Cath., [JACQUES I.
b 1708; veuve d'Edme Rouelle.

1762, (11 janvier) St-Laurent, M.
II.—LAURENT, JEAN-BTE, [JEAN I.
b 1733.
LAFRANCE, Marie-Angélique, [JOSEPH I.
b 1744.

1762, (15 fevrier) Laprairie.
II.—LAURENT, FRANÇOIS, [JEAN I.
b 1739
LONGTIN, Marie-Joseph, [PIERRE III.
b 1741.

1762, (9 nov.) Québec. [3]
II.—LAURENT (2), JEAN-BTE, [JEAN I.
b 1742.
1° BEDARD, Jeanne-Thérèse, [JOSEPH IV.
b 1747; s [3] 2 nov. 1775.
1776, (30 mai) Château-Richer.[3]
2° CRÉPIN, Marie-Anne, [ANTOINE I.
b 1755.
Jean-Baptiste, b [3] 21 mai 1779.

1764, (8 oct.) Beauport. [9]
III.—LAURENT, DOMINIQUE, [JEAN II.
b 1736.
1° CHORET, Marie-Anne, [CHARLES III.
b 1740; s [9] 1er fevrier 1767.
Dominique, b [9] 18 oct. 1765.
1768, (11 juillet). [9]
2° PARANT, Françoise, [LOUIS-BARTH. IV.
b 1750.

1765, (4 février) St-Michel-d'Yamaska.
III.—LAURENT (3), JEAN-JOS., [JACQ.-JULIEN II.
b 1732.
GODARD (4), Marie-Jeanne-Thérèse, [NOEL II.
b 1737.

(1) Dit Lauzon, 1764.
(2) Dit Provençal.
(3) Et St. Laurent; marié sous le nom de Julien.
(4) Dit Lapointe.

1767, (13 juillet) Ile-Verte.
III.—LAURENT (1), JOSEPH, [JOSEPH II.
b 1745.
COTÉ, Reine. [PIERRE IV.
Véronique, b 1768; m 10 oct. 1791, à Augustin MORENCY, aux Trois-Pistoles [9]; s [9] 10 avril 1793. —*Marie-Geneviève*, b [9] 5 sept. 1771; m [9] 27 août 1792, à Alexandre MARQUIS. — *Callixte* et *Tharsile*, b [9] 14 oct. 1783.

LAURENT, JEAN.
LEPETIT, Marie.
Jean-Baptiste (2), b 20 déc. 1767, aux Trois-Pistoles.

LAURENT (3), JOSEPH.
MOREAU (4), Marie-Joseph.
Joseph, b 12 juin 1767, à Repentigny. [8] —*Marie-Céleste*, b [8] 15 mars et s [8] 24 sept. 1769. — *Marie-Rosalie*, b [8] 20 juillet 1770.

LAURENT, SILVAIN.
MARQUIS, Angelique,
b 1747; s 13 avril 1781, à Repentigny.

1772, (20 janvier) Rivière-Ouelle.
III.—LAURENT (1), PAUL. [PIERRE II.
GAGNON, Marie-Rose, [JOSEPH III.
b 1754.

1774, (5 juillet) Rimouski. [1]
III.—LAURENT (1), GERMAIN, [JOSEPH II.
b 1750.
RUEST, Véronique, [ANTOINE I.
b 1752.
Euphrosine, b... m [1] 26 nov. 1793, à Pierre-Noël GENDRON.—*Joseph*, b [1] 13 juillet 1783; m [1] 20 nov. 1804, à Anastasie RÉHEL.—*Batilde*, b... m [1] 10 janvier 1804, à Jean LAVOIE.

1774, (5 juillet) Rimouski. [2]
III.—LAURENT (1), TOUSSAINT, [JOSEPH II.
b 1740.
RUEST, Marie-Agnès, [ANTOINE I.
b 1749.
Amable, b [2] 26 février 1778; 1° m [2] 14 janvier 1806, à Geneviève GAGNÉ; 2° m [2] 5 juin 1810, à Modeste PAQUET.—*Gertrude*, b [2] 13 juillet 1783; m [2] 12 nov. 1805, à Antoine LANGLOIS.—*Ulfrand*, b [2] 15 juin 1784; m [2] 15 janvier 1805, à Marguerite PARANT.—*Michel*, b [2] 29 oct. 1786; m [2] 30 oct. 1809, à Marie-Modeste GAGNÉ.—*Luc*, b [2] 14 sept. 1789; m [2] 2 fevrier 1813, à Cécile LEPAGE.—*François*, b [2] 20 nov. 1791.

1777, (3 fevrier) Québec.
II.—LAURENT, GEORGES, [GEORGES I.
b 1755.
COLLET, Thérèse, [NOEL II.
b 1749.

(1) Et St. Laurent.
(2) Dernier acte signé par le Père Ambroise aux Trois-Pistoles.
(3) Dit Larose.
(4) Dit Duplessis.

III.—LAURENT (1), Pierre, [Joseph II.
b 1756.
1° Métot, Barbe, [Jean-Frs III.
b 1750 ; s 16 sept. 1794, à Rimouski. [8]
Marie-Barbe, b [8] 4 avril 1791.
1796, (22 août) Trois-Pistoles.
2° Hudon (2), Marie-Joseph. [Augustin III.

1782, (21 janvier) Islet.
II.—LAURENT, Etienne, [Georges I.
b 1757.
Caron, Euphrosine. [Louis-Claude IV.

1782, (7 oct.) St-François, I. O.
II.—LAURENT, Pierre. [Georges I.
Guérard, Marie-Louise, [Jacques IV.
b 1762.

1783, (17 juillet) Rimouski. [8]
III.—LAURENT (1), André, [Pierre II.
b 1750.
Lepage, Rosalie. [Antoine IV.
Basilisse, b [8] 12 juin 1784.—*Clotilde*, b [8] 22 mai 1786.—*Pélagie*, b [8] 16 juillet 1787 ; m [8] 5 juin 1810, à Paul Coté.—*Edouard*, b [8] 18 mai 1789. —*Suzanne*, b [8] 18 juillet 1790.—*Joseph*, b [8] 11 déc. 1791.—*André*, b [8] 17 et s [8] 18 janvier 1794. —*Amateur*, b [8] 23 et s [8] 28 fevrier 1795.—*Basilisse*, b [8] 3 sept. 1796.

1785, (22 nov.) Québec.
II.—LAURENT, Jean-François, [Georges I.
b 1760.
Fortier, Marguerite, [Joseph III.
b 1757.

1788.
IV.—LAURENT (1), Ls-Gabriel, [Gabriel III.
b 1759 ; s 5 nov. 1794, à Rimouski. [6]
Bernier, Brigitte.
Magloire, b [6] 18 mai 1789.—*Geneviève*, b [6] 23 sept. 1790 ; m [6] 8 mai 1809, à Germain Poirier. —*Anonyme*, b [6] et s [6] 17 août 1792.—*Louis-Moïse*, b [6] 20 juillet 1794.

1792, (30 oct.) Québec.
IV.—LAURENT, Pierre. [Charles III.
Morase (3), Françoise. [Etienne II.

1796, (8 février) Québec.
IV.—LAURENT (4), Charles. [Joseph III.
Garnier, Louise. [Antoine I.

1802, (12 oct.) Rimouski.
III.—LAURENT (1), Ls-Gabriel. [Ambroise II.
Proulx, Thérèse. [Guillaume III.

(1) Et St. Laurent.
(2) Dit Beaulieu.
(3) Voy. Mourand dit Laforme.
(4) Dit Lorty.

1804, (20 nov.) Rimouski.
IV.—LAURENT (1), Joseph, [Germain III.
b 1783.
Réhel, Anastasie, [Julien II.
b 1787.

1805, (15 janvier) Rimouski.
IV.—LAURENT (1), Ulfraud, [Toussaint III.
b 1784.
Parant, Marguerite. [Jacques.

1806, (14 janvier) Rimouski. [4]
IV.—LAURENT (1), Amable, [Toussaint III.
b 1778.
1° Gagné, Geneviève. [Joseph VI.
1810, (5 juin). [6]
2° Paquet, Modeste, [Charles IV.
b 1783 ; veuve de Louis Banville.

LAURENT (1), Isaie.
1° Gagné, Marie-Anne.
1809, (6 nov.) Rimouski.
2° Paquet, Emérance. [Charles IV.

1806, (28 janvier) Rimouski.
III.—LAURENT (1), Germain. [Antoine II.
Canuel, Marie-Françoise, [Louis I.
b 1762.

1809, (30 oct.) Rimouski.
IV.—LAURENT (1), Michel, [Toussaint III.
b 1786.
Gagné, Modeste. [Joseph VI.

1813, (2 fevrier) Rimouski.
IV.—LAURENT (1), Luc, [Toussaint III.
b 1789.
Lepage, Cécile, [Germain V.
b 1794.

1821, (20 août) St-Louis, Mo. [2]
I.—LAURENT, Charles-Maurice, fils de Jean-Jacques et de Cécile Turc, de Grenoble, France.
Valois, Marie-Julie. [Frs-Xavier.
Laurent-Sylvestre, b [2] 10 avril 1822.

LAURIN.—Voy. Lorrain.

LAURIOT.—Voy. Loriot.

LAUROT.—Voy. Loreau.

LAUSÉ.—Voy. Lauzet.

LAUSET.—Voy. Lauzet.

LAUZAY.—Voy. Lauzet.

LAUZÉ.—Voy. Lauzet.

(1) Et St. Laurent.

LAUZET.—*Variations et surnom :* LAUSÉ—LAUSET—LAUZAY—LAUZÉ—LIZOT—LOSET—SANSFAÇON.

1669, (26 août) Ste-Famille, I. O. [2]

I.—LAUZET, JEAN.
JALLAIS (1), Marie.
Marie-Anne, b [2] 8 mars 1675.

1695, (7 nov.) Charlesbourg. [3]

II.—LAUZET (2), PAUL, [JEAN I.
b 1670 ; s [3] 26 sept. 1714.
LEDOUX (3), Marie-Catherine, [PIERRE I.
b 1676 ; s [3] 29 juin 1747.
Paul, b [3] 11 juillet 1699 ; m [3] 30 août 1723, à Marie-Anne RENAULT ; s [3] 25 juillet 1747. —*Jean-Baptiste,* b [3] 4 avril 1704 ; m [3] 21 nov. 1729, à Louise RENAULT ; s [3] 29 mars 1731. — *Jean-Bernard,* b [3] 4 juillet 1708 ; m [3] 29 oct. 1737, à Marie-Joseph HENNE-LEPIRE.

I.—LAUZET (4), JEAN-BTE, b 1703 ; de la ville d'Amiens, en Picardie ; s 25 mai 1768, à l'Hôpital-Général, M.

1723, (30 août) Charlesbourg. [3]

III.—LAUZET (5), PAUL, [PAUL II.
b 1699 ; s [3] 25 juillet 1747.
RENAULT (6), Marie-Anne, [MICHEL II.
b 1700.
Marie-Louise, b [3] 2 et s [3] 19 janvier 1725.—*Joseph,* b [3] 28 janvier 1726 ; s [3] 31 mai 1749.—*Marie-Jeanne-Elisabeth,* b [3] 15 nov. 1727 ; s [3] 23 sept. 1730.—*Jacques,* b [3] 20 fevrier 1730 ; m [3] 11 janvier 1751, à Marie-Louise THOMAS — *Marie-Charlotte,* b [3] 18 et s [3] 27 oct. 1731.— *Pierre,* b [3] 11 avril 1733 ; m [3] 15 février 1751, à Marie-Joseph THOMAS. — *Jean-Baptiste,* b [3] 12 janvier 1735.—*Marie-Louise,* b [3] 9 oct. 1736 ; m 7 janvier 1755, à Eustache-Joseph GRENIER, à Québec. [4]—*Paul,* b [3] 27 janvier 1739.—*Marie-Angélique,* b [3] 3 juillet et s [3] 3 sept. 1740. — *Marie-Joseph,* b [3] 3 avril 1742, m [4] 1er fevrier 1762, à Charles ORILLON.

1729, (21 nov.) Charlesbourg. [3]

III.—LAUZET (5), JEAN-BTE, [PAUL II.
b 1704 ; s [3] 29 mars 1731.
RENAULT (7), Marie-Louise, [MICHEL II.
b 1705.
Marie-Joseph, b [3] 3 août 1730 ; m 19 mai 1749, à Henri MONJON, à Québec. — *Marie-Louise* (posthume), b [3] 26 nov. 1731 ; s [3] 30 mai 1733.

(1) Elle épouse, le 9 juillet 168?, Robert Leclerc, à Québec.
(2) Voy. vol. I, p. 353.
(3) Elle épouse, le 21 nov. 1718, Pierre Bon, à Charlesbourg.
(4) Et Lauzay dit Sansfaçon ; ancien soldat de la colonie.
(5) Et Lauzé.
(6) Dit Cannard ; elle épouse, le 10 février 1749, William Astelme, à Charlesbourg.
(7) Elle épouse, le 5 novembre 1736, Jean Poulin, à Charlesbourg.

1737, (29 oct.) Charlesbourg. [3]

III.—LAUZET (1), JEAN-BERNARD, [PAUL II.
b 1708.
HENNE-LEPIRE (2), Marie-Joseph, [JACQUES II.
b 1717.
Jean-Charles, b [3] 2 oct. 1738. — *Marie-Louise,* b [3] 23 fevrier 1741 ; m 23 août 1762, à Jacques-Joseph LIONNARD, à Quebec.

1751, (11 janvier) Charlesbourg.

IV.—LAUZET (1), JACQUES, [PAUL III.
b 1730.
THOMAS, Marie-Louise, [PAUL III.
b 1732.

1751, (15 fevrier) Charlesbourg.

IV.—LAUZET (1), PIERRE, [PAUL III.
b 1733.
THOMAS, Marie-Joseph, [PAUL III.
b 1727.
Marie-Joseph, b 25 août 1753, à Québec.

LAUZIER.—Voy. PINARD—ROY-DESJARDINS.

LAUZON.—*Variations et surnoms :* LAURENT—LOREAU-FLORENTIN—LOZON—VADEBONCOEUR.

1656, (27 nov.) Montréal. [1]

I.—LAUZON (3), GILLES,
b 1631 ; s [1] 21 sept. 1687.
ARCHAMBAULT, Marie, [JACQUES I.
b 1644 ; s [1] 8 août 1685.
Séraphin, b [1] 9 dec. 1668 ; 1° m 27 nov. 1690, à Jeanne DESROCHES, à la Pte-aux-Trembles, M. [2] ; 2° m [1] 7 oct. 1697, à Elisabeth CHEVALIER ; s [1] 20 mai 1737. — *Michel,* b [1] 19 février 1673 ; m [1] 15 mai 1702, à Marie-Anne COITOU ; s 8 nov. 1749, à Ste-Geneviève, M.

1690, (27 nov.) Pte-aux-Trembles, M.

II.—LAUZON (4), SÉRAPHIN, [GILLES I.
b 1668 ; s 20 mai 1737, à Montreal. [2]
1° DESROCHES, Jeanne, [JEAN I.
b 1668 ; s [2] 3 nov. 1696.
Nicolas, b [2] 7 dec. 1693 ; 1° m [2] 4 février 1726, à Madeleine MORAN ; 2° m 27 dec. 1736, à Louise CHAUVIN, au Detroit [3] ; s [3] 20 dec. 1779.

1697, (7 oct.) [1]

2° CHEVALIER, Elisabeth, [JOSEPH I.
b 1679 ; s [2] 18 mai 1742.
Séraphin, b [2] 22 déc. 1701 ; 1° m [2] 30 juillet 1731, à Therèse-Geneviève JETTÉ ; 2° m [2] 7 janvier 1744, à Agathe BOTQUIN. — *Marie-Elisabeth,* b [2] 22 avril 1706 ; m [2] 14 fevrier 1738, à Nicolas CARON ; s [2] 14 dec. 1755.—*Anne-Madeleine,* b [2] 23 août et s [2] 10 nov. 1708. — *Françoise,* b [2] 21 fevrier 1710 ; m [2] 14 mai 1736, à Jean CARON ; s [2] 1er mai 1750.— *Marguerite-Angélique,* b [2] 8 avril 1712 ; s [2] 4 mai 1714. — *Catherine,* b... 1° m à François CHARTRAN ; 2° m 30 juin 1744, à Ra-

(1) Et Lauzé.
(2) Elle épouse, le 22 oct. 1742, François Jobin, à Charlesbourg.
(3) Voy. vol. I, pp. 353-4.
(4) Voy. vol. I, p. 354.

phaël GAGNON, à St-Vincent-de-Paul[4]; s[4] 4 avril 1755. — *Charlotte-Geneviève*, b[2] 21 mars 1714; m à Pierre BRAZEAU. — *Joseph-Daniel*, b[2] 2 juin et s[2] 8 nov. 1716. — *Joseph*, b[2] 30 janvier 1718; m[2] 22 oct. 1759, à Marie-Marguerite-Joseph POTHIERS. — *François-Marie*, b[2] 24 mars 1719; s[2] 15 janvier 1731.—*Marie-Madeleine*, b[2] 18 août et s[2] 2 sept. 1720. — *Marguerite-Angélique*, b[2] 1er oct. 1721.—*Jean-Baptiste*, b[2] 8 août 1723; s[2] 25 juillet 1734.

1697, (4 nov.) Montréal.[7]

II.—LAUZON (1), PAUL, [GILLES I.
b 1675.
QUENNEVILLE, Marie-Anne, [JEAN I.
b 1680.

Jean-Baptiste, b[7] 27 oct. 1698; 1° m à Thérèse CORBEIL; 2° m 18 fevrier 1760, à Marie-Louise GRENIER, à Terrebonne.—*Paul*, b 12 mai 1700, à la Pte-aux-Trembles, M. — *Pierre*, b 14 avril 1702, à St-François, I. J.; m 1730, à Marie-Agathe BIROLEAU.

1702, (15 mai) Pte-aux-Trembles, M.[1]

II.—LAUZON, MICHEL, [GILLES I.
b 1673; s 8 nov. 1749, à Ste-Geneviève, M.[2]
COITEUX, Marie-Anne, [JEAN I.
b 1687.

François-Marie, b[1] 16 août 1703; m 1736, à Marie-Françoise LACOMBE.—*Marie-Anne*, b 1704; m 1730, à Jean-Baptiste DUMAY.—*Michel*, b... m 3 fevrier 1729, à Marie-Anne BARBARIN, à la Pointe-Claire.[4] — *Madeleine*, b... m à Pierre BRIEN. — *Marie-Joseph*, b... m 1733, à Joseph BIROLEAU. — *Pierre*, b[1] 4 dec. 1707; m[3] 12 oct. 1732, à Jeanne ROY.—*Catherine*, b 1711; m 1740, à Joseph ETHIER; s[2] 18 oct. 1753. — *Marie-Raphael*, b... m[2] 26 avril 1745, à Charles BRUNET. — *Gabriel*, b... m 15 janvier 1746, à Marie-Anne LACOMBE, au Sault-au-Récollet.

LAUZON, ...
LABONTE, Jeanne-Charlotte.
Marie-Louise, b 8 nov. 1722, à Montréal.

II.—LAUZON, GILLES, [GILLES I.
b 1684.
GROU, Marie-Anne,
b 1685; s 3 février 1778, à Terrebonne.

Gilles, b... m 1751, à Marie-Anne VIAU.—*Jacques-Paul*, b... m 16 fevrier 1733, à Marie-Joseph CHARTRAN, à St-François, I. J.

1726, (4 février) Montréal.[4]

III.—LAUZON, NICOLAS, [SÉRAPHIN II.
b 1693; s 20 déc. 1779, au Détroit.[5]
1° MORAN (2), Marie-Madeleine, [ANTOINE I.
b 1704; s[5] 3 janvier 1732.

Antoine-Nicolas, b[4] 10 juin 1727; m[5] 22 février 1759, à Angelique CHEVALIER; s[5] 16 mai 1770.—*Marie-Madeleine*, b[4] 19 nov. 1728; s[5] 12 janvier 1780.—*Louise-Geneviève*, b[5] 1er nov. 1730; s[5] 13 août 1748.

(1) Voy. vol. I, p. 354.
(2) Charpentier, 1732.

1736, (27 déc.)[5]
2° CHAUVIN, Marie-Louise, [JACQUES I
b 1696; veuve de Julien-François Becmont, s[5] 6 mars 1766.

Jacques, b[5] 26 sept. 1737; m à Marie-Anne CASSÉ.—*Marie-Françoise*, b[5] 5 sept. 1739; m[5] 4 nov. 1755, à François MELOCHE.

1729, (3 février) Pointe-Claire.

III.—LAUZON, MICHEL. [MICHEL II.
BARBARIN (1), Marie-Anne. [PIERRE II.

1730.

III.—LAUZON, PIERRE, [PAUL II.
b 1702.
BIROLEAU (2), Marie-Agathe. [PIERRE I.

Marie-Joseph, b... m 26 juin 1747, à Louis ALAIRE, à St-Vincent-de-Paul.—*Joseph*, b 1736, s 4 mars 1747, à Ste-Geneviève, M.—*Catherine*, b 1740; m 18 janvier 1762, à Nicolas DUROCHER, au Bout-de-l'Ile, M.

1731, (30 juillet) Montréal.[5]

III.—LAUZON, SÉRAPHIN, [SÉRAPHIN II.
b 1701.
1° JETTÉ, Thérèse-Geneviève, [NICOLAS II.
b 1709; s[5] 22 sept. 1742.

Catherine, b 1732; m[5] 18 nov. 1754, à Joseph SAULQUIN.—*Séraphin*, b[5] 15 mai 1735; m[5] 21 juillet 1760, à Marie-Joseph POIRIER.—*Cécile*, b[5] 22 oct. 1737; m[5] 14 janvier 1760, à Pierre GAGNIER.—*Geneviève-Thérèse*, b[5] 26 mars et s[5] 1er juillet 1742.

1744, (7 janvier).[5]
2° BOTQUIN, Agathe, [PIERRE II.
b 1720.

Joseph, b[5] 27 mars 1747.—*René*, b[5] 16 avril 1750.

1731, (21 oct.) St-François, I. J.[6]

III.—LAUZON, GILLES. [PAUL II.
1° DAZÉ, Thérèse, [PAUL-CHARLES II.
b 1712; s[6] 9 juillet 1735.

1736, (10 avril).[6]
2° MONET, Marguerite, [JEAN II.
b 1714.

Marguerite, b 1736; s 23 déc. 1754, à St-Vincent-de-Paul.[7] —*Marie-Joseph*, b... m[7] 30 janvier 1758, à Alexis CIRE.—*Marie-Amable*, b 1739, s[7] 2 nov. 1751.—*Marguerite*, b... s[7] 26 nov. 1760—*Jean-Baptiste*, b[7] 28 avril 1746; s[7] 25 oct. 1751—*Marie-Thérèse*, b[7] 4 mars 1748.—*Marie-Françoise*, b[7] 27 mars 1750; s[7] 1er nov. 1751.—*Marie-Louise*, b[7] 23 avril 1752.—*Anonyme*, b[7] et s[7] 30 juin 1754.

1732, (12 oct.) Pointe-Claire.[8]

III.—LAUZON (3), PIERRE, [MICHEL II.
b 1707.
ROY, Jeanne. [ANDRÉ II

Marie-Joseph, b... m 31 janvier 1757, à Pierre ROLIN, à Ste-Geneviève, M.[9] —*Paschal*, b... m[8] 5

(1) Voy. Barbary.
(2) Dit Lafleur.
(3) Dit Vadeboncœur.

oct. 1767, à Suzanne LEGAUT.—*Jacques*, b 1740; s[9] 23 mars 1745.—*Marie-Geneviève*, b [9] 17 nov. 1741; s [9] 12 juillet 1742.—*Marie-Geneviève*, b [9] 21 février 1743.—*Nicolas*, b [9] 25 janvier 1745.—*Joseph*, b [9] 18 sept. 1746.—*Michel-André*, b [9] 25 avril 1748.—*Marie-Anne*, b [9] 7 nov. 1749; s [9] 12 juin 1750.—*Marie-Anne*, b [9] 26 mai 1751.—*Marie-Catherine*, b [9] 23 fevrier et s[9] 10 juin 1753.—*François-Eustache*, b [9] 17 mai 1754; s [9] 16 nov. 1755.—*Hyacinthe-Amable*, b [9] 13 dec. 1756; s[9] 26 nov. 1759.

I.—LAUZON, FRANÇOIS.
FORTIN, Isabelle.
Marie-Anne, b... m 23 juillet 1764, à Augustin GUIBORD, à Lachine.—*François*, b... 1° m à Françoise CHARBONNEAU; 2° m 11 oct. 1779, à Marie-Anne JOURDAIN, à la Longue-Pointe.

1733, (16 février) St-François, I. J.

III.—LAUZON, JACQUES-PAUL. [GILLES II.
CHARTRAN, Marie-Joseph, [THOMAS II.
b 1713.
Joseph, b 1736; 1° m 18 février 1760, à Marie-Joseph LACHAISE, à Terrebonne[1]; 2° m 23 oct. 1769, à Marie-Anne TESSIER, à la Longue-Pointe; s[1] 28 mai 1780.—*Marie-Anne*, b 1739; m 4 juin 1764, à Antoine MERSAN, à la Pte-aux-Trembles, M.—*Jacques*, b... 1° m [1] 22 oct. 1764, à Louise PAYMENT; 2° m [1] 12 oct. 1778, à Marie-Anne BOUTILLET.—*Geneviève*, b... m[1] 11 fevrier 1765, à François RENAUD.—*Pierre*, b 1743; s[1] 5 mai 1761.—*Marie-Joseph*, b... m 1770, à Charles-Philippe BÉLANGER.

1736.

III.—LAUZON, FRS-MARIE, [MICHEL II.
b 1703.
LACOMBE, Marie-Françoise.
Michel, b... m 20 nov. 1758, à Marie-Charlotte VILLERET, à Ste-Geneviève, M.[6] — *Marie-Françoise*, b[6] 12 mars 1741; m[6] 15 janvier 1759, à Jacques BOILEAU. — *Jacques*, b[6] 4 dec. 1742.—*Geneviève*, b[6] 13 août 1744.—*Marie-Anne*, b[6] 13 avril 1746. — *Marie-Marguerite*, b[6] 2 nov. 1747; s[6] 25 juin 1748. — *Marie-Marguerite* et *Marie-Joseph*, b[6] 22 avril 1749. — *Jean-Baptiste*, b[6] 30 oct. 1750.—*Marie-Catherine*, b[6] 29 fevrier 1752; s[6] 1er avril 1755.— *Marie-Françoise*, b[6] 25 avril 1753.—*Marie-Joseph*, b[6] 5 et s[6] 15 juillet 1754.—*Marie-Catherine*, b[6] 18 oct. et s[6] 31 déc. 1755.—*Joseph-Amable*, b[6] 4 et s[6] 15 août 1758.

III.—LAUZON, JEAN-BTE, [PAUL II.
b 1698.
1° CORBEIL, Thérèse,
b 1722; s 20 avril 1754, à Terrebonne.[7]
Jean-Baptiste, b[7] 20 fevrier 1744; m[7] 21 janvier 1765, à Marie-Joseph BRACONNIER.—*Jacques*, b... m[7] 9 janvier 1769, à Louise NAU.—*Jean*, b[7] 20 mars 1747.— *Marie-Louise*, b[7] 13 avril et s[7] 30 juin 1749. — *Adrien*, b[7] 7 sept. 1750; m[7] 13 fevrier 1775, à Marguerite TERRIEN. — *Marie-Joseph*, b[7] 26 sept. 1752; m[7] 12 oct 1772, à Louis GAUTIER. — *François*, b[7] 10 avril 1754; m[7] 26 juin 1779, à Geneviève TERRIEN.

1760, (18 février).[7]
2° GRENIER, Marie-Louise. [JOSEPH.
Joseph, b... m[7] 22 janvier 1781, à Marguerite BELISLE.

1746, (15 janvier) Sault-au-Récollet.

III.—LAUZON, GABRIEL. [MICHEL II.
LACOMBE, Marie-Anne. [JEAN II.
Marie-Anne, b 24 déc. 1746, à Ste-Geneviève, M.[8]—*Marie-Joseph*, b[8] 8 janvier et s[8] 10 juillet 1748.—*Marie-Catherine*, b[8] 30 sept. 1752.—*Pierre-Gabriel*, b[8] 13 oct. 1754; s[8] 29 mars 1755.—*Joseph-Amable*, b[8] 23 mars 1756.—*Marie-Geneviève*, b[8] 14 sept. 1758.

1751.

III.—LAUZON, GILLES. [GILLES II.
VIAU, Marie-Anne.
Gilles, b 6 mars 1752, à Terrebonne[8]; m[8] 21 oct. 1776, à Angelique TERRIEN. — *Marie-Anne*, b[8] 13 mai 1753; m[8] 3 fevrier 1772, à François TERRIEN; s[8] 26 juin 1778. — *Joseph*, b 3 déc. 1754, à Ste-Rose[9]; m[8] 30 juillet 1781, à Marie FRONTIGNY. — *Jacques*, b[9] 28 sept. 1756.— *Marguerite*, b[9] 19 juillet 1758; s[8] 24 oct. 1777.—*Louis*, b[8] 25 juillet 1760; s[8] 30 mai 1776.—*Charles*, b... m[8] 25 nov. 1782, à Angelique VALIQUET.

1758, (20 nov.) Ste-Geneviève, M.[2]

IV.—LAUZON, MICHEL. [FRS-MARIE III.
VILLERET, Marie-Charlotte. [MICHEL.
François, b[2] 22 sept. 1759.—*Michel*, b 19 avril et s 19 juin 1761, à Ste-Rose.[4]— *Gabriel*, b[2] 29 mars 1762.

1759, (22 fevrier) Détroit.[3]

IV.—LAUZON (1), ANT.-NICOLAS, [NICOLAS III.
b 1727; s[3] 16 mai 1770.
CHEVALIER (2), Angelique, [JEAN-BTE II.
b 1733.
Antoine-Nicolas, b[3] 11 et s[3] 23 janvier 1760.—*Jacques*, b[3] 13 dec. 1760.—*Angélique*, b[3] janvier et s[3] 16 août 1762. — *Séraphin*, ne[3] 5 juin et b[3] 17 sept. 1763; m[3] 9 nov. 1790, à Marie-Louise MORAND. — *Cécile*, b[3] 22 mai 1765; m[3] 3 mars 1783, à Jacques BELLEPERCHE. — *Antoine*, b[3] 28 janvier 1767. — *Marie-Joseph*, b[3] 1er oct. 1768; m[3] 13 nov. 1790, à Michel TREMBLAY; s[3] 21 mai 1794.

1759, (22 oct.) Montréal.

III.—LAUZON, JOSEPH, [SÉRAPHIN II.
b 1718.
POTHIERS, Marie-Mgte-Joseph, [CHARLES II.
b 1716; veuve de Jacques Langevin.

1760, (18 fevrier) Terrebonne.[4]

IV.—LAUZON, JOSEPH, [JACQUES III.
b 1736; s[4] 28 mai 1780.
1° LACHAISE (3), Marie-Joseph, [JEAN-BTE II.
veuve de Julien Fortin; s[4] 28 août 1768.

---

(1) Habitant de la côte Nord-Est.
(2) Elle épouse, le 26 mai 1775, Louis Cassé, au Detroit.
(3) Et Lavigne.

Marie-Françoise, b [4] 28 nov. 1760.
1769, (23 oct.) Longue-Pointe.
2° TESSIER, Marie-Anne, [PAUL III.
b 1740.
Benjamin, b 9 sept. 1772, à Lachenaye.

1760, (21 juillet) Montréal.
IV.—LAUZON, SÉRAPHIN, [SÉRAPHIN III.
b 1735.
POIRIER, Marie-Joseph, [JOSEPH III.
b 1740.

LAUZON, FRANÇOIS.
1° VILLERAY, Geneviève.
Marie-Geneviève, b 10 janvier 1762, à Ste-Rose.
1765, (28 oct.) Terrebonne.
2° ETHIER, Agathe, [ANDRÉ III.
b 1740 ; veuve de Pierre Desjardins.

IV.—LAUZON (1), JACQUES, [NICOLAS III.
b 1737.
CASSÉ, Marie-Anne. [CHARLES III.
Charles, b 13 février 1763, au Détroit [7] ; m [7] 23 avril 1792, à Angélique RAYMOND. — *Jean-Baptiste*, b [7] 18 avril 1765. — *Thérèse*, b [7] 26 août 1767. — *Marie-Françoise*, b [7] 14 et s [7] 17 mars 1769.—*François*, b [7] 24 fevrier 1770.—*Pierre*, b [7] 5 et s [7] 8 mars 1772. — *Archange*, b [7] 13 fevrier 1773.—*Gabriel*, b [7] 22 avril 1775. —*Basile*, b [7] 4 sept. 1777.—*Thérèse*, b [7] 6 dec. 1779.—*Cécile*, b [7] 24 août 1782.—*Marie-Louise*, b [7] 5 oct. 1783.

1764, (22 oct.) Terrebonne. [9]
IV.—LAUZON, JACQUES. [JACQUES III.
1° PAYMENT, Louise, [PIERRE II.
b 1731 ; s [9] 3 août 1776.
1778, (12 oct.) [9]
2° BOUILLET, Marie-Anne,
veuve d'Andre Corbeil.

LAUZON, JACQUES.
PERRAUT (2), Marie-Louise.
Marie-Louise, b 2 oct. 1765, à Lachenaye. [4] — *Marie-Marguerite*, b [4] 1er fevrier 1775. — *Marie-Anne*, b [4] 7 février 1777.

1765, (21 janvier) Terrebonne.
IV.—LAUZON, JEAN-BTE, [JEAN-BTE III.
b 1744.
BRACONNIER, Marie-Joseph, [FRANÇOIS II.
b 1743.

1766.
LAUZON, DANIEL.
BARIL, Marie-Charlotte.
Daniel, b 1766 ; s 18 juin 1777, à St-Cuthbert. [5] —*Geneviève*, b [5] 9 mai 1771.—*Marie-Louise*, b [5] 26 mars 1774 ; s [5] 14 juin 1775.—*Marie-Charlotte-Amable*, b [5] 26 nov. 1775 ; s [5] 22 août 1778.—*Pierre*, b [5] 5 mars et s [5] 19 juillet 1777.—*François*, b [5] 30 déc. 1779.—*Daniel*, b [5] 22 avril 1784.

(1) Habitant de la côte Nord-Est.
(2) Ou Huot, 1777.

1767, (5 oct.) Pointe-Claire.
IV.—LAUZON, PASCHAL. [PIERRE III.
LEGAUT, Suzanne, [PIERRE II.
b 1749.

LAUZON, AUGUSTIN.
CHAVAUDRAY, Françoise.
Marie-Charlotte, b et s 4 avril 1768, à la Longue-Pointe.

1768.
II.—LAUZON, FRANÇOIS. [FRANÇOIS I.
1° CHARBONNEAU, Françoise,
b 1751 ; s 5 oct. 1776, à la Longue-Pointe. [1]
Marie-Françoise, b... m 26 sept. 1785, à Jean-Marie LECLERC, à Lachenaye. [8] — *François*, b [1] 11 oct. 1768.—*Marie-Joseph*, b [8] 15 août 1770.
1779, (11 oct.) [7]
2° JOURDAIN, Marie-Anne, [DENIS II.
b 1742.

1769, (9 janvier) Terrebonne.
IV.—LAUZON, JACQUES. [JEAN-BTE III.
NAU, Louise. [LOUIS

1775, (13 fevrier) Terrebonne.
IV.—LAUZON, ADRIEN, [JEAN-BTE III.
b 1750.
TERRIEN, Marguerite. [JACQUES III.
Jacques, b 20 fevrier 1777, à Lachenaye.

1776, (21 oct.) Terrebonne.
IV.—LAUZON, GILLES, [GILLES III.
b 1752.
TERRIEN, Marie-Angélique. [JACQUES III.
Marie-Archange, b 23 mai 1785, à Lachenaye.

LAUZON, JACQUES.
CLÉMENT, Louise.
Jean-Baptiste, b 9 janvier 1777, à Lachenaye.

1779, (26 juin) Terrebonne.
IV.—LAUZON, FRANÇOIS, [JEAN-BTE III.
b 1754.
TERRIEN, Geneviève, [FRANÇOIS III.
b 1752 ; veuve de Charles Vésina.

1781, (22 janvier) Terrebonne.
IV.—LAUZON, JOSEPH. [JEAN-BTE III.
ROTUREAU (1), Marguerite. [PIERRE III.

1781, (30 juillet) Terrebonne.
IV.—LAUZON, JOSEPH, [GILLES III.
b 1754.
FRONTIGNY, Marie. [PIERRE

1782, (25 nov.) Terrebonne.
IV.—LAUZON, CHARLES. [GILLES III.
VALIQUET, Marie-Angelique. [PIERRE IV.

(1) Dit Belisle.

1790, (9 nov.) Détroit.

I.—LAUZON, Séraphin, [Antoine-Nicolas IV. b 1763.

Morand, Marie-Louise, [Claude-Charles III. b 1769.

1792, (23 avril) Détroit.

I.—LAUZON, Charles, [Jacques IV. b 1763.

Raymond (1), Angélique, [Jean-Bte. b 1775.

LAVAL.—Voy. Coupeau, 1752.

I.—LAVAL, Gilles, b 1634 ; soldat ; s 2 oct. 1714, à Montréal.

I.—LAVAL (2), Bernard.

1707, (1er août) Montréal.

I.—LAVAL, Pierre, fils de Girard et de Catherine Dumas, de St-Mexam, diocèse de Poitiers, Poitou.

Bousquet (3), Barbe, [Jean I. b 1684.

LAVALETTE. — *Variations et surnoms :* Labalette—Lavallette—Basque—Joannis.

1736, (9 janvier) Quebec.[1]

I.—LaVALETTE (4), Jean, b 1694, navigateur et voilier ; fils de Bernard et de Marie De la Borde, de Ste-Marie, diocèse d'Oleron, Gascogne.

Rancin, Marie-Charlotte, [Charles II. b 1706.

Jean-Marie-Joseph, b [1] 8 oct. 1736. — *Marie-Geneviève* (5), b [1] 1er sept. 1738.— *Michel,* b [1] 17 oct et s 2 nov. 1739, à Lévis.[4] — *Jean-Charles,* b [1] 13 juillet et s [4] 24 août 1741. — *Louis,* b [1] 21 juin et s 1er juillet 1743, à Lorette.—*Jean-Baptiste,* b [1] 5 et s [4] 12 sept. 1744.

LAVALLÉ.—Voy. Lavallée.

LAVALLÉE.—*Variations et surnoms :* Lavallé—Vallé—Vallée—Arpot—Baillargeon—Bouchard—Friloux— Giguère — Jutras—Labrecque— LaRichardière—Legrain—Paquet—Petit-Jean—Pret-a-boire — Ranger—Richard.

(1) Dit Toulouse.

(2) Capitaine d'une compagnie, détachement de la marine. Il était, le 22 nov. 1756, à St-Constant.

(3) Elle épouse, le 17 nov. 1709, Jean-Baptiste Desrosiers, à Montréal.

(4) Dit Joannis—Basque. Le recensement de Québec de 1744 l'appelle LaBalette, voir No 884.

(5) Elle était, le 1er août 1760, à la Pte-aux-Trembles, Q.

1665, (12 janvier) Québec.

I.—LAVALLÉE (1), Pierre, b 1645.

Leblanc (2), Marie-Thérèse, [Léonard I. b 1651.

Michel, b 1677 ; m 3 février 1712, à Geneviève Baugy, à Beauport[1] ; s [1] 1er oct. 1752.

1672.

I.—LAVALLÉE (3), Jean, b 1652.

Dusson (4), Marguerite, b 1656.

Jean, b 14 février 1674, à Sorel[2] ; m 9 nov. 1702, à Jeanne Hus, à St-Frs-du-Lac ; s [2] 31 dec. 1743.— *Catherine,* b [2] 3 nov. 1678 ; m 28 nov. 1701, à Jean Chevalier, à la Pte-aux-Trembles, M.—*Pierre-Noel,* b [2] 5 avril 1680.

I.—LAVALLÉE (5), Jean-Bte, b 1681 ; de Quintin, diocèse de St-Brieux, Bretagne ; s 20 nov. 1711, au Detroit.

1699, (23 nov.) Beauport.[2]

II.—LAVALLÉE (6), Pierre-Vincent, [Pierre I. b 1674 ; s 11 nov. 1751, à Québec.[3]

1° Vachon, Marie-Madeleine, [Paul I. b 1680 ; s [2] 18 février 1703.

Pierre, b [2] 8 sept. 1700 ; s [2] 20 mars 1712.— *Marie-Madeleine,* b [2] 24 oct. 1702 ; s [2] 20 février 1703.

1704, (21 juillet).[2]

2° Courault (7), Madeleine, [Cybar I. b 1683 ; veuve de René Parant ; s [3] 21 sept. 1757.

Jean-Baptiste, b [2] 6 mars 1706 ; 1° m [3] 17 sept. 1731, à Anne Gendron ; 2° m [3] 12 janvier 1739, à Thérèse Buisson ; s [3] 30 août 1754.—*Charles,* b [2] 20 oct. 1708 ; m [2] 7 janvier 1731, à Marie-Joseph Parant.—*Michel,* b [2] 11 mai 1711 ; 1° m [2] 20 oct. 1731, à Marie-Anne-Louise DeRainville ; 2° m [2] 10 avril 1747, à Marie-Joseph Ménard. — *Ange-Etienne,* b [2] 30 avril 1714 ; m [2] 18 avril 1735, à Marie Marcou. — *Pierre-François,* b [2] 29 août 1716.—*Antoine,* b [2] 23 fevrier 1719. — *Anonyme,* b [2] et s [2] 12 avril 1721. — *Marie-Catherine,* b [2] 4 mai 1722 ; m [3] 19 nov. 1740, à Louis Bodin. — *Madeleine,* b [2] 1er mars 1725 ; m [3] 30 sept. 1743, à Nicolas Massue ; s 26 dec. 1766, à Varennes.

1702, (9 nov.) St-Frs-du-Lac.

II.—LAVALLÉE (8), Jean, [Jean I. b 1674 ; s 31 dec. 1743, à Sorel.[1]

Hus, Jeanne-Catherine, [Paul I. b 1680 ; s [1] 3 janvier 1744.

Thérèse b [1] 16 mars 1704. — *Marie-Joseph,*

(1) Devenu Vallée ; voy. vol. I, p. 354.

(2) Elle épouse, le 29 oct. 1686, Toussaint Giroux, à Beauport.

(3) Voy. vol. I, p. 354.

(4) Et Bisson.

(5) Soldat de M. de la Chassagne.

(6) Marié Vallee.

(7) Et Coureau—Coreau dit Lacoste et De la Côte.

(8) Et Lavallé.

b 27 fevrier 1706, à l'Ile-Dupas[2]; m[1] 1er mars 1734, à Jean-Baptiste **St. Martin**. — *Jean* et *Jacques*, b[1] 29 fevrier et s[2] 17 mars 1708.—*Jacques*, b 1709; m 10 nov. 1734, à Elisabeth **Cabassier**, à Montréal.—*Joseph*, b[1] 29 sept. 1710.—*Michel*, b[1] 29 sept. 1710; 1° m 1736, à Marguerite **Bruneau**; 2° m 1747, à Geneviève **Dutaut**.—*Antoine*, b[1] 24 août 1712; s[1] 19 mai 1757.—*Catherine*, b[1] 3 juillet 1714; s[1] 13 janvier 1730.—*Pierre*, b[1] 1er avril 1716; 1° m 1744, à Geneviève **Bélair**; 2° m[1] 28 avril 1749, à Marie **Péloquin**.—*Louis*, b[1] 29 mars 1718; m[1] 14 juin 1751, à Marguerite **Laguerce**; s[1] 23 janvier 1761.—*Paul*, b[1] 1er oct. 1724; s[1] 25 fevrier 1727.—*Jean*, b... m 1742, à Madeleine **Généreux**.—*Marie-Anne*, b... 1° m[1] 17 mai 1745, à François **Péloquin**; 2° m[1] 18 avril 1757, à Michel **Gautier**.

1707, (12 sept.) Beauport.[3]

II.—LAVALLÉE (1), **Charles**, [Pierre I.
b 1679.

Marcou, Geneviève, [Pierre I.
b 1682; s[3] 9 mai 1756.

Charles, b[3] 5 mars 1709; 1° m[3] 18 janvier 1732, à Geneviève **Crête**; 2° m[3] 7 sept. 1761, à Marie-Françoise-Louise **Parant**.—*Pierre*, b[3] 11 oct. et s[3] 11 nov. 1710.—*Jean*, b[3] 8 oct. 1711; 1° m[3] 5 février 1736, à Madeleine **Monjon**; 2° m 18 nov. 1754, à Marie **Chevalier**, à Québec.[4]—*Marie-Geneviève*, b[3] 4 dec. 1713; m[3] 27 juillet 1739, à Jacques **Parant**; s[3] 3 mars 1750.—*François*, b[3] 3 janvier 1716.—*Joseph*, b[3] 21 février 1718; m[3] 29 août 1741, à Geneviève **Parant**.—*René*, b[3] 16 dec. 1719; s[3] 23 janvier 1720.—*Marie-Louise*, b[3] 25 avril 1721; m[3] 6 fevrier 1747, à Jean-Baptiste **Rochereau**.—*Louis*, b[3] 17 déc. 1722; m[3] 8 janvier 1748, à Marie-Geneviève **Monjon**; s[4] 12 oct. 1794.—*Pierre-François*, b[3] 26 et s[3] 30 mars 1724.—*Pierre*, b[3] 31 mars 1725.

1712, (3 février) Beauport.[5]

II.—LAVALLÉE (2), **Michel**, [Pierre I.
b 1677; s[5] 1er oct. 1752.

Baugy, Geneviève, [Jean III.
b 1692.

Thérèse-Geneviève, b[5] 18 mai 1713; m[5] 7 août 1740, à Antoine **Marcou**—*Michel*, b[5] 12 juillet 1714; 1° m 17 juillet 1752, à Marie **Coulombe**, à St-Laurent, I. O.; 2° m 4 juillet 1769, à Dorothée **Bacon**, au Château-Richer. — *Marguerite-Angélique*, b[5] 25 janvier 1717; s[5] 14 nov. 1725. — *Marie-Jeanne*, b[5] 20 sept. 1718.—*Charles*, b[5] 18 mai 1721; m[5] 27 oct. 1749, à Marie-Louise **Marcou**.—*Louis*, b[5] 11 nov. 1722; m[5] 16 nov. 1761, à Marie-Charlotte **Maillou**. — *Michelle*, b[5] 18 août 1724.— *Marie-Louise*, b[5] 8 juillet 1727; m[5] 22 août 1746, à Jean-Baptiste **Maillou**. — *Marie-Madeleine*, b[5] 20 avril 1729; m[5] 27 avril 1750, à Michel **Maillou**. — *Marie*, b 1730; s 6 juin 1761 (noyee), à Quebec.[6]—*Joseph*, b 1732; m 26 février 1759, à Suzanne **Couture**, à Levis; s[6] 27 avril (noye) 1761. —*Pierre*, b[5] 30 juin et s[5] 15 juillet 1733.

(1) Et Lavallé—Vallée.

(2) Et Vallee.

1712, (22 nov.) Beauport.[1]

II.—LAVALLÉE, **Nicolas-Marie**, [Pierre I.
b 1681.

1° **Lefebvre**, Marie-Louise, [Jean II.
b 1691; s[1] 11 déc. 1730.

Jean-Baptiste, b[1] 25 février 1714; m[1] 29 juillet 1743, à Louise **Marcou**.—*Marie*, b[1] 4 nov. 1715, 1° m 16 août 1742, à Nicolas **Rousset**, à Quebec[1]; 2° m[2] 5 avril 1758, à François-Joseph **Derome**.—*Nicolas-François*, b[1] 6 mars 1717; m[1] 19 janvier 1750, à Marie-Anne **Grenier**.—*Marie-Louise*, b[1] 25 nov. 1718; m[1] 11 nov. 1748, à Andre **Marcou**.—*Pierre*, b[1] 29 mars 1720; m 30 mars 1761, à Marie **Tibierge**, à St-Joseph, Beauce. — *Marie-Elisabeth*, b[1] 19 nov. 1721; m[2] 19 février 1753, à Antoine **Gosselin**; s[2] 5 mars 1790.—*Marie-Françoise*, b[1] 14 et s[1] 22 sept. 1723.—*Marie-Cathérine*, b[1] 7 sept. 1724; m[1] 23 sept. 1748, à Nicolas **Bouchard**; s 2 déc. 1766, à la Rivière-Ouelle.—*Alexandre*, b[1] 30 déc. 1726; 1° m[1] 15 mai 1752, à Angelique **Marcou**; 2° m[1] 10 avril 1758, à Louise-Geneviève **Parant**.—*Marie-Joseph*, b[1] 17 et s[1] 26 juin 1728.—*Louis*, b[1] 29 juin 1729; m[1] 27 oct. 1761, à Marie-Joseph **Baugy**.—*André*, b[1] 4 dec. 1730.

1736, (23 juillet).[2]

2° **Benoit**, Marie-Anne, [Abel I.
veuve de Jean Sylvestre; s[1] 18 nov. 1748

1731, (7 janvier) Beauport.[4]

III.—LAVALLÉE, **Charles**, [Pierre-Vincent II.
b 1708; maitre-maçon et arpenteur.

Parant, Marie-Joseph, [Charles II.
b 1709.

Marie-Joseph, b[4] 6 janvier 1732; m 30 juin 1750, à Jean **Gilbert**, à Québec.[5] — *Marie-Charlotte*, b[5] 3 oct. 1733; m[5] 24 août 1750, à Joseph **LeNormand**.—*Louise*, b[5] 12 oct. 1735; s[5] 13 mars 1742.—*Charles-Joseph*, b[5] 3 oct. 1737.—*Marie-Angélique* b[5] 6 juillet 1740; 1° m[5] 29 janvier 1759, à Jean-Baptiste **Boulet**; 2° m 21 nov. 1768, à Jean-Victor **Mondina**, à St-Thomas. — *Jean-Baptiste*, b[5] 7 avril et s[5] 29 mai 1742.—*Catherine*, b[5] 28 août 1743; m[5] 9 janvier 1761, à Louis-Marie **Monjon**.—*Antoine*, b[5] 9 sept. 1748, 1° m[5] 18 août 1778, à Marguerite **Crepeau**; 2° m[5] 21 sept. 1789, à Marie-Louise **Dompilre**.—*Henri-François*, b[5] 25 fevrier 1751.

1731, (17 sept.) Québec.[6]

III.—LAVALLÉE(1), **J.-Bte**, [Pierre-Vincent II.
b 1706; s[6] 30 août 1754.

1° **Gendron**, Anne, [Jacques II.
b 1694; veuve de Jean Létourneau; s 6 avril 1738, à St-Thomas.[7]

Jean-Baptiste, b[6] 27 août 1732; s[6] 11 juillet 1733.—*Marie-Madeleine*, b[6] 13 mai 1734; m[6] 21 mai 1750, à Joseph **Brassard**; s[6] 25 oct. 1789

1739, (12 janvier).[6]

2° **Buisson** (2), Thérèse,
b 1692; veuve de Louis Lepage; s[7] 24 mars 1767.

(1) Et Vallé.

(2) Et Bisson.

1731, (29 oct.) Beauport.[4]

III.—LAVALLEE(1), MICHEL, [PIERRE-VINCENT II. b 1711.

1° DERAINVILLE, Marie-Anne-Louise, [PAUL III. b 1711; s[4] 16 août 1744.

Marie-Louise, b[4] 8 déc. 1732; s[4] 3 oct. 1744.—*Michel,* b[4] 22 oct. 1734; s[4] 4 février 1752.—*Pierre-Ange,* b[4] 4 janvier 1737; m[4] 13 fevrier 1764, à Angélique GIROUX.—*Ignace,* b[4] 7 fevrier 1739; s[4] 14 fevrier 1758.—*Marie-Jeanne,* b[4] 24 sept. 1741; s[4] 12 mai 1744.—*Charles-Marie,* b[4] 4 nov. 1743; s[4] 14 août 1744.

1747, (10 avril).[4]

2° MÉNARD, Marie-Joseph. [LOUIS.

Marie-Geneviève, b[4] 12 nov. 1747.—*Joseph,* b[4] 17 mars 1749.—*Jean-François,* b[4] 2 fevrier 1751; m 12 janvier 1779, à Marie-Anne CHEVALIER, à Québec.[6]—*Eustache,* b[4] 10 nov. 1752; m 12 juillet 1793, à Madeleine BANVILLE, à Rimouski.—*Louis-Barthélemi,* b[4] 18 août 1754.—*François,* b[4] 10 juin 1757.—*François,* b[4] 3 oct. et s[4] 11 nov. 1760.—*Marie-Agathe,* b[4] 3 oct. 1760.—*Marie,* b... m[5] 3 sept. 1788, à Alexis LAVALLÉE.—*Marie-Jeanne,* b[5] 11 juillet 1762.—*Joseph,* b[5] 10 et s[5] 25 avril 1764.

1732, (18 janvier) Beauport.[4]

III.—LAVALLÉE (2), CHARLES, [CHARLES II. b 1709.

1° CRÊTE, Geneviève, [PIERRE II. b 1714; s[4] 11 sept. 1759.

Marie-Geneviève, b[4] 15 nov. et s[4] 30 déc. 1732.—*Marie-Madeleine,* b[4] 13 sept. 1734; 1° m[4] 14 janvier 1760, à Jean-Nicolas PLICHARD; 2° m[4] 29 juillet 1765, à Louis MÉNARD.—*Antoinette-Elisabeth,* b[4] 25 avril 1736; m[4] 21 sept. 1761, à Jean-Baptiste LANDRY.—*Charles,* b[4] 12 mai et s[4] 5 juillet 1738.—*Marie-Louise-Antoinette,* b[4] 30 sept. 1739.—*Marie-Geneviève,* b[4] 2 sept. et s[4] 24 nov. 1742.—*Louis-Charles,* b[4] 14 dec. 1746.—*Charles,* b[4] 25 nov. 1748.—*Joseph,* b[4] 4 sept. 1750.—*Philippe,* b[4] 2 mars 1753; s[4] 1er nov. 1759.—*Marie-Madeleine,* b[4] 12 oct. 1755.

1761, (7 sept.)[4]

2° PARANT, Marie-Frse-Lse, [FRANÇOIS III. b 1720; veuve de Pierre Vesina.

1734, (10 nov.) Montréal.[6]

III.—LAVALLÉE, JACQUES, [JEAN II. b 1709.

CABASSIER (3), Elisabeth, [CHARLES II. b 1716.

Elisabeth, b[6] 20 et s[6] 22 nov. 1735.—*François-Jacques,* b[6] 24 mai et s[6] 3 juin 1740.—*Marie-Joseph,* b[6] 18 sept. 1743; m[6] 19 août 1761, à Antoine HUS.—*Anne-Elisabeth,* b[6] 27 juillet 1745.

(1) Et Vallée.
(2) Et Vallé.
(3) Elle épouse, le 25 février 1754, René Hautbois, à Montréal.

1735, (18 avril) Beauport.[1]

III.—LAVALLÉE, ANGE-ET., [PIERRE-VINC. II. b 1714.

MARCOU, Marie, [JEAN II. b 1709.

Marie-Madeleine, b[1] 21 avril 1736; m 17 janvier 1752, à Louis BÉLANGER, à St-Valier.[7]—*Marie-Angélique,* b[1] 26 sept. 1737; m[7] 8 oct. 1753, à Jean-François HÉLY.—*Vallé-Etienne-Amable,* b[1] 9 mars 1739; m 27 avril 1761, à Marie-Anne DALLAIRE, à St-Michel.—*Jean-Baptiste,* b[1] 6 oct. 1740.—*Louis,* b[1] 31 mai 1742.—*Antoine,* b[1] 10 mars 1744; m[7] 27 juillet 1767, à Marie-Françoise MARCEAU.—*Anonyme,* b[1] et s[1] 30 juillet 1745.—*Pierre,* b[1] 9 oct. 1746; m 29 août 1768, à Marie-Anne LALONDE, au Bout-de-l'Ile, M.—*Marie-Anne-Catherine,* b[1] 27 sept. et s[1] 22 oct. 1748.—*François,* b[7] 23 avril 1751.

1736, (5 février) Beauport.[1]

III.—LAVALLÉE (1), JEAN, [CHARLES II. b 1711.

MONJON (2), Madeleine, [NICOLAS I. b 1717; s[1] 16 oct. 1751.

Marie-Geneviève, b[1] 10 nov. 1736.—*Louis,* b[1] 20 sept. et s[1] 7 nov. 1738.—*Jean-Simon,* b[1] 27 oct. 1739; 1° m[1] 7 nov. 1763, à Marie-Louise PARANT; 2° m[1] 21 nov. 1768, à Catherine MARCOU.—*Madeleine,* b 1741; m 18 avril 1757, à Antoine PARANT, à Quebec.[6]—*Louis,* b[1] 23 août et s[1] 6 oct. 1742.—*Marguerite,* b[1] 13 sept. 1743; m[6] 5 juillet 1762, à François SINAI.—*Marie-Geneviève,* b[1] 7 août et s[1] 12 oct. 1745.—*Anonyme,* b[1] et s[1] 1er oct. 1746.—*Louise-Pélagie,* b[1] 1er sept. 1747.

1754, (18 nov.)[6]

2° CHEVALIER, Marie, [LOUIS III. veuve de Jean-François Levasseur.

Marie-Joseph, b[6] 17 fevrier 1756; s[6] 7 juin 1782.—*Marie-Anne,* b[6] 21 sept 1757; s[6] 1er avril 1758.—*Gilles-Charles,* b[6] 21 août 1758.

1736.

III.—LAVALLÉE, MICHEL, [JEAN II. b 1710.

1° BRUNEAU, Marguerite, s 30 janvier 1744, à Sorel.[6]

Marguerite, b[6] 16 juillet 1737; m 19 février 1759, à Emmanuel PÉLOQUIN, à l'Ile-Dupas.—*Michel,* b[6] 28 fevrier 1739; m[6] 3 fevrier 1761, à Marie-Joseph HUS-MILLET.—*Pierre,* b[6] 11 et s[6] 30 avril 1741.—*Amable,* b[6] 16 juin 1742; m[6] 14 janvier 1765, à Marie-Joseph PELOQUIN.—*Marie,* b[6] 13 janvier et s[6] 16 fevrier 1744.

1747.

2° DUTAUT, Geneviève.

Catherine, b[6] 21 et s[6] 25 nov. 1748.—*Joseph,* b[6] 25 juillet et s[6] 5 août 1750.—*Marie,* b[6] 6 et s[6] 25 fevrier 1752.—*Jean-Baptiste* et *Louis,* b[6] 26 avril 1753.—*Pierre,* b[6] 10 oct. 1754.—*Marie,* b[6] 18 déc. 1755; s[6] 1er janvier 1756.—*Joseph,* b[6] 6 et s[6] 12 juin 1757.—*Marie-Joseph,* b[6] 24 juin 1758.

(1) Et Vallé.
(2) Voy. Mongeon.

1741, (20 août) Beauport. [5]
III.—LAVALLÉE (1), JOSEPH, [CHARLES II.
b 1718.
PARANT, Geneviève, [JOSEPH II.
b 1720.
Louise-Geneviève, b [5] 31 déc. 1741; s [5] 12 août 1742. — *Joseph*, b [5] 4 juin 1743; m [5] 1er fevrier 1768, à Marie-Angèlique BÉLANGER.—*Charles*, b [5] 30 juin et s [5] 6 août 1745. — *Marie-Geneviève*, b [5] 15 et s [5] 19 juin 1746. — *Marie-Geneviève*, b [5] 2 oct. 1747; s [5] 27 dec. 1748. — *Catherine*, b [5] 16 juillet 1749; s [5] 10 février 1751. — *Louis-Basile*, b [5] 24 fevrier 1752. — *Louise-Geneviève*, b [5] 28 janvier 1754. — *Jacques-Eustache*, b [5] 1er mai 1755.—*Louis*, b [5] 10 sept. 1757; s [5] 27 mars 1759.

I.—LAVALLÉE (2), JOSEPH, b... s 3 mars 1757, à Longueuil.

1742.
III.—LAVALLÉE, JEAN. [JEAN II.
GÉNÉREUX, Madeleine.
Marie-Françoise, b 7 mai 1743, à l'Ile-Dupas. —*François*, b 6 nov. 1746, à Sorel.

1743, (29 juillet) Beauport. [9]
III.—LAVALLÉE (3), J.-BTE, [NICOLAS-MARIE II.
b 1714.
MARCOU, Louise, [JEAN II.
b 1715.
Louise, b 1747; s [9] 26 nov. 1748.— *Anonyme*, b [9] et s [9] 18 sept. 1751.

1744.
III.—LAVALLÉE, PIERRE, [JEAN II.
b 1716.
1° BÉLAIR, Geneviève,
s 22 déc. 1748, à Sorel. [5]
Marie-Joseph, b [5] 20 juin 1745; m [5] 18 juin 1764, à Charles HUS-COURNOYER. — *Louis*, b [5] 26 déc. 1746.—*Pierre*, b [5] 29 nov. 1748; s [5] 12 avril 1750.

1749, (28 avril). [5]
2° PÉLOQUIN (4), Marie, [FÉLIX II.
veuve d'Antoine Mandeville.
Rosalie, b [5] 17 janvier 1750; m [5] 7 janvier 1771, à Joseph-Louis Hus. — *Pierre*, b [5] 9 fevrier 1751.—*Michel*, b [5] 17 dec. 1752. — *Elisabeth*, b [5] 31 août 1754.—*Emmanuel*, b [5] 6 juin 1756.—*Thérèse*, b 26 fevrier 1758, à St-Michel-d'Yamaska. —*Joseph*, b 6 sept. 1759, à l'Ile-Dupas.

1748, (8 janvier) Beauport. [2]
III.—LAVALLÉE, LOUIS, [CHARLES II.
b 1722; s 12 oct. 1794, à Quebec. [4]
MONJON, Marie-Geneviève, [NICOLAS I.
b 1731; s [8] 23 mars 1795.
Louis-Nicolas, b [2] 19 oct. 1748.—*Charles*, b [2] 8 juillet 1750.—*Alexis-Jean*, b [3] 20 sept. 1753; m [8] 3 sept. 1788, à Marie LAVALLÉE. — *Marie-Madeleine*, b [3] 26 avril 1756.—*Jean-Marie*, b [3] 2 sept. et s [3] 19 oct. 1758.—*Rosalie*, b [2] 3 oct. 1760.—*François*, b [8] 5 oct. 1762.—*Marie-Angélique*, b [3] 19 dec. 1763; m [3] 9 mai 1786, à Pierre MACLURE. — *Joseph*, b... m 15 sept. 1800, à Veronique CANUEL, à Rimouski.

1749, (27 oct.) Beauport.
III.—LAVALLÉE, CHARLES, [MICHEL II.
b 1721.
MARCOU, Marie-Louise, [JEAN III.
b 1730.
Marie-Louise, b 27 août et s 29 oct. 1750, à Lévis. [4] — *Charles-Marie*, b [4] 3 mai et s [4] 25 juillet 1752.—*Charles-Marie*, b [4] 17 oct. 1753.—*Madeleine*, b [4] 28 juin 1755.—*Marie-Louise*, b [4] 24 sept. 1757.

1750, (19 janvier) Beauport.
III.—LAVALLÉE, NICOLAS-FRS, [NIC.-MARIE II.
b 1717.
GRENIER, Marie-Anne, [CHARLES III
b 1724.
Joseph, b 11 juin 1762, à St-Joseph, Beauce [5] —*Jean*, b [5] 28 août 1763.—*Louis*, b [5] 26 sept. 1764.

1751, (14 juin) Sorel. [6]
III.—LAVALLÉE, LOUIS, [JEAN II
b 1718; s [6] 23 janvier 1761.
LAGUERCE, Marguerite, [JEAN-FRANÇOIS I
b 1718.
Louis, b [6] 3 août 1751.—*Jean-Baptiste*, b [6] 25 mai 1753.—*Marguerite*, b [6] 7 et s [6] 14 sept. 1755. —*Michel*, b [6] 7 avril et s [6] 7 juin 1757.

1752, (15 mai) Beauport. [9]
III.—LAVALLÉE (1), ALEX., [NICOLAS-MARIE II
b 1726.
1° MARCOU, Marie-Angélique, [ANDRÉ II
b 1724; s [9] 6 mai 1757.
Alexandre, b [9] 10 avril 1753.—*Robert*, b [9] 18 sept. 1754.—*André*, b [9] 30 oct. 1755.—*Marie-Angélique*, b [9] 14 avril et s [9] 1er sept. 1757.

1758, (10 avril). [9]
2° PARANT, Louise-Geneviève, [ETIENNE II
b 1734.
Louis, b [9] 1er et s [9] 24 mai 1759.—*Pierre*, b [9] 13 oct. 1760.—*Marie-Louise*, b [9] 20 mars 1762.—*Louis*, b [9] 2 nov. 1763.—*Charles*, b [9] 19 juin 1765 m 14 oct. 1794, à Marie-Amable MARCHAND, à Québec.

LAVALLÉE, JOSEPH.
BRISEBOIS, Charlotte.
Marie, b... m 20 janvier 1772, à Jean-Baptiste BADAILLAC, à St-Michel-d'Yamaska.

1752, (17 juillet) St-Laurent, I O
III.—LAVALLÉE (1), MICHEL, [MICHEL II
b 1714.
1° COULOMBE, Marie, [LOUIS II
b 1716.
Marie-Elisabeth, b 15 oct. 1753, à Beauport [8].

(1) Et Vallée.

(2) Employé par le sieur Ganier; commis au magasin du Roi, trouvé gele.

(3) Et Vallé.

(4) Félix, 1759, du nom de baptême de son père.

(1) Et Vallé.

Marie, b... m [9] 19 février 1770, à François Giroux.—*Joseph*, b... s [9] 9 février 1759.

1769, (4 juillet) Château-Richer. [8]

2° Bacon, Dorothee, [Joseph IV.
b 1744.
Marie-Dorothée, b [8] 2 mars 1770.—*Jean-Joseph*, b 13 janvier, à Ste-Anne et s [8] 28 février 1772.

1754, (2 nov.) Sorel. [1]

I.—LAVALLÉE, Pierre.
Desrosiers (1), Elisabeth. [Antoine III.
Pierre, b [1] 23 nov. 1756. — *Marie-Antoinette*, b [1] 7 février 1758.—*Elisabeth*, b [1] 7 oct. 1759.

1759, (26 fevrier) Lévis.

III.—LAVALLÉE (2), Joseph, [Michel II.
b 1732; s 27 avril 1761, à Québec.
Couture (3), Marie-Suzanne, [Augustin III.
b 1741.

1761, (10 janvier) St-Michel-d'Yamaska. [6]

I.—LAVALLÉE (4), François, de St-Laurent, diocèse de Dol, Franche-Comte.
Bréza, Marie-Hypolite, [Ignace II.
b 1728; s [6] 14 avril 1761.

1761, (3 fevrier) Sorel.

IV.—LAVALLÉE, Michel, [Michel III.
b 1739.
Hus-Millet, Marie-Joseph, [Claude III.
b 1740.

1761, (30 mars) St-Joseph, Beauce [7] (5).

III.—LAVALLÉE, Pierre, [Nicolas-Marie II.
b 1720.
Tibierge, Marie. [Jean-François III.
Pierre, b [7] 21 mars 1762. — *Jean*, b [7] 7 août 1763.

1761, (27 avril) St-Michel. [2]

IV.—LAVALLÉE (6), Et.-Amable, [Ange-Et. III.
b 1739.
Dalaire (7), Marie-Anne, [Joseph III.
veuve de Louis Gautron.
Marie-Joseph, b [2] 21 janvier 1762.

1761, (27 oct.) Beauport. [1]

III.—LAVALLÉE (6), Louis, [Nicolas-Marie II.
b 1729.
Baugy (8), Marie-Joseph, [Louis IV.
b 1738.
Marie-Louise, b [1] 19 avril 1763.

---

(1) Et Dutremble.

(2) Et Valle; noyé au passage de la rivière St-Charles, avec sa sœur Marie Vallé, 31 ans, Vallé, épouse d'Antoine Marcou; Antoine Niel, Nicolas Fortier, Jeanne Guillot, épouse de Laurent et Ambroise Cantin.

(3) Elle épouse, le 11 janvier 1762, Michel Aubois dit St. Julien.

(4) Dit Prêt-à-boire.

(5) Le contrat de ce mariage a été passé par le R. P. Didace Cliche, le 30 mars 1761.

(6) Et Vallée.

(7) Voy. Alaire.

(8) Voy. Baugis.

1761, (16 nov.) Beauport.

III.—LAVALLÉE (1), Louis, [Michel II.
b 1722.
Maillou, Marie-Charlotte, [Noel III.
b 1739.

LAVALLÉE (2), Louis.
Moreau, Marie.
François, b et s 23 dec. 1762, à Québec.

1763, (7 nov.) Beauport. [3]

IV.—LAVALLÉE (2), Jean-Simon, [Jean III.
b 1739.
1° Parant, Marie-Louise, [Joseph III.
b 1738; s [3] 8 avril 1768.
Marie-Louise, b [3] 1er août 1765.

1768, (21 nov.) [3]

2° Marcou, Catherine, [Jean III.
b 1749.

1764, (13 février) Beauport. [7]

IV.—LAVALLÉE (2), Pierre-Ange, [Michel III.
b 1737.
Giroux, Angélique, [Louis III.
b 1738.
Pierre, b [7] 17 déc. 1764. — *Paul*, b... m 9 juin 1789, à Geneviève Girard, à Quebec [5]; s [6] 12 avril 1796.

1765, (14 janvier) Sorel.

IV.—LAVALLÉE, Amable, [Michel III.
b 1742.
Péloquin, Marie-Joseph, [Pierre III.
b 1748.

1767, (27 juillet) St-Valier.

IV.—LAVALLÉE (1), Antoine, [Ange-Et. III.
b 1744.
Marceau, Marie-Françoise, [Augustin III.
b 1744.

1768, (1er février) Beauport. [2]

IV.—LAVALLÉE, Joseph, [Joseph III.
b 1743.
Bélanger, Angélique, [Ange IV.
b 1746.
Geneviève, b... m [2] 9 janvier 1803, à François Chauret.

1768, (29 août) Bout-de-l'Ile, M.

IV.—LAVALLÉE, Pierre, [Ange-Etienne III.
b 1746.
Lalonde, Marie-Anne, [Joseph III.
b 1750.

LAVALLÉE, Charles.
Lavoie, Charlotte.
Marie-Thérèse, b 21 fevrier 1774, aux Eboulements.

---

(1) Et Vallee.

(2) Et Vallé.

1778, (18 août) Québec.[1]
IV.—LAVALLÉE, ANTOINE, [CHARLES III.
b 1748.
1° CRÉPEAU, Marguerite, [LOUIS III.
b 1753.
1789, (21 sept.)[1]
2° DOMPIERRE, Marie-Louise, [JOSEPH IV.
b 1763.

1779, (12 janvier) Québec.
IV.—LAVALLÉE, JEAN-FRANÇOIS, [MICHEL III.
b 1751.
CHEVALIER, Marie-Anne.

1788, (3 sept.) Québec (1).
IV.—LAVALLÉE, ALEXIS-JEAN, [LOUIS III.
b 1753.
LAVALLÉE, Marie. [MICHEL III.
Marie, b... m 26 nov. 1805, à Antoine CHOUINARD, à Rimouski.[2] — *Alexis*, b... m[2] 12 janvier 1813, à Brigitte PINEAU.

1789, (9 juin) Québec.[3]
V.—LAVALLÉE (2), PAUL, [PIERRE-ANGE IV.
s[3] 12 avril 1796.
GIRARD (3), Geneviève. [PIERRE II.

1793, (12 juillet) Rimouski.[5]
IV.—LAVALLÉE (2), EUSTACHE, [MICHEL III.
b 1752.
BANVILLE, Madeleine, [LOUIS I.
b 1774.
Magloire, b[5] 29 mai 1794.—*Marie-Geneviève*, b[5] 14 mars 1796.

1794, (14 oct.) Québec.
IV.—LAVALLÉE (2), CHARLES, [ALEXANDRE III.
b 1765.
MARCHAND, Marie-Amable. [JEAN-BTE IV.

1800, (15 sept.) Rimouski.
IV.—LAVALLÉE (2), JOSEPH. [LOUIS III.
CANUEL, Véronique, [LOUIS I.
veuve de Louis-Jean Vion.

1813, (12 janvier) Rimouski.
V.—LAVALLÉE (2), ALEXIS. [ALEXIS IV.
PINEAU, Brigitte. [ANTOINE III.

LAVALLETTE.—Voy. LAVALETTE.

LAVALTRIE.—Voy. MARGANE.

LAVAU.—Voy. LARAUE, 1754—LAVAUX.

LAVAUX. — *Variations :* CLAVAU — CLAVEAU — DE LAVAU — DEVAU — LARAUE — LAVAU — LAVEAU — LEVAUT.

(1) Réhabilitation du mariage contracté le 15 août 1786, à la Rivière-Ste-Anne, Côte de Gaspé.

(2) Et Vallée.

(3) Dit Breton; elle épouse, le 1er mai 1798, Charles Moran, à Québec.

LAVAUX, PIERRE, b 1673 ; s 24 mars 1731, à Québec.

1730, (26 juillet) Québec.[3]
I.—LAVAUX, PIERRE, fils de Pierre et de Madeleine Lamoureux, de St-Pierre-de-Langen, diocèse de Bordeaux.
DESNOUX (1), Marie-Anne. [RENÉ I.
Pierre, b 22 nov. 1730, à la Pte-aux-Trembles, Q. — *René*, b[3] 9 avril et s[3] 21 mai 1733.— *Jean-Baptiste*, b[3] 9 avril et s[3] 6 juin 1733. — *Marie-Anne*, b 24 juin 1735, à L'Ange-Gardien; m[3] 22 avril 1754, à Claude-Guillaume CHEVALIER. —*Pierre*, b[3] 1er sept. 1736. — *Jean-Baptiste*, b... 1° m 26 sept. 1757, à Marthe GONTIER, aux Eboulements[4] ; 2° m[4] 27 juillet 1778, à Marguerite DELAVOYE.

1737, (4 mars) Pte-aux-Trembles, Q.[7]
I.—LAVAUX (2), JEAN-BTE,
meunier.
SAVARY, Marie-Louise-Elisabeth, [PIERRE II.
b 1716.
Thérèse, b[7] 10 février 1739 ; m 23 juin 1766, à Pierre DESCOTEAUX, à Yamachiche. — *Jean-Baptiste*, b[7] 25 mars et s[7] 30 juin 1740. — *Pierre-Charles*, b[7] 2 et s[7] 17 avril 1741. — *Marie-Madeleine*, b[7] 12 février 1744. — *Jean-François*, b[7] 5 juillet 1745. — *Joseph*, b[7] et s[7] 14 oct. 1746. — *Jean-Baptiste*, b[7] 23 sept. 1747 ; s[7] 14 juin 1748. — *Marie-Joseph*, b[7] 18 et s[7] 24 mars 1749. — *Marie-Geneviève*, b[7] 28 avril 1750.

1738, (4 nov.) Québec.[4]
II.—LAVAUX (3), CHARLES, [JACQUES I.
b 1712 ; maître-forgeron ; s[4] 26 nov. 1757.
BOIVIN, Françoise-Joseph, [FRANÇOIS II
b 1720 ; s[4] 31 janvier 1757.
Jean-Charles, b[4] 12 sept. 1742 ; s[4] 28 mai 1743. — *Françoise-Joseph*, b[4] 6 mars 1744 ; m[4] 16 janvier 1764, à Noel LANGLOIS. — *Marie-Anne*, b[4] 27 août 1745 ; s[4] 2 mai 1747.—*Marie-Louise*, b[4] 31 janvier et s[4] 3 déc. 1747. — *Marie-Louise*, b[4] 11 oct. 1748 ; s[4] 29 juin 1751. — *Marie-Angélique*, b[4] 2 août 1751 ; s[4] 16 oct. 1752. — *Augustin*, b[4] 30 août 1753. — *Marie-Anne*, b[4] 25 janvier 1755 ; s[4] 29 avril 1756. — *Paul-Charles*, b[4] 30 janvier 1757.

I.—LAVAUX, JEAN-BTE.
MOLLEUR, Marguerite.
Jean-Baptiste, b... m 22 janvier 1759, à Marguerite SYLVAIN, à St-Valier.

1757, (10 janvier) Montréal.
I.—LAVAUX (4), JEAN-BTE, b 1727 ; fils d'Etienne et de Marie Trouve, de N.-D. des Vertus, Paris.
BARBEAU (5), Madeleine, [MICHEL II.
b 1727.

(1) Mariée Deneau.

(2) Et Lavau—Levaut—DeVau, marié sous ce nom, voy. vol. III, p. 410.

(3) Pour de Lavau, voy. vol. III, pp. 298-299.

(4) Marié Laveau.

(5) Elle épouse, le 5 sept. 1763, Jean-Baptiste Boutron, à St-Vincent-de-Paul.

1757, (26 sept.) Eboulements.[8]
II.—LAVAUX (1), JEAN-BTE. [PIERRE I.
1° GONTIER, Marthe, [JEAN III.
b 1739 ; s[8] 18 juin 1775.
Jean-Baptiste, b[8] 8 dec. 1758. — *Joseph*, b[8] 1er nov. 1760 ; s[8] 1er fevrier 1761. — *Louis-Marc*, b[8] 25 avril 1762.—*Joseph-Marie*, b[8] 24 mars 1764.—*Amable-Joseph*, b 18 mai 1766, à la Baie-St-Paul.—*Marie-Thérèse*, b[8] 3 juillet 1768. — *Emérencienne*, b[8] 4 août 1770.—*Marie-Françoise*, b[8] 9 août 1772.—*Pierre*, b[8] 12 et s[8] 18 juin 1775.
1778, (27 juillet)[8] (2).
2° DELAVOYE, Marguerite, [DOMINIQUE IV.
b 1755.
Anonyme, b[8] et s[8] 24 mai 1779.—*Frédéric*, b[8] 15 juillet 1780. — *Marie-Marthe*, b[8] 23 fevrier 1783.—*Pierre*, b[8] 3 juillet 1785.— *Anonyme*, b[8] et[8] 31 déc. 1786.

1759, (22 janvier) St-Valier.[7]
II.—LAVAUX, JEAN-BTE. [JEAN-BTE I.
SYLVAIN, Marguerite, [ETIENNE III.
b 1728 ; veuve de Louis Lemelin.
Jean, b 1760 ; s[7] 28 mars 1761.

LAVEAU.—Voy. LAVAUX.

LAVEILLE.—Voy. RENOU, 1748.

LAVEILLÉ.—Voy. FRANÇOIS—GALEZE.

LAVENIN.—Voy. TOUVENIN.

LAVENTURE.—Voy. HUS—MACÉ—NUS.

I.—LAVENTURE, FRANÇOIS.
PIET, Marie-Anne,
b 1717 ; s 26 nov. 1777, à St-Cuthbert.[2]
François, b... m 8 août 1763, à Catherine GAUTRON, à Sorel.—*Jean-Baptiste*, b... m 30 juin 1770, à Marie-Joseph GAMAR, à l'Ile-Dupas. — *Antoine-Hypolite*, b... m[2] 20 nov. 1775, à Marie-Joseph DENOMMÉ.—*Geneviève*, b 1740 ; m à Andre LAFERRIÈRE.

1763, (8 août) Sorel.
II.—LAVENTURE, FRANÇOIS. [FRANÇOIS I.
GAUTRON (3), Catherine, [JOSEPH III.
b 1745.
Catherine, b... m 6 août 1781, à Jacques LABRÈCHE, à St-Cuthbert[6].—*François*, b... m[6] 17 juin 1793, à Marie-Angelique OUETTÉ.—*Marie-Claire*, b... m[6] 15 nov. 1784, à Charles BEAULIEU.—*Geneviève*, b[6] 2 oct. 1771.—*André*, b[6] 24 nov. 1773 ; s[6] 22 sept. 1776.—*Marie-Madeleine*, b[6] 17 mai 1775 ; s[6] 6 oct. 1776.—*Marie-Madeleine*, b[6] 15 fevrier et s[6] 11 juillet 1777.—*Marie-Joseph*, b[6] 11 août 1778.—*Alexis*, b[6] 21 fevrier 1784.—*Alexis*, b[6] 25 sept. 1785.

(1) Et Clavau.
(2) Du 2ème au 3ème degrés.
(3) Dit Larochelle.

LAVENTURE, JOSEPH.
SAVIGNAC, Judith.
Marie-Véronique, b 4 fevrier 1766, à l'Ile-Dupas. —*Joseph*, b 13 nov. 1778, à St-Cuthbert.

1770, (30 juin) Ile-Dupas.
II.—LAVENTURE (1), JEAN-BTE. [FRANÇOIS I.
GAMAR (2), Marie-Joseph, [JACQUES I.
b 1753.
François, b 19 juin 1771, à St-Cuthbert.[7] — *Pierre*, b[7] 10 février 1778.

1775, (20 nov.) St-Cuthbert.[8]
II.—LAVENTURE, ANTOINE-HYP. [FRANÇOIS I.
DENOMMÉ (3), Marie-Joseph, [PIERRE II.
b 1751.
Antoine-Hypolite, b[8] 24 août 1776 ; s[8] 6 juillet 1777.—*Geneviève*, b[8] 12 fevrier 1778.—*Paul*, b[8] 7 janvier 1780.—*Pierre*, b[8] 16 juillet 1784.—*Théotiste*, b[8] 21 nov. 1786.—*Marie-Joseph*, b[8] 13 mars 1789.—*Antoine*, b 1792 ; s[8] 1er mars 1794. —*Marie-Angélique*, b[8] 13 avril 1795.

1793, (17 juin) St-Cuthbert.[9]
III.—LAVENTURE, FRANÇOIS. [FRANÇOIS II.
OUETTÉ, Marie-Angélique, [LOUIS II.
b 1772.
Joseph, b[9] 10 juillet 1795.

LAVERDIÈRE.—Voy. CAUCHON.

1670, (10 nov.) Ste-Famille, I. O.[3]
I.—LAVERDIÈRE (4), RENÉ,
b 1643 ; s 14 dec. 1714, à Beaumont.
LANGLOIS, Anne,
b 1651 ; s[3] 7 dec. 1724.
Rose, b 4 mai 1693, à St-Jean, I. O. ; m 5 nov. 1730, à Jean-François NAUD, à Deschambault[4] ; s[3] 13 juillet 1758.

1698, (21 juillet) St-Jean, I. O.[4]
II.—LAVERDIÈRE (5), LOUIS, [RENÉ I.
b 1671 ; s[4] 23 mars 1748.
DUMAS, Catherine, [FRANÇOIS I.
b 1677 ; s[4] 20 mars 1739.
Joseph-Marie, b[4] 21 fevrier 1714 ; 1° m 10 nov. 1738, à Marie-Madeleine DENIS, à St-Valier ; 2° m 22 fevrier 1751, à Agnès MALBEUF, à St-Pierre-du-Sud.

1710, (25 nov.) St-Jean, I. O.
II.—LAVERDIÈRE (6), JEAN-RENÉ, [RENÉ I.
b 1673 ; s 7 janvier 1747, à St-Valier.[1]
DUBEAU, Jeanne, [PIERRE II.
b 1690 ; s[1] 11 déc. 1728.
René, b[1] 25 sept. 1720 ; m 7 janvier 1744, à Geneviève THIBAUT, à St-Michel. — *Henri*, b 9 août 1722, à Beaumont ; m[1] 22 janvier 1761, à Marie-Louise LARIEUX.

(1) Domicilié de la Nouvelle-York.
(2) Voy. Pouticherot.
(3) Voy. Delomé.
(4) Voy. Cauchon, vol. I, p. 134, et vol. II, p. 582.
(5) Voy. Cauchon, vol. I, p. 134, et vol. II, p. 583.
(6) Voy. Cauchon, vol. II, p. 583.

LAVERDIÈRE, François,
b 1675; s 11 janvier 1750, à Deschambault.
Renaud, Marie-Anne.
Louis, b 25 mai 1720, à Ste-Anne-de-la-Pérade.

1716, (31 oct.) Trois-Rivières. [1]
II.—LAVERDIÈRE (1), Philippe, [René I.
b 1685; s [1] 13 août 1720.
Dupuis (2), Marie-Anne, [Jacques I.
b 1697.
Marie-Antoinette, b 5 mars 1719, à Nicolet; m 13 février 1735, à Pierre-Joseph Millet, à Deschambault.

1732, (15 juillet) St-Jean, I. O. [6]
III.—LAVERDIÈRE (3), Louis. [Louis II.
Marchand, Catherine, [Jean.
s [6] 26 déc. 1760.
Marie-Geneviève, b 8 nov. 1735, à St-François, I. O. [7]; m [6] 14 avril 1755, à Joseph Drouin.—*Louis*, b [6] 11 juillet 1737; m [7] 13 février 1765, à Marie-Joseph Guérard.—*Marie-Catherine*, b [7] 5 juillet 1745.

1738, (10 nov.) St-Valier. [8]
III.—LAVERDIÈRE (4), Jos.-Marie, [Louis II.
b 1714.
1° Denis (5), Marie-Madeleine, [Charles II.
b 1720; s 3 nov. 1748, à St-Michel. [9]
Marie-Joseph, b [8] 21 nov. 1739—*Marie-Joseph*, b [9] 14 nov. 1740.—*Marguerite*, b [9] 9 mars 1742.—*Marie-Elisabeth*, b [9] 27 février 1744.—*René*, b [8] 26 juillet 1745.—*Joseph*, b... m [8] 9 février 1767, à Françoise Roy.—*Marie-Madeleine*, b [9] 25 février 1747.—*Jean-Baptiste*, b [9] 7 juillet et s [9] 29 oct. 1748.
1751, (22 février) St-Pierre-du-Sud.
2° Malboeuf, Agnès. [Augustin II.
Marie-Madeleine, b [9] 18 juillet 1752.—*Agnès*, b [9] 2 sept. 1753.—*Marie-Anne*, b [9] 29 mars 1755.—*Jean*, b [9] 27 nov. 1756.—*Marie-Elisabeth*, b [9] 2 mars 1759.—*Louis*, b [9] 26 mai 1761; s [9] 30 mai 1762.

1744, (7 janvier) St-Michel.
III.—LAVERDIÈRE, René, [Jean-René II.
b 1720.
Thibaut, Marie-Geneviève, [Louis II.
b 1719.
René, b 14 juin 1759, à St-Valier.

1761, (22 janvier) St-Valier.
III.—LAVERDIÈRE, Henri, [Jean-René II.
b 1722.
Larieux, Marie-Louise, [Gatien I.
b 1741.

(1) Et Cochon; noyé au rapide des Trois-Rivières.
(2) Dit Lagarenne.
(3) Voy. Cauchon, vol. II, p. 584.
(4) Et Cochon.
(5) Dit Lapierre.

1765, (13 février) St-François, I. O.
IV.—LAVERDIÈRE (1), Louis, [Louis III.
b 1737.
Guérard, Marie-Joseph, [François III.
b 1745.

1767, (9 février) St-Valier.
IV.—LAVERDIÈRE, Joseph. [Jos.-Marie III.
Roy, Françoise, [Pierre III.
b 1743.

LAVERDURE.—Voy. Audoy—Crépeau—Ducharme—Dutartre—Fresnay—Gély—Hébert—Joachim—Lothier—Malard—Monet—Pothier—Riquet—Riquier—Ritier—Saugeon—Soulard—Talon—Threny—Ursé—Valiquet—Verdet—Verret—Vezier—Vignaux.

LAVERDURE, ...
Brousseau, Angelique, [Nicolas II.
b 1709; s 1er avril 1783, à la Rivière-Ouelle.

LAVERDURE, Louis.
Sarault, Marie, [Jean II.
b 1749.
Laurent, b 19 sept. 1770, à Lachenaye.

LAVERGNE.—*Surnoms*: Boui—Bouis—Bouy—Boyou—Compairon—Compéron—Lebuy—Renauld—Sauviot—Téfé-Laguerche—Tetrau.

1671, (19 oct.) Québec. [1]
I.—LAVERGNE (2), François,
b 1649; s 27 juin 1714, à Beaumont [2]
LeFrançois, Françoise,
b 1641; s [1] 10 juin 1699.
Arnoux, b 7 août 1672, aux Trois-Rivières; 1° m 25 nov. 1693, à Marguerite Daniau, à St-Thomas [3]; 2° m 9 février 1711, à Jeanne Gautron, à St-Michel [4]; s [3] 12 janvier 1712.
1702, (10 sept.) [1]
2° Chartier, Jeanne,
b 1648; veuve de Pierre Roussel; s [3] 31 déc. 1708.
1709, (15 avril). [4]
3° Biret, Renée,
b 1636; veuve de Jean Brias; s [2] 14 mars 1715.

1693, (25 nov.) St-Thomas. [3]
II.—LAVERGNE (2), Arnoux-René, [Frs I.
b 1672; s [3] 12 janvier 1712.
1° Daniau, Marguerite, [Jean I.
b 1674; s [3] 24 déc. 1708.
Marguerite, b [3] 25 août 1694; m [3] 16 nov. 1711, à Bernard Hurette.—*Joseph*, b [3] 18 mars 1696; m à Madeleine Charon.—*Pierre*, b [3] 17 avril 1704; m à Marie-Madeleine Picard.—*Augustin*, b [3] 20 mai 1708; s [3] 24 mars 1710.—*Elisabeth*, b... m [3] 13 avril 1722, à Pierre Pelletier.

(1) Voy. vol. II, p. 585.
(2) Voy. vol. I, p. 355.

1711, (9 février) St-Michel.
2° GAUTRON (1), Marie-Jeanne. [MICHEL I.
François, b [8] 11 déc. 1711.

III.—LAVERGNE, JEAN, [JEAN II.
b 1684.
RIVIÈRE, Jeanne.
Jean, b 30 dec. 1724, à la Longue-Pointe. [1] — *Angélique*, b [1] 25 août 1727.

III.—LAVERGNE, PIERRE, [ARNOUX-RENÉ II.
b 1704.
PICARD (2), Marie-Madeleine.
Marie-Madeleine, b... m 23 oct. 1752, à Pierre FONTAINE, à St-Pierre-du-Sud (3).

I.—LAVERGNE, FRANÇOIS.
HUBERT, Adrienne, [SIMON II.
b 1704; s 4 janvier 1741, à St-Pierre-les-Becquets. [3]
François, b 1735; m 6 oct. 1755, à Marie-Joseph GAUTIER, à Lotbinière.—*Michel*, b 24 mars 1737, à Ste-Anne-de-la-Perade. — *Michel*, b [3] et s [3] 15 mai 1740.

III.—LAVERGNE (4), JOSEPH, [ARNOUX-RENÉ II.
b 1696.
1° PELLETIER, Louise, [RENÉ III.
b 1696.
Madeleine, b... m 2 oct. 1752, à Joseph-Marie BACON, à St-Pierre-du-Sud. [1] — *Marie-Joseph*, b 1722; m à Louis GAGNÉ; s [1] 22 nov. 1752.
2° CHARON, Madeleine, [JEAN-BTE II.
b 1714; veuve de Jean Fleuret.
François, b 1748; s 16 oct. 1749, à St-Pierre-du-Sud. [9] — *Marie-Madeleine*, b [9] 27 sept. 1750. —*Joseph*, b [9] 28 oct. 1753. — *Marie-Bonne*, b [9] 23 mai 1756.

1755, (6 oct.) Lotbinière. [2]
II.—LAVERGNE, FRANÇOIS, [FRANÇOIS I.
b 1735.
GAUTIER (5), Marie-Joseph, [JOSEPH II.
b 1734; s 5 avril 1766, à Yamachiche. [8]
Marie-Brigitte, b [2] 27 août et s [2] 29 nov. 1757. —*François-Xavier*, b [8] 7 mai 1762; s [8] 10 juillet 1764.—*Joseph*, b... s [3] 26 juillet 1762.—*Joseph*, b [3] 27 avril 1764.—*François*, b 1765; s [3] 21 fevrier 1766.

LAVERGNE, AMBROISE.
JACQUES, Françoise.
Ambroise, b 31 juillet 1761, à St-Joseph, Beauce.

I.—LAVERNY (6), JOSEPH.

LAVERTU, FRANÇOIS.—Voy. VARLET.

(1) Elle épouse, le 29 janvier 1714, Joseph Roy-Portelance, à Beaumont.
(2) Elle épouse plus tard Jean-Baptiste Rousseau.
(3) Mariage annulé le 25 mai 1765, impuissance de la femme.
(4) Dit Renault.
(5) Fauché, 1766.
(6) Chirurgien-Major (février 1758, Islet).

L'AVERTY.—Voy. ADVERSY—AVERTY.

LAVICTOIRE.—Voy. BREUZARD—CHARTIER—OLIVIER—SARRIÈRE.

I.—LAVICTOIRE ...., b 1725; caporal; s 25 février 1760, à St-Nicolas.

LAVIGNE—Voy. BERNARD—BIDAULT—BOURSIER—BOURTIER—BRODEUR—DOUTRE—FILY—FYDY—LACHAISE—LACHÈZE—LAMY—LEVASSEUR—NADEAU—POUTRÉ—RIVARD—SAVIOT—SOUCY—TESSIER.

I.—LAVIGNE (1), PHILIPPE, b 1667; s 31 mars 1727, à Montréal.

1708, (26 fevrier) Beauport. [5]
I.—LAVIGNE (2), GUILLAUME, b 1675; fils de Pierre et de Marie Laroche, de Brassard, diocèse de Cahors, Guienne; s 16 oct. 1755, à Quebec. [6]
PARENTEAU, Marie-Jeanne, [PIERRE I.
b 1684; s [6] 23 mai 1755.
Guillaume-Augustin, b [5] 17 février et s [5] 29 mars 1708.—*Marie-Agathe*, b [5] 7 janvier 1709; m [5] 25 sept. 1730, à Antoine DURUEZ DE VALCOUR. —*Guillaume-Joseph*, b [5] 12 juin 1711; 1° m [6] 10 sept. 1736, à Marie-Joseph ISOIR; 2° m 30 oct. 1743, à Madeleine MARANDA, à St-Pierre, I. O.—*Charles*, b [5] 18 mai 1713; s [5] 14 nov. 1714.—*Louis-Joseph*, b [5] 2 août 1715; m 29 oct. 1736, à Catherine GIRARD, à Lorette; s [6] 7 août 1748.—*Augustin-Alexandre*, b [5] 15 janvier et s [5] 31 mars 1717.—*Pierre*, b [6] 1er mars 1718; s [6] 19 août 1724. —*Louise-Agathe*, b [6] 1er mars et s [6] 27 avril 1718. —*Marie-Madeleine*, b [6] 17 et s [6] 24 nov. 1720.—*Marie-Angélique*, b [6] 11 nov. 1721; m [6] 19 sept. 1740, à Joseph DEMEULE; s [6] 4 oct. 1744.—*Marie-Françoise*, b [6] 29 janvier 1725; s [6] 25 oct. 1726.—*Pierre*, b [6] 19 sept. 1726; s [6] 23 mai 1728.—*Marie-Geneviève*, b... s [6] 2 mai 1733.—*Marguerite*, b... s [6] 12 mai 1741.

1722, (14 sept.) Montréal. [7]
I.—LAVIGNE (3), LOUIS-PHILIPPE,
b 1667; s [7] 31 mars 1727.
PERRIN, Marie-Joseph, [RENÉ II.
b 1701.
Marie-Louise, b [7] 15 avril 1725; m 4 juillet 1746, à François PINEAU, à Verchères.

I.—LAVIGNE, LOUIS.
LAFORCE, Elisabeth.
Louis, b... m 19 oct. 1761, à Marguerite-Amable ROY, à Lachine.

1736, (10 sept.) Québec. [3]
II.—LAVIGNE, GUILL.-JOSEPH, [GUILLAUME I.
b 1711.
1° ISOIR (4), Marie-Joseph, [ANTOINE I.
b 1710.

(1) Caporal de la compagnie de DesLignery.
(2) Et Lamy; soldat de la compagnie de M. St. Martin.
(3) Voy. Bidault, vol. II, p. 274.
(4) Dit Provençal.

Marie-Joseph, b [3] 12 juillet et s [3] 28 oct. 1737. — *Marie-Joseph*, b [3] 4 oct. 1738; m à Jacques Chevalier; s [3] 22 avril 1779. — *Marie-Charlotte*, b [3] 8 mars 1740. — *Marie-Catherine*, b [3] 28 juillet 1741; s [3] 16 nov. 1747. — *Jean-Pierre*, b [3] 27 déc. 1742; s 15 avril 1744, à St-Augustin.

1743, (30 oct.) St-Pierre, I. O.

2° Maranda, Madeleine, [Charles II. b 1717.

1736, (29 oct.) Lorette.

II.—LAVIGNE, Louis-Joseph, [Guillaume I. b 1715; charpentier; s 7 août 1748, à Québec. [3]

Girard (1), Catherine, [Jean II. b 1712.

Marie-Thérèse, b [3] 31 mai et s [4] 19 juin 1748.

1739, (3 février) Quebec. [3]

I.—LAVIGNE, Julien, fils de Pierre et d'Antoinette Bernardy, de St-Michel-de-Bordeaux.

Feuilleteau, Suzanne, [Nicolas II. b 1711; s [3] 30 juillet 1761.

Suzanne, b [3] 14 juin 1740.

LAVIGNE, Joseph.

St. Onge, Marie-Anne, b 1706; s 28 mai 1756, à Contrecœur. [4]

Marie-Anne, b... s [4] 3 avril 1756.

1740, (14 nov.) St-François, I. J.

II.—LAVIGNE (2), Jean-Bte. [Marc I.

Guérin, Catherine, [Antoine II. b 1714.

Marie-Elisabeth, b... m 24 nov. 1766, à Jean-Baptiste Morin, à Varennes. [4] — *Michel*, b... m [4] 26 oct. 1767, à Madeleine Chevrier. — *Marie-Joseph*, b... m [4] 13 août 1770, à Louis Hébert. — *Thérèse*, b... m [4] 18 nov. 1771, à Pierre Morin.

1752.

LAVIGNE, René.

Foucault (3), Véronique, [Jean-Bte-Frs II. b 1720.

Antoinette, b 1753; s 20 janvier 1756, à Yamachiche. [2] — *Marguerite*, b [2] 5 nov. 1755. — *Marie-Joseph*, b [2] 17 déc. 1757. — *François*, b... s [2] 22 avril 1765. — *Louis*, b... s [2] 23 avril 1765. — *Marie-Antoinette*, b [2] 5 avril 1762. — *Marie-Anne*, b [2] 7 nov. 1764; s [2] 16 avril 1765. — *Antoinette*, b [2] 14 avril 1767.

LAVIGNE, Joseph.

Richard, Marie-Joseph.

François, b 30 mars 1755, à St-Pierre-les-Becquets.

I.—LAVIGNE, Julien, b 1732; s 23 nov. 1810, à l'Hôpital-Général, M.

(1) Elle épouse, le 24 nov. 1749, Jacques Drolet, à Lorette.

(2) Et Fydy—Faidit—Faillo—Fily; voy. ce nom vol. IV, p. 82.

(3) Dit Courchêne—St. Germain.

1757, (10 oct.) Québec. [4]

I.—LAVIGNE, Pierre, caporal; fils de Pierre et de Thérèse Bontemps, de Creusier, diocèse d'Autun, Bourgogne.

Tauxier, Marie-Therèse, [Jean I. b 1739.

Pierre-Joseph, b 1er oct. 1758, à Quebec [4]; s [4] 6 juillet 1759.

1758.

LAVIGNE, Pierre.

Foucault (1), Geneviève. [Jean-Bte-Frs II.

Pierre, b 17 oct. 1759, à Yamachiche.

1761, (19 oct.) Lachine.

II.—LAVIGNE, Louis. [Louis I.

Roy, Marguerite-Amable, [François III. b 1736.

1767, (26 oct.) Varennes.

III.—LAVIGNE (2), Michel. [Jean-Bte II.

Chevrier, Madeleine. [François I.

LAVIGNE, Jean-Bte.

Goulet, Marie.

Jean-Baptiste, b 11 sept. 1788, à Repentigny [3] — *Marie-Anne*, b [3] 15 oct. 1790. — *Marie-Madeleine*, b [3] et s [3] 24 sept. 1792. — *Marie-Isabelle* et *Marie-Joseph*, b [3] 13 et s [3] 15 juin 1793.

1763, (31 janvier) Lorette.

I.—LAVIGNON, Pierre, tanneur; fils de Jean et de Marie Mondon, de St-Oléry, diocèse de Bordeaux.

Alain, Marie-Geneviève, [Pierre III. b 1740.

Marie-Geneviève, b 20 avril et s 24 déc. 1763, à Quebec.

LAVILLE.—Voy. Roquan.

I.—LAVILLE (3), Jean-Bte, de St-Nicolas de La Rochelle, Aunis; s 17 juillet 1741, à Beaumont.

1763, (5 juillet) St-Joseph, Beauce. [3]

I.—LAVILLE (4), Pierre, b 1737; fils de Pierre et d'Anne Dotte, de St-Sauveur, diocèse de Milan, jurisdiction de Bazas.

Mateau, Madeleine, [Pierre III. b 1744; s 14 avril 1791, à Québec. [4]

Marguerite, b [3] 29 avril 1764; m [4] 27 nov. 1787, à Jean-Frédéric Meinekey. — *Pierre*, b [3] 8 et s [3] 30 mars 1766. — *Marie-Françoise*, b [3] 24 mai et s [3] 25 août 1767. — *Victoire*, b... m [4] 25 février 1794, à Gabriel Petitclerc.

LaVILLET.—*Variations et surnom :* De la Villette — LaVillète — Laviolette — Sans-soucy.

(1) Dit Courchêne.

(2) Fydy.

(3) Charpentier du navire la *Reine Esther*.

(4) Venu en 1751, mousse sur la *Reine des Anges*. (Procès-verbal).

1736, (1er déc.) Charlesbourg.

I.—LAVILLET (1), JEAN-FRANÇOIS, b 1710 ; fils de François et de Catherine de Beaulieu, de St-Eustache, Paris ; s 26 avril 1779, à l'Hôpital-Général, M.

BROSSEAU (2), Catherine, [JOSEPH II. b 1701.

Marie-Catherine, b 20 sept. 1737, à Québec[1] ; 1° m à Michel BOILEAU ; 2° m 15 janvier 1759, à François TOUZELIER, à Chambly. — *Marie-Madeleine*, b [1] 30 dec. 1739.

LAVILLÈTE.—Voy. LAVILLET.

LAVIMAUDIÈRE.—Voy. LECOMPTE.

LAVIOLETTE.— Voy. ANTHOINE — ATTINAT— AUBRY—BARODY—BELAND — BÉTOURNÉ—BIZEAU—BLOUIN—BROUILLET — BRUNO—CANUT —CHOLET—CHRISTOFLE— CROQUELOIS— DELSORT—DUBOIS—DUBORD — DULEAU—DUMONT —DUPARC — EDINE—FAUCHER —FORIN—FOUCHER—FRANÇOIS—GINIER—GOGUET—GOUPIL —GROS—HUET—JAHAN—LAURENT—LAVILLET —LECOINTE —LEGROS—LIBERSON — LUCAS— MAILLOT—MERCIER— MOUSSEAUX —POITEVIN —PREVOST— RANGER — RUFIAGE—RUFIANGE —SALLEZ—SALVA—SARROT—TOUGARD et TOUGAS—TOULOUZE—VILLEDAY—VIOLET.

I.—LAVIOLETTE, LOUIS, b 1673; s 22 mars 1749, à l'Hôpital-Géneral, M.

I.—LAVIOLETTE, JACQUES ; b 1678 ; s 10 juin 1718, à Montreal.

1698, (3 nov.) St-Michel.

I.—LAVIOLETTE (3), ANTOINE, b 1673.

GABOURY, Marie-Jeanne, [LOUIS I. b 1682.

Louis, b 10 sept. 1713, à Beaumont.

I.—LAVIOLETTE, LOUIS.

BELAN, Marie-Angelique, [JEAN I. b 1683 ; s 25 avril 1772, à la Pte-aux-Trembles, Q.

Marie-Louise, b... m 27 oct. 1738, à François GIGON, à Québec.[1] — *Joseph*, b... m[1] 3 nov. 1739, à Marie-Anne CAPELIER.

1720.

III.—LAVIOLETTE (4), JACQUES, [JACQUES II. b 1689 ; capitaine ; s 14 janvier 1763, aux Trois-Rivières.[2]

SOREAUX (5), Marie-Anne, [RENÉ I. b 1696 ; s 24 février 1758, à St-Charles.

Marie-Joseph, b... m [2] 1er oct. 1753, à Michel DESMAREST.—*Etienne*, b 20 février 1736, à Lévis ; m 3 fevrier 1766, à Judith PRUDHOMME, au Detroit.

(1) Et De la Villette dit Saussoucy, soldat de M. De la Ronde.

(2) Et Brousseau.

(3) Voy. Goupil, vol. IV, p. 342.

(4) Voy. Jahan, vol. IV, p. 576.

(5) Dit Deslauriers.

1729, (7 fevrier) Lévis.

III.—LAVIOLETTE (1), FRANÇOIS, [JACQUES II. b 1702.

1° BOURASSA, Marie, [JEAN II. b 1702 ; s 11 avril 1735, à St-Jean, I. O.[3]

François, b [3] 13 janvier 1733 ; m 5 janvier 1756, à Véronique DESROSIERS, à Rimouski.

1730, (9 janvier) Québec.[4]

III.—LAVIOLETTE (1), AUGUSTIN, [JACQUES II. b 1700 ; s [4] 21 oct. 1774.

MARTIN, Marie-Louise, [PIERRE I. b 1700.

Marie-Jeanne, b [4] 2 juillet et s [4] 11 sept. 1736.

LAVIOLETTE, JEAN-BTE.

LAMARQUE, Françoise.

François, b 28 avril 1731, à Laprairie[5] ; s [5] 25 juin 1732.

1736, (18 juin) Québec.[6]

I.—LAVIOLETTE (2), FRANÇOIS, fils de Thomas et d'Helène Aubry, de St-Sauveur, diocèse de St-Malo, Bretagne ; s 25 janvier 1763, à Montréal.[7]

HARBOUR, Marie-Madeleine, [FRS-AUGUSTIN II. b 1718.

Marie-Francoise, b [6] 18 nov. 1736 ; m [7] 7 janvier 1760, à Pierre ROBINEAU.—*Marie-Charlotte*, b [6] 22 nov. 1738 ; m [7] 15 janvier 1759, à Jean-Louis ST. LOUIS.—*François*, b [6] 13 et s [6] 26 nov. 1740.—*François*, b [6] 8 dec. 1741.—*Marie-Madeleine*, b [6] 21 nov. et s [6] 15 dec. 1742.

I.—LAVIOLETTE (3), JEAN, b... s 8 mai 1759, à la Baie-St-Paul.

1739, (3 nov.) Québec.[8]

II.—LAVIOLETTE (4), JOSEPH, [LOUIS-JOSEPH I. maître-maçon.

CAPELIER (5), Marie-Anne, [JOSEPH I. b 1721.

Marie-Anne, b [8] 11 sept. 1740.—*Joseph*, b [8] 17 mars 1742.—*Christophe*, b [8] 25 nov. 1743.—*Marie-Joseph*, b [8] 14 déc. 1745 ; m [8] 19 sept. 1763, à Alexandre BAUSANG.—*Suzanne-Elisabeth*, b [8] 6 août et s [8] 4 sept. 1747.—*Michel*, b [8] 18 déc. 1748. — *Marie-Joseph*, b [8] 7 et s 30 nov. 1750, à Charlesbourg. —*Marguerite*, b [8] 27 mars 1754.—*Antoine*, b [8] 8 avril 1755.—*Augustin*, b [8] 16 juin 1756 —*François*, b [8] 5 mars 1760.—*Marie-Hélène*, b [8] 23 oct. 1761.

LAVIOLETTE, JACQUES.

DUVERGE (6), Marguerite.

Jacques, b 19 avril et s 2 nov. 1749, aux Trois-Rivières.[9] — *François*, b [9] 14 juin 1754.—*Marie-Anne*, b [9] 18 avril 1756.

(1) Voy. Jahan, vol. IV, p. 577.

(2) Appelé aussi Aubry, du nom de sa mère, voy. vol. II, p. 67.

(3) Christofle dit Laviolette; soldat de la compagnie de St. Vincent.

(4) Béland dit Laviolette, 1761.—Laviret, 1745.

(5) Dit Laprise.

(6) Durandeau, 1754.

1753, (6 août) St-Laurent, I. O.
IV.—LAVIOLETTE(1), Jos.-Marie, [Jacques III. b 1728.
Ruel, Louise-Geneviève, [Pierre II. b 1726.
Anonyme, b et s 20 nov. 1759, à St-Charles.

1754, (14 oct.) Château-Richer.[4]
IV.—LAVIOLETTE (1), Jean-Bte, [Jacques III. b 1726.
Giroux, Marguerite, [Jacques-Jean II. b 1730.
Jean-Baptiste, b[4] 26 avril 1761.—*Marguerite*, b[4] 12 nov. 1763.

LAVIOLETTE, François.
Rousseau, Madeleine.
Marie-Françoise, b 3 mars 1755, à Terrebonne.[5] —*Gabriel*, b[5] 3 nov. 1758; s[5] 12 fevrier 1759.

1756, (5 janvier) Rimouski.[3]
IV.—LAVIOLETTE, François, [François III. b 1733.
Desrosiers, Véronique, [Michel III. b 1734; s[3] 3 avril 1756.
Germain, b[3] et s[3] 31 mars 1756.

LAVIOLETTE, François.
Bergevin (2), Marie-Angélique.

1766, (3 février) Détroit.
IV.—LAVIOLETTE, Etienne, [Jacques III. b 1736.
Prudhomme, Judith, [François IV. b 1749.

LAVOIE.—Voy. DeLavoye.

LAVOLONTÉ.—Voy. Joubert — Lagorce—Lecamus.

LAVOYE.—Voy. DeLavoye—Louvois.

1690, (28 nov.) Pte-aux-Trembles, Q.
II.—LAVOYE (3), Jean, [Pierre I. s 28 sept. 1724, à St-Augustin.
1° L'Homme, Barbe, [Michel I. b 1670.
Jean-Baptiste, b 1698; 1° m 16 sept. 1727, à Catherine Aubry, à St-Laurent, M.[4]; 2° m[4] 15 sept. 1760, à Marie-Thérèse Couvret.

1727, (16 sept.) St-Laurent, M.[4]
III.—LAVOYE, Jean-Bte, [Jean II. b 1698.
1° Aubry, Catherine, [François II. b 1711; s[4] 15 oct. 1756.
Marie-Catherine, b 15 janvier 1729, à Laprairie[5]; m[4] 7 juillet 1750, à François Berthelet. — *Jean-Baptiste*, b[5] 23 mai 1730; m[4] 10 oct. 1762, à Marie-Joseph Ménard. — *Jacques*, b[5] 2 sept. 1732; s[5] 1er janvier 1733. — *Marie-Joseph*, b[5] 15 nov. 1733. — *René*, b[5] 1er janvier 1735; 1° m[4] 19 février 1759, à Madeleine Dubeau; 2° m[4] 3 nov. 1772, à Marguerite Martin-Beaulieu-Montpellier. — *Marie-Marguerite*, b[5] 17 janvier et s[5] 13 août 1736.— *Joseph*, b[5] 22 mars et s[5] 26 mai 1737.—*Elisabeth*, b[5] 2 mai 1738. — *Joseph*, b[5] 26 juillet et s[5] 14 nov. 1739. —*Charles*, b[5] 9 juillet 1740.— *André*, b[5] 24 août et s[5] 9 sept. 1741. — *Marie-Marguerite*, b[5] 28 février et s[5] 21 juillet 1743. — *Marie-Madeleine*, b[5] 30 avril 1744.— *Pierre*, b[4] et s[4] 7 juin 1749. — *Marie-Françoise*, b[4] 10 février 1750.—*Pierre*, b[4] 22 janvier et s[4] 12 février 1751. — *Louis*, b[4] 4 juin 1752.—*Marie-Joseph*, b[4] 1er et s[4] 24 août 1753.—*Augustin*, b[4] 9 et s[4] 21 sept. 1756.
1760, (15 sept.)[4]
2° Couvret, Marie-Thérèse, [Victor I. b 1712; veuve de Pierre Ménard.

1728, (7 janvier) Ste-Anne-de-la-Pocatière.
III.—LAVOYE (1), Augustin, [Jean II. b 1704.
1° Mignier, Marie-Angélique, [André II. b 1710.
1729, (7 février) Château-Richer.
2° Duchesne, Angélique. [Jacques II.
René, b 1er sept. 1732, à St-Joachim[5]; m 12 oct. 1761, à Marie-Louise Fontaine, à Chambly.[6] —*Marie-Reine*, b[5] 17 janvier 1746; m[6] 11 janvier 1768, à Louis Benoit.

1759, (19 février) St-Laurent, M.[4]
IV.—LAVOYE, René, [Jean-Bte III. b 1735.
1° Dubeau, Madeleine, [Jacques III. b 1741.
Jean-Baptiste, b[4] 5 déc. 1759; s[4] 7 août 1761. —*Jean-Baptiste*, b... m 8 août 1785, à Clemence Longpré, à la Longue-Pointe.
1772, (3 nov.)[4]
2° Montpellier (2), Marguerite. [Jean-Ant. III.

1761, (12 oct.) Chambly.
IV.—LAVOYE, René, [Augustin III. b 1732.
Fontaine (3), Marie-Louise, [Etienne III. b 1740.

1762, (10 oct.) St-Laurent, M.
IV.—LAVOYE, Jean-Bte, [Jean-Bte III. b 1730.
Ménard (4), Marie-Joseph, [François-René I. b 1723.

1785, (8 août) Longue-Pointe.
V.—LAVOYE, Jean-Bte. [René IV.
Longpré, Marie-Clémence, [Guillaume III. b 1768.

(1) Voy. Jahan, vol. IV, p. 577.
(2) Elle épouse, le 10 août 1767, Jean-Marie Landry, à Beauport.
(3) Pour DeLavoye, voy. vol. III, p. 299.

(1) Voy. DeLavoye, vol. III, p. 301.
(2) Voy. Martin dit Beaulieu.
(3) Voy. vol. IV, p. 44.
(4) Dit Partenais.

LÉAUME.—Voy. RÉAUME, 1722.

LEBAILLY.—*Surnom :* DEBAILLEUVILLE.

1753, (25 avril) Montréal.

I.—LEBAILLY (1), JEAN-BTE-LOUIS, b 1725; fils de Jean-Baptiste et de Jeanne Saulnier de la Noue, de St-Méry, Paris.
LEFEBVRE, Jeanne, [JOSEPH-FRANÇOIS II.
b 1704.

I.—LEBAT, PIERRE, b 1701; de Laurelas, diocèse de St-Malo, Bretagne; s 8 avril 1743, à St-Roch.

I—LEBAULT (2), LOUIS, b 1716; fils de Charles (lieutenant) et de Marie Amaury des Herbiers, de Moutier, diocèse de Poitiers, Poitou; s 17 juin 1740, à Montreal.

1702, (7 août) Montréal. [2]

I—LEBÉ, JEAN-JACQUES, b 1672, marchand; fils de Forton (bourgeois) et de Françoise Dabadis, de Fleurance, diocèse d'Auch, Guyenne; s [2] 14 août 1708.
1° BECQUET, Marie-Louise, [ROMAIN I.
b 1678; s [2] 21 mars 1703.
1704, (4 août). [2]
2° LEMAITRE (3), Françoise, [FRANÇOIS II.
b 1688.
Jean-François, b [2] 3 juillet 1705; s [2] 25 oct. 1708.— *Joseph,* b [2] 27 oct. 1706; s [2] 24 fevrier 1707. — *Bernardine,* b [2] 22 janvier 1708; m 21 nov. 1724, à François FOUCHET, à Québec [3]; s [3] 12 mars 1726. — *Jacques-François,* b [2] 20 déc. 1708; m [3] 6 juillet 1739, à Marie-Elisabeth GIRARD; s [3] 10 fevrier 1756.

1739, (6 juillet) Québec. [3]

II.—LEBÉ, JACQUES-FRANÇOIS, [JEAN-JACQUES I.
b 1708; marchand; s [3] 10 fevrier 1756.
GIRARD, Marie-Elisabeth, [JACQUES III.
b 1721; s [3] 27 déc. 1754.
Elisabeth, b 1740; m 21 janvier 1760, à François DECAIRE, aux Trois-Rivières. —*Guillaume,* b [3] 20 août 1744.— *Joseph-Etienne,* b [3] 14 sept. 1745.— *Anonyme,* b [3] et s [3] 22 dec. 1746. — *Marguerite-Charlotte-Alexandre,* b [3] 12 juin 1748. — *Alexandre-François,* b [3] 1er avril 1751.

LEBEAU.—*Variations et surnoms :* BAU—BOIS —BOS—BEAUFILS—L'ALOUETTE—TIBAUT.

1672.

I.—LEBEAU (4), JEAN,
b 1654.
LORY, Etiennette,
b 1649.
Pierre, b 1679; s 18 déc. 1726, à Montréal. [1]— *Jeanne,* b 2 dec. 1681, à Boucherville; s [1] 8 mai 1706.

(1) Sieur de Bailleuville.
(2) Dit Depeu.
(3) Elle épouse, le 25 mai 1710, Charles Guillimin, à Montréal.
(4) Voy. Bau, vol. I, p. 29, et vol. II, p. 135.

1694, (11 février) Boucherville. [2]

II.—LEBEAU (1), RENÉ, [JEAN I.
b 1673; s 18 dec. 1726, à Montréal. [8]
GUERTIN, Marie-Madeleine, [LOUIS I.
b 1669; veuve de Georges Laporte.
Jean-Baptiste, b [2] 29 août 1694; m [8] 3 février 1728, à Catherine DUDEVOIR. — *René,* b 1706; 1° m [2] 17 avril 1730, à Barbe LOUVOIS; 2° m à Marguerite MÉNARD; 3° m 22 oct. 1764, à Marie-Anne TÉTREAU, à St-Antoine-de-Chambly. — *François,* b 1710; m [8] 20 oct. 1732, à Marie-Françoise DEMERS. — *Ignace,* b... m 2 mai 1735, à Madeleine LALUE, à Varennes.

1704, (1er avril) Ste-Anne.

II.—LEBEAU (2), JEAN-BTE, [JEAN I.
b 1675; maitre-menuisier.
1° GIGUÈRE, Marguerite, [ROBERT I.
b 1678; s 13 sept. 1723, à Montréal. [1]
Jean-Baptiste, b [1] 7 avril 1705.—*Marguerite,* b [1] 25 sept. 1706; m [1] 25 nov. 1726, à Charles RENAUD; s [1] 11 janvier 1744.—*Joseph,* b [1] 9 mai 1708; m 20 janvier 1738, à Thérèse VANIER, au Sault-au-Récollet.—*Etienne,* b [1] 16 mars 1710; m [1] 21 janvier 1732, à Marie TOMELET.—*Vincent,* b [1] 3 mai 1712; s [1] 12 janvier 1713.—*Charlotte-Catherine,* b [1] 6 nov. 1713; s [1] 22 nov. 1714.— *Catherine-Angélique,* b [1] 21 fevrier 1715; m [1] 8 janvier 1748, à Jean LECERF.—*André-Marie,* b [1] 30 nov. et s [1] 17 déc. 1716.—*Françoise,* b [1] 3 et s [1] 6 février 1722 —*Charlotte,* b [1] 4 sept. 1723; m [1] 13 avril 1744, à Guillaume CAZENEUVE.
1729, (24 février). [1]
2° DECELLES (3), Marguerite, [LAMBERT II.
b 1709.
Marie-Marguerite-Charlotte, b [1] 3 et s 23 mars 1730, à L'Assomption. — *Marguerite-Françoise-Amable,* b [1] 11 sept. 1734; m [1] 4 février 1754, à Jacques DUFESTE.—*Anonyme,* b [1] et s [1] 15 juillet 1735 —*Anonyme,* b [1] et s [1] 25 juin 1737.—*Nicolas,* b [1] 25 sept. 1739.—*Catherine-Elisabeth,* b [1] 25 nov. 1740; m [1] 8 juin 1761, à Jean-Baptiste MOREL.—*Marie-Madeleine,* b [1] 1er avril 1742.— *Anonyme,* b [1] et s [1] 25 fevrier 1743.—*Marie-Agathe,* b [1] 4 oct. 1744; s [1] 1er oct. 1745.

1705, (8 février) Montréal. [2]

II.—LEBEAU (4), LOUIS, [JEAN I.
b 1678; menuisier; s [2] 26 février 1713.
1° BRUNET, Geneviève, [ANTOINE I.
b 1674; veuve de Louis Tétro; s [2] 17 déc. 1706.
Agathe, b [2] 13 nov. 1705; m 16 août 1730, à Joseph LAPORTE, à Boucherville. — *Deux anonymes,* b [2] et s [2] 8 déc. 1706.
1707, (14 juin). [2]
2° HOTESSE, Christine, fille de Richard et de Madeleine Lagarenne, de Douvres, Angleterre.
Louis, b [2] 20 nov. 1708; s [2] 25 janvier 1709.—

(1) Pour Bau, voy. vol. I, p. 29, et vol. II, p. 135.
(2) Voy. aussi Bau dit Lalouette, vol. II, p. 135.
(3) Dit Duclos.
(4) Bau dit Lalouette, voy. vol. II, p. 135.

Anne-Christine, b[2] 14 juin 1710; m[2] 20 février 1726, à Pierre TREFFLÉ.—*Marie-Madeleine*, b[2] 20 mai 1712. — *Louis*, b... m 1745, à Angélique BESSET; s 24 oct. 1760, à Chambly.

1708, (30 oct.) Boucherville.[3]

II.—LEBEAU (1), MATHURIN, [JEAN I.
b 1684; s 11 janvier 1757, à Chambly.[4]

1° MARTINBAUT, Catherine, [JACQUES I.
b 1689.

1713, (20 février).[3]

2° LESUEUR, Marie, [PIERRE-CHARLES I.
b 1696.

Louis-Charles, b[4] 6 avril 1724; m 23 juin 1749, à Marie-Amable VIAU, à Longueuil; s[4] 17 avril 1755. — *Marie*, b... m[4] 2 février 1750, à Louis ROBERT.—*Joseph*, b[4] 26 février 1726.

II.—LEBEAU (2), PIERRE, [JEAN I.
b 1679; s 18 dec. 1726, à Montréal.

1719, (20 avril) Boucherville.[1]

II.—LEBEAU (3), MARIEN, [JEAN I.
b 1693; s 28 janvier 1758, à la Longue-Pointe.[2]

LORY, Suzanne, [FRANÇOIS II.
b 1701.

Joseph, b[1] 21 juin 1720; m[2] 9 oct. 1747, à Marie-Catherine LASPRON. — *Marien*, b[1] 30 juin 1722; m 17 août 1750, à Marie BASINET, à la Pte-aux-Trembles, M. — *Pierre*, b[1] 10 février 1724; 1° m[2] 22 avril 1748, à Marie-Louise FORAN; 2° m[2] 8 janvier 1770, à Marie JANOT. — *Marie-Anne-Suzanne*, b[1] 16 juillet 1726; m[2] 31 mai 1745, à Louis BOUTRON. — *Jean-Baptiste*, b... m[2] 18 février 1760, à Marie-Madeleine PICARD. — *Jacques*, b... m[2] 10 janvier 1763, à Marguerite PEPIN.— *Antoine*, b[2] 30 déc. 1735; 1° m 23 nov. 1760, à Marie MARTINEAU, à St-Laurent, M.[3]; 2° m[3] 30 janvier 1769, à Angelique DEGUIRE-LAROSE. — *Albert*, b[2] 27 mars 1738; m 17 août 1761, à Marie-Françoise VANIER, au Sault-au-Récollet. — *Antoine-Bonaventure*, b[2] 14 juillet 1740; m[3] 18 nov. 1765, à Marie-Louise BEAULIEU. — *Marie-Madeleine*, b[2] 20 juin 1742; m[2] 7 janvier 1760, à Jean-Baptiste PEPIN.—*Alexis-Amable*, b[2] 19 juin 1744; m[2] 28 oct. 1770, à Helène CHARTIER.

1724, (28 février) Montréal.

III.—LEBEAU (1), JACQUES, [RENÉ II.
b 1700.

DEMERS, Marie-Anne, [ANDRÉ II.
b 1700.

Marie-Angélique, b... m 10 février 1755, à Toussaint TRUTEAU, à Boucherville. — *Jacques*, b... m 14 sept. 1761, à Marie-Louise BENOIT, à Longueuil.

(1) Voy. aussi Bau, vol. II, p. 135.

(2) Et Bau dit Lalouette.

(3) Voy. Bau, vol. II, p. 135.

1724, (23 mai) Montréal.[3]

I.—LEBEAU (1), PIERRE, b 1699; fils d'Etienne et de Madeleine Lachaussée, de St-Eustache, Paris.

DELAUNAY (2), Marguerite, [CHARLES II
b 1699.

Etienne, b[3] 3 sept. 1724.—*Marie-Charlotte*, b[3] 15 déc. 1725; s[3] 26 juin 1727.—*Pierre*, b... 1° m 1749, à Geneviève BEAUPRÉ; 2° m 3 août 1761, à Françoise BÉCARD, à l'Ile-Dupas.—*Marie-Louise*, b[3] 18 mai 1727; s[3] 21 juillet 1728. — *Jean-Amable*, b[3] 5 mai 1729.—*Marie-Anne*, b 1733; s[3] 11 mars 1739.— *Marie-Angélique*, b[3] 10 dec. 1734; s[3] 6 sept. 1735. — *Louise-Thomas*, b[3] 9 août 1736; s[3] 5 oct. 1737. — *André-Gabriel*, b[3] 11 sept. 1740; s[3] 3 janvier 1741.

1728, (3 fevrier) Montréal.[3]

III.—LEBEAU (3), JEAN-BTE-FRS, [RENÉ II.
b 1694; voiturier.

DUDEVOIR, Catherine, [CLAUDE I.
b 1704.

Jean-Claude, b[3] 15 janvier 1729; s[3] 6 fevrier 1730.—*René-François*, b[3] 3 avril 1730; m 14 juin 1752, à Marguerite MOREL, à Boucherville.—*François*, b... m 8 janvier 1752, à Marie-Joseph FAUVEL, au Detroit.[4]— *Jean-Baptiste*, b 1733, s[3] 10 mai 1736.— *Charles*, b[3] 14 sept. 1734.—*Jean-Baptiste*, b[3] 10 juin et s[3] 2 sept. 1736.—*Marie*, b[3] 4 juillet et s[3] 2 sept. 1737. — *Marie-Catherine*, b[3] 10 juillet 1738; m[4] 27 oct. 1753, à Simon BERGERON. — *Joseph-François*, b[3] 7 août 1741; s[4] 12 fevrier 1765.

I.—LEBEAU (4), ..., commis, fils d'un bourgeois de Paris.

1730, (17 avril) Boucherville.

III.—LEBEAU (5), RENÉ, [RENÉ II.
b 1706.

1° LOUVOIS (6), Barbe, [JACQUES I.
b 1713.

Barbe, b 1730; m à Richard CODERRE; s 2 dec. 1761, à St-Antoine-de-Chambly.[3]— .... (7) b... s 8 sept. 1743, à Longueuil.

2° MÉNARD, Marguerite,
b 1721; s[3] 25 juillet 1761.

Marie-Reine, b 1737; m[3] 27 janvier 1755, à Jean-Baptiste EMERY-CODERRE. — *Marguerite*, b 1746; m[3] 29 oct. 1764, à Jean PERRIN.—*Marin*, b[3] 24 mars 1751.—*Geneviève*, b[3] 23 sept. 1752.—*Marie-Jeanne*, b[3] 6 juillet et s[3] 7 sept. 1754.

1764, (22 oct.)[3]

3° TÉTREAU, Marie-Anne,
b 1712; veuve de Pierre Guertin.

(1) Dit Beaufils.

(2) Elle épouse, le 18 février 1760, Pierre Messin, à Montréal.

(3) Voy. Bau dit Lalouette.

(4) Arrivé au Canada en 1729, vécut quelque temps parmi les sauvages, puis retourna en France où il publia ses aventures. On ne doit les consulter qu'avec réserves. (Rameau) "Les Canadiens. IIe partie, p. 71."

(5) Et Bau, voy. vol. II, p. 136.

(6) Et Lavoie.

(7) Ce nom manque au registre.

1732, (21 janvier) Montréal. [4]
III.—LEBEAU, Etienne, [Jean-Bte II.
b 1710.
Tomelet, Marie, [Jacques I.
b 1698; veuve de Jacques Tessier; s [4] 1er juin 1735.

1732, (20 oct.) Montréal.
III.—LEBEAU, François, [René II.
b 1710.
Dumers, Marie-Françoise, [André II.
b 1706.

1735, (2 mai) Varennes.
III.—LEBEAU, Ignace. [René II.
Lalue, Madeleine, [Léonard-Antoine I.
b 1705.

1738, (20 janvier) Sault-au-Recollet. [4]
III.—LEBEAU, Joseph, [Jean-Bte II.
b 1708.
Vanier, Thérèse, [Jean-Bte II.
b 1720.
Jean-Marie, b [4] 15 oct. 1738. — *Marguerite,* b 29 oct. 1743, à Montréal. [5] — *Marie-Thérèse,* b [5] 8 nov. 1744; s [5] 26 avril 1745. — *Charles,* b [5] 17 mars 1746; s [5] 3 mars 1748.— *Marie-Thérèse,* b [5] 6 et s [5] 13 janvier 1748.—*Louis,* b [5] 24 août et s [4] 24 sept. 1749.

1745.
III.—LEBEAU, Louis, [Louis II.
s 24 oct. 1760, à Chambly. [3]
Besset (1), Angelique. [François II.
Marie, b [3] 5 nov. 1746; m [3] 8 nov. 1762, à Jean Gaboriau. — *Marie-Françoise,* b [3] 9 juin 1747. — *Louis-Charles,* b [3] 11 sept. 1748; m [3] 25 juillet 1763, à Marie-Anne Neveu. — *Marguerite,* b [3] 5 mars 1750.—*Joseph,* b [3] 12 sept. 1751.—*Amable,* b [3] 7 sept. 1753 — *Jean-Baptiste,* b [3] 8 mai 1756; s [3] 1er déc. 1760. — *Marie-Charlotte,* b [3] 9 mai 1759; s [3] 22 nov. 1760.

1747, (9 oct.) Longue-Pointe [4]
III—LEBEAU, Joseph, [Marien II.
b 1720.
Laspron, Marie-Catherine, [Claude III.
b 1723.
Marie-Catherine, b [4] 3 nov. 1748. — *Marie-Susanne,* b [4] 3 nov. 1748; m à Louis Archambault. —*Anonyme,* b [4] et s [4] 15 avril 1750. — *Marie-Desanges-Angélique,* b [4] 15 avril 1750; m [4] 24 oct. 1774, à Jean-Baptiste Pigeon; s [4] 30 mai 1783.—*Marie-Joseph,* b 16 mars 1752, à St-Vincent-de-Paul; m [4] 10 fevrier 1772, à Guillaume Longpré. — *Marie-Catherine,* b [4] 24 mars 1754; m [4] 8 fevrier 1773, à Jean-François Dagenais — *Marie-Judith,* b [4] 8 mars 1756. — *Joseph,* b [4] 30 sept. 1760.

(1) Dit Beuzet; elle épouse, le 13 février 1763, Pierre Gaboriau, à Chambly.

1748, (22 avril) Longue-Pointe. [7]
III.—LEBEAU (1), Pierre, [Marien II.
b 1724.
1° Foran, Marie-Louise, [André I.
b 1712; veuve de Jacques Pepin; s [7] 2 mai 1768.
Pierre, b [7] 2 avril 1749; s [7] 7 mars 1752.— *Marie-Louise,* b [7] 14 juin et s [7] 30 sept 1750.— *Marie-Françoise,* b [7] 23 mai et s [7] 12 juin 1751.— *Anonyme,* b [7] et s [7] 7 juin 1752.—*Marie-Joseph,* b [7] 5 sept. 1753; m [7] 18 sept. 1769, à Jean-Baptiste Tessier.—*Pierre-Antoine,* b... s [7] 17 juillet 1756.
1770, (8 janvier). [7]
2° Janot, Marie, [Laurent IV.
b 1740.

1749.
II.—LEBEAU (2), Pierre. [Pierre I.
1° Brisset-Beaupré, Geneviève,
b 1726; s 11 août 1760, à l'Ile-Dupas. [9]
Geneviève, b... m [9] 24 juin 1771, à Jean-Baptiste Savoie.—*Marie-Geneviève,* b [9] 23 mars 1750; s [9] 28 fevrier 1752.—*Marguerite-Céleste,* b [9] 18 mai 1751.—*Pierre,* b [9] 11 oct. 1752.—*Jean-Baptiste-Amable,* b [9] 22 oct. 1754.—*Antoine,* b [9] 15 avril 1759.—*Marie-Charlotte,* b [9] 26 et s [9] 28 juillet 1760.
1761, (3 août). [9]
2° Bécard (3), Françoise. [Pierre I.
Marie-Françoise, b [9] 2 juin 1762. — *Jean-Baptiste,* b [9] 4 janvier 1764.—*Geneviève,* b [9] 29 mars 1766; s [9] 20 dec. 1772.—*Catherine,* b [9] 19 mars 1768.—*Louise,* b [9] 13 mars 1771; s [9] 6 déc. 1772.—*François-Amable,* b [9] 12 janvier et s [9] 7 mars 1777.—*Marie-Geneviève,* b [9] 30 dec. 1777; s [9] 26 mai 1778.—*Joseph,* b... s [9] 13 juin 1779.

1749, (23 juin) Longueuil.
III.—LEBEAU, Louis-Charles, [Mathurin II.
b 1724; s 17 avril 1755, à Chambly. [4]
Viau, Marie-Amable, [Jean-Bte III.
b 1731.
Louis-Charles, b [4] 4 mars 1750; s [4] 19 janvier 1751.—*Marie-Amable,* b [4] 2 déc. 1751; s [4] 1er nov. 1752.—*Joseph,* b [4] 5 juillet 1753.

1750, (17 août) Pte-aux-Trembles, M.
III.—LEBEAU, Marien, [Marien II.
b 1722.
Basinet, Marie, [Joseph II.
b 1726.
François, b 1754; m 3 juillet 1775, à Louise Archambault, à Repentigny.

1752, (8 janvier) Detroit. [5]
IV.—LEBEAU, François. [Jean-Bte III.
Fauvel (4), Marie-Joseph, [Jacques II.
b 1736; veuve de Jacques Tavernier-St. Martin; s [5] 3 février 1766.

(1) Dit Lalouette.
(2) Dit Beaufils.
(3) Mariée sous le nom de Benard.
(4) Dit Bigras.

Thérèse, b 1757; s [5] 5 mars 1759.—*Marie-Louise*, b... s [5] 1er août 1758.—*François*, b... s [5] 19 juillet 1759.—*François*, b... s [5] 28 sept. 1760. —*Marie*, b 1764; s [5] 1er juin 1765.

LEBEAU, René.
Drouillard, Elisabeth, [Charles II.
b 1730; veuve de Jean-Baptiste Bonhomme.

1752, (14 juin) Boucherville.
IV.—LEBEAU (1), René-Frs, [Jean-Bte III.
b 1730.
Morel (2), Marguerite. [Michel-Louis III.
Marguerite, b 29 janvier 1755, au Détroit. [6] — *Paul-François*, b [6] 11 sept. et s [6] 19 déc. 1759.

LEBEAU, Antoine.
Rémillard, Marie-Joseph.
Marie-Joseph, b... 1° m 7 février 1780, à Jean-Baptiste Jacques, à St-Cuthbert [4]; 2° m [4] 24 oct. 1785, à Pierre Ayot. — *Jean-Baptiste*, b [4] 4 oct. 1770; m [4] 13 avril 1795, à Marie-Joseph Thomas.—*Madeleine*, b... m [4] 17 juin 1793, à Joseph Grenon.—*Marie-Anne*, b [4] 23 février 1774; m [4] 17 juin 1793, à Joseph Baret.—*Félicité*, b [4] 25 février 1776; m [4] 9 février 1795, à François Sylvestre.—*Augustin*, b [4] 30 mars 1778.—*Marie-Marguerite*, b [4] 24 avril 1781.

1760, (18 février) Longue-Pointe. [5]
III.—LEBEAU, Jean-Bte. [Marien II.
Picard, Marie-Madeleine, [Pierre-Joseph III.
b 1737.
Suzanne, b [5] 8 mai 1761.—*Marie-Madeleine*, b [5] 1er dec. 1763.—*Ignace*, b [5] 7 avril 1766.—*Paul*, b [5] 9 nov. 1767.—*Marien*, b [5] 21 mars et s [5] 24 déc. 1769.

1760, (23 nov.) St-Laurent, M. [7]
III.—LEBEAU, Antoine, [Marien II.
b 1735.
1° Martineau, Marie, [Pierre III.
b 1736; veuve de Michel Laplante.
Marie-Suzanne, b [7] 4 fevrier 1762.—*Joseph*, b... m [7] 1er août 1785, à Françoise St. Aubin.—*Marie-Louise*, b... m [7] 26 sept. 1785, à Basile Lemay.
1769, (30 janvier). [7]
2° Deguire (3), Margte-Angélique, [Louis III.
b 1750.

1761, (17 août) Sault-au-Récollet.
III.—LEBEAU, Albert, [Marien II.
b 1738.
Vanier, Françoise, [Joseph-Jean-Bte III.
b 1736; veuve de Jean-Louis Turcot
Suzanne, b... m 11 fevrier 1782, à Jacques-Louis Chartier, à la Longue-Pointe.

(1) Et Bau; demeurant dans le faubourg de Ste-Rosalie, au Detroit.

(2) De Ladurantaye; elle épouse, le 27 nov. 1760, Jacques Quesnel, au Detroit.

(3) Dit Laiose.

1761, (14 sept.) Longueuil.
IV.—LEBEAU, Jacques. [Jacques III
Benoit, Louise, [Antoine III.
b 1741.

1763, (10 janvier) Longue-Pointe. [6]
III.—LEBEAU (1), Jacques. [Marien II.
Pepin, Marguerite, [Jacques III.
b 1742.
Jacques, b [6] 5 avril 1764; m 13 juillet 1795, à Marie-Catherine Soumis, à Repentigny. [7] —*Marie-Marguerite*, b [6] 17 juin 1765; m [7] 14 oct. 1793, à Jean-Baptiste Brau.—*Antoine*, b [6] 2 juillet 1767. —*Toussaint*, b [6] 11 juillet 1768.—*Marie-Joseph*, b... m [7] 12 janvier 1795, à Pierre Raymond.

1763, (25 juillet) Chambly.
IV.—LEBEAU, Louis-Charles, [Louis III.
b 1748
Neveu, Marie-Anne, [Louis III.
b 1745.

1765, (18 nov.) St-Laurent, M.
III.—LEBEAU, Ant.-Bonaventure, [Marien II.
b 1740.
Beaulieu, Marie-Louise, [Jean-Bte I.
b 1745.

LEBEAU (2), Joseph.
1° Payet, Marie-Madeleine, [Pierre III.
b 1740; s 24 janvier 1772, à Repentigny. [6]
Marie-Louise, b [6] 24 juin et s [6] 6 août 1767.—*Jean-Louis*, b [6] 28 nov. 1768; s [6] 18 février 1770. —*Marin*, b [6] 15 février 1770.—*Thérèse*, b [6] 4 janvier et s [6] 8 février 1772.
1786, (19 juin). [6]
2° Mercier-Lajoie, Pauline. [Charles
Pauline, b 1786.—*Jean-Louis*, b [6] 7 juin 1787. —*François*, b [6] 17 nov. 1788. — *Charles*, b 1790, s [6] 6 avril 1791. — *Pierre*, b... s [6] 11 avril 1791. —*Marie*, b [6] 26 août 1791.

1770, (28 oct.) Longue-Pointe.
III.—LEBEAU, Alexis-Amable, [Marien II
b 1744.
Chartier (3), Hélène, [François III
b 1742.
François, b... m 1er nov. 1813, à Hélène Chauvin, à Florissant, Mo.

LEBEAU, Jean-Bte.
Chauvin, Suzanne.
Marie-Jeanne, b... m 20 avril 1795, à Jean-Baptiste Dufour, au Detroit.

1775, (3 juillet) Repentigny. [4]
IV.—LEBEAU, François, [Marien III.
b 1754.
Archambault, Louise. [Jean-Bte
François, b... s [4] 14 oct. 1785. — *Marie-Elisabeth*, b... s [4] 30 janvier 1786. — *Anonyme*, b [4] et

(1) Dit Lalouette.

(2) Dit Lallouette.

(3) Dit Robois.

s⁴ 1er déc. 1786. — *Marie-Desanges*, b⁴ 17 déc. 1787.— *Jean-Baptiste*, b⁴ 15 et s⁴ 25 août 1789. —*Marie-Judith*, b⁴ 13 février 1793.

1785, (1er août) St-Laurent, M.

IV.—LEBEAU (1), JOSEPH. [ANTOINE III.
ST. AUBIN, Françoise. [JACQUES.

LEBEAU, ANTOINE.
MARION, Marie-Charlotte.
Marie-Angélique, b 23 oct. 1791, à St-Cuthbert.⁸ — *Marie-Madeleine*, b⁸ 31 oct. 1792. — *Antoine*, b⁸ 14 sept. 1794.

1795, (13 avril) St-Cuthbert.

LEBEAU, JEAN-BTE, [ANTOINE.
b 1770.
THOMAS, Marie-Joseph. [FRANÇOIS.

1795, (13 juillet) Repentigny.

IV.—LEBEAU, JACQUES, [JACQUES III.
b 1764.
SOUMIS, Marie-Catherine. [PIERRE.

1813, (1er nov.) Florissant, Mo.

IV.—LEBEAU, FRANÇOIS. [ALEXIS-AMABLE III.
CHAUVIN, Helène. [JACQUES.
Marie-Hélène, b 1er avril 1812, à St-Louis, Mo⁸; m⁸ 10 avril 1839, à Michel-Sylvestre CERRÉ.— *Jean-Baptiste-Robert*, b⁸ 23 mai 1816.

LEBEFFE, PIERRE.
CAHOUET, Charlotte.
Marie-Joseph, b 22 mars 1761, au Cap-St-Ignace.

LEBEL.—*Surnoms :* BEAULIEU—PHILIPPE.

1662, (28 nov.) Château-Richer.⁷

I.—LEBEL (2), NICOLAS.
1° DROUIN, Marie, [ROBERT I.
b 1650; s⁷ 2 mai 1664 (noyée).
1665, (2 avril).⁷
2° MIGNOT (3), Thérèse, [JEAN I.
b 1651.
Joseph, b 9 juillet 1677, à Québec; m 22 nov. 1701, à Catherine BOUTIN, à la Rivière-Ouelle; s 6 août 1747, à St-Roch.

1689, (16 août) Rivière-Ouelle.⁴

II.—LEBEL (2), JEAN, [NICOLAS I.
b 1670; s⁴ 6 oct. 1699.
SOUCY (4), Anne, [JEAN I.
b 1671.
Nicolas, b⁴ 1er nov. 1694; m⁴ 7 janvier 1716, à Marie-Françoise MIGNEAU; s⁴ 7 avril 1774.— *Joseph*, b 1696; m à Marie-Anne DUVAL; s 12 mai 1756, à St-Roch.—*Marie-Françoise*, b⁴ 7 janvier 1697; m⁴ 3 juin 1720, à Charles SAUCIER.

(1) Dit Lallouette.
(2) Voy. vol. I, p. 356.
(3) Elle épouse, le 6 février 1679, René Ouellet, à Québec.
(4) Elle épouse, le 24 nov. 1704, Jacques Bois, à la Rivière-Ouelle.

1701, (22 nov.) Rivière-Ouelle.³

II.—LEBEL, JOSEPH, [NICOLAS I.
b 1677; s 6 août 1747, à St-Roch.⁴
BOUTIN (1), Marie-Catherine,
b 1681; s⁴ 21 avril 1756.
François, b³ 6 nov. 1704; m⁴ 1er déc. 1742, à Marguerite BOUCHER; s⁴ 14 janvier 1756.—*Jean-Baptiste*, b³ 9 oct. 1707; s⁴ 22 nov. 1754. — *Augustin*, b³ 1er dec. 1709; 1° m⁴ 30 oct. 1736, à Geneviève DUBÉ; 2° m 7 janvier 1739, à Elisabeth DUVAL, à Ste-Anne-de-la-Pocatière.⁵ — *Ignace*, b³ 29 déc. 1711; m⁴ 30 oct. 1736, à Marie-Joseph DUBÉ.—*Marie-Charlotte*, b³ 7 avril 1714; m⁴ 24 août 1750, à Jacques OUELLET.— *Marie-Thérèse*, b⁵ 1er janvier 1716; 1° m⁴ 9 fevrier 1750, à Joseph LISOTTE; 2° m⁵ 13 nov. 1769, à Jean EMOND. — *Marie-Catherine*, b⁵ 30 sept. 1718. — *Pierre-Roch*, b⁵ 10 juillet 1720; m⁴ 24 janvier 1747, à Marie-Françoise THIBOUTOT. — *Joseph-Antoine*, b⁵ 11 juin 1722; s⁴ 27 nov. 1755 (subite).—*Marie-Joseph*, b... m⁴ 9 fevrier 1750, à Alexandre CARON. — *Marie-Anne*, b 1731; m⁴ 23 oct. 1752, à Jacques THIBAUT; s⁴ 26 nov. 1755. — *Gabriel*, b... m⁵ 18 février 1765, à Marthe BEAUSOLEIL.

1707, (23 août) Rivière-Ouelle.³

II.—LEBEL, NICOLAS, [NICOLAS I.
b 1675.
MICHAUD (2), Marie-Madeleine, [PIERRE I.
b 1692.
Jean, b³ 7 oct. 1708; 1° m³ 7 janvier 1733, à Marie-Jeanne DUPÉRÉ; 2° m 23 fevrier 1756, à Geneviève PARADIS, à Kamouraska⁴; s⁴ 21 sept. 1776.—*Joseph*, b... m⁴ 17 janvier 1736, à Helène PARADIS.—*Marie-Madeleine*, b... m⁴ 6 nov. 1740, à Gabriel COTÉ. — *Nicolas*, b... m³ 25 nov. 1743, à Marie-Madeleine SIROIS.—*Marie-Anne*, b... m⁴ 21 nov. 1746, à Prisque DUMONT-GUÉREZ.

1716, (7 janvier) Rivière-Ouelle.⁵

III.—LEBEL, NICOLAS, [JEAN II.
b 1694; s⁵ 7 avril 1774.
MIGNEAU, Marie-Françoise, [JEAN I.
b 1692; s⁵ 29 janvier 1760.
Jacques, b⁵ 9 nov. 1716; m⁵ 7 février 1763, à Marie-Madeleine PAQUET-LAVALLÉE; s⁶ 15 nov. 1773. — *Marie-Joseph*, b 10 nov. 1719, à Ste-Anne-de-la-Pocatière⁶; s⁵ 1er dec. 1739.—*Marie-Madeleine*, b⁶ 8 dec. 1721.—*Marie-Françoise*, b 1728; s⁵ 29 nov. 1739. — *Jean-Baptiste*, b... m 17 janvier 1752, à Marie-Joseph HÉLY, à St-Valier. —*Geneviève*, b 1730; m⁵ 29 janvier 1753, à Pierre-François MIVILLE; s⁵ 19 dec. 1755.—*Marie-Catherine*, b⁶ 25 déc. 1732.—*Marie-Angélique*, b⁵ 24 juillet 1736; m⁵ 26 février 1759, à Jean GAGNON. — *Marie-Xainte*, b 1738; m⁵ 22 sept. 1766, à Jean-Bernard HUDON.

III.—LEBEL, JOSEPH-ANTOINE, [JOSEPH II.
b 1722; s 27 nov. 1755, à St-Roch (subite).

(1) Dit Labonté.
(2) Elle épouse, en 1725, Jean-Baptiste Roy-Desjardins.

III.—LEBEL, JOSEPH, [JEAN II.
b 1696; s 12 mai 1756, à St-Roch.[5]
DUVAL, Marie-Anne, [FRANÇOIS I.
b 1700.
Joseph, b... 1° m 8 nov. 1756, à Angélique LAMARRE, à St-Thomas[6]; 2° m 4 février 1765, à Catherine MIVILLE, à Ste-Anne-de-la-Pocatière.[7] —*Louis*, b [7] 28 dec 1732; m [6] 2 mars 1767, à Elisabeth LAMARRE.—*Louis-Guillaume*, b [7] 7 mars 1734.—*Marie-Catherine*, b [7] 7 mars 1734; m [5] 30 juin 1756, à Jean-François DUBÉ; s [5] 10 sept. 1761. — *Marie-Anne*, b [5] 15 février 1736; m [5] 15 janvier 1759, à Basile ST. PIERRE. — *François-Jérôme*, b [5] 26 janvier et s [5] 14 mars 1738.—*Pierre*, b [5] 10 juin 1741.

1733, (7 janvier) Rivière-Ouelle.[7]
III.—LEBEL, JEAN, [NICOLAS II.
b 1708; s 21 sept. 1776, à Kamouraska.[8]
1° DUPÉRÉ, Marie-Jeanne, [MICHEL I.
b 1706; s [8] 2 nov. 1754.
Marie-Madeleine, b [8] 2 mars 1734; m [8] 27 juin 1757, à Pierre PELLETIER —*Marie-Rosalie*, b [8] 24 août 1735; m [8] 26 avril 1757, à Jean-Marie PAYAN. —*Marie-Jeanne*, b [8] 11 nov. 1736; s [8] 10 avril 1753.—*Marie-Joseph*, b [8] 20 janvier 1738; m [8] 22 nov. 1756, à Etienne PHOCAS.—*Marie-Angélique*, b [8] 2 sept. 1739; s [8] 7 février 1753.—*Jean-Jacques*, b [8] 2 mai 1741; 1° m 1766, à Marguerite LÉVÊQUE; 2° m 14 janvier 1782, à Marie-Judith GAUVIN, à St-Jean-Port-Joli. — *François-Toussaint*, b [8] 15 janvier 1743; s [8] 18 mars 1744.—*Honoré-Michel*, b [8] 24 janvier 1745; s [8] 27 juin 1777.—*Marie-Louise*, b [8] 26 août 1746; m [8] 13 juillet 1767, à Joseph MARTIN.—*Antoine*, b [8] 19 août 1748; m 22 juillet 1771, à Marie-Therèse MARTIN, à Ste-Anne-de-la-Pocatière.—*Augustin*, b... m [7] 3 août 1772, à Marie-Madeleine BOUCHER.

1756, (23 février).[8]
2° PARADIS, Geneviève, [GABRIEL III.
b 1719; s [8] 24 février 1771.

1736, (17 janvier) Kamouraska.[9]
III.—LEBEL, JOSEPH. [NICOLAS II.
PARADIS, Marie-Helène, [GUILLAUME III.
b 1710.
Joseph-François, b [9] 24 janvier et s [9] 12 février 1737.—*Jean-Baptiste*, b [9] 28 février et s [9] 7 nov. 1738.—*Benjamin*, b [9] 18 mai 1739; m [9] 19 janvier 1768, à Marguerite PHOCAS.—*Jean-Baptiste*, b [9] 2 nov. 1740; 1° m [9] 28 janvier 1765, à Marie-Anne CHASSÉ; 2° m [9] 17 juin 1771, à Marie-Rose DUPUIS; 3° m [9] 28 juin 1773, à Marie-Joseph MIGNIER.—*Marie-Rose*, b [9] 18 nov. 1742; m [9] 17 janvier 1763, à Ignace ROY.—*Joseph*, b [9] 31 mai 1744; m [9] 14 oct. 1771, à Marie-Joseph SIROIS; s [9] 18 nov. 1774. —*Ignace*, b [9] 16 mars et s [9] 1er avril 1747.—*Marie-Joseph*, b... m [9] 19 janvier 1768, à Augustin BOSCHET

1736, (30 oct.) St-Roch.[2]
III.—LEBEL, AUGUSTIN, [JOSEPH II.
b 1709.
1° DUBÉ, Geneviève, [LAURENT II.
b 1719.
Marie-Geneviève, b [2] 17 août et s [2] 23 sept. 1737.

1739, (7 janvier) Ste-Anne-de-la-Pocatière.
2° DUVAL, Elisabeth, [FRANÇOIS I.
b 1707.
Joseph-Vital, b [2] 27 avril 1740; m [2] 16 août 1763, à Marie-Geneviève LISOTTE.—*Marie-Joseph*, b [2] 8 nov. 1741; s [2] 26 mai 1751.—*Pierre-Augustin*, b [2] 10 février 1743; s [2] 5 juin 1751.—*Marie-Angélique*, b [2] 28 février et s [2] 8 mars 1744.—*Jean-Baptiste*, b [2] 26 dec. 1744; s [2] 30 janvier 1745.—*Jean-François*, b [2] 3 et s [2] 16 juillet 1746. —*Marie-Angélique*, b [2] 6 et s [2] 27 juillet 1747.—*Charles-François*, b [2] 20 juillet 1748.

1736, (30 oct.) St-Roch.[3]
III.—LEBEL, IGNACE, [JOSEPH II.
b 1711.
DUBÉ, Marie-Joseph, [LAURENT II.
b 1714.
Antoine-Joseph, b [3] 23 sept. 1737; m [3] 26 nov. 1759, à Marie-Françoise LISOTTE.—*Marie-Joseph*, b [3] 5 oct. 1739.—*Michel*, b [3] 25 mars et s [3] 10 août 1741.—*Marie-Judith*, b [3] 24 juin et s [3] 15 juillet 1742.—*Ignace*, b [3] 9 juillet 1743.—*Marie-Anne*, b [3] 12 juin 1745; s [3] 10 nov. 1748.—*Marie-Françoise*, b [3] 29 oct. 1747.—*Jean-François*, b [3] 5 mai 1750.—*Jean-Charles*, b [3] 15 août 1752.—*Marie-Judith*, b [3] 27 dec. 1756; s [3] 22 avril 1757.

1742, (1er déc.) St-Roch.[4]
III.—LEBEL, FRANÇOIS, [JOSEPH II.
b 1704; s [4] 14 janvier 1756.
BOUCHER (1), Marguerite,
b 1723; s [4] 24 sept. 1754.
Jean-François, b [4] 31 oct. et s [4] 7 nov. 1743.—*Antoine*, b [4] 30 déc. 1744.—*Marie-Madeleine*, b [4] 18 sept. 1746.—*Marie-Anne*, b [4] 4 août 1748; s [4] 24 août 1750.—*Jean-François*, b [4] 27 sept. et s [4] 8 nov. 1750.—*Guillaume*, b [4] 30 nov. 1751.—*Anonyme*, b [4] et s [4] 24 sept. 1754.

LEBEL, FRANÇOIS, b 1718; s 24 mars 1756, à Kamouraska.

1743, (25 nov.) Rivière-Ouelle.
III.—LEBEL, NICOLAS. [NICOLAS II.
SIROIS, Marie-Madeleine, [FRANÇOIS II.
b 1720; s 22 sept. 1765, à Kamouraska.[6]
Marie-Madeleine, b [6] 23 juin et s [6] 22 juillet 1745.— *Marie-Joseph*, b [6] 28 juillet 1746; m [6] 11 juillet 1775, à Jean-Baptiste PARADIS. — *Nicolas*, b [6] 1er mars 1748; m [6] 7 février 1780, à Marie-Marguerite LAMBERT.— *Jean-Baptiste*, b [6] 26 dec 1751; m [6] 7 janvier 1777, à Marie-Catherine SOUCY. — *Marie-Anne*, b 1753; m [6] 3 oct. 1774, à Louis HUDON. — *Marie-Madeleine*, b... m [6] 2 août 1779, à Pierre CHARON.—*Joseph-Marie*, b [6] 22 oct 1755.—*Marie-Rose*, b [6] 4 août 1757; m [6] 25 nov. 1776, à Germain MICHAU.—*Geneviève*, b [6] 31 oct 1760.—*Alexandre*, b [6] 8 janvier 1763 — *Maurice*, b [6] 18 août et s [6] 27 oct. 1765.

(1) Fille de Marguerite Boucher.

1747, (24 janvier) St-Roch. [8]
III.—LEBEL, Pierre-Roch, [Joseph II.
b 1720.
Thiboutot, Marie-Françoise. [Adrien II.
Marie-Ursule, b [8] 20 avril 1748. — *Anonyme,* b [8] et s [8] 7 dec. 1749. — *Marie-Françoise,* b [8] 27 nov. 1750; s [8] 15 juin 1751. — *Marie-Judith,* b [8] 26 mai 1752. — *Benoît,* b... m [8] 18 nov. 1777, à Marie-Anne Pelletier. — *Marie-Louise,* b [8] 8 et s [8] 9 oct. 1756.—*Henri,* b [8] 29 nov. 1757.—*Marie-Madeleine,* b [8] 17 août 1760; s [8] 3 juin 1764.—*Anonyme,* b [8] et s [8] 20 oct. 1764.

1752, (17 janvier) St-Valier.
IV.—LEBEL, Jean-Bte. [Nicolas III.
Hély (1), Marie-Anne-Jos., [Jos.-Philippe III
b 1735.
Marie-Anne, b 31 déc. 1752, à la Rivière-Ouelle [9]; m [9] 13 janvier 1783, à Jean-Baptiste Bonenfant. — *Jean-Nicolas,* b [9] 10 août 1754; m [9] 2 dec. 1780, à Marie Bérubé.—*Anonyme,* b [9] et s [9] 20 mars 1756. — *Marie-Angélique,* b [9] 14 avril 1758.—*Marie-Dorothée,* b [9] 16 oct. 1760.

1756, (8 nov.) St-Thomas. [7]
IV.—LEBEL, Joseph. [Joseph III.
1° Lamarre, Angelique, [Joseph III.
b 1732.
Louis-Marie, b 7, à St-Pierre-du-Sud et s [7] 12 sept. 1757.—*Joseph-Clément,* b [7] 3 et s [7] 14 juillet 1760.
1765, (4 fevrier) St-Anne-de-la-Pocatière.
2° Miville, Catherine, [François IV.
b 1746.

1759, (26 nov.) St-Roch. [4]
IV.—LEBEL, Antoine-Joseph, [Ignace III.
b 1737.
Lisotte, Marie-Françoise, [Joseph III.
b 1739.
Euphrasie, b [4] 27 déc. 1760. — *Joseph,* b [4] 10 dec 1761; s [4] 6 août 1762.—*Marie-Marthe,* b [4] 23 mars et s [4] 5 mai 1763. — *Marie-Joseph,* b [4] 11 mars 1764.

1763, (7 février) Rivière-Ouelle. [1]
IV.—LEBEL, Jacques, [Nicolas III.
b 1716; s [1] 15 nov. 1773.
Paquet (2), Marie-Madeleine, [Joseph III.
b 1734.

1763, (16 août) St-Roch. [7]
IV.—LEBEL, Joseph-Vital, [Augustin III.
b 1740.
Lisotte, Marie-Geneviève, [Nicolas III.
b 1740.
Joseph-Roch, b [7] 19 août 1764.

(1) Et Elie dit Breton.

(2) Dit Lavallée; elle épouse, le 10 janvier 1775, Louis Hudon, à la Rivière-Ouelle.

1765, (28 janvier) Kamouraska. [1]
IV.—LEBEL, Jean-Bte, [Joseph III.
b 1740.
1° Chassé, Marie-Anne, [Jean II.
b 1741; s [1] 5 janvier 1771.
Jean-Baptiste, b [1] 17 nov. 1765.—*Marie-Catherine,* b [1] 15 sept. 1767.— *Marie-Euphrosine,* b [1] 8 avril 1769.
1771, (17 juin). [1]
2° Dupuis, Marie-Rose. [Jean-Charles.
1773, (28 juin). [1]
3° Mignier, Marie-Joseph, [Joseph III.
b 1745.

1765, (18 février) Ste-Anne-de-la-Pocatière.
III.—LEBEL, Gabriel. [Joseph II.
Beausoleil, Marthe. [Pierre.

1766.
III.—LEBEL, Jean-Jacques, [Jean II.
b 1741.
1° Lévêque, Marguerite, [François III.
b 1740; s 31 mai 1780, à Kamouraska. [8]
Jean-François, b [8] 16 avril 1767. — *Joseph-Marie,* b [8] 23 juillet 1768. — *Antoine,* b [8] 12 oct. 1769; s [8] 20 mars 1771. — *Marie-Marguerite,* b [8] 6 avril 1771.
1782, (14 janvier) St-Jean-Port-Joli.
2° Gauvin, Marie-Judith, [Chs-François III.
b 1752.

1767, (2 mars) St-Thomas.
IV.—LEBEL, Louis, [Joseph III.
b 1732.
Lamarre, Elisabeth, [Joseph III.
b 1725.

1768, (19 janvier) Kamouraska. [9]
IV.—LEBEL, Benjamin, [Joseph III.
b 1739.
Phocas, Marguerite. [Gabriel III.
Joseph-Marie, b [9] 15 déc. 1768. — *Marie-Marguerite,* b [9] 14 mars 1770. — *Augustin,* b [9] 12 et s [9] 13 mai 1771.

1771, (22 juillet) Ste-Anne-de-la-Pocatière.
III.—LEBEL, Antoine, [Jean II.
b 1748.
Martin, Marie-Thérèse, [Joseph III.
b 1751.

1771, (14 oct.) Kamouraska [9]
IV.—LEBEL, Joseph, [Joseph III.
b 1744; s [9] 18 nov. 1774.
Sirois (1), Marie-Joseph, [Maurice III.
b 1753.

1772, (3 août) Rivière-Ouelle.
III.—LEBEL, Augustin. [Jean II.
Boucher, Marie-Madeleine, [Joseph IV.
b 1750; veuve de Jean Tremblay.
Clément, b et s 12 sept. 1778, à Kamouraska.

(1) Elle épouse, le 9 oct. 1775, Alexandre Levasseur, à Kamouraska.

III.—LEBEL, HONORÉ-MICHEL, [JEAN II.
b 1745; s 27 juin 1777, à Kamouraska.

1777, (7 janvier) Kamouraska.

IV.—LEBEL, JEAN-BTE, [NICOLAS III.
b 1751.
SOUCY, Marie-Catherine, [ANDRÉ IV.
b 1761.

1777, (18 nov.) St-Roch.

IV.—LEBEL, BENOIT. [PIERRE-ROCH III.
PELLETIER, Marie-Anne, [JACQUES IV.
b 1751.

1780, (7 février) Kamouraska.

IV.—LEBEL, NICOLAS, [NICOLAS III.
b 1748.
LAMBERT, Marie-Marguerite, [FRS-AUBIN III.
b 1752.
Marie-Joseph, b 7 avril 1784, à l'Ile-Verte.[9]—*François-Xavier*, b[9] 9 janvier 1786.

1780, (2 déc.) Rivière-Ouelle.

V.—LEBEL, JEAN-NICOLAS, [JEAN-BTE IV.
b 1754.
BÉRUBÉ, Marie. [FRANÇOIS.

LEBEL, LOUIS.
MOREL, Geneviève.
Geneviève, b... m 15 oct. 1822, à Jacques BRUNEAU, à St-Jean-Deschaillons.

1761, (26 janvier) Baie-St-Paul.[5]

I.—LEBELLAY, RENÉ, fils de François et de Marguerite Lelièvre, de Palie, diocèse d'Avranches, Normandie.
1° MAGNAN, Marguerite, [MICHEL III.
b 1737; veuve de Jean Chabot.
René-Ulric, b[5] 4 juillet 1762.—*Marie-Procule-Victoire*, b[5] 30 sept. 1764.—*Joseph-Isaac*, b[5] 14 mai 1766.—*Thomas-Saturnin*, b[5] 12 sept. 1767.—*Charles*, b[5] 10 déc. 1768.—*Louis-Moïse*, b[5] 1er nov. 1769.—*Marie-Thérèse*, b[5] 26 oct. 1771.—*Félicité*, b[5] 3 mars et s[5] 3 sept. 1773.—*Ambroise*, b[5] 18 déc. 1774.—*Pierre*, b[5] 8 février 1776.

1781, (28 août) Ile-aux-Coudres.

2° TREMBLAY, Therèse. [FRANÇOIS.

LEBELLEC.—Voy. LEBELLET.

LEBELLET.—*Variations:* BELEC — BELECQ — BELLEC—DUBELLEY—LEBELLEC.

1687, (24 déc.) Batiscan.[6]

I.—LEBELLET (1), GUILLAUME,
b 1663; s[6] 27 janvier 1695.
BARIBAULT (2), Gabrielle, [FRANÇOIS I.
b 1673.
François, b[6] 16 sept. 1691; m[6] 25 février 1721, à Marie LETELLIER, à Varennes[7]—*Louis*, b[6] 7 février 1694; 1° m[7] 31 janvier 1725, à Madeleine GAUDRY; 2° m 6 mai 1736, à Madeleine COSSET, à Ste-Geneviève.

(1) Voy. vol. I, p. 356.
(2) Elle épouse, le 3 juin 1697, Paul Bertrand, à Québec.

I.—LEBELLET (1), HENRI, fils de Paul et de Marie LeTrullier, de Bourgcleder, diocèse de Kimper, Basse-Bretagne; s 1er mai 1760 (noyé), à St-Antoine-de-Chambly.

1721, (25 février) Varennes.

II.—LEBELLET (2), FRANÇOIS, [GUILLAUME I.
b 1690.
LETELLIER, Marie. [JEAN II.
Joseph, b 19 déc. 1725, à l'Assomption.

1725, (31 janvier) Varennes.

II.—LEBELLET (1), LOUIS, [GUILLAUME I.
b 1694.
1° GAUDRY (3), Madeleine, [JACQUES II.
b 1707.
Louis-Joseph, b 5 juillet 1726, à Batiscan[7]; m 7 février 1752, à Louise GAUTHIER, à Montréal.—*Marie-Madeleine*, b 1728; s 10 nov. 1730, à Ste-Geneviève.[8] — *Joseph*, b[8] 13 sept. 1730.—*Marie-Marguerite*, b[8] 9 sept. 1732.— *François-Antoine*, b[8] 31 oct. et s[8] 8 nov. 1734.

1736, (6 mai).[8]

2° COSSET (4), Madeleine, [FRANÇOIS II.
b 1718.
Marie-Madeleine, b[8] 13 mars 1738. — *Louis*, b[7] 15 avril 1764.

1752, (7 février) Montréal.

III.—LEBELLET (1), LOUIS-JOSEPH, [LOUIS II.
b 1726.
GAUTHIER (5), Louise, [JEAN II.
veuve de Philippe Gervaise.
Joseph, b... m à Marie-Joseph LEPROHON.—*Marie-Louise*, b... m à Jean-Joseph DAGENAIS.

IV.—LEBELLET (1), JOSEPH. [LOUIS-JOSEPH III.
LEPROHON (6), Marie-Joseph,
b 1755; s 15 juin 1783, à Repentigny.

LEBER.—*Variations et surnoms :* HUBERT—LEBERT — DESENNEVILLE — DE ST. PAUL — DUCHESNE — LAFORCE — LAROSE— ST. PAUL—YVON.

I.—LEBER (7), PIERRE, b 1658; s 17 mai 1736, à Montréal.

1658, (7 janvier) Montréal.[8]

I.—LEBER (8), JACQUES,
b 1633; s[8] 25 nov. 1706.
LEMOYNE, Jeanne,
b 1636; s[8] 8 nov. 1682.
Jacques, b[8] 26 août 1663; 1° m à Marie-Anne-Claude DELACOUR DE MALTOT; 2° m[8] 1er oct. 1722, à Marie-Louise DEMIRAY; s[8] 9 mai 1735.

(1) Et LeBellec.
(2) Et Bellec.
(3) Dit Bourbonnière.
(4) Elle épouse, le 22 août 1780, Julien Lefebvre, à Batiscan.
(5) Dit St. Germain.
(6) Noyée dans la rivière de l'Assomption.
(7) Et Lebert dit Yvon.
(8) Dit Larose; voy. vol. I, p. 356.

I.—LEBER (1), FRANÇOIS,
b 1626; s 20 mai 1694, à Laprairie.[9]
1° LESEUR, Marguerite.
1662, (2 déc.) Montréal.[8]
2° TÉTARD, Jeanne,
b 1642.
François, b [9] 11 oct. 1673; m [8] 29 oct. 1698, à Marie-Anne MAGNAIN; s [8] 13 août 1746.

1690, (4 sept.) Québec.[1]

I.—LEBER (1), PIERRE-YVES,
b 1669; s 2 oct. 1707, à Montréal.[2]
MASSARD, Marie-Anne, [NICOLAS I.
b 1669; s [2] 30 avril 1737.
Gabriel, b 1696; 1° m [2] 3 nov. 1722, à Angélique BOUTEILLER; 2° m [2] 28 dec. 1723, à Marie VACHER; 3° m 1736, à Marie-Joseph DURAND.—*Marie-Renée*, b [1] 1er juin 1700; 1° m [1] 23 sept. 1715, à Louis DURET; 2° m [2] 15 février 1719, à Jean-Baptiste PATENOTRE; s [2] 5 avril 1745.

1692, (28 janvier) Laprairie.[8]

II.—LEBER (1), JOACHIM-JACQUES, [FRANÇOIS I.
b 1664.
CUSSON, Jeanne, [JEAN I.
b 1663; veuve de Jean Bareau.
Michelle, b 1692; m [8] 1er dec. 1714, à Pierre PEPIN; s 19 mai 1746, à Montreal.

II.—LEBER (2), JACQUES, [JACQUES I.
b 1663; s 9 mai 1735, à Montréal.[1]
1° DELACOUR (3), Marie-Anne-Claude.
Joseph-Hypolite, b 1697; m [1] 25 janvier 1718, à Anne-Marguerite SOUMANDE.
1722, (1er oct.)[1]
2° DEMIRAY (4), Marie-Louise, [ETIENNE I.
b 1699; s [1] 5 février 1733.
Jeanne-Marguerite, b [1] 25 juin 1723. — *Louise*, b [1] 24 sept. 1724; m [1] 11 nov. 1743, à Antoine-Gabriel-François BENOIT.—*Jacques*, b [1] 6 fevrier 1728; s [1] 29 janvier 1733. — *Louis-Marie*, b [1] 16 juin 1729; s [1] 25 oct. 1730.

1698, (28 oct.) Ste-Anne-de-la-Pérade.

I.—LEBER (1), JEAN-BTE-MAURICE,
b 1672.
FILION (5), Barbe, [MICHEL I.
b 1680.
Maurice, b 18 mars 1702, aux Trois-Rivières; m 23 nov. 1739, à Marie MIRÉE, à Lachenaye.

1698, (29 oct.) Montréal.[8]

II.—LEBER (1), FRANÇOIS, [FRANÇOIS I.
b 1673; s [8] 13 août 1746.
MAGNAIN (6), Marie-Anne, [JEAN I.
b 1677.
Jacques, b [8] 11 août 1699; m 7 janvier 1737, à Barbe-Elisabeth BROSSEAU, à Laprairie[9]; s [9] 1er nov. 1741. — *Marie-Joseph*, b... s 18 juin 1703, à la Pte-aux-Trembles, M. — *Marie-Joseph*, b [9] 7 mai 1703; m [9] 17 oct. 1729, à François BROSSEAU. — *Suzanne-Joseph*, b [9] 8 juin 1704; m [9] 23 janvier 1730, à Jean-Baptiste DUPUY.—*François*, b [8] 8 juillet 1706; m [9] 7 oct. 1730, à Marie-Charlotte LEFEBVRE.—*Marie-Anne*, b [9] 23 juin 1710; m [9] 15 mai 1729, à Ange GUÉRIN-LAFONTAINE. — *Jeanne*, b [9] 11 janvier 1712. — *Elisabeth*, b [9] 11 août 1715. — *Marie-Catherine*, b [9] 2 mai 1717; m [9] 21 nov. 1740, à Andre PERRAS. — *Louis*, b [9] 29 sept. 1718; m [8] 8 janvier 1746, à Marguerite PRUDHOMME.—*Jean-Baptiste*, b [9] 30 juin 1720.

1718, (26 janvier) Montréal.[8]

III.—LEBER (1), JOSEPH-HYPOLITE, [JACQUES II.
b 1697.
SOUMANDE, Anne-Marguerite, [JEAN II.
b 1703.
Jacques-Hypolite, b [8] 9 février 1719; m 1745, à Marie-Anne GAUTIER. — *Anne*, b [8] 2 et s [8] 4 mars 1720.—*Jean*, b [8] 17 mars 1721; m [8] 25 juin 1743, à Marie-Catherine GAUTIER.— *Marie-Anne*, b [8] 23 août 1722; s [8] 17 avril 1723.—*Jeanne-Marguerite*, b 1723; postulante de la Congreg. Notre-Dame; s [8] 24 fevrier 1747.—*Marie-Anne*, b [8] 23 déc. 1724; s [8] 7 janvier 1725. — *François-Hypolite*, b [8] 30 nov. 1725.—*Joseph-Antoine*, b [8] 22 et s [8] 25 janvier 1727.— *François-Marie*, b [8] 16 et s [8] 29 nov. 1727. — *Marie-Marguerite*, b et s 27 oct. 1731, à Longueuil.—*Louise*, b [8] 1er février 1734.—*Joseph-Charles*, b [8] 22 juin 1736; s [8] 7 nov. 1744. — *Marie-Louise*, b [8] 10 sept. 1741.

LEBER, PIERRE.
LABONTÉ, Suzanne.
Alexis-Antoine, b 22 oct. 1720, à St-Ours.

1721, (7 janvier) Montréal.

I.—LEBER (2), PIERRE, b 1696; fils de Pierre et de Madeleine Tavernier, de St-Guengalois, diocèse du Mans, Maine.
CHARBONNEAU (3), Anne, [JEAN I.
b 1700.
Marie-Anne, b 18 oct. 1721, à la Pointe-Claire; m 28 dec. 1744, à Jean LEPAGE-ST. AMANT, à Châteauguay.[7] —*Marie-Charlotte*, b... m [7] 19 janvier 1750, à Jean-Baptiste PARANT.—*Pierre*, b... m [7] 20 mai 1751, à Marie DURANCEAU.—*Marie*, b [7] 10 dec. 1735.—*Marguerite*, b... m [7] 26 avril 1756, à Jacques DURANT.—*Jean*, b... m 10 janvier 1757, à Marie-Louise BUET, à Lachine.—*Catherine*, b... m [7] 8 janvier 1759, à Jean-Baptiste RUFIANGE.

1722, (3 nov.) Montréal.[8]

II.—LEBER (4), GABRIEL, [PIERRE-YVES I.
b 1696; cordonnier.
1° BOUTEILLER, Angelique, [JEAN I.
b 1699; s [8] 23 juillet 1723.

(1) Voy. vol. I, p. 357.
(2) De Senneville; voy. vol. I, p 357.
(3) DeMaltot.
(4) D'Argenterie.
(5) Et Feaillon; elle épouse, le 4 février 1704, Pierre Seguin, à Boucherville.
(6) Madeleine Ménard, 1706.

(1) De Senneville.
(2) Et Lebert dit Hubert.
(3) Elle épouse, le 23 juillet 1725, Louis Neveu, à Montréal.
(4) Dit Yvon.

1723, (28 déc.) [8]
2° VACHER, Marie, [JEAN-GUILLAUME I.
b 1702; s [8] 3 avril 1734.
Pierre, b [8] 20 oct. 1724.—*Jean-Baptiste*, b [8] 12 juin 1726.—*Marie*, b [8] 7 sept. 1727.—*Marie-Louise*, b [8] 14 oct. 1728.—*Françoise-Angélique*, b [8] 18 août 1730; m [8] 14 avril 1749, à Julien VACHEROT.—*Marie-Joseph*, b 1732; s [8] 15 fevrier 1733.—*Marie-Anne*, b [8] 12 mars et s [8] 18 mai 1734.

1736.
3° DURAND, Marie-Joseph.
Gabriel, b [8] 21 nov. et s [8] 3 déc. 1737.—*Gabriel*, b [8] 16 sept. et s [8] 14 oct. 1738.—*Jacques*, b [8] 9 oct. 1739.—*Marie-Joseph*, b [8] 3 août 1742.—*Thomas-Ignace*, b [8] 4 janvier 1745.—*François*, b [8] 1er et s [8] 13 août 1746.—*Pierre*, b [8] 1er et s [8] 16 sept. 1750.

1730, (7 oct.) Laprairie. [9]
III.—LEBER, FRANÇOIS, [FRANÇOIS II.
b 1706.
LEFEBVRE, Marie-Charlotte, [JOSEPH II.
b 1709.
François-Joseph, b [9] 13 avril 1731; m [9] 19 janvier 1756, à Angelique BOURDEAU.—*Jacques*, b [9] 9 mai 1733.—*Eustache*, b [9] 3 juin 1735.—*Ignace*, b [9] 6 juin 1737.—*Marie-Anne*, b [9] 7 fevrier 1740; s [9] 2 avril 1742.—*Marie-Anne*, b [9] 15 juillet 1742.—*Antoine*, b [9] 30 mai 1744; m 18 nov. 1771, à Marguerite LANCTOT, à St-Constant.

1737, (7 janvier) Laprairie. [1]
III.—LEBER, JACQUES, [FRANÇOIS II.
b 1699; s [1] 1er nov. 1741.
BROSSEAU (1), Barbe-Elisabeth, [PIERRE II.
b 1714.
Marie-Anne, b [1] 18 février 1737; m [1] 4 nov. 1754, à Amable NIQUET.—*François*, b [1] 30 mai 1738.—*Louis-Joachim*, b [1] 7 dec. 1739.—*Charlotte-Elisabeth*, b [1] 20 et s [1] 22 juillet 1741.

1739, (23 nov.) Lachenaye.
II.—LEBER, MAURICE, [JEAN-BTE I.
b 1702.
MIRÉE (2), Marie. [FRANÇOIS II.

1743, (25 juin) Montreal. [2]
IV.—LEBER (3), JEAN, [JOSEPH-HYPOLITE III.
b 1721; officier.
GAUTIER (4), Marie-Catherine, [PIERRE II.
b 1724.
Pierre-Hypolite, b [2] 1er août 1744; s 7 déc. 1755, à la Longue-Pointe [3]—*Joseph*, b 1745; s [2] 25 février 1746.—*Jacques*, b [2] 1er avril 1746.—*Louis-Joseph*, b [2] 22 avril 1748.—*François-Marie*, b [2] 9 et s [3] 19 juillet 1749.—*Jacques*, b [2] 17 juillet et s [3] 18 nov. 1750.—*Anonyme*, b et s 29 sept. 1760, à Lachine.

(1) Elle épouse, le 22 nov. 1756, Pierre Lefebvre, à Laprairie.
(2) Voy. Marcel.
(3) De Senneville, sieur de St. Paul.
(4) De la Vérandrye.

1746, (8 janvier) Montréal.
III.—LEBER, LOUIS, [FRANÇOIS II.
b 1718.
PRUDHOMME, Marguerite, [FRANÇOIS III.
b 1726.

IV.—LEBER (1), JACQUES-HYP., [JOS.-HYP. III.
b 1719.
GAUTIER (2), Marie-Anne, [PIERRE II.
b 1721.
Jacques, b... s 24 juillet 1746, à Longueuil.

1751, (20 mai) Châteauguay.
II.—LEBER (3), PIERRE. [PIERRE I.
DURANCEAU (4), Marie. [JACQUES II.

1756, (19 janvier) Laprairie.
IV.—LEBER, FRANÇOIS-JOSEPH, [FRANÇOIS III.
b 1731.
BOURDEAU, Angélique, [PIERRE II.
b 1736.

I.—LEBER (5), ..., b 1730; s 17 juillet 1760, à Chambly.

1757, (10 janvier) Lachine.
II.—LEBER (3), JEAN. [PIERRE I.
BUET, Marie-Louise, [RENÉ II.
b 1731.
Joseph, b... m 15 juin 1794, à Julie MIVILLE, à St-Louis, Mo.

LEBER, MAURICE.
LECLERC, Marie-Joseph.
Jean-Baptiste, b 31 janvier 1762, à Ste-Rose.

1771, (18 nov.) St-Constant.
IV.—LEBER (6), ANTOINE, [FRANÇOIS III.
b 1744.
LANCTOT, Marguerite. [FRANÇOIS IV.

1794, (15 juin) St-Louis, Mo. [4]
III.—LEBER (7), JOSEPH. [JEAN II.
MIVILLE, Julie, [JOSEPH-MARIE V.
b 1779.
Joseph, b [4] 12 mai 1797; m 15 janvier 1822, à Catherine MALLET, à Florissant, Mo. [5]—*Julie*, b... m [5] 12 mai 1818, à François TISON.—*Emilie-Cécile*, b... 1° m [5] 13 juillet 1819, à Antoine TISON; 2° m [5] 27 mai 1822, à Gabriel AUBUCHON.

1822, (15 janvier) Florissant, Mo.
IV.—LEBER (7), JOSEPH, [JOSEPH III.
b 1797.
MALLET, Catherine. [ANTOINE.

(1) De Senneville.
(2) De la Vérandrye.
(3) Dit Hubert.
(4) Elle épouse, le 13 janvier 1761, Ignace Turgeon, à Chateauguay.
(5) Dit Laforce.
(6) Et Lebert.
(7) Marié sous le nom de Hubert.

LEBERSON.—Voy. LIBERSON.

LEBERT.—Voy. LEBER.

LEBEUF.—*Variation et surnoms:* LEBŒUF—BOUTET—CHALOUX—FRESVILLE—LAFLAMME.

1667, (24 janvier) Québec. [4]

I.—LEBEUF (1), JACQUES,
b 1647; s 28 nov. 1696, à Batiscan.
1° JAVELOT, Anne,
b 1651.
1669, (29 oct.) [4]
2° LENOIR, Antoinette.
Pierre, b 17 mai 1672, à Sillery; m 28 août 1695, à Françoise AUZON, à Montreal; s 25 janvier 1750, à l'Hôpital-Géneral, M.—*Jean-Baptiste,* b 1675; m à Angélique PETITBOIS.

1695, (10 avril) Batiscan. [2]

II.—LEBEUF (1), JEAN, [JACQUES I.
b 1674.
LIMOUSIN (2), Thérèse, [HILAIRE I.
b 1681.
Marguerite, b [2] 28 oct. 1696; m à Michel ROIROUX.—*Jean-Baptiste,* b 1699; m 28 fevrier 1729, à Marie-Charlotte GENDRA, à Ste-Anne-de-la-Pérade[3]; s 24 oct. 1752, à St-Jean-Deschaillons.[4] —*Marie-Angélique,* b [2] 3 juin 1708; m 28 février 1729, à Jacques COURTEAU, à Lotbinière.—*François,* b 14 juin 1712, à Champlain[5]; m à Marie-Joseph LAMBERT-CHAMPAGNE; s 3 mars 1779, à Quebec.—*Michel,* b... m [3] 9 février 1739, à Marie-Madeleine TESSIER.—*Joseph,* b [5] 30 mai 1715; 1° m 1741, à Madeleine MAILLOT; 2° m [4] 8 nov. 1756, à Marie-Françoise BARABÉ.

1695, (28 août) Montréal. [6]

II.—LEBEUF (3), PIERRE, [JACQUES I.
b 1672; s 25 janvier 1750, à l'Hôpital-Général, M. [7]
AUZON (4), Marie-Françoise, [JEAN I.
Pierre, b [6] 27 sept. 1698; s [6] 3 nov. 1714.—*Françoise,* b... m [6] 26 déc. 1718, à Michel VAUDRY. —*Marie-Joseph,* b [6] 20 juin 1704; m [6] 11 août 1729, à Pierre RIGNAN (5); s 7 nov. 1767, au Detroit.—*Pierre-René,* b [6] 13 juillet 1706; m 16 nov. 1729, à Marie-Françoise HAINS, à Québec [8]; s [7] 7 oct. 1785.—*Louis,* b [6] 21 sept. 1708.—*Marie-Angélique,* b [6] 19 oct. 1710; 1° m [6] 27 août 1731, à Paul-Philippe LARCHEVÊQUE; 2° m [6] 29 janvier 1748, à Jean MILTON.—*Charles-Hyacinthe,* b [8] 12 août 1712.—*François,* b [6] 11 et s [6] 25 juin 1716. — *François-Dominique,* b [6] 27 déc. 1719.

II.—LEBEUF, JEAN-BTE, [JACQUES I.
b 1675.
PETITBOIS, Angélique.
Jean-Baptiste, b... m 29 juillet 1727, à Angélique GENDRA, à Ste-Anne-de-la-Perade.

(1) Voy. vol. I, p. 357.
(2) Dit Beaufort.
(3) Dit Boutet. voy. vol. I, p. 357.
(4) Et Ozon.
(5) Aussi appelé Guignard.

I.—LEBEUF (1), FRANÇOIS.

1725, (28 nov.) Montréal. [6]

I.—LEBEUF (2), JULIEN, b 1695; fils de Laurent et de Jacqueline Lebissac, de N.-D. de Guengan, Basse-Bretagne.
TELLIER, Suzanne, [PIERRE I.
b 1700; veuve de Jacques Chaplain.
Suzanne, b [6] 30 juin 1727; 1° m 9 mars 1756, à Joseph-Marie PICARD, à la Longue-Pointe [7]; 2° m [7] 14 juin 1772, à Joseph TRUTEAU. — *Philippe,* b [6] 4 janvier 1729. — *Julien-Charles,* b [6] 4 mai 1730. —*Joseph,* b 1732; m [6] 21 janvier 1760, à Charlotte GÉLINEAU. — *Marie-Françoise,* b [6] 18 août 1734.—*Gilbert,* b [6] 11 août 1736.—*Charles-Amable,* b [6] 28 avril 1739.—*François,* b [6] 12 juin 1742.

1727, (29 juillet) Ste-Anne-de-la-Pérade. [8]

III.—LEBEUF, JEAN-BTE. [JEAN-BTE II.
GENDRA, Angélique, [JEAN II.
b 1703.
Jean-Marie, b [8] 10 déc. 1728; s [8] 5 janvier 1729.—*Charles-Isidore,* b 3 mars 1730, aux Trois-Rivières; m 3 fevrier 1755, à Marie-Joseph TABEAU, à Châteauguay. [9] — *Madeleine,* b 24 déc. 1731, à la Rivière-du-Loup; m [9] 16 nov. 1750, à Gabriel ROCHEFORT.—*Jacques,* b [9] 16 juillet 1735. — *Joseph-Marie,* b 9 juillet 1740, au Bout-de-l'Ile, M.—*Jean-Baptiste,* b... m [9] 7 janvier 1766, à Marie-Charlotte FAUBER. — *Charlotte,* b... m [9] 27 oct. 1766, à Louis LEMAY.

1729, (28 février) Ste-Anne-de-la-Pérade. [1]

III.—LEBEUF, JEAN-BTE, [JEAN II.
b 1699; s 24 oct. 1752, à St-Jean-Deschaillons. [2]
GENDRA (3), Marie-Charlotte, [ANTOINE II.
b 1708.
Jean-Baptiste, b [1] 3 mai 1731; s [2] 11 juin 1745. —*Michel,* b [1] 17 mars 1733; m [2] 6 sept. 1762, à Marie-Joseph RICHER; s [2] 6 août 1768. — *Joseph,* b 13 mai 1735, à St-Pierre-les-Becquets; 1° m [2] 2 sept. 1760, à Marie-Anne ROIROUX; 2° m [2] 29 août 1768, à Marguerite RICHER; s [2] 13 sept. 1818. —*Charlotte,* b [1] 14 juin 1737; m [2] 20 août 1764, à Basile GERMAIN.—*Madeleine,* b [1] 10 juillet 1739; m [2] 8 sept. 1760, à Etienne ROIROUX.

1729, (16 nov.) Québec.

III.—LEBEUF (4), PIERRE-RENÉ, [PIERRE II.
b 1706; s 7 oct. 1785, à l'Hôpital-Général, M.
HAINS, Marie-Françoise, [JOSEPH I.
b 1715.
Louis-Paul, b 1732; s 17 août 1733, à Laprairie. —*Marie-Thérèse,* b 17 août 1735, à Montréal [1]; s [1] 2 mars 1737.—*Marie-Agathe,* b [1] 15 oct. 1736; m [1] 7 janvier 1756, à Jean-Pierre LACOMBE.—*Marie-Elisabeth,* b [1] 15 mars et s [1] 24 juillet 1738. —*Marie-Louise,* b [1] 14 mai 1739; m [1] 4 juillet

(1) De Fresville. Il était, le 10 déc. 1728, à St-Valier.
(2) Dit Laflamme.
(3) Et Gendron; elle épouse, le 15 janvier 1770, Joseph Charland, à St-Jean-Deschaillons.
(4) Dit Boutet.

1757, à Felix DINANT.—*Marguerite*, b [1] 26 mai et s [1] 11 juin 1743.—*René-Etienne*, b [1] 25 mai et s [1] 14 août 1744. — *Marie-Catherine*, b [1] 13 et s [1] 21 juin 1745.— *Marie-Thérèse*, b [1] 17 et s [1] 27 juin 1746. — *Joseph-René*, b [1] 23 juin et s [1] 3 juillet 1747.—*Marie-Marguerite*, b [1] 27 juin et s [1] 5 juillet 1748.—*Joseph-René*, b [1] 8 fevrier 1750.

III.—LEBEUF, FRANÇOIS, [JEAN II.
b 1712; s 3 mars 1779, à Québec. [1]
LAMBERT (1), Marie-Joseph,
b 1717; s [1] 1er avril 1790.
François, b 23 juin 1741, à St-Jean-Deschaillons.—*Marie-Catherine*, b et s 30 mai 1743, à St-Pierre-les-Becquets.—*François-Antoine*, b 23 janvier et s 12 août 1751, à Ste-Croix. — *Marie-Charlotte*, b 11 août 1755, à St-Antoine-Tilly.—*Marie-Geneviève*, b... m [1] 29 mai 1775, à Jean-Baptiste GIRARD.

1739, (9 février) Ste-Anne-de-la-Pérade. [1]
III.—LEBEUF, MICHEL. [JEAN II.
TESSIER, Marie-Madeleine, [PIERRE III.
b 1720.
Anonyme, b et s 19 mars 1742, à St-Jean-Deschaillons. [6] — *Anonyme*, b [6] et s [6] 20 déc. 1742.—*Joseph*, b [6] 10 oct. 1743; m [1] 6 fevrier 1766, à Genevieve BERCIER. — *Marie-Joseph*, b [6] 25 avril 1745.—*Michel*, b... m [1] 14 février 1763, à Marie GENDRON. — *Alexis*, b [1] 5 fevrier 1747; m [1] 1er février 1779, à Madeleine VALLÉE.— *Marie-Geneviève*, b [1] 16 oct. 1748; m [1] 21 janvier 1771, à Louis-Joachim GERVAIS. — *Marie-Angélique*, b [1] 19 juillet 1750; m [1] 13 janvier 1777, à Jean-Baptiste MORAND. — *Pierre*, b [1] 15 mars 1753; m [1] 7 fevrier 1780, à Marie-Françoise MAILLOT.—*Marie-Joseph*, b [1] 20 fevrier 1755; m [1] 23 février 1778, à Pierre TESSIER.

1741.
III.—LEBEUF, JOSEPH, [JEAN II.
b 1715.
1° MAILLOT, Madeleine,
s 10 dec. 1755, à St-Jean-Deschaillons. [5]
Marie-Joseph, b [5] 13 oct. 1741.—*Jean-Baptiste*, b [5] 17 avril et s [5] 10 oct. 1743.—*Pierre*, b [5] 30 déc. 1744; m 26 oct. 1767, à Marie-Joseph ROBIDA, à la Baie-du-Febvre. [6] — *Marie-Madeleine*, b [5] 25 mars 1747.—*Julien*, b [5] 21 fevrier 1754.
1756, (8 nov.) [5]
2° BARABÉ, Marie-Françoise. [NICOLAS III.
Joseph, b [5] 31 août 1759.—*Jean-Baptiste*, b [5] 5 déc. 1761.—*Marie-Joseph*, b [6] 18 mars 1765.

1755, (3 fevrier) Châteauguay.
IV.—LEBEUF, CHARLES-ISIDORE, [JEAN-BTE III.
b 1730.
TABEAU, Marie-Joseph. [JACQUES III.

1760, (21 janvier) Montréal.
II.—LEBEUF (2), JOSEPH, [JULIEN I.
b 1732.
GÉLINEAU, Charlotte, [DANIEL-MARIE II.
b 1720; veuve de Louis Gadois.

(1) Dit Champagne.
(2) Et Lebœuf.

1760, (2 sept.) St-Jean-Deschaillons. [7]
IV.—LEBEUF, JOSEPH, [JEAN-BTE III.
b 1735; s [7] 13 sept. 1818.
1° ROIROUX, Marie-Anne, [JEAN-B II.
s [7] 22 oct. 1766.
Marie-Anne, b [7] 12 juin 1761.—*Théotiste*, b [7] 12 déc. 1762.—*Augustin*, b [7] 2 janvier 1764.—*Euphrosine*, b [7] 9 déc. 1765.
1768, (29 août). [7]
2° RICHER, Marguerite, [MICHEL III.
b 1741.
Joseph, b [7] 30 avril 1769; s [7] 20 juin 1770.—*Modeste*, b... m [7] 15 sept. 1794, à Pierre ROIROUX.—*Amable*, b [7] 27 février 1773.—*Marguerite*, b [7] 2 sept. 1774; m [7] 12 mai 1800, à Etienne ROIROUX.—*Joseph*, b [7] 18 déc. 1776.

1762, (6 sept.) St-Jean-Deschaillons. [8]
IV.—LEBEUF, MICHEL, [JEAN-BTE III.
b 1733; s [8] 6 août 1768 (1) (noyé).
RICHER (2), Marie-Joseph, [MICHEL III.
b 1743.
Joseph, b [8] 10 nov. 1763; m [8] 5 nov. 1798, à Geneviève ....—*Jean-Baptiste*, b [8] 4 déc. 1765; s [8] 18 nov. 1766.—*Ursule*, b [8] 9 sept. 1767; s [8] 26 février 1770.

1762, (8 nov.) St-Valier.
I.—LEBEUF, JEAN, b 1739; fils de Nicolas et de Marie Elezet, du diocèse de Coutances, Normandie; s 21 oct. 1776, à Berthier. [9]
ROY (3), Agathe, [JEAN-NOEL III.
b 1743.
Marie, b 1763; s [9] 23 janvier 1767.—*Jean-François*, b [9] 1er sept. 1765.—*Marie-Madeleine*, b [9] 12 juillet 1767.—*Joseph*, b [9] 22 juin et s [9] 20 août 1769.—*Joseph*, b [9] 11 juillet 1770.—*Agathe*, b [9] 29 oct. 1774.

1763, (14 fevrier) Ste-Anne-de-la-Pérade. [3]
IV.—LEBEUF, MICHEL. [MICHEL III.
GENDRON, Marie. [MICHEL III.
Marie-Louise, b [3] 28 nov. 1763.—*Marie-Judith*, b [3] 29 août 1765; s [3] 2 avril 1770.—*Michel*, b [3] 23 mars 1767.—*Marie-Thérèse*, b [3] 8 juillet 1769.—*Marie-Joseph-Ursule*, b [3] 9 sept. 1771.—*Geneviève*, b [3] 23 juin 1774.—*Judith*, b [3] 30 juillet 1778.

1766, (7 janvier) Châteauguay.
IV.—LEBEUF, JEAN-BTE. [JEAN-BTE III.
FAUBER, Charlotte. [JACQUES II.

1766, (6 février) Ste-Anne-de-la-Pérade. [1]
IV.—LEBEUF (4), JOSEPH, [MICHEL III.
b 1743.
BERCIER, Geneviève, [PIERRE III.
b 1746.

(1) Cet acte enregistré à Québec est rapporté aux régistres de St-Jean-Deschaillons.
(2) Elle épouse, le 5 juillet 1773, Louis Tousignan, à St-Jean-Deschaillons.
(3) Elle épouse, le 16 février 1778, Jacques Campagna, à Berthier.
(4) Dit Chaloux, 1778.

Joseph, b [1] 18 nov. 1766. — *Marie-Geneviève*, b [1] 6 déc. 1768. — *Augustin*, b [1] 8 avril 1771. — *Pierre*, b [1] 2 mars 1776.—*Madeleine*, b [1] 25 sept. 1778.

1767, (26 oct.) Baie-du-Febvre.
IV.—LEBEUF, Pierre, [Joseph III.
b 1744.
Robida (1), Marie-Joseph, [Joseph III.
b 1752.

1771, (8 avril) Château-Richer.
III.—LEBEUF (2), Simon. [Jean-Bte II.
Tibaut, Marie-Reine, [Antoine III.
b 1735; veuve de Jacques Vivier; s 18 nov. 1784, à Quebec.

1779, (1er février) Ste-Anne-de-la-Pérade. [7]
IV.—LEBEUF, Alexis, [Michel III.
b 1747.
Vallée, Madeleine, [Jacques IV.
b 1760.
Marie-Madeleine, b [7] 4 mars 1780.

1780, (7 février) Ste-Anne-de-la-Pérade. [8]
IV.—LEBEUF, Pierre, [Michel III.
b 1753.
Maillot, Marie-Françoise, [Louis IV.
b 1762.
Pierre, b [8] 18 déc. 1780.

1798, (5 nov.) St-Jean-Deschaillons.
V.—LEBEUF, Joseph, [Michel IV.
b 1763.
.........., Geneviève.

LEBEUF, Joseph.
1° Fesche (3), Marie-Anne.
1825, (15 février) St-Jean-Deschaillons.
2° Barabé, Marie-Anne. [Jérémie V.

LEBIÉ.—Voy. Grenon.

I.—LEBIGRE (4), Jean-Pierre, b 1718, huissier; s 19 juillet 1756, à Quebec.

LEBLANC. — *Variations et surnoms :* Blanc—Dublanc—Beaume—Dussault—Grandmaison—Jérome—Jolicœur — Labrie — Lamiche—Latour.

I.—LEBLANC, Guillaume, b 1691; s 13 février 1736, au Château-Richer.

I.—LEBLANC, Hugues, b 1690; mendiant; s 2 mai 1750, à Ste-Croix.

(1) Dit Manseau.
(2) Pour Boutet, voy. vol. II, p. 435.
(3) Dit St. Germain.
(4) Il était, le 5 sept. 1753, à Verchères.

1650, (23 août) Quebec. [2]
I.—LEBLANC (1), Léonard,
b 1626.
Riton, Marie,
b 1623.
Thérèse, b [2] 3 mai 1651; 1° m [2] 12 janvier 1665, à Pierre Lavallée; 2° m 29 oct. 1686, à Toussaint Giroux, à Beauport; s 10 juillet 1729, à l'Hôpital-General, Q. — *Louise*, b [2] 30 nov. 1654; 1° m [2] 13 février 1667, à Michel Lecourt; 2° m 27 nov. 1686, à Guillaume Boissel, à Montréal [3]; 3° m [3] 28 nov. 1687, à Paul Bouchard. — *Françoise*, b [3] 18 janvier 1662; 1° m 1680, à Jean Prévost; 2° m [3] 18 fevrier 1709, à Pierre Delorme.

1666, (6 juin) Montréal. [2]
I.—LEBLANC (1), Jacques,
b 1636; s 15 avril 1710, à Charlesbourg. [3]
Rousselin, Anne-Suzanne,
b 1644; s [3] 19 avril 1710.
Julien, b [2] 21 mars 1667; m [3] 9 janvier 1690, à Anne Vannier; s [2] 20 fevrier 1756.

I.—LEBLANC (1), Nicolas,
b 1637.
Dutault, Madeleine,
b 1651.
Nicolas, b 1668; m à Geneviève Petit; s 29 août 1745, à Becancour.—*René*, b 1674; m à Marie-Jeanne Bourbeau. — *Marie-Anne*, b 1675; 1° m à Jacques Lefebvre; 2° m à Martin Sataguéré-Lagiroflée.

1670, (26 janvier) Ste-Famille, I. O. [4]
I.—LEBLANC (2), Antoine,
b 1649; s 20 dec. 1687, à St-Jean, I. O. [5]
LeRoy (3), Elisabeth,
b 1641; veuve de Pierre Paillereau.
Marie-Marguerite, b [4] 8 juillet 1671; m [5] 30 avril 1691, à Nicolas Sustier; s 31 juillet 1723, à Montréal. — *Marie*, b [5] 22 août 1683; m 1700, à Pierre Picot.

1690, (9 janvier) Charlesbourg. [6]
II.—LEBLANC (1), Julien, [Jacques I.
b 1667; s 20 fevrier 1756, à Montréal. [7]
Vanier, Anne, [Guillaume I.
b 1673; s [7] 7 février 1750.
Françoise, b [6] 29 janvier 1692; m [6] 11 avril 1712, à Jean Glinel. — *Joseph*, b [6] 25 dec. 1693; s 20 juillet 1715, à Québec. [8] — *Marie-Anne*, b [6] 12 déc. 1695; m [7] 22 sept. 1723, à Gilles Sauvage. —*Marie-Joseph*, b [6] 7 juin 1698; m [7] 30 juin 1722, à Jean Romain.—*Jean-Baptiste*, b [6] 24 juin 1701; 1° m 18 oct. 1734, à Marie-Catherine Jubinville, à la Longue-Pointe; 2° m 19 nov. 1742, à Françoise Rouleau, au Sault-au-Récollet. — *Jacques*, b [6] 25 mars 1704; m [7] 5 nov. 1736, à Marie-Joseph Rouleau.—*Pierre-Louis*, b [6] 2 mars 1707; m 27 juillet 1734, à Elisabeth Meilleur, à St-

(1) Voy. vol. I, p. 358.
(2) Dit Jolicœur, voy. vol. I, p. 358.
(3) Elle épouse, le 16 mai 1688, Charles Fribaut, à Ste-Famille, I. O.

Laurent, M.; s [7] 10 juillet 1749. — *Marie-Madeleine*, b [6] 13 janvier 1710; m [7] 4 août 1727, à Nicolas CHEVALIER; s [8] 17 juin 1780.—*Marie-Louise*, b [6] 6 mai 1716; m [7] 22 oct. 1742, à Pierre BRASSARD.—*Marie-Madeleine*, b [7] 10 nov. 1717; m [7] 24 oct. 1740, à Jean MIGNERON.—*Jean-François*, b [7] 24 nov. 1719; m [7] 4 nov. 1748, à Marie-Anne-Françoise ROBERT.

1697.

II.—LEBLANC (1), JOSEPH, [ANTOINE I.
b 1673.
FRIBAUT, Marie, [CHARLES I.
b 1684; s 9 février 1736, à St-Jean, I. O.[4]
Marie, b 18 février 1698, à St-François, I. O.[5]; m [4] 25 juin 1732, à Nicolas ASSELIN.—*Catherine*, b [5] 23 sept. 1701; s [4] 16 février 1721. — *Joseph*, b 11 déc. 1704, à St-Laurent, I. O.; m [4] 27 nov. 1736, à Angelique TIVIERGE. — *Jean-Baptiste*, b [5] 4 août 1707; m [4] 25 nov. 1737, à Marie-Joseph BOISSONNEAU.—*Marie*, b 1710; s [4] 5 fevrier 1721. — *Marie-Joseph*, b [5] 25 avril 1712; m 1732, à François ASSELIN; s 30 mars 1768, à Ste-Famille, I. O. — *Marie*, b... m [4] 25 juin 1732, à Nicolas ASSELIN.—*Elisabeth*, b 1722; s [4] 10 juillet 1747.—*Marie-Anne*, b... m 25 nov. 1743, à Michel MONTIGNY, à St-Pierre, I. O.

1709, (5 nov.) Charlesbourg. [4]

II.—LEBLANC, CHARLES, [JACQUES I.
b 1688.
BON, Suzanne. [PIERRE I.
Charles, b [4] 15 oct. 1712; m 11 janvier 1745, à Ursule LAPLANTE, au Sault-au-Recollet.[5] — *Suzanne*, b [4] 3 fevrier 1716; 1° m [5] 22 oct. 1736, à Joseph ROGER; 2° m [5] 15 juillet 1748, à Louis BRISEBOIS.—*Joseph*, b 8 mai 1718, à Montreal.[6]—*Rosalie*, b 20 oct. 1720, à St-Laurent, M.; m [5] 20 juin 1740, à François COLERET.—*Marie-Joseph*, b [6] 9 sept. 1722; m [6] 11 janvier 1745, à Joseph LABELLE.—*Marie-Anne*, b... m [5] 3 février 1749, à Joseph ROBIDOU.—*Timothée*, b... m [5] 3 février 1749, à Marie-Amable POUDRET. — *François-Amable*, b... m 5 juillet 1756, à Marie-Françoise VALIQUET, à Ste-Rose.

II.—LEBLANC (2), NICOLAS, [NICOLAS I.
b 1668; s 29 août 1745, à Bécancour. [8]
PETIT, Geneviève.
Marie-Joseph, b... m [8] 19 janvier 1733, à Pierre MACÉ.—*Marie-Anne*, b... s [8] 2 mars 1733.—*Thérèse*, b... m [8] 23 nov. 1733, à Jacques LANEUVILLE.—*Marie-Angélique*, b... m [8] 17 janvier 1735, à Alexis PROVENCHER.—*Nicolas*, b... m 18 janvier 1735, à Madeleine PROVENCHER, à Nicolet.—*Charlotte*, b... m [8] 11 fevrier 1743, à Antoine HOUDE.

II.—LEBLANC, RENÉ, [NICOLAS I.
b 1674.
BOURBEAU, Marie-Jeanne.
Antoine, b... s 21 mai 1722, à Bécancour.[4] —*Joseph*, b 1709, s [4] 15 déc. 1727.— *Marie-Jeanne*, b... m [4] 4 nov. 1732, à Claude-Joseph FRIGON.—*Jean-Baptiste*, b [4] 8 avril 1716; m 23 nov. 1745, à Geneviève DESROSIERS, aux Trois-Rivières. [5] — *Marie-Anne*, b [4] 6 avril 1718; s [4] 16 avril 1746.—*Marie-Françoise*, b [4] 12 juin 1721; m [4] 29 avril 1749, à Antoine DESILETS.—*Alexis*, b [5] 27 juin 1724; m 1756, à Marie-Joseph PROVENCHER.—*Marie-Joseph*, b... m [4] 12 sept. 1740, à Joseph RHO.

(1) Voy. vol. I, p. 358.
(2) Dit Labrie.

1716, (23 nov.) Québec. [6]

I.—LEBLANC, ETIENNE, navigateur; fils de René et d'Anne Bourgeois, de St-Charles-aux-Mines, Acadie.
MAILLOU, Anne, [JOSEPH II.
b 1695; s [6] 18 mai 1723.
Marie-Anne, b [6] 9 oct. 1717; s [6] 10 oct. 1718 — *Marie-Anne*, b [6] 8 fevrier 1719; s [6] 29 janvier 1721.—*Marie-Anne*, b [6] 14 mai et s [6] 6 dec. 1723.

I.—LEBLANC, PIERRE, b 1684; Acadien; s 23 oct. 1769, à l'Hôpital-Général, M.

I.—LEBLANC, FRANÇOIS, b 1700; s 8 oct. 1794, au Detroit.

1720.

I.—LEBLANC, JEAN.
AVISSE, Marie-Therèse, [JACQUES II.
b 1701.
Georges, b... m 31 janvier 1746, à Marie-Charlotte BÉLANGER, à l'Islet.

1720, (8 août) Québec.

I.—LEBLANC (1), PIERRE, fils de Mathurin et de Marie-Charlotte Leclerc, de St-Sauveur, diocèse de St-Malo, Bretagne.
1° DOMINGO, Elisabeth, [ETIENNE I.
b 1682; veuve de Gilles Gaudreau; s 30 janvier 1733, à Montréal.
Pierre-Alexis, b 24 juillet 1722, à l'Islet.[4]—*Simon*, b [4] 20 août 1725.—*Marie-Madeleine*, b [4] 8 juillet et s [4] 12 oct. 1728.

1733, (26 avril) Cap-St-Ignace.

2° DURETTE, Marie-Charlotte, [JACQUES I.
b 1704; veuve de Jacques Bernard.

1729, (9 août) Québec.[2]

I.—LEBLANC (2), ANTOINE,
b 1693; corroyeur.
LÉGER (3), Marguerite, [PIERRE I.
b 1713.
Antoine, b [2] 19 avril et s 22 juillet 1730, à Charlesbourg.—*Michel*, b [2] 10 janvier 1746; s [2] 9 nov. 1748.

1732, (6 oct.) Annapolis, Acadie.

I.—LEBLANC, PAUL, fils de Pierre et de Madeleine Bourg (Acadiens).
RICHARD, Marie-Joseph, b 1711; fille de René et de Marguerite Terriau (Acadiens); s 2 juin 1795, à Nicolet.

(1) Dit Grandmaison.
(2) Pour Blanc, voy. vol. II, p. 306.
(3) Dit Lajeunesse.

1734, (27 juillet) St-Laurent, M.

III.—LEBLANC, PIERRE-LOUIS, [JULIEN II.
b 1707; s 10 juillet 1749, à Montréal.[6]
MEILLEUR, Elisabeth, [JEAN II.
b 1714.
Jean-Baptiste, b 21 mai 1736, au Sault-au-Récollet[7]; m[6] 19 avril 1762, à Suzanne TESSIER. —*Marie-Elisabeth,* b[7] 27 juin 1738; m 12 janvier 1756, à Jean-Baptiste BOUCHER, à St-Vincent-de-Paul.[8]— *Marguerite,* b[7] 10 fevrier 1741; m[8] 14 janvier 1759, à Joseph RÉAUME.—*Jean,* b[7] 12 oct. 1742; m[7] 25 janvier 1768, à Marie-Victoire LABELLE. — *Pierre,* b[8] 11 janvier 1745.—*Augustin,* b[8] 24 janvier 1746. — *Marie-Louise,* b[8] 22 août 1749.

1734, (18 oct.) Longue-Pointe.

III.—LEBLANC, JEAN-BTE, [JULIEN II.
b 1701.
1° JUBINVILLE (1), Marie-Catherine, [MICHEL I.
b 1715; s 1er avril 1741, à Montréal.[8]
Jean-Baptiste, b[8] 21 juillet 1735; m 18 janvier 1762, à Madeleine GRAVEL, à St-Vincent-de-Paul. —*Julien,* b[8] 26 sept. 1736. — *François,* b 5 mai 1738, au Sault-au-Récollet[9]; m 8 février 1768, à Catherine VIAU-ST. AUBIN, à St-Laurent, M.— *Pierre,* b[9] 8 juin 1740; s[9] 28 mars 1743.

1742, (19 nov.)[9]

2° ROULEAU, Françoise, [LOUIS I.
b 1700; veuve de Thomas Hust.
Jean-François, b[9] 30 mars et s[9] 19 juin 1744. —*Marie-Marguerite,* b[9] 30 mars 1744.

1735, (18 janvier) Nicolet.

III—LEBLANC, NICOLAS. [NICOLAS II.
PROVENCHER, Madeleine. [SÉBASTIEN II.

1736, (5 nov.) Montréal.[6]

III.—LEBLANC, JACQUES, [JULIEN II.
b 1704.
ROULEAU, Marie-Joseph, [LOUIS I.
b 1712.
Jacques, b 3 sept. 1737, au Sault-au-Récollet.[7] —*Marie-Joseph,* b[7] 4 janvier 1739. — *Jean-Baptiste,* b[7] 16 sept. 1740. — *Marie-Françoise,* b[7] 25 sept. 1742; s[7] 4 août 1743. — *Marie-Anne,* b[7] 3 nov. 1744 — *Marie-Louise,* b[7] 31 oct. 1746.— *Pierre-Jacques,* b[6] 30 juin 1748. — *Marie-Angélique,* b[6] 31 juillet 1750.

1736, (27 nov.) St-Jean, I. O.[4]

III.—LEBLANC, JOSEPH, [JOSEPH II.
b 1704.
TIBIERGE, Marie-Angélique. [JEAN-FRS III.
Marie-Angélique, b[4] 3 mars 1738; s[4] 30 nov. 1759. — *Joseph,* b[4] 11 mars 1740; s[4] 29 août 1749. — *Jean-François,* b[4] 30 janvier 1742. — *Charles,* b[4] 27 janvier 1745. — .... (2), b[4] 20 avril 1747.—*Marie-Madeleine,* b[4] 13 janvier 1750. —*Jean-François,* b[4] 9 août 1752.—*Elisabeth,* b[4] 14 février 1755. — *Marie-Joseph,* ~~b~~ 22 sept. 1758, à St-Laurent, I. O.

(1) A la sépulture de Pierre, 1743, elle est appelée Barbeau, du nom de sa mère.

(2) Le nom manque au registre.

1737, (25 nov.) St-Jean, I. O.[9]

III.—LEBLANC, JEAN-BTE, [JOSEPH II.
b 1707.
BOISSONNEAU, Marie-Joseph, [JEAN II.
b 1720.
Marie-Joseph, b... m[9] 27 février 1764, à François AUDET.—*Joseph,* b[9] 18 mai 1740.—*François,* b[9] 1er mai 1744. — *Marie-Anne,* b[9] 4 juin 1746; s[9] 31 janvier 1748. — *Gabriel,* b[9] 28 avril 1751; s[9] 8 nov. 1755.—*Jean-Ambroise,* b[9] 7 sept. 1753. — *Marie-Louise,* b[9] 14 mai 1756. — *Marguerite,* b 15 mai 1758, à St-Laurent, I. O.— *Françoise,* b[9] 22 mars 1762.

1745, (11 janvier) Sault-au-Récollet.[2]

III.—LEBLANC, CHARLES, [CHARLES II.
b 1712.
LAPLANTE, Ursule. [THOMAS-BONAVENTURE I.
Jean-Baptiste, b[2] 23 oct. 1745.—*Charles,* b[2] 17 mars 1748.—*Marie-Louise,* b... m 10 fevrier 1777, à Joseph RITIER, à Terrebonne.

1745, (23 nov.) Trois-Rivières.

III.—LEBLANC, JEAN-BTE, [RENÉ II.
b 1716.
DESROSIERS (1), Geneviève, [JEAN-BTE III.
b 1722.
Marie-Joseph, b 15 nov. 1747, à Bécancour.

1746, (31 janvier) Islet.

II.—LEBLANC, GEORGES. [JEAN I.
BÉLANGER, Marie-Charlotte, [CHARLES III.
b 1718.
Joseph, b... m 15 février 1768, à Geneviève BAUDOIN, à St-Thomas.

1748, (4 nov.) Montréal.[3]

III.—LEBLANC (2), JEAN-FRANÇOIS, [JULIEN II.
b 1719.
ROBERT, Marie-Anne-Françoise, [PRUDENT III.
b 1725; s 10 nov. 1760, à St-Antoine-de-Chambly.
Marie-Anne, b[3] 25 août 1749.—*Marie-Angélique,* b[3] 29 nov. 1750.—*Jean-Marie,* b 10 juin 1755, à Chambly.[4] — *Marie-Joseph,* b[4] 7 fevrier 1757.—*Pierre,* b 1758; s[4] 8 août 1760.

1749, (3 fevrier) Sault-au-Recollet.

III.—LEBLANC, TIMOTHÉE. [CHARLES II.
POUDRET, Marie-Amable, [JACQUES II.
b 1731.

I.—LEBLANC, AUGUSTIN,
Acadien.
HÉBERT, Françoise,
Acadienne.
Augustin et *Charles,* nés en Acadie[7]; b 6 sept. 1767, à Yamachiche.[8]—*Joseph,* né[7]; b[8] 10 sept. 1767; m 8 janvier 1787, à Marie LANDRY, à Nicolet. — *Elisabeth,* née[7]; b[8] 10 sept. 1767. — *Etienne,* ne[7] 1753; b[8] 10 sept. 1767; m à Marie-Amable RIVARD.

(1) Dit Desilets.

(2) Et Dublanc.

1752, (1er mai) Pte-aux-Trembles, Q. [5]
I.—LEBLANC, Antoine, soldat ; fils de Jean et de Suzanne Larocque, de Clermont, diocèse de Lodère, Languedoc.
1° Prou, Marie-Madeleine, [Jean II. s [5] 20 nov. 1759.
1761, (12 janvier). [5]
2° Sévigny, Marie-Geneviève, [Antoine II. b 1741.

I.—LEBLANC (1), Abraham.

1756, (5 juillet) Ste-Rose.
III.—LEBLANC, François-Amable. [Charles II.
Valiquet, Marie-Françoise. [Louis III.

III.—LEBLANC, Alexis, [René II. b 1724.
Provencher, Marie-Joseph.
Geneviève, b... s 30 déc. 1758, à Bécancour.[6]—*Antoine*, b [6] 3 nov. 1761.—*François*, b... m 19 avril 1784, à Brigitte Barabé, à St-Jean-Deschaillons.

1762, (18 janvier) St-Vincent-de-Paul.
IV.—LEBLANC, Jean-Bte, [Jean-Bte III. b 1735.
Gravel, Madeleine. [Jean III.

LEBLANC, Jean.
Gautreau, Madeleine, b 1729 ; s 22 juin 1797, à Beaumont.
Jean-Baptiste, b 12 déc. 1762, à St-Michel.

LEBLANC, Jean-Jacques, marchand.
Héon, Marie. [Charles I.
David, b... m 8 oct. 1792, à Marie-Joseph Beaufort, à Batiscan.

1762, (19 avril) Montreal.
IV.—LEBLANC, Jean-Bte, [Pierre-Louis III. b 1736.
Tessier, Suzanne, [Jean-Bte III. b 1738.

LEBLANC, François.
Jourdain, Marie-Joseph.
Suzanne, b... m 8 juillet 1793, à Joseph Parnier, au Detroit.

I.—LEBLANC (2), Jean, Acadien.
Hébert, Marguerite, Acadienne.

I.—LEBLANC (3), Joseph, Acadien.
Robichaud, Marguerite, Acadienne.

(1) Anglais chez Henri Campeau, où il a abjuré.

(2) De ce mariage sont nés, en Acadie, six enfants : Marguerite, Madeleine, Elisabeth, Anne, Honoré (s 18 août 1768, à Yamachiche) et Judith, qui tous furent baptisés le 27 septembre 1767, à Yamachiche.

(3) Frère de Pierre Leblanc.

Louis-Edouard, b... m 29 avril 1783, à Angélique Etherington, à Québec.

1766, (12 nov.) Québec.
I.—LEBLANC (1), André, b 1731, cuisinier ; fils d'André et de Marie-Joseph Réaume, de St-Nisier, diocèse de Lyon, Lyonnois.
1° Baugis, Marie-Joseph, b 1749 ; s 5 mai 1773, à l'Islet. [8]
Marie-Claire, b [8] 24 avril 1773.
1773, (15 nov.) Rivière-Ouelle.
2° Bouchard, Geneviève, [Joseph III. b 1740.
Emmanuel, b [8] 17 oct. 1774.

I.—LEBLANC, Pierre, Acadien.
Landry, Isabelle, Acadienne.
Marguerite, b 2 mai 1768, à Deschambault.

1768, (25 janvier) Sault-au-Récollet. [5]
IV.—LEBLANC, Jean, [Pierre-Louis III. b 1742.
Labelle, Marie-Victoire. [Jean III.
Jean-Baptiste, b... m [5] 17 oct. 1791, à Archange David.

1768, (8 février) St-Laurent, M.
IV.—LEBLANC, François, [Jean-Bte III. b 1738.
St. Aubin (2), Catherine. [Jacques III.

1768, (15 février) St-Thomas.
III.—LEBLANC, Joseph. [Georges II.
Baudoin, Geneviève, [Jacques III. b 1748.

LEBLANC, Jean.
Boulet, Marie-Louise.
Marie, b 1771 ; s 22 mai 1777, à St-Cuthbert.

II.—LEBLANC (3), Etienne, [Augustin I. b 1767.
Rivard, Marie-Amable.
Etienne, b... m 25 fevrier 1805, à Soulanges.

1775, (18 juillet) Québec. [8]
I.—LEBLANC, Olivier, fils de Paul et de Madeleine Forest, de St-Charles-des-Mines, Acadie.
Robichaud, Monique, b 1754 ; fille de Louis et de Jeanne Bourgeois, de l'Assomption, Port-Royal, Acadie ; s [8] 10 nov. 1794.

(1) En 1755, il est fait prisonnier par les Anglais au fort Duquesne, dans le détachement commandé par Jumonville. La même année, à Boston, il sert comme cuisinier chez le gouverneur Sharley. En 1758, à Halifax, il exerce son état chez le colonel McKay qu'il suit dans ses expéditions contre Montréal, la Martinique, la Havane, puis à Londres. Il sert 2 ans chez l'Intendant Bigot et 2 ans chez M. Pean.

(2) Voy. Aubin.

(3) Né vers 1753.

LEBLANC, François.
FILIATREAU, Euphrosine. [IGNACE.
Marie-Rose, b 31 août 1782, à Lachenaye.[5]— *François-Xavier*, b [5] 9 fevrier 1786.

1783, (29 avril) Québec.
II.—LEBLANC, LOUIS-EDOUARD. [JOSEPH I.
ETHRINGTON, Marie-Angélique.

1784, (19 avril) St-Jean-Deschaillons.
IV.—LEBLANC, FRANÇOIS. [ALEXIS III.
BARADE, Brigitte, [NICOLAS IV.
b 1760.

1787, (8 janvier) Nicolet. [1]
II.—LEBLANC, JOSEPH, [AUGUSTIN I.
b 1767.
LANDRY, Marie, [PIERRE I.
b 1749; s [1] 28 mars 1794.

1791, (17 oct.) Sault-au-Récollet. [2]
V.—LEBLANC, JEAN-BTE. [JEAN IV.
DAVID, Archange. [JEAN-BTE.
Jean-Baptiste, b... m [2] 22 avril 1823, à Marie-Noëlle VALIQUET.

1792, (8 oct.) Batiscan.
LEBLANC, DAVID. [JEAN-JACQUES.
BEAUFORT (1), Marie-Joseph. [PIERRE.

LEBLANC, JEAN-MARIE,
MONDOR, Françoise.
Marie-Marguerite, b 24 juillet 1794, à St-Cuthbert.

1805, (25 fevrier) Soulanges.
III.—LEBLANC, ETIENNE. [ETIENNE II.
LEMAY, Eugénie. [AMABLE.

1823, (22 avril) Sault-au-Recollet. [3]
VI.—LEBLANC, JEAN-BTE. [JEAN-BTE V.
VALIQUET, Marie-Noëlle. [JOSEPH.
Marie-Aglaée, b [3] 24 mars 1829; m 12 sept. 1853, à François-Xavier DALAIRE, à Quebec.

LEBLOND. — *Surnoms :* BELLEGARDE — CONTETONCONTE—DUPONT —HUQUERRE—JACQUES—LAFORTUNE—MAILLOT.

I—LEBLOND (2), JACQUES, fils d'Antoine (Leblond de la Tour) et de Madeleine Robelin, de St-Andre, diocèse de Bordeaux ; s 31 juillet 1715, à la Baie-St-Paul.

1661, (13 oct.) Château-Richer.
I—LEBLOND (3), NICOLAS,
b 1637.
LECLERC (4), Marguerite,
b 1642.

(1) Brunel.

(2) Vint en Canada le 24 mai 1690.—Curé de la Baie-St-Paul.

(3) Voy. vol. I, p 358.

(4) Elle épouse, le 8 sept. 1678, Jean Rabouin, à Ste-Famille, I. O.

Nicolas, b 16 mars 1667, à Ste-Famille, I. O.[4]; m [4] 27 janvier 1696, à Louise BAUCHÉ ; s [4] 26 août 1734.—*Jean-Baptiste*, b [4] 3 dec. 1670 ; 1° m [4] 8 mai 1702, à Cecile ROCHERON ; 2° m [4] 25 juin 1703, à Therèse LÉTOURNEAU ; 3° m 30 août 1711, à Marguerite AMAURY, à St-François, I. O. ; s [4] 19 avril 1719.—*Joseph*, b [4] 29 oct. 1672 ; m [4] 3 nov. 1706, à Catherine DROUIN ; s [4] 7 oct. 1757.—*Marguerite*, b... m à Pierre DUPAUL.—*Martin*, b [4] 30 nov. 1676 ; m 24 nov. 1704, à Anne-Françoise BISSONNET, à Beaumont ; s 29 sept. 1760, à St-Valier.

1696, (27 janvier) Ste-Famille, I. O. [7]
II.—LEBLOND (1), NICOLAS, [NICOLAS I.
b 1667 ; s [7] 26 août 1734.
BAUCHÉ, Louise, [GUILLAUME I.
b 1664 ; veuve de Pierre Asselin ; s [7] 26 déc. 1708.
Marie, b [7] 6 avril 1697 ; s [7] 8 déc. 1718.—*Marie-Madeleine*, b [7] 7 juillet 1699 ; s [7] 12 janvier 1709. —*Nicolas*, b [7] 1er août 1701 ; m [7] 15 oct. 1725, à Françoise AMAURY ; s [7] 10 août 1759.—*Geneviève*, b [7] 5 février 1704 ; s [7] 16 déc. 1718.—*Jean-Baptiste*, b [7] 9 mai 1706 ; 1° m [7] 4 juin 1731, à Marie-Louise DROUIN ; 2° m 21 nov. 1740, à Marguerite BUTEAU, à St-François, I. O. [8] ; s [8] 14 mars 1749.

1702, (8 mai) Ste-Famille, I. O. [5]
II.—LEBLOND, JEAN-BTE, [NICOLAS I.
b 1670 ; s [5] 19 avril 1719.
1° ROCHERON, Cécile, [GERVAIS I.
b 1683 ; s [5] 11 dec. 1702.
1703, (25 juin). [5]
2° LÉTOURNEAU, Thérèse, [DAVID II.
b 1685 ; s [5] 25 juillet 1710.
Marie-Thérèse, b [5] 10 août 1704 ; m [5] 9 nov. 1723, à Jean-Baptiste DUPONT.—*Dorothée*, b [5] 20 déc. 1705 ; s [5] 4 fevrier 1706.—*Agnès*, b [5] 15 février 1707 ; m [5] 24 mai 1728, à Louis BOLDUC. —*Dorothée*, b [5] 9 et s [5] 12 nov. 1708.—*Marie-Joseph*, b [5] 4 janvier 1710 ; m [5] 24 mai 1728, à Pierre BOLDUC.
1711, (30 août) St-François, I. O.
3° AMAURY (2), Marguerite, [JEAN I.
b 1691.
Jean, b [5] 19 et s [5] 21 sept. 1712.—*Jean-Baptiste*, b [9] 22 avril 1714 ; m 26 nov. 1736, à Marie-Madeleine FORTIER, à St-Jean, I. O.—*Jacques*, b [5] 10 mars 1716.—*Marguerite*, b [5] 5 mars 1718 ; m [5] 15 fevrier 1740, à Jacques MENEU.

1704, (24 nov.) Beaumont.
II.—LEBLOND, MARTIN, [NICOLAS I.
b 1676, s 29 sept. 1760, à St-Valier. [8]
BISSONNET, Anne-Françoise, [PIERRE I.
b 1679 ; veuve de Joseph Bonneau ; s [8] 12 janvier 1747.
Marie-Anne, b 16 juin 1706, à St-Michel. [9]— *Marguerite*, b [9] 25 juillet 1708 ; m [8] 22 juillet 1728, à Louis-Marie FORTIN.—*Martin*, b [9] 17 janvier 1711. — *Jacques*, b [8] 12 août 1714 ; s [8] 17

(1) Voy. vol. I, p 359.

(2) Elle épouse, le 28 août 1719, François Asselin, à Ste-Famille, I. O.

février 1736.—*Louis*, b [8] 2 mai 1717; m [9] 30 janvier 1742, à Marthe Morisset; s [8] 30 déc. 1746. —*Joseph*, b [8] 7 oct. 1719; m [9] 10 février 1744, à Marie-Louise Lacroix. — *Marie-Charlotte*, b [8] 1er juillet 1722; m [8] 11 juillet 1740, à Joseph Blais. —*Marie-Anne*, b [8] 14 sept. 1725; m [8] 4 nov. 1749, à Antoine Létourneau.

I.—LEBLOND (1), Nicolas.

1706, (3 nov.) Ste-Famille, I. O. [6]

II.—LEBLOND, Joseph, [Nicolas I.
b 1672; s [6] 7 oct. 1757.
Drouin, Catherine, [Nicolas II.
b 1689; s [6] 16 mai 1754.
Michel, b [6] 29 sept. et s [6] 26 nov. 1708.—*Joseph-Marie*, b [6] 28 mai et s [6] 12 juin 1714.

1725, (15 oct.) Ste-Famille, I. O. [8]

III.—LEBLOND, Nicolas, [Nicolas II.
b 1701; s [8] 10 août 1759.
Amaury (2), Françoise, [Jean I.
b 1692; s [8] 26 février 1753.
Françoise, b [8] 6 sept. 1726; m [8] 27 juillet 1762, à Ignace Létourneau.—*Jean*, b [8] 21 juillet 1728, m [8] 21 août 1753, à Charlotte Létourneau. — *Pierre-Hyacinthe*, b [8] 2 et s [8] 6 juin 1730. —*Nicolas*, b [8] 14 oct. 1731; m 26 oct. 1756, à Angelique Valentin, aux Trois-Pistoles [9]; s [9] 5 mars 1800.—*Jacques*, b... s [8] 15 février 1735. — *François-Amable*, b [8] 9 avril 1736; s [8] 21 février 1758.

1731, (4 juin) Ste-Famille, I. O. [7]

III.—LEBLOND, Jean-Bte, [Nicolas II.
b 1706; s 14 mars 1749, à St-François, I. O. [8]
1° Drouin, Marie-Louise, [Pierre III.
b 1714; s [7] 29 sept. 1738.
Marie-Catherine, b [7] 4 et s [7] 28 août 1733.

1740, (21 nov.) [8]

2° Buteau, Marguerite, [Pierre I.
b 1691; veuve de Joseph Varieul; s [8] 9 juin 1758.

1736, (26 nov.) St-Jean, I. O.

III.—LEBLOND, Jean-Bte, [Jean-Bte II.
b 1714.
Fortier, Marie-Madeleine.

1738, (29 avril) Beauport.

II.—LEBLOND (3), François, [Guillaume I.
b 1707; forgeron; s 25 nov. 1752, à Québec. [7]
Baugis, Catherine, [Jean III.
b 1714.
Claude, b [7] 12 juin 1739; m 30 janvier 1766, à Cécile Campeau, au Détroit.

(1) Dit Contetonconte; sergent. Il était, le 10 juin 1760, au Détroit.

(2) Aussi appelée Marié.

(3) Voy. Dupont, vol. III, p. 548.

1742, (30 janvier) St-Michel.

III.—LEBLOND, Louis, [Martin II.
b 1717; s 30 dec. 1746, à St-Valier. [2]
Morisset (1), Marthe, [Nicolas II.
b 1722.
Jean-Baptiste, b [2] 25 février 1743. — *Marie-Anne*, b [2] 17 février 1744.—*Marie-Marthe*, b [2] 13 mars 1746; s [2] 4 déc. 1748.

1744, (10 février) St-Michel.

III.—LEBLOND, Joseph, [Martin II
b 1719; s 7 déc. 1746, à St-Valier. [9]
Lacroix (2), Marie-Louise, [Gabriel II
b 1727.
Joseph-Marie, b [9] 3 mars 1745.—*Marie-Louise*, b [9] 13 juin 1746; m [9] 31 janvier 1763, à Jean-François Roy; s [9] 21 janvier 1764.

LEBLOND, François, b 1720; s 21 nov. 1760, à Chambly.

1749, (16 juin) Québec. [2]

I.—LEBLOND (3), Charles, fils de Jean et de Marie Toure, d'Ingrande, diocèse de Poitiers, Poitou.
Gatien, Charlotte, [Henri II.
b 1728.
Thérèse-Charlotte, b [2] 18 mai 1751.—*Charles*, b [2] 30 dec. 1752.— *Marie-Louise*, b [2] 7 mars et s [2] 8 juillet 1755. — *Marie-Charlotte*, b [2] 8 et s [2] 29 août 1756. — *Geneviève*, b [2] 26 fevrier 1758; m [1] 10 mai 1791, à Louis Marois.—*Marie-Angélique*, b [2] 9 avril et s [2] 29 juillet 1761.—*Marie-Françoise*, b [2] 10 août et s [2] 8 sept. 1762.

1753, (21 août) Ste-Famille, I. O. [1]

IV.—LEBLOND, Jean, [Nicolas III
b 1728.
Létourneau, Charlotte, [Louis IV.
b 1736.
Jean-Baptiste, b [1] 26 janvier 1755.—*Marie-Charlotte*, b [1] 6 sept. 1757.—*Louis-Jacques*, b [1] 9 février 1760; m 10 février 1784, à Marie-Louise Vésina, à Quebec.—*Pélagie*, b [1] 24 août 1762—*Anonyme*, b [1] et s [1] 6 nov. 1764.—*Ignace*, b [1] 6 mai 1766.

1756, (26 oct.) Trois-Pistoles. [7]

IV.—LEBLOND, Nicolas, [Nicolas III
b 1731; s [7] 5 mars 1800.
Valentin, Angelique, [Michel I
b 1735.
Marie-Angélique, b [7] 17 sept. 1757; m [7] 16 août 1779, à Antoine Michaud.—*Nicolas*, b [7] 26 avril 1759; m à Madeleine Charon.—*Louis*, b [7] 21 janvier 1761; m 1796, à Marie Dumont.—*Marie-Suzanne*, b [7] 1er dec. 1762.—*Marie-Marguerite*, b [7] 8 dec. 1764.—*Marie-Madeleine*, b [7] 24 mai 1767.—*Félicité*, b... m [7] 31 janvier 1791, à François Godbout.—*Jean-Baptiste*, b [7] 4 mai 1770 m [7] 19 janvier 1795, à Julienne Damours.—*Ber*

(1) Elle épouse, le 7 août 1747, Etienne Roy, à St-Valier.

(2) Elle épouse, le 29 mai 1747, Jacques Blais, à St-Valier.

(3) Dit Lafortune, 1755; sergent de la compagnie de M. Raymond.

jamin, b [7] 26 mai 1773.—*Théotiste*, b... m [7] 6 nov. 1798, à Charles-François LEVÊQUE.—*François*, b [7] 2 sept. 1783 ; s [7] 27 avril 1794.

LEBLOND, JEAN.
GAUTRON, Madeleine.
Jean-Baptiste, b 12 déc. 1762, à St-Michel.

LEBLOND (1), JACQUES.
PÉRIER, Marie-Charlotte.
Louis, b 4 août 1763, au Bout-de-l'Ile, M.

LEBLOND (1), JACQUES.
MORAN, Marthe.
Olivier, b 31 mars 1766, au Bout-de-l'Ile, M. [2] ; s [2] 4 mai 1767.—*Marie-Marguerite*, b [2] 26 avril 1768.

1766, (30 janvier) Détroit.
III.—LEBLOND (2), CLAUDE, [FRANÇOIS II.
b 1739.
CAMPEAU, Cécile, [NICOLAS III.
b 1747.

1784, (10 fevrier) Québec. [3]
V.—LEBLOND, LOUIS-JACQUES, [JEAN IV.
b 1760.
VÉSINA, Marie-Louise. [PIERRE IV.
Jacques, b [3] 26 janvier 1785 ; m [3] 24 juillet 1809, à Antoinette LANGEVIN.—*Joseph*, b... m 7 janvier 1818, à Julie PERRAULT, à Montreal.

1795, (19 janvier) Trois-Pistoles. [4]
V.—LEBLOND, JEAN-BTE, [NICOLAS IV.
b 1770.
DAMOURS, Julienne. [AMBROISE IV.
Jean-Baptiste, b [4] 6 déc. 1795.—*Paul*, b [4] 22 oct. 1797.—*Honoré*, b [4] 18 août 1799.

1796.
V.—LEBLOND, LOUIS, [NICOLAS IV.
b 1761.
DUMONT, Marie.
Anonyme, b et s 6 août 1797, aux Trois-Pistoles.[5] —*Marie*, b [5] 7 oct. 1798.

V.—LEBLOND, NICOLAS, [NICOLAS IV.
b 1759.
CHARON (3), Madeleine,
b 1781 ; s 29 janvier 1800, aux Trois-Pistoles.[6]
Nicolas, b... s [6] 26 janvier 1800.

1809, (24 juillet) Quebec. [7]
VI.—LEBLOND, JACQUES, [LOUIS-JACQUES V.
b 1785 ; avocat.
LANGEVIN, Antoinette. [JEAN-BARTHÉLEMI IV.
Antoinette, b... 1° m [7] 15 mai 1827, à Gaspard DROLET ; 2° m à ...... NILSON.

1818, (7 janvier) Montreal.
VI.—LEBLOND, JOSEPH. [LOUIS-JACQUES V.
PERRAULT, Julie. [JULIEN.

(1) Dit Bellegarde.
(2) Dit Dupont.
(3) Dit Laferrière.

LEBOESME.—*Surnoms* : LALIME—LESNÉ.

1657, (27 août) Québec. [8]
I.—LEBOESME (1), ANTOINE,
s [8] 23 avril 1666.
DUGUÉ, Jeanne, b 1616 ; veuve de Pierre Javray ; fille de Jean et de Françoise Bourgnié, de St-Michel-du-Gastinois.

LEBOEUF.—Voy. LEBEUF.

LEBON.—*Variation et surnoms* : BON—DIVERTISSANT—FERRIÈRE—LACOMBE—MARCHAND.

I.—LEBON, JOSEPH, b 1731 ; s 28 mars 1776, à Ste-Foye.

LEBON, LOUIS.
CHAMBERLAN, Marguerite.
Marie-Louise-Marguerite, b 2 oct. 1732, à Quebec.

1761, (12 janvier) Québec.[9]
I.—LEBON (2), CHARLES-FRANÇOIS, fils de François et de Marguerite Perrault, de St-Andre, ville de Niort, diocèse de Poitiers, Poitou.
ROY, Marie-Madeleine, [JOSEPH III.
b 1744.
Marie-Joseph, b [9] 3 et s [9] 20 avril 1763.—*Marie-Madeleine*, b [9] 3 juin 1764. — *Charles-François*, b 20 janvier 1768, à St-François, I. O.—*Laurent*, b 1778 ; s [9] 9 juin 1798.

LEBON (3), JEAN-BTE.
MARNET, Elisabeth.
Jean-Baptiste, b 1774 ; s 20 dec. 1783, à Quebec.

LEBORDAIS.—Voy. LEBOURDAIS.

LEBORGNE.— *Surnoms* : BELISLE—BELLISLE — DEBELLEISLE—DEBELZILE—DUCOUDRAY.

I.—LEBORGNE (4), EMMANUEL,
Acadien.

....

Alexandre, b... m à Marie ST. ETIENNE DE LA TOUR.

II.—LEBORGNE (5) ALEXANDRE. [EMMANUEL I.
ST. ETIENNE DE LA TOUR, Marie.

(1) Dit Lalime, voy. vol. I, p. 359.
(2) Dit Ferrière—Divertissant.
(3) Dit Marchand.
(4) Seigneur DuCoudray, chevalier de l'ordre de St. Michel, est nommé par Sa Majesté, le 10 déc. 1657, gouverneur et lieutenant-général de la province d'Acadie, depuis Canceau et les Iles adjacentes jusqu'à la Nouvelle-Angleterre, sur la côte, et dix lieues en dedans des terres,—gouverneur pour neuf ans.—Revoquant sa commission subrepticement obtenue par Charles de St. Etienne sieur de la Tour.
(*Archives de la marine à Paris*)
Le 17 décembre 1667, la concession faite au sieur Emmanuel LeBorgne en 1657 est confirmée.
Le 28 mars 1668, Emmanuel LeBorgne substitut, au gouvernement de l'Acadie, son fils Alexandre LeBorgne sieur de Belleisle.
(5) Voy. vol. I, p. 359 ; sieur de Bellisle—DeBelzile, seigneur.

Anne, b... m 16 mars 1707, à Jean DEFOND, à Annapolis, Acadie.[1]—*Alexandre*, b... m[1] 4 dec. 1707, à Anastasie DE ST. CASTIN.

1707, (4 déc.) Annapolis, Acadie.

III.—LEBORGNE, ALEXANDRE. [ALEXANDRE II.
DE ST. CASTIN, Anastasie, fille de Jean-Vincent et de Pidic8ammisk8e, (de l'Acadie.)
Emmanuel, b... m à Marie LEBLANC.

I.—LEBORGNE (1), PAUL.

IV.—LEBORGNE, EMMANUEL. [ALEXANDRE III.
LEBLANC, Marie,
Acadienne.
Alexandre, b... m 26 avril 1773, à Geneviève CLOUTIER, à l'Islet.

1773, (26 avril) Islet.[3]

V.—LEBORGNE (2), ALEXANDRE. [EMMANUEL IV.
CLOUTIER, Geneviève, [GUILLAUME V.
b 1754.
Antoine-Alexandre, b[3] 14 juin 1774.—*Anselme*, b[3] 17 août 1776; m à Geneviève GAMACHE.

VI.—LEBORGNE (3), ANSELME, [ALEXANDRE V.
b 1776.
GAMACHE, Geneviève.
Geneviève, b 25 avril 1801, à l'Islet.—*Thomas-Pierre*, b 4 juin 1807, à la Rivière-Ouelle.—*Magloire*, b 21 août 1814, à l'Ile-Verte.[8]—*Rose*, b[3] 2 avril 1820.

LEBOSSU.—Voy. BOSSU.

LEBOULANGER.—*Variation et Surnoms* : BOULANGER—DEST. PIERRE—LAFORTUNE.

1677, (16 mai) Québec.

I.—LEBOULANGER (4), PIERRE,
b 1634.
GODFROY, Renée, [JEAN-BTE II.
b 1652; s 1er mai 1736, aux Trois-Rivières.
Marie-Renée, b 1690; m 2 fevrier 1712, à René-Alexandre LEMOYNE, à Montreal.—*Angélique*, b... m à Joseph CREVIER.

I.—LEBOULANGER, PIERRE-RENÉ, b 1679; curé de Charlesbourg[2]; s[2] 25 juin 1747 (5).

1728, (7 janvier) Trois-Rivières.[4]

II.—LEBOULANGER (6), JOSEPH. [PIERRE I.
MOUET, Isabelle, [PIERRE II.
b 1705.
Marie-Joseph, b[4] 17 mars 1734; 1° m[4] 11 juin 1754, à Antoine LACOMMANDE; 2° m[4] 29 janvier 1759, à François-Xavier ROCHEREAU. — *Marie-Pétronille*, b[4] 17 déc. 1736; m[4] 20 nov. 1756, à François THOMAS. — *Charles-Louis*, b[4] 25 août 1749.—*Charles*, b[4] 20 fevrier 1751.

(1) Capitaine des troupes de la marine. Il était, le 12 février 1760, à la Pte-aux-Trembles, Q.

(2) Belisle.

(3) DeBelleisle.

(4) Voy. vol. I, p 359.

(5) Le même jour était aussi inhumé au même lieu Alexis Leclerc, missionnaire de la paroisse de St-Joseph, seigneurie de Fleury; décédé à 40 ans, à Charlesbourg

(6) Voy. aussi Boulanger, sieur de St. Pierre, vol. II, p. 308.

LEBOURDAIS.—*Variation et surnom* : LEBORDAIS—LAPIERRE.

I.—LEBOURDAIS (1), JULIEN.
LOUVETTE, Mathurine.
Julien, b.. m 8 nov. 1756, à Marie-Geneviève FORTIN, à l'Islet.

1756, (8 nov.) Islet.[6]

II.—LEBOURDAIS, JULIEN. [JULIEN I
FORTIN, Marie-Geneviève, [JULIEN III.
b 1734.
Marie-Geneviève, b[6] 24 février 1758.—*Julien-Amable*, b[6] 7 oct. 1760. — *Joseph*, b[6] 14 fevrier 1762; m[6] 1er oct. 1782, à Geneviève-Victoire PANET.—*Jean-Baptiste*, b[6] 9 juillet et s[6] 23 août 1763.

1782, (1er oct.) Islet.

III.—LEBOURDAIS, JOSEPH, [JULIEN II.
b 1762; marchand.
PANET, Geneviève-Victoire, [JEAN-CLAUDE I
b 1756.
Joseph, b... m à Marie-Marthe COUILLARD.

IV.—LEBOURDAIS, JOSEPH. [JOSEPH III
COUILLARD, Marie-Marthe.
Marthe, b... m 28 oct. 1828, à Firmin KÉROAC, à l'Islet.[4]—*Joseph-Louis*, b... m[4] 28 oct. 1828, à Marcelline KÉROAC.

1828, (28 oct) Islet.

V.—LEBOURDAIS, JOSEPH-LOUIS. [JOSEPH IV
KÉROAC, Marcelline. [SIMON-ALEXANDRE III.

I.—LEBOURG (2), MICHEL.

LEBRET.—Voy. LEBRETTE.

LEBRETON.—*Variation et surnoms* : BRETON—DUBOIS—HÉLIE — LALANCETTE —LARDOISE—ROBERT.

1687, (9 janvier) Château-Richer.[2]

I.—LEBRETON (3), JEAN-GUILLAUME,
b 1659.
1° GRANDRIE, Elisabeth, [THOMAS I
b 1670; s[2] 22 nov. 1690.
1702, (6 fevrier) St-Michel.
2° VANDET (4), Marie, [RENÉ I
b 1682.
Marie-Angélique, b 20 nov. 1705, à Québec.

I.—LEBRETON, HENRI.
ROGER, Marie-Anne.
Marie-Anne, b 1739; m 13 juin 1757, à Charles BONNET, à Montréal.

(1) Et LeBordais dit Lapierre.

(2) Officier; il était à Montréal, le 18 août 1723.

(3) Dit L'Ardoise, voy. vol. I, pp. 88 et 359.

(4) Et Vandec.

1741, (2 déc.) Québec. [3]
I.—LEBRETON (1), PIERRE-HENRI, b 1714, chirurgien; fils de Jean-François et de Marie Samson, de St-Aubin-de-Rennes, Bretagne.
1° LARCHEVÊQUE, Louise-Agnès, [JEAN III. b 1720; s 14 mars 1765, à Ste-Anne-de-la-Pocatière. [4]
Agnès, b [3] 13 déc. 1742.—*Pierre*, b [3] 26 nov. 1743; m [4] 8 février 1768, à Brigitte BOUCHARD.—*Angélique*, b [3] 18 mars 1746; s [3] 25 août 1747. —*Marie-Joseph*, b 6 mars 1755, à la Rivière-Ouelle; 1° m [3] 29 avril 1783, à Jacques CRÉMAZIE; 2° m [3] 14 janvier 1793, à Pierre GUILLET-TOURANGEAU; 3° m [3] 17 nov. 1795, à Pierre LABRECQUE; s [3] 15 février 1797.
1765, (5 nov.) [4]
2° BOUCHARD, Marie-Angélique, [JEAN III. b 1736.

I.—LEBRETON, JACQUES, b 1699; s 28 août 1744, au Détroit.

LEBRETON, JEAN.
MONTMINY, Geneviève.
Marie-Geneviève, b 24 oct. 1758, au Cap-St-Ignace.

1762, (21 nov.) Ste-Anne-de-la-Pocatière.
I—LEBRETON, NOEL, fils de Noël et de Françoise Lesage, de Ste-Croix, diocèse de St-Malo, Bretagne.
DIONNE, Marie-Reine, [JOSEPH III. b 1734.
Marie-Rosalie, b 1er juillet 1766, à Kamouraska.

1768, (8 février) Ste-Anne-de-la-Pocatière.
II.—LEBRETON, PIERRE, [PIERRE-HENRI I. b 1743.
BOUCHARD, Brigitte, [JEAN III. b 1740.
Marie-Brigitte, b... m 7 juin 1791, à Jean-Baptiste GIRARD, à Québec.

LEBRETTE.—*Variation et surnom:* LEBRET—ST. AMANT.

1739, (6 nov.) Cap-St-Ignace.
I.—LEBRETTE, MICHEL, b 1707; fils de Jacques et de Jeanne Chevette, de St-Sauveur, diocèse de St-Malo, Bretagne.
GAGNÉ, Marie-Catherine, [ALEXIS III. b 1709.
Jean-Baptiste, b 26 juillet 1741, à Ste-Anne-de-la-Pocatière [4]; m [4] 27 sept. 1762, à Catherine DUBE.—*Marie-Catherine*, b [4] 24 et s [4] 29 janvier 1744.—*Joseph-Michel*, b [4] 10 juin 1745; m [4] 13 janvier 1772, à Catherine MIVILLE.—*Marie-Catherine*, b [4] 16 janvier et s [4] 14 mars 1747.—*Charles*, b... m [4] 3 août 1772, à Rose PAQUET.—*Louis-Germain*, b [4] 21 oct. 1751.

(1) Et Breton, voy. vol. II, p. 461—Dubois dit Lalancette, voy. vol. III, p. 475.

1762, (27 sept.) Ste-Anne-de-la-Pocatière.
II.—LEBRETTE (1), JEAN-BTE, [MICHEL I. b 1741.
DUBÉ, Catherine, [JOSEPH III. b 1744.

1772, (13 janvier) Ste-Anne-de-la-Pocatière.
II.—LEBRETTE (2), JOSEPH-MICHEL, [MICHEL I. b 1745.
MIVILLE, Catherine, [PIERRE-RENÉ IV. b 1745.

1772, (3 août) Ste-Anne-de-la-Pocatière.
II.—LEBRETTE (1), CHARLES. [MICHEL I.
PAQUET, Rose. [PIERRE III.

LEBREUX.—*Variation:* BRUM.

I.—LEBREUX (3), AMBROISE.
BERGERON, Marie.
Suzanne, b... m 20 nov. 1775, à Jean BÉRUBÉ, à la Rivière-Ouelle. [3]—*Marie*, b... m [3] 15 janvier 1776, à Benoît LÉVÊQUE. —*Rosalie*, b... m [3] 13 janvier 1777, à Joseph BÉRUBÉ.—*Jean-François*, b [3] 21 oct. 1759; s [3] 18 août 1760. — *Basile*, b... 1° m [3] 24 juin 1782, à Marie-Anne LÉVÊQUE; 2° m [3] 7 nov. 1785, à Marie-Louise BÉRUBÉ.

I.—LEBREUX, FRANÇOIS.
1° DUPUIS, Marie-Madeleine.
1765, (4 nov.) Ste-Famille, I. O.
2° DEBLOIS, Marie-Gertrude, [FRANÇOIS III. b 1734.

1782, (24 juin) Rivière-Ouelle. [5]
II.—LEBREUX (4), BASILE. [AMBROISE I.
1° LÉVÊQUE, Marie-Anne, [DOMINIQUE III. b 1757.
1785, (7 nov.) [5]
2° BÉRUBÉ, Marie-Louise, [JEAN III. b 1750.

LEBRICE.—*Surnoms:* BRETON—DEKÉROACH—KÉROAC—KUEROUACK.

1732, (22 oct.) Cap-St-Ignace. [5]
I.—LEBRICE (5), MAURICE-LOUIS-ALEX., b 1706, marchand; fils de François-Hyacinthe et de Veronique-Madeleine DeMeu-Sevillac, de Beriel, diocèse des Cornouailles, Bretagne; s 6 mars 1736, à Kamouraska.
BERNIER, Louise, [JEAN II. b 1712.
Louis, b... m [5] 11 janvier 1757, à Marie-Catherine MÉTHOT. — *Jacques*, b [5] 17 nov. 1733. —

(1) Et Lebret.
(2) Et Lebret dit St. Amant.
(3) Et Brum, 1775.
(4) Et Brum.
(5) De Kéroach; inhumé sous le nom d'Alexandre Kéroac. —L'acte de mariage ajoute: " Et ayant eu un enfant avant le dit mariage ils l'ont légitimé en présence des sieurs François Guimont, major de la côte du sud, Pierre Bouchard et Nicolas Kervedo." Cet enfant avait été nommé Louis.

Alexandre, b [5] 25 mai 1735; m 15 juin 1758, à Elisabeth CHALIFOUR, à l'Islet[6]; s [6] 24 février 1812.

1757, (11 janvier) Cap-St-Ignace. [8]

II.—LEBRICE (1), LOUIS. [MAURICE-LS-ALEX. I. MÉTHOT, Marie-Catherine, [JOSEPH II. b 1739.

Marie-Catherine, b 15 sept. 1757, à l'Islet. [9] — *Louis*, b [8] 25 sept. et s [8] 17 oct. 1761.—*Louis*, b [8] 5 oct. 1762.—*Jacques*, b [9] 11 oct. 1764.

1758, (15 juin) Islet. [4]

II.—LEBRICE (2), ALEX., [MAURICE-LS-ALEX. I. b 1735; s [4] 24 fevrier 1812.

CHALIFOUR, Elisabeth, [FRANÇOIS III. b 1739.

Marie-Elisabeth, b 1759; s [4] 2 sept. 1775. — *Simon-Alexandre*, b [4] 11 oct. 1760; 1° m 18 nov. 1782, à Marie-Ursule GUIMONT, au Cap-St-Ignace; 2° m à Geneviève LORE; s [4] 1er juillet 1823.— *Marguerite-Desanges*, b [4] 31 janvier et s [4] 6 mars 1762. —*Joachim*, b [4] 20 sept. et s [4] 5 nov. 1763. —*Marie-Victoire*, b [4] 1er juillet et s [4] 2 août 1773. — *Marie-Catherine*, b [4] 3 déc. 1774. — *Marie-Marguerite*, b [4] 15 sept. 1776.

1782, (18 nov.) Cap-St-Ignace.

III.—LEBRICE (3), SIMON-ALEX., [ALEXANDRE II. b 1760; s 1er juillet 1823, à l'Islet. [4]

1° GUIMONT, Marie-Ursule, [JEAN-GABRIEL V. b 1765.

Simon-Alexandre, b 1783; m [4] 4 nov. 1806, à Marie-Constance CLOUTIER; s [4] 29 avril 1871.

2° LORE, Marie-Geneviève.

1806, (4 nov.) Islet. [5]

IV.—LEBRICE (1), SIMON-ALEX., [SIMON-ALEX. III. b 1783; s [5] 29 avril 1871.

CLOUTIER, Marie-Constance. [JOS.-CHRISOST. VI.

Firmin, b 1808; m [5] 28 oct. 1828, à Marie-Marthe LEBOURDAIS; s 7 avril 1873, à St-Cyrille. — *Marcelline*, b... m [5] 28 oct. 1828, à Joseph-Louis LEBOURDAIS.—*Joseph*, b 1815; m à Catherine LEBOURDAIS; s [5] 8 oct. 1881.

1828, (28 oct.) Islet. [1]

V.—LEBRICE (1), FIRMIN, [SIMON-ALEX. IV. b 1808; s 7 avril 1873, à St-Cyrille.

LEBOURDAIS, Marthe. [JOSEPH IV.

Anselme, b [1] 29 avril 1849.

V.—LEBRICE (1), JOSEPH, [SIMON-ALEX. IV. b 1815; s 8 oct. 1881, à l'Islet. [7]

LEBOURDAIS, Catherine.

Simon-Alexandre, b [7] 17 janvier 1847.

I.—LEBRIX (4), FRANÇOIS, b 1703; de Kas, Basse-Bretagne.

(1) Dit Kéroac.

(2) Dit Kéroac; il était à l'Islet en 1757.

(3) Dit Kéroac—Kuérouack.

(4) Soldat de la compagnie de Sabrevois. Il était, le 21 mars 1726, à Boucherville.

LEBRODEUR.—Voy. BRODEUR.

1762, (19 avril) St-Valier.

I.—LEBRON, JEAN, fils de Jean et de Marguerite Plaison, du diocèse d'Angers, Anjou.

LARRIVÉE, Marie-Joseph, [MAURICE II. veuve de Jean-Baptiste Montigny.

LEBRUN. — *Variation et surnoms :* BRUN — CARRIER et CARRIÈRE — DEDUPLESSIS — DE ROYECOURT—FLEURIDOR—LASONDE — LEVASSEUR—RENELLE.

1693, (12 janvier) St-Pierre, I. O.

I.—LEBRUN (1), JACQUES, b 1668; fils de François et de Jeanne Couraut, de Bourpeul, diocèse de Poitiers, Poitou.

CHAPELAIN (2), Catherine, [BERNARD II. b 1676.

Marie-Joseph, b 17 juillet 1705, aux Grondines[1]; m 15 janvier 1725, à Louis DELASSE, à Deschambault[2]; s [2] 6 janvier 1726. — *Catherine*, b .. m [2] 29 janvier 1731, à Joseph MÉRAN; s [2] 30 juillet 1763.— *Marie-Anne*, b 1711; m [1] 4 sept. 1752, à Alexis SAUVAGEAU; s [1] 21 mai 1789.

I.—LEBRUN, CLAUDE, b 1672; s 12 mars 1760, à la Rivière-Ouelle.

1697, (4 fevrier) St-Jean, I. O.

I.—LEBRUN (3), NOEL, b 1669; s 15 janvier 1756, à Berthier. [1]

BROCHU, Anne, [JEAN I. b 1678; s 28 dec. 1749, à St-Valier. [2]

Marie-Anne, b 13 dec. 1697, à St-Michel[3]; m [1] 3 fevrier 1716, à Michel GAUTRON. — *Marguerite*, b [3] 20 février 1700; m [2] 24 août 1727, à Etienne SILVAIN; s [3] 19 oct. 1755.—*Angélique-Hélène*, b [3] 2 mai 1702; m [2] 24 nov. 1721, à Joseph GAUTRON, s [2] 31 oct. 1758. — *Noel*, b [3] 16 sept. 1704; m [2] 6 août 1743, à Marie-Ursule ROY; s [2] 22 dec. 1749 — *Marie-Thérèse*, b [3] 16 sept. 1704; m [2] 15 janvier 1730, à Pierre DODIER. — *Elisabeth*, b 1705, m [2] 31 janvier 1729, à Joseph MERCIER; s [1] 23 avril 1795.—*Louis*, b [3] 19 mai 1709; s [2] 27 mars 1744.—*Joseph*, b [1] 4 août 1712; m 1742, à Geneviève DALLAIRE; s [3] 24 déc. 1749.—*Etienne*, b [2] 7 oct. 1714; 1° m [2] 13 avril 1739, à Agathe ALAIRE; 2° m 27 juin 1742, à Marguerite BOLDUC, à St-Joachim; s [3] 19 nov. 1761.

1739, (13 avril) St-Valier. [2]

II.—LEBRUN (4), ETIENNE, [NOEL I. b 1714; s 19 nov. 1761, à St-Michel [3]

1° ALAIRE, Agathe, [JOSEPH II. b 1720.

Marie-Agathe, b [2] 23 juillet 1741; s [3] 2 nov. 1742.

(1) Dit Lasonde.

(2) Elle épouse, le 3 juin 1714, Pierre Bruneau, aux Grondines.

(3) Dit Carrier, voy. vol. I, p. 359. A sa sépulture, il est dit âgé de 112 ans; il n'en avait que 87.

(4) Dit Carrier.

1742, (27 juin) St-Joachim.[4]

2° BOLDUC, Marguerite. [RENÉ II.

Etienne-Joseph, b [4] 20 mars 1743. — *Louis*, b [3] 27 mars 1745. — *Marguerite*, b [3] 16 avril 1747 ; s[3] 13 nov. 1749.—*Marie-Joseph*, b [3] 2 avril et s [3] 19 nov. 1749. — *Ignace*, b [3] 16 déc. 1750 ; s [3] 17 mai 1752. — *Marguerite*, b [3] 8 juillet 1753 ; s [3] 2 nov. 1760. — *Jean-Baptiste*, b [3] 14 sept. 1755. — *Marie-Joseph*, b [3] 20 mars 1757; s [3] 2 nov. 1760.

1742.

II.—LEBRUN (1), JOSEPH, [NOEL I.
b 1712; s 24 déc. 1749, à St-Michel.[8]
DALLAIRE (2), Geneviève.

Joseph, b [8] 7 juin 1743. — *Pierre*, b [8] 22 août 1744.—*Jean-Baptiste*, b [8] 26 nov. 1745. — *Marie-Geneviève*, b [8] 27 avril et s [8] 9 mai 1747.—*Marie-Geneviève*, b [8] 10 avril 1748. — *Eustache*, b [8] 29 août et s [8] 7 sept. 1749.

1743, (6 août) St-Valier.[2]

II.—LEBRUN, NOEL, [NOEL I.
b 1704 ; s [2] 22 déc. 1749.
ROY (3), Marie-Ursule, [NICOLAS II.
b 1726.

Joseph-Noel, b 26 février 1745, à Berthier.—*Jean-François-Marie*, b [2] 23 sept. 1747.—*Etienne*, b[2] 14 nov. 1749.

I.—LEBRUN, JEAN-BTE,
Acadien.
GODET, Marie-Anne,
Acadienne.

Bonaventure, b... m 12 janvier 1767, à Marie-Joseph-Marguerite COUTURIER, à St-Michel-d'Yamaska.[2] — *Marie*, b... m [2] 9 janvier 1769, à Joseph COUTURIER.

1747, (6 fevrier) Varennes.[1]

I.—LEBRUN, FERDINAND-JOSEPH, fils de Charles-François et d'Anne Florence, de Chapelle, Bruxelles, en Brabant.
DELPÉE (4), Marie-Louise. [FRANÇOIS II.

Joseph, b... m 1er fevrier 1768, à Marie-Anne CHARON, à Boucherville. — *Marie-Angélique*, b... m[1] 11 mai 1772, à Alexis LEVASSEUR.

I.—LEBRUN, PIERRE-NICOLAS, b 1710 ; s 18 mai 1760, à Charlesbourg.

I.—LEBRUN (5), FRANÇOIS-PIERRE.

(1) Dit Carrier.

(2) Elle épouse, le 7 janvier 1750, François Couturier, à St-Michel.

(3) Elle épouse, le 22 juin 1750, Pierre Bouchard, à St-Valier.

(4) Dit Pariseau ; elle épouse, le 7 janvier 1761, Philippe Loubet, à Varennes.

(5) De Royecourt ; lieutenant au régiment de Lazard. Il était, le 12 fevrier 1760, à la Pte-aux-Trembles, Q.

1748, (21 oct.) Québec.[5]

I.—LEBRUN (1), PIERRE, fils de Guillaume et de Françoise Roger, de St-Similien, Nantes, Haute-Bretagne.
LANCELEUR (2), Marie-Angél., [JEAN-RENÉ III.
b 1729.

Marie-Geneviève, b [5] 1er nov. et s [5] 12 déc. 1750. — *Pierre*, b [5] 18 mai et s [5] 25 août 1752.—*Marie-Ursule*, b [5] 12 sept. 1753. — *Marie-Joseph*, b [5] 3 avril et s [5] 28 mai 1756.—*Pierre*, b [5] 16 déc. 1757 ; s [5] 18 janvier 1758.—*Marie-Catherine*, b [5] 6 janvier 1760.

I.—LEBRUN, JEAN-BTE, b 1727 ; s 22 janvier 1752, à Québec.

I.—LEBRUN, JEAN-BTE,
Acadien.
PELLERIN, Marie-Madeleine,
b 1718 ; Acadienne ; s 11 juin 1768, à St-François, I. O.

Marie-Praxède, b... m 4 mai 1779, à Charles TRAHAN, à Quebec.

I.—LEBRUN, JEAN-BTE,
de Chipoudy, Acadie.
GODET (3), Marguerite,
Acadienne.

I.—LEBRUN, CLAUDE,
Acadien.
MÉLANÇON, Anastasie,
Acadienne.

Marie, b 9 août 1760, à Kamouraska.

1762, (12 oct.) Québec.[5]

I.—LEBRUN (4), JEAN-BTE, b 1739, procureur et marchand ; fils de Jean-Baptiste et de Marie de Champigny, de St-Jean, ville de Corbier, diocèse d'Amiens, en Picardie.
MÉTOT, Marie-Catherine, [JOSEPH III.
b 1744.

Charlotte-Catherine, b [5] 25 août 1763 ; s [5] 17 nov. 1783.

1767, (12 janvier) St-Michel-d'Yamaska.[9]

II.—LEBRUN, BONAVENTURE. [JEAN-BTE I.
COUTURIER, Marie-Jos.-Marguerite, [JOSEPH III.
b 1748.

François-Bonaventure, b [9] 17 mai 1768.—*Jean-Baptiste*, b [9] 5 nov. 1769.

1768, (1er février) Boucherville.

II.—LEBRUN, JOSEPH. [FERDINAND-JOSEPH I.
CHARON, Marie-Anne. [JOSEPH III.

I.—LEBRUN, JEAN,
Acadien.
BRISARD, Marie-Joseph,
Acadienne.

(1) Maître d'équipage de navire.

(2) Elle épouse, le 12 janvier 1761, Jean-Baptiste Vatel, à Québec.

(3) Elle épouse, le 13 mai 1760, Alexandre Caron, au Cap-St-Ignace.

(4) De Duplessis ; venu en 1755, volontaire au régiment de Béarn. (Procès-verbal.)

Marie-Joseph, b 29 mars 1768, à St-François, I. O.—*Marie-Victoire*, b 8 mai 1779, à Berthier.[7] —*Marguerite*, b [7] 2 juillet 1781.

LEBRUN (1), ANTOINE.

I.—LEBRUN, GRÉGOIRE, Acadien.
GOURDEAU, Marguerite, Acadienne.
Marguerite, b... m 28 oct. 1794, à Pierre JALIN, à Québec.

LEBUY.—Voy. BOUY.

1717.

II.—LEBUY (2), LOUIS, [LAURENT I.
b 1684.
1° GOUJON, Catherine, [PIERRE I.
b 1690.
Marie-Françoise, b 6 sept. 1717, à Lachine.—*Marie-Anne*, b 1718; m 10 nov. 1738, à Louis LANGEVIN, à Montréal.—*Marie-Elisabeth*, b 21 février 1720, à la Pointe-Claire.
1755, (7 janvier) Bout-de-l'Ile, M.
2° DUBREUL, Marguerite, [JEAN I.
b 1736.

I.—LECABELLAC (3), GILDAS.

1676.

I.—LECACHEUX, NICOLAS,
b 1648.
MASSARD (4), Marie-Françoise,
b 1648; s 4 mai 1731, à Becancour.

LECAMUS.—*Surnoms :* AUBIN—LAVOLONTÉ.

1743, (26 août) Montréal. [4]

I.—LECAMUS (5), DENIS, b 1717; fils de Gilles et d'Anne Marose, de St-Sulpice, Paris.
BLUTEAU, Marie-Louise, [LOUIS II.
b 1716.
Pierre, b [4] 1er fevrier 1742.—*François-Denis*, b [4] 2 juin 1744.—*Louis*, b [4] 25 nov. 1745; s [4] 19 avril 1748.—*Marie-Joseph*, b [4] 31 mars et s [4] 9 dec. 1747.—*Marie-Louise*, b [4] 18 oct. 1748.—*François*, b... s [4] 27 sept. 1750.—*Nicolas*, b [4] 3 dec. 1751.—*Henri-Nicolas*, b [4] 1er mars 1754; s [4] 23 mai 1756.—*Marie-Angélique*, b [4] 25 avril 1756.

LECARDEUR.—Voy. LEGARDEUR.

LECAVELIER.—Voy. CAVELIER—RIVET.

(1) En 1787, il enlève Marie-Angélique, fille de 20 ans, qui avait été baptisée le 19 juillet 1767, au Lac-des-Deux-Montagnes. Elle était fille de Sagotenta, Anglais, et de Kaentiax.

(2) Voy. Bouy dit Lavergne, vol. II, p. 443.

(3) Dit Durodu; sergent de la compagnie de Beaubassin, 1713; caporal de la compagnie de Blainville; il était à Montréal le 27 nov. 1706.

(4) Dit Vassal.

(5) Dit Lavolonté; soldat de la compagnie de Lafresnière.

1775, (28 nov.) Terrebonne.

I.—LECERCLÉ, CHARLES-FRANÇOIS, chirurgien; de St-Servant, diocèse de St-Malo, Bretagne.
LIMOGES (1), Elisabeth, [TOUSSAINT II.
b 1755.

LECERF.—*Surnoms :* LACHASSE—LADOUCEUR.

1742, (26 nov.) Montréal. [5]

I.—LECERF (2), PIERRE, b 1718; fils de Pierre et d'Anne Rioux, de Tinville, diocèse de St-Brieux, Bretagne.
BRASSARD, Louise, [PIERRE III.
b 1720.
Louise, b [5] 10 et s [5] 25 sept. 1743.—*Pierre*, b [5] 19 oct. 1744; s [5] 12 sept. 1745.—*Marie-Louise*, b [5] 27 juin 1746.—*Jean-Baptiste-Pierre*, b [5] 25 juillet 1747.—*Catherine*, b [5] 20 sept. 1748.—*Charlotte*, b juin et s 1er juillet 1751, à Ste-Geneviève, M.

1748, (8 janvier) Montreal. [6]

I.—LECERF (3), JEAN, soldat; fils de Georges et de Marie Benoît, de St-Victor-l'Abbaye, diocèse de Rouen, Normandie.
LEBEAU, Catherine-Angelique, [JEAN-BTE II.
b 1715.
Jean-Baptiste, b [6] 4 et s [6] 19 juin 1748.—*Jean-Pierre*, b [6] 31 août 1750.—*Marie-Angélique*, b [6] 24 janvier et s [6] 31 oct. 1752.—*Jean-Marie*, b [6] 12 fevrier 1754.

LECHAGNE.—*Variation :* LECHARRE.

1753, (26 fevrier) Montréal.

I.—LECHAGNE (4), JEAN, b 1717; fils de Jean et de Marie Laverdière, de St-Michel, diocese de Limoges, Limousin.
D'AVESNE (5), Marie-Elisabeth, [CHARLES III.
b 1738.
Marie-Thérèse, b 20 mai et s 19 juin 1756, à Sorel.

LECHARRE.—Voy. LECHAGNE.

LECHASSEUR.—Voy. DANGEUGER.

I.—LECHASSEUR (6), ROCH.

1748, (8 janvier) Montréal. [7]

I.—LECHELLE, JEAN, b 1716; fils de François et de Marthe Quentin, de St-Jean d'Angely, diocèse de LaRochelle, Aunis.
DECOUAGNE, Marie-Anne, [JEAN-BTE II.
b 1730.
Jacques-Joseph-Jean-Baptiste, b [7] 15 nov. 1748. —*Charles*, b [7] 16 oct. 1749; s 17 mai 1750, à St-Laurent, M. — *Marie-Anne-Marguerite*, b [7] 29 nov. 1750.

(1) Elle epouse, le 17 mai 1790, François Dufaux, à Repentigny.

(2) Dit Lachasse; soldat de la compagnie de Périgny.

(3) Dit Ladouceur.

(4) Et Lecharre.

(5) Et Davenne.

(6) Cadet dans les troupes. Il était aux Trois-Rivieres en 1714.

LECHÊNE.—Voy. LAGRAVE.

LECHENU.—*Variation :* CHÉNIER.

1716, (20 janvier) Quebec. [1]

I.—LECHENU (1), CHARLES, fils de Jacques et de Louise Lemelle, de St-Malo, Bretagne.
LEMOINE (2), Marie-Joseph, [FRANÇOIS I.
b 1696.
Charles-François, b [1] 4 déc. 1717; 1° m 18 nov. 1743, à Marie-Louise BERGEVIN, à Charlesbourg; 2° m [1] 19 août 1748, à Marie-Françoise-Régis GUENET.

1743, (18 nov.) Charlesbourg. [2]

II.—LECHENU, CHS-FRANÇOIS, [CHARLES I.
b 1717.
1° BERGEVIN, Marie-Louise-Thérèse, [JEAN II.
b 1723; s [2] 24 mars 1746.
Marie-Louise, b 12 sept. 1745, à Québec [3]; s [2] 9 janvier 1746.
1748, (19 août). [3]
2° GUENET, Marie-Frse-Regis, [THOMAS II.
b 1722.
Marie-Marguerite, b [3] 1er février 1749.—*Charles-François,* b [3] 17 oct. 1750.—*Marie-Catherine,* b [3] 26 mai 1753.—*Marie-Marguerite,* b [3] 12 oct. 1755, s [3] 7 août 1756. — *Joseph,* b [3] 23 juillet 1758.—*Marie-Madeleine,* b [3] 23 juillet 1758; s [3] 15 août 1759.

LECIOT.—Voy. SIONEAU.

LECLAIR.—Voy. LECLERC.

LECLAIRE.—Voy. LECLERC.

LECLERC. — *Variations et surnoms :* CLERC—LECLAIR — LECLAIRE — PETITCLAIR—PETIT-CLERC—BLONDIN — CAP-BRETON —FRANCŒUR —JOLICŒUR— LADÉROUTE — LAFRENAYE—LE BOULETEAU — LESCUIER — MONTFORT — ST. LAURENT.

I.—LECLERC (3), PIERRE, b 1687; ordonné 7 oct. 1714, à Québec; curé de St-Valier [6]; s [6] 26 nov. 1761.

1657.

I.—LECLERC (4), JEAN,
b 1639; s 13 avril 1708, à St-Michel.
BLANQUET, Marie,
b 1630; s 10 sept. 1709, à St-Pierre, I. O. [1]
Pierre, b 1658; m [1] 7 fevrier 1690, à Isabelle RONDEAU; s 27 janvier 1736, à St-Laurent, I. O. —*Jean-Charles,* b 15 mai 1668, au Château-Richer; m 5 mars 1696, à Marguerite BAUCHÉ, à Ste-Famille, I. O. [2]; s [1] 30 sept. 1749.—*Adrien,* b [2] 24 oct. 1670; m [1] 9 nov. 1694, à Geneviève PARADIS; s 1er fevrier 1746, à Charlesbourg.—*Marie-Madeleine,* b [2] 14 juillet 1672; m [1] 5 nov. 1691, à René PELLETIER; s [1] 28 oct. 1702.—*Martin,* b [2] 4 avril 1674; s [1] 8 mars 1703.

1667, (24 oct.) Québec. [3]

I.—LECLERC (1), DENIS,
b 1631.
DEBRETIGNY, Marie.
Jean-Baptiste, b [3] 23 août 1674; s 8 janvier 1686, à Lévis.

1669, (11 nov.) Ste-Famille, I. O.

I.—LECLERC (2), JEAN,
b 1646.
COUET, Marie,
b 1631.
Agnès, b 1683; m à Augustin BOUIN; s 29 juillet 1759, à Charlesbourg.

1676, (24 nov.) Montréal.

I.—LECLERC (2), GUILLAUME,
b 1645.
HUNAULT, Thérèse, [TOUSSAINT I.
b 1663.
Jean-Baptiste, b 28 mars 1681, à Repentigny; m 23 nov. 1705, à Marguerite BEAUCHAMP, à St-François, I. J.; s 16 avril 1775, à Lachenaye. —*Catherine,* b 1688; 1° m 2 déc. 1710, à Michel LAGUE, à Boucherville; 2° m à Charles LEGRAIN.

1680, (9 juillet) Québec. [4]

I.—LECLERC (2), ROBERT,
b 1653; *bourgeois;* s 5 juillet 1731, aux Trois-Rivières.
JALLAIS, Marie,
b 1653.
Louis, b [4] 25 juillet 1690; m [4] 21 oct. 1715, à Elisabeth BASQUIN; s 7 juin 1744, à Montréal.

1685, (27 nov.) Trois-Rivières. [5]

II.—LECLERC (2), FLORENT, [FLORENT I.
b 1659; s [5] 24 mars 1704.
AUBUCHON, Jeanne, [JACQUES I.
b 1668; s [5] 29 mai 1748.
Maurice, b [5] 2 mars 1694; s [5] 18 mars 1755.—*Louis-Florent,* b 1704; s [5] 27 nov. 1724.

1689, (24 nov.) Trois-Rivières. [6]

II.—LECLERC (3), JEAN, [FLORENT I.
b 1660; s [6] 5 dec. 1730.
LOISEAU, Marie-Claire, [PIERRE I.
b 1673; s [6] 18 fevrier 1747.
Claude, b [6] 22 mars 1706; m [6] 3 février 1729, à Michelle BOUTON; s [6] 8 août 1764.

1690, (7 février) St-Pierre, I. O. [1]

II.—LECLERC, PIERRE, [JEAN I.
b 1658; s 27 janvier 1736, à St-Laurent, I.O. [2]
RONDEAU, Isabelle, [THOMAS I.
b 1670; s [2] 8 nov. 1746.
Anne, b [1] 10 août 1691; m [2] 13 oct. 1710, à Pierre-Noël FORTIER; s [2] 25 oct. 1727.—*Pierre,*

(1) Et Chénier.
(2) Elle épouse, le 23 juillet 1719, René Loizeau, à Québec.
(3) Et Leclair.
(4) Voy. vol. I, p. 360.

(1) Dit L'Escuier; voy. vol. I, p. 360.
(2) Voy. vol. I, p. 360.
(3) Dit Cap-Breton; voy. vol. I, p. 361.

b 1692; 1° m 4 mars 1725, à Marie-Joseph MIMAUX, à St-Valier[3]; 2° m[3] 2 février 1739, à Marie-Claire TELLIER; s[3] 3 avril 1751.—*Marie-Madeleine*, b... m[2] 20 juillet 1716, à Alexis ROY. —*Jean*, b... m[2] 11 nov. 1720, à Madeleine GOSSELIN.—*Elisabeth*, b... m[2] 28 nov. 1725, à Jacques FRADET; s[3] 23 février 1736.—*Jacques*, b[2] 15 janvier 1702; m 20 nov. 1730, à Elisabeth TURGEON, à Beaumont.—*Ignace*, b[2] 17 juin 1704; m[1] 15 juillet 1748, à Marie-Madeleine COTÉ.—*Marie-Madeleine*, b[2] 22 juillet 1706; m[2] 23 oct. 1730, à Joseph BAUDOIN.—*Joseph*, b[2] 8 oct. 1707; m[2] 8 juin 1734, à Ursule NOEL; s 12 nov. 1781, à Québec.—*Geneviève*, b[2] 24 janvier 1709; m[2] 23 oct. 1730, à. Augustin FRADET; s[3] 21 février 1748.—*Marie-Anne*, b[2] 9 fevrier 1713; 1° m[2] 25 nov. 1743, à Antoine GOSSELIN; 2° m 6 nov. 1760, à Jean VALLIÈRE, à St-Charles.—*Agnès*, b... m[2] 20 janvier 1749, à Augustin DUFRESNE.

1691, (22 nov.) St-Pierre, I. O.

I.—LECLERC (1), JEAN, b 1659; fils de Jean et de Perine Merceron, de St-Nicolas, ville de Nantes; s 11 janvier 1709, à l'Islet.[4]
LANGLOIS, Madeleine, [JEAN II.
b 1674; s[4] 5 sept. 1741.
Joseph, b 13 juillet 1693, au Cap-St-Ignace; m[4] 20 nov. 1724, à Marguerite DURAND.—*Etienne*, b[4] 17 août 1704; m 3 fevrier 1733, à Marie-Claire THIBOUTOT, à Ste-Anne-de-la-Pocatière.[5]—*Joachim*, b 1705; m[5] 24 nov. 1738, à Catherine SOUCY; s[5] 4 juillet 1772.

1694, (9 nov.) St-Pierre, I. O.[1]

II.—LECLERC (1), ADRIEN, [JEAN I.
b 1670; s 1er février 1746, à Charlesbourg.[2]
PARADIS, Geneviève, [GUILLAUME II.
b 1671.
Geneviève, b[1] 23 et s[1] 27 janvier 1696.—*Marguerite*, b[1] 16 avril 1697.—*Adrien*, b[1] 15 mai 1699; 1° m[1] 16 nov. 1722, à Ursule NOEL; 2° m[1] 13 avril 1744, à Thérèse VALLIÈRE; 3° m 16 août 1746, à Marie DERAINVILLE, à Québec[3]; 4° m 23 juin 1760, à Marie-Catherine AUCLAIR, à Beauport[4]; s[3] 29 dec. 1761.—*Jean-Baptiste*, b[1] 2 juin 1701; m 6 avril 1728, à Marie JOBIDON, à L'Ange-Gardien.[5] — *Geneviève*, b[1] 14 oct. 1703; m à Joseph COUTURE.—*Pierre*, b[1] 1er nov. 1705; m[2] 16 fevrier 1733, à Louise-Angélique PAQUET; s[2] 13 août 1751.—*Alexis*, b[1] 7 dec 1707.—*Marie-Madeleine*, b[1] 14 janvier 1710; m[1] 17 nov. 1732, à Joseph GOSSELIN.—*Marie-Charlotte*, b[1] 12 mai 1712; 1° m[2] 7 fevrier 1747, à Jean-Baptiste AUCLAIR; 2° m[2] 3 mai 1751, à Jean OUELLET.—*Joseph*, b[1] 7 mai 1714; m[5] 7 avril 1739, à Marie BÉLANGER.—*Ambroise*, b[1] 13 nov. 1716; m[4] 26 oct. 1739, à Geneviève HUPPE.—*Marguerite*, b[1] 16 avril 1719; m[1] 19 oct. 1739, à Louis CANTIN. —*Louis*, b[1] 28 mars 1723.—*Louis*, b[1] 15 août 1724; m[4] 7 nov. 1746, à Marie-Geneviève CHORET; s[2] 11 mars 1758.—*François-Marie*, b[1] 12 juin 1729.

(1) Voy. vol. I, p. 361.

1696, (5 mars) Ste-Famille, I. O.

II.—LECLERC (1), JEAN-CHS, [JEAN I
b 1668; s 30 sept. 1749, à St-Pierre, I. O.[4]
BAUCHÉ, Marguerite, [GUILLAUME I
b 1678; s[4] 17 avril 1742.
Jean-Baptiste, b[4] 23 et s[4] 27 janvier 1697.—*Jean-Baptiste*, b[4] 25 déc. 1697; m[4] 21 oct. 1720, à Marie-Thérèse COTÉ. — *Marie*, b[4] 1er fevrier 1699. — *Pierre*, b[4] 18 sept. 1700; 1° m[4] 2 mai 1724, à Angélique VIGNEAU; 2° m 28 avril 1727, à Marguerite MARCOU, à Beauport; s[4] 6 déc. 1727.— *Marguerite*, b[4] 27 oct. 1703; m[4] 21 oct 1720, à Jean-Baptiste COUTURE; s[4] 17 oct 1725. —*Louis*, b[4] 10 et s[4] 14 juin 1707.—*François*, b[4] 22 déc. 1708; m 3 février 1732, à Marie-Hélène COTÉ, à Québec.—*Geneviève*, b[4] 13 janvier 1711, m[4] 15 nov. 1729, à Philippe NOEL.—*Marie-Joseph*, b[4] 21 avril 1721; m[4] 9 nov. 1739, à Louis CREPEAU.

I.—LECLERC (2), BERNARD.
DUMONT, Marie.
Nicolas, b... m 16 août 1740, à Marie-Charlotte GINGRAS, à St-Augustin.

II.—LECLERC (3), MARTIN, [JEAN I
b 1674; s 8 mars 1703, à St-Pierre, I. O.

1704, (10 nov.) Trois-Rivières.[2]

II.—LECLERC (4), JEAN-BTE, [ROBERT I
b 1681; s[2] 17 juin 1739.
PEPIN, Marguerite, [JACQUES II
b 1678.
Marie-Françoise, b[2] 25 avril 1707; m[2] 8 nov 1751, à Joseph LACOMBE.—*Michel*, b... s[2] 22 dec. 1708. — *François-Marie*, b[2] 20 fevrier 1709.—*Jean-Baptiste*, b[2] 15 mars 1711; m[2] 20 janvier 1743, à Marie-Joseph LECLERC. — *Clémence*, b[2] 8 oct. 1712; m[2] 4 nov. 1738, à Charles DUPRAT.—*Modeste*, b[2] 8 oct. 1712; s[2] 24 février 1738—*Joseph*, b[2] 30 août 1719. — *Louis*, b[2] 31 août 1721. — *Michel*, b[2] 21 mars 1725; m[2] 19 avril 1751, à Antoinette SAUVAGE.

1705, (23 nov.) St-François, I. J.[1]

II.—LECLERC, JEAN-BTE, [GUILLAUME I
b 1681; s 16 avril 1775, à Lachenaye[2] (dans l'église).
BEAUCHAMP, Marguerite, [JEAN I
b 1689; s[2] 6 avril 1755.
Jean-Baptiste-Guillaume, b[1] 1er sept. 1707, s[2] 2 avril 1736.—*Pierre-Prisque*, b 1708, m[2] 13 juillet 1733, à Catherine VAILLANCOUR; s[2] 2 juin 1784. —*Marie-Thérèse*, b[1] 16 déc. 1711.—*Marie*, b 1714; s[2] 8 nov. 1746. — *Marie-Angélique*, b[1] 14 août 1717, m[2] 2 juillet 1736, à Pierre BAUMIER; s[2] 20 fevrier 1747. — *Jean*, b... m 1738, à Elisabeth GUÉRIN. — *Catherine*, b... m[2] 28 janvier 1743, à Augustin DAZÉ. —*François*, b... m 1742, à Jeanne GUÉRIN. — *Marie-Anne*, b[2] 14

(1) Voy. vol. I, p. 361.

(2) Et Leclair.

(3) Bienfaiteur de l'église; ses cendres sont transportées dans la nouvelle église, le 12 oct. 1718 (St-Pierre, I. O)

(4) Et Clerc.

juillet 1728; m à Jacques Fortin; s [2] 14 août 1781.—*Marie-Marguerite*, b [2] 30 juin 1730.

LECLERC, François, s 2 mai 1703, à St-François, I. J.

1707.

I.—LECLERC (1), Jean.
St. Michel-Circé, Geneviève, [François I.
b 1685.

Geneviève, b 29 juillet 1708, à Contrecœur.—*Jeanne-Charlotte*, b 28 sept. 1719, à Verchères.—*Alexis*, b 26 avril 1721, à St-Ours [2]; m 1749, à Marie-Joseph Vel.— *Marie-Joseph*, b [2] 21 février 1726.

1712, (9 nov.) Québec. [1]

II—LECLERC, Pierre, [Robert I.
b 1686.
Bastien, Jeanne, [Philippe I.
b 1694; s 18 juillet 1735 à Montréal. [2]

Pierre, b [1] 1er mars 1714. — *Marie-Jeanne*, b [1] 13 sept. et s [1] 26 déc. 1715. — *Marguerite*, b [2] et s [2] 22 déc. 1717. — *Joseph*, b [2] 2 avril 1719.—*Jeanne-Catherine*, b [2] 26 août 1720; m à Jean-François Dumas. — *Joseph*, b [2] 4 avril 1722.—*François*, b 9 et s 20 août 1728, à Terrebonne. [3] —*Marie-Joseph*, b [3] 19 mars 1732; m 21 janvier 1754, à François Dupuy, à St-Frs-du-Lac.

1715, (21 oct.) Québec.

II—LECLERC, Louis, [Robert I.
b 1690; s 7 juin 1744, à Montréal. [1]
Basquin (2), Elisabeth, [Philippe I.
b 1695.

Louis, b 1716; m 30 sept. 1743, à Agnès Babeu, à Laprairie [2]; s [1] 22 oct. 1756.—*Marie-Louise*, b... m [1] 17 février 1738, à Jean-Baptiste Cardinal.—*Geneviève*, b 1721; m [2] 9 août 1745, à Jean-Baptiste Auge; s [1] 2 déc. 1746.—*Marguerite*, b 1726; m [1] 6 nov. 1747, à Joseph Bouchard.—*Elisabeth*, b... m [1] 26 juin 1752, à Michel Lagrue. — *François-Xavier*, b 5 nov. 1727, à Terrebonne. [3]— *François*, b [3] 9 août 1728; m 1757, à Marie-Françoise Deniau. — *Marie-Rose*, b [3] 18 juillet 1729. — *Louis-Joseph*, b [3] 8 mars 1733; m [1] 10 janvier 1763, à Marie-Amable Chicot. — *Jean-Baptiste*, b [1] 17 avril 1735; s [1] 17 sept. 1738.—*Michel*, b [1] 18 mars 1737; m [2] 20 août 1761, à Elisabeth Bétourné. — *Amable*, b [1] 4 déc. 1739.

1717, (9 janvier) Québec. [1]

I—LECLERC, Sauveur-Germain, fils de Germain et de Catherine Dumont, de St-Nicolas-des-Champs, Paris.
Hervieux (3), Marie-Geneviève, [Isaac I.
b 1691.

Marie-Geneviève, b [1] 23 nov. 1717; s [1] 8 janvier 1719. — *Marie-Louise*, b [1] 3 juillet 1719.—*Louise*, b [1] 10 août 1720; m 12 janvier 1739, à Louis-Joseph Dumouchel, à Montréal. [2] — *Thomas-Marie*, b [1] 21 nov. et s [1] 16 déc. 1722.—*Marie-Françoise*, b [1] 16 janvier 1724. — *Geneviève-Thérèse*, b [1] 21 mai 1725; m [2] 22 nov. 1762, à Antoine Pigeon.

1720, (21 oct.) St-Pierre, I. O. [2]

III.—LECLERC, Jean-Bte, [Jean-Charles II.
b 1697.
Coté, Marie-Thérèse, [Jean III.
b 1698.

Jean-Baptiste, b [2] 3 sept. 1721.— *Marie-Joseph*, b... m [2] 10 avril 1741, à Gabriel Aubin.—*Pierre*, b [2] 12 avril 1724; m [2] 19 avril 1751, à Véronique Blouard.—*Jean-Baptiste*, b [2] 6 août 1725; s [2] 31 juillet 1727.—*François*, b [2] 15 janvier 1727; m 7 janvier 1749, à Marie-Anne Turgeon, à Beaumont.—*Alexis*, b [2] 19 sept. 1728.—*Marie-Thérèse*, b [2] 6 mars 1730; m [2] 6 février 1747, à Ignace Raté. — *Marie-Hélène*, b [2] 7 oct. 1731; m [2] 9 février 1750, à Gabriel Langlois.—*Marie-Anne*, b [2] 15 mars 1733; m [2] 7 avril 1750, à Louis Chatigny. — *Marie-Louise*, b [2] 10 juin 1734; m [2] 19 février 1759, à Michel Dupile.—*Marie-Thècle*, b [2] 14 déc. 1735; m 1764, à Michel Morin.—*Joseph*, b [2] 8 juin 1738; m 16 juin 1767, à Marguerite Fortin, à St-Joachim. — *Marie-Angélique*, b [2] 11 février 1740; m 10 janvier 1763, à Louis Guibord, à St-Henri-de-Mascouche. [3] — *Charles*, b [2] 4 août 1741; m [3] 13 janvier 1766, à Marguerite Beauchamp. — *Jean-Baptiste*, b [2] 15 mai 1743; m 23 janvier 1764, à Marie-Anne Cornelier, à Ste-Famille, I. O.

1720, (11 nov.) St-Laurent, I. O. [3]

III.—LECLERC, Jean. [Pierre II.
Gosselin, Madeleine, [Ignace II.
b 1698; s [4] 7 avril 1750.

Marie-Madeleine, b [3] 28 août 1721; m [3] 24 juillet 1741, à Antoine Chabot. — *Pierre*, b [3] 23 janvier 1723.— *Geneviève*, b [3] 18 avril 1724; m [3] 12 nov. 1742, à Jean Audet.—*Judith*, b [3] 27 oct. 1725; m [3] 17 août 1746, à Jean-Baptiste Paquet. —*Marie-Anne*, b... m [3] 19 oct. 1750, à Antoine Godbout. — *Jean*, b [3] 16 déc. 1728; m [3] 1er août 1763, à Marie Audet.—*François*, b [3] 12 déc. 1730; m 8 oct. 1764, à Marguerite Bouchard, à l'Ile-aux-Coudres. — *Marie-Thérèse*, b [3] 9 nov. 1732; m [3] 17 avril 1752, à Pierre Chabot.—*Cécile*, b [3] 8 nov. 1734. — *Marie-Joseph*, b [3] 2 nov. 1736; m [3] 1er mai 1753, à Joseph Dufresne. — *Marguerite*, b [3] 1er nov. 1738; m [3] 8 nov. 1762, à Jean Bouffard.—*Ignace*, b [3] 8 nov. 1740; m 28 avril 1766, à Angelique-Catherine Truteau, à la Longue-Pointe.—*Joseph-Marie*, b [3] 13 février 1743.

1722, (16 nov.) St-Pierre, I. O. [8]

III.—LECLERC, Adrien, [Adrien II.
b 1699; s 29 déc. 1761, à Québec. [9]
1° Noel, Ursule, [Philippe II.
b 1693; s [8] 6 oct. 1743.

Jean-Baptiste, b 1724; s [8] 12 nov. 1727. — *Ursule*, b... m [8] 18 février 1743, à Charles Cantin. — *Marie-Joseph*, b [8] 9 oct. 1727; 1° m [8] 13 avril 1744, à Augustin Vallière; 2° m [8] 10 avril 1747, à Prisque Plante. — *Marie-Madeleine*, b [8] 7 août 1729; m [8] 18 juillet 1746, à Guillaume Nolin.—

(1) Dit Lafrenaye.

(2) Et Bastien; elle épouse, le 6 nov. 1747, Louis Lemay, à Montréal.

(3) Elle épouse, le 1er février 1734, Guillaume Séguin, à Montréal.

Dorothée, b[8] 30 juin 1731 ; m[8] 19 février 1748, à Ambroise CANTIN.—*Marie-Agathe*, b[8] 28 janvier 1735 ; m[8] 31 janvier 1752, à Pierre CORNELIER.

1744, (13 avril).[8]

2° VALLIÈRE, Thérèse, [JEAN II.
b 1720 ; s[8] 15 février 1746.

Marie-Thérèse, b[8] 28 août 1745 ; s[8] 24 oct. 1750.

1746, (16 août).[9]

3° DERAINVILLE, Marie, [JEAN III.
b 1690 ; veuve de Joseph Filteau ; s 5 nov. 1759, à Lorette.

1760, (23 juin) Beauport.

4° AUCLAIR, Marie-Catherine, [PIERRE I.
b 1701 ; veuve de Jacques Paquet.

1724, (2 mai) St-Pierre, I. O.[8]

III.—LECLERC, PIERRE, [JEAN-CHARLES II.
b 1700 ; s[8] 6 déc. 1727.

1° VIGNEAU, Marie-Angélique, [ANTOINE II.
b 1704 ; s[8] 24 dec. 1726.

Jean-Marie, b[8] 21 fevrier et s[8] 21 avril 1725.—*Pierre*, b[8] 8 avril 1726 ; s[8] 5 août 1727.

1727, (28 avril) Beauport.

2° MARCOU (1), Marguerite, [NOEL II.
b 1705.

Pierre (posthume), b[8] 7 février et s[8] 12 mai 1728.

1724, (20 nov.) Islet.[5]

II.—LECLERC (2), JOSEPH, [JEAN I.
b 1693.

DURAND, Marguerite, [NICOLAS II.
b 1702.

Ignace, b[5] 19 août 1725 ; 1° m[5] 27 oct. 1749, à Elisabeth FORTIN ; 2° m 1757, à Marie-Joseph DUVAL.—*Joseph-Roch*, b[5] 1er juillet 1727. — *Raphaël*, b[5] 15 janvier 1730.—*Jean-Baptiste*, b[5] 12 avril 1732.—*Jean-Baptiste*, b[5] 5 sept. 1734 ; m[5] 23 février 1757, à Claire THIBAUT. — *Marguerite-Ursule*, b[5] 3 février 1737 ; m[5] 29 mai 1752, à Jean-Baptiste CARON.—*Julien*, b[5] 21 février 1740 ; m[5] 21 nov. 1763, à Marie-Françoise CARON.—*Marie-Françoise*, b[5] 25 mars 1743 ; m[5] 8 nov. 1762, à Gabriel CHOUINARD. — *Marie-Joseph*, b[5] 15 janvier 1748 ; m 9 nov. 1772, à Charles-François SOUCY, à St-Jean-Port-Joli.

1725, (4 mars) St-Valier.[8]

III.—LECLERC, PIERRE, [PIERRE II.
b 1692 ; s[8] 3 avril 1751.

1° MIMAUX (3), Marie-Joseph, [JEAN I.
b 1702.

Jean-Baptiste, b[8] 11 février 1728 ; m 20 janvier 1749, à Catherine GAUTRON, à St-Michel.—*Philippe-Valier*, b[8] 2 mars 1730 ; m[8] 7 oct. 1748, à Louise TIBAUT. — *Pierre-Jacques*, b[8] 25 avril 1732.—*Joseph*, b[8] 2 mai 1734 ; m 8 avril 1755, à Marie-Anne FORTIER, au Bout-de-l'Ile, M.—*Marie-Joseph*, b[8] 11 oct. 1736.—*Antoine*, b[8] 17 juillet 1738 ; m 18 juin 1759, à Marie-Joseph GIGNAC, à Soulanges.

1739, (2 février).[8]

2° TELLIER (1), Marie-Claire.

1728, (6 avril) L'Ange-Gardien[5]

III.—LECLERC, JEAN-BTE, [ADRIEN II.
b 1701.

JOBIDON, Marie-Madeleine, [LOUIS II.
b 1699 ; veuve de Charles Bélanger ; s 24 avril 1758, à Lotbinière.[6]

Jean-Baptiste, b[5] 31 janvier 1729 ; m[6] 8 février 1751, à Marie-Louise BAUDET.—*Nicolas-Adrien*, b[5] 10 nov. 1734 ; m[6] 23 février 1767, à Marie-Anne GIROIR.—*Joseph-Marie*, b[5] 21 juillet 1736. —*Michel*, b[5] 26 sept. 1738 ; m 1764, à Marie-Louise HUBERT.—*Marie-Geneviève*, b[6] 20 janvier 1742.

1729, (3 février) Trois-Rivières[9]

III.—LECLERC (2), CLAUDE, [JEAN II.
b 1706 ; s[9] 8 août 1764.

BOUTON, Michelle, [ANTOINE I.
b 1705.

Claude, b[9] 7 fevrier 1729 ; m[9] 25 oct. 1756, à Marguerite LEMAITRE-LOTINVILLE.—*Geneviève*, b[9] 5 août 1730 ; 1° m[9] 4 juin 1754, à Louis LEMAITRE ; 2° m[9] 21 janvier 1758, à Barthélemi POTIER.—*Jean*, b[9] 17 mai 1732 ; s[9] 14 mars 1734. —*Jean-François*, b[9] 24 sept. 1735 ; m[9] 26 oct. 1761, à Marie-Amable LEMAITRE-LOTINVILLE.—*Marie-Amable*, b[9] 3 nov. 1737 ; m[9] 29 sept. 1760, à Louis VOLIGNY.—*Joseph*, b[9] 22 août 1740.—*Jean-Baptiste*, b[9] 5 avril 1742 ; m[9] 30 sept. 1765, à Ursule LEMAITRE-LOTINVILLE. — *François-Xavier*, b[9] 3 dec. 1743 ; s[9] 5 mars 1749.—*Louis*, b[9] et s[9] 8 mars 1746.

1730, (20 nov.) Beaumont.

III.—LECLERC, JACQUES, [PIERRE II.
b 1702.

TURGEON, Elisabeth, [JACQUES II.
b 1712.

Jacques, b 14 février 1733, à St-Valier[6] ; m 10 avril 1758, à Geneviève DUSSAULT, à Lévis.—*Joseph-Marie*, b[6] 10 février 1735.—*Elisabeth*, b[6] 2 avril 1737.—*Etienne*, b[6] 6 avril 1739 ; s[6] 10 février 1750. — *Pierre*, b[6] 28 fevrier 1741—*Charles*, b[6] 21 fevrier 1742.—*Pierre* et *Jean-Baptiste*, b[6] 5 mai 1744.—*Marguerite*, b[6] 18 sept. 1745.—*Jean-François*, b[6] 13 juillet 1747.—*François*, b[6] 19 mars 1749.—*Alexis*, b[6] 23 août 1751.—*Marie-Joseph*, b[6] 14 janvier 1754.—*Marie-Elisabeth*, b[6] 16 juillet 1757 ; s[6] 11 juin 1761.

1732, (3 fevrier) Québec.

III.—LECLERC, FRANÇOIS, [JEAN-CHARLES II.
b 1708.

COTÉ, Marie-Hélène, [JEAN III.
b 1710.

François, b 11 nov. 1732, à St-Pierre, I. O.[8] ; m[8] 27 janvier 1755, à Marie-Joseph NOLIN.—*Pierre*, b[8] 1er mars 1734 ; m[8] 7 fevrier 1757, à

(1) Elle épouse, le 12 nov. 1730, Pierre Aubin, à St-Pierre, I. O.

(2) Dit Francœur.

(3) Joly, 1755.

(1) Ou Telié—Celié—Letellier. Elle était à St-Michel en 1750.

(2) Et Clerc dit Blondin.

Marie-Anne NOEL.—*Marie-Hélène*, b [8] 16 sept. 1735; m [8] 6 oct. 1755, à François BLOUIN.—*Ambroise*, b [8] 6 mars 1737.—*Véronique*, b [8] 27 oct. 1738.—*Joseph-Marie*, b [8] 28 août 1740.—*Marie-Geneviève*, b [8] 5 février 1742.—*Louis-Philippe*, b [8] 14 février 1744.—*Marie-Joseph*, b [8] 21 nov. 1745.—*Thérèse*, b [8] 20 déc. 1746.—*Marie-Anne*, b [8] 6 et s [8] 17 février 1748. — *Marie* et *anonyme*, b [8] 8 et s [8] 12 mars 1749.—*Marie-Véronique*, b [8] 10 janvier 1751; s [8] 12 avril 1756.—*Marie-Madeleine*, b [8] 7 dec. 1751; s [8] 6 janvier 1752.

1733, (3 février) Ste-Anne-de-la-Pocatière. [1]

II.—LECLERC (1), ETIENNE, [JEAN I.
b 1704.

THIBOUTOT, Marie-Claire. [PIERRE II.

Marie-Angélique, b [1] 26 avril et s [1] 19 juin 1734. — *Marie-Madeleine*, b [1] 7 mai 1735; m [1] 9 juillet 1753, à Alexandre DUBÉ. — *Marie-Madeleine*, b [1] 9 avril 1737; m [1] 15 nov. 1762, à Jean-Charles MIGNIER. — *Étienne*, b [1] 6 janvier 1740, s [1] 27 janvier 1750. — *Joseph*, b [1] 23 déc. 1741.—*Marie-Geneviève*, b [1] 14 et s [1] 23 mai 1744. — *Marie-Anne*, b [1] 25 juillet 1745; s [1] 16 janvier 1746.—*Jean-Baptiste*, b [1] 12 nov. 1746; m [1] 6 nov. 1769, à Marie-Charlotte-Eulalie PELLETIER. — *Marie-Françoise*, b [1] 11 oct. 1748.—*Jean-Bernard*, b [1] 26 mars 1751; m [1] 9 nov. 1772, à Geneviève HUDON.—*Théotiste*, b [1] 26 juillet 1753.—*Joachim*, b.. m 10 février 1777, à Marie-Joseph LÉVÊQUE, à la Rivière-Ouelle.

1733, (16 fevrier) Charlesbourg. [3]

III.—LECLERC, PIERRE, [ADRIEN II.
b 1705; s [3] 13 août 1751.

PAQUET, Louise-Angelique, [FRANÇOIS III.
b 1708.

Anonyme, b [3] et s [3] 10 sept. 1735.— *Pierre*, b [3] 29 oct. 1736.—*Gertrude*, b [3] 1er et s [3] 27 mai 1738.—*Alexis*, b [3] 27 juillet 1739; m [3] 21 nov. 1763, à Angelique RENAULT. — *Jean-Baptiste*, b [3] 18 janvier 1741; m 18 fevrier 1765, à Marie-Françoise DELAGE, à Beauport.—*Louis*, b [3] 11 mars et s [3] 20 sept. 1742.—*Ignace*, b [3] 27 juillet 1743.— *Louise-Angélique*, b [3] 19 déc. 1744; s [3] 4 août 1745.—*Geneviève*, b [3] 19 dec. 1744.—*Charles*, b [3] 25 nov. 1746; s [3] 20 juin 1748.—*Marie-Angelique*, b [3] 25 nov. 1748.—*Charles-Marie*, b [3] 1er oct. 1750.

1733, (13 juillet) Lachenaye. [5]

III.—LECLERC, PIERRE-PRISQUE, [JEAN-BTE II.
b 1708; s [5] 2 juin 1784.

VAILLANCOUR, Catherine. [JOSEPH II.

Marie-Catherine, b [5] 6 mai 1734. — *Jean-Baptiste*, b [5] 9 août 1735; m 7 nov. 1757, à Marie-Osithe CHALIFOUR, à St-Henri-de-Mascouche. [7]—*Hyacinthe*, b [5] 3 avril 1737; 1° m [7] 8 avril 1766, à Marie-Marguerite HUBOU-TOURVILLE; 2° m [7] 30 mai 1774, à Marguerite SÉDILOT.—*Thérèse*, b [5] 28 sept. 1738; m [5] 9 juin 1760, à Antoine ARCHAMBAULT.—*Marie*, b... m [5] 27 février 1764, à François GARIÉPY. — *François*, b [5] 14 avril 1741; m 1764, à Marie-Joseph CHARBONNEAU. — *Marie-Charlotte*, b... m [5] 8 avril 1766, à Jacques-Marie BEAUCHAMP.—*Amable*, b [5] et s [5] 24 février 1745.—*François-Marie*, b [5] 17 juin 1746. — *Jacques*, b [5] 16 sept. 1750; m 1782, à Geneviève MATHIEU.

(1) Dit Francœur.

LECLERC, LOUIS-ANDRÉ, b... s 27 janvier 1769, au Détroit.

1734, (8 juin) St-Laurent, I. O. [7]

III.—LECLERC, JOSEPH, [PIERRE II.
b 1707; s 12 nov. 1781, à Québec.

NOEL, Ursule, [IGNACE II.
b 1712.

Marie-Anne, b [7] 1er avril 1735; s [7] 22 août 1736.—*Marie-Anne*, b [7] 18 sept. 1736. — *Charles-Joseph*, b [7] 11 janvier 1738.—*Jean-François*, b [7] 6 juillet 1739; m 13 nov. 1770, à Julie TREMBLAY, à l'Ile-aux-Coudres. [8]—*Marguerite*, b [7] 3 mars 1741. —*Laurent*, b [7] 30 avril 1742; m 15 oct. 1764, à Marie-Joseph SAMSON, à Levis.—*Jean-Baptiste*, b [7] 26 dec. 1743; 1° m 29 juillet 1771, à Marie-Joseph DESSAINT-ST. PIERRE, à Ste-Anne-de-la-Pocatière; 2° m 20 fevrier 1775, à Marie-Joseph PEPIN, à St-François, I. O. — *Cécile*, b [7] 7 mai 1745; m [7] 11 avril 1763, à Charles MARANDA. — *Basile*, b [7] 12 avril 1747. — *Nicolas*, b [7] 30 août et s [7] 19 oct. 1748.—*Ursule*, b [7] 27 avril 1750.—*Thérèse*, b [7] 24 sept. 1751; s [7] 25 juin 1753 —*Antoine*, b [7] 4 nov. 1753. — *Alexis*, b [7] 5 mars 1755. — *Louis*, b [7] 15 mai 1757; m [8] 8 janvier 1781, à Elisabeth TREMBLAY.

1736, (19 nov.) Québec. [7]

I.—LECLERC, JACQUES, marchand; fils de Jacques (juge) et de Marie-Anne DeCouagne, de St-Barthelemi, LaRochelle, Aunis.

DOUAIRE, Marie-Anne, [AUGUSTIN II.
b 1701; s [7] 8 février 1758 (dans l'eglise).

1738.

III.—LECLERC (1), JEAN. [JEAN-BTE II.

GUÉRIN, Elisabeth.

Joseph, b... m 27 oct. 1760, à Marie LACOMBE, à Yamachiche.

1738, (24 nov.) Trois-Rivières. [6]

III.—LECLERC, JEAN, [JEAN II.
b 1695; canonier.

1° AUMOND, Louise-Catherine, [JEAN I.
b 1697; s [6] 10 juillet 1745.

1747, (18 sept.) [6]

2° CROQUELOIS (2), Catherine, [JACQUES I.
b 1709; s [6] 15 fevrier 1758.

Jean, b [6] 17 avril 1749.

1738, (24 nov.) Ste-Anne-de-la-Pocatière. [4]

II.—LECLERC (3), JOACHIM, [JEAN I.
b 1705; s [4] 4 juillet 1772.

SOUCY, Catherine, [PIERRE II.
b 1716; veuve de Jean-Baptiste-Louis Moreau; s [4] 29 mars 1769.

(1) Et Leclair—Petitclair.

(2) Et Crocroix dit Laviolette.

(3) Dit Francœur.

Marie-Catherine, b [4] 31 août 1739 ; m [4] 22 janvier 1770, à Louis DESCHAMPS ; s 28 janvier 1775, à Kamouraska.—*Marie-Anne*, b [4] 25 janvier 1741. —*Marie-Geneviève*, b [4] 7 fevrier 1742 ; m [4] 20 fevrier 1762, à Louis CAZES.—*Jean-Marie*, b [4] 10 et s [4] 19 oct. 1743. — *Marie-Charlotte*, b [4] 26 oct. 1744 ; m [4] 10 fevrier 1766, à Alexis MIVILLE.— *Joseph*, b [4] 21 mars 1746 ; s [4] 27 nov. 1759. — *Jean-Baptiste*, b [4] 12 sept. 1747. — *André*, b [4] 21 mars 1749. — *Marie-Madeleine*, b [4] 24 août 1750 ; m [4] 14 janvier 1772, à Basile LAGACÉ. — *Marie-Angélique*, b [4] 23 juin 1752 ; m [4] 14 janvier 1772, à Jean-François LAGACÉ. — *François*, b [4] 30 mai 1754.

1739, (7 avril) L'Ange-Gardien.

III.—LECLERC, JOSEPH, [ADRIEN II. b 1714.

BÉLANGER, Marie, [CHARLES IV. b 1718.

Geneviève-Marie, b 17 juin 1740, à St-Pierre, I. O. [5] — *Marie-Joseph-Charlotte*, b [5] 2 fevrier 1743.—*Joseph*, b [5] 18 sept. 1745. — *Marie-Hélène*, b [5] 15 mars 1750. — *Marie-Thérèse*, b [5] 13 déc. 1752.

1739, (26 oct.) Beauport. [3]

III.—LECLERC (1), AMBROISE, [ADRIEN II. b 1716.

HUPÉ, Geneviève, [JACQUES II. b 1708.

Thérèse, b 30 août 1740, à St-Pierre, I. O. [4] — *Geneviève*, b 1742 ; s [3] 6 sept. 1759.—*Ambroise*, b [4] 8 avril 1744.—*Geneviève*, b [4] 19 mars 1748.— *Pierre*, b [4] 15 mai et s [4] 11 nov. 1750. — *Adrien*, b [4] 18 mai 1752.

1740, (16 août) St-Augustin. [1]

II.—LECLERC (1), NICOLAS. [BERNARD I.

GINGRAS, Marie-Charlotte, [PHILIPPE II. b 1719 ; s 23 sept. 1753, à Deschambault. [2]

Nicolas-Charles, b [1] 14 juillet 1741. — *Basile*, b [2] 26 février 1744. — *Marie-Félicité*, b [2] 7 juin 1746 ; m 12 mai 1766, à Charles DANDONNEAU, à l'Ile-Dupas.—*Eustache*, b [2] 10 avril 1748.—*François*, b 18 sept. 1749, au Cap-Santé. — *Marie-Joseph*, b [2] 20 août 1751. — *Louis*, b [2] 29 août et s [2] 2 sept. 1753.

1742.

III.—LECLERC (2), FRANÇOIS. [JEAN-BTE II.

GUÉRIN (3), Jeanne.

Marguerite, b 15 avril 1743, à Terrebonne [1] ; s [1] 3 août 1747. — *Marie-Rose*, b... m 26 fevrier 1759, à Joseph BELHUMEUR, à Ste-Rose. [2] —*Marie-Marguerite*, b [2] 16 mars 1746. — *François-Marie*, b [1] 19 janvier 1749. — *Marie-Reine*, b [2] 11 mai 1751.—*Thérèse*, b [2] 9 avril 1754. — *Marie-Catherine*, b 1755 ; 1° m 18 janvier 1773, à Gervais FOUCHER, à Repentigny [3] ; 2° m [3] 10 janvier 1774, à Léonard HUNAUT. — *Marie-Marguerite*, b [2] 11 mars et s [2] 7 mai 1756.—*Jean*, b [2] 29 juillet 1758. —*Pierre*, b [1] 2 juillet 1760.

(1) Et Leclair.

(2) Et Leclair—Petitclerc.

(3) Elle épouse, le 22 août 1762, Jean-Baptiste Tessier, à Terrebonne.

1743, (20 janvier) Trois-Rivières.

III.—LECLERC, JEAN-BTE, [JEAN-BTE II. b 1711.

LECLERC, Marie-Joseph, [JEAN II. b 1710.

LECLERC (1), JEAN.

FRANCŒUR, Claire.

Antoine, b... m 21 oct. 1767, à Marie FRÉCHET, à Yamachiche.

1743, (30 sept.) Laprairie. [3]

III.—LECLERC (1), LOUIS, [LOUIS II. b 1716 ; s 22 oct. 1756, à Montréal.

BABEU (2), Agnès, [ANDRÉ I. b 1718.

Louis, b [3] 1er oct. 1744.

1744, (26 août) Trois-Rivières.

III.—LECLERC (3), ANTOINE, [JEAN II. b 1708.

CHAUVET (4), Madeleine, [ANDRÉ II. b 1714.

Jean-François, b 27 août et s 5 sept. 1746, à la Pointe-du-Lac. [6] — *Louis*, b [6] 27 août 1746.—*Madeleine*, b [6] 23 déc. 1748.—*Pierre*, b [6] 14 et s [6] 19 août 1750.—*Marguerite*, b [6] 14 et s [6] 15 mai 1752 —*Marie-Thérèse*, b [6] 11 février et s [6] 14 mars 1754.—*Antoine*, b [6] 15 et s [6] 29 oct. 1755.—*Jean-Baptiste*, b 11 juillet 1761, à Yamachiche [7] ; s [7] 12 janvier 1763.

1746, (7 nov.) Beauport.

III.—LECLERC (1), LOUIS, [ADRIEN II. b 1724 ; s 11 mars 1758, à Charlesbourg. [7]

CHORET (5), Marie-Geneviève, [JACQUES III. b 1727.

Anonyme, b [7] et s [7] 24 mars 1748.—*Louis*, b [7] 26 mars 1749.—*Charles-Marie*, b [7] 20 sept 1750 —*Geneviève*, b [7] 13 janvier 1754.—*Jean-Charles*, b [7] 30 mars 1756.—*Madeleine*, b [7] 12 fevrier 1758

1746.

LECLERC, PIERRE.

MOLEUR, Marie-Joseph. [PIERRE III

Marie-Joseph, b 1er août 1747, à Quebec.

1747, (4 sept.) Québec. [1]

I.—LECLERC, JULIEN, b 1721, marchand ; fils de Jacques et de Marie Bizard, de Taden, diocèse de St-Malo, Bretagne ; s [1] 1er juillet 1756.

SÉVIGNY (6), Elisabeth, [CHARLES II b 1728.

(1) Et Leclair.

(2) Elle épouse, le 30 août 1762, Louis Pelletier, à St-Philippe.

(3) Marié sous le nom de Clerc.

(4) Dit Camirand.

(5) Elle épouse, le 14 avril 1760, Etienne Ouallet, à Charlesbourg.

(6) Elle épouse, le 21 sept. 1761, Thomas Caret, à Québec.

Marie-Charlotte, b [1] 23 oct. 1748. — *Louis-Julien*, b [1] 8 nov. 1749.—*Jean-Baptiste*, b [1] 19 février 1751.—*Marie-Elisabeth*, b 1752; s [1] 30 sept. 1755. — *Marie-Louise*, b [1] 21 juin 1754; 1° m à Robert SMITH; 2° m [1] 11 nov. 1776, à Pierre DUPHAT.—*Marie-Elisabeth*, b [1] 8 et s 24 juillet 1756, à Levis.

1748, (15 juillet) St-Pierre, I. O.

III.—LECLERC, IGNACE, [PIERRE II.
b 1704.
COTÉ, Marie-Madeleine, [AUGUSTIN III.
b 1722.
Marie-Madeleine, b 5 juin et s 14 nov. 1749, à St-Laurent, I. O. [5] — *Marguerite*, b [5] 5 oct. 1750. —*Marie-Madeleine*, b [5] 26 mars 1752; m [5] 28 janvier 1771, à Gabriel TESSIER.—*Marie*, b [5] 13 janvier 1754.—*Ignace*, b [5] 23 mars 1756; s [5] 9 déc. 1759.—*Isabelle*, b [5] 14 janvier et s [5] 29 déc. 1759.—*François*, b [5] 24 avril 1761.

1748.

III.—LECLERC (1), ETIENNE. [CHARLES II.
MAROIS, Marguerite, [FRANÇOIS II.
b 1726.
Louise, b 26 fevrier 1754, à Charlesbourg; s 23 mai 1778, au Château-Richer.

1748, (7 oct.) St-Valier. [9]

IV.—LECLERC, PHILIPPE, [PIERRE III.
b 1730.
TIBAUT, Louise, [PIERRE III.
b 1724.
Marie-Marthe, b [9] 12 sept. 1749.—*Marie-Louise*, b [9] 8 nov. 1750.—*Marie-Thérèse*, b 19 fevrier 1752, à St-Michel.—*Pierre-Marie*, b [9] 3 janvier 1755; s [9] 17 oct. 1758.—*Rémi-Cyriac*, b [9] 2 mars 1756.—*Marie-Catherine*, b [9] 29 mars 1757.—*Jean*, b [9] 24 juillet 1758.—*Marie-Geneviève*, b [9] 13 fevrier et s [9] 25 déc. 1761.

1749, (7 janvier) Beaumont. [3]

IV—LECLERC, FRANÇOIS, [JEAN-BTE III.
b 1727.
TURGEON, Marie-Anne, [CHARLES III.
b 1727.
François, b 3 mai 1749, à St-Pierre, I. O.; s [3] 25 juillet 1751.—*Marie-Anne*, b [3] 20 mai et s [3] 10 juin 1751.—*François*, b [3] 23 mai 1752; m 10 janvier 1774, à Marie-Geneviève VILLENEUVE, à St-Henri-de-Mascouche. [4]—*Marie-Anne*, b [4] 8 juin 1754.—*Jean-Marie*, b [4] 15 mai 1756.—*Pierre*, b [4] 30 juin et s [4] 14 juillet 1760.—*Charles-Henri*, b [4] 30 juin et s [4] 16 juillet 1760.—*Angélique*, b [4] 10 oct. 1761.—*Marie-Charlotte*, b 16 mai 1763, à Lachenaye.

1749, (20 janvier) St-Michel. [2]

IV.—LECLERC, JEAN-BTE, [PIERRE III.
b 1728.
GAUTRON, Marie-Catherine, [MICHEL II.
b 1731.
Michel-Marie, b [2] 18 février 1750. — *Marie-Catherine*, b [2] 18 février 1752.— *Monique*, b [2] 28 déc. 1753.—*Marie Angélique*, b [2] 1er fevrier 1756. —*Jean-Baptiste*, b [2] 8 juillet 1758. —*Mathieu*, b [2] 20 sept. et s [2] 5 oct. 1760. — *Louis-Marie*, b [2] 20 sept. 1760.

1749, (27 oct.) Islet. [7]

III.—LECLERC, IGNACE, [JOSEPH II.
b 1725.
1° FORTIN, Elisabeth, [LOUIS III.
b 1726.
Marie-Elisabeth, b [7] 15 nov. 1750. — *Marie-Geneviève*, b... m 24 oct. 1774, à Augustin GENDRON, à St-Jean-Port-Joli. — *Ignace*, b [7] 14 sept. 1755.

1757.

2° DUVAL, Marie-Joseph, [JEAN II.
b 1738.
Pierre, b [7] 20 février 1758.— *Marie-Angélique*, b [7] 12 janvier 1760.

1749.

II.—LECLERC (1), ALEXIS, [JEAN I.
b 1721.
VEL, Marie-Joseph, [JEAN-BTE II.
b 1726.
Marie-Joseph, b 15 mars 1750, à St-Antoine-de-Chambly. — *Ambroise*, b 20 et s 25 avril 1751, à St-Ours [7]—*Alexis*, b [7] 18 juin 1752.—*Marie-Anne*, b [7] 29 juillet 1753. — *Marie-Joseph*, b [7] 24 oct. 1754. — *Alexis*, b [7] 11 sept. 1756.—*Joseph*, b [7] 7 dec. 1757.—*Marie-Charlotte*, b [7] 19 janvier 1759.

1749, (10 nov.) Montréal.

I.—LECLERC (2), JEAN-ELOI, b 1726; fils de Jean et d'Anne-Catherine Thomas, de St-Laurent, Paris.
ESTHER, Angelique,
b 1733.

1751, (8 février) Lotbinière.

IV.—LECLERC, JEAN, [JEAN-BTE III.
b 1729.
BAUDET, Marie-Louise. [MICHEL II.

1751, (19 avril) St-Pierre, I. O. [2]

IV.—LECLERC, PIERRE, [JEAN-BTE III.
b 1724.
BLOUARD (3), Marie-Véronique, [JEAN-BTE II.
b 1731.
Pierre, b [2] 14 août 1752. — *Marie*, b 14 avril 1754, à St-Charles. [3] — *Marie-Véronique*, b [3] 20 avril 1756.—*Louis*, b [3] 2 fevrier 1759.

1751, (19 avril) Trois-Rivières. [4]

III.—LECLERC, MICHEL, [JEAN-BTE II.
b 1725.
SAUVAGE, Antoinette, [FRANÇOIS I.
b 1726.
Antoine, b [4] 5 juillet 1752. — *Jean-Baptiste*, b [4]

(1) Voy Auclair, vol. II, p. 72.

(1) Et Leclair dit Lafrenaye.

(2) Dit St. Laurent; soldat de la compagnie de Contrecœur.

(3) Et Huard.

9 mars 1754.— *Jean-Baptiste*, b [4] 9 mars 1755.— *Françoise*, b [4] 22 mars 1756.— *Michel*, b [4] 6 avril 1757.—*Michel*, b [4] 29 août 1759; s [4] 13 oct. 1761.

1752, (24 avril) Québec [4]

I.—LECLERC (1), JEAN-BTE, fils de Maximilien et de Marie Michelle, du Barry, diocèse de Cambrai, Hainaut.
HENS (2), Marie-Louise, [JOSEPH I.
b 1727; veuve de François Dusault.
Marie-Louise, b [4] 16 février et s [4] 18 oct. 1753. —*Jean-Baptiste*, b [4] 11 et s [4] 22 oct. 1757.—*Jean-Baptiste*, b 1758; s [4] 6 nov. 1763. — *Marguerite*, b 20 dec. 1759, à St-Michel.

1752, (12 juin) Montreal.

I.—LECLERC, JEAN-BTE, b 1724, soldat; fils de Claude et de Marie-Jeanne Foc, de St-Jacques-d'Abbeville, ville d'Amiens, en Picardie.
GARREAU, Marie-Amable, [JACQUES-PHILIPPE I.
b 1732.

LECLERC, LOUIS.
LEMAY, Catherine, [IGNACE III.
b 1730; s 7 dec. 1755, à Lotbinière.

LECLERC, PIERRE-IGNACE.
PÉRUSSE, Marie-Louise, [LOUIS II.
b 1734.
Marie-Louise, b 22 fevrier 1755, à Lotbinière.[6] —*Julien*, b [6] 19 et s [6] 24 janvier 1756.— *Marie-Françoise*, b [6] 5 juin 1756. — *Pierre*, b [6] 16 mars et s [6] 2 juillet 1758.— *Marie-Barbe*, b [6] 15 janvier 1765. — *Guillaume*, b [6] 3 et s [6] 25 août 1766.— *Michel*, b [6] 9 juillet 1767.

1755, (27 janvier) St-Pierre, I. O.

IV.—LECLERC, FRANÇOIS, [FRANÇOIS III.
b 1732.
NOLIN, Marie-Joseph, [GUILLAUME II.
b 1735.
François, b 26 oct. et s 16 nov. 1755, à St-Charles.[6]—*François*, b [6] 24 oct. 1756; s [6] 14 sept. 1757. — *Charles*, b [6] 2 juin 1759. — *Basile*, b [6] 9 août 1760.

1755, (8 avril) Bout-de-l'Ile, M. [5]

IV.—LECLERC (3), JOSEPH, [PIERRE III.
b 1734.
FORTIER, Marie-Anne, [JOSEPH II.
b 1737.
Joseph-Marie, b [5] 14 mars 1760; s [5] 7 mars 1761.—*Marie-Joseph*, b [5] 5 fevrier 1764.—*Marie-Anne*, b [5] 25 fevrier 1767.

LECLERC, JOSEPH.
GERBAUT, Marie-Anne, [PIERRE II.
b 1719.
Jean-Baptiste, b 15 oct. 1756, à Contrecœur.

(1) Et Leclair dit Laderoute.

(2) Et Ains; elle épouse, le 27 juillet 1761, Pierre Bonnet, à Québec.

(3) Et Leclair.

I.—LECLERC, FRANÇOIS, soldat; natif de Dôle, Franche-Comte; s 20 juillet 1756, à Ste-Foye (noyé au Cap-Rouge).

1756, (25 oct.) Trois-Rivières. [6]

IV.—LECLERC (1), CLAUDE, [CLAUDE III.
b 1729.
LEMAITRE (2), Marguerite, [PIERRE III.
b 1735.
Claude, b [6] 24 juillet 1757; s [6] 13 janvier 1758. —*Marguerite-Angelique*, b [6] 11 août 1759; s [6] 13 sept. 1760.—*Claude*, b [6] 16 mai 1761.

1757, (7 février) St-Pierre, I. O [7]

IV.—LECLERC, PIERRE, [FRANÇOIS III.
b 1734.
NOEL, Marie-Anne, [RAPHAEL III.
b 1738.
Pierre, b [7] 3 oct. 1757.—*François-Marie*, b [7] 1er avril 1759.—*Pierre*, b 20 juin 1762, à Lévis.[8] —*Marie-Joseph*, b [8] 27 dec. 1763.—*Marie-Geneviève*, b [8] 7 oct. 1765.

1757, (23 fevrier) Islet. [9]

III.—LECLERC, JEAN-BTE, [JOSEPH II.
b 1734.
THIBAUT, Claire, [FRANÇOIS-JOSEPH III.
b 1739; veuve de Jean-François Belanger
Marie-Claire, b [9] 30 mars 1758.—*Marie-Angelique*, b... m 20 nov. 1781, à Pierre CHOUINARD, à St-Jean-Port-Joli.—*Jean-Baptiste*, b [9] 18 sept 1763.—*Marie*, b... m à Jean-Marie CHOUINARD

1757, (7 nov.) St-Henri-de-Mascouche. [4]

IV.—LECLERC, JEAN-BTE, [PIERRE-PRISQUE III.
b 1735.
CHALIFOUR, Marie-Osithé, [JEAN-BTE III.
b 1739.
Prisque, b [4] 8 sept. 1758.—*Jean-Baptiste*, b [4] 1 sept. 1759; s [4] 16 janvier 1760.—*Marie-Osithé*, b [4] 5 et s [4] 10 oct. 1760 — *Jean-Marie*, b [4] 24 août 1761; m 26 sept. 1785, à Marie-Françoise LAUZON, à Lachenaye.[5] — *Louis*, b [5] 1er août 1766 —*Jean*, b [5] 1er août 1775.—*Marie-Charlotte*, b [5] 18 fevrier 1777.—*Marie-Charlotte*, b [5] 10 fevrier 1779.

1757.

III.—LECLERC (1), FRANÇOIS, [LOUIS II.
b 1728.
DENIAU, Marie-Françoise.
François, b... s 12 juillet 1758, à St-Philippe.

LECLERC (3), NICOLAS.
FÉLIX, Marie-Joseph.
Jean-Baptiste, b 15 août 1758, à Sorel.

LECLERC, CHARLES.
PELLETIER, Madeleine.
Charles, b... s 29 dec. 1759, à Ste-Anne-de-la-Pocatière.[1] —*Marie-Joseph*, b [1] 25 août 1762.

(1) Dit Blondin, marié sous ce nom.

(2) Dit Lotinville, mariée sous ce nom.

(3) Et Leclair.

1758, (10 avril) Lévis.
[I]—LECLERC (1), JACQUES, [JACQUES III.
b 1733.
DUSSAULT (2), Geneviève, [JEAN III.
b 1739.
Marie-Geneviève, b 17 mars 1759, à St-Charles.

[L]ECLERC (3), JEAN-BTE.
DUPAULO (4), Marie.
Pierre, b... m 16 oct. 1780, à Théotiste GUI[G]ARD, à Kamouraska.

1759, (18 juin) Soulanges [2]
[I]V.—LECLERC (1), ANTOINE, [PIERRE III.
b 1738.
GIGNAC, Marie-Joseph, [ANTOINE II.
b 1741.
Antoine, b [2] 3 avril 1760.—*Henri*, b [2] 1er déc. [1]761.

[L]ECLERC, LOUIS.
PARÉ, Angelique.
Paul, b... m 15 fevrier 1779, à Therèse BOU[...]ET, à Terrebonne.

1760, (5 oct.) Pte-aux-Trembles, Q. [3]
[I].—LECLERC (5), FRANÇOIS, fils de Bastien et de Barbe Chartré, de St-Etienne, diocèse de Metz, Lorraine.
TRUDEL, Marie-Françoise, [RENÉ III.
b 1732.
Marie-Françoise, b [3] 4 nov. 1760.—*François*, [b] [3] 5 sept. 1762.—*Nicolas*, b [3] 23 oct. 1764.

1760, (27 oct.) Yamachiche. [4]
[I]V—LECLERC (1), JOSEPH. [JEAN III.
LACOMBE, Marie. [JEAN-BTE.
Marie-Joseph, b [4] 13 avril 1764.—*Marguerite*, [b] [4] 6 juillet 1768.

[L]ECLERC, PIERRE.
PEPIN, Marie-Anne.
Helène, b 26 janvier 1761, à Levis.

1761, (26 janvier) St-Pierre-du-Sud.
[I]—LECLERC, PIERRE, fils de Jean-Baptiste et de Marie-Antoinette Baton, de St-Frejeu, diocèse de Reims, en Champagne.
1° DELAVOYE, Marie-Anne, [ANTOINE III.
b 1738.
Marie-Anne, b 2 nov. 1761, à St-Michel-d'Yamaska.[5] — *Marie-Anne*, b [5] 31 mars 1763.—*Antoine*, b... s [5] 24 août 1768.—*Marie-Claire*, nee en oct. 1769, à St-Hyacinthe; b [5] 15 mars 1770—*Jean-Baptiste*, b... m 16 mai 1791, à Therèse CATIN, au Detroit.
1771, (22 juillet). [5]
2° BADAILLAC, Catherine, [IGNACE III.
b 1750; s [5] 7 mai 1772.

(1) Et Leclaire.
(2) Et Duhant.
(3) Et Leclair dit Francœur.
(4) Dit Duval.
(5) Dit Jolicœur.

1772, (17 août). [5]
3° HÉLÈNE (1), Marie.

1761, (20 août) Laprairie.
III.—LECLERC (2), MICHEL, [LOUIS II.
b 1737.
BÉTOURNÉ. Elisabeth, [LOUIS III.
veuve de Jacques Roy.

1761, (26 oct.) Trois-Rivières.
IV.—LECLERC (3), JEAN-FRS, [CLAUDE III.
b 1735.
LEMAITRE (4), Amable, [PIERRE III.
b 1742.

1763, (10 janvier) Montréal.
III.—LECLERC, LOUIS-JOSEPH, [LOUIS II.
b 1733.
CHICOT (5), Marie-Amable, [JEAN-BTE III.
b 1731; veuve de Jean-Baptiste Villeneuve.

1763, (1er août) St-Laurent, I. O. [9]
IV.—LECLERC, JEAN, [JEAN III.
b 1728.
AUDET, Marie. [FRANÇOIS III.
Marie-Geneviève, b [9] 26 mai 1764.

1763, (21 nov.) Charlesbourg.
IV.—LECLERC, ALEXIS, [PIERRE III.
b 1739.
RENAULT, Angelique. [PIERRE III.
Antoine, b... 1° m 16 janvier 1819, à Felicite LOISE, à Sioux, Mo.[7]; 2° m [7] 3 sept. 1821, à Josephine BOUCHER.

1763, (21 nov.) Islet.
III.—LECLERC, JULIEN, [JOSEPH II.
b 1740.
CARON, Marie-Françoise, [ETIENNE IV.
b 1743.

1764, (23 janvier) Ste-Famille, I. O.
IV.—LECLERC, JEAN-BTE, [JEAN-BTE III.
b 1743.
CORNELIER, Marie-Anne, [PIERRE II.
b 1732.

1764.
IV.—LECLERC, MICHEL, [JEAN-BTE III.
b 1738.
HUBERT, Marie-Louise.
Michel-Clement, b 4 janvier 1765, à Lotbinière.

1764, (8 oct.) Ile-aux-Coudres.
IV.—LECLERC, FRANÇOIS, [JEAN III.
b 1730.
BOUCHARD, Marguerite, [ANTOINE II.
b 1720; veuve de Joseph Tremblay.

(1) Dit Letendre.
(2) Et Leclair.
(3) Dit Blondin, marié sous ce nom.
(4) Dit Lotinville, mariée sous ce nom.
(5) Voy. Chiquot.

1764, (15 oct.) Lévis.[1]
IV.—LECLERC, LAURENT, [JOSEPH III.
b 1742.
SAMSON (1), Marie-Joseph. [LOUIS II.
Marie-Joseph, b [1] 2 janvier et s [1] 22 mars 1766. — *Marie-Joseph*, b [1] 27 avril 1767. — *Françoise*, b [1] 23 déc. 1768.—*Marie*, b [1] 20 juillet 1770.

1764.
IV.—LECLERC, FRANÇOIS, [PIERRE-PRISQUE III.
b 1741.
CHARBONNEAU, Marie-Joseph.
Charles, b 4 nov. 1765, à Lachenaye. [7]—*François*, b [7] 30 juin 1769.— *Pierre*, b [7] 1er août 1775.

1765, (18 février) Beauport.
IV.—LECLERC, JEAN-BTE, [PIERRE III.
b 1741.
DELAGE, Marie-Françoise, [CLAUDE II.
b 1740.

1765, (1er juillet) St-Antoine-de-Chambly.
I.—LECLERC, JEAN-BTE, b 1740; fils de Jean-Baptiste et de Marguerite-Françoise Legras, de Ste-Marguerite, Paris.
MIREMONT, Helène, [ALEXIS-CHARLES I.
b 1749.

1765, (30 sept.) Trois-Rivières.
IV.—LECLERC (2), JEAN-BTE, [CLAUDE III.
b 1742.
LEMAITRE (3), Ursule, [PIERRE III.
b 1742.

LECLERC (4), LOUIS.
ROY, Geneviève.
Geneviève, b... m 9 août 1790, à Joseph COTÉ, à Beaumont.

1766, (13 janvier) St-Henri-de-Mascouche.
IV.—LECLERC, CHARLES, [JEAN-BTE III.
b 1741.
BEAUCHAMP, Marie-Marguerite, [JOSEPH III.
b 1743.
Marie-Scholastique, b 23 oct. 1766, à Lachenaye.

1766, (8 avril) St-Henri-de-Mascouche.[2]
IV.—LECLERC, HYACINTHE, [PRISQUE III.
b 1737.
1° HUBOU-TOURVILLE, Marie-Mgte, [GABRIEL IV.
b 1748; s [2] 5 avril 1773.
Jean-Marie, b 7 mars 1767, à Lachenaye.[3]
1774, (30 mai).[2]
2° SÉDILOT-MONTREUIL, Marguerite. [JOSEPH IV.
Hyacinthe, b [3] 13 août 1777.—*Jean-Baptiste* (5), b... m...

(1) Dit St. Sauveur, 1767.
(2) Dit Blondin, marié sous ce nom.
(3) Dit Lotinville, mariée sous ce nom; elle était en 1772, à Batiscan.
(4) Et Leclair.
(5) Vivait encore en 1873.

1766, (28 avril) Longue-Pointe.[7]
IV.—LECLERC, IGNACE, [JEAN III.
b 1740.
TRUTEAU, Angél.-Cath.-Charlotte, [PIERRE III.
b 1739.
Marie-Angélique, b [7] 30 mars 1767; s [7] 4 mars 1769.— *Marie-Catherine*, b [7] 8 juin 1769; s [7] 3 janvier 1770.—*Jean-Baptiste-Joseph*, b 11 et s 2. juillet 1774, à Lachenaye.

1767, (23 février) Lotbinière.[7]
IV.—LECLERC (1), NICOLAS-ADRIEN, [J.-BTE III.
b 1734.
GIROIR, Marie-Anne. [GUILLAUME I.
Marie-Anne, b [7] 17 juin et s [7] 23 août 1768.

1767, (16 juin) St-Joachim.
IV.—LECLERC, JOSEPH, [JEAN-BTE III.
b 1738.
FORTIN, Marguerite, [JULIEN-PIERRE III.
b 1744.

1767, (21 oct.) Yamachiche.
LECLERC (1), ANTOINE. [JEAN.
FRÉCHET, Marie. [PIERRE III.

1769, (6 nov.) Ste-Anne-de-la-Pocatière.
III.—LECLERC, JEAN-BTE, [ETIENNE II.
b 1746.
PELLETIER, Charlotte-Eulalie, [FRANÇOIS IV.
b 1751.

1770, (13 nov.) Ile-aux-Coudres.
IV.—LECLERC, JEAN-FRS, [JOSEPH III.
b 1739.
TREMBLAY, Julie, [JOSEPH III.
b 1751; s 28 février 1777, à St-Jean-Port-Joli.

LECLERC, PIERRE.
LAVALTRIE, Marie-Louise,
b 1739; s 18 mai 1784, à Québec.
Jean, b en janvier et s 6 sept. 1770, à Lévis

1771, (17 mars) Lachenaye [1] (2).
LECLERC, JOSEPH.
LAPORTE, Marie-Joseph,
veuve de Michel Picard.
Marie-Joseph, b [1] 20 mai 1772.—*Marie-Catherine*, b [1] 21 janvier 1774.—*Marie*, b [1] 14 oct. et s [1] 9 dec. 1775.—*Joseph*, b [1] 13 avril et s [1] 13 juillet 1777.—*Marie-Charlotte*, b [1] 16 mai 1781.—*Antoine*, b [1] 7 juin 1783.—*Joseph-Marie*, b [1] 8 juillet 1785; s [1] 24 mars 1786.—*Anonyme*, b [1] et s [1] 3 février 1787.—*Marguerite-Agathe*, b [1] 5 fevrier 1788.

1771, (29 juillet) Ste-Anne-de-la-Pocatière.
IV.—LECLERC, JEAN-BTE, [JOSEPH III
b 1743.
1° ST. PIERRE (3), Marie-Joseph, [FRANÇOIS III.
b 1755.

(1) Et Leclair.
(2) Ce mariage avait été célébré le 13 février 1771, sans avoir été dispensé du 3e au 4e degré.
(3) Dessaint.

1775, (20 février) St-François, I. O.
PEPIN, Marie-Joseph. [JOSEPH IV.

1772, (9 nov.) Ste-Anne-de-la-Pocatière.
II.—LECLERC, JEAN-BERNARD, [ETIENNE II.
b 1751.
HUDON, Geneviève, [LOUIS-CHARLES II.
b 1748.

1774, (10 janvier) St-Henri-de-Mascouche.
.—LECLERC, FRANÇOIS, [FRANÇOIS IV.
b 1752.
VILLENEUVE, Marie-Geneviève, [PIERRE III.
b 1753.
Joseph-Marie, b 17 août 1784, à Lachenaye.

1776.

LECLERC, THOMAS.
HEBERT, Elisabeth.
Thomas, b 9 mars 1777, à Lachenaye.

1777, (10 fevrier) Rivière-Ouelle.
II.—LECLERC, JOACHIM. [ETIENNE II.
LÉVÊQUE, Marie-Joseph, [LOUIS III.
b 1750.

1779, (15 fevrier) Terrebonne.
LECLERC (1), PAUL. [LOUIS.
BOUVRET, Therèse, [ETIENNE I.
b 1750.

1780, (16 oct.) Kamouraska.
LECLERC (2), PIERRE, [JEAN-BTE.
GUICHARD (3), Théotiste. [BENOIT.
Rosalie, b 7 juillet 1787, à l'Ile-Verte.

1781, (8 janvier) Ile-aux-Coudres.
IV.—LECLERC, LOUIS, [JOSEPH III.
b 1757.
TREMBLAY, Elisabeth, [JOSEPH III.
b 1759.
François, b 31 dec. 1792, aux Trois-Pistoles [3]; s [3] 18 août 1793.—*François,* b [3] 30 nov. 1794.—*Marie-Elisabeth,* b... s [3] 16 sept. 1798.

1782.

IV.—LECLERC, JACQUES, [PIERRE-PRISQUE III.
b 1750.
MATHIEU, Geneviève-Françoise, [NICOLAS III.
b 1759.
Jean-Baptiste, b 30 mars 1783, à Lachenaye. [4]
—*Jacques,* b [4] 5 et s [4] 8 janvier 1785.—*Jean,* b [4] 5 et s [4] 14 janvier 1785.—*Marie-Marguerite,* b [4] 21 janvier 1786.—*Marie-Barbe,* b [4] 3 sept. 1787.—*Marie-Charlotte,* b... s [4] 15 août 1789.

1785, (26 sept.) Lachenaye.
V.—LECLERC, JEAN-MARIE, [JEAN-BTE IV.
b 1761.
LAUZON, Marie-Françoise. [FRANÇOIS II.

(1) Et Leclair.
(2) Et Leclair dit Francœur.
(3) Dit Bourguignon.

1785.

LECLERC, HENRI.
DELAUNAY, Marie.
Etienne, b 28 mai 1786, à l'Ile-Perrot.

1791, (16 mai) Détroit.
II.—LECLERC (1), JEAN-BTE. [PIERRE I.
CATIN, Thérèse, [ANTOINE.
b 1775.

1819, (16 janvier) Sioux, Mo. [7]
V.—LECLERC (1), ANTOINE. [ALEXIS IV.
1° LOISE, Félicité, b 1791; veuve de Louis Gaud; fille d'Alexis et d'Elisabeth Beaugenoux, de St-Louis, Mo.
1821, (3 sept.) [7]
2° BOUCHER, Josephine, [FRANÇOIS.
veuve de Jean-Louis St. Germain.

LECOINTE.—*Surnom :* LAVIOLETTE.

1759, (29 janvier) Montréal.
I.—LECOINTE (2), GUY, b 1727, soldat; fils de Jacques et d'Anne Barry, de Rouane-en-forêt, diocèse de Lyon, Lyonnois.
GAILLARD, Marguerite, [HYPOLITE I.
b 1741.

LECOLLEN.—*Surnom :* ZACHARIE.

1756, (22 juin) Baie-St-Paul. [9]
I.—LECOLLEN (3), JEAN-BTE, fils de Pengent et de Julienne Corbin, de Plancha, diocèse de St-Brieux, Bretagne.
RINGUET (4), Catherine, [JEAN I.
b 1741; veuve d'Ambroise Boivin.
Marie-Julienne, b [9] 17 août 1757.

LECOMBLE, RAYMOND.
LAVERGNE, Jeanne.
Jean-François, b 21 nov. 1760, à Chambly.

LECOMPTE.—*Variations et surnoms :* COMTE—LACOMBE—LECOMTE—CASSIN—DEBELLEGARDE—DE CHAMIRÉ—DE LA GIMAUDIÈRE—DE LA RAGOTTERIE—DE LA VILLEMAUDIÈRE—DE LA VIMAUDIÈRE—DUBOIS—DUPRÉ—HÉBERT—LAFLEUR—LAROSE—LAVIMAUDIÈRE—LEGROS—SIMON—ST. JACQUES.

I.—LECOMPTE (5), AIMÉ,
b 1644; maître-tailleur.
1° SAUVOIS, Thérèse,
veuve de Pierre Vacher.
1679.
2° GOUPIL (6), Anne, [NICOLAS I.
b 1653; veuve de Pierre Brébant-Lamotte.

(1) Et Leclair.
(2) Dit Laviolette.
(3) Dit Zacharie; fait prisonnier de guerre et conduit en Angleterre. (Registre de la Baie-St-Paul, 11 avril 1762).
(4) Elle épouse, en 1773, François Imbaut.
(5) Voy. vol. I, p. 361.
(6) Et Gouyon, elle épouse, le 6 février 1701, Simon Monginеau, à Montréal.

Françoise, b 19 juin 1684, à Lachine; m 1718, à Vincent Beaumont; s 24 nov. 1760, à Ste-Rose. — *Alphonse*, b 11 mai 1688, à Montréal[3]; m[3] 18 nov. 1714, à Marie-Catherine DeVautour. — *Marie-Elisabeth*, b 1691; m[3] 13 juin 1722, à Ambroise Cazal; s 10 sept. 1748, au Sault-au-Recollet. — *Urbain*, b[3] 18 oct. 1692; m[3] 1er déc. 1723, à Marie-Martine Lereau. — *Pierre*, b[3] 17 nov. 1695; m 20 oct. 1721, à Marie-Charlotte Fournier, au Bout-de-l'Ile, M. — *Marguerite*, b[3] 22 sept. 1697; m[3] 8 nov. 1723, à Pierre Deslandes.

1683.

I.—LECOMPTE (1), Louis,
b 1654; marchand; s 13 juillet 1715, à Montreal.[3]

St. Georges, Catherine,
b 1662; s[3] 3 avril 1738.

Jean-Baptiste-Louis, b[3] 1er juillet 1686; s[3] 11 juillet 1722.—*Jean*, b[3] 4 avril 1689; m[3] 20 janvier 1727, à Marie-Anne Hervieux. — *Marie-Catherine*, b[3] 5 août 1692; s[3] 11 nov. 1737. — *Marie-Louise*, b[3] 29 mai 1697; m[3] 19 mars 1718, à Antoine Maignan. — *Thérèse*, b[3] 15 oct. 1699; m[3] 9 juin 1721, à Raymond Baby. — *Jean-Baptiste*, b[3] 3 avril 1702, s[3] 20 mai 1720.

1695, (11 avril) Château-Richer.[6]

I.—LECOMPTE (2), Samuel, b 1667; marchand; s 30 juin 1715, à St-Pierre, I O.[7]

1° Bidon, Anne, [Louis I.
b 1669; veuve de Jean Boette, s[6] 19 fevrier 1703.

Marie, b[7] 16 mars 1696; m 8 oct 1714, à Joseph Lemay, à Montreal.[8]—*Anne*, b[6] 5 mars 1701; m[8] 31 janvier 1718, à Ignace Lemay; s 10 août 1739, au Sault-au-Recollet.

1705, (28 juillet) St-Nicolas.

2° Jérémie (3), Marie-Jeanne. [Noel I

Joseph, b[6] 21 mai 1707; m 20 fevrier 1730, à Madeleine Jacques, à Charlesbourg; s 24 août 1746, à St-Antoine-de-Chambly. — *Catherine-Gertrude*, b[8] 7 sept. 1708; m[8] 8 janvier 1731, à Pierre Haustin.—*Jean-Baptiste*, b[8] 8 août 1710.—*Marguerite*, b[8] 29 mai et s[8] 2 juin 1712.—*Marie-Anne*, b... m 1755, à François Chatel.

1698, (2 sept.) Quebec.[4]

I.—LECOMPTE (4), Antoine,
s[4] 21 avril 1709.

1° Poiré, Marie, [Laurent I.
b 1674, s[4] 25 déc. 1702.

Madeleine-Françoise, b[4] 30 août 1699; m 26 août 1719, à Augustin Dupile, à St-Pierre, I. O. —*Marie-Charlotte*, b[4] 3 sept. 1701; m 21 janvier 1726, à Augustin Bussière, à Beaumont.

1703, (20 mars).[4]

2° Lefebvre (1), Claire-Françoise, [Thomas
b 1679.

1698, (29 sept.) Québec.[3]

I.—LECOMPTE (2), Jean,
b 1670; garde-port; s[3] 29 nov. 1745.

1° Vuillis, Madeleine,
s[3] 1er fevrier 1703.

Etienne, b[3] 23 nov. 1700; m 12 janvier 1727, Jeanne-Charlotte Couturier, à Montreal; s[3] ... sept. 1746.

1703, (1er mai).[3]

2° Hédouin, Marguerite, [Jacques
b 1684; s[3] 27 nov. 1753.

Madeleine, b 1704. — *Urbain*, b 1716. — *Angelique*, b 1717.—*Albert*, b 1731.

I.—LECOMPTE, Pierre, b 1656; s 18 mai 175.. à Soulanges.

1708, (3 sept.) Montréal.[5]

I—LECOMPTE (3), Pierre, b 1680; fils de Pierre et de Marguerite LePrince, de St-Malo, Bretagne.

Capelle (4), Suzanne, [Jean
b 1687, s 18 fevrier 1750, à Lachine[9]

Jeanne-Louise, b[5] 4 et s[5] 8 fevrier 1713.—*Angélique-Françoise*, b[5] 17 mai 1714, m[5] .. nov. 1731, à Pierre Lafleur.—*Joseph*, b[5] 31 janvier 1716, 1° m[5] 9 juin 1740, à Marie-Anne Cardinal; 2° m 3 juillet 1747, à Marie-Louise Chevalier, à la Pointe-Claire.—*Pierre*, b[5] 2 mars 1718; m[9] 5 nov 1753, à Catherine-Angelique Massia.—*Laurent*, b 21 oct. 1720, à St-Laurent, M, m 1. fevrier 1747, à Marie-Joseph Quenneville, au Sault-au-Récollet.—*Charles*, b[5] 4 août 1722, m .. mai 1750, à Geneviève Lalonde, au Bout-de-l'Ile, M.[8] — *Catherine*, b[8] 20 janvier 1725. — *Marie-Louise*, b 1726; m 30 avril 1753, à Pierre-Augustin Gosselin, à Lachenaye[7], s[7] 29 mai 1756

1714, (18 nov.) Montréal.[1]

II.—LECOMPTE (5), Alphonse, [Aimé I
b 1688.

De Vautour, Marie-Catherine, [André I
b 1691; s 14 janvier 1774, à Terrebonne.[2]

Joseph-Simon, b[1] 31 août 1715; 1° m[2] 9 sept. 1737, à Marie-Joseph Paris; 2° m[2] 4 nov. 1743, à Charlotte Renaud. — *Marie-Catherine*, b[1] 23 janvier 1717; s[1] 12 nov. 1719.—*Laurent*, b[1] 3 oct. 1718.—*Louis*, b[1] 6 dec. 1719; s[1] 3 avril 1720.—*Jean-Baptiste*, b 30 sept. 1721, à St-Laurent, M.; 1° m[2] 21 juin 1745, à Marguerite Renaud; 2° m[2] 7 janvier 1756, à Marie-Therèse Dubois.—*Pierre*, b... m 14 janvier 1749, à Catherine Troye, à Varennes. — *François*, b... 1° m[2] 17 fevrier 1749, à Marguerite Petitclerc; 2° m 28 janvier 1760, à Agathe Baldoin, à Ste-Rose — *Louis*, b[1] 2 avril 1730.— *Marie-Catherine*, b[1] 11

(1) Dit Dupré; voy. vol. I, p. 362.

(2) De la Gimaudière, 1714—De la Vimaudière, 1695—De la Villemaudiere; voy. vol. I, p. 362.

(3) Elle epouse, le 19 fevrier 1710, Pierre Levasseur, à Quebec.

(4) Voy. vol. I, p. 362.

(1) Elle épouse, le 10 nov. 1710, Pierre Marchand, à Québec.

(2) Voy. vol I, p. 362.

(3) Dit Lafleur; fermier des MM de St-Sulpice.

(4) Dit Desjardins.

(5) Fermier de M. Lepage, dans les Plaines.

...1734; s [1] 31 mai 1740 (noyée). — *Joseph-Charles*, b [2] 31 mai et s [2] 9 juin 1735. — *Joseph-Alphonse*, b [1] 14 juillet 1736; s [2] 9 juillet 1743.— *Louis-Joseph*, b [1] 8 juillet 1738.

1716, (11 mai) Québec. [1]
II—LECOMPTE, Aimé-Jean-Bte, [Aimé I.
b 1686; s [1] 2 février 1732.
Chambrland, Angelique, [Simon II.
b 1694
Simon-Aimé, b [1] 8 janvier 1719.—*Marie-Louise*, b [1] 28 avril 1721; m [1] 8 janvier 1742, à Jean-Baptiste Guyon. — *Marie-Jeanne-Aimée*, b [1] 15 nov. 1723.

LECOMPTE (1), Louis.
Descl, Jeanne.
Marie-Geneviève, b 21 mai 1722, à Montréal.

LECOMPTE, ... b 1720; s 18 février 1755, à Chambly.

LECOMPTE (2), Pierre.
Goupil, Marie-Anne.
Marie-Charlotte, b 14 août 1722, au Bout-de-l'Ile, M.

1721, (20 oct.) Bout-de-l'Ile, M. [1]
II—LECOMPTE (3), Pierre, [Aimé I.
b 1695.
Fournier, Marie-Charlotte, [Antoine I.
b 1698.
Marie-Charlotte, b 1722; m 23 sept. 1743, à Etienne Geoffroy, à Montréal. [2] — *Edmé-Marie*, b [1] 1er sept. 1723. — *Pierre-Marie*, b [1] 11 fevrier 1725; m 19 avril 1751, à Geneviève Bourhis, à Lachine — *Marie-Madeleine*, b [1] 27 avril 1726 — *Marie-Pélagie*, b [1] 15 et s [1] 16 mars 1727.—*Marie-Pelagie*, b [2] 5 mars 1728; s [2] 27 nov. 1729.— *Jacques*, b [2] 3 fevrier 1730.—*Marguerite*, b 1731; m [2] 6 oct. 1749, à Charles Sorel; s [2] 5 juillet 1755.—*Antoine-Amable*, b [2] 3 mai et s [2] 17 juillet 1734. — *Charles-Augustin*, b [2] 31 août 1735. — *Michel*, b [2] 2 fevrier et s [2] 20 août 1738.

1723, (1er dec.) Montréal. [4]
II—LECOMPTE, Urbain, [Aimé I.
b 1692; cuisinier.
Lerlau (4), Marie-Martine, [Pierre I.
b 1696.
Pierre, b [4] 27 déc. 1723; s [4] 2 déc. 1725. — *Urbain-Roch*, b [4] 27 déc. 1723; m [4] 25 oct. 1751, à Marie-Anne Sarrot. — *Ignace*, b [4] 14 fevrier 1725.—*Geneviève*, b [4] 13 avril 1727; s [4] 15 janvier 1730 —*Charlotte-Geneviève*, b [4] 21 janvier 1729; s [4] 11 fevrier 1730.—*Louise-Elisabeth*, b [4] 8 juillet 1730.—*Marguerite*, b [4] 16 fevrier 1735. — *Marie-Joseph*, b [4] 19 mars 1739; m [4] 24 août 1761, à Louis-Michel Damours. — *Louis-Augustin*, b [4] 23 dec. 1741; s [4] 23 déc. 1742.

(1) Dit Dupré.
(2) Et Comte.
(3) Bedeau de Montréal.
(4) Et Lerraud.

1727, (12 janvier) Montréal. [1]
II.—LECOMPTE, Etienne, [Jean I.
b 1700; s [1] 22 sept. 1746.
Couturier, Jeanne-Charlotte, [Pierre II.
b 1701; s [1] 7 sept. 1739.
Marie-Charlotte, b [1] 5 janvier et s [1] 6 juin 1728. —*Pierre-Etienne*, b [1] 31 mars 1729; s [1] 7 février 1730.—*Marie-Elisabeth*, b [1] 7 mai 1730.

1727, (20 janvier) Montréal [1]
II.—LECOMPTE (1), Jean, [Louis I.
b 1689; marchand.
Hervieux, Marie-Anne, [Léonard II.
b 1714; s [1] 18 août 1789.
Marie-Catherine, b [1] 18 fevrier 1728; s [1] 1er avril 1730.—*Marie-Louise*, b [1] 14 avril 1729; m [1] 24 nov. 1745, à Pierre Couraut-Lacoste.—*Jean-Baptiste*, b... m 13 juillet 1758, à Catherine Martel, à Quebec.— *Antoine*, b [1] 19 août 1735; s [1] 26 janvier 1746. — *Anne-Michelle*, b [1] 28 avril et s 26 août 1737, à la Longue-Pointe. — *Georges-Hypolite*, b [1] 24 mars 1738; m [1] 9 janvier 1764, à Marie-Charlotte Liénard.— *Marie-Luce*, b [1] 13 et s [1] 21 dec. 1739. —*Marie-Anne*, b [1] 14 dec. 1740. — *Jacques*, b [1] 24 janvier 1742. — *Marie-Joseph*, b [1] 17 août 1744.— *François*, b [1] 2 dec. 1745. — *Antoine*, b [1] 24 sept. 1747. — *François-Josué*, b [1] 3 dec. 1750.

1730, (20 fevrier) Charlesbourg. [6]
II.—LECOMPTE (2), Joseph, [Samuel I.
b 1707; s 24 août 1756, à St-Antoine-de-Chambly. [7]
Jacques, Madeleine, [Louis I.
b 1708.
Marie-Joseph, b [6] 27 nov. 1730; m 18 janvier 1751, à François Daunay, à Boucherville. — *Joseph*, b [6] 21 juillet 1732; m [7] 25 fevrier 1754, à Marie-Felicite Poulin.—*Anne*, b [6] 14 juin 1734.— *Marie-Madeleine*, b [6] 8 mars 1737; m 17 janvier 1757, à Gabriel Giars, à Contrecœur. — *Pierre*, b [6] 13 juin 1740; m [7] 21 mai 1764, à Marie Chefdevergue.

I.—LECOMPTE (3), Pierre.
Venne, Marie-Joseph.
Marie-Joseph, b 22 nov. 1727, à Montréal [1]; m [1] 23 fevrier 1756, à Jean Bouguillon.

1733, (17 août) Montreal. [6]
I.—LECOMPTE (4), François, b 1707, soldat; fils d'Etienne et de Françoise Brazeau, de St-Pierre-de-Brantôme, diocese de Perigueux, Perigord, s 12 mars 1788, à l'Hôpital-General, M. [7]
1° Biuteau, Marie-Jos-Marguerite, [Louis II.
b 1706; s [6] 27 mai 1740.
Marie-Joseph, b [6] 27 mai 1734; m [6] 11 janvier 1752, à Jean Delucy. — *Elisabeth*, b [6] 27 nov. 1736; m [6] 24 nov. 1755, à Elie Chevalier.— *Marie-Françoise*, b [6] 10 sept. 1738; s [6] 3 janvier 1739.

(1) Et Lecomte dit Dupré.
(2) Et Lecomte, sieur de la Vimaudière.
(3) Dit Larose.
(4) De Bellegarde.

1740, (24 oct.) [6]
2° LAPORTE, Marguerite, [JOSEPH III.
b 1718 ; s [7] 4 mars 1802.

1737, (9 sept.) Terrebonne. [8]
III.—LECOMPTE (1), JOS.-SIMON, [ALPHONSE II.
b 1715.
1° PARIS, Marie-Joseph, [GILLES I.
b 1717 ; s [8] 31 déc. 1742.
Marie-Joseph, b [8] 13 août 1738; m [8] 8 février 1762, à Paul-Jean PETIT. — *Marie-Charlotte,* b [8] 18 sept. et s [8] 10 oct. 1739.—*Marie-Catherine,* b [8] 18 sept. 1740 ; m [8] 11 avril 1768, à François LAROCHE ; s [8] 27 nov. 1771.— *Louise-Amable,* b [8] 11 août 1742 ; m [8] 10 sept. 1770, à François RENAUD-LOCAT.
1743, (4 nov.) [8]
2° RENAUD-LOCAT, Marie-Chtte. [FRANÇOIS II.
Marie-Charlotte, b [8] 31 juillet 1745 ; m [8] 30 avril 1764, à Augustin DESROCHERS.— *Joseph-Marie,* b 10 mars, à Lachenaye et s [8] 25 juillet 1747.—*Joseph-Marie,* b [8] 9 et s [8] 15 février 1749. —*Marie-Reine,* b [8] 23 août 1753 ; s [8] 8 nov. 1754. —*Joseph-Marie,* b [8] 23 sept. 1755; m [8] 24 août 1778, à Marie-Louise PINOT.—*Dominique,* b [8] 21 juillet 1758.

1740, (8 mai) Cahokia.
I.—LECOMPTE (2), BERNARD, fils de Pierre et de Gabrielle Laisar, d'Erigna-en-Rouergue.
BILLARD, Geneviève, fille de Guillaume et de Jeanne Cadet, de St-Sulpice de Paris.

1740, (9 juin) Montréal.
II.—LECOMPTE (3), JOSEPH, [PIERRE I.
b 1716.
1° CARDINAL, Marie-Anne, [PIERRE I.
b 1717.
1747, (3 juillet) Pointe-Claire.
2° CHEVALIER (4), Marie-Louise. [FRANÇOIS I.

1745, (21 juin) Terrebonne. [1]
III.—LECOMPTE, JEAN-BTE, [ALPHONSE II.
b 1721.
1° RENAUD, Marguerite, [FRANÇOIS II.
s [1] 26 mars 1753.
Marie-Reine, b [1] 13 avril 1746 ; m [1] 18 février 1765, à Augustin TIPAUT.—*Françoise,* b [1] 21 et s [1] 24 juillet 1748.—*Jean-Baptiste,* b [1] 16 août 1749 ; m 1768, à Angelique GEORGET-TRANQUILLE. —*Marie-Marguerite,* b [1] 7 juillet et s [1] 13 sept. 1751.—*Marie-Louise,* b [1] 31 août 1752.
1756, (7 janvier). [1]
2° DUBOIS, Marie-Thérese, [ETIENNE II.
b 1737.
Pierre, b [1] 28 oct. 1756.—*Marie,* b [1] 30 sept. 1758.—*Joseph,* b [1] 5 oct. 1760.—*Marie-Charlotte,* b 21 août 1767, à Lachenaye.

(1) Et Lecomte dit Simon, 1749—Lacombe, 1734.
(2) Dit Legascon.
(3) Dit Lafleur.
(4) Dit Perigord.

1747, (13 fevrier) Sault-au-Récollet. [2]
II.—LECOMPTE (1), LAURENT, [PIERRE I.
b 1720.
QUENNEVILLE, Marie-Joseph, [JEAN II.
veuve de Pierre Parseillé.
Marie-Geneviève, b [2] 15 avril 1747.—*Marie-Catherine,* b [2] 25 oct. 1748 ; s [2] 30 août 1749.

1749, (14 janvier) Varennes. [3]
III.—LECOMPTE, PIERRE. [ALPHONSE II.
TROYE, Catherine, [ANTOINE I.
b 1722.
Catherine, b 1749 ; m [3] 17 oct. 1768, à Jean-Baptiste PARISEAU.

1749, (17 février) Terrebonne. [4]
III.—LECOMPTE, FRANÇOIS. [ALPHONSE II.
1° PETITCLERC, Marguerite, [FRANÇOIS II.
b 1727.
Marie-Angélique, b [4] 9 et s [4] 17 juillet 1749.
1760, (28 janvier) Ste-Rose.
2° BEAUDOIN, Agathe. [LOUIS III.
Toussaint, b 13 oct. 1767, à Lachenaye.

LECOMPTE, JOSEPH-JACQUES.
GAUTIER, Marie-Joseph.
Marie, b... s 9 sept. 1750, au Bout-de-l'Ile, M. [5] —*Basile,* b [5] 27 juillet 1757.

LECOMPTE, FRANÇOIS.
LEFEBVRE, Marguerite.
Marie-Rosalie, b 3 et s 24 avril 1751, à Ste-Rose. [6]—*Marie-Joseph,* b 1752 ; s [6] 21 sept. 1753.

1750, (6 mai) Bout-de-l'Ile, M.
II.—LECOMPTE (1), CHARLES, [PIERRE I.
b 1722.
LALONDE, Geneviève, [GUILLAUME II.
b 1727.
Marie-Charlotte, b 9 sept. 1753, à Soulanges [7] —*Geneviève,* b [7] 15 juin 1755; s [7] 8 fevrier 1758 —*Marie-Françoise,* b [7] 10 et s [7] 12 avril 1757— *Jean-Charles,* b [7] 24 juillet 1758 ; s [7] 17 sept 1760 —*Albert,* b [7] 10 juin 1760.

1751, (19 avril) Lachine. [8]
III.—LECOMPTE, PIERRE-MARIE, [PIERRE II.
b 1725.
BOURHIS, Geneviève. [GABRIEL II.
Marie-Geneviève, b [8] 10 nov. 1759.

1751, (25 oct.) Montréal.
III.—LECOMPTE, URBAIN-ROCH, [URBAIN II.
b 1723.
SARROT, Marie-Anne, [PIERRE II.
b 1720.

(1) Dit Lafleur.

1753, (6 février) Montréal.

I—LECOMPTE, Jacques, b 1719; fils de Guillaume et de Marie-Anne Leveziel, de Gourbeville, diocèse de Coutances, Normandie.
Thompson, Helène, b 1728; fille de Guillaume et de Marguerite Laver, de Canaguet, Edimbourg, Ecosse.

1753, (5 nov.) Lachine. [9]

II.—LECOMPTE (1), Pierre, [Pierre I.
b 1718.
Massia, Catherine-Angelique. [Paul I.
Guillaume-Henri, b [9] 4 août 1754. — *Marie-Anne*, b 1756; s [9] 28 mars 1758.—*Joseph*, b 30 mai 1760, à Soulanges.

1754, (25 fevrier) St-Antoine-de-Chambly. [1]

III.—LECOMPTE (2), Joseph, [Joseph II.
b 1732.
Poulin-Alaire, Felicité, [Louis III.
b 1735.
Marie-Louise-Félicité, b [1] 6 déc. 1754.—*Joseph*, b [1] 5 et s [1] 8 nov. 1756 —*Marie-Joseph*, b [1] 28 oct. 1758; s [1] 29 oct. 1759.

LECOMPTE, Jean-Bte.
.... Marie-Clotilde.
Marie, b 1755; s 19 janvier 1759, à Lachenaye.

1757, (24 janvier) Quebec.

I.—LECOMPTE (3), Vital, veuf de Françoise Aubergé; fils d'Antoine et de Claudine Frison, de St-Pierre, ville de Lyon, Lyonnois.
Vergeat, Marie-Madeleine, [Jean-Bte I.
b 1706; veuve de Simon Cluseau.

1757, (1er fevrier) Québec. [3]

I—LECOMPTE (4), Julien, fils d'Antoine-René et de Françoise Cusson, de Beaumont, diocèse du Mans, Maine.
Greguin, Angelique, [François I.
b 1739.
Julien, b [3] 21 mai 1756; s [3] 26 janvier 1758. — *Philippe-Julien*, b [3] 5 dec. 1757; s [3] 29 janvier 1758.

1758, (13 juillet) Québec. [6]

III.—LECOMPTE (5), Jean-Bte, [Jean II.
marchand.
Martel (6), Catherine, [François II.
b 1742.
Marie-Louise, b 1763; s [6] 23 déc. 1777. — *Jean-Baptiste*, b... s 3 juin 1767, à Ste-Foye. [7] — *Antoine*, b 1770; s [7] 13 mars 1771. — *Marie-Charlotte*, b 1772; s [6] 13 mars 1832. — *Angélique*, b... m [6] 23 mai 1791, à Jacques-François Cugnet.

(1) Et Lecomte dit Lafleur.
(2) Dit Lavimaudière.
(3) Soldat bombardier.
(4) Tambour-major de la compagnie de LeVerrier.
(5) Dupré — Seigneur de St-François d'Argentenay — Lieut.-Colonel des milices.
(6) De Brouague.

LECOMPTE, Simon, b... s 18 oct. 1766, à St-Thomas (noyé).

1760, (4 nov.) Pte-aux-Trembles, M.

I.—LECOMPTE, Pierre-François, b 1739; fils de Pierre et de Marie-Claire Lesage, de Ste-Magdeleine, ville d'Arras, en Artois.
Lafon, Marie-Anne, [Simon I.
b 1738.

LECOMPTE, François.
Labelle, Marie-Charlotte.
Marie-Charlotte, b 16 juillet 1761, à Lachenaye.

I.—LECOMPTE (1), Jacques,
b 1732; de Caën.

1764, (9 janvier) Montréal.

III.—LECOMPTE (2), Geo.-Hypolite, [Jean II.
b 1738.
Liénard de Beaujeu, Marie-Chtte, [Daniel II.
b 1742.

1764, (21 mai) St-Antoine-de-Chambly.

III.—LECOMPTE (3), Pierre, [Joseph II.
b 1740.
Chefdevergue, Marie, [Louis II.
b 1744.

1768.

IV.—LECOMPTE, Jean-Bte, [Jean-Bte III.
b 1749.
Georget-Tranquille, Angèlique, [François II.
b 1747; s 24 juin 1786, à Lachenaye. [7]
Angélique, b [7] 12 nov. 1769; s 10 janvier 1770, à Repentigny.—*Marie-Angélique*, b [7] 3 nov. 1782; s [7] 7 fevrier 1783.

1778, (24 août) Terrebonne.

IV.—LECOMPTE, Jos.-Marie, [Jos.-Simon III.
b 1755.
Pinot, Marie-Louise, [Joseph IV.
b 1758.

LECOMTE.—Voy. Lecompte.

1756, (30 août) St-Thomas.

I.—LeCONELLIER (4), Jean.
Fournier, Elisabeth, [Joseph III.
b 1724; veuve d'Alexis Boulet.
Elisabeth, b 22 juin 1758, à St-Pierre-du-Sud.

LECOQ.—*Surnoms:* Foubert — Lajeunesse — St. Once.

(1) Dit St. Jacques; soldat de Languedoc, compagnie de Blanchard. (Registre des proces-verbaux, 1761, evêché.)
(2) Dit Dupre.
(3) Dit Lavimaudière; marié sous ce nom.
(4) Pour Lecavelier.—Voy. Cavelier vol. II, p. 588.

1708, (30 janvier) Québec.[5]

I.—LECOQ (1), Pierre, soldat d'Esgly; fils d'Olivier et de Françoise Morand, de St-Brieux, Bretagne.

Pivain, Geneviève, [Pierre I. b 1678.

Catherine-Geneviève, b [5] 23 déc. 1708; m [5] 28 oct. 1739, à François Gastonguay. — *Louise,* b [5] 17 août et s [5] 1er sept. 1710.—*Jean-François,* b [5] 15 et s [5] 16 mai 1711.—*Charles,* b [5] 16 juillet 1712; m 3 sept. 1741, à Marie-Anne Brisson, à Ste-Foye [6]; s [6] 17 avril 1780.—*Pierre-Michel,* b [5] 12 nov. 1714; s [5] 26 août 1715.—*Pierre,* b [5] 23 août 1716. — *Marie-Anne,* b [5] 24 mars 1718; 1° m [6] 9 oct. 1741, à Joseph Pin; 2° m [5] 17 fevrier 1749, à Alexis Chevalier; s [5] 3 août 1755.—*Jean-André,* b 1719; s [5] 28 mai 1720.

1721, (10 nov.) Québec.[3]

I.—LECOQ (2), Jean, b 1694, sergent; fils de Pierre et de Marguerite Fouques, de Cognac, diocèse de Xaintes, Saintonge; s [5] 10 dec. 1742.

Duchêne, Elisabeth, [Pierre I. b 1685.

Marie-Marguerite, b [5] 8 oct. 1723; m [5] 18 nov. 1742, à Toussaint De St. Agnan.—*Jean-François,* b [5] 26 oct. 1726; s 1er mars 1727, à St-Augustin.

1741, (3 sept) Ste-Foye.[6]

II.—LECOQ (1), Charles, [Pierre I. b 1712; s [6] 17 avril 1780.

Bisson, Marie-Anne, [Joseph III. b 1702; veuve de François Pin.

René et *Jean-Marie,* b 14 et s 18 mai 1742, à Quebec. — *Charles,* b [6] 26 avril 1743; s [6] 23 fevrier 1744. — *Charles-Augustin,* b [6] 28 mai et s [6] 12 août 1747.

1736, (6 nov.) Québec.[4]

I.—LECORGNE, Guillaume, fils de Mathieu et de Gilles Harvai, de Combourg, diocèse de St-Malo, Bretagne.

Turgeon (3), Marie-Catherine, [Jean II. b 1712.

Marie-Geneviève, b [4] 22 sept. 1737; s [4] 6 juillet 1742. — *Marie-Anne,* b [4] 14 mai 1739. — *Marie-Anne,* b [4] 5 dec. 1741.

LECORNU.—*Surnom :* Sanssoucy.

1756, (22 nov.) Québec.

I.—LECORNU (4), Jean, sergent; fils de Jean et de Françoise Dufour, de St-Brice, diocèse de Lizieux, Normandie.

Dorbin (5), Agathe, [François I. b 1736.

Joseph-Marie, b 26 dec. 1759, à Verchères.

(1) Dit Lajeunesse.
(2) Dit St. Onge.
(3) Elle epouse, le 2 nov. 1745, Jean-Baptiste Patenode, à Quebec.
(4) Dit Sanssoucy.
(5) Et Darbègne.

1773, (11 janvier) St-Jean-Port-Joli.

I.—LECOUFLE, Aubin, fils d'Aubin et de Louise Bodeau, de Gaspé.

Duguay, Barbe.

LeCOUP.—*Surnom :* Villeneuve.

1757, (17 janvier) Montréal.

I.—LeCOUP (1), Jacques, b 1734, soldat; fils de Vidal et de Marie Carrière, de St-Etienne-de-Villeneuve, diocèse d'Agen, Guienne d'Agenois.

Dumas, Marguerite, [Joseph III. b 1738.

Marie-Marguerite, b 20 août 1760, au Bout-de-l'Ile, M.—*Alexandre,* b 3 nov. 1764, au Lac-des-Deux-Montagnes.[9] — *Jeanne,* b... s [9] 31 juillet 1766.—*Marie-Joseph,* b [9] 17 et s [9] 28 juillet 1767.

LECOURT.—*Variations :* Lecour—Lecours.

1667, (13 fevrier) Quebec.[5]

I.—LECOURT (2), Michel, b 1638; s 14 sept. 1685, à Montréal.[6]

Leblanc (3), Louise, [Léonard I b 1654.

Nicolas, b [5] 2 fevrier 1671: m [6] 14 fevrier 1706, à Geneviève Courault; s [6] 5 juin 1749.— *Denis,* b [6] 18 avril 1682; m [6] 15 oct. 1709, à Madeleine Surault; s [6] 3 juillet 1744. — *Gilles* b [6] 23 sept. 1684; m [6] 17 janvier 1712, à Marie-Catherine Ménard; s 25 mars 1761, à Lachenaye

1683, (24 nov.) Lévis.[4]

I.—LECOURT (2), Michel, b 1644.

Ledran (4), Louise, [Toussaint I b 1664.

Ignace, b [4] 12 mars 1691; m 26 janvier 1711, à Marie-Anne Hubert, à Quebec [5]; s [5] 9 dec. 1735 —*Joseph,* b 1697; m 21 avril 1723, à Marie-Anne Morel, à Beaumont; s [5] 14 mai 1745.

1706, (14 fevrier) Montréal.[1]

II.—LECOURT, Nicolas, [Michel I. b 1677; s [1] 5 juin 1749.

Courault, Geneviève, [Cybar I. b 1674, veuve de Pierre Heurtebise; s [1] 30 mars 1730.

Nicolas, b [1] 8 dec. 1706; s [1] 25 avril 1707— *Louise,* b [1] 15 mars 1708; 1° m [1] 16 avril 1736, à Jacques Grignon; 2° m [1] 19 janvier 1750, à Michel Plessis. — *Michel,* b [1] 11 août 1710— *Joseph,* b [1] 17 mars 1713. — *Jean-Baptiste,* b [1] 14 nov. 1715.—*Nicolas,* b [1] 5 et s [1] 31 mars 1719— *Marie-Geneviève,* b [1] 26 juin 1720; s [1] 9 juin 1721

(1) Dit Villeneuve.
(2) Voy. vol. I, p 362.
(3) Elle épouse, le 27 nov. 1686, Guillaume Boissel, à Montreal
(4) Elle épouse, le 7 nov. 1713, Jean Poliquin, à Levis.

1708, (22 nov.) Lévis. [7]

II.—LECOURT, CHARLES, [MICHEL I.
b 1686.
POLIQUIN, Marie-Anne, [JEAN I.
b 1687.

Jean-Baptiste, b [7] 29 avril et s [7] 4 juin 1709.—*Marie-Joseph*, b [7] 6 juin 1710; m 8 nov. 1728, à Charles LEROY, à Beaumont [8]; s [8] 16 mai 1731.—*Charles* et *Marie-Louise*, b [7] 22 oct. 1712.—*Charles*, b [7] 19 mai 1717; m [8] 19 nov. 1742, à Marguerite ROY.—*Joseph-Marie*, b [7] 4 juin 1719; m 1748, à Marie-Anne SAMSON.—*Jean*, b... m [8] 19 nov. 1742, à Angélique NADEAU.—*Cécile*, b [8] 6 oct. 1721; m [8] 3 fevrier 1744, à Alexandre TURGEON.—*Pierre-Noel*, b [8] 25 dec. 1723; m [8] 21 nov. 1746, à Elisabeth COUTURE.—*Ignace*, b [8] 10 mars 1726; m [8] 7 avril 1750, à Marie-Joseph TURGEON.—*Marie-Anne*, b [8] 26 mai et s [8] 6 juin 1729.—*Alexandre*, b [8] 2 juillet 1730; s [8] 19 mai 1731.—*Marie-Louise*, b [8] 26 juin 1732; m [8] 19 fevrier 1754, à Jean TURGEON — *Marie-Anne*, b [8] 8 dec. 1734; s [8] 27 janvier 1735.

1709, (15 oct.) Montréal. [6]

II.—LECOURT, DENIS, [MICHEL I.
b 1682; s [6] 3 juillet 1744.
SURAULT (1), Madeleine, [HILAIRE I.
b 1692.

Marie, b [6] 15 sept. 1710. — *Jean-Baptiste*, b [6] 16 juillet 1712; s [6] 15 mai 1714. — *Louis*, b [6] 14 juillet 1716; m [6] 25 nov. 1748, à Jeanne LEFEBVRE. —*Marguerite*, b [6] 28 août 1723.

1711, (26 janvier) Québec [4]

II.—LECOURT, IGNACE, [MICHEL I.
b 1691; s [4] 9 déc. 1735.
HUBERT, Marie-Anne, [FRANÇOIS II.
b 1692; s [4] 12 oct. 1757, (dans l'eglise.)

Jean-Baptiste, b [4] 16 nov. 1711; s [4] 4 sept. 1713.—*Jean-Baptiste*, b [4] 15 janvier et s [4] 30 sept. 1714.—*Marie-Catherine*, b [4] 13 août 1715; s [4] 24 nov. 1716. — *Françoise*, b [4] 22 mai 1717; m [4] 5 sept. 1738, à Jean-François MIGNAU. — *Ignace-Toussaint*, b [4] 1er nov. 1719. — *Jacques*, b [4] 13 dec. 1720; m [4] 16 août 1751, à Madeleine REGNIER. — *Marie-Louise*, b [4] 6 mars 1723; m [4] 13 fevrier 1741, à Pierre POIRIER.—*Marie-Catherine*, b [4] 25 fevrier et s [4] 1er nov. 1725.—*Marie-Louise*, b [4] 5 oct. 1726.—*Marie-Anne*, b [4] 18 et s [4] 21 nov. 1728.—*Ignace-Joseph*, b [4] 14 avril 1730.—*Michel*, b [4] 28 juillet 1733; s [4] 8 mai 1734.—*Marie-Joseph*, b [4] 28 juillet 1733.

1712, (17 janvier) Montréal. [5]

II.—LECOURT, GILLES, [MICHEL I.
b 1684; capitaine de milice; s 25 mars 1761, à Lachenaye. [9]
MENARD, Marie, [JEAN-BAPTISTE II.
b 1694; s [9] 16 février 1758.

Gilles-Etienne, b [5] 4 nov. 1712; m à Angelique QUESNEL.—*Louise*, b [5] 22 avril 1714; m [9] 10 fevrier 1749, à François CAMPEAU. — *Michel*, b [5] 29 sept. 1715.—*Marie-Anne*, b 1721; m [9] 21 janvier 1743, à Jean GARIÉPY; s [9] 28 juin 1765. — *Marie-Charlotte*, b... s [9] 2 oct. 1727.—*Madeleine*, b [9] 1er avril 1729; m [9] 16 juin 1738, à Pierre-Jean PELLETIER.—*Charles*, b [9] 8 nov. 1731; m [9] 22 fevrier 1762, à Marie CHAREST; s [9] 23 avril 1789.

II.—LECOURT, MICHEL, [MICHEL I.
b 1684.
LEMIEUX (1), Louise-Françoise, [MICHEL II.
b 1701.

Ambroise-Augustin, b 9 mai 1721, à Lévis [4]; 1° m 1748, à Geneviève CARRIER; 2° m [4] 12 fevrier 1766, à Marie-Joseph DENIERS. — *Marie-Louise*, b [4] 25 mai 1723; m 1749, à Charles-Louis POIRÉ.—*Michel* (2), b 1726; m 1746, à Barbe POIRÉ; s 21 janvier 1789, à Lachenaye.—*François*, b 1728; m 1755, à Marie-Anne SAMSON.

1723, (21 avril) Beaumont. [5]

II.—LECOURT, JOSEPH, [MICHEL I.
b 1697; s 14 mai 1745, à Québec.
MOREL (3), Marie-Anne, [JOSEPH I.
b 1703.

Marie-Joseph, b [5] 8 et s [5] 10 sept 1724.—*Joseph-Marie*, b [5] 30 janvier 1726.—*Marie-Anne*, b [5] 3 janvier et s 16 oct. 1729, à Levis.

III.—LECOURT, JOSEPH-MARIE, [CHARLES II.
b 1719.
SAMSON, Marie-Anne, [AMBROISE III.
b 1725.

Marie-Madeleine, b 25 août 1749, à Levis. [6]—*Geneviève*, b [6] 18 mai 1751.—*Joseph*, b [6] 14 oct. 1753.—*Marie-Charlotte*, b [6] 11 oct. 1758; s [6] 20 nov. 1760. — *Charles*, b [6] 13 mai 1761; 1° m à Louise GUAY; 2° m 29 janvier 1787, à Marie-Anne GUAY, à Beaumont [7]; 3° m [7] 24 fevrier 1794, à Marie-Joseph TURGEON.—*Michel*, b [6] 17 août 1763.—*Marie-Joseph*, b [6] 27 août 1765.— *Catherine*, b [6] 25 nov. et s [6] 6 dec 1767.—*Françoise*, b [6] 22 janvier et s [6] 8 juin 1770.

1742, (19 nov.) Beaumont. [7]

III.—LECOURT, CHARLES, [CHARLES II.
b 1717.
ROY (4), Marguerite, [JOSEPH III.
b 1725, s 14 fevrier 1787, à Quebec. [8]

Marguerite, b [7] 8 sept. 1743.—*Marie-Joseph*, b [7] 7 sept. 1745.—*Charles*, b [7] 24 sept. 1746 —*Charles*, b [7] 2 dec. 1747; m [8] 11 janvier 1780, à Madeleine BELLECOUR. — *Marie-Louise*, b [7] 30 août 1749; s [7] 12 janvier 1768.—*Catherine*, b [7] 8 juin et s 11 août 1751, à St-Charles. [9]— *Marie-Joseph*, b [7] 18 mai et s [7] 10 juillet 1753.—*Charles*, b [7] 20 avril et s [7] 7 juin 1754.—*Angelique*, b [7] 27 juin 1755; s [9] 29 fevrier 1756—*Etienne*, b [7] 18 et s [7] 26 oct. 1756—*Ignace*, b [7] 23 oct. 1757.—*Anonyme*, b [8] et s [8] 28 mars 1759.

---

(1) Dit Blondin.

(1) Elle épouse, le 6 nov. 1730, Eustache Samson, à Lévis.

(2) Parrain de Marie-Anne Samson, 1738, sa sœur utérine.

(3) Dit Boisbrillant—De la Durantaye, et Duoucet pour Duhoussay; elle épouse, le 10 janvier 1747, François Delisle, à Québec

(4) Et LeRoy.

1742, (19 nov.) Beaumont.[3]

III.—LECOURT, Jean. [Charles II.

Nadeau, Angélique, [Joseph III.

b 1723.

Joseph-Marie, b[3] 26 août 1743; s[3] 27 février 1746.—*Jean-Baptiste*, b[3] 31 mai 1745.—*Marie-Anne*, b[3] 30 sept. 1746.—*Elisabeth*, b[3] 25 dec. 1747.—*Etienne*, b[3] 16 avril 1749. — *Marie-Angélique*, b 17 mars 1751, à St-Charles.[4] — *Marguerite*, b[4] 13 oct. 1752.— *Joseph*, b[4] 5 juin 1754; s[4] 27 déc. 1755.—*Marie*, b[4] 2 août 1756.—*Joseph*, b[4] 27 avril et s[4] 29 août 1758.

III.—LECOURT, Gilles-Etienne, [Gilles II.

b 1712.

Quesnel, Angélique,

b 1723; s 13 oct. 1749, à Lachenaye.[7]

Etienne, b... 1° m 1766, à Marie-Joseph Lemieux; 2° m 1778, à Marie-Joseph Ducharme. — *Marie-Angélique*, b[7] 11 juin 1748; m[7] 27 juin 1763. à Joseph Ducharme.—*Angélique*, b... m[7] 28 sept. 1767, à Pierre Rotot.—*Marie-Louise*, b[7] 19 juin et s[7] 8 juillet 1749.

1746, (21 nov.) Beaumont.[5]

III.—LECOURT, Pierre, [Charles II.

b 1723.

Couture, Elisabeth, [Jean-Bte III.

b 1726.

Elisabeth, b[5] 22 et s[5] 30 janvier 1748.—*Marie-Joseph*, b[5] 7 mars et s[5] 18 juillet 1749.—*Marie-Joseph*, b[5] 25 juillet 1750.—*Joseph*, b[5] 21 nov. 1752.—*Marie-Charlotte*, b[5] 5 janvier 1755.—*Marie-Cécile*, b[5] 18 nov. 1756; s[5] 21 avril 1758. —*Pierre*, b 25 oct. 1758, à St-Michel.

1746.

III.—LECOURT, Michel, [Michel II.

b 1726; s 21 janvier 1789, à Lachenaye.

Poiré, Barbe, [Laurent II.

b 1726; s 12 nov. 1769, à Lévis.[6]

Michel, b 1747; s[6] 31 juillet 1748.—*Marie-Joseph*, b[6] 19 mars 1750.—*Michel*, b[6] 3 oct. 1751. —*Louis*, b[6] 10 juin 1754.—*Barbe*, b[6] 29 mars 1756.—*Anonyme*, b[6] et s[6] 24 mars 1757.—*Rose*, b[6] 25 dec. 1759; s[6] 20 nov. 1762.—*Geneviève*, b[6] 3 oct. 1762.—*Dominique*, b[6] 30 juillet 1765. —*Marie-Françoise*, b[6] 19 août 1769.

1748, (25 nov.) Montréal.

III.—LECOURT, Louis, [Denis II.

b 1716.

Lefebvre, Jeanne, [Geoffroy II.

b 1725.

Louis-Pierre, b 25 oct. 1749, à St-Laurent, M.[8]; m[8] 6 août 1781, à Thérèse Dufresne.—*Marie-Madeleine*, b[8] 15 sept. et s[8] 3 oct. 1750.—*Marie-Louise*, b[8] 29 août 1751.—*Marie-Jeanne*, b[8] 17 dec. 1752.—*Jean-Baptiste*, b[8] 30 mars 1754.—*Denis*, b[8] 2 nov. 1755.—*Marie-Joseph*, b[8] 6 mars 1757.—*François*, b[8] 9 juillet 1758; s[8] 30 mars 1759.—*Nicolas*, b[8] 24 janvier 1760.

1748.

III.—LECOURT, Ambroise-Aug., [Michel II.

b 1721.

1° Carrier, Geneviève, [Charles II.

b 1725; s 29 mai 1757, à Lévis.[6]

Marie-Geneviève, b[6] 9 mai 1749; m[6] 30 janvier 1769, à François-Clément Parant. — *Marie-Louise*, b[6] 26 avril 1750; m à Jean-Charles Chevalier. — *Ambroise*, b[6] 23 nov. 1751.—*Charles*, b[6] 10 sept. 1753. — *Etienne*, b[6] 25 juillet 1755; s[6] 18 août 1756.

1766, (12 fevrier).[6]

2° Demers, Marie-Joseph, [André II.

b 1725; veuve de Charles Gesseron-Brûlot.

1750, (7 avril) Beaumont.[7]

III.—LECOURT, Ignace, [Charles II.

b 1726.

Turgeon, Marie-Joseph, [Charles III.

b 1729.

Ignace, b[7] 24 mars 1751.—*Charles*, b 20 avril 1752, à St-Michel.—*Marie-Joseph*, b 31 janvier et s 3 fevrier 1754, à St-Charles.[8]— *Marie-Joseph*, b[8] 21 juin 1756. — *Anonyme*, b[8] et s[8] 6 fevrier 1758.

1751, (16 août) Québec.[1]

III.—LECOURT, Jacques, [Ignace II.

b 1720.

Regnier, Marie-Madeleine, [Elie I.

b 1731; s 4 juin 1775, au Château-Richer.[2]

Marie-Anne, b[1] 24 août 1753. — *Louise*, b. m[2] 17 oct. 1774, à Joseph Gravel. — *Madeleine*, b 18 avril 1756, à L'Ange-Gardien. — *Borromée*, b[2] 27 mai 1761.—*Joseph*, b[2] 6 mai 1766.

1755.

III.—LECOURT, François, [Michel II.

b 1728.

Samson, Marie-Anne, [Eustache II.

b 1738.

Ambroise, b 16 août 1756, à Beaumont.

1762, (22 fevrier) Lachenaye[7]

III.—LECOURT, Charles, [Gilles II

b 1731; s[7] 23 avril 1789.

Charest, Marie, [Louis III.

b 1742.

Marie-Joseph, b[7] 1er déc. 1762; m[7] 4 sept. 1786, à Pierre Dupont. — *Marie-Marguerite*, b[7] 25 fevrier 1766. — *Amable*, b[7] 24 fevrier 1769 — *François*, b[7] et s[7] 23 sept. 1779.

1766.

IV.—LECOURT, Etienne, [Etienne-Gilles III.

1° Lemieux, Marie-Joseph.

Marie-Catherine, b 31 oct. et s 7 nov. 1767, à Lachenaye.[9] — *Etienne*, b[9] 10 oct. 1768; s[9] 10 août 1769.—*Louis-Etienne*, b[9] 22 fevrier 1771.—*Marie-Joseph*, b[9] 26 fevrier 1772; s[9] 28 juillet 1786.—*Marie-Marguerite*, b[9] 24 mai et s[9] 8 juin 1773. — *Marie*, b[9] et s[9] 13 août 1774. — *Michel-Fidèle*, b[9] 21 juin et s[9] 24 nov. 1777.

1778.

2° Ducharme, Marie-Joseph.

Anonyme, b[9] et s[9] 17 oct. 1779.

LECOURT, Joseph.
Vallières (1), Marie-Charlotte,
b 1740 ; s 18 janvier 1789, à Québec.

1780, (11 janvier) Québec.

IV.—LECOURT, Charles, [Charles III.
b 1747 ; navigateur.
Bellecour, Madeleine. [Jacques.

1781, (6 août) St-Laurent, M.

IV.—LECOURT, Louis-Pierre, [Louis III.
b 1749.
Dufresne, Thérèse. [Philippe.

IV.—LECOURT, Charles, [Jos.-Marie III.
b 1761.
1° Guay, Louise.
1787, (29 janvier) Beaumont [7]
2° Guay, Marie-Anne. [Pierre IV.
1794, (24 février). [7]
3° Turgeon, Marie-Joseph. [Jacques III.

LECOUTI.—Voy. Cotty—Guestier.

I.—LECROIT (2), Robert, b... s 2 juin 1723, au Bout-de-l'Ile, M.

LÉCUYER.—Voy.—Denis—L'Escuyer.

LEDAIN.—Voy.—Ledent—Belleville.

LEDENT. — *Variations et surnom.* — Ledain — Leyden—Belleville.

1762, (22 février) Ile-Dupas. [8]

I.—LEDENT (3), Jean-Philippe, fils de Philippe et de Barbe Jolie, de Grâce, diocèse de Liège.
Carpentier (4), Marguerite, [Noel II.
b 1738.
Jean-Baptiste, b [8] 1er février 1763 ; m 28 février 1791, à Marie-Françoise Plante, à St-Cuthbert. [4] —*Pierre-Amable*, b [8] 23 mars 1764 ; m [4] 25 janvier 1790, à Marie-Anne Gagnon. — *Marie-Marguerite*, b [8] 13 juin 1766 ; m à Joseph Enouille. —*Isabelle-Modeste*, b [8] 17 nov. 1768. — *Marie-Joseph*, b [8] 2 et s [8] 7 oct. 1770. — *Marie-Joseph*, b [4] 8 sept. 1771 ; m [4] 19 janvier 1795, à François Plante. — *Anonyme*, b [4] et s [4] 1er juillet 1774. — *Joseph*, b [4] 22 août 1775. — *Philippe-Jacques*, b [4] 1er mai 1778.—*Benjamin*, b [4] 5 avril 1781.

1790, (25 janvier) St-Cuthbert. [6]

II.—LEDENT (5), Pierre-Amable, [J.-Philippe I.
b 1764.
Gagnon, Marie-Anne, [Pierre IV.
b 1769.
Marie-Anne, b [6] 16 juin 1791. — *Marguerite*, b [6] 30 janvier 1794.

(1) Dit Garennes.
(2) Soldat ; tué accidentellement.
(3) Et Ledain—Leyden dit Belleville.
(4) Noel en 1774, du nom de baptême de son père.
(5) Et Ledain dit Belleville.

1791, (28 février) St-Cuthbert. [9]

II.—LEDENT (1), Jean-Bte, [Jean-Philippe I.
b 1763.
Plante, Marie-Françoise. [Jean-François IV.
Jean-Baptiste, b [9] 20 mai 1792. — *Pierre-Edmond*, b [9] 16 nov. 1794.

LEDFRIL.—Voy. Lightfil, 1717.

LEDOUX.—*Surnoms :* Adam—Latreille.

1668, (9 oct.) Québec. [9]

I.—LEDOUX (2), Pierre,
b 1648.
1° Guyet, Marie,
b 1641 ; s [9] 2 janvier 1701.
Nicolas, b [9] 7 janvier 1673 ; 1° m 5 oct. 1693, à Marie-Anne Renault, à Charlesbourg [8] ; 2° m [9] 16 avril 1703, à Marie-Agnès Bonnedeau ; 3° m 4 août 1715, à Elisabeth Barré, à Montreal. — *Marie-Catherine*, b [9] 28 août 1676 ; 1° m [8] 7 nov. 1695, à Paul Lauzet ; 2° m [8] 21 nov. 1718, à Pierre Bon ; s [8] 29 juin 1747.
1701, (8 mai). [9]
2° Lasnon, Marie,
b 1649 ; veuve de Pierre Ferré.

1679, (20 mars) Montréal.

I.—LEDOUX (2), Louis,
b 1628 ; s 3 oct. 1708, à Varennes. [1]
Valiquet (3), Marie, [Jean I.
b 1662.
Nicolas, b 13 déc. 1684, à Boucherville [2] ; 1° m [2] 27 janvier 1716, à Anne Bousquet ; 2° m [1] 15 oct. 1724, à Geneviève Augé.—*Jean-Baptiste*, b [2] 19 sept. 1690 ; 1° m 30 sept. 1721, à Marie Viau, à Longueuil [8] ; 2° m [1] 20 janvier 1749, à Anne Gaudry.—*Pierre*, b [2] 4 mars 1695 ; m [3] 15 nov. 1723, à Madeleine Charon — *Jean-Baptiste*, b [1] 21 août 1700 ; 1° m [1] 28 fevrier 1729, à Therèse Hélie ; 2° m 20 juin 1737, à Elisabeth Juin, à St-Michel.—*Joseph*, b [1] 19 sept. 1703 ; m [1] 28 janvier 1726, à Marie-Joseph Bousquet.

1693, (5 oct.) Charlesbourg. [3]

II.—LEDOUX (4), Nicolas, [Pierre I.
b 1673.
1° Renault, Marie-Anne, [Guillaume I.
b 1673 ; s [3] 19 janvier 1703.
1703, (16 avril) Quebec. [4]
2° Bonnedeau, Agnès, [Louis I.
b 1682 ; s [4] 14 oct. 1714.
Marie-Agnès-Françoise, b [4] 9 mars 1706 ; m 18 mai 1723, à Pierre Sureau-Blondin, à Montreal [6] ; s 15 mai 1744, à Terrebonne.
1715, (4 août). [6]
3° Barré, Elisabeth, [Jacques I.
b 1693.
Marie-Joseph, b [6] 17 sept. 1716 ; m [6] 4 nov. 1738, à Antoine Archambault. — *Marie-Charlotte*, b [6]

(1) Et Ledain dit Belleville.
(2) Voy. vol I, p. 363.
(3) Elle epouse, le 12 mars 1713, Isaac Brien, à Varennes.
(4) Dit Latreille ; voy. vol. I, p. 363.

14 fevrier 1718; m [6] 1er sept. 1738, à Jean-Baptiste JUILLET. — *François*, b [6] 19 déc. 1719; s [6] 30 juillet 1721.—*Marie-Angélique*, b [6] 10 et s [6] 29 juillet 1721.— *Nicolas*, b [6] 23 août 1722; m [6] 12 janvier 1750, à Marie-Joseph ROUSSIN.—*Antoine*, b [6] 13 juin 1724; m à Marie-Joseph DESNOYERS; s 8 juillet 1803, à l'Hôpital-General, M.—*Marguerite*, b [6] 1er et s [6] 6 avril 1726.—*François*, b 1727; m [6] 14 janvier 1755, à Françoise BLOT. — *Joseph-Pierre*, b [6] 21 juillet et s [6] 25 sept. 1728.—*Marie-Louise*, b [6] 18 janvier 1730.—*Elisabeth*, b [6] 4 nov. 1734; s [6] 28 fevrier 1735.—*Benjamin*, b [6] 6 et s [6] 8 avril 1741.

1708, (2 juillet) Varennes.

II.—LEDOUX, GABRIEL-LOUIS, [LOUIS I.
b 1686.
MONIN, Marie-Marguerite, [GILLES I.
b 1683.

Gabriel, b 27 mars 1718, à St-Ours [1]; m 1750, à Marie-Cecile GAREAU.— *Marie-Marguerite*, b 23 avril 1720, à Repentigny; s [1] 31 août 1721. — *Marie-Jeanne*, b 11 oct. 1728, à Verchères [7]; s [7] 3 mai 1729.

1709, (8 janvier) Varennes. [9]

II.—LEDOUX, JACQUES, [LOUIS I.
b 1683.
MONIN, Marie-Anne, [GILLES I.
b 1682.

Marie-Françoise, b [9] 5 fevrier 1710. — *Marie-Anne*, b [9] 13 oct. 1711. —*Marie*, b... m [9] 4 fevrier 1730, à Jean-Baptiste LAROCQUEBRUNE. — *Marie-Marguerite*, b... m [9] 8 nov. 1731, à François BANLIER. — *Jacques*, b 1715; m [9] 2 juillet 1742, à Marie-Anne LAPORTE. — *Charlotte*, b... m [9] 18 nov. 1743, à François CADIEUX.

1716, (27 janvier) Varennes [7]

II.—LEDOUX (1), NICOLAS, [LOUIS I.
b 1684.
1° BOUSQUET, Anne, [JEAN I.
b 1695.

Nicolas, b 1716; m 16 avril 1742, à Louise QUINTAL, à Boucherville. [6] — *Pierre*, b 1720; 1° m [6] 10 fevrier 1749, à Charlotte QUINTAL; 2° m [7] 21 fevrier 1757, à Marie-Joseph LACOSTE.—*François*, b 1722; 1° m 14 janvier 1755, à Françoise BLAU, à Montréal; 2° m [6] 13 fevrier 1757, à Marie-Anne LANGEVIN.—*Marie-Anne*, b... 1° m [7] 11 janvier 1740, à Bertrand CHARON; 2° m [7] 5 fevrier 1748, à Pierre ISOIR; 3° m 19 janvier 1761, à Joseph BISSONNET, à Verchères [5]; 4° m [5] 3 mai 1762, à Pierre GAUTIER.

1724 (15 oct.) [7]

2° AUGÉ (2), Geneviève, [JEAN I.
b 1703.

Paul-Joseph, b 1725; 1° m [7] 6 nov. 1747, à Marie-Joseph BISSONNET; 2° m [7] 7 oct. 1771, à Marie BARIL. — *Marie*, b [7] 7 dec. 1726.— *Veronique*, b... m [7] 12 fevrier 1753, à Joseph RICHARD. — *Marie-Geneviève*, b... 1° m [7] 22 oct. 1753, à Antoine BRISSON; 2° m [7] 17 janvier 1757 à Julien DAVEAU. — *Ignace*, b 1730; m [7] 11 août 1760, à Véronique LACOSTE. — *Antoine*, b 1732; m [7] 11 fevrier 1765, à Thérèse SENÉCAL.

(1) Dit Adam.
(2) Dit St. Julien.

1721, (30 sept.) Longueuil. [1]

II.—LEDOUX, JEAN-BTE, [LOUIS I.
b 1690.
1° VIAU, Marie, [MICHEL II.
b 1702.

Jean-Baptiste, b [1] 20 février 1725.—*Antoine*, b 1er dec. 1726, à Boucherville; m 1752, à Angelique GLORIA; s 23 avril 1754, à Verchères. [2] — *Joseph*, b 1729; m 2 oct. 1752, à Marie-Joseph GOULET, à St-Antoine-de-Chambly [3]; s [2] 27 juillet 1754. — *François*, b 1732; 1° m [3] 12 oct. 1761, à Marguerite DESLANDES; 2° m [3] 24 nov. 1766, à Louise CATUDAL. — *Pierre*, b 1740; s [2] 30 mars 1759.

1749, (20 janvier) Varennes.

2° GAUDRY, Anne,
veuve de Louis Bourbon.

1723, (15 nov.) Longueuil.

II.—LEDOUX, PIERRE, [LOUIS I.
b 1695.
CHARON, Madeleine, [PIERRE II.
b 1701.

Madeleine, b... m 14 juin 1745, à Joseph LEDUC, à Verchères. [4] — *Marie-Marthe*, b [4] 1er mars 1728; m à Joseph-Marie FOISY.—*Marguerite*, b... 1° m [4] 11 nov. 1754, à Jean-Baptiste FOISY; 2° m [4] 6 oct. 1760, à Alexandre CODERRE.—*Rose*, b... m [4] 26 fevrier 1759, à Alexis JARED.—*Amable*, b 1735; m [4] 18 fevrier 1760, à Marie RACINE.

1726, (28 janvier) Varennes. [5]

II.—LEDOUX, JOSEPH, [LOUIS I.
b 1703.
BOUSQUET, Marie-Joseph, [PIERRE II.
b 1704.

Elisabeth, b... 1° m [5] 1er mars 1745, à Augustin LEBRODEUR; 2° m [5] 18 fevrier 1754, à Augustin GAUTIER.—*Louise*, b... m [5] 10 août 1761, à Louis DONAIS.

1729, (28 fevrier) Verchères. [6]

II.—LEDOUX, JEAN-BTE, [LOUIS I.
b 1700.
1° HÉLIE, Thérèse, [PIERRE I.
b 1709.

1737, (20 juin) St-Michel.

2° JUIN (1), Elisabeth, [PIERRE II.
b 1714.

Pierre, b 17 nov. 1743, à St-Valier [7]; s [7] 9 janvier 1745.—*Marie-Marguerite*, b [6] 12 mars 1753; s [6] 6 mars 1754.—*Marie-Agathe*, b [6] 25 et s [6] 28 fevrier 1755.

LEDOUX, ETIENNE.
LACROIX, Marie-Joseph

Pierre, b 1743; m 14 nov. 1768, à Felicité BOIVIN, à St-Antoine-de-Chambly.—*Pierre*, b 10 fevrier 1754, à St-Ours.

(1) Et Jonon—Gouin.

1742, (16 avril) Boucherville.

II.—LEDOUX, NICOLAS, [NICOLAS II.
b 1716.
QUINTAL, Louise, [FRANÇOIS II.
b 1716.
Anonyme, b et s 18 août 1759, à Verchères.

1742, (2 juillet) Varennes. [1]

II.—LEDOUX, JACQUES, [JACQUES II.
b 1715.
LAPORTE, Marie-Anne, [JOSEPH III.
b 1721.
Jean-Baptiste, b... m [1] 28 sept. 1767, à Judith BOUSQUET. — *Marie*, b... m [1] 28 mai 1770, à Ambroise PATENOTE.—*Louis*, b... m [1] 29 juillet 1771, à Marie-Desanges DELIGNE. — *Joseph*, b... m [1] 9 août 1772, à Charlotte PATENOTE.

1747, (6 nov.) Varennes. [1]

III.—LEDOUX, PAUL-JOSEPH, [NICOLAS II.
b 1725.
1° BISSONNET, Marie-Joseph. [ALEXIS II.
1771, (7 oct.) [1]
2° BARIL, Marie. [GERVAIS II.

1749.

LEDOUX, FRANÇOIS.
MARCHAND, Marie,
veuve de .... Guevremont.
François, b 1er janvier 1750, à St-Antoine-de-Chambly.

1749, (10 fevrier) Boucherville.

III.—LEDOUX, PIERRE, [NICOLAS II.
b 1720.
1° QUINTAL, Charlotte, [FRANÇOIS II.
b 1728.
Marie-Charlotte, b 4 janvier 1750, à St-Antoine-de-Chambly. [4] — *Marie-Anne*, b [4] 3 mai 1751.—*Marie-Charlotte*, b [4] 4 juin 1752.—*Marie-Geneviève*, b [4] 23 sept. 1753. — *Pierre*, b 26 août 1754, à St-Ours.
1757, (21 fevrier) Varennes.
2° LACOSTE, Marie-Joseph, [ANTOINE II.
b 1731.

LEDOUX, FRANÇOIS.
MAHEU, Marie
Pierre, b 22 dec. 1750, à St-Antoine-de-Chambly [6]; s [6] 12 juillet 1751. — *Gabriel*, b [6] 23 sept. 1753.

LEDOUX, ETIENNE.
1° BOURGAUD, Marie-Joseph.
Marie-Joseph, b 12 juillet et s 29 août 1751, à St-Antoine-de-Chambly. [7] — *Antoine*, b [7] 17 fevrier 1758.
1767, (2 février). [7]
2° AUDET, Félicité,
veuve de Theophile Alaire.

1750.

III.—LEDOUX, GABRIEL, [GABRIEL-LOUIS II.
b 1718.
GAREAU (1), Marie-Cécile, [DOMINIQUE II.
b 1724.
Marie-Joseph, b 2 juin 1751, à St-Antoine-de-Chambly. [8] — *Marie-Elisabeth*, b [8] 10 sept. 1752. —*Marie-Joseph* et *Marie-Anne*, b [8] 27 juillet 1757. —*Charles*, b... m 22 janvier 1799, à Cecile FRENIÈRE, à St-Charles, Mo.

1750, (12 janvier) Montréal.

III.—LEDOUX, NICOLAS, [NICOLAS II.
b 1722.
ROUSSIN, Marie-Joseph, [LOUIS III.
b 1731.

III.—LEDOUX (2), ANTOINE, [NICOLAS II.
b 1724; s 8 juillet 1803, à l'Hôpital-Général, M.
DESNOYERS, Marie-Joseph, [JEAN-BAPTISTE I.
b 1732.
Antoine, b 1750; s 21 sept. 1751, à Verchères. [2] —*Marie*, b [2] 24 oct. 1755.

1751.

LEDOUX, PIERRE.
MAREST, Catherine-Madeleine, [CHARLES III.
b 1733.
Pierre, b 27 oct. 1751, à Verchères [4]; s [4] 10 mars 1754.—*Marie-Marguerite*, b [4] 19 mars 1754. — *Marie-Catherine*, b [4] 24 avril et s [4] 15 juillet 1755. — *Pierre*, b 1756; s [4] 9 déc. 1759. — *Guillaume-Pierre*, b [4] 17 fevrier et s [4] 20 juin 1760.

1752, (2 oct.) St-Antoine-de-Chambly. [3]

III.—LEDOUX, JOSEPH, [JEAN-BAPTISTE II.
b 1729; s 27 juillet 1754, à Verchères.
GOULET, Marie-Joseph, [JACQUES III.
b 1736.
Joseph, b [3] 10 janvier 1754.

1752.

III.—LEDOUX, ANTOINE, [JEAN-BAPTISTE II.
b 1726; s 23 avril 1754, à Verchères. [1]
GLORIA, Angelique, [ANTOINE II.
b 1731.
Jean-Baptiste, b [1] 2 février 1753.

1755, (14 janvier) Montréal. [3]

III.—LEDOUX (2), FRANÇOIS, [NICOLAS II.
b 1722.
1° BLAU, Françoise, [FRS-JACQUES II.
b 1734; s [3] 27 nov. 1756.
1757, (13 fevrier) Boucherville.
2° LANGEVIN, Marie-Anne, [CHARLES III.
b 1736.
Marie-Joseph, b 30 oct. 1760, à la Longue-Pointe [4]; s [4] 1er mai 1763.—*Nicolas*, b [4] 11 déc. 1761; s [4] 12 oct. 1762.

(1) Dit Cecil.
(2) Dit Latreille.

LEDOUX, Basile.
Charon, Catherine.
Michel, b 1758 ; s 1er sept. 1759, à Verchères. 5
—*Jean-Baptiste*, b 5 26 oct. 1760.

LEDOUX, Michel.
Richard, Marguerite.
Marie-Marguerite, b 27 déc. 1759, à St-Antoine-de-Chambly. 9—*Marie-Cécile*, b 9 29 juillet 1761.

1760, (18 février) Verchères.
III.—LEDOUX, Amable, [Pierre II.
b 1735.
Racine (1), Marie, [Pierre II.
b 1741.

1760, (11 août) Varennes.
III.—LEDOUX, Ignace, [Nicolas II.
b 1730.
Lacoste, Véronique. [Antoine (2).

1761, (12 oct.) St-Antoine-de-Chambly.
III.—LEDOUX, François, [Jean-Bte II.
b 1732.
1° Deslandes (3), Marguerite, [Jean-Bte III.
b 1740.
1766, (24 nov.) Chambly.
2° Catudas, Louise, [Jean I.
b 1740.

1765, (11 février) Varennes.
III.—LEDOUX, Antoine, [Nicolas II.
b 1732.
Senécal, Thérèse, [André IV.
b 1744.

1767, (28 sept.) Varennes.
IV.—LEDOUX, Jean-Bte. [Jacques III.
Bousquet, Judith. [Claude III.

1768, (14 nov.) St-Antoine-de-Chambly.
LEDOUX, Pierre, [Etienne.
b 1743.
Boivin, Marie-Félicité, [Joseph-Luc III.
b 1753.

1771, (29 juillet) Varennes.
IV.—LEDOUX, Louis. [Jacques III.
Deligne (4), Angel.-Desanges, [François III.
b 1754.

1772, (9 août) Varennes.
IV.—LEDOUX, Joseph. [Jacques III.
Patenote, Charlotte, [Toussaint III.
b 1736.

1799, (22 janvier) St-Charles, Mo.
IV.—LEDOUX, Charles. [Gabriel III.
Frenière (5), Catherine-Cécile.

(1) Dit Ste. Marie.
(2) Et de Marie Deniau.
(3) DeChampigny.
(4) Pour Edeline.
(5) Fille adoptive d'André Blondeau.

1663, (11 nov.) Québec.
I.—LEDRAN (1), Toussaint,
b 1638 ; s 9 juillet 1711, à Beaumont.
Menacier, Louise,
b 1638 ; s 15 avril 1687, à Lévis.

LEDROIT.—Voy. Drouet.

1730, (24 avril) Lorette.
I.—LEDROIT (2), François,
b 1698 ; s 8 avril 1758, à Québec.
Bouvier, Marie-Charlotte, [Pierre II
b 1712.
Ursule, b 24 juin 1742, à Yamachiche6 ; m 19 nov. 1763, à François Rivard ; s 21 oct. 1834, à St-Léon.

1820, Québec. 1
IV.—LEDROIT, François, [François III (3).
b 1786 ; s 1 1858.
Morin, Angélique.
Théophile, b 1 26 oct. 1825 ; m 1 5 juin 1855, à Euphémie Hardy.

1855, (5 juin) Québec (4).
V.—LEDROIT, Aug.-Théophile, [François IV.
b 1825.
Hardy, Hermine-Euphémie. [Jean-Bte.

LEDUC.—*Variation et surnoms :* Duc — Frappe —Persil—Souligny—St. Omer.

1652, (11 nov.) Montréal. 9
I.—LEDUC (5), Jean,
b 1624 ; s 9 19 avril 1702.
Souljnié, Marie,
b 1631 ; veuve de ...... Lambert ; s 9 3 sept. 1701.
Jean, b 9 27 août 1653 ; m 9 22 nov. 1683, à Marguerite Desroches ; s 9 22 mai 1726.—*Lambert*, b 9 27 sept. 1655 ; m 9 4 janvier 1681, à Jeanne Descaris ; s 9 3 juin 1740.—*Joseph*, b 9 22 mai 1660 ; 1° m 13 janvier 1687, à Catherine Cuillerier, à Lachine ; 2° m 9 7 nov. 1706, à Geneviève Joly ; s 9 22 oct. 1748.—*Charles*, b 9 6 avril 1669 ; 1° m 9 3 sept. 1691, à Agathe Desroches ; 2° m 9 3 sept. 1703, à Angelique Chevalier ; s 9 30 mai 1753.—*Philippe*, b 9 4 oct. 1671 ; m 9 4 mai 1699, à Marie-Catherine Carriere, s 9 8 février 1755.

1664, (28 oct.) Québec. 3
I.—LEDUC (5), René,
b 1639.
Gentreau, Anne,
b 1643.
Marie-Madeleine, b 3 18 oct. 1665 ; Hospitalière dite Ste-Agathe ; s 3 2 avril 1731.—*Marie-Anne*, b 3 20 avril 1671 ; m 1691, à Ignace Liénard, s 11

(1) Voy. vol. I, pp. 363-4.
(2) Et Drouet ; voy. vol. III, p. 451.
(3) Voy. vol. III, p. 451.
(4) Du 2me au 2me degré.
(5) Voy. vol I, p. 364.

mars 1744, à la Pte-aux-Trembles, Q.—*Françoise*, b[1] 10 fevrier 1679; Hospitalière dite Ste-Barbe; s[1] 10 mai 1706.

—

I.—LEDUC, Pierre.
Martin, Marie.
Pierre, b 1677; s 29 février 1740, au Bout-de-l'Ile, M.

—

1681, (4 janvier) Montréal.[8]

II.—LEDUC (1), Lambert, [Jean I.
b 1655; s[8] 3 juin 1740.
Descaris, Jeanne, [Jean I.
b 1665; s[8] 20 mai 1741.

Lambert, b[8] 9 nov. 1682; m à Marie Quesnel; s[8] 28 sept. 1753.—*Jeanne*, b[8] 29 juillet 1684; s[8] 18 juillet 1727.—*Marie*, b[8] 22 sept. 1689; m[8] 15 sept 1715, à Pierre Crépeau.—*Jacques*, b[8] 23 fevrier 1692; s[8] 29 dec. 1716.—*Joseph*, b[8] 9 oct. 1693; s[8] 21 janvier 1717.—*Catherine*, b[8] 29 mai 1699, m[8] 7 janvier 1732, à Jean Péladeau; s[8] 7 mars 1745.—*Thierry*, b[8] 17 juillet 1700; s[8] 12 mai 1716.—*Gabriel*, b[8] 6 mai 1702; s[8] 5 déc. 1727.—*Marguerite*, b[8] 7 avril 1705.

—

1683, (22 nov.) Montréal.[9]

II.—LEDUC (2), Jean, [Jean I.
b 1653; s[9] 22 mai 1726.
Desroches, Marguerite, [Jean I.
b 1666.

Jean, b[9] 12 déc. 1684; m[9] 9 juin 1721, à Catherine Descary.—*Joseph*, b[9] 14 août 1692; m[9] 17 janvier 1729, à Marie-Charlotte Desautels—*Philippe*, b[9] 6 août 1694; m[9] 16 mars 1750, à Madeleine Pepin—*Jacques*, b[9] 14 mars 1795; m 1749, à Marie-Anne Biset.—*Marguerite*, b[9] 27 juin 1696; m[9] 15 nov. 1717, à Pierre Sarrazin.—*Pierre*, b[9] 7 juin 1699; 1° m[9] 28 mai 1731, à Françoise Massé; 2° m[9] 3 février 1744, à Françoise Bouchard.—*Françoise*, b[9] 28 août 1701; s[9] 26 oct. 1743.—*Cécile*, b... s[9] 4 déc. 1705.—*Paul*, b[9] 27 mars 1706; m à Angélique Desmeuriers.—*Lambert*, b[9] 26 juin 1708.—*René*, b[9] 25 mars 1711; m[9] 11 janvier 1762, à Veronique Denis.

—

1687, (13 janvier) Lachine.

II.—LEDUC (2), Joseph, [Jean I.
b 1660; s 22 oct. 1748, à Montréal.[4]
1° Cuillerier, Catherine, [René I.
b 1672; s[4] 17 juin 1706.

Joseph, b[4] 13 dec. 1690; m[4] 16 mai 1718, à Marie-Andree Heurtebise.—*Marie-Catherine*, b[4] 22 mars 1693; m[4] 8 janvier 1710, à Pierre Biron; s[4] 27 nov. 1726.

1706, (7 nov.)[4]

2° Joly, Geneviève, [Jean I.
b 1679; s[4] 26 août 1721.

Paul, b[4] 6 août 1707; m[4] 20 nov. 1741, à Marie-Joseph Lemire; s[4] 19 juin 1747.—*Catherine-Geneviève*, b[4] 20 déc. 1708; m[4] 20 oct. 1727, à François Millet—*Joachim*, b[4] 12 mars 1710.—*Elisabeth*, b[4] 28 sept. 1711; m[4] 9 fevrier 1733, à Joseph Marcheteau.—*Geneviève*, b[4] 20 et s[4] 29 mars 1713.—*Françoise*, b[4] 28 avril 1714; m[4] 13 avril 1733, à Louis Marcheteau.—*Jean-Baptiste*, b[4] 30 oct. 1715.—*Joseph*, b[4] 13 et s[4] 16 mai 1717.—*Pierre*, b[4] 20 et s[4] 25 août 1718.

—

1691, (3 sept.) Montréal.[6]

II.—LEDUC (1), Charles, [Jean I.
b 1669; s[6] 30 mai 1753.
1° Desroches, Agathe, [Jean I.
b 1671; s[6] 11 avril 1703.

Agathe, b[6] 6 sept. 1693; m[6] 1er sept. 1710, à François Gatien; s[6] 22 février 1728.—*Jacques*, b 1694; s[6] 30 oct. 1728.—*Suzanne*, b[6] 17 mars 1697; m 29 avril 1729, à Jean Prou, à Lachine[7]; s[6] 9 sept. 1740.—*Charles*, b[6] 12 juillet 1701; m[6] 12 mai 1731, à Françoise Crevier.

1703, (3 sept.)[6]

2° Chevalier (2), Angelique, [Joseph I.
b 1682; s[6] 23 juin 1742.

Geneviève, b[6] 30 oct. 1704; 1° m[6] 27 mai 1743, à Jacques-Joseph Cheval; 2° m 26 fevrier 1759, à Jean Migneron, à St-Vincent-de-Paul.—*Anne-Angélique*, b[6] 21 mars 1706.—*Catherine*, b[6] 29 janvier 1708; m[6] 9 juin 1732, à Jean-Baptiste Laleu.—*Madeleine*, b[7] 24 février 1710; m[6] 30 sept. 1737, à Jean-François Maurice.—*Joseph*, b[6] 11 avril 1713; m 9 janvier 1745, à Marguerite Fontaine, à Verchères.—*Véronique*, b[6] 16 sept. 1716; m[6] 7 janvier 1739, à Nicolas Bousquet.—*Jean-Baptiste*, b... m 14 oct. 1743, à Françoise Lefebvre, à la Pointe-Claire.

—

1699, (4 mai) Montréal.[9]

II.—LEDUC (3), Philippe, [Jean I.
b 1671; s[9] 8 fevrier 1755.
Carrière, Marie-Catherine, [André I.
b 1685; s[9] 1er avril 1742.

Marie-Thérèse, b[9] 19 mai 1704; m[9] 9 oct. 1730, à François-Marie Lécuyer.—*André*, b[9] 27 nov. 1705; m[9] 6 nov. 1741, à Agathe Sarrazin.—*Antoine* (4), b 1721; m[9] 26 nov. 1741, à Marie-Jeanne Fauteux.

—

1700, (28 juin) Lachine.[5]

I.—LEDUC, Pierre, maître-chaudronnier; fils de Pierre et d'Anne Martin, de St-Laurent, ville de Rouen, Normandie.
Fortin (5), Catherine, [Louis I.
b 1684; s 11 déc. 1747, au Bout-de-l'Ile, M.[8]

Pierre, b[8] 15 sept. 1700; m 12 juin 1730, à Pelagie Tougas, à Montreal.—*Marie-Anne*, b[5] 26 juillet 1702; m[8] 14 juin 1730, à Claude Grenier.—*René*, b 1704; m[8] 7 janvier 1739, à Elisabeth Fortier.—*Jean-Baptiste*, b 1711; m[8] 11 fevrier 1740, à Françoise Trotier.—*Marie-Barbe* et *Marie-Marthe*, b 7 nov. et s 20 dec. 1713, à la Pointe-Claire.[6]—*Pierre*, b[6] 28 février 1715.—*Marie-Françoise*, b[8] 11 juin 1717; m[8] 7 janvier 1738, à Charles Léger.—*Pierre*, b[6] 10 août 1719.

(1) Dit St. Omer; voy. vol. I, p. 364.
(2) Voy. vol. I, p. 364.

(1) Voy. vol. I, p. 364.
(2) Appelée Chévrier, 1743.
(3) Voy. vol. I, pp. 364 et 365.
(4) Fils adoptif.
(5) Appelée Fortier—Godin—Ploutin dit Lagrandeur.

—*Charles-Michel*, b [8] 11 avril 1722 ; m [8] 1er juin 1744, à Marguerite Cueillerier.—*Geneviève*, b... m [8] 7 janvier 1744, à Etienne Grenier.—*Thomas*, b [8] 3 mars 1729 ; 1° m [8] 15 oct. 1750, à Catherine Réaume ; 2° m [8] 23 juin 1766, à Marguerite Giroux.—*Antoine-Marie*, b [8] 6 janvier 1732 ; m 5 mars 1753, à Julie Janis, au Lac-des-Deux-Montagnes.

1701, (3 juillet) Montréal. [3]

II.—LEDUC, Jacques, [Jean I.
b 1675 ; s [3] 23 mars 1703.
Michel-Michaud (1), Marie-Madeleine, [Jean I.
b 1681.
Marie-Madeleine, b [3] 23 juin 1702 ; s [3] 1er avril 1703.

1704, (18 nov.) Ste-Famille, I. O.

II.—LEDUC, Guillaume, [René I.
b 1669 ; marchand ; s 3 déc. 1749, à Québec. [9]
Drouin, Elisabeth, [Nicolas II.
b 1686 ; s [9] 2 nov. 1749.
Pierre, b [9] 16 sept. 1705.—*Marie-Catherine*, b [9] 5 nov. 1707 ; m [9] 16 juillet 1726, à Pierre Marcoux ; s [9] 4 oct. 1794.—*Marie-Ursule*, b 24 mars et s 10 avril 1709, à Lévis [8] — *Louis-Joseph*, b [8] 16 fevrier et s [8] 1er avril 1710.—*Louis-Joseph*, b [8] 2 et s [8] 28 avril 1711.—*Elisabeth*, b [9] 5 avril 1712 ; m [9] 20 janvier 1732, à Henri Crête.—*Marie-Thérèse*, b [9] 27 sept. 1713.—*Etienne*, b [9] 27 nov. 1714. —*Marie-Anne*, b [9] 18 juin et s [9] 5 juillet 1719.— *Jean-Baptiste*, b [9] 4 et s [9] 24 juillet 1720.—*Charles*, b [9] 2 janvier et s [9] 23 fevrier 1722. — *Deux anonymes*, b [9] et s [9] 15 nov. 1722. — *Marie-Anne*, b [9] 11 dec. 1723 ; s [9] 19 sept. 1724. — *Marie-Agathe*, b [9] 25 sept. et s [9] 11 oct. 1725. — *Pierre-Simon*, b [9] 28 oct. 1729 ; m [9] 22 avril 1754, à Louise Coutaut.

1705, (9 nov.) Ste-Foye. [7]

II.—LEDUC, Jean-Bte, [Antoine I (2).
b 1678.
Gaudry (3), Angélique, [Jacques I.
b 1685.
Ignace, b [7] 21 août 1706.—*Marie-Joseph*, b [7] 19 mars 1708 ; m 3 nov. 1735, à Joseph Roy, à Ste-Anne-de-la-Perade. [8]—*Charlotte*, b [7] 10 oct. et s [7] 19 nov. 1709.—*Alexis*, b 1710 ; m [8] 26 juin 1738, à Dorothée Vallée. — *Madeleine*, b... s [8] 18 déc. 1760.—*Jean-Baptiste*, b [8] 2 juillet 1714 ; 1° m [8] 26 juin 1741, à Marie-Jeanne Vallée ; 2° m [8] 20 oct. 1749, à Marie-Joseph Baudoin.

1709.

III.—LEDUC (4), Lambert, [Lambert II.
b 1682 ; s 28 sept. 1753, à Montreal. [5]
Quesnel, Marie, [Olivier I.
b 1694 ; s [5] 22 janvier 1751.
Marie-Louise, b 1710 ; m [5] 9 janvier 1758, à Alexis Lepellé. — *Marie-Catherine*, b [5] 17 avril 1715. — *Agathe*, b [5] 29 avril 1717 ; m [5] 27 nov. 1747, à Nicolas Dufresne. — *Marie*, b [5] 25 mars 1719.—*Angélique*, b [5] 8 avril 1721.—*Marie-Madeleine*, b [5] 13 juillet 1724. — *Lambert*, b [5] 3 mars 1727 ; m [5] 10 juin 1748, à Elisabeth Cauchois.— *Marie-Amable*, b 1729 ; m [5] 11 mai 1750, à Pierre-Louis Mallet. — *Marguerite-Amable* b [5] 30 mai et s [5] 5 juin 1730.—*Dominique*, b [5] 8 janvier 1740.

1710, (22 juin) Batiscan.

II.—LEDUC, Pierre-Charles, [Antoine I (1).
b 1680.
Viel, Marie-Madeleine, [Pierre I.
b 1689 ; veuve de Simon LaBretolle
Pierre-Charles, b 16 déc. 1711, à Ste-Anne-de-la-Perade. [9] — *Alexis*, b [9] 25 mai 1712. — *Marie-Anne*, b [9] 8 déc. 1713. — *Jean-Baptiste*, b [9] 3 oct. 1715 ; m à Antoinette Livernois. —*Louis*, b [9] 23 oct. 1717 ; s 28 mai 1719, à Verchères. [8]— *Elisabeth*, b [8] 3 août 1719 ; m [8] 18 juillet 1740, à Pierre Desmarest.—*Antoine*, b 17 août 1721, à St-Ours, m [8] 13 fevrier 1747, à Madeleine Tétreau.—*Joseph*, b... m [8] 14 juin 1745, à Madeleine Ladoux.—*Madeleine*, b... m [8] 7 nov. 1746, à Christophe Gipoulou.—*Marie-Anne*, b [8] 30 nov. 1727. —*Marie-Joseph*, b... m [8] 5 fevrier 1753, à Jean-Baptiste Galipeau.—*Louis*, b 1730 ; m [8] 12 fevrier 1759, à Marie-Joseph Grignon.

I.—LEDUC, François.
Prince, Renée.
Jean, b 1716 ; m 21 février 1746, à Marie Lalague, à St-Joseph, Beauce [4] ; s [4] 18 avril 1759

1717, (26 janvier) Québec. [7]

I.—LEDUC (2), Jean, fils de Nicolas et d'Anne Pinard, de Lounois, diocèse de Soissons, Picardie.
Reiche, Françoise-Marguerite, [François I.
b 1693 ; s [7] 11 août 1718.

1718, (16 mai) Montréal. [1]

III.—LEDUC, Joseph, [Joseph II
b 1690.
Heurtebise (3), Marie-Andrée, [Pierre II.
b 1700.
Joseph, b [7] 26 mars 1719 ; s [7] 2 fevrier 1733— *Vincent*, b [7] 28 janvier 1721. — *Pierre*, b [7] 4 oct. 1722 ; m [7] 7 janvier 1756, à Marie-Anne Heurtebise. — *Marie-Louise*, b [7] 24 juillet 1724. m [7] 18 avril 1746, à Mathias Jérome. — *Marin*, b [7] 25 fevrier 1726. — *François*, b [7] 2 déc. 1727 ; m 3 fevrier 1754, à Marie-Angélique Fauvel, au Detroit — *Athanase*, b [7] 10 mars et s [7] 31 juillet 1729.—*Marguerite*, b [7] 21 mai 1730.

(1) Elle épouse, le 3 juillet 1704, Geoffroy Lefebvre, à Montréal.
(2) Voy. vol. I, p. 364.
(3) Elle épouse, le 12 août 1710, Pierre Tessier, à Ste-Anne-de-la-Pérade.
(4) Dit St. Omer.

(1) Voy. vol. I, p. 364.
(2) Valet de chambre, tapissier de M. l'Intendant Bégon.
(3) Appelée Vitnalise, 1754, elle épouse, le 16 juin 1734, René Goneau, à Montréal.

1719, (3 juillet) Laprairie.[8]
I.—LEDUC (1), Louis,
b 1686; s[8] 9 déc. 1736.
Lereau (2), Madeleine, [Simon I.
b 1669; veuve de Jean Laroche; s[8] 6 fevrier 1741.

1721, (9 juin) Montréal.[1]
III.—LEDUC, Jean, [Jean II.
b 1684.
Descary (3), Marie-Catherine, [Michel II.
b 1696; s 13 avril 1761, au Détroit.[2]
Marie-Catherine, b[1] 25 avril 1722; s[1] 27 oct. 1727. — *Jean-Baptiste*, b[1] 25 nov. et s[1] 16 déc. 1723.—*Angélique*, b[1] 10 août 1725; m[2] 1er mai 1743, à Claude Landry. — *Jean-Baptiste*, b[1] 15 oct. 1727; m[2] 12 oct. 1773, à Catherine Bourassa. — *Gabriel*, b[1] 6 nov. 1729; s[1] 19 déc. 1730. — *Marie-Louise*, b[2] 18 avril 1734; m[2] 23 sept. 1754, à Pierre Desnoyers; s[2] 26 sept. 1766. —*Philippe*, b[2] 24 oct. 1735; m[2] 7 janvier 1764, à Marie-Joseph Pelletier. — *Marie-Clémence*, b[2] 13 et s[2] 17 mai 1741. — *Thérèse*, b... m[2] 15 avril 1765, à Joseph Maillou.

1729, (17 janvier) Montréal.[6]
III.—LEDUC, Joseph, [Jean II.
b 1692.
Desautels, Marie-Charlotte, [Gilbert II.
b 1709.
Marie-Charlotte, b[6] 6 fevrier 1730; m[6] 7 février 1752, à Pierre Goguet. — *Marie-Thérèse*, b 1734; m[6] 8 janvier 1759, à Paschal Brau. — *Joseph-Amable*, b[6] 26 février 1735. — *Jean-Baptiste*, b[6] 30 mars et s[6] 28 juin 1737.—*Marie-Clémence*, b[6] 16 mai 1738; m[6] 2 février 1761, à Joseph Berthelet.— *Albert*, b[6] 15 mai 1740.— *Pierre*, b[6] 15 avril 1742.— *Philippe*, b[6] 10 nov. 1744; m 8 août 1768, à Marie-Joseph Descarry, à St-Laurent, M. — *Marie-Françoise*, b[6] 20 oct. 1747.

1730, (12 juin) Montréal.
II.—LEDUC, Pierre, [Pierre I.
b 1700.
Tougas-Laviolette, Pélagie, [Guillaume I.
b 1708.
Pierre, b 27 avril 1732, au Bout-de-l'Ile, M.[9]; m[9] 25 fevrier 1754, à Marie-Joseph Lalonde. — *Antoine-Marie*, b[9] 30 août 1734; m[9] 24 nov. 1760, à Marie-Joseph Diel. — *Joseph*, b[9] 8 mai 1736; m[9] 31 janvier 1763, à Marguerite-Brigitte Lalonde.—*Pélagie*, b[9] 20 février 1738; m[9] 12 janvier 1756, à Joseph-Amable Gautier.—*Marie-Angélique*, b[9] 7 juin 1740; m[9] 16 nov. 1761, à Augustin-François Gautier. — *Augustin*, b[9] 6 janvier 1742; m[9] 7 janvier 1766, à Elisabeth Lalonde.—*François-Joachim*, b 21 mars et s 10 juillet 1751, au Lac-des-Deux-Montagnes.

(1) Panis—Chicachias de nation.
(2) Et Lheureux.
(3) Et Cary.

1731, (12 mai) Montréal.[2]
III.—LEDUC, Charles, [Charles II.
b 1701.
Crevier (1), Françoise, [Jean-Bte II.
b 1706.
Charles, b[2] 7 déc. 1734.

1731, (28 mai) Montréal.[3]
III.—LEDUC (2), Pierre, [Jean II.
b 1699.
1° Massé, Françoise, [Michel II.
b 1705.
1744 (3 février).[3]
2° Bouchard, Françoise, [Jean II.
b 1723; s[3] 10 sept. 1747.
Marie-Marguerite-Amable, b[3] 19 oct. 1744; s[3] 9 août 1745.

1736, (9 janvier) Bécancour.[8]
I.—LEDUC, Jean-Bte, fils de Jean et de Marie Tourangeau, de St-Jean-de-Lude, Biscaye.
Deshaies, Marguerite, [Pierre I.
b 1700; veuve de François Desrosiers.
Jean-Baptiste, b[8] 22 mars 1737; m[8] 12 janvier 1761, à Marie-Marguerite Houde. — *Marie-Catherine*, b... m[8] 21 janvier 1760, à Michel Houde.— *Marie-Jeanne*, b[8] 22 mai 1741.

III.—LEDUC, Paul, [Jean II.
b 1706.
Desmavriers, Angélique.
Elisabeth, b 1738; m 15 oct. 1759, à Amable Garreau, à Montréal.

1738, (26 juin) Ste-Anne-de-la-Pérade.[9]
III.—LEDUC, Alexis, [Jean-Bte II.
b 1710.
Vallée, Dorothée, [Charles II.
b 1717; s[9] 28 mars 1774.
Marie-Dorothée, b[9] 20 juillet 1739.—*Pierre*, b... m[9] 26 janvier 1778, à Marie-Joseph Biguet. —*Alexis*, b[9] 24 juillet 1745. — *Jean-Baptiste*, b[9] 14 fevrier 1747; m[9] 11 janvier 1776, à Elisabeth Charets.—*Marie-Joseph*, b[9] 21 mars 1749, s[9] 11 mars 1751.—*Alexis*, b[9] 31 janvier 1753.—*Michel*, b[9] 9 fevrier 1755.—*Marie-Louise*, b[9] 16 nov. 1756.—*Marie-Joseph*, b... m[9] 4 février 1777, à Louis-François Levêque.—*Joseph*, b[9] 2 février 1759.—*Louis*, b[9] 18 mars 1761.

1739, (7 janvier) Bout-de-l'Ile, M.[3]
II.—LEDUC, René, [Pierre I.
b 1704.
Fortier, Elisabeth, [Joseph II.
b 1722.
Anonyme, b[3] et s[3] 11 oct. 1739.—*Joseph*, b[3] 3 et s[3] 7 janvier 1741.—*Joseph-Marie*, b[3] 18 fevrier 1742; s[3] 29 juillet 1759.—*Jean-Baptiste-René*, b[3] 18 mars 1744. — *Charles*, b[3] 12 dec. 1745; m 25 juillet 1768, à Suzanne Lecompte, à Soulanges.[4] —*René-Guillaume*, b[3] 6 mars 1748; m[3] 11 jan-

(1) Elle épouse, le 24 nov. 1744, Jean-Baptiste Janvrin-Dufresne, à Montréal.
(2) Dit Souligny.

vier 1768, à Archange DAOUT.—*Marie-Joseph*, b [3] 13 oct. 1749. — *Michel*, b [3] 26 oct. 1751.—*Louis*, b [3] 26 août 1753. — *Marie-Catherine*, b [3] 26 août 1755.—*Marie-Madeleine*, b [3] 3 et s [3] 21 juin 1757. —*Joseph-Marie*, b [4] 23 mai et s [3] 26 juin 1760. — *Marie-Charlotte*, b [3] 19 juillet et s [3] 8 août 1762.

1740, (11 février) Bout-de-l'Ile, M. [5]

II.—**LEDUC** (1), JEAN-BTE, [PIERRE I.
b 1711.
TROTIER (2), Françoise, [JOSEPH III.
b 1712.

Marie-Joseph, b [5] 2 janvier 1741. — *Jean-Baptiste*, b [5] 19 oct. 1743; m [5] 22 oct. 1764, à Charlotte DAOUT.—*Françoise*, b [5] 2 juin 1745.—*Pierre*, b [5] 22 sept. 1748.—*Anonyme*, b [5] et s [5] 17 février 1751.

1741, (26 juin) Ste-Anne-de-la-Pérade. [6]

III.—**LEDUC**, JEAN-BTE, [JEAN-BTE II.
b 1714.
1° VALLÉE, Marie-Jeanne, [CHARLES II.
b 1724; s [6] 2 sept. 1748.

Marie-Jeanne, b [6] 4 mai 1742.—*Marie-Angélique*, b [6] 23 nov. 1743; s [6] 22 mars 1744.—*Jean-Baptiste*, b [6] 23 mars 1745.—*Michel*, b [6] 7 août 1747.

1749, (20 oct.) [6]

2° BAUDOIN, Marie-Joseph, [JEAN-FRANÇOIS II.
b 1726.

Marie-Joseph, b [6] 29 juin et s [6] 11 juillet 1750. —*Eustache*, b [6] 3 avril 1752; m [6] 1er février 1779, à Marie-Joseph TESSIER.—*Louis*, b [6] 25 août et s [6] 28 nov. 1753.—*Alexis*, b [6] 24 août 1754.—*Marie-Madeleine*, b [6] 24 et s [6] 27 nov. 1755.—*Marie-Madeleine*, b [6] 15 nov. 1756.—*Joseph*, b [6] 8 janvier 1759.—*Marie-Joseph*, b [6] 28 juillet et s [6] 11 août 1761.—*Claude*, b [6] 31 août 1762.—*François*, b [6] 23 juillet et s [6] 25 août 1765.—*Pierre*, b [6] 16 avril 1767.—*Marie-Joseph*, b [6] 17 mai 1769; s [6] 17 mars 1770.—*Louis*, b [6] 13 dec. 1770; s [6] 11 juin 1772.

1741, (6 nov.) Montréal. [7]

III.—**LEDUC**, ANDRÉ, [PHILIPPE II.
b 1705.
SARRAZIN, Agathe, [THOMAS III.
b 1725.

André, b [7] 6 janvier 1743.—*Marie-Agathe*, b [7] 4 oct. 1744.—*Richard*, b [7] 5 mars 1746.—*Ignace*, b [7] 28 août 1747.—*Marguerite*, b [7] 26 juillet 1749.

III.—**LEDUC**, JEAN-BTE, [PIERRE-CHARLES II.
b 1715.
BENOIT-LIVERNOIS, Antoinette, [FRANÇOIS II.
b 1720.

Marie-Angélique, b... m 6 oct. 1760, à Louis LANGEVIN, à Verchères. [8] —*Marie-Catherine*, b... m [8] 6 avril 1761, à François ROBERT.

(1) Seigneur de l'Ile-Perrot; il était au Bout-de-l'Ile, M., le 11 mars 1757.

(2) Dit Desruisseaux.

1741, (20 nov.) Montréal. [4]

III.—**LEDUC**, PAUL, [JOSEPH II.
b 1707; s [4] 19 juin 1747.
LEMIRE-MARSOLET (1), Marie-Joseph, [JEAN II.
b 1722.

Marie-Joseph, b [4] 20 sept. 1742; s [4] 21 oct 1746. — *Paul-Ignace*, b [4] 23 juillet 1745; m 1? nov. 1770, à Françoise DEMERS, à Varennes.

1741, (26 nov.) Montréal. [4]

III.—**LEDUC**, ANTOINE, [PHILIPPE II.
b 1721.
FAUTEUX, Marie-Jeanne, [PIERRE II.
b 1720.

Antoine, b [4] 13 et s [4] 16 janvier 1742.—*Marie-Joseph*, b [4] 23 janvier 1743.—*Antoine*, b [4] 27 janvier 1745.—*Bernard*, b [4] 31 janvier et s [4] 7 août 1747. — *Jean-Maurice-Josué*, b [4] 20 mai 1748.—*Marie-Joseph*, b [4] 13 janvier 1750.

1743, (14 oct.) Pointe-Claire.

III.—**LEDUC**, JEAN-BTE. [CHARLES II.
LEFEBVRE (2), Françoise. [MICHEL III.

Jean-Baptiste, b 18 mars 1745, à Montreal [7].—*Marie-Véronique*, b [7] 18 mars 1746. — *François*, b [7] 31 mai et s [7] 15 juin 1748.—*Pierre*, b [7] 29 oct. 1749.—*François*, b... m 11 oct. 1779, à Louise PRUDHOMME, à St-Laurent, M.

1744, (1er juin) Bout-de-l'Ile, M. [9]

II.—**LEDUC**, CHARLES-MICHEL, [PIERRE I
b 1722.
CUILLERIER, Marguerite, [RENÉ-HILAIRE II
b 1727.

Marguerite-Cécile, b [9] 22 nov. 1744; m [9] 8 février 1762, à Joseph DAOUT.—*Rose*, b [9] 16 juillet 1746; m [9] 28 janvier 1765, à Gabriel DAOUT—*Marie-Elisabeth*, b [9] 23 avril 1748. —*Antoine*, b [9] 4 février et s [9] 20 août 1750. — *Marie-Françoise*, b [9] 30 juillet 1751. — *Marie-Joseph*, b [9] 7 mars 1753.—*Antoine*, b [9] 8 déc. 1754. — *Michel*, b [9] 22 juin 1756; s [9] 6 mars 1762. — *François*, b [9] 26 août 1759. — *Joseph*, b [9] 4 nov. 1760. — *Marie-Archange*, b [9] 23 sept. 1762. — *Marie-Angélique-Amable*, b [9] 14 et s [9] 24 juillet 1766. — *Pierre*, b [9] 22 août 1767.

1745, (9 janvier) Verchères.

III.—**LEDUC**, JOSEPH, [CHARLES II
b 1713.
FONTAINE, Marguerite, [PIERRE II.
b 1698; veuve de Paul Desmarets.

1745, (14 juin) Verchères. [7]

III.—**LEDUC**, JOSEPH, [PIERRE-CHARLES II.
b 1720.
LEDOUX, Madeleine, [PIERRE II.
b 1724.

Jean-Baptiste, b [7] 12 nov. 1753. — *Joseph*, b [7] 9 janvier 1756. — *Amable*, b 1758; s [7] 28 janvier 1759.—*Marie-Madeleine*, b [7] 1er et s [7] 8 sept. 1759.

(1) Elle épouse, le 14 février 1752, Joseph Lériger, à Montréal.

(2) Laccriseray.

1746, (21 février) St-Joseph, Beauce. [7]
II.—LEDUC, JEAN, [FRANÇOIS I.
b 1716; s [7] 18 avril 1759.
LALAGUE (1), Marie-Thérèse, [JOSEPH I.
b 1730.
Jean, b [7] 11 mars 1748; s [7] 24 mars 1756.—*Joseph*, b 1752; s [7] 31 mars 1766.—*Marie-Geneviève*, b [7] 25 février 1754; s [7] 10 avril 1766.—*Marie-Joseph*, b [7] 28 oct. 1756; s [7] 13 avril 1766.—*Marie*, b [7] 20 et s [7] 27 janvier 1759.

1747, (13 février) Verchères.
III.—LEDUC, ANTOINE, [PIERRE-CHARLES II.
b 1721.
TÉTREAU, Marie-Madeleine, [JEAN-BTE III
b 1723.

1748, (26 février) Montréal.
I.—LEDUC (2), JEAN-BTE, fils de Pierre et de Suzanne Landreau, de St-Hilaire, diocèse de Xaintes, Saintonge.
DENEVERS, Marguerite, [DANIEL-JEAN II.
b 1700; veuve de Mathurin Pineau.

1748, (10 juin) Montréal. [4] [3]
IV.—LEDUC (3), LAMBERT, [LAMBERT III.
b 1727.
GAUCHOIS, Elisabeth, [JEAN-BTE II.
b 1726.
Marie-Joseph, b [4] 31 déc. 1748.— *Lambert*, b [4] 11 mai 1750.

1749.
III.—LEDUC, JACQUES, [JEAN II.
b 1695.
BIZET, Marie-Anne, [DANIEL-PAUL II.
b 1725.
Jacques, b 10 sept. 1750, au Lac-des-Deux-Montagnes. [9]—*Laurent*, b [9] 12 août 1753.

1750, (16 mars) Montréal.
III.—LEDUC, PHILIPPE, [JEAN II.
b 1694.
PEPIN (4), Madeleine, [PIERRE II.
b 1698; veuve de Charles Tessier.

1750, (15 oct.) Bout-de-l'Ile, M. [9]
II.—LEDUC, THOMAS, [PIERRE I.
b 1729.
1° RÉAUME, Catherine, [SIMON III
b 1732; s [9] 28 juin 1764.
Pierre-Amable, b [9] 1er sept. 1751. — *Marie-Catherine*, b [9] 4 janvier 1754.—*Marie-Charlotte*, b [9] 9 et s [9] 17 déc. 1755. — *Anonyme*, b [9] et s [9] 15 janvier 1757.—*Basile-Amable*, b [9] 10 février 1760.—*Marie-Joseph*, b [9] 9 et s [9] 17 janvier 1762. —*Marie-Joseph*, b [9] 8 et s [9] 14 janvier 1763.—*Michel*, b [9] 22 juin et s [9] 3 juillet 1764.

(1) Elle épouse, le 14 janvier 1760, Pierre Guillon, à St-Joseph, Beauce.
(2) Dit Frappe-d'Abord.
(3) Dit St. Omer.
(4) Dit Laforce.

1766 (23 juin). [9]
2° GIROUX, Marguerite, [ETIENNE I.
b 1743; s [9] 11 sept. 1768.
Marie-Agathe, b [9] 6 mai 1767. — *Marie*, b [9] 11 sept. 1768.

1753, (5 mars) Lac-des-Deux-Montagnes.
II.—LEDUC, ANTOINE-MARIE, [PIERRE I.
b 1732.
JANIS, Julie, [ANTOINE II.
b 1732.

1754, (3 février) Détroit. [3]
IV.—LEDUC (1), FRANÇOIS, [JOSEPH III.
b 1727.
FAUVEL, Marie-Angélique, [JACQUES II.
b 1730.
Agathe, b [3] 24 janvier 1757; m [3] 22 avril 1771, à André BENETO. — *Louis*, b [3] 26 janvier 1759.—*Marie-Catherine*, b [3] 23 février 1761.—*Joseph*, b [3] 17 juin 1763.

1754, (25 février) Bout-de-l'Ile, M. [5]
III.—LEDUC, PIERRE, [PIERRE II.
b 1732.
LALONDE, Marie-Joseph, [JEAN-BTE III.
b 1734.
Pierre, b [5] 28 janvier 1755. — *Antoine*, b [5] 2 sept. 1756. — *Augustin*, b [5] 22 janvier 1760. — *Joseph*, b [5] 4 mars 1761. — *Julie*, b [5] 1er juillet 1762; s [5] 5 janvier 1763.—*Etienne*, b [5] 16 mars et s [5] 5 juillet 1764.—*Louis*, b [5] 7 juin 1765.—*Marie-Joseph*, b [5] 23 sept. 1766.—*Marie-Elisabeth*, b [5] 19 et s [5] 21 avril 1768.

1754, (22 avril) Québec. [1]
III.—LEDUC, PIERRE-SIMON, [GUILLAUME II.
b 1729.
COUTAUT, Louise, [JEAN I.
b 1733.
Pierre, b [1] 13 et s [1] 26 déc. 1754.—*Marie-Catherine*, b [1] 4 déc. 1755.—*Marie-Louise*, b [1] 15 juillet 1757; s 5 sept. 1758, à St-Augustin.—*Pierre*, b [1] 7 août et s [1] 19 sept. 1758. — *François*, b 4 mars 1760, à Deschambault; m 2 sept. 1789, à Rose COTÉ, à l'Ile-Verte.

1755, (7 janvier) Montréal.
IV.—LEDUC, PIERRE, [JOSEPH III.
b 1722.
HEURTEBISE, Marie-Anne, [LOUIS III.
b 1729.
Pierre-Joseph, b 6 mars 1756, à St-Laurent, M.

LEDUC, JEAN.
CHAGNON, Madeleine.
Louis-Amable, b 7 et s 22 sept. 1759, à Verchères.

LEDUC, CHARLES.
CHAGNON, Madeleine.
Christophe, b... s 17 août 1760, à Lavaltrie.

(1) Dit Persil; premier bedeau du Détroit.

1759, (12 février) Verchères.
III.—LEDUC, Louis, [Pierre-Charles II.
b 1730.
Grignon, Marie-Joseph, [Jean-Bte II.
b 1735.

1760, (24 nov.) Bout-de-l'Ile, M. [6]
III.—LEDUC, Antoine-Marie, [Pierre II.
b 1734.
Diel, Marie-Joseph, [Jacques II.
b 1740.
François, b [6] 27 oct. 1761. — *Marie-Joseph*, b [6] 15 mai 1763.—*Antoine*, b [6] 7 avril 1765; m 1785, à Felicité Gagné. — *Pierre*, b [6] 7 février 1767.—*Michel*, b [6] 18 sept 1768.

1761, (12 janvier) Bécancour.
II.—LEDUC, Jean-Bte, [Jean-Bte I.
b 1737.
Houde, Marie-Marguerite, [François III.
b 1738.

1762, (11 janvier) Montréal.
III.—LEDUC, René, [Jean II.
b 1711.
Denis, Véronique, [Charles II.
b 1731.

1763, (31 janvier) Bout-de-l'Ile, M. [9]
III.—LEDUC, Joseph, [Pierre II.
b 1736.
Lalonde, Marguerite-Brigitte, [Antoine III.
b 1743.
Marguerite, b [9] 8 nov. 1763.—*Marie-Rose*, b [9] 13 mars et s [9] 22 juin 1765.—*Joseph-Amable*, b [9] 7 mai 1766.—*Amable*, b [9] 26 dec. 1767.

1764, (7 janvier) Détroit. [1]
IV.—LEDUC (1), Philippe, [Jean III.
b 1735.
Pelletier, Marie-Joseph, [Jean-Bte V.
b 1745.
Jean-Baptiste, b [1] 2 juin 1765.—*Marie-Joseph*, b [1] 20 février 1767.—*Thérèse*, b [1] 16 juillet 1769.

1764, (22 oct.) Bout-de-l'Ile, M. [2]
III.—LEDUC, Jean-Bte, [Jean-Bte II.
b 1743.
Daout, Charlotte, [Louis II.
b 1743.
Jean-Baptiste, b [2] 21 mars 1765.—*Marie-Joseph*, b [2] 28 avril 1767.—*Marie-Félix*, b [2] 30 mai 1768.

1766, (7 janvier) Bout-de-l'Ile, M.
III.—LEDUC, Augustin, [Pierre II.
b 1742.
Lalonde, Marie-Elisabeth, [Jean-Bte III.
b 1746.
Marie-Elisabeth, b 2 janvier 1767, au Lac-des-Deux-Montagnes.

(1) Adopte Catherine Macons (métisse illégitime) et son fils Joseph, né le 29 juillet 1768, au Detroit.

1768, (11 janvier) Bout-de-l'Ile, M.
III.—LEDUC, René-Guillaume, [René II.
b 1748.
Daout, Marie-Archange, [Charles III.
b 1752.

1768, (25 juillet) Soulanges.
III.—LEDUC, Charles, [René II.
b 1745.
Lecompte, Suzanne,
b 1751.
Suzanne, b... m 24 avril 1786, à Augustin Lefebvre, à l'Ile-Perrot.

1768, (8 août) St-Laurent, M.
IV.—LEDUC, Philippe, [Joseph III.
b 1744.
Descarry, Marie-Joseph, [Joseph IV.
b 1749.

LEDUC, Jean-Bte.
1° Bransard (1), Marie-Charlotte, [Jean-Bte II.
b 1746; s 7 août 1781, à Batiscan. [2]
Clément-Bénoni, b 4 juillet 1771, à Ste-Anne-de-la-Perade. [3] — *Marie-Charlotte*, b [3] 17 janvier 1777; m [2] 27 oct. 1794, à Michel Gaudin.
1790, (15 fevrier). [2]
2° Rousseau, Marie-Anne. [Pierre
François, b [2] 31 janvier 1791.—*Pierre*, b [2] 15 sept. 1792.—*Joachim*, b [2] 31 mai et s [2] 7 août 1795.

1770, (12 nov.) Varennes.
IV.—LEDUC, Paul-Ignace, [Paul III
b 1745.
Demers, Françoise, [Paul III.
b 1746.

LEDUC, Antoine.
Poitras, Marie-Catherine.
Marie-Catherine, b 21 août et s 6 sept. 1773, à Repentigny.—*Catherine*, b... m à Michel Bousquet.

1773, (12 oct.) Détroit.
IV.—LEDUC, Jean-Bte, [Jean III.
b 1727.
Bourassa, Catherine, [René III.
b 1747.

1776, (15 janvier) Ste-Anne-de-la-Perade [4]
IV.—LEDUC, Jean-Bte, [Alexis III.
b 1747.
Charets, Elisabeth, [Antoine III
b 1754.
Alexis, b [4] 18 janvier 1777.—*Jean-Baptiste*, b [4] 9 avril 1779.— *Marie-Elisabeth*, b [4] 11 dec. 1780.

1778, (26 janvier) St-Anne-de-la-Pérade [9]
IV.—LEDUC, Pierre. [Alexis III
Biguet, Marie-Joseph, [Pierre III
b 1759.
Marie-Joseph, b [9] 24 sept. 1778. — *Pierre*, b [9] 24 février 1780.

(1) Dit Langevin.

1779, (1er février) St-Anne-de-la-Pérade.
IV.—LEDUC, EUSTACHE, [JEAN-BTE III.
b 1752.
TESSIER, Marie-Joseph, [FRANÇOIS IV.
b 1762.

1779, (11 oct.) St-Laurent, M.
IV.—LEDUC, FRANÇOIS. [JEAN-BTE III.
PRUDHOMME, Louise, [JOSEPH IV.
b 1756.

1785.
IV.—LEDUC, ANTOINE, [ANTOINE-MARIE III.
b 1765.
GAGNÉ, Félicité.
Julie, b 8 avril 1786, à l'Ile-Perrot.

LEDUC, THOMAS.
CUILLERIER, Angélique.
Thomas, b 11 juin 1786, à l'Ile-Perrot.

1789, (2 sept.) Ile-Verte.
IV.—LEDUC (1), FRANÇOIS, [PIERRE-SIMON III.
b 1760.
COTÉ, Rose. [PRISQUE V.

LEDUC (2), ETIENNE, médecin.

1802, (30 août) St-Louis, Mo. [8]
I.—LEDUC, PHILIPPE-MARIE-ANNE, fils de Gilles et de Marie-Henriette Hamelin, de St-Denis, France.
PAPIN, Marguerite, [JOSEPH-MARIE IV.
b 1781.
Philippe-Joseph, b [8] 30 janvier 1804.

1760, (7 juillet) Ste-Foye. [7]
I.—LEE, THOMAS, marchand, fils de Jacques et d'Anne Quinn, de St-Michel, diocèse de Bordeaux.
LANGLOIS, Catherine, [PIERRE-MARIE II.
b 1736.
Thomas-Jean, b [7] 10 sept. 1760 ; m à Angélique GAUTHON.—*Catherine-Louise*, b 8 oct. 1761, à Quebec. [6]—*Claude-Thomas*, b [6] 22 déc. 1762.—*Agnès*, b [6] 6 janvier 1764. — *Patrice*, b... m 15 juillet 1797, à Constance CONDÉ, à St-Louis, Mo.

II.—LEE, THOMAS-JEAN, [THOMAS I.
b 1760.
GAUTRON, Angélique.
Sophie, b 15 janvier 1781, à Québec. [5]— *Thomas*, b [5] 8 avril 1783.

1797, (15 juillet) St-Louis, Mo. [3]
II.—LEE, PATRICE. [THOMAS I.
CONDÉ, Constance, [AUGUSTIN.
veuve de Bonaventure Collell.
Sophie, b [3] 2 déc. 1798.—*Marie-Catherine*, née [3] nov. 1799 ; b [3] 6 sept. 1801. — *Catherine*, b [3] 8 juillet 1801.— *Patrice* et *Constance*, b [3] 27 sept. 1802. — *Emilie*, b... m [3] 28 janvier 1830, à Gustave ROUSSEAU.

(1) Marié sous le nom de Duc.

(2) Ci-devant des Avoyelles, en Louisiane ; actuellement au cap St-Ignace —Il achete les droits des heritiers LeBorgne. (Greffe de J. C. Letourneau, N. P., 4 mai 1819).

I.—LEFARGE, JEAN, b 1705 ; de Moulins, en Bourbonnais ; s 14 février 1786, à Québec.

LEFEBVRE.—*Variation et surnoms :* LEFEVRE —ANGERS—BASTIEN—BATTANVILLE—BEAULAC—BELISLE—BELLECOUR—BELLEFEUILLE—BELLEFLEUR — BELLERAN—BELLEROSE—BOULANGER—BRIQUET—COURVILLE — DE BELLEFEUILLE— DE CAUMARTIN—DE LA BARRE—DE L'INTELLE — DENONCOUR — DEPIN — DESCOTEAUX—DESILES— DESPINS—DE VILLEMUR—DU CHOQUET et DUCHOUQUET—DUPLESSIS-FABER—DU SABLON—FOREST— LABBÉ—LACISERAIE—LACISERAY—LACISERAYE et LACISERÉE—LACROIX — LADOUCEUR— LASISSERAYE—LASSISERAI et LASSISERAY—LEBOULANGER—L'EMERISE — L'ESCUYER — LESUEUR, 1718—MICHAUVILLE—SENNEVILLE—SIMON—ST. JEAN—VILLEMUR.

I.—LEFEBVRE (1), PIERRE,
b 1616.
AUNOIS, Jeanne,
b 1621 ; s 11 fevrier 1697, aux Trois-Rivières. [1]
Jacques, b [1] 12 janvier 1647; m [1] 11 nov. 1670, à Marie BAUDRY ; s 19 février 1720, à la Baie-du-Febvre. — *Michel*, b 1654 ; m 3 nov. 1683, à Catherine TROTIER, à Champlain [2] ; s [1] 21 oct. 1708.—*Ignace*, b [1] 3 avril 1656 ; m [2] 12 janvier 1682, à Marie TROTIER ; s [1] 27 mars 1740.—*Ange*, b [1] 19 sept. 1658 ; 1° m à Madeleine CUSSON ; 2° m à Geneviève GUYET ; s 24 dec. 1735, à Bécancour.—*Pierre*, b [1] 30 sept. 1661 ; m 3 sept. 1731, à Marie-Louise DANIAU, à Nicolet ; s [1] 3 oct. 1745.

1656, (17 août) Québec. [6]
I.—LEFEBVRE (2), PIERRE,
b 1627 ; s 25 oct. 1687, à Beauport. [6]
CHASTEIGNY, Marie,
b 1628 ; s [5] 21 fevrier 1699.
Jean-Baptiste, b [5] 24 juin 1658 ; m [6] 22 oct. 1685, à Marie CRÊTE ; s [6] 6 février 1736.—*Marie*, b [5] 6 juillet 1664 ; m [6] 7 avril 1682, à Jean CLOUET ; s [5] 26 juillet 1738.

1667, (11 janvier) Québec. [7]
I.—LEFEBVRE (1), SIMON,
b 1642 ; s 12 nov. 1722, à la Pte-aux-Trembles, Q. [8]
DEPOITIERS, Marie-Charlotte,
b 1641 ; veuve de Joseph Hebert ; s [7] 9 février 1717.
Jean-Baptiste, b [7] 3 avril 1672 ; m [8] 30 août 1700, à Geneviève-Françoise FAUCHER ; s 22 août 1742, à Montreal.—*François*, b [7] 12 août 1674 ; m [8] 11 janvier 1703, à Marie-Madeleine DESERRE ; s [7] 14 nov. 1750.

(1) Voy. vol. I, p. 365.

(2) Dit Ladouceur, voy. vol. I, p. 365.

1669, (28 oct.) Ste-Famille, I. O. [1]
I.—LEFEBVRE (1), CLAUDE,
b 1648.
ARCULAR (2), Marie,
b 1651.
Jean, b [1] 15 déc. 1671 ; m à Reine MESNY ; s 19 nov. 1747, à St-Michel. [2]—*Claude,* b 12 mai 1682, à St-François, I. O. ; m [2] 8 fevrier 1705, à Marie GAUTRON ; s 28 mai 1725, à Beaumont.

I.—LEFEBVRE (3), LOUIS,
b 1627.
FÉRET, Catherine,
b 1629.
Jacques, b 1669 ; m à Marie-Anne LEBLANC.

1669.
I.—LEFEBVRE (4), THOMAS,
b 1647.
PELTIER, Geneviève, [NICOLAS I.
b 1646 ; veuve de Vincent Verdon ; s 17 dec. 1717, à Quebec. [3]
Pierre, b 17 mars 1672, à Sillery ; 1° m [3] 30 juillet 1696, à Marie SAVARD ; 2° m 15 sept. 1704, à Françoise BOISSEL, à Beaumont.—*Thomas,* b [3] 12 mars 1676 ; 1° m [3] 7 mars 1707, à Hélène GONTIER ; 2° m [3] 7 mai 1718, à Marguerite GIRARD ; s [3] 9 mars 1723.

1670, (11 nov.) Trois-Rivières. [4]
II.—LEFEBVRE (5), JACQUES, [PIERRE I.
b 1647 ; s 19 fevrier 1720, à la Baie-du-Febvre. [5]
BAUDRY, Marie, [URBAIN I.
b 1650 ; s [5] 11 déc. 1734.
René, b [4] 3 oct. 1673 ; m [4] 7 juillet 1700, à Gabrielle FRANÇOIS-FOUCAULT ; s [5] 28 avril 1749.—*Jacques,* b [4] 14 janvier 1681 ; m [5] 2 mai 1735, à Marguerite LANIEL ; s [5] 15 avril 1744 (noyé).—*Louis,* b [4] 24 mars 1688 ; m 3 février 1722, à Elisabeth LEGUAY, à Champlain [6] ; s [5] 5 juin 1766.—*Claude,* b 1689 ; m à Marie-Catherine DESROCHERS ; s [5] 18 juin 1749.—*Joseph,* b 1693 ; 1° m [6] 10 nov. 1727, à Geneviève DISY ; 2° m 23 juillet 1731, à Catherine MESSIER, à Varennes ; s [5] 3 août 1754.

1673, (4 sept.) Laprairie. [7]
I.—LEFEBVRE (4), PIERRE,
b 1652 ; s [7] 5 avril 1694.
GAGNÉ, Marguerite, [PIERRE I.
b 1653 ; veuve de Martial Sauton ; s [7] 26 mars 1726.
Joseph, b 1674 ; m [7] 12 février 1703, à Marie-Anne TÉTARD ; s [7] 26 mai 1742.—*François,* b [7] 17 fevrier 1679 ; m [7] 13 nov. 1712, à Marie SUPERNANT.—*Pierre,* b [7] 2 avril 1685 ; m [7] 17 nov. 1711, à Louise BROSSEAU.—*Suzanne,* b [7] 20 oct. 1688 ; m [7] 25 fevrier 1715, à Louis BOUCHARD.

(1) Dit Boulanger ; voy. vol. I, p. 365.
(2) Elle épouse, le 7 juillet 1692, Pierre Lejamble, à St-François, I. O.
(3) Voy. vol. I, p. 365.
(4) Voy. vol. I, p. 366.
(5) Seigneur de la Baie-St-Antoine ; voy. vol. I, p. 365.

1675, (23 avril) Québec. [8]
I.—LEFEBVRE (1), JEAN,
b 1650.
SAVARD (2), Marie,
b 1661.
Michelle-Angélique, b [8] 5 mai 1692 ; sœur du Sacré-Cœur, Congrég. de N.-D. ; s 28 janvier 1741, à Montréal.

1676, (14 janvier) Montréal. [3]
I.—LEFEBVRE (3), JEAN-BTE,
b 1651 ; s [3] 27 avril 1715.
GERVAISE, Cunegonde, [JEAN I.
b 1657 ; s [3] 16 fevrier 1724.
Jean-Baptiste, b [3] 26 oct. 1676 ; s [3] 18 juillet 1703.—*Geoffroy,* b [3] 27 déc. 1677 ; m [3] 30 juin 1704, à Marie-Madeleine MICHAUD.—*Louis,* b [3] 26 fevrier 1679 ; s [3] 14 nov. 1707.—*Marie-Anne,* b [3] 22 juillet 1681 ; 1° m [3] 28 oct. 1697, à Jacques PICARD ; 2° sœur dite St. Michel, Congreg. de N.-D. ; s [3] 10 mai 1717.—*Nicolas,* b [3] 12 août 1686 ; m [3] 9 fevrier 1711, à Marie-Anne DUCHARME, s [3] 2 juillet 1750.—*Cécile,* b [3] 9 sept. 1688, m [3] 4 juin 1708, à Jean ARCHAMBAULT.—*Urbain,* b [3] 19 juillet 1691 ; m 17 mai 1716, à Louise-Catherine RIVARD, à Batiscan ; s 9 mars 1729, à Repentigny.—*Charles,* b [3] 20 août 1692 ; m [3] 8 février 1717, à Françoise GAUDRY.—*Cunégonde,* b [3] 2 dec. 1694, m [3] 6 avril 1717, à Joseph DESCARRY. — *Jean-Baptiste,* b [3] 2 fevrier 1697 ; m [3] 19 sept. 1723, à Agnès LAFOND ; s [3] 5 janvier 1731.—*Jacques,* b [3] 6 fevrier 1698 ; m 1737, à Jeanne-Suzanne PICARD.—*Jeanne,* b [3] 13 oct. 1700 ; 1° m [3] 4 nov. 1721, à Jean-Baptiste DESCARRY ; 2° m [3] 19 avril 1728, à Paul TESSIER.

1676.
I.—LEFEBVRE (1), PIERRE,
b 1642 ; s 21 nov. 1727, à Charlesbourg [8]
TRUDEL, Marie-Madeleine. [JEAN I.
Marie-Joseph, b [8] 8 juin 1696 ; 1° m [8] 3 fevrier 1729, à Eustache BOURBEAU ; 2° m [8] 13 avril 1733, à Jean VALADE.

1682, (12 janvier) Champlain.
II.—LEFEBVRE (1), IGNACE, [PIERRE I.
b 1656 ; s 27 mars 1740, aux Trois-Rivières [7]
TROTIER, Marie, [PIERRE II.
b 1667 ; s [7] 22 nov. 1740.
Ignace, b [7] 3 sept. 1699 : 1° m 1er mars 1745, à Madeleine TROTIER-BEAUBIEN, à Nicolet ; 2° m 23 août 1756, à Therèse FRIGON, à Yamachiche—*Marie-Anne,* b [7] 23 juin 1708 ; m 23 juillet 1741, à Gabriel FONTAINE, à Varennes. — *Antoine-Joseph,* b... m 1743, à Marie-Joseph BAUDOIN.

1683, (3 nov.) Champlain. [1]
II.—LEFEBVRE (4), MICHEL, [PIERRE I.
b 1654 ; arpenteur ; s 21 oct. 1708, aux Trois-Rivières. [2]
TROTIER, Catherine, [PIERRE II.
b 1669 ; s [1] 2 mars 1723.

(1) Voy. vol. I, p. 366.
(2) Elle épouse, le 30 juillet 1696, Pierre Lefebvre, à Québec.
(3) Dit St Jean ; voy. vol. I, p. 366.
(4) Laciserale ; voy. vol. I, p. 367.

Pierre, b[2] 28 déc. 1689; m[2] 9 nov. 1716, à Catherine LECLERC; s[2] 17 sept. 1760. — *Marguerite*, b[2] 11 mars 1692; m 1711, à Pierre HUNAULT. —*Joseph*, b[2] 28 février 1694; m 13 janvier 1718, à Barbe DENIS, au Bout-de-l'Ile, M.[3] — *Marie-Catherine*, b[2] 20 mars 1696; m 1716, à Antoine HUNAULT; s[3] 21 mai 1765. — *Michel*, b[2] 5 juin 1698; m 14 février 1724, à Françoise DENIS, à la Pointe-Claire.— *Noël*, b[2] 4 juillet 1700; m[3] 16 août 1722, à Marie-Anne GERVAIS. — *Suzanne*, b... m 1721, à Thomas DANIEL; s 22 février 1743, à St-Jean, I. O. — *Marie-Anne*, b[2] 25 juin 1705; m[3] 27 avril 1722, à Charles ALAVOINE.

1685, (22 oct.) Beauport.[8]

II.—LEFEBVRE (1), JEAN-BTE, [PIERRE I.
b 1658, s[8] 6 février 1736.
CRÊTE, Marie, [JEAN I.
b 1668.

Jean-Baptiste, b[8] 11 août 1686; m[8] 9 février 1719, à Charlotte DERAINVILLE; s 25 avril 1744, à Québec.[9]—*Joseph*, b[8] 2 août 1688; 1° m[8] 24 janvier 1720, à Marie PARANT; 2° m[8] 7 mai 1741, à Geneviève GOSSELIN.— *Jacques*, b[8] 4 déc. 1689; m[8] 28 fevrier 1724, à Marie-Joseph PARANT; s[8] 16 nov. 1749.—*Louise*, b[8] 23 mars 1691; m[8] 22 nov. 1712, à Nicolas VALLÉE; s[8] 11 déc. 1730.—*Claude*, b[8] 15 oct. 1692; m[8] 24 janvier 1720, à Marie-Thérèse PARANT. — *Alexandre*, b[8] 10 août 1694, m[8] 18 nov. 1726, à Marie-Geneviève PARANT.—*Marie-Geneviève*, b[8] 4 janvier 1704; m[8] 28 août 1730, à Etienne PARANT. — *Louis*, b[8] 18 août 1705; s[9] 10 nov. 1708. — *Elisabeth*, b[8] 5 sept. 1707; m[8] 24 nov. 1727, à Joseph PARANT, s[8] 5 mars 1741.

II.—LEFEBVRE (2), JEAN, [CLAUDE I.
s 19 nov. 1747, à St-Michel.[1]
MESNY, Reine, [ETIENNE I.
b 1675; s 16 mars 1750, à St-Thomas.[2]

Marie, b 1691; m[2] 20 avril 1716, à Jean CHRÉTIEN; s[2] 2 juillet 1763.—*Joseph*, b 15 sept. 1698, à Ste-Famille, I. O.[3]; m[2] 13 mai 1726, à Geneviève ROLANDEAU; s[2] 4 sept. 1765. — *Dorothée*, b 1702; m[2] 4 oct. 1728, à Joseph GAUMONT — *Marie-Charlotte*, b[1] 12 mai 1704; m[2] 4 oct. 1728, à Jacques DE LAVOYE. — *Claude*, b[3] 14 mars 1706; m 14 mai 1736, à Suzanne BISSONNET, à Beaumont; s[2] 26 juin 1767. — *Isabelle*, b... m 15 mars 1729, à Jean-Baptiste CARDONNEAU, à Berthier. — *Geneviève*, b[1] 28 juin et s[1] 14 juillet 1710. — *Geneviève*, b[2] 27 juin et s[2] 4 juillet 1711. — *Anne*, b[2] 27 juillet et s[2] 6 août 1712. — *Jean-Baptiste*, b[2] 7 et s[2] 30 sept 1713.—*Madeleine*, b[2] 14 sept. 1714; m[2] 28 sept. 1733, à Joseph CLOUTIER.— *Catherine*, b[2] 6 mai 1717; m[2] 8 février 1740, à Pierre CAPET.

1688, (27 avril) Pte aux-Trembles, Q.[6]

I.—LEFEBVRE (2), PIERRE,
b 1660; s[6] 17 fevrier 1712.
MARCOT, Marie, [NICOLAS I.
b 1671; veuve de Michel L'homme.

(1) Dit Ladouceur; voy. vol. I, p. 367.

(2) Voy. vol. I, p 367.

Pierre, b[6] 18 janvier 1691; m 30 juillet 1720, à Catherine GRIGNON, aux Grondines; s 22 déc. 1749, aux Ecureuils.[7] — *Nicolas*, b[6] 18 février 1698; m 29 sept. 1725, à Marguerite GODBOUT, à St-Laurent, I. O.—*Guillaume*, b[6] 5 avril 1700; m[6] 22 nov. 1723, à Marie-Angelique RICHARD; s[7] 7 mars 1747. — *Jean-Baptiste*, b[6] 30 mars 1702; m 5 février 1725, à Marie-Louise JUGNAC, au Cap-Santé.—*Thérèse*, b[6] 5 fevrier 1704; m 21 oct. 1725, à Jacques HÉNAUT, à Québec.

1689, (17 janvier) Batiscan.[1]

I.—LEFEBVRE (1), GABRIEL-NICOLAS,
b 1665; s 29 nov. 1735, à Ste-Geneviève[2] (2).
DUCLOS, Louise, [FRANÇOIS I.
b 1672; s[2] 31 oct. 1733.

Jacques-François, b[1] 24 janvier 1694; m 20 février 1719, à Catherine LEMAITRE, à la Rivière-du-Loup. — *Marie-Madeleine*, b[1] 20 sept. 1695; m[2] 6 fevrier 1729, à Jean PAPLAU.—*Antoine*, b[1] 24 fevrier 1697; m 16 janvier 1731, à Marie-Anne MORAND, à Ste-Anne-de-la-Perade. — *Charles*, b 1701; m 24 janvier 1731, à Marie-Joseph GODET, à Montréal.[3]—*Alexis*, b[1] 12 janvier 1703; m[3] 4 mars 1734, à Ursule DUBOIS.—*Jean-Baptiste*, b[1] 28 avril 1704; m[2] 2 mai 1730, à Marie-Joseph PAPLAU.—*Nicolas*, b[1] 26 mars 1706; s[2] 23 fevrier 1728.—*Pierre*, b[1] 13 nov. 1707; m[2] 14 sept. 1733, à Geneviève DETRÉPAGNY. — *Michel*, b[1] 14 dec. 1709; m[2] 28 juillet 1733, à Marie-Catherine PAPLAU. — *Julien*, b 24 juillet 1714, à Champlain[4]; 1° m[4] 16 nov. 1734, à Jeanne-Suzanne RAUX; 2° m[1] 22 août 1780, à Madeleine COSSET.

1691, (14 mai) Québec.[5]

I.—LEFEBVRE (3), PHILIPPE,
b 1662; s[5] 1er nov. 1708.
JOLY, Marie. [JEAN I.

Jacques, b[5] 27 juin 1702; s 22 février 1703, à Beaumont.

II.—LEFEBVRE (4), ANGE, [PIERRE I.
b 1658; s 24 dec. 1735, à Bécancour.[1]
1° CUSSON (5), Madeleine, [JEAN I.
s 19 déc. 1720, à la Baie-du-Febvre.[2]

Angélique, b... m 24 nov. 1705, à Augustin TROTIER, à Batiscan.[3]—*Marie-Jeanne*, b... 1° m[3] 13 août 1715, à Pierre LAFOND; 2° m[2] 23 sept. 1742, à Gabriel HOUDE.—*Nicolas*, b... m[2] 6 juillet 1717, à Madeleine COURIER. — *Jean-Baptiste*, b... m[3] 26 janvier 1722, à Madeleine CHASTENAY. —*Joseph*, b 1696; m[2] 30 mai 1730, à Marie-Catherine BENOIT; s[2] 7 sept. 1771.—*Jacques*, b 18 fevrier 1703, aux Trois-Rivières.— *Pierre*, b... 1° m à Marguerite COURIER; 2° m[2] 23 fevrier 1729, à Madeleine ROBIDA.—*Antoine*, b 1707; m 25 mai 1733, à Marie-Anne TERRIEN, à Nicolet; s[2] 25 fevrier 1771. — *Madeleine*, b... m[2] 27 juin 1728, à Gabriel DESROCHERS.

(1) Voy. vol. I, p. 367.

(2) Noyé dans le ruisseau de l'église.

(3) Pour Basquin, voy. vol. I, p. 28—Appelé Lefebvre du nom de sa mère.

(4) Dit Descôteaux.

(5) Aussi appelée Caillou.

2° GUYET, Geneviève,
b 1667; s 13 avril 1741, au Cap-de-la-Madeleine.

LEFEBVRE, BERTRAND.
EDELINE, Catherine.
Catherine, b 1696; s 29 juillet 1717, à Montréal.

1696, (30 juillet) Québec. [5]

II.—LEFEBVRE (1), PIERRE, [THOMAS I.
b 1672; interprète; s [5] 23 avril 1749.
1° SAVARD, Marie,
b 1661; veuve de Jean Lefebvre; s [5] 9 janvier 1703.
1704 (15 sept) Beaumont.
2° BOISSEL, Marie-Françoise, [NOEL II.
s [5] 24 juillet 1712.
Marie-Françoise, b [5] 15 sept. 1705; m [5] 2 mai 1724, à Antoine LEMAITRE. — *Marie-Anne*, b [5] 6 nov. 1707; m [5] 26 juillet 1727, à Claude POULIN-COURVAL —*Pierre*, b [5] 21 dec. 1708; s [5] 25 août 1709.—*Charles*, b [5] 30 avril 1710.—*Pierre*, b [5] 25 juin et s [5] 8 août 1711.

1697, (7 nov.) Ste-Famille, I. O.

II.—LEFEBVRE (2), PIERRE, [CLAUDE I.
b 1674.
FOURNIER (3), Françoise, [NICOLAS I.
b 1677.
Martin, b 22 mars 1700, à St-Michel [9]; 1° m 20 avril 1722, à Catherine JACQUES, à Charlesbourg; 2° m 4 mars 1737, à Marguerite CHÊNE-LAGRAVE, à Batiscan; 3° m 27 sept. 1745, à Catherine CHARETS, à Ste-Anne-de-la-Perade; s 2 mars 1781, à Ste-Geneviève. — *Geneviève*, b [9] 11 mai 1704; s 20 oct. 1714, à Beaumont. [6]—*Louise*, b [9] 24 août 1706; 1° m 29 janvier 1725, à Pierre HÉLY, à Berthier [8]; 2° m 18 oct. 1742, à Jean GARAND, à St-Valier [6]; s [9] 16 août 1747.— *Madeleine*, b [9] 12 juin 1708; 1° m [8] 26 avril 1728, à Louis CHARTIER; 2° m [6] 1er juillet 1748, à Jean-François HAYOT.—*Marie-Anne*, b [9] 18 oct. 1709; m [8] 27 juin 1729, à Jean GUILMET; s [6] 30 déc. 1749. — *Marie-Anne*, b [5] 25 oct. 1711; s [5] 27 juin 1714. — *Thérèse*, b [5] 21 mai 1713; s [5] 27 juin 1714.

II.—LEFEBVRE, JACQUES, [LOUIS I.
b 1669.
LEBLANC (4), Marie-Anne, [NICOLAS.
b 1675.
Marie-Joseph, b... *Marie-Catherine*, b... *Jean-Baptiste*, b... m 24 juillet 1720, à Marie-Anne RAUX, à Champlain.

LEFEBVRE (5), PIERRE.

(1) Voy. vol. I, p. 367.

(2) Dit Boulanger, voy. vol. I, p. 368.

(3) Elle épouse, le 10 février 1716, Antoine Blais, à St-Michel.

(4) Elle épouse, plus tard, Martin Sataguéré dit Lagiroflée.

(5) Sieur des Iles.

1700, (7 juillet) Trois-Rivières. [6]

III.—LEFEBVRE (1), RENÉ, [JACQUES II.
b 1673; s 28 avril 1749, à la Baie-du-Febvre. [7]
FRANÇOIS (2), Gabrielle, [JEAN-FRANÇOIS I.
b 1677; s [7] 16 mai 1751.
Marie-Renée, b [6] 11 juillet 1700; m [7] 18 juillet 1728, à Jean HOURÉ. — *Marie-Françoise*, b [6] 15 juin 1702.—*Marie-Thérèse*, b [6] 29 mars 1705; m [7] 6 juin 1729, à Joseph DESROSIERS. — *Joseph*, b 1708; s [7] 20 sept. 1715.—*Louis*, b [6] 20 avril 1714; s [7] 23 nov. 1738.—*Joseph*, b [7] 11 juin 1716; m 26 mai 1741, à Marie-Joseph DISY, à Champlain. — *Marie-Madeleine*, b... m [7] 15 nov. 1734, à Simon PROVENCHER; s 8 mai 1751, à Nicolet. [8]— *Marie-Jeanne*, b... 1° m [7] 5 mars 1737, à Jean-Baptiste PROVENCHER; 2° m [8] 3 février 1755, à Augustin COUTANCINEAU; s [8] 10 nov. 1797.

1700, (30 août) Pointe-aux-Trembles, Q. [4]

II.—LEFEBVRE (3), JEAN-BTE, [SIMON I.
b 1672; arpenteur; s 22 août 1742, à Montréal. [3]
FAUCHER (4), Geneviève-Françoise, [LÉONARD I.
b 1679.
Simon, b [4] 11 juin 1701.—*Jean-François*, b [4] 25 nov. 1702.—*Jean-Baptiste*, b [4] 22 juin 1704; m [3] 8 janvier 1732, à Catherine LEMIRE. — *Louis*, b [3] 25 août 1706.—*Pierre*, b [3] 8 février 1709.—*Marie-Angélique*, b [3] 26 oct. 1710. — *Marie-Geneviève*, b [3] 7 mars 1713; m [3] 17 avril 1731, à Jean-Baptiste BLONDEAU. — *Joseph*, b [3] 15 et s [3] 20 mai 1718.

1700, (27 sept.) Québec. [5]

I.—LEFEBVRE, EDMOND, fils de Jean et de Nicole Leroux, de Baqueville, diocèse de Rouen, Normandie.
MAUFAIT, Marie-Agnès, [PIERRE I.
b 1674; s [5] 9 août 1754.
Edmond, b [5] 28 juin 1701; s [5] 9 février 1703.—*Marie-Louise*, b [5] 17 avril 1703.—*François-Marie*, b [5] 19 avril 1705; m [5] 1er mai 1730, à Charlotte LEMARIÉ.—*Agnès*, b [5] 13 mai 1707, s [5] 9 janvier 1709.

1700, (28 sept.) Montréal. [9]

I.—LEFEBVRE (5), LOUIS, b 1673, marchand, fils de Jean et de Nicole Leroux, de Baqueville, diocèse de Rouen, Normandie; s [9] 27 nov. 1741.
PERTHUIS, Angélique, [PIERRE I.
b 1684; s [9] 26 avril 1755.
Louis, b 13 et s 16 juin 1701, à la Pointe-aux-Trembles, M. [4]—*Pierre*, b [4] 17 août 1702; m [9] 24 mai 1745, à Marie-Joseph LANGLOIS. — *Louis-Joseph*, b [4] 8 février 1704; 1° m [9] 8 fevrier 1729, à Celeste-Alberte PETIT; 2° m [9] 8 oct. 1748, à

(1) Vu la sentence rendue par M. Lechasseur, conseiller du Roy et lieutenant-général de la juridiction des Trois-Rivières, qui ordonne que le dit René épousera en face de l'église Gabrielle Foucault, etc.

(2) Dit Foucault.

(3) Dit Angers.

(4) Dit St. Maurice.

(5) Sieur Duchoquet, devenu Duchouquet; frère du précédent (Edmond).

Elisabeth Lemire. — *Charles*, b [4] 9 mai 1706. — *Jacques*, b [9] 17 mars 1708. — *Angélique*, b [9] 17 déc. 1709 ; m 30 janvier 1729, à Simon Sanguinet, à Varennes.—*Marie-Louise*, b [9] 23 mai 1712 ; m 4 oct. 1733, à Joseph Maillou, à Ste-Foye. [6]— *Catherine*, b [9] 10 août 1713.—*Jeanne*, b [9] 17 oct. 1714.— *Thérèse-Louise*, b [9] 7 déc. 1715 ; m [9] 27 nov. 1753, à Jean-Baptiste Lamy.—*Anonyme*, b [9] et s [9] 26 janvier 1717.—*Catherine*, b [9] 7 mai 1718. —*Jean-François*, b [9] 13 juin 1719. — *Joseph*, b [9] 11 oct. 1720 ; m 29 janvier 1748, à Marie-Joseph Saucier, à Ste-Anne-de-la-Pocatière [8]; s [8] 29 juillet 1768.—*Marie*, b 1725 ; m [9] 2 février 1749, à Pierre Rosa.

LEFEBVRE, Jean,
b 1689 ; s 21 mai 1734, à St-Thomas.

I.—LEFEBVRE (1), Charles.

1703, (11 janvier) Pointe-aux-Trembles, Q. [8]

II.—LEFEBVRE (2), François, [Simon I.
b 1674 ; s [8] 14 nov. 1750.

Deserre (3), Marie-Madeleine, [Antoine I.
b 1680 ; s [8] 3 janvier 1758.

François-de-Sales, b [8] 25 janvier et s [8] 1er avril 1704.—*Marie-Madeleine*, b [8] 12 avril 1705 ; m [8] 17 fevrier 1727, à Nicolas Pinel ; s 28 avril 1750, aux Ecureuils.—*Antoine-François*, b [8] 3 mai 1707; m 23 nov. 1733, à Angélique Filion, à Lachenaye. —*François*, b [8] 30 janvier 1709 ; m [8] 9 fevrier 1739, à Marie-Thérèse Delisle. — *Louis-Joseph*, b [8] 1er déc. 1710 ; 1° m à Marie-Geneviève Gaudin ; 2° m [8] 28 sept. 1744, à Marie-Blanche Delisle.—*Jean-Baptiste*, b [8] 17 mai 1712 ; m [8] 27 juillet 1738, à Marie-Joseph Delisle.— *Philippe*, b [8] 3 oct. 1713.— *Marie-Angélique*, b [8] 24 avril 1715 ; s [8] 27 fevrier 1716.—*Simon*, b [8] 24 janvier 1717 ; s [8] 14 nov. 1736. — *Ignace*, b [8] 24 sept. 1718.—*Marie-Charlotte*, b [8] 20 mars et s [8] 28 avril 1720. — *Marie-Charlotte*, b [8] 13 sept. 1721 ; s [8] 17 juillet 1733.

1703, (12 février) Laprairie. [3]

II.—LEFEBVRE, Joseph-François, [Pierre I.
b 1674 ; s [3] 26 mai 1742.

Testard, Marie-Anne. [Charles I.

François-Dominique, b [3] 26 sept. 1703 ; 1° m à Marguerite Tessier ; 2° m 10 février 1738, à Therèse Boyer, à Montreal. [9]— *Jeanne*, b [3] 2 nov. 1704 ; m [9] 25 avril 1753, à Jean-Baptiste-Louis LeBailly. — *Antoine*, b [3] 11 mai 1706. — *Marie-Charlotte*, b... m [3] 7 oct. 1730, à François Leber.—*Louis*, b [3] 6 juillet 1707 ; m [3] 1er fevrier 1734, à Françoise Pinsonneau.—*Angélique*, b [3] 8 juillet et s [3] 23 août 1710.—*Marguerite*, b [3] 1er nov. 1711 ; s [3] 26 juin 1715 —*Claude-Joseph*, b [9] 7 juillet 1714 ; 1° m [3] 12 nov. 1742, à Marie-Catherine Roy ; 2° m [3] 17 février 1749, à Rosalie Pinsonneau.—*Marguerite-Suzanne*, b [9] 4 nov. 1716 ; s [9] 10 mai 1717.—*Eustache*, b 1717 ; s [3] 5 mai 1733. —*Jacques*, b 13 déc. 1719, au Détroit.

(1) De Caumartin—Sieur de l'Intelle, lieutenant ; il était à St-François-du-Lac, le 5 juillet 1691.

(2) Dit Bellecour en 1707 ou Belleran dit Angers.

(3) Et Desry.

1704, (30 juin) Montréal. [1]

II.—LEFEBVRE (1), Geoffroy, [Jean-Bte I.
b 1677.

Michel-Michaud, Marie-Madeleine, [Jean I.
b 1681 ; veuve de Jacques Leduc ; s [1] 25 mars 1745.

Marie-Madeleine, b [1] 25 mai 1705 ; m [1] 22 nov. 1723, à Charles Viger. —*Jean-Baptiste*, b [1] 6 et s [1] 10 janvier 1707. — *Pierre*, b [1] 12 nov. 1709 ; 1° m [1] 22 fevrier 1734, à Marguerite Moquin ; 2° m 22 nov. 1756, à Barbe-Elisabeth Brosseau, à Laprairie. [3]—*Jean-Baptiste*, b [1] 3 sept. 1712 ; s [1] 20 fevrier 1713.—*Marie-Joseph*, b [1] 11 août 1714; m [1] 29 oct. 1731, à Jean-Baptiste Gaudry. —*Geoffroy*, b [1] 11 nov. 1715 ; m 1744, à Marie-Joseph Quesnel. — *Jean-Baptiste-Charles*, b [1] 26 avril 1717 ; m [1] 9 janvier 1747, à Marie-Hypolite Tessier. — *Nicolas*, b [1] 23 janvier 1719 ; m [1] 11 janvier 1745, à Angélique Desautels. — *Louise*, b [1] 14 avril 1720 ; m [1] 24 nov. 1738, à Pierre Abelin —*Francoise*, b [1] 4 oct. 1721 ; m [1] 11 janvier 1740, à François Dézéry. — *Louis*, b [1] 11 mars 1723 ; 1° m [2] 24 oct. 1740, à Madeleine Dumais ; 2° m [1] 27 nov. 1752, à Elisabeth Lalande. — *Jeanne*, b [1] 20 août 1725 ; m [1] 25 nov. 1748, à Louis Lecours. — *Pierre-Gervais*, b [1] 10 déc. 1726 ; s [1] 4 juin 1727. — *Elisabeth*, b 1727 ; m [1] 27 nov. 1752, à Elisabeth Lalande.

1705, (8 février) St-Michel. [2]

II.—LEFEBVRE, Claude, [Claude I.
b 1682 ; s 28 mai 1725, à Beaumont.

Gautron (2), Marie. [Michel I.

Marie-Madeleine, b [2] 26 mars 1706 ; s [2] 7 nov. 1717.—*Claude*, b [2] 11 sept. 1708 ; 1° m [2] 4 août 1749, à Brigitte Goupil ; 2° m 4 mai 1751, à Marie-Joseph Asselin, à St-François, I. O. [3]— *Jean-Baptiste*, b [2] 11 sept. 1708 ; m [3] 17 oct. 1730, à Marie-Joseph Marceau. — *Claude-Joseph*, b... m 1729, à Marie-Joseph Lacroix.—*Yves*, b 6 et s 24 mai 1711, à St-Thomas. [4]—*Marguerite-Angélique*, b [4] 5 sept. 1712 ; m 16 mai 1729, à Jean Chamberlan, à St-Valier. [5]— *Anne*, b [5] 2 mai 1718 ; m [2] 13 août 1736, à Pierre Quéret ; s [2] 29 mars 1762. — *Ignace*, b [5] 1er nov. 1720 ; m [2] 26 février 1748, à Marie-Louise Garant ; s 11 août 1763, à l'Hôpital-Géneral, M. — *Ursule*, b [5] 1er nov. 1720 ; 1° m [2] 11 janvier 1740, à Antoine Dutille ; 2° m [2] 4 nov. 1754, à Ignace Adam.

1707, (7 mars) Québec. [7]

II.—LEFEBVRE, Thomas, [Thomas I.
b 1676 ; tonnelier ; s [7] 9 mars 1723.

1° Gontier, Hélène, [Bernard I.
b 1688 ; s [7] 24 juillet 1717.

Marie, b [7] 1er janvier 1708 ; m [7] 10 sept. 1729, à Louis Aide-Créqui. — *Pierre-Thomas*, b [7] 15 mars 1709 ; s [7] 10 sept. 1740.—*Louise*, b [7] 22 oct. 1710 —*Marie-Madeleine*, b [7] 22 juillet 1712.—*Geneviève*, b [7] 8 juin et s [7] 20 sept. 1714.— *Louis*, b [7] 2 oct. 1715 ; s [7] 12 août 1739. — *Pierre*, b [7] 15 juillet 1717.

(1) Dit St. Jean.

(2) Elle épouse, le 4 mai 1727, Ignace Chamberlan, à St-Valier.

1718, (7 mai).[7]
2° GIRARD (1), Marguerite, [JOACHIM I.
b 1694.
Pierre, b [7] 20 février 1719.—*Marguerite*, b [7] 25 nov. 1720. — *François*, b [7] 9 mars 1722; s [7] 12 sept. 1761.

1711, (9 février) Montréal.[2]
II.—LEFEBVRE, NICOLAS, [JEAN-BTE I.
b 1686; s [2] 2 juillet 1750.
DUCHARME, Marie-Anne, [LOUIS II.
b 1690.
Jean-Baptiste, b [2] 13 dec. 1711; m [2] 28 janvier 1743, à Marie-Anne PARANT.— *Marie-Anne*, b [2] 8 avril 1713; m [2] 26 nov. 1731, à René VIGER; s [2] 9 janvier 1743.—*Marie-Joseph*, b [2] 12 avril 1715; m [2] 16 nov. 1733, à Bernardin LEMAIRE; s 19 mai 1756, au Lac-des-Deux-Montagnes.—*Nicolas*, b [2] 17 fevrier 1717; 1° m [2] 15 janvier 1753, à Madeleine ROY; 2° m [2] 11 juillet 1763, à Marie-Joseph RIDÉ. — *Joseph-Nicolas*, b [2] 5 avril et s [2] 10 mai 1719. — *Louis*, b [2] 23 mars 1720. — *Joseph*, b [2] 2 avril 1722; m [2] 13 juillet 1750, à Marie-Joseph SERÉ. — *Marie-Claire*, b [2] 22 nov. 1723; m [2] 12 nov. 1742, à Pierre-Louis RICHOT. — *Anne-Geneviève*, b [2] 7 nov. 1726; m [2] 21 nov. 1746, à Jean-Baptiste JARRY. — *Françoise-Amable*, b [2] 4 et s [2] 13 déc. 1728.

1711, (17 nov.) Laprairie.[4]
II.—LEFEBVRE, PIERRE, [PIERRE I.
b 1685.
BROSSEAU, Marie-Louise, [DENIS I.
b 1692.
Suzanne, b [4] 1er déc. 1710; m [4] 10 janvier 1735, à François BOURASSA; s [4] 25 juillet 1738. — *Marguerite*, b [4] 13 fevrier 1712; m [4] 24 janvier 1746, à René RIVET. — *Louise*, b [4] 1er mai 1716; m [4] 14 janvier 1737, à Pierre ROY.—*Anne-Catherine*, b [4] 17 janvier 1718; m [4] 28 août 1747, à Jean-Baptiste LAFETIÈRE.—*Pierre*, b [4] 8 mars 1719; m [4] 5 fevrier 1753, à Marie-Marguerite CAILLÉ. — *Jean-Marie*, b [4] 7 déc. 1725.— *Marie-Louise*, b 1er juin 1754, à St-Constant.

1711, (23 nov.) St-Jean, I. O.[4]
II.—LEFEBVRE (2), CHARLES, [CLAUDE I.
b 1689.
PLANTE, Marie, [JEAN II.
b 1691.
Charles, b [4] 6 février 1713; m [4] 17 juillet 1741, à Therèse BOISSONNEAU. — *Joseph-Marie*, b [4] 14 janvier 1715; 1° m 20 juillet 1736, à Catherine LACROIX, à St-Michel[5]; 2° m [5] 7 février 1752, à Angelique QUÉRET. — *Jean-Baptiste*, b... m [4] 20 juillet 1739, à Marie-Joseph PEPIN.—*Marie-Madeleine*, b 20 juin 1720, à St-François, I. O.[6]; m [4] 20 avril 1750, à Jean-Marie THIBIERGE.—*Marguerite*, b [4] 19 août 1722. — *Pierre*, b... m [6] 12 janvier 1756, à Marie-Brigitte LABBÉ.

(1) Elle épouse, le 30 déc. 1728, François Nècle, à Québec
(2) Dit Boulanger.

1712, (29 août) Québec.[5]
II.—LEFEBVRE, GABRIEL, [THOMAS I.
b 1683.
GROUARD, Jeanne-Marie, [JACQUES II.
b 1693; s [5] 9 avril 1717.
Marie-Angélique, b [5] 19 août 1713; s [5] 9 sept. 1721. — *Marie-Geneviève*, b [5] 11 sept. 1714. — *Louise*, b [5] 28 et s [5] 29 avril 1716.

1712, (13 nov.) Laprairie.[5]
II.—LEFEBVRE, FRANÇOIS, [PIERRE I
b 1679.
1° SUPERNANT, Marie. [JACQUES I
1718, (17 janvier).[5]
2° VANDENDAIQUE, Louise, [JOSEPH I
b 1687; veuve de Jean Boutin; s 3 oct. 1725, à Montreal.[6]
Marie-Louise, b [5] 8 oct. 1718; 1° m [5] 25 juin 1736, à Joseph PINSONNEAU; 2° m [5] 26 sept. 1746, à Paul DENEAU.—*Louis*, b [5] 6 juillet 1720, m [5] 30 oct. 1741, à Agnès PINSONNEAU. — *Anne-Catherine*, b [5] 30 avril 1722; s [6] 9 mai 1739. — *François*, b [6] 24 avril 1725; s [5] 27 juillet 1738.

III.—LEFEBVRE (1), CLAUDE, [JACQUES II.
b 1689; s 18 juin 1749, à la Baie-du-Febvre.[4]
DESROCHERS, Marie-Catherine.
Claude, b 17 fevrier 1714, aux Trois-Rivières; m [4] 23 juillet 1736, à Angélique GAUTIER; s [4] 25 nov. 1745.—*Joseph*, b [4] 14 et s [4] 18 nov. 1715.—*Joseph*, b [4] 22 juin 1717. — *Anonyme*, b [4] et s [4] 7 février 1719. —*Jean-Baptiste-François*, b 27 juin 1722, à St-Frs-du-Lac[5]; m 18 janvier 1751, à Louise PINARD, à Nicolet. — *Madeleine*, b [5] 15 août 1724; m [4] 17 fevrier 1749, à Etienne GAUTIER. — *Pierre*, b [5] 28 avril 1726; m [4] 10 fevrier 1755, à Marie-Geneviève LEMAY. — *Marie-Catherine*, b... m [4] 3 mai 1744, à Hyacinthe PELLETIER-ANTAYA.—*Ange*, b [4] 15 janvier 1728. — *Antoine*, b [4] 24 déc. 1729; m à Madeleine LEFEBVRE— *Marie-Anne-Geneviève*, b [4] 24 fevrier 1732; m [4] 11 sept. 1751, à Joseph HOUDE. — *Marie-Antoinette*, b [4] 31 janvier 1734; s [4] 25 mars 1750.—*Marie-Catherine*, b [4] 18 février 1736.—*Marie-Elisabeth*, b [4] 14 sept. 1737; m [4] 5 oct. 1767, à Joseph-Abraham CELIER.—*Françoise*, b [4] 1er août 1740; m [4] 28 avril 1767, à Etienne BEAUPRÉ.—*Marie-Louise*, b [4] 8 avril 1742; m [4] 8 oct. 1764, à Charles GUAY.

LEFEBVRE, JEAN-BTE.
HAGUENIER, Catherine.
Marie, b 7 mars 1715, à Montréal.

1715, (29 avril) Québec.[1]
I.—LEFEBVRE, PIERRE,
marchand.
RIVARD (2), Marie-Catherine, [ROBERT II.
b 1689; s [1] 30 oct. 1716.

(1) Dit Descôteaux.
(2) Loranger.

1716, (17 mai) Batiscan. [2]

II.—LEFEBVRE, Urbain, [Jean-Bte I.
b 1691 ; s 9 mars 1729, à Repentigny. [3]

Rivard (1), Louise-Catherine, [Pierre II.
b 1695 ; s [3] 16 fevrier 1775.

Marie-Catherine-Elisabeth, b [2] 5 mai 1717 ; m 1740, à Jean-Baptiste Faucher.—*Jean-Pierre,* b [3] 2 oct. 1719.—*Marie-Joseph,* b [3] 4 mars 1721 ; m à Joseph Bricaut ; s [3] 9 juillet 1783.—*Joseph,* b [3] 2 fevrier 1723.—*Toussaint,* b [3] 27 juillet 1726 ; s [3] 25 mai 1727.—*Antoine,* b [3] 25 mars 1728.

1716, (9 nov.) Trois-Rivières. [4]

III.—LEFEBVRE (2), Pierre, [Michel II.
b 1689 ; s [4] 17 sept. 1760.

Leclerc, Catherine, [Jean II.
b 1691 ; s [4] 9 déc. 1755.

Pierre, b [4] 13 oct. 1717 ; m 24 fevrier 1772, à Elisabeth Coltret, à l'Ile-Dupas.—*Marie-Claire,* b [4] 13 sept. 1719 ; s [4] 9 avril 1720.—*Louise,* b [4] 11 fevrier 1721 ; s [4] 13 mai 1726.—*Joseph,* b [4] 2 avril 1723.—*Michel,* b [4] 18 juin 1724 ; s [4] 29 janvier 1730—*Jean-François,* b [4] 8 juillet 1726.—*Louis,* b [4] 27 déc. 1728 ; m [4] 7 nov. 1757, à Marie-Anne Sauvage. — *Marie-Joseph,* b [4] 21 sept. 1732.—*Marie-Joseph,* b [4] 27 juin 1736.—*Michel,* b [4] 11 oct. 1738.

1717, (8 fevrier) Montréal. [5]

II.—LEFEBVRE (3), Charles, [Jean-Bte I.
b 1692.

Gaudry, Françoise, [Nicolas II.
b 1697.

Charles, b [5] 17 nov. 1717 ; m [5] 9 avril 1742, à Marie-Madeleine Truteau.—*Marie-Françoise,* b [5] 27 fevrier 1719 ; m [5] 17 fevrier 1738, à Jean-Baptiste Desautels.—*Marie-Anne,* b [5] 16 mars 1721 ; m [5] 22 avril 1754, à Henri Janot.—*Marie-Madeleine,* b [5] 27 et s [5] 29 août 1723.—*Marie-Madeleine,* b [5] 4 déc. 1724.—*Marie-Louise,* b 1725 ; m [5] 9 oct. 1747, à Joseph Truteau.—*Joseph-Marie,* b [5] 22 et s [5] 26 nov. 1726.—*Marie-Charlotte,* b [5] 12 et s [5] 16 nov. 1727.—*Anonyme,* b [5] et s [5] 13 nov. 1728.—*Marie-Jeanne,* b [5] 5 et s [5] 9 déc. 1729—*Louis-Basile,* b... m 8 nov. 1756, à Archange Fournier, à Longueuil.—*Marie-Amable,* b 1733 ; m [5] 16 janvier 1758, à Eustache Morier.—*Louis-Baptiste,* b [5] 25 mars 1734.—*Marie-Angélique,* b [5] 5 juillet 1735 ; s [5] 21 déc. 1744.—*Nicolas,* b [5] 11 et s [5] 29 sept. 1736.—*Marie-Catherine,* b [5] 19 et s [5] 24 sept. 1737.—*Marie-Joseph,* b [5] 24 oct. 1738 ; s [5] 31 janvier 1740.—*Marie-Catherine,* b [5] 16 février 1740.—*Suzanne,* b [5] 18 et s [5] 19 juin 1741.

1717, (21 juin) Charlesbourg. [6]

II—LEFEBVRE, Pierre, [Pierre I.
b 1691.

Beaumont, Elisabeth-Catherine, [Vincent I.
b 1698.

Anonyme, b [6] et s [6] 18 mai 1718.—*Marie-Elisabeth,* b [6] 26 mars 1719.—*Jacques,* b [6] 25 janvier 1721.—*Marie-Joseph,* b [6] 30 juin 1722 ; s [6] 12 janvier 1743.—*Jean-Baptiste,* b [6] 22 mai 1725.—*Pierre,* b [6] 30 juin 1727 ; m [6] 22 nov. 1756, à Madeleine Blondeau.—*Joseph-Charles,* b [6] 24 mars 1730 ; m 16 août 1757, à Geneviève Brousseau, à Quebec. — *Louis-Joseph,* b [6] 28 juillet 1733. —*Joseph,* b [6] 23 mars 1736.— *Madeleine,* b [6] 23 mars et s [6] 16 avril 1736.—*Geneviève,* b [6] 27 août 1738.—*Jacques,* b [6] 3 juin 1740.

(1) Dit Lanouette.

(2) Lacisseraye, 1719.

(3) Dit St. Jean ; aussi appelé Lesueur, 1735.

III.—LEFEBVRE (1), Pierre. [Ange II.

1° Courier, Marguerite, [Mathieu I.
b 1706.

Marie-Madeleine, b... m 9 fevrier 1750, à Paul Lécuyer, à St-Pierre-les-Becquets.

1729, (23 fevrier) Baie-du-Febvre.

2° Robida (2), Madeleine. [Jacques I.

Pierre, b 17 juin 1730, à la Rivière-du-Loup [7] ; m 23 juin 1766, à Thérèse DeVau, à Yamachiche. [8]—*Marie-Louise,* b [7] 25 mars 1734 ; s [8] 6 dec. 1752.—*François,* b [7] 2 nov. 1735 ; m [8] 3 nov. 1760, à Marie-Louise Lacerte.—*Antoine,* b [7] 27 août 1737.—*Joseph,* b... m [8] 18 fevrier 1765, à Madeleine Laur.—*Marie-Anne,* b... m [8] 7 janvier 1766, à Pierre Delisle.

1717, (6 juillet) Baie-du-Febvre. [3]

III.—LEFEBVRE (3), Nicolas. [Ange II.

Courier (4), Madeleine, [Mathieu I.
b 1698.

Joseph, b [3] 8 février 1719.—*Marie-Louise,* b 16 oct. 1722, à Batiscan [4] ; m [3] 22 mai 1739, à Claude Lionais. — *Marie-Charlotte,* b... m [3] 27 nov. 1737, à Thomas Terrien.—*Marie-Geneviève,* b... 1° m 15 juin 1744, à Jean-Baptiste Ouilem, à Boucherville ; 2° m 4 nov. 1754, à Jean-Baptiste Coltret, à Nicolet. — *Antoine,* b [3] 26 août 1728 ; s [3] 4 sept. 1732.—*Jean-Baptiste,* b [3] 27 juillet 1730. —*Agathe,* b [3] 28 avril 1732 ; m [4] 6 nov. 1752, à Jean-Baptiste Raux.—*François,* b [3] 6 fevrier 1734.

1717, (30 août) Québec. [4]

II.—LEFEBVRE, Jos.-Laurent, [Pierre I.
b 1690.

Bodin (5), Marie-Geneviève, [René I.
b 1695.

Marie-Louise, b [4] 26 mai 1718. — *Joseph,* b 23 sept. 1719, à Laprairie. [5] — *Marie,* b [5] 15 avril 1721.—*Marie-Joseph,* b [5] 25 juillet 1722. — *Jean-Baptiste,* b [5] 1er fevrier 1724. — *Charlotte,* b [5] 8 mai 1726. — *Jean,* b [5] 16 avril 1728. — *Antoine-Robert,* b [5] 20 nov. 1729.

1718, (13 janvier) Bout-de-l'Ile, M. [5]

III.—LEFEBVRE (6), Joseph, [Michel II.
b 1694.

Denis, Barbe, [Jacques I.
b 1698.

Joseph, b... 1° m à Marie-Joseph Brunet ; 2°

(1) Dit Descôteaux.

(2) Dit Manseau.

(3) Dit Descôteaux—Courville, 1773.

(4) Elle épouse, le 9 janvier 1741, François Lionais, à la Baie-du-Febvre.

(5) Et Baudoin.

(6) Laciseraye—L'Escuyer, 1729.

m 8 janvier 1753, à Geneviève Dumay, à Ste-Geneviève, M.[6]—*Jean-Baptiste*, b[5] 3 fevrier 1727; m 19 février 1748, à Angélique Desmarets, à Montréal. — *Marie-Joseph*, b[5] 5 mai 1729; m 1748, à François Darragon; s[6] 18 juin 1756.—*François-Amable*, b[5] 26 déc. 1731. — *François-Amable*, b[5] 26 fevrier 1734. — *Marie-Catherine*, b[5] 11 août 1736.— *Pierre-Marie*, b[5] 4 juin et s[5] 3 août 1739.—*Marie-Anne*, b[5] 27 juillet 1740.

1719, (9 février) Beauport.[3]

III.—LEFEBVRE, Jean-Bte, [Jean II.
b 1686; charpentier; s 25 avril 1744, à Québec.[4]
DeRainville (1), Charlotte, [Jean III.
b 1695.

Anonyme, b[3] et s[3] 18 déc. 1719. — *Jean-Baptiste*, b 27 fevrier 1721, à Charlesbourg[5]; m[4] 20 sept. 1751, à Marie-Louise Bourbeau. — *André*, b[5] 1er et s[5] 6 dec. 1722.—*Marie-Louise*, b[5] 1er nov. 1723; m[4] 11 sept. 1741, à Jacques Mercheron.—*Claire-Félicité*, b[5] 25 nov. et s[5] 10 dec. 1725.—*Pierre-François*, b[5] 3 et s[5] 27 déc. 1726.—*Marie-Charlotte*, b[5] 9 nov. 1728. — *Alexandre*, b[5] 3 et s[5] 9 sept. 1730.

1719, (20 fevrier) Rivière-du-Loup.

II.—LEFEBVRE, Jacq.-Frs, [Gabriel-Nicolas I.
b 1694.
Lemaitre, Catherine, [Charles II.
b 1697; s 30 juin 1721, à Batiscan.

1720, (24 janvier) Beauport.[7]

III.—LEFEBVRE, Claude, [Jean-Bte II.
b 1692.
Parant, Marie-Thérèse, [Jean II.
b 1699; s 15 sept. 1737, à Charlesbourg.[8]

Marie-Thérèse, b[7] 31 dec. 1720; s[7] 2 janvier 1721. — *Marie-Thérèse*, b[8] 24 fevrier et s[8] 23 mars 1722.—*Claude*, b[8] 18 mai 1723; s[8] 9 sept. 1725. — *Geneviève*, b[8] 1er mai 1725; m[8] 22 août 1746, à André Auclair. — *Pierre-Baptiste*, b[8] 6 oct. 1726; 1° m[8] 7 avril 1750, à Marie-Therèse Roy-Audy; 2° m[8] 3 août 1761, à Madeleine Légaré.—*Jean*, b[8] 29 mars 1728.—*Marie-Catherine*, b[8] 31 oct. et s[8] 18 nov. 1730. — *Marie-Joseph*, b[8] 22 déc. 1732; s[8] 4 fevrier 1733.—*Marie-Joseph*, b[8] 28 nov. 1734; m[8] 15 nov. 1756, à Pierre Jobin. — *Marie-Charlotte*, b[8] 28 mars 1736; m[8] 23 oct. 1758, à Charles Drouin.

1720, (24 janvier) Beauport.[8]

III.—LEFEBVRE, Joseph, [Jean-Bte II.
b 1688.
1° Parant, Marie, [Joseph II.
b 1700; s[8] 14 fevrier 1726.

Anonyme, b[8] et s[8] 28 oct 1720.—*Marie-Joseph*, b[8] 27 nov. et s[8] 4 déc. 1721.—*Joseph-Marie*, b[8] 28 nov. 1723.—*Marie-Louise*, b[8] 24 janvier 1726; m 30 oct. 1747, à Pierre Emond, à Quebec.

1741, (7 mai).[8]

2° Gosselin, Geneviève, [Gabriel II.
b 1693; veuve de René Duprac; s[8] 14 oct. 1770.

(1) Elle épouse, le 25 oct. 1745, Louis Bourbeau, à Québec.

1720, (24 juillet) Champlain.

II.—LEFEBVRE, Jean-Bte. [Jacques I
Raux (1), Marie-Anne, [Joseph I
b 1700; s 23 mai 1795, au Cap-de-la-Madeleine.[2]

Jean-Baptiste, b... m[2] 9 nov. 1744, à Marie-Thérèse Toupin.—*François*, b... m[2] 16 nov. 1750, à Jeanne Arceneau.—*Jacques*, b... 1° m[2] 21 oct. 1754, à Madeleine Rochereau; 2° m[2] 20 oct. 1762, à Marie Roy.—*Michel*, b... m[2] 22 nov. 1756, à Madeleine Arceneau.—*Pierre*, b... m[2] 25 oct. 1756, à Charlotte Guillon.—*Anonyme*, b[2] et s[2] 4 déc. 1735.—*Louis*, b[2] 25 mai 1737.—*Marie-Joseph*, b[2] 11 mai 1738; m[2] 22 nov. 1756, à Joseph Arceneau.—*Anonyme*, b[2] et s[2] 5 juillet 1740.—*Marie-Anne*, b[2] 26 mars 1744; s[2] 4 mai 1756.

1720, (30 juillet) Grondines.[3]

II.—LEFEBVRE, Pierre, [Pierre I.
b 1691; s 22 déc. 1749, aux Ecureuils.[4]
Grignon, Catherine, [Jacques I.
b 1698; s 5 mai 1764, à Deschambault.[5]

Marie-Catherine, b 21 avril 1721, à la Pte-aux-Trembles, Q.[6] — *Jean-Baptiste*, b[6] 5 juin 1722, m[4] 3 fevrier 1749, à Marie-Angelique Gaudin.—*Pierre*, b[6] 1er fevrier 1724; m 15 juin 1751, à Jeanne Gladu, à la Pte-du-Lac.—*Pierre-René*, b[6] 10 mars 1726; 1° m[4] 27 nov. 1752, à Marie-Thérèse Dussault; 2° m[6] 4 juin 1768, à Marie-Madeleine Langlois; 3° m[6] 11 sept. 1769, à Marie-Catherine Sylvestre; s[6] 25 avril 1772.—*Marie-Anne*, b[6] 30 avril 1728; m[5] 7 juillet 1760, à Jacques Gautier; s[5] 19 oct. 1792.—*François-de-Sales*, b[6] 23 janvier 1730; m[3] 20 mai 1755, à Marie-Louise Hamelin.—*Marie-Joseph*, b[6] et s[6] 17 oct. 1731.—*Marie-Félicité*, b[6] 17 sept. 1732; m 25 août 1766, à Jacques-Pierre Roy, à Ste-Anne-de-la-Perade. — *Catherine*, b... s[6] 6 dec. 1732.—*Marie-Elisabeth*, b[6] 26 mars 1735.—*Marie-Angélique*, b[6] 27 et s[6] 31 janvier 1737.—*Marie-Françoise*, b[6] 30 janvier et s[6] 2 février 1737.—*Marie-Madeleine*, b[6] 28 nov. 1738; m 19 février 1765, à Etienne Bellemare, à Yamachiche.—*Marie*, b... m à Pierre Gautier.

1722, (26 janvier) Batiscan.[2]

III.—LEFEBVRE (2), Jean-Bte. [Ange II
Chastenay, Madeleine. [Jean I

Geneviève-Catherine, b[2] 4 mars 1723; m 27 nov. 1741, à Michel-Gabriel Martel, à la Baie-du-Febvre.[3]—*Jean*, b[3] 15 août 1724.—*Catherine*, b... m[3] 18 avril 1747, à Jean-Baptiste Prou.—*Jean-Baptiste*, b[3] 28 dec. 1727; m[3] 16 janvier 1753, à Marie-Joseph Gautier.—*François*, b[3] 17 sept. 1729; s[3] 26 oct. 1750.—*Pierre*, b.. m 9 nov. 1752, à Marguerite Coulon, à Chambly.—*Marie-Thérèse*, b[3] 15 oct. 1733; m[3] 7 janvier 1756, à Jean-Baptiste Robida; s[3] 23 déc. 1772.—*Joseph*, b[3] 9 oct. 1735; m 1757, à Marguerite Tessier.—*Marie-Joseph*, b... m[3] 5 fevrier 1753, à Louis Prou.—*Marie-Agnès*, b[3] 11 et s[3] 18 juillet 1739.

(1) Voy. Raoult.

(2) Dit Descôteaux—Senneville.

1722, (3 février) Champlain.
III.—LEFEBVRE, Louis, [Jacques II.
b 1688; s 5 juin 1766, à la Baie-du-Febvre.
LeGuay (1), Elisabeth, [Alexis II.
b 1700.

LEFEBVRE, Ignace,
b 1700; s 10 oct. 1761, à la Pte-du-Lac.
Marquet, Charlotte.

1722, (20 avril) Charlesbourg.[3]
III.—LEFEBVRE (2), Martin, [Pierre II.
b 1700; s 2 mars 1781, à Ste-Geneviève.[4]
1° Jacques, Catherine, [Louis I.
b 1703; s[4] 2 déc. 1736.
Marie-Anne, b 16 janvier 1724, à Beaumont.[5] — *Marie-Catherine*, b[5] 8 sept. 1726. — *Joseph*, b 12 août 1729, à Québec; s[3] 12 août 1731. — *Louis-Joseph*, b 4 mai 1733, à Batiscan.[6]
1737, (4 mars).[6]
2° Chene (3), Marguerite. [Raymond I.
1445, (27 sept.) Ste-Anne-de-la-Pérade.[7]
3° Charets, Catherine, [Jean II.
b 1700; veuve de Julien Cadet; s[7] 8 nov. 1770.

1722, (16 août) Bout-de-l'Ile, M.[5]
III.—LEFEBVRE (4), Noel, [Michel II.
b 1700.
Gervais, Marie-Anne. [Mathieu I.
Michel, b[5] 30 oct. 1723; 1° m[5] 15 janvier 1748, à Therèse Fortier; 2° m 1er juin 1750, à Marie-Amable Hotesse, à Châteauguay. — *Pierre*, b[5] 10 oct. 1727; s[5] 3 oct. 1728. — *Jean-Noel*, b[5] 9 oct. 1729; m[5] 20 janvier 1755, à Therèse Maupetit.—*Augustin-François*, b[5] 19 juin 1731; m[5] 12 janvier 1756, à Marie-Jeanne Daout. — *François-Amable* (5), b[5] 30 août 1733; m[5] 16 fevrier 1756, à Marie-Louise Rousseau.—*Marie-Anne*, b[5] 3 mars 1736; m à Joseph Dumay. — *Marie-Catherine*, b[5] 25 sept. 1737. — *Marie-Joseph*, b[5] 24 août 1740; m[5] 23 janvier 1764, à Antoine Maupetit.—*Françoise*, b... m[5] 15 avril 1765, à Joseph LeGardeur de Repentigny.

1723, (19 sept.) Batiscan.
II.—LEFEBVRE (6), Jean-Bte, [Jean-Bte I.
b 1697; s 5 janvier 1731, à Montreal.
Lafond (7), Agnès. [Pierre II.

1723, (22 nov.) Pte-aux-Trembles, Q.[3]
II.—LEFEBVRE, Guillaume, [Pierre I.
b 1700; s 7 mars 1747, aux Ecureuils.[4]
Richard, Marie-Angelique, [François II.
b 1706; s 24 juillet 1778, à Québec.

(1) Et Guay.
(2) Dit LeBoulanger.
(3) Dit Lagrave.
(4) Lasisseraye.
(5) Cet enfant est baptisé comme étant fils de Noel Larrivée, corruption du nom Lasisseraye, voy. vol. V, p 177.
(6) Dit St. Jean.
(7) Elle épouse, le 15 février 1734, Gabriel Picard, à Montreal.

Marie-Madeleine, b[3] 8 avril 1727; m[4] 20 fevrier 1748, à Louis-Joseph Pleau. — *Guillaume*, b[3] 31 janvier et s[3] 3 juillet 1729.—*Marie-Félicité*, b[3] 17 mai 1730. — *Joseph*, b[3] 10 février 1732.— *Jean-François*, b[3] 11 fevrier 1734; s[3] 5 sept. 1736. — *Marie-Claire*, b[3] 5 mai 1736. — *Marie-Angélique*, b[3] 27 juillet 1738; 1° m[3] 6 fevrier 1758, à Etienne Tibaut; 2° m 21 janvier 1762, à Pierre-François Michelin, aux Trois-Rivières.— *Pélagie*, b[3] 4 avril 1740; s[3] 18 juin 1741.— *Agathe*, b[3] 4 avril 1740. — *Marie-Charlotte*, b[4] 11 juillet 1744.— *Marie-Judith*, b[4] 22 juin 1746; s[4] 19 janvier 1748.—*Guillaume*, b[4] 22 juin et s[4] 10 août 1746.

1724, (14 février) Pointe-Claire.[1]
III.—LEFEBVRE, Michel, [Michel II.
b 1698.
Denis, Françoise, [Jacques I.
b 1702.
Françoise, b... m[1] 14 oct. 1743, à Jean-Baptiste Leduc.—*Michel*, b 26 dec. 1728, au Bout-de-l'Ile, M.[2]; 1° m 1753, à Marie-Joseph Pilon; 2° m[2] 2 juillet 1764, à Marguerite Ranger.— *Catherine*, b... 1° m à Claude Homay; 2° m[1] 25 mai 1767, à Jacques Théoret.

1724, (28 février) Beauport.[9]
III.—LEFEBVRE, Jacques, [Jean-Bte II.
b 1689; s[9] 16 nov. 1749.
Parant, Marie-Joseph, [Joseph II.
b 1699; s[9] 30 janvier 1736.
Marie-Cécile, b[9] 25 nov. 1724; m[9] 17 oct. 1740, à Joseph Roberge. — *Jacques*, b[9] 26 nov. 1725; m[9] 19 fevrier 1753, à Marie-Anne Baugis.—*Louis-Basile*, b[9] 9 mars 1727; m 12 janvier 1756, à Suzanne Primot, à Châteauguay.—*Jean-Baptiste*, b[9] 22 sept. 1728; m[9] 10 août 1750, à Ursule Maheu.—*Marie-Joseph*, b[9] 15 avril 1730; 1° m[9] 4 août 1750, à Jacques Pecquerel; 2° m 29 juillet 1754, à Thomas Briand, à Quebec.—*Marie-Joseph*, b[9] 3 juillet 1731. — *Alexis-Denis*, b[9] 30 mars 1733. — *François-Mathieu*, b[9] 21 sept. 1734.

1724, (22 nov.) Batiscan.[8]
II.—LEFEBVRE (1), Joseph, [Gab.-Nicolas I.
b 1698.
Lafond, Marie-Jeanne, [Pierre II.
b 1697.
Marie-Joseph, b[8] 31 août 1725.—*Marie-Joseph*, b... m à Charles Lesieur. — *Joseph*, b 24 mars 1729, à Ste-Geneviève[7]; m à Marie-Anne Paplau. — *Marie-Madeleine*, b[7] 26 janvier 1731; s[7] 22 juin 1735.—*Marie-Anne*, b 1732; s[8] 22 oct. 1749. —*Marie-Jeanne*, b[7] 7 mars 1735.— *Jean-Baptiste* et *François-Alexis*, b[7] 21 avril 1738. — *Louis-Didace*, b... m[8] 30 avril 1764, à Geneviève Veillet.

1725, (5 fevrier) Cap-Santé.[6]
II.—LEFEBVRE (2). Jean-Bte, [Pierre I.
b 1702.
Jugnac, Marie-Louise, [François I.
b 1700.

(1) Dit Villemur.
(2) Dit Angers.

Marie-Louise, b [6] 13 nov. 1725 ; m [6] 30 janvier 1747, à Joseph CHATENAY.—*Jean-Baptiste*, b [6] 15 nov. 1728.—*Marie-Françoise*, b [6] 26 février 1730 ; m [6] 26 janvier 1750, à Jean-Baptiste CHATENAY.—*Madeleine*, b [6] 23 déc. 1731 ; 1° m à Jean LANGLOIS ; 2° m 14 oct. 1776, à Michel TESSIER, à Ste-Anne-de-la-Pérade. — *Louis-Joseph*, b [6] 22 déc. 1733 ; m 7 février 1757, à Angelique PERROT, à Deschambault. — *Nicolas*, b [6] 27 sept. 1735. — *Michel*, b [6] 1er sept 1737.—*Jacques-Philippe*, b [6] 30 août et s [6] 2 sept. 1739.—*François-de-Sales*, b [6] 1er nov. 1740.—*Thérèse*, b [6] 16 sept. 1743.

1725, (29 sept.) St-Laurent, I. O.

II.—LEFEBVRE, NICOLAS, [PIERRE I. b 1698.

GODBOUT, Marguerite, [JOSEPH II. b 1701 ; s 12 nov. 1753, aux Ecureuils. [5]

Nicolas, b 28 août 1726, à Ste-Anne-de-la-Pérade ; m [5] 22 janvier 1753, à Marie-Marthe COTÉ. —*Thérèse*, b 4 janvier 1728, aux Grondines ; m [5] 22 janvier 1753, à Joseph CARPENTIER.—*Gabriel*, b 18 janvier 1730, à la Pointe-aux-Trembles, Q. [4]—*François-Xavier*, b [4] 11 mars 1732. —*Marie-Marguerite*, b [4] 16 mars 1734 ; m [5] 7 janvier 1755, à Thierry GAUDIN ; s [4] 30 août 1766.—*Jean-Baptiste*, b [4] 9 et s [4] 22 mai 1736. — *Athanase*, b [4] 25 mai 1737.— *Jean-Baptiste*, b [4] 28 avril 1739. — *Louis-Joseph*, b [4] 19 mai 1743.

1726, (13 mai) St-Thomas. [1]

III.—LEFEBVRE (1), JOSEPH, [JEAN II. b 1698 ; s [1] 4 sept. 1765.

ROLANDEAU, Geneviève, [JEAN I. b 1700.

Marie, b [1] 10 avril 1727. — *Joseph-Marie*, b [1] 2 juin 1728 ; s [1] 12 déc. 1733. — *Augustin*, b [1] 15 janvier 1730 ; m [1] 15 fevrier 1773, à Marie-Madeleine POIRIER. — *Louise-Angélique*, b [1] 12 mars 1733.—*François*, b [1] 23 sept. 1734 ; m [1] 1er fevrier 1773, à Marie-Therèse MOREL.—*Geneviève*, b [1] 15 février 1736 ; m [1] 18 janvier 1768, à Joseph NICOLE. — *Louise-Angélique*, b [1] 11 déc. 1737.—*Joseph*, b [1] 8 oct. 1741 ; m 25 nov. 1765, à Marie-Joseph SOULARD, à Ste-Anne-de-la-Pocatière.—*Anonyme*, b [1] et s [1] 31 août 1744.

1726, (18 nov.) Beauport. [6]

III—LEFEBVRE, ALEXANDRE, [JEAN-BTE II. b 1694.

PARANT, Marie-Geneviève, [ETIENNE II. b 1702.

Marie-Cécile, b [6] 3 sept. 1727 ; m 24 janvier 1763, à Michel THIBODEAU, à St-Joseph, Beauce. [7] — *Marie-Geneviève*, b [6] 14 mars 1729. — *Louise-Angélique*, b [6] 17 sept. 1730. — *Etienne*, b [6] 24 février 1734 ; s [6] 10 fevrier 1736. — *Pierre*, b [6] 6 oct. 1735 ; s [6] 12 mai 1736. — *Madeleine*, b [6] 18 juillet 1737.—*Marie-Angélique*, b [6] 2 fevrier 1739 ; m 1760, à Louis-Benoni DUPONT. — *Augustin-Marie*, b [6] 26 nov. 1740 ; m [7] 21 janvier 1765, à Agathe DUPONT.—*Jean*, b... m [7] 26 janvier 1761, à Claire LANGELIER.—*Pierre-Amable*, b [7] 17 nov. 1744.

I.—LEFEBVRE (1), GUILLAUME, b... s 2 nov. 1735, au Cap-St-Ignace.

1726, (18 nov.) Lorette.

I.—LEFEBVRE, JOSEPH.

BOIN (2), Marie-Anne, [CHARLES-FRANÇOIS II. b 1710 ; s 13 juin 1756, à Beauport. [3]

Marie, b [3] 26 oct. 1727. — *Pierre*, b [3] 26 sept. 1728.—*Marie-Félicité*, b [3] 11 et s [3] 12 juillet 1730 —*Louis*, b [3] 15 août 1731.— *Louis-Augustin*, b [3] 19 janvier 1733 ; m 16 août 1763, à Angelique DURAND, à Châteauguay. [4]—*Marie-Geneviève*, b [3] 12 juin 1734 ; m 26 nov. 1759, à Noel-Joseph AVACHE, à Montréal. [5]—*François*, b [3] 13 janvier et s [3] 5 fevrier 1736.—*Jean-Baptiste-Marie*, b [3] 22 avril 1737.—*Charles-Louis*, b [3] 6 nov. 1738 ; m [4] 17 oct. 1763, à Angelique FAUBER.—*Marie-Joseph*, b [3] 25 mai 1740 ; m [4] 22 sept. 1760, à Jacques-Barthélemi ROCHER.— *Marie-Thérèse*, b [3] 19 nov. 1741 ; s [3] 23 août 1751. — *René*, b [3] 4 et s [3] 31 juillet 1743. — *Marie-Louise*, b [3] 2 avril 1747.— *Joseph-Nicolas*, b [3] 12 fevrier et s [3] 18 mars 1749

I.—LEFEBVRE (3), JEAN-FRANÇOIS, de Rheims, France.

AUBRY (4), Anne.

François, b... m 17 mars 1749, à Marie-Joseph HERTEL, aux Trois-Rivières [1] ; s [1] 1783. — *Marie-Anne*, b... m 10 sept. 1753, à Jacques BIONNEAU, à Pabos, Acadie.

1727, (10 nov.) Champlain.

III.—LEFEBVRE (5), JOSEPH, [JACQUES II. b 1693 ; s 3 août 1754, à la Baie-du-Febvre [1]

1° DISY (6), Geneviève, [PIERRE II. b 1704.

1731, (23 juillet) Varennes.

2° MESSIER (7), Catherine, [RENÉ II. b 1707 ; s [1] 30 mars 1754.

Joseph, b [1] 27 et s [1] 30 avril 1732 —*Basile*, b [1] 8 avril 1733.—*Marie-Joseph*, b [1] 5 sept 1734.—*René*, b [1] 5 et s [1] 25 janvier 1736.—*Marie-Catherine*, b [1] 1er mai 1737 ; s [1] 15 fevrier 1739.—*Joseph*, b [1] 20 mars 1739 ; m 1764, à Julie Châteauveil.—*Marie-Anne*, b [1] 4 juillet 1740, s [1] 12 août 1749.—*Marie-Thérèse*, b [1] 19 juin 1741 ; m [1] 30 janvier 1764, à Joseph CAILLA ; s [1] 29 avril 1767.—*Marie-Joseph*, b [1] 30 sept. 1742.—*Marie-Angélique*, b [1] 26 janvier et s [1] 12 juillet 1744.—*Louis-François*, b [1] 18 avril 1745.—*Elisabeth*, b [1] 5 sept. 1746 ; s [1] 4 sept. 1749.—*Antoine*, b 17 juin 1748, à Nicolet ; s [1] 8 avril 1749.—*François*, b [1] 3 et s [1] 26 août 1749.—*Antoine*, b [1] 7 avril 1751.

(1) Dit Boulanger.

(1) Garçon engagé chez Madame Amyot de Vincelot, et nouvellement arrivé de l'Acadie, paroisse de M L'Esclache.

(2) Dit Dufresne.

(3) De Bellefeuille—seigneur de Pabos.

(4) Et Baudry.

(5) Dit Beaulac, co-seigneur de la Baie-St-Antoine.

(6) Aussi appelée Dery.

(7) Dit Duchêne, 1751.

1729.

III.—LEFEBVRE (1), CLAUDE-JOSEPH. [CLAUDE II.
1° LACROIX, Marie-Joseph,
s 22 janvier 1742, à St-Michel.[2]
Claude, b 14 janvier 1730, à St-Valier.[3] — *Michel*, b... m[2] 11 fevrier 1754, à Marie-Madeleine PLANTE.—*Marie-Madeleine*, b[2] 29 juillet 1736.—*Anonyme*, b[2] et s[2] 28 déc. 1741.—*Jean-Baptiste*, b... m[3] 9 février 1767, à Jean-Baptiste LABBÉ.

1742, (20 août) St-Jean, I. O.
2° AUDIBERT (2), Marie-Joseph, [ETIENNE I.
b 1713.
Pierre, b... m 21 sept. 1761, à Madeleine FORDE, à la Baie-du-Febvre.—*Marie-Joseph*, b 1743; s[2] 18 mai 1761.—*Marie-Joseph*, b[2] 22 avril 1746; s[2] 23 juin 1752.—*Nicolas*, b[2] 12 août 1747. —*Marie-Geneviève*, b[2] 13 nov. 1752.

1729, (8 fevrier) Montréal.[4]
II.—LEFEBVRE (3), LOUIS-JOSEPH, [LOUIS I.
b 1704.
1° PETIT-BOISMOREL, Celeste-Alberte, [JEAN I.
b 1700; s[4] 19 janvier 1743.
Louise-Céleste, b[4] 6 janvier 1730; m[4] 9 février 1756, à Louis-Marie BOILEAU. — *Etienne-Louis*, b[4] 18 janvier 1731; s[4] 16 août 1746.—*Catherine-Françoise*, b[4] 3 nov. 1734.—*Pierre*, b[4] 5 janvier et s 8 sept. 1737, à St-François, I. J.—*Pierre-Hyacinthe*, b[4] 16 déc. 1740, s[4] 7 janvier 1741.

1748, (8 oct.)[4]
2° LEMIRE, Elisabeth. [JEAN-BTE II.
b 1708; veuve de René Bissonnet.
Louis, b[4] 23 avril et s 22 juillet 1750, à la Pte-aux-Trembles, M.

1730.

III.—LEFEBVRE, FRS-DOMINIQUE, [JOSEPH II.
b 1703.
1° TESSIER, Marguerite, [IGNACE II.
b 1705; s 30 avril 1734, à Laprairie.[1]

1738, (10 fevrier) Montreal.
2° BOYER, Therèse, [ANTOINE II.
b 1710.
Joseph, b[1] 14 et s[1] 22 juillet 1739. — *Antoine-François*, b[1] 6 déc. 1740. — *Louis-Eustache*, b[1] 28 août 1742.— *Marie-Thérèse*, b[1] 28 oct. 1743; s[1] 24 mai 1744. — *Joseph-Bonaventure*, b[1] 18 nov. 1744.

1730, (23 janvier) Charlesbourg.[9]
II.—LEFEBVRE, JOSEPH-CHARLES, [PIERRE I.
b 1693.
BOURBEAU, Marguerite, [JEAN II.
b 1705.
Charles-Joseph, b[9] 23 oct. 1730.—*Jacques*, b[9] 12 août 1732; m[9] 8 nov. 1762, à Therèse JOBIN. —*Marie-Thérèse*, b[9] 19 mai 1734; m[9] 29 janvier 1753, à Jacques BERNARD.—*Marguerite*, b 1738, s[9] 4 sept. 1749.—*Louis*, b[9] 20 août 1740.—*Jean*, b[9] 19 mars 1745.

(1) Dit Boulanger.
(2) Dit Lajeunesse.
(3) Duchouquet; garde-magasin au Fort Frontenac.

1730, (1er mai) Québec.[2]
II.—LEFEBVRE, FRANÇOIS-MARIE, [EDMOND I.
b 1705; orfèvre.
LEMARIÉ, Charlotte, [ANTOINE II.
b 1710.
Marie-Charlotte, b[2] 17 février 1731.—*Louise*, b[2] 24 mai 1733; s[2] 17 janvier 1734.—*Marie-Catherine*, b[2] 13 juin 1734.—*Marie-Angélique*, b[2] 30 août 1736; s 18 oct. 1737, à St-Laurent, I. O. — *Marie-Louise*, b[2] 12 mars 1738; s[2] 17 sept. 1739.—*Marie-Elisabeth*, b[2] 10 nov. 1740; s[2] 7 janvier 1742.—*Marie-Thérèse*, b[2] 31 mai 1742. — *Jean-François*, b[2] 31 janvier 1745; s 19 juin 1750, à Charlesbourg.—*François*, b[2] 8 et s 27 dec. 1748, à Beauport.—*Pierre-Antoine*, b[2] 9 juin 1750.—*Antoine*, b[2] 15 juin 1757; s[2] 8 juillet 1758.

1730, (2 mai) Ste-Geneviève.[5]
II.—LEFEBVRE, JEAN-BTE, [GAB.-NICOLAS I.
b 1704.
PAPLAU (1), Marie-Joseph, [JEAN-BTE I.
b 1706.
Anonyme, b[5] et s[5] 15 mai 1731.—*Marie-Joseph*, b[5] 29 juin 1732. — *Jean-Baptiste*, b[5] 12 fevrier 1734.—*Marie-Thérèse*, b[5] 24 mars 1735 —*Joseph*, b[5] 17 dec. 1736 —*Marie-Anne*, b[5] 8 avril 1738.

1730, (30 mai) Baie-du-Febvre[8]
III.—LEFEBVRE (2), JOSEPH, [ANGE II.
b 1696; s[8] 7 sept. 1771.
BENOIT, Marie-Catherine, [GABRIEL II.
b 1704; s[8] 22 fevrier 1741.
Marie-Catherine, b[8] 29 avril 1731; s[8] 8 mai 1746.—*Joseph*, b[8] 14 oct. 1732.— *Gabriel*, b[8] 5 et s[8] 6 sept. 1734. — *Claude*, b[8] 23 août 1735; 1° m[8] 8 janvier 1760, à Marie-Anne BOISVERD; 2° m[8] 5 août 1770, à Marie-Louise FRECHET. — *Marie-Jeanne*, b[8] 19 mars 1737; m[8] 8 janvier 1759, à Jean-Baptiste COUTANCINEAU. — *Marie-Madeleine*, b[8] 30 août 1738. — *Jean-Baptiste*, b[8] 19 mars 1740; m 4 fevrier 1765, à Nathalie RICHARD, à Nicolet.

1730, (17 oct.) St-François, I. O.[1]
III.—LEFEBVRE (3), JEAN-BTE, [CLAUDE II.
b 1708.
MARCEAU, Marie-Joseph, [LOUIS II.
b 1707; veuve de Louis Bastien Alaire.
Jean-Baptiste, b[1] 21 sept. 1731; 1° m[1] 7 janvier 1751, à Elisabeth FOUGERE; 2° m 6 oct. 1761, à Louise PARANT, à Levis. — *Joseph-Marie*, b et s 6 mars 1733, à St-Valier.[2] —*Joseph-Marie*, b 23 juin 1734, à Berthier, m[2] 6 fevrier 1752, à Felicite GOSSELIN. — *Marie-Joseph*, b 12 nov. 1739, à St-Michel[3]; m[3] 17 janvier 1757, à Joseph LARRIVÉE.—*Antoinette-Françoise*, b[3] 8 nov. 1741; s[1] 15 nov. 1746.—*Marie-Charlotte*, b[3] 15 août 1743. — *Marie-Françoise*, b[3] 17 oct. 1747; s[3] 28 juin 1749.—*Pierre*, b[3] 19 août 1750.

(1) Et Papillot dit Périgny.
(2) Dit Descôteaux.
(3) Dit Boulanger.

1731, (16 janvier) Ste-Anne-de-la-Pérade.[1]
II.—LEFEBVRE (1), Antoine, [Gab.-Nicolas I.
b 1697.
Morand (2), Marie-Anne, [Jean II.
b 1711.
Louis, b[1] 5 août 1731.—*Marie-Anne*, b 30 oct. 1731, à Ste-Geneviève[2]; s 19 oct. 1748, à Batiscan.[3] — *Marie-Louise*, b[2] 13 fevrier 1733. — *Marie-Joseph*, b[2] 8 août 1734.— *Marie-Charlotte*, b[2] 24 fevrier 1736. — *Antoine*, b[2] 31 août 1737; m à Elisabeth Lafond. — *Joseph*, b[2] 24 avril 1739. — *Régis*, b... m[3] 5 mars 1764, à Catherine Lafond.

1731, (24 janvier) Montréal.
II.—LEFEBVRE, Charles, [Gab.-Nicolas I.
b 1701.
Godet, Marie-Joseph, [Jacques III.
b 1707.

LEFEBVRE, Pierre.
Robert, Marie-Françoise,
b 1711; s 30 mars 1761, à St-Constant.

1731, (3 sept.) Nicolet.
II.—LEFEBVRE, Pierre, [Pierre I
b 1661; s 3 oct. 1745, aux Trois-Rivières.[9]
Daniau (3), Marie-Louise, [Jacques I.
b 1691; veuve de Thomas Stilet; s[9] 12 mai 1764.

LEFEBVRE, Pierre.
Manteau, Louise.
Marie-Anne, b... m 15 août 1760, à Paul Rivard, à Yamachiche.

III.—LEFEBVRE (4), Ls-Joseph, [François II.
b 1710.
1° Gaudin, Marie-Geneviève.
Marie-Angelique, b... m 9 juin 1749, à Jean Vandal, à la Pte-aux-Trembles, Q.[7]— *Louis-Joseph*, b[7] 14 et s[7] 16 mai 1732.—*Louis-Joseph*, b[7] 5 mai 1733. — *Marie-Louise*, b... m[7] 14 janvier 1755, à Jean-Marie Mercier.—*Marie-Joseph*, b[7] 11 fevrier 1736; m[7] 24 sept. 1753, à Joseph Arbour. — *Thérèse*, b... m[7] 10 janvier 1757, à Joseph Fournier.—*Marie-Véronique*, b[7] 8 mars 1738. — *Jean-Baptiste*, b[7] 8 mars 1738; s[7] 21 avril 1760.

1744, (28 sept.)[7]
2° Delisle, Marie-Blanche, [Antoine II.
b 1706; veuve de Pierre-Charles Teguy.
Marie-Catherine, b[7] 24 juin 1745; m[7] 4 juin 1768, à François Levitre.—*Eustache-Joseph*, b[7] 21 juillet 1747. — *Louis-Joseph*, b[7] 12 et s[7] 21 mars 1749.

1732, (8 janvier) Montréal.[3]
III.—LEFEBVRE (1), Jean-Bte, [Jean-Bte II
b 1704.
Lemire (2), Catherine, [Jean-Bte II.
b 1714.
Jean-Baptiste, b... s 13 sept. 1733, à Lachenaye.[2] — *Marie-Catherine*, b[3] 29 mars 1734.— *Marie-Marguerite*, b[2] 26 mars 1735; s[2] 14 mai 1736.—*Elisabeth*, b[2] 12 juillet 1736.— *Jean-Baptiste*, b[2] 10 avril 1738; m à Louise Gilbert; s 6 mai 1807, à l'Hôpital-Général, M. — *Marie-Reine* b 22 oct. 1739, à St-François, I. J. — *Simon*, b[2] 14 nov. 1741. — *Geneviève*, b[2] 25 juin 1743.— *Marie-Anne*, b[2] 6 août 1744. — *Anonyme*, b et s 10 nov. 1748, au Sault-au-Récollet.

1733, (13 janvier) Trois-Rivières.[4]
III.—LEFEBVRE (3), Louis, [Ignace II.
b 1694.
Baby, Marie-Anne, [Jacques II.
b 1710; s[4] 22 oct. 1733.
François-Ignace, b[4] 19 oct. et s[4] 1er nov. 1733.

1733, (25 mai) Nicolet.
III.—LEFEBVRE (4), Antoine, [Ange II.
b 1707; s 25 fevrier 1771, à la Baie-du-Febvre[4]
Terrien, Marie-Anne, [Jean-Bte II
b 1710; s[4] 14 avril 1771.
Joseph, b[4] 23 fevrier 1734. — *Antoine*, b[4] 2 fevrier 1735; 1° m 1759, à Marguerite Labbe, 2° m[4] 30 mars 1761, à Marie-Geneviève Benoit — *Michel-Gabriel*, b[4] 31 mai 1736; m 1767, à Catherine Caillé. — *Ange*, b[4] 25 avril 1738, m 28 janvier 1765, à Victoire Chaperon, à la Longue-Pointe.—*François*, b[4] 26 juin 1740; m[4] 12 fevrier 1771, à Marie-Amable Perron.—*Marie-Marthe*, b[4] 1er juillet 1742. — *Marie-Marguerite*, b[4] 23 mars 1745; m[4] 14 avril 1766, à Louis Robida.—*Marie-Joseph*, b[4] 18 sept. 1746.—*Louis*, b[4] 25 oct. 1750.—*Christophe*, b[4] 28 sept. 1752.

1733, (28 juillet) Ste-Geneviève.[3]
II.—LEFEBVRE, Michel, [Gabriel-Nicolas I
b 1709.
Paplau (5), Catherine, [Jean-Bte I.
b 1711.
Michel, b[3] 29 avril 1734.

1733, (14 sept.) Ste-Geneviève[2]
II.—LEFEBVRE, Pierre, [Gabriel-Nicolas I.
b 1707.
DeTrépagny, Geneviève, [François II
b 1699; veuve de Jean Côté.
Joseph, b[2] 3 sept. et s[2] 17 oct. 1734. — *Marie-Ursule*, b[2] 29 avril et s[2] 27 sept. 1736. — *Louis-Régis*, b[2] 27 juillet et s[2] 2 déc. 1738 — *Pierre*, b[2] 12 déc. 1739; s[2] 2 janvier 1740.

---

(1) DuSablon—Despins.
(2) Aussi appelée Grimard du nom de sa mère.
(3) Voy. Dagneau.
(4) Dit Angers.

(1) Dit Angers; juge de l'Ile-Jésus en 1736.
(2) Marsolet.
(3) Dit Belisle.
(4) Dit Descôteaux.
(5) Et Papillot.

1733, (23 nov.) Lachenaye.[5]
III.—LEFEBVRE (1), ANTOINE-FRS, [FRS II.
b 1707.
FILION, Angélique. [MICHEL II.
Charlotte-Amable, b[5] 10 oct. et s[5] 9 déc. 1734.

1734, (1er fevrier) Laprairie.[7]
III.—LEFEBVRE (2), LOUIS, [JOSEPH II.
b 1707.
PINSONNEAU, Marie-Françoise, [PIERRE II.
b 1708.
Marie-Françoise, b[7] 9 déc. 1734.—*Marie-Charlotte*, b[7] 22 et s[7] 24 mars 1736. — *Marie-Françoise*, b[7] 15 avril 1737; m 6 juin 1768, à Jean COTÉ, à St-Constant.[9]—*Thérèse*, b[7] 25 oct. 1738; s[7] 21 mars 1740.—*Eustache-Marie*, b[7] 17 janvier 1740.—*Rosalie*, b[7] 21 avril et s[7] 14 sept. 1741.—*Marie-Catherine*, b[7] 1er juillet 1742.—*Louis*, b[7] 2 déc. 1744. — *Marie-Anne*, b[9] 14 mars 1752. — *Eustache*, b[9] 19 oct. 1753.—*Marie-Charlotte*, b... m[9] 1er juin 1772, à Charles MONDE.

1734, (22 fevrier) Montréal.
III—LEFEBVRE (3), PIERRE, [GEOFFROY II.
b 1709.
1° MOQUIN, Marguerite, [PIERRE II.
b 1715.
Marguerite, b 1er déc. 1734, à Laprairie[4]; m[4] 16 fevrier 1756, à Raphaël BEAUVAIS.—*Agnès-Anne*, b[4] 23 janvier 1736; m[4] 12 février 1759, à François BOURASSA. — *Geoffroy*, b[4] 12 avril 1737.—*Pierre*, b[4] 22 février 1739.—*Marie-Jeanne*, b[4] 21 sept. 1740.—*Nicolas*, b[4] 5 juillet 1742. — *Marie-Joseph*, b[4] 1er juin 1744.
1756, (22 nov.)[4]
2° BROSSEAU, Barbe-Elisabeth, [PIERRE II.
b 1714; veuve de Jacques Leber.

1734, (4 mars) Montréal.
II.—LEFEBVRE, ALEXIS, [GABRIEL-NICOLAS I.
b 1703.
DUBOIS (4), Ursule, [CHARLES II.
b 1708.
Joseph-Marie, b 21 mars 1735, à Ste-Geneviève.[6]—*Marie-Ursule*, b[6] 12 sept. 1736.—*Louis-Alexis*, b[6] 22 sept. 1737. — *Marie-Joseph*, b[8] 3 juillet 1739.— *Geneviève*, b... 1° m 4 fevrier 1771, à Pierre RIVARD, à Ste-Anne-de-la-Perade; 2° m 28 avril 1777, à Jean-Baptiste MARCHILDON, à Batiscan.

1734, (16 nov.) Champlain.
II.—LEFEBVRE, JULIEN, [GABRIEL-NICOLAS I.
b 1714.
1° RAUX (5), Jeanne-Suzanne, [JOSEPH II.
b 1715.
Marie-Elisabeth, b 29 sept. 1735, à Ste-Geneviève.[1]—*Pierre-Julien*, b[1] 27 mai 1738.—*Marie-Suzanne*, b[1] 20 fevrier 1740. — *Laurent*, b 1er février 1759, à Yamachiche. — *Marie*, b... m à François TRUDEL.
1780, (22 août) Batiscan.
2° COSSET, Madeleine, [FRANÇOIS II.
b 1718; veuve de Louis Lebellet.

1735, (24 janvier) Pte-aux-Trembles, Q.[6]
II.—LEFEBVRE, LOUIS-JOSEPH, [PIERRE I.
b 1708.
RICHARD, Marie-Madeleine, [FRANÇOIS II.
b 1710.
Louis-Joseph et *Athanase*, b[6] 22 oct. 1735.—*Augustin*, b[6] 21 juin 1737. — *Madeleine*, b[6] 21 juin 1739; m 12 août 1776, à Jean-François MERCURE, aux Ecureuils.[8] — *Marie-Catherine*, b[6] 2 sept. 1741.—*Jean-Baptiste*, b 10 juin 1743, au Cap-Santé.[7]—*Alexandre*, b[7] 26 oct. 1745; m 17 nov. 1777, à Marie-Thècle MIGNIER, à St-Cuthbert.—*Marie-Louise*, b[7] 10 avril 1747; m à Joseph SAVARD. —*Anonyme*, b[8] et s[8] 16 février 1749.—*Etienne*, b[7] 10 avril 1750. — *Michel*, b[7] 2 et s[7] 18 sept. 1752.

1735, (2 mai) Baie-du-Febvre.[4]
III.—LEFEBVRE (1), JACQUES, [JACQUES II.
b 1681; s[4] 15 avril 1744 (noyé).
LANIEL (2), Marguerite, [JULIEN I.
b 1710.
Marie-Marguerite, b[4] 26 avril 1736.—*Joseph* (3), b[4] 29 avril 1737; m[4] 13 avril 1759, à Marie-Françoise PROU.—*Jacques*. b[4] 14 sept. 1738; m[4] 7 nov. 1763, à Marie-Joseph BAILLARGEON.

I.—LEFEBVRE, GERVAIS, b 1684; prêtre de St-Sulpice; s 18 avril 1736, à Montréal.

1736, (14 mai) Beaumont.
III.—LEFEBVRE (4), CLAUDE, [JEAN II.
b 1706; s 26 juin 1767, à St-Thomas.[5]
BISSONNET, Suzanne, [JACQUES II.
veuve de Gabriel Bériasse; s[5] 30 sept. 1773.
Joseph, b[5] 6 déc. 1736; m[5] 26 avril 1757, à Marie-Louise HINS.—*Claude*, b[5] 14 déc. 1738.—*Marie-Suzanne*, b[5] 21 dec. 1740.—*Jean-Baptiste*, b[5] 20 déc. 1742. — *Marie-Charlotte*, b[5] 25 août 1745.—*Etienne*, b[5] 11 août et s[5] 17 sept. 1747.—*Pierre-François*, b[5] 14 sept. 1748. — *Charles-François*, b[5] 28 déc. 1750. — *René*, b[5] 13 sept. 1753.—*Reine-Pélagie*, b[5] 7 janvier 1756.

1736, (20 juillet) St-Michel.[9]
III.—LEFEBVRE (4), JOS.-MARIE, [CHARLES II.
b 1715.
1° LACROIX, Catherine, [ANDRÉ II.
b 1714; s[9] 7 nov. 1748.
Marie-Catherine, b[9] 14 oct. 1737.—*Joseph*, b[9] 13 janvier 1739.—*Jean-Baptiste*, b[9] 29 juin 1740. — *Marie-Madeleine*, b[9] 1er avril 1742. — *Marie-Louise*, b[9] 20 mai 1743; s[9] 21 janvier 1757.—

(1) Dit Angers.
(2) Dit Forest.
(3) Dit Michauville.
(4) Appelée Brisebois, 1736.
(5) Voy. Raoult.

(1) Et Labbe; co-seigneur.
(2) Dit Desrosiers; elle épouse, le 19 février 1745, Pierre Bruno, à la Baie-du-Febvre.
(3) Marié sous le nom de Labbé.
(4) Dit Boulanger.

Françoise, b 9 12 déc. 1745.—*Anonyme*, b 9 et s 9 6 mai 1747. — *Michel*, b 9 26 juin et s 9 14 juillet 1748.

1752, (7 février). 9

2° QUÉRET, Angélique, [JOSEPH II.
b 1732.

Charles, b 9 27 oct. 1752.— *Michel*, b 9 14 août 1754.—*Marie-Angélique*, b 9 12 nov. 1756; s 9 7 sept. 1758.

1736, (23 juillet) Baie-du-Febvre. 6

IV.—LEFEBVRE (1), CLAUDE, [CLAUDE III.
b 1714 ; s 6 25 nov. 1745.

GAUTIER, Marie-Angelique. [JEAN II.

Claude, b 6 29 juin 1737 ; 1° m 6 29 janvier 1760, à Marie-Joseph HOUDE ; 2° m 16 janvier 1769, à Marie BLUTEAU, à la Longue-Pointe.— *Marie-Jeanne*, b 6 12 déc. 1739 ; m 6 1er sept. 1761, à Louis HOUDE.— *Marie-Françoise*, b 6 16 février 1742; m 6 4 mai 1761, à Gabriel MANSEAU. — *Marie-Madeleine*, b 6 6 sept. 1744; s 6 20 déc. 1750. — *Jean-Baptiste* (posthume), b 6 19 fevrier et s 6 20 nov. 1746.

1737, (11 nov.) Lévis. 4

III.—LEFEBVRE, IGNACE, [JEAN II.
b 1709; s 4 3 oct. 1757.

COUTURE, Geneviève, [JOSEPH II.
b 1719.

Ignace, b 30 janvier 1739, à Québec. 5— *Geneviève-Louise*, b 5 14 mai 1741.—*Marie-Joseph*, b 4 22 mars 1744.—*Marie-Louise*, b 4 5 mars 1750.— *Marie-Anne*, b 4 29 juillet 1752. — *Vincent-Marie*, b 4 13 juillet 1755.

1737.

II.—LEFEBVRE, JACQUES, [JEAN-BTE I.
b 1698.

PICARD, Jeanne-Suzanne.

Marie-Suzanne, b 23 oct. 1738, à Montréal 4; s 4 2 janvier 1739.—*Jean-Raphael*, b 4 6 oct. 1739 ; m 26 nov. 1770, à Marguerite CREVIER, à St-Laurent, M. — *Jacques*, b 4 7 janvier et s 4 29 juillet 1741. — *Jean-Baptiste*, b 4 9 août et s 4 9 sept. 1742.—*Marie-Suzanne*, b 4 17 janvier 1744. — *Marie-Joseph*, b 4 21 janvier 1745. — *Marie-Angélique*, b 4 3 et s 4 9 août 1746. — *Geneviève-Françoise*, b 4 15 fevrier 1749 ; m 1763, à Pierre ACHIN. — *Marie-Catherine*, b 4 11 et s 4 29 mai 1750.

1738, (27 juillet) Pointe-aux-Trembles, Q. 8

III.—LEFEBVRE (2), JEAN-BTE, [FRANÇOIS II.
b 1712.

DELISLE, Marie-Joseph, [JEAN-BTE II.
b 1717.

Marie-Joseph, b 8 3 juillet 1739 ; m 8 20 sept. 1762, à Jean-Baptiste PROU ; s 8 23 juillet 1766.— *Jean-Baptiste*, b 8 25 nov. 1740.—*Pierre-François*, b... m 8 12 janvier 1767, à Marie-Madeleine MATTE. —*Charles*, b... m à Marie-Catherine DROLET. — *Louis-Joseph*, b 8 20 oct. 1745 ; m à Felicite ROBERGE.—*Augustin*, b 8 27 août 1747 ; m 1773, à

(1) Dit Descôteaux.

(2) Dit Angers—Le 27 juillet 1788, le 50ème anniversaire du mariage a été celebré.

Thérèse GARNAUD.—*Marie-Angélique*, b 1753 ; s 11 oct. 1767.

1739, (9 février) Pte-aux-Trembles, Q. 7

III.—LEFEBVRE (1), FRANÇOIS, [FRANÇOIS II.
b 1709.

DELISLE, Marie-Thérèse, [ANTOINE II.
b 1708.

François-de-Sales, b 7 2 janvier 1741 ; m 7 6 fevrier 1764, à Marie-Anne LAURIOT.—*Marie-Thérèse*, b 7 24 avril 1746. — *Hyacinthe*, b 7 25 août et s 7 4 sept. 1748.

LEFEBVRE, CHARLES.

GROGOT, Marie-Charlotte,
b 1717 ; s 22 juin 1744, à Montréal.

1739, (20 juillet) St-Jean, I. O. 6

III.—LEFEBVRE (2), JEAN-BTE. [CHARLES II.

PEPIN (3), Marie-Joseph, [JEAN II.
b 1711.

Jean-Baptiste, b 6 13 sept. 1740.—*Jean-Hilaire*, b 11 mars 1742, à St-Michel. 5 — *Paschal*, b 3 mars 1744, à St-Valier 4 ; s 5 10 fevrier 1748.— *Marie*, b 4 3 mars 1744 ; s 5 1er mai 1745.— *François*, b 5 19 fevrier 1746.— *Marie-Joseph*, b 5 24 mars et s 5 18 avril 1748.

1739, (30 juillet) St-Jean, I. O.

LEFEBVRE, ...,

FONTAINE (4), Marie-Anne.

1739, (9 nov.) Trois-Rivières. 8

III.—LEFEBVRE (5), JEAN-BTE-RENÉ, [IGNACE II.
b 1701.

QUINTIN (6), Marie-Anne, [JEAN I.
b 1711 ; s 24 mars 1748, à la Pte-du-Lac.

Antoine-Joseph, b 8 26 juillet 1740. — *Charles-Joseph*, b 8 13 mars 1742 ; m 8 9 sept. 1765, à Marie-Françoise VANASSE-PRÉCOUR.—*Ignace*, b 8 19 juillet et s 8 12 août 1743. — *Jean-Baptiste*, b 8 18 sept. 1744. — *Pierre*, b 8 23 janvier 1746.— *Louis*, b 8 18 mars 1748.

LEFEBVRE, CHARLES,
capitaine de navire.

LEMANT, Marie-Catherine.

Marie-Louise, b 6 mai 1740, à Québec 9; s 9 18 avril 1745.—*Françoise-Marguerite*, b 9 24 juin et s 9 14 août 1743.— *Marie-Joseph-Antoinette*, b 9 9 juin 1744.— *Pierre-Charles*, b 9 22 juillet 1749.— *Joseph-André*, b 9 16 avril 1752.

1740, (24 oct.) Laprairie.

III.—LEFEBVRE, LOUIS, [GEOFFROY II.
b 1723.

1° DUMAIS (7), Marie-Madeleine, [PIERRE III.
b 1721.

(1) Dit Angers.

(2) Marié sous le nom de Boulanger.

(3) Elle épouse, le 12 août 1748, Gabriel Bissonnet, à St-Michel.

(4) Dit Fortier.

(5) Dit Faber.

(6) Dit Dubois, mariée sous ce nom.

(7) Et Dumets.

Marie-Madeleine, b 13 mai et s 4 juin 1743, à Montréal.[6]—*Madeleine*, b [6] 6 oct. 1744.

1752, (27 nov.) [6]

2° LALANDE, Elisabeth, [JEAN II.
b 1724.

LEFEBVRE (1), LOUIS,
DESROSIERS, Madeleine, [ANTOINE II.
b 1704.
Marie-Anne, b 10 janvier 1741, aux Trois-Rivières.[1]—*Marie-Madeleine*, b [1] 31 mai et s [1] 24 août 1742.—*Joseph*, b [1] 8 sept. 1743; s [1] 12 déc. 1746.

1741, (26 mai) Champlain.

IV.—LEFEBVRE, JOSEPH, [RENÉ III.
b 1716.
DISY, Marie-Joseph, [PIERRE II.
b 1714.

1741, (17 juillet) St-Jean, I. O. [9]

III.—LEFEBVRE, CHARLES, [CHARLES II.
b 1713.
BOISSONNEAU, Thérèse, [NICOLAS II.
b 1720; s [9] 24 janvier 1754.
Charles, b [9] 18 avril 1742. — *Joseph*, b [9] 23 et s [9] 26 août 1743.—*Marie-Thérèse*, b [9] 10 oct 1744; s [9] 14 nov. 1759. — *Marie-Joseph*, b [9] 12 fevrier 1747.— *Charles-Nicolas*, b [9] 11 janvier 1751.—*Pierre*, b [9] 7 juillet 1752.

1741, (30 oct.) Laprairie. [2]

III.—LEFEBVRE, LOUIS, [FRANÇOIS II.
b 1720.
PINSONNEAU, Agnès, [PIERRE II
b 1712; s 19 fevrier 1769, à St-Philippe.[8]
Louis, b [2] 31 août 1742; m [8] 17 nov. 1766, à Louise PROVOST.—*Jean-Baptiste*, b [2] 22 oct. 1743; s [2] 16 fevrier 1744.—*Toussaint*, b [2] 2 nov. 1744.—*Pierre*, b... m [8] 28 janvier 1771, à Marie-Joseph DUPUIS.

1742, (9 avril) Montréal. [2]

III.—LEFEBVRE, CHARLES, [CHARLES II.
b 1717.
TRUTEAU, Marie-Madeleine, [JEAN-BTE II.
b 1721.
Charles, b [2] 7 mars et s [2] 2 avril 1743.—*Marie-Madeleine*, b [2] 1er et s [2] 7 juin 1745. — *Marie-Françoise*, b [2] 3 et s [2] 18 août 1746. — *Joseph*, b [2] 5 et s [2] 12 sept. 1747. — *Marie-Angélique*, b [2] 4 août 1749.—*Jean-François*, b [2] 4 dec. 1750.

1742, (12 nov.) Laprairie [8]

III.—LEFEBVRE, CLAUDE-JOSEPH, [JOSEPH II.
b 1714.
1° ROY, Marie-Catherine, [ANDRÉ II.
b 1719; s [8] 16 fevrier 1743.
Louis-Laurent, b [8] 13 fevrier et s [8] 17 juin 1743.

1749, (17 fevrier). [8]

2° PINSONNEAU (2), Rosalie, [PAUL III.
b 1723.

(1) Dit Bellisle
(2) Elle épouse, le 9 nov. 1761, Ignace Côté, à Laprairie.

Madeleine, b... m 4 fevrier 1771, à Prisque CÔTÉ, à St-Constant. [4] — *Marie-Jeanne*, b [4] 30 juillet 1752. — *Marie-Joseph*, b [4] 4 sept. 1753.—*Eustache*, b [4] 15 oct. 1755; s [4] 10 sept. 1756.—*Rosalie*, b [4] 10 fevrier 1757.

1743. (28 janvier) Montreal. [1]

III.—LEFEBVRE, JEAN-BTE, [NICOLAS II.
b 1711.
PARANT, Marie-Anne, [JOSEPH II.
b 1702; s 3 mai 1786, à l'Hôpital-Général, M.
Jean-Baptiste-Joseph, b [1] 28 janvier 1746.—*Jean-Baptiste*, b [1] 31 juillet 1747; s [1] 28 août 1748.—*Anne-Madeleine*, b [1] 22 juillet 1748.

1743, (29 juillet) Montréal. [2]

I.—LEFEBVRE (1), FRANÇOIS, b 1717; fils de Jean-François et de Jeanne Carin, de St-Remy-de-Dieppe, diocèse de Rouen, Normandie.
GOURIAU, Charlotte-Agathe, [JEAN-BTE I.
b 1715.
Etienne, b [2] 25 déc. 1736.—*Louis*, b [2] 24 juin 1740.—*Charles*, b [2] 5 et s [2] 6 mai 1744.

1743.

III.—LEFEBVRE (2), ANTOINE. [IGNACE II.
BAUDOIN, Marie-Joseph.
Marie-Agathe, b 13 avril 1744, aux Trois-Rivières.[3] — *Pierre*, b [3] 3 avril 1746; m 2 mars 1778, à Catherine RÈCHE, à Nicolet. — *Marie-Joseph*, b... m [3] 5 nov. 1764, à Joseph GIRARD. — *Charles-Antoine*, b [3] 1er et s [3] 2 août 1748.—*Joseph-Antoine*, b [3] 15 août 1749.—*Louis*, b [3] 15 nov. 1751.—*Marie-Anne*, b [3] 26 avril 1754.—*Joseph*, b [3] 16 fevrier 1757.—*Suzanne*, b [3] 17 mai 1761.

1744.

III.—LEFEBVRE, GEOFFROY, [GEOFFROY II.
b 1715.
QUESNEL, Marie-Joseph.
Louis, b 9 avril 1745, au Sault-au-Récollet[4]; m 16 nov. 1767, à Marie-Rose DAUSSY, au Bout-de-l'Ile, M.—*Marie-Joseph-Amable*, b [4] 20 nov. 1746.—*Godfroy*, b [4] 12 dec. 1747; s [4] 30 avril 1748. —*Charles*, b [4] 5 mars et s [4] 5 août 1749.—*Jean-Baptiste*, b 30 nov. 1768, à la Longue-Pointe.

1744, (9 nov.) Cap-de-la-Madeleine. [6]

IV.—LEFEBVRE (3), JEAN-BTE. [JEAN-BTE III.
TOUPIN, Marie-Thérèse. [JEAN-BTE III.
Marie-Thérèse, b [6] 16 sept. 1745; m [6] 27 fevrier 1764, à Jean PROVENCHER.—*Marie-Anne*, b [6] 3 mai 1747, s [6] 22 fevrier 1749.—*Marie-Joseph*, b [6] 31 juillet et s [6] 4 août 1748.—*Marie-Anne*, b [6] et s [6] 21 sept. 1749. — *Jean-Baptiste*, b [6] 1er mars 1751; 1° m à Marie-Joseph-Brigitte TOUPIN; 2° m [6] 12 avril 1790, à Rosalie DUVAL.—*Marie-Joseph*, b [6] 25 avril 1753; s [6] 17 mars 1756.—*Alexis*, b [6] 21 avril 1755; s [6] 18 sept. 1756.—*Marguerite*, b [6] 21 fevrier 1757.—*François*, b [6] 15

(1) Dit Bellerose; soldat de la compagnie de Longueuil.
(2) Dit Bellisle—L'Emerise.
(3) Dit Lacroix.

janvier et s[6] 28 mai 1759. — *Marie-Anne*, b[6] 12 fevrier 1763; m[6] 29 oct. 1787, à Alexis Toupin. —*Marie-Claire*, b... m[6] 13 fevrier 1787, à Jean-Baptiste Disy.

1745, (11 janvier) Montréal. [8]

III.—LEFEBVRE, Nicolas, [Geoffroy II. b 1719.

Desautels, Angelique, [Gilbert II. b 1726.

Nicolas, b[8] 23 sept. 1745; s[8] 1er août 1746.—*Nicolas*, b[8] 18 nov. et s[8] 6 déc. 1746.—*Jean-Baptiste*, b[8] 4 oct. 1747; s[8] 14 oct. 1748.—*Marie-Angélique*, b[8] 27 déc. 1748.—*Marie-Charlotte*, b[8] 18 mai et s[8] 5 juin 1750.—*Nicolas*, b 1752; 1° m 11 sept. 1786, à Marie-Anne Hunault, à Repentigny; 2° m 31 mars 1788, à Marie-Amable Roy-Desjardins, à Lachenaye.—*Marie*, b... s 19 sept. 1764, à la Longue-Pointe.

1745, (1er mars) Nicolet.

III.—LEFEBVRE (1), Ignace, [Ignace II. b 1699.

1° Trotier (2), Madeleine, [Michel III. b 1722; s 15 mars 1755, à la Pointe-du-Lac.[9]

Ignace, b[9] 12 dec. 1745.—*Thérèse*, b[9] 6 avril 1747; s[9] 28 dec. 1748.—*Amable*, b[9] 11 juin et s[9] 24 déc. 1748.—*Joseph*, b[9] 30 août 1749.—*Jean-Baptiste*, b 1752; s[9] 14 mars 1754.—*Madeleine*, b[9] 24 juin 1753.—*Jean-Baptiste*, b[9] 14 et s[9] 15 mars 1755.

1756, (23 août) Yamachiche.

2° Frigon, Therèse, [Jean-François III. b 1723.

1745, (24 mai) Montréal. [4]

II.—LEFEBVRE (3), Pierre, [Louis I. b 1702.

Langlois, Marie-Joseph, [Jacques II. b 1719.

Marie-Catherine, b[4] 13 sept. 1746; m[4] 10 oct. 1763, à Charles-Basile Campeau. — *Pierre*, b[4] 18 sept. et s[4] 24 déc. 1748. — *Jean-Baptiste-Josué*, b[4] 27 avril 1750.

LEFEBVRE, François.
Richard (4), Catherine.

LEFEBVRE, François.
Deneau, Marie-Anne.
Marie-Charlotte, b 25 sept. 1747, à Montreal.

LEFEBVRE, Charles, b 1693; s 22 mars 1763, à St-Valier.

1747, (9 janvier) Montréal. [2]

III.—LEFEBVRE, Jean-Bte-Chs, [Geoffroy II. b 1717.

Tessier (5), Marie-Hypolite, [Jacques III. b 1729.

Jean-Baptiste, b[2] 8 oct. 1749; s[2] 26 mai 1750. —*Marie-Hypolite*, b... m 9 nov. 1767, à Joachim Biron, à la Pointe-Claire.

LEFEBVRE, Joseph.
Brien, Marie.
Marie-Louise, b... m 22 janvier 1766, à Etienne Tibaut, à Boucherville.

LEFEBVRE, Jean-Bte.
Baron, Marie-Anne.
Marie-Anne-Madeleine, b 1748; s 18 avril 1749, à Montréal.

1748, (15 janvier) Bout-de-l'Ile, M [6]

IV.—LEFEBVRE (1), Michel, [Noel III. b 1723.

1° Fortier, Thérèse, [Joseph II. b 1728; s[6] 5 avril 1748.

1750, (1er juin) Châteauguay.

2° Hotesse, Madeleine-Amable, [Paul II. b 1730.

Marie-Amable, b[6] 26 fevrier 1751. — *Marie-Joseph*, b[6] 3 mai 1752; s[6] 14 mai 1756.—*Marie-Joseph*, b[6] 1er avril 1755. — *Marie-Catherine*, b[6] 19 juin 1757. — *Alexis*, b 17 juillet 1759, à Soulanges.—*Jean-Baptiste*, b[6] 30 avril 1761.—*Joseph-Marie*, b[6] 5 et s[6] 10 mars 1763.

1748, (29 janvier) Ste-Anne-de-la-Pocatière [2]

II.—LEFEBVRE (2), Joseph, [Louis I. b 1720; s[2] 29 juillet 1768.

Saucier, Marie-Joseph, [Chs-François III. b 1725; s[2] 15 oct 1767.

Marie-Joseph-Charlotte, b[2] 5 nov. 1748.—*Marie-Angélique*, b 2 et s 4 janvier 1751, à St-Pierre-du-Sud. — *Pierre-Antoine*, b[2] 9 juin 1752 — *Marie-Joseph*, b[2] 31 janvier et s[2] 7 fevrier 1760. — *Charles-Joseph*, b[2] 11 février 1761. — *Prosper*, b[2] 26 mars et s[2] 16 avril 1762.

1748, (19 fevrier) Montréal. [4]

IV.—LEFEBVRE (1), Jean-Bte, [Joseph III. b 1727.

Desmarets, Marie-Angelique, [Jean-Bte II. b 1726.

Marie-Joseph, b[4] 9 janvier 1749.

IV.—LEFEBVRE, Antoine, [Claude III. b 1729.

Lefebvre-Lasisseray, Madeleine.

Antoine, b... m 22 fevrier 1770, à Marie-Charlotte Poineau, au Detroit.

1748, (26 fevrier) St-Michel. [3]

III.—LEFEBVRE (3), Ignace, [Claude II. b 1720; s 11 août 1763, à l'Hôpital-General, M.

Garant, Marie-Louise, [Jean II. b 1723.

Ignace, b[3] 17 sept. 1749. — *Marie-Louise*, b[3] 29 juillet 1751.—*Guillaume*, b 21 mai et s 3 juillet 1753, à Levis.

(1) Dit Denoncour.
(2) Dit Beaubien.
(3) Duchouquet.
(4) Elle était, en 1763, à Batiscan.
(5) Dit Lavigne.

(1) Lacisceray.
(2) Duchouquet.
(3) Dit Boulanger.

1749, (3 février) Ecureuils. [3]
II.—LEFEBVRE, JEAN-BTE, [PIERRE II
b 1722.
GAUDIN, Marie-Angélique, [JACQUES III.
b 1724.
Jean-Baptiste, b [3] 18 nov. 1749.—*Pierre*, b [3] 17 février 1751. — *Marie-Angélique*, b [3] 26 mars et s [3] 11 août 1752.—*Augustin*, b [3] 27 fevrier et s [3] 1 avril 1754. — *Louis-Joseph*, b [3] 27 février et s [3] 12 mars 1754.— *François*, b [3] 12 avril 1755 ; m 20 fevrier 1786, à Monique PERROT, à Deschambault. — *Jacques*, b [3] 30 juin 1757 ; s [3] 18 sept. 1758. — *Angélique*, b [3] 30 juin 1757 ; s [3] 18 août 1758.—*Marie-Angélique*, b [3] 9 sept. 1761.— *Jean-Baptiste*, b [3] 22 mai 1763.

1749, (17 mars) Trois-Rivières. [8]
II.—LEFEBVRE (1), FRANÇOIS. [JEAN-FRS I.
HERTEL (2), Marie-Joseph, [MICHEL IV.
b 1728.
Pierre-François, b en 1750.—*Françoise*, b [8] 15 juillet 1751 ; m à Louis-Joseph LÉPROUST. — *Jeanne*, b 13 juillet 1753, à Pabos. [4]—*Antoine*, né 5 fevrier et b [4] 31 août 1755 ; m 5 fevrier 1793, à Louise-Angelique LAMBERT-DUMONT, à St-Eustache [8] ; s [8] 8 juin 1816.—*Marie-Joseph*, b [8] 4 juillet 1757.—*André*, b [8] 3 juillet 1758.—*Louis-Joseph*, b [8] 29 oct. et s [8] 25 déc. 1759. — *Marie-Louise*, b [8] 5 avril et s [8] 4 sept. 1761. — *Pierre-Jean*, b [8] 13 et s [8] 26 août 1762. — *Louise-Erupère*, b [8] 19 sept. 1763.—*François*, b [8] 3 janvier 1765 ; m à Euphrosine DORE.

1749, (4 août) St-Michel. [2]
III.—LEFEBVRE, CLAUDE, [CLAUDE II.
b 1708.
1° GOUPY, Brigitte, [ANTOINE II.
b 1727 ; s [2] 7 juillet 1750.
Gervais, b [2] 20 juin et s [2] 7 juillet 1750.
1751, (4 mai) St-François, I. O.
2° ASSELIN, Marie-Joseph-Geneviève, [LOUIS II.
b 1729 ; s [2] 21 fevrier 1753.
Anonyme, b [2] et s [2] 7 mars 1752.

LEFEBVRE (3), LOUIS,
b 1727 ; s 29 dec. 1775, à Ste-Foye.

1750, (7 avril) Charlesbourg. [8]
IV.—LEFEBVRE, PIERRE-BAPTISTE, [CLAUDE III.
b 1726.
1° ROY (4), Marie-Thérèse, [LOUIS-JOSEPH III.
b 1729 ; s [8] 16 dec. 1760.
Marie-Thérèse, b [8] 26 mai 1751.— *Pierre*, b [8] 7 et s [8] 20 juillet 1752.—*Joseph-Pierre*, b [8] 17 juin 1753 ; s [8] 19 oct. 1755. — *Jean-Simon*, b [8] 5 nov. 1754 ; m 23 janvier 1781, à Marie-Louise CLOUTIER, à Quebec. [6] — *Marie-Joseph*, b [8] 13 janvier 1756. — *Jean-Baptiste*, b [8] 2 mars et s [8] 10 sept. 1759.—*Louis*, b [8] 25 juillet et s [8] 11 août 1760. — *Charles*, b... m [6] 17 août 1784, à Marie-Charlotte BERTRAND.
1761, (3 août). [8]
2° LÉGARÉ Madeleine, [PIERRE III.
b 1740.
Pierre, b [8] 13 juillet 1762. — *Marie-Charlotte*, b [8] 23 nov. 1763.—*Louis*, b... m [6] 28 août 1787, à Marie-Angélique MARCHET.

1750, (13 juillet) Montréal.
III.—LEFEBVRE, JOSEPH, [NICOLAS II.
b 1722.
SERÉ, Marie-Joseph, [JOSEPH II.
b 1732.

1750, (10 août) Beauport. [5]
IV.—LEFEBVRE, JEAN-BTE, [JACQUES III.
b 1728.
MAHEU, Ursule, [PIERRE III.
b 1732.
Jean-Baptiste, b [5] 31 mai 1751.—*Marie-Ursule*, b [5] 23 déc. 1752 ; s [5] 17 sept. 1755. — *Jean-Baptiste*, b [5] 6 mai et s [5] 29 sept. 1755. — *François*, b [5] 24 oct. 1756. — *Marie-Françoise*, b [5] 5 nov. 1758.—*Louis* et *Marie-Ursule*, b [5] 8 février 1761. —*Marie-Louise*, b [5] 18 sept. 1764.

1750, (16 nov.) Cap-de-la-Madeleine. [6]
IV.—LEFEBVRE (1), FRANÇOIS. [JEAN-BTE III.
ARCENEAU, Marie-Jeanne. [FRANÇOIS II.
Jeanne-Catherine, b [6] 25 nov. 1753.—*François*, b... m [6] 7 oct. 1791, à Marie-Claire DISY.—*Joseph*, b... m [6] 24 fevrier 1794, à Marie-Joseph LEFEBVRE.

LEFEBVRE, JEAN-BTE.
COURVILLE, Marie-Angélique.
Marie-Françoise, b 2 juin 1751, au Bout-de-l'Ile, M.

1751, (7 janvier) St-François, I. O. [1]
IV.—LEFEBVRE (2), J.-BTE-CHS, [J.-BTE III.
b 1731.
1° FOUGÈRE, Elisabeth, [PIERRE I.
b 1720 ; veuve de Charles Grégoire-Deblois ; s 28 mars 1759, à St-Michel. [2]
Françoise, b [1] 4 nov. 1751 ; s [1] 18 mars 1753.—*Françoise*, b [1] 9 sept. 1754.—*Marie-Joseph*, b [1] 27 mai 1756 ; s [2] 11 mars 1757.
1761, (6 oct.) Lévis. [3]
2° PARANT, Marie-Louise, [ANTOINE.
veuve de Jean Nolet.
Marie-Marthe, b [3] 4 sept. et s [3] 2 oct. 1763.—*Ursule*, b [3] 4 et s [3] 25 sept. 1763.—*Jean-Baptiste*, b [3] 14 janvier 1765. —*Joseph*, b [3] 21 août 1766.—*Marie-Marguerite*, b [3] 9 mars 1768.—*Marie-Geneviève*, b [3] 25 juin 1770.

1751, (18 janvier) Nicolet.
IV.—LEFEBVRE (3), J.-BTE-FRS, [CLAUDE III.
b 1722.
PINARD (4), Marie-Louise, [GUILLAUME II.
b 1732.

(1) DeBellefeuille ; seigneur de Pabos et de l'Ance-au-Canard ; subdelegué de l'intendant ; commandant de la Gaspesie.—Il était associé de son beau-frère, Jacques Bionneau.
(2) Dit Cournoyer.
(3) Dit Boulanger.
(4) Dit Audy.

(1) Dit Lacroix.
(2) Dit Boulanger.
(3) Dit Descôteaux.
(4) Dit Beauchemin.

Jean-Baptiste, b 13 nov. 1751, à la Baie-du-Febvre[8]; s[8] 15 nov. 1759.— *Marie-Thérèse*, b[8] 23 sept. 1753; s[8] 20 oct. 1759. — *Joseph*, b[8] 10 janvier 1758. — *Marie-Louise*, b[8] 2 avril 1761.— *Joseph*, b[8] 15 juin 1762. — *Louis*, b 1764; s[8] 28 fevrier 1770.—*Marie-Antoinette*, b[8] 17 déc. 1765. —*Antoine*, b[8] 22 avril 1768. — *Jean-Baptiste*, b[8] 1er dec. 1771.

1751, (15 juin) Pointe-du-Lac.

III.—LEFEBVRE, Pierre, [Pierre II
b 1724.
Gladu, Jeanne, [Pierre III.
b 1732.

Pierre-Joseph, b 7 et s 27 oct. 1752, aux Trois-Rivières. — *Marie-Françoise*, b 22 sept. 1753, à Deschambault[4]; s[4] 30 mars 1759.—*Pierre*, b[4] 5 mars 1756.—*Marie-Catherine*, b[4] 12 mai 1759.— *Marie-Madeleine*, b 16 août 1762, à Yamachiche.[5] —*Marie-Joseph*, b[5] 14 sept. 1765.

1751, (20 sept.) Québec.[6]

IV.—LEFEBVRE, Jean-Bte, [Jean-Bte III.
b 1721.
Bourbeau (1), Marie-Louise, [Louis III.
b 1733.

Jean-François, b[6] 12 juin et s[6] 30 oct. 1753 — *Marie-Louise*, b[6] 30 juin 1754; s[6] 29 août 1755. — *Catherine*, b[6] 19 août et s[6] 12 sept. 1755. — *Jean-Baptiste*, b 6 nov. 1757, à Terrebonne.[7] — *Louis*, b[7] 12 sept. 1759.

IV.—LEFEBVRE (2), Joseph. [Joseph III.
1° Brunet, Marie-Joseph.
1753, (8 janvier) Ste-Geneviève, M.
2° Dumay (3), Geneviève. [Jean-Bte III.
.... (4), b... s 13 mars 1761, au Bout-de-l'Ile, M.[9] — *Luc*, b[9] 16 sept. 1767.

LEFEBVRE, Joseph.
Labonte, Catherine.

Joseph-Marie, b 11 et s 15 août 1752, au Bout-de-l'Ile, M.

1752, (6 fevrier) St-Valier.

IV.—LEFEBVRE (5), Jos.-Marie, [Jean-Bte III.
b 1734.
Gosselin, Marie-Felicité, [Ignace III.
b 1728.

Marie-Elisabeth, b 27 fevrier 1755, à St-Michel.[2] —*Marie-Françoise*, b[2] 9 et s[2] 30 juillet 1756. — *Nicolas-François*, b[2] 7 oct. 1757.— *Marie-Françoise*, b 1758; s[2] 8 mai 1759.—*Jean-Baptiste*, b[2] 3 fevrier 1760.—*Louis*, b[2] 27 déc. 1761.

1732, (15 mai) Bout-de-l'Ile, M.[4]

I.—LEFEBVRE, Pierre, fils de Pierre et de Gilette Laurent, de St-Martin, diocèse de LaRochelle, Aunis.
Lalande, Angelique, [Pierre II.
b 1733.

(1) Dit Carignan.
(2) Dit Lasiseray.
(3) Et Omay, 1767.
(4) Le nom manque au régistre.
(5) Dit Boulang r.

Marie-Charlotte, b[4] 12 avril 1753.—*Charles*, b[4] 11 mars 1755.—*Marie-Anne*, b 1757; s[4] 2[illegible] juillet 1759.—*Pierre*, b[4] 5 mars 1759.—*Marie-Joseph*, b[4] 31 juillet 1761.—*Marie-Rose*, b[4] 1[illegible] janvier 1764.—*Pierre*, b[4] 2 avril 1766.

1752, (9 nov.) Chambly.

IV.—LEFEBVRE (1), Pierre. [Jean-Bte III.
Coulon, Marguerite. [François III

Jean-Baptiste, b 24 août 1753, à la Baie-du-Febvre.[5]—*François*, b[5] 20 avril 1755.—*François*, b[5] 14 fevrier 1756.—*Marie-Françoise*, b[5] 3 avril 1757.—*François*, b[5] 6 janvier 1764.—*Marie-Catherine*, b[5] 7 avril 1765.—*Amable*, b[5] 5 mars 1768.—*Marie-Marguerite*, b[5] 21 mai 1771.

1732, (27 nov.) Ecureuils.[2]

III.—LEFEBVRE, Pierre-René, [Pierre II
b 1726; s 25 avril 1772, à la Pte-aux-Trembles, Q.[3]
1° Dussault, Marie-Thérèse, [Denis II
b 1721; s[2] 28 avril 1767.

Louis-Joseph, b[2] 25 avril 1757.—*René*, b[2] 1[illegible] mars 1761.—*Elisabeth*, b[2] 23 avril 1765; s[1] 3 janvier 1767. — *Marie-Thérèse*, b... m 13 oct. 1788, à Olivier Gagné, à Repentigny.

1768, (4 juin).[3]
2° Langlois, Marie-Madeleine, [Pierre III
b 1726; veuve d'Antoine Pelletier; s[3] 10 avril 1769.
1769, (11 sept.)[3]
3° Sylvestre, Marie-Catherine, [François II.
b 1724, veuve d'Antoine Grenier.

1753, (15 janvier) Montreal.[4]

III.—LEFEBVRE, Nicolas, [Nicolas II
b 1717.
1° Roy, Madeleine, [François II.
b 1734.
1763, (11 juillet).[4]
2° Ridé (2), Marie-Joseph, [Jean I.
b 1721.

1753, (16 janvier) Baie-du-Febvre[5]

IV.—LEFEBVRE (1), Jean-Bte, [Jean-Bte III
b 1727.
Gautier, Marie-Joseph. [Christophe.

Marie-Joseph, b[5] 8 mars et s[5] 7 déc. 1754.

1753, (22 janvier) Ecureuils[7]

III.—LEFEBVRE, Nicolas, [Nicolas II
b 1726.
Coté, Marie-Marthe, [Guillaume III.
b 1732.

Nicolas, b[7] 28 déc. 1753; s[7] 11 avril 1754 — *Marie-Madeleine*, b[7] 28 oct. et s[7] 7 dec. 1755.— *Marie-Marthe*, b[7] 27 mai 1757.—*Nicolas*, b[7] 15 nov. 1759 —*Charles*, b[7] 6 mars 1761 —*Louis*, b[7] 19 fevrier 1763.—*Marie-Madeleine*, b[7] 30 oct 1764 —*Marie-Geneviève*, b[7] 22 avril et s[7] 29 mai 1766.—*Marie-Clotilde*, b[7] 11 juin 1767.—*Jean-Baptiste*, b[7] 4 nov. 1769; s[7] 18 août 1770.—

(1) Dit Senneville.
(2) Mariee sous le nom de Ridday.

Marie-Louise, b 6 juillet 1771, à la Pte-aux-Trembles, Q.[8]; s[7] 10 juillet 1773.—*Jean-Baptiste*, b[7] 7 juin et s[7] 10 juillet 1773.—*Marie-Angélique*, b[7] 31 mai et s[7] 23 août 1776.

1753, (5 fevrier) Laprairie.
III.—LEFEBVRE, Pierre, [Pierre II.
b 1719.
Caillé, Marie-Marguerite, [Antoine II.
b 1731.

1753, (19 fevrier) Beauport.[1]
IV.—LEFEBVRE, Jacques-Frs, [Jacques III.
b 1725.
Baugis, Marie-Anne, [Louis IV.
b 1734.
Jacques-François, b[1] 3 avril 1754; s[1] 7 oct. 1758.—*Deux anonymes*, b[1] et s[1] 22 sept. 1755.—*François*, b 1756; s[1] 3 sept. 1759.—*Marie-Jeanne*, b[1] 26 août 1756.—*Marie-Louise*, b[1] 5 août 1761; s[1] 22 août 1765.—*Michel*, b[1] 15 dec. 1763.

1753.
IV.—LEFEBVRE (1), Michel, [Michel III.
b 1728.
1° Pilon, Marie-Joseph,
b 1731; s 4 mai 1763, au Bout-de-l'Ile, M.[2]
Marie-Joseph, b[2] 18 avril et s[2] 3 juin 1754.—*Michel*, b[2] 6 juin et s[2] 4 juillet 1756.—*Joseph*, b[2] 17 oct. 1759; s[2] 16 août 1760.—*Marie-Geneviève*, b[2] 20 oct. 1760; s[2] 31 mai 1761.—*Joseph*, b[2] 1er mai 1762.—*Hyacinthe*, b[2] 11 avril 1763.
1764, (2 juillet).[2]
2° Ranger, Marguerite. [Pierre II.
Marguerite-Amable, b[2] 14 et s[2] 21 mai 1765.—*Marie-Rose*, b[2] 15 août 1766.—*Marie-Marguerite*, b[2] 20 janvier 1768.

1754, (11 fevrier) St-Michel.
IV.—LEFEBVRE, Michel. [Claude-Joseph III.
Plante, Marie-Madeleine, [Pierre II.
b 1707; veuve de Louis Clement.

1754, (21 oct.) Cap-de-la-Madeleine.[3]
IV.—LEFEBVRE (2), Jacques. [Jean-Bte III.
1° Rochereau, Madeleine, [François.
b 1727; s[3] 12 avril 1762.
Marie-Marguerite, b[3] 13 mai 1756.—*Marie*, b[3] 29 janvier 1760.
1762, (20 oct.)[3]
2° Roy, Marie. [François I.
Joseph, b[3] 9 oct. 1763; m[3] 21 janvier 1794, à Victoire Leblanc.—*Madeleine*, b... m[3] 17 avril 1787, à François Pepin.—*Marie-Charlotte*, b... m[3] 9 janvier 1792, à Pierre Emmanuel.—*Marie-Marguerite*, b... m[3] 13 mai 1793, à François Crevier.—*Marie-Joseph*, b... m[3] 25 nov. 1795, à Alexis Lefebvre.—*Marie-Victoire*, b[3] 1er fevrier 1778.

(1) Dit Lasisseraye.
(2) Dit Lacroix.

LEFEBVRE, Jean.
Fournier, Geneviève.
Jean-Baptiste, b 13 déc. 1754, à St-Thomas.[5]—*Marie-Geneviève*, b[5] 22 janvier 1756.

1755, (20 janvier) Bout-de-l'Ile, M.[7]
IV.—LEFEBVRE (1), Jean-Noel, [Noel III.
b 1729.
Maupetit (2), Thérèse, [Pierre II.
b 1733.
Marie-Archange, b 16 avril, à Soulanges[8], et s[7] 18 avril 1756.—*Marie-Angélique*, b[8] 26 juin 1758.—*Hyacinthe*, b[7] 2 sept. 1760.—*Augustin*, b[7] 22 janvier 1762; m 24 avril 1786, à Suzanne Leduc, à l'Ile-Perrot.—*Marie-Archange*, b[7] 25 oct. 1765.—*Marie-Joseph*, b[7] 12 fevrier 1767.

LEFEBVRE, ...,
Latreille, Angélique.
Marie-Joseph, b... m 4 février 1793, à Louis Terrien, à Quebec.

LEFEBVRE, Joseph.
Périgny, Marie-Anne.
François, b 6 sept. 1755, à Yamachiche.[5]—*Marie-Anne*, b[5] 12 avril et s[5] 11 août 1758.

1755, (10 février) Baie-du-Febvre.
IV.—LEFEBVRE (3), Pierre, [Claude III.
b 1726.
Lemay, Marie-Geneviève. [Jacques.

1755, (20 mai) Grondines.[2]
III.—LEFEBVRE, Frs-de-Sales, [Pierre II.
b 1730.
Hamelin (4), Marie-Louise, [Laurent II.
b 1737.
Anonyme, b[2] et s[2] 14 dec. 1755.—*Marie-Françoise*, b[2] 22 mai 1757.—*Marie-Elisabeth*, b[2] 13 et s[2] 29 juin 1758.—*Brigitte*, b[2] 12 sept. 1759; s[2] 23 juillet 1760.—*Brigitte*, b 14 juillet 1761, à Deschambault.[1]—*Joseph*, b... m[3] 23 janvier 1792, à Marie-Joseph Mérand.—*Pierre*, b[2] 28 février 1773.—*Charles*, b[2] 13 sept. 1774.—*Jean-Baptiste*, b[2] 25 avril 1778; s[2] 6 mars 1781.

1756, (12 janvier) Châteauguay.
IV.—LEFEBVRE, Louis-Basile, [Jacques III.
b 1727,
Primot, Suzanne [Pierre II.

1756, (12 janvier) St-François, I. O.[8]
III.—LEFEBVRE (5), Pierre. [Charles II.
Labbé, Marie-Brigitte, [Jean II.
b 1733.
Marie-Marguerite, b[8] 20 janvier 1757.—*Pierre*, b 9 août 1761, à St-Jean, I. O[7]—*Marguerite*, b[7] 27 oct 1763.

(1) Laciseraye.
(2) Et Petit, 1756.
(3) Dit Descôteaux.
(4) Dit Beloux.
(5) Dit Boulanger.

1756, (12 janvier) Bout-de-l'Ile, M. [7]
IV.—LEFEBVRE (1), AUGUSTIN-FRS, [NOEL III. b 1731.
DAOUT, Marie-Jeanne. [CHARLES II.
Marie-Thérèse, b [7] 16 déc. 1756.—*Marie-Madeleine*, b 24 mai 1758, à Soulanges.—*Félicité*, b [7] 11 oct. 1759; s [7] 18 juin 1760.—*Augustin*, b [7] 5 avril et s [7] 24 juillet 1762.—*Françoise*, b [7] 23 mai et s [7] 25 juin 1763.—*Augustin*, b [7] 14 sept. et s [7] 23 nov. 1764.

1756, (16 février) Bout-de-l'Ile, M. [6]
IV.—LEFEBVRE (1), FRS-AMABLE. [NOEL III.
ROUSSEAU, Marie-Louise, [JOSEPH II. b 1735.
Marie-Joseph, b [6] 17 sept. 1758.—*Louis-Amable*, b [6] 16 fevrier et s [6] 16 juillet 1760. — *François-Amable*, b [6] 1er et s [6] 4 avril 1761.—*Basile*, b [6] 29 août 1762. — *Joseph-Marie*, b [6] 18 nov. 1763 ; s [6] 27 janvier 1764.—*Marie*, b... s [6] 9 juin 1765.

1756, (1er mars) Berthier. [1]
I.—LEFEBVRE, PIERRE, b 1718 ; fils d'Adrien et de Catherine Rene, de St-Jacques, Normandie ; s [1] 15 mars 1763.
TANGUAY, Marie-Anne, [JEAN II. b 1725; veuve de François Buteau.
Marie-Catherine, b [1] 4 fevrier 1757.—*Marie-Geneviève*, b [1] 28 mars 1758.—*Louis*, b [1] 2 avril 1759. — *Elisabeth*, b [1] 30 oct. et s [1] 22 nov. 1760. —*Louise-Françoise*, b [1] 12 sept. 1762.

1756, (9 août) Montreal.
I.—LEFEBVRE, GERMAIN, b 1733; fils de Germain et de Geneviève Rousset, de St-Cristoly-en-Medoc, Bordeaux.
DANY, Françoise-Véronique, [JEAN-BTE III. b 1728; veuve de Joseph Poirier.

1756, (25 oct.) Cap-de-la-Madeleine. [9]
IV.—LEFEBVRE (2), PIERRE. [JEAN-BTE III.
GUILLON, Marie-Charlotte, [JEAN I. b 1738.
Marie-Marguerite, b [9] 28 août 1757.— *Pierre-Isidore*, b [9] 6 mars 1759. — *Joseph*, b [9] 23 mars 1761.—*Alexis*, b [9] 20 oct. 1762 ; m [9] 25 nov. 1795 à Marie-Joseph LEFEBVRE. — *Pierre*, b [9] 24 dec. 1763.—*Jean-Baptiste*, b... m [9] 6 juin 1792, à Rosalie CREVIER. — *Marie-Charlotte*, b... m [9] 26 nov. 1792, à Jacques CREVIER. — *Marie-Joseph*, b... m [9] 24 fevrier 1794, à Joseph LEFEBVRE.

1756, (8 nov.) Longueuil.
III.—LEFEBVRE (3), LS-BASILE. [CHARLES II.
FOURNIER, Archange, [ADRIEN II. b 1736.

1756, (22 nov.) Charlesbourg. [2]
III.—LEFEBVRE, PIERRE, [PIERRE II. b 1727.
BLONDEAU, Madeleine, [GERMAIN III. b 1731 ; s [2] 22 fevrier 1762.
Marie-Madeleine, b [2] 3 et s [2] 6 fevrier 1758.—*Marie-Louise*, b [2] 13 février 1759.

1756, (22 nov.) Cap-de-la-Madeleine. [9]
IV.—LEFEBVRE (1), MICHEL. [JEAN-BTE III.
ARCENEAU, Marie-Madeleine. [FRANÇOIS II.
Marie-Madeleine, b [9] 12 mars 1758.—*Michel*, b [9] 12 dec. 1759 ; m [9] 9 nov. 1790, à Therèse TOUPIN.—*Jean-Baptiste*, b [9] 29 sept. 1763 ; m [9] 26 janvier 1795, à Marie-Joseph LEFEBVRE.—*Marie-Joseph*, b [9] 23 oct. 1764 ; m [9] 21 nov. 1791, à François TOUPIN.

1757, (7 février) Deschambault. [4]
III.—LEFEBVRE, LOUIS-JOSEPH, [JEAN-BTE II. b 1733.
PERROT, Angelique, [JACQUES III. b 1737.
Joseph, b [4] 6 mars 1758.—*Alexis*, b [4] 23 nov. 1762 ; m [4] 29 août 1785, à Marie-Joseph MORIN.—*Simon*, b 4 fevrier 1777, aux Ecureuils.

1757, (26 avril) St-Thomas. [5]
IV.—LEFEBVRE, JOSEPH, [CLAUDE III. b 1736.
HAINS, Marie-Louise, [JOSEPH I. b 1731 ; veuve de Pierre Brisson.
Joseph, b [5] 13 janvier 1758 ; m 15 juillet 1782 à Marie-Modeste ROBICHAUD, à l'Islet.—*Marie-Victoire*, b [5] 21 juin 1760.

1757, (16 août) Québec.
III.—LEFEBVRE, JOSEPH-CHS, [PIERRE II. b 1730.
BROUSSEAU, Geneviève, [PIERRE II b 1736.

1757, (22 août) St-Ours. [6]
LEFEBVRE, LAURENT.
CODERRE (2), Marie-Ursule. [LOUIS III.
Marie-Ursule, b [6] 5 nov. 1758.

IV.—LEFEBVRE (3), JEAN-BTE, [JEAN-BTE III b 1738 ; s 6 mai 1807, à l'Hôpital-General, M.
GILBERT, Louise.
Jean-Baptiste, b 12 juin 1758, à la Pte-aux-Trembles, Q. ; m 9 janvier 1793, à Agathe GIRARD, à St-Augustin. [8] — *Marie-Louise*, b [8] 19 août 1760. —*Marie-Joseph*, b [8] 29 juillet 1762 ; m [8] 22 janvier 1787, à Joseph DEROME.

1757, (7 nov.) Trois-Rivières [9]
IV.—LEFEBVRE (4), LOUIS, [PIERRE III. b 1728.
SAUVAGE, Marie-Anne, [FRANÇOIS I. b 1730.
Pierre, b [9] 3 février 1759.—*Marguerite-Angélique*, b [9] 2 août 1760 ; s [9] 15 juillet 1761.

LEFEBVRE, AMABLE, b 1730 ; s 5 avril 1786, à l'Ile-Perrot.

(1) Laciseraye.
(2) Dit Lacroix.
(3) Dit St. Jean.

(1) Dit Lacroix.
(2) Dit Emery.
(3) Dit Angers.
(4) Lasisseraye.

1757.

IV.—LEFEBVRE (1), JOSEPH, [JEAN-BTE III.
b 1735.
TESSIER, Marguerite.
Joseph, b 13 juillet 1758, à la Baie-du-Febvre.[4] — *Marie-Joseph*, b [4] 29 août 1760.—*Jean-Baptiste*, b [4] 15 août 1762.—*Antoine*, b [4] 19 oct. 1763.—*Marie-Joseph* et *Etienne*, b [4] 15 et s [4] 20 mai 1765. —*Jean-Baptiste*, b [4] 24 juin 1766 ; s [4] 18 janvier 1770.—*Marguerite*, b [4] 20 juin 1768.—*François-Xavier*, b [4] 18 sept. 1770.—*Jean-Baptiste*, b [4] 19 juillet et s [4] 15 août 1772.

LEFEBVRE, IGNACE.
GARAND, Marie-Louise,
b 1723 ; s 25 nov. 1758, à Beaumont. [9]
Jean-Baptiste, b 7 nov. 1758, à St-Michel ; s [9] 14 janvier 1759.

1759.

IV.—LEFEBVRE (2), ANTOINE, [ANTOINE III.
b 1735.
1° LABBÉ, Marguerite,
b 1729 ; s 24 avril 1760, à la Baie-du-Febvre. [8]
Antoine, b [8] 9 mars et s [8] 19 nov. 1760.
1761, (30 mars). [8]
2° BENOIT, Marie-Geneviève, [JOSEPH III.
b 1741.
Joseph, b [8] 14 mars 1762.—*Antoine*, b [8] 18 juin 1763 ; m 30 avril 1799, à Amelie-Louise GIROUX, à Cahokia. — *Marie-Geneviève*, b [8] 18 déc. 1764. — *Marie-Françoise*, b [8] 7 avril 1767.—*Louis-de-Gonzague*, b [8] 1er mai et s [8] 4 août 1768. — *Jean-Baptiste*, b [8] 4 février 1770. — *François-Xavier*, b [8] 1er février 1772.

LEFEBVRE (2), JOSEPH-ANTOINE.
ROBIDA, Marie-Joseph.
Antoine, b 14 nov. 1758, à la Baie-du-Febvre.[8]— *Gabriel*, b [8] 6 juillet 1760 — *Joseph*, b [8] 1er mars et s [8] 16 juin 1762.—*Joseph*, b [8] 12 avril 1763.— *Antoine*, b [8] 17 nov. 1765.—*Jean-Baptiste*, b [8] 1er et s [8] 3 juin 1767.—*Marguerite*, b [8] 30 sept 1768. —*Basile*, b [8] 23 sept. 1771 ; s [8] 18 oct. 1772.

LEFEBVRE (2), ANGE-GABRIEL.
DESROSIERS, Madeleine.
Anonyme b et s 1er février 1759, à Bécancour. [2] —*Marie-Joseph*, b [2] 30 déc. 1761.

1759, (13 avril) Baie-du-Febvre. [7]

IV.—LEFEBVRE (3), JOSEPH, [JACQUES III.
b 1737.
PROU, Marie-Françoise, [ALEXIS II.
b 1728.
Jacques, b [7] 2 avril 1762.— *Joseph*, b [7] 17 juin 1763 ; s [7] 7 mai 1764. — *Marie-Angélique*, b [7] 19 février 1764.—*Marie-Céleste*, b [7] 21 juillet 1765.— *Joseph-Louis*, b [7] 23 oct. 1766. — *Marie-Anne*, b [7] 27 juillet 1768.—*Alexis*, b [7] 17 avril 1770.

(1) Dit Senneville.
(2) Dit Descôteaux.
(3) Marié sous le nom de Labbé.

1760, (8 janvier) Baie-du-Febvre. [6]

IV.—LEFEBVRE (1), CLAUDE, [JOSEPH III.
b 1735.
1° BOISVERD (2), Marie-Anne. [LOUIS III.
Marie-Catherine, b [6] 11 mars 1761. — *Marie-Joseph*, b [6] 26 août 1761. — *Joseph*, b [6] 28 mars 1763. — *Michel*, b [6] 13 janvier 1765. — *Louis*, b [6] 27 août 1766. — *Charles*, b [6] 14 février 1768 ; s [6] 16 avril 1772.
1770, (5 août). [6]
2° FRÉCHET, Marie-Louise, [JOSEPH III.
b 1749.

1760, (29 janvier) Baie-du-Febvre. [9]

V.—LEFEBVRE (1), CLAUDE, [CLAUDE IV.
b 1737.
1° HOUDE, Marie-Joseph, [FRANÇOIS III.
b 1740 ; s [9] 27 nov. 1765.
1769, (16 janvier). [9]
2° BLUTEAU (3), Marie-Celeste, [JOSEPH III.
b 1750.
Marie-Joseph, b [9] 4 février 1770.

LEFEBVRE, LOUIS-JOSEPH.
GUILBAUT, Therèse.
Marie-Suzanne, b 2 janvier 1761, à Becancour.

1760, (3 nov.) Yamachiche. [7]

IV.—LEFEBVRE (1), FRANÇOIS, [PIERRE III.
b 1735.
LACERTE, Marie-Louise, [CHARLES III.
b 1738.
Marie-Françoise, b [7] 26 mars 1763.—*François*, b [7] 19 février 1764.

1761, (26 janvier) St-Joseph, Beauce. [6]

IV.—LEFEBVRE, JEAN. [ALEXANDRE III.
LANGELIER, Marie-Claire, [FRANÇOIS III.
b 1736.
Marie-Joseph, b [6] 25 oct. 1761. — *Jean*, b [6] 30 oct. 1763.

1761, (21 sept.) Baie-du-Febvre. [9]

IV.—LEFEBVRE, PIERRE. [CLAUDE-JOSEPH III.
HOUDE, Madeleine, [GABRIEL III.
b 1740.
Marie-Joseph, b [9] 7 oct. 1765. — *Madeleine*, b [9] 7 juillet 1767 , s [9] 25 mars 1768 — *Joseph*, b [9] 1er janvier 1769 ; s [9] 26 janvier 1771. — *Marie-Catherine*, b [9] 13 oct. 1770.—*Joseph*, b [9] 22 avril 1772.

LEFEBVRE (4), JOSEPH-GABRIEL.
LEMIRE, Marguerite.
Jean-Baptiste, b 19 juin 1762, à la Baie-du-Febvre.

1762, (8 nov.) Charlesbourg.

III.—LEFEBVRE, JACQUES, [JOSEPH-CHARLES II.
b 1732.
JOBIN, Therèse, [JACQUES-CHARLES III.
b 1744.

(1) Dit Descôteaux.
(2) Et Denevers.
(3) Dit Larabel.
(4) Dit Senneville.

LEFEBVRE (1), PIERRE.
LACROIX, Madeleine.
Pierre, b 2 oct. 1763, à la Baie-du-Febvre. [7] — *Marie-Joseph*, b [7] 29 sept. 1765.

LEFEBVRE, JOSEPH.
MASSIOT, Madeleine.
Marie-Madeleine, b 10 juillet 1763, à Ste-Anne-de-la-Pérade.

LEFEBVRE, JEAN.
MASSIOT, Marie-Catherine.
François, b 4 déc. 1763, à Batiscan.

1763, (16 août) Châteauguay.
II.—LEFEBVRE, LOUIS-AUGUSTIN, [JOSEPH I.
b 1733.
DURAND, Angélique. [JACQUES.

1763, (17 oct.) Châteauguay.
II.—LEFEBVRE, CHARLES-LOUIS, [JOSEPH I.
b 1738.
FAUBER, Angélique. [FRANÇOIS II.

1763, (7 nov.) Baie-du-Febvre [6]
IV.—LEFEBVRE, JACQUES, [JACQUES III.
b 1738.
BAILLARGEON, Marie-Joseph, [PAUL III.
b 1742.
Marie-Joseph, b [6] 13 mai 1765. — *Jacques*, b [6] 3 août 1766.—*Joseph*, b [6] 13 mars 1768. — *Françoise*, b [6] 2 mars 1771.

LEFEBVRE, FRANÇOIS.
LEFEBVRE, Catherine.
Françoise, b 9 sept. 1763, à Ste-Anne-de-la-Pérade.

1764, (6 février) Pte-aux-Trembles, Q. [1]
IV.—LEFEBVRE (2), FRS-DE-SALES, [FRS III.
b 1741.
LAURIOT, Marie-Anne, [PIERRE III.
b 1745.
Marie-Anne, b [1] 28 juin 1765.—*François*, b 23 mars, aux Ecureuils, et s [1] 25 avril 1767.—*Marie-Joseph*, b [1] 7 juin 1768; s [1] 19 fevrier 1770.—*Jean-François*, b [1] 17 nov. et s [1] 23 dec. 1769.—*Jean-François*, b [1] 1er fevrier 1771; s [1] 8 mars 1776.—*Jean-Alexis*, b [1] 17 juillet 1774; s [1] 2 avril 1776.—*Michel*, b [1] 22 dec. 1775.—*Félicité*, b [1] 3 nov. 1777.

IV.—LEFEBVRE (2), CHARLES. [JEAN-BTE III.
DROLET, Marie-Catherine.
Joseph, b 4 dec. 1765, à Ste-Foye.

1764, (5 mars) Batiscan. [2]
III.—LEFEBVRE (3), RÉGIS. [ANTOINE II.
LAFOND, Catherine, [PIERRE III.
b 1741.
Marie-Catherine et *Marie-Ursule*, b [2] 16 mai 1781.

(1) Dit Descôteaux.
(2) Dit Angers.
(3) Dit Despins.

IV.—LEFEBVRE (1), LOUIS-JOS., [JEAN-BTE III.
b 1745.
ROBERGE, Félicité.
Marie-Joseph, b 2 déc. 1765, aux Ecureuils. [3] — *François*, b 1767; s 31 déc. 1771, à la Pte-aux-Trembles, Q. [4] — *Michel*, b [4] 31 août 1769; s [4] 31 déc. 1771.—*Marie-Thérèse*, b [3] 19 déc. 1771; s [4] 23 mai 1773.—*Marie-Anne*, b [3] 8 dec. 1773.—*Eustache*, b [4] 30 janvier 1776.

1764, (30 avril) Batiscan.
III.—LEFEBVRE (2), LS-DIDACE. [JOSEPH II.
VEILLET, Geneviève. [GERVAIS II.

III.—LEFEBVRE (3), JOSEPH, [JOSEPH II.
b 1729.
PAPLAU (4), Marie-Anne, [JEAN-BTE I.
b 1715.
Marie-Joseph, b 12 mars 1764, à Batiscan.

1764.
IV.—LEFEBVRE (5), JOSEPH, [JOSEPH III.
b 1739.
CHATEAUVEIL, Julie.
Louis-Antoine, b 10 février 1765, à la Baie-du-Febvre. [5] —*Judith*, b [5] 9 mars 1766.—*Etienne*, b [5] 19 fevrier et s [5] 8 juin 1767.—*Joseph*, b [5] 19 fevrier 1767; s [5] 5 mars 1768.—*Marie-Elisabeth*, b [5] 1er oct. 1768.—*Joseph*, b [5] 23 fevrier et s [5] 20 oct. 1771.—*Marie-Marguerite*, b [5] 18 mars 1772.

1765, (21 janvier) St-Joseph, Beauce.
IV.—LEFEBVRE, AUGUSTIN-MARIE, [ALEX III.
b 1740.
DUPONT, Agathe, [JEAN-BTE III.
b 1741.

1765, (28 janvier) Longue-Pointe. [6]
IV.—LEFEBVRE (6), ANGE, [ANTOINE III.
b 1738.
CHAPERON, Victoire, [PIERRE III.
b 1744.
Pierre, b [6] 4 juin 1766.—*Marie-Victoire*, b [6] 2 nov. et s [6] 3 dec. 1767.—*Marie-Victoire*, b [6] 4 dec. 1768.

1765, (4 fevrier) Nicolet. [7]
IV.—LEFEBVRE (6), JEAN-BTE, [JOSEPH III
b 1740.
RICHARD, Nathalie, [MICHEL I.
Acadienne; s [7] 26 mars 1790.
Marie-Anne, b... m [7] 1er août 1785, à Jean-Baptiste ORION.—*Marguerite*, b... m [7] 10 janvier 1791, à François BAUDOIN.

(1) Dit Angers.
(2) Dit Villemur.
(3) Dit Villemur; il était à Batiscan en 1761.
(4) Dit Périgny.
(5) Dit Beaulac.
(6) Dit Descôteaux.

1765, (18 fevrier) Yamachiche. [8]
IV.—LEFEBVRE (1), JOSEPH. [PIERRE III.
LAUR, Madeleine, [JEAN I.
Acadienne.
Joseph, b [8] 1er déc. 1765.—*Antoine*, b [8] 31 janvier 1767.—*Pierre*, b [8] 2 mai 1768.

1765, (9 sept.) Trois-Rivières.
IV.—LEFEBVRE (2), CHS-JOS., [J.-BTE-RENÉ III.
b 1742.
VANASSE (3), Marie-Françoise, [FRANÇOIS II.
b 1729; veuve de Maurice Déry.
Elisabeth, b... m 19 mai 1785, à Jean-Baptiste NORMAND, à Nicolet.

1765, (25 nov.) Ste-Anne-de-la-Pocatière.
IV.—LEFEBVRE, JOSEPH, [JOSEPH III.
b 1741.
SOULARD, Marie-Joseph. [SÉBASTIEN.

LEFEBVRE, AUGUSTIN.
MATTE, Marguerite.
Augustin, b 8 mars 1766, aux Ecureuils.

LEFEBVRE, JOSEPH.
MATTE, Thérèse. [ALEXIS II.
Marie-Thérèse, b 8 mars 1766, aux Ecureuils.

1766, (23 juin) Yamachiche.
IV.—LEFEBVRE (1), PIERRE, [PIERRE III.
b 1730.
DEVAU, Thérèse. [JEAN-BTE I.

1766, (17 nov.) St-Philippe.
IV.—LEFEBVRE, LOUIS, [LOUIS III.
b 1745.
PROVOST, Louise, [JEAN-BTE IV.
b 1745.

1767, (12 janvier) Pte-aux-Trembles, Q. [1]
IV.—LEFEBVRE (4), PIERRE-FRS. [J.-BTE III.
MATTE, Marie-Madeleine, [NICOLAS III.
b 1731.
Jean-Baptiste, b 5 oct. 1767, aux Ecureuils. [2]—*Pierre-François*, b [1] 15 sept. 1768.—*Louis-Joseph*, b [1] 9 janvier 1770.—*Marie-Angélique*, b [1] 26 mai 1771.—*Marie-Catherine*, b [1] 3 mai 1772; s [1] 23 mars 1776.—*François-Xavier*, b [1] 21 et s [1] 29 avril 1774.—*Augustin*, b [2] 19 avril et s [1] 29 mai 1775.—*Marie-Thérèse*, b [1] 26 fevrier et s [1] 3 mars 1776.—*Marie-Joseph*, b [1] 26 mars et s [1] 5 août 1777.

1767.
IV.—LEFEBVRE (1), MICHEL-GABRIEL, [ANT. III.
b 1736.
CAILLÉ, Catherine, [JEAN-BTE III.
b 1750.
Marie-Catherine, b 31 juillet 1768, à la Baie-du-Febvre. [6]—*Gabriel*, b [6] 28 oct. 1770

(1) Dit Descôteaux.
(2) Dit Belisle.
(3) Dit Précour.
(4) Dit Angers.

LEFEBVRE, PIERRE.
ROY, Geneviève.
François, b... m 10 nov. 1795, à Angélique McKENNAL, à Berthier

1767, (16 nov.) Bout-de-l'Ile, M.
IV.—LEFEBVRE, LOUIS, [GEOFFROY III.
b 1745.
DAUSSY, Marie-Rose. [PIERRE I.

III.—LEFEBVRE (1), ANTOINE, [ANTOINE II.
b 1737.
LAFOND, Elisabeth.
Marguerite, b 1768; s 24 fevrier 1770, à Batiscan. [6]—*Marie-Geneviève*, b [6] 15 nov. 1770.—*Geneviève*, b [6] 13 mars 1772; s [6] 10 sept. 1774.—*François*, b [6] 20 oct. 1780.—*Joseph-Marie*, b [6] 26 sept. 1783.—*Antoine*, b [6] 1er fevrier 1787.

LEFEBVRE, PIERRE, b 1772; s 18 oct. 1795, au Detroit.

1770, (22 fevrier) Detroit.
V.—LEFEBVRE, ANTOINE. [ANTOINE IV.
POINEAU, Marie-Charlotte. [ANTOINE II.

LEFEBVRE (2), JEAN-BTE.
DUBUC, Marie-Joseph.
Marie-Geneviève, b 7 janvier 1771, à la Pte-aux-Trembles, Q. [7]—*Pierre*, b [7] 29 mai 1772.—*Joseph*, b [7] 19 mars 1774.

1770, (26 nov.) St-Laurent, M.
III.—LEFEBVRE, JEAN-RAPHAEL, [JACQUES II.
b 1739.
CREVIER, Marguerite, [JEAN-BTE-FRS II.
b 1750.

LEFEBVRE, NICOLAS.
DENIS, Geneviève,
b 1748; s 12 janvier 1820, à Beaumont. [7]
Geneviève, b... m [7] 28 août 1797, à Gilles TURGEON.—*Elisabeth*, b... m [7] 20 oct. 1801, à Pierre LAVOIE.

LEFEBVRE, FRANÇOIS-XAVIER.
MATTE, Marie-Angélique.
Marie-Angélique, b 4 fevrier 1770, à la Pte-aux-Trembles, Q [4]—*François-de-Sales*, b [4] 26 oct. 1771.—*Alexandre*, b [4] 25 sept. 1773.—*Scholastique*. b [4] 4 mars 1775.—*Marie-Joseph*, b 7 mai et s 15 août 1777, aux Ecureuils. [5]—*Charles*, b [5] 7 juin 1782.

1771, (28 janvier) St-Philippe.
IV.—LEFEBVRE, PIERRE. [LOUIS III.
DUPUIS, Marie-Joseph, [JEAN II.
b 1737; veuve de Pierre Pinsonneau.

LEFEBVRE, JEAN-BTE-JOSEPH.
1° MASSICOT, Marie-Anne.
Marie, b 3 juillet 1771, à Ste-Anne-de-la-Perade. [7]

(1) Dit Despins.
(2) Dit Angers.

1779, (19 janvier) Batiscan. [8]
2° Lariou (1), Theotiste. [Joseph III.
Marie-Théotiste, b [8] 9 janvier 1779. — *Joseph,* b [7] 8 août 1780.

1771, (12 février) Baie-du-Febvre. [1]
IV.—LEFEBVRE (2), François, [Antoine III.
b 1740.
Perron, Marie-Amable. [Louis III.
François, b [1] 25 mars 1772.

1772, (24 février) Ile-Dupas. [1]
IV.—LEFEBVRE (3), Pierre, [Pierre III.
b 1717.
Coltret, Elisabeth, [Pierre II.
veuve de Pierre Defond.
Rosalie, b [1] 1er janvier 1777.

V.—LEFEBVRE, Jean-Bte, [Jean-Bte IV.
b 1751.
1° Toupin, Marie-Joseph-Brigitte.
Marie-Joseph, b... m 26 janvier 1795, à Jean-Baptiste Lefebvre, au Cap-de-la-Madeleine. [7] — *Thérèse,* b [7] 17 avril 1787.
1790, (12 avril). [7]
2° Duval, Rosalie. [Jean-Bte IV.
Marguerite, b [7] 17 oct. 1792.—*Jean-Baptiste,* b [7] 24 nov. 1793.—*Marie-Anne,* b [7] 2 juin et s [7] 13 sept. 1795.

1773, (1er février) St-Thomas.
IV.—LEFEBVRE, François, [Joseph III.
b 1734.
Morel, Marie-Thérèse. [Chs-Alexandre III.
Marie-Marthe, b 9 nov. 1774, à l'Islet. [2]— *Thérèse,* b [2] 12 mars 1776.

1773, (15 février) St-Thomas.
IV.—LEFEBVRE, Augustin, [Joseph III.
b 1730.
Poirier, Marie-Madeleine, [Bernard I.
Acadienne.

1773.
IV.—LEFEBVRE (4), Augustin, [Jean-Bte III.
b 1747.
Garneau, Thérèse.
Marie-Thérèse, b 2 janvier 1774, à la Pte-aux-Trembles, Q. [4] — *Marie-Angélique,* b [4] 27 et s [4] 29 mars 1776. — *Anonyme,* b [4] et s [4] 15 janvier 1777. — *François-Charles,* b 13 mars 1787, à St-Augustin.

LEFEBVRE (5), Joseph.
Jeanbon, Marie.
Marie-Cécile, b 4 sept. 1774, à Ste-Anne-de-la-Pérade. — *Joseph,* b 23 janvier 1779, à St-Cuthbert.

(1) Dit Lafontaine.
(2) Dit Descôteaux.
(3) Marié Lasizeray.
(4) Dit Angers.
(5) Dit Vilmur.

LEFEBVRE, François.
Mongrain, Catherine.
Marie-Joseph, b 4 mars 1776, à Ste-Anne-de-la-Perade.

LEFEBVRE (1), Charles.
Bertrand (2), Marguerite.
Marie-Anne, b 14 juin 1776, à Ste-Anne-de-la-Perade.

LEFEBVRE (3), Antoine, b 1765; s 1er juin 1791, au Cap-de-la-Madeleine.

1777, (17 nov.) St-Cuthbert. [6]
III.—LEFEBVRE, Alexandre, [Louis-Joseph II
b 1745.
Mignier, Marie-Thècle. [André IV
Marie-Joseph, b [6] 27 sept. 1778.—*Marie-Joseph,* b [6] 25 juillet 1786.—*Alexis,* b [6] 27 août 1795.

1778, (2 mars) Nicolet.
IV.—LEFEBVRE (4), Pierre, [Antoine III.
b 1746.
Rèche, Catherine. [Jean-Bte II

LEFEBVRE, Jean-Bte, b 1745; s 2 mai 1795, à Repentigny.

1781, (23 janvier) Québec.
V.—LEFEBVRE, Jean-Simon, [Pierre-Bte IV.
b 1754.
Cloutier, Marie-Louise, [Prisque V.
b 1761.

1781, (5 nov.) St-Laurent, M.
LEFEBVRE, Charles. [Jean-Bte.
Alaire, Marie. [Louis IV.

LEFEBVRE, Louis.
Fiset, Angelique.
Louis, b 4 juin 1782, aux Ecureuils.

1782, (15 juillet) Islet.
V.—LEFEBVRE, Joseph, [Joseph IV.
b 1758.
Robichaud, Marie-Modeste. [Pierre I.

1784, (17 août) Québec.
V.—LEFEBVRE, Charles. [Pierre-Bte IV.
Bertrand, Marie-Charlotte. [Antoine.

1785, (29 août) Deschambault.
IV.—LEFEBVRE, Alexis, [Joseph III
b 1762.
Morin, Marie-Joseph, [Pierre-Marie IV
b 1764.

(1) Dit Despins.
(2) Dit St. Arnaud.
(3) Dit Lacroix.
(4) Dit Belleisle.

1786, (20 février) Deschambault.
IV.—LEFEBVRE, François, [Jean-Bte III.
b 1755.
Perrot, Monique, [Jacques III.
b 1749.

1786, (24 avril) Ile-Perrot.
V.—LEFEBVRE, Augustin, [Jean-Noel IV.
b 1762.
Leduc, Suzanne. [Charles III.
Judith, b... m à Guillaume Laberge.

1786, (11 sept.) Repentigny.
IV.—LEFEBVRE, Nicolas, [Nicolas III.
b 1752.
1° Hunault, Marie-Anne. [Joseph IV.
1788, (31 mars) Lachenaye.
2° Roy-Desjardins, Marie-Amable. [Louis.

1787, (28 août) Québec.
V.—LEFEBVRE, Louis. [Pierre-Baptiste IV.
Marchet, Marie-Angelique, [Pierre I.
b 1755.

1790, (9 nov.) Cap-de-la-Madeleine. 9
V.—LEFEBVRE (1), Michel, [Michel IV.
b 1759.
Toupin, Thérèse. [Jean-Bte IV.
Michel, b 9 4 oct. 1791.

1791, (7 oct.) Cap-de-la-Madeleine.
V.—LEFEBVRE (2), François. [François IV.
Disy, Marie-Claire, [Alexis IV.
b 1768.
Olivier, b 14 nov. 1795, à Batiscan.

1792, (23 janvier) Deschambault.
IV.—LEFEBVRE, Joseph. [Frs-de-Sales III.
Mérand, Marie-Joseph. [Eustache.

1792, (6 juin) Cap-de-la-Madeleine. 7
V.—LEFEBVRE (1), Jean-Bte. [Pierre IV.
Crevier, Rosalie. [Antoine IV.
Marguerite-Archange, b 7 30 sept. 1792.—*Marie-Joseph*, b 7 28 mai 1794 —*Victoire*, b 7 14 août 1795.

1793, (9 janvier) St-Augustin. 6
V.—LEFEBVRE, Jean-Bte, [Jean-Bte IV.
b 1758.
Girard, Agathe. [Philippe III.
Jean-Baptiste, b 6 13 déc. 1795.

1793, (5 février) St-Eustache. 9
III.—LEFEBVRE (3), Antoine, [François II.
b 1735 ; s 9 8 juin 1816 (dans l'église.)
Lambert (4), Lse-Angélique, [Ls-Eustache IV.
s 9 24 nov. 1831.
Eustache-Antoine, b 9 29 nov. 1793, m 9 23 juillet 1823, à Marguerite McGillis ; s 15 oct. 1836, à Montreal. 7—*Louis-Charles*, b 9 12 janvier 1795 ; ord. 5 juin 1819 ; s 7 25 oct. 1838. — *François-Louis*, b 9 2 janvier 1797 ; Ecclésiastique du Séminaire ; s 9 8 sept. 1836. — *Edouard-Louis*, b 9 1er dec 1797 ; s 21 août 1815, aux Trois-Rivières. —*Angélique-Marguerite*, b 9 25 nov. 1798 ; s 9 12 mars 1822, (dans l'eglise).—*Henri-Nicolas*, b 9 11 janvier 1800 ; s 9 27 fevrier 1825. — *Prospère*, b 9 19 mars et s 9 en août 1801. — *Jean-Baptiste*, b 9 12 sept 1804. —*Grégoire*, b 9 9 mai et s 9 en juillet 1806. — *Joseph*, b 9 16 août 1806 ; m 7 10 juin 1839, à Flavie-Caroline Leprohon.

(1) Dit Lacroix.
(2) Dit Montplaisir.
(3) Dit Bellefeuille.
(4) Dit Dumout.

1794, (21 janvier) Cap-de-la-Madeleine. 6
V.—LEFEBVRE, Joseph, [Jacques IV.
b 1763.
Leblanc, Victoire,
veuve de Joseph Marchand.
Angélique, b 6 30 dec. 1794.

1794, (24 février) Cap-de-la-Madeleine 2 (1).
V.—LEFEBVRE (2), Joseph. [François IV.
Lefebvre (2), Marie-Joseph. [Pierre IV.
Julie, b 2 21 janvier 1795.

1795, (26 janvier) Cap-de-la-Madeleine (3).
V.—LEFEBVRE, Jean-Bte, [Michel IV.
b 1763.
Lefebvre, Marie-Joseph. [Jean-Bte V.

1795, (10 nov.) Berthier.
LEFEBVRE, François. [Pierre.
McKennal, Angelique. [Daniel.

1795, (25 nov.) Cap-de-la-Madeleine (4).
V.—LEFEBVRE (5), Alexis, [Pierre IV.
b 1762.
Lefebvre (5), Marie-Joseph. [Jacques IV.

1799, (30 avril) Cahokia.
V.—LEFEBVRE, Antoine, [Antoine IV.
b 1763.
Giroux, Amelie-Louise. [Louis.

LEFEBVRE, Louis,
marchand.
Archambault, Marguerite.
Marie-Emilie, b 12 juillet 1800, à L'Assomption 2, m 2 11 janvier 1822, à Bonaventure Piché ; s 2 10 sept. 1852.

1823, (23 juillet) St-Eustache. 3
IV.—LEFEBVRE, Eust.-Antoine, [Antoine III.
b 1793 ; s 15 oct. 1836, à Montreal.
McGillis, Marguerite.
Marguerite-Angelique, b... m à Antoine Harwood.—*Marie-Antoinette*, b... s 3 27 mars 1831.

(1) Avec dispense du 2e au 2e dégré.
(2) Dit Lacroix, cousins-germains.
(3) Avec dispense du 3e au 3e dégré.
(4) Avec dispense du 2e au 2e degré.
(5) Dit Lacroix.

1839, (10 juin) Montreal. [2]
IV.—LEFEBVRE, Joseph, [Antoine III.
b 1806.
Leprohon, Flavie-Caroline. [Edouard.
Joseph-Edouard (1), b[2] 14 juin 1840.—*Caroline-Angélique*, b 27 mars 1842, à St-Eustache. [3] — *Charles-Henri*, b [2] 20 sept. 1844. — *Anonyme* b [3] 13 et s [3] 15 janvier 1857.

LeFETTY.— *Variation et surnoms :* LeFeté—Lamontagne—Levitre.

1689, (12 juillet) Sorel. [4]
I.—LeFETTY (2), Jean, fils de Guillaume et de Marie Houle.
Rabouin (3), Suzanne, [Jean I.
b 1665.
Marie-Joseph, b [4] 7 avril 1690; m à François Précour; s 23 août 1767, à Nicolet.

LEFEVRE.—Voy. Lefebvre.

LEFINET.—Voy. Bazinet.

LEFORT.—*Variation et surnoms :* Fort—Laforest—Laprairie.

1666, (9 fevrier) Château-Richer. [7]
I.—LEFORT (4), Antoine,
b 1646; s 13 oct. 1699, à St-Laurent, I. O.
1° Doyon, Marie, [Jean I.
b 1652.
Marie, b 5 nov. 1670, à Ste-Famille, I. O.[6]; 1° m à Ignace Pepin; 2° m 10 janvier 1718, à Joseph Deblois, à St-François, I. O. [9]; s [9] 15 nov. 1741. — *Madeleine*, b [7] 17 avril 1673; s 10 dec. 1689, à St-Pierre, I. O.
1678, (9 février). [6]
2° Abinat, Anne, b 1615; veuve de Jean Réal; fille de Geoffroy et de Marie Bremont, de St-Gervais de Rouen, Normandie; s [6] 15 août 1705.

I.—LEFORT (5), Jean.
Moreau, Marguerite.
Jean, b 1698; m 28 juillet 1727, à Marguerite Favreau, à Boucherville.

1708, (28 mai) Montréal.
I.—LEFORT (6), Jean, b 1675; fils de Jean et de Marguerite Lamarche, de St-Firmin, diocèse de Lyon, Lyonnois.
DeRousson, Marguerite, [Robert I.
b 1686.
Marie-Anne, b... m 15 mai 1747, à Pierre-Hyacinthe Thuot, à Longueuil. — *Jean-Baptiste*, b... m à Charlotte Ménard —*Louise*, b... m 20 janvier 1753, à Joseph Lareau, à Chambly.

(1) Avocat.
(2) Et LeFêté dit Levitre—Lamontagne.
(3) Elle épouse, le 1er mai 1696, Pierre Rocher, à Batiscan
(4) Voy. vol. I, p. 368.
(5) Dit Laprairie.
(6) Marié sous le nom de Fort; voy. vol. IV, p. 60.

1719, (14 août) Boucherville.
I.—LEFORT (1), Jean, b 1649; fils d'Isaac et de Jeanne Tibaut, de Xaintes, Saintonge.
Bourgery (2), Marguerite, [Pierre II.
b 1681.
Marguerite, b 4 juin 1721, à Laprairie [7]; m 5 juin 1742, à Pierre Noel, à Montreal. — *Marie-Joseph*, b [7] 16 mars 1723; m [7] 7 nov. 1740, à Jean-Baptiste Deneau.

1727, (28 juillet) Boucherville.
II.—LEFORT (1), Jean, [Jean I.
b 1698.
Favreau, Marguerite, [Mathurin II.
b 1702.
Jean-Baptiste, b 20 juin 1728, à Laprairie [6]; s [6] 23 janvier 1731.—*Gilbert*, b [6] 28 fevrier 1730; s [6] 22 mars 1731.—*Jean-Baptiste*, b [6] 2 janvier 1732. — *Marie-Marguerite*, b [6] 7 sept. 1734. — *Véronique*, b [6] 5 août 1737. — *André-Joseph*, b [6] 19 et s [6] 23 mars 1740. — *Pierre*, b [6] 12 avril 1741.— *Amable-Marie*, b [6] 4 mai 1744.

I.—LEFORT, Charles.
Leroux (3), Jeanne, [Hubert I
b 1681.
Guillaume, b 1727; m 21 février 1757, à Veronique Monet, à St-Vincent-de-Paul.

1740.
II.—LEFORT, Jean-Bte. [Jean-Bte I.
Ménard (4), Charlotte, [Antoine III.
b 1724.
Charlotte, b... m 30 janvier 1757, à Joseph Guignarda, à Chambly. [7] — *Marie-Joseph*, b.. m [7] 21 février 1757, à Pierre Coignat. — *Geneviève*, b... m [7] 30 mai 1763, à Antoine Quenneville.—*Jean-Baptiste*, b... m [7] 11 janvier 1768, à Marie-Joseph Chartier. — *Marie-Amable*, b [7] 5 juillet 1747; m [7] 11 février 1765, à Claude D'Astier. — *Marie-Elisabeth*, b [7] 10 février et s [7] 6 juillet 1749.—*Elisabeth*, b [7] 9 sept. 1750.—*Marie-Véronique*, b [7] 10 janvier 1752.

LEFORT, Germain.—Voy. Fort, 1757.

1757, (21 février) St-Vincent-de-Paul
II.—LEFORT, Guillaume, [Charles I.
b 1727.
Monet, Veronique. [Jean II.

LEFORT, Louis.
Brien, Catherine.
Marie-Marguerite, b 3 déc. 1757, à St-Ours.

1760, (6 oct.) Terrebonne. [7]
I.—LEFORT, Pierre, fils de Pierre et de Marguerite Poupin, de Paris.
1° Riquier (5), Agathe, [Jean II
b 1743; s [7] 23 juin 1773.

(1) Dit Laprairie.
(2) Et Bourgis.
(3) Voy. vol. I, p. 386.
(4) Elle épouse, le 20 mai 1765, François Patenote, à Chambly.
(5) Et Ritier—Riquet.

Marie-Joseph-Félicité, b... m [7] 8 janvier 1781, à Jean-Baptiste Courval.—*Pierre*, b 17 février 1769, à Lachenaye.

1773, (27 sept.) [7]

2° Minville (1), Marie-Françoise, [Michel IV. b 1750.

LeFOUREUR.—*Variation et surnom* : Foureur —Champagne.

1718, (5 sept.) Montréal. [8]

I.—LeFOUREUR (2), Pierre, *b* 1687; fils de Jerôme et de Louise Richard, de St-Jacques, diocèse de Reims, Champagne.

Desforges, Anne-Celeste, [Jean I. *b* 1694.

Marie-Catherine, b [8] 7 juin et s [8] 2 juillet 1719. —*Louis*, b [8] 2 juin 1720; m [8] 9 nov. 1744, à Catherine Guertin.—*Jean-Baptiste*, b [8] 5 oct. 1723; s [8] 28 juin 1724.—*Marie-Joseph*, b [8] 12 nov. 1724; s [8] 31 juillet 1725.—*Pierre*, b [8] 24 dec. 1726, s [8] 9 janvier 1727.—*Jean-Baptiste*, b [8] 15 juillet et s [8] 2 août 1729.—*Thérèse*, b [8] 7 nov. 1730; s [8] 12 sept. 1734.

1744, (9 nov.) Montréal. [3]

II.—LeFOUREUR (2), Louis, [Pierre I. b 1720.

Guertin, Catherine, [Pierre III. b 1722.

Jean-Louis, b [3] 23 août 1745.—*Pierre*, b [3] 1er et s [3] 19 août 1747.—*Thérèse*, b [3] 29 août 1748.—*Louise*, b [3] 17 et s [3] 31 dec. 1749.

LeFOURNIER.—*Variation et surnoms* : Fournier—DuFiguier—DuVivier.

1694, (16 août) Montréal. [7]

I—LeFOURNIER (3), Henri-Jules, b 1666; s [7] 10 nov. 1738.

Gadois, Marguerite, [Pierre II. b 1673; s [7] 17 août 1744.

Louis-Hector, b [7] 11 mai 1695; 1° m 1720, à Marie-Anne Desjordy; 2° m [7] 11 mai 1738, à Charlotte Damours.—*Thérèse*, b [7] 28 dec. 1701; m [7] 1er janvier 1727, à Alexandre Dailleboût.—*Marie-Charlotte*, b [7] 20 et s [7] 24 mai 1705.—*Marguerite*, b [7] 3 sept. 1706; m [7] 22 oct. 1727, à Louis Dailleboût; s [7] 20 février 1742.—*Angélique*, b [7] 12 sept. 1708; s [7] 4 déc. 1717.—*Marie-Catherine*, b [7] 31 janvier et s [7] 3 février 1713.—*Louis*, b [7] 10 sept. 1714; s [7] 1er août 1738.

1720.

II—LeFOURNIER (4), Ls-Hector, [Henri I. b 1695.

1° Desjordy, Marie-Anne, [François I. b 1698; s 20 avril 1736, à Montréal. [4]

Louise, b [4] 29 août 1721; m [4] 5 fevrier 1742, à Guillaume Dagnau; s 16 mars 1761, au Détroit.—*Charlotte*, b [4] 9 juin 1727.—*Joseph-Marie*, b [4] 4 oct. 1728; s [4] 25 mars 1730.

1738, (11 mai). [4]

2° Damours (1), Charlotte, [Charles II. b 1701; veuve de Joseph Raimbault.

Anonyme, b [4] et s [4] 25 oct. 1739.—*Jean-Hector*, b [4] 22 juin et s [4] 2 juillet 1743.—*Louis-Hector*, b [4] 5 juillet 1745.

1732, (7 juin) Montréal. [4]

I.—LeFOURNIER (2), René-Louis, fils de Jacques (sieur De la Ville) et d'Helène Figuière de Figueroa, de St-Eustache, Paris; s [4] 1er août 1738.

DeMiray (3), Marie-Anne, [Etienne I. b 1701.

LEFRANC.—Voy. Oudin.

1748, (1er juillet) Montréal.

I.—LEFRANC, Antoine, *b* 1721, soldat; fils d'Etienne et de Marie Lafosse, de St-Nicolas du Chardonet, Paris.

Auger, Louise, [Jean-Bte II. *b* 1711.

LeFRANÇOIS.—*Variation* : François.

1658, (10 sept.) Québec.

I—LeFRANÇOIS (4), Charles, b 1626; s 13 juin 1700, au Château-Richer. [6]

Triot, Marie-Madeleine, b 1641; s [6] 18 nov. 1701.

Joseph, b [6] 18 mars 1674; m 20 janvier 1698, à Anne-Cécile Caron, à Ste-Anne; s 20 mai 1755, à L'Ange-Gardien.—*Alexis-Nicolas*, b [6] 13 oct. 1676; m 24 avril 1702, à Madeleine Lefebvre, à Charlesbourg; s [6] 9 dec. 1749.—*Pierre*, b [6] 7 déc. 1680; 1° m [6] 24 nov. 1704, à Marguerite Gagnon; 2° m 12 oct. 1723, à Marie-Louise Pichet, à St-Jean, I. O.; s [6] 22 sept. 1745.

1670, (10 août) Québec.

I.—LeFRANÇOIS (4), Pierre, *b* 1631.

Gaumont, Madeleine, b 1646; veuve de Jean Langlois.

1692.

II.—LeFRANÇOIS (4), Charles, [Charles I. b 1667.

Bélanger (5), Barbe, [Charles II. b 1673.

(1) Voy. Miville.

(2) Marié sous le nom de Foureur dit Champagne.

(3) Sieur DuVivier; lieutenant et capitaine d'une compagnie du détachement de la marine; il était, le 26 février 1713, à Montréal, voy. vol. I, p. 368.

(4) Sieur DuVivier; lieutenant.

(1) Elle épouse, le 31 mars 1761, Louis Roy, à Lanoraie.

(2) Sieur du Figuier; lieutenant et capitaine.

(3) De l'Argenterie; elle épouse, le 9 sept. 1743, Louis-Hector Dailleboût, à Montréal.

(4) Voy. vol. I, p 368.

(5) Elle épouse, le 1er mai 1696, Denis Constantin, à L'Ange-Gardien.

1698, (20 janvier) Ste-Anne.

II.—LEFRANÇOIS (1), JOSEPH, [CHARLES I.
b 1674; s 20 mai 1755, à L'Ange-Gardien (dans l'église).

CARON, Anne-Cécile, [ROBERT II.
b 1677.

1702, (24 avril) Charlesbourg.[5]

II.—LEFRANÇOIS, ALEXIS-NICOLAS, [CHARLES I.
b 1676; s 9 déc. 1749, au Château-Richer.[6]

LEFEBVRE, Madeleine, [PIERRE I.
b 1682.

Marie-Madeleine, b[6] 16 avril 1703; m[6] 13 avril 1722, à Jacques JOBIN; s[5] 24 mars 1761.—*Geneviève*, b[6] 22 août 1704; m[6] 13 avril 1722, à Joseph GRAVELLE; s[6] 11 février 1723.—*Marguerite*, b[6] 17 oct. 1705; m[6] 21 oct. 1726, à Joseph ROY; s[5] 7 février 1731.—*Françoise*, b[6] 13 avril et s[6] 18 juillet 1707.—*Marie*, b[6] 16 juillet 1708; m[6] 21 oct. 1726, à Pierre ROBERGE; s 25 février 1749, à St-Pierre, I. O.—*Nicolas*, b[6] 16 déc 1709; m[6] 21 février 1745, à Geneviève BAILLARGEON; s[6] 18 avril 1764.—*Angélique*, b[6] 15 février 1711; m[6] 20 oct. 1732, à Michel MIGNIER; s 6 août 1746, à Quebec.—*Marie-Françoise*, b[6] 10 oct. 1712; s[6] 17 sept 1714.—*Cécile*, b[6] 6 mars et s[6] 3 juin 1714.—*Catherine*, b[6] 9 août 1715; m[6] 22 août 1735, à Joseph BÉLANGER.—*Brigitte*, b 25 oct. 1716, à L'Ange-Gardien.—*Françoise*, b[6] 14 avril et s[6] 27 nov. 1718.—*Charles*, b[6] 30 sept. 1719; m[6] 7 février 1746, à Charlotte BÉLANGER; s[6] 1er mars 1769.—*Joseph*, b[6] 8 mars et s[6] 19 juin 1721.

1703, (22 juillet) Boucherville.[1]

II.—LEFRANÇOIS, CHARLES, [PIERRE I.
b 1679.

VALIQUET, Elisabeth, [JEAN I.
b 1665; veuve de Jean-Baptiste Ménard.

Joseph-Charles, b 1704; m[1] 1er mars 1734, à Angelique LAMOUREUX.—*Marie-Charlotte*, b 8 et s 13 mai 1706, à Longueuil.

1704, (24 nov.) Château-Richer.[7]

II.—LEFRANÇOIS, PIERRE, [CHARLES I.
b 1680; s[7] 22 sept. 1745.

1° GAGNON, Marguerite, [PIERRE II.
b 1687; s[7] 26 déc. 1722.

1723, (12 oct.) St-Jean, I. O.

2° PICHET (2), Marie-Louise, [JACQUES II.
b 1699.

1722, (11 janvier) L'Ange-Gardien.[9]

III.—LEFRANÇOIS, CHARLES, [JOSEPH II.
b 1698.

QUENTIN, Veronique, [LOUIS II.
b 1704; s[9] 16 déc. 1761.

Joseph, b[9] 14 février 1723; m 6 mai 1748, à Louise PARADIS, au Château-Richer.[8]—*Louis*, b[9] 6 août 1724; m[8] 15 nov. 1751, à Louise CLOUTIER.—*Charles*, b[9] 8 oct. 1725; m[9] 31 janvier 1752, à Catherine MAROIS.—*Marie-Cécile*, b[9] 10 mai 1727; 1° m 1747, à Roger-Alexis BÉLANGER; 2° m[8] 15 février 1751, à Prisque GAGNON.—*Véronique*, b[9] 15 avril 1729; m[9] 31 janvier 1752, à Jacques-Michel GIRARD.—*Pierre*, b[9] 24 mars 1731.—*Alexis*, b[9] 9 déc. 1732; m[9] 5 février 1759, à Marie-Joseph COTÉ.—*Marguerite*, b[9] 28 mars 1735.—*Nicolas*, b[9] 4 février 1737.—*Nicolas*, b[9] 11 avril 1738; m[9] 17 janvier 1763, à Marie VÉSINA.—*Ignace*, b[9] 21 mars 1740; 1° m[8] 3 oct 1763, à Felicite CAZEAU; 2° m 25 oct. 1785, à Madeleine VACHON, à Québec.—*Prisque*, b[9] 27 janvier 1743; m[8] 26 oct. 1767, à Geneviève DE TRÉPAGNY.—*Marie*, b[9] 25 mars 1749.

1734, (1er mars) Boucherville.

III.—LEFRANÇOIS (1), JOS.-CHS, [CHARLES II
b 1704.

LAMOUREUX, Angélique. [ADRIEN II.

Marie-Angélique, b 6 juin 1736, à Longueuil.[1]—*Marie-Charlotte*, b[1] 3 mars 1738.

1745, (21 février) Château-Richer.[8]

III.—LEFRANÇOIS, NIC.-ALEXIS, [NICOLAS II.
b 1709; s[8] 18 avril 1764.

BAILLARGEON, Geneviève, [JEAN III.
b 1721; veuve de Joseph Bélanger, s[8] 12 mars 1773.

Nicolas, b[8] 11 juin 1746; m 1766, à Marguerite GAGNON; s[8] 9 sept. 1767.—*Geneviève*, b[8] 23 mai 1748; m[8] 8 avril 1766, à Henri ROUSSEAU—*Marie-Joseph*, b[8] 17 février et s[8] 27 juillet 1750—*Marie-Joseph*, b 2 sept. 1751, à L'Ange-Gardien[1]—*Madeleine-Elisabeth*, b[8] 19 mars et s[8] 20 juillet 1754.—*Pierre*, b[8] 21 déc. 1755; s 26 juin 1775, à Ste-Anne-de-la-Perade.—*Marie*, b[8] 8 février et s[8] 10 mai 1762.

1746, (7 février) Château-Richer.[9]

III—LEFRANÇOIS, CHS, [ALEXIS-NICOLAS II
b 1719; s[9] 1er mars 1769.

BÉLANGER, Charlotte, [ALEXIS III.
b 1728.

Charlotte, b[9] 20 déc. 1746; s[9] 3 août 1753—*Geneviève*, b[9] 5 nov. 1749; m[9] 25 janvier 1768, à Mathurin HUOT.—*Marguerite*, b[9] 20 janvier 1752; s[9] 10 juillet 1763.—*Charles*, b[9] 2 juillet 1753; m 1778, à Geneviève HUOT.—*Elisabeth*, b... m[9] 3 août 1778, à Louis-François RACINE—*Nicolas*, b[9] 19 mai 1757.—*Marie-Charlotte*, b 25 nov. 1759, à Charlesbourg; m[9] 19 avril 1773, à Jean RACINE.—*Alexis*, b[9] 26 juillet et s[9] 2 août 1763.—*Marie*, b[9] 26 juillet et s[9] 7 août 1763—*Joseph*, b[9] 22 janvier 1766.

1748, (6 mai) Château-Richer.

IV.—LEFRANÇOIS, JOSEPH, [CHARLES III.
b 1723; menuisier.

PARADIS, Louise, [FRANÇOIS I
b 1730.

Véronique, b 12 oct. 1750, à Québec.[4]—*Marguerite-Elisabeth*, b[4] 4 juin et s[4] 21 nov. 1753—*Joseph-Paschal*, b[4] 18 avril 1755.—*François-Joseph*, b 1756; m 10 juillet 1730, à Marie-Anne FAUTEUX, à l'Ile-Dupas.—*Marguerite*, b[4] 18 nov

(1) Voy. vol. I, p. 369.

(2) Elle épouse, le 6 février 1747, Pierre Poulin, au Château-Richer.

(1) Et François.

1758; m [4] 15 avril 1776, à Joseph GEORGET.— *Geneviève*, b [4] 11 nov. et s [4] 1er dec. 1761. —*Thérèse*, b [4] 14 janvier 1763.

1751, (15 nov.) Château-Richer. [4]

IV.—LEFRANÇOIS, LOUIS, [CHARLES III.
b 1724.
CLOUTIER, Louise, [LOUIS IV.
b 1734.
Louis, b [4] 19 août 1752; s [4] 30 nov. 1778.—*Pierre*, b [4] 10 fevrier 1754; m 9 fevrier 1779, à Louise BOUCHER, à Québec. — *Charlotte*, b [4] 12 oct. 1755.—*Alexis*, b [4] 19 oct. 1756; s [4] 20 fevrier 1757. — *Jacques*, b [4] 22 mai 1758; s [4] 24 nov. 1771. — *Marie-Louise*, b [4] 22 mai 1758; m [4] 22 sept. 1778, à Etienne MERCIER. — *Ignace*, b [4] 1er oct. 1762.—*Alexandre*, b 22 mai 1764, à L'Ange-Gardien.

1752, (31 janvier) L'Ange-Gardien.

IV.—LEFRANÇOIS, CHARLES, [CHARLES III.
b 1725.
MAROIS (1), Catherine, [FRANÇOIS II.
b 1718; veuve de Joseph Cliche.

1759, (5 février) L'Ange-Gardien.

IV.—LEFRANÇOIS, ALEXIS, [CHARLES III.
b 1732.
COTÉ, Marie-Joseph, [JOSEPH III.
b 1744.
Catherine, b 2 nov. 1759, au Château-Richer. [1] — *Marie*, b [1] 7 janvier 1761. — *Elisabeth*, b [1] 11 juin et s [1] 5 juillet 1762. — *Joseph*, b [1] 26 nov. 1763.

1763, (17 janvier) L'Ange-Gardien. [1]

IV.—LEFRANÇOIS, NICOLAS, [CHARLES III.
b 1738.
VÉSINA, Marie-Marguerite, [JEAN IV.
b 1742.
Nicolas, b [1] 17 avril 1764. — *Pierre*, b 29 sept. 1765, au Château-Richer.

1763, (3 oct.) Château-Richer. [1]

IV.—LEFRANÇOIS, IGNACE, [CHARLES III.
b 1740.
1° CAZEAU, Felicité, [JEAN I.
b 1739; s 11 juillet 1784, à Québec. [2]
Ignace, b [1] 8 juillet 1764; 1° m à Marguerite GENDRON; 2° m [2] 5 juillet 1791, à Marie-Anne DAMIEN.—*Charles*, b 1766; m [2] 11 janvier 1790, à Constance MIVILLE; s [2] 29 juillet 1797. — *Marie*, b... m [2] 23 avril 1793, à Pierre ALLIOT.

1785, (25 oct.) [2]

2° VACHON, Madeleine, [LOUIS IV.
b 1744; veuve de Dominique Robichaud; s [2] 4 juin 1787.

(1) Elle épouse, le 25 sept. 1792, Louis Gagnon, à Québec.

1766.

IV.—LEFRANÇOIS, NICOLAS, [NICOLAS III.
b 1746; s (1) 9 sept. 1767, au Château-Richer. [1]
GAGNON (2), Marguerite, [JOSEPH IV.
b 1747.
Nicolas, b [1] 9 oct. 1767.

1767, (26 oct.) Château-Richer. [7]

IV.—LEFRANÇOIS, PRISQUE, [CHARLES III.
b 1743.
DETRÉPAGNY, Geneviève, [CLAUDE III.
b 1750.
Pierre-François, b [7] 29 dec. 1777.

LEFRANÇOIS, JOSEPH.
BOURASSA (3), Catherine, [FRANÇOIS III.
b 1743; veuve de Jean-Baptiste Begin.

1778.

IV.—LEFRANÇOIS, CHARLES, [CHARLES III.
b 1753.
HUOT, Geneviève
Pierre-Marie, b 7 avril 1779, au Château-Richer. [1] — *Geneviève-Apolline*, b... m [1] 27 sept. 1803, à Pierre DION-DUMONTIER. — *Joseph-Philippe*, b [1] 26 mai 1791; ordonné 12 oct. 1817; s 15 août 1864, à N.-D.-de-Levis.

1779, (9 février) Québec.

V.—LEFRANÇOIS, PIERRE, [LOUIS IV.
b 1754.
BOUCHER, Louise, [CHARLES-JOSEPH III.
b 1755.

1780, (10 juillet) Ile-Dupas.

V.—LEFRANÇOIS, FRS-JOSEPH, [JOSEPH IV.
b 1756.
FAUTEUX (4), Marie-Anne, [PIERRE III.
b 1766.
Joseph, b... m 19 sept. 1809, à Catherine LARRIVÉE, à Beaumont.

V.—LEFRANÇOIS, IGNACE, [IGNACE IV.
b 1764, maître-forgeron.
1° GENDRON, Marguerite,
b 1766; s 2 août 1790, à Québec. [4]

1791, (5 juillet). [4]

2° DAMIEN, Marie-Anne. [JACQUES.

1790, (11 janvier) Québec. [8]

V.—LEFRANÇOIS, CHARLES, [IGNACE IV.
b 1766; forgeron; s [8] 29 juillet 1797.
MIVILLE, Constance. [LOUIS-GERMAIN V.

1809, (19 sept.) Beaumont.

VI.—LEFRANÇOIS, JOSEPH. [FRS-JOSEPH V.
LARRIVÉE, Catherine. [MICHEL IV.

(1) Tué d'une chute de cheval.

(2) Elle épouse, le 6 nov. 1770, Thomas Damien, au Château-Richer.

(3) Elle épouse, le 1er février 1780, Dominique Fenasse, à Québec.

(4) Et Fauteuil.

1733, (9 nov.) Quebec.[1]

I.—LEFRAND, JEAN, fils de Jean et de Françoise Blain, de Luzerne, diocèse d'Avranches, Normandie.

GRENIER, Marie-Anne, [NICOLAS-PIERRE I. b 1690; veuve d'André Duchêne; s[1] 9 mai 1760.

Joseph, b[1] 11 août et s[1] 14 sept. 1734.

LEGADEAU.—Voy. FEGADEAU, 1757.

1760, (29 oct.) Ste-Rose.

I.—LEGAGNEUR, LOUIS, fils de Toussaint et de Louise Corneille, de St-Sulpice, Paris.

HERVÉ, Marie-Joseph. [FRANÇOIS II.

LEGAL.—*Surnom* : SANSCARTIER.

1750, (3 nov.) Montreal.

I.—LEGAL (1), JEAN-JOSEPH, b 1720; fils d'Ignace et de Barbe Carpentier, de St-André-des-Arts, Paris.

CORDIER, Elisabeth, [GABRIEL I. b 1720; veuve de Joseph-Antoine Clément.

1737, (30 sept.) Charlesbourg.[5]

I.—LEGALAIS, FRANÇOIS, fils de Pierre et de Marie Bendeau, de St-Malo, Bretagne.

1° CHAILLÉ, Marie, [BARTHÉLEMI III. b 1717; s[5] 25 sept 1760.

Marie-Madeleine, b[5] 7 nov. 1739. — *François*, b[5] 10 et s[5] 14 nov. 1741.—*Marie-Elisabeth*, b[5] 2 mars 1744. — *François*, b[5] 11 juin 1746; s[5] 13 janvier 1748.—*René*, b[5] 10 et s[5] 13 janvier 1748. —*Louis*, b[5] et s[5] 24 mai 1753. — *Agathe*, b[5] 19 sept. 1754.—*Joseph*, b[5] et s[5] 10 déc. 1756.

1761, (31 mars).[5]

2° GRAVEL, Catherine, [CHARLES III. b 1730; veuve de Jean Bart.

1747, (16 janvier) Québec.[4]

I.—LEGALLAIS (2), RENÉ-JEAN, fils de Jean et de Marie-Guillaume Lenard, de St-Servant, diocèse de St-Malo, Bretagne.

LANGE, Marie-Catherine, [ANDRÉ I. b 1724.

Jean-René, b[4] 16 oct. 1747; s[4] 19 juillet 1748.

LEGARDEUR.— *Variations et surnoms* : GARDEUR—LEGARDEUR — D'ALONCEAU— DARPENTIGNY — DEBEAUVAIS — DEBÉCANCOURT — DE CAUMONT — DECOURCELLES — DECOURTEMANCHE—DECROIZILLE — DEL'ISLE —DEMONCARVILLE—DEMONTESSON — DEREPENTIGNY—DE ST. PIERRE—DETILLY—DEVILLIERS—QUINZE-ROQUILLES—REPENTIGNY—SANSOUCY—ST. LO.

II.—LEGARDEUR (3), PIERRE. [RENÉ I.

FAVERY, Marie, s 29 sept. 1675, à Québec.[6]

Jean-Baptiste, b 1632; m[6] 11 juillet 1656, à Marguerite NICOLET; s 8 sept. 1709, à Montréal.[7] —*Catherine*, b 1634; m[6] 16 sept. 1652, à Charles DAILLEBOUT; s[7] 30 nov. 1709.

1648, (1er oct.) Québec.[5]

II.—LEGARDEUR (1), CHARLES, [RENÉ I. b 1611; s[5] 10 nov. 1695.

JUCHEREAU, Geneviève, [JEAN I. b 1633; s[5] 5 nov. 1687.

Pierre-Noel, b 24 déc. 1652, à Sillery; 1° m 1675, à Marguerite VOLANT; 2° m 20 nov. 1680, à Madeleine BOUCHER, à Boucherville; s 13 août 1720, à St-Antoine-Tilly. — *Marguerite*, b[5] 29 juillet 1657; 1° m[5] 29 janvier 1694, à Louis-Joseph LEGOUES DE GRAY; 2° m 29 juillet 1708, à Pierre DE ST. OURS, à Batiscan; 3° m 17 sept 1727, à Charles LEMOYNE, à Longueuil; s 26 fevrier 1742, à Montréal.[6]—*René*, b[5] 3 oct. 1660, 1° m[5] 19 sept. 1694, à Barbe DE ST. OURS; 2° m[5] 6 oct. 1715, à Madeleine MARCHAND; 3° m[5] 23 déc. 1725, à Louise LAMY; s[5] 26 déc. 1742.—*Marie-Madeleine*, b[5] 20 juillet 1662; hospitalière dite Ste. Catherine; s 6 mai 1734, à l'Hôtel-Dieu, Q. — *Augustin*, b[5] 15 oct. 1663; m 20 juillet 1697, à Marie-Charlotte CHARETS, à Levis.—*Geneviève-Gertrude*, b[6] 19 avril 1666; m[6] 25 sept 1704, à Jean-Baptiste CÉLORON; s[6] 3 sept. 1750

1656, (11 juillet) Québec.[9]

III.—LEGARDEUR (2), JEAN-BTE, [PIERRE II. b 1632; s 8 sept. 1709, à Montréal.[8]

NICOLET, Marguerite, [JEAN I. b 1642; s[8] 21 janvier 1722.

Pierre, b[9] 10 mars 1657; m 26 nov. 1685, à Agathe ST. PER, à Repentigny; s[8] 19 nov. 1736 —*Charles*, b 23 avril 1677, à Boucherville, m 1708, à Marie-Anne ROBINEAU; s 3 dec. 1749, aux Trois-Rivières.

1675.

III.—LEGARDEUR (3), PIERRE-NOEL, [CHS II. b 1652; s 13 août 1720, à St-Antoine-Tilly[1]

1° VOLANT, Marguerite, [CLAUDE I. b 1659.

1680, (24 nov.) Boucherville.

2° BOUCHER, Madeleine, [PIERRE II. b 1661; s 5 fevrier 1739, à Montreal.

Charles-Augustin, b 16 mai 1692, à Québec, s[1] 29 mars 1731.

1685, (26 nov.) Repentigny.

IV.—LEGARDEUR (4), PIERRE, [JEAN-BTE III. b 1657; s 19 nov. 1736, à Montreal.[1]

ST. PER, Agathe, [JEAN I b 1657.

Marguerite, b[1] 27 août 1686; m[1] 25 nov. 1705, à Jean-Baptiste DE ST. OURS; s[1] 24 avril 1757. —*Agathe*, b[1] 12 sept. 1688; m[1] 8 août 1723, à

(1) Dit Sanscartier; soldat de la compagnie de Contrecœur.

(2) Second maître dans la frégate *La Marthe*.

(3) DeRepentigny; lieutenant-gouverneur; voy. vol. I, p. 369.

(1) DeTilly; voy. vol. I, p. 369.

(2) DeRepentigny; voy. vol. I, p 369.

(3) Voy. vol. I, p. 370. — Seigneur de Tilly, capitaine d'une compagnie franche de la marine. — Il fut inhumé dans la nouvelle église, le 15 nov. 173.

(4) Chevalier, seigneur de Repentigny; voy vol I, p 370

François Bouat. — *Marie-Catherine*, b [1] 17 sept. 1690. — *Anne-Angélique*, b [1] 26 février et s [1] 10 déc. 1692. — *Marie-Joseph*, b [1] 9 sept. 1693. — *Jean-Baptiste-René*, b [1] 15 juin 1695; m [1] 24 juillet 1718, à Catherine Juchereau. — *Jeanne-Madeleine*, b [1] 31 janvier 1698 ; ursuline dite Ste Agathe ; s 25 février 1739, à Québec.

1692, (15 sept.) Repentigny. [9]

IV.—LeGARDEUR (1), Jean-Paul, [J.-Bte III. b 1661.

LeNeuf (2), Marie-Joseph, [Michel II. b 1671.

Marguerite, b 1693 ; m 24 juillet 1713, à Henri Hiché, à Quebec.[7]—*Agathe*, b 1696 ; m 17 janvier 1727, à Antoine Pacaud, à Montreal[8]; s [8] 10 mars 1729. — *Antoinette-Gertrude*, b [9] 29 oct. 1698 ; s [8] 30 mai 1734.— *Marie-Anne*, b [9] 12 sept. 1699 ; m [8] 28 janvier 1727, à Charles Nolan ; s [8] 6 mai 1742. — *Jacques*, b [8] 24 oct. 1701 ; m [7] 27 oct. 1738, à Marie-Joseph Guillimin.

1694, (19 sept.) Montréal. [1]

III.—LeGARDEUR (3), René, [Charles II. b 1660 ; s [1] 26 dec. 1742.

1° De St. Ours, Marie-Barbe, [Pierre I. b 1670 ; s [1] 10 août 1705.

Louise-Charlotte, b [1] 15 août et s 16 oct. 1695, à Boucherville. — *Claude-Laurent*, b [1] 10 et s [1] 23 août 1705.

1715, (6 oct.) [1]

2° Marchand, Madeleine, [Jacques I. b 1660 ; veuve de Jean Mailhot ; s [1] 15 dec 1722.

1725, (23 déc.) [1]

3° Lamy, Louise, [Isaac-Joseph I. b 1682 ; veuve de Charles Marin ; s [1] 27 oct. 1764.

1696, (3 janvier) Montreal. [1]

III.—LeGARDEUR (4), Charles, [Charles II. b 1659.

Margane, Geneviève, [Séraphin I. b 1675 ; s [1] 30 nov. 1702.

1697, (20 juillet) Lévis.

III.—LeGARDEUR (5), Augustin, [Charles II. b 1663.

Charets, Marie-Charlotte, [Etienne I. b 1672 ; veuve de Pierre Martel.

Louise-Charlotte, b 4 mars 1703, à Québec ; m 23 oct. 1730, à Jean-Baptiste Fafard, à St-Antoine-Tilly.

(1) Voy. vol. I, p. 370.

(2) De la Vallière.

(3) Voy. vol. I, p. 370.—Sieur de Beauvais, chevalier, capitaine et lieutenant d'une compagnie d'un détachement de la marine.

(4) De L'Isle ; enseigne ; il était, le 7 nov. 1719, à Kaskakia ; voy. vol. I, p. 370.

(5) Voy. vol. I, pp. 370-371.

1705, (19 janvier) Varennes.

V.—LeGARDEUR (1), Michel, [Michel IV. b 1680.

Delpué, Catherine, [Jean I. b 1686.

IV.—LeGARDEUR, Chs-August., [P.-Noel III. b 1692 ; enseigne ; s 29 mars 1731, à St-Antoine-Tilly.

1708.

IV.—LeGARDEUR (2), Charles, [Jean-Bte III. b 1677 ; s 3 déc. 1749, aux Trois-Rivières. [1]

Robineau, Marie-Anne, [Jacques II. b 1687 ; s [1] 13 déc. 1760.

Bonaventure, b 28 dec. 1708, à Montréal[2] ; m [2] 1er août 1740, à Marie-Joseph Maray.—*François*, b 1711 ; m [2] 26 août 1737, à Marie-Louise St. Ours. — *Jean-Baptiste*, b 30 déc. 1716, à Bécancour. [3]— *Joseph-Michel*, b [3] 30 dec. 1716 ; m 25 oct. 1745, à Claire-Françoise Boucher, à Québec.[4] — *Henri-Sébastien*, b [3] 22 oct. et s [3] 11 déc. 1718. — *Anonyme*, b [3] et s [3] 17 dec. 1719.—*Marie-Anne-Françoise*, b [3] 24 nov. 1720.—*Catherine*, b... m [4] 27 oct. 1744, à Joseph Outlan.—*Marie-Charlotte-Agathe*, b [3] 16 fevrier 1723. — *Marie-Louise-Gabrielle*, b [3] 21 dec. 1725 ; m [1] 18 oct. 1751, à Jean-Jacques Gorge-St. Martin ; s [1] 19 fevrier 1761. —*Pierre-François*, b [3] 21 avril et s [3] 16 juin 1727. — *Anonyme*, b [3] 8 et s [3] 14 mai 1730. — *Marie-Anne-Pétronille*, b... s [3] 5 janvier 1746.

1711, (28 janvier) Lachine.

I.—LeGARDEUR (3), Charles.

Panise, Suzanne.

Marie-Madeleine, b 13 nov. 1713, à Montréal.

1717.

IV.—LeGARDEUR, Chs-Joseph, [Jean-Bte III. b 1673.

Blondeau (4), Marie-Madeleine, [Maurice II. b 1704.

Marie-Françoise, b 8 déc. 1717, à Lachine ; s 15 mai 1718, à Montréal.

1718, (24 juillet) Montréal. [3]

V.—LeGARDEUR (5), J.-Bte-René, [Pierre IV. b 1695.

Juchereau, Catherine, [Charles III. b 1693 ; s [3] 12 août 1727.

Pierre-Jean-Baptiste-François-Xavier, b [3] 20 mai 1719 ; m [3] 30 janvier 1753, à Catherine Payen de Noyan.—*Daniel-Marguerite*, b [3] 7 juin 1720.—*Louis*, b [3] 5 août 1721 ; m 20 avril 1750, à

(1) Sieur d'Alonceau—D'Alençon ; voy. vol. I, p. 370.

(2) Sieur de Croizille ; seigneur de Bécancourt—Lieutenant d'une compagnie.

(3) Dit Quinze-Roquilles ; panis de nation.

(4) Elle épouse, le 30 déc. 1724, Pierre-Joseph Céloron, à Montréal.

(5) DeRepentigny ; lieutenant-d'infanterie ; tué à l'affaire du Baron de Dieskau. Chargé en 1750 de la découverte de la mer de l'ouest, il fit un mémoire de son voyage et l'adressa en août 1752 au marquis Duquesne (voy. Haldiman papers, B. 36, p. 1 à 18) ; en 1755, commandait les sauvages au Lac-St-Sacrement (Lac-George).

Marie-Madeleine-Régis Chaussegros, à Québec. —*Jacques-Philippe*, b [3] 1er mai 1727; s [3] 8 sept. 1728.

1726, (8 juin) Montréal. [4]

I.—LeGARDEUR (1), Jean-Bte, b 1699; fils de Jean-Baptiste (chevalier et lieutenant des vaisseaux du roi) et de Jeanne-Elisabeth Girard, du diocèse de LaRochelle, Aunis.
Rocbert, Geneviève, [Etienne I. b 1704.
Marie-Anne, b [4] 11 avril 1727.

1732, (2 mai) Pointe-Claire.

I.—LeGARDEUR (2), Jean-Bte.
Lalande, Marie-Anne, [Léonard I. b 1701.
Jean-Baptiste, b 4 mai 1735, au Bout-de-l'Ile, M. [5]; m 1758, à Marie-Anne Lefebvre.—*Christophe*, b [5] 12 juin 1740.—*Marie-Rose*, b... m [5] 24 nov. 1760, à Louis Michel.—*Joseph*, b 1742; m [5] 15 avril 1765, à Françoise Lefebvre.—*Pierre*, b [5] 16 février 1745.

1737, (26 août) Montréal. [6]

V.—LeGARDEUR (3), François, [Charles IV. b 1711.
St. Ours, Marie-Louise, [Pierre II. b 1715.
Pierre-Jacques, b [6] 5 juillet 1738.—*Charles*, b 15 août et s 16 nov. 1739, au Detroit.[7]—*Pierre-Louis*, b [7] 15 et s [7] 20 déc. 1740.—*Jean-Louis*, b [7] 22 et s [7] 23 juillet 1742.—*Joseph-Louis*, b [7] 3 sept. et s [7] 5 oct. 1743.

1738, (27 oct.) Québec.

V.—LeGARDEUR (4), Jacques, [Jean-Paul IV. b 1701.
Guillimin (5), Marie-Joseph, [Charles I. b 1714.

1740, (1er août) Montreal.

V.—LeGARDEUR (6), Bonav., [Charles IV. b 1708.
Maray (7), Marie-Joseph, [Louis I. b 1714.

1745, (25 oct.) Québec. [8]

V.—LeGARDEUR (8), Jos.-Michel, [Charles IV. b 1716; officier.
Boucher (9), Claire-Françoise, [Pierre III. b 1705; veuve de Jean-Baptiste Pommereau.

(1) Sieur de Moncarville—Tilly; chevalier de St. Lo; brigadier de la marine, compagnie de Rochefort.

(2) Et Lecardeur, 1745 — Darpentigny; fils naturel de M. DeRepentigny et de Marguerite Cadieux.

(3) DeCourtemanche.

(4) Sieur de St. Pierre; officier.

(5) Elle épouse, le 3 sept. 1757, Louis-Luc DeLacorne, à Montréal.

(6) DeCroisil.

(7) De la Chauvignerie; elle épouse, le 24 oct. 1757, Jean-Baptiste Parant, a Montreal.

(8) Sieur de Croisille—de Montesson.

(9) DeBoucherville.

Marie-Joseph-Michelle, b [8] 21 juin 1747; s 23 juin 1765, aux Trois-Rivières.—*Charles*, b [8] 12 janvier 1753; s [8] 8 mai 1754.

1750, (20 avril) Québec. [9]

VI.—LeGARDEUR (1), Louis, [J.-Bte-René V. b 1721; officier.
Chaussegros (2), Marie-Mad.-Régis, [Gaspard I. b 1723; s 15 juillet 1784, à la Guadeloupe.
Louis-Gaspard, b [9] 10 juillet 1753.—*Madeleine-Elisabeth*, b [9] 18 janvier 1758.

1753, (30 janvier) Montréal.

VI.—LeGARDEUR (1), Pierre, [J.-Bte-René V. b 1719.
Payen de Noyan (3), Cath.-Angél., [Pierre II. b 1735; s 19 déc. 1757, à Lachenaye.
Anonyme, b et s 28 dec. 1755, à St-Henri-de-Mascouche. [1] — *Anonyme*, b [1] et s [1] 9 nov. 1757.

1758.

II.—LeGARDEUR (4), Jean-Bte, [Jean-Bte I. b 1735.
Lefebvre, Marie-Anne, [Noel III. b 1736; veuve de Joseph Dumay.
Joseph-Marie, b 2 janvier 1759, au Bout-de-l'Ile, M. [2] — *Marie-Joseph*, b [2] 24 avril et s [2] 24 juillet 1761.—*Toussaint*, b [2] 1er nov. 1762.—*Jean-Baptiste*, b [2] 5 août 1764; s [2] 14 juin 1765.—*Marie-Françoise*, b [2] 14 et s [2] 27 mai 1767.

1765, (15 avril) Bout-de-l'Ile, M. [3]

II.—LeGARDEUR (5), Joseph, [Jean-Bte I. b 1742.
Lefebvre, Françoise. [Noel III.
Marie-Joseph, b [3] 13 mai 1765.

1690, (10 janvier) Québec.

II.—LÉGARÉ (6), Nicolas, [Gilles I b 1655; s 14 avril 1741, au Château-Richer [5]
Dupré, Anne, [Antoine I. b 1673.
Jean, b 30 nov. 1690, à Lévis [6]; 1° m [5] 4 nov. 1721, à Angélique Cloutier; 2° m 18 août 1732. à Therèse Roussin, à L'Ange-Gardien; s [5] 11 sept. 1766.—*Joseph*, b [6] 7 mars 1697; m [5] 15 juillet 1726, à Marie-Suzanne Desry.—*Nicolas*, b [6] 26 juin 1699; m 24 avril 1724, à Marguerite Baudoin, à Repentigny.—*Anne*, b [6] 4 janvier 1702; 1° m [5] 25 nov. 1726, à Joseph Toupin, 2° m [5] 12 août 1748, à Pierre Duval.—*Pierre*, b 1703; 1° m [5] 27 juin 1729, à Marie Charlan, 2° m 2 août 1734, à Marie-Catherine Hunne-Lepire, à Charlesbourg.—*Louise*, b 1704; m [5] 26 sept. 1729, à Guillaume Gravel; s [5] 31 déc. 1732. —*Rosalie*, b [5] 8 avril 1707; m [5] 13 nov. 1730, à Zacharie Cloutier; s [5] 9 mars 1732.—*Marie*, b [5] 19 mars 1710; m [5] 29 oct. 1732, à Louis Martel, s 20 sept. 1754, à Ste-Geneviève, M.

(1) DeRepentigny,

(2) DeLery.

(3) Aussi appelée Desnoyers.

(4) Darpentigny—DeRepentigny et Repentigny.

(5) Marié sous le nom de DeRepentigny.

(6) Voy. vol. I, p 371.

1721, (4 nov.) Château-Richer. [8]

III.—LÉGARÉ, Jean, [Nicolas II.
b 1690 ; s [8] 11 sept. 1766.

1° Cloutier, Angelique, [Jean III.
b 1694 ; s [8] 6 mars 1731.

Joseph, b [8] 1er août 1722 ; m [8] 30 mars 1761, à Marie-Thérèse Cloutier.—*Marie*, b [8] 10 sept. 1724 ; m 4 oct. 1751, à Joachim Primeau, à Quebec.—*Claude*, b [8] 17 sept. 1726.—*Nicolas*, b [8] 4 janvier 1728 ; m 1761, à Madeleine Dion.—*Angelique*, b [8] 6 nov. 1729.

1732, (18 août) L'Ange-Gardien.

2° Roussin, Thérèse, [Nicolas II.
b 1692 ; veuve de Louis Goulet ; s 16 janvier 1760, à Lorette.

Rose, b [8] 19 mai 1733 ; m [8] 7 janvier 1763, à Prisque Cloutier.—*Catherine*, b [8] 14 sept. 1734 ; s [8] 17 déc. 1747.—*Anne*, b [8] 22 août 1736 ; m [8] 8 janvier 1761, à Paul Gauchon.

1724, (24 avril) Repentigny. [1]

III.—LÉGARÉ, Nicolas, [Nicolas II.
b 1699.

Baudoin, Marguerite, [Guillaume II.
b 1701.

Nicolas, b 11 sept. 1725, à Montréal [2] ; m 1750, à Pelagie Huneau.—*Marie-Anne*, b [2] 28 mai 1727.—*Jacques*, b [2] 28 mai et s [1] 22 juillet 1727.—*François*, b [1] 6 janvier 1729.

1726, (15 juillet) Château-Richer. [8]

III.—LEGARÉ, Joseph, [Nicolas II.
b 1697.

Desry, Marie-Suzanne, [Maurice I.
b 1704 ; s 4 déc. 1749, à Lorette. [4]

Joseph, b [8] 4 mai 1727.—*Pierre*, b [8] 9 mai 1728 ; s [8] 13 mars 1732.—*Marie-Joseph*, b [8] 20 juillet 1730 ; m [4] 8 janvier 1748, à François Maranda.—*Joseph*, b [8] 19 juin 1732 ; s [4] 1er dec. 1749.—*Jacques*, b [8] 17 oct. 1735 ; m [4] 2 février 1761, à Louise Cloutier.—*Marie-Louise*, b [8] 4 oct. 1738 ; m [4] 1er fevrier 1762, à Pierre Boivin.—*Jean-Baptiste*, b 18 août 1740, à L'Ange-Gardien ; m [4] 22 nov. 1763, à Marguerite Plamondon.

1729, (27 juin) Château-Richer.

III.—LÉGARÉ, Pierre, [Nicolas II.
b 1703.

1° Charlan, Marie-Anne, [Joseph III.
b 1711 ; s 21 juin 1733, à Charlesbourg. [8]

1734, (2 août). [8]

2° Henne (1), Marie-Catherine, [Jacques II.
b 1704.

Pierre, b [8] 27 avril 1735 ; m [8] 13 fevrier 1759, à Marie-Joseph Auclair. — *Marie-Joseph*, b [8] 5 juillet 1736 ; m [8] 25 juillet 1763, à Louis Hély.—*Jean-Baptiste*, b [8] 4 janvier 1738 ; m [8] 11 avril 1763, à Marie-Joseph Roy-Audy.—*Marie-Madeleine*, b [8] 24 mars 1740 ; m [8] 3 août 1761, à Pierre-Baptiste Lefebvre.—*Pierre-Michel*, b [8] 26 avril et s [8] 20 juin 1742.—*Joseph*, b [8] 17 mai 1745 ; s [8] 11 janvier 1746.

(1) Dit Lepire.

1750.

IV.—LÉGARÉ, Nicolas, [Nicolas III.
b 1725.

Huneau, Pélagie, [Jean-Bte III.
b 1724.

Marguerite, b 28 août 1751, à Lachenaye ; s 23 nov. 1754, à Terrebonne. [4] —*Joseph*, b 5 mai 1753, à Ste-Rose. [6] — *Marie-Pélagie*, b [6] 18 juillet et s [4] 26 nov. 1755. — *Marie-Pélagie*, b [4] 22 avril 1757 ; m [4] 7 oct 1776, à Jean-Baptiste Hardy.—*Nicolas*, b [4] 3 oct. 1759.—*Louis*, b [5] 2 août 1762.

1759, (13 fevrier) Charlesbourg. [9]

IV.—LÉGARÉ, Pierre, [Pierre III.
b 1735.

Auclair, Marie-Joseph, [Jean-Bte II.
b 1744.

Pierre, b [9] 28 mai 1760. — *Jean-Baptiste*, b [9] 1er oct. 1761.—*Marie-Agathe*, b [9] 18 dec. 1762.

1761, (2 février) Lorette. [7]

IV.—LÉGARÉ, Jacques, [Joseph III.
b 1735.

Cloutier, Louise, [Jean-Bte IV.
b 1737.

Joseph, b [7] 4 février 1762 ; m 19 oct. 1789, à Marie Trudel, à St-Augustin.—*Marie-Joseph*, b [7] 16 juin 1763.—*Jacques*, b [7] et s [7] 31 août 1764.

1761, (30 mars) Château-Richer. [4]

IV.—LÉGARE, Joseph, [Jean III.
b 1722.

Cloutier, Marie-Thérèse, [Louis IV.
b 1738.

Jean-Baptiste, b 12 juillet 1763, à Lorette. [5] — *Paul*, b [5] 22 nov. 1764. — *Marie-Anne*, b [4] 26 juillet 1768.—*Pierre*, b [4] 11 mars 1772. — *Marie-Thérèse*, b [4] 22 mai 1774.—*François*, b [4] 3 et s [4] 7 nov. 1776.—*Zacharie*, b [4] 24 oct. 1777. — *François*, b [4] 17 dec. 1779.

1761.

IV.—LÉGARÉ, Nicolas, [Jean III.
b 1728.

Dion, Madeleine, [Joseph III.
b 1730 ; veuve de Jean-Baptiste Lachaine.

Marie, b 27 sept. 1762, à Lorette [4] ; s [4] 19 janvier 1764. — *Angélique*, b [4] 26 janvier 1764. — *Marie-Catherine*, b [4] 30 avril 1765.

1763, (11 avril) Charlesbourg.

IV.—LÉGARÉ, Jean-Bte, [Pierre III.
b 1738.

Roy-Audy, Marie-Joseph, [Charles-Joseph III.
b 1747.

1763, (22 nov.) Lorette. [7]

IV.—LÉGARÉ, Jean-Bte, [Joseph III.
b 1740.

Plamondon, Marguerite, [Ignace III.
b 1744.

Jean-Baptiste, b [7] 1er nov. 1764 ; m 22 janvier 1793, à Marie Routier, à Quebec [8] — *Ignace*, b... m [8] 27 janvier 1795, à Marie Parant.

LÉGARÉ, Joseph.
Lasonde, Marie-Joseph,
b 1741 ; s 7 janvier 1767, à Repentigny.[4]
Marie, b 30 déc. 1765, à Lachenaye. — *Joseph*, b[4] 28 dec. 1766 ; s[4] 20 février 1767.

1789, (19 oct.) St-Augustin.
V.—LÉGARÉ, Joseph, [Jacques IV.
b 1762.
Trudel, Marie, [Nicolas IV.
b 1764.

1793, (22 janvier) Québec.
V.—LÉGARÉ, Jean-Bte, [Jean-Bte IV.
b 1764.
Routier, Marie. [Antoine IV.

1795, (27 janvier) Québec.
V.—LÉGARÉ, Ignace. [Jean-Bte IV.
Parant, Marie. [Joseph.

LEGAUD.— *Variations et surnom :* Legault—Legaut—Legeau—LeGo—Deslauriers.

1698, (18 nov.) Montréal.[1]
I.—LEGAUD (1), Noel,
b 1674 ; s 11 avril 1747, à la Pointe-Claire.[2]
Besnard, Marie, [Mathurin I.
b 1679 ; veuve de François Gloria.
Jean, b[1] 24 juillet 1701 ; m 19 mai 1727, à Marguerite Milot, à Lachine[3] ; s[1] 12 juin 1750.—*Jean-Baptiste*, b[3] 13 sept. 1702 ; m[2] 14 janvier 1726, à Marie-Anne Cholet-Laviolette.—*Joseph*, b[3] 15 sept. 1706 ; m[2] 19 nov. 1731, à Suzanne Brisebois.—*Charles*, b[3] 18 janvier 1708 ; m[2] 14 janvier 1732, à Marie-Joseph Dubois. — *Pierre*, b... m[2] 30 sept. 1738, à Clemence Brisebois ; s 31 déc. 1759, à St-Laurent, M. — *Louis*, b[3] 21 août 1709 ; m 1737, à Elisabeth Martin-Ladouceur. — *Marie-Joseph*, b... m[2] 27 avril 1733, à Jacques Brisebois. — *Suzanne*, b... m[2] 10 janvier 1735, à Antoine Lalande. — *Marie-Anne*, b[3] 12 mai 1718 ; m[2] 30 sept. 1738, à Antoine Brisebois. — *François-Marie*, b 1720 ; m[2] 11 janvier 1740, à Marie-Rose Brazeau.

1724, (31 janvier) Lachine.[6]
II.—LEGAUD (2), Pierre-Noel, [Noel I.
b 1699.
1° Braut (3), Angelique, [Georges II.
b 1706.
Pierre-Noel, b 1727 ; 1° m[6] 19 avril 1751, à Marie-Céleste Mallet ; 2° m 19 fevrier 1759, à Marie-Louise Auban, à St-Laurent, M.[7] — *Jacques*, b 1730 ; m 1755, à Marie-Anne Clément.—*Joseph*, b... m[6] 3 fevrier 1755, à Catherine Mallet.—*Marie-Archange*, b... m[6] 7 fevrier 1757, à Pierre Jougon.—*Jean-Noel*, b 1736 ; m 27 janvier 1766, à Agathe Lalonde, au Bout-de-l'Ile, M.—*Toussaint*, b 1738 ; m[7] 7 nov. 1768, à Marie-Françoise Desforges-St. Maurice.

(1) Dit Deslauriers, voy. vol. I, p. 371.
(2) Et LeGo.
(3) Et Gour—Pominville.

2° Ossant, Angelique, [Richard II.
b 1708.
Céleste, b 1739 ; m 18 avril 1757, à Jean-Baptiste Monet, à Montréal.

1726, (14 janvier) Pointe-Claire.
II.—LEGAUD, Jean-Bte, [Noel I.
b 1702.
Cholet (1), Marie-Anne, [Sébastien I.
b 1706.
Jean-Baptiste, b 1726 ; m 1749, à Marie-Joseph Charlebois. — *Sébastien*, b 1730 ; m 17 janvier 1757, à Marie-Eugénie Turpin, à Ste-Geneviève, M.

1727, (19 mai) Lachine.[5]
II.—LEGAUD (2), Jean, [Noel I.
b 1701 ; s 12 juin 1750, à Montréal.[6]
Milot, Marguerite, [Charles II.
b 1702.
Marie-Charlotte, b... m 17 oct. 1746, à Jacques Primot, à Châteauguay.[7] — *Céleste*, b 1734, 1° m[6] 7 février 1757, à Pierre Roy ; 2° m[5] 14 août 1769, à Michel Biguet. — *Louise*, b 1735, m[6] 14 février 1752, à Jean-Baptiste-Amable Mallet.—*Marie-Anne*, b... 1° m[7] 15 nov. 1756, à Paul Primot ; 2° m[7] 10 janvier 1763, à Joseph Trudel.

1731, (19 nov.) Pointe-Claire[4]
II.—LEGAUD, Joseph, [Noel I.
b 1706.
Brisebois (3), Suzanne, [Jean-Bte II.
b 1705.
François, b 1737 ; m 24 nov. 1762, à Marie-Jeanne Grou, à St-Laurent, M. — *Marie*, b... m[1] 27 juillet 1767, à Etienne-Basile Turpin.

1732, (14 janvier) Pointe-Claire[9]
II.—LEGAUD, Charles, [Noel I.
b 1708.
Dubois, Marie-Joseph, [Antoine I.
b 1708.
Antoinette-Amable, b... m[9] 30 janvier 1747, à Jacques Cholet. — *Véronique*, b... 1° m à Louis Cavelier ; 2° m[9] 16 fevrier 1767, à Pierre Pilon. —*Toussaint*, b 1736 ; m 9 janvier 1764, à Marie-Anne Picard, à Lachine.

1737.
II.—LEGAUD (4), Louis, [Noel I.
b 1709.
Martin (5), Elisabeth, [Jean-Bte II.
b 1721.
Marie-Elisabeth, b... m 23 janvier 1758, à Maurice Sorieul, à St-Laurent, M.[5]—*Pierre*, b 1742, s[5] 27 janvier 1759. — *Marie-Joseph*, b 13 juin 1752, à Ste-Geneviève, M.[4] — *Antoine*, b 1753, m[5] 6 fevrier 1775, à Marie-Louise Kergrecolet.

(1) Dit Laviolette.
(2) Et LeGo—Legault dit Deslauriers.
(3) Voy. Dubois.
(4) Dit Deslauriers.
(5) Dit Ladouceur.

-François, b [4] 15 sept. 1754; m [5] 8 avril 1782, à Catherine BEAULIEU.—*Marie-Angélique*, b [5] 3 nov. 1756.— *Joseph*, b [5] 14 février et s [5] 12 juin 1759.

1738, (30 sept.) Pointe-Claire. [2]

II.—LEGAUD, PIERRE, [NOEL I.
b 1710; s 31 déc. 1759, à St-Laurent, M.
BRISEBOIS (1), Clémence. [JEAN-BTE II.
Marie-Françoise, b 24 mars 1741, à Ste-Geneviève, M. [3]; m [3] 8 janvier 1759, à Jean-Baptiste TRICHÉ-LOUVETEAU.—*Jean-Baptiste*, b [3] 25 janvier 1743.—*François*, b [3] 12 nov. 1744.—*Marie-Anne*, b [3] 17 mai 1746. — *Suzanne*, b [3] 6 février 1749; m [3] 5 oct. 1767, à Paschal LAUZON.—*Jacques*, b [3] ... sept. 1751. — *Toussaint*, b [3] 13 février 1754. — *Anonyme*, b [3] et s [3] 1er avril 1756.

1740, (11 janvier) Pointe-Claire.

II.—LEGAUD, FRANÇOIS-MARIE, [NOEL I.
b 1720.
BRAZEAU, Marie-Rose, [PAUL III.
b 1721.
François, b 6 mars et s 16 mai 1742, à Ste-Geneviève, M. [5] — *Marie*, b 1743; s [5] 28 juin 1744. —*François*, b [5] 11 juin 1747.

1749.

III.—LEGAUD, JEAN-BTE, [JEAN-BTE II.
b 1726.
CHARLEBOIS, Marie-Joseph, [CHARLES II.
b 1727.
Joseph-Marie, b 3 nov. 1750, à Ste-Geneviève, M [4]; s [4] 3 juillet 1752. — *Jacques*, b [4] 11 février 1752; s [4] 7 déc. 1754. — *Marie-Catherine*, b [4] 12 mars 1753.— *Antoine*, b [4] 10 février et s [4] 3 mars 1759.—*Marie-Anne*, b [4] 11 février 1759.

1751, (19 avril) Lachine. [3]

III.—LEGAUD (2), PIERRE, [PIERRE-NOEL II.
b 1727.
1° MAILLET (3), Marie-Celeste, [JEAN-BTE III.
b 1732; s [3] 18 avril 1758.
Marie-Joseph, b [3] 24 mai et s [3] 15 juin 1752.—*Pierre-Antoine*, b [3] 26 juin et s [3] 13 juillet 1753.—*Amable-Isabelle*, b [3] 14 juillet 1754. — *Pierre-Noël*, b [3] 17 sept. 1755.
1759, (19 février) St-Laurent, M.
2° AUBAN (4), Marie-Lse, [FRANÇOIS-HONORÉ I.
b 1737.

I.—LEGAUD, LOUIS.
CARDINAL, Marie-Joseph.
Louis, b 25 mai 1753, à Sorel.

1755, (3 février) Lachine. [1]

III.—LEGAUD, JOSEPH, [PIERRE-NOEL II.
b 1732.
MALLET, Catherine, [JEAN-BTE II.
b 1734.
Charles-Joseph, b [1] 24 oct. et s [1] 4 nov. 1755.—*Catherine*, b [1] et s [1] 23 juin 1757.

(1) Voy Dubois.
(2) Et Legault dit Deslauriers.
(3) Et Maillet.
(4) Elle épouse, le 11 mai 1767, Charles St. Denis, à Lachine.

1755.

III.—LEGAUD (1), JACQUES, [PIERRE-NOEL II.
b 1730.
CLÉMENT (2), Marie-Anne, [BERNARD II.
b 1730.
Jacques, b 6 avril 1756, à St-Laurent, M. [2] — *François*, b 1757; m [2] 10 janvier 1780, à Suzanne JOLLY.—*Félicité*, b... m [2] 17 janvier 1780, à Antoine HUBERDEAU.—*Joseph*, b 1760; m [2] 12 mai 1783, à Marie GROU.

1757, (17 janvier) Ste-Geneviève, M.

III.—LEGAUD, SEBASTIEN, [JEAN-BTE II.
b 1730.
TURPIN, Marie-Eugénie, [JEAN-BTE III.
b 1738.
Marie-Eugénie, b 6 et s 23 avril 1758, à St-Laurent, M.

1762, (24 nov.) St-Laurent, M.

III.—LEGAUD (3), FRANÇOIS, [JOSEPH II.
b 1737.
GROU, Marie-Jeanne, [GABRIEL III.
b 1737.

1764, (9 janvier) Lachine.

III.—LEGAUD, TOUSSAINT, [CHARLES II.
b 1736.
PICARD, Marie-Anne, [PAUL III.
b 1744.

1766, (27 janvier) Bout-de-l'Ile, M.

III.—LEGAUD (3), JEAN-NOEL, [PIERRE-NOEL II.
b 1736.
LALONDE, Agathe, [ANTOINE III.
b 1739.

1768, (7 nov.) St-Laurent, M.

III.—LEGAUD (3), TOUSSAINT, [PIERRE-NOEL II.
b 1738.
DESFORGES (4), Marie-Frse, [JEAN-FRANÇOIS III.
b 1753.

1775, (6 février) St-Laurent, M.

III.—LEGAUD (5), ANTOINE, [LOUIS II.
b 1753.
KERGRECOLET (6), Marie-Louise. [CLAUDE II.

1780, (10 janvier) St-Laurent, M.

IV.—LEGAUD (3), FRANÇOIS, [JACQUES III.
b 1757.
JOLLY, Suzanne, [MICHEL IV.
b 1755.

1782, (8 avril) St-Laurent, M.

III.—LEGAUD (3), FRANÇOIS, [LOUIS II.
b 1754.
BEAULIEU, Catherine, [JOSEPH II.
b 1759.

(1) Dit Deslauriers.
(2) Dit Larivière.
(3) Et Legault.
(4) Dit St. Maurice.
(5) Et Legault dit Deslauriers.
(6) Dit Malouin.

1783, (12 mai) St-Laurent, M.

IV.—LEGAUD (1), JOSEPH, [JACQUES III.
b 1760.

GROU, Marie-Joseph, [TOUSSAINT III.
b 1759.

LEGAULT.—Voy. LEGAUD.

LEGAUT.—Voy. LEGAUD.

LEGAY.—Voy. GUAY—LEGUAY.

LEGEAU.—Voy. LEGAUD.

LEGENDRE.—*Variation et surnom :* GENDRE—BELAIR.

I.—LEGENDRE, JEAN-BTE, b 1699 ; fils de Jacques et de Geneviève-Catherine Orioto, de Paris ; s 7 déc. 1749, à Ste-Croix.[1]

1° BOURBEAU, Suzanne, [EUSTACHE II.
b 1701.

1727, (26 nov.) Lotbinière.

2° LEMAY, Marie-Anne, [IGNACE II.
b 1698.

Marie-Suzanne, b[1] 10 juillet 1731 ; m[1] 3 nov. 1750, à Alexis CAILLÉ.

LÉGER. — *Surnoms :* DE LA GRANGE — LAJEUNESSE—PARISIEN—PRIEUR—RICHELIEU.

1706, (15 mai) Québec.

I.—LÉGER (2), PIERRE, fils de Pierre et de Marguerite Dandase, de St-Etienne-du-Mont, Paris.

BOILARD, Jeanne, [JEAN I.
b 1680 ; s 24 dec. 1755, au Bout-de-l'Ile, M.[9]

Marie-Jeanne, b 15 dec. 1707, au Detroit.[7] — *Marie-Jeanne,* b[7] 10 aout 1709.— *Marie,* b... m[9] 30 janvier 1730, à Joseph LALONDE. — *Etienne,* b 5 août 1711, à Montréal[6] ; m[9] 7 janvier 1741, à Marie-Joseph MADELEINE. — *Charles,* b[6] 30 nov. 1713 ; m[9] 7 janvier 1738, à Françoise LEDUC. — *Paul,* b[6] 11 janvier 1716 ; m[9] 30 oct. 1741, à Louise HAIMOND.—*Marie-Joseph,* b[6] 13 oct. 1718 ; m[9] 10 fevrier 1738, à Charles SAUVE — *Marie-Catherine,* b[6] 1er oct. 1720 , m[9] 7 janvier 1740, à Pierre-Antoine ROBILLARD. — *Pierre-Nicolas,* b[6] 23 juillet 1722.—*Jean-Baptiste,* b 2 mars 1725, au Lac-des-Deux-Montagnes ; m[9] 7 avril 1750, à Marie-Elisabeth BRÉBANT.

1711, (7 janvier) Québec.[5]

I.—LÉGER (3), PIERRE, b 1677 , fils de Pierre et de Louise Perreau, d'Ingrande, diocèse de Poitiers, Poitou ; s[5] 4 mars 1737.

FORTIER (4), Anne-Marguerite, [ETIENNE I.
b 1693.

Marguerite, b 18 août 1713, à St-Pierre, I. O. ; m[5] 9 août 1729, à Antoine BLANC.—*Charles,* b[5] 3 fevrier 1714.—*Marie-Claude,* b 29 oct. 1714, à Montréal[3] ; m[6] 29 sept. 1732, à Rene DUBOIS ; s[0] 18 mars 1733.—*Geneviève,* b[3] 13 août 1716.—*Thérèse,* b[3] 27 juin 1720 ; s[3] 26 août 1726. — *Catherine,* b[3] 24 janvier 1722.—*Elisabeth,* b[3] 30 dec. 1723 ; s[3] 2 janvier 1724. —*Marie-Madeleine,* b[3] 30 janvier et s[3] 2 fevrier 1725.—*Pierre,* b[3] 3 et s[3] 6 juin 1726.—*Marie-Thérèse,* b[5] 21 et s[5] 23 dec. 1727 —*Marie-Louise,* b[5] 28 mai 1729 ; s 21 fevrier 1730, à Charlesbourg.—*Pierre-Louis,* b[3] 18 aout 1730.

(1) Et Legault.

(2) Dit Prieur—Parisien.

(3) Dit Lajeunesse.

(4) Elle épouse, le 5 oct. 1739, Guillaume-Michel Boriat, à Québec.

1726, (11 déc.) Quebec[2]

I.—LÉGER (1), JEAN, fils de François et d'Anne Guingande, de Fronvaux, diocèse de Poitiers, Poitou.

MARCHAND, Marguerite, [JACQUES II.
b 1701.

François, b[2] 30 oct. et s[2] 26 déc. 1727.—*Michel,* b[2] 28 mars 1729. — *Marie-Louise,* b[2] 23 avril 1730 ; m[2] 26 fevrier 1759, à Raymond MONTAGNE. —*Marguerite,* b[2] 7 avril 1732 ; m[2] 16 nov. 1750, à Jean-Charles BRETON.—*Jean-Joseph,* b[2] 28 janvier et s[2] 15 juillet 1735. — *Geneviève,* b[2] 28 fevrier et s[2] 18 juillet 1736. — *Marie-Madeleine,* b[2] 20 mai 1738.—*Jean-Louis,* b[2] 18 janvier 1740 —*Anonyme,* b[2] et s[2] 5 mars 1742.— *Yves,* b[2] 14 nov. et s[2] 2 déc. 1743. — *Angélique,* b[2] 17 oct. 1746 ; s[2] 19 juin 1747.

LÉGER, MAURICE,
b 1708 ; s 22 mai 1768 à St-Jean-Deschaillons

1738, (7 janvier) Bout-de-l'Ile, M.[1]

II.—LÉGER (2), CHARLES, [PIERRE I
b 1713.

LEDUC, Françoise, [PIERRE I.
b 1717.

Paul, b[1] 6 oct. 1740 ; m 19 janvier 1767, à Rose-Amable DAOUST, à la Pointe-Claire.— *Marie-Joseph,* b[1] 25 sept. 1742 ; m[1] 2 fevrier 1761, à Jean-Baptiste BRÉBANT.—*Françoise,* b... m[1] 11 janvier 1762, à Thomas ANDRÉ.—*Joseph,* b[1] 11 mars 1747.—*Thomas,* b[1] 7 dec. 1748 —*Antoine,* b[1] 9 janvier 1751.—*Marguerite,* b 1753 , s[1] 12 nov. 1760.—*Pélagie,* b[1] 6 mars 1755.—*Marie-Angélique,* b[1] 20 nov. 1756.—*Jean-Baptiste,* b[1] 13 août 1758.—*Marie-Geneviève,* b[1] 14 juillet 1760.

1741, (7 janvier) Bout-de-l'Ile, M[3]

II.—LÉGER (2), ETIENNE, [PIERRE I
b 1711.

MADELEINE (3), Marie-Joseph, [ETIENNE II
b 1724.

Marie-Louise, b[3] 11 et s[3] 21 mars 1742 — *Joseph,* b[3] 5 fevrier 1743.—*Marie-Archange,* b[3] 9 sept. 1745 ; m[3] 10 fevrier 1766, à Michel ST. DENIS —*Marie-Joseph,* b[3] 22 sept. 1747 , s[3] 6 oct 1748 —*Joseph,* b[3] 30 mai 1749.—*Amable-Etienne,* b[3] 26 janvier 1751.—*Jean-Baptiste,* b[3] 25 avril et s[3] 5 août 1753. — *Marie-Anne,* b[3] 7 juin 1754. —

(1) Dit Richelieu.

(2) Dit Parisien.

(3) Aussi appelée Boursier, du nom de sa mère.

…able-Antoine, b [3] 24 sept. 1756.—*Michel*, b [3] …oct. 1758; m 1785, à Marie-Ursule Villeray. —*Marie-Joseph*, b [3] 4 juillet 1760.—*Marie-Eugé-…*, b [3] 21 août 1762.—*Elisabeth*, b [3] 18 janvier …765.

1741, (30 oct.) Bout-de-l'Ile, M. [4]

I.—LÉGER (1), Paul, [Pierre I.
b 1716
Raymond, Louise, [Jean-Bte II.
b 1720.
Paul, b [4] 11 février et s [4] 6 mai 1742.—*François*, b [4] 1er juin 1743.—*Paul-Amable*, b [4] 28 dec. 1745. — *Marie-Joseph*, b [4] 23 fevrier 1748. — *Joachim*, b [4] 29 juillet 1750.—*Simon-Amable*, b [4] … juillet 1753.—*François*, b [4] 30 juin 1756.—*Jean-Baptiste*, b [4] 22 juillet 1760.

1750, (7 avril) Bout-de-l'Ile, M. [5]

I.—LÉGER, Jean-Bte, [Pierre I.
b 1725.
Brébant, Marie-Elisabeth, [Michel II.
b 1727.
Antoine-Amable, b [5] 8 juillet 1751. — *Jean-Baptiste*, b [5] 24 juin 1753.—*Marie-Charlotte*, b [5] … juillet 1755.—*Joseph-Marie*, b [5] 15 janvier 1760—*Paul*, b [5] 12 juillet 1762.—*Hyacinthe*, b [5] … et s [5] 21 janvier 1764.—*Jacques*, b 1766; s [5] 12 juillet 1767.

1767, (19 janvier) Pointe-Claire.

III.—LÉGER (1), Paul, [Charles II.
b 1740.
Daoust, Rose-Amable. [Jean-Bte.

I.—LÉGER, Jacques-Joseph,
soldat.
Cosserais, Denise.
Marie-Madeleine, née 17 juillet (sur mer), b 1er et s 7 sept. 1757, à Québec.

1785.

III.—LÉGER, Michel, [Etienne II.
b 1758.
Villeray, Marie-Ursule.
Marie-Joseph, b 22 fevrier 1786, à l'Ile-Perrot.

LEGO.—Voy. Legaud.

LEGOUES.—*Surnom :* DeMerville.

I.—LEGOUES (2), Claude-Charles.

LEGRAIN. — *Variation et surnom :* Grain — Lavallée.

I.—LEGRAIN, Pierre, b 1692; de Grandville, Normandie; s 1er nov. 1762, à Quebec.

I.—LEGRAIN (3), André.

(1) Dit Parisien.
(2) Seigneur de Merville; capitaine d'une compagnie du régiment de la marine; il était aux Trois-Rivières en 1687.
(3) Il était, le 9 janvier 1745, à St-Roch.

I.—LEGRAIN (1), Charles.
Leclerc, Marie, [Guillaume I.
veuve de Michel Lague.
Adrien-Charles, b 1688; m 4 fevrier 1711, à Louise-Thérèse Stebenne, à Boucherville.

1711, (4 février) Boucherville.

II.—LEGRAIN (2), Adrien-Chs, [Charles I.
b 1688.
Stebenne, Louise-Thérèse, [Jean I.
b 1684.
Françoise-Thérèse, b 3 mars 1713, à Chambly. [6] — *Guillaume*, b [6] 30 déc. 1714. — *Marie-Jeanne*, b [6] 31 août 1716.—*Marie*, b [6] 5 février 1718; m [6] 20 sept. 1738, à Joseph Pepin. — *Charlotte*, b [6] 6 janvier 1720.—*Judith*, b [6] 3 janvier 1722. — *Antoine*, b [6] 1er nov. 1723.—*Elisabeth*, b… m à Jean Bertrand.— *Marie-Thérèse*, b [6] 2 fevrier 1725 — *Anonyme*, b [6] et s [6] 6 mars 1726. — *Charles-Antoine*, b [6] 2 juin 1727; m [6] 3 nov. 1756, à Marie-Suzanne Vallière.—*Marie*, b… m à Jean-François Besset.

1756, (3 nov.) Chambly. [6]

III.—LEGRAIN, Chs-Antoine, [Adrien-Chs II.
b 1727.
Vallière, Marie-Suzanne, [Antoine III.
b 1733; veuve d'Andre Davignon.
Jean-Baptiste, b [6] 19 mars 1760.

LEGRAND.—*Surnoms :* Bellerose—DeSintré—Lelièvre—Levron.

I.—LEGRAND, Henri, b 1693; de Paris; s 21 août 1759, à St-Pierre-du-Sud.

I.—LEGRAND (3), Guillaume, b 1705; de St-Samson, Roche-Guyon, diocèse de Chartres, Beauce.

1745, (17 fevrier) Montréal. [3]

I.—LEGRAND, Jean, b 1712; fils de Pierre et de Marie Roulier, de Tulle, diocèse de St-Pierre-le-montier, Savoie.
Vallee, Elisabeth, [Jean I.
veuve de Jean Soupras-Latouche.
Pierre, b [3] 15 janvier et s [3] 25 nov. 1746.—*Jean-Louis*, b [3] 6 mai et s [3] 27 août 1747. — *Thérèse*, b [3] 15 oct. 1748; m 1766, à Pierre Fortier.

1758, (17 avril) Détroit. [7]

I.—LEGRAND (4), Gabriel-Christophe, chirurgien-major; fils de Gabriel-Louis (sieur de Sintre, chevalier de St. Louis, lieut.-criminel au Baillage et Vicomte de Mortain) et de noble dame Anne-Henriette-Catherine de Crenay, du Roche, diocèse d'Avranches, Normandie.
1° Chapoton, Marie-Madeleine, [Jean-Bte I.
b 1739; s [7] 7 janvier 1763.

(1) Et Grain dit Lavallée.
(2) Pour Grain dit Lavallée, voy. vol. IV, p. 348. Il était, le 18 mars 1712, à Chambly.
(3) Dit Lelièvre.
(4) Sieur de Sintré.

Catherine, b[7] 5 août et s[7] 13 sept. 1758.—*Charles-Gabriel*, b[7] 18 et s[7] 20 juillet 1759.

1764, (26 juillet).[7]

2° RÉAUME, Véronique, [PIERRE IV.
b 1745.

Véronique, b[7] 9 mai 1765.—*Jean-Marie*, b[7] 22 sept. 1766. — *Anonyme*, b[7] et s[7] 8 sept. 1771.—*Jean-Baptiste*, b[7] 26 août 1774.—*Suzanne*, b[7] 17 mars 1776.

1760, (4 nov.) St-Philippe.[8]

I.—LEGRAND, JACQUES, fils de Dominique et de Catherine Lainge, de Defraine, diocèse de Toul, en Lorraine.

PROVOST, Madeleine, [LOUIS III.
b 1732.

Marie-Madeleine, b 7 février 1762, à St-Constant.—*Jacques*, b[8] 5 mars 1763.—*Marie-Louise*, b[8] 12 juin 1764.

1761, (26 oct.) St-Henri-de-Mascouche.[7]

I.—LEGRAND (1), LOUIS, fils de Jacques et de Françoise Lefebvre, de St-Lambert-de-Lozigny, diocèse de Bayeux, en Normandie.

1° BERLOIN, Marie-Angelique, [JOSEPH II.
b 1745 ; s[7] 7 juillet 1771.

1772, (11 mai).[7]

2° ROCHON, Marie-Joseph, [MICHEL III.
b 1732 ; veuve de Joseph Berloin.

1767, (27 juillet) Châteauguay.

I.—LEGRAND, JEAN-BTE, fils de Pierre et de Jeanne Dufeau, de Châteauneuf, diocèse de Limoges, Limousin.

....

LEGRAND (2), ALEXANDRE.

BARTHE, Therèse, [CHARLES II.
b 1758.

Isabelle, b en sept et s 20 oct. 1777, au Détroit.

LEGRAPT.—Voy. GUÉRARD.

LEGRAS.— *Surnoms :* GUÉRARD — LA-LONGUE-ALLÉE—PIERREVILLE—ST. LOUIS.

I.—LEGRAS (3), LOUIS,
b 1681 ; soldat ; s 8 oct. 1741, à l'Hôpital-Géneral, Q.

1677, (8 nov.) Montréal.[3]

I.—LEGRAS (4), JEAN,
b 1656 ; s[3] 18 mars 1715.

1° MAILLET, Geneviève, [PIERRE I.
b 1663 ; s[3] 10 avril 1703.

Marie, b[3] 9 avril 1684 ; 1° m[3] 6 mai 1700, à Antoine BARSOLOY ; 2° m[3] 6 nov. 1721, à Nicolas GUILLET-CHAUMONT.— *Marie-Thérèse*, b[3] 13 août 1691 ; s[3] 2 avril 1727.— *Marie-Anne*, b[3] 11 janvier 1695 ; m[3] 26 août 1733, à Jean-François HERTEL. — *Daniel*, b[3] 16 février 1698 ; m 7 juin 1728, à Suzanne KERAMI, à Kaskakia. — *Marie-Louise-Catherine*, b[3] 1er déc. 1700 ; m 30 avril 1753, à François POIRIER, à Chambly.—*Anonyme*, b[3] et s[3] 16 déc. 1702.

1703, (14 oct.) St-François-du-Lac.[4]

2° PHILIPPE (1), Marie, [LAURENT I.
b 1673.

Jean-Baptiste, b[3] 8 avril 1705 ; m[4] 11 janvier 1733, à Geneviève GAMELIN. — *Marie-Joseph*, b[3] 10 février 1707 ; s[3] 2 janvier 1708.—*Charles-Dominique*, b[3] 4 août 1709. — *Marie-Madeleine*, b[3] 23 juin 1712.

1705, (23 sept.) Québec.

I.—LEGRAS, PIERRE, fils de Pierre et de Françoise Glaire, de St-Jacques-de-Dieppe, diocèse de Rouen, Normandie.

RIVAUT, Anne, [PIERRE I.
b 1675, veuve de Pierre Vanelle.

LEGRAS, JEAN-BTE.

DANIS (2), Marie-Françoise,
b 1695.

Marie-Jeanne, b 15 juillet 1723, à Montreal

1728, (7 juin) Kaskakia.

II.—LEGRAS, DANIEL, [JEAN I.
b 1698.

KERAMI (3), Suzanne,
veuve d'Antoine Bosseron.

I.—LEGRAS, JEAN.

SALLÉ, Catherine.

Etienne, b... m 18 mars 1745, à Marie-Joseph FRENEUSE, au Cap-St-Ignace.

1732, (23 oct) Quebec[6]

I.—LEGRAS, JEAN-BTE, fils de Jean-Baptiste et de Marguerite Perigord, de St-Sulpice, Paris.

GROISA (4), Elisabeth. [JEAN-BTE-IGNACE I.

Elisabeth, b[6] 5 oct. 1733 ; s[6] 19 avril 1735—*Marie-Rose*, b[6] 7 avril 1735.

1733, (11 janvier) St-Frs-du-Lac.

II.—LEGRAS, JEAN-BTE, [JEAN I.
b 1705 ; marchand.

GAMELIN, Geneviève, [PIERRE II
b 1711.

Jean-Marie-Philippe, b 1er mai 1734, à Montreal[7] ; m 8 janvier 1767, à Marie-Jeanne GAMELIN, au Détroit.—*Geneviève*, b[7] 2 mai 1735, m[7] 21 janvier 1760, à Jean-François DELARMINAT — *Jean-Baptiste*, b[7] 2 juin 1737; m[7] 22 février 1762, à Angélique RIVARD ; s 2 avril 1772, à la Longue-Pointe.—*Pierre*, b[7] 18 nov. 1738 ; m 25 oct. 1779, à Charlotte BOUCHER, à Boucherville—*Marie-Renée*, b[7] 4 sept. 1744 ; s[7] 15 sept. 1745

---

(1) Dit Bellerose ; il était à Lachenaye, le 30 janvier 1775.

(2) Commandeur des vaisseaux de Sa Majesté sur les lacs.

(3) Dit St. Louis.

(4) Voy. vol. I, p. 372

(1) Elle épouse, le 13 juin 1718, René Fezerot, à Montreal.

(2) Et Danny.

(3) Son nom est Pani8assa.

(4) Dit L'Eveillée ; elle épouse, le 17 février 1740, André Nogard, à Quebec.

1745, (18 mars) Cap-St-Ignace.[8]

I—LEGRAS, ETIENNE. [JEAN I.
FRENEUSE, Marie-Joseph. [FRANÇOIS I.
Etienne, b[8] 1er nov. 1747; s[8] 29 oct. 1749.

1762, (22 février) Montréal.

III—LEGRAS (1), JEAN-BTE, [JEAN-BTE II.
b 1737; s 2 avril 1772, à la Longue-Pointe.
RIVARD, Angélique, [JULIEN III.
b 1729; veuve de François-Xavier Gaudet.

1767, (8 janvier) Detroit[9] (2).

III—LEGRAS, JEAN-MARIE-PHILIP., [J.-BTE II.
b 1734; marchand.
GAMELIN, Marie-Jeanne, [LAURENT-EUST. III.
b 1743; s[9] 12 août 1769.
Jean-Baptiste-Laurent, b[9] 29 avril 1767; s[9] 18 déc. 1769.—*Geneviève*, b[9] 20 mars et s[9] 12 juillet 1769.

1779, (25 oct.) Boucherville.

III—LEGRAS (3), PIERRE, [JEAN-BTE II.
b 1738.
BOUCHER (4), Charlotte. [RENÉ IV.

1686, (7 oct.) Quebec.

I—LEGRAVERANT (5), RÉMI,
b 1656; tailleur.
VIGOUREUX (6), Marie-Claude,
b 1664.

LEGRIS.—*Surnoms :* DUFONT—LÉPINE.

1686, (25 nov.) Quebec.[1]

I—LEGRIS (5), ADRIEN,
b 1660; s[1] 27 mars 1733.
BRANCHE, Françoise, [RENÉ I.
b 1668; s[1] 24 sept. 1738.
Jeanne, b[1] 9 juin 1696; 1° m[1] 21 février 1718, à François TOUPIN; 2° m 18 nov. 1748, à Joseph LORRAIN, à la Longue-Pointe.

1692, (7 janvier) Quebec.[2]

I—LEGRIS (5), JEAN.
1° SEDILOT (7), Geneviève, [JEAN II.
b 1675.
Pierre, b[2] 20 nov. 1696; m 11 février 1726, à Marguerite BRAY, à Longueuil.

1711, (11 août)[2]

2° MORIN, Jeanne, [PIERRE II.
b 1685; s[2] 26 nov. 1755.
Louise, b[2] 24 dec. 1724; m 4 nov. 1755, à Antoine JOYELLE, à St-Frs-du-Lac. — *Charles*, b 1726, m[2] 22 avril 1748, à Angelique CHAPEAU; s[2] 13 janvier 1750.

(1) Sieur de La Longue-Allée.
(2) Réhabilité le 2 oct. 1767, avec dispense du 2ème au 3ème degré.
(3) Dit Pierreville.
(4) Labruyère.
(5) Voy. vol. I, p. 372.
(6) Elle épouse, le 26 juin 1690, Jacques Caillas, à Québec.
(7) Appelée Deneau, 1726.

1717, (28 nov.) Québec.[6]

II.—LEGRIS, CLAUDE, [ADRIEN I.
b 1693; s[6] 7 oct. 1740.
MARTIN (1), Marie-Joseph, [NICOLAS I.
b 1697.
Claude, b[6] 17 sept. 1718; m[6] 20 février 1743, à Marie-Louise GUILLOT. — *Marie-Joseph*, b[6] 6 avril 1721; m[6] 2 juillet 1742, à Joseph-Denis LARCHEVÊQUE; s[6] 21 janvier 1793. — *Joseph*, b[6] 24 dec. 1722; m[6] 22 nov. 1745, à Angelique DE RAINVILLE. — *Marie-Madeleine*, b[6] 19 et s[6] 21 août 1724.— *Marie-Françoise*, b[6] 28 juillet 1725; s[6] 25 nov. 1741. — *Pierre*, b[6] 29 juin 1727.— *Louis*, b[6] 17 janvier 1729. — *Marie-Anne*, b[6] 9 fevrier 1731; m[6] 7 sept. 1750, à François PARANT; s[6] 18 janvier 1763. — *Marin*, b[6] 16 mai 1733.— *Prisque*, b[6] 10 mai 1735; m à Marie MARSOLET. —*Claude*, b[6] 5 et s[6] 23 mai 1737. — *Adrien*, b[6] 8 juillet 1738. — *Adrien*, b[6] 14 fevrier et s[6] 20 août 1741.

1726, (11 fevrier) Longueuil.

II.—LEGRIS (2), PIERRE, [JEAN I.
b 1696.
BRAY (3), Marguerite, [LÉGER II.
b 1701.
Marguerite, b 14 janvier 1727, à Montréal; m 14 oct. 1748, à Joseph MAUFET, à Ste-Foye.[3]— *Jacques-Antoine*, b 1er et s 2 mai 1728, à Quebec.[4] —*Pierre*, b[4] 16 juin 1729; m[3] 4 avril 1758, à Marie-Charlotte BELLEAU.—*Joseph-Antoine*, b[4] 19 fevrier 1731; s[4] 14 août 1733.—*Marie-Elisabeth*, b[4] 4 mai et s[4] 26 août 1732. — *Marie-Anne*, b[4] 26 juillet 1733; m[3] 25 fevrier 1754, à Joseph MASSE. — *Joseph*, b[4] 31 août 1735; s[4] 2 février 1736.—*Angélique*, b[4] 17 nov. 1736; m[3] 25 nov. 1754, à Antoine MASSE.—*Marie-Anne*, b... m[3] 19 avril 1762, à Charles-André MOREAU.—*Jean-Marie*, b 1742; m[3] 16 nov. 1772, à Marie-Louise BELLEAU. — *Marie-Joseph*, b... m[3] 15 fevrier 1773, à Ignace GRÉGOIRE.

1728, (4 oct.) Québec.[5]

I—LEGRIS, PIERRE-DENIS, b 1704; fils de Pierre et de Marie-Anne Deon, de St-Jean-en-Grève, Paris; s[5] 10 juin 1733.
TREFFLÉ (4), Marie-Catherine, [FRANÇOIS II.
b 1701.
Geneviève, b[5] 5 août 1729; s[5] 3 juin 1733.— *Marie-Anne-Geneviève*, b[5] 5 oct. 1730. — *Geneviève-Elisabeth*, b[5] 11 mars 1732; s[5] 1er mai 1740.—*Pierre-Denis*, b[5] 25 juin 1733.

1735, (12 déc.) Ste-Anne-de-la-Perade.[2]

I.—LEGRIS (5), JEAN-BTE, fils de Jacques-Thomas (maître-drapier) et de Catherine Delisle, de St-Eustache de Paris.
1° SIONAUX, Marie-Anne, [MATHURIN I.
b 1699; s[2] 10 fevrier 1736.
Marie-Joseph, b[2] 11 fevrier et s[2] 5 avril 1736.

(1) Dit Jolicœur.
(2) Dit Lépine, voy ce nom.
(3) Dit Desservais—Labonté—Léger—LeGerbais—Légerbrais.
(4) Elle épouse, le 6 sept. 1739, Pierre Jehanne, à Québec.
(5) Dit Dufont.

1741, (6 nov.) L'Assomption.
2° DÉRY (1), Louise-Gertrude, [Jos.-SAMUEL II.
b 1713.
Ursule, b 20 sept. 1742, à Quebec.[3]— *Marie-Joseph*, b [3] 7 mars et s [3] 29 mai 1745. — *Marguerite*, b 4 mai 1749, à St-Frs-du-Lac. — *Marie-Joseph*, b 1er sept. 1750, à Batiscan. — *Augustin*, b [3] 25 sept. 1753.

1743, (20 fevrier) Québec. [3]
III.—LEGRIS, CLAUDE, [CLAUDE II.
b 1718; maitre-forgeron.
GUILLOT, Louise-Paule, [JEAN I.
b 1707; s [3] 27 sept. 1759.
Louise, b [3] 15 janvier 1744.—*Marie-Joseph*, b [3] 20 nov. 1745; m [4] 25 oct. 1762, à Joseph PARANT. — *Marie-Geneviève*, b [3] 3 janvier 1747; s [3] 28 juillet 1748.

1743, (14 oct) Québec. [2]
II.—LEGRIS, ADRIEN, [JEAN I.
b 1715; charpentier.
CHEVALIER, Therèse, [ETIENNE II.
b 1715.
Marie-Thérèse, b [2] 25 juillet 1744; m [2] 9 janvier 1764, à Ignace TARDIF.—*Adrien*, b [2] 4 février 1746.—*Louis*, b [2] 15 avril 1748; s [2] 7 fevrier 1756. —*Charles*, b [2] 5 mai 1750.

1745, (22 nov.) Québec. [5]
III.—LEGRIS, JOSEPH, [CLAUDE II.
b 1722; maitre-forgeron.
DERAINVILLE, Angelique, [PAUL III.
b 1724.
Angélique, b [5] 17 mars 1746; 1° m à Jean-François LÉTOURNEAU; 2° m [5] 22 nov. 1790, à François GAULIN. — *Joseph*, b [5] 29 mars et s [5] 3 mai 1747.—*Barbe*, b [5] 2 mars 1748. — *Louis*, b [5] 12 janvier 1750; m [5] 29 oct. 1782, à Catherine FALARDEAU. — *Joseph*, b [5] 30 dec. 1750; m [5] 21 juillet 1778, à Marie-Louise-Françoise CARRIER.— *François*, b [5] 11 fevrier 1752.—*Marie-Anne*, b [5] 25 juin et s 4 août 1754, à St-Nicolas.—*Marie-Madeleine*, b [5] 17 sept. 1755. — *Geneviève*, b [5] 18 juin 1757.—*Marie*, b... m [5] 18 mai 1779, à Jean-Baptiste SALOIS.—*Hilaire-Marie*, b [5] 14 janvier 1758. —*Augustin*, b [5] 3 et s [5] 11 janvier 1760.—*Nicolas-Joseph*, b 24 mai 1761, à St-Valier. — *Nicolas-Etienne*, b [5] 10 juin 1762.—*Marie-Charlotte*, b [5] 7 nov. 1763; m [5] 7 nov. 1786, à Jean-Baptiste LÉTOURNEAU. — *Jean-Baptiste*, b... m [5] 27 nov. 1798, à Suzanne BERTHELOT.

1748, (22 avril) Quebec. [4]
II.—LEGRIS, CHARLES, [JEAN I.
b 1726; s [4] 13 janvier 1750.
CHAPEAU (2), Angelique, [JEAN I.
b 1714; veuve de Pierre Yvernage.
Louise, b [4] 16 fevrier 1749; m 8 avril 1766, à Prisque GAUVIN, à la Pte-aux-Trembles, Q. — *Charles* (posthume), b [4] 18 mars et s [4] 26 mai 1750.

(1) Dit Larose.
(2) Elle épouse, le 23 février 1756, Louis Bouchaud, à Québec.

III.—LEGRIS, PRISQUE, [CLAUDE II
b 1735.
MARSOLET (1), Marie-Anne.
Marie-Angélique, b 5 juin 1759, à Quebec[2] m [2] 13 avril 1779, à Jerôme MARTINEAU.—*Pierre-Léon*, b... m à Marie-Louise LANGLOIS.

1758, (4 avril) Ste-Foye. [7]
III.—LEGRIS, PIERRE, [PIERRE II
b 1729.
BELLEAU, Marie-Charlotte, [JEAN-BTE II
b 1740.
Pierre, b [7] 19 juin et s [7] 1er août 1759.—*Pierre-Charles*, b [7] 25 juillet 1760; s [7] 15 sept. 1767.—*Jean-Marie*, b [7] 15 mai 1762.—*Antoine*, b [7] 4 avril et s [7] 19 août 1764. — *Marie*, b [7] 8 août 1765.—*Charles*, b [7] 5 juillet 1767.—*Marie-Joseph*, b [7] 9 mars 1769; s [7] 13 mars 1770.— *Marie-Joseph*, b 30 mars 1771; s [7] 17 déc. 1772.—*Marie-Anne*, b 20 janvier 1773.—*Joseph*, b [7] 9 oct. 1774.

1772, (16 nov.) Ste-Foye.
III.—LEGRIS (2), JEAN-MARIE, [PIERRE II
b 1742.
BELLEAU, Marie-Louise, [GUILLAUME III
b 1749.
Jean-Baptiste, b 1773; m 25 nov. 1794, à Marie-Louise BERGERON, à Quebec.

1778, (21 juillet) Québec.
IV.—LEGRIS (2), JOSEPH, [JOSEPH III
b 1750
CARRIER (3), Marie-Louise-Françoise, [PIERRE
b 1755.

1782, (29 oct.) Quebec.
IV.—LEGRIS, LOUIS, [JOSEPH III
b 1750.
FALARDEAU, Catherine. [JACQUES III

IV.—LEGRIS, PIERRE-LÉON. [PRISQUE III
LANGLOIS, Marie-Louise. [FRANÇOIS
Marie-Joseph, b 8 fevrier 1786, à Lachenaye [4]— *Pierre-Léon*, b [4] 6 mars 1787.

1794, (25 nov.) Québec.
IV.—LEGRIS (2), JEAN-BTE, [JEAN-MARIE III
b 1773.
BERGERON, Marie-Louise. [CHARLES

1798, (27 nov.) Quebec.
IV.—LEGRIS, JEAN-BTE. [JOSEPH III
BERTHELOT, Suzanne. [EDOUARD

LEGROS.—*Variation et surnoms* · GROS—DE NOYON—DUPÉRON—LAVIOLETTE — LECOMPTE —ST. LAURENT.

(1) Aussi appelée Solet—Solette.
(2) Dit Lépine.
(3) Et Carrière.

1670, (9 sept.) Quebec.

I.—LEGROS (1), ANTOINE,
b 1640; s 23 sept. 1687, à Montréal. [6]
AUBERY (2), Jacqueline,
b 1648.
Marie-Thérèse, b [6] 3 sept. 1671; m 29 janvier 1685, à François LORY, à Lachine. [5] —*Jean-Baptiste,* b [6] 22 déc. 1673; m [5] 24 nov. 1700, à Marie BUET; s [5] 19 mai 1765.—*Simon,* b [5] et s [5] 6 oct. 1677.—*Nicolas,* b [5] 23 nov. 1678; m 1717, à Marie-Charlotte TURPIN; s [5] 26 déc. 1720.—*Marie-Anne,* b [5] 23 juin 1681; m [5] 15 nov. 1700, à Jean BOISSON.—*Catherine,* b [5] 18 nov. 1683; m [5] 26 nov. 1703, à Jean BISET; s [5] 29 nov. 1719.

1700, (24 nov.) Lachine. [4]

II.—LEGROS (3), JEAN-BTE, [ANTOINE I.
b 1673; s [4] 19 mai 1765.
BUET, Marie, [ALEXIS I.
b 1678; s [4] 4 juin 1751.
Marie-Anne, b [4] 11 sept 1701; s [4] 2 mars 1703.—*Jean-Baptiste,* b [4] 10 juillet 1704; s [4] 14 avril 1711.—*Joseph,* b [4] 20 fevrier 1707.—*Jacques,* b [4] 18 mai 1710.—*Marie-Charlotte,* b [4] 7 fevrier et s [4] 25 juin 1717.—*Claude,* b [4] 7 oct. 1718.—*Louis,* b 1720; m [4] 6 avril 1750, à Angélique LANGEVIN.

1717.

II.—LEGROS (4), NICOLAS, [ANTOINE I.
b 1678; s 26 déc. 1720, à Lachine. [4]
TURPIN (5), Marie-Charlotte, [ALEXANDRE I.
b 1691.
Marie-Angélique, b [4] 9 mai 1718.—*Jacques,* b [4] 28 janvier 1720; m 8 janvier 1747, à Marie-Joseph GAUTIER, au Bout-de-l'Ile, M.

1736.

III.—LEGROS (6), JACQUES. [JACQUES II.
LEROUX, Geneviève, [JEAN-BTE II.
b 1712.
Jacques, b 1737; m 21 février 1759, à Therèse MARTIN, à Soulanges. [1] —*Geneviève,* b... m [1] 12 janvier 1761, à François-Amable BENOIT.—*Joseph,* b 10 juillet 1739, au Bout-de-l'Ile, M. [2]; m [2] 18 janvier 1762, à Marie-Anne GIGNAC.—*Jean-Baptiste,* b [2] 2 avril et s [2] 30 juillet 1748.—*François-Hubert,* b [1] 17 fevrier 1754.

1738, (7 janvier) Montreal. [3]

I.—LEGROS (7), ELIE, b 1708, soldat; fils d'Elie et de Madeleine Dufesny, de St-Laurent-de-Perigueux, Perigord.
PEPIN, Françoise, [ROBERT II.
b 1705; veuve de Pierre Courcy.
Marie-Louise, b [3] 4 dec. 1741; m [3] 9 janvier 1758, à Pierre-Joseph NOEL.—*Pierre-Amable,* b [3] 31 mai 1745.

(1) Marie Gros dit Laviolette; voy. vol. I, p. 285.
(2) Elle épouse, le 23 mars 1689, Guillaume DeNoyon, à Lachine.
(3) Dit Laviolette.—A l'acte de sa sépulture, il est dit âgé de 100 ans—il n'en avait que 92.
(4) Dit Lecompte.
(5) Et Crépin; elle épouse, le 10 sept. 1722, Simon Réaume, à Lachine.
(6) DeNoyon, voy. vol. III, p. 347.
(7) Dit St. Laurent.

1747, (8 janvier) Bout-de-l'Ile, M. [8]

III.—LEGROS (1), JACQUES, [NICOLAS II.
b 1720.
GAUTIER, Marie-Joseph, [JOSEPH III.
b 1729.
Jean-Baptiste-Réaume, b [8] 2 et s [8] 17 déc. 1747.—*Marie-Rose,* b [8] 11 janvier 1749; m [8] 15 sept. 1766, à Toussaint DUBOIS.—*Marie-Joseph,* b 7 juillet 1750, au Lac-des-Deux-Montagnes. [9] —*Joseph-Amable,* b [9] 5 dec. 1751.—*Pierre,* b [9] 17 août 1753.—*Michel,* b [9] 27 sept. 1755.—*Jacques,* b [8] 30 déc. 1759; s [8] 17 mai 1765.—*Paul,* b [9] 14 avril 1762.—*Charlotte-Amable,* b [9] 24 juin et s [8] 8 août 1764.—*Eustache,* b [9] 20 nov. 1765.—*Jacques,* b [8] 10 août 1767.

1750, (6 avril) Lachine. [1]

III.—LEGROS, LOUIS, [JEAN-BTE II.
b 1720.
LANGEVIN, Angélique, [LOUIS II.
b 1723.
Marie-Madeleine, b [1] 13 oct. 1755.

1759, (21 fevrier) Soulanges. [2]

IV.—LEGROS, JACQUES, [JACQUES III.
b 1737.
MARTIN, Therèse, [JEAN I.
b 1742.
Jacques, b [2] 4 dec. 1761.

I.—LEGROS, JEAN, b 1730, Ecossais; s 22 déc. 1780, à Kamouraska.

1762, (18 janvier) Soulanges.

IV.—LEGROS, JOSEPH, [JACQUES III.
b 1739.
GIGNAC, Marie-Anne, [ANTOINE II.
b 1739.

LEGROS (2), JOSEPH.
DAROIS, Modeste.
Marie-Ursule, b... m 28 janvier 1793, à Guillaume PINARD, à Nicolet.

LEGU.—Voy. LAIGU.

LEGUAY.—*Variations et surnom:* GUAY—LEGAY—LAGRENADE.

1670, (16 oct.) Quebec. [4]

I.—LEGUAY (3), JEAN, fils d'André et d'Anne Hue, de St-Gilles-de-Caen, diocèse de Bayeux, Normandie.
BRIÈRE (4), Marie, b 1651; fille de François et de Louise Tranjan, de Ste-Mélaine-de-Pont-l'Evêque, diocèse de Lizieux, Normandie.
Alexis, b [4] 6 sept. 1671; m 26 janvier 1698, à Elisabeth DIZY, à Champlain.—*Rosalie,* b [4] 4 avril 1673; 1° m [4] 28 juin 1694, à Silvain DUPLAIS; 2° m [4] 28 août 1703, à Julien LANIEL; s 22 janvier 1749, à la Baie-du-Febvre.

(1) Dit Lecompte.
(2) Dit Dupéron.
(3) Voy. vol. I, pp. 372 et 373.
(4) Elle épouse, le 20 nov. 1679, Martin Guédon, à Québec.

1685, (17 déc.) Montreal. [5]

I.—LeGUAY (1), Jean-Jérome.
Just, Madeleine,
b 1662.
Marie-Madeleine, b [5] 6 oct. 1689; m [5] 1er mars 1706, à Thomas Joncaire.—*Marie*, b [5] 1er juin 1692; m [5] 31 janvier 1712, à Daniel Migeon; s [5] 7 sept. 1714.

1698, (26 janvier) Champlain. [6]

II.—LeGUAY, Alexis, [Jean I.
b 1671; marchand.
Dizy, Elisabeth, [Pierre I.
b 1672; veuve de Jacques Chevalier; s 16 février 1703, à Montréal. [7]
René, b [7] 15 nov. 1698; m 1728, à Thérèse Monet; s 3 nov. 1766, à Nicolet.—*Elisabeth*, b [7] 4 nov. 1700; m [6] 3 fevrier 1722, à Louis Lefebvre.—*Alexis*, b [7] 27 juin 1702; s [7] 2 mai 1703.

1728.

III.—LeGUAY, René, [Alexis II.
b 1698; s 3 nov. 1766, à Nicolet. [1]
Mouet, Therèse, [Pierre I.
b 1688; veuve de Michel Trotier-Beaubien; s 7 janvier 1773, à la Baie-du-Febvre. [2]
René, b [1] 3 juin 1729; m [2] 7 janvier 1756, à Elisabeth Robida-Manseau.

1742, (14 oct.) Beaumont. [5]

I.—LeGUAY (2), Jean-Jacques, fils d'Etienne et de Madeleine Paquet, de N.-D. du Hâvre-de-Grâce, Normandie.
Béchard, Marie-Joseph, [Louis II.
b 1719.
Charles, b [5] 19 février 1744.

I.—LeGUAY, Louis, né 1735; b 19 août 1757, à Quebec; fils de Pierre et de Marie-Louise Martinet, de Berne, Suisse.

1756, (7 janvier) Baie-du-Febvre.

IV.—LeGUAY, Rene, [René III.
b 1729.
Robida-Manseau, Elisabeth, [Gabriel II.
b 1736.

1758, (30 janvier) Montréal.

I.—LeGUAY, Jean, b 1736; fils de Jean et d'Aubertine Richouard, de St-Eustache, Paris.
Chaufour, Marie-Madeleine-Frse, [Jean-Bte I.
b 1726.

1759, (26 fevrier) Baie-St-Paul.

I.—LeGUAY (3), Ambroise, fils d'Antoine (serrurier) et de Marie Ponset, de St-Christophe de Coubron, diocèse de Paris.
Simard, Ursule, [François II.
b 1719; veuve de Louis Tremblay.

(1) Et LeGay; voy. vol. I, p. 373.
(2) Voy. aussi Guay, vol. IV, p. 389.
(3) Dit Lagrenade; soldat de Boishébert.

I.—LeGUERRIER (1), Guillaume.
Gariépy, Marie-Louise.
Marie-Victoire, b 11 oct. 1756, à Terrebonne.—*Louis-Alexandre*, b [3] 20 avril 1759.

LEGUIDE.—Voy. Dagueil.

L'ÉGUILLE.—Voy. Dagueil.

LÉGUILLÉ.—*Surnom :* St. Sauveur.

1748, (26 fevrier) Montreal. [3]

I.—LÉGUILLÉ (2), Augustin, b 1724; fils d'Augustin et de Marie-Anne Flaveau, de St Martin, diocèse de Paris.
1° Beaulieu, Marie-Thérèse, [Charles I.
b 1729.
Thérèse, b [3] 15 dec. 1748. — *Marie-Louise*, b 31 dec. 1749.—*Georges*, b 1756; s 9 fevrier 1758, à St-Laurent, M. [3]
1757, (23 mai). [3]
2° Desparois (3), Geneviève, [Laurent I.
b 1739.
Augustin, b [3] et s [3] 28 juillet 1759.

LEHAYS.—Voy. Lahaie.

LEHEU.—*Surnom :* Latulippe.

1739, (3 août) Montréal. [5]

I.—LEHEU (4), Claude, b 1713, soldat, fils de Charles et de Madeleine Desgagnes, de St Malo, Bretagne.
Dubord, Jeanne, [Jean-Bte I.
b 1710.
Claude, b [5] 6 mai 1740. — *Marie-Françoise-Amable*, b [5] 3 dec. 1741; m [5] 8 fevrier 1762, à Jean-Claude Houllier. — *Joseph-Gabriel*, b [5] 20 mars et s [5] 1er avril 1743. — *Jacques-Charles*, b [5] 21 février 1744. — *Marguerite*, b [5] 3 avril 1746 — *Jean-Baptiste*, b [5] 24 juillet 1747. — *Marie-Madeleine*, b [5] 24 fevrier 1749.—*André*, b [5] 3 juin 1750.

I.—LEHIRE, Laurent (5), b 1685; s 9 août 1737, à Quebec.

LEHIUX.—Voy. Laigu.

LEHOUILLIER. — *Variations :* Lehoulier — Lehoullier.

1748, (28 oct.) Sorel. [1]

I.—LEHOUILLIER, Louis, fils d'André et de Marguerite Colin, de St-Ursin, diocèse de Coutances, Normandie.
1° Duclos, Marie-Geneviève, [Jean II.
b 1727; s [1] 10 mars 1754.
Marguerite, b [1] 26 mars et s [1] 15 juin 1751.—*Louis*, b [1] 16 et s [1] 17 juillet 1752.—*Anonyme*, b [1] et s [1] 5 mars 1753.

(1) Il était, le 10 fevrier 1763, à Lachenaye. Exécuteur testamentaire de Joseph Marcé (17 janvier 1773, à Lachenaye).
(2) Dit St. Sauveur; soldat de la compagnie de Lanctot.
(3) Dit Champagne.
(4) Dit Latulippe.
(5) Maitre pilote du vaisseau du roy *Le Jason*.

1758, (5 nov.) Batiscan. [6]
2° COTIN, Marie-Joseph, [JEAN-BTE II.
b 1730; veuve de François Massicot.
Louis-Claude, b [6] 9 février 1760; m [6] 1er août 1785, à Madeleine GREDON.—*François*, b [6] 22 mai 1762; s [6] 20 dec. 1774.—*Jean-Baptiste*, b [6] 13 janvier 1764; m [5] 3 mars 1794, à Marguerite DESSUREAUX. — *Marie-Pélagie*, b [6] 16 janvier 1771. — *François*, b... s [6] 14 juin 1774.—*François-Xavier*, b... m 24 fevrier 1800, à Marie-Joseph-Elisabeth-Dorothée LATERRIÈRE, à Québec.

1785, (1er août) Batiscan. [9]
II.—LEHOUILLIER, LOUIS-CLAUDE, [LOUIS I.
b 1760.
GREDON, Madeleine-Alexandrine
Marie-Madeleine, b [9] 10 juin 1786. — *Marie-Joseph*, b [9] 14 fevrier 1788. — *Marguerite*, b [9] 4 août 1790; s [9] 8 fevrier 1794. — *Louis*, b [9] 9 nov. 1792.—*Joseph*, b [9] 21 janvier 1795.

1794; (3 mars) Batiscan. [7]
II.—LEHOUILLIER, JEAN-BTE, [LOUIS I.
b 1764.
DESSUREAUX, Marguerite, [JEAN-BTE III.
b 1773.
Marie-Pélagie, b [7] 26 déc 1794.

1800, (24 fevrier) Québec.
II.—LEHOUILLIER, FRANÇOIS-XAVIER, [LOUIS I.
marchand.
LATERRIÈRE, Marie-Joseph-Elisabeth. [PIERRE I.

LEHOULD.—Voy. HOUDE.

LEHOULIER.—Voy. LEHOUILLIER.

LEHOULLIER.—Voy. LEHOUILLIER.

LEHOUX.—*Variation et surnoms :* LEROUX — DESCARIS—LALIBERTÉ.

1659, (7 oct.) Quebec. [8]
II.—LEHOUX (1), JEAN, [JEAN-JACQUES I.
b 1631; s 4 avril 1698, à Ste-Famille, I. O. [5]
DRUGEON, Elisabeth,
b 1636; s [5] 17 janvier 1722.
Jean, b [6] 6 nov. 1671; m [5] 22 nov. 1701, à Jeanne GERBER; s [8] 11 oct. 1751. — *Hypolite*, b [5] 11 mars 1674; 1° m [5] 1er juin 1699, à Jeanne DROUIN; 2° m [5] 14 juin 1713, à Marguerite VÉRIEUL.

1699, (1er juin) Ste-Famille, I. O. [2]
III.—LEHOUX (1), HYPOLITE, [JEAN II.
b 1674.
1° DROUIN, Jeanne, [NICOLAS II.
b 1682.
Marie-Anne, b [2] 15 juillet 1704; m [2] 1er juillet 1720, à Pierre CORNELIER.—*Catherine*, b [2] 27 janvier et s [2] 10 fevrier 1706. — *Paul*, b [2] 7 janvier 1707.—*Claude*, b [2] 13 fevrier 1708.

(1) Voy. vol. I, p. 373.

1713, (14 juin). [2]
2° VÉRIEUL, Marguerite, [NICOLAS I.
b 1671; veuve de Jacques Baudon; s [2] 28 avril 1753.

1699, (15 déc.) Montréal. [4]
I.—LEHOUX (1), NICOLAS,
b 1674.
DARDAINE, Marguerite, [RENÉ II.
b 1684.
Angélique, b [4] 17 mars 1705; m 1723, à Jean-Baptiste DUCLOS. — *Marie-Louise*, b [4] 1er mars 1707.—*Louise-Marguerite*, b [4] 21 mars 1709; s [4] 27 juin 1714.—*Nicolas-Jacques*, b [4] 10 dec. 1710; s [4] 19 oct. 1712. — *Marguerite-Geneviève*, b [4] 13 déc. 1714.—*Joseph*, b 1716; m 13 mars 1740, à Agathe RICHARD, à St-François, I. J.

1700, (4 déc.) Québec. [5]
I.—LEHOUX, JOSEPH, fils d'Elie et d'Anne Dorion, de St-Pierre, ville de Tours, Touraine.
LEFEBVRE, Marie-Madeleine, [THOMAS I.
b 1674; s [5] 10 janvier 1703.
Jean-Joseph, b [5] 28 sept. 1701.—*Elie-Thomas*, b [5] 15 et s [5] 27 janvier 1703.

1701, (22 nov.) Ste-Famille, I. O. [9]
III.—LEHOUX, JEAN, [JEAN II.
b 1671; s 11 oct. 1751, à Quebec. [8]
GERBER, Jeanne, [MATHURIN I.
b 1675; s [9] 9 janvier 1734.
Jean-Baptiste, b [9] 30 janvier et s [9] 25 fevrier 1703. — *Marie-Dorothée*, b [9] 26 janvier 1704; s [9] 30 mars 1710.—*Catherine*, b [9] 8 mars 1706; m [9] 24 nov. 1738, à Germain DEBLOIS; s [9] 29 mai 1646.—*Jean-Baptiste*, b [9] 18 mai 1708; m [8] 6 février 1741, à Angelique CHAUSSÉ; s [9] 1er février 1744. — *François*, b [9] 18 et s [9] 20 sept. 1711.—*Pierre*, b [9] 25 oct. 1712. — *Pierre-Joseph*, b [9] 19 avril 1716; m [9] 14 fevrier 1746, à Marthe ASSELIN; s [9] 2 nov. 1747. — *Hyacinthe-Charles*, b [9] 2 juin 1718; m [9] 27 nov. 1741, à Françoise MORISSET; s [9] 24 nov. 1744.

1740, (13 mars) St-François, I. J. [5]
II.—LEHOUX (2), JOSEPH, [NICOLAS I.
b 1716.
RICHARD, Agathe, [PIERRE II.
b 1714.
Marie-Joseph, b [5] 31 janvier 1740; m 5 oct. 1761, à Pierre CLUSEAU, à Montréal.

1741, (6 fevrier) Québec.
IV.—LEHOUX, JEAN-BTE, [JEAN III.
b 1708; s 1er fevrier 1744, à Ste-Famille, I. O. [7]
CHAUSSÉ (3), Angelique, [JEAN-BTE II.
b 1718.
Marie-Catherine, b [7] 14 mars et s [7] 14 juillet 1742.—*Marie-Angélique*, b [7] 22 mai 1743; m [7] 18 janvier 1762, à Augustin TURCOT.

(1) Dit Laliberté; voy. vol. I, p. 373
(2) Dit Laliberté.
(3) Dit Lemaine; elle epouse, le 1er mars 1745, Joseph Drouin, à Ste-Famille, I. O.

1741, (27 nov.) Ste-Famille, I. O.[2]
IV.—LEHOUX, HYACINTHE-CHARLES, [JEAN III. b 1718; s[2] 24 nov. 1744.
MORISSET (1), Françoise, [GENCIEN II. b 1720.
Charles-Hyacinthe, b[2] 18 sept. 1742.—*Charles-Hyacinthe*, b 25 août 1744, à St-Joseph, Beauce.

1746, (14 février) Ste-Famille, I. O.[9]
IV.—LEHOUX, PIERRE-JOSEPH, [JEAN III. b 1716; s[9] 2 nov. 1747.
ASSELIN (2), Marthe, [FRANÇOIS III. b 1720.
Marie-Marthe, b[9] 3 déc. 1746; m[9] 9 août 1762, à Basile DEBLOIS.

LEHU.—Voy. HU.

LEIEUX.—Voy. LAIGU.

LEILLU.—Voy. LAIGU.

LEJEUNE.—*Surnoms :* BONAVENTURE—LAPRAIRIE.

1745, (5 juillet) Montréal.[9]
I.—LEJEUNE (3), CHARLES, b 1719; fils de Guillaume et de Marie-Anne Touron, de St-Paul, diocèse d'Orleans, Orleanois.
1° BOURSIER, Marguerite, [ALEXANDRE II. b 1711; s[9] 5 nov. 1746.
1751, (3 nov.)[9]
2° ROSE, Marie-Joseph, [CHS-GUILLAUME II. b 1721.
3° BERTHELOT, Catherine, [FRANÇOIS II. b 1750; s 12 août 1796, à l'Hôpital-General, M.

I.—LEJEUNE, JEAN-BTE, Acadien.
CLÉMENCEAU, Marguerite, b 1721; Acadienne; s 24 nov. 1756, à St-Jean, I. O.[7]
Victor, b 1751; s[7] 24 nov. 1756.

I.—LEJEUNE, JOSEPH, Acadien.
1° BRASSEUR, Marie-Anne, Acadienne; s 30 oct. 1756, à St-Laurent, I.O.
Etienne, b 1755; s 19 août 1759, à Charlesbourg.
1757, (26 avril) St-François, I. O.
2° GRÉGOIRE-DEBLOIS, Madeleine, [SIMON III. b 1737.
Ambroise, b 5 avril 1758, à St-Michel.

(1) Elle épouse, le 25 juillet 1746, Jean Bilodeau, à St-Joseph, Beauce.

(2) Elle épouse, le 13 février 1749, Charles Deblois, à Ste-Famille, I. O.

(3) Dit Bonaventure; soldat de la compagnie de Cabanac. A son 2ème mariage il est dit venu de la paroisse de N.-D.-de-la-Recouvrance, ville d'Orléans.

1752, (7 fevrier) Beauport.
I.—LEJEUNE, MICHEL, fils de Michel et de Marie Viel, des Biards, diocèse d'Avranches, Normandie.
CHORET (1), Madeleine, [CHARLES III. b 1726; veuve d'Ignace Levasseur.

1757, (21 fevrier) Montréal.
I.—LEJEUNE (2), GÉRARD, b 1721, canonier; fils de Joseph et de Madeleine Gueren, de St-Jean, Châlons, en Champagne; s 11 sept. 1768, au Bout-de-l'Ile, M.
GAGNÉ, Marie-Joseph, [DOMINIQUE IV. b 1719.

1780, (11 janvier) Québec.
I.—LEJEUNE, JOSEPH, fils d'Eustache et de Marie-Anne Bariot, de Louisbourg, Ile Royale, Acadie.
MESSIÈRE, Marie, fille de Jean-Baptiste et de Marie Galand, de l'Ile St-Jean, Acadie.

1694, (19 avril) Lachine.[1]
II.—LELAT (3), PIERRE, [PIERRE I. b 1667; s[1] 23 oct. 1704.
GOURDON (4), Marie-Anne, [JEAN I. b 1678.
Françoise, b 10 août 1696, à Montréal[2]; m[2] 2 mai 1718, à Jean FOURNEAU; s[2] 12 avril 1748.—*Joseph*, b[1] 28 fevrier 1700; s[2] 3 février 1718.

LELIÈVRE.—*Variation et surnom :* LIÈVRE—DUVAL.

I.—LELIÈVRE (5), GUILLAUME.

1725, (28 oct.) Québec.[8]
I.—LELIÈVRE (6), JEAN-BTE, b 1693; chirurgien; fils de Charles et de Jeanne Tard, de Mythe-Ste-Hairaie; s[8] 18 mai 1776
L'ARCHEVÊQUE (7), Marie-Therèse, [J.-BTE III. b 1708; s 1er sept. 1759, à Charlesbourg.
Jean-Baptiste, b[8] 28 et s[8] 29 janvier 1727—*Anonyme*, b[8] et s[8] 26 janvier 1728. — *Jean-Baptiste*, b[8] 3 et s[8] 11 mai 1729.— *Marie-Joseph*, b[8] 11 fevrier 1731; m[8] 1er juillet 1748, à Louis DUNIÈRE. — *Marie-Angélique*, b[8] 8 janvier et s[8] 14 fevrier 1732.—*Louis-Stanislas*, b[8] 18 et s[8] 21 nov. 1732. — *Jean-Baptiste*, b[8] 10 et s[8] 29 juin 1735.—*Charles*, b[8] 16 mai 1736. —*Joseph*, b[8] 21 janvier 1746; 1° m à Marie-Joseph CARTIER, 2° m[8] 3 mai 1792, à Gilette POMMEREAU.—*Jacques-François*, b[8] 16 mai 1747.

(1) Elle épouse, le 24 avril 1758, Jean-François Godfroy, à Beauport.

(2) Dit Laprairie; noyé par accident.

(3) Voy. vol. I, p. 373.

(4) Elle épouse, le 18 avril 1706, André Rapin, à Lachine.

(5) Achète de Jean Guyon-Dubuisson, entre 1659 et 1667, 1½ arpent de terre près de la Grande Allée, à Québec, et sur lequel le dit Lelièvre a fait bâtir une maison, laquelle appartient de present (1667), avec le dit 1½ arpent, à Etienne Blanchon et sa femme. Acte de foy et hommage; voy. vol. I, 1re partie, p. 419, (1667.)

(6) Dit Duval.

(7) Dit Lapromenade; appelee Marie-Joseph à sa sépulture.

1741, (23 janvier) Québec. [2]

I.—LELIÈVRE (1), MARC, maître-poulieur; fils de François et de Jeanne Desportes, de St-Pierre, diocèse de Bordeaux.

MERCIER, Thérèse, [LOUIS II.
b 1710; veuve de Pierre Beaupré.

Marie-Louise, b [2] 16 et s [2] 19 janvier 1742.—*Marc*, b [2] 30 juillet 1743.—*Marie-Thérèse*, b [2] 16 février 1745.—*Agnès*, b [2] 28 avril 1747. —*Marie-Madeleine*, b [2] 7 août 1751. —*Marie-Françoise*, b [2] 19 oct. 1754.—*Marguerite*, b [2] 23 fevrier et s [2] 27 juin 1758.

1751, (1er fevrier) Lévis. [3]

I.—LELIÈVRE, PIERRE, fils de Jean et d'Elisabeth Duclau, de St-Ursin, diocèse de Coutances, Normandie.

GALARNEAU, Therèse, [JACQUES II
b 1723.

Pierre-Joseph, b [3] 4 juillet 1751.—*Jean-Baptiste*, b [3] 25 fevrier 1753. —*Marie-Louise*, b [3] 28 nov. 1754; m à Pierre FAGOT. —*Charles*, b [3] 14 mai 1757; s [3] 8 août 1758.—*Charles*, b [3] 18 août 1763; m 20 nov. 1792, à Cecile ......, au Detroit. —*Augustin*, b [3] 19 sept. 1766.

1757, (22 fevrier) Québec. [3]

I.—LELIÈVRE, ROGER, fils de Guillaume et de Marie Barbe, de Verine, diocèse d'Avranches, Normandie.

AIDE-CRÉQUY, Louise, [LOUIS II.
b 1730; s [3] 12 oct. 1795.

Marie-Louise, b [3] 12 nov. 1757; s 14 sept. 1758, à Charlesbourg.—*Geneviève*, b 8 oct. 1759, à la Pte-aux-Trembles, Q.; s [3] 28 avril 1762.—*Louis*, b [3] 10 dec. 1762 —*Marie-Catherine*, b [3] 4 fevrier 1764. —*Elisabeth*, b juin 1766; s 7 mars 1767, à Levis.—*Roger*, b 1770; m [3] 24 mai 1798, à Marthe-Thérèse LÉCUYER.

II.—LELIÈVRE (2), JOSEPH, [JEAN-BTE I.
b 1746.

1° CARTIER, Marie-Joseph,
s 30 juillet 1791, à Quebec. [1]

Rene-François, b... m [1] 7 janvier 1788, à Marie-Catherine BELLONEY.

1792, (3 mai). [1]

2° POMMEREAU, Gilette. [FRANÇOIS III.

1792, (20 nov.) Détroit.

II.—LELIÈVRE, CHARLES, [PIERRE I.
b 1763.

......., Cécile,
veuve de Jean-Baptiste Savignac.

1798, (24 mai) Québec.

II.—LELIÈVRE, ROGER, [ROGER I.
b 1770.

LÉCUYER, Marthe-Thérèse,
veuve de Joseph Launière.

(1) Il signe Lièvre.

(2) Dit Duval, greffier d'office et inspecteur des marchés.

1740, (25 janvier) Quebec. [7]

I.—LEMAGE, JACQUES, b 1713; fils de Louis et d'Anne Desques, de St-Denis, diocèse d'Amiens, Picardie; s [7] 17 mars 1789.

MÉTOT, Françoise, [ABRAHAM II.
b 1721; s [7] 19 mars 1785.

Marie-Joseph, b 1741; m [7] 17 nov. 1760, à Louis-Gabriel DEROME.—*Pierre*, b [7] 21 avril 1743; s [7] 24 août 1763. —*Ursule*, b [7] 27 août 1746; s [7] 27 sept. 1747.—*Marie-Françoise*, b [7] 9 oct. 1748.—*Marcellin*, b [7] 15 et s [7] 19 fevrier 1751.—*Charles-Louis*, b [7] 15 et s [7] 18 février 1751. —*Nicolas-Marie*, b [7] 10 février 1753; m [7] 17 oct. 1774, à Barbe SYLVESTRE.—*Marguerite*, b [7] 23 nov. 1755; m [7] 12 oct. 1779, à François BOIVIN.—*Françoise*, b [7] 21 déc. 1758; s [7] 14 oct. 1761. —*Marie-Anne*, b [7] 26 oct. et s [7] 15 nov. 1762.

1774, (17 oct.) Québec.

II.—LEMAGE, NICOLAS-MARIE, [JACQUES I.
b 1753.

SYLVESTRE, Barbe, [JEAN-BTE III.
b 1753.

LEMAI.—Voy. LEMAY.

LEMAINE.—Voy. CHAUSSÉ.

LEMAIRE.—*Variations et surnoms* · LEMER — LEMERRE—LEMIRE, 1703—LESCUYER, 1759 — ST. GERMAIN.

1686, (30 nov.) Boucherville.

I.—LEMAIRE (1), LOUIS, b 1658; fils de Louis et de Marguerite Bardela, d'Auxerre, Bourgogne.

CHARON (2), Marie-Charlotte, [PIERRE I.
b 1667.

Louis, b 1691; 1° m 1717, à Geneviève HEBERT; 2° m 7 janvier 1733, à Marie-Ursule PELTIER, à L'Assomption; s 10 avril 1760, à Verchères.—*Marie*, b .. m 1718, à Jacques DUVERT.

1707, (11 juillet) Lachine. [1]

I.—LEMAIRE (3), CHARLES, b 1676; fils d'Etienne et d'Helène Ope, de Tarlos, Irlande; s 5 mars 1751, au Lac-des-Deux-Montagnes [2]

RAPIN, Marie-Clémence, [ANDRÉ I.
b 1684.

Bernardin, b 27 avril 1708, à Montreal [3]; m [3] 16 nov. 1733, à Marie-Joseph LEFEBVRE; s [2] 27 janvier 1760. —*Marie-Angélique*, b 24 juin 1709, au Bout-de-l'Ile, M. [4]; m à Jean-Baptiste CHORET. —*Charles*, b [1] 24 août 1710.—*Gabriel*, b 1711; m [3] 18 août 1732, à Françoise PILET.—*Anonyme*, b [4] et s [4] 26 oct. 1712.—*Hyacinthe*, b 1713; m 1735, à Geneviève TESSIER; s [2] 2 mai 1767.—*Susanne*, b [3] 28 sept. et s [3] 1er oct. 1715. —*Joseph*, b... m 1746, à Marie-Joseph DUCHARME. —*Antoine-Etienne*, b [1] 11 juin 1719; m [3] 10 janvier 1752, à Marguerite TRUTEAU. —*François*, b 1720; s [3] 12 fevrier 1743.

(1) Voy. Lemer, vol. I, p. 377.

(2) Elle épouse, en 1700, Raymond Vegeart dit Laliberté.

(3) Et Lemer dit St. Germain; capitaine de milice.

1717.

II.—LEMAIRE (1), Louis, [Louis I.
b 1691; s 10 avril 1760, à Verchères [1]
1° Hébert (2), Geneviève, [Thomas I.
b 1694.
Marie, b 6 mars 1718, à St-Ours. [2] — *Marie-Geneviève*, b [2] 20 juin 1720; m 3 février 1738, à Joseph Petit-Laprée, à L'Assomption. [3] —*Marie-Anne*, b [2] 1er mai 1724; m [1] 4 fevrier 1743, à Louis Fournier.

1733, (7 janvier). [3]
2° Pelletier, Marie-Ursule, [Pierre II.
b 1698.
Marie-Charlotte, b... m 1750, à Joseph Jarret. —*Marie-Angélique*, b... m [1] 10 fevrier 1755, à Joseph Lussier. — *François*, b 1734; m [1] 4 août 1760, à Elisabeth Charpentier.—*Louis*, b 1736; m [1] 14 fevrier 1763, à Madeleine Janson.

1723, (11 janvier) Montreal. [5]

III.—LEMAIRE (3), Joseph, [André II.
b 1695.
Viger, Marie-Joseph, [Jacques II.
b 1700.
Pierre-Amable, b [5] 30 mai et s [5] 6 juin 1728.

1732, (18 août) Montréal.

II.—LEMAIRE (4), Gabriel, [Charles I.
b 1711.
Pilet, Françoise, [Joseph II.
b 1702; veuve de Jean Tabaut.

1733, (16 nov.) Montréal. [1]

II.—LEMAIRE (4), Bernardin, [Charles I.
b 1708, s 27 janvier 1760, au Lac-des-Deux-Montagnes. [2]
Lefebvre, Marie-Joseph, [Nicolas II.
b 1715; s [2] 19 mai 1756.
Charles, b 1735; m [1] 8 janvier 1759, à Marie Tessier. — *Antoine*, b 29 sept. 1736, au Bout-de-l'Ile, M. [3] — *Marie-Anne*, b [3] 27 juillet 1737. — *Marie-Joseph*, b... m [2] 29 janvier 1759, à Jacques Chasle. — *Marguerite*, b 1742; m [2] 11 nov. 1767, à Jacques-Barthelemi Janis.—*Hyacinthe*, b 1745; s [1] 28 août 1746. — *Louis-Dominique*, b [1] 31 janvier 1747.—*Bernardin*, b 1749; m [1] 29 oct. 1771, à Elisabeth Dumière.—*Venance*, b [2] 18 mai 1751; m 16 nov. 1795, à Catherine Pichet, à Repentigny.—*Antoine*, b [2] 20 juin et s [2] 12 juillet 1752. — *Jean-Léon*, b [2] 12 et s 25 juillet 1754, à Ste-Geneviève, M.

1735.

II.—LEMAIRE, Hyacinthe, [Charles I.
b 1713; s 2 mai 1767, au Lac-des-Deux-Montagnes. [4]
Tessier (5), Geneviève, [Jean II.
b 1713.
Hyacinthe, b 1737; m [4] 27 janvier 1761, à Suzanne Séguin.— *Ignace*, b 1744; m [4] 2 mai 1768, à Marie-Louise Gastonguay. — *Angelique*, b... m [4] 27 oct. 1766, à Pierre Bouthillier. — *Marie-Amable*, b... m [4] 20 avril 1768, à Joseph Biron. — *Louis-François-Léon*, b 7 mai et s 22 juillet 1750, à Lachine. — *Marie-Clémence*, b [4] 4 sept. 1751; s [4] 20 juin 1752.—*Léon-Bernardin*, b [4] 15 janvier 1753. — *Joseph-Amable*, b [4] 19 mars 1755.—*Hélène-Joseph*, b [4] 21 mai 1759.

1746.

II.—LEMAIRE (1), Joseph. [Charles I.
Charon-Ducharme, Marie-Joseph. [Jean II
Charles-François, b 28 nov. 1747, à Montreal ordonné 18 août 1771; s 30 mars 1793, à Repentigny.—*Marie*, b... m à Charles Dézéry.

I.—LEMAIRE (2), Pierre-Louis, b... s 16 juillet 1755, à Ste-Foye (noye au Cap-Rouge).

1752, (10 janvier) Montréal.

II.—LEMAIRE (1), Ant.-Etienne, [Charles I.
b 1719.
Truteau, Marguerite, [Louis II.
b 1726.
Antoine, b 9 juillet 1756, à St-Laurent, M. [9] — *Agathe*, b [9] 20 oct. 1758.

1759, (8 janvier) Montreal.

III.—LEMAIRE (1), Charles, [Bernardin II
b 1735.
Tessier, Marie-Catherine, [Paul III.
b 1739.

1759, (29 janvier) Montréal.

I.—LEMAIRE, Antoine, b 1720, sergent; fils d'Antoine et de Jeanne Lejeune, de St-Eustache, Paris.
Bisset, Marguerite, [Paul-Daniel II
b 1718.

1760, (4 août) Verchères. [2]

III.—LEMAIRE (3), François, [Louis II
b 1734.
Charpentier, Elisabeth, [Jacques II.
b 1736.
François, b [2] 12 avril 1761.

1761, (27 janvier) Lac-des-Deux-Montagnes.

III.—LEMAIRE (4), Hyacinthe, [Hyacinthe II
b 1737.
Séguin, Suzanne,
b 1745.

1763, (14 fevrier) Verchères.

III.—LEMAIRE, Louis, [Louis II.
b 1736.
Janson (5), Madeleine, [Martin II.
b 1740.

(1) Et Lemire.
(2) Dit Larose.
(3) Pour Demers; voy Dumay, vol. III, p. 526.
(4) Dit St Germain.
(5) Dit Lavigne.

(1) Dit St Germain.
(2) Soldat de Beaujeu.
(3) Et Lemerre.
(4) Et Lemer.
(5) Dit Lapalme.

LEMAIRE (1), François.
Gervais, Marie-Joseph.
Jean-François, b 15 février 1767, à la Baie-du-Febvre.

1768, (2 mai) Lac-des-Deux-Montagnes.
III.—LEMAIRE (1), Ignace, [Hyacinthe II.
b 1744.
Gastonguay (2), Marie-Louise, [Pierre IV.
b 1752.

1771, (29 oct.) Montréal.
III.—LEMAIRE (3), Bernardin, [Bernardin II.
b 1749.
Dunière, Elisabeth, [Louis II.
b 1752.

1795, (16 nov.) Repentigny.
III.—LEMAIRE (3), Venance, [Bernardin II.
b 1751.
Pichet, Catherine. [Pierre.

LEMAISTRE.—Voy. Lemaitre.

LEMAITRE.—*Variation et surnoms :* Lemaistre—Auger—Beaunoyers—Bellenoix—De la Mobille—DeLongée—DeLothinville—Duhemme—Jugon—Lalonge et Lalongée—Lamorille—LePicard—Lothinville—Lotinville—Lottinville et Notinville—Villeneuve.

1654, (6 mai) Trois-Rivières.[4]
I.—LEMAITRE (4), François,
b 1631 ; s [4] 14 janvier 1666.
Rigaud (5), Judith.
Marguerite, b [4] 16 février 1660 ; m 22 mai 1676, à Christophe Gerbaut, à Sorel.—*Jean*, b [4] 24 oct. 1661 ; m 22 nov. 1696, à Catherine Godfroy, à Montréal ; s [4] 14 avril 1710.

1660, (9 février) Québec.[3]
I.—LEMAITRE (4), Paschal,
b 1621.
Duval (6), Louise, [Jean I.
b 1640.
Marie-Ursule, b [3] 13 sept. 1662 ; 1° m [3] 24 oct. 1678, à Jean Duval ; 2° m 29 juin 1692, à Toussaint Raymond, à Laprairie.—*Jean*, b [3] 18 mai 1664.

1682, (8 janvier) Trois-Rivières.[1]
II.—LEMAITRE (4), Pierre, [François I.
b 1655 ; s [1] 13 août 1711.
Chesnay, Marie-Anne, [Bertrand I.
b 1664 ; s [1] 10 juillet 1733.

(1) Et Lemer.
(2) Voy Guay.
(3) Dit St. Germain.
(4) Voy. vol. I, p. 374.
(5) Elle épouse, le 26 janvier 1667, Jean Terrien, aux Trois-Rivières
(6) Elle épouse, le 17 février 1681, Pierre Juneau, à Montréal.

Marie-Exupère, b [1] 7 mai 1702 ; sœur dite St-Félix, Cong. Notre-Dame ; s 17 mai 1731, à Montréal.

1688, (7 janvier) Trois-Rivières.
II.—LEMAITRE (1), François, [François I.
b 1656 ; s 14 mai 1703, à Montréal.[4]
Poulin, Marguerite, [Maurice II.
b 1660 ; s 26 déc. 1730, à Québec.[5]
François, b 1685 ; 1° m [5] 14 février 1722, à Olive-Pelagie Arguin ; 2° m [5] 11 nov. 1749, à Marie-Joseph Latour. — *Françoise*, b [4] 26 août 1688 ; 1° m [4] 4 août 1704, à Jean-Jacques Lebé ; 2° m [4] 25 mai 1710, à Charles Guillimin.—*Marie-Anne*, b [4] 5 nov. 1689 ; m [4] 13 sept. 1709, à François DeBerry.

1689, (11 oct.) Montréal [1]
II.—LEMAITRE (2), Charles, [François I.
b 1662.
Crevier, Madeleine, [Nicolas II.
b 1671.
Charles, b [1] 8 juin 1694 ; m 7 mai 1719, à Catherine Giguère, à St-Frs-du-Lac. — *Etienne-Charles*, b [1] 5 nov. 1695 ; m 5 juillet 1734, à Marie-Anne Sicard, à la Rivière-du-Loup.[2] —*Catherine*, b [1] 27 juillet 1697 ; m [2] 20 février 1719, à François Lefebvre ; s 30 juin 1721, à Batiscan. — *Jeanne-Michelle*, b... m 1720, à Denis-Didier Casaubon. —*Michel*, b 2 juillet 1701, aux Trois-Rivières[3] ; m 1728, à Marie-Charlotte Valcour.— *Jean-Baptiste*, b 25 mai 1704, à l'Ile-Dupas ; 1° m 1er oct. 1727, à Françoise LeSieur, à Yamachiche[4] ; 2° m 23 nov. 1733, à Marie-Anne Fafard, à Sorel. —*François*, b [3] 22 sept. 1705 ; m [2] 21 sept. 1733, à Marie-Charlotte Guignard. — *Marie-Joseph*, b [3] 13 janvier 1707 ; m [2] 14 février 1729, à Joseph Fafard.—*Marie-Anne-Alexis*, b [3] 27 juillet 1712 ; m [2] 20 juillet 1732, à Jean-Baptiste Herou ; s [4] 16 nov. 1740.

1696, (22 nov.) Montréal.[4]
II.—LEMAITRE (3), Jean, [François I.
b 1661 ; s 14 avril 1710, aux Trois-Rivières.
Godfroy (4), Catherine, [Joseph II.
b 1680.
Marguerite, b [4] 7 mai 1700 ; m 22 janvier 1719, à Charles-François Gaillard, à la Rivière-du-Loup[6] ; s 4 janvier 1722, à Québec. — *Maurice*, b [4] 2 mars 1702 ; m 19 juillet 1738, à Madeleine Moreau, à Yamachiche.—*Judith*, b [4] 23 juin 1703 ; m 3 nov. 1733, à Jean-Baptiste Pothier, à la Longue-Pointe.—*Marie-Madeleine*, b 29 déc. 1708, à l'Ile-Dupas ; m [6] 30 oct. 1729, à Charles Banhiac.

1717, (7 janvier) Trois-Rivières.[1]
III.—LEMAITRE, Louis, [Pierre II.
b 1689.
Duguay, Claire, [Jacques I.
b 1692.

(1) Voy. vol. I, p 374.
(2) Dit Auger ; voy. vol. I, p 375.
(3) Et Lemaistre dit DeLonge—Lalongée ; voy. vol. I, p. 375.
(4) Dit Vieuxpont ; elle épouse, le 5 février 1730, Jacques Aubuchon, à la Rivière-du-Loup.

Louis, b [1] 29 nov. 1717; s [1] 15 août 1720.—*Joseph*, b [1] 5 oct. 1719; m 4 nov. 1745, à Marie-Anne PINARD, à St-Frs-du-Lac; s [1] 11 janvier 1750.—*Marie-Louise*, b [1] 7 nov. 1721; s [1] 15 juin 1726.—*Louis*, b [1] 23 dec. 1723; m [1] 4 juin 1754, à Geneviève BLONDIN-LECLERC; s [1] 22 oct. 1755.—*Jeanne-Claire*, b [1] 18 nov. 1725; s [1] 25 dec. 1727.—*Marie-Claire*, b [1] 24 mai et s [1] 5 juin 1728.—*Marie-Madeleine*, b [1] 12 sept. 1729.—*Marie-Anne*, b [1] 9 oct. 1731.—*Alexis-Marie*, b [1] 20 sept. 1732; s [1] 6 juillet 1733.—*Marie-Joseph*, b [1] 24 nov. 1733.—*Jacques*, b [1] 5 août et s 3 sept. 1735, à Nicolet.[2]—*Marie-Claire*, b [1] 21 sept. 1736; m [1] 29 sept. 1760, à Jean-François POMMEREAU; s [1] 27 avril 1765.—*Marie-Charlotte*, b [1] 22 janvier et s [2] 1er fevrier 1738.—*Marie*, b... m [1] 12 sept. 1757, à Jean-Baptiste PERRAULT.

1719, (7 mai) St-Frs-du-Lac.

III.—LEMAITRE (1), CHARLES, [CHARLES II.
b 1694.

GIGUÈRE, Catherine, [MARTIN II.
b 1693.

Pierre, b 18 fevrier 1728, à la Rivière-du-Loup.[8]—*Charles*, b [8] 11 mai 1729.—*Charlotte*, b [8] 19 oct. 1731.—*Marie-Joseph*, b [8] 27 sept. 1733.—*Joseph*, b [8] 9 et s [8] 27 oct. 1735.

1722, (14 février) Québec [6]

III.—LEMAITRE (2), FRANÇOIS, [FRANÇOIS II.
b 1685; marchand.

1° ARGUIN, Olive-Pelagie,
b 1678; veuve d'Ambroise Renoyer; s [6] 4 sept. 1748 (dans l'eglise).

François, b [6] 10 août 1723; s [6] 19 mai 1725.—*Pélagie*, b [6] 24 sept. 1724; m [6] 23 août 1745, à François-Philippe PONCY; s [6] 8 juin 1763.

1749, (11 nov.) [6]

2° LATOUR, Marie-Joseph, [PIERRE I.
b 1723.

François-Joseph, b [6] 16 nov. 1750.—*Marie-Anne-Joseph*, b [6] 3 fevrier 1752.—*Antoine*, b [6] 10 mars 1753.—*Geneviève-Elisabeth*, b [6] 16 nov. 1754.—*Pierre-Clément*, b 15 dec. 1760, à Beauport.

1724, (2 mai) Quebec. [8]

III.—LEMAITRE (2), ANTOINE, [FRANÇOIS II.
b 1703.

LEFEBVRE, Marie-Françoise, [PIERRE II.
b 1705.

Pierre-Etienne, b [8] 27 dec. 1724; s 17 mai 1733, à St-Jean, I. O.—*Marie-Louise*, b [8] 24 oct. 1725, s [8] 16 fevrier 1726.

1727, (1er oct.) Yamachiche. [7]

III.—LEMAITRE (3), JEAN-BTE, [CHARLES II.
b 1704.

1° LESIEUR-DUCHESNE, Françoise, [JULIEN II.
b 1701.

Jean-Baptiste, b [7] 24 nov. 1728; s [7] 8 sept. 1751.—*Marie-Charlotte*, b [7] 15 mars 1731; 1° m [7] 2[illegible] fevrier 1748, à Joseph RIVARD; 2° m [7] 4 nov. 1760, à Joseph GADIOU.—*Charles*, b [7] 15 mars 1731; m [7] 16 juin 1755, à Marie LESIEUR.

1733, (23 nov.) Sorel. [4]

2° FAFARD, Marie-Anne. [LOUIS II.

Marie-Amable, b [7] 14 janvier 1735.—*Marie-Ursule-Amable*, b [4] 28 juin 1736.—*Louis*, b 1[illegible] sept. 1737, à la Rivière-du-Loup.

1728.

III.—LEMAITRE (1), MICHEL, [CHARLES II.
b 1701.

VALCOUR-TROTIER, Marie-Charlotte.

Charles, b 19 janvier 1729, à la Rivière-du-Loup [7]—*Marie-Madeleine*, b [7] 17 fevrier 1731.—*Michel*, b... s [7] 13 mai 1733.—*Charlotte*, b [7] 20 juillet 1734.—*Marie-Joseph*, b... m [7] 25 janvier 1759, à André GLADU.

1728, (22 juillet) Trois-Rivières. [4]

III.—LEMAITRE (2), PIERRE, [PIERRE II.
b 1684.

CELLES-DUCLOS, Marie-Anne, [LAMBERT II.
b 1696; veuve d'Etienne Gautier; s 18 août 1771, à la Baie-du-Febvre.

Pierre, b [4] 21 mai 1729; s [4] 26 février 1730.—*Jacques* b [4] 3 janvier 1731; m [4] 25 oct. 1756, à Marie-Joseph THOMAS.—*Marie-Anne*, b [4] 30 dec. 1732; m 12 fevrier 1754, à Amable NEVEU, à l'Ile-Dupas.—*Marie-Marguerite*, b [4] 24 mars 1735; m [4] 25 oct. 1756, à Claude LECLERC-BLONDIN.—*Pierre*, b [4] 26 nov. 1736.—*René*, b [4] 11 mai 1739.—*Ursule*, b [4] 4 janvier 1742; m [4] 30 sept. 1765, à Jean-Baptiste LECLERC-BLONDIN.—*Marie-Amable*, b [4] 4 janvier 1742; m [4] 26 oct. 1761, à Jean-François LECLERC-BLONDIN.—*Marie*, b [4] 8 dec. 1743.—*Joseph*, b [4] 7 mars 1746; 1° m 19 oct. 1772, à Marie-Amable LEPELLE, à Batiscan; 2° m 2 mars 1778, à Madeleine PROU, à Nicolet.—*Marie-Claire*, b [4] 26 mars et s [4] 16 août 1748.

1731, (5 fevrier) Montreal. [5]

I.—LEMAITRE (3), GUILLAUME, b 1703; fils de Jean et de Therèse Gaudemont, de Treve, diocèse de St-Brieux, Bretagne.

1° SERAT, Françoise, [PIERRE I.
b 1708.

1749, (28 mai). [5]

2° THIBAUT (4), Marguerite, [PIERRE.
b 1722.

1733, (21 sept.) Rivière-du-Loup [1]

III.—LEMAITRE (5), FRANÇOIS, [CHARLES II.
b 1705.

GUIGNARD, Marie-Charlotte, [PIERRE II.
b 1709.

---

(1) Dit Auger.

(2) De la Morille.

(3) Dit Augers—Bellenoix.

(1) Dit Auger.

(2) Lamorille; appelé Notinville, 1729, et Lothinville 1[illegible]9

(3) Dit Villeneuve.

(4) Elle épouse, le 19 sept. 1761, Jean-Baptiste Rogene, à Laprairie

(5) Dit Auger—Duhemme.

Marie-Françoise, b [4] 13 oct. et s [4] 8 nov. 1733. —*François*, b [4] 13 nov. 1734. — *Catherine*, b [4] 5 nov. 1736. — *Alexis*, b... m 19 janvier 1767, à Marguerite LESIEUR-DESAULNIERS, à Yamachiche.

1734, (5 juillet) Rivière-du-Loup.[4]

III—LEMAITRE (1), ETIENNE-CHS, [CHARLES II. b 1695.
SICARD, Marie-Anne, [JEAN I. b 1698 ; veuve d'Antoine Trotier.
Etienne, b [4] 28 avril et s [4] 1er mai 1735. — *Marie-Madeleine*, b [4] 14 oct. 1736. — *Marie-Anne*, b [4] 28 nov. 1738.

1738, (14 avril) Ste-Geneviève.

I—LEMAITRE, JEAN-BTE, fils de Noel et de Jeanne Hurmin, de Bussière, diocèse de Langres, Champagne.
PINEAU (2), Madeleine, [THOMAS II. b 1718.
Marie-Joseph, b 15 mai 1739, aux Trois-Rivières [5] ; s [5] 16 fevrier 1749. — *Marie-Geneviève*, b [5] 10 déc. 1741. — *Joseph*, b [5] 28 juillet 1743.— *Madeleine*, b 11 oct. 1745, à Yamachiche.—*Marie-Françoise*, b 17 août 1748, à la Pte-du-Lac. — *Marie-Joseph*, b [5] 6 fevrier 1749. — *Paul*, b [5] 26 juin et s [5] 24 juillet 1750.

1738, (19 juillet) Yamachiche.

III.—LEMAITRE (3), MAURICE, [JEAN II. b 1702.
MOREAU, Madeleine, [JOSEPH II. b 1707.

I.—LEMAITRE, FRANÇOIS, b 1707, navigateur, fils de François et de Bertrane Michelle, du diocèse de St-Malo, Bretagne.
COQUELET, Marie, b 1716.
Marie, b 23 août et s 17 sept. 1745, à Québec.[6] —*François-Ferdinand*, b [6] 6 oct. 1747.—*Anonyme*, b [6] et s [6] 27 juillet 1749.

1745, (4 nov.) St-Frs-du-Lac.

IV.—LEMAITRE, JOSEPH, [LOUIS III. b 1719 ; s 11 janvier 1750, aux Trois-Rivières. [9]
PINARD-LAUZIER (4), Marie-Anne, [LOUIS II. b 1724.
Marie-Claire, b [9] 15 sept. 1746.—*Joseph*, b [9] 18 oct. 1748.

1751, (15 fevrier) Quebec.[4]

I—LEMAITRE (5), JEAN, b 1722, tonnelier, fils de François et de Bertrane Michelle, de Lequouet, diocèse de St-Malo, Bretagne ; s [4] 8 juillet 1781.
SIMARD, Catherine, [AUGUSTIN III. b 1734.

Jean-Louis, b [4] 15 dec. 1751 ; s [4] 23 juin 1753. — *Pierre*, b [4] 4 février et s [4] 21 avril 1753. — *Jean*, b [4] 19 janvier et s [4] 14 fevrier 1754.—*Marie-Catherine*, b [4] 22 janvier 1755 ; m [4] 12 fevrier 1776, à Pierre TURCOT. — *Jean*, b [4] 1er oct. 1757 ; s [4] 20 janvier 1759.— *Marie-Louise*, b 1760 ; m [4] 7 oct. 1783, à Joseph DUPRAT. — *Marguerite*, b [4] 29 juillet 1762 ; m [4] 27 janvier 1784, à Jean-Baptiste TOURANGEAU. — *Jean-Baptiste*, b [4] 9 février 1764 ; 1° m [4] 1er août 1786, à Marie-Louise VALENTIN ; 2° m [4] 29 avril 1794, à Marguerite DEROME.—*Marie*, b... m [4] 26 mai 1789, à Guillaume BROWN.—*Suzanne*, b 1772 ; s [4] 16 janvier 1776.

1754, (4 juin) Trois-Rivières.[5]

IV.—LEMAITRE, LOUIS, [LOUIS III. b 1723 ; s [5] 22 oct. 1755.
BLONDIN (1), Geneviève, [CLAUDE III. b 1730.
Louis, b [5] 14 et s [5] 16 mai 1755.—*Marie-Louise* (posthume), b [5] 24 mai 1756.

1755, (16 juin) Yamachiche.

IV.—LEMAITRE, CHARLES, [JEAN-BTE III. b 1731.
LESIEUR, Marie. [CHARLES II.

1756, (25 oct.) Trois-Rivières.[7]

IV.—LEMAITRE (2), JACQUES, [PIERRE III. b 1731.
THOMAS, Marie-Joseph, [FRANÇOIS I. b 1737.
Marie-Amable, b [7] 26 juillet 1757. — *Claire*, b [7] 8 fevrier 1759. — *Jacques-Denis*, b [7] 9 mars 1760. —*Jean-Baptiste*, b [7] 27 déc. 1761.

LEMAITRE (3), ANTOINE.
SAUCIER, Madeleine.
Antoine, b 15 janvier 1759, à la Rivière-du-Loup.[5] — *Charles*, b [5] 18 août 1760.

1760, (29 juillet) Rivière-du-Loup.

IV.—LEMAITRE (3), PIERRE, [CHARLES III. b 1728.
SYLVAIN, Madeleine. [PIERRE.

1767, (19 janvier) Yamachiche.

IV.—LEMAITRE (4), ALEXIS. [FRANÇOIS III.
LESIEUR (5), Marguerite, [JEAN-BTE III. b 1752.

1772, (19 oct.) Batiscan.

IV.—LEMAITRE (6), JOSEPH, [PIERRE III. b 1746.
1° LEPELLÉ (7), Amable, [MICHEL-STANISLAS III. b 1754.
1778, (2 mars) Nicolet.
2° PROU, Madeleine. [JEAN-BTE III.

(1) Dit Auger—Beaunoyers.
(2) Dit LaPerle.
(3) Dit Lalongée.
(4) Elle épouse, le 27 nov. 1752, Pierre Duguay, aux Trois-Rivières.
(5) Dit Jugon.

(1) Dit Leclerc ; elle épouse, le 21 janvier 1758, Barthélemi Potier, aux Trois-Rivières.
(2) Dit Notinville.
(3) Dit Auger.
(4) Marie sous le nom de Duhemme.
(5) Dit Desaulniers.
(6) Dit Lottinville.
(7) Derive.

LEMAITRE, Joseph.
Lapointe, Marie-Angélique.
Marie-Angélique, b 12 dec. 1786, à Lachenaye.

1786, (1er août) Québec.[9]
II.—**LEMAITRE** (1), Jean-Bte, [Jean I.
b 1764.
1° Valentin (2), Marie-Louise, [Pierre I.
b 1762; s [9] 19 avril 1793.
1794, (29 avril).[9]
2° Derome, Marguerite, [Frs-Xavier IV.
b 1770.

LEMAITRE (3), Désiré.
....
Marie-Corinne, b... m 16 février 1863, à Antoine-Majoric Rivard, à St-Léon.

I.—**LEMAJEUR**, Jean.
Verret, Isabelle.
Françoise, b 19 sept. 1720, à Montréal.

LEMALLE.—*Surnom :* St. Louis.

1761, (25 mai) Charlesbourg.
I.—**LEMALLE** (4), Louis, b 1730 ; fils de Jean et de Madeleine Brûlé, de N.-D. de Gray, diocèse de Besançon, Franche-Comté.
Bouré, Marie-Louise, [François III.
b 1737.
Angélique-Louise, b 11 mars et s 15 avril 1762, à Quebec.[8] — *Etienne*, b [8] 27 déc. 1763.

LEMALTAY.—Voy. Malteste.

LEMANCEAU.—*Surnom :* Labonnevie.

1749, (2 juin) Montréal.
I.—**LEMANCEAU** (5), Pierre, fils de Michel-Nicolas (chirurgien) et d'Anne Leblanc, de Lapomeray, diocèse d'Angers, Anjou.
1° Martineau, Françoise-Louise, [Sébastien.
b 1731.
1753, (10 sept.) Chambly.[8]
2° Barré, Therèse. [Louis I.
Pierre, b [8] 18 juillet 1754.—*Marie-Marguerite*, b [8] 1er fevrier 1756.—*Pierre*, b [8] 8 juillet 1757.—*Jean-Romain*, b [8] 11 avril 1759.—*François*, b [8] 6 février 1761.

LeMARCHAIS.—Voy. DeCarrière, 1720.

LeMARCHAND.—*Variation et surnoms :* Marchand — De Lignery — De Savigny—Deslignery.

(1) Dit Jugon.
(2) Dit Mecteau.
(3) Dit Auger.
(4) Dit St. Louis; soldat canonnier de la colonie ; venu en 1756, ayant servi 10 ans dans le régiment de Chaumont, qu'il déserte en 1755; passe à l'Ile de Ré et de là en Canada. (Régistre des Procès-Verbaux, 1761).
(5) Dit Labonnevie; soldat de la compagnie Lepervanche.

1691, (19 nov.) Montreal.[1]
I.—**LeMARCHAND** (1), Constant,
s 21 février 1732, aux Trois-Rivières.[3]
Robutel, Anne, [Claude I
b 1662 ; s [2] 26 février 1734.
Charles, b [2] 7 janvier 1696 ; m [3] 18 mai 1732, à Ursule Aubert. — *Constant-Christophe*, b [2] 29 avril 1700 ; s [2] 16 juillet 1708.—*François*, b 1704 ; m [2] 27 janvier 1738, à Marie-Therèse Migeon. — *Marie-Joseph*, b... m 1736, à Jean-Baptiste Lacoste.

1732, (18 mai) Trois-Rivières.
II.—**LeMARCHAND** (2), Charles, [Constant I
b 1696.
Aubert (3), Ursule, [François II.
b 1700.

1738, (27 janvier) Montréal.[1]
II.—**LeMARCHAND** (4), François, [Constant I
b 1704.
Migeon (5), Marie-Thérèse, [Daniel II (6).
b 1713.
Daniel-François, b [1] 6 dec. 1738 ; s [1] 23 février 1739.—*Constant-François-Daniel*, b [1] 9 nov. 1739. — *Pierre-Marie*, b [1] 2 oct. 1743. — *Marie-Anne-Marguerite*, b [1] 3 juillet 1745. — *Charles-Denis*, b [1] 22 juillet 1746 ; s [1] 14 déc. 1750. — *Louis-Victor*, b [1] 26 août 1748. — *Marie-Thérèse*, b [1] 22 fevrier 1750.

I.—**LeMARCHAND** (7), Gilles, b 1727, celibataire ; de Dinan, diocèse de St-Malo, Bretagne ; s 15 mars 1779, à la Rivière-Ouelle.

LEMARCHÉ.—*Surnom :* Laroche.

1654, (13 oct.) Montréal.[6]
I.—**LEMARCHÉ** (8), Jean,
menuisier.
Hureau, Catherine,
b 1640 ; s [6] 20 oct. 1680.
Jean, b 29 nov. 1664, à Québec.

LEMARIÉ.—*Variations :* Marié—Morier, 1721

1653.
I.—**LEMARIÉ** (9), Jacques,
b 1628, s 7 mai 1708, à St-Augustin [1]
Morin, Marie,
b 1629, s 18 oct. 1702, à Ste-Foye.[2]

(1) Chevalier, sieur de Lignery; voy. vol. I, p. 375.
(2) Il signe Marchant-DesLigneris.
(3) Elle épouse, le 4 nov. 1741, Charles-Joseph Desfeltz, à Québec.
(4) De Lignery ; officier—Il était, en 1731, aux Trois-Rivières—Capitaine de la colonie qui releva M. Dumas au fort Duquesne, 1757—En 1759, fut fait prisonnier par les Anglais et maltraité.
(5) De la Gauchetière.
(6) Il a laissé son nom "Lagauchetière" à une des principales rues de la ville de Montréal.
(7) Arrivé en 1740. (Régistre des Procès-Verbaux, 1766, archevêché de Québec).
(8) Dit Laroche ; voy. vol. I, p. 375.
(9) Voy. vol. I, p. 375.

Michel, b 1654 ; m 27 février 1680, à Françoise Brière, à la Pte-aux-Trembles, Q. ; s 25 oct. 1727, à St-Nicolas. — *Thomas*, b 3 mai 1661, à Québec[3]; 1° m 27 mars 1685 (date du contrat), à Louise Sédilot ; 2° m[2] 6 juillet 1700, à Jeanne Labadie ; s 7 déc. 1722, à Montréal. — *Charles*, b[3] 8 déc. 1662 ; m[3] 27 mars 1685, à Marie-Françoise Sédilot ; s[2] 3 juin 1711 —*Antoine*, b 1672 ; 1° m[1] 12 oct. 1699, à Jeanne Doré ; 2° m 1701, à Thérèse Tinon-Desroches ; s[3] 10 avril 1741.

1680, (27 février) Pte-aux-Trembles, Q. [1]

II.—LEMARIÉ (1), Michel, [Jacques I.
b 1654 ; s 25 oct. 1727, à St-Nicolas. [2]
Brière, Françoise, [Denis I.
b 1662 ; s [2] 9 août 1739.

Michel, b [1] 13 sept. 1682 ; m 24 nov. 1715, à Marie-Madeleine Pilote, à Ste-Foye, s [2] 29 oct. 1757.—*Jacques*, b 8 nov. 1684, à Quebec[3] ; s [2] 14 mars 1714. — *Elisabeth*, b [1] 3 nov. 1686 ; m [2] 25 nov. 1717, à Jean-Baptiste Lambert. — *Thérèse*, b.. m [2] 28 nov. 1709, à François Boucher. — *Jean*, b [2] 15 fevrier 1695 ; 1° m [3] 13 sept. 1725, à Jeanne Tabeaux ; 2° m [3] 4 nov. 1732, à Marie-Angélique Hébert.—*Françoise*, b [2] 17 nov. 1699 ; 1° m[3] 11 mai 1727, à Denis Gagnon ; 2° m 11 nov. 1736, à Joseph Coté, à St-Antoine-Tilly. [4] — *Marie-Anne*, b [2] 12 juin 1705 ; m [4] 26 août 1727, à Fabien Coté ; s [4] 15 avril 1739.

1685, (27 mars) (2).

II—LEMARIÉ (1), Thomas, [Jacques I.
b 1661 ; s 7 déc. 1722, à Montréal. [7]
1° Sédilot (3), Louise, [Etienne II.
b 1669 ; s 3 février 1700, à Ste-Foye. [6]

Jacques, b 26 juillet 1689, à la Pte-aux-Trembles, Q ; s [7] 3 oct. 1742.

1700, (6 juillet). [6]

2° Labadie, Jeanne, [François I.
b 1674 ; veuve de Nicolas Sylvestre.

Pierre, b [6] 29 juin 1701 ; m [7] 31 janvier 1729, à Louise Jarry —*Michel*, b... m 1728, à Catherine Limoges. — *Marie-Charlotte*, b [6] 19 avril 1704 ; m 19 oct. 1722, à Jacques Voyne, à la Pte-aux-Trembles, M. — *Joseph*, b [6] 8 oct. 1709 ; m 1739, à Marguerite Corbeil.—*Marie-Françoise*, b 1714 ; m à Maurice-Albert-Jean-Baptiste Dutrisac.— *Flavien*, b [6] 7 sept. 1716 ; m 14 oct. 1754, à Angelique Bau, à Boucherville.

1685, (27 mars) Québec. [5]

II.—LEMARIÉ (1), Charles, [Jacques I.
b 1662 ; s 3 juin 1711, à Ste-Foye [6]
Sédilot, Marie-Françoise, [Etienne II.
b 1667 ; s [5] 3 février 1743.

Antoine, b 16 sept. 1688, à la Pte-aux-Trembles, Q., m 20 oct. 1722, à Marguerite-Louise Dubos, à St-Augustin ; s [6] 24 dec. 1771.—*Blaise*, b[6] 4 juin 1706 ; 1° m [6] 10 fevrier 1735, à Marie Maufet ; 2° m [5] 3 nov. 1750, à Marie Latache.

(1) Voy. vol. I, p. 375.
(2) Date du contrat (Greffe de Duquet).
(3) Et Seguillot.

1699, (12 oct.) St-Augustin. [9]

II.—LEMARIÉ (1), Antoine, [Jacques I.
b 1672 ; s 10 avril 1741, à Québec. [8]
1° Doré, Jeanne, [Louis I.
b 1676 ; s [9] 3 août 1700.

1701.

2° Tinon (2), Thérèse, [Emard I.
b 1680.

Antoine, b 30 août 1702, à Longueuil. — *Marguerite*, b [9] 15 avril 1705 ; m [8] 7 fevrier 1735, à Charles Payan ; s [8] 18 sept. 1757.—*Marie-Thérèse*, b [9] 25 déc. 1706 ; m[8] 4 nov. 1728, à Jacques Badeau. —*Marie-Charlotte*, b [9] 17 juillet 1710 ; m [8] 1er mai 1730, à François-Marie Lefebvre.

1715, (24 nov.) Ste-Foye.

III.—LEMARIÉ, Michel, [Michel II.
b 1682 ; s 29 oct. 1757, à St-Nicolas. [7]
Pilote, Marie-Madeleine, [Jean II.
b 1692 ; s [7] 1er février 1742.

Michel, b [7] 17 sept. 1716 ; s 15 sept. 1788, à Quebec.—*Jean-Baptiste*, b [7] 2 août et s [7] 6 nov. 1718.—*Jean*, b [7] 20 nov. 1719. — *Marie-Louise*, b 12 mai 1721, à St-Augustin ; m [7] 7 janvier 1742, à Joseph Fréchet.—*Pierre-Joseph*, b [7] 21 juin et s [7] 4 sept. 1723.—*Joseph*, b [7] 11 juillet 1724 ; s [7] 20 janvier 1758. — *Marie-Françoise*, b 5 fevrier 1726, à St-Antoine-Tilly.—*Marie-Anne*, b [7] 3 oct. 1728 ; 1° m 10 fevrier 1749, à Alexis Roy, à St-Valier[6] ; 2° m [6] 28 sept. 1761, à Jean Toussaint. — *Marie-Marguerite*, b [7] 7 juin 1730 ; s [7] 17 mai 1731.—*Louis*, b [7] 5 janvier 1732. — *Jean-Charles*, b [7] 5 janvier 1735.

LEMARIÉ, Jacques.
Desroches, Angelique.

Claude, b 26 août 1721, à la Pointe-aux-Trembles, M.

1722, (20 oct.) St-Augustin.

III.—LEMARIÉ, Antoine, [Charles II.
b 1688 ; s 24 dec. 1771, à Ste-Foye. [5]
Dubos (3), Marguerite-Louise, [Jean II.
b 1704 ; s [5] 15 sept. 1767.

Jean-Baptiste, b [5] 20 juillet 1723 ; m 1751, à Marie-Anne Lamotte.—*Antoine*, b [5] 27 nov. 1724 ; m 19 août 1748, à Catherine Savard, à l'Ile-aux-Coudres [4] ; s [4] 8 janvier 1759.—*Jean*, b [5] 3 fevrier 1726.—*Marie-Louise*, b [5] 22 février 1728.— *Charles*, b 1729 ; m [5] 27 oct. 1750, à Marie-Anne Samson ; s [4] 25 fevrier 1759. — *Marie-Louise*, b [5] 20 avril 1730 ; s [5] 11 février 1731. — *Philippe*, b [5] 12 juin 1732.—*Pierre*, b [5] 15 juillet 1733 ; s [5] 22 mai 1734. — *François-Régis*, b [5] 21 oct. 1735. — *Marie-Louise*, b [5] 15 février 1737 ; m [5] 1er oct. 1752, à Joseph Debien.—*Marie-Geneviève*, b [5] 17 avril 1738 ; s [5] 27 nov. 1740. — *Elisabeth-Françoise*, b [5] 5 et s [5] 27 mai 1740.— *Marie-Elisabeth*, b [5] 26 déc. 1742 ; m [5] 13 juin 1768, à Louis Derome.

(1) Voy. vol. I, p. 376.
(2) Dit Desroches.
(3) Voy. Dubeau.

LEMARIE, ANTOINE.
CADRIN, Françoise.
Augustin-Pierre, b 8 oct. 1724, à St-Valier [3]; s [3] 19 oct. 1725.

1725, (13 sept.) Québec. [2]

III.—**LEMARIÉ**, JEAN, [MICHEL II.
b 1695.
1° TAREAUX (1), Jeanne, [ISAAC-LAURENT I.
b 1700.
Marie-Joseph, b [2] 2 juillet 1728; s [2] 9 avril 1729.
1732, (4 nov.) [2]
2° HÉBERT, Marie-Angelique, [ANTOINE I.
b 1709; s [2] 2 août 1774.

1726, (27 juin) Cap-St-Ignace.

III.—**LEMARIÉ**, CHARLES-AMADOR, [CHARLES II.
b 1702; s 15 juin 1767, à St-Foye. [1]
BELLEAU, Madeleine, [JEAN-BTE II.
b 1706.
Marie-Madeleine, b [1] 15 août 1728; m [1] 11 avril 1768, à Michel-Jacques HAUTBOIS.—*Charles-Amador*, b [1] 20 mai 1731; m 23 nov. 1761, à Marie-Joseph GAGNÉ, à Lorette. — *Marie-Madeleine*, b [1] 18 mars 1732. — *Antoine*, b [1] 22 mars 1733; m [1] 17 juin 1767, à Françoise ROUTIER.— *Marie-Geneviève*, b [1] 5 août 1737; s [1] 28 sept. 1738.—*Antoine*, b [1] 25 oct. 1739. — *Marie-Geneviève*, b... m [1] 14 février 1757, à Louis PAQUET. — *Marie-Anne*, b [1] 11 mars 1742.—*Joseph*, b [1] 10 sept. 1744.—*Michel*, b [1] 8 mars 1746; s [1] 26 juin 1747.

1728.

III.—**LEMARIÉ**, MICHEL. [THOMAS II.
LIMOGES, Catherine.
Véronique, b 18 avril 1729, à Terrebonne. [1] — *Geneviève*, b 9 juin 1730, à St-François, I. J. [2]; 1° m à Nicolas HÉBERT-LAROSE; 2° m [1] 25 mai 1761, à Antoine DUMAS; 3° m [1] 12 fevrier 1776, à Nicolas JAMET.—*Pierre*, b [2] 8 mai 1731.—*Michel*, b... m 5 juin 1752, à Catherine MATTE, à Lachenaye.—*Joseph*, b [2] 7 et s [2] 19 juillet 1733.—*Louis*, b [1] 14 juin 1738; m 27 nov. 1758, à Marie-Joseph VALIQUET, à St-Vincent-de-Paul.—*Toussaint*, b [1] 5 mai 1739; m 1761, à Marguerite BROUSSARD.—*Marguerite*, b [1] 2 mars 1743.—*Joseph*, b [1] 9 mai 1744.

1729, (31 janvier) Montréal. [3]

III.—**LEMARIÉ**, PIERRE, [THOMAS II.
b 1701.
JARRY (2), Marie-Anne-Louise, [HENRI II.
b 1706.
Marie-Anne, b [3] 24 juillet 1730; s 4 mai 1750, à Terrebonne. [4] —*Thomas*, b [4] 17 avril 1734; m 26 février 1759, à Marie-Anne CORON, à Ste-Rose; s [4] 19 mai 1760.—*Agathe*, b [4] 27 mars 1736; m [4] 1er mars 1756, à François BEAUCHAMP.—*Marie-Joseph*, b [4] 18 fevrier 1738; 1° m [4] 20 oct. 1760, à Pierre CORON; 2° m [4] 26 juillet 1773, à Jean DESSUREAUX.—*Louis-Henri*, b [4] 21 dec. 1739; s [4] 14 janvier 1742.—*Léocadie*, b [4] 10 dec. 1741; m [4] 23 fevrier 1767, à Joseph BÉLANGER.—*Henri-Flavien*, b [4] 12 sept. 1743.—*Marie-Catherine*, b [4] 26 janvie[r] 1748; s [4] 11 février 1773.—*Madeleine*, b 1750; m [4] 12 février 1776, à Jean-Baptiste DESSUREAUX.

(1) Voy. Sareau.
(2) Dit Henrichon.

1729, (16 sept.) Québec. [5]

III.—**LEMARIÉ**, JOSEPH, [MICHEL II.
b 1697.
DUMETS (1), Marie-Agnès, [JEAN I.
b 1708.
Marie-Joseph, b [5] 19 et s [5] 20 déc. 1730.—*Marie-Joseph*, b [5] 30 avril 1732.—*Jean-Joseph*, b [5] 2[?] janvier 1734; s [5] 24 mai 1735.—*Jean-Baptiste-Joseph*, b [5] 5 nov. 1735.—*Anne*, b [5] 5 avril 1737; m [5] 11 oct. 1756, à Guillaume-François DERBY.—*Joseph*, b... s [5] 11 dec. 1741.—*Marie-Agnès*, b... m [5] 19 fevrier 1759, à Jean-Louis BLAVIER.

LEMARIÉ, JEAN.
GAUTIER, Angélique.
Marie-Angélique, b 25 juillet 1735, à Québec [6]; s [6] 13 dec. 1737.

1735, (10 fevrier) Ste-Foye.

III.—**LEMARIÉ**, BLAISE, [CHARLES II.
b 1706.
1° MAUFET, Marie-Agnès, [CHARLES III
b 1716; s 1er août 1737, à Québec [7]
Charles, b [7] 22 nov. 1735; 1° m 30 oct. 1759 à Marie-Anne DAVID, à Bécancour [8]; 2° m [8] 1er juin 1761, à Catherine BARY.
1750, (3 nov.) [7]
2° LATACHE, Marie. [JEAN I
Marie-Madeleine, b [7] 23 août 1751. — *Jean-Baptiste*, b [7] 24 juin 1753.

1739.

III.—**LEMARIÉ**, JOSEPH, [THOMAS II
b 1709.
CORBEIL, Marguerite, [ANDRÉ I.
b 1698; veuve de Jean Chartran.
Pierre, b 1740; m 19 janvier 1761, à Archange SIMON, au Sault-au-Recollet.

1748, (19 août) Ile-aux-Coudres. [9]

IV.—**LEMARIÉ**, ANTOINE, [ANTOINE III.
b 1724; s [9] 8 janvier 1750.
SAVARD (2), Catherine, [JOSEPH-SIMON III
b 1731.
Charles-Amable-Antoine, b [9] 23 mars 1750; m [9] 20 fevrier 1775, à Geneviève CHEVALIER.—*Dominique*, b [9] 12 janvier 1753; m 20 nov. 1804, à Marie GAGNÉ, à Rimouski.—*Marie-Louise*, b [9] 31 mars 1754; m [9] 1er juin 1772, à Felix-Philemon PILOTE; s 2 fevrier 1786, aux Eboulements—*Joseph*, b [9] 8 mars 1757.—*Marie-Madeleine*, b [9] 19 nov. 1758.

1750, (27 oct.) Ste-Foye. [1]

IV.—**LEMARIÉ**, CHARLES, [ANTOINE III.
b 1729; s 25 fevrier 1759, à l'Ile-aux-Coudres.
SAMSON, Marie-Anne, [JOSEPH III.
b 1727; s [1] 11 janvier 1755.

(1) Voy. Dumay.
(2) Elle épouse, le 24 sept. 1764, André Couturier, à l'Ile-aux-Coudres.

Antoine, b [1] 13 juillet et s [1] 11 sept. 1751.—*Charles*, b [1] 20 août 1752; m 29 sept. 1777, à Geneviève GUILLAUME, à Québec [2]; s [2] 21 juin 1793.—*François*, b [1] 12 août 1753.—*Antoine*, b [1] 28 juillet 1754.

1751.

IV.—LEMARIÉ, JEAN-BTE, [ANTOINE III.
b 1723.
LAMOTTE, Marie-Anne.
Marie-Geneviève, b 14 avril 1752, à l'Islet.

IV.—LEMARIÉ (1), MICHEL, [MICHEL III.
b 1716; s 15 sept. 1788, à Québec.

1752, (5 juin) Lachenaye.

IV.—LEMARIÉ, MICHEL. [MICHEL III.
MATTE, Catherine, [PIERRE III.
b 1734.

1754, (14 oct.) Boucherville.

III.—LEMARIÉ, FLAVIEN, [THOMAS II.
b 1716.
BAU (2), Angélique, [FRANÇOIS III.
b 1733; s 4 déc. 1755, à Terrebonne. [4]
Thérèse, b 16 nov. 1755, à Ste-Rose; m [3] 2 fevrier 1778, à Jean-Baptiste SUREAU.

1758, (27 nov.) St-Vincent-de-Paul.

IV.—LEMARIÉ, LOUIS, [MICHEL III.
b 1738.
VALIQUET, Marie-Joseph, [PIERRE III.
b 1737.
Marie-Victoire, b 20 déc. 1759, à St-Henri-de-Mascouche. [2]—*Marie-Joseph*, b [2] 14 mai 1761.

1759, (26 fevrier) Ste-Rose. [2]

IV.—LEMARIÉ, THOMAS, [PIERRE III.
b 1734; s 19 mai 1760, à Terrebonne.
COROY (3), Marie-Anne, [JEAN III.
b 1737.
Pierre, b [2] 8 février 1760.

1759, (30 oct.) Bécancour [6]

IV.—LEMARIÉ, CHARLES, [BLAISE III.
b 1735.
1° DAVID, Marie-Anne, [JEAN I.
b 1729; s [6] 28 avril 1760.
1761, (1er juin). [6]
2° BARY (4), Catherine. [PIERRE II.

LEMARIÉ, JEAN.
COULON, Marie-Joseph.
Marie-Joseph, b 29 janvier et s 7 février 1761, à Chambly.

(1) Ancien contre-maître des Ursulines.
(2) Et Lebeau.
(3) Elle épouse, le 1er avril 1761, Ignace Tibaut, à Ste-Rose.
(4) Voy. Baril.

1761, (19 janvier) Sault-au-Récollet.

IV.—LEMARIÉ, PIERRE, [JOSEPH III.
b 1740.
SIMON, Archange, [FRANÇOIS III.
b 1743.

1761, (23 nov.) Lorette. [2]

IV.—LEMARIÉ, CHS-AMADOR, [CHS-AMADOR III.
b 1731.
GAGNÉ (1), Marie-Joseph, [ETIENNE V.
b 1735.
Marie-Joseph, b [2] 20 nov. 1762; m 22 nov. 1791, à Basile DELAVOYE, à Québec. [3]—*Marie-Charlotte*, b [2] 15 déc. 1763; m [3] 14 février 1792, à François-Xavier-Régis GAUDIN.—*Madeleine*, b... m [3] 22 janvier 1788, à Jean-Marie LABEAU.—*Charlotte*, b 7 déc. 1775, à Ste-Foye.—*Louise*, b... m [3] 2 février 1796, à Nicolas LETOURNEAU.

1761.

IV.—LEMARIÉ, TOUSSAINT, [MICHEL III.
b 1739.
BROUSSARD, Marguerite.
Marie-Marguerite, b 4 mai 1762, à Lachenaye.

1767, (17 juin) Ste-Foye. [8]

IV.—LEMARIÉ, ANTOINE, [CHS-AMADOR III.
b 1733.
ROUTIER, Marie-Françoise, [ANTOINE III.
b 1742.
Marie-Madeleine, b [8] 3 mai 1768; s [8] 24 août 1770.—*Françoise*, b [8] 25 nov. 1769.—*Louis-Antoine*, b [8] 16 juillet 1771.—*Charles*, b [8] 17 avril et s [8] 20 juillet 1773.—*Charles*, b [8] 21 février 1775.

LEMARIÉ, FRANÇOIS.
HAMEL, Marguerite.
François, b 3 fevrier 1771, à Ste-Foye. [7]—*Louis-Pierre*, b [7] 28 juin 1772; s [7] 16 oct. 1773.—*André*, b [7] 22 fevrier 1774.

1775, (20 février) Ile-aux-Coudres. [8]

V.—LEMARIÉ, CHS-AMABLE-ANT., [ANTOINE IV.
b 1750.
CHEVALIER (2), Geneviève. [JEAN I.
Antoine, b [8] 12 dec. 1775.—*Victoire*, b [8] 23 avril 1777.—*Marie-Geneviève*, b [8] 5 juillet 1779.

1777, (29 sept.) Québec. [3]

V.—LEMARIÉ, CHARLES, [CHARLES IV.
b 1752; s [3] 21 juin 1793.
GUILLAUME (3), Geneviève, [LOUIS-JULIEN I.
b 1758.

LEMARIÉ, JOSEPH-MARIE.
GRENIER, Marie-Archange.
Marie-Archange, b 25 janvier 1781, à Lachenaye. [2]—*Joseph*, b [2] 1er juin 1783.

LEMARIÉ, LOUIS.
........., Marie-Suzanne.
Marie-Suzanne, b 30 juillet 1787, à Lachenaye.

(1) Elle épouse, le 28 juillet 1789, Joseph Canac, à Québec.
(2) Aussi appelée Mont—Jeamont.
(3) Dit Descormiers.

LEMARIÉ, Charles.
1° Lemay, Françoise,
b 1766 ; s 14 avril 1794, à Nicolet. [9]
1795, (13 avril). [9]
2° Morin, Marie, [Joseph.
s [9] 9 déc. 1795.

1804, (20 nov.) Rimouski.

V.—LEMARIÉ, Dominique, [Antoine IV.
b 1753.
Gagné, Marie. [Joseph VI.

LEMARQUIS.—Voy. Dupuyau—Marquis.

LEMAY.—*Variations et surnoms :* Lemai — Lemaye — Lemée—Lemetz—Delorme—Larondière—Léonard—Poudrier—Rencontre.

1659, (15 juin) Trois-Rivières.

I.—LEMAY (1), Michel,
b 1630.
Dutost, Marie-Michelle,
b 1640.

Joseph, b 1663 ; m à Marie-Agnès-Madeleine Gaudry ; s 12 août 1707, à Montréal. — *Marie-Jeanne*, b 1672 ; m à Etienne Denevers. — *Jean*, b 1673 ; m 1705, à Marie-Helène Boucher ; s 17 déc. 1731, à St-Nicolas. — *Madeleine*, b 1677 ; m 1695, à Claude Houde ; s 8 dec. 1742, à St-Antoine-Tilly. — *Antoinette*, b 8 mars 1680, aux Grondines ; m à François Girard ; s 16 avril 1761, à la Pte-du-Lac.

1686, (22 avril) Champlain. [9]

II.—LEMAY (1), Michel, [Michel I.
b 1660.
Jobin, Catherine, [Charles I.
b 1666.

Michel, b 21 nov. 1689, au Cap-Santé ; m à Geneviève Marot. — *Louis*, b 1697 ; m 26 mai 1732, à Isabelle Tifaut, à Ste-Geneviève.—*Marguerite*, b... m 1726, à François Hamel.— *Marie-Catherine*, b 1701 ; m 1728, à Jean-Baptiste Augé ; s 27 oct. 1767, à Lotbinière. — *Marie-Agnès*, b... m 21 nov. 1729, à Louis Houde, à Ste-Croix.— *Antoine*, b 19 janvier 1703, à Batiscan ; 1° m [9] 14 fevrier 1735, à Angélique Dubord-Lafontaine ; 2° m 27 mai 1749, à Marguerite Desfossés, à Nicolet ; s 3 juillet 1766, à l'Ile-Dupas.

1687, (24 nov.) Charlesbourg.

II.—LEMAY (1), Ignace, [Michel I.
b 1667.
Girard, Anne, [Joachim I.
b 1670.

Ignace, b 21 nov. 1689, au Cap-Santé ; m 1727, à Catherine Lemire. — *Jean-Baptiste*, b 13 oct. 1697, à Lotbinière [7] ; m 1717, à Angélique Pérusse.—*Marie-Anne*, b 1698 ; m [7] 26 nov. 1727, à Jean-Baptiste Legendre. — *Joseph-Louis*, b... m 15 nov. 1728, à Marie-Geneviève Fréchet, à St-Nicolas.

(1) Voy. vol. I, p. 376.

II.—LEMAY (1), Joseph, [Michel I
b 1663 ; s 12 août 1707, à Montréal. [6]
Gaudry, Marie-Agnès, [Nicolas I.
b 1667 ; s [6] 9 juin 1713.

Madeleine, b 1687 ; m [6] 6 mai 1708, à François Tevenin.—*Joseph*, b 1691 ; 1° m [6] 8 oct. 1714, à Madeleine Lecompte ; 2° m 8 août 1740, à Madeleine Dubé, à St-Laurent, M. [1] — *Charles*, b 11 juillet 1692, à la Pte-aux-Trembles, Q. ; m [6] 30 dec. 1714, à Elisabeth Paillart ; s [1] 15 août 1721.—*Ignace*, b 1695 ; 1° m [6] 31 janvier 1718, à Anne Lecompte ; 2° m 29 février 1740, à Madeleine Barbeau, à St-François, I. J. — *Anne*, b... m [6] 31 janvier 1718, à Joseph-Michel Dagenais.—*Jacques*, b [6] 24 juin 1702 ; s [6] 26 nov. 1714.—*Marie-Joseph*, b [6] 12 août 1703 ; m [6] 16 nov. 1722, à Basile Bélanger.—*Catherine*, b... m [1] 20 fevrier 1724, à Théodore Masson. — *Barthélemi*, b [6] 28 nov. 1705 ; m [1] 5 fevrier 1731, à Marie Aubert-Latouche.

1691, (26 mai) Pte-aux-Trembles, Q

II.—LEMAY (1), Charles, [Michel I
b 1669.
Houde, Louise, [Louis I.
b 1673.

Marie-Joseph, b... m 1712, à Pierre Alary —*Louis*, b 1694 ; 1° m 10 avril 1725, à Angelique Morisset, à St-Antoine-Tilly ; 2° m 15 nov. 1734, à Thérèse Aubry, à St-Laurent, M. ; 3° m 6 nov. 1747, à Isabelle Bastien, à Montreal ; s 30 sept 1781, à l'Hôpital-Général, M. — *Marie-Angelique*, b 1703 ; m 1722, à Gaspard Chorret, s 27 juin 1731, à Ste-Croix.

1695, (7 février) Cap-Santé.

II.—LEMAY (1), Pierre, [Michel I.
b 1671.
Germain, Marie-Anne, [Robert I.
b 1676 ; s 10 dec. 1749, à Lotbinière. [1]

Marie-Angélique, b 1700 ; m 26 nov. 1720, à Jacques Baudet, à Ste-Croix ; s [1] 13 mars 1742 —*Mathurin*, b... m 30 oct. 1730, à Marie-Joseph Bourbeau, à Bécancour.—*Joseph*, b... m à Angelique Grenier.—*Jean-Baptiste*, b 1712, s [1] 22 fevrier 1713.

1705.

II.—LEMAY (2), Jean, [Michel I.
b 1673 ; s 17 déc. 1731, à St-Nicolas [2]
Boucher, Marie-Hélène, [Pierre III
b 1678.

Jean-Baptiste, b 24 février 1706, à St-Antoine-Tilly. [3] — *Joseph*, b 1709 ; m 18 fevrier 1732, à Marie-Louise Biard, à Québec. [4] — *Marie-Louise*, b [2] 24 mars 1711 ; m [4] 12 sept. 1740, à François Georget ; s [4] 6 janvier 1759.—*François*, b [2] 1er mai et s [3] 26 juin 1714.—*Gabriel-François*, b [2] 3 déc. 1715.—*Marie-Joseph*, b [2] 2 mai 1718.

(1) Voy. vol. I, p. 376.

(2) Dit Larondière.

1714, (8 oct.) Montréal. [5]

III.—LEMAY, JOSEPH, [JOSEPH II.
b 1691.
1° LECOMPTE (1), Marie-Madeleine, [SAMUEL I.
b 1696.
Marie-Joseph, b [5] 14 oct. 1715; s [5] 5 janvier 1716.—*Marie-Anne*, b... m 1742, à Joseph CHORET.—*Ignace*, b [5] 27 janvier et s [5] 29 mars 1719.—*Joseph-Marie*, b [5] 9 mai 1719; m à Marie-Françoise CYR.—*Gabriel*, b [5] 7 mai 1720.—*Joseph*, b... s [5] 25 juin 1722.—*Madeleine*, b... s [5] 23 déc. 1724.—*Jean-Baptiste*, b 1724; s [5] 14 juillet 1747.—*Pierre*, b... m 19 oct. 1750, à Geneviève CONSTANTINEAU, à St-Vincent-de-Paul.

1740, (8 août) St-Laurent, M.
2° DUBÉ, Madeleine, [PIERRE II.
b 1709; veuve de Jean-Baptiste St-Romain.
Françoise, b 1741; m 18 avril 1757, à Joseph ROUILLARD, au Sault-au-Recollet. [6] — *Amable*, b [6] 20 février et s [6] 31 juillet 1745. — *Marie-Louise-Amable*, b [6] 27 oct. 1746. — *Marie-Catherine*, b [6] 18 mai 1748; 1° m à François-Xavier DELESSARD; 2° m 31 juillet 1780, à François AUDET-LAPOINTE, à Terrebonne.

1714, (30 déc.) Montréal. [7]

III.—LEMAY (2), CHARLES, [JOSEPH II.
b 1692; s 15 août 1721, à St-Laurent, M.
PAILLART, Marie-Elisabeth, [LEONARD I.
b 1695.
Gabriel, b [7] 10 mai et s [7] 5 juin 1716.—*Marie-Elisabeth*, b [7] 4 et s [7] 27 juin 1717.—*Paul*, b [7] 5 sept. 1718; m [7] 5 fevrier 1742, à Marie-Anne BEAUMONT.—*Louis-Gabriel*, b [7] 1er juillet 1720; m 29 oct. 1743, à Marie-Anne DAGENAIS, au Sault-au-Recollet.

LEMAY, JOSEPH.
BIDON, Marie.
Joseph, b 4 avril 1717, à Montréal.

1717.

III.—LEMAY (3), JEAN-BTE, [IGNACE II.
b 1697.
PÉRUSSE, Angélique. [JEAN I.
François, b... m 1740, à Marie-Louise PERRAULT.—*Alexis*, b 1720; s 3 mars 1734, à Lotbinière. [8]—*Joseph*, b... 1° m 1740, à Marie-Joseph HAMEL; 2° m [8] 9 fevrier 1750, à Marie-Angélique BAUDET.—*Marie-Joseph*, b [8] 19 mars 1728; m [8] 9 juin 1749, à Joseph HOUDE; s [8] 3 janvier 1750.—*Jean-Baptiste*, b [8] 24 mars 1730; s [8] 14 fevrier 1734.—*Eustache*, b [8] 27 janvier 1732.—*Michel*, b... m [8] 19 août 1765, à Angelique HOUDE.—*Marie-Thérèse* et *Geneviève*, b [8] 2 et s [8] 24 mars 1742.—*Marie-Louise*, b... m [8] 11 février 1765, à Joseph HOUDE.—*Louis*, b... m [8] 13 janvier 1766, à Marie-Joseph BAUDET.

(1) Dit Lagimaudière.
(2) Dit Delorme.
(3) Dit Poudrier.

1718, (31 janvier) Montréal. [1]

III.—LEMAY (1), IGNACE, [JOSEPH II.
b 1695.
1° LECOMPTE, Anne, [SAMUEL I.
b 1701; s 10 août 1739, au Sault-au-Récollet. [2]
Pierre, b 25 mars 1721, à St-Laurent, M. [3]; m [2] 15 nov. 1745, à Marie-Joseph CHARTRAN.—*Marie*, b 1723; 1° m [2] 8 janvier 1742, à Pierre CHORET; 2° m [2] 9 février 1756, à Charles CADOT.—*Marie-Anne*, b 24 janvier 1725, à la Longue-Pointe. [4]—*Jean-Baptiste*, b [4] 1er fevrier 1727; m 7 avril 1750, à Françoise CONSTANTINEAU, à St-Vincent-de-Paul.—*Marie-Catherine*, b 1728; m [2] 15 nov. 1745, à Charles CHARTRAN.—*Jacques*, b 1730; 1° m [2] 25 nov. 1754, à Marie-Joseph CHARTRAN; 2° m [3] 10 fevrier 1760, à Thérèse DESNOUX; 3° m [3] 14 oct. 1765, à Marie-Joseph JÉROME.—*Marie-Elisabeth*, b 1731; 1° m [2] 11 janvier 1751, à Pierre DAGENAIS; 2° m [2] 7 janvier 1754, à Jean-Jacques GIBOIN. — *Marie-Joseph*, b 1735; m [2] 4 avril 1758, à Jacques BRANGER.—*Marie-Amable*, b [2] 12 juillet 1736.—*Marie-Charlotte*, b [1] 23 et s [2] 27 janvier 1738.—*Marie-Joseph*, b [2] 9 et s [2] 27 août 1739.—*Marie-Françoise*, b... m [2] 9 janvier 1758, à Louis GIBEAU.

1740, (29 février) St-François, I. J.
2° BARBEAU, Madeleine, [JOSEPH I.
b 1698; veuve de Charles Chartran.

1719, (14 août) Ste-Anne-de-la-Pérade. [3]

III.—LEMAY, SIMON. [CHARLES II.
RICHER-LAFLÈCHE, Marie-Anne, [PIERRE I.
b 1700.
Marie-Anne, b [3] 12 janvier 1721; m 15 oct. 1753, à Pierre HOUDE, à Ste-Croix. [4]—*Pierre-Gervais*, b [3] 7 janvier 1723; m [4] 7 avril 1750, à Marie-Barbe MARTEL. — *Gabriel*, b [4] 5 déc. 1724.—*Charles*, b... m [4] 3 août 1750, à Louise BOISVERD. — *Marie-Louise*, b... m [4] 16 août 1757, à Jean MORISSET. — *Joseph*, b [4] 12 sept. 1729.—*François*, b... m 10 fevrier 1766, à Marie-Thérèse HAMEL, à la Baie-du-Febvre. — *Simon*, b... m 22 sept. 1766, à Marie-Joseph LEMAY, à Lotbinière.

III.—LEMAY, JOSEPH. [PIERRE II.
GRENIER, Marie-Angelique.
Joseph, b... m 3 nov. 1744, à Jeanne SYLVAIN, aux Trois-Rivières. — *Marie-Anne*, b... 1° m 18 juillet 1746, à Joseph RIVARD, à Yamachiche [7]; 2° m [7] 6 fevrier 1758, à Jean-Baptiste BALAN (2).—*Louise*, b... m [7] 16 avril 1747, à Louis-François LESIEUR. — *Jean-Baptiste*, b... m 16 nov. 1750, à Marie-Joseph VAILLANCOUR, à Ste-Croix. — *Antoine*, b 10 oct. 1728, à Lotbinière [1]; s [1] 28 sept. 1729. — *Antoine*, b [1] 29 sept. 1730; m 1754, à Marie-Geneviève PÉRUSSE. — *Michel*, b... m [7] 24 avril 1758, à Marie-Joseph FAFARD.

1725, (10 avril) St-Antoine-Tilly.

III.—LEMAY, LOUIS, [CHARLES II.
b 1694; maitre-charron; s 30 sept. 1781, à l'Hôpital-General, M.
1° MORISSET, Angelique, [PIERRE II.
b 1706; s 10 nov. 1733, à Lotbinière. [2]

(1) Dit Delorme.
(2) Voy. aussi Lacombe.

Marie-Hélène, b 1726 ; s [2] 10 nov. 1733.—*Louis-Marie*, b 1er mai 1728, à Ste-Croix [3] ; s [2] 3 dec. 1733.—*Marie-Angélique*, b [3] 4 et s [3] 27 mai 1730. —*Scholastique*, b [2] 29 avril 1731 ; m 29 oct. 1753, à Joseph Bourgoin, aux Trois-Rivières.

1734, (15 nov.) St-Laurent, M.

2° Aubry, Marie-Thérèse, [François II. b 1712.

Théophile, b... m 3 juin 1765, à Desanges Pelletier, au Détroit. — *Marguerite-Thérèse*, b 20 oct. 1736, au Sault-au-Récollet.

1747, (6 nov.) Montréal.

3° Bastien, Isabelle, [Philippe I. b 1695 ; veuve de Louis Leclerc.

III.—LEMAY, Michel, [Michel II. b 1689.

Marot-Labonté, Geneviève, [Jean I. b 1701.

Thérèse, b... m 20 juin 1746, à Louis Vanasse, aux Trois-Rivières. [6] —*Louis*, b 30 avril 1728, à Lotbinière [7] ; 1° m à Marguerite Desrosiers ; 2° m 27 oct. 1766, à Charlotte Lebeuf, à Châteauguay.—*Jean-Baptiste*, b [7] 23 mai 1730 ; m 1764, à Judith Augé. — *François-Xavier*, b 1738 ; s 16 nov. 1755, à Ste-Croix. — *Charlotte*, b [6] 3 février 1741.

LEMAY, Michel.

Houle, Geneviève.

Marie, b... m 7 avril 1739, à Michel Houle, à Bécancour.

1727.

III.—LEMAY, Ignace, [Ignace II. b 1689.

Lemire, Catherine, [Joseph II. b 1700.

Marie-Louise, b 16 mai 1728, à Lotbinière. [2]—*Marie-Catherine*, b [2] 7 mars 1730 ; m à Louis Leclerc ; s [2] 7 dec. 1755. — *Ignace*, b... m 4 février 1754, à Marie-Anne Brisson, à St-Pierre-les-Becquets. — *Marie-Louise*, b [2] 8 et s [2] 18 juin 1741.

1728, (15 nov.) St-Nicolas.

III.—LEMAY (1), Joseph-Louis. [Ignace II.

Fréchet, Geneviève, [François II. b 1696.

Marie-Joseph, b 23 oct. 1729, à Lotbinière [3] ; 1° m [3] 2 fevrier 1750, à Michel Marcot ; 2° m [3] 19 nov. 1764, à Louis Naud. — *Joseph-Louis*, b [3] 26 janvier 1731 ; m [3] 24 juillet 1752, à Marie-Geneviève Augé.—*Geneviève*, b... m [3] 26 nov. 1753, à Joseph Martineau.— *François-de-Sales*, b [3] 18 janvier 1734 ; m 7 sept. 1758, à Marie-Marthe Perrot, à St-Pierre-les-Becquets.— *Marie-Catherine*, b [3] 31 janvier 1741 ; m 1764, à Michel Baudet. — *Augustin*, b... m [3] 21 nov. 1768, à Marie-Françoise Baudet. — *Michel-Ignace*, b... m 1764, à Marie-Louise Roirou.

(1) Dit Poudrier.

1730, (30 oct.) Becancour.

III.—LEMAY, Mathurin. [Pierre II

Bourbeau, Marie-Joseph. [Pierre II

Mathurin, b 23 janvier et s 14 avril 1734, à Lotbinière. [4] — *Mathurin*, b... m 1762, à Geneviève Leclerc.—*Marie-Joseph*, b [4] 28 mars 1742. —*Joseph*, b... m [4] 20 mai 1765, à Marie Perron. —*Louis*, b... m [4] 24 août 1767, à Marie-Joseph Baudet.

1731, (5 février) St-Laurent, M. [5]

III.—LEMAY (1), Barthélemi, [Joseph II b 1705.

Aubert (2), Marie, [Julien I b 1710.

Marie-Jeanne, b 1732 ; m 19 février 1753, à Pierre Lorain, au Sault-au-Récollet. [4] — *Pierre*, b... 1° m [5] 21 janvier 1760, à Marie-Louise Bibaut, 2° m [5] 3 nov. 1773, à Marie-Jeanne Jabot.—*François-Joseph*, b [4] 17 mai 1737.— *Louise-Amable*, b [4] 10 mai 1739. — *Marie-Joseph*, b [4] 18 août 1740 ; m [4] 8 juin 1761, à Joseph Lorain.—*Marie-Madeleine*, b [4] 15 et s [4] 16 avril 1742. — *Anne-Charlotte*, b [4] 15 avril et s [4] 14 août 1742.—*Marie-Catherine*, b [4] 5 août 1743. — *Jean-Louis*, b [4] 10 mars 1745.— *Rose*, b 1746 ; s [5] 21 mars 1760 — *Nicolas*, b [4] 31 août 1747 ; s [4] 28 nov. 1748.— *Louis*, b [4] 11 et s [4] 20 juin 1749.

1731, (26 nov.) Batiscan.

III.—LEMAY, Jean-Bte. [Michel II.

Rivard, Geneviève, [Julien II. b 1707 ; s 20 déc. 1755, à Lotbinière. [6]

Joseph, b... m [6] 22 juillet 1756, à Marie-Catherine Gautier. — *Louis*, b [6] 21 oct. 1741 ; m [6] 12 nov. 1764, à Geneviève Faucher. — *Pierre*, b... m 18 février 1765, à Françoise Lemay, à Yamachiche.

LEMAY, Jacques.

....

Marie-Geneviève, b... m 10 février 1755, à Pierre Lefebvre, à la Baie-du-Febvre.

1732, (18 février) Quebec. [1]

III.—LEMAY (3), Joseph, [Jean II. b 1709.

Biard, Marie-Louise, [Pierre I. b 1704.

Marie-Françoise, b [1] 18 nov. 1732 ; m [1] 14 février 1757, à Jean Mouvier.—*Marie-Geneviève*, b [1] 24 nov. 1734 ; m 19 oct. 1761, à Olivier Mulot, à Bécancour.—*Marie-Joseph*, b [1] 24 sept. 1736 ; m [1] 14 février 1757, à Nicolas Dauplès.— *Marie-Charlotte*, b [1] 17 janvier 1739.—*Marie-Angélique*, b [1] 3 juin 1741.—*Marie-Louise*, b [1] 17 juillet 1743. —*Marguerite*, b [1] 14 nov. 1745 ; s [1] 27 février 1748.

(1) Dit Delorme—Léonard.

(2) Et Latouche.

(3) Dit Larondière.

1732, (26 mai) Ste-Geneviève. [3]

II.—LEMAY, Louis, [Michel II.
b 1697.
Tifaut, Isabelle, [Jacques I.
b 1700; veuve de Pierre Lariou.
Marie-Louise, b [3] 10 mai 1733. — *Louis*, b [3] 20 ... 1735.

1735, (14 fevrier) Champlain.

II.—LEMAY, Antoine, [Michel II.
b 1703; s 3 juillet 1766, à l'Ile-Dupas. [8]
1° Dubord-Lafontaine, Angélique, [Pierre II.
b 1712.
Antoine, b 7 déc. 1735, à Sorel [4]; s [3] 23 dec. 1735. — *Marie-Angélique*, b [4] 10 février et s [4] 3 mars 1737. — *Pierre-Amable*, b [3] 9 et s [3] 29 janvier 1738. — *Angélique*, b... m [3] 16 janvier 1758, Vital Dutaut. — *Marie-Françoise*, b [3] 26 mars 1741. — *Joseph*, b [8] 22 dec. 1742. — *Geneviève*, b 1744; m 1764, à Alexis Dutaut. — *Alexis*, b [4] 4 juillet 1746.

1749, (27 mai) Nicolet.

2° Laspron (1), Marguerite, [Jean-Bte II.
b 1712.

IV.—LEMAY (2), Joseph-Marie, [Joseph III.
b 1719.
Cyr, Marie-Françoise.
Ignace, b... s 4 avril 1774, à Québec. — *Joseph-Marie*, b 8 nov. 1743, à St-Vincent-de-Paul. [2] — *Jacques*, b [2] 24 juillet et s [2] 5 août 1746. — *Marie-Geneviève*, b [2] 8 sept. 1747. — *François*, b [2] 29 janvier 1750; s [2] 24 déc. 1751. — *Marie*, b [2] 20 février 1752. — *François-Amable*, b [2] 28 juin 1754. — *Louis*, b [2] 21 mars 1756.

1740.

IV.—LEMAY (3), François. [Jean-Bte III.
Perrault, Marie-Louise.
Marie-Madeleine, b 22 juillet 1741, à Lotbinière [8]; m [8] 9 sept. 1765, à Michel Houde. — *Marie-Louise*, b... m 27 oct. 1760, à Simon Roux, à St-Pierre-les-Becquets. [9] — *Françoise*, b... m 18 février 1765, à Pierre Lemay, à Yamachiche. — *Jean-Louis*, b [8] 12 déc. 1750; m 22 août 1774, à Marie-Charlotte Marchildon, à Batiscan. — *Marie-Joseph*, b [9] 28 mai et s [9] 5 juin 1753. — *Marie-Joseph*, b [9] 14 nov. 1756. — *Pierre*, b [9] 23 nov. 1759.

1740.

IV.—LEMAY, Joseph. [Jean-Bte III.
1° Hamel, Marie-Joseph. [Jean II
Marie-Joseph, b 10 mars 1741, à Lotbinière. [8]

1750, (9 février). [8]

2° Baudet, Marie-Angelique-Jos., [Michel II.
b 1727.
Marie-Angélique, b [8] 2 déc. 1750. — *Marie-Louise*, b [8] 16 janvier 1752. — *Geneviève*, b [8] 30 oct. et s [8] 15 nov. 1755. — *Marie-Geneviève*, b [8] 4 janvier 1757. — *Anonyme*, b [8] et s [8] 24 sept. 1758. — *Marie-Marguerite*, b [8] 18 mars 1764; s [8] 20 juillet 1765. — *Anonyme*, b [8] et s [8] 29 sept. 1766.

1742, (5 février) Montréal. [4]

IV.—LEMAY (1), Paul, [Charles III.
b 1718.
Beaumont, Marie-Anne, [Antoine I.
b 1720; s [4] 3 juin 1748.
Paul, b [4] 24 oct. 1742; s [4] 18 janvier 1743. — *Marie-Anne*, b [4] 18 mai 1744. — *Marie-Marguerite*, b [4] 2 et s [4] 14 juin 1746. — *Marie-Madeleine*, b [4] 17 oct. 1747.

1743, (29 oct.) Sault-au-Récollet. [8]

IV.—LEMAY (2), Ls-Gabriel, [Charles III.
b 1720.
Dagenais, Marie-Anne, [Pierre III.
b 1723.
Louis, b [8] 20 août 1744. — *Marie-Joseph*, b [8] 21 mars 1746. — *Marie-Anne*, b [8] 8 déc. 1747. — *Marie-Elisabeth*, b [8] 18 août 1749.

1744, (3 nov.) Trois-Rivières.

IV.—LEMAY, Joseph. [Joseph III.
Sylvain, Marie-Jeanne. [Pierre.
Marie-Joseph, b... m 22 sept. 1766, à Simon Lemay, à Lotbinière. [1] — *Joseph*, b 4 janvier 1748, à Nicolet. [2] — *Marie-Antoinette*, b [2] 12 juin et s [2] 3 juillet 1749. — *Marie-Louise*, b 10 avril 1756, à Yamachiche [3]; s [1] 12 août 1765. — *Amable*, b [3] 24 janvier et s [3] 25 sept. 1758. — *Marie-Antoinette*, b 15 août 1759, à la Rivière-du-Loup. — *Marie-Geneviève*, b [1] 23 mai 1764.

1745, (15 nov.) Sault-au-Récollet. [4]

IV.—LEMAY, Pierre, [Ignace III.
b 1721.
Chartran, Marie-Joseph, [Charles-Jean III.
b 1727.
Marie-Joseph, b [4] 11 oct. et s [4] 1er nov. 1746 — *Basile*, b... m 26 sept. 1785, à Marie-Louise Ledeau, à St-Laurent, M. [5] — *Joseph*, b 16 janvier 1748, à Montréal. — *Pierre*, b... m [5] 9 oct. 1775, à Veronique Serré.

1748.

LEMAY, Ignace.
Fréchet, Louise.
Michel, b 29 sept. 1749, à Deschambault. — *Ambroise*, b 3 mai 1751, à Lotbinière. [6] — *Marie-Elisabeth*, b [6] 24 et s [6] 30 dec. 1752. — *Marie-Catherine*, b [6] 2 et s [6] 28 mai 1757. — *Jean-Baptiste*, b... m 3 avril 1783, à Cécile Maillot, à St-Jean-Deschaillons.

LEMAY, Louis,
b 1720; s 25 mars 1751, à St-Pierre-du-Sud. [7]
Jehanot, Marie-Jeanne.
Louis, b [7] 7 mai 1750.

LEMAY, Louis.
Robidou, Angelique.
Louis, b... s 18 août 1749, au Sault-au-Récollet.

(1) Dit Desfossés, mariée sous ce nom.
(2) Dit Delorme.
(3) Dit Poudrier.

(1) Dit Delorme.
(2) Dit Delorme—Rencontre.

LEMAY, Simon.
Martel, Angélique.
Jean-Baptiste, b 9 janvier 1750, à Ste-Croix.[8]—*Marie-Angélique*, b [8] 5 juin et s [8] 9 nov. 1752.—*Marie*, b [8] 1er janvier 1755.—*Simon*, b [8] 20 oct. 1758.

1750, (7 avril) Ste-Croix.
IV.—**LEMAY**, Pierre-Gervais, [Simon III.
b 1723.
Martel, Marie-Barbe, [Paul III.
b 1727.
Pierre-Simon, b 7 mai 1751, à St-Antoine-Tilly[9]; s [9] 22 avril 1752.—*Marie-Angélique*, b [9] 29 déc. 1753.—*Marie-Angélique*, b [9] 31 mai et s [9] 19 dec. 1755.—*Marie-Louise*, b [9] 29 nov. 1756.—*Pierre*, b [9] 18 juin 1759; s [9] 30 juin 1760.—*Anonyme*, b [9] et s [9] 25 mai 1762.—*Charles*, b [9] 7 avril 1764.—*Marie-Judith*, b [9] 20 avril 1767.

1750, (7 avril) St-Vincent-de-Paul.[1]
IV.—**LEMAY**, Jean-Bte, [Ignace III.
b 1727.
Constantineau, Marie-Françoise, [Julien III.
b 1730.
Marie-Joseph, b [1] 30 oct. 1754. — *Marie-Françoise*, b [1] 11 sept. 1756.

1750, (3 août) Ste-Croix.[2]
IV.—**LEMAY**, Charles. [Simon III.
Boisverd, Louise. [Joseph.
Marie-Louise, b [2] 14 juin 1751.—*Pierre-Joseph*, b [2] 19 nov. 1752.—*Anonyme*, b [2] et s [2] 19 fevrier 1756.—*Marie-Angélique*, b [2] 17 sept. 1757; s [2] 14 sept. 1758.

1750, (19 oct.) St-Vincent-de-Paul.[3]
IV.—**LEMAY**, Pierre. [Joseph III.
Constantineau, Geneviève, [Julien III.
b 1732.
Pierre, b... m 6 fevrier 1778, à Thérèse Breton, au Détroit.—*Marie-Anne*, b [3] 24 avril et s [3] 9 juin 1756.

1750, (16 nov.) Ste-Croix.
IV.—**LEMAY**, Jean-Bte. [Joseph III.
Vaillancour, Marie-Joseph. [Bernard II.

IV.—**LEMAY**, Louis, [Michel III.
b 1728.
1° Desrosiers, Marguerite, [François III.
b 1729.
1766, (27 oct.) Châteauguay.
2° Lebeuf, Marie-Charlotte. [Jean-Bte III.
Marie, b... m 29 sept. 1789, à François Cabassier, à Cahokia.[3]—*Marguerite*, b... m [3] 14 juillet 1800, à Louis-Joseph Dubois. — *Marie*, b... m [3] 3 nov. 1801, à Antoine Cabassier.

1752, (17 avril) St-Constant.
LEMAY, Pierre. [Maurice.
Laporte, Marie-Joseph, [Paul.
b 1719; veuve de Charles Dupuy.

1752, (24 juillet) Lotbinière.[6]
IV.—**LEMAY** (1), Jos.-Louis, [Jos.-Louis II
b 1731.
Auger, Marie-Geneviève. [François II
Joseph, b 26 nov. et s 16 déc. 1754, à St-Jean-Deschaillons.[7] — *Marie-Geneviève*, b [7] 27 ma[i] 1756.—*Véronique*, b [6] 25 dec. 1757.—*Joseph*, b 4 mai 1760. — *Mars*, b [7] 15 sept. 1763. — *Marie-Françoise*, b [7] 7 sept. 1765.— *Euphrosine*, b [6] avril 1768.—*Louis-Job*, b [7] 30 avril 1775.

1754, (4 février) St-Pierre-les-Becquets.
IV.—**LEMAY**, Ignace. [Ignace II
Brisson, Marie-Anne, [François
b 1736.
François-Michel, b 12 février 1755, à Lotbinière[6]; m 21 sept. 1791, à Therèse Roy, à Cahokia. — *Marie-Anne*, b [6] 29 mai 1757.—*Michel*, b 16 juillet et s [6] 3 sept. 1758. — *Joseph*, b... m 2 mai 1783, à Marie-Joseph Renaud, à St-Louis, Mo. — *Marie-Joseph*, b [6] 21 mars 1765. — *Marie-Véronique*, b [6] 7 sept. 1766. — *Augustin*, b [6] 2 oct. 1767.

1754.
IV.—**LEMAY**, Antoine, [Joseph III
b 1730.
Pérusse, Marie-Geneviève.
Marie-Geneviève, b 16 nov. et s 4 déc. 1755, à Lotbinière.[6]—*Antoine*, b [6] 3 nov. 1756. — *Louis*, b 1759; s [6] 11 août 1765.—*Catherine*, b [6] 1er sept. 1765.—*Alexis-Prosper*, b [6] 4 dec. 1767.

1754, (25 nov.) Sault-au-Récollet.
IV.—**LEMAY**, Jacques, [Ignace III
b 1730.
1° Chartran, Marie-Joseph. [Jean-Paul II
1760, (10 février) St-Laurent, M.[2]
2° Desnoux, Thérèse. [Jacques II
1765, (14 oct.)[2]
3° Jérome, Marie-Joseph.

1756, (22 juillet) Lotbinière.[6]
IV.—**LEMAY**, Joseph. [Jean-Bte III.
Gautier, Marie-Catherine. [Joseph II.
Joseph, b [6] 3 fevrier 1758. — *Jean-François*, b 25 février 1764, à Yamachiche.[3] — *Catherine*, b [3] 4 nov. 1765.—*Louis*, b [3] 19 juin 1767.

1758, (24 avril) Yamachiche [9]
IV.—**LEMAY**, Michel. [Joseph III.
Fafard, Marie-Joseph, [Joseph III.
b 1730.
Marie-Joseph, b 22 sept. 1759, à la Rivière-du-Loup.—*Marie-Joseph*, b [9] 23 sept. 1767.

1758, (7 sept.) St-Pierre-les-Becquets.
IV.—**LEMAY** (1), Frs-de-Sales, [Jos.-Louis III
b 1734.
Perrot, Marie-Marthe. [Adrien II

(1) Dit Poudrier.

1760, (21 janvier) St-Laurent, M.[4]
IV.—LEMAY, PIERRE. [BARTHÉLEMI III.
1° BIBAUT, Marie-Louise, [FRANÇOIS II.
b 1734.
Marie-Joseph, b [4] 30 dec. 1761.
1773, (3 nov.) [4]
2° JABOT, Marie-Jeanne, [JEAN-NOEL I.
veuve d'Antoine-Paul Ménard.

1762.
IV.—LEMAY, MATHURIN. [MATHURIN III.
LECLERC, Geneviève.
Mathurin, b 17 oct. 1763, à Deschambault. — *Marie-Joseph*, b 6 nov. 1764, à Lotbinière [2]; s [2] 4 août 1765. — *Louis-Joseph*, b [2] 16 déc. 1765. — *Marie-Louise*, b [2] 26 avril 1767. — *Marie-Joseph*, b [2] 6 août 1768.

1764, (12 nov.) Lotbinière. [6]
IV.—LEMAY, LOUIS, [JEAN-BTE III.
b 1741.
FAUCHER, Geneviève. [JOSEPH.
Marie-Victoire, b [6] 13 et s [6] 17 nov. 1765. — *Louis-Ignace*, b [6] 12 oct. 1766.—*Marie-Louise*, b [6] 22 oct. 1768.

1764.
IV—LEMAY (1), MICHEL-IGNACE. [JOS.-LS III.
ROIROU, Marie-Louise.
Marie-Catherine, b 1er, à St-Jean-Deschaillons et s 10 fevrier 1765, à Lotbinière. [1] — *François-Xavier*, b [1] 6 sept. 1766. — *Marie-Euphrosine*, b [1] 1er février 1768.

1764.
LEMAY, JEAN-BTE.
AIDE-CRÉQUI, Therèse. [JEAN II.
Brigitte, b 11 nov. et s 19 déc. 1765, à Lotbinière. [2]—*Louis*, b [2] 6 février 1767.

1764.
LEMAY, JOSEPH-IGNACE.
PÉRUSSE, Marie-Joseph.
Marie-Joseph, b 11 avril et s 3 mai 1765, à Lotbinière. [3]—*Marie-Joseph*, b [3] 5 et s [3] 31 mars 1766.—*Joseph-Prosper*, b [3] 5 juin 1767.—*Marie-Joseph*, b [3] 17 déc. 1768.

1764.
IV.—LEMAY, JEAN-BTE, [MICHEL III.
b 1730.
AUGÉ, Judith.
Judith, b 21 juillet 1765, à Lotbinière [4]; m 4 avril 1785, à Michel MAILLOT, à St-Jean-Deschaillons. [5] — *Louise*, b [4] 27 juillet 1767.—*Marguerite*, b 1769; m [5] 29 août 1796, à Joseph BEDARD; s [5] 9 juin 1821.

1765, (18 février) Yamachiche. [6]
IV—LEMAY, PIERRE. [JEAN-BTE III.
LEMAY, Françoise-Angélique. [FRANÇOIS IV.
Marie-Françoise, b [6] 14 avril 1766.—*Pierre*, b [6] 11 août 1768.—*Geneviève*, b... m 27 oct. 1817, à François BOISVERD, à St-Jean-Deschaillons. [7] — *Marie-Reine*, b... m [7] 17 mai 1824, à Abraham LAROCHE.

(1) Dit Poudrier.

1765, (20 mai) Lotbinière. [1]
IV.—LEMAY, JOSEPH. [MATHURIN III.
PERRON, Marie. [JEAN II.
b 1720; veuve d'André Hubert.
Marie-Joseph, b [1] 11 août 1766; s [1] 29 nov. 1768.

1765, (3 juin) Detroit. [1]
IV.—LEMAY (1), THÉOPHILE. [LOUIS III.
PELLETIER, Desanges. [JEAN-BTE V.
Marie-Angélique, b [1] 19 sept. 1766. — *Louis-Théophile*, b [1] 11 juin 1768; s [1] 28 août 1772. — *Jean-Baptiste*, b [1] 4 mars et s [1] 16 juillet 1770 — *Marie-Marguerite*, b [1] 7 mars 1771; s [1] 2 oct. 1772.—*Jean-Baptiste*, b [1] 12 déc. 1773. — *Marie-Catherine*, b [1] 25 nov. 1775; m [1] 21 oct 1793, à Felix METTAY.—*Elisabeth*, b [1] 19 déc. 1777.

1765, (19 août) Lotbinière. [2]
IV.—LEMAY, MICHEL. [JEAN-BTE III.
HOUDE, Marie-Angélique. [ETIENNE III.
Michel, b [2] 20 avril 1767. — *Michel*, b [2] 9 dec. 1768; m à Marguerite BERNARD.

1766, (13 janvier) Lotbinière. [3]
IV.—LEMAY, LOUIS. [JEAN-BTE III.
BAUDET, Marie-Joseph. [JOSEPH III.
Marie-Joseph, b [3] 26 janvier 1767.—*Marie-Thérèse*, b [3] 4 nov. 1768.

1766, (10 fevrier) Baie-du-Febvre. [6]
IV.—LEMAY, FRANÇOIS. [SIMON III.
HAMEL, Marie-Thérèse. [JOSEPH.
Marie-Thérèse, b [6] 21 déc. 1766; s [6] 15 fevrier 1767.—*Marie-Eustasie*, b [6] 22 mai 1768.—*Joseph*, b... s [6] 7 sept. 1771.—*Marie-Françoise*, b [6] 17 mai et s [6] 10 août 1772.

1766, (22 sept.) Lotbinière.
IV.—LEMAY, SIMON. [SIMON III.
LEMAY, Marie-Joseph. [JOSEPH IV.
Marguerite, b... m 15 fevrier 1790, à Jean-Baptiste ADAM, à Batiscan.

LEMAY, JOSEPH-PIERRE.
POIRIER, Agnès.
Marie-Joseph, b 11 oct. 1767, à Lotbinière [4]; s [4] 19 août 1768.

1767, (24 août) Lotbinière. [5]
IV.—LEMAY, LOUIS. [MATHURIN III.
BAUDET, Marie-Joseph. [MICHEL II.
Marie-Joseph, b [5] 28 juillet 1768.

1768, (21 nov.) Lotbinière.
IV.—LEMAY, AUGUSTIN. [JOSEPH-LOUIS III.
BAUDET, Marie-Françoise. [JOSEPH III.

(1) Maître armurier—Il était, le 24 nov. 1764, au Détroit.

1770.

LEMAY, JOSEPH.
HAMEL, Marie-Joseph, [FRANÇOIS III.
b 1755.
Marie-Joseph, b 28 oct. 1770, à la Baie-du-Febvre.

1774, (22 août) Batiscan.

V.—LEMAY (1), JEAN-LOUIS, [FRANÇOIS IV.
b 1750.
MARCHILDON, Marie-Charlotte. [RENÉ I.

LEMAY, FRANÇOIS.
1° TOUTANT, Marie.
1776, (20 mai) Batiscan.
2° BOURQUE, Marguerite. [JOSEPH.

1775, (9 oct.) St-Laurent, M.

V.—LEMAY, PIERRE. [PIERRE IV.
SERRÉ (2), Véronique, [DENIS II.
b 1756.

1778, (6 fevrier) Détroit.

V.—LEMAY (3), PIERRE. [PIERRE IV.
BRETON, Therèse, [JEAN I.
b 1762.

1783, (3 avril) St-Jean-Deschaillons.

LEMAY, JEAN-BTE. [IGNACE.
MAILLOT, Cécile, [NICOLAS III.
b 1763.

1783, (27 mai) St-Louis, Mo. [7]

V.—LEMAY, JOSEPH. [IGNACE-FRS IV.
RENAUD (4), Marie-Joseph. [JEAN.
Marie-Anne, b [7] 21 mars 1786; m [7] 22 juin 1801, à Augustin LANGLOIS.—*Joseph*, b [7] 2 février 1788; m [7] 22 fevrier 1819, à Lucille RENAUD.—*François*, b [7] 9 avril 1791. — *Marie*, b [7] 10 août 1793.

LEMAY (1), FRANÇOIS-AMABLE.
VIVIÉ-LALIME, Cecile.
François-Xavier, b 27 sept. 1787, à St-Cuthbert.

1785, (26 sept.) St-Laurent, M.

V.—LEMAY, BASILE. [PIERRE IV.
LEBEAU-LALLOUETTE, Marie-Lse. [ANTOINE III.

1791, (21 sept.) Cahokia.

V.—LEMAY, FRS-MICHEL, [IGNACE-FRS IV.
b 1755.
ROY-ST. CYR, Marie-Thérèse. [JOSEPH.
Joseph, né 13 mars 1795; b 9 oct. 1799, à St-Louis, Mo [6]; m [6] 29 juin 1829, à Julie PIGET.—*Marie-Thérèse*, née 8 mai 1797; b [6] 9 oct. 1799. —*Marie-Louise*, b... m 28 fevrier 1819, à Simon CORBÉ, à St-Charles, Mo.

(1) Dit Poudrier.

(2) Dit St. Jean.

(3) Soldat de la compagnie des volontaires commandés par M Hay.

(4) Dit Bourbonnais; elle épouse, le 6 août 1794, François Fournier, à St-Louis, Mo.

LEMAY, ANTOINE,
b 1770; s 4 juillet 1823, à St-Jean-Deschaillons.
LHEUREUX, Brigitte.

LEMAY, JOSEPH.
BAUDET, Catherine,
b 1777; s 22 juillet 1808, à St-Jean-Deschaillons.

LEMAY, HENRI.
LEMAY, Marguerite.
Geneviève, b... m 6 fevrier 1826, à Blaise MAILLOT, à St-Jean-Deschaillons.

V.—LEMAY, MICHEL, [MICHEL IV
b 1768.
BERNARD, Marguerite.
Clovis, b... m 7 août 1827, à Louise CHARLAND, à St-Jean-Deschaillons.

1819, (22 février) St-Louis, Mo. [2]

VI.—LEMAY, JOSEPH, [JOSEPH V.
b 1788.
RENAUD-ARNOUSSE, Lucille. [FRANÇOIS
Joseph, b [2] 5 oct. 1820.

1827, (7 août) St-Jean-Deschaillons.

VI.—LEMAY, CLOVIS. [MICHEL V
CHARLAND, Louise. [AMABLE.

1829, (29 juin) St-Louis, Mo.

VI.—LEMAY, JOSEPH, [FRS-MICHEL V
b 1799.
PIGET, Julie. [LAURENT.

LEMAYE.—Voy. LEMAY.

LEMÉDÈQUE. — *Variations et surnom*: LAMÉDÈQUE—LEMEUDEC—MÉDEC—FÉLIX.

1731, (5 avril) St-Nicolas. [3]

I.—LEMÉDÈQUE, FÉLIX, b 1701, teinturier, fils de Bastien et de Roberte Joubière, de Feoït, Basse-Bretagne.
DUBOIS, Jeanne, [PIERRE II
b 1709; s 13 août 1755, à Québec. [2]
Marie-Marguerite, b [3] 2 février 1732; m [2] 15 juin 1750, à Jacques MORAND; s [2] 27 janvier 1753 —*Marie-Jeanne*, b [2] 20 dec. 1734; m [2] 31 janvier 1757, à Adrien DAGUERRE. — *Félix-Marie*, b [2] 18 nov. 1736; s [2] 9 avril 1738. — *Anonyme*, b [2] et s [2] 8 mars 1739.—*Michel-Joseph*, b [2] 29 juillet 1740, s [2] 7 sept. 1742. — *Marie-Anne*, b 1741; m 8 janvier 1759, à Louis ARRACHAR, à Montréal.—*Marie-Madeleine*, b [2] 9 avril 1742.— *Pierre-Paul*, b [2] 23 août 1744; m à Louise LASELLE.— *Louise*, b [2] 21 avril 1747; s [2] 21 sept. 1749.—*Louis-Charles*, b [2] 8 mai 1750; s [2] 7 avril 1751.—*François*, b [2] 18 janvier 1753; s [2] 31 août 1755.— *Félix-Hilarion*, b [2] 8 juillet 1755; s [2] 9 janvier 1756.

II.—LEMÉDÈQUE (1), PIERRE-PAUL, [FÉLIX I.
b 1744.
LASELLE, Louise.
Maurice-Joseph, b 12 nov. 1773, à Montréal; ord. 13 août 1797; s 24 mai 1831, à St-Benoit.[6]—*Victoire*, b... m[6] février 1809, à Jean-Baptiste DUMOUCHEL.

LEMÉE.—Voy. LEMAY.

LEMEILLEUR.—*Variation* : MEILLEUR.

1677, (28 janvier) Quebec. [3]
I.—LEMEILLEUR (2), JACQUES,
b 1636.
VALADE, Marie,
b 1641; s[3] 5 mars 1724.
Jean, b[3] 29 déc. 1678; 1° m 12 juillet 1706, à Marie LEBLANC, à Charlesbourg[8], 2° m[8] 11 janvier 1712, à Elisabeth VERRET.

1706, (12 juillet) Charlesbourg. [4]
II.—LEMEILLEUR, JEAN, [JACQUES I.
b 1678.
1° LEBLANC, Marie, [JACQUES I.
b 1680; s[4] 10 mars 1711.
Jacques, b[4] 6 août 1707; m 16 avril 1732, à Ursule QUENNEVILLE, à St-Laurent, M.[3] — *Jean-Baptiste*, b[4] 21 oct. 1709; m 21 janvier 1754, à Catherine GALIPEAU, à la Pointe-aux-Trembles, M.
1712, (11 janvier). [4]
2° VERRET, Elisabeth, [MICHEL I.
b 1686.
Michel, b[4] 8 janvier 1713. — *Marie-Elisabeth*, b[4] 7 sept. 1714; m[3] 27 juillet 1734, à Pierre-Louis LEBLANC.—*Joseph*, b[4] 5 oct. 1716; m 1738, à Marie-Anne QUÉVILLON; s 2 oct. 1786, à Lachenaye. — *Charles-Pierre*, b[4] 14 nov. 1718. — *Françoise*, b... 1° m 30 oct. 1741, à Ange-François PROVOST, au Sault-au-Recollet[6]; 2° m 6 juillet 1761, à Augustin-Urbain BISSON, à St-Vincent-de-Paul.[5] — *Augustin*, b 1725; m[6] 26 mai 1755, à Marie-Joseph GAUTIER. — *Marie-Joseph*, b... m[5] 4 février 1754, à Jean-François TAILLEFER.

1732, (16 avril) St-Laurent, M.
III.—LEMEILLEUR (3), JACQUES, [JEAN II.
b 1707.
QUENNEVILLE, Marie-Ursule, [JEAN II.
b 1715.
Jacques, b 1733; m 22 nov. 1756, à Suzanne BRUNET, au Sault-au-Récollet.[4]—*François*, b 1735; m[4] 7 janvier 1761, à Marguerite LÉCUYER.—*Marie-Ursule*, b[4] 15 et s[4] 16 mars 1737. — *Charles*, b[4] 12 mars 1738; m[4] 20 juillet 1761, à Marie-Joseph BÉIK.—*Marie-Ursule*, b[4] 4 sept. 1743; s[4] 4 juillet 1744.—*Marie-Françoise*, b[4] 3 avril 1745. —*Marie-Joseph*, b[4] 7 et s[4] 9 oct. 1746.—*Angélique*, b[4] 4 oct. 1747.

(1) Dit Félix.
(2) Voy vol. I, p. 370.
(3) Et Meilleur.

1738.
III.—LEMEILLEUR (1), JOSEPH, [JEAN II.
b 1716; s 2 oct. 1786, à Lachenaye.
QUÉVILLON, Marie-Anne.
Marie-Louise, b 13 juillet 1739, au Sault-au-Récollet.[6] — *Joseph-Marie*, b[6] 7 avril 1741; m 12 oct. 1761, à Marie-Catherine MASSON, à Ste-Rose.—*Marie-Anne*, b[6] 11 oct. 1743; m 22 sept. 1760, à Daniel DEBONNE, à la Rivière-des-Prairies. —*Jean-Marie*, b... m à Marguerite GROULX.

1754. (21 janvier) Pte-aux-Trembles, M.
III.—LEMEILLEUR (1), JEAN-BTE, [JEAN II.
b 1709.
GALIPEAU, Catherine, [ANTOINE I.
b 1710; veuve de Pierre Lacombe.

1755, (26 mai) Sault-au-Récollet.
III.—LEMEILLEUR (1), AUGUSTIN, [JEAN II.
b 1725.
GAUTIER, Marie-Joseph, [JOSEPH II.
b 1721; veuve de Pierre Antgrave.

1756, (22 nov.) Sault-au-Récollet.
IV.—LEMEILLEUR (1), JACQUES, [JACQUES III.
b 1733.
BRUNET, Suzanne, [JEAN-FRANÇOIS III.
b 1736.

1761, (7 janvier) Sault-au-Récollet.
IV.—LEMEILLEUR (1), FRANÇOIS, [JACQUES III.
b 1735.
LÉCUYER, Marguerite, [JOSEPH-MARIE II.
b 1740.

1761, (20 juillet) Sault-au-Récollet.
IV.—LEMEILLEUR (1), CHARLES, [JACQUES III.
b 1738.
BEIK, Marie-Joseph, [JACQUES II.
b 1742.

1761, (12 oct.) Ste-Rose. [1]
IV.—LEMEILLEUR (1), JOS.-MARIE, [JOS. III.
b 1741.
MASSON, Marie-Catherine, [PIERRE III.
b 1741; veuve de Jean Rochon; s[1] 29 nov. 1762.
Louis-Joseph, b[1] 23 oct. 1762.

IV.—LEMEILLEUR, JEAN-MARIE, [JOSEPH III.
s 1832 (2), à St-Laurent, M.[2]
GROULX (3), Marguerite.
Jean-Baptiste, b 1776; m à Suzanne BLÉNIER; s[2] mars 1798. — *Laurent*, b 1777; m à ...... LAFRAMBOISE; s 1858, à la Pointe-Claire.

V.—LEMEILLEUR (1), LAURENT, [JEAN-MARIE IV.
b 1777; s 1858, à la Pointe-Claire.
LAFRAMBOISE, ...
Marguerite (4), b... m à Raphaël CAILLÉ-JASMIN.

(1) Et Meilleur.
(2) Du choléra.
(3) Dit Verdun.
(4) Mère du rev. M. Martin Caillé dit Jasmin.

V.—LEMEILLEUR (1), J.-Bte, [Jean-Marie IV.
b 1776 ; s mars 1798, à St-Laurent, M. [2]
Blénier (2), Suzanne. [François.
Jean-Baptiste (3), b [2] 8 mai 1796.

LEMEINE.—Voy. Chaussé.

LEMELIN.—*Surnom :* Tourangeau.

1658, (4 mars) Québec. [3]
I.—LEMELIN (4), Jean,
b 1632; s 12 mars 1717, à St-Laurent, I. O. [4]
Brassard, Marguerite, [Antoine I.
b 1645 ; s [4] 25 juillet 1709.
Louis, b [3] 22 mars 1664 ; m à Anne DeLaunay ; s [4] 26 janvier 1741.—*Marie-Madeleine*, b [4] 26 juin 1686; m [4] 6 nov. 1703, à Robert Crépeau ; s [4] 14 mars 1754.

II.—LEMELIN (5), Louis, [Jean I.
b 1664 ; s 26 janvier 1741, à St-Laurent, I.O.[5]
DeLaunay, Marie-Anne, [Claude I.
b 1676 ; s [5] 29 avril 1756.
Geneviève, b... m [5] 12 nov. 1710, à Innocent Audet (6). — *Jeanne*, b... m [5] 7 nov. 1714, à Charles Joliet ; s 8 mai 1762, à St-Frs-du-Lac.—*Madeleine*, b... m [5] 26 nov. 1715, à Joseph Roberge.—*Louis-Thomas*, b [5] 30 juin 1701 ; m [5] 19 nov. 1725, à Geneviève Pouliot ; s 21 mars 1746, à St-Valier.—*Marie-Françoise*, b... m [5] 11 février 1716, à François Gosselin. — *Nicolas*, b [5] 12 janvier 1704 ; s [5] 11 août 1717. — *Marguerite-Angélique*, b [5] 26 juillet 1706 ; m [5] 21 nov. 1718, à Gabriel Gosselin ; s [5] 15 mars 1731.—*Laurent*, b [5] 10 août 1708 ; m 18 avril 1735, à Marie-Joseph Doyon, à Québec.—*Elisabeth*, b [5] 28 nov. 1710 ; s [5] 5 février 1732.—*Marie-Anne*, b [5] 28 mars 1713 ; m [5] 21 janvier 1732, à Louis Dufresne ; s [5] 9 dec. 1749.—*Joseph*, b [5] 10 juillet 1715 ; m 7 nov. 1740, à Marthe Alaire, à St-François, I. O. ; s [5] 14 avril 1771.—*Thérèse*, b [5] 11 juillet 1718 ; 1° m [5] 15 oct. 1742, à Nicolas Pouliot ; 2° m 8 fevrier 1762, à Joseph Barbier, à Laprairie.

1715, (29 juillet) Québec. [5]
II.—LEMELIN, Guillaume, [Jean I.
b 1683.
1° Voyer, Geneviève, [Robert II.
b 1695 ; s [5] 2 mai 1717.
Marie-Geneviève, b [5] 24 avril et s [5] 24 mai 1717.
1720, (29 juin). [5]
2° Cosance (7), Louise-Catherine, [Pierre I.
b 1702 ; s [5] 14 oct. 1739.
Guillaume, b [5] 23 mars et s [5] 6 sept. 1721.—*Marie-Catherine*, b [5] 2 oct. 1722 ; m [5] 21 nov. 1740, à Louis-Marie Pin.—*Guillaume*, b 21 mars 1724, à St-Pierre, I. O. ; s [5] 12 janvier 1726.—*Pierre*, b [5] 14 avril 1727.—*Jean-Michel*, b [5] 9 déc. 1732.—*Marie-Anne*, b... m 22 avril 1754, à Joseph Davignon, au Détroit. — *Marie-Jeanne*, b [5] 4 mai 1738.—*Marie-Louise*, b [5] 13 sept. 1739.

(1) Et Meilleur.
(2) Dit Jarry.
(3) Médecin et M.P.P., en 1834, pour Leinster.
(4) Dit Tourangeau ; voy. vol. I, p. 377.
(5) Premier chantre de St-Laurent, I. O.
(6) Voy. aussi Lapointe, vol. V, p. 155.
(7) Et Coutance.

1725, (19 nov.) St-Laurent, I. O. [5]
III.—LEMELIN, Louis-Thomas, [Louis II.
b 1701 ; s 21 mars 1746, à St-Valier. [9]
Pouliot, Geneviève, [Charles II.
b 1704 ; s [9] 6 mai 1746.
Louis, b [5] 18 oct. 1726 ; m [9] 19 mai 1749, à Marguerite Sylvain ; s [9] 2 janvier 1758.— *Marie-Geneviève*, b [5] 29 juillet 1728 ; s 20 mai 1750, à St-Charles. — *Charles-Athanase*, b [9] 2 mai 1730 ; m 1756, à Marie-Geneviève Hély.—*Marie-Joseph*, b [9] 20 avril 1732.— *Marie-Françoise*, b [9] 15 mars 1734 ; m [9] 17 janvier 1752, à Etienne Roy ; s [9] 18 oct. 1759. — *Thérèse*, b [9] 24 juillet 1736.— *Athanase*, b [9] 4 mai 1738 ; s [9] 5 mai 1760. — *Jean-Louis*, b [9] 8 juin 1743 ; s [9] 7 mai 1766.

1735, (18 avril) Québec. [8]
III.—LEMELIN, Laurent, [Louis II.
b 1708.
Doyon (1), Marie-Joseph, [Antoine II.
b 1699 ; veuve de René Brisson.
Laurent-Joseph, b [8] 12 et s [8] 23 janvier 1736 — *Marie-Joseph*, b [8] 2 fevrier 1737 ; m [8] 12 fevrier 1759, à Antoine Perrault.—*Laurent*, b [8] 22 juin 1740 ; m à Marie-Reine Filis ; s [8] 31 mars 1789. —*Louis*, b... m 5 février 1776, à Reine-Felicite Miville, à l'Islet.

1740, (7 nov.) St-François, I. O. [7]
III.—LEMELIN, Joseph, [Louis II.
b 1715 ; s 14 avril 1771, à St-Laurent, I. O.[8]
Alaire, Marie-Marthe. [Louis II.
Joseph-Marie, b [8] 12 nov. 1741. — *Louis*, b [8] 5 juillet 1743.—*Laurent*, b 6 oct. 1745, à St-Jean, I. O. ; m [8] 29 oct. 1770, à Louise Audet.—*Gabriel*, b [8] 20 et s [8] 29 janvier 1748. — *Geneviève*, b [8] 4 fevrier 1749. — *François*, b [8] 8 avril 1751.— *Charles*, b [8] 1er dec. 1753 ; m [7] 6 oct 1779, à Marie-Victoire Jolin.— *Marie*, b... m [8] 17 fevrier 1772, à Raphaël Bilodeau. — *Jean*, b [8] 3 avril 1756 ; s [8] 9 mai 1760.—*André*, b [8] 20 avril 1758.

1749, (19 mai) St-Valier.[3]
IV.—LEMELIN, Louis, [Louis-Thomas III
b 1726 ; s [8] 2 janvier 1758.
Vaux-Sylvain (2), Marguerite, [Etienne III.
b 1728.
Marie-Marguerite, b [8] 16 février 1750.—*Joseph*, b [8] 17 sept. et s [8] 14 oct. 1751.

1756.
IV.—LEMELIN, Chs-Athanase, [Louis-Ths III.
b 1730.
Hély, Marie-Geneviève, [Pierre II
b 1740.
Charles-Sulpice, b 23 janvier 1757, à St-Valier. [8] — *Marie-Marguerite*, b [8] 9 mai 1758.— *Marie-Madeleine*, b [8] 24 août 1759.

(1) Et Dion.
(2) Elle épouse, le 22 janvier 1759, Jean-Baptiste Lavaux, à St-Valier.

IV.—LEMELIN, Laurent, [Laurent III.
b 1740; s 31 mars 1789, à Québec.
Filis, Marie-Reine.

1770, (29 oct.) St-Laurent, I. O.
IV.—LEMELIN, Laurent, [Joseph III.
b 1745.
Audet, Louise, [Jean III.
b 1752.

1776, (5 fevrier) Islet.
IV.—LEMELIN, Louis. [Laurent III.
Miville, Reine-Félicité, [Louis IV.
b 1742.

1779, (6 oct.) St-François, I. O.
IV.—LEMELIN, Charles, [Joseph III.
b 1753.
Jolin, Marie-Victoire, [Joseph III.
b 1765.

LEMENNE, Joseph.
Laneuville, Marie-Joseph.
Marie-Elisabeth, b 11 août 1754, aux Trois-Rivières.

LEMENU.—Voy. Meneux.

LEMER.—Voy. Lemaire.

1757, (15 nov.) Ste-Foye.
I.—LEMERCIER (1), François, fils de Nicolas-François (chevalier de St-Louis, lieutenant-colonel d'infanterie et capitaine au régiment d'Agenois) et de Charlotte LeRebours, de Talber, diocèse de Rouen, Normandie.
Boucher (2), Françoise. [René IV.

LEMERISE.—Voy. Lefebvre.

LEMERLE.—*Surnoms :* D'Aupré—De Hautpré—Durbois—Larivière—Sémiot.

1667.
I.—LEMERLE (3), Jean-René,
b 1646; s 19 nov. 1716, à Ste-Anne-de-la-Perade.
1° Abraham, Marguerite,
b 1646.
1683, (2 juin) St-Laurent, I. O [3]
2° Salois, Antoinette, [Claude I.
b 1667.
Claude, b [3] 3 mars 1684; m 23 nov. 1721, à Agnès Corneau, à Quebec.—*Marie*, b 31 mai 1695, à St-Pierre, I. O. [4]—*Marguerite*, b [4] 13 août 1696.—*René*, b 1699; s [3] 24 mars 1703.

(1) Et Lemeslier; chevalier et officier des troupes; capitaine des canoniers et bombardiers; commandant d'artillerie en Canada. —Né à Caudebec, près Rouen, le 29 déc. 1722 et baptisé à l'évêché de Québec, le 12 nov. 1757. (Reg. c., p. 137.)—Il signe, le 25 avril 1747, à Charlesbourg.

(2) LaBruyère.

(3) Voy. vol. I, p 377.

II.—LEMERLE (1), Jean, [Jean-René I.
b 1668.
Hudde, Marie, [Jacques I.
b 1667; s 22 juillet 1747, à Ste-Anne-de-la-Pérade. [8]
Marie-Madeleine, b [8] 1er sept. 1697; s [8] 8 avril 1768. — *Jean-Baptiste*, b... 1° m 1710, à Marie Meunier; 2° m 28 fevrier 1713, à Angelique Beaufort-Limousin, à Champlain; s [8] 31 déc. 1749. — *Marie-Françoise*, b [8] 3 déc. 1702; s 11 mars 1787, à Nicolet.—*Louis*, b [8] 29 nov. 1704; m 5 fevrier 1728, à Marie-Anne Chêne-Lagrave, à Lotbinière; s 14 nov. 1760, à St-Frs-du-Lac.

1710.
III.—LEMERLE (2), Jean-Bte, [Jean II.
s 31 déc. 1749, à Ste-Anne-de-la-Pérade. [1]
1° Meunier, Marie.
1713, (28 février) Champlain.
2° Limousin-Beaufort, Angelique, [Hilaire I.
b 1681; s [1] 14 oct. 1762.
Jean-Baptiste, b [1] 23 juillet 1715; s [1] 10 janvier 1734. — *Louis-Joseph*, b [1] 22 oct. 1717; m [1] 10 avril 1741, à Anne Lévêque. — *Pierre-Thomas*, b [1] 1er juin 1723.

1721, (23 nov.) Québec. [5]
II.—LEMERLE (3), Claude, [Jean-René I.
b 1684.
Corneau (4), Marie-Agnès, [Jean I.
b 1706.
Geneviève, b 3 janvier 1725, à St-Laurent, I. O.; m [5] 29 août 1744, à Claude-Charles Charpentier. —*Marie-Louise*, b [5] 26 janvier 1727.—*Françoise*, b 14 oct. 1728, à Ste-Foye.—*Michel-Claude*, b [5] 2 oct. 1730.

1728, (5 février) Lotbinière.
III.—LEMERLE, Louis, [Jean II.
b 1704; s 14 nov. 1760, à St-Frs-du-Lac. [8]
Lagrave (5), Marie-Anne, [Raymond I.
b 1705.
Louis, b 26 mai 1729, à Ste-Anne-de-la-Pérade [9]; m 1757, à Marguerite Laguerre.—*Marie-Anne*, b 18 juin 1731, aux Grondines; m 26 janvier 1749, à Jean Douillet, aux Trois-Rivières. [7] —*Marie-Catherine*, b [7] 29 août 1733; s [7] 2 janvier 1741.—*Madeleine-Amable*, b [7] 27 mai 1735; m [8] 7 janvier 1754, à François Thésard.— *Marie-Joseph*, b [9] 29 dec. 1737; s [7] 3 déc. 1740.—*Louise-Catherine*, b [7] 9 avril 1742.—*François*, b 18 avril 1745, à Lachenaye; s [7] 16 nov. 1747.

III.—LEMERLE, Charles, [Jean II.
b 1691; s 4 avril 1750, au Cap-de-la-Madeleine. [6]
Aurée, Marie-Anne.
Joseph, b [6] 27 oct. 1747.

(1) Voy. vol. I, p 377.

(2) Dit Sémiot; voy. vol. I, p. 377.

(3) Dit Durbois—Larivière.

(4) Elle épouse, le 5 février 1731, François Lienard, à Québec.

(5) Dit Chaine—Chêne—Chesne; aussi appelée Raymond—Lanctot, 1745.

1741, (10 avril) Ste-Anne-de-la-Pérade. [3]
IV.—**LEMERLE**, Louis-Joseph, [Jean-Bte III.
b 1717.
Lévêque, Anne, [Edmond II.
b 1715.
Anonyme, b [3] et s [3] 19 juin 1742.— *Joseph*, b [3] 19 août 1743.—*Jean-Baptiste*, b [3] 17 juillet 1746. — *Pierre*, b [3] 29 sept. 1748; m [3] 7 nov. 1768, à Marie-Anne Piché. — *Antoine*, b [3] 8 juillet et s [3] 25 août 1751. — *Marie-Anne*, b [3] 8 oct. 1752 ; m 1774, à Jean-Baptiste-Nicolas Boullard.—*Marie-Joseph*, b [3] 2 déc. 1754.—*Louis*, b [3] 3 sept. 1758; s [3] 19 mai 1770.

1757.
IV.—**LEMERLE**, Louis, [Louis III.
b 1729.
Laguerre, Marguerite.
Joseph, b 18 août 1758, à l'Ile-Dupas.

1768, (7 nov.) Ste-Anne-de-la-Pérade.
V.—**LEMERLE**, Pierre, [Louis-Joseph IV.
b 1748.
Piché, Marie-Anne, [Pierre III.
b 1738.
Marie-Anne, b 3 sept. 1769, à Repentigny.

LEMERRE.—Voy. Lemaire.

I.—**LEMERY** (1), Gaspard,
b 1668.
Coeffard (2), Marie-Therèse,
b 1686.

LEMERY, Louis.
Lacourse, Marie-Catherine,
b 1724 ; s 9 mai 1786, à Quebec.

LEMESLIER.—Voy. Lemercier.

1748, (22 avril) Ste-Anne-de-la-Pocatière. [6]
I.—**LEMÉTAILLIER**, Louis-Charles, fils de Jacques et de Marie Levendre, d'Ure, diocèse d'Avranches, Normandie.
Thiboutot, Marie-Joseph. [Pierre II.
Jean-Louis, b [6] 6 mars et s [6] 13 avril 1749. — *Louis-Jean*, b [6] 9 fevrier 1750. — *Jacques*, b [6] 1er mai 1753.

LEMETZ.—Voy. Lemay.

LEMEUDEC.—Voy. Lemédèque.

LEMEUSNIER.—Voy. Meunier.

LEMIÈRE.—*Surnom :* Courcy.

1749, (11 nov.) Rivière-Ouelle. [6]
I.—**LEMIÈRE** (3), Nicolas, fils de Nicolas et de Marie-Anne Heleine, de Couray, diocèse de Coutances, Basse-Normandie.
Dubé, Louise-Geneviève. [Alexandre III.

(1) Et Emery dit Lasonde, chirurgien. Aux régistres de la paroisse de Beauport de 1717, ce nom a été écrit " Anceri. "

(2) Elle épouse, le 14 sept. 1718, Henri Coffinier, à Québec.

(3) Dit Courcy.

Charles-Nicolas, b 24 sept. et s 22 nov. 1750, à Ste-Anne-de-la-Pocatière. [7]—*Marie-Louise*, b [7] 11 nov. 1751.— *Benoit*, b [6] 21 mars 1754. — *Alexandre*, b 1756 ; s [6] 3 février 1759.—*Nicolas-Emmanuel*, b [6] 1er janvier 1759. — *Marie-Catherine*, b [7] 24 juin 1761.— *Pierre-Benjamin*, b... s [7] 25 janvier 1767.

1658, (3 sept.) Québec. [8]
I.—**LEMIEUX** (1), Gabriel,
b 1626 ; tonnelier.
1° Lebeuf, Marguerite,
b 1640.
Gabriel, b [8] 5 sept. 1663 ; m 5 dec. 1690, à Jeanne Robidou, à Laprairie [5] ; s [5] 19 sept. 1739.
1671, (26 nov.) [8]
2° Beauregard, Marthe,
b 1643 ; s 22 oct. 1728, à Lévis. [9]
Marie-Marthe, b [8] 15 avril 1675 ; m [9] 5 nov. 1693, à Mathurin Labrecque ; s 26 nov. 1761, à Beaumont.

1669, (15 déc.) Québec. [4]
I.—**LEMIEUX** (2), Guillaume,
b 1648; s 15 oct. 1725, à Berthier. [5]
1° Langlois, Elisabeth, [Noel I.
b 1645; veuve de Louis Côté; s 19 nov. 1696, au Cap-St-Ignace. [6]
Elisabeth, b 14 fevrier 1672, à L'Ange-Gardien, m 21 janvier 1691, à Jacques Couillard, à St-Thomas [7]; s [7] 29 août 1739. — *François*, b [4] 12 nov. 1676; m 20 oct. 1698, à Marie-Anne Paradis, à St-Pierre, I. O.—*Marthe*, b [4] 19 avril 1678, 1° m [6] 5 nov. 1698, à Joseph Bauché; 2° m 7 août 1730, à Michel Asselin, à Ste-Famille, I. O [8]. s [8] 28 dec. 1748.—*Anne*, b [6] 14 avril 1680 ; m [6] 25 oct. 1694, à Charles Bernier ; s [6] 29 juillet 1754. —*Joseph*, b [6] 8 sept. 1688 ; m [4] 24 oct. 1712, à Elisabeth Franquelin ; s [5] 13 juillet 1756.
1699, (12 oct.) [6]
2° Picard-Destroismaisons, Louise, [Jean II.
b 1659; veuve de Louis Gagné; s 8 mars 1717, à St-Valier.
Guillaume, b [6] 1er juin 1702; 1° m 25 oct. 1723, à Marie-Madeleine Bélanger, à l'Islet, 2° m [5] 17 juin 1726, à Marie-Anne Blais; s [5] 5 mai 1760.

1682, (26 nov.) Cap-St-Ignace [9]
I.—**LEMIEUX** (3), Louis,
b 1654; s [9] 1er janvier 1694.
Coté, Madeleine, [Louis II
b 1663; s [9] 25 août 1689.
Alexis, b [9] 11 nov. 1685; m 18 oct. 1710, à Elisabeth Bélanger, à l'Islet; s 23 avril 1726, à St-Thomas.

1690, (5 déc) Laprairie. [6]
II.—**LEMIEUX** (3), Gabriel, [Gabriel I.
b 1663; s [6] 19 sept. 1739.
Robidou, Jeanne, [André I.
b 1673; s [6] 13 avril 1736.

(1) Voy. vol. I, pp. 377 et 378

(2) Voy. vol. I, p. 378—Il était, le 8 sept. 1711, à Berthier.

(3) Voy. vol. I, p. 378.

Joseph, b [6] 27 déc. 1698; 1° m [6] 5 fevrier 1725, à Marie-Joseph FORAN; 2° m [6] 19 sept. 1735, à Marie-Françoise BRION. — *Pierre-Gabriel*, b [6] 6 oct. 1700; m [6] 6 sept. 1726, à Marie-Joseph DUMAIS.—*Marie-Joseph*, b [6] 8 juin 1702. — *Jacques*, b [6] 17 mai 1704; 1° m [6] 17 nov. 1727, à Catherine DENIGER; 2° m [6] 25 nov. 1746, à Marguerite PINEAU. — *Marie-Anne*, b [6] 28 février 1706; m [6] 6 nov. 1724, à Joseph POUPART. — *Marguerite*, b [6] 9 oct. 1710; m [6] 11 janvier 1734, à Joseph BEAUVAIS. — *Gabriel*, b [6] 10 mai 1712; m [6] 3 fevrier 1739, à Marie-Madeleine BABEU.

1698, (20 oct.) St-Pierre, I. O. [7]

II.—LEMIEUX (1), FRANÇOIS, [GUILLAUME I.
b 1676.

PARADIS, Marie-Anne, [GUILLAUME II.
b 1681; s 9 janvier 1738, au Cap-St-Ignace. [8]

Marie, b [7] 8 sept. 1699.—*Charles-François*, b [8] 2 mars 1705; m [7] 6 nov. 1727, à Angelique GOULET, s [8] 20 oct. 1763.—*Marie*, b [8] 24 février 1706; 1° m [8] 7 juin 1723, à Jean-Baptiste GOSSELIN; 2° m [8] 9 août 1734, à François GAMACHE.—*Pierre-Augustin*, b [8] 24 juin 1707; m [8] 5 juin 1730, à Marie-Geneviève CARON; s 29 janvier 1760, à l'Islet.

1700, (4 mai) Québec.

II—LEMIEUX, LOUIS, [GABRIEL I.
b 1672.

CARRIER, Marie-Anne, [JEAN I.
b 1674; veuve de Pierre Turgeon.

Jean, b 19 janvier 1701, à Lévis.

1700, (8 nov.) Lévis. [7]

II.—LEMIEUX, MICHEL, [GABRIEL I.
b 1673; s [7] 17 avril 1750.

SAMSON, Marguerite, [JACQUES I.
b 1674; s [7] 30 juillet 1741.

Louise-Françoise, b [7] 25 août 1701; 1° m à Michel LECOURS; 2° m [7] 6 nov. 1730, à Eustache SAMSON; s [7] 15 sept. 1752.—*Joseph-Marie*, b 1704; 1° m [7] 16 juillet 1731, à Angélique MORIN; 2° m 30 juillet 1736, à Françoise GUAY, à Quebec [8]; s [7] 21 mars 1757. — *Geneviève*, b [8] 17 mai 1706; m [7] 23 janvier 1736, à Jean-Baptiste SAMSON; s [7] 5 mars 1743. — *Etienne*, b [7] 17 sept. 1708; m [7] 9 février 1739, à Rose CARRIER. — *Suzanne*, b [7] 6 déc. 1710; m [7] 26 nov. 1737, à Joseph HUARD.— *Marie-Anne*, b [8] 20 mars 1713; m [7] 5 nov. 1742, à Joseph LADRIÈRE; s [8] 15 janvier 1748. — *Michel*, b.. m [7] 11 janvier 1740, à Marie-Anne BEGIN.— *Marie-Louise*, b [7] 16 janvier 1718; decedee 25 août 1759; s [7] 13 dec. 1759 (à cause du siège).— *Louis*, b [7] 16 oct. 1719; 1° m [7] 1er juillet 1750, à Marie-Anne GUAY; 2° m 1753, à Marie-Anne CARRIER. — *Marguerite*, b 1721; m à Jean DELAGE; s [8] 6 oct. 1755.

1705, (11 fevrier) Islet. [1]

II.—LEMIEUX, LOUIS, [LOUIS I.
b 1683.

FORTIN, Geneviève, [CHARLES II.
b 1686; s 31 juillet 1763, au Cap-St-Ignace. [2]

Marie-Geneviève, b [2] 24 nov. 1705; m [2] 17 fevrier 1727, à Louis CARON.—*Louis*, b [2] 8 mars 1707; m [2] 22 nov. 1734, à Louise GAMACHE.— *Augustin*, b [2] 4 février 1709; m 14 nov. 1734, à Catherine BRISSON, à St-Roch [3]; s [3] 22 déc. 1755. —*Marguerite-Françoise*, b [2] 14 sept. 1710; m [2] 17 avril 1730, à Louis BERNIER; s [1] 31 janvier 1782. —*Joseph*, b [2] 21 mars 1712; s [2] 4 nov. 1733.— *Elisabeth*, b [2] 21 janvier 1714.—*François-Xavier*, b [2] 15 dec. 1715.—*Marthe*, b [2] 14 janvier 1717; m [2] 23 août 1735, à Louis MINVILLE; s [2] 19 déc. 1763.—*Louise*, b [2] 15 nov. 1718; m [2] 12 nov. 1736, à Martin BOULET.—*Felicité*, b [2] 12 nov. 1720; m [2] 25 juin 1739, à Jean MORIN.—*Isidore-Calixte*, b [2] 14 oct. 1722.—*Marie-Madeleine*, b [2] 12 août 1724.—*Isabelle*, b [2] 18 déc. 1726.—*Jean-Baptiste*, b [2] 27 juin et s [2] 1er juillet 1732.

1710, (18 oct.) Islet. [1]

II.—LEMIEUX, ALEXIS, [LOUIS I.
b 1685; s 23 avril 1726, à St-Thomas. [2]

BÉLANGER (1), Elisabeth, [LOUIS II.
b 1692.

Elisabeth, b [2] 4 fevrier 1712; 1° m [2] 7 nov. 1729, à Joseph FORTIN; 2° m [1] 15 fevrier 1735, à Joseph CARON.—*Louis*, b [2] 19 avril 1714; s [2] 22 juillet 1715.—*Louis*, b [2] 11 mars 1716; m [2] 6 nov. 1741, à Marie-Geneviève TIBAUT; s [2] 6 mai 1756.— *Marguerite*, b 1718; m [2] 14 janvier 1737, à Jean-Baptiste MICHON, s [2] 23 fevrier 1743.—*Alexis*, b [2] 20 dec. 1719; m [1] 3 fevrier 1744, à Louise-Geneviève LANGELIER.—*Joseph*, b [1] 3 mars et s [2] 19 déc. 1725.

1712, (24 oct.) Québec. [3]

II.—LEMIEUX, JOSEPH, [GUILLAUME I.
b 1688; capitaine; s 13 juillet 1756, à Berthier [4]

FRANQUELIN, Elisabeth, [JEAN-BTE-LOUIS I.
b 1691; s [4] 10 avril 1762.

Joseph, b 13 dec. 1714, à St-Valier. [5] — *Joseph*, b [5] 18 février 1716; 1° m [3] 13 fevrier 1747, à Renee DESMARETS; 2° m [3] 19 février 1754, à Louise JOLY. —*Guillaume*, b [5] 31 déc. 1717; m [4] 11 mai 1750, à Marie-Françoise BLAIS. — *Cécile*, b [5] 28 dec. 1719; m [4] 25 nov. 1744, à Jean HARBOUR; s 22 mars 1760, à St-Thomas. [6]—*Anonyme*, b [4] et s [4] 25 oct. 1721.—*Marthe*, b [4] 2 déc. 1722; m [4] 25 nov. 1744, à Antoine HARBOUR.—*François*, b [5] 1er et s [5] 19 février 1725.—*François-Marie*, b [4] 20 mai 1727.—*Charles*, b [4] 13 juillet 1730; m [6] 18 nov. 1754, à Marie-Elisabeth BOULET.—*Thérèse*, b [4] 12 oct. 1732; s [4] 19 juillet 1771.—*Marie-Brigitte*, b [4] 7 et s [4] 10 oct. 1735.

LEMIEUX, FRANÇOIS, b 1695; s 29 janvier 1745, au Cap-St-Ignace.

1723, (14 juin) Cap-St-Ignace. [7]

III.—LEMIEUX, JOSEPH-ALEXIS, [FRANÇOIS II.
b 1701.

FORTIN, Geneviève, [EUSTACHE II.
b 1704; s 4 mai 1760, à St-Thomas.

Madeleine, b 1724; 1° m [7] 20 juillet 1744, à Jacques RODRIGUE; 2° m [7] 17 janvier 1759, à Jean-

(1) Voy vol. I, p. 378.

(1) Elle épouse, le 26 mai 1727, François Fournier, à St Thomas

Baptiste SIMONEAU; s[7] 18 déc. 1759.—*Marie-Gertrude*, b[7] 27 mars 1729; m[7] 29 sept. 1749, à Louis-Joseph DELISLE.—*Geneviève*, b... m[7] 28 oct. 1751, à Jean-Baptiste DELISLE.—*Marie-Charlotte*, b... m[7] 28 juin 1754, à Louis CARPENTIER.—*Joseph-Alexis*, b[7] 25 nov. 1735; s[7] 29 janvier 1756.—*Marie-Claire*, b[7] 27 février 1738; m[7] 19 oct. 1761, à Nicolas-François MÉTIVIER.—*Marie-Judith*, b[7] 28 février 1741.

1723, (25 oct.) Islet.

II.—LEMIEUX, GUILLAUME, [GUILLAUME I.
b 1702; s 5 mai 1760, à Berthier.[1]

1° BÉLANGER, Marie-Madeleine, [LOUIS II.
b 1694; s[1] 16 mars 1726 (subite).

Marie-Madeleine, b 30 juillet et s 30 sept. 1724, à St-Valier.[2]—*Guillaume*, b[2] 25 oct. 1725; m[1] 25 nov. 1749, à Louise MARCOU.

1726, (17 juin)[1]

2° BLAIS, Marie-Anne, [PIERRE II.
b 1708.

Marie-Anne, b[1] 11 mars et s[1] 20 avril 1727.—*Marie-Joseph*, b[1] 5 dec. 1728; m[1] 24 nov. 1749, à Jean-François MARCOU.—*Michel*, b[1] 14 février 1730; m 1751, à Marie-Anne AUBÉ.—*Marie-Anne*, b[1] 2 nov. 1731; m[1] 22 nov. 1751, à Augustin AUBÉ.—*Marie-Louise*, b[1] 21 août 1733; 1° m[1] 18 nov. 1754, à Augustin FRADET; 2° m[2] 24 nov. 1760, à Pierre LEPAGE.—*Joseph-Grégoire*, b[1] 18 nov. 1735; m[2] 25 nov. 1754, à Marie-Joseph AUBÉ.—*Marie-Françoise-Ursule*, b[2] 6 oct. 1738; m[1] 5 oct. 1761, à Augustin CARBONNEAU; s[1] 15 nov. 1776.

1725, (5 février) Laprairie.[6]

III.—LEMIEUX, JOSEPH, [GABRIEL II.
b 1698.

1° FORAN, Marie-Joseph, [ANDRÉ I.
b 1705; s[6] 17 mars 1729.

Marie-Joseph, b[6] 17 juillet 1726; m[6] 6 février 1747, à Pierre PÉRIER.—*Marguerite*, b[6] 13 fevrier et s[6] 9 mars 1729.

1735, (19 sept.)[6]

2° BIRON, Marie-Françoise, [PIERRE I.
b 1701; veuve de Nicolas Gagne.

Joseph-Marie, b[6] 4 juillet 1736; s[6] 21 sept. 1740.—*Anonyme*, b[6] et s[6] 5 mars 1738.—*Pierre*, b[6] 4 août 1739.—*Joseph-Amable*, b[6] 14 mars 1741.

1726, (6 sept.) Laprairie.[1]

III.—LEMIEUX, PIERRE-GABRIEL, [GABRIEL II.
b 1700.

DUMAIS (1), Marie-Joseph, [JOSEPH II.
b 1700.

François, b[1] 25 nov. 1727; m 25 nov. 1754, à Marie-Françoise BAUDIN, à St-Constant.[3]—*Marie-Joseph*, b[1] 11 mai 1729; m[3] 21 janvier 1754, à Louis GAGNÉ.—*Véronique*, b[1] 11 février 1731.—*Marie-Gertrude*, b[1] 4 sept. 1732; m[3] 6 février 1769, à François LÉRIGER.—*Pierre*, b[1] 15 avril 1734.—*Pierre-Amable*, b[1] 24 mars 1736.—*Joseph*, b[1] 13 mars 1738.—*Félicité*, b[1] 14 juin 1739.—*Marie-Antoinette*, b[1] 14 sept. 1741.—*Marguerite*, b[1] 24 mars 1743.

(1) Voy. Dumay.

1727, (6 nov.) St-Pierre, I. O.

III.—LEMIEUX, CHARLES-FRS, [FRANÇOIS II.
b 1705; s 20 oct. 1763, au Cap-St-Ignace.[8]

GOULET, Angelique, [JEAN-BTE III.
b 1706; s 30 déc. 1760, à St-Thomas.

Marie-Reine, b[6] 17 août 1728; m 26 février 1753, à François PELLETIER, à St-Charles.—*Charles-François*, b[6] 12 juin 1730; m[6] 14 sept. 1761, à Marie-Elisabeth TANON.—*Louise-Ursule*, b[6] 23 sept. 1731; m[6] 11 janvier 1753, à Jean-Baptiste CHAMBERLAN.—*Marie-Véronique*, b[6] 16 juillet 1733; s 20 oct. 1755, à l'Hôpital-Général, M.—*Marie-Cécile*, b[6] 22 avril 1735; m 27 sept. 1756, à Pierre DROUIN, à Montréal.—*Claude-Firmin*, b[6] 23 nov. 1736.—*Marguerite-Charlotte*, b[6] 19 nov. 1738.—*Pierre*, b[6] 16 avril 1743.

1727, (17 nov.) Laprairie.[5]

III.—LEMIEUX, JACQUES, [GABRIEL II.
b 1704.

1° DENIGER, Catherine, [PIERRE II.
b 1709.

Marie-Catherine, b[5] 24 sept. 1728.—*Jacques-Alexis*, b[5] 1er mai 1730; m 12 janvier 1756, à Marie-Amable GIBEAU, à St-Constant.[6]—*François*, b[5] 12 fevrier 1732; m[6] 25 fevrier 1754, à Jeanne MATIGNON.—*Pierre*, b[5] 24 sept. 1733, m 1er oct. 1764, à Agathe ST. YVES, à St-Philippe.[7]—*Geneviève*, b[5] 5 mars et s[5] 10 mai 1735—*Marie-Monique*, b[5] 7 sept. 1736.—*Veronique*, b... m[6] 14 fevrier 1757, à Michel BODIN.—*Jean-Baptiste* et *Marie-Anne*, b[5] 15 juillet 1738.—*Marie-Joseph*, b[5] 13 juin 1740; m[7] 18 fevrier 1765, à Andre BOURDEAU.—*Anonyme*, b[5] et s[5] 9 oct. 1741.—*Joseph-Marie* et *Marie-Louise*, b[5] 14 avril 1744.

1746, (25 nov.)[5]

2° PINEAU, Marguerite, [THOMAS II.
b 1698; veuve de Jean-Baptiste Matignon, s[6] 30 juillet 1771.

1730, (5 juin) Cap-St-Ignace.[8]

III.—LEMIEUX, PIERRE-AUG., [FRANÇOIS II.
b 1707; s 29 janvier 1760, à l'Islet.[9]

CARON, Marie-Geneviève, [FRANÇOIS III.
b 1711.

Raphael, b[8] 22 février 1732.—*Marie-Rosalie*, b[8] 16 juillet 1733; m[9] 5 février 1759, à Pierre DUPUIS.—*Thècle*, b[8] 22 avril 1735; m[9] 5 juin 1752, à Joseph BÉLANGER.—*François-Bonaventure*, b[8] 3 avril 1737; s[8] 9 oct. 1755.—*Geneviève-Judith*, b[8] 30 juillet 1739; m[9] 15 fevrier 1762, à Michel-Julien TIBAUT.—*Pierre*, b[8] 13 juin 1741; m[9] 17 oct. 1761, à Geneviève TIBAUT.—*Barbe*, b[9] 22 mai 1748.—*Elisabeth*, b[8] 16 nov. 1751; m[9] 22 janvier 1776, à Gabriel DUVAL.—*François-Marie*, b[9] 18 déc. 1753.

1731, (16 juillet) Lévis.[8]

III.—LEMIEUX, JOSEPH-MARIE, [MICHEL II
b 1704; s[8] 21 mars 1757.

1° MORIN, Angelique, [JACQUES I.
b 1711; s[8] 16 juillet 1733.

Geneviève-Joseph, b[8] 13 juillet 1732; s[8] 14 juillet 1733 (picote).

1736, (30 juillet) Quebec.

2° GUAY, Françoise. [MICHEL II
Joseph-Marie, b [8] 8 juillet 1737; m [8] 25 mai 1763, à Marie-Anne BÉGIN. — *Michel-André*, b [8] 29 nov. 1738; m [8] 11 février 1771, à Geneviève GUAY.—*Etienne*, b [8] 7 avril et s [8] 28 déc. 1740.—*Marie-Louise*, b [8] 20 août 1741.—*Louis-Sylvestre*, b [8] 31 déc. 1742.—*Louis*, b [8] 1er mai et s [8] 12 juin 1744.—*Louis*, b [8] 29 avril 1745. — *Marie-Louise*, b [8] 14 juillet 1746. — *Geneviève*, b... m [8] 3 août 1768, à Louis GUAY. — *Marie-Louise*, b [8] 19 sept. et s [8] 5 oct. 1749.

1734, (14 nov.) St-Roch. [4]

III.—LEMIEUX, AUGUSTIN, [LOUIS II.
b 1709; s [4] 22 déc. 1755.
BRISSON, Catherine, [JEAN II.
b 1710; s [4] 15 avril 1759.
Louis-Augustin, b [4] 2 juin 1736; m 19 janvier 1761, à Monique BERNIER, à l'Islet. [5]—*Marie-Catherine*, b [4] 29 nov. 1737; m [4] 14 nov. 1763, à Joseph PELLETIER. — *Brigitte*, b [4] 7 août 1740; m [4] 25 août 1760, à Pierre PARANT.—*Marie-Reine-Félicité*, b 28 fevrier 1742, à Ste-Anne-de-la-Pocatiere [6]; m [4] 16 juillet 1764, à Julien PELLETIER.—*Marie-Louise*, b [4] 27 déc. 1743.—*Marie-Elisabeth*, b.. m [5] 5 août 1763, à Joseph-Marie BERNIER.—*Pierre-Augustin*, b [4] 22 janvier 1747; m [6] 2 fevrier 1768, à Charlotte MIVILLE.—*Michel*, b [4] 31 mars 1749. — *Joseph*, b [4] 1er janvier et s [4] 6 sept 1751. — *François*, b [4] 29 janvier 1753. — *Joseph*, b... m 16 janvier 1775, à Felicite GAGNE, à la Baie-St-Paul. — *Michel*, b [4] 18 nov. 1755; s [4] 7 janvier 1756.

1734, (22 nov.) Cap-St-Ignace. [5]

III.—LEMIEUX, LOUIS, [LOUIS II.
b 1707.
GAMACHE, Louise, [AUGUSTIN II.
b 1716.
Louis, b [5] 13 oct. 1735; s [5] 30 janvier 1736.—*Louise*, b [5] 13 juillet 1737; m [5] 17 janvier 1757, à François-Marie RICHARD. — *Ignace*, b [5] 31 juillet 1739; m [5] 28 oct. 1761, à Geneviève BERNIER.—*Louis*, b [5] 18 juin 1741; m [5] 28 oct. 1761, à Claire BERNIER. — *Reine-Ursule*, b [5] 28 avril 1743; m [9] 10 avril 1763, à Jean-Gabriel GUIMONT. — *François-Marie*, b [5] 7 avril 1745.—*Marie-Romaine*, b [5] 17 oct. et s [5] 6 déc. 1746.—*Anonyme*, b [5] et s [5] 2 nov. 1747. — *Chrysostôme*, b [5] 22 mai et s [5] 24 juin 1749.—*Marie-Marthe*, b 24 sept., à St-Thomas et s [5] 11 oct. 1750. — *Louise-Joseph*, b [5] 11 sept. 1752. — *Jean-Baptiste*, b [5] 29 juillet et s [5] 5 août 1754—*Marie-Geneviève*, b [5] 13 sept. et s [5] 6 oct. 1755.

1736, (18 juin) Cap-St-Ignace. [9]

III.—LEMIEUX, LOUIS, [FRANÇOIS II.
b 1708.
FORTIN, Marie-Louise, [FRANÇOIS III.
b 1719.
Louis, b [9] 5 mai 1737. — *Marie-Anne-Félicité*, b [9] 30 juillet 1739; m 17 avril 1763, à Claude BAUDRIAS, à Montréal. — *Marie-Louise*, b 1740; m 1763, à Charles-Marie BERNIER. — *Benoit*, b [9] 28 fevrier 1741.—*Louis-Bénoni*, b [9] 23 nov. 1747.—*Marie-Louise*, b [9] 1er nov. 1750. — *Paschal*, b [9] 12 mai 1753.

1739, (3 fevrier) Laprairie. [9]

III.—LEMIEUX, GABRIEL, [GABRIEL II.
b 1712.
BABEU, Madeleine, [ANDRÉ I.
b 1712.
Joseph-Marie, b [9] 15 nov. 1739; m 6 août 1764, à Louise BOURDEAU, à St-Philippe.—*Marie-Joseph*, b [9] 4 sept. 1741.—*Marie-Madeleine*, b [9] 4 juin et s [9] 4 août 1743. — *Marie-Madeleine*, b [9] 27 sept. 1744; m 11 janvier 1768, à Pierre VIEN, à Chambly.—*Suzanne*, b... m 12 février 1770, à Jacques ROBERT, à St-Constant.

1739, (9 fevrier) Lévis.

III.—LEMIEUX, ETIENNE, [MICHEL II.
b 1708.
CARRIER, Rose. [IGNACE II.

LEMIEUX, JOSEPH,
b 1714; s 9 janvier 1774, à Québec.
LANGE (1), Marie-Angélique. [SIMON I.

LEMIEUX, ...
GUAY, Genevieve, [LOUIS II.
b 1718; s 2 avril 1763, à Lévis.

1740, (11 janvier) Lévis. [9]

III.—LEMIEUX, MICHEL. [MICHEL II.
BÉGIN, Marie-Anne, [JEAN-BTE II.
b 1719.
Marie-Anne, b [9] 1er nov. 1740; m [9] 11 juillet 1763, à Louis-Joseph HUARD. — *Anonyme*, b [9] et s [9] 29 déc. 1741.—*Geneviève*, b [9] 4 mars 1743; s [9] 11 août 1744.— *Michel*, b [9] 13 janvier 1745; m [9] 6 juillet 1767, à Marguerite HUARD.—*Joseph*, b... m [9] 7 janvier 1771, à Angelique BOURASSA.—*Marie-Geneviève*, b [9] 15 février 1750. — *Marie-Louise*, b [9] 4 et s [9] 20 août 1751.—*Etienne*, b [9] 26 août 1753.—*Claude*, b [9] 18 sept. 1755.—*Gabriel*, b [9] 28 août 1757.—*Antoine*, b [9] 22 janvier et s [9] 3 février 1759.

1741, (6 nov.) St-Thomas. [6]

III.—LEMIEUX, LOUIS, [ALEXIS II.
b 1716; s [6] 6 mai 1756.
TIBAUT (2), Marie-Geneviève, [JACQUES II.
b 1717.
Geneviève, b [6] 30 déc. 1742; m [6] 28 janvier 1771, à Jacques COLIN.—*Marie-Louise*, b [6] 20 fevrier 1744; m [6] 14 janvier 1766, à Joseph COUTURE.—*Marie-Geneviève*, b [6] 16 avril 1745; m [6] 2 mars 1772, à Paul COTÉ. — *Marie-Françoise*, b [6] 24 oct. 1746; m [6] 18 oct. 1773, à Jean-Baptiste MORIN. — *Marie-Elisabeth*, b [6] 25 janvier et s [6] 17 mars 1749.—*Joseph*, b [6] 12 janvier 1750.—*Marie-Marthe*, b [6] 8 mai 1751. — *Marie-Joseph*, b... m [6] 12 juillet 1773, à Joseph-Marie FOURNIER. — *Pierre*, b [6] 30 mai 1754.—*Jean-Baptiste*, b [6] et s [6] 24 déc. 1755.— *Marie-Elisabeth* (posthume), b [6] 25 nov. 1756.

(1) Elle épouse, le 26 août 1786, David Héon, à Québec.
(2) Elle épouse, le 4 juillet 1757, Pierre-Noel Caron, à St-Thomas.

1744, (3 février) Islet.
III.—LEMIEUX, ALEXIS, [ALEXIS II.
b 1719.
LANGELIER (1), Louise-Geneviève, [LOUIS III.
b 1729.
Geneviève, b... m 28 février 1764, à François-Jacques MIVILLE, à St-Thomas.

1747, (13 février) Québec. 6
III.—LEMIEUX, JOSEPH, [JOSEPH II.
b 1716.
1° DESMARETS, Renée, [GILLES-VINCENT I.
b 1725 ; s 6 17 oct. 1748
Marie-Joseph-Renée, b 25 avril 1747, à Berthier.—*Marie-Jeanne*, b 6 15 et s 18 oct. 1748, à Charlesbourg. 8
1754, (19 fevrier). 6
2° JOLY, Louise, [PIERRE II.
b 1730 ; s 6 16 mars 1762.
Joseph-Antoine, b 6 6 dec. 1754.—*Hypolite-Eloi*, b 6 1er et s 8 19 dec. 1755.—*Marguerite-Madeleine*, b 6 20 nov. 1756 ; s 6 11 mai 1762. — *Marie-Julie*, b 6 18 nov. 1757.—*Maurice-Régis*, b 20 mai 1760, à la Pte-aux-Trembles, Q —*Marie-Françoise*, b 8 juin 1761, au Cap-St-Ignacè ; m 6 11 oct. 1796, à Louis DUBORD.

1749, (25 nov.) Berthier. 9
III.—LEMIEUX, GUILLAUME, [GUILLAUME II.
b 1725.
MARCOU, Marie-Louise, [FRANÇOIS III.
b 1728.
Guillaume, b 25 août 1750, à St-François-du-Sud 3 ; m 9 1er fevrier 1773, à Marthe DION. — *Pierre-Noël*, b 3 12 juin 1752.— *Marie-Louise*, b 3 3 sept. 1754. — *Jean-Francois*, b 3 8 mai 1756. — *Louis-Marie*, b 3 7 avril 1758 ; s 3 22 août 1760.

1750, (11 mai) Berthier. 6
III.—LEMIEUX, GUILLAUME, [JOSEPH II.
b 1717.
BLAIS, Marie-Françoise, [JEAN-BTE III.
b 1730.
Marie-Marguerite, b 6 5 sept. 1751.—*Guillaume*, b 6 8 juillet 1753. — *Joseph-Henri*, b 6 16 juillet 1755.—*Germain*, b 6 9 juillet 1757.—*Thérèse-Elisabeth*, b 6 4 juillet 1759.—*Louis-Evariste*, b 6 26 oct. 1761. — *Augustin*, b 6 15 sept. 1763 ; s 6 4 sept. 1773.—*Jean-Marie*, b 6 9 juillet 1765 ; s 6 21 fevrier 1766.—*Jean-Baptiste*, b 6 3 oct. 1767.

1750, (1er juillet) Lévis. 1
III.—LEMIEUX, LOUIS, [MICHEL II.
b 1719.
1° GUAY, Marie-Anne, [JEAN III.
b 1723 ; s 1 3 janvier 1753.
Louis-Etienne, b 1 13 et s 1 27 janvier 1752. — *Marie-Anne*, b 1 12 dec. 1752 ; s 1 17 mai 1753.
1753.
2° CARRIER, Marie-Anne.
Louis, b 1 5 et s 1 24 sept. 1754.—*Etienne-Pierre*, b 1 5 août 1755. — *Gabriel*, b 1 22 août et s 1 31 dec. 1757. — *Marie-Anne*, b 1 25 mars et s 1 26 avril 1759. — *Marie-Anne*, b 1 14 sept. 1760.— *Louis*, b 1 23 nov. 1763. — *Michel*, b 1 24 sept. 1765.—*Joseph-Marie*, b 1 24 mars 1768.

(1) Elle épouse, le 26 avril 1746, Pierre Cloutier, à l'Islet.

1751.
III.—LEMIEUX, MICHEL, [GUILLAUME II.
b 1730.
AUBÉ (1), Marie-Anne. [ANDRÉ I.
Augustin-Amable, b 6 oct. 1752, à Berthier. 9— *Marie-Anne*, b 9 10 nov. 1754. — *Michel*, b 9 11 sept. 1756.

1754, (25 février) St-Constant. 8
IV.—LEMIEUX, FRANÇOIS, [JACQUES III.
b 1732.
MATIGNON, Marie-Jeanne, [JEAN I.
b 1735.
Jean-François, b 8 20 août 1757. — *François* b 4 janvier et s 21 juillet 1763, à St-Philippe.— *Etienne*, b... m 17 fevrier 1824, à Louise CAMUS, à Cahokia.

1754, (18 nov.) St-Thomas.
IV.—LEMIEUX, CHARLES-PRISQUE, [JOSEPH III.
b 1730.
BOULET (2), Marie-Elisabeth, [CHARLES III
b 1736.
Charles-Prisque, b 3 déc. 1756, à Berthier 9— *Joseph-Marie*, b 9 4 mars 1758.—*Marcel*, b 9 6 fevrier 1760. — *Marie-Elisabeth*, b 9 30 oct. 1762— *Marie-Thècle*, b 9 16 et s 9 23 mars 1764.—*Marie-Anne*, b 9 1er oct. 1765. — *Jean-François*, b 9 23 mai 1767. — *Jean-Olivier*, b 9 8 sept. 1768.— *Marie-Thècle*, b 9 20 janvier et s 9 1er fevrier 1772. —*Pierre-Charles*, b 9 et s 9 27 juillet 1773 —*Basile*, b 9 9 et s 9 16 juin 1775. — *Thérèse*, b 9 et s 9 25 janvier 1778.

1754, (25 nov.) St-Constant. 8
IV.—LEMIEUX, FRANÇOIS, [PIERRE-GABRIEL III.
b 1727.
BAUDIN, Marie-Françoise, [MICHEL II
b 1735.
Marie-Françoise, b 8 11 déc 1755.— *François*, b 8 20 février 1758.

1754, (25 nov.) St-Valier.
III.—LEMIEUX, JOS.-GRÉGOIRE, [GUILLAUME II.
b 1735.
AUBÉ, Marie-Joseph, [ANDRE I.
b 1733.
Jean-François, b 6 janvier 1759, à Berthier. 9— *Marie-Joseph*, b 9 1er mai 1761. — *Jean-Baptiste*, b 9 16 avril 1763. — *Marie-Elisabeth*, b 9 2 mai et s 9 17 juillet 1765. — *Augustin-Michel*, b 9 8 mai 1766 ; m 9 3 février 1795, à Marie-Joseph DION.— *Marie-Charlotte*, b 9 20 juin et s 9 12 sept. 1770. —*Louis*, b... m 9 21 avril 1795, à Marguerite BILODEAU.—*Marie-Anne*, b 9 11 fevrier 1774.—*Guillaume*, b 9 8 oct. 1777.

(1) Elle épouse, le 8 janvier 1759, Michel Lacombe, à Berthier.
(2) Et Boulé.

1756, (12 janvier) St-Constant.[7]
IV.—LEMIEUX, JACQUES-ALEXIS, [JACQUES III.
b 1730.
GIBEAU, Marie-Amable, [GABRIEL III.
b 1727.
Jacques-Alexis, b [7] 5 février 1757. — *Marie-Joseph*, b [7] 21 février 1758. — *Marguerite*, b 24 mai 1760, à St-Philippe.[8] — *Paul*, b [8] 1er mai 1762; s [8] 10 mai 1763. — *Marie-Françoise*, b [8] 23 mai 1763; s [8] 3 avril 1764.

LEMIEUX, JOSEPH.
LANGLOIS, Marie-Joseph.
Joseph-Marie, b 7 avril 1757, à Berthier.

1761, (19 janvier) Islet.[9]
IV.—LEMIEUX, LS-AUGUSTIN, [AUGUSTIN III.
b 1736.
BERNIER, Monique, [JEAN-BTE III.
b 1738.
Louis-Augustin, b [9] 6 janvier 1762. — *Charles*, b 5 juin 1764, au Cap-St-Ignace. — *Michel*, b [9] 28 juillet 1773.

1761, (14 sept.) Cap-St-Ignace.[9]
IV.—LEMIEUX, CHS-FRS, [CHARLES-FRS III.
b 1730.
TANON (1), Marie-Elisabeth, [LOUIS II.
b 1728.
Charles-François, né 10 juillet 1762; b [9] 17 avril 1763.—*Marie-Elisabeth*, b [9] 9 février 1765.

1761, (17 oct.) Islet.[9]
IV.—LEMIEUX, PIERRE, [PIERRE-AUGUSTIN III.
b 1741.
TIBAUT, Geneviève, [JEAN-FRANÇOIS III.
b 1740.
Louis, b... m 26 février 1781, à Marie-Françoise VAILLANCOUR, à St-Jean-Port-Joli.—*Pierre*, b 15 mars 1763, au Cap-St-Ignace. — *Joseph*, b [9] 21 juin 1764. — *Marie*, b... m à Augustin GAUDREAU.—*Marie-Marthe*, b [9] 24 mars 1775.

1761, (28 oct.) Cap-St-Ignace.[9]
IV—LEMIEUX, IGNACE, [LOUIS III.
b 1739.
BERNIER, Geneviève, [CHARLES III.
b 1741.
Ignace, b [9] 14 août 1762.

1761, (28 oct.) Cap-St-Ignace.[7]
IV.—LEMIEUX, LOUIS, [LOUIS III.
b 1741.
BERNIER, Claire, [CHARLES III.
b 1742.
Louis-Christophe, b [7] 27 janvier 1764.

1763, (25 mai) Lévis.[9]
IV.—LEMIEUX, JOSEPH-MARIE, [JOS.-MARIE III.
b 1737.
BÉGIN, Marie-Anne, [ETIENNE II.
b 1740.
Pierre-Joseph, b [9] 11 mars 1764.— *Michel*, b [9] 3 oct. 1765. — *Marie-Anne*, b [9] 27 juin 1767. — *Louis*, b [9] 2 juin 1770.

1764, (6 août) St-Philippe.
IV.—LEMIEUX, JOSEPH-MARIE, [GABRIEL III.
b 1739.
BOURDEAU, Louise, [JOSEPH II.
b 1741.

1764, (1er oct.) St-Philippe.
IV.—LEMIEUX, PIERRE, [JACQUES III.
b 1733.
ST. YVES, Agathe, [JOSEPH II.
b 1729; veuve de Paul Lériger.

1767, (6 juillet) Levis.[6]
IV.—LEMIEUX, MICHEL, [MICHEL III.
b 1745.
HUARD, Marguerite, [JEAN-BTE III.
b 1744
Michel, b [6] 19 mars 1768. — *Louis*, b [6] 28 juin 1770.

1768, (2 février) Ste-Anne-de-la-Pocatière.
IV.—LEMIEUX, PIERRE-AUG., [AUGUSTIN III.
b 1747.
MIVILLE (1), Charlotte, [FRANÇOIS IV.
b 1748.

1771, (7 janvier) Lévis.
IV.—LEMIEUX, JOSEPH. [MICHEL III.
BOURASSA, Angelique, [PIERRE III.
b 1751.

1771, (11 février) Lévis.
IV.—LEMIEUX, MICHEL-ANDRÉ, [JOS.-MARIE III.
b 1738.
GUAY, Geneviève, [MICHEL III.
b 1752.

1773, (1er février) Berthier.
IV.—LEMIEUX, GUILLAUME, [GUILLAUME III.
b 1750.
DION (2), Marthe, [JOSEPH-MARIE V.
b 1753.

1775, (16 janvier) Baie-St-Paul.[5]
IV.—LEMIEUX, JOSEPH. [AUGUSTIN III.
GAGNÉ, Felicité, [IGNACE V.
b 1761.
Félicité, b [5] 12 dec. 1776.

LEMIEUX, JEAN-BTE.
ALAIRE, Marie-Joseph.
Marie-Joseph, b 1776; s 15 oct. 1780, à Repentigny.[7] — *Antoine*, b [7] et s [7] 20 août 1785. — *Charlotte*, b [7] 18 oct. 1786; s [7] 30 janvier 1789.— *Jean-Baptiste*, b [7] 19 juillet 1788. — *Marie-Barbe*, b [7] 17 juillet 1791.

1781, (26 février) St-Jean-Port-Joli.
V.—LEMIEUX, LOUIS [PIERRE IV.
VAILLANCOUR, Marie-Françoise. [IGNACE III.

(1) Pour Talon.

(1) Elle épouse, le 4 sept. 1779, Joseph Mignier-Lagacé, à St-Roch.

(2) Voy. Guyon.

LEMIEUX, François.
Roy, Marguerite.
Barthélemi, b... m 2 février 1813, à Hélène Ross, à Rimouski.

1795, (3 fevrier) Berthier.

IV.—LEMIEUX, Aug.-Michel, [Jos.-Grég. III.
b 1766.
Dion (1), Marie-Joseph, [André-Louis.
b 1776.

1795, (21 avril) Berthier.

IV.—LEMIEUX, Louis. [Joseph-Grégoire III.
Bilodeau, Marguerite, [Jacques IV.
b 1772.

LEMIEUX, Amable.
Bilodeau, Marie-Elisabeth.
Amable et *Michel*, b 16 nov. 1795, à Berthier.

1813, (2 fevrier) Rimouski.

LEMIEUX, Barthélemi. [François.
Ross, Helène. [Jean.

1824, (17 fevrier) Cahokia.

V.—LEMIEUX, Etienne. [François IV.
Camus, Louise,
veuve de Louis Périau.

LEMIRE. — *Variations et surnoms:* Lemaire — Lemyre — Miré — Chambeau — Foucault — Marsolet.

1653, (20 oct.) Québec.[4]

I.—LEMIRE (2), Jean,
b 1626 ; s [4] 5 oct. 1684.
Marsolet, Louise, [Nicolas I.
b 1640 ; s [4] 19 avril 1712.
Marie-Anne, b [4] 16 mars 1664 ; 1° m [4] 20 oct. 1681, à Laurent Tessier ; 2° m 1689, à Jean-Pierre D'Au-Jolliet ; 3° m [4] 9 nov. 1694, à Paul DeRupallay ; s 12 juin 1750, à Montréal.[5] — *Louise*, b [4] 10 mai 1666 ; m [4] 20 oct. 1681, à Pierre Pepin ; s [5] 22 juin 1727.—*Catherine*, b [4] 21 mars 1668 ; 1° m [4] 4 nov. 1686, à Jean Raymond ; 2° m [5] 11 sept. 1707, à Louis LeCavelier ; s [5] 20 mai 1749.—*Jean*, b [4] 6 sept. 1676 ; m [4] 30 juillet 1703, à Elisabeth Bareau ; s [5] 2 nov. 1754.

1685, (1er avril) (3).

II.—LEMIRE (4), Joseph, [Jean I.
b 1662.
1° Hédouin, Anne, [Jacques I.
b 1667 ; s 29 août 1687, à Québec.[4]
1690, (13 nov.)[4]
2° LeNormand, Jeanne, [Jean I.
b 1670 ; s [4] 26 déc. 1702.
Marguerite-Louise, b [4] 16 juin 1697 ; m 22 nov. 1716, à François-Marie Brien, à Varennes. — *Noel-Joseph*, b [4] 14 sept. 1698 ; m [4] 26 dec. 1720, à Marie-Geneviève Parant. — *Catherine*, b [4] 17 juin 1700 ; m 1727, à Ignace Lemay.

(1) Voy. Guyon.
(2) Voy. vol. I, p 378.
(3) Date du contrat—(greffe de Pageot.)
(4) Voy. vol. I, pp. 378-379.

1686, (5 juin) Batiscan.[1]

I.—LEMIRE (1), Jacques-Isaac,
b 1648.
Damours, Hélène,
b 1649 ; veuve de Louis Fouché.
Michel, b [1] 20 mars 1687 ; m 7 août 1713, à Elisabeth Lemerle, à Lorette ; s 8 janvier 1753, à Montréal.—*Madeleine*, b... m 5 avril 1712, à Jean-Baptiste Titasse, à St-Laurent, I. O. — *Marie-Anne*, b... m 9 déc. 1721, à Jacques Roseau, à l'Ile-Dupas.

1701, (5 février) Trois-Rivières[2]

II.—LEMIRE, Jean-François, [Jean I
b 1675.
Foucault (2), Françoise, [Jean-François I
b 1679.
Jean-François, b [2] 1er juin 1701 ; m 10 fevrier 1727, à Françoise Monty, à St-Frs-du-Lac. — *Marie-Anne*, b [2] 11 mars 1703.—*Joseph*, b [2] 15 fevrier 1705 ; m 4 nov. 1727, à Madeleine Gaudry, à Varennes.[3] — *Jean-Baptiste*, b [2] 15 sept. 1707, 1° m [3] 19 sept. 1729, à Marie-Marguerite Pont, 2° m 26 août 1731, à Marie-Catherine Pinard à Nicolet[4] ; s [4] 18 mai 1779. — *Marguerite*, b [2] 1er janvier 1710 ; s [2] 5 avril 1711. — *René*, b [2] 1er mars 1712 ; m 7 janvier 1736, à Madeleine Gélina, à Yamachiche.—*Alexis*, b [2] 26 mai 1714 —*Pierre*, b 11 sept. 1716, à la Rivière-du-Loup, 1° m [4] 16 janvier 1747, à Marie-Jeanne Pinard, 2° m [4] 19 mai 1785, à Marie-Joseph Comeau.

1703, (30 juillet) Montréal.[5]

II.—LEMIRE (3), Jean, [Jean I.
b 1676 ; s [5] 2 nov. 1754.
Bareau, Elisabeth, [Jean I.
b 1682.
Charlotte-Françoise, b 24 août 1705, à Varennes[6] ; m [5] 27 août 1725, à François Augé.—*Elisabeth*, b [5] 3 mai 1707 ; 1° m [5] 5 nov. 1731, à René Bissonnet ; 2° m [5] 8 oct. 1748, à Louis Lefebvre. — *Nicolas*, b [6] 7 juillet 1708 ; s [6] 28 juin 1710.—*Marie-Anne*, b 11 déc. 1710, à la Pte-aux-Trembles, M. ; m [5] 5 nov. 1731, à Jacques Guyon. —*Catherine*, b [6] 12 mars 1714 ; m [5] 8 janvier 1732, à Jean-Baptiste Lefebvre.—*Jean-Baptiste*, b 1715 ; m [5] 7 janvier 1737, à Louise Guyon — *Marie-Joseph*, b [5] 15 juin 1722 ; 1° m [5] 20 nov 1741, à Paul Leduc ; 2° m [5] 14 février 1752, à Joseph-Marie Lériger.—*Louis*, b [5] 23 dec. 1724, s [5] 27 juillet 1725.—*Marie-Françoise*, b [5] 1er juin 1726.

1713, (7 août) Lorette.

II.—LEMIRE, Michel, [Jacques-Isaac I
b 1687 ; s 8 janvier 1753, à Montreal.[1]
Lemerle, Elisabeth. [René I.
Michel, b 6 août, à Québec[2] et s 14 sept. 1714, à Charlesbourg.—*Augustin*, b 17 oct. 1715, à St-

(1) Voy. vol. I, p. 379.
(2) Voy. François dit Foucault, vol. I, p. 241.
(3) Lemaire au baptème d'Elisabeth.

Pierre, I. O.; m 26 nov. 1742, à Marie-Anne Primot, à Châteauguay. [3] — *Marie-Elisabeth*, b [2] 30 juin 1717.—*Jean-Baptiste*, b 1719; s [1] 1er janvier 1720. — *François*, b [1] 22 janvier 1721; 1° m 1748, à Madeleine Debien; 2° m 5 février 1759, à Marguerite Brisebois, à St-Laurent, M.—*Michel*, b 31 janvier 1723, à l'Ile-Dupas; m [3] 10 février 1755, à Madeleine Doré.—*Marie-Thérèse*, b [1] 18 février 1725; m [3] 24 avril 1747, à Antoine Desjardins. — *Marie-Anne*, b 1728; 1° m [1] 17 février 1749, à Ambroise Cazal; 2° m [1] 26 oct. 1761, à Joseph Vergne. — *Marguerite*, b 1733; m [1] 8 janvier 1757, à Pierre Labadie. — *Marie-Joseph*, b 1737; m [1] 9 janvier 1758, à Jean Boutot.

I.—LEMIRE, Charles, b 1699; s 17 mars 1727, à St-Antoine-Tilly [6]
Chorет, Elisabeth, [Robert II.
b 1701.

Marie-Thérèse, b [6] 8 août 1723.—*Marie-Joseph*, b [6] 23 déc. 1725; m [6] 14 fevrier 1745, à Antoine Hamel.

I.—LEMIRE, Louis-François.
Gautier, Madeleine.

Louis, b... 1° m 7 janvier 1758, à Marie-Catherine Duchesne, à St-Joachim; 2° m 25 sept. 1769, à Marie-Anne Supernant, à St-Philippe.

1726, (26 déc.) Québec. [3]

III.—LEMIRE, Noel-Joseph, [Joseph II.
b 1698.
Parant (1), Marie-Geneviève, [René III.
b 1704.

Marie-Madeleine, b [3] 3 sept. 1727; s [3] 16 janvier 1730. — *Antoine*, b [3] 16 sept. 1728; m [3] 15 février 1751, à Geneviève-Agathe Parant; s [3] 26 oct 1788.—*Joseph*, b [3] 27 dec. 1729; s [3] 15 juillet 1730.—*Marie-Henriette*, b [3] 20 déc. 1730.—*Joseph-Antoine*, b [3] 23 déc. 1731. — *Louis*, b [3] 25 sept. 1733.— *Marie-Madeleine*, b [3] 25 juillet 1735; m [3] 17 mai 1754, à Pierre Carrier; s [3] 3 juin 1778.—*Augustin*, b [3] 8 mars 1737; m à Geneviève Chalifour; s [3] 11 août 1797. — *Marie-Joseph*, b [3] 30 oct. 1738; s 14 mai 1739, à St-Augustin.

1727, (10 fevrier) St-Frs-du-Lac.

III.—LEMIRE, Jean-François, [Jean-Frs II.
b 1701.
Monty-Niquet, Françoise. [Pierre II.

Jean-François, b 14 juin 1728, à la Baie-du-Febvre [2]; s [2] 20 sept. 1745. — *Marie-Madeleine*, b [2] 11 oct. 1729; m [2] 6 avril 1750, à Basile-Prisque Laspron.—*Joseph*, b [2] 1er avril 1731; s [2] 9 juin 1751.—*Marie-Joseph*, b [2] 6 nov. 1732; m [2] 7 janvier 1750, à Jacques Robida. — *Antoine*, b [2] 14 juillet 1734; m [2] 8 janvier 1758, à Geneviève Chevrefils. — *Louis*, b [2] 25 mars 1736; 1° m 14 juin 1762, à Marie-Charlotte Provencher, à Nicolet [4]; 2° m [4] 25 nov. 1771, à Geneviève Desfossés; 3° m [4] 13 août 1781, à Marie-Louise Coltret. — *Pierre*, b [2] 11 janvier 1739; m 4 février 1765, à Marie-Joseph Lacerte, à Yamachiche.—*Marie-Françoise*, b [2] 18 août 1740; m [2] 18 février 1765, à Charles Lacerte. — *Thérèse*, b... m [2] 5 nov. 1764, à Pierre Rouillard.—*Jean-François*, b [2] 14 juin 1746; m [2] 13 oct. 1766, à Catherine Martel.

(1) Elle épouse, le 9 oct. 1741, Paschal Soulard, à Québec.

1727, (4 nov.) Varennes.

III.—LEMIRE, Joseph, [Jean-François II.
b 1705.
Gaudry, Madeleine, [Jacques II.
b 1711.

Joseph, b 1729; m 3 février 1756, à Marie-Joseph-Louise Segner, à Montréal.

LEMIRE (1), ……………
Augé, Charlotte-Françoise,
b 1705; s 7 mai 1768, à St-Constant.

1729, (19 sept.) Varennes.

III.—LEMIRE (2), Jean-Bte, [Jean-François II.
b 1707; s 18 mai 1779, à Nicolet. [4]
1° Pont (3), Marie-Marguerite, [Jean I.
b 1708.
1731, (26 août) [4]
2° Pinard, Marie-Catherine, [Antoine II.
b 1710; s [4] 19 mars 1790.

Joseph, b 1er juillet 1732, à la Baie-du-Febvre; m 19 fevrier 1754, à Madeleine Loiseau, à Boucherville; s [4] 22 janvier 1793.—*Jean-Baptiste*, b [4] 25 février 1734; m à Angelique Loiseau; s [4] 17 sept. 1794. — *Raphael*, b [4] 5 déc. 1735; m [4] 28 oct. 1765, à Marie-Thérèse Provencher; s [4] 9 février 1797 —*Marie-Anne*, b [4] 10 sept. 1746; m [4] 7 janvier 1765, à Jean-Baptiste Villat. — *Marie-Jeanne*, b [4] 20 avril 1748; m [4] 6 juillet 1767, à Jean-Baptiste Provencher. — *Marie-Antoinette*, b [4] 16 nov. 1750; m [4] 7 nov. 1774, à François Laspron.

1736, (7 janvier) Yamachiche.

III.—LEMIRE, René, [Jean-François II.
b 1712.
Gélina, Madeleine. [Pierre III.

1737, (7 janvier) Montréal. [1]

III.—LEMIRE (1), Jean-Bte, [Jean II.
b 1715; voyageur.
Guyon-Després, Louise, [Joseph III.
b 1715.

Marie-Louise, b [1] 16 mai 1739; s [1] 8 avril 1740. — *Marie*, b [1] 14 juin 1742.—*Elisabeth*, b [1] 21 juin 1744. — *Jean-Baptiste-Joseph*, b [1] 26 avril et s 16 juin 1746, à St-Vincent-de-Paul. — *Jean-Baptiste* (4), b [1] 29 janvier 1749. — *Madeleine-Charlotte*, b [1] 1er oct. 1750.

I.—LEMIRE, Pierre.
Tibodeau, Marie-Anne.

Marie, b 1741; m 2 fevrier 1761, à André Terrien, à Nicolet [5]; s [5] 15 janvier 1789.—*Elisabeth*, b... m [5] 15 avril 1765, à Joseph Coltret.

(1) Dit Marsolet.
(2) Dit Foucault.
(3) Voy. Etienne, vol. III, p. 600.
(4) 1er février 1749, au registre de St-Vincent-de-Paul.

1742, (26 nov.) Châteauguay.
III.—LEMIRE, AUGUSTIN, [MICHEL II.
b 1715.
PRIMOT, Marie-Anne. [CLAUDE II.
Marie-Thérèse, b 13 et s 15 sept. 1743, à Montréal.

1747, (16 janvier) Nicolet.[9]
III.—LEMIRE, PIERRE, [JEAN-FRANÇOIS II.
b 1716.
1° PINARD, Marie-Jeanne, [ANTOINE II.
b 1720; s[9] 26 avril 1776.
Jean-Baptiste, b[9] 19 nov. et s[9] 7 déc. 1747.—*Joseph,* b[9] 20 nov. 1748; m[9] 27 janvier 1777, à Madeleine FOUCAULT.—*Pierre-Jean,* b[9] 21 déc. 1750; m[9] 11 nov. 1771, à Elisabeth ORION.—*Antoine,* b[9] 29 sept. 1753; m[9] 31 janvier 1780, à Marie-Joseph DANIAU.—*Modeste,* b[9] 29 sept. 1755; m[9] 5 fevrier 1781, à Marie-Joseph PINARD.—*Marie-Jeanne,* b[9] 19 oct. 1759.—*Marie-Anne,* b... m[9] 5 juillet 1779, à Joseph LEMIRE-FOUCAULT.
1785, (19 mai).[9]
2° COMEAU, Marie-Joseph,
b 1736; Acadienne; veuve de Joseph Godet; s[9] 20 déc. 1796.

1748.
III.—LEMIRE (1), FRANÇOIS, [MICHEL II.
b 1721.
1° DEBIEN, Madeleine,
b 1726; s 20 mai 1757, à Ste-Geneviève, M.[1]
Madeleine, b 1749; s[1] 17 dec. 1755.—*Guillaume,* b[1] 10 août 1750; s[1] 22 mai 1751.—*François,* b[1] 16 février 1752; s[1] 29 mars 1757.—*Marie-Anne,* b[1] 22 août 1753.—*Paul,* b[1] 13 janvier et s[1] 8 mars 1755.—*Jacques,* b[1] 10 et s[1] 11 fevrier 1756.—*Anonyme,* b[1] et s[1] 15 mai 1757.
1759, (5 février) St-Laurent, M.
2° BRISEBOIS, Marguerite, [LOUIS III.
b 1739.
François, b[1] 15 et s[1] 23 nov. 1759.

LEMIRE (2), BONAVENTURE.
SENET, Marie-Joseph. [JEAN-BTE.
Marie-Ursule, b... m 6 juillet 1770, à Pierre PICHET, à L'Assomption.

1751, (15 fevrier) Québec.[8]
IV.—LEMIRE, ANTOINE, [NOEL-JOSEPH III.
b 1728; armurier; s[8] 26 oct. 1788.
PARANT, Geneviève-Agathe, [FRANÇOIS III.
b 1731.
Madeleine-Agathe, b[8] 8 avril 1752; s[8] 26 mai 1753.—*Marie-Louise,* b[8] 4 dec. 1753; m[8] 14 fevrier 1774, à Jean-Baptiste CHEVALIER; s[8] 25 juin 1798.—*Gilles-Antoine,* b[8] 16 oct. 1755; s[8] 28 mai 1758.—*Catherine,* b[8] 22 déc. 1757.—*Joseph-François,* b[8] 25 janvier 1759.—*Georgine-Elisabeth,* b 29 juillet 1760, à Charlesbourg.—*Marie-Anne-Françoise,* b[8] 6 mars 1763.—*Marie-Thérèse,* b... m[8] 30 sept. 1783, à Joseph COLARD.—*Marie-Elisabeth,* b... m[8] 29 août 1786, à Michel MAILLOU.

(1) Et Mié.
(2) Dit Marsolet.

1751, (22 mai) Trois-Rivières.[9]
LEMIRE (1), FRANÇOIS. [JEA
DENEVERS (2), Marie-Joseph, [FRANÇOIS III
b 1732; veuve de Jean Pernin.
Jean-Louis, b[9] 26 février 1752.—*Pierre,* b[9] janvier 1754.—*Joseph,* b[9] 22 oct. 1755.—*Louis,* b[9] 9 février 1758; s 4 janvier 1759, à la Pointe-du-Lac.[7]—*Marie-Louise,* b[9] 14 sept. et s[9] 8 nov. 1759.—*Marie-Claire,* b[9] 14 sept. et s[9] 9 oct. 1759.—*Marie-Antoinette,* b[7] 24 janvier 1760.—*Louis,* b 12 et s 20 janvier 1772, à la Baie-du-Febvre.

1753, (29 janvier) Québec.[3]
I.—LEMIRE, GILLES, navigateur; fils de Jacques et de Marie Hamelin, de Monchaton, diocèse de Coutances, Normandie.
CADORET, Marguerite, [PIERRE II.
b 1737; s[3] 22 nov. 1789.
Marie-Marguerite, b[3] 13 août 1754; s[3] 21 nov. 1757.—*Geneviève,* b[3] 16 août 1756; s[3] 22 juin 1758.—*Marie-Marguerite,* b[3] 26 juin 1759; s[3] 1.. nov. 1760.—*Geneviève,* b[3] 17 mai 1761.—*Gilles,* b[3] 25 février 1764.—*Marie,* b 13 sept. 1769, à Berthier.

1754, (19 fevrier) Boucherville.
IV.—LEMIRE (3), JOSEPH, [JEAN-BTE III.
b 1732; s 22 janvier 1793, à Nicolet.[6]
LOISEAU-LUCAS, Madeleine. [JEAN III.
Joseph, b[6] 4 mars 1756; m[6] 5 juillet 1779, à Marie-Anne LEMIRE.—*Jean-Baptiste,* b[6] 15 janvier 1758; m[6] 11 oct. 1790, à Marie PROVENCHER.—*Marie-Madeleine,* b[6] 10 mai 1759; m[6] 27 janvier 1777, à Joseph LEMIRE.—*Joachim-Théodore,* b... 1° m[6] 27 sept. 1784, à Marie-Joseph TARGANNE; 2° m[6] 22 sept. 1794, à Marie-Anne PROVENCHER.—*Marie-Joseph,* b... m[6] 24 oct. 1791, à Joseph ROY.

1755, (10 fevrier) Châteauguay.
III.—LEMIRE, MICHEL, [MICHEL II.
b 1723.
DORÉ, Madeleine. [JEAN-BTE I.

1756, (3 fevrier) Montreal.
IV.—LEMIRE (4), JOSEPH, [JOSEPH III.
b 1729.
SEGNER, Marie-Joseph-Louise, [EPHRAIM I.
b 1733.

LEMIRE, ...

....
Catherine, b et s 3 mars 1758, à Lorette.[1]—*François-Joseph,* b[1] et s[1] 30 août 1759.—*Marie-Anne-Françoise,* b[1] et s[1] 20 sept. 1763.

1758, (7 janvier) St-Joachim.
II.—LEMIRE, LOUIS. [LOUIS-FRANÇOIS I.
1° DUCHESNE, Catherine, [SIMON II.
b 1730; s 1er janvier 1768, à St-Philippe.[2]

(1) Et Lemay—Lemère.
(2) Dit Boisverd.
(3) Dit Foucault.
(4) Dit Marsolet.

Louis-Jean-Baptiste, b 14 oct. 1758, à la Baie-St-Paul.

1769, (25 sept.) [2]

2° SUPERNANT, Marie-Anne. [ANTOINE III.

1758, (8 janvier) Baie-du-Febvre [7]

IV.—LEMIRE, ANTOINE, [JEAN-FRS III.
b 1734.
CHÈVREFILS, Geneviève, [LOUIS III.
b 1738.

Joseph, b [7] 28 août 1763.—*Marie-Agathe*, b [7] 16 juin 1766. — *Joseph*, b [7] 12 sept. 1767. — *Marie-Marguerite*, b [7] 27 nov. 1768. — *François*, b [7] 22 avril 1770 ; m 24 fevrier 1794, à Marie-Antoinette BRASSARD, à Nicolet. — *Louis-Joseph*, b [7] 30 juin et s [7] 8 juillet 1771.—*Joseph*, b [7] 5 et s [7] 15 juillet 1772.

1762, (14 juin) Nicolet. [2]

IV.—LEMIRE, LOUIS, [JEAN-FRANÇOIS III
b 1736.
1° PROVENCHER (1), Charlotte, [CHARLES III.
b 1744 ; s 5 sept. 1770, à la Baie-du-Febvre.[3]

Louis, b [3] 6 mars 1763.— *Marie-Joseph*, b [3] 12 et s [3] 20 août 1764. — *Marie-Angélique*, b [3] 20 sept. 1765. — *Marie-Joseph*, b [3] 5 et s [3] 28 sept. 1767. — *Jean-Baptiste*, b [3] 7 août et s [3] 14 sept. 1769.—*Marie-Louise*, b [3] 1er et s [3] 2 sept. 1770.

1771, (25 nov.) [2]

2° DESFOSSÉS, Geneviève, [CLAUDE III.
b 1740.

Marie-Françoise, b [3] 20 sept. 1772.

1781, (13 août).[2]

3° COLTRET, Marie-Louise. [JEAN-RENÉ III.

IV—LEMIRE (2), JEAN-BTE, [JEAN-BTE III.
b 1734 ; s 17 sept. 1794, à Nicolet. [5]
LOISEAU, Angélique,
s [5] 18 fevrier 1790.

Angélique, b... 1° m [5] 7 février 1785, à Jean-Baptiste LUPIEN ; 2° m [5] 10 janvier 1791, à Jean-Baptiste DESROSIERS-DESILETS. — *Marie-Joseph*, b.. m [5] 7 nov. 1791, à Jean-Baptiste COLTRET.— *Catherine*, b 1774 ; s [5] 19 mars 1793.—*Elisabeth*, b.. m [5] 17 juin 1793, à François BOUDROT. — *Marguerite*, b... m [5] 22 août 1796, à Joseph BOUDROT.

1765, (4 fevrier) Yamachiche.

IV.—LEMIRE, PIERRE, [JEAN-FRANÇOIS III.
b 1739.
LACERTE, Marie-Joseph, [CHARLES III.
b 1744.

Pierre, b 23 mars 1766, à la Baie-du-Febvre [3] —*Joseph*, b [3] 20 nov. 1767. — *Marie-Joseph*, b [3] 21 oct. 1769.—*Louis*, b [3] 26 juin 1771.—*Antoine*, b . m 13 janvier 1794, à Madeleine GAUDET, à Nicolet.

(1) Dit Villard.
(2) Dit Foucault.

1765, (28 oct.) Nicolet. [5]

IV.—LEMIRE (1), RAPHAEL, [JEAN-BTE III.
b 1735 ; s [5] 9 février 1797.
PROVENCHER (2), Marie-Therèse, [JEAN-BTE III.
b 1742 ; s [5] 10 août 1795.

1766, (13 oct.) Baie-du-Febvre. [3]

IV.—LEMIRE, JEAN-FRS, [JEAN-FRANÇOIS III.
b 1746.
MARTEL, Catherine, [GABRIEL III.
b 1749.

Marie-Catherine, b [3] 5 nov. 1767. — *Marie-Joseph*, b [3] 21 janvier 1770.

IV.—LEMIRE (3), AUGUSTIN, [NOEL-JOSEPH III.
b 1737 ; s 11 août 1797, à Québec. [9]
CHALIFOUR, Geneviève.

Charlotte, b... m [9] 17 janvier 1792, à Pierre GARNEAU. — *Marie-Joseph*, b... m [9] 2 juillet 1793, à Isaac GOURDEAU.

1771, (11 nov.) Nicolet. [7]

IV.—LEMIRE, PIERRE-JEAN, [PIERRE III.
b 1750.
ORTON, Elisabeth, [CHARLES I.
Acadienne.

Elisabeth, b... m [7] 2 oct. 1786, à François PINARD. — *Marguerite*, b... m [7] 19 sept. 1791, à Joseph-Louis DANIAU. — *Pierre*, b... m [7] 5 sept. 1796, à Victoire POIRIER.

1777, (27 janvier) Nicolet.

IV.—LEMIRE, JOSEPH, [PIERRE III.
b 1748.
LEMIRE-FOUCAULT, Madeleine, [JOSEPH IV.
b 1759.

LEMIRE, LOUIS.
DUFAUT, Marie-Anne

Joseph, b et s 7 nov. 1779, à l'Ile-Dupas. [9] — *Judith*, b [9] 3 sept. 1780.

1779, (5 juillet) Nicolet.

V.—LEMIRE (1), JOSEPH, [JOSEPH IV.
b 1756.
LEMIRE, Marie-Anne. [PIERRE III.

1780, (31 janvier) Nicolet.

IV.—LEMIRE, ANTOINE, [PIERRE III.
b 1753.
DANIAU, Marie-Joseph, [IGNACE III.
b 1751 ; veuve de Louis Villebrun-Provencher.

1781, (5 fevrier) Nicolet. [4]

IV.—LEMIRE, MODESTE, [PIERRE III.
b 1755.
PINARD, Marie-Joseph, [GUILLAUME III.
b 1759 ; s [4] 5 fevrier 1782.

(1) Dit Foucault.
(2) Belleville.
(3) Dit Chambeau.

1784, (27 sept.) Nicolet.[5]
V.—LEMIRE (1), JOACHIM-THÉODORE. [JOSEPH IV.
1° TRIGANNE, Marie-Joseph, [JOSEPH I.
b 1758; s[5] 20 dec. 1793.
1794, (22 sept.)[5]
2° PROVENCHER, Marie-Anne. [MODESTE IV.

1790, (11 oct.) Nicolet.
V.—LEMIRE (1), JEAN-BTE, [JOSEPH IV.
b 1758.
PROVENCHER, Marie. [MODESTE IV.

1794, (13 janvier) Nicolet.[6]
V.—LEMIRE, ANTOINE. [PIERRE IV.
GAUDET, Madeleine, [JOSEPH I.
b 1766; s[6] 6 déc. 1796.

1794, (24 février) Nicolet.
V.—LEMIRE, FRANÇOIS, [ANTOINE IV.
b 1770.
BRASSARD, Marie-Antoinette. [PIERRE IV.

1796, (5 sept.) Nicolet.
V.—LEMIRE, PIERRE. [PIERRE-JEAN IV.
POIRIER, Victoire, [PIERRE I.
Acadienne.

LEMOINE.—*Variation et surnoms :* LEMOYNE—D'ASSIGNY—DEBIENVILLE—DEBLAINVILLE—DECHARLEVILLE—DECHATEAUGUAY—DELONGUEUIL—DEMARICOUR—DEMARTIGNY—DESÉRIGNY—DESOULANGES—DESPINS—DESTE HÉLÈNE—D'IBERVILLE—HUS-CAPISTRAN—JASMIN—MARTIGNY—MONIER.

1654, (28 mai) Montréal.[7]
I.—LEMOINE (2), CHARLES,
b 1624.
PRIMOT, Catherine,
b 1641.
Charles, b[7] 10 dec. 1656; 1° m à Elisabeth SOUART; 2° m 17 sept. 1727, à Marguerite LEGARDEUR, à Longueuil; s[7] 8 juin 1729.

1658, (12 nov.) Montreal.[8]
I.—LEMOINE (3), JACQUES,
b 1622.
GODÉ, Mathurine, [NICOLAS I.
b 1637; veuve de Jean St. Per; s[8] 12 nov. 1672.

1662, (24 juillet) Quebec.[1]
I.—LEMOINE (4), JEAN,
b 1634; s 28 dec. 1706, à Batiscan.[2]
DECHAVIGNY, Marie-Madeleine, [FRANÇOIS I.
b 1641; s 16 oct. 1721, à Boucherville.
Marie-Charlotte, b 1665; m 1687, à Mathurin GUILLET; s 24 fevrier 1743, à Montréal.[3]—*René-Alexandre*, b 1668; m[3] 2 février 1712, à Marie-Renée LEBOULANGER.—*Marie-Madeleine*, b 1674; 1° m[2] 12 nov. 1697, à Jean-Baptiste BEAUVAIS; 2° m[3] 27 janvier 1709, à René GODFROY; s[3] 30 juillet 1727.—*Jean-Alexis*, b 14 avril 1680, à Ste-Anne-de-la-Perade; 1° m[1] 22 mars 1715, à Marie-Louise KEMBAL; 2° m[3] 12 août 1725, à Marie-Joseph DECOUAGNE.

(1) Dit Foucault.
(2) DeLongueuil—DeChâteauguay; voy vol. I, p. 379.
(3) De Ste Hélène; frère de Charles; voy. vol. I, p. 379.
(4) Voy. vol. I, p. 379.

1684, (8 janvier) Lachine.[4]
II.—LEMOINE (1), NICOLAS. [JEAN I.
JASSELIN, Marguerite, [JEAN I.
veuve de Mathurin Lelièvre.
Marie-Anne, b[4] 5 avril 1685; m 20 août 1708, à François BIENVENU, à Montréal.[5]—*Marguerite*, b[5] 12 mars 1690; 1° m 1712, à Jacques DENIORT; 2° m 9 sept. 1751, à Joseph GOUYOU, à Longueuil.—*Catherine*, b[5] 1er nov. 1692; m[5] 2 avril 1714, à Pierre BERTRAND.

II.—LEMOINE (2), CHARLES, [CHARLES I.
b 1656; s 8 juin 1729, à Montréal.[7]
1° SOUART, Claude-Elisabeth, b 1656; fille d'Armand (noble homme) aspède ordinaire de madame la duchesse d'Orléans; s[7] 15 sept. 1724.
Nicolas (3), b... — *Charles*, b 20 oct. 1687, à Boucherville; m 29 avril 1720, à Catherine-Charlotte LEGOUÈS DE GRAY, à St-Ours; s[7] 19 janvier 1755.
1727, (17 sept.) Longueuil.
2° LEGARDEUR, Marguerite, [CHARLES II
b 1657; veuve de Pierre St. Ours, s[7] 26 fevrier 1742.

1684, (7 fevrier) Montréal.
II.—LEMOINE (1), JACQUES, [CHARLES I
b 1659; s 4 déc. 1690, à l'Hôtel-Dieu, Q
CARION (4), Jeanne, [PHILIPPE I
b 1672.

1691, (1er juillet) Québec.
II.—LEMOINE (5), JEAN-BTE, [JACQUES I.
b 1662.
GUYON, Elisabeth, [MICHEL II.
b 1671.
Jacques, b 20 mars 1692, à Montréal; m 8 janvier 1716, à Angélique GUILLET, au Bout-de-l'Ile, M.

1691, (29 oct.) Québec.[4]
II.—LEMOINE (6), PAUL, [CHARLES I.
b 1663; s 21 mars 1704, à Montréal.[5]
1° DUPONT, Marie-Madeleine, [NICOLAS I.
b 1672; s[5] 14 avril 1703.
1704, (3 fevrier).[4]
2° AUBERT (7), Françoise, [CHARLES I.
b 1687.

(1) Voy. vol. I, p. 380.
(2) Baron de Longueuil; voy. vol. I, p. 380.
(3) D'Assigny.
(4) Elle épouse, le 13 déc. 1691, Joseph DeMonic, à Montréal.
(5) Sieur de Martigny.
(6) Sieur de Maricour; voy. vol I, p. 380.
(7) Elle épouse, le 13 nov. 1713, Josué Dubois-Berthelot, à Québec.

1693, (3 février) St-Jean, I. O. [8]

I.—LEMOINE (1), FRANÇOIS.

1° GUILMETTE, Barbe, [NICOLAS I.
b 1668.

Jean-François, b [8] 19 février 1694; 1° m 6 mai 1718, à Anne MAILLOU, à Beaumont; 2° m 15 avril 1736, à Madeleine CHAMBRELAN, à St-Michel [9]; s 8 mars 1770, à l'Hôpital-Général, M.

1697, (30 mai) Québec. [7]

2° OLIVIER (2), Marie-Thomasse, [JEAN I.
b 1674.

François, b [8] 4 juin 1698; m [7] 8 mai 1730, à Geneviève BOUTILLET; s [7] 5 nov. 1750. — *Noel*, b [8] 28 nov. 1700; m 5 nov. 1725, à Jeanne CHAUVIN, à Boucherville. — *Jean-Baptiste*, b 25 mai 1705, à St-Laurent, I. O. [6] — *Joseph*, b [6] 21 juillet 1706; s [7] 26 déc. 1707. — *Marie-Jeanne*, b [6] 21 juillet 1706.

1693, (8 oct.) Québec.

II.—LEMOINE (3), PIERRE, [CHARLES I.
b 1661; s 9 juillet 1706, à la Havane.

POLLET, Thérèse, [FRANÇOIS I.
b 1672.

1706, (12 avril) Québec.

I.—LEMOINE, CLAUDE, fils de Didier et de Catherine Delisle, de Braham, diocèse de Verdun, Lorraine.

CHARPENTIER, Françoise, [JEAN I.
b 1673; veuve de .... Duprat.

1712, (2 fevrier) Montréal. [1]

II.—LEMOINE (4), RENÉ-ALEXANDRE, [JEAN I.
b 1668.

LEBOULANGER, Marie-Renée, [PIERRE I.
b 1690.

René, b 1715; s 10 juin 1775, à Kaskakia. — *Marie-Anne*, b 1717; s 31 juillet 1718, à Boucherville. [2] — *Jacques-Joseph*, b [2] 16 juillet 1719; 1° m [1] 24 avril 1747, à Marguerite GUYON; 2° m 6 nov. 1755, à Marguerite ROCBERT, à Québec. — *Marguerite*, b [2] 25 février 1721; m [1] 31 mars 1761, à Jean-Baptiste ADHÉMAR. — *Marguerite-Thérèse*, b [2] 23 mars 1722 (sœur grise); s 8 juin 1792, à l'Hôpital-Général, M. — *Élisabeth*, b [2] 31 mai et s [2] 20 sept. 1723. — *Antoine*, b [2] 18 août 1724. — *Jean-Baptiste*, b [2] 14 oct. 1725.

1715, (22 mars) Québec.

II.—LEMOINE (5), JEAN-ALEXIS, [JEAN I.
b 1680.

1° KEMBAL, Marie-Louise,
b 1687; Anglaise; s 6 oct. 1721, à Montréal. [1]

Marie-Louise, b [1] 22 juin 1716; m [1] 7 janvier 1738, à François-Marie DECOUAGNE; s 8 juin 1786, à Repentigny. — *Charlotte*, b [1] 28 août 1718; m à .... DE LA ROCHE; s [1] 21 mai 1755. — *Pierre-Alexis*, b [1] 20 mai 1720; m 1747, à Marie-Joseph DECOUAGNE. — *Marie-Angélique*, b [1] 27 sept. 1721.

1725, (12 août). [1]

2° DECOUAGNE, Marie-Joseph, [CHARLES I.
b 1695; s [1] 2 déc. 1743.

Joseph, b [1] 4 et s [1] 24 avril 1726. — *Marie-Joseph*, b [1] 3 mars 1727. — *Marie-Amable*, b [1] 6 août 1728. — *Marie-Anne*, b [1] 18 déc. 1729. — *Agathe*, b [1] 20 mai 1732. — *Marie-Marguerite*, b 1733; m [1] 2 mars 1753, à Louis PENISSEAU. — *Paul-Joseph*, b [1] 4 mars 1735. — *Marie-Françoise*, b [1] 16 août 1736. — *Joseph-Paschal*, b [1] 19 mai 1739.

1716, (8 janvier) Bout-de-l'Ile, M.

III.—LEMOINE (1), JACQUES, [JEAN-BTE II.
b 1692.

GUILLET, Marie-Angélique, [MATHURIN II.
b 1693.

Charlotte, b... m 5 juin 1739, à Mathieu BREILLARD, à Varennes. [5] — *Marie-Angélique*, b [5] 18 sept. 1721. — *Marie-Anne*, b... m [5] 11 oct. 1744, à Jean-Baptiste DAGUEIL. — *Marie-Renée*, b [5] 4 nov. 1725; m [5] 7 août 1747, à Jean PALADEAU. — *Amable*, b... 1° m [5] 19 janvier 1761, à Madeleine MONGEAU; 2° m [5] 25 mai 1766, à Marie-Archange MESSIER.

1718, (6 mai) Beaumont. [1]

II.—LEMOINE (2), JEAN-FRS, [FRANÇOIS I.
b 1694; s 8 mars 1770, à l'Hôpital-Général, M.

1° MAILLOU, Anne, [MICHEL I.
b 1674; veuve de René Adam; s [1] 2 mars 1736.

Marie-Anne, b 30 juillet 1730, à Québec.

1736, (15 avril) St-Michel. [2]

2° CHAMBRELAN, Madeleine, [IGNACE II.
b 1699.

Marie-Françoise, b [2] 6 janvier 1737; m [2] 20 oct. 1760, à François BLOT. — *Marie-Geneviève*, b [2] 29 nov. 1739. — *Marie-Catherine*, b [2] 12 mars 1741; s [2] 17 juillet 1760.

1720, (29 avril) St-Ours. [3]

III.—LEMOINE (3), CHARLES, [CHARLES II.
b 1687; s 19 janvier 1755, à Montreal. [4]

LEGOUÈS, Catherine-Charlotte, [LOUIS-JOS. I.
b 1697; s [4] 12 sept. 1745.

Marguerite-Charlotte, b [4] 28 fevrier et s [4] 10 avril 1721. — *Charlotte*, b 1722; m [4] 7 août 1752, à Armand-François MAIZIÈRES. — *Marie-Anne-Joseph*, b [3] 11 et s 12 juillet 1723, à Contrecœur. — *Charles-Jacques* (3e baron), b 26 juillet 1724, à Longueuil [5]; m [4] 7 janvier 1754, à Catherine DE FLEURY. — *Joseph*, b [4] 30 juin et s [4] 16 août 1725. — *Marie-Louise*, b [4] 19 juin 1726; s [4] 7 fevrier 1727. — *Marie-Marguerite-Catherine*, b [4] 14 et s [4] 18 août 1727. — *Pierre-Amable*, b [4] 19 sept. 1728. — *Joseph-Thomas*, b [4] 21 dec. 1729; s [5] 4 mars

---

(1) Dit Jasmin; voy. vol. I, p 381.

(2) Elle épouse, le 17 février 1721, Jacques Jaquenot, à Québec.

(3) Sieur d'Iberville; voy. vol. I, p. 330.

(4) Sieur Despins.

(5) Dit Monier sieur de Martigny.

(1) Sieur de Martigny, seigneur de la Trinité.

(2) Dit Jasmin, 1736.

(3) Second baron de Longueuil.—Gouverneur de Montréal, prit le commandement général du Canada en attendant que De la Jonquière fut remplacé.

22

1733.—*Anonyme,* b [5] et s [5] 12 avril 1731.—*Jean-André* (1), b [4] 30 nov. 1733; s [4] 12 avril 1751.—*Marie-Catherine,* b [4] 25 nov. 1734; m [4] 12 janvier 1764, à Charles-François Tarieu; s 16 avril 1788, à Quebec.[6]—*Marie-Agathe,* b [4] 25 nov. 1734; m à ...... Jarret de Verchères; s [6] 8 mars 1792.—*Marie-Antoinette,* b [4] 20 janvier 1736; s [4] 9 dec. 1737.—*Marie-Angélique,* b [4] 20 février et s [5] 11 juin 1737.—*François-Augustin,* b [4] 18 et s 21 février 1738, à la Longue-Pointe.—*Louis-Etienne,* b [4] 22 janvier 1739.—*Agnès-Joseph,* b [4] 22 janvier 1739; m [4] 11 déc. 1755, à Joseph Germain.

LEMOINE, Joseph.
Guillet, Elisabeth.
Louis, b 18 mars 1721, à St-Ours.

1725, (5 nov.) Boucherville. [7]
II.—LEMOINE (2), Noel, [François I.
b 1700.
Chauvin, Jeanne. [Jean I.
Marie-Joseph, b [7] 7 déc. 1726; m 14 avril 1749, à François Pepin, à Chambly.[8]—*Angélique,* b... m [8] 30 janvier 1757, à Jean Chaboyon. — *Marie-Thérèse,* b... m [8] 23 août 1762, à Joachim Morin. —*Jacques,* b [8] 22 et s [8] 24 sept. 1751.

1728, (19 oct.) Québec [9]
III.—LEMOINE (3), Paul-Joseph, [Charles II.
b 1701; s 12 mai 1778, à Tours.
DeJoybert, Marie-Geneviève, [Pierre-Jacq. II.
b 1703; s 12 nov. 1766, à Soulanges.
Marie-Elisabeth, b [9] 1er juillet 1729; s [9] 26 mai 1730. — *Marie-Jeanne-Agathe,* b 2 mai 1730, à Montréal. [5] — *Jean-Joseph,* b [5] 18 et s [5] 23 juin 1731.—*Marie-Joseph,* b [5] 10 mai 1732; s [5] 5 janvier 1733.— *Louise-Joseph,* b [5] 17 sept. 1733; s [5] 15 mai 1734. — *Elisabeth-Charlotte,* b [9] 15 sept. 1734; s [5] 24 fevrier 1768. — *Marie-Geneviève,* b [5] 21 sept. 1735; m [9] 22 fevrier 1753, à Louis Liénard; s [9] 28 dec. 1803. — *Joseph-Dominique-Emmanuel,* b 1737; m [9] 6 mars 1770, à Marie-Louise Prudhomme; s [5] 21 janvier 1807. — *Louise-Françoise,* b [9] 31 mars 1739; s [5] 14 janvier 1747. — *Marie-Anne,* b 1741; s [5] 26 mars 1763. — *Marie-Antoinette,* b [5] 13 nov. 1743; s [5] 7 fevrier 1747.

1730, (8 mai) Québec. [2]
II.—LEMOINE (4), François, [François I.
b 1698; maître-tonnelier; s [2] 5 nov. 1750.
Boutillet (5), Geneviève, [Pierre I.
b 1705.
François, b [2] 21 février 1731. — *Pierre,* b [2] 25 mai 1732; s [2] 23 avril 1735. — *Geneviève,* b [2] 30 oct 1733; s [2] 16 déc. 1735. — *Marie-Anne,* b [2] 17 oct. 1735; m [2] 25 sept. 1758, à François Hédouin. — *Geneviève,* b [2] 20 avril 1737; m 27 avril 1761, à Louis Pachot, à Montréal. [3]—*Marie-Louise,* b 24 juin 1739; s 8 nov. 1762, à Charlesbourg.—*Marie-Ursule,* b [3] 28 mai et s [3] 12 juin 1741.—*Catherine,* b [3] 23 sept. 1742; m [3] 8 nov. 1762, à Urbain Brossard.—*Marie-Angélique,* b [3] 29 mai 1746; s [3] 31 oct. 1748. — *Marie-Joseph,* b [3] 7 juin 1748.

(1) Sieur de Blainville, enseigne.

(2) Dit Jasmin.

(3) Chevalier — Baron de Longueuil, ancien gouverneur des Trois-Rivières—capitaine des troupes, commandant au Detroit, sur le lac Erié (Reg de Montréal, 7 nov. 1744).— Chevalier de St-Louis (Reg. 28 sept. 1771).

(4) Dit Jasmin; cette famille s'était, en 1759, refugiée à Charlesbourg, où elle était encore en 1762.

(5) Dit St. Amour.

LEMOINE, Gilles, b 1724; s 11 mars 1760, à St-Thomas.

III.—LEMOINE (1), René, [René-Alexandre II.
b 1715; s 10 juin 1775, à Kaskakia.

LEMOINE (2), Thomas-Joseph.

1747, (24 avril) Montréal. [4]
III.—LEMOINE (1), Jacq.-Jos., [René-Alex. II.
b 1719; marchand.
1° Guyon, Marguerite, [Jean I.
b 1723.
Jacques-Alexis, b [4] 25 janvier 1748. — *Jean-Baptiste,* b... m [4] 26 oct. 1772, à Louise-Judith Dunière.
1755, (6 nov.) Québec.
2° Rocbert, Marguerite, [Louis-Joseph II.
b 1735.
Jacques-Charles, b et s 17 nov. 1756, à la Longue-Pointe.

1747.
III.—LEMOINE (3), Pierre, [Jean-Alexis II.
b 1720.
DeCouagne, Marie-Joseph, [René II.
b 1721.
Joseph, b 27 oct. 1748, à Québec.

LEMOINE (4), Jacques-Charles.
St. Martin, Marguerite.
Joseph-Charles, b 1er dec. 1749, au Détroit.

1748, (1er juillet) Québec. [4]
I.—LEMOINE, Michel, b 1723; fils de Jean et de Barbe Marion, de St-Jean-des-champs, diocèse de Coutances, Normandie; s 9 août 1763, à St-Joseph, Beauce. [5]
Derome (5), Marie-Louise, [Michel II.
b 1720.
Anonyme, b [4] et s [4] 16 avril 1749.— *Michel,* b [4] 12 juin 1750; s [4] 27 mars 1751. — *Jean-Baptiste,* b [4] 21 avril 1752; s 12 mars 1757, à Lévis. — *Marie-Thérèse,* b [4] 22 et s [4] 30 juillet 1755. — *Geneviève,* b [4] 31 oct. 1756; s [5] 5 déc. 1759 — *Marie,* b [4] 26 juin 1759.—*Marie-Anne,* b... m [5] 1er fevrier 1779, à François Squerré.

(1) Despins.

(2) Chevalier, commandant le poste du Détroit; il était le 27 déc. 1745, au Détroit.

(3) Et Monier.

(4) De Longueuil.

(5) Dit Descarreaux.

1752, (4 juillet) Quebec.[5]

I.—LEMOINE, JACQUES, fils de Jacques et d'Anne Vernisson, de Coulonnier, diocèse de Meaux, en Brie.

MORIN (1), Angelique-Madel., [MOISE-JOSUÉ II. b 1731 ; s[5] 15 mars 1796.

Jacques, b[5] 22 mai 1753 ; s[5] 2 janvier 1755.—*Marie-Madeleine*, b[5] 22 mai 1754.— *Marie-Angélique*, b[5] 21 mai 1755 ; s[5] 1er avril 1760.—*Pierre*, b[5] 13 nov. 1756. — *Antoine*, b[5] 28 avril 1758.—*Marie-Charlotte*, b[5] 16 oct. 1762.

LEMOINE, ANTOINE, poulieur.

....

Madeleine, b et s 4 juin 1754, à Beauport.

1754, (7 janvier) Montréal.[1]

IV.—LEMOINE (2), CHS-JACQUES, [CHARLES III. b 1724.

FLEURY (3), Catherine, [JOSEPH III. b 1740.

Marie-Charlotte-Joseph (4), b[1] 21 mars 1756 ; m 1781, à David-Alexandre GRANT, à Quebec.—*Marie-Catherine-Joseph*, b[1] 21 mars et s 26 août 1756, à la Longue-Pointe.

1758, (2 oct.) Montréal.

I.—LEMOINE, JEAN-BTE, b 1731 ; fils de Sébastien et de Barbe Vanoue, de N.-D.-d'Air, en Artois.

BEAUMONT, Marguerite, [ANTOINE I. b 1725 ; veuve de Jean Rousseau.

1761, (19 janvier) Varennes.[2]

IV.—LEMOINE (5), AMABLE. [JACQUES III.

1° MONGEAU, Madeleine, [JEAN-PIERRE III. b 1737 ; s[2] 22 mars 1762.

1766, (25 mai).[2]

2° MESSIER, Marie-Archange. [AUGUSTIN III.

Jacques, b... m[2] 1790, à Felicite-Elisabeth BAILLY.

1770, (6 mars) Montreal.[3]

IV.—LEMOINE (6), DOM.-EMM., [PAUL-JOS. III. b 1737 ; s[3] 21 janvier 1807.

PRUDHOMME, Marie-Louise, [LOUIS III. b 1734 ; veuve de Louis DeBonne.

Joseph, b[3] 23 sept. et s 24 dec. 1771, à la Longue-Pointe.[4] — *Joseph-Olivier*, b[3] 19 oct. 1772 ; s[4] 18 janvier 1773.

(1) Dit Chenevert.

(2) Troisième baron de Longueuil ; faisant partie de l'expédition du baron de Dieskau au Lac St-Sacrement, en juillet 1755, il perit dans la retraite au portage du Lac Georges, entre les Forts Edward et Lydius, le 8 sept. 1758. (Bibaud.)

(3) D'Eschambault ; elle épouse, le 11 sept. 1770, Guillaume Grant, à Montréal.

(4) Quatrième baronne de Longueuil.

(5) Martigny.

(6) Baron de Longueuil, sieur de Soulanges ; lieutenant-colonel des Royaux Canadiens et membre du Conseil Exécutif et Législatif.

1772, (26 oct.) Montreal.[5]

IV.—LEMOINE (1), JEAN-BTE. [JACQUES-JOS. III.

DUNIÈRE, Louise-Judith, [LOUIS II. b 1751.

Marie-Louise, b[5] 6 janvier 1774.—*Marguerite-Louise*, b[5] 2 janvier 1775 ; m à Jean WOOLSEY. —*Jean-Baptiste*, b[5] 15 fevrier 1776 ; m 27 mai 1812, à Celeste SANGUINET, à St-Louis, Mo. — *Marie-Anne*, b[5] 13 avril 1777.—*Catherine-Gilles*, b[5] 20 mai et s[5] 5 août 1778.—*Marie-Gilles*, b[5] 26 mars et s 8 avril 1779, au Sault-au-Récollet. —*Sophie-Lucile*, b[5] 26 mars et s[5] 10 avril 1779. —*Adrien-Toussaint*, b[5] 1er nov. 1781.—*Louis*, b[5] 15 janvier 1783.—*Benjamin*, b[5] 22 juin et s 2 juillet 1784, à la Longue-Pointe. — *Benjamin*, b[5] 30 sept. 1785 ; m à Julie-Anne MCPHERSON ; s 1856 (chez les Ursulines), à Quebec. — *Guillaume-Henri*, b[5] 24 déc. 1787. — *Joseph*, b[5] 23 fevrier et s[5] 16 juin 1789.

1790, Varennes.[6]

V.—LEMOINE (2), JACQUES. [AMABLE IV.

BAILLY, Felicite-Elisabeth. [FRANÇOIS.

Joseph-Prime, b[6] 9 janvier 1806 ; m 24 juillet 1837, à Charlotte-Ursule PERRAULT, à Quebec.

1812, (27 mai) St-Louis, Mo.

V.—LEMOINE (1), JEAN-BTE, [JEAN-BTE IV. b 1776.

SANGUINET, Céleste, [CHARLES III. b 1788.

V.—LEMOINE, BENJAMIN, [JEAN-BTE IV. b 1785 ; s 1856 (chez les Ursulines), à Quebec.[2]

MCPHERSON, Julie-Anne.

Georges-Louis (3), b[2] 11 août 1816 ; ordonné 16 mars 1839.

1837, (24 juillet) Québec.

VI.—LEMOINE (2), JOSEPH-PRIME, [JACQUES V. b 1806.

PERRAULT, Marie-Charlotte, fille de Charles-Noël et de Charlotte Desbarats.

1767, (15 juin) Repentigny.[4]

I.—LEMOIS, PIERRE, fils de Pierre et de Jeanne Piersan, d'Ausemont, diocèse de Verdun, Lorraine.

ROUGEAU, Marie-Joseph. [PIERRE III.

Pierre, b[4] 16 mai 1768.

1756, (10 mai) Québec.[8]

I.—LEMON, GUILLAUME, fils de Jacques et d'Hélène Trudelle, de Belfast, Irlande.

AMIOT, Therèse, [LAURENT IV. b 1730.

Charles, b[8] 3 février et s[8] 13 sept. 1757.

(1) Despins.

(2) Martigny.

(3) Chapelain des Ursulines de Québec en 1854.

I.—LEMONDE, Jean-Bte.
Languedoc, Angélique.
Michel, b 30 sept. 1751, à Verchères[1]; s[1] 8 mars 1752.—*Jean-Baptiste*, b[1] 30 sept. 1751; s[1] 28 mars 1752.—*Marie-Joseph*, b[1] 10 avril et s[1] 4 juin 1753.—*Jean-Louis*, b[1] 10 avril 1753; s[1] 3 mars 1754. — *Jean-Baptiste*, b[1] 27 nov. 1754. — *Ambroise*, b[1] 23 février 1756. — *François*, b[1] 22 mai et s[1] 18 déc. 1759.

LEMONIER.—Voy. Meunier—Monier.

1742, (8 janvier) Montréal.
I.—LEMONT (1), Frédéric,
b 1722; s avant 1767, aux Illinois.
Dubé (2), Marie-Joseph, [Pierre II.
b 1721.

LEMONTHE.—Voy. LAMONDE.

LEMOUNIER.—Voy. Meunier.

LEMOYEN.—Voy. Moyen.

LEMOYNE.—Voy. Lemoine.

LEMYRE.—Voy. Lemire.

L'ENCLUS.—*Surnom :* Lapierre.

1730, (26 août) Québec.[9]
I.—L'ENCLUS (3), Pierre, b 1696, maître-cordonnier; fils de Martin et de Marie Hovard, de St-Brice, diocèse de Tournay, Flandre.
Chandonné, Charlotte, [Charles I.
b 1713; s[9] 22 mars 1750.
Marie-Charlotte, b[9] 31 janvier 1733; m[9] 14 nov. 1757, à Lazare Boley. — *Geneviève*, b[9] 17 sept. 1734; m[9] 20 janvier 1755, à Jacques Gosselin.—*Françoise*, b[9] 2 oct. 1736.—*Pierre-François*, b[9] 30 sept. 1738; m[9] 24 nov. 1761, à Angélique Bélanger.—*Angélique*, b[9] 21 juin 1740; s 28 juillet 1742, à Levis. — *Jean-François*, b[9] 27 déc. 1741. — *Elisabeth*, b[9] 27 mars 1743; s[9] 7 août 1748.—*Jean-Antoine*, b[9] 18 mai 1744; s[9] 13 mars 1745.—*Louis*, b[9] 18 août 1745; s 16 juillet 1746, à Charlesbourg. — *Marie-Catherine*, b[9] 13 sept. 1746. — *Henri-Marie*, b[9] 18 mai 1748. — *Charles* (posthume), b[9] 12 mars 1750.

1761, (24 nov.) Québec.[7]
II.—L'ENCLUS (3), Pierre-François, [Pierre I.
b 1738.
Bélanger, Angélique, [Augustin IV.
b 1737.
Marie-Angélique, b[7] 25 janvier 1763.— *Marie-Charlotte*, b[7] 3 mars 1764.

(1) Voy. DeLemont, vol. III, p. 307.
(2) Elle épouse, le 18 mai 1767, Michel Perrot, à Chambly.
(3) Dit Lapierre.

I.—LENDIER, Jean-Bte.
1° Brien (1), Suzanne.
1768, (4 juillet) Repentigny.
2° Maheu, Marie. [Jean III.

LÉNÉ.—Voy. Laisné.

LENEDIQUE.—*Variation :* Linidique.

I.—LENEDIQUE, François,
du diocèse de Vannes, Bretagne.
1° Aufray, Marie.
1747, (21 avril) Château-Richer.[4]
2° Mateau, Madeleine, [Pierre II.
b 1718.
Joseph, b 1749; s[4] 18 sept. 1750. — *François*, b... m 22 janvier 1776, à Marie Cressac, à St-Joseph, Beauce.

1776, (22 janvier) St-Joseph, Beauce.[6]
II.—LENEDIQUE (2), François. [François I.
Cressac, Marie. [Pierre.
Marie-Angélique, b[6] 3 nov. 1776. — *Anonyme*, b[6] et s[6] 14 février 1779. — *Marie-Louise*, b[6] 6 février 1780.

1767, (19 janvier) St-Thomas.
I.—LENÈGRE (3), Louis.
Marois, Marguerite, [Charles III
b 1742.
Marguerite, b 1768; s 14 déc. 1776, à Berthier.

LeNEPVEU.—*Variations et surnom :* LeNeveu—Nepveu—Neveu—DeLémon.

1688, (9 oct.) Pte-aux-Trembles, M.
I.—LeNEPVEU (4), François,
b 1666.
Chaudillon, Catherine, [Antoine I.
b 1672.
Marie, b 30 oct. 1689, à Sorel; 1° m 17 août 1710, à Jean-Baptiste Banlier, à Varennes[1], 2° m[1] 9 juillet 1728, à Joseph Hébert.—*Madeleine*, b... m à Pierre Alard.

II.—LENEUF (5), Michel, [Jacques I.
b 1640.
Denis, Françoise, [Simon I.
b 1644; veuve de Jacques Cailleteau; s 13 sept. 1721, à Quebec.
Marie-Joseph, b 19 avril 1671, aux Trois-Rivières[4]; m 15 sept. 1692, à Jean-Paul LeGardeur, à Repentigny. — *Marguerite*, b 1680; m à Louis DeGanne-Falaise; s[4] 25 avril 1760.

LENEUVILLE.—Voy. George.

LeNEVEU.—Voy. LeNepveu.

(1) Dit Dérochers.
(2) Et Linidique.
(3) Ci-devant appartenant à madame Vallée.
(4) DeLémon; voy. vol. I, p. 381.
(5) Voy. vol. I, p. 381.

L'ENFANT.—*Surnoms :* SOYER — ST. JOSEPH— ST. MARTIN.

1750, (21 sept.) Montréal.

I.—L'ENFANT (1), JEAN, b 1720; fils de Laurent et de Renée Brignon, de La Trinité, diocèse d'Angers, Anjou.
1° MAILHOT (2), Marie, [JEAN-BTE I.
b 1732.
Jean-Baptiste, b 1755 ; s 4 janvier 1756, à St-Laurent, M.
1758, (17 avril) Ste-Geneviève, M.
2° BRIQUET (3), Marie-Therèse, [NICOLAS I.
b 1744.
Madeleine, b 1760 ; s 24 déc. 1764, à l'Hôpital-General, M.

1757, (14 février) Longue-Pointe.[6]

I.—L'ENFANT (4), JOSEPH, fils de Georges et de Françoise Ragond, de St-Loup-de-Montrau, diocèse de Sens, en Champagne.
TESSIER, Françoise, [PAUL III.
b 1736.
Françoise, b [6] 10 oct. 1758. — *Angélique,* b... m 30 janvier 1785, à Antoine CAMPEAU, au Détroit.[6] — *Marguerite,* b... m [6] 30 janvier 1785, à Jean-Baptiste BERNARD. — *Marie-Françoise,* née juin 1773, à Corlac ; b [5] 9 août 1774 ; m [5] 4 juillet 1791, à Louis SUZOR. — *Joseph-Dominique,* b [5] 9 mai 1776.—*Joseph-Benjamin,* b [5] 24 nov. 1778.

I.—LENOBLE, NICOLAS,
b 1652 ; s 31 août 1722, à Montréal.

LENOIR.— *Surnoms :* HÉBERT — LAVIOLETTE — ROLLAND—ST. PIERRE.

1673, (2 janvier) Montréal.[8]

I.—LENOIR (5), FRANÇOIS,
b 1642 ; s [3] 6 mai 1717.
CHARBONNIER, Madeleine.
Gabriel, b 20 juillet 1688, à Lachine ; m [3] 15 avril 1714, à Marie-Joseph DELAUNAY ; s [3] 4 janvier 1751.

I.—LENOIR (6), JEAN, b 1667 ; de Larochegren, diocèse de Xaintes, Saintonge ; s 6 janvier 1734, à Montréal.

1686, (25 nov.) Montréal.[1]

I.—LENOIR (7), VINCENT,
b 1661 ; menuisier.
1° BLOIS, Marie-Charlotte, [JULIEN I.
b 1672 ; s [1] 22 février 1703.
Vincent, b [1] 16 avril 1693 ; m à Marie-Angélique LARRIVÉ.—*Marie-Françoise,* b [1] 15 avril 1695 ; sœur Ste. Elisabeth, de la Congrég. N.-D. ; s [1] 2 mai 1756.—*Joseph,* b [1] 16 mai 1698 ; m [1] 19 mars 1719, à Marie MILLET.
1703, (26 nov.)[1]
2° GALIPEAU, Marie, [GILLES I.
b 1682 ; s [1] 21 juin 1755.
Marie-Madeleine, b [1] 14 janvier 1705 ; s [1] 15 février 1708.—*Marie-Louise,* b [1] 18 sept. 1706 ; sœur St. Herman-Joseph, de la Congreg. N.-D.; s [1] 30 juin 1726.—*Antoine,* b [1] 2 fevrier 1708 ; m [1] 6 fevrier 1736, à Marguerite LANGEVIN.—*Jean-Baptiste,* b [1] 12 janvier 1709 ; 1° m [1] 20 nov. 1741, à Elisabeth PETIT ; 2° m 6 oct. 1751, à Agathe JANOT, à la Longue-Pointe. — *Marie-Joseph,* b [1] 23 et s [1] 26 mars 1711.—*François,* b [1] 18 juillet et s [1] 16 août 1712.—*Marie-Françoise,* b [1] 21 juillet 1713 ; m [1] 28 juillet 1750, à Nicolas GERVAISE.—*Claude,* b [1] 16 déc. 1714.—*Jacques,* b 1715 ; m 1735, à Geneviève LÉPINE.—*Marie-Joseph,* b [1] 7 août 1716 ; m [1] 12 janvier 1739, à Joseph GOGUET.—*François,* b [1] 21 oct. 1718.—*Nicolas,* b [1] 20 fevrier 1720. — *Marie-Anne,* b [1] 4 nov. 1721.

(1) Dit St. Martin ; soldat de la compagnie de Lacorne.
(2) Dit Latulippe.
(3) Dit St. Nisier—St. Dizier.
(4) Dit St. Joseph ; soldat de la Sarre.
(5) Dit Rolland ; voy. vol. I, p. 381.
(6) Dit Laviolette ; soldat de la compagnie de Périgny.
(7) Voy. vol. I, pp. 381 et 382.

1714, (15 avril) Montréal.[3]

II.—LENOIR (1), GABRIEL, [FRANÇOIS I.
b 1688 ; s [3] 4 janvier 1751.
DELAUNAY, Marie-Joseph, [CHARLES II.
b 1697.
Claude, b [3] 1er avril 1715 ; s [3] 11 mars 1745.—*Marie-Anne,* b [3] 30 nov. 1716 ; s [3] 22 mai 1717.—*Jean-Baptiste,* b [3] 1er mai 1718 ; s [3] 24 août 1723.—*Marie-Joseph,* b [3] 19 mars 1720 ; m [3] 24 juillet 1752, à Joseph BABET.—*Marie-Marguerite,* b [3] 4 avril 1722 ; s [3] 16 sept. 1723.—*Marie-Louise,* b [3] 2 janvier et s [3] 12 nov. 1724.—*Louis-Gabriel,* b [3] 3 oct. 1725 ; m [3] 8 fevrier 1751, à Madeleine MONET.—*Charles,* b [3] 25 janvier 1728 ; m [3] 7 février 1752, à Angélique CHÉNIER.—*Nicolas,* b [3] 9 nov. 1729 ; m [3] 17 janvier 1757, à Madeleine ST. DENIS.—*François,* b [3] 11 oct. 1730. — *Pierre,* b [3] 18 mai 1734 ; m [3] 4 nov. 1754, à Marie-Elisabeth DANY.—*Marie-Claire,* b [3] 11 juillet 1736 ; m [3] 18 janvier 1755, à Nicolas POIRIER.—*Marie-Madeleine,* b [3] 12 février 1739.—*Jacques-Philippe,* b [3] 10 et s [3] 17 mars 1741.

1719, (19 mars) Montréal.[4]

II.—LENOIR, JOSEPH, [VINCENT I.
b 1698.
MILLET, Marie, [JACQUES II.
b 1693.
Marie-Joseph, b [4] 31 déc. 1720 ; m 10 oct. 1740, à Antoine GIRIER, à la Longue-Pointe.

1725, (24 nov.) Charlesbourg.[8]

I.—LENOIR, JEAN-LOUIS, fils de Jean-Baptiste et de Marguerite Lacre, de St-Eustache, Paris.
MARQUET (2), Cecile, [LOUIS II.
s [8] 18 oct. 1762.
Jean, b 30 août 1726, à Québec.—*Marie-Louise,* b [8] 28 mars 1729 ; m [8] 22 fevrier 1751, à Gabriel CHAMBERLAN.—*Marie-Thomasse,* b [8] 10 mars 1731.

(1) Dit Rolland.
(2) Dit Clocher.

—*Marie-Thérèse*, b... m [8] 11 février 1754, à Charles-Michel BERGEVIN. — *Jean-Louis*, b [8] 23 nov. 1744.

1735.

II.—LENOIR, JACQUES, [VINCENT I.
b 1715.
LÉPINE, Geneviève.
Marie-Angélique, b 1736; m 24 oct. 1757, à Jacques BIRABIN, à Montréal.

1736, (6 février) Montréal. [5]

II.—LENOIR, ANTOINE, [VINCENT I.
b 1708.
LANGEVIN, Marguerite, [MICHEL II.
b 1716; s [5] 13 sept. 1756.
Marguerite-Amable, b [5] 15 nov. 1736; m [5] 19 nov. 1759, à Jean LAGRANGE. — *Anonyme*, b [5] et s [5] 21 juin 1738. — *Antoine*, b [5] 2 nov. 1739. — *Marie-Catherine*, b [5] 26 avril 1741. — *Marie-Louise*, b [5] 31 oct. 1742; s [5] 9 déc. 1746.—*Marie-Ignace*, b [5] 7 mars 1744; s [5] 6 janvier 1745.—*Marie-Thérèse*, b [5] 18 fevrier 1746.—*Marie-Elisabeth*, b [5] 28 sept. 1747. — *Véronique*, b [5] 23 janvier et s [5] 13 mai 1749.—*Michel*, b [5] 16 avril et s [5] 6 août 1750.

II.—LENOIR, VINCENT, [VINCENT I.
b 1693.
LARRIVÉ, Marie-Angélique,
b 1700; s 3 mars 1754, à la Pte-aux-Trembles, M. [7]
Elisabeth, b... m 18 avril 1757, à Jean-Baptiste MILARD, à Boucherville. — *Marie-Françoise*, b 1740; m [7] 31 mars 1761, à Philippe LIÉBERT.

1741, (20 nov.) Montreal. [4]

II.—LENOIR, JEAN-BTE, [VINCENT I.
b 1709.
1° PETIT, Elisabeth, [FRANÇOIS II.
b 1723; s [4] 8 nov. 1749.
Elisabeth, b 1743; m [4] 13 juin 1763, à Joseph POITRAS.—*Jean-Marie*, b [4] 15 août et s [4] 1er sept. 1744. — *Marguerite*, b [4] 10 dec. 1745. — *Marie-Archange*, b [4] 1er juillet 1747. — *Marie-Amable*, b [4] 31 oct. et s [4] 19 nov. 1749.
1751, (6 oct) Longue-Pointe. [1]
2° JANOT, Agathe, [JACQUES III.
b 1723; s [1] 27 juillet 1758.

I.—LENOIR (1), ANTOINE, de Carcassonne.

1751, (8 fevrier) Montréal.

III.—LENOIR (2), LOUIS-GABRIEL, [GABRIEL II.
b 1725.
MONET, Marie-Madeleine, [FRANÇOIS II.
b 1723.

1752, (7 fevrier) Montréal.

III.—LENOIR (2), CHARLES, [GABRIEL II.
b 1728.
CHÉNIER, Marie-Angélique, [JOSEPH III.
b 1732.

(1) Soldat depuis 1742. (Procès-verbaux.)
(2) Dit Rolland.

1754, (4 nov.) Montréal.

III.—LENOIR (1), PIERRE, [GABRIEL II.
b 1734.
DANY, Marie-Elisabeth, [JEAN-BTE III.
b 1736.

1757, (17 janvier) Montréal.

III.—LENOIR (1), NICOLAS, [GABRIEL II.
b 1729.
ST. DENIS (2), Marie-Madeleine, [CHARLES II.
b 1738.

LENOIR, VINCENT, b 1752; menuisier; s 28 sept. 1811, à l'Hôpital-Général, M.

LENORMAND.—Voy. NORMAND.

L'ENSEIGNE.—Voy. LEROUX.

LENTIER.—Voy. LÉPINE.

LÉON.—Voy. LYON.

LÉONARD.— Voy. BOSSERON — DERIVES — DES SABLONS— DUSABLON — JEAN-TOURANGEAU— LEPAGE — LIÉNARD — MONDOR—SIMON—ST SIMON.

I.—LÉONARD (3), ...,
b 1635; s 3 nov. 1715, à Laprairie.

I.—LÉONARD, JEAN,
b 1682; s 16 fevrier 1710, à Montréal.

I.—LÉONARD, JOSEPH-JEAN,
b 1683; s 3 sept. 1745, à Montréal.

1716.

I.—LÉONARD (4), ANTOINE.
KERAMI (5), Suzanne.

LÉONARD (6), JEAN-BTE.

1698, (13 oct.) Château-Richer.

I.—LÉONARD (7), JULIEN,
b 1665; chirurgien.
LEFRANÇOIS, Barbe, [CHARLES I.
b 1673; s 1er août 1700, à Québec

1758, (9 janvier) Contrecœur. [6]

I.—LÉONARD (8), JACQUES-JOSEPH, d'Anglai-Fontaine, diocèse de Cambray, en Hainault.
BOURGAULT, Angelique. [SÉRAPHIN II
Marie-Angélique, b [6] 8 janvier 1759.

(1) Dit Rolland.
(2) Voy. Denis, vol. III.
(3) Derives.
(4) Bosseron dit Léonard.
(5) Elle épouse, le 7 juin 1728, Daniel Legras, à Kaskakia.
(6) Soldat de la garnison du fort de Chambly.—Il était, le 28 mars 1711, à Chambly.
(7) DuSablon—Dessablons; voy. vol. I, p. 3?2—Il était, le 12 janvier 1704, à St-Laurent, I. O.
(8) Caporal du Roussillon, compagnie de Valette.

LEPAGE. — *Variations et surnoms :* PAGÉ-ST. AMANT—PAGÉSI-ST. AMANT—BEAU-SOLEIL—DE LA FAUSSAIS—DE LA FOSSÉS — DE LA MOLAIE—DE ST. BARNABÉ—DE STE. CLAIRE—DE ST. FRANÇOIS—DE ST. GERMAIN—FRANÇOIS—LEFRANÇOIS—LENÈGRE—LÉONARD—MOLLET—ROY.

I.—LEPAGE (1), GERMAIN,
b 1641 ; s 1723, à Rimouski. [1]
LARRY, Reine,
b 1651.
René, b 1669 ; m 10 juin 1686, à Marie-Madeleine GAGNON, à Ste-Anne; s [1] 4 août 1718.

1667, (24 août) (2).

I.—LEPAGE (3), LOUIS,
b 1636 ; s 27 nov. 1710, à St-François, I. O. [4]
ALOIGNON, Sébastienne, [PIERRE-DENIS I.
b 1653 ; s [4] 3 dec. 1702.
Madeleine, b 10 janvier 1671, à Ste-Famille, I. O.[5]; m [4] 2 août 1688, à Gabriel TIBIERGE ; s 6 mai 1754, à St-Jean, I. O.[6]—*Joseph*, b [5] 17 août 1677 ; 1° m 21 fevrier 1707, à Claire RACINE, à Ste-Anne; 2° m 1er août 1729, à Marie FOURNIER, à St-Thomas. —*Pierre*, b 1678 ; 1° m [5] 3 mai 1700, à Madeleine TURCOT ; 2° m [6] 1er oct. 1736, à Catherine CHORET ; 3° m [6] 27 juillet 1744, à Marguerite FONTAINE ; s [6] 17 août 1751.—*Jean*, b 2 juin 1689, à Rimouski [7], m [7] 15 juillet 1723, à Marie-Elisabeth GAGNON ; s 28 oct. 1768, à St-Valier.—*Angélique*, b [4] 28 janvier 1693 ; 1° m [4] 10 juillet 1713, à Antoine BILODEAU ; 2° m 24 avril 1730, à Joseph DAGNEAU, à Berthier [8] ; s [8] 30 avril 1758.

1683.

I.—LEPAGE (1), JACQUES,
b 1656 ; s 25 août 1706, à Montréal. [4]
DAVID (4), Madeleine, [GUILLAUME I.
b 1666.
Marie, b 1684 ; m [4] 12 juin 1706, à François BEAUCERON.—*Jacques*, né 2 avril 1690, à Manhanne [5] ; b [4] 10 oct. 1700 ; s [4] 14 janvier 1713.—*Jeanne-Marguerite*, née 1692, à la Nouvelle-Angleterre; b [4] 24 août 1700 ; m [4] 28 fevrier 1713, à Simon GÉLIBERT ; s 20 juillet 1730, au Détroit.—*Suzanne*, nee [5] 1697; b [4] 25 août 1700 ; s [4] 27 juillet 1708.—*Antoine*, b [4] 11 sept. 1706.

1686, (10 juin) Ste-Anne. [7]

II.—LEPAGE (5), RENÉ, [GERMAIN I.
b 1669 ; s 4 août 1718, à Rimouski [8]
GAGNON, Marie-Madeleine, [PIERRE II.
b 1671 ; s [8] 31 janvier 1744.
Pierre, b [7] 11 août 1687; m 13 juillet 1716, à Marie-Anne DETRÉPAGNY, au Château-Richer ; s [8] 8 juillet 1754.—*Germain*, b... m 1727, à Marie-Marguerite GARIÉPY ; s 7 oct. 1755, à Terrebonne. —*Paul*, b [8] 2 juillet 1710 ; m 15 nov. 1735, à Catherine RIOUX, aux Trois-Pistoles.—*Nicolas-Dominique*, b [8] 14 fevrier 1713 ; m [8] 25 oct. 1742, à Madeleine RIOUX—*Marie-Anne*, b [8] 16 juillet 1714 ; m [8] 27 juin 1735, à Pierre COTÉ.

(1) Voy. vol. I, p. 383.

(2) Date du contrat.

(3) Fière de Germain ; voy. vol. I, p. 383.

(4) Elle épouse, le 8 nov. 1711, Julien Poussard, à Montréal.

(5) Premier seigneur de Rimouski ; voy. vol. I, p. 383.

1694, (2 août) Québec. [1]

I.—LEPAGE (1), JACQUES,
b 1667 ; s 5 oct. 1712, à Charlesbourg. [2]
ROSE, Marie-Jeanne-Françoise, [NOEL I.
b 1685 ; s [2] 27 mars 1711.
René-Louis, b [2] 21 fevrier 1703 ; m 1725, à Marie-Thérèse BISSON. — *Joseph*, b 1704 ; s 30 juillet 1707, à Montréal. [6] — *Marie-Marguerite*, b [2] 10 janvier 1710 ; 1° m [3] 8 oct. 1732, à Thomas LETENDRE ; 2° m [3] 7 avril 1739, à Antoine CLOPIN. —*Joseph*, b 1711 ; s [1] 6 mars 1726.

1700, (3 mai) Ste-Famille, I. O.

II.—LEPAGE, PIERRE, [LOUIS I.
b 1678 ; s 17 août 1751, à St-Jean, I. O. [4]
1° TURCOT, Marie-Madeleine, [ABEL I.
b 1676 ; s 3 fevrier 1731, à St-François, I. O.[5]
Marie, b [5] 18 fevrier 1701 ; m [5] 10 janvier 1724, à Jean LABBÉ ; s [5] 7 déc. 1762.—*Gertrude*, b [5] 16 fevrier 1704 ; m [5] 21 oct. 1722, à Jean CARBONNEAU.—*Pierre*, b [5] 23 juillet 1706 ; s [5] 25 oct. 1714. —*François*, b [5] 2 juin 1708 ; s [5] 23 oct. 1714.—*Marie-Madeleine*, b [5] 30 avril 1710 ; s [5] 30 oct. 1714.—*Antoine*, b [5] 30 avril 1713 ; s [5] 10 oct. 1714.—*Madeleine*, b [5] 11 mars 1716 ; m [5] 4 sept. 1731, à Jean-Baptiste MARCEAU ; s [5] 29 mars 1758.

1736, (1er oct.) [4]

2° CHORET, Catherine, [JEAN II.
veuve de Jean-Pierre Boissonneau.

1744, (27 juillet). [4]

3° FONTAINE (2), Marguerite, [ETIENNE I.
b 1693 ; veuve de Barthelemi Terrien.

1702.

I.—LEPAGE (3), LOUIS-FRANÇOIS-PIERRE, b 1674; de St-Michel, ville de Limoges, Limousin.
TOUSIGNAN (4), Madeleine, [PIERRE I.
b 1681.
Etienne, b 22 avril et s 24 mai 1703, à Longueuil. [2]—*Jean-Baptiste*, b [2] 8 août 1704.—*Marie-Renée*, b 28 mai et s 10 déc. 1707, à Varennes. [3] — *Joseph*, b 15 oct. 1710, à Repentigny ; m 10 mai 1745, à Marie-Madeleine VIGER, à Montréal. — *Marie-Madeleine*, b [3] 10 déc. 1712. — *Louis-François*, b 1715 ; m 7 fevrier 1735, à Marie-Madeleine BOYER, au Bout-de-l'Ile, M.

1707, (21 fevrier) Ste-Anne.

II.—LEPAGE, JOSEPH, [LOUIS I.
b 1677.
1° RACINE, Claire, [FRANÇOIS II.
b 1682 ; s 12 mars 1728, à St-François, I. O.[8]
Marie-Joseph, b [8] 6 janvier 1708 ; m [8] 11 août 1727, à François GUERRARD.— *Madeleine-Louise*,

(1) Voy. vol. I, p. 383.

(2) Elle épouse, le 20 nov. 1752, Jacques Ouimet, à St-Jean, I. O.

(3) Dit Léonard—François—Lefrançois.

(4) Elle épouse, le 17 avril 1719, Ives-Pierre Godu, à Varennes.

b [8] 31 mai 1710; m [8] 28 février 1729, à Louis Pepin; s [8] 12 août 1751.—*Joseph*, b 11 juillet, à St-Jean, I. O. [9] et s [8] 2 oct. 1712.—*Hélène*, b [8] 21 nov. 1713; m [8] 18 nov. 1739, à Simon Campagna; s [8] 9 avril 1746. — *Marthe*, b [8] 4 mars 1716; m [8] 13 juin 1740, à Pierre Gagné.— *Louis-Joseph*, b [8] 12 janvier 1719; m [8] 23 avril 1743, à Elisabeth Jolin. — *Marie-Madeleine*, b [8] 24 mars 1723. — *Jean-Baptiste*, b [8] 10 juin 1726; s [8] 24 juillet 1729.

1729, (1er août) St-Thomas (1).

2° Fournier (2), Marie, [Pierre II.
b 1697.

Marie-Thècle, b [8] 18 fevrier 1731; m [8] 16 février 1756, à Louis Gagnon; s [8] 7 mai 1758. — *Anonyme*, b [8] et s [8] 14 janvier 1733. — *Joseph*, b [8] 13 mars 1734; m [9] 23 janvier 1758, à Marie-Françoise Gobeil.

1716, (13 juillet) Château-Richer. [4]

III.—LEPAGE (3), Pierre, [René II.
b 1687; s 8 juillet 1754, à Rimouski. [5]

DeTrépagny, Marie-Anne, [François II.
b 1695.

Reine, b [5] 3 nov. 1717; sœur St. Germain, cong. N.-D. — *Cécile*, b [5] 30 mars 1720; m [5] 29 juillet 1743, à Gabriel Coté. — *Germain*, b [5] 1er mai 1722; m 1748, à Geneviève Rioux; s [5] 7 fevrier 1756.—*Marie-Agnès*, b [5] 2 mai 1723; m à Basile Coté; s [5] 1er juin 1791. — *Pierre*, b [5] 27 fevrier 1724; m 14 juillet 1749, à Véronique Rioux, aux Trois-Pistoles.—*Isabelle*, b [5] 6 janvier 1727. — *Louis-Gabriel*, b [5] 17 mars 1729; m [4] 27 août 1753, à Françoise Guyon. — *Véronique*, b [5] 26 août 1730; m [5] 21 juillet 1749, à Etienne Rioux. — *Geneviève*, b [5] 4 janvier 1733; m [5] 9 juillet 1755, à Prisque Coté; s 24 janvier 1785, à l'Ile-Verte. — *Thérèse*, b [5] 25 juillet 1735; m 7 nov. 1764, à Alexandre Lepage, à Terrebonne [6]; s [6] 3 déc. 1776. — *Charles*, b [5] 3 mars et s [5] 19 déc. 1737.

1717, (25 oct.) Québec. [4]

II.—LEPAGE (4), Jacques, [Jacques I.
b 1696.

Darveau, Marie, [François I.
b 1697; s 29 mars 1745, à Montréal. [5]

Gabrielle-Louise, b [4] 4 nov. 1718; m [5] 13 janvier 1749, à Jean-Baptiste Bouvier; s [5] 10 mai 1756.— *Jacques-Joseph*, b [4] 20 oct. 1720; m [5] 21 avril 1755, à Marie-Joseph Poirier. — *Louis*, b [4] 12 oct. 1722; s [5] 24 juillet 1738. — *Louise-Catherine*, b [4] 11 sept. 1724; m [5] 18 février 1757, à Nicolas-Maximilien-Joseph Demoitemont. — *Marie-Joseph*, b [4] 9 avril 1727; m [5] 23 nov. 1744, à Pierre Jusseaume; s [5] 5 juillet 1749. — *Jean-Baptiste*, b [5] 27 oct. 1729; s [5] 5 fevrier 1733.— *Marie-Joseph*, b [5] 5 juin 1734. — *Marie-Jeanne*, b [5] 30 juin 1736. — *Michel*, b [5] 12 nov. 1738. —

(1) Date du contrat de mariage "31 juillet 1729". Greffe de A. Michon, N. R.

(2) Elle épouse, le 30 juillet 1742, Joseph Deblois, à St-François, I. O.

(3) De St. Barnabé; seigneur.

(4) Dit Roy.

Jean-Baptiste, b... 1° m 10 février 1760, à Marie-Françoise Lecavelier, à St-Laurent, M. [6]; 2° m [6] 5 nov. 1764, à Elisabeth Lecavelier.

1718, (5 sept.) Québec. [3]

I.—LEPAGE, Blaise, fils de Louis et de Catherine Bourdet, du Til-en-Bray, diocèse de Rouen, Normandie.

Loup (1), Marie, [André I.
b 1697.

Blaise, b [3] 23 avril 1719; m 26 juillet 1745, à Suzanne Barbeau, à Montréal.— *Marie-Anne*, b [3] 5 juin 1720; m [3] 17 nov. 1738, à Louis-Gervais Langlois; s [3] 20 mars 1790. — *Jean-Baptiste*, b [3] 16 oct. 1721; s [3] 23 oct. 1724. — *Louise*, b [3] et s [3] 16 juillet 1723.

III.—LEPAGE, Louis, [René II
b 1690; cure et patron; s 3 déc. 1762, à Terrebonne.

1723, (15 juillet) St-François, I. O. [4]

II.—LEPAGE, Jean, [Louis I.
b 1689; s 28 oct. 1768, à St-Valier. [2]

Gagnon, Marie-Elisabeth, [Jean III.
b 1700; s 11 juin 1736, à Berthier.

Marie-Charlotte, b [4] 31 mai 1724; m 6 fevrier 1747, à Jean-François Berdin, à Quebec [5]; s [5] 7 janvier 1748.—*Jean*, b 5 août 1726, à St-Antoine-Tilly [6]; m 30 juin 1749, à Marie-Geneviève Leroux, à St-Michel. [7] — *Marie-Joseph*, b [8] 22 mai et s [8] 11 juin 1729.—*Joseph*, b 9 mai 1730, à Ste-Croix; m [7] 8 janvier 1753, à Marie-Anne Hautbois. — *Marie-Angélique*, b [8] 28 avril 1732; m [7] 20 nov. 1753, à Joseph Chamberlan; s [7] 25 avril 1754.—*Thérèse*, b [8] 2 déc. 1733; s [8] 3 janvier 1734. —*Pierre*, b [8] 23 oct. 1735; m [3] 24 nov. 1760, à Louise Lemieux.

1725.

II.—LEPAGE (2), René-Louis, [Jacques I.
b 1703.

Bisson (3), Marie-Thérèse.

Marie-Louise, b 19 mars, à Québec [9] et s 29 oct. 1726, à Charlesbourg. — *Catherine*, b [9] 3 mai 1727; m 24 janvier 1763, à Louis Couillard, à St-Thomas [6]; s [6] 6 avril 1768.— *Marie-Thérèse-Charlotte*, b [9] 4 nov. 1728; s [9] 2 mars 1736.—*Louis*, b [9] 14 avril 1730; s [9] 15 mai 1733.— *Marie-Geneviève*, b [9] 18 juin 1733; m [9] 9 sept. 1754, à Pierre Marcoux.—*Louis*, b [9] 1er et s [9] 3 avril 1734.

1727.

III.—LEPAGE (4), Germain, [René II.
s 7 oct. 1755, à Terrebonne. [3]

Gariépy, Marie-Marguerite,
s [3] 5 mai 1763 (dans l'église.)

Louise, b [3] 29 janvier 1728. — *Louis*, b [3] 1er mars 1729; s [3] 16 nov. 1737.—*Marie-Marguerite*,

(1) Et Polonais; elle épouse, le 28 janvier 1725, Michel Cureux, à Québec.

(2) Capitaine de vaisseau.

(3) Elle épouse, le 12 janvier 1739, Jean-Baptiste Vallée, à Québec.

(4) Dit St. François.

b[3] 18 mars 1730 ; m[3] 4 février 1765, à Pierre Raby.—*Louis-Albert*, b[3] 20 mars 1731.—*Agathe*, b[3] 11 oct. 1732 ; s[3] 28 mai 1733.—*Catherine*, b[3] 9 nov. 1733.—*Jean-Baptiste*, b[3] 27 janvier 1735. —*Germain*, b[3] 1er juin 1736 ; m[3] 11 avril 1763, à Angélique Limoges.—*Anonyme*, b[3] et s[3] 2 oct. 1737.—*Alexandre*, b[3] 19 février 1739 ; 1° m[3] 7 nov. 1764, à Thérèse Lepage-St. Barnabé ; 2° m[3] 9 oct. 1778, à Marie-Anne Aide-Créqui.—*Reine*, b[3] 28 oct. 1740 ; s[3] 21 déc. 1760.—*Agnès*, b... s[3] 25 mars 1744.—*Anonyme*, b[3] et s[3] 21 août 1745. —*Euphrosine*, b[3] 22 oct. 1747 ; s[3] 9 juillet 1749.—*Charlotte*, b[3] et s[3] 29 juin 1749.—*Agnès*, b... m[3] 10 mai 1768, à Jean-Baptiste LePailleur.

1735, (7 février) Bout-de-l'Ile, M.[6]

II.—LEPAGE, Ls-François, [Ls-Frs-Pierre I.
b 1715.

Boyer, Marie-Madeleine, [Jean-Etienne II.
b 1707.

Louis-Hector, b[6] 19 oct. 1736 ; s[6] 19 juillet 1737.—*Louis-Alexandre*, b[6] 1er juin 1738.—*Madeleine*, b... m 13 août 1768, à Nicolas Barsolou, à St-Louis, Mo.

1735, (15 nov.) Trois-Pistoles.

III.—LEPAGE (1), Paul, [René II.
b 1710.

Rioux, Catherine, [Nicolas II.
b 1713.

Antoine, b 25 mars 1736, à Rimouski[1] ; m[1] 14 mai 1754, à Marie Coté ; s 21 mars 1770, à Sorel. —*Paul*, b[1] et s[1] 30 janvier 1738. — *Catherine*, b[1] 15 mars 1739.— *Marie-Geneviève*, b[1] 7 juillet 1740. — *Germain*, b[1] 27 dec. 1741.—*Reine*, b... m[1] 26 janvier 1767, à Antoine Ruest.—*Madeleine*, b[1] 4 mars 1746 ; s[1] 2 déc. 1749. — *Véronique*, b... m[1] 26 mai 1763, à Jean-Baptiste Bonenfant ; s 22 oct. 1781, à la Rivière-Ouelle. —*Marie-Catherine*, b[1] 31 mai 1751. — *Isabelle*, b[1] 6 juin 1752 ; m 1782, à Jean Harbour. — *Louis*, b... m[1] 30 juillet 1787, à Reine Pinaut.

1737, (20 janvier) St-Michel.

II.—LEPAGE, Jean-Bte, [Louis I.
b 1674.

Béchard, Anne, [Louis-René I.
b 1704.

1742, (25 oct.) Rimouski.[7]

III.—LEPAGE (2), Nicolas-Dominiq., [René II.
b 1713.

Rioux, Madeleine, [Nicolas II.
b 1721 ; s 29 dec. 1797, aux Trois-Pistoles.[8]

Nicolas, b[7] 19 mars 1744. — *Marie-Madeleine*, b[7] 26 sept. 1745. — *Louise-Veronique*, b[7] 8 juin 1748 ; m[8] 10 sept. 1764, à Joseph Coté. — *Jean-François-Régis*, b 28 août 1752, au Cap-St-Ignace, m 1782, à Marie-Joseph Métayer.

1743, (23 avril) St-François, I. O.[5]

III.—LEPAGE, Louis-Joseph, [Joseph II.
b 1719.

Jolin, Elisabeth, [Simon II.
b 1712.

Marie-Louise, b[5] 9 et s[5] 10 février 1744. — *Louis*, b[5] 23 fevrier 1745 ; s[5] 13 mai 1763. — *Joseph-Marie*, b[5] 12 nov. 1746 ; s[5] 24 déc. 1748. —*Pierre*, b[5] 31 mai 1749 ; m[5] 11 nov. 1771, à Marthe Gagné.—*Joseph-Marie*, b[5] 5 mai 1751.— *Augustin*, b[5] 1er août 1753 ; s[5] 30 janvier 1768. — *François*, b[5] 21 fevrier 1756 ; s[5] 25 oct. 1759.

1745, (10 mai) Montréal.[1]

II.—LEPAGE (1), Joseph, [Louis-Frs-Pierre I.
b 1710 ; voyageur.

Viger, Marie-Madeleine, [Charles III.
b 1724.

Marie-Madeleine, b[1] 17 mars et s[1] 12 août 1746. — *Joseph-Luc*, b[1] 19 sept. 1748 ; s[1] 8 juin 1749.—*Joseph*, b[1] 27 sept. 1750 ; m 1771, à Geneviève Fréchet. — *Charles*, b 1754 ; s 12 nov. 1755, à St-Laurent, M. — *Léon-Claude*, b... m 11 avril 1785, à Felicite Picard, à Cahokia.

1745, (26 juillet) Montréal.[6]

II.—LEPAGE, Blaise, [Blaise I.
b 1719.

Barbeau, Suzanne, [Michel II.
b 1724.

Jean-Baptiste-Michel, b[6] 2 juin 1746. — *Marie-Louise*, b[6] 5 et s[6] 8 dec. 1747. — *Marie-Louise-Amable*, b[6] 14 mars 1749.

1748.

IV.—LEPAGE, Germain, [Pierre III.
b 1722 ; seigneur ; s 7 février 1756, à Rimouski.[9]

Rioux, Geneviève, [Nicolas II.
b 1724.

Germain, b[9] 25 mai 1749 ; s[9] 10 fevrier 1756. —*Marie-Geneviève*, b[9] 11 janvier 1751.—*Isabelle*, b[9] 24 août 1752 ; m[9] 15 juillet 1783, à Gabriel Coté. — *Louis*, b[9] 16 mars 1754 ; s[9] 10 fevrier 1756.—*Jean-Baptiste*, b[9] 10 juillet 1755.—*Louis*, b... m[9] 12 janvier 1813, à Flavie DeLavoye.

1749, (30 juin) St-Michel.[6]

III.—LEPAGE, Jean, [Jean II.
b 1726.

Leroux, Marie-Geneviève, [Jean III.

Charles, b[6] 12 sept. 1751 ; m 11 déc. 1777, à Marguerite Guillimin, à Québec. — *Marie-Geneviève*, b[6] 1er juin 1753. — *Geneviève*, b 23 fevrier 1755, à St-Charles.[7] — *Pierre*, b[7] 4 sept. 1756 ; s[7] 27 sept. 1758.—*Geneviève*, b[7] 21 avril 1758.— *Ambroise*, b[7] 7 sept. 1760.

1749, (14 juillet) Trois-Pistoles.

IV.—LEPAGE, Pierre, [Pierre III.
b 1724.

Rioux, Veronique, [Nicolas II.
b 1731.

Pierre, b 24 oct. 1751, à Rimouski[6] ; m 1780, à

---

(1) De la Molais — Ce mariage est au 18 nov. 1734. (Reg. de Rimouski).

(2) De la Faussais—De la Fossés.

(1) Dit François.

Geneviève Dion.— *Charles* (1), b [6] 16 nov. 1753; m 1782, à Marie-Anne Dion; s 1846. — *Marie-Véronique*, b [6] 7 déc. 1755. — *Joseph*, b [6] 4 janvier 1757; 1° m 1785, à Therèse Fortin; 2° m [6] 25 août 1807, à Basilisse Phiola.—*Germain*, b... m 30 août 1791, à Marguerite Damien, à Québec.[4] —*Nicolas-François*, b... m [4] 10 sept. 1793, à Claire Damien.—*Marie-Louise*, b [6] 3 février 1767. —*Pétronille*, b... m [6] 22 juillet 1794, à François-Amable Coté.—*Marie-Gudule*, b [6] 29 juin 1774; m [6] 9 nov. 1802, à Joseph Ruest.—*Théodore*, b [6] 13 juillet 1783.

1753, (8 janvier) St-Michel [5] (2).

III.—LEPAGE, Joseph, [Jean II.
b 1730.
Hautbois (3), Marie-Anne, [Charles II.
b 1730.

Joseph-Marie, b [5] 14 mars 1754; 1° m à Marie Goupil; 2° m 14 mai 1793, à Marie-Louise Dubé, à Québec.—*Michel*, b 26 déc. 1755, à St-Charles.[8] —*Marie-Anne*, b [8] 21 sept. 1757; s [8] 6 sept. 1758. —*Jean-Baptiste*, b [8] 9 janvier 1759.—*Gabriel*, b [8] 2 sept. 1760.

1753, (27 août) Château-Richer.

IV.—LEPAGE, Louis-Gabriel, [Pierre III.
b 1729.
Guyon (4), Françoise, [Prisque III.
b 1732.

Louis, b 28 mars 1755, à Rimouski.

1754, (14 mai) Rimouski. [2]

IV.—LEPAGE, Antoine, [Paul III.
b 1736; s 21 mars 1770, à Sorel.
Coté, Marie, [Gabriel IV.
b 1730.

Marie, b [2] 6 mars 1755. — *Reine*, b [2] 12 juillet 1756; 1° m [2] 16 oct. 1787, à Antoine Coté; 2° m [2] 4 oct. 1796, à Joseph Fournier.— *Geneviève*, b [2] 28 déc. 1757; m 28 août 1775, à Louis Desrosiers, à la Baie-St-Paul.— *Rosalie*, b... m [2] 17 juillet 1783, à André St. Laurent.— *Marie-Elisabeth*, b 19 juillet 1768, à l'Ile-Verte.

1755, (21 avril) Montréal.

III.—LEPAGE (5), Jacques-Joseph, [Jacques II.
b 1720.
Poirier, Marie-Joseph, [Jean II.
b 1732.

Marie-Félicité, b 25 oct. 1759, à Lachine. [1] — *Joseph-Marie*, b [1] 1er dec. 1760. — *Marie-Joseph*, b... m 30 juin 1783, à Pierre Laberge, à St-Laurent, M.

(1) Grand-père de madame Taché.

(2) Le contrat de mariage est passé le 19 déc. 1752 par messire Chaufour, curé de St-Michel.

(3) Dit St. Julien.

(4) Dit Dion; elle épouse, le 9 nov. 1761, Louis-Vincent Marsault, au Château-Richer.

(5) Roy en 1760

1757, (25 oct.) Québec.

I.—LEPAGE (1), François-Joseph, fils de Joseph et de Marie-Joseph Poreau, de St-Pierre-de-Guise, diocèse de Laon, Ile-de-France.
Belleau, Catherine, [Jean-Bte III.
b 1739.

1758, (23 janvier) St-François, I. O. [2]

III.—LEPAGE, Joseph, [Joseph II.
b 1734.
Goblil, Marie-Françoise, [Jean-François II.
b 1738.

Joseph-Marie, b [2] 8 nov. 1758. — *Joseph-François*, b [2] 29 oct. 1759. — *Louis-Joseph*, b [2] 6 oct. 1761; s [2] 5 juin 1770.— *Marie-Joseph*, b [2] 18 juillet 1763.—*Marie*, b... m [2] 5 oct. 1778, à Joseph Gendreau.—*Antoine*, b [2] 26 janvier et s [2] 14 mars 1765. — *Marie-Madeleine*, b [2] 21 février 1766.— *Elisabeth*, b [2] 12 mars 1768; s [2] 8 août 1784.— *Marie-Louise*, b [2] 29 janvier et s [2] 12 juillet 1770. —*François*, b [2] 9 juin 1771; m à Victoire Labbé, s [2] 12 février 1828. — *Catherine-Isabelle*, b [2] 22 août 1773.

1760, (10 février) St-Laurent, M. [1]

III.—LEPAGE, Jean-Bte. [Jacques II.
1° Legavelier, Marie-Françoise, [Simon II.
b 1734.

Pierre-François, b [1] 26 juillet et s [1] 11 août 1760.

1764, (5 nov.) [1]

2° Legavelier, Elisabeth, [Louis II.
b 1729.

1760, (24 nov.) St-Valier. [2]

III.—LEPAGE, Pierre, [Jean II.
b 1735.
Lemieux, Louise, [Guillaume II.
b 1733; veuve d'Augustin Fradet.

Marie-Louise, b [2] 29 août 1761.

1763, (11 avril) Terrebonne. [3]

IV.—LEPAGE, Germain, [Germain III.
b 1736.
Limoges, Angélique, [Toussaint II.
b 1739.

Germain, b [3] 22 juin 1764; s [3] 30 juillet 1765.

1764, (7 nov.) Terrebonne. [4]

IV.—LEPAGE, Alexandre, [Germain III.
b 1739.
1° Lepage (2), Thérèse, [Pierre III.
b 1735; s [4] 3 déc. 1776.

1778, (9 oct.) [4]

2° Aide-Créqui, Marie-Anne, [Louis II.
b 1733.

1771.

III.—LEPAGE, Joseph, [Joseph II.
b 1750.
Fréchet, Geneviève.

Antoine, b... m 17 sept. 1792, à Suzanne

(1) Dit Beau-Soleil; grenadier du régiment de Berry.

(2) Dit St. Barnabé.

GODERRE, à Cahokia.[5] — *Julienne*, b... m [5] 5 août 1794, à Joseph DESMARETS.—*Joseph*, b... m [5] 19 avril 1796, à Thérèse GAUDIN.—*Simon*, b... m 16 fevrier 1801, à Madeleine SAUCIER, à St-Charles, Mo.—*Angélique*, b... m [5] 21 fevrier 1803, à Louis LABOSSIÈRE.—*Louis*, b... m [6] 26 mai 1809, à Julie ALARIE.

1771, (11 nov.) St-François, I. O. [6]

IV.—LEPAGE, PIERRE, [LOUIS-JOSEPH III.
b 1749.
GAGNÉ, Marthe, [DENIS V.
b 1750.
Marie-Marthe, b [6] 7 déc. 1772.—*Marie-Louise*, b [6] 9 mars 1774. — *Marie-Thècle*, b [6] 11 août 1775.

LEPAGE, JEAN.
BERTRAND, Marie-Louise, [LOUIS I.
b 1746.
Marie-Suzanne, b... m 17 juin 1794, à Louis BATEMAN, à Quebec.

IV.—LEPAGE, JOSEPH-MARIE, [JOSEPH III.
b 1754.
1° GOUPIL, Marie.
1793, (14 mai) Québec.
2° DUBÉ, Marie-Louise, [JEAN-FRANÇOIS IV.
b 1750; veuve de Nicolas Grenier.

1777, (11 dec.) Quebec.

IV.—LEPAGE, CHARLES, [JEAN III.
b 1751.
GUILLIMIN, Marguerite, [JEAN II.
b 1743; veuve de Joseph Deguise-Flamand.

1780.

V.—LEPAGE (1), PIERRE, [PIERRE IV.
b 1751.
DION, Geneviève.
Pierre, b 16 avril 1781, à Rimouski [7]; m [7] 29 janvier 1811, à Agnès RUEST.—*Gervais*, b [7] 12 sept. 1784.—*Evode*, b [7] 8 oct. 1787; m [7] 22 juin 1812, à Angélique LEVASSEUR.—*Eucher*, b... m [7] 29 janvier 1811, à Agnès COTÉ.—*Agathe*, b [7] 18 juillet 1790; m [7] 24 oct. 1809, à Hubert RUEST.—*Elisabeth*, b [7] 20 nov. 1791.—*Paul*, b [7] 25 janvier 1794.—*Marie-Geneviève*, b [7] 28 juillet 1796.

1781.

LEPAGE, ANTOINE-LOUIS-ALEXANDRE.
NOLET, Catherine.
Catherine, nee 3 juin 1782; b 30 mars 1783, à l'Ile-Verte.—*Antoine*, b 6 fevrier 1787, aux Trois-Pistoles.[8]—*Théotiste*, b 19 juillet 1790, à Rimouski.—*Rosalie*, b [8] 4 oct. 1792.—*Cécile*, b [8] 17 mai 1795. — *Marie-Thérèse*, b [8] 27 août 1797. — *Alexandre*, b [8] 21 oct. 1799.

1782.

IV.—LEPAGE (2), FRS-RÉGIS, [NIC.-DOM. III.
b 1752.
MÉTAYER, Marie-Joseph.

(1) Dit St. Barnabé.
(2) De la Faussais.

Benjamin-Bénoni, b 3 sept. 1783, aux Trois-Pistoles.[9]—*Justine*, b [9] 20 fevrier 1791.

1782.

V.—LEPAGE, CHARLES, [PIERRE IV.
b 1753.
DION, Marie-Anne.
Anne-Léocadie, b 13 juillet 1783, à Rimouski [7]; m [7] 11 janvier 1803, à Jean-Baptiste LÉVÊQUE. — *Mectilde*, b [7] 31 déc. 1783; m [7] 12 janvier 1802, à Isaac GASSE. — *Charles*, b... 1° m [7] 2 mai 1809, à Louise COTÉ; 2° m [7] 29 janvier 1811, à Marguerite HEPPELL.—*Basilisse*, b... m [7] 15 janvier 1805, à Michel LÉVÊQUE.—*Macaire*, né [7] 25 fevrier et b [7] 5 mai 1788; m [7] 30 mai 1808, à Cordule COTÉ.—*Marguerite*, b [7] 19 sept. 1790; m [7] 22 juin 1812, à Magloire LEVASSEUR.—*Robert*, b [7] 4 août 1792; s [7] 16 avril 1793.—*Maxélande*, b [7] 29 juillet 1793.—*Honorat*, b [7] 16 janvier 1795. —*Eloi*, b [7] 12 août 1796.

1785.

V.—LEPAGE, JOSEPH, [PIERRE IV.
b 1757; capitaine.
1° FORTIN, Thérèse.
Louis-Joseph, b 24 juillet 1786, à Rimouski [1]; m [1] 20 nov. 1804, à Françoise GAGNÉ.— *Ulfrand*, b [1] 16 juillet 1787. — *Paul*, b [1] 8 juillet 1788.— *Hélène*, b [1] 19 sept. 1790; s [1] 21 oct. 1794.— *Grégoire*, b [1] 17 nov. 1791. — *Polycarpe*, b [1] 18 avril 1793.—*Julie*, b [1] 3 avril 1794. — *Germain*, b [1] 30 juillet 1795.
1807, (25 août). [1]
2° PHIOLA, Basilisse. [JOSEPH.

1785, (11 avril) Cahokia. [4]

III.—LEPAGE, LÉON-CLAUDE. [JOSEPH II.
PICARD-DESTROISMAISONS, Felicité. [PIERRE.
Joseph, b... m [4] 13 mai 1825, à Catherine COMPAGNOT.—*Léon-Jean-Baptiste*, b... m 1829, à Geneviève ROCHER.

1787, (30 juillet) Rimouski. [7]

IV.—LEPAGE (1), LOUIS. [PAUL III.
PINAUT, Reine. [JEAN III.
Luce, b [7] 5 mai 1788; m [7] 5 juin 1810, à Joseph LEVASSEUR.—*Théotiste*, b... m [7] 15 fevrier 1813, à Jean-Baptiste MIVILLE. — *Marguerite*, b [7] 8 août 1793. — *Antonin*, b [7] 10 et s [7] 13 mai 1795. —*Ursule*, b [7] 28 juillet et s [7] 12 oct. 1796.

1791, (30 août) Québec.

V.—LEPAGE, GERMAIN. [PIERRE IV.
DAMIEN, Marguerite. [ETIENNE.
Louis-Germain, b 27 oct. 1792, à Rimouski.[7]— *Cécile*, b [7] 29 avril 1794; m [7] 2 fevrier 1813, à Luc ST. LAURENT.— *Edissée*, b [7] 28 mars 1796.

1792, (17 sept.) Cahokia.

IV.—LEPAGE, ANTOINE. [JOSEPH III.
GODERRE, Suzanne. [PIERRE.
Antoine, b 1793; s 22 août 1795, à Kaskakia. —*Henriette*, b... m 6 sept. 1819, à Louis HUNAUT, à St-Charles. Mo.

(1) Dit Molais.

1793, (10 sept.) Québec.
V.—LEPAGE, NICOLAS-FRANÇOIS. [PIERRE IV.
DAMIEN, Claire. [JACQUES.
Claire-Hedwige, b 11 février et s 13 août 1795, à Rimouski.[6] — *Claire-Cunégonde*, b [6] 3 mars 1796.

1796, (19 avril) Cahokia.[4]
IV.—LEPAGE, JOSEPH. [JOSEPH III.
GAUDIN (1), Therèse, veuve de François-Xavier Roy.
Joseph, b... m [4] 23 janvier 1821, à Marie-Louise ST. GERMAIN.—*Louis*, b... 1° m [4] 8 fevrier 1825, à Marie TROTIER ; 2° m [4] 3 nov. 1829, à Adélaïde ROY.

1801, (16 février) St-Charles, Mo.[6]
IV.—LEPAGE, SIMON. [JOSEPH III.
SAUCIER, Madeleine. [MATHIEU.
Etienne, b... m [6] 26 février 1838, à Louise REYNAL.

1804, (20 nov.) Rimouski.
VI.—LEPAGE, LOUIS-JOSEPH, [JOSEPH V.
b 1786.
GAGNÉ, Françoise. [LOUIS V.

1808, (30 mai) Rimouski.
VI.—LEPAGE, MACAIRE, [CHARLES V.
b 1788.
COTÉ, Cordule. [GABRIEL V.

1809, (2 mai) Rimouski [3]
VI.—LEPAGE, CHARLES. [CHARLES V.
1° COTÉ, Louise, [ANTOINE V.
b 1792.
1811, (29 janvier). [3]
2° HEPPELL, Marguerite, [JEAN-JACOB I.
b 1796.
Marguerite, b... m à Abel COTÉ (2).

1809, (26 mai) Cahokia.[3]
IV.—LEPAGE, LOUIS. [JOSEPH III.
ALARIE, Julie. [JEAN-BTE.
Julie, b... m [3] 22 janvier 1832, à Joseph BOISMENU.

IV.—LEPAGE, FRANÇOIS, [JOSEPH III.
b 1771 ; s 12 fevrier 1828, à St-François, I.O.[6]
LABBÉ, Victoire,
b 1772 ; s 23 dec. 1842.
Moïse, b [6] 1er août 1810 ; m 26 août 1833, à Isabelle FILION, à St-Joachim.

1811, (29 janvier) Rimouski.
VI.—LEPAGE, EUCHER. [PIERRE V.
COTÉ, Agnès, [BASILE VI.
b 1793.

(1) Dit Tourangeau ; elle épouse, le 24 nov. 1814, Louis Langevin, à Cahokia.
(2) Père de l'abbé Philémon Côté.

1811, (29 janvier) Rimouski.
VI.—LEPAGE, PIERRE, [PIERRE V.
b 1781.
RUEST, Agnès, [JOSEPH II.
b 1789.

1812, (22 juin) Rimouski.
VI.—LEPAGE, EVODE, [PIERRE V.
b 1787.
LEVASSEUR, Angélique. [JEAN.

1813, (12 janvier) Rimouski.
V.—LEPAGE (1), LOUIS. [GERMAIN IV.
DELAVOYE, Flavie, [JOSEPH-RENÉ V.
b 1796.

1821, (23 janvier) Cahokia.
V.—LEPAGE, JOSEPH. [JOSEPH IV.
ST. GERMAIN, Marie-Louise. [LOUIS.

1825, (8 fevrier) Cahokia.[4]
V.—LEPAGE, LOUIS. [JOSEPH IV.
1° TROTIER, Marie.
Louis, b [4] 2 avril 1826.
1829, (3 nov.) [4]
2° ROY, Adélaïde.
Mélanie, b 13 août 1836, à St-Louis-Mo.

1825, (18 mai) Cahokia.
IV.—LEPAGE, JOSEPH. [LÉON-CLAUDE III
COMPAGNOT, Catherine. [PIERRE.

1829.
IV.—LEPAGE, LÉON-J.-BTE. [LÉON-CLAUDE III.
ROCHER, Geneviève.
Marie, b 20 mai 1830, à St-Louis, Mo.

1838, (26 février) St-Charles, Mo.
V.—LEPAGE, ETIENNE. [SIMON IV.
REYNAL, Louise. [ANTOINE

LEPAILLEUR (2). — *Variation et surnoms* : LE PALLIEUR—DE VOISY—LASERTE.

1688, (3 nov.) Batiscan.
I.—LEPAILLEUR (3), FRANÇOIS-MICHEL, procureur du Roi et notaire-royal.
JÉRÉMIE, Catherine-Gertrude, [NOEL I
b 1664 ; veuve de Jacques Aubuchon ; s 1er juillet 1744, à Montréal.[1]
Catherine, b 13 août 1689, à Québec[2] ; m[1] 20 mai 1715, à Jean-Baptiste ADHÉMAR. — *Charles-René*, b[2] 14 juillet 1692 ; m [2] 21 oct. 1719, à Madeleine LENORMAND ; s 24 juillet 1766, à Lachine. — *Madeleine*, b [2] 5 oct. 1696 ; s [1] 15 mai 1705 — *Marie-Charlotte*, b [2] 5 oct. 1696 ; s [1] 31 juillet 1708. — *Marie-Anne*, b [2] 7 nov. 1699 ; s [1] 2 dec 1743.—*Jeanne*, b [2] 10 juin 1701 ; m 19 février 1748, à Joseph BARON, à Lachenaye[3] ; s [3] 18 déc. 1776.

(1) Quatrième seigneur de Rimouski.
(2) Ce nom s'est aussi écrit Lepailleur.
(3) Et LePallieur, 1737 — Lascrte, 1776 ; voy. vol. I, p. 383.

—*Louise*, b [1] 12 avril 1705; m [1] 7 janvier 1730, à Guillaume DE LORIMIER. — *Louise-Françoise*, b 12 sept. 1706; 1° m [2] 5 mars 1737, à Pierre-Nicolas FORTIN; 2° m 19 juillet 1751, à Pierre PARIS, à Terrebonne. — *Angélique*, b [1] 20 sept. 1709; m [1] 28 juillet 1749, à René MESSIER.

1719, (21 oct.) Québec.

II.—LEPAILLEUR (1), CHS-RENÉ, [FRS-MICHEL I. b 1692; s 24 juillet 1766, à Lachine.
LENORMAND, Madeleine, [CHARLES II. b 1699.
Charles, b 11 nov. 1720, à Montréal [4]; 1° m [4] 9 juin 1751, à Suzanne TESSIER; 2° m [4] 15 février 1762, à Louise ROY. — *Geneviève*, b [4] 18 juillet 1722; s [4] 30 juin 1740. — *Jean-François*, b [4] 25 avril 1724. — *Jean-Baptiste*, b [4] 23 mars 1725; m 10 mai 1768, à Agnès LEPAGE, à Terrebonne.— *Joseph*, b [4] 9 août 1726.—*Marie*, b [4] 21 mai 1728; s [4] 22 avril 1730.—*Marie-Madeleine*, b [4] 15 juillet 1734.—*Catherine-Geneviève*, b [4] 5 février et s [4] 27 avril 1738.

1751, (9 juin) Montréal.[6]

III.—LEPAILLEUR, CHARLES, [CHS-RENÉ II. b 1720.
1° TESSIER, Suzanne, [CHARLES III. b 1721; veuve de Henri Catin; s [6] 15 fevrier 1756.
Charles, b et s 15 août 1756, à St-Laurent, M.
1762, (15 février). [6]
2° ROY, Louise, [FRANÇOIS II. veuve de Charles Hamelin.

1768, (10 mai) Terrebonne.

III.—LEPAILLEUR, JEAN-BTE, [CHS-RENÉ II. b 1725.
LEPAGE, Agnès. [GERMAIN III.

LEPALLIEUR.—Voy. LEPAILLEUR.

I.—LEPAPE (2), JEAN-GABRIEL, b 1689; de St-Paul-de-Laon, Bretagne; s 9 février 1733, à Montréal.

1740, (3 oct.) Québec.

I.—LEPAPE (3), PAUL, b 1714; journalier.
GENAPLE (4), Louise, [JOSEPH II. b 1717.

1669, (6 janvier) Québec.

I.—LEPARC (5), LOUIS.
FLAMAND, Nicole.
Jean, b 25 mars 1673, à Beauport.

LEPARCQ.—*Variation* : LEPARQ.

(1) DeVoisy.
(2) De l'Escoat; prêtre de St-Sulpice.
(3) Marié sous le nom de Bapt dit Carcy, voy. vol. II, p. 103.
(4) De Bellefond.
(5) Voy. vol. I, p. 384.

I.—LEPARCQ, ANDRÉ, de N. D. de LaRochelle, Aunis.
MORISSET (1), Elisabeth, [MATHURIN I. b 1695.
André, b 1er juillet 1725, au Cap-Santé.[7]—*Pierre*, b... m [7] 4 nov. 1754, à Angélique BIGUÉ.

1754, (4 nov.) Cap-Santé.

II.—LEPARCQ, PIERRE. [ANDRÉ I.
BIGUÉ, Angelique, [ETIENNE II. b 1720; veuve de Joseph Germain.
Isabelle, b 11 janvier 1757, à Deschambault.

LEPARON.—*Surnom* : JOLICŒUR.

1751, (23 août) Québec. [4]

I.—LEPARON (2), PIERRE, fils de René et d'Elisabeth Bricaut, de Revol, diocèse de Nantes, Haute-Bretagne.
NORMANDEAU, Marie-Joseph, [PIERRE II. b 1726.
Pierre, b [4] 12 juin et s [4] 23 sept. 1753.—*Louis*, b [4] 2 août 1754. — *Nicolas*, b [4] 21 mars et s [4] 30 juin 1756.

LEPARQ.—Voy. LEPARCQ.

1741, (9 janvier) Québec. [8]

I.—LEPAULMIER, GEORGES, b 1707, charpentier; fils de Jean et de Jeanne Nicole, de Serance, diocèse de Coutances, Normandie; s [8] 19 juillet 1762.
GAUDET, Marie-Joseph, [ABRAHAM I. s [8] 17 avril 1764.
Georges, b [8] 7 déc. 1741.—*Marie-Marguerite*, b [8] 23 janvier 1743.—*Marie-Joseph*, b [8] 17 août 1745. —*Marie-Anne*, b [8] 12 oct. 1747; s [8] 27 oct. 1749.— *Geneviève*, b [8] 28 nov. 1749; s [8] 2 dec. 1750. — *Michel*, b [8] 14 août 1753. — *Marie-Angélique*, b [8] 19 sept. 1756; s [8] 18 sept. 1758.

L'ÉPÉE.—Voy. GAUFRETEAU.

LEPELÉ. — *Variation et surnoms* : LEPELLÉ — DE LA HAYE—DÉRIVE—DESMARETS—DEVOISY —LAHAIE—LAHAYE — LAMOTHE — MARCOT — MÉZIÈRES.

1667.

I.—LEPELÉ (3), JEAN, b 1641; s 17 juin 1708, à Champlain. [6]
ISABEL, Jeanne, [GUILLAUME I. b 1650.
Antoine, b 1669; m 20 juin 1700, à Barbe GODFROY, aux Trois-Rivières [8]; s [8] 29 fevrier 1736.— *Alexis*, b [6] 26 dec. 1684; m [6] juillet 1710, à Jeanne BIGOT.

(1) Elle épouse, le 4 nov. 1737, Antoine Puypéroux, au Cap-Santé.
(2) Dit Jolicœur; soldat de Luzignan.
(3) Sieur Desmarets; voy. vol. I, p. 384.

1682, (25 nov.) Batiscan. [5]

II.—LEPELÉ (1), CLAUDE, [CLAUDE I.
b 1656.

JÉRÉMIE, Marie-Charlotte, [NOEL I.
b 1667; s [5] 1er février 1742.

Joseph, b [5] 8 juin 1698; m 18 sept. 1726, à Suzanne GROUARD, à Québec.—*Pierre*, b [5] 30 mai 1700; m 3 mai 1734, à Marie-Joseph CAUCHOIS, à Montreal. [3] — *Michel-Stanislas*, b [5] 22 mai 1705; 1° m [5] 19 avril 1735, à Marguerite ROY; 2° m 22 oct. 1742, à Marie-Claire LECLERC, aux Trois-Rivières; s [5] 14 juillet 1783.—*Alexis*, b [5] 3 oct. 1709; 1° m [3] 23 nov. 1745, à Catherine CUROT; 2° m [3] 9 janvier 1758, à Marie-Louise LEDUC.

1700, (20 juin) Trois-Rivières [3]

II.—LEPELÉ (2), ANTOINE, [JEAN I.
b 1669; arpenteur du roi; s [3] 29 février 1736.

GODFROY (3), Barbe, [JEAN-AMADOR II.
b 1677; s [3] 12 oct. 1758.

Marie, b [3] 11 mars 1701; s [3] 10 février 1730.—*Marguerite*, b [3] 23 janvier 1703; m 18 juillet 1729, à Ignace DISY, à l'Ile-Dupas. — *Anonyme*, b [3] et s [3] 21 mai 1707. — *Charlotte*, b [3] 23 nov. 1710; 1° m [3] 16 août 1734, à René BAUDRY; 2° m [3] 10 janvier 1757, à Antoine JOUBERT.—*Madeleine*, b 1711; m [3] 2 juin 1736, à Claude PROUX; s [3] 24 février 1738. — *Jean-Paul*, b [3] 29 janvier 1713; s [3] 16 nov. 1733.—*Joseph*, b [3] 15 déc. 1715; s [3] 18 déc. 1733.—*Barbe-Suzanne*, b [3] 3 août 1718; m [3] 16 nov. 1743, à Antoine-François LAGUERCE. — *Antoine-Joseph*, b [3] 25 juin 1721; m [3] 10 janvier 1752, à Claire LEFEBVRE. — *Michel*, b [3] 1er août 1724; m [3] 1er oct. 1753, à Marie-Joseph LAVIOLETTE; 2° m [3] 17 mai 1763, à Françoise MICHAU.

1710, (juillet) Champlain. [4]

II.—LEPELÉ (4), ALEXIS, [JEAN I.
b 1684.

BIGOT, Jeanne, [FRANÇOIS II.
b 1688.

Jean-Baptiste, b [4] 20 février 1711; m 14 juillet 1749, à Ursule LAMARCHE, aux Trois-Rivières.—*Joseph*, b [4] 21 janvier 1713. — *Pierre*, b [4] 20 janvier 1715; m 1751, à Geneviève DUVAL.—*Marie-Anne*, b [4] 28 sept. 1717. — *Alexis*, b [4] 27 sept. 1721.—*Michel-Ignace*, b [4] 16 sept. 1727. — *Marc-Antoine*, b [4] 26 mai 1729; m à Marguerite CARPENTIER.

1722, (8 nov.) Batiscan. [5]

III.—LEPELÉ (5), CLAUDE, [CLAUDE II.
b 1684; s [5] 12 mai 1754.

LAFOND, Marie-Anne, [PIERRE II.
b 1693.

Marie-Anne, b [5] 2 et s [5] 4 sept. 1723.—*Claude-Joseph*, b [5] 13 août 1724; m 10 mai 1756, à Marie-Jeanne 8TA8OISE, à Michillimakinac [6]; s [6] 10 dec. 1757. — *François-Stanislas*, b [5] 28 nov. 1726; m [5] 24 juillet 1752, à Madeleine DESRANLOT. — *Marie-Anne-Charlotte*, b [5] 8 juin 1729; m [5] 22 février 1751, à Louis GUILLET; s [5] 23 juin 1756. — *Marie-Madeleine*, b [5] 11 et s [5] 13 dec. 1731. — *Marie-Joseph*, b [5] 24 janvier 1734; m 21 juillet 1760, à Pierre-Louis DESLANDES, à Montreal.—*Alexis-Joseph*, b [5] 9 juillet 1737.

1726, (18 sept.) Québec. [6]

III.—LEPELÉ (1), JOSEPH, [CLAUDE II.
b 1698.

GROUARD, Suzanne, [JEAN-BTE II.
b 1692; s [6] 7 déc. 1749 (dans l'eglise).

Marie-Françoise, b [6] 17 avril 1728; m [6] 2 oct 1748, à Nicolas-Guillaume MASSOT. — *Nicolas-Joseph*, b [6] 12 juin 1729; s 18 fevrier 1730, à Charlesbourg. [7] — *Alexandre*, b [6] 12 juin 1729, s [7] 14 août 1730. — *Joseph-Alexis*, b [6] 14 et s [6] 17 déc. 1730.—*Marie-Agnès*, b... s [7] 18 août 1732. — *Marie-Joseph*, b [6] 14 avril 1732. — *Joseph-Alexandre*, b [6] 11 fèvrier 1734.

1734, (3 mai) Montréal.

III.—LEPELÉ (2), PIERRE, [CLAUDE II.
b 1700.

CAUCHOIS, Marie-Joseph, [JACQUES I.
b 1702.

1735, (19 avril) Batiscan. [7]

III.—LEPELÉ, MICHEL-STANISLAS, [CLAUDE II
b 1705; s [7] 14 juillet 1783.

1° ROY (3), Marguerite, [MICHEL II.
b 1717; s [7] 30 août 1737.

1742, (22 oct.) Trois-Rivières.

2° LECLERC, Claire. [JEAN II.

Anonyme, b [7] et s [7] 26 mars 1746.—*Jean-Michel*, b [7] 20 juillet 1747; m [7] 9 fevrier 1784, à Marie-Louise TROTIER.—*Marie-Claire*, b [7] 10 juin 1748. — *Anonyme*, b [7] et s [7] 22 oct. 1749.—*Amable*, b [7] et s [7] 10 juin 1751. — *Marie-Amable*, b [7] 13 février 1754; m [7] 19 oct. 1772, à Joseph LEMAITRE. —*Joseph-Louis*, b [7] 13 juin 1755.

1745, (23 nov.) Montréal. [9]

III.—LEPELÉ (4), ALEXIS, [CLAUDE II.
b 1709.

1° CUROT, Catherine, [MARTIN II.
b 1719; s [9] 16 oct. 1755.

Alexis-Joseph, b [9] 1er sept. et s [9] 21 déc. 1746. — *Catherine-Amable*, b [9] 7 nov. 1749; s [9] 23 mai 1750. — *Marie-Catherine-Louise*, b [9] 22 janvier 1751.

1758, (9 janvier). [9]

2° LEDUC, Marie-Louise, [LAMBERT III.
b 1710.

1749, (14 juillet) Trois-Rivières [9]

III.—LEPELÉ (5), JEAN-BTE, [ALEXIS II
b 1711.

LAMARCHE Ursule, [JOSEPH II
b 1726.

---

(1) Et LePellé dit Mezières; voy. vol. I, p. 384.
(2) Dit Desmarets—Desmarais.
(3) De St. Paul.
(4) Dit Lamothe—Desmarets.
(5) Dit Labaye—De Lahaie.

(1) De Voisy; receveur des droits de Mgr l'Amiral.
(2) De Lahaie.
(3) Dit Chatellereau.
(4) Sieur de Mézières.
(5) Marié Lamotte; aussi appelé Marcot—Desmarets.

Jean-Baptiste, b [9] 20 nov. 1750.—*Pierre*, b [9] 10 janvier 1753.—*Joseph*, b [9] 13 oct. 1754. — *Alexis*, b [1] 15 et s [9] 19 février 1756.

1751.

III.—LePELÉ (1), Pierre, [Alexis II.
b 1715.
Duval, Geneviève, [Augustin.
b 1733.
Marie-Joseph, b 7 août 1752, aux Trois-Rivières.

1752, (10 janvier) Trois-Rivières. [4]

III.—LePELÉ (2), Antoine-Joseph, [Antoine II.
b 1721.
Lefebvre (3), Claire. [Pierre.
Pierre-Antoine, b [4] 5 mars 1753.—*Marie-Joseph*, b [4] 23 janvier 1755.—*Claire*, b [4] 15 juin 1757 ; s [4] 18 janvier 1762.—*Marie*, b [4] 13 janvier 1760.

1752, (24 juillet) Batiscan. [7]

IV.—LePELÉ (4), Frs-Stanislas, [Claude III.
b 1726.
Desranlot, Madeleine, [Jean-Bte II.
veuve de Joseph Gouin.
François, b [7] 15 mai 1753. — *Marie-Madeleine-Monique*, b [7] 4 mai 1755 ; m [7] 26 janvier 1778, à Antoine Charest. — *Marie*, b [7] 20 août 1757. — *Marie-Anne*, b... m [7] 12 fevrier 1781, à Jean-Baptiste Normandin.—*Jean-Baptiste*, b... m [7] 30 juillet 1781, à Rosalie Fraser. — *Louis*, b [7] 29 mars 1762 ; m 1784, à Marie-Louise Charets.—*Marie-Joseph*, b [7] 14 avril 1764.

1753, (1er oct.) Trois-Rivières. [6]

III.—LePELÉ (2), Michel, [Antoine II.
b 1724.
1° Laviolette, Marie-Joseph, [Jacques III.
b 1733 ; s [6] 22 déc. 1761.
Joseph, b [6] 30 oct. 1754.—*Michel*, b [6] 29 juillet 1757.—*Jean-Baptiste*, b [6] 4 nov. 1758 ; s [6] 29 sept. 1760.—*Louise*, b [6] 29 déc. 1759.

1763, (17 mai). [6]

2° Michau, Françoise, [Pierre III.
b 1740.

1756, (10 mai) Michillimakinac. [1]

IV.—LePELÉ (5), Claude-Joseph, [Claude III.
b 1724 ; s [1] 10 déc. 1757.
8ta8oise (6), Marie-Jeanne.
Marie-Anne, nee [1] 10 mars et b [1] 20 mai 1757.

III.—LePELÉ (1), Marc-Antoine, [Alexis II.
b 1729.
Carpentier, Marguerite.
Antoine, b... m 7 mars 1791, à Geneviève Beaufort, à St-Cuthbert.

(1) Dit Lamotte.
(2) Dit Desmarets ; marié sous ce nom.
(3) Dit Laciseray.
(4) Dit Lahaye.
(5) Dit Lahaie, voyageur.
(6) Mighissens.

LePELE (1), Antoine.
Michelin, Marie-Louise.
Jean-Baptiste, b 12 mai 1781, à St-Cuthbert.

1781, (30 juillet) Batiscan. [5]

V.—LePELÉ, Jean-Bte. [Frs-Stanislas IV.
Fraser, Rosalie.
Jean-Baptiste, b [5] 25 février 1782.— *Pierre*, b [5] 6 mars 1792.

1784, (9 février) Batiscan. [7]

IV.—Le PELÉ (2), Michel, [Michel-Stanisl. III.
b 1747.
Trotier (3), Marie-Louise, [Pierre IV.
b 1749.
Deux anonymes, b [7] et s [7] 21 août 1784. — *Marie-Claire*, b [7] 30 avril 1786.—*Marie-Madeleine*, b [7] 28 août et s [7] 19 sept. 1787. — *Michel*, b [7] 29 déc. 1791.

1784.

V.—LePELÉ (4), Louis, [Frs-Stanislas IV.
b 1762.
Charest, Marie-Louise, [Etienne III.
b 1754.
Marie-Marguerite, b 20 sept. 1785, à Batiscan. [8] — *Louis*, b [8] 28 avril 1787.—*Pierre* et *Joseph*, b [8] 8 mai 1789.

LePELÉ (4), Joseph.
Normandin, Marie-Anne.
Joseph, b 16 janvier 1789, au Cap-de-la-Madeleine.

1791, (7 mars) St-Cuthbert.

IV.—LePELÉ (1), Antoine. [Marc-Antoine III.
Beaufort, Geneviève. [Joseph.

LePELLÉ.—Voy. LePelé.

I.—LePELLETIER (5), Augustin.

LEPERVANCHE.—Voy. Mézière.

I.—LEPERVANCHE (6), François.

LePETIT.—Voy. Petit.

I.—LEPEUDRY (7), Jean-Bte,
b 1695 ; s 8 avril 1745, à Montréal.

LePICARD.—Voy. Picard.

LÉPICIER.—*Surnom :* Lanoix.

(1) Dit Lamotte.
(2) Dit Derive.
(3) Dit Labissonnière.
(4) Dit Lahaye.
(5) Sieur de Villemure ; cadet des troupes.
(6) Lieutenant.—Il était, le 27 juillet 1761, à Longueuil.
(7) Dit Laperdry ; soldat.

LÉPICIER (1), Louis.
BOUCHER, Marie-Amable.
Alexis, b... m 9 février 1795, à Marguerite SYLVESTRE, à St-Cuthbert. [4] — *Marie-Suzanne*, b [4] 8 mai 1775.

1795, (9 février) St-Cuthbert.
LÉPICIER, ALEXIS. [LOUIS.
SYLVESTRE, Marguerite. [ALEXIS.

LÉPINAY.—Voy. DE L'ESPINAY.

LÉPINE. — *Variation et surnoms :* LESPINE — BÉRARD—BOURÉ—CHABAUDIER—CHATIGNY — CHEVAUDIER—CHEVOYER— DARRAS — HAPERT —JOLIVE—JOLIVET—JOLY— JOYER — LALIME —LAMUSIQUE — LEGRIS — LESAUTIER— MARETTE—MAUFAIT—VARENNES.

1701, (30 mai) Pte-aux-Trembles, M.
II.—LÉPINE (2), CHARLES. [CHARLES I.
JOUSSET, Marie, [PIERRE I.
b 1684.
Joseph, b 22 juillet 1707, à St-François, I. J.

1713, (30 janvier) Pte-aux-Trembles, Q.
II.—LÉPINE (3), GABRIEL, [GABRIEL I.
b 1681.
1° DESORCY, Marie-Angélique. [MICHEL II.
1732, (24 nov.) Sorel. [1]
2° CHEVALIER, Thérèse, [JEAN II.
b 1712.
Jean-Baptiste, b [1] 2 sept. 1735; m 28 janvier 1761, à Marguerite DESHAIES, à Becancour.

1714, (29 janvier) Québec. [2]
I.—LÉPINE (4), ANTOINE, fils de François et de Geneviève Lecompte, de St-Etienne-du-Mont, Paris.
1° MAUFAIT, Angélique-Geneviève, [PIERRE II.
b 1692; s [2] 3 déc. 1721.
Geneviève, b [2] 31 oct. 1714. — *Jean-Baptiste-Hyacinthe*, b [2] 27 août 1716; m 30 juillet 1742, à Geneviève GOSSELIN, au Château-Richer; s [2] 2 oct. 1787.—*Joseph-Marie*, b [2] 20 mars 1718; m 25 oct. 1745, à Elisabeth VALADE, à Montréal.—*Joseph*, b [2] 7 août 1719; m 4 nov. 1743, à Marie ROY, à Beaumont.—*Louise-Charlotte*, b [2] 12 oct. 1720; m [2] 29 mai 1741, à Jean BESSON; s [2] 23 sept. 1753.
1722, (3 mai). [2]
2° GUAY, Louise, [JEAN-BTE II.
b 1693; s [2] 13 janvier 1723.

I.—LÉPINE, JEAN.
GUILBERT (5), Elisabeth, [JEAN I.
b 1690; veuve d'Antoine André.

(1) Dit Lanoix.
(2) Voy. Chevaudier, vol. III, p. 61.
(3) Voy. Bérard, vol. II, pp. 221 et 222.
(4) Dit Lalime ; maître d'hôtel du gouverneur.
(5) Elle épouse, le 4 nov. 1738, André Touché, à Montréal.

1722, (11 août) Charlesbourg.
II.—LÉPINE (1), JEAN-FRANÇOIS, [GABRIEL I.
b 1696; s 18 janvier 1772, à l'Ile-Dupas.
RENAUT, Thérèse-Jeanne, [JEAN II.
b 1705.
Madeleine, b 6 nov. 1733, à Sorel; m 8 janvier 1760, à Amable COLTRET, à Nicolet [3]; s [3] 21 avril 1797.

I.—LÉPINE, JEAN-BTE.
ROCQUE, Marie.
Antoine, b 1724; m 14 avril 1749, à Marie-Joseph ANDRÉ, à Montréal.

1724, (9 janvier) Sorel. [4]
II.—LÉPINE (2), PIERRE, [GABRIEL I.
b 1693; s 9 sept. 1766, à l'Ile-Dupas. [5]
JOLY (3), Catherine. [JEAN-JULIEN II.
Michel, b [5] 28 avril 1728; s [4] 15 avril 1731.—*Joseph*, b [4] 15 oct. 1734; m [5] 17 avril 1765, à Geneviève PELLETIER.

II.—LÉPINE (4), JACQ.-PIERRE-JOS., [JEAN I.
b 1682.
LANTIER, Madeleine.
Thérèse, b 1er août 1728, à Lachenaye.—*Joseph*, b 1737; m 18 février 1765, à Marie GARIÉPY, à St-Henri-de-Mascouche [6]; s [6] 23 mars 1707.

LÉPINE, PAUL, b 1706; s 17 déc. 1756, à St-Henri-de-Mascouche.

1726, (11 février) Longueuil.
II.—LÉPINE (5), PIERRE, [JEAN I.
b 1696; s 22 dec. 1774, à Ste-Foye. [7]
GILLARDET (6), Marguerite, [LÉGER II.
b 1701; s [7] 10 janvier 1776.
Marie-Anne, b [7] 14 mai 1740; m [7] 19 avril 1762, à Charles-Andre MOREAU.— *Jean-Baptiste*, b [7] 28 avril 1742. — *Marie-Joseph*, b [7] 5 juillet 1743.—*Charlotte-Françoise* (7), b [7] 24 août 1752.

1732.
III.—LÉPINE (8), PAUL-CHARLES. [CHARLES II.
ABEL (9), Marie-Anne-Barbe. [LOUIS-JOSEPH I.
Pierre, b... m 12 sept. 1772, à Marguerite CHARBONNEAU, à Boucherville.

1742, (30 juillet) Château-Richer.
II.—LEPINE (10), JEAN-BTE-HYAC., [ANTOINE I.
b 1716; menuisier; s 2 oct. 1787, à Québec. [1]
GOSSELIN, Geneviève, [GUILLAUME III.
b 1723; s [1] 23 février 1793.

(1) Dit Varennes—Bérard, voy. ce nom, vol. II, p. 222.
(2) Voy. Bérard, vol. II, p. 222.
(3) Dit Laforest.
(4) Voy. Chevaudier, vol. III, p. 61.
(5) Dit Lamusique.—Voy. Legris dit Lépine, p. 301.
(6) Letale, 1752—DeGerbrais, 1776. Son véritable nom est Bray.
(7) Filleule de François Rigaud de Vaudreuil, gouverneur des Trois-Rivières.
(8) Voy. Chevaudier, vol. III, p. 61.
(9) Elle épouse, le 28 avril 1760, Joseph Senet, à la Longue-Pointe.
(10) Dit Lalime.

Geneviève, b [1] 26 août 1743.—*Angélique*, b 1744; m [1] 8 août 1763, à François Meurs; s [1] 3 août 1785.—*Geneviève*, b [1] 17 sept. 1745.—*Michel-Clément*, b [1] 8 avril 1749; m [1] 15 février 1779, à Louise Amelot.—*Charlotte*, b [1] 11 nov. 1752.—*Marie-Anne*, b [1] 18 dec. 1753; s [1] 8 fevrier 1756.—*Marie-Joseph*, b [1] 5 nov. 1758.—*Marie-Joseph*, b [1] 28 mars 1762; m [1] 22 août 1788, à Jacques Nelson; s [1] 14 oct. 1789.

1743, (4 nov.) Beaumont. [1]

II.—LÉPINE (1), Joseph, [Antoine I.
b 1719; maitre-tailleur.
Roy (2), Marie, [Joseph III.
b 1723.
Joseph, b 18 avril 1745, à Québec. [2]—*Marie-Geneviève*, b [2] 24 mars 1746. — *Antoine*, b [2] 13 mars 1747.—*Marie-Joseph*, b [2] 22 juillet et s [1] 29 août 1749.

1745, (25 oct.) Montréal. [3]

II.—LÉPINE (3), Joseph-Marie, [Antoine I.
b 1718.
Valade, Elisabeth, [Jean-Bte II.
b 1720.
Marie-Catherine, b [3] 25 nov. 1746.—*Elisabeth*, b [3] 13 oct. 1748.—*Simon*, b [3] 18 juillet 1750.

1749, (14 avril) Montréal.

II.—LÉPINE, Antoine, [Jean-Bte I.
b 1724.
André, Marie-Joseph, [Antoine I.
b 1725; veuve de Jean-François Fourché.

LÉPINE, ...
Dagneau, Marie,
b 1728; s 2 avril 1753, au Détroit.

1752, (30 oct.) Ile-Dupas. [1]

III.—LÉPINE (4), Gabriel, [Gabriel II.
b 1715; s [1] 7 juin 1768.
DeRainville (5), Anne-Celeste, [René III.
b 1725.

1754, (7 oct.) Pte-aux-Trembles, M.

IV.—LÉPINE (6), Charles, [Paul-Charles III.
b 1734.
Clément, Marie-Joseph, [Germain II.
b 1734.
Marie-Charlotte, b 7 février 1757, à St-Henri-de-Mascouche.

LÉPINE, Pierre.
Versaille, Geneviève.
Pierre, b 13 mai 1756, à Québec.

LÉPINE, Gabriel, b 1731; s 28 sept. 1761, à l'Ile-Dupas.

(1) Dit Lalime, marié sous ce nom.
(2) Elle épouse, le 1er juillet 1754, Jean Corpron, à Québec.
(3) Dit Lalime.
(4) Voy. Bérard, vol. II, p. 222.
(5) Elle épouse, le 28 janvier 1771, Louis Baudin-Rochefort, à l'Ile-Dupas.
(6) Voy. Chevaudier, vol. III, p. 62.

1761, (28 janvier) Bécancour.

III.—LÉPINE, Jean-Bte, [Gabriel II.
b 1735.
Deshaies, Marguerite, [Pierre II.
b 1737.

1765, (18 février) St-Henri-de-Mascouche. [6]

III.—LÉPINE (1), Joseph, [Jacq.-Pierre-Jos. II.
b 1737; s [6] 23 mars 1767.
Gariépy (2), Marie. [Jean-Bte III.

1765, (17 avril) Ile-Dupas. [6]

III.—LÉPINE, Joseph, [Pierre II.
b 1734.
Pelletier, Geneviève. [Michel IV.
Marie-Charlotte, b 1766; s [6] 19 mars 1770.—*Marie-Geneviève*, b [6] 2 fevrier 1767.—*Catherine*, b [6] 10 sept. 1769; s [6] 20 oct. 1774.—*Marie-Madeleine*, b [6] 18 nov. 1771; s [6] 3 mai 1773 — *Marie-Charlotte*, b [6] 13 avril 1773; s [6] 1er nov. 1774.—*Jean-Baptiste*, b [6] 6 juin 1774.—*Pierre*, b [6] 29 oct. 1775. — *Gabriel* et *Marie-Charlotte*, b [6] 11 juin 1777. — *Marie-Geneviève*, b [6] 4 janvier et s [6] 10 juillet 1779. — *Marie-Geneviève*, b [6] 19 janvier 1780.—*Jean-François*, b [6] 2 fevrier 1782.

1772, (12 sept.) Boucherville.

IV.—LÉPINE (3), Pierre. [Paul-Charles III.
Charbonneau, Marguerite. [Jean.

1779, (15 fevrier) Québec. [6]

III.—LÉPINE (4), Michel-Clément, [J.-Bte II.
b 1749.
Amelot, Louise, [Jacques-François III.
b 1762.
Marie-Joseph, b... m [6] 15 juin 1801, à Michel Clouet.

LÉPINE, Michel.
Maillet, Therèse.
Michel, b 26 oct. 1780, à Lachenaye.

LÉPINE, Ambroise.
Lami, Marguerite.
Marguerite, b... s 27 sept 1784, à Repentigny.

LÉPINET.—Voy. De l'Espinay.

LEPIRE.—Voy. Henne.

LePOITEVIN.—Voy. Poitevin.

LePOMIER.—Voy. Le Paulmier.

LePORTUGAIS.—Voy. Dasilva.

LePOUPON.—Voy. Choteau.

LEPRAY.—Voy. Petit.

(1) Marié LeSautier.
(2) Elle épouse, le 1er août 1768, Basile Crépeau, à St-Henri-de-Mascouche.
(3) Dit Chevautier.
(4) Dit Lalime.

LEPREUX.—*Surnom :* MONTOIS.

1749, (7 janvier) Montréal.[6]

I.—LEPREUX (1), FÉLIX, b 1717 ; fils de Charles et de Jeanne Albertine, de St-Germain-de-Mons, diocèse de Cambray, en Hainaut.
VIGNAU (2), Angélique, [JEAN-BTE I.
b 1728.
Marie-Louise, b [6] 20 sept. 1749 ; s [6] 10 sept. 1750. — *Marie-Judith,* b 28 avril 1756, à St-Antoine-de-Chambly.

LEPREVOST.—*Surnom :* De BASSERODE.

1760, (29 sept.) Deschambault.

I.—LEPREVOST (3), JEAN-BTE-GUILLAUME, de l'Ile St-André.
QUESSY, Marie-Luce,
Acadienne ; veuve de Jean-Baptiste Cyre.

LEPRIEUR.—Voy. PRIEUR.

LEPRINCE.—*Variation et surnom :* PRINCE — SANSCARTIER.

1712, (5 avril) St-Thomas.

I.—LEPRINCE (4), GUILLAUME, b 1676 ; fils de Guillaume et de Barbe LaDauphine, de Louvigny, diocèse de Lizieux, Normandie ; s 13 sept. 1726, à Québec.[8]
LAFOREST (5), Catherine, [PIERRE II.
b 1690.
Jean-Baptiste, b 1713 ; m 7 oct. 1738, à Marie-Anne BLAIS, à Berthier ; s [8] 21 mai 1754. — *Marie-Angélique,* b 26 mai 1716, au Cap-St-Ignace.

1738, (7 oct.) Berthier.

II.—LEPRINCE, JEAN-BTE, [GUILLAUME I.
b 1713 ; tonnelier ; s 21 mai 1754, à Quebec.[9]
BLAIS (6), Marie-Anne, [ANTOINE II.
b 1716.
Marie-Anne, b [9] 8 sept. 1739 ; s [9] 31 déc. 1740 —*François,* b [9] 6 oct. 1740.—*Marie-Louise,* b [9] 14 avril 1742 ; m 14 fevrier 1762, à Pierre ALEXANDRE, à St-Frs-du-Lac.—*Marie-Anne,* b [9] 1er mai 1745.—*Charles,* b [9] 4 nov. 1746.—*Jean-Baptiste,* b [9] 24 mai 1748.—*Jeanne,* b [9] 12 juillet 1749 ; s [9] 9 sept. 1755.

1760, (7 janvier) Montréal.

I.—LEPROHON (7), JEAN-PHILIPPE, b 1731 ; fils de Philippe et de Catherine Moucheur, de St-François, Hâvre-de-Grâce, diocèse de Rouen, Normandie.
CONTANT, Agathe, [ETIENNE II.
b 1728 ; veuve de Paul Delorme.

(1) Dit Montois ; soldat de la compagnie de Lacorne.

(2) Aussi appelée Vigne.

(3) De Basserode ; chevalier de St. Louis, capitaine au régiment de Languedoc.

(4) Et Prince dit Sanscartier.

(5) Dit Labranche ; elle épouse, le 27 nov. 1727, Julien Perdriel, à Québec.

(6) Bélan au mariage de Marie-Louise ; elle épouse, le 26 nov. 1754, François Delard, à Québec.

(7) Sergent au régiment de Béarn.

LEPROU.—Voy. PROU.

LEPROULT.—Voy. PROU.

LEPROUST.—Voy. PROU.

LEQUIN.—*Surnom :* SANSSOUCIS.

1761, (20 avril) Batiscan.[3]

I.—LEQUIN (1), HONORÉ, fils de Michel et de Marguerite Vincent, de Ducroiflay, diocèse de Noyon, en Picardie.
LÉCUIER, Anne-Charlotte, [NICOLAS II.
b 1737.
Nicolas, b [3] 17 août et s [3] 23 sept. 1761.—*Marie-Charlotte,* b [3] 17 et s [3] 27 août 1761.—*Marie-Charlotte,* b [3] 18 avril 1763 ; s [3] 2 mars 1770.—*Joseph,* b 1765 ; s [3] 4 mars 1770.—*François,* b [3] 7 sept. 1770.—*Louis,* b 1771 ; s [3] 4 sept. 1774.—*Marie-Madeleine,* b [3] 31 août 1772.—*Jean-Baptiste,* b et s 31 mars 1775, à St-Cuthbert.

LEQUIN, JEAN.
DUGRÉ, Madeleine.
Pierre, b 9 août 1764, à Batiscan.

1747, (16 oct.) Québec.

I.—LERAY, PIERRE, fils de Jean et d'Anne Deleaune, de Basilier, diocèse d'Avranches, Normandie.
MORIN, Marie-Louise, [PIERRE III.
b 1722.

LEREAU.—*Variations et surnom :* LAIREAU—LEURAUT—LEUREAU—LEVRAUD—LEVRAULT—LEVREAU—L'HÉRAUX—LHÉREAU—L'HEUREUX—LEVITRE.

1655, (27 nov.) Québec.

I.—LEREAU (2), SIMON,
b 1626.
JAROUSSEL, Suzanne,
b 1641.
Sixte, b 10 oct. 1667, à Ste-Famille, I. O.[4] ; m [4] 15 fevrier 1694, à Reine DEBLOIS ; s [4] 13 août 1717.

1689, (7 février) Québec.[2]

II.—LEREAU (3), PIERRE, [SIMON I.
b 1661 ; s 25 nov. 1711, à Charlesbourg [3]
BADEAU, Marguerite, [JEAN II
b 1673 ; s [3] 22 mai 1711.
Louise, b [2] 31 janvier 1697 ; m 23 nov. 1716, à Joseph LARRIVÉE, à Ste-Famille, I. O.[4]—*Marguerite,* b... 1° m [2] 20 mai 1726, à Etienne LAGNEAU ; 2° m [2] 21 avril 1749, à Jean CHENAUX—*Simon,* b [3] 10 nov. 1703 ; 1° m [4] 13 fevrier 1734, à Catherine DROUIN ; 2° m [2] 23 nov. 1740, à Françoise HALÉ ; 3° m 26 oct. 1762, à Marie-Louise GAUTIER, à St-Nicolas.—*Joseph-François,* b [4] 1er août 1708 ; m 18 janvier 1734, à Marie-Catherine AUGÉ, à Lotbinière.—*Marie-Joseph,* b [3] 22 août 1710 ; s [4] 30 mars 1734.

(1) Dit Sanssoucis ; soldat de la compagnie de Basserode.

(2) Voy. vol. I, p. 385.

(3) Et Levreau, voy. vol. I, p. 385.

1694, (15 février) Ste-Famille, I. O. [8]

II.—LEREAU (1), SIXTE, [SIMON I.
b 1667; s [8] 13 août 1717.
DEBLOIS, Reine, [GRÉGOIRE I.
b 1675; s [8] 14 mars 1742.
Marie, b [8] 8 nov. 1695; 1° m [8] 8 avril 1724, à Yves DEFLEME; 2° m 14 fevrier 1752, à François-Xavier TESSIER, à Ste-Anne-de-la-Perade.—*Simon*, b [8] 13 nov. 1697; 1° m [8] 3 février 1722, à Marguerite LOIGNON; 2° m [8] 12 juin 1747, à Marie-Joseph ASSELIN; 3° m 24 août 1750, à Marie-Angélique AUDET, à St-Laurent, I. O.—*Jean-Baptiste*, b [8] 1er janvier 1700; m [8] 13 février 1730, à Therèse CANAC; s 29 fevrier 1760, à St-François, I. O.—*Joseph*, b [8] 11 avril 1706; m 28 janvier 1732, à Catherine VIEL, à Batiscan [9]; s [9] 5 avril 1761.—*Geneviève*, b [8] 24 sept. 1708; m [8] 23 avril 1736, à Jean-Baptiste DUPONT.—*Pierre*, b [8] 21 déc. 1710.—*Augustin*, b [8] 20 juin 1713; s [8] 11 sept. 1730.—*Joachim*, b [8] 25 juillet et s [8] 17 août 1717.

1694, (21 mai) Charlesbourg. [1]

I.—LEREAU (2), PIERRE-CHARLES.
COURTOIS, Marie-Jeanne-Lse, [BERTRAND I.
b 1675; s 6 août 1748, à Québec. [2]
Marie-Martine, b [1] 11 nov. 1696; m 1er déc. 1723, à Urbain LECOMPTE, à Montréal. [3]—*Antoine*, b [1] 11 mars 1708; m 8 nov. 1735, à Marie GAUTIER, à Terrebonne; s 19 avril 1738, à l'Ile-Dupas.—*Charles-François*, b [1] 29 oct. 1709; m [2] 4 juillet 1740, à Marie-Louise COTÉ.—*Geneviève*, b [1] 13 avril 1711; m [3] 31 août 1744, à Jean-Baptiste CHARLOPIN.—*Jeanne-Louise*, b [1] 16 mai 1713; m [3] 19 oct. 1743, à Léonard CHAMELOT.—*Marie-Madeleine*, b 28 juillet 1716, à Batiscan; m 1735, à Louis BINEAU.

LEREAU (3), PIERRE.
PICARD, Jeanne.
Marie-Jeanne, b 1709; s 22 avril 1772, à l'Hôpital-Genéral, M.

I.—LEREAU (4), JACOB, b 1646; s 17 août 1709, à St-Laurent, I. O.

1712, (24 oct.) Charlesbourg. [4]

III.—LEREAU, PIERRE, [PIERRE II.
b 1689.
DUMONT, Marie, [JEAN I.
b 1693; s [4] 2 nov. 1749.
Marie-Marguerite, b [4] 3 août 1713; m [4] 18 février 1732, à Charles-François DARVEAU.—*Marie-Louise*, b [4] 14 et s [4] 20 janvier 1715.—*Pierre*, b [4] 15 mars 1716; m [4] 19 janvier 1739, à Marie-Françoise FALARDEAU.—*Charles*, b [4] 13 et s [4] 28 sept. 1717.—*François*, b [4] 29 sept. 1718; s [4] 11 mars 1726.—*Marie-Madeleine*, b [4] 17 et s [4] 23 juillet 1720.—*Madeleine*, b... s [4] 25 août 1722.—*Marie-Joseph*, b [4] 12 fevrier 1722; m [4] 5 nov. 1742, à Louis-Joseph ESTIAMBRE.—*Thomas*, b [4] 22 août et s [4] 31 oct. 1723.—*Charles*, b [4] 8 sept. 1724; m 11 janvier 1751, à Marie-Louise FALARDEAU, à Lorette. [5]—*Louis*, b [4] 15 février 1726; m [4] 3 février 1749, à Marie-Joseph AUCLAIR.—*Jean-Charles*, b [4] 30 avril et s [4] 25 mai 1727.—*Marie-Angélique*, b [4] 15 et s [4] 27 oct. 1728.—*Marie-Louise*, b [4] 16 janvier 1730; s [4] 17 avril 1734.—*Joseph*, b [4] 10 déc. 1731; m [5] 7 janvier 1754, à Geneviève FALARDEAU; s [4] 9 juin 1762.—*Marie-Angélique*, b [4] 1er nov. 1733; m [4] 14 juin 1751, à Jean BEDARD.

(1) Et Levreau; voy. vol. I, p. 385.
(2) Et Levraud; voy. vol. I, p. 385—Aussi appelé Levitre, voy. le recensement de Québec, 1744, No. 890.
(3) Et Levreau.
(4) Pour L'Heureux; célibataire.

1722, (3 février) Ste-Famille, I. O. [6]

III.—LEREAU (1), SIMON, [SIXTE II.
b 1697.
1° LOIGNON, Marguerite, [CHARLES II.
b 1701; s [6] 4 juin 1745.
Marie-Joseph, b [6] 23 mars 1723; m [6] 18 nov. 1743, à Basile GAGNON.—*Marie-Marguerite*, b [6] 26 juin 1724.—*Marie-Thérèse*, b [6] 14 oct. 1725; m [6] 3 fevrier 1749, à Joseph JINCHEREAU.—*Marie-Madeleine*, b [6] 2 sept. 1727; s [6] 19 sept. 1733.—*Angélique*, b [6] 21 août 1729; s [6] 15 janvier 1746.—*Joseph*, b [6] 3 août 1732; 1° m 4 nov. 1755, à Louise EMOND, à St-François, I. O. [7]; 2° m [7] 24 août 1767, à Marie-Claire PLANTE.—*Marie-Joseph*, b [6] 2 nov. 1734; m [7] 26 août 1765, à Joseph EMOND.—*Marie-Thècle*, b [6] 4 sept. 1736; m [6] 14 février 1763, à Alexis AUCOIN.—*Simon*, b [6] 25 oct. 1738; s [6] 8 juillet 1766.—*Jean-Baptiste*, b [6] 2 avril 1741.—*Charles-Hyacinthe*, b [6] 10 mai 1743.—*Geneviève*, b [6] 3 juin 1745; s [6] 6 février 1747.

1747, (12 juin). [6]
2° ASSELIN, Marie-Joseph, [NICOLAS II.
b 1710; s [6] 10 mai 1748.

1750, (24 août) St-Laurent, I. O.
3° AUDET, Marie-Angélique, [JEAN-BTE II.
b 1720; s [6] 30 août 1762.
Marie-Angélique, b [6] 9 et s [6] 30 oct. 1751.

1730, (13 février) Ste-Famille, I. O.

III.—LEREAU (2), JEAN-BTE, [SIXTE II.
b 1700; s 29 fevrier 1760, à St-François, I. O. [6]
CANAC, Thérèse, [MARC-ANTOINE I.
b 1689; veuve de Jean-Baptiste Jinchereau; s [6] 7 janvier 1756.

1732, (28 janvier) Batiscan. [4]

III.—LEREAU (2), JOSEPH, [SIXTE II.
s [4] 5 avril 1761.
VIEL, Catherine, [PIERRE I.
b 1693; veuve de Jean Lariou; s [4] 27 nov. 1771.
Marie-Joseph, b [4] 15 mai 1733; m 1760, à Louis ST. ARNAUX; s [4] 4 mai 1776.—*Louis-Joseph*, b [4] 10 mars 1737; m [4] 26 oct. 1761, à Françoise-Brigitte RIVARD.—*Pierre-Joseph*, b [4] 10 mars 1739.

(1) Et Levreau.
(2) Et Levreau—L'Heureux.

1734, (18 janvier) Lotbinière. [8]
III.—LEREAU (1), JOSEPH-FRS, [PIERRE II.
b 1708.
AUGÉ, Marie-Catherine, [LOUIS II.
s [8] 24 juin 1751.
Joseph, b... m [8] 9 janvier 1758, à Angélique TOUSIGNAN.

1734, (13 février) Ste-Famille, I. O.
III.—LEREAU (2), SIMON, [PIERRE II.
b 1703.
1° DROUIN, Catherine, [PIERRE III.
b 1716; s 5 mai 1739, à Québec. [4]
Catherine, b 1735; m [4] 1er juin 1750, à Arnauld CHAUSSART; s [4] 16 mai 1798. — *Louise*, b [4] 16 juin 1736. — *Marie-Joseph*, b [4] 22 mars et s [4] 18 avril 1738.—*Anonyme*, b [4] et s [4] 25 avril 1739.
1740, (23 nov.) [4]
2° HALÉ, Françoise, [JEAN II.
b 1687; veuve de Pierre Tessier; s [4] 2 oct. 1756.
1762, (26 oct.) St-Nicolas.
3° GAUTIER, Marie-Louise, [JACQUES II.
veuve de Pierre Loignon.

1735, (8 nov.) Terrebonne. [7]
II.—LEREAU (3), ANTOINE, [PIERRE-CHS I.
b 1708; s 19 avril 1738, à l'Ile-Dupas. [8]
GAUTIER (4), Marie.
Marie-Joseph, b [7] 15 août 1736.— *Marie-Madeleine*, b [7] 20 avril 1738; m 20 janvier 1755, à Louis MASSON, à Ste-Rose.

1739, (19 janvier) Charlesbourg. [7]
IV.—LEREAU, PIERRE, [PIERRE III.
b 1716.
FALARDEAU, Marie-Françoise, [GUILLAUME I.
b 1715.
Marie-Françoise, b [7] 23 déc. 1739; m [7] 4 février 1760, à Thomas BEDARD; s [7] 28 août 1762. —*Marie-Joseph*, b [7] 15 mars 1741; m [7] 6 février 1763, à Charles SAVARD.—*Pierre*, b [7] 4 juin 1743. —*Marguerite*, b [7] 28 mai 1745. — *Ignace*, b [7] 16 sept. 1746. — *Jean-Charles*, b [7] 1er août 1748. — *Charles-Joseph*, b [7] 10 janvier 1751. — *François*, b [7] 28 janvier 1753.—*Jean*, b [7] 4 juin 1755.

1740, (4 juillet) Québec. [4]
II.—LEREAU (5), CHARLES-FRS, [PIERRE-CHS I.
b 1709; navigateur.
COTÉ, Marie-Louise, [JEAN III.
b 1716; s [4] 24 mai 1792.
Charles-Nicolas, b [4] 13 avril 1741.—*Jean-Baptiste*, b [4] 21 avril 1743.— *Louis*, b [4] 26 mai 1744; 1° m [4] 3 juin 1777, à Marie-Rose MOREAU; 2° m [4] 20 août 1793, à Marie-Louise TRUDEL; s [4] 30 dec. 1798.—*Jean-Marie*, b [4] 22 mars 1747; s [4] 25 nov. 1748. — *Paul*, b [4] 11 mai et s 22 nov. 1749, à Levis.—*Marie-Louise*, b [4] 2 avril 1751; s [4] 3 oct. 1756.—*François*, b [4] 8 avril 1753.

(1) Et Levreau.
(2) Et Levreau—L'Heureux—L'Heraux.
(3) Et Levraud—Levreau.
(4) Elle épouse, le 22 juin 1739, Eustache Alard, à Terrebonne.
(5) Et L'Héraux—Levreau, 1744.

LEREAU, JEAN-BTE.
SAVARY, Marie-Louise.
Joseph, b 27 sept. 1746, aux Ecureuils.

1749, (3 février) Charlesbourg. [9]
IV.—LEREAU, LOUIS, [PIERRE III.
b 1726.
AUCLAIR, Marie-Joseph, [LOUIS II.
b 1730.
Louis, b [9] 8 nov. 1749.—*Marie-Joseph*, b [9] 5 avril 1751; s [9] 23 août 1761.—*Jean-Baptiste*, b [9] 2 fevrier 1755.—*Charles-Joseph*, b [9] 15 janvier 1757. —*François-Augustin*, b... m 8 oct. 1793, à Thérèse LEROUX, à Quebec.

1751, (11 janvier) Lorette
IV.—LEREAU, CHARLES, [PIERRE III.
b 1724.
FALARDEAU (1), Marie-Louise, [JEAN II
b 1730.
Marie-Louise, b 3 août 1752, à Charlesbourg.

1754, (7 janvier) Lorette.
IV.—LEREAU (2), JOSEPH, [PIERRE III.
b 1731; s 9 juin 1762, à Charlesbourg. [2]
FALARDEAU, Geneviève, [JEAN II
b 1734.
Joseph, b [2] 3 et s [2] 29 déc. 1754.—*Charles-Joseph*, b [2] 10 et s [2] 31 janvier 1756.—*Joseph*, b [2] 27 oct. 1759.—*Charles*, b [2] et s [2] 5 sept. 1761.

LEREAU, JEAN-BTE.
BARBEAU, Marie.
Marie, b 12 nov. 1759, à Charlesbourg.

1755, (4 nov.) St-François, I. O [3]
IV.—LEREAU (3), JOSEPH, [SIMON III.
b 1732.
1° EMOND, Louise, [MICHEL III.
b 1729; s 14 février 1767, à Ste-Famille, I. O. [4]
Joseph, b [4] 4 août 1756; m [3] 20 janvier 1779, à Marie-Victoire DEBLOIS.—*Pierre*, b [4] 8 dec. 1757, m [3] 12 fevrier 1781, à Marie-Joseph DOMPIERRE. —*Jean-Baptiste*, b [4] 26 oct. 1760.—*Augustin*, b [4] 14 sept. 1762.—*Simon*, b [4] 25 mars 1764 —*Marie-Louise*, b [4] 2 oct. 1765.—*Pierre*, b [4] 12 fevrier 1767.
1767, (24 août). [3]
2° PLANTE, Marie-Claire, [PIERRE III.
b 1738.
Jacques, b [4] 2 oct. 1768.

1758, (9 janvier) Lotbinière [6]
IV.—LEREAU (4), JOSEPH. [JOSEPH-FRANÇOIS III.
TOUSIGNAN, Marie-Angélique. [J.-BTE-NOEL II
Marie-Charlotte, b [6] 19 nov. 1764.—*Pierre*, b [6] 29 juin 1766 —*Joseph-Marie*, b [6] 4 avril 1768.

(1) Elle épouse, le 10 janvier 1763, Joseph Savard, à Charlesbourg.
(2) Assassiné par des voleurs.
(3) Et Levreau—L'Heureux.
(4) Et L'Heureux—Leureau.

LEREAU (1), ANTOINE, menuisier.
BAUDET, Marie-Louise.
Antoine, b 12 nov. 1761, à Québec.[7] — *Marie-Louise*, b[7] 15 mars et s[7] 4 juillet 1763.—*Marguerite*, b[7] 9 avril et s[7] 30 juillet 1764.

1761, (26 oct.) Batiscan.[8]
IV.—LEREAU (2), LOUIS-JOSEPH, [JOSEPH III. b 1737.
RIVARD, Françoise-Brigitte, [PIERRE III. b 1742.
Marie-Joseph, b 5 août 1762, à Ste-Anne-de-la-Pérade[9]; m[8] 9 janvier 1789, à François MARCHILDON.—*Louis-Michel*, b[8] 31 mars 1764.—*Brigitte*, b... m[8] 16 janvier 1786, à Joseph GUILLET. —*Marguerite*, b[9] 28 janvier 1771; s[8] 30 janvier 1776. — *Monique*, b 1777; s[8] 29 sept. 1792. — *Marie-Pélagie*, b[8] 23 avril 1782.—*Joseph*, b[8] 29 juin 1784.

1777, (3 juin) Québec.[2]
III.—LEREAU (3), LOUIS, [CHS-FRANÇOIS II. b 1744; s[2] 30 dec. 1798.
1° MOREAU, Marie-Rose, [MICHEL III. b 1745; s[2] 1er janvier 1793.
1793, (20 août).[2]
2° TRUDEL, Marie-Louise, [CHARLES III. b 1751.

1779, (20 janvier) St-François, I. O.
V.—LEREAU (2), JOSEPH, [JOSEPH IV. b 1756.
DEBLOIS, Marie-Victoire, [LOUIS-LAURENT IV. b 1759.

1781, (12 février) St-François, I. O.
V.—LEREAU (2), PIERRE, [JOSEPH IV. b 1757.
DOMPIERRE, Marie-Joseph, [JOSEPH IV. b 1761.

1793, (8 oct.) Québec.
V.—LEREAU, FRS-AUGUSTIN. [LOUIS IV.
LEROUX, Therèse. [PIERRE IV.

LEREAU (2), JOSEPH.
FRIGON, Marie-Charlotte.
Joseph (posthume), b 23 mars 1795, à St-Cuthbert.

I.—LERÉTIF, MATHURIN, b 1739, matelot; de Pleuvenon, diocèse de St-Brieux, Bretagne; s 18 août 1757, à Lévis.

LERICHE.—*Surnom:* LASONDE.

(1) Et L'Heraux—L'Heureux.
(2) Et L'Heureux.
(3) Et Levreau.

1701, (25 août) Montréal.[2]
I.—LERICHE (1), JEAN-BTE, b 1668, chirurgien; fils de François (pharmacien d'Aix, en Provence) et d'Anne Nousiade, de Ste-Marie-Madeleine, ville et diocèse d'Aix, en Provence; s[2] 4 nov. 1716.
DESMARETS (2), Jeanne-Elisabeth, [ROBERT I. b 1683.
Pierre, b[2] 27 mars et s[2] 17 avril 1702.—*Jean-Baptiste*, b 6 mai 1704, à Repentigny.[3]—*Jeanne-Elisabeth*, b[3] 20 fevrier 1706; m à Rene-Joseph SENÉCAL.—*Marie-Catherine*, b[3] 30 janvier 1708. —*François*, b 1710; m 18 avril 1730, à Catherine SENÉCAL, à Boucherville. — *Joseph*, b[4] 9 nov. 1711: m 8 mars 1734, à Françoise RICARD, à L'Assomption.—*Marie-Thérèse*, b[4] 2 fevrier 1713. — *Paschal*, b[3] 24 avril 1715. — *Ignace*, b[3] 26 juin 1716.

1730, (18 avril) Boucherville.[3]
II.—LERICHE (3), FRANÇOIS, [JEAN-BTE I. b 1710.
SENÉCAL, Catherine, [HENRI II. b 1707.
Thérèse, b... m[3] 25 nov. 1754, à Joseph DUBOIS.—*François*, b... m[3] 10 fevrier 1755, à Angelique MEUNIER. — *Catherine*, b... m[3] 19 nov. 1759, à Jean-Baptiste ROUGEAU. — *Etienne*, b... 1° m à Marie-Anne NORMANDIN; 2° m[3] 29 janvier 1766, à Marie-Joseph VALET. — *Marguerite*, b... m[3] 3 oct. 1763, à Joseph DUBOIS.—*Monique*, b... m[3] 12 fevrier 1770, à Louis LHUISSIER.—*Paschal*, b... m[3] 4 février 1771, à Geneviève VALET.—*Louis*, b... m[3] 22 juillet 1771, à Felicite JOACHIM.

1734, (8 mars) L'Assomption.
II.—LERICHE (3), JOSEPH, [JEAN-BTE I. b 1711.
RICARD, Françoise, [JEAN II. b 1709.

1755, (10 février) Boucherville.
III.—LERICHE, FRANÇOIS. [FRANÇOIS II.
MEUNIER, Angelique. [JACQUES II.

III.—LERICHE, ETIENNE. [FRANÇOIS II.
1° NORMANDIN, Marie-Anne.
1766, (20 janvier) Boucherville.
2° VALET, Marie-Joseph. [JEAN-BTE I.

1771, (4 fevrier) Boucherville.
III.—LERICHE, PASCHAL. [FRANÇOIS II.
VALET, Geneviève. [JEAN-BTE I.

1771, (22 juillet) Boucherville.
III.—LERICHE, LOUIS. [FRANÇOIS II.
JOACHIM, Felicite. [GILLES III.

LERIGÉ.—Voy. LERIGER.

(1) Dit Lasonde; sergent de M. DesBergeres. — Il était, en 1698, à Montreal.
(2) Et Adhemar—Demers; elle épouse, plus tard, Jean Laporte.
(3) Dit Lasonde.

LERIGER.— *Variation et surnoms :* LERIGÉ — DE LA PLANTE—LAPLANTE.

1700, (8 sept.) Laprairie. [4]

I.—LERIGER (1), CLÉMENT, [PIERRE I.
b 1662; s [4] 7 déc. 1742.
ROY, Marie-Marguerite,
b 1681.

Louis, b [4] 30 août 1701; m [4] 7 janvier 1745, à Suzanne HUBERT-LACROIX; s [4] 29 juillet 1762.—*Marie-Catherine*, b [4] 25 nov. 1702; m [4] 28 sept. 1721, à René BOURASSA.— *Gilbert*, b 1703; s [4] 30 mai 1736. — *Pierre*, b... m [4] 15 juillet 1728, à Louise HUBERT. — *René-Clément*, b [4] 25 sept. et s [4] 21 déc. 1709.—*Marie-Charlotte*, b [4] 18 janvier 1711; m [4] 13 mai 1731, à Charles DESJORDIS. — *Paul*, b 1713; 1° m [4] 17 nov. 1733, à Barbe DUPUY; 2° m 1757, à Agathe ST. YVES; s 18 juin 1763, à St-Philippe. — *Jean-Baptiste*, b [4] 28 mai 1717; m [4] 14 nov. 1740, à Marie-Catherine ROUGIER. — *Antoine*, b [4] 18 août 1719. — *René*, b [4] 8 mars 1720. —*Joseph-Marie*, b [4] 18 mars 1723; m 14 fevrier 1752, à Marie-Joseph LEMIRE, à Montréal.

II.—LERIGER, GILBERT, [CLÉMENT I.
b 1703; s 30 mai 1736, à Laprairie.

1728, (15 juillet) Laprairie. [9]

II.—LERIGER, PIERRE. [CLÉMENT I.
HUBERT-LACROIX, Louise, [JACQUES II.
b 1702.

Marie-Louise, b [9] 4 sept. 1729; m 1753, à Eustache-Laurent DEMERS.—*Marie-Angélique*, b [9] 14 janvier 1731; s [9] 22 fevrier 1740.—*Marie-Elisabeth*, b [9] 19 et s [9] 31 juillet 1732.—*René*, b [9] 19 juin 1733.—*Marie-Anne*, b [9] 26 juillet et s [9] 7 août 1735.—*Françoise-Catherine*, b [9] 17 nov. 1736; m [9] 14 avril 1755, à Jean-Baptiste PAYAN.—*Marie-Antoinette*, b [9] 14 juin 1738.—*Pierre-Louis*, b [9] 4 mars 1741.—*Joseph* et *Nicolas*, b [9] 6 avril 1743.

1733, (17 nov.) Laprairie. [2]

II.—LERIGER (2), PAUL, [CLÉMENT I.
b 1713; s 18 juin 1763, à St-Philippe. [3]
1° DUPUY (3), Barbe, [MOISE II.
b 1715.

Charles-Clément, b [2] 13 mars 1734; 1° m [3] 6 oct. 1760, à Véronique ST. YVES; 2° m à Marie-Joseph MADRAN; s 26 août 1817, à St-Constant. [4] —*Jacques*, b [2] 4 mai 1735.—*Marie-Catherine*, b [2] 21 fevrier 1737; m [4] 13 janvier 1755, à François BRÉAU.—*Rosalie*, b [2] 17 juillet 1738.—*Marie-Catherine*, b [2] 14 mars 1740.—*Hilaire-Basile*, b [2] 23 fevrier 1742.—*François*, b [2] 27 mars 1743; m [4] 6 février 1769, à Gertrude LEMIEUX.

(1) De la Plante; enseigne et lieutenant—officier d'un détachement de la marine.

(2) Sieur de la Plante.

(3) Voy. Dupuis.

1757.
2° ST. YVES (1), Agathe, [JOSEPH II.
b 1729.

François-Michel, b [3] 2 nov. 1758. — *Jean-Baptiste*, b [4] 1er janvier et s [4] 24 déc. 1761.—*Jacques*, b [3] 25 nov. 1762; s [3] 12 juillet 1763.

1740, (14 nov.) Laprairie. [6]

II.—LERIGER, JEAN-BTE, [CLÉMENT I.
b 1717.
ROUGIER, Marie-Catherine, [ANTOINE I.
b 1715.

Jean-Louis, b [6] 26 nov. 1741; m à Marie BARRAULT.—*Félix*, b [6] 18 déc. 1743.

1745, (7 janvier) Laprairie. [7]

II.—LERIGER (2), LOUIS, [CLÉMENT I.
b 1701; s [7] 29 juillet 1762.
HUBERT-LACROIX, Suzanne, [JACQUES III.
b 1724.

Nicolas, b [7] 14 mars 1748; m [7] 7 nov. 1774, à Marie-Louise GUÉRIN; s [7] 15 déc. 1800.

1752, (14 février) Montréal.

II.—LERIGER (3), JOSEPH-MARIE, [CLÉMENT I
b 1723.
LEMIRE, Marie-Joseph, [JEAN II
b 1722; veuve de Paul Leduc.

1760, (6 oct.) St-Philippe. [1]

III.—LERIGER (4), CHS-CLÉMENT, [PAUL II
b 1734; s 26 août 1817, à St-Constant. [2]
1° ST. YVES, Veronique, [JOSEPH II
b 1742.

Véronique, b [2] 11 mars et s [1] 17 avril 1762.—*Alexis*, b [1] 29 août 1770.

2° MADRAN, Marie-Joseph.

1769, (6 février) St-Constant.

III.—LERIGER, FRANÇOIS, [PAUL II.
b 1743.
LEMIEUX, Marie-Gertrude, [PIERRE-GABRIEL III.
b 1732.

III.—LERIGER (5), JEAN-LOUIS, [JEAN-BTE II.
b 1741.
BARRAULT, Marie.

François, b... m 28 mai 1797, à Marie-Louise MALET, à St-Louis, Mo.

1774, (7 nov.) Laprairie. [3]

III.—LERIGER (6), NICOLAS, [LOUIS II.
b 1748; s [3] 15 déc. 1800.
GUÉRIN, Marie-Louise. [LOUIS III.

François, b [3] 20 fevrier 1780; m [3] 14 avril 1806, à Marie-Hyacinthe DUPUY; s [3] 15 août 1834 (du

(1) Elle épouse, le 1er oct. 1764, Pierre Lemieux, à St-Philippe.

(2) Et Lerigé sieur de la Plante; enseigne d'infanterie.

(3) Et Lerigé.

(4) Sieur de la Plante.

(5) Et Lerigé dit Laplante.

(6) Et Lerigé; chevalier.

(choléra).—*Louis*, b [8] 23 janvier 1801 ; m [8] 26 février 1827, à Adélaïde GUÉRIN ; s 1854, à St-Louis-de-Gonzague.

1797, (28 mai) St-Louis, Mo.

IV.—LERIGER (1), FRANÇOIS. [JEAN-LOUIS III.
MALET, Marie-Louise. [LOUIS.

1806, (14 avril) Laprairie. [4]

IV.—LERIGER (2), FRANÇOIS, [NICOLAS III.
b 1780 ; laboureur ; s [4] 15 août 1834 (du choléra).
DUPUY, Marie-Hyacinthe. [LOUIS.

1827, (26 février) Laprairie.

IV.—LERIGER, LOUIS, [NICOLAS III.
b 1801 ; s 1854, à St-Louis-de-Gonzague.
GUÉRIN, Adelaïde.

LERIN.—Voy. SEVIN-LAFONTAINE.

I.—L'ÉROUINE, PAUL.
VINCENT, Marie.
Pierre, b 1737 ; s 13 février 1758, à St-Charles.

LEROUX.—*Variations et surnoms* : LEHOUX — ROUL— BORDEAU— BOURDEAU — CARDINAL— DUPLESSIS—LACHAUSSÉE—LADÉROUTE— LAUNOIS—L'ENSEIGNE—PROVENÇAL— ROBREAU— ROUSSON.

1668, (25 oct.) Québec. [1]

I.—LEROUX (3), FRANÇOIS,
b 1637.
RENAUD, Marie,
b 1639 ; s 1er mars 1709, à Charlesbourg. [2]
Ignace, b [1] 1er nov. 1671 ; m [2] 18 mai 1692, à Anne BOURÉ ; s [2] 2 juillet 1737.

I.—LEROUX (4), GILBERT,
b 1641.
GRESLON-LAFONTAINE, Ursule, [JACQUES I.
b 1660 ; s 14 avril 1734, à Ste-Anne-de-la-Pérade. [8]
Marie-Louise, b [8] 2 mars 1694 ; 1° m 13 sept. 1718, à Jacques BERCIER, à Batiscan ; 2° m [8] 26 janvier 1739, à Antoine GENDRA ; s [8] 5 oct. 1767. —*Joseph*, b [8] 1er avril 1697 ; m 1730, à Catherine CHAILLÉ.—*Marie-Catherine*, b... m 21 février 1735, à Jean-François COUTANCINEAU, à St-Frs-du-Lac.

I.—LEROUX, GUILLAUME, b 1689 ; de Carolle, diocèse d'Avranches, Normandie ; s 24 février 1764, à Québec.

1692, (18 mai) Charlesbourg. [9]

II.—LEROUX (3), IGNACE, [FRANÇOIS I.
b 1671 ; s [9] 2 juillet 1737.
BOURÉ, Marie-Anne, [GILLES I.
b 1674, s [9] 13 août 1735.
Ignace, b [9] 12 mai 1697 ; m [9] 19 oct. 1722, à Hélène CHALIFOUR ; s 12 mai 1760, à St-Vincent-de-Paul. — *Jean*, b... m à Angélique PLANTE.— *Germain*, b [9] 16 février 1702 ; 1° m 28 février 1724, à Marie-Anne PEPIN, à Montréal ; 2° m à Suzanne DESROCHES ; 3° m 10 sept. 1753, à Marie-Louise MANDEVILLE, à Sorel. — *François*, b [9] 19 juillet 1704 ; m 27 nov. 1725, à Marie-Louise FOURNIER, à Québec. [8] — *René*, b [8] 19 sept. 1708 ; m [8] 12 sept. 1731, à Marie DUBAUT.—*Charles*, b [9] 8 mars 1716 ; m [8] 26 août 1744, à Marie-Joseph BLAIS.—*Etienne*, b [9] 30 nov. 1717 ; m [9] 13 février 1747, à Marie-Angélique PARANT ; s [9] 3 mars 1760. —*Louise-Agnès*, b [9] 2 juin 1720 ; m [9] 16 janvier 1741, à Jean-François MEIGNIER.— *Hélène*, b [9] 1er déc. 1725.

1702, (13 février) Montréal.

II.—LEROUX (1), JEAN, [HUBERT I.
b 1678 ; s 2 juillet 1759, à Lachine. [2]
CHAUSSÉ (2), Louise, [PIERRE I.
b 1682.
Jean, b [2] 19 nov. 1702 ; s [2] 17 mars 1703.— *Louise*, b [2] 19 avril 1704 ; s [2] 3 juillet 1718. — *Jean-Baptiste*, b [2] 19 août 1705 ; m 8 oct. 1731, à Marie-Angelique-Elisabeth LIDERSON, à St-Laurent, M. ; s 29 mars 1750, au Bout-de-l'Ile, M.— *Louis*, b [2] 5 juin 1707 ; m 17 février 1738, à Marie-Anne PRIEUR, à la Pointe-Claire. [3]—*Joseph*, b [2] 28 avril 1709.—*Marie-Madeleine*, b [2] 26 février 1711. —*Geneviève*, b 1712 ; m 1736, à Jacques DENOYON. —*Hubert*, b [2] 16 déc. 1717 ; 1° m 8 janvier 1742, à Marie-Anne QUENNEVILLE, au Sault-au-Récollet ; 2° m 17 août 1767, à Marie-Joseph FORTIER, à Soulanges. — *Vital*, b [2] 21 fevrier 1720.— *Marie*, b... m à Jacques LEGROS.— *François-Marie*, b... 1° m [3] 19 janvier 1742, à Marie-Anne MAGUIET ; 2° m 1747, à Véronique TROTIER.

1704, (3 février) Montréal. [3]

I.—LEROUX (3), LOUIS, b 1664, fils de Louis et de Marie Féron, de Coue, diocèse de Rouen, Normandie ; s [3] 27 sept. 1747.
BOIVIN, Catherine-Madeleine, [JACQUES I.
b 1671 ; veuve de Jean Laurin ; s [3] 21 mai 1735.
Marie-Françoise, b 1708 ; m [3] 22 sept. 1738, à Charles DÉZÉRY.—*Catherine*, b... m 14 août 1768, à Michel GAUTRON, à Sorel.

III.—LEROUX (4), JEAN-LOUIS, [IGNACE II.
s 15 nov. 1759, à St-Charles. [9]
PLANTE, Angelique, [JEAN II.
b 1689 ; s [9] 15 nov. 1759.
Marie-Angélique, b... m 31 janvier 1736, à Nicolas LACROIX, à St-Michel. [2] — *Louis*, b 1719 ; m 14 janvier 1743, à Françoise BILODEAU, à Berthier ; s [9] 15 fevrier 1760. — *Catherine*, b 28 nov. 1720, à St-Jean I. O. [4] ; m [2] 1er août 1738, à Thomas GUENET. — *Marie-Joseph*, b 1721 ; m 22 avril 1748, à Joseph JEAN-TOURANGEAU, à Qué-

(1) Et Lerigé dit Laplante.
(2) De la Plante.
(3) Dit Cardinal ; voy. vol. I, p. 386.
(4) Dit L'Enseigne ; voy. vol. I, p. 386.

(1) Dit Cardinal—Rousson.
(2) Appelée Lauzet, 1742.
(3) Dit Lachaussée ; sergent de la compagnie de M. de Longueuil.
(4) Dit Cardinal.

bec [6]; s [6] 27 février 1791.—*Georges*, b [4] 8 février 1724; s 2 dec. 1742, à L'Ange-Gardien. — *Madeleine*, b [4] 7 oct. 1725; m [2] 25 février 1743, à Jacques Béchard.—*Marie-Geneviève*, b... m [2] 30 juin 1749, à Jean Lepage. — *Marie-Anne*, b... m [2] 25 août 1749, à Joseph Gontier. — *Jean*, b 1729; m à Marie Raté; s [6] 6 sept. 1787.—*Joseph*, b... m [6] 12 sept. 1752, à Marie-Anne-Victoire Georget.

1722, (19 oct.) Charlesbourg. [8]

III.—LEROUX, Ignace, [Ignace II.
b 1697; s 12 mai 1760, à St-Vincent-de-Paul [7]

Chalifour Helène, [Pierre II.
b 1693; s 24 nov. 1749, à Lorette. [5]

Ignace, b [8] 12 juillet 1723; m [5] 28 sept. 1749, à Marie-Catherine Bergevin. — *Pierre*, b [8] 20 août 1724; m [8] 22 nov. 1751, à Marie-Anne-Geneviève Bergevin; s 6 mai 1796, à Québec. — *Marie-Thérèse*, b [8] 14 sept. 1727; m [8] 20 nov. 1747, à Jean-Baptiste Bedard. — *Jean-Baptiste*, b [8] 20 et s [8] 23 juillet 1729.—*Jean-Marie*, b [8] 15 juin 1731; 1° m [8] 5 nov. 1753, à Angelique ....; 2° m [8] 27 nov. 1758, à Marguerite-Elisabeth Pageot.—*Hélène*, b... m [8] 19 oct. 1750, à Joseph Hilarest.

1724, (28 fevrier) Montréal.

III.—LEROUX (1), Germain, [Ignace II.
b 1702.

1° Pepin, Marie-Anne, [Jean II.
b 1698; s 6 nov. 1737, à Sorel. [2]

Michel, b [2] 18 janvier et s [2] 8 fevrier 1725 — *Marie-Joseph*, b [2] 30 juin et s 31 août 1726, à Charlesbourg. — *Ambroise*, b [2] 2 sept. 1727. — *Marie-Anne*, b [2] 9 mai 1730.— *Marie-Brigitte*, b [2] 3 mars et s [2] 18 avril 1732. — *Marie-Joseph*, b [2] 1er avril 1733; m [2] 22 nov. 1751, à Louis Delpeau.—*Marie-Brigitte*, b [2] 9 mars 1735; m [2] 10 sept. 1753, à François Mandeville; s [2] 16 sept. 1754.—*François-Germain*, b [2] 24 oct. et s [2] 6 nov. 1737. — *Anonyme*, b [2] et s [2] 24 oct. 1737.

2° Desroches, Suzanne, [Jean II.
s [2] 16 juillet 1748.

1753, (10 sept.) [2]

3° Mandeville, Marie-Louise, [Pierre II.
veuve de Jean Carré.

Germain, b [2] 10 août 1754. — *Antoine*, b [2] 14 déc. 1755; s [2] 22 août 1756.

1725, (27 nov.) Québec. [5]

III.—LEROUX, François, [Ignace II.
b 1704.

Fournier (2), Louise, [Michel II.
b 1706.

Jean-François, b 22 août 1727, à Charlesbourg [3]; s [3] 30 nov. 1749.—*Marie-Louise*, b [3] 25 oct. 1729; m [3] 16 août 1747, à Jean-Charles Renault; s [6] 28 déc. 1783. — *Marie-Marguerite*, b [3] 8 août 1731; s [3] 19 août 1738.—*Marie-Anne*, b [3] 29 août 1733, m [3] 5 oct. 1750, à Joseph Renault.— *Marie-Agathe*, b [3] 18 mai 1736; m [6] 17 sept 1753, à Etienne Jolin-Jallain.—*Jean-Baptiste*, b [3] 3 mars 1739; m [3] 6 février 1760, à Catherine Delage.— *Mari[e-] Madeleine*, b [3] 22 fevrier 1741; m [6] 10 avril 175[.] à François Billemer.

1725.

LEROUX, Jean.

Galarneau, Marie-Jeanne, [Charles II
b 1695.

Marguerite, b... 1° m 19 février 1748, à Fran[-]çois Renaud, à Varennes [1]; 2° m [1] 12 janvier 1756 à Joseph Bérard.—*Suzanne*, b 1730; m 30 juin 1750, à Nicolas Dumay, à Ste-Geneviève, M.

1728, (3 février) Charlesbourg. [2]

III.—LEROUX (1), Louis-Charles. [Ignace II
Fournier, Marie-Anne, [Michel II
b 1709.

Louis-Thomas, b [2] 11 février 1729; m [2] 10 août 1750, à Marie-Joseph Sauvageau.—*Marie-Anne*, b [2] 30 oct. 1730; s [2] 13 juin 1731.—*Jean-Marie*, b [2] 21 mars 1732; 1° m 14 avril 1755, à Marie-Joseph Goazin, à Beauport [3]; 2° m 19 fevrier 1760, à Dorothée Gagnon, à Ste-Anne. [4] — *Jean-Louis*, b [2] 22 juillet 1734; m [3] 24 nov. 1766, à Thérèse Bélanger. — *Marie-Anne*, b [2] 24 juin 1736; m [2] 14 fevrier 1763, à Etienne Hisoir, s [2][.] mai 1766.—*Guillaume*, b [2] 6 avril 1740.—*Pierre-Charles*, b [2] 23 janvier 1742; m [4] 2 mars 1767, à Marie-Angélique Boivin.—*Jean-Baptiste*, b [1] 13 mars 1745.—*Jean-François*, b [2] 22 juillet 1747— *Marie-Geneviève*, b [2] 5 nov. 1749.

IV.—LEROUX, Georges, [Jean III
b 1724; s 2 déc. 1742, à L'Ange-Gardien.

1730.

II.—LEROUX (2), Joseph, [Gilbert I
b 1697.

Chaillé (3), Catherine,
s 28 sept. 1750, aux Trois-Rivières. [6]

Louis, b 28 mars 1731, à Ste-Anne-de-la-Pérade.—*Véronique*, b [6] 16 avril 1736.—*Louise*, b [6] 29 juin 1738.—*Marie*, b... m [6] 19 nov. 1764, à ...... François.—*Pierre*, b [6] 15 juillet 1740; m 3 nov. 1772, à Agathe Salouer, à St-Michel-d'Yamaska.—*Jean-Baptiste*, b [6] 22 mars 1743.—*Louis-Joseph*, b [6] 11 août 1746.

1731, (12 sept.) Québec. [7]

III.—LEROUX (1), René, [Ignace II
b 1708.

Dubaut (4), Marie, [Jacques II
b 1708.

Jean-René-Nicolas, b [7] 27 oct. 1732; s [7] 13 juin 1733.—*Louis-Guillaume*, b [7] 20 mai 1734; 1° m 8 janvier 1759, à Marie-Amable Roy, à Chambly; 2° m 18 août 1760, à Marie-Anne Charpentier, à la Pointe-du-Lac.—*Marie-Catherine*, b 16 juillet 1736, à Sorel.—*Marie-Agathe*, b 11 juin 1738, à l'Ile-Dupas.—*Marie*, b 1740; m 19 sept. 1768, à Maurice Janvier, à Yamachiche.

---

(1) Dit Provençal.

(2) Elle épouse, le 20 mai 1754, Pierre-Joseph Bouvet, à Québec.

(1) Dit Cardinal.

(2) Et Lehoux—Roul dit L'Enseigne.

(3) Et Cayer—Chagué.

(4) Elle épouse, le 6 juillet 1744, Marc-Antoine Hus, aux Trois-Rivières.

1731, (8 oct.) St-Laurent, M.

II.—LEROUX (1), JEAN-BTE, [JEAN II.
b 1705; s 29 mars 1750, au Bout-de-l'Ile, M.[1]
LIBERSON (2), Marie-Angél.-Elis., [LÉONARD I.
b 1711.
Jean-Baptiste, b [1] 5 oct. 1735.—*Isabelle*, b... m 12 fevrier 1759, à François-Amable MARTIN, à Soulanges.[2]—*Charles*, b... m [2] 15 fevrier 1762, à Marie-Joseph-Amable BRAY. — *Joseph*, b... m [1] .. fevrier 1766, à Geneviève VALADE. — *Marie-Marguerite*, b [1] 6 janvier 1746. — *Pierre*, b [1] 9 mars 1748.

1738, (17 fevrier) Pointe-Claire.

III.—LEROUX, LOUIS, [JEAN II.
b 1707.
PRIEUR, Marie-Anne. [PIERRE I.

LEROUX, LOUIS.
TIBAUT, Madeleine.
Marie-Charlotte, b 1738; m 7 mai 1759, à Jacques CHEVAL, au Sault-au-Recollet.

1742, (8 janvier) Sault-au-Recollet.

III.—LEROUX, HUBERT, [JEAN II.
b 1717.
1° QUENNEVILLE, Marie-Anne, [JEAN-BTE II.
b 1728, s 26 oct. 1764, à Lachine.[9]
Marie-Anne, b... m [9] 12 mai 1766, à Pierre DEBEAU.—*Marie-Joseph*, b 1749; s [9] 30 juin 1752.—*Pierre-Hubert*, b [9] 10 nov. 1750.—*Antoine*, b [9] 21 janvier et s [9] 15 août 1752.—*Pierre-Antoine*, b [9] 15 et s [9] 17 mars 1753.—*Paschal*, b [9] 13 mai et s [9] 23 juillet 1754.—*Amable*, b [9] 8 juin 1755.—*Antoine*, b [9] 21 avril 1757 —*Jean-Baptiste*, b [9] 23 dec. 1758.—*Joseph*, b [9] 20 dec. 1759.—*Marie-Joseph*, b [9] 27 janvier et s [9] 1er fevrier 1761.

1767, (17 août) Soulanges.

2° FORTIER, Marie-Joseph, [LOUIS II.
b 1719; veuve de Jacques Milot.

1742, (19 janvier) Pointe-Claire.

III.—LEROUX, FRANÇOIS-MARIE. [JEAN II.
1° MAGUIET (3), Marie-Anne. [SÉBASTIEN I.

1747.

2° TROTIER, Véronique.
François, b 21 mars 1748, à Ste-Geneviève, M.[1]; m 12 fevrier 1770, à Madeleine VIAU, à St-Laurent, M.—*Joseph-Marie*, b [1] 28 mars et s [1] 14 août 1751.—*Marie*, b [1] et s [1] 30 sept. 1752.—*Angélique*, b [1] 2 août 1755; s [1] 18 août 1756. — *Henri*, b [1] 15 juillet 1758.

1743, (14 janvier) Berthier.[6]

IV.—LEROUX, LOUIS, [JEAN III.
b 1719; s 15 fevrier 1760, à St-Charles [7]
BILODEAU (4), Marie-Françoise, [ANTOINE III.
b 1720.
Louis-Joseph-Marie, b [6] 15 oct. 1743.—*François*, b 24 juin 1745, à Beaumont [8]; s [8] 14 juin 1747.—*Charles-Joseph*, b [8] 24 avril et s [8] 9 nov. 1747.—*Marie-Françoise*, b [8] 22 août 1748. — *Joseph*, b 1750; s [8] 3 août 1767. — *Jacques*, b [7] 22 fevrier 1751.—*Marie*, b [7] 15 avril 1753.—*Marie-Euphrosine*, b [7] 13 janvier 1756.

1743.

I.—LEROUX, PIERRE-LOUIS, b 1714, traiteur et cuisinier; fils de Nicolas et de Françoise Bourgeois, de Dyville-sur-Seine, diocèse de Rouen, Normandie.
1° BIGNON, Catherine-Claude, [NICOLAS I.
b 1718; veuve de Claude Paquet; s 11 oct. 1748, à Quebec.[8]
Jeanne-Angélique, b [8] 13 mai 1744.—*Catherine-Louise*, b [8] 11 sept. 1748.

1750, (4 août).[8]

2° CHRÉTIEN, Jeanne-Charlotte, [FRANÇOIS II.
b 1726.
Louis-Christophe, b [8] 23 sept. 1751; m 27 oct. 1783, à Françoise GROU, à St-Laurent, M.—*Charlotte*, b [8] 23 sept. 1751. — *François*, b 12 dec. 1753, à St-Frs-du-Lac.[9] — *Joseph*, b [9] 11 avril 1755.—*Pierre*, b [9] 8 juin 1757; s [9] 24 oct. 1759. —*Rose-Geneviève*, b [9] 29 août 1759.— *Hélène*, b [9] 13 sept. 1761.

1744, (26 août) Québec.[1]

III.—LEROUX (1), CHARLES, [IGNACE II.
b 1716; charretier.
BLAIS, Marie-Joseph, [ANTOINE II.
b 1722.
Marie-Joseph, b [1] 6 sept. 1745; s [1] 11 avril 1748. — *Charles-François*, b [1] 24 fevrier 1747.—*Marie-Marguerite*, b [1] 30 oct. 1748; s [1] 13 août 1749. — *Jacques-Fabien*, b [1] 5 et s [1] 24 août 1750. —*Joseph*, b [1] 7 sept. 1751.— *Marie-Joseph*, b [1] 14 janvier 1753. — *Louis*, b [1] 10 juillet et s [1] 5 oct. 1754. — *Marie-Madeleine*, b [1] 10 et s [1] 26 juillet 1754. — *Marie-Françoise*, b [1] 5 déc. 1756; s [1] 29 août 1757. — *Marie-Charlotte*, b [1] 31 oct. 1758.—*François*, b 1er sept. 1760, à Charlesbourg.—*Louis*, b [1] 15 juillet 1762.—*Marie-Marguerite*, b [1] 15 nov. 1763.

1745, (16 janvier) Trois-Rivières.

I.—LEROUX (2), JEAN, fils d'Andre et de Françoise Imbert, de N.-D. de St-Martin, diocèse de Marseille, Provence.
TRULLIER-LACOMBE, Lse-Charlotte, [JEAN-BTE I.
b 1721.
Catherine-Françoise, b 8 mai 1746, à Sorel[5]; m [5] 14 mai 1765, à Etienne DUCHENOIS. — *Marie-Joseph*, b [5] 18 oct. 1747; m [5] 4 juin 1764, à Jean MORING. — *André*, b [5] 3 fevrier 1749; s [5] 11 janvier 1750. — *Marie-Charlotte*, b [5] 8 juin 1750.—*Marie-Anne*, b [5] 8 avril et s [5] 30 mai 1753 —*Marie-Ursule*, b [5] 5 mai 1754 —*Marie*, b [5] 25 dec. 1755. —*André*, b [5] 9 sept. 1757.—*Thérèse-Hypolite*, b [5] 15 oct. 1759.

(1) Dit Rousson.
(2) Dit Laviolette; aussi appelée Picard, elle épouse, le 11 juillet 1757, Jacques Boyer, à Soulanges.
(3) Voy. Major dit Lacroix.
(4) Et Beland.

(1) Dit Cardinal.
(2) Dit Provençal.

1747, (13 février) Charlesbourg. [5]
III.—LEROUX, Etienne, [Ignace II.
b 1717; s[5] 3 mars 1760.
Parant, Marie-Angelique, [Antoine III.
b 1729; s[5] 8 mars 1760
Anonyme, b[5] et s[5] 19 août 1749.—*Marie-Angélique*, b[5] 6 février 1753. — *Etienne*, b[5] 9 février 1755.—*Jean-Etienne*, b[5] 26 dec. 1756; m 27 sept. 1779, à Marie-Charlotte Bonhomme, à Ste-Foye. —*Jean-Charles*, b[5] 10 avril et s[5] 30 nov. 1759.

1748, (16 sept.) Québec. [1]
I.—LEROUX (1), Germain, soldat; fils de Germain et de Madeleine Delahaye, de St-Laurent, Paris.
Guay, Marie-Charlotte, [Raymond III.
b 1720; s[1] 29 dec. 1750.
Nicolas-Germain, b[1] 29 juillet et s 11 août 1749, à Charlesbourg.

1749, (28 sept.) Lorette. [2]
IV.—LEROUX, Ignace, [Ignace III.
b 1723.
Bergevin, Marie-Catherine, [Louis II.
b 1727; veuve de Pierre Parant.
Marie-Marguerite, b[2] 21 avril et s[2] 18 août 1751.—*Ignace*, b[2] 28 avril 1753; s 23 déc. 1758, à Québec.[3]—*Marie-Joseph*, b[2] 18 avril 1755.—*Jacques*, b[2] 4 sept. 1757; s[3] 2 oct. 1758.—*Ignace*, b[2] 24 mars et s[2] 1er avril 1761.—*Louis*, b[2] 29 août 1762.

1750, (10 août) Charlesbourg.
IV.—LEROUX (2), Louis-Ths, [Louis-Chs III.
b 1729.
Sauvageau, Marie-Joseph, [Alexis III.
b 1729; s 11 sept. 1783, à Québec. [4]
Marie, b[4] 14 sept. et s[4] 21 oct. 1753.—*Marie-Louise*, b[4] 19 avril 1755; s[4] 15 février 1756.—*Marie-Joseph*, b[4] 20 février 1761; s[4] 25 sept. 1763.—*Marguerite*, b[4] 6 fevrier 1763.

I.—LEROUX, Pierre, b 1735; de Coutances, Normandie; s 3 mars 1757, à St-Thomas.

1751, (22 nov.) Charlesbourg. [7]
IV.—LEROUX, Pierre, [Ignace III.
b 1724; s 6 mai 1796, à Québec. [8]
Bergevin, Marie-Anne-Geneviève, [Ignace II.
b 1732.
Marie-Françoise, b[7] 24 nov. 1752; s[7] 28 oct. 1755.—*Pierre*, b[7] 28 février 1754.—*Jean-Charles*, b[7] 23 août 1756. — *Marie-Agathe*, b[7] 1er mars 1758.—*Marie-Marguerite*, b[7] 12 dec. 1760; m[8] 24 avril 1781, à François Hélot.—*Louis-Alexis*, b[7] 8 et s[7] 9 nov. 1762.—*Marie*, b[7] 4 nov. 1763; m[8] 4 sept. 1792, à Jean-Baptiste Lacroix.—*Thérèse*, b... m[8] 8 oct. 1793, à François-Augustin Lereau.

1752, (12 sept.) Québec. [6]
IV.—LEROUX, Joseph. [Jean III.
Georget, Marie-Anne-Victoire, [François I.
b 1732; s[6] 2 juillet 1756.

(1) Dit Ladéroute.
(2) Dit Cardinal.

1753, (5 nov.) Charlesbourg. [9]
IV.—LEROUX, Jean-Marie, [Ignace III
b 1731.
1° .... Angélique,
b 1725; s[9] 15 août 1755.
Jean-Baptiste, b[9] 4 nov. 1754; s[9] 29 sept. 175[illegible] —*Anonyme*, b[9] et s[9] 4 août 1755.
1758, (27 nov.) [9]
2° Pageot, Marguerite-Elisabeth, [Joseph II
b 1729; veuve de Jacques Savard.
Marie-Barbe, b[9] 27 nov. 1759.—*Marie*, b... s[9] 22 mars 1762.

1755, (14 avril) Beauport. [3]
IV.—LEROUX (1), Jean-Marie, [Louis-Chs III.
b 1732.
1° Goazin, Marie-Joseph, [Guy I.
b 1736; s[3] 24 août 1755.
1760, (19 février) Ste-Anne.
2° Gagnon (2), Dorothée, [François IV.
b 1736.

1759, (8 janvier) Chambly.
IV.—LEROUX (1), Louis-Guillaume, [Rene III.
b 1734.
1° Roy, Marie-Amablo. [Augustin I
1760, (18 août) Pointe-du-Lac.
2° Charpentier, Marie-Anne. [François II.

1760, (6 fevrier) Charlesbourg.
IV.—LEROUX (1), Jean-Bte, [François III.
b 1739; forgeron.
Delage, Catherine, [François II.
b 1740.
Marie-Anne, b 21 février 1761, à Quebec[7]; m[7] 22 janvier 1788, à Joseph Gaulin.—*Catherine*, b[7] 12 août 1762; m[7] 13 oct. 1789, à Jean-Baptiste Gaulin.—*Jean-Baptiste*, b... m[7] 24 sept 1793, à Marguerite Badeau.—*François*, b... m[7] 18 juillet 1797, à Marie-Charlotte Godbout.

1762, (15 février) Soulanges.
IV.—LEROUX (3), Charles. [Jean-Bte III
Bray, Marie-Joseph-Amable. [Etienne III.

1766, (10 février) Bout-de-l'Ile, M.
IV.—LEROUX, Joseph. [Jean-Bte III
Valade, Geneviève, [Charles III
b 1746.

1766, (24 nov.) Beauport.
IV.—LEROUX, Jean-Louis, [Louis-Charles III
b 1734.
Bélanger, Thérèse, [Jean-Bte IV.
b 1746.

1767, (2 mars) Ste-Anne.
IV.—LEROUX (1), Pierre-Chs, [Louis-Chs III
b 1742.
Boivin, Marie-Angélique, [Alexis II.
b 1731; veuve de Charles Cornelier.

(1) Dit Cardinal.
(2) Elle épouse, le 29 juillet 1788, Barthélemi Lancelot, à Québec.
(3) Dit Rousson.

1770, (12 février) St-Laurent, M.
-LEROUX, François, [François-Marie III.
b 1748.
Viau, Madeleine, [Jean-Bte II.
b 1750.

1772, (3 nov.) St-Michel-d'Yamaska.
-LEROUX, Pierre, [Joseph II.
b 1740.
Salouer, Agathe, [François III.
b 1749.

1779, (27 sept.) Ste-Foye.
-LEROUX, Jean-Etienne, [Etienne III.
b 1756.
Bonhomme, Marie-Charlotte, [Jean-Bte IV.
b 1759.

-LEROUX (1), Jean, b 1737, de Coignac, diocèse de St-Malo, Bretagne.

LEROUX, Benjamin.
1° Guerbois, Catherine. [Martin I.
1788, (28 janvier) Repentigny.
2° Hunault (2), Marie-Anne. [Joseph IV.

1783, (27 oct.) St-Laurent, M.
-LEROUX, Louis-Christophe, [Ls-Pierre I.
b 1751.
Grou, Françoise. [Jean III.

1793, (24 sept.) Québec.
-LEROUX, Jean-Bte. [Jean-Bte IV.
Badeau Marguerite. [Jacques.

1797, (18 juillet) Québec.
-LEROUX, François. [Jean-Bte IV.
Godbout, Charlotte. [Pierre.

LEROY.—Voy. Lert—Roy.

LERT.—*Variations et surnoms :* Lair—Laire—LeRoy—Roy.

1658, (9 déc.) Montréal. [3]
I.—LERT (3), Etienne,
b 1621.
1° Lorion, Marie, [Mathurin I.
b 1644; s 10 nov. 1687, à la Pte-aux-Trembles, M. [4]
Catherine, b [3] 15 sept. 1672; m [3] 19 sept. 1697, à Jean Ferret; s [4] 27 février 1708.
1690, (5 mai). [4]
2° Delahaye, Michelle,
veuve d'Etienne Pothier.

LERT (4), Joseph.
Pivin, Marie-Joseph,
b 1718; s 1er avril 1776, à Québec.

(1) Arrivé au Canada en 1757 (Reg. des Procès-Verbaux de l'Evêché, 1768).
(2) Deschamps.
(3) Et Lair—Laire; voy. vol. I, p. 386.
(4) Et Lair.

LÉRY.—*Surnom :* Provençal.

I.—LÉRY (1), François, b 1694; de Toulon, Provence; s 4 mai 1774, à l'Hôpital-Général, M.

1750, (7 avril) Québec.
I.—LESACQUE, Pierre, archer de la marine; fils de Pierre et d'Anne Delisle, de Perriés, diocèse de Coutances, Normandie.
Falardeau, Marguerite, [Guillaume I.
b 1712; veuve d'Etienne Bois.

LESAGE.—*Surnoms :* Champagne—Lespérance.

I.—LESAGE, Noel, b 1663; s 15 janvier 1729, à Laprairie.

I.—LESAGE (2), Jean, b 1686; s 12 février 1716, à Montréal.

1686, (9 janvier) Pte-aux-Trembles, Q. [3]
I.—LESAGE (3), Jean-Bernardin,
b 1660.
Sylvestre, Marie-Barbe, [Nicolas I.
b 1671.
Jean-Baptiste, b [3] 2 nov. 1698; 1° m 7 janvier 1721, à Marguerite Barette, à Ste-Anne; 2° m 11 juillet 1729, à Madeleine Baugis, à Beauport; 3° m 8 mai 1730, à Jeanne De la Motte, à Quebec. [4]—*Jean-Baptiste,* b [4] 26 fevrier 1702; m 10 janvier 1726, à Marie-Madeleine Alard, à L'Assomption.

1709, (25 mai) Trois-Rivières. [7]
II.—LESAGE, Jean. [Jean I.
DeGerlais, Marie-Joseph. [Jean I.
Prisque, b [7] 23 sept. 1711.—*Pierre,* b [7] 12 mai 1713; m à Geneviève Trotier. — *Marie-Anne,* b 20 fevrier 1716, à la Rivière-du-Loup [8]; m [8] 22 janvier 1738, à Jean-Baptiste Desrosiers.— *Ursule,* b [8] 1er sept. 1718.—*Louis,* b [8] 26 sept. 1728. —*Jean,* b... m à Marie Grondin. — *Joseph,* b [8] 24 juin 1735.

1714, (12 février) Quebec. [2]
II.—LESAGE, Nicolas, [Jean-Bernardin I.
b 1692.
Paris, Marie-Françoise. [François I.
Marie-Françoise, b [2] 24 nov. 1714; s 1er juin 1734, au Cap-Santé. [3] — *Bernardin,* b 1720; m [3] 26 janvier 1750, à Marguerite Laroche; s [3] 22 mai 1754.—*Marie-Charlotte,* b [3] 10 janvier 1721; m [3] 30 janvier 1741, à Mathurin Brière; s [3] 10 nov. 1743. — *Marie-Elisabeth,* b... m [3] 12 février 1748, à Joseph Lamotte. — *Joseph-Marie,* b [3] 9 juin 1729; m [3] 29 juillet 1754, à Rose Matte.— *Francois,* b [3] 9 juin 1732; s [3] 5 avril 1735. — *Marie-Françoise,* b [3] 15 avril 1735; m [3] 19 février 1753, à Jean-Baptiste Page.

(1) Dit Provençal; ancien soldat de la colonie.
(2) Dit Champagne; soldat de la compagnie de St. Pierre.
(3) Voy. vol. I, p. 387.

1721, (7 janvier) Ste-Anne.
II.—LESAGE, JEAN-BTE, [JEAN-BERNARDIN I.
b 1698.
1° BARETTE, Marguerite, [PIERRE II.
b 1701; s 18 avril 1723, à Repentigny. [7]
Jean-Baptiste, b 19 avril 1722, à la Pte-aux-Trembles, M.; s [7] 18 avril 1723.
1729, (11 juillet) Beauport. [5]
2° BAUGIS, Madeleine, [JEAN III.
b 1711; s [5] 4 oct. 1729.
1730, (8 mai) Québec. [6]
3° DE LA MOTTE (1), Jeanne, [JEAN I.
b 1708.
Jean-Baptiste, b [6] 22 février 1731.

1726, (10 janvier) L'Assomption [1] (2).
II.—LESAGE, JEAN-BTE, [JEAN-BERNARDIN I.
b 1702.
ALARD, Marie-Madeleine. [PIERRE II.
Marie-Madeleine, b [1] 23 juin 1726. — *Marie-Joseph,* b [1] 22 sept. 1727. — *Jean-Joseph,* b 19 mars 1729, au Cap-Santé. [2]—*Marie-Clotilde,* b [2] 4 janvier 1731.— *Jean-Baptiste,* b [1] 3 août 1732.— *Agathe,* b [1] 3 et s [1] 22 août 1732.

LESAGE, JEAN.
ALARD, Jeanne. [PIERRE II.
Marguerite, b 1738; s 8 février 1750, à Montréal.

1750, (26 janvier) Cap-Santé. [9]
III.—LESAGE, BERNARDIN, [NICOLAS II.
b 1720; s [9] 22 mai 1754.
LAROCHE (3), Marie-Marguerite. [JEAN-FRS III.
Marie-Marguerite, b [9] 1er nov. 1750. — *Madeleine,* b [9] 10 nov. 1751. — *Marie-Thérèse,* b [9] 18 avril 1753.— *Anonyme,* b [9] et s [9] 27 janvier 1754. —*Elisabeth,* b [9] 27 et s [9] 28 janvier 1754.

1750, (12 oct.) Québec. [7]
I.—LESAGE, NICOLAS-JOSEPH, menuisier; fils d'André et de Marguerite Bougard de St-Vas, diocèse d'Arras, en Artois.
BRASSARD, Marie-Madeleine-Lse, [JEAN-BTE III.
b 1710; veuve de Ferdinand-Henri Delleur; s [7] 14 sept. 1758.

1754, (29 juillet) Cap-Santé.
III—LESAGE, JOSEPH-MARIE, [NICOLAS II.
b 1729.
MATTE, Rose, [NICOLAS III.
b 1728; veuve de François Hardy.
Marie-Rose, b... m 2 août 1779, à Jean-Baptiste LIMOGES, à Terrebonne.

III.—LESAGE, JEAN. [JEAN II.
GRONDIN, Marie.
Jean-Baptiste, b... m 20 mai 1799, à Marie-Louise SORIN, à St-Charles, Mo.

(1) Voy. Lamotte.
(2) Avec dispense du 3me au 3me degré.
(3) Elle épouse, le 11 oct. 1760, Alexis Rochereau, à Ste-Anne-de-la-Pérade.

III.—LESAGE, PIERRE, [JEAN
b 1713.
TROTIER (1), Geneviève.
Pierre, b 6 mai 1760, à la Rivière-du-Loup.

LESAGE, JOSEPH.
MORISSET, Marie-Angélique.
Joseph-Marie, b 25 août 1764, à Deschambault

LESAGE (2), JEAN-BTE.
MAHEU, Elisabeth.
Marie, b 6 fevrier 1768, à Repentigny [7] — *Pierre,* b [7] 23 février 1770.—*Marie-Madeleine,* b 21 avril 1773.

1799, (20 mai) St-Charles, Mo. [6]
IV.—LESAGE, JEAN-BTE. [JEAN III
SORIN, Marie-Louise. [JOSEPH
Marguerite, b... m 12 juin 1815, à Charles LABERGE, à St-Louis, Mo.—*Jean-Baptiste,* b... m [6] nov. 1833, à Françoise ROY.

1833, (5 nov.) St-Charles, Mo.
V.—LESAGE, JEAN-BTE. [JEAN-BTE IV
ROY, Françoise. [LOUIS

LESAULLENIER.—*Variations et surnom:* LESAULNIER—LESAUNIER—DE ST. MICHEL.

1705, (3 nov.) Québec.
I.—LESAULLENIER (3), PHILIPPE, écuyer, fils de Landrin et de Jeanne-Simone de Breteville, de Clainchard, diocèse de Bayeux, Normandie; s 8 fevrier 1745, à Montreal.
LAGUERCHE (4), Marie-Françoise, fille de François et de Jeanne Plagnole, de St-Paul, Paris
Augustin, b... m 1753, à Anne DELAVOYE.

1753.
II.—LESAULLENIER (5), AUGUSTIN, [PHILIPPE I.
marchand.
DELAVOYE, Anne.
Jacques, b 11 et s 22 mai 1754, à Quebec. [3] — *Antoine-Augustin,* b [3] 17 et s [3] 27 juin 1756 — *Joachim,* b [3] 16 sept. 1757.—*Marie-Joseph,* b [3] 10 et s [3] 20 sept. 1759.

LESAULNIER.—Voy. LESAULLENIER.

LESAUNIER.—Voy. LESAULLENIER.

LESAUTIER.—Voy. LÉPINE.

LESBOIS.—Voy. NICOLE.

LESCABIET.—Voy. L'ESCABIETTE.

L'ESCABIETTE.—*Variations et surnom:* ESCABIET—LESCABIET—SCABIET—CANICHON.

(1) Pombert.
(2) Dit Lespérance.
(3) Sieur de St. Michel; lieutenant reformé.
(4) Elle épouse, le 27 nov. 1747, Pierre Pepin, à Montréal.
(5) Et LeSaulnier.

1749, (20 janvier) Québec. [6]

L'ESCABIETTE (1), JEAN, navigateur; fils de Pierre et d'Elisabeth Isgarat, de Sare, diocèse de Bayonne, Gascogne.
DESCHEVERY, Charlotte, [JEAN I.
b 1727.
Jean-Baptiste, b [6] 24 nov. 1749 ; m 20 février 1775, à Marie-Joseph EDMOND, à St-François, I.O.[3]; s 11 janvier 1785. — *Marie-Charlotte*, b [6] 23 oct. 1751; m [3] 15 février 1773, à Jean BLOUIN. — *Catherine-Elisabeth*, b [6] 4 déc. 1753 ; m [3] 20 fevrier 1775, à Jean GAGNÉ.—*Marie-Anne*, b [6] 1er janvier 1756; s [6] 20 mars 1757.—*Catherine*, b [6] 7 août et s 1er sept. 1757.—*Marie-Madeleine*, b [6] 31 juillet et s [6] 14 août 1758.—*Madeleine-Marguerite*, b [3] 9 juillet 1763.

1775, (20 février) St-François, I. O.

I.—L'ESCABIETTE (2), JEAN-BTE, [JEAN I.
b 1749 ; s 11 janvier 1785, à Québec.
EDMOND, Marie-Joseph, [JEAN IV.
b 1749.

LESCARBOT.—*Variation et surnom:* ESCARBOT —BEAUCERON.

1683, (22 nov.) Pte-aux-Trembles, M.

I.—LESCARBOT (3), JEAN,
b 1653.
BAUDOIN, Anne, [JEAN I.
b 1669.
Marie-Angélique, b 9 juillet 1704, à l'Ile-Dupas, m à Jean LAPORTE ; s 29 janvier 1740, à Montréal.

1721, (29 oct.) Repentigny. [2]

II.—LESCARBOT (4), PIERRE, [JEAN I.
b 1697.
BOUSQUET, Louise. [JEAN II.
Marie-Louise, b... m à Pierre DENEAU ; s [2] 13 sept. 1788. — *Joseph*, b... m 25 janvier 1754, à Françoise FAVREAU, à Lavaltrie. [4]—*Maurice*, b... m [4] 1er mars 1756, à Judith PROVOST. — *Charles*, b... m [2] 16 fevrier 1767, à Agathe PAYET.

1754, (25 janvier) Lavaltrie. [7]

III.—LESCARBOT, JOSEPH. [PIERRE II.
FAVREAU (5), Françoise, [NICOLAS III.
veuve de Jean-Baptiste Chausse.
Joseph, b... s [7] 24 mars 1755.

1756, (1er mars) Lavaltrie. [5]

III.—LESCARBOT, MAURICE. [PIERRE II.
PROVOST, Judith. [JOSEPH III.
Marie-Cécile, b [5] 2 janvier 1757.— *Marie-Pélagie*, b [5] 13 juin 1758.

(1) Dit Canichon.
(2) Et Lescabiet—Escabiet dit Canichon.
(3) Dit Beauceron ; voy. vol. I, p. 387.
(4) Et Escarbot dit Beauceron.
(5) Elle épouse, le 14 janvier 1760, Louis Provost, à Lavaltrie.

1767, (16 fevrier) Repentigny.

III.—LESCARBOT, CHARLES. [PIERRE II.
PAYET, Agathe. [AUGUSTIN.

LESCARBOT, SULPICE.
MORNAY-LÉVEILLÉ, Agathe.
Marie-Félicité, b 5 sept. 1772, à Repentigny. [1] —*Pierre-Sulpice*, b [1] 10 juillet et s [1] 15 oct. 1774.

LESCASE.—*Surnom :* LAJEUNESSE.

1731, (29 mai) Montréal.

I.—LESCASE (1), JEAN, b 1700 ; fils de Jean et de Perone Levreau, de Cazenel, diocèse d'Agen, Guienne-d'Agenois.
AUGER, Marie-Therèse. [JEAN I.

LESCAU.—Voy. LESCOT.

LESCOT.—*Variation :* LESCAU.

1758, (6 fevrier) Charlesbourg. [1]

I.—LESCOT (2), SIMON-JOSEPH, pâtissier ; fils de Simon-Joseph et de Gorsienne Lefebvre, de St-Pierre, diocèse de Tours, Touraine.
1° ALARD, Marie-Joseph, [JEAN-BTE III.
b 1741 ; s [1] 5 août 1760.
Marie-Joseph, b 7 fevrier 1759, à Québec. [2]
1761, (31 mars). [2]
2° SIMON (3), Marie-Joseph, [JOSEPH III.
b 1739.
Simon-Joseph, b [2] 15 janvier 1762. — *Marie-Geneviève*, b [2] 3 et s [2] 4 nov. 1762.—*Marie-Anne*, b [2] 21 mars et s 29 juillet 1764, à Lévis.

LÉCUIER.—Voy. L'ESCUYER.

LÉCUYER.—Voy. L'ESCUYER.

L'ÉQUIER.—Voy. L'ESCUYER.

LESCUIER.—Voy. L'ESCUYER.

L'ESCUYER.—*Variations et surnoms :* ETHIER —LÉCUIER — LÉCUYER—L'ÉQUIER—LESCUIER —LESCUYER— LANEUVILLE—LAPIERRE — LECLERC—LEFEBVRE, 1718—LEMAIRE.

1670, (23 juillet) Montréal. [6]

I.—L'ESCUYER (4), PIERRE,
b 1631.
JUILLET, Marie, [BLAISE I.
b 1653 ; s [6] 30 sept. 1736.
Marie, b [6] 20 août 1671 ; 1° m [6] 17 oct. 1689, à Rene MAILLET; 2° m [6] 17 fevrier 1721, à Jean-Baptiste RENAULT ; s [6] 20 août 1755. — *Jean-Baptiste*, b [6] 16 juin 1681 ; m [6] 5 fevrier 1714, à Marie MILLET ; s [6] 7 nov. 1716. — *Catherine*, b [6] 3 oct. 1683 ; 1° m [6] 20 fevrier 1706, à Jacques MIVILLE ; 2° m [6] 5 avril 1717, à Michel GERMANAU. — *René*,

(1) Dit Lajeunesse ; soldat de la compagnie de La Gauchetière.
(2) Et Lescau ; soldat de la compagnie de St. Ours.
(3) Dit Delorme.
(4) Voy. vol. I, p. 387.

b [6] 2 oct. 1685; m 4 nov. 1705, à Suzanne HABLIN, à Lachine; s [6] 5 janvier 1750. — *Joseph-Marie*, b [6] 8 janvier 1692; m [6] 3 avril 1720, à Catherine HEURTEBISE. — *Joseph*, b [6] 23 mars 1693; m [6] 20 nov. 1730, à Marguerite BLONDEAU. — *Marie*, b [6] 13 mars 1695; m [6] 17 janvier 1725, à Etienne ROY; s [6] 26 février 1734.

I.—L'ESCUYER (1), ANTOINE,
b 1640; s 30 avril 1718, à Batiscan. [1]
RABADY, Anne,
b 1651; s [1] 4 sept. 1747.

Marie-Anne, b 1672; m [1] 18 janvier 1687, à Jacques TIFAULT.— *Antoine*, b 1674; m [1] 25 nov. 1698, à Marie GAILLON; s 16 février 1756, aux Grondines.—*Marie-Charlotte*, b 1678; m [1] 9 avril 1709, à Nicolas HERBECQ; s [1] 14 juillet 1722.— *Pierre*, b 23 sept. 1681, à Champlain; m [1] 1er sept. 1711, à Françoise-Marguerite GAILLON; s 29 janvier 1743, à St-Pierre-les-Becquets.

1698, (13 oct.) Lachine. [7]

II.—L'ESCUYER (2), PAUL, [PIERRE I.
b 1676.
LECOMPTE (3), Françoise, [JEAN I.
b 1679.

Paul, b [7] 2 oct. 1705; m 1734, à Marie-Madeleine MALET. — *Angélique*, b [7] 3 mai 1708; 1° m 31 août 1726, à Antoine DANY, à Montreal [8]; 2° m [8] 21 nov. 1757, à André GILBERT. — *Marie-Françoise*, b [7] 20 oct. 1709; 1° m [7] 23 nov. 1727, à Philibert GIBAUT; 2° m [8] 14 oct. 1755, à François AUPRY.

1698, (25 nov.) Batiscan. [8]

II.—L'ESCUYER (1), ANTOINE, [ANTOINE I.
b 1674; s 16 février 1756, aux Grondines. [9]
GAILLON, Marie. [PIERRE I.

Françoise, b [8] 10 février 1703; m [9] 22 janvier 1731, à François BOISVERD.—*Marie-Joseph*, b [8] 18 mars 1705; 1° m [9] 7 nov. 1729, à Joseph JOUBIN-BOISVERD; 2° m 25 avril 1735, à Pierre LIMOUSIN-BEAUFORT, à St-Pierre-les-Becquets; 3° m 31 déc. 1741, à Etienne TRUNET, à St-Jean-Deschaillons. —*Antoine*, b [9] 16 sept. 1710. — *Antoine*, b [9] 11 février 1713; m [9] 12 nov. 1741, à Marie-Madeleine LAFONTAINE-CLERMONT; s [9] 2 mai 1786. — *Marguerite*, b [9] 8 janvier 1716; s [9] 16 janvier 1740.— *Charlotte*, b [9] 7 juin 1718; m [9] 9 janvier 1742, à Louis HAMELIN.—*François*, b [9] 19 sept. 1719; s [9] 22 déc. 1739.—*Nicolas*, b... m 5 février 1742, à Marie-Catherine GERVAIS, à Laprairie. — *Marie-Louise*, b [9] 20 déc. 1722; s [9] 19 janvier 1740.— *Marie-Madeleine*, b... m [9] 3 sept. 1742, à Jean-Baptiste BARIL.—*Marie-Anne*, b [9] 21 février 1726; s [9] 10 sept. 1747.

1705, (4 nov.) Lachine. [3]

II.—L'ESCUYER, RENÉ, [PIERRE I.
b 1685; s 5 janvier 1750, à Montréal. [9]
HABLIN (4), Suzanne, [FRANÇOIS I.
b 1682; veuve de Louis Limousin.

François-Marie, b 1706; m [9] 9 oct. 1730, à ... rie LEDUC. — *Marie*, b [8] 10 août 1708. — *Jacq... Laurent*, b [9] 10 août 1709; m [9] 20 nov. 174... Marie-Geneviève, HEURTEBISE. — *Jean*, b [9] 19 ... 1711; s [9] 14 mai 1736.—*Charles*, b 20 nov. 171... la Pointe-Claire. [8] —*Paul*, b [8] 9 mai 1716; m [9] ... juin 1743, à Marie-Joseph BOURDRIA. — *Gabr...* b [9] 26 mai 1718; s [9] 1er déc. 1719.—*Marie-Jose...* b 1720; m [9] 26 oct. 1744, à Jean DUMOUCHEL. ... *Marguerite*, b [9] 20 janvier 1722; m [9] 13 mai 17... à Louis-Marie DESCARY; s [9] 24 mai 1750.—*Lo...* b [9] 6 juillet 1724; m [9] 22 avril 1748, à Marie-... cile RIVIÈRE.

L'ESCUYER, RENÉ.
LECLERC, Suzanne.

Marie-Marguerite, b 5 sept. 1720, à Montré...

1711, (1er sept.) Batiscan. [7]

II.—L'ESCUYER (1), PIERRE, [ANTOINE
b 1681; s 29 janvier 1743, à St-Pierre-le... Becquets. [4]
GAILLON, Françoise-Marguerite, [PIERRE
b 1681; s [4] 15 déc. 1749.

Charlotte-Marguerite, b [7] 1er juin 1712; m 17... à Jean-Baptiste HERBECQ. — *Anne-Françoise*, b... 7 nov. 1714; m [4] 21 février 1740, à Ignace HAYO... — *Pierre*, b [7] 11 juillet et s [7] 27 août 1716. — *François-Antoine*, b [7] 8 sept. 1717; s [7] 10 no... 1718.—*Marie-Charlotte*, b [7] 5 oct. 1719.—*Pierr...* b [7] 8 sept. 1720; m 1747, à Madeleine BILLY.— *Paul*, b 1723; m [4] 9 février 1750, à Marie-Madeleine LEFEBVRE-DESCOTEAUX; s [4] 1er mars 1756.— *Joseph-Marie*, b [7] 15 avril 1727.

1713, (28 nov.) St-François, I. J.

II.—L'ESCUYER (2), JOSEPH. [LÉONARD
LABELLE, Angélique, [GUILLAUME
b 1692.

Jean-Baptiste, b... m 29 oct. 1742, à Madeleine CAILLET, à Terrebonne.

1714, (5 février) Montréal. [5]

II.—L'ESCUYER, JEAN-BTE, [PIERRE I.
b 1681; s [5] 7 nov. 1716.
MILLET, Marie-Catherine, [JACQUES I.
b 1694.

Jean-Baptiste, b [5] 13 et s [5] 16 nov. 1714.

1720, (3 avril) Montréal. [2]

II.—L'ESCUYER, JOSEPH-MARIE, [PIERRE I.
b 1692.
HEURTEBISE, Catherine, [PIERRE II.
b 1702; s [2] 30 juin 1723.

Marie-Charlotte et *Marie*, b [2] 20 et s [2] 21 ma... 1721.

L'ESCUYER, FRANÇOIS.
BOUTIER, Françoise.

André, b 29 nov. 1725, à Montréal.

(1) Voy. vol. I, p. 387.
(2) Dit Lapierre; voy. vol. I, p. 387.
(3) Elle épouse, plus tard, François Gautier.
(4) Et Abelin—Blain—Blein—Verdon, 1719.

(1) Et L'Écuier—L'Équier—Lescuier-LaNeuville.
(2) Pour Ethier, voy. vol. III, p. 597.

1728, (22 nov.) Batiscan. [6]

I.—L'ESCUYER, NICOLAS, [ANTOINE I.
b 1690.

MORAND, Marie-Catherine, [PIERRE I.
b 1701 ; s [6] 9 mai 1741.

Marie-Catherine, b [6] 7 et s [6] 13 sept. 1729. — *Marie-Catherine*, b [6] 4 sept. 1730 ; m [6] 22 nov. 1753, à François DUBEAU. — *Nicolas*, b [6] 7 août 1732 ; s [6] 22 mars 1733. — *Nicolas*, b [6] 1er février 1734.—*François*, b [6] 16 mars 1736 ; m 11 juillet 1763, à Marie-Thérèse DUBEAU, à Charlesbourg.—*Anne-Charlotte*, b [6] 6 sept. 1737 ; m [6] 20 avril 1761, à Honoré LEQUIN. — *Joseph*, b [6] 7 et s [6] 11 avril 1739.—*Antoine*, b [6] 3 juillet 1740.

1730, (9 oct.) Montréal. [3]

III.—L'ESCUYER, FRANÇOIS-MARIE, [RENÉ II.
b 1706.

LEDUC, Marie-Thérèse, [PHILIPPE II.
b 1704.

François-Amable, b [3] 17 oct. 1734 ; m 7 janvier 1758, à Therèse-Louise SIMON, au Sault-au-Recollet. [1] — *Louis-Marie*, b [3] 27 juin 1736. — *Jean-Baptiste*, b [3] 5 juillet 1738. — *Marguerite*, b [3] 12 juillet 1740 ; m [1] 7 janvier 1761, à François MEILLEUR. — *Joseph-Marie*, b [3] 8 août 1742 ; s [3] 3 février 1744. — *Joseph-Marie*, b [3] 24 sept. 1744. — *Anonyme*, b [3] et s [3] 28 avril 1747.—*Angélique*, b [3] 11 et s [3] 16 fevrier 1749.

1730, (20 nov.) Montréal.

II.—L'ESCUYER, JOSEPH, [PIERRE I.
b 1693.

BLONDEAU, Marguerite, [JOSEPH II.
b 1707 ; veuve de Michel Parant.

1734.

III.—L'ESCUYER, PAUL, [PAUL II.
b 1705.

MALET, Marie-Madeleine.

Paul-Lambert, b 3 fevrier 1735, au Bout-de-l'Ile, M.

1741, (12 nov.) Grondines. [9]

III.—L'ESCUYER, ANTOINE, [ANTOINE II.
b 1713 ; s [9] 2 mai 1786.

LAFONTAINE (1), Marie-Madeleine, [CHARLES II.
b 1722.

Marie-Madeleine, b [9] 28 sept. 1742 ; m [9] 21 juin 1762, à Joseph BARIBEAU.— *Antoine*, b [9] 3 dec. 1743 ; m [9] 22 nov. 1779, à Marie-Charlotte TROTIER. —*Joseph*, b [9] 28 dec. 1744 ; m [9] 13 fevrier 1776, à Elisabeth HAMELIN. — *Charles*, b [9] 15 mars 1746 ; m 1774, à Marie-Joseph PAQUIN. — *Anonyme*, b [9] et s [9] 30 nov. 1747. — *Marie-Joseph*, b [9] 2 déc. 1748. — *Geneviève*, b [9] 4 janvier 1750. — *Anonyme*, b [9] et s [9] 28 avril 1751.—*François*, b [9] 29 juin 1752.—*Emmanuel*, né 3 oct. 1753 ; b [9] 17 fevrier 1754 ; m à Marie-Joseph MARCOT ; s 28 nov. 1793, à Deschambault. — *Pélagie*, b [9] 10 dec. 1754 ; m [9] 14 oct. 1777, à Augustin PAQUIN.—*Antoinette*, b [9] 1er avril 1756. — *Marie-Anne*, b [9] 16 nov. 1757. — *Marie-Renée*, b [9] 24 avril 1760.—*Marie-Suzanne*, b [9] 16 dec. 1762 ; s [9] 9 juillet 1777.

(1) Clermont—Dubord.

1741, (20 nov.) Montréal. [3]

III.—L'ESCUYER, JACQUES-LAURENT, [RENÉ II.
b 1709.

HEURTEBISE, Marie-Geneviève, [LOUIS III.
b 1716.

Jacques-Amable, b [3] 25 oct. 1742. — *Joseph-Marie*, b [3] 8 avril 1744. — *Louis-René*, b [3] 18 février 1746.—*Jean-Baptiste*, b [3] 18 février 1748.—*Pierre-Antoine*, b [3] 15 fevrier 1749. — *Marie-Geneviève*, b [3] 21 janvier 1751.

1742, (5 février) Laprairie. [7]

III.—L'ESCUYER, NICOLAS. [ANTOINE II.

GERVAIS, Marie-Catherine, [JEAN I.
b 1724.

Nicolas, b [7] 19 avril et s [7] 11 sept. 1743. — *Marie-Catherine*, b [7] 11 sept. 1744 ; m 1er oct. 1764, à Simon MARTIN, à St-Philippe. [8] — *Marie-Angelique*, b... m [8] 28 sept. 1767, à Charles DAVID.—*Antoine*, b... m [8] 12 nov. 1770, à Marie-Françoise GLINEL. — *Ignace-Jean-François*, b [8] 21 oct. 1757. — *Marie-Nathalie*, b [8] 24 oct. 1759. — *Marguerite*, b 20 oct. 1761, à St-Constant.—*Marie-Madeleine*, b [8] 22 janvier 1765.

1742, (29 oct.) Terrebonne. [7]

III.—L'ESCUYER (1), JEAN-BTE. [JOSEPH II.

CAILLET, Madeleine, [NOEL-IGNACE-FLAVIEN.
s [7] 11 avril 1757.

Marie-Angelique, b 7 mai 1744, à Lachenaye. —*Jean-Baptiste*, b [7] 25 avril 1745 ; s 9 mars 1747, à Ste-Rose [8] — *Joseph*, b [8] 5 mars 1746 ; s [7] 31 juillet 1747.—*Marie-Madeleine*, b [7] 9 août 1747.—*Paul*, b [7] 5 sept. et s [8] 28 oct. 1748. — *Marie-Joseph*, b [7] 1er oct. 1749. — *Antoine*, b [8] 12 mai et s [8] 25 juillet 1751. — *Marie-Amable*, b [8] 25 février 1756.—*Anonyme*, b [7] et s [7] 11 avril 1757.

1743, (25 juin) Montreal. [3]

III.—L'ESCUYER, PAUL, [RENÉ II.
b 1716.

BOURDRIA, Marie-Joseph, [FRANÇOIS II.
b 1720.

Marie-Joseph, b [3] 20 mars 1744 ; m 2 fevrier 1761, à François MARTIN, à St-Laurent, M. [4] — *Marie-Louise*, b [3] 26 juin 1747.—*Françoise-Amable*, b [4] 30 juin 1750. — *Brigitte*, b [4] 30 janvier 1752 ; s [4] 16 nov. 1755. — *Marie-Angélique*, b [4] 2 avril 1753. — *Jean-Baptiste*, b [4] 8 et s [4] 20 juin 1754 — *Louis*, b [4] 6 août 1755. — *Pélagie*, b [4] 17 oct. 1757.—*Marie-Madeleine*, b [4] 20 sept. 1759.

1747.

III.—L'ESCUYER (2), PIERRE, [PIERRE II.
b 1720.

BILLY (3), Madeleine, [MICHEL II.
b 1724.

François, b 5 août 1748, à St-Pierre-les-Becquets. [1] — *Paul*, b [1] 19 dec. 1750.—*Madeleine*, b [1] 15 mars 1752.

(1) Pour Ethier—tous les actes de baptême et de sépulture sont faits sous ce nom.

(2) LaNeuville.

(3) Elle épouse, le 17 août 1761, Pierre Petit, à St-Pierre-les-Becquets.

1748, (22 avril) Montréal.[2]
III.—L'ESCUYER, LOUIS, [RENÉ II.
b 1724.
RIVIÈRE, Marie-Cécile, [FRANÇOIS II.
b 1730.
Joseph-Marie, b[2] 20 oct. 1749.

1750, (9 février) St-Pierre-les-Becquets.[3]
III.—L'ESCUYER (1), PAUL, [PIERRE II.
b 1723 ; s[3] 1er mars 1756.
LEFEBVRE (2), Marie-Madeleine. [PIERRE III.
Madeleine, b[3] 15 nov. 1750.—*Anonyme*, b[3] et s[3] 7 février 1752.—*Marguerite*, b[3] 13 avril 1753; s[3] 6 nov. 1759.—*Pierre-Eloi*, b[3] 22 déc. 1754.—*Marie-Félicité*, b[3] 24 oct. 1756 ; s[3] 19 janvier 1757.

L'ESCUYER, PIERRE.
LAROCHE, Madeleine.
Marie-Joseph, b 14 mars 1755, à St-Pierre-les-Becquets.

L'ESCUYER, JEAN.
JOLY, Marie-Anne.
Marguerite, b... s 2 août 1756, à Lachine.

1758, (7 janvier) Sault-au-Recollet.
IV.—L'ESCUYER, FRS-AMABLE, [FRS-MARIE III.
b 1734.
SIMON (3), Thérèse-Louise, [FRANÇOIS III.
b 1739.

I.—L'ESCUYER (4), ADRIEN.

1763, (11 juillet) Charlesbourg.
III.—L'ESCUYER, FRANÇOIS, [NICOLAS II.
b 1736.
DUBEAU, Marie-Thérèse, [ANTOINE III.
b 1729.

I.—L'ESCUYER (5), SIMON.
1° CHEVALIER, Lse-Eléonore, [JEAN-ALEX. III.
b 1742 ; s 12 mars 1787, à Quebec[4]
François, b... m[4] 14 avril 1795, à Geneviève DUSSAULT.
2° VOYER, Thérèse,
b 1741 ; s[4] 16 sept. 1810.

1770, (12 nov.) St-Philippe.
IV.—L'ESCUYER, ANTOINE. [NICOLAS III.
GLINEL, Marie-Françoise. [FRANÇOIS III.

1774.
IV.—L'ESCUYER, CHARLES, [ANTOINE III.
b 1746.
PAQUIN, Marie-Joseph.

(1) LaNeuville.
(2) Dit Descôteaux ; elle épouse, le 8 janvier 1757, Louis Brouillet, à St-Pierre-les-Becquets.
(3) Elle épouse, le 4 nov. 1760, Joseph-Marie Dagenais, au Sault-au-Récollet.
(4) Sieur Lemaire ; lieutenant de cavalerie, il était à la Pointe-aux-Trembles, Q., le 18 août 1759.
(5) Major dans le 60e régiment.

Marie-Marguerite, b 24 nov. 1775, aux Grondines.[2]—*Charles*, b[2] 23 août 1777.—*Eustache*, b[2] 28 juin 1780.

1776, (13 fevrier) Grondines.[3]
IV.—L'ESCUYER, JOSEPH, [ANTOINE III.
b 1744.
HAMELIN, Elisabeth, [JOSEPH-MARIE III.
b 1751.
Joseph, b... s[3] 1er mars 1778.—*Elisabeth*, b 17 juin 1778.—*Joseph*, b[3] 19 août 1779.—*Anonyme*, b[3] et s[3] 24 juillet 1781.—*Marie-Rose*, b 15 mars 1784.—*Catherine*, b[3] 31 mars 1786.—*François-Xavier*, b[3] 27 nov. 1787 ; s[3] 5 janvier 1788.—*Marie-Suzanne*, b[3] 10 dec. 1789.

IV.—L'ESCUYER, EMMANUEL, [ANTOINE III.
b 1754 ; s 28 nov. 1793, à Deschambault.
MARCOT (1), Marie-Joseph, [JEAN-FRANÇOIS III.
b 1757.

1779, (22 nov.) Grondines.[4]
IV.—L'ESCUYER, ANTOINE, [ANTOINE III.
b 1743.
TROTIER, Marie-Charlotte, [FRANÇOIS IV.
b 1740.
Marie-Archange, b[4] 2 oct. 1780.

L'ESCUYER, FRANÇOIS.
OUELLET, Marie.
François, b 6 oct. 1790, à St-Cuthbert[5].—*Pierre*, b[5] 10 oct. 1792.—*Louis*, b[5] 20 avril et s[5] 4 juillet 1794.—*Jean-Baptiste*, b[5] 13 mai 1795.

1795, (14 avril) Quebec.
II.—L'ESCUYER, FRANÇOIS. [SIMON I.
DUSSAULT, Geneviève. [JOSEPH.

LESIÉGE.—*Surnom :* LAFONTAINE.

I.—LESIÉGE (2), PIERRE,
b 1636.
LAPLACE (3), Marguerite,
b 1659.
Etienne, b... 1° m à Françoise BERGERON; 2° m à Marie-Anne PARÉ ; 3° m à Madeleine CHATEL ; s 16 janvier 1750, à Lavaltrie.

II.—LESIÉGE, ETIENNE, [PIERRE I.
s 16 janvier 1750, à Lavaltrie.[6]
1° BERGERON, Françoise, [ANDRÉ II.
b 1699.
Marguerite, b... m[6] 1er juillet 1743, à Paul-Mery BLOUIN.—*Etienne*, b 1717 ; m[6] 5 février 1753, à Marguerite PROVOST ; s[6] 10 avril 1760.—*Marie*, b... m[6] 21 avril 1751, à Pierre PROVOST.—*Pierre*, b... m 1758, à Marie-Françoise HÉNAULT.
2° PARÉ, Marie-Anne,
s[6] 1er mars 1741.
Louise, b... s[6] 9 mai 1738.—*Jean-Baptiste*, b

(1) Elle épouse, le 19 janvier 1795, Jean-Baptiste Benoît, à Deschambault.
(2) Voy. vol. I, p. 387.
(3) Elle épouse, le 15 sept. 1696, Pierre Brébant, à Montréal.

1737; m 19 oct. 1761, à Thérèse AMIOT, à Montréal.—*Marie-Anne,* b[6] 7 avril 1739; s[6] 4 dec. 1755.—*Charles-Antoine,* b[6] 5 dec. 1739.—*Marie-Catherine,* b[6] 28 février 1741.

3° CHATEL (1), Marie-Madeleine.

1753, (5 février) Lavaltrie.[7]

III—LESIÈGE, ETIENNE, [ETIENNE II.
b 1717; s[7] 10 avril 1760.

PROVOST (2), Marguerite-Agathe. [JOSEPH III.

Marie-Agathe, b[7] 21 juin 1754.—*Marie-Cécile,* b[7] 22 mars 1756; s[7] 7 mars 1760.—*Etienne,* b[7] 8 et s[7] 12 août 1757.

1758.

III.—LESIÉGE, PIERRE. [ETIENNE II.

HÉNAUT, Marie-Françoise.

Pierre, b 14 sept. 1759, à Lavaltrie.[8]—*Pierre-François,* b[8] 24 nov. 1760.

1761, (19 oct.) Montréal.

III—LESIEGE, JEAN-BTE, [ETIENNE II.
b 1737.

AMIOT, Thérèse, [LAURENT IV.
b 1730; veuve de Guillaume Lemon.

LESIÈGE (3), CHARLES.

MONDOR, Louise.

Marie-Catherine, b 10 nov. 1785, à St-Cuthbert.

LESIEUR.—*Variation et surnoms:* LESIEUX—DESAULNIERS—DUCHÈNE—LAPIERRE—PISTOLET—TROTIER—VILARD.

I—LESIEUR (4), JEAN-FRANÇOIS,
b 1651.

HUBERT (5), Marie-Charlotte,
b 1645.

Catherine, b 7 et s 12 juin 1681, à Champlain.—*Marie-Madeleine,* b 1692; 1° m 24 fevrier 1705, à Antoine ROCHELEAU, à Ste-Anne-de-la-Perade; 2° m 7 janvier 1733, à Marin AUGIAS, à Montreal.

1674.

I.—LESIEUR (6), CHARLES,
b 1647; s 15 janvier 1697, à Batiscan.[6]

LAFOND (7), Françoise, [ETIENNE I.
b 1658.

Charles-Julien, b 1674; m[6] 9 janvier 1700, à Charlotte RIVARD; s 10 février 1739, à Yamachiche.[1]—*Julien,* b 1679; m[6] 10 janvier 1701, à Simone BLANCHET; s 17 août 1715, à la Rivière-du-Loup.[8]—*Françoise,* b 1680; m[8] 5 avril 1717, à Louis-Joseph RIVARD.—*Jean-Baptiste,* b[6] 27 juillet 1686; m[6] 30 juillet 1707, à Elisabeth RIVARD; s[7] 22 avril 1740.—*Joseph,* b[6] 19 sept. 1688; m à Madeleine ADOUIN.—*Antoine,* b[6] 22 avril 1693; m[6] 16 avril 1719, à Marie-Anne-Angélique RIVARD; s[7] 8 sept. 1736.—*Pierre,* b 1696; m 1746, à Geneviève SICARD.

1700, (9 janvier) Batiscan.[1]

II.—LESIEUR (1), CHARLES-JULIEN, [CHARLES I.
b 1674; s 10 février 1739, à Yamachiche.[2]

RIVARD (2), Marie-Charlotte, [ROBERT II.
b 1681; s[2] 6 juillet 1744.

Charles, b[1] 17 oct. 1700.—*Charles,* b[1] 23 sept. 1701; m[2] 9 janvier 1745, à Ursule DUPAUL.—*Marie-Françoise,* b 4 mai 1705, aux Trois-Rivières[3]; m[2] 25 janvier 1730, à Pierre TOUTAN.—*Charlotte,* b[3] 2 oct. 1709; 1° m[2] 19 avril 1750, à Jean-Baptiste CASAUBON; 2° m[2] 21 nov. 1757, à François RIVARD; s[2] 20 nov. 1763.—*Marie-Anne,* b[3] 8 mai 1712; m[2] 3 février 1749, à Jean-Baptiste RIVARD.—*Marie-Catherine,* b 20 janvier 1715, à la Rivière-du-Loup.—*Marie-Joseph,* b... m[2] 16 août 1746, à Louis PAQUIN.—*Marie,* b... m[2] 16 juin 1755, à Charles LEMAITRE.

1701, (10 janvier) Batiscan.[1]

II.—LESIEUR, JULIEN, [CHARLES I.
b 1679; s 17 août 1715, à la Rivière-du-Loup.

BLANCHET, Simone, [RENÉ I.
b 1676; s 18 nov. 1762, à Yamachiche.[2]

Marie-Françoise, b[1] 23 déc. 1701; m[2] 1er oct. 1727, à Jean-Baptiste LEMAITRE-AUGÉ.—*Anonyme,* b[1] et s[1] 8 janvier 1704.—*Pierre,* b[1] 2 mars 1705; m 27 août 1736, à Marie-Jeanne-Françoise MOREAU, à Becancour.—*Marie-Joseph,* b[1] 2 nov. 1707; m[2] 2 mai 1737, à Jean-Baptiste PROVENCHER; s[2] 6 juin 1761.—*Marie-Catherine,* b 14 janvier 1711, aux Trois-Rivières.

1707, (30 juillet) Batiscan.[1]

II.—LESIEUR (3), JEAN-BTE, [CHARLES I.
b 1686; s 22 avril 1740, à Yamachiche.[2]

RIVARD, Elisabeth, [JULIEN II.
b 1689.

Jean-Baptiste, b[1] 5 mai 1708; m[2] 12 août 1737, à Marguerite LAMY; s[2] 16 janvier 1756.—*Augustin,* b[1] 21 dec. 1709; m 18 nov. 1734, à Marie-Joseph FRIGON, à la Rivière-du-Loup[3]; s[2] 15 mai 1748.—*Etienne,* b[1] 16 dec. 1711.—*Louis-François,* b[1] 10 sept. 1714; 1° m[2] 17 fevrier 1738, à Marie-Charlotte FRIGON; 2° m[2] 16 avril 1747, à Louise LEMAY; s[2] 17 fevrier 1756.—*Joseph,* b[3] 18 mai 1717; m[2] 13 août 1743, à Marie-Joseph GÉLINA; s[2] 23 fevrier 1756.—*Marie-Françoise,* b[3] 18 mai 1717; m[2] 30 mai 1746, à Jean-Baptiste GÉLINA.—*Marie-Elisabeth,* b[2] 30 nov. 1722; m[2] 16 mars 1742, à Etienne LAMY.—*Pierre,* b[2] 28 oct. 1724; s[2] 8 janvier 1756.—*Charles,* b 1726; m à Marie-Joseph LEFEBVRE.—*Marie-Louise,* b[2] 19 janvier 1727; m[2] 23 nov. 1744, à Antoine GELINA.—*Marie-Catherine,* b[2] 22 janvier 1729; 1° m[2] 17

---

(1) Elle épouse, le 23 août 1756, Toussaint Livernois, à Contrecœur.

(2) Elle épouse, le 14 juillet 1760, Amable Collin, à Lavaltrie.

(3) Dit Lafontaine.

(4) Voy. vol. I, pp. 387 et 388.

(5) Aussi appelée Chalebert.

(6) Dit Lapierre; voy. vol. I, p. 388.

(7) Elle épouse, le 17 juillet 1703, Louis Fafard, à Batiscan

(1) Dit Duchaine; seigneur d'Yamaska.

(2) Dit Mongrain.

(3) Dit Desaulniers, 1714.

février 1744, à Alexis Gélina; 2° m [2] 7 janvier 1754, à Louis Milet; s [2] 7 mars 1756. — *Marie-Joseph*, b [2] 9 juillet 1731. — *François*, b [2] 30 mai 1734; m [2] 26 sept. 1758, à Madeleine Toutan.— *Etienne-Antoine*, b [2] 7 nov. 1736; s [2] 26 janvier 1756.

1712, (30 mai) Montréal.

I.—**LeSIEUR** (1), Antoine, b 1686; fils d'Antoine et de Jeanne Primal, de Toumenil, diocèse de St-Flour, Auvergne.
Desmarès, Madeleine, [Robert I.
b 1692.

1716, (27 avril) Québec. [8]

I.—**LeSIEUR** (2), Clément, b 1689; fils de Mathieu et d'Isabelle Duton, de Trinité, Ile-Jersay; s 17 déc. 1759, à St-Michel.
Drapeau, Charlotte, [Antoine I.
b 1687; s [8] 3 juillet 1744.
Marie-Geneviève-Augustine, b 30 déc. 1716, à Beaumont; 1° m [8] 7 oct. 1743, à Pierre Fortier; 2° m [8] 14 juin 1753, à Pierre Lacasse. — *Marie-Anne*, b [8] 18 fevrier 1719; s [8] 22 mars 1741.— *Jacques-Clément*, b [8] 1er juin 1721; m [8] 10 mai 1745, à Marie-Thècle Balan; s [8] 28 mars 1760 — *Marie-Jeanne* et *Marie-Charlotte*, b [8] 26 août et s [8] 20 sept. 1723.—*Pierre*, b [8] 9 oct. 1724.

1719, (16 avril) Batiscan.

II.—**LeSIEUR**, Antoine, [Charles I.
b 1693; s 8 sept. 1736, à Yamachiche. [9]
Rivard (3), Marie-Anne-Angelique, [Claude III.
b 1700.
Joseph, b... m [9] 27 avril 1750, à Marie-Joseph Desrosiers.—*Charles*, b [9] 25 janvier 1723; m [9] 7 juin 1751, à Marie Gautier.—*Marie-Anne*, b [9] 12 août 1725.—*François*, b [9] 27 mars 1727.—*Marie-Françoise*, b [9] 26 mai 1729.—*Marie-Joseph*, b [9] 17 mars 1731; m [9] 11 fevrier 1760, à Jean-François Marcot.—*Antoine*, b... 1° m [9] 23 juin 1755, à Louise LeSieur; 2° m [9] 14 nov. 1757, à Louise Rivard.—*Marie-Catherine-Amable*, b [9] 15 mars 1735.—*Louis*, b [9] 17 mars 1737.

II.—**LeSIEUR**, Joseph, [Charles I.
b 1688.
Adouin, Madeleine, des Illinois.
Jean-Baptiste, b 1721; m 11 avril 1747, à Françoise Rivard, à Yamachiche [1]; s [1] 4 février 1756.

1734, (18 nov.) Rivière-du-Loup.

III.—**LeSIEUR** (4), Augustin, [Jean-Bte II.
b 1709; s 15 mai 1748, à Yamachiche. [1]
Frigon, Marie-Joseph, [Jean-François II.
b 1706.
Marie-Joseph, b [1] 9 mars 1736; m [1] 28 avril 1755, à Louis Fauché.—*Augustin*, b 1738; s [1] 27 juin 1739.—*Marie-Françoise*, b [1] 4 mars 1740; m [1] 26 février 1759, à Jean-Baptiste Hardy.—*Elisabeth*, b [1] 11 mars 1742; m [1] 22 nov. 1762, à François Gautier.—*Marie-Louise*, b [1] 17 et s [1] 19 avril 1744.—*Louise*, b 1745; m [1] 30 avril 1764, à Louis Berthiaume; s [1] 17 avril 1765.—*Marie-Jeanne*, b [1] 25 janvier 1747; m [1] 5 oct. 1767, à Joseph Jugnac.

1736, (27 août) Bécancour.

III.—**LeSIEUR**, Pierre, [Julien II.
b 1705.
Moreau, Marie-Jeanne-Françoise, [Joseph II.
b 1705.
Pierre, b 13 juin 1739, à Yamachiche [2]; m [2] 19 avril 1762, à Geneviève Sicard.—*Marie-Joseph*, b [2] 12 fevrier 1741; m [2] 6 fevrier 1758, à Jean-Baptiste Rivard.—*François-Xavier*, b [2] 30 nov. 1742; s [2] 19 juillet 1765.—*Madeleine*, b [2] 13 fevrier 1744.—*Françoise*, b... m [2] 14 janvier 1766 à Louis Sicard.—*Jean-Baptiste*, b [2] 7 fevrier 1747

1737, (12 août) Yamachiche [4]

III.—**LeSIEUR** (1), Jean-Bte, [Jean-Bte II.
b 1708; s [4] 16 janvier 1756.
Lamy (2), Marguerite, [Etienne II.
b 1721.
Jean-Baptiste, b [4] 15 juin 1738; s [4] 19 oct 1760 —*Marguerite*, b [4] 6 juillet 1740; s [4] 29 août 1748 —*Charles*, b [4] 17 janvier 1742; m [4] 5 nov. 1764, à Marie-Angelique Carbonneau.—*Antoine*, b [4] 4 juin 1744.—*Marie-Joseph*, b [4] 28 oct. 1746; m [4] 11 nov. 1765, à Joseph Gélina.—*Marie-Geneviève*, b [4] 27 mars 1748, s [4] 2 oct. 1763.—*Joseph-Marie*, b [4] 4 déc. 1750.—*Marie-Marguerite*, b [4] 21 mars 1752; m [4] 19 janvier 1767, à Alexis Lemaitre-Duhemme.—*Alexis*, b [4] 19 février 1754 —*Angélique*, b [4] 21 avril 1756.

1738, (17 février) Yamachiche. [5]

III.—**LeSIEUR** (1), Louis-Frs, [Jean-Bte II
b 1714; s [5] 17 fevrier 1756.
1° Frigon, Marie-Charlotte, [Jean-Frs II
b 1711; s [5] 29 nov. 1745.
Marie-Louise, b [5] 26 mars 1739; m [5] 23 juin 1755, à Antoine LeSieur; s [5] 4 mars 1756 —*Marie-Charlotte*, b [5] 4 mars et s [5] 22 juillet 1741. —*Charles*, b [5] 15 mai 1742; s [5] 23 juillet 1764.

1747, (16 avril) [5]

2° Lemay, Louise. [Joseph III.
Geneviève, b [5] 4 fevrier 1748; m [5] 16 nov. 1767, à François Dupaul.—*Marie-Angélique*, b [5] 6 mars 1749.—*Julien-Marie*, b [5] 23 mars 1750 —*Louis-Marie*, b [5] 7 déc. 1751 —*Marie-Amable*, b [5] 7 aout 1754.—*Antoine*, b [5] 23 oct. 1755.

1743, (13 août) Yamachiche. [3]

III.—**LeSIEUR** (1), Joseph, [Jean-Bte II.
b 1717; s [3] 23 février 1756.
Gélina (3), Marie-Joseph, [Pierre III
b 1721.
Marie-Joseph, b [3] 5 avril 1744; m [3] 19 avril 1762, à Jean-Baptiste Gélina. — *Joseph*, b [3] 23

---

(1) Dit Pistolet; soldat de Laforest.
(2) Anglais de nation.
(3) Dit Loranger.
(4) Desaulniers—Vilard, 1742.

(1) Dit Desaulniers.
(2) Elle épouse, le 26 juillet 1756, Jean-Baptiste Barabé, à Yamachiche.
(3) Elle épouse, le 7 nov. 1757, Ignace Langlois, à Yamachiche.

mars et s [3] 28 août 1745. — *Marie-Joseph*, b [3] 19 juin 1746 —*Joseph*, b [3] 12 avril 1748.—*Jean-Baptiste*, b [3] 27 nov. 1751.—*Jean-François* et *Louis*, b [3] 26 oct. 1755.

1745, (9 janvier) Yamachiche. [1]

III.—LESIEUR, CHARLES, [CHS-JULIEN II.
b 1701.
DUPAUL-BOUVIER, Ursule, [AUGUSTIN II.
b 1727.
Charles, b [1] 28 août 1745. — *Augustin*, b [1] 8 août 1747.—*Pierre*, b [1] 5 avril et s [1] 10 juin 1749. —*Marie-Ursule*, b [1] 10 juillet 1750. — *Pierre*, b [1] 8 juillet 1752. — *Toussaint*, b [1] 3 juin 1754.—*Marie-Louise*, b [1] 31 janvier 1757. — *Antoine*, b [1] 6 déc. 1759. — *François*, b [1] 13 janvier 1762 — *Joseph*, b [1] 17 sept. 1763. —*Françoise*, b [1] 19 oct. 1765.—*Marie-Joseph*, b [1] 8 août 1767.

1745, (10 mai) Québec. [2]

II.—LESIEUR, JACQUES-CLÉMENT, [CLÉMENT I.
b 1721; boulanger; s [2] 28 mars 1760.
BALAN, Marie-Thècle, [PIERRE II.
b 1718.
Clément, b [2] 26 février 1746; s [2] 23 janvier 1747. — *François*, b [2] 10 déc. 1749; s [2] 29 août 1750.—*Marie-Geneviève*, b [2] 1er nov. 1751.—*Jean-Baptiste*, b [2] 5 et s [2] 15 sept. 1755.—*Marie-Louise*, b [2] 26 mars 1757; s [2] 7 juin 1758.—*Louis-Marie*, b [2] 8 oct. 1759.

1747, (11 avril) Yamachiche. [4]

III—LESIEUR, JEAN-BTE, [JOSEPH II.
b 1721; s [4] 4 février 1756.
RIVARD-BELLEFEUILLE, Frse, [LOUIS-JOSEPH III.
b 1725; s [4] 5 février 1756.
Jean-Baptiste, b [4] 31 janvier 1748.—*Joseph*, b [4] 13 mars 1751.

II.—LESIEUR, PIERRE, [CHARLES I.
b 1696; seigneur; s 3 avril 1761, à Yamachiche. [7]
SICARD (1), Geneviève.
Pierre, b [7] 2 et s [7] 6 août 1747.—*Geneviève*, b [7] 16 juillet 1748; s [7] 26 mai 1751.—*Antoine*, b [7] 23 mars 1751; m 21 nov. 1785, à Marguerite BEAUGRAND, à St-Cuthbert. — *Madeleine*, b [7] 11 mars 1756 —*Pierre*, b [7] 17 nov. 1758. — *Marie-Joseph*, b [7] 15 et s [7] 16 nov. 1761.

1750, (27 avril) Yamachiche. [6]

III—LESIEUR, JOSEPH. [ANTOINE II.
DESROSIERS-DESILETS, Marie-Jos., [J.-BTE III.
b 1724.
Jean-Baptiste, b [6] 5 et s [6] 16 juin 1750.—*Marie-Joseph*, b [6] 21 février 1751. — *Marie-Antoinette*, b [6] 24 nov. 1756. — *Joseph*, b [6] 8 juillet 1761. — *Catherine*, b [6] 10 oct. 1763.

III—LESIEUR (2), CHARLES, [JEAN-BTE II.
b 1726; s 12 février 1756, à Yamachiche. [3]
LEFEBVRE-VILLEMUR, Marie-Joseph.

(1) Desrives, 1751.
(2) Dit Desaulniers.

Marie-Joseph, b [3] 1er et s [3] 13 juillet 1750. — *Marie-Joseph*, b [3] 4 juin 1751. — *Antoine*, b [3] 30 août 1754.—*Marguerite*, b [3] 30 mars 1756.

1751, (7 juin) Yamachiche. [7]

III.—LESIEUR, CHARLES, [ANTOINE II.
b 1723.
GAUTIER, Marie (1), [JOSEPH II.
b 1719.
Charles, b [7] 27 juillet 1752.—*Marie-Louise*, b [7] 10 juillet 1754. — *Marie-Antoinette*, b [7] 26 août 1756. — *Augustin*, b [7] 3 et s [7] 21 sept. 1759. — *Marie-Joseph*, b [7] 8 oct. 1760.—*Jean-Baptiste*, b [7] 14 avril 1764.

LESIEUR (2), PIERRE.
SAUCIER, Marie.
Marie, b 18 mars 1752, à Yamachiche. [9]—*Joseph*, b [9] 21 mars 1754. — *Pierre*, b [9] 6 et s [9] 7 fevrier 1756.

1755, (23 juin) Yamachiche. [8]

III.—LESIEUR (3), ANTOINE. [ANTOINE II.
1° LESIEUR, Marie-Lse, [LOUIS-FRANÇOIS III.
b 1739, s [8] 4 mars 1756.
Louise, b [8] et s [8] 10 février 1756.
1757, (14 nov.) [8]
2° RIVARD, Louise, [JULIEN III.
b 1726; veuve de Joseph Rochereau.
Louise, b 1758; s [8] 20 sept. 1759.—*Antoine*, b [8] 29 février 1760.—*Louise*, b 1761; s [8] 20 juin 1762. —*Charles*, b [8] 26 janvier 1763.—*Marie-Geneviève*, b [8] 12 janvier 1765.—*François*, b [8] 23 mai 1768; m 28 janvier 1799, à Rosalie LESBOIS, à St-Charles, Mo.

1758, (26 sept.) Yamachiche. [9]

III.—LESIEUR, FRANÇOIS, [JEAN-BTE II.
b 1734.
TOUTAN, Madeleine, [PIERRE II.
b 1739.
François-Amable, b [9] 2 oct. et s [9] 16 déc. 1759. —*Madeleine*, b [9] 4 dec 1760. — *Marie-Amable*, b [9] 28 fevrier 1763. — *Marie-Joseph*, b [9] 4 nov. 1764; s [9] 22 avril 1765. — *Antoine*, b [9] 3 février 1766. — *Jean-Baptiste*, b [9] 18 août et s [9] 27 sept. 1767.

I.—LESIEUR (4), JOSEPH, b 1737; de Lisle, Flandre; s 10 juin 1759, à Charlesbourg.

1762, (19 avril) Yamachiche. [9]

IV.—LESIEUR, PIERRE, [PIERRE III.
b 1739.
SICARD, Geneviève, [LOUIS II.
b 1728.
Marie-Joseph, b [9] 21 avril 1763. — *Marie-Bénoni*, b [9] 9 août 1765.—*Paul*, b [9] 10 mars 1768.

(1) Geneviève en 1764.
(2) Dit Desaulniers.
(3) Appelé Lapierre, 1756.
(4) Soldat de la compagnie de LaFerté, régiment de la Sarre.

1764, (5 nov.) Yamachiche.[8]
IV.—LESIEUR (1), CHARLES, [JEAN-BTE III.
b 1742.
CARBONNEAU, Marie-Angélique, [ALEXIS III.
b 1746.
Charles, b [8] 14 sept. 1765.—*Marie*, b [8] 21 sept. 1767.

LESIEUR (2), ALEXIS.
LESIEUR, Marguerite.
Alexis, b 27 sept. 1768, à Yamachiche.

1785, (21 nov.) St-Cuthbert.[3]
III.—LESIEUR (3), ANTOINE, [PIERRE II.
b 1751.
BEAUGRAND, Marguerite. [PIERRE.
Antoine-Louis-de-Gonzague, b [3] 4 oct. 1786.

LESIEUR, JEAN-BTE.
MINVILLE, Marie-Joseph.
Scholastique, b 12 dec. 1791, à St-Cuthbert.

1799, (28 janvier) St-Charles, Mo.
IV.—LESIEUR, FRANÇOIS, [ANTOINE III.
b 1768.
LESBOIS (4), Rosalie. [ETIENNE I.
Rosalie, née 31 janvier 1800; b 6 avril 1801, à St-Louis, Mo.[5] — *Antoine*, ne 29 juillet 1802; b [5] 12 mai 1803.—*Napoléon-Ferdinand*, b [5] 7 oct 1804; m 28 oct. 1839, à Louise LEPAGE, à Cahokia.

1839, (28 oct.) Cahokia.
V.—LESIEUR, NAP.-FERDINAND, [FRANÇOIS IV.
b 1804.
LEPAGE, Louise. [LOUIS.

LESIEUX.—Voy. LESIEUR.

LESNÉ.—Voy. LAISNÉ.

LESOT.—*Variation :* LEZOT.

1689, (21 nov.) Château-Richer.[1]
II.—LESOT (5), JOSEPH, [JACQUES I.
b 1666; s [1] 12 déc. 1700.
DAVID-PONTIFE (6), Marguerite, [JACQUES I.
b 1667.
Noel, b [1] 9 nov. 1694; m 15 oct. 1725, à Marie-Anne CHAPELAIN, à Deschambault[2]; s [2] 28 sept. 1741.—*François*, b [1] 7 mai 1696; m 21 sept. 1719, à Charlotte GUYON, à Quebec; s [1] 12 mars 1729.

1719, (21 sept.) Quebec.
III.—LESOT (7), FRANÇOIS, [JOSEPH II.
b 1696; s 12 mars 1729, au Château-Richer.[3]
GUYON, Charlotte, [SIMON II.
b 1671; veuve de Pierre Cloutier; s [3] 27 avril 1744.

(1) Dit Desaulniers.
(2) Dit Duchêne.
(3) Seigneur d'Yamaska.
(4) Nicole-les-Bois.
(5) Voy. vol. I, p. 388.
(6) Elle épouse, le 10 juin 1704, Pierre Chapelain, au Château-Richer.
(7) Et Lezot.

1725, (15 oct.) Deschambault.[4]
III.—LESOT, NOEL, [JOSEPH II.
b 1694; s [4] 28 sept. 1741.
CHAPELAIN (1), Marie-Anne. [JOSEPH-LOUIS III.

LESOURD. — *Surnoms :* DECHAU, 1777—DUCHARME—DUCHÈNE.

1713, (7 août) Québec.
I.—LESOURD (2), JACQUES, b 1682; fils de Nicolas et de Jeanne Duvivier, de St-Nicolas de Strasbourg, Alsace; s 10 mai 1734, à Montréal.[7]
GAUTIER, Marie-Anne, [JOSEPH-ELIE I.
b 1675; veuve de Jean Auger; s [7] 24 sept. 1755.
Marie-Anne, b 1716; m [7] 3 juillet 1741, à Gabriel BLAIS.—*Jean-Baptiste*, b 1721; 1° m [7] 28 avril 1749, à Marie-Joseph RAYMOND; 2° m 1er mars 1756, à Marie CALLIÈRE, à St-Laurent, M.—*Jacques*, b 1722; m [7] 8 fevrier 1745, à Marie-Anne DUMANS.

I.—LESOURD, JOSEPH, b 1707; soldat; s 29 oct 1757, au Château-Richer.

1745, (8 fevrier) Montréal.
II.—LESOURD (3), JACQUES, [JACQUES I.
b 1722.
DUMANS (4), Marie-Anne, [MICHEL II.
b 1717.

1749, (28 avril) Montréal[8]
II.—LESOURD (5), JEAN-BTE, [JACQUES I.
b 1721.
1° RAYMOND, Marie-Joseph, [CHARLES II.
b 1727; veuve de François Girard.
Jean-Baptiste, b [8] 20 avril et s [8] 13 juin 1750—*Jean-Baptiste*, b... m 14 avril 1777, à Marie LIMOGES, à Terrebonne.
1756, (1er mars) St-Laurent, M[9]
2° CALLIÈRE (6), Marie, [AUBIN I
veuve de René Touchet.
Jean-Baptiste, b [9] 19 avril 1757.—*Marie-Radegonde*, b [9] 6 août 1759.

1777, (14 avril) Terrebonne.
III.—LESOURD (7), JEAN-BTE. [JEAN-BTE II.
LIMOGES, Marie. [MICHEL III

L'ESPAGNOL. — Voy. ALONZE — DESPAGNOL — LALONGÉ—MARSIL—SERRAN.

(1) Elle épouse, le 25 oct. 1744, Jean-Baptiste Dussault, à Deschambault.
(2) Dit Duchêne; soldat de la compagnie de Dumesnil.
(3) Dit Duchesne—Ducharme.
(4) Elle épouse, le 24 avril 1752, Claude Moreau, à Montréal.
(5) Dit Duchesne—Dechau.
(6) Et Caillé dit Jasmin.
(7) Marié sous le nom de Dechau.

1731, (9 juillet) Quebec. [4]

L'ESPAGNOL (1), JEAN.
1° DUMESNIL, Marie-Barbe, [PIERRE I.
b 1704 ; veuve de René Lanceleur ; s [4] 9 mars 1743.
Catherine, b 18 mars 1736, à L'Ange-Gardien ; m [4] 16 août 1757, à Joseph COLARD.

1744, (16 nov.) [4]

2° CHRÉTIEN (2), Madeleine, [JEAN II.
b 1703 ; s [4] 23 juin 1787.

L'ESPAGNOL, PIERRE, b 1766 ; s 1er oct. 1832, à Beaumont.

LESPÉRANCE.— Voy. AUBUCHON — BILLIAU — CHEVALIER—COMPAIN—CRETOT—DE LA BORDE —FOURÉ — GUERGANIVET — HÉBERT —HERVIEUX—LESAGE—LEVASSEUR — LIS—MAGNAN —MORIER—OUELLET — POUJOT—ROCHELEAU — ROCHEREAU — ROCHERON — ROTUREAU — TALON—TELLIER—VALADE—VIAU—VOYER.

LESPÉRANCE, PIERRE.
BELLEROSE, Marie.
Marie-Anne, b 26 juillet 1752, à St-Constant.

1762, (16 avril) Chambly.

I.—LESPERON (3), RAYMOND, fils de Jean et de Gabrielle Miaulet, de Taleuse, diocèse de Carpentras, Comte Venaissin.
TIBAUDEAU, Marie-Madeleine,
Acadienne ; veuve de Jean-Baptiste St. Pierre.

LESPINAY.—Voy. DE L'ESPINAY.

LESPINAY, JEAN-BTE.
DELORME-L'IRLANDE, Angélique.
Jean-Baptiste, b 19 mars 1786, à St-Cuthbert.

LESPINE.—Voy. LÉPINE.

1755, (3 février) Trois-Rivières. [1]

I.—LESPLAT (4), JEAN-BAPTISTE.
1° ROCHELEAU, Marie-Joseph, [ANTOINE II.
b 1711 ; veuve de Jean-Baptiste Normand.
Joseph, b [1] 4 mars 1757.

I.—LESRETS, PIERRE, b 1707 ; s 14 mars 1757, à Ste-Anne-de-la-Perade.

LESSARD.—Voy. DELESSARD.

LESSARD, JOSEPH.
CHORET, Marie-Joseph.
Joseph, b 28 oct. 1783, à St-Cuthbert. [4]—*Marie-Madeleine*, b 1787 ; s [4] 2 avril 1791.—*Marie-Angélique*, b [4] 4 avril 1788. — *Marie-Ursule*, b [4] 20 février et s [4] 5 mai 1790. — *Marie-Joseph*, b [4] 9 sept. 1791. — *Marie-Madeleine*, b [4] 28 avril 1793. —*François-Xavier*, b [4] 26 août 1795.

(1) Pour Despagnol, voy. vol. III, p 390.
(2) A sa sépulture, elle est dite âgée de 100 ans ; elle n'en avait que 84.
(3) Bonami.
(4) Pour Desplans, voy. vol. III, p. 390.

LESTAGE.—Voy. DE L'ESTAGE.

1737, (22 juillet) Laprairie. [8]

II.—LESTAGE (1), PIERRE, [PIERRE I.
b 1715.
RIVET, Marie-Madeleine, [RENÉ III.
b 1714.
Marie-Madeleine, b [8] 28 juin 1738 ; m 4 août 1760, à Laurent DENIGER, à St-Philippe. [9]—*Marie-Monique*, b [8] 1er nov. 1739 ; m [9] 18 fevrier 1765, à Charles DENIAU.—*Marie-Renée*, b [8] 18 février et s [8] 26 août 1741.—*Marie-Renée*, b [8] 25 nov. 1742. —*Marie-Angélique*, b [8] 3 avril 1744 ; m [9] 24 nov. 1766, à Pierre BROSSEAU. — *Marie-Amable*, b... m [9] 6 août 1764, à Jean-Baptiste TREMBLAY.

L'ESTANG.—*Variation et surnoms :* LÉTANG—BRUNET—CHAMPAGNE—DE DOUHET, 1686.

1692, (7 oct.) Montréal. [6]

II.—L'ESTANG (2), MICHEL, [MATHIEU-MICHEL I.
b 1668.
1° MOISON, Madeleine, [NICOLAS I.
b 1675.
Jean, b 6 mars 1697, à Lachine [7] ; 1° m 17 janvier 1724, à Marguerite DUBOIS, à la Pointe-Claire [8] ; 2° m 1er mars 1745, à Agathe BLENIER, à Ste-Geneviève, M. [9] — *Marie*, b [7] 2 sept. 1701 ; 1° m [7] 8 nov. 1723, à Jean-Baptiste PARANT ; 2° m [8] 23 mai 1729, à François-Marie CARDINAL.—*Jean-Baptiste*, b [7] 13 février 1703 ; m [8] 20 nov. 1730, à Marie-Louise DUBOIS. — *Thérèse*, b [7] 17 nov. 1709 ; m [8] 8 janvier 1731, à Michel BARBARY.

1713, (10 juillet). [6]

2° HÉMÉRIO (3), Anne-Elisabeth, [FRANÇOIS I.
b 1686 ; s [9] 19 juin 1753.
Joseph, b [7] 24 février 1718 ; m [7] 11 janvier 1757, à Marie-Anne VALOIS.—*Anonyme*, b [8] et s [8] 19 mai 1720. — *Thérèse-Agathe*, b 1725 ; s [7] 16 mars 1720. — *Marie-Joseph*, b... m [8] 1er fevrier 1745, à Noël BOUCHER.

1694, (19 oct.) Lachine. [9]

II.—L'ESTANG (2), JEAN, [MATHIEU-MICHEL I.
b 1673.
PÉRIER, Marie, [JEAN I.
b 1670 ; veuve de Guillaume Loret ; s 6 dec. 1740, à Montreal.
Michel, b [9] 29 sept. 1695 ; m 20 janvier 1716, à Marie-Louise JAMME, à la Pointe-Claire. [8] —*Philippe*, b [9] 22 août 1702, m [8] 12 nov. 1725, à Suzanne BARBARY ; s 31 juillet 1754, à Ste-Geneviève, M.—*Marie-Madeleine*, b... m [8] 5 mai 1729, à Pierre GIBAUT. — *Marie-Joseph*, b [8] 24 avril 1719.

(1) Pour De l'Estage, voy. vol. III, p. 314.
(2) Voy. Brunet, vol. II, p. 496.
(3) Dit Bélair.

1716, (20 janvier) Pointe-Claire. [7]

III.—L'ESTANG (1), MICHEL, [JEAN II.
b 1695.
JAMME, Marie-Louise-Madeleine, [PIERRE I.
b 1701.

Geneviève, b... m [7] 19 janvier 1739, à François BAUNE. — *Marie-Charlotte*, b... m [7] 16 janvier 1741, à Jacques BAUNE. — *Marie-Madeleine*, b [7] 6 mai 1717.—*Michel*, b [7] 14 oct. 1719; m [7] 7 janvier 1739, à Marie-Joseph CHAMBLY.

1718, (28 février) Bout-de-l'Ile, M. [6]

III.—L'ESTANG (2), MICHEL, [MICHEL II.
b 1694.
1° PELLETIER, Marie, [FRANÇOIS I.
b 1700; s 14 déc. 1728, à Lachine.

Marie-Charlotte, b... m 9 sept. 1744, à François MALLET, à la Pointe-Claire.

1729 (27 juillet). [6]

2° MADELEINE (3), Marie-Anne, [JOSEPH II.
b 1704.

Paschal, b... m 21 janvier 1771, à Marie DEGUIRE, à St-Laurent, M.

1724, (17 janvier) Pointe-Claire.

III.—L'ESTANG (4), JEAN, [MICHEL II.
b 1697.
1° DUBOIS, Marguerite, [ANTOINE I.
b 1702.

III.—L'ESTANG (2), JOSEPH, [MICHEL II.
b 1706.
BARBARY, Marie-Françoise, [PIERRE II.
b 1702.

Jean-Marie, b... m 10 avril 1747, à Marie-Angélique BRISEBOIS, à la Pointe-Claire.

1725, (12 nov.) Pointe-Claire.

III.—L'ESTANG (2), PHILIPPE, [JEAN II.
b 1702; s 31 juillet 1754, à Ste-Geneviève, M.
BARBARY, Suzanne, [PIERRE II.
b 1707.

1730, (20 nov.) Pointe-Claire.

III.—L'ESTANG (5), JEAN-BTE, [MICHEL II.
b 1703.
DUBOIS, Marie-Louise, [ANTOINE I.
b 1710.

Joseph, b... 1° m à Thérèse VALIQUET; 2° m 2 mars 1772, à Suzanne BLÉNIER-JARRY, à St-Laurent, M.

1739, (7 janvier) Pointe-Claire.

IV.—L'ESTANG (5), MICHEL, [MICHEL III.
b 1719.
CHAMBLY, Marie-Joseph. [BERNARD.

(1) Voy. aussi Brunet, vol. II, p. 498.
(2) Voy. Brunet, vol. II, p. 498.
(3) Et Vivier—Ladouceur.
(4) Voy. aussi Brunet, vol. II, p. 500.
(5) Brunet.

1745, (1er mars) Ste-Geneviève, M. [4]

III.—L'ESTANG (1), JEAN-BTE, [MICHEL I
b 1703.
2° JARRY (2), Agathe, [PIERRE I
b 1726.

Pierre, b [4] 1er juin et s [4] 6 déc. 1759.

1747, (10 avril) Pointe-Claire.

IV.—L'ESTANG (3), JEAN-MARIE. [JOSEPH II
BRISEBOIS, Marie-Angélique. [REN

1757, (11 janvier) Lachine.

III.—L'ESTANG, JOSEPH, [MICHEL II
b 1718.
VALOIS, Marie-Anne, [SIMON II
b 1730.

Charles, b... m 8 février 1784, à Suzanne DUGAS, à St-Laurent, M. — *Paschal*, b... m 1 juin 1800, à Marguerite VAUDRY, à Cahokia.

1758, (4 avril) St-Jean, I. O

I.—L'ESTANG (4), PIERRE, fils de Jean et de Françoise-Claude de Blésimond, de Bordeaux.
1° AUDET (5), Geneviève-Joseph, [PIERRE II
b 1726; s 29 nov. 1781, à Terrebonne [6]

1782, (11 février). [6]

2° TAILLON, Marguerite, [JEAN IV
b 1755.

IV.—L'ESTANG, JOSEPH. [JEAN-BTE III
1° VALIQUET, Thérèse.

1772, (2 mars) St-Laurent, M.

2° BLÉNIER-JARRY, Suzanne, [JACQUES III
b 1750.

1771, (21 janvier) St-Laurent, M. (6)

IV.—L'ESTANG, PASCHAL. [MICHEL III
DEGUIRE, Marie. [PIERRE III

1784, (8 février) St-Laurent, M.

IV.—L'ESTANG, CHARLES. [JOSEPH III
DUGAS (7), Suzanne. [JOSEPH

1800, (17 juin) Cahokia. [6]

IV.—L'ESTANG, PASCHAL. [JOSEPH III
VAUDRY, Marguerite. [ANTOINE

Clémence, b... m [6] 3 oct. 1825, à Jean-Baptiste LAPERCHE. — *Joseph*, b... m [6] 19 avril 1830, à Marcelline LABUSSIÈRE. — *Victoire*, b... m [6] 2[?] nov. 1833, à Louis LABUSSIÈRE. — *François*, b... m [6] 10 nov. 1834, à Odille LABUSSIÈRE

(1) Marié Brunet-Létang, voy. vol. II, p. 500.
(2) Mariée Blenier-Jarry
(3) Brunet.
(4) Dit Champagne; grenadier de M. Villemonde.
(5) Dit Lapointe.
(6) L'acte du registre de 1771 a été, par erreur, entré celui de 1770.
(7) Dit Labrèche.

1830, (19 avril) Cahokia.
I.-L'ESTANG, JOSEPH. [PASCHAL IV.
LABUSSIÈRE, Marcelline. [LOUIS.

1834, (10 nov.) Cahokia.
I.-L'ESTANG, FRANÇOIS. [PASCHAL IV.
LABUSSIÈRE, Odille. [LOUIS.

LESTOURNEAU.—Voy. LÉTOURNEAU.

LESUEUR.—*Surnoms :* JOLICŒUR—LAHOGUE—LEFEBVRE.

I.-LESUEUR (1), JEAN-BTE, b 1666 ; de Pont-L'Evêque, diocèse de Lizieux, Normandie ; s 18 oct. 1687, à Lachine.

I.-LESUEUR (2), THOMAS,
b 1641 ; s 16 août 1714, à Montréal.
DEMARCHON, Claude,
b 1644.
Louise, b... m 1698, à François CALLOT.

I.-LESUEUR, JEAN.
LEBEAU, Marie.
Jean-Baptiste, b 1678 ; m 29 nov. 1710, à Louise DENOYON, à Boucherville.

1690, (29 mars) Boucherville.[1]
I.-LESUEUR (3), PIERRE-CHARLES,
b 1657.
MESSIER, Marguerite, [MICHEL I.
b 1676.
Louise-Marguerite, b 4 juin 1694, à Montréal[2] ; m à François THIERRY. — *Marie*, b [2] 21 avril 1696 ; m [1] 20 février 1713, à Mathurin LEBEAU.

1710, (29 nov.) Boucherville.[9]
II.-LESUEUR, JEAN-BTE, [JEAN I.
b 1678.
DENOYON, Louise, [JEAN-ANDRÉ I.
b 1690.
Marie-Louise, b 1711 ; m [9] 20 mai 1728, à Charles DERAINVILLE.—*Marie-Joseph*, b... m [9] 31 août 1733, à Jacques-Urbain MIGUET. — *Marie-Anne*, b... m [9] 26 avril 1740, à Augustin RENAUD. —*Marie-Elisabeth*, b [9] 9 fevrier 1718. — *Joseph*, b [9] 23 juillet 1719.—*Marie-Catherine*, b [9] 20 août 1722 ; m [9] 6 fevrier 1747, à Michel SOREL.—*Marie-Madeleine*, b [9] 1er mars 1724.—*Jean-Baptiste*, b [9] 27 juillet 1725.—*Michel*, b... 1° m [9] 4 fevrier 1754, à Geneviève HUET ; 2° m 20 juin 1757, à Archange LAROCQUE, à Chambly.—*Véronique*, b... m [9] 21 janvier 1765, à Joseph DENIAU.

1749, (21 avril) Montréal.[1]
I.-LESUEUR (4), JEAN, b 1719 ; fils de Charles et de Marie-Anne Colas, de St-Pierre-de-Noyon.
PERRIN, Marie-Anne, [ANTOINE I.
b 1722.
Joseph, b [1] 22 fevrier et s [1] 15 mai 1750.

(1) Dit LaHogue ; soldat de M. DuCruzel ; voy. vol. I, p. 388.
(2) Voy. vol. I, p. 388.
(3) Dit Dagenais ; interprête ; voy. vol. I. p. 389.
(4) Dit Jolicœur ; soldat de la compagnie de Vasson.

1754, (4 février) Boucherville.
III.—LESUEUR, MICHEL. [JEAN-BTE II.
1° HUET, Geneviève, [JOSEPH-NICOLAS II.
b 1734.
1757, (20 juin) Chambly.
2° LAROCQUE (1), Archange, [GUILLAUME I.
b 1740 ; s 9 oct. 1790, au Détroit.

LESUISSE.—Voy. BOUILLANE.

LESUYER.—Voy. SUSTIER.

I.—LETAILLEUR (2), JACQUES-ANTOINE.
RÉMI, Catherine.
Louis-Jean-Pierre, b 21 déc. 1759, à la Pointe-aux-Trembles, Q.

LÊTANG.—Voy. BRUNET—L'ESTANG.

LETARD.—*Surnom :* ST. ONGE.

1699, (9 février) Boucherville.[3]
I.—LETARD (3), FRANÇOIS,
b 1671 ; sergent.
HÉROU, Marthe, [JEAN I.
b 1678.
Marthe, b [3] 17 mars 1700 ; 1° m [3] 5 juillet 1718, à Yves BOURHIS ; 2° m [3] 21 août 1730, à Louis TÉMOINS ; s 20 février 1750, à Terrebonne—*Louis*, b 1702 ; s [3] 26 avril 1719.—*Marie*, b 1703 ; m [3] 5 nov. 1731, à Jean-Baptiste PHILIPPE.—*Joseph*, b... m [3] 29 fevrier 1740, à Madeleine DAVID.

1718, (9 février) St-Frs-du-Lac.
I.—LETARD (4), FRANÇOIS, fils de Jean et de Catherine Coureau, de St-Maure, diocèse de Xaintes, Saintonge.
VANASSE, Madeleine, [FRANÇOIS I.
veuve de François Pelot.

1740, (29 février) Boucherville.[4]
II.—LETARD, JOSEPH. [FRANÇOIS I.
DAVID, Madeleine. [JOSEPH III.
Marie-Madeleine, b 14 juin 1741, à Terrebonne. —*Joseph*, b... m [4] 24 nov. 1766, à Véronique BISSONNET.

1751, (22 février) Québec.[5]
I.—LETARD, PIERRE, fils de François et de Michelle Thomas, de St-Severin, diocèse d'Angoulême, Angoumois.
CAPELIER, Marie-Joseph, [JOSEPH I.
b 1728.
Pierre, b [5] 29 sept. 1751.—*Marie-Joseph-Françoise*, b [5] 16 mars 1754. — *Marie-Ursule*, b [5] 17 oct. 1755.

1766, (24 nov.) Boucherville.
III.—LETARD, JOSEPH. [JOSEPH II.
BISSONNET, Veronique. [JOSEPH III.
Antoine, b... m 27 février 1797, à Marguerite QUESSI, à Québec.

(1) Dit Fontaine.
(2) Brigadier de cavalerie.
(3) Dit St. Onge ; voy. vol. I, p. 389.
(4) Dit St. Onge.

1797, (27 février) Quebec.
IV.—LETARD (1), ANTOINE. [JOSEPH III.
QUESSI, Marguerite. [AMAND.

LETARDIF.—Voy. TARDIF.

LETARTE.—Voy. LETARTRE.

LETARTRE.—*Variations et surnoms :* DUTARTE —LETARTE—DUBEAU—FRANCOEUR.

1678, (8 nov.) L'Ange-Gardien. [1]
II.—LETARTRE, CHARLES, [RENÉ I.
b 1657; sabottier.
MAHEU, Marie, [PIERRE I.
b 1663.
Louise, b [1] 23 sept. 1679; m [1] 4 oct. 1695, à François BRUNET.—*Barbe,* b [1] 29 août 1680; m [1] 15 oct. 1696, à Joseph CARREAU. — *Marie,* b [1] 30 août 1681; 1° m [1] 25 nov. 1698, à Charles BRISSON; 2° m [1] 26 août 1716, à Louis TREMBLAY.—*Jeanne,* b [1] 29 mai 1683; m [1] 31 janvier 1701, à Pierre VÉSINA.—*Geneviève,* b [1] 12 nov. 1684; m [1] 31 janvier 1701, à Louis GARIÉPY. — *René,* b [1] 7 avril 1686; 1° m [1] 8 nov. 1706, à Anne GARNAUD; 2° m 21 juillet 1721, à Marie-Joseph JOLIVET, à Lorette; 3° m 12 janvier 1733, à Catherine DOLBEC, à St-Augustin [2]; 4° m [2] 6 nov. 1758, à Madeleine TINON; s 29 août 1761, à la Pte-aux-Trembles, Q. [3]— *Angélique,* b [1] 9 nov. 1687; m [1] 30 juin 1705, à Pierre-Joachim LÉVÊQUE. — *Charles,* b [1] 6 et s [1] 27 janvier 1689. — *Charles,* b [1] 21 mai 1690; 1° m [1] 1er février 1712, à Marie GARNAUD; 2° m [3] 23 sept 1748, à Angélique ROBITAILLE; s [3] 4 février 1760.—*Jean,* b [1] 24 janvier 1692; m 12 nov. 1714, à Geneviève BLOUIN, à St-Jean, I. O.— *Augustin,* b [1] 8 juillet 1693; m [1] 14 juillet 1716, à Marie-Anne RIOPEL. — *Joseph,* b [1] 27 mars 1695. — *Joseph,* b [1] 27 sept. 1696; m [1] 9 mai 1718, à Catherine VACHON; s [2] 27 déc. 1792. —*Ursule,* b [1] 26 janvier 1698.—*Thérèse,* b... m [1] 26 août 1716, à Ange SIMARD.—*Athanase,* b [1] 28 fevrier 1701; 1° m [1] 4 juin 1725, à Marie-Anne GRÉGOIRE; 2° m [1] 25 fevrier 1727, à Barbe JOLIVET.—*Marguerite,* b [1] 17 fevrier 1702; m [1] 7 nov. 1718, à Joseph TARDIF; s 23 mai 1769, à Ste-Foye. — *Geneviève,* b [1] 31 août 1707.

1706, (8 nov.) L'Ange-Gardien. [7]
III.—LETARTRE, RENÉ, [CHARLES II.
b 1686; s 29 août 1761, à la Pte-aux-Trembles, Q. [8]
1° GARNAUD (2), Anne, [FRANÇOIS II.
b 1691; s [8] 13 mars 1720.
René, b [7] 12 février 1709; 1° m [7] 6 nov. 1730, à Louise-Angélique GIROU; 2° m 24 nov. 1738, à Marie-Madeleine GIRARD, à St-Augustin. [9]— *Marguerite,* b [8] 14 juin 1711; m [8] 20 août 1742, à René ALARY.—*Marie-Catherine,* b [8] 17 juin 1713; m [8] 18 fevrier 1743, à Prisque SIMON.—*Jean-Baptiste,* b [8] 30 mars 1716. — *Charles,* b [8] 21 août 1718; m 7 avril 1742, à Marie-Louise DUPONT, à St-Nicolas.—*Anonyme,* b [8] et s [8] 10 mars 1720.

(1) De la compagnie des Royaux Canadiens volontaires.
(2) Dit Lafraicheur.

1721, (21 juillet) Lorette.
2° JOLIVET-MITRON, Marie-Joseph, [AYMÉ I.
b 1696; s [8] 19 déc. 1731.
Marie-Joseph, b [8] 26 nov. 1722; m [8] 7 janv. 1751, à Joseph PERRAULT.—*Pierre-Joseph,* b [8] 27 mai 1724.—*Anne,* b [8] 21 nov. 1726.—*Marie-Angélique,* b [8] 26 sept. 1728; m [8] 22 avril 1748, à Joseph ALARY. — *Augustin,* b [8] 19 et s [8] 21 juin 1730.—*Anonyme,* b [8] et s [8] 18 déc. 1731.

1733, (12 janvier). [9]
3° DOLBEC, Catherine, [FRANÇOIS I.
b 1688; s [8] 15 déc. 1756.

1758, (6 nov.) [9]
4° TINON (1), Madeleine, [JEAN-IGNACE II.
b 1709; veuve de Jean-Baptiste Morand.

1712, (1er février) L'Ange-Gardien.
III.—LETARTRE, CHARLES, [CHARLES II.
b 1690; s 4 fevrier 1760, à la Pte-aux-Trembles, Q. [5]
1° GARNEAU, Marie, [FRANÇOIS II.
b 1693; s [5] 4 juillet 1748.
Charles, b [5] 17 et s [5] 24 janvier 1713. — *Marie-Anne,* b [5] 20 avril 1714; m [5] 21 nov. 1729, à Jacques GOULET; s [5] 11 déc. 1730.

1748, (23 sept.) [5]
2° ROBITAILLE, Angélique, [CHARLES-FRS II.
b 1711.
Charles, b [5] 22 juillet 1749; s [5] 24 juin 1776.—*Augustin,* b [5] 5 janvier 1751.

1714, (12 nov.) St-Jean, I O.
III.—LETARTRE (2), JEAN, [CHARLES II.
b 1692.
BLOUIN (3), Geneviève, [MÉRY I.
b 1693.
Jean-Baptiste, b 18 oct. 1715, à L'Ange-Gardien [5]; m 3 fevrier 1744, à Marie-Anne FORGUES, à Beaumont.—*Marie-Anne* (4), b [5] 25 juillet 1717 — *Marie-Geneviève,* b [5] 26 août 1719; m 31 janvier 1746, à Pierre BELLEAU, à Lévis.

1716, (14 juillet) L'Ange-Gardien. [4]
III.—LETARTRE, AUGUSTIN, [CHARLES II.
b 1693.
RIOPEL (5), Marie-Anne, [PIERRE I
b 1699.
Marie-Joseph, b [4] 21 juin 1717.— *Augustin,* b [4] 13 juillet 1718.—*Jean,* b [4] 2 février 1720.—*Nicolas,* b [4] 2 mai 1722; 1° m [4] 8 février 1745, à Angélique TARDIF; 2° m 28 oct. 1765, à Marie-Reine TRUDEL, au Château-Richer.—*Joseph,* b [4] 23 avril 1724.—*Brigitte,* b [4] 23 avril 1724; m 22 août 1774, à Didace JÉRÉMIE, à Quebec.

(1) Dit Desroches; elle épouse, le 4 oct. 1762, Augustin DeLavoye, à St-Augustin.
(2) Appelé aussi Dutarte.
(3) Elle épouse, le 16 nov. 1722, Pierre Tardif, à L'Ange-Gardien.
(4) Voy. Ignace Hallé IV, vol. IV, p. 445.
(5) Elle épouse, le 9 avril 1731, Jacques Sarcelier, à Québec.

1718, (9 mai) L'Ange-Gardien. [5]

III.—LETARTRE, JOSEPH, [CHARLES II.
b 1696 ; s 27 déc. 1792, à St-Augustin.
VACHON, Marie-Catherine, [PIERRE II.
b 1698.
Marie, b [5] 25 mai 1719. — *Marguerite*, b [5] 24 février 1721 ; m [5] 11 avril 1736, à Nicolas DUMESNY. — *Geneviève*, b [5] 24 oct. 1722 ; 1° m [5] 5 nov. 1742, à Charles BOIS ; 2° m [6] 4 février 1754, à Augustin BORNAIS.

1725, (4 juin) L'Ange-Gardien. [3]

III.—LETARTRE, ATHANASE, [CHARLES II.
b 1701.
1° GRÉGOIRE, Marie-Anne, [FRANÇOIS-JEAN I.
b 1695.
Charles, b [3] 13 juillet 1726.
1727, (25 fevrier). [3]
2° JOLIVET (1), Barbe, [AYMÉ I.
b 1708.
Marie-Joseph b [3] 30 janvier 1728 ; s 2 déc. 1734, à Charlesbourg. [2] — *Charles*, b [3] 10 janvier 1730 ; m [2] 18 nov. 1748, à Marie-Agnès ALARD. — *Brigitte*, b [3] 18 juillet 1731 ; s [2] 2 juillet 1733.

1730, (6 nov.) L'Ange-Gardien. [1]

IV.—LETARTRE, RENÉ, [RENÉ III.
b 1709.
1° GIROU, Louise-Angélique, [LOUIS III.
b 1707 ; s 11 mai 1738, à St-Augustin. [6]
Marie-Angélique, b [1] 24 janvier 1732 ; m [6] 4 nov. 1755, à Joseph MORIN. — *Claude*, b 18 oct. 1733, à Québec. [5] — *Marie-Joseph*, b [5] 11 nov. 1734.
1738, (24 nov.) [6]
2° GIRARD, Marie-Madeleine, [PIERRE II.
b 1714.
Marie-Angélique-Claudine, b [6] 6 et s [6] 28 juin 1740.—*Pierre*, b 22 mai 1741, à la Pte-aux-Trembles, Q. [4] — *René*, b [6] 11 et s [6] 26 août 1742. — *Etienne*, b [6] 16 août 1743 ; s [6] 17 mai 1744. — *René-Augustin*, b [6] 17 mars 1745 ; m 1781, à Angélique OUVRARD. — *Joseph*, b [6] 26 et s [6] 30 mars 1747. — *Marie-Angélique*, b [4] 29 février 1748. — *Jean-Baptiste*, b [4] 17 mai 1752.—*Marie-Charlotte*, b 1756 ; s [6] 9 nov. 1787.—*Jean-Baptiste*, b [4] 8 oct. 1757 ; m 1784, à Marguerite OUVRARD.

1742, (7 avril) St-Nicolas [9]

IV.—LETARTRE, CHARLES, [RENÉ III.
b 1718.
DUPONT, Marie-Louise, [JEAN-FRANÇOIS II.
b 1720.
Charles-Joseph, b [9] 19 mars 1743.—*René*, b 3 août 1744, à la Pte-aux-Trembles, Q. — *Marie-Geneviève*, b 24 juillet et s 16 août 1746, à Québec.

1744, (3 février) Beaumont.

IV.—LETARTRE (2), JEAN-BTE, [JEAN III.
b 1715.
FORGUES (3), Marie-Anne. [JACQUES II.

(1) Elle epouse, le 4 nov. 1732, Pierre Dubos, à L'Ange-Gardien.
(2) Marié Dutarte.
(3) Dit Monrougeau.

Jean-Baptiste, b 21 déc. 1744, à Lévis. [5]—*Marie-Anne*, b [5] 4 sept. 1749 ; m [5] 14 juillet 1766, à Louis THIBEAU.—*Antoine*, b [5] 9 juin 1752. —*Anonyme*, b [5] 23 avril 1754. — *Marie-Louise*, b [5] 27 sept. 1755. — *Geneviève*, b [5] 12 janvier 1758.— *Jacques*, b 2 août 1761, à Québec.—*Marie-Thècle*, b [5] 28 mai 1765.

1745, (8 février) L'Ange-Gardien. [7]

IV.—LETARTRE, NICOLAS, [AUGUSTIN III.
b 1722.
1° TARDIF, Angélique, [CHARLES III.
b 1724 ; s [7] 25 août 1764.
Augustin, b... s [7] 17 nov. 1748.—*Augustin*, b [7] 20 mai 1751.— *Nicolas*, b [7] 2 sept 1752.—*Marie-Anne*, b 7 oct. 1754, au Château-Richer. [8]—*Marie-Angélique*, b [7] 4 oct. 1756. — *Marguerite*, b [7] 18 août 1758. — *Jean-Marie*, b [8] 20 sept. 1760. — *Joseph*, b [7] 24 déc. 1761.—*Charles*, b [7] 11 août et s [7] 6 sept. 1764.
1765, (28 oct.) [8]
2° TRUDEL, Marie-Reine, [JOSEPH III.
b 1742.

1748, (18 nov.) Charlesbourg. [5]

IV.—LETARTRE (1), CHARLES, [ATHANASE III.
b 1730.
ALARD, Marie-Agnès. [PIERRE III.
Marie-Madeleine, b [5] 7 et s [5] 20 sept. 1749.— *Marie-Joseph*, b 13 août 1750, à Québec. [6] — *Charles-François*, b [6] 7 oct. 1751.—*Marie-Joseph*, b [6] 8 mars 1753 ; s [6] 26 oct. 1756.— *François*, b [6] 1er août 1754 ; m [6] 17 nov. 1778, à Thérèse AUDET. — *Alexandre*, b [6] 3 nov. 1755. — *Marie-Suzanne*, b [6] 5 mars 1757 ; s [5] 17 mai 1760.— *Alexis*, b [6] 6 mai 1759 ; s [6] 1er avril 1760. — *Marie-Louise*, b [6] 3 sept. 1761 ; m [6] 18 fevrier 1783, à André DUCHENEAU ; s [6] 3 janvier 1786.— *Pierre*, b [6] 25 juillet 1763. —*Jacques*, b... m [6] 17 oct. 1786, à Marie DEGUISE.

1750, (26 oct.) Québec. [4]

I.—LETARTRE, JEAN, fils de Jean et de Marie Paris, de Rambouillet, diocèse de Chartres, Beauce.
SÉRÉ (2), Marguerite, [JEAN I.
b 1725.
Louise-Marguerite, b [4] 3 déc. 1751.

I.—LETARTRE (3), HUBERT, fils de Jean et d'Antoinette Truchot, de Mézière, diocèse de Besançon, Franche-Comté.
1° DANIAU, Marie-Joseph,
b 1724 ; s 12 avril 1760, à St-Michel. [2]
Joseph-Marie, b [2] 24 fevrier et s [2] 21 avril 1760.
1760, (22 sept.) St-Frs-du-Sud.
2° GARAND, Marie-Geneviève, [PIERRE II.
b 1742.

(1) Dit Dubeau.
(2) Elle epouse, le 26 sept. 1752, Etienne Dominé, à Quebec.
(3) Et Letarte dit Francœur.

1778, (17 nov.) Québec. [4]
V.—LETARTRE, François, [Charles IV.
b 1754.
Audet, Thérèse, [Louis III.
b 1752; s [4] 18 janvier 1780.

1781.
V.—LETARTRE, René-Augustin, [René IV.
b 1745.
Ouvrard, Angélique.
Thérèse, b 28 mars 1782, à St-Augustin.[3]—*Madeleine,* b [3] 8 mai 1784. — *Ambroise,* b [3] 17 sept. 1787.—*Jacques,* b [3] 21 mai 1793.

1784.
V.—LETARTRE, Jean-Bte, [René IV.
b 1757.
Ouvrard, Marguerite.
Catherine, b 10 mars 1785, à St-Augustin.[3]—*Prisque,* b [3] 16 août 1787. — *Marguerite,* b [3] 1er juin 1791.

1786, (17 oct.) Québec.
V.—LETARTRE, Jacques. [Charles IV.
Dlguise, Marie. [Jean-Marie.

LETELLIER.—*Variation et surnoms :* Tellier—Lafortune—Lespérance.

I.—LETELLIER (1), Nicolas.
Delespine, Elisabeth.
Jean, b 1644 ; 1° m 28 avril 1677, à Marie-Madeleine Gratiot, à Boucherville ; 2° m 9 juillet 1691, à Marie-Renée Lorion, à la Pte-aux-Trembles, M. ; s 9 nov. 1704, à Varennes.

1661, (24 janvier) Québec. [7]
I.—LETELLIER (1), Etienne,
b 1636.
Mezeray (2), Geneviève, [René I.
b 1648.
François, b 1666 ; m 19 nov. 1692, à Anne Pagé, à la Pte-aux-Trembles, Q. , s 9 dec. 1732, au Cap-Sante.—*Jeanne,* b [7] 5 mai 1675 ; 1° m 1704, à Jean Rinfret ; 2° m [7] 1er fevrier 1723, à Jean Mondin.

1677, (28 avril) Boucherville. [4]
II.—LETELLIER (1), Jean, [Nicolas I.
b 1644 ; s 9 nov. 1704, à Varennes.[2]
1° Gratiot, Marie-Madeleine, [Jacques I.
b 1662 ; s 1er nov. 1687, à Repentigny.
1691, (9 juillet) Pte-aux-Trembles, M.
2° Lorion (3), Marie-Reine, [Mathurin I
b 1657 ; veuve de Jean Delpué.
Jean-Baptiste, b [2] 26 sept. 1696 ; m 22 juillet 1747, à Marie-Joseph Nipissing, à Michillimakinac. —*Joseph,* b [2] 2 sept. 1700 ; m [4] 6 avril 1723, à Madeleine Loiseau.

(1) Voy. vol. I, p 389.
(2) Elle épouse, plus tard, François Dusault.
(3) Elle épouse, le 8 fevrier 1706, Jean Tifroi, à Varennes.

1692, (19 nov.) Pte-aux-Trembles, Q. [4]
II.—LETELLIER (1), François, [Etienne I
b 1666 ; s 9 déc. 1732, au Cap-Sante.[3]
Pagé, Anne, [Robert II
b 1673 ; s [3] 15 mai 1741.
Marie-Angélique, b [4] 7 avril 1699 ; m [3] 21 février 1718, à François Couturier ; s 7 dec. 1729, à Ste-Anne-de-la-Pérade. [2] — *Denis,* b [4] 27 août 1700 ; m [2] 22 février 1729, à Marie-Joseph Vallée. —*Gabriel,* b [4] 30 avril 1706 ; 1° m [2] 17 janvier 1735, à Marie-Anne Baril ; 2° m 1752, à Charlotte Billy ; s 28 déc. 1757, à St-Pierre-les-Becquets.— *Jean-Baptiste,* b [3] 23 sept. 1708 ; m [3] 14 nov. 1740, à Marie-Angelique Langlois.—*Marie-Jeanne,* b... m [3] 15 nov. 1728, à Pierre Paris.—*Thérèse,* b... m [3] 28 août 1730, à Louis Barry.—*Marie-Joseph,* b [3] 6 avril 1713 ; m [3] 21 nov. 1735, à Jean-Baptiste Bertrand. — *Marie-Marguerite,* b... m [3] 8 fevrier 1740, à Etienne Langlois.

1700, (7 janvier) Québec. [5]
I.—LETELLIER (2), Pierre-François, b 1663, fils de Pierre et de Marie Chevalier; veuf de Claude Davelin ; s 19 dec. 1741, à Montreal. [6]
Leroux (3), Marie-Anne, [Gilbert I
b 1680.
Suzanne, b [5] 5 nov. 1700 ; 1° m [6] 29 mars 1717, à Jacques Chapelain ; 2° m [6] 28 nov 1725, à Julien Leboeuf.— *François-Elie,* b [6] 2 août 1703, m 9 nov. 1724, à Marguerite Georget, à St-Ours —*Pierre,* b... m 8 juin 1740, à Jeanne Joly, à Ste-Anne-de-la-Pérade.

1723, (6 avril) Boucherville. [1]
III.—LETELLIER (4), Joseph, [Jean II
b 1700.
Loiseau, Madeleine, [Joachim II
b 1704.
Joachim, b [1] 21 sept. 1724.—*Marie-Madeleine,* b 21 mai 1726, à L'Assomption. [2] — *Anonyme,* b [2] et s [2] 28 avril 1728.—*Joseph,* b [2] 17 mars 1729—*René,* b [2] 10 mai 1731 —*Ambroise,* b 15 fevrier 1738, à St-François, I. J.

1724, (9 nov.) St-Ours. [3]
II.—LETELLIER (5), Frs-Elie, [Pierre-Frs I
b 1703.
Georget (6), Marguerite, [Jean I
b 1704.
François-Marie, b [3] 3 mars 1727 ; m [3] 27 juin 1757, à Marie-Louise Rondeau.—*Marie,* b... m [3] 29 janvier 1753, à Rene-Michel Levasseur—*Marguerite,* b 1730 ; m 4 avril 1758, à Claude Phaneuf, à St-Antoine-de-Chambly.—*Pierre,* b... m 10 fevrier 1766, à Geneviève Mimaux, à Sorel

(1) Et Tellier ; voy. vol. I, p 389.
(2) Ancien domestique au séminaire de St-Sulpice.
(3) Dit L'Enseigne—Laseigne.
(4) Et Tellier dit Lafortune.
(5) Et Tellier.
(6) Dit Briant.

1726, (4 février) Montreal. [4]

I.—LETELLIER (1), Antoine, b 1703 ; fils de Mathieu et de Madeleine Demblaus, de Versailles.
Larchevêque (2), Antoinette, [Philippe III. b 1710.
Pierre, b [4] 7 et s [4] 9 août 1726.—*Thérèse*, b [4] 6 et s [4] 20 déc. 1729.—*Daniel*, b [4] 26 oct. 1736.—*Paschal*, b [4] 17 avril et s 14 oct. 1740, à La-prairie [6].—*Marie-Joseph*, b [4] 1er mars 1742 ; s [4] 17 juin 1747.—*Barthélemi-Louis*, b [4] 24 août et s [5] 7 sept. 1743.

1729, (22 février) Ste-Anne-de-la-Pérade. [6]

III.—LETELLIER (3), Denis, [François II. b 1700.
Vallé, Marie-Joseph, [Charles II. b 1708 ; s [6] 27 mars 1743.
Joseph-Marie, b 19 février 1730, au Cap-Santé.[7] —*Marie-Joseph*, b 10 avril 1731, à Deschambault.[8] —*Jean-Baptiste*, b [7] 10 oct. 1733.—*Marie-Madeleine*, b [7] 20 avril et s [7] 6 mai 1735.—*Louis*, b [8] 27 février et s [7] 14 mars 1736.

1735, (17 janvier) Ste-Anne-de-la-Pérade. [1]

III.—LETELLIER (3), Gabriel, [François II. b 1706 ; s 28 dec. 1757, à St-Pierre-les-Becquets. [2]
1° Baril, Marie-Anne, [Louis II. b 1713 ; veuve de Luc Proteau ; s [2] 23 avril 1742.
Gabriel, b [1] 30 oct. 1735.—*Pierre*, b [1] 4 avril 1737 ; s 22 juin 1739, à Batiscan.—*Marie-Joseph*, b [2] 23 et s [2] 25 avril 1742.

1752.

2° Billy (4), Charlotte.
Marie-Charlotte, b [2] 13 et s [2] 15 juillet 1753.—*Marie-Anne*, b [2] 1er août et s [2] 27 sept. 1754.—*Jean-Bénigne*, b [2] 5 sept. 1756.

1740, (25 janvier) Québec. [3]

I.—LETELLIER, François, fils de Michel et de Marie Melie, de St-Quentin, diocèse de Noyon, Ile-de-France.
1° L'Arrivée, Marie-Joseph, [Jean-Bte II. b 1705 ; s [3] 2 mai 1743.
Marie-Joseph, b [3] 21 janvier et s [3] 26 août 1742.

1743, (26 août). [3]

2° Pelletier, Marie-Françoise, [Noel II. b 1711.
Marie-Françoise, b [3] 15 juillet 1744 ; m 19 avril 1762, à Georges Borne, à St-Valier. [4]—*François*, b [4] 30 avril 1746, m 21 janvier 1771, à Elisabeth Carbonneau, à Berthier.—*Véronique-Agathe*, b [4] 5 février 1748 ; s [4] 25 fevrier 1749.—*Michel*, b [4] 28 février 1750 ; m à Louise Moreau.

(1) Dit Lespérance ; soldat de la compagnie de Repentigny.
(2) Et Larche.
(3) Et Tellier.
(4) Elle épouse, le 31 mars 1761, Amand Guilbaut, à St-Pierre-les-Becquets.

1740, (8 juin) St-Anne-de-la-Pérade. [4]

II.—LETELLIER (1), Pierre. [Pierre-Frs I.
Joly (2), Jeanne, [Pierre I. b 1721 ; s 22 avril 1790, à St-Cuthbert. [5]
Marie-Joseph, b [4] 2 nov. 1740.—*Pierre*, b [4] 27 avril 1742 ; m [5] 15 fevrier 1790, à Judith Léveillé.—*Pierre-Joseph*, b 13 oct. 1749, à l'Ile-Dupas [2] ; m [5] 30 janvier 1775, à Marie-Joseph Rondeau.—*Marie-Madeleine*, b... m [5] 30 janvier 1775, à Alexis Barbel.—*Marie-Monique*, b [2] 18 dec. 1754.—*Alexis*, b... m [5] 24 nov. 1783, à Marie-Anne Drapier.—*Jean-Baptiste*, b [2] 19 mai 1762.—*Marie-Charlotte* (3), b [2] 23 juin 1765 ; s [5] 22 avril 1790.

1740, (14 nov.) Cap-Santé.

III.—LETELLIER (1), Jean-Bte, [François II. b 1708.
Langlois, Marie-Angélique. [Etienne II.
Jean-Baptiste, b 24 sept., à Ste-Anne-de-la-Perade et s 14 oct. 1741, à St-Pierre-les-Becquets. [3]—*Marie-Angélique*, b [3] 21 sept. 1742.—*Marie-Joseph*, b... m [3] 15 janvier 1759, à Antoine Armand.—*Marie*, b [3] 11 avril 1746.—*Jean-Baptiste-Louis*, b [3] 23 mars 1748.—*Marguerite*, b [3] 3 déc. 1749.—*Jean-Baptiste-Louis*, b [3] 3 déc. 1751 ; s [3] 13 fevrier 1753.—*Marie-Céleste*, b [3] 29 avril 1753.—*Joseph-Amable*, b [3] 12 oct. 1755.—*Gabriel*, b [3] 23 sept. 1757.—*Jean-Baptiste-Antoine*, b [3] 24 mai et s [3] 5 juin 1759.

1747, (22 juillet) Michillimakinac. [4]

III.—LETELLIER (4), Jean-Bte, [Jean II. b 1696 ; voyageur.
Nipissing, Marie-Joseph, nee 1712 ; b [4] 22 juillet 1747.
Antoine, ne 1728 ; b [4] 2 août 1733 ; m [4] 16 juillet 1758, à Charlotte 8et8kis.—*Francois-Xavier*, né 1734 ; b [4] 22 juillet 1747.—*René-François*, ne 1737 ; b [4] 22 juillet 1747 ; m à ... Macatevic8c8e.—*Ignace*, ne 1741 ; b [4] 22 juillet 1747.—*Joseph*, né 1744 ; b [4] 22 juillet 1747 ; s [4] 11 août 1754.—*Joseph-Marie*, ne 1746 ; b [4] 22 juillet 1747 ; s [4] 23 août 1754.—*Marie-Joseph*, nee 18 mai et b [4] 14 juin 1753 ; s [4] juillet 1754.

1753, (16 juillet) Michillimakinac. [5]

IV.—LETELLIER (4), Antoine, [Jean-Bte III. b 1733.
8et8kis, Charlotte.
Jean-Baptiste, ne 10 sept. 1754 ; b [5] 17 juin 1755.—*Charles*, né 20 nov. 1757, à Fond-du-Lac ; b [5] 2 juillet 1758.—*Nicolas*, b [5] 24 juin 1759.—*Joseph*, b [5] 30 mai 1761.—*Ignace*, né 5 janvier, au Haut-Wisconsin et b [5] 30 juin 1763.—*Antoine*, né 23 janvier au Mississipi et b [5] 30 juin 1765.

(1) Et Tellier.
(2) Accidentellement empoisonnée.
(3) Morte du poison qu'elle avait pris avec sa mère et une fille de service, sans le connaître.
(4) Et Tellier dit Lafortune.

1757, (27 juin) St-Ours.
III.—LETELLIER (1), FRS-MARIE, [FRS-ELIE II. b 1727.
RONDEAU, Marie-Louise, [JOSEPH II. veuve d'Adrien Pichet.

1758, (25 sept.) Québec. [4]
I.—LETELLIER, NICOLAS, b 1728, perruquier; fils d'Eustache et de Marie Cuisine, de St-Ouën-de-Ponteau-de-mer, diocèse de Lizieux, Normandie ; s [4] 19 oct. 1783.
RENVOYZÉ, Marie-Geneviève, [ETIENNE I. b 1730 ; s [4] 10 nov. 1798.
Marie-Geneviève, b 20 juillet 1760, à Beauport ; m [4] 5 juin 1780, à Jean-Baptiste CHRÉTIEN. — *Marie-Geneviève*, b 2 août 1761, à Charlesbourg. [1]—*Jean-Baptiste-Nicolas*, b [1] 19 oct. 1762; m [4] 1er août 1786, à Marguerite RASSET. — *Louis*, b [1] 1er nov. 1763 ; m 3 février 1789, à Marie-Joseph COUTURE, à Beaumont [9] ; s [9] 31 mai 1838.

IV.—LETELLIER (2), RENÉ-FRS, [JEAN-BTE III. b 1747.
MACATEMIC8C8E, ...
François, né 1er janvier 1764 ; b 3 juillet 1765, à Michillimakinac.

1766, (10 février) Sorel.
III.—LETELLIER (1), PIERRE. [FRS-ELIE II.
MIMAUX, Geneviève, [JOSEPH II. b 1748.

1771, (21 janvier) Berthier.
II.—LETELLIER (1), FRANÇOIS, [FRANÇOIS I. b 1746.
CARBONNEAU, Elisabeth, [JEAN-BTE III. b 1750.

1771, (1er juillet) Ste-Anne-de-la-Pérade. [4]
I.—LETELLIER (1), PIERRE, fils de Jacques et de Blanche Hebert, Des Mines, Acadie.
CHARETS, Geneviève. [JOSEPH IV.
Pierre, b [4] 8 avril 1774. — *Joseph-Damase*, b [4] 13 déc. 1775.

1775, (30 janvier) St-Cuthbert. [4]
III.—LETELLIER (1), PIERRE-JOS., [PIERRE II. b 1749.
RONDEAU, Marie-Joseph. [NICOLAS.
Marie-Joseph, b [4] 7 oct. 1775.—*Marie-Victoire*, b [4] 6 mai 1778.—*Marc-Antoine*, b [4] 7 janvier 1780. —*Joseph*, b [4] 24 déc. 1781.—*Pierre-Joseph*, b [4] 29 janvier 1784.—*Louis*, b [4] 16 juillet 1786.— *Vital*, b [4] 10 mai 1788.—*Jean-Baptiste*, b [4] 13 oct. 1790.

LETELLIER, JEAN-JACOB.
.... Anne-Elisabeth.
Catherine, b... m 27 nov. 1798, à Antoine SIMON, à Québec.

(1) Et Tellier.
(2) Et Tellier dit Lafortune.

II.—LETELLIER, MICHEL, [FRANÇOIS I. b 1750.
MOREAU, Louise.
Michel, b... m 12 janvier 1802, à Marie-Angelique BOSCHÉ, à Beaumont.

LETELLIER, JOSEPH.
BÉRARD, Monique.
Alexis, b 6 mars 1780, à l'Ile-Dupas.

1783, (24 nov.) St-Cuthbert. [5]
III.—LETELLIER (1), ALEXIS. [PIERRE II.
DRAPIER, Marie-Anne. [PIERRE
Alexis, b [5] 10 janvier 1785 ; s [5] 23 juillet 1787. — *Marie-Anne*, b [5] 3 sept. 1786. — *Marie-Geneviève*, b [5] 11 nov. 1788.—*Pierre*, b [5] 30 dec. 1792, s [6] 22 juin 1793.

LETELLIER (1), ALEXIS.
GERVAISE, Marie-Joseph.
Marie-Madeleine, b 24 juin 1789, à St-Cuthbert

LETELLIER (2), JEAN-BTE.
RIVET, Marie-Louise.
Jean-Baptiste, b 8 juin 1789, à Repentigny.

1786, (1er août) Québec.
II.—LETELLIER, J.-BTE-NICOLAS, [NICOLAS I b 1762 ; marchand.
RASSET, Marguerite. [JEAN III

1789, (3 février) Beaumont. [6]
II.—LETELLIER, LOUIS, [NICOLAS I. b 1763 ; s [6] 31 mai 1838.
COUTURE, Marie-Joseph. [GUILLAUME IV.

LETELLIER (1), AMAND.
BIENVENU, Pélagie.
Amand, b 1er nov. 1789, à St-Louis, Mo.

1790, (15 février) St-Cuthbert. [7]
III.—LETELLIER (1), PIERRE, [PIERRE II b 1742.
LÉVEILLÉ, Judith, b 1762 ; s [7] 22 juin 1793.
Pierre, b [7] 14 et s [7] 16 janvier 1791. — *Joseph*, b [7] 22 février 1792.

1802, (12 janvier) Beaumont.
III.—LETELLIER, MICHEL. [MICHEL II.
BOSCHÉ, Marie-Angelique. [JACQUES IV

LETENDRE.—*Surnoms :* HÉLÈNE—LALIBERTÉ—ST. THOMAS.

I.—LETENDRE, PIERRE, s 14 avril 1714, à Sorel. [5]
LAMY, Catherine, [ISAAC I b 1679 ; s [5] 21 janvier 1750.
Marie-Louise, b [5] 20 août 1700 ; m [5] 6 février 1726, à Michel PELLETIER. — *Pierre*, b [5] janvier 1702 ; m [5] 22 janvier 1725, à Madeleine GUÈVREMONT ; s [5] 11 nov. 1759.— *Augustin*, b [5] 3 février

(1) Et Tellier.
(2) Et Tellier dit Lafortune.

704. —*Jean-Baptiste*, b 28 février 1706, à l'Ile-Dupas[5]; m[5] 22 nov. 1735, à Marie-Jeanne Hus. —*Marie-Jeanne*, b[5] 19 février 1708 ; m[5] 16 nov. 1728, à Pierre PLANTE.— *Catherine*, b[5] 23 mars 1710 ; m[5] 29 mai 1730, à Gabriel DESORCY ; s[5] 11 sept. 1780.—*Joseph*, b[5] 11 et s[5] 29 nov. 1711. —*Geneviève*, b 1712 ; s[5] 29 janvier 1713. —*Joseph* et *Antoine*, b[5] 26 nov. 1713 ; s[5] 10 oct. 1714.

1699, (1er janvier) Montréal.[5]

I.—LETENDRE (1), THOMAS,
b 1675 ; s[5] 15 février 1739.
MORIN, Marie-Anne, [JACQUES I.
b 1667 ; veuve de Jean Bouteiller.

Thomas, b[5] 27 mars 1702 ; m[5] 8 oct. 1732, à Marguerite LEPAGE. — *Marie-Madeleine*, b[5] 24 août et s[5] 26 nov. 1705. — *Marie-Marguerite*, b[5] 25 mars 1708 ; m[5] 31 août 1733, à Gabriel TOUSIS.—*Joseph*, b 1715 ; s[5] 10 fevrier 1723.

1725, (22 janvier) Sorel.[9]

II—LETENDRE, PIERRE, [PIERRE I.
b 1702 ; s[9] 11 nov. 1759.
GUÈVRENONT, Madeleine, [JEAN-BTE I.
b 1700 ; s[9] 29 mars 1758.

Marie-Madeleine, b[9] 25 avril et s[9] 25 mai 1726. —*Pierre-François*, b[9] 11 et s[9] 17 mars 1727.—*Jean-Baptiste*, b[9] 2 et s[9] 14 mai 1728.— *Pierre*, b[9] 28 avril 1729 ; 1° m 22 juin 1751, à Geneviève MAHEU, à St-Antoine-de-Chambly ; 2° m à Madeleine LEFEBVRE-DESCOTEAUX. — *Augustin*, b[9] 30 août 1730 ; m 1759, à Therèse FAFARD. — *Jean-Baptiste*, b[9] 18 mai 1732 ; m 17 mai 1758, à Françoise ABRAHAM-DESMARETS, à St-François-du-Lac —*Antoine*, b[9] 7 avril 1734 ; m[9] 14 janvier 1760, à Marie-Joseph HUS. — *Joseph*, b[9] 4 mai 1737 — *Marie-Madeleine*, b[9] 12 oct. 1738. — *Louis*, b[9] 19 déc. 1743 ; s[9] 12 oct. 1749.

1732, (8 oct.) Montréal.

II.—LETENDRE (2), THOMAS, [THOMAS I.
b 1702.
LEPAGE (3), Marguerite, [JACQUES I.
b 1710.

Thomas, b... 1° m 30 janvier 1764, à Marie-Joseph OSSANT, à Sorel ; 2° m 17 oct. 1768, à Catherine LABADIE, à St-Antoine-de-Chambly.

1735, (22 nov.) Sorel.[5]

II—LETENDRE (2), JEAN-BTE, [PIERRE I.
b 1706.
HUS, Marie-Jeanne, [LOUIS II.
b 1713.

Jean-Baptiste, b[5] 10 oct. 1736 ; m[5] 12 oct. 1761, à Madeleine CARDIN. — *Joseph*, b[5] 17 oct. 1738, m[5] 11 avril 1763, à Catherine PÉLOQUIN.— *Pierre*, b[5] 29 février et s[5] 25 mars 1740.—*Marie-Catherine*, b[5] 4 février et s[5] 7 août 1741.—*Marie-Jeanne*, b[5] 18 juin 1742 ; m[5] 8 avril 1766, à Joseph DESORCY. — *Antoine*, b[5] 28 sept. 1744.— *Marc-Antoine*, b[5] 2 juillet 1746. — *Elisabeth*, b[5] 31 oct. 1748.—*Marie-Catherine*, b[5] 31 oct. 1748 ; s[5] 5 sept. 1749. — *Marie-Louise*, b[5] 21 février 1751 ; m[5] 8 mai 1768, à Antoine FORCIER.—*Agathe*, b[5] 29 avril et s[5] 27 juillet 1753. — *Marie*, b[5] 15 et s[5] 31 août 1754.

(1) Dit St. Thomas ; voy. la note, vol. I, p. 300.
(2) Dit St. Thomas.
(3) Elle épouse, le 7 avril 1739, Antoine Clopin, à Montréal.

1751, (22 juin) St-Antoine-de-Chambly.[9]

III.—LETENDRE, PIERRE, [PIERRE II.
b 1729.
1° MAHEU (1), Geneviève. [PIERRE.

Pierre, b 15 avril 1752, à Sorel ; m 12 janvier 1789, à Agathe HUOT-ST. LAURENT, à Nicolet.—*Marie-Charlotte*, b[9] 7 et s[9] 8 mai 1753.— *Marie-Geneviève*, b 4 février 1754, à St-Ours.—*Amable*, b[9] 9 août 1757.

2° LEFEBVRE-DESCOTEAUX, Madeleine.

Joseph, b... m 30 août 1791, à Marie SANS-FAÇON, à Québec.

1758, (17 mai) St-Frs-du-Lac.[7]

III.—LETENDRE, JEAN-BTE, [PIERRE II.
b 1732.
ABRAHAM (2), Françoise. [PIERRE II.

Joseph, b[7] 6 avril 1759. — *Françoise*, b[7] 14 nov. 1760. — *Jean-Baptiste*, b 13 mars et s 3 juin 1763, à St-Michel-d'Yamaska.[8] — *Pierre*, b[8] 6 avril 1764.— *François-Xavier*, b[8] 12 mai 1765.— *Antoine*, b[8] 24 sept. et s[8] 3 oct. 1769.

1759.

III.—LETENDRE, AUGUSTIN, [PIERRE II.
b 1730.
FAFARD, Thérèse.

Charlotte, b 26 juillet 1760, à l'Ile-Dupas[8].— *Joseph*, b[8] 22 mars 1762. — *Jacques*, b[8] 12 juin 1763.

1760, (14 janvier) Sorel.

III.—LETENDRE, ANTOINE, [PIERRE II.
b 1734.
HUS (3), Marie-Joseph, [PAUL III.
b 1737.

1761, (12 oct.) Sorel.

III.—LETENDRE, JEAN-BTE, [JEAN-BTE II.
b 1736.
CARDIN (4), Marie-Madeleine. [PIERRE III.

Pierre, b 5 avril 1766, à l'Ile-Dupas.

1763, (11 avril) Sorel.

III.—LETENDRE, JOSEPH, [JEAN-BTE II.
b 1738.
PÉLOQUIN-SALOUÉ, Catherine, [FÉLIX II.
b 1738 ; veuve de Joseph Salvail.

Marie-Anne, b 13 janvier 1764, à St-Michel-d'Yamaska.

(1) Appelée Lavigne, 1789.
(2) Dit Desmarets—Desmarais.
(3) Et Paul.
(4) Dit Lefrançois.

1764, (30 janvier) Sorel.

III.—LeTENDRE, Thomas. [Thomas II.
1° Ossant (1), Marie-Joseph, [Ignace III.
b 1745.

1768, (17 oct.) St-Antoine-de-Chambly.

2° Labadie, Marie-Catherine, [Louis.
b 1749.

1789, (12 janvier) Nicolet.

IV.—LeTENDRE, Pierre. [Pierre III.
Huot-St. Laurent, Agathe. [Jacques-Frs IV.

1791, (30 août) Québec.

IV.—LeTENDRE, Joseph. [Pierre III.
Sansfaçon, Marie. [Louis.

I.—LeTESSIER, Jacques, b 1678; prêtre de St-Sulpice; de Château-Gontier, diocèse d'Angers, Anjou; s 7 mars 1737, à Montreal.

L'ÉTOILE.—*Surnom :* L'Italien.

1748, (22 avril) Québec. [4]

I.— L'ÉTOILE (2), Jacques-Bonaventure, fils d'Ange-Marie et d'Angélique Berare, de Trinité, diocèse de Dalbinga, République de Gênes.
Amiot, Marie-Joseph, [Charles IV.
b 1732.

Marie-Geneviève, b [4] 10 avril 1749; s [4] 15 janvier 1752. — *François*, b [4] 21 mars 1751. — *Laurent*, b 1754; s [4] 8 janvier 1755. — *Joseph*, b [4] 12 oct. 1755. — *Joseph*, b [4] 1er et s [4] 12 oct. 1757. — *Louis-François*, b [4] 15 nov. 1758.—*Marie-Joseph*, b... m 29 avril 1789, à Jean-Marie Gauvin, à St-Jean-Port-Joli.

LÉTOURNEAU.—*Variations et surnoms :* Estourneau — L'Estourneau— Nadeau — Nadon.

1664, (6 juin) Château-Richer.

II.—LÉTOURNEAU (3), David, [David I.
b 1639; s 23 fevrier 1709, à Québec. [4]
Chapelain, Françoise, [Louis I.
b 1646; s [4] 13 mai 1729.

Louis, b 1er fevrier 1669, à Ste-Famille, I. O. [5]; m 19 nov. 1696, à Anne Blouin, à St-Jean, I. O.; s 12 juillet 1743, à St-Laurent, I. O. — *Bernard*, b [5] 8 sept. 1673; 1° m [5] 2 juin 1698, à Marie Rocheron; 2° m 31 juillet 1703, à Helène Paquet, à St-François, I. O.; s 22 mars 1750, à Chambly. —*Marguerite*, b 1675; sœur St-Pierre, congreg. N.-D.; s 4 oct. 1721, à Montreal.

1673, (18 avril) Ste-Famille, I. O. [2]

II.—LÉTOURNEAU (3) Jean, [David I.
b 1642; s 23 avril 1722, à Québec. [5]
Dufresne, Anne-Françoise, [Pierre I.
b 1658; s 15 fevrier 1738, à St-Thomas.

Jean, b 22 oct. 1688, à St-Laurent, I. O.; 1° m [2] 13 avril 1711, à Marguerite Asselin; 2° m 1715 à Anne Gendron; s [5] 9 avril 1730.

(1) Et Aussan.
(2) Dit L'Italien.
(3) Voy. vol. I, p. 300.

1694, (8 février) Ste-Anne-de-la-Pérade. [1]

II.—LÉTOURNEAU (1), Jacques, [David I
b 1668.
Guyon, Angélique, [Joseph III
b 1677.

Marie-Marguerite, b [1] 21 oct. 1696; m 28 juillet 1716, à René Bertrand, à Deschambault. [8] — *Marie-Angélique*, b [1] 12 mars 1698; 1° m 25 février 1727, à Jean-Baptiste Gendra, aux Trois-Rivières; 2° m [1] 5 août 1738, à Louis Michelin. — *Louis*, b [1] 6 février 1701; 1° m 30 dec. 1731, à Anne Hébert, à Varennes; 2° m 23 nov. 1739, à Angelique Desmarets, à Longueuil.—*Alexis*, b 11 dec. 1709; m [8] 13 juillet 1738, à Marie-Geneviève Naud; s [8] 18 dec. 1785. — *Madeleine*, b [1] déc. 1714; s [8] 7 mars 1716.

1696, (19 nov) St-Jean, I. O.

III.—LÉTOURNEAU (1), Louis, [David II.
b 1669; s 12 juillet 1743, à St-Laurent, I. O.
Blouin, Anne, [Méry I.
b 1678; s [7] 21 déc. 1749.

Louis, b... 1° m 22 avril 1727, à Agathe Guyon, à Ste-Famille, I. O. [8]; 2° m [8] 17 oct. 1735, à Marthe Deblois.—*Anne*, b [7] 23 nov. 1701, s [7] 3 déc. 1725. — *Geneviève*, b [7] 17 février 1703, m [7] 20 oct. 1738, à Pierre Gagné. — *Marie-Thérèse*, b [7] 30 mars 1704.—*Angélique*, b [7] 6 janvier 1706. —*Nicolas*, b [7] 18 sept. 1707; m [7] 7 fevrier 1736, à Thérèse Labrecque.—*Jeanne*, b [7] 5 sept. 1709, 1° m [7] 3 février 1739, à Alexis Aléaume; 2° m 11 oct. 1746, à François Harbour, à Quebec. [9] — *Antoine*, b [7] 13 mai 1712; 1° m 17 avril 1736, à Marguerite Destroismaisons, à St-Thomas. 2° m 4 nov. 1749, à Marie-Anne Leblond, à St-Valier — *Joseph*, b [7] 22 avril 1714; s [9] 4 sept. 1734 (noye). — *Jacques*, b [7] 20 août 1716; m [7] 16 nov. 1739, à Madeleine Baillargeon. — *Ignace*, b [7] 14 mars 1718; 1° m 20 juillet 1744, à Marguerite Couture, à St-Pierre, I. O.; 2° m [8] 27 juillet 1762, à Marie-Françoise Leblond. — *Geneviève*, b [7] 9 nov. 1720.

1698, (2 juin) Ste-Famille, I. O.

III.—LÉTOURNEAU (2), Bernard, [David II.
b 1673; s 22 mars 1750, à Chambly. [7]
1° Rocheron, Marie, [Gervais I.
b 1679; s 22 janvier 1703, à St-Jean, I. O. [8]

Jean-Baptiste, b [8] 18 juin 1701; m [7] 26 avril 1728, à Catherine Ménard.

1703, (31 juillet) St-François, I. O

2° Paquet, Helène, [René II
b 1682; veuve de Pierre Jinchereau; s [7] 6 mai 1758.

Joseph, b [8] 18 août 1704; 1° m 13 janvier 1738, à Marie-Angelique Bouteiller, à Longueuil; 2° m [7] 6 juin 1757, à Louise Marchand. — *Marie-Hélène*, b [8] 29 août et s [8] 22 nov. 1706.—*Marie-*

(1) Voy. vol. I, p. 300.
(2) Voy. vol. I, pp. 300-301.

...çoise, b [3] 1er janvier et s [3] 29 avril 1708.—Marie-Anne-Angélique, b 1715; m 7 avril 1739, à Joseph RANCIN, à Québec [9]; s [9] 6 mai 1791.—Marie-Joseph, b... m 1740, à Pierre DESNOYERS.—Thérèse, b... 1° m [9] 30 janvier 1742, à Pierre ...ECRAT; 2° m [7] 3 août 1750, à René MÉNARD.—...ois, b 1718; m [7] 14 avril 1749, à Marie-Joseph ...ERS; s [7] 23 août 1758. — *Nicolas*, b [8] 10 oct. 1722; m 15 août 1746, à Geneviève PÉLOQUIN, à ...rel. — *Marie-Hélène*, b 20 juillet 1725, à La...urie; m [7] 12 février 1759, à Jean MARTIN; s [7] ...avril 1759.

1706, (19 avril) Ste-Anne.

II.—LÉTOURNEAU, JEAN, [DAVID II.
b 1687.
CAPON, Marguerite, [ROBERT II.
b 1688; s 31 déc. 1758, à Ste-Famille, I. O. [3]
Marguerite, b [3] 9 déc. 1707; 1° m [3] 5 nov. 1727, à Joseph FORTIN; 2° m 12 janvier 1739, à Louis FOURNIER, à l'Islet. [4]—*Marie-Françoise*, b [3] 8 nov. 1709; m [3] 16 avril 1731, à Jean PICHET.— *Anne*, b [3] 15 et s [3] 20 août 1711.—*Geneviève*, b [3] 10 oct. 1712; m [3] 5 mars 1753, à André LOMBARD. — *Marthe*, b [3] 26 février 1715; m [3] 17 août 1739, à Jacques PERROT; s [3] 28 mai 1761.—*Pierre*, b [3] 5 mai 1717; m 14 février 1746, à Félicité SIMON, au Château-Richer.—*Jean*, b [3] 9 juin 1719; m 27 août 1753, à Marie-Anne MINET-MONTIGNY, à St-Pierre, I. O. [5] — *Marie-Angélique*, b [3] 14 août 1721, m [3] 12 août 1743, à Jean-Baptiste LOISON. — *Marie-Catherine*, b [3] 25 sept. 1723, 1° m [4] 20 juillet 1750, à Jean-Baptiste FOURNIER; 2° m 19 nov. 1764, à François PROU, à St-Thomas.—*Joseph*, b [3] 22 juillet 1725; m [5] 14 février 1752, à Madeleine MINET-MONTIGNY.—*Joseph*, b [3] 17 août 1726.—*François*, b [3] 6 oct. 1728.

1711, (13 avril) Ste-Famille, I. O.

III.—LÉTOURNEAU, JEAN, [JEAN II.
b 1688; s 9 avril 1730, à Québec. [5]
1° ASSELIN, Marguerite, [PIERRE II.
b 1692; s 22 oct. 1714, à St-Thomas. [6]
Jean, b [6] 8 avril 1712; m [5] 11 mai 1738, à Geneviève GAUTIER; s [5] 24 février 1789. — *Marguerite*, b [6] 28 nov. 1713; s [6] 11 janvier 1714.

1715.

2° GENDRON (1), Anne, [JACQUES II.
b 1694.
Jacques-Marie, b [6] 5 mai 1716; s [6] 16 août 1720.—*Thomas*, b [6] 29 déc. 1717, s [6] 15 janvier 1718.—*Marie-Anne*, b [6] 4 mai 1719; m [6] 11 nov. 1738, à Ignace GAUMONT. — *Louis*, b [5] 25 mai 1721; m [5] 5 août 1743, à Thérèse DUBOIS-LAFRANCE. — *Jacques*, b [6] 11 mai 1723; s [6] 20 juillet 1725.—*Charles-Antoine*, b [5] 26 juillet 1725; m 5 juillet 1751, à Marie-Joseph GATIEN, aux Trois-Rivières.—*Pierre*, b [5] 18 mars 1727; s [5] 11 janvier 1729. — *Anne-Suzanne*, b [5] 9 et s [5] 12 juillet 1729.—*Marie-Louise* (posthume), b [5] 23 et s [5] 26 sept. 1730.

(1) Elle épouse, le 17 sept. 1731, Jean Vallée, à Québec.

III.—LÉTOURNEAU, JACQUES, [DAVID II.
b 1683.
1° BLOUIN, Marguerite, [MÉRY I.
b 1685; s 20 juillet 1753, à Québec. [7]

1753, (26 nov.) [7]

2° RATEAU (1), Marie, fille de Pierre et de Catherine Barbesson, de Pressac, diocèse de Xaintes, Saintonge.

1727, (22 avril) Ste-Famille, I. O. [8]

IV.—LÉTOURNEAU, LOUIS. [LOUIS III.
1° GUYON, Agathe, [GERVAIS III.
b 1704; s [8] 11 nov. 1733.
Marie-Catherine, b [8] 5 avril 1728; m [8] 1er février 1745, à Pierre DEBLOIS.—*Louis*, b [8] 25 oct. 1730; m [8] 18 avril 1763, à Véronique GOSSELIN.—*Jean-Baptiste*, b [8] 26 juillet 1732; s [8] 23 janvier 1733.—*Claude*, b [8] 7 et s [8] 8 nov. 1733.

1735, (17 oct.) [8]

2° DEBLOIS, Marthe, [GERMAIN II.
b 1712; veuve de Charles Loignon.
Marie-Charlotte, b [8] 13 oct. 1736; m [8] 21 août 1753, à Jean LEBLOND. — *Marie-Joseph*, b [8] 19 mars 1738; m [8] 7 nov. 1763, à Joseph-Marie GOSSELIN — *Pierre-Amable*, b [8] 22 déc. 1739; s [8] 4 avril 1741. — *Jean-François*, b [8] 27 déc. 1741; m [8] 16 février 1767, à Marie-Madeleine DROUIN.—*Joseph*, b [8] 19 mars 1743; m [8] 4 février 1771, à Geneviève ASSELIN.—*Marie-Rosalie*, b [8] 20 avril 1745; m [8] 22 juin 1767, à Jacques PICHET. — *Marie-Godelène*, b [8] 1er juin 1747; s [8] 20 déc. 1748.— *Marguerite-Abondance*, b [8] 22 déc. 1749. — *Marie-Hélène*, b [8] 16 mars 1752; s [8] 30 déc. 1771.—*Madeleine*, b [8] 12 mai 1754.

1728, (26 avril) Chambly.

IV.—LÉTOURNEAU, JEAN-BTE, [BERNARD III.
b 1701.
MÉNARD, Catherine, [JEAN II.
b 1694; veuve de Pierre Renaud.
Marie, b... m 17 août 1744, à Louis DELAGE, à Longueuil.

1731, (30 déc.) Varennes.

III.—LÉTOURNEAU, LOUIS, [JACQUES II.
b 1701.
1° HÉBERT, Anne, [IGNACE II.
b 1701; veuve de Jean Charbonneau.

1739, (23 nov.) Longueuil. [3]

2° DESMARETS-DESNOYERS, Angélique. [JEAN I.
Julien, b [3] 31 août 1748. — *Jeanne*, b... m 24 janvier 1774, à Louis RICHARD-LAVALLÉE, à St-Michel-d'Yamaska.

1735, (2 juin) Cap-de-la-Madeleine.

III.—LÉTOURNEAU, DOMINIQUE, [JACQUES II.
b 1712.
PINEAU, Marie-Charlotte, [THOMAS II.
b 1716; s 20 août 1745, aux Trois-Rivières.

(1) Elle épouse, le 25 juillet 1763, François Guillot, à Québec.

1736, (7 février) St-Laurent, I. O.[5]

IV.—LÉTOURNEAU, NICOLAS, [LOUIS III.
b 1707.
LABRECQUE, Thérèse, [JACQUES II.
b 1709.

Thérèse, b[5] 5 janvier 1737; m[5] 24 janvier 1763, à François AUDET.—*Jacques,* b[5] 7 fevrier 1739; m[5] 24 janvier 1763, à Marguerite AUDET. —*Marie-Joseph,* b[5] 18 mars 1741.—*Geneviève,* b[5] 12 janvier 1743.—*Madeleine,* b[5] 13 oct. 1744; s[5] 22 août 1747.—*Marguerite,* b[5] 27 déc. 1746; s[5] 5 août 1747.—*Nicolas,* b[5] 6 sept. 1752.

1736, (17 avril) St-Thomas.[1]

IV.—LÉTOURNEAU, ANTOINE, [LOUIS III.
b 1712.
1° DESTROISMAISONS (1), Margte, [CHARLES II.
b 1712.

Louis, b... m 20 février 1764, à Marie-Victoire BERNIER, à l'Islet.—*Joseph-Marie,* b[1] 21 juillet 1742.—*Marie-Marguerite,* b 23 juillet 1744, à Berthier.—*Marie-Reine,* b 1746; s 4 février 1749, à St-Pierre-du-Sud.[2]

1749, (4 nov.) St-Valier.

2° LEBLOND, Marie-Anne, [MARTIN II.
b 1725.

Jean-Baptiste, b[2] 18 août 1750.—*Marie-Anne,* b[2] 20 mars 1752.—*Marie-Charlotte,* b[2] 24 mars 1754.—*Ignace,* b[2] 3 oct. 1755.—*Jean-Baptiste,* b[2] 6 août 1757; s[2] 2 sept. 1758.

1738, (13 janvier) Longueuil.[9]

IV.—LÉTOURNEAU, JOSEPH, [BERNARD III.
b 1704.
1° BOUTEILLER (2), Marie-Angél., [ANTOINE II.
b 1716; s 24 juillet 1754, à Chambly.[6]

Joseph, b 1739; m[6] 7 juin 1766, à Marie-Joseph VARLET.—*Angélique,* b... m[6] 4 juillet 1757, à Amable NIQUET.—*Hélène,* b 1740; m 1756, à Henri LINDE.—*Antoine,* b[6] 30 oct. 1746.—*Michel-Antoine,* b[6] 10 oct. 1747.—*Jean-Baptiste,* b[9] 23 février et s[6] 15 mars 1749.—*Marie-Michelle,* b[6] 7 février 1750.—*Françoise,* b[6] 29 mars 1751.—*François-Amable,* b[6] 24 déc. 1752; s[6] 8 mai 1753. —*Amable* et *Paschal,* b[6] 1er et s[6] 9 déc. 1753.

1757, (6 juin).[6]

2° MARCHAND, Louise, [FRANÇOIS II.
b 1726.

Marie-Louise, b[6] 20 janvier 1758.—*Jean-Baptiste,* b[6] 16 mai 1760.

1738, (11 mai) Québec.[5]

IV.—LÉTOURNEAU, JEAN, [JEAN III.
b 1712; forgeron; s[5] 24 février 1789.
GAUTIER, Marie-Geneviève, [FRANÇOIS II.
b 1719; s[5] 24 avril 1780.

Jean-François, b[5] 22 janvier 1739; m à Angélique LEGRIS; s[5] 22 août 1788.—*Marie-Joseph,* b[5] 18 mars 1740; m[5] 13 sept. 1762, à Jean HAUSSMANN.—*Marie-Louise,* b[5] 5 oct. 1741; s[5] 6 janvier 1743.—*François-Michel,* b[5] 1er janvier 1743; m 12 janvier 1767, à Catherine ROUTIER, à Ste-Foye.—*Jean-Paschal,* b[5] 21 fevrier 1744; m[5] 1 juillet 1775, à Marie-Françoise-Antoinette BAILLAIRGÉ.—*Joseph,* b[5] 12 août 1745; m[5] 18 sep 1781, à Marie-Anne CONNOR.—*Pierre,* b[5] 2 nov 1746.—*Marie-Geneviève,* b[5] 7 janvier 1748; s[5] février 1750.—*Laurent,* b[5] 18 mai et s 3 nov 1749, à Beauport.—*Pierre-Martial,* b[5] 22 oc 1750; s[5] 4 déc. 1753.—*Louis-Joseph,* b[5] 20 janvier et s[5] 30 juillet 1752.—*Germain,* b[5] 18 nov 1753.—*Angélique-Félicité,* b[5] 5 juillet 1755; s 12 février 1759.—*Jean-Baptiste,* b[5] 31 mai 1757 m[5] 7 nov. 1786, à Marie-Charlotte LEGRIS.—*Charlotte-Joseph,* b[5] 3 et s 5 nov. 1758, à Lévis.

1738, (13 juillet) Deschambault.[2]

III.—LÉTOURNEAU, ALEXIS, [JACQUES II.
b 1709; s[2] 18 déc. 1785.
NAUD, Marie-Geneviève, [JEAN-FRANÇOIS II.
b 1719; s[2] 2 avril 1788.

Alexis, b[2] 24 oct. 1738; m[2] 20 août 1764, à Marie-Joseph PAQUIN.—*Marie-Cécile,* b[2] 2 avril 1740; s[2] 19 juin 1744.—*Marie-Joseph,* b[2] 18 mars 1742.—*Geneviève,* b[2] 10 mai 1743; s[2] 1er juin 1744.—*Marie-Joseph,* b[2] 21 nov. 1747.—*Louis,* b[2] 23 août 1749; m 8 février 1774, à Marie-Rosalie COURTOIS, à Batiscan.—*Marie-Catherine,* b[2] 23 mars et s[2] 19 déc. 1751.—*Marie-Angélique,* b[2] 20 sept. 1752; m[2] 4 février 1788, à Jean-Baptiste NAUD; s[2] 15 mars 1789.—*René,* b[2] 24 sept 1754.—*Marie-Clotilde,* b[2] 1er oct. 1756.—*Marguerite,* b 1760; 1° m à Joseph-Clement ARCAN, 2° m[2] 15 nov. 1796, à Etienne COUCEAU.

1739, (16 nov.) St-Laurent, I. O.[1]

IV.—LÉTOURNEAU, JACQUES, [LOUIS III.
b 1716.
BAILLARGEON, Madeleine, [NICOLAS III.
b 1718.

Marie-Madeleine, b[1] 2 juin 1742.—*Marie-Anne,* b[1] 22 fevrier 1744.—*Jacques,* b[1] 31 août 1745—*Geneviève,* b 2 août 1747, à St-Jean, I. O.[2]; m[1] 2 sept. 1777, à Joseph VALLIÈRE.—*Laurent,* b[1] 25 fevrier 1749; s[1] 1er mars 1750.—*Charles,* b[1] 13 février 1751.—*François,* b[1] 24 février 1752.—*Thérèse,* b[1] 30 avril 1754.—*Marie-Joseph,* b[1] 8 janvier 1756.—*Madeleine,* b[2] 15 sept. 1757.—*Catherine,* b[1] 17 sept. 1761.

1740, (13 juin) Beauport.[3]

I.—LÉTOURNEAU, GUILLAUME, fils de Guillaume et de Marie Grigo, de St-Georges-d'Oleron, Gascogne.
RODRIGUE (1), Françoise, [VINCENT II.
b 1721.

Marie, b 1741; s 11 février 1762, à St-Joseph, Beauce.[4]—*Louise,* b 1742; s[4] 2 nov. 1757.—*Marguerite,* b[3] 5 oct. 1743; m[4] 30 juillet 1764, à Joseph-Rene BOLDUC.—*Paul-Guillaume,* b[4] 14 oct. 1745; m[4] 23 janvier 1769, à Marie GROSLEAU. —*Pierre,* b 1746; s[3] 29 mars 1747.—*Marie-Angélique,* b[4] 25 janvier 1747; s[4] 16 août 1762—*Judith,* b... m[4] 17 oct. 1770, à Joseph VIOT-LALIBERTÉ.—*Guillaume,* b 1751; s[4] 28 avril

(1) Dit Picard.
(2) Brûlée dans le bois, entre Chambly et Longueuil.

(1) Elle épouse, le 7 janvier 1760, Jean Gagné, à St-Joseph, Beauce.

1753.—*Geneviève*, b 4 25 mars 1755; s 4 3 sept. 1757.—*Noel*, b 4 27 dec. 1756.—*Louise*, b 4 8 janvier 1759.—*Joseph-Marie*, b 4 15 juillet 1761; s 17 juillet 1776 (subite).—*Guillaume*, b 4 1er et s 4 mai 1763.

1743, (7 août) Québec. 5

IV.—LÉTOURNEAU, Louis, [Jean III.
b 1721; navigateur.
Dubois-Lafrance, Thérèse, [Jean-Bte II.
b 1715; s 5 18 mars 1780.
Thérèse, b 5 28 juillet et s 19 sept. 1745, à Charlesbourg.—*Catherine-Jeanne*, b 5 12 nov. et s 5 déc. 1746.—*Louise-Elisabeth*, b 5 11 juin 1748.—*Madeleine-Thérèse*, b 5 2 mai 1750; s 27 août 1750, à St-Antoine-Tilly.—*Geneviève*, b 5 26 mai 1751; m 5 7 août 1781, à Joseph Marcheteau-Desnoyers.—*Marie-Louise*, b 5 15 et s 5 18 avril 1753.—*Marie*, b 5 7 et s 5 17 oct. 1755.—*Marie-Thérèse*, b 5 24 août et s 5 3 sept. 1757.

1744, (20 juillet) St-Pierre, I. O.

IV.—LÉTOURNEAU, Ignace, [Louis III.
b 1718.
1° Couture, Marguerite, [Jean-Bte III.
b 1723; s 27 nov. 1761, à Ste-Famille, I. O. 6
Ignace, b 21 oct. 1745, au Château-Richer; s 6 30 oct. 1748.—*Pierre*, b 6 17 et s 6 31 dec. 1746.—*Marguerite-Amable*, b 6 15 janvier et s 6 12 nov. 1748.—*Jean-Baptiste*, b 6 14 nov. 1749.—*Ignace*, b 6 31 août 1751.—*Marie-Marguerite*, b 6 26 mars 1753.—*Jacques*, b 6 25 déc. 1754.—*Louis*, b 6 8 janvier et s 6 13 février 1757.—*Joseph-Basile*, b 6 9 janvier 1758; s 21 sept. 1759, à Charlesbourg.—*Joseph*, b 6 19 mars 1760.

1762, (27 juillet). 6

2° Leblond, Marie-Françoise, [Nicolas III.
b 1726.

1746, (14 février) Château-Richer.

IV.—LÉTOURNEAU, Pierre, [Jean III.
b 1717.
Simon, Felicité, [Guillaume II.
b 1703; veuve d'Augustin Gagnon.

1746, (15 août) Sorel.

IV.—LÉTOURNEAU, Nicolas, [Bernard III.
b 1722.
Péloquin, Geneviève, [Félix II.
b 1729.
Charles-Nicolas, b 28 juin 1747, à Chambly 8; s 8 8 juillet 1748.—*Joseph-Amable*, b 8 17 mars 1749.—*Marie-Geneviève*, b 8 11 mai 1750.—*Marie-Joseph*, b 8 8 mars 1752.—*Marie-Charlotte*, b 8 16 oct. 1753; s 8 12 juillet 1755.—*Marie-Angélique*, b 8 25 mars 1755.—*Ursule*, b 8 21 nov. 1756.—*Marie-Apolline*, b 8 16 fevrier et s 8 18 juillet 1758.—*Marie-Françoise*, b 8 31 août 1759.

1749, (14 avril) Chambly. 1

IV.—LÉTOURNEAU, Louis, [Bernard III.
b 1718; s 1 23 août 1758.
Demers, Marie-Joseph, [Robert II.
b 1710.
Marie-Joseph, b 1 20 juillet et s 1 15 nov. 1750.—*Louis-Marie-Joseph*, b 1751; s 1 11 août 1752.

1751, (5 juillet) Trois-Rivières. 3

IV.—LÉTOURNEAU, Charles-Ant., [Jean III.
b 1725.
Gatien, Marie-Joseph, [Jean-Bte II.
b 1725.
Charles, b 3 3 avril 1752.—*Marie-Marguerite*, b 3 5 mai 1754.—*Jean-Baptiste*, b 3 22 fevrier 1756; s 28 avril 1788, à Quebec.—*Antoine*, b 3 9 et s 3 19 oct. 1757.—*François*, b 3 4 oct. 1759; s 3 4 mars 1761.—*Jacques*, b 3 4 avril 1761.

1752, (14 février) St-Pierre, I. O.

IV.—LÉTOURNEAU, Joseph, [Jean III.
b 1725.
Minet (1), Madeleine, [Pierre-Michel III.
b 1731.
Madeleine, b 15 février 1753, à Ste-Famille, I. O. 3; m 30 janvier 1775, à Joseph Poitras, à Repentigny. 4—*François*, b 3 22 mai 1754; m 1785, à Marie Archambault.—*Marie-Thérèse*, b 3 29 oct. 1756; s 3 6 août 1758.—*Joseph*, b 4 15 et s 4 27 août 1772.

1753, (27 août) St-Pierre, I. O.

IV.—LÉTOURNEAU, Jean, [Jean III.
b 1719.
Minet (1), Marie-Anne, [Pierre-Michel III.
b 1734.
Marie-Anne, b 30 janvier 1755, à Ste-Famille, I. O. 5; m 4 oct. 1773, à Etienne Allaire, à Repentigny.—*Marie-Claire*, b 5 18 avril 1757; s 5 4 nov. 1759.—*Marguerite-Amable*, b 5 4 nov. 1759.—*Madeleine*, b 5 19 août 1764.

1760.

LÉTOURNEAU, Jean.
Gagnon, Marie-Louise, [Augustin III.
b 1736.
Marie-Catherine, b 25 avril 1761, à Ste-Rose.

LÉTOURNEAU, Jean, b 1708; s 11 juillet 1792, à Repentigny.

1763, (24 janvier) St-Laurent, I. O. 7

V.—LÉTOURNEAU, Jacques, [Nicolas IV.
b 1739.
Audet, Marguerite, [François III.
b 1740.
Jacques, b 7 5 nov. 1763; m à Marie Meunier.—*Nicolas*, b... m 2 fevrier 1796, à Louise Marié, à Quebec.

1763, (18 avril) Ste-Famille, I. O.

V.—LÉTOURNEAU, Louis, [Louis IV.
b 1730.
Gosselin, Véronique, [Gabriel III.
b 1730; veuve de Clément Rocheron.

1764, (20 fevrier) Islet.

V.—LÉTOURNEAU, Louis [Antoine IV.
Bernier, Marie-Victoire. [Charles-Alexan. IV.

(1) Montigny.

1764, (20 août) Deschambault.
IV.—LÉTOURNEAU, ALEXIS, [ALEXIS III.
b 1738.
PAQUIN, Marie-Joseph, [JEAN II.
b 1735.

1766, (7 juin) Chambly.
V.—LÉTOURNEAU, JOSEPH, [JOSEPH IV.
b 1739.
VARLET, Marie-Joseph, [FRANÇOIS I.
b 1746.

1767, (12 janvier) Ste-Foye.[8]
V.—LÉTOURNEAU, FRS-MICHEL, [JEAN IV.
b 1743; menuisier.
ROUTIER, Catherine, [JEAN-NOEL III.
b 1742; s 8 nov. 1778, à Québec.[9]
Marie-Julie, b... m[9] 29 oct. 1798, à Robert WINTER.—*Anonyme*, b[8] et s[8] 12 fevrier 1778.

1767, (16 février) Ste-Famille, I. O.
V.—LÉTOURNEAU, JEAN-FRS, [LOUIS IV.
b 1741.
DROUIN, Marie-Madeleine, [JOSEPH IV.
b 1748.

1769, (23 janvier) St-Joseph, Beauce.[7]
II.—LÉTOURNEAU, PAUL-GUIL., [GUILLAUME I.
b 1745.
GROSLEAU, Marie, [JEAN-BTE III.
b 1750.
Jean-Paul, b[7] 7 janvier 1770.—*Joseph*, b[7] 24 nov. 1771. — *Charles*, b[7] 20 juin 1773. — *Marie*, b[7] 30 avril 1775. — *Pierre*, b[7] 20 oct. 1776. — *Noël*, b[7] 31 janvier 1779.

1771, (4 février) Ste-Famille, I. O.
V.—LÉTOURNEAU, JOSEPH, [LOUIS IV.
b 1743.
ASSELIN, Marie-Geneviève, [FRANÇOIS IV.
b 1752.

1774, (8 fevrier) Batiscan.
IV.—LÉTOURNEAU, LOUIS, [ALEXIS III.
b 1749.
COURTOIS (1), Marie-Rosalie, [JEAN III.
b 1754.
Jean-Baptiste, b 15 et s 21 février 1776, à St-Jean-Deschaillons.[3] — *Marie-Rose*, b[3] 16 février 1777.

1775, (10 juillet) Québec.
V.—LÉTOURNEAU, JEAN-PASCHAL, [JEAN IV.
b 1744.
BAILLARGÉ, Marie-Françoise-Antoinette, [JEAN I.
b 1752.

V.—LÉTOURNEAU, JEAN-FRANÇOIS, [JEAN IV.
b 1739; s 22 août 1788, à Québec.[4]
LEGRIS (2), Angélique, [JOSEPH III.
b 1746.

(1) Elle épouse, 23 février 1778, Augustin Charland, à St-Jean-Deschaillons.

(2) Elle épouse, le 22 nov. 1790, François Gaulin, à Québec.

Marie-Geneviève, b... m[4] 29 juillet 1794, à François DEBLOIS.

1781, (18 sept.) Québec.
V.—LÉTOURNEAU, JOSEPH, [JEAN IV
b 1745.
CONNOR, Marie-Anne. [JEAN I

1785.
V.—LÉTOURNEAU, FRANÇOIS, [JOSEPH IV
b 1754.
ARCHAMBAULT, Marie.
Louis, b 4 nov. 1786, à Repentigny.[5] — *Jean-Marie*, b[5] 13 sept. et s[5] 30 oct. 1787. — *Marie-Suzanne*, b[5] 18 mars 1789.

1786, (7 nov.) Québec.
V.—LÉTOURNEAU, JEAN-BTE, [JEAN IV
b 1757.
LEGRIS, Marie-Charlotte, [JOSEPH III
b 1763.

VI.—LÉTOURNEAU, JACQUES. [JACQUES V
MEUNIER, Marie.
Jean, b... m 21 janvier 1811, à Sophie ARCENEAU, à Rimouski.— *Catherine*, b 1788; s 9 dec 1790, aux Trois-Pistoles.[9] — *Rose*, b[9] 16 juillet 1790; s[9] 26 août 1792.—*Claude*, b[9] 5 nov. 1791

1796, (2 février) Québec.
VI.—LÉTOURNEAU, NICOLAS. [JACQUES V
MARIÉ, Louise. [CHARLES-AMADOR IV

1811, (21 janvier) Rimouski.
VII.—LÉTOURNEAU, JEAN. [JACQUES VI
ARCENEAU, Sophie. [JEAN-PIERRE

LETOURNEUR.—Voy. LETOURNEUX.

LETOURNEUX.—*Variation* : LETOURNEUR.

1732, (4 février) St-Laurent, M.[4]
I.—LETOURNEUX, JEAN-BTE-JOSEPH, b 1692; fils de Jean-Baptiste et de Jeanne Corde, de St-Clément-de-Craon, Anjou; s[4] 16 janvier 1753.
FLEURY, Angélique, [JOSEPH II.
b 1711; s[4] 10 août 1757.
Marie-Angélique, b 1732; m 15 février 1751, à Jacques JASMIN-CALLIÈRE, au Sault-au-Recollet.[1] —*Marie-Amable*, b 1735; m 25 juin 1753, à Jean VALADE, à Montréal. — *Marie-Thérèse*, b[1] 3 sept. 1737.—*Marie-Joseph*, b[1] 19 février 1739.—*Marie-Anne*, b[1] 19 fevrier 1741.—*Marie-Charlotte*, b[1] 25 février 1743. — *Jean-Baptiste*, b[1] 3 juin 1745. — *Marie-Françoise*, b[1] 11 avril et s[1] 29 juillet 1747. — *Marie-Madeleine*, b[1] 11 avril 1747. — *Joseph*, b[1] 1er avril 1749.—*Marie-Louise*, b[4] 14 avril 1753.

1763, (11 avril) Varennes.
I.—LETOURNEUX (1), PIERRE, fils de Pierre et de Jeanne Legendre, de St-Sauveur, diocèse de Coutances, Normandie.
JOACHIM, Marie-Joseph. [FRANÇOIS II.

(1) Et Letourneur.

LETPHÉNÉENS, Etienne.
Jonce, Angélique.
Pierre, b 19 nov. 1782, au Détroit.

LEURAUT.—Voy. Lereau.

LEUREAU.—Voy. Lereau.

L'EUROPE.—*Variation et surnom:* Leurope—Berry.

1730, (14 nov.) Québec.[1]

I.—L'EUROPE (1), Pierre, maître-tailleur; fils de François et de Marie DuBuisson, de St-Pierre-l'Aiguillard, diocèse de Bourges, en Berry.
Michelon, Marie-Geneviève, [Jean II.
b 1706; s[1] 14 nov. 1757.
Pierre, b[1] 10 sept. et s[1] 10 nov. 1731.—*Pierre*, b[1] 23 oct. 1732; s[1] 24 mai 1737.—*Jean-Baptiste*, b[1] 13 mars 1734; s[1] 20 mars 1735.—*Joseph*, b[1] 23 mars 1735; m 3 juin 1776, à Madeleine Bouchard, à l'Ile-Dupas.—*Ignace-Joseph*, b[1] 7 nov. 1736.—*Marie-Geneviève*, b[1] 14 juillet 1738.—*Louis*, b 1740, m 17 août 1762, à Marie-Joseph Doyon, au Château-Richer.—*Marie-Madeleine*, b[1] 12 et s[1] 24 déc. 1741.—*Angélique*, b[1] 14 août 1743; s[1] 19 mars 1745.—*Jean*, b[1] 14 oct. 1744; m à Marie-Anne Pinet; s[1] 11 juillet 1789.—*Pierre*, b[1] 25 août 1746; s[1] 12 nov. 1748.

1762, (17 août) Château-Richer.

II—L'EUROPE (1), Louis, [Pierre I.
b 1740.
Doyon, Marie-Joseph, [Prisque III.
b 1742.
Louis, b 24 nov. 1763, à Québec.

II.—L'EUROPE (1), Jean, [Pierre I.
b 1744; s 11 juillet 1789, à Québec.
Pinet, Marie-Anne.

1776, (3 juin) Ile-Dupas.

II.—L'EUROPE, Joseph, [Pierre I.
b 1735.
Bouchard, Madeleine. [Jean II.

I.—LEVADIER (2), Jean, b 1677; journalier.

1749, (7 janvier) Bout-de-l'Ile, M.

I.—LEVAL (3), Martin.
Réaume, Marie-Joseph, [Simon III.
b 1729.
Marie-Joseph, b 11 mai et s 30 juillet 1756, à Soulanges.[2] — *Marie-Antoinette*, b[2] 11 août 1757.—*Charles*, b[2] 8 avril 1759.—*Jean-Baptiste*, b[2] 10 mai et s[2] 12 juillet 1760.—*Martin*, b[2] 10 juillet 1761.

(1) Dit Berry.
(2) Recensement de Québec, 1744.
(3) Pour Delenac dit Bapaume, voy. vol. III, p. 307.

I.—LEVALLIER (1), Charles,
b 1712; écrivain.
Normand, Marie,
b 1716.

LEVALOIS.—Voy. Valois.

LEVASSEUR.—*Variation et surnoms:* Vassor—Borgia—Chaverlange—Delord—DeNéré—Lavigne—Lebrun—Lespérance—Ménage.

LEVASSEUR, François, b... s 3 mars 1711, à Ste-Foye.

1670, (30 avril) Québec.[3]

II.—LEVASSEUR (2), Laurent. [Jean I.
Marchand, Marie. [Louis I.
Pierre, b[3] 8 janvier 1679; m 8 mai 1703, à Marie-Elisabeth Michaud, à la Rivière-Ouelle; s 27 oct. 1738, à Kamouraska.—*Marie*, b 21 janvier 1686, à Lévis.[4]—*Claire-Françoise*, b[4] 2 déc. 1691; m[4] 22 oct. 1708, à Louis Michaud.—*Jean*, b... 1° m[4] 20 oct. 1722, à Charlotte Jourdain; 2° m[4] 6 août 1748, à Madeleine Marchand.

1686, (28 nov.) Québec.[4]

II.—LEVASSEUR (3), Pierre, [Pierre I.
b 1661; menuisier; s[4] 3 mars 1731.
1° Chappau, Madeleine, [Pierre I.
b 1662; s[4] 1er juin 1695.

1696, (18 mars).[4]

2° Mesnage, Anne, [Pierre I.
b 1676; s[4] 29 mars 1738.
Pierre-Jacques, b[4] 20 nov. 1703; 1° m 24 nov. 1729, à Marie-Anne Bénard, à Boucherville[5]; 2° m[5] 26 février 1732, à Marie-Anne Papin; 3° m 28 nov. 1744, à Jeanne Lupien, à Montréal; 4° m 2 oct. 1758, à Anne-Catherine Lacoudraye, à Varennes.— *Barthélemi*, b[4] 16 janvier 1705; m[5] 28 avril 1732, à Louise Favreau.—*François-Ignace*, b[4] 4 sept. 1708; ord. 18 oct. 1734; s 20 juillet 1765, à Lorette. — *Denis-Joseph*, b[4] 12 février 1712; m 4 février 1738, à Charlotte Couturier, à St-Frs-du-Lac. — *Jean-Baptiste*, b[4] 20 sept. 1715; m[5] 30 avril 1742, à Angelique Favreau.

1701, (3 avril) Montréal.[2]

III.—LEVASSEUR, Noel, [Noel II.
b 1680; sculpteur; s 13 déc. 1740, à Quebec[1]
Turpin, Marie-Madeleine, [Alexandre I.
b 1677; s[1] 11 nov. 1744.
Marie-Madeleine, b[2] 20 sept. 1702; m[1] 31 mars 1728, à Joseph Caron; s[1] 5 mai 1760. — *François-Noel*, b[1] 26 dec. 1703; m[1] 26 août 1748, à Geneviève Coté.—*Jacques-Louis*, b[1] 20 oct. et s[1] 29 nov. 1705.—*Pierre*, b[1] 13 nov. 1706; s[1] 2 août 1728.—*Louis*, b[1] 24 août 1708; s[1] 5 oct. 1709.—*Marie-Charlotte*, b[1] 5 janvier 1710; m[1] 19 sept. 1735, à André-Jacques Russeau.—*Louis*, b[1] 3 janvier et s[1] 10 février 1711. — *Antoine*, b[1] 26

(1) De St. Aubin; recensement de Québec, 1744.
(2) Voy. vol. I, p. 391.
(3) Dit Lespérance; voy. vol. I, pp. 391-392.

mars 1712 ; s[1] 10 mai 1715. — *Louise-Elisabeth*, b[1] 24 février 1714 ; s[1] 5 janvier 1744. — *Jean-Baptiste-Antoine*, b[1] 20 juin 1717 ; m[1] 10 avril 1747, à Marie-Regis CARTIER ; s[1] 9 janvier 1775. —*Ignace*, b[1] 28 avril 1719 ; s[1] 24 nov. 1731. — *Marie-Joseph*, b[1] 21 août 1723 ; m 1751, à François HANET.—*Joseph-Michel*, b[1] 26 sept. 1724 ; s[1] 14 janvier 1736.

1703, (8 mai) Rivière-Ouelle.[9]

III.—LEVASSEUR, PIERRE, [LAURENT II.
b 1679 ; s 27 oct. 1738, à Kamouraska.[4]
MICHAUD, Marie-Elisabeth, [PIERRE I.
b 1685 ; s[4] 29 juillet 1766.

Marie-Anne, b[9] 16 sept. 1704. — *Marie*, b[9] 13 juin 1706. — *Geneviève*, b[9] 14 juin 1708 ; m[4] 16 avril 1733, à Jacques GUÉREZ.—*Marie-Joseph*, b... m[4] 17 nov. 1727, à Zacharie AYOT.—*Marguerite*, b... m[4] 28 mai 1733, à André OUELLET. — *Marie-Rose*, b 1711 ; m[4] 7 nov. 1735, à Michel GUÉREZ ; s[4] 11 déc. 1756.—*Pierre*, b... m[4] 7 nov. 1735, à Geneviève PHOCAS.—*Joseph-Clément*, b 1719 ; 1° m[4] 15 janvier 1742, à Marie-Madeleine ALBERT ; 2° m[4] 15 juin 1767, à Marie-Joseph POTDEVIN ; s[4] 15 sept. 1781. — *Elisabeth*, b... m[4] 29 juillet 1743, à Alexandre PARADIS ; s[4] 8 février 1752.—*Marie*, b 1721 ; m[4] 10 avril 1741, à Nicolas COTÉ. — *Marie-Rose*, b[4] 14 nov. 1729.—*Jean-Joachim*, b... m 1751, à Claire NADEAU.

1704, (27 mai) Québec.[5]

III.—LEVASSEUR, PIERRE, [NOEL II.
b 1684 ; maître-menuisier ; s[5] 14 nov. 1747.
DELESSARD, Marie, [CHARLES II.
b 1684 ; s[5] 15 avril 1760.

Noel-Charles, b[5] 5 sept. 1704 ; m 24 nov. 1732, à Véronique COUTURE, à Levis. — *Marguerite-Agnès*, b[5] 25 mars 1706 ; s[5] 6 avril 1707.—*Michel*, b[5] 29 nov. 1707.— *Guillaume*, b[5] 26 oct. 1709 ; s[5] 12 oct. 1714.—*Jacques*, b[5] 11 sept. 1711 ; m 12 juin 1741, à Geneviève GATIEN, à Montreal. — *Ignace*, b[5] 3 mars 1713 ; s[5] 30 sept. 1714. — *Joseph-Marie*, b[5] 27 nov. 1714. — *Marie-Louise*, b[5] 10 avril 1716 ; m[5] 12 oct. 1745, à Antoine SIMON-LÉONARD ; s[5] 30 juin 1754.—*Jean-François-Régis*, b[5] 25 mars 1718 ; m[5] 12 fevrier 1748, à Marie CHEVALIER.—*Marie-Angélique*, b[5] 15 nov. et s[5] 4 dec. 1720.—*Marie-Marguerite-Thérèse*, b[5] 24 janvier 1722.— *Louis*, b[5] 7 août 1723 ; s[5] 25 avril 1744. — *Ignace*, b[5] 21 juin 1726 ; m 8 janvier 1748, à Marguerite CHORET, à Beauport ; s[5] 28 nov. 1748. — *Marie-Geneviève-Michelle*, b[5] 16 et s[5] 23 dec. 1729.

1713, (14 mars) Montréal.[7]

I.—LEVASSEUR, JEAN, b 1683 ; fils de Pierre et de Marie-Madeleine ...., de St-Jacques, Dieppe, en Normandie.
CHEVALIER (1), Barbe, [JOSEPH I.
b 1685.

Marie-Jeanne, b[7] 7 janvier 1714 ; m[7] 3 nov. 1734, à Joseph COUVRET, s[7] 28 oct. 1739. — *Joseph* b... m 1753, à Marie GRENIER.

(1) Elle épouse, en 1716, Pierre Desnoyers.

1716, (19 nov.) Lévis.[4]

III.—LEVASSEUR, LOUIS, [LAURENT II.
b 1687 ; s[4] 18 août 1757.
HUARD, Geneviève, [JEAN I.
b 1692.

Louis, b 1717 ; m[4] 27 avril 1746, à Marie-Anne JOURNEAU ; s[4] 17 février 1763. — *Geneviève*, b 1718 ; s[4] 3 juillet 1739.—*Marie-Angélique*, b[4] 24 sept. 1720.—*Jean-Baptiste*, b[4] 16 juillet 1722 ; m 30 août 1751, à Louise PEPIN, à St-François, I. O. —*Elisabeth*, b[4] 10 mars 1725. — *Marie-Joseph*, b[4] 14 sept 1727 ; m[4] 20 oct. 1749, à Louis HALLÉ. — *Joseph-Marie*, b[4] 14 juin 1730.—*Marie-Ursule*, b[4] 18 sept. 1732 ; m[4] 3 juillet 1752, à Louis GRÉGOIRE.

1719, (7 janvier) Québec.[5]

III.—LEVASSEUR, NOEL-PIERRE, [PIERRE II.
b 1690.
DELAJOUE, Marie-Frse-Agnès, [FRANÇOIS I.
b 1700.

Pierre-Noel, b[5] 25 oct. 1719.—*Marie-Agnès*, b[5] 18 déc. 1720 ; m à Joseph OLIVIER.—*Charles*, b 3 mars 1723, à la Pte-aux-Trembles, M. ; m[5] 7 janvier 1745, à Françoise NEUVILLE. — *René-Michel*, b 12 oct. 1724, à Boucherville[6] ; m 29 janvier 1753, à Marie TELLIER, à St-Ours.—*Antoine*, b[6] 16 nov. 1725.—*Louis-Jacques*, b[5] 29 juillet 1727 ; s[5] 15 oct. 1729.—*Marie-Madeleine*, b[5] 23 février 1729 ; m[5] 7 nov. 1752, à Nicolas BERNARD ; s[5] 8 août 1757.—*Marie-Geneviève*, b[5] 29 oct. 1730 ; s[5] 13 mai 1733 —*Stanislas*, b[5] 2 juin 1732 ; m[5] 25 oct. 1756, à Françoise DEL'ŒIL. — *François-Hyacinthe*, b[5] 1er fevrier 1734.—*Marie-Geneviève*, b[5] 12 avril et s[5] 25 juillet 1735. —*Marguerite-Geneviève*, b[5] 31 mars 1737 ; s[5] 24 juin 1738.—*Michel*, b[5] 2 juin 1738 ; s[5] 2 fevrier 1740.—*François*, b[5] 31 oct. 1739.—*Marie-Charlotte*, b[5] 7 nov. 1741 ; m[5] 3 août 1784, à Jacques CHEVALIER.—*François*, b[5] 1er juin et s[5] 3 sept. 1743.

1719, (19 fevrier) Québec.

I.—LEVASSEUR, PIERRE, fils de Pierre et de Marie Garnier, de St-Germain-l'Auxerrois, Paris.
JÉRÉMIE, Marie-Jeanne, [NOEL I.
veuve de Samuel Lecompte.

1722, (20 oct.) Lévis.[8]

III.—LEVASSEUR, JEAN. [LAURENT II.
1° JOURDAIN, Charlotte, [GUILLAUME I.
b 1698 ; s[8] 2 janvier 1743.

Michel, b[8] 28 août 1723 ; s[8] 11 août 1738.—*Laurent*, b[8] 11 mai 1725 ; m 1752, à Marie PARANT.—*Charles*, b[8] 8 et s[8] 22 mars 1727 — *Marie-Geneviève*, b[8] 21 juin 1728 ; s[8] 26 dec. 1745.—*Marie-Charlotte*, b[8] 22 sept. 1730 ; m[8] 6 sept. 1751, à Joseph DUSSAULT ; s[8] 28 dec. 1751. —*Etienne*, b[8] 25 dec. 1732 ; s[8] 22 janvier 1733. —*Anonyme*, b[8] et s[8] 14 fevrier 1735.—*Anonyme*, b[8] et s[8] 30 août 1737.—*Anonyme*, b[8] et s[8] 4 fevrier 1739.—*Catherine*, b[8] 17 avril 1742 ; m[8] 4 fevrier 1771, à Joseph-Marie GÉLY.

1748, (6 août). [8]

2° MARCHAND, Madeleine, [LOUIS II.
veuve de Joseph Girard.

1728, (5 avril) Québec. [9]

III.—LEVASSEUR (1), FRANÇOIS, [PIERRE II.
b 1700 ; maitre-menuisier ; s [9] 5 juillet 1747.
LEGRIS, Marie-Madeleine, [ADRIEN I.
b 1699 ; s [9] 17 déc. 1763.
Pierre, b [9] 25 mars 1729 ; m [9] 9 oct. 1752, à Marguerite PETIT.—*Louis-Antoine*, b [9] 25 août 1730.—*Claude*, b [9] 2 avril 1732.—*Paul-François*, b [9] 11 avril et s [9] 7 nov. 1734.—*Marie-Madeleine*, b [9] 23 janvier 1736 ; m [9] 15 fevrier 1762, à Joseph DESAULX.—*Marie-Anne*, b [9] 13 juillet 1738 ; m 27 février 1764, à Jacques LINTEAU, à Lorette.—*François*, b... m 9 nov. 1761, à Ursule BÉRARD, à l'Ile-Dupas.

1729, (24 nov.) Boucherville. [3]

III.—LEVASSEUR, PIERRE-JACQ.(2), [PIERRE II.
b 1703.
1° BÉNARD, Marie-Anne, [JOSEPH II
b 1705.

1732, (26 février). [3]

2° PAPIN, Marie-Anne. [GILLES II
Marie-Anne, b... m [3] 25 février 1754, à Jacques TAILLIER.—*Elisabeth*, b... m [3] 30 mai 1763, à Augustin QUINTAL.

1744, (28 nov.) Montréal. [4]

3° LUPIEN, Jeanne. [PIERRE II.
Antoine, b [4] 25 août 1745 ; 1° m [3] 3 oct. 1768, à Madeleine VIGER ; 2° m [3] 5 février 1770, à Madeleine FAVREAU. — *Marie-Charlotte*, b... m [3] 7 juillet 1766, à Joseph REAUME.—*Pierre*, b... m [3] 28 mai 1770, à Marguerite LACOSTE.—*Alexis*, b... m 11 mai 1772, à Marie-Angélique LEBRUN, à Varennes. [5]

1758, (2 oct.) [5]

4° LACOUDRAYE, Catherine, [JEAN-BTE I.
b 1712.

1730, (2 mai) Quebec. [6]

III—LEVASSEUR (3), FRS-LOUIS, [PIERRE II.
b 1707 ; voiturier.
1° MOREAU, Helène, [LOUIS II.
b 1712 ; s [6] 16 mai 1744.
Marie-Hélène, b [6] 18 juin 1731 ; 1° m 24 février 1754, à Jean-Baptiste-Mathurin CHAILLÉ, à Lorette [7] ; 2° m [6] 15 juin 1762, à François GRIO.—*Louis*, b [6] 15 avril 1733 ; m 1761, à Marie-Anne TRUDEL.—*Joseph-Marie*, b [6] 21 oct. 1735 ; m 5 fevrier 1776, à Geneviève GRÉGOIRE, à la Pte-aux-Trembles, Q. [8] ; s [8] 24 août 1778.—*Marie-Thérèse-Françoise*, b [6] 28 oct. et s [6] 6 nov. 1737.—*Jean-Baptiste*, b [6] 24 nov. 1738 ; s [6] 20 sept. 1739.—*Françoise*, b [6] 12 dec. 1739 ; m [6] 10 oct. 1768, à Louis-Joseph MASSE.—*Pierre*, b [6] 17 janvier et s 20 sept. 1741, à Ste-Foye.—*Charlotte*, b [6] 17 mars et s 27 juin 1742, à Charlesbourg.—*Nicolas*, b [6] 28 avril 1744.

(1) Dit Chaverlange.
(2) Aussi appelé Pierre-Carmel.
(3) Borgia, 1735.

1744, (27 août). [6]

2° GATIEN, Marie-Joseph, [HENRI II.
b 1707 ; s [6] 8 fevrier 1780.
Marie-Jeanne, b [6] 13 juillet 1745.—*Ignace*, b [6] 29 mars et s [6] 1er avril 1747.—*Marie-Geneviève*, b [6] 28 avril 1748.—*Philippe-Augustin*, b [6] 27 août 1749 ; m [6] 23 sept. 1776, à Marguerite MANSEAU.—*Marie-Angélique*, b [6] 2 août et s [6] 17 oct. 1751.—*Nicolas*, b [6] 24 oct. 1752 ; m [6] 23 sept. 1777, à Angélique MANSEAU.—*Marie-Renée*, b [6] 8 février 1755 ; s [6] 4 mars 1756.—*Pierre-Ignace*, b [6] 14 oct. 1756 ; s [6] 13 fevrier 1757.—*Ignace*, b [7] 25 juin et s [6] 14 août 1758.—*Catherine*, b [6] 5 avril 1759.—*Marie-Madeleine*, b [6] 9 avril et s [6] 9 juillet 1761.—*Marie-Françoise*, b [6] 25 sept. 1762 ; s [6] 17 oct. 1763.—*Marie-Anne*, b [6] 12 avril 1764.

1732, (28 avril) Boucherville. [9]

III.—LEVASSEUR, BARTHÉLEMI, [PIERRE II.
b 1705.
FAVREAU, Louise, [MATHURIN II.
b 1711.
Barthélemi, b... m [9] 2 oct. 1758, à Marie-Joseph GAUTIER.—*Jean-Baptiste*, b... m [9] 7 nov. 1763, à Marie-Anne GAUTIER.

1732, (24 nov.) Lévis.

IV.—LEVASSEUR, NOEL-CHARLES, [PIERRE III.
b 1704 ; voiturier.
COUTURE, Véronique, [JOSEPH II.
b 1710 ; s 28 nov. 1759, à Québec. [3]
Véronique, b [3] 1er nov. 1733 ; m [3] 7 nov. 1763, à Charles CROISTIÈRE.—*Anonyme*, b [3] et s [3] 17 nov. 1734.—*Charles-François*, b [3] 9 déc. 1735 ; 1° m 12 oct. 1761, à Agathe GIROUX, à Beauport [4] ; 2° m [4] 4 sept. 1769, à Marie-Charlotte CRÊTE.—*Pierre*, b [3] 13 juillet 1737 ; m [4] 16 nov. 1761, à Marie-Louise PARANT ; s [3] 20 juillet 1798.—*Marie-Madeleine*, b [3] 24 janvier 1739 ; m [3] 11 nov. 1754, à Joseph MAILLOT.—*François-Régis*, b [3] 5 juillet 1740.—*Louise*, b 1741 ; s [3] 16 avril 1744.—*Marie-Agnès*, b [3] 10 juillet et s [3] 5 sept. 1744. — *Marie Angélique*, b [3] 10 juillet 1744.—*Marie-Thomas-Joseph*, b [3] 11 janvier 1746 ; s [3] 1er déc. 1748. — *Antoine*, b [3] 30 juin et s [3] 18 juillet 1747.—*Marie-Louise*, b 1753 ; s [3] 24 déc. 1756.

LEVASSEUR, FRANÇOIS.
CHAILLÉ, Marguerite.
Marie-Catherine, b... s 4 sept. 1733, à Charlesbourg.

1735, (7 nov.) Kamouraska. [7]

IV.—LEVASSEUR, PIERRE. [PIERRE III.
PHOCAS, Geneviève. [ROMAIN I.
Pierre, b [7] 16 et s [7] 20 sept. 1736.—*Anonyme*, b [7] et s [7] 14 août 1737.—*Marie-Anne*, b [7] 17 oct. 1738 ; m [7] 23 août 1773, à Jean MARTIN.—*Marie-Geneviève*, b [7] 16 sept. 1740 ; m [7] 14 nov. 1757, à Jean-Baptiste BOURGOIN ; s [7] 15 mai 1765.—*Marie-Louise*, b [7] 14 oct. 1742 ; m [7] 12 juillet 1762, à Joseph COTÉ.—*Elisabeth*, b [7] 8 nov. 1744 ; m [7] 24 janvier 1763, à Jean CHASSÉ.—*Pierre*, b [7] 10 oct. 1746 ; 1° m [7] 30 sept. 1771, à Marie ROY ; 2° m [7] 24 nov. 1777, à Marie-Euphrosine MICHAU. — *Marie-Scholastique*, b... 1° m [7] 26 oct. 1767, à

Jean GAUDIN ; 2e m à Jean-Baptiste COTÉ.—*Jean-Baptiste*, b 7 1er sept. 1752 ; m 7 22 août 1775, à Madeleine LANDRY.—*Madeleine*, b 7 9 mars 1755 ; m 7 4 oct. 1773, à Jean-Baptiste LANDRY.—*Benjamin*, b 7 24 oct. 1758 ; m 20 nov. 1786, à Françoise COTÉ, à l'Ile-Verte.

I.—LEVASSEUR (1), RENÉ-NICOLAS,
b 1707.
JUST, Angélique,
b 1712.
Marie-Françoise-Renée, b 1733 ; m 31 août 1752, à Barthélemi MARTIN, à Quebec. 1 — *Marie-Anne*, b 1738 ; m 21 sept. 1760, à Alexandre ROBERT, à Montréal.—*Gilles-François-Régis*, b 1 15 et s 1 18 février 1742.—*Antoine-Armand*, b 1 18 juin 1743. —*Jeanne-Françoise-Angélique*, b 1 18 juillet 1745. —*Françoise*, b 1 18 déc. 1748.—*Marie-Victoire*, b 1 12 oct. et s 1er nov. 1750, à Charlesbourg. — *Geneviève-Félicité*, b 1 3 janvier 1753.

1738, (4 février) St-Frs-du-Lac.
III.—LEVASSEUR, DENIS-JOSEPH, [PIERRE II.
b 1712.
COUTURIER, Charlotte. [PIERRE II.
Ignace (2), b 30 mars 1739, aux Trois-Rivières.2 —*Joseph*, b 2 7 fevrier 1741.—*Marie-Charlotte*, b 2 9 nov. 1742.—*Jean-Baptiste*, b 2 21 sept. 1744. —*Catherine-Françoise*, b 2 11 avril et s 2 28 mai 1746.—*François*, b 2 22 juin 1747.—*François*, b 2 20 et s 2 30 déc. 1751.—*Marie*, b 2 23 janvier 1753.—*Pierre*, b 2 14 déc. 1754 ; s 2 26 sept. 1761.

1741, (12 juin) Montréal. 1
IV.—LEVASSEUR, JACQUES, [PIERRE III.
b 1711.
GATIEN, Geneviève, [PIERRE I.
b 1711 ; s 1 3 juin 1748.
Anonyme, b 1 et s 1 6 mai 1742.—*Hyacinthe*, b 1 18 août et s 1 11 déc. 1743. — *Geneviève*, b 1 22 oct. 1744 ; m 1 7 fevrier 1763, à Pierre VÉRON.— *Jacques*, b 1 29 janvier 1746.

I.—LEVASSEUR (3), LOUIS.
DESMARETS, Marie-Anne.
Louise, b 1741 ; m 7 janvier 1760, à Louis-Bonaventure GUYON, à Montréal.

1742, (15 janvier) Kamouraska. 9
IV.—LEVASSEUR, JOS.-CLÉMENT, [PIERRE III.
b 1719 ; s 9 15 sept. 1781.
1e ALBERT, Marie-Madeleine, [PIERRE I.
b 1717 ; s 9 3 avril 1763.
Marie-Joseph, b 9 28 nov. 1742 ; s 9 22 août 1745.—*Marie-Joseph*, b 1743 ; m 9 12 oct. 1772, à Charles LANDRY.—*Geneviève*, b 9 22 fevrier 1745 ; 1e m 9 19 nov. 1764, à Jacques DESCHAMPS ; 2e m 9 29 oct. 1770, à Joseph-Marie OUELLET. — *Marie-Madeleine*, b 9 28 avril 1747. — *Joseph*, b... m 9 7 janvier 1771, à Marie-Joseph GRANDMAISON. — *Marie-Anne*, b 9 6 mai 1752 ; m 9 11 février 1771, à Jean MICHAUD. — *Marie-Catherine*, b 9 15 mars et s 9 7 avril 1755. — *Jean*, b 9 15 mars 1755. — *Louis*, b 9 30 mai 1757. — *Joseph-Amable*, b 9 18 avril 1761.

1767, (15 juin). 9
2e POTDEVIN, Marie-Joseph. [FRANÇOIS.
Marie-Joseph, b 9 4 mars 1768.

1742, (30 avril) Boucherville.
III.—LEVASSEUR, JEAN-BTE, [PIERRE II.
b 1715.
FAVREAU, Angélique, [MATHURIN II.
b 1720.

1745, (7 janvier) Québec. 7
IV.—LEVASSEUR (1), CHS, [NOEL PIERRE III.
b 1723.
NEUVILLE (2), Marie-Françoise. [JACQUES I.
b 1720.
Marie-Françoise, b 7 4 oct. 1745 ; s 7 27 dec 1747.

1746, (27 avril) Lévis. 1
IV.—LEVASSEUR, LOUIS, [LOUIS III.
b 1717 ; s 1 17 fevrier 1763.
JOURNEAU, Marie-Anne, [JEAN-BTE I.
b 1725.
Louis, b... m à Geneviève CARRIER. — *Marie-Anne*, b 1 11 janvier 1750 ; m 1 5 nov. 1765, à Joseph BÉGIN. — *Marie-Louise*, b 1 22 mai 1752 ; m à Michel SAUVAGEAU. — *Marie-Geneviève*, b 1 6 mars 1754 ; m à Louis CANTIN. — *Jean-Baptiste*, b 1 18 janvier 1756 ; m à Angelique DRAPEAU ; s 29 déc. 1801, à Rimouski. — *Marie-Joseph*, b 1 14 avril 1758 ; m à Louis LEMIEUX.—*Marguerite*, b 1 17 nov. 1760 ; s 1 24 juin 1764.—*Joseph-Marie*, b 1 17 janvier 1763.

1747, (10 avril) Québec. 5
IV.—LEVASSEUR (3), J.-BTE-ANT., [NOEL III.
b 1717 ; sculpteur ; s 5 9 janvier 1775.
CARTIER, Marie-Regis, [RENÉ II.
b 1725 ; s 5 13 août 1761.
Jean-François-Régis, b 5 6 janvier 1748. — *René-Michel*, b 5 27 sept. et s 5 16 oct. 1750. — *Jean-Dominique*, b 5 13 fevrier 1754. — *Thomas-Michel*, b 5 28 nov. 1755 ; m 5 15 sept. 1777, à Marie-Catherine COLLARD. — *Louis-Stanislas*, b 5 26 août 1758. — *Louis-Alexandre*, b 5 1er mars et s 5 15 mai 1760.—*Thomas*, b 5 1er et s 5 3 août 1761.

1748, (8 janvier) Beauport.
IV.—LEVASSEUR, IGNACE, [PIERRE III.
b 1726 ; s 28 nov. 1748, à Québec. 7
CHORET (4), Madeleine, [CHARLES III.
b 1726.
Marie-Madeleine, b 7 7 nov. 1748.

(1) Chef des constructions des vaisseaux du roi (22 mai 1754, Charlesbourg).

(2) Filleul de son oncle François-Ignace Levasseur, curé de Champlain.

(3) Lieutenant-général de l'Amirauté à Louisbourg.

(1) Dit Lebrun.

(2) Dellornay-Laneuville.

(3) Delord.

(4) Elle épouse, le 7 fevrier 1752, Michel Lejeune, à Beauport.

1748, (12 février) Québec.[5]

IV.—LEVASSEUR, JEAN-FRS-RÉGIS, [PIERRE III.
b 1718; voiturier.
CHEVALIER (1), Marie. [LOUIS III.
Marie-Geneviève, b[5] 15 janvier 1749; s[5] 3 juin 1750.—*François-Régis,* b[5] 24 mars 1751; s[5] 29 février 1752.—*Marie-Anne,* b[5] 27 nov. 1752; s[5] 10 sept. 1753.

1748, (26 août) Québec.[5]

IV.—LEVASSEUR, FRS-NOEL, [NOEL III.
b 1703; maître-sculpteur.
COTÉ, Geneviève, [JEAN III.
b 1705; veuve de Gilles Gabriel; s[5] 2 sept. 1751.

1751.

IV.—LEVASSEUR, JEAN-TIMOTHÉE. [PIERRE III.
NADEAU, Claire, [ALEXIS III.
b 1730.
Jean-Baptiste, b 16 avril et s 9 sept. 1752, à Kamouraska.[6] — *Joseph,* b[6] 2 mai 1753; m[6] 5 juillet 1773, à Marie-Catherine MIGNAU.—*Alexandre,* b[6] 14 nov. 1754; m[6] 9 oct. 1775, à Marie-Joseph SIROIS. — *Jean,* b[6] 27 mars et s[6] 2 avril 1757.— *Marie-Judith,* b[6] 2 oct. 1758; m[6] 9 oct. 1775, à Joseph PARADIS; s[6] 27 janvier 1781. — *Marie-Anne,* b[6] 28 sept. 1760; m[6] 7 nov. 1774, à François-Marie MICHAU; s[6] 29 mars 1780.—*Jean-Baptiste,* b[6] 8 avril 1762. — *Etienne,* b[6] 18 mars 1764; m[6] 18 juin 1781, à Angélique MICHAU.—*Benjamin,* b[6] 30 déc. 1765.— *Marie-Euphrosine,* b[6] 13 mars et s[6] 17 mai 1769. — *Pierre,* b[6] 11 oct. et s[6] 22 nov. 1770.

1751, (30 août) St-François, I. O.

IV.—LEVASSEUR, JEAN-BTE, [LOUIS III.
b 1722.
PEPIN, Louise. [LOUIS III.
b 1730; s 8 mars 1786, à Québec.[4]
Marie-Louise, b[4] 15 juin 1752.—*Geneviève,* b[4] 5 déc. 1753.— *Catherine-Elisabeth,* b[4] 15 et s 28 mai 1755, à Levis. — *Jean-Baptiste,* b[4] 26 août 1757; s[4] 1er oct. 1758.—*Madeleine-Angélique,* b[4] 21 avril 1759; m[4] 17 fevrier 1789, à André GAUVREAU.—*Marie-Victoire,* b[4] 20 oct. 1760.—*Pierre,* b[4] 29 mars 1763.—*Louis,* b... m[4] 28 mars 1787, à Geneviève GAUVREAU.

1752.

IV.—LEVASSEUR, LAURENT, [JEAN III.
b 1725.
PARANT, Marie.
Marie-Geneviève, b et s 6 sept. 1753, à Lévis.[8] —*Marie-Joseph,* b[8] 12 février 1755.—*Geneviève,* b[8] et s[8] 10 juillet 1757. — *Charlotte,* b[8] 8 avril 1761. —*Catherine,* b[8] 5 sept. 1762; m[8] 29 avril 1783, à François DALLAIRE. — *Geneviève,* b[8] 10 fevrier 1764. — *Marie-Anne,* b[8] 19 août 1765. — *Laurent,* b[8] 7 février 1767.— *Marguerite,* b[8] 20 oct. 1768.—*Charles,* b[8] 24 mars 1770.

(1) Elle épouse, le 18 nov. 1754, Jean Vallé, à Québec.

1752, (9 oct.) Québec.[5]

IV.—LEVASSEUR (1), PIERRE, [FRANÇOIS III.
b 1729.
PETIT, Marguerite, [PIERRE I.
b 1732.
Marie-Madeleine, b[5] 24 juillet 1753.—*Jacques-Pierre,* b[5] 2 fevrier 1755. — *Marguerite,* b[5] 27 janvier 1756. — *Marie-Joseph,* b[5] 23 nov. 1757; s[5] 26 août 1758. — *Guillaume-François,* b[5] 11 juin 1759; s 8 déc. 1760, à St-Jean, I. O.—*Marie-Joseph,* b[5] 18 août 1761. — *Geneviève,* b[5] 1er février et s[5] 15 oct. 1763. — *Marie-Louise,* b[5] 12 mars 1764. — *Marie-Charlotte,* b... m[5] 3 août 1784, à Jacques CHEVALIER.

1753, (29 janvier) St-Ours.

IV.—LEVASSEUR, RENÉ, [NOEL-PIERRE III.
b 1724.
TELLIER, Marie. [FRANÇOIS-ELIE II.
Marie-Joseph, b 16 déc. 1753, à Sorel[4]; s[4] 30 janvier 1755. — *Marie-Catherine,* b[4] 28 mars et s[4] 25 oct. 1755. — *Marie,* b[4] 2 avril 1756. — *Michel,* b[4] 27 mars 1758.

1753.

II.—LEVASSEUR, JOSEPH. [JEAN I.
GRENIER, Marie,
b 1733; s 22 oct. 1755, à Montréal.

1756, (25 oct.) Québec.[7]

IV.—LEVASSEUR, STAN., [NOEL-PIERRE III.
b 1732.
DEL'ŒIL, Françoise, [FRANÇOIS I.
b 1736.
Noél, b[7] 23 avril 1757. — *Marie-Françoise,* b[7] 23 déc. 1758; s[7] 2 sept. 1759. — *Nicolas-Siméon,* b[7] 9 février 1760.—*Marie-Charlotte,* b[7] 26 février 1762.— *Marie-Françoise,* b[7] 3 sept. 1763; s[7] 12 juillet 1764. — *Jean-Baptiste,* b 1771; s 10 dec. 1778, à Kaskakia.[8] — *Pierre,* b[8] et s[8] 20 sept. 1776.

LEVASSEUR, LOUIS.
NUIRET, Anne, [JACQUES I (2).
b 1716; veuve de Charles Girouer; s 9 mars 1791, à Quebec.[7]
Marie-Madeleine, b[7] 17 février 1757. — *Geneviève,* b[7] 10 juin 1759.—*Louis,* b[7] et s[7] 10 août 1761.—*Marie-Anne,* b[7] 13 janvier 1763.

1758, (2 oct.) Boucherville.

IV.—LEVASSEUR, BARTH. [BARTHÉLEMI III.
GAUTIER, Marie-Joseph. [FRANÇOIS II.

LEVASSEUR, JOSEPH.
DESHAIES, Françoise.
Marie-Louise, b 2 oct. 1760, à Bécancour.

1761, (12 oct.) Beauport.[3]

V.—LEVASSEUR, CHS-FRS, [NOEL-CHARLES IV.
b 1735.
1° GIROUX, Agathe, [RAPHAEL III.
b 1728; veuve de Louis Parant; s[3] 10 avril 1766.

(1) Dit Chavelange.
(2) Acadien.

Louise-Véronique, b 24 août 1762, à Charlesbourg. — *Madeleine*, b... s [3] 2 juillet 1764. — *Charles*, b [3] 5 juillet 1764.

1769, (4 sept.) [3]

2° CRÊTE, Marie-Charlotte, [LOUIS III.
b 1752.

1761, (9 nov.) Ile-Dupas. [5]

IV.—LEVASSEUR, FRANÇOIS. [FRANÇOIS III.
BÉRARD (1), Ursule, [JEAN-FRANÇOIS II.
b 1735.

Marie-Ursule, b [5] 4 sept. 1762.—*Marie-Charlotte*, b [5] 18 février 1764; s [5] 15 août 1781.—*Pierre*, b [5] 13 juin 1765.—*Marguerite*, b 1767; m 12 février 1787, à Antoine GOULET, à St-Cuthbert[6]; s [6] 17 août 1790.

1761, (16 nov.) Beauport.

V.—LEVASSEUR, PIERRE, [NOEL-CHARLES IV.
b 1737; s 20 juillet 1798, à Québec. [4]
PARANT, Marie-Louise, [SIMON III.
b 1743.

Pierre, b [4] 19 sept. 1762; m [4] 1er oct. 1782, à Marie-Charlotte QUINZÈLE. — *Marie-Louise*, b... m [4] 29 mai 1781, à Joseph MOISAN.—*Anonyme*, b [4] et s [4] 16 janvier 1764.—*Marie-Charlotte*, b... m [4] 27 nov. 1798, à Joseph PETITCLERC.

1761.

IV.—LEVASSEUR (2), LOUIS, [FRS-LOUIS III.
b 1733.
TRUDEL, Marie-Anne.

Marie-Louise, b 10 oct. 1762, à Québec [7]; m [7] 31 août 1779, à Etienne NICOLAS.—*Marguerite*, b... m [7] 9 avril 1793, à Laurent AMIOT.—*Louis*, b 1767; m [7] 17 oct. 1793, à Louise CHAUVEAU; s [7] 4 janvier 1805.

1763, (7 nov.) Boucherville.

IV.—LEVASSEUR, JEAN-BTE. [BARTHÉLEMI III.
GAUTIER, Marie-Anne. [PIERRE III.

1768, (3 oct.) Boucherville. [8]

IV.—LEVASSEUR, ANT., [PIERRE-JACQUES III.
b 1745.
1° VIGER, Madeleine. [BONAVENTURE III.

1770, (5 février). [8]

2° FAVREAU, Madeleine, [PIERRE III.
veuve de Joseph Loiseau.

1770, (28 mai) Boucherville.

IV.—LEVASSEUR, PIERRE. [PIERRE-JACQ. III.
LACOSTE, Marguerite. [CHARLES III.

1771, (7 janvier) Kamouraska. [9]

V.—LEVASSEUR, JOSEPH. [JOS.-CLÉMENT IV.
GRANDMAISON, Marie-Joseph, [JEAN-BTE I.
b 1752; s [9] 25 janvier 1772.

Charles, b [9] 18 janvier 1772.

(1) Dit Varennes.
(2) Dit Borgia.

1771, (30 sept.) Kamouraska. [1]

V.—LEVASSEUR, PIERRE, [PIERRE IV.
b 1746.
1° ROY (1), Marie, [JEAN-BTE.
b 1752; s [1] 29 oct. 1776.

1777, (24 nov.) [1]

2° MICHAU, Marie-Euphrosine, [ALEXANDRE III.
b 1752.

1772, (11 mai) Varennes.

IV.—LEVASSEUR, ALEXIS. [PIERRE-JACQUES III.
LEBRUN, Marie-Angel. [FERDINAND-JOSEPH I.

1773, (5 juillet) Kamouraska.

V.—LEVASSEUR, JOSEPH, [JEAN-TIMOTHÉE IV.
b 1753.
MIGNAU, Marie-Catherine, [PIERRE II.
b 1753.

1775, (22 août) Kamouraska.

V.—LEVASSEUR, JEAN-BTE, [PIERRE IV.
b 1752.
LANDRY, Marie-Madeleine, [ALEXIS I.
Acadienne; veuve de Jean Cormier.

1775, (9 oct.) Kamouraska.

V.—LEVASSEUR, ALEX., [JEAN-TIMOTHÉE IV.
b 1754.
SIROIS, Marie-Joseph, [MAURICE.
b 1753; veuve de Joseph Lebel.

1776, (5 février) Pte-aux-Trembles, Q. [2]

IV.—LEVASSEUR (2), JOSEPH, [FRS-LOUIS III.
b 1735; s 24 août 1778, à Québec.
GRÉGOIRE (3), Geneviève. [JEAN.

Jean-Baptiste, b [2] 24 janvier 1778.

1776, (23 sept.) Québec.

IV.—LEVASSEUR (2), PHILIP.-AUG., [FRS-LS III.
b 1749.
MANSEAU, Marguerite, [LOUIS III.
b 1751.

V.—LEVASSEUR, JEAN-BTE, [LOUIS IV.
b 1756; s 29 dec. 1801, à Rimouski. [4]
DRAPEAU, Angelique.

Joseph, b... m [4] 5 juin 1810, à Luce LEPAGE.—*Magloire*, b... m [4] 22 juin 1812, à Marguerite LEPAGE.—*Angélique*, b... m [4] 22 juin 1812, à Evode LEPAGE.—*Anonyme*, b [4] et s [4] 30 oct. 1792.—*Augustin*, b [4] 7 dec. 1793.—*Marie-Marguerite*, b [4] 28 mars 1796.

1777, (15 sept.) Québec.

V.—LEVASSEUR, THS-MICHEL, [J.-BTE-ANT. IV.
b 1755.
COLLARD, Marie-Catherine-Joseph, [JOSEPH I.
b 1758.

Michel, b... s 17 déc. 1786, à Ste-Foye. [5] — *Marie-Joseph*, b... s [5] 24 juin 1788.

(1) Dit Desjardins.
(2) Dit Borgia.
(3) Elle épouse, le 4 avril 1780, Jacques Pampalon, à Québec.

1777, (23 sept.) Québec.

V.—LEVASSEUR, NICOLAS, [FRS-LOUIS III.
b 1752.
MANSEAU, Angélique, [LOUIS III.
b 1756.

1781, (18 juin) Kamouraska.

V.—LEVASSEUR, ETIENNE, [JEAN-TIMOTHÉE IV.
b 1764.
MICHAU, Marie-Angélique. [ANTOINE.

1782, (1er oct.) Québec.

VI.—LEVASSEUR, PIERRE, [PIERRE V.
b 1762.
QUINZÈLE, Marie-Charlotte. [ANTOINE.

1786, (20 nov.) Ile-Verte. 8

V.—LEVASSEUR, BENJAMIN, [PIERRE IV.
b 1758.
COTÉ, Françoise, [PRISQUE V.
b 1764.
Julie et *Esther*, b 8 21 oct. 1787.—*Luce*, b 8 22 déc. 1788.

1787, (28 mars) Québec.

V.—LEVASSEUR, LOUIS. [JEAN-BTE IV.
GAUVREAU, Geneviève. [CLAUDE II.

1793, (17 oct.) Quebec. 9

V.—LEVASSEUR (1), LOUIS, [LOUIS IV.
b 1767; lieut.-capitaine; s 9 4 janvier 1805.
CHAUVEAU, Louise, [CLAUDE II.
b 1754.

1810, (5 juin) Rimouski.

VI.—LEVASSEUR, JOSEPH. [JEAN-BTE V.
LEPAGE, Luce, [LOUIS IV.
b 1788.

1812, (22 juin) Rimouski.

VI.—LEVASSEUR, MAGLOIRE. [JEAN-BTE V.
LEPAGE, Marguerite, [CHARLES V.
b 1790.

LEVASSON.—Voy. DEVASSON.

LEVAUT.—Voy. LAVAUX.

LEVEAU.—Voy. DEVAUX.

LÉVEILLÉ.—*Variation et surnoms :* LÉVEILLÉ—BILLY—BOUTIN—CHEVALIER—COIGNAT—DENEAU—DEQUIN—FORÇAN—FOURQUIN—GALESSE—GROISA—GUESTIER—GUIÉTIER—LABONNE—LANDORNEAU—LAVIOLETTE—MARASSÉ—MARSÉ—MAUDEMONT—MONGIN—MONTAMBAULT—MORNAY—MORNET—NEPVEU—PERROTIN—REBOUL—RENAUD-LOCAT—SÉRÉ—SOREL—THIBAULT—TOUCHARD—TRUCHON—TRUD—TYRIEST.

(1) Plus connu sous le nom de Borgia; le grandpère s'appelait Louis-François-Borgia.

I.—L'ÉVEILLÉ, ..., b 1664; s 20 mars 1736, à Montreal.

1671, (8 fevrier) Québec. 3

I.—L'ÉVEILLÉ (1), ETIENNE,
b 1641; s 6 déc. 1687, à la Pte-aux-Trembles, Q.
LEQUINT (2), Isabelle,
veuve de Jean Gaigneux.
Pierre, b 3 30 juillet 1674; m 19 avril 1700, à Jeanne GIRARD, à St-Augustin; s 6 dec. 1750, aux Ecureuils.

1700, (19 avril) St-Augustin.

II.—L'ÉVEILLÉ (3), PIERRE, [ETIENNE I.
b 1674; s 6 dec. 1750, aux Ecureuils. 1
GIRARD, Jeanne, [PIERRE I.
b 1671; s 1 16 mai 1756.
Pierre, b 1702; s 1er août 1703, à Québec. 2—*Pierre*, b 16 juin 1704, à la Pte-aux-Trembles, Q. 8; m 3 23 oct. 1724, à Angélique ARBOUR. — *Jean*, b 8 8 janvier 1707; m 3 3 fevrier 1738, à Marie-Catherine GAUDIN; s 1 27 fevrier 1779. — *Marie-Elisabeth*, b 3 30 janvier 1709; m 3 3 fevrier 1738, à Jean-Baptiste GAUDIN; s 1 3 février 1743. — *François-de-Sales*, b 3 11 février 1711. — *Louis-Joseph*, b 3 17 mars 1715; m 2 7 janvier 1752, à Geneviève LOUINEAU. — *Augustin*, b 3 26 juillet 1715; m 8 10 janvier 1747, à Marie-Clotilde GIRARDIN. — *Etienne*, b 3 19 oct. 1717; m 7 juin 1762, à Marguerite MÉNARD, à Montréal. — *Charles*, b 3 9 mars 1720. — *Clément*, b 3 19 sept. 1723.

1705, (22 nov.) Boucherville.

I.—L'ÉVEILLÉ (4), LAURENT-JEAN-BTE,
b 1681; panis.
DEMERS (5), Marie, [ETIENNE II.
b 1688.
Pierre, b 1707; m 8 juillet 1731, à Barbe PARANT, à St-François, I. J. — *Marie-Anne*, b 1708; m 21 fevrier 1730, à Jean RIQUIER, à Terrebonne 6; s 6 2 juin 1778.

1706, (26 nov.) Pte-aux-Trembles, Q. 1

II.—L'ÉVEILLÉ, JEAN, [ETIENNE I.
b 1678.
AUGÉ, Marguerite, [PIERRE I.
b 1690; s 1 18 nov. 1724.
Marie-Marguerite, b 1 15 avril 1711; m 1 7 janvier 1732, à François PELLETIER; s 1 13 oct. 1741. — *Louis-Joseph*, b 1 19 mars 1713; s 1 14 août 1714. — *Marie-Joseph*, b 1 7 janvier 1715; m 6 fevrier 1736, à Joseph BERTRAND, au Cap-Santé. 3 — *Jean-Baptiste*, b 1 20 oct. 1716.—*Jean-Baptiste*, b 1718; s 1 22 janvier 1736. — *Marie-Charlotte*, b 1 10 avril 1719; m 2 7 nov. 1740, à Joseph-Marie HARDY; s 2 25 nov. 1741. — *Pierre*, b 1 16 mars et s 1 3 avril 1721. — *Angélique*, b 1 3 juin

(1) Voy. vol. I, p. 392.

(2) Elle épouse, le 26 avril 1688, Pierre Girard, à la Pte-aux-Trembles, Q.

(3) Dit Dequin.

(4) Dit Renaud-Locat, du nom du 2nd mari de son épouse.

(5) Et Dumets; elle épouse, le 26 nov. 1711, Louis Renaud-Locat, à Boucherville.

1722; m 8 janvier 1743, à Antoine Pagé, aux Ecureuils[3]; s[3] 10 janvier 1745. — *Marie-Madeleine*, b[1] 7 juillet 1724; m[3] 10 février 1744, à Jean-Baptiste Pagé; s[3] 26 mars 1745.

1712, (21 nov.) Québec.[1]

I.—L'ÉVEILLÉ (1), Etienne.

1° Girardin, Marie-Jeanne. [Jean II.

François, b... m[1] 21 fevrier 1740, à Marie-Joseph Chamard.

1724, (23 oct.) Pte-aux-Trembles, Q.[6]

III.—L'ÉVEILLÉ, Pierre, [Pierre II.
b 1704.

Arbour, Angélique, [Jean-Bte II.
b 1707.

Pierre, b[6] 29 oct. et s[6] 8 déc. 1725. — *Jean-Baptiste*, b[6] 21 nov. 1726; s 17 juillet 1749, à Québec.[7]— *Marie-Angélique*, b[6] 16 juillet 1728; m[6] 4 nov. 1743, à Jean-Baptiste Gaudin.—*Pierre*, b[6] 24 mars et s[6] 2 juin 1730.—*Michel*, b[6] 6 mai et s[6] 23 juin 1731. — *Louis*, b[6] 19 mai 1733. — *Joseph*, b[6] 17 déc. 1734. — *Augustin*, b[6] 28 déc. 1736; m[7] 23 avril 1759, à Louise Grenet.

1731, (8 juillet) St-François, I. J.[3]

II.—L'ÉVEILLÉ (2), Pierre, [Laurent-J.-Bte I.
b 1707; s 14 janvier 1750, à Lachenaye.[4]

Parant, Barbe, [Antoine II.
b 1713.

Angélique, b[4] 27 nov. 1732; s[4] 8 juillet 1749. —*Pierre*, b[4] 20 mars 1734; m 1755, à Marguerite Chalifour. — *Jean-Baptiste*, b[4] 1er juillet 1735; 1° m 12 janvier 1761, à Marie-Rose Vaudry, à St-Henri-de-Mascouche[5]; 2° m[5] 22 nov. 1762, à Marie-Charlotte Renaud. — *Marie-Angélique*, b[4] 31 mars 1737. — *Joseph-Marie*, b[3] 14 sept. 1740; m[5] 20 février 1764, à Marie-Agathe Hubou; s[5] 2 août 1769. — *Antoine*, b[4] 24 avril 1742. — *Athanase*, b[4] 19 juin 1743; s[5] 9 août 1761.—*Marie-Catherine*, b... m[5] 17 janvier 1763, à Pierre Beauchamp.—*Hélène*, b[4] 18 sept. 1747.

1738, (3 février) Pte-aux-Trembles, Q.[9]

III.—L'ÉVEILLÉ, Jean, [Pierre II.
b 1707; s 27 fevrier 1779, aux Ecureuils.[8]

Gaudin, Marie-Catherine, [Charles II.
b 1706.

Jean, b[9] 27 déc. 1738; m 1769, à Thérèse Bertrand.—*Catherine*, b[9] 17 oct. 1740; m[8] 24 août 1767, à François Rognon. — *Marie-Joseph*, b[9] 24 nov. 1743; m[8] 16 janvier 1769, à Thierry Rognon. — *Marie-Thérèse*, b[9] 20 juillet 1745; 1° m[8] 28 janvier 1771, à Joseph-Amable Dussault; 2° m[8] 2 août 1779, à Antoine Delisle.—*Alexandre*, b... s[8] 8 fevrier 1748. — *Marie-Clotilde*, b[8] 20 mai 1750. — *Alexandre*, b... 1° m[9] 7 février 1774, à Louise Belisle; 2° m[8] 24 janvier 1780, à Angélique Richard.

(1) Voy. Billy, vol. II, p. 281.
(2) Dit Locat.

1740, (21 février) Québec.[7]

II.—L'ÉVEILLÉ (1), François, [Et.-Pierre I.
navigateur et tonnelier.

Chamard (2), Marie-Joseph. [Pierre II.

François, b[7] 9 mai et s 17 juin 1746, à Beauport. — *Catherine*, b[7] 27 nov. 1747; s[7] 29 nov. 1748.—*Marie-Louise*, b[7] 19 avril et s 9 juin 1751, à Lévis.—*Marie-Elisabeth*, b[7] 27 oct. 1753.

1747, (10 janvier) Pte-aux-Trembles, Q.[6]

III.—L'ÉVEILLÉ, Augustin, [Pierre II.
b 1715.

Girardin (3), Marie-Clotilde, [Jacques III.
b 1725.

Marie-Clotilde, b[6] 21 et s[6] 25 nov. 1747.

I.—L'ÉVEILLÉ (4), Benoit, b 1736; de Lyon; s 2 mai 1759, à la Baie-St-Paul.

L'ÉVEILLÉ, Joseph.

Vandandaique, Marguerite.

Marguerite, b... s 3 mars 1756, à St-Vincent-de-Paul.

I.—L'ÉVEILLÉ, Joseph,
b 1703; s 19 août 1767, à la Baie-St-Paul.

1752, (7 janvier) Québec.[5]

III.—L'ÉVEILLÉ, Louis-Joseph, [Pierre II.
b 1715; navigateur.

Louineau, Geneviève, [Henri II.
veuve de Jean-Baptiste Caïn.

Louis-Joseph, b[5] 18 avril et s 20 mai 1753, à Lévis. — *Marie-Louise*, b[5] 21 déc. 1754; s[5] 27 août 1757.— *Joseph*, b[5] 6 janvier 1757. — *Marie-Joseph*, b[5] 23 janvier et s[5] 24 sept. 1758.

1755.

III.—L'ÉVEILLÉ (5), Pierre, [Pierre II.
b 1734.

Chalifour, Marguerite.

Marguerite, b 30 nov. 1756, à St-Henri-de-Mascouche.[4]—*Geneviève*, b[4] 22 mars 1758.—*Pierre-Amable*, b[4] 29 mai et s[4] 14 juillet 1759.—*Pierre*, b[4] et s[4] 21 sept. 1760. — *Marie-Madeleine*, b[4] 6 oct. 1761.

1759, (23 avril) Québec.

IV.—L'ÉVEILLÉ, Augustin, [Pierre III.
b 1736.

Grenet, Louise, [Jean-Marie II
b 1739.

1761, (12 janvier) St-Henri-de-Mascouche.[3]

III.—L'ÉVEILLÉ (5), Jean-Bte, [Pierre II.
b 1735.

1° Vaudry, Marie-Rose, [Gabriel III
b 1742; s[3] 24 oct 1761.

1762, (22 nov.)[3]

2° Renaud, Marie-Charlotte, [Michel III
b 1742.

(1) Voy. Billy, vol. II, p. 281.
(2) Dit Rangeville en 1747 ou Forceville.
(3) Voy. Girard.
(4) Soldat de St. Ours.
(5) Dit Locat.

1762, (7 juin) Montréal.

II.—L'ÉVEILLÉ (1), ETIENNE, [PIERRE II.
b 1717,
MÉNARD, Marguerite, [JOSEPH III.
b 1730 ; veuve de Joseph Asselin.

1764, (20 février) St-Henri-de-Mascouche. [2]

II.—L'ÉVEILLÉ (2), JOSEPH-MARIE, [PIERRE II.
b 1740 ; s [2] 2 août 1769.
HUBOU (3), Marie-Agathe, [ATHANASE III.
b 1746.

L'ÉVEILLÉ, JOSEPH.
ROBILLARD, Marie-Judith.
Marie-Joseph, b... m 15 mai 1786, à Jean-Baptiste GOULET, à St-Cuthbert. [1] — *Judith*, b... m [1] 5 février 1790, à Pierre TESSIER.—*Thérèse*, b [1] 7 sept. 1777.

L'ÉVEILLÉ, PIERRE.
RIVARD, Marguerite.
Joseph, b... m 19 février 1787, à Marie-Françoise BAUDOIN, à Repentigny.

1769.

IV.—L'ÉVEILLÉ, JEAN. [JEAN III.
BERTRAND, Therèse, [JEAN-BTE III.
b 1751.
Marie-Thérèse, b 8 nov. 1769, aux Ecureuils. [9] *Jean-Baptiste*, b 11 août 1771, à la Pte-aux-Trembles, Q. [8] — *Deux anonymes*, b [9] et s [9] 22 avril 1774.—*Marie-Clotilde*, b [8] 30 mai 1775.—*Augustin*, b [9] 7 nov. 1776. — *Marie-Joseph*, b [9] 24 mai 1782.

1774, (7 février) Pte-aux-Trembles, Q.

IV.—L'ÉVEILLÉ, ALEXANDRE. [JEAN III.
1° BELISLE, Louise, [FRANÇOIS.
b 1754 ; s 30 janvier 1776, aux Ecureuils. [9]
Alexandre, b [9] 8 dec. 1774.—*Marie-Louise*, b [9] 25 janvier et s [9] 22 juin 1776.

1780, (24 janvier). [9]

2° RICHARD, Angélique, [PIERRE III.
b 1751.
Louise, b [9] 16 avril 1782.

1787, (19 février) Repentigny. [8]

L'ÉVEILLÉ, JOSEPH. [PIERRE.
BAUDOIN, Marie-Françoise. [FRANÇOIS.
Marie-Madeleine, b 1790 ; s [8] 20 février 1791.—*Marguerite*, b [8] 30 avril 1791.

L'ÉVEILLÉ, PIERRE.
BERARD, Catherine.
Louis, b 29 juin 1793, à Repentigny.

LÉVÊQUE.—Voy. LÉVESQUE.

LEVERD.—Voy. LEVERT.

(1) Dit Dequin.
(2) Dit Locat.
(3) Elle épouse, le 29 janvier 1770, Jacques Brien, à St-Henri-de-Mascouche.

LEVERRIER.—*Variation et surnom* : VERRIER —DEROUSSON.

I.—LEVERRIER (1), GUILLAUME, b 1688 ; s 14 sept. 1758, à Quebec (dans l'église).

I.—LEVERRIER (2), ROBERT.
TARTÉ, Jeanne.
Marguerite, b 1686 ; m 28 mai 1708, à Jean FORT-LAFOREST, à Montréal. [1] — *Marie-Jeanne*, b 1694 ; s [1] 8 juin 1706.

1704, (15 juin) Montréal. [1]

I.—LEVERRIER (3), FRANÇOIS, fils de Nicolas (seigneur de Boisguibert) et de Madeleine Houdon, de St-Paul, Paris ; s 7 nov. 1732, à Quebec (dans l'église).
DEFLEURY (4), Jeanne-Chtte, [JACQ.-ALEXIS I.
b 1683.
Louis, b [1] 11 avril 1705. — *Jacqueline-Ursule-Marguerite*, b [1] 1er juillet 1706 ; m [1] 3 sept. 1726, à Jean-Paschal SOUMANDE ; s [1] 17 juillet 1743.

I.—LEVERRIER, JEAN, b 1702 ; s 11 sept. 1763, à Sorel.

II.—LEVERRIER (5), LOUIS, [FRANÇOIS I.
b 1705.

I.—LEVERRIER, PIERRE.
....
Pierre, b... m 30 août 1767, à Marie DEGUIRE, à St-Michel-d'Yamaska.

1767, (30 août) St-Michel-d'Yamaska. [4]

II.—LEVERRIER, PIERRE. [PIERRE I.
DEGUIRE-DESROSIERS, Marie, [JOSEPH III.
b 1744.
Pierre-Joseph, b [4] 9 déc. 1768 ; s [4] 31 juillet 1769.

LEVERT.—*Variation* : LEVERD.

I.—LEVERT, JACQUES.
....
Geneviève, b 1661 ; m à Jean-Baptiste LARUE ; s 30 août 1756, à Terrebonne.

I.—LEVERT (6), JEAN,
b 1633.
DELASTRE, Françoise,
b 1653.
Jacques, b 28 déc. 1675, à la Pte-aux-Trembles, M. ; 1° m 1er oct. 1715, à Marie-Charlotte YVON, à Montreal ; 2° m 1722, à Marie-Marguerite CHEVALIER ; s 26 juillet 1756, à Ste-Rose.

(1) Et Verrier ; procureur-général au Conseil supérieur de Québec ; il fait, en 1731 et 1732, le depouillement des minutes des actes des notaires.
(Ministère de la marine, documents "Notariat.")
(2) DeRousson.
(3) Sieur DeRousson ; capitaine d'une compagnie du détachement de la marine et lieutenant du roy.
(4) Deschambault.
(5) Procureur-général à Québec.
(6) Voy. vol. I, p 393.

1715, (1er oct.) Montréal.
II.—LEVERT, Jacques, [Jean I.
b 1675.
1° Yvon, Marie-Charlotte, [Jean-Bte II.
b 1698 ; s 26 janvier 1717, à St-François, I. J.
Jacques, b 1716 ; m 1750, à Marie-Anne Guertin.

1722.
2° Chevalier, Marie-Marguerite, [Paul II.
b 1707.
Marie, b 1723 ; s 26 avril 1744, à Terrebonne. [7] *Marie-Jeanne*, b 1726 ; s [7] 28 avril 1745.—*Joseph*, b 1727 ; m 15 oct. 1753, à Elisabeth Joly, à Ste-Rose. [6] — *Catherine*, b [7] 28 janvier 1728 ; s [7] 23 mars 1733. — *Marie-Thérèse*, b [7] 30 déc. 1729 ; s [7] 4 juillet 1730. — *Charles*, b [7] 5 nov. 1731. — *Jean-François*, b [7] 19 janvier 1734 ; 1° m [6] 19 nov. 1764, à Marie-Angélique Limoges ; 2° m à Marie-Louise Coron ; s [7] 26 juin 1778.—*Paul*, b [7] 19 avril 1736. — *Claude*, b 1738 ; m [6] 10 janvier 1757, à Madeleine Cadieu.

1750.
III.—LEVERT, Jacques, [Jacques II.
b 1716.
Guertin (1), Marie-Anne, [Paul II.
b 1705.
Marie-Anne, b 25 fevrier 1751, à Ste-Rose [4] ; s [4] 2 sept. 1752.—*Marie-Louise*, b [4] 3 oct. 1752.—*Marie-Anne*, b [4] 27 juillet 1754. — *Marie-Joseph*, b [4] 30 mai 1756 ; s [4] 13 janvier 1758. — *Jacques*, b [4] 13 sept. 1758.—*Joseph*, b [4] 30 août 1760.

1753, (15 oct.) Ste-Rose. [9]
III.—LEVERT, Joseph, [Jacques II.
b 1728.
Joly, Elisabeth, [Jean-Bte IV.
b 1738 ; s [9] 17 sept. 1764.
Marie-Isabelle, b [9] 22 et s [9] 26 oct. 1755. — *Charles-Joseph*, b [9] 25 oct. 1756.— *Jean-Baptiste*, b [9] 6 oct. 1758. — *Marie-Elisabeth*, b [9] 13 juin 1760.—*Marie-Anne*, b [9] 5 août 1762.

1757, (10 janvier) Ste-Rose [7]
III.—LEVERT, Claude, [Jacques II.
b 1738.
Cadieu, Madeleine, [Jean-Bte III.
b 1724 ; veuve de Joseph Vaillancour.
Joseph-François, b [7] 27 oct. 1757. — *Marie-Joseph*, b [7] 21 janvier 1759.

1764, (19 nov.) Ste-Rose.
III.—LEVERT, Jean-François, [Jacques II.
b 1734 ; s 26 juin 1778, à Terrebonne.
1° Limoges, Marie-Angelique, [Michel II.
b 1737.
2° Coron, Marie-Louise, [Jean III.
b 1748.

LÉVESQUE —*Variation et surnoms :* Lévêque —De Romprez—DuSablon—Lafrance — Le bras croche—Rompré—Sansoucy.

(1) Et Guérin en 1758 ; elle épouse, le 4 mars 1764, François Beaune, à Ste-Rose.

I.—LÉVESQUE (1), Robert,
b 1641 ; charpentier ; s 3 sept. 1699, à la Rivière-Ouelle. [4]
1° .... (2).
Nicolas, b 1672.—*Charles*, b 1674.
1679, (22 avril) L'Ange-Gardien. [3]
2° Chevalier, Jeanne,
b 1645.
François-Robert, b 14 février 1680, à l'Islet ; m [4] 7 nov. 1701, à Marie-Charlotte Auber ; s 8 oct. 1765, à Ste-Anne-de-la-Pocatière. — *Pierre-Joachim*, b 1682 ; m [3] 30 juin 1705, à Angelique Letarte ; s [4] 9 nov. 1759.—*Joseph*, b [4] 6 janvier 1685 ; m [4] 26 nov. 1704, à Marie-Angelique Meneux ; s [4] 12 fevrier 1755.

I.—LÉVESQUE (1), Pierre,
b 1641.
Croizette, Marie, [Mathurin I.
b 1651.
Pierre, b 1678 ; m 30 nov. 1726, à Marie-Jeanne Tessier, à Ste-Anne-de-la-Perade[1] ; s [1] 15 janvier 1750. — *Edmond*, b 1683 ; m 14 nov. 1712, à Marie-Anne Morand, à Batiscan[2] ; s [1] 15 nov. 1732. — *Mathurin*, b [2] 31 mai 1685 ; m [2] 14 nov. 1712, à Marie-Madeleine Morand ; s [1] 7 sept. 1722.

1698, (4 dec.) Montréal.
I.—LÉVESQUE (3), Jacques,
b 1674.
Lert (4), Marguerite, [Etienne I.
b 1678.
Michel, b 18 juin 1720, à Repentigny ; m à Marie-Joseph Cadieu. — *Nicolas*, b... m à Marie-Elisabeth Cadieu.

1701, (7 nov.) Rivière-Ouelle [5]
II.—LÉVESQUE, Frs-Robert, [Robert I.
b 1680 ; s 8 oct. 1765, à Ste-Anne-de-la-Pocatière.
Auber, Marie-Charlotte, [Félix II
b 1683 ; s [3] 26 mars 1765.
Marie-Jeanne, b [3] 30 nov. 1702. — *François-Robert*, b [3] 24 nov. 1704 ; m [3] 4 mai 1734, à Marie-Angelique Bérubé. — *Bernard*, b [3] 7 mars 1706.—*Marie-Ursule*, b [3] 24 fevrier 1707.—*Joseph*, b [3] 28 sept. 1708 ; m 10 nov. 1733, à Marie Coté, à Rimouski ; s [3] 30 juin 1785.—*Marie-Madeleine*, b [3] 20 avril 1710 ; m [3] 25 nov. 1733, à Pierre Bérubé ; s [3] 11 fevrier 1764.— *Jean-Baptiste*, b [3] 12 fevrier 1712 ; 1° m [3] 18 juillet 1736, à Marie-Joseph Bérubé ; 2° m [3] 14 oct. 1777, à Geneviève Martin. — *Marguerite*, b [3] 5 nov. 1713 ; m [3] 25 nov. 1738, à Jean Anctil. — *André*, b [3] 10 et s [3] 23 janvier 1720. — *Dominique*, b 1721 ; 1° m [3] 19 juillet 1745, à Marie-Dorothée Bérubé ; 2° m [3] 14 fevrier 1757, à Marie-Anne Dionne — *Louis*, b 1723 ; m [3] 19 fevrier 1748, à Anne-

(1) Voy. vol. I, p. 392.

(2) Le recensement de 1681 laisse à supposer qu'il était marié en premières noces, puisqu'il avait deux enfants, Nicolas et Charles, lorsqu'il épousa Jeanne Chevalier.

(3) Dit Sansoucy ; voy. vol. I, pp. 392-393.

(4) Et Lair.

Angélique Dubé ; s [3] 1er avril 1760.—*Marie-Charlotte*, b... 1° m [3] 11 février 1749, à Pierre Bérubé ; 2° m [3] 17 janvier 1763, à Pierre Soucy.

1704, (26 nov.) Rivière-Ouelle. [4]

II.—LÉVESQUE, Joseph, [Robert I.
b 1685 ; s [4] 12 fevrier 1755.

Meneux (1), Marie-Angélique, [Jacques I.
b 1678 ; s [4] 9 mars 1759.

François, b [4] 11 sept. 1707 ; m 13 fevrier 1736, à Marguerite Guéret, à Rimouski. — *Jean-Baptiste*, b [4] 8 et s [4] 22 sept. 1709.—*Marie-Madeleine*, b [4] 29 sept. 1710 ; m [4] 10 nov. 1732, à François Bérubé —*Marie-Angélique*, b [4] 31 oct. 1712 ; m [4] 21 fevrier 1735, à Etienne Gauvin ; s [4] 24 mai 1767. — *Marie-Joseph*, b [4] 14 sept. 1714 ; m [4] 22 nov. 1734, à Jean-Baptiste Paradis.—*Geneviève*, b [4] 7 nov. 1716. — *Joseph*, b [4] 6 avril 1718 ; m 1734, à Geneviève Caron. — *Jean-Baptiste*, b [4] 6 avril 1718 ; 1° m [4] 27 avril 1739, à Angélique Pelletier ; 2° m 24 juillet 1753, à Marie-Marthe Michon, à St-Thomas. —*François*, b... m à Marguerite Dumont. — *Pierre-Bernard*, b [4] 8 avril 1721 ; 1° m 5 juin 1747, à Marie-Joseph Choret, à Kamouraska ; 2° m 21 août 1752, à Madeleine Bérubé, à Ste-Anne-de-la-Pocatière ; s [4] 13 janvier 1760.

1705, (30 juin) L'Ange-Gardien.

II.—LÉVESQUE, Pierre-Joachim, [Robert I.
b 1682 ; s 9 nov. 1759, à la Rivière-Ouelle. [5]

Leparte, Angelique, [Charles II.
b 1687 ; s [5] 31 janvier 1742.

Marguerite, b [5] 13 avril 1706 ; m à Alexandre Dubé. — *Geneviève*, b [5] 12 mai 1707. — *Pierre-Joachim*, b [5] 30 oct. 1708 ; m [5] 6 fevrier 1736, à Marie-Anne Bouchard ; s [5] 10 avril 1744. —*Jean-Baptiste*, b [5] 9 avril 1710 ; 1° m 13 février 1736, à Geneviève Coté, à Rimouski ; 2° m 26 avril 1762, à Marie-Joseph Bois, à Ste-Anne-de-la-Pocatière [6] ; 3° m [6] 7 janvier 1764, à Marie-Angélique Juvelle ; 4° m à Marie-Françoise Bouillon ; s [5] 5 mai 1784.—*Marie-Angélique*, b [5] 23 nov. 1711 ; m 1727, à Louis-Charles Hudon ; s [5] 13 mai 1770. —*Joseph*, b [5] 16 mars 1713. — *Joseph*, b [5] 28 fevrier 1714 ; s [5] 21 janvier 1716.—*Jean-Bernard*, b... m 14 avril 1738, à Elisabeth Michaud, à Kamouraska. [7]—*Joseph-Antoine*, b [5] 2 avril 1717 ; 1° m [7] 8 janvier 1748, à Geneviève Autin ; 2° m [5] 3 mai 1762, à Marie-Isabelle Dubé ; s [5] 23 juillet 1782. — *Marie-Angélique*, b [6] 29 oct. 1719 ; m [5] 21 nov. 1741, à Charles-Michel Dupéré ; s [5] 11 fevrier 1781. — *Louis-Charles*, b 1721 ; 1° m [5] 24 nov. 1749, à Marie-Joseph Hudon ; 2° m [5] 15 nov. 1756, à Marie-Joseph Autin. — *Brigitte*, b 1728 ; 1° m [5] 16 nov. 1744, à Jean Chapet ; 2° m [5] 8 nov. 1756, à Jacques Colin ; s [5] 25 janvier 1760.

I.—LÉVESQUE, Guillaume, b 1705 ; de Normandie ; s 20 avril 1735, au Château-Richer.

(1) Lemeuu—Châteauneuf.

1712, (14 nov.) Batiscan.

II.—LÉVESQUE (1), Edmond, [Pierre I.
b 1683 ; s 15 nov. 1732, à Ste-Anne-de-la-Pérade. [2]

Morand, Marie-Anne, [Pierre I.
b 1695 ; s [2] 9 janvier 1750.

Joseph, b [2] 17 mars 1714.— *Marie-Anne*, b [2] 13 avril 1715 ; m [2] 10 avril 1741, à Louis-Joseph Lemerle.—*Marie*, b [2] 16 août 1717. — *Joseph* b [2] 27 août 1719 ; m [2] 18 janvier 1745, à Ursule Rochereau ; s [2] 16 janvier 1750. — *Joachim*, b [2] 21 mars 1722 ; m à Marie-Anne Rivet.— *Pierre*, b [2] 6 août 1724 ; m 1753, à Marie-Catherine Vanier. —*Marie-Madeleine*, b [2] 2 mars 1727 ; s [2] 10 janvier 1750. — *Jean-Baptiste*, b [2] 24 avril 1729.—*Louis*, b 1731 ; s 19 janvier 1750, à Ste-Anne-de-la-Pocatière.

1712, (14 nov.) Batiscan.

II.—LÉVESQUE (2), Mathurin, [Pierre I.
b 1685 ; s 7 sept. 1722, à Ste-Anne-de-la-Perade. [7]

Morand, Marie-Madeleine, [Pierre I.
b 1690 ; s [7] 4 oct. 1726.

Joseph, b [7] 28 sept. 1713 ; m [7] 10 nov. 1738, à Madeleine Rochereau ; s [7] 29 janvier 1771. — *Marie-Madeleine*, b [7] 13 fevrier 1715 ; m à Joseph Baril.—*Michel*, b [7] 28 mars 1717.—*François*, b [7] 22 mai 1718. — *Pierre*, b [7] 26 fevrier 1721. — *Michel*, b [7] 5 mai 1721.

1713, (27 février) Ste-Famille, I. O [4]

I.—LÉVESQUE, Olivier, b 1670 ; fils de Guillaume et de Marie Caron, de St-Servant, diocèse de St-Malo, Bretagne.

Arrivée, Marguerite, [Maurice I.
b 1677 ; s [4] 16 juin 1715.

Marguerite, b [4] 20 janvier 1714.

1726, (30 nov.) Ste-Anne-de-la-Pérade. [3]

II.—LÉVESQUE, Pierre, [Pierre I.
b 1678 ; s [3] 15 janvier 1750.

Tessier, Marie-Jeanne, [Mathurin I.
b 1685 ; veuve de Jean-Baptiste Gervais ; s [3] 29 sept. 1748.

Pierre, b [3] 31 août et s [3] 1er sept. 1727.

1733, (19 nov.) Rimouski.

III.—LÉVESQUE, Joseph, [Frs-Robert II.
b 1708 ; s 30 juin 1785, à la Rivière-Ouelle. [1]

Coté, Marie. [Jean-Bte III.

Charles-Joseph, b [1] 19 et s [1] 30 janvier 1735.— *Joseph*, b [1] 4 nov. 1736 ; 1° m [1] 3 nov. 1756, à Marie-Louise Maurais ; 2° m à Marie-Ursule Fortin.—*Jean-Baptiste*, b [1] 13 sept. et s [1] 21 oct. 1738.—*Jean-François*, b [1] 26 dec. 1739 ; 1° m [1] 14 janvier 1765, à Madeleine Fortin ; 2° m à Marie-Anne Morneau ; 3° m [1] 3 mars 1783, à Madeleine Lamarre. — *Dominique*, b [1] 13 mars 1742 ; m [1] 15 fevrier 1779, à Marie-Anne Dubé.—*Anonyme*, b [1] et s [1] 27 mai 1743.—*François*, b [1] 27 mai 1743.—*Pierre*, b [1] 31 juillet 1744.—*Marie-Joseph*,

(1) DuSablon, 1729.
(2) De Romprez.

b [1] 9 mars 1747 ; 1° m [1] 27 février 1775, à Joseph Boucher ; 2° m [1] 9 nov. 1778, à Joseph-Marie, Jeanbard.— *François-Marie*, b [1] 18 mai 1749. — *Louis*, b [1] 11 déc. 1751 ; s [1] 10 avril 1752. — *Benoit*, b [1] 13 déc. 1752 ; m [1] 15 janvier 1776, à Marie Lebreux.—*Marie-Thérèse*, b [1] 3 mars 1755. —*Marie-Madeleine*, b [1] 30 juin 1757. — *Ignace*, b 1763 ; m [1] 20 oct. 1786, à Marie-Joseph Maurais.

1734, (4 mai) Rivière-Ouelle. [7]

III.—LÉVESQUE, Frs-Robert, [Frs-Robert II.
b 1704.

Bérubé, Marie-Angélique, [Mathurin II.
b 1715.

Marie-Angélique, b [7] 19 février 1735. — *Marie-Véronique*, b 14 sept. 1736, à Ste-Anne-de-la-Pocatière [6] ; m [6] 30 janvier 1763, à Charles Digé. — *Joseph-François*, b [6] 26 juillet 1738 ; m [6] 30 août 1763, à Marie-Joseph Ouellet. —*Jean-Baptiste*, b [6] 17 mars 1740.—*Joseph-Marie*, b [6] 30 déc. 1741. —*Pierre*, b [6] 3 mai 1744 ; m [6] 15 janvier 1770, à Marie Morin.—*Louis-Isidore*, b [6] 18 mai 1746.— *Marie-Geneviève*, b [6] 10 juin 1748. — *Marie-Thérèse*, b [6] 26 mars 1751 ; m [6] 18 nov. 1771, à François-Maurice Morin. — *Germain*, b [6] 1er sept. 1753.

1736, (6 février) Rivière-Ouelle. [4]

III.—LÉVESQUE, Pierre-Joachim, [Pierre II.
b 1708 ; s [4] 10 avril 1744.

Bouchard (1), Marie-Anne, [Pierre II.
b 1713.

Marie-Anne, b [4] 12 janvier 1737 ; m 7 nov. 1753, à Jean-Baptiste Hudon, à Ste-Anne-de-la-Pocatière.—*Marie-Madeleine*, b [4] 12 mars 1738.— *Louise-Geneviève*, b [4] 28 mai 1739. — *Athanase*, b [4] 20 février et s [4] 4 avril 1741. — *Marie-Joseph*, b [4] 14 février et s [4] 20 mai 1742. — *Marie-Joseph*, b [4] 5 juillet et s [4] 18 août 1743.— *Pierre-Joachim* (posthume), b [4] 27 nov. 1744.

1736, (13 fevrier) Rimouski. [3]

III.—LÉVESQUE, J.-Bte, [Pierre-Joachim II.
b 1710 ; s 5 mai 1784, à la Rivière-Ouelle. [4]

1° Coté, Geneviève, [Jean-Bte III.
b 1717 ; s [4] 6 mars 1759.

Louise-Geneviève, b [4] 24 nov. et s [4] 2 déc. 1736. —*Jean-Baptiste*, b [4] 19 nov. 1737 ; m [4] 3 mai 1762, à Marie-Madeleine Dubé.— *Augustin*, b [4] 25 oct. 1739 ; s [4] 3 mars 1741.—*Pierre*, b [4] 29 sept. 1741 ; m [4] 11 fevrier 1765, à Marie-Joseph Tériault.— *Geneviève*, b [4] 6 sept. 1743. — *Marie-Catherine*, b [4] 24 juin 1745 ; m [4] 21 nov. 1768, à Zacharie Dubé. — *Joseph*, b [4] 11 mai 1747 ; m 8 janvier 1781, à Judith Mignau, à Kamouraska. — *André-Joachim*, b [4] 29 nov. 1748. — *René*, b [4] 18 juin 1750.—*Joseph-Antoine*, b [4] 11 février 1752 ; m [4] 7 février 1774, à Marguerite Gagnon.—*Prosper*, b [4] 6 juillet 1753 ; m [4] 23 fevrier 1778, à Marie-Anne Levesque.—*Paschal*, b [4] 30 mars 1755.—*Anselme*, b [4] 2 mars 1758 ; m [4] 24 janvier 1785, à Elisabeth Dauteuil.

1762, (26 avril) Ste-Anne-de-la-Pocatière.

2° Bois, Marie-Joseph, [Jacques II
b 1733 ; s [4] 14 février 1763.

1764, (7 janvier). [4]

3° Miville, Marie-Angelique, [Pierre-Frs I
b 1737.

Marguerite, b... m [4] 21 nov. 1785, à Jean-Baptiste Perrault.

4° Bouillon, Marie-Françoise.

Marie-Geneviève, b... m [8] 1er juin 1785, à Jean-Baptiste Pinaut.—*Jean-Baptiste*, b... m [8] 11 janvier 1803, à Léocadie Lepage. — *Michel*, b... m 15 janvier 1805, à Basilisse Lepage. — *Joseph*, b... m [8] 5 février 1805, à Angélique Proulx.

1736, (13 fevrier) Rimouski.

III.—LÉVESQUE, François, [Joseph II
b 1707.

Guéret-Dumont, Marguerite, [Jacques I
b 1713.

Joseph, b 5 février 1737, à la Rivière-Ouelle [4] ; s [4] 22 janvier 1739.—*Marie-Joseph*, b [4] 1er fevrier 1738 ; m [4] 22 nov. 1762, à Pierre Bérubé.—*François*, b [4] 2 avril 1739 ; m [4] 2 mars 1778, à Marie-Louise Pelletier.—*Marguerite*, b [4] 4 juillet 1740 ; m à Jean-Jacques Lebel ; s 31 mai 1780, à Kamouraska. — *Joseph-Marie*, b [4] 29 oct. 1741 ; m [4] 21 nov. 1768, à Judith Hudon ; s [4] 4 janvier 1774. —*Marie-Joseph*, b [4] 23 janvier 1742.—*Joseph*, b [4] 30 déc. 1742. — *Catherine*, b... m [4] 17 janvier 1774, à Jean-Marie St. Pierre.

1736, (18 juillet) Rivière-Ouelle. [4]

III.—LÉVESQUE, Jean-Bte, [François II.
b 1712.

1° Bérubé, Marie-Joseph, [Mathurin II.
b 1713 ; s [4] 5 mai 1777.

Jean-François, b [4] 4 août 1737 ; m [4] 18 janvier 1762, à Louise-Geneviève Perrot.—*Marie-Joseph*, b [4] 26 janvier 1739. — *Pierre*, b [4] 17 mars 1740, m 8 janvier 1770, à Marie-Joseph Dionne, à Ste-Anne-de-la-Pocatière.—*Basile*, b [4] 9 fevrier 1742, m [4] 22 oct. 1766, à Marie-Joseph Morin.—*Charles*, b [4] 2 mars 1743 ; m [4] 16 janvier 1769, à Catherine Hudon. — *Marie-Louise*, b [4] 18 oct. 1744. 1° m [4] 24 nov. 1766, à Etienne Malenfant ; 2° m [4] 26 nov. 1781, à Pierre Chouinard.—*Louis*, b [4] 29 avril 1746 ; m [4] 10 janvier 1780, à Rose Hudon. — *Marie-Anne*, b [4] 8 février 1748 ; m [4] 16 janvier 1775, à Andre Mingui. — *Joseph-Toussaint*, b [4] 1er nov. 1749 ; m [4] 3 fevrier 1777, à Madeleine Hudon. — *Jean-Baptiste*, b [4] 2 avril 1751 ; m [4] 26 janvier 1778, à Catherine Plourde.—*Pierre*, b [4] 9 oct. 1753 ; m [4] 11 janvier 1779, à Marie-Modeste Hudon.—*Anonyme*, b [4] et s [4] 19 nov. 1754.

1777, (14 oct.) [4]

2° Martin, Geneviève, [Pierre II.
veuve de Claude Beaupré.

1738, (14 avril) Kamouraska.

III.—LÉVESQUE, Jean-Bern. [Pierre-Joac. II
Michaud, Elisabeth. [Louis II

Marie-Joseph, b 27 avril 1739, à la Rivière-Ouelle [4] ; m [4] 21 juin 1762, à Jean-Baptiste Emond. — *Joseph*, b [4] 28 août 1740 ; m [4] 18 oct.

(1) Elle épouse, le 26 juillet 1745, Guillaume Miville, à la Rivière-Ouelle.

1762, à Marie-Louise Gagnon. — *Marie-Anne*, b [4] 11 janvier et s [4] 4 avril 1742. — *Anonyme*, b [4] et s [4] 24 juin 1743. — *Pierre-Bernard*, b [4] 12 nov. 1746; m [4] 21 nov. 1774, à Marie-Joseph DeLavoye.

1738, (10 nov.) Ste-Anne-de-la-Pérade. [6]

III.—LÉVESQUE (1), Joseph, [Mathurin II. b 1713; s [6] 29 janvier 1771.

Rochereau, Marie-Madeleine, [Jacques II. b 1713.

Joseph-Alexis, b [6] 12 oct. et s [6] 1er nov. 1739.—*Marie-Joseph*, b [6] 10 oct. 1740; m [6] 20 février 1764, à François-Xavier Roy.—*Louis-Joseph*, b [6] 14 mars 1743; m [6] 14 janvier 1765, à Marie-Joseph DeVaux. — *Marie-Madeleine*, b [6] 15 oct. 1744; s [6] 19 juin 1747. — *Louis-François*, b [6] 5 juin 1746; m [6] 4 février 1777, à Marie-Joseph Leduc. — *Marie-Madeleine*, b [6] 15 oct. 1747; 1° m [6] 14 janvier 1765, à Louis Baribeau; 2° m [6] 11 avril 1774, à Pierre Deveau; s [6] 16 oct. 1775. —*Marie-Anne*, b [6] 15 juillet 1749; m [6] 12 janvier 1767, à Joseph-Alexis Rivard. — *Marie-Thérèse*, b [6] 18 nov. 1751. — *Pierre*, b [6] 17 août 1753; s [6] 25 février 1761.—*Jean-Baptiste*, b [6] 19 sept. 1755; m [6] 25 janvier 1779, à Marie-Joseph Baribeau.

1739, (27 avril) Rivière-Ouelle. [6]

III.—LEVESQUE, Jean-Bte, [Joseph II. b 1718.

1° Pelletier, Marie-Angelique, [Jean-Frs IV. b 1720.

Marie-Judith, b 2 février et s 1er juin 1740, à Kamouraska. [5] — *Jean-Baptiste*, b [5] 23 fevrier 1741; m [5] 20 août 1764, à Marie-Judith Taillon. —*Marie-Thérèse*, b [5] 21 janvier 1743; m [5] 25 juin 1764, à Joseph-Antoine Paradis. — *Joseph-Antoine*, b [5] 12 avril 1745; m [5] 8 janvier 1770, à Marie-Joseph Charon. — *Marie-Angélique*, b [5] 11 mai 1747; m [5] 3 sept. 1770, à Joseph Hudon.

1753, (24 juillet) St-Thomas.

2° Michon, Marie-Marthe, [Ls-Augustin II. b 1732.

Augustin, b [6] 31 mai 1754. — *Marie-Judith*, b [6] 15 nov. 1755; m 29 sept. 1794, à Benoni Cote, aux Trois-Pistoles. [7] — *Marie-Joseph*, b [5] 28 mars 1757. — *François*, b [5] 28 août 1758. — *Marie-Marthe*, b [6] 19 oct. 1760. — *Marguerite*, b [5] 29 juin et s [5] 20 déc. 1763.—*Ignace*, b [5] 31 août 1764. — *Charles-François*, b [5] 26 fevrier 1766; 1° m [7] 20 août 1792, à Marie Rioux; 2° m [7] 6 nov. 1798, à Theotiste Leblond. — *Marguerite*, b [5] 18 juin 1767. — *Joseph-Marie*, b [5] 11 sept. 1769; m [7] 29 sept. 1794, à Julienne Rioux.

1745, (18 janvier) Ste-Anne-de-la-Pérade. [4]

III.—LÉVESQUE (2), Joseph, [Edmond II. b 1719; s [4] 16 janvier 1750.

Rochereau (3), Ursule, [Jacques II. b 1723.

Joseph-Alexis, b [4] 10 déc. 1745; m [4] 24 janvier 1774, à Marguerite Boullard. — *Marie-Anne*, b [4] 17 août 1747; m [4] 8 janvier 1776, à François Baril. — *Louis-Joseph*, b [4] 3 mai 1749; m [4] 9 février 1777, à Pelagie Ricard.

(1) Romprez.

(2) Du Sablon.

(3) Elle épouse, le 11 janvier 1751, Pierre-René Tessier, à Ste-Anne-de-la-Perade.

1745, (19 juillet) Rivière-Ouelle. [4]

III.—LÉVESQUE, Dominique, [Frs-Robert II. b 1721.

1° Bérubé, Marie-Dorothée, [Pierre II. b 1728; s [4] 3 février 1755.

Marie-Madeleine, b [4] 8 avril 1746; s [4] 18 nov. 1759.—*Anonyme*, b [4] et s [4] 8 déc. 1746. — *Dominique*, b [4] 16 dec. 1747. — *Marie-Dorothée*, b [4] 14 fevrier 1749; m [4] 15 janvier 1770, à Gervais Dionne. — *Marie-Catherine*, b [4] 23 fevrier 1751; m [4] 2 mars 1778, à Pierre Bérubé.—*Joseph-Marie*, b [4] 28 oct. 1752; m [4] 9 nov. 1778, à Thècle Jeanbard.—*Hilarion*, b [4] 8 janvier et s [4] 5 avril 1755.

1757, (14 février). [4]

2° Dionne, Marie-Anne, [Antoine III. b 1735.

Marie-Anne, b [4] 24 oct. 1757; m [4] 24 juin 1782, à Basile Lebreux.—*Clément*, b [4] 12 fevrier 1759; m [4] 19 juillet 1785, à Marie-Anne Bérubé. — *Marie-Rosalie*, b [4] 9 nov. 1760. — *Maurice*, b... s [4] 23 août 1771 (noyé).

II.—LÉVESQUE (1), Michel, [Jacques I. b 1720.

Cadieu, Marie-Joseph.

Jean-Baptiste, b 1730; m 1766, à Cécile Archambault; s 19 avril 1774, à Repentigny. [5]— *Jacques*, b... m [5] 14 nov. 1768, à Marie-Joseph Laporte. — *Joseph*, b... m 1771, à Madeleine Durant.

LÉVESQUE, Maurice, journalier.

Bernard, Marie-Anne.

François, b 31 janvier et s 7 février 1747, à Québec. [6]—*Jean-Baptiste*, b [6] 1er nov. 1748.

II.—LÉVESQUE (1), Nicolas. [Jacques I.

Cadieu, Marie-Elisabeth.

Jean-Baptiste, b... 1° m 1767, à Marguerite Bertelot; 2° m 16 février 1789, à Therèse Métayer, à Repentigny. [6] — *Marie-Madeleine*, b... m [6] 11 juillet 1768, à Joseph-Louis Dolbec.

1747, (5 juin) Kamouraska.

III.—LÉVESQUE, Pierre-Bernard, [Joseph II. b 1721; s 13 janvier 1760, à la Rivière-Ouelle. [8]

1° Choret, Marie-Joseph, [Jean-Bte III. s [8] 19 dec. 1751.

Marie-Joseph, b [8] 4 mars 1748; s [8] 1er oct. 1762.—*Catherine*, b [8] 13 nov. 1749.—*Marie-Angélique*, b [8] 4 nov. 1750; s [8] 29 janvier 1751.—*Marie-Judith*, b [8] 18 déc. 1751; s [8] 21 mars 1752.

1752, (21 août) Ste-Anne-de-la-Pocatière.

2° Bérubé, Marie-Madeleine. [Mathurin II.

Anonyme, b [8] et s [8] 26 avril 1753.— *Anonyme*, b [8] et s [8] 10 janvier 1754. — *Maurice*, b [8] 13 janvier 1755. — *Bernard*, b [8] 2 et s [8] 3 mars 1756.— *Madeleine*, b [8] 13 mars 1757; m [8] 10 fevrier 1777,

(1) Dit Sanssoucy.

à Pierre PELLETIER. — *Pierre-Bernard*, b [8] 17 sept. 1758; m [8] 27 juin 1785, à Marie-Anne HUDON.

1748, (8 janvier) Kamouraska. [8]

III.—LÉVESQUE, JOS.-ANT., [PIERRE-JOACH. II. b 1717; s 23 juillet 1782, à la Rivière-Ouelle.[8]
1° AUTIN, Geneviève, [FRANÇOIS II. b 1723; s [8] 27 fevrier 1760.
Marie-Françoise, b [8] 19 oct. 1748. — *Marie-Geneviève*, b [8] 16 mars 1750; s [8] 14 avril 1761. — *Athanase*, b [8] 23 février 1752; m [8] 12 juillet 1779, à Marie-Catherine DUMONT.—*Patrice*, b [8] 29 août 1753; m [8] 20 nov. 1780, à Marie-Victoire DELAVOYE.—*Rosalie*, b [8] 17 mai 1755 —*Michel*, b [8] 21 et s [8] 29 mars 1757.—*Marie-Catherine*, b [8] 5 sept. 1758.

1762, (3 mai). [8]
2° DUBÉ, Marie-Isabelle, [LOUIS II. b 1736.
Jean-Baptiste, b... m 18 juillet 1797, à Marie-Joseph HÉBERT-LECOMPTE, à Quebec.

1748, (19 fevrier) Rivière-Ouelle. [2]

III.—LÉVESQUE, LOUIS, [FRANÇOIS-ROBERT II. b 1723; s [2] 1er avril 1760.
DUBÉ (1), Anne-Angelique, [AUGUSTIN III. b 1731.
Marie-Angélique, b [2] 15 mars 1749; m [2] 9 janvier 1769, à Jean-François DELAVOYE.—*Marie-Joseph*, b [2] 22 juin 1750; m [2] 10 fevrier 1777, à Joachim LECLERC.—*Louis*, b [2] 27 dec. 1751.—*Marie-Louise*, b [2] 28 janvier 1753; m [2] 21 nov. 1774, à Julien HUDON; s [2] 24 avril 1780. — *Marie-Anne*, b [2] 18 avril 1754; m [2] 23 février 1778, à Prosper LÉVESQUE.—*Marie-Madeleine*, b [2] 18 dec. 1755; m [2] 20 août 1781, à Pierre ST. JORRE.—*Marie-Brigitte*, b [2] 13 mars 1757; m [2] 10 février 1777, à Benoni-Jean TIBOUTOT. — *Augustin*, b [2] 16 avril 1759. — *Joseph*, b [2] 15 déc. 1760.

1748, (30 sept.) Québec. [5]

I.—LÉVESQUE (2), JACQUES, tisseran; fils de Michel et de Marie Crochet, de St-Roch, ville d'Alençon, diocèse de Seez, Normandie.
GOSSELIN, Marie-Madeleine, [PIERRE III. b 1726.
Marie-Suzanne, b [5] 19 sept. 1749. — *Marie-Joseph*, b 8 mars 1751, à Charlesbourg. [7]—*Charles*, b [7] 11 juillet 1752—*Louise*, b [7] 9 fevrier 1754; s [7] 2 mai 1755. — *Pierre*, b [7] 28 janvier et s [7] 6 mai 1756. —*Jean-Baptiste*, b [7] 30 juin 1757; s [7] 2 août 1758. —*Jacques*, b... m [5] 27 nov. 1781, à Louise DESCAUT.— *Marie-Francoise*, b [7] 12 fevrier 1762. — *Thomas-Stanislas*, b [7] 1er mai 1763; m [5] 3 août 1790, à Catherine DION.

1749, (24 nov.) Rivière-Ouelle. [9]

III.—LÉVESQUE, LOUIS-CHS, [PIERRE-JOACH. II. b 1721.
1° HUDON, Marie-Joseph, [JEAN-BTE II. b 1731; s [9] 19 avril 1756.
Pierre-Noël, b [9] 2 janvier 1751. — *Anselme*, b... 20 janvier 1753; m 3 oct. 1774, à Marie-Françoise VINCENT, à Kamouraska.[6]—*Marie-Dorothée*, b [9] 21 juillet et s [9] 13 août 1754.—*Marie-Charlotte*, b [9] 12 oct. 1755.

1756, (15 nov.) [9]
2° AUTIN, Marie-Joseph, [JOSEPH b 1734.
.... (1), b 1756; s [6] 29 janvier 1761. *Jean-Baptiste*, b [9] 17 août 1757; s [9] 12 sept. 1... —*Marie*, b [9] 26 février 1759; m [9] 10 janvier 17.. à Augustin JEANBARD. — *Alexis*, b [6] 25 fev... 1761.—*Marie-Joseph*, b [6] 13 mai 1763.— *Marguerite*, b [6] 11 fevrier 1765. — *Marie-Louise*, b... fevrier 1767; m [9] 14 nov. 1785, à Jean-M... DANCOSSE.—*Marie-Théopiste*, b [6] 2 sept. 1768.

1753, (2 juin) Québec.

I.—LÉVESQUE, CHARLES, fils de Jacques et Marie Rivet, de N.-D.-de-la-Rochelle, Au...
BÉRIAU, Elisabeth, [MAURICE b 1726; veuve de Nicolas Champagne.
Marie-Charlotte, b 9 août 1754, à Ste-Anne-la-Perade. — *François*, b 4 et s 7 oct. 1756, à ...valtrie. [1]—*Marie-Louise*, b [1] 24 oct. 1757.—*Marie-Agathe*, b [1] 28 juillet 1760.

1753.

III.—LÉVESQUE (2), PIERRE, [EDMOND b 1724.
VANIER, Marie-Catherine, [JEAN-BTE b 1730.
Marie-Joseph, b 23 juin 1754, à Lanoraie. *Marie-Catherine*, b 1755; s 27 fevrier 1756, Ste-Anne-de-la-Perade.

I.—LÉVESQUE (3), JEAN, b 1738; du bourg ... Passai, diocèse du Mont, Normandie.

III.—LÉVESQUE, JOACHIM, [EDMOND b 1722.
RIVET, Marie-Anne.
Antoine, b 1753; m 13 février 1775, à Justine PAYET, à Repentigny. [1] — *Marie-Anne*, b 175.. m [1] 3 oct. 1774, à Jean PAYET.

1754.

III.—LÉVESQUE (4), JOSEPH, [JOSEPH I... b 1718.
CARON, Geneviève.
Joseph-François, b 16 et s 30 nov. 1755, à la Rivière-Ouelle. [2]—*Marie-Geneviève*, b [2] 21 juin e... s [2] 19 juillet 1757.—*Marie-Joseph*, b [2] 11 oct. 175.. m 18 oct. 1784, à Jacques MÉTAYER, à l'Ile-Verte s 5 janvier 1796, aux Trois-Pistoles.—*Marie-Catherine*, b [2] 8 dec. 1760; m [2] 3 mars 1783, à Joseph MOREL.—*Benjamin*, b 26 février et s... avril 1763, à Kamouraska. [3] — *Julien*, b [3] 10 oct. 1764.

(1) Elle épouse, le 6 février 1764, Joseph Chamberlan, à la Rivière-Ouelle.

(2) Dit Lafrance; soldat de la compagnie de M. Raymond.

(1) Le nom manque au registre.

(2) DuSablon.

(3) Arrive en 1748, il s'établit à la Rivière-Ouelle (Procès verbaux).

(4) Dit Le bras croche.

1756, (3 nov.) Rivière-Ouelle. [4]
-LÉVESQUE, JOSEPH-FRS, [JOSEPH III.
b 1736.
1° MAURAIS, Marie-Louise. [LOUIS.
Ignace, b [4] 17 fevrier 1760 ; 1° m 20 janvier 87, à Charlotte GRONDIN, à Ste-Anne-de-la-Pocatière ; 2° m à Geneviève LAPLANTE ; 3° m à Angélique DUMONT.—*Marie-Joseph*, b [4] 22 juillet 65 ; m à Jean-Baptiste MORIN.
2° FORTIN, Marie-Ursule, [LOUIS III.
b 1736.
Joseph, b... m 1er mai 1797, à Louise MOREAU, St-Louis, Mo.

1760, (7 juillet) St-Thomas.
-LÉVESQUE, NICOLAS-CHARLES-LOUIS, notaire-royal ; fils de Jean (sieur de Hogue) et de Louise Habel, de Bouillon, diocèse d'Avranches, Basse-Normandie.
MOREL, Cecile, [CHARLES-ALEXANDRE III.
b 1734.

1762, (18 janvier) Rivière-Ouelle.
-LÉVESQUE, JEAN-FRS, [JEAN-BTE III.
b 1737.
PERROT, Louise-Geneviève, [BARTHÉL.-FRS III.
b 1739.

1762, (3 mai) Rivière-Ouelle.
-LÉVESQUE, JEAN-BTE, [JEAN-BTE III.
b 1737.
DUBÉ, Marie-Madeleine. [AUGUSTIN III.

1762, (18 oct.) Rivière-Ouelle. [5]
-LÉVESQUE, JOSEPH, [JEAN-BERNARD III.
b 1740.
GAGNON (1), Marie-Louise, [PIERRE IV.
b 1740.
Marie-Louise, b... s [5] 11 mars 1774.

1763, (30 août) Ste-Anne-de-la-Pocatière.
-LÉVESQUE, JOS.-FRS, [FRS-ROBERT III.
b 1738.
OUELLET, Marie-Joseph, [JOSEPH-FRANÇOIS IV.
b 1745.

1764, (20 août) Kamouraska. [7]
-LÉVESQUE, JEAN-BTE, [JEAN-BTE III.
b 1741.
TAILLON, Marie-Judith, [JOSEPH IV.
b 1747.
Jean-Baptiste, b [7] 6 avril 1765.—*Marie-Judith*, b [7] 6 dec. 1766.—*Joseph-François*, b [7] 27 nov. 1768.—*Henri-Marie*, b [7] 29 dec. 1770.

1765, (14 janvier) Rivière-Ouelle. [8]
-LÉVESQUE, JEAN-FRANÇOIS, [JOSEPH III.
b 1739.
1° FORTIN, Madeleine, [LOUIS III.
b 1744.
2° MORNEAU, Marie-Anne,
b 1744 ; s [8] 29 sept. 1782.

(1) Elle épouse, le 14 février 1774, Jean-Baptiste Guéret, à la Rivière-Ouelle.

1783, (3 mars). [8]
3° LAMARRE, Madeleine, [PIERRE I.
b 1762.

1765, (14 janvier) Ste-Anne-de-la-Pérade. [7]
IV.—LÉVESQUE (1), LOUIS-JOSEPH, [JOSEPH III.
b 1743.
DEVAUX, Marie-Joseph, [CLAUDE I.
b 1742.
Marie-Joseph, b [7] 19 oct. 1765.— *Anonyme*, b [7] et s [7] 11 oct. 1766. — *Marie-Thérèse*, b [7] 11 avril 1768 ; s [7] 5 avril 1769.—*Joseph*, b 3 fevrier 1770, à Batiscan ; s [7] 16 mai 1771. — *Marie-Louise*, b [7] 25 août 1771. — *Augustin*, b [7] 2 avril 1778. — *Madeleine*, b [7] 30 janvier et s [7] 17 mars 1780.

1765, (11 février) Rivière-Ouelle.
IV.—LÉVESQUE, PIERRE, [JEAN-BTE III.
b 1741.
TERRIAULT (2), Marie-Joseph, [PAUL I.
Acadienne.

1766, (22 oct.) Rivière-Ouelle.
IV.—LÉVESQUE, BASILE, [JEAN-BTE III.
b 1742.
MORIN, Marie-Joseph, [PIERRE III.
b 1749.

LÉVESQUE (3), JEAN.
LAPERCHE, Marie-Angélique, [JEAN-BTE II.
b 1734.
Jean, b 26 déc. 1767, à Repentigny.

1766.
III.—LÉVESQUE (3), JEAN-BTE, [MICHEL II.
b 1730 ; s 19 avril 1774, à Repentigny. [9]
ARCHAMBAULT (4), Cécile, [ANDRÉ III.
b 1732.
Joseph, b [9] 23 sept. 1767.—*François-Xavier*, b [9] 14 mars 1772. — *Marie*, b [9] 21 mai et s [9] 24 juin 1773. — *Antoine*, b [9] 25 mai et s [9] 2 sept. 1774.

1767.
III.—LÉVESQUE, JEAN-BTE. [NICOLAS II.
1° BERTELOT, Marguerite, [LOUIS III.
b 1748 ; s 25 février 1786, à Repentigny. [7]
Marie-Marguerite, b [7] 21 février 1768. — *Anonyme*, b [7] et s [7] 21 mars 1772. — *Anonyme*, b [7] et s [7] 3 mars 1773.—*Antoine*, b [7] 23 avril 1774 ; s [7] 15 dec. 1784.—*Joachim*, b 1777 ; s [7] 1er déc. 1784. — *Marguerite*, b... s [7] 10 mai 1782. — *Joseph*, b 1785 ; s [7] 14 août 1786.
1789, (16 février). [7]
2° MÉTAYER (5), Thérèse, [JOSEPH IV.
b 1769.
Marie-Anne, b [7] 24 mars et s [7] 7 avril 1789. — *Jean-Baptiste*, b... s [7] 8 sept. 1790. — *Marie-Mar-*

(1) Dit Rompré.
(2) Elle épouse, le 14 nov 1768, Jean-Bernard Lancognard, à la Rivière-Ouelle.
(3) Dit Sanssoucy.
(4) Elle épouse, le 27 février 1775, Jean-Baptiste Laporte, à Repentigny.
(5) Dit St. Onge.

guerite, b [7] 6 avril 1791 ; s [7] 7 mai 1792.—*Pierre*, b [7] 20 juin et s [7] 4 juillet 1793. — *Marie-Julie*, b [7] 3 août 1794. — *Euphrosine*, b [7] 20 août et s [7] 4 sept. 1795.

1768, (14 nov.) Repentigny. [3]

III.—LÉVESQUE (1), JACQUES. [MICHEL II.
LAPORTE (2), Marie-Joseph, [JEAN-BTE IV.
b 1748.
Antoine, b [3] 8 déc. 1769.—*Marie-Joseph*, b [3] 14 juillet 1771 ; s [3] 1er oct. 1772. — *Marie-Joseph*, b [3] 4 sept. 1773.

1768, (21 nov.) Rivière-Ouelle. [2]

IV.—LÉVESQUE, JOSEPH-MARIE, [FRANÇOIS III.
b 1741 ; s [2] 4 janvier 1774.
HUDON (3), Judith, [JEAN-BERNARD III.
b 1752.

1769, (16 janvier) Rivière-Ouelle.

IV.—LÉVESQUE, CHARLES, [JEAN-BTE III.
b 1743.
HUDON, Catherine, [JEAN-BTE III.
b 1748.

1770, (8 janvier) Ste-Anne-de-la-Pocatière.

IV.—LÉVESQUE, PIERRE, [JEAN-BTE III.
b 1740.
DIONNE, Marie-Joseph, [ANTOINE III.
b 1746.

1770, (8 janvier) Kamouraska. [7]

IV.—LÉVESQUE, JOS.-ANT., [JEAN-BTE III.
b 1745.
CHARON, Marie-Joseph. [FRANÇOIS.
Marie-Joseph, b [7] 21 janvier 1771.

1770, (15 janvier) Ste-Anne-de-la-Pocatière.

IV.—LÉVESQUE, PIERRE, [FRS-ROBERT III.
b 1744.
MORIN, Marie, [JEAN-BTE III.
b 1746.

1770, (26 février) Rivière-Ouelle.

LÉVESQUE, PIERRE. [JOSEPH.
ST. JORRE, Marie-Geneviève, [PIERRE II.
b 1753.

LÉVESQUE, JEAN.
BRISSON, Marthe.
Gabriel, b 30 nov. 1771, à Kamouraska.

III.—LÉVESQUE (1), JOSEPH. [MICHEL II.
DURANT, Madeleine.
Madeleine, b et s 11 sept. 1772, à Repentigny.

LÉVESQUE (1), JOSEPH.
SOUVIGNY, Marie-Thérèse.
Joseph, b 1773 ; s 12 juin 1774, à Repentigny.

(1) Dit Sanssoucy.
(2) Dit Lallouette.
(3) Elle épouse, le 10 juillet 1775, Pierre St. Pierre, à la Rivière-Ouelle.

LÉVESQUE, PIERRE.
GÉNÉREUX, Geneviève.
Marie-Anne, b 6 nov. 1774, à St-Cuthbert.

1774, (24 janvier) Ste-Anne-de-la-Pérade. [7]

IV.—LÉVESQUE (1), JOS.-ALEXIS, [JOSEPH II
b 1745.
BOULLARD, Marguerite, [NICOLAS
b 1757.
Joachim-Joseph, b [7] 21 et s [7] 25 février 1775.—*Marie-Marguerite*, b [7] 2 mars 1776. — *Mari Joseph*, b [7] 13 juillet 1777. — *Geneviève*, b [7] sept. 1778. — *Joseph*, b [7] 21 juillet 1780. — *Jea* b... m 2 janvier 1826, à Geneviève DROUILLAR à Florissant, Mo.—*Jean-Baptiste*, b... m 2 janvi 1832, à Marie-Joseph BORDEAUX, à St-Charles, Mo

1774, (7 février) Rivière-Ouelle.

IV.—LÉVESQUE, JOS.-ANT., [JEAN-BTE II
b 1752.
GAGNON, Marguerite. [JOSEPH IV

1774, (3 oct.) Kamouraska.

IV.—LÉVESQUE, ANSELME, [LS-CHARLES II
b 1753.
VINCENT, Marie-Françoise, [FRANÇOIS
b 1756.

1774, (21 nov.) Rivière-Ouelle.

IV.—LÉVESQUE, PIERRE-BERN., [J.-BERN. III
b 1746.
DELAVOYE, Marie-Joseph, [JOSEPH IV
b 1751.

1775, (13 février) Repentigny.

IV.—LÉVESQUE, ANTOINE, [JOACHIM II
b 1753.
PAYET, Justine. [FRANÇOIS

1776, (15 janvier) Rivière-Ouelle.

IV.—LÉVESQUE, BENOIT, [JOSEPH II
b 1752.
LEBREUX, Marie. [AMBROISE I

1777, (3 février) Rivière-Ouelle.

IV.—LÉVESQUE, JOS.-TOUSSAINT, [J.-BTE III
b 1749.
HUDON, Madeleine, [JEAN-BTE III.
b 1752.

1777, (4 février) Ste-Anne-de-la-Pérade. [1]

IV.—LÉVESQUE (2), LOUIS-FRS, [JOSEPH III
b 1746.
LEDUC, Marie-Joseph, [ALEXIS III
b 1757.
François, b [1] 4 sept. 1778 ; s [1] 18 août 1779.—*Louis-Joseph*, b [1] 25 avril 1780.

(1) DuSablon.
(2) Dit Rompré.

1777, (9 février) Ste-Anne-de-la-Pérade. [2]
.—LÉVESQUE (1), Louis-Jos., [Joseph III.
b 1749.
Ricard, Pélagie, [François II.
b 1749.
Louis-Joseph, b [2] 10 février 1778.—*Pélagie* (2), 14 juillet et s [2] 30 août 1779.

LÉVESQUE, Germain.
Pelletier, Marie-Joseph.
1779, (15 nov.) St-Roch.
Ouellet, Anastasie. [François IV.

1778, (26 janvier) Rivière-Ouelle. [3]
—LÉVESQUE, Jean-Bte, [Jean-Bte III.
b 1751.
Plourde, Catherine, [Joseph III.
b 1759; s [3] 21 février 1783.

1778, (23 février) Rivière-Ouelle.
—LEVESQUE, Prosper, [Jean-Bte III.
b 1753.
Lévesque, Marie-Anne, [Louis III.
b 1754.

1778, (2 mars) Rivière-Ouelle.
IV.—LÉVESQUE, François, [François III.
b 1739.
Pelletier, Marie-Louise, [Jean-Charles V.
b 1757.

1778, (9 nov.) Rivière-Ouelle.
IV.—LÉVESQUE, Jos.-Marie, [Dominique III.
b 1752.
Jeanbart (3), Thècle. [Joseph-Marie II.

1779, (11 janvier) Rivière-Ouelle.
IV.—LÉVESQUE, Pierre, [Jean-Bte III.
b 1753.
Hudon, Marie-Modeste, [Antoine III.
b 1758.

1779, (25 janvier) Ste-Anne-de-la-Pérade. [4]
IV.—LÉVESQUE (4), Jean-Bte, [Joseph III.
b 1755.
Baribeau, Marie-Joseph, [Pierre IV.
b 1761.
Marie-Joseph, b [4] 9 mars 1780.

1779, (15 février) Rivière-Ouelle.
IV.—LÉVESQUE, Dominique, [Joseph III.
b 1742.
Dubé, Marie-Anne, [Joseph III.
b 1749.

1779, (12 juillet) Kamouraska.
IV.—LÉVESQUE, Athanase, [Jos.-Antoine III.
b 1752.
Dumont, Marie-Catherine, [Prisque II.
b 1752.

(1) DuSablon.
(2) Cet acte est à la fin du registre de 1778.
(3) Voy. Bard.
(4) Dit Rompré.

1780, (10 janvier) Rivière-Ouelle.
IV.—LÉVESQUE, Louis, [Jean-Bte III.
b 1746.
Hudon, Rose, [Antoine III.
b 1752.

1780, (13 nov.) Rivière-Ouelle.
LÉVESQUE, Joseph. [Joseph.
Dubé, Marie-Joseph, [Basile.
b 1758; veuve de Vital Hudon.

1780, (20 nov.) Rivière-Ouelle.
IV.—LÉVESQUE, Patrice, [Joseph-Antoine III.
b 1753.
DeLavoye, Marie-Victoire, [Augustin IV.
b 1760.

1781, (8 janvier) Kamouraska.
IV.—LÉVESQUE, Joseph, [Jean-Bte III.
b 1747.
Mignau, Marie-Judith, [Antoine II.
b 1755.

1781, (27 nov.) Québec.
II.—LÉVESQUE (1), Jacques, [Jacques I.
Descaut (2), Louise, [Jean-Bte II.
b 1764.

LÉVESQUE (3), François.
Trotier (4), Catherine.
Marie-Archange, b 1780; s 2 janvier 1786, à Quebec. [3] — *Antoine-Louis*, b [3] 12 fevrier 1782.

LÉVESQUE, André.
Michaud, Marie.
Théotiste, nee 16 oct. et b 1er nov. 1783, à l'Ile-Verte. [2] — *Modeste*, b [2] 15 juin 1785. — *Hubert*, b [2] 16 avril 1787.

1785, (24 janvier) Rivière-Ouelle.
IV.—LÉVESQUE, Anselme, [Jean-Bte III.
b 1758.
D'Auteuil, Elisabeth, [Charles IV.
b 1756.

1785, (27 juin) Rivière-Ouelle.
IV.—LÉVESQUE, Pierre, [Pierre-Bernard III.
b 1758.
Hudon, Marie-Anne, [Jean-Bte III.
b 1756.

1785, (19 juillet) Rivière-Ouelle.
IV.—LÉVESQUE, Clément, [Dominique III.
b 1759.
Bérubé, Marie-Anne. [François.

LÉVESQUE (5), Michel.
Vaine, Marie.
Marie, b 1785; s 9 mars 1786, à Repentigny. —*Marie-Reine*, b 27 avril 1787, à Lachenaye.

(1) Dit Lafrance.
(2) Dit Mautaubant.
(3) Conseiller legislatif, 1782.
(4) Dit Desaulnier—Beaubien.
(5) Dit Sanssoucy.

1786, (20 oct.) Rivière-Ouelle.
IV.—LÉVESQUE, IGNACE, [JOSEPH III.
b 1763.
MORAIS, Marie-Joseph.

1787, (20 janvier) Ste-Anne-de-la-Pocatière.
V.—LÉVESQUE, IGNACE, [JOSEPH-FRS IV.
b 1760.
1° GRONDIN, Charlotte, [ETIENNE IV.
b 1767.
2° LAPLANTE, Geneviève.
3° DUMONT, Angelique.

1790, (3 août) Quebec.
II.—LÉVESQUE (1), THS-STANISLAS, [JACQUES I.
b 1763.
DION, Catherine. [NICOLAS I.

1792, (20 août) Trois-Pistoles.[2]
IV.—LÉVESQUE, CHARLES-FRS, [JEAN-BTE III.
b 1766.
1° RIOUX, Marie, [VINCENT III.
b 1769; s[2] 16 mai 1797.
Pierre, b[2] et s[2] 29 sept. 1793.—*Charles*, b[2] 22 août 1796; s[2] 21 avril 1799.
1798, (6 nov.)[2]
2° LEBLOND, Théotiste. [NICOLAS IV.
Marie-Victoire, b[2] 27 dec. 1799.

1794, (29 sept.) Trois-Pistoles.[3]
IV.—LÉVESQUE, JOSEPH-MARIE, [JEAN-BTE III.
b 1769.
RIOUX, Julienne, [VINCENT III.
b 1767; s[3] 9 sept. 1795.

LÉVESQUE, JOSEPH.
LABOURIÈRE (2), Thècle.
Joseph, b 16 sept. 1798, aux Trois-Pistoles.[3] — *Salomée* (3), b[3] 10 mai 1805.

1797, (1er mai) St-Louis, Mo.
V.—LÉVESQUE, JOSEPH. [JOSEPH-FRANÇOIS IV.
MOREAU, Louise. [FRANÇOIS.

1797, (18 juillet) Québec.
IV.—LÉVESQUE, JEAN-BTE. [JOS.-ANT. III.
HÉBERT (4), Marie-Joseph. [FRANÇOIS.

1803, (11 janvier) Rimouski.
IV.—LÉVESQUE, JEAN-BTE. [JEAN-BTE III.
LEPAGE, Leocadie, [CHARLES V
b 1783.

1805, (15 janvier) Rimouski.
IV.—LÉVESQUE, MICHEL. [JEAN-BTE III.
LEPAGE, Basilisse. [CHARLES V.

(1) Dit Lafrance.
(2) Dit Laplante.
(3) Cet acte est au registre de 1788.
(4) Lecompte.

1805, (5 février) Rimouski.
IV.—LÉVESQUE, JOSEPH. [JEAN-BTE II
PROULX, Angelique, [CHARLES IV
b 1783.

1826, (2 janvier) Florissant, Mo.
V.—LÉVESQUE, JEAN. [JOSEPH-ALEXIS IV
DROUILLARD, Geneviève. [JEAN

1832, (2 janvier) St-Charles, Mo.
V.—LÉVESQUE, J.-BTE. [JOSEPH-ALEXIS IV
BORDEAUX, Marie-Joseph. [PIERRE

1654, (10 sept.) Québec.[3]
I.—LEVIEUX (1), NICOLAS.
RENAUDIN (2), Marie.
Marie-Paule, b[3] 8 sept. 1655. — *Elisabeth*, b 1658; sœur hospitalière dite St-Joseph; s 3 août 1713, à l'Hôtel-Dieu, Q.

LEVILLIER. — Voy. DELACORNE — L'HUILLIER, 1705.

LEVITRE.—*Variation et surnom :* VITRE — LE FÊTÉ.

1690, (27 nov.) St-Pierre, I. O.[5] (3).
I.—LEVITRE (4), GUILLAUME, b 1662; fils de Guillaume et de Jacqueline Fleury, de St-Jean, diocèse de Dieppe, Normandie; s 17 juin 1742, à Québec.[2]
LANGLOIS, Geneviève, [JEAN II.
b 1672; s[2] 14 oct. 1727.
Marie-Madeleine, b[5] 11 nov. 1691; m[2] 4 janvier 1727, à Pierre-Marie LABORDE.— *Guillaume*, b[5] 22 août 1693. — *Jean-Baptiste*, b[5] 14 sept. 1695; m[2] 23 nov. 1721, à Marthe BOISSEL; s 5 avril 1760, à St-Thomas.—*Pierre*, b 1697; m[2] 11 nov. 1721, à Marie-Louise LABORDE.—*Marie-Anne*, b[5] 13 nov. 1699.— *Joseph*, b[5] 14 mars 1704.— *Joseph*, b[2] 27 mai 1707; m[2] 12 nov. 1731, à Marie-Anne POITEVIN; s[2] 4 dec. 1774. — *François*, b[2] 13 déc. 1709; 1° m[2] 10 avril 1725, à Jeanne-Ursule-Elisabeth MIRAMBAUT; 2° m[2] 24 fevrier 1729, à Geneviève MARTIN; s[2] 13 fevrier 1748.— *Louise-Thérèse*, b[2] 26 janvier 1712; s[2] 10 sept. 1720.—*Basile*, b[5] 7 mars 1714.

I.—LEVITRE (5), JEAN.
RABOUIN (6), Suzanne, [JEAN I.
b 1665.

I.—LEVITRE, ALONI,
b 1705; s 20 mars 1750, à Chambly.

(1) DeHauteville; voy. vol. I, p. 393.
(2) De la Blanchetière.
(3) Date du contrat, 8 nov. 1690.
(4) Voy. vol. I, p. 393.
(5) Voy. LeFêté, vol. I, p. 368.
(6) Elle épouse, le 1er mai 1696, Pierre Rocher, à Batiscan.

1721, (11 nov.) Québec. [8]

I.—LEVITRE, Pierre, [Guillaume I.
b 1697; charpentier.
Laborde, Marie-Louise, [Jacques I.
b 1697.
Anonyme, b [8] et s [8] 13 oct. 1736.

1721, (23 nov.) Québec. [7]

I.—LEVITRE, Jean-Bte, [Guillaume I.
b 1695; s 5 avril 1760, à St-Thomas. [1]
Boissel, Marthe, [Claude III.
b 1700; s [7] 13 mai 1776.
Michel, b [7] 30 sept. 1723; m [7] 26 nov. 1754, à Charlotte Lamarre. — *Marie-Louise,* b [7] 9 nov. 1725; s [7] 26 février 1739. — *Jean-Baptiste,* b [7] 5 oct. 1727; m [7] 28 avril 1749, à Geneviève Samson. — *Marie-Charlotte,* b [7] 21 sept. 1729.—*Noël-Joseph,* b [7] 26 dec. 1730. — *Geneviève,* b [7] 23 juin 1736.—*Claude-Antoine,* b [7] 12 avril 1739; m [1] 1er août 1763, à Marie-Reine Fournier. — *Marguerite,* b [7] 28 mars et s [7] 16 avril 1740.

1725, (10 avril) Québec. [8]

II.—LEVITRE, François, [Guillaume I.
b 1709; s [8] 13 février 1748.
1° Mirambault, Jeanne-Ursule-El., [Etienne I.
b 1705; s [8] 9 oct. 1726.
François-Guillaume, b [8] 22 oct. 1725.—*Geneviève-Elisabeth,* b [8] 27 sept. 1726; m 11 janvier 1745, à Jean-Baptiste Moisan, à Ste-Foye; s 26 sept. 1751, à Lorette.

1729, (24 février). [8]

2° Martin, Geneviève, [Nicolas I.
b 1707.
François, b [8] 9 janvier et s [8] 30 juillet 1730.—*Joseph,* b [8] 17 octobre 1731.—*Marie-Anne-Françoise,* b [8] 20 sept. 1733; m [8] 1er mars 1756, à Louis Corbin. — *Marie-Geneviève,* b [8] 10 avril 1735; m [8] 9 août 1762, à Joseph DeRainville.—*Louis,* b [8] 25 août 1736. — *Claude,* b [8] 6 mars 1738.—*François,* b... m 4 juin 1768, à Catherine Angers, à la Pte-aux-Trembles, Q.

1728, (4 nov.) Lorette.

I.—LEVITRE, François, b 1698; fils de Guillaume et de Jacqueline Salmon, de St-Nicolas, ville et diocèse de Dieppe, Normandie; s 21 nov. 1738, à Québec. [8]
Chantal (1), Marie-Anne, [Pierre I.
b 1700.
Pierre-François-Marie, b 1er mai 1729, à St-Augustin; m à Anne-Cécile Goulet.—*Marie-Anne,* b [2] 2 juillet 1731; m [2] 11 juin 1749, à Pierre Millet; s [2] 20 mai 1758.—*Marie-Charlotte,* b 17 juin 1734, à Ste-Foye; m [2] 23 août 1751, à Arnaud Delong.

1731, (12 nov.) Québec. [9]

II.—LEVITRE, Joseph, [Guillaume I.
b 1707; charpentier; s [9] 4 déc. 1774.
Poitevin, Marie-Anne, [François II.
b 1711.
Joseph, b [9] 5 janvier 1733; m 23 février 1756, à Marie-Reine Lamoureux, à St-Ours.—*Jean-François,* b [9] 6 oct. 1734; s [9] 10 mars 1735.—*Jean-Baptiste,* b [9] 26 février 1736; s 25 sept. 1760 (noyé), à St-Laurent, I. O.—*Marie-Françoise,* b [9] 6 avril 1738; m [9] 9 déc. 1760, à Jérémie Duggan.—*Marie-Anne,* b [9] 10 juillet 1740; s [9] 2 sept. 1742.—*Marie-Louise,* b [9] 14 et s [9] 25 juillet 1742.—*Marguerite,* b [9] 5 nov. 1744; m [9] 27 février 1764, à André Coté.—*Marie-Anne,* b [9] 2 mars 1748.—*Geneviève,* b [9] 19 oct. 1749; s [9] 17 nov. 1752.—*Ignace-Nicolas,* b [9] 27 mars et s [9] 24 juillet 1753.—*Marie-Louise,* b [9] 16 mai 1754.—*Marie-Joseph,* b [9] 16 mai et s 24 août 1754, à Beauport.

(1) Et Chatin — Chatigny; elle épouse, le 29 mai 1749, Mathurin Bertrand, à Québec.

1749, (28 avril) Québec. [2]

III.—LEVITRE, Jean-Bte, [Jean-Bte II.
b 1727; charpentier.
Samson, Geneviève, [Jean II.
b 1727.
Jean-Baptiste, b [2] 26 déc. 1749; s [2] 1er sept. 1750.—*Geneviève-Elisabeth,* b [2] 13 juillet 1752; s [2] 10 février 1755.—*Jean-Baptiste,* b [2] 4 sept. 1754; s [2] 6 sept. 1756.—*Marie-Louise-Elisabeth,* b [2] 24 janvier 1756; s [2] 24 janvier 1758.—*Marie-Joseph,* b [2] 11 nov. 1757.—*Jean-Louis,* b 12 mai 1760, à Beaumont.

1754, (26 nov.) Québec. [3]

III.—LEVITRE, Michel, [Jean-Bte II.
b 1723.
Lamarre (1), Charlotte, [Henri II.
b 1732.
Catherine, b [3] 30 sept. et s 16 oct. 1755, à Charlesbourg.—*Charlotte,* b [3] 26 sept. 1756; m [3] 14 juillet 1777, à Joseph-Gabriel Migneron.—*Michel,* b [3] 16 sept. 1757.—*Marie-Geneviève,* b 25 juin et s 20 nov. 1759, à la Pte-aux-Trembles, Q.—*Marie-Louise,* b 20 déc. 1760, à St-Thomas.—*Geneviève,* b... m à Thomas Paxton.

II.—LEVITRE, Pierre-Frs-Marie, [François I.
b 1729.
Goulet, Anne-Cécile, [François IV.
b 1746.
Guillaume-Olivier, b 1760; m 13 février 1787, à Geneviève Dubeau, à Quebec.

1756, (23 fevrier) St-Ours. [4]

III.—LEVITRE, Joseph, [Joseph II.
b 1733.
Lamoureux, Marie-Reine.
Marie-Reine, b [4] 16 avril 1757. — *Marie-Marguerite,* b [4] 29 sept. 1759.

1763, (1er août) St-Thomas.

III.—LEVITRE, Claude-Antoine, [Jean-Bte II.
b 1739.
Fournier, Marie-Reine, [Louis III.
b 1738.

(1) Dit Belisle.

1768, (4 juin) Pte-aux-Trembles, Q.
III.—LEVITRE, François. [François II.
Angers (1), Catherine, [Louis-Joseph III.
b 1745.
Marie-Catherine, b 13 mai 1770, aux Ecureuils.

1787, (13 février) Québec.
III.—LEVITRE (2), Guill.-Olivier, [Pierre II.
b 1760.
Dubeau, Geneviève, [Florent IV.
b 1765.

I.—LEVRARD (3), Jean,
b 1644 ; s 2 mars 1699, à Québec. [9]
Manse, Louise,
b 1649 ; s [9] 27 sept. 1732.
Louis, b [9] 19 mars 1678 ; 1° m 30 juillet 1703, à Catherine-Angelique Becquet, à Montréal ; 2° m [9] 21 nov. 1720, à Geneviève Têtu.

1703, (30 juillet) Montréal. [8]
II.—LEVRARD, Louis, [Jean I.
b 1678.
1° Becquet, Catherine-Angélique, [Romain I.
b 1680 ; s 11 avril 1717, à Quebec. [6]
Pierre, b [6] 31 mai 1704 ; s [6] 6 déc. 1735. — *Louis,* b [6] 24 août 1707.— *Marguerite-Angélique,* b [6] 7 juillet 1712 ; s [6] 30 janvier 1715. — *Marie-Charlotte,* b [6] 23 mai 1713 ; s [6] 9 juin 1714. — *Ambroise,* b [6] 2 sept. 1714 ; s [6] 26 mars 1715. — *Charles,* b [6] 25 janvier 1716 ; m [8] 6 août 1743, à Cecile Thaumur. — *Marie-Charlotte,* b [6] 6 avril 1717 ; s [6] 28 juin 1718.

1720, (21 nov.) [6]
2° Têtu, Geneviève, [Pierre I.
b 1678 ; veuve de René Brisson ; s [6] 1er janvier 1747.

1743, (6 août) Montréal. [8]
III.—LEVRARD (4), Charles, [Louis II.
b 1716.
Thaumur, Cécile, [Dominique I.
b 1710 ; veuve de François Harel.
Louise-Catherine, b [8] 1er mai 1744 ; s [8] 5 janvier 1745.—*Charles-Toussaint,* b [8] 22 avril et s [8] 5 sept. 1745. — *Charles-François,* b [8] 23 mars et s [8] 28 août 1746. — *Marie-Joseph,* b [8] 26 mars et s [8] 30 juin 1747.—*Catherine,* b [8] 18 sept. 1748 ; s [8] 12 mai 1749. — *Charles-Alexandre,* b [8] 12 nov. 1750 —*Louise-Cécile,* b [8] 20 juin 1752.—*Anonyme,* b [8] et s [8] 30 oct. 1753.

I.—LEVRAT (5), Charles,
s 23 janvier 1713, à Québec (dans l'église).

LEVRAU.—Voy. Levraux.

LEVRAUD.—Voy. Lereau—Levraux.

LEVRAULT.—Voy. Lereau.

(1) Voy. Lefebvre-Angers.
(2) Marié sous le nom de Vitre.
(3) Voy. vol. I, p. 393.
(4) Seigneur des Becquets ; maitre-canonnier de Québec.
(5) Secretaire de M. Begon.

LEVRAUX.— *Variations et surnoms :* Levra —Levraud— DeLangis— DeLangy— Lang —De la Maisonneuve—Montegron.

1705, (25 nov.) Batiscan. [8]
I.—LEVRAUX (1), Léon-Joseph, fils de Pierr (noble) et d'Anne Aigron, de Notray, dioces de Poitiers, Poitou ; s [8] 21 mars 1740 (dan l'église).
1° Trotier, Marguerite, [Pierre I
b 1680 ; s [8] 23 avril 1717.
Anne-Antoinette, b [8] 2 sept. 1706 ; m [8] 8 sep 1728, à Daniel Portail.—*Jacques-Joseph,* b [8] juin 1708 ; m à Marie-Anne Dorvilliers ; s [8] 3 avril 1777. — *Antoine-Léon,* b [8] 6 mars 1710 ; s 10 mars 1713.—*Alexis,* b [8] 18 août 1712. — *Léon Antoine,* b [8] 8 oct. 1714 ; s [8] 20 mars 1715.— *Marguerite,* b [8] 1er août 1716.

1718, (23 février). [8]
2° Jarret (2), Marg.-Gabrielle, [François I
b 1685 ; s 3 août 1744, à Verchères [9]
François-Thomas, b 18 juin 1719, à Cham plain.—*Antoine-Joseph,* b [8] 7 dec. 1720.—*Marie Anne-Marguerite,* b [8] 11 avril 1722 ; s [8] 4 mar 1785. — *Jean-Baptiste,* b [8] 11 oct. 1723 ; m [9] 1 février 1756, à Madeleine Dailleboút.

II.—LEVRAUX (3), Jacques-Jos., [Léon-Jos. I
b 1708 ; s 30 avril 1777, à Batisean [3]
Dorvilliers (4), Marie-Anne, [François II
b 1717 ; s [3] 30 janvier 1755 (dans l'eglise).
François-Joseph, b [3] 1er et s [3] 17 nov. 1743.— *Joseph,* b [3] 28 oct. 1744 ; m 1779, à Marie-Anne Roy. — *François-Amable,* b [3] 19 juillet 1746.— *Alexis-Léon,* b [3] 17 juillet et s [3] 18 nov. 1748.— *Pierre-Léon,* b [3] 14 et s [3] 22 oct. 1749. — *Pierre-Antoine,* b [3] 11 et s [3] 30 nov. 1750. — *Antoine-Léon,* b [3] 16 février 1752 ; m 1788, à Elisabeth Frigon.—*Marie-Anne,* b [3] 19 août 1753.

1756, (14 fevrier) Verchères.
II.—LEVRAUX (5), Jean-Bte, [Léon-Joseph I
b 1723.
Dailleboút, Marie-Madeleine, [Nicolas III.
b 1703 ; veuve de Jean Jared.

II.—LEVRAUX (6), Alexis, [Léon-Joseph I.
b 1712 ; officier.

1779.
III.—LEVRAUX, Joseph, [Jacques-Joseph II.
b 1744.
Roy, Marie-Anne.
François-Xavier, b 10 janvier 1780, à Batis-

(1) DeLangy, écuier, sieur de la Maisonneuve, lieutenant des troupes, voy aussi vol. III, p 293.
(2) DeVerchères.
(3) DeLangy ; officier.
(4) Chorel.
(5) Sieur de Langis, enseigne.—Officier distingué de la colonie, 1758 —Officier canadien actif, vigilant, toujours prêt à marcher et à se signaler. Il était avec Bourlamarque en charge du fort Carillon, 1759 — Il fut envoyé pour observer l'armée anglaise et pénétra jusqu'à une lieue d'Orange où elle était campée—Il puisa beaucoup et de très importantes informations.
(6) Sieur de Langy.

...— *Jean-Baptiste*, b [2] 10 oct. 1783. — *Marguerite*, b [2] 20 oct. 1785.

1788.

I.—LEVRAUX, Ant.-Léon, [Jacq.-Joseph II.
b 1752.
Frigon, Elisabeth.
Marie-Marguerite, b 31 janvier 1789, à Batiscan.[6]— *Marie-Julie*, b [6] 3 mai 1790; s [6] 9 déc. 1791.—*Marie*, b [6] 13 avril 1793.—*Antoine-Pierre*, 1794; s [6] 7 mars 1795.

1792, (16 avril) Rimouski.[7]

LEVRAUX (1), Louis.
Canuel, Geneviève, [Louis I.
b 1758.
Pétronille, b [7] 28 oct. 1792. — *Agnès*, b [7] 13 sept. 1794; m [7] 5 janvier 1813, à Pierre Banville.
—*Louis*, b [7] 25 avril 1796.

LEVREAU.—Voy. Lereau.

LEVRON.—Voy. LeGrand.

I.—LEVRON, Joseph,
Acadien.
Lavoie, Agnès,
Acadienne.
Joseph, b 1696; m 13 sept. 1722, à Rose Véronneau, à Boucherville. — *Marie-Anne*, b... m à André Demers.

1722, (13 sept.) Boucherville.[9]

II.—LEVRON, Joseph, [Joseph I.
b 1696.
Véronneau, Rose, [Denis I.
b 1700.
Marie-Anne, b [9] 28 juillet 1723; s [9] 17 juin 1724.—*Marie-Elisabeth*, b [9] 31 oct. 1724.—*Marie-Catherine*, b [9] 11 août 1726.—*Marie-Anne*, b 1727; m[1] 13 janvier 1744, à Jacques Lhuissier.

I.—LEVRON, Jean-Bte,
Acadien.
Comeau, Marguerite,
Acadienne.
Marguerite, b... m 1756, à François Bossu.—*Sylvain*, b... m 9 oct. 1769, à Marie-Joseph Xandre, à Lachine.

1769, (9 oct.) Lachine.

II.—LEVRON, Sylvain. [Jean-Bte I.
Xandre, Marie-Joseph, [Jacques II.
b 1754.

LEVRY.—*Variation :* Livray.

I.—LEVRY, Jacques.
Tardy, Marie.
Martin, b 1736; m 22 janvier 1759, à Angélique Descomps, au Détroit.

(1) Marié sous le nom de Langis.

1759, (22 janvier) Detroit.[9]

II.—LEVRY, Martin, [Jacques I.
b 1736; cultivateur.
Descomps, Angélique, [Pierre I.
b 1738.
Pierre, b [9] 13 nov. 1759.—*Deux anonymes*, b [9] et s [9] 30 nov. 1761. — *Anonyme*, b [9] et s [9] 30 oct. 1762.—*Jean-Baptiste*, b [9] 13 et s [9] 24 oct. 1763.—*Jean-Baptiste*, b [9] 1er mai 1765. — *Marguerite-Dorothée*, b [9] 28 février 1767; m [9] 23 février 1784, à Joseph Jobin. — *Jacques*, b [9] 12 mars 1769; m [9] 27 août 1792, à Marie-Louise Bernard.

1792, (27 août) Détroit.

III.—LEVRY (1), Jacques, [Martin II.
b 1769.
Bernard, Marie-Louise. [Louis.

LEYDEN.—Voy. Ledent.

LEYEUX.—Voy. Laigu.

LEYU.—Voy. Laigu.

LEZEAU.—Voy. Laizeau.

LEZOT.—Voy. LeSot—Lizot.

I.—LHERAULT (2), ..., de Chatellereau, France.

L'HERAUX.—Voy. Lereau.

LHEREAU.—Voy. Lereau.

LHÉRET.—Voy. Hilarest.

I.—L'HERITTE (3), Omer.

L'HERMITE.—*Surnom :* D'Alençon.

1730, (7 janvier) Montréal.[1]

I.—L'HERMITE (4), Nicolas, b 1697; fils de Pierre et de Marie Castans, de St-Bonneman, diocèse du Mans, Maine; s [1] 15 août 1750.
Raymond, Marie-Joseph, [Toussaint I.
b 1705.
Thérèse, b 1730; m [1] 8 sept. 1755, à Denis Liberge.—*François*, b [1] 26 janvier 1733; s [1] 19 sept. 1747.—*Marie-Joseph*, b [1] 26 nov. 1734; m [1] 3 mai 1756, à Charles Gautier. — *Suzanne*, b [1] 12 sept. 1736.—*Marie-Anne*, b [1] 10 juin 1738; s [1] 8 nov. 1739.—*Joseph*, b [1] 15 avril et s [1] 27 août 1740.—*Louis*, b [1] 25 août et s [1] 2 sept. 1741.—*Madeleine*, b [1] 27 août 1742.—*Marie-Agathe*, b [1] 27 janvier et s [1] 4 février 1745.—*Charles*, b [1] 18 et s [1] 26 avril 1746.—*Marie-Anne*, b [1] 1er août 1747; s [1] 17 mai 1748.

L'HEUREUX.—Voy. Lereau.

(1) Et Livray.
(2) De Charcault.
(3) Maître d'hôtel de M. l'Intendant, 1704, Montréal.
(4) D'Alençon.

LHOMME. — *Variation et surnom :* HOMME — ARTOIS.

1658, (19 août) Québec.[3]

I.—LHOMME (1), MICHEL.
VALADE (2), Marie-Barbe.
Marie, b 11 nov. 1663, au Château-Richer; 1° m 7 août 1679, à Pierre LEMAY, à Montréal; 2° m 18 nov. 1680, à Nicolas OZANNES, à Lachine[4]; 3° m à Claude SANSORT; s[4] 8 avril 1730. —*Madeleine,* b 18 oct. 1673, à Sillery; 1° m 12 avril 1706, à François POITEVIN, à Charlesbourg; 2° m[3] 1er sept. 1716, à Thomas SHOULDOM.

1684, (5 juillet) Montréal.

II.—LHOMME (1), MICHEL, [MICHEL I. b 1661.
1° DROUET, Marie-Thérèse, [MATHURIN I. b 1670.
1687, (21 avril) Pte-aux-Trembles, Q.
2° MARCOT (3), Marie, [NICOLAS I. b 1671.

1757, (18 avril) Boucherville.

I.—LHOMME (4), PIERRE, fils d'Alexandre et d'Hélène D'hercourt, de Ste-Croix, ville d'Arras, en Artois.
ROBERT, Jeanne, [JACQUES III. b 1727; veuve de Pierre Bertrand.

LHUILIER.—Voy. LHUILLIER.

LHUILLIER.—*Variations et surnoms :* LEVILLIER—LHUILIER — LUILLIER—LULLIER—CHEVALIER—DESVIGNEZ—TUILLIER.

I.—LHUILLIER (5), PIERRE, b 1635; s 19 août 1710, à Montréal.

1705, (20 oct.) Montréal.[9]

I.—LHUILLIER (6), CHARLES-MICHEL, b 1663; fils de Michel (bourgeois de Paris) et d'Anne Bourguignon, de St-Médéric, ville de Paris.
KEY, Marguerite-Renée, b 1679; fille de Jean et de Sara Church, de Piscatoué, Nouvelle-Angleterre.
Marguerite, b[9] 31 mars 1709; m[9] 5 février 1731, à Henri CAMPEAU.—*Jean-Charles,* b[9] 17 nov. 1711; 1° m[9] 17 avril 1741, à Marie-Jeanne CHEVALIER; 2° m 1750, à Angelique LARCHE.—*Pierre,* b[9] 18 juillet 1714.—*François,* b[9] 19 juillet 1716; m[9] 1er mai 1752, à Marguerite GAMELIN.—*Louis,* b 1721; m[9] 28 août 1754, à Catherine GAREAU.

(1) Voy. vol. I, p. 393.

(2) Elle épouse, le 28 janvier 1677, Jacques LeMeilleur, à Québec.

(3) Elle épouse, le 27 avril 1688, Pierre Lefebvre, à la Pte-aux-Trembles, Q.

(4) Dit Artois; soldat de la compagnie d'Aubrespy, régiment de Bearn.

(5) Et Tuillier—Desvignez.

(6) Dit Chevalier; sergent de la compagnie de Mr. de Sabrevois.

1741, (17 avril) Montréal.[2]

II.—LHUILLIER (1), CHARLES, [CHS-MICHEL b 1711.
1° CHEVALIER, Marie-Jeanne, [PIERRE I b 1718; s[2] 9 nov. 1744.
1750.
2° LARCHE, Angélique.
Archange, b... m 27 nov. 1780, à Josep[h] CREVIER, à Verchères.

1752, (1er mai) Montréal.

II.—LHUILLIER (2), FRANÇOIS, [CHS-MICHEL b 1716.
GAMELIN, Marguerite, [JOSEPH-JACQUES II b 1724.
Roch, b 1754; diacre; s 26 juin 1782, à Québec.

1754, (28 août) Montréal.[3]

II.—LHUILLIER (2), LOUIS, [CHS-MICHEL I b 1721.
GAREAU, Catherine, [JEAN-BTE III b 1736; s[3] 17 oct. 1755.

LHUISSIER.—Voy. LUSSIER.

1761, (12 janvier) Montréal.

I.—LIANDRA, FRANÇOIS, b 1741; fils d'Etienne et de Jeanne Barral, de St-Chef, diocèse de Vienne, Dauphine.
ROGER (3), Marie-Anne, [PIERRE I b 1742.

I.—LIARD (4), LOUIS, b... s 23 août 1724, à Montréal.

1732, (3 mai) Québec.[6]

I.—LIARD, LOUIS-CLAUDE-SOLOMON, b 1702; fils de Louis et de Jeanne Carné, de St-Sauveur, ville de Rouen, Normandie; s[6] 6 avril 1774.
DUPONT (5), Marie-Anne, [GUILLAUME I. b 1705; s[6] 9 mars 1785.
Marie-Anne, b[6] 30 janvier et s 17 mai 1733, à Lorette.—*Louise-Joseph,* b[6] 25 avril 1734.—*Louis-Joseph,* b[6] 14 mai et s 20 juillet 1735, à St-Nicolas.—*Charles-Gilles,* b[6] 20 avril 1736; m[6] 14 février 1763, à Marie-Joseph CRÉPEAU.—*Pierre,* b[6] 22 avril 1737.—*Marie-Catherine,* b[6] 20 avril et s 21 sept. 1738, à Charlesbourg.—*Marie-Anne,* b[6] 30 janvier 1740; s[6] 1er mai 1742.—*Louis,* b[6] 17 fevrier 1741; s[6] 29 juillet 1742.—*Anonyme,* b[6] et s[6] 29 janvier 1742.—*Anonyme,* b[6] 6 et s[6] 12 janvier 1743.

1763, (14 fevrier) Québec.[7]

II.—LIARD, CHS-GILLES, [LS-CLAUDE-SOLOMON I. b 1736.
CRÉPEAU, Marie-Joseph, [LOUIS III. b 1742.
Marie-Joseph, b[7] 15 déc. 1763.

(1) Et Levillier — Lullier dit Chevalier.—Père d'une esclave (août 1747).

(2) Dit Chevalier.

(3) Pour Deschamps.

(4) Soldat de la compagnie de Lacorne.

(5) Dit Leblond.

LIBERGE.—*Variation :* Riberge.

1691, (13 janvier) Québec.[8]

I.—LIBERGE (1), Jacques.
Simon (2), Jeanne-Angélique, [Hubert I.
b 1663; veuve de Jean Jobin.
Jean-Marie, b [8] 11 oct. 1701; m [8] 23 nov. 1723, à Louise-Thérèse Boivin; s [8] 16 mai 1774.—*Noël,* b [8] 12 juillet 1705; s [8] 8 oct. 1706.

1723, (23 nov.) Québec.[9]

II.—LIBERGE, Jean-Marie, [Jacques I.
b 1701; boulanger; s [9] 16 mai 1774.
Boivin, Louise-Therèse, [François II.
b 1704.
Marie-Angélique, b [9] 9 sept. 1724; m [9] 1er juillet 1754, à François Lavau; s [9] 22 août 1798.—*Joseph-Marie,* b [9] 30 sept. 1726.—*Marie-Anne,* b [9] 27 mai 1728; s [9] 10 juillet 1733.—*Marie-Louise,* b [9] 11 juin et s [9] 20 juillet 1730.—*Jean-Marie,* b [9] 14 janvier 1733; m [9] 18 juillet 1763, à Marie-Charlotte Albert.—*Nicolas,* b [9] 31 mai 1735; m 26 mai 1757, à Marie-Angélique Balan, à Montreal.—*Louis-Jacques,* b [9] 26 mars 1738; 1° m [9] 28 avril 1778, à Marie-Joseph Boivin; 2° m [9] 3 juin 1783, à Marie-Joseph Fradet; s [9] 4 janvier 1829.—*François-Joseph,* b [9] 22 mai 1740; m [9] 3 février 1761, à Marie-Anne Dorion. —*Jacques,* b [9] 11 mai 1742; m [9] 16 août 1763, à Geneviève Dorion.—*Elisabeth,* b [9] 13 juin 1745; s [9] 10 dec. 1759.

1755, (8 sept.) Montréal.

I.—LIBERGE, Denis, b 1729; fils de Denis et de Marie-Anne Morice, de St-Andre-des-Arts, Paris.
L'Hermite, Thérèse, [Nicolas I.
b 1730.

1757, (26 mai) Montréal.

III.—LIBERGE, Nicolas, [Jean-Marie II.
b 1735.
Balan, Marie-Angélique, [Etienne III.
b 1739.

1761, (3 fevrier) Quebec.[2]

III.—LIBERGE (3), Frs-Jos., [Jean-Marie II.
b 1740; tonnelier.
Dorion, Marie-Anne, [Pierre III.
b 1745.
François, b [2] 1er juin et s [2] 13 juillet 1763.—*Cécile,* b 17 février 1770, au Détroit.[3]—*Suzanne,* b [3] 4 fevrier 1772; m 17 sept. 1787, à François Tesson, à St-Louis, Mo.[4]— *Marie-Anne,* b [4] 22 juillet 1774.—*Marie-Anne,* nee 25 nov. 1775; b [4] 19 mars 1776; 1° m [4] 28 nov. 1793, à Louis Guérret; 2° m [4] 8 fevrier 1802, à Philippe Rivière.—*Louis,* b [4] 5 avril 1778.

(1) Voy. vol. I, p. 393.
(2) Elle épouse, le 9 déc. 1708, Jean Veronneau, à Québec.
(3) Et Riberge.

1763, (18 juillet) Québec.[5]

III.—LIBERGE, Jean-Marie, [Jean-Marie II.
b 1733.
Albert, Marie-Charlotte, [Pierre II.
b 1745.
Marie-Elisabeth, b [5] 1er et s [5] 11 juin 1764.

1763, (16 août) Québec.

III.—LIBERGE, Jacques, [Jean-Marie II.
b 1742.
Dorion, Geneviève, [Pierre III.
b 1747.

1778, (28 avril) Québec.[6]

III.—LIBERGE, Louis-Jacques, [Jean-Marie II.
b 1738; s [6] 4 janvier 1829.
1° Boivin, Marie-Joseph, [François III.
b 1753; s [6] 5 avril 1782.
1783, (3 juin).[6]
2° Fredet (1), Marie-Joseph, [Jacques II.
b 1747.
Marie-Joseph, b et s 16 janvier 1788, à Ste-Foye.

LIBERSAN.—Voy. Liberson.

LIBERSON.—*Variations et surnom :* Lederson —Libersan—Laviolette.

1699, (19 mars) Montréal.[3]

I.—LIBERSON (2), Léonard,
b 1671; s 30 nov. 1751, à St-Laurent, M.[4]
1° Coron, Anne, [Jean I.
b 1676; s 10 février 1700, à la Pte-aux-Trembles, M.
1703, (23 juillet).[3]
2° Baudry, Jeanne, [Antoine I.
b 1674; s 19 mars 1756, à Ste-Geneviève, M.
Antoine, b [3] 28 oct. 1704; m [4] 9 juillet 1731, à Jeanne DeVoyon.— *Charles,* b [3] 29 juin et s [3] 13 juillet 1706.—*François-Marie,* b [3] 13 juillet 1707; m [3] 30 oct. 1730, à Madeleine Hériché.—*Charles,* b [3] 7 mars 1709.—*Marie-Angélique-Elisabeth,* b [3] 6 février 1711; 1° m [4] 8 oct. 1731, à Jean-Baptiste Leroux; 2° m 11 juillet 1757, à Jacques Boyer, à Soulanges. — *Léonard,* b [3] 8 et s [3] 11 mars 1713. — *Marie-Joseph,* b [3] 3 avril 1714. — *Marie,* b [3] 17 mai et s [3] 3 juillet 1716.

1730, (30 oct.) St-Laurent, M.[2]

II.—LIBERSON (3), Frs-Marie, [Léonard I.
b 1707.
Hériché (4), Madeleine, [Jacques I.
b 1709.
Madeleine, b 1732; m 9 février 1756, à Antoine Faron, à Montréal.[9]— *Nicolas,* b 1733; m [9] 24 mai 1756, à Marie Poiriot.—*Charles,* b [9] 19 mai 1734. — *Marie-Joseph,* b 1742; 1° m [9] 7 janvier 1758, à Jean-Baptiste Desru; 2° m [9] 29 janvier 1759, à Jean Husssereau; 3° m [9] 19 avril 1762, à

(1) Appelée Laros, 1788.
(2) Dit Laviolette; voy. vol. I, pp. 393-394.
(3) Dit Laviolette.
(4) Et Eriché dit Louveteau. — Aussi appelée Richard, 1756.

Guillaume Lapierre; s 2 juin 1788, à l'Hôpital-Général, M. — *Marie-Françoise*, b [2] sept. et s [2] 4 oct. 1750.

1731, (9 juillet) St-Laurent, M. [3]

II.—LIBERSON (1), Antoine, [Léonard I.
b 1704.
DeVoyon (2), Jeanne, [Pierre I.
b 1715.
Geneviève, b... m 1er mars 1756, à Jacques Plouf, à Ste-Geneviève, M. [5]—*François*, b 1734; m [5] 3 mai 1757, à Angélique Demers. — *Marie-Madeleine*, b 10 février 1738, à Montréal; m [5] 20 janvier 1755, à François Eriché. — *Marie-Louise*, b 1741; s [3] 16 déc. 1753. — *Marie-Catherine*, b [5] 27 juin et s [5] 28 août 1748. — *Marie-Anne*, b [3] 27 sept. 1749. — *Marguerite*, b [3] 9 et s [3] 19 juillet 1751.—*Marie-Louise*, b [3] 11 fevrier 1754; s [5] 25 mars 1757. — *Marie-Catherine*, b [5] 12 août 1758.

1756, (24 mai) Montréal.

III.—LIBERSON (3), Nicolas, [Frs-Marie II.
b 1733.
Poiriot, Marie, [Paul I.
b 1730.

1757, (8 mai) Ste-Geneviève, M. [5]

III.—LIBERSON, François, [Antoine II.
b 1734.
Dumay-Demers, Angélique, [François III.
b 1738.
François-Xavier, b [5] 29 sept. 1758.

LIBONNE.—Voy. Bertin, 1761.

LIBORON.—*Surnoms :* Bellefleur—Langlais.

1759, (26 février) Bout-de-l'Ile, M. [8]

I.—LIBORON (4), Louis, fils de Pierre et de Françoise Chaaux, d'Aigreseille, diocèse de LaRochelle, Aunis.
Durocher (5), Marie-Louise, [François I.
b 1742.
Marie-Catherine, b [8] 25 nov. 1759; s [8] 11 février 1760.— *Marie-Amable*, b 7 avril 1761, au Lac-des-Deux-Montagnes. [9]—*Louis*, b [9] 31 juillet 1762. — *Marie-Rose*, b [9] 24 et s [9] 28 juin 1764.— *Jean-Baptiste*, b [9] 17 nov. 1765. —*Jean*, b [9] 9 mai et s [9] 16 juillet 1767.

I —LIBOURNE.—Voy. Du Tasta, 1664.

1761, (31 mars) Pte-aux-Trembles, M.

I.—LIEBERT, Philippe, b 1734, fils de Philippe et d'Anne Desgagnes, de Nemont, diocèse d'Auxerre, Bourgogne.
Lenoir, Marie-Françoise, [Vincent II.
b 1740.

LIÈGE.—Voy Delief.

(1) Dit Laviolette.
(2) Et Desvoyaux—Deroyon.
(3) Et Libersan.
(4) Dit Bellefleur; soldat de la compagnie de Lacorne.
(5) Et Desrochers dit Trappe.

1761, (4 mai) Baie-du-Febvre.

I.—LIÈGE (1), Louis-Rémi.
Péron, Marie-Anne, [Nicolas II
b 1742.
Marie-Thérèse, b 13 février 1769, à St-Michel d'Yamaska.

LIÉNARD.—*Variations et surnoms :* Diénard—Léonard—Boisjoly —De Beaujeu—De Vilemonde—Durbois — Du Sablon—Hélie ou Ely—Mondor—Montd'or.

1655, (11 oct.) Québec. [6]

I.—LIÉNARD (2), Sébastien, b 1628; fils de Nicolas et de Jeanne de Voissy, de St-Dié ville de St-Michel, Lorraine; s 8 nov. 1701, à Ste-Foye. [7]
Pelletier, Françoise, [Nicolas I
b 1642; veuve de Jean Beriau; s [7] 17 juillet 1707.
Jean-François, b [6] 29 août 1657; m 1690, à Marie-Madeleine Arpot (sauvagesse); s 29 mars 1731, à la Pte-aux-Trembles, Q. [8]— *Geneviève* b 14 oct. 1673, à Sillery; 1° m [7] 10 nov. 1699, à Denis Mallet; 2° m [7] 12 nov. 1710, à Jean-François Grégoire.— *Agnès*, b... m [8] 19 août 1704, à Jean Greenhill. — *Eustache*, b 1689; 1° m [7] 2 nov. 1709, à Marie-Madeleine Mauffay; 2° m [?] nov. 1715, à Marie-Agnès Robitaille, à Lorette [9] s [9] 26 nov. 1749.

1690.

II.—LIÉNARD (3), Jean-Frs, [Sébastien I
b 1657; s 29 mars 1731, à la Pte-aux-Trembles, Q. [2]
Arpot (4), Marie-Madeleine,
b 1673; sauvagesse; s [2] 16 juillet 1758.
Marie-Anne, b [2] 10 juillet 1700; m [2] 29 oct 1721, à Rene Trudel.

1691.

II.—LIÉNARD (5), Ignace, [Sébastien I
b 1665.
Leduc, Marie-Anne, [René I
b 1671; s 11 mars 1744, à la Pte-aux-Trembles, Q. [8]
Marie-Charlotte, b [8] 16 sept. 1702; s [8] 11 mars 1775.— *Louis-Joseph*, b [8] 17 janvier 1707; m [8] [?] juin 1732, à Marie-Anne Sylvestre; s [8] 15 mars 1759. — *Toussaint*, b [8] 1er nov. 1708; m [8] 20 oct 1749, à Marie-Angelique Augé; s [8] 26 juillet 1777

1704, (25 juin) Ste-Foye. [8]

II.—LIÉNARD, Sébastien, [Sébastien I
b 1669.
Bonhomme, Catherine, [Guillaume II
b 1680.
Marie-Anne, b [8] 24 mars 1705; m [8] 3 juillet 1730, à Jean-Baptiste Colombe; s [8] 13 oct. 1764 — *Françoise-Catherine*, b [8] 26 fevrier 1707, m

(1) Pour Delief, voy. vol. III, p 316.
(2) Dit Durbois; voy. vol. I, p. 394.
(3) Voy. vol. I, p. 394.
(4) Aussi appelée Richard.
(5) Sieur Durbois dit Boisjoly, voy. vol. I, p 394.

mai 1731, à Joseph-Jean CHAUVEAU; s[8] 6 déc. 1747. — *Eustache-Amador*, b[8] 7 mars 1709. — *Catherine*, b[8] 10 juin 1711. — *Charles-Amador*, b[8] 17 déc. 1714; m 1er février 1745, à Marguerite DELAVOYE, à la Baie-St-Paul.—*Marie-Louise*, b[8] 11 mars 1717; 1° m 21 nov. 1740, à Arnaud COMMARTIN, à Québec[9]; 2° m[9] 29 sept. 1749, à Pierre FOURNIER. — *Marie*, b... m 1733, à Simon BADET.

1706, (6 sept.) Montréal.[2]

I.—LIÉNARD (1), LOUIS, b 1682; fils de Philippe (chef du Gobelet du roy, guidon des chevaux légers de la garde du roy) et de Catherine Gobert, de Versailles.

MIGEON (2), Denise-Thérèse, [JEAN-BTE I. b 1678; veuve de Charles Juchereau.

Louise-Thérèse, b[2] 2 juin 1707.—*Louis-Joseph*, b[2] 16 août 1708; s[2] 28 juillet 1711. — *Marie-Thérèse*, b[2] 11 nov. 1709. — *Daniel-Hyacinthe*, b[2] 9 août 1711; m 4 mars 1737, à Michelle-Elisabeth FOUCAULT, à Quebec.[3] — *Marie-Catherine*, b[2] 23 oct. 1712.—*Charlotte*, b... m[3] 19 oct. 1733, à Jean-Victor VARIN.—*Louise*, b[2] 29 avril 1715.—*Louis*, b[2] 16 sept. 1716; 1° m[3] 18 juillet 1747, à Louise-Charlotte CUGNET; 2° m[3] 22 février 1753, à Geneviève LEMOINE. — *Louise*, b[2] 3 janvier 1718. — *Marie-Joseph-Françoise*, b[2] 10 mai 1719. — *Jean-Baptiste-Gaspard*, b[2] 9 juillet 1722.

1709, (27 nov.) Ste-Foye.[1]

II—LIÉNARD (3), EUSTACHE, [SÉBASTIEN I. b 1689; s 26 nov. 1749, à Lorette.[2]

1° MAUFFAY, Marie-Madeleine, [ANDRÉ II. b 1687; s[1] 11 mai 1711.

Eustache, b[1] 25 nov. 1710.

1715, (4 nov.)[2]

2° ROBITAILLE, Marie-Agnès, [PIERRE I. b 1689; s[2] 28 dec. 1759.

François, b[1] 20 juillet 1716; m[2] 3 sept. 1754, à Marguerite DROLET. — *Jean-François*, b[1] 16 avril 1718; m[2] 23 nov. 1744, à Ursule GAUVIN. —*André*, b[2] 15 janvier 1720; m 1744, à Marie-Louise ALAIN. — *Marie-Agnès*, b[2] 4 août 1721; m[2] 26 avril 1756, à Basile FISET. — *Jean-Marie*, b[2] 8 dec. 1724; m 26 avril 1774, à Madeleine TRUDEL, à Québec. — *Marie-Louise*, b[2] 14 mars 1728. — *Pierre*, b[2] 18 avril et s[2] 27 juillet 1730. —*Jean-Baptiste*, b[2] 17 fevrier 1734; m[2] 9 janvier 1758, à Marie-Anne DROLET.—*Marie-Joseph*, b 1735; m[2] 23 juillet 1753, à Pierre HOT.

1711, (13 avril) Québec.

II—LIÉNARD (4), LOUIS, [SÉBASTIEN I. b 1678.

RACINE, Louise, [PIERRE II. b 1695; s 17 sept. 1760, à Ste-Foye.[1]

Marie-Louise, b[1] 26 nov. et s[1] 2 dec. 1711 — *Joseph*, b[1] 12 sept. 1713.—*Marie-Joseph*, b[1] 27 juin 1714; m 1745, à François VARLET.—*Marie-Angélique*, b[1] 3 oct. 1717; 1° m[1] 27 déc. 1737, à Pierre DEHOU; 2° m[1] 18 fevrier 1750, à Antoine POULIOT; s[1] 13 mai 1768.

(1) Sieur de Beaujeu; chevalier de St. Louis et major des troupes.

(2) Remueuse de nos S S. les enfants de France.

(3) Dit Moutd'or.

(4) Dit Durbois.

1713, (16 oct.) Ste-Foye.[2]

III.—LIÉNARD (1), JEAN-FRS, [JEAN-FRS II. b 1691.

1° BONHOMME, Agnès, [GUILLAUME II. b 1684; veuve de Noël Roulois.

François-Clément, b[2] 17 juillet 1714; m 4 mars 1737, à Marguerite BOISSEL, à Québec.[3] —*Catherine*, b... m[3] 16 août 1736, à Louis REMENEUIL. — *Marie-Agnès*, b[2] 30 déc. 1717.—*Marie-Charlotte*, b[2] 27 juin 1720. — *Michel*, b[2] 4 oct. 1722; s 8 sept. 1727, à Lorette. — *Jean-Baptiste*, b... m 8 mai 1754, à Marie-Anne DESHÊTRES, au Detroit.

1731, (5 fevrier).[3]

2° CORNEAU, Marie-Agnès, [JEAN I. b 1706; veuve de Claude Lemerle.

Marie-Louise, b[3] 22 nov. 1731; 1° m[3] 31 mars 1761, à Bertrand MOTTAIRE; 2° m 3 sept. 1781, à Jean WOLSCAMP, à Montreal.—*Marie-Angélique*, b[3] 25 nov. 1733; m[3] 15 janvier 1759, à Michel CHARPENTIER. — *Marie-Madeleine*, b[3] 28 juillet 1736; m 1759, à Georges BERNARD. — *Marie-Anne*, b[3] 15 nov. 1738; m[3] 19 nov. 1759, à Joseph BERNARD —*Simon*, b[3] 13 juillet 1740; s[3] 9 août 1741.—*Marie-Madeleine*, b[3] 22 mai 1742.

1732, (9 juin) Pte-aux-Trembles, Q.[7]

III.—LIÉNARD (2), LOUIS-JOSEPH, [IGNACE II. b 1707; s[7] 15 mars 1759.

SYLVESTRE, Marie-Anne, [JEAN II. b 1716.

Joseph-Louis, b[7] 8 déc. 1733.—*Marie-Anne*, b[7] 20 sept. 1735; m[7] 12 fevrier 1760, à Jean-Baptiste-Christophe D'HASTREL.— *François-de-Sales*, b[7] 17 dec. 1737; s[7] 8 mai 1738.—*Marie-Thérèse*, b[7] 12 juin 1740; m[7] 30 sept. 1765, à Augustin BÉLAND.—*Marie-Joseph*, b 1742; s[7] 1er juillet 1761.—*Augustin*, b 1744; m 22 avril 1766, à Marie-Anne MATTE, à Deschambault. — *Jean-Sylvestre*, b[7] 28 déc. 1745; m[7] 12 août 1771, à Geneviève BÉLAND.—*François-de-Sales*, b 1750; s[7] 14 mai 1757.

1737, (4 mars) Québec.[8]

IV.—LIÉNARD (1), FRS-CLÉMENT, [JEAN-FRS III. b 1714.

BOISSEL, Marie-Françoise-Marguerite.

Marie-Marguerite, b[8] 29 mai et s[8] 19 oct. 1738. —*Joseph-Marie*, b[8] 28 juin et s[8] 5 oct. 1740. — *Pierre*, b[8] 30 nov. 1741. — *Gilles*, b 1743; s[8] 5 janvier 1746.

1737, (4 mars) Quebec.[9]

II.—LIÉNARD (3), DANIEL-HYACINTHE, [LOUIS I. b 1711.

FOUCAULT, Michelle-Elisabeth. [FRANÇOIS I. b 1719.

(1) Dit Durbois.

(2) Dit Burbois—Boisjoly.

(3) De Beaujeu; officier.

Thérèse-Charlotte-Elisabeth, b[9] 12 sept. et s[9] 14 déc. 1738.—*Louis-François*, b[9] 23 août 1739 ; s[9] 28 juillet 1740.—*Gilles-Michel-Louis*, b[9] 8 mai 1741. — *Marie-Charlotte-Elisabeth*, b[9] 25 mars 1742.—*Marie-Louise*, b[9] 12 avril 1743.— *Pierre-Daniel*, b[9] 8 avril et s[9] 4 juin 1744.—*Guillaume-Denis-Flavien*, b[9] 10 oct. 1745; s[9] 19 juillet 1748. —*Joseph*, b[9] 25 mars 1748. — *Andrée-Françoise*, b[9] 9 avril 1749.

1744, (23 nov.) Lorette.[7]

III.—LIÉNARD, JEAN-FRANÇOIS, [EUSTACHE II.
b 1718.
GAUVIN, Ursule, [PIERRE II.
b 1722.

Jean-François, b[7] 6 août et s[7] 25 sept. 1747. — *Joseph-François*, b[7] 19 juin 1748. — *Marie-Louise*, b[7] 9 juin 1750.—*Marie-Angélique*, b[7] 18 déc. 1751. — *Marie-Elisabeth*, b[7] 8 janvier 1755. —*Jean-Baptiste*, b[7] 20 mars 1756.— *Marie-Françoise* b[7] 12 avril et s[7] 1er août 1758.—*Marie-Françoise*, b[7] 11 mai 1761.

1745, (1er février) Baie-St-Paul.[6]

III.—LIÉNARD (1), CHS-AMADOR, [SÉBASTIEN II.
b 1714.
DELAVOYE, Marguerite, [FRANÇOIS-XAVIER III.
b 1722.

Procule-Cécile-Sophie, b[6] 6 juillet 1746. — *Marie-Joseph-Pélagie-Victoire*, b[6] 29 mars 1750 ; m[6] 27 mai 1777, à Jacques SIMARD. — *Louise-Angélique-Dorothée*, b[6] 20 août 1752. — *Rosalie* b[6] 9 mai 1755.—*Marie-Thérèse*, b[6] 11 nov. 1757. —*Marguerite*, b[6] 22 oct. 1760. — *Marie-Félicité*, b[6] 13 juillet 1763.

1747, (18 juillet) Quebec.[4]

II.—LIÉNARD (2), LOUIS, [LOUIS I.
b 1716.
1° CUGNET, Louise-Charlotte, [FRS-ETIENNE I.
b 1723 ; s[4] 30 août 1748.

Julie-Louise, b[4] 22 août 1748 ; m 12 août 1765, à Antoine JUCHEREAU, à Beauport.

1753, (22 fevrier).[4]

2° LEMOINE (3), Geneviève, [PAUL-JOSEPH III.
b 1735 ; s 28 déc. 1803, à Montreal.

Elisabeth-Geneviève, b[4] 16 nov. 1753.—*Marie-Louise*, b[4] 25 janvier 1755.—*Anonyme*, b[4] et s[4] 8 nov. 1755.—*François*, b[4] 8 nov. 1756.— *Marie-Angélique*, b[4] 20 nov. et s 12 déc. 1757, à la Pte-aux-Trembles, Q.

1747.

III.—LIÉNARD (4), ANDRÉ, [EUSTACHE II.
b 1720.
ALAIN, Marie-Louise, [NOEL II.
b 1725.

Marie-Louise-Hélène, b 12 janvier et s 29 déc. 1748, à Lorette.[3] — *Marie-Louise*, b[3] 21 août et s[3] 6 nov. 1749. —*Marie-Joseph*, b[3] 6 mars 1751. — *Marie-Madeleine*, b[3] 8 sept. 1753 ; s[3] 23 juill[et] 1754. — *Jean-Baptiste*, b[3] 3 sept. 1755.—*Pierr[e]* b[3] 17 juin 1757. — *Marie-Louise*, b[3] 7 janvi[er] 1760. — *Jean-Baptiste-Claude*, b[3] 29 oct. 1761.— *Marie-Anne*, b[3] 7 oct. 1763.

1749, (20 oct.) Pte-aux-Trembles, Q.[2]

III.—LIÉNARD (1), TOUSSAINT, [IGNACE I[I.
b 1708 ; s[2] 26 juillet 1777.
AUGÉ, Marie-Angélique, [RENÉ I[I.
b 1722.

1753, (5 mars) Charlesbourg.

III.—LIÉNARD (2), PIERRE, [LÉONARD I[I.
b 1729.
PAGEOT, Marie-Joseph, [JEAN II[I.
b 1736.

Charles, b... m 28 janvier 1793, à Angéliqu[e] GILBERT, à St-Augustin.

1754, (8 mai) Détroit.[4]

IV.—LIÉNARD (3), JEAN-BTE. [JEAN-FRS III.
DESHÈTRES, Marie-Anne, [ANTOINE I[I.
b 1734.

Pierre-Amable, b[4] 25 février 1755 ; m 1er mar[s] 1787, à Catherine LEFEBVRE, à Cahokia.—*Mari[e]-Charlotte*, b[4] 8 février et s[4] 2 mars 1757.—*Jean-Louis*, b[4] 9 avril et s[4] 9 sept. 1758. —*Suzanne*, b[4] 18 sept. 1759 ; s[4] 18 oct. 1760.

1754, (3 sept.) Lorette.[2]

III.—LIÉNARD, FRANÇOIS. [EUSTACHE II.
b 1716.
DROLET, Marguerite, [PIERRE II.
b 1715 ; veuve de Jean-Baptiste Robitaille.

Ursule, b[2] 8 oct. 1754.

1756, (5 juillet) Pte-aux-Trembles, Q[2]

IV.—LIÉNARD (4), THIERRY, [JEAN-BTE III.
b 1720.
DUBUC, Angélique, [MICHEL III.
b 1735.

Marie-Angélique, b[2] 14 mai 1757. — *Marie-Thérèse*, b[2] 14 février 1759. — *Thierry*, b[2] 4 avril 1761. — *Louis-Joseph*, b 15 fevrier 1763, aux Ecureuils. — *Marie-Joseph*, b[2] 23 juin 1765. —*Marie-Madeleine*, b[2] 6 oct. 1767.—*Louis*, b[2] 28 mai 1770.—*Marie-Françoise*, b[2] 27 fevrier 1775.

1758, (9 janvier) Lorette.[4]

III.—LIÉNARD (5), JEAN-BTE, [EUSTACHE II
b 1734.
DROLET, Marie-Anne, [PIERRE III.
b 1738.

Marie, b[4] 18 nov. 1758.—*Marie-Madeleine*, b[4] 18 mars 1761.— *Jean-Baptiste*, b[4] 6 nov. 1762.—*Joseph*, b[4] 16 fevrier 1764.

---

(1) Dit Durbois.
(2) Sieur de Beaujeu, de Villemonde ; lieutenant des troupes.
(3) De Longueuil.
(4) Dit Mondor.

(1) Dit Boisjoly.
(2) Pour Hélie, voy. vol. IV, p. 486.
(3) Dit Durbois ; habitant la Grosse-Pointe, côte Nord.
(4) Dit Durbois.—Marié Boisjoly, voy. vol. II, p. 329.
(5) Dit Mondor.

1766, (22 avril) Deschambault.[2]

I.—LIÉNARD (1), AUGUSTIN, [Ls-JOSEPH III.
b 1744.
[?]ATTE, Marie-Anne, [NICOLAS III.
b 1737.
Marie-Louise, b [2] 9 avril 1767.—*Augustin*, b 20 ... 1771, à St-Joseph, Beauce.[3]— *Marie-Madeleine*, b [3] 7 août 1773.

1771, (12 août) Pte-aux-Trembles, Q.[6]

I.—LIÉNARD (2), JEAN-SYLVEST., [Ls-JOS. III.
b 1745.
BÉLAND, Marie-Geneviève, [JEAN III.
b 1750.
Jean-François, b 20 juin 1772, aux Ecureuils.[7] —*Marie-Geneviève*, b [7] 5 et s [6] 29 oct. 1773. —*Marie-Geneviève*, b [6] 13 juin 1775; s [6] 23 janvier 17[?].—*Jean-Baptiste*, b [6] 13 avril 1777.

1774, (26 avril) Québec.

II.—LIÉNARD, JEAN-MARIE, [EUSTACHE II.
b 1724.
TRUDEL, Madeleine, [CHARLES III.
b 1743.

1787, (1er mars) Cahokia.

I.—LIÉNARD (1), PIERRE-AMABLE, [J.-BTE IV.
b 1755.
LEFEBVRE (3), Catherine. [FRANÇOIS.

1793, (28 janvier) St-Augustin.

IV.—LIÉNARD, CHARLES. [PIERRE III
GILBERT, Angelique. [ETIENNE III.

LIÉVIN.—Voy. FOURNIER—GRENIER, 1764.

1770, (5 février) Nicolet.[4]

II.—LIÉVIN (4), CLÉMENT, [JEAN-BTE I.
b 1736.
[?] HOUDE, Catherine, [JEAN-BTE III.
b 1748.
Clément, b... m [4] 6 février 1797, à Agathe LASPRON.— *Jean-Baptiste*, b... m [4] 25 sept. 1797, à Madeleine LASPRON.—*Catherine*, b... s [4] 16 juillet 1789.

1797, (6 février) Nicolet.

III.—LIÉVIN, CLÉMENT. [CLÉMENT II.
LASPRON (5), Agathe. [JOSEPH-GEOFFROY II.

1797, (25 sept.) Nicolet.

III.—LIÉVIN, JEAN-BTE. [CLÉMENT II.
LASPRON, Madeleine. [MICHEL IV.

LIÈVRE.—Voy. LELIÈVRE.

(1) Dit Durbois.
(2) Dit Boisjoly.
(3) Dit Courrier.
(4) Voy. Grenier, 1764, vol. IV, p. 370—Le vrai nom est Fournier.
(5) Desfossés; mariée Geoffroy.

1717, (3 février) Boucherville.[4]

I.—LIGHTFIL, AUGUSTIN-PIERRE, b 1694; fils de Moïse et de Marthe ...., d'Angleterre.
BRUNEL, Marie, [JACQUES I.
b 1696.
Pierre, b [4] 5 et s [4] 8 nov. 1717.—*Marie-Joseph*, b [4] 29 mars et s [4] 27 août 1719.—*Marie-Anne*, b [4] 26 déc. 1720. — *Elisabeth*, b [4] 18 avril 1723. — *Marie-Joseph*, b [4] 24 avril 1725.

I.—LIGNERA (1), ANTOINE, b 1652; s 24 oct. 1722, à Montreal.

I.—LIGNOT, JEANNE, b... m 1688, à Jean TURGEON.

1767, (28 avril) St-Thomas.

I.—LIGNY (2), LOUIS, b 1736; fils de Thomas et de Gilette Michon, de St-Gervais, diocèse d'Avranches, Normandie.
BOUCHARD, Marie-Louise, [JOSEPH III.
b 1748.

I.—LIGONI (3), JEAN-BTE, b 1734; de St-Servan.

I.—LIGUÈRE, LOUIS, b 1686; Anglais; s 21 août 1744, à Montreal.

L'ILERONDE.—Voy. BOURDEAU.

LILOIS.—Voy. MERCIER—ROY.

1758.

I.—LILOIS (4), ALEXIS.
BEAULIEU, Thérèse.
Pierre-Alexis, b 24 juin 1759, à Ste-Foye.

I.—LIMBÉ, JEAN, b 1671; maitre-maçon; s 3 nov. 1721, à Montréal.

LIMBEGE.—Voy. LAMBEYE.

LIMETIÈRE.—Voy. CHARTRAIN.

LIMOGES.—*Surnoms :* AMAND—JOLICŒUR.

1698, (11 nov.) Montréal.[1]

I.—LIMOGES (5), PIERRE,
b 1664; s 1er sept. 1747, à Terrebonne.[3]
GRENIER, Catherine, [JEAN I.
b 1678; s [3] 13 mars 1753.
Moïse-Pierre, b [1] 28 août 1699; s 17 juin 1700, à Repentigny.—*Louis*, b [1] 16 fevrier 1701; m 1724, à Geneviève GOULET.— *Michel*, b 24 sept. 1703, à St-François, I. J.[4]; m 1727, à Madeleine TOUR-

(1) Soldat de la compagnie de Beaumont.
(2) Arrivé en 1755 (Reg. des Procès-verbaux, 1766, archevêché de Québec).
(3) Venu en 1752, à Gaspé. (Procès-verbaux).
(4) Et Lelois.
(5) Et Amand dit Jolicœur; voy. vol. I, p. 5.

NOIS ; s[3] 15 juillet 1782. — *Pierre*, b[4] 17 avril 1705 ; m[4] 23 nov. 1729, à Marie-Joseph VANDANDAIQUE.— *Joseph*, b[4] 13 janvier 1707 ; m[4] 5 nov. 1731, à Françoise VANDANDAIQUE. — *Jacques*, b[4] 22 juin 1708 ; 1° m[3] 8 janvier 1737, à Angélique TAILLON ; 2° m 5 oct. 1744, à Marguerite CHAPLAU, à Lachenaye[2] ; 3° m 10 juillet 1752, à Marie-Joseph CORON, à Ste-Rose. — *Agathe*, b[4] 12 nov. 1712 ; m[3] 25 nov. 1744, à Michel PEPIN. — *Toussaint*, b[4] 30 oct. 1714 ; m[2] 3 février 1739, à Angelique GARIÉPY.—*Marie*, b[4] 1er juin 1716 ; m[3] 4 mars 1737, à Joseph CHARLES ; s[3] 19 janvier 1749.

1724.

II.—LIMOGES, LOUIS, [PIERRE I.
b 1701.
GOULET, Geneviève, [ANTOINE II.
b 1701.

Louis, b 1725 ; s 4 avril 1748, à Terrebonne.[5] —*Joseph*, b[5] 28 oct. 1727. — *Pierre*, b[5] 31 déc. 1728 ; s[5] 4 juillet 1747.— *Geneviève*, b[5] 24 mars 1730 ; m[5] 27 juillet 1750, à François SÉGUIN ; s[5] 29 nov. 1770. — *Marie-Louise*, b[5] 7 nov. 1731 ; m[5] 19 janvier 1750, à Pierre GAHAUD ; s[5] 29 mars 1769.—*Marie-Joseph*, b 10 février 1733, à Lachenaye ; s[5] 8 août 1750.—*Antoine*, b[5] 13 mars 1735 ; s[5] 25 juin 1747. — *Marie-Françoise*, b[5] 20 et s[5] 23 juin 1737. — *Joseph*, b[5] 25 mai 1738 ; m[5] 2 février 1761, à Marie-Joseph RANCOUR. — *Reine*, b[5] 26 mai 1740 ; m[5] 2 fevrier 1761, à Paul FILION. —*Marie-Rose*, b[5] 26 juin 1741 ; 1° m[5] 8 juillet 1765, à Daniel DELAUNAY ; 2° m[5] 8 avril 1771, à Antoine DUROCHER.—*Marie-Françoise*, b[5] 31 dec. 1742 ; s[5] 29 mars 1748.

1727.

II.—LIMOGES, MICHEL, [PIERRE I.
b 1703 ; s 15 juillet 1782, à Terrebonne.[6]
TOURNOIS, Marie-Madeleine, [JEAN I.
b 1699.

Michel, b[6] 29 février 1728 ; m 22 février 1751, à Marie-Anne BAUDRY, à la Pte-aux-Trembles, M. —*Madeleine*, b 24 sept. 1729, à Lachenaye ; m[6] 30 oct. 1758, à Augustin BEAUPRÉ. — *Pierre*, b[6] 17 juin 1731 ; s[6] 17 nov. 1748. — *Joseph*, b[6] 29 mars 1733.—*Angélique-Amable*, b[6] 27 mai 1737 ; m 19 nov. 1764, à Jean LEVERT, à Ste-Rose.— *Marie-Françoise*, b[6] 8 mars 1740.

1729, (23 nov.) St-François, I. J.

II.—LIMOGES, PIERRE, [PIERRE I.
b 1705.
VANDANDAIQUE, Marie-Joseph, [CLAUDE II.
b 1709.

Pierre, b 12 et s 24 oct. 1730, à Terrebonne.[8] — *Marie-Joseph*, b[8] 12 février 1732 ; 1° m[8] 15 février 1751, à Charles ARCHAMBAULT ; 2° m 18 juin 1764, à Jean JANOT, à la Pte-aux-Trembles, M.[3] — *Pierre*, b[8] 30 juin 1734 ; 1° m[3] 13 nov. 1758, à Véronique VOYNE ; 2° m[8] 24 avril 1775, à Therèse OUIMET. — *Augustin*, b[8] 29 juin et s[8] 20 sept. 1737.—*Angélique*, b[8] 15 juin 1744 ; m[8] 11 février 1765, à Jacques BEAUCHAMP.

1731, (5 nov.) St-François, I. J.

II.—LIMOGES, JOSEPH, [PIERRE
b 1707.
VANDANDAIQUE (1), Françoise, [CLAUDE
b 1712.

Marie-Joseph, b 31 août et s 3 oct. 1732, Terrebonne.[4] — *Joseph*, b 4 oct. 1733, à Lachenaye ; s[4] 26 sept. 1735. — *Claude*, b[4] 13 ma 1735 ; m[4] 27 oct. 1760, à Rose FILION — *Mar Joseph*, b[4] 6 sept. 1736 ; m[4] 13 avril 1760, à Pa COURVAL. — *Joseph*, b[4] 19 juin 1738 ; m 14 m 1766, à Marie-Joseph VOYNE, à la Pte-aux-Trembles, M.—*Marie-Françoise*, b[4] 25 fevrier 1740. *Marie-Marguerite*, b[4] 26 mai 1742 ; m[4] 16 m 1768, à Jean-Baptiste COMPARET.— *Charles*, b mai 1744 ; m à Euphrosine DUBOIS. — *Marie-Céleste*, b[4] 3 février 1746 ; m[4] 11 avril 1774, Ignace CHARLES.—*Marie-Reine*, b[4] 11 juillet et 15 août 1749. — *Marie-Angélique*, b[4] 13 ma 1751 ; m[4] 21 janvier 1771, à Joseph CHARLES. *Marie-Thérèse*, b[4] 29 avril 1753 ; 1° m[4] 11 av 1774, à François DUBOIS ; 2° m[4] 8 fevrier 1779, Innocent LAPOINTE ; s[4] 19 juin 1782 — *Mar Archange*, b[4] 5 août 1755 ; m[4] 8 février 1779, Pierre CHARLES. — *Marie-Catherine*, b... m[4] janvier 1772, à Jean-Baptiste ROTURE.

1737, (8 janvier) Terrebonne[2]

II.—LIMOGES, JACQUES, [PIERRE
b 1708.
1° TAILLON, Angélique, [JEAN-FRANÇOIS II
b 1720 ; s[2] 17 février 1743.

Marie-Angélique, b[2] 13 janvier 1738 ; m 22 oc 1764, à François LABELLE, à Ste-Rose.[3] — *Catherine*, b[2] 16 mars 1739. — *Jacques-Stanislas*, b 16 sept. et s[2] 1er oct. 1740.—*Reine*, b[3] 27 fevri 1742 ; m[3] 20 mai 1760, à Joseph MASSON.- *Marie*, b... m[3] 20 juin 1757, à Pierre VALIQUE

1744, (5 oct.) Lachenaye.

2° CHAPLAU, Marguerite, [NOEL II
s[3] 20 oct. 1748.

Marie-Marguerite, b[2] 29 sept. 1745.—*Jacque* b[3] 26 août 1746 ; s[2] 25 sept. 1748. — *Mari Agnès*, b[2] 11 oct. 1748 ; s[2] 29 juin 1749.

1752, (10 juillet).[3]

3° CORON, Marie-Joseph, [FRANÇOIS I
b 1727.

Geneviève, b[3] 16 avril et s[3] 14 juin 1753 - *Louis-Marie*, b[3] 25 mars et s[3] 10 juin 1754- *Jacques*, b[2] 17 juin 1755. — *Jean-Baptiste*, b[2] août 1756 ; m[2] 2 août 1779, à Marie-Rose L SAGE. — *Anonyme*, b[3] et s[3] 28 sept. 1757 - *Pierre*, b 1760 ; s[3] 25 janvier 1761.—*Etienne*, b et s[3] 14 nov. 1761.

1739, (3 fevrier) Lachenaye.

II.—LIMOGES, TOUSSAINT, [PIERRE
b 1714.
GARIÉPY, Angélique, [PIERRE I
b 1717 ; s 12 sept. 1777, à Terrebonne[9]

Angélique, b[9] 11 déc. 1739 ; m[9] 11 avril 17.. à Germain LEPAGE. — *Marie-Reine*, b[9] 15 de 1740 ; s[9] 28 janvier 1741. — *Toussaint*, b[9] .. avril 1742.— *Toussaint*, b[9] 2 mai 1743. — *Jea*

(1) Et Valandé.

...tiste, b [9] 18 et s [9] 25 juin 1744. — *Amable-...*, b [9] 29 juillet et s [9] 3 août 1746. — *Louis*, ...12 sept. 1747; s [9] 23 mars 1748. — *Marie-...*, b [9] 7 et s [9] 8 mars 1749. — *Louise-Fran-...*, b [9] 3 sept. 1751; s [9] 23 février 1752. — *...ph*, b [9] 7 oct. 1752; m [9] 21 juin 1779, à Marie-...ph-Antoinette GINGRAS.—*Marie-Michelle*, b [9] ...et s [9] 13 janvier 1754. — *Marie-Elisabeth*, b [9] ...août 1755; m [9] 28 nov. 1775, à Charles-Fran-... LECERCLÉ. — *Joseph*, b [9] 31 août et s [9] 2 oct. ...56

1751, (22 fevrier) Pte-aux-Trembles, M. [4]

...—LIMOGES, MICHEL, [MICHEL II.
b 1728.
BAUDRY, Marie-Anne, [JACQUES II.
b 1723.
Michel, b [4] 8 sept. 1752. — *Marie*, b... m 14 ...l 1777, à Jean-Baptiste DECHAUT, à Terre-...nne.

1758, (13 nov.) Pte-aux-Trembles, M.

...—LIMOGES, PIERRE, [PIERRE II.
b 1734.
1° VOYNE (1), Véronique, [PIERRE III.
b 1735; s 27 sept. 1766, à Terrebonne. [7]
Marie-Joseph, b 1759; 1° m [7] 7 fevrier 1780, Joseph DUTRISAC; 2° m 28 sept. 1789, à Joseph ...ATREAU, à Lachenaye. — *Pierre*, b [7] 12 août ...80.

1775, (24 avril). [7]

2° OUIMET, Thérèse, [JOSEPH III.
b 1750; veuve d'Antoine Labelle.

1760, (27 oct.) Terrebonne.

...—LIMOGES, CLAUDE, [JOSEPH II.
b 1735.
FILION, Rose, [JOSEPH III.
b 1742.
Pierre, b 12 nov. 1767, à Lachenaye. [2] — *Charles*, b [2] 7 mars 1772.

1761, (2 février) Terrebonne. [1]

...—LIMOGES, JOSEPH, [LOUIS II.
b 1738.
RANCOUR, Marie-Joseph, [JEAN-BTE II.
b 1740; s [1] 12 déc. 1762.

1766, (14 mai) Pte-aux-Trembles, M.

...—LIMOGES, JOSEPH, [JOSEPH II.
b 1738.
VOYNE (1), Marie-Joseph, [PIERRE III.
b 1740.

...—LIMOGES, CHARLES, [JOSEPH II.
b 1744.
DUBOIS, Euphrosine.
Joseph, b 12 nov. 1774, à Lachenaye. [3]—*André-Prosper*, b [3] 14 janvier 1785.

(1) Et Venne.

1779, (21 juin) Terrebonne.

III.—LIMOGES, JOSEPH, [TOUSSAINT II.
b 1752.
GINGRAS, Marie-Jos.-Antoinette, [JOSEPH III.
b 1760.

1779, (2 août) Terrebonne.

III.—LIMOGES, JEAN-BTE, [JACQUES II.
b 1756.
LESAGE, Marie-Rose, [JOSEPH-MARIE III.
b 1756.
Jean-Baptiste, b 31 juillet 1782, à Lachenaye.

LIMOUSIN.—*Surnoms* : BEAUFORT —BRUNEL— LABETOLLE — LAJOIE — SANSCHAGRIN — ST. LOUIS.

1671, (9 nov.) Québec.

I.—LIMOUSIN (1), HILAIRE,
b 1633; tailleur; s 16 mai 1708, à Champlain. [1]
LEFEBVRE, Marie-Antoinette, b 1653; fille de Charles et de Louise Prudhomme, de Charny, diocèse d'Evreux, Normandie.
François, b [1] 31 août 1684; m 1725, à Marie-Marguerite HOUDE. — *Marie-Charlotte*, b [1] 14 fevrier 1687; m [1] 19 janvier 1722, à Noël HOUDE. —*Joseph*, b [1] 31 mars 1692; m [1] 25 nov. 1718, à Marie-Joseph DUBOIS. — *Pierre*, b [1] 8 oct. 1694; m 25 avril 1735, à Marie-Joseph LÉCUYER, à St-Pierre-les-Becquets.—*Antoinette*, b 1697; m [1] 17 janvier 1713, à Jean DUBOIS; s [1] 29 janvier 1715.

I.—LIMOUSIN (2), LOUIS,
b 1672; s 27 nov. 1703, à Montréal. [1]
1° TEGANIHA, Marie,
Iroquoise.

1702, (30 déc.) [1]

2° BLAIN-ABELIN (3), Suzanne, [FRANÇOIS I.
b 1683.
Louise, b [1] 17 avril 1704; s [1] 28 mai 1718.

1718, (25 nov.) Champlain. [5]

II.—LIMOUSIN (4), JOSEPH, [HILAIRE I.
b 1692.
DUBOIS, Marie-Joseph, [JEAN I.
b 1697.
Joseph, b [5] 11 oct. 1719; m 15 nov. 1745, à Marie-Madeleine MAILLOT, à St-Jean-Deschaillons.—*Joseph-Antoine*, b [5] 21 sept. 1721. — *Jean-Baptiste*, b [5] 27 sept. 1722.—*François*, b [5] 18 mai 1724.—*Marie-Joseph*, b [5] 17 fevrier 1726.—*Pierre*, b [5] 16 nov. 1727.— *Marie-Marguerite*, b [5] 15 août 1729.—*Angélique*, b [5] 9 nov. 1730.—*Agnès-Charlotte*, b [5] 29 avril 1732.—*Alexis*, b [5] 27 oct. 1734; s 28 avril 1735, à St-Pierre-les-Becquets.—*Alexis*, b [5] 1er mai 1736. — *Marie-Geneviève*, b [5] 19 mars 1738.

1725.

II.—LIMOUSIN, FRANÇOIS, [HILAIRE I.
b 1684.
HOUDE, Marie-Marguerite. [LOUIS II.

(1) Dit Beaufort; voy. vol. I, p. 394.
(2) Dit St. Louis; voy. vol. I, p. 394.
(3) Elle épouse, le 4 nov. 1705, René Lescuyer, à Lachine.
(4) Dit Beaufort, 1719—Brunelle, 1729.

Anonyme, b et s 18 avril 1726, à Champlain. [7] —*Marie-Joseph*, b [7] 1er juin 1727. — *Marie-Angélique*, b [7] 12 sept. 1728.—*Marie-Marguerite*, b [7] 3 août 1730.— *Antoine*, b [7] 19 mai 1732. — *Marie-Geneviève*, b [7] 10 sept. 1733 ; s [7] 4 février 1734.— *Joseph* et *Marie-Antoinette*, b [7] 11 janvier 1735.— *François*, b [7] 9 avril 1736. — *Alexis*, b [7] 9 mai 1737.—*Marie-Françoise*, b [7] 4 juin 1738.—*Marie-Madeleine*, b [7] 2 sept. et s [7] 13 nov. 1739.

1735, (25 avril) St-Pierre-les-Becquets.

II.—LIMOUSIN (1), Pierre, [Hilaire I.
b 1694.

Lécuyer (2), Marie-Joseph, [Antoine II.
b 1705 ; veuve de Joseph Joubin-Boisverd.

Françoise, b... m 1er mai 1764, à Valentin Maillot, à St-Jean-Deschaillons.

1744, (27 mai) Montréal.

I.—LIMOUSIN (3), Alexis, b 1711 ; fils de François et de Jeanne Pelissier, de St-Christophe, Bordeaux.

Tareau, Marie-Angélique, [Laurent I.
b 1719.

1745, (15 nov.) St-Jean-Deschaillons. [4]

III.—LIMOUSIN (4), Joseph, [Joseph II.
b 1719.

Maillot, Marie-Madeleine, [Louis II.
b 1726 ; s [4] 2 oct. 1747.

LINCOUR.—Voy. Amiot—Desorcy.

V.—LINCOUR (5), Jean-Marie, [Etienne IV.
b 1718 ; s 13 mai 1735, à l'Hôpital-Général, M.

LINCTOT.—Voy. Godfroy.

1756.

I.—LINDE (6), Henri.

Létourneau, Hélène, [Joseph IV.
b 1740.

Christophe, b 18 déc. 1756, à Chambly [6] ; s [6] 1er mars 1757.

I.—LINE (7), David.

LINIDIQUE.—Voy. Lenedique.

1764, (27 février) Lorette. [8]

I.—LINTEAU, Jacques, fils de Maurice et de Françoise Briand, de Plestin.

Levasseur, Marie-Anne, [François III.
b 1738.

Jacques-Ignace, b [8] 29 nov. 1764.—*Marie-Anne*, b 5 fevrier 1778, à Ste-Foye.

---

(1) Dit Beaufort.

(2) Elle épouse, le 31 déc. 1741, Etienne Trunet, à St-Jean-Deschaillons.

(3) Dit Sanschagrin ; sergent de la compagnie de Longueuil.

(4) Dit Brunel.

(5) Voy. Amiot de Lincourt, vol. II, p. 31.

(6) Dit Sansregret.

(7) Etait coroner à Québec en 1788. (Registre de Québec, 5 mai 1788).

LIONAIS.—*Variations et surnoms :* Guionnet-Lionnais—Bossu—Denis—Parmentier.

I.—LIONAIS (1), ..., b... s 12 juin 17[illegible] (noyé), à la Pte-aux-Trembles, M.

1705, (25 mai) Québec.

I.—LIONAIS (2), Jean-François,
b 1677 ; s 31 déc. 1747, à la Baie-du-Febvre

Proux, Elisabeth-Ursule, [Jean
b 1682.

François, b 1707 ; m [1] 9 janvier 1741, à Madeleine Courier.—*Claude*, b 9 avril 1715, à la Pte-aux-Trembles, Q. [2] ; m [1] 22 mai 1739, à Louis[e] Lefebvre-Courville.—*Augustin*, b [2] 8 sept. 1719 ; m [1] 22 janvier 1741, à Angélique Decelles-Duclos.

1729, (26 mai) Québec. [3]

II.—LIONAIS (3), Louis-Joseph, [Jean-Bte
b 1708 ; s [3] 15 déc. 1760.

1° Aide-Créquy, Françoise, [Jean
b 1708 ; s [3] 5 mars 1744.

Marie-Agathe, b [3] 17 mai 1737 ; m 24 nov. 176[illegible] à Michel Forget, à St-François, I. J.

1745, (13 juillet) Charlesbourg. [4]

2° Villeneuve, Marie-Charlotte, [Charles II
b 1706 ; s [4] 18 mars 1763.

1739, (22 mai) Baie-du-Febvre. [9]

II.—LIONAIS, Claude, [Jean-François I
b 1715.

Lefebvre-Courville, Louise, [Nicolas III
b 1722.

Claude, b [9] 19 avril 1740.—*Marie-Louise*, b [9] 2[illegible] juin et s [9] 3 sept. 1741.—*Marie-Joseph*, b [9] 21 juin 1741 ; s [9] 6 janvier 1748.—*Bonaventure*, b [9] 1[illegible] août 1742 ; m [9] 29 oct. 1770, à Marie-Joseph Labonne.—*Joseph*, b [9] 11 et s [9] 14 mai 1744.—*Marie-Anne*, b [9] 19 mars et s [9] 11 dec. 1747.—*Jean-Baptiste*, b [9] 23 mars 1748.—*Marie-Madeleine*, b [9] 23 mars 1749 ; m [9] 1er février 1773, à Gabriel Martel.—*Marie-Joseph*, b [9] 16 avril 1752—*Marie-Judith*, b [9] 3 avril et s [9] 4 août 1754.—*Marie-Angélique*, b [9] 1er juin 1755.—*Marguerite*, b [9] 2 et s [9] 16 avril 1760.

1741, (9 janvier) Baie-du-Febvre. [1]

II.—LIONAIS, François, [Jean-François I
b 1707.

Courier, Madeleine, [Mathieu I
b 1698 ; veuve de Nicolas Lefebvre ; s [1] 18 avril 1769.

1741, (22 janvier) Baie-du-Febvre. [2]

II.—LIONAIS, Augustin, [Jean-François I
b 1719.

Decelles, Angélique, [Etienne III
b 1722.

Marie-Angélique, b [2] 5 déc. 1741.—*Augustin*, b [2] 8 mars et s [2] 1er août 1744.—*Victoire*, b 1760 ; s [2] 11 janvier 1771.—*Marie-Marguerite*, b [2] 18 sept. 1769 ; s [2] 21 janvier 1770.

---

(1) Soldat de la compagnie de Mr. Chalus.

(2) Voy. Bossu, vol. II, p. 361.

(3) Voy. Bossu, vol. II, pp. 361-362.

1748, (25 nov.) Montréal. [3]

I.—LIONAIS (1), JACQUES,
b 1716 ; s[3] 9 janvier 1755.
EBELINE, Louise, [LOUIS-ANTOINE II.
b 1721 ; s[3] 26 avril 1748.
Jean, b[3] 22 avril 1748 ; s 28 oct. 1755, à Lachine.

1770, (29 oct.) Baie-du-Febvre.

II.—LIONAIS, BONAVENTURE, [CLAUDE II.
b 1742.
LABONNE, Marie-Joseph. [CLAUDE I.

LIONDRAS.—*Surnom* : LACOUTURE.

I.—LIONDRAS (2), FRANÇOIS, de Lislere, diocèse d'Arras, en Artois.

LIONNAIS.—Voy. LIONAIS.

LIONNARD.—*Surnom* : LAFORET.

1762, (23 août) Québec.

I.—LIONNARD (3), JACQUES-JOSEPH, veuf d'Angélique Bourgaud et fils d'Antoine et de Catherine Delchoq, d'Anglefontaine, diocèse de Cambray, Hainaut.
LAUZÉ, Marie-Louise, [JEAN-BERNARD III.
b 1741.

LIPOT.—*Variation* : LIPPEAUX.

1759, (29 janvier) Beauport. [8]

I.—LIPOT (4), HUBERT, fils de Jean et d'Anne Joly, de St-Rémy-de-Pertain, diocèse de Noyon, Ile-de-France.
CARREAU, Geneviève, [JOSEPH III.
b 1730.
Geneviève, b[8] 14 et s[8] 17 mars 1761. — *Marie-Geneviève*, b[8] 25 avril 1762.—*Marie-Joseph*, b[8] 6 juillet 1764.

LIPPEAUX.—Voy. LIPOT.

1714, (22 sept.) Québec. [3]

I.—LIQUART, JEAN, marchand ; fils de Michel et d'Antoinette Labat, de St-Pierre, Bordeaux.
1° PLASSANT, Marie-Catherine, [PIERRE I.
b 1698 ; s[3] 16 juillet 1720, (dans l'église).
Pierre, b[3] 14 août 1715.—*Marie-Catherine*, b[3] .. août 1715 ; s[3] 3 déc. 1716.—*Antoine* b[3] 9 juillet et s[3] 28 déc. 1717. — *Marie-Catherine*, b[3] 16 nov. 1718.—*Marie-Jeanne*, b[3] 4 mars 1720.

1726, (27 nov.) [3]

2° DEMOSNY, Catherine, [JEAN II.
b 1706 ; s[3] 6 juillet 1727 (dans l'église).

LIRET.—Voy. HILAREST.

(1) Marié sous le nom de Denis dit Lyonnais, voy. Denis, vol III, pp. 344-345.

(2) Dit Lacouture ; soldat des compagnies de Béarne et de Guyen. (Procès-verbaux.)

(3) Dit Laforêt.

(4) Et Lippeaux.

L'IRLANDE.—Voy. DELORME—RIEL.

LIS.—*Variations et surnom* : DELISLE—LISLE—GOURDEAU.

1673, (18 nov.) Québec.

I.—LIS (1), ZACHARIE,
b 1647 ; s 27 sept. 1710, à Beaumont.
MARANDEAU (2), Elisabeth, [JEAN I.
b 1653.
Nicolas, b 23 juin 1686, à Lévis.[1] — *Jacques*, b[1] 16 sept. 1691 ; m 26 avril 1718, à Françoise CHORET, à St-Pierre, I. O.

1718, (26 avril) St-Pierre, I. O.

II.—LIS (3), JACQUES, [ZACHARIE I.
b 1691.
CHORET, Françoise, [JEAN II.
b 1696 ; s 23 février 1757, à St-Charles.[6]
Marie-Françoise, b 1er fevrier 1719, à Beaumont[7] ; m[6] 29 avril 1754, à Joachim BERNIER.—*Marguerite*, b[7] 6 sept. 1720 ; m[7] 8 nov. 1745, à Jean-Baptiste LARRIVÉE ; s[7] 15 déc. 1791.—*Marie*, b... m[7] 7 sept. 1739, à Gabriel DUQUET.—*Marie-Joseph*, b[7] 2 mai 1722 ; m[7] 5 fevrier 1747, à François GONTIER ; s[6] 20 mars 1751. — *Marie-Louise*, b[7] 7 juin 1723 ; m[7] 24 janvier 1746, à Etienne GONTIER. — *Marie-Anne*, b[7] 5 fevrier 1725 ; m[7] 24 janvier 1746, à François GOSSELIN ; s[7] 28 janvier 1794. —*Joseph-Etienne*, b[7] 13 août 1726. — *Marie-Françoise*, b[7] 2 mars 1728. — *Jacques-François*, b[7] 20 déc. 1729 ; m[7] 15 janvier 1753, à Marie-Louise LARRIVÉE. —*Elisabeth*, b[7] 9 et s[7] 17 dec. 1731. — *Joseph*, b[7] 12 juillet 1735 ; s[7] 6 déc. 1749. — *Philippe*, b[7] 28 juin 1737 ; s[7] 16 mai 1742. — *Pierre-Charles*, b[7] 29 juin 1740 ; s[7] 22 sept. 1746.

1753, (15 janvier) Beaumont. [6]

III.—LIS (3), JACQUES-FRS, [JACQUES II.
b 1729.
LARRIVÉE, Marie-Louise, [JEAN-BTE II.
b 1722 ; s[6] 15 avril 1805.
Jacques, b[6] 18 oct. 1755 ; s[6] 9 sept. 1756.—*Marie*, b[6] 27 août 1757 ; s[6] 14 juillet 1758. — *Jacques*, b 12 juin 1759, à St-Michel ; s[6] 18 juin 1771.

LISEAU.—Voy. LIZOT.

LISÉE.—Voy. LIZÉ.

LISIEUX.—*Surnom* : LANGOUMOIS.

1726, (18 nov.) Trois-Rivières. [6]

I.—LISIEUX (4), JEAN, fils de Louis et de Catherine Roy, de Degré, diocèse d'Angoulesme, Angoumois.
1° DESROSIERS, Marie-Madeleine, [PIERRE II.
b 1708 ; s[6] 13 oct. 1758.

(1) Voy. vol. I, p. 395.

(2) Et Maranda ; elle épouse, le 15 août 1718, Pierre Molleur, à Beaumont.

(3) Dit Gourdeau.

(4) Dit Langoumois.

Marie-Jeanne, b [6] 12 février et s [6] 16 juin 1728. —*Jean-Baptiste*, b [6] 18 juin 1730.—*Joseph*, b [6] 29 sept. 1731 ; s [6] 30 avril 1732. — *Marie-Joseph*, b [6] 9 juillet et s [6] 16 août 1733.— *Agathe-Véronique*, b [6] 13 oct. 1734. — *Anonyme*, b [6] et s [6] 1er mars 1736. — *Marie-Joseph-Amable*, b [6] 5 mars 1737 ; m [6] 12 février 1759, à Michel JUTRAS ; s [6] 28 oct. 1765.—*Catherine*, b [6] 25 mai et s [6] 17 nov. 1738. —*Claire*, b [6] 25 avril et s [6] 2 août 1740. — *Jean*, b 1741 ; s [6] 22 oct. 1759.—*André*, b [6] 7 juin et s [6] 13 août 1742. — *Louise-Geneviève*, b [6] 26 juillet et s [6] 2 août 1743.—*Marguerite*, b [6] 25 nov. 1744 ; s [6] 15 août 1748. — *Geneviève*, b [6] 23 sept. 1746. —*Pierre*, b [6] 27 avril et s [6] 23 août 1751.

1760, (8 juillet). [6]

2° DEHORNAY (1), Geneviève, [JACQUES I. b 1719; veuve de Silvain Chabenac.

LISLE.—Voy. LIS.

LISOT.—Voy. LIZOT.

LISOTTE.—Voy. LIZOT.

L'ITALIEN.—Voy. ANDRE—L'ETOILE.

LIVAUDIÈRE.—Voy. PEAN.

LIVERNOCHE.—Voy. YVERNAGE.

LIVERNOIS.—Voy. BENOIT—HENRI.

III.—LIVERNOIS (2), ETIENNE, [ETIENNE II. b 1702; s 3 dec. 1757, à Chambly. [9]

CLÉMENT, Marie-Charlotte, [PIERRE I. b 1717 ; s [9] 8 juillet 1746.

Etienne, b... m 24 janvier 1760, à Anne-Angélique PELLETIER, au Detroit. — *Marie-Angélique*, b... m [9] 4 nov. 1762, à Joseph DENIAU.

1731, (30 dec.) Longueuil. [5]

III.—LIVERNOIS (3), TOUSSAINT, [LAURENT II. b 1706.

1° HACHIN-ST. ANDRÉ, Marie, [ETIENNE II. b 1711 ; s [5] 12 avril 1756.

1756, (23 août) Contrecœur.

2° CHATEL, Marie-Madeleine, veuve d'Etienne Lesiege.

1760, (24 janvier) Détroit. [6]

IV.—LIVERNOIS, ETIENNE. [ETIENNE III.

PELLETIER, Anne-Angelique, [FRANÇOIS IV. veuve d'Antoine Campeau ; s [6] 13 août 1762.

Joseph, b [6] 10 sept. 1760; m [6] 2 sept. 1780, à Therèse MÉLOCHE.—*Angélique*, b [6] 9 août 1762.

1780, (2 sept.) Détroit. [2]

V.—LIVERNOIS, JOSEPH, [ETIENNE IV. b 1760.

MÉLOCHE, Thérèse, [FRANÇOIS III. b 1761.

(1) LaNeuville.

(2) Voy. Benoît, vol. II, p. 218.

(3) Voy. Benoît, vol. II, p. 217.

Joseph, b [2] 17 sept. 1781. — *Archange*, b [2] 2[?] juin 1782.—*Thérèse*, b [2] 22 déc. 1783.

LIVRAY.—Voy. LEVRY.

LIZÉ.—*Variations et surnom :* LISÉE—LIZÉE—LIZET—ST. MARTIN.

1733, (30 juin) Montréal. [1]

I.—LIZÉ (1), JACQUES, b 1710, soldat; fils de Maurice et de Renée Roy, de St-Maurice, diocèse d'Angers, Anjou.

ANDRÉ, Marie-Madeleine, [ANTOINE I. b 1716 ; s 10 nov. 1773, à Batiscan.

Michel-Toussaint, b [1] 1er nov. 1734.—*Anonyme*, b [1] et s [1] 6 oct. 1735. — *Anonyme*, b [1] et s [1] 1[?] mars 1737.—*Jacques*, b 1739 ; m à Madeleine LAPORTE. — *Jean-Baptiste*, b... 1° m 1770, à Françoise LUCAS ; 2° m à Marie-Louise BARIBEAU.

LIZÉ, JACQUES.

THOMAS, Marie-Louise.

Louis-Joseph, b 22 janvier 1755, à l'Ile-Dupas [6]; s [6] 7 mai 1756.

II.—LIZÉ (2), JACQUES, [JACQUES I. b 1739.

LAPORTE, Madeleine.

Pierre, b... 1° m 1er oct. 1793, à Louise LEBRUN, à Cahokia [4] ; 2° m [4] 4 février 1799, à Marie GIROUX.

1770.

II.—LIZÉ (3), JEAN-BTE. [JACQUES I.

1° LUCAS (4), Françoise, [FRANÇOIS II. b 1740 ; s 10 juin 1773, à Batiscan. [3]

Marie-Françoise, b [3] 25 fevrier et s [3] 16 dec. 1771.—*Jean-Baptiste*, b [3] 18 sept. 1772. — *Marie-Joseph*, b [3] 20 mars et s [3] 4 mai 1773.

2° BARIBEAU, Marie-Louise.

Marguerite, b... m [3] 13 avril 1795, à Pierre MARCHAND. — *Marie-Joseph*, b [3] 21 et s [3] 29 oct. 1780. — *Jean-Baptiste*, b [3] 24 sept. et s [3] 6 oct. 1783.

1793, (1er oct.) Cahokia. [8]

III.—LIZÉ (2), PIERRE. [JACQUES II.

1° LEBRUN, Louise. [LOUIS.

Victoire, b... m [8] 3 février 1817, à Joseph BARBARY.

1799, (4 février). [8]

2° GIROUX, Marie. [JOSEPH

Julie, b... m [8] 24 juillet 1827, à Amable DESLONGCHAMPS. — *Amable*, b... m [8] 1er mars 1832, à Jean-Baptiste BECQUET.—*André*, b... m [8] 26 juin 1837, à Louise PEPIN.

1837, (26 juin) Cahokia.

IV.—LIZÉ (3), ANDRÉ. [PIERRE III

PEPIN, Louise, [JOSEPH

(1) Dit St. Martin.

(2) Et Lizet.

(3) Et Lisée.

(4) Dontigny.

LIZÉE.—Voy. LIZÉ.

LIZET.—Voy. LIZÉ.

LIZOT.—*Variations* : LAUZET—LISEAU—LISOT—LISOTTE—LIZOTTE.

1670, (19 janvier) Québec. [1]

I.—LIZOT (1), GUILLAUME,
b 1645.
1° PELLETIER, Anne, [JEAN II.
b 1656.

Noel, b [1] 29 oct. 1677 ; m 28 février 1702, à Catherine MENEUX, à la Rivière-Ouelle [7] ; s 12 février 1740, à Ste-Anne-de-la-Pocatière. [6]—*Marie-Françoise*, b 24 juin 1681, à l'Islet ; 1° m [7] 12 janvier 1701, à Gabriel BOUCHARD ; 2° m [6] 25 nov. 1736, à Nicolas-Jean DEKERVERZO.—*Madeleine*, b 1683 ; m [7] 16 août 1707, à Sébastien OUELLET ; s [6] 16 mars 1765.—*Joseph*, b [7] 2 juin 1685 ; 1° m [7] 24 nov. 1710, à Françoise DANCOSSE ; 2° m 9 février 1750, à Thérèse LEBEL, à St-Roch ; s [6] 20 avril 1768.

1696, (10 oct.) [1]

2° PEUVRIER, Marguerite,
b 1638 ; veuve de Jacques Meneux-Châteauneuf ; s [1] 11 janvier 1709.

1701, (18 janvier) Rivière-Ouelle. [9]

II.—LIZOT, NICOLAS-CLAUDE, [GUILLAUME I.
b 1674 ; s [9] 28 oct. 1708.
MIGNIER (2), Madeleine, [ANDRÉ I.
b 1679.

Nicolas, b [9] 30 nov. 1703 ; m 3 mai 1724, à Madeleine MIVILLE, à Ste-Anne-de-la-Pocatière. [3]—*Joseph*, b [9] 24 avril 1707 ; 1° m [3] 9 janvier 1730, à Marie-Joseph MIVILLE ; 2° m 1er août 1752, à Marie-Marthe FOURNIER, à l'Islet.—*François* (posthume), b [9] 28 oct 1708 ; s [9] 16 sept. 1714.

1702, (28 février) Rivière-Ouelle. [6]

II.—LIZOT, NOEL, [GUILLAUME I.
b 1677 ; s 12 fevrier 1740, à Ste-Anne-de-la-Pocatière. [7]
MENEUX, Catherine, [JACQUES I.
b 1682 ; s [6] 13 dec. 1751.

Joseph, b [6] 15 dec. 1702 ; m [6] 26 nov. 1737, à Catherine BOUCHER.—*Geneviève*, b... m [7] 18 nov. 1727, à Pierre CHOUINARD. — *Marie-Catherine*, b 1705 ; m [7] 17 août 1726, à Pierre BOUCHER. —*Joseph*, b [6] 31 juillet 1707 ; m [6] 26 nov. 1737, à Catherine BOUCHER. — *Marie-Catherine*, b 1708 ; s [7] 29 oct. 1718. — *Marie-Madeleine*, b [6] 26 mai 1709 ; 1° m [7] 19 janvier 1733, à Pierre-Corentin DENIS ; 2° m [7] 22 nov. 1746, à Isidore BÉRUBÉ. — *Marie-Angélique*, b [6] 11 janvier 1711. —*Reine*, b [6] 13 nov. 1712 ; m [7] 25 nov. 1737, à Joseph BOUCHER ; s [6] 27 oct. 1744.—*Charles-François*, b [6] 12 et s [6] 30 sept. 1714.—*Bernard*, b [7] 1er janvier 1716 ; m [6] 9 janvier 1741, à Geneviève DUPÉRÉ. — *Marie-Anne*, b [7] 5 et s [7] 7 juillet 1719. — *Marie-Rosalie*, b [7] 5 et s [7] 30 sept. 1720. — *Marguerite*, b 1721 ; m [7] 4 juillet 1746, à Joseph GRONDIN.—*Charles-François*, b [7] 28 mai 1722.— *Jean-Baptiste*, b [7] 24 juin 1725.

1710, (24 nov.) Rivière-Ouelle. [1]

II.—LIZOT, JOSEPH, [GUILLAUME I.
b 1685 ; s 20 avril 1768, à Ste-Anne-de-la-Pocatière. [2]
1° DANCOSSE Françoise, [PIERRE I.
b 1691 ; s 15 nov. 1741, à St-Roch. [8]

Anonyme, b [1] et s [1] 30 mai 1711.—*Marie-Joseph*, b [1] 15 août 1713 ; m [2] 7 nov. 1735, à Joseph CARON.—*Marie-Anne*, b [2] 2 déc. 1715 ; m [2] 21 juin 1734, à Antoine DIONNE.—*Marie-Françoise*, b [2] et s [2] 19 janvier 1718.—*Joseph*, b [2] 5 janvier 1719 ; m 4 février 1750, à Geneviève TALBOT, à St-Pierre-du-Sud. — *Marie-Françoise*, b [2] 4 juin 1722 ; m [2] 25 juin 1741, à Michel BLAIS.—*Jean-François*, b [2] 6 oct. 1724.—*René-Maurice*, b [2] 27 juillet 1725. —*Catherine*, b 1726 ; m [2] 23 janvier 1747, à Jean-Baptiste DUPÉRÉ ; s [1] 9 janvier 1756 — *Marie-Angélique*, b [2] 22 fevrier 1732 ; m [2] 12 nov. 1753, à Augustin ROY.—*François-Marie*, b [2] 7 oct. 1735 ; m [2] 9 janvier 1764, à Apolline MIVILLE.

1750, (9 février). [8]

2° LEBEL (1), Thérèse, [JOSEPH II.
b 1716.

Marie-Thérèse, b [2] 22 oct. 1750 ; s [8] 2 mars 1756. — *Louis-Alexandre*, b [8] 15 fevrier 1752. — *François*, b [8] 17 juin 1753.—*Marie-Madeleine*, b [8] 3 mai 1755.—*Marie-Anne*, b [8] 25 sept. 1757 ; m [8] 6 juillet 1778, à Jacques SOULARD. — *Marguerite*, b [8] 21 dec 1758 ; m [8] 8 avril 1777, à Joseph-Marie MARQUIS.

1724, (3 mai) Ste-Anne-de-la-Pocatière. [3]

III.—LIZOT, NICOLAS, [NICOLAS-CLAUDE II.
b 1703.
MIVILLE, Madeleine, [JEAN III.
b 1693 ; s 5 nov. 1748, à St-Roch. [2]

Marie-Joseph, b [3] 2 mai 1725.—*Nicolas*, b [3] 28 février 1727 ; m [3] 17 janvier 1752, à Marie-Ursule MIGNOT.—*Charles*, b [3] 16 juillet 1730.—*Anne*, b... 1° m [2] 11 janvier 1751, à Jean-Baptiste BOUCHER-ST. PIERRE ; 2° m [3] 24 nov. 1760, à Philippe BOUCHER.—*Charles-François*, b [3] 1er février 1733 ; m [2] 7 janvier 1762, à Marie-Louise ST. PIERRE.—*Jean-Baptiste*, b [2] 25 janvier 1735 ; m 11 janvier 1762, à Marie-Louise PLOURDE, à la Rivière-Ouelle. [4] — *Marie-Catherine*, b [3] 6 déc. 1736 ; 1° m [2] 30 juillet 1755, à Joseph PLOURDE ; 2° m [4] 11 janvier 1762, à Charles HUDON.—*Marie-Geneviève*, b [2] 31 dec. 1737 ; s [2] 27 juin 1738.—*Marie-Rosalie*, b [2] 25 déc. 1738 ; m [2] 5 fevrier 1759, à Joseph MIGNOT-LABRY.—*Marie-Geneviève*, b [3] 3 oct. 1740 ; m [2] 16 août 1763, à Joseph-Vital LEBEL.—*Charlotte*, b 1742 ; m [4] 22 nov. 1779, à Joseph DELAVOYE.—*Basile*, b [3] 5 mai 1743 ; m 5 février 1774, à Marie-Joseph ST. CASTIN, à St-Joseph, Beauce [5]. s [5] 5 oct. 1779.—*Marie-Louise*, b [3] 25 fevrier 1745 ; m [4] 21 nov. 1768, à Jean-Marie BÉRUBE —*François*, b [3] 3 oct. 1747 ;

(1) Et Lisotte ; voy. vol. I, p. 395.

(2) Elle épouse, le 25 nov. 1709, Félix Auber, à la Rivière-Ouelle.

(1) Elle épouse, le 13 nov. 1769, Jean Emond, à Ste-Anne-de-la-Pocatière.

m [3] 9 nov. 1772, à Marie-Anne ROULEAU.—*Anonyme*, b [2] et s [2] 5 nov. 1748.

1730, (9 janvier) Ste-Anne-de-la-Pocatière. [7]
III.—LIZOT, JOSEPH, [NICOLAS-CLAUDE II.
b 1707.
1° MIVILLE, Marie-Joseph, [CHARLES III.
b 1711.
Maurice, b 1730; s 27 mars 1756, à St-Roch. [6]—*Marie-Joseph*, b [7] 1er oct. 1732; m [6] 10 janvier 1752, à François ST. PIERRE; s [6] 5 février 1756.—*Joseph-Marie*, b [7] 14 avril 1734; m [7] 26 nov. 1764, à Marie BOUCHARD.—*Jean-François*, b [7] 20 oct. 1735.—*Isidore*, b [7] 17 déc. 1736.—*Marie-Françoise*, b [7] 12 mai 1739; m [6] 26 nov. 1759, à Antoine-Joseph LEBEL.—*Anne*, b [7] 29 janvier 1742. — *Louis-Raphaël*, b [7] 3 juin 1743; m 10 janvier 1774, à Marie-Louise HAMELIN, à Ste-Anne-de-la-Pérade. —*Marie-Madeleine*, b [7] 17 mars 1745; s [6] 16 juin 1748.—*Marie-Judith*, b [7] 4 juillet 1746.—*Charles*, b [7] 16 et s [7] 17 août 1747.—*Marie-Euphrosine*, b [7] 2 sept. 1749.—*Marie-Charlotte*, b [6] 17 avril 1752.
1752, (1er août) Islet.
2° FOURNIER, Marie-Marthe, [CHARLES II.
b 1715.

1737, (26 nov.) Rivière-Ouelle. [8]
III.—LIZOT, JOSEPH, [NOEL II.
b 1702.
BOUCHER, Catherine, [PIERRE III.
b 1712.
Joseph, b 22 sept. 1738, à Ste-Anne-de-la-Pocatière [9]; m [9] 7 nov. 1763, à Marie-Joseph MORIN. — *Jean-Bernard*, b [9] 19 janvier 1740. — *Jean-Charles*, b [9] 20 sept. 1741; m [9] 16 nov. 1767, à Marie-Charlotte LAGACÉ.—*Jean-Baptiste*, b [9] 13 juin et s [9] 14 août 1743.—*Jean-Baptiste*, b [9] 16 janvier 1745.—*Jean-François*, b [9] 12 juin et s [9] 29 août 1746.—*Jean-Noel*, b [9] 30 oct. 1747; s [9] 21 nov. 1748.—*Marie-Catherine*, b [9] 9 août 1749; m [9] 14 oct. 1771, à Germain MORIN.—*Noël-Henri*, b [9] 5 sept. 1751; s [9] 27 janvier 1752.—*Joseph*, b [9] 1er nov. 1752.—*Amant*, b [9] 7 mars 1753.—*Marie-Madeleine*, b [8] 19 mai 1755; s [9] 22 déc. 1759.

1741, (9 janvier) Rivière-Ouelle.
III.—LIZOT, BERNARD, [NOEL II.
b 1716.
DUPÉRÉ, Geneviève, [MICHEL II.
b 1723.
Charles-Bernard, b 25 mai 1745, à Ste-Anne-de-la-Pocatière. [3]— *Noël-Antoine*, b [3] 23 juillet 1752; m [3] 20 juillet 1772, à Marie-Charlotte MIVILLE. — *Marie-Geneviève*, b [3] 19 mai 1755. — *Joseph*, b 1758; s [3] 20 avril 1760.

1750, (4 fevrier) St-Pierre-du-Sud.
III.—LIZOT, JOSEPH, [JOSEPH II.
b 1719.
TALBOT, Geneviève. [SIMON II.
Joseph, b 13 janvier 1752, à Ste-Anne-de-la-Pocatière. [5] —*Henri-Benoît*, b [5] 21 oct. 1754.

1752, (17 janvier) Ste-Anne-de-la-Pocatière.
IV.—LIZOT, NICOLAS, [NICOLAS III.
b 1727; s 25 janvier 1756, à St-Roch. [1]
MIGNOT-LABRIE (1), Marie-Ursule. [MICHEL II.
Marie-Catherine, b [1] 15 oct. 1752. — *Marie-Anne*, b [1] 5 avril 1754. — *Nicolas-Claude*, b [1] 23 juin 1755.

1762, (7 janvier) St-Roch. [6]
IV.—LIZOT, CHARLES-FRANÇOIS, [NICOLAS III
b 1733.
ST. PIERRE, Marie-Louise, [PIERRE II
b 1739.
Charles-François, b [6] 28 fevrier 1763.—*Joseph-Marie*, b [6] 9 et s [6] 20 juin 1764.

1762, (11 janvier) Rivière-Ouelle.
IV.—LIZOT, JEAN-BTE, [NICOLAS III.
b 1735.
PLOURDE, Marie-Louise, [AUGUSTIN II.
b 1738; veuve de Pierre Dupéré.

1763, (7 nov.) Ste-Anne-de-la-Pocatière.
IV.—LIZOT, JOSEPH, [JOSEPH III.
b 1738.
MORIN, Marie-Joseph, [ANDRÉ II.
b 1746.
Marie-Joseph, b 19 août 1768, à Yamachiche.

1764, (9 janvier) Ste-Anne-de-la-Pocatière.
III.—LIZOT, FRANÇOIS-MARIE, [JOSEPH II.
b 1735.
MIVILLE, Marie-Apolline. [JACQUES IV.

1764, (26 nov.) Ste-Anne-de-la-Pocatière.
IV.—LIZOT, JOSEPH-MARIE, [JOSEPH III.
b 1734.
BOUCHARD, Marie, [JEAN III.
b 1743.

1767, (16 nov.) Ste-Anne-de-la-Pocatière.
IV.—LIZOT, JEAN-CHARLES, [JOSEPH III.
b 1741.
LAGACÉ, Marie-Charlotte, [BERNARD III.
b 1745.
Marie-Charlotte, b... m à Basile BAUCHÉ.

LIZOT, LOUIS,
bourgeois.
....
Françoise, b et s 17 mars 1772, à Ste-Foye.

1772, (20 juillet) Ste-Anne-de-la-Pocatière [7]
IV.—LIZOT, NOEL-ANTOINE, [BERNARD III.
b 1752.
MIVILLE, Marie-Charlotte, [PIERRE-RENÉ IV.
b 1746; veuve de Rene-Pierre Sirois
Radegonde (2), b [7] 30 mars 1779; 1° m à Clement PINEL; 2° m 1831, à Benoît HUDON.

(1) Elle épouse, le 30 janvier 1758, Jean-François MORIN, à St-Roch.
(2) Elle vivait encore en 1872.

1772, (9 nov.) Ste-Anne-de-la-Pocatière.
IV.—LIZOT, François, [Nicolas III.
b 1747.
Rouleau, Marie-Anne-Joseph, [Pierre I.
b 1748.

1774, (10 janvier) Ste-Anne-de-la-Pérade. [2]
IV.—LIZOT, Louis-Raphael, [Joseph III.
b 1743.
Hamelin, Marie-Louise, [René II.
b 1734; veuve de Joseph Roy.
Marie-Marguerite, b [2] 4 nov. 1774. — *Marie-Victoire*, b [2] 14 février 1778.

1774, (5 février) St-Joseph, Beauce. [0]
IV.—LIZOT (1), Basile, [Nicolas III.
b 1743; s [0] 5 oct. 1779.
St. Castin, Marie-Joseph, [Labadie I.
Acadienne.
Joseph-Nicolas, b [0] 18 août 1776; s [0] 7 mai 1777.

LIZOTTE.—Voy. Lizot.

LOBINEAU.—Voy. Robineau, 1710.

LOBINOIS.—*Surnom :* DeTourneuve.

1718, (4 oct.) Montréal. [9]
I.—LOBINOIS (2), Louis-Jean, b 1693; fils de Simon-Pierre (ancien contrôleur de la maison du prince de Conty) et de Marie-Anne Roussel, de St-Sulpice, Paris.
Benoit, Anne, [Joseph I.
b 1696.
Pierre-Joseph, b [9] 29 juin 1719. — *Anne-Elisabeth*, b [9] 28 mai 1721. — *Louis-Hypolite*, b [9] 1er juillet 1722. — *Jean-Louis*, b [9] 13 avril et s 4 sept. 1724, à Lachine.

LOCAT.—Voy. Léveillé—Renaud.

1736, (26 nov.) Québec. [9]
I.—LOCHET, Jacques, b 1704, cordier; fils de Jacques et de Périne Goret, de St-Michel-Dutard, diocèse d'Anjou; s [9] 24 sept. 1751.
Cailleau, Marie-Anne, fille de Pierre et de Marguerite Rousseau, de St-Martin, Ile-Ré, diocèse de LaRochelle, Aunis.

I.—LOCHET, Mathurin.
Lamercière, Jaquemine.
Pierre, b... m 29 avril 1750, à Barnabée Michon, à l'Islet.

1750, (29 avril) Islet.
II.—LOCHET, Pierre. [Mathurin I.
Michon, Barnabée, [Abel I.
b 1704; veuve de Pierre Jeune.

(1) Habitué avec les sauvages, vivant avec eux.

(2) De Tourneuve; commissaire ordonnateur de la marine.

I.—LOCKERT, Patrice,
Anglais.
Lockert, Marie.
Joseph, b 13 nov. 1768, à Kamouraska.

L'ŒILLET.—Voy. Préjean—Prigeat, 1698.

I.—L'ŒILLET, Jean-Bte, b 1680; s 7 janvier 1755, à St-Thomas.

LOFFARD.—Voy. Landford.

1786, (4 avril) Québec.
I.—LOFFART, Jean-Laurent, fils de Jean (notaire du clergé à Trèves) et de Marie-Anne Hambach, de Burgen, Trèves, Allemagne.
Gaulin, Marie-Antoinette, [François IV.
b 1761.

1732, (23 juin) Québec. [1]
I.—L'OFFICIAL, Raymond, b 1704; fils de Pierre et de Louise Barrière, de Figeac, diocèse de Cahors, Guienne.
Garnier (1), Marie-Louise, [Jean II.
b 1709.
Henri, b [1] 10 sept. 1732.

I.—LOGAN, Robert,
Anglais.
........., Marguerite,
s 12 sept. 1756, à l'Hôpital-Général, M.

I.—LOGAN (2), David.
....
Samuel, b 1759; s 21 mars 1760, à St-Jean, I.O.

LOGNON.—Voy. Loignon.

LOIGNON.—*Variations :* Aloignon—Lognon.

1652, (8 oct.) Quebec.
I.—LOIGNON (3), Pierre,
b 1631.
Roussin, Françoise, [Jean I.
b 1631.
Jeanne, b 19 janvier 1671, à Ste-Famille, I. O. [4] —*Charles-Joseph*, b [4] 26 mars 1673; 1° m [4] 8 février 1695, à Madeleine Morisset; 2° m 7 février 1701, à Marguerite Roulois, au Château-Richer; 3° m [4] 27 fevrier 1734, à Marie Bilodeau; s [4] 22 juin 1750.

1695, (8 février) Ste-Famille, I. O. [8]
II.—LOIGNON (3), Charles-Jos., [Pierre I.
b 1673; s [8] 22 juin 1750.
1° Morisset, Madeleine, [Jean I.
b 1679; s [8] 10 janvier 1701.
Pierre, b [8] 20 déc. 1695; 1° m [8] 14 nov. 1724, à Marie-Madeleine Guyon; 2° m 7 avril 1735, à Marie-Louise Gautier, à St-Nicolas [9]; s [9] 22 oct. 1755.

(1) Elle épouse, le 7 janvier 1738, Martial Valet, à Montréal.

(2) Caporal du 35e régiment anglais.

(3) Voy. vol. I, p. 395.

1701, (7 fevrier) Château-Richer.

2° ROULOIS, Marguerite, [MICHEL II.
b 1679 ; s [8] 20 août 1731.

Marguerite, b [8] 28 déc. 1701 ; m [8] 3 février 1722, à Simon LEUREAU ; s [8] 3 juin 1745.—*Catherine*, b [8] 15 fevrier 1704 ; m [8] 30 janvier 1726, à Marc-Antoine CANAC ; s [8] 12 sept. 1733.—*Charles*, b [8] 14 juin 1706 ; m [8] 20 juin 1732, à Marie-Marthe DEBLOIS ; s [8] 3 oct. 1733.—*Marie-Madeleine*, b [8] 7 déc. 1708 ; m [8] 4 avril 1731, à Etienne CHAMBERLAN ; s 28 avril 1778, à Québec.—*Joseph*, b [8] 18 janvier 1711 ; s [8] 19 oct. 1733.—*Dorothée*, b [8] 8 oct. 1713 ; s [8] 20 sept. 1714.—*Pierre*, b [8] 1er déc. 1715 ; s [8] 3 janvier 1716.—*François*, b [8] 12 janvier 1717 ; s [8] 26 oct. 1733.—*Jean-Baptiste*, b [8] 22 sept. 1720 ; m [8] 12 août 1743, à Angélique LÉTOURNEAU.—*Marie-Brigitte*, b [8] 24 sept. et s [8] 6 oct. 1726.

1734, (27 février). [8]

3° BILODEAU, Marie, [ANTOINE II.
b 1692 , s [8] 28 avril 1748.

1724, (14 nov.) Ste-Famille, I. O. [1]

III.—LOIGNON, PIERRE, [CHARLES-JOSEPH II.
b 1695 ; s 22 oct. 1755, à St-Nicolas. [2]

1° GUYON (1), Marie-Madeleine, [GERVAIS III.
b 1698 ; s [2] 7 déc. 1734.

Joseph, b [1] 20 août 1725 ; m [2] 20 juillet 1750, à Marguerite DEMERS.—*Pierre*, b [2] 10 dec. 1726 — *Marie-Madeleine*, b [2] 13 avril et s [2] 11 août 1728. —*Pierre*, b [2] 30 avril et s [2] 25 mai 1729.—*Madeleine*, b [2] 1er juillet 1731 ; m [2] 13 avril 1750, à Jean-Baptiste FRÉCHET.—*Marie-Thérèse*, b [2] 30 déc. 1732 ; m [2] 20 juillet 1750, à Charles GINGRAS.

1735, (7 avril). [2]

2° GAUTIER (2), Marie-Louise. [JACQUES II.
Pierre, b [1] 23 nov. 1735.—*Marie-Louise*, b [2] 30 nov. 1736 ; m [2] 4 nov. 1754, à Joseph-Augustin GINGRAS ; s [2] 14 oct. 1755.—*Geneviève*, b [2] 6 fevrier 1739.—*Marie-Charlotte*, b [2] 26 fevrier 1741.—*Marie-Angélique*, b [2] 14 juillet 1743 ; m [2] 9 fevrier 1759, à François DEMERS.—*Pierre*, b [2] 21 avril 1748.—*Marie-Marguerite*, b [2] 7 juin 1750.

1732, (20 juin) Ste-Famille, I. O. [1]

III.—LOIGNON, CHARLES, [CHARLES-JOSEPH II.
b 1706 , s [1] 3 oct. 1733.

DEBLOIS (3), Marie-Marthe, [GERMAIN II.
b 1712.

Marie-Marthe, b [1] 11 juin 1733 ; 1° m [1] 22 nov. 1751, à Louis-Charles LOISEAU ; 2° m [1] 4 avril 1758, à Joseph BAUCHER.

1748, (29 juillet) Montréal. [2]

I.—LOIGNON (4), FRANÇOIS, b 1716 ; fils de Jacques et de Marguerite Herbaut, de Vivarenne, diocèse de Bourges, en Berry.

DUBÉ, Marie-Anne-Marguerite, [PIERRE III.
b 1728.

Françoise, b 1744 ; s [2] 20 mars 1745. — *Frédéric*, b [2] 4 mars 1745.—*Marie-Anne*, b [2] 16 mars 1747.—*Véronique*, b [2] 7 oct. 1748 ; s [2] 7 mai 1749 —*François-Paul*, b [2] 6 oct. 1749.—*Marie-Amable*, b [2] 24 sept. 1750.

1743, (12 août) Ste-Famille, I. O. [3]

III.—LOIGNON, JEAN-BTE, [CHS-JOSEPH II
b 1720.

LÉTOURNEAU, Angélique, [JEAN III.
b 1721.

Jean-Charles, b [3] 24 mars 1745.—*Marie-Angélique*, b [3] 16 février 1747.—*Joseph*, b [3] 8 avril 1748.—*Jean-Baptiste-Félix*, b [3] 16 nov. 1749.—*Geneviève*, b [3] 23 juin et s [3] 19 juillet 1751.—*Pierre*, b [3] 25 fevrier 1753.—*Jacques*, b [3] 31 oct 1754. — *Marie-Euphrasie*, b [3] 19 sept. 1756.—*Marie-Joseph*, b [3] 19 juillet 1759.—*Geneviève*, b [3] 20 sept. 1761.—*Augustin*, b [3] 2 mars 1764.

1750, (20 juillet) St-Nicolas. [4]

IV.—LOIGNON, JOSEPH, [PIERRE III.
b 1725.

DEMERS, Marguerite, [RENÉ II.
b 1723.

Marie-Joseph, b [4] 13 mars 1752.—*Marie-Marguerite*, b [4] 23 juillet 1753 ; s [4] 13 avril 1754.—*Marie-Louise*, b [4] 28 sept. 1754.—*Joseph*, b [4] 10 mars 1756 ; m 7 fevrier 1785, à Geneviève MAILLOT, à St-Jean-Deschaillons. — *Marie-Thècle*, b [4] 13 avril 1759.—*Marie-Marguerite*, b [4] 2 nov. 1760.

LOIGNON, JOSEPH.

FAUCHER, Marie-Joseph.

Anonyme, b et s 10 février 1758, à Lotbinière.

1785, (7 février) St-Jean-Deschaillons.

V.—LOIGNON, JOSEPH, [JOSEPH IV.
b 1756.

MAILLOT, Geneviève, [NICOLAS III.
b 1765.

1730, (6 nov.) Charlesbourg.

I.—LOIRE (1), THOMAS, fils de Sebastien et de Geneviève Ortaupéan, de St-Sepulcre-du-mont-Didier, diocèse d'Amiens, en Picardie.

PIVIN, Marie-Joseph, [PIERRE II.
b 1708.

LOISEAU.—*Variations et surnoms :* LAIZEAU—LOYSEAU—LOZEAU—BISSOT—CARDIN—CHALONS—FRANCOEUR—LUCAS.

1671, (6 nov.) Trois-Rivières. [1]

I.—LOISEAU (2), PIERRE,
b 1646.

GENET, Leonarde, veuve de Noël Cardin et fille de François et de Jeanne Camusel, de St-Seigneur, diocèse d'Autun, Bourgogne.

Marie-Claire, b [1] 28 janvier 1673 ; m [1] 24 nov. 1689, à Jean LECLERC ; s [1] 18 fevrier 1747.—*Pierre*, b [1] 31 août 1683 ; m 25 juin 1711, à Marie HUS, à Sorel.

(1) Et Dion.

(2) Elle épouse, le 26 oct. 1762, Simon Lereau, à St-Nicolas.

(3) Elle épouse, le 17 oct. 1735, Louis Letourneau, à Ste-Famille, I. O.

(4) Et Lognon.

(1) Soldat de la compagnie de Préau.

(2) Dit Francoeur ; voy. vol. I, pp 395-396.

1696, (19 sept.) Montréal. [2]

II.—LOISEAU (1), JEAN-BTE, [FRANÇOIS I.
b 1668.
FORESTIER, Marguerite, [ANTOINE I.
b 1675; s [2] 28 sept. 1748.
Michel, b 19 oct. 1706, aux Trois-Rivières; s [2] 10 janvier 1709.

1699, (11 août) Québec. [1]

I.—LOISEAU (2), JEAN, fils de Jean et de Marie Dubreuil, de Xaintes, Saintonge.
GAUTIER, Anne, [MATHURIN I.
b 1673.
Jean, b [2] 5 mars 1704; m [2] 5 nov. 1726, à Marie DUCLAS; s [2] 3 juin 1737.

1702, (2 déc.) Varennes.

II.—LOISEAU (3), JOACHIM, [LUCAS I.
b 1673.
CHICOINE, Agnès, [PIERRE I.
b 1681.
Marguerite, b... m 20 mars 1725, à Jacques ARCHAMBAULT, à Boucherville. [6]—*Madeleine*, b [6] 16 avril 1704; m [6] 6 avril 1723, à Joseph TELLIER.—*Jean*, b 1707; m [6] 27 juillet 1726, à Marie-Joseph GAUTIER.—*Marie-Joseph*, b 1710; m [6] 9 oct. 1730, à Pierre BOTQUIN.—*Marie*, b 1711; m [6] 27 juillet 1728, à Joseph RIVIÈRE.—*Angélique*, b... m [6] 4 nov. 1737, à Laurent ARCHAMBAULT.—*Joseph*, b 1715; s 22 mai 1725 (noyé), à L'Assomption. [7] —*Anne*, b [6] 15 juillet 1717.—*Marie-Catherine*, b [6] 24 fevrier 1719; m [7] 9 fevrier 1739, à Joseph LORION.—*Marie-Françoise*, b [6] 4 avril 1721; m [6] 5 déc. 1740, à Antoine ARCHAMBAULT.—*Simon*, b [6] 15 avril et s [6] 12 nov. 1725.

I.—LOISEAU, JEAN, b 1695; fils de Jean et de Marie Moinard, de St-Jean-de-Fontenay-le-Compte, diocèse de LaRochelle, Aunis; s 2 janvier 1730, à Montréal.

I.—LOISEAU, JEAN, b 1695; quincailleur; s 8 fevrier 1745, à Québec.

1711, (25 juin) Sorel. [7]

II.—LOISEAU (4), PIERRE, [PIERRE I.
b 1683.
HUS, Marie, [PAUL I.
b 1683.
Pierre, b [7] 26 mars 1712; m [7] 2 juin 1735, à Madeleine PETIT-BRUNO.—*Jacques*, b [7] 3 sept. 1713.—*Marie-Joseph*, b [7] 26 mai 1715.—*Marie-Madeleine*, b [7] 17 fevrier 1717; m 7 janvier 1738, à Joseph DANDONNEAU, à l'Ile-Dupas. [8] —*Antoine*, b [7] 28 nov. et s [7] 8 déc. 1718.—*Joseph-Marie*, b 1719; m [8] 8 janvier 1738, à Louise DANDONNEAU.—*Marie-Anne*, b [8] 13 février 1723; m [8] 7 janvier 1743, à Gervais RIVARD.—*Jean-Baptiste*, b [7] 21 fevrier 1725; m 7 janvier 1749, à Marie-Ursule JUTRAS, à Nicolet.

(1) Pour Bissot, voy. vol. II, p. 299.
(2) Voy. vol. I, p. 396.
(3) Dit Lucas.
(4) Dit Francœur.

1713, (28 nov.) Québec. [1]

I.—LOISEAU (1), JEAN, b 1667, forgeron; fils de François et de Marguerite Gauron, de Rochefort, diocèse de LaRochelle, Aunis.
1° MERCIER, Marguerite, [LOUIS I.
b 1692; s [1] 9 avril 1729.

1729, (7 mai). [1]

2° GAUTIER, Catherine. [JACQUES II.
Jean-Baptiste, b [1] 28 et s [1] 29 mars 1730.—*Jean-Guillaume*, b [1] 7 mai 1731.—*Geneviève-Catherine*, b [1] 3 juillet 1733; m 20 avril 1761, à Pierre BIGEOT, à Montréal.—*Louise*, b [1] 7 février 1735.—*Marie-Françoise*, b [1] 5 et s [1] 25 nov. 1736.—*Jean-Charles*, b [1] 23 mars 1738; m 31 août 1761, à Madeleine LHUISSIER, à Varennes. [2]—*Augustin*, b [1] 14 mai 1740; m à Françoise DUTALMÉ-CHAVAUDRAY.—*Jean-François*, b [1] 14 avril 1742.—*Pierre-Louis*, b [1] 28 sept. 1744; m [2] 2 oct. 1769, à Marguerite GIRARD.

1724, (23 avril) Boucherville. [1]

I.—LOISEAU (2), ANTOINE, b 1693, notaire royal; fils d'Antoine et de Philiberte Lebègue, de Châlons-sur-Saône, Bourgogne.
TAILHANDIER, Marie-Anne, [MARIEN I.
b 1695; s [1] 5 janvier 1774.
Marie-Joseph, b [1] 19 mars 1725.—*Antoine*, b [1] 20 oct. 1726; s 2 dec. 1744, à Montreal.—*Marie-Anne*, b... m [1] 17 oct. 1752, à Nicolas-Amable MORAN.—*Marie* (3), b... m [1] 21 nov. 1768, à Antoine MÉNARD; s [1] 8 mars 1779.

I.—LOISEAU, RENÉ.
JAMIN, Marie.
Marie-Geneviève, b 28 oct. 1726, à Québec.

1726, (27 juillet) Boucherville. [1]

III.—LOISEAU, JEAN, [JOACHIM II.
b 1707.
GAUTIER, Marie-Joseph, [PIERRE II.
b 1709.
Marie-Joseph, b... m [1] 30 oct. 1747, à Guillaume PINARD.—*Marie-Anne*, b 1730; m [1] 16 nov. 1750, à Michel JARED.—*Marie-Elisabeth*, b 1731; m [1] 15 mai 1752, à Louis LACOSTE.—*Madeleine*, b... m [1] 19 fevrier 1754, à Joseph LEMIRE.—*Marguerite*, b 2 sept. 1734, à la Longue-Pointe [2]; m [2] 28 oct. 1754, à Charles LACOSTE.—*Jean-Baptiste*, b [2] 5 nov. 1735; s [2] 4 mars 1736.—*Joseph*, b [2] 8 déc. 1736; m [1] 22 janvier 1759, à Madeleine FAVREAU.—*Exupère*, b... m [1] 17 oct. 1763, à Joseph HUET.—*Théodore*, b... m [1] 13 janvier 1766, à Marguerite LAMOUREUX.—*Jean*, b 1740; m 1767, à Marie-Charlotte HUNAUT.

1726, (4 nov.) Québec. [1]

II.—LOISEAU, JEAN, [JEAN I.
b 1704; s [1] 3 juin 1737.
DUCLAS, Marie-Catherine, [FRANÇOIS I.
b 1705; veuve d'Ignace Dumesnil.
Paul, b [1] 8 sept. 1727; s [1] 2 avril 1737.—*Louise-Catherine*, b [1] 17 juillet 1729; s [1] 11 juin

(1) Et Lozeau; soldat d'Alogny.
(2) Dit Châlons.
(3) Ayeule paternelle de sir Louis-Hypolite Lafontaine.

1730.—*Marie-Anne*, b [1] 21 avril 1732 ; s [1] 27 avril 1733.—*Jean-Timothée*, b [1] 13 mars 1734.—*Louise*, b [1] et s [1] 3 déc. 1735. — *Marie-Madeleine*, b [1] 22 février 1736 ; s [1] 27 juillet 1738.

LOISEAU, FRANÇOIS.
LÉONARD, Marie,
s 3 nov. 1728, à l'Ile-Dupas.

1735, (2 juin) Sorel. [5]

III.—LOISEAU (1), PIERRE, [PIERRE II.
b 1712.
PETIT-BRUNO, Margte-Catherine, [JOSEPH III.
b 1718.
Marie-Joseph, b [5] 16 et s [5] 19 mars 1736.—*Marie-Madeleine*, b [5] 7 mars 1742. — *Joseph*, b [5] 28 juin 1744. — *Alexis*, b [5] 23 oct. 1746 ; m [5] 22 juin 1767, à Geneviève CHEVALIER.—*Louis*, b [5] 21 et s [5] 22 janvier 1749.—*Michel*, b [5] 28 sept. 1750. — *Marie-Geneviève*, b [5] 13 nov. 1752. — *Marie-Marguerite*, b [5] 4 et s [5] 11 oct. 1756.

LOISEAU, PIERRE.
BELIVEAU, Madeleine.
Pierre, b 16 et s 18 juin 1755, à Sorel.

1738, (8 janvier) Ile-Dupas.

III.—LOISEAU, JOSEPH-MARIE, [PIERRE II.
b 1719.
DANDONNEAU, Marie-Louise. [JACQUES II.

1749, (7 janvier) Nicolet.

III.—LOISEAU, JEAN-BTE, [PIERRE II.
b 1725.
JUTRAS (2), Marie-Ursule, [MICHEL II.
b 1726.

LOISEAU, CHARLES.
PROTEAU (3), Marie-Louise. [JEAN.

1750.

LOISEAU (1), JOSEPH.
1° BÉLAIR, Madeleine,
b 1728 ; s 9 avril 1763, à Sorel.[5]
Anonyme, b [5] et s [5] 10 oct. 1751. — *Marie*, b [5] 26 et s [5] 29 oct. 1752. —*Joseph*, b [5] 22 sept. 1753. —*Marie-Marguerite*, b 8 mars 1756, à l'Ile-Dupas. — *Jean*, b [5] 8 et s [5] 16 juin 1757.
1763, (17 oct.) [5]
2° RATÉ, Cécile, [PIERRE II.
b 1719 ; veuve de Pierre Dorval.

1759, (22 janvier) Boucherville.

IV.—LOISEAU, JOSEPH, [JEAN III.
b 1736.
FAVREAU (4), Madeleine, [PIERRE III.
b 1739.

(1) Dit Françœur.

(2) Elle épouse, le 8 juin 1765, Pierre Bruneau, à l'Ile-Dupas.

(3) Elle épouse, le 1er mai 1752, Joseph Mercier, à Québec.

(4) Elle épouse, le 5 février 1770, Antoine Levasseur, à Boucherville.

I.—LOISEAU, JEAN.
MOUTON (1), Marguerite. [JACQUES I.
Charles (2), b 9 déc. 1761, à Québec.

1761, (31 août) Varennes.

II.—LOISEAU, JEAN-CHARLES, [JEAN I.
b 1738.
LHUISSIER, Madeleine, [PAUL III.
veuve de Jean-Baptiste Godu.

1766, (13 janvier) Boucherville.

IV.—LOISEAU, THÉODORE. [JEAN III.
LAMOUREUX, Marguerite. [FRANÇOIS III.
b 1742.

1767, (22 juin) Sorel.

IV.—LOISEAU (3), ALEXIS, [PIERRE III.
b 1746.
CHEVALIER, Geneviève, [JEAN-BTE III.
b 1746.

1767.

IV.—LOISEAU, JEAN, [JEAN III.
b 1740.
HUNAUT (4), Marie-Charlotte, [CLAUDE III.
b 1747.
Marie-Charlotte, b 27 février 1768, à Repentigny.[6] — *Marie-Charlotte*, b [6] 7 mars 1769. — *Jean*, b [6] 26 fevrier 1771.—*Marie-Thérèse*, b [6] 28 février et s [6] 3 mars 1773.—*Marie-Françoise*, b [6] 15 janvier 1775.

1769, (2 oct.) Varennes.

II.—LOISEAU, PIERRE-LOUIS, [JEAN I.
b 1744.
GIRARD, Marguerite, [JOSEPH III.
b 1749.

II.—LOISEAU, AUGUSTIN, [JEAN I.
b 1740.
DUTALMÉ-CHAVAUDRAY, Françoise, [URSIN I.
b 1749.
Jean-Baptiste, b... m 8 août 1791, à Angelique TRIGANNE, à Nicolet.

LOISEAU, CHARLES.
CORNELIER, Thérèse.
Charles, b 19 nov. 1792, à St-Cuthbert.[2] — *Marie-Thérèse*, b [2] 2 février et s [2] 7 avril 1794.

1791, (8 août) Nicolet.

III.—LOISEAU, JEAN-BTE. [AUGUSTIN II.
TRIGANNE (5), Angelique, [JOSEPH I.
b 1770.

LOISEL.—*Variation et surnom :* LORSIL—VINET.

(1) Elle épouse, le 12 juillet 1763, Armand Robichau, à Québec.

(2) Né le 5 avril 1759, à Charleston, Etat de la Caroline, Nouvelle-Angleterre.

(3) Dit Cardin.

(4) Dit Deschamps.

(5) Dit Laflèche.

1648, (13 janvier) Montréal.[1]
I.—LOISEL (1), Louis,
b 1617; serrurier; s[1] 4 sept. 1691.
Charlot, Marguerite,
b 1631; s 3 oct. 1706, à la Pte-aux-Trembles, M.[2]
Joseph, b[1] 25 nov. 1654; m[2] 7 avril 1682, à Jeanne Langlois; s[2] 10 juin 1724. — *Barbe*, b[1] 30 août 1663; 1° m[1] 26 oct. 1676, à Pierre Roussel; 2° m[1] 28 nov. 1689, à François LeGantier (2); s 24 déc. 1742, à l'Hôpital-General, Q.

1682, (7 avril) Pte-aux-Trembles, M.[5]
II.—LOISEL (1), Joseph, [Louis I.
b 1654; s[5] 10 juin 1724.
Langlois, Jeanne, [Honoré I.
b 1664; s[5] 23 fevrier 1719.
Joseph, b[5] 7 août 1685; m[5] 17 fevrier 1710, à Marguerite Baudry.—*Jean-Baptiste*, b[5] 20 juillet 1692; m[5] 23 janvier 1719, à Marie-Anne Baudry.—*Madeleine*, b[5] 22 mars 1694; m[5] 17 nov. 1710, à Charles Truteau.—*Angélique*, b[5] 26 juin 1696; m à Nicolas Chaput.—*Barbe*, b[5] 9 mai 1698; s[5] 30 avril 1723. — *Pierre*, b[5] 26 mai et s[5] 3 juin 1701.— *Marie-Anne*, b[5] 6 et s[5] 10 sept. 1702. — *Marie-Thérèse*, b[5] 12 août 1704.

1696, (12 juin) Québec.[3]
I.—LOISEL (1), Louis, fils de Jacques et de Catherine Deloire, de Bonneville, diocèse de Bayeux, Normandie.
1° Martel, Marie-Madeleine, [Honoré I.
b 1674; s[3] 2 janvier 1703.
1704, (17 sept.)[3]
2° Michel, Marie-Anne, [Olivier II.
b 1685.
Michel, b 6 juillet 1707, à Ste-Foye[4]; m 19 oct. 1744, à Isabelle Monet, à St-Vincent-de-Paul.—*Louise*, b[4] 19 juillet 1708, m 8 janvier 1729, à Charles Marchand, à Charlesbourg[5]; s[5] 12 oct. 1778.— *Louis-Martin*, b[5] 20 oct. 1709; s 9 mai 1779, à la Longue-Pointe.—*Marie-Madeleine*, b[5] 25 dec. 1712; m[5] 7 février 1735, à Jean Paquet; s[5] 17 dec. 1735. — *Jean*, b 1718; m[5] 7 janvier 1743, à Marie-Louise Falardeau; s[3] 10 oct. 1754. —*Charles*, b[3] 4 sept. 1720; 1° m[5] 24 oct. 1746, à Marie-Joseph Pepin; 2° m[3] 16 août 1757, à Marguerite Bouré. — *Marie-Joseph*, b[3] 22 déc. 1721; m[5] 7 oct. 1740, à Joseph Barbot; s[5] 30 oct. 1743.

1710, (17 février) Pte-aux-Trembles, M.[5]
III.—LOISEL, Joseph, [Joseph II.
b 1685.
Baudry, Marguerite, [Toussaint I.
b 1691.
Marguerite, b[5] 19 nov. 1710. — *Joseph*, b[5] 6 mars 1713. — *Toussaint*, b[5] 23 sept. et s[5] 3 oct. 1718—*Toussaint*, b[5] 15 oct. 1719.—*Nicolas*, b[5] 21 juillet 1721.—*Angélique*, b... m 1740, à Jean-Baptiste Bazinet. — *Marie*, b[5] 7 mars 1723. — *Louis*, b[5] 18 mars et s[5] 27 mai 1724. — *Marie-Charlotte*, b 1730; m[5] 10 avril 1758, à Charles Madox.—*Marie-Joseph*, b 1734; m[5] 22 janvier 1759, à Paschal Beauchamp.—*Marguerite*, b 1736; m[5] 14 janvier 1754, à Joseph Bazinet.

1719, (23 janvier) Pte-aux-Trembles, M.[8]
III.—LOISEL, Jean-Baptiste, [Joseph II.
b 1692.
Baudry, Marie-Anne, [Toussaint II.
b 1701; s[8] 15 avril 1753.
Marie-Anne, b[8] 11 déc. 1719. — *Jean-Baptiste*, b[8] 27 août 1721; m[8] 10 février 1749, à Apolline Desblés-Pariseau.—*Marie-Joseph*, b[8] 24 juillet 1723.—*Judith*, b 1728; m[8] 13 nov. 1752, à Charles Fisiau. — *Marguerite*, b 1730; m[8] 27 janvier 1755, à Jean-Baptiste Desroches. — *Thérèse*, b... s 11 juin 1734, à Montréal.

1727, (20 janvier) Québec.[7]
II.—LOISEL, Jacques, [Louis I.
b 1705.
Paradis, Anne, [Jean II.
b 1706; s[7] 9 avril 1757.
Marie-Louise, b[7] 21 mars 1729.—*Marie-Madeleine*, b[7] 4 et s[7] 16 sept. 1730.—*Marie-Charlotte*, b[7] 3 déc. 1731. — *Geneviève*, b... m[7] 7 février 1752, à Jean Oudin. — *Marie-Madeleine*, b[7] 22 sept. 1733; m[7] 29 oct. 1753, à Pierre-Laurent DeParoy. — *Marie-Thérèse*, b[7] 22 juin et s[7] 18 juillet 1735.—*Rosalie*, b[7] 25 février 1737.—*Angélique*, b[7] 10 avril 1739; m[7] 26 février 1759, à Pierre Hantrwarik.—*Jacques*, b[7] 18 nov. et s[7] 7 déc. 1740.—*Anonyme*, b[7] et s[7] 16 oct. 1742. — *François-Régis*, b[7] 10 nov. 1743; m 28 janvier 1772, à Marie-Madeleine Massue, à Varennes. — *Marie-Joseph*, b[7] 28 fevrier 1746.—*Anonyme*, b[7] et s[7] 24 avril 1748.—*Anonyme*, b[7] et s[7] 18 sept. 1749.

II.—LOISEL, Louis, [Louis I.
b 1709; s 9 mai 1779, à la Longue-Pointe.

1743, (7 janvier) Charlesbourg.[3]
II.—LOISEL, Jean, [Louis I.
b 1718; s 10 oct. 1754, à Québec.[1]
Falardeau, Marie-Louise, [Guillaume II.
b 1723; s[3] 10 juin 1751.
Louis, b[3] 14 et s[3] 17 mars 1744.—*Marie-Louise*, b[3] 17 mai 1745.—*Marie-Joseph*, b[1] 31 mai 1747; s[3] 21 déc. 1748. — *Marie-Charlotte*, b[3] 28 mars 1749.—*Marie-Joseph*, b[3] 11 mai 1751; s[3] 11 juillet 1752.

1744, (19 oct.) St-Vincent-de-Paul.
II.—LOISEL, Michel, [Louis I.
b 1707.
Monet (1), Isabelle, [Jean II.
b 1726.

1746, (24 oct.) Charlesbourg.
II.—LOISEL, Charles, [Louis I.
b 1720.
1° Pepin, Marie-Joseph, [Jean II.
b 1721; s 30 août 1756, à Quebec.[3]

(1) Voy. vol. I, p. 396.
(2) Et Rané—A la sépulture de Barbe, il est ainsi appelé—Voy. aussi ce nom.

(1) Dit Boismenu; elle épouse, le 29 janvier 1748, Jean-Baptiste Ménard, à St-Vincent-de-Paul.

Marie-Joseph, b [8] 15 nov. 1748.—*Marie-Barbe*, b [8] 3 oct. 1750.—*Charles*, b [8] 1er août 1752 ; s [8] 6 sept. 1755.—*Marie-Madeleine*, b [8] 14 août 1754 ; s [8] 15 avril 1756.

1757, (16 août). [8]

2° Bouré Marguerite, [François III. b 1729.

Charles, b [8] 14 sept. 1758. — *Louis*, b [8] 5 janvier et s [8] 16 sept. 1762. — *Marie-Marguerite*, b [8] 19 février 1763.

1749, (10 février) Pte-aux-Trembles, M.

IV.—LOISEL, Jean-Bte, [Jean-Bte III. b 1721.

Desblés (1), Apolline, [François I. b 1726.

1750, (2 février) Québec.

II.—LOISEL, Louis, [Louis I. b 1719.

Broux, Anne, veuve de Pierre Maigrigri.

LOISEL, Jean.

Mignet, Marie-Joseph.

Ursule, b et s 5 août 1758, à Québec.

1756.

LOISEL (2), Louis.

Bouchet (3), Marie-Amable, [Fleurant II. b 1734.

Jean-Louis, b 13 mai 1757, à St-Laurent, M.

LOISEL, Louis, b 1744; s 10 mars 1784, à Québec. [6]

Renault, Marie-Louise.

Marie-Madeleine, b... m [6] 5 juin 1798, à Louis Charland.

LOISEL, Jean-Bte.

Champagne, Louise.

Etienne, b... m 16 mai 1797, à Marie-Madeleine Bureau, à Québec.

1772, (28 janvier) Varennes.

III.—LOISEL, François-Régis, [Jacques II. b 1743.

Massue, Marie-Madeleine, [Nicolas I. b 1746.

1797, (16 mai) Québec.

LOISEL, Etienne. [Jean-Bte.

Bureau (4), Marie-Madeleine, [François III. b 1759.

LOISELET.—*Surnom :* Sanscartier.

I.—LOISELET (5), Jacques, b 1710 ; s 25 février 1807, à l'Hôpital-General, M.

(1) Pariseau.

(2) Dit Vinct.

(3) Dit St. Amour.

(4) Dit Sanssoucy.

(5) Dit Sanscartier.

LOISEUX.—Voy. Noiseux.

LOISY.—*Surnom :* Desrochers.

1711, (13 avril) Québec. [3]

I.—LOISY (1), Etienne, b 1683 ; fils de Michel et de Marie Paupignot, de St-Germain, diocèse de Chartres, Beauce.

Derome, Angélique-Félicité, [Denis I. b 1685 ; s [3] 26 déc. 1759.

Angélique, b [3] 28 juin 1711 ; m [3] 19 nov. 1731, à François Mourand.—*Pierre*, b [3] 11 fevrier 1713. —*Marie-Catherine*, b [3] 4 dec. 1714 ; s [3] 2 janvier 1715.—*Marie-Agnès* (2), b [3] 6 juillet 1716 ; m [3] 7 janvier 1738, à Charles Badeau.—*Etienne*, b [3] 30 avril et s [3] 2 juin 1718. — *Etienne*, b [3] 29 août et s [3] 3 sept. 1719.

LOIZEUX.—*Surnom :* Girard.

I.—LOIZEUX (3), Jean-Bte.

Vozel, Therèse.

Thérèse, b 1758 ; s 19 juillet 1792, à Québec.

I.—LOLEAU, Guillaume, b... s 2 juillet 1784, à la Rivière-Ouelle.

LOMBARD.—*Variation et surnoms :* Lombart —Lalime—Touron.

1722, (22 août) Québec. [8]

I.—LOMBARD, Joseph, fils de Jean-François et d'Antoinette Polon, de Martau, diocèse de Tarantaise, Savoie.

Marion, Marie-Catherine, [Georges I. b 1699.

Marie-Madeleine, b 29 mars et s 13 août 1723, à St-Nicolas. [9] —*Joseph*, b [9] 9 et s [9] 28 avril 1725. —*François-Joseph*, b [8] 6 mars 1727 ; m 8 janvier 1748, à Marie-Louise Roy, à Montréal. [7] — *Jean-Baptiste*, b [7] 13 dec. 1729 ; s [7] 10 août 1730.

1748, (8 janvier) Montréal.

II.—LOMBARD, Frs-Joseph, [Joseph I. b 1727.

Roy, Marie-Louise. [Jean.

1753, (5 mars) Ste-Famille, I. O. [3]

I.—LOMBARD, André, fils d'Antoine et de Marguerite Benard, de St-Nicolas-des-Champs, Paris.

1° Létourneau, Geneviève, [Jean III. b 1708 ; s 21 avril 1764, à Québec.

1764, (30 juillet). [3]

2° Giguère, Marguerite, [Joseph III. b 1722.

(1) Dit Desrochers, 1718.

(2) Baptisée sous le nom de Marie-Agnès, dans la famille elle porte le nom de Catherine ; voy. le recensement de 1716, No 265.

(3) Dit Girard.

1764, (7 janvier) Ste-Anne-de-la-Pocatière.
I.—LOMBARD (1), PIERRE, fils de François et de Marie Briand, de St-Sauveur-de-Dinant, diocèse de St-Malo, Bretagne.
BOURGELA, Marie-Joseph, [PIERRE I.
b 1732; veuve de Louis Mignier.

LOMBART.—Voy. LOMBARD.

LOMBRET ET LOMBRETTE.—Voy. SIMARD.

LOMBTROU.—Voy. DEMARSAC.

LOMPRÉ.—Voy. LONGPRÉ.

LONCTIN.—Voy. LONQUETIN.

LONGCHAMP.—Voy. GOURDEL.

LONGPRÉ.—*Variation et surnom :* LOMPRÉ — ALLARD.

I—LONGPRÉ (2), GUILLAUME.
ALARD, Jeanne. [FRANÇOIS I.
Guillaume, b 1695 ; m 15 janvier 1720, à Catherine BLAU, à Montréal ; s 6 février 1761, à la Longue-Pointe.

1720, (15 janvier) Montréal. [5]
II.—LONGPRÉ (3), GUILLAUME, [GUILLAUME I.
b 1695 ; s 6 février 1761, à la Longue-Pointe[8]
BLAU, Catherine, [FRANÇOIS-JEAN I.
b 1699 ; s [8] 31 oct. 1780.
Marie-Catherine, b [5] 9 et s [5] 13 nov. 1720. — *Marie-Catherine,* b [5] 19 août 1722 ; s [8] 14 mai 1744.—*Guillaume,* b [5] 7 juin 1724 ; m [8] 11 janvier 1751, à Marie-Anne JANOT. — *Marie-Joseph,* b [8] 3 janvier 1727 ; m [6] 12 janvier 1750, à Louis CHARTIER ; s [8] 3 février 1756. — *Marie-Anne,* b [8] 26 août 1728 ; m [8] 12 janvier 1750, à Dominique CHARTIER. — *François,* b [8] 18 avril et s [8] 5 août 1731.—*Joseph-Marie,* b [8] 16 juin 1732 ; s [8] 18 avril 1733. — *Marie-Marguerite,* b [8] 30 avril et s [8] 27 juillet 1734. — *Antoine,* b [8] 17 avril 1736 ; m [8] 15 janvier 1759, à Catherine JANOT. — *Pierre-Benjamin,* b [8] 11 mars 1738 ; s [8] 5 janvier 1762. — *Louis* (fils adoptif), b 1734 ; m [8] 24 oct. 1757, à Angelique JANOT ; s 10 janvier 1793, à Repentigny.

1751, (11 janvier) Longue-Pointe. [6]
III.—LONGPRÉ (4), GUILLAUME, [GUILLAUME II.
b 1724.
JANOT, Marie-Anne, [LAURENT IV.
b 1731.
Guillaume, b 1751 ; m [6] 10 février 1772, à Marie-Joseph LEBEAU.—*Marie-Anne,* b 1754 ; m [6] 21 juin 1773, à François RAYNAUD. — *Marie-Joseph,* b 1759 ; s [6] 25 mars 1765. — *Paschal,* b... m [6] 15 janvier 1781, à Marie-Desanges PEPIN.—*Laurent,* b [6] 15 août 1762.—*François,* b [6] 3 fevrier 1764.— *Marie-Joseph,* b... m [6] 28 oct. 1781, à Toussaint PEPIN. — *Marie-Clémence,* b [6] 5 avril 1768 ; m [6] 8 août 1785, à Jean-Baptiste DELAVOYE. — *Dominique-Jérôme,* b [6] 30 sept. 1769.

1752, (24 mai) Montréal.
I.—LONGPRÉ, JEAN, b 1716, soldat ; fils de François et de Henriette Renaud, de Ste-Marguerite, Paris.
CHARLAND, Marie-Louise, [PIERRE III.
b 1737.
Marie, b et s 14 août 1758, à St-Laurent, M.— *Jean-Baptiste,* b 1762 ; s 16 mai 1785, au Détroit.

1757, (24 oct.) Longue-Pointe. [6]
I.—LONGPRÉ (1), LOUIS,
b 1734 ; s 10 janvier 1793, à Repentigny. [4]
JANOT (2), Angelique, [LAURENT IV.
b 1734 ; s [4] 12 mars 1793.
Louis, b [6] 19 juillet 1758 ; m 1785, à Marie-Angelique MARSILLE.— *Jean-Baptiste,* b... m [4] 25 sept. 1786, à Marie-Joseph MERCIER. — *François,* b 1765 ; s [4] 4 fevrier 1770.— *Pierre,* b 1770 ; m [4] 27 juin 1791, à Marie-Charlotte JANOT.—*Laurent,* b [4] 1er oct. 1772 ; s [4] 25 fevrier 1773.

1759, (15 janvier) Longue-Pointe. [8]
III.—LONGPRÉ (3), ANTOINE, [GUILLAUME II.
b 1736.
JANOT (4), Catherine, [LAURENT IV.
b 1738.
Marie-Catherine, b 1759 ; s [8] 9 mars 1765.

LONGPRÉ, LOUIS.
CHAGNON, Madeleine.
Jean-Baptiste, b 1766 ; s 1er déc. 1784, à Repentigny.

1772, (10 fevrier) Longue-Pointe.
IV.—LONGPRÉ, GUILLAUME, [GUILLAUME III.
b 1751.
LEBEAU, Marie-Joseph, [JOSEPH III.
b 1752.

1781, (15 janvier) Longue-Pointe.
IV.—LONGPRÉ (5), PASCHAL. [GUILLAUME III.
PEPIN, Marie-Desanges. [TOUSSAINT IV.

1785.
II.—LONGPRÉ, LOUIS, [LOUIS I.
b 1758.
MARSILLE, Marie-Angelique.
Anonyme, b et s 21 sept. 1786, à Repentigny. [8] —*Louis,* b [8] 24 mars et s [8] 4 avril 1787.

1786, (25 sept.) Repentigny.
II.—LONGPRÉ, JEAN-BTE. [LOUIS I.
MERCIER, Marie-Joseph, [CHARLES.
b 1770.

(1) Dit Lahme ; grenadier au régiment de Languedoc, (10 juillet 1760, Ste-Anne-de-la-Pérade).
(2) Anglais de nation.
(3) Allard dit Lompré ; Anglais de nation.
(4) Dit Allard.

(1) Fils adoptif de Guillaume Longpré II.
(2) Dit Lachapelle.
(3) Et Lompré.
(4) Dit Lachapelle ; elle épouse, le 7 mai 1764, Jean-Baptiste Tessier, à la Pte-aux-Trembles, M.
(5) Dit Allard.

1791, (27 juin) Repentigny.[8]
II.—LONGPRÉ, Pierre, [Louis I.
b 1770.
Janot, Marie-Charlotte, [Charles III.
b 1770.
Jean-Baptiste, b [8] 5 mai 1792.

LONGPRÉ, Jean-Bte.
Lajoie, Marie.
Anonyme, b et s 9 mars 1794, à Repentigny.[9] —*Jean-Louis*, b [9] 28 janvier 1795.

LONGTAIN.—Voy. Lonquetin.

LONGTIN.—Voy. Lonquetin.

LONGUETAIN.—Voy. Lonquetin.

LONGUETIN.—Voy. Lonquetin.

LONGUEUIL (De).—Voy. Lemoine.

LONGUEVILLE, Simon.
Rouillard, Marie-Claire, [Damien II.
b 1731.
Dominique, b 12 mars 1753, à Terrebonne.

LONGVAL.—Voy. Fafard.

1717, (18 mai) Trois-Rivières.[6]
III.—LONGVAL (1), Michel, [Louis II.
b 1683.
Godfroy (2), Charlotte, [Joseph II.
b 1691.
Michel, b [6] 12 avril 1720; m [6] 3 nov. 1757, à Marie-Joseph Goubault.—*Charles*, b [6] 10 mars 1728; m [6] 7 sept. 1761, à Marie-Joseph Duguay-Duplassis.

1757, (3 nov.) Trois-Rivières.[7]
IV.—LONGVAL, Michel, [Michel III.
b 1720.
Goubault, Marie-Joseph, [Pierre I.
b 1734.
Michel, b [7] 2 août et s [7] 8 oct. 1758.—*Michel*, b [7] 29 sept. 1759.—*Marie-Joseph*, b [7] 15 janvier 1761.—*Marie-Anne*, b... m [7] 15 février 1790, à Louis-René Labadie.

1761, (7 sept.) Trois-Rivières.
IV.—LONGVAL, Charles, [Michel III.
b 1728.
Duguay-Duplassis, Marie-Joseph, [Maurice II.
b 1733.

I.—LONNAT, ...
Lafond, Françoise, [Etienne I.
b 1658; s 2 oct. 1717, à Montréal.

LONQUETIN.—*Variations et surnom* : Lonctin—Longtain—Longtin—Longuetain—Longuetin—Lontein—Jérome.

(1) Voy. Fafard, vol. IV, p. 3.
(2) De Vieupont.

1684, (16 oct.) Montréal.[1]
I.—LONQUETIN (1), Jérome,
b 1653; s [1] 13 juin 1723.
1° Ste. Marie, Catherine, [Louis I.
b 1670.
Marie-Catherine, b [1] 5 mai 1686; m 1706, à Joseph Fleury.—*André*, b 1er oct. 1689, à Laprairie[2]; m [2] 23 nov. 1715, à Marguerite Caillé.—*Michel*, b [2] 25 mai 1692; m [1] 28 fevrier 1718, à Catherine Bertrand.—*René*, b [2] 24 août 1694; m [2] 9 janvier 1718, à Marie Testu; s [1] 19 mai 1722.—*François-Xavier* et *Pierre*, b [2] 2 janvier 1702.

1704, (12 nov.)[2]
2° Dumas (2), Marie-Louise, [René I.
b 1685.
Marie, b... m [2] 6 avril 1723, à François Raymond.—*Gabriel*, b [2] 12 déc. 1707; m [2] 8 janvier 1731, à Marguerite Deniger.—*Angélique*, b [2] 15 janvier 1710; m [2] 3 mai 1734, à Laurent Deniger.—*Pierre*, b [2] 26 janvier 1712; s [2] 12 fevrier 1730.—*Marie-Anne*, b 1714; m [2] 24 janvier 1735, à Pierre Laporte; s [2] 17 nov. 1744.—*Joseph*, b 1716; 1° m 9 janvier 1741, à Antoinette Achin, à Longueuil[3]; 2° m [3] 9 nov. 1744, à Marie-Joseph Gervais.—*Antoine*, b [2] 18 janvier 1719; m [3] 9 nov. 1744, à Marie-Joseph Gervais.—*Marie-Catherine*, b [2] 12 août 1721; m [2] 16 août 1746, à Jean-Baptiste Girou.—*François*, b [2] 20 oct. 1723.

1715, (23 nov.) Laprairie.[5]
II.—LONQUETIN (3), André, [Jérome I.
b 1689.
Caillé, Marguerite, [Antoine I.
b 1688.
Jean-Baptiste, b [5] 2 février 1719; m [5] 26 nov. 1753, à Marguerite Lamarque.—*Marie-Marguerite*, b [5] 15 mars 1721; m [5] 13 nov. 1741, à Michel Supernant.—*Pierre*, b [5] 5 nov. 1723; m 4 nov. 1754, à Marie-Marguerite Boyer, à St-Constant[4]; s [4] 22 avril 1770.—*Augustin*, b 1725; m [5] 30 janvier 1754, à Catherine Lamarque.—*Marie-Angélique*, b 1727; m [4] 28 oct. 1754, à Bonaventure Bodin.—*Jean-François*, b [5] 18 et s [5] 29 mars 1730.—*Michel*, b [5] 28 août 1733.

1718, (9 janvier) Laprairie.[6]
II.—LONQUETIN (3), René, [Jérome I.
b 1694, s 19 mai 1722, à Montréal.
Testu, Marie, [Jacques I.
b 1698.
Joseph, b [6] 26 juillet 1718.—*Marie-Agnès*, b [6] 26 mai 1719.—*Pierre*, b [6] 15 mars 1721; m 1740, à Barbe Robidou.

1718, (28 fevrier) Montréal.
II.—LONQUETIN (3), Michel, [Jérome I.
b 1692.
Bertrand, Catherine, [Jean I.
b 1701.
Jean-François, b 10 janvier 1719, à Laprairie.[3] —*Ignace*, b [3] 29 mars 1722; m [3] 3 fevrier 1749, à

(1) Voy. vol. I, p. 397.
(2) Dit Rencontre; elle épouse, le 1er déc. 1730, Jacques Caiet, à Laprairie.
(3) Dit Jérôme.

Marie-Suzanne Barbeau.—*Marie-Catherine*, b [3] 5 sept. 1723 ; m [3] 17 février 1749, à Pierre Gagné.—*Marie-Christine* b [3] 3 mars 1725 ; m 22 nov. 1756, à Jean-Pierre Constantin, à St-Constant. — *Marie-Charlotte*, b... m [3] 18 février 1743, à Paul Bertrand. — *Joseph-Marie*, b 1728 ; m [3] 30 janvier 1754, à Marie-Joseph Lamarque. — *Marie-Marguerite*, b [3] 8 janvier 1730. — *Véronique*, b [3] 20 oct. 1731 ; s [3] 8 août 1734.—*René-Amable*, b [3] 1er mars 1734 ; m [3] 19 janvier 1761, à Marie-Angélique Boyer.—*Marie-Amable*, b [3] 29 mars et s [3] 7 avril 1737. — *Michel-Hypolite*, b [3] 13 juin 1738. —*Pierre-Chrysologue*, b [3] 31 juillet 1740 ; s [3] 17 mars 1741. — *Marie-Anne*, b [3] 9 mai et s [3] 3 août 1743.

1723, (17 février) Laprairie. [2]

II.—LONQUETIN (1), François, [Jérome I.
b 1697.

Lemieux, Jeanne, [Gabriel II.
b 1696 ; veuve d'Antoine Rousseau.

Marie-Joseph, b [2] 10 déc. 1723.—*Jean-Baptiste*, b [2] 25 fevrier 1725 ; s [2] 24 oct. 1727. — *François*, b 1726 ; 1° m [2] 20 juin 1748, à Marie-Anne Gagné ; 2° m 1757, à Marie-Amable Gervais.—*Jean-Baptiste*, b [2] 10 mai 1728 ; m 7 janvier 1756, à Marie-Louise Hunault, à Montréal.[7]—*Basile*, b [2] 6 sept. 1729. — *Marie-Hélène*, b [2] 4 avril 1731. — *Alexis*, b [2] 21 janvier 1736 ; m [7] 28 sept. 1761, à Thérèse Varin.—*Marie-Marguerite*, b [2] 5 juillet 1737 ; s [2] 2 sept. 1738.

1731, (8 janvier) Laprairie. [2]

II.—LONQUETIN (1), Gabriel, [Jérome I.
b 1707.

Deniger, Marguerite, [Jean II.
b 1707.

Gabriel, b [2] 28 nov. et s [2] 3 déc. 1732. — *Laurent*, b [2] 20 janvier 1734 ; 1° m 29 août 1757, à Charlotte Robert, à St-Constant ; 2° m 28 oct. 1765, à Marie-Joseph Bissonnet, à Chambly. — *Marguerite*, b [2] 25 déc. 1735. — *Marie-Joseph*, b [2] 9 oct. 1737 ; m 1759, à Pierre Boyer.—*Catherine*, b [2] 15 nov. 1739 ; s [2] 17 février 1740.—*Pierre*, b [2] 29 janvier et s [2] 1er mars 1741. — *Anne*, b [2] 6 février 1742 ; m [2] 26 fevrier 1759, à Joseph Fonteneau.—*François*, b [2] 15 sept. 1743 ; s [2] 24 janvier 1744.—*Marie*, b [2] 12 nov. 1744.

1740, (24 oct.) Longueuil.

III.—LONQUETIN (1), Pierre, [René II.
b 1721.

Robidou, Barbe, [Joseph II.
b 1715.

Marie-Joseph, b 18 juillet 1741, à Laprairie [7] ; m [7] 15 fevrier 1762, à François Laurent.—*Marie-Anne*, b [7] 29 février 1744.

1741, (9 janvier) Longueuil. [6]

II.—LONQUETIN (1), Joseph, [Jérome I.
b 1716.

1° Achin, Antoinette, [François II.
b 1706.

(1) Dit Jérôme.

Pierre, b... m 11 août 1818, à Florence Morin, à St-Louis, Mo.

1744, (9 nov.) [6]

2° Gervais, Marie-Joseph. [Mathieu II.

1748, (20 juin) Laprairie.

III.—LONQUETIN (1), François, [François II.
b 1726.

1° Gagné, Marie-Anne, [Nicolas II.
b 1722.

Marie-Christine, b 8 déc. 1754, à St-Constant.[7] —*François-Amable*, b [7] 12 avril 1756.

1757.

2° Gervais, Marie-Amable.

Jean-Baptiste, b 6 mai 1758, à St-Philippe.

1749, (3 février) Laprairie.

III.—LONQUETIN (1), Ignace, [Michel II.
b 1722.

Barbeau (2), Marie-Suzanne, [Gabriel II.
b 1726.

Joseph-Marie, b 30 avril 1752, à St-Constant [6] ; s [6] 14 avril 1753. — *Marie-Suzanne*, b [6] 30 avril 1752 ; m [6] 27 juillet 1772, à François-Michel Réaume. — *Jean-François*, b [6] 11 nov. 1753. — *Jean-Baptiste*, b [6] 2 et s [6] 17 août 1755.—*Joseph-Amable*, b [6] 2 août 1755. — *René-Hypolite*, b [6] 18 nov. 1756.—*René-Constant*, b [6] 2 janvier 1758.

1753, (26 nov.) Laprairie.

III.—LONQUETIN (1), Jean-Bte, [André II.
b 1719.

Lamarque, Marguerite, [Pierre-François II.
b 1730.

Marie-Marguerite, b 3 nov. 1754, à St-Constant [7] ; s [7] 16 mai 1767. — *Marie-Archange*, b [7] 7 avril 1756.—*Jean-Baptiste*, b [7] 28 fevrier 1757.—*Joseph*, b et s 15 juillet 1764, à St-Philippe.[8] — *Etienne*, b [8] 2 février 1765.—*Marie*, b 1766 ; s [7] 3 juillet 1767.

1754, (30 janvier) Laprairie.

III.—LONQUETIN (1), Augustin, [André II.
b 1725.

Lamarque, Catherine, [Pierre-François II.
b 1734.

Marie-Catherine, b 19 nov. 1754, à St-Constant.[4] — *Marie-Christine*, b [4] 27 sept. 1756. — *Marie-Anne*, b 18 janvier 1764, à St-Philippe.

1754, (30 janvier) Laprairie.

III.—LONQUETIN (1), Jos.-Marie, [Michel II.
b 1728.

Lamarque, Marie-Joseph, [Pierre-François II.
b 1731.

Marie-Marguerite, b 22 oct. 1757, à St-Constant.

1754, (4 nov.) St-Constant. [1]

III.—LONQUETIN (1), Pierre, [André II.
b 1723 ; s [1] 22 avril 1770.

Boyer, Marie-Marguerite, [Jacques III.
b 1738.

Michel, b 27 fevrier 1764, à St-Philippe.

(1) Dit Jérôme.

(2) Dit Boisdoré.

1756, (7 janvier) Montréal.
III.—LONQUETIN (1), JEAN-BTE, [FRANÇOIS II. b 1728.
HUNAULT, Marie-Louise, [LOUIS III. b 1735 ; veuve de Jean Falis.

1757, (29 août) St-Constant. [3]
IV.—LONQUETIN (1), LAURENT, [GABRIEL III. b 1734.
1° ROBERT (2), Charlotte, [FRANÇOIS IV. b 1741 ; s 30 nov. 1762, à St-Philippe. [4]
Marie-Charlotte, b [4] 22 août 1758. — *Marie-Marguerite*, b [4] 6 février 1760.—*Laurent-Jérôme*, b [3] 19 sept. 1761 ; s [4] 25 mars 1762.—*Laurent*, b [4] 22 nov. 1762.
1765, (28 oct.) Chambly.
2° BISSONNET, Marie-Joseph, [JEAN-BTE III. b 1745.

1761, (19 janvier) Laprairie.
III.—LONQUETIN, RENÉ-AMABLE, [MICHEL II. b 1734.
BOYER, Marie-Angélique, [JOSEPH III. b 1738.

1761, (28 sept.) Montréal.
III.—LONQUETIN, ALEXIS, [FRANÇOIS II. b 1736.
VARIN, Thérèse, [JACQUES II. b 1738.

1818, (11 août) St-Louis, Mo [5]
III.—LONQUETIN, PIERRE. [JOSEPH II.
MORIN, Florence-Flore. [JOSEPH.
Pierre-Antoine, b [5] 25 juillet 1819.—*Rosine*, b [5] 24 sept. 1820.—*Joseph*, b [5] 31 déc. 1821.—*Jean-Baptiste*, b [5] 19 oct. 1823.—*Paul*, b [5] 24 janvier 1827. — *Céleste-Joséphine*, b [5] 27 mars 1829. — *Antoine*, b [5] 10 juin 1830.—*Léon*, b [5] 8 avril 1833. —*Eléonore*, b [5] 15 août 1838.

LONTEIN.—Voy. LONQUETIN.

LOOTMAN.—*Variation et surnom :* LOTHMAN—BARROIS.

1717, (30 mars) Montréal. [6]
I.—LOOTMAN (3), JEAN-BTE, b 1691 ; fils de Hélibrard et d'Anne LeBer, d'Iope, Nouvelle-Angleterre.
CARDINAL, Madeleine, [JACQUES II. b 1699.
Marie-Madeleine, b [6] 24 déc. 1717. — *Jacques*, b [6] 6 et s [6] 30 mai 1719. — *Jacques*, b [6] 17 mars 1720. — *Jean-Baptiste*, b [6] 19 juin et s [6] 17 août 1726.—*Marie-Anne*, b [6] 28 août 1727.—*Jean-Louis*, b [6] 6 février 1731.

LOPPES, ALPHONSE.
BERTHODY, Geneviève, [CHARLES II. b 1741.
Charles, b 24 déc. 1759, à St-Philippe.

(1) Dit Jérôme.
(2) Dit Lapommeraî.
(3) Dit Barrois.

LOQUAIN.—Voy. BOTQUIN.

1708, (24 sept.) Boucherville.
II.—LOQUAIN (1), PIERRE, [PIERRE I. b 1684 ; s 6 déc. 1725, à Montréal. [3]
GAUTIER, Marie, [GERMAIN I. b 1687.
Nicolas, b [3] 1er mai et s [3] 6 juillet 1725.

LOQUEL.—Voy. LOQUET.

LOQUET.—*Variation et surnom :* LOQUEL—DUPONT.

1693, (10 déc.) Ste-Anne.
I.—LOQUET (2), FRANÇOIS, fils de Robert et de Jeanne Pariset, de St-Malo, Bretagne.
1° DELESSARD, Anne, [ETIENNE I. b 1666 ; s 13 août 1710, à Québec. [4]
1712, (30 mai). [4]
2° ADAM, Louise, [JEAN I. b 1681 ; s [4] 2 nov. 1740.
Jean, b [4] 23 oct. 1713 ; s [4] 20 février 1733. — *Marie-Madeleine*, b [4] 14 nov. 1714 ; m [4] 4 mai 1733, à Jacques MINET ; s [4] 14 janvier 1751.

LOR.—Voy. LAUR.

LORAIN.—Voy. LORRAIN.

LORAINE.—Voy. LORRAIN.

LORANCE. —Voy. LAURENCE — RIVARD-LORANGER.

I.—LORANCE (3), JULIEN, b 1722 ; fils de Guillaume et de Marie Loreau, de Lande-de-Roné, diocèse de Coutances, Normandie.

LORANDEAU.—Voy. ROLANDEAU.

LORANGE.—Voy. CLUSEAU.

LORANGER.—Voy. RIVARD.

LORANT.—Voy. LAURENT.

LORD.—Voy. LAUR.

LOREAU. — *Variations et surnom :* LAURAU—LAUROT—LAUZON—FLORENTIN.

1741, (2 oct.) Québec. [9]
I.—LOREAU (4), EDME, boulanger ; fils d'Edme et de Marie Pouliot, d'Aurol, diocèse de Sens, Champagne.
CHATARD (5), Marie-Anne, [JEAN I. b 1727.

(1) Pour Botquin, voy. vol. II, p. 362.
(2) Et Loquel dit Dupont, voy. vol. I, p. 397.
(3) Dit Lafrance ; arrivé en 1744 à Québec ; entré dans les troupes de la marine, il obtient son congé de M. de la Joncaire, en 1750. (Reg. des Procès-verbaux, 1767).
(4) Dit Florentin.
(5) Elle épouse, le 7 juillet 1761, Jean Dussault, aux Trois-Rivières.

Louis, b 24 oct. 1741, à Montréal [4]; s [4] 3 avril 1742.—*Marie-Madeleine*, b [4] 11 nov. 1744.—*Joseph*, b [4] 19 mai 1750.—*Joseph*, b 12 déc. 1750, à Beauport. — *Marie-Elisabeth*, b 6 avril 1752, à Ste-Anne-de-la-Pérade; m [9] 11 avril 1776, à Edouard Dolten.

LORIAU.—Voy. Loriot.

LORIMIER.—Voy. DeLorimier.

LORIMIER (1), ...
LaFerté, Louise.
Jean-Claude, b 28 déc. 1751, au Lac-des-Deux-Montagnes.

LORIN.—Voy. Lorrain.

LORION.—*Variation :* Loriot.

I.—LORION (2), Mathurin,
b 1604; s 19 avril 1683, à la Pte-aux-Trembles, M. [1]
1° Morin, Françoise.
Catherine, b 1636; 1° m à Pierre Villain; 2° m 21 juin 1654, à Jean Simon, à Montréal [6]; 3° m [6] 9 avril 1657, à Nicolas Millet; 4° m [6] 23 nov. 1676, à Pierre Desautels; s [6] 20 avril 1720.
1643.
2° Barbier, Marie.
1650.
3° Bisette, Jeanne,
b 1623; s [1] 29 oct. 1698.

1697, (26 janvier) Boucherville.
II.—LORION (2), Jean, [Mathurin I.
b 1660.
Tellier (3), Marie-Anne, [Jean II.
b 1678; s 10 nov. 1754, à la Pte-aux-Trembles, M. [9]
Marie-Françoise, b [9] 8 déc. 1697; m [9] 30 juin 1721, à Laurent Archambault.—*Marie-Anne*, b [9] 9 mai 1700; m [9] 25 janvier 1723, à Toussaint Baudry.—*Jean-Baptiste*, b [9] 13 mars 1702.—*André*, b [9] 1er août 1704.—*Thérèse*, b [9] 28 juin 1706; m à Jean Brouillet.—*Joseph*, b [9] 19 juillet 1708; m 9 février 1739, à Catherine Loiseau, à L'Assomption [8]— *Jacques-Antoine*, b [9] 26 mai 1710; s [8] 30 déc. 1731.—*Marie-Catherine*, b [9] 2 février 1712; m à Robert Brouillet. — *Pierre*, b [9] 25 février 1714; m à Marie-Madeleine Blay; s 24 avril 1784, à Repentigny.—*Louis*, b 1716; m à Marie-Joseph Brouillet. — *Hélène-Véronique*, b [9] 26 mai et s [9] 27 sept. 1722. — *Angélique*, b... m à André Archambault.

III.—LORION, Louis, [Jean II.
b 1716.
Brouillet, Marie-Joseph, [Bernard II.
b 1719.

(1) Capitaine des troupes, commandant le poste du Lac-des-Deux-Montagnes.
(2) Voy. vol. I, p. 398.
(3) Theilier en 1708.

Marie-Françoise, b 3 déc. 1750, à la Pte-aux-Trembles, M. [7] — *Agathe-Apolline*, b [7] 20 janvier et s [7] 18 déc. 1753.—*Agathe*, b [7] 19 août 1754.

1739, (9 février) L'Assomption.
III.—LORION, Joseph, [Jean II.
b 1708.
Loiseau, Catherine, [Joachim II.
b 1719.

III.—LORION (1), Pierre, [Jean II.
b 1714; s 24 avril 1784, à Repentigny. [8]
Blay, Marie-Madeleine,
b 1725; s [8] 20 avril 1785.
Marie-Archange, b 1753; m [8] 18 nov. 1771, à Jean-Baptiste Laporte. — *Marie-Desanges*, b... m [8] 7 février 1774, à François Gautier.—*Thérèse*, b... m [8] 20 fevrier 1786, à Jacques Maurice.—*Antoine*, b... m [8] 22 nov. 1790, à Marie-Claire Rolland.

1790, (22 nov.) Repentigny.
IV.—LORION (2), Antoine. [Pierre III.
Rolland, Marie-Claire. [Joseph.

LORIOT.—*Variations :* Lauriot —Loriau—Lorion—Loryot.

1672.
I.—LORIOT (3), Jean,
b 1638; s 11 juillet 1706, à la Pte-aux-Trembles, Q. [2]
Merlin, Agathe,
b 1643; s [2] 4 déc. 1728.
Joseph, b 13 nov. 1675, à Québec; 1° m [2] 3 sept. 1699, à Marie-Jeanne Roignon; 2° m 1er juin 1715, à Michelle-Charlotte Delage, à Lorette; s [2] 9 février 1768.

1699, (3 sept.) Pte-aux-Trembles, Q. [9]
II.—LORIOT (3), Joseph, [Jean I.
b 1675; s [9] 9 fevrier 1768.
1° Roignon, Marie-Jeanne, [Michel I.
b 1681; s [9] 23 juillet 1713.
Pierre-Joseph, b [9] 15 mars 1705; 1° m 27 janvier 1727, à Marie-Jeanne Delage, à Lorette [8]; 2° m [9] 17 janvier 1735, à Marie Jean-Denis; s [9] 20 déc. 1771.
1715, (1er juin). [8]
2° Delage (4), Michelle-Charlotte, [Laurent I.
b 1695; s [9] 8 juin 1776.
Geneviève, b [9] 5 mars 1721; 1° m [9] 1er février 1745, à Thierry Fournel; 2° m [9] 31 janvier 1757, à Joseph Dubuc. — *Charles-Marie*, b [9] 30 sept. 1723; s [9] 27 juillet 1728. — *Marie-Jeanne*, b [9] 21 sept. 1726; m [9] 22 janvier 1748, à Joseph Mathieu.—*Michel*, b [9] 29 sept. 1729; m [9] 22 fevrier 1751, à Marie-Anne Trudel. — *Marie-Charlotte*, b [9] 21 août 1732; s [9] 5 janvier 1749. — *Marie-Thérèse*, b [9] 14 août 1736; s [9] 25 janvier 1746.

(1) Et Loriau—Loriot.
(2) Et Loriot.
(3) Voy. vol. I, p. 398.
(4) Dit Larivière.

1727, (27 janvier) Lorette.
III.—LORIOT, PIERRE-JOSEPH, [JOSEPH II.
b 1705; s 20 déc. 1771, à la Pte-aux-Trembles, Q.[8]
1° DELAGE (1), Marie-Jeanne, [LAUR.-PIERRE I.
b 1699; s[8] 9 juin 1734.
Louis-Joseph, b[8] 7 oct. 1728; m 12 oct. 1761, à Angélique PROULX, à St-Augustin. — *Marie-Madeleine*, b[8] 28 mars et s[8] 22 avril 1731.— *Marie-Jeanne*, b 1732; s[8] 17 juillet 1734. — *Augustin*, b[8] 22 mai 1733; m 6 février 1764, à Marie-Rose OUIMET, à Terrebonne.

1735, (17 janvier).[8]
2° JEAN-DENIS, Marie-Gabrielle, [JOSEPH II.
b 1706.
Jean-François, b[8] 5 oct. 1735; s[8] 8 février 1736.—*Marie-Geneviève*, b[8] 17 déc. 1736; m[8] 8 oct. 1753, à Joseph MÉTOT; s[8] 26 avril 1774.— *Pierre*, b[8] 15 sept. 1738. — *Charles*, b[8] 28 mars 1740; m 11 janvier 1768, à Marie-Joseph GAUDIN, aux Ecureuils. — *Marie-Anne*, b[8] 22 juin 1745; m[8] 6 fevrier 1764, à François-de-Sales LEFEBVRE-ANGERS. — *Michel*, b[8] 12 mai 1747; m 1769, à Marguerite GERMAIN.

1751, (22 février) Pte-aux-Trembles, Q.[3]
III.—LORIOT, MICHEL, [JOSEPH II.
b 1729.
TRUDEL, Marie-Anne, [RENÉ III.
b 1725.
Marie-Anne, b[3] 26 mars 1752; m 10 février 1771, à Antoine GAMACHE, à Lachenaye.—*Thérèse*, b[3] 16 mai 1758.—*Marie*, b... m 27 juillet 1778, à Antoine TRUDEL, à la Longue-Pointe.—*Michel*, b[3] 22 déc. 1759.—*Marie-Catherine*, b[3] 2 fevrier 1762.—*Marie-Françoise*, b[3] 27 août 1763.

1761, (12 oct.) St-Augustin.
IV.—LORIOT, LOUIS-JOSEPH, [PIERRE-JOS. III.
b 1728.
PROULX, Angélique, [ALEXIS II.
b 1734.
Joseph, b 23 avril 1764, à la Pte-aux-Trembles, Q.[4]—*Angélique*, b[4] 3 juillet 1765.—*Pierre*, b[4] 4 avril 1768.—*Alexis*, b[4] 6 juillet 1769.—*Augustin*, b 1771; m 15 juin 1795, à Marie-Amable ETHIER, à Repentigny.

1764, (6 février) Terrebonne.
IV.—LORIOT, AUGUSTIN, [PIERRE-JOSEPH III.
b 1733.
OUIMET, Marie-Rose, [ALBERT III.
b 1742.

1768, (11 janvier) Ecureuils.[5]
IV.—LORIOT, CHARLES, [PIERRE-JOSEPH III.
b 1740.
GAUDIN, Marie-Joseph, [ANTOINE III.
b 1748.
Charles, b[5] 28 sept. 1770; s 28 janvier 1771, à la Pte-aux-Trembles, Q.[6]—*Charles-François*, b[6] 14 avril 1772.—*Pierre*, b[6] 6 août 1774.—*Charles*, b[6] 18 oct. 1776.

(1) Dit Larivière.

IV.—LORIOT, MICHEL, [PIERRE III.
b 1747.
GERMAIN, Marguerite, [FRANÇOIS III.
b 1752.
Marguerite, b 14 mars 1770, à la Pte-aux-Trembles, Q.[7]; s[7] 16 mai 1776.—*Michel-Joseph*, b[7] 30 oct. 1771.—*Pierre*, b[7] 14 août 1773.—*Marie-Joseph*, b[7] 14 août 1775.

1795, (15 juin) Repentigny.
V.—LORIOT, AUGUSTIN, [LOUIS-JOSEPH IV.
b 1771.
ETHIER, Marie-Amable, [JEAN-BTE IV.
b 1769.

LORMIER.—Voy. MARTINEAU.

LORRAIN.—*Variations et surnoms:* CAUVIN—LAURIN—LORAIN—LORAINE—LORIN—LORRIN—ARNAUD—ARNOUX—DE LA GIROFLÉ—LAGIROFLÉE—LATERREUR—MICHEL—MORAS.

1656.
I.—LORRAIN (1), PIERRE,
b 1629; maître-charpentier.
1° HAULIN, Françoise,
s 22 nov. 1658, à Montréal.[7]
Pierre-Thierry, b 25 mai 1657, à Québec; m[1] 29 juillet 1686, à Marie MATOU.

1659, (20 oct.)[7]
2° DUVERDIER (2), Françoise,
b 1638.
Pierre, b[7] et s[7] 19 oct. 1660.—*Pierre*, b 1670; m 1694, à Barbe PERRIN-JARRY.

1686, (29 juillet) Montréal.
II.—LORRAIN (1), PIERRE-THIERRY, [PIERRE I.
b 1657.
MATOU, Marie, [PHILIPPE I.
b 1670.
Marie-Suzanne, b 1er mai 1699, à Repentigny; s 19 mai 1702, au Lac-des-Deux-Montagnes.—*Marie-Suzanne*, b...m à Louis DICAIRE.—*Charles*, b 12 mars 1709, à St-François, I. J.; m à Marie-Charlotte CORBEIL.

1688, (1er mars) Montréal.[3]
II.—LORRAIN (1), JEAN-ZACHARIE, [PIERRE I.
b 1665.
BOIVIN (3), Catherine-Madeleine, [JACQUES I.
b 1671.
Joseph, b[3] 17 juillet 1691; 1° m 20 oct. 1727, à Marie-Joseph PHILIPPE, à Kaskakia; 2° m 8 août 1740, à Marie-Joseph PIGEON, au Sault-au-Récollet[4]; 3° m 18 nov. 1748, à Jeanne LEGRIS; 4° m[4] 8 juin 1761, à Marie-Joseph LEMAY.—*Marie-Catherine-Anne*, b[3] 8 février 1694; m[3] 21 nov. 1712, à Pierre PUYBARO. — *Pierre*, b 1698; m 1729, à Marie-Ursule DRAPEAU.

(1) Voy. Lorin, vol. I, p. 397.
(2) Ou Saunier.—Elle épouse, le 7 oct. 1687, Jean LeRoy, à Montréal.
(3) Elle épouse, le 3 février 1704, Louis Leroux, à Montréal.

1694.

II.—LORRAIN (1), PIERRE, [PIERRE I.
b 1670.
PERRIN (2), Barbe, [HENRI I.
b 1667 ; veuve de René Huguet.
Marie-Anne, b 1695 ; m 29 oct. 1722, à Nicolas MORAND, à Montréal.

1718, (31 déc.) Québec.[3]

I.—LORRAIN (3), SIMON-FRANÇOIS.
BESSIÈRE (4), Louise, [ANTOINE I.
b 1699.
Charlotte, b 24 mars 1720, à St-Antoine-Tilly[4] ; m[3] 31 janvier 1757, à Pierre AUDIN. — *Marie-Joseph*, b[4] 31 mai 1721 ; m[4] 25 juin 1743, à Jacques BAUDRY. — *Marie*, b... m 17 avril 1741, à Eustache ALARD, à Lachenaye.

I.—LORRAIN, ...
PANISE, Catherine.
Joseph, b 21 janvier 1722, à Montréal.

1722.

III.—LORRAIN, JOSEPH, [PIERRE-THIERRY II.
b 1696.
RANGER, Marie-Joseph, [ROBERT I.
b 1698.
Marie-Joseph, b 1724 ; m 22 avril 1743, à Jean-François OUELLET, au Sault-au-Récollet[8] ; s[8] 16 mars 1744.—*Thérèse*, b 1726 ; m[8] 17 juin 1748, à Jean GROUX.—*Joseph*, b 16 sept. 1728, à Lachenaye. — *Marguerite*, b 1735 ; m[8] 11 oct. 1756, à Pierre TIBAUT. — *François-Amable*, b[8] 8 mars 1738 ; m 12 janvier 1761, à Marie-Anne VREDON, à St-Laurent, M.—*Angélique*, b... m[8] 13 janvier 1761, à Jean VREDON.—*Marie-Agnès*, b[8] 23 sept. 1747.

III.—LORRAIN, JEAN-FRS, [PIERRE-THIERRY II.
b 1700.
LAUZON, Marie-Anne, [PAUL II.
b 1704.
Joseph, b 1725 ; m 22 sept. 1749, à Marie-Geneviève DROUIN, au Sault-au-Récollet.[5] — *François*, b 1727 ; m[5] 5 mars 1753, à Marie-Françoise DAGENAIS. — *Pierre*, b 15 mars 1738, à St-François, I. J.—*Marie-Anne*, b[5] 9 déc. 1739.—*Jacques*, b 1741 ; m 26 avril 1762, à Marie-Charlotte MASSON, à Ste-Rose.—*Antoine*, b... m 22 juin 1767, à Françoise PREVOST, à St-Vincent-de-Paul.

1727, (20 oct.) Kaskakia.

III.—LORRAIN, JOSEPH, [JEAN-ZACHARIE II.
b 1691.
1° PHILIPPE, Marie-Joseph, [MICHEL.
b 1715 ; s 12 mars 1738, à Montréal.[5]
Joseph, b 1728 ; 1° m[5] 25 nov. 1754, à Catherine VALIÈRES ; 2° m[5] 26 janvier 1756, à Catherine ROUSSIN.

(1) Voy. Lorin, vol. I, p. 397.

(2) Et Jarry, du nom du premier mari de sa mère.—Elle épouse, le 31 déc. 1696, Jacques Arrivee, à Lachine.

(3) Et Cauvin dit LaTerreur.

(4) Et Bussière.

1740, (8 août) Sault-au-Récollet.[4]
2° PIGEON, Marie-Joseph, [LOUIS II.
b 1709 ; s[5] 25 août 1747.
Marie-Joseph, b[5] 9 juin et s[5] 31 août 1741. — *Joseph*, b[5] 21 et s[5] 24 avril 1742.—*Marie-Joseph*, b[5] 9 février 1744. — *Marie-Anne*, b[5] 5 et s[5] 25 août 1745.

1748, (18 nov.) Longue-Pointe.
3° LEGRIS, Jeanne, [ADRIEN I.
b 1696 ; veuve de François Toupin.

1761, (8 juin).[4]
4° LEMAY, Marie-Joseph. [BARTHÉLEMI.

1729.

III.—LORRAIN, PIERRE, [JEAN-ZACHARIE II.
b 1698.
DRAPEAU, Marie-Ursule, [JEAN I.
b 1702.
Pierre, b 1730 ; m 19 février 1753, à Jeanne LEMAY, au Sault-au-Récollet. — *Marie*, b 1736 ; m 1757, à Louis SIMON. — *Louis*, b 1740 ; m 11 janvier 1762, à Marie BONNIER, à la Pte-aux-Trembles, M.—*Charles*, b 8 mars 1747, à St-Vincent-de-Paul ; m 28 mai 1770, à Marguerite SIMON, à la Longue-Pointe.

1743, (4 février) Beauport.

I.—LORRAIN (1), LAURENT, b 1708, tanneur et sellier ; fils de Joseph et de madeleine Rocra, de St-Sulpice, diocèse de Rennes, Bretagne ; s 9 mars 1747, à Québec.[6]
CRÊTE, Madeleine, [PIERRE II.
b 1719.
Louis-Laurent, b[6] 19 nov. et s[6] 26 déc. 1743. —*Marie-Madeleine*, b[6] 26 oct. 1744.—*Geneviève*, b[6] 30 mars 1746 ; s[6] 29 sept. 1750.

III.—LORRAIN, CHARLES, [PIERRE-THIERRY II.
b 1709.
CORBEIL, Marie-Charlotte, [ANDRÉ I.
b 1709.
Hubert, b 1747 ; m 16 oct. 1769, à Marie-Joseph ROBIN, à la Longue-Pointe.

I.—LORRAIN, ...
ROY, Marie-Joseph.
Marie-Gilles, b... s 11 mars 1749, à Charlesbourg.

1749, (22 sept.) Sault-au-Recollet.

IV.—LORRAIN, JOSEPH, [JEAN-FRANÇOIS III.
b 1725.
DROUIN, Marie-Geneviève, [PIERRE III.
b 1732.

1753, (19 février) Sault-au-Récollet.

IV.—LORRAIN, PIERRE, [PIERRE III.
b 1730.
LEMAY (2), Marie-Jeanne. [BARTHÉLEMI.
Pierre-Amable, b 1er avril 1754, à St-Vincent-de-Paul ; 1° m à Marie MARTINEAU ; 2° m 7 février 1780, à Archange DUFRESNE, à la Longue-Pointe.

(1) De la Giroflé, marié Loraine ; soldat de la compagnie de M. Raymond.

(2) Et Laisné.

1753, (5 mars) Sault-au-Récollet.
IV.—LORRAIN, François, [Jean-François III.
b 1728.
Dagenais, Marie-Françoise, [Pierre III.
b 1736.

1754, (25 nov.) Montréal.[8]
IV.—LORRAIN, Joseph, [Joseph III.
b 1728.
1° Valières, Catherine, [Antoine III.
b 1736; s[8] 7 nov. 1755.
1756, (26 janvier).[8]
2° Roussin, Catherine, [Louis III.
b 1740.

1758.
LORRAIN, Jean-Bte.
Chartran, Geneviève, [Thomas II.
b 1715.
Marie-Geneviève, b 27 janvier et s 10 fevrier 1759, à Ste-Geneviève, M.

1761, (12 janvier) St-Laurent, M.
IV.—LORRAIN, François-Amable, [Joseph III.
b 1738.
Vredon (1), Marie-Anne, [Maurice III.
b 1740.

1762, (11 janvier) Pte-aux-Trembles, M.
IV.—LORRAIN, Louis, [Pierre III.
b 1740.
Bonnier, Marie, [Jacques II.
b 1743.

1762, (26 avril) Ste-Rose.
IV.—LORRAIN, Jacques, [Jean-François III.
b 1741.
Masson, Marie-Charlotte, [Pierre III.
b 1743.

1767, (22 juin) St-Vincent-de-Paul.
IV.—LORRAIN, Antoine. [Jean-François III.
Prevost, Françoise, [Ange-François III.
b 1749.

1769, (16 oct.) Longue-Pointe.
IV.—LORRAIN, Hubert, [Charles III.
b 1747.
Robin (2), Marie-Joseph, [Jacques II.
b 1753.

LORRAIN, Basile.
Jetté, Therèse. [Urbain III.
Louis-Thadée, b 3 mars 1771, à Repentigny.

1770, (28 mai) Longue-Pointe.
IV.—LORRAIN, Charles, [Pierre III.
b 1747.
Simon (3), Marie-Marguerite, [Louis III.
b 1742.

(1) Et Verdon.
(2) Elle épouse, le 2 février 1778, André Paschal, à la Longue-Pointe.
(3) Dit Léonard.

V.—LORRAIN, Pierre-Amable, [Pierre IV.
b 1754.
1° Martineau, Marie.
1780, (7 février) Longue-Pointe.
2° Dufresne, Archange, [Antoine IV.
b 1754.

LORRAIN, François,
maitre-chaudronnier.
Carpentier, Marie-Anne.
Charles-Denis, b 10 août 1777, au Détroit[1]; s[8] 9 février 1778.

LORRIN.—Voy. Lorrain.

LORSIL.—Voy. Loisel.

LORTA.—Voy. Lortan.

LORTAN.—*Variation et surnom :* Lorta—Chevalier.

1752, (10 avril) Québec.[3]
I.—LORTAN (1), Thomas, fils d'Edme et de Gabrielle Bouffard, de Gemmes, diocèse d'Autun, Bourgogne.
Marmet, Marie-Françoise, [Jean I.
b 1734.
Anonyme, b[3] et s[3] 15 nov. 1752.—*Anonyme*, b[3] et s[3] 24 sept. 1755.

LORTIE.—Voy. Laurent.

LORTY.—Voy. Laurent.

1670.
I.—LORY (2), François,
b 1646; s 6 janvier 1702, à Lachine.[8]
1° Parement, Pérette,
b 1646.
1685, (29 janvier).[3]
2° LeGros (3), Therèse, [Antoine I.
b 1671.
Martin, b 1686; m 13 janvier 1723, à Françoise Charbonneau, à Montréal[7]; s[7] 20 avril 1728.

1698, (4 nov.) Lachine.[7]
II.—LORY (2), François, [François I.
b 1671; s 2 février 1703, à Montréal.[8]
Beaune, Marie-Anne, [Jean I.
b 1678.
Madeleine, b[7] 9 août 1699; m[8] 10 juin 1719, à Gabriel Barbeau; s 11 mai 1771, à St-Constant. — *Martin*, b 1700; m[8] 13 janvier 1723, à Françoise Charbonneau; s[8] 20 avril 1728. — *Suzanne*, b[7] 31 oct. 1701; m 26 avril 1719, à Marien Bau, à Boucherville.

(1) Et Lorta dit Chevalier; soldat de la marine (Procès-verbaux).
(2) Voy. vol. I, p. 398.
(3) Dit Laviolette.

1723, (13 janvier) Montréal.[6]

II.—LORY, Martin, [François I.
b 1700; s[6] 20 avril 1728.
Charbonneau, Françoise, [Jean I.
b 1700; veuve de Jacques Suier; s[6] 7 août 1736.

LORYOT.—Voy. Loriot.

LOSET.—Voy. Lauzet.

LOT.—*Surnom :* St. André.

I.—LOT (1), Jean, b 1678, caporal; de St-André, Bordeaux; s 25 janvier 1748, à Montreal.

LOTHAINVILLE.—Voy. Chesnay.—Lagarenne—Lemaitre.

LOTHMAN.—Voy. Barrois—Lootman.

I.—LOTILIEZ, Ambroise, b 1711; s 26 déc. 1735, à Quebec.

LOTINVILLE.—Voy. Chesnay — Lagarenne—Lemaitre.

LOTMAN.—Voy. Barrois.

1762, (1er fevrier) Ste-Foye.

I.—LOUBERT, Pierre, b 1735; fils de Blaise et de Marie Maquère, de Vicfaisonzac, diocèse d'Auch, Gascogne.
Landry, Euphrosine, [Joseph I.
Acadienne.
Froisie, b 7 déc. 1762, à Deschambault.[4] —*Marguerite,* b[4] 29 sept. 1764.

LOUBET.—*Surnom :* Toulouse.

1761, (7 janvier) Varennes.

I.—LOUBET (2), Philippe, fils de Jean et de Marie Furère, de St-Etienne, diocèse de Toulouse, Languedoc.
Delpée-Pariseau, Louise, [François IV.
b 1727; veuve de Joseph-Ferdinand Lebrun.

1727, (18 janvier) Québec.[3]

I.—LOUBIER, Joseph, b 1699, sergent; fils d'Antoine et de Catherine Coutron, de St-Pierre, diocèse de Cahors, Guienne.
Gatien, Louise-Françoise, [Pierre I.
b 1696; s[3] 16 avril 1789.
Joseph, b[3] 6 nov. 1727; m 5 février 1759, à Agathe Rémillard, à St-Valier.—*Charles-Louis,* b[3] 14 oct. 1729; s[3] 23 juin 1730.—*Marie-Louise,* b[3] 27 août 1731; s[3] 9 mai 1733.—*Charlotte,* b[3] 9 mars 1733; m[3] 8 juillet 1754, à Marc-Antoine Desperonel.—*Etienne,* b[3] 9 déc. 1734.—*Marie,* b[3] 18 août 1736.—*Marie-Catherine,* b[3] 7 dec. 1737; s[3] 1er mars 1739.—*Marie-Louise,* b[3] 28 avril 1739.—*Elisabeth-Françoise,* b[3] 21 juillet 1740; s[3] 16 mai 1743.—*Marie-Geneviève,* b[3] 24 août 1742; s[3] 22 janvier 1744.—*Marie-Geneviève,* b[3] 3 sept. 1745; s[3] 7 nov. 1747.

1759, (5 février) St-Valier.[4]

II.—LOUBIER, Joseph, [Joseph I.
b 1727.
Rémillard, Agathe, [Etienne II.
b 1732.
Joseph, b[4] 24 nov. 1759; s[4] 16 avril 1761.—*Godfroid,* b[4] 17 et s[4] 25 février 1761.—*Joseph,* b 23 février 1764, à Québec.

1707, (15 juillet) Québec.[5]

I.—LOUET, Jean-Claude, b 1681; fils de Jean et de Catherine Thierry, de St-Maclou, Rouen, en Normandie; s[5] 28 juillet 1739.
Morin, Anne,
b 1668; veuve de René Deneau; s[5] 12 août 1745.
Charles-François, b[5] 11 mai 1708.—*Marie-Louise,* b[5] 18 déc. 1710; s[5] 9 mars 1719.—*Jean-Claude,* b 1712; 1° m[5] 16 fevrier 1733, à Thérèse Willis; 2° m[5] 24 mai 1747, à Marie-Anne Lacoudray.—*Marguerite,* b[5] 29 mai et s[5] 21 sept. 1714.

1733, (16 fevrier) Québec.[6]

II.—LOUET (1), Jean-Claude, [Jean-Claude I.
b 1712.
1° Willis, Thérèse, [Jean I.
b 1711; s[6] 5 avril 1746.
Jean-Claude, b[6] 12 mars 1733.—*Charles,* b[6] 29 août 1734.—*Marie-Thérèse,* b[6] 12 juin 1736.—*Marie-Anne,* b[6] 7 dec. 1738; s[6] 28 février 1743.—*Augustin,* b[6] 21 avril et s 9 nov. 1741, au Cap-St-Ignace.—*François,* b[6] 27 nov. 1742; s[6] 2 mai 1744. — *Marie-Anne,* b[6] 18 août 1744. — *Joseph-Marie,* b[6] 28 nov. 1745; s[6] 27 nov. 1746.
1747, (24 mai).[6]
2° Lacoudray, Marie-Anne, [Jean-Bte I.
b 1706.

LOUINEAU.—Voy. Louineaux.

LOUINEAUX.—*Variations et surnom :* Juneau—Laineau — Louineau — Louis — Luneau—DeVillefort.

1673, (2 oct.) Québec.[7]

I.—LOUINEAUX (2), Pierre,
b 1645; s[7] 22 mars 1711.
1° Fléchet, Anne, fille de Jean et d'Anne Pageot, de St-Sauveur, diocèse de Langres, Champagne.
1678, (28 avril) Ste-Famille, I. O.
2° Breval, Marie,
b 1654; veuve de Charles Séguin; s[7] 17 fevrier 1716.

(1) Dit St. André.
(2) Dit Toulouse; soldat de la compagnie de Manneville.

(1) Notaire et écrivain du roi; greffier de l'amirauté, 1744.
(2) Voy. vol. I, p. 399.

1699, (16 février) Québec. [8]
II.—LOUINEAUX (1), PIERRE, [PIERRE I.
b 1679 ; s [8] 3 février 1718.
BISSON, Pauline, [RENÉ I.
b 1674.
Pierre, b [8] 20 août 1707 ; s 28 juillet 1774, à St-Cuthbert.—*Marie-Louise*, b [8] 15 nov. 1709 ; s [8] 17 mars 1710.—*Gabriel*, b 1711 ; m 1745, à Madeleine LAFORGE.—*Jean-Louis*, b [8] 28 mai 1713 ; m [8] 9 janvier 1747, à Marie-Joseph DUBOIS.—*Louise-Apolline*, b [8] 8 oct. 1715 ; m [8] 18 nov. 1737, à Louis LAURENT ; s [8] 3 oct. 1743.

1713, (24 avril) Québec. [9]
II.—LOUINEAUX, ANDRÉ, [PIERRE I.
b 1681.
SAVARIA, Suzanne, [JACQUES I.
b 1689.
Marie-Catherine, b [9] 10 et s [9] 27 sept. 1714.—*Joseph*, b 9 juin 1716, à Beauport.—*Ambroise*, b [9] 20 mai 1718 ; s 3 février 1733, à Montréal.—*Pierre*, b [9] 18 février 1721.—*Louise*, b [9] 6 et s [9] 21 février 1724.—*Suzanne-Marguerite*, b [9] 18 juillet 1725.—*Jean-Louis*, b [9] 25 août 1727 ; s [9] 13 oct. 1728.—*Jean-Louis*, b [9] et s [9] 20 sept. 1729.—*Louise*, b [9] 12 juin 1730 ; s [9] 21 sept. 1734.—*Marie-Louise*, b [9] 9 avril 1733 ; m [9] 22 juillet 1754, à Louis-Dominique PAMPALON.

1714, (12 février) Québec. [4]
II.—LOUINEAUX, HENRI, [PIERRE I.
b 1690 ; navigateur ; s [4] 24 mars 1761.
LAMBERT, Marie-Louise, [AUBIN I.
b 1681 ; s [4] 9 mai 1761.
Henri, b [4] 23 nov. 1714 ; s [4] 24 janvier 1715.—*Henri*, b [4] 12 avril 1716 ; m 1736, à Hélène CHIASSON.—*Pierre*, b [4] 13 oct. 1718.—*Jean-Marie*, b [4] 2 mars 1721 ; m 12 janvier 1757, à Marie-Louise MALOUIN, à Beauport.—*Louise-Geneviève*, b [4] 1er février 1723 ; s [4] 17 février 1724.—*Joseph*, b [4] 6 janvier 1724 ; s [4] 27 sept. 1735.—*Geneviève*, b... 1° m [4] 1er mars 1745, à Jean-Baptiste CAIN ; 2° m [4] 7 janvier 1752, à Louis-Joseph LÉVEILLÉ.—*Marie-Catherine*, b [4] 26 mai 1727.—*Joseph*, b 1729 ; m [4] 22 août 1752, à Marie CHEFDEVILLE.

1727, (27 juillet) Québec. [2]
III.—LOUINEAUX (2), JEAN-BTE, [PIERRE II.
b 1704 ; navigateur.
MOTTÉ, Marie-Liesse, b 1709 ; fille de Nicolas et de Jeanne Bernard, de St-Pierre, diocèse de Rheims, Champagne.
Jean-Baptiste, b [2] 26 mai et s [2] 27 août 1728.—*Jean-François*, b [2] 17 juin et s [2] 18 août 1729.—*Marie-Anne*, b [2] 16 oct. 1730 ; s [2] 17 juin 1731.—*Alexis-Ignace*, b [2] 5 mai 1732.—*Henri*, b [2] 26 nov. 1733 ; s [2] 20 mai 1738. — *Marie-Geneviève*, b [2] 23 mars 1735. — *Jean-François*, b [2] 7 et s [2] 15 oct. 1737.—*Louise*, b [2] 7 mai 1739 ; s [2] 21 sept. 1740.—*Jacques*, b [2] 19 sept. 1740. — *Claude*, b [2] 6 janvier 1742 ; m 1767, à Marie-Françoise BÉRARD.—*Louis*, b 1743 ; m 21 janvier 1765, à Marie BRISSET, à l'Ile-Dupas. — *Jean*, b... s 17 nov. 1750, à Montréal.

(1) Voy. vol. I, p. 399.
(2) Et Luneau.

1736.
III.—LOUINEAUX, HENRI, [HENRI II.
b 1716.
CHIASSON, Hélène, [MICHEL I
b 1711 ; veuve de François Gaudreau.
Pierre-Henri, b 1737 ; s 27 juillet 1738, à St-Thomas. [5] — *Madeleine*, b [5] 22 avril 1739 ; m 23 oct. 1758, à Pierre COLIN, à St-François-du-Sud. [4] — *Marie-Joseph*, b [4] 6 juin et s [4] 6 sept. 1742.—*Marie-Geneviève*, b [4] 5 juillet 1743. — *Jean-Baptiste*, b [4] 11 mai 1747 ; m 11 oct. 1773, à Marie-Charlotte CHARPENTIER, à St-Henri-de-Mascouche. *Marie-Marguerite*, b 14 nov. 1748, à St-Valier.—*Michel-Henri*, b [4] 10 juin 1751. — *Joseph-Marie*, b [4] 24 avril et s [4] 5 mai 1753.

1745.
III.—LOUINEAUX, GABRIEL, [PIERRE II.
b 1711.
LAFORGE, Madeleine.
Victor, b 28 sept. 1746, à Québec. [4] — *Angélique*, b [4] 19 mars 1749.

1747, (9 janvier) Québec. [2]
III.—LOUINEAUX (1), JEAN-LOUIS, [PIERRE II.
b 1713 ; navigateur.
DUBOIS, Marie-Joseph, [JEAN I.
b 1699 ; veuve de Claude Cliche.
Jean-Baptiste-Toussaint, b [2] 1er nov. 1747.

1752, (22 août) Quebec. [4]
III.—LOUINEAUX, JOSEPH, [HENRI II.
b 1729.
CHEFDEVILLE (2), Marie-Michelle, [JACQUES II
b 1722 ; s [4] 19 juillet 1787.
Marie-Joseph, b [4] 20 août et s 1er dec. 1753, à Lévis.—*Marie-Angélique*, b [4] 5 sept. 1754 ; s [4] 26 août 1755. — *Marie-Louise*, b 8 nov. et s 6 déc. 1760, à Yamachiche.

1757, (12 janvier) Beauport [3]
III.—LOUINEAUX (3), JEAN-MARIE, [HENRI II.
b 1721.
MALOUIN, Marie-Louise, [LOUIS I
b 1736.
Jean-Marie, b [3] 9 oct. 1756.—*Marie-Anne*, b 21 juin et s 14 juillet 1758, à Quebec. [4] — *Marie-Louise*, b [4] 30 mars et s [3] 16 mai 1760.— *Jean*, b [4] 31 janvier 1762. — *Marie-Louise*, b [4] 25 mai 1764.

1765, (21 janvier) Ile-Dupas.
IV.—LOUINEAUX (3), LOUIS, [JEAN-BTE III.
b 1743.
BRISSET, Marie [MELCHIOR III.

(1) Baron de Villefort—Appelé Jean-Baptiste Louis au baptême de son fils—Aussi appelé Laneau.
(2) Aussi appelée Dechenneville dit Lagarenne.
(3) Et Luneau.

1767.

IV.—LOUINEAUX, Claude, [Jean-Bte III.
b 1742.
Bérard (1), Marie-Françoise.
Claude, b 1768 ; m 22 nov. 1790, à Marie-Anne Collin, à St-Cuthbert.[4] — *Joseph-Magloire*, b[4] 9 mai 1771 ; m[4] 10 fevrier 1794, à Marie-Marthe Giguère. — *Marie-Félicité*, b[4] 22 juillet 1774.— *Louis-Amable*, b[4] et s[4] 29 déc. 1778. — *Marie-Constance*, b[4] 23 nov. 1780.

1773, (11 oct.) St-Henri-de-Mascouche.

IV.—LOUINEAUX (2), Jean-Bte, [Henri III.
b 1747.
Charpentier, Marie-Charlotte, [Gabriel II.
b 1752.

1790, (22 nov.) St-Cuthbert.[9]

V.—LOUINEAUX (3), Claude, [Claude IV.
b 1768.
Collin, Marie-Anne. [Gabriel.
Anonyme, b[9] et s[9] 29 mars 1792. — *Marie-Anne*, b[9] 9 mars 1793. — *Marie-Pélagie*, b[9] 30 mars et s[9] 10 août 1795.

1794, (10 février) St-Cuthbert.

V.—LOUINEAUX, Jos.-Magloire, [Claude IV.
b 1771.
Giguère, Marie-Marthe, [Augustin III.
b 1765.

LOUIS. — *Variations et surnoms :* Laineau — Louineaux—De Villefort—St. Louis.

1738, (24 nov.) Québec.[7]

I.—LOUIS (4), Thierry, b 1704, maitre-forgeron ; fils de Jean et d'Anne Florence, de St-Medard, Paris.
Cluseau (5), Madeleine, [Jean I.
b 1714.
Jean-Louis, b[7] 25 et s[7] 29 nov. 1739.—*Louise*, b 1740. — *Marie-Madeleine*, b[7] 18 avril 1741. — *Marie-Anne-Louise*, b[7] 13 nov. 1742. — *Charles*, b[7] 22 juillet et s[7] 6 août 1745.—*Charles*, b[7] 6 et s[7] 27 janvier 1747.—*Marie-Marguerite*, b[7] 2 mai 1748.

LOUIS, Jean-Bte.—Voy. Louineaux, 1747.

LOUISMET.—*Surnom :* Laiguille.

1757, (7 fevrier) Quebec.

I.—LOUISMET (6), Jean, fils de Gilles et de Cecile Dupuis, de St-Eloi, Dunkerque, en Flandre.
Marquet, Marie-Cath.-Agathe, [François I.
b 1723 ; veuve de Jean-Claude Gaugly.

(1) Dit Lepine.
(2) Et Luneau.
(3) Marié Luneau.
(4) Et St. Louis, recensement de 1744, No. 702.
(5) Dit Loranger.
(6) Dit Laiguille ; soldat d'Herbin.

LOUP.—*Variations et surnoms :* Loupe—Wolf —Wolfe—Polonais—Polonaise.

1687, (25 nov.) Québec.

I.—LOUP (1), André,
b 1659 ; navigateur ; s 30 juin 1719, à St-Thomas (noye).
Staims (2), Marie, [Georges I.
b 1672.

LOUPE.—*Variation et surnom :* Loup— Rochelet.

1733, (11 août) Chambly.[8]

I.—LOUPE (3), François, fils d'Antoine et de Marguerite Demaison, de St-Sauveur, diocèse de LaRochelle, Aunis.
1° Poyer (4), Thérèse, [Jacques I.
b 1717.
Thérèse, b... m[8] 12 janvier 1756, à Théodore Chartier. — *Jacques*, b 1734 ; m 20 nov. 1758, à Marie-Anne Bigeot, à Montréal.
1748, (1er juillet).[8]
2° Bourdeau (5), Marie-Françoise, [Isaac I.
b 1716 ; s[8] 23 oct. 1756.
Marie-Joseph, b[8] 3 et s[8] 18 juillet 1749.— *Marguerite-Antoinette*, b[8] 31 oct. 1752 ; s[8] 11 nov. 1755. — *Marie-Louise*, b[8] 29 mars 1755. — *Marie-Anne*, b[8] 19 oct. 1756.

1758, (20 nov.) Montréal.

II.—LOUPE (3), Jacques, [François I.
b 1734.
Bigeot-Raymond, Marie-Anne, [René I.
b 1737.
Ignace, b 31 août 1759, à Chambly.

1764, (9 janvier) Baie-St-Paul.[4]

I.—LOUPRET, Jean-Bte. fils de Joseph et de Thérèse Labastue, de St-Seve, diocèse d'Aine, Gascogne.
Tremblay, Marie-Madeleine, [Jean IV.
b 1745.
Jean-Baptiste-Denis, b[4] 27 mars et s[4] 9 mai 1764.—*Marie-Véronique*, b[4] 25 janvier 1766 ; s[4] 15 avril 1773. —*Jean-Denis-Saturnin*, b[4] 18 oct. 1767.—*Marie-Félicité*, b[4] 6 août 1770. — *Pierre*, b[4] 23 juillet 1772.

LOURDAIN.—Voy. Lourdin.

LOURDIN.—*Variation et surnom :* Lourdain— Galand.

1748, (13 mai) Montréal.[1]

I.—LOURDIN (6), Pierre-Joseph, b 1721 ; fils de Jean et d'Anne Priscal, de St-Sebastien-de-Nancy, diocèse de Toul, Lorraine.
Serrail, Marie-Anne, [Pierre I.
b 1724.

(1) Dit Wolfe—Polonais ; voy. vol. I, p. 399.
(2) Elle épouse, le 27 oct. 1720, Joseph Caignard, à Québec.
(3) Dit Rochelet.
(4) Et Boyer dit Lapintarde.
(5) Leroux, 1752.
(6) Dit Galand ; caporal de la compagnie de Depeinseing.

Charlotte, b [1] 12 février 1749. — *Christophe*, b 1754; s 14 oct. 1755, à St-Vincent-de-Paul.— *Pierre-Joseph*, b [1] 26 août et s 3 sept. 1756, à Longueuil.

1751, (11 janvier) Québec. [8]

I.—LOUVÉ, FRANÇOIS, tailleur; fils de François et de Charlotte Lacroix, de Versaille, diocèse de Paris.

1° GUILLOT, Geneviève, [JEAN-BTE I.
b 1724.

Marie-Geneviève, b [8] 10 nov. 1751; m [8] 18 nov. 1777, à Joseph DUPONT.

1755, (23 juin). [8]

2° LAMBERT, Marie-Louise, [PIERRE II.
b 1715; veuve de Jacques Bergeron.

Pierre, b [8] 23 janvier et s [8] 1er février 1756.— *François*, b [8] 1er mars et s [8] 8 août 1757. — *Jean-François*, b [8] 13 juin 1758. — *Augustin*, b 1760; m [8] 7 février 1785, à Elisabeth PEACHY.

1785, (7 février) Québec. [1]

II.—LOUVÉ, AUGUSTIN, [FRANÇOIS I.
b 1760.

PEACHY (1), Elisabeth, [JEAN I.
b 1766; s [1] 25 janvier 1793.

1745, (4 nov.) Ste-Anne-de-la-Pocatière.

I.—LOUVEL, NICOLAS, b 1696; fils de Robert et de Marguerite Deserre, de Breuillé, Normandie; s 13 mai 1766, à la Rivière-Ouelle. [2]

BOUCHER, Anne-Frse, [FRANÇOIS-GALERAN III.
b 1702.

LOUVETEAU.—Voy. ERICHÉ—RICHER.

LOUVOIS.—*Variations et surnoms :* LAUNOIS—LAVOYE—LEROUX—ROY—ST. AMOUR.

1711, (28 nov.) Montréal. [3]

I.—LOUVOIS (2), JACQUES, b 1681; fils de Jacques et de Michelle Valton, du Voile, diocèse d'Angers, Anjou.

CÉSAR (3), Marie-Barbe, [FRANÇOIS I.
b 1679.

François, b [3] 2 sept. 1712.—*Marie-Barbe*, b 16 janvier 1714, à Verchères [4]; m 17 avril 1729, à René BAU, à Boucherville. [5] — *Marie*, b [4] 16 oct. 1715. — *Marie-Joseph*, b... m [5] 3 mai 1734, à Joseph GAUTIER. — *Isabelle*, b... m [5] 10 janvier 1735, à Pierre BOURDON. — *Marie*, b 19 mars 1718, à St-Ours. [6] — *Joseph*, b [6] 19 mars et s [6] 22 sept. 1720. — *Marie-Madeleine*, b [5] 17 janvier 1722; m [5] 9 avril 1741, à Joseph CADIEU.

1745.

I.—LOYAL (4), MICHEL,
Acadien.

DUCLOS-VALIER, Marie.

Marie-Charlotte, b 29 juillet et s 3 sept. 1746, à Québec.

(1) Et Pitchez.
(2) Dit St. Amour; soldat de la compagnie de Lacorne.
(3) LaGardelette.
(4) Venu de l'Ile-St-Jean.

LOYER.—*Surnoms :* DE LA TOUR — DESNOYERS —MENIN.

1653, (22 oct.) Québec. [7]

I.—LOYER (1), JACQUES,
b 1626; s [7] 3 juillet 1669.

SEVESTRE (2), Marie-Madeleine, [CHARLES II.
b 1639.

Gabriel, b... m 22 février 1694, à Geneviève GENDRON, à L'Ange-Gardien.

1694, (22 février) L'Ange-Gardien. [5]

II.—LOYER (3), GABRIEL, [JACQUES I.
b 1674; s 15 août 1727, à Repentigny. [6]

GENDRON, Marie-Geneviève, [PIERRE I.
b 1673.

Hélène, b 1696; m [6] 28 déc. 1715, à Pierre BOISSONNIÈRE. — *Marie-Geneviève*, b [5] 29 nov. 1697; m 23 juin 1736, à Pierre CARIGNAN, à L'Assomption.—*Marie-Anne*, b 1703; m [6] 3 oct. 1729, à Jean MAHEU.—*Jean-Baptiste*, b [6] 6 fevrier 1705; m 16 août 1734, à Marie COUVRET, à St-Laurent, M. [7] — *Gabriel*, b [6] 13 janvier 1707; 1° m [7] 9 fevrier 1728, à Marie COUVRET; 2° m [6] 16 janvier 1730, à Angelique BEAUDOIN.

1728, (9 fevrier) St-Laurent, M.

III.—LOYER, GABRIEL, [GABRIEL II.
b 1707.

1° COUVRET, Marie-Louise, [VICTOR I.
b 1702; veuve de Clément Grolier.

Jean-Marie, b 14 déc. 1728, à Repentigny [8]; m 1753, à Louise-Catherine RIVET.—*Noël-Joseph*, b 1729; m 1767, à Marie-Louise DURAND.

1730, (16 janvier). [8]

2° BEAUDOIN (4), Angelique, [GUILLAUME II.
b 1707.

Gabriel, b [8] 26 avril 1730.—*Louis*, b 25 août 1731, à L'Assomption.

1734, (16 août) St-Laurent, M.

III.—LOYER, JEAN-BTE, [GABRIEL II.
b 1705.

COUVRET, Marie-Anne, [VICTOR I.
b 1704.

Grégoire, b... m 17 sept. 1781, à Marie-Thérèse TREMBLAY, au Detroit.

1753.

IV.—LOYER, JEAN-MARIE, [GABRIEL III.
b 1728.

RIVET, Louise-Catherine, [PIERRE III.
b 1730.

Charles-Marie, b 1754; s 8 mai 1755, à Verchères.

(1) De la Tour; voy. vol. I, p. 399.
(2) Elle épouse, le 22 fevrier 1672, Louis DeNiort, à Québec.
(3) Dit Desnoyers; voy. vol. I, p 399.
(4) Aussi appelée Baudry.

LOYER (1), Jean-Baptiste,
s 16 oct. 1769, à Repentigny.[5]
Moreau (2), Marie-Charlotte.
Pierre, b [5] 3 juin 1767.

1767.

IV.—LOYER (3), Noel-Joseph, [Gabriel III.
b 1729.
Durand, Marie-Louise.
Marie-Louise, b 29 oct. 1768, à Repentigny.[4]; m[4] 25 oct. 1790, à Joseph Guelte.—*Marie-Joseph*, b[4] 1er juillet 1770; m[4] 12 janvier 1795, à Gabriel Picard. — *Marie-Thérèse*, b... m[4] 25 nov. 1793, à Jean-Bonaventure Millet.— *Marie-Marguerite*, b[4] 20 juillet 1791.

1781, (17 sept.) Détroit.[1]

IV.—LOYER (1), Grégoire. [Jean-Bte III.
Tremblay, Marie-Thérèse, [Augustin III.
b 1766.
Jean-Baptiste, b[1] 16 janvier 1784.

LOYER (4), Pierre.
Bérard, Catherine.
Marie-Anne, b 11 janvier 1795, à Repentigny.

LOYSEAU.—Voy. Loiseau.

LOZEAU.—Voy. Loiseau.

LOZON.—Voy. Lauzon.

LUANDRE.—Voy. LaBoissière.

LUBINE.—Voy. Nicolet, 1760.

1768, (5 nov.) Soulanges.

I.—LUC, Pierre,
b 1742.
Poirier (5), Isabelle, [Joseph I.
b 1740; veuve de Jacques Fouchereau.

LUCAS.—*Surnoms* : Bayonnet—DeMaubuisson—Dontigny—Francœur—Lagarde—Laviolette—Lespine — Loiseau — Renaud — St. Renand et St. Venant.

1695, (12 janvier) Champlain.[5]

II.—LUCAS (6), François, [Jacques I.
b 1658; s[5] 15 mars 1699.
Baudoin (7), Madeleine, [René I.
b 1675.
François, b[5] 6 février 1696; m[5] 27 août 1724, à Marie-Joseph Caillia.—*Alexis*, b[5] 9 août 1697.—*Michel*, b[5] 7 oct. 1699.

(1) Dit Desnoyers.
(2) Elle épouse, le 16 août 1774, Louis St. Laurent, à Repentigny.
(3) Soldat du régiment de Béarn.—Il était, le 3 avril 1759, à Longueuil.
(4) Dit Menin.
(5) Dit Desloges.
(6) Dit Dontigny; voy. vol. I, p. 400.
(7) Elle épouse, le 11 nov. 1700, Pierre Dizy, à Champlain.

1705, (19 mars) Lachine.[8]

I.—LUCAS (1), Yves, fils de François et de Marguerite Selève, de Proujané, diocèse de Laon, Ile-de-France.
1° De la Pierre, Périnne,
b 1646; veuve d'Honoré Dany; s 24 avril 1712, à Montréal.
2° Blanchard, Marie,
b 1649; veuve de Mathieu Brunet; s[8] 29 juillet 1722.

1724, (27 août) Champlain.[6]

III.—LUCAS (2), François, [François II.
b 1696.
Caillia, Marie-Joseph, [Pierre II.
b 1697; veuve de Joseph Mercereau.
François, b[6] 5 et s[6] 9 juin 1725. — *François*, b[6] 26 août 1726. — *Anonyme*, b[6] et s[6] 22 mai 1728.—*Marie-Thérèse*, b[6] 5 juillet 1729.—*Alexis*, b[6] 7 janvier 1732.—*Véronique*, b[6] 4 et s[6] 6 mai 1733.—*Alexis*, b[6] 29 janvier et s[6] 28 mai 1735.—*Françoise*, b 1740; m 1770, à Jean-Baptiste Lisée; s 10 juin 1773, à Batiscan.

1742, (17 sept.) Charlesbourg.

I.—LUCAS (3), Jacques, fils de Sipion (garde du corps de Mgr le duc d'Orléans) et de Marie-Catherine Chefdeville, de Ste-Croix-St-Ouen, Rouen, Normandie.
Alard, Marie-Joseph, [Georges II.
b 1715.
Marie-Joseph, b 24 et s 28 juin 1743, à Québec.[5]—*Louise-Antoinette*, b[5] 21 oct. 1744. — *Jacques*, b[5] 1er mai 1746.—*Charlotte*, b[5] 21 oct. 1747; s[5] 1er déc. 1748.

1746, (5 sept.) Montréal.[1]

I.—LUCAS (4), Pierre, b 1718; fils d'Etienne et de Marguerite Fontaine, de Chandée, diocèse de Séez, Normandie.
Catin, Marie-Anne, [Henri I.
b 1706; veuve de Charles Neveu.
Marie-Anne, b[1] 28 oct. et s[1] 14 nov. 1747.

1749, (24 nov.) St-Vincent-de-Paul.[2]

I.—LUCAS, Pierre, b 1684; fils de Pierre et de Marie Tregés, du diocèse d'Angers, Anjou; s[2] 17 mars 1754.
Renaud (5), Marie-Joseph, [André I.
b 1722.
Marie-Charlotte, b[2] 7 janvier 1751; m[2] 29 sept. 1766, à François Desnoyers.—*Pierre*, b[2] 3 et s[2] 4 février 1753.—*Marie-Joseph*, b[2] 12 mai 1754; s[2] 1er juillet 1755.

(1) Dit St. Renand—St. Venant.
(2) Tous ces actes sont sous le nom de Dontigny.
(3) DeMaubuisson.
(4) Dit Laviolette; soldat de la compagnie de St. Ours.
(5) Dit Desmoulins; elle épouse, le 10 avril 1758, Jacques Girard, à St-Vincent-de-Paul.

1759, (12 février) Québec.
I.—LUCAS (1), Louis, soldat; fils de Martin et de Catherine Paris, de St-Maurice-de-Nanterre, diocèse de Paris.
Buveteau, Marie-Catherine, [Charles I.
b 1740.

LUCAS, Joseph.
Bréard, Marguerite,
b 1734; s 6 février 1758, à St-Charles.

1648, (12 oct.) Montréal. [3]
I.—LUCAULT (2), Léonard,
b 1626; s [3] 18 juin 1651.
Poisson (3), Barbe,
b 1634.
Marie, b [3] 1er juillet 1650; m [3] 13 avril 1665, à René Guillerier; s [3] 22 déc. 1727.

I.—LUCE, Michel, b 1658; s 29 août 1708, à Montréal.

LUCHERON.—Voy. Ducheron, 1673.

LUCHEUX.—*Surnom :* Larose.

I.—LUCHEUX (4), Jean-Bte, b 1735; s 9 mars 1762, à St-Vincent-de-Paul.

LUCIER.—Voy. Lussier.

LUCKÉZY.—Voy. Lachézi.

1784, (7 janvier) Québec.
I.—LUDERS, Jean-Bte, fils de Jean et d'Elisabeth Swlagel, de Saolfeld, duche de Saxe, en Allemagne.
Jolin, Marie-Louise, [Joseph III.
b 1763.

LUILLIER.—Voy. Lhuillier.

LUISSIER.—Voy. Lussier.

LULLIER.—Voy. Lhuillier.

I.—LUMET, Martin.
Belin, Marguerite.
Mathieu, b... m 11 mai 1739, à Françoise Dodelin, à Varennes.

1739, (11 mai) Varennes.
II.—LUMET, Mathieu. [Martin I.
Dodelin, Françoise, [René II.
b 1691; veuve de Julien Choquet.

LUMINA.—Voy. Lumineau.

LUMINEAU.—*Variation:* Lumina.

(1) Dit Francœur.
(2) Voy. vol. I, p. 400.
(3) Elle épouse, le 19 nov. 1651, Gabriel Celles-Duclos, à Montréal.
(4) Dit Larose.

1689, (16 mai) Montréal.
I.—LUMINEAU (1), Jean,
s 1er fevrier 1733, à Ste-Anne-de-la-Pocatière. [3]
Quévillon, Marie, [Adrien I.
b 1673.
Marie-Marguerite, b 1697; 1° m 9 juin 1714, à Joseph Pelletier, à Québec; 2° m 30 mai 1723, à Jean-Baptiste Chamberlan, à Ste-Famille, I. O.; s [3] 29 juin 1726.

I.—LUMINEAU, Pierre, b... s 17 juin 1756 (2), à St-Joseph, Beauce.

LUNEAU.—Voy. Louineaux.

LUNEGANT. — *Variations et surnom:* Dunegand—Lunegand—Beaurosier.

1748, (19 fevrier) Montréal. [1]
I.—LUNEGANT (3), François, b 1723; fils de Bertrand et de Françoise Goiselout, de St-Jean, diocèse de Tréguier, Basse-Bretagne.
Ouimet (4), Louise, [Pierre II.
b 1727.
Marie-Marguerite, b [1] 12 janvier 1749.—*François*, b 1750; 1° m 31 janvier 1776, à Marie-Catherine Noiset-Bidet, à St-Louis, Mo. [2]; 2° m 8 juillet 1799, à Eugénie Jarret, à Florissant, Mo —*Charles*, b 10 oct. 1759, à Longueuil; m [2] 11 juin 1786, à Félicite Viale.

1776, (31 janvier) St-Louis, Mo.
II.—LUNEGANT (5), François, [François I.
b 1750.
1° Noiset-Bidet, Catherine, [Nicolas I.
veuve de Jean-Baptiste Langoumois.
1799, (8 juillet) Florissant, Mo.
2° Jarret, Eugenie, fille de Jean et d'Eugénie Hicks.

1786, (11 juin) St-Louis, Mo. [3]
II.—LUNEGANT (5), Charles, [François I.
b 1759.
Viale, Felicité. [Pierre.
Marie, b [3] 22 avril 1787; m 23 nov. 1803, à Pierre Bourg, à Florissant, Mo.—*Noel*, b... m..

III.—LUNEGANT (6), Noel. [Charles II.
....
Marie, b... m 29 juillet 1823, à Alexis-Hubert Bourg, à Florissant, Mo.

LUNEVILLE —Voy. George, 1757—Vary.

LUPIEN.—*Surnom :* Baron.

(1) Voy. vol. I, p. 400.
(2) Voir la lettre du P. Justinien à M. Garault, curé de St-Roch-des-Aulnets. (Reg. de St-Roch, 21 juillet 1756.)
(3) Et Dunegand dit Beaurosier; soldat de la compagnie de St. Ours; établi à St-Louis, Mo.
(4) Elle épouse, le 14 août 1763, Jean Besser, à Longueuil.
(5) Marié sous le nom de Dunegand.
(6) Et Dunegand.

1676, (16 nov.) Montréal. [4]

I.—LUPIEN (1), Nicolas,
b 1649.
Chauvin (2), Marie-Marthe, [Pierre I.
b 1662.

Pierre, b [4] 10 oct. 1683; m [4] 18 nov. 1705, à Angélique Courault.—*Marie-Anne*, b [4] 14 mars 1691; m 5 fevrier 1709, à Pierre Labrèche, aux Trois-Rivières.—*Jacques*, b 1693; m 10 janvier 1718, à Geneviève Petit-Bruno, à la Rivière-du-Loup. [5] — *Jean-Baptiste*, b 6 mai 1695, à la Pte-aux-Trembles, M.; m 8 janvier 1720, à Marie-Anne Fafart, à Sorel.—*Suzanne*, b 12 mai 1698, à Repentigny; m [5] 7 janvier 1718, à Jean-Baptiste-Bastien Vanasse.

1705, (18 nov.) Montréal. [6]

II.—LUPIEN (3), Pierre, [Nicolas I.
b 1683.
Courault (4), Angélique, [Cybar I.
b 1686.

Marie-Angélique, b [6] 1er oct. 1706.—*Marguerite*, née 12 oct. et b 29 déc. 1708, à l'Ile-Dupas —*Antoine*, b 1er mai 1711, aux Trois-Rivières [7]; 1° m 20 nov. 1741, à Geneviève Diel, au Bout-de-l'Ile, M. [8]; 2° m [6] 15 nov. 1751, à François Gervaise.—*Jean-Marie*, b [7] 11 juin 1713; m [6] 29 oct. 1743, à Elisabeth Langlois.—*Marie-Joseph*, b 1719; m [6] 7 janvier 1745, à Joseph Joliet; s [6] 20 avril 1750.—*Marie-Anne*, b 1722; m 1749, à Maurice Déry; s 24 mai 1758, à la Pointe-du-Lac.—*Jeanne*, b 1724; m [6] 28 nov. 1744, à Pierre Levasseur.—*Agathe*, b 1725; s [6] 23 nov. 1727.—*Françoise*, b 1726; m [6] 10 juin 1748, à François Diel; s [8] 9 déc. 1762.—*Louis*, b [6] 16 avril 1729.

1718, (10 janvier) Rivière-du-Loup.

II.—LUPIEN (3), Jacques, [Nicolas I.
b 1693.
Petit-Bruno, Geneviève, [Joseph II.
b 1695.

Joseph, b 1724; m 6 mai 1754, à Agathe Hus-Latraverse, à Sorel.

1720, (8 janvier) Sorel.

II.—LUPIEN (3), Jean-Bte, [Nicolas I.
b 1695.
Fafart, Marie-Anne, [François II.
b 1700.

Jean-Baptiste, b 1722; m 7 janvier 1750, à Marie-Antoinette Pinard, à Nicolet [9]; s [9] 21 mai 1769.—*Marie-Joseph*, b 1724; m à Joseph-Charles Brisset; s 9 déc. 1762, à l'Ile-Dupas.—*Louis*, b 7 nov. 1728, à la Rivière-du-Loup.

1741, (20 nov.) Bout-de-l'Ile, M.

III.—LUPIEN (3), Antoine, [Pierre II.
b 1711.
1° Diel, Geneviève, [Jacques II.
b 1719; s 29 août 1750, à Montreal. [4]

Joseph, b [4] 29 juin 1743. — *Pierre*, b [4] 19 et s [4] 26 mai 1744.—*Jacques-Antoine*, b [4] 19 mai 1745; m 7 nov. 1766, à Elisabeth Descomps-Labadie, au Detroit.— *Charles*, b [4] 10 mars 1747. — *Geneviève*, b [4] 6 mars 1748; s [4] 30 avril 1749.

1751, (15 nov.) [4]

2° Gervaise, Françoise, [Charles II.
b 1712.

1743, (29 oct.) Montréal. [1]

III.—LUPIEN (1), Jean-Marie, [Pierre II.
b 1713.
Langlois, Elisabeth, [Jacques II.
b 1727.

Marie-Angélique, b [1] 24 sept. 1744. — *Marie-Marguerite*, b [1] 27 déc. 1745. — *François*, b [1] 14 fevrier 1747; s [1] 6 juin 1748. — *Marie-Elisabeth*, b [1] 5 nov. 1748; s [1] 13 août 1749.—*Urbain*, b [1] 6 déc. 1749; s [1] 21 sept. 1750.

1750, (7 janvier) Nicolet. [7]

III.—LUPIEN, Jean-Bte, [Jean-Bte II.
b 1722; s [7] 21 mai 1769.
Pinard, Marie-Antoinette, [Antoine II.
b 1727.

Antoine, b [7] 26 février et s [7] 8 mars 1751. — *Pierre*, b [7] 15 février 1752; m [7] 1er août 1774, à Marie Clairzon.— *Marie-Louise*, b [7] 8 avril et s [7] 10 juillet 1754. — *Louise*, b... s [7] 15 mai 1755.— *Marie-Antoinette*, b [7] 7 août 1755; m [7] 7 juin 1770, à Joseph Pitre.—*Jean-Baptiste*, b [7] 17 janvier 1760; m [7] 7 fevrier 1785, à Angélique Foucault; s [7] 2 mai 1785.

LUPIEN, Joseph.
Gonneville (2), Marie-Anne.

1754, (6 mai) Sorel.

III.—LUPIEN, Joseph, [Jacques II.
b 1724.
Hus-Latraverse, Agathe, [Jean-Bte-Ant. II.
b 1732.

1774, (1er août) Nicolet.

IV.—LUPIEN, Pierre, [Jean-Bte III.
b 1752.
Clairzon, Marie.

1785, (7 fevrier) Nicolet. [8]

IV.—LUPIEN, Jean-Bte, [Jean-Bte III.
b 1760; s [8] 2 mai 1785.
Foucault (3), Angelique. [Jean-Bte IV.

LUQUÉZIE.—Voy. Lachézi.

LURET.—Voy. Hurette.

LURETTE.—Voy. Hurette.

LUSIGNAN. — Voy. Bernard — DeLusignan— Miel—Tousignan-Lapointe.

(1) Pour Baron, voy. vol. I, p. 27; voy. aussi Lupien, même vol., p 400.
(2) Elle épouse, le 29 août 1706, Jean Fleury, aux Trois-Rivières.
(3) Baron dit Lupien.
(4) Dit Lacoste.

(1) Baron dit Lupien.
(2) Elle était, le 25 juin 1786, à St-Cuthbert.
(3) Elle épouse, le 10 janvier 1791, Jean-Baptiste Desrosiers-Desilets, à Nicolet.

LUSIGNAN, Pierre.
Parant, Louise.
Marie-Louise, b 16 juillet 1744, à Québec.

LUSIGNAN, Joseph.
Chatel, Angélique.
Marie-Marguerite, b 22 oct. 1756, à Contrecœur.

1742, (3 nov.) Québec. 1
I.—LUSSAC, Jean-Bte, b 1720; fils de Jean-Baptiste et d'Anne Baronet, de St-Project, diocèse de Bordeaux.
Joly, Madeleine, [Pierre II.
b 1724; s 1 15 nov. 1747.
Jean-Baptiste, b 1 28 et s 1 31 oct. 1743.

LUSSIER.—*Variations* : Lhuissier—Lucier—Luissier—Lussyé.

1669, (30 sept.) Boucherville. 5
I.—LUSSIER (1), Jacques, b 1646; fils de Jacques et de Marguerite Darmine, de St-Eustache, Paris; s 12 juin 1713, à Sorel.
1° DelaMarche, Charlotte, fille de François et de Suzanne Bourgeois, de St-Jacques-du-Haut-Pas, Paris; s 5 15 fevrier 1671.
1671, (12 oct.) 5
2° Clérice, Catherine,
b 1653.
Pierre, b 5 23 mai 1675; m 13 sept. 1699, à Marguerite Viau, à Varennes 2; s 3 mars 1720, à Longueuil.—*Jean-Baptiste*, b 1683; m à Marie-Françoise Foisy; s 2 2 nov. 1708.

1696, (12 nov.) Varennes. 1
II.—LUSSIER (1), Christophe, [Jacques I.
b 1673.
Gautier, Catherine, [Jean I.
b 1673.
Jacques, b 17 oct. 1697, à Boucherville; m 1 17 avril 1730, à Marguerite Gautier.—*Louise*, b 1 6 juin 1702; m 1 9 oct. 1724, à Jacques Chanluc.—*Christophe*, b 1 1er juillet 1708; 1° m 12 avril 1727, à Elisabeth Guyon, à Montreal; 2° m 1758, à Angelique Duhamel.—*Marie-Anne*, b... m 1 19 août 1737, à Charles Truteau.—*Paul*, b 1 3 janvier 1711; m 11 juillet 1735, à Marie-Joseph Truteau, à Longueuil.—*Joseph*, b 1 22 août 1714; 1° m 1 11 juin 1736, à Marie Chaput; 2° m 1 2 février 1761, à Marie-Renee Dubois.

1699, (13 sept.) Varennes. 5
II.—LUSSIER (2), Pierre, [Jacques I
b 1675; s 3 mars 1720, à Longueuil. 4
Viau (3), Marguerite, [Jacques I.
b 1680.
Marie-Rose, b 5 13 déc. 1700; s 4 17 mars 1719.—*Marie-Jeanne*, b 5 8 sept. 1702; m 4 12 août 1720, à Charles Patenote.—*Nicolas*, b 4 15 juin 1706; m 4 9 février 1733, à Françoise Bouteiller; s 4 16 janvier 1752.—*Marie-Catherine*, b 4 2 sept. 1708; m 4 5 nov. 1731, à Charles Edeline; s 4 15 avril 1750.—*Pierre*, b 4 12 et s 4 16 nov. 1710.—*Jacques*, b 4 6 et s 4 8 avril 1712.—*Marie-Angélique*, b 1715; m 4 9 nov. 1731, à François Bouteiller; s 4 23 mai 1750.—*Madeleine-Thérèse*, b 4 3 s 4 10 juin 1716.—*Marie-Louise*, b 4 28 avril 1718; m 4 12 janvier 1739, à Louis Dufaut.—*Madeleine-Thérèse*, b... m 4 23 juin 1755, à Joseph Grou.

(1) Voy. vol. I, p. 400.

(2) Voy. vol. I, pp. 400 et 401.

(3) Elle épouse, le 22 janvier 1722, François Bouteiller, à Longueuil.

1702, (10 juillet) Varennes. 1
II.—LUSSIER, Jacques, [Jacques I.
b 1678.
Senécal, Marie, [Nicolas II.
b 1685.
Jean-Baptiste, b 1 5 avril 1703; m 1 6 juin 1729, à Anne Choquet.—*Marie*, b 1 26 mars 1705; m 1 18 juin 1736, à Joseph Choquet.—*Catherine*, b 1 13 août 1706; m 1 11 janvier 1726, à Michel Bissonnet.—*Marguerite*, b 1 22 avril 1708; s 1 27 oct. 1727.—*Marie-Charlotte*, b 1 17 janvier 1710; m 25 janvier 1768, à Jean-Baptiste Deguire, à St-Michel-d'Yamaska.—*Marie-Louise*, b 1 29 août et s 1 2 sept. 1711.—*Geneviève*, b 1 6 nov. 1712; 1° m 1 24 avril 1739, à Jean-Baptiste Dodelin; 2° m 1 8 janvier 1753, à Jean-Baptiste Desjardins.—*Pétronille*, b 1 6 et s 1 30 mai 1714.—*Louis*, b 1716; m 1er déc. 1741, à Marie-Anne Meunier, à Boucherville. 8—*Jacques*, b 1720; m 8 13 janvier 1744, à Marie-Anne Levron.—*Pierre-Simon*, b 1724; m 1750, à Madeleine Meunier.—*Etienne*, b 1 12 juillet 1726; m 8 12 janvier 1750, à Ursule Favreau.

II.—LUSSIER, Jean-Bte, [Jacques I.
b 1683; s 2 nov. 1708, à Varennes. 4
Foisy, Marie-Françoise, [Martin I.
b 1688.
Jacques, b 1706; m 1727, à Marie-Joseph Labetolle.—*Jeanne*, b 4 et s 4 28 juillet 1707.—*Marie-Jeanne*, b 14 mars 1709, à Verchères; m 1727, à Augustin Desranlot.

II.—LUSSIER (1), François, [Pierre-Gatien I.
b 1684.
1° Leduc, Agathe, [Charles II.
b 1693.
Louis, b 20 déc. 1720, à Montréal 4; s 4 21 mars 1721.

1727, (12 avril) Montréal.
III.—LUSSIER, Christophe, [Christophe II.
b 1708.
1° Guyon, Elisabeth, [Joseph IV.
b 1711.
Joseph, b 1728; m 10 février 1755, à Marie-Angélique Lemaire, à Verchères 4—*Marie-Anne*, b 1730; m 18 fevrier 1765, à Jean Potvin, à St-Michel-d'Yamaska. 5—*Marie-Charlotte*, b 1732, m 5 25 janvier 1768, à Jean-Baptiste Deguire.—*Michel*, b 1734; m 1769, à Marie-Louise Brière.—*Jean-Baptiste*, b 4 9 oct. 1751; m 5 11 fevrier 1772, à Marie-Catherine Fontaine.—*Pierre-Ama-*

(1) Son nom est François-Lucien Gatien; voy. vol. IV, p. 184.

…le, b 4 10 juin 1753; m 5 8 nov. 1773, à Elisabeth Carry.

1758.

2° Duhamel (1), Angélique, [Thomas II.
b 1735.

Pierre-Christophe, b 4 19 oct. 1759. — *Agathe*, b 4 14 déc. 1761.

1727.

III.—LUSSIER, Jacques, [Jean-Bte II.
b 1706.

LaBetolle (2), Marie-Joseph, [Simon I.
b 1706; s 15 sept. 1728, à Verchères. 4

Marie-Joseph, b 1727; m 4 4 mai 1744, à Georges Jarry. — *Jacques*, b 1728; m 1759, à Madeleine Chagnon.

1729, (6 juin) Varennes. 4

III.—LUSSIER, Jean-Bte, [Jacques II.
b 1703.

Choquet, Anne, [Nicolas II.
b 1710.

Gabriel, b 1730; m 4 12 janvier 1761, à Angélique Bossu. — *Marie*, b... m 4 28 avril 1761, à Pierre Desjardins. — *Joseph*, b 1741; m 4 10 février 1766, à Cecile Forgues.

1730, (17 avril) Varennes.

III—LUSSIER, Jacques, [Christophe II.
b 1697.

Gautier, Marguerite, [Jacques I.
b 1700.

1733, (9 fevrier) Longueuil. 4

III.—LUSSIER, Nicolas, [Pierre II.
b 1706; s 4 16 janvier 1752.

Boutellier (3), Marie-Françoise, [François I.
b 1710.

Marie-Françoise-Amable, b 4 20 nov. 1734; m 4 5 février 1753, à Etienne Achin.—*Joseph-Amable*, b 4 14 sept. 1736; s 4 16 déc. 1737. — *Nicolas*, b 4 30 oct. 1739; m 4 8 janvier 1759, à Marie-Madeleine Lajeunesse. — *François-Ambroise*, b 4 14 nov. 1744; m 6 nov. 1769, à Agnès Charbonneau, à Varennes. — *Antoine*, b 4 21 mars 1747; s 4 7 juillet 1748.—*Marie-Joseph*, b 4 21 juin 1750; s 4 6 avril 1751.

1735, (11 juillet) Longueuil.

III.—LUSSIER, Paul, [Christophe II.
b 1711.

Truteau, Marie-Joseph, [Charles II.
b 1717.

Marie-Joseph, b 1736; m 10 janvier 1757, à Thomas Colet, à Varennes. 4 — *Christophe*, b 1737; m 5 février 1759, à Marie-Renée Desmarets, à Verchères. — *Marie-Madeleine*, b 1739; 1° m 4 22 janvier 1759, à Jean-Baptiste Godu; 2° m 4 31 août 1761, à Charles Loiseau.—*Charlotte*, b 1741; m 4 14 février 1763, à Jean-Baptiste Prevost. — *Paul*, b 1743; m 4 3 oct. 1763, à Marie-Joseph Fontaine. — *Louis*, b 1746; m 4 7 août 1769, à Madeleine Langevin.

1736, (11 juin) Varennes. 7

III.—LUSSIER, Joseph, [Christophe II.
b 1714.

1° Chaput, Marie, [Nicolas II.
b 1716.

Marie-Joseph, b 1737; m 7 22 janvier 1759, à Joseph Mongeau.—*Marie-Archange*, b 1738; m 7 22 janvier 1759, à Alexandre LeBrodeur.—*Charlotte*, b 1740; m 7 12 janvier 1761, à Joseph Brunel. — *Angelique*, b 1741; m 7 17 janvier 1763, à Christophe LeBrodeur.—*Joseph*, b 1743; m 7 3 oct. 1768, à Marie-Louise Girard.

1761, (2 fevrier). 7

2° Dubois, Marie-Renée, [Joseph II.
b 1729; veuve d'Antoine Girard.

1741, (1er dec.) Boucherville. 3

III.—LUSSIER, Louis, [Jacques II.
b 1716.

Meunier-Lapierre, Marie-Anne, [Jacques II.
b 1722.

Marie-Anne, b 1742; m 28 oct. 1765, à Jacques Dodelin, à Varennes. — *Louis*, b 1743; m 3 12 fevrier 1770, à Monique Leriche. — *Michel*, b 1744; m 3 2 mars 1772, à Victoire Deline. — *Marie-Joseph*, b 1746; m 3 27 juillet 1772, à Antoine Chauvin.

1744, (13 janvier) Boucherville.

III.—LUSSIER, Jacques, [Jacques II.
b 1720.

Levron, Marie-Anne, [Joseph II.
b 1727.

1750.

III.—LUSSIER, Pierre-Simon, [Jacques II.
b 1724.

Meunier, Madeleine, [François II.
b 1730.

Marie-Marguerite, b 24 avril 1751, à Verchères. 4 — *Pierre-François*, b 4 16 oct. 1753.— *Jean-Baptiste*, b 4 19 oct. 1755. — *Marie-Madeleine*, b 4 27 mai 1759.

1750, (12 janvier) Boucherville. 4

III.—LUSSIER, Etienne, [Jacques II.
b 1726.

Favreau, Ursule, [Nicolas II.
b 1727.

Etienne, b 1750; m 4 23 nov. 1772, à Marie-Joseph Bourdon.

1755, (10 février) Verchères. 4

IV.—LUSSIER, Joseph, [Christophe III.
b 1728.

Lemaire, Marie-Angélique, [Louis II.
b 1733.

Antoine, b 4 18 avril 1759. — *Joseph-Marie*, b 4 17 nov. 1760.—*Marie-Catherine*, b 11 avril 1764, à St-Michel-d'Yamaska.

(1) Dit Sansfaçon.
(2) Dit Limousin.
(3) Elle épouse, le 14 avril 1755, Jean-Baptiste Deniau, à Longueuil.

1759.
IV.—LUSSIER, JACQUES, [JACQUES III.
b 1728.
CHAGNON, Madeleine, [LOUIS II.
b 1739.
Marie-Madeleine, b 13 nov. 1759, à Verchères.

1759, (8 janvier) Longueuil.[4]
IV.—LUSSIER, NICOLAS, [NICOLAS III.
b 1739.
LAJEUNESSE, Madeleine, [JEAN-BTE II.
b 1736.
Nicolas, b [4] 24 juillet et s [4] 2 sept. 1760.—*Jean-Baptiste,* b [4] 28 août et s [4] 6 sept. 1761.

1759, (5 février) Verchères.
IV.—LUSSIER, CHRISTOPHE, [PAUL III.
b 1737.
DESMARETS, Marie-Renée, [PIERRE IV.
b 1741.

1761, (12 janvier) Varennes.
IV.—LUSSIER, GABRIEL, [JEAN-BTE III.
b 1730.
BOSSU (1), Angélique, [AUGUSTIN II.
b 1741.

1763, (3 oct.) Varennes.
IV.—LUSSIER, PAUL, [PAUL III.
b 1743.
FONTAINE, Marie-Joseph, [JOSEPH IV.
b 1749.

1766, (10 fevrier) Varennes.
IV.—LUSSIER, JOSEPH, [JEAN-BTE III.
b 1741.
FORGUES (2), Cécile, [PIERRE-JOSEPH III.
b 1743.
Marie-Geneviève, b 3 juillet 1771, à St-Cuthbert.

1768, (3 oct.) Varennes.
IV.—LUSSIER, JOSEPH, [JOSEPH III.
b 1743.
GIRARD, Marie-Louise, [ANTOINE III.
b 1751.

1769, (7 août) Varennes.
IV.—LUSSIER, LOUIS, [PAUL III.
b 1746.
LANGEVIN, Madeleine, [MICHEL III.
b 1747.

1769, (6 nov.) Varennes.
IV.—LUSSIER, FRS-AMBROISE, [NICOLAS III.
b 1744.
CHARBONNEAU, Agnès, [JACQUES III.
b 1745.
Jean-Baptiste, b... m 21 juillet 1812, à Julie DORLAC, à St-Charles, Mo.

(1) Dit Lionais.
(2) Dit Monrougeau.

IV.—LUSSIER, MICHEL, [CHRISTOPHE III.
b 1734.
BRIÈRE, Marie-Louise.
Jean-Baptiste-Joseph, b 19 mars 1770, à St-Michel-d'Yamaska.

1770, (12 février) Boucherville.
IV.—LUSSIER, LOUIS, [LOUIS III.
b 1743.
LERICHE, Monique, [FRANÇOIS II.
b 1746.

LUSSIER, JOSEPH.
MONGEAU, Elisabeth.
Geneviève, b 1771 ; s 6 déc. 1772, à l'Ile-Dupas.

1772, (11 février) St-Michel-d'Yamaska.
IV.—LUSSIER, JEAN-BTE, [CHRISTOPHE III.
b 1751.
FONTAINE, Marie-Catherine, [ETIENNE IV
b 1749.

1772, (2 mars) Boucherville.
IV.—LUSSIER, MICHEL, [LOUIS III.
b 1744.
DELINE, Victoire, [FRANÇOIS III.
b 1753.

1772, (23 nov.) Boucherville.
IV.—LUSSIER, ETIENNE, [ETIENNE III.
b 1750.
BOURDON, Marie-Joseph, [JOSEPH III
b 1752.

LUSSIER, JEAN-BTE.
DESJARDINS, Marie.
Amable, b... m 14 janvier 1793, à Thérèse TROYES, à Repentigny.

1773, (8 nov.) St-Michel-d'Yamaska.
IV.—LUSSIER, AMABLE, [CHRISTOPHE III.
b 1753.
CARRY, Elisabeth, [JOSEPH II.
b 1759.
Antoine, b... m 7 juillet 1812, à Helène BAUDOIN, à Florissant Mo.

LUSSIER, JEAN-BTE.
GOULET, Louise, [PIERRE IV.
b 1744.
Marie, b... m 7 juillet 1793, à François COTE, à Quebec.

1793, (14 janvier) Repentigny.[5]
LUSSIER, AMABLE. [JEAN-BTE.
TROYES, Thérèse. [CLAUDE II.
Anonyme, b [5] et s [5] 18 mars 1795.

1812, (7 juillet) Florissant, Mo.
V.—LUSSIER, ANTOINE. [AMABLE IV.
BAUDOIN (1), Helène. [JEAN-BTE.
Hélène, b... m 15 février 1831, à Andre JOURDAIN, à St-Charles, Mo.

(1) Et Bodois.

1812, (21 juillet) St-Charles, Mo.
I.—LUSSIER, JEAN-BTE. [FRS-AMBROISE IV.
DORLAC, Julie, [FRANÇOIS.
b 1790 ; veuve de Toussaint Serré.

LUSSIER, ETIENNE, b... s 6 mars 1853, à St-Paul-de-Wallamette.

LUSSYÉ.—Voy. LUSSIER.

LUTON.—*Surnoms :* BONVOULOIR—LAJEUNESSE.

I.—LUTON (1), GILLES, b 1628 ; s 6 oct. 1723, à Montréal.

I.—LUTON (2), JEAN.

LYDIUS.—*Surnom :* HENRI.

1727, (17 février) Montréal. [4]
I.—LYDIUS (3), JEAN-HENRI, fils de Louis (ministre d'Orange) et de ....
MASSÉ, Geneviève-Agathe. [MARTIN I.
Elisabeth-Gertrude-Sara, b [4] 27 février 1728.—*Jean-Louis*, b [4] 1er nov. 1729.—*Geneviève-Agathe*, b [4] et s [4] 18 déc. 1730.

I.—LYMBÉ, JEAN-BTE.
CHEVROTIER (1), Marie.
Marie, b 17 mai 1738, à St-François, I. J.

I.—LYON (2), ...
Anglais ; marchand.
CHESNE, Elisabeth.
Léon, b 30 juillet 1783, au Détroit. [3] — *Marie-Rose*, b [3] 27 février 1785.

LYONAIS. — Voy. BARURENTIER — CARPENTIER —DENIS—GAILLARD—LAFAY—MAUGIST.

LYONNAIS.—Voy. LYONAIS.

LYRÉ.—Voy. HILAREST.

M

1727, (14 juillet) Québec.
I.—MABILE, GEORGES, fils d'André et de Julienne Plate, de Lancier, diocèse de St-Brieux, Bretagne.
THOMAS (4), Marie-Anne. [CLAUDE I.

I.—MABILLEAU (5), JACQUES.

MABLEAU.—Voy. MAUBLOT.

MABRIAN.—Voy. COULON.

MABRIAND.—Voy. COULON.

MABRIANT.—Voy. COULON.

1747, (7 nov.) Lavaltrie.
III.—MABRIANT (6), GABRIEL, [RENÉ II.
b 1724.
1° HILAIRE-FRAPIER, Marie-Cath., [LOUIS III.
b 1726 ; s 10 sept. 1756, à Lanoraie.
2° ETHIER, Marie-Charlotte.
Marie-Charlotte, b 13 mai et s 29 août 1767, à Repentigny.

1752, (6 nov.) St-Ours. [8]
III.—MABRIANT (3), JEAN-BTE. [RENÉ II.
BRIEN (4), Marguerite, [SÉRAPHIN II.
b 1730.
Joseph, b... s [8] 18 juillet 1759.

MABRIANT, FRANÇOIS.
PATENOTE, Marie-Desanges.
Marie-Desanges, b 1784 ; s 6 mars 1786, à Repentigny. [5]—*François*, b 1785 ; s [5] 6 mars 1786.

MACAN.—Voy. TIFAUT.

MACAR.—Voy. MACARD.

MACARD.—*Variations et surnom :* MACAR — MACART—CHAMPAGNE.

1646, (12 nov.) Québec. [5]
I.—MACARD (5), NICOLAS,
s [5] 5 oct. 1659.
COUILLARD, Marguerite, [GUILLAUME I.
b 1626 ; veuve de Jean Nicolet ; s [5] 20 avril 1705.

---

(1) Dit Bonvouloir ; soldat de Carignan.
(2) Dit Lajeunesse ; soldat de Dumesny.—Il était, le 29 août 1705, à Montréal.
(3) Il abjura la veille de son mariage.
(4) Dit Beaulieu ; elle épouse, le 25 janvier 1729, François David. à Québec.
(5) Registre du Conseil Souverain, 15 mars 1664.
(6) Voy. Coulon, vol. III, p. 168.

(1) Pour Chevaudier.
(2) Et Léon.
(3) Voy. Coulon, vol. III, p. 168.
(4) Dit Desrochers ; elle épouse, le 10 juin 1771, Pierre Darragon, à Boucherville.
(5) Dit Champagne ; voy. vol. I, p. 401.

1686, (20 déc.) Québec.[4]
II.—MACARD (1), Charles, [Nicolas I.
b 1656; conseiller; s[4] 10 déc. 1732.
Gourdeau, Renée-Jeanne, [Jacques I.
b 1658; s[4] 18 déc. 1717.
Jeanne, b[4] 24 sept. et s[4] 15 déc. 1688.—*Charles* et *François*, b[4] 28 février et s[4] 16 mars 1690.—*Jeanne-Françoise*, b[4] 30 oct. 1691; s[4] 6 février 1703.

MACARDY.—Voy. Macarty.

MACART.—Voy. Macard.

MACARTHY.—Voy. Macarty.

MACARTY.—*Variations et surnom :* Macardie—Macardy—Macarthy—McCarthy—Mc Carty—McKarty—LaTouche.

1736, (13 nov.) St-Augustin.[4]
I.—MACARTY, Jean-Bte, fils de Daniel (commissaire des Invalides du Département de Dinan) et de Jeanne Auger, de St-Sauveur, diocèse de St-Malo, Bretagne.
Vermet (2), Ursule, [Jacques II.
b 1710; s 30 oct. 1783, à Québec.[5]
Jean-Baptiste, b[4] 25 août 1737; 1° m 7 février 1763, à Madeleine Hamel, à Ste-Foye; 2° m[4] 29 août 1791, à Madeleine-Joseph Tapin.—*François-Augustin*, b[4] 13 août 1738; s[4] 17 mai 1739.—*Ambroise*, b[4] 9 sept. 1739; 1° m 1769, à Marie-Anne Gingras; 2° m[5] 31 janvier 1792, à Rose Tapin.—*Marie-Geneviève*, b[4] 25 mars 1741; m à Joseph Gingras.—*Alexandre*, b... m à Marie-Louise Lombard.—*François-Eustache*, b 6 oct. 1743, à la Pte-aux-Trembles, Q.—*Mathurin*, b[4] 21 août 1745.—*François*, b[4] 21 et s[4] 22 août 1745.—*Marie-Ursule*, b[4] 7 sept. 1747; s[4] 4 nov. 1755.

MACARTY (3), Guillaume.
McLeod, Catherine.
Jean, b 4 nov. 1762, à St-Frs-du-Lac.

1763, (7 février) Ste-Foye.[3]
II.—MACARTY, Jean-Bte, [Jean-Bte I.
b 1737.
1° Hamel, Marie-Madeleine, [Pierre III.
b 1731; veuve de Jean Maufet; s 6 oct. 1789, à Quebec.
Jean-Baptiste, b[3] 30 nov. 1763.
1791, (29 août) St-Augustin.
2° Tapin (4), Madeleine-Joseph, [Jean-Bte III.
b 1741; veuve de Jean-Nicolas Julien.

II.—MACARTY, Alexandre. [Jean-Bte I.
Lombard, Marie-Louise.
Jean-Baptiste, b... m 7 nov. 1786, à Marie-Joseph Bedard, à Québec.

(1) Voy. vol. I, p. 401.
(2) Dit Laforme.
(3) Et McCarthy.
(4) Elle épouse, plus tard, Jonathan Hart.

1769.
II.—MACARTY, Ambroise, [Jean-Bte I.
b 1739.
1° Gingras, Marie-Anne, [Joseph II.
b 1730; s 19 mai 1789, à St-Augustin.[4]
Augustin, b... m[4] 9 janvier 1792, à Marie-Anne Marois.—*Marie*, b... m[4] 19 nov. 1792, à Jean Martin.
1792, (31 janvier) Québec.
2° Tapin, Rose, [Jean-Bte III.
b 1746; veuve d'Antoine Montminy.

MACARTY, Richard.
Benoit, Ursule.
Ambroise-Benoit, b et s 15 juillet 1769, à la Longue-Pointe.

1786, (7 nov.) Québec.[6]
III.—MACARTY, Jean-Bte. [Alexandre II.
Bedard, Marie-Joseph, [Joseph.
b 1763; s[6] 11 oct. 1793.

1788, (1er avril) Québec.
I.—MACARTY (1), Daniel, fils de Jean et de Catherine Crise, de Boze, Irlande.
Jarnac (2), Geneviève. [Jacques I.

1792, (9 janvier) St-Augustin.[1]
III.—MACARTY, Augustin. [Ambroise II.
Marois, Marie-Anne. [Phisque III.
Marie-Anne, b 7 fevrier 1795, à St-Augustin.

I.—MACAULAY, Jean, b 1730, médecin; du comte de Wilsmiath, Irlande; s 3 janvier 1780, à Québec.

MACCABÉ.—Voy. Manabé.

MacCUTCHO. — *Variations :* MacCutchon—McHutcheon.

1763, (21 nov.) Kamouraska.
I.—MacCUTCHO (3), Jean, fils de Jean et de Marguerite Halvane, de Stirling, diocèse de St-Auray, Ecosse.
Charon, Marie-Thècle, [Jean-Bte II.
b 1725; veuve de Joseph Ouellet.

MACCUTCHON.—Voy. MacCutcho.

MacDONALD.—*Variations :* Macdonald—Mac Donell—Macdonell—Magdeleine—Mag Donald—Magdonné—McDonald—McDonell.

I.—MacDONALD (4), Denis,
b 1730; Ecossais; s 1er oct. 1795, à Québec.
Guimbé, Marguerite.

(1) Marié sous le nom de McKarty.
(2) Dit St. Germain.
(3) Et McHutcheon.
(4) Et McDonald.

I.—MacDONALD (1), Joseph-Alexandre.
Babineau, Marie-Joseph.
Marie-Geneviève, b... m 24 nov. 1788, à Joseph Cyr, à Nicolet. [5]—*Daniel*, b... m[5] 16 janvier 1797, à Théotiste Bergeron.

I.—MacDONALD, Donald,
Ecossais.
Caldu, Jeanne.
Alexandre, b 7 oct. 1762, à St-François-du-Lac.

1767, (2 juillet) St-Thomas.
I.—MacDONALD (2), René, fils de Daniel et d'Angélique McDonell, de St-Augustin (fort Augustus), province d'Inverness, Ecosse.
1° Bouchard, Marguerite, [Pierre III.
b 1747 ; s 28 janvier 1776, à Québec. [6]
1782, (5 nov.) [6]
2° Desmoliers, Angélique,
veuve d'Alexandre McKay.

I.—MacDONALD (3), Thomas.
Reily, Marguerite.
Marie, b... m 21 juin 1791, à Jean Quinn, à Quebec.

I.—MacDONALD (3), Jean.
McIntyre, Flore.
Marie, b... m 5 février 1793, à Alexandre MacDonald, à Québec.

I.—MacDONALD (4), Ignace, d'Inverness, Ecosse.
1° Macdonald, Jeanne.
1793, (14 janvier) Québec.
2° Macdonald, Marguerite,
veuve de Malcolm McIntyre.

I.—MacDONALD (5), Donald,
Ecossais.
McDonell, Catherine.
Jean, b 1780 ; s 27 mars 1784, à Lachenaye.[5]—*Marie*, b 21 août 1782, à Batiscan. — *Marie-Hélène*, b [5] 20 mars 1784.

I.—MacDONALD (6), Jean-Duncan,
Ecossais.
McDonell, Mario.
Marie-Anne, b 1782 ; s 9 avril 1784, à Lachenaye.

1784, (3 août) Québec.
I.—MacDONALD (3), Thomas,
Ecossais.
Gautron, Marie. [Ignace III.

(1) Et Magdeleine—McDonell ; il signe le 22 mai 1775, à Ste-Anne-de-la-Pérade.

(2) Marié sous le nom de McDonell ; soldat du 78e régiment écossais, en 1757.

(3) Et McDonald.

(4) Soldat du Royal-Ecossais.

(5) Et McDonell—Magdonné—Angis.

(6) Et McDonell.

1793, (5 février) Québec.
I.—MacDONALD (1), Alexandre, fils de Ronald et de Marguerite McDonald, d'Inverness, Ecosse.
McDonald, Marie. [Jean I.

I.—MacDONALD (2), Jean, Ecossais.

1797, (16 janvier) Nicolet.
II.—MacDONALD (3), Daniel. [Joseph-Alex. I.
Bergeron, Théotiste. [Michel I.

MacDONELL.—Voy. MacDONALD.

MacDOUGAL.—*Variation :* MacDougall.

I.—MacDOUGAL (4), Georges.
Navarre (5), Marie-Françoise, [Robert I.
b 1735.
Robert, b 30 juin 1764, au Détroit[7] ; m[7] 26 janvier 1786, à Archange Campeau. — *Georges*, b[7] 19 oct. 1766.

1786, (26 janvier) Détroit. [8]
II.—MacDOUGAL (6), Robert, [Georges I.
b 1764.
Campeau, Archange, [Simon IV.
b 1766.
Simon, b 1789 ; s[8] 18 mai 1795. — *Jacques*, b[8] 25 janvier 1793.— *Archange*, b[8] 8 sept. 1794.

MacDOUGALL.—Voy. MacDougal.

MACHABÉ.—Voy. Manabé.

I.—MACHARD, ...
............., Marie,
b 1632 ; s 26 mars 1707, à Montréal.

I.—MACHET, Jean-Bte,
b 1650 ; s 18 avril 1749, à Montréal.

MacINTOSH.—Voy. McINTOSH.

MacKAUME.—Voy. McCutchon.

MacKENEN.—Voy. McCutchon, 1766.

I.—MACKINON, Nicolas.
Cup, Catherine-Madeleine.
Marguerite, b 30 juillet 1791, à Rimouski.[7] — *Geneviève*, b... m[7] 8 fevrier 1796, à Jean-Pierre St. Laurent.

(1) Et McDonald.

(2) Procès-verbaux, 8 janvier 1793.

(3) Et McDonell.

(4) Lieutenant des troupes de Sa Majesté Britannique dans le régiment Royal-Américain.

(5) Elle épouse, le 5 janvier 1784, Jacques Campeau, au Détroit.

(6) Officier reformé de Sa Majesté.

I.—MACKLIN (1), THOMAS,
Irlandais.
ENOIWLI, Catherine.
Marie-Louise, b 2 août 1747, à Québec.

MACLEOD.—*Variation :* MCLEOD.

I.—MACLEOD, JEAN,
Anglais.
....
Ursule, b et s 11 février 1776, à l'Hôpital-Général, M.

I.—MACLEOD, ANDRÉ.
BARON, Louise.
Louise, b 1783 ; s 16 mars 1784, à Repentigny.[7] —*Alexandre*, b [7] 5 fevrier 1787.

I.—MACLINE, DANIEL.
MCDONALD, Henriette.
Henri-Alain, b 13 mars 1789, à Ste-Foye.

1730.

I.—MACLURE, JEAN.
PHINÈS (2), Jeanne,
b 1701 ; s 15 sept. 1774, à Québec.[4]
André, b... m [4] 25 oct. 1756, à Marie-Anne GAUVREAU.—*Thomas*, b 1732 ; m 10 janvier 1757, à Marie-Charlotte-Elisabeth FALARDEAU, à Charlesbourg ; s 30 avril 1767, à Sorel (noyé).— *Marguerite*, b... m [4] 10 janvier 1764, à Paul DELA CROIX.—*Jeanne*, b... m à Etienne PEPIN.—*Hélène*, b... m [4] 21 nov. 1763, à Jean-Baptiste GAGNÉ.

1756, (25 oct.) Quebec.[4]

II.—MACLURE, ANDRÉ, [JEAN I.
forgeron.
GAUVREAU, Marie-Anne, [PIERRE II.
b 1737.
André, b [4] 22 août 1757 ; s [4] 18 oct. 1758. — *Marie-Anne*, b [4] 5 juillet 1759. — *Joseph*, b [4] 30 juillet 1761 ; s [4] 11 fevrier 1762. — *Pierre*, b [4] 10 nov. 1762 ; m [4] 9 mai 1786, à Marie-Angelique LAVALLÉE. — *Angélique*, b... m [4] 6 août 1782, à Joseph BIDEGARÉ. — *Marie-Joseph*, b [4] 1er mai et s [4] 1er juillet 1764.—*Jeanne*, b... m [4] 7 août 1790, à Abraham GIGUÈRE.

1757, (10 janvier) Charlesbourg.

II.—MACLURE, THOMAS, [JEAN I.
b 1732 ; s 30 avril 1767, à Sorel (noye).
FALARDEAU (3), Marie-Chtte-Elis., [GUILLAUME II.
b 1735.
Georges, b 9 janvier 1758, à Québec [6] ; m [6] 24 juillet 1775, à Marie-Anne DUVAL. — *Jean*, b [6] 2 oct. 1759. — *Marie-Charlotte*, b [6] 6 mai 1761.— *Thomas*, b [6] 26 nov. 1762.—*Marie-Anne*, b [6] 6 et s [6] 13 juillet 1764. — *Jean-Baptiste*, b 7 mai 1766, à l'Ile-Dupas.

(1) Prisonnier de guerre.

(2) Et Fin—Finès.

(3) Elle épouse, le 10 janvier 1774, Joseph Giguère, à St-Michel-d'Yamaska.

1775, (24 juillet) Québec.

III.—MACLURE, GEORGES, [THOMAS II.
b 1758.
DUVAL, Marie-Anne, [PIERRE III.
b 1755.

1786, (9 mai) Québec.

III.—MACLURE, PIERRE, [ANDRÉ II.
b 1762 ; armurier.
LAVALLÉE, Marie-Angélique, [LOUIS III.
b 1763.

1773.

I.—MACOMB, ALEXANDRE,
marchand.
NAVARRE, Marie-Catherine, [ROBERT I.
b 1757.
Alexandre, b 9 mai 1774, au Détroit.[2] —*Marie-Anne*, b [2] 22 juin 1775.— *Marie-Geneviève*, b [2] 21 août 1776.—*Marie-Louise*, b [2] 22 déc. 1777.

MAÇON.—Voy. MASSON.

MAÇON, GUILLAUME.
FORBES, Marie.
Guillaume, b... m 25 nov. 1790, à Angélique CHAMBERLAN, à Quebec.

1790, (23 nov.) Québec.

MAÇON, GUILLAUME. [GUILLAUME.
CHAMBERLAN, Angelique. [PRISQUE IV.

MACOUCE.—Voy. FAFARD.

MACOUS.—Voy. FAFARD.

MACOUS, ...
OUTAOUAISE, ...
Marguerite (1), née 1752 ; b 19 déc. 1762, au Detroit.

MACOUS (2), JOSEPH,
s 10 oct. 1768, au Détroit.[5]
ANGOUIROT, Marie-Jeanne,
Huronne.
Marie-Catherine, b [5] 12 mars 1758.

I.—MACULO, ANDRÉ,
officier anglais.
VIVIER, Marie-Charlotte, [JACQUES III.
b 1740.
André, b 28 oct. 1761, à Québec.

MADDON.—*Variation :* MADOX.

(1) Donnée à Bouron, pour être élevée jusqu'à l'age de 20 ans.

(2) Fafard.

1713, (6 février) Montréal.[5]

I.—MADDON (1), JOSEPH-DANIEL, fils de Jean et d'Anne Widby, de Dover, Angleterre; s[5] 30 oct. 1754.

1° JETTE, Marie, [URBAIN II.
b 1693; s[5] 13 sept. 1715.

Joseph, b[5] 19 nov. 1713; s[5] 23 sept. 1714.

1715, (13 nov.)[5]

2° LACELLE, Marie-Louise, [JACQUES I.
b 1699.

Marie-Louise, b[5] 31 juillet et s[5] 14 août 1716.—*Joseph-Philippe*, b[5] 4 déc. 1719; s[5] 23 déc. 1720.—*Joseph*, b[5] 8 février et s[5] 12 oct. 1721.—*Marie-Louise*, b[5] 15 février et s[5] 27 mars 1723.—*Marie-Louise*, b[5] 4 fevrier et s[5] 3 juillet 1724. — *Jean-Baptiste-Joachim*, b[5] 22 sept. 1725.—*Joseph-Sylvestre*, b[5] 6 et s[5] 22 août 1727. — *Joseph-Marie*, b[5] 21 sept. 1728; s[5] 26 janvier 1730.—*Jean-Charles*, b[5] 3 avril 1730; m 10 avril 1758, à Marie-Charlotte LOISEL, à la Pte-aux-Trembles, M. —*Jeanne*, b 1731; m[5] 10 avril 1752, à Luc SOREL-MARLY.—*Marie-Anne*, b 1732; m[5] 9 février 1750, à Joseph BADEAU.—*François*, b[5] 14 janvier 1734.—*Louise-Marguerite*, b[5] 6 juin 1735; s[5] 27 oct. 1736.— *René-François*, b[5] 26 sept. et s[5] 11 oct. 1736. — *Etienne-Joseph*, b[5] 6 mars et s[5] 22 mai 1738.—*Marie-Anne*, b[5] 6 juillet 1739.

1758, (10 avril) Pte-aux-Trembles, M.

II—MADDON (2), JEAN-CHARLES, [JOS.-DANIEL I.
b 1730.

LOISEL, Marie-Charlotte, [JOSEPH III.
b 1730.

MADEILLE.—*Surnom :* BRETON.

I.—MADEILLE (3), JACQUES,
b 1703; s 11 avril 1743, à St-Thomas.

MADELAINE.—*Variations et surnoms :* LAMADELEINE — LAMAGDELAINE — LAMAGDELÈNE— MACDONALD — MADELEINE — MAGDALÈNE — MAGDELAINE—MAGDELEINE—MCMALEM — LADOUCEUR—VIVIEN et VIVIER.

1672, (21 nov.) Montréal.[1]

I—MADELAINE (4), VIVIER,
b 1641; s 16 oct. 1708, à Lachine.[4]

GAUDIN, Marie, [PIERRE I.
b 1657; s[4] 27 oct. 1687.

Joseph, b[1] 26 oct. 1673; m[4] 15 nov. 1699, à Catherine GIRARDIN.—*Etienne*, b[1] 21 avril 1677; m[1] 15 janvier 1703, à Jeanne BOURSIER; s 16 fevrier 1754, au Bout-de-l'Ile, M.— *Jean-Baptiste*, b[1] 25 août 1681; m[1] 12 nov. 1714, à Elisabeth MILLET.—*Nicolas*, b[4] 19 février 1686; m 19 août 1721, à Marguerite LALANDE, à la Pointe-Claire.

(1) Et Madox.—Né le 4 mai 1687, à Dover, comté de Chester, Angleterre; pris le 1er janvier 1709, avec le reste de la garnison anglaise, à St-Jean de Terreneuve; baptisé à Montréal, le 26 avril 1710, il a pour parrain Auguste Lemoyne, fils du baron de Longueuil; il demeure sur la ferme du Séminaire de Québec, à l'Ile-Jésus.

(2) Marié Madox.

(3) Dit Breton.

(4) Dit Ladouceur; voy. vol. I, pp. 401-402.

1699, (15 nov.) Lachine.

II.—MADELAINE (1), JOSEPH, [VIVIER I.
b 1673.

GIRARDIN (2), Catherine, [LÉONARD I.
b 1680; s 24 février 1723, au Bout-de-l'Ile, M.[7]

Catherine, b 17 juillet 1701, à Montréal[8]; s[7] 27 février 1717.—*Angélique*, b[8] 10 janvier 1703; m[7] 7 janvier 1744, à Jacques SABOURIN.— *Marie-Anne*, b[7] 6 février 1704; m[7] 27 juillet 1729, à Michel BRUNET.— *Joseph*, b[7] 16 nov. 1705; s[7] 6 août 1723.— *Elisabeth*, b 1707; m[7] 4 avril 1731, à François-Marie SAUVÉ. — *Jean-Baptiste*, b[7] 29 déc. 1709; m 16 nov. 1733, à Dorothée BRISEBOIS, à la Pointe-Claire.[9] — *Marie-Joseph*, b[7] 10 août 1716; 1° m[7] 5 mai 1738, à Jean MALET; 2° m[7] 18 février 1760, à Martin SULLIVAN. —*Pierre*, b[7] 29 juin 1718; m[8] 30 sept. 1738, à Marie-Marguerite-Anne GAUDRY. — *Marie-Joseph*, b[9] 20 avril 1720; m 1750, à Jean-Baptiste SÉGUIN. — *Charlotte*, b... m[7] 19 juillet 1745, à Michel BRUNET.

1703, (15 janvier) Montréal.

II.—MADELAINE (3), ETIENNE, [VIVIER I.
b 1677; s 16 fevrier 1754, au Bout-de-l'Ile, M.[6]

BOURSIER, Jeanne, [JEAN I.
b 1684; s[6] 8 sept. 1754.

Marie-Catherine, b[6] 17 février 1704; m[6] 26 février 1740, à Jean-François MARTEL; s 15 avril 1742, à Ste-Geneviève, M. — *Elisabeth*, b 1706; m[6] 3 nov. 1729, à Louis SAUVÉ. — *Marie-Angélique*, b[6] 29 avril 1715; m[6] 5 mai 1738, à André-Préseau GAUTIER. — *Marie-Louise*, b[6] 13 août 1717; m[6] 26 février 1732, à Jean-Baptiste TURPIN. — *Louis*, b 1718; m 7 janvier 1740, à Marie-Madeleine PILON, à la Pointe-Claire.[7]— *Joseph*, b[7] et s[7] 16 mars 1720. — *Joseph*, b[6] 2 août 1721; m[6] 22 avril 1748, à Angélique RANGER. — *Etienne*, b... s[6] 14 avril 1723. — *Marie-Joseph*, b[6] 3 janvier 1724; m[6] 7 janvier 1741, à Etienne LÉGER.

1714, (12 nov.) Montréal.[3]

II.—MADELAINE (4), JEAN-BTE, [VIVIER I.
b 1681.

MILLET (5), Elisabeth, [JACQUES II.
b 1696.

Catherine, b[3] 5 déc. 1715; s[3] 6 mars 1719.—*Vital*, b 26 sept. 1717, à Lachine[4]; m 1749, à Marie-Joseph MASSIOT. — *Marie-Elisabeth*, b[3] 21 janvier 1719. — *Marie-Joseph*, b[4] 6 janvier 1721; m[3] 25 fevrier 1754, à Pierre DESÈVE. — *Marie-Anne*, b 1730; m 5 août 1748, à Joseph GOGUET, à la Longue-Pointe.

1721, (19 août) Pointe-Claire.

II.—MADELAINE, NICOLAS, [VIVIER I.
b 1686.

LALANDE (6), Marguerite, [LÉONARD I.
b 1699.

(1) Dit Ladouceur; voy. vol. I, p. 402.

(2) Et Girard—Girardy dit Sansoucy.

(3) Dit Ladouceur—Vivier.

(4) Dit Ladouceur.

(5) Elle épouse, le 3 juillet 1741, François Rebérieux, à Montréal.

(6) Mariée Lalonde.

Madeleine, b 1727; m 15 avril 1749, à Pierre NARBONNE, à Montréal. [7] — *Thérèse*, b... m [7] 30 juin 1750, à Joseph LABERGE.

1733, (16 nov.) Pointe-Claire.

III.—MADELAINE (1), JEAN-BTE, [JOSEPH II.
b 1709.
BRISEBOIS, Dorothée, [JEAN-BTE III.
b 1718.

Marie-Joseph, b 9 oct. 1734, au Bout-de-l'Ile, M. [7]; m [7] 9 nov. 1750, à Etienne BREBANT.—*Marie-Dorothée*, b [7] 20 mai 1736; 1° m [7] 7 janvier 1752, à François SABOURIN; 2° m [7] 1er mars 1756, à Antoine LAROCQUE.—*Jean-Baptiste*, b [7] 2 janvier 1738; s [7] 28 sept. 1762.—*Agathe*, b [7] 3 déc. 1739; m [7] 4 juin 1764, à Joseph BEAUNE.—*Marie-Françoise*, b [7] 4 déc. 1741; m [7] 20 février 1764, à Louis LAROQUEBRUNE. — *Marie-Madeleine*, b [7] 24 déc. 1743; m [7] 11 janvier 1762, à Paul-Gabriel ROBILLARD.—*Marie-Amable*, b [7] 10 février 1746; s [7] 2 août 1748. — *Pierre*, b [7] 6 mai 1748; s [7] 11 oct. 1751.—*Joseph*, b [7] 16 février 1750.—*Joseph*, b [7] 9 février 1752.—*Joseph-Eustache*, b [7] 16 juillet 1754.—*Luc*, b [7] 4 oct. 1756. — *Marie-Céleste*, b [7] 25 juillet 1758.

1738, (30 sept.) Montreal. [4]

III.—MADELAINE (1), PIERRE, [JOSEPH II.
b 1718.
GAUDRY, Marie-Marguerite-Anne, [ANDRÉ II.
b 1718.

Marie-Ignace, b [4] 13 août 1739. — *Marie-Anne*, b... m 17 janvier 1757, à Joseph BLAY, au Bout-de-l'Ile, M. [5] — *Antoine-Marie*, b [5] 1er mai 1741 —*Pierre*, b [5] 12 déc. 1743; s [5] 14 février 1750.—*Joachim*, b [5] 24 juillet 1746. — *Marie-Rose*, b [5] 7 janvier 1749.—*Hubert*, b [5] 18 février et s [5] 20 sept 1751. — *Joseph*, b [5] 22 janvier 1753. — *Suzanne*, b [5] 12 juin 1755.—*Jean-Baptiste*, b [5] 8 sept. 1758; s [5] 21 juin 1759.— *Marie-Joseph*, b [5] 11 juin 1760.

1740, (7 janvier) Pointe-Claire.

III.—MADELAINE (1), LOUIS, [ETIENNE II.
b 1718.
PILON (2), Marie-Madeleine, [PIERRE II.
b 1719.

Joseph, b 22 sept. 1747, au Bout-de-l'Ile, M.

1748, (22 avril) Bout-de-l'Ile, M. [3]

III.—MADELAINE (3), JOSEPH, [ETIENNE II.
b 1721.
RANGER, Angélique, [JOSEPH II.
b 1731.

Marie-Angélique, b [3] 28 janvier 1749; m [3] 16 août 1768, à Hyacinthe GAUTIER.—*Joseph*, b [3] 2 juin 1752.—*Anastasie*, b [3] 3 et s [3] 23 juillet 1754. —*Marie-Joseph*, b [3] 26 mai et s [3] 19 août 1756.—*Marie-Joseph*, b [3] 15 février 1760.—*Geneviève*, b [3] 11 et s [3] 14 avril 1762. — *Basile*, b [3] 27 avril 1763. — *Etienne*, b [3] 8 avril et s [3] 4 juillet 1765.—*Lambert-Amable*, b [3] 10 et s [3] 14 juin 1766. — *Anonyme*, b [3] et s [3] 15 janvier 1768.

(1) Dit Ladouceur.
(2) Dit Miguet.
(3) Dit Ladouceur—Vivien.

1749.

III.—MADELAINE (1), VITAL, [JEAN-BTE II.
b 1717.
MASSIOT (2), Marie-Joseph, [PAUL II.
b 1726.

Antoine, b 6 et s 7 juin 1750, à Lachine. [5] — *Louis*, b [5] 16 sept. 1751. — *Louise-Joseph*, b [5] 14 avril et s [5] 19 mai 1753. — *Dominique*, b [5] 16 février 1755.—*Marie-Félicité*, b [5] 6 sept. 1759.

1774, (22 mars) Terrebonne.

MADELAINE, JEAN.
BEAUDOIN, Marie-Amable.

MADELEINE.—Voy. MADELAINE.

I.—MADERAN (3), ...

I.—MADÈRE, RICHARD.
ESPAGNET (4), Barbe.
Jean-Baptiste, b 6 janvier 1709, à Ste-Anne.

MADOR.—Voy. BOUFFARD—MOREL—PAIN et PIN.

I.—MADORE, CHARLES, b 1710; s 30 août 1772, à la Petite-Rivière.

1687, (4 nov.) Québec.

I.—MADORE (5), JEAN-HENRI, fils de Pierre-Henri et de Marguerite Dunecharque.
THEFFLÉ, Hélène, [FRANÇOIS I.
b 1669.

MADOUE.—Voy. MAUDOUX.

I.—MADOUE, JEAN, b 1707, soldat; de Xaintes, Saintonge; s 25 juin 1747, à Montréal.

MADOX.—Voy. MADDON.

MAGAUT.—Voy. MAGO.

MAGDALÈNE.—Voy. MADELAINE.

MAGDELAINE.—Voy. MADELAINE.

MAGDONALD.—Voy. MACDONALD.

MAGDONNÉ.—Voy. MACDONALD.

1790, (6 juillet) Québec.

I.—MAGHER, JÉRÉMIE, fils de Corneil et de Madeleine Ryan, de Springhouse, diocèse de Waterford, Irlande.
JÉRÉMIE, Marie-Joseph, [LOUIS-CHARLES III.
b 1764.

(1) Dit Ladouceur.
(2) Voy. Matias et Chatouteau.
(3) Et Madran; chirurgien. Il était, le 7 juin 1751, à Lévis.
(4) L'Espagnol.
(5) Et non pas Madou; voy. vol. I, p. 401.

MAGLOIRE, Joseph.
Georges, Marie-Angélique.
Marie-Angélique, b 3 et s 6 juillet 1767, à l'Ile-Verte.

MAGNAC.—*Surnom* : Dauphiné.

1757, (1er fevrier) St-Michel.
I.—MAGNAC (1), Michel-François, fils de Denis et de Madeleine Béranger, de St-Vincent, diocèse de Valence, Dauphiné.
Gautron (2), Elisabeth, [Pierre II.
b 1735 ; veuve de Pierre Rousselot.

MAGNAIN.—Voy. Magnan.

MAGNAN.—*Variations et surnoms* : Magnain—Magnien—Maniant—Meignier—Mignier—Moquant—Champagne—Gaspard—L'Espérance.

1662, (19 mars) Montréal. [5]
I.—MAGNAN (3), Jean,
b 1640 ; tailleur.
Moitie (4), Marie, b 1643 ; fille de Charles et de Nicolas Adesse, de St-Sulpice, Paris.
Joseph, b 12 nov. 1679, à Laprairie[4] ; m à Marie Robert. — *Jean-Antoine*, b [4] 24 sept. 1682 ; m [5] 19 mars 1718, à Louise Lecompte-Dupré ; s [5] 21 janvier 1733.—*Catherine*, b [4] 1er oct. 1684 ; m 3 février 1705, à Léonard Hervieux, à la Pte-aux-Trembles, M. ; s [5] 3 nov. 1744. — *Marguerite*, b [4] 28 avril 1686 ; s [5] 31 juillet 1688.

1675.
I—MAGNAN (5), Etienne,
b 1647 ; s 15 mars 1716, à la Pte-aux-Trembles, Q. [1]
Migneron, Elisabeth, [Jean I.
b 1660 ; s [1] 19 mars 1719.
Pierre, b [1] 28 dec. 1691 ; 1° m 3 nov. 1734, à Charlotte-Françoise Roberge, à St-Antoine-Tilly [8], 2° m 2 sept. 1737, à Elisabeth Bernard, à St-Augustin ; s [1] 13 déc. 1757. — *Jean*, b [1] 24 février 1694 ; m [8] 4 mars 1715, à Jeanne Houde ; s [8] 9 mai 1718.

1699, (9 fevrier) Laprairie.
I.—MAGNAN (6), Jacques-Pierre-Gaspard, b 1671 ; fils de Georges et de Marguerite Lagarde, de la Selle, diocèse de Bourges, en Berry ; s 4 juin 1760, à Longueuil. [7]
1° Marsille, Madeleine, [André I.
b 1674 ; s 12 août 1725, à Montréal. [8]
Charles, b... s 7 avril 1703, à Lachine. [9]— *Pierre*, b [8] 27 sept. 1702 ; s [9] 11 avril 1703. — *Marie-Madeleine*, b [7] 6 nov. 1706 ; s [8] 3 janvier 1726. — *Pierre*, b [7] 22 août 1709 ; m [7] 3 février 1733, à Jeanne Robidou. — *Michel*, b [7] 21 nov. 1712.

1726, (29 avril). [8]
2° Choret, Marie-Joseph, [Jacques I.
b 1699.
Joseph, b [8] 23 février et s [7] 11 juillet 1727.— *Charles*, b [7] 7 et s [7] 13 mars 1728. — *Pierre-Joseph*, b [7] 13 mars 1729 ; s [7] 8 mai 1730.—*Marie-Jeanne*, b [7] 3 oct. 1730.— *Marie*, b... m [7] 31 mars 1761, à Pierre Robert.—*Joseph*, b [7] 19 août 1732. —*François*, b [7] 21 avril 1734. — *Barthélemi*, b [7] 24 et s [7] 29 août 1736. — *Marie-Anne-Amable*, b [7] 24 mars 1738 ; s [7] 11 oct. 1739. — *Marie-Charlotte*, b [7] 2 et s [7] 8 mai 1740. — *Gaspard*, b [7] 19 sept. 1746.

I.—MAGNAN, Jean,
b 1680 ; voyageur ; s 31 déc. 1719, à Montréal. [6]
Siouse, Marie.
Marie-Anne, née 1712 ; s [6] 23 sept. 1714.

1713, (27 février) Pte-aux-Trembles, Q. [8]
II.—MAGNAN, Etienne, [Etienne I.
b 1687.
1° Matte, Marie-Anne, [Nicolas I.
b 1687 ; veuve de Romain Dubucq.
Etienne, b [8] 2 juin et s [8] 2 déc. 1714. — *Marie-Thérèse*, b [8] 10 juin 1717 ; m 17 nov. 1737, à Charles Cluzeau, à Québec. [9]— *François*, b [8] 26 sept. 1719 ; m 4 février 1765, à Agnès Réal-Drouard, à Lachenaye. — *Etienne*, b [8] 24 déc. 1721 ; m 12 août 1754, à Marie-Louise Pichard, à Cahokia. — *Marie-Anne*, b [8] 11 juin 1724 ; m 5 fevrier 1742, à Joachim Tessier, à Ste-Anne-de-la-Pérade.—*Marie-Angélique*, b [8] 2 mars 1726.— *Marie-Françoise*, b [8] 9 oct. 1729 ; s [8] 22 avril 1730.—*Amand*, b [8] 8 et s [8] 9 avril 1731.

1732, (7 janvier). [8]
2° Déry (1), Marie-Madeleine, [Joseph II.
b 1710.
Charles, b [8] 4 nov. 1732 ; s [8] 30 mars 1733.— *Joseph*, b [8] 30 nov. et s [8] 1er déc. 1733. — *Marie-Madeleine*, b [8] 2 juin 1735 ; m [9] 11 sept. 1753, à François Monbrun. — *Marie-Catherine*, b [8] 13 février et s [8] 2 avril 1737.

1715, (4 mars) St-Antoine-Tilly. [2]
II.—MAGNAN, Jean, [Etienne I.
b 1694 ; s [2] 9 mai 1718.
Houde (2), Jeanne, [Jean II.
b 1685 ; veuve de Pierre Demers.
Geneviève, b 11 avril 1716, à St-Nicolas. [3]— *Jean-Baptiste*, b [3] 19 mars 1718 ; s [2] 7 sept. 1719.

1718, (19 mars) Montréal. [5]
II.—MAGNAN (3), Jean-Antoine, [Jean I.
b 1682 ; s [5] 21 janvier 1733.
Lecompte-Dupré, Louise, [Louis I.
b 1697.

(1) Dit Dauphiné ; soldat du régiment de Guienne.—Le contrat du mariage, en date du 10 janvier 1757, est passé par devant messire Chaufour, curé de St-Michel.

(2) Elle épouse, le 9 février 1759, Jean-Charles-François DelaHoussaye, à St-Michel.

(3) Voy. Magnain dit L'Espérance, vol. I, p. 402.

(4) Elle épouse, le 9 oct. 1700, Pierre Chesne, à Montréal.

(5) Voy. vol. I, p. 402.

(6) Dit Champagne ; voy. vol. I, p. 402.

(1) Et Larose, 1735 ; elle épouse, le 16 juin 1738, Pierre Boutet, à Charlesbourg.

(2) Elle épouse, le 30 janvier 1719, Louis Durand, à St-Nicolas.

(3) Dit L'Espérance.

Marie-Louise, b [5] 30 janvier 1719. — *Marie-Anne*, b [5] 1er mai 1721 ; m [5] 29 janvier 1753, à Marie-Françoise PICOTÉ.—*Antoine*, b [5] 29 janvier 1723.—*Thérèse*, b [5] 4 fevrier 1724. — *Raymond*, b [5] 5 février et s [5] 10 mars 1725.— *Jean-Baptiste-Paschal*, b [5] 17 février 1726 ; m 18 déc. 1780, à Marie-Louise DECHARNAY, à Kamouraska.—*Marguerite*, b [5] 3 avril 1727. — *Hypolite*, b [5] 18 oct. 1728 ; s [5] 19 février 1733. — *Louis*, b [5] 24 janvier et s 5 avril 1730, à Laprairie.—*Ambroise*, b 1732 ; m [5] 18 août 1766, à Marie-Michelle POTHIER.

1733, (3 février) Longueuil.[1]

II.—MAGNAN(1), PIERRE, [J.-PIERRE-GASPARD I. b 1709.

ROBIDOU, Jeanne, [JOSEPH II. b 1718.

Agnès, b [1] 18 déc. 1734 ; s [1] 7 janvier 1735.—*Marie-Marguerite*, b [1] 11 juillet 1736 ; 1° m 22 nov. 1756, à Jean-Baptiste RÉAUME, à St-Constant[2] ; 2° m [2] 8 août 1770, à Noël COMET. — *Marie-Joseph*, b [1] 1er janvier et s [1] 20 août 1738. —*Marie-Louise*, b [1] 26 fevrier 1739 ; m 4 février 1765, à Pierre MAILLOU, à St-Philippe.[3] — *Marie-Angélique*, b 19 oct. 1740, à Laprairie.[4] —*Marie-Catherine*, b [4] 3 juin 1742 ; m [3] 24 janvier 1763, à Nicolas ANTOINE. — *Antoine*, b [4] 4 août 1743. — *Pierre*, b [4] 23 août 1744.—*André*, b [2] 9 oct. 1752 ; s [2] 11 mai 1753.—*Jean-Baptiste*, b [2] 21 mai et s [2] 5 juillet 1757.

1734, (3 nov.) St-Antoine-Tilly.

II.—MAGNAN, PIERRE, [ETIENNE I. b 1691 ; s 13 déc. 1757, à la Pte-aux-Trembles, Q.[6]

1° ROBERGE, Charlotte-Françoise, [JEAN II. b 1712 ; veuve d'Andre Bergeron ; s [6] 18 mars 1735.

1737, (2 sept.) St-Augustin.

2° BERNARD, Marie-Elisabeth, [CHARLES II. b 1704.

Marie-Elisabeth, b [6] 1er sept. 1739 ; s [6] 26 nov. 1748.— .... (2), b 1741 ; s [6] 8 déc. 1748. — *Pierre*, b [6] 22 mai 1744 ; m [6] 30 janvier 1775, à Marie GOULET.—*Marie-Charlotte*, b [6] 6 nov. 1746 ; s [6] 18 nov. 1748. — *Jean-Baptiste*, b [6] 8 mai 1749.

II.—MAGNAN (3), JOSEPH, [JEAN I. b 1679.

ROBERT, Marie.

Marie-Anne, b 1737 ; 1° m à Michel NICANT ; 2° m 21 août 1752, à Jean CATEL, à Laprairie.

1754, (12 août) Cahokia.[6]

III.—MAGNAN, ETIENNE, [ETIENNE II. b 1721.

PICHARD, Marie-Louise, [LOUIS III. b 1734 ; s [6] 28 juillet 1757.

Marie-Louise, b [6] 12 juillet et s [5] 1er nov. 1757.

(1) Dit Champagne—Aussi appelé Moquant—Gaspard.

(2) Le nom manque au registre.

(3) Dit L'Espérance.

1765, (4 février) Lachenaye.[1]

III.—MAGNAN, FRANÇOIS, [ETIENNE II. b 1719.

RÉAL-DROUARD (1), Marie-Agnès, [NICOLAS I. b 1735 ; s 10 mai 1771, à St-Henri-de-Mascouche.

François-Xavier, b [1] 20 janvier 1767.

1766, (18 août) Montréal.

III.—MAGNAN (2), AMBROISE, [ANTOINE II. b 1732 ; marchand.

POTHIER, Marie-Michelle, [TOUSSAINT III. b 1745.

Marie-Anne-Michelle, b 5 août 1767, à la Longue-Pointe[9] ; s [9] 24 août 1768. — *Charles-Ambroise*, b 12 mars 1773, à Lachenaye.

1775, (30 janvier) Pte-aux-Trembles, Q.[5]

III.—MAGNAN, PIERRE, [PIERRE II. b 1744.

GOULET, Marie, [LOUIS IV. b 1750.

Marie-Joseph, b [5] 9 nov. 1775. — *François*, b [5] 29 janvier et s [5] 16 mars 1777.— *Anonyme*, b [5] et s [5] 3 janvier 1778.

MAGNAN, FRANÇOIS.

BEDARD, Marie.

François-Antoine, b 19 nov. 1775, à St-Cuthbert.

MAGNAN, GERMAIN.

BOURÉ, Marie-Angelique.

Jean-Baptiste, b 22 fevrier 1779, à St-Cuthbert.

1780, (18 dec.) Kamouraska.

III.—MAGNAN (3), J.-B.-PASCHAL, [JEAN-ANT. II. b 1726.

DECHARNAY, Marie-Louise, [JEAN-BTE I. b 1755.

MAGNERON.—Voy. MIGNERON.

MAGNI.—Voy. MAGNY.

I.—MAGNIDE, NICOLAS.

NICOLAS, Catherine.

Elisabeth, b... m 8 oct. 1782, à Agapit GAGNON, à l'Ile-aux-Coudres.

MAGNIEN.—Voy. MAGNAN.

MAGNY.— *Variation et surnoms :* MAGNI—GERMAIN—LADOUCEUR.

1743, (6 mars) Château-Richer.[9]

I.—MAGNY (4), NICOLAS, journalier ; fils de Nicolas et de Barbe Dumesny, de St-Paul, Paris.

CLOUTIER, Cecile, [CHARLES III. b 1707.

Nicolas, b 3 janvier 1744, à Québec[8] ; m 21

(1) Dit Villemer.

(2) Faisant les fonctions seigneuriales.

(3) Aide-Major de Québec.

(4) Et Magni dit Ladouceur.

sept. 1767, à Marguerite GABORIAU, à Chambly. [7] —*Marie-Cécile*, b [8] 14 oct. 1745 ; m [7] 7 janvier 1766, à Etienne BENJAMIN. — *Marie-Louise*, b [8] 31 janvier 1747.—*Charlotte*, b [8] 21 sept. 1748 ; s [8] 9 avril 1755.—*Dominique*, b [8] 17 août 1750.— *Philippe-Jacques*, b [8] 3 et s [8] 11 février 1754.

1767, (21 sept.) Chambly.

II.—MAGNY (1), NICOLAS, [NICOLAS I.
b 1744.
GABORIAU, Marguerite, [JEAN I.
b 1749.

MAGO.—*Variations et surnom:* MAGAUT—MAGOT—BOULOGNE.

1734, (7 janvier) Montréal.

I.—MAGO (2), SÉBASTIEN, marchand; fils d'Antoine et d'Antoinette Bennier, de St-Nicolas, diocèse de Boulogne-sur-mer, Picardie.
GOUIN, Elisabeth, [SÉBASTIEN-JEAN-BTE I.
b 1711.

Marie-Elisabeth, b 21 oct. et s 29 nov. 1734, aux Trois-Rivières. [6] — *Sébastien-François*, b [6] 2 janvier 1736 ; m à Geneviève CHAUVIN ; s [6] 23 mai 1776.— *Louis*, b [6] 24 août 1737 ; s [6] 6 août 1749. —*Marie-Louise*, b [6] 4 et s [6] 20 sept. 1739.— *Jean-Baptiste*, b [6] 12 nov. 1740 ; s [6] 10 janvier 1741. — *Simon*, b [6] 14 déc. 1741 ; s [6] 6 février 1745. — *Augustin*, b [6] 30 mars et s [6] 13 avril 1743. — *Marie-Louise*, b [6] 12 mai 1744 ; m 25 juin 1764, à Jean-Baptiste CHRÉTIEN, à Québec.—*Simon*, b [6] 3 et s [6] 24 mars 1746.—*Joseph-Pierre*, b [6] 3 mars et s [6] 8 avril 1746. — *Michel*, b [6] 28 février et s [6] 19 avril 1747.—*Marie-Madeleine*, b [6] 16 avril et s [6] 8 juin 1748. — *Joseph-François*, b [6] 12 et s [6] 27 avril 1749.—*Thérèse*, b [6] 13 mars et s [6] 6 avril 1750.— *Pierre*, b [6] 21 février 1752.

II.—MAGO (3), SÉBASTIEN-FRS, [SÉBASTIEN I.
b 1736 ; s 23 mai 1776, aux Trois-Rivières.
CHAUVIN, Marie-Geneviève, [NICOLAS I.
b 1742.

MAGOT.—Voy. MAGO.

MAGUET.—*Variations et surnom :* MAGUIET — MAILLÉ—MAILLET—MAILLOT—MAJOR, 1720.

1686, (7 janvier) Pte-aux-Trembles, M. [1]

I.—MAGUET (4), PIERRE,
b 1661.
PERTHUIS, Catherine, [PIERRE I.
b 1670.

Augustin, b 1692 ; 1° m 21 nov. 1718, à Suzanne HÉRY, à Montréal ; 2° m [1] 4 janvier 1723, à Marie-Madeleine LACOMBE. — *Alexandre*, b [1] 29 août 1694 ; m 1729, à Marie-Joseph BEAUCHAMP. — *Michel*, b [1] 7 sept. 1697 ; m 1732, à Elisabeth COURTEMANCHE.—*Joseph*, b 1699 ; m 1734, à Marie-Joseph DESJARDINS. — *Jean-Baptiste*, b [1] 20 avril 1700 ; m 1729, à Geneviève-Barbe ABEL.—*Marie-Anne*, b... m 1726, à Jacques BEAUCHAMP.—*Pierre*, b 18 sept., à St-François, I. J., et s [1] 30 oct. 1707.

(1) Dit Ladouceur.
(2) Dit Boulogne.
(3) Et Magot dit Boulogne.
(4) Voy. vol. I, p. 402.

1718, (21 nov.) Montréal.

II.—MAGUET, AUGUSTIN, [PIERRE I.
b 1692.
1° HÉRY, Suzanne, [JACQUES I.
b 1698.
1723, (4 janvier) Pte-aux-Trembles, M.
2° LACOMBE, Marie-Madeleine, [JEAN I.
b 1706.

1729.

II.—MAGUET, JEAN-BTE, [PIERRE I.
b 1700.
ABEL, Geneviève-Barbe, [JEAN I.
b 1701.

Geneviève-Barbe, b 1730 ; m 1753, à Jean CHALIFOUR.—*Jérôme*, b 1731 ; m 20 janvier 1755, à Marie-Anne VOYNE, à la Pte-aux-Trembles, M. [1] —*Jean-Baptiste*, b 1732 ; m [1] 17 janvier 1752, à Marie-Joseph CHALIFOUR. — *Marie-Joseph*, b 4 juillet 1738, à St-François, I. J. [2] ; m à Joseph CHAPERON.—*Marie-Joseph*, b [2] 24 sept. 1739.— *Joseph*, b 1741 ; m 18 juin 1764, à Marie-Joseph GARIÉPY, à Lachenaye.

1729.

II.—MAGUET, ALEXANDRE, [PIERRE I.
b 1694.
BEAUCHAMP, Marie-Joseph, [JACQUES II.
b 1704.

Joseph, b 1729 ; m 7 oct. 1754, à Angélique CHAPERON, à la Pte-aux-Trembles, M.—*Jacques*, b 26 avril 1730, à St-François, I. J. [3] ; m à Marie-Geneviève LABELLE. — *Marie-Catherine*, b [3] 6 juillet 1734.—*Jean-Baptiste*, b [3] 17 oct. 1740.— *Pierre*, b... m 9 janvier 1764, à Marie-Joseph FILIATREAU, à Ste-Rose.

1732.

II.—MAGUET, MICHEL, [PIERRE I.
b 1697.
COURTEMANCHE, Elisabeth, [ANTOINE II.
b 1701.

Ambroise, b 24 sept. 1732, à St-François, I. J. [4] —*Michel*, b 1734 ; m 1763, à Catherine CHABOT. —*Marie-Marguerite*, b [4] 21 nov. 1739.

1734.

II.—MAGUET, JOSEPH, [PIERRE I.
b 1699.
DESJARDINS, Marie-Joseph, [ROCH II.
b 1710.

Marie-Anne, b 18 janvier 1735, à St-François, I. J.

1752, (17 janvier) Pte-aux-Trembles, M.

III.—MAGUET (1), JEAN-BTE, [JEAN-BTE II.
b 1732.
CHALIFOUR, Marie-Joseph, [JACQUES III.
b 1724.

(1) Et Maillet.

Deux anonymes, b et s 29 juillet 1752, à Chambly.[6] — *Jean-Baptiste*, b [5] 21 juillet 1753; s [5] 19 février 1754. — *Marie-Joseph*, b [5] 20 avril 1755; s [5] 29 sept. 1756.—*Barbe*, b [5] 20 juin 1756.—*Marie-Judith*, b [5] 12 sept. 1757.—*Elisabeth*, b [5] 24 mai 1759.—*Marie-Marguerite*, b [5] 1er déc. 1760.

1754, (7 oct.) Pte-aux-Trembles, M.
III.—MAGUET, JOSEPH, [ALEXANDRE II.
b 1729.
CHAPERON, Angélique, [JACQUES III.
b 1733.
Pierre, b 29 nov. 1762, à Ste-Rose.

1755, (20 janvier) Pte-aux-Trembles, M.
III.—MAGUET (1), JÉROME, [JEAN-BTE II.
b 1731.
VOYNE, Marie-Anne, [PIERRE III.
b 1734.
Jean-Baptiste, b 7 juin 1758, à Chambly.

MAGUET, CLAUDE.
1° MARTIN, Marie.
1758, (21 août) Varennes.
2° PETIT (2), Marie-Charlotte, [MICHEL III.
b 1734.

1763.
III.—MAGUET (3), MICHEL, [MICHEL II.
b 1734.
CHABOT, Catherine, [MICHEL IV.
b 1740.
Charles, b 21 nov. 1764, à Lachenaye.[6] — *Joseph-Marie*, b [6] 28 mai 1768.

1764, (9 janvier) Ste-Rose.
III.—MAGUET (1), PIERRE. [ALEXANDRE II.
FILIATREAU, Marie-Joseph, [LOUIS III.
b 1745.

1764, (18 juin) Lachenaye.[1]
III.—MAGUET (4), JOSEPH, [JEAN-BTE II.
b 1741.
GARIÉPY, Marie-Joseph, [JEAN III.
b 1744.
Marie-Joseph, b [1] 19 juin 1776. — *Marie-Angélique*, b [1] 31 janvier 1784.

III.—MAGUET, JACQUES, [ALEXANDRE II.
b 1730.
LABELLE, Marie-Geneviève.
Marguerite, b 14 juillet 1776, à Lachenaye.

MAGUIET.—Voy. MAGUET—MAJOR, 1720.

I.—MAHER, NICOLAS,
Allemand.
AUDET, Geneviève,
s 11 mars 1788, à Québec.

(1) Et Maillé.
(2) Dit Lalumière.
(3) Et Maillet.
(4) Marié sous le nom de Maillet.

MAHEU.—*Variations :* MAHEUX—MATHIEU.

1639, (26 sept.) Québec.[2]
I.—MAHEU (1), JACQUES, fils de Nicolas et de Louise Chichon, de Bubertz, au Perche; s [2] 22 juillet 1663.
CONVENT, Anne,
b 1601; veuve de Philippe Amyot.
Jean, b [2] 31 mai 1643; 1° m [2] 16 juillet 1663, à Marguerite CORRIVEAU; 2° m 18 sept. 1673, à Mathurine BÉLANGER, au Château-Richer.

1650.
I.—MAHEU (1), RENÉ,
s 1er août 1661, à Québec.[1]
CORRIVEAU (2), Marguerite.
Jean-Paul, b 1649; 1° m [1] 13 nov. 1669, à Marguerite TESSON; 2° m 26 sept. 1700 (3), à Françoise MEUNIER; 3° m 11 juin 1703, à Anne PETIT, à St-Pierre, I. O.; s 25 déc. 1708, à St-François, I. O.

1659, (10 nov.) Québec (4).
I.—MAHEU (1), PIERRE, b 1634; fils de Jean et de Michelle Chovin, de St-Jean-de-Mortagne, au Perche; s 13 mai 1717, à Beauport.[8]
DROUIN, Jeanne, [ROBERT I.
b 1647; s [8] 24 juin 1732.

MAHEU, RENÉ.—Voy. MATHIEU.

1663, (16 juillet) Québec.[1]
II.—MAHEU (1), JEAN, [JACQUES I.
b 1643.
1° CORRIVEAU, Marguerite,
veuve de René Maheu; s [1] 19 avril 1673.
1673, (18 sept.) Château-Richer.
2° BÉLANGER (5), Mathurine, [FRANÇOIS I.
b 1652.

1669, (13 nov.) Québec.[1]
II.—MAHEU (1), JEAN-PAUL, [RENÉ I.
b 1649; s 25 déc. 1708, à St-François, I. O.
1° TESSON, Marguerite, b 1651; fille de Noël et de Christine DeBers, de St-Paul, Paris.
Pierre-Louis, b [1] 14 avril 1684; m à Geneviève MARTIN.
1700, (26 sept.) (6).
2° MEUNIER, Françoise, [MATHURIN I.
b 1653; veuve de Charles Pouliot; s 19 janvier 1703, à St-Laurent, I. O.
1703, (11 juin) St-Pierre, I. O.
3° PETIT, Anne, [PIERRE I.
veuve en 2èmes noces d'Antoine Juchereau; s 3 mars 1736, à St-Augustin.

(1) Voy. vol. I, p 403.
(2) Elle épouse, le 16 juillet 1663, Jean Maheu, à Québec.
(3) Date du contrat de mariage.
(4) Le contrat de mariage est du 8 sept. 1659. (Greffe de Vachon, notaire-royal).
(5) Elle épouse, le 2 oct. 1674, Antoine Desève, au Château-Richer.
(6) Date du contrat de mariage—Greffe de Charles Rageot.

1671, (15 janvier) L'Ange-Gardien. [3]

I.—MAHEU (1), NICOLAS, fils de Jean et de Martine **Fontaine**, de **St-Martin**, diocèse de **Meaux, en Brie**; s 17 oct. 1673 (tué par un arbre), au Château-Richer.

GUILLAUME, Marie, fille de Denis et d'Anne Caron, de St-Médard, Paris.

Geneviève, b [3] 22 nov. 1671.—*Jean*, b [3] 9 juillet 1673; s [3] 5 avril 1677.

1673, (12 juin) Québec. [4]

II.—MAHEU (1), LOUIS, [RENÉ I.
b 1650; chirurgien; s [4] 24 nov. 1683.

BISSOT, Geneviève, [FRANÇOIS I.
b 1653.

1688, (26 avril) L'Ange-Gardien. [5]

II.—MAHEU (1), CHARLES, [PIERRE I.
b 1666.

GARNIER (2), Marie-Charlotte, [CHARLES I.
b 1667.

Charles, b [5] 24 janvier 1689; s [5] 26 nov. 1691. —*Noël*, b [5] 28 déc. 1690; 1° m 1er fevrier 1712, à Ursule GIROUX, à Beauport [6]; 2° m [6] 8 nov. 1717, à Marie-Madeleine MÉNARD; 3° m 11 fevrier 1744, à Angélique CADORET, à Lévis.—*Pierre*, b [5] 10 août 1693; m [6] 11 février 1715, à Louise GIROUX; s [6] 16 juin 1733.—*Marie-Angélique*, b [5] 17 mars 1695; m [6] février 1714, à Pierre GIROUX.—*Charles*, b [5] 29 mars 1697; m 12 nov. 1725, à Marguerite LÉVESQUE, à Repentigny [7]; s [7] 28 fevrier 1729.—*Jean*, b [5] 25 sept. 1699; 1° m 1727, à Marie-Barbe LÉVESQUE; 2° m [7] 3 oct. 1729, à Marie-Anne LOYER; s [7] 22 déc. 1766.—*Alexis*, b [5] 22 avril 1702.

1691, (15 janvier) L'Ange-Gardien. [3]

II.—MAHEU (3), PIERRE, [PIERRE I.
b 1669; s [3] 9 janvier 1703.

GARNIER (4), Marie-Louise, [CHARLES I.
b 1673.

Pierre, b 1694; m 11 fevrier 1715, à Suzanne GIROUX, à Beauport [4]; s [4] 14 avril 1751.—*Marie-Anne*, b [3] 8 mars 1700; m [3] 21 fevrier 1718, à Pierre RIOPEL; s [3] 7 mars 1764.—*Gabriel*, b [3] 28 dec. 1701; 1° m [4] 3 nov. 1723, à Marie-Madeleine BRODIÈRE; 2° m [3] 2 août 1731, à Clotilde GARNAUD.

1712, (1er février) Beauport. [6]

III.—MAHEU, NOEL, [CHARLES II.
b 1690.

1° GIROUX, Ursule, [JEAN II.
b 1692; s [6] 1er avril 1717.

Nicolas, b [6] 17 dec. 1712; m [6] 6 nov. 1734, à Louise TOUPIN; s [6] 16 oct. 1759.—*Jean-Baptiste-Ange*, b [6] 15 et s [6] 27 mars 1714.—*Pierre*, b [6] 25 mai 1715; s [6] 23 mars 1717.—*Joseph*, b [6] 1er mars et s [6] 8 juin 1717.

(1) Voy. vol. I, p. 403.
(2) Elle épouse, le 22 août 1707, Jean Giroux, à Batiscan.
(3) Voy. vol. I, pp. 403-404.
(4) Elle épouse, le 25 nov. 1704, Valentin Marchand, à L'Ange-Gardien.

1717, (8 nov.) [6]

2° MÉNARD, Marie-Madeleine, [JACQUES I.
b 1699.

Jean-Baptiste, b [6] 2 et s [6] 18 sept. 1718.—*Jean*, b [6] 7 août 1719; m 14 nov. 1746, à Marie-Ursule POULIN, à Ste-Anne.—*Marie-Madeleine*, b [6] 10 mai et s [6] 14 juin 1721.—*François*, b [6] 3 avril et s [6] 28 mai 1722.—*Marie*, b [6] 7 avril 1723.—*Marie-Françoise*, b... 1° m 23 mai 1740, à François PREVOST, à St-Joseph, Beauce [7]; 2° m [7] 2 fevrier 1761, à Augustin HUARD; s [7] 29 janvier 1770.—*Charles*, b [6] 3 fevrier 1725; m 1754, à Geneviève VACHON.—*François*, b [6] 5 et s [6] 6 déc. 1726. —*Jacques*, b [6] 11 fevrier 1728; s [6] 28 août 1729.—*Michel*, b [6] 15 et s [6] 28 déc. 1730.—*Marie-Marguerite*, b [6] 12 janvier 1732; s [6] 28 juin 1733. —*Marie-Louise*, b [6] 7 déc. 1733; s [6] 21 février 1734.—*Noël*, b [6] 24 août et s [6] 3 sept 1735.—*Marie-Louise*, b [6] 21 oct. 1736.—*Joseph-François*, b [6] 9 avril et s [6] 22 août 1738.—*Théodore*, b [7] 24 mars 1740.—*Marie-Marguerite*, b... m [7] 14 février 1763, à Nicolas CONILLE.

1744, (11 fevrier) Lévis.

3° CADORET, Angelique, [GEORGES I.
b 1701; veuve de François Dubois.

1715, (11 février) Beauport. [1]

III.—MAHEU, PIERRE, [CHARLES II.
b 1693; s [1] 16 juin 1733.

GIROU, Louise, [JEAN II.
b 1697.

Marie-Louise, b [1] 24 mars 1716.—*Pierre*, b 22 sept. 1717, à L'Ange-Gardien [2]; m 20 avril 1739, à Antoinette GUÈVREMONT, à Sorel.—*Charles*, b [2] 28 fevrier 1720; m 1748, à Madeleine GUÈVREMONT.—*Marie*, b [2] 23 nov. 1721.—*Michel*, b [2] 28 oct. 1723.—*Joseph*, b [2] 20 mai 1725.—*Raphaël*, b [2] 12 avril 1726.—*Marie-Geneviève*, b 22 juin 1727, à l'Ile-Dupas; s 25 août 1733, à St-Jean, I. O.

1715, (11 fevrier) Beauport. [3]

III.—MAHEU, PIERRE, [PIERRE II.
b 1694; capitaine; s [3] 14 avril 1751.

GIROU, Suzanne, [JEAN II.
b 1694; s [3] 11 déc. 1749.

Jean-Baptiste, b [3] 6 janvier 1716; s [3] 10 mai 1717.—*Pierre*, b [3] 28 sept. 1718.—*Marie-Angélique*, b [3] 15 juin 1720; m [3] 21 nov. 1740, à Jean-Baptiste MARCOU.—*Marie-Joseph*, b [3] 1er janvier 1722; 1° m [3] 5 juin 1741, à Louis CRÊTE; 2° m [3] 30 mai 1765, à Alexis BRUNET.—*René*, b [3] 30 mars 1723.—*Jean-Baptiste*, b [3] 27 août 1724; m [3] 22 août 1746, à Angelique MARCOU.—*Louis*, b [3] 4 nov. 1726; m [3] 8 nov. 1751, à Catherine BAUGIS. —*François-Michel*, b [3] 26 fevrier 1728, 1° m [3] 18 janvier 1751, à Marie-Louise TURGEON; 2° m [3] 19 janvier 1756, à Marie-Anne CHORET.—*Marie-Catherine*, b [3] 4 août 1729; 1° m [3] 3 fevrier 1749, à Ignace MARCOU; 2° m [3] 5 fevrier 1759, à Etienne CRÊTE.—*Marie-Jeanne*, b [3] 25 janvier 1731.—*Marie-Geneviève*, b [3] 25 janvier 1731; m [3] 9 fevrier 1751, à François DUPRAC.—*Marie-Ursule*, b [3] 29 fevrier 1732; m [3] 10 août 1750, à Jean-Baptiste LEFEBVRE.—*Marguerite*, b [3] 18 mars 1733.—*Nicolas-Timothée*, b [3] 15 et s [3] 24 août 1734.

1723, (3 nov.) Beauport. [4]

III.—MAHEU, Gabriel, [Pierre II.
b 1701.

1° Brodière, Marie-Madeleine, [Joseph I.
b 1706.

Marie-Angélique, b [4] 5 oct. 1724.—*Marie-Anne*, b... m 25 fevrier 1743, à Jean-Baptiste Soulard, à L'Ange-Gardien. [5] — *Ange-Gabriel*, b [5] 23 avril 1726; m [5] 15 mai 1752, à Françoise Huot.—*Vincent*, b [5] 25 janvier 1728; m 11 juillet 1755, à Marguerite Bellemare, à Yamachiche [6]; s [6] 21 février 1766.—*Marie-Madeleine*, b [5] 19 sept. 1729; m [4] 31 janvier 1746, à Vincent Grenier.

1731, (2 août). [5]

2° Garnaud, Clotilde (1), [François II.
b 1704; s [5] 10 mars 1751.

Marie-Louise, b [5] 14 nov. 1732; m [5] 18 fevrier 1754, à François Huot.—*Marie-Louise*, b [5] 13 avril 1734.—*Véronique*, b [5] 12 juin 1737.—*Pierre*, b [5] 11 fevrier 1740; m [4] 3 sept. 1770, à Marie-Reine Avisse.—*Marie-Anne*, b [5] 24 juillet 1742.—*Charles*, b [5] 16 avril 1744.

1725, (12 nov.) Repentigny. [7]

III.—MAHEU, Charles, [Charles II.
b 1697; s [7] 28 février 1729.

Lévesque (2), Marie-Marguerite, [Jacques I.
b 1706.

Jeanne, b [7] 1er et s [7] 5 sept. 1726.—*Marie-Marguerite*, b [7] 4 sept. 1727.—*Charles*, b [7] 18 janvier 1729.

1727.

III.—MAHEU, Jean, [Charles II.
b 1699; s 22 dec. 1766, à Repentigny. [8]

1° Lévesque (3), Marie-Barbe, [Jacques I.
b 1708; s [8] 16 janvier 1729.

Marie-Jeanne, b [8] 17 et s [8] 19 janvier 1728.—*Marie-Amable*, b [8] 16 janvier et s 11 mai 1729, à St-François, I. J.

1729, (3 oct.) [8]

2° Loyer, Marie-Anne, [Gabriel II.
b 1703.

Marie-Anne, b [8] 12 oct. 1730.—*Jean-Louis*, b 29 mars 1732, à L'Assomption.—*Marie*, b... m [8] 4 juillet 1768, à Jean-Baptiste Lendier.

III.—MAHEU, Pierre-Louis, [Jean-Paul II.
b 1684.

Martin, Geneviève, [Yves I.
b 1709.

Geneviève, b... m 22 juin 1751, à Pierre Letendre, à St-Antoine-de-Chambly.—*Louise*, b... m à Jean-Baptiste Banlier.

1734, (6 nov.) Beauport. [7]

IV.—MAHEU, Nicolas, [Noel III.
b 1712; s [7] 16 oct. 1759.

Toupin, Louise, [René II.
b 1715; s [7] 17 sept. 1757.

Nicolas-Pierre, b [7] 18 août 1735.—*Marie-Louise*, b [7] 26 nov. 1736; s [7] 19 janvier 1737.—*Joseph-Marie*, b [7] 25 mars 1738; m [7] 19 oct. 1761, à Marie-Françoise Giroux. — *Marie-Louise*, b [7] 3 avril 1740.—*Louise-Angélique*, b [7] 12 mars 1741; m [7] 12 février 1765, à Charles Langlois. — *Jean-Toussaint*, b [7] 1er nov. 1744; m [7] 8 avril 1771, à Marie-Geneviève Grenier. — *Marie-Suzanne*, b [7] 2 fevrier 1746.—*Simon*, b [7] 29 oct. 1747.—*Marie-Geneviève*, b [7] 27 janvier 1750.—*Marie-Madeleine*, b [7] 23 nov. 1751.—*Joseph-Noël*, b [7] 27 nov. 1753.—*Michel*, b [7] 28 mai et s [7] 12 juillet 1756.—*Ignace*, b [7] 28 mai 1756; s [7] 13 janvier 1758.

(1) Baptisée "Claudine" et mariée sous le nom de Clotilde.

(2) Elle épouse, le 7 janvier 1730, Joseph Migneron, à Repentigny.

(3) Dit Sanssoucy.

1739, (20 avril) Sorel. [2]

IV.—MAHEU, Pierre, [Pierre III.
b 1717.

Guèvremont, Marie-Jos.-Antoinette, [Jean I.
b 1709.

François, b 1740; s 14 déc. 1791, au Cap-de-la-Madeleine. — *Pierre-Ignace*, b [2] 23 dec. 1741.—*Pierre-Denis*, b 15 fevrier 1751, à St-Antoine-de-Chambly. [3] — *Joseph*, b [3] 10 et s [3] 29 juillet 1753.

1746, (22 août) Beauport. [9]

IV.—MAHEU, Jean-Bte, [Pierre III.
b 1724.

Marcou, Angélique, [Jean II.
b 1721.

Angélique, b [9] 29 mai et s [9] 11 juin 1747.—*Marie-Angélique*, b [9] 16 février 1749. — *Marie-Joseph*, b [9] 21 nov. 1750.— *Marie-Marguerite*, b [9] 6 avril 1752. — *Jean-Baptiste*, b [9] 11 août 1753.—*Marie-Angélique*, b [9] 18 déc. 1754; s [9] 7 sept. 1758. — *Joseph-Pierre*, b [9] 5 août 1756; s [9] 23 août 1762. — *Marie-Louise*, b [9] 7 mars 1758; s [9] 20 oct. 1759. — *Angélique*, b [9] 2 nov. 1761. — *Marie-Madeleine*, b [9] 16 avril 1763.

1746, (14 nov.) Ste-Anne.

IV.—MAHEU, Jean, [Noel III.
b 1719.

Poulin, Marie-Ursule, [André III.
b 1726; s 31 mars 1777, à St-Joseph, Beauce. [9]

Angélique, b 1748; s 20 janvier 1758, à Quebec. — *François-Marie*, b [9] 3 nov. 1756; m [9] 21 sept. 1779, à Marie-Joseph Busque. — *Louis*, b [9] 21 sept. 1761. — *Geneviève*, b [9] 19 et s [9] 29 août 1763.— *Joseph*, b [9] 9 juillet et s [9] 24 août 1765.

1748.

IV.—MAHEU, Charles, [Pierre III.
b 1720.

Guèvremont, Marie-Madeleine, [Jean-Bte II.
b 1729.

Joseph, b 1749; m 12 juillet 1768, à Madeleine Ossant, à Sorel.— *Marie-Madeleine*, b 18 janvier 1750, à St-Antoine-de-Chambly. [1] — *Gabriel*, b [1] 10 nov. 1752.

1751, (18 janvier) Beauport. [2]

IV.—MAHEU, François-Michel, [Pierre III.
b 1728.

1° Turgeon, Marie-Louise, [Jean III.
b 1735; s [2] 8 oct. 1755.

Jean-Michel, b [2] 23 mars 1752; s [2] 16 avril

1754.—*Louis*, b [2] 15 oct. 1753.—*Anonyme*, b [2] et s [1] 7 oct. 1755.

1756, (19 janvier). [2]

2° CHORET, Marie-Anne, [PIERRE III.
b 1735.

Pierre-Michel, b [2] 8 oct. 1756; s [2] 26 sept. 1757. —*Anonyme*, b [2] et s [2] 7 sept. 1757. — *Anonyme*, b [2] et s [2] 28 février 1758.—*Marie-Anne*, b [2] 13 février 1759.—*Marguerite*, b [2] 17 nov. et s [2] 10 déc. 1760.—*Joseph-François*, b [2] 8 avril 1762.—*Marie-Louise*, b [2] 16 nov. 1763.—*Michel-Jacques*, b [2] 14 août 1765.

1751, (8 nov.) Beauport.[1]

IV.—MAHEU, LOUIS, [PIERRE III.
b 1726.

BAUGIS, Catherine, [LOUIS IV.
b 1731.

Geneviève-Agathe, b [1] 11 sept. 1752. — *Marie-Louise*, b [1] 31 janvier 1754. — *Louis*, b [1] 19 juin 1755. — *François*, b [1] 20 janvier et s [1] 2 fevrier 1757.—*Pierre-Joseph*, b [1] 1er mars 1758.—*Michel*, b [1] 10 mars 1760. — *Jean-Charles*, b [1] 9 janvier 1762.—*Louis*, b [1] 23 janvier 1764.

1752, (15 mai) L'Ange-Gardien. [2]

IV.—MAHEU, ANGE-GABRIEL, [GABRIEL III.
b 1726.

HUOT, Françoise, [JEAN-THIERRY III.
b 1734.

Gabriel, b [2] 21 mai 1753 ; m 10 février 1784, à Ursule Bois, à Québec.—*Marie-Françoise*, b [2] 10 mai 1755.—*Geneviève*, b [2] 5 février 1759.— *Jean-Baptiste*, b [2] 8 juin 1763.—*Marie-Louise*, b 6 mai 1765, au Château-Richer.

1754.

IV.—MAHEU, CHARLES, [NOEL III.
b 1725.

VACHON (1), Geneviève.

Jean, b 21 fevrier 1755, à St-Joseph, Beauce.[3]— *Zacharie*, b [3] 18 juin 1756. — *Pierre*, b [3] 23 sept. 1759 ; s [3] 2 avril 1760.—*Louise*, b [3] 10 mars 1761. —*Marie-Angélique*, b [3] 15 février 1764. — *Marie-Joseph*, b [3] 2 août 1767.—*Madeleine*, b [3] 11 février 1770 ; s [3] 10 juillet 1773.—*Véronique*, b [3] 3 et s [3] 4 mars 1772.—*Joseph*, b [3] 11 juin 1773.

1755, (11 juillet) Yamachiche. [4]

IV.—MAHEU, VINCENT, [GABRIEL III.
b 1728 ; s [4] 21 fevrier 1766.

BELLEMARE (2), Marguerite, [MAURICE IV.
b 1735.

Vincent, b [4] 1er janvier 1757. — *Marguerite*, b [4] 6 avril 1758. — *Louis*, b [4] 6 avril 1759. — *Alexis*, b [4] 22 mars 1761. — *Pierre*, b [4] 11 déc. 1762. — *Marie*, b [4] 14 déc. 1763. — *Gabriel*, b [4] 14 nov. 1765.

(1) Dit Laminé.

(2) Gélina ; elle épouse, le 3 nov. 1767, Pierre Blanchard, à Yamachiche.

1761, (19 oct.) Repentigny. [6]

V.—MAHEU, JOSEPH-MARIE, [NICOLAS IV.
b 1738.

GIROUX, Marie-Françoise, [PIERRE IV.
b 1739.

Marie-Angélique, b [6] 16 nov. 1764.

1766.

MAHEU, LOUIS.

DEGANNE, Marie-Joseph, [LAURENT II.
b 1726.

Antoine, b 22 mars 1767, à Repentigny. [6] — *Marie-Thérèse*, b [6] 23 août et s [6] 15 sept. 1768. — *Marie-Anne*, b [6] 10 mars 1770.

1768, (12 juillet) Sorel.

V.—MAHEU, JOSEPH, [CHARLES IV.
b 1749.

OSSANT, Madeleine, [IGNACE III.
b 1749.

1770, (3 sept.) Beauport.

IV.—MAHEU, PIERRE, [GABRIEL III.
b 1740.

AVISSE, Marie-Reine, [EUSTACHE III.
b 1745 ; veuve de Jean Parant.

1771, (8 avril) Beauport.

V.—MAHEU, JEAN-TOUSSAINT, [NICOLAS IV.
b 1744.

GRENIER, Marie-Geneviève, [JOSEPH III.
b 1738 ; veuve de Jean Carreau.

1779, (21 sept.) St-Joseph, Beauce.

V.—MAHEU, FRANÇOIS-MARIE, [JEAN IV.
b 1756.

BUSQUE, Marie-Joseph, [JEAN II.
b 1758.

1784, (10 février) Québec.

V.—MAHEU, GABRIEL, [ANGE-GABRIEL IV.
b 1753.

BOIS, Ursule-Rosalie. [ETIENNE.

V.—MAHEU, FRANÇOIS, [PIERRE IV.
b 1740; s 14 déc. 1791, au Cap-de-la-Madeleine.

MAHEUX.—Voy. MAHEU.

MAHIER.—*Variation :* MAILLET.

1735, (29 oct.) St-Jean, I. O.

I.—MAHIER (1), CHARLES-HENRI, b 1690; fils de Charles et de Guilmette Desvaux ; s 16 déc. 1735, à Quebec.

OUIMET (2), Marie-Anne, [LOUIS II.
b 1712.

I.—MAIE, ...

DUCORS, Jeanne,
b 1644 ; s 19 déc. 1727, à Montréal.

(1) Employé pour le roy en ce pays.

(2) Elle épouse, le 27 juillet 1740, Pierre Sajot, à Québec.

I.—MAIGNAT (1), Charles, b 1716, soldat; s 4 février 1761, à St-Vincent-de-Paul.

MAIGRÉ.—*Surnom :* Beausoleil.

1759, (5 février) St-Augustin. [8]

I.—MAIGRÉ (2), René, fils de Mathieu et de Jeanne Cherafond, de Beausezam, diocèse de Bazas, Guienne.
Gingras (3), Marie-Charlotte, [Mathieu II.
b 1737.
Joseph, b 1759; s [8] 9 mai 1761.—*Louis*, b [8] 10 avril 1761.

MAIGRET.—Voy. Migret.

I.—MAIGRIGRI, Pierre, d'Orange, Nouvelle-Angleterre.
Broux (4), Anne.

MAILHOT.—Voy. Maillot.

MAILLARD.—Voy. Maillot.

I.—MAILLARD, Marguerite, b 1709; Acadienne; veuve de Pierre Simon-Boucher; s 5 fevrier 1797, à Québec.

I.—MAILLARD, Pierre,
Acadien.
Dugas, Anne,
Acadienne.
Alexis, b 27 déc. 1759, aux Ecureuils.—*Joseph* et *Marie-Joseph*, b 18 fevrier 1762, à Batiscan.

I.—MAILLARDET, Jean-Henri.
Moucheron, Suzanne.
Marie-Angélique, b 30 juin 1758, à Beaumont.

MAILLÉ.—Voy. Maillet.

MAILLET.— *Variations :* Maguet (5) — Mahier —Maillé—Malet—Mallet—Mayer (5).

1662, (23 oct.) Montréal. [3]

I—MAILLET (6), Pierre,
b 1631.
Hardy, Marie-Anne,
b 1634; s [3] 2 janvier 1726.
René, b [3] 24 février 1668; m [3] 17 oct. 1689, à Marie Lescuyer; s [3] 24 oct. 1716.

I.—MAILLET (7), Jean, b 1658; s 14 mars 1737, à Montreal.

(1) Dit Villard.

(2) Dit Beausoleil; soldat de la compagnie de Vaudré, régiment de Languedoc.

(3) Elle épouse, le 30 juin 1762, Etienne Valières, à St-Augustin.

(4) Elle épouse, le 2 février 1730, Louis Loisel, à Québec.

(5) Voy. aussi ce nom.

(6) Voy. vol. I, p. 404.

(7) Et Malet; engage depuis 1717 chez les sœurs de la Congregation N.-D.

1689, (17 oct.) Montréal. [7]

II.—MAILLET (1), René, [Pierre I
b 1668; s [7] 24 oct. 1716.
Lécuyer (2), Marie, [Pierre I
b 1671.
Jean-Baptiste, b 1690; m à Barbe Milot; s [7] [.] avril 1748.—*Louis*, b [7] 22 déc. 1693; m [7] 25 avril 1717, à Angelique Périneau.—*Marie-Charlotte*, b [.] 31 août 1695; 1° m [7] 7 nov. 1712, à Louis Fortier; 2° m 3 juillet 1747, à Pierre Hablin, à la Pointe-Claire. [8] — *Marie-Angélique*, b [7] 10 janvier 1696; m [7] 7 janvier 1716, à Charles Pothier; s [7] 7 oct. 1718. — *Jean-François*, b [7] 19 juin 1701; 1° m 8 nov. 1728, à Marie Roy; 2° m [8] 9 sept. 1744, à Marie-Catherine Brunet.—*Anne*, b [7] 24 fevrier 1706; s [7] 30 mai 1721.—*Jean-Baptiste-Marie*, b [7] 24 mai 1707; m [7] 8 janvier 1731, à Marie-Joseph Picard.

I.—MAILLET (3), Gilbert,
b 1656; s 30 juin 1711, à Montréal.

1697, (29 oct.) Lachine. [1]

II.—MAILLET (4), Louis, [Pierre I.
b 1673; s 18 juillet 1717, au Détroit.
Brunet, Jeanne, [François I.
b 1677.
François-Marie, b 2 et s 15 sept. 1698, à Montréal. — *Catherine*, b [1] 2 avril 1700; m 3 juillet 1719, à Charles Duquet, au Bout-de-l'Ile, M. [1] — *Louis*, b [1] 24 juin 1705; m [2] 5 avril 1731, à Marie-Joseph Fortin. — *Jean*, b [1] 31 mars 1708; m [1] 5 mai 1738, à Marie-Joseph Madeleine; s 5 mai 1756, au Lac-des-Deux-Montagnes. [8] — *Marie*, b 1712; s [2] 5 juin 1736. — *Marie-Joseph*, b [2] 17 mars 1715; m [2] 3 fevrier 1739, à Pierre Séguin; s [2] 4 avril 1760.

1698, (9 janvier) Montréal. [4]

II.—MAILLET (4), Pierre, [Pierre I.
b 1670; marchand.
Dufresne (5), Madeleine, [Félix I.
b 1676; veuve de François Pelletier.
Antoine, b 16 août 1706, au Détroit [5]; m [4] 1[.] août 1730, à Thérèse Mailhot.—*François*, b [4] 29 juillet 1708; s [4] 13 nov. 1716.—*Jean-Baptiste*, b [4] 25 oct. 1712; m [5] 11 janvier 1741, à Marie-Anne Bienvenu-Delisle.

I.—MAILLET (6), Denis,
sculpteur; s 1er nov. 1704, à Montréal.
1° Jéremie, Marie-Madeleine, [Noel I
b 1674; s 18 sept. 1699, à Québec. [6]
1699, (10 nov.) Ste-Foye. [7]
2° Liénard (7), Geneviève, [Sébastien I
b 1673.

(1) Voy. vol. I, p. 404.

(2) Elle épouse, le 10 fevrier 1721, Jean-Baptiste Renault, à Montréal.

(3) Architecte.

(4) Et Malet; voy. vol. I, p. 404.

(5) Dit Turcot—Frêne.

(6) Et Mallet; voy. vol. I, p. 405.

(7) Durbois; elle épouse, le 12 nov. 1710, Jean-François Grégoire, à Ste-Foye.

Marie-Jeanne, b [4] 25 sept. 1700 ; m [7] 22 oct. 1725, à Etienne Noiseux ; s [7] 10 juillet 1774. — *Louis-Denis*, b [7] 27 mai 1702 ; 1° m 5 juillet 1728, à Marie-Joseph Guyon, à St-François, I. O. ; 2° m 24 mai 1734, à Marie-Louise Moore, à St-Laurent, I. O. — *Geneviève*, b [7] 21 juin 1703 ; m [7] 30 nov. 1726, à Jean-Pierre Roy ; s 12 nov. 1766, à St-Joseph, Beauce.

1715.

III.—MAILLET (1), Jean-Bte, [René II.
b 1690 ; s 9 avril 1748, à Montréal. [9]
Milot, Barbe, [Charles II.
b 1699 ; s 1er juin 1757, à Lachine. [2]

Jean-Baptiste, b [9] 22 déc. 1716 ; m 22 avril 1748, à Marie-Joseph Primot, à Châteauguay. — *Marie-Anne*, b [9] 19 mai 1719 ; 1° m à Pierre Gouillard ; 2° m [9] 6 mai 1748, à Jean-Baptiste Rufiage. —*Marie-Joseph*, b [9] 1er janvier 1721. — *Joseph*, b 1722 ; s [2] 13 août 1729.—*Gabriel*, b 1723 ; m [2] 24 nov. 1749, à Marie-Anne Brunet. — *Joachim*, b [2] 23 juillet 1728 ; s [2] 8 janvier 1729.—*Guillaume*, b [2] 14 nov. 1729 ; m [2] 16 janvier 1758, à Marie-Joseph Brau.—*Marie-Elisabeth*, b [2] 7 juin 1731 ; m [2] 15 mai 1752, à André Chèvrefils ; s [2] 21 février 1757.—*Marie-Céleste*, b 1732 ; m [2] 19 avril 1751, à Pierre-Noël Legault ; s [2] 18 avril 1758. —*Catherine*, b 1734 ; m [2] 3 fevrier 1755, à Joseph Legault.—*Joseph*, b 1736 ; 1° m [2] 29 mai 1758, à Marguerite Roy ; 2° m [2] 6 oct. 1760, à Angélique Tabaut.

1717, (25 avril) Montréal. [9]

III.—MAILLET (1), Louis, [René II.
b 1693.
Périneau, Angélique, [Jacques I.
b 1690.

Marie-Louise, b [9] 20 nov. 1717 ; s [9] 10 février 1733.—*Marie-Anne*, b [9] 22 juillet 1719 ; m [9] 7 nov. 1740, à Gilbert Desautels.—*Marie-Madeleine*, b [9] 29 déc. 1721 ; s [9] 25 mars 1726.—*Paul*, b [9] 27 nov. 1723.—*Antoine*, b [9] 27 nov. 1723 ; s [9] 15 fevrier 1733.—*Louis*, b [9] 28 dec. 1725.—*Marie-Louise*, b [9] 5 oct. 1727 ; m [9] 22 sept. 1749, à Joseph Jarry. — *Nicolas-Philippe*, b [9] 1er mai 1729.—*Pierre-Louis*, b [9] 17 janvier 1731 ; 1° m [9] 11 mai 1750, à Marie-Amable Leduc ; 2° m 11 fevrier 1755, à Catherine Méloche, au Détroit.—*Marie-Louise*, b [9] 24 janvier 1734 ; s [9] 12 janvier 1739.—*Angélique*, b [9] 24 juin et s [9] 8 juillet 1735. —*Jean-Baptiste*, b [9] 27 juin et s [9] 23 août 1736.—*Madeleine*, b [9] 9 déc. 1737 ; m [9] 7 janvier 1755, à Jean-Baptiste Hénaut ; s 26 janvier 1761, au Bout-de-l'Ile, M.—*Angélique*, b 1738 ; s [9] 10 avril 1740.—*Marie-Joseph*, b [9] 18 dec. 1740.

1725, (8 janvier) Lachine.

III.—MAILLET (1), Gabriel, [René II.
b 1698.
Milot, Catherine, [Charles II.
b 1703, s 26 avril 1749, à Montréal. [1]

Marie-Charlotte, b [1] 2 nov. 1725 ; m [1] 30 juin 1750, à Louis Dubeau.—*Jean-François*, b [1] 2 avril 1727.—*Marie-Joseph*, b [1] 8 nov. 1728 ; s [1] 27 juillet 1729.—*Louis-Marie*, b [1] 22 mai 1730.—*Joseph*, b 1733 ; m 8 janvier 1759, à Marie-Joseph Dubeau, à St-Laurent, M. — *Louis-Marie*, b [1] 24 février 1734 ; s [1] 25 mars 1737.—*Gabriel*, b [1] 12 avril et s [1] 30 mai 1735.—*Gabriel*, b [1] 3 sept. 1736 ; s [1] 2 janvier 1737.—*Marie-Catherine*, b [1] 9 déc. 1737 ; s [1] 12 dec. 1750.—*Marie-Thérèse*, b [1] 8 oct. 1739. —*Gabriel*, b [1] 4 février et s [1] 6 sept. 1741.—*Elisabeth*, b... s [1] 18 oct. 1743.

(1) Et Mallet.

1728, (5 juillet) St-François, I. O. [3]

II.—MAILLET (1), Louis-Denis, [Denis I.
b 1702.
1° Guyon, Marie-Joseph, [Jean III.
b 1707 ; s 15 fevrier 1733, à St-Laurent, I.O. [4]

Mathieu, b [3] 22 sept. 1729 ; s [3] 24 janvier 1730. —*Marie-Madeleine*, b [4] 31 oct. et s [4] 27 déc. 1731. —*François*, b [4] 31 oct. et s [4] 15 mai 1732.

1734, (24 mai). [4]

2° Moore, Marie-Louise, [Thomas I.
b 1708.

Louis-Marie, b [4] 12 juillet 1735.

1728, (8 nov.) Montréal. [5]

III.—MAILLET (1), Jean-François, [René II.
b 1701.
1° Roy, Marie, [Jean II.
b 1702.

Jean-Baptiste-Amable, b [5] 13 sept. 1729 ; m [5] 14 fevrier 1752, à Louise Legault.—*Marie-Joseph*, b [5] 31 oct. 1730 ; m 7 avril 1750, à Joachim Franche, à la Pointe-Claire. [6] —*Marie-Joseph*, b [5] 24 août 1734.—*Madeleine*, b [5] 14 nov. 1736.—*Marie-Anne*, b... m 8 avril 1755, à Jean-Baptiste Cardinal, au Detroit.

1744, (9 sept.) [6]

2° Brunet, Marie-Charlotte, [Michel III.
b 1720.

1728, (22 nov.) Lachine.

I.—MAILLET, Rolland, b 1698 ; fils de François et d'Elisabeth Lequinkis, de Châteauneuf, Bretagne ; s 22 mars 1769, à Lachenaye.
Quenneville, Louise, [Jean II.
b 1708.

1730, (18 avril) Québec. [4]

I.—MAILLET, Jean-Bte, b 1707 ; fils de Jean et de Françoise Becquet, de Ste-Madeleine-de-Liomer, diocèse d'Amiens, Picardie ; s [4] 17 mars 1731.
Chaillé (2), Marie-Madeleine, [Jean II.
b 1698 ; veuve de Jean Beslon.

1730, (11 août) Montréal [1]

III.—MAILLET (1), Antoine, [Pierre II.
b 1706.
Mailhot, Thérèse, [Guillaume II.
b 1707.

Thérèse, b 3 mai 1731, au Détroit [2] ; s [1] 23 janvier 1734. — *Marie-Catherine*, b [2] 22 et s [2] 27 oct.

(1) Et Mallet.

(2) Elle épouse, le 23 sept. 1737, Louis Maranda, à Québec.

1732. — *Thérèse*, b [3] 12 avril 1735. — *Jacques-Louis*, b [3] 15 avril 1736. — *Joseph*, b [3] 26 août 1737; s [3] 10 avril 1739. — *Jean-François*, b [3] 11 oct. 1738. — *Marie-Timothée*, b [3] 7 et s [3] 20 déc. 1739. — *Angélique*, b [3] 10 et s [3] 14 déc. 1740. —*Antoine*, b [3] 12 février 1742.—*Augustin*, b [3] 12 et s [3] 18 avril 1743.

1731, (8 janvier) Montréal.[4]

III.—MAILLET (1), JEAN-BTE-MARIE, [RENÉ II.
b 1707.
PICARD, Marie-Joseph, [ALEXIS II.
b 1709; s [4] 15 mai 1738.
Joseph, b [4] 18 nov. 1736.

1731, (5 avril) Bout-de-l'Ile, M.[4]

III.—MAILLET, LOUIS, [LOUIS II.
b 1705.
FORTIN, Marie-Joseph. [RENÉ II.
Marie-Amable, b [4] 2 mars 1732; m 1749, à Jean-Baptiste SÉGUIN; s 19 mars 1752, au Lac-des-Deux-Montagnes.[5] —*Catherine-Joseph*, b [4] 22 mars 1734. — *Marie-Joseph-Amable*, b [4] 3 février 1736.—*Marie-Anne*, b 1738; s [4] 15 fevrier 1757.— *Jean-Louis*, b [4] 26 février et s [4] 2 mars 1741. — *Louis*, b... m [5] 16 sept. 1765, à Madeleine ANDRÉ. — *Marie-Charlotte*, b [4] 21 avril 1745.—*Françoise-Agathe*, b... m [4] 8 avril 1766, à Pierre SAUVÉ.— *Pierre-Paul*, b [5] 29 déc. 1752.

MAILLET, HYPOLITE.
DUVAL, Marie-Charlotte, [CLAUDE I.
b 1717; veuve de François Seizeville-Bellefleur; s 19 oct. 1802, à l'Hôpital-General, M.

1738, (5 mai) Bout-de-l'Ile, M.[4]

III.—MAILLET (2), JEAN, [LOUIS II.
b 1708; s 5 mai 1756, au Lac-des-Deux-Montagnes.[5]
MADELEINE (3), Marie-Joseph, [JOSEPH II.
b 1716.
Joseph, b [4] 17 janvier 1739; s [4] 5 juin 1757 (noyé le 27 mai). — *Jean-Baptiste*, b [4] 13 août 1740; m [5] 23 nov. 1767, à Marie-Ursule TIBAUDEAU. — *Philibert*, b [4] 6 mars 1742; m [4] 19 oct. 1767, à Marie-Amable ST. DENIS. — *Louis*, b [4] 3 février 1745.—*François-Marie*, b [4] 28 mars 1747. —*Marie-Archange*, b [4] 8 dec. 1749. — *Augustin*, b [4] 5 mars 1752.—*Pierre*, b [5] 4 juin 1755.

MAILLET, JOSEPH.
ROY, Jean-Bte-Joseph.
Marie-Judith, b 3 avril 1738, à Lanoraie. — *Marie-Geneviève*, b 16 mai 1741, à Lavaltrie.

1741, (11 janvier) Détroit.

III.—MAILLET (1), JEAN-BTE, [PIERRE II.
b 1712.
BIENVENU-DELISLE(4), Marie-Anne. [FRANÇOIS I.

(1) Et Mallet.
(2) Et Malet.
(3) Elle épouse, le 18 février 1760, Martin Sullivan, au Bout-de-l'Ile, M.
(4) Elle épouse, plus tard, Charles Lamarre.

1747, (13 nov.) Québec.

I.—MAILLET (1), PIERRE, fils de Pierre et d'Antoinette Moreau, de St-Project, ville de Bordeaux.
DONTAILLE, Marie-Geneviève, [JACQUES-PH. I.
b 1724.

1748, (22 avril) Châteauguay.

IV.—MAILLET (1), JEAN-BTE, [JEAN-BTE III.
b 1716.
PRIMOT, Marie-Joseph, [PIERRE II.
b 1723.
Jean-Baptiste, b 26 août et s 11 sept. 1749, à Lachine.[1] — *Marie-Barbe-Elisabeth*, b [1] 6 déc. 1750.—*Marie-Hélène*, b [1] 16 février et s [1] 6 août 1752.—*Charles-Amable*, b [1] 9 mars 1753; s [1] 23 nov. 1755.—*Marguerite-Céleste*, b [1] 27 déc. 1754. —*Marie-Rose*, b [1] 2 juillet et s [1] 1er sept. 1756 — *Catherine*, b [1] 8 août 1758.—*Marie-Joseph*, b [1] 16 avril 1761.

1749, (24 nov.) Lachine.

IV.—MAILLET (1), GABRIEL, [JEAN-BTE III.
b 1723.
BRUNET (2), Marie-Anne, [FRANÇOIS II.
b 1725.
Joseph, b 1763; m 31 déc. 1783, à Marie-Anne CATIN, au Détroit[2]; s [2] 29 déc. 1793.

1749.

I.—MAILLET, CHARLES, marchand et receveur du domaine du roi; de Marseilles, Provence.
LAVALLIÈRE (3), Judith. [MICHEL III.
Marie-Renée, b 10 sept. 1750, à Quebec.[3] — *Marie-Angélique*, b [3] 30 mai 1752; s [3] 27 août 1755.—*Louise-Judith*, b [3] 14 août 1753.—*Madeleine-Joseph*, b [3] 1er oct. 1754; s [3] 9 sept. 1757.— *Ange-François*, b [3] 22 avril et s 4 sept. 1756, à Beauport.—*Charles-Philippe*, b [3] 1er juin 1757; s 2 août 1758, à Charlesbourg.—*Charles-Michel-Maurice*, b 24 juillet et s 29 oct. 1760, aux Trois-Rivières.[4]—*Marie-Joseph*, b [4] 12 sept. 1761.

1750.

MAILLET, AUGUSTIN.
HÉBERT, Marie.
Marie-Joseph, b 23 sept. 1751, à St-Antoine-de-Chambly.[5]—*Jean-Baptiste*, b [5] 8 juillet 1753.

1750, (11 mai) Montréal.

IV.—MAILLET (1), PIERRE-LOUIS, [LOUIS III.
b 1731.
1° LEDUC, Marie-Amable, [LAMBERT III.
b 1729.
Louis, b 1751; s 7 mai 1752, à St-Laurent, M
1755, (11 février) Détroit.
2° MÉLOCHE (4), Catherine, [PIERRE II.
b 1737; veuve de Jean-Baptiste Sappé-Poligny.

(1) Et Mallet.
(2) Dit Bourbonnais.
(3) LeNeuf de la Vallière.
(4) Elle épouse, le 7 février 1764, André Pelletier, au Détroit.

1752, (14 février) Montréal.
V.—MAILLET (1) J.-Bte-Amable, [J.-Frs III.
b 1729.
Legault, Louise, [Jean II.
b 1735.
Marie-Louise, b 3 sept. 1757, à St-Laurent, M.[9]
Marguerite, b [9] 25 sept. 1759.

1758, (16 janvier) Lachine.[3]
V.—MAILLET (1), Guillaume, [Jean-Bte III.
b 1729.
Brau, Marie-Joseph, [Jean-Bte III.
b 1735.
Jean-Baptiste, b [3] 15 sept. 1758.—*Marie-Catherine*, b [3] 29 janvier 1761.

1758, (29 mai) Lachine.[4]
V.—MAILLET (1), Joseph, [Jean-Bte III.
b 1736.
1° Roy, Marguerite, [Louis II.
b 1736.
Jean-Baptiste, b [4] 3 mars 1759.
1760, (6 oct.)[4]
2° Tabeau, Marie-Angélique, [Antoine III.
b 1738.
Joseph-Marie, b [4] 11 août 1761.

1759, (8 janvier) St-Laurent, M.
IV.—MAILLET (1), Joseph, [Gabriel III.
b 1733.
Dubeau, Marie-Joseph, [Jacques III.
b 1739.

1761, (29 janvier) Québec.[6]
I.—MAILLET, Jean-Louis, fils de Jean et d'Elisabeth Valonne, d'Antrevenne, diocèse de Riez, Provence.
1° Couture, Marie-Joseph, [Jean-Bte III.
b 1728; veuve de François Baillargeon; s [6] 12 mai 1764.
Nicolas et *Pierre* b [6] 30 juillet et s [6] 13 août 1760.—*Elisabeth*, b [6] 26 oct. 1761; s [6] 27 juillet 1762.—*Jean-Louis*, b [6] 12 avril et s [6] 5 juin 1764.
1764, (18 sept.) Lévis.
2° Bourassa, Marie-Charlotte, [Pierre III.
b 1733.
Marie-Joseph, b... m [6] 19 sept. 1786, à Etienne Samson.— *Louise*, b... m [6] 4 fevrier 1794, à Mathieu Bardy. — *Marie-Charlotte*, b... m [6] 20 janvier 1795, à Joseph Gobert.

1762, (15 nov.) Terrebonne.[2]
I.—MAILLET, François, b 1737; fils de Jean et de Marie Favre, de Lyon, Lyonnois; s [2] 23 avril 1777.
Forget (2), Marie-Anne, [Jean Bte III.
b 1744.

(1) Et Mallet.
(2) Elle épouse, le 18 oct. 1779, Antoine Frapier, à Terrebonne.

1765, (16 sept.) Lac-des-Deux-Montagnes.[2]
IV.—MAILLET (1), Louis. [Louis III.
André (2), Madeleine, [Louis I.
b 1741.
Louis, b [2] 30 janvier 1766.— *Jean-Baptiste*, b [2] 29 avril 1768.

1767, (15 juin) Pointe-Claire.
I.—MAILLET (1), Joseph, fils de Noël et de Jeanne Courseran, de Messemieux, diocèse de Lyon, Lyonnois.
St. Denis, Marie-Joseph, [Joseph I.
b 1744.

1767, (19 oct.) Bout-de-l'Ile, M.
IV.—MAILLET (3), Philibert, [Jean III.
b 1742.
St. Denis (4), Marie-Amable, [Jacq.-Michel II.
b 1746.

1767, (23 nov.) Lac-des-Deux-Montagnes.
IV.—MAILLET (3), Jean-Bte, [Jean III.
b 1740.
Tibaudeau, Marie-Ursule.

MAILLET (3), Pierre.
Major, Angélique.
Véronique, b 4 oct. 1773, au Détroit.[7]—*Marie-Archange*, b [7] 12 janvier 1775.

MAILLET, Michel,
b 1748; s 19 janvier 1833, à Beaumont.

MAILLET, Pierre.
Baker, Marie.
Marie, b 23 nov. 1782, au Détroit.[9] — *Pierre*, b [9] 12 février 1784.

1783, (31 déc.) Détroit.[6]
V.—MAILLET (5), Joseph, [Gabriel IV.
b 1763; s [6] 29 déc. 1793.
Catin, Marie-Anne, [Antoine III.
b 1768; s [6] 1er janvier 1794.
Joseph, b [6] 6 janvier 1785.

MAILLOT.—*Variations et surnoms :* Maguet—Mailhot—Maillard—Malliot—Maillou—Maiot—Majot—Malhiot—Mayot—Boisclair—Laroche—Latulippe—Laviolette—Leblond.

I.—MAILLOT (6), René,
b 1637.
Chapacou (7), Marie, [Simon-Jean I.
b 1658; s 25 déc. 1733, à Ste-Anne-de-la-Perade.
Guillaume, b 1er janvier 1681, aux Grondines[7]; m 16 janvier 1704, à Marie-Anne Macé, à Mont-

(1) Et Malette.
(2) Dit St. Amand.
(3) Et Malet.
(4) Voy. Denis.
(5) Et Mallet.
(6) Dit Laviolette; voy. vol I, p 404.
(7) Appelée aussi Chapeau.

réal [5]; s [3] 20 avril 1718.—*Pierre*, b 1686; m 1708, à Marguerite GAURON.—*Louis*, b 18 janvier 1689, au Cap-Santé; m à Madeleine HOUY; s 1er déc. 1760, à St-Jean-Deschaillons.—*Jacques*, b 1691; m 1713, à Marie-Angélique HOUY.— *Marie-Geneviève*, b 1er juillet 1692, à la Pte-aux-Trembles, Q.; m 26 oct. 1722, à Antoine GODARD, au Château-Richer.—*François*, b [7] 18 janvier 1695; m 1719, à Marie-Charlotte GAURON; s 8 déc. 1758, à St-Pierre-les-Becquets.

1683, (13 sept.) Montreal. [2]

I.—MAILLOT (1), JEAN, b 1656, marchand; fils de Jean et de Marie Courbas, de Limoges, Limosin.

1° MILOT Jeanne, [JEAN I.
b 1664; s [2] 6 oct. 1686.

1688, (1er mars) Batiscan.

2° MARCHAND (2), Madeleine, [JACQUES I.
b 1660.

Madeleine, b... m à François DAVIGNON. — *Marie-Françoise*, b [2] 16 mars 1689; m [2] 15 déc. 1705, à René BOUCHER.—*Jean-François*, b [2] 4 nov. 1692; m [2] 18 déc. 1724, à Charlotte GAMELIN; s [2] 29 janvier 1756.—*Jean*, b [2] 20 mai 1694.

I.—MAILLOT (3), JEAN, fils de Toussaint et de Claude Boucher, de St-Paul, diocèse de Luçon, Poitou.

1° PALADEAU, Roberte, [JEAN I.
b 1673; s 11 janvier 1699, à Montréal. [3]

Joseph-André, b [3] 12 avril 1690; m 1er février 1711, à Marguerite JOACHIM, à Boucherville.—*Jean*, b [3] 5 mai 1694; 1° m 1717, à Elisabeth CHOREL; 2° m 25 juillet 1718, à Marguerite VACHER, à Chambly. [5]—*Marie*, b [3] 30 dec. 1697; m [5] 7 juin 1723, à Joseph CLAVEAU.

1699, (9 nov.) [5]

2° COURAULT, Marie, [PIERRE I.
b 1681.

Madeleine, b... m [5] 24 mai 1719, à François DAVIGNON. — *Lambert*, b 1703; s [5] 30 mai 1709, (noyé). — *Jean-Baptiste*, b [5] 9 juillet 1707. — *Suzanne*, b 1709; m [5] 24 oct. 1735, à Joseph-Marie MERCIER. — *Lambert*, b [5] 29 août 1713; m 7 nov. 1745, à Madeleine VIAU, à Longueuil [9]; s [5] 12 mai 1750.—*François*, b [5] 28 déc. 1715; m [9] 10 juin 1748, à Véronique VIAU.—*Marie-Louise*, b... 1° m à Michel MACÉ; 2° m [5] 9 janvier 1758, à Denis LAPORTE.

1702.

II.—MAILLOT, RENÉ, [RENÉ I.
b 1675.

GAURON, Marie-Françoise. [MICHEL I.

Marie-Renée, b 15 juillet 1703, à Ste-Anne-de-la-Perade [6]; s 21 janvier 1788, à St-Jean-Deschaillons.—*Marie-Françoise*, b... m 1726, à François AUGÉ. — *Elisabeth*, b... m à Joseph AUGÉ.— *Marie-Anne*, b [6] 17 avril 1708.

(1) Voy. vol. I, p. 404.

(2) Elle épouse, le 6 oct. 1715, René LeGardeur de Beauvais, à Montréal.

(3) Dit Laroche; voy. vol. I, p. 404.

1704, (16 janvier) Montréal. [8]

II.—MAILLOT (1), GUILLAUME, [RENÉ I.
b 1681; taillandier et forgeron; s [8] 20 avril 1718.

MACÉ (2), Marie-Anne, [MARTIN I.
b 1684.

Guillaume, b [8] 17 et s [8] 20 mars 1705.—*François*, b [8] 12 fevrier 1706. — *Thérèse*, b [8] 3 mars 1708; m [8] 11 août 1730, à Antoine MALLET.— *Marie-Anne*, b [8] 13 mai 1710; m 8 mars 1734, à Charles SUPERNANT, à Longueuil.—*Marie-Joseph*, b [8] 19 mars 1712; s [8] 27 oct. 1727. — *Angélique*, b [8] 16 et s [8] 27 nov. 1713.—*Jacques*, b [8] 17 et s [8] 25 nov. 1714.—*René*, b [8] 1er février et s [8] 6 mars 1716.—*Jeanne*, b [8] 28 janvier 1717; s [8] 5 février 1718.

1708.

II.—MAILLOT, PIERRE, [RENÉ I.
b 1686.

GAURON, Marguerite, [MICHEL I.
b 1683.

Marie-Anne, b... m 31 janvier 1729, à Nicolas BARABÉ, à Lotbinière. [4]—*Marie-Joseph*, b .. 1° m 20 sept. 1742, à Antoine AUGÉ, à St-Jean-Deschaillons [3]; 2° m 23 mai 1747, à Joseph ADAM, à St-Pierre-les-Becquets.—*Pierre*, b 11 août 1726, aux Grondines; m 1747, à Marie-Louise AIDE-CRÉQUI; s [4] 15 mars 1797.—*Marie-Angélique*, b... s [4] 24 oct. 1728.—*Catherine*, b [4] 25 sept. 1730; m [3] 3 juin 1748, à Pierre GARNEAU; s [3] 28 juin 1780.

1711, (1er fevrier) Boucherville. [9]

II.—MAILLOT (3), JOSEPH-ANDRÉ, [JEAN I.
b 1690.

JOACHIM (4), Marguerite, [BERNARD I.
b 1690.

Jean, b... m [9] 8 mai 1736, à Ursule BLAYE— *Pierre*, b [9] 13 et s [9] 29 août 1717.—*Joseph*, b [9] 13 août 1717.—*Louise*, b [9] 29 oct. 1718.—*Jacques* et *Marguerite*, b [9] 17 et s [9] 29 oct. 1719. — *Jacques*, b [9] 25 juillet et s [9] 21 sept. 1721. — *Pierre*, b [9] 27 juillet et s [9] 4 oct. 1722.— *Anonyme*, b [9] et s [9] 1er oct. 1723. — *Antoine-Léger*, b [9] 1er et s [9] 3 oct. 1723.—*Véronique*, b [9] 28 juin 1726.

II.—MAILLOT, LOUIS, [RENÉ I.
b 1689; s 1er déc. 1760, à St-Jean-Deschaillons. [1]

HOUY, Marie-Madeleine. [ROBERT I.

Joseph, b 1713; m 18 août 1733, à Marie-Jeanne PROVOST, à Quebec; s 21 janvier 1761, à Ste-Anne-de-la-Pérade. [2] —*Joachim*, b [2] 5 avril 1717, m 10 mai 1739, à Rose ADAM, à Batiscan —*Louis*, b 1719; m 3 février 1744, à Marie-Joseph BRISSON, à St-Pierre-les-Becquets. [3] —*Pierre*, b 1724; m [3] 15 juillet 1748, à Marie-Elisabeth BRISSON, s [3] 1er mars 1750.—*Marie-Madeleine*, b 1726; m [1] 15 nov. 1745, à Joseph LIMOUSIN; s [1] 2 oct. 1747. — *Jean-Baptiste-François*, b 18 janvier 1728, à

(1) Aussi appelé Maillou.

(2) Elle épouse, le 26 sept. 1718, Pierre Courault, à Montréal.

(3) Dit Laroche—Aussi appelé Maillou.

(4) Elle épouse, le 27 nov. 1741, Jean Paquet, à Boucherville.

...tbinière [4]; m 1750, à Marie-Anne PEPIN; s [1] ... mars 1784.— *Alexis*, b 1729; s [1] 16 oct. 1747. —*Michel*, b [2] 1er mai 1732; s [1] 2 nov. 1743. — *François*, b [4] 3 février 1734; m [1] 10 janvier 1753, à Marie-Joseph ROIROUX; s [1] 27 février 1808.— *Françoise*, b... m [1] 13 janvier 1755, à François ...—*Marguerite*, b... m à François COURTEAU.

1713.

II.—MAILLOT, JACQUES, [RENÉ I.
b 1691.
HOUY (1), Marie-Angélique,
b 1693; s 24 oct. 1753, à St-Jean-Deschaillons. [5]

Marie-Angélique, b 1714; m [5] 23 nov. 1744, à Pierre GENDRON.—*Marie-Louise*, b 1716; m [5] 11 janvier 1745, à Louis VALLÉE.—*Charles*, b 1718; m [5] 16 août 1745, à Marie-Marguerite HOUDE.—*Jacques*, b 1720; m 23 sept. 1748, à Brigitte BRISSON, à St-Pierre-les-Becquets. [6] — *Marie-Louise-Thérèse*, b 12 mars 1724, aux Grondines [7]; m à Joseph CHARLAND; s [5] 4 déc. 1767. —*Marie*, b [7] 7 avril 1726.—*Marie-Joseph*, b [7] 6 mai 1728; m [5] 3 février 1744, à Joseph GAUDON. — *Alexis*, b [7] 20 nov. 1729. — *René*, b 9 avril 1730, à Lotbinière [8]; m 1753, à Marie-Joseph PARIS.—*Nicolas*, b [8] 31 mars 1732; m [6] 17 avril 1752, à Clotilde BRISSON; s [5] 6 mai 1808.—*Marie-Charlotte*, b [7] 30 mai 1734; s [6] 1er mai 1747.—*Joseph*, b 6 sept. 1736, à Ste-Anne-de-la-Perade [9]; s [7] 5 juin 1737.—*Cécile*, b [9] 10 février 1739; m 11 oct. 1757, à François DESMAISONS, à Becancour.

1717.

II.—MAILLOT, JEAN, [JEAN I.
b 1694.
1° CHOREL (2), Elisabeth, [FRANÇOIS I.
b 1691.

Jeanne, b 20 sept. 1717, à Lachine.

1718, (25 juillet) Chambly. [1]

2° VACHER (3), Marguerite, [GUILLAUME I.
veuve de Philippe Poirier.

Jean-Baptiste, b [1] 26 mars 1719.—*Basile*, b [1] 5 déc. 1720; 1° m 1745, à Agathe BROUILLET-LAJEUNESSE; 2° m [1] 18 février 1765, à Catherine SANSOUCY.—*Louise-Ursule*, b [1] 15 déc. 1722.—*Louise*, b [1] 18 nov. 1724; 1° m à Pierre ....; 2° m [1] 19 sept. 1763, à Prisque PERRON.—*Antoine*, b 1725; 1° m [1] 8 juillet 1754, à Françoise MÉNARD; 2° m [1] 24 février 1763, à Julie COULON.—*Charles-Toussaint*, b [1] 27 janvier 1727; m [1] 12 nov. 1753, à Thérèse ST. ONGE.

1719.

II.—MAILLOT, FRANÇOIS, [RENÉ I.
b 1695; s 8 déc. 1758, à St-Pierre-les-Becquets. [1]
GAURON, Marie-Charlotte, [MICHEL I.
b 1689.

Michel, b 1719; m 20 nov. 1741, à Angélique TESSIER, à Ste-Anne-de-la-Perade. [2]—*Marie*, b [2] 22 février 1720; m 15 nov. 1744, à Noël-Augustin DUBUC, à St-Jean-Deschaillons. [3]—*Geneviève*, b 31 mai 1722, aux Grondines.—*François*, b [3] 10 mai 1725.—*Marie-Catherine*, b 16 mai et s 27 sept. 1728, à Lotbinière. [4] — *Marie-Elisabeth*, b [4] 6 janvier 1730; m [1] 8 janvier 1755, à Antoine BARIL.—*Joseph*, b... m [1] 20 nov. 1752, à Marie-Geneviève BRISSON.—*Marie-Françoise*, b [1] 14 juin 1735; s [3] 30 janvier 1744.

1724, (18 déc.) Montréal. [4]

II.—MAILLOT (1), JEAN-FRANÇOIS, [JEAN I.
b 1692; s [4] 29 janvier 1756.
GAMELIN, Charlotte, [IGNACE II.
b 1706; s [4] 5 juillet 1749.

Renée-Charlotte, b [4] 6 sept. 1725. — *Françoise*, b [4] 27 et s [4] 30 juillet 1726.—*François*, b [4] 8 août et s [4] 20 déc. 1727. — *Amable-Catherine*, b [4] 28 sept. 1728.—*Charlotte-Françoise*, b [4] 26 oct. 1729. — *Françoise-Marie-Anne*, b [4] 18 janvier 1731. — *Marguerite-Alexis*, b [4] 15 mars 1735; m [4] 19 nov. 1759, à Eustache TROTIER.

1731, (7 mai) Montreal. [4]

I.—MAILLOT (2), JEAN-BTE, b 1696; fils de Raymond et de Marthe Baron, de St-Michel, ville de Tarascon, diocèse de Pamiers, Languedoc.
DEMERS, Marie-Thérèse, [EUSTACHE II.
b 1706.

Marie, b 1732; m [4] 21 sept. 1750, à Jean LENFANT.— *Marie-Joseph*, b [4] 27 mai 1735. — *Marie-Catherine*, b [4] 24 oct. 1738; s [4] 9 sept. 1739.— *Marie-Joseph*, b 1740; m [4] 9 janvier 1758, à Jean-Baptiste MAPEYRAUX. — *François-Amable*, b [4] 15 mars 1743.

1733, (18 août) Quebec. [1]

III.—MAILLOT, JOSEPH, [LOUIS II.
b 1713; s 21 janvier 1761, à Ste-Anne-de-la-Pérade. [2]
PROVOST, Marie-Jeanne, [JEAN-BTE II.
b 1714.

Joseph, b... m [1] 11 nov. 1754, à Marie-Madeleine LEVASSEUR. — *Angélique*, b... s [2] 22 nov. 1738. — *Louis*, b [2] 28 juillet 1739; m [2] 29 sept. 1760, à Marie-Françoise GERVAIS.—*Marie-Joseph*, b 29 janvier et s 9 déc. 1741, à St-Jean-Deschaillons. [3] — *Marie-Apolline*, b [3] 22 février 1742; m 20 avril 1761, à Alexandre FERRIOL, à Montreal. — *Jean-Baptiste*, b [3] 21 juin et s [3] 28 sept. 1743. —*Augustin*, b 1744; s [3] 12 janvier 1746.—*Judith*, b [3] 21 oct. 1745.— *Augustin*, b 12 janvier 1748, à St-Pierre-les-Becquets. [4]—*Augustin-Pierre*, b [4] 28 juin 1749; m 1775, à Angélique VÉSINA; s [3] 20 déc. 1819. — *Gilbert*, b [1] 12 juillet et s [1] 6 sept. 1751. — *Jean-Baptiste*, b [1] 2 sept. 1752. — *Marie-Marguerite*, b [1] 22 avril et s [1] 5 juin 1754. — *Joseph-Guillaume*, b [1] 30 avril et s [1] 13 août 1755. — *Charles*, b [1] 30 mars 1758; s [1] 10 juin 1759.

(1) Dit St. Laurent.
(2) St. Romain.
(3) Dit Laserte.

(1) Lieutenant particulier de la jurisdiction de Montréal.
(2) Dit Latulippe; aussi appelé Maillard.

1736, (8 mai) Boucherville.

III.—MAILLOT, JEAN. [JOSEPH-ANDRÉ II.
BLAYE (1), Ursule. [JEAN II.
Marguerite, b 1740; m 24 nov. 1761, à Pierre GADOIS, à Chambly.

1739, (10 mai) Batiscan.

III.—MAILLOT, JOACHIM, [LOUIS II.
b 1717.
ADAM (2), Rose, [JEAN-BTE II.
b 1721.
Janvier, b 19 sept. 1745, à St-Jean-Deschaillons[3]; s[3] 16 oct. 1747.— *Théotiste*, b 23 février, à St-Pierre-les-Becquets[4] et s[3] 22 déc. 1747. — *Anonyme*, b[4] et s[4] 6 mars 1748.

MAILLOT, JEAN-BTE.
ROBERT, Marie-Renée.
Marie-Renée, b... m 4 nov. 1760, à Joseph PARANT, à Chambly.[1]—*Marie-Marthe*, b[1] 20 juin et s[1] 24 juillet 1750. — *Marie-Joseph*, b[1] 31 mai et s[1] 21 juin 1754.

1741, (20 nov.) Ste-Anne-de-la-Pérade.

III.—MAILLOT, MICHEL, [FRANÇOIS II.
b 1719.
TESSIER, Angélique, [PIERRE III.
b 1722.
Michel, b 30 nov. 1742, à St-Jean-Deschaillons.[5] —*Joseph*, b[5] 30 août 1745.—*Marie-Angélique*, b[5] 22 août 1747; s 16 nov. 1750, à St-Pierre-les-Becquets.[6] — *Elisabeth*, b[6] 14 juin et s[6] 16 août 1750.—*Monique*, b[6] 1er janvier 1754. — *Brigitte*, b[6] 8 juin 1755. — *Marie-Marguerite*, b[6] 13 sept. 1757; s[6] 27 août 1758.

1744, (3 février) St-Pierre-les-Becquets.[2]

III.—MAILLOT, LOUIS, [LOUIS II.
b 1719.
BRISSON, Marie-Joseph, [PIERRE III.
b 1724.
Valentin, b[2] 21 fevrier 1745; m 1er mai 1764, à Françoise LIMOUSIN-BEAUFORT, à St-Jean-Deschaillons[3]; s[3] 19 avril 1784. — *Anonyme*, b[3] et s[3] 23 fevrier 1746.—*Joseph-Prisque*, b[2] 20 mars 1747.—*Jérôme*, b[2] 10 sept. 1748; s[2] 3 avril 1749. —*Marie-Symphorose*, b[2] 9 fevrier 1749; s[2] 10 janvier 1750. — *Marie-Symphorose*, b[2] 3 sept. 1750; s[2] 15 mars 1751. — *Anonyme*, b[2] et s[2] 8 déc. 1752. — *Alexis*, b[2] 7 avril 1754. — *Charles*, b[2] 1er mars 1756. — *Louis*, b[2] 22 août 1757. — *Marie-Marguerite*, b[2] 13 mars 1760. — *Modeste*, b 1762; 1° m[3] 29 avril 1783, à Marguerite TOUSIGNAN; 2° m à Agathe CHANDONNET.

1745, (16 août) St-Jean-Deschaillons.[4]

III.—MAILLOT, CHARLES, [JACQUES II.
b 1718.
HOUDE, Marie-Marguerite. [JOSEPH III.
Anonyme, b[4] et s[4] 5 fevrier 1747.—*Anonyme*, b[4] et s[4] 23 mai 1748. — *Marie*, b... m 7 janvier 1771, à Jean-Baptiste DENIAU, à Boucherville.— *Charles-François*, b[4] 15 mai 1757. — *Joseph*, b[4] 20 mars 1759. — *Théotiste*, b[4] 17 août 1763. — *Basilique*, b[4] 22 août 1765.

(1) Voy. Blais.

(2) Elle épouse, le 19 avril 1751, Louis Augé, à St-Pierre-les-Becquets.

1745, (7 nov.) Longueuil.[7]

II.—MAILLOT (1), LAMBERT, [JEAN I.
b 1718; s 12 mai 1750, à Chambly.
VIAU, Madeleine, [BERTRAND II.
b 1712; s[7] 13 oct. 1748.
Marie-Reine, b[7] 24 et s[7] 25 août 1746.—*Marie-Charlotte*, b[7] 3 oct. 1748; s[7] 13 juillet 1749.

III.—MAILLOT, LOUIS-BASILE. [JEAN II.
1° BROUILLET (2), Agathe. [JOSEPH III.
André, b 2 février 1746, à Chambly.[5]— *Jean-Louis*, b[5] 1er août 1747.

1765, (18 février).[5]

2° SANSOUCY, Catherine. [JOSEPH.

1747.

III.—MAILLOT, PIERRE, [PIERRE II.
b 1726; s 15 mars 1797, à St-Jean-Deschaillons.[3]
AIDE-CRÉQUI, Marie-Louise, [JEAN II.
b 1720; s[3] 25 janvier 1800.
Pierre, b[3] et s[3] 8 juillet 1748. — *Guillaume*, b 26 janvier 1753, à Lotbinière[4]; m à Christine HÉBERT. — *Marie-Marguerite*, b[3] 17 juin 1755; s[3] 23 sept. 1780. — *François-Xavier*, b[4] 7 sept. 1757; s[3] 26 sept. 1759. — *Marie-Louise*, b[3] 26 mars 1761; m[3] 27 nov. 1780, à François COURTOIS.

1748, (10 juin) Longueuil.[4]

II.—MAILLOT, FRANÇOIS. [JEAN I.
VIAU, Véronique, [JEAN-BTE III.
b 1727.
Marie-Françoise, b[4] 28 mars et s[4] 5 avril 1749. — *François*, b 3 août 1751, à Chambly.[5]— *Joseph*, b[5] 27 fevrier 1753. — *Alexis-Antoine*, b[5] 6 août 1755.—*Jean-Baptiste*, b[5] 27 sept. et s[5] 13 nov. 1756.—*Michel*, b[5] 25 sept. 1757.— *Clement-Amable*, b[5] 28 oct. 1758.

1748, (15 juillet) St-Pierre-les-Becquets.[6]

III.—MAILLOT, PIERRE, [LOUIS II.
b 1724; s[6] 1er mars 1750.
BRISSON (3), Marie-Elisabeth, [PIERRE III.
b 1727.

1748, (23 sept.) St-Pierre-les-Becquets.[3]

III.—MAILLOT (4), JACQUES, [JACQUES II.
b 1720.
BRISSON, Brigitte, [PIERRE III.
b 1731.
Marie-Louise, b 15 mai 1753, à St-Jean-Deschaillons.[4]—*Marie-Elisabeth*, b[3] 14 avril 1755.— *Marie-Catherine*, b[3] 18 mars 1757. — *Marie-Joseph*, b[3] 18 avril 1759. — *Marie-Joseph*, b[4] et s[4] 9 fevrier 1765.

(1) Et Maillou, 1748.

(2) Dit Lajeunesse.

(3) Elle épouse, le 19 avril 1751, Jacques Baudet, à St-Pierre-les-Becquets.

(4) Dit Boisclair.

1750.

III.—MAILLOT, François, [Louis II.
b 1728; s 22 mars 1784, à St-Jean-Deschaillons.[9]
Pepin, Marie-Anne,
b 1732; s[9] 3 nov. 1783.
Geneviève, b 1751; 1° m[9] 20 février 1775, à François Auger; 2° m[9] 14 sept. 1795, à Jean-François Couture; s[9] 27 nov. 1802. — *Marie-Catherine*, b[9] 1er oct. 1752. — *Marie-Catherine*, b[9] 12 mars 1754; m[9] 24 janvier 1780, à Antoine Hamel; s[9] 25 août 1790. — *Marie-Joseph*, b[9] 12 juillet et s[9] 6 août 1756. — *Michel*, b[9] 11 sept. 1758; m[9] 4 avril 1785, à Judith Lemay.—*Marguerite*, b[9] 20 sept. 1760.— *Marie-Elisabeth*, b... m[9] 8 oct. 1781, à René Hamelin.

1752, (17 avril) St-Pierre-les-Becquets.

III.—MAILLOT, Nicolas, [Jacques II.
b 1732; s 6 mai 1808, à St-Jean-Deschaillons.[9]
Brisson, Clotilde, [Pierre III.
b 1733; s[9] 19 nov. 1810.
Charles, b[9] 15 fevrier et s[9] 14 sept. 1753.—*Nicolas*, b[9] 23 avril 1754.— *Jean-Baptiste*, b[9] 29 oct. et s[9] 26 nov. 1755. — *Marie-Clotilde*, b[9] 25 oct. 1757; m[9] 11 août 1777, à Louis-Joseph Martineau. — *Eustache*, b[9] 17 déc. 1759; m à Françoise Moras.— *Marie-Marguerite*, b[9] 6 oct. 1761 —*Cécile*, b[9] 25 sept. 1763; m[9] 3 avril 1783, à Jean-Baptiste Lemay. — *Catherine*, b... m[9] 5 juillet 1779, à Pierre Baudet.—*Geneviève*, b 1765; m[9] 7 fevrier 1785, à Joseph Loignon. — *Marie-Brigitte*, b[9] 12 mai 1767; m[9] 12 oct. 1789, à Louis Auger. — *Jérémie*, b[9] 12 mars 1769. — *Marie-Claire*, b[9] 12 mai 1771; m[9] 5 août 1788, à Michel Chandonné.

1752, (20 nov.) St-Pierre-les-Becquets. [1]

III.—MAILLOT, Joseph. [François II.
Brisson, Marie-Geneviève, [Michel III.
b 1733.
Anonyme, b[1] et s[1] 17 oct. 1754.—*Joseph-François*, b[1] 10 et s[1] 12 juin 1757.—*François-Joachim*, b[1] 10 juillet 1758.—*Marie-Geneviève*, b[1] 12 oct. 1759.

1753, (10 janvier) St-Jean-Deschaillons. [8]

III.—MAILLOT, François, [Louis II.
b 1734; s[8] 27 février 1808.
Roiroux, Marie-Joseph, [Michel II
b 1730; s[8] 15 oct. 1807.
Marie-Madeleine, b[8] 22 sept. 1753; m[8] 9 sept. 1783, à Etienne Courtois.—*Marie-Joseph*, b 1755; s[8] 9 oct. 1757.—*Marie*, b[8] 7 nov. 1756; m[8] 16 août 1780, à François Nau.—*Anonyme*, b[8] et s[8] 5 juin 1758.—*Henri-Vincent*, b[8] 16 juillet 1759.—*Marie-Joseph*, b[8] 21 août 1761.—*Frédéric*, b[8] 25 et s[8] 29 juillet 1763.—*Antoine*, b[8] 5 janvier 1765.—*Marie-Françoise*, b[8] 29 janvier 1767; m[8] 15 nov. 1790, à Benoni Dufaux.—*Jean-Baptiste*, b[8] 7 fevrier 1769.—*Marie-Elisabeth*, b[8] 14 mars 1771.—*Clément*, b[8] 13 sept. 1773; m[8] 19 janvier 1795, à Elisabeth Tousignan. — *Catherine*, b... m[8] 9 mai 1795, à Paul Vaul.

1753, (12 nov.) Chambly.

III.—MAILLOT, Charles-Toussaint, [Jean II.
b 1727.
St. Onge (1), Thérèse, [Jean II.
b 1726.

1753.

III.—MAILLOT, René, [Jacques II.
b 1730.
Paris, Marie-Geneviève, [Pierre II.
b 1735.
Joseph-Louis, b 1754; s 4 janvier 1755, à St-Jean-Deschaillons.—*René*, b... s 7 sept. 1758, à Bécancour.

1754, (8 juillet) Chambly. [4]

III.—MAILLOT, Antoine, [Jean II.
b 1725.
1° Ménard, Françoise, [Jean-Bte III.
b 1730.
1763, (24 février). [4]
2° Coulon, Julie, [François III.
b 1740.

1754, (11 nov.) Québec. [5]

IV.—MAILLOT, Joseph. [Joseph III.
Levasseur, Marie-Madeleine, [Noel-Chs IV.
b 1739.
Joseph-Charles, b[5] 24 et s[5] 30 sept. 1755.—*Joseph*, b[5] 16 juin 1757; s[5] 12 août 1759.—*Michel*, b[5] 6 janvier 1760; 1° m[5] 7 nov. 1780, à Marie-Anne Georget; 2° m[5] 4 nov. 1788, à Brigitte Gingras.—*Marie-Louise*, b[5] 1er et s[5] 27 oct. 1761.—*Marie-Louise*, b[5] 3 février 1763; m[5] 16 juin 1789, à Alexandre Vaillancour.—*Marguerite*, b... m[5] 11 juillet 1786, à Jean Dalmace.

1760, (29 sept.) Ste-Anne-de-la-Pérade. [6]

IV.—MAILLOT, Louis, [Joseph III.
b 1739.
Gervais (2), Françoise, [Pierre II.
b 1737.
Marie-Françoise, b[6] 31 mars et s 20 sept. 1761, à Québec.—*Marie-Françoise*, b[6] 26 juillet 1762; m[6] 7 fevrier 1780, à Pierre Lebeuf.—*Louis*, b[6] 22 avril 1764.

1764, (1er mai) St-Jean-Deschaillons. [7]

IV.—MAILLOT, Valentin, [Louis III.
b 1745; s[7] 19 avril 1784.
Limousin (3), Françoise. [Pierre II.

MAILLOT, François,
marchand.
Gamelin, Elisabeth.
Ignace, b 1770; écolier; s 16 janvier 1786 (dans l'eglise), à Québec.

(1) Gareau dit St. Onge, voy. vol. IV, p. 171.
(2) Aussi appelée Vallée, du nom de sa mère.
(3) Dit Beaufort.

1775.

IV.—MAILLOT, Augustin-Pierre, [Joseph III. b 1749; s 20 déc. 1819, à St-Jean-Deschaillons. [8]
Vésina, Angélique, [Louis IV. b 1754.
Marie-Pélagie, b [8] 4 et s [8] 19 février 1776.—*Monique*, b [8] 24 juin 1777.

IV.—MAILLOT, Guillaume, [Pierre III. b 1753.
Hébert (1), Christine, [Louis III. b 1749.
Guillaume, b... m 24 août 1795, à Geneviève Houde, à St-Jean-Deschaillons. [9]—*Louis*, b... m [9] 21 juin 1802, à Monique Gendron.—*Marie-Joseph*, b... m [9] 30 sept. 1806, à Jean-Baptiste Barabé.

1780, (7 nov.) Québec. [1]

IV.—MAILLOT, Michel, [Joseph III. b 1760.
1° Georget (2), Marie-Anne, [François II. b 1760.
1788, (4 nov.) [1]
2° Gingras, Brigitte, [Pierre IV. b 1765.

1783, (29 avril) St-Jean-Deschaillons. [8]

IV.—MAILLOT, Modeste, [Louis III. b 1762.
1° Tousignan (3), Marguerite, [Louis III. b 1764.
2° Chandonné, Agathe, b 1759 ; s [8] 20 mars 1806.
Geneviève, b... m [8] 22 nov. 1813, à Louis-Olivier Maillot.

MAILLOT, Modeste.
Lafleur, Catherine.
Marielaine, b... m 30 janvier 1826, à François-Olivier Boucher, à St-Jean-Deschaillons.

1785, (4 avril) St-Jean-Deschaillons. [7]

IV.—MAILLOT, Michel, [François III. b 1758.
Lemay Judith, [Jean-Bte IV. b 1765.
Judith, b... m [7] 22 février 1808, à David Hamel.—*Marguerite*, b... m [7] 29 sept. 1817, à François Dussault.—*Catherine*, b... m [7] 25 sept. 1821, à Sévérin Auger.

MAILLOT, Antoine.
1° Lemay, Judith, b 1771 ; s 22 nov. 1793, à St-Jean-Deschaillons. [1]
Judith, b... m [1] 20 février 1811, à Urbain Baudet.

(1) Dit Lecompte.
(2) Dit Tranquille.
(3) Dit Lapointe.

1794, (28 oct.) [1]
2° Barabé, Théotiste, [Jean-Bte. s [1] 23 sept. 1821.
Ambroise, b... m [1] 1er février 1813, à Rosalie-Céleste Paris.
1825, (2 août). [1]
3° Baril, Geneviève. [Louis

IV.—MAILLOT, Eustache, [Nicolas III. b 1759.
Moras, Françoise.
Louis-Olivier, b... m 22 nov. 1813, à Geneviève Maillot, à St-Jean-Deschaillons.

1795, (19 janvier) St-Jean-Deschaillons.

IV.—MAILLOT, Clément, [François III. b 1773.
Tousignan, Elisabeth, [Louis III. b 1772.

MAILLOT (1), Joseph, b 1765 ; s 2 août 1802, à St-Jean-Deschaillons. [6]
Barolet, Madeleine, b 1754 ; s [6] 4 sept. 1797.

1795, (24 août) St-Jean-Deschaillons. [6]

V.—MAILLOT, Guillaume. [Guillaume IV.
Houde, Geneviève. [François.
Isaïe, b... m [6] 24 janvier 1826, à Marguerite Roiroux.—*Blaise*, b... m [6] 6 février 1826, à Geneviève Lemay.—*Julie*, b... m [6] 24 avril 1826, à Jean Bayly.

1802, (21 juin) St-Jean-Deschaillons. [3]

V.—MAILLOT, Louis. [Guillaume IV.
Gendron, Monique, [Joachim III. b 1772.
Angélique, b... m [3] 13 janvier 1823, à François Baron.

1813, (1er février) St-Jean-Deschaillons

MAILLOT, Ambroise. [Antoine.
Paris, Rosalie-Céleste. [Pierre.

1813, (22 nov.) St-Jean-Deschaillons.

V.—MAILLOT, Louis-Olivier. [Eustache IV.
Maillot, Geneviève. [Modeste.

MAILLOT, Jean-Bte.
1° Gosselin, Angélique.
1821, (5 mars) St-Jean-Deschaillons.
2° Houde Félicité. [Etienne.

1826, (24 janvier) St-Jean-Deschaillons

VI.—MAILLOT, Isaïe. [Guillaume V.
Roiroux, Marguerite. [Etienne.

1826, (6 février) St-Jean-Deschaillons.

VI.—MAILLOT, Blaise. [Guillaume V.
Lemay, Geneviève. [Henri.

(1) Dit Leblond.

MAILLOU.—*Variations et surnoms :* MAILLOT—MAILLOUX — MAIOU—MALHIOT—DESMOULINS—DESRUISSEAUX—GOUIN—LAROCHE—LAROSE—LASOURCE.

1661, (23 oct.) Québec.[5]

I.—MAILLOU (1), PIERRE,
b 1631 ; s[5] 11 juin 1699.
DELAUNAY, Anne,
b 1641 ; s[5] 12 déc. 1700.
Joseph, b[5] 25 avril 1663 ; 1° m[5] 10 sept. 1685, à Suzanne RICHARD ; 2° m[5] 7 août 1690, à Louise ACHON ; s[5] 26 déc. 1702.—*Noël*, b[5] 16 mai 1666 ; m 7 nov. 1690, à Louise MARCOU, à Beauport[6] ; s[6] 10 janvier 1753. — *Pierre*, b 20 février 1676, à Ste-Famille, I. O. ; 1° m[5] 9 juin 1701, à Anne LEFEBVRE ; 2° m[5] 24 nov. 1704, à Charlotte MOREAU ; 3° m[5] 2 oct. 1717, à Angélique DETRÉPAGNY ; s[5] 30 mai 1750.

1666.

I—MAILLOU (2), MICHEL,
b 1641 ; s 2 juillet 1728, à St-Valier.
MERCIER, Jeanne,
b 1646.
Marie-Anne, b 16 déc. 1676, à Québec ; m 3 nov. 1699, à Pierre DUBOIS, à Beaumont ; s 19 déc. 1735, à St-Nicolas.

1685, (10 sept.) Québec.[1]

II.—MAILLOU (3), JOSEPH, [PIERRE I
b 1663 ; s[1] 26 déc. 1702.
1° RICHARD, Suzanne, b 1669 ; fille de Jacques et de Louise Desprès, de Corson, diocèse de LaRochelle, Aunis ; s[1] 23 mars 1690.
1690, (7 août).[1]
2° ACHON, Louise, [JACQUES I.
b 1670 ; s[1] 12 janvier 1721.

1689, (8 janvier) Repentigny.

I.—MAILLOU (4), LOUIS, fils d'Abraham et de ...., de St-Martin-de-Sinmaieau, diocèse de Poitiers, Poitou.
JOURDAIN, Marguerite,
veuve de Bernard Delpesches.
Pierre, b... m 23 nov. 1717, à Jeanne PARÉ, à Lachine.

1690, (7 nov.) Beauport.[5]

II.—MAILLOU (3), NOEL, [PIERRE I.
b 1666 ; s[5] 10 janvier 1753.
MARCOU, Louise, [PIERRE I.
b 1667 ; veuve de Joachim Gagne ; s[5] 10 juillet 1735.
Pierre, b[5] 27 janvier 1693 ; 1° m[5] 5 février 1719, à Louise VACHON ; 2° m[5] 13 nov. 1752, à Françoise GALLIEN.—*Germain*, b[5] 11 mars 1699 ; m[5] 25 avril 1724, à Marie-Madeleine GIROUX.—*Jean-Baptiste*, b[5] 23 juin 1701 ; 1° m[5] 26 juillet 1727, à Geneviève CHEVALIER ; 2° m 26 juillet

(1) Dit Desmoulins ; voy. vol. I, p. 405.
(2) Frère du précédent ; voy. vol. I, p. 405.
(3) Voy. vol. I, p. 405.
(4) Voy. Malhiot, vol. I, p. 404 ; et Maillou, vol. I, p. 406.

1751, à Marie-Joseph MARCHET, à Lorette ; s[5] 13 sept. 1757. — *Madeleine-Benjamin*, b[5] 9 mars 1703 ; 1° m[5] 26 juillet 1727, à Louis GIROU ; 2° m[5] 25 février 1732, à Mathurin BROCHU ; s 30 nov. 1779, à la Longue-Pointe. — *Noël*, b[5] 15 août 1707 ; m[5] 26 juillet 1727, à Charlotte CHEVALIER.

1695, (7 février) Québec.[6]

II.—MAILLOU (1), JEAN-BTE, [PIERRE I.
b 1668 ; architecte ; s[6] 18 sept. 1753.
1° PHILIPPAUX, Louise, [CLAUDE I.
b 1674 ; s[6] 24 déc. 1702.
1703, (2 juillet).[6]
2° CARON, Marguerite, [VITAL II.
b 1686 ; s[6] 1er mai 1719.
Joseph, b[6] 22 mars 1708 ; m 4 oct. 1733, à Louise LEFEBVRE-DUCHOUQUET, à Ste-Foye ; s[6] 6 juillet 1794.—*Vital*, b[6] 12 août 1709 ; m 12 juin 1730, à Catherine JEAN-DENIS, à Montréal. — *Louis-Marie*, b[6] 5 déc. 1710 ; m 5 mars 1737, à Marie-Madeleine GOUIN, à Ste-Anne-de-la-Perade. —*Paul*, b[6] 5 et s 29 mars 1712, à Beauport.
1720, (31 oct.)[6]
3° AMIOT, Marie-Catherine, [CHARLES III.
b 1679.

1701, (9 juin) Québec.[3]

II.—MAILLOU, PIERRE, [PIERRE I.
b 1676 ; taillandier ; s[3] 30 mai 1750.
1° LEFEBVRE, Anne, [THOMAS I.
b 1678 ; s[3] 27 janvier 1703.
Félicité, b[3] 18 mars 1702 ; s 10 février 1703, à Beauport.[4]
1704, (24 nov.)[3]
2° MOREAU, Charlotte, [PIERRE I.
b 1687 ; s[3] 28 avril 1717.
Pierre, b[3] 21 et s[3] 22 avril 1706. — *Pierre-Ignace*, b[3] 8 déc. 1707 ; m[3] 22 juin 1734, à Marie-Louise CORBIN ; s[3] 12 janvier 1774.—*Jean-Baptiste*, b[3] 14 nov. 1709 ; s[3] 13 janvier 1715.—*Antoine*, b[3] 6 et s[3] 24 février 1712. — *Marie-Charlotte*, b[3] 23 mars 1713 ; s[3] 25 janvier 1731. — *Benjamin*, b[3] 26 août 1714 ; 1° m[3] 16 mai 1740, à Louise-Charlotte DIERS ; 2° m[3] 1er sept. 1750, à Angélique MARCHAND. — *Jean-Baptiste*, b[3] 29 déc. 1715 ; s[3] 10 août 1717. —*Etienne*, b[3] 25 avril et s 25 mai 1717, à Charlesbourg.[5]
1717, (2 oct.)[3]
3° DETRÉPAGNY, Angélique, [CHARLES II.
b 1698.
Marie-Angélique, b[3] 4 sept. 1718 ; s[3] 23 avril 1733.—*Charles*, b[3] 18 août 1719.—*Joseph-Marie*, b[3] 8 janvier 1721 ; m[3] 5 sept. 1752, à Marie-Joseph GOUIN.—*Marguerite*, b[3] 22 janvier 1722 ; 1° m[3] 19 février 1748, à Paul LAMBERT ; 2° m[3] 18 janvier 1751, à Elie LAPARRE.—*Marie-Joseph*, b[3] 31 mars 1724 ; m[3] 24 mai 1752, à Pierre CREVIER. —*Jean-Baptiste*, b[3] 26 juin 1725. — *Michel*, b[3] 7 janvier et s 24 juin 1727, à Lorette. — *Michel*, b[3] 10 mai 1728 ; s[3] 26 mai 1733. — *Antoine*, b[3] 9 août 1730 ; 1° m[3] 11 avril 1752, à Thérèse SYLVESTRE ; 2° m[3] 18 février 1754, à Geneviève MARCOUX. — *Henri*, b[3] 29 février et s[5] 16 juillet 1732.—*Charlotte*, b[3] 28 février 1733 ; s[3] 16 nov.

(1) Voy. vol. I, p. 405.

1735.—*Michel*, b [8] 2 avril 1735; m [8] 8 nov. 1756, à Marie-Anne DELESTRE. — *Pierre-Paul*, b [8] 16 mars et s [4] 3 oct. 1737. — *Pierre*, b [8] 20 juin 1742; s [4] 22 nov. 1743.

1717, (23 nov.) Lachine. [4]

II.—MAILLOU (1), PIERRE, [LOUIS I.
b 1691.
PARÉ, Jeanne, [JEAN I.
b 1696.
Pierre, b [4] 2 janvier 1719. — *Madeleine*, b... m 1750, à Louis ARCHAMBAULT.

1719, (5 février) Beauport. [5]

III.—MAILLOU (2), PIERRE, [NOEL II.
b 1693; capitaine de milice.
1° VACHON, Louise, [VINCENT II.
b 1696; s [5] 19 déc. 1749.
Jean-Baptiste, b [5] 16 nov. 1719; 1° m 1743, à Geneviève TOUPIN; 2° m [5] 22 août 1746, à Louise LAVALLÉE.—*Pierre-Vincent*, b [5] 16 mai 1721; m 4 février 1743, à Suzanne GRENET, à Québec [6].—*Jean-François*, b [5] 22 août 1723; s [5] 9 sept. 1738. —*Joseph*, b [5] 28 janvier 1725; m 15 avril 1765, à Thérèse LEDUC, au Detroit [7]; s [7] 10 déc. 1778. —*François*, b [5] 15 sept. 1726; m [5] 22 février 1751, à Jeanne GRENIER. — *Antoine*, b [5] 10 juin 1728; s [5] 20 juin 1733. — *Philibert*, b [5] 16 mars 1730. — *Louise-Geneviève*, b [5] 16 mars et s [5] 13 nov. 1730. — *Germain*, b [5] 17 avril 1732; m 30 janvier 1758, à Françoise GARIÉPY, à Deschambault. [8]—*Dorothée*, b... s [5] 17 juin 1733. — *Elisabeth*, b [5] 26 nov. 1733. — *Marie-Louise*, b [5] 22 août 1735. — *Louis*, b [5] 28 fevrier 1737; s [5] 23 février 1738. — *Ignace-André*, b [5] 28 nov. 1739.— *Antoine*, b 1741; m [8] 30 janvier 1764, à Felicité GARIÉPY.—*Marie-Anne*, b [5] 17 juin 1742.

1752, (13 nov.) [6]

2° GALLIEN, Françoise, [ROBERT I.
b 1689; veuve de Noël Giroux; s [6] 13 mai 1754.

MAILLOU, CHARLES.
SABOURIN-CHAUNIÈRE, Angélique.
Marie-Françoise, b 4 et s 6 janvier 1725, à Chambly.

MAILLOU (3), JOSEPH.
GRANDBOIS, Marie-Anne.
Marie-Anne, b 1725; 1° m à François BILLARD; 2° m 27 nov. 1758, à Louis DESCLAIRS, à Montréal.

1724, (25 avril) Beauport. [8]

III.—MAILLOU (3), GERMAIN, [NOEL II.
b 1699.
GIROUX, Marie-Madeleine, [RAPHAEL II.
b 1705.
Marie-Madeleine, b [8] 4 mai 1725; m [8] 27 mai 1748, à Jean TOUPIN. — *Marie-Louise*, b [8] 8 oct. 1726; s [8] 19 mai 1752.—*Marie*, b [8] 2 juillet 1728. — *Marguerite*, b... m [8] 13 sept. 1745, à Adrien PARANT. — *Germain*, b [8] et s [8] 28 février 1730.— *Marie-Joseph*, b [8] 21 août 1731; m [8] 28 janvier 1754, à Joseph-Dominique CHALIFOUR. — *Joseph-Germain*, b [8] 27 mai 1733; m 26 août 1754, à Madeleine CHALIFOUR, à Charlesbourg. — *Paul-Timothée*, b [8] 24 janvier 1735; s [8] 7 août 1751.— *Marie-Geneviève*, b [8] 11 oct. 1736; m [8] 23 janvier 1764, à Charles-Antoine CHALIFOUR; s 19 mars 1793, à Québec. — *Marie-Angélique*, b [8] 26 sept. 1738; m [8] 7 nov. 1763, à Guillaume BLAKNEY.—*Germain*, b [8] 25 fevrier et s [8] 16 juin 1740. —*Marie-Louise*, b [8] 6 fevrier 1741; m [8] 5 mars 1764, à Jean HOLZEAM.—*Marie-Jeanne*, b [8] 4 mai et s [8] 19 juin 1744. — *Elisabeth*, b [8] 4 mai et s [8] 22 juin 1744. — *Marie-Ursule*, b [8] 29 mai 1745.— *Marie-Jeanne*, b [8] 29 avril et s [8] 15 oct. 1748. — *Pierre*, b [8] 29 avril 1748.

1727, (26 juillet) Beauport. [7]

III.—MAILLOU, NOEL, [NOEL II.
b 1707.
CHEVALIER, Charlotte, [MICHEL II.
b 1706.
Michel, b [7] 17 juin 1728; m [7] 27 avril 1750, à Madeleine LAVALLÉE.—*Marie-Louise*, b [7] 21 juillet 1729; s [7] 24 mai 1748. — *Charles*, b [7] 17 août 1731; m [7] 18 fevrier 1754, à Marie-Angelique RODRIGUE.—*Pierre*, b [7] 22 avril 1733; m 4 fevrier 1765, à Marie-Louise MAGNAN, à St-Philippe.—*Joseph-Noel*, b [7] 14 déc. 1735; s [7] 9 juin 1748. — *Louis-Joseph*, b [7] 1er août et s [7] 1er nov. 1737. — *Marie-Charlotte*, b [7] 20 fevrier 1739; m [7] 16 nov. 1761, à Louis LAVALLÉE.—*Marie-Agathe*, b [7] 3 fevrier 1741; m [7] 22 août 1763, à François BRISSET.— *Marguerite*, b [7] 24 dec. 1742; s [7] 18 nov. 1744.— *Marie-Joseph*, b [7] 18 février et s [7] 4 avril 1745.— *Marie-Madeleine*, b [7] 20 dec. 1746; m [7] 8 avril 1766, à Etienne ROY.

1727, (26 juillet) Beauport. [9]

III.—MAILLOU, JEAN, [NOEL II.
b 1701; s [9] 13 sept. 1757.
1° CHEVALIER, Geneviève, [MICHEL II.
b 1700; s [9] 24 déc. 1749.
Marie-Geneviève, b [9] 20 avril 1729; m [9] 15 fevrier 1751, à Jean-Baptiste BONNET. — *Jean-Baptiste*, b [9] 1er oct. 1730; s [9] 20 mai 1731. — *Marie-Louise*, b [9] 20 oct. 1732; m [9] 22 nov. 1751, à Noël ALAIN; s 21 déc. 1753, à Lorette. [6]—*Marie-Angélique*, b [9] 14 janvier et s [9] 23 fevrier 1734— *Marie-Madeleine*, b [9] 16 février 1735. — *Marie-Catherine*, b [9] 11 nov. 1737; s [9] 7 janvier 1738— *Jean-Baptiste*, b [9] 8 juin 1740. — *Marguerite*, b [9] 1er mars 1742; s [9] 14 déc. 1743.

1751, (26 juillet). [8]

2° MARCHET (1), Marie-Joseph. [JEAN.
veuve de Mathurin Moreau.

1730, (12 juin) Montréal.

III.—MAILLOU, VITAL, [JEAN-BTE II.
b 1709; maitre-maçon.
JEAN-DENIS, Catherine, [LOUIS II.
b 1707.
Louis-Amable, b 9 mars 1731, à Lachine; m 29 août 1757, à Catherine ROZA, à Quebec. [6]— *Jean-*

(1) Et Maiou, 1719.
(2) Appelé Desruisseaux, 1732.
(3) Dit Lasource.

(1) Elle épouse, le 26 juin 1758, Jean Hamel, à Québec.

Baptiste, b [6] 13 juin 1732.—*Michel-Joseph*, b [6] 23 oct. 1733 ; m 1760, à Marie-Anne Beaujour. — *Paul*, b [6] 27 juin 1735. — *Vital*, b [6] 14 et s [6] 17 sept. 1736.—*François-Alexis*, b [6] 3 avril 1738.— *François-Amable*, b [6] 10 juillet 1739.—*Jean-François-Régis*, b [6] 17 janvier et s 14 juin 1742, à Charlesbourg.—*Marie-Louise*, b [6] 29 mars 1743 ; m [6] 21 mai 1764, à Louis-François Gigon. — *Françoise-Elisabeth*, b [6] 1er déc. 1745. — *Elie*, b [6] 29 oct. 1747. — *Marie-Joseph-Rose*, b [6] 5 sept. 1749.

1733, (4 oct.) Ste-Foye.

III.—MAILLOU, Joseph, [Jean-Bte II.
b 1708 ; s 6 juillet 1794, à Québec.
Lefebvre-Duchouquet, Louise, [Louis I.
b 1712.

1734, (22 juin) Québec. [2]

III.—MAILLOU, Pierre-Ignace, [Pierre II.
b 1707 ; s [2] 12 janvier 1774.
Corbin, Marie-Louise, [David II.
b 1715.

1737, (5 mars) Ste-Anne-de-la-Pérade. [3]

III.—MAILLOU, Louis-Marie, [Jean-Bte II.
b 1710.
Gouin, Marie-Madeleine, [Joseph II.
b 1702.

Anonyme, b [3] et s [3] 15 février 1738. — *Marie-Catherine*, b 5 avril 1739, à Québec [4] ; m [3] 24 fevrier 1778, à François-Xavier Roy.—*Marie-Louise*, b [4] 16 nov. 1740 ; s 19 fevrier 1742, aux Grondines.—*Louis-Pierre*, b [4] 1er janvier 1742.

1740, (16 mai) Quebec. [1]

III.—MAILLOU, Benjamin, [Pierre II.
b 1714 ; maître-forgeron.
1° Diers (1), Louise-Charlotte, [Pierre I.
b 1717 ; s [1] 28 nov. 1749.

Charlotte-Louise, b [1] 14 mars 1741 ; m [1] 18 avril 1763, à Pierre Normandeau.—*Marie-Joseph*, b [1] et s [1] 28 avril 1742.—*Elisabeth-Simone*, b [1] 7 juillet et s [1] 1er déc. 1745. — *Pierre-Jean*, b [1] 5 sept. 1746.—*Louis*, b [1] 4 déc. 1747.—*Marie-Louise*, b [1] 19 février 1749 ; s [1] 18 sept. 1750.

1750, (1er sept.) [1]

2° Marchand, Angelique, [Pierre II.
b 1714 ; veuve de Pierre Joly.

Benjamin-Nicolas, b [1] 29 sept. 1753. — *Angélique*, b [1] 8 et s [1] 9 oct. 1754.

1743, (4 fevrier) Québec [2]

IV.—MAILLOU, Pierre, [Pierre III.
b 1721 ; charpentier.
Grenet, Suzanne, [Jean-Bte II.
b 1713.

Pierre, b [2] 10 nov. 1743.—*Pierre*, b [2] 24 oct. et s [2] 3 nov. 1745. — *Pierre-Joseph*, b [2] 14 mars 1747 ; s [2] 30 oct. 1748. — *Jean-Charles*, b [2] 29 avril 1748. —*Marie-Suzanne*, b [2] 18 et s 28 janvier 1750, à Lorette.— *Marie-Elisabeth*, b [2] 18 juillet 1751 ; 1° m à Louis-Charles Grenet ; 2° m 10 janvier 1774, à Joseph Cottenoire, à St-Cuthbert [3] ; s [3] 23 nov. 1789.—*Pierre-Vincent*, b [2] 6 février 1753.—*Marie-Anne*, b [2] 29 janvier 1754. —*Anselme*, b 3 et s 23 avril 1756, à la Rivière-Ouelle. [4] — *Joseph-Bénoni*, b [4] 11 mars et s [4] 28 avril 1757. — *Marie-Suzanne*, b [4] 1er et s [4] 31 oct. 1758.—*Pierre*, b 19 déc. 1759, à St-Valier.—*Suzanne*, b [2] 27 août 1763.

(1) Dit Beaulieu.

1743.

IV.—MAILLOU, Jean-Bte, [Pierre III.
b 1719 ; charpentier.
1° Toupin, Angelique-Geneviève, [René II.
b 1719.

Madeleine, b 1744 ; m 26 oct. 1761, à Guillaume Chouan, à Montreal.

1746, (22 août) Beauport. [6]

2° Lavallée, Louise, [Michel II.
b 1727.

Jean-Baptiste, b [6] 1er et s [6] 23 nov. 1746. — *Marie-Louise*, b [6] 12 nov. 1747.—*Jean-Louis*, b 2 avril 1749, à Québec. [7] — *Louis-Joseph*, b [7] 25 mars 1750. — *Jean-Pierre*, b [7] 21 juillet 1751 ; s [7] 22 sept. 1755.—*Louise*, b [7] 27 mai 1753 ; s [7] 23 janvier 1755.—*Marie-Angélique*, b [7] 26 déc. 1754 ; s [7] 24 déc. 1755. — *François*, b [6] 23 août 1757. — *Jean-Baptiste*, b [6] 21 fevrier 1759.

1750, (27 avril) Beauport.

IV.—MAILLOU, Michel, [Noel III.
b 1728.
Lavallée, Madeleine, [Michel II.
b 1729.

1751, (22 février) Beauport. [8]

IV.—MAILLOU, François, [Pierre III.
b 1726.
Grenier, Marie-Jeanne, [Joseph III.
b 1729.

François, b [8] 9 mars et s [8] 7 avril 1752.—*François*, b [8] 19 fevrier 1753.—*Joseph*, b [8] 22 juin 1755.—*Jean-Baptiste*, b [8] 24 avril 1757.—*Michel*, b [8] 22 déc. 1762 ; m 29 août 1786, à Marie-Elisabeth Lemire, à Québec.—*Marie-Madeleine*, b [8] 27 sept. 1765.

1752, (11 avril) Quebec. [9]

III.—MAILLOU, Antoine, [Pierre II.
b 1730.
1° Sylvestre, Thérèse, [Pierre II.
b 1723 ; s [9] 19 février 1753.

Antoine, b [9] 1er janvier et s [9] 2 mars 1753.

1754, (18 fevrier). [9]

2° Marcou, Geneviève, [Germain III.
b 1733.

Antoine, b [9] 2 juin et s 19 nov. 1755, à Charlesbourg.—*Marie-Geneviève*, b [9] 3 fevrier 1757.

1752, (5 sept.) Québec.

III.—MAILLOU, Joseph-Marie, [Pierre II.
b 1721.
Gouin, Marie-Joseph, [Joseph II.
b 1714.

1754, (18 février) Beauport. [9]
IV.—MAILLOU, CHARLES, [NOEL III.
b 1731.
RODRIGUE, Marie-Angélique, [LOUIS III.
b 1739.
Michel-Joseph, b [9] 16 mars 1756.—*Marie-Angélique*, b [9] 5 déc. 1758. — *Charles-François*, b [9] 1. juillet 1761.—*Charles-Michel*, b [9] 8 nov. 1763.

1754, (26 août) Charlesbourg.
IV.—MAILLOU, JOS.-GERMAIN, [GERMAIN III.
b 1733.
CHALIFOUR (1), Marie-Madeleine, [PIERRE III.
b 1734.
Marie-Madeleine, b 20 juillet 1755, à Beauport [9]; s [9] 30 sept. 1757. — *Véronique-Geneviève*, b [9] 14 déc. 1756.—*Louis*, b [9] 1er février 1759. — *Marie-Louise*, b [9] 1er mai 1762; m 17 déc. 1792, à Jacques NEILSON, à Québec [8]; s [8] 4 fevrier 1793. — *Joseph*, b [9] 22 février 1765. — *Marie-Catherine*, b... m [8] 28 août 1792, à Pierre GIROUX.

I.—MAILLOU, BERNARD,
b 1727; soldat; s 28 sept. 1755 (noyé), aux Trois-Rivières.

1756, (8 nov.) Québec. [9]
III.—MAILLOU, MICHEL, [PIERRE II.
b 1735; maître-tonnelier
DELESTRE, Marie-Anne, [PIERRE III.
b 1733.
Marie-Louise, b [9] 30 juillet et s [9] 16 août 1761. —*Michel-Elie*, b [9] 15 nov 1762.

1757, (29 août) Quebec. [4]
IV.—MAILLOU, LOUIS-AMABLE, [VITAL III.
b 1731; navigateur.
ROZA (2), Catherine, [BARTHÉLEMI I.
b 1728.
Marie-Joseph, b [4] 4 et s 18 juin 1758, à Beauport.—*Catherine*, b [4] 26 sept. 1762.—*Julie*, b [4] 16 oct. 1763.

1758, (30 janvier) Deschambault. [3]
IV.—MAILLOU, GERMAIN, [PIERRE III.
b 1732.
GARIÉPY, Françoise, [LOUIS III.
b 1734.
Germain, b [3] 26 déc. 1758; s [3] 7 janvier 1759. —*Pierre-Germain*, b [3] 27 dec. 1759; m 30 janvier 1786, à Marie-Dorothée VALLÉE, à St-Cuthbert. [7] — *Marie-Félicité*, b [3] 27 fevrier 1761; m [7] 30 janvier 1786, à Alexis TURCOT. — *Marie-Françoise*, b [3] 4 mars 1763.—*Antoine*, b [3] 4 déc. 1765. —*Marie-Joseph*, b [3] 14 janvier 1768.—*Rosalie*, b... m [3] 19 avril 1790, à Nicolas PERROT. — *Joseph*, b 1772; s [7] 3 mai 1777. — *Marie-Louise*, b [7] 14 oct. 1774; s [7] 25 nov. 1779. — *Marie-Geneviève*, b [7] 10 sept. 1776; s [7] 23 fevrier 1777. — *Marie-Suzanne*, b [7] 17 avril 1778.

(1) Elle épouse, le 13 nov. 1775, Jacques Fréchet, à Quebec.

(2) Aussi appelée Barthélemy, du nom de baptême de son père.

1760.
IV.—MAILLOU, MICHEL-JOSEPH, [VITAL III.
b 1733.
BEAUJOUR, Marie-Anne.
Pierre, b 28 avril 1768, à Lévis.

1764, (30 janvier) Deschambault.
IV.—MAILLOU, ANTOINE, [PIERRE III.
b 1741.
GARIÉPY, Félicité, [LOUIS III.
b 1738.

1765, (4 fevrier) St-Philippe.
IV.—MAILLOU, PIERRE, [NOEL III.
b 1733.
MAGNAN, Marie-Louise, [PIERRE II.
b 1739.

1765, (15 avril) Détroit. [2]
IV.—MAILLOU, JOSEPH, [PIERRE III.
b 1725; s [2] 10 dec. 1778.
LEDUC, Thérèse, [JEAN III.
b 1736.

1765, (14 oct.) Lachenaye. [8]
I.—MAILLOU (1), PIERRE, fils d'Antoine et de Marie Gatte, de Danja, diocèse de Montpellier, Bas-Languedoc.
BEAUCHAMP, Marie-Rose, [PIERRE III.
b 1746.
Pierre, b [8] 10 oct. 1768. — *Charles*, b [8] 31 oct. 1775. — *Angélique*, b [8] 2 et s [8] 28 juin 1778. — *Antoine*, b [8] et s [8] 9 juillet 1779.—*Marie-Charlotte*, b [8] 3 sept. 1780.

1781, (12 oct.) Detroit.
MAILLOU, AMABLE,
orfèvre.
CASSE-ST. AUBIN, Isabelle, [JOSEPH.
veuve de Charles Poupart.

1785, (21 nov.) St-Augustin. [2]
MAILLOU, JOSEPH. [JOSEPH.
RIOPEL (2), Marie-Monique.
Louis, b [2] 29 août 1788.—*Marie-Madeleine*, b [2] 19 mars 1793.

1786, (30 janvier) St-Cuthbert. [4]
V.—MAILLOU, PIERRE-GERMAIN, [GERMAIN IV.
b 1759.
LAVALLÉE, Marie-Dorothée, [MICHEL III.
b 1770.
Marie-Marguerite, b [4] 26 oct. 1786; s [4] 1er avril 1787.—*Germain*, b [4] 23 oct. 1788.—*Geneviève*, b [4] 26 nov. 1790.—*Pierre*, b [4] 27 avril 1792.—*Louis*, b [4] 3 janvier 1794.— *Françoise*, b [4] 9 sept. et s [4] 2 oct. 1795.

(1) Dit Larose, 1779.

(2) Fille adoptive de Pierre Riopel.

1786, (29 août) Québec.
V.—MAILLOU, MICHEL, [FRANÇOIS IV.
b 1762.
LEMIRE, Marie-Elisabeth, [ANTOINE IV.
b 1760.

MAILLOUX.—Voy. MAILLOU.

MAILLY.—*Surnoms :* DEBERNES—LACOUTURE.

1727, (10 nov.) St-Laurent, I. O.[2]
I.—MAILLY (1), FRANÇOIS, b 1692, chirurgien; de Leurac, diocèse de Condom, Gascogne; s[2] 18 janvier 1743.
DUFRESNE, Marie-Madeleine, [PIERRE II.
b 1697; s 18 juin 1773, à Berthier.
Françoise, b... m[2] 18 août 1749, à Pierre AUDET (2).—*Marie-Madeleine,* b[2] 27 juillet 1731; s[2] 19 oct. 1733. — *François,* b[2] 10 mai et s[2] 22 oct. 1733.—*Joseph,* b[2] 24 sept. 1734; m à Cécile NAVARRE; s 8 avril 1778, à Québec.[3] —*François,* b[1] 25 mai 1737; m[3] 7 nov. 1757, à Marie DUCHESNEAU; s[2] 3 janvier 1760.

II.—MAILLY, JOSEPH, [FRANÇOIS I.
b 1734; s 8 avril 1778, à Québec.
NAVARRE, Cécile.

MAILLY, CLAUDE.
MAGNAN, Marguerite.
Joseph, b... m 3 oct. 1775, à Thérèse PRUNEAU, à Quebec.

1755, (4 nov.) Montréal.
I.—MAILLY (3), DENIS-JOSEPH, b 1729, soldat; fils de Joseph et de Marie Bonnemain, de St-Jean-en-Grève, Paris.
PINPARÉ, Marie-Louise, [CHARLES I.
b 1735.

1757, (7 nov.) Québec.[8]
II.—MAILLY, FRANÇOIS, [FRANÇOIS I.
b 1737; s 3 janvier 1760, à St-Laurent, I. O.
DUCHESNEAU, Marie, [PIERRE II.
b 1738.
Gilles, b[8] 6 oct. 1758.—*Joseph,* b 26 juillet et s 20 oct. 1760, à Charlesbourg.

1775, (3 oct.) Quebec.
MAILLY, JOSEPH. [CLAUDE.
PRUNEAU, Thérèse, [PIERRE III.
b 1755.

MAINFROY.—Voy. HÉBERT—MINFRET.

MAINGUI.—Voy. MAINGUY.

MAINGUY.—*Variations et surnom :* MAINGUI—MENGUY—MINGUI—LACHAUSSÉE.

(1) Il était, le 27 août 1730, à St-Joachim, et le 13 nov. 1736, à St-Thomas.

(2) Voy. aussi Lapointe.

(3) Dit Lacouture.

1709, (10 février) Montréal.[1]
I.—MAINGUY (1), JEAN, b 1667; fils de Guillaume et de Julienne Lequitte, de Guilbrac, diocèse de St-Malo, Bretagne; s 1er sept. 1752, à St-Laurent, M.[2]
GLADUS, Marie, [JEAN I.
b 1675.
Marie-Louise, b[1] 22 juillet 1709; m[2] 12 février 1732, à Pierre RENAUD. — *Louis,* b[1] 27 oct. 1710. —*Marie-Angélique,* b[1] 20 fevrier 1712; s[1] 7 oct. 1718.—*Joseph,* b[1] 18 août 1713.— *Jean-Baptiste-Laurent,* b[1] 29 nov. 1714; m[1] 23 nov. 1744, à Jeanne POIRIAU.—*Marie-Marguerite,* b[1] 7 juillet 1716; m 1738, à Jean-François BOUIN. — *Joseph-François,* b[1] 6 sept. 1717.

I.—MAINGUY, JEAN-JULIEN.
VALADE, Marie-Joseph, [JEAN II.
b 1706.
Catherine, b 19 mai 1727, à Charlesbourg[1]; m 15 janvier 1748, à Toussaint RAYMOND, à Montréal.[2]—*Marie-Geneviève,* b[1] 28 fevrier 1729; m[2] 9 janvier 1751, à Pierre RAYMOND. — *Marie-Françoise,* b 24 août 1730, aux Grondines.

1735, (17 oct.) Québec.[1]
I.—MAINGUY, CLAUDE-LOUIS, fils de Claude et d'Anne Mahia, de St-Malo, Bretagne.
PAYAN (2), Marguerite, [JACQUES I.
b 1717; s 10 dec. 1761, à St-Augustin.[2]
Charlotte-Marguerite, b[1] 30 nov. et s[1] 9 déc. 1736. — *Claude,* b 11 mars 1738, à Ste-Foye; 1° m à Marie LORIOT; 2° m à Therèse ALARD. — *Marie-Françoise,* b[2] 25 juillet et s[2] 3 sept. 1740. — *Marie-Louise,* b[2] 20 août et s[2] 2 sept. 1741.— *Marie-Angélique,* b[2] 28 sept. 1742. — *Marie-Joseph,* b[2] 19 juillet et s[2] 4 sept. 1744. — *Jean-Baptiste,* b[2] 30 mars et s[2] 11 juillet 1747. — *Pierre,* b 1750; m[1] 4 mai 1779, à Marie-Joseph POULIOT. — *Jean-Baptiste,* b[2] 6 sept. 1755. — *Prisque,* b[2] 15 mai 1758; s[2] 27 janvier 1759.— *Marie-Madeleine,* b[2] 18 mai 1761.

1744, (23 nov.) Montréal.
II.—MAINGUY (3), J.-BTE-LAURENT, [JEAN I.
b 1714.
POIRIAU, Jeanne, [PAUL I.
b 1723.

II.—MAINGUY, CLAUDE, [CLAUDE-LOUIS I.
b 1738.
1° LORIOT, Marie.
Marie-Joseph, b... m 22 nov. 1796, à Jean HORTH, à Quebec.
2° ALARD, Therèse.
Gabriel, b 1773; s 13 juillet 1793, à St-Augustin.—*Marie-Judith,* b 30 mars 1787, à Ste-Foye.[3] —*Noel,* b[3] 26 dec. 1788.

(1) Et Menguy dit Lachaussée; caporal de M. Lamotte-Cadillac.

(2) Et Payen dit St. Onge.

(3) Dit Lachaussee.

1775, (16 janvier) Rivière-Ouelle.
I.—MAINGUY (1), ANDRÉ, b 1744; fils d'André et de Marguerite Métayer, de Sougeol, Rennes, Bretagne.
LÉVESQUE, Marie-Anne, [JEAN-BTE III. b 1748.

1779, (4 mai) Québec.
II.—MAINGUY, PIERRE, [CLAUDE I. b 1750.
POULIOT, Marie-Joseph, [ANTOINE III. b 1754.
Marie-Françoise, b 1784; s 14 juin 1788, à Ste-Foye.[7] — *Marie-Louise*, b [7] 9 fevrier 1786. — *Marie-Françoise*, b [7] 24 février 1787. — *Marie-Charlotte*, b [7] 13 mars 1789.

MAINGUY, EUSTACHE.
1° PARANT, Marie.
1796, (8 février) Québec.
2° DUVAL, Barbe. [FRANÇOIS.

MAINVILLE.—Voy. MIVILLE.

MAIOT.—Voy. MAILLOT.

MAIOU.—Voy. MAILLOU.

MAISERET.—Voy. MEZERAY.

MAISONBASSE.—Voy. DETCHEVERY.

I.—MAISONBASSE (2), PIERRE, b 1740, marin; de Basque; s 24 sept. 1764 (noye), à Berthier.

MAISONDEBOIS.—Voy. ARMAND.

MAISONNEUVE.—Voy. LANGY — PUYBARO — RENÉ — SAUVAGEAU.

1698, (17 nov.) Montréal.[1]
I.—MAISONNEUVE (3), PIERRE, b 1667; s 22 mars 1740, à Terrebonne.[2]
1° GRENIER, Anne, [JEAN I. b 1671; s 25 janvier 1716, à St-François, I. J.[3]
Jean-Baptiste, b [1] 9 sept. 1699; m 1727, à Marguerite CHARLES; s 17 nov. 1760, à Ste-Rose.[4] — *Marie-Anne*, b [1] 3 janvier 1702; 1° m à Joseph TOURNOIS; 2° m [2] 16 juillet 1731, à François DESJARDINS.—*Marguerite*, b [3] 26 mai 1703; m [2] 7 avril 1728, à Claude GOURGON.—*Charles*, b [3] 4 oct. 1707; m [2] 20 août 1731, à Jeanne TOURNOIS; s [2] 5 janvier 1747.—*Prisque*, b [3] 10 août 1713; m [2] 30 sept. 1738, à Madeleine CHARLES.—*Julien*, b 1715; m [2] 7 janvier 1750, à Françoise PARIS.
1716, (2 août).[3]
2° LAMOTHE, Marie, [ELIE I. s [2] 27 oct. 1729.
Catherine, b... m [2] 26 juillet 1745, à Bonaventure RENAUD.—*Angélique*, b [2] 12 janvier 1728; m [4] 24 nov. 1749, à Jean-Baptiste DESJARDINS. — *Marie*, b [2] 27 oct. 1729; s [2] 3 janvier 1730.

(1) Et Mingui; venu en 1765. (Procès-verbaux de 1770).
(2) Venu en 1754. (Procès-verbaux)
(3) Voy. vol. I, p. 406.

1716, (21 mars) Rivière-Ouelle.[5]
I.—MAISONNEUVE, JEAN-BTE, b 1694; fils de Jean et de Jeanne Beaulieu, de Bayonne, Gascogne; s 19 nov. 1746, à Québec.
DANCOSSE, Madeleine, [PIERRE I. b 1680; veuve de Pierre Boucher.
Joseph, b [5] 4 février et s [5] 15 juin 1717.—*Marie-Joseph*, b [5] 7 août et s 9 déc. 1719, à Ste-Anne.—*Jean-Roch*, b [5] 25 nov. 1721.

II.—MAISONNEUVE, JEAN-FRS, [PIERRE I. b 1700.
TOURNOIS, Marie.
Marie-Louise, b... 1° m 4 nov. 1743, à André CORON, à Terrebonne[1]; 2° m 2 février 1761, à Joseph FOUCAULT, à Ste-Rose.[2]—*François*, b 1725, m [2] 25 nov. 1754, à Cecile FILIATREAU.—*Jean*, b 1726; m [2] 25 nov. 1754, à Marie-Anne FILIATREAU.—*Pierre*, b 18 oct. 1733, à Lachenaye; m [2] 28 janvier 1762, à Marie-Louise LABELLE—*Marie-Joseph*, b [1] 27 déc. 1734; s [2] 1er avril 1758.

1727.
II.—MAISONNEUVE, JEAN-BTE, [PIERRE I. b 1699; s 17 nov. 1760, à Ste-Rose.[6]
CHARLES (1), Marguerite, [MICHEL II. b 1701.
Marguerite, b... m [6] 13 juin 1746, à Andre NADON.—*Marie-Anne*, b 2 nov. 1728, à Terrebonne[7]; m [6] 7 fevrier 1752, à Joseph CORON; s [6] 15 mars 1754.—*Jean-Baptiste*, b [7] 31 mai 1730; m [7] 16 juillet 1753, à Marie-Thérèse FILION.—*Catherine*, b [7] 12 nov. 1731; m [6] 19 fevrier 1749, à Pierre NADON.—*Louise*, b [7] 15 fevrier 1733; m [6] 7 février 1752, à Joseph MASSON.—*Marie-Véronique*, b [7] 6 juin 1734; m [7] 5 juillet 1745, à Joseph LABELLE.—*Marie-Françoise*, b [7] 10 sept. et s [7] 12 nov. 1736.—*Marie-Amable*, b [7] 25 février 1738; 1° m [6] 6 fevrier 1758, à Jacques CHARBONNEAU; 2° m [6] 12 janvier 1761, à Paul GUINDON.—*Pierre*, b [7] 15 et s [7] 23 juillet 1739.—*Marie-Angélique*, b [7] 16 août et s 1er sept. 1740, à St-François, I. J.—*Marie-Joseph*, b [7] 25 juillet et s [7] 2 août 1743.—*Antoine*, b [7] 15 février 1745.

1731, (20 août) Terrebonne.[8]
II.—MAISONNEUVE, CHARLES, [PIERRE I. b 1707; s [8] 5 janvier 1747.
TOURNOIS (2), Jeanne, [JEAN-BTE I. b 1706.
Pierre, b [8] 30 juin et s [8] 7 nov. 1732.—*Joseph-Charles*, b [8] 23 mai 1734; s 28 mai 1751 (noye), à Lachenaye.—*Marie-Marguerite*, b [8] 23 oct. 1736; s [8] 27 oct. 1755.

1738, (30 sept.) Terrebonne.[8]
II.—MAISONNEUVE, PRISQUE, [PIERRE I. b 1713.
CHARLES, Madeleine, [CLÉMENT II. b 1719.
Marie-Charlotte, b [8] 2 août 1740; m [8] 14 janvier 1760, à Pierre ROBIN-LAPOINTE; s [8] 7 sept.

(1) Dit Chartier.
(2) Elle épouse, le 1er sept. 1749, Daniel DeLaunay, à Terrebonne.

1778.—*Marie-Angélique*, b [8] 3 juillet 1743; m [8] 8 juillet 1765, à François-Herman Fortin.— *François*, b [8] 19 février 1745; m [8] 19 avril 1773, à Marie-Louise Charles. — *Marie-Ursule*, b [8] 29 sept. et s [8] 13 déc. 1746.—*Etienne*, b [8] 23 avril et s [8] 29 août 1748. — *Marie-Geneviève*, b [8] 19 août 1749; m [8] 13 janvier 1766, à Laurent Paris.— *Toussaint*, b [8] 24 juillet 1752; m [8] 31 juillet 1775, à Marie-Louise Carbonneau.—*Marie-Marguerite*, b [8] 10 juillet 1754; m [8] 31 juillet 1775, à Jean-Baptiste Touin; s [8] 21 juillet 1776.—*Marie-Anne*, b [8] 23 déc. 1756; m [8] 8 janvier 1776, à Joseph Beauchamp.—*Archange*, b [8] 10 oct. 1758.

1750, (7 janvier) Terrebonne.[7]

II.—MAISONNEUVE, Julien, [Pierre I.
b 1715.
Paris, Françoise, [François II.
b 1728.

Marie-Françoise, b [7] 3 et s [7] 14 sept. 1751. — *Marie-Françoise*, b 19 oct. 1752, à Ste-Rose [8], m [7] 5 février 1776, à Joseph Bisson.—*Marie-Reine*, b [8] 8 mars 1754. — *Marie-Anne*, b [8] 15 et s [8] 30 juillet 1755. — *Marie-Louise*, b [7] 28 août et s [7] 3 sept. 1756.—*Marie*, b [7] 3 sept. 1757.—*Hypolite*, b [7] 30 juillet et s [7] 17 août 1759. — *Marie-Marguerite*, b [7] 19 oct. 1760.

1753, (16 juillet) Terrebonne.

III.—MAISONNEUVE, J.-Bte, [Jean-Bte II.
b 1730.
Filion (1), Marie-Thérèse, [Joseph III.
b 1738.

Marguerite, b 1754; s 18 janvier 1758, à Ste-Rose. [9]— *Jean-Baptiste*, b [9] 15 août 1758.—*Paul*, b [9] 3 juillet et s [9] 15 oct. 1761.

1754, (25 nov.) Ste-Rose.[9]

III.—MAISONNEUVE, François, [Jean-Frs II.
b 1725.
Filiatreau (2), Cécile, [Pierre III.
b 1737.

François, b [9] 5 et s [9] 21 sept. 1755.—*François*, b [9] 12 sept. 1756; s [9] 29 août 1758.—*Jean-Baptiste*, b [9] 12 janvier 1758. — *François*, b [9] 3 juin et s [9] 29 juillet 1759. — *Paul*, b [9] 14 oct. 1760; s [9] 4 avril 1761.—*Charles*, b [9] 31 janvier 1762.

1754, (25 nov.) Ste-Rose [2]

III.—MAISONNEUVE, Jean, [Jean-François II.
b 1726.
Filiatreau, Marie-Anne, [Pierre III.
b 1730.

Pierre, b [2] 27 oct. et s [2] 15 déc. 1755. — *Marie-Anne*, b [2] 31 oct. 1756.—*Jean-Baptiste*, b [2] 12 février 1758.—*Marie-Françoise*, b [2] 27 mai 1759.— *François*, b [2] 15 nov. 1760; s [2] 7 janvier 1761.— *François*, b 1761; m 14 juillet 1783, à Marie-Archange Charles, à Lachenaye. — *Marie*, b... m à Jean-Baptiste Touin.

(1) Elle épouse, le 19 février 1776, Charles Grenier, à Terrebonne.

(2) Dit St Louis.

1762, (25 janvier) Ste-Rose.[2]

III.—MAISONNEUVE, Pierre, [Jean-Frs II.
b 1733.
Labelle, Marie-Louise, [Joachim II.
b 1740.

François, b [2] 20 nov. 1762.

1773, (19 avril) Terrebonne.

III.—MAISONNEUVE, François, [Prisque II.
b 1745.
Charles (1), Marie-Louise, [Jean-Bte III.
b 1750.

1775, (31 juillet) Terrebonne.

III.—MAISONNEUVE, Toussaint, [Prisque II.
b 1752.
Carbonneau, Marie-Louise, [Pierre III.
b 1759.

MAISONNEUVE, Jean.
Filion, Marguerite.

Marie-Marguerite, b 6 janvier 1783, à Lachenaye.

1783, (14 juillet) Lachenaye.

IV.—MAISONNEUVE, François, [Jean III.
b 1761.
Charles (2), Marie-Archange, [Clément III.
b 1763.

MAISONNEUVE, François.
Lepage-DelaMolais, Marie-Elisabeth.

Marie-Elisabeth, b 27 nov. 1786, à Lachenaye.[7] —*François*, b [7] 8 février 1788.

MAISONNEUVE, Charles.
Marié, Marie-Marguerite.

Marie-Marguerite, b 24 août 1787, à Lachenaye.

MAISONROUGE.—Voy. Monert.

MAISONVILLE.—Voy. Rivard.

MAIZIÈRES.—*Surnom* : De Maisoncelle.

1752, (7 août) Montréal.[7]

I.—MAIZIÈRES (3), Armand-François, b 1724; fils de Claude (officier) et de Catherine Linage, de Grauves, diocèse de Châlons, Champagne.
Lemoine, Charlotte, [Charles III.
b 1722.

Charlotte-Françoise, b [7] 23 janvier 1754. — *Charles-François*, b [7] 3 mars 1755.—*François*, b [7] 27 juin 1758.—*François-Jean-Baptiste-Joseph*, b [7] 3 juillet et s [7] 16 août 1759.—*Pierre-Louis*, b [7] 22 août et s 9 sept. 1760, à Longueuil.

MAKNER.—Voy. McNer.

(1) Dit Clément.

(2) Le nom de son père est Clément Charles-Lajeunesse.

(3) Sieur DeMaisoncelle; lieutenant.

MAJOR. — *Surnoms :* BOUTRON — LACROIX — MAGUET—MAGUIET—MAILLET—MONGEAU.

I.—MAJOR, LOUIS.
JODOIN, Marguerite.
Denise, b... m 9 sept. 1711, à Jean-François LABELLE, à la Pte-aux-Trembles, M.; s 9 janvier 1718, à St-François, I. J.

1720, (25 nov.) Montréal. [7]
I.—MAJOR (1), SÉBASTIEN, fils de Joseph et de Marie Raimbault, de St-Eutrope, diocèse de Xaintes, Saintonge.
MARCHETEAU (2), Marie-Anne, [PIERRE I.
b 1701; s 24 sept. 1769, à Lachine.
Pierre, b 12 sept., à St-Laurent, M. et s [7] 14 nov. 1721. — *Marie-Angélique*, b [7] 25 sept. 1722.—*Joseph*, b [7] 31 août 1724. — *Marie-Anne*, b... m 19 janvier 1742, à François-Marie LEROUX, à la Pointe-Claire. —*Jean-Baptiste*, b [7] 13 février 1726; s [7] 29 janvier 1730.— *Marie-Louise*, b [7] 17 déc. 1729; m 1749, à Paul-Charles LABELLE; s 24 février 1750, à Ste-Rose.

MAJOR, LOUIS.
TOUPIN, Marguerite.
Louis, b 1774; s 14 fevrier 1776, à Lachenaye.[6] —*Etienne*, b [6] 30 juin 1776.

MAJOT.—Voy. MAILLOT.

MALAFOSSE.—*Surnom :* DAUPHIN.

1759, (22 janvier) Québec.
I.—MALAFOSSE (3), PIERRE, soldat; fils de Henri et de Marie Combrenouze, de St-Denis, ville de Montpellier, Bas-Languedoc.
ROUILLARD, Jeanne-Marie-Anne, [MICHEL III.
b 1734.

MALAIRE. — *Variation et surnom :* MULAIRE—CHATEAU.

I.—MALAIRE (4), CHRISTOPHE.
TOINE, Catherine.
Christophe, b... m 5 nov. 1753, à Angélique CHARBONNEAU, à Chambly[6]; s [6] 17 avril 1754.

1753, (5 nov.) Chambly. [7]
II.—MALAIRE (5), CHRISTOPHE, [CHRISTOPHE I.
s [7] 17 avril 1754, (noyé dans le Bassin).
CHARBONNEAU, Angélique, [JEAN II.
b 1721; s [7] 21 août 1756.
Marie-Catherine, b [7] 7 sept. 1754.

(1) Appelé Lacroix—Maguet—Maguiet—Maillet — Mongeau, 1721, aspède de M. Desjordis.
(2) Dit Desnoyers.
(3) Dit Dauphin.
(4) Et Mulaire dit Château.
(5) Dit Château.

1756, (1er mars) Laprairie.
I.—MALAIRE (1), PIERRE, fils de Pierre et de Claudine Buchillau, de Comarin, diocèse d'Autun, Bourgogne.
DUQUET, Véronique, [ETIENNE III.
b 1728.

MALAPART.—Voy. MALEPART.

MALARD.—Voy. MALART.

MALART.—*Variations et surnoms :* MALARD—MALLARD—DESLAURIERS—LAVERDURE.

1705, (26 août) Longueuil. [5]
I.—MALART (2), GERVAIS, b 1669; fils de Jacques et de Guillemette Liegart, de Marigny, diocèse de Bayeux, Normandie; s [5] 22 juillet 1732.
GAUTIER (3), Marie, [JEAN-JACQUES I.
b 1682.
Marguerite-Ursule, b [5] 20 juillet 1706; s [5] 11 avril 1716.—*Antoine*, b [5] 9 avril 1708; s [5] 4 avril 1728.—*Marie-Joseph*, b [5] 28 janvier 1710; m [5] 24 janvier 1735, à Jean-Baptiste CHARON.—*Marie-Françoise*, b [5] 28 janvier 1710; m [5] 4 nov. 1732, à Pierre FONTAINE.—*Jean-Baptiste*, b [5] 22 mai 1711; s [5] 21 déc. 1716.—*Marie-Charlotte*, b [5] 18 fevrier 1713; m [5] 7 janvier 1738, à Antoine BARITEAU.—*Pierre*, b [5] 24 déc. 1714; s [5] 7 mars 1715. —*Jean-Pierre*, b [5] 30 mai et s [5] 9 juin 1716.—*Marie-Madeleine*, b [5] 20 janvier 1718; m [5] 7 janvier 1744, à Jean-Baptiste CHARON.—*Marie-Françoise*, b [5] 8 nov. 1721; s [5] 22 mars 1733.—*Marie-Renée*, b [5] 23 sept. 1723; m 24 nov. 1746, à Ignace LEBRODEUR, à Varennes.

1734, (3 août) Québec.
I.—MALART, JOSEPH, fils de Joseph et de Marguerite Meurier, de Beaufort, diocèse d'Angers, Anjou.
ROY, Marie-Angélique, [JEAN II.
b 1706.

1755, (6 oct.) Montréal.
I.—MALART, ANTOINE, fils de Henri et de Marie Guillon, de Sartrouville, Paris.
DENIORT, Marguerite, [JACQUES I.
b 1724.

MALART (4), ANTOINE.
PAYETTE, Madeleine.
Marie-Reine, b 16 juin 1767, à Lachenaye.

MAL-AU-POUCE. — Voy. Guillaume LENORMAND, 1749.

(1) Soldat de M. Lacorne.
(2) Dit Laverdure.
(3) Elle épouse, le 18 juillet 1734, Pierre Charon, à Longueuil.
(4) Dit Deslauriers.

1759, (8 janvier) Montréal.

I.—MALBEC, François, b 1733, soldat; fils de Charles et de Jeanne Périer, de St-Côme-de-Capdenac, diocèse de Cahors, Guienne.
Beurnonville, Catherine, [Antoine I.
b 1734.
Jean-François, b et s 22 mars 1760, au Bout-de-l'Ile, M.

MALBEUF.—Voy. Malboeuf.

MALBOEUF.—*Variations et surnoms :* Malbeuf—Malboufe—Beausoleil—Belisle.

1692, (18 fevrier) Cap-St-Ignace. [1]

I.—MALBOEUF (1), Jean-Bte,
b 1665; s 18 juin 1733, à St-Valier.
1° Destroismaisons, Marguerite, [Philippe I.
b 1675; s 2 avril 1703, au Château-Richer. [2]
Augustin, b [1] 20 nov. 1692; m à Agnès Mercier.—*Joseph,* b [1] 24 dec. 1693; m [2] 6 oct. 1721, à Madeleine Gagné; s [2] 8 juillet 1762.—*Marguerite,* b [1] 23 mai 1695; 1° m [2] 21 janvier 1717, à René Bolduc; 2° m 1726, à Pierre Gagné; 3° m 7 oct. 1748, à Jean Dagneau, à St-Michel.—*Marie-Madeleine,* b [2] 15 janvier 1699; m [2] 25 juin 1731, à Joseph Gély.

1703, (14 juin). [2]

2° Renaud, Marguerite, [Pierre-André I.
b 1676.
Marie, b 1708; m [2] 17 janvier 1729, à Joseph Cochon: s [2] 6 oct. 1777.—*Jean-Baptiste,* b [2] 26 dec. 1709; m 11 janvier 1734, à Marie-Madeleine Simard, à Ste-Anne.—*Dorothée,* b [2] 1er sept. 1711; m [2] 26 nov. 1731, à Michel Desgranges.—*Julien,* b [2] 21 avril 1714; 1° m 7 avril 1739, à Angelique Charles, à Terrebonne [3]; 2° m 5 mai 1749, à Elisabeth Carpentier, à Boucherville.—*Charles,* b [2] 20 fevrier 1716; m [3] 21 nov. 1746, à Elisabeth Gibeau.—*Geneviève,* b [2] 13 sept. 1718; m [2] 14 avril 1749, à Thomas Touchet; s [2] 12 février 1750.—*Jacques,* b [2] 22 mars 1721; m 20 juillet 1750, à Geneviève Lurette, à St-Pierre-du-Sud. [4] —*Pierre,* b... 1° m à Jeanne Moyen; 2° m [4] 27 juillet 1750, à Marie-Anne Fontaine.

I.—MALBOEUF, François.
Dupont (2), Marie-Joseph.
François, b 27 août 1699, à Champlain [4]; 1° m [4] 24 fevrier 1721, à Madeleine St. Aubin; 2° m 1723, à Madeleine Lafrance.

1718.

II.—MALBOEUF, Augustin, [Jean-Bte I.
b 1692.
Mercier, Agnès, [Jean II.
b 169[illegible].
Jean-Baptiste, b 1719; m 3 déc. 1748, à Dorothée Cloutier, à St-Pierre-du-Sud [4]; s 30 août 1776, à St-Cuthbert. — *Marie-Marthe,* b... m [4] 7 avril 1750, à Barthelemi Gagné. — *Agnès,* b... m [4] 22 fevrier 1751, à Joseph-Marie Laverdière. —*Marie-Angélique,* b 1736, m [4] 21 fevrier 1757, à Pierre Javanelle. — *Marie-Joseph,* b 1737; s [4] 23 janvier 1756.

(1) Dit Beausoleil; voy. vol. I, p. 406.

(2) Elle épouse, en 1721, Joseph Proux.

1721, (24 fevrier) Champlain. [1]

II.—MALBOEUF, François, [François I.
b 1699; s 30 août 1748, à Nicolet. [2]
1° St. Aubin, Marie-Madeleine. [François.
Marie-Madeleine, b [1] 18 oct. 1722.

1723.

2° Lafrance (1), Madeleine.
Marguerite, b... m [2] 14 avril 1749, à Dominique Jutras; s [2] 24 février 1750. — *Madeleine,* b [1] 24 oct. 1724; m [2] 14 nov. 1740, à Jean-Baptiste Coutancineau; s [2] 16 juillet 1749.—*Joseph-François,* b 18 sept. 1726, à Becancour; m [2] 19 fevrier 1748, à Marie-Renée Terrien. — *Louis,* b 29 juin 1729, aux Trois-Rivières [3]; m [2] 22 avril 1748, à Marie-Joseph Terrien; s [2] 19 mai 1749.—*Marie-Joseph,* b [2] 8 juillet 1731; s 21 mars 1735, à la Baie-du-Febvre. [4] — *Jean-Baptiste,* b [2] 5 sept. 1733; s [2] 4 mars 1734. — *Marie-Angélique,* b [2] 5 sept. 1733; m [2] 8 oct. 1751, à Jean-Baptiste Dumas; s [2] 3 juin 1767.—*Marie-Joseph,* b [4] 4 sept. 1735; s [2] 7 juin 1737. — *François,* b [2] 24 juin 1737; m [2] 6 avril 1761, à Marie-Joseph Houde.—*Jean-Baptiste,* b [2] 20 sept. 1739; m [2] 31 mars 1761, à Madeleine Robert; s [2] 29 nov. 1793.— *Marie-Joseph,* b [2] 12 sept. 1743; m [3] 14 avril 1760, à Louis Pelletier.

1721, (6 oct.) Château-Richer. [4]

II.—MALBOEUF (2), Joseph, [Jean-Bte I.
b 1693; s [4] 8 juillet 1762.
Gagné, Madeleine, [Olivier III.
b 1698; s [4] 23 mars 1776.
Pierre, b 1723; m 27 mai 1754, à Barbe Trudel, à Lorette [5]; s [5] 10 dec. 1756. — *Joseph,* b 1725; m 19 janvier 1750, à Reine Morin, à St-Pierre-du-Sud. [6] — *Louise,* b... m [4] 20 fevrier 1748, à Antoine Filion. — *Elisabeth,* b 6 juillet 1729, à St-Joachim [7]; m [4] 17 nov. 1755, à Etienne Bedouin. — *Marie-Gertrude,* b [7] 8 janvier et s [7] 7 oct. 1731. — *Dorothée,* b [7] 8 janvier 1731; m [4] 5 nov. 1749, à François Morin; s [6] 9 août 1752.— *Marguerite,* b [7] 27 août 1732.—*Marie-Joseph,* b [7] 4 oct. 1734; m [4] 8 nov. 1751, à Augustin Gagnon; s [4] 12 janvier 1776. — *François,* b [7] 20 sept. 1737. —*Madeleine,* b... 1° m [4] 16 février 1762, à Augustin Cloutier; 2° m [4] 15 nov. 1772, à Augustin Gagnon.

II.—MALBOEUF, Noel, [Jean-Bte I.
b 1701.
Quessy, Marguerite.
Jean-François, b 1726; m 28 avril 1750, à Marie-Geneviève Mercier, à St-Frs-du-Sud. — *Pierre-Noël,* b 13 oct. 1727, à Berthier [1]; 1° m à Catherine Blanchard; 2° m 1er juin 1761, à Marguerite Fontaine, à St-Pierre-du-Sud [2]; 3° m 10 oct. 1763, à Geneviève Bussière, à Lévis. [3] — *Marie-Marguerite,* b [1] 4 oct. 1729.—*Jean-Baptiste,* b 1731; 1° m [2] 24 janvier 1752, à Marie-Joseph Morin; 2° m [3] 6 nov. 1758, à Geneviève Four-

(1) Elle épouse, le 11 janvier 1751, Guillaume Lacerte, à Nicolet.

(2) Et Malbeuf dit Beausoleil.

NIER. — *Françoise*, b... m [2] 30 mai 1761, à Jean CYR.—*François*, b 1733 ; m 1755, à Marie-Madeleine PEPIN.—*Marie-Joseph*, b... m [3] 10 oct. 1763, à Jean BUSSIÈRE.

1734, (11 janvier) Ste-Anne. [1]
II.—MALBŒUF (1), JEAN-BTE, [JEAN-BTE I.
b 1709.
SIMARD, Marie-Madeleine, [PIERRE II.
veuve de Louis Lapointe.
Joseph, b [1] 19 mai 1735; s [1] 9 sept. 1738.—*Jean-Baptiste*, b [1] 19 mai 1735. — *Marie*, b [1] 20 mai 1737; m [1] 6 février 1758, à Robert DESFORGES.—*Dorothée*, b [1] 13 juin 1739.

1739, (7 avril) Terrebonne. [8]
II.—MALBŒUF (1), JULIEN, [JEAN-BTE I.
b 1714.
1° CHARLES (2), Angélique, [ETIENNE-CHS II.
b 1713 ; s [8] 20 mai 1744.
Pierre-Joseph, b [8] 22 sept. 1739. — *Angélique*, b [8] 11 février 1741.—*Etienne*, b [8] 16 janvier 1743 ; s [8] 26 janvier 1744.
1749, (5 mai) Boucherville.
2° CARPENTIER (3), Elisabeth, [CHARLES I.
b 1726.

1746, (21 nov.) Terrebonne.
II.—MALBŒUF (1), CHARLES, [JEAN-BTE I.
b 1716.
GIBEAU (4), Elisabeth, [JEAN-BTE III.
b 1726.

1748, (19 février) Nicolet. [1]
III.—MALBŒUF (5), JOS.-FRS, [FRANÇOIS II.
b 1726.
TERRIEN, Marie-Renée, [JEAN-BTE II.
b 1714 ; s 1769, au Lac Champlain.
Marie-Joseph, b [1] 31 dec. 1748 ; s [1] 10 février 1749.—*Joseph-Marie*, b [1] 19 février 1750.—*Marie-Louise*, b [1] 7 avril et s [1] 19 juin 1751.—*Jean-Baptiste*, b [1] 2 février et s [1] 11 déc. 1754.—*Jean-Baptiste*, b [1] 25 avril 1755.

1748, (22 avril) Nicolet. [2]
III.—MALBŒUF, LOUIS, [FRANÇOIS II.
b 1729 ; s [2] 19 mai 1749.
TERRIEN (6), Marie-Joseph, [JEAN-BTE II.
b 1720.
Joseph, b [2] 2 février 1749 ; s [2] 19 juillet 1751.

II.—MALBŒUF, PIERRE. [JEAN-BTE I.
1° MOYEN, Jeanne,
b 1712 ; s 1er dec 1749, à St-Pierre-du-Sud. [6]
André, b [6] 27 nov. et s [6] 10 déc. 1749.

(1) Dit Beausoleil.
(2) Dit Lajeunesse.
(3) Elle épouse, le 1er juin 1772, Jean-Baptiste Massé, à Boucherville.
(4) Elle épouse, le 12 février 1759, Alexandre Evin, à Lachenaye.
(5) Dit Belisle.
(6) Elle épouse, le 21 janvier 1754, Joseph Dechau, à Nicolet.

1750, (27 juillet). [6]
2° FONTAINE (1), Marie-Anne, [ETIENNE III.
veuve de Charles Picard.
Marie-Marguerite, b 14, à St-Frs-du-Sud et s [6] 16 déc. 1753.—*Marie-Modeste*, b 1757 ; s [6] 27 oct. 1758.— *Marie-Céleste*, b... m 30 août 1773, à Augustin MARCEAU, à St-Thomas.

III.—MALBŒUF, PIERRE-NOEL, [NOEL II.
b 1727.
1° BLANCHARD, Catherine, [ALEXANDRE I.
b 1729.
Marie-Catherine, b... s 27 avril 1749, à Lévis [1] —*Pierre-Noel*, b [1] 6 avril 1750. — *Jean-Marc*, b [1] 18 juin et s [1] 8 juillet 1753. — *Marie-Catherine*, b 1755 ; s [1] 19 mars 1756. — *Louis-Marie*, b [1] 5 sept. 1756.— *Marie-Marguerite*, b [1] 22 fevrier et s [1] 28 mars 1758.
1761, (1er juin) St-Pierre-du-Sud.
2° FONTAINE, Marguerite. [ETIENNE III.
1763, (10 oct.) [1]
3° BUSSIÈRE, Geneviève, [JOSEPH III.
b 1736.
Joseph-Marie, b [1] 10 fevrier 1765.

1748, (3 déc.) St-Pierre-du-Sud. [6]
III.—MALBŒUF, JEAN-BTE, [AUGUSTIN II.
b 1719 ; s 30 août 1776, à St-Cuthbert. [7]
CLOUTIER, Dorothée, [JOSEPH IV.
b 1726.
Jean-François, b [6] 12 nov. 1749 ; m 1783, à Marie-Charlotte MARION. — *Marie-Madeleine*, b [6] 4 janvier 1752 ; s [6] 27 août 1758.— *Marie-Joseph*, b [6] 6 février 1753. — *Marguerite*, b [6] 17 février 1754 ; m [7] 14 août 1780, à Louis ALARD ; s [6] 22 juin 1788. — *Pierre-Augustin*, b [6] 7 fevrier 1758 ; m [7] 5 août 1793, à Marie-Louise TRUDEL. — *Jean-Moïse*, b [6] 18 oct. 1759 ; m [7] 30 janvier 1786, à Marie-Charlotte ROBERGE.—*Michel*, b... m [7] 7 mai 1792, à Geneviève SULLIÈRE.

1750, (19 janvier) St-Pierre-du-Sud [7]
III.—MALBŒUF (2), JOSEPH, [JOSEPH II.
b 1725.
MORIN, Reine, [PIERRE II.
b 1730.
Joseph-Maxime, b 11 mars 1752, à Ste-Famille, I. O. ; m 15 avril 1776, à Catherine COMPARET, à Terrebonne. [8] — *Marie-Reine*, b [7] 5 mai et s [7] 22 août 1754.—*Thècle*, b [7] 12 sept. 1755 ; m [8] 19 oct. 1772, à Antoine NAU.—*Marie-Théotiste*, b 29 oct. 1757, à la Rivière-Ouelle. [9]—*Augustin*, b [9] 29 oct. 1759.—*Victoire*, b... m [8] 30 sept. 1782, à Jacques ST. HUBERT.— *Marie-Charlotte*, b 5 mars 1772, à Lachenaye.

1750, (28 avril) St-Frs-du-Sud. [1]
III.—MALBŒUF, JEAN-FRANÇOIS, [NOEL II.
b 1726.
MERCIER, Marie-Geneviève, [JULIEN III.
b 1727 ; s [1] 10 mai 1752.

(1) Dit Biot, 1753—Buotte.
(2) Dit Beausoleil.

1750, (20 juillet) St-Pierre-du-Sud. [2]
II.—MALBOEUF (1), JACQUES, [JEAN-BTE I.
b 1721.
LURETTE (2), Geneviève, [JEAN-BTE II.
b 1731 ; s 1er fevrier 1761, à Verchères.
Jacques, b [2] 26 déc. 1751.—*Marie-Geneviève,* b 16 sept. 1753, à St-Frs-du-Sud.—*François,* b 11 mars 1759, à St-Antoine-de-Chambly.

1752, (24 janvier) St-Pierre-du-Sud. [3]
III.—MALBOEUF, JEAN-BTE, [NOEL II.
b 1731.
1° MORIN, Marie-Joseph, [DENIS II.
b 1733 ; s 4 avril 1756, à Lévis. [4]
Geneviève, b [4] 6 janvier 1753.—*Marie-Joseph,* b [4] 26 janvier 1754.—*Marie-Louise,* b [4] 30 mars et s [4] 11 avril 1756.
1758, (6 nov.) [3]
2° FOURNIER, Geneviève, [JOSEPH III.
b 1738.
Jean-Baptiste, b [4] 12 déc. 1759.—*Rosalie,* b... m 14 oct. 1782, à Louis HUOT, à Terrebonne.

1754, (27 mai) Lorette. [5]
III.—MALBOEUF (1), PIERRE, [JOSEPH II.
b 1723 ; s [5] 10 dec. 1756.
TRUDEL (3), Barbe, [LOUIS III.
b 1735.
Pierre, b [5] 25 mars 1755 ; s [5] 24 août 1759.

1755.
III.—MALBOEUF, FRANÇOIS, [NOEL II.
b 1733.
PEPIN, Madeleine. [ANTOINE I.
Jean, b 29 oct. 1755, à Lévis. [6]— *Anonyme,* b [6] et s [6] 7 nov. 1762.—*Eloi,* b [6] 15 juillet 1764.

1761, (31 mars) Nicolet. [7]
III.—MALBOEUF, JEAN-BTE, [FRANÇOIS II.
b 1739 ; s [7] 29 nov. 1793.
ROBERT (4), Madeleine, [CLAUDE II.
b 1737.

1761, (6 avril) Nicolet.
III.—MALBOEUF, FRANÇOIS, [FRANÇOIS II.
b 1737.
HOUDE, Marie-Joseph, [JEAN-BTE III.
b 1740.

1776, (15 avril) Terrebonne.
IV.—MALBOEUF, JOS.-MAXIME, [JOSEPH III.
b 1752.
COMPARET, Catherine, [FRANÇOIS I.
b 1752.

MALBOEUF, JEAN.
ST. GERMAIN, Elisabeth.
Elisabeth, b et s 22 mai 1782, à Lachenaye.

1783.
IV.—MALBOEUF, JEAN-FRS, [JEAN-BTE III.
b 1749.
MARION (1), Marie-Charlotte.
Marie-Louise, b 18 dec. 1784, à St-Cuthbert. [6]
Marie-Charlotte, b [6] 10 février 1786.—*François,* b [6] 12 dec. 1787 ; s [6] 16 juin 1788.—*Thérèse,* b... s [6] 24 sept. 1790.

1786, (30 janvier) St-Cuthbert. [7]
IV.—MALBOEUF, JEAN-MOISE, [JEAN-BTE III.
b 1759.
ROBERGE, Marie-Charlottte. [JOSEPH.
Marie-Charlotte, b [7] 12 et s [7] 16 nov. 1786.—*Marie-Charlotte,* b [7] 9 nov. 1787.—*Geneviève,* b [7] 12 avril et s [7] 19 déc. 1789.—*Jean-Baptiste,* b [7] 9 juillet et s [7] 3 août 1790.—*Pélagie,* b [7] 7 août 1791.—*Marie-Marguerite,* b [7] 23 juin 1794.

1792, (7 mai) St-Cuthbert. [8]
IV.—MALBOEUF, MICHEL. [JEAN-BTE III.
SULLIÈRE, Marie-Geneviève. [NICOLAS.
Michel, b [8] 26 fevrier 1793.—*Marie-Geneviève,* b [8] 29 juin 1794.

1793, (5 août) St-Cuthbert. [9]
IV.—MALBOEUF, PIERRE-AUGUSTIN, [J.-BTE III.
b 1758.
TRUDEL, Marie-Louise. [NICOLAS.
Marie-Françoise, b [9] 24 juin 1794.—*Julie,* b [9] 31 juillet 1795.

MALBOUFE.—Voy. MALBOEUF.

MALCHELOS.—*Surnom :* VOLAGE.

1757, (24 oct.) Montréal.
I.—MALCHELOS (2), CLAUDE, b 1732, soldat; fils de Pierre et de Marie-Louise Poulin, de la Madeleine, Paris.
BISET (3), Marie-Anne, [PAUL II.
b 1739.

MALCOU.—Voy. MARCOUX.

1794.
I.—MALDRUM, GEORGES.
CHAPOTON, Marie-Catherine-Angél., [J.-BTE II.
b 1769.
Marie-Angélique, b 26 juillet et s 27 août 1795, au Detroit.

MALEM.—Voy. McMALEM.

I.—MALENFANT, GUILLAUME,
s 4 mai 1758, à Kamouraska. [1]
SIROIS (4), Marie-Catherine, [FRANÇOIS II.
b 1721.
Pierre, b 1750 ; s [1] 24 nov. 1751.—*Jean-Baptiste,* b [1] 28 dec. 1751.—*Marie-Catherine,* b [1] 6 mai

(1) Dit Beausoleil.
(2) Dit Rochefort.
(3) Elle épouse, le 24 nov. 1758, Jacques Armand, à Lorette.
(4) Elle épouse, le 3 mars 1794, Jean-Baptiste Marot, à Nicolet.

(1) Elle épouse, le 12 oct. 1789, Michel Bernèche, à St-Cuthbert.
(2) Dit Volage.
(3) Et Bizet.
(4) Elle epouse, en 1760, Michel Aumont.

1753 ; m 5 nov. 1771, à Jean Bois, à Ste-Anne-de-la-Pocatière.—*Guillaume*, b [1] 23 août 1754; s [1] 30 mars 1756.—*Marie-Louise*, b 1755; s [1] 23 juin 1758.—*Marie-Geneviève*, b [1] 12 avril 1757.

1766, (3 février) Ste-Anne-de-la-Pocatière.

I.—MALENFANT, GUILLAUME, fils d'Etienne et de Marie Landry, de St-Aubin, diocèse de Coutances, Normandie.
PARANT, Marie-Anne, [FRANÇOIS III.
b 1731 ; veuve de Guillaume Chenard.

1766, (24 nov.) Rivière-Ouelle.[9]

I.—MALENFANT (1), ETIENNE, b 1728 (frère du précédent); fils d'Etienne et de Marie Landry, de St-Aubin, diocèse de Coutances, Normandie; s [9] 17 juillet 1780.
LÉVESQUE (2), Marie-Louise, [JEAN-BTE III.
b 1744.

MALEPARD.—Voy. MALEPART.

MALEPART.—*Variations et surnoms :* MALAPART—MALEPARD—MALLEPART—BEAUCOUR—DE GRANDMAISON—TOURANGEAU.

1733, (10 janvier) Montréal.

I.—MALEPART (3), JEAN, b 1705, soldat; fils de Sébastien et de Marie Crosnier, de St-Clément-de-Tours, Touraine.
DUBÉ, Marie-Therèse, [PIERRE II.
b 1715.
Jean-Baptiste, b 26 oct. 1733, à la Longue-Pointe [1] ; m 1749, à Marie TISSERAND.—*François*, b [1] 17 juin 1735; m 14 février 1763, à Marie-Renée LACOSTE, à Varennes.[2] — *Marie-Thérèse*, b [1] 10 janvier 1737; m [2] 7 janvier 1760, à Jean-Baptiste BRIEN.—*Joseph*, b [1] 4 oct. 1738.—*Marie-Agathe*, b [1] 15 oct. 1740. — *Catherine*, b... m [2] 16 août 1762, à Jean RENAUD.—*Marie-Joseph*, b 1748; s 17 oct. 1749, à la Pte-aux-Trembles, M.[3] — *Marie-Joseph*, b [3] 12 fevrier 1752. — *Madeleine*, b... m [2] 21 janvier 1771, à Louis-Nicolas GODIN.

1737, (25 juin) Montréal.[8]

I.—MALEPART (4), PAUL, b 1700, sergent; fils de Paul et de ...., de St-Eustache, Paris.
HAGUENIER, Marguerite, [LOUIS III.
b 1716.
Paul, b [8] 23 juillet 1738. — *Catherine-Marguerite*, b [8] 13 avril 1742. — *Marie-Catherine*, b [8] 17 oct. 1745.

1749.

II.—MALEPART, JEAN-BTE, [JEAN I.
b 1733.
TISSERAND, Marie.
Marie-Angélique, b 16 mai 1750, à la Pte-aux-Trembles, M.

(1) Fils d'un cultivateur; parti à 12 ans avec son oncle Guillaume Malenfant, en 1740. Etabli à la Rivière-Ouelle. (Reg. des Procès-verbaux, 1766, Archevêché de Québec).

(2) Elle épouse, le 26 nov. 1781, Pierre Chenard, à la Rivière-Ouelle.

(3) Dit Tourangeau.

(4) De Grandmaison dit Beaucour.

1763, (14 février) Varennes.

II.—MALEPART, FRANÇOIS, [JEAN I.
b 1735.
LACOSTE, Marie-Renée. [ANTOINE III.

MALET.—Voy. MAILLET.

MALEY, PIERRE.
GIRARD, Marie-Anne.
Marie-Anne, b 12 mai et s 8 juin 1756, à Chambly.[3] —*Marie-Anne*, b [3] 8 juin 1757.

MALGUERET.—*Surnom :* ST. GERMAIN.

1752, (21 août) Montréal.

I.—MALGUERET (1), PHILIPPE, b 1720; fils de Nicolas et de Michelle Moreau, de St-Germain-en-Laie, diocèse de Chartres, Beauce.
PÉRILLARD, Marie-Anne, [J.-BTE-NICOLAS II.
b 1733.

MALHERBE.—*Surnom :* CHAMPAGNE.

1733, (13 avril) Québec.[4]

I.—MALHERBE (2), FRANÇOIS, tailleur ; fils de Thomas et de Legère Maugras, de St-Jacques, Paris.
1° COQUÉT, Marie-Anne, [JACQUES I.
b 1712.
Marie-Anne, b [4] 16 mars 1734; m 15 juillet 1755, à Arnaud TESSENET, à Montréal.[5] —*Marie-Louise*, b... m [5] 16 nov. 1756, à Jean-Baptiste SADÉ. — *Marie-Madeleine*, b [4] 31 janvier 1738; m [4] 2 oct. 1758, à Charles COUVRET.—*Guillaume-Michel-François*, b [4] 6 fevrier 1740 ; m 7 fevrier 1763, à Marie-Anne MARGANNE, à St-Thomas. — *Joseph*, b 17 juillet 1741, à Ste-Foye. — *Jean-Joseph*, b [4] 8 août 1742; m [4] 9 janvier 1764, à Marie-Joseph BRIÈRE.—*Nicolas*, b [4] 7 avril et s [4] 24 mai 1744.

1749, (19 mai).[4]

2° COURTIN, Marie-Madeleine, [JEAN-BTE I.
b 1732.
Louis, b [4] 14 sept. 1750; s [4] 6 avril 1751.—*Madeleine*, b [4] 10 mai 1752.

1763, (7 fevrier) St-Thomas.

II.—MALHERBE (2), GUIL.-MICHEL-FRS, [FRS I.
b 1740.
MARGANNE, Marie-Anne, [LOUIS III.
b 1742; s 18 oct. 1797, à Québec.[1]
Marie-Anne, b [1] 24 oct. 1763.

1764, (9 janvier) Québec.[1]

II.—MALHERBE (2), JEAN-JOS., [FRANÇOIS I.
b 1742.
BRIÈRE, Marie-Joseph, [JEAN-BTE III.
b 1745.
Charles, b [1] 23 déc. 1767.

MALHERBEAU.—*Surnom :* CAMPION.

(1) Dit St. Germain.

(2) Dit Champagne.

I.—MALHERBEAU (1), b 1640; s 20 oct. 1710, à Lachine.

MALHIOT.—Voy. MAILLOT—MAILLOU.

MALIDOR—*Surnom :* LASONDE.

1722, (10 janvier) Montréal. [8]

I.—MALIDOR (2), SÉBASTIEN-VICTOR-LOUIS, b 1699; fils de Louis (directeur des Ardes) et de Madeleine Chevalier, de Petivier, diocèse d'Orléans, Orléanois.
VACHER, Louise, [JEAN-GUILLAUME I. b 1696.
Louise-Catherine, b [8] 6 déc. 1722; s [8] 3 août 1723.— *Marie-Angélique,* b [8] 2 août 1724; 1° m [8] 17 fevrier 1744, à Jean MIGRET; 2° m [8] 29 sept. 1758, à Raymond QUESNEL. — *Marie-Louise,* b [8] 30 juillet 1725. — *François-Victor,* b [8] 27 janvier 1727; s [8] 25 nov. 1750. — *Pierre-Amable,* b [8] 20 avril et s [8] 1er mai 1728. — *Marie-Thérèse,* b [8] 5 déc. 1729; m [8] 26 juin 1752, à Jean-Baptiste LASALLE. — *Joseph,* b... s 28 mars 1733, à Longueuil. — *Marie-Françoise,* b [8] 24 fevrier 1735.— *Pierre-Sébastien,* b [8] 19 nov. et s 27 déc. 1737, à Laprairie. — *Louis,* b [8] 4 avril 1739; m [8] 3 mai 1762, à Elisabeth CAMPEAU.

1762, (3 mai) Montréal.

II.—MALIDOR, LS-SÉBAST. [SÉBAST.-VICTOR I.
CAMPEAU, Elisabeth, [JOSEPH III. b 1741.

MALISSON.—*Surnom :* PHILIBERT.

1752, (16 oct.) Québec. [1]

I.—MALISSON (3), PHILIBERT, fils de Dominique et de Jeanne Desautel, de Poyau, diocèse d'Autun, Bourgogne.
COLLET, Marie-Joseph, [JOSEPH II. b 1733.
Marie-Joseph, b [1] 18 mai et s [1] 1er sept. 1754.— *Marie-Charlotte,* b [1] 30 sept. 1756. — *Geneviève,* b [1] 28 déc. 1758.— *Marie-Catherine,* b [1] 6 février 1762; m [1] 18 mai 1779, à Joseph BÉLANGER.— *Angélique,* b [1] 17 déc. 1763; m [1] 25 mai 1784, à Etienne DESROCHES. — *Marie-Geneviève,* b [1] 22 janvier 1769.

MALLARD.—Voy. MALART.

MALLEPART.—Voy. MALEPART.

MALLET.—Voy. MAILLET—MILLET.

MALLETE.—*Surnom :* SANSQUARTIER.

(1) Dit Campion.
(2) Dit LaSonde, 1752.
(3) Dit Philibert.

1757, (17 oct.) Québec.

I.—MALLETE (1), JEAN, soldat; fils de Jugon et de Mathurine Meunier, de Toussaint, diocèse de Rhenne, Bretagne.
VIVIER, Marie-Louise, [PIERRE II. b 1736.

1754, (7 janvier) Baie-du-Febvre. [6]

I.—MALLETERRE, FRANÇOIS, b 1725; fils de Jean-François et d'Elisabeth Guilmot, de Loquipogra, diocèse de Tréguier, Basse-Bretagne; s [6] 2 janvier 1763.
DESROCHERS (2), Madeleine, [GABRIEL II. b 1731.
Geneviève, b [6] 2 nov. 1754.—*Marie-Ursule,* b [6] 15 mai 1756.—*Jean-Baptiste,* b [6] 27 dec. 1756.— *François* (posthume), b [6] 14 janvier 1763.

I.—MALLIER (3), ..., de Luxembourg, Allemagne.

MALLIOT.—Voy. MAILLOT.

MALO.—Voy. HAYET.

MALOUIN.—Voy. CARGUERET — RAGEOT — RINFRET—ST. LOUIS.

MALOUIN.—*Variation :* MAROIS.

1733, (3 mai) Québec. [8]

I.—MALOUIN (4), LOUIS, fils de François et de Marguerite Marchand, de St-Nicolas, diocèse de LaRochelle, Aunis.
MIREAU (5), Marie-Jeanne, [MATHIEU I. b 1708.
Thérèse, b [8] 17 février 1734; m [8] 9 janvier 1758, à Pierre TOUSSAINT.—*Marie-Louise,* b [8] 20 mai 1736; m 12 janvier 1757, à Jean-Marie LOUINEAU, à Beauport.—*Marie-Madeleine,* b [8] 18 avril 1739. —*Louis,* b [8] 1er mars 1741.—*Marie-Joseph-Félicité,* b [8] 18 août 1743; s [8] 19 janvier 1744.—*Marie-Marguerite,* b [8] 8 nov. 1745; s [8] 8 nov. 1746.— *Jean-Marie,* b [8] 8 juin 1749.

MALSOI.—*Surnom :* LARAMÉE.

I.—MALSOI (6), JACQUES, b 1672; s 1er déc. 1729, à Montréal.

1753, (13 nov.) Eboulements. [9]

I.—MALTESTE, JEAN-BTE, fils de François-Nicolas et de Marie-Anne Roland, de St-Sibar, diocèse de Poitiers, Poitou.
GAGNON, Marie-Joseph, [JOSEPH III. b 1719; veuve de Jean Gontier; s [9] 12 mai 1785.

(1) Dit Sansquartier.
(2) Lafrenière, 1756—Elle épouse, le 10 oct. 1768, Joseph Gauron, à la Baie-du-Febvre.
(3) Venu à Chibouctou, après la prise de cette place, engagé au service anglais, dans le 47e régiment. (Registre des Procès-verbaux de 1766, Archevêché).
(4) Dit St. Louis.
(5) Dit Content—LaBouteille.
(6) Dit Laramée; soldat de la compagnie de Budemont.

Alexis, b [9] 17 nov. 1754; m à Marie TREMBLAY. —*Jean-Marie*, b [9] 11 mai 1756; m 7 juillet 1783, à Marie-Charlotte DALLAIRE, à l'Ile-aux-Coudres. —*Marie-Geneviève*, b [9] 10 août 1758.

II.—**MALTÊSTE**, ALEXIS, [JEAN-BTE I.
b 1754.
TREMBLAY, Marie.
Alexis, b 14 août 1783, aux Eboulements. [5] — *Marie*, b [5] 7 mars 1785.

1783, (7 juillet) Ile-aux-Coudres.

II.—**MALTESTE**, JEAN-MARIE, [JEAN-BTE I.
b 1756.
DALLAIRE, Marie-Charlotte, [FRANÇOIS IV.
b 1766.

MALVENNE, THOMAS.
BLAIS, Marie-Louise.
Marie-Louise, b 27 avril 1777, à Lachenaye.

MALZA.—Voy. MERLAN, 1753.

MAMIEL.—*Surnom :* DEPONTOIS.

1744, (17 fevrier) Québec.

I.—**MAMIEL** (1), JEAN-LOUIS, fils de Georges (conseiller du parlement de Metz) et de Françoise Gaumé, de Ste-Croix, ville de Metz, Lorraine.
RICHER, Françoise, [PIERRE II.
b 1718.

MANABÉ.—*Variations et surnoms :* MACCABÉ—MACHABÉ—LAJEUNESSE—ST. MARIN.

1758, (9 janvier) Longue-Pointe. [3]

I.—**MANABÉ** (2), PIERRE-FRANÇOIS, fils de Jean-François et de Jeanne-Françoise Tournon, de Burgis, diocèse de Besançon, Franche-Comté.
1° SIMON-LÉONARD, Catherine, [LOUIS III.
b 1731.
Jean-Baptiste, b [3] 27 oct. 1758. — *François*, b [3] 9 février et s [3] 29 avril 1760.
1769, (9 janvier) Lachine.
2° CHARBONNEAU, Marguerite. [LOUIS IV.

MANAIGLE.—Voy. MANÈGRE.

1709, (21 janvier) St-Nicolas.

I.—**MANA8IAT**, JEAN-BTE,
sauvage de Tadoussac.
LANGEVIN, Madeleine.

MANCEAU.—Voy. MANSEAU.

MANCHAUT.—*Surnom :* DURANT.

(1) DePontois.

(2) Et Maccabé—Machabé dit Lajeunesse — St. Marin; soldat au régiment de Guyenne.

1758, (30 janvier) St-Philippe. [3]

I.—**MANCHAUT** (1), DOMINIQUE, fils de Nicolas et de Françoise Dupuis, de Mirecour, diocèse de Toul, Lorraine.
POISSANT (2), Marie-Angélique, [PIERRE II.
b 1740.
Dominique, b [3] 26 août 1759.

I.—**MANDEVILLE** (3), JEAN,
s 13 août 1704, à l'Ile-Dupas. [1]
MOUSSEAU (4), Françoise, [JACQUES I.
b 1659; s [1] 16 mai 1743.
Jean-Baptiste, b 1672; m 27 juillet 1705, à Catherine BÉRARD, à Sorel [2]; s [2] 18 juillet 1767. —*Pierre*, b [2] 5 sept. 1692; 1° m [1] 17 fevrier 1721, à Marie-Louise LANIEL; 2° m à Dorothee PELLETIER-ANTAYAT. — *Marie-Françoise*, b [2] 2 fevrier 1701.

1705, (27 juillet) Sorel. [9]

II.—**MANDEVILLE**, JEAN-BTE, [JEAN I.
b 1672; s [9] 18 juillet 1767.
BÉRARD (5), Catherine, [GABRIEL I.
b 1693; s 5 août 1756, à Chambly.
Catherine, b 1706; s [9] 23 nov. 1708. — *Marie-Françoise*, b [9] 13 avril 1708; m [9] 6 mars 1728, à Claude HUS. — *Charles*, b [9] 9 mai 1710; m [9] 3 fevrier 1739, à Marie-Renee HUS. — *Isabelle*, b.. m [9] 31 janvier 1735, à Antoine ST. MARTIN.— *Alexis*, b [9] 22 janvier 1713; m [9] 19 août 1736, à Françoise HUS. — *Pierre*, b... s [9] 4 sept. 1715.— *Marie-Charlotte*, b [9] 24 juin 1718; m [9] 5 oct. 1739, à Pierre PELLETIER; s [9] 25 mai 1767. — *Marie-Catherine*, b... m [9] 1er mai 1746, à Pierre BRUNION — *Antoine*, b... m [9] 5 février 1742, à Marie PÉLOQUIN.—*Thérèse*, b [9] 3 juin 1723; m [9] 12 janvier 1741, à Joseph FAILLY. — *Marie-Anne*, b [9] 6 mai 1728; m [9] 14 février 1748, à Léonard BRIGNON.—*Françoise-Catherine*, b [9] 22 mai 1735.

1721, (17 février) Ile-Dupas. [4]

II.—**MANDEVILLE**, PIERRE, [JEAN I.
b 1692.
1° LANIEL (6), Marie-Louise, [JULIEN I.
b 1697; s 12 nov. 1725, à Sorel. [5]
Pierre, b [4] 11 juin 1721; m 1753, à Catherine LESCARBOT. — *Marie-Louise*, b... 1° m à Jean CARRÉ; 2° m [5] 10 sept. 1753, à Germain LEROUX. —*François*, b... 1° m [5] 10 sept. 1753, à Brigitte LEROUX; 2° m 24 nov. 1760, à Louise QUENTIN. à Lanoraie. — *Marie-Agathe*, b [5] 11 nov. 1725; s [5] 20 janvier 1726.
2° PELLETIER-ANTAYAT, Dorothée, [MICHEL III.
b 1704.
Marie, b... m 30 juin 1755, à François FROMENT, à Lavaltrie.

(1) Dit Durant; soldat du Royal Roussillon, compagnie de Duloin.

(2) Elle épouse, le 20 oct. 1760, Jean-Baptiste Falard, à St-Philippe.

(3) Voy. vol. I, p. 406.

(4) Elle était, le 23 juin 1704, à l'Ile-Dupas.

(5) Dit Lapierre—Lépine.

(6) Dit Desrosiers—Soulanges.

1736, (19 août) Sorel. [1]

III.—MANDEVILLE, ALEXIS, [JEAN-BTE II.
b 1713.
HUS, Françoise, [MARC-ANTOINE II.
b 1710; s [1] 6 oct. 1773.

Joseph, b [1] 19 mai 1737.—*Elisabeth*, b 20 mars 1739, à l'Ile-Dupas.—*Marie-Anne*, b [1] 13 sept. 1740.—*Alexis*, b [1] 24 avril 1742; m 22 juin 1772, à Ursule CANTARA, à St-Michel-d'Yamaska.—*Antoine*, b [1] 25 oct. 1744.—*Agathe*, b [1] 8 mai 1746; 1° m [1] 8 avril 1766, à Joseph ARPIN; 2° m à Joseph BOUCHER; s 18 avril 1783, à Repentigny.—*Marie-Anne*, b [1] 4 juin 1748; s [1] 14 janvier 1755.—*Marie-Louise*, b... m [1] 29 avril 1765, à Mathurin BIET.—*Marie-Françoise*, b [1] 30 mai 1750.—*Marie*, b [1] 28 août 1752.—*Charlotte*, b... m [1] 11 fevrier 1771, à Antoine VANDAL.

1739, (3 février) Sorel. [3]

III.—MANDEVILLE, CHARLES, [JEAN-BTE II.
b 1710.
HUS, Marie-Renée, [PIERRE-JEAN II.
b 1713.

Anonyme, b [3] et s [3] 15 déc. 1739. — *Pierre-Antoine*, b [3] 1er mai 1741; m [3] 23 janvier 1764, à Marie ST. MARTIN.—*Paul*, b [3] 14 mars 1743; m [3] 28 janvier 1765, à Catherine TESSIER.—*Marie-Charlotte*, b [3] 16 mai 1745; s [3] 3 fevrier 1771.—*Charles*, b [3] 18 sept. 1747; s [3] 8 juillet 1748.—*Anonyme*, b [3] et s [3] 2 sept. 1752.

1742, (5 février) Sorel. [4]

III.—MANDEVILLE, ANTOINE. [JEAN-BTE II.
PÉLOQUIN (1), Marie, [FÉLIX II.
b 1723.

Jean-Baptiste, b 1743; m [4] 8 août 1768, à Madeleine ARPIN.—*Marie-Anne*, b [4] 4 sept. 1745; m [4] 19 août 1765, à Jean-Baptiste ST. MARTIN.—*Emma*, b [4] 11 mars et s [4] 22 juillet 1748.

1753, (10 sept.) Sorel. [5]

III.—MANDEVILLE, FRANÇOIS. [PIERRE II.
1° LEROUX (2), Brigitte, [GERMAIN III.
b 1735; s [5] 16 sept. 1754.

Françoise, b [5] 22 août 1754; s 2 dec. 1757, à Lanoraie. [6]

1760, (24 nov.) [6]

2° QUENTIN, Louise. [PIERRE I.

1753.

III.—MANDEVILLE, PIERRE, [PIERRE II.
b 1721.
LESCARBOT, Catherine, [PIERRE II.
b 1723.

Alexis, b 1753; s 20 nov. 1755, à Lanoraie [8].—*Antoine*, b [8] 20 sept. et s [8] 6 déc. 1755.—*Marguerite*, b [8] 6 sept. 1756.—*Louis*, b [8] 5 avril et s [8] 9 nov. 1758.—*Hyacinthe*, b [8] 11 sept. 1759.

(1) Elle épouse, le 28 avril 1749, Pierre Lavallée, à Sorel.
(2) Dit Cardinal.

1764, (23 janvier) Sorel.

IV.—MANDEVILLE, PIERRE-ANT., [CHARLES III.
b 1741.
ST. MARTIN, Marie, [JEAN-BTE II.
b 1742.

1765, (28 janvier) Sorel.

IV.—MANDEVILLE, PAUL, [CHARLES III.
b 1743.
TESSIER, Catherine, [PIERRE.
b 1746.

1768, (8 août) Sorel.

IV.—MANDEVILLE, JEAN-BTE, [ANTOINE III.
b 1743.
ARPIN, Madeleine, [MICHEL III.
b 1745.

1772, (22 juin) St-Michel-d'Yamaska.

IV.—MANDEVILLE, ALEXIS, [ALEXIS III.
b 1742.
CANTARA, Ursule, [JEAN-BTE II.
b 1742.

MANDEVILLE, JEAN-BTE.
ROBERGE, Marie.

François, b et s 18 août 1783, à Repentigny.[6]—*François*, b [6] et s [6] 6 mai 1784.

I.—MANDIN, MICHEL, b 1683; s 30 nov. 1713, à Montréal.

I.—MANDIN (1), LOUIS.

MANÈGLE.—Voy. MANÈGRE.

MANÈGRE.—*Variations :* MANAIGLE—MANÈGLE—MANIGRE.

I.—MANÈGRE, JOSEPH.
ROBERT, Marie-Joseph.

Joseph, b... 1° m 28 avril 1792, à Agnès PALMIER, à Cahokia [7]; 2° m [7] 28 fevrier 1814, à Catherine DUBUC.—*Pierre*, b... m 11 fevrier 1793, à Marguerite PROVOST, à St-Cuthbert.[8]—*Maurice*, b [8] et s [8] 2 nov. 1770.—*Marie-Françoise*, b [8] 9 août 1771.

1792, (28 avril) Cahokia. [9]

II.—MANÈGRE, JOSEPH. [JOSEPH I.
1° PALMIER, Agnès, fille de Michel et d'Angelique Chauvin.

Jean-Baptiste, b... m [9] 17 février 1829, à Thérèse MARLOT.

1814, (28 février). [9]

2° DUBUC, Catherine, fille de Jean-Baptiste et de Suzanne Cesire.

1793, (11 février) St-Cuthbert. [5]

II.—MANÈGRE, PIERRE. [JOSEPH I.
PROVOST, Marguerite. [PIERRE.

Pierre, b [5] 26 nov. 1793.—*Antoine*, b [5] 24 avril 1795.

(1) Il était à Québec le 6 août 1748; navigateur sur le "St. Ursin."

1829, (17 février) Cahokia.
III.—MANÈGRE (1), JEAN-BTE. [JOSEPH II.
MARLOT, Thérèse, fille de Gabriel et de Joseph Miot.

MANETANAIS.—Voy. MANTENET.

MANEUF.—Voy. MENEUX.

MANFRET.—*Variation et surnoms :* MOUTRET—MANCEAU—ST. ANDRÉ.

1716, (27 juillet) Lorette.[3]
I.—MANFRET (2), ANDRÉ, fils de Christophe et de Marie Philipot, de St-Pierre, diocèse de Gênes.
GIRARD (3), Dorothée, [JEAN II.
b 1696.
Marie-Dorothée, b [3] 11 mars 1718; m 19 nov. 1736, à François PASCHAL, à Québec [4]; s [4] 23 mai 1789. — *Marie-Joseph,* b [3] 27 mai 1720.

MANGEAN, GABRIEL.
BARBIER, Marie-Louise.
Marie-Louise, b 27 sept. 1764, à St-Philippe.

MANGEANT.—*Surnom :* ST. GERMAIN.

1714.
I.—MANGEANT (4), FRANÇOIS, médecin.
KESSIS-ROGER, Marguerite.
Marguerite, b 4 oct. 1715, à Québec [8]; s [8] 22 février 1717. — *Marguerite-Françoise,* b [8] 4 dec. 1717.—*Marie-Madeleine,* b [8] 8 mai 1719. — *Jean-Baptiste-François,* b [8] 28 mars 1721. — *Louise-Thérèse,* b [8] 26 mai 1727.

MANGIN.—Voy. MAUGITS.

MANIAC.—Voy. MERJACQUES.

MANIANT.—Voy. MAGNAN.

MANIGRE.—Voy. MANÈGRE.

MANNEVILLE.—Voy. MANDEVILLE.

MANNEVILLE (5), ...

I.—MANNING, GEOFFROY, de Boston, Nouvelle-Angleterre.
JOHNSTON, Marie.
Charles, b... m 19 janvier 1796, à Marguerite ROBINSON, à Quebec.

(1) Et Manègle.

(2) Dit St. André.—Ce nom a été écrit quelquefois Moutret et Manceau, 1718.

(3) Et Girardin; elle épouse, le 3 février 1722, Claude Vivier, à Québec.

(4) Dit St. Germain.

(5) Capitaine au régiment de Guienne.—Il était, le 19 oct. 1760, à Deschambault.

1796, (19 janvier) Québec.
II.—MANNING, CHARLES. [GEOFFROY I.
ROBINSON, Marguerite. [JEAN I.

MANSEAU.—*Variations et surnoms :* MANCEAU—MANTEAU—MONCEAU—GARIGOUR—LAJOIE—MANFRET—MAURIER—MORAIN—MOURSIN—ROBIDAS (1)—VITRAI.

1673, (21 sept.) Québec.[8]
I.—MANSEAU (2), JACQUES, b 1636; s 25 juin 1711, à St-Laurent, I. O.[9]
LATOUCHE, Marguerite, b 1652; s [9] 21 mai 1732.
François, b [8] 9 février 1678; 1° m [9] 8 février 1706, à Marguerite POULIOT; 2° m 13 juin 1718, à Marie-Anne GUYON, à St-François, I. O.—*Charles,* b [9] 25 nov. 1680; m [9] 18 oct. 1701, à Marie-Anne JOANNE. — *Marguerite,* b [9] 6 février 1683; m 1700, à Joseph GODBOUT; s [9] 1er février 1760.—*Angélique,* b [9] 4 avril 1685; 1° m [9] 19 nov. 1708, à Michel FORTIER; 2° m [8] 1er août 1727, à François RAGEOT. — *Françoise,* b [9] 3 nov. 1687, m [9] 29 oct. 1703, à André POULIOT; s [9] 2 août 1757.—*Pierre-Joseph,* b 1690; m 27 nov. 1713, à Marie OUIMET, à St-Jean, I. O.; s [8] 3 mars 1763. — *Jacques,* b 1691; m [9] 27 juillet 1716, à Marie-Joseph DELAJOUE; s [8] 10 oct. 1723.

1706, (8 février) St-Laurent, I. O.[7]
II.—MANSEAU, FRANÇOIS, [JACQUES I.
b 1678.
1° POULIOT, Marguerite, [CHARLES I.
b 1682; s [7] 18 mai 1717.
Marguerite, b [7] 26 mars 1707. — *Marguerite-Angélique,* b [7] 9 oct. 1708; m 28 février 1729, à Noël HAMEL, à Lorette.[8] — *Angélique,* b... m 12 janvier 1728, à Joseph PEPIN, à Champlain.—*François,* b [7] 11 juin 1710; s 15 oct. 1740, à Québec.—*Louis,* b [7] 17 février 1712.—*André,* b [7] 25 février et s [7] 13 oct. 1714.—*Jacques,* b [7] 2 oct. 1715. — *Charles,* b [7] 12 mai et s [7] 11 dec. 1717.
1718, (13 juin) St-François, I. O.
2° GUYON (3), Marie-Anne. [JEAN III.
Geneviève, b [7] 9 nov. 1719; m [8] 11 janvier 1740, à Pierre ALAIN.—*Gertrude,* b [7] 15 janvier 1721; s 16 déc. 1748, à Ste-Famille, I. O. — *Jean-Baptiste,* b [7] 21 mars 1722; m 1er fevrier 1751, à Marie-Joseph GODBOUT, à St-Pierre, I. O.

1701, (18 oct.) St-Laurent, I. O.[7]
II.—MANSEAU, CHARLES, [JACQUES I.
b 1680.
JOANNE (4), Marie-Anne, [JEAN I.
b 1686.
Marie-Madeleine, b [7] 22 juillet 1702; 1° m 1er août 1729, à Fiacre LAHAYE, à Montréal; 2° m 1er mai 1752, à Jean GRALA, à Québec.—*Charles,* b [7] 13 mai 1705.

(1) Voy. ce nom.

(2) Voy. vol. I, p. 407.

(3) Elle épouse, le 4 oct. 1734, Etienne Bluteau, à St-François, I. O.

(4) Elle épouse, le 24 nov. 1710, Pierre Roberge-Lacroix, à St-Laurent, I. O.

1713, (27 nov.) St-Jean, I. O.[3]
II.—MANSEAU (1), PIERRE-JOSEPH, [JACQUES I.
b 1690; s 3 mars 1763, à Québec.[4]
OUIMET, Marie, [LOUIS II.
b 1695; s[4] 13 juillet 1761.
Joseph-Marie, b[3] 25 sept. 1714; s[3] 19 février 1715.—*Madeleine*, b... m 27 août 174[illegible], à Jacques BARBEAU, à Ste-Foye.[5] — *Louis*, b[5] 22 février 1722; m[4] 9 juin 1745, à Ursule DEGUISE; s[5] 16 sept. 1767.—*Jacques*, b 1723; s[5] 23 nov. 1767.—*Marie-Joseph*, b[5] 12 juillet 1724. — *Angélique*, b 1726; m[5] 21 mai 1748, à Augustin MIGNERON; s[4] 6 août 1793. — *Thérèse*, b[5] 25 juillet 1729; m[5] 25 février 1748, à Guillaume DELIGNY. — *Marie-Françoise*, b 1730; s[4] 6 mars 1760. — *Marie-Anne*, b[5] 16 mars 1735; m[4] 3 nov. 1761, à Pierre LEROY.

1716, (27 juillet) St-Laurent, I. O.[2]
II.—MANSEAU, JACQUES, [JACQUES I.
b 1691; s 10 oct. 1723, à Québec.
DE LAJOUE (2), Marie-Joseph, [FRANÇOIS I.
b 1695.
Anonyme, b[2] et s[2] 20 nov. 1717. — *Jacques*, b[2] 6 et s[2] 10 nov. 1718. — *Jacques*, b[2] 9 nov. 1719.—*Anonyme*, b[2] et s[2] 14 sept. 1720.—*Marie-Geneviève*, b[2] 24 et s[2] 26 sept. 1721. — *Marie-Thérèse*, b[2] 26 et s[2] 27 août 1722.

1740, (9 mai) Trois-Rivières.[3]
I.—MANSEAU (3), ELIE, b 1715, soldat; fils de Pierre et de Madeleine Filliot, de St-Surin, diocèse de Bordeaux.
DUPUIS (4), Brigitte, [FRANÇOIS I.
b 1720.
Madeleine-Elisabeth, b[3] 9 mai 1740; m[3] 30 mai 1763, à David HARTMAN.— *Marie-Joseph*, b[3] 23 fevrier et s[3] 1er avril 1742. — *Marie-Joseph-Charlotte*, b[3] 9 fevrier 1743; s[3] 2 mars 1744.—*Elie-Jean-Baptiste*, b[3] 6 août 1744. — *Charles-Michel*, b[3] 19 nov. 1745; s[3] 19 août 1748.—*François-Joseph*, b[3] 15 avril 1747. — *Jacques-Georges*, b[3] 16 sept. 1748; s[3] 18 sept. 1749.—*Marie-Charlotte*, b[3] 7 et s[3] 14 janvier 1750.—*Louise-Catherine*, b[3] 7 et s[3] 16 janvier 1750 — *Jean-Baptiste-Elie*, b[3] 24 mars 1754. — *Pierre*, b[3] 12 avril 1756.—*Marie-Joseph*, b[3] 5 août 1757.

1745, (9 juin) Québec.[7]
III.—MANSEAU, LOUIS, [PIERRE-JOSEPH II.
b 1722; tanneur.
DEGUISE-FLAMAND, Ursule, [GUILLAUME II.
b 1723; s[7] 14 juillet 1790.
Marie-Joseph, b[7] 14 mars 1746; m[7] 8 nov. 1762, à Joseph PAQUET. — *Jean-Baptiste*, b[7] 20 mars 1747; 1° m à Marie-Joseph LEVASSEUR; 2° m[7] 17 août 1787, à Marie-Angelique BRUNEAU; 3° m[7] 3 mars 1794, à Madeleine MOISAN; s[7] 11 juin 1795. — *Marie-Elisabeth*, b[7] 5 juin 1748.—*Louis*, b[7] et s[7] 19 sept. 1749.—*Marie-Louise*, b[7] 29 oct. 1750; s[7] 18 fevrier 1751. — *Marguerite*, b[7] 24 déc. 1751; m[7] 23 sept. 1776, à Philippe-Augustin LEVASSEUR.— *Marie-Ursule*, b[7] 21 juillet et s[7] 6 août 1753. — *Louis*, b[7] 8 sept. 1754; s[7] 1er février 1756. — *Marie-Angélique*, b[7] 27 février 1756; m[7] 23 sept. 1777, à Nicolas LEVASSEUR. — *Marie-Anne*, b[7] 13 mai et s[7] 20 sept. 1757.—*Marie-Louise*, b[7] 22 nov. 1758; s[7] 7 août 1759.—*Anonyme*, b[7] et s[7] 15 déc. 1761.—*Joseph*, b 1762; m[7] 8 nov. 1785, à Marie-Joseph ALARD.

MANSEAU, LOUIS.
TRUDEL, Marie-Anne,
b 1720; s 10 juin 1799, à Québec.
Ignace, b 24 juillet 1748, à Lorette.[2] — *Marie*, b 1749; s[2] 19 nov. 1750.—*Charles-François*, b[2] 10 janvier 1754. — *Pierre*, b[2] 11 avril 1756.—*Louis-Benjamin*, b[2] 16 août 1760.

1751, (1er février) St-Pierre, I. O.
III.—MANSEAU, JEAN-BTE, [FRANÇOIS II.
b 1722.
GODBOUT, Marie-Joseph, [JOSEPH III.
b 1725.
Jean-Baptiste, b 8 avril 1752, à Ste-Famille, I. O.[4] — *Marie-Joseph*, b[4] 1er oct. 1753; s[4] 21 nov. 1754.—*Marie-Joseph*, b[4] 7 mars 1756; m 19 sept. 1780, à Pierre MOYEN, à Lachenaye.[5]— *Pierre*, b[4] 13 juillet 1757. — *Marie-Anne*, b[4] 26 juin 1761; m[5] 29 oct. 1787, à Louis-Charles-François LAURENDEAU.

I.—MANSEAU (1), ETIENNE, b 1732; fils de Michel et de Julienne Chevalier, de Vitrai, diocèse de Rennes, Bretagne; s 4 déc. 1758, à Ste-Famille, I. O.

IV.—MANSEAU, JEAN-BTE, [LOUIS III.
b 1747; s 11 juin 1795, à Québec.[5]
1° LEVASSEUR (2), Marie-Jeanne, [FRS-LS III.
b 1745; s[5] 29 nov. 1786.
Marguerite, b... m[5] 27 mai 1794, à Joseph ROY.— *Angélique*, b 1775; m[5] 26 juillet 1796, à Athanase MARCOT.
1787, (17 août)[5]
2° BRUNEAU, Marie-Angélique, [FRANÇOIS III.
b 1754; s[5] 16 juin 1788.
1794, (3 mars).[5]
3° MOISAN, Madeleine, [PIERRE III.
b 1748; veuve d'Ignace Moisan.

MANSEAU, JEAN-BTE.
ROBERGE, Marie-Joseph.
Jean-Baptiste, b 10 oct. 1780, à Lachenaye.[1]— *Marie-Agathe*, b[1] 28 mars et s[1] 21 avril 1782.—*François*, b[1] 7 avril 1783.—*Joseph*, b[1] 23 mars 1785.—*Marie-Joseph*, b[1] 7 mai 1787.

1785, (8 nov.) Québec.
IV.—MANSEAU, JOSEPH, [LOUIS III.
b 1762.
ALARD, Marie-Joseph. [JACQUES-THOMAS.

(1) Et Monceau.
(2) Elle épouse, le 26 nov. 1724, Antoine Gosselin, à St-Laurent, I. O.
(3) Dit Lajoie—appelé Morain, 1745—Moursin—Maurier.
(4) Dit Jolicœur; voy. vol. I, p. 218.

(1) Dit Vitrai; soldat au régiment de Berry, compagnie de Traurout.
(2) Dit Borgia.

MANSEAU, JEAN-BTE.
BAUGIS, Marie-Joseph,
b 1761; s 19 avril 1796, à Québec.

I.—**MANSFIELD**, EDOUARD,
Irlandais.
FOELAN (1), Jeanne,
b 1725; s 18 août 1760, au Bout-de-l'Ile, M.

MANTENET.—*Variations :* MANETANAIS—MANTENOY.

1739, (12 janvier) Bécancour.
I.—**MANTENET** (2), JEAN, fils de Jean et de Blaise Baquet, de Nesle, diocèse de Langres, Champagne.
BÉCHARD (3), Madeleine-Françoise, [GABRIEL II.
b 1721.
Marie-Françoise, b 2 janvier 1740, aux Trois-Rivières [4]; s 3 juillet 1756, à Nicolet. [5] — *Marie-Anne*, b [4] 9 et s [4] 21 mars 1742.—*Suzanne*, b [4] 4 mai 1743, m 16 août 1762, à François JACOTEL, à Montréal.—*Jean*, b [4] 5 avril 1745; s [5] 5 nov. 1747.—*Joseph-Gabriel*, b [5] 14 mai 1747.—*Marie-Ursule*, b [4] 26 mars 1751.—*Pierre*, b... s [4] 17 juin 1753.

MANTENOY.—Voy. MANTENET.

MANUBY.—*Surnom :* CLERMONT.

1761, (12 janvier) Beauport [9]
I.—**MANUBY** (4), JEAN, b 1735; fils de Jean et de Catherine Banse, de Clermont, Auvergne.
MORAN, Marie-Louise, [CHARLES III.
b 1734.
Jean-Baptiste, b [9] 5 sept. 1762.—*Marie-Louise*, b [9] 2 janvier 1764.—*Marie-Geneviève*, b [9] 5 mars 1765.

MANUEL.—Voy. HÉBERT.

MAPEYRAUX.—*Surnom :* ST. PIERRE.

1758, (9 janvier) Montréal.
I.—**MAPEYRAUX** (5), JEAN-BTE, b 1730, soldat; fils de Claude et de Marie-Anne Jabrilliac, de Maquiat-Haute-Marche, diocèse de Limoges, Limousin.
MAILHOT, Marie-Joseph, [JEAN-BTE I.
b 1740.

MAQUET.—*Surnom :* LAJOIE.

1748, (22 janvier) Boucherville.
I.—**MAQUET** (6), CLAUDE, fils de Claude et de ...., d'Ardecourt, diocèse d'Amiens, Picardie.
MARTIN, Marie, [LÉGER III.
b 1716.

(1) Et Phelan.
(2) Et Mantenoy.
(3) Et Béchet; elle épouse, en 1756, Nicolas Lapérouse.
(4) Dit Clermont; soldat de Berry, compagnie de Pressac. (Reg. des Procès-verbaux, 1711, Evêché).
(5) Dit St. Pierre.
(6) Dit Lajoie.

1781, (7 sept.) Québec.
I.—**MAQUET**, PIERRE, fils de Charles et de Marie Radigues, de Calais, Picardie.
D'ALBERT (1), Marie-Anne. [JEAN-BTE I.

MAR.—*Variations et surnom :* DUMAY—MARC—COMTOIS.

1723, (1er février) Pte-aux-Trembles, M.
III.—**MAR** (2), NICOLAS, [CHARLES II.
b 1698.
CADIEUX, Frse-Angélique, [PIERRE II.
b 1703; s 11 mai 1749, à Ste-Geneviève, M.
Marie-Thérèse, b 15 juillet 1725, à St-Ours; s 4 juin 1743, à Montréal.

1752, (24 janvier) Montréal.
I.—**MAR** (3), FRANÇOIS, b 1717; fils de Jean-Baptiste et de Marguerite Picaud, de Servin, diocèse de Besançon, Franche-Comté; s 27 mai 1760, à Lachine.
CAZAL (4), Marie-Anne, [AMBROISE I
b 1735.

MARACÉ.—Voy. MARASSÉ.

MARAINE.—Voy. DEMARENNE, 1727.

MARAIS.—Voy. DESMARETS.

MARAMBOUVILLE.—Voy. BERRY.

MARANDA.—*Variation et surnoms :* MARANDEAU—LATOURETTE—VEUILLOT.

1652.
I.—**MARANDA** (5), JEAN,
b 1629; s 24 mai 1711, à St-Laurent, I. O. [2]
1° COUSIN, Jeanne,
b 1629.
Elisabeth, b 1653; 1° m 18 nov. 1673, à Zacharie LIS, à Québec [3]; 2° m 15 août 1718, à Pierre MOLEUR, à Beaumont [4]; s [4] 30 oct. 1744.—*Joseph*, b 1659; s [2] 13 juillet 1744.—*Michel*, b 1660; m [3] 27 février 1685, à Marie JOANNES; s 31 mai 1736, à St-Pierre, I. O. [5]—*Jean-Baptiste*, b 1662; m [3] 2 nov. 1698, à Angélique DUQUET; s 1er avril 1737, à l'Hôpital-Général, Q.—*Jean*, b 22 janvier 1669, à Ste-Famille, I. O.; 1° m [5] 29 février 1688, à Marie PARADIS; 2° m [2] 5 nov. 1703, à Geneviève SUREAU; 3° m 13 juin 1712, à Anne JOUSSELOT, à Charlesbourg [6]; s [6] 4 sept. 1724.
1684 (13 février) Ste-Anne.
2° CHEVALIER, Suzanne,
b 1643; veuve de Robert Foubert.

(1) Dit Richard.
(2) Pour Dumay, voy. vol. III, p. 526.
(3) Et Marc dit Comtois.
(4) Dit Lalime.
(5) Voy. vol. I, p 407.

1671, (26 nov.) Québec. [7]
I.—MARANDA (1) ETIENNE,
b 1651.
LESAINT, Marie,
b 1653 ; s [7] 17 sept. 1712.
Marie-Anne, b [7] 2 oct. 1675 ; m 9 juin 1706, à Antoine DUPUIS-BEAUREGARD, à Montréal. — *Joseph,* b [7] 14 nov. 1681 ; s [7] 30 nov. 1686.—*Marie-Louise,* b [7] 2 avril 1684 ; s [7] 13 oct. 1687. — *Hélène,* b [7] 26 sept. 1690 ; m à Philippe DESTROISMAISONS.

II.—MARANDA, JOSEPH, [JEAN I.
b 1659 ; s 13 juillet 1744, à St-Laurent, I. O.

1685, (27 février) Québec.
II.—MARANDA (1), MICHEL, [JEAN I.
b 1660 ; s 31 mai 1736, à St-Pierre, I. O. [8]
JOANNES (2), Marie, [ROBERT I.
b 1668 ; s [8] 25 août 1742.
Suzanne, b [8] 9 avril 1687 ; m [8] 7 nov. 1707, à Jean VALLIÈRE ; s [8] 20 mai 1759. — *Marie-Madeleine,* b [8] 20 nov. 1689 ; m [8] 3 fevrier 1712, à Joachim VAUTOUR. — *Marie,* b [8] 10 avril 1693. — *Geneviève,* b [8] 25 mars 1696 ; m [8] 5 août 1719, à Joseph DUBORD. — *Jean-Baptiste,* b [8] 14 mars 1699 ; m 15 février 1745, à Clotilde DELASSE, à Montréal.—*Marthe,* b [8] 6 août 1701 ; m [8] 27 nov. 1724, à Jean-Baptiste ASSELIN. — *Hélène,* b [8] 28 avril 1705 ; m [8] 21 août 1731, à Pierre-Noël MORIN. — *Pierre,* b [8] 20 avril 1708 ; s [8] 4 janvier 1729. — *Joseph,* b [8] 19 août 1710 ; m [8] 22 nov. 1734, à Françoise CRÉPEAU. — *André,* b [8] 18 nov. 1712 ; s [8] 6 nov. 1714.

1688, (29 février) St-Pierre, I. O. [9]
II.—MARANDA (1), JEAN, [JEAN I.
b 1669 ; s 4 sept. 1724, à Charlesbourg. [1]
1° PARADIS, Marie, [JACQUES II.
b 1677 ; s 20 août 1702, à St-Laurent, I. O. [2]
François, b [9] 12 mars 1689.—*Marie-Madeleine,* b [9] 7 mars et s [9] 3 juin 1690. — *Marie-Louise,* b [9] 11 mai 1691 ; 1° m 27 juillet 1711, à François NOLET, à Quebec [3] ; 2° m 9 avril 1739, à Pierre MONCIAU, au Sault-au-Recollet. — *Jean,* b 1692 ; m [1] 8 nov. 1717, à Marguerite GUILBAUT ; s [3] 3 nov. 1749.—*Gabriel,* b [9] 11 oct. 1694. — *Etienne,* b [9] 15 et s [9] 26 déc. 1696.—*Geneviève,* b [9] 15 déc. 1696 ; s [9] 12 mars 1697. — *Pierre,* b [9] 2 fevrier 1698 ; m [1] 22 sept. 1717, à Françoise PAGEOT. — *Philippe,* b [9] 3 et s [9] 31 juillet 1700. — *Gabriel,* b [9] 3 juillet 1700 ; m [3] 2 mai 1728, à Marie-Louise DELAVOYE ; s [3] 10 juin 1757.—*Anonyme,* b [2] et s [2] 19 août 1702.
1703, (5 nov.) [2]
2° SUREAU, Geneviève, [THÉODORE I.
b 1664 ; veuve de Thomas Gasse.
1712, (13 juin). [1]
3° JOUSSELOT, Anne, [PIERRE I.
veuve d'Andre Duval.

(1) Voy. vol. I, p. 407.
(2) Et Jeannes.

1695, (24 nov.) L'Ange-Gardien.
II.—MARANDA (1), CHARLES, [JEAN I.
b 1670.
FISET, Denise, [FRANÇOIS-ABRAHAM I.
b 1678 ; s 18 juin 1731, à St-Laurent, I. O. [3]
Charlotte, b 20 janvier 1697, à St-Pierre, I. O. [2] ; m [3] 4 nov. 1720, à Pierre CADORET ; s 30 août 1758, à Québec. [4]—*Angélique,* b 1702 ; m 18 juin 1742, à Jean LAGARDE, à Montréal. — *Joseph,* b [3] 15 mai 1703 ; m [2] 22 oct. 1726, à Elisabeth ROBERGE. — *Marie-Anne,* b [3] 26 juillet 1705 ; m [4] 24 juin 1731, à Jacques BÉRIAU. — *Geneviève,* b [3] 12 avril 1708 ; m [4] 30 oct. 1742, à Jean BERNARD. — *Jean-Baptiste,* b [3] 21 oct. 1710 ; m [4] 4 mai 1738, à Marie-Louise CARTIER ; s [4] 10 nov. 1759. — *Gabriel,* b [2] 7 oct. 1712 ; m [4] 21 nov. 1735, à Geneviève LANDRY ; s [4] 11 mai 1784. — *Louis,* b [3] 2 juillet 1714. — *Charles,* b [3] 10 oct. 1716 ; m 27 avril 1739, à Marguerite FAGOT, à Lévis. — *Madeleine,* b 1717 ; m [2] 30 oct. 1743, à Guillaume-Joseph LAVIGNE. — *Pierre,* b [2] 14 juillet 1721. — *Marie-Françoise,* b [3] 28 sept. 1724 ; m [4] 25 avril 1747, à Pierre NOM.

1698, (2 nov.) Québec.
II.—MARANDA (1), JEAN-BAPTISTE, [JEAN I.
b 1662 ; s 1er avril 1737, à l'Hôpital-Général, Q. [5]
DUQUET, Angélique, [PIERRE II.
b 1677 ; s [5] 6 juillet 1744.
Louis, b 1712 ; 1° m 24 nov. 1732, à Madeleine GAUTIER, au Cap-St-Ignace [9] ; 2° m [9] 23 sept. 1737, à Madeleine CHAILLÉ.

1717, (22 sept.) Charlesbourg. [8]
III.—MARANDA, PIERRE, [JEAN II.
b 1698.
PAGEOT, Françoise, [THOMAS I.
b 1698.
Pierre, b [8] 8 août 1718 ; m 7 janvier 1744, à Angélique ALAIN, à Lorette. [7] — *Jean,* b [8] 21 août 1720 ; m 24 oct. 1757, à Marie-Anne CLOUTIER, à Deschambault.—*François,* b [8] 7 juin 1722 ; m [7] 8 janvier 1748, à Marie-Joseph LÉGARÉ. — *Marie-Joseph,* b [8] 3 déc. 1724 ; s [8] 12 mai 1733.—*Geneviève,* b [8] 29 août 1726 ; 1° m [7] 23 fevrier 1745, à Joseph DELAGE ; 2° m [7] 22 avril 1748, à Jean-Joseph NOREAU. — *Jean-Baptiste,* b [8] 23 juin 1728 ; s [8] 26 janvier 1731.—*Jeanne-Véronique,* b [8] 18 juin 1731 ; m [7] 29 avril 1748, à Jacques DROLET.—*Marie-Louise,* b [8] 5 sept. 1734 ; s [8] 8 juillet 1735. — *Françoise-Angélique,* b [8] 5 oct. 1735. — *Charles,* b [7] 22 et s [7] 24 avril 1740.—*Charles,* b [7] 12 et s [7] 14 mai 1742.

1717, (8 nov.) Charlesbourg. [2]
III.—MARANDA, JEAN, [JEAN II.
b 1692 ; marchand ; s 3 nov. 1749, à Québec. [3]
GUILBAUT, Marguerite, [JOSEPH II.
b 1695.
Marie-Louise, b [2] 8 mai 1719 ; m [3] 25 nov. 1737, à Jacques-François ST. HUBERT ; s [3] 3 fe-

(1) Voy. vol. I, p. 407.

vrier 1795. — *Jean-Baptiste*, b [2] 5 juillet 1722. — *Marie*, b [2] 21 avril 1726 ; 1° m [3] 25 nov. 1743, à Pierre DELINEL ; 2° m [3] 20 oct. 1761, à Pierre LACHAUME.—*Jean-François*, b [2] 2 oct. 1728.

1724, (13 mai) Beauport. [5]
I.—MARANDA, JACQUES, fils d'Isaac et de Marie Padoye, de St-Pierre-d'Oleron, Gascogne.
BAUGY, Angélique, [JEAN III.
b 1691 ; s [5] 5 dec. 1765.
Marie-Angélique, b [5] 18 nov. 1724. — *Marie-Angélique*, b [5] 26 oct. 1726. — *Geneviève*, b [5] 15 mai 1729 ; m [5] 1er mai 1747, à Ignace MARCOU.— *Agathe*, b... m [5] 5 oct. 1750, à Louis DELABATH. —*Geneviève-Marthe*, b [5] 2 avril 1733.

1726, (22 oct.) St-Pierre, I. O. [1]
III.—MARANDA, JOSEPH, [CHARLES II.
b 1703.
ROBERGE, Elisabeth, [PIERRE I.
b 1704.
Marie-Françoise, b 17 nov. 1727, à Québec [4] ; m 8 nov. 1756, à Jean BOUFFARD, à St-Laurent, I. O. [8] ; s [6] 2 janvier 1760.—*Geneviève*, b [6] 3 nov. 1729 ; m [6] 15 nov. 1751, à Michel MORIN ; s [4] 11 juin 1752.—*Joseph*, b [6] 25 nov. 1731. — *Charles*, b [6] 10 janvier 1734 ; m [6] 11 avril 1763, à Cécile LECLERC. — *Marie-Catherine*, b [1] 19 oct. 1735. — *Marie*, b [6] 16 sept. 1737. — *Marie-Anne*, b... m [6] 26 février 1759, à Jean-Baptiste GRIAU. — *Marie-Joseph*, b [6] 11 oct. 1739. — *Isabelle*, b [6] 13 avril 1741.—*Cécile*, b [6] 17 oct. 1744. — *Thérèse*, b [6] 30 juillet 1746 ; s [6] 3 mars 1747.— *Jean-Baptiste*, b [6] 5 et s [6] 27 mai 1748.

1728, (2 mai) Québec. [2]
III.—MARANDA (1), GABRIEL, [JEAN II.
b 1700 ; s [2] 10 juin 1757.
DELAVOYE, Louise, [JEAN II.
b 1696.
Gabriel, b [2] 5 juin 1729 ; 1° m 10 février 1755, à Marie-Anne COURCAMBEC, à Montreal [8] ; 2° m 3 oct.1757, à Marie-Catherine FALARDEAU, à Lorette ; 3° m à Marguerite DASILVA.—*François*, b... s [2] 26 juillet 1733.—*Marie-Louise*, b [2] 21 mars 1731 ; s [2] 30 mai 1733.—*Elisabeth*, b [2] 14 et s [2] 29 dec. 1732. — *Jean-Baptiste*, b [2] 13 avril 1734 ; m [8] 17 oct. 1763, à Madeleine HÉNAULT.

1732, (24 nov.) Cap-St-Ignace. [9]
III.—MARANDA (2), LOUIS, [JEAN-BTE II.
b 1712.
1° GAUTIER, Madeleine, [JACQUES I.
b 1708 ; s [9] 11 nov. 1735.
Louis-Marie, b [9] 14 nov. 1733. — *Marie-Catherine*, b [9] 7 nov. 1735 ; s 18 mars 1736, à l'Islet.
1737, (23 sept.) [9]
2° CHAILLÉ, Madeleine, [JEAN II.
b 1698 ; veuve de Jean-Baptiste Maillé.

(1) Maitre, pour les Dames Religieuses, au moulin à farine et a la ferme du Domaine, avec Jean Lamotte. (St-Augustin, 1740).

(2) Dit Latourette.

1734, (22 nov.) St-Laurent, I. O.
III.—MARANDA, JOSEPH, [MICHEL II.
b 1710.
CRÉPEAU, Françoise, [ROBERT II.
b 1707 ; s 13 janvier 1795, à Quebec. [3]
Marie-Joseph, b 13 février 1736, à St-Pierre, I. O. [5] ; m [3] 24 avril 1759, à Noël DUBORD.—*Marie-Thérèse*, b [5] 27 mars 1737 ; m [3] 30 juin 1755, à Pierre BESSE. — *Marie-Françoise*, b [5] 24 janvier 1739. — *Joseph-Marie-Amable*, b [5] 12 août 1742 ; m [3] 13 oct. 1761, à Marie-Joseph CHARLERY.— *Jean-François*, b [5] 26 février 1745 ; s [5] 17 déc. 1748.—*Hélène*, b [5] 12 déc. 1746 ; m 28 oct. 1771, à Jean LARUE, à Ste-Anne-de-la-Pocatière.—*Jean-Baptiste*, b [5] 9 avril 1749 ; s [5] 27 oct. 1751.

1735, (21 nov.) Québec. [4]
III.—MARANDA, GABRIEL, [CHARLES II.
b 1712 ; s [4] 11 mai 1784.
LANDRY, Geneviève, [CLAUDE II.
b 1704.
Jean-Baptiste, b [4] 3 sept. et s [4] 4 nov. 1736.— *Marie-Louise*, b [4] 14 oct. 1737. — *Louis-Joseph*, b [4] 25 mai 1740 ; s [4] 18 août 1742. — *Marie-Geneviève*, b [4] 16 déc. 1742 ; m [4] 17 mai 1764, à Joseph SCHINDLER. — *Michel*, b [4] 24 mars 1745. — *Catherine*, b [4] 24 nov. 1749 ; s [4] 15 janvier 1750.

1738, (4 mai) Quebec. [1]
III.—MARANDA, JEAN-BTE, [CHARLES II.
b 1710 ; tanneur ; s [1] 10 nov. 1759.
CARTIER, Marie-Louise, [PAUL I.
b 1683 ; s 6 juillet 1769, à Lachenaye.

1739, (27 avril) Lévis. [6]
III.—MARANDA, CHARLES, [CHARLES II.
b 1716.
FAGOT, Marguerite, [LOUIS II.
b 1710.
Charles, b [6] 2 mars 1740. — *Pierre*, b [6] 8 juin 1742 ; s [6] 17 juillet 1762.—*Marie-Anne*, b [6] 9 sept. 1744 ; m [6] 3 juillet 1764, à Joseph DUMONT.— *Ignace*, b [6] 15 juin et s [6] 10 juillet 1746.—*Ignace*, b [6] 25 juin 1748.—*Marguerite*, b [6] 30 août 1751 ; m [6] 17 avril 1769, à Charles CARRIER.—*Marie-Joseph*, b [6] 6 avril 1753 ; m à Pierre DRAPEAU.

1744, (7 janvier) Lorette. [8]
IV.—MARANDA, PIERRE, [PIERRE III.
b 1718.
ALAIN, Angélique, [PIERRE II.
b 1720.
Marie-Angélique, b [8] 1er février 1745.—*Marie-Françoise*, b [8] 21 janvier 1747.—*Jean-Marie*, b [8] 22 juin 1749 —*Pierre*, b [8] 25 nov. 1751.—*Marie-Anne*, b [8] 28 déc. 1753.—*Marie-Thérèse*, b [8] 1er mars 1756.—*Marie-Louise*, b [8] 2 mars 1758 — *Jean-Louis*, b [8] 16 janvier 1760 ; s [8] 10 juillet 1762.—*Joseph*, b 1761 ; s [8] 25 oct. 1762.—*Marie-Charlotte*, b [8] 8 février 1763.

1745, (15 février) Montréal. [1]
III.—MARANDA, JEAN-BTE, [MICHEL II.
b 1699.
DELASSE (1), Marie-Clotilde, [JEAN II.
b 1725.
Jean-Louis, b 4 mars et s 6 août 1747, à Montréal.—*Isidore*, b 1756; s 20 mars 1757, à Longueuil.

1748, (8 janvier) Lorette. [6]
IV.—MARANDA, FRANÇOIS, [PIERRE III.
b 1722.
LÉGARÉ, Marie-Joseph, [JOSEPH III.
b 1730.
François, b [6] 22 mars 1749.—*François*, b [6] 24 mars 1750. — *Jean-Baptiste*, b [6] 21 janvier 1755; m 5 oct. 1778, à Marie-Joseph CARBONNEAU, à Terrebonne.—*Jacques*, b [6] 26 avril 1757.—*Marie-Joseph*, b [6] 29 janvier 1760.—*Louis-André*, b [6] 15 janvier et s [6] 2 mars 1762.—*Marie-Angélique*, b [6] 1er avril 1763.

1755, (10 février) Montréal.
IV.—MARANDA, GABRIEL, [GABRIEL III.
b 1729.
1° COURCAMBEC, Marie-Anne, [PIERRE I.
b 1733; s 21 sept. 1755, à Québec. [6]
1757, (3 oct.) Lorette. [7]
2° FALARDEAU, Marie-Catherine, [RENÉ II.
b 1733.
Gabriel, b [7] 4 sept. 1758.—*Marie*, b [6] 9 mars 1760.—*Marie-Angélique*, b [6] 6 oct. 1762.—*Marie-Anne*, b [6] 3 avril 1764.
3° DASILVA, Marguerite, [JEAN-BTE II.
b 1732; s [6] 13 mars 1775.

1757, (24 oct.) Deschambault. [1]
IV.—MARANDA, JEAN, [PIERRE III.
b 1720.
CLOUTIER, Marie-Anne, [JOSEPH IV.
b 1732.
Marie-Joseph, b 12 janvier 1759, à la Rivière-du-Loup.—*Marie-Elisabeth*, b [1] 5 nov. 1761.—*Angélique*, b 13 mars 1763, à Lorette.—*Pierre*, b 22 janvier 1769, à la Longue-Pointe; s 2 février 1778, aux Grondines.—*Marie-Anne*, b... m 23 février 1789, à Jean-Baptiste DUVERNAY, au Cap-de-la-Madeleine.

1761, (13 oct.) Québec. [3]
IV.—MARANDA, JOS.-MARIE-AMABLE, [JOS. III.
b 1742.
CHARLERY, Marie-Joseph, [FRANÇOIS II.
b 1740.
Joseph, b [3] 9 mai 1762.

1763, (11 avril) St-Laurent, I. O.
IV.—MARANDA, CHARLES, [JOSEPH III.
b 1734.
LECLERC, Cecile, [JOSEPH III.
b 1745.

(1) Elle épouse, le 14 avril 1760, Claude Grenot, à Montréal.

1763, (17 oct.) Montréal.
IV.—MARANDA, JEAN-BTE, [GABRIEL III.
b 1734.
HÉNAULT, Madeleine, [JACQUES I.
b 1738.

1778, (5 oct.) Terrebonne.
V.—MARANDA, JEAN-BTE, [FRANÇOIS IV.
b 1755.
CARBONNEAU, Marie-Joseph, [PIERRE III.
b 1754.

MARANDE (1), JEAN-BTE.
COLOMBE, Marie.
Marie-Elisabeth, b 21 déc. 1792, à St-Cuthbert.

MARANDEAU.—Voy. MARANDA.

MARANTAY.—Voy. GODET.

MARASSÉ.—*Variations et surnoms* : MARACÉ—MARASSI—MARSÉ—LÉVEILLÉ—MALAIS.

1760, (20 oct.) St-Antoine-de-Chambly. [3]
I.—MARASSÉ (2), PIERRE, b 1737; fils de Pierre et de Jeanne Mazire, d'Agen, diocèse de Bordeaux.
CIRCÉ, Marie-Louise, [JEAN-BTE II.
b 1736.
Jean-Pierre, b [3] 11 janvier 1762; m à Joséphine COITEUX.

II.—MARASSÉ, JEAN-PIERRE, [PIERRE I.
b 1762.
COITEUX, Joséphine.
Pierre, b... m 1er mai 1816, à Marie HORTEZ, à St-Louis, Mo.

1816, (1er mai) St-Louis, Mo. [2]
III.—MARASSÉ (3), PIERRE. [JEAN-PIERRE II.
HORTEZ, Marie,
veuve de Joseph Laprise.
Louis, b [2] 8 sept. 1818. — *Joseph*, b [2] 8 août 1819.—*Elisabeth-Augustine*, b [2] 17 oct. 1820.

MARASSI.—Voy. MARASSÉ.

MARAT.—Voy. MARAY.

MARAY.— *Variations et surnoms* : MARAT — MAREST—DE LA CHAUVIGNERIE — LACHAUVIGNERY.

1701, (24 janvier) Montréal. [3]
I.—MARAY (4), LOUIS,
b 1671.
1° JOLY, Catherine, [JEAN I.
b 1677; s [3] 3 mars 1712.
Etienne, b [3] 30 déc. 1702; s 7 mai 1703, à St-François, I. J.— *Michel*, b [3] 5 sept. 1704; m [3] 16

(1) Dit Olivier.
(2) Et Marsé dit Léveillé; soldat de la compagnie de Chassignolle.
(3) Et Marassi—Maracé, 1818—Malais.
(4) Et Marat de la Chauvignerie; officier de la marine; voy. vol. I, p. 408.

août 1740, à Marie-Joseph RAIMBAUT, à Verchères. —*Marie-Catherine*, b [3] 29 oct. 1705. — *François*, b [3] 15 avril 1707; s [3] 25 sept. 1719. — *Jacques-Urbain*, b [3] 15 sept. 1708; s [3] 22 mars 1711.— *Françoise*, b [3] 30 déc. 1709; s [3] 11 mai 1714.

1713.

2° DAGNEAU-DOUVILLE, Catherine, [MICHEL I. b 1689; s [3] 3 juillet 1750.

Marie-Joseph, b [3] 17 sept. 1714; 1° m [3] 1er août 1740, à Bonaventure LEGARDEUR; 2° m [3] 24 oct. 1757, à Jean-Baptiste PARANT. — *Pierre*, b [3] 30 mars 1716.—*Louise-Hyacinthe*, b [3] 30 avril et s [3] 29 juillet 1718. — *Charlotte*, b [3] 14 et s [3] 18 avril 1720. — *Geneviève*, b [3] 14 et s [3] 29 avril 1720.— *Marie-Anne*, b [3] 15 fevrier et s [3] 29 juillet 1724.

1740, (16 août) Verchères.

II.—MARAY (1), MICHEL, [LOUIS I. b 1704.

RAIMBAUT, Marie-Joseph, [PAUL-FRS III. b 1720.

Michel-Joseph, b 19 mai 1741, à Montréal; m 1780, à Geneviève DUNIÈRE.

1780.

III.—MARAY, MICHEL-JOSEPH, [MICHEL II. b 1741.

DUNIÈRE, Geneviève, [LOUIS II. b 1760.

Louis, b 1780; s 2 août 1781, à Ste-Foye.

MARBEC.—*Surnom* : CHENEVERT.

1723.

I.—MARBEC (2), PIERRE, b 1699.

POUGET-GRISDELIN, Marie, [JEAN I. b 1703.

Pierre, b 1724; m 4 juin 1746, à Marie-Joseph CHEVAUDIER, à Lachenaye.

1746, (4 juin) Lachenaye. [7]

II.—MARBEC (2), PIERRE, [PIERRE I. b 1724.

CHEVAUDIER, Marie-Joseph, [JACQUES-PIERRE II. b 1732.

Pierre-Charles, b [7] 22 déc 1746. — *Marie-Marguerite*, b [7] 12 janvier 1748; s [7] 12 juillet 1749.— *Pierre*, b [7] 5 oct. 1749.—*Joseph-Marie*, b [7] 30 oct. 1750.—*Pierre*, b [7] 17 et s [7] 29 juillet 1753.

MARBRELLE.—Voy. DESELLE.

MARC.—Voy. MAR—MARQ.

1794, (18 février) Florissant, Mo.

I.—MARC, LOUIS, fils de Louis et de Marie-Elisabeth Mansel, de la Normandie, France.

MARTIN, Marie-Elisabeth, [ANTOINE III. b 1777.

Eugénie, b... m 3 mai 1824, à Antoine DESJARDINS, à St-Louis, Mo. [1] — *Bernard*, b [1] 14 avril 1815.—*Marie-Thérèse*, b [1] 17 juin 1817. — *Elisabeth*, b [1] 31 août 1819.

(1) De la Chauvignerie ; interprète en langue iroquoise.

(2) Dit Chenevert.

MARC-AURÈLE.—Voy. MARCOURELLES.

MARCÉ.—Voy. MARCEL.

MARCEAU.—*Variation et surnoms* : MERCEREAU —GARIGAU—GARIGOUR.

1671, (12 oct.) Ste-Famille, I. O. [4]

I.—MARCEAU (1), FRANÇOIS, b 1641.

BOLPER, Marie-Louise, b 1651.

Jacques, b [4] 13 août 1672; m 19 nov. 1694, à Elisabeth JINCHEREAU, à St-François, I. O. [5]; s 22 déc. 1721, à St-Valier.—*Louis*, b [4] 26 avril 1678; 1° m 1697, à Jeanne DUMAS; 2° m 10 nov. 1738, à Marie FONTAINE, à St-Jean, I. O.; s [5] 21 avril 1753.

1694, (19 nov.) St-François, I. O.

II.—MARCEAU (2), JACQUES, [FRANÇOIS I. b 1672; s 22 déc. 1721, à St-Valier. [4]

JINCHEREAU, Elisabeth, [LOUIS I. b 1677.

François, b 12 oct. 1698, à St-Michel [5]; m 17 nov. 1721, à Françoise BAUDOIN, à Berthier. [6]— *Jacques*, b... 1° m [6] 14 février 1730, à Marguerite BAUDOIN; 2° m 26 avril 1751, à Agathe BOULÉ, à St-Frs-du-Sud; s [4] 12 avril 1770.—*Marie*, b [5] 18 sept. 1702; m [4] 18 nov. 1720, à Pierre GAUTRON. —*Marie-Joseph*, b... m [4] 26 juin 1727, à Pierre CADRIN.—*Augustin*, b [5] 10 nov. 1709; m [4] 25 nov. 1737, à Marguerite CORRIVEAU. — *Brigitte-Elisabeth*, b [4] 13 dec. 1713; s [4] 6 janvier 1714.—*Louis*, b [4] 31 août 1715; m 20 nov. 1747, à Marie-Joseph LABBÉ, à Beaumont. — *Brigitte-Angélique*, b [4] 4 août 1717; m [4] 2 fevrier 1739, à Louis-David ROY.

1697.

II.—MARCEAU (1), LOUIS, [FRANÇOIS I. b 1678; marchand.

1° DUMAS, Jeanne, [FRANÇOIS I b 1673; s 11 juillet 1737, à St-François, I.O. [4]

Dorothée, b [4] 11 sept. 1702; m [4] 9 avril 1720, à Pierre COTÉ.—*Antoine*, b [4] 4 février 1705; m [4] 4 avril 1731, à Madeleine GAGNÉ; s [4] 14 sept. 1776. —*Marie-Marthe*, b [4] 23 février 1706; 1° m [4] 9 février 1728, à Louis ASSELIN; 2° m 1750, à Simon DEBLOIS; 3° m 19 avril 1757, à Alexis GUÉRARD, à St-Jean, I. O. [5] — *Marie-Joseph*, b [4] 27 mai 1707; 1° m [4] 4 juillet 1729, à Louis-Bastien ALAIRE; 2° m [4] 17 oct. 1730, à Jean-Baptiste LEFEBVRE. — *Jean-Baptiste*, b [4] 4 nov. 1708; m [4] 4 sept. 1731, à Madeleine LEPAGE; s [4] 2 février 1758.—*Augustin*, b [4] 5 avril 1710; 1° m [4] 4 juillet 1737, à Françoise ASSELIN; 2° m [4] 16 août 1768,

(1) Voy. vol. I, p. 408.

(2) Ancien marguillier qui a beaucoup travaillé à la construction de cette église. Il est inhumé dans l'eglise, près de la petite porte; voy. vol. I, p. 408.

à Marie-Joseph Gagné ; s [4] 20 déc. 1784.—*Marie-Jeanne*, b [4] 14 avril 1712 ; m [4] 30 janvier 1731, à Jean Gagnon.

1738, (10 nov.) [5]

2° Fontaine, Marie, [Etienne I.
b 1683 ; veuve de Philippe Paquet ; s [4] 12 déc. 1754.

MARCEAU, Jean-Bte, b 1707 ; s 9 déc. 1740, à Montréal.

1721, (17 nov.) Berthier.

III.—MARCEAU, François, [Jacques II.
b 1698.
Baudoin, Marie-Françoise, [Jacques II.
b 1703.

Anonyme, b et s 25 mars 1735, à St-Valier. [3] — *Marie-Christine*, b [3] 24 avril et s [3] 1er mai 1736. — *Jean-Baptiste*, b [3] 26 juin 1738 ; m 8 mai 1758, à Marie-Joseph Boissonneau, à St-François, I. O. — *Marie-Benoîte*, b [3] 26 juin 1738. — *Marie*, b 1740 ; s [3] 8 dec. 1755.

1730, (14 février) Berthier.

III.—MARCEAU, Jacques, [Jacques II.
s 12 avril 1770, à St-Valier. [3]
1° Baudoin, Marguerite, [Jacques II.
b 1711 ; s [3] 9 déc. 1749.

Jacques-Valier, b [3] 14 déc. 1730 ; s [3] 21 oct. 1754.—*Augustin*, b [3] 5 oct. 1732. — *Louis-Marie*, b [3] 8 et s [3] 25 sept. 1734. — *Joseph-Pierre*, b [3] 19 mars 1736 ; m 5 février 1759, à Angelique Marcou, à St-François-du-Sud. [9]—*François-Boniface*, b [3] 22 mars 1738 ; s [3] 8 mars 1740.—*Antoine*, b [3] 31 mai 1740.—*Louis-Marcion*, b [3] 20 avril 1742 ; s [3] 15 juillet 1766. — *Paul*, b [3] 30 juin 1744 ; m [3] 23 nov. 1767, à Marie Pouliot. — *Marie-Marguerite*, b [3] 4 juin 1746 ; m [3] 31 janvier 1763, à René Pelchat.—*François*, b [3] 16 juin 1748.

1751, (26 avril). [9]

2° Boulé, Agathe. [Jacques III.

Marie-Agathe, b [3] 1er oct. 1752. — *Jeanne-Bernardine*, b [3] 20 août 1755. — *Marie-Louise*, b [3] 30 juillet 1760.

1731, (4 avril) St-François, I. O. [2]

III.—MARCEAU, Antoine, [Louis II.
b 1705 ; maître-maçon ; s [2] 14 sept. 1776.
Gagné, Madeleine, [Dominique IV.
b 1710.

Louis, b [2] 9 mai 1732.—*Antoine*, b [2] 10 janvier 1735 ; m 20 oct. 1755, à Marie-Joseph Blais, à St-François-du-Sud. — *Jean-Baptiste*, b [2] 6 juillet 1736 ; m [2] 27 janvier 1766, à Felicité Rouleau ; s 19 juin 1787, à Québec. — *Dominique*, b [2] 9 février et s [2] 25 août 1738. — *Marie-Madeleine*, b [2] 15 nov. 1739 ; m [2] 25 mai 1762, à Joseph-Marie Labbé.—*Marie-Thècle*, b [2] 26 fevrier 1741 ; m [2] 24 fevrier 1783, à Jean-Marie Tibierge. — *Augustin*, b [2] 27 avril 1744. — *Marie-Catherine*, b [2] 2 août 1747 ; s [2] 9 mai 1756.—*Marie-Louise*, b [2] 22 sept. 1749 ; m [2] 24 janvier 1774, à Joseph Alaire. — *Joseph-Marie*, b [2] 27 mai 1753. — *Marie-Victoire*, b [2] 18 nov. 1756.

1731, (4 sept.) St-François, I. O. [4]

III.—MARCEAU, Jean-Bte, [Louis II.
b 1708 ; s [4] 2 février 1758.
Lepage, Madeleine, [Pierre II.
b 1716 ; s [4] 29 mars 1758.

Jean-Baptiste, b [4] 29 août 1732 ; m 19 juillet 1758, à Catherine Canac, à Ste-Famille, I. O. — *Augustin*, b [4] 22 février 1735 ; m 1er mars 1756, à Geneviève Blouin, à St-Jean, I. O. [5] — *Marie-Madeleine*, b [4] 9 mai 1737 ; m [4] 3 juin 1758, à François Dupont. — *Joseph*, b [4] 3 avril 1739 ; s [4] 23 déc. 1740. — *Marie-Catherine*, b [4] 22 avril et s [4] 10 mai 1741.—*Joseph-Marie*, b [4] 17 juin 1742. —*Antoine*, b [4] 7 nov. 1744.— .... (1), b [4] 2 août 1747. — *Louis*, b... m 27 janvier 1772, à Madeleine Tessier, à Ste-Anne-de-la-Pérade. — *Thérèse*, b [5] 26 juin 1750. — *Elisabeth*, b [4] 21 juillet 1752.—*Marie*, b [4] 23 sept. 1754 ; s [4] 11 déc. 1759.

1737, (4 juillet) St-François, I. O. [6]

III.—MARCEAU, Augustin, [Louis II.
b 1710 ; s [6] 20 déc. 1784.
1° Asselin, Françoise, [Jacques II.
b 1703 ; veuve de François Emond ; s [6] 20 oct. 1767.

Anonyme, b [6] et s [6] 5 mars 1738. — *Augustin*, b [6] 27 juillet 1740 ; s [6] 24 avril 1741.

1768, (16 août). [6]

2° Gagné, Marie-Joseph, [Raphael IV.
b 1730 ; s [6] 20 mai 1774.

Anonyme, b [6] et s [6] 20 mars 1772. — *Marie-Joseph*, b [6] 12 nov. 1773.

1737, (25 nov.) St-Valier. [1]

III.—MARCEAU, Augustin, [Jacques II.
b 1709.
Corriveau, Marguerite, [Etienne II.
b 1712.

Augustin-Philippe, b [1] 20 août 1738 ; 1° m [1] 10 février 1765, à Marguerite Gautron ; 2° m 30 août 1773, à Marie-Céleste Malboeuf, à St-Thomas. —*Clément-Basile*, b [1] 23 nov. 1739.—*Marie-Marguerite*, b [1] 18 nov. 1740 ; m [1] 27 sept. 1762, à Joseph Gosselin ; s [1] 26 avril 1766.—*Marie-Geneviève*, b [1] 18 mars 1742 ; m [1] 12 juillet 1762, à Athanase Roy.—*Marie-Françoise*, b [1] 8 février 1744 ; m [1] 27 juillet 1767, à Antoine Vallée.—*Pierre*, b [1] 16 sept. 1745.—*Antoine*, b [1] 16 mai 1747 ; s [1] 24 mai 1769.—*Urbain-Valier*, b [1] 1er janvier 1749.— .... (1), b [1] 14 fevrier 1751.—*Joseph*, b [1] 2 mai 1753.

1747, (20 nov.) Beaumont. [2]

III.—MARCEAU, Louis, [Jacques II.
b 1715.
Labbe, Marie-Joseph, [Pierre II.
b 1720.

Marie, b [2] 10 oct. 1748.—*Pierre-Louis*, b 20 janvier 1750, à St-Charles [3] ; s [3] 3 fevrier 1751.—*Marie*, b [3] 11 mai 1752.—*Charles* et *Louis*, b [3] 10 et s [3] 14 avril 1754.—*Marie-Elisabeth*, b [3] 6 avril 1755.

---

(1) Le nom manque au registre.

MARCEAU, Jacques.
Godbout, Therèse.
Pierre, b 27 août 1752, à St-Pierre, I. O.

I.—MARCEAU, François, b 1724, pâtissier; de Bourgogne; s 26 mars 1756, à Quebec.

1755, (20 oct.) St-Frs-du-Sud. [5]

IV.—MARCEAU, Antoine, [Antoine III. b 1735.
Blais, Marie-Joseph, [Jean-Bte III. b 1734; veuve de Pierre Gaudin.
Marie-Anne, b [5] 26 juillet 1756. — *Martin-Antoine*, b [5] 11 nov. 1757.—*Louis*, b [5] 17 sept. 1759.

1756, (1er mars) St-Jean, I. O. [6]

IV.—MARCEAU, Augustin, [Jean-Bte III. b 1735.
Blouin, Geneviève, [Jacques II. b 1728; veuve de Joseph-Marie Tibierge.
Marie-Geneviève, b [6] 16 sept. 1757.—*Augustin*, b 4 sept. 1759, à Lorette.

1758, (8 mai) St-Frs-du-Sud.

IV.—MARCEAU, Jean-Bte, [François III. b 1738.
Boissonneau, Marie-Joseph, [Nicolas III. b 1740.
Marie, b 14 juillet 1770, à Berthier.

1758, (19 juillet) Ste-Famille, I. O.

IV.—MARCEAU, Jean-Bte, [Jean-Bte III. b 1732.
Canac, Catherine, [Jean-Bte II. b 1737.
Anonyme, b et s 18 mai 1759, à St-François, I. O. [8]—*Jean-Baptiste*, b [8] 18 mai 1759; s [8] 5 avril 1760.—*Marie-Marguerite*, b [8] 22 janvier 1761.—*Marie-Catherine*, b [8] 27 fevrier 1762.—*Marie-Louise*, b [8] 23 mars 1764; s [8] 28 juillet 1765.—*Marie-Louise*, b [8] 18 nov. 1766; s [8] 4 sept. 1768. —*Jean-Baptiste*, b [8] 17 oct. 1768.—*Louis*, b [8] 5 fevrier 1771.—*Joseph*, b [8] 3 mars 1773.—*Marie-Elisabeth*, b [8] 23 avril 1775.

1759, (5 fevrier) St-Frs-du-Sud.

IV.—MARCEAU, Joseph-Pierre, [Jacques III. b 1736.
Marcou, Marie-Angélique, [Joseph III. b 1738.
Joseph-Marie, b 3 déc. 1760, à St-Valier.—*Augustin*, b 6 et s 29 juillet 1762, à St-Michel. — *Antoine*, b... m 22 mai 1792, à Marie-Joseph Langlois, à Quebec.

1761, (9 nov.) Château-Richer. [7]

I.—MARCEAU (1), Louis-Vincent, b 1734, chirurgien; fils de Louis-Vincent (hôtellier et marchand) et de Marguerite Gobert, de St-Nicolas, diocèse de Meaux, en Brie.
Guyon (2), Françoise, [Prisque III. b 1732; veuve de Louis Lepage.
Marie-Françoise, b [7] 24 août 1762.—*Jean-Baptiste-Louis*, b 9 oct. 1764, à St-Thomas.

1765, (10 fevrier) St-Valier.

IV.—MARCEAU, Augustin-Phil., [August. III. b 1738.
1° Gautron, Marguerite, [Joseph II. b 1744.

1773, (30 août) St-Thomas.

2° Malboeuf, Marie-Celeste. [Pierre II.

1766, (27 janvier) St-François, I. O. [2]

IV.—MARCEAU, Jean-Bte, [Antoine III. b 1736; s 19 juin 1787, à Québec.
Rouleau, Félicite, [Guillaume III. b 1738; veuve de Claude Vaillancour.
Jean-Marie, b [2] 9 dec. 1769. — *Marie-Louise*, b [2] 16 août 1771.—*Marie-Gertrude*, b [2] 21 fevrier 1773.—*Marie-Geneviève*, b [2] 30 nov. 1774.

1767, (23 nov.) St-Valier.

IV.—MARCEAU, Paul, [Jacques III. b 1744.
Pouliot, Marie-Anne, [Innocent III. b 1747.

1772, (27 janvier) Ste-Anne-de-la-Pérade. [9]

IV.—MARCEAU (1), Louis. [Jean-Bte III.
Tessier (2), Madeleine. [Louis III.
Louis-Joseph, b [9] 27 février 1775.— *Pierre*, b [9] 20 juin 1777.—*Marie-Flavie*, b [9] 20 juillet 1778.

MARCEAU, Augustin.
Morin, Victoire.
Marie-Victoire, b 10 mars 1775, à St-François, I. O.

MARCEAU, François.
Daillebout (3), Anne-Joseph, [Philippe IV. b 1754.

MARCEAU, Louis.
Goupil, Louise.
Marie-Françoise, b... m 28 août 1797, à Jean Lafontaine, à Beaumont.

1792, (22 mai) Québec.

V.—MARCEAU, Antoine. [Joseph-Pierre IV.
Langlois, Marie-Joseph. [Michel.

MARCEL. — *Variations :* Marcé — Marsais — Marset—Merse—Mirée.

1672.

I.—MARCEL (4), François, b 1639; cordier.
Masseron, Marie, b 1648.
Françoise, b 7 avril 1684, à Sorel [1]; 1° m 7

(1) Marié Marsault; né le 7 avril 1734, à St-Nicolas, diocèse de Meaux, en Brie; venu en 1757, dans le régiment de Berry. (Procès-verbaux).

(2) Mariée Dion.

(1) Et Mercereau.

(2) Appelée aussi Gendron.

(3) De Serry; elle épouse, le 3 oct. 1780, André Chandonnet, à Quebec.

(4) Voy. vol. I, p. 408.

août 1703, à Jean MIGNERON, à St-François, I. O.; 2° m 3 mai 1714, à Noël PABO-LANSAC, à Montréal[2]; 3° m[2] 10 nov. 1721, à Pierre CHAUVIN.—*François*, b[1] 8 février 1686; m 1711, à Madeleine COTINEAU; s 1er avril 1743, à Lachenaye.—*Pierre*, b[1] 4 août 1689.

I.—MARCEL (1), PIERRE, b 1688; s 24 août 1708, à Montréal.

1711.

II.—MARCEL, FRANÇOIS, [FRANÇOIS I.
b 1686; s 1er avril 1743, à Lachenaye.[6]
COTINEAU, Madeleine, [FRANÇOIS-JACQUES I.
b 1682; s[6] 10 mars 1744.

Marie-Madeleine, b 23 fevrier 1712, à St-François, I. J.[7] — *François*, b[7] 25 janvier 1714; 1° m 1746, à Marguerite SARRAZIN; 2° m[6] 22 février 1751, à Marie-Charlotte CHAPLAU; s[6] 6 avril 1782. — *Thérèse*, b[7] 3 février 1716; m[6] 30 janvier 1736, à Antoine FILION; s 29 déc. 1755, à Terrebonne.[8] — *Joseph*, b 1718; s[6] 17 janvier 1773.—*Marie*, b... m[6] 23 nov. 1739, à Maurice LEBER. — *Angélique*, b 1721; m[6] 20 janvier 1749, à Pierre GARIÉPY; s[6] 20 nov. 1749. — *Angélique*, b 1723; s[6] 10 sept. 1728. — *Marguerite*, b 1729; m[6] 23 fevrier 1756, à Joseph FILION; s[8] 7 juin 1769.

1746.

III.—MARCEL (2), FRANÇOIS, [FRANÇOIS II.
b 1714; s 6 avril 1782, à Lachenaye.[3]
1° SARRAZIN, Marguerite,
b 1722; s[3] 1er avril 1749.

François, b[3] 2 juillet 1747.—*Joseph*, b[3] 17 et s[3] 26 oct. 1748.

1751, (22 février).[3]
2° CHAPLAU, Marie-Charlotte, [NOEL III.
b 1727.

III.—MARCEL (2), JOSEPH, [FRANÇOIS II.
b 1718; s 17 janvier 1773, à Lachenaye.

MARCEREAU.—Voy. MERCEREAU.

MARCHAIS.—Voy. MARCHET.

MARCHAL.—Voy. DENOROY.

MARCHAND.—*Variations et surnoms :* LEMARCHAND — MARCHANT — MARICHAUD — BARBEZIEUX—FISET—GEORGE—LARAMÉE—LEBON.

1640.

I.—MARCHAND (3), LOUIS.
MORINEAU, Françoise.

Louis, b 1673; 1° m 16 juin 1693, à Geneviève ROCHON, à Levis[5]; 2° m[5] 5 oct. 1701, à Jeanne BOURASSA; s[5] 1er déc. 1749.

(1) Et Marcé; soldat de la compagnie de Laforest.
(2) Et Marcé.
(3) Voy. vol. I, p. 408.

1660, (1er février) Trois-Rivières.[9]

I.—MARCHAND (1), JACQUES,
b 1636; s[9] 6 oct. 1695.
CAPEL, Françoise,
b 1628; veuve de Jacques Lucas; s 20 avril 1699, à Champlain.

Marie-Madeleine, b[9] 12 déc. 1660; 1° m 1er mars 1688, à Jean MAILLOT, à Batiscan[7]; 2° m[6] oct. 1715, à René LEGARDEUR DE BEAUVAIS, à Montréal[6]; s[6] 15 déc. 1722.—*Françoise*, b 1664; m à Jean-Baptiste FAFARD; s[9] 17 février 1740.—*Alexis*, b 1666; 1° m[7] 18 février 1697, à Catherine RIVARD; 2° m[9] 19 août 1703, à Jeanne TÉTARD; s[7] 31 mai 1738.

1669, (30 sept.) Québec.[4]

II.—MARCHAND (1), FRANÇOIS, [LOUIS I.
b 1645.
GROSLOT, Madeleine, b 1653; fille de Jean et de Marie Gauthier, de St-Eloi, diocèse de LaRochelle, Aunis.

Marie-Anne, b[4] 1er mai 1671; 1° m 1688, à Jean FOUCHER; 2° m 10 avril 1703, à Joseph BRAULT, à Lachine; 3° m 9 nov. 1726, à Charles BRAZEAU, à Montreal[2]; s[2] 9 juillet 1734.—*Madeleine*, b 1686; m 5 mai 1706, à André LACROIX, à Beaumont; s 5 avril 1762, à St-Michel.

1670.

II.—MARCHAND (2), CHARLES, [LOUIS I.
b 1644; s 16 déc. 1708, à Québec.[1]
BONNE-GUERRIÈRE, Marie,
b 1647.

Pierre, b[1] 5 juillet 1676; s 21 février 1703, au Château-Richer.—*Valentin*, b 14 mai 1678, à Sillery; m 25 nov. 1704, à Louise GARNIER, à L'Ange-Gardien. — *Charles*, b 1679; m[1] 10 janvier 1707, à Geneviève JEANNES; s[1] 21 fevrier 1718. — *Marie-Catherine*, b 9 nov. 1683, à la Pte-aux-Trembles, Q.[8]; 1° m[1] 5 mars 1696, à Pierre HÉVÉ; 2° m[1] 23 oct. 1713, à Juste CRENET; s[1] 27 avril 1753. — *Elisabeth*, b[8] 2 mai 1685; 1° m[1] 7 juillet 1704, à Jean DUPRAT; 2° m[1] 17 sept. 1719, à Nicolas AUBIN; s[1] 7 mars 1726.

1681, (14 avril) Québec.[7]

I.—MARCHAND (3), JEAN,
b 1646.
HAYOT, Marie-Anne, [ADRIEN II.
b 1663.

François, b[7] 18 juin 1685; 1° m 22 oct. 1709, à Barbe CAUCHON, au Château-Richer; 2° m 29 juillet 1720, à Catherine PAULET, à St-Pierre, I. O.; s 23 avril 1748, à St-Antoine-Tilly.

1693, (16 juin) Levis.[5]

II.—MARCHAND (3), LOUIS, [LOUIS I.
b 1673; s[5] 1er dec. 1749.
1° ROCHON, Geneviève, [SIMON I.
b 1677; s 29 août 1693, à Québec.

(1) Voy. vol. I, p. 408.
(2) Voy. vol. I, pp. 408-409.
(3) Voy. vol. I, p. 409.

1701, (5 oct.) [5]
2° BOURASSA (1), Jeanne, [JEAN I.
b 1670.
Etienne, b [5] 9 février 1708 ; m 25 mai 1732, à Marguerite FAUCHER, à Lotbinière. — *Angélique*, b [5] 28 mars 1710 ; m [5] 2 juillet 1731, à Jean-Marie BOIVIN. — *Geneviève* (2), b [5] 30 oct. 1712 ; 1° m [5] 28 janvier 1741, à Nicolas COMIRÉ ; 2° m [5] 3 février 1753, à François CHAPAIS ; s 15 janvier 1770, à St-Joseph, Beauce.—*Charlotte*, b... m [5] 11 janvier 1740, à Jacques NAU ; s [5] 23 mai 1755. — *Marie-Thérèse*, b [5] 17 fevrier 1723 ; 1° m [5] 23 nov. 1739, à Jacques POULIN ; 2° m [5] 31 mars 1761, à Antoine NADEAU.

1697, (18 février) Batiscan. [3]
II.—MARCHAND (3), ALEXIS, [JACQUES I.
b 1666 ; s [3] 31 mai 1738.
1° RIVARD, Marie-Catherine, [NICOLAS I.
b 1673 ; s [3] 15 fevrier 1703.
Jean-Baptiste, b [3] 14 sept. 1699; m 7 avril 1739, à Madeleine MERCEREAU, à Champlain. [7]
1703, (19 août) Trois-Rivières.
2° TÉTARD Jeanne, [CHARLES I.
b 1673 ; veuve de Nicolas Gatineau-Duplessis.
Louis-Joachim, b [3] 18 avril 1717 ; 1° m [7] 3 janvier 1740, à Marie-Joseph MERCEREAU ; 2° m 12 fevrier 1748, à Marie-Joseph RIVARD-MONTENDRE, aux Grondines ; 3° m [3] 13 avril 1760, à Marie-Françoise ROY.

1699.
I.—MARCHAND, NICOLAS,
b 1668 ; s 23 avril 1736, à Montréal. [9]
BEAUMONT, Charlotte-Antoinette,
b 1678 ; s [9] 3 février 1743.
Marie-Joseph, b 1700 ; m [9] 29 déc. 1723, à Charles CARPENTIER.—*Reine*, b 1705 ; m [9] 18 août 1725, à Jean-Baptiste DECOSTE. — *Charlotte*, b [9] 15 et s [9] 22 nov. 1707.—*Charlotte-Antoinette*, b [9] 12 juin 1709 ; m [9] 20 février 1734, à Jean GUILLEMOT.—*Charlotte*, b [9] 16 nov. 1710 ; sœur dite St-Bernard, Congregation N.-D. ; s [9] 11 fevrier 1756. —*Anonyme*, b [9] et s [9] 6 déc. 1711.

1704, (25 nov.) L'Ange-Gardien. [1]
III.—MARCHAND (4), VALENTIN, [CHARLES II.
b 1678.
GARNIER (5), Marie-Louise, [CHARLES I.
b 1673 ; veuve de Pierre Maheu.
Michel, b [1] 29 sept. 1705 ; m à Louise CARDINET-CHEVALIER ; s 24 juillet 1792, à Québec.—*Ambroise* et *Louise*, b [1] 8 nov. 1706.—*Rose*, b [1] 6 nov. 1707; m à Pierre GENEST.—*Marie-Louise*, b [1] 24 janvier 1710.—*Catherine*, b [1] 3 avril 1711 ; m 15 juillet 1732, à Louis CAUCHON, à St-Jean, I.O. [2] ; s [2] 26 déc. 1760.

(1) Voy. Bourasseau.
(2) Elle fait acte de donation à son fils, Alexis Comiré, le 28 juin 1767, par devant messire Verreau, curé.
(3) Voy. vol. I, p. 409.
(4) Aussi appelé Fiset—Marichaud.
(5) Elle épouse, le 21 mai 1721, Jean Blouin, à L'Ange-Gardien.

1707, (10 janvier) Québec. [5]
III.—MARCHAND, CHARLES, [CHARLES II.
b 1679 ; s [5] 21 février 1718.
JEANNES (1), Geneviève, [ROBERT I.
b 1682.
Charles, b [5] 2 mai 1707 ; m 8 janvier 1729, à Marie-Louise LOISEL, à Charlesbourg ; s 12 avril 1776, au Château-Richer.—*Jean-Baptiste*, b 1708 ; m [5] 15 déc. 1729, à Françoise RIVIÈRE ; s [5] 20 déc. 1759.—*Louis*, b... m [5] 10 avril 1736, à Marguerite LAROCHE.—*Anonyme*, b et s 23 août 1712, à Lévis. —*Geneviève* (posthume), b [5] 30 juin 1718 ; s [5] 24 déc. 1721.

1707, (21 fevrier) Québec. [6]
II.—MARCHAND, ETIENNE, [JEAN I.
b 1683 ; charpentier ; s [6] 29 mars 1734.
1° DURAND, Marie-Anne, [NICOLAS I.
b 1678 ; s [6] 18 mai 1716.
Etienne, b [6] 27 nov. 1707 ; ordonné [6] 21 oct. 1731 ; s 17 janvier 1774, à l'Hôpital-Général de Quebec.—*Joseph*, b [6] 10 juillet 1709 ; m [6] 11 février 1738, à Anne CARTIER.—*Jean*, b [6] 10 juin 1711 ; m 12 nov. 1736, à Madeleine GODBOUT, à St-Laurent, I. O.—*Nicolas*, b [6] 16 juin 1712 ; m [6] 28 janvier 1749, à Geneviève DEFOY ; s [6] 17 juillet 1759.—*Marie-Anne*, b [6] et s [6] 6 août 1713.—*Marie-Anne*, b [6] 6 et s 9 nov. 1714, à Charlesbourg— *Marie*, b... s 12 février 1715, à Lorette.
1718, (27 février). [6]
2° ROUILLARD, Jeanne, [JEAN II.
b 1696 ; s [6] 27 août 1722.
Jean-Claude, b [6] 20 mai 1719 ; m 1747, à Marguerite LAROSE.—*Louis-Marie*, b [6] 1er juin 1720 ; m 26 février 1753, à Marguerite BOUCHER, à Boucherville.—*Pierre-Noël*, b [6] 3 août 1721.
1730, (24 février). [6]
3° BOUTREL (2), Anne, [JACQUES I.
b 1695.
François, b [6] 13 dec. 1730 ; s [6] 8 janvier 1731. —*Pierre*, b [6] 22 avril 1732.—*Stanislas*, b [6] 4 sept. 1733.

1709, (22 oct.) Château-Richer.
II.—MARCHAND, FRANÇOIS, [JEAN I.
b 1685 ; s 23 avril 1748, à St-Antoine-Tilly [7]
1° CAUCHON (3), Barbe, [JACQUES II.
b 1673 ; s [7] 22 mai 1720.
Marie-Louise, b 28 juillet, à St-Nicolas et s [7] 6 août 1710.—*Marie-Joseph*, b [7] 7 février 1712 ; m 11 mai 1739, à François CHARLERY, à Québec [8], s [8] 13 oct. 1751.—*François*, b [7] 3 juin et s [7] 5 juillet 1714.—*François-Joseph*, b [7] 22 sept. 1715 ; m 19 sept. 1745, à Marguerite CHAMBERLAN, au Cap-St-Ignace.—*Jean-Baptiste*, b [7] 30 avril et s [7] 29 juin 1720.
1720, (29 juillet) St-Pierre, I. O.
2° PAULET (4), Catherine, [ANTOINE II.
b 1697.

(1) Elle épouse, le 24 février 1721, Etienne DuRiveau, à Québec.
(2) Elle épouse, le 3 nov. 1739, René Cartier, à Québec.
(3) Dit Lamotte.
(4) Elle épouse, le 21 oct. 1748, Pierre Drapeau, à St-Antoine-Tilly.

Catherine-Charlotte, b [7] 29 juin 1722; s [7] 30 mai 1741.—*Pierre,* b [7] 27 déc. 1723; s [7] 26 février 1724.—*Jean-François,* b [7] 19 déc. 1724; m 1748, à Marie-Joseph LAMBERT.—*Marie-Louise,* b [7] 26 oct. 1726; m 6 juin 1757, à Joseph LÉTOURNEAU, à Chambly.[8]—*Pierre,* b [7] 16 nov. 1728; m 6 avril 1761, à Suzanne TARDIF, à Montréal.—*Marie-Joseph,* b [7] 25 mai et s [7] 17 juin 1731.—*Joseph,* b [7] 13 oct. 1732; m [7] 21 février 1757, à Marie-Madeleine COTÉ.—*Marie-Madeleine,* b [7] 10 nov. 1734; m [9] 11 janvier 1762, à Antoine POIRIER.—*Marie-Charlotte,* b [7] 10 mai et s [7] 14 juillet 1737. —*Marie-Charlotte,* b [7] 15 juin et s [7] 8 juillet 1738. —*Antoine,* b [7] 25 juin 1739.

1710, (10 nov.) Québec. [4]

II.—MARCHAND, PIERRE, [JEAN I.
b 1686.

LEFEBVRE, Claire, [THOMAS I.
b 1679; veuve d'Antoine Lecompte; s [4] 1er déc. 1743.

Louise-Claire, b [4] 8 mai 1712; m [4] 19 oct. 1729, à Antoine DUROZEAU.—*Louise-Angélique,* b [4] 15 juin 1714; 1° m [4] 7 sept. 1744, à Pierre JOLY; 2° m [4] 1er sept. 1750, à Benjamin MAILLOU.—*Pierre,* b [4] 20 mai 1716; s [4] 6 avril 1717.—*Marie-Claire,* b [4] 19 juillet 1719; s [4] 16 août 1720.

1728, (28 juin) Québec. [5]

I.—MARCHAND, FRANÇOIS-LOUIS, fils de Louis et de Marie Godin, de Canseau, Acadie.

VIGNAUT, Marguerite, [ANTOINE II.
b 1706; s [5] 8 sept. 1775.

François-Joseph, b [5] 20 mai 1729. — *Pierre-Joseph,* b [5] 19 nov. 1730; s [5] 15 déc. 1732.—*Jean-Baptiste,* b [5] 19 et s [5] 22 nov. 1730.—*Marguerite,* b [5] 15 mars 1732; s [5] 26 avril 1733.—*Marguerite-Geneviève,* b [5] 13 août 1734; m [5] 28 juin 1751, à Jean MOREAU.—*Marie-Anne,* b [5] 27 déc. 1736; s [5] 14 janvier 1737. — *Louis,* b [5] 20 déc. 1737. — *Etienne,* b [5] 16 août 1739; m 27 juillet 1761, à Marguerite DUMESNIL, à Ste-Foye.—*Pierre,* b [5] 26 mai et s [5] 10 juin 1741. — *Marie-Rose,* b [5] 24 février et s [5] 25 mai 1743. — *Antoine,* b [5] 16 août et s [5] 1er oct. 1745.

1729, (8 janvier) Charlesbourg.

IV.—MARCHAND, CHARLES, [CHARLES III.
b 1707; maçon; s 12 avril 1776, au Château-Richer.[1]

LOISEL, Louise, [LOUIS I.
b 1708; s 12 oct. 1778, à Québec.[7]

Marie-Louise, b [7] 1er nov. 1729; m [7] 21 avril 1749, à Louis PARANT. — *Geneviève-Anne,* b [7] 27 mars 1731; s [7] 7 mai 1733. — *Marie-Charlotte,* b [7] 1er mars 1733; m [7] 2 août 1751, à François ROUILLARD. — *Madeleine,* b [7] 12 oct. 1738; s [7] 4 janvier 1739.— *Charles,* b [7] 15 juin 1740; s [7] 18 sept. 1758. — *Marie-Madeleine,* b [7] 2 mars 1742; m [7] 3 nov. 1762, à Nicolas CURÉ; s [7] 1er avril 1774. — *Jean-François,* b [7] 9 nov. 1743. — *Jean-Baptiste,* b... m [1] 27 juillet 1762, à Françoise GIROUX. — *François,* b [7] 29 sept. 1744. — *Marie,* b [7] 22 nov. 1745; s [7] 17 sept. 1753. — *Joseph,* b [7] 25 mars et s [7] 21 oct. 1748.

1729, (15 déc.) Québec. [4]

IV.—MARCHAND, JEAN-BTE, [CHARLES III.
b 1708; s [4] 20 déc. 1759.

RIVIÈRE, Marie-Françoise, [FRANÇOIS I.
b 1700; s [4] 16 mai 1775.

Louise-Françoise, b [4] 3 mai 1730; m [4] 27 sept. 1751, à Paul PILOTE. — *Françoise-Amable,* b [4] 5 oct. 1731; s [4] 11 juin 1733. — *Joseph,* b [4] 17 nov. 1734.—*Marie-Angélique,* b [4] 17 nov. 1734; s [4] 21 janvier 1736. — *Marie-Jeanne,* b [4] 6 juillet 1737; m [4] 30 mai 1763, à Charles ALARY. — *Jean-Baptiste,* b [4] 9 oct. 1738; m 12 nov. 1770, à Marie MARMET, à Varennes. — *Madeleine,* b [4] 29 avril et s [4] 12 mai 1741.—*Madeleine,* b [4] 29 avril 1741. — *Marie-Geneviève,* b [4] 4 sept. 1742; s [4] 1er février 1744.

MARCHAND, ..., b... s 14 juillet 1725, à Champlain (noye).

MARCHAND (1), ANTOINE, soldat.

LAMÉTIF, Marie,
b 1711; s 11 avril 1781, à Kamouraska.

1732, (25 mai) Lotbinière.

III.—MARCHAND, ETIENNE, [LOUIS II.
b 1708.

FAUCHER (2), Marguerite, [JEAN-BTE-JOS. II.
b 1703.

1736, (10 avril) Quebec. [9]

IV.—MARCHAND, LOUIS, [CHARLES III.
charpentier.

LAROCHE, Marguerite, [PIERRE I.
b 1718.

Marguerite, b [9] 23 mars 1737. — *Louis-Michel,* b [9] 10 oct. 1739.—*Geneviève,* b [9] 5 avril 1742; s [9] 15 déc. 1744.—*Marie-Françoise,* b [9] 18 avril 1745; s [9] 19 juillet 1748.—*Marie-Angélique,* b [9] 19 avril 1747.—*Pierre,* b [9] 11 et s [9] 19 mars 1749.—*Angélique-Geneviève,* b [9] 16 juin 1753.—*Adrien,* b [9] 9 oct. 1757; s [9] 7 dec. 1759.

MARCHAND, GEORGES.

LABOURLIÈRE, Marie-Anne.

Pierre, b 1739; s 21 avril 1748, à Kamouraska.[2] —*Marie-Ursule,* b [2] 11 août 1743.— *Marie-Angélique,* b [2] 29 nov. 1745; m [2] 20 oct. 1766, à Jean-Baptiste DUMONT; s [2] 21 juin 1778. — *Jean-Baptiste,* b [2] 5 sept. 1747.

1736, (12 nov.) St-Laurent, I. O.

III.—MARCHAND, JEAN, [ETIENNE II.
b 1711.

GODBOUT, Madeleine, [JOSEPH II.
b 1716; s 15 mai 1753, à Québec.[9]

Jean, b [9] 4 nov. 1737. — *Paul-Etienne,* b [9] 2 avril 1739.—*Jeanne-Madeleine,* b [9] 17 mars 1741. — *Louise,* b [9] 1er sept. 1744; m [9] 18 juillet 1776, à Alexis CARON. — *Pierre,* b [9] 10 mai 1746. — *Marie-Joseph,* b [9] 16 mars 1748.—*Louis,* b [9] 5 et

---

(1) LeMarchant dit George—Laramée.

(2) Elle épouse, le 2 mai 1734, François Houde, à Lotbinière.

s [9] 15 mars 1749.— *François*, b [9] 5 et s [9] 11 mars 1749.—*Jean*, b [9] 19 juin 1750.—*Marie-Geneviève*, b [9] 1er nov. 1751; m 7 janvier 1771, à Charles COUTURE, à Lévis.—*Elisabeth*, b [9] 14 mai 1753.

1738, (11 février) Quebec [5]

III.—MARCHAND, JOSEPH, [ETIENNE II.
b 1709.
CARTIER, Marie-Anne, [RENÉ II.
b 1720.
Louis-Etienne, b... m [5] 16 juillet 1764, à Thérèse VALLIÈRE.—*René*, b 1751; s [5] 18 avril 1779.

IV.—MARCHAND, MICHEL, [VALENTIN III.
b 1705; s 24 juillet 1792, à Québec. [5]
CARDINET (1), Louise, [JEAN-BTE I.
b 1718; s [5] 25 juin 1783.

1739, (7 avril) Champlain.

III.—MARCHAND, JEAN-BTE, [ALEXIS II.
b 1699; capitaine.
MERCEREAU, Madeleine, [PIERRE II.
b 1717.
Louis-Joseph, b 22 août et s 8 sept. 1740, à Batiscan. [1] — *Marie-Anne*, b [1] 27 janvier 1742, s [1] 1er déc. 1749.—*Jean-Baptiste*, b [1] 27 mars 1745; s [1] 16 nov. 1749. — *Marie-Geneviève*, b [1] 21 mars et s [1] 4 avril 1746.—*Simon-Joseph-Hypolite*, b [1] 8 juin et s [1] 18 déc. 1748. — *Marie-Louise*, b [1] 30 juin 1749.—*Louise*, b 12 sept. 1752, à Lévis.

1740, (3 janvier) Champlain.

III.—MARCHAND, LOUIS-JOACHIM, [ALEXIS II.
b 1717.
1° MERCEREAU (2), Marie-Joseph, [JOSEPH II.
b 1716; s 29 mai 1747, à Batiscan. [2]
Louis-Alexis, b [2] 15 mai 1741; m [2] 15 janvier 1773, à Marie-Joseph TROTIER. — *Jean-Baptiste-Joseph*, b [2] 28 oct. 1742; m 1778, à Victoire LEBLANC; s 23 mars 1790, au Cap-de-la-Madeleine. —*Marie-Joseph*, b [2] 4 déc. 1743; s [2] 7 avril 1747. — *Antoine-François*, b [2] 13 juin 1745; m [2] 16 février 1789, à Marguerite DUTAUT. — *Joachim-Michel-Jérôme*, b [2] 27 juin 1746.
1748, (12 février) Grondines. [1]
2° RIVARD (3), Marie-Joseph, [FRANÇOIS III.
b 1716; s [2] 24 mars 1759.
Marie-Joseph-Françoise, b [2] 15 nov. 1748. — *Marie-Louise*, b [2] 12 nov. 1749; m [2] 21 juillet 1777, à Jean-Marie-Joseph MOREAU. — *Louis-Joachim*, b [2] 24 oct. 1750; 1° m 5 février 1777, à Marie-Thérèse GOUIN, à Ste-Anne-de-la-Pérade; 2° m [1] 10 février 1789, à Prospère HAMELIN. — *Antoine-Hyacinthe*, b [2] 7 mars 1752. — *François-Amable*, b [2] 18 juillet 1753; m [2] 12 mai 1777, à Marguerite CAILLA. — *Bénoni*, b [2] 15 déc. 1754; m [2] 3 février 1777, à Marthe CHANDONNET. — *Ignace*, b 1755; m [2] 22 avril 1776, à Geneviève BIGOT.
1760, (13 avril). [2]
3° ROY (4), Marie-Françoise, [JOSEPH III.
b 1738.

(1) Dit Chevalier.
(2) Dit Lasavane.
(3) Dit Montendre.
(4) Dit Chatellereau.

Joachim, b [2] 20 avril 1761; m 1790, à Marie-Joseph TOUTANT.—*Hyacinthe*, b [2] 24 nov. 1762.—*Pierre-Louis*, b [2] 5 avril 1764; m [2] 13 avril 1795, à Marguerite LISÉ.—*Jean-François*, b [2] 15 sept. 1770.— *Augustin*, b [2] 21 juillet 1772. — *Isidore*, b [2] 4 déc. 1773.—*Marie-Marguerite*, b [2] 25 février et s [2] 4 juin 1774.—*Vital*, b [2] 19 avril 1779.—*Laurent*, b [2] 6 août 1781.— *Marie-Françoise*, b... m [2] 12 mai 1794, à Louis POTIER.

1740, (13 nov.) Trois-Rivières. [4]

I.—MARCHAND (1), PIERRE, fils de Valentin et de Claudine Albrant, de Pierjus, diocèse de Besançon, Franche-Comté.
1° SAUVAGE, Marie-Charlotte, [FRANÇOIS I.
b 1723; s [4] 31 juillet 1748.
Marie-Madeleine, b [4] 5 nov. 1741. — *Marie-Antoinette*, b [4] 3 juin 1743; m [4] 25 juin 1764, à Amable SICARD. — *Jean-Pierre*, b [4] 28 déc. 1744 — *Antoine*, b [4] 13 janvier 1747.—*Marie-Anne*, b [4] 28 et s [4] 29 juillet 1748.
1750, (8 mai) Batiscan.
2° FRIGON, Gertrude, [FRANÇOIS II.
b 1722.
Marie-Anne, b... m [4] 16 août 1762, à Jean SICARD.—*Gertrude*, b [4] 22 avril 1751. — *Jean-Baptiste*, b [4] 8 déc. 1752.—*Anne*, b [4] 27 janvier 1754. —*Michel*, b [4] 9 août et s [4] 11 nov. 1755. — *Louis*, b [4] 24 août 1756; s [4] 16 avril 1758. — *Marie-Joseph*, b [4] 3 juin 1758.—*Marguerite*, b [4] 30 déc. 1759; s [4] 26 mai 1760.— *Geneviève*, b [4] 5 juillet 1761.—*Angélique*, b [4] 29 août 1762.

1740, (21 nov.) Québec. [1]

I.—MARCHAND, PIERRE, fils de Pierre et de Marie Soupiran, de St-Sauveur, diocèse de LaRochelle, Aunis
NOEL, Marguerite, b 1701; fille de Jacques et de Marguerite Prudhomme, de St-Séverin, Paris; s [1] 3 juillet 1778.

MARCHAND, LOUIS.
PAPINOT, Jeanne,
s 8 janvier 1755, à Batiscan.

I.—MARCHAND (2), GILLES, de St-Malo, Bretagne.

1745, (19 sept.) Cap-St-Ignace.

III.—MARCHAND, FRS-JOSEPH, [FRANÇOIS II.
b 1715.
CHAMBERLAN, Marguerite, [GABRIEL II.
b 1707; veuve de Guillaume Hameury.
Dorothée, b... m 14 oct. 1765, à Jacques GOYER, à Lachine. — *Charles-Joseph*, b 23 oct. 1749, à Lorette.

I.—MARCHAND, ANTOINE, de l'Ile-St-Jean, Acadie.
LABAUVE, Ursule,
Acadienne.
Joseph, b... m 19 oct. 1767, à Thérèse HAYOT, à l'Ile-Dupas.

(1) Maître marteleur aux Forges de St-Maurice.
(2) Venu en 1744. (Procès-verbaux).

1747.

III.—MARCHAND, CLAUDE, [ETIENNE II.
b 1719.
LAROSE, Marguerite.
Angélique, b 1748 ; s 3 mars 1749, à Québec.

1748.

III.—MARCHAND, JEAN-FRANÇOIS, [FRANÇOIS II.
b 1724.
LAMBERT, Marie-Joseph.
Jean-François, b 9 nov. 1749, à Ste-Croix.[9]—*Jean-Joseph*, b[9] 16 juin 1751.—*Joseph*, b[9] 2 sept. 1752 ; s[9] 15 mars 1753.—*Simon-Marie*, b[9] 6 mai 1754.—*Marie-Thérèse*, b[9] 25 avril 1756 ; s[9] 16 mars 1758.—*Marie-Louise*, b[9] 12 février et s[9] 17 nov. 1758.—*Antoine*, b... m 16 juin 1783, à Angélique CORRIVEAU, à St-Cuthbert. [4]— .... (1), b 29 août 1765, à St-Antoine-Tilly.—*Thérèse*, b... m[4] 9 janvier 1786, à Pierre BÉRARD.—*Cécile*, b... m[4] 24 février 1794, à Joseph DESHAIS. — *Théotiste*, b... m[4] 11 février 1793, à Joseph BAILLARGEON.

1749, (28 janvier) Québec. [5]

III.—MARCHAND (2), NICOLAS, [ETIENNE II.
b 1712 ; s[5] 17 juillet 1759.
DEFOY, Geneviève, [JEAN-JÉRÉMIE I.
b 1730 ; s[5] 3 juin 1763.
Geneviève, b[5] 16 nov. 1749. — *Nicolas*, b[5] 2 août 1751.—*Louis*, b[5] 15 mai 1754.—*Ursule*, b[5] 15 nov. 1755.—*Louis*, b[5] 10 juillet 1757 ; m[5] 15 sept. 1778, à Françoise ROUSSEL.

I.—MARCHAND (3), PIERRE.
1° LAVERGNE, Marie-Marguerite,
s 30 mai 1760, à Verchères. [5]
1760, (18 août). [5]
2° LEPIRE, Marie-Angélique, [PIERRE III.
b 1737.

MARCHAND (4), JOSEPH.
....
Amable, b 1751 ; s 4 mai 1752, à Verchères.

1753, (26 février) Boucherville.

III.—MARCHAND, LOUIS-MARIE, [ETIENNE II.
b 1720.
BOUCHER (5), Marguerite, [JEAN-BTE III.
b 1726.
Louis-Marie, b 15 déc. 1753, à Verchères[4] ; m 21 sept. 1779, à Geneviève MARCOU, à Québec. — *Marguerite*, b[4] 19 déc. 1754. — *Joseph-Marie*, b[4] 8 déc. 1755.—*Jean-Baptiste*, b[4] 25 février 1760.

1757, (21 février) St-Antoine-Tilly. [3]

III.—MARCHAND, JOSEPH, [FRANÇOIS II.
b 1732.
COTÉ, Marie-Madeleine, [JACQUES II.
b 1733.
Marie, b[3] 6 janvier 1758. — *Jean-Baptiste*, b[3] 27 février 1760.—*Marie-Thérèse*, b[3] 17 nov. 1762. — *Marie-Geneviève*, b[3] 15 sept. 1764. — *Joseph-Augustin*, b[3] 3 déc. 1766.

(1) Le nom manque au registre.
(2) Officier-milicien d'artillerie ; tué par un boulet de canon.
(3) Dit Barbezieux.
(4) Seigneur de Chambly.
(5) Niverville.

MARCHAND (1), JOSEPH.
LEBLANC, Jeanne.
Marguerite, b 1756, à Québec[1] ; s[1] 25 août 1758.—*Louis*, b[1] 30 mai 1758 ; s[1] 4 janvier 1759. — *Marie-Louise*, b[1] 21 février et s 26 mars 1760, à Charlesbourg. — *Marie-Jeanne*, b[1] 26 avril 1761.—*Marguerite*, b[1] 22 juin 1762 ; s[1] 10 sept. 1763.

1759, (30 avril) Baie-St-Paul.

I.—MARCHAND, NICOLAS, fils d'Antoine et d'Anne Leloup, de St-Jean, ville de Bayeux, Normandie.
BOUCHARD, Charlotte, [FRANÇOIS II.
b 1722 ; veuve de François Perron.
Nicolas-Louis-César-Laurent, b 9 août 1761, à la Petite-Rivière.[9] — *Joseph*, b[9] 11 mai 1763.

I.—MARCHAND (2), PAUL, b 1731, boulanger ; de Pamiers, Languedoc.
LENOIR, Françoise.
Joseph, b et s 17 mars 1762, à Charlesbourg.

1761, (6 avril) Montréal.

III.—MARCHAND, PIERRE, [FRANÇOIS II.
b 1728.
TARDIF, Suzanne, [JEAN I.
b 1735.

1761, (27 juillet) Ste-Foye. [4]

II.—MARCHAND, ETIENNE, [FRANÇOIS-LOUIS I.
b 1739.
DUMESNIL, Marguerite, [NICOLAS II.
b 1738.
Etienne, b[4] et s[4] 20 oct. 1762.—*François-Louis*, b 28 sept. 1763, à Québec.[5] — *Marguerite*, b[5] 28 et s[5] 30 sept. 1763.

1762, (27 juillet) Château-Richer.

V.—MARCHAND, JEAN-BTE, [CHARLES IV.
charpentier.
GIROUX (3), Françoise, [JACQUES-JEAN-BTE II.
b 1735.
Marie-Elisabeth, b 17 mai 1763, à Québec[5] ; m[5] 22 juin 1779, à Charles-Joseph MÉTOT.

1764, (16 juillet) Québec. [6]

IV.—MARCHAND, LOUIS-ETIENNE. [JOSEPH III.
VALLIÈRE, Marie-Thérèse, [FRANÇOIS III.
b 1740.
Marie-Thérèse, b... m[6] 13 nov. 1787, à Louis LABERGE.

(1) Capitaine de navire.
(2) Venu, en 1759, de Bordeaux, sur la "Flute de Canon." (Registre des Procès-verbaux de 1761, Evêché.)
(3) Elle épouse, le 31 juillet 1781, Joseph Blondin, à Québec.

MARCHAND, Antoine.
Terrien, Dorothée.
Jean-François, b 27 oct. 1765, à Kamouraska.

1767, (19 oct.) Ile-Dupas.
II.—MARCHAND, Joseph. [Antoine I.
Hayot, Thérèse. [Joseph.

1770, (12 nov.) Varennes.
IV.—MARCHAND, Jean-Bte, [Jean-Bte III.
b 1738.
Marmet (1), Marie-Elisabeth, [Jean I.
b 1746.
Elisabeth, b... m 23 nov. 1790, à Etienne-François Parant, à Québec.[7] — *Marie-Amable*, b... m [7] 14 oct. 1794, à Charles Vallée.

1773, (15 janvier) Batiscan.[1]
IV.—MARCHAND, Ls-Alexis, [Ls-Joachim III.
b 1741.
Trotier (2), Marie-Joseph, [Pierre IV.
b 1746.
...... (3), b 1773; s [1] 4 janvier 1776.—*Anonyme*, b [1] et s [1] 6 sept. 1778.—*Louis*, b [1] 19 déc. 1781.—*Louise*, b [1] 23 juin 1783. — *Marie-Véronique*, b [1] 27 avril 1785. — *Joachim*, b [1] 22 février 1787.—*Marguerite*, b [1] 4 et s [1] 8 mars 1788. — *Marie-Françoise*, b [1] 24 déc. 1789.

1776, (22 avril) Batiscan.[6]
IV.—MARCHAND, Ignace, [Ls-Joachim III.
b 1755.
Bigot, Geneviève, [Joseph-Marie III.
b 1763.
Marguerite, b [6] 28 juillet 1781.

1777, (3 février) Batiscan.[3]
IV.—MARCHAND, Bénoni, [Ls-Joachim III.
b 1754.
Chandonnet, Marthe, [Charles II.
b 1764.
François-Xavier, b [3] 15 nov. 1794.

1777, (5 février) Ste-Anne-de-la-Pérade.[6]
IV.—MARCHAND, Ls-Joachim, [Ls-Joachim III.
b 1750.
1° Gouin, Thérèse, [Louis III.
b 1758; s 1er nov. 1787, aux Grondines.[7]
Marie-Anne-Thérèse-Marguerite, b [7] 13 mars 1778. — *Marie-Joseph-Emérante*, b [7] 12 janvier 1780.—*Marie-Anne*, b [7] 3 nov. 1781; m [6] 24 janvier 1804, à Antoine Charets. — *Geneviève*, b [7] 20 août 1785. —*Marie-Thérèse*, b [7] 1er nov. 1787.
1789, (10 fevrier).[7]
2° Hamelin, Prospère. [Joseph-Marie III.

1777, (12 mai) Batiscan.
IV.—MARCHAND, Frs-Amable, [Ls-Joachim III.
b 1753.
Cailla (4), Marguerite, [Jean III.
b 1751.

(1) Aussi appelée Vermet.
(2) Labissonnière.
(3) Le nom manque au registre.
(4) Voy. Caillia.

1778.
IV.—MARCHAND, J.-Bte-Jos., [Ls-Joachim III.
b 1742; s 23 mars 1790, au Cap-de-la-Madeleine.[2]
Leblanc (1), Victoire.
Louis-Joseph, b 15 août et s 15 sept. 1779, à Batiscan.[3] — *Joseph-Alexis*, b [3] 28 juillet 1780.—*Marguerite*, b [3] et s [3] 3 août 1785. — *Marguerite*, b [2] 13 sept. 1786. — *Judith*, b [2] 18 oct. 1789; s [2] 23 mars 1790.

1778, (15 sept.) Québec.[4]
IV.—MARCHAND (2), Louis, [Nicolas III.
b 1757.
Roussel, Françoise, [Joseph II.
b 1747.
Louis-Charles, b [4] 30 juin et s [4] 18 juillet 1779.—*Françoise*, b et s 4 janvier 1782, à Ste-Foye.

1779, (21 sept.) Québec.
IV.—MARCHAND, Ls-Marie, [Louis-Marie III.
b 1753.
Marcou, Marie-Geneviève. [Pierre IV.

1783, (16 juin) St-Cuthbert.[6]
IV.—MARCHAND, Antoine. [Jean-Frs III.
Corriveau, Angélique, [Jacques III.
b 1760.
Angélique, b [6] 11 avril 1784.—*Geneviève*, b [6] 24 février 1787.—*Antoine*, b [6] 21 sept. 1788.—*Anonyme*, b [6] et s [6] 4 juin 1791.—*Joseph-Marie*, b [6] 16 et s [6] 26 fevrier 1795.

1789, (16 fevrier) Batiscan.[7]
IV.—MARCHAND, Ant.-Frs, [Ls-Joachim III.
b 1745.
Dutaut (3), Marguerite. [Joseph-Alexis III.
Marie-Marguerite, b [7] 6 nov. 1789.—*Marie-Madeleine*, b [7] 25 mars 1791; s [7] 16 nov. 1795.—*Antoine*, b [7] 7 juin 1792.—*Joseph*, b 1794; s [7] 23 fevrier 1795.—*Jean-Baptiste*, b [7] 22 oct. 1795.

1790.
IV.—MARCHAND, Joachim, [Ls-Joachim III.
b 1751.
Toutaut, Marie-Joseph. [Jean-Bte.
Joachim, b 7 déc. 1791, à Batiscan.[8] —*Joseph*, b [8] 30 juillet 1793.

1792.
MARCHAND, Augustin.
Jacques, Marie-Charlotte.
Pierre, b 1793; s 24 avril 1795, à St-Cuthbert.[9] —*Augustin*, b [9] 9 juillet et s [9] 10 août 1795.

1795, (13 avril) Batiscan.
IV.—MARCHAND, Pierre-Ls, [Ls-Joachim III.
b 1764.
Lisé, Marguerite. [Jean-Bte.

(1) Elle épouse, le 21 janvier 1794, Joseph Lefebvre, au Cap-de-la-Madeleine.
(2) Capitaine de Vaisseau.
(3) Dit Tourville.

I.—MARCHAND, LOUIS-ABRAHAM, de Souvilliers, canton de Berne, Suisse.
BRAND, Emilie.
Mélanie-Emilie, b... m 5 février 1827, à Joseph GAUTIER, à St-Louis, Mo.

MARCHANT.—Voy. MARCHAND.

MARCHELIDON.—Voy. MARCHILDON.

MARCHENOT.—Voy. MARCHESSEAU.

MARCHESSAU.—Voy. MARCHESSEAU.

MARCHESSEAU —*Variations et surnom :* MARCHENOT—MARCHESSAU—LARAMEE.

1710, (10 nov.) Québec. [6]

I.—MARCHESSEAU (1), JEAN, fils de Jean et d'Anne Boutillier, de St-Jary, LaRochelle, Aunis.
GATIEN (2), Madeleine, [PIERRE I.
b 1691.
Jean-Baptiste, b [6] 20 et s [6] 30 sept. 1711.—*Susanne-Michelle*, b [6] 28 sept. 1712; s [6] 23 sept. 1714.—*Joseph*, b [6] 15 avril 1715; s [6] 2 déc. 1719. —*Jean-Baptiste*, b [6] 18 août 1717; m [5] 1er oct. 1742, à Jeanne CORBIN; s [5] 7 déc. 1749.—*Joseph*, b [6] 19 avril 1720; s [6] 24 dec. 1741.—*Nicolas*, b [6] 5 mars 1723; m 30 avril 1753, à Catherine PÉRAS, à Montreal.—*Marie-Geneviève*, b [6] 4 sept. 1726; m [6] 3 août 1750, à Joseph-Thomas PARADIS; s 11 sept. 1764, à St-Antoine-de-Chambly. — *Marie-Anne*, b [6] 17 février 1729.—*Louis*, b [6] 7 juin 1732; s [6] 7 avril 1733.

1742, (1er oct.) Québec. [8]

II.—MARCHESSEAU, JEAN-BTE, [JEAN I.
b 1717; charpentier; s [8] 7 dec. 1749.
CORBIN (3), Marie-Jeanne, [DAVID II.
b 1717.
Christophe, b [8] 21 mars 1744.—*Jean-Baptiste*, b [8] 4 juin 1746.—*Marie-Geneviève*, b [8] 27 mars 1748.—*Etienne* (posthume), b [8] 2 avril 1750.

1753, (30 avril) Montréal.

II—MARCHESSEAU (4), NICOLAS, [JEAN I.
b 1723.
PERAS, Catherine, [PIERRE III.
b 1727.
Catherine, b... s 9 sept. 1756, à St-Laurent, M.

MARCHET.—*Variation :* MARCHAIS.

I—MARCHET (5), JEAN,
b 1662; s 23 déc. 1732, à Québec. [5]
1° GÉLY, Marie-Jeanne, [JEAN I.
b 1668.
Marie-Joseph, b [5] 31 mars 1704; 1° m à Mathurin NOREAU; 2° m à Jean MAILLOU; 3° m [5] 26 juin 1758, à Jean HAMEL.

1715, (26 août). [5]
2° PLUCHON, Catherine,
veuve de François Savary.

1742, (29 janvier) Québec. [1]

I.—MARCHET (1), PIERRE, fils de Jean et de Marie Drugeon, de St-Louis, ville de Rochefort, Saintonge.
TOUCHET, Louise, [THOMAS III.
b 1718; s [1] 12 mai 1783.
Marie-Louise, b [1] 20 oct. 1751; s [1] 4 mai 1754. — *Marie-Angélique*, b [1] 25 juillet 1755; m [1] 28 août 1787, à Louis LEFEBVRE.

MARCHETAU.—Voy. MARCHETEAU.

MARCHETEAU.—*Variation et surnom :* MARCHETAU—DESNOYERS.

1699, (5 janvier) Montreal. [8]

I.—MARCHETEAU (2), PIERRE,
b 1678.
PILET (3), Marie-Marguerite, [FRANÇOIS I.
b 1683.
Joseph, b [8] 6 oct. 1699; 1° m 1er fevrier 1728, à Madeleine ROBERT, au Detroit; 2° m [8] 9 fevrier 1733, à Elisabeth LEDUC. — *Marie-Anne*, b [8] 23 août 1701; m [8] 25 nov. 1720, à Sebastien MAJOR. — *Jeanne*, b [8] 28 mars 1703; m [8] 11 juillet 1723, à Louis COURSOL.—*Laurent*, b [8] 5 août 1704; m 8 oct. 1725, à Catherine ROY, à Laprairie, s [8] 28 sept. 1737. — *Marie*, b 6 juillet 1706, à St-François, I. J.; 1° m [8] 15 nov. 1728, à Yves PENNE; 2° m [8] 27 fevrier 1734, à Toussaint BERTHELET.—*Pierre*, b [8] 30 mars 1708; m 22 nov. 1740, à Marie-Anne DURUAU, aux Trois-Rivières [9]; s [9] 7 avril 1766.—*Louis*, b [8] 2 fevrier 1711; 1° m [8] 13 avril 1733, à Françoise LEDUC; 2° m 3 juillet 1772, à Marie-Anne MÉTIVIER, à St-Louis, Mo.—*Jacques-François*, b [8] 15 janvier 1714; s [8] 30 oct. 1716.—*Marie-Louise*, b [8] 13 mai et s [8] 3 nov. 1716. — *Jean-Baptiste-Laurent*, b [8] 17 août 1717; m 12 janvier 1756, à Geneviève DOYER, à Québec.—*François-Louis*, b [8] 8 oct. 1719; m [8] 4 sept. 1747, à Marie-Joseph DEMARLE. — *Marie-Elisabeth*, b [8] 20 avril 1721; s [8] 3 mars 1722.—*Marie-Catherine*, b [8] 20 avril 1721.—*Geneviève*, b [8] 14 oct. 1724.—*Marie-Joseph*, b... m 21 fevrier 1757, à François-Xavier BEAUVAIS, à Chambly.

1725, (8 oct.) Laprairie.

II.—MARCHETEAU (4), LAURENT, [PIERRE I.
b 1704; s 28 sept. 1737, à Montréal. [5]
ROY (5), Catherine, [PIERRE II.
b 1707.
Angélique, b [5] 29 nov. 1726; 1° m [5] 30 juillet 1742, à Jacques CHIMAIS; 2° m 17 juin 1754, à

(1) Dit Laramée.
(2) Elle épouse, le 20 janvier 1737, Christophe Dubois, à Québec.
(3) Elle épouse, le 15 nov. 1751, Pierre Laberge, à Québec.
(4) Et Marchessau—Marchenot dit Laramée.
(5) Voy. vol. I, p. 409.

(1) Et Marchais.
(2) Dit Desnoyers; voy. vol. I, p. 409.
(3) Et Juillet.
(4) Dit Desnoyers.
(5) Elle épouse, le 8 fevrier 1740, Hubert Robin, à Montréal.

Paul Baillargeon, à Ste-Anne-de-la-Pérade [6]; s [6] 18 février 1764. — *Laurent*, b [5] 2 août 1728. — *Marie-Céleste*, b [5] 31 janvier 1730 ; m [5] 29 janvier 1748, à Jean Troche. — *Pierre*, b... m 10 février 1755, à Jeanne Roy, à Lachine. — *Marie-Joseph*, b [5] 7 sept. 1735; m [5] 17 janvier 1757, à Jean Guillebaut ; s 1er mai 1765, au Détroit.—*Michel-Joseph*, b [5] 17 nov. 1736 ; m 25 juillet 1763, à Thérèse Parant, à Michillimakinac.—*Elisabeth*, b [5] 19 nov. 1737 ; s [5] 16 février 1738.

1728, (1er fevrier) Détroit. [5]

II.—MARCHETEAU (1), Joseph, [Pierre I.
b 1699 ; menuisier.

1° Robert, Madeleine, [Pierre III.
b 1711 ; s 21 nov. 1730, à Montreal. [6]

Joseph, b [5] 2 dec. 1728 ; s [5] 22 mars 1729.— *Jeanne*, b [5] 20 mars 1730 ; m 7 janvier 1747, à Charles Routier, à Cahokia. [7]

1733, (9 février). [6]

2° Leduc, Elisabeth, [Joseph II.
b 1711.

Elisabeth, b [5] 6 sept. 1734 ; m [7] 19 janvier 1752, à Jean-Baptiste Becquet. — *Antoine*, b [5] 5 et s [5] 15 avril 1736.— *Marie-Joseph*, b... m [7] 12 janvier 1759, à Toussaint Cellier ; s [7] 19 juillet 1759.— *Joseph*, b 18 juin 1744, au Bout-de-l'Ile, M.

MARCHETEAU, Jean-Bte.
Rouleau, Marie-Charlotte, [Louis I.
b 1699.

Charlotte-Amable, b 12 mars 1730, à Montréal.

1733, (13 avril) Montréal. [2]

II.—MARCHETEAU (1), Louis, [Pierre I.
b 1711.

1° Leduc, Françoise, [Joseph II.
b 1714.

Joseph, b [2] 19 février 1734. — *Louis*, b... m 7 nov. 1766, à Véronique Panissé, à St-Louis, Mo. [3] —*Véronique*, b... m à Louis Ride.

1772, (3 juillet). [3]

2° Métivier, Marie-Anne,
veuve de Félix Quirigou.

1740, (22 nov.) Trois-Rivières. [5]

II.—MARCHETEAU (2), Pierre, [Pierre I.
b 1708 ; s [5] 7 avril 1766.

Duruau (3), Marie-Anne, [Pierre I.
b 1718 ; s [5] 6 nov. 1761.

Marie-Joseph, b [5] 5 et s [5] 12 sept. 1741.—*Marie-Julie*, b [5] 9 et s [5] 14 janvier 1743.—*Pierre-Denis*, b [5] 11 juillet 1744. — *Joseph*, b [5] 9 fevrier et s [5] 5 mars 1746. — *Marie-Anne*, b [5] 17 avril et s [5] 27 juillet 1747.— *Théodose*, b [5] 31 mai 1748.—*Jean-Baptiste*, b [5] 15 sept. 1749.—*Marie-Charlotte*, b [5] 10 août et s [5] 27 sept. 1750. — *Pierre*, b [5] 4 et s [5] 26 déc. 1751. — *Thérèse*, b [5] 16 janvier 1753. — *Marie-Barthélemie*, b [5] 15 sept. 1754. — *Pierre*, b... s 7 août 1757, à la Pte-du-Lac. — *Marie-Renée*, b [5] 26 mars 1756. — *François*, b [5] 29 mai 1757.—*Marie-Louise* b [5] 12 juillet 1758.—*Joseph*, b... m 7 août 1781, à Geneviève Létourneau, à Québec.—*Marie-Anne*, b [5] 11 oct. et s [5] 5 dec 1761.

(1) Dit Desnoyers.
(2) Dit Desnoyers, 1741.
(3) Dit Poitevin.

1747, (4 sept.) Montréal. [3]

II.—MARCHETEAU (1), Frs-Louis, [Pierre I
b 1719.

Demarle (2), Marie-Joseph, [Joseph I
b 1730.

François-Joseph, b [3] 15 juillet et s [3] 5 déc. 1748. — *Marie-Joseph*, b 1er janvier 1751, au Detroit [4]; m 11 nov. 1768, à Jean-Baptiste Durand, à St-Louis, Mo. [5] — *Jean-Baptiste*, b [4] 7 nov. 1752 ; s [4] 1er juin 1753. — *Marie-Joseph*, b [4] 26 dec. 1753.— *François*, b [4] 5 et s [4] 7 sept. 1755. — *Marie-Geneviève*, b [4] 21 janvier 1757. — *Véronique*, b [4] 9 juillet et s [4] 24 août 1759.— *Véronique*, b... m [5] 9 juillet 1782, à Pierre Pepin.

1755, (10 février) Lachine. [6]

III.—MARCHETEAU (1), Pierre. [Laurent II.
Roy, Jeanne. [François III

Marie-Joseph, b 16 et s 25 nov. 1755, à St-Laurent, M. [7] —*Marie-Hélène*, b [7] 29 juillet 1758 ; s [6] 13 mars 1759.

1756, (12 janvier) Québec.

II.—MARCHETEAU, J.-B.-Laurent, [Pierre I.
b 1717.

Doyer (3), Geneviève, [Michel II
b 1725 ; veuve de Jean Diau.

Geneviève, b et s 21 août 1757, à St-Laurent, M.

1763, (25 juillet) Michillimakinac. [6]

III.—MARCHETEAU (1), Michel, [Laurent II.
b 1736.

Parant, Thérèse. [Pierre

Marie-Anne, b [6] 3 juin 1764.

1766, (7 nov.) St-Louis, Mo.

III.—MARCHETEAU (4), Louis. [Louis II
Panissé, Véronique, [Joseph
veuve de Jean Brunet-Lagiroffiée.

1781, (7 août) Québec.

III.—MARCHETEAU (1), Joseph. [Pierre II
Létourneau, Geneviève, [Louis IV
b 1751.

MARCHETERRE. —Voy.—Coutelais —Dubuisson—Vallier.

I.—MARCHETERRE (5), Pierre, b 1676 ; s 11 déc. 1711, à Montreal.

I.—MARCHETERRE (6), Jean-Bte, b 1677 ; s 28 juillet 1717, à Montreal.

(1) Dit Desnoyers.
(2) Et Denoyelle.
(3) Mariée sous le nom de Dauvier.
(4) Dit Desnoyers.
(5) Soldat de la compagnie de Desjordis.
(6) Soldat de la compagnie de Lacorne.

MARCHILDON.—*Variation* : MARCHELIDON.

1740, (29 février) Ste-Geneviève.

I.—MARCHILDON (1), RENÉ, fils de Vincent et de Jeanne Lamarque, de St-Féré, Poitou.
BARIBEAU, Marie-Joseph, [FRANÇOIS II.
b 1722.
Joseph-Charles, b 12 juillet 1754, à Batiscan [1]; m 1774, à Madeleine ROY.—*Marie-Charlotte*, b... m [1] 22 août 1774, à Jean-Louis LEMAY. — *Jean-Baptiste*, b... m [1] 28 avril 1777, à Geneviève LEFEBVRE.—*François*, b... m [1] 9 janvier 1789, à Marie-Joseph LHEUREUX.—*Marie-Joseph*, b... m à Nicolas GANTREL.

1774.

II.—MARCHILDON, JOSEPH-CHARLES, [RENÉ I.
b 1754.
ROY-CHATELLEREAU, Madeleine.
Madeleine, b 20 juin et s 17 août 1775, à Batiscan. [3]—*Louis*, b [3] 27 avril 1778.— *Marie-Françoise*, b [3] 24 juin 1780.—*Marguerite*, b [3] 23 février 1784.

1777, (28 avril) Batiscan. [4]

II.—MARCHILDON, JEAN-BTE. [RENÉ I.
LEFEBVRE, Geneviève, [ALEXIS II.
veuve de Pierre Rivard.
Angélique-Scholastique, b [4] 14 mars et s [4] 8 juillet 1781. — *Louis*, b [4] 26 août 1782. — *Alexis*, b [4] 11 février 1784. — *Geneviève-Euphrosine*, b [4] 31 oct. 1785.— *Françoise-Brigitte*, b [4] 2 juillet et s [4] 3 août 1788.—*Joseph*, b [4] 26 sept. 1791 ; s [4] 23 sept. 1792.

1789, (9 janvier) Batiscan.

II.—MARCHILDON (1), FRANÇOIS. [RENÉ I.
LHEUREUX, Marie-Joseph, [LOUIS-JOSEPH IV.
b 1762.

MARCILLE.—Voy. MARSIL.

MARCK, FRANÇOIS.
LAJEUNESSE, Catherine.
Marie-Catherine, b 24 oct. 1759, aux Trois-Rivières [6]; s [6] 7 janvier 1760.

MARCOREL.—Voy. MARCOURELLES.

MARCOT.—*Variations et surnoms* : MARCOTTE—MARGUOTE—JANNOT—LAMOTTE.

1670, (14 sept.) Quebec. [2]

I.—MARCOT (2), NICOLAS,
b 1645.
TAUREY, Martine,
b 1646.
Isabelle, b [2] 26 février 1673 ; 1° m 30 juillet 1691, à Mathurin ROBERT, à la Pte-aux-Trembles, Q. [5], 2° m 25 avril 1713, à David GIRAUDEAU, à Deschambault. — *Bernard-Pierre*, b [5] 11 juin 1680 ; m à Marie-Louise HOULE ; s 1er juillet 1767, à Lotbinière. — *Marguerite*, b [5] 6 août 1683 ; m à Joseph FAUCHER.

(1) Et Marchelidon.

(2) Voy. vol. I, p. 410.

1671.

I.—MARCOT (1), JACQUES,
b 1648.
SALÉ, Elisabeth,
b 1651.
Jacques, b 28 janvier 1673, aux Trois-Rivières ; m 1692, à Marie BAUDET ; s 21 mars 1737, au Cap-Santé. [7] — *Jean-Baptiste*, b 12 oct. 1676, à Québec ; m 12 juin 1708, à Marie PAQUIN, à Ste-Famille, I. O. [8] ; s [8] 26 février 1731.—*Jean*, b 1685 ; m [7] 6 avril 1717, à Marie-Anne MORISSET.—*François*, b 1688 ; m 24 avril 1716, à Thérèse DESNOYERS, à Deschambault. — *Michel*, b 1689 ; m 1720, à Marguerite AIDE-CRÉQUY.

II.—MARCOT (1), JACQUES, [JACQUES I.
b 1673 ; s 21 mars 1737, au Cap-Sante. [1]
BAUDET, Marie. [JEAN I.
Michel, b 1692 ; 1° m 1720, à Françoise JUGNAC; 2° m [1] 2 août 1728, à Marie-Louise RICHARD ; s [1] 17 août 1744.—*Jacques*, b [1] 19 mars 1698 ; m 30 nov. 1743, à Marguerite BISSONNET, à Deschambault.—*Jean-Baptiste*, b 1700 ; m [1] 8 nov. 1725, à Marie-Marguerite HARDY.—*Marie-Louise*, b 1701; m [1] 6 août 1731, à Joseph RICHARD ; s [1] 27 dec. 1739.—*Marie-Anne*, b [1] 1er avril 1709 ; m [1] 24 nov. 1734, à Joseph PAQUIN ; s [1] 5 janvier 1748.—*Jean-François*, b [1] 2 déc. 1711 ; m [1] 10 février 1738, à Marie-Elisabeth MOTARD.—*Henri*, b... m à Marie-Charlotte HARDY.—*Gervais*, b... m [1] 22 janvier 1742, à Marie-Françoise MOTARD.—*François*, b... m [1] 22 avril 1743, à Marie-Joseph MORISSET.—*Marie-Angélique*, b... 1° m [1] 16 août 1745, à Charles-François FISET ; 2° m [1] 17 janvier 1752, à Joseph-Benjamin ARCAN.—*Jean-François*, b... m [1] 13 fevrier 1747, à Marie-Therèse MORISSET.

1708, (12 juin) Ste-Famille, I. O. [2]

II.—MARCOT, JEAN-BTE, [JACQUES I.
b 1676 ; s [2] 26 fevrier 1731.
PAQUIN, Marie, [NICOLAS I.
b 1680.
Marie-Joseph, b [2] 31 mars 1709 ; s [2] 8 juillet 1710.—*Anonyme*, b [2] et s [2] 8 mars 1711.—*Anonyme*, b [2] et s [2] 28 déc. 1711.—*Jean-Baptiste*, b [2] 21 nov. 1712 ; m [2] 4 août 1738, à Angélique PAQUET ; s 15 nov. 1739, à Beauport.—*Marie-Anne*, b [2] 15 mai 1715 ; m 10 juin 1736, à Jacques PERROT, à Deschambault [3] ; s [3] 13 juillet 1795.—*Marie-Joseph*, b 1717 ; m [3] 27 juillet 1738, à Louis-Joseph ROBERT-ST. AMANT ; s [3] 5 sept. 1785.—*Joseph*, b [2] 4 janvier 1718 ; s [3] 5 oct. 1749.—*Marie-Elisabeth*, b [2] 15 août 1720 ; m [3] 6 nov. 1747, à Pierre-Joseph GROLEAU ; s [3] 22 mai 1758. —*Marguerite*, b 1724 ; m [3] 6 nov. 1739, à Jean-François BENOIT ; s [3] 2 nov. 1784.—*Dorothée*, b [2] 23 janvier 1725.—*Marie-Thérèse*, b [2] 21 fevrier et s [2] 30 juillet 1728.

(1) Voy. vol. I, p. 410.

1713.

II.—MARCOT, Pierre, [Nicolas I.
b 1680; s 1er juillet 1767, à Lotbinière. [4]
Houle, Marie-Louise,
s [4] 18 avril 1732.

Marie-Louise, b 1714; s 3 mars 1752, à St-Nicolas. [5] — *Marie-Marguerite*, b... 1° m [5] 31 août 1739, à Jacques-François Huot; 2° m [5] 6 juin 1748, à Charles Dubois.—*Marie-Anne*, b... m 18 nov. 1748, à Louis Rivard, à Batiscan. [6] —*Pierre*, b 1725; m 1746, à Anne Portelance; s 3 fevrier 1773, à Nicolet. [7] —*Claude-André*, b 28 nov. 1728, aux Grondines.—*Michel*, b 1730; m [4] 2 février 1750, à Marie-Joseph Lemay.—*Joseph*, b [4] 8 avril 1731.—*Marie-Joseph*, b... m [6] 14 mai 1753, à Guillaume Pinard; s [7] 30 juin 1797.

1716, (24 avril) Deschambault. [4]

II.—MARCOT, François, [Jacques I.
b 1688.
Desnoyers (1), Thérèse, [François I.
b 1697.

Marie-Thérèse, b... m 24 oct. 1735, à Jean-Baptiste Groleau, au Cap-Sante. [5] —*Marie-Joseph*, b... m 23 nov. 1739, à Joseph Hamelin, à Ste-Anne-de-la-Pérade.—*Marie-Angélique*, b [5] 29 mai 1721; m [4] 3 oct. 1741, à Pierre Brunet; s [4] 30 avril 1799.—*Marie-Françoise*, b 1723; m [4] 11 janvier 1745, à Jean Mathieu; s [4] 29 mars 1784.—*Marie*, b [6] 24 février 1726; m [4] 12 janvier 1750, à Antoine Perron.—*Joseph*, b 1729; m [4] 5 sept. 1763, à Marie-Joseph Méran; s [4] 12 juin 1799.

1717, (6 avril) Cap-Santé. [5]

II.—MARCOT, Jean, [Jacques I.
b 1685.
Morisset, Marie-Anne, [Mathurin I.
b 1699.

Jean-François, b [5] 8 août 1728; m 8 oct. 1753, à Marie-Angelique Fiset, aux Ecureuils.—*Pierre*, b... m [5] 12 janvier 1750, à Elisabeth Matte.—*Marie-Anne*, b... m [5] 11 janvier 1751, à Joseph Motard.—*Joseph*, b... m 7 fevrier 1752, à Marie-Louise ...., à Deschambault.—*Marie-Madeleine*, b [5] 16 oct. 1734.—*Antoine*, b [5] 23 nov. 1738.

1717, (6 avril) Cap-Santé. [5]

II.—MARCOT (2), Jean-François, [Jacques I.
b 1691.
Morisset, Geneviève, [Mathurin I.
b 1697.

André, b [5] 18 janvier 1721; m 1763, à Marie-Anne Hubert. — *Marie-Joseph*, b... m [5] 15 nov. 1745, à Jean-Baptiste Frenet.—*Marie-Geneviève*, b... m [5] 9 février 1750, à Louis Galarneau. — *Jean-Baptiste*, b 1724; m [5] 7 avril 1750, à Marie-Françoise Frenet. — *Marie*, b [5] 2 juillet 1726; m [5] 16 oct. 1747, à Pierre Germain. — *Augustin*, b [5] 22 sept. 1728; m [5] 25 fevrier 1754, à Marie-Madeleine Carpentier. — *Joseph-Marie*, b [5] 25 mars 1730; m [5] 7 fevrier 1752, à Marie-Madeleine Matte.—*François*, b [5] 7 sept. 1732; m [5] 22 nov. 1751, à Geneviève Gaudin.— *Marie-Elisabeth*, b [5] 19 oct. 1734; m [5] 25 fevrier 1754, à Jean-Bernardin Frenet. — *Alexis*, b [5] 29 mai 1737. — *Jean-François*, b [5] 27 avril 1739; m 1756, à Marie-Joseph Pagé.

(1) Elle épouse, le 23 oct. 1730, Jean Denevers, au Cap-Sante.

(2) Dit Jannot.

1720.

III.—MARCOT, Michel, [Jacques II.
b 1692; s 17 août 1744, au Cap-Sante. [1]
1° Jugnac, Françoise, [François I.
b 1697.

Marie-Françoise, b [1] 27 sept. 1721; m 3 janvier 1763, à Antoine Blay, à Yamachiche. [2] — *Marguerite*, b [1] 25 janvier 1725; m [1] 15 mai 1752, à Ignace Langlois. — *Marie-Madeleine*, b [1] 29 dec. 1726.

1728, (2 août). [1]

2° Richard, Marie-Louise, [Alexis II.
b 1710; s 18 mars 1761, à la Pte-aux-Trembles, Q.

René, b [1] 2 oct. 1730; 1° m 22 nov. 1751, à Marie-Marguerite Gautier, à Deschambault [3]; 2° m 1759, à Marguerite Arcan.—*Jean-François*, b [1] 26 sept. 1732; m [2] 11 fevrier 1760, à Marie-Joseph LeSieur.— *Alexis*, b [1] 26 sept. 1732; m [3] 9 août 1761, à Marie-Catherine Frenet. — *Marie-Joseph*, b [1] 8 déc. 1734; m [3] 31 août 1767, à Jean-Baptiste Prou. — *Marie-Louise*, b [1] 11 fevrier 1737. — *Joseph-Louis*, b [1] 25 mars 1739; m [3] 1er janvier 1761, à Marie-Geneviève Paquin.—*Marie-Angélique*, b [1] 6 sept. 1740; m [2] 5 mars 1764, à Pierre Lamy.—*Geneviève*, b [1] 22 mars 1742.

III.—MARCOT, Henri, [Jacques II.
b 1699.
Hardy, Marie-Charlotte, [Pierre II.
b 1700; s 11 août 1732, au Cap-Sante.

1720.

II.—MARCOT, Michel, [Jacques I.
b 1689.
Aide-Créquy, Marguerite, [Paul II.
b 1701.

Michel, b 1720; m 16 février 1756, à Marie-Joseph Hérou, à Yamachiche. [7] — *Marguerite*, b 1728; s [7] 23 juillet 1756.

1725, (8 nov.) Cap-Sante. [5]

III.—MARCOT, Jean-Bte, [Jacques II.
b 1700.
Hardy (1), Marie-Marguerite, [Pierre II.
b 1701; s [5] 27 avril 1754.

Marie, b [5] 12 oct. 1726. — *Joseph*, b... m 3 février 1749, à Marie-Thérèse Pleau, aux Ecureuils. —*Marie-Marguerite*, b [5] 24 nov. 1729; s [5] 4 août 1742.—*Monique*, b [5] 15 avril 1732.—*Marie-Madeleine*, b [5] 3 oct. 1733. — *Suzanne-Amable*, b [5] 9 juillet 1735. —*François-Amable*, b [5] 4 sept. 1736; m 2 février 1761, à Louise Nicolas, à Montreal. — *Jean-Baptiste*, b [5] 24 juillet 1738. — *Philippe*, b [5] 10 nov. 1740; m 1773, à Marie Deschevery; s 19 avril 1791, à St-Cuthbert.

(1) Dit Chatillon.

MARCOT, François.
Grenier, Thérèse. [Jean-Bte.
Marie-Joseph, b... m 14 février 1774, à Charles Hoot-St. Laurent, à Nicolet.

1738, (10 fevrier) Cap-Santé. [3]
III.—MARCOT, Jean-François, [Jacques II.
b 1711.
Motard, Marie-Elisabeth, [Louis I.
b 1708 ; s [3] 10 déc. 1749.
Jean-François, b [3] 29 août 1739. — *Anonyme*, b [3] et s [3] 15 déc. 1742.—*Joseph-Marie*, b [3] 18 juin 1745. — *François*, b [3] 5 oct. 1747 ; s [3] 21 août 1748.—*Marie-Anne*, b [3] 19 sept. 1749.

1738, (4 août) Ste-Famille, I. O. [9]
III.—MARCOT, Jean-Bte, [Jean-Bte II
b 1712 ; s 15 nov. 1739, à Beauport.
Paquet (1), Angélique, [François II.
b 1715.
Jean-François, b [9] 12 juin et s [9] 10 oct. 1739.

1742, (22 janvier) Cap-Santé.
III.—MARCOT, Gervais. [Jacques II.
Motard, Marie-Françoise. [Louis I.

1743, (22 avril) Cap-Santé. [5]
III.—MARCOT, François. [Jacques II.
Morisset, Marie-Joseph. [Mathurin II.
Marie-Joseph, b [5] 24 mars 1744.—*Jean-François*, b [5] 4 oct. 1745 ; 1° m 13 janvier 1772, à Thérese Groleau, à Deschambault [6] ; 2° m [6] 17 juin 1793, à Marie-Joseph Bertrand.—*Joseph-Marie*, b [5] 27 août 1747 ; m [6] 13 nov. 1769, à Françoise Groleau.—*Michel*, b [5] 29 sept. 1749 ; s [5] 23 avril 1750.—*Alexis*, b [5] 9 mars 1751.—*Marie-Angélique*, b [5] 8 fevrier 1754.

1743, (30 nov.) Deschambault. [7]
III.—MARCOT, Jacques, [Jacques II.
b 1698.
Bissonnet, Marguerite, [François III.
b 1724.
Marguerite, b [7] 8 déc. 1743.

1746.
III.—MARCOT, Pierre, [Pierre II.
b 1725 ; s 3 février 1773, à Nicolet. [8]
Portelance, Anne.
Pierre, b [8] 10 nov. 1747 ; s [8] 25 nov. 1748.—*Pierre-Antoine*, b 4 fevrier 1750, à Lotbinière.—*Marie-Anne-Geneviève*, b [8] 20 juin 1751 ; s [8] 4 mars 1752.—*Joseph*, b [8] 15 déc. 1752 ; m [8] 21 juin 1773, à Elisabeth Daniau.—*Jean-Baptiste*, b [8] 28 août 1754 ; m [8] 7 nov. 1774, à Marie-Anne Laplante.—*Pierre-Antoine*, b [8] 25 fevrier 1756.

1747, (13 février) Cap-Sante. [9]
III.—MARCOT, Jean-François. [Jacques II.
Morisset, Marie-Therèse. [Mathurin II.
Marie-Thérèse, b [9] 16 avril 1748.—*Jean-François*, b [9] 9 mars 1750.—*Marie-Joseph*, b [9] 5 mars 1752.—*Joseph*, b [9] 15 sept. 1754.

(1) Elle épouse, le 17 avril 1741, Jean Ferlan, a Ste-Famille, I. O.

1749, (3 février) Ecureuils.
IV.—MARCOT, Joseph. [Jean-Bte III.
Pleau, Therèse, [François-Ignace II.
b 1722.
Joseph-Marie, b 25 déc. 1749, au Cap-Santé.

1750, (12 janvier) Cap-Sante. [6]
III.—MARCOT, Pierre. [Jean II.
Matte, Elisabeth, [Laurent III.
b 1730.
Elisabeth, b [6] 30 mars 1751.—*Marie-Thérèse*, b [6] 29 oct. 1752.—*Pierre*, b [6] 20 mai 1754.—*Athanase*, b 1760 ; m 26 juillet 1796, à Angelique Manseau, à Quebec.

1750, (2 février) Lotbinière. [8]
III.—MARCOT, Michel, [Pierre II.
b 1730.
Lemay (1), Marie-Joseph, [Joseph-Louis III.
b 1729.
Marguerite, b [8] 3 juin 1751.—*Marie-Geneviève*, b [8] 21 mai 1752.—*Marie-Théotiste*, b [8] 16 sept. 1753. — *Marie-Rosalie*, b 20 janvier 1755, à St-Jean-Deschaillons. [9] — *Marie-Louise*, b [8] 11 avril 1756.—*Michel*, b 1757 ; m [9] 3 nov. 1778, à Veronique Barabé.—*Joseph*, b [8] 11 juin et s [8] 28 août 1758.

1750, (7 avril) Cap-Sante. [3]
III.—MARCOT, Jean-Bte, [Jean-François II.
b 1724.
Frenet, Marie-Françoise, [Simon II.
b 1731.
Jean-Baptiste, b [3] 22 juin 1751.—*Marie-Thérèse*, b [3] 15 nov. 1752.—*Joseph-Marie*, b 16 juin 1758, à Deschambault.

1751, (22 nov.) Deschambault. [1]
IV.—MARCOT, René, [Michel III.
b 1730.
1° Gautier, Marie-Marguerite, [Pierre I.
b 1724.
Marguerite, b [1] 8 nov. 1752.—*René*, b [1] 19 et s [1] 23 août 1754.—*Marie-Joseph*, b [1] 17 juillet 1755.—*Marie-Louise*, b [1] 1er mars 1758.
2° Arcan, Marguerite. [Antoine.
Elisabeth, b 19 sept. 1760, à Yamachiche. [2] — *Jean-Baptiste*, b [2] 26 dec. 1762. — *Joseph*, b [2] 14 nov. 1765.

1751, (22 nov.) Cap-Santé.
III.—MARCOT, François, [Jean-François II.
b 1732.
Gaudin, Geneviève.

1752, (7 février) Deschambault,
III.—MARCOT, Joseph. [Jean II.
........, Marie-Louise.

(1) Elle épouse, le 19 nov. 1764, Louis Naud, à Lotbinière.

1752, (7 février) Cap-Santé. [4]
III.—MARCOT, Joseph-Marie, [Jean-Frs II.
b 1730.
Matte, Marie-Madeleine, [Alexis II.
b 1732.
Anonyme, b [4] et s [4] 23 mars 1754.

1753, (8 oct.) Ecureuils.
III.—MARCOT, Jean-François, [Jean II.
b 1728.
Fiset, Marie-Angélique, [Louis II.
b 1732.
Marie-Joseph, b 24 août 1757, à Deschambault[3]; 1° m à Emmanuel Lécuyer; 2° m [3] 19 janvier 1795, à Jean-Baptiste Benoit.

1754, (25 février) Cap-Santé.
III.—MARCOT, Augustin, [Jean-François II.
b 1728.
Carpentier, Marie-Madeleine, [Jean-Bte III.
b 1739.
Augustin, b 18 mars 1756, aux Ecureuils.

1756, (16 fevrier) Yamachiche. [4]
III.—MARCOT, Michel, [Michel II.
b 1720.
Hérou, Marie-Joseph, [Jean-Bte III.
b 1733.
Marie-Joseph, b [4] 1er nov. 1757.—*Joseph*, b [4] 1er juin 1761; s [4] 3 juillet 1762.—*Angélique*, b [4] 11 avril 1763.—*Robert*, b [4] 3 et s [4] 26 mai 1765.—*Louise*, b [4] 6 juin 1766.—*Jean-Baptiste*, b [4] 12 mars 1768.

1756.
III.—MARCOT, Jean-Frs (1), [Jean-Frs II.
b 1739.
Pagé, Marie-Joseph, [Etienne IV.
b 1733.
François-de-Sales, b 12 février 1757, à Deschambault[5]; m à Marie-Anne Germain.—*Marie-Rosalie*, b [5] 29 janvier 1763.

1760, (11 fevrier) Yamachiche.
IV.—MARCOT, Jean-François, [Michel III.
b 1732.
LeSieur, Marie-Joseph, [Antoine II.
b 1731.
Pierre, b 29 sept. 1761, à Bécancour.

1761, (1er janvier) Deschambault. [5]
IV.—MARCOT, Joseph-Louis, [Michel III.
b 1739.
Paquin, Marie-Geneviève, [Paul III.
b 1742.
Marie-Marguerite, b [5] 13 août 1763; m [5] 4 avril 1785, à Paul Paquin.—*Joseph*, b [5] 2 et s [5] 13 avril 1765.—*Marie-Thérèse*, b [5] 25 mars 1768.—*Marie*, b... m [5] 23 nov. 1790, à Joseph Perrot.—*Geneviève*, b... m [5] 29 sept. 1794, à Jacques Delisle.

(1) Aussi appelé François-de-Sales.

1761, (2 fevrier) Montréal.
IV.—MARCOT, Frs-Amable, [Jean-Bte III.
b 1736.
Nicolas, Louise, [Guillaume I.
b 1718; veuve de Jacques Amelot.

1761, (9 août) Deschambault. [8]
IV.—MARCOT, Alexis, [Michel III.
b 1732.
Frenet (1), Marie-Catherine, [Pierre II.
b 1739.
Alexis, b [8] 7 mars 1762; m [8] 12 janvier 1795, à Geneviève Gaudin.—*Catherine*, b [8] 7 mars 1763; m [8] 15 nov. 1785, à Augustin Petit.—*Marie-Madeleine*, b [8] 12 juin 1766.—*Marie-Louise*, b... m [8] 16 fevrier 1795, à Jacques Naud.

1763.
III.—MARCOT, André, [Jean-François II.
b 1721.
Hubert, Marie-Anne,
b 1735; s 25 oct. 1798, à St-Jean-Deschaillons.
André, b 18 oct. 1764, à Lotbinière. [1] — *Jean-Baptiste*, b [1] 17 mars 1766. — *Marie-Anne*, b [1] 24 dec. 1767.

1763, (5 sept.) Deschambault. [2]
III.—MARCOT, Joseph, [François II.
b 1729; s [2] 12 juin 1799.
Méran, Marie-Joseph, [Joseph II.
b 1740.
Joseph, b [2] 27 nov. 1764; s [2] 10 déc. 1765.—*Marie-Joseph*, b [2] 26 nov. 1766.

1769, (13 nov.) Deschambault.
IV.—MARCOT, Joseph-Marie, [François III.
b 1747.
Groleau, Françoise, [François III.
b 1751.

IV.—MARCOT, François, [François III.
b 1757.
Germain, Marie-Anne, [Jean-Bte III.
b 1740.
Jean-Baptiste, b 1770; m 26 janvier 1795, à Marie-Louise Méran, à Deschambault.

1772, (13 janvier) Deschambault. [3]
IV.—MARCOT, Jean-François, [François III.
b 1745.
1° Groleau, Thérèse, [François III.
b 1748; s [3] 17 fevrier 1791.
Marguerite, b... m [3] 15 juillet 1793, à Antoine Frenet.
1793, (17 juin). [3]
2° Bertrand, Marie-Joseph. [Joseph.

1773, (21 juin) Nicolet.
IV.—MARCOT, Joseph, [Pierre III.
b 1752.
Daniau, Marie-Elisabeth, [Ignace III.
b 1756.

(1) Appelee Jugnac, 1766, du nom de sa mère.

1773.

IV.—MARCOT, PHILIPPE, [JEAN-BTE III.
b 1740 ; s 19 avril 1791, à St-Cuthbert.[4]
DESCHEVERY, Marie. [JEAN I.
Joseph-Philippe, b 12 juin 1774, à Ste-Anne-de-la-Pérade.—*Marie-Anne*, b[4] 21 déc. 1775 ; s[4] 13 août 1776.

1774, (7 nov.) Nicolet.

IV.—MARCOT, JEAN-BTE, [PIERRE III.
b 1754.
LAPLANTE, Marie-Anne, [JOSEPH I.
b 1759.

1778, (3 nov.) St-Jean-Deschaillons.

IV.—MARCOT, MICHEL, [MICHEL III.
b 1757.
BARABÉ, Véronique, [NICOLAS IV.
b 1759.

1795, (12 janvier) Deschambault.

V.—MARCOT, ALEXIS, [ALEXIS IV.
b 1762.
GAUDIN, Geneviève, [LOUIS-JOSEPH IV.
b 1768.

1795, (26 janvier) Deschambault.

V.—MARCOT, JEAN-BTE, [FRANÇOIS IV.
b 1770.
MÉRAN, Marie-Louise, [ANTOINE III.
b 1772.

1796, (26 juillet) Québec.

IV.—MARCOT, ATHANASE, [PIERRE III.
b 1760.
MANSEAU, Angélique, [JEAN-BTE IV.
b 1775.

MARCOT, FRANÇOIS.
RICHARD, Marie-Geneviève.
Nathalie b... m 7 oct. 1816, à Charles DESROCHES, au Cap-Santé.

MARCOTTE.—Voy. MARCOT.

MARCOU.—Voy. MARCOUX.

MARCOUILLÉ.—Voy. MARCOULIER.

MARCOULIER.—*Variation :* MARCOUILLÉ.

1759, (26 février) Deschambault.

I.—MARCOULIER (1), PIERRE, fils de Pierre et d'Anne Couturier, de Tenac, diocèse de Xaintes, Saintonge.
GRÉGOIRE, Marie-Joseph, [JEAN-BTE III.
b 1728.
Pierre, b 23 sept. 1759, à Yamachiche.[1] — *Jean-Baptiste*, b[1] 14 déc. 1760 ; s[1] 18 juillet 1761. —*Marie-Joseph*, b[1] 19 sept. 1762.—*Jean-Baptiste*, b[1] 3 mai 1764.—*François*, b... s[1] 19 mai 1765 — *Marie-Joseph*, b[1] 24 nov. 1765. — *Joseph*, b[1] 17 janvier 1767 ; s[1] 9 août 1768. — *Marie-Madeleine*, b[1] 4 mai 1768.

(1) Il signe, le 21 février 1757, à Ste-Anne-de-la-Pérade.

MARCOULT.—Voy. MARCOUX.

MARCOUR.—*Variation et surnom :* MOCOUR—LANGEVIN.

1754, (27 mai) Montréal.

I.—MARCOUR (1), LOUIS, b 1711, soldat : fils de Louis et de Jeanne Rauchar, de Baracé, diocèse d'Angers, Anjou.
PINOT, Geneviève, [MATHURIN II.
b 1728.
Françoise-Geneviève, b 2 mai 1755, à St-Constant.

MARCOURELLES. — *Variation et surnom :* MARC-AURÈLE—LAFEUILLADE.

1759, (26 février) Verchères.[1]

I.—MARCOURELLES (2), JACQUES, b 1729 ; fils de Jacques et de Marie Verdière, de St-Vincent, diocèse de Beziers, Languedoc ; s 7 avril 1779, à Repentigny.[2]
VÉGÉARD, Françoise, [LOUIS II.
b 1730.
Pierre-Jacques, b[1] 23 déc. 1759.—*Marie-Marguerite*, b 4 janvier 1762, à St-Antoine-de-Chambly.—*Jean-Baptiste*, b 1776 ; s[2] 4 oct. 1777.

MARCOUX (3).—*Variations :* MALCOU—MARCOU—MARCOULT.

1662, (8 janvier) Québec.[1]

I.—MARCOUX (4), PIERRE,
b 1631 ; maçon ; s 12 juin 1699, à Beauport.[2]
DERAINVILLE, Marthe, [PAUL I.
b 1644 ; s[2] 19 déc. 1721.
Jean-Baptiste, b[1] 30 mai 1669 ; m 19 avril 1694, à Madeleine MIGNIER, à Charlesbourg ; s[2] 18 mai 1746. — *Madeleine*, b[2] 1er nov. 1679 ; m[2] 13 janvier 1721, à Louis GUÉRIN ; s[1] 9 oct. 1752. —*Geneviève*, b[2] 6 janvier 1682 ; m[2] 12 sept. 1707, à Charles LAVALLÉE ; s[2] 9 mai 1756.—*Pierre*, b[2] 9 juin 1684 ; s[2] 1er nov. 1759.—*André*, b[2] 24 sept. 1686 ; 1° m[2] 18 janvier 1712, à Marie-Madeleine PARANT ; 2° m[1] 28 janvier 1715, à Marie-Madeleine LENORMAND ; 3° m[1] 3 février 1721, à Marie-Angélique AMELOT ; s[2] 27 janvier 1757.

1694, (19 avril) Charlesbourg.

II.—MARCOUX (4), JEAN-BTE, [PIERRE I.
b 1669 ; s 18 mai 1746, à Beauport.[2]
MIGNIER (5), Madeleine, [JACQUES I.
b 1676 ; s[2] 18 août 1743.
François, b 1696 ; m[2] 15 avril 1720, à Marguerite BÉLANGER. — *Jean-Baptiste*, b[2] 29 juillet 1697 ; 1° m[2] 7 nov. 1724, à Angélique MIVILLE ; 2° m[2] 18 nov. 1732, à Marie-Anne PARANT ; s[2] 6 mars 1760. — *Germain*, b[2] 18 août 1699 ; m 3

(1) Et Mocour dit Langevin.

(2) Et Marc-Aurèle dit Lafeuillade ; soldat du Royal-Roussillon.

(3) Ce nom ne devrait pas prendre la lettre *x*, mais les lettres *l* et *f*, car il se forme des racines saxonnes *mark*, limites et *olf*, loup : *Limites du loup.*

(4) Voy. vol. I, p. 410.

(5) Et Magnan.

sept. 1730, à Geneviève Marchand, à Québec.[3]— *Pierre*, b[2] 2 juillet 1701 ; m[3] 16 juillet 1726, à Catherine Leduc ; s[3] 26 oct. 1757.—*Joseph*, b[2] 29 déc. 1703 ; m[2] 9 janvier 1730, à Marie-Elisabeth Toupin. — *Marie-Madeleine*, b[2] 21 mars 1706 ; m[2] 27 nov. 1724, à Ignace Clouet. — *Marie*, b[2] 9 juillet 1709 ; m[2] 18 avril 1735, à Ange-Etienne Lavallée.—*Antoine*, b[2] 6 sept. 1713 ; m[2] 7 août 1740, à Thérèse-Geneviève Lavallée.—*Louise*, b[2] 23 août 1715 ; m[2] 29 juillet 1743, à Jean Lavallée.—*Ignace*, b[2] 31 juillet 1719 ; m[2] 1er mai 1747, à Geneviève-Rose Mahanda. — *Angélique*, b[2] 5 avril 1721 ; m[2] 22 août 1746, à Jean-Baptiste Maheu.

1698, (17 nov.) Quebec.[1]

II.—MARCOUX (1), Noel, [Pierre I.
b 1674.

1° Chapeleau, Marguerite, [Jean I.
b 1676 ; s 16 juillet 1699, à Beauport[6] (noyée).

1701, (2 fevrier).[6]

2° Coté, Marguerite, [Martin II.
b 1672 ; veuve d'Andre Parant ; s[6] 3 mars 1709.

Noël, b[6] 17 janvier 1702 ; s[6] 22 janvier 1736. — *Madeleine*, b[6] 17 janvier 1704 ; 1° m à Jean-Baptiste DeRainville ; 2° m[6] 6 nov. 1730, à Antoine Carpentier ; 3° m[1] 7 juin 1740, à Charles Pinguet. — *Marguerite*, b[6] 29 mai 1705 ; 1° m[6] 28 avril 1727, à Pierre Leclair ; 2° m 12 nov. 1730, à Pierre Aubertin, à St-Pierre, I. O.[7] ; s[7] 22 dec. 1743.

1710, (4 août).[6]

3° Baugis, Jeanne-Thérèse, [Jean III.
b 1690 ; s[6] 1er juin 1758.

Marie-Geneviève, b[6] 9 juillet 1711 ; s[6] 19 oct. 1725. — *Jean-Baptiste*, b[6] 26 oct. 1715 ; m[6] 21 nov. 1740, à Angelique Maheu ; s[6] 23 déc. 1758. — *Jeanne*, b[6] 6 mars 1718 ; m[6] 5 août 1737, à Michel Giroux ; s[6] 6 mai 1758.—*Louise-Marguerite*, b[6] 1er janvier 1721 ; s[6] 12 sept. 1742. — *Louis*, b[6] 25 août 1723 ; m[6] 9 janvier 1747, à Marie Grenier.—*Ignace*, b[6] 15 dec. 1725 ; m[6] 3 février 1749, à Catherine Maheu ; s[6] 5 janvier 1758.—*Pierre*, b[6] 4 août 1728 ; m[6] 3 juillet 1752, à Veronique Grenier. — *Jacques-Joseph*, b[6] 17 juin 1730 ; m[6] 24 nov. 1755, à Marie-Louise Bruneau.

II.—MARCOUX, Pierre, [Pierre I.
b 1684 ; s 1er nov. 1759, à Beauport.

1712, (18 janvier) Beauport.[7]

II.—MARCOUX, André, [Pierre I.
b 1686 ; s[7] 27 janvier 1757.

1° Parant, Marie-Madeleine, [André II.
b 1694 ; s[7] 22 déc. 1712.

Geneviève, b[7] 10 et s[7] 12 déc. 1712.

1715, (28 janvier) Québec.[8]

2° LeNormand, Marie-Madeleine, [Joseph II.
b 1695 ; s[7] 3 fevrier 1716.

Marie-Louise, b[7] 22 janvier 1716 ; m[7] 19 juin 1741, à Michel Chevalier.

(1) Voy. vol. I, p. 410.

1721, (3 fevrier).[8]

3° Amelot, Angelique, [Jacques
b 1701 ; s[7] 5 mars 1737.

André, b[7] 26 mars 1722 ; m[7] 11 nov. 1748, Marie-Louise Lavallée. — *Marie-Angélique*, b 12 mars et s[7] 25 nov. 1723. — *Marie-Angelique*, b[7] 21 avril 1724 ; m[7] 15 mai 1752, à Alexandre Lavallée ; s[7] 6 mai 1757.—*Marguerite*, b[7] 4 juin 1725 ; m 18 août 1760, à Etienne Turgeon, Beaumont.[9]—*Jean-Louis*, b[7] 4 mars 1727 ; m[8] nov. 1749, à Marie-Geneviève Brousseau.—*Geneviève*, b[9] 3 juillet. 1728. — *Catherine*, b[7] 17 dec. 1729 ; m[7] 19 janvier 1750, à Nicolas Parant. — *Marie-Marthe*, b[7] 21 mai 1731 ; s[7] 25 juillet 1731. — *Pierre-Joseph*, b[7] 30 juin 1732 ; s[7] 26 avril 1733. — *Marie-Louise*, b[7] 1er oct. 1733 ; m[7] 2 août 1762, à Nicolas Parant ; s[7] 19 mai 1766. — *Joseph-Marie*, b[7] 18 mars 1735 ; m 20 nov. 1758, à Marguerite Coderre, à St-Ours.—*Anonyme*, b et s[7] 31 mars 1736. — *Joseph-François*, b[7] 2 février et s[7] 1er mars 1737. — *Etienne*, b[7] 2 février et s[7] 17 août 1737.

1720, (15 avril) Beauport.[1]

III.—MARCOUX, François, [Jean-Bte II.
b 1696.

Bélanger, Marguerite, [Pierre-Etienne III.
b 1701.

Jean-François, b[1] 22 mai 1721 ; m 24 nov. 1749, à Marie-Joseph Lemieux, à Berthier[2] ; s[2] 12 juin 1795. — *Alexandre*, b[1] 28 mars 1723 ; s[1] 18 janvier 1726.—*Marie*, b[1] 29 oct. 1724.—*Marguerite*, b... m[2] 30 janvier 1748, à Jean-Baptiste Mercier.—*Catherine*, b[1] 25 oct. 1726. — *Marie-Louise*, b[1] 24 août 1728 ; m[2] 25 nov. 1749, à Guillaume Lemieux. — *Louis-Alexandre*, b 1730, m[2] 12 nov. 1753, à Marie Mercier.—*Marcou*, b[1] 15 août 1732.—*Antoine*, b[1] 14 juin 1734.—*Marie-Catherine*, b[1] 2 mai 1736 ; s[1] 13 sept. 1741.—*Jean-François*, b[1] 28 mai 1738. — *Louis-Simon*, b[1] 8 mars 1741 ; m 22 sept. 1777, à Marie-Charlotte Turgeon, à Quebec.

1724, (7 nov.) Beauport.[6]

III.—MARCOUX, Jean-Bte, [Jean-Bte II.
b 1697 ; s[6] 6 mars 1760.

1° Miville, Angelique, [Charles III.
b 1707 ; s[6] 5 août 1731.

Jean-Baptiste, b[6] 29 oct. 1725 ; m 24 nov. 1748, à Apolline Mercier, à Berthier. — *Marie-Catherine*, b[6] 21 mars 1727 ; s[6] 9 janvier 1730.—*Marie-Angélique*, b[6] 6 oct. 1728 ; m 11 avril 1752, à François Charlery, à Québec.—*Marie-Louise*, b[6] 18 fevrier 1730 ; m[6] 27 oct. 1749, à Charles Lavallée. —*Geneviève*, b[6] 1er et s[6] 2 août 1731.

1732, (18 nov.)[6]

2° Parant, Marie-Anne, [Pierre II.
b 1697 ; s[6] 2 oct. 1759.

Marie-Geneviève, b[6] 19 août 1733. — *Marie-Thérèse*, b[6] 12 sept. 1734. — *Marie-Louise*, b[6] 7 sept. 1736.—*Marie-Marguerite*, b[6] 24 sept. 1738 ; m[6] 15 nov. 1762, à Joseph-Noël Parant ; s[6] 24 sept. 1767.

1726, (16 juillet) Québec. [1]
I.—MARCOUX, PIERRE, [JEAN-BTE II.
b 1701; bourgeois; s [1] 26 oct. 1757 (dans l'église).
LEDUC, Catherine, [GUILLAUME II.
b 1707; s [1] 4 oct. 1794.
Marie-Angélique, b 1727.—*Michel*, b 1734.

1730, (9 janvier) Beauport. [4]
II.—MARCOUX, JOSEPH, [JEAN-BTE II.
b 1703.
TOUPIN (1), Marie-Elisabeth, [IGNACE II.
b 1710.
Joseph, b [4] 3 mai 1730; m [4] 11 mai 1750, à Louise-Geneviève LAURENT. — *Marie-Angélique*, b [4] 18 mai et s [4] 3 juillet 1731. — *Antoine-Marie*, b [4] 14 juin 1732; 1° m 9 oct. 1758, à Marie BOURGAUD, à Berthier [5]; 2° m [5] 2 avril 1765, à Marie FERMET.—*Michel-Marie*, b [4] 15 nov. 1734, ordonné 30 nov. 1757; s 21 mars 1769, à St-Joachim.—*Françoise-Marie-Marthe*, b [4] 15 juin 1736; m [4] 15 juillet 1754, à Charles-François GIROUX. — *Marie-Angélique*, b [4] 9 mars 1738; m 5 février 1759, à Pierre-Joseph MARCEAU, à St-François-du-Sud.—*Marie-Louise* et *Marie-Geneviève*, b [4] 29 oct. 1739.—*Ignace*, b [4] 8 mars 1742; s [4] 3 avril 1745.—*Marie-Madeleine*, b [4] 2 et s [4] 4 janvier 1744.

1730, (3 sept.) Québec. [6]
III.—MARCOUX, GERMAIN, [JEAN-BTE II.
b 1699; maçon.
MARCHAND, Geneviève, [JEAN I.
b 1699; veuve de Claude Carpentier; s [6] 25 avril 1756.
Pierre, b [6] 11 juillet 1731; m [6] 9 sept. 1754, à Geneviève LEPAGE.—*Marie-Catherine*, b [6] 4 et s 8 juillet 1732, à Lorette. — *Marie-Geneviève*, b [6] 17 mai 1733; m [6] 18 fevrier 1754, à Antoine MAILLOU. — *Françoise-Hyacinthe*, b [6] 13 juin 1734; m 24 juin 1754, à Antoine GRISÉ, à Chambly.—*Germain*, b [6] 3 sept. 1735; m 20 mai 1760, à Elisabeth BRÉBION, à Montreal.

1740, (7 août) Beauport. [7]
III.—MARCOUX, ANTOINE, [JEAN-BTE II.
b 1713.
LAVALLÉE, Thérèse-Geneviève, [MICHEL II.
b 1713; s 18 mai 1761, à Québec (noyee).
Antoine, b [7] 18 juin 1741. — *Jean-Marie*, b [7] 12 janvier 1744. — *Etienne*, b [7] 17 nov. et s [7] 17 déc. 1746. — *Michel*, b [7] 23 déc. 1749 — *Marie-Geneviève*, b [7] 5 sept. 1751; s [7] 19 juin 1760.—*Pierre*, b [7] 15 juillet 1753.

1740, (21 nov.) Beauport. [5]
III.—MARCOUX, JEAN-BTE, [NOEL II.
b 1715; s [5] 23 déc. 1758.
MAHEU, Marie-Angelique, [PIERRE III.
b 1720.
Marie-Jeanne, b [5] 17 oct. 1741; m [5] 2 février 1761, à Pierre GRENIER. — *Jean-Baptiste*, b [5] 18 oct. 1744; m [5] 21 juillet 1766, à Marguerite GRENIER.—*François*, b [5] 29 juillet 1747. — *Marie-Catherine*, b [5] 23 février 1749; m [5] 21 nov. 1768, à Jean LAVALLÉE.— *Geneviève*, b [5] 7 mars et s [5] 25 août 1752.—*Etienne*, b [5] 14 déc. 1753.—*Louis*, b [5] 15 juillet 1756.—*Joseph-François*, b [5] 7 oct. 1758.

(1) Elle épouse, le 21 février 1746, Louis Ménard, à Beauport.

1747, (9 janvier) Beauport. [6]
III.—MARCOUX, LOUIS, [NOEL II.
b 1723.
GRENIER, Marie, [CHARLES III.
b 1729.
Marie-Louise, b [6] 28 oct. 1747. — *Marie-Véronique*, b [6] 13 mars 1749. — *Louis*, b [6] 3 janvier 1758; ordonné 15 sept. 1811, à Montréal; s 1860, à Maskinongé.

1747, (1er mai) Beauport.
III.—MARCOUX, IGNACE, [JEAN-BTE II.
b 1719.
MARANDA, Geneviève-Rose, [JACQUES I.
b 1729.

1748, (11 nov.) Beauport. [7]
III.—MARCOUX, ANDRÉ, [ANDRÉ II.
b 1722.
LAVALLÉE, Marie-Louise, [NICOLAS-MARIE II.
b 1718.
André, b [7] 17 et s [7] 22 sept. 1749. — *Marie-Angélique*, b [7] 1er août et s [7] 5 sept. 1750.—*Marie-Louise*, b [7] 25 août 1751; m [7] 5 février 1770, à Jean-François GIROUX.—*Anonyme*, b [7] et s [7] 14 avril 1752.—*André*, b [7] 13 février 1753. — *Marie-Madeleine*, b [7] 21 sept. et s [7] 12 nov. 1754. — *Marie-Angélique*, b [7] 13 sept. et s [7] 10 oct. 1755. — *Marie-Madeleine*, b [7] 13 sept. et s [7] 4 oct. 1755.—*Angélique-Victoire*, b [7] 30 oct. 1756; s [7] 23 juin 1757. — *Marie-Angélique*, b [7] 18 déc. 1758. — *Joseph*, b [7] 3 et s [7] 13 août 1760. — *Louis*, b [7] 20 mars 1762.—*Joseph*, b [7] 23 juillet 1763.

1748, (24 nov.) Berthier. [8]
IV.—MARCOUX, JEAN-BTE, [JEAN-BTE III.
b 1725.
MERCIER, Marie-Apolline, [PIERRE III.
b 1723.
Marie-Marguerite, b [8] 22 août 1749.—*Jean*, b [8] 6 avril 1751.—*Marie-Louise*, b [8] 12 août 1753. — *Marie-Barbe*, b [8] 3 sept. 1755. — *Joseph*, b [8] 20 février 1758.

1749, (3 fevrier) Beauport. [9]
III.—MARCOUX, IGNACE, [NOEL II.
b 1725; s [9] 5 janvier 1758.
MAHEU (1), Catherine, [PIERRE III.
b 1729.
Ignace, b [9] 3 nov. 1749; s [9] 1er oct. 1755. — *Marie-Catherine*, b [9] 10 oct. 1751.—*Marie-Louise*, b [9] 1er mars 1753.—*Marie-Angélique*, b [9] 2 sept. 1755.—*Marie-Jeanne*, b [9] 30 oct. 1757.

(1) Elle épouse, le 5 février 1759, Etienne Crête, à Beauport.

1749, (4 nov.) Québec.[8]

III.—MARCOUX (1), JEAN-LOUIS, [ANDRÉ II.
b 1727; maître-forgeron.
BROUSSEAU (2), Marie-Geneviève, [JEAN-BTE II.
b 1726.
Marie, b [8] 9 juillet 1750. — *Marie-Louise*, b [8] 9 et s 25 juillet 1750, à St-Charles.[4] — *Marguerite*, b [8] 26 août et s 12 oct. 1751, à Lévis. — *Marie-Joseph*, b [8] 27 oct. 1752. — *Louis-Joseph*, b [8] 1er janvier 1754.—*Marie*, b [8] 15 avril 1755. — *Madeleine*, b [8] 26 juin et s [4] 2 nov. 1757. —*Joseph*, b [8] 12 et s 19 oct. 1758, à St-Augustin.[5] —*Anonyme*, b [5] et s [5] 16 juillet 1761.— *Marie-Claire*, b 12 oct. 1762, à la Pte-aux-Trembles, Q.

1749, (24 nov.) Berthier.[4]

IV.—MARCOUX, JEAN-FRANÇOIS, [FRANÇOIS III.
b 1721; s [4] 12 juin 1795.
LEMIEUX, Marie-Joseph, [GUILLAUME II.
b 1728.
Marie-Joseph-Marguerite, b [4] 19 août 1750; m [4] 8 février 1773, à Joseph SAVOYE. — *Marie-Louise*, b [4] 22 août 1752; s [4] 29 avril 1760.— *Jean-Marcoul*, b [4] 24 oct. et s [4] 19 déc. 1754.— *Marie-Françoise*, b [4] 24 oct. 1754; m [4] 21 nov. 1780, à Antoine HOUELLE. — *Marie-Marguerite*, b [4] 14 février 1757; m [4] 21 nov. 1780, à Eleazar BUTEAU.—*Marie-Elisabeth*, b [4] 2 juillet 1759; m [4] 7 janvier 1783, à Jean-Baptiste BILODEAU.—*Marie-Claire*, b [4] 12 août 1761; s [4] 20 sept. 1778.— *Marie-Anne*, b [4] 17 mars 1764; s [4] 11 août 1765. —*Marie-Anne*, b [4] 15 juillet 1766. —*Marie*, b [4] 18 avril 1769.

1750, (11 mai) Beauport.[4]

IV.—MARCOUX, JOSEPH, [JOSEPH III.
b 1730.
LAURENT-LORTIE, Lse-Geneviève, [JEAN II.
b 1721.
Louise-Geneviève, b [4] 30 août 1750.—*Anonyme*, b et s 9 nov. 1760, à St-Joseph, Beauce.[6]—*Anonyme*, b [6] et s [6] 9 avril 1763.

1752, (3 juillet) Beauport.

III.—MARCOUX, PIERRE, [NOEL II.
b 1728.
GRENIER, Véronique, [CHARLES III.
b 1729.
Pierre, b 1753; m 20 février 1775, à Marie DUPUIS, à St-Joseph, Beauce.[8] — *Basile*, b [8] 28 juin 1761.—*Marie-Catherine*, b [8] 13 mars 1763.— *François*, b [8] 16 oct. 1763.

1753, (12 nov.) Berthier.

IV.—MARCOUX, LS-ALEXANDRE, [FRANÇOIS III.
b 1730.
MERCIER, Marie, [JOSEPH IV.
b 1730.
Alexandre, b 25 juillet 1754, à St-Michel.[3]— *Joseph-Marie*, b [3] 26 oct. 1755; m 14 nov. 1786, à Madeleine VALLIÈRE, à Quebec.[4] — *Marie-Thècle*, b [3] 27 mai 1757.— *Marie-Madeleine*, b [3] 8 janvier 1759.—*Michel*, b [3] 3 oct. 1760.—*François*, b [3] 27 sept. 1762; 1° m [4] 21 avril 1789, à Louise Félicite BOISVERD; 2° m [4] 8 août 1808, à Elisabeth DURETTE.—*Marc*, b... m à Marie-Anne TANGUAY; s nov. 1840, à St-Charles.

1754, (9 sept.) Québec.[4]

IV.—MARCOUX, PIERRE, [GERMAIN III.
b 1731; marchand.
LEPAGE, Geneviève, [RENÉ-LOUIS II.
b 1733.
Geneviève, b 14 nov. 1755, à Berthier[5]; s [5] 1er avril 1756. — *Pierre*, b [4] 2 janvier 1757; m [5] 7 juin 1783, à Marie-Anne-Françoise DUNIÈRE.— *Marie-Geneviève*, b... m [4] 21 sept. 1779, à Louis-Marie MARCHAND.

1754, (28 oct.) Québec.[8]

I.—MARCOUX (1), JEAN, fils de Thomas et de Françoise Abraham, de Menibeux, diocèse d'Avranches, Normandie.
JOLIET (2), Marie-Madeleine, [CHARLES III.
b 1722; s 25 nov. 1767, à l'Hôpital-Genéral,M.
Jean-Baptiste, b [8] 1er sept. 1754. — *Louis-Charles*, b [8] 11 juin 1757; s [8] 5 mai 1759.

1755, (24 nov.) Beauport.[1]

III.—MARCOUX, JACQUES-JOSEPH, [NOEL II.
b 1730.
BRUNEAU, Marie-Louise, [FRANÇOIS III
b 1738.
Joseph-François, b [1] 10 oct. 1756.— *Marie-Louise*, b [1] 25 mai et s [1] 12 nov. 1758. — *Marie-Louise*, b [1] 24 août et s [1] 15 oct. 1759. —*Jean*, b [1] 24 sept. 1760. — *Marie-Joseph*, b [1] 7 mai 1762— *Pierre*, b [1] 14 déc. 1763.— *Joseph-Louis*, b [1] 3 oct. 1765.

IV.—MARCOUX (3), MICHEL-MARIE, [JOSEPH III.
b 1734; s 21 mars 1769, à St-Joachim.

1758, (9 oct.) Berthier.[8]

IV.—MARCOUX, ANTOINE-MARIE, [JOSEPH III.
b 1732.
1° BOURGAUD, Marie, [JEAN I.
b 1738; s 23 avril 1763, à l'Islet.[2]
Antoine, b [8] 10 juillet 1759. — *Marie-Reine*, b [8] 26 août 1760; s [8] 14 mai 1762. — *Marie-Ursule*, b [8] 19 avril 1762. — *Marie-Jeanne*, b [2] 23 avril 1763.

1765, (2 avril).[8]

2° VERMET, Marie-Elisabeth, [PIERRE III.
b 1744.
Marie-Elisabeth, b [8] 10 juin 1765.—*Marie*, b... m 16 juin 1795, à Gabriel GRAVEL, à Quebec.

1758, (20 nov.) St-Ours.

III.—MARCOUX, JOSEPH-MARIE. [ANDRÉ II
CODERRE-EMERY, Marguerite. [LOUIS III

(1) Réfugiés de Québec, 1761.

(2) Elle épouse, le 25 sept. 1775, Joseph Quirion, à la Pte-aux-Trembles, Q.

(1) Aussi appelé Malcou.

(2) D'Anticosti.

(3) Curé de St-Joachim. — Présents à sa sépulture les curés Eudo, Ste-Famille; Desgly, St-Pierre; Dolbec L'Ange-Gardien; Duburon, Château-Richer; Hubert, Ste Anne, Pressart, Seminaire de Québec.

1760, (20 mai) Montréal.
V.—MARCOUX, GERMAIN, [GERMAIN III.
b 1735.
BRÉBION, Elisabeth, [FRANÇOIS I.
b 1738.

1766, (21 juillet) Beauport.
V.—MARCOUX, JEAN-BTE, [JEAN-BTE III.
b 1744.
GRENIER, Marguerite, [PIERRE III.
b 1741.

1775, (20 février) St-Joseph, Beauce.
IV.—MARCOUX, PIERRE, [PIERRE III.
b 1753.
DUPUIS, Marie. [JEAN I.

1777, (22 sept.) Québec.
IV.—MARCOUX, LOUIS-SIMON, [FRANÇOIS III.
b 1741.
TURGEON, Marie-Charlotte, [JOSEPH III.
b 1746.

1783, (7 juin) Berthier.
V.—MARCOUX, PIERRE, [PIERRE IV.
b 1757.
DUNIÈRE, Marie-Anne-Françoise, [LOUIS II.
b 1758.

1786, (14 nov.) Québec.[6]
V.—MARCOUX, JOS.-MARIE, [LS-ALEXANDRE IV.
b 1755.
VALLIÈRE, Marie-Madeleine. [CHARLES I.
Joseph (1), b[6] 16 mars 1791; ordonné 12 juin 1813; s 29 mai 1855, au Sault-St-Louis. — *François*, b... m[6] 22 août 1820, à Marie-Anne GINGRAS.

1789, (21 avril) Québec.[1]
V.—MARCOUX, FRANÇOIS, [LS-ALEXANDRE IV.
b 1762.
1° BOISVERD, Louise-Felicité. [PIERRE.
François-Xavier, b[1] 21 juin 1790; ordonne 18 sept. 1813; s 2 mai 1854, à St-Regis.
1808, (8 août).[1]
2° DURETTE, Elisabeth, [CHARLES III.
b 1767; veuve d'Etienne Bégin.
Denis, b[1] 3 avril 1814; ordonne 1er oct. 1837.

MARCOUX, JOSEPH.
COUTURE, Marie-Charlotte.
Thècle, b 18 sept. 1795, à Berthier.

MARCOUX, JEAN-BTE.
1° PEPIN, Marie-Anne.
1795, (4 août) Berthier.
2° BAUCHÉ, Marie-Geneviève. [JOSEPH.

1820, (22 août) Quebec.
VI.—MARCOUX, FRANÇOIS, [JOS.-MARIE V.
marchand de pelleteries.
GINGRAS, Marie-Anne. [PIERRE V.
Hector, b... m à Elisabeth EVERETT.

(1) Voy. *Repertoire du clergé*, p. 160.

V.—MARCOUX, MARC, [LOUIS-ALEXANDRE IV.
s nov. 1840, à St-Charles.
TANGUAY, Marie-Anne, [JEAN-MARIE.
s 1839.
Pierre, b... m à Marie-Thérèse GOSSELIN.

VI.—MARCOUX, PIERRE. [MARC V.
GOSSELIN, Marie-Thérèse.
Célestin, b... m à Adèle PAQUET.—*Georges*, b... m à Marie-Felicité BÉDARD. — *Etienne*, b... m à Marie PAQUET.—*Joseph*, b... m à Véronique GOSSELIN.—*Jean-Baptiste*, b... m à .... GOSSELIN. —*Marie*, b... m à Damase FUTEAU.—*Emilie*, b... 1° m à Charles TANGUAY; 2° m à Joseph BONNEAU.

MAREC.—*Variation et surnom:* MARECK—LAMONTAGNE.

1712, (30 juin) Québec.[9]
I.—MAREC (1), JOACHIM, fils de Mathias et d'Hélène Robert, de Toussaint, ville de Rennes, Bretagne; s[9] 8 août 1719 (noye).
HAIMOND (2), Marguerite, [JEAN I.
b 1692.
François-Joachim, b[9] 2 juin 1713.—*Marie-Marguerite*, b[9] 8 août 1715. — *Charlotte*, b[9] 23 juin et s[9] 13 juillet 1717.—*Marie-Anne*, b 1718; 1° m[9] 23 mai 1735, à Pierre COURTIN; 2° m[9] 21 mai 1753, à François HÉRAULT; s[9] 11 juin 1756.—*Marie* (posthume), b[9] 9 mars 1720; s[9] 27 juillet 1725.

MARÉCHAL.—*Surnoms:* DE LA FÉRANDIÈRE — DUROQUET.

I.—MARÉCHAL (3), CLAUDE,
b 1693; s 12 fevrier 1723, à Montréal.

I.—MARÉCHAL, JOSEPH.
BERNIER (4), Marie-Madeleine, [JACQUES I.
b 1716.

1744.
I.—MARÉCHAL, NICOLAS, de St-Vincent, diocèse de Verdum, Bourgogne.
ILLINOISE (5), Marie-Jeanne.
Marie-Joseph, b 28 sept. 1745, à Cahokia.[1]—*Marie-Catherine*, b[1] 19 oct. 1747; m 6 sept. 1767, à François MOREAU, à St-Louis, Mo.[2] — *Jean-Baptiste*, b[1] 29 août 1749. — *François*, b[1] 31 mars 1751; m 1775, à Marie-Thérèse RIVIÈRE.—*Marie-Suzanne*, b[1] 23 juillet 1753; s[1] 20 août 1754. — *Jacques*, b... m 1784, à Geneviève CARDINAL. — *Antoine*, b 1754; m[2] 7 janvier 1777, à Catherine TABEAU.—*Joseph*, b[1] 13 oct. 1755. — *Marie-Elisabeth*, b[1] 1er nov. 1757; 1° m[2] 19 janvier 1774, à Antoine MARTIN; 2° m[2] 20 fevrier 1791, à Jean-Baptiste PRIMEAU.

(1) Dit Lamontagne; soldat de Tonty.
(2) Elle épouse, le 7 janvier 1721, Pierre Depoix, à Québec.
(3) De la Férandière; soldat de Repentigny.
(4) Elle épouse, le 5 fevrier 1759, Louis Chrétien, à Charlesbourg.
(5) Et Ileret; de Ste-Anne, fort de Chartres.

1775.

II.—MARÉCHAL, François, [Nicolas I.
b 1751.
Rivière, Marie-Thérèse.
Pélagie, b 16 nov. 1776, à St-Louis, Mo. [3] ; 1° m [3] 8 oct. 1795, à Jean-Baptiste Billot ; 2° m 11 janvier 1814, à Charles Latour, à Florissant, Mo.[4] —*Marie-Madeleine*, b [3] 23 fevrier 1779. — *Marie*, b [3] 16 avril 1781 ; m [4] 20 août 1798, à Joseph Montreuil. — *Marie-Louise*, b... 1° m [4] 22 sept. 1801, à Jean-Baptiste-Daniel Muré ; 2° m [4] 21 juillet 1817, à Augustin Lefebvre. — *Hélène*, b [4] 27 juillet 1783.—*Louis*, b [4] 26 sept. 1785. — *Félicité*, b [3] 17 avril 1786 ; 1° m [4] 23 août 1804, à Joseph Fayet ; 2° m [3] 20 mai 1806, à Antoine Smith.—*Domitilde*, b [3] 16 juin 1788 ; m [4] 20 février 1810, à Joseph Aupry-Constant. — *Hyacinthe*, b [3] 6 mai 1790. — *Thérèse*, b... m [4] 3 oct. 1811, à Jacques Perras —*Eulalie*, b... 1° m [4] 26 février 1816, à Alexis Brisset ; 2° m [4] 20 janvier 1835, à Guillaume Hoguel.

—

1777, (7 janvier) St-Louis, Mo. [5]

II.—MARÉCHAL, Antoine, [Nicolas I.
b 1754.
Tabeau, Catherine, [Jacques-Hubert III.
b 1757.
Marie-Madeleine, b [5] 1er juin 1778. — *Antoine*, b [5] 25 mars 1780 ; m 15 fevrier 1803, à Marguerite Cook, à St-Charles, Mo. [6]—*Jean-Louis*, b [5] 13 avril 1783 ; m à Louise Portneuf. — *Julie*, b [5] 7 février 1786 ; m [6] 12 juin 1808, à Joseph Tayon. — *Jean-Baptiste*, b [6] 23 mars 1788 ; m 1818, à Aspasie Fournier.—*Léon-Ferdinand*, b [5] 23 juin 1790 ; m 1819, à Elisabeth Fournier. — *Marie-Catherine*, b [5] 26 avril 1792. — *Louis-Benoît-Camille*, b [5] 19 juin 1794 ; m 19 nov. 1817, à Madeleine Roy, à Cahokia.[7]—*Marie-Thérèse*, b [7] 13 avril 1797 ; m [7] 12 juillet 1813, à Louis Létourneau.

—

1784.

II.—MARÉCHAL, Jacques. [Nicolas I.
Cardinal, Geneviève.
Charles, b 3 nov. 1785, à St-Louis, Mo. [8] — *Joseph*, b [8] 7 avril 1788.—*Toussaint*, b [8] 7 juillet 1790 ; m 19 janvier 1824, à Marie-Joseph Bordeaux, à St-Charles, Mo.

—

1803, (15 février) St-Charles, Mo.

III.—MARÉCHAL, Antoine, [Antoine II.
b 1780.
Cook, Marguerite. [Jean.
Antoine, b... m 20 janvier 1827, à Elisabeth Vien, à Carondelet.—*Henri*, b... m 14 mars 1831, à Louise Létourneau, à St-Louis, Mo. [1] — *Julien*, b [1] 3 sept. 1816.

—

MARÉCHAL, Louis.
Soulière, Elisabeth.
Catherine, b... m 21 juillet 1834, à Charles Gates, à St-Louis, Mo.—*Elisabeth*, b... m 6 nov. 1839, à Michel Gates, à St-Charles, Mo.

III.—MARÉCHAL, Jean-Louis, [Antoine II.
b 1783.
Portneuf, Louise.
Elisabeth, b 24 août 1815, à St-Louis, Mo. m 2 mars 1829, à Joseph Hubert, à St-Charles, Mo.

—

1817, (19 nov.) Cahokia.

III.—MARÉCHAL, Louis-Benoit, [Antoine II.
b 1794.
Roy, Madeleine. [François.
Catherine, b 6 nov. 1818, à St-Louis, Mo.[4] — *Benoît-Bélisaire*, b [4] 30 juin 1821.—*Antoine*, b [4] 27 juin 1823.—*François*, b [4] 29 sept. 1825.—*Joseph*, b [4] 20 janvier 1828.—*Marie*, b [4] 2 janvier 1830.—*Mathieu*, b [4] 1er avril 1832.—*Julienne*, b [4] 31 août 1834.—*Philomène-Joseph*, b [4] 27 juillet 1837.—*Symphorose*, b [4] 18 juillet 1839.

—

1818.

III.—MARÉCHAL, Jean-Bte, [Antoine II.
b 1788.
Fournier, Aspasie.
Jean-Baptiste, b 6 juin 1819, à St-Louis, Mo.[5] —*François*, b [5] 1er juillet 1821.—*Madeleine*, b [5] 22 janvier 1826.—*Louise*, b [5] 25 janvier 1829.—*Emilie-Reine*, b [5] 28 avril 1831.—*Michel*, b [5] 15 juillet 1832.—*Célina-Marie*, b [5] 24 août 1834.—*Paschal*, b [5] 5 février 1837.

—

1819.

III.—MARÉCHAL, Léon-Ferd., [Antoine II.
b 1790.
Fournier, Elisabeth.
Léon-Ferdinand, b 5 oct. 1820, à St-Louis, Mo[6] —*Michel*, b [6] 29 avril 1822.—*Euphrosine*, b [6] 9 mai 1824.—*Ignace-Hypolite*, b [6] 28 août 1827— *Marie-Célienne*, b [6] 11 oct. 1829.—*Joseph-Ferdinand*, b [6] 26 avril 1831.—*Louis-Bélisaire*, b [6] 29 juillet 1833.

—

1821, (21 mai) Florissant, Mo.

III.—MARÉCHAL, Frs-Noel. [François II.
Boulanger, Euphrosine. [François.

1824, (19 janvier) St-Charles, Mo.

III.—MARÉCHAL, Toussaint, [Jacques II.
b 1790.
Bordeaux, Marie-Joseph. [Pierre.

—

1827, (20 janvier) Carondelet.

IV.—MARÉCHAL, Antoine. [Antoine III.
Vien (1), Elisabeth. [Jean-Bte
Léocadie, b 12 août 1827, à St-Louis, Mo.[6], m 29 mai 1843, à Louis Cailloux, à St-Charles, Mo.—*Antoine*, b [6] 26 sept. 1830.—*Michel*, b [6] 13 sept. 1832.—*Marguerite-Claire*, b [6] 30 août 1835.

—

1828, (8 janvier) Florissant, Mo.

MARÉCHAL, Pierre-François.
Hortez, Louise.

(1) Elle épouse, le 14 sept. 1839, Hypolite Tayon, à Carondelet.

1831, (14 mars) St-Louis, Mo.[9]

IV.—MARÉCHAL, Henri. [Antoine III.
Létourneau, Marie-Louise. [Louis.
Marie-Thérèse, b [9] 24 mai 1831.— *Thérèse*, b [9] 2 oct. 1833.—*Louis-Henri*, b [9] 29 janvier 1838.

1839, (2 nov.) Carondelet.

MARÉCHAL, Régis.
Lemay, Emilie, [François.
veuve d'Ignace Terrien.

1850, (21 mai) St-Charles, Mo.

MARÉCHAL, François.
Bordeaux, Marguerite.

1855, (9 dec.) St-Charles, Mo.

MARÉCHAL, François.
Desnoyers, Françoise.

1752, (4 juillet) Trois-Rivières.[2]

I—MARECK, François, fils de François et de Gilette Lostie, de St-Quintin, diocèse de St-Brieux, Bretagne.
Clément (1), Catherine. [Etienne I.
Marie-Marguerite, b [2] 7 juillet 1753. — *Marie-Catherine*, b [2] 12 et s [2] 13 mai 1755. — *Jacques*, b [2] 31 juillet 1756.

MAREST.—*Variations et surnom :* Maray—Marette—Labarre.

1672.

I—MAREST (2), Marin,
b 1641 ; s 4 mars 1732, à la Rivière-du-Loup.
1° Deschamps, Marie,
b 1656.
Marie-Thérèse, b 1er août 1673, aux Trois-Rivières ; m 16 nov. 1687, à Pierre Passerieux, à St-Frs-du-Lac.
2° Guidon, Marie-Anne,
b 1641 ; veuve de Gabriel Benoît ; s 22 mars 1732, à Yamachiche.

MARET.—Voy. Marette.

MARETTE.— *Variations et surnoms :* Desmarets—Marest — Maret — Marett—Duhamel—Labarre—Lépine—Richard.

1660, (12 oct.) Québec.

I.—MARETTE (3), Jacques,
b 1631.
1° Pagé, Marie, [Raymond I.
b 1648.
Jean, b 1672 ; 1° m 1702, à Barbe Massaut ; 2° m 13 déc. 1717, à Marie-Anne Brunel, à Montréal. — *Charles*, b 31 mars 1675, à L'Ange-Gardien [1] ; m 1707, à Marie-Charlotte Gagnon ; s [1] 26 oct. 1749.
1693, (22 sept.) [1]
2° Surget, Madeleine,
b 1638 ; veuve de Jean Clément.

(1) Dit Lajeunesse ; appelée Lapointe, 1756.
(2) Dit Labarre ; voy. vol. I, p. 410.
(3) Dit Lépine ; voy. vol. I, pp. 410-411.

I.—MARETTE (1), Jean-Bte, b 1653 ; s 11 juillet 1733, à St-Michel-d'Yamaska.

1692, (14 janvier) Château-Richer.[1]

II.—MARETTE (2), Richard, [Jacques I.
b 1663 ; s [1] 7 nov. 1708.
1° Guyon, Angélique, [Simon II.
b 1673 ; s [1] 13 juillet 1694.
1694, (15 nov.) [1]
2° Cloutier (3), Madeleine, [René III.
b 1680.
Charles, b [1] 27 août 1698 ; 1° m [1] 8 mars 1723, à Marguerite Doyon ; 2° m 8 janvier 1725, à Marie-Madeleine Baillargeon, à Sorel. — *François*, b [1] 5 avril 1704 ; m 8 janvier 1725, à Marie-Charlotte Forcier, à St-Frs-du-Lac.

1702.

II.—MARETTE (4), Jean, [Jacques I.
b 1672 ; s 2 août 1747, à Montréal.[9]
1° Massaut (5), Barbe, [Jean I.
b 1680 ; s [9] 17 fevrier 1717.
Marie-Louise, b [9] 31 déc. 1702 ; s [9] 2 mars 1703. —*Jean-Jacques*, b [9] 30 mars 1704 ; s [9] 1er juin 1722. — *Marie-Marguerite*, b [9] 28 mars et s [9] 14 mai 1705.—*Louis-Théodore*, b [9] 1er avril et s [9] 31 août 1706.—*Marie-Catherine*, b [9] 1er juin 1707.—*Marie-Renée*, b [9] 6 nov. 1708 ; m [9] 21 mai 1731, à Paul Brossard.—*Marie-Anne*, b [9] 27 janvier et s [9] 30 août 1710. — *Louis-Antoine*, b [9] 7 juillet 1711.—*Marguerite*, b [9] 27 nov. 1712 ; s [9] 12 janvier 1715. — *Marie-Madeleine*, b [9] 23 juin 1714 ; s [9] 1er mars 1715. — *Jean-Baptiste*, b [9] 1er nov. 1715 ; s [9] 23 août 1716.
1717, (13 déc.) [9]
2° Brunel, Marie-Anne, [Jean I.
b 1683.
François, b [9] 30 oct. et s [9] 4 déc. 1718.—*Louise*, b [9] 12 oct. 1719.—*Anonyme*, b [9] et s [9] 4 oct. 1720. —*Jeanne*, b [9] 15 oct. 1721 ; s [9] 31 janvier 1723.—*Thérèse*, b... m [9] 16 sept. 1737, à René Gatien.—*Marie-Joseph*, b [9] 18 et s [9] 20 mars 1723.—*Louis*, b [9] 20 et s [9] 24 mai 1724.—*Marie-Geneviève*, b [9] 4 et s [9] 5 avril 1726.—*Jean-Marie*, b [9] 27 et s [9] 29 sept. 1727.

1707.

II.—MARETTE (4), Charles, [Jacques I.
b 1675 ; s 26 oct. 1749, à L'Ange-Gardien.[8]
Gagnon, Marie-Charlotte, [Mathurin II.
b 1687.
Marie-Charlotte, b [8] 21 août 1708 ; m [8] 6 oct. 1727, à Noël Vachon.—*Eulalie*, b [8] 26 déc. 1709. —*François*, b [8] 8 mai 1711 , 1° m 7 fevrier 1735, à Catherine Moisan, à Lorette [4] ; 2° m [8] 5 fevrier 1759, à Thérèse Girou. — *Mathurin*, b [8] 10 avril 1713.—*Charles*, b [8] 6 sept. 1714. — *Joseph*, b [8] 22 sept. 1715.—*Louis*, b [8] 17 juin 1717 ; m [4] 22 janvier 1742, à Catherine Plamondon ; s [4] 6 janvier

(1) Dit Richard.
(2) Voy. vol. I, p. 411.
(3) Elle épouse, le 30 avril 1709, Jean-Baptiste Fayen, au Château-Richer.
(4) Dit Lepine.
(5) Et Mazzo dit St. Martin.

1758.—*Marie-Jeanne*, b [8] 30 juillet 1719. — *Marguerite*, b [8] 15 oct. 1721 ; m [8] 6 février 1741, à Joseph PLAMONDON. — *Charles-François*, b [8] 1er février 1724 ; m 1753, à Geneviève MOISAN. — *Marie-Joseph*, b [8] 24 avril 1726 ; m [8] 22 avril 1754, à Pierre MORIN. — *Marie-Ursule*, b [8] 22 février 1728.—*Marie-Catherine*, b [8] 20 nov. 1729 ; m [8] 7 avril 1750, à Michel MOISAN ; s [4] 28 juillet 1761. —*Angélique*, b [8] 27 avril 1732.

1723, (8 mars) Château-Richer. [3]

III.—MARETTE, CHARLES, [RICHARD II.
b 1698.
1° DOYON, Marguerite, [ANTOINE II.
b 1706 ; s [3] 31 déc. 1723.
Thomas-Prisque, b [3] 21 et s [3] 30 déc. 1723.
1725, (8 janvier) Sorel. [5]
2° BAILLARGEON, Marie-Madeleine, [NICOLAS II.
b 1704.
Marie-Angélique, b [5] 2 mai 1726. — *Marie-Catherine*, b 25 janvier 1733, à Lavaltrie ; m 1751, à Pierre LEDOUX.—*Charles*, b... s 22 avril 1737, à Lanoraie.

1725, (8 janvier) St-François-du-Lac. [6]

III.—MARETTE (1), FRANÇOIS, [RICHARD II.
b 1704.
FORCIER (2), Marie-Charlotte, [JACQUES II.
b 1707.
Marie-Louise, b [6] 6 sept. 1725.—*Marie-Louise*, b [6] 31 oct. 1726.—*Marie-Charlotte*, b [6] 4 et s [6] 10 mai 1728.—*Jean-Baptiste*, b [6] 2 avril 1729 ; s [6] 12 février 1732.

1735, (7 février) Lorette.

III.—MARETTE (3), FRANÇOIS, [CHARLES II.
b 1711.
1° MOISAN, Catherine, [ETIENNE II.
b 1717 ; s 6 déc. 1756, à L'Ange-Gardien. [8]
Marie-Charlotte, b [8] 18 janvier 1736.—*Marie-Geneviève*, b... m [8] 27 janvier 1755, à Jean GIROU ; s [8] 15 oct. 1755.—*Marie-Catherine*, b [8] 5 janvier 1737 ; s [8] 5 janvier 1750.—*Marie*, b [8] 30 avril 1738. — *Charles-François*, b [8] 26 oct. 1739. — *Jacques*, b [8] 2 avril 1741 ; m 4 février 1765, à Marie GARNEAU, au Château-Richer. — *Marie-Joseph*, b [8] 7 février 1743 ; s [8] 5 janvier 1750.—*Jean-Marie*, b [8] 16 mars 1744 ; s [8] 13 janvier 1750. —*Marguerite*, b 1746 ; s [8] 10 janvier 1750.—*Ambroise*, b [8] 12 janvier 1751.—*Catherine*, b [8] 16 sept. 1752 ; s [8] 21 mars 1753.—*Marie-Catherine*, b [8] 9 août 1754.—*Joachim*, b [8] 6 oct. 1755.
1759, (5 février). [8]
2° GIROU, Thérèse, [LOUIS III.
b 1712.
Anonyme, b [8] et s [8] 9 mars 1761.—*Louis*, b [8] 7 nov. 1762.

(1) Dit Richard.

(2) Aussi appelée Fortier ; elle épouse, le 7 janvier 1732, Pierre Tessier, à St-Michel-d'Yamaska.

(3) Dit Lépine.

1742, (22 janvier) Lorette. [9]

III.—MARETTE (1), LOUIS, [CHARLES II.
b 1717 ; s [9] 6 janvier 1758.
PLAMONDON, Catherine, [PIERRE II.
b 1718.
Charles, b [9] 2 février 1743 ; m à Louise GALARNEAU. — *Marie-Catherine*, b [9] 27 sept. 1744.—*Marie-Jeanne*, b [9] 31 mars 1747 ; s [9] 18 février 1750.—*Marie-Angélique*, b [9] 25 juillet 1748.—*Marie-Françoise*, b [9] 27 août 1751 ; s [9] 13 juillet 1753.—*Augustin*, b [9] 22 mai 1753.—*Marie-Louise*, b [9] 18 oct. 1754.—*Joseph*, b [9] 5 nov. 1756 ; s [9] 2 sept. 1759. — *Joseph*, b... m 3 février 1783, à Catherine PETITCLERC, à St-Augustin. — *Louis*, b... m 1783, à Marie-Joseph PETITCLERC.

1753.

III.—MARETTE, CHARLES, [CHARLES II.
b 1724.
MOISAN, Geneviève.
Charles-Marie, b 4 février 1754, à L'Ange-Gardien. [8] — *François*, b [8] 30 mai 1757.—*Joseph*, b [8] 17 oct. 1761.—*Marie-Geneviève*, b [8] 31 août 1764 ; s 3 juillet 1765, au Château-Richer.

MARETTE, LOUIS.
MESSAGUET (2), Thérèse.
Joseph, b 2 sept. 1754, à Verchères. [4] — *Marie-Madeleine*, b [4] 20 juin 1759.

1765, (4 février) Château-Richer. [5]

IV.—MARETTE (1), JACQUES, [FRANÇOIS III.
b 1741.
GARNEAU, Marie. [PIERRE III.
François, b [5] 18 nov. 1779.

IV.—MARETTE, CHARLES, [LOUIS III.
b 1743.
GALARNEAU, Louise.
Augustin, b... m 23 janvier 1792, à Barbe OUVRARD, à St-Augustin. [6] — *Charles*, b... m [6] 10 août 1795, à Marie-Joseph OUVRARD.

1783, (3 février) St-Augustin.

IV.—MARETTE (3), JOSEPH. [LOUIS III.
PETITCLERC, Catherine. [CHARLES III.

1783.

IV.—MARETTE (1), LOUIS. [LOUIS III.
PETITCLERC, Marie-Joseph.
Madeleine, b 9 mai 1784, à St-Augustin. [7] — *Françoise*, b [7] 27 août 1786.—*Marguerite*, b [7] 17 nov. 1789.—*Louis*, b [7] 24 janvier 1794.

1792, (23 janvier) St-Augustin. [8]

V.—MARETTE, AUGUSTIN. [CHARLES IV.
OUVRARD, Barbe. [JOSEPH-ANTOINE III.
Augustin, b [8] 12 janvier 1795.

(1) Dit Lépine.

(2) Bourquet, 1759.

(3) Marié sous le nom de Lépine. A ce mariage le père est appelé Joseph.

1795, (10 août) St-Augustin.

V.—MARETTE, CHARLES. [CHARLES IV.
OUVRARD, Marie-Joseph. [JOSEPH-ANTOINE III.

MARETTE (1), CHARLES.
TOUCHETTE, Louise.
Marguerite, b 1805, à L'Ange-Gardien; m 25 nov. 1823, à Jean-Baptiste MONTIGNY, à l'Hôpital-Général, Q.

MARGANE.—*Variation et surnoms :* MARGANNE—DEBATILLY—DEBATISY—DE LA VALTRIE—DESFORETS—LAVALTRIE.

1668, (12 août) Quebec.

I.—MARGANE (2), SÉRAPHIN,
b 1644; s 17 mai 1699, à Montréal. [3]
BISSOT, Louise, [FRANÇOIS I.
b 1651.
Pierre-Paul, b 1679; m [3] 14 oct. 1732, à Louise-Charlotte DAILLEBOUT. —*Barbe*, b 7 fevrier 1681, à Repentigny; m [3] 27 nov. 1719, à Etienne BRAGELONE.

1712, (9 mai) Beauport. [2]

II.—MARGANE (3), FRS-MARIE, [SÉRAPHIN I.
b 1672; capitaine de la marine.
GUYON-DESPRÉS, Angelique, [FRANÇOIS II.
b 1684; s [2] 29 déc. 1739.
Louis-François, b [2] 28 janvier 1713; m 22 juin 1739, à Marie-Anne COUILLARD, à St-Thomas.

1732, (14 oct.) Montréal. [9]

II.—MARGANE (4), PIERRE-PAUL, [SÉRAPHIN I.
b 1679.
DAILLEBOUT (5), Louise-Charlotte, [PIERRE III.
b 1704.
Marguerite-Charlotte, b [9] 28 février et s [9] 7 juin 1735. — *Marie-Charlotte-Stanislas*, b [9] 13 nov. 1739.—*Pierre-Paul*, b [9] 14 août 1743; m 31 mars 1766, à Angélique DE LA CORNE, à Terrebonne.

1739, (22 juin) St-Thomas. [7]

III.—MARGANE (6), LOUIS-FRS, [FRS-MARIE II.
b 1713.
COUILLARD (7), Marie-Anne, [LOUIS III.
b 1721.
Louis-François, b 6 avril 1740, à Beauport. [8]—*Marie-Louise-Michelle*, b [8] 19 sept. 1741.—*Marie-Anne*, b [8] 19 sept. 1742; m [7] 7 fevrier 1763, à Guillaume-Michel-François MALHERBE; s 18 oct. 1797, à Quebec. — *Angélique*, b [8] 27 août 1744; s [7] 4 janvier 1768.

(1) Dit Lépine.

(2) Sieur de la Valtrie, voy. vol. I, p. 411.

(3) Batisy, sieur de la Valtrie, officier et seigneur du fief du Buisson, à Beauport.

(4) Sieur des Forêts, seigneur de la Valtrie; chevalier, capitaine et lieutenant.

(5) D'Argenteuil.

(6) LaValtrie.

(7) Elle épouse, le 8 juillet 1747, Louis Fournier des Carrières, à Beauport.

1766, (31 mars) Terrebonne.

III.—MARGANE (1), PIERRE-PAUL, [P.-PAUL II.
b 1743.
DE LA CORNE (2), Marie-Angélique, [LOUIS II.
b 1746.
Suzanne-Antoinette, b... m oct. 1792, à Gaspard TARIEU.

MARGANNE.—Voy. MARGANE.

MARGEON, FRANÇOIS.
QUESSI, Marguerite.
Louise-Thérèse, b 1727; m 3 nov. 1746, à Laurent MORAN, à la Longue-Pointe.

MARGUERIE.—*Surnom :* DELAHAYE.

1645, (26 oct.) Québec. [3]

I.—MARGUERIE (3), FRANÇOIS,
s [3] 10 juin 1648, (noye).
CLOUTIER (4), Louise, [ZACHARIE I.
b 1631.

1749, (8 janvier) Québec. [6]

I.—MARGUERIE, JEAN, fils de François et de Marie D'Accarette, de Lendaye, diocèse de Bayonne, Gascogne.
SEAUX, Marguerite, [LOUIS I.
b 1720.
François-Xavier, b [6] 23 oct. 1751.—*Marie-Anne*, b [6] 24 juin 1753.—*Jean-Baptiste*, b [6] 16 et s [6] 23 juin 1754.—*Eléonore*, b [6] 2 juillet 1755.

1757, (8 janvier) Chambly. [3]

I.—MARGUERITE, CLAUDE-FRANÇOIS, sergent; fils de Claude et d'Anne-Françoise Gaillard, de Salens, Franche-Comté.
DUMAY (5), Marie-Joseph, [JOSEPH III.
b 1732.
Claude-Joseph-Marie, b [3] 6 nov. 1756. — *François*, b [3] 29 janvier 1758.

MARGUERY.—*Surnom :* VADEBONCŒUR.

I.—MARGUERY (6), JEAN, fils de Simon et de Suzanne Gromaire, de St-Louis, diocèse de Rochefort, Saintonge.
1° CHENAU, Elisabeth,
b 1718; s 30 juin 1759, à Québec. [1]
Georges, b [1] 5 dec. 1756; s [1] 26 juillet 1758. —*Marie-Joseph*, b [1] 5 dec. 1756; s [1] 26 mai 1758.
1759, (2 oct.) [1]
2° BARON, Marguerite, fille de Jean et de Françoise Benoit de N.-D. de LaRochelle, Aunis.

(1) Sieur de la Valtrie, lieutenant au régiment de M. le Dauphin.

(2) Marièe DeChapt; elle était à Repentigny en 1773.

(3) Sieur de Lahaye; voir acte de Foi et Hommage, vol. I, 1ère partie, p. 36, année 1668.—Il avait eu la concession de l'Ile-aux-Cochons, conjointement avec Jean Véron et Claude David.

(4) Elle épouse, le 10 nov. 1648, Jean Mignot, à Québec.

(5) Et Demers.

(6) Dit Vadeboncœur.

MARGUOTE.—Voy. MARCOT.

1797, (31 juillet) Beaumont.

I.—**MARIAGE**, LOUIS, fils de Jean-Baptiste et de Marie-Anne Clamorquans.
BOISSEL, Françoise, [LOUIS IV.
b 1767.

MARIAUCHAU.—*Surnom :* D'ESGLIS.

1708, (7 janvier) Québec. [3]

I.—**MARIAUCHAU** (1), FRANÇOIS, b 1670; fils de Pierre (avocat) et d'Elisabeth Groën, de St-Benoît, Paris ; s [3] 10 janvier 1730.
CHARTIER, Louise-Philippe, [RENÉ-LOUIS II.
b 1690.
François-Louis, b [3] 17 déc. 1708.— *Louis-Philippe* (2), b [3] 25 avril 1710 ; ordonné 18 sept. 1734 ; évêque 12 juillet 1772 ; s 6 juin 1788, à St-Pierre, I. O.—*Marie-Angélique*, b [3] 18 août 1711.—*Jean-François*, b [3] 13 juillet et s 6 août 1714, à Charlesbourg. — *Louise-Madeleine*, b [3] 18 sept. 1715 ; m [4] 15 sept. 1732, à François MARTEL ; s [3] 22 juin 1753.—*Eustache*, b [3] 16 et s [3] 18 nov. 1717.—*Pierre-Ignace* (3), b [3] 23 juillet 1721 ; s 13 juin 1731, à Lorette.

MARICHAUD.—Voy. MARCHAND.

MARICOUR (DE).—Voy. LEMOINE.

MARIE.—*Surnom :* STE MARIE.

1667, (31 mai) Montréal. [2]

I.—**MARIE** (4), LOUIS, fils de Louis et de Marguerite Leigne, de St-Symphorien-de-Tours ; s [2] 2 dec. 1702.
GOARD, Mathurine, fille de Gilles et de Catherine Léger, de St-Sulpice, Paris.
Antoine, b [2] 25 janvier 1672 ; m à Marie SÉGUIN.—*Marie*, b [2] 7 oct. 1678 ; m [2] 10 mai 1700, à François BROSSARD ; s [2] 2 nov. 1725.—*François*, b 19 avril 1681, à la Pte-aux-Trembles, M. ; 1° m 26 janvier 1705, à Marguerite BOURBON, à Longueuil [3] ; 2° m [3] 27 juin 1723, à Madeleine SUPERNON. — *Antoinette*, b [2] 28 fevrier 1683 ; m [2] 22 janvier 1713, à Jean JOANNE (5). — *Gabriel*, b [2] 2 juin 1688 ; s [2] 9 avril 1692.

1695, (11 avril) Laprairie. [6]

II.—**MARIE** (4), MICHEL-SIDRAC, [LOUIS I.
b 1668.
BROSSEAU, Marguerite, [DENIS I.
b 1677 ; s [6] 30 janvier 1738.
François, b [6] 5 avril 1703.—*François*, b [6] 10 mai 1704.—*Michel*, b [6] 5 juin 1707 ; m [6] 1er fevrier 1734, à Marguerite BOYER ; s 20 dec. 1756, à St-Constant.—*Pierre*, b [6] 1er mars 1710 ; m 12 nov. 1753, à Marie-Anne MARSIL, à Longueuil.—*Antoine*, b [6] 4 oct. 1711 ; s [6] 4 janvier 1730.—*Marie-Marguerite*, b [6] 11 juillet 1719 ; m [6] 23 fevrier 1745, à Antoine DUMONTET.

II.—**MARIE**, ANTOINE, [LOUIS I.
b 1672.
SÉGUIN (1), Marie, [FRANÇOIS I.
b 1678.

1705, (26 janvier) Longueuil. [7]

II.—**MARIE**, FRANÇOIS, [LOUIS I.
b 1681.
1° BOURBON (2), Marguerite, [JEAN I.
b 1685 ; s [7] 5 janvier 1723.
François, b [7] 23 janvier 1706 ; m [7] 3 fevrier 1739, à Marie-Joseph MARSIL.—*Joseph*, b [7] 23 sept. 1707 ; m 4 août 1738, à Marie-Louise PIÉDALU, à Laprairie.— *Louis*, b [7] 28 sept. et s [7] 13 oct. 1709.—*Marie-Marguerite*, b [7] 15 oct. 1710 ; m [7] 1er juin 1733, à Marin SUPERNON.—*Marie-Jeanne*, b [7] 1er février 1713 ; m [7] 14 juin 1729, à Joseph-Marie MIVILLE.—*Louis*, b 11 nov. 1714, à Montreal [8] ; m [7] 10 avril 1747, à Marie-Madeleine MARSIL.—*Marie-Joseph*, b [7] 23 juillet 1717, s [7] 14 mars 1733.—*Michel*, b [7] 4 nov. 1722 ; s [8] 23 avril 1725.

1723, (27 juin). [7]

2° SUPERNON, Madeleine, [MARIN I.
b 1700 ; s [7] 9 fevrier 1758.
Marie-Françoise, b [7] 29 juin 1724 ; m [7] 5 fevrier 1742, à Pierre HACHIN.—*Charles*, b [7] 26 dec. 1726 ; s [7] 10 mars 1733.—*Marie-Paschale*, b [7] 29 mars 1728.—*Anonyme*, b [7] et s [7] 14 mars 1730.—*Angélique*, b [7] 12 avril 1731 ; s [7] 24 nov. 1737.—*Charles-Paschal*, b [7] 7 avril 1733 ; m [7] 9 janvier 1758, à Marie-Charlotte PATENOTE.—*Charlotte-Michelle*, b [7] 20 fevrier et s [7] 14 mars 1735.—*Antoine*, b [7] 29 mars 1736 ; m [7] 29 sept. 1760, à Marie-Felicité PATENOTE.—*Marie-Anne*, b [7] 1er mai 1738 ; s [7] 1er juin 1749.—*Marie-Joseph*, b [7] 21 mai 1741.—*Toussaint*, b [7] 31 oct. 1743.

1734, (1er fevrier) Laprairie. [7]

III.—**MARIE** (3), MICHEL, [MICHEL-SIDRAC II.
b 1707 ; s 20 déc. 1756, à St-Constant. [8]
BOYER, Marguerite, [JEAN II.
b 1707.
Marie-Marguerite, b [7] 3 et s [7] 14 oct. 1734.—*Marie-Marguerite*, b [7] 28 fevrier 1736. — *Michel*, b [7] 21 août 1737.—*Augustin*, b [7] 28 avril 1739.—*Jean-Marie*, b [7] 1er août 1740. — *Marie-Anne-Archange*, b [7] 7 mai 1743. — *Catherine*, b 1745 ; m [8] 25 nov. 1771, à François DENEAU.

1738, (4 août) Laprairie. [9]

III.—**MARIE**, JOSEPH, [FRANÇOIS II.
b 1707.
PIÉDALU, Louise, [JULIEN I.
b 1720.
Joseph, b 7 avril 1742, à Longueuil.—*Félicité*, b [9] 12 mai 1744.

(1) Sieur d'Esglis—capitaine des Gardes du Gouverneur—chevalier de St-Louis, lieutenant du Roy aux Trois-Rivières.—Il était en 1719 major des Trois-Rivières.

(2) Filleul de Philippe Rigaud, gouverneur.

(3) Imbécile en pension chez Joseph Meunier.

(4) Dit Ste Marie ; voy. vol. I, p. 411.

(5) Voy. Jeannes et Sauvé.

(1) Elle épouse, le 7 janvier 1704, François Hachin, à Longueuil.

(2) Aussi appelée Bourdeau.

(3) Dit Ste Marie.

1739, (3 février) Longueuil.[8]

III.—MARIE, François, [François II.
b 1706.
Marsil (1), Marie-Joseph, [André II.
b 1720 ; s [8] 19 fevrier 1762.
François, b [8] 8 nov. 1739.—*Joseph*, b [8] 19 mars et s [8] 31 mai 1741.—*Marie-Anne*, b [8] 4 mai 1742. —*Marie-Joseph*, b [8] 28 nov. et s [8] 1er déc. 1744.—*André*, b [8] 7 mars 1746. — *Marie-Amable*, b [8] 6 février et s [8] 29 août 1748. — *Antoine*, b [8] 8 mars 1749.—*Jean-Baptiste*, b [8] 26 janvier 1751.—*Toussaint*, b [8] 16 dec. 1752. — *Joseph*, b [8] 18 fevrier 1755 ; m 28 janvier 1782, à Marguerite Dufresne, à la Longue-Pointe. — *Marie-Joseph*, b [8] 6 mars 1757.—*Jean-Baptiste*, b [8] 6 et s [8] 25 mai 1759.

1747, (10 avril) Longueuil.

III.—MARIE, Louis, [François II.
b 1714.
Marsil, Marie-Madeleine, [Charles III.
b 1730.

1747, (30 oct.) Québec.

I.—MARIE (2), Jean, fils de Jacques et de Madeleine Hersan, de Monchaton, diocèse de Coutances, Normandie.
LeGrand, Jeanne, fille de Louis et de Madeleine Sauvagesse, de l'Ile Terreneuve. [2]
Marie-Angélique, née [2] 4 oct. 1740. — *Marie-Catherine*, née [2] 26 sept. 1742. — *Marie-Jeanne*, née [2] 2 février 1745. — *Marie-Charlotte*, née [2] 18 fevrier 1747.

1753, (12 nov.) Longueuil.

III.—MARIE, Pierre, [Michel-Sidrac II.
b 1710.
Marsil, Marie-Anne, [Charles II.
b 1717 ; veuve de Joseph Supernant.

1758, (9 janvier) Longueuil. [5]

III.—MARIE, Charles-Paschal, [François II.
b 1733.
Patenote, Marie-Charlotte, [Charles III.
b 1734.
Joseph-Marie, b [5] 22 janvier 1759 ; s [5] 9 mai 1760. — *Marie-Charlotte*, b [5] 14 sept. 1760. — *Paschal-Charles*, b [5] 7 mars 1762.

1760, (29 sept.) Longueuil. [9]

III.—MARIE, Antoine, [François II.
b 1736.
Patenote, Marie-Félicité. [Charles III.
Antoine, b [9] 25 oct. 1761.

1782, (28 janvier) Longue-Pointe.

IV.—MARIE (3), Joseph, [François III.
b 1755.
Dufresne, Marguerite, [Antoine IV.
b 1756.

(1) Et Marsille.

(2) Ce mariage avait été contracté de bonne foi entre eux, à Terreneuve, en sept. 1738, duquel quatre enfants sont issus, qui reçurent le baptême à Québec, en 1747.

(3) Marié sous le nom de Ste Marie.

MARIÉ.—Voy. Lalongé—Lemarié—Morier.

MARIEN, Jean-Bte.
Picard, Marie-Anne.
Joseph, b 15 janvier 1786, à l'Ile-Perrot.

MARIEUX.—Voy. Mérieu.

1693, (30 mars) Québec. [2]

I.—MARIGNIER, Sébastien, fils de Nicolas et d'Elisabeth Valet, de St-Sulpice, Paris.
Lemoine (1), Marie, [Pierre I.
b 1675.
Marie-Catherine, b [2] 16 janvier 1694 ; m [2] 1er juillet 1713, à Pierre Handiran. — *Marie-Madeleine*, b... m à Jean-Baptiste Baudet ; 2° m 7 janvier 1771, à Augustin Dionne, à la Rivière-Ouelle.

I.—MARIGNY (2), Claude, lieutenant.

MARILLAC.—*Variation et surnom :* Marliac—Sansquartier.

1706, (12 avril) Québec.

I.—MARILLAC (3), Jérome, fils de Maurice et de Jeanne Danio, de Chamboulié, diocèse de Brive, Limousin ; s 11 juin 1709, au Detroit. [1]
Gallien (4), Marie-Anne, [Robert I.
b 1674.
Marie, b 1707 ; m 24 juillet 1724, à Nicolas Boulay, à Montréal ; s 28 oct. 1788, à l'Hôpital-Géneral, M.—*Pierre-Jérôme*, b [1] 28 mars 1709.

MARIN.—*Surnoms :* Courtois — Delalore — De la Margue — De la Massière — De la Périère — De St. Martin — De Talard — Forest—Gaudriole—Hamelin—Labonté—Lamalgue—Lamarque — La Treille—Morvent.

I.—MARIN (5), ...
b 1642 ; s 29 oct. 1712, à Montréal.
....
Thérèse, b... m à Jacques Forin.

1691, (5 juillet) St-Frs-du-Lac. [3]

I.—MARIN (6), Charles-César, b 1633 ; fils de Jacques et d'Helène Gorel, de N.-D. de St-Sulpice, diocèse de Toulon, Provence ; s 14 avril 1713, à Montréal. [4]
1° Niquet, Marie-Madeleine, [Pierre I.
b 1667 ; s [4] 15 mars 1703.
Paul, b [4] 19 mars 1692 ; m [4] 21 mars 1718, à Marie-Joseph Guyon ; s 29 oct. 1753, au Fort-

(1) Elle épouse, le 12 nov. 1696, Jacques Laborde, à Québec.

(2) Il était, le 11 juin 1707, à Montréal.

(3) Dit Sansquartier ; soldat de St-Martin. Il était, le 10 juin 1706, à Montréal.

(4) Elle épouse, le 18 mars 1712, Bernard Philippe, à Montréal.

(5) Dit Gaudriole.

(6) Sieur de la Massière, capitaine, commandant le Fort Rolland, 1728. Enseigne dans les troupes ; voy. vol. I, p. 412.

Duquesne. — *Catherine-Marguerite*, b 17 janvier 1696, à Laprairie; m[3] 6 juin 1713, à François-Michel RENOU; s[3] 15 janvier 1747. — *Louis-Hector*, b[4] 4 sept. 1697; m à Marie-Anne LEGARDEUR.

1703, (6 juillet) Sorel.

2° LAMY (1), Marie-Louise, [ISAAC I. b 1682.

Marie-Louise, b[4] 19 août 1704; m[4] 19 nov. 1728, à Louis PRUDHOMME. — *Claude*, b[4] 28 oct. 1705; m[4] 30 dec. 1737, à Marie-Madeleine COULON.—*Jean-Marie*, b[4] 24 mai 1708; s[4] 27 février 1715. — *Marie-Françoise*, b 27 mars 1710, à Lachine; s[4] 17 sept. 1725.—*Charlotte*, b 1713; m[4] 14 sept. 1739, à Pierre-Jean-Baptiste HERVIEUX.

1718, (21 mars) Montréal.[2]

II.—MARIN (2), PAUL, [CHARLES-CÉSAR I. b 1692; s 29 oct. 1753, au Fort-Duquesne.

GUYON, Marie-Joseph, [JOSEPH III. b 1701; s[2] 3 mars 1755.

Joseph, b[2] 5 février 1719; m 20 sept. 1745, à Charlotte DEFLEURY, à Quebec. — *Marie-Joseph*, b[2] 15 août 1722. — *Marie-Joseph*, b[2] 31 juillet 1726; s[2] 9 mars 1733. — *Pierre*, b[2] 16 juillet 1727; s[2] 16 février 1733. — *Marie-Madeleine*, b[2] 12 sept. 1729.—*Geneviève*, b[2] 12 juin 1732; m[2] 2 avril 1755, à Charles-Rene DE LA ROCHE-VERNAY.—*Paul*, b[2] 18 avril 1738; s[2] 21 sept. 1755.

II.—MARIN (3), LOUIS-HECTOR, [CHS-CÉSAR I. b 1697.

LEGARDEUR, Marie-Anne, [PAUL IV. b 1699; s 6 mai 1742, à Montréal.

1722, (13 avril) Québec.[5]

I.—MARIN, JOSEPH, journalier; fils de Louis et de Therèse Méric, de Toulon, en Provence.

VILDÉ (4), Marguerite, [PIERRE I. b 1697; s[5] 21 nov. 1785.

Jean-Baptiste-Joseph, b 1er février 1723, à Montréal; m[5] 11 août 1749, à Marie-Anne COUET. —*Jean-Baptiste*, b 14 fevrier 1725, à L'Assomption[9]; m[5] 31 juillet 1747, à Marie-Anne ALARIE. —*François*, b[9] 5 avril 1726; s[5] 2 nov. 1729. — *Louis*, b[9] 3 juillet 1727.—*Marguerite-Angélique*, b[5] 11 mai 1729; s[5] 26 juillet 1730. — *Antoine*, b[5] 31 mars 1731; m 1756, à Marguerite LAJEUNE. —*Marie-Marguerite*, b[5] 22 janvier et s[5] 8 août 1733.—*Marguerite-Geneviève*, b[5] 12 août 1734.— *Gatien*, b[5] 21 février 1737; s[5] 17 oct. 1739. — *Marie-Anne*, b[5] 23 sept. 1738; m[5] 31 mars 1761, à Jean TARDIF. — *Marguerite-Louise*, b[5] 8 oct. 1740; s[5] 16 janvier 1741. — *Marie-Claude*, b[5] 6 déc. 1741; s[5] 25 juillet 1747.—*Marie-Charlotte*, b[5] 21 et s[5] 29 août 1743.—*Marie-Agathe*, b[5] 31 mars 1745; s[5] 22 dec. 1747.—*Joseph*, b[5] 13 oct. et s[5] ... nov. 1747.

1737, (30 dec.) Montréal.

II.—MARIN, CLAUDE, [CHARLES-CÉSAR I. b 1705.

COULON (1), Marie-Madeleine, [NICOLAS-ANT. I. b 1707; veuve de François Faber-Duplessis.

Marie, b 1746; s 13 avril 1748, à Ste-Foye.

1745, (20 sept.) Québec.[6]

III.—MARIN (2), JOSEPH, [PAUL II. b 1719.

DEFLEURY, Charlotte, [JOSEPH II. b 1726.

Marie-Charlotte, b[6] 11 août 1746. — *Marie-Louise*, b[6] 23 avril 1748.—*Marie-Anne-Charlotte*, b[6] 27 juillet 1749; s 11 mars 1750, à Charlesbourg. —*Joseph*, b[6] 15 avril 1752. — *Charles-François*, b[6] 1er sept. 1757.—*Charles*, b[6] 18 janvier 1759.

MARIN, JEAN.

AUDET, Marie-Joseph.

Augustin, b... m 15 juin 1767, à Elisabeth DOIRON, à Beaumont.

MARIN, ETIENNE.

MARTINBAUT, Charlotte.

Charlotte, b 17 oct. et s 22 nov. 1753, à Verchères.

1747, (31 juillet) Québec.[4]

II.—MARIN, JEAN-BTE, [JOSEPH I. b 1725; journalier.

ALARIE, Marie-Anne, [RENÉ II. b 1727; s[4] 30 avril 1798.

Marie-Joseph, b[4] 11 mai 1750; s[4] 27 fevrier 1751.—*Marie-Louise*, b[4] 8 oct. 1752.—*Jean-Baptiste-Jacques*, b[4] 8 juillet 1755; s[4] 16 sept. 1757. — *Louis*, b[4] 6 mai 1757; s[4] 30 avril 1759 — *Marguerite*, b 16 juillet 1763, à St-Joseph, Beauce[3]; s[3] 7 déc. 1764.

1749, (11 août) Québec.[7]

II.—MARIN (3), JEAN-BTE-JOSEPH, [JOSEPH I. b 1723.

COUET, Marie-Anne, [CHARLES I. b 1729.

Marie-Madeleine, b[7] 18 mai 1750.—*Joseph*, b[7] 17 avril 1752.—*Louise*, b[7] 13 déc. 1754; s[7] 11 janvier 1755.—*Louise*, b[7] 18 juillet 1756.—*Marie-Louise*, b[7] 18 nov. et s[7] 29 déc. 1759. — *Marie-Catherine*, b 22 mars 1762, à St-Nicolas. — *Jean*, b[7] 13 avril et s[7] 2 mai 1764.

1756.

II.—MARIN, ANTOINE, [JOSEPH I. b 1731.

LAJEUNE, Marguerite.

Pierre, b 6 janvier 1757, à Québec.

(1) Elle épouse, le 23 déc. 1725, René LeGardeur, à Montréal.

(2) De la Margue; mort dans le fort de la Rivière-aux-bœufs, et y a été inhumé sous le nom de M. Pierre Paul écuyer, sieur de Marin; chevalier de l'ordre militaire et royal de St-Louis; capitaine d'infanterie, et commandant-général de l'armée de la Belle-Rivière. (Registre du Fort-Duquesne).

(3) De la Margue.

(4) L'espagnole.

(1) DeVilliers; elle épouse, le 29 juillet 1754, Joseph Damours, à Québec.

(2) Sieur de St. Martin, officier; aussi De la Marque—Lamalque; enseigne des troupes.

(3) Réfugié avec sa famille au Sault-de-la-Chaudière (1762).

1757.

I.—MARIN (1), Claude, de Lyon, Lyonnois.
Chevrier, Marie-Joseph, [François I.
b 1738.
Claude, b 25 et s 27 déc. 1757, à Lanoraie. —
Marie-Joseph, b 17 déc. 1759, à Québec.

MARIN, Jean.
Savary, Marie.
Marie-Madeleine, b 4 oct. 1760, à St-Nicolas.

1767, (15 juin) Beaumont.

MARIN, Augustin. [Jean.
Doiron, Elisabeth. [Paul I.
Madeleine, b... m 9 sept. 1800, à Armand Dugast, à Rimouski.—*Joseph*, né 10 juin 1783 ; b 3 janvier 1784, à l'Ile-Verte. [9] — *Marie-Elisabeth*, b [9] 13 mai 1785.

MARINEAU.—Voy. Hostain.

1734, (18 nov.) Montréal.

II.—MARINEAU (2), Louis, [Jean I.
b 1708 ; charretier.
Martin-Ladouceur, Geneviève, [Pierre I.
b 1718.
Marie-Madeleine, b 3 février 1751, aux Trois-Rivières. [8]—*Marie-Françoise*, b [8] 23 nov. 1755.—*Marie*, b... s [8] 10 déc. 1757.

1741, (9 oct.) Beaumont. [3]

I.—MARINIER, François, b 1721 ; fils de Mathurin et de Marguerite Cuvivier de St-François-du-Mareuil, diocèse de Tours, Touraine ; s 10 mai 1751, à St-Charles. [1]
Forgues (3), Marie, [Jacques II.
b 1722.
Jean-François, b [3] 24 oct. 1742. — *Jean-Marie*, b [3] 29 dec. 1745.—*Pierre*, b [3] 19 dec. 1747 ; m 20 juillet 1784, à Marie Doiron, à Quebec. — *Marie-Louise*, b [1] 31 janvier 1750.

1784, (20 juillet) Québec. [7]

II.—MARINIER, Pierre, [François I.
b 1747.
Doiron, Marie, [Paul I.
b 1762 ; s [7] 21 déc. 1797.

MARINO.—Voy. Hostain.

MARION.—*Variation et surnoms :* Morillon—Lafontaine—Lalancette.

1696.

I.—MARION (4), Georges,
b 1667 ; s 9 dec. 1712, à St-Nicolas. [2]
Demers, Madeleine, [Jean I.
b 1669 ; s [2] 15 dec. 1742.
François, b [2] 9 dec. 1696 ; m [2] 24 février 1721, à Marie-Charlotte Boucher ; s [2] 22 mars 1757.—*Nicolas*, b 1698 ; m 11 janvier 1723, à Marie-Anne Durand, à St-Antoine-Tilly [3] ; s 22 juillet 1738, à Ste-Anne-de-la-Perade.—*Jeanne-Françoise*, b 13 juin 1701, à Quebec ; m 3 fevrier 1728, à Claude Hunault, à Repentigny. [4] — *Marie-Ursule*, b [2] 11 déc. 1703 ; m [2] 25 août 1722, à Denis-Joseph Boucher ; s [2] 16 mai 1744.—*Denis*, b [2] 18 oct. 1705 ; s [2] 9 déc. 1712.—*Etienne*, b [2] 7 juin 1708 ; m [4] 3 fevrier 1728, à Jeanne Hunault.—*Marie-Madeleine*, b [2] 6 mars 1710.—*Pierre*, b [2] 11 avril 1712 ; 1° m [3] 16 février 1733, à Thérèse Bonhomme ; 2° m [2] 20 sept. 1756, à Geneviève Blanchet ; s 21 février 1774, à Terrebonne.

(1) De Talard—Delalore.
(2) Voy. Hostain, vol. IV, p. 512.
(3) Appelée Morijeau, 1784.
(4) Voy. vol. I, p. 412.

1718, (18 juillet) Montréal. [5]

I.—MARION (1), Henri, b 1667 ; fils de Jean et de Jeanne Guidon, de Neuilly, diocèse de Xaintes, Saintonge ; s [5] 23 avril 1737.
Simon (2), Anne, [Hubert I.
b 1679.

1721, (24 fevrier) St-Nicolas. [6]

II.—MARION, François, [Georges I.
b 1696 ; s [6] 22 mars 1757.
Boucher, Charlotte, [Denis III.
b 1704 ; s [6] 22 janvier 1758.
François-Nicolas, b [6] 15 janvier 1722 ; 1° m 1742, à Françoise St. Martin ; 2° m 1751, à Marie-Anne Hunault.—*Pierre*, b 1723 ; m [6] 7 fevrier 1752, à Marie-Madeleine Chatel.—*Joseph*, b [6] 28 février 1725 ; m [6] 9 oct. 1747, à Marguerite Dubois ; s [6] 29 avril 1762.—*Etienne*, b [6] 26 déc. 1726 ; m [6] 23 juillet 1748, à Thérèse Dubois.—*Marie-Charlotte*, b [6] 26 déc. 1726 ; m [6] 3 oct. 1739, à Joseph Genest ; s 12 mai 1761, à St-Antoine-Tilly. [7] — *René*, b [6] 21 nov. 1728.—*Marie-Françoise*, b [6] 21 janvier 1731.—*Charles-Simon*, b [6] 24 mars et s [6] 12 juillet 1733.—*Alexandre*, b [6] 17 juillet 1734 ; 1° m [6] 19 sept. 1757, à Geneviève Nadeau ; 2° m [7] 18 avril 1764, à Marie-Charlotte Coté.—*Michel-Hyacinthe*, b [6] 17 déc. 1736 ; m 16 oct. 1758, à Marie-Angelique Baudet, à Lotbinière.—*Jean-Baptiste*, b [6] 30 nov. 1738 ; m [7] 26 fevrier 1759, à Marie-Charlotte Huot.—*Charles*, b [6] 25 juin 1740.—*Marie-Louise*, b [6] 16 avril 1742 ; m [6] 21 février 1757, à Charles Grenon.—*Marie-Thérèse*, b [6] 29 juin 1743 ; m [6] 5 fevrier 1759, à Pierre Bourassa.

1723, (11 janvier) St-Antoine-Tilly.

II.—MARION (3), Nicolas, [Georges I.
b 1698 ; s 22 juillet 1738, à Ste-Anne-de-la-Perade.
Durand, Marie-Anne, [Louis II.
b 1704 ; s 17 mai 1738, à Lanoraie. [2]
Marie-Anne, b et s 26 nov. 1723, à St-Nicolas. [3] —*Marie-Angélique*, b [3] 26 nov. 1724.—*Marie-Catherine*, b 13 oct. 1726, à St-Ours ; m 18 août 1755, à Jacques-Joseph Mauclair, à Montreal.—*Pierre*, b 1730 ; 1° m à Louise Langevin ; 2° m 5 fevrier 1776, à Marie-Joseph Pagé, à St-Laurent, M.—*Marie-Amable*, b [2] 14 août 1735.

(1) Dit Lalancette.
(2) Elle épouse, le 6 oct. 1738, François Gatineau, à Québec.
(3) Décédé chez Yves Phlem.

I.—MARION (1), MATHURIN.

—

1728, (3 février) Repentigny.[3]
II.—MARION, ETIENNE, [GEORGES I.
b 1708.
HUNAULT, Marie-Jeanne, [PIERRE II.
b 1705; s[3] 1er août 1785.
Charles, b[3] 5 juillet 1729; m 20 avril 1752, à Agathe LALONDE, au Bout-de-l'Ile, M.—*François*, b 1735; m 28 sept. 1761, à Marie-Angélique COLIN, à Lanoraie.—*Michel*, b 12 février 1737, à St-François, I. J., m 1760, à Marie-Charlotte FOISY.—*Joseph*, b 1743; m 14 juin 1762, à Elisabeth HAYET, à Varennes; s[3] 19 déc. 1783.—*Marie-Louise*, b 6 juillet 1746, à Lachenaye.—*Marie-Charlotte*, b... m à François JANOT-BELHUMEUR.

—

1733, (16 février) St-Antoine-Tilly.[3]
II.—MARION, PIERRE, [GEORGES I.
b 1712; s 21 fevrier 1774, à Terrebonne.
1° BONHOMME, Therèse, [NICOLAS III.
b 1698; veuve de François Lambert; s 31 août 1754, à St-Nicolas.[4]
Marie-Madeleine, b[4] 22 avril et s[4] 17 juin 1734. — *Marie-Louise*, b[4] 29 juin 1735; m[4] 7 février 1757, à André BOUCHER.—*Marie-Marguerite*, b[4] 9 mars 1737.—*Pierre*, b[4] 2 avril 1738; m[4] 24 oct. 1757, à Marie-Louise TAILLON.—*Marie-Charlotte*, b[4] 11 mars 1740; m[4] 2 août 1756, à Michel TAILLON.—*Marie-Madeleine*, b[4] 30 sept. et s[4] 21 oct. 1742.
1756, (20 sept.)[4]
2° BLANCHET (2), Geneviève, [PIERRE III.
b 1732.
Marie-Geneviève, b[4] 10 janvier 1758. —*Marie-Anne*, b[3] 19 sept. 1759.

—

I.—MARION (3), JACQUES, b 1706; de Granville, Normandie; s 6 août 1748, à Québec.

—

1742.
III.—MARION, FRANÇOIS-NICOLAS, [FRANÇOIS II.
b 1722.
1° ST. MARTIN, Françoise.
Marie, b... m 26 janvier 1762, à Jean-Baptiste HERVIEUX, à Lanoraie.[1] —*Marie-Amable*, b 20 et s 24 nov. 1749, à Sorel.[2]—*Marguerite*, b[2] 20 et s[2] 21 nov. 1749. — *Marie-Joseph*, b 23 mars 1751, à Lavaltrie.
1751.
2° HUNAULT-DESCHAMPS, Marie-Anne,
b 1725; s[1] 1er nov. 1760.
Pierre, b[1] 28 sept. 1752. — *Marie-Madeleine*, b[1] 25 janvier et s[1] 30 nov. 1755. — *Augustin*, b[1] 23 et s[1] 26 sept. 1756. — *Marie-Anne*, b[1] 7 nov. 1757.

(1) Voy. Morillon.

(2) Elle épouse, le 27 nov. 1775, Pierre Gareau, à Terrebonne.

(3) Canonnier sur le *St. Laurent*.

1747, (9 oct.) St-Nicolas.[1]
III.—MARION, JOSEPH, [FRANÇOIS II.
b 1725; s[1] 29 avril 1762.
DUBOIS (1), Marguerite, [PIERRE III.
b 1732.
Marie-Marguerite, b[1] 16 nov. 1748. — *Marie-Charlotte*, b[1] 22 et s[1] 23 fevrier 1750.—*Anonyme*, b[1] et s[1] 20 janvier 1751. — *Joseph-Marie*, b[1] 21 déc. 1751. — *Anonyme*, b[1] et s[1] 22 mars 1753.—*Michel-Hyacinthe*, b 22 nov. 1755, à St-Antoine-Tilly. — *Louis-Augustin*, b[1] 14 avril 1757.—*Pierre*, b[1] 15 janvier et s[1] 24 avril 1759.—*Charles*, b[1] 1er oct. 1760.

—

1748, (23 juillet) St-Nicolas.[2]
III.—MARION, ETIENNE, [FRANÇOIS II.
b 1726.
DUBOIS, Marie-Thérèse, [NICOLAS II.
b 1720; veuve de Jean-Baptiste Cloutier.
Marie-Charlotte, b[2] 12 avril 1750. — *Louis-Etienne*, b[2] 2 août 1752. — *Marie-Louise*, b[2] 11 nov. 1754. — *François*, b[2] 31 mai 1758; s[2] 15 août 1759.—*Marie-Joseph*, b[2] 25 sept. 1760.

—

1752, (7 février) St-Nicolas.[9]
III.—MARION, PIERRE, [FRANÇOIS II.
b 1723.
CHATEL, Marie-Madeleine, [PIERRE II.
b 1723.
Joseph-Pierre, b[9] 11 février 1754; m 27 février 1775, à Elisabeth HÉBERT, à Quebec.—*Madeleine*, b 1758; s[9] 2 mai 1760. — *Angélique*, b[9] 11 juillet 1760.

—

1752, (20 avril) Bout-de-l'Ile, M.
III.—MARION, CHARLES, [ETIENNE II.
b 1729.
LALONDE, Marie-Agathe, [FRANÇOIS III
b 1733.
Marie-Agathe, b 1756; m 1er mai 1775, à François VAILLANCOUR, à Repentigny.

—

1757, (19 sept.) St-Nicolas.[6]
III.—MARION, LOUIS-ALEXANDRE, [FRANÇOIS II
b 1734.
1° NADEAU, Marie-Geneviève, [ANTOINE III
b 1742; s 19 nov. 1763, à St-Antoine-Tilly.[7]
Marie-Geneviève, b[6] 7 dec. 1758. — *Marie-Louise*, b[6] 21 nov. 1760. — *Marie-Madeleine*, b[6] 25 mars 1762.—*Anonyme*, b[7] et s[7] 18 sept. 1763.
1764, (18 avril).[7]
2° COTÉ, Marie-Charlotte, [JACQUES IV.
b 1736.
Alexandre, b[7] 23 février et s[7] 28 juillet 1765. —*Marie-Charlotte*, b[7] 17 fevrier 1767.

—

1757, (24 oct.) St-Nicolas.
III.—MARION, PIERRE, [PIERRE II.
b 1738.
TAILLON (2), Marie-Louise, [PIERRE-MICHEL III
b 1730; veuve de Pierre Cadoret.

(1) Elle épouse, le 10 nov. 1762, Pierre Chalan, à St-Nicolas.

(2) Elle épouse, le 2 mai 1768, Jean Forget, à Terrebonne.

Marie-Louise, b... m 28 juin 1779, à François Ouimet, à Terrebonne.

1758, (16 oct.) Lotbinière.

III.—MARION, Michel-Hyacinthe, [François II.
b 1736.
Baudet, Marie-Angélique, [Charles II.
b 1729.
Louis-François, b 22 janvier 1765, à St-Antoine-Tilly.

1759, (26 février) St-Antoine-Tilly. [8]

III.—MARION, Jean-Bte, [François II.
b 1738.
Huot, Marie-Charlotte, [Joseph III.
b 1737.
Jean-Baptiste, b [8] 25 déc. 1759; s [8] 10 février 1760.—*Charles*, b [8] 31 juillet 1761.—*Marie-Charlotte*, b [8] 16 mars 1764.—*Amable*, b [8] 17 juillet 1766.

III.—MARION (1), Pierre, [Nicolas II.
b 1730.
1° Langevin, Louise.
1776, (5 février) St-Laurent, M.
2° Pagé, Marie-Joseph, [Joseph IV.
b 1734.

1760.

III.—MARION, Michel, [Etienne II.
b 1737.
Foisy, Marie-Charlotte,
Marie-Charlotte, b 1761; m 1er juillet 1782, à Antoine Charest, à Lachenaye. [9]—*Charles*, b [9] 5 février 1782.—*Paulin*, b [9] 23 juin 1785.

1761, (28 sept.) Lanoraie.

III.—MARION, François, [Etienne II.
b 1735.
Colin, Marie-Angélique, [François III.
b 1740.

1762, (14 juin) Varennes.

III.—MARION, Joseph, [Etienne II.
b 1743; s 19 dec. 1783, à Repentigny. [3]
Hayet, Elisabeth, [Jean-Bte II.
b 1741.
Joseph, b 1763; m [3] 20 oct. 1788, à Madeleine Touin.—*Elisabeth*, b 1765; s [3] 12 avril 1786.—*Marie*, b 1766; s [3] 31 dec. 1785.—*Etienne*, b [3] 16 janvier 1769; m [3] 24 sept. 1792, à Angelique Trudel.—*Marie-Anne*, b [3] 30 janvier 1770; m [3] 30 juin 1788, à Nicolas Archambault. — *Marie-Agathe*, b [3] 3 fevrier 1772; m [3] 27 juin 1791, à Antoine Archambault.—*Marie*, b [3] et s [3] 27 fevrier 1774.

1775, (27 fevrier) Quebec.

IV.—MARION, Joseph-Pierre, [Pierre III.
b 1754.
Hébert, Elisabeth, fille de Michel et d'Elisabeth Benoit, de Beaubassin, Acadie.

(1) Dit Lafontaine.

1778.

MARION, Charles.
Bourassa, Geneviève.
Anonyme, b et s 19 déc. 1778, à St-Cuthbert.

MARION, François.
Malo, Marie-Françoise.
Marie-Joseph, b et s 15 février 1781, à Repentigny.

1780.

MARION, François.
Charon, Geneviève.
François-Xavier, b 14 mars 1781, à St-Cuthbert.

1788, (20 oct.) Repentigny. [5]

IV.—MARION, Joseph, [Joseph III.
b 1763.
Touin, Madeleine, [Jean-Bte IV.
b 1768.
Marie-Madeleine, b [5] 2 et s [5] 25 août 1789.—*Joseph*, b [5] 14 et s [5] 27 oct. 1790.—*Marie-Rosalie*, b [5] 26 déc. 1792; s [5] 31 mars 1793.—*Marie-Catherine*, b [5] 20 janvier et s [5] 16 juillet 1794.—*Marie-Adélaïde*, b [5] 20 août et s [5] 20 nov. 1795.

1792, (24 sept.) Repentigny.

IV.—MARION, Etienne, [Joseph III.
b 1769.
Trudel, Angelique, [Antoine IV.
b 1764.

MARIOT.—Voy. Mériault.

MARLIAC.—Voy. Marillac.

MARLY.—Voy. Sorel, 1727.

MARLY, Eustache.
Parant, Marie,
b 1757; s 25 août 1794, à Québec.

1731, (5 nov.) Quebec. [5]

I.—MARMET, Jean, charpentier; fils de Jean et de Marie Delacroix, de Beaufort, diocèse de Genève, en Savoye.
LeGris, Françoise, [Jean I.
b 1706; s [5] 19 oct. 1751.
Jean, b [5] 18 août et s [5] 9 sept. 1732. — *Françoise*, b [5] 19 avril 1734; m [5] 10 avril 1752, à Thomas Lortan. — *Jean-Baptiste*, b [5] 8 nov. et s [5] 2 déc. 1736. — *Marie-Jeanne*, b [5] 27 juin 1738. — *Marie*, b... m 26 nov. 1759, à Dominique Perrin, à Deschambault —*Marie-Charlotte*, b [5] 30 juillet et s [5] 20 août 1739.—*Marie-Madeleine*, b [5] 16 août 1740.—*Jean-Baptiste*, b [5] 15 août et s [5] 20 sept. 1741.— *Jean*, b [5] 27 déc. 1742; m [5] 4 oct. 1773, à Elisabeth Vésina; s [5] 9 janvier 1797 —*Jean-Baptiste*, b [5] 29 août 1744; s [5] 13 sept. 1745.— *François-Etienne*, b [5] 2 et s [5] 17 oct. 1745.—*Elisabeth*, b [5] 20 sept. 1746; m 12 nov. 1770, à Jean-Baptiste Marchand, à Varennes.

1773, (4 oct.) Québec.[3]
II.—MARMET, JEAN, [JEAN I.
b 1742 ; tonnelier ; s [3] 9 janvier 1797.
VÉSINA, Elisabeth, [PIERRE IV.
b 1743.
Elisabeth, b... m [3] 13 janvier 1795, à Pierre DEGUISE.—*Marie-Joseph*, b... m [3] 22 mai 1798, à Joseph VALLÉE.—*Joseph*, b... m [3] 30 juin 1812, à Therèse GAUVREAU.

1812, (30 juin) Quebec.
III.—MARMET, JOSEPH, [JEAN II.
maitre-menuisier.
GAUVREAU, Therèse, fille de François et de Geneviève Routier.
Joseph, b... m 1843, à Elisabeth TACHÉ.

1843.
IV.—MARMET, JOSEPH. [JOSEPH III.
TACHÉ, Elisabeth. [ETIENNE-PASCHAL VI.

1758, (14 août) Montréal.
I.—MARMIGNON, JACQUES, b 1722 ; fils d'Yves et de Marguerite Lecorps, de Pieto, diocèse de St-Brieux, Bretagne.
TRÉMONT, Catherine,
b 1736.

MARMOTTE.—*Surnom* : CHAMPAGNE.

1758, (9 janvier) Montréal.
I.—MARMOTTE (1), NICOLAS, b 1729, soldat ; fils de Claude et de Nicole Garaudel, de Moutois, diocèse de Reims, Champagne.
BISSONNET, Geneviève, [LOUIS III.
b 1739.

MARNE.—Voy. NARME.

MARNEY.—*Surnom* : RICHELIEU.

1758, (6 fevrier) Montréal.
I.—MARNEY (2), LOUIS, soldat ; fils de Jacques et de Jeanne Morineau, de St-Georges-de-faille-Lavineux, diocèse de Poitiers, Poitou.
COUTURIER, Marie-Joseph, [JEAN-BTE II.
b 1739.

MAROIS.—*Variations et surnom* : MAROIST — MAUROIS—MALOUIN.

1687, (14 avril) L'Ange-Gardien.[1]
I.—MAROIS (3), GUILLAUME,
b 1660 ; s 16 dec. 1708, au Château-Richer.[2]
LABERGE (4), Catherine, [ROBERT I.
b 1667.
Marguerite, b 1687 ; m [1] 12 février 1710, à Joseph HEINS (5) ; s 27 avril 1717, à Québec.—*Charles*, b [2] 31 mars 1692 ; 1° m [1] 17 avril 1712, à Jeanne BOUDEAU ; 2° m 26 nov. 1736, à Angélique GAUTIER, au Cap-St-Ignace[3] ; 3° m [3] 4 mai 1746, à Marguerite GAGNÉ. — *François*, b [2] 24 avril 1694 ; 1° m [1] 27 janvier 1716, à Marie-Anne HÉBERT ; 2° m 2 juillet 1742, à Cecile PARÉ, à Beauport ; s 12 déc. 1759, à Charlesbourg.—*Jean-Baptiste*, b [2] 3 mars 1700 ; m 1727, à Catherine COTINAULT ; s 27 mars 1771, à St-Henri-de-Mascouche.

(1) Dit Champagne.
(2) Dit Richelieu.
(3) Voy. vol. I, p. 412.
(4) Elle épouse, le 24 oct. 1712, René Poupart, à L'Ange-Gardien.
(5) Voy. aussi Langlois.

1712, (17 avril) L'Ange-Gardien.
II.—MAROIS, CHARLES, [GUILLAUME I.
b 1692.
1° BOUDEAU (1), Jeanne, [JEAN II.
b 1690.
Marie-Anne, b 27 juillet 1713, à Charlesbourg[1] ; s [1] 25 sept. 1714.—*Marie-Louise*, b [1] 27 août 1715.—*Charles*, b 29 nov. 1718, à Quebec[2] ; 1° m [2] 26 juillet 1739, à Catherine COUSSY ; 2° m [2] 8 août 1741, à Marguerite SIMONEAU.—*Charlotte*, b [2] 16 nov. 1721 ; m 25 avril 1743, à Augustin BOULET, à St-Thomas.[3] — *Louis*, b 23 août 1724, à Montréal.[4] — *Joseph*, b [4] 13 août 1726 ; m [3] 3 nov. 1750, à Marie-Geneviève ROUAU. — *Elisabeth*, b [3] 27 fevrier 1729. — *François*, b [3] 8 août 1731.— *Marie-Joseph*, b 1733 ; s 25 déc. 1741, au Cap-St-Ignace.[5]

1736, (26 nov.) [5]
2° GAUTIER, Angelique, [JACQUES I.
b 1716.
Marie-Reine, b [5] 6 sept. 1737 ; s [5] 5 juillet 1738.—*Louis*, b [5] 28 mars 1739 ; 1° m 27 dec. 1761, à Ursule BÉLANGER, à l'Islet[6] ; 2° m [6] 15 janvier 1775, à Geneviève LANGELIER.—*Marie-Joseph*, b [2] 10 juillet 1741.— *Marie-Geneviève*, b [5] 24 août 1743.

1746, (4 mai). [5]
3° GAGNÉ, Marguerite, [LOUIS III.
b 1716.
François-Chrysostôme, b [3] 29 janvier 1747 ; s [3] 28 mars 1753.—*Jean-Baptiste* et *Marie-Geneviève*, b [3] 14 mai 1750.—*Joachim*, b [3] 22 mai 1752, m 14 fevrier 1774, à Marie-Anne MARTIN-BOISVERD, à St-Michel-d'Yamaska.

1716, (27 janvier) L'Ange-Gardien.[3]
II.—MAROIS, FRANÇOIS, [GUILLAUME I.
b 1694 ; s 12 dec 1759, à Charlesbourg
1° HÉBERT, Marie-Anne, [GUILLAUME II.
b 1697 ; s [3] 10 avril 1741.
Marie, b [3] 6 nov. 1716 ; m [3] 11 oct. 1734, à Joseph TRUDEL ; s 11 janvier 1788, à St-Cuthbert.—*Catherine*, b [3] 18 mai 1718 ; 1° m [3] 7 avril 1750, à Joseph CLICHE ; 2° m [3] 31 janvier 1752, à Charles LEFRANÇOIS ; 3° m 25 sept. 1792, à Louis GAGNON, à Quebec. — *Rose*, b [3] 8 déc. 1719.—*Marie-Anne*, b [3] 19 juillet 1721.—*François*, b [3] 14 juillet 1722 ; m [3] 11 janvier 1745, à Rose HUOT.—*Angélique*, b [3] 6 sept. 1724 ; m [3] 11 janvier 1745, à Germain AUCLAIR. — *Marguerite*, b [3] 5 mars 1726 ; m 1748, à Etienne AUCLAIR.—*Véronique*, b [3] 29 fevrier 1728.—*Guillaume*, b [3] 1er avril 1730 ; m 1748, à Barbe VÉSINA ; s [3] 30 oct. 1750. — *Pierre*, b [3] 10 août

(1) Aussi appelée Badeau—Boudreau.

1732.—*Catherine,* b [3] 18 juin 1734.—*Marie-Madeleine,* b [3] 5 avril 1737; m [3] 7 janvier 1756, à Joseph PARÉ.

1742, (2 juillet) Beauport.

2° PARÉ, Cecile, [JOSEPH II.
b 1693; veuve d'Etienne Drouin; s [3] 17 nov. 1758.

1718, (28 fevrier) Québec. [8]

II.—MAROIS, BASILE, [GUILLAUME I.
b 1698.

LHEUREUX, Marie-Thérèse, [PIERRE II.
b 1699; s 24 oct. 1740 (noyée au Sault), à St-Nicolas.

Basile, b [8] 15 avril 1719; 1° m [8] 11 mai 1739, à Therèse BOUIN-DUFRESNE; 2° m 21 nov. 1740, à Marguerite MIGNERON, à St-François, I. J.; 3° m 4 oct. 1756, à Françoise PIMPARÉ, au Detroit.—*Joseph,* b [8] 16 mars et s [8] 17 avril 1721.—*Thérèse-Joseph,* b [8] 19 mars 1722; m [8] 21 janvier 1743, à René CHEVALIER; s [8] 26 avril 1778. — *Marie-Joseph,* b [8] 6 mai 1724; m 24 oct. 1746, à Pierre PICOT, à Lachenaye.—*Charles-Guillaume,* b [8] 31 mars 1726.—*Marie-Catherine,* b [8] 12 janvier 1728. —*François,* b [8] 26 août et s [8] 5 sept. 1729.—*Angélique,* b 1730; s [8] 23 oct. 1731.—*Marie-Angélique,* b [8] 17 fevrier et s [8] 23 sept. 1732.—*Marie-Angélique,* b [8] 16 mai 1733.—*Marie-Geneviève,* b [8] 13 et s 24 août 1734, à St-Augustin. — *Marie-Louise,* b [8] 13 août 1734; s [8] 28 mars 1737.—*Anonyme,* b [8] et s [8] 11 oct. 1737.—*Françoise,* b [8] 7 et s [8] 9 sept. 1738.

1725, (15 oct.) L'Ange-Gardien.

II—MAROIS, PRISQUE, [GUILLAUME I.
b 1705.

GARNAUD, Marie-Angélique, [JACQUES II.
b 1706.

Marie-Madeleine, b 11 nov. 1726, à St-Augustin [5]; m 1754, à Joseph AMIOT; s [5] 26 juin 1788. —*Jean-François,* b [5] 12 nov. 1728; m [5] 15 fevrier 1762, à Marie-Thècle GUÉRARD.—*Prisque,* b [5] 4 avril 1730; m [5] 28 avril 1755, à Barbe OUVRARD, s [5] 7 janvier 1795.—*François,* b 17 juillet 1732, à Lorette [6]; m [6] 30 janvier 1758, à Thérèse BERTHIAUME.—*Pierre,* b [5] 14 nov. 1734.—*Joseph,* b [5] 30 mars 1737; m [6] 12 nov. 1764, à Marie-Anne JOBIN.—*Marie-Joseph,* b [5] 20 mars 1739; m [5] 23 juin 1760, à Pierre-Augustin CANTIN.—*Nicolas,* b [6] 10 sept. 1741; m à Claire ST. LAURENT.

MAROIS, LOUIS, b... s 16 février 1738, à L'Ange-Gardien.

1728.

II.—MAROIS, JEAN-BTE, [GUILLAUME I.
b 1700; s 27 mars 1771, à St-Henri-de-Mascouche. [7]

COTINAULT (1), Catherine, [JEAN II.
b 1708.

Marie-Catherine, b... m 27 nov. 1747, à Pierre BOESME, à Lachenaye. [8]—*François,* b [8] 6 fevrier 1729; m 3 août 1750, à Elisabeth OUIMET, à Ste-Rose.—*Joseph-Marie,* b [8] 26 déc. 1731; s [8] 24 mai 1736.—*Joseph,* b... s [8] 11 juin 1749.—*Marie-Rose,* b [8] 17 juin et s [8] 17 sept. 1733.—*Marie-Hélène,* b [8] 15 nov. 1734; s [8] 7 janvier 1750.—*Marie-Rose,* b [8] 14 et s [8] 26 janvier 1736.—*Jean-Baptiste,* b [8] 15 dec. 1737; m [7] 23 mars 1759, à Marie-Marguerite BOESMÉ.—*Marie-Rose,* b [8] 10 mai 1739; s [8] 28 juin 1749.—*Charles,* b [8] 22 mars 1741.—*Pierre,* b [8] 10 avril et s [8] 28 juillet 1742.—*Michel,* b [8] 23 oct. 1743; m [8] 23 fevrier 1767, à Rose BOESMÉ.—*Marie-Agathe,* b [8] 2 avril 1746; m [7] 12 janvier 1761, à Antoine BOESMÉ; s [7] 10 mars 1772.—*Michel,* b [8] 20 fevrier 1748.

(1) Dit Deslauriers.

MAROIS (1), ...
s 24 avril 1734, à Berthier.

DUBEAU (2), Marie.

1730, (30 janvier) Québec. [4]

II—MAROIS, JEAN-BTE, [GUILLAUME I.
b 1707; journalier.

NAU (3), Marie-Angelique, [PIERRE I.
b 1711.

Marie-Angélique, b [4] 13 nov. et s [4] 9 dec. 1730. —*Jean-Baptiste,* b [4] 17 juillet 1732.—*Marie-Angélique,* b [4] 16 avril et s [4] 12 mai 1734.—*Angélique-Marguerite,* b [4] 9 mars 1736; s [4] 20 fevrier 1738. —*Marie-Jeanne,* b [4] 10 et s [4] 11 sept. 1737.—*Louis* et *Marie-Geneviève,* b [4] 20 et s [4] 21 sept. 1738.—*Marie-Anne,* b [4] 17 oct. 1739; m à Jean DELLECROSSE; s [4] 20 dec 1757.—*François,* b [4] 2 oct. 1741; m 13 août 1764, à Marie-Agathe PARISIEN, à St-Henri-de-Mascouche [5]; s [5] 30 juin 1774.—*Marguerite,* b [4] 30 juillet 1743.—*Marie-Joseph-Thérèse,* b [4] 20 oct. 1745; m [5] 24 février 1772, à Etienne ETHIER.—*François,* b [4] 30 mai 1747; s [4] 5 juillet 1752.—*Marie-Angélique,* b [4] 28 février 1750. — *Charlotte,* b [4] 19 mars et s [4] 1er avril 1754.

1739, (11 mai) Québec.

III.—MAROIS, BASILE, [BASILE II.
b 1719; bourgeois.

1° BOUIN-DUFRESNE, Therèse, [SIMON II.
b 1714; s 10 août 1740, à Lachenaye. [6]

Anonyme, b [6] et s [6] 9 août 1740.

1740, (21 nov.) St-François, I. J.

2° MIGNERON, Marguerite, [JEAN III.
b 1723; s 26 nov. 1755, au Detroit. [7]

Marie-Madeleine, b 2 mai 1744, à St-Vincent-de-Paul. [8] —*Jean-Baptiste,* b [8] 13 juillet 1746.—*Marie-Madeleine,* b [8] 17 oct. 1747; s [8] 20 juin 1748.—*Jacques-Philippe,* b [8] 8 nov. 1748; s [8] 27 mai 1749.

1756, (4 oct.) [7]

3° PIMPARÉ, Françoise, [CHARLES I.
b 1739.

Jean-François, b [7] 15 février 1757.

(1) Charretier de Québec.

(2) Noyée dans l'anse de Bellechasse, avec cinq autres, le 4 nov. 1733. Voy. *A travers les registres,* p. 130.

(3) Dit Labrie.

1739, (26 juillet) Québec. [1]
III.—MAROIS, Charles, [Charles II.
b 1718.
1° Coussy, Cath[illegible] [Pierre I.
b 1710; veuve [illegible]-Baptiste Réaume.
1741, (8 août). [1]
2° Simoneau (1), Marguerite, [Simon-René I.
b 1716.
Marguerite, b 2 juin 1742, à Berthier; m 19 janvier 1767, à Louis Lenègre, à St-Thomas.—*Louis*, b 1743; 1° m 27 déc. 1761, à Ursule Bélanger, à l'Islet [2]; 2° m [2] 15 janvier 1775, à Geneviève Langelier. — *Nicolas*, b 6 mars 1744, au Cap-St-Ignace. [3] — *Geneviève*, b... s [1] 15 avril 1745.—*Charles*, b [3] 15 mars 1746.—*Marie-Louise*, b [3] 14 mars 1748; s [3] 27 nov. 1757. — *Joseph*, b [3] 8 août 1750; m [1] 7 février 1774, à Thérèse Sorel. — *Anonyme*, b [3] et s [3] 28 janvier 1753.—*Jean-Marie*, b [3] 4 déc. 1754; s [3] 8 janvier 1756.—*Marie-Victoire*, b [3] 23 août 1757.

1745, (11 janvier) L'Ange-Gardien. [7]
III.—MAROIS, François, [François II.
b 1722.
Huot, Rose, [Jacques II.
b 1724.
Marie-Anne, b 31 juillet 1747, à Charlesbourg. [8] —*Pierre*, b [8] 28 avril 1749; m 15 février 1790, à Marie-Elisabeth Roy, à Québec. [9]—*Agathe*, b [8] 22 oct. et s [8] 5 déc. 1750.—*François-de-Sales*, b [7] 28 janvier 1753. — *Marie-Rose*, b [7] 9 nov. 1754.—*Michel*, b [7] 28 déc. 1756.—*Prisque*, b [7] 11 mars et s [8] 11 oct. 1759.—*Louis*, b [7] 26 déc. 1763; m [9] 10 mai 1791, à Geneviève Leblond.

1748.
III.—MAROIS, Guillaume, [François II.
b 1730; s 30 oct. 1750, à L'Ange-Gardien. [2]
Vésina (2), Barbe, [Jean III.
b 1728.
François, b [2] 8 nov. 1749.

1750, (3 août) Ste-Rose.
III.—MAROIS, François, [Jean-Bte II.
b 1729.
Ouimet, Elisabeth, [Albert III.
b 1730.
Acace-Marie, b 8 avril 1751, à St-Henri-de-Mascouche. [7]—*François*, b 25 déc. 1752, à Lachenaye. [8] — *Pierre* et *Joseph*, b [7] 26 oct. 1754.—*Marie*, b [7] 23 nov. 1755; s [7] 10 janvier 1759.—*François-Marie*, b [7] 1er août 1757.—*Jean-Baptiste*, b [7] 15 sept. 1758.—*Antoine*, b [8] 28 août 1760; s [7] 1er juin 1761.—*Joseph-Albert*, b [7] 30 déc. 1761.

1750, (3 nov.) St-Thomas. [4]
III.—MAROIS, Joseph, [Charles II.
b 1726.
Rouau, Marie-Geneviève,
b 1734; s [4] 27 août 1758.

(1) Et Carbolo dit Sanschagrin.

(2) Elle épouse, le 19 avril 1751, Charles Mathieu, à L'Ange-Gardien.

MAROIS, Paul.
Boulet, Véronique.
Gabriel, b 24 juin 1755, à St-Charles.

1755, (28 avril) St-Augustin. [3]
III.—MAROIS, Prisque, [Prisque II.
b 1730; s [3] 7 janvier 1795.
Ouvrard, Barbe, [Antoine II.
b 1731; veuve de Pierre Bussière.
Marie-Barbe, b... m [3] 7 janvier 1783, à Paul Bussière.—*Madeleine*, b... m [3] 10 janvier 1785, à Nicolas Trudel.—*Nicolas*, b [3] 23 nov. 1762; m [3] 19 avril 1790, à Louise Goulet. — *Marie-Anne*, b... m [3] 9 janvier 1792, à Augustin Macardy.

1758, (30 janvier) Lorette.
III.—MAROIS, François, [Prisque II.
b 1732.
Berthiaume, Marie-Thérèse, [Noel III.
b 1736.
François, b 21 janvier 1759, à St-Augustin. [2]—*Thérèse*, b [2] 18 juin 1762.—*Marguerite*, b 23 sept. 1766, à la Pte-aux-Trembles, Q.

1759, (23 mars) St-Henri-de-Mascouche. [6]
III.—MAROIS, Jean-Bte, [Jean-Bte II.
b 1737.
Boesmé, Marie-Marguerite, [Pierre III.
b 1745.
Jean-Baptiste, b [6] 9 mars et s [6] 9 sept. 1761.—*Michel-Archange*, b 11 juin 1769, à Lachenaye.

1761, (27 déc.) Islet. [8]
IV.—MAROIS, Louis, [Charles III.
b 1743.
1° Bélanger, Ursule, [Jean-François.
b 1733; s [8] 7 déc. 1773.
1775, (15 janvier). [8]
2° Langelier, Geneviève, [Louis III.
b 1729; veuve de Pierre Cloutier.

1762, (15 février) St-Augustin. [1]
III.—MAROIS, Jean-François, [Prisque II.
b 1728.
Guérard, Marie-Thècle, [François III.
b 1741.
Jean-Baptiste, b 1763; m [1] 9 février 1795, à Marie Ouvrard. — *Marie-Joseph*, b... m [1] 3 août 1795, à Jean Bertrand. — *Prisque*, b [1] 6 avril 1782.

1764, (13 août) St-Henri-de-Mascouche. [1]
III.—MAROIS, François, [Jean-Bte II.
b 1741; s [1] 30 juin 1774.
Duguay-Parisien, Marie-Agathe. [Frs-Noel I.
Marie, b... m 18 oct. 1790, à Jean-Baptiste Alard, à Lachenaye.

1764, (12 nov.) Lorette.
III.—MAROIS, Joseph, [Prisque II.
b 1737.
Jobin, Marie-Anne, [Pierre III.
b 1745.
Marie-Anne, b... m 9 nov. 1789, à Joseph Vésina, à St-Augustin.

1767, (23 février) Lachenaye.
III.—MAROIS, MICHEL, [JEAN-BTE II.
b 1743.
BOESMÉ (1), Rose, [MICHEL III.
b 1751.

MAROIS, JEAN-BTE.
CHARTIER, Angélique.
Marie-Joseph, b 24 juin 1769, à Lachenaye.

1774, (7 fevrier) Québec.
IV.—MAROIS, JOSEPH, [CHARLES III.
b 1750.
SOREL, Thérèse, [NICOLAS I.
b 1754.

1774, (14 février) St-Michel-d'Yamaska.
III.—MAROIS, JOACHIM, [CHARLES II.
b 1752.
MARTIN-BOISVERD, Marie-Anne, [ETIENNE II.
b 1749.

III.—MAROIS, NICOLAS, [PRISQUE II.
b 1741.
ST. LAURENT, Claire.
Marie-Charlotte, b... m 30 sept. 1794, à Joseph-Bonaventure BEAUMONT, à Québec.

MAROIS, MAGLOIRE.
CANTIN, Catherine.
Marie-Rose, b 4 juillet 1778, au Château-Richer.[1]—*Marie-Marguerite,* b[1] 11 nov. 1779.

MAROIS, ...
....
b 1745; s 18 déc. 1781, à Kamouraska.

MAROIS, PRISQUE.
RASSET, Marguerite.
Angélique, b 30 janvier 1783, à St-Augustin.

MAROIS, JEAN.
....
Pierre, b 26 mars 1786, à St-Augustin.

1790, (15 février) Québec.
IV.—MAROIS, PIERRE, [FRANÇOIS III.
b 1749.
ROY, Marie-Elisabeth, [JOSEPH III.
b 1740; veuve d'Etienne Petit.

1790, (19 avril) St-Augustin.[1]
IV.—MAROIS, NICOLAS, [PRISQUE III.
b 1762.
GOULET, Louise, [PRISQUE IV.
b 1764.
Nicolas, b[1] 17 mars 1791. — *Nicolas,* b[1] 22 août 1792.

(1) Elle épouse, le 24 mai 1773, Charles-François Renaud, à St-Henri-de-Mascouche.

1791, (10 mai) Québec.
IV.—MAROIS, LOUIS, [FRANÇOIS III.
b 1763.
LEBLOND, Geneviève, [CHARLES I.
b 1758.

1795, (9 février) St-Augustin.
IV.—MAROIS, JEAN-BTE, [JEAN-FRANÇOIS III.
b 1763.
OUVRARD, Marie, [FRANÇOIS III.
b 1768.

MAROIST.—Voy. MAROIS.

1750.
I.—MAROL, JEAN.
AUBIN-MIGNOT, Marie-Joseph, [JOSEPH II.
b 1723.
Marie-Claire, b 17 janvier 1751, à St-Pierre-du-Sud.[5] — *Marie-Charlotte,* b[5] 28 oct. 1752.—*Jean-Marie,* b[5] 10 mars 1754. — *Joseph-Marie,* b[5] 3 oct. 1756. — *Marie-Thérèse,* b[5] 9 et s[5] 20 fevrier 1759.

I.—MAROLLEAU (1), PIERRE, b 1737; s 11 avril 1760, à St-Ours.

MARONÉ.—Voy. MORONEY.

MAROT.—*Surnoms :* LABONTÉ—LAROSE.

1690, (22 déc.) Beauport.[5]
I.—MAROT (2), JEAN, fils de Jean et de Madeleine Travers, d'Angers, Anjou.
BOUTIN, Geneviève, [ANTOINE I.
b 1668.
Jean-Baptiste-Ange, b[5] 4 février 1691; m 20 avril 1716, à Marie-Anne ROLANDEAU, à St-Thomas.[6] — *Marie-Louise,* b[5] 2 sept. 1692; s 20 janvier 1703, à la Pte-aux-Trembles, Q.[7] — *Nicolas,* b[7] 27 sept. 1694.—*Jean-François,* b[7] 20 déc. 1696; m 1722, à Thérèse HOUDE.—*Joseph,* b[7] 11 mars 1699; 1° m 1726, à Françoise ROGNON; 2° m 19 janvier 1756, à Ursule BOURGOIN, à St-Antoine-Tilly. — *Marie-Geneviève,* b[7] 24 sept. 1701.—*Jacques,* b 1707; m 11 mai 1733, à Marie-Barbe BROSSARD, à Montréal. — *Louis,* b 1709; m[6] 14 avril 1733, à Marie PEPIN.

1716, (20 avril) St-Thomas.[5]
II.—MAROT (3), JEAN-BTE-ANGE, [JEAN I.
b 1691.
ROLANDEAU, Marie-Anne, [JEAN I.
b 1696.
Hélène, b 1718; m 1743, à Jacques GAGNÉ. — *Marie-Louise,* b[5] 29 mai 1720; s[5] 22 fevrier 1736.—*Marthe,* b[5] 11 avril 1725; m 1745, à François-Noël GAGNÉ.—*Charles,* b[5] 17 sept. 1726; m[5] 13 juillet 1750, à Geneviève AUBIN. — *Pierre,* b[5] 28 et s[5] 30 juin 1728. — *Paul,* b[5] 28 juin 1728;

(1) Dit Lajeunesse; soldat de la compagnie du chevalier de la Roche.

(2) Dit Labonté; soldat de la compagnie de M. de Bourallan.—Voy. vol. I, p. 412.

(3) Dit Labonté.

1° m [5] 22 nov. 1751, à Véronique Boulet; 2° m 11 oct. 1762, à Marie-Anne Guenet, à Beaumont. — *Marie-Madeleine*, b [5] 18 août 1730; m [5] 22 février 1751, à Antoine Gagné. — *Marie-Anne*, b [5] 7 sept. 1732; s [5] 29 nov. 1733.—*Hubert-Augustin*, b [5] 27 août et s [5] 23 oct. 1734.—*Yves*, b [5] 27 août 1734.—*Louis*, b [5] 24 sept. 1736.

1722.

II.—MAROT (1), Jean-François, [Jean I.
b 1696.
Houde, Thérèse, [Jacques II.
b 1700.

François, b 13 août 1723, à St-Antoine-Tilly [9]; m 1748, à Elisabeth Lambert. — *Joseph*, b [9] 23 sept. 1725; m [9] 20 avril 1748, à Marie-Charlotte DeHornay. — *Jean-Baptiste*, b [9] 25 sept. 1727; s [9] 30 août 1733. — *Marie-Thérèse*, b [9] 13 nov. 1729; s [9] 1er sept. 1733.—*Charles*, b [9] 8 sept. 1731; s [9] 21 mars 1741. — *Louis-François*, b [9] 24 août et s [9] 15 nov. 1733. — *Pierre-François*, b [9] 2 déc. 1735; m [9] 16 mai 1763, à Marie-Françoise Rognon. —*Jean-Baptiste*, b [9] 9 et s [9] 14 avril 1739.—*Marie-Thérèse*, b [9] 26 et s [9] 27 mars 1740.—*Marie-Angélique*, b [9] 10 juillet 1742; s [9] 7 mai 1758.—*Jean-Marie*, b [9] 25 avril 1745.

1726.

II.—MAROT (1), Joseph, [Jean I.
b 1699.
1° Rognon (2), Françoise, [Guillaume I.
b 1709; s 7 avril 1749, à St-Antoine-Tilly. [6]

Joseph-Guillaume, b et s 22 nov. 1727, à Ste-Croix. [7] — *Jean-Baptiste*, b [6] 23 oct. 1729; 1° m 11 avril 1758, à Marie-Jeanne Dubois, à Nicolet [8]; 2° m [8] 3 mars 1794, à Madeleine Robert.—*Louis-Joseph*, b [6] 10 oct. 1731; m 13 sept. 1751, à Marie-Louise Houde, à Lotbinière; s [7] 20 mars 1755.—*Marie-Françoise*, b [6] 28 oct. 1733; m 13 fevrier 1764, à Joseph Moreau, à l'Ile-Dupas. [9] — *Jean-François*, b [6] 16 mars 1738; m 22 avril 1765, à Madeleine Dufaut, à Sorel.—*Marie-Louise*, b [6] 14 février 1740.—*Marie-Angélique*, b [6] 25 avril 1742. —*Michel*, b 1743; s [6] 16 janvier 1746. — *Marie-Charlotte*, b [6] 31 juillet 1747; s [6] 6 sept. 1748.

1756, (19 janvier). [6]

2° Bourgoin (3), Ursule, [Jos.-François III.
b 1738.

Joseph, b [6] 9 et s [6] 17 juillet 1757. — *Marie*, b [6] 26 mars 1759.—*Marie-Ursule*, b [9] 13 juin 1761.

1733, (14 avril) St-Thomas.

II.—MAROT, Louis, [Jean I.
b 1709.
Pepin, Marie, [Paul II.
b 1712.

1733, (11 mai) Montreal. [1]

II.—MAROT (1), Jacques, [Jean I.
b 1707.
Brossard, Marie-Barbe, [Claude II.
b 1709.

Jacques, b [1] 18 oct. 1734; s [1] 12 août 1746. — *Claude*, b [1] 4 mai 1736; m 27 oct. 1761, à Marie-Françoise Duligнon, à la Pte-aux-Trembles, M.— *Marie-Joseph*, b [1] 24 sept. 1737; m [1] 22 janvier 1759, à Joseph Bouchard.— *Marie-Catherine*, b [1] 6 janvier 1739; m [1] 19 sept. 1757, à Jean-François Gareau.—*Antoine*, b [1] 4 août 1741.—*Joseph*, b [1] 7 nov. 1743; s [1] 12 avril 1744.—*Marie-Barbe*, b [1] 19 fevrier 1746. — *André*, b [1] 16 mai et s [1] 4 oct. 1750.

1743, (1er août) Montréal. [2]

I.—MAROT (1), Jean-Bte, b 1714; fils de Sébastien et de Marie Fleuriot, de Delacelle, diocèse de Poitiers, Poitou.
Marquet (2), Catherine-Agathe, [François I.
b 1723.

Jean-Baptiste, b [2] 19 oct. 1742. — *Marie-Catherine*, b [2] 1er mai 1744; m 25 janvier 1761, à François Ravary, à Ste-Anne-de-la-Pérade.

1748, (20 avril) St-Antoine-Tilly [8] (3).

III.—MAROT Joseph, [Jean-François II.
b 1725.
DeHornay, Marie-Charlotte, [Jacques II.
b 1730.

Joseph, b [3] 22 juillet et s [3] 24 nov. 1748.— *Louis-Joseph*, b [3] 12 oct. 1749; m [3] 27 fevrier 1775, à Angelique Croteau. — *Marie-Charlotte*, b [3] 11 janvier 1752. — *Marie-Elisabeth*, b 1753; s [3] 5 sept. 1758. — *Marie-Catherine*, b [3] 20 mars 1754.— *Marie-Joseph*, b [3] 15 mars 1756. — *Deux anonymes*, b [3] et s [3] 21 avril 1758. — *Marie-Charlotte*, b [3] 1er juillet 1760.—*Marie-Louise*, b [3] 7 août 1767.

1748.

III.—MAROT, François, [Jean-François II.
b 1723.
Lambert, Elisabeth, [Pierre II.
b 1728.

François, b 30 oct. 1749, à Ste-Croix. [4] — *Marie-Elisabeth*, b 27 sept. 1751, à St-Antoine-Tilly —*Marie-Joseph*, b [4] 27 fevrier 1754.—*Pierre*, b [4] 18 mai 1756.

1750, (13 juillet) St-Thomas. [5]

III.—MAROT, Charles, [Jean-Bte-Ange II.
b 1726.
Aubin (4), Geneviève, [Joseph II.
b 1727; veuve d'Augustin Talbot.

Paul, b [5] 16 août 1751.—*Marie-Joseph*, b [5] 5 et s [5] 8 mars 1756.—*Marie-Claire*, b [5] 30 sept. 1758.

1751, (13 sept.) Lotbinière. [6]

III.—MAROT, Louis-Joseph, [Joseph II.
b 1731; s 20 mars 1755, à Ste-Croix.
Houde, Marie-Louise, [Charles III.
b 1730; s [6] 7 janvier 1753.

(1) Dit Labonté.
(2) Dit Desroches.
(3) Lafranchise.

(1) Dit Larose; soldat de la compagnie de M. Lapérière.
(2) Elle épouse, le 10 avril 1752, Jean-Claude Gaugly, à Montréal.
(3) Réhabilitation avec dispense du 4e au 4e degré.
(4) Dit Mignau.

1751, (22 nov.) St-Thomas. [8]
III.—MAROT, Paul, [Jean-Bte-Ange II.
b 1728.
1° Boulet, Véronique, [Augustin III.
b 1725.
Jacques, b [8] 5 mai 1754; s [8] 11 mars 1755.—*Marie-Véronique*, b 6 février 1757, à St-Charles. [1] —*Marie-Joseph*, b [1] 23 nov. 1758.
1762, (11 oct.) Beaumont.
2° Guenet, Marie-Anne, [Thomas II.
b 1727.

1758, (11 avril) Nicolet. [2]
III.—MAROT (1), Jean-Bte, [Joseph II.
b 1729.
1° Dubois, Marie-Jeanne, [Guillaume III.
b 1736; s [2] 15 oct. 1791.
Marie-Madeleine, b [2] 12 janvier 1759.—*Marie-Amable*, b... 1° m [2] 11 sept. 1780, à Jean-Baptiste Houde; 2° m [2] 19 fevrier 1787, à Nicolas Bourgeois.—*Françoise*, b... m [2] 11 nov. 1782, à Joseph Robidou.—*Thérèse*, b... m [2] 1er oct. 1792, à Jean-François Javanelle. — *Marie-Rose*, b... m [2] 19 nov. 1792, à Joseph Quévillon. — *Marie-Joseph*, b... m [2] 27 janvier 1794, à Michel Simoneau.
1794, (3 mars). [2]
2° Robert, Madeleine, [Claude II.
b 1737; veuve de Jean-Baptiste Malbœuf.

MAROT, Joseph.
1° Houde, Catherine.
1797, (1er mai) Nicolet.
2° Terrien, Françoise,
veuve de Jean-Baptiste Dumas.

MAROT (1), Joseph.
Lamy, Marie-Catherine.
Marie-Marguerite, b 30 août 1759, à l'Ile-Dupas. [3] — *Joseph-Marie*, b [3] 6 janvier 1761.—*Jacques*, b [3] 14 et s [3] 26 avril 1762.

1761, (27 oct.) Pte-aux-Trembles, M.
III.—MAROT (1), Claude, [Jacques II.
b 1736.
Dulignon, Marie-Françoise, [Jacques III.
b 1737.

1763, (16 mai) St-Antoine-Tilly. [4]
III.—MAROT, Pierre-Frs, [Jean-Frs II.
b 1735.
Rognon, Marie-Françoise, [Louis-Joseph III.
b 1745.
Anonyme, b [4] et s [4] 8 août 1767.

1765, (22 avril) Sorel.
III.—MAROT (1), Jean-François, [Joseph II.
b 1738.
Dufaut, Madeleine, [Jean-François III.
b 1743.

(1) Dit Labonté.

1775, (27 février) St-Antoine-Tilly.
IV.—MAROT, Louis-Joseph, [Joseph III.
b 1749.
Croteau, Angelique, [Pierre III.
b 1750.

I.—MAROUIN, Louis.
Mireau, Marie-Louise,
Acadienne.
Marie-Madeleine, b... m 9 mai 1768, à Jean Stanly, à la Longue-Pointe.

MARQ.—*Variation :* Marre.

1759, (15 oct.) Québec. [5]
I.—MARQ, Charles, charpentier; fils de Goulvin et de Louise Leroy, de St-Laurent, Brest, diocèse de St-Pol-de-Leon, Artois; s [5] 13 juillet 1779.
Philippon, Angelique, [Pierre I.
b 1742.
Marie-Angélique, b [5] 25 mars 1761; m [5] 12 oct. 1779, à Etienne Papillon —*Marie-Suzanne*, b [5] 15 mai 1763.—*Marie-Anne*, b... m [5] 27 sept. 1785, à Joseph Gagné.—*Hélène*, b... m [5] 13 avril 1794, à Jean-Wilson Cole.

MARQUET. — *Variation et surnoms :* Marquette—Cliche—Clocher-St. Pierre—La Mollet—Périgord.

I.—MARQUET (1), François,
b 1638; s 11 mars 1715, à Charlesbourg.
1° Daine, Marie.
1709, (20 janvier) St-Michel. [3]
2° Philippe, Anne,
veuve de François Lamontagne; s [3] 1er mai 1715.

1706, (26 avril) Québec. [1]
I.—MARQUET (2), François, fils de François et de Marie Bariton, de Chapelle-Bourquet, en Perigord.
Galarnaux, Louise, [Charles II.
b 1690.
Joseph, b 21 mai 1707, au Detroit. [2] — *Marguerite*, b [2] 20 mars 1709; m 20 juillet 1722, à Pierre Gagnon, à St-Frs-du-Lac [3]; s [3] 13 mars 1761.—*Pierre*, b [1] 3 nov. 1710, m [3] 16 nov. 1734, à Marie-Anne Dupuis —*Thérèse*, b 10 juillet 1712, à Champlain [4]; m [4] 28 juillet 1730, à Jean-François Dupuis; s [3] 28 juillet 1753.—*Michel*, b [4] 3 mars 1714; s [4] 27 avril 1715.—*Marie-Louise*, b [4] 5 mars 1716; m 26 juillet 1736, à Pierre Pineau, aux Trois-Rivières. [5] — *Marie-Catherine*, b [4] 16 mars 1718; m [5] 20 avril 1739, à Pierre Chaillot.—*François-Régis*, b [3] 14 fevrier 1720; m [5] 3 nov. 1744, à Thérèse Grenier; s 12 avril 1784, à Nicolet.—*Françoise-Elisabeth*, b [3] 26 et s [3] 29 dec. 1721.—*Catherine-Agathe*, b [3] 8 mars 1723; 1° m 1er août 1743, à Jean-Baptiste Marot, à Montreal [6]; 2° m [6] 10 avril 1752, à Jean-Claude Gaugly; 3° m [1] 7 fevrier 1757, à Jean Louismet.—*Marie-*

(1) Voy. vol. I, p. 413.
(2) Dit Périgord.

Anne, b[3] 26 sept. 1724 ; m[5] 7 avril 1750, à Joseph AUTRAGE (1).—*Marie-Ursule*, b[3] 25 fevrier 1726. —*Jean-Baptiste*, b[3] 24 fevrier et s[3] 4 mars 1728. —*François-Joseph*, b[3] 9 mai 1729 ; m 18 août 1755, à Catherine BEAUGRAND, à Lanoraie. — *Alexis*, b[5] 9 nov. 1731 ; m 1758, à Therèse LAFONTAINE.—*Marie-Geneviève*, b[5] 1er et s[5] 7 mars 1734.—*Marie-Joseph*, b 1735 ; s[5] 12 oct. 1747.

1734, (16 nov.) St-Frs-du-Lac. [1]

II.—MARQUET (2), PIERRE, [FRANÇOIS I. b 1710.
DUPUIS, Marie-Anne, [JEAN-FRANÇOIS I. b 1711.

Marie-Joseph, b[1] 4 février 1735 ; m à... ST. LAURENT ; s 1er juin 1794, à Nicolet. — *Antoine*, b 9 dec. 1736, aux Trois-Rivières. [2] —*Marie-Anne*, b[2] 10 juin et s[2] 6 nov. 1741.—*Suzanne*, b[2] 26 janvier 1743 ; s[1] 2 déc. 1755.—*Nicole*, b[2] 26 déc. 1745 ; s[2] 13 janvier 1746.—*Pierre*, b[2] 7 avril 1747 ; s 31 janvier 1748, à la Baie-du-Febvre. [3] — *Pierre*, b[3] 26 janvier et s[3] 29 juillet 1749.—*Anonyme*, b[3] et s[3] 20 avril 1750. — *Anonyme*, b[1] et s[1] 26 mai 1753.

1744, (3 nov.) Trois-Rivières. [4]

II.—MARQUET (2), FRS-RÉGIS, [FRANÇOIS I. b 1720 ; s 12 avril 1784, à Nicolet. [5]
GRENIER, Thérèse, [JOSEPH III. b 1722.

Agathe, b[4] 11 nov. 1745 ; s[4] 24 nov. 1752. — *Claire*, b[4] 25 avril 1747 ; s[4] 10 dec. 1752.— *Marie-Thérèse*, b[4] 3 oct. 1748.—*Charlotte-Elisabeth*, b[4] 24 oct. 1750 ; s[4] 27 nov. 1752. — *Marie-Joseph*, b[4] 4 mai 1753.—*Claire*, b[4] 20 oct. 1754. —*François-Régis*, b 1759 ; m[5] 15 janvier 1787, à Elisabeth TROTIER ; s[5] 18 mai 1789 (noye). — *Louise*, b 1767 ; m à Joseph-Marie CHAMPOU ; s[5] 11 avril 1792.

1755, (18 août) Lanoraie. [6]

II.—MARQUET (3), FRS-JOSEPH, [FRANÇOIS I. b 1729.
BEAUGRAND, Catherine, [ANTOINE III. b 1733.

Pierre, b 1er déc. 1756, à St-Frs-du-Lac.— *Joseph*, b 1757 ; s[6] 4 août 1758.—*Antoine*, b 17 mai 1759, à l'Ile-Dupas.

MARQUET, CHRISTOPHE.
CARDINAL, Marie, b 1722 ; s 9 nov. 1768, à Sorel.

1758.

II.—MARQUET (2), ALEXIS, [FRANÇOIS I. b 1731.
LAFONTAINE, Therèse.

Anonyme, b et s 14 déc. 1759, aux Trois-Rivières. [7] — *Agathe*, b[7] 8 fevrier 1761.

(1) Voy. aussi Hautrage.
(2) Dit Périgord.
(3) Chevalier dit Périgord ; voy. vol. III, p. 50.

1787, (15 janvier) Nicolet. [8]

III.—MARQUET (1), FRS-RÉGIS, [FRS-RÉGIS II. b 1759 ; s[8] 18 mai 1789.
TROTIER-BEAUBIEN, Elisabeth. [LOUIS IV.

MARQUETTE.—Voy. MARQUET.

MARQUIS.—*Variation et surnoms* : LEMARQUIS —DUPUIS—DUPUYAU—DUTUYAU.

1673, (18 sept.) Québec. [7]

I.—MARQUIS (2), CHARLES, b 1651 ; s[7] 22 dec 1700.
1° BAUGRAN, Marguerite, veuve de Sébastien Cousin, de St-Gervais, Paris.
1698, (7 janvier) Ste-Anne.
2° GIGUÈRE (3), Agnès, [ROBERT I. b 1675.

François, b[7] 23 mai 1700 ; m 1724, à Marie-Anne BOUCHER ; s 1er oct. 1754, à Kamouraska.

I.—MARQUIS, JACQUES, b 1678 ; s 5 janvier 1762, à l'Hôpital-Général, M.

1724.

II.—MARQUIS (4), CHS-FRANÇOIS, [CHARLES I. b 1700 ; s 1er oct. 1754, à Kamouraska. [4]
BOUCHER, Marie-Anne, [PIERRE III. b 1699 ; s[4] 20 nov. 1775.

Agnès, b 1725 ; s[4] 10 août 1727. — *Joseph-Marie*, b[4] 18 avril 1729 ; m 27 oct. 1752, à Françoise COTÉ, aux Trois-Pistoles. — *Alexandre*, b[4] 29 juin 1731.—*Joseph-François*, b[4] 8 mars 1734 ; m 1762, à Agnès COTÉ. — *Geneviève*, b[4] 12 sept. 1736 ; s[4] 9 sept. 1757.—*Marie-Anne*, b[4] 15 fevrier 1739 ; s[4] 15 août 1757. — *Jean-Baptiste*, b[4] 20 juin et s[4] 25 juillet 1741. — *Jean-Baptiste*, b[4] 9 janvier 1745 ; m[4] 11 janvier 1768, à Marie-Claire TALON. — *Madeleine*, b... m[4] 9 janvier 1769, à Jean-Baptiste COTÉ.

1752, (27 oct.) Trois-Pistoles. [9]

III.—MARQUIS, JOS.-MARIE, [CHS-FRANÇOIS II. b 1729.
COTÉ, Françoise, [PRISQUE IV. b 1730.

Joseph-Marie, b 25 déc. 1753, à Kamouraska[3] ; m 8 avril 1777, à Marguerite LISOTTE, à St-Roch. —*Marie-Geneviève*, b[3] 25 août 1755 ; s[3] 30 oct. 1769. — *Geneviève*, b... m[3] 23 nov. 1775, à Anselme ROBICHAU.—*Madeleine*, b[3] 20 juillet 1757.— *Marie-Anne*, b[3] 25 mai 1759.—*Amable*, b[3] 14 juin 1761 ; m 1785, à Marguerite GUÉRET. — *Paul*, b[3] 6 mars 1763.—*Philippe*, b[3] 11 juin 1764.—*Alexandre*, b 1766 ; m[9] 27 août 1792, à Marie-Geneviève ST. LAURENT.—*Judith*, b[3] 11 déc. 1768. — *Marie-Madeleine*, b[3] 23 fevrier 1771.

(1) Dit Périgord.
(2) Voy. LeMarquis, vol. I, p. 376.
(3) Elle épouse, le 10 oct. 1701, Joseph Blondeau, à Québec.
(4) Et LeMarquis.

1754, (10 février) Ile-St-Jean, Acadie.

I.—MARQUIS, Jean-Bte, fils de Jean-Baptiste et d'Anne Lépine, Acadiens.
Trahan (1), Marie-Thérèse, fille de Paul et de Marie Boudrot, Acadiens.

1762.

III.—MARQUIS (2), Joseph-Frs, [Chs-Frs II. b 1734.
Coté, Agnès, [Prisque IV. b 1736.
Suzanne, b 4 avril 1763, à Kamouraska. [8] — *François*, b [8] 23 dec. 1764. — *Germain*, b [8] 15 juin 1767.—*Marie-Reine*, b [8] 25 juin 1769.—*Jean-Baptiste*, b [8] 9 sept. 1771.

1768, (11 janvier) Kamouraska. [7]

III.—MARQUIS (2), Jean-Bte, [Charles-Frs II. b 1745.
Talon, Marie-Claire, [Augustin II. b 1746.
Marie-Brigitte, b [7] 5 sept. 1769.—*Jean-Baptiste*, b [7] 10 mars 1771.

1777, (8 avril) St-Roch.

IV.—MARQUIS (2), Joseph-Marie, [Joseph III. b 1753.
Lisotte, Marguerite, [Joseph II. b 1758.

1783.

MARQUIS, Jacques.
Rocheleau, Louise.
Marguerite, b 18 fevrier 1784, à St-Cuthbert.

1785.

IV.—MARQUIS (2), Amable, [Joseph-Marie III. b 1761.
Guéret (3), Marguerite, [Michel III. b 1767.
Modeste, b 27 oct. et s 19 nov. 1786, à l'Ile-Verte. [2] — *Marie-Marguerite*, b [2] 30 oct. 1787. — *Joseph*, b [2] 29 août 1789.

1792, (27 août) Trois-Pistoles.

IV.—MARQUIS (2), Alexandre, [Jos.-Marie III. b 1766.
St. Laurent, Marie-Geneviève, [Joseph III. b 1771.

MARRE.—Voy. Marq.

MARS.—Voy. Masse.

MARSAC.—*Variation et surnoms :* DeMarsac—Lombtrou—Lommesprou.

(1) Elle épouse, le 12 février 1759, Jean-Baptiste Daigle, à St-Charles.
(2) Et LeMarquis.
(3) Dit Dumont.

1706, (12 juin) Montréal.

I.—MARSAC (1), Jacob, b 1667; fils de Jacob (medecin) et de Catherine DeMarsac, de St-André, ville de Poitiers, Poitou; s 27 avril 1747, au Détroit. [9]
David, Therèse, [Claude I. b 1664; veuve de Martin Massé; s [9] 24 sept. 1727.

MARSAIS.—Voy. Marcel.

1729, (20 juillet) Québec. [1]

I.—MARSAL (2), Antoine, b 1702, marchand; fils de François et de Marguerite Heraud, de Moissac, diocèse de Cahors, Guienne; s [1] 26 nov. 1757.
Gerbain, Marguerite-Geneviève, veuve de Louis-Philibert Péclavé.

1761, (5 juillet) Chambly.

I.—MARSAL, Bernard, fils de Pierre et de Marguerite Brossard, de Sarlonis, diocèse de Metz, Lorraine.
Coulon, Françoise, [François III. b 1735; veuve de Louis Adné.

MARSAN.—Voy. Merçan-Lapierre.

1717.

I.—MARSAU, Pierre.
Charbonneau, Charlotte, [Michel II. b 1702.
Pierre, b 1717; s 12 janvier 1733, à Montreal. [6] —*Louise*, b 1722; m [6] 29 janvier 1748, à Louis Bourquin.

MARSAULT.—Voy. Marceau, 1761.

MARSÉ.—Voy. Marassé—Massé.

MARSET.—Voy. Marcel.

MARSIELLE.—Voy. Natte.

MARSIL.—*Variations et surnoms :* Marcille—Marsille—Marsilly—Mersil—De St. Lambert—L'Espagnol.

I.—MARSIL (3), André, b 1642; s 15 juin 1725, à Longueuil. [2]
Lefebvre, Marie-Marguerite, [Pierre I. b 1650.
Madeleine, b 23 avril 1674, aux Trois-Rivières [3]; m 9 fevrier 1699, à Gaspard Magnan, à Laprairie [4]; s 12 août 1725, à Montréal. [5] — *Etienne*, b [3] 28 fevrier 1676; m [4] 12 fevrier 1703, à Madeleine Maudoux; s 3 déc. 1708, à l'Ile-Dupas.—*Charles*, b [5] 15 mai 1678; m [4] 25 oct. 1700, à Romaine Gervais; s [2] 24 fevrier 1757.—*André*, b [4] 25 mars 1683; m [5] 3 fevrier 1718, à Jeanne Campeau; s [2] 13 avril 1740. — *François*, b 1684; s [5] 12 mai 1724.

(1) Lommesprou; voy. DeMarsac, vol. III, p 327.
(2) Venu en 1752. (Procès-verbaux).
(3) Dit L'Espagnol; voy. vol. I, p. 413.

1700, (25 oct.) Laprairie. [1]

II.—MARSIL (1), CHARLES, [ANDRÉ I.
b 1678; s 24 février 1757, à Longueuil. [2]
GERVAIS, Romaine, [MATHIEU I.
b 1681; s [2] 16 déc. 1756.

Charles, b [1] 10 sept. 1701; m [2] 20 nov. 1727, à Marie SUPERNANT.—*Toussaint*, b [1] 14 sept. 1704; m [2] 27 juin 1729, à Agnès ROBIDOU; s [2] 30 déc. 1755.—*Jeanne-Françoise*, b [2] 28 sept. 1707; m [2] 22 janvier 1725, à Eustache DUMAY.—*Marie-Françoise*, b [2] 1er août 1710; m [2] 22 mai 1730, à Etienne TRUTEAU.—*Pierre*, b [2] 30 dec. 1712; m [2] 25 nov. 1737, à Charlotte PATENOTE.—*Joseph*, b [2] 29 janvier 1715; m [2] 11 mai 1739, à Marie-Joseph LANCTOT.—*Marie-Anne*, b [1] 17 juillet 1717; 1° m [2] 20 juin 1740, à Joseph SUPERNANT; 2° m [2] 12 nov. 1753, à Pierre MARIE. — *Marie-Angélique-Charlotte*, b [1] 22 janvier 1720.—*Nicolas*, b [1] 16 juillet 1721; 1° m 1740, à Marie-Joseph GERVAIS; 2° m 18 nov. 1748, à Geneviève BONNERON, à Montréal.

II.—MARSIL (2), FRANÇOIS, [ANDRÉ I.
b 1684; s 12 mai 1724, à Montréal.

1703, (12 février) Laprairie. [3]

II.—MARSIL (3), ETIENNE, [ANDRÉ I.
b 1676; s 3 déc. 1708, à l'Ile-Dupas.
MAUDOUX, Madeleine, [AUBIN I.
b 1683.

Louis, b 1703; m 1727, à Marie ST. AMOUR.—*André*, b [3] 2 fevrier 1705.—*Toussaint*, b [3] 16 mai 1706.—*Etienne* (posthume), b 17 mars 1709, à St-Frs-du-Lac.

1718, (3 février) Montréal.

II.—MARSIL (4), ANDRÉ, [ANDRÉ I.
b 1683; s 13 avril 1740, à Longueuil. [4]
CAMPEAU, Jeanne, [MICHEL II.
b 1698.

André, b [4] 25 janvier et s [4] 23 février 1719.—*Marie-Joseph*, b [4] 12 mars 1720; m [4] 3 février 1739, à François MARIE; s [4] 19 fevrier 1762.—*Michel*, b [4] 22 janvier 1722; m [4] 8 février 1751, à Catherine BOUTEILLER.—*Jeanne-Françoise*, b [4] 17 oct. 1723; m [4] 17 juin 1743, à Antoine MÉNARD.—*André*, b [4] 1er août 1725; m 23 oct. 1752, à Véronique QUINTAL, à Boucherville.—*Marie-Angélique*, b [4] 19 janvier et s [4] 18 août 1727.—*Antoine*, b [4] 21 mai 1728; s [4] 14 mars 1757.—*Madeleine*, b [4] 5 et s [4] 14 mars 1730.—*Marie-Amable*, b [4] 15 mai 1731; m [4] 5 juillet 1751, à Louis CHIQUOT.—*Marie-Catherine*, b 4 mars 1732, à L'Assomption. — *Jean-Baptiste*, b [4] 22 juillet 1733; m [4] 22 janvier 1759, à Marie-Reine BOUTEILLER.—*Pierre*, b [4] 16 sept. 1735.—*Joseph*, b [4] 15 et s [4] 20 juin 1737.—*Madeleine*, b 1738; m à Jean-Baptiste DELGUIEL; s 21 février 1767, à Repentigny.

---

(1) Marsilly dit L'Espagnol (Rec. de 1681).
(2) Dit L'Espagnol.
(3) Habitant de St-Lambert.
(4) Et Marcille—Mersil—Marsilly dit L'Espagnol.

1727, (20 nov.) Longueuil. [6]

III.—MARSIL, CHARLES, [CHARLES II.
b 1701.
SUPERNANT, Marie, [MARIN I.
b 1703.

Charles, b [6] 7 oct. 1728; m [6] 21 février 1757, à Marie-Charlotte BENOIT.—*Marie-Madeleine*, b [6] 11 déc. 1730; m [6] 10 avril 1747, à Louis MARIE.—*Pierre*, b [6] 19 juin 1733.—*Marie-Marguerite*, b [6] 14 sept. 1735; m à Joseph DELGUIEL.—*Joseph-Marie*, b [6] 31 août 1738.—*Jean-Baptiste*, b [6] 24 février 1740; s [6] 12 nov. 1758.—*Michel*, b [6] 11 déc. 1743.—*Agnès*, b [6] 28 janvier 1747.—*Marie-Louise*, b 1748; s [6] 15 sept. 1758.

1727.

III.—MARSIL, LOUIS, [ETIENNE II.
b 1703.
AUDIN-ST. AMOUR, Marie, [MAJOLE I.
b 1705.

Joseph, b 18 avril 1728, à l'Ile-Dupas.

1729, (27 juin) Longueuil. [4]

III.—MARSIL, TOUSSAINT, [CHARLES II.
b 1704; s [4] 30 déc. 1755.
ROBIDOU, Agnès, [JOSEPH II.
b 1711; s [4] 20 janvier 1750.

Toussaint, b 21 mars 1730, à Laprairie [5]; s [4] 18 mai 1730.—*Marie-Amable*, b [4] 28 fevrier et s [4] 14 août 1731.—*Charles*, b [4] 12 mars 1732; m [4] 7 janvier 1755, à Marie-Anne HERVÉ. — *Toussaint*, b [5] 4 février 1734; s [4] 6 mars 1757. — *Joseph-Amable*, b [5] 20 août et s [5] 27 sept. 1735.— *Marie-Joseph*, b [5] 2 oct. 1736; s [4] 16 nov. 1753.—*Marie-Agnès*, b [5] 31 mai 1738; m [4] 19 janvier 1761, à Vincent BÉTOURNÉ. —*Joseph*, b [4] 21 nov. 1739.—*Pierre*, b [5] 22 février et s [4] 4 août 1743.—*Etienne*, b [4] 6 juin 1744; s [4] 17 mars 1745.— *Marie-Madeleine*, b [4] 4 juin et s [4] 12 août 1746. — *Pierre*, b [4] 3 juillet et s [4] 17 août 1747.

1737, (25 nov.) Longueuil. [9]

III.—MARSIL, PIERRE, [CHARLES II
b 1712.
PATENOTE, Charlotte, [CHARLES II
b 1715.

Pierre, b [9] 10 sept. 1738. — *Marie-Charlotte*, b [9] 29 oct. 1739; m [9] 15 février 1762, à Antoine BÉTOURNÉ.—*Nicolas*, b [9] 12 avril 1741. — *Marie-Reine*, b [9] 9 fevrier et s [9] 16 août 1743. — *Michel*, b [9] 21 mars 1744; s [9] 9 juillet 1746. — *Joseph-Amable*, b [9] 1er oct. 1745.—*Marie-Marguerite*, b [9] 10 juin 1747. — *Angélique*, b [9] 10 juin 1747; s [9] 24 avril 1750. — *Charles*, b [9] 23 janvier 1749.—*Jean-Baptiste*, b [9] 7 nov. 1751. — *Antoine*, b [9] 1er déc. 1753. — *Marie-Archange*, b [9] 15 mai 1755; s [9] 3 juin 1756.—*Michel*, b [9] 15 août 1761.

1739, (11 mai) Longueuil. [7]

III.—MARSIL, JOSEPH, [CHARLES II.
b 1715.
LANCTOT, Marie-Joseph, [FRANÇOIS III.
b 1722.

Marie-Joseph, b [7] 19 et s [7] 27 février 1740. — *Marie-Françoise*, b 1er nov. 1741, à Laprairie [8]; m [8] 23 fevrier 1756, à Joseph GAGNÉ.

1740.

III.—MARSIL, Nicolas, [Charles II.
b 1721.
1° Gervais, Marie-Joseph, [Mathieu II.
b 1722.
Alexis, b 8 mai 1741, à Longueuil [6]
1748, (18 nov.) Montréal. [7]
2° Bonneron (1), Geneviève, [Frs-Mathurin I.
b 1727.
Marie-Geneviève, b [7] 27 août 1749. — *Nicolas*, b... s [6] 16 sept. 1749.—*Louis-Nicolas*, b [6] 31 août 1750. — *François*, b [6] 16 février 1752. — *Marie-Renée*, b [6] 18 et s [6] 22 janvier 1755.—*Marie-Geneviève*, b [6] 22 janvier 1756. — *Marie-Desanges*, b [6] 29 avril et s [6] 25 mai 1757. —*Catherine* et *Marie-Charlotte*, b [6] 17 nov. 1758. — *Angélique*, b [6] 13 mai et s [6] 14 août 1761.— *Michel*, b [6] 4 juin 1762.

1751, (8 fevrier) Longueuil.[7]

III.—MARSIL, Michel, [André II.
b 1722.
Bouteiller, Catherine, [Antoine II.
b 1733 ; veuve de Marc-Antoine Goguet.
Michel, b [7] 2 dec. 1751. — *Marie-Catherine*, b [7] 20 mars et s [7] 24 avril 1753.

1752, (23 oct.) Boucherville.

III.—MARSIL, André, [André II.
b 1725.
Quintal, Véronique, [François II.
b 1730.
André, b 27 août 1754, à Longueuil. [8]—*Augustin*, b [8] 10 oct. 1755.—*Véronique*, b [8] 15 et s [8] 23 août 1760.—*Véronique*, b [8] 11 dec. 1761.

1755, (7 janvier) Longueuil. [6]

IV.—MARSIL, Charles, [Toussaint III.
b 1732.
Hervé, Marie-Anne, [Louis II.
b 1733.
Charles, b 1er oct. 1755, à St-Constant. [5] — *Marie-Charlotte*, b [5] 2 et s [5] 24 oct. 1756.—*Marie-Charlotte*, b [6] 23 mars et s [6] 18 avril 1761. — *Toussaint*, b [6] 22 février et s [6] 25 mai 1762.

1757, (21 fevrier) Longueuil. [4]

IV.—MARSIL, Charles, [Charles III.
b 1728.
Benoit (2), Marie-Charlotte, [Joseph III.
b 1737.
Marie-Charlotte, b [4] 24 juin 1759 ; s [4] 3 avril 1760.—*Marie-Marguerite*, b [4] 28 sept. 1760.

1759, (22 janvier) Longueuil. [3]

III.—MARSIL, Jean-Bte, [André II.
b 1733.
Bouteiller, Marie-Reine, [Antoine II.
b 1740.
Marie-Reine, b [3] 13 février 1760.—*Marie-Catherine*, b [3] 20 fevrier 1761. — *Ursule*, b [3] 7 février 1762.

(1) Dit Dumaine—Boutron.

(2) Elle épouse, le 11 janvier 1762, Antoine Gélineau, à Longueuil.

MARSILLE.—Voy. Marsil.

MARSILLY.—Voy. Marsil.

MARSOLET.—Voy. Lemire.

MARSTA.—*Variation* : Masta.

1665, (14 déc.) Montréal. [7]

I.—MARSTA (1), Mathurin,
b 1644 ; maçon ; s 1er mai 1688, à la Pte-aux-Trembles, M. [8]
Eloy, Antoinette,
b 1644 ; s 13 avril 1728, à St-François, I. J. [4]
Marie-Cunégonde, b [7] 11 février 1667 ; 1° m [8] 25 février 1686, à Jean-Baptiste Demers ; 2° m à Joseph Dambournay ; s [7] 29 janvier 1723. — *Antoine*, b [7] 26 août 1669 ; s [3] 24 juillet 1679, (noyé).—*Pierre*, b [7] 18 juillet 1672. — *Geneviève*, b 1674 ; m à Nicolas Jolive.—*Toussaint*, b [7] 29 janvier 1675 ; m [4] 14 février 1702, à Marie-Thérèse Leclerc. — *Jeanne*, b [3] 29 nov. 1677 ; s [3] 8 nov. 1687.—*Marguerite*, b [3] 12 déc. 1680 ; m [3] 3 février 1698, à Jean-Baptiste Lalonde ; s [3] 22 sept. 1699. — *Barbe*, b [3] 28 août 1683 ; s [3] 8 nov. 1687.

1702, (14 février) St-François, I. J. [6]

II.—MARSTA, Toussaint, [Mathurin I.
b 1675.
Leclerc, Marie-Thérèse, [Guillaume I.
b 1684.
Marie-Thérèse, b [6] 23 juin 1704.—*François*, b [6] 26 août et s [6] 4 sept. 1705. — *Marguerite*, b [6] 19 nov. 1706 ; m 1727, à Jean-Baptiste Roy.—*Angélique*, b [6] 8 mai 1708 ; m [6] 16 oct. 1730, à Joseph Baudoin. — *Pierre*, b 1709 ; s [6] 6 oct. 1729. — *Françoise-Joseph*, b [6] 22 juin 1710 ; m [6] 30 avril 1736, à Claude Baudoin. — *Joseph*, b [6] 19 août 1713 ; s [6] 29 avril 1714. — *Elisabeth*, b [6] 28 mars 1715. — *Joseph*, b [6] 16 juillet 1716. — *Suzanne*, b 1718 ; m 1740, à Louis Baudoin. — *Toussaint*, b 1720 ; 1° m 8 janvier 1742, à Angélique Roussin, à Lachenaye [8] ; 2° m 22 février 1751, à Madeleine Bissonnet, à Varennes; 3° m à Françoise Gipoulon.—*Antoine*, b 1722 ; m 1745, à Therèse Payet. — *Marie-Anne*, b... m 1745, à François Vaillancourt.—*Agathe*, b [8] 22 sept. 1729 ; 1° m à Etienne Masta ; 2° m 10 mai 1773, à Antoine Thierry, à Repentigny ; s [8] 22 nov. 1784.

1742, (8 janvier) Lachenaye. [4]

III.—MARSTA, Toussaint, [Toussaint II.
b 1720.
1° Roussin, Angélique, [Louis III.
b 1720.
Marie-Catherine, b [4] 3 déc. 1742.
1751, (22 février) Varennes.
2° Bissonnet, Madeleine, [Paul II.
b 1722.
Toussaint, b 1752 ; m 1784, à Marie-Madeleine Dufaut. — *Reine*, b 1762 ; s [4] 9 fevrier 1765. — *Marie-Charlotte*, b [4] 9 fevrier 1764. — *Pierre*, b [4] 10 mai 1767.

(1) Voy. vol. I, p. 414 ; et Masta, même volume, p. 420.

1775.
3° GIPOULON, Françoise, [FRANÇOIS III.
b 1748.
Marie-Françoise, b[4] 16 janvier 1776.

1745.

III.—MARSTA, ANTOINE, [TOUSSAINT II.
b 1722.
PAYET (1), Thérèse, [FRANÇOIS II.
b 1729.
Marie-Thérèse, b 1746; s 20 nov. 1755, à Terrebonne.[6] — *Françoise*, b... m 8 février 1773, à Pierre GUILBAUT, à Lachenaye.[7] — *Marie-Joseph*, b... m[7] 26 sept. 1773, à Joseph FILION. — *Marie-Marguerite*, b[7] 20 avril 1755.—*Marie-Archange*, b[6] 4 oct. 1756. — *Marie-Madeleine*, b 2 avril, à Ste-Rose et s[6] 7 sept. 1759. — *Marie-Angélique*, b[6] 30 oct. 1760.—*Jean*, b et s 14 déc. 1770, à Repentigny. — *François-Marie*, b[7] 6 mars 1773. — *Marie-Madeleine*, b[7] 28 nov. 1774; m 21 janvier 1793, à François DUQUET, à St-Eustache.

1784.

IV.—MARSTA, TOUSSAINT, [TOUSSAINT III.
b 1752.
DUFAUT, Marie-Madeleine.
Marie-Madeleine, b 25 juin 1785, à Lachenaye.

I.—MARTEAU, FRANÇOIS,
Acadien.
TRAHAN, Françoise,
Acadienne.
Joseph, b 1740; m 2 mars 1772, à Madeleine BEAUCHAMP, à St-Henri-de-Mascouche. — *Jean-François*, b 1753; s 29 nov. 1761, à l'Islet. — *Jean*, b et s 8 août 1756, à Québec. — *Jean*, b 11 sept. 1757, à St-Charles[9]; s[9] 2 mai 1758.

1761, (26 janvier) Montréal.

I.—MARTEAU, JEAN, b 1734; fils de Jean et de Catherine Quincey, de Quenery, diocèse de Sens, Champagne.
THOMAS-BEAULIEU, Françoise, [LOUIS II.
b 1739.

1772, (2 mars) St-Henri-de-Mascouche.

II.—MARTEAU, JOSEPH, [FRANÇOIS I.
b 1740.
BEAUCHAMP, Madeleine, [JOSEPH IV.
b 1756.

1790.

MARTEAU, JEAN-BTE.
PHOCAS, Marie.
Joseph-Marie, b 13 oct. 1791, à St-Cuthbert[9]; s[9] 17 juillet 1792. — *Théotiste*, b[9] 27 juillet 1793. —*Marie-Françoise*, b[9] 4 fevrier 1795.

MARTEL.—*Variation et surnoms :* MARTELLE—BEAUSÉJOUR—DEBELLEVILLE—DEBERHOUAGUE — DEBROUAGUE — DE LA CHENAYE — LAMONTAGNE—ROUISSE—ST. JACQUES.

(1) Dit St. Amour.

1668, (26 nov.) Québec.[1]

I.—MARTEL (1), HONORÉ.
1° L'ADMIRAUD (2), Marguerite.
Jean, b[1] 4 janvier 1671; 1° m 1er mai 1703 (3), à Marie-Anne ROUVILLE; 2° m 1724, à Anne SIMARD; 3° m 5 juin 1732, à Marie-Joseph DELAVOYE, à la Baie-St-Paul[2]; 4° m 1743, à Marie-Clotilde DEBIEN; s[2] 22 sept. 1762.—*Joseph-Alphonse*, b[1] 14 mai 1672; m 8 janvier 1701, à Marguerite GROINIER, à Ste-Famille, I. O.; s 31 déc. 1741, à la Longue-Pointe.—*Jean-François*, b... m 14 février 1695, à Madeleine VANNIER, à Charlesbourg.—*Paul*, b[1] 28 mai 1678; m 25 nov. 1698, à Madeleine GUILLOT, à St-Pierre, I. O.[3]; s 27 juin 1723, à St-Antoine-Tilly.—*Antoine*, b 8 janvier 1681, à la Pte-aux-Trembles, Q.; m[3] 15 nov. 1706, à Catherine GUILLOT; s[3] 19 mars 1759.—*Marie-Anne*, b[1] 28 août 1689; 1° m[1] 29 août 1708, à Thomas FERRET; 2° m 1727, à François BOUCHER; s 9 déc. 1782, à l'Ile-aux-Coudres.

1707, (3 nov.)[1]
2° MARCHAND, Marie,
veuve de Jean Labbé.

1687, (17 nov.) Lévis.[4]

I.—MARTEL (4), PIERRE-GRATIEN, b 1662; fils de Pierre (DeBerhouague), bourgeois, et de Jeanne De Hargon, de la Bastideclerance, en Navarre, diocèse de Bayonne.
CHARETS (5), Marie-Charlotte, [ETIENNE I.
b 1672.
Pierre, b[4] 1er mars 1691.—*François*, b 30 avril 1692, à Québec[5]; 1° m à Marie-Anne BISSONNET-LAFAVRY; 2° m[5] 15 sept. 1732, à Louise MARIAUCHAU D'ESGLIS.

1695, (14 février) Charlesbourg.[8]

II.—MARTEL (1), JEAN-FRS. [HONORÉ I.
VANNIER (6), Madeleine, [GUILLAUME I.
b 1675.
Jean-François, b 15 juin 1698, à la Pte-aux-Trembles, Q.; 1° m 1729, à Marguerite LALANDE; 2° m 26 février 1740, à Marie-Catherine MADELEINE, au Bout-de-l'Ile, M.; 3° m 20 juillet 1744, à Marie-Claire BARBARY, à la Pointe-Claire.—*Pierre*, b[8] 16 janvier 1701; 1° m[8] 20 avril 1722, à Marguerite BERGEVIN; 2° m[8] 16 nov. 1739, à Therese BARBOT.—*Joseph*, b[8] 12 mai 1706; m[8] 3 juillet 1730, à Marie-Agnès PAQUET.—*Catherine*, b[8] 9 avril 1708; 1° m[8] 11 janvier 1734, à Jean-Baptiste BEDARD; 2° m[8] 4 août 1750, à Jacques BOITEAU.—*Marie-Madeleine*, b[8] 17 juillet 1714; m[8] 11 nov. 1737, à Joseph RENAULT; s[8] 28 avril 1759.

(1) Voy. vol. I, p. 414.
(2) Et Lamiraud.
(3) Date du contrat.
(4) DeBerhouague.
(5) Elle épouse, le 20 juillet 1697, Augustin LeGardeur, à Lévis.
(6) Aussi appelée Vaniel; elle épouse, le 22 oct. 1718, Jean-François Barbot, à Charlesbourg.

1695, (20 nov.) Montréal.[8]
I.—MARTEL (1), Etienne-Joseph,
b 1667; aubergiste; s[8] 11 avril 1729.
1° Boucher, Antoinette, [François I.
b 1670; s[8] 25 mars 1703.
Marie-Anne, b[8] 25 oct. 1696; m[8] 8 mai 1719, à François Desblés.

1703, (21 mai).[8]
2° Brebant-Lamotte, Marie-Anne, [Pierre I.
b 1675; s[8] 12 février 1738.
Thérèse, b[8] 21 mars 1704; s[8] 6 nov. 1716.—*Joseph,* b[8] 5 août 1705; m 1733, à Madeleine Roy; s[8] 2 avril 1736.—*Catherine-Louise,* b[8] 15 février 1707; m 1735, à Joseph Beauchamp.—*Pierre,* b[8] 24 avril et s[8] 21 janvier 1709.—*Charles,* b[8] 12 et s[8] 27 août 1710.—*Suzanne,* b[8] 13 août 1712; s[8] 11 fevrier 1714.

1697, (8 juin) Batiscan.
I.—MARTEL (1), Raymond,
b 1663; s 1er nov. 1708, à St-François, I. J.[2]
Trotier (2), Marie-Anne, [Antoine II.
b 1682.
Nicolas, b 23 mai 1702, à Québec; m 1726, à Angelique Guertin.—*Pierre,* b[2] 20 août 1707; m 19 fevrier 1754, à Claire-Agathe Boucher, à Verchères.

1698, (25 nov.) St-Pierre, I. O.[6]
II.—MARTEL (1), Paul, [Honoré I.
b 1678; s 27 juin 1723, à St-Antoine-Tilly.[7]
Guillot, Madeleine, [Vincent I.
b 1681.
Marie-Madeleine, b 10 nov. 1699, à St-Laurent, I. O.; s[7] 1er mars 1703.—*Augustin,* b 28 août 1701, à St-Nicolas.[8]—*Paul,* b 23 oct. 1702, à la Pte-aux-Trembles, Q.; m 1724, à Geneviève Houde.—*Jacques,* b[8] 10 nov. 1704; 1° m[7] 17 fevrier 1727, à Marie-Elisabeth Rondeau; 2° m 1743, à Marie-Angélique Rognon.—*Louise,* b[8] 10 et s[8] 25 nov. 1704.—*Catherine,* b 1706; s[6] 15 sept. 1712.—*Marie-Madeleine,* b[7] 14 avril 1707; m[7] 13 oct. 1732, à Gervais Grenier.—*Joseph,* b[7] 21 juillet 1709.—*Louis,* b... 1° m 29 oct. 1732, à Marie Légare, au Château-Richer; 2° m 1er mars 1756, à Marie-Angélique Desroyau, à Ste-Geneviève, M.—*Michel-Gabriel,* b[8] 29 juillet 1711; m 27 nov. 1741, à Geneviève Lefebvre, à la Baie-du-Febvre.[9]—*Marie-Dorothée,* b[8] 26 juin 1713.—*Ursule,* b... s[7] 7 mai 1714.—*Marie-Charlotte,* b[7] 11 mars 1715; s[7] 23 sept. 1717.—*Charles,* b[7] 2 sept. 1717; s[7] 30 avril 1718.—*Angélique-Charlotte,* b[7] 2 sept. 1717.—*Prisque,* b[7] 23 mai 1720; s 18 février 1747, à Montreal.—*Charles-Augustin,* b[7] 10 mai 1722; m[9] 16 janvier 1754, à Geneviève Desrochers.

1701, (8 janvier) Ste-Famille, I. O.
II.—MARTEL (3), Jos.-Alphonse, [Honoré I.
b 1672; s 31 déc. 1741, à la Longue-Pointe.[2]
Groinier, Marguerite, [Nicolas I.
b 1680; s[2] 20 oct. 1748.
Marie-Joseph, b 6 nov. 1701, à St-Nicolas; s 6 janvier 1702, à St-Antoine-Tilly.[3]—*Anonyme,* b[3] et s[3] 1er mars 1703.—*Joseph-Alphonse,* b[3] 30 mars 1704; m 28 août 1728, à Marie-Joseph Drogué, à Montréal[4]; s[2] 5 juin 1729.—*Marguerite,* b 12 mars 1706, à la Pte-aux-Trembles, Q.; s[2] 14 nov. 1731.—*Claude-Honoré,* b[8] 6 janvier 1708; m 1733, à Marguerite Lehou.—*Pierre,* b[2] 8 déc. 1709; m[4] 27 oct. 1745, à Marie-Anne Roy.—*Rosalie,* b[3] 29 mars 1712; m[2] 8 janvier 1731, à Claude Goguet.—*Antoine,* b 20 janvier 1715, à Sorel.—*Jean,* b 2 mars 1717, à Boucherville; m[2] 30 janvier 1747, à Marie-Françoise Dufresne.—*Marie-Joseph,* b 8 nov. 1720, à la Pte-aux-Trembles, M.[5]—*Jean-Baptiste,* b[5] 16 sept. 1722; m[2] 19 sept. 1746, à Marie-Marguerite Janot.—*Agathe,* b[2] 23 juin 1724; 1° m[2] 24 sept. 1742, à Antoine Tessier; 2° m[4] 22 fevrier 1751, à Michel Boucher.—*Marguerite,* b 1725; m[4] 16 oct. 1758, à Antoine Charpentier.

1703, (1er mai) (1).
II.—MARTEL, Jean, [Honoré I.
b 1671; marchand; s 22 sept. 1762, à la Baie-St-Paul.[3]
1° Rouville (2), Marie-Anne.
Pierre, né 4 déc. 1703, à Québec[7]; b[7] 4 nov. 1705.—*François,* b[7] 7 mars 1706; ordonné[7] 21 oct. 1731; s 4 fevrier 1763, à St-Laurent, I. O.—*Jean-Urbain,* b[7] 8 janvier 1708; m[7] 7 août 1747, à Elisabeth Gatin.—*Jean-Baptiste-Grégoire,* b[7] 26 sept. 1710; m[7] 28 avril 1732, à Marie-Anne Gauvreau.—*Nicolas,* b[7] 30 oct. 1713; s[7] 8 oct. 1714.—*François,* b[7] 16 sept. 1715; s[7] 21 janvier 1717.—*Louis-Joseph,* b[7] 4 juin 1717.—*Pierre-Michel,* b[7] 2 mai 1719.—*Joseph-Nicolas,* b[7] 21 avril 1721; ord. vers 1756; s 4 août 1772, à Contrecœur (noyé).

1724.
2° Simard, Anne, [Noel II.
b 1701; s[3] 18 juin 1731.
Marguerite, b[3] 8 juillet 1725; m[3] 13 nov. 1742, à Antoine Laforest; s[3] 12 août 1766.—*Joseph,* b[3] 19 déc. 1726; m 8 nov. 1756, à Geneviève Tremblay, aux Eboulements.[5]—*Isidore,* b[3] 18 février 1728; m 8 fevrier 1751, à Marie-Geneviève Boucher, à St-Joachim[4]; s[4] 27 juillet 1760.—*Jean,* b[3] 6 août 1729; m[5] 9 nov. 1753, à Rosalie Gagnon; s[5] 14 juillet 1763.—*Madeleine,* b[3] 1er mai et s[3] 21 juin 1731.

1732, (5 juin).[3]
3° DeLavoye, Marie-Joseph, [Jacques II.
b 1711.
Marie-Madeleine, b[3] 20 mars et s[3] 8 avril 1733.—*Prisque,* b[3] 12 mars 1734.—*Marie-Geneviève,* b[3] 13 et s[3] 16 août 1735.—*Anonyme,* b[3] et s[3] 7 déc. 1740.—*Marie-Joseph-Nathalie-Suzanne,* b... s[3] 2 nov. 1746.

1743.
4° Debien, Marie-Clotilde, [Etienne II.
b 1725; s 21 mars 1775, à l'Ile-aux-Coudres.[6]
Marie-Rose, b[6] 16 février et s[6] 22 mars 1744.

(1) Voy. vol. I, p. 414.
(2) Elle épouse, le 14 février 1712, Louis Audet, à St-François, I. J.
(3) Dit Lamontagne.

(1) Date du contrat passé par Michel Brûlé, missionnaire (Greffe du Saguenay).
(2) Et Poupeville—Prouville—Robineau, 1706.

—*Marie-Madeleine*, b [6] 4 juillet 1745 ; s [6] 29 sept. 1747.—*Clotilde*, b [6] 14 juin 1747.—*Marie-Sophie*, b... m [5] 20 juillet 1768, à François BOUDRAULT.—*Jean-Baptiste*, b [6] 13 mars et s [6] 12 déc. 1749.—*Louis-François*, b [6] 1er et s [6] 27 février 1751. —*Marie-Rosalie*, b [6] 6 août 1752 ; m [6] 1er oct. 1770, à Ignace BRISSON. — *Louis-Joseph*, b [6] 22 avril 1754 ; m [6] 28 avril 1778, à Marie-Angélique SAVARD. — *Marie-Athalie*, b [6] 3 avril 1758 ; m [5] 15 nov. 1779, à Jean SIMARD.— *Marie-Louise*, b [6] 1er janvier 1761.

1706, (15 nov.) St-Pierre, I. O. [8]

II.—MARTEL, ANTOINE, [HONORÉ I.
b 1681 ; s [8] 19 mars 1759.
GUILLOT, Catherine, [VINCENT I.
b 1688.

Antoine, b [8] 2 oct. 1707 ; m [8] 4 février 1732, à Marie-Françoise RATÉ.— *Catherine*, b [8] 11 juillet 1709.—*Marie-Anne*, b [8] 28 mai 1711 ; m [8] 4 avril 1731, à Mathieu RATÉ.—*Ignace*, b [8] 7 juillet 1713 ; 1° m [8] 19 nov. 1736, à Hélène RATÉ ; 2° m 18 janvier 1762, à Marie-Madeleine PICHET, à Ste-Famille, I. O. [9]—*Marie-Jeanne*, b [8] 29 juin 1715 ; m [8] 19 nov. 1736, à André RATÉ.—*Jean-Baptiste*, b [8] 21 mai 1717 ; m 11 mai 1750, à Dorothée FORTIER, à St-Jean, I. O. — *Charles*, b [8] 5 mai 1720 ; m [8] 20 février 1748, à Madeleine RATÉ ; s 6 nov. 1786, à St-Augustin.—*Pierre*, b [8] 3 oct. 1722.— *Marie-Joseph*, b [8] 29 avril 1725 ; m [8] 11 août 1744, à François FORTIER. — *Joseph-François*, b [8] 21 nov. 1727 ; s [8] 24 août 1740, (noyé). —*Augustin*, b [8] 1er août 1730 ; m [9] 7 fevrier 1752, à Louise ASSELIN.

1712, (27 juin) Château-Richer. [1]

II.—MARTEL, JEAN, [HONORÉ I.
b 1685.
ROULOIS, Jeanne, [MICHEL II.
b 1686.

Catherine, b [1] 10 avril 1713 ; 1° m 15 juin 1734, à François LANGUEDOC, à Québec ; 2° m 1er février 1751, à Louis VIEN, à Beaumont [2] ; s [2] 26 avril 1804.—*Jean-Baptiste*, b 4 déc. 1714, à Ste-Famille, I. O.

1722, (20 avril) Charlesbourg. [5]

III.—MARTEL, PIERRE, [JEAN-FRANÇOIS II.
b 1701.
1° BERGEVIN, Marguerite, [JEAN II.
b 1704.

Jean-François, b [5] 23 juin 1723 ; 1° m [5] 21 juin 1745, à Marie-Madeleine BEDARD ; 2° m [5] 18 février 1760, à Marie-Joseph ALARD.—*Marguerite*, b [5] 15 juin et s [5] 31 juillet 1725. — *Marie-Joseph*, b [5] 4 mai et s [5] 25 oct. 1727.—*Marguerite*, b 1728 ; m 9 nov. 1750, à Etienne CHAMBERLAN, à Québec. [6] — *Marie-Louise*, b [5] 9 avril 1729 ; m [5] 18 oct. 1751, à Louis-Jacques PHILIPPE. — *Marie-Joseph*, b... m [5] 22 fevrier 1751, à François FALARDEAU.—*Anne*, b [5] 8 mars 1731.— *Pierre-Jean*, b [5] 11 avril 1733 ; m 28 oct. 1760, à Marguerite FALARDEAU, à Lorette.—*Jacques*, b [5] 14 mai 1735 ; s [5] 25 février 1741. — *Joseph*, b [5] 16 avril 1737 ; m [6] 24 mai 1762, à Marie-Louise CHEVALIER ; s [6] 9 déc. 1788.

1739, (16 nov.) [5]

2° BARBOT, Thérèse, [JACQUES II.
b 1712.

Charles, b [5] 26 sept. 1740 ; s [5] 30 juillet 1761.—*Marie-Thérèse*, b [5] 10 janvier 1743. — *Marie-Joseph*, b [5] 6 février 1745.—*Louis*, b [5] 23 janvier 1747. — *Marie-Félicité*, b [5] 11 déc. 1748. — *Jean-Simon*, b [5] 25 oct. 1750 ; s [5] 7 oct. 1759. — *Jean-Baptiste*, b [5] 7 juin 1756.

1724.

III.—MARTEL, PAUL, [PAUL II.
b 1702.
HOUDE, Geneviève, [GERVAIS II.
b 1701.

Jacques, b 28 juillet 1725, à St-Antoine-Tilly [3] ; m 1748, à Charlotte LEGENDRE. — *Marie-Barbe*, b [3] 25 sept. 1727 ; m 7 avril 1750, à Pierre LEMAY, à Ste-Croix. [4] — *Marie-Joseph*, b [4] et s [4] 27 avril 1729. — *Jean-Baptiste-Joseph*, b [4] 3 mai et s [4] 10 août 1730. — *Marie-Joseph*, b [4] 9 août 1731 ; m [4] 21 août 1753, à Jean-Baptiste COLE. — *Marie-Madeleine*, b [4] 22 avril 1733. — *Marie-Geneviève*, b [4] 31 mai 1734 ; m [4] 16 août 1754, à François BOISVERD.—*Marie-Anne*, b... m [4] 23 sept. 1752, à Louis DEMERS.— *Paul*, b 1735 ; m [4] 14 février 1757, à Marie-Angélique BARON. — *Marc-Joseph*, b 1737 ; m 21 juillet 1760, à Marie-Joseph DEHORNAY, à Bécancour.

1726.

II.—MARTEL, NICOLAS, [RAYMOND I.
b 1702.
GUERTIN, Marie-Angélique, [LOUIS II.
b 1701.

Angélique, b 30 août 1727, à Verchères. [9]— *Joseph*, b 1729 ; m 1758, à Madeleine TETREAU— *Catherine*, b... m 16 sept. 1754, à André PORTE, à Québec. — *Nicolas-Amable*, b 1733 ; m [9] 21 juillet 1760, à Véronique CHARON.

1727, (17 février) St-Antoine-Tilly. [3]

III.—MARTEL, JACQUES, [PAUL II
b 1704.
1° RONDEAU, Marie-Elisabeth, [FRANÇOIS II.
b 1706 ; s [3] 5 fevrier 1740.

Marie-Elisabeth, b [3] 8 et s [3] 19 mars 1728. — *Anonyme*, b [3] et s [3] 24 juillet 1729.—*Marie-Anne*, b [3] 12 oct. 1730. — *Marie-Elisabeth*, b... m [3] 16 juillet 1751, à Gervais-Charles HOUDE. — *Marie-Louise*, b... m [3] 1er mars 1756, à Jacques DAIGLE. —*Jacques*, b [3] 5 nov. 1738 ; m 23 sept. 1767, à Marie-Joseph ROY-PORTELANCE, à St-Antoine-de-Chambly.

1743.

2° ROGNON, Marie-Angélique.

Marie-Angélique, b [3] 12 sept. 1744. — *Antoine*, b [3] 10 février 1747 ; s [3] 22 fevrier 1748. — *Jean-Baptiste*, b [3] 22 février 1749. — *Marie-Elisabeth*, b [3] 12 oct. 1750.— *Denis-Joseph*, b [3] 30 oct. et s [3] 8 nov. 1754.—*Pierre-Jacques*, b [3] 29 fevrier 1756. — *Marie-Madeleine*, b 8 nov. 1761, à la Pte-du-Lac.

1728, (28 août) Montréal.

III.—MARTEL, Jos.-Alphonse, [Jos.-Alph. II.
b 1704; s 5 juin 1729, à la Longue-Pointe.[8]
Drogué (1), Marie-Joseph. [Pierre I.
Marie-Joseph, b[8] 1er juin 1729; m[8] 17 février 1749, à Jean-Baptiste Mongeau.

1729.

III.—MARTEL, Jean-Frs, [Jean-François II.
b 1698.
1° Lalande, Marguerite, [Léonard I.
b 1699; veuve de Nicolas Madeleine.
Gabriel, b... s 1er déc. 1729, au Bout-de-l'Ile, M.[6] — *Marie-Anne*, b[6] 8 oct. 1730; m 7 janvier 1754, à Louis Brisebois, à Ste-Geneviève, M.[7] — *Toussaint*, b[6] 1er nov. 1731. — *Marguerite*, b 1735; m[7] 2 mars 1756, à Philippe Brunet; s[7] 22 avril 1758. — *Marie-Agathe*, b... m[7] 26 avril 1756, à Jean-Baptiste Charles. — *Françoise*, b... m[7] 23 mai 1757, à François Darragon.—*Félicité*, b[6] et s[6] 14 oct. 1738.

1740, (26 février).[6]
2° Madeleine, Marie-Catherine, [Etienne II.
b 1704; s[7] 15 avril 1742.
François-Marie, b[7] 2 avril 1742; s[7] 4 avril 1743.

1744, (20 juillet) Pointe-Claire.
3° Barbary, Marie-Claire, [Pierre II.
b 1711.

1730, (3 juillet) Charlesbourg.[1]

III.—MARTEL, Joseph, [Jean-François II.
b 1706.
Paquet, Marie-Agnès, [Philippe II.
b 1708.
Joseph, b[1] 2 juillet 1732; m[1] 21 avril 1755, à Marie-Madeleine Bedard. — *Marie-Madeleine*, b[1] 21 oct. 1733; m[1] 5 février 1759, à Jean-Baptiste Bedard. — *Marie-Louise*, b[1] 28 nov. 1735. — *Marie-Francoise*, b[1] 28 mai 1737; s[1] 3 oct. 1744. —*Charles*, b[1] 21 juin et s[1] 12 oct. 1739.—*Pierre*, b[1] 8 août et s[1] 20 sept. 1740. — *François*, b[1] 26 mars 1742. — *Marie-Angélique*, b[1] 26 mars et s[1] 28 juin 1744. — *Marie-Joseph*, b[1] 29 mars 1746; s[1] 2 dec. 1748.—*Louis*, b[1] 26 oct. 1747.—*Pierre*, b[1] 5 oct. 1749.

II.—MARTEL (2), François, [Pierre-Gratien I.
b 1692.
1° Bissonnet (3), Marie-Anne, [Jacques II.
b 1708.

1732, (15 sept.) Québec.[3]
2° Mariauchau (4), Lse-Madeleine, [François I.
b 1715; s[3] 22 juin 1753 (dans l'église).
Marie-Gille-Angélique, b[3] 16 et s[3] 29 juin 1733. —*Louise*, b[3] 13 juillet 1738; m[3] 24 sept. 1753, à Gaspard-Joseph Chaussegros. — *François-Nicolas*, b[3] 11 juin 1740; s[3] 10 sept. 1744. — *Marie-Madeleine-Françoise*, b[3] 16 juin 1741. — *Marie-Catherine*, b[3] 20 sept. 1742; m[3] 13 juillet 1758, à Jean-Baptiste Lecompte-Dupré. — *Marie-Angélique*, b[3] 8 juin 1744.—*Marguerite*, b[3] 15 juillet 1745.— *Pierre*, b[3] 27 juin et s 24 juillet 1746, à Charlesbourg. — *Charlotte*, b[3] 9 juillet 1747; m 1768, à Jacques Hughes.—*Marie*, b... m à .... Bonnefils.

1732, (4 février) St-Pierre, I. O.[8]

III.—MARTEL, Antoine, [Antoine II.
b 1707.
Raté, Marie-Françoise, [Pierre-Ignace II.
b 1712; s[8] 1er février 1751.
Marie-Catherine, b[8] 30 mars 1733. — *Marie-Louise*, b[8] 22 juin 1734; s[8] 10 juillet 1735.— *Antoine*, b[8] 13 août 1735.— *Marie-Cécile*, b[8] 15 mars 1737; s[8] 9 avril 1738. — *Marie-Reine*, b[8] et s[8] 31 déc. 1738. — *Ignace*, b[8] 22 janvier 1740. —*Marie-Julie*, b[8] 4 août 1742. — *Marie-Pélagie*, b[8] 6 mai 1744.— *Augustin*, b[8] 26 nov. 1749.— *Rosalie-Félix*, b[8] 15 janvier 1751.

1732, (28 avril) Québec.[8]

III.—MARTEL (1), Jean-Bte-Grégoire, [Jean II.
b 1710.
Gauvreau, Marie-Anne, [Pierre II.
b 1714.
Marie-Françoise, b[6] 26 mars et s[6] 3 avril 1733. —*Jean-Louis*, b[6] 21 août 1734.—*François-Pierre*, b[6] 12 juillet 1736.—*Pierre*, b[6] 1er juillet 1738.— *Marie-Michelle*, b[6] 31 mai 1740; s[6] 19 sept. 1741. —*Jean-Marie-Philippe*, b[6] 1er mai 1742.—*Marie-Jeanne-Elisabeth*, b[6] 1er déc. 1743. — *Honoré-Etienne*, b 30 juillet 1745, à Montréal.[7]—*Marie-Charlotte*, b[7] 3 mai 1747.—*Jean-Louis*, b[7] 16 et s[7] 18 sept. 1748.—*Charles-Luc*, b[7] 24 et s[7] 30 nov. 1749.

1732, (29 oct.) Château-Richer.

III.—MARTEL, Louis. [Paul II.
1° Légaré, Marie, [Nicolas II.
b 1710; s 20 sept. 1754, à Ste-Geneviève, M.[8]
Marie-Elisabeth, b 24 août 1733, à St-Antoine-Tilly[9]; m[8] 7 janvier 1750, à Pierre Boileau.— *Louis-Marie*, b[9] 13 août 1735; m 16 janvier 1769, à Marie-Madeleine Crevier, à Verchères.—*Pierre*, b 1736; s[8] 26 février 1750.—*François*, b 1748; s[8] 14 juin 1749.—*Marie-Geneviève*, b[8] 23 mai 1750.—*Pierre-Amable*, b[8] 2 mai 1752.

1756, (1er mars).[8]
2° Desroyau, Marie-Angelique, [Pierre I.
veuve de Jacques Berthelot.
Marie-Geneviève, b[8] 18 juillet et s[8] 25 août 1756.—*François*, b[8] 7 nov. 1757.—*Marie-Reine*, b[8] 16 avril 1759.

1733.

II.—MARTEL, Joseph, [Etienne-Joseph I.
b 1705; s 2 avril 1736, à Montreal.[3]
Roy (2), Madeleine. [François II.
Jean-Francois, b[3] 13 août 1734.—*Madeleine*, b[3] 3 nov. 1735.

(1) Pour Brouillet.

(2) DeBerhouague — DeBrouague; propriétaire et commandant de la côte du Labrador.

(3) LaFavry.

(4) Sœur de Mgr Louis-Philippe Mariauchau-d'Esglis, huitième évêque de Québec.

(1) Ecrivain et garde-magasin du roy, à Montréal.

(2) Elle épouse, le 26 août 1738, Pierre Barette, à Montréal.

1733.

III.—MARTEL, Claude-Honoré, [Jos.-Alph. II. b 1708.

Lehou (1), Marguerite.

Marie-Marguerite, b 22 sept. 1734, à la Longue-Pointe.[4]—*Jean*, b [4] 19 avril 1736.—*Marie-Agathe*, b [4] 21 déc. 1738; m 22 nov. 1756, à Joseph Béique, à Chambly.[5]—*François*, b [4] 9 déc. 1740; s [5] 21 nov. 1758.—*Hypolite*, b [4] 3 juillet 1742; s [4] 26 mars 1743.—*Joseph*, b [4] 26 février et s [4] 4 mai 1744.—*Marie-Angélique*, b [4] 18 mars 1745.—*Joseph*, b [4] 7 février et s [4] 2 août 1746.—*Marie-Joseph*, b [4] 27 janvier et s [4] 8 mars 1747.—*Marie-Judith*, b [4] 14 avril et s [4] 5 mai 1748.—*Marie-Judith*, b [4] 28 oct. 1749.

MARTEL, François.

Ménard, Marie.

Geneviève, b 9 mai 1735, à Montréal.

1736, (19 nov.) St-Pierre, I. O.[5]

III.—MARTEL, Ignace, [Antoine II. b 1713.

1° Raté, Hélène, [Pierre-Ignace II. b 1717; s [5] 25 août 1755.

Marie-Joseph, b [5] 15 oct. 1737.—*Ignace*, b [5] 28 oct. 1739.—*Joseph-François*, b [5] 16 mai 1742; m 10 juin 1767, à Marie-Joseph Migneron, à Repentigny.—*Louis*, b [5] 16 juin 1745.—*Jean*, b 15 mai 1747, à Ste-Famille, I. O.[6]; s[6] 14 juillet 1749.—*Marie-Joseph*, b [5] 18 mars 1748; s [5] 13 août 1750.—*Marie-Françoise*, b 28 oct. 1751, à St-Laurent, I. O.—*Laurent*, b [5] 8 et s [5] 16 août 1755.

1762, (18 janvier).[6]

2° Pichet, Marie-Madeleine, [Louis II. b 1726.

1738, (2 juin) Montréal.

I.—MARTEL (2), Jacques, b 1705; fils d'André et de Jeanne Mettay, de Subligny, diocèse d'Avranches, Normandie.

Brazeau, Françoise, [Nicolas II. b 1709.

1741, (27 nov.) Baie-du-Febvre.[9]

III.—MARTEL, Michel-Gabriel, [Paul II. b 1711.

Lefebvre (3), Geneviève, [Jean-Bte III. b 1723.

Gabriel, b [9] 2 sept. 1742; m [9] 1er février 1773, à Madeleine Lionais.—*Michel*, b [9] 25 juillet 1744; m [9] 6 nov. 1766, à Marie-Joseph Cailla.—*Marie-Joseph*, b [9] 10 mars et s [9] 23 juillet 1746.—*Marie-Catherine*, b [9] 10 mars 1746; s [9] 30 nov. 1747.—*Geneviève*, b [9] 1er février 1748; s [9] 5 sept. 1749.—*Marie-Catherine*, b [9] 27 nov. 1749; m [9] 13 oct. 1766, à Jean-François Lemire.—*Marie-Anne*, b [9] 7 avril 1751; m [9] 5 février 1770, à Jean-Baptiste Blanchard.—*Joseph*, b [9] 9 mai 1752.—*Marie-Geneviève*, b [9] 4 oct. 1754.—*Thérèse*, b... m [9] 10 août 1772, à Augustin Houde.—*François*, b [9] 15 mars 1759.

(1) Dit Laliberté.

(2) Dit St. Jacques.

(3) Dit Senneville, 1747.

I.—MARTEL, Gilles.

LeNormand, Jeanne.

Pierre, b... m 21 avril 1766, à Geneviève Guèvremont, à l'Ile-Dupas.

1745, (21 juin) Charlesbourg.[3]

IV.—MARTEL, Jean-François, [Pierre III. b 1723.

1° Bedard, Marie-Madeleine, [Jacques IV. b 1724; s [3] 2 oct. 1758.

Jean-Marie, b [3] 14 mai 1746; m 1778, à Marie Chapleau.—*Marie-Madeleine*, b [3] 1er oct. 1747.—*Thomas*, b 1750; s [3] 2 avril 1751.—*Pierre*, b [3] 11 mars 1753.—*Joseph*, b [3] 31 déc. 1756.—*Marguerite*, b [3] 23 mars 1758.

1760, (18 février).[3]

2° Alard, Marie-Joseph, [Pierre III. b 1730.

Marie-Madeleine, b [3] et s [3] 9 nov. 1760.—*Marie-Françoise*, b... s [3] 6 août 1762.

1745, (27 oct.) Montreal.[4]

III.—MARTEL (1), Pierre, [Jos.-Alphonse II. b 1709; boulanger.

Roy, Marie-Anne, [Joseph-Guillaume II. b 1724.

Marie-Angélique, b [4] 2 août et s [4] 20 dec. 1745.—*Joseph*, b [4] 18 dec. 1747.—*Pierre*, b [4] 9 mars et s 13 août 1749, à la Longue-Pointe.—*Marie-Anne*, b [4] 15 mai 1750.—*Pierre-René*, b 28 nov. 1751, à St-Antoine-de-Chambly.

1746, (19 sept.) Longue-Pointe.[6]

III.—MARTEL, Jean-Bte, [Jos.-Alphonse II. b 1722.

Janot, Marie-Marguerite, [Jacques III. b 1721.

Jean-Baptiste, b [6] 2 juin 1748; m 6 nov. 1769, à Marie Gariépy, à Lachenaye.

1747, (30 janvier) Longue-Pointe.

III.—MARTEL, Jean, [Joseph-Alphonse II. b 1717.

Dufresne, Marie-Françoise, [Jean-Bte III. b 1726.

1747, (7 août) Québec.[7]

III.—MARTEL (2), Jean-Urbain, [Jean II. b 1708.

Gatin, Elisabeth, [Jean I. b 1715; s [7] 5 juin 1748.

Elisabeth-Jeanne-Michelle, b [7] 27 mai 1748.

1748, (20 février) St-Pierre, I. O.

III.—MARTEL, Charles, [Antoine II. b 1720; s 6 nov. 1786, à St-Augustin.[3]

Raté, Madeleine, [Jean-Bte II. b 1723.

Marie-Madeleine, b 27 juillet 1751, à la Pte-aux-Trembles, Q.—*Ambroise*, b [3] 13 nov. 1755; m [3] 20 janvier 1783, à Marie-Charlotte Poreau.—*Charles*, b 1757; 1° m à Angelique Trudel; 2°

(1) Dit Lamontagne.

(2) De Belleville; directeur des forges de St-Maurice. Il était, en 1744, aux Trois-Rivières.

m [3] 5 nov. 1781, à Therèse Bussière.—*Augustin*, b 1758 ; m 1779, à Angélique Drolet.—*Joseph*, b [3] 3 sept. 1760 ; m [3] 24 janvier 1785, à Brigitte Rochon.

1748.

IV.—MARTEL, Jacques, [Paul III.
b 1725.
Legendre, Charlotte, [Jean-Bte I.
b 1728.
Marie, b... s 30 août 1749, à Ste-Croix. [5] — *Marie-Charlotte*, b [5] 28 sept. 1750. — *Thérèse*, b [5] 24 juillet 1754 ; s [5] 20 nov. 1755. — *Marie-Angélique*, b [5] 23 juin 1756 ; s [5] 11 sept. 1757.— *François-Nicolas*, b [5] 8 déc. 1758.

1750, (11 mai) St-Jean, I. O. [2]

III.—MARTEL, Jean-Bte, [Antoine II.
b 1717.
Fortier, Dorothée, [Antoine II.
b 1720 ; s [2] 17 avril 1752.
Marie-Madeleine, b [2] 4 avril 1751 ; m 3 juin 1777, à Jean-Baptiste Paquet, à Québec.

1751, (8 février) St-Joachim. [6]

III.—MARTEL, Isidore, [Jean II.
b 1728 ; s [6] 27 juillet 1760.
Boucher, Marie-Geneviève, [Noel II.
b 1721 ; s [6] 3 fevrier 1779.
Marie-Renée, b [6] 16 juillet 1751. — *Marie-Marguerite*, b 25 juin 1756, à Ste-Anne.

1751.

I.—MARTEL (1), Philippe-Michel.
Baudoin, Marie-Agathe, [Gervais II.
b 1729.
Philippe-Charles, b 2 mai 1752, à Québec. [9] — *Agathe*, b [9] 16 sept. 1754.

1752, (7 février) Ste-Famille, I. O. [1]

III.—MARTEL, Augustin, [Antoine II.
b 1730.
Asselin, Louise, [Jacques III.
b 1726.
Augustin, b 19 février et s 3 mars 1753, à St-Pierre, I. O. [8] — *Jean*, b 17 fevrier 1755, à Beaumont [4] ; s [1] 6 août 1758.—*Marie-Charlotte*, b [4] 19 mars 1756 ; m 13 fevrier 1775, à Jerôme Charbonneau, à Lachenaye.—*Antoine*, b [8] 6 sept. 1757 ; s [8] 23 août 1758. — *Louis*, b 4 janvier 1760, à Beauport.—*Charles*, b 11 avril 1767, à Repentigny [7] ; s [7] 28 fevrier 1768.—*Marie-Catherine*, b [7] 14 août 1768 ; s [7] 15 avril 1769.

1753, (9 nov.) Eboulements. [6]

III.—MARTEL, Jean, [Jean II.
b 1729 ; s 14 juillet 1763, à la Baie-St-Paul.
Gagnon, Marie-Rosalie, [Joseph III.
b 1721 ; s [6] 9 janvier 1781.
Joseph, b [6] 26 mars 1756 ; m 1778, à Geneviève Gagné.—*Marie-Rosalie*, b [6] 5 sept. 1757 — *Madeleine-Rosalie*, b [6] 10 mars 1759 ; m [6] 26 oct. 1778, à Jean-Baptiste Girard. — *Jean*, b [6] 17 janvier 1761 ; s [6] 9 mai 1767.—*Louis*, b [6] 14 avril 1762.

1754, (16 janvier) Baie-du-Febvre. [4]

III.—MARTEL, Charles-Augustin, [Paul II.
b 1722.
Desrochers, Geneviève, [Pierre-Joseph II.
b 1729.
Charles, b [4] 2 avril 1755.—*Michel*, b [4] 11 sept. 1763.—*Marie-Elisabeth*, b [4] 1er dec. 1765.—*Marie-Joseph*, b [4] 25 mars et s [4] 1er juin 1768.

1754, (19 février) Verchères.

II.—MARTEL, Pierre, [Raymond I.
b 1707.
Boucher, Claire-Agathe, [Joseph IV.
b 1730.

1755, (21 avril) Charlesbourg. [7]

IV.—MARTEL, Joseph, [Joseph III.
b 1732.
Bedard, Marie-Madeleine, [Antoine III.
b 1735.
Marie-Madeleine, b [7] 22 oct. 1756 ; s [7] 8 oct. 1759.

1756, (8 nov.) Eboulements. [7]

III.—MARTEL, Joseph, [Jean-Bte II.
b 1726.
Tremblay, Marie-Geneviève, [Joseph III.
b 1734.
Marie-Geneviève, b [7] 21 sept. 1757 ; s [7] 24 oct. 1758. — *Marie-Desanges*, b [7] 9 dec. 1758 ; m [7] 26 oct. 1778, à Jean François. — *Marie-Geneviève*, b [7] 1er fevrier 1761. — *Marie-Anne*, b [7] 15 juillet 1762 ; m [7] 19 avril 1779, à Rene Tremblay. — *Agapit*, b [7] 1er août 1766. — *Joseph-Michel*, b [7] 15 nov. 1769. — *Marie-Madeleine*, b [7] 12 nov. 1771 ; s [7] 24 fevrier 1772.—*Etienne-Charles*, b [7] 20 juin 1773. — *Jean*, b [7] 22 avril et s [7] 5 juin 1775. — *David*, b [7] 11 déc. 1776.

1757, (14 fevrier) Ste-Croix. [8]

IV.—MARTEL, Paul, [Paul III.
b 1735.
Baron, Marie-Angelique, [Jacques II.
b 1737.
Marie-Charlotte, b [8] 20 juin 1758 ; m 8 oct. 1792, à Basile Charland, à St-Jean-Deschaillons.

1758.

III.—MARTEL, Joseph, [Nicolas II.
b 1729.
Tétreau, Madeleine.
Joseph, b 20 sept. 1760, à Verchères.

1758, (8 oct.) Longueuil. [9]

I.—MARTEL, Pierre, fils de Guillaume et de Catherine Bonville, de Montreuil, diocèse de Paris.
Drousson, Marie-Joseph, [Ange II.
b 1736.
Marie-Joseph, b [9] 27 janvier et s [9] 18 mars 1759. — *Marie-Rose*, b [9] 17 mars 1760, s [9] 12 mai 1761.

(1) Ecrivain principal de la marine avec le détail de la construction des vaisseaux du Roy.

1760, (21 juillet) Verchères.
III.—MARTEL, Nicolas-Amable, [Nicolas II.
b 1733.
Charon, Véronique, [Bertrand III.
b 1742.

1760, (21 juillet) Bécancour.
IV.—MARTEL, Marc-Joseph, [Paul III.
b 1737.
DeHornay (1), Marie-Joseph, [Jacques II.
b 1740.

1760, (28 oct.) Lorette. [9]
IV.—MARTEL, Pierre-Jean, [Pierre III.
b 1733.
Falardeau, Marguerite, [Jean II.
b 1740.
Pierre, b 1763; s [9] 22 nov. 1764.

1762, (24 mai) Québec. [9]
IV.—MARTEL, Joseph, [Pierre III.
b 1737; s [9] 9 déc. 1788.
Chevalier, Marie-Louise, [François I.
b 1741.

1766, (21 avril) Ile-Dupas.
II.—MARTEL (2), Pierre. [Gilles I.
Guèvremont, Geneviève, [Jean-Bte II.
b 1735.
Augustin, b 1767; m 8 oct. 1792, à Marie Houde, à St-Cuthbert. [9] — *Pierre*, b 1769; m [9] 17 février 1794, à Marguerite Paradis. — *Alexis*, b 1770; m [9] 26 mai 1794, à Marie Paradis. — *François*, b 1772; m [9] 3 août 1795, à Rose Paradis.

1766, (6 nov.) Baie-du-Febvre. [1]
IV.—MARTEL, Michel, [Michel-Gabriel III.
b 1744.
Cailla, Marie-Joseph, [Joseph III.
b 1746.
Michel-Gabriel, b [1] 12 sept. et s [1] 4 oct. 1767.— *Pierre-Joseph*, b [1] 10 février et s [1] 23 juillet 1769. —*Louis-Marie-Joseph*, b [1] 31 août 1770.—*Joseph-Joachim*, b [1] 8 sept. 1772.

1767, (10 juin) Repentigny.
IV.—MARTEL, Jos.-François, [Ignace III.
b 1742.
Migneron, Marie-Joseph, [Pierre III.
b 1749.

1767, (23 sept.) St-Antoine-de-Chambly.
IV.—MARTEL, Jacques, [Jacques III.
b 1738.
Roy-Portelance, Marie-Joseph, [Joseph III.
b 1744.

(1) Lancuville.
(2) Dit Beausejour.

1768, (20 juin) Petite-Rivière.
I.—MARTEL (1), François, b 1737; fils de François et de Marie-Rose Ruisse, de St-Laurent-de-Perpignan, Roussillon.
Bouchard, Marie-Dorothée, [Joseph-Fns III.
b 1747.

1769, (16 janvier) Verchères.
IV.—MARTEL, Louis-Marie, [Louis III.
b 1735.
Crevier (2), Marie-Madeleine, [Jacques IV.
b 1750.

1769, (6 nov.) Lachenaye.
IV.—MARTEL, Jean-Bte, [Jean-Bte III.
b 1748.
Gariépy, Marie, [Joseph III.
b 1753.

MARTEL, Jean.
Letarte, Marie-Anne.
Louis-Jérémie, b 14 mai 1771, à Repentigny.

1773, (1er février) Baie-du-Febvre.
IV.—MARTEL, Gabriel, [Michel-Gabriel III.
b 1742.
Lionais, Madeleine, [Claude II.
b 1749.

IV.—MARTEL, Charles, [Charles III.
b 1757.
1° Trudel, Angélique, [Louis III.
b 1758.
1781, (5 nov.) St-Augustin. [9]
2° Bussière, Thérèse, [Paul-Marie IV.
b 1761.
Augustin, b [9] 11 déc. 1782.—*Charles*, b [9] 8 juin 1784.—*Joseph*, b [9] 3 août 1785.—*Marie-Joseph*, b [9] 6 sept. 1786.

1778, (28 avril) Ile-aux-Coudres. [2]
III.—MARTEL, Louis-Joseph, [Jean II.
b 1754.
Savard, Marie-Angélique, [François V.
b 1757.
Marie-Victoire, b [2] 15 mars 1779. — *Marie-Louise*, b [2] 24 août 1781.

1778.
IV.—MARTEL, Joseph, [Jean III.
b 1756.
Gagné, Marie-Geneviève, [Jean-Bte V.
b 1756.
Joseph, b 24 mai 1779, aux Eboulements. [3] — *Jean*, b [3] 21 mai 1780.—*Thomas*, b [3] 25 nov. 1781. —*Agnès*, b [3] 22 juin 1783.—*Madeleine*, b [3] 12 avril 1785.—*Isaac*, b [3] 9 juillet 1786.

(1) Soldat de la compagnie de Berry, venu en 1751. (Procès-verbaux.)
(2) Elle epouse, le 22 nov. 1779, Antoine Huet, à Verchères.

1778.

V.—MARTEL, Jean-Marie, [Jean-François IV.
b 1746.
Chapleau, Marie.
Marie-Anne, b 19 mars 1784, à Lachenaye.

1779.

IV.—MARTEL, Augustin, [Charles III.
b 1758.
Drolet, Angélique.
Marguerite, b 1780; s 28 mai 1794, à St-Augustin. [4]—*Augustin,* b [4] 19 sept. 1781.—*Joseph,* b [4] 16 mars 1783.—*Pierre,* b [4] 29 juin 1784.—*Louise,* b [4] 13 déc. 1785.—*Louis,* b [4] 30 oct. 1788.—*Judith,* b [4] 26 février 1792.—*Thérèse,* b [4] 14 sept. 1793.—*Françoise,* b [4] 30 déc. 1794.

1783, (20 janvier) St-Augustin. [5]

IV.—MARTEL, Ambroise, [Charles III.
b 1755.
Poreau (1), Marie-Charlotte, [Philippe II.
b 1754.
Ambroise, b [5] 29 nov. 1783.—*Charles,* b [5] 4 janvier 1785.—*Louis,* b [5] 24 mars 1787.—*Pierre,* b [5] 7 mars 1788.—*Jean-Baptiste,* b [5] 24 janvier 1790; s [5] 27 août 1791.—*Madeleine,* b [5] 30 oct. 1791.

1785, (24 janvier) St-Augustin. [6]

IV.—MARTEL, Joseph, [Charles III.
b 1760.
Rochon, Brigitte, [Jacques III.
b 1763.
Louis, b [6] 29 nov. 1785.—*Augustin,* b [6] 17 février 1788.

1792, (8 oct.) St-Cuthbert. [1]

III.—MARTEL (2), Augustin, [Pierre II.
b 1767.
Houde, Marie,
veuve de Joseph Valois.
Augustin, b [1] 25 avril 1794; s [1] 21 juin 1795.

1794, (17 février) St-Cuthbert.

III.—MARTEL (2), Pierre, [Pierre II.
b 1769.
Paradis, Marguerite. [Pierre.

1794, (26 mai) St-Cuthbert. [2]

III.—MARTEL (2), Alexis, [Pierre II.
b 1770.
Paradis, Marie. [Pierre.
Marie, b [2] 23 juin 1794.

1795, (3 août) St-Cuthbert.

III.—MARTEL (2), François, [Pierre II.
b 1772.
Paradis-Aubin, Rose. [Pierre.

MARTELLE.—Voy. Martel.

(1) Aussi appelée Dubeau—Gingras, du nom de sa mère.
(2) Dit Beauséjour.

I.—MARTIAL, Charles,
b 1645; s 13 janvier 1715, à Montréal.

MARTIGNY (De).—Voy. Lemoine.

MARTIN.—*Surnoms :* Barnabé — Beaulieu — Boisverd—Brindamour—Coté—DeBoiscorneau—DeLino—Henne—Jolicœur— Lachapelle—Lacombe—Ladouceur—Lajoie—Langevin—Langoumois—Larivière—Laterreur —L'Ecossais—LeFrançais—Macé—Massé—Montpellier—Ondoyer — Pellant — Sansoucy—St. André— St. Jean — St. Martin —St. Onge—Versailles.

I.—MARTIN (1), Abraham,
b 1589; s 8 sept. 1664, à Québec.
Langlois (2), Marguerite.

1642.

I.—MARTIN (1), Pierre, de St-Pierre, Ile-d'Oléron, diocèse de LaRochelle, Aunis.
Pavis, Madeleine, de LaRochelle, Aunis.
Pierre, b 1643; s 9 oct. 1713, à Ste-Foye.—*Madeleine,* b... m à Nicolas Franger.—*Charles,* b 1648; 1° m 28 nov. 1663, à Catherine Dupuy, à Montréal; 2° m 6 oct. 1683, à Marie Attanville, à Boucherville.—*Antoine,* b 6 sept. 1654, à Québec; 1° m 11 janvier 1690, à Jeanne Cadieu, à Beauport; 2° m 2 mars 1699, à Marie Bonet, à Charlesbourg [3]; s [3] 7 avril 1715.

1646, (18 juin) Québec. [4]

I.—MARTIN (3), Antoine,
s [4] 11 mai 1659.
Sevestre (4), Denise, [Charles II.
b 1628.
Marie-Anne, b 1650; s 14 janvier 1717, à St-Pierre, I. O.

1662, (5 nov.) Québec. [2]

I.—MARTIN (1), Joachim,
b 1636; s 30 juin 1690, à St-Pierre, I. O. [3]
1° Chalifour, Marie, [Paul I.
b 1649; s [2] 12 oct. 1663.
1669, (16 juin). [2]
2° Petit (5), Anne-Charlotte.
Louis, b 15 juin 1671, à Ste-Famille, I. O. [4]; m [3] 12 janvier 1700, à Louise Raté; s 23 mai 1749, à Ste-Anne-de-la-Pocatière.—*Marie-Anne,* b [4] 14 avril 1673; m [3] 12 février 1691, à Pierre Roy; s 8 fevrier 1709, à la Rivière-Ouelle.—*Marguerite,* b [4] 6 janvier 1675; 1° m à Jean Jollet; 2° m [3] 9 fevrier 1705, à Jacques Picoron; s [2] 14 nov. 1751.—*Angélique,* b [4] 6 mars 1678; 1° m [3] 12 janvier 1696, à Pierre Chantal; 2° m [3] 26 nov. 1710, à Pierre Chatigny; s [3] 10 nov 1758.—*Catherine-Françoise,* b [2] 19 mai 1680;

(1) Voy. vol. I, p. 415.
(2) Elle épouse, le 17 février 1665, René Branche, à Québec.
(3) Dit Montpellier; voy. vol. I, p. 415.
(4) Elle épouse, le 4 août 1659, Philippe Nepveu, à Québec.
(5) Elle épouse, le 10 sept. 1691, Antoine Juchereau, à St-Pierre, I. O.

m [3] 11 février 1697, à Jean-Baptiste De la Bourlière.—*Jean-Baptiste*, b [3] 5 déc. 1686; m [3] 25 février 1710, à Marie Genest; s 4 août 1761, à Kamouraska.—*Marie-Charlotte*, b [3] 23 janvier 1689; 1° m [3] 25 février 1710, à Louis Vernas-Dufresne; 2° m [3] 14 oct. 1725, à Pierre Raté.

1663, (28 nov.) Montréal.

II.—MARTIN (1), Charles, [Pierre I.
b 1648.
1° Dupuy, Catherine,
b 1644; s 20 déc. 1682, à Boucherville. [5]
1683, (6 oct.) [5]
2° Attanville (2), Marie,
b 1645; veuve de Jean Fauconnet.
Léger, b [5] 13 avril 1684; m [5] 28 nov. 1711, à Marie Richard.

1664, (11 février) Québec. [1]

I.—MARTIN (3), Pierre, fils de Louis et de Bastienne Coutande, de Ste-Vierge, diocèse de Poitiers, Poitou; s [1] 22 mai 1711.
Lafleur, Jacobine, fille de Charles et de Jeanne Gachet, de la Chataigneraye, diocèse de Poitiers, Poitou.

1670, (6 oct.) Château-Richer.

I.—MARTIN (4), Pierre,
b 1640; s 6 déc. 1702, à St-François, I. O. [2]
Huot (5), Marie,
b 1652; s [2] 19 juin 1732.
Ignace, b [2] 10 déc. 1686; m 18 février 1732, à Marie-Anne DeLafontaine, à Québec.—*Charles*, b [2] 11 juin 1689; s 20 mai 1743, à St-Joachim.

1685, (30 avril) Québec. [3]

I.—MARTIN (6), Mathurin-François,
b 1657; s [3] 7 déc. 1731.
Nolan, Catherine, [Pierre I.
b 1668; s [3] 14 nov. 1746.

I.—MARTIN (7), Pierre, b 1669; de Bereuse, diocèse de Poitiers, Poitou; s 14 sept. 1741, à l'Hôpital-Genéral, M.

1685, (6 oct.) Montreal. [4]

I.—MARTIN (4), François,
s 19 mars 1720, à Lachine [5]
Goguet, Catherine, [Mathurin I.
b 1671.
François, b [4] 8 mars 1690; m à Marie-Jeanne Trotier.—*Geneviève*, b [5] 4 oct. 1700; m [4] 17 avril 1719, à Pierre Turcot.

(1) Voy. vol. I, pp. 415-416.

(2) Elle épouse, le 25 février 1686, François César, à Boucherville.

(3) Voy. la note du registre du Conseil souverain du 8 février 1664. Voy. vol. I, p. 416.

(4) Voy. vol. I, p. 416.

(5) Aussi appelée Buot—Belleau.—Elle était à Berthier, le 18 mai 1712.

(6) Sieur de Lino; voy. vol. I, p. 416.

(7) Dit Jolicœur; soldat de la compagnie de M. De Repentigny.

1688, (2 mars) Québec. [6]

I.—MARTIN (1), Pierre,
b 1666; maçon; s [6] 2 oct. 1728.
Lemieux, Marie-Madeleine, [Gabriel I.
b 1664; s [6] 4 sept. 1734.
Hilaire, b [6] 15 janvier 1692; 1° m [6] 8 nov. 1714, à Marguerite Bruneau; 2° m 28 août 1719, à Anne Bernier, à Charlesbourg; 3° m 11 nov. 1727, à Marie-Françoise Rémillard, à St-Valier; s [6] 28 juillet 1756.

I.—MARTIN, Paul, b 1692; s 12 avril 1760, à Lachine.

1690, (11 janvier) Beauport.

II.—MARTIN (2), Antoine, [Antoine I.
b 1654; s 7 avril 1715, à Charlesbourg. [7]
1° Cadieu, Jeanne, [Charles I.
b 1663.
1699, (2 mars). [7]
2° Bonet, Marie, [Mélaine I.
b 1677; s [7] 26 nov. 1749.
Joseph, b [7] 4 sept. 1700; m [7] 16 sept. 1726, à Marie-Charlotte Bedard.—*Jean-Antoine*, b [7] 18 janvier 1702; m 4 mars 1737, à Marie-Anne Turcot, à St-Laurent, M.—*Jacques*, b [7] 14 janvier 1706; m [7] 20 nov. 1737, à Madeleine Chauveau.—*Ursule*, b [7] 27 août 1707; 1° m [7] 7 mars 1735, à Jean Garneau; 2° m [7] 23 nov. 1750, à Charles Corvaisier.—*Angélique*, b [7] 12 nov. 1712; s [7] 7 mars 1736.—*Pierre*, b [7] 21 mars 1715; s [7] 19 déc. 1725.

1696, (27 février) Château-Richer.

I.—MARTIN (3), Nicolas,
b 1669; menuisier.
1° Bacon, Marie-Angélique, [Eustache II.
b 1679; s 30 déc. 1702, à Québec. [6]
Marie-Joseph, b [6] 18 nov. 1697; m [5] 28 nov. 1717, à Claude LeGris.—*Marie-Madeleine*, b [5] 29 juin 1700; m [5] 30 oct. 1724, à Louis Pepin; s [5] 14 août 1774.—*Louis*, b [5] 28 avril et s [5] 14 mai 1702.
1703, (14 mars). [5]
2° Laraue, Madeleine, [François II.
b 1680; s [5] 27 fevrier 1733.
Nicolas-Etienne, b [5] 28 dec. 1703; m [5] 28 oct. 1728, à Felicite Buisson. — *Marie-Catherine*, b [5] 23 oct. 1705; s [5] 16 février 1706. — *Geneviève-Michelle*, b [5] 30 sept. 1707; m [5] 24 fevrier 1729, à François Levitre.—*Marie-Anne*, b [5] 13 février 1719; m [5] 23 nov. 1733, à Antoine Paquet; s [5] 14 mars 1738.

1696, (12 sept.) Montréal. [9]

I.—MARTIN (4), Pierre,
b 1666; s [9] 5 mai 1742.
Limousin, Marie-Anne, [Hilaire I.
b 1675; s [9] 7 janvier 1750.
Jean-Baptiste, b 1695; m [9] 12 mars 1719, à Anne Gautier. — *Pierre*, b [9] 18 janvier 1697; m [9] 19 mars 1726, à Jeanne Hay; s [9] 11 juin

(1) Dit Langoumois, voy. vol. I, pp. 416-417.

(2) Dit Montpellier; voy. vol. I, p. 417.

(3) Dit Jolicœur; voy. vol. I, p. 417.

(4) Dit Ladouceur; voy. vol. I, p. 417.

1742. — *Marie-Thérèse,* b [9] 9 juillet 1699 ; m [9] 30 juillet 1725, à François-Honore AUBAN. — *Marie-Joseph,* b 1702 ; m [9] 21 juin 1723, à Ignace CHORET. — *Françoise,* b [9] 30 mai 1704 ; 1° m [9] 8 janvier 1720, à Pierre BLÉNIER ; 2° m 13 août 1739, à Charles RAPIDIEUX, à la Pointe-Claire.— *Simon,* b [9] 28 oct. 1705 ; s [9] 10 mai 1727. — *Marguerite,* b [9] 26 février 1707 ; m [9] 11 août 1733, à Jean-Baptiste LAGARDE.—*Marie-Etiennelle,* b [9] 18 juin 1708. — *Joseph,* b [9] 6 déc. 1709 ; m [9] 21 avril 1732, à Elisabeth BOURDON. — *Marie,* b 1710 ; m [9] 9 juin 1732, à Pierre BIGEOT ; s [9] 23 juillet 1738.—*Marie-Catherine,* b [9] 11 avril 1712.—*Jean-Paul,* b [9] 27 août 1713 ; s [9] 27 sept. 1714. — *Louis,* b [9] 22 juin 1715 ; m [9] 6 nov. 1741, à Marie-Anne TABAUT. — *Geneviève,* b [9] 21 mars 1718 ; m [9] 18 nov. 1734, à Louis HOSTAIN. — *Jean-Baptiste,* b [9] 19 juillet 1721 ; m [9] 17 janvier 1743, à Marie-Anne GAUTIER. — *Catherine,* b [9] 4 août 1722.

1698, (16 janvier) Boucherville.[1]

III.—MARTIN (1), ANTOINE, [CHARLES II.
b 1673.
FÉVRIER, Marie-Françoise, [CHRISTOPHE I.
b 1682.

Marie, b [1] 23 déc. 1698 ; s [1] 13 janvier 1699.—*Catherine,* b [1] 31 mai 1700 ; m 28 nov. 1720, à Jean LABOISSIÈRE, à St-Ours.[2] —*Gabriel-Antoine,* b 1701 ; m 1723, à Catherine LOYER-DESNOYERS. —*Agnès,* b 1702 ; m [2] 10 juin 1724, à Jean-Baptiste HERPIN. — *Pierre-Antoine,* b 1er juin 1709, à Verchères [3] ; 1° m 1733, à Catherine MÉNARD ; 2° m [2] 16 sept. 1754, à Marie-Jeanne DESAUTELS. —*Charlotte-Antoinette,* b [1] 22 février 1711 ; s 20 déc. 1718, à Contrecœur.—*Marie-Suzanne,* b [3] 14 et s [3] 21 avril 1714. — *Louise-Françoise,* b [2] 16 mars et s [2] 17 avril 1718. — *Jean-François,* b [3] 13 avril 1719 ; m 3 fevrier 1740, à Marie-Anne RENAUD, à Varennes. — *Pierre,* b [2] 27 juin et s [2] 18 août 1720.—*Basile,* b [2] 10 nov. 1721.

I.—MARTIN (2), RÉMI.

1700, (12 janvier) St-Pierre, I. O.[1]

II.—MARTIN (1), LOUIS, [JOACHIM I.
b 1671 ; s 23 mai 1749, à Ste-Anne-de-la-Pocatière.[2]
RATÉ, Louise-Angélique, [JACQUES I.
b 1680 ; s [2] 24 fevrier 1760.

Jean-Baptiste, b [1] 23 nov. 1700 ; m 25 juillet 1737, à Marie-Anne BOUCHER, à l'Islet [3] ; s [3] 12 août 1761. — *Marie-Anne,* b [1] 27 dec. 1701 ; m 1723, à Rene DEVIN. — *Louis-Joseph,* b 17 juin 1708, à la Rivière-Ouelle ; s [1] 2 janvier 1711. — *Pierre,* b... m 1730, à Françoise LEBEL.—*Marie-Thérèse,* b [1] 12 sept. 1710 ; m [3] 7 janvier 1733, à Joseph VAILLANCOUR. — *Marie-Charlotte,* b [1] 18 fevrier 1713.—*Anonyme,* b [1] et s [1] 4 dec. 1715.—*François,* b [1] 25 juillet 1717. — *Louis-Philippe,* b 27 avril 1720, au Cap-St-Ignace.

(1) Voy. vol. I, p. 417.

(2) Sergent de la compagnie de M. de Lamothe. Il était, le 9 fevrier 1680, à St-Frs-du-Lac.

1701, (18 janvier) Quebec.[4]

I.—MARTIN, NICOLAS, b 1676, menuisier ; fils de Nicolas et de Catherine Domingo, de St-Michel-d'Etape, diocèse de Boulogne, Picardie ; s [4] 23 août 1726.
1° JEAN-LAFOREST, Anne, [GILLES I.
b 1675 ; s [4] 5 février 1703.

Marguerite, b [4] 3 février 1703.

1703, (18 juin) St-François, I. O.

2° GAULIN, Thérèse, [FRANÇOIS I.
b 1672 ; veuve de Martin Boucher.

1704.

I.—MARTIN (1), YVES.
PIETTE (2), Marie, [JEAN I.
b 1675.

Marie-Anne, b 13 sept. 1705, à l'Ile-Dupas.[5] — *Marie-Geneviève,* b [5] 25 mars 1709 ; m à Pierre-Louis MAHEU. — *François,* b 4 mars 1711, à Sorel [6] ; m à Therèse LAPORTE. — *Pierre,* b [6] 11 mai 1713 ; s [6] 24 février 1715.—*Pierre-Louis,* b [6] 25 août 1715 ; m à Jeanne RONDEAU.

1706, (18 oct.) Château-Richer.

II.—MARTIN, JEAN, [PIERRE I.
b 1674 ; s 30 janvier 1708, à St-François, I. O.[7] (mort accidentellement).
GARANT (3), Marie-Catherine, [PIERRE I.
b 1684.

Jean (posthume), b [7] 4 mars 1708.

1710, (25 février) St-Pierre, I. O.

II.—MARTIN, JEAN-BTE, [JOACHIM I.
b 1686 ; s 4 août 1761, à Kamouraska.[8]
GENEST, Marie, [JACQUES I.
b 1670 ; s [8] 7 janvier 1761.

1710, (25 nov.) Rivière-Ouelle.[1]

II.—MARTIN, FRANÇOIS-LUCIEN, [JOACHIM I.
b 1683.
AUTIN, Marie-Françoise, [FRANÇOIS I.
b 1689.

Charles-François, b 13 sept. 1711, à L'Ange-Gardien ; m 9 janvier 1734, à Angélique PELLETIER, à Kamouraska.—*Joseph,* b 1713 ; m 21 nov. 1740, à Marie-Rosalie PELLETIER, à St-Roch.—*Ignace,* b 8 janvier 1715, à St-Pierre, I. O.[2] ; m 21 nov. 1741, à Marguerite ALBERT, à Ste-Anne-de-la-Pocatière [3] ; s [3] 20 mars 1747. — *Louis,* b [2] 16 oct. 1716 ; m [1] 23 nov. 1740, à Marie-Joseph BÉRUBÉ.—*Pierre,* b [2] 12 juin 1720 ; m 1746, à Geneviève PATRY. — *Marie-Joseph-Madeleine,* b [2] 13 juillet 1722 ; 1° m à François MICHAUD ; 2° m [3] 22 fevrier 1751, à Pierre JONCAS.—*Jean,* b 29 mars 1724, au Cap-St-Ignace [4] ; m 1751, à Marie-Joseph-Geneviève MICHAUD.—*Anonyme,* b et s 21 oct. 1725, à l'Islet.—*Marie-Françoise,* b [4] 25 oct. et s [4] 18 nov. 1727.—*Marie-Thérèse,* b [4] 23 oct. 1728 ; m [3] 13 février 1747, à Charles PELLETIER ; s [3] 2 déc. 1747.—*Basile,* b [4] 5 et s [4] 24 sept. 1730. — *Louis-Michel,* b [4] 17 fevrier 1732.

(1) Dit Pellant.

(2) Dit Trempe.

(3) Elle épouse, le 29 juillet 1709, Simon Arrivée, à St-François, I. O.

1711, (28 nov.) Boucherville.[8]
III.—MARTIN, Léger, [Charles II.
b 1684.
Richard, Marie, [Mathurin-Pierre I.
b 1689.
Elisabeth, b 1712; 1° m[8] 3 mai 1734, à Jean-Baptiste Meunier; 2° m[8] 24 oct. 1741, à Pierre Isoir.—*Pierre*, b 1714; 1° m 20 juin 1740, à Catherine Desève, à Montréal; 2° m[8] 20 juillet 1744, à Madeleine Chauvin; 3° m[8] 4 nov. 1746, à Angélique Pilet.—*Marie*, b 1716; m[8] 22 janvier 1748, à Claude Maquet.

MARTIN, Jean.
Babie, Anne, [Jacques I.
b 1686.
Denis-François, b 23 janvier 1713, à Repentigny.

1712, (3 nov.) Québec.[4]
II.—MARTIN (1), Jean-Frs, [Mathurin-Frs I.
b 1686; s[4] 5 janvier 1721 (dans l'eglise).
Chartier (2), Angélique, [René-Louis II.
b 1693.
Marie-Angélique, b[4] 8 sept. et s[4] 15 nov. 1713. —*Angélique*, b[4] 16 nov. 1715.—*Ignace-François-Pierre*, b[4] 7 mai 1718; m 1750, à Renée Leneuf. —*Louis-Xavier*, b[4] 13 mai 1720.

1712, (20 nov.) Montréal.
I.—MARTIN (3), François,
b 1661.
Fourrier, Catherine,
b 1638; veuve de Jean Bousquet; s 22 oct. 1726, à Varennes.

II.—MARTIN, François, [François I.
b 1690.
Trotier (4), Marie-Jeanne, [Joseph III.
b 1694.

1714, (8 nov.) Québec.[1]
II.—MARTIN (5), Hilaire, [Pierre I.
b 1692; s[1] 28 juillet 1756.
1° Bruneau, Marguerite, [René I.
b 1681; veuve de Charles Giroux; s 12 avril 1718, à Ste-Famille, I. O.
Joseph-François, b[1] 20 mars 1716; m 19 août 1743, à Geneviève Gaboury, à St-Valier.[2]
1719, (28 août) Charlesbourg.[3]
2° Bernier, Anne, [André I.
b 1697; s[2] 22 nov. 1723.
André, b[3] 26 déc. 1720.—*Jean-Baptiste*, b[3] 9 nov. 1723; m[1] 4 nov. 1754, à Marie-Madeleine Fourmy.

1727, (11 nov.)[2]
3° Rémillard, Marie-Françoise, [François I.
b 1692; veuve d'Ignace Quérignon; s[2] 28 sept. 1767.

1719, (12 mars) Montréal.[2]
II.—MARTIN (1), Jean-Bte, [Pierre I.
b 1695.
Gautier, Anne, [Jean I.
b 1689.
Marie-Anne, b[2] 10 août 1719; m 26 juin 1741, à Pierre Martin, à St-Laurent, M.[3] — *Jean-Baptiste*, b[2] 28 nov. et s[2] 1er déc. 1720. — *Elisabeth*, b 1721; m 1737, à Louis Legaut.—*Marie-Joseph*, b 1724; m 1745, à Jean-François Desforges.—*Pierre*, b 1726; m[3] 14 sept. 1750, à Angelique Tabeau. — *Marie-Louise*, b[2] 9 mars 1729; m[3] 9 février 1756, à Joseph Jodoin.—*François*, b 1731; m[2] 2 février 1761, à Marie-Joseph Lécuyer.—*Marie-Anne*, b 1743; m[2] 11 oct. 1762, à Jean-Baptiste Baudrias.—*Jean-Baptiste-Toussaint*, b[2] 19 juin 1746.—*Jean-François*, b[2] 2 avril 1750.

1719.
II.—MARTIN (2), Joseph-Pierre, [Pierre I.
b 1694.
Auger-St. Julien, Marie-Anne, [Jean I.
b 1696.
Marie-Michelle, b 21 juillet 1720, à Québec.

MARTIN, Jean.
Baillac, Anne.
Geneviève, b 25 août 1721, à l'Ile-Dupas.[1]— *Marie-Madeleine*, b[1] 18 oct. 1723.

1721, (16 sept.) Pte-aux-Trembles, Q.[5]
I.—MARTIN (3), Etienne, fils de Michel et d'Anne Brisset, de Baronie-de-Marnac, diocèse de Xaintes, Saintonge; s[6] 15 janvier 1731.
Harbour (4), Marie-Geneviève, [Jean-Bte II.
b 1702.
Jean-Baptiste, b 31 juillet 1722, à St-Augustin; m[6] 26 mai 1766, à Marie-Louise Dérome.— *Jeanne*, b 17 sept. 1724, à Québec[7]; 1° m[7] 10 janvier 1752, à Mathurin Signy; 2° m[6] 17 janvier 1757, à Joseph Prou.— *Etienne*, b[6] 1er août 1726. — *Louis-Joseph*, b[6] 19 mars 1728; m[6] 2 oct. 1751, à Rose Hébert.—*Marie-Geneviève*, b[6] 30 janvier 1730; m[6] 8 janvier 1753, à Joseph Papillon.

1721.
I.—MARTIN, Pierre, b 1702; d'Urbal, diocèse d'Angers, Anjou; s 22 juin 1748, à Montreal.
Végéard-Rigaud, Périnne, [Raymond I.
b 1701.
Toussaint, b 1723; m 10 février 1749, à Marie-Anne Périer, à Laprairie.[6] — *Michel*, b 1725;

(1) DeLino; procureur du roy.
(2) Elle épouse, le 19 avril 1722, Nicolas Renaud-Davenne, à Québec.
(3) Dit Langevin.
(4) Elle épouse, le 11 janvier 1723, Jean Ducharme, à Lachine.
(5) Dit Langoumois; brigadier des gardes du domaine du roy.

(1) Dit Ladouceur.
(2) Dit Langoumois.
(3) Garde-Port pour la compagnie du domaine d'occident, à Québec.
(4) Elle épouse, le 6 février 1733, Joseph Prou, à la Pte-aux-Trembles, Q.

m [6] 25 nov. 1754, à Madeleine Rivet. — *Pierre*, b 1727; m 1757, à Marie-Anne Dupuis. —*Joseph*, b 1729; m 1759, à Agnès Périer. — *Simon*, b 1731; m 1er oct. 1764, à Marie-Catherine Lécuyer, à St-Philippe.

1722, (6 juillet) Montréal.[1]

I.—MARTIN (1), Jean, b 1700; fils de Jean et de Marie Vignon, de St-Gervais, Bordeaux.
Bessière, Marie-Jeanne, [Antoine I. b 1697; veuve de Daniel Dauphiné.
Marie-Françoise, b 1723; s 13 sept. 1725, à Québec.[2] — *Marie-Catherine*, b [1] 17 avril 1723.— *Michel*, b 1725; s [2] 22 oct. 1726. —*Joseph-André*, b [2] 14 mai 1728; s [2] 4 mai 1731. — *Joseph-François*, b [2] 9 juin 1730.

1723, (8 août) Montréal.

I.—MARTIN (2), Jean, b 1699; fils de Jean et de Jeanne Dionet, de Montabert, diocèse de Poitiers, Poitou.
1° Hénault-Canada, Thérèse, [Pierre I. b 1702.
Pierre-Jean, b 12 juillet 1724, au Bout-de-l'Ile, M.[6]; m [6] 13 janvier 1750, à Barbe-Amable Sédilot; s 13 mars 1753, à Soulanges.[7] — *Jean-Baptiste*, b [6] 22 mars 1726; m [6] 19 janvier 1750, à Marie-Joseph Faucher. — *Marie-Joseph*, b [6] 1er avril 1728; m [7] 27 janvier 1755, à Joseph Renard.—*Marie-Charlotte*, b [6] 6 janvier 1731; m [6] 13 janvier 1750, à Joseph Charbonneau.—*Marguerite-Joseph*, b [6] 26 oct. 1732; s [6] 1er mars 1733.— *François-Amable*, b [6] 7 février 1734; m [7] 12 février 1759, à Isabelle Rousson. — *Marguerite*, b... m [7] 29 août 1757, à Simon Drouillard.— *Madeleine*, b... m [7] 16 août 1758, à Jean-Baptiste Bertrand. — *Thérèse*, b [6] 19 mai 1742; m [7] 21 fevrier 1759, à Jacques Legros. — *Joseph*, b... m [7] 8 avril 1766, à Marie-Joseph Lalonde.

1751.

2° Chaussée, Marie-Joseph, [Nicolas II. b 1725.
Marie-Angélique, b [7] 9 mars 1752.—*Joseph*, b [7] 29 avril 1753.—*Joseph-Marie*, b [7] 28 nov. 1754.— *Amable*, b [7] 1er mars et s [7] 24 juin 1756. — *François-Amable*, b [7] 16 mai 1757. — *Marie-Joseph*, b [7] 6 janvier 1759.—*Antoine*, b [7] 8 juillet et s [7] 8 août 1760. — *Marie-Madeleine*, b [7] 6 et s [7] 9 août 1761.

MARTIN, Jean.
Samson, Jeanne.
Michel, b 25 mars 1725, à Beauport.

1723.

IV.—MARTIN (3), Gabriel-Ant., [Antoine III. b 1701.
Loyer (4), Marie-Catherine, [Gabriel II. b 1699.
Marie-Catherine, b 26 avril 1724, à Repentigny.[1] —*Marie-Anne*, b [1] 19 nov. 1725. —*Joseph*, b [1] 17 oct. 1728.—*Marie-Angélique*, b [1] 26 mars 1730.— *Gabriel*, b 1732; m 1768, à Marie-Anne Gagnon.

1726, (19 mars) Montréal.[2]

II.—MARTIN (1), Pierre, [Pierre I. b 1697; s [2] 11 juin 1742.
Hay (2), Marie-Jeanne, [Pierre I. b 1701.
Pierre-Joseph, b [2] 4 mars 1727; 1° m [2] 15 mai 1752, à Elisabeth Monet; 2° m 21 sept. 1761, à Marguerite Giroux, à St-Laurent, M.[3] — *Marie-Joseph*, b [2] 1er août 1729; m [3] 26 avril 1751, à Philippe Dufresne. — *Joseph*, b 1731; 1° m [2] 5 mars 1764, à Jeanne Monet; 2° m [3] 30 janvier 1769, à Marie-Joseph Vredon. — *Jean-Baptiste*, b 1739; s [3] 22 déc. 1757. — *Toussaint*, b 1740; m [3] 25 janvier 1762, à Marie-Louise Viau.

1726, (16 sept.) Charlesbourg.[4]

III.—MARTIN, Joseph, [Antoine II. b 1700.
Bedard, Marie-Charlotte, [Jacques III. b 1704.
Marie-Charlotte, b [4] 21 sept. 1727. — *Joseph-Toussaint*, b [4] 2 nov. 1729; m [4] 5 mars 1753, à Marie-Marthe Laberge. — *Marie-Jeanne*, b [4] 24 mars 1732.—*Marie-Louise*, b [4] 25 août 1734; s [4] 14 fevrier 1756. — *Marie-Marguerite*, b [4] 29 mai 1737; s [4] 6 oct. 1752. — *Jeanne-Thérèse*, b [4] 11 janvier 1740; s [4] 9 janvier 1762.—*Jean-Marie*, b [4] 13 juin 1742.—*André-Antoine*, b [4] 15 avril 1745. — *Jean-Pierre*, b [4] 24 juin 1748; m à Marie-Joseph Drouin.—*Marie*, b... m 31 août 1762, à Jean-Baptiste Boucher, à Quebec.

1728, (28 oct.) Québec.[5]

II.—MARTIN (3), Nicolas-Etienne, [Nicolas I. b 1703; menuisier.
Buisson (4), Felicité, [Joseph III. b 1704.
Marie-Félicité, b [5] 1er sept. 1729; s [5] 25 juin 1730. — *Marie-Joseph-Elisabeth*, b [5] 24 juin 1731. — *Marie-Madeleine*, b 1732; s [5] 6 mars 1757. — *François-Etienne*, b [5] 4 juin 1733; s [5] 11 mars 1735. — *Charles-François*, b [5] 16 juillet 1735; m 13 oct. 1761, à Marie-Françoise Cochon, au Château-Richer; s [5] 20 janvier 1798.— *Jean-Baptiste*, b [5] 4 fevrier et s [5] 15 mai 1737. — *Claude*, b [5] 27 fevrier et s [5] 2 mai 1738. — *Marie-Félicité*, b [5] 17 sept. 1740; s [5] 24 janvier 1741. — *Geneviève*, b [5] 8 janvier 1742.

1729, (23 nov.) Québec.[7]

I.—MARTIN, Jean, fils de Pierre et d'Isabelle Olivier, de St-Côme, diocèse de Nimes, Bas-Languedoc.
Laroche, Françoise, [Pierre I. b 1711; s [7] 20 avril 1731.

(1) Dit St. André; soldat de Montigny.
(2) Dit St. Jean; soldat de Janneville.
(3) Dit Versailles.
(4) Dit Desnoyers.

(1) Dit Ladouceur.
(2) Elle épouse, le 12 janvier 1750, Jean-Baptiste Desmarets, à St-Laurent, M.
(3) Dit Jolicœur.
(4) Voy. Bisson, vol. I, p. 55.

1729.

I.—MARTIN, Jean-Bte.
1° Pineau (1), Marie-Joseph, [Joseph II.
b 1712.
Thérèse-Marie-Joseph, b 4 et s 17 nov. 1730, à Champlain. [8]—*Joseph*, b [8] 2 janvier et s [8] 25 mars 1732. — *Marie-Joseph*, b [8] 3 avril 1733. — *Jean-Melchior*, b [8] 27 dec. 1734 ; s [8] 13 janvier 1735.— *Jean-Baptiste*, b [8] 24 juin 1736 ; m 7 oct. 1765, à Thérèse Rochereau, au Cap-de-la-Madeleine [9] ; s [9] 14 juin 1793. — *Pierre-Augustin*, b [8] 21 nov. 1738 ; m [9] 19 juillet 1762, à Madeleine Rochereau. —*Joseph*, b [8] 16 avril 1741. — *Michel*, b 29 sept. 1743, aux Trois-Rivières ; m 20 nov. 1769, à Marie-Joseph Vésina, à Batiscan.
1755, (15 janvier). [9]
2° Ricard, Madeleine, [Thomas II.
b 1737.
Charles, b... m 27 nov. 1780, à Geneviève Phlem, à Ste-Anne-de-la-Perade.—*Joseph*, b [9] 28 mai 1761.

I.—MARTIN (2), Jean, b 1702 ; de Xaintes, en Saintonge ; s 4 sept. 1730, à Quebec.

1730.

III.—MARTIN, Pierre, [Louis II.
b 1703.
Lebel, Françoise, [Jean II.
b 1697 ; veuve de Charles Sauveur.
Pierre, b 13 avril 1731, à l'Islet [2] ; 1° m 1758, à Marie-Joseph Gagnon ; 2° m 8 juin 1761, à Marie-Anne Gagnon, à la Rivière-Ouelle. [3] — *Marie-Geneviève*, b... m 25 août 1749, à Claude Bonhomme, à Ste-Anne-de-la-Pocatière. [4] — *Marguerite-Ursule*, b [2] 11 janvier 1733 ; m [4] 11 mai 1751, à Pierre St. Jorre.—*Françoise*, b... m [4] 12 janvier 1750, à Joseph Forgues. — *Jean*, b [2] 1er mai 1735. — *Joachim*, b [2] 26 mars 1739 ; m [3] 26 avril 1762, à Marguerite Hudon. — *Joseph*, b... m 1762, à Marie-Agathe Gendron.

I.—MARTIN, Jean-Bte, de Port-Royal, Acadie.
Brun, Marie,
Acadienne.
Charles, b... m 22 août 1763, à Marie-Reine Denis, à Ste-Anne-de-la-Pocatière. [1] — *Luce*, b... m [1] 9 sept. 1765, à Daniel Gaudin.—*Jean*, b 1740 ; 1° m 20 juillet 1767, à Helène Gaudin, à Ste-Famille, I. O. ; 2° m 23 août 1773, à Marie-Anne Levasseur, à Kamouraska. [2] —*François*, b...m [2] 5 sept. 1774, à Euphrosine Guéret. — *Simon*, b... m [2] 26 août 1777, à Marie-Geneviève Bourgoin.

1732.

I.—MARTIN, Pierre,
b 1706.
Chaillé, Marie-Catherine, [Henri II.
b 1710.
Etienne, b 1733 ; m 2 sept. 1754, à Françoise Bellemare, à Yamachiche. [5] — *Pierre*, b 1735 ; m [5] 10 fevrier 1755, à Marie Bellemare. — *Anne*, b 25 août 1737, aux Trois-Rivières.

(1) Dit Laperle.

(2) Matelot sur l'*Hirondelle*, commandé par M. Sorbez.

1732, (18 février) Québec.

II.—MARTIN, Ignace, [Pierre I.
b 1686.
DeLafontaine, Marie-Anne, [Jean I.
b 1709.

1732, (21 avril) Montréal. [4]

II.—MARTIN (1), Joseph, [Pierre I.
b 1709.
Bourdon, Elisabeth, [Marin II.
b 1713.
Elisabeth, b [4] 21 mars 1735 ; s 6 juin 1753, à Lachine. [5] — *Marie-Anne*, b... m 2 fevrier 1761, à Gabriel Merlot, à St-Laurent, M. [6]—*Françoise*, b... m [6] 1er février 1762, à Pierre Fayette. — *Jean-Baptiste*, b [6] 8 sept. 1749. — *Marie-Joseph*, b 1750 ; m [5] 5 fevrier 1770, à Pierre Imbaut.— *Charles*, b [5] 23 juillet 1751 ; s [5] 30 juin 1752.— *François-Marie*, b [5] 1er juillet 1753 ; s [6] 16 nov. 1755.—*Guillaume-Toussaint*, b [5] 29 sept. 1754.— *Jean-Baptiste*, b [5] 26 juin 1757.

1733.

IV.—MARTIN, Pierre-Antoine, [Antoine III.
b 1709.
1° Ménard, Catherine, [Jean II.
b 1694 ; veuve de Jean-Baptiste Létourneau.
Jean-Baptiste, b 1734 ; m 27 nov. 1752, à Marie-Joseph Messier, à St-Antoine-de-Chambly. [4] — *François-Amable*, b [4] 13 février 1750. — *Marie-Ursule*, b [4] 3 et s [4] 19 avril 1752.
1754, (16 sept.) St-Ours. [1]
2° Desautels, Marie-Jeanne, [Michel III.
b 1728.
Antoine, b [1] 27 août 1755.—*Marie-Anne*, b [1] 10 février 1758.

1733, (16 nov.) St-Laurent, I. O.

IV.—MARTIN (2), Jean, [Martin III.
b 1700 ; s 26 fevrier 1760, à St-Charles. [9]
Bouffard, Marie-Louise, [Jean II.
b 1714.
Théophile, b [9] 4 sept. 1750 ; s [9] 9 août 1751.

1734, (9 janvier) Kamouraska.

III.—MARTIN, Charles-Frs, [François II.
b 1711.
Pelletier, Marie-Angélique, [Guillaume IV.
b 1713.
Marie-Angélique, b 13 nov. 1734, à Ste-Anne-de-la-Pocatière [1] ; s [1] 29 mai 1738. — *François*, b [1] 12 août 1736. — *Marie-Angélique*, b... m 10 janvier 1757, à Antoine Moreau, au Cap-St-Ignace. [2] — *Marie-Catherine*, b [1] 15 sept. 1738 ; m [2] 7 janvier 1754, à Louis Lacroix. —*François*, b [1] 22 nov. 1740 ; s [2] 21 juin 1754.—*Marie-Joseph*, b [1] 12 oct. 1742.— *Joseph-Augustin*, b [1] 1er juillet 1744.—*Germain*, b [1] 26 avril et s [1] 13 juin 1746. —*Geneviève*, b [1] 26 avril 1746 ; m à .... Sans-chagrin.—*Marie-Louise*, b [1] 9 juillet 1748.—*Thérèse-Gabrielle*, b [1] 13 juin 1754. — *Marie-Madeleine*, b [1] 6 dec. 1755 ; s [1] 3 mars 1756.

(1) Dit Ladouceur.

(2) Son vrai nom est Côté—Martin est le nom de baptême de son père ; voy. vol. III, p. 143.

1735.

I.—MARTIN, ETIENNE,
Sauvage.
MICMAC, Charlotte.
Marie-Anne, b 1736 ; s 16 février 1743, à Kamouraska. [6]—*Marie-Anne*, b [6] 11 fevrier 1739 ; s[6] 14 juin 1740.—*Joseph-Marie*, b [6] 12 mars 1741.—*Marie*, b [6] 29 avril 1744. — *Jean-Baptiste*, b [6] 6 avril 1748.

1737, (4 mars) St-Laurent, M. [4]

III.—MARTIN (1), JEAN-ANTOINE, [ANTOINE II.
b 1702.
TURCOT, Marie-Anne, [PIERRE II.
b 1718.
Rose, b 1737 ; s [4] 15 février 1754.—*Marie*, b... m [4] 1er fevrier 1760, à Joseph LAPIERRE.— *Marie-Elisabeth*, b 1749 ; s [4] 25 août 1750. — *Joseph*, b [4] 23 août 1750. — *Marie-Marguerite*, b [4] 6 avril 1752; m [4] 3 nov. 1772, à René DELAVOYE.—*Pierre*, b [4] 28 mars 1753 ; s [4] 9 fevrier 1754. — *Louis-Eugène*, b [4] 3 août 1755 ; m [4] 22 fevrier 1773, à Marie-Madeleine DEGUIRE.— *Pierre*, b [4] 25 juillet et s [4] 18 août 1757. — *Elisabeth*, b [4] 21 oct. 1758. —*Marie-Charlotte*, b [4] 26 janvier 1760.

1737, (25 juillet) Islet. [7]

III.—MARTIN, JEAN-BTE, [LOUIS II.
b 1700 ; s [7] 12 août 1761.
BOUCHER, Marie-Anne, [PHILIPPE III.
b 1702.
Jean-Baptiste, b [7] 10 février 1741.

1737, (20 nov.) Charlesbourg. [5]

III.—MARTIN (2), JACQUES, [ANTOINE II.
b 1706.
CHAUVEAU, Marie-Madeleine, [PIERRE I.
b 1719.
Madeleine-Simone, b [5] 29 oct. 1739. — *Joseph*, b [5] 10 dec. 1740.—*Jacques*, b [5] 25 janvier 1743 ; m à Marguerite JODIN. — *Marie-Charlotte*, b [5] 9 août 1744. — *Jean-Baptiste*, b [5] 12 mars 1746 ; m 8 janvier 1770, à Marie MOREAU, à Kamouraska. — *Marie-Angélique*, b [5] 11 sept. 1747.— *Pierre*, b [5] 15 nov. 1749.—*Marie*, b [5] 3 avril 1752. —*Jean-Baptiste*, b [5] 1er juin 1754 ; s [5] 8 dec. 1762. —*Antoine*, b [5] 15 avril 1756. — *Marie-Agathe*, b [5] 6 juillet 1758. — *Marie-Françoise*, b [5] 16 février 1761.

1740, (3 fevrier) Varennes.

IV.—MARTIN, JEAN-FRS, [ANTOINE III.
b 1719.
RENAUD, Marie-Anne, [JEAN-BTE II.
b 1719.

1740, (20 juin) Montréal.

IV.—MARTIN, PIERRE, [LÉGER III.
b 1714.
1° DESÈVE, Catherine, [JOSEPH-DENIS II.
b 1720.

(1) Marié sous le nom de Montpellier dit Beaulieu.
(2) Dit Beaulieu.

1744, (20 juillet) Boucherville. [4]

2° CHAUVIN, Madeleine, [JEAN I.
b 1712.

1746, (4 nov.) [4]

3° PILET (1), Angélique, [JACQUES II.
b 1728.
Marie, b 1748 ; m [4] 7 janvier 1766, à François DANIEL.

1740, (21 nov.) St-Roch.

III.—MARTIN, JOSEPH, [FRANÇOIS-LUCIEN II.
b 1713.
PELLETIER, Marie-Rosalie, [CHARLES III.
b 1722.
Marie-Rosalie, b 19 sept. 1741, à Ste-Anne-de-la-Pocatière [9] ; m [9] 16 nov. 1761, à Joseph BOUCHER.—*Joseph*, b [9] 15 fevrier et s [9] 2 sept. 1743.—*Joseph*, b [9] 20 juin 1744 ; m 13 juillet 1767, à Marie-Louise LEBEL, à Kamouraska.—*Jean-Baptiste*, b [9] 3 nov. 1745.—*Marie-Anne*, b [9] 28 et s [9] 31 déc. 1746. —*Radegonde*, b [9] 27 juillet 1748.—*Basile-Raphaël*, b [9] 12 fevrier 1750.— *Marie-Thérèse*, b [9] 3 août 1751 ; m [9] 22 juillet 1771, à Antoine LEBEL.—*Henri-Marie*, b [9] 8 dec. 1752. — *Marie-Louise*, b [9] 16 juin 1754.—*Elisabeth*, b [9] 24 juin et s [9] 11 août 1761.

1740, (23 nov.) Rivière-Ouelle. [8]

III.—MARTIN, LOUIS, [FRANÇOIS-LUCIEN II.
b 1716.
BÉRUBÉ, Marie-Joseph, [PIERRE II.
b 1721 ; s [8] 8 juillet 1785.
Marie-Joseph, b [8] 22 août 1741 ; m [8] 10 fevrier 1766, à Augustin HUDON.—*André*, b [8] 28 janvier 1742 ; m [8] 14 fevrier 1774, à Françoise OUELLET. —*Louis*, b 6 janvier 1745, à Ste-Anne-de-la-Pocatière [8] ; m [8] 16 janvier 1775, à Felicité DUBÉ — *Germain*, b [8] 19 août 1746 ; m [8] 27 janvier 1777, à Judith HUDON.— *Jean-Baptiste*, b [8] 5 mai 1749. — *Marie-Catherine*, b 4 juillet 1753, à Kamouraska. [4] — *Madeleine*, b [4] 1er juin 1755 ; m [8] 26 mai 1778, à Maurice HUDON ; s [8] 7 oct. 1785. — *François*, b [4] 31 mai 1757.

1741, (26 juin) St-Laurent, M.

I.—MARTIN (2), PIERRE, b 1705 ; fils de Pierre et de Marie-Anne Leduc, de Salomon-de-Pithiviers, diocèse d'Orleans, Gatinois.
MARTIN-LADOUCEUR, Marie-Anne, [JEAN-BTE II.
b 1719.

1741, (6 nov.) Montréal. [1]

II.—MARTIN (3), LOUIS, [PIERRE I.
b 1715.
TABEAU, Marie-Anne, [PIERRE II.
b 1718.
Marie-Anne, b [1] 8 et s [1] 11 juin 1742. — *Marie-Anne*, b [1] 9 juin 1743. — *Louis*, b [1] 27 sept. 1744. —*Antoine*, b [1] 2 sept. 1746 ; m 19 janvier 1774, à Marie-Elisabeth MARÉCHAL, à St-Louis, Mo. — *François*, b 7 août 1750, à St-Laurent, M. [2] —

(1) Elle épouse, le 12 août 1754, François Reguindeau, à Boucherville.
(2) Dit St. Martin ; soldat de la compagnie de Linctot.
(3) Dit Ladouceur.

Marguerite, b [2] 11 janvier et s [2] 4 février 1754.—*Marie-Louise*, b [2] 27 août 1756 ; s 9 mars 1759, au Bout-de-l'Ile, M. — *Jean-Baptiste*, b [2] 22 nov. 1759.

1741, (21 nov.) Ste-Anne-de-la-Pocatière. [7]

III.—MARTIN, IGNACE, [FRANÇOIS-LUCIEN II.
b 1715 ; s [7] 20 mars 1747.

ALBERT (1), Marguerite, [PIERRE I.
b 1708.

Joseph-Marie, b [7] 16 et s [7] 22 août 1742. — *Angélique*, b [7] 21 sept. 1743 ; m [7] 2 mars 1772, à Etienne BOIS.—*Ignace*, b [7] 21 janvier 1746 ; m 24 janvier 1774, à Catherine DUPÉRÉ, à la Rivière-Ouelle.

1741.

MARTIN (2), VITAL.

MARTIN (3), Marie-Anne.

Etienne, b 25 avril 1742, à Montréal. [9]—*Marie-Anne*, b [9] 30 mars 1744. — *Marie-Joseph*, b [9] 14 février et s [9] 11 juillet 1746. — *Marie-Joseph*, b [9] 27 juillet 1747. — *Suzanne*, b [9] 23 sept. 1749. — *Marie-Charlotte*, b 26 juillet et s 26 oct. 1757, à Lachine.—*Jean-Baptiste*, b 26 juillet 1758, à St-Laurent, M.

1741.

I.—MARTIN (4), JACQUES,
b 1707 ; officier ; s 1er nov. 1747, à Québec. [1]

LIÉNARD-DURBOIS, Marie-Louise, [LOUIS I.
b 1718.

Jacques-Guillaume, b 1742; s [1] 5 août 1743.—*Marie-Louise*, b [1] 25 juin 1744.

1742.

II.—MARTIN, FRANÇOIS, [YVES I.
b 1711.

LAPORTE, Thérèse.

François, b 26 mai 1743, à l'Ile-Dupas.

1743, (7 janvier) Montréal. [2]

II.—MARTIN (5), JEAN-BTE, [PIERRE I.
b 1721.

GAUTIER, Marie-Anne, [JACQUES II.
b 1721.

Marie-Anne, b [2] 13 février 1744 ; m [2] 11 oct. 1762, à Jean-Baptiste BOURDRIA.—*Jean-Baptiste*, b 1746 ; s [2] 14 avril 1747.—*Marie-Elisabeth*, b [2] 19 février 1748.

1743, (19 août) St-Valier. [3]

III.—MARTIN, JOSEPH-FRANÇOIS, [HILAIRE II.
b 1716.

GABOURY, Marie-Geneviève, [JOSEPH II.
b 1722.

Joseph-Hilaire-Charles, b [3] 4 nov. 1746 ; m 27 janvier 1772, à Geneviève PROULX, à Ste-Geneviève, M. [4]; s [4] 11 oct. 1815.—*Marie-Suzanne-Basilide*, b [3] 12 juin 1748 —*Alexis-Hypolite*, b [3] 3 juillet 1750.—*Marie-Julie*, b [3] 1er janvier 1752; s [3] 6 nov. 1755.—*Eustache-Eric*, b [3] 18 mai 1754.

1746.

II.—MARTIN, PIERRE-LOUIS, [YVES I.
b 1715.

RONDEAU, Jeanne-Françoise, [JEAN II.
b 1722.

Louis, b 1747; m 12 janvier 1767, à Brigitte DEGUIRE, à St-Antoine-de-Chambly.

1746.

III.—MARTIN, PIERRE, [FRANÇOIS-LUCIEN II.
b 1720 ; s 25 mars 1773, à St-Thomas. [3]

PATRY, Geneviève, [ANDRÉ II.
b 1723.

Pierre-Germain, b 8 mai 1747, à Ste-Anne-de-la-Pocatière.—*François-Joseph*, b 7 sept. 1748, à Kamouraska. [4] — *Jean-Roch*, b 16 août 1750, à la Rivière-Ouelle.—*Marie-Marthe*, b [4] 1er avril 1752. —*Marie-Geneviève*, b [4] 14 avril 1754.—*Pierre*, b 1756 ; s [3] 24 sept. 1760. — *Marie-Geneviève*, b [4] 22 juin et s [4] 12 nov. 1758.—*Ignace*, b 21 nov. 1759, à St-Frs-du-Sud.—*Reine-Félicité*, b 8 avril 1762, au Cap-St-Ignace. [5] — *Clément*, b [5] 8 avril 1764.

1747.

I.—MARTIN (1), NICOLAS.

PARMENTIER, Marie, b 1720 ; fille de Jean et de Marguerite Phaèton, de St-Nizier-de-Lyon.

Nicolas, b août et s 3 sept. 1748, à Quebec. [6] —*Jean*, b [6] 1er dec. 1749.—*Jacques-Louis*, b [6] 9 nov. 1750 —*Louise-Elisabeth*, b [6] 7 janvier 1752. —*Louis*, b [6] 22 janvier 1755. — *Marie-Ignace*, b [6] 12 janvier 1756. — *Charles*, b [6] 9 mai 1757 — *Marie-Ignace*, b [6] 12 et s 14 nov. 1758, à Ste-Foye.

1747.

I.—MARTIN, JACQUES, des Allas, diocèse de Tarentaise, en Savoie.

NOIZET-LABBÉ, Catherine.

Marie, b 12 sept. 1748, à Cahokia. [7] —*Jacques*, b [7] 11 janvier 1751 ; s [7] 4 juillet 1758. — *Gabriel*, b [7] 14 fevrier 1753.

1749, (10 fevrier) Laprairie.

II.—MARTIN, TOUSSAINT, [PIERRE I.
b 1723.

PÉRIER, Marie-Anne, [JEAN II.
b 1723.

MARTIN, PIERRE.

............, Catherine.

Marie-Rose, b 19 oct. 1749, à l'Ile-Dupas.

MARTIN, JACQUES.

GAGNÉ, Madeleine.

Joseph, b 19 fevrier 1749, à St-Thomas.

---

(1) Elle épouse, le 28 nov. 1747, Basile Hudon, à Ste-Anne-de-la-Pocatière.

(2) Dit Ladouceur.

(3) Masta, 1749 , Matias, 1757.

(4) Dit St. Martin.

(5) Dit Versailles.

(1) Dit Lacombe; maître-d'hôtel de Mr. l'Intendant.

1749, (5 mai) Montréal. [8]

I.—MARTIN (1), Louis, b 1728; fils de Jacques et de Madeleine Coutard, de St-Laurent, Paris.

Gouriau (2), Marie-Joseph, [Jean-Bte I. b 1726.

Marie-Joseph, b 1745; m [8] 8 juin 1761, à Joseph Maulère.—*Charles*, b [8] 12 oct. 1748; s [8] 2 nov. 1749.—*Marie-Anne*, b [8] 13 février 1750.

I.—MARTIN, Paul, b 1708; Acadien; s 7 avril 1758, à St-Charles.

Dubois (3), Geneviève.

Marie-Anne, b... m 16 janvier 1769, à Jean-Baptiste Gaudreau, à St-Thomas. — *Michel*, b 27 et s 30 sept. 1757, à Québec.

1750, (13 janvier) Bout-de-l'Ile, M.

II.—MARTIN (4), Pierre-Jean, [Jean I. b 1724; s 13 mars 1753, à Soulanges. [4]

Sédilot (5), Barbe-Amable, [Jean-Bte III. b 1729.

Gabriel, b [4] 4 sept. 1752.

1750, (19 janvier) Bout-de-l'Ile, M.

II.—MARTIN (4), Jean-Bte, [Jean I. b 1726.

Foucher, Marie-Joseph, [Joseph-Gerbert III. b 1727.

1750.

III.—MARTIN (6), Ign.-Frs-Pierre, [Jean-Frs II. b 1718.

Leneuf (7), Renée. [Michel III.

Angélique-Renée, b 27 août 1751, à Québec. [4] —*François*, b [4] 3 nov. 1752. — *Marie-Anne*, b [4] 3 mai 1754. — *Nicolas*, b [4] 28 janvier et s 19 oct. 1758, à Charlesbourg.

1750, (14 sept.) St-Laurent, M. [7]

III.—MARTIN, Pierre, [Jean-Bte II. b 1724.

Tabeau, Angélique, [Pierre II. b 1726.

Marie-Angélique, b [7] 8 oct. 1750; s [7] 21 août 1751.—*Pierre*, b [7] 1er février 1752. — *Marie-Marguerite*, b [7] 30 juillet 1755.—*Marie-Joseph*, b [7] 14 déc. 1756; s [7] 24 juin 1758.—*Jean-Baptiste*, b [7] 16 janvier 1759.—*Angélique*, b... m 15 février 1779, à Clément Delor, à St-Louis, Mo.

1750.

MARTIN, Jean.

Deslauriers, Marie-Anne.

(1) Dit Brindamour; soldat de la compagnie de Contrecœur.

(2) Dit Guignolet.

(3) Elle épouse, le 14 oct. 1765, Joseph Gaudreau, à St-Thomas.

(4) Dit St. Jean.

(5) Dit Montreuil; elle épouse, le 21 janvier 1754, Jean-Baptiste Quenneville, à Soulanges.

(6) DeLino; capitaine de navire; conseiller et grand voyer.

(7) De la Vallière.

Elisabeth, b 17 mars et s 9 sept. 1751, à St-Antoine-de-Chambly. [6] — *Joseph*, b [6] 13 oct. 1752. —*Marie-Geneviève*, b [6] 14 juillet 1755.

1751.

III.—MARTIN, Jean, [François-Lucien II. b 1724.

Michaud, Marie-Joseph-Geneviève.

Marie-Anne, b 19 déc. 1752, à Kamouraska [6]; m [6] 13 oct. 1777, à Jean-Cyrille Paradis. —*Jean-Bénoni*, b [6] 16 février 1755; m [6] 29 mai 1781, à Judith Jouvin. — *Jean-Félix*, b [6] 1er avril et s [6] 5 nov. 1757. — *Marie-Ursule*, b [6] 21 juillet 1761; m [6] 18 janvier 1779, à Jean Béchard.—*Ignace*, b [6] 7 juin 1763. — *Marie-Thècle*, b [6] 1er mai 1772.

1751, (2 oct.) Pte-aux-Trembles, Q. [7]

II.—MARTIN, Louis-Joseph, [Etienne I. b 1728.

Hébert-Lecompte, Rose, [Guillaume III. b 1728.

Louise, b... m [7] 16 février 1778, à Joseph Grenier. — *Marie-Madeleine*, b [7] 16 août 1756. — *Marie-Joseph*, b [7] 18 janvier 1759.—*Augustin*, b [7] 9 oct. 1761.— *Marie-Rose*, b [7] 23 juin 1764; s [7] 5 juin 1765. — *Jean-Baptiste*, b [7] 23 avril 1766; m 19 nov. 1792, à Marie Macabdy, à St-Augustin. —*Charles*, b [7] 26 sept. 1768. — *Rose*, b [7] 13 août 1771. — *Jean-François-Régis*, b [7] 10 août 1773; s [7] 25 janvier 1776.

1751.

MARTIN, Jean.

Matte, Françoise, [Laurent III. b 1737.

François, b 25 juillet 1752, aux Ecureuils.

1752, (15 mai) Montréal.

III.—MARTIN, Pierre-Joseph, [Pierre II. b 1727.

1° Monet, Elisabeth, [Jean II. b 1732; s 8 nov. 1755, à St-Laurent, M. [6]

Anonyme, b [6] et s [6] 3 nov. 1755.

1761, (21 sept.) [6]

2° Giroux, Marguerite, [Raphael III. b 1737.

1752, (31 août) Québec. [2]

I.—MARTIN, Barthélemi, marchand; fils de Vincent et d'Helène Guilharmy, de St-Féréol, ville de Marseille, Provence.

Levasseur, Marie-Frse-Renee, [René-Nicolas I. b 1733.

Renée-Angélique, b [2] 11 fevrier 1754.—*Nicolas-Barthélemi*, b [2] 26 janvier 1755; s [2] 7 juillet 1757.

1752, (27 nov.) St-Antoine-de-Chambly. [8]

V.—MARTIN, Jean-Bte, [Pierre-Antoine IV. b 1734.

Messier (1), Marie-Joseph, [François III. b 1734.

Marie-Louise, b [8] 17 fevrier 1758.

(1) Mariée Mercier.

MARTIN, PIERRE.
BAUDET, Marie.
Pierre, b 25 nov. 1753, à la Pte-du-Lac.

1753, (20 février) Kamouraska.[7]
I.—MARTIN (1), JEAN, fils de Jean-François et de Jeanne Lemoulu, de St-Laurent, diocèse d'Avranches, Normandie.
1° PARADIS, Agathe, [JACQUES III.
b 1736; s[7] 18 mars 1756.
Agathe-Bibianne, b[7] 4 fevrier et s[7] 12 mars 1754.
1757, (26 sept.)[7]
2° MICHAUD, Marie-Geneviève, [PIERRE III.
b 1739.
Marie-Anne, b[7] 10 oct. 1758.—*Geneviève*, b[7] 3 juillet 1760; m[7] 5 nov. 1780, à Gabriel HUDON; s 25 sept. 1781, à la Rivière-Ouelle. — *Jean-Baptiste*, b[7] 23 mai 1764.

1753, (5 mars) Charlesbourg.[1]
IV.—MARTIN (2), JOS.-TOUSSAINT, [JOSEPH III.
b 1729.
LABERGE, Marie-Marthe, [GUILLAUME III.
b 1734.
Joseph, b[1] 1er mars et s[1] 30 sept. 1755.—
—*Marie-Joseph*, b[1] 5 juillet 1756 —*Pierre*, b[1] 16 juillet 1758.—*Marie-Louise*, b[1] 17 août 1760; s[1] 11 juin 1761.—*Joseph*, b[1] 24 sept. 1762.

1754, (2 sept.) Yamachiche.[2]
II.—MARTIN, ETIENNE, [PIERRE I.
b 1733.
BELLEMARE (3), Françoise, [MAURICE IV.
b 1737.
Pierre, b 13 nov. 1756, à la Pte-du-Lac[3]; s[3] 18 juillet 1757.—*Marie-Catherine*, b[3] 18 dec. 1757.—*Etienne*, b[3] 23 août 1759; s[3] 6 oct. 1760. —*Jean*, b[2] 16 août 1761. — *Charles*, b[2] 10 oct. 1764 —*Lou*[illegible] b[2] 12 avril 1766. — *Marie-Joseph*, b[2] 3 mai 17[illegible].

1754, (4 nov.) Québec.[4]
III.—MARTIN, JEAN-BTE, [HILAIRE II.
b 1723.
FOURMY, Marie-Madeleine. [RAYMOND I.
b 1737; s[4] 25 sept. 1755.

1754, (25 nov.) Laprairie.
II.—MARTIN, MICHEL, [PIERRE I.
b 1725.
RIVET, Madeleine, [RENÉ III.
b 1720.

1755, (10 fevrier) Yamachiche.[5]
II.—MARTIN, PIERRE, [PIERRE I.
b 1735.
BELLEMARE (3), Marie, [MAURICE IV.
b 1739.
Anonyme, b et s 9 nov. 1756, à la Pte-du-Lac.[6]
—*Marie-Marguerite*, b[6] 23 août 1758.—*Marie*, b[6] 30 mars 1760; s[6] 31 juillet 1761.—*Antoine*, b[5] 14 juillet 1764.—*Joseph*, b[5] 18 sept. 1767.

(1) Dit Le Français; le contrat de mariage passé la veille par devant Messire Plante, curé.

(2) Dit Beaulieu.

(3) Gélina.

1755.
I.—MARTIN, GUILLAUME,
Irlandais.
SARRELL, Brigitte,
Irlandaise.
Marie-Angélique, b 5 oct. 1756, à St-Henri-de-Mascouche.

1757, (2 mai) Québec.[8]
I.—MARTIN, LAURENT, fils de Jacques et de Marie Bruneleau, de Pranzay, diocèse de Poitiers, Poitou.
DUPUYAU, Marie-Anne, [JEAN I.
b 1726.
Anne-Angélique, b[8] 10 mars 1758.

1757, (10 août) Québec.
I.—MARTIN, GABRIEL, fils de Gabriel et de Marie Chalin, de St-Georges-sur-Loire, diocèse d'Angers, Anjou.
CHABOT, Renée-Jeanne, fille de René et de Jeanne Billiard, de St-Georges, diocèse d'Angers, Anjou.
Pierre-Gabriel, b 16 déc. 1758, aux Trois-Rivières.

1757.
II.—MARTIN, PIERRE, [PIERRE I.
b 1727.
DUPUIS, Marie-Anne.
Simon, b 17 mai 1758, à St-Philippe.[6]—*Barbe*, b[5] 19 juin 1759. — *Toussaint*, b 6 juillet 1761, à St-Constant.— *Albert*, b[6] 4 sept. 1762. — *Marie-Catherine*, b[6] 30 mars 1764.— *Pierre*, b 1765; m 16 janvier 1798, à Archange LECOMPTE, à Cahokia.

1757.
MARTIN, ANTOINE.
VALENTIN, Marie.
Jacques, b 24 dec. 1758, à Contrecœur.

1758.
IV.—MARTIN, PIERRE, [PIERRE III.
b 1731.
1° GAGNON, Marie-Joseph, [ANTOINE III.
b 1732; s 6 dec. 1759, à Ste-Anne-de-la-Pocatière.[9]
1761, (8 juin) Rivière-Ouelle.
2° GAGNON, Marie-Anne, [JEAN-BTE III.
b 1738.
Joseph, b[9] 7 avril 1762.

1759, (12 fevrier) Chambly.[9]
I.—MARTIN (1), JEAN, fils de Laurent et de Jeanne Massipe, de St-Michel-de-Toulouse, Languedoc.
1° LÉTOURNEAU, Marie-Hélène, [BERNARD III.
b 1725; s[9] 8 avril 1759.

(1) Dit Sansoucy.

1761, (31 août).[9]
2° Racine, Angélique, [Frs-Clément III.
b 1737.

1759, (12 février) Soulanges.[6]
II.—MARTIN (1), Frs-Amable, [Jean I.
b 1734.
Rousson (2), Isabelle. [Jean-Bte III.
Marie-Isabelle, b[6] 29 avril et s[6] 2 mai 1760.—*Marguerite,* b[6] 23 avril 1761.

1759, (20 février) Québec.[6]
I.—MARTIN (3), Nicolas, soldat; fils de Charles et de Marguerite Leclerc, de St-Gervais, Paris.
Racine, Marie-Anne, [François-Clément III.
b 1736.
Charles, b[6] 17 nov. 1759.—*Joseph,* b[6] 30 avril 1761.

1759.
II.—MARTIN, Joseph, [Pierre I.
b 1729.
Périer, Agnès.
Denis, b 13 et s 19 avril 1760, à St-Philippe.[6] —*Charles,* b 7 et s 9 juillet 1761, à St-Constant. —*Louis,* b[5] 23 sept. 1763.

1760, (20 oct.) St-Frs-du-Lac.[9]
I.—MARTIN, Jacques, fils de Jacques et de Claire Landry, de St-Jean-Baptiste-Dennemont, Gatinois.
Joyelle, Marie-Anne, [Joseph II.
b 1732.
Rose, b[9] 19 janvier 1760.—*Marie-Anne,* b[9] 20 juin et s[9] 11 juillet 1761.—*Jacques-François,* b[9] 1er sept. 1762.—*Laurent,* b 22 juillet 1770, à St-Michel-d'Yamaska.

1761, (2 février) St-Laurent, M.
III.—MARTIN, François, [Jean-Bte II.
b 1731.
Lécuyer, Marie-Joseph, [Paul III.
b 1744.

MARTIN, Jean-Bte.
........., Marie-Amable.
Marie-Louise, b 7 juin 1761, à St-Laurent, M.

1761, (13 oct.) Château-Richer.
III.—MARTIN, Chs-Frs, [Nicolas-Etienne II.
b 1735; menuisier; s 20 janvier 1798, à Québec.[7]
Cochon, Marie-Françoise, [Ignace IV.
b 1741.
Marie-Françoise, b[7] 10 nov. 1762; m[7] 1er oct. 1782, à Charles Cornelier. — *Charles,* b... m[7] 31 mai 1791, à Angélique Delru. — *Marie-Louise,* b... m[7] 8 oct. 1793, à Andre Bernier.

(1) Dit St. Jean.
(2) Voy. Leroux.
(3) Dit Lajoie.

1762, (25 janvier) St-Laurent, M.
III.—MARTIN, Toussaint, [Pierre II.
b 1740.
Viau, Marie-Louise. [Jacques.

1762, (9 février) St-Joseph, Beauce.[1]
I.—MARTIN, André, fils de Joseph-Michel et de Marie Nadeau, de St-Grégoire-de-Tépon, diocèse de Xaintes, Saintonge.
Dupont, Marie-Charlotte, [Jean-Bte III.
b 1738.
Marie-Charlotte, b[1] 15 août 1763. — *Jean-Baptiste-Joseph,* ne 21 août 1769, à St-Henri-de-Mascouche; b 15 mars 1770, à St-Michel-d'Yamaska.

1762, (26 avril) Rivière-Ouelle.
IV.—MARTIN, Joachim, [Pierre III.
b 1739.
Hudon, Marguerite, [Louis-Charles II.
b 1740; veuve de Jean-Baptiste Gagnon.

1762, (19 juillet) Cap-de-la-Madeleine.
II.—MARTIN, Pierre, [Jean-Bte I.
b 1738.
Rochereau, Madeleine. [Michel I.

1762.
IV.—MARTIN, Joseph. [Pierre III.
Gendron, Marie-Agathe.
Gabriel, b 22 sept. 1763, à l'Islet.—*Joseph,* b... m 5 fevrier 1793, à Ursule Mathon, à Quebec.

MARTIN, ...
Lamarre, Suzanne.
Suzanne, b 4 mai 1763, à Lévis.

1763, (22 août) Ste-Anne-de-la-Pocatière.
II.—MARTIN, Charles. [Jean-Bte I.
Denis, Marie-Reine, [Pierre-Corentin I.
b 1745.

1764, (5 mars) Montréal.
III.—MARTIN (1), Joseph, [Pierre II.
b 1731.
1° Monet, Jeanne, [Louis II.
b 1730.
1769, (30 janvier) St-Laurent, M.
2° Vredon, Marie-Joseph, [Pierre III.
b 1751.

1764, (1er oct.) St-Philippe.
II.—MARTIN, Simon, [Pierre I.
b 1731.
Lécuyer, Marie-Catherine, [Nicolas III.
b 1744.

MARTIN, Jean-Bte.
Rivard, Madeleine.
Geneviève, b... m 7 janvier 1782, à Augustin Gaudreau, à St-Cuthbert.

(1) Dit Ladouceur.

MARTIN (1), François.
Pivin, Marie-Anne,
b 1711 ; s 31 oct. 1781, à Québec. [4]
Angélique, b... m [4] 3 mars 1783, à Joseph Moras.

1765, (7 oct.) Cap-de-la-Madeleine. [8]
II.—MARTIN, Jean-Bte, [Jean-Bte I.
b 1736 ; s [8] 14 juin 1793.
Rochereau, Thérèse, [Michel I.
b 1716 ; s [8] 29 août 1792.

1766, (8 avril) Soulanges.
II.—MARTIN, Joseph. [Jean I.
Lalonde, Marie-Joseph-Amable, [Louis III.
b 1753.

1766, (26 mai) Pte-aux-Trembles, Q. [3]
II.—MARTIN, Jean-Bte, [Etienne I.
b 1722.
Dérome, Marie-Louise, [Jean-Bte III.
b 1745.
Marie-Louise, b [3] 7 mars 1767.

MARTIN, François.
Forcier, Marie.
Joseph, b 1767; s 27 avril 1770, à St-Michel-d'Yamaska.

1767, (12 janvier) St-Antoine-de-Chambly.
III.—MARTIN, Louis, [Pierre-Louis II.
b 1747.
Deguire, Brigitte, [Louis III.
b 1749.

1767, (13 juillet) Kamouraska.
IV.—MARTIN, Joseph, [Joseph III.
b 1744.
Lebel, Marie-Louise, [Jean III.
b 1746.

1767, (20 juillet) Ste-Famille, I. O. [1]
II.—MARTIN, Jean, [Jean-Bte I.
b 1740.
1° Gaudin (2), Hélène, [Jacques I.
b 1736 ; s [1] 12 janvier 1770.
Hélène, b [1] 22 juin 1768.
1773, (23 août) Kamouraska.
2° Levasseur, Marie-Anne, [Pierre IV.
b 1738.

1767.
MARTIN, Pierre.
Lamarche, Elisabeth.
Pierre, b 11 sept. 1768, à Yamachiche.

IV.—MARTIN (3), Jean-Pierre, [Joseph III.
b 1748.
Drouin, Marie-Joseph, [Etienne IV.
b 1750.
Marie-Louise, b 1771 ; m 25 janvier 1791, à Jean-Baptiste Venière, à Québec [2] — *Marie*, b 1773 ; m [2] 26 juin 1792, à Pierre Vallée.—*Jean*, b 1775 ; m [2] 6 nov. 1798, à Louise Trahan.

(1) Dit Laterreur.
(2) Dit Bellefortune.
(3) Dit Beaulieu.

1767.
I.—MARTIN, Jacques,
Acadien.
Lafrenière, Marie-Anne,
Acadienne.
Catherine, b 16 juillet 1768, à St-Michel-d'Yamaska.—*Michel*, b... m 24 janvier 1791, à Marie-Rose Laur, à Nicolet.

1768.
V.—MARTIN (1), Gabriel, [Gabriel-Ant. IV.
b 1732.
Gagnon, Marie-Anne, [Raphael IV.
b 1750.
Marie, b 30 oct. 1768, à Repentigny [3]; s [3] 17 mars 1770.—*Marie-Joseph*, b [3] 27 avril 1770.—*Marguerite*, b [3] 1er nov. 1771.—*Marie-Anne*, b [3] 5 avril 1774.

1769, (20 nov.) Batiscan.
II.—MARTIN, Michel, [Jean-Bte I.
b 1743.
Vésina, Marie-Joseph. [François IV.
Michel, b... 1° m 20 juin 1790, à Pélagie Turcot, au Cap-de-la-Madeleine [4]; 2° m [4] 24 février 1794, à Marie Hélie.

I.—MARTIN (2), Jean-Bte.

1769.
MARTIN, Jean-Bte.
LaTerreur, Marguerite.
Marie-Joseph, b 28 oct. 1770, à St-Michel-d'Yamaska.

1772.
I.—MARTIN, Jean,
Sauvage de l'Acadie.
Kithi8anne, Rose,
b 1737 ; s 4 mars 1773, à la Baie-St-Paul. [5]
Chrysostôme, b [5] 3 mars 1773.

1772, (27 janvier) Ste-Geneviève, M. [6]
IV.—MARTIN, Jos.-Hilaire-Chs, [Jos.-Frs III.
b 1746 ; s [6] 11 oct. 1815.
Proulx, Geneviève, [Clément II.
b 1754 ; s [6] 26 dec. 1814.
Joseph, b [6] 2 oct. 1772 ; m [6] 20 février 1792, à Marie-Joseph Legault ; s [6] 31 mars 1822.—*Marie-Geneviève*, b [6] 31 oct. 1774 ; s [6] 24 janvier 1777.—*Marie-Catherine*, b [6] 22 janvier et s [6] 23 fevrier 1777.—*Marie-Madeleine*, b [6] 29 janvier 1778, s [6] 19 avril 1781.—*Pierre-Mathieu*, b [6] 22 sept. et s [6] 4 oct. 1780.—*Philippe-Hyacinthe*, b [6] 1er et s [6] 31 mai 1783.—*Marie-Geneviève*, b [6] 29 juillet et s [6] 8 août 1785.—*Joseph-Barnabé*, b [6] 12 juin et s [6] 25 août 1787.—*Joseph-Claude*, b [6] 23 février 1789 ; m [6] 3 janvier 1812, à Marie-Catherine Trépanier ; s [6] 1er sept. 1846.

(1) Dit Versailles.
(2) Arrivé en 1759, enfant. (Registre des Procès-verbaux, 1768.)

1773, (22 fevrier) St-Laurent, M.
IV.—MARTIN (1), Ls-Eugène, [Jean-Ant. III.
b 1755.
Deguire, Marie-Madeleine. [Louis III.

1774, (19 janvier) St-Louis, Mo. [7]
III.—MARTIN (2), Antoine, [Louis II.
b 1746.
Maréchal (3), Marie-Elisabeth, [Nicolas I.
b 1757.
Pélagie, née 30 oct. 1774 ; b [7] 30 avril 1775.—*Marie-Elisabeth*, b [7] 16 février 1777 ; m 18 février 1794, à Louis Marc, à Florissant, Mo.—*Antoine*, b [7] 27 juillet 1779.—*Marie-Suzanne*, b [7] 22 janvier 1781.—*Julie*, b [7] 26 février 1783.—*Joseph*, b [7] 16 juin 1788.—*Brigitte*, née 6 oct. 1789 ; b [7] 21 février 1791.

I.—MARTIN (4), Joseph,
Acadien.
Girouard, Marie-Louise,
Acadienne.
Joseph, b... m 11 février 1793, à Thérèse Migneron, à Repentigny.

1774, (24 janvier) Rivière-Ouelle.
IV.—MARTIN, Ignace, [Ignace III.
b 1746.
Dupéré, Catherine, [Jean III.
b 1749.

1774, (14 fevrier) Rivière-Ouelle.
IV.—MARTIN, André, [Louis III.
b 1742.
Ouellet, Françoise, [Joseph-François IV.
b 1748.

1774, (5 sept.) Kamouraska.
II.—MARTIN, François. [Jean-Bte I.
Guéret, Marie-Euphrosine, [Michel II.
b 1753.

I.—MARTIN, Christophe,
de la Nouvelle-Angleterre.
Martin, Catherine,
b 1748 ; de la Nouvelle-Angleterre ; s 6 sept. 1783, à Québec.

IV.—MARTIN (5), Jacques, [Jacques III.
b 1743.
Jobin, Marguerite, [Louis-Joseph III.
b 1743.
Jean-Baptiste, b... m 12 janvier 1808, à Agathe Patry, à Beaumont.

1775, (16 janvier) Rivière-Ouelle.
IV.—MARTIN, Louis, [Louis III.
b 1745.
Dubé, Felicité, [Basile.
b 1756.

(1) Marie sous le nom de Montpellier dit Beaulieu.
(2) Dit Ladouceur.
(3) Elle épouse, le 20 février 1791, Jean-Baptiste Primeau, à St-Louis, Mo.
(4) Dit Barnabé.
(5) Dit Beaulieu.

1777, (27 janvier) Rivière-Ouelle.
IV.—MARTIN, Germain, [Louis III.
b 1746.
Hudon, Judith, [Jean-François III.
b 1752.

1777, (26 août) Kamouraska.
II.—MARTIN, Simon. [Jean-Bte I.
Bourgoin, Marie-Geneviève. [Jean-Bte IV.

1780, (27 nov.) Ste-Anne-de-la-Pérade.
II.—MARTIN, Charles. [Jean-Bte I.
Phlem, Geneviève, [François II.
b 1756.

1781, (15 janvier) Nicolet.
I.—MARTIN, Louis.
Coltret, Marguerite, [Jean-René III.
b 1751.

1781, (29 mai) Kamouraska.
IV.—MARTIN, Jean. [Jean III.
Jouvin, Marie-Judith, [Philippe I.
b 1753.

1781.
MARTIN (1), Prisque.
Lafrenière (2), Madeleine.
Marie-Geneviève, b 20 nov. 1782, à St-Cuthbert.

1787.
MARTIN, Joseph.
Baudoin, Marie.
Joseph, b 10 juin 1788, à Repentigny. [5]—*Joseph*, b [5] 16 avril 1790.

1789.
MARTIN (1), Joseph-Ambroise.
Dandonneau, Marie-Joseph.
Marie-Joseph, b 2 dec. 1790, à St-Cuthbert.

1790 (20 juin) Cap-de-la-Madeleine. [9]
III.—MARTIN, Michel. [Michel II.
1° Turcot, Pelagie, [Jean-Bte IV.
b 1758 ; s [9] 16 avril 1791.
1794, (24 fevrier). [9]
2° Hélie (3), Marie. [Jérome III.
Anonyme, b [9] et s [9] 16 nov. 1794. — *Anonyme*, b [9] et s [9] 23 mai 1795.

1791, (24 janvier) Nicolet.
II.—MARTIN, Michel. [Jacques I.
Laur, Marie-Rose, [Pierre-Benjamin II.
b 1765.

1791, (31 mai) Québec.
IV.—MARTIN, Charles. [Charles-François III.
Delru (4), Angelique. [Martin-Joseph I.

(1) Dit Pellant.
(2) Dit Desrosiers.
(3) Dit Jerôme.
(4) Dit Artois.

1792, (20 février) Ste-Geneviève, M. [8]
V.—MARTIN, Joseph, [Jos.-Hilaire-Charles IV.
b 1772 ; s [8] 31 mars 1822.
Legault, Marie-Joseph.

1792, (19 nov.) St-Augustin. [3]
III.—MARTIN, Jean-Bte, [Louis-Joseph II.
b 1766.
Macardy, Marie. [Ambroise II.
Marie-Anne, b [3] 15 sept. 1793.—*Jean-Baptiste*, b [3] 14 déc. 1795.

1793, (5 février) Québec.
V.—MARTIN, Joseph. [Joseph IV.
Mathon, Ursule. [François.

1793, (11 février) Repentigny.
II.—MARTIN (1), Joseph. [Joseph I.
Migneron, Thérèse. [François.

1794, (1er mars) St-Louis, Mo. [6]
MARTIN (2), Pierre.
Bissonnet, Angélique. [Louis.
Pierre, né 26 déc 1794 ; b [6] 12 avril 1795. — *Eléonore*, b [6] 20 mai 1796. — *Jean-Baptiste*, b [6] 4 mars 1798.

MARTIN, Pierre.
Chevalier, Marie-Anne.
Michel, b... m 4 juin 1817, à Geneviève Lasablonnière, à Sioux, Mo.

1798, (16 janvier) Cahokia. [7]
III.—MARTIN, Pierre, [Pierre II.
b 1765.
Lecompte, Archange, fille de Louis-Joseph et de Marie-Joseph Lamarche.
Thérèse, b... 1° m [7] 30 sept. 1829, à Hubert Ottignon ; 2° m 30 nov. 1833, à Armand Biron, à St-Louis, Mo. — *Louis*, b... 1° m [7] 9 nov. 1829, à Agathe Janot ; 2° m [7] 26 janvier 1834, à Manette Reignier.—*Félice*, b... m [7] 14 février 1831, à Luc Flaming.— *Pierre*, b... m [7] 7 mai 1832, à Louise Mieau.

1798, (6 nov.) Québec.
V.—MARTIN (3), Jean, [Jean-Pierre IV.
b 1775.
Trahan, Louise, [Pierre I.
b 1771.

1808, (12 janvier) Beaumont.
V.—MARTIN (3), Jean-Bte. [Jacques IV.
Patry, Agathe. [Pierre.

1812, (3 janvier) Ste-Geneviève, M. [9]
V.—MARTIN, Jos.-Claude, [Jos.-Hilaire-Chs IV.
b 1789 ; s [9] 1er sept. 1846.
Trépanier, Marie-Catherine, [Pierre.
b 1793 ; s 2 nov. 1864, à Montréal. [8]
Marie-Léolade, b [9] 25 janvier et s [9] 12 mars 1813.—*Barnabé*, b [9] 29 mars 1814 ; s [9] 11 sept. 1815.— *Marie-Zoé*, b [9] 14 nov. 1815 ; m 8 sept. 1845, à Felix Poirier-Desloges, à l'Ile-Bizard.— *François*, b [9] 13 janvier 1817 ; 1° m [9] 3 nov. 1841, à Julie Imbault ; 2° m [8] 6 nov. 1843, à Therèse Beauchamp ; 3° m à Julie Lamère-Rapidieux, à Chicago, Ill.—*Anastasie*, b [9] 7 janvier 1819 ; m [9] 5 oct. 1835, à Jean-Baptiste Demers. — *Bernard*, b [9] 17 avril 1822 ; m [9] 18 nov. 1844, à Adeline Brisebois ; s [8] 28 mars 1884.—*Elmire*, b [9] 12 dec. 1824 ; s [9] 19 mai 1826. — *Jean-Baptiste*, b [9] 15 juin 1827 ; m [9] 8 oct. 1849, à Adelina Rabeau. — *Abraham*, b [9] 7 juillet 1829 ; m [8] 8 sept. 1851, à Emélie Limoges. — *Marie-Adéline*, b [9] 19 nov. 1831 ; m [8] 3 mai 1852, à Toussaint Lamère-Rapidieux. — *Marie-Pamala*, b [9] 3 sept. et s [9] 22 dec. 1834.

1817, (4 juin) Sioux, Mo.
MARTIN, Michel. [Pierre.
Lasablonnière, Geneviève, veuve de .... Liberge ; fille de Jacques et d'Helène Beaugenoux.
Agnès, b... m 9 nov. 1835, à André Racicot, à St-Louis, Mo.

1829, (9 nov.) Cahokia. [1]
IV.—MARTIN, Louis. [Pierre III.
1° Janot, Agathe, veuve d'Antoine Perault ; fille de Louis et de Catherine Bergaud.
1834, (26 janvier). [1]
2° Reignier, Manette, fille de Gabriel et de Manette Reignier.

1832, (7 mai) Cahokia.
IV.—MARTIN, Pierre. [Pierre III.
Mieau, Louise, [Pierre.
veuve de Joseph Pepin.

1841, (3 nov.) Ste-Geneviève, M. [3]
VI.—MARTIN, François, [Joseph-Claude V.
b 1817.
1° Imbault, Julie, [Toussaint.
s [3] 27 oct. 1842.
1843, (6 nov.) Montréal.
2° Beauchamp, Therèse, [Etienne.
s 17 oct. 1875, à Chicago, Ill. [4]
.... [4]
3° Lamère-Rapidieux, Julie, veuve de Georges Joly.

1844, (18 nov.) Ste-Geneviève, M. [4]
VI.—MARTIN, Bernard, [Joseph-Claude V.
b 1822 ; s 28 mars 1884, à Montréal. [5]
Brisebois, Adéline. [Joseph.
Edwidge, b 28 août 1845, à l'Ile-Bizard ; s [4] 19 déc. 1848.—*Herline*, b... s... — *Marie-Zéphérine*, b [4] 19 sept. 1849 ; m [5] 23 mai 1881, à Amable-Casimir Paquin.—*Zotique*, b [4] 23 sept. 1851 ; s [4] 23 sept. 1852.—*Alphonse*, b [4] 6 mai 1853 ; s [4] 19 juin 1854. — *Pierre*, b [4] 28 mai 1855 ; m [5] 29 août 1876, à Alexina Labelle.—*François-Xavier-Napoléon*, b [4] 8 fevrier 1857 ; s [4] 10 mars 1858.—*Maximin*, b [4] 4 juillet 1859 ; m [5] 23 mai 1881, à Alexina Paquin.

(1) Dit Barnabé.
(2) Dit Ladouceur.
(3) Dit Beaulieu.

— *Anonyme*, b et s 8 déc. 1861, à Roxton-Falls, Q.[7] — *Adolphe* (1), b[7] 16 mai 1863 ; s[5] 6 avril 1864. — *François*, b[5] 14 déc. 1865 ; s[5] 1er août 1866.—*Joseph-Zotique*, b[5] 6 nov. 1867 ; s[5] 9 mai 1868.

1849, (8 oct.) Ste-Geneviève, M.[7]
VI.—MARTIN, Jean-Bte, [Joseph-Claude V.
b 1827.
Rabeau, Adélina (2), [Joseph.
b 1829.
Jean-Baptiste, b[7] 9 déc. 1850 ; 1° m 20 janvier 1871, à Julie Gagnon, à Montréal[8] ; 2° m 25 mai 1880, à Marie-Eleonore-Elmina Darveau, à Québec.—*Alphonsine*, b[7] 1er fevrier 1852 ; s[7] 29 janvier 1855.—*François-Xavier*, b[7] 31 oct. 1853 ; s[7] 20 janvier 1855. — *François-Xavier*, b[7] 16 mars 1855 ; m[8] 26 sept. 1881, à Marie-Louise Rabeau.—*Adolphe*, b[7] 24 mars 1857 ; m[8] 2 mars 1886, à Marie-Louise-Elmire Trottier. — *Napoléon*, b[7] 24 mars 1857 ; s[7] 13 avril 1858. — *Napoléon*, b[7] 29 juillet et s[7] 27 oct. 1858. — *Napoléon*, b[7] 19 août 1859 ; m[8] 2 oct. 1883, à Marie-Justine-Pétronille Giroux.— *Joseph-Timoléon*, b[7] 23 nov. 1861 ; m[8] 18 août 1885, à Louise-Béatrice Giroux. — *Marie-Joséphine-Alphonsine*, b[7] 1er juillet 1863 ; m[8] 2 oct. 1883, à Jean-Baptiste Harel. —*Joseph*, b[8] 24 août 1866. — *Marie-Mélina*, b[8] 22 juin 1868 ; s[8] 12 mai 1873. — *Joseph-Hector*, b[8] 26 août 1871 ; s[8] 23 nov. 1873.

1851, (8 sept.) Montréal.[9]
VI.—MARTIN, Abraham, [Joseph-Claude V.
b 1829.
Limoges, Emélie, [Pierre.
b 1830.
Marie, b 20 août 1852, à Ste-Geneviève, M. ; sœur grise[9] 29 juillet 1880. — *Marie-Eucharisse*, b[9] 7 juillet 1854 ; s[9] 13 mai 1855. — *Joseph-Francis*, b[9] 23 janvier et s[9] 17 juillet 1856.— *Marie-Joséphine*, b[9] 23 mai 1858 ; s[9] 4 mars 1862.—*Joseph*, b[9] 4 avril 1860 ; s[9] 21 mai 1862. —*Anonyme*, b[9] et s[9] 20 février 1862. — *Zotique*, b[9] 9 août 1863. — *Joseph-Abraham*, b[9] 21 sept. 1865 ; m[9] 14 oct. 1884, à Marie-Alphonsine Normandin. —*Marie-Lucie-Adèle*, b[9] 18 juillet 1867 ; s[9] 4 sept. 1868.

1871, (20 janvier) Montréal.[9]
VII.—MARTIN, Jean-Bte (3), [Jean-Bte VI.
b 1850.
1° Gagnon (4), Julie, [Cyrille.
b 1849 ; s[9] 25 fevrier 1878.
Julie-Mélina, b[9] 31 dec. 1871 ; s[9] 5 sept. 1872.— *Marie-Albina*, b[9] 28 nov. 1872. — *Joseph-Albert*, b[9] 6 nov. 1873.— *Louis-Alphonse* (5), b[9] 19 juin et s[9] 3 déc. 1875. — *Louis-Alphonse*, b[9] 29 sept. 1876 ; s[9] 23 mai 1877.

(1) Dolphus, à sa sépulture.
(2) Baptisée sous le nom de Marie-Délina, le 2 février 1829, à la Pointe-Claire.
(3) Aussi appelé Albert.
(4) Née à Syracuse, N. Y., le 20 août 1849.
(5) Joseph-Alphonse, à sa sépulture.

1880, (25 mai) Québec.
2° Darveau (1), Eléonore-Elmina, [Joseph.
b 1849.
Joseph-Georges-Albert, b[9] 5 sept. 1881.—*Louis-Alexandre*, b[9] 25 août 1884. — *Marie-Calista-Alphonsine*, b[9] 31 juillet 1886.

1876, (29 août) Montréal.[6]
VII.—MARTIN, Pierre, [Bernard VI.
b 1855.
Labelle, Alexina, [Louis.
veuve de Théodule Larivière.
Pierre, b[6] 26 juin 1880.— *Marie-Blanche-Olidivine*, b[6] 20 février 1885. — *Louis*, b[6] 11 sept. 1886.

1881, (23 mai) Montréal.[5]
VII.—MARTIN, Maximin, [Bernard VI.
b 1859.
Paquin, Alexina. [Nazaire.
Joseph, b[5] 25 mars 1882. — *Aurore*, b[5] 7 déc. 1883 ; s[5] 14 oct. 1885.—*Ephrem*, b[5] 5 mai 1886 ; s[5] 6 juin 1887.—*Joseph-Ephrem*, b[5] 20 juin 1887.

1881, (26 sept.) Montréal.[3]
VII.—MARTIN, Frs-Xavier (2), [Jean-Bte VI.
b 1855.
Rabeau (3), Marie-Louise, [Marcelin.
b 1855.
Anonyme, b[3] et s[3] 14 oct. 1885. — *Marie-Louise-Erva*, b[3] 24 fevrier 1887.

1883, (2 oct.) Montréal.[2]
VII.—MARTIN, Napoléon (4), [Jean-Bte VI.
b 1859.
Giroux (5), Justine-Petronille, [Joseph-Eucher.
b 1860.
Maria-Anna-Albertine, b[2] 24 sept. 1884.—*François-Xavier-Napoléon-Henri*, b[2] 25 nov. 1885. — *Marie-Antoinette-Evangéline*, b[2] 5 février et s[2] 20 juin 1887.

1884, (14 oct.) Montréal.[2]
VII.—MARTIN, Jos.-Abraham, [Abraham VI.
b 1865.
Normandin (6), Marie-Alphonsine, [Antoine.
b 1866.
Marie-Emélie-Alphonsine-Blanche, b[2] 25 juin 1886. — *Joseph-Abraham-Octave-Rosario*, b[2] 2 oct. 1887.

1885, (18 août) Montréal.[1]
VII.—MARTIN, Jos.-Timoléon (7), [J.-Bte VI.
b 1861.
Giroux (8), Louise-Béatrice, [Joseph-Eucher.
b 1865.
Marie-Louise-Adéline-Yvonne, b[1] 15 juin 1886. —*Georges-Edmond*, b[1] 16 dec. 1887.

(1) Baptisée à Québec, le 28 avril 1849.
(2) Connu et marié sous le nom de Francis.
(3) Née à Lachine, le 15 sept. 1855.
(4) Aussi appelé Paul.
(5) Née aux Cèdres, le 6 janvier 1860.
(6) Née à Longueuil, le 7 oct. 1866.
(7) Aussi appelé Edmond.
(8) Nee à Montréal, le 15 sept. 1865.

1886, (2 mars) Montréal. [1]
VII.—MARTIN, ADOLPHE, [JEAN-BTE VI.
b 1857.
TROTTIER (1), Marie-Louise-Elmire, [ALFRED.
b 1856.
Marie-Elmire-Ida, b [1] 3 février 1887.

MARTINBAULT.—*Variation :* MARTINBAUT.

1684, (6 nov.) Boucherville. [4]
I.—MARTINBAULT (2), JACQUES,
b 1652; s [4] 17 sept. 1700.
VALIQUET (3), Hélène, [JEAN I.
b 1667.
Jean-Martin, b [4] 11 nov. 1687; m [4] 7 nov. 1712, à Marguerite GAREAU. — *Catherine-Noëlle*, b [4] 25 déc. 1689; m [4] 30 oct. 1708, à Mathurin BAU.—*Marie-Marguerite*, b [4] 3 fevrier 1693; m [4] 7 juillet 1711, à François GAREAU. — *Angélique*, b [4] 29 août 1698; m [4] 24 avril 1719, à François LACOSTE.

1712, (7 nov.) Boucherville. [4]
II.—MARTINBAULT, JEAN-MARTIN, [JACQUES I.
b 1687.
GAREAU, Marguerite, [JEAN I.
b 1692.
Louis, b 1715; 1° m [4] 27 août 1744, à Marie-Angelique QUINTAL; 2° m [4] 8 mai 1752, à Marie-Joseph LACOSTE. — *Marie-Catherine*, b [4] 30 oct. 1717.—*Jean-Baptiste*, b [4] 6 oct. 1718; s [4] 20 janvier 1719. — *Marie-Marguerite*, b [4] 25 oct. 1719; m [4] 11 janvier 1745, à Jacques ROBERT. — *Madeleine*, b [4] 9 déc. 1720. — *Marie-Marguerite*, b [4] 5 février 1722. — *Noël*, b [4] 2 juin et s [4] 13 juillet 1723.—*Marie-Joseph*, b [4] 12 déc. 1724; s [4] 9 août 1725.—*Jean*, b [4] 29 déc. 1725; s [4] 28 janvier 1726. — *Marie-Charlotte*, b 1731; m [4] 15 fevrier 1751, à Etienne MASSÉ-MARTIN; s 31 juillet 1797, à Beaumont.—*Marie-Amable*, b... m [4] 25 nov. 1754, à Pierre BISAILLON. — *François*, b 1735; 1° m à Angélique DEMERS; 2° m [4] 16 mai 1763, à Archange GAUTIER.

1744, (27 août) Boucherville. [5]
III.—MARTINBAULT, LOUIS, [J.-MARTIN II.
b 1715.
1° QUINTAL, Marie-Angélique, [LOUIS II.
b 1726.
1752, (8 mai). [5]
2° LACOSTE (4), Marie-Joseph, [LOUIS II.
b 1726.
Marie-Joseph, b 1753; m [5] 12 août 1771, à Joseph DALPÉ.

III.—MARTINBAULT, FRS, [JEAN-MARTIN II.
b 1735.
1° DEMERS, Angélique.

(1) Née à Montréal, le 13 février 1856.

(2) Voy. vol. I, p. 417.

(3) Elle épouse, le 20 février 1707, Jacques Pilet, à Boucherville.

(4) Elle épouse, le 5 juillet 1757, Jean-Baptiste Gautier, à Boucherville.

1763, (16 mai) Boucherville.
2° GAUTIER, Archange, [JOSEPH II.
b 1738.

MARTINBAUT.—Voy. MARTINBAULT.

MARTINEAU.—*Surnoms :* CORMIER — LAPILE—LORMIER—LORMIÈRE—ST. ONGE.

1663, (9 avril) Château-Richer (1).
I.—MARTINEAU (2), LOUIS, b 1632; fils de Jean et de Mathurine Bunno, de St-Sarvignan, diocèse de Xaintes, Saintonge; s 28 mai 1709, à St-François, I. O.
MARCOT, Madeleine, b 1634; fille de Mathurin et de Marie Régnault, de Bourg-de-Sales, diocèse de LaRochelle, Aunis.

1669, (28 nov.) Québec. [1]
I.—MARTINEAU (3), JACQUES.
DUMOUSTIERS, Antoinette,
s [1] 24 avril 1705.
Françoise, b [1] 18 fevrier 1678; 1° m 18 janvier 1710, à Nicolas BRIDET, à Charlesbourg [2]; 2° m 9 nov. 1722, à Jean POUSSARD, à Montréal [3]; 3° m [3] 4 oct. 1725, à Léonard CASMIN.—*Thérèse*, b 1680; m 1704, à Jacques SAUVAGEAU.—*Pierre*, b 23 sept. 1682, à la Pte-aux-Trembles, Q. [4]; 1° m [2] 12 fevrier 1711, à Marguerite HOT; 2° m 11 mai 1733, à Marguerite DAGENAIS, à St-Laurent, M.—*Angélique*, b [4] 23 sept. 1686; m [1] 25 nov. 1725, à Philippe GUILLET; s [1] 5 nov. 1759.

1688.
I.—MARTINEAU (4), MATHURIN, de St-Fresne, diocèse de Poitiers, Poitou.
1° HÉBERT (5), Anne, [MICHEL I.
b 1671.
1690, (16 juillet) Ste-Anne.
2° FISET (6), Madeleine, [FRS-ABRAHAM I.
b 1667; veuve de Michel Bounilot.
Simon, b 5 janvier 1699, à Lorette [5]; m 25 février 1726, à Geneviève ARCAN, à Deschambault [6]; s [6] 20 janvier 1750.—*Pierre*, b 1700; m 30 oct. 1727, à Jeanne BRAZEAU, à Montréal. [7] — *Jean-Philippe*, b [5] 2 oct. 1702; 1° m 18 fevrier 1727, à Madeleine CORRIVEAU, à St-Valier; 2° m [7] 11 mai 1744, à Marie-Thérèse BOUTIN; s [7] 26 mars 1756.—*Joseph*, b [5] 18 dec. 1704; m 4 fevrier 1727, à Marie-Anne BOUCHER, à St-Nicolas [8]; s [8] 29 mai 1757.

1691, (12 nov.) Ste-Famille, I. O. [1]
II.—MARTINEAU (4), PIERRE, [LOUIS I.
b 1669.
LEBLOND, Marie, [NICOLAS I.
b 1674, s 26 sept. 1729, à St-François, I. O. [2]
Germain, b [1] 18 dec. 1694; m [1] 8 fevrier 1718, à Jeanne PARADIS; s [2] 21 nov. 1763.—*Pierre*,

(1) Le contrat de ce mariage a été passé le 1er mars 1663. (Greffe de Claude Aubert).

(2) Voy. vol. I, p. 417.

(3) Voy. vol. I, pp. 417-418.

(4) Voy. vol. I, p. 418.

(5) Dit Laverdure.

(6) Elle épouse, le 11 août 1708, Pierre Hélie, à Lorette.

b 1697; m [3] 26 avril 1718, à Geneviève Labbé; s [3] 20 août 1747.—*Jean-Baptiste*, b [1] 19 février 1699; m [3] 15 mars 1727, à Marie-Anne Dupont; s [3] 26 janvier 1770.—*Claude*, b [1] 28 mai 1707.—*Véronique*, b [3] 2 sept. 1710; 1° m [3] 13 nov. 1724, à Joseph Deblois; 2° m [3] 2 sept. 1726, à Alexis Guérard. — *Joseph*, b [1] 18 dec. 1712. — *Marie-Joseph* et *Marguerite*, b [1] 15 mars 1716.

1711, (12 février) Charlesbourg. [3]

II.—MARTINEAU, Pierre, [Jacques I.
b 1682.
1° Hot, Marguerite, [Pierre I.
b 1693.

Pierre, b [3] 23 déc. 1711; s [3] 14 oct. 1712.—*Mathurin*, b [3] 17 février 1713; m 10 avril 1736, à Marie-Joseph David, au Sault-au-Récollet. [4] — *Jacques*, b [3] 4 et s [3] 17 sept. 1714.—*Pierre*, b [3] 8 oct. 1715.—*Jean-Charles*, b [3] 12 mars 1717.—*Marie-Anne*, b 28 juin 1718, à Montréal [5]; s [5] 3 déc. 1729.—*Louis*, b [5] 22 oct. 1719; s [5] 10 juin 1720.—*Françoise*, b 13 mars 1721, à St-Laurent, M. [6] — *Joseph*, b [5] et s [5] 13 juillet 1722.—*Marie-Charlotte*, b... m [4] 29 oct. 1743, à Jean-Baptiste Papineau.—*Marie-Angélique*, b... m [4] 27 nov. 1747, à Jean-Baptiste David. — *Joseph*, b 1726; m [4] 22 avril 1754, à Marie-Elisabeth Choret.

1733, (11 mai). [6]

2° Dagenais, Madeleine, [Pierre II.
b 1698; veuve de Jacques David.

Marie-Amable, b 1735; m [4] 24 nov. 1755, à Joseph Brignon.—*Marie*, b [4] 10 nov. 1736; 1° m [4] 10 janvier 1757, à Michel Laplante; 2° m [6] 23 nov. 1760, à Antoine Lebeau.—*Pierre*, b [4] 21 avril et s [4] 11 juin 1738.—*Marie*, b... 1° m à Michel Laplante; 2° m [6] 23 nov. 1760, à Antoine Lebeau.—*Marie-Joseph*, b [4] 29 juillet et s [4] 5 sept. 1742.

1718, (8 février) Ste-Famille, I. O. [7]

III.—MARTINEAU, Germain, [Pierre II.
b 1694; s 21 nov. 1763, à St-François, I. O. [8]
Paradis, Jeanne, [Jacques II.
b 1682; veuve de Louis Dupont.

Joseph, b [8] 3 février 1719; m [7] 18 fevrier 1743, à Dorothée Drouin; s [7] 11 août 1756.—*Marie-Angélique*, b [7] 9 janvier 1722; m [7] 7 février 1746, à Pierre Labbé; s 2 mai 1793, à Québec.—*Augustin*, b [7] 13 août 1723; m [8] 8 février 1746, à Françoise Mercier.—*Marie*, b [7] 6 sept. 1725.—*Germain*, b [7] 26 juin 1727; s [7] 27 avril 1747.—*Félicité*, b 1729; s [7] 14 sept. 1745.

1718, (26 avril) St-François, I. O. [1]

III.—MARTINEAU, Pierre, [Pierre II.
b 1697; s [1] 20 août 1747.
Labbé, Geneviève, [Pierre I.
b 1701; s [1] 23 juin 1766.

Marie-Geneviève, b [1] 1er janvier 1720; m [1] 10 nov. 1744, à Claude Guyon; s [1] 18 dec. 1780.—*Marie-Joseph*, b [1] 25 août 1723.—*Pierre*, b 1724; 1° m [1] 4 oct. 1746, à Marie-Joseph Bissonnet; 2° m [1] 19 avril 1784, à Marie-Anne Pepin. — *Marie-Félicité*, b [1] 22 mai 1726; 1° m [1] 5 oct. 1745, à Joseph Guyon; 2° m [1] 23 avril 1759, à Prisque Turcot. — *Marie-Veronique*, b [1] 3 avril 1728; s [1] 6 août 1730. — *Marie*, b [1] 19 février 1730; m [1] 13 janvier 1759, à Basile DeLavoye.—*Germain*, b 9 nov. 1731, à Ste-Famille, I. O. [2]; s [1] 18 nov. 1744.—*Marie-Hélène*, b [1] 9 avril 1733; s [1] 25 mars 1755. — *Thècle*, b [3] 8 janvier 1735; m [1] 16 août 1757, à François Guyon.—*Basile*, b [1] 22 mai et s [1] 7 juin 1736. — *Marguerite*, b [1] 8 sept. 1737; m 11 août 1760, à Jacques Renaut-Locat, aux Grondines. — *Charles*, b [1] 12 et s [1] 26 déc. 1739. — *Jean-Baptiste*, b [1] 2 mai et s [1] 1er juin 1741.— *Angélique*, b [1] 3 nov. 1742; s [1] 18 mai 1744. — *Marie-Françoise*, b [1] 16 juillet et s [1] 13 août 1744.

1726, (25 février) Deschambault. [7]

II.—MARTINEAU, Simon, [Mathurin I.
b 1699; s [7] 20 janvier 1750.
Arcan (1), Geneviève, [Simon I.
b 1706.

Marie-Joseph, b [7] 9 sept. 1726; m [7] 12 janvier 1744, à Pierre Delomé. — *Cécile*, b [7] 1er fevrier 1729; m [7] 3 février 1749, à Pierre Paquin. — *Geneviève*, b [7] 1er février 1729; m [7] 13 juillet 1750, à Jacques Perrault. — *Marie-Angélique*, b [7] 16 avril et s [7] 1er mai 1731.—*Marie-Anne*, b [7] 28 nov. 1732.—*Geneviève*, b [7] 30 mai 1735.—*Marie-Angélique*, b [7] 30 mai 1737; m [7] 16 février 1756, à Charles Chartré. — *Marie-Louise*, b [7] 5 juillet 1739. — *Simon*, b [7] 2 juin 1741.—*Joseph*, b [7] 20 mai 1743.—*Marie-Elisabeth*, b [7] 18 oct. 1745.

1727, (4 février) St-Nicolas. [5]

II.—MARTINEAU (2), Joseph, [Mathurin I.
b 1704; s [5] 29 mai 1757.
Boucher, Marie-Anne, [Denis III.
b 1709.

Joseph-Marie, b [5] 25 déc. 1727; 1° m [5] 18 nov. 1748, à Marie-Angélique Bourassa; 2° m 26 nov. 1753, à Geneviève Lemay, à Lotbinière. — *Anonyme*, b [5] et s [5] 27 déc. 1727. — *Pierre-Joseph*, b [5] 2 mai 1730; 1° m [5] 22 oct. 1753, à Marguerite Fréchet; 2° m 14 nov. 1763, à Marie-Ursule Croteau, à St-Antoine-Tilly. — *Marie-Geneviève*, b [5] 30 mars 1732; m [5] 20 janvier 1748, à François-Etienne Nadeau.—*Etienne*, b [5] 28 sept. 1735; m [5] 14 nov. 1757, à Marie-Joseph Demers.—*Marie-Anne*, b... m [5] 24 nov. 1755, à Jean-Baptiste Fréchet — *Marie-Angélique*, b [5] 1er janvier 1743. — *Marie-Madeleine*, b [5] 20 juillet 1747. — *Charles*, b [5] 20 janvier 1751.

1727, (18 février) St-Valier.

II.—MARTINEAU (3), Jean-Phil., [Mathurin I.
b 1702; s 26 mars 1756, à Montreal. [6]
1° Corriveau, Madeleine, [Etienne II.
b 1704.

Pierre, b... s 31 août 1747, au Détroit.—*Marie-Françoise*, b 18 oct. 1728, à Québec [7]; m [6] 20 oct. 1749, à Louis Hotesse.

(1) Elle épouse, le 30 août 1751, Jean Denevers, à Deschambault.

(2) Dit Lormière, 1732—Cormier.

(3) Dit St. Onge.

1744, (11 mai). [6]
2° BOUTIN (1), Marie-Thérèse, [PIERRE III.
b 1717.
Pierre-Philippe-Jacques, b [7] 16 février et s [7] 11 sept. 1745. — *Marie-Thérèse*, b [7] 27 mars 1746; s [7] 17 avril 1747.—*Catherine*, b et s 21 août 1753, à St-Laurent, M.

1727, (15 mars) St-François, I. O. [1]
III.—MARTINEAU, JEAN-BTE, [PIERRE II.
b 1699; s [1] 26 janvier 1770.
DUPONT, Marie-Anne, [LOUIS II.
b 1704.
Jean-Baptiste, b 22 février 1728, à Ste-Famille, I. O. [2]—*Jean-Baptiste*, b [1] 25 et s [1] 26 avril 1729. —*Jean-Baptiste*, b [1] 18 août 1730; m 15 juillet 1754, à Catherine ROULEAU, à St-Frs-du-Sud. [3] — *Joseph*, b... s [1] 27 août 1730.—*Pierre-Augustin*, b [1] 19 avril 1732; m [3] 26 août 1760, à Félicité ROULEAU; s [1] 1er mars 1763.—*Marie-Anne*, b [1] 27 et s [1] 30 juillet 1733. — *Joseph-Marie*, b [1] 11 nov. 1734; s [1] 7 mai 1735.—*Joseph*, b [2] 15 janvier 1737; m [1] 6 oct. 1766, à Marie DEBLOIS.—*Charles-Hyacinthe*, b [1] 7 sept. 1738; m [1] 27 février 1764, à Marie-Louise DEBLOIS.—*Marie-Joseph*, b [1] 27 déc. 1739; m [1] 17 nov. 1766, à Joseph ASSELIN; s [1] 22 avril 1780.—*Victor*, b [2] 25 mai 1741; 1° m [1] 26 nov. 1770, à Marie-Louise ALAIRE; 2° m 22 juillet 1788, à Gertrude JOBIN, à Québec. — *Claude*, b [1] 23 août 1742; m 13 février 1775, à Angelique ARCHAMBAULT, à Repentigny.—*Jacques*, b [1] 26 juin 1744; s [1] 28 février 1745.—*François*, b [1] 25 mars 1747; s [1] 5 nov. 1748.

1727, (30 oct.) Montréal. [4]
II.—MARTINEAU, PIERRE, [MATHURIN I.
b 1700.
BRAZEAU, Jeanne, [NICOLAS II.
b 1699.
Antoinette-Jeanne, b [4] 19 juin 1729; m [4] 13 nov. 1752, à Marc-Alexandre DELIENNES.

1730.
I.—MARTINEAU, SÉBASTIEN, b 1698; fils de Jean et de Françoise Simon, de St-Germain, diocèse de Rennes, Bretagne.
1° SABOURIN, Marie-Madeleine, [JEAN I.
b 1699.
Françoise, b 1731; m 2 juin 1749, à Pierre LEMANCEAU, à Montréal. [5]
1751, (11 oct.) [5]
2° ARNAUD, Marie-Joseph, [LOUIS II.
veuve de François Guillet.

1736, (10 avril) Sault-au-Récollet. [9]
III.—MARTINEAU, MATHURIN, [PIERRE II.
b 1713.
DAVID, Marie-Joseph, [JACQUES III.
b 1720.
Pierre, b [9] 11 août 1736; s [9] 21 janvier 1737.—*Marie-Thérèse*, b [9] 30 mars 1738; m [9] 14 février 1757, à Antoine CHARON.—*Jacques*, b [9] 5 juin 1741.—*François*, b [9] 28 déc. 1742.—*Jean-Baptiste*, b 23 février 1745, à St-Vincent-de-Paul.—*Joseph-Barthélemi*, b [9] 13 mars 1747.—*Marie-Joseph*, b [9] 19 nov. 1748.—*Marie-Marguerite*, b [9] 20 déc. 1749.

1743, (18 février) Ste-Famille, I. O. [2]
IV.—MARTINEAU, JOSEPH, [GERMAIN III.
b 1719; s [2] 11 août 1756.
DROUIN (1), Dorothee, [PIERRE III.
b 1724.
Marie-Dorothée, b [2] 21 déc. 1743; m [2] 16 juillet 1764, à Pierre BLOUIN.—*Joseph-Marie*, b [2] 12 mai 1745.—*Marie-Louise*, b [2] 4 juin 1746; m [2] 20 juillet 1767, à Joseph-Marie GAGNON. — *Joseph-Marie*, b 26 sept. 1747, à St-François, I. O. [3]; m [3] 9 février 1778, à Thérèse BAUDON.—*Marie-Catherine*, b [2] 27 sept. 1749.—*Anonyme*, b [2] et s [2] 29 mars 1751.—*Germain*, b [2] 2 dec. 1753; s 3 août 1785, à Québec.

1746, (8 février) St-François, I. O. [4]
IV.—MARTINEAU, AUGUSTIN, [GERMAIN III.
b 1723.
MERCIER, Françoise, [PIERRE III.
b 1714; veuve de Jacques Labbé.
Augustin, b 11 déc. 1746, à Ste-Famille, I. O. [5]; m [5] 30 juillet 1770, à Monique CANAC.—*Jean-Baptiste*, b [4] 27 sept. 1748; m à Madeleine DROUIN; s 6 avril 1790, à Québec. [6] — *Jérôme*, b [5] 6 mars 1750; m [6] 13 avril 1779, à Marie-Angelique LEGRIS.—*Charles-François*, b [5] 8 janvier 1752.—*Marie-Joseph*, b [5] 28 mars 1754.—*Jacques*, b [5] 11 mai 1756.—*Joseph*, b 1758; m [6] 27 juin 1785, à Hélène GRAVEL.

1746, (4 oct.) St-François, I. O [8]
IV.—MARTINEAU, PIERRE, [PIERRE III.
b 1724.
1° BISSONNET, Marie-Joseph, [CHS-ALEX. III.
b 1728; s [8] 11 juin 1782.
Charles, b [8] 30 sept. 1747; m [8] 27 janvier 1772, à Marie-Anne GAGNÉ.—*Marie-Joseph*, b [8] 10 mars 1750.—*Pierre-Bénoni*, b [8] 9 juin 1752; m [8] 20 février 1775, à Marie-Louise GAGNÉ.—*Marie-Madeleine*, b [8] 21 août 1754.—*Joseph-Marie*, b [8] 6 dec. 1756. — *Jean-Baptiste*, b 1er août 1759, à Lorette; m [8] 19 février 1781, à Marie-Louise GAGNÉ. — *Louis-Jacques*, b [8] 1er mai et s [8] 23 août 1762.—*François-Philippe*, b [8] 1er mai 1762. — *Marie-Louise*, b [8] 17 mars 1764.—*Augustin*, b [8] 24 janvier 1766.—*Marie-Catherine*, b [8] 28 sept. 1770.
1784, (19 avril). [8]
2° PEPIN, Marie-Anne,
veuve de Simon Campagna.

III.—MARTINEAU (2), PIERRE, [JEAN-PHIL. II.
s 31 août 1747, au Detroit.

---

(1) Elle épouse, le 21 nov. 1758, Joseph Hébert, à Montréal.

(1) Elle épouse, le 7 février 1757, Charles Bauché, à Ste-Famille, I. O.

(2) Dit St. Onge; tué dans son champ par les Sauteux.

1748, (18 nov.) St-Nicolas.[6]
III.—MARTINEAU (1), Jos.-Marie, [Joseph II.
b 1727.
1° Bourassa, Marie-Angélique (2), [Jean III.
b 1729; s[6] 23 janvier 1753.
Joseph-Marie, b[6] 3 nov. 1749; s[6] 11 avril 1756. —*Marie-Angélique,* b[6] 26 juin et s[6] 1er déc. 1752.
1753, (26 nov.) Lotbinière.
2° Lemay, Geneviève, [Joseph-Louis III.
b 1732.
Jean-Baptiste, b 22 fevrier 1755, à St-Antoine-Tilly.[7] — *Louis-Joseph,* b[6] 3 janvier 1757; m 11 août 1777, à Clotilde Maillot, à St-Jean-Deschaillons. — *Marie-Geneviève,* b[7] 9 oct. 1758. — *Marie-Agathe,* b[6] 30 août 1761.

1753, (22 oct.) St-Nicolas.
III.—MARTINEAU, Pierre, [Joseph II.
b 1730.
1° Fréchet, Marguerite, [Jean-Bte II.
b 1729; s 11 fevrier 1763, à St-Antoine-Tilly.[6]
Marie-Ursule, b[6] 10 oct. 1754.—*Jean-Baptiste,* b[6] 31 oct. 1756. — *Marie-Marguerite,* b[6] 15 fevrier 1759.—*Pierre,* b[6] 15 avril 1761. — *Charles,* b... m 1er juillet 1800, à Pélagie Nouval, à St-Charles, Mo.
1763, (14 nov.)[6]
2° Croteau, Marie-Ursule, [Louis III.
b 1743.
Marie-Madeleine, b... s[6] 13 avril 1765. — *Ursule,* b[6] 9 nov. 1765; s[6] 31 mai 1767. — *Ambroise,* b[6] 3 juin 1767.

1754, (22 avril) Sault-au-Récollet.
III.—MARTINEAU, Joseph, [Pierre II.
b 1726.
Choret, Marie-Elisabeth, [Pierre III.
b 1714; veuve de François Bayard.

1754, (15 juillet) St-Frs-du-Sud.[1]
IV.—MARTINEAU, Jean-Bte, [Jean-Bte III.
b 1730.
Rouleau, Catherine, [Guillaume III.
b 1722; veuve de Louis Quemleur.
Jean-Baptiste, b 14 juillet 1755, à Berthier.[2] — *Marie-Thècle,* b[1] 15 nov. 1757. — *Marie-Joseph,* b[1] 18 mai et s[1] 23 nov. 1759. — *Anonyme,* b[1] et s[1] 9 sept. 1760.—*Pierre,* b[2] 24 juin 1765.

1757, (14 nov.) St-Nicolas.[3]
III.—MARTINEAU, Etienne, [Joseph II.
b 1735.
Demers, Marie-Joseph, [Joseph III.
b 1739.
Joseph-Etienne, b[3] 21 sept. et s[3] 15 oct. 1758. —*Pierre,* b[3] 8 août 1760.—*Marie-Geneviève,* b[3] 21 sept. 1761. — *François,* b 21 août 1766, à St-Antoine-Tilly. — *Amable,* b 28 avril 1772, à St-Cuthbert.

(1) Dit Lormier.
(2) Baptisée Marguerite.

1760, (26 août) St-Frs-du-Sud.
IV.—MARTINEAU, Pierre-Aug., [J.-Bte III.
b 1732; s 1er mars 1763, à St-François, I. O.[7]
Rouleau (1), Félicité, [Guillaume III.
b 1738.
Marie-Félicité, b[7] 31 oct. 1761; m[7] 20 juillet 1778, à Joseph Pepin. — *Marie-Angélique* (posthume), b 28 oct. 1763, à St-Jean, I. O.; m 5 février 1783, à Ambroise Gaulin, à Québec.

1764, (27 février) St-François, I. O.[5]
IV.—MARTINEAU, Chs-Hyacinthe, [J.-Bte III.
b 1738.
Deblois, Marie-Louise, [Louis-Laurent IV.
b 1748.
Marie-Louise, b[5] 12 nov. 1764; s[5] 4 juin 1767. —*Marie-Marguerite,* b[5] 26 déc. 1765; s[5] 15 avril 1770.— *Marie-Félicité,* b[5] 12 avril 1767.—*Marie-Madeleine,* b[5] 22 juin 1768.—*Joseph,* b[5] 19 sept. 1769; s[5] 26 mars 1772.—*Hyacinthe,* b[5] 18 fevrier 1771. — *Marie-Marguerite,* b[5] 30 avril et s[5] 1er juin 1772.—*Joseph-Marie,* b[5] 18 avril 1773.

1766, (6 oct.) St-François, I. O.
IV.—MARTINEAU, Joseph, [Jean-Bte III.
b 1737.
Deblois-Grégoire, Marie, [Charles IV.
b 1748.

1770, (30 juillet) Ste-Famille, I. O.
V.—MARTINEAU, Augustin, [Augustin IV.
b 1746.
Canac, Monique, [Marc-Antoine II.
b 1745.

1770, (26 nov.) St-François, I. O.[2]
IV.—MARTINEAU, Victor, [Jean-Bte III.
b 1741.
1° Alaire, Marie-Louise, [Joseph III.
b 1746; s[2] 27 oct. 1776.
Marie-Louise, b[2] 23 déc. 1771. — *Joseph,* b[2] 7 août et s[2] 13 sept. 1773.— *Jean-Baptiste,* b[2] 23 déc. 1774.— *Marie-Madeleine,* b[2] 12 oct. et s[2] 6 dec. 1776.
1788, (22 juillet) Québec.[8]
2° Jobin, Gertrude, [Simon II.
b 1731, veuve de Joseph Chrétien; s[8] 28 août 1790.

1772, (27 janvier) St-François, I. O.[9]
V.—MARTINEAU, Charles, [Pierre IV.
b 1747.
Gagné, Marie-Anne, [Jacques V.
b 1747.
Marie-Anne, b[9] 5 nov. 1772.

1775, (13 février) Repentigny.
IV.—MARTINEAU, Claude, [Jean-Bte III.
b 1742.
Archambault (2), Marie-Angélique, [J.-Bte V.
b 1756.

(1) Elle épouse, le 5 mars 1764, Claude Vaillancour, à St-François, I. O.
(2) Voy. vol. II, p. 47.

1775, (20 février) St-François, I. O.
V.—MARTINEAU, PIERRE-BÉNONI, [PIERRE IV.
b 1752.
GAGNÉ, Marie-Louise, [JACQUES V.
b 1753.

1777, (11 août) St-Jean-Deschaillons.
IV.—MARTINEAU (1), Ls-Jos., [JOS.-MARIE III.
b 1757.
MAILLOT, Clotilde, [NICOLAS III.
b 1757.

1778, (7 janvier) Québec. 9
I.—MARTINEAU, JEAN-BTE, b 1751 ; fils de Jean-Baptiste et de Jeanne Nicolas, de Ségonzagues, diocèse de Xaintes, Saintonge ; s 9 19 janvier 1781.
LEFRANÇOIS (2), Monique,
veuve de Pierre Bélanger.

1778, (9 février) St-François, I. O.
V.—MARTINEAU, JOSEPH-MARIE, [JOSEPH IV.
b 1747.
BAUDON, Thérèse, [JEAN IV.
b 1757.

1779, (13 avril) Québec.
V.—MARTINEAU, JÉROME, [AUGUSTIN IV.
b 1750.
LEGRIS, Marie-Angélique, [PRISQUE III.
b 1759.

1781, (19 février) St-François, I. O.
V.—MARTINEAU, JEAN-BTE, [PIERRE IV.
b 1759.
GAGNÉ, Marie-Louise, [JEAN IV.
b 1756.

V.—MARTINEAU, JEAN-BTE, [AUGUSTIN IV.
b 1748 ; s 6 avril 1790, à Québec.
DROUIN, Madeleine.

1785, (27 juin) Québec.
V.—MARTINEAU, JOSEPH, [AUGUSTIN IV.
b 1758.
GRAVEL, Hélène, [FRANÇOIS IV.
b 1759.

1800, (1er juillet) St-Charles, Mo.
IV.—MARTINEAU, CHARLES. [PIERRE III.
NOUVAL, Pelagie. [FRANÇOIS.

MARTINET.—*Surnom :* TOURBLANCHE.

1728, (9 mai) Québec. 9
I.—MARTINET, ANTOINE-LOUIS, b 1690 ; fils d'Antoine et de Marie-Louise Gaudon, de St-Sulpice, Paris.
BELLEAU (3), Marie-Suzanne, [SIMON I.
b 1695.

Antoine, b 9 31 mai 1729 ; m 9 22 nov. 1751, à Marie-Madeleine CHEVALIER. — *Marie-Madeleine,* b 9 1er oct. 1730.

1751, (22 nov.) Québec. 8
II.—MARTINET, ANTOINE, [ANTOINE-LOUIS I.
b 1729 ; charpentier.
CHEVALIER, Marie-Madeleine, [NICOLAS-RENÉ I.
b 1729 ; s 8 31 déc. 1788.
Antoine, b 8 23 oct. 1753 ; m 8 28 juin 1774, à Angélique BONHOMME ; s 8 6 mai 1785. — *Nicolas-René,* b 8 22 oct. 1755 ; s 8 27 juillet 1756. — *Yves,* b 8 13 juin et s 8 6 sept. 1757.—*Jean-Baptiste,* b 8 5 sept. 1758 ; 1° m 8 9 nov. 1784, à Marie-Geneviève GAGNÉ ; 2° m 8 8 avril 1788, à Françoise ROUAU.—*Pierre,* b 1760 ; m 8 4 oct. 1791, à Marie GAGNÉ.

1758, (6 février) Montréal.
I.—MARTINET, HENRI, b 1719, sergent ; fils de Pierre et de Marie-Joseph Tavernier, de N.-D. de Versailles.
DESCARIS, Marie-Joseph, [LOUIS III.
b 1726 ; veuve de Bernard Maurice.

1774, (28 juin) Québec. 9
III.—MARTINET, ANTOINE, [ANTOINE II.
b 1753 ; s 9 6 mai 1785.
BONHOMME, Angelique, [PIERRE IV.
b 1753.
Marie-Elisabeth, b... — *Louise,* b 1775 ; m 9 22 juillet 1794, à Jean PARANT.

1784, (9 nov.) Québec. 1
III.—MARTINET, JEAN-BTE, [ANTOINE II.
b 1758.
1° GAGNÉ, Marie-Geneviève, [FRANÇOIS V.
b 1760.
1788, (8 avril). 1
2° ROUAU-DURAZOIR, Françoise, [PIERRE I.
b 1762.

1791, (4 oct.) Québec.
III.—MARTINET, PIERRE, [ANTOINE II.
b 1760.
GAGNÉ, Marie, [ETIENNE V.
b 1765.

1758, (8 mai) Québec. 1
I.—MARTOLIO, ANTOINE-DOMINIQUE, fils de Dominique et de Marie Gruchet, de St-Godard, diocèse de Rouen, Normandie.
LEPIRE, Marie-Geneviève, [JACQUES II.
b 1724.
Catherine-Geneviève, b 1 27 juillet 1761.

I.—MARZÉ, FRANÇOIS, b 1646 ; s 9 sept. 1708, à Montréal.

MARZIER.—*Surnom :* VALET.

(1) Dit Lormier.
(2) Elle épouse, le 9 février 1790, François Paquet, à Québec.
(3) Voy. Pleau.

1761, (13 janvier) Montréal.

I.—MARZIER (1), JEAN-BTE, b 1734; fils d'Etienne et de Louise Halin, de St-Paul-de-Tartas, diocèse de Viviers, Languedoc.
PÉRILLARD (2), Anne-Felicité, [CHARLES II.
b 1742.

I—MASCELIN (3), MICHEL-IGNACE.

1759, (21 sept.) Québec.

I.—MASSAL (4), JEAN-PIERRE, fils de Jean et de Marguerite Boudaie, de Perette, diocèse de Béziers, province de Narbonne.
PEPIN, Marie-Louise, [LOUIS-MICHEL III.
b 1734.

MASSE. — *Variation et surnom :* MARS — DU VAILLY.

1644, (15 mai) Québec.[2]

I.—MASSE (5), PIERRE,
b 1620.
PINEL (6), Marie, [NICOLAS I.
b 1624.
Marie-Anne, b [2] 10 janvier 1658; 1° m 1674, à Jean PAIN; 2° m [2] 19 août 1675, à François DOLBEC; s 10 nov. 1732, à St-Augustin.

1676.

II.—MASSE (5), PIERRE, [PIERRE I.
b 1652; s 6 déc. 1710, à Ste-Foye.
PAIN, Catherine-Jacqueline, [MARIN I.
b 1651; veuve de Jean-Baptiste De la Rue.
Antoine, b 1691; m 9 fevrier 1722, à Marie-Jeanne CHORET, à Québec[6]; s [6] 21 juillet 1754.

1708, (16 août) Ste-Foye.[6]

III.—MASSE, DENIS, [PIERRE II.
b 1678.
CHEVALIER (7), Frse-Catherine, [ETIENNE I.
b 1689.
Denis-Joseph, b [6] 26 oct. 1709.— *Marie-Françoise*, b [6] 25 mars 1712; m 14 nov. 1731, à Ignace CHARTRAIN, à Lorette.

1717, (20 avril) Ste-Foye.[2]

III.—MASSE, JOSEPH, [PIERRE II.
b 1680; s [2] 3 mai 1748.
HAMEL, Thérèse, [CHARLES II.
b 1681.
Joseph, b [2] 31 mars 1718; m [2] 25 février 1754, à Marie-Anne LEGRIS; s 11 déc. 1779, à Québec.[8] —*Antoine-Ange*, b [2] 3 oct. 1719.—*Marie-Thérèse*, b [2] 23 sept. 1720; m [2] 27 juin 1744, à Jean-Baptiste LANGLOIS.—*Michel*, b [2] 5 mars et s [2] 23 août 1722. — *Ursule*, b [2] 13 mars 1723; m [2] 16 août 1751, à Joseph HARDY. — *Antoine-Gabriel*, b [2] 2 déc. 1726; m [2] 25 nov. 1754, à Angelique LEGRIS. —*Augustin*, b [2] 30 déc. 1727. — *François*, b [2] 15 sept. et s [2] 1er oct. 1729. — *Charles*, b [2] 11 nov. 1731; s [2] 27 juin 1751 (noyé).—*Marie-Geneviève*, b [2] 27 avril 1732; m [2] 14 janvier 1754, à Clément LANGLOIS.—*Louis-Joseph*, b [2] 26 août 1733; m [3] 10 oct. 1768, à Françoise LEVASSEUR. — *Michel*, b [2] 2 oct. 1735; m 31 janvier 1763, à Marie-Joseph BERTHIAUME, à Charlesbourg. — *Pierre*, b [2] 17 juin 1737; m [2] 26 juillet 1762, à Marguerite PETITCLERC; s [2] 28 déc. 1775.—*Marie-Joseph*, b [3] 10 mars 1740.—*Jean-Baptiste*, b [2] 17 et s [2] 20 juillet 1741. — *Madeleine-Elisabeth*, b [2] 28 mai 1745; m [3] 5 oct. 1779, à Charles LABBÉ; s [3] 12 juin 1832.

1722, (9 fevrier) Québec.[1]

III.—MASSE, ANTOINE, [PIERRE II.
b 1691; s [1] 21 juillet 1754.
CHORET, Marie-Jeanne, [ROBERT II.
b 1693; veuve de Jean Normand; s [1] 21 dec. 1760.
Antoine-Jean, b [1] 26 fevrier 1723; m 9 janvier 1751, à Marguerite GALERNAULT, à Ste-Foye; s 14 mars 1777, à St-Cuthbert. — *Marie-Charlotte*, b [1] 13 juillet 1724.—*Marie-Joseph*, b [1] 1er nov. 1726; m [1] 13 mai 1748, à Pierre DELAGE.— *Marie-Françoise-Charlotte*, b [1] 2 déc. 1728; 1° m [1] 15 février 1751, à Pierre TRUDEL; 2° m 24 mai 1762, à Charles VERRET, à Charlesbourg.—*Barthélemi* (1), b [1] 8 juillet 1731; m [1] 13 nov. 1752, à Angelique GIROUX.

1747, (9 janvier) Québec.[2]

III.—MASSE (2), PIERRE-MARIE, [GUILLAUME II.
b 1708.
PINGUET, Marie-Jeanne, [JACQUES III.
b 1715; s [2] 8 fevrier 1757.
Jeanne-Madeleine, b [2] 27 oct. 1747; s [2] 3 sept. 1748.—*Pierre-Jean*, b [2] 10 janvier 1749; m 1770, à Marie LAROCHE; s 5 sept. 1777, au Détroit. — *Charles*, b [2] 10 août et s 17 déc. 1750, à Lorette.[9] —*François-Xavier*, b [2] 5 et s [9] 24 juillet 1753.

1751, (9 janvier) Ste-Foye.

IV.—MASSE, ANTOINE-JEAN, [ANTOINE III.
b 1723; s 14 mars 1777, à St-Cuthbert.[4]
GALERNAULT (3), Marguerite, [JEAN-BTE III.
b 1736.
Marguerite-Angélique, b 28 avril et s 20 juillet 1752, à Quebec.[8] — *Marie-Louise*, b [8] 15 nov. 1755; s [3] 10 nov. 1756.—*Marie-Joseph*, b [3] 17 mai 1759.—*Charles-Ambroise*, b 1774; m [4] 15 fevrier 1790, à Angelique ROBERT.—*Michel*, b [4] 25 août 1775; s [4] 21 mars 1777.—*François*, b [4] 6 oct. 1776.

1752, (13 nov.) Québec.[5]

IV.—MASSE, LOUIS-BARTHÉLEMI, [ANTOINE III.
b 1731.
GIROUX, Angélique, [RAPHAEL III.
b 1735.

(1) Dit Valet.
(2) Dit Bourguignon.
(3) Sieur Dusablé; enseigne des troupes. Il était, le 22 février 1760, au Détroit.
(4) Premier mariage après la prise de Québec.
(5) Voy. vol. I, p. 418.
(6) De la Chenaie.
(7) Elle épouse, le 11 août 1713, André Robitaille, à Ste-Foye.

(1) Marié sous le nom de Louis.
(2) Capitaine de vaisseau.
(3) Bellarmin.

Marie-Angélique, b [6] 16 sept. 1753. — *Jean-Baptiste-Barthelemi*, b [5] 24 oct. 1754 ; s [5] 21 déc. 1760.—*Marie-Anne*, b [5] 13 juin 1756. — *Charles*, b [5] 28 nov. 1757 ; m 15 juillet 1787, à Rosalie Guilbaut, à St-Cuthbert. — *Antoine*, b [5] 9 sept. 1761. — *Jean-Baptiste-Barthélemi*, b [5] 21 mars 1763.

1754, (25 février) Ste-Foye. [6]
IV.—MASSE (1), Joseph, [Joseph III.
b 1718 ; s 11 déc. 1779, à Québec.
Legris (2), Marie-Anne, [Pierre II.
b 1738.
Joseph, b [6] 17 avril 1756.—*François-Joseph*, b [6] 27 sept. 1757. — *Pierre*, b [6] 19 août 1761 ; s [6] 5 avril 1766.—*Marie-Anne*, b [6] 28 juin et s [6] 20 août 1764.—*Marie-Joseph*, b [6] 28 février 1766.—*Marie-Louise*, b [6] 25 dec. 1769. — *Pierre*, b [6] 20 mars 1775.

1754, (25 nov.) Ste-Foye. [7]
IV.—MASSE, Antoine-Gabriel, [Joseph III.
b 1726.
Legris, Angélique, [Pierre II.
b 1736.
Pierre-Antoine, b [7] 15 nov. 1756. — *Joseph*, b [7] 14 et s [7] 17 fevrier 1758.—*Etienne*, b 15 nov. 1759, à Beauport.—*Marie-Angélique*, b [7] 23 avril 1761. —*Marie-Elisabeth*, b 19 sept. 1763, à Québec. [9]— *Marie*, b... m [9] 14 sept. 1790, à Charles Barbeau.

1762, (26 juillet) Ste-Foye. [8]
IV.—MASSE (3), Pierre, [Joseph III.
b 1737 ; s [8] 28 déc. 1775.
Petitclerc, Marguerite, [Augustin III.
b 1744.
Anonyme, b [8] et s [8] 8 février 1763. — *François*, b [8] 23 oct. 1763 ; s [8] 1er juin 1765.—*Pierre*, b [8] 9 sept. 1765 ; m 13 nov. 1797, à Marie-Anne Boucher, à Québec.—*Marguerite*, b 11 janvier 1770, à la Longue-Pointe.—*Alexis*, b... s [8] 8 juillet 1772. — *Basile-Joseph*, b [8] 15 nov. 1772 ; s [8] 16 déc. 1773.—*Deux anonymes*, b [8] et s [8] 10 sept. 1774.— *Jean* (4), b...

1763, (31 janvier) Charlesbourg.
IV.—MASSE, Michel, [Joseph III.
b 1735.
Berthiaume, Marie-Joseph, [Michel III.
b 1746.
Michel, b 2 janvier 1764, à Ste-Foye. [1]— *Marie-Thérèse*, b [1] 12 déc. 1765. — *Marie-Elisabeth*, b [1] 11 août 1767 ; m [1] 27 nov. 1786, à Ignace Berthiaume. — *Gabriel*, b [1] 30 sept. 1769. — *Marie-Joseph*, b [1] 1er dec. 1771 ; s [1] 14 mars 1788.— *Clément-Jacques*, b [1] 23 juillet 1775. — *Marie*, b 1777 ; s [1] 23 février 1778.—*Joseph-Henri*, b [1] et s [1] 18 oct. 1779.—*Marie-Julie*, b [1] 8 sept. 1780.— *Antoine*, b [1] 9 mai 1786.

(1) Sergent au régiment de Languedoc. Il était, le 15 mars 1758, à Lotbinière.

(2) Dit Lépine.

(3) Appelé Mars, 1770.

(4) Présent au mariage de son frère, Pierre, en 1797.

1768, (10 oct.) Québec.
IV.—MASSE, Louis-Joseph, [Joseph III.
b 1733.
Levasseur (1), Françoise, [François-Louis III.
b 1739.
François, b 29 mai 1769, à Ste-Foye. [1]—*Joseph*, b [1] 10 nov. 1770.

1770.
IV.—MASSE, Pierre, [Pierre-Marie III.
b 1749; s 5 sept. 1777, au Detroit.
Laroche, Marie.

1787, (15 juillet) St-Cuthbert.
V.—MASSE, Charles, [Louis-Barthélemi IV.
b 1757.
Guilbaut, Rosalie. [Louis III.

1790, (15 février) St-Cuthbert. [3]
V.—MASSE, Chs-Ambroise. [Antoine-Jean IV.
Robert, Angélique. [Jean-Bte V.
Marguerite-Angélique, b [3] 2 janvier et s [3] 10 sept. 1792. — *Ambroise*, b [3] 8 février 1794. — *Marie-Joseph*, b [3] 18 juin 1795.

1797, (13 nov.) Québec. [6]
V.—MASSE, Pierre, [Pierre IV.
b 1765 ; marchand.
Boucher, Marie-Anne, [François V.
b 1770 ; s [6] 7 nov. 1852.
Marie-Louise-Flore, b... m [6] 22 sept. 1840, à Pierre-Joseph-Olivier Chauveau (2) ; s [6] 24 mai 1875.

MASSÉ.—*Variation et surnoms* : Macé— Baumier—Brisefer — Laventure — Martin— Sancer—St. Jean.

I.—MASSÉ (3), Martin,
b 1646 ; s 12 mai 1714, à Montréal. [6]
DeCors, Jeanne,
b 1649.
Michel, b 1671 ; m à Marguerite Cour-Lafleur ; s [6] 22 juin 1730. — *Marie-Anne*, b [6] 7 déc. 1684 ; 1° m [6] 16 janvier 1704, à Guillaume Mailhot ; 2° m [6] 26 sept. 1718, à Pierre Courault ; s [6] 24 sept. 1721.

I.—MASSÉ (3), Martin,
b 1648 ; de Luçon, Poitou.
David (4), Marie-Thérèse, [Claude I.
b 1666.
Suzanne, b 1678. — *Claude*, b 1690 ; 1° m 27 nov. 1713, à Jeanne Hayet, à Varennes ; 2° m 3 février 1728, à Marie-Anne Douez, à Montreal. [4] — *Geneviève*, b... m [4] 17 fevrier 1727, à Jean-Henri Lydius.

(1) Dit Borgia.

(2) LL D. ; M S.R.C. ; chevalier de l'Ordre de St-Grégoire ; ancien Surintendant de l'Instruction publique et ex-Premier ministre de la province de Québec ; actuellement Shérif à Montréal, 1888.

(3) Voy. Macé, vol. I, p. 401.

(4) Elle épouse, le 12 juin 1706, Jacob DeMarsac, à Montréal.

I.—MASSÉ (1), JACQUES,
b 1641.
GUILLET, Catherine, [PIERRE I.
b 1656.
Angélique, b... m à Michel CREVIER. — *Simone* (2), b 1670.—*Marie* (2), b 1673.

—

1702.

II.—MASSÉ, MICHEL, [MARTIN I.
b 1671 ; s 22 juin 1730, à Montréal. [1]
COUK-LAFLEUR, Marguerite, [PIERRE I.
b 1664 ; veuve de Jean Fafart.
Françoise, b 1705; m [1] 28 mai 1731, à Pierre LEDUC.

—

1703, (12 février) Laprairie.
I.—MASSÉ, JEAN, fils de Jacques et de Jeanne Bernard, de la Motte-Ste-Loy, diocèse de Poitiers, Poitou.
BAUDET, Marie, [LAURENT I.
b 1685.
Augustin, b 1705 ; s 10 sept. 1722, à Chambly.[1]—*François*, b 1706 ; m [1] 8 nov. 1728, à Madeleine ROBERT ; s [1] 24 avril 1754.—*Jean-Baptiste*, b [1] 31 janvier 1708 ; 1° m 20 nov. 1736, à Charlotte DE NOYON, à Boucherville [2]; 2° m [2] 1er juin 1772, à Elisabeth CARPENTIER.—*Marie-Thérèse*, b [1] 12 mai 1710. — *Marguerite-Ursule*, b [1] 18 mars 1712. — *Catherine*, b [1] 13 mai 1714 ; 1° m [2] 22 février 1734, à Jean-Baptiste DENOYON ; 2° m [2] 4 mai 1748, à Thomas GIROUX. — *Pierre*, b [1] 28 janvier 1717; m [1] 18 août 1749, à Catherine ROBERT. — *Joseph*, b [1] 2 avril 1719. — *Charlotte-Ursule*, b [1] 10 mai 1722.—*Charlotte-Françoise*, b [1] 19 janvier 1725 ; m 8 janvier 1759, à Antoine SOYER, à Montréal.— *Charles*, b... m [1] 8 nov. 1762, à Marie BESSET.

—

II.—MASSÉ, LOUIS, [JACQUES I.
b 1676.
PROVENCHER, Catherine, [SÉBASTIEN I.
b 1676.
Jean-Baptiste, b 1712; m 3 février 1739, à Marie-Ursule HUS, à Sorel.—*Pierre*, b 1713 ; m 19 janvier 1733, à Marie-Joseph LEBLANC-LABRIE, à Becancour [3]; 2° m 31 janvier 1742, à Thérèse LECLERC, aux Trois-Rivières ; s 19 sept. 1781, à Repentigny.—*Charles*, b [3] 8 avril 1716; m [3] 6 nov. 1747, à Agathe DESHAIES.—*Marie-Madeleine*, b [3] 7 février 1718. — *Joseph*, b 1720 ; m 19 février 1743, à Françoise RIVARD, à Yamachiche.

—

1713, (27 nov.) Varennes. [4]
II.—MASSÉ (3), CLAUDE, [MARTIN I.
b 1690.
1° HAYET, Jeanne, [JEAN I.
b 1693 ; s 24 oct. 1726, à Montréal. [5]
Jean, b 1714 ; m [4] 12 février 1748, à Catherine BRIEN.
1728, (3 février). [5]
2° DOUEZ (1), Marie-Anne, [JACQUES-RENÉ I.
b 1705.
Etienne, b... m 15 février 1751, à Charlotte MARTINBAUT, à Boucherville.—*Angélique*, b 1739; m [4] 1er mars 1756, à Christophe MONGEAU ; s [4] 15 mars 1769.

—

1723.

II.—MASSÉ (2), JEAN-BTE, [JACQUES I.
b 1678 ; s 17 avril 1754, au Cap-de-la-Madeleine. [1]
LEBLANC (3), Geneviève, [NICOLAS II.
b 1699.
Louise, b 1723 ; s [1] 9 oct. 1758.—*Joseph*, b 1727 ; s [1] 7 avril 1787.—*Marguerite*, b... m [1] 4 mai 1751, à Joseph LAPOINTE.—*Marie-Joseph*, b... m [1] 3 mai 1756, à Jean-Baptiste BIGOT.—*Marie-Geneviève*, b [1] 25 avril 1736; m [1] 12 oct. 1761, à Alexis BIGOT. — *François-Amable*, b [1] 25 juillet 1739. — *Charles*, b 1741 ; m 4 nov. 1760, à Marie-Angélique PROVENCHER, à Becancour. — *Jacques*, b... m [1] 1er juin 1767, à Marie-Joseph CREVIER.

—

1725, (29 janvier) Beauport. [2]
I.—MASSÉ, JEAN (4), fils de Pierre et de Marguerite Brochaut, de Daulué, Ile-Oléron, diocèse de Xaintes, Saintonge.
MORIN, Jeanne, [PIERRE I.
b 1706 ; s [2] 27 mars 1758.
Marie-Madeleine, b [2] 22 juillet 1727 ; s [2] 24 janvier 1742. — *Thérèse*, b [2] 17 sept. 1729 ; s [2] 17 fevrier 1743.—*Jean-Baptiste*, b [2] 31 mars 1732. — *Joseph*, b [2] 9 avril et s [2] 4 mai 1734.—*Joseph-Noel*, b [2] 11 avril 1736.—*Marguerite*, b [2] 10 août 1738 ; m [2] 7 février 1757, à Pierre JARRY.—*Pierre*, b [2] 24 juillet 1740. — *Adrien*, b [2] 7 mai et s [2] 6 juin 1743. — *Louis*, b [2] 16 avril 1745.—*Antoine*, b [2] 15 sept. 1748 ; s [2] 12 mai 1749. — *François*, b [2] 28 avril et s [2] 8 mai 1751.

—

1727, (25 février) Charlesbourg. [4]
I.—MASSÉ, JEAN-GUILLAUME, b 1707; fils d'Etienne et de Jeanne Blanchard, de St-Pierre-d'Oleron, diocèse de LaRochelle, Aunis ; s 31 oct. 1743, à Quebec. [5]
BOURBON (5), Françoise, [JEAN I.
b 1695 ; veuve de Jean Barbot ; s [5] 11 janvier 1758.
Marie-Louise, b [4] 8 sept. 1728 ; m [5] 6 mai 1748, à François BARBEAU. — *Jean-Baptiste*, b [4] 27 mai et s [4] 5 août 1730. — *Jean-Baptiste*, b [4] 25 nov. 1731 ; m [5] 18 janvier 1758, à Louise LAROCHE. — *Françoise*, b [5] 6 juin 1735 ; m [5] 22 fevrier 1751, à François BARBEAU.

(1) Et Macé dit Baumier; voy. vol. I, pp. 401-418. Etabli au Cap-de-la-Madeleine.
(2) Simone et Marie sont portées sur le recensement de 1681 seulement.
(3) Macé dit Martin—Marié sous le nom de Martin.

(1) Pour Foy dit Lacroix, voy. vols III et IV.
(2) Dit Baumier.
(3) Appelée Labrie.
(4) Dit St. Jean ; soldat d'Amariton.
(5) Dit Mérieux.

1728, (8 nov.) Chambly. [6]
II.—MASSÉ (1), François, [Jean I.
b 1705 ; s [6] 24 avril 1754.
Robert (2), Madeleine, [Prudent III.
b 1713.
Madeleine, b 1729 ; m [6] 2 février 1750, à Jean-Baptiste Dairgnon. — *Jacques*, b 1731 ; m [6] 30 janvier 1758, à Marie-Joseph Lanoix. — *Charles*, b 1739 ; m [6] 6 juillet 1761, à Catherine Chaunière. —*Marie-Joseph*, b [6] 9 juillet 1746 ; m [6] 5 février 1762, à Jean-Baptiste Stébenne.—*Ambroise-Amable*, b [6] 25 sept. 1748. — *Madeleine-Hélène*, b [6] 2 mars 1751.—*François* (posthume), b [6] 15 et s [6] 28 juillet 1754.

1733, (19 janvier) Bécancour.
III.—MASSÉ, Pierre, [Louis II.
b 1713 ; s 19 sept. 1781, à Repentigny.
1° Leblanc-Labrie, Marie-Joseph. [Nicolas II.
Joseph-Louis, b 6 nov. 1733, à Sorel. [3]—*Pierre-Amable*, b [3] 30 janvier 1735 ; m 19 février 1759, à Marie-Elisabeth Rivard, à l'Ile-Dupas.—*Marie-Joseph-Amable*, b [3] 30 janvier 1735.
1742, (31 janvier) Trois-Rivières.
2° Leclerc, Thérèse. [Jean II.

1733, (11 août) Chambly. [7]
I.—MASSÉ (3), Michel, b 1706 ; fils d'Antoine et de Marie Baré, d'Ipervil, diocèse d'Angoulême, Angoumois ; s [7] 18 février 1751.
Maillot (4), Louise, [Jean I.
b 1716.

1736, (20 nov.) Boucherville. [8]
II.—MASSÉ (5), Jean-Bte, [Jean I.
b 1704.
1° DeNoyon, Charlotte, [Jacques II.
b 1716.
Jacques, b... m [8] 16 sept. 1771, à Marie Blin. —*Jean-Baptiste*, b... m [8] 2 mars 1772, à Charlotte Richelieu.—*Marie-Joseph*, b... m [8] 3 août 1772, à Joseph Touche.
1772, (1er juin). [8]
2° Carpentier, Elisabeth, [Charles I.
b 1726 ; veuve de Julien Malbeuf.

1739, (3 fevrier) Sorel. [6]
III.—MASSÉ (6), Jean-Bte, [Louis II.
b 1712.
Hus (7), Marie-Ursule, [Pierre-Jean II.
b 1719.
Louis-Joseph, b [6] 19 avril 1740. — *Marie-Catherine*, b 21 oct. 1742, à l'Ile-Dupas [7] ; m [7] 10 août 1767, à Jacques Dandonneau.—*Jean-Baptiste*, b [6] 16 janvier 1750.

(1) Noyé dans le bassin.
(2) Elle épouse, le 1er août 1757, Jean-Baptiste Larivière, à Chambly.
(3) Dit Brisefer.
(4) Dit Laroche ; elle épouse, le 9 janvier 1758, Denis Laporte, à Chambly.
(5) Dit Sancer.
(6) Dit Baumier.
(7) Dit Cournoyer ; elle épouse, le 20 janvier 1753, Jean-Baptiste Valois, à l'Ile-Dupas.

1743, (19 février) Yamachiche. [8]
III.—MASSÉ (1), Joseph, [Louis II.
b 1720.
Rivard (2), Françoise, [François III.
b 1722.
Joseph, b [8] 17 avril 1744 ; m [8] 8 avril 1766, à Geneviève Toutan. — *Marie-Madeleine*, b [8] 1er oct. 1746 ; s [8] 8 nov. 1760. — *Antoine*, b [8] 24 oct. et s [8] 24 nov. 1748. — *François*, b [8] 4 mars 1750 ; s [8] 2 déc. 1751.—*Marie-Amable*, b [8] 17 sept. 1752. —*François*, b [8] 13 oct. 1758. — *Marie-Elisabeth*, b [8] 8 mars 1761.

1745, (12 janvier) Rivière-Ouelle. [6]
I.—MASSÉ, François, b 1722 ; fils de Richard et de Jeanne Jordin, de Bassilié, diocèse d'Avranches, Normandie ; s [6] 27 mai 1782.
Paradis, Marthe, [Guillaume III.
b 1718.
Anonyme, b [6] et s [6] 31 mars 1753. — *Pierre-François*, b [6] 13 oct. 1754 ; m [6] 30 sept. 1771, à Marie-Geneviève Boucher ; s [6] 11 février 1780.— *Louis-Joseph*, b [6] 23 mars 1757 ; m [6] 23 janvier 1775, à Madeleine Miville. — *Marie-Joseph*, b [6] 25 août 1760 ; m [6] 23 janvier 1776, à Noel-Gregoire Dubé.

1747, (6 nov.) Bécancour. [1]
III.—MASSÉ, Charles, [Louis II.
b 1716.
Deshaies, Agathe, [Jean-Bte II.
b 1720 ; s [1] 14 déc. 1749.

1748, (12 fevrier) Varennes. [1]
III.—MASSÉ (3), Jean, [Claude II.
b 1714.
Brien, Catherine, [François-Marie II.
b 1721.
Jean-Marie, b... m [1] 7 janvier 1771, à Marie-Archange Jodoin.

1749, (18 août) Chambly. [7]
II.—MASSÉ, Pierre, [Jean I.
b 1717.
Robert, Catherine, [Prudent III.
b 1715.
Charles, b [7] 29 février 1756.

1751, (15 février) Boucherville.
III.—MASSÉ (3), Etienne, [Claude II.
b 1720.
Martinbaut, Charlotte, [Jean-Martin II.
b 1731 ; s 31 juillet 1797, à Beaumont.
Anonyme, b et s 26 oct. 1751, à Verchères. [1]— *Marie-Desanges*, b [1] 25 sept. 1752.

III.—MASSÉ (4), Joseph, [Jean-Bte II.
b 1727 ; s 7 avril 1787, au Cap-de-la-Madeleine.

(1) Et Macé, 1744.
(2) De la Glanderie.
(3) Marié sous le nom de Martin.
(4) Dit Baumier.

1758, (18 janvier) Québec. [1]
II.—MASSÉ, Jean-Bte, [Jean-Guillaume I.
b 1731.
Laroche, Louise, [Jean-Bte III.
b 1734.
Marie-Louise, b [1] 21 janvier 1759; s [1] 28 janvier 1761.—*Thérèse*, b [1] 7 août 1761; m 6 février 1792, à Pierre Tessier, à St-Cuthbert. [2] —*Marie-Angélique*, b [1] 29 juin 1763; m [2] 7 janvier 1782, à Simon Cloutier. — *Marie-Louise*, b... m [2] 25 janvier 1790, à Louis Allard.

1758, (30 janvier) Chambly. [2]
III.—MASSÉ, Jacques, [François II.
b 1731.
Lanoix, Marie-Joseph. [Augustin.
Marie-Françoise, b [2] 21 juin et s [2] 16 août 1758. —*Joseph-François*, b [2] 4 août 1759.—*Jacques*, b [2] 15 déc. 1760.

1759, (19 fevrier) Ile-Dupas. [5]
IV.—MASSÉ, Pierre-Amable, [Pierre III.
b 1735.
Rivard, Marie-Elisabeth, [Joseph IV.
b 1737.
Pierre, b [5] 1er janvier 1760.—*Thérèse*, b [5] 26 janvier et s [5] 16 février 1762.—*Marie-Catherine*, b [5] 10 janvier 1763.—*Joseph-Marie*, b [5] 29 dec. 1763.—*Antoine*, b [5] 12 nov. 1765.—*Marie-Anne*, b [5] 29 juin et s [5] 23 sept. 1767.—*Marie-Marguerite*, b [5] 8 mars 1774.—*Marie-Anne*, b [5] 15 mai et s [5] 18 août 1775.

MASSÉ, Antoine.
Augé, Marie-Geneviève.
Deux anonymes, b et s 13 février 1761, à Quebec.

I.—MASSÉ (1), Etienne.

MASSÉ, Charles.
Desilets, Therèse.
Marie-Elisabeth, b 2 mai 1761, à Bécancour.

1760, (4 nov.) Bécancour.
III.—MASSÉ (2), Charles, [Jean-Bte II.
b 1741.
Provencher, Marie-Angélique, [Antoine III.
b 1746.

1760, (10 nov.) St-Antoine-de-Chambly. [6]
I.—MASSÉ, Joseph, b 1739; fils de Rene et de Felicité Bellot, de Toussaint, en Bretagne.
Chefdevergue, Marie-Ursule, [Louis II.
b 1740.
Joseph-Marie, b [6] 31 oct. 1761.

(1) Chirurgien-major au régiment de Béarn. Il était à Longueuil le 20 janvier 1760.
(2) Dit Baumier.

1761, (6 juillet) Chambly.
III.—MASSÉ, Charles, [François II.
b 1739.
Chaunière (1), Catherine, [Jean III.
b 1739.

1762, (8 nov.) Chambly.
II.—MASSÉ, Charles. [Jean I.
Besset, Marie. [Jean-François.

1766, (8 avril) Yamachiche. [7]
IV.—MASSÉ, Joseph, [Joseph III.
b 1744.
Toutan, Geneviève, [Pierre II.
b 1746.
Geneviève, b [7] 26 oct. 1767.

1767, (1er juin) Cap-de-la-Madeleine. [8]
III.—MASSÉ, Jacques. [Jean-Bte II.
Chevier, Marie-Joseph, [Antoine IV.
b 1747.
Marie-Joseph, b... m [8] 16 juin 1794, à Joseph Houde.—*Antoine*, b [8] 26 nov. 1786.—*Charles*, b [8] 27 déc. 1788; s [8] 15 janvier 1791.

1771, (7 janvier) Varennes.
IV.—MASSÉ (2), Jean-Marie. [Jean III.
Jodoin, Marie-Archange. [André III.

1771, (16 sept.) Boucherville.
III.—MASSÉ, Jacques. [Jean-Bte II.
Blin, Marie. [Antoine II.

1771, (30 sept.) Rivière-Ouelle. [9]
II.—MASSÉ, Pierre-François, [François I.
b 1754; s [9] 11 février 1780.
Boucher (3), Marie-Geneviève, [Pierre IV.
b 1750.

1772, (2 mars) Boucherville.
III.—MASSÉ, Jean-Bte. [Jean-Bte II.
Desfossés-Richelieu, Charlotte, [Pierre.
b 1753.

1775, (23 janvier) Rivière-Ouelle.
II.—MASSÉ, Louis-Joseph, [François I.
b 1757.
Miville, Madeleine, [Jean V.
b 1755.

MASSEAULT.—Voy. Masseaut.

MASSEAUT.—*Variation et surnom :* Masseault —St. Martin.

(1) Dit Sabourin.
(2) Marié sous le nom de Martin.
(3) Elle épouse, le 13 nov. 1780, Pierre Michaud, à la Rivière-Ouelle.

1674.

I.—MASSEAUT (1), JEAN,
b 1648; menuisier.
MICHEL (2), Anne,
b 1648; veuve de Jacques Paviot; s 1er déc. 1724, à St-Ours.
Barbe, b 1680; m 1702, à Jean MARETTE; s 17 février 1717, à Montréal. — *Marguerite*, b 1688; m 1727, à Paul JETTÉ.

MASSELIN.—Voy. MASCELIN-DUSABLÉ.

MASSELOT.—*Surnom* : LAJOIE.

1760, (20 oct.) Chambly.

I.—MASSELOT (3), MATHIAS, soldat; fils de Claude et de Barbe Merlin, de Chatenaye, en Lorraine.
DEMERS, Marie-Gertrude. [JOSEPH III.

MASSIA.—Voy. MASSIOT—MATIAS.

1696, (2 juillet) Batiscan. 7

I.—MASSICOT (4), JACQUES,
b 1658; s 7 3 juin 1738.
BARIL, Catherine, [JEAN I.
s 7 13 oct. 1752.
Jean, b 7 6 janvier 1701; 1° m 7 26 avril 1725, à Louise TROTIER; 2° m 16 juillet 1731, à Angélique VALLÉE, à Ste-Anne-de-la-Perade. 8—*Joseph*, b 7 23 mars 1710; s 8 11 janvier 1734.—*Antoine-François-Xavier*, b 7 12 fevrier 1715; m 8 3 oct. 1738, à Marie-Renee VALLÉE.—*Marie-Anne*, b 7 2 mai 1719; m 7 22 fevrier 1745, à Bonaventure SAUVAGEAU; s 11 juillet 1756, aux Grondines.

1725, (26 avril) Batiscan. 7

II.—MASSICOT, JEAN, [JACQUES I.
b 1701.
1° TROTIER, Louise, [AUGUSTIN III.
b 1706; s 7 20 mai 1728.
Jean-Baptiste, b 1726; m 7 13 avril 1750, à Marie-Louise MASSON.
1731, (16 juillet) Ste-Anne-de-la-Pérade. 8
2° VALLÉE, Angélique, [CHARLES II.
b 1711.
Charles, b 8 26 juillet 1733; m 1762, à Françoise RIVARD.—*Joseph*, b 15 mai et s 30 juin 1735, à Ste-Geneviève. 9 — *Marie-Angélique*, b 9 6 mai 1736; m 7 13 février 1764, à Jean JACOB.—*Marie-Françoise-Dorothée*, b 9 15 février 1738. — *François-Xavier*, b 9 17 nov. 1739; m 7 8 janvier 1770, à Marie-Amable GOUIN; s 7 15 sept. 1787. — *Louis-Antoine*, b 7 27 août 1741. — *Marie-Joseph*, b 1754; m 7 10 fevrier 1777, à François BARIBEAU.

(1) Dit St. Martin; voy. vol. I, p. 419.

(2) Le recensement de 1681, donnant la liste des enfants, ne distingue pas les quatre filles ainées qui sont enfants du 1er lit, c'est-à-dire de Jacques Paviot.

(3) Dit Lajoie.

(4) Voy. vol. I, p. 419.

1729, (6 fevrier) Batiscan. 4

II.—MASSICOT, JACQUES, [JACQUES I.
b 1704.
TROTIER, Marie-Joseph, [AUGUSTIN III.
b 1708.
Augustin, b 7 janvier 1730, à Ste-Geneviève. 5 —*Catherine-Elisabeth*, b 5 22 nov. 1734; s 5 12 sept. 1735.—*Marie-Catherine*, b 4 28 juillet 1736. —*Jacques-François*, b 5 11 janvier 1739; m 1763, à Suzanne GRIMARD. — *Marie-Marguerite*, b 4 9 sept. 1748.

1738, (3 oct.) Ste-Anne-de-la-Pérade. 8

II.—MASSICOT, ANT.-FRS-XAVIER, [JACQUES I.
b 1715.
VALLÉE, Marie-Renée, [CHARLES II.
b 1715; s 27 avril 1740, à Ste-Geneviève. 9
Marie-Catherine, b 9 6 mars 1739; m 8 16 août 1757, à Louis BAILLARGEON; s 8 10 mai 1767.

1739, (26 janvier) Pte-aux-Trembles, Q.

II.—MASSICOT, FRANÇOIS, [JACQUES I.
b 1713; s 26 déc. 1755, à Batiscan. 8
1° BÉLAN, Marie-Angélique, [JEAN II.
b 1717; s 8 22 déc. 1749.
Marie-Angélique, b 8 2 mars 1740.—*Marie-Catherine*, b 8 9 juillet 1741; m 8 20 juin 1763, à Jean-Baptiste DESSUREAUX. — *Marie-Joseph*, b 8 6 nov. 1742; m 8 3 fevrier 1777, à Jacques-Pierre ROY; s 8 20 mai 1778. — *François-Louis*, b 8 20 avril 1744. — *Marie*, b 8 9 mars 1746; s 8 20 fevrier 1749. — *Marie-Marguerite*, b 8 10 et s 8 28 août 1747. — *Daniel*, b 8 8 juillet 1748. — *Joseph-Amable*, b 8 8 juillet 1748; s 8 24 juillet 1749.
1752, (15 mai). 8
2° COTIN (1), Marie-Joseph, [JEAN-BTE II.
b 1730.
Joseph, b 8 6 dec. 1752. — *Marie-Madeleine*, b 8 16 fevrier 1754; m 1779, à Gabriel MATHON. — *Marie-Françoise* (posthume), b 8 23 fevrier et s 14 sept. 1756, à Ste-Anne-de-la-Pérade.

1750, (13 avril) Batiscan. 3

III.—MASSICOT, JEAN-BTE, [JEAN II.
b 1726.
MASSON, Marie-Louise, [MICHEL II.
veuve de Pierre Rivard.
Joseph-Basile et Jean-Baptiste, b 3 24 mars et s 3 1er avril 1752. — *Jacques-François*, b 3 13 dec. 1754.—*Marie-Joseph*, b 3 13 déc. 1754; m 3 10 fevrier 1777, à François BARIBEAU.

1762.

III.—MASSICOT, CHARLES, [JEAN II.
b 1733.
RIVARD, Françoise.
Marie-Joseph, b 5 avril 1763, à Batiscan. 4— *Jean-Baptiste*, b 4 12 mars 1764.

(1) Elle épouse, le 5 nov. 1758, Louis Lehoullier, à Batiscan.

1763.

III.—MASSICOT, JACQ.-FRANÇOIS, [JACQUES II.
b 1739.
GRIMARD (1), Suzanne.
Jacques, b 11 août 1764, à Batiscan. [6] — *François*, b 1766 ; m [6] 11 janvier 1790, à Marie-Rose GAUDIN.

1770, (8 janvier) Batiscan. [6]

III.—MASSICOT, FRANÇOIS-XAVIER, [JEAN II.
b 1739 ; s [6] 15 sept. 1787.
GOUIN, Marie-Amable, [PIERRE III.
b 1749.
François, b 22 février 1772, à Ste-Geneviève; m à Louise QUESSY-LEBLOND ; s 13 mai 1871, à St-Stanislas.—*Joseph*, b 16 mai 1775, à Ste-Anne-de-la-Perade.

MASSICOT, LOUIS.
BARIBEAU, Marie-Joseph.
Marie, b 8 oct. 1778, à St-Anne-de-la-Pérade.

MASSICOT ALEXIS.
PROTEAU, Marie. [PIERRE.

1790, (11 janvier) Batiscan.

IV.—MASSICOT, FRANÇOIS, [JACQUES-FRS III.
b 1766.
GAUDIN, Marie-Rose. [FÉLIX II.

MASSICOT, JOSEPH.
BONENFANT, Marie-Joseph.
Marie-Joseph, b 7 avril 1792, à Batiscan. [7] — *Marie-Joseph*, b [7] 14 oct. 1794.

MASSICOT, JEAN-BTE.
BELLETÊTE, Brigitte.
Pierre, b 22 juin 1795, à Batiscan.

MASSIÉ.—Voy. MASSY.

MASSIER.—*Variation et surnom :* MESSIER — ST. HILAIRE.

1725, (6 août) Montréal. [8]

I.—MASSIER (2), JACQUES, b 1699 ; fils de Louis et de Marie Lair, de Digny, diocèse de Chartres, Beauce.
1° CARRIÈRE, Catherine, [ANDRÉ I.
b 1685 ; s [8] 22 déc. 1743.
1750, (5 oct.) Sault-au-Récollet.
2° TURCOT, Marie-Angélique, [JEAN I.
b 1691 ; veuve de Pierre Choret.

MASSIOT.—*Variation :* MASSIA.

(1) Dit Morand.

(2) Et Messier dit St. Hilaire ; soldat de la compagnie de Senneville.

1701, (14 août) Montréal. [2]

I.—MASSIOT, JEAN-BTE, b 1671 ; fils de Guillaume (maître des postes de Périgueux) et de Marie Lefebvre, de Fossemagne, diocèse de Périgord, contrée de la Guienne ; s [2] 6 juillet 1707.
GUILLERY (1), Louise, [SIMON I.
b 1682.
Marie-Louise, b [2] 18 avril 1703 ; m 17 février 1727, à Jean CARDINAL, à Lachine [3] ; s 31 mai 1752, au Détroit.—*Françoise*, b [3] 13 fevrier et s [3] 30 mars 1705.—*Marguerite-Angélique*, b [3] 27 juin 1706 ; m [3] 26 janvier 1728, à Antoine ROUSSET.

MASSON. — *Variation et surnoms :* MAÇON — BERNARD — DEBERTIGNAC — MALOY — THÉODORE.

1668, (17 oct.) Québec. [4]

I.—MASSON (2), GILLES,
b 1630 ; s 27 mars 1715, à Ste-Anne-de-la-Pérade. [5]
GAUTIER, Jeanne-Marie, b 1640 ; fille de Honoré et de Jacqueline Maville, de Rémy, diocèse de Sens, Champagne.
Pierre, b [4] 26 juillet 1673 ; m [5] 7 janvier 1698, à Catherine LEFRANÇOIS ; s 16 août 1745, à Terrebonne.—*Louis*, b 1675 ; m [5] 6 fevrier 1703, à Catherine RICHARD ; s 4 sept. 1750, à Ste-Rose.—*Joseph*, b 1676 ; m 1698, à Thérèse LEFRANÇOIS.

1693, (4 mai) St-François, I. O.

II.—MASSON (2), MICHEL, [JACQUES I.
b 1672.
1° GROIGNÉ, Marie-Madeleine, [NICOLAS I.
s 14 janvier 1700, à St-Thomas [6]
Suzanne, b... m 18 nov. 1715, à Pierre ARCOUET, à Champlain [7] ; s [7] 21 dec. 1733.—*Marie*, b 20 août 1697, à Beaumont ; m [6] 10 sept. 1714, à Pierre GARANT.
1700, (10 mai). [6]
2° DUPONT, Marie-Anne, [GILLES I.
b 1672 ; veuve de Denis Huet.
Michel, b 1706 ; 1° m 1725, à Marie FRONSAC ; 2° m 30 sept. 1732, à Madeleine DUMONT, à St-Valier ; s 8 nov. 1757, à St-Charles.—*Marie-Catherine*, b [6] 10 oct. 1709.—*Jacques*, b [6] 16 janvier 1712.

1698, (7 janvier) Ste-Anne-de-la-Pérade. [3]

II.—MASSON (2), PIERRE, [GILLES I.
b 1673, s 16 août 1745, à Terrebonne. [4]
LEFRANÇOIS (3), Catherine, [PIERRE I
b 1676 ; s 23 sept. 1751, à Ste-Rose.
Pierre, b 1700 ; 1° m 22 sept. 1721, à Marguerite JOFFRION, à Varennes ; 2° m 26 août 1723, à Catherine FORAN, à la Pte-aux-Trembles, M. [5] ; 3° m 1727, à Marie-Françoise BROUILLET.—*Jean-Baptiste*, b 1703 ; m 1725, à Marie-Angelique GAGERON.—*Madeleine*, b [3] 13 fevrier 1704 ; m [5] 27 sept. 1723, à Pierre POUTRÉ.—*Marie-Anne*, b 8

(1) Elle épouse, plus tard, Joseph Cuillerier.

(2) Voy. vol. I, p. 419.

(3) Des Mil-Iles—Frapier, 1715.

sept. 1715, à St-Frs-du-Lac; m [4] 8 nov. 1734, à Jean CORON. — *Joseph*, b 22 février 1720, à St-Ours.

1698.

II.—MASSON, JOSEPH, [GILLES I.
b 1676.
LEFRANÇOIS, Thérèse. [PIERRE I.
Joseph, b 1710; m 7 février 1752, à Louise MAISONNEUVE, à Ste-Rose.

1699, (14 mars) Pte-aux-Trembles, Q. [6]

I.—MASSON (1), JEAN,
b 1673; s 29 février 1728, à St-Augustin. [7]
GRESLON, Anne, [JACQUES I.
b 1666; veuve de Jean Bruseau; s [7] 25 mars 1725.
Jean-François, b [6] 26 sept. 1701; m [7] 19 mars 1724, à Louise PARÉ.—*Barnabé*, b [6] 11 juin 1705; m [7] 30 janvier 1731, à Marie-Agnès GARNIER.—*Louis-Joseph*, b [6] 25 janvier 1709; s [7] 16 mars 1725.—*Marie-Thérèse*, b [6] 13 nov. 1711.—*Marie-Louise*, b 1712; m [7] 14 fevrier 1729, à Jean MILLET; s [7] 15 sept. 1754. — *Madeleine*, b... m 1747, à François JEAN-DENIS.

1703, (6 fevrier) Ste-Anne-de-la-Pérade. [1]

II.—MASSON, LOUIS, [GILLES I.
b 1675; s 4 sept. 1750, à Ste-Rose. [2]
RICHARD, Catherine. [JEAN I.
Marie, b [1] 22 août 1704; m 12 août 1723, à Guillaume GAUTIER, à St-Laurent, M. — *Marie-Jeanne*, b [1] 11 janvier 1707. — *Marie-Joseph*, b [1] 22 février 1709; 1° m à Jacques LÉVESQUE; 2° m 10 oct. 1739, à Charles ARNAULT, à Varennes. [3] — *Marie-Renée*, b [1] 1er avril 1711; m 1er oct. 1731, à Jacques VINCELET, à Boucherville.—*Isabelle*, b [1] 9 oct. 1713.—*Marie-Anne*, b... m [3] 2 mai 1739, à Guillaume GUYON. — *Marie-Madeleine*, b [1] 4 avril 1716; m 13 juin 1740, à Michel TAILLON, à Lachenaye.—*Marie-Catherine*, b 24 août 1719, à Verchères. — *Louis*, b 1721; m [2] 20 janvier 1755, à Madeleine LEVREAU. — *Joseph*, b 1726; m [2] 20 mai 1760, à Reine LIMOGES.

1721, (22 sept.) Varennes.

III.—MASSON, PIERRE, [PIERRE II.
b 1700.
1° JOFFRION, Marguerite, [JEAN II.
b 1701.
1723, (26 août) Pte-aux-Trembles, M.
2° FORAN, Catherine, [ANDRÉ I.
b 1705.
1727.
3° BROUILLET, Marie-Françoise. [MICHEL I.
Marie-Françoise, b 8 mai 1728, à Terrebonne. [8] —*Jean*, b [8] 29 août 1731. — *Marie-Madeleine*, b [8] 15 fevrier 1733.—*Marie-Joseph*, b [8] 30 mars 1735; m 12 nov. 1753, à Charles LABELLE, à Ste-Rose. [9] —*Joseph*, b [8] 25 juillet 1737; m [9] 30 avril 1759, à Marie-Charlotte-Ursule PARADIS.—*Antoine*, b [8] 27 fevrier 1740.—*Marie-Catherine*, b [8] 23 juillet 1741; 1° m [9] 16 janvier 1758, à Jean ROCHON; 2° m [9] 12 oct. 1761, à Joseph-Marie MEILLEUR; s [9] 29 nov. 1762.—*Marie-Charlotte*, b [8] 4 oct. 1743; m [9] 26 avril 1762, à Jacques LORAIN. — *Marie-Marguerite*, b [9] 4 juin 1746. — *Pierre*, b [9] 13 mars 1751.

(1) Voy. vol. I, p. 419.

MASSON, ANDRÉ, b... s 23 mai 1754, à Ste-Foye.

1724, (20 février) St-Laurent, M.

I.—MASSON, THÉODORE, b 1695; fils de Théodore et de Marguerite Neufville, de St-Severin, Paris.
LEMAY, Catherine, [JOSEPH II.
b 1700.

1724, (19 mars) St-Augustin. [3]

II.—MASSON, JEAN-FRANÇOIS, [JEAN I.
b 1701.
PARÉ, Louise, [FRANÇOIS II.
b 1704.
Anonyme, b [3] et s [3] 27 déc. 1724.—*Marguerite*, b [3] 6 nov. 1725; m [3] 23 août 1745, à Pierre RIOPEL.—*Jean-François*, b 15 juillet 1727, à la Pte-aux-Trembles, Q. [1]; m 1749, à Angélique BEAUCHAMP; s [3] 27 février 1794.—*Joseph-Louis*, b [3] 28 oct. 1729; m 1754, à Marie-Thérèse MERCIER. — *Pierre*, b [3] 5 mars 1731; 1° m 1757, à Louise MILLET; 2° m [3] 5 juillet 1762, à Marie-Joseph ALARIE.—*Augustin*, b [3] 24 nov. 1732.—*Madeleine*, b 1734; 1° m 19 fevrier 1754, à Louis VÉSINA, à L'Ange-Gardien; 2° m 27 sept. 1762, à Joseph FORGET, à la Rivière-des-Prairies.—*Marie-Louise*, b [3] 4 juin 1737. — *Brigitte*, b [1] 9 oct. 1739; m [3] 8 sept. 1760, à Jean PELLETIER.—*Marie-Angélique*, b [3] 28 juin et s [3] 5 août 1743.

1725.

III.—MASSON, JEAN-BTE, [PIERRE II.
s 24 nov. 1749, à Ste-Rose.
GAGERON, Marie-Angélique.
Marie-Elisabeth, b... m 19 juillet 1751, à Antoine LAPOINTE, à Terrebonne.

1725.

III.—MASSON, MICHEL, [MICHEL II.
b 1706; s 8 nov. 1757, à St-Charles. [4]
1° FRONSAC, Marie,
Sauvagesse.
Joseph-Marie, b 15 juillet 1726, à St-Valier. [2] — *Etienne*, b 4 août 1728, à Beaumont [8]; s [8] 22 juillet 1732.—*Antoine*, b [8] 2 nov. 1730; s [8] 1er oct. 1732.
1732, (30 sept.) [8]
2° DUMONT, Madeleine, [JULIEN II.
b 1712.
Thomas, b [8] 14 janvier 1734. — *Jean-Baptiste*, b [8] 17 et s [8] 21 fevrier 1735.—*Michel*, b [8] 1er mai 1736.—*Jean-Marie*, b [8] 30 oct. et s [8] 4 nov. 1737. — *Charles*, b [8] 27 oct. 1738. — *Marie*, b [8] 2 oct. 1740.—*Elisabeth*, b [8] 17 juillet 1742.—*Joseph*, b [8] 16 avril 1744.— *Louis*, b [8] 10 et s [8] 14 août 1746. —*Augustin*, b [8] 23 sept. 1747.—*Jean-Baptiste*, b [4] 18 août 1750.—*Marie-Louise*, b [4] 30 avril 1752.

1731, (30 janvier) St-Augustin. [3]

II.—MASSON, BARNABÉ, [JEAN I.
b 1705.
GARNIER, Marie-Agnès, [JEAN II.
b 1712 ; s 17 avril 1762, à Sorel. [2]
Henriette-Louise, b [3] 9 mars 1732 ; s [3] 3 déc. 1741.—*Barnabé*, b [3] 14 février 1734 ; m à Marie LANDRY.—*Marie-Madeleine*, b [3] 10 février 1735 ; s [3] 7 déc. 1741.—*Marie-Joseph*, b [3] 9 mars 1737 ; m [2] 5 juin 1764, à Michel BERGERON.—*Marie-Thérèse*, b [3] 31 oct. 1738.—*Pierre*, b 1739 ; m 1780, à Françoise MORIN ; s [3] 27 avril 1789.—*Etienne*, b [3] 20 février 1741. — *Jean-Baptiste*, b [3] 24 février 1743.—*Louis-Joseph*, b [3] 20 février 1745.—*Louis*, b [3] 7 avril 1747.—*Marie-Louise*, b 11 juin 1750, à la Pte-aux-Trembles, Q. ; m 26 février 1772, à Jean-Baptiste PLANTE, à l'Ile-Dupas. [4] — *Michel*, b... m [4] 8 janvier 1781, à Geneviève BRISSET.

I.—MASSON (1), FRANÇOIS, de la ville d'Agen.

1731, (21 mai) Quebec. [5]

I.—MASSON, JULIEN, fils de Jean et de Marie Vallee, de Plelain, diocèse de St-Malo, Bretagne.
PILOTTE, Marie-Catherine, [JEAN III.
b 1711.
Marie-Catherine-Françoise, b [5] 4 juillet 1732.

MASSON, LOUIS.
DUBREUIL, Marie-Anne,
b 1696 ; s 23 oct. 1726, à Québec (de mort subite).

1749.

III.—MASSON, JEAN-FRS, [JEAN-FRS II.
b 1727 ; s 27 fevrier 1794, à St-Augustin. [6]
BEAUCHAMP-LAPRAIRIE, Angelique, [FRANÇOIS I.
b 1726 ; s [6] 2 mai 1791.
Jean-François, b 9 sept. 1750, à la Pte-aux-Trembles, Q. [7] ; m [6] 2 fevrier 1795, à Louise TINON-DESROCHES.—*François*, b [6] 23 fevrier 1754 ; s [6] 3 nov. 1755. — *Pierre-François*, b [7] 11 oct. 1756 ; m [6] 2 août 1784, à Thérèse JOBIN.—*Louis*, b 1758 ; m [6] 30 sept. 1782, à Marie-Anne VALIN. — *Marie-Angélique*, b [6] 21 avril 1761 ; m [6] 30 janvier 1792, à Jean-Baptiste JEAN-DENIS.

1750.

MASSON, JULIEN.
PILOTE, Catherine.
Pierre, b 22 oct. 1751, à Verchères [6] ; s [6] 18 dec. 1755.—*Louis*, b [6] 22 oct. 1751.

1751, (22 fevrier) Québec.

I.—MASSON, PIERRE, b 1724, poulieur ; fils de Pierre et d'Elisabeth Lizeau, de St-Benoît, ville d'Orléans, Orleanois.
BEAUPRÉ (2), Marie-Louise, [FRS-PIERRE I.
b 1727 ; veuve de Jean Confoulan.
Pierre-Marc, b 1er juillet 1752, à L'Ange-Gardien.

(1) Présent au mariage de Barnabé Masson, 1731.

(2) Elle épouse, le 26 janvier 1758, Etienne Carpenet, à Quebec.

1752, (7 février) Ste-Rose. [8]

III.—MASSON, JOSEPH, [JOSEPH II.
b 1710.
MAISONNEUVE, Louise, [JEAN-BTE II.
b 1733.
Marie-Louise, b [8] 12 nov. 1752.—*Joseph*, b [8] 30 mars 1754.—*Marie-Amable*, b [8] 2 fevrier 1756.—*Pierre-François*, b [8] 27 mars 1757. — *Reine*, b [8] 31 dec. 1758. — *Antoine*, b [8] 19 déc. 1760 ; m à Suzanne PAYFER. —*Jean-Baptiste*, b 2 janvier 1762, à Terrebonne.

1754.

III.—MASSON, JOSEPH-LS, [JEAN-FRANÇOIS II.
b 1729.
MERCIER, Marie-Therèse, [ANTOINE II.
b 1727.
Marie-Thérèse, b 3 juillet 1755, à St-Augustin. [2] —*Louis*, b... s [2] 8 avril 1759. — *Louis*, b... s [2] 15 mars 1760. — *Augustin*, b 8 août 1760, à la Pte-aux-Trembles, Q. [3] —*Louis*, b [2] 9 et s [2] 16 mai 1762. —*Louis*, b [3] 9 août 1764.

1755, (20 janvier) Ste-Rose. [8]

III.—MASSON, LOUIS, [LOUIS II.
b 1721.
LEVREAU, Marie-Madeleine, [ANTOINE II.
b 1738.
Dominique, b [8] 31 août et s [8] 13 oct. 1756.—*Madeleine*, b [8] 5 mars 1758. — *Marie-Joseph*, b [8] 16 fevrier 1760. — *Marie-Desanges*, b [8] 21 juin 1762.

MASSON, LOUIS, b 1729, s 22 sept. 1759, à Deschambault.

MASSON, JOSEPH.
QUÉVILLON, Marie-Anne.
Marie-Catherine, b 24 nov. 1756, à Terrebonne.

1757, (1er fevrier) Québec. [1]

I.—MASSON (1), JACQUES, pilote ; fils de Guillaume (chirurgien) et de Marie Guignard, de Dolus, Ile-Oléron, diocèse de Xaintes, Saintonge.
CORBINEAU, Françoise, [PIERRE I.
b 1737.
Marie-Ursule, b [1] 22 oct. 1757 ; s 13 janvier 1758, à Charlesbourg.

1757.

III.—MASSON, PIERRE, [JEAN-FRANÇOIS II.
b 1731.
1° MILLET, Louise, [JEAN II.
b 1731, s 12 dec. 1761, à St-Augustin. [5]
Jean-Pierre, b [5] 12 avril 1758.—*Marie-Louise*, b [5] 9 oct. 1760.
1762, (5 juillet). [5]
2° ALARIE, Marie-Charlotte, [JEAN-BTE II.
b 1733.
Marie-Thérèse, b 1er avril 1765, à la Pte-aux-Trembles, Q.

(1) De Bertignac.

1759, (30 avril) Ste-Rose. [2]
IV.—MASSON, JOSEPH, [PIERRE III.
b 1737.
PARADIS, Marie-Charlotte-Ursule, [PIERRE III.
b 1738.
Marie-Madeleine, b[2] 26 sept. 1760; s[2] 26 juillet 1761.—*Marie-Ursule*, b [2] 1er août 1762.

1760, (20 mai) Ste-Rose.
III.—MASSON, JOSEPH, [LOUIS II.
b 1726.
LIMOGES, Reine, [JACQUES II.
b 1742.
Marie-Jeanne, b 14 août 1764, à Terrebonne. [3] —*Louis*, b [3] 10 et s [3] 22 juillet 1766.—*Louis*, b [3] 21 sept. 1768. — *Germain-Gabriel*, b [3] 29 mai 1770.

III.—MASSON, BARNABÉ, [BARNABÉ II.
b 1734.
LANDRY, Marie.
Joseph, b 20 nov. 1778, à St-Cuthbert.

MASSON, JOSEPH.
VACHER (1), Marie-Angélique. [MICHEL.
Marie-Joseph, b 17 février 1779, à St-Cuthbert.

1780.
III.—MASSON, PIERRE, [BARNABÉ II.
b 1739; s 27 avril 1789, à St-Augustin. [4]
MORIN, Françoise,
b 1758.
Marie-Françoise, b [4] 21 mai 1781.—*Antoine*, b [4] 5 oct. 1783; s [4] 13 juin 1784.—*Prisque-Augustin*, b [4] 28 août 1785.

1781, (8 janvier) Ile-Dupas. [5]
III.—MASSON, MICHEL, [BARNABÉ II.
BRISSET (2), Geneviève, [ANTOINE IV.
b 1761.
Michel, b [5] 7 sept. 1781.

1782, (30 sept.) St-Augustin. [6]
IV.—MASSON, LOUIS, [JEAN-FRANÇOIS III.
b 1758.
VALIN, Marie-Anne, [IGNACE III.
b 1763.
Angélique, b [6] 27 juin 1783.—*Louis*, b [6] 8 avril 1785.—*Thérèse*, b [6] 7 janvier 1787.—*Madeleine*, b [6] 9 janvier 1789.—*Marie-Anne*, b [6] 21 janvier 1791.—*Jean-Baptiste*, b [6] 16 oct. 1793.—*Nathalie*, b [6] 4 déc. 1795.

1784, (2 août) St-Augustin.
IV.—MASSON, PIERRE-FRS, [JEAN-FRS III.
b 1756.
JOBIN, Thérèse, [LOUIS III.
b 1762.

IV.—MASSON, ANTOINE, [JOSEPH III.
b 1760.
PAYFER, Suzanne.

(1) Dit St. Antoine.
(2) Dit Beaupré.

Joseph, b 5 janvier 1791, à St-Eustache; m 6 avril 1818, à Geneviève-Sophie RAYMOND, à Laprairie.

1795, (2 février) St-Augustin.
IV.—MASSON, JEAN, [JEAN-FRANÇOIS III.
b 1750.
TINON-DESROCHES, Louise, [CHARLES IV.
b 1776.

1818, (6 avril) Laprairie.
V.—MASSON, JOSEPH, [ANTOINE IV.
b 1791.
RAYMOND, Geneviève-Sophie, [JEAN-BTE IV.
b 1798.
Joseph-Wilfrid-Antoine-Raymond, b 21 mars 1819, à Montréal. [8] — *Marie-Adélaïde-Elodie*, b [8] 15 juillet 1824. — *Isidore-Candide-Edouard*, b [8] 4 mai 1826. — *Jean-Paul-Romuald*, b [8] 6 février 1832. — *Louis-François-Rodrigue* (1), b 7 nov. 1834, à Terrebonne. [8] — *Charles-Germain-Henri*, b [8] 31 janvier 1836. — *Louis-Hugues-Robertson*, b [8] 7 fevrier 1838.—*Marie-Sophie-Catherine-Aselma*, b [8] 27 mars 1840.

1748, (2 oct.) Québec. [7]
I.—MASSOT, NICOLAS-GUILLAUME-LAURENT, marchand; fils de Nicolas et de Marie Richeux, de St-Malo, Bretagne.
LEPELLÉ, Marie-Françoise, [JOSEPH III.
b 1728.
Marie-Françoise, b [7] 19 juillet 1749. — *Nicolas-Joseph*, b [7] 27 juin 1751; s [7] 8 oct. 1752.—*Joseph*, b [7] 13 juillet et s [7] 29 déc. 1752. — *Marie-Joseph*, b [7] 31 juillet 1753. — *Nicolas-Bernard*, b [7] 17 et s [7] 19 sept. 1754. — *Marie-Louise*, b [7] 24 sept. et s [7] 17 oct. 1755. — *Charles*, b [7] 10 mai et s [7] 26 août 1757.—*Marie-Joseph*, b [7] 21 août 1758; s [7] 22 mai 1759. — *Pierre-François*, b 24 sept. 1759, à Batiscan. [9] — *Pierre-Nicolas*, b [9] 24 sept. 1759.

MASSOU.—*Surnom* : CHAMPAGNE.

I.—MASSOU (2), FRANÇOIS, b 1688; du Languedoc; s 26 avril 1772, à l'Hôpital-Général, M.

1743, (30 sept.) Quebec. [4]
I.—MASSUE, NICOLAS, marchand; fils d'Edme et d'Anne Mignau, de St-Donatien, diocèse d'Orleans, Orleanois.
VALLÉE, Madeleine, [PIERRE-VINCENT II.
b 1725; s 26 déc. 1766, à Varennes. [2]
Louis, b [4] 20 sept. 1745.—*Marie-Madeleine*, b [4] 14 oct. 1746; m [2] 28 janvier 1772, à François-Régis LOISEL. — *Gaspard*, b [2] 13 janvier 1750; m 4 août 1772, à Marie-Joseph HUET, à Boucherville. — *Isidore*, b [2] 7 avril et s [2] 21 août 1751. — *Pélagie*, b... m [2] 10 sept. 1771, à Laurent MORAND. —*Jean-Nicolas*, b [2] 12 janvier 1761.

(1) Ex-Lieutenant-Gouverneur de la Province de Québec.
(2) Dit Champagne.

1772, (4 août) Boucherville.
II.—MASSUE (1), GASPARD, [NICOLAS I.
b 1750.
HUET, Marie-Joseph, [PIERRE III.
b 1748.
Agnan-Aimé, b 10 oct. 1781, à Varennes. — *Louis*, b... m 13 janvier 1824, à Elisabeth-Anne MARETT, à Québec.

1824, (13 janvier) Québec.
III.—MASSUE, LOUIS, [GASPARD II.
marchand.
MARETT, Elisabeth-Anne, fille de Jacques Lamprière (marchand) et de Henriette Boone.

MASSY.—*Variation :* MASSIÉ.

1689, (2 mai) Québec.[6]
I.—MASSY (2), JACQUES,
b 1664; s[6] 11 oct. 1747.
HÉDOUIN, Madeleine, [JACQUES I.
b 1662; veuve de Jean Sabatier; s[6] 24 août 1739.
Jean, b 1693; 1° m 16 fevrier 1727, à Madeleine VREDON, à St-Laurent, M.[1]; 2° m[1] 4 oct. 1745, à Françoise AUGÉ.—*Simon-François*, b[6] 23 avril 1696; m 28 avril 1721, à Marie COUTURE, à Lévis[8]; s[8] 11 dec. 1749. —*Joseph*, b[6] 12 mai 1701; m 2 mai 1726, à Helène BAROLET-LAPIERRE, à Montréal.[3] — *Joseph*, b[6] 1er oct. 1702; m[3] 7 nov. 1729, à Marie-Joseph BAROLET-LAPIERRE.— *Angélique*, b 1704; m à Antoine SANSSOUCY; s[3] 7 juillet 1750.

1721, (28 avril) Lévis.[4]
II.—MASSY, SIMON-FRANÇOIS, [JACQUES I.
b 1696; voiturier; s[4] 21 déc. 1749.
COUTURE, Marie-Anne, [JOSEPH II.
b 1696; s[4] 18 janvier 1758.

1726, (2 mai) Montréal.[4]
II.—MASSY (3), JOSEPH, [JACQUES I.
b 1701.
BAROLET (4), Hélène, [PIERRE I.
b 1706; s[4] 13 déc. 1755.
Hélène, b[4] 11 fevrier et s[4] 21 avril 1727. — *Joseph*, b[4] 17 nov. 1728. — *Marthe*, b[4] 26 déc. 1729; s[4] 24 janvier 1730.—*Marie-Joseph*, b 1733; m[4] 10 janvier 1752, à Jacques PÉRINEAU.—*Marie-Louise*, b[4] 30 mai et s[4] 25 juin 1734.—*Jean-Baptiste*, b[4] 21 juin et s[4] 14 juillet 1735. —*Antoine*, b[4] 6 et s[4] 13 avril 1737. — *Marie-Madeleine*, b[4] 12 et s[4] 24 juillet 1738. — *Joseph-Charles*, b[4] 18 et s[4] 26 mai 1740. — *Jeanne-Hélène*, b[4] 11 et s[4] 19 oct. 1744. — *Marguerite*, b[4] 9 et s[4] 24 juin 1746. — *Jean-Marie*, b[4] 7 et s[4] 16 mai 1747. — *Amable*, b[4] 26 et s[4] 28 janvier 1750.

(1) Co-seigneur de Varennes.
(2) Voy. vol. I, pp. 419-420.
(3) Marié Massié.
(4) Voy. Bardet dit Lapierre.

1727, (16 fevrier) St-Laurent, M.[1]
II.—MASSY, JEAN, [JACQUES I.
b 1693.
1° VREDON, Madeleine, [PIERRE II.
b 1708.
François, b 1730; m 1757, à Marie-Joseph CARDINAL.
1745, (4 oct.)[1]
2° AUGÉ, Françoise, [JEAN II.
veuve de Jean-Baptiste Renault.

1729, (7 nov.) Montréal.[6]
II.—MASSY, JOSEPH, [JACQUES I.
b 1702.
BAROLET (1), Marie-Joseph, [PIERRE I.
b 1713.
Joseph, b[6] 28 nov. 1730. — *Jean-François*, b[6] 21 mai 1735; 1° m[6] 21 oct. 1765, à Marie-Archange AUGÉ; 2° m[6] 28 juillet 1777, à Marie-Joseph BARBEAU. — *Joseph*, b[6] 3 mars 1737. — *Marie-Jeanne*, b[6] 27 mars et s[6] 9 oct. 1739. — *Jacques-Charles*, b[6] 18 mai 1740. — *Michel*, b[6] 29 sept. 1741.—*Louis*, b[6] 15 mars 1743; 1° m[6] 10 février 1766, à Marie-Joseph ROY; 2° m[6] 5 sept. 1768, à Marguerite-Charlotte MILTON. — *Louise-Amable*, b[6] 12 fevrier 1746.— *Marie-Madeleine*, b[6] 18 mai et s[6] 14 juin 1747. — *Jacques*, b[6] 21 juillet 1748. — *Catherine*, b 1751; m[6] 8 mai 1769, à Antoine COUTURE.

1746, (14 fevrier) Québec.
II.—MASSY, JACQUES, [JACQUES I.
b 1699.
HALAY, Marie-Jeanne, [JEAN I.
b 1696; veuve de Jean-Baptiste Rancin.

1757.
III.—MASSY, FRANÇOIS, [JEAN II.
b 1730.
CARDINAL, Marie-Joseph.
François, b 26 janvier 1758, à St-Laurent, M.[8] —*Joachim*, b[8] 25 juillet 1760; s[8] 18 nov. 1761.

1765, (21 oct.) Montréal.[2]
III.—MASSY, JEAN-FRANÇOIS, [JOSEPH II.
b 1735.
1° AUGÉ, Marie-Archange, [PAUL II.
b 1744.
1777, (28 juillet).[2]
2° BARBEAU, Marie-Joseph, [FRANÇOIS III.
b 1754.

1766, (10 fevrier) Montréal[3]
III.—MASSY, LOUIS, [JOSEPH II.
b 1743.
1° ROY, Marie-Joseph, [SÉBASTIEN I.
b 1745.
1768, (5 sept.)[2]
2° MILTON-FLAVIGNY, Margte-Charlotte, [JEAN I.
b 1748.

MASTA.—Voy. MARSTA.

(1) Voy. Bardet dit Lapierre.

1828, (27 nov.) St-Louis, Mo. [1]
I.—MASURE, Henri, fils de Victor et de Marie-Joseph Parmentier, de Belgique.
Papin, Marguerite-Marie-Lse. [Alexandre V.
Aimée-Julie, née 11 sept. 1829; b [1] 19 juillet 1830. — *Emilie-Henriette,* b [1] 21 août 1831. — *Henri,* né 5 août 1835 ; b [1] 16 janvier 1837.

MATAU.—Voy. Mataut.

MATAUT.—*Variations :* Matau—Mateau—Mathau—Matteau.

I.—MATAUT (1), Jean,
b 1628 ; s 10 fevrier 1706, au Château-Richer. [2]
1° Gagnon, Gabrielle. [Pierre I.
Pierre, b [2] 11 avril 1677 ; 1° m [2] 10 mai 1706, à Marie-Louise Mailhiot ; 2° m [2] 11 février 1715, à Scholastique Toupin ; s [2] 15 mars 1741.
1684, (3 février). [2]
2° Cloutier, Louise, [Zacharie I.
b 1631 ; veuve de Jean Mignot ; s [2] 22 juin 1699.

1706, (10 mai) Château-Richer. [8]
II.—MATAUT, Pierre, [Jean I.
b 1677 ; s [8] 15 mars 1741.
1° Mailhot, Marie-Louise, [René I.
b 1681 ; s [8] 19 fevrier 1713.
Louise, b [8] 5 et s [8] 6 déc. 1707.—*Pierre,* b [8] 22 et s [8] 23 janvier 1709.—*Marie,* b [8] 24 mars 1710. —*Joseph,* b [8] 29 mars et s [8] 2 avril 1711.—*Françoise,* b [8] 26 mai et s [8] 1er juin 1712.
1715, (11 fevrier). [8]
2° Toupin-Dusaut (2), Scholastique, [Jean II.
b 1694.
Pierre, b [8] 1er sept. 1715 ; m 1739, à Françoise Dodier.—*Marie-Françoise,* b [8] 21 juin 1717.— *Marie-Madeleine,* b [8] 4 oct. 1718 ; m [8] 21 avril 1747, à François Lenedique. — *Marie-Elisabeth,* b [8] 26 oct. 1720 ; m [8] 18 avril 1746, à Basile Crépeau ; s [8] 5 mars 1763.—*Joseph,* b [8] 1er oct. 1722. —*Pétronille,* b [8] 8 oct. 1724 ; s [8] 16 août 1725.— *Françoise,* b [8] 14 mai 1726 ; m 7 nov. 1757 (3), à Jean Chamberlan, à St-Michel. [9] —*Charles,* b [8] 27 sept. 1727 ; m 1751, à Marie-Madeleine Garand ; s 31 mai 1760, à St-Frs-du-Sud.—*Louis,* b [8] 21 et s [8] 30 juillet 1729.—*Scholastique-Desanges,* b [8] 24 juillet 1730 ; m [9] 19 nov. 1753, à Charles Hautbois.—*Jean-Baptiste,* b [8] 14 mai 1736 ; m [8] 16 janvier 1769, à Cecile Gosselin.

1739.
III.—MATAUT, Pierre, [Pierre II.
b 1715.
Dodier, Françoise, [Ange II.
b 1716.
Marguerite, b 23 juin 1740, à St-Joachim [4] ; s 26 mars 1746, à St-Joseph, Beauce. [5] — *Marie-Scholastique,* b [4] 1er nov. 1741 ; m à Charles Hautbois.—*Madeleine,* b [4] 9 avril 1744 ; m [5] 5 juillet 1763, à Pierre Laville ; s 14 avril 1791, à Québec.—*Pierre,* b [5] 23 mai 1746.—*Marguerite,* b... m [5] 22 fevrier 1773, à Jean-Baptiste Grenier (Du).

1751.
III.—MATAUT, Charles, [Pierre II.
b 1727 ; s 31 mai 1760, à St-Frs-du-Sud [6]
Garand, Marie-Madeleine, [Jean II.
b 1728.
Charles, b [6] 9 avril 1752.—*Marie-Thérèse,* b [6] 19 août 1754 ; s [6] 22 fevrier 1758.—*Marie-Thècle,* b [6] 23 sept. 1756 ; s [6] 5 février 1758.

1769, (16 janvier) Château-Richer. [7]
III.—MATAUT, Jean-Bte, [Pierre II.
b 1736.
Gosselin, Cécile, [Guillaume IV.
b 1747.
Marie-Cécile, b [7] 16 juin 1770.

MATEAU.—Voy. Mataut.

MATHA.—Voy. Imbaut.

MATHAU.—Voy. Mataut.

MATHE.—Voy. Matte.

I.—MATHÉ, Michel.
Giroux, Françoise, [Louis III.
b 1728.
Françoise, b 30 avril 1760, à Chambly.

MATHIEU.—*Variation et surnoms :* Maheu—Coiteu—Coittou — Lamanque—LaRamée—St. Jean.

1669, (3 nov.) Château-Richer.
I.—MATHIEU (1), Jean,
b 1637 ; s 1er mai 1699, à L'Ange-Gardien. [9]
DuTertre, Anne,
b 1654 ; s [9] 14 avril 1696.
Charles, b [9] 28 sept. 1678 ; m 1er oct. 1708, à Catherine Gotineau, à St-François, I. J. ; s 21 mars 1747, à Lachenaye.

1699, (9 nov.) L'Ange-Gardien. [4]
II.—MATHIEU (1), René, [Jean I.
b 1674.
Roussin, Geneviève, [Nicolas II.
b 1681.
Jean, b [4] 28 sept. 1700 ; m 14 janvier 1737, à Anne DeTrépagny, au Château-Richer.— *René,* b [4] 20 mai 1706 ; m [4] 25 juin 1736, à Barbe Gariépy ; s 4 janvier 1759, à Lorette. — *Charles,* b [4] 7 sept. 1708 ; m 18 avril 1735, à Therèse Dufresne, à St-Laurent, I. O. — *Louis,* b [4] 9 sept. 1712 , m 1748, à Geneviève Guyon. — *Pierre,* b [4] 28 nov. 1714 ; 1° m [4] 23 nov. 1744, à Marguerite Jacob ; 2° m 7 avril 1750, à Marie-Joseph Boucher, à St-Joachim.—*Rose,* b [4] 20 déc. 1716 ; m [4] 18 oct. 1756, à Nicolas Hebert.

(1) Voy. vol. I, p. 420.

(2) Elle épouse, le 27 juillet 1744, Charles Gagnon, au Chateau-Richer.

(3) Le contrat de ce mariage a été passé la veille par le curé Chaufour.

(1) Voy. vol. I, p 420.

1705, (16 février) Contrecœur.[6]
II.—MATHIEU, Jean, [Jean I.
b 1676.
Leclerc, Madeleine, [Guillaume I.
b 1679; veuve de Louis Coderre; s[6] 20 avril 1708.
Marguerite, b[6] 1er avril 1705; m 12 août 1737, à François Rasset, à L'Ange-Gardien.[7] — *Jean-Baptiste*, b 10 avril 1707, à Verchères; 1° m[7] 16 oct. 1730, à Marie Hébert; 2° m 11 janvier 1745, à Françoise Marcot, à Deschambault[8]; s[8] 17 février 1767.

1708, (1er oct.) St-François, I. J.[4]
II.—MATHIEU (1), Charles, [Jean I.
b 1678; s 21 mars 1747, à Lachenaye.[5]
Gotineau, Catherine, [François-Jacques I.
b 1684; s[5] 8 mai 1765.
Charles, b[4] 24 août 1710; m[5] 13 nov. 1747, à Geneviève Gendron. — *Marie-Madeleine*, b[4] 22 août 1715; m[5] 17 juin 1748, à Jean-Baptiste Contant; s[5] 29 avril 1791.—*Joseph*, b 1720; s[5] 24 juillet 1781. — *François*, b 1722; m[5] 8 nov. 1751, à Marie-Anne Contant. — *Jean-Baptiste*, b 1724; m[5] 12 février 1760, à Marie-Charlotte Hubout; s[5] 7 mai 1774.

1713, (23 oct.) L'Ange-Gardien.[4]
II.—MATHIEU, Nicolas, [Jean I.
b 1687.
Bélanger, Catherine, [François III.
b 1695; s 13 mars 1730, à la Pte-aux-Trembles, Q.[5]
Marie-Catherine, b[5] 5 et s[5] 16 déc. 1714. — *Marie-Angélique*, b[5] 11 juillet 1716; m[5] 3 sept. 1731, à Charles Roignon. — *Marie-Madeleine*, b[5] 17 août 1718; m 17 janvier 1735, à Pierre Moisan, au Château-Richer. — *Nicolas*, b[5] 20 oct. 1720; 1° m 1745, à Pélagie Guyon; 2° m 4 sept. 1758, à Geneviève Godbout, à Quebec; s 1er janvier 1772, à St-Henri-de-Mascouche. — *Jean-Baptiste*, b[5] 12 nov. 1722; m 1751, à Geneviève Charbonneau. — *Charles*, b[5] 12 juillet 1724; m[4] 19 avril 1751, à Barbe Vésina.—*Joseph*, b[5] 19 mars 1726; m[5] 22 janvier 1748, à Marie-Jeanne Loriot; s 13 janvier 1761, à St-Augustin. — *Augustin*, b[5] 6 nov. et s[5] 27 dec. 1727. — *Marie-Thérèse*, b[5] 10 dec. 1728; s[5] 17 mars 1729.—*Marie-Thérèse*, b[5] 5 et s[5] 6 mars 1730.

1730, (16 oct.) L'Ange-Gardien.[8]
III.—MATHIEU, Jean-Bte, [Jean II.
b 1707; s 17 fevrier 1767, à Deschambault.[3]
1° Hébert, Marie, [Guillaume II.
b 1702; s[3] 10 nov. 1744.
Marie, b[8] 11 août 1731; s 29 sept. 1733, au Château-Richer.[4] — *Marguerite*, b[8] 24 nov. 1732. — *Marie*, b... m[3] 2 février 1750, à Jean-Baptiste Grosleau. — *Jean*, b[4] 29 mai 1734; m[3] 28 oct. 1754, à Madeleine-Angélique Perrot.—*Reine*, b[4] 21 dec. 1735; s[4] 6 février 1736.—*Véronique*, b[8] 6 mars 1737; m[3] 20 août 1753, à René Nau. — *Pierre*, b[8] 25 sept. 1739; 1° m 30 juillet 1764, à Marie-Joseph Arcan, aux Grondines; 2° m[3] 15 janvier 1793, à Ursule Robert. — *Michel*, b 1741; m 20 février 1775, à Marie-Joseph Sauvageau, à Ste-Anne-de-la-Pérade. — *Monique*, b[8] 1er mars 1743; m[3] 11 janvier 1762, à Joseph Perron; s[3] 25 mai 1766. — *Anonyme*, b[3] et s[3] 31 oct. 1744.

1745, (11 janvier).[3]
2° Marcot, Françoise, [François II.
s[3] 29 mars 1784.
Françoise, b[3] 24 oct. 1745; m[3] 5 oct. 1762, à Gabriel Toussaint. — *Joseph*, b 13 oct. 1746, au Cap-Santé.—*Reine*, b[3] 25 dec. 1747; m[3] 20 janvier 1767, à Joseph Paquin. — *Rose*, b[3] 10 mars 1749; m[3] 18 janvier 1768, à Augustin DeChavigny.—*Charles*, b[3] 3 avril 1751; m à Marie-Joseph Perron.—*Marie*, b[3] 23 avril 1752; 1° m à Louis DeChavigny; 2° m[3] 23 août 1784, à Jean-Baptiste Portelance. — *Marie-Joseph*, b[3] 25 juillet 1753.—*Nicolas*, b[3] 14 nov. 1754.—*Marie-Brigitte*, b[3] 4 mars 1756.—*Jacques*, b[3] 30 juillet et s[3] 14 déc. 1757.—*Paul*, b[3] 28 mars 1759.—*Dominique*, b[3] 20 août 1760; s[3] 16 mai 1761.— *Thérèse*, b[3] 5 février 1762.—*François*, b 1764; m[3] 9 juillet 1792, à Marie-Anne Perrot.

1730, (2 dec.) Montréal.
I.—MATHIEU, Jean (1), b 1698; fils de François et de Marguerite Lavaux, de Meule, diocèse de Poitiers, Poitou.
Jodoin, Marguerite, [Claude II.
b 1699.
Joseph, b 1735; m 5 juillet 1762, à Elisabeth Brien, à la Pte-aux-Trembles, M.

1735, (18 avril) St-Laurent, I. O.
III.—MATHIEU, Charles, [René II.
b 1708.
Dufresne, Thérèse, [Guillaume II.
b 1712; veuve de Joseph Morin.
Prisque, b 1736; 1° m 13 mai 1754, à Marguerite Blanchet, à St-Pierre-du-Sud[5]; 2° m à Marguerite Gauvin.—*Prisque*, b... s[5] 6 déc. 1755.— *Marie-Thérèse*, b... m[5] 5 oct. 1761, à Jean-Basile Duchesneau.—*Françoise*, b[5] 5 mai 1749.—*René-Isaac*, b 24 oct. 1751, à St-François-du-Sud.

1736, (25 juin) L'Ange-Gardien.
III.—MATHIEU, René, [René II.
b 1706; s 4 janvier 1759, à Lorette.[9]
Gariépy, Barbe, [Louis II.
b 1716.
Barbe, b[9] 25 février 1738.—*René*, b[9] 6 avril 1740; 1° m 3 sept. 1764, à Marie-Louise-Elisabeth Galerneau, à Ste-Foye; 2° m 1777, à Geneviève Boutillet.—*Augustin*, b[9] 31 août 1742.—*Geneviève*, b[9] 24 janvier 1745. — *Marie-Barbe*, b[9] 23 février 1747.—*Marie*, b... m 23 janvier 1769, à Charles Vaudry, à Lachenaye.—*Pierre-Prisque*, b[9] 29 avril 1750.—*Marie-Barbe*, b[9] 1er mars 1755. — *Marie-Joseph-Elisabeth*, b 1756; m 30 sept. 1782, à Joseph Mathieu, à Montreal. — *Joseph*, b[9] 17 avril 1757.

(1) Inhumé dans l'église en présence de Paul-Armand Ulric, curé de Varennes; Jean Poulin, curé de l'Ile-Jésus, Joseph Perrault, curé de Terrebonne; Frère Jean Capistran, du Sault-au-Récollet; et de Jacques-Joseph Lacombe, curé de Lachenaye.

(1) Dit Lamarque.

1737, (14 janvier) Château-Richer. [4]
III.—MATHIEU, Jean, [René II.
b 1700.
DeTrépagny, Anne, [François II.
b 1715.
François, b 13 oct. 1737, à L'Ange-Gardien[5]; m 1775, à Marie Letartre.—*Jean,* b [5] 21 nov. 1739; m [4] 14 oct. 1765, à Louise Huot.—*Gabriel,* b [5] 10 sept. 1741.—*Anne,* b [5] 3 août 1742.—*Nicolas,* b [5] 9 sept. 1744; m 1777, à Reine Coté.—*Charles,* b [5] 6 nov. 1749.—*Marguerite,* b [5] 1er mars 1752; m 15 oct. 1770, à Jean Dupuy, à St-Joseph, Beauce.—*Marie-Anne,* b[5] 23 mai 1754; m à Augustin Plante.—*Cécile,* b [5] 25 mai 1756. —*Marie-Angélique,* b [5] 21 nov. 1758.

1738, (18 février) Québec. [6]
I.—MATHIEU (1), Jean, fils de Jean et de Jeanne Lechaud, de St-Servi, diocèse de Limoges, Limousin.
Moleur, Marguerite, [Joachim II.
b 1711; s [6] 12 janvier 1748.
Jean-Mathieu, b [6] 18 avril 1738.—*Marie-Marguerite,* b[6] 20 février 1740.—*François,* b [6] 5 mars et s [6] 1er août 1741.—*Marie-Marguerite,* b [6] 15 juillet 1742; s [6] 25 mars 1744.—*Joseph,* b [6] 20 sept. 1745.—*Jacques,* b [6] 2 janvier et s [6] 11 juillet 1748.

1744, (23 nov.) L'Ange-Gardien. [3]
III.—MATHIEU, Pierre, [René II.
b 1714.
1° Jacob, Marguerite, [Joseph II.
b 1722.
Rose, b [3] 7 déc. 1748; s 21 avril 1775, au Château-Richer.
1750, (7 avril) St-Joachim. [4]
2° Boucher, Marie-Joseph, [Pierre II.
b 1730; s [3] 13 oct. 1763.
Pierre, b [3] 17 fevrier 1751; m 2 juillet 1782, à Marie Tremblay, à Quebec.—*Augustin,* b [3] 11 fevrier 1753.—*Jean,* b [3] 26 fevrier 1756.—*Anonyme,* b [3] et s [3] 10 avril 1758.—*Marie-Joseph,* b 18 sept. 1759, à Beauport; m [4] 15 février 1779, à Etienne Dodier.—*Anne,* b [3] 15 août et s [3] 17 déc. 1762.

1745.
III.—MATHIEU, Nicolas, [Nicolas II.
b 1720; s 1er janvier 1772, à St-Henri-de-Mascouche.
1° Guyon, Pelagie, [Jean-Bte IV.
b 1718.
Nicolas, b 20 mai 1746, au Château-Richer[6]; s [6] 1er sept. 1747.—*Rose,* b [6] 17 août 1747; m [6] 16 nov. 1767, à François DeTrépagny.—*Louis,* b [6] 21 nov. 1748; s [6] 18 juillet 1752.—*Jean,* b [6] 14 fevrier 1751; m [6] 17 oct. 1774, à Angélique Alard.
1758, (4 sept.) Québec. [7]
2° Godbout, Geneviève, [Jean III.
b 1726; veuve de Jacques Delage.
Geneviève-Françoise, b 20 juin 1759, à Charlesbourg[8]; m 1782, à Jacques Leclerc.—*Marie-Charlotte,* b [8] 12 nov. 1760.—*Nicolas,* b [7] 28 déc. 1761; s [7] 13 juin 1764.—*Marie-Joseph,* b [7] 29 février 1764.—*Michel-Marie,* b 8 janvier 1768, à Lachenaye. [9]— *Marie-Amable,* b [9] 21 juin 1769.

1746, (13 nov.) Lachenaye. [9]
III.—MATHIEU, Charles, [Charles II.
b 1710.
Gendron (1), Geneviève, [Jacques II.
b 1715; veuve de Georges LaGarde; s [9] 5 mai 1772.
Charles, b [9] 9 mars 1750. — *Joseph-Marc,* b [9] 4 juin 1758.—*Dominique,* b [9] 9 août 1763.

I.—MATHIEU, Henri, b 1716; marchand; s 11 février 1748, à Québec.

1748.
III.—MATHIEU, Louis, [René II.
b 1712.
Guyon, Geneviève. [Jean-Bte IV.
b 1730.
René, b 28 oct. 1748, à L'Ange-Gardien. [7] — *Geneviève,* b 1750; s [7] 5 juin 1751.—*Louis,* b [7] 21 mai 1752. — *Joachim-Basile,* b [7] 5 mars 1754.—*Louis* et *François,* b [7] 4 mars 1756. — *Joseph-François,* b [7] 24 nov. 1758.

1748, (22 janvier) Pte-aux-Trembles, Q.
III.—MATHIEU, Joseph, [Nicolas II.
b 1726; s 13 janvier 1761 (2), à St-Augustin [4]
Loriot, Marie-Jeanne, [Joseph II.
b 1726.
Michel, b 1750; m 13 février 1775, à Marie-Amable Cotinault, à Lachenaye. — *Joseph,* b 1752; m 30 sept. 1782, à Marie-Joseph-Elisabeth Mathieu, à Montréal. — *Charles-Nicolas,* b [4] 2 mars 1754. — *René,* b 1756; m [4] 15 nov. 1790, à Geneviève Julien.

1751, (19 avril) L'Ange-Gardien.
III.—MATHIEU, Charles, [Nicolas II.
b 1724.
Vésina, Barbe, [Jean III.
b 1728; veuve de Guillaume Marois.
Pierre, b 25 janvier 1752, à Charlesbourg[7]; s [7] 22 juin 1753. — *Charles,* b [7] 16 nov. 1753. — *Jean-Charles,* b [7] 1er avril 1756. — *Pierre,* b [7] 31 mars 1758.—*Joseph-Charles,* b [7] 16 sept. 1760.

1751, (8 nov.) Lachenaye. [6]
III.—MATHIEU, François, [Charles II.
b 1722.
Contant, Marie-Anne, [Etienne II.
b 1733.
François-Xavier, b [6] 18 août et s [6] 12 sept. 1752.—*Jean-Baptiste,* b [6] 9 et s [6] 28 août 1753.—*Joseph-Marie,* b [6] 24 février 1756; m [6] 2 juin 1783, à Marie-Geneviève Cotinault. — *François-Xavier,* b [6] 9 sept. 1758. — *Jean-Baptiste,* b [6] 16 août 1760. — *François,* b [6] 12 mars 1762; m [6] 18 oct. 1790, à Marie Bailly.—*Marie-Catherine,* b [6]

(1) Dit LaRamée; soldat de la compagnie de Lantagnac.

(1) Elle est appelée Trudel, en 1760, du nom de sa mère.
(2) L'acte est écrit au 8 oct 1761.

28 juin 1763.—*Marie-Archange*, b [6] 29 sept. 1766; m [6] 4 avril 1785, à Antoine COTINAULT.—*Charles*, b [6] 7 mars 1768. — *Jean-Baptiste*, b [6] 2 juillet et s [6] 24 sept. 1769. — *Jean-Baptiste*, b [6] 27 août 1770.

1751.

III.—MATHIEU, JEAN-BTE, [NICOLAS II.
b 1722.
CHARBONNEAU, Geneviève, [MICHEL III.
b 1723.
Geneviève, b 19 oct. 1752, à Lachenaye. [3] — *Jean-Baptiste*, b 19 mars 1754, à St-Henri-de-Mascouche [4]; m 1er fevrier 1779, à Marie-Louise FILION, à Terrebonne — *Marie-Eulalie*, b [4] 9 oct. 1755; s [4] 17 nov. 1756.—*Marie-Eulalie*, b [4] 8 oct. 1756.—*Nicolas*, b [4] 16 avril et s [4] 30 août 1757.— *Joseph*, b [4] 11 août 1758. — *Pierre*, b [3] 11 sept. 1760; s [4] 29 mai 1761.

1754, (13 mai) St-Pierre-du-Sud. [8]

IV.—MATHIEU, PRISQUE, [CHARLES III.
b 1736.
1° BLANCHET, Marguerite, [LOUIS II.
b 1735.
Marie-Marguerite, b [8] 16 fevrier 1755.
2° GAUVIN, Marguerite, [JOSEPH III.
b 1756.
Marie, b... m 15 nov. 1796, à Pierre BOURASSA, à Quebec.

1754, (28 oct.) Deschambault. [6]

IV.—MATHIEU, JEAN, [JEAN-BTE III.
b 1734.
PERROT, Madeleine-Angélique, [JACQUES II.
b 1735.
Jean, b [6] 6 nov. 1757. — *Michel*, b [6] 19 nov. 1759. — *Marie-Madeleine*, b [6] 15 février 1762.— *Marie-Reine*, b [6] 21 juin 1764. — *Marie-Anne*, b [6] 5 oct. 1766.

1760, (12 fevrier) Lachenaye. [7]

III.—MATHIEU, JEAN-BTE, [CHARLES II.
b 1724; s [7] 7 mai 1774.
HUBOUT (1), Marie-Charlotte, [AUGUSTIN III.
b 1738.
Marie-Charlotte, b [7] 29 nov. 1762; m [7] 13 nov. 1780, à Louis GOULET. — *Marie-Joseph*, b [7] 1er juillet 1764; m [7] 28 janvier 1788, à Joseph BROSSARD.—*Marie-Amable*, b [7] 6 mars 1766; m [7] 27 oct. 1783, à Nicolas CONTENT; s [7] 22 mars 1790. —*Marie-Catherine*, b [7] 15 juin 1767.—*Rosalie*, b [7] 12 juillet 1768.—*Marie-Elisabeth*, b [7] 4 oct. 1770. —*Jean-Baptiste*, b [7] 1er juillet 1772; s [7] 6 sept. 1773. — *Marie-Geneviève* (posthume), b [7] 8 juin 1774.

1761, (12 janvier) Chambly.

I.—MATHIEU, NICOLAS, fils de Nicolas et d'Elisabeth Gage, de Clergeux, Lorraine
BARIÈRE, Marie, [RENÉ-DÉSIRÉ I.
b 1740.

(1) Dit Tourville.

1762, (5 juillet) Pte-aux-Trembles, M.

II.—MATHIEU (1), JOSEPH, [JEAN I.
b 1735.
BRIEN, Elisabeth, [PIERRE III.
b 1742.
Joseph, b 2 août 1776, à Lachenaye. [2]—*Marie-Angélique*, b [2] 1er février 1784.

1764, (30 juillet) Grondines. [9]

IV.—MATHIEU, PIERRE, [JEAN-BTE III.
b 1739.
1° ARCAN, Marie-Joseph, [SIMON.
b 1731; veuve de Bonaventure Sauvageau; s [9] 26 janvier 1789.
Marie-Marguerite, b 7 mars 1766, à Deschambault [6]; s [9] 6 nov. 1788. — *Michel*, b [6] 15 déc. 1768.—*Pierre*, b 1770; m [6] 24 juin 1791, à Marguerite CHARTRÉ.—*Suzanne*, b 1771; s [9] 24 nov. 1788.
1793, (15 janvier). [6]
2° ROBERT-ST. AMANT, Ursule, [LS-JOSEPH II.
b 1744.

1764, (3 sept.) Ste-Foye.

IV.—MATHIEU, RENÉ, [RENÉ III.
b 1740.
1° GALERNEAU, Marie-Lse-Elisab., [JEAN-BTE III.
b 1742.
Jean-Baptiste, b... m 28 sept. 1790, à Angélique DEGUISE, à Quebec. [1] — *Etienne*, b... m [1] 14 août 1798, à Geneviève PONSANT.
1777.
2° BOUTILLET, Geneviève, [JACQUES II.
b 1744.
Louis et *Charles*, b 9 avril 1778, au Château-Richer.

1765, (14 oct.) Château-Richer. [5]

IV.—MATHIEU, JEAN, [JEAN III.
b 1739.
HUOT, Louise, [JEAN-THIERRY III.
b 1741.
Jean, b [5] 17 juillet 1766.—*Marie-Louise*, b [5] 18 janvier 1769. — *Nicolas-Marie*, b [5] 25 mars 1779.

1774, (17 oct.) Château-Richer. [3]

IV.—MATHIEU, JEAN, [NICOLAS III.
b 1751.
ALARD, Angélique, [JEAN III.
b 1749.
Pélagie, b [3] 15 avril 1777.

1775, (13 fevrier) Lachenaye. [4]

IV.—MATHIEU, MICHEL, [JOSEPH III.
b 1750.
COTINAULT, Marie-Amable, [JEAN-BTE III.
b 1752; s [4] 12 oct. 1780.

1775, (20 février) Ste-Anne-de-la-Perade.

IV.—MATHIEU, MICHEL, [JEAN-BTE III.
b 1741.
SAUVAGEAU, Marie-Joseph, [BONAVENTURE III.
b 1758.

(1) Dit Lamanque.

MATHIEU, CHARLES.
MEILLEUR, Marie-Joseph.
Charles, b 1780 ; s 2 juin 1781, à Lachenaye. [8] — *Marie-Charlotte*, b [8] 10 février et s [8] 15 nov. 1783.—*Charles*, b [8] 18 juin 1785.

IV.—MATHIEU, CHARLES, [JEAN-BTE III.
b 1751.
PERRON, Marie-Joseph,
b 1758 ; s 21 avril 1788, à Deschambault.

1775.
IV.—MATHIEU, FRANÇOIS, [JEAN III.
b 1737.
LETARTRE, Marie.
Marie-Madeleine, b 12 juin 1776, à St-Joseph, Beauce [2] ; s [2] 14 février 1777.—*Jean*, b [2] 26 dec. 1777.—*Joseph*, b [2] 8 et s [2] 21 août 1779.

1777.
IV.—MATHIEU, NICOLAS, [JEAN III.
b 1744.
COTÉ, Reine.
Marie-Reine, b 13 août 1778, au Château-Richer.

1778.
MATHIEU, JOSEPH.
LETARTRE, Angelique.
Marie-Marguerite, b 26 août 1779, au Château-Richer.

1779, (1er fevrier) Terrebonne.
IV.—MATHIEU, JEAN-BTE, [JEAN-BTE III.
b 1754.
FILION, Marie-Louise, [ANTOINE III.
b 1755.

1782, (2 juillet) Québec.
IV.—MATHIEU, PIERRE, [PIERRE III.
b 1751.
TREMBLAY (1), Marie-Joseph, [LOUIS IV.
b 1765.

1782, (30 sept.) Montréal.
IV.—MATHIEU, JOSEPH, [JOSEPH III.
b 1752.
MATHIEU, Marie-Joseph-Elisabeth, [RENÉ III.
b 1756.
Joseph-Jean, b 11 sept. 1783, à Lachenaye.

MATHIEU, JOSEPH.
ALARD, Elisabeth.
François-Régis, b 21 oct. et s 4 nov. 1783, à Lachenaye. [8]— *Joseph*, b... s [8] 14 juin 1784.— *Marie-Elisabeth*, b [8] 21 mars et s [8] 23 juin 1785. —*Jean-Marie*, b [8] 11 juin 1786.

1783, (2 juin) Lachenaye. [4]
IV.—MATHIEU (2), JEAN-MARIE, [FRANÇOIS III.
b 1756.
COTINAULT, Marie-Geneviève, [JACQUES III.
b 1762.

Jean-Marie, b [4] 16 juin et s [4] 4 août 1784.— *Jean-Marie*, b [4] 9 oct. 1788.—*Etienne*, b [4] 30 nov. et s [4] 22 déc. 1791.

MATHIEU, JOSEPH.
MAROIS, Marie-Marguerite.
Joseph-Marie, b 22 janvier 1788, à Lachenaye.

MATHIEU, LOUIS.
BOURGOIN, Marie-Catherine.
Marie-Catherine, b 3 oct. 1790, à Lachenaye.

1790, (28 sept.) Québec.
V.—MATHIEU, JEAN-BTE. [RENÉ IV.
DEGUISE, Angelique. [PIERRE.

1790, (18 oct.) Lachenaye.
IV.—MATHIEU, FRANÇOIS, [FRANÇOIS III.
b 1762.
BAILLY, Marie. [ALEXANDRE I.

1790, (15 nov.) St-Augustin. [5]
IV.—MATHIEU, RENÉ, [JOSEPH III.
b 1756.
JULIEN, Geneviève, [NICOLAS IV.
b 1758.
Pierre, b [5] 13 nov. 1791.

1791, (24 juin) Deschambault.
V.—MATHIEU, PIERRE, [PIERRE IV.
b 1770.
CHARTRÉ, Marguerite, [JEAN-CHARLES III.
b 1771.

1792, (9 juillet) Deschambault.
IV.—MATHIEU, FRANÇOIS, [JEAN-BTE III.
b 1764.
PERROT, Marie-Anne, [PAUL III.
b 1761 ; veuve de Simon Gautier.

1798, (14 août) Québec.
V.—MATHIEU, ETIENNE. [RENÉ IV.
PONSANT, Geneviève. [RAYMOND I.

1833, (30 mai) Cahokia.
I.—MATHIEU, NICOLAS, fils de Jean-Baptiste et d'Elisabeth Labarre, de Haute-Somme, France.
LANGUIRON, Thérèse,
veuve de Laurent-Etienne Pinsonneau.

1736, (30 avril) Pte-aux-Trembles, Q. [4]
I.—MATHON, JOSEPH, chirurgien ; fils de Bernard et de Françoise Decrabos, de St-Sevère, diocèse d'Aire, Gascogne.
HARBOUR, Marie-Joseph, [JEAN-BTE II.
b 1717.
Marie-Catherine. b [4] 12 février 1737 ; s [4] 15 juillet 1749. — *Jean-Joseph*, b [4] 10 oct. 1738 — *Jean-Baptiste*, b [4] 5 avril et s [4] 28 août 1740 — *Jean-Baptiste*, b [4] 28 juin 1741 ; m 1771, à Marguerite TROTIER.—*François-de-Sales*, b [4] 15 dec. 1744 ; m à Ursule LEBRUN. — *Augustin*, b [4] 31 août 1746, m 1771, à Catherine GIRARDEAU. — *Charles*, b [4] 9 et s [4] 29 juin 1748.—*Marie-Joseph*,

(1) Elle épouse, le 23 oct. 1792, Jean-Baptiste Vermet, à Quebec.
(2) Son vrai nom est Joseph-Marie.

b [4] 14 et s [4] 30 sept. 1749. — *Marie-Joseph*, b [4] 31 janvier et s [4] 14 fevrier 1751. — *Marie-Thérèse*, b 1752; m 1771, à Maurice Derdevens.—*Marie-Joseph*, b [4] 19 juillet 1756. — *Gabriel*, b 1758; m 1779, à Marie-Madeleine Massicot. — *Antoine-André*, b 26 nov. 1759, à Verchères.

1771.

II.—MATHON, Jean-Bte, [Joseph I.
b 1741.
Trotier, Marguerite, [Jacques IV.
b 1750.
François, b 3 août 1772, à Ste-Anne-de-la-Pérade.—*Ursule*, b 3 mai 1779, à Batiscan.

1771.

II.—MATHON, Augustin, [Joseph I.
b 1746.
Girardeau (1), Catherine, [Laurent I.
b 1752.
Augustin, b 3 août 1772, à Ste-Anne-de-la-Perade. [9] — *Gabriel*, b [9] 23 juillet 1776.

II.—MATHON, François-de-Sales, [Joseph I.
b 1744.
Lebrun, Marie-Ursule, [Pierre I.
b 1753; s 20 mai 1791, à Québec. [8]
Ursule, b... m [8] 5 fevrier 1793, à Joseph Martin. — *Marie-Joseph*, b... m [8] 10 juillet 1798, à Jean-François Morin. — *Antoine*, b 27 janvier 1780, à Ste-Anne-de-la-Pérade.

1779.

II.—MATHON, Gabriel, [Joseph I.
b 1758.
Massicot, Marie-Madeleine, [François II.
b 1754.
Gabriel, b 9 mai 1780, à Ste-Anne-de-la-Pérade.

MATHURIN.—Voy. Chaillé.

MATHURIN, Jean-Bte.
Dupont, Elisabeth.
Marguerite, b... m 21 juin 1808, à Alexis Bidet-Desroussels.—*Marie*, b... m à Nicolas Boissonneau.

MATIAS. — *Variations et surnom :* Massia — Massiot—Chatouteau.

1725, (30 janvier) Lachine [2]

II.—MATIAS (2), Paul, [Jacques I.
b 1697.
Hunault (3), Angélique, [Toussaint II.
b 1707.
Marie-Joseph, b 1726; m 1749, à Vital Madeleine.—*Anonyme*, b [2] et s [2] 16 juillet 1729.—*Paul*, b [2] 6 oct. 1731.—*Catherine-Angélique*, b... m [2] 5 nov. 1753, à Pierre Lecompte.—*Suzanne*, b... m [2] 20 janvier 1755, à Charles Cardinal.—*Joseph*, b 1744; m 21 sept. 1767, à Ursule Lalonde, à Soulanges.

1767, (21 sept.) Soulanges.

III.—MATIAS (1), Joseph. [Paul II.
Lalonde, Ursule, [François III.
b 1749.

MATIGNON.—*Surnom :* Sansoucy.

1729, (2 mai) Laprairie. [4]

I.—MATIGNON (2), Jean, soldat; fils d'André et de Marie Vincent, de St-Eugène, diocèse de Xaintes, Saintonge.
Pinault (3), Marguerite, [Thomas II.
b 1706.
Jean-François, b [4] 9 mars 1730.—*Marie-Louise-Catherine*, b [4] 21 sept. 1731; s [4] 22 avril 1733.—*Joseph-Félix*, b [4] 21 sept. 1732; s [4] 26 avril 1733.—*Jean-Baptiste*, b [4] 6 mars 1734; s [4] 21 mai 1743.—*Marie-Jeanne*, b [4] 9 dec. 1735; m 25 février 1754, à François Lemieux, à St-Constant.—*René*, b [4] 6 sept. 1737; s [4] 28 mars 1740. — *Marie-Marguerite*, b [4] 8 mars 1739; s [4] 21 mars 1740 — *Toussaint*, b [4] 2 nov. 1740; s [4] 7 fevrier 1743.—*Gabriel*, b [4] 29 août 1743.

I.—MATISSEN, Christophe, b 1729; d'Ambourg, Allemagne; s 21 nov. 1793, à l'Hôpital-Géneral, M.

MATTE.—*Variations :* Mathe—Matthe.

1671, (12 oct.) Quebec.

I.—MATTE (4), Nicolas,
b 1637; s 20 juillet 1704, à la Pte-aux-Trembles, Q. [5]
Auvray, Marie-Madeleine,
b 1650; s [5] 7 mai 1734.
Jeanne, b [5] 20 dec. 1679; m [5] 3 nov. 1695, à Jacques Bourgoin; s 29 janvier 1703, à St-Antoine-Tilly.—*Nicolas*, b [5] 22 sept. 1682; m [5] 20 avril 1705, à Marie-Angélique Cocquin; s [5] 22 mars 1760.—*Alexis*, b [5] 14 fevrier 1692; m 17 fevrier 1721, à Marie-Françoise Carpentier, au Cap-Santé. — *Marie-Louise*, b [5] 21 juillet 1694; m à Jean-François Coutancineau; s 24 fevrier 1734, à St-Frs-du-Lac.

1702, (12 août) Pte-aux-Trembles, Q. [6]

II.—MATTE, Laurent, [Nicolas I.
b 1677; s 19 fevrier 1712, au Cap-Santé. [7]
Silvestre, Françoise, [Nicolas I.
b 1682.
Laurent, b [6] 4 mars 1703; 1° m [7] 14 février 1729, à Elisabeth Richard; 2° m [7] 22 fevrier 1751, à Marie-Catherine Brière.—*Nicolas*, b [6] 10 août 1704; m [6] 24 nov. 1727, à Rose Gaudin.—*Marie-Françoise*, b [6] 16 juin 1706; m [7] 15 janvier 1725, à Jean-François Petit.—*Marie-Anne*, b [7] 24

(1) Elle épouse, le 20 juillet 1795, Pierre Trotier, à Batiscan
(2) Chatouteau dit Matias—Et Massiot—Massia—Voy. Chatouteau, vol. I, p. 122.
(3) Elle épouse, le 3 nov. 1767, Simon Réaume, à Lachine.

(1) Marié Massia.
(2) Dit Sansoucy.
(3) Elle epouse, le 25 nov. 1746, Jacques Lemieux, à Laprairie.
(4) Voy. vol. I, pp 420-421.

mars 1708; m 1729, à Pierre GRENIER. — *Pierre-Alexandre*, b 7 5 mars 1710; m 7 22 février 1745, à Marie-Joseph BERTRAND.—*Alexis*, b 7 3 janvier 1712.

1705, (20 avril) Pte-aux-Trembles, Q. 1

II.—MATTE, NICOLAS, [NICOLAS I.
b 1682; s 1 22 mars 1760.

COCQUIN (1), Marie-Angélique, [PIERRE I.
b 1679; s 1 7 juillet 1741.

Marie-Angélique, b 1 23 janvier 1706; m 1 13 août 1725, à Jean-François PAGÉ. — *Nicolas*, b 1 12 sept. 1707; m 1 19 janvier 1739, à Marie GAUDIN; s 1 15 avril 1772. — *Jean-Baptiste*, b 1 13 et s 1 28 juin 1709. — *Marie-Thérèse*, b 1 17 avril 1710; m 1 1er mars 1734, à Prisque GAUDIN.— *Pierre-François*, b 1 22 janvier 1712; m 23 nov. 1733, à Angélique FILION, à Lachenaye 2; s 2 22 août 1782. — *Louis-Joseph*, b 1 3 janvier 1714; m 1 16 oct. 1741, à Marie-Angélique BERTRAND.— *Marie-Madeleine*, b 1 25 et s 1 31 déc. 1715. — *Jean-Baptiste*, b 1 6 avril 1717; 1° m 1 27 avril 1750, à Marie-Charlotte PELLETIER; 2° m 23 janvier 1758, à Françoise GARIÉPY, aux Ecureuils 3; s 3 10 juin 1776.— *Augustin*, b 1 20 janvier 1719; 1° m 1 24 juillet 1747, à Madeleine PROU; 2° m 3 18 janvier 1762, à Thérèse TRÉPAGNY. — *Marie-Angélique*, b 1 18 et s 1 21 juin 1721.— *François-de-Sales*, b 10 oct. 1723, à St-Augustin; s 1 3 avril 1749.

1721, (17 fevrier) Cap-Sante. 6

II.—MATTE, ALEXIS, [NICOLAS I.
b 1692.

CARPENTIER, Marie-Françoise, [JEAN-BTE II.
b 1702.

Alexis, b 6 26 sept. 1721; m 6 23 août 1745, à Marie JUGNAC.—*Jean-Baptiste*, b 1725; s 6 3 avril 1731.—*Françoise*, b 6 4 mai 1726; m 3 oct. 1746, à Jean-Baptiste PAGÉ, aux Ecureuils. 7 — *Jean-Baptiste*, b 6 1er mai 1728; m 1752, à Marie-Joseph RICHARD. — *Marie-Joseph*, b 6 19 déc. 1729; m 6 30 juillet 1753, à Etienne CHAILLÉ.— *Marie-Madeleine*, b 6 7 mai 1732; m 6 7 fevrier 1752, à Joseph-Marie MARCOT. — *Marie-Angélique*, b 6 28 mars 1734; m 12 janvier 1751, à Guillaume FERLAN, à Québec.—*Thérèse*, b 25 février 1736, à la Pte-aux-Trembles, Q; m à Joseph LEFEBVRE. — *Jean-Baptiste*, b 6 13 sept. 1737.—*Marie-Angélique*, b 6 29 juin 1739.—*Scholastique*, b 6 1er août 1741.—*Marie-Charlotte*, b 6 17 mars 1743; m 7 1er février 1768, à Jean-Baptiste RICHARD. — *Marie-Elisabeth*, b 6 29 déc. 1744; s 6 10 nov. 1745.

1727, (24 nov.) Pte-aux-Trembles, Q. 5

III.—MATTE, NICOLAS, [LAURENT II.
b 1704.

GAUDIN, Rose, [ALEXIS II.
b 1707.

Rose, b 7 oct. 1728, au Cap-Santé 6; 1° m 6 22 juillet 1748, à François HARDY; 2° m 6 29 juillet 1754, à Joseph-Marie LEPAGE. — *Nicolas*, b 6 11 sept. 1729; s 6 2 oct. 1752. — *Madeleine*, b 5 25 février 1731; m 6 15 janvier 1753, à Adrien PICHÉ. — *Louis*, b 6 5 oct. 1732; m 5 19 fevrier 1759, à Marie-Geneviève TRUDEL. — *Marie-Thérèse*, b 6 23 janvier 1735. — *Marie-Anne*, b 6 31 janvier 1737; m 22 avril 1766, à Augustin LIÉNARD, à Deschambault. — *Marie-Charlotte*, b 6 24 avril 1740. — *Jean-Baptiste*, b 6 15 oct. 1741; m 1er juillet 1771, à Marie-Louise GAREAU, à Terrebonne.—*Claire*, b 6 2 janvier 1744.—*Marie-Angélique*, b 6 10 juillet 1745.—*Marie-Joseph*, b 6 26 déc. 1746; m 6 20 janvier 1766, à Jean-Baptiste FOURNIER. — *Marie-Françoise*, b 6 1er août 1749; s 6 5 avril 1752. — *Marie-Anne*, b 7 février 1753, aux Ecureuils.

1729, (14 fevrier) Cap-Santé. 5

III.—MATTE, LAURENT, [LAURENT II.
b 1703.

1° RICHARD, Elisabeth, [LOUIS II.
b 1709; s 5 2 nov. 1747.

Elisabeth, b 5 12 février 1730; m 5 12 janvier 1750, à Pierre MARCOT.—*Marie-Françoise*, b 5 26 nov. 1730; s 5 21 déc. 1733. — *Laurent*, b 5 11 février 1732; m 1759, à Marie-Joseph-Claire PAGÉ. — *Jean-Baptiste*, b 5 18 janvier 1733. — *Marie-Geneviève*, b 5 11 juillet 1734. — *Marie-Joseph*, b 5 20 janvier 1736. — *Marie-Françoise*, b 5 17 nov. 1737; m 1751, à Jean MARTIN.— *Marie-Madeleine*, b 5 5 déc. 1739. — *Marie-Thérèse*, b 5 et s 5 20 juillet 1741. — *Marie-Thérèse*, b 2 déc. 1742, aux Ecureuils. — *Marie-Claire*, b 5 5 mars 1745; s 5 18 déc. 1747. — *Marie-Anne*, b 5 18 avril et s 5 5 août 1746.— *François-Xavier*, b 5 13 juillet 1747; s 5 18 janvier 1749.

1751, (22 février). 5

2° BRIÈRE, Marie-Catherine, [CHARLES II.
b 1711.

Jean-François, b 5 6 juin 1754.

1733, (23 nov.) Lachenaye. 8

III.—MATTE, PIERRE-FRANÇOIS, [NICOLAS II.
b 1712; s 8 22 août 1782.

FILION, Angélique, [MICHEL II.
b 1708; s 8 26 avril 1769.

Catherine, b 8 9 sept. 1734; m 8 5 juin 1752, à Michel MARIÉ. — *Marie-Françoise*, b 8 20 mars 1736.—*Marie*, b... m 8 22 fevrier 1762, à Charles CLÉMENT.—*Marie-Suzanne*, b 8 18 nov. 1737; m 8 10 fevrier 1771, à Joseph THIBAUT. — *Pierre*, b 8 21 nov. 1739; m 1776, à Marie-Anne MAISONNEUVE.—*Rosalie*, b 8 2 sept. 1741; m 8 22 janvier 1759, à Claude CHAPLAU. — *Marguerite*, b... m 8 19 avril 1762, à Antoine ROCHON. — *Marie-Angélique*, b 8 7 mars 1745; m 8 20 juillet 1773, à François-Amable QUENNEVILLE. — *Michel*, b 8 18 janvier 1747; 1° m 1770, à Françoise DESJARDINS; 2° m 12 avril 1779, à Elisabeth DESROCHES, à Terrebonne.—*Louis*, b 8 24 août 1749.—*Pierre*, b 8 13 oct. 1751.

1739, (19 janvier) Pte-aux-Trembles, Q 8

III.—MATTE, NICOLAS, [NICOLAS II.
b 1707; s 8 15 avril 1772.

GAUDIN, Marie, [JEAN-FRANÇOIS II.
b 1706.

Marie-Madeleine, b 8 3 mars 1744; m 8 12 jan-

(1) LaTournelle.

vier 1767, à Pierre-François LEFEBVRE-ANGERS.—*Jean-Baptiste*, b [8] 10 mai 1746; m [8] 28 juillet 1766, à Marie-Joseph GRENON.—*Charlotte*, b [8] 26 février 1748; s [8] 10 janvier 1749. — *Marie-Geneviève*, b [8] 17 août 1749; s [8] 22 sept. 1761. — *Augustin*, b [8] 23 sept. 1751.—*Nicolas*, b 1753; m [8] 12 août 1771, à Marie-Geneviève FAUCHER. — *Marie-Angélique*, b [8] 4 juin 1756; s [8] 24 mars 1770. — *Louis-Jean-Pierre*, b [8] 27 déc. 1759; s [8] 30 juillet 1760.—*Marie-Anne*, b 1765; s [8] 20 juin 1762.

III.—MATTE, FRANÇOIS-DE-SALES, [NICOLAS II.
b 1723; s 3 avril 1749, à la Pte-aux-Trembles, Q.

1741, (16 oct.) Pte-aux-Trembles, Q. [1]

III.—MATTE, LOUIS-JOSEPH, [NICOLAS II.
b 1714.
BERTRAND, Marie-Angélique, [GUILLAUME II.
b 1714.
Marie-Angélique, b 1742; m [1] 7 janvier 1772, à Louis GOULET. — *Marie-Joseph*, b 16 juillet, aux Ecureuils [2] et s [1] 8 août 1744. — *Joseph*, b [1] 15 juillet 1745; m [2] 3 février 1772, à Marie-Anne VÉSINA; s [1] 30 août 1776.—*Augustin*, b [1] 18 mars 1747; m 9 août 1773, à Euphrosine OUIMET, à Terrebonne.—*Marie-Thérèse*, b [1] 27 janvier 1749; m [1] 23 février 1778, à Joseph FAUCHER. — *Louis*, b [2] 5 mars 1751.

1745, (22 février) Cap-Santé. [6]

III.—MATTE, PIERRE-ALEXANDRE, [LAURENT II.
b 1710.
BERTRAND, Marie-Joseph, [JEAN-FRANÇOIS II.
b 1710.
Pierre, b [6] 15 août 1746.—*Marie-Joseph*, b [6] 14 août 1747; s [6] 9 juin 1752. — *Louis-Joseph*, b 29 juin 1749, aux Ecureuils.

1745, (23 août) Cap-Santé. [7]

III.—MATTE, ALEXIS, [ALEXIS II.
b 1721.
JUGNAC, Marie, [PIERRE II.
b 1726.
Alexis, b [7] 29 mai 1746.—*Marie-Thérèse*, b [7] 19 février 1748. — *Marie-Madeleine*, b [7] 22 janvier 1750. — *Joseph-Marie*, b [7] 31 mars 1751. — *Jean-Baptiste*, b [7] 1er juin 1753.— *Marie-Angélique*, b 3 juin 1755, à St-Ours. [8] — *Marie-Louise*, b [8] 11 mars 1758.

1747, (24 juillet) Pte-aux-Trembles, Q. [7]

III.—MATTE, AUGUSTIN, [NICOLAS II.
b 1719.
1° PROU, Marie-Madeleine, [FRANÇOIS II.
b 1728; s [7] 28 janvier 1761.
Augustin, b 8 nov. 1748, aux Ecureuils [8]; m 1773, à Scholastique VÉSINA. — *Marie-Madeleine*, b [7] 19 déc. 1749. — *Marie-Louise*, b [7] 11 mai 1751. — *Joseph*, b 1754; s [7] 29 juin 1759. — *Jean-François*, b [7] 7 mars 1756. — *Marie-Joseph*, b [7] 4 juin 1758. — *Marie-Louise*, b [7] 8 nov. 1759; s [7] 19 avril 1761.

1762, (18 janvier). [8]
2° TRÉPAGNY, Thérèse, [CHARLES-FRANÇOIS III.
b 1731.
Jean-Baptiste, b [7] 30 oct. 1762; s [7] 2 janvier 1764.—*Joseph*, b [7] 15 mars 1764; s [7] 25 mars 1766.—*Marie-Thérèse*, b [7] 23 déc. 1765. — *Marie-Félicité*, b [7] 11 sept. 1767.—*Marie-Louise*, b [7] 23 mars 1769. — *Marie-Anne*, b [7] 20 mars et s [7] 4 avril 1772.

1750, (27 avril) Pte-aux-Trembles, Q. [7]

III.—MATTE, JEAN-BTE, [NICOLAS II.
b 1717; s [7] 10 juin 1776.
1° PELLETIER, Charlotte, [NOEL II.
b 1719; s [7] 25 février 1757.
Marie-Joseph, b [7] et s [7] 13 août 1751. — *François*, b [7] 10 janvier et s [7] 20 mars 1756.

1758, (23 janvier) Ecureuils. [8]
2° GARIÉPY, Marie-Françoise, [CHARLES III.
b 1727; veuve de François Trépagny.
Augustin, b [7] 16 oct. et s [7] 15 déc. 1758.—*Marie-Louise*, b [7] 14 janvier 1761. — *Angélique*, b [7] 27 déc. 1762. —*Jean-Baptiste*, b [7] 1er janvier 1765; s [7] 31 janvier 1766.—*Marie-Clotilde*, b [8] 15 juin 1766.—*Jean*, b [8] 14 mars 1768.—*Augustin*, b [8] 14 mars et s [7] 9 avril 1768.—*Marie-Madeleine*, b [7] 29 juin 1771.

III.—MATTE, JEAN-BTE-FRANÇOIS, [ALEXIS II.
b 1728.
RICHARD, Marie-Joseph, [NICOLAS III.
b 1735.
Marie-Joseph, b 7 déc. 1752, au Cap-Santé. [5] — *Rosalie*, b [5] 25 février 1754.—*Jean-François*, b 6 avril 1758, à Deschambault.—*Marie-Joseph*, b 1er janvier 1762, aux Ecureuils.

1759, (19 février) Pte-aux-Trembles, Q.

IV.—MATTE, LOUIS, [NICOLAS III.
b 1732.
TRUDEL, Marie-Geneviève, [GABRIEL III.
b 1742.
Nicolas, b 21 janvier 1765, aux Ecureuils.

1759.

IV.—MATTE, JEAN-LAURENT, [LAURENT III.
b 1732.
PAGÉ, Claire, [PIERRE III.
b 1730.
Marie-Joseph, b 1759; m 23 février 1778, à François DUBUC, à la Pte-aux-Trembles, Q. — *Marie-Claire*, b 11 février 1762, aux Ecureuils.

1766, (28 juillet) Pte-aux-Trembles, Q. [9]

IV.—MATTE, JEAN-BTE, [NICOLAS III.
b 1746.
GRENON, Marie-Joseph, [JOSEPH III.
b 1746.
Marie-Joseph, b 15 juillet 1767, aux Ecureuils. [8] —*Jean-Baptiste*, b [8] 25 juillet 1768.—*Nicolas*, b [9] 12 janvier 1770. — *Augustin*, b [8] 18 août 1771; m 26 sept. 1797, à Marie-Joseph PERRON, à Deschambault.—*Louis*, b [9] 23 février 1774. — *Scholastique*, b [9] 17 nov. 1775; s [9] 19 juin 1776.

1770.

IV.—MATTE, Michel, [Pierre-François III.
b 1747.
1° Desjardins, Françoise,
s 22 nov. 1777, à Lachenaye.[4]
Marie-Françoise, b [4] 26 août 1771.—*Anonyme*, b [4] et s [4] 19 juin 1773.—*Michel*, b [4] 26 mai 1774; s [4] 24 dec. 1775.—*Joseph*, b [4] 28 août et s [4] 9 sept. 1775.—*Pierre*, b [4] 2 et s [4] 16 juillet 1776.
1779, (12 avril) Terrebonne.
2° Desroches, Elisabeth,
b 1740; veuve d'Antoine Carbonneau; s [4] 3 août 1782.

1771, (1er juillet) Terrebonne.

IV.—MATTE, Jean-Bte, [Nicolas III.
b 1741.
Gareau, Marie-Louise, [Pierre III.
b 1758.

1771, (12 août) Pte-aux-Trembles, Q.[3]

IV.—MATTE, Nicolas, [Nicolas III.
b 1753.
Faucher, Marie-Geneviève, [Joseph III.
b 1748.
Nicolas, b [3] 3 sept. 1774. — *Marie-Geneviève*, b [3] 27 nov. 1775.—*Marie-Anne*, b [3] 11 nov. 1776. —*Marie-Louise*, b 17 avril 1780, aux Ecureuils.

1772, (3 fevrier) Ecureuils.[7]

IV.—MATTE, Joseph, [Louis-Joseph III.
b 1745; s 30 août 1776, à la Pte-aux-Trembles, Q.[9]
Vésina, Marie-Anne, [Louis IV.
b 1748.
Pierre, b [7] 20 février 1774.

1773, (9 août) Terrebonne.

IV.—MATTE, Augustin, [Louis-Joseph III.
b 1747.
Ouimet, Euphrosine, [François III.
b 1752.

1773.

IV.—MATTE, Augustin, [Augustin III.
b 1748.
Vésina, Scholastique, [Alexandre IV.
b 1753.
Marie-Scholastique, b 8 avril 1774, aux Ecureuils; s 24 mars 1777, à la Pte-aux-Trembles, Q.[3] —*Augustin*, b [3] 15 mai 1776; s [3] 24 mars 1777.—*Marie-Louise*, b [3] 8 juillet 1777.

1776.

IV.—MATTE, Pierre, [Pierre-François III.
b 1739.
Maisonneuve, Marie-Anne, [Jean III.
b 1756.
Pierre, b 7 fevrier 1777, à Lachenaye[4]; s [4] 7 avril 1785.— *Marie-Apolline*, b [4] 24 fevrier et s [4] 19 mars 1782.— *Marie-Anne*, b [4] 4 mars 1783.—*Marie-Antoinette*, b [4] 14 juin 1786. — *Armand*, b [4] 19 janvier 1788.

MATTE, ...
Doré, Marie. [Pierre.
Joseph, b 22 mars 1776, aux Ecureuils.

MATTE, Joseph.
Benoit, Thérèse,
Louis, b 20 sept. 1782, à St-Cuthbert.[4]— *Jean-Baptiste*, b [4] 8 fevrier 1784.

MATTE, Michel.
Taillefer (1), Marie-Joseph.
Marie-Joseph, b 2 août 1787, à Lachenaye.

1797, (26 sept.) Deschambault.

V.—MATTE, Augustin, [Jean-Bte IV.
b 1771.
Perron, Marie-Joseph, [Antoine III.
b 1767.

MATTÉ.—Voy. Balté.

MATTEAU.—Voy. Mataut.

MATTHE.—Voy. Matte.

MAUBEUGE.—Voy. Bettefilidor.

MAUBLAUT (2), Jean-Joseph.

MAUBLE.—Voy. Maublot.

MAUBLEAU.—Voy. Maublot.

MAUBLOT.—*Variations et surnom :* Mableau—Mauble—Maubleau—Moblot—Monbleau—Naublaut—Latulippe.

1739, (17 août) Montréal.

I.—MAUBLOT (3), Pierre, b 1712, soldat; fils de Nicolas et de Marie Deschamps, de St-Remi, diocèse de Toul, Lorraine.
Laroche, Marie-Clémence, [Jean I.
b 1724.
Marie-Joseph, b 10 déc. 1739, à la Longue-Pointe; m 22 sept. 1760, à Laurent Bourdeau, à St-Philippe.[5] — *Clément*, b 21 sept. 1741, à Ste-Geneviève, M.—*Louis*, b 1743; m [5] 26 nov. 1770, à Marguerite Viau. — *Geneviève-Pétronille*, b 18 oct. 1750, à Sorel[6]; m [5] 3 avril 1769, à Hyacinthe Bariteau.— *Denis*, b [6] 21 mars 1752.—*Jean-Baptiste*, b [6] 7 déc. 1753.— *Marie-Suzanne*, b [6] 20 mai et s [6] 8 juin 1755. — *Louis*, b [6] 14 janvier 1757.

1770, (26 nov.) St-Philippe.

II.—MAUBLOT (4), Louis, [Pierre I.
b 1743.
Viau, Marguerite, [Jacques III.
b 1753.

MAUBOEUF (De).—Voy. Godfroy.

(1) Elle était, le 20 juillet 1785, à Lachenaye.

(2) Chirurgien de la compagnie de M. Dumesny; il était à Lachine en 1687.

(3) Dit Latulippe.

(4) Marié Monbleau.

1755, (18 août) Montréal.

I.—MAUCLAIR, Jacques-Joseph, b 1722 ; fils de Nicolas et d'Anne Gravier, de Remiremont, diocèse de Toul, Lorraine.

Marion, Catherine, [Nicolas II. b 1726.

Marie-Joseph, b 1er mai 1757, à Lanoraie.—*Jacques-Joseph*, b 1758 ; s 9 sept. 1759, à la Longue-Pointe.

MAUDEMONT.—*Surnom :* L'Eveillé.

I.—MAUDEMONT (1), Jean, b 1663 ; de Navré, diocèse de Limoges, Limousin ; s 29 oct. 1741, à l'Hôpital-Général, M.

MAUDOUX.—*Variations :* Madoue—Modoue—Modoux—Mondoux.

1694.

I.—MAUDOUX (2), Aubin, b 1652 ; s 3 sept. 1715, à St-François-du-Lac.[1]

Provencher, Madeleine, b 1664.

François, b 1696 ; m[1] 22 nov. 1724, à Marie-Anne Dany ; s 20 mars 1758, à St-Michel-d'Yamaska.[2] — *Etienne*, b 8 juillet 1702, à Longueuil ; m[2] 11 oct. 1735, à Geneviève Dany ; s[2] 15 nov. 1751.—*Marguerite*, b... m[1] 23 nov. 1732, à Gilles Badaillac.

1724, (22 nov.) St-François-du-Lac.[3]

II.—MAUDOUX (3), François, [Aubin I. b 1696 ; s 20 mars 1758, à St-Michel-d'Yamaska.[4]

Dany, Marie-Anne, [René II. b 1707 ; s[4] 24 nov. 1760.

François, b[3] 23 sept. 1726 ; 1° m[4] 5 août 1748, à Marie-Angélique Pelissier ; 2° m 31 mars 1761, à Marie-Joseph Varin, à Longueuil. — *Etienne*, b[4] 5 fevrier 1728 ; s 18 avril 1748, aux Trois-Rivières. — *Pierre*, b[4] 3 avril 1729 ; m[4] 21 janvier 1760, à Dorothée Carry. — *Joseph*, b[4] 11 mars 1731 ; m[4] 2 juin 1755, à Marguerite Petit. —*Marie*, b[4] 16 nov. 1732 ; m à François Aubin. —*Augustin-Michel*, b[4] 21 mars 1734 ; s[4] 25 nov. 1760.—*Elisabeth*, b[4] 4 oct. 1735 ; m[3] 23 janvier 1759, à Antoine Lagarde.—*Marie-Anne*, b... m[4] 25 oct. 1754, à François-Marie Parenteau. — *Paul*, b[4] 18 mai 1738.—*Marguerite*, b[4] 1er août 1740 ; m[3] 8 mai 1759, à Jean-Marie Aubin. — *Geneviève*, b[4] 5 août 1742 ; m[4] 30 avril 1764, à Michel Dumas.

1735, (11 oct.) St-Michel-d'Yamaska.[7]

II.—MAUDOUX, Etienne, [Aubin I. b 1702 ; s[7] 15 nov. 1751.

Dany, Geneviève, [René II. b 1720.

Jean-Baptiste, b[7] 14 sept. 1736 ; m[7] 6 août 1764, à Marie-Anne Tesard —*Marie*, b[7] 28 avril 1739. — *Marie-Anne*, b... m[7] 15 janvier 1761, à Jean-Marie Provost.—*Gabriel*, b[7] 15 mars 1742 ; s[7] 22 juillet 1750. — *Michel*, b[7] 8 nov. 1744. — *Marie-Charlotte*, b[7] 14 oct. 1747.

1748, (5 août) St-Michel-d'Yamaska.[5]

III.—MAUDOUX, François, [François II. b 1726.

1° Pelissier (1), Marie-Angél., [Isaac-Pierre I. b 1725 ; s 27 juillet 1759, à Ste-Geneviève, M.

Jean-François, b[5] 1er nov. 1748.—*Marie-Anne*, b[5] 28 janvier 1750 ; m 29 mai 1775, à François Bonneau, à Montreal.—*Marie-Angélique*, b 1751 ; s[5] 13 janvier 1753.—*Louis*, b[5] 23 et s[5] 28 janvier 1753.—*Marie-Angélique*, b[5] 9 mars 1754. — *Elisabeth*, b[5] 26 février 1755.—*Jeanne*, b[5] 5 déc. 1756.

1761, (31 mars) Longueuil.[6]

2° Varin, Marie-Joseph, [Nicolas II. b 1739.

Charlotte, b[6] 11 mars 1762.

1755, (2 juin) St-Michel-d'Yamaska.[2]

III.—MAUDOUX (2), Joseph, [François II. b 1731.

Petit, Marguerite, [Jean II. b 1735.

François, b[2] 22 février et s[2] 13 avril 1756.—*Marguerite-Cécile*, b[2] 24 oct. 1757. — *Marie-Euphrosine*, b[2] 8 sept. 1760.—*Louis*, b[2] 29 avril 1763.—*Joseph*, b[2] 13 février 1765.—*Joseph*, b[2] 9 sept. 1770.

1760, (21 janvier) St-Michel-d'Yamaska.[5]

III.—MAUDOUX (3), Pierre, [François II. b 1729.

Carry, Dorothee, [François I. b 1737.

Dorothée, b[5] 18 déc. 1760. — *Marie-Jeanne*, b[5] 8 janvier 1762.—*Pierre*, b[5] 10 juin 1766.—*Marie-Joseph*, b[5] 16 mars 1768. — *Marie-Anne*, b[5] 4 et s[5] 7 mai 1769.

1764, (6 août) St-Michel-d'Yamaska.[5]

III.—MAUDOUX (4), Jean-Bte, [Etienne II. b 1736.

Tesard, Marie-Anne, [François I. b 1737.

Marie-Anne, b[5] 7 juin 1765.—*Marie-Catherine*, b[5] 11 oct. 1766.—*Jean-Baptiste*, b[5] 19 mars 1768. —*Joseph*, b[5] 3 oct. 1769.

MAUFAIT.—Voy. Maufay.

MAUFAY.—*Variations et surnoms :* Maufait—Maufet—Brassard—Lépine.

(1) Dit L'Eveillé; caporal de la compagnie de M. Dumesnil.

(2) Et Madoue ; voy. vol. I, p. 421.

(3) Marié Modoue.

(1) Dit Lafeuillade.

(2) Marié Mondoux.

(3) Et Madoue.

(4) Et Mondoux—Madoue.

1654, (31 mai) Québec.[4]

I.—MAUFAY (1), PIERRE,
b 1632; s[4] 11 oct. 1677.
DUVAL, Marie,
b 1631; s 22 mars 1704, à Lorette.[5]
Marie, b[4] 26 sept. 1660; m[4] 5 mai 1675, à Pierre RODITAILLE; s[5] 21 sept. 1730.— *Simone*, b[4] 23 déc. 1663; 1° m 1683, à Louis BRASSARD; 2° m 7 février 1718, à Jacques CHEVAUTIER, à Montréal. — *Marie-Agnès*, b 24 mars 1674, à Sillery; m[4] 27 sept. 1700, à Edmond LEFEBVRE; s[4] 9 août 1754.

1677, (15 nov.) Québec.[7]

II.—MAUFAY (1), PIERRE, [PIERRE I.
b 1655; s[7] 13 fevrier 1715.
CHAPELEAU (2), Catherine, [JEAN I.
b 1658; s 6 mai 1740, à l'Hôpital-Général, Q.
Catherine (3), b 7 déc. 1687, à Sillery; Hospitalière dite St. Hyacinthe.

II.—MAUFAY (1), ANDRÉ, [PIERRE I.
b 1658; s 29 juin 1711, à Ste-Foye.[8]
DESORCYS, Marie-Madeleine, [MICHEL I.
b 1663; s[8] 18 juillet 1711.
Marie-Madeleine, b 21 dec. 1687, à Sillery; m[8] 27 nov. 1709, à Eustache LIÉNARD; s[8] 11 mai 1711.—*Joseph*, b 1695; m[8] 7 janvier 1721, à Catherine DANETS; s[8] 13 août 1750.

MAUFAY (4), SIMON, b 1659; s 11 mars 1745, à Montréal.

1712, (26 avril) Pte-aux-Trembles, Q.

III.—MAUFAY, CHARLES, [ANDRÉ II.
b 1683; s 26 juillet 1761, à Ste-Foye.[5]
GRÉGOIRE, Therèse, [FRANÇOIS I.
b 1691; s[5] 26 nov. 1749.
Jean-François, b[5] 24 avril 1713.—*Charles*, b[5] 5 oct. 1714; m[5] 30 sept 1743, à Françoise SÉDILOT; s 1er dec. 1757, à Québec.[8]—*Marie-Agnès*, b[5] 26 janvier 1716; m[5] 10 fevrier 1735, à Blaise LEMARIÉ; s[5] 1er août 1737. — *Angélique*, b[5] 6 mars et s[5] 10 mai 1717. — *Jean-Marie*, b[5] 31 oct. 1719; 1° m 30 juin 1749, à Clotilde VÉSINA, à L'Ange-Gardien; 2° m[5] 13 nov. 1752, à Madeleine HAMEL; s[5] 23 juillet 1761. — *André*, b[5] 4 fevrier 1721; m[5] 10 avril 1752, à Ursule MOREAU. —*Joseph*, b[5] 23 avril 1723; m[5] 14 oct. 1748, à Marguerite LEGRIS; s[5] 19 juillet 1771.—*Angélique*, b 1724; m[5] 9 oct. 1747, à Michel ROUTIER.

1721, (7 janvier) Ste-Foye.[5]

III.—MAUFAY, JOSEPH, [ANDRÉ II.
b 1695; s[5] 13 août 1750.
DANETS, Catherine, [CHARLES II.
s[5] 4 nov. 1768.
Marie-Catherine, b[5] 26 février 1723; m[5] 5 juillet 1751, à Noel BERTHIAUME; s[5] 6 avril 1769. — *Joseph*, b[5] 6 avril 1725. — *Marie-Geneviève*, b[5] 15 et s[5] 20 oct. 1729. — *Charles-Clément*, b[5] 21 juin 1730; s[5] 12 février 1771.—*Gilles*, b 1731; m 2 mai 1757, à Marie-Joseph MIVILLE, à Montreal. — *Marie-Charlotte*, b 1734; m[5] 14 février 1763, à Prisque LAPOINTE.— *Jean-Baptiste*, b[5] 15 mars 1738; m[5] 24 oct. 1763, à Ursule BERTHIAUME.

1743, (30 sept.) Ste-Foye.[4]

IV.—MAUFAY, CHARLES, [CHARLES III.
b 1714; charretier; s 1er déc. 1757, à Québec.[9]
SÉDILOT (1), Marie-Françoise, [LOUIS-CHS III.
b 1721.
Marie-Thérèse, b[9] 2 juillet 1744; s[9] 15 dec. 1747. — *Angélique*, b[9] 18 janvier 1747; m[4] 30 juin 1772, à Joseph BERTHIAUME.— *Marie-Françoise*, b[9] 3 et s[9] 22 oct. 1749.—*Pierre*, b[9] 23 oct. 1750; s[9] 26 janvier 1751. — *Jacques*, b[9] 4 mars et s[9] 29 juillet 1752. — *Jean-Baptiste*, b[9] 11 juin et s[9] 6 août 1753. — *Jean-Baptiste*, b[9] 31 août 1754. —*Charles-François*, b[9] 12 mars et s[9] 18 sept. 1757.

1748, (14 oct.) Ste-Foye.[4]

IV.—MAUFAY, JOSEPH, [CHARLES III.
b 1723; s[4] 19 juillet 1771.
LEGRIS-LÉPINE, Marguerite, [PIERRE II.
b 1727.
Charles-Joseph, b[4] 11 juillet et s[4] 26 sept. 1750. —*Marie-Marguerite*, b[4] 28 juin 1753. — *Ursule*, b[4] 27 mars et s[4] 20 oct. 1755. — *Marie-Joseph*, b[4] 1er dec. 1756; s[4] 22 février 1761. — *Charles-Joseph*, b[4] 22 fevrier et s[4] 15 août 1761.—*Marie-Joseph*, b[4] 13 juin 1764. — *Marie-Angélique*, b[4] 21 mars et s[4] 9 août 1767.—*Marie-Louise*, b[4] 11 avril 1770; s[4] 27 avril 1771. — *Marie-Anne*, b... m[4] 27 fevrier 1786, à Antoine BELLEAU.

1749, (30 juin) L'Ange-Gardien.

IV.—MAUFAY, JEAN-MARIE, [CHARLES III.
b 1719; s 23 juillet 1761, à Ste-Foye.[4]
1° VÉSINA, Clotilde, [FRANÇOIS III.
b 1719; s[4] 24 oct. 1751.
1752, (13 nov.)[4]
2° HAMEL (2), Marie-Madeleine, [PIERRE III.
b 1731.
Charles-Joseph, b... m 24 avril 1775, à Marie-Thérèse AUDET, à Québec.[5] — *Jean-Marie*, b[4] 3 sept. 1755; m[5] 11 janvier 1785, à Angelique GAUDIN. — *Louis-Michel*, b[4] 25 sept. 1757. — *Pierre*, b[4] 23 janvier 1760; m[5] 5 avril 1785, à Pelagie MOREAU.

1752, (10 avril) Ste-Foye.[5]

IV.—MAUFAY, ANDRÉ, [CHARLES III.
b 1721.
MOREAU, Ursule, [MICHEL III.
b 1734; s[5] 14 juin 1786.

(1) Voy. vol. I, p. 421.

(2) Au registre de l'Hôpital-Général de Québec, on trouve l'acte suivant: " 1740, 6 mai, a lieu la sépulture de Catherine Gagnon, veuve de Pierre Maufait." Au lieu de Catherine Gagnon, il faudrait lire Catherine Chapeleau: Gagnon était le nom de sa mère.

(3) Elle était, le 24 juillet 1731, à St-Thomas.

(4) Dit Lépine.

(1) Elle épouse Elie Boutron-Major, soldat du 3e bataillon américain, à New-York. Boutron est mort au siège de la Martinique en 1763. (Procès-verbaux.)

(2) Elle épouse, le 7 février 1763, Jean-Baptiste Macardie, à Ste-Foye.

André-Charles, b [5] 24 avril et s [5] 25 sept. 1759. — *Ursule*, b [5] 5 juillet 1763 ; m [5] 23 juillet 1787, à Joseph-Pierre FISET. — *André-Michel*, b [5] 10 sept. 1765.—*Angélique*, b [5] 28 nov. et s [5] 20 déc. 1767.

1757, (2 mai) Montréal. [2]

IV.—MAUFAY, GILLES, [JOSEPH III.
b 1731.
MIVILLE, Marie-Joseph, [PIERRE IV.
b 1740.
Félicité, b 1762 ; m [2] 1er oct. 1781, à Charles LENOIR-ROLLAND.

1763, (24 oct.) Ste-Foye. [4]

IV.—MAUFAY, JEAN-BTE, [JOSEPH III.
b 1738.
BERTHIAUME, Ursule, [NOEL III.
b 1741.
Jean-Baptiste, b [4] 5 août 1764.—*Ursule*, b [4] 24 mars 1766.—*Marie-Marguerite*, b [4] 6 mai 1770.—*Joseph-Bonaventure*, b [4] 14 juillet 1772.—*Pierre-Noël*, b [4] 23 sept. 1774.—*Marguerite*, b [4] 15 juillet 1781.

1775, (24 avril) Québec.

V.—MAUFAY, CHS-JOSEPH. [JEAN-MARIE IV.
AUDET, Marie-Therèse, [PIERRE III.
b 1756.

1785, (11 janvier) Québec.

V.—MAUFAY, JEAN-MARIE, [JEAN-MARIE IV.
b 1755.
GAUDIN, Angélique, [THIERRY III.
b 1766.

1785, (5 avril) Québec.

V.—MAUFAY, PIERRE, [JEAN-MARIE IV.
b 1760.
MOREAU, Pélagie, [PIERRE III.
b 1764.
Marie-Angélique, b 2 déc. 1786, à Ste-Foye.

MAUFET.—Voy. MAUFAY.

1659, (19 nov.) Québec. [8]

I.—MAUFILS (1), PIERRE,
b 1631.
POULIN, Madeleine, [CLAUDE I.
b 1646.
Julien, b [8] 7 avril 1669 ; m 25 mai 1693, à Madeleine CLOUTIER, au Château-Richer.

1693, (25 mai) Château-Richer.

II.—MAUFILS, JULIEN, [PIERRE I.
b 1669.
CLOUTIER, Madeleine, [JEAN III.
b 1676 ; s 23 janvier 1721, à St-Pierre, I. O.
Pierre, b 1694 ; m 9 fevrier 1728, à Françoise SOUPIRAN, à Quebec.

(1) Voy. vol. I, p. 421.

1728, (9 février) Quebec. [9]

III.—MAUFILS (1), PIERRE, [JULIEN II.
b 1694.
SOUPIRAN, Françoise, [SIMON I.
b 1702 ; s [9] 8 déc. 1747.
Pierre-Alexis, b [9] 17 juillet 1729.—*Pierre-Louis*, b [9] 31 juillet et s [9] 26 août 1730. — *Pierre*, b [9] 12 août 1731 ; m 25 nov. 1765, à Geneviève-Judith DENEAU, à St-Thomas.—*Simon-Louis*, b [9] 26 août 1732. — *Françoise*, b [9] 2 déc. 1734 ; m [9] 7 mai 1759, à Louis-Alexandre PICARD. — *Louise-Geneviève*, b [9] 14 et s [9] 29 mars 1736. — *Julien*, b [9] 13 juillet 1737.—*René-Julien*, b [9] 27 août 1738 ; m 1775, à Madeleine RATEL ; s 31 août 1779, à St-Cuthbert.—*Guillaume*, b [9] 7 et s [9] 12 oct. 1739.—*Marie-Elisabeth*, b [9] 14 mai 1743.

MAUFILS (2), PIERRE.

1765, (25 nov.) St-Thomas.

IV.—MAUFILS, PIERRE, [PIERRE III.
b 1731.
DENEAU, Geneviève-Judith, [JOSEPH II.
b 1736.
Pierre, b 1766 ; m 19 février 1787, à Marie-Joseph DULMÈNE, à St-Cuthbert.

1775.

IV.—MAUFILS, RENÉ-JULIEN, [PIERRE III.
b 1738 ; s 31 août 1779, à St-Cuthbert. [1]
RATEL, Madeleine, [PIERRE III.
b 1740.
Louis, b [1] 23 juin et s [1] 29 juillet 1776. — *Jean-Baptiste*, b [1] et s [1] 28 juin 1779.

1787, (19 fevrier) St-Cuthbert. [2]

V.—MAUFILS, PIERRE, [PIERRE IV.
b 1766.
DULMÈNE (3), Marie-Joseph, [FRS-ARMAND II.
b 1761.
Pierre, b [2] 25 juillet 1789.

1758, (7 janvier) Longueuil.

I.—MAUFIN (4), PIERRE, fils d'Antoine et de Marie-Anne Lablanche, de St-Hamel, diocèse d'Auch, Gascogne.
DAUNAY, Suzanne, [PIERRE-ANTOINE II.
b 1712 ; veuve de Joseph Perras.

1756, (18 oct.) Pte-aux-Trembles, Q. [3]

I.—MAUGARD, PIERRE, fils de Jean (instituteur) et de Jeanne ...., de St-Jean, diocèse de Bordeaux.
ROBITAILLE, Marguerite, [CHARLES-FRANÇOIS II.
b 1716.
Marguerite, b [3] 5 et s [3] 20 nov. 1759.

MAUGÉ.—*Surnoms* : LALANDE—LATREILLE.

I.—MAUGÉ (5), ..., b 1643 ; s 25 avril 1748, à Terrebonne.

(1) Ecrivain au magasin du Roy.
(2) Il était, le 11 avril 1761, au Détroit.
(3) Dit Alain ; voy. Dudemaine, vol. III, p. 499.
(4) Soldat de la compagnie de Barrot, régiment de Béarn.
(5) Dit Latreille.

I.—MAUGÉ (1), JOSEPH, marchand.

III.—MAUGÉ (2), FRS-LS-AMABLE, [PIERRE II. b 1740.
ETHIER, Madeleine.
Jacques, b 5 et s 7 janvier 1760, à Terrebonne.

MAUGENEST.—Voy. MAUGENET.

MAUGENET.—*Variations et surnom :* MAUGENEST—MONGENAIS—ST. ORANT.

1764, (5 mars) Montréal.

I.—MAUGENET, GERMAIN, b 1740 ; fils de François et de Marie-Anne Horand, de St-Sévère, diocèse de Bourges, en Berry.
BARRÈRE, Rosalie, [FRANÇOIS I. b 1745.

1767, (12 janvier) Lachine.

I.—MAUGENET (3), GERMAIN, fils de François et de Marie-Anne Ste Orande, de St-Martin-de-Poligny, diocèse de Bourges, en Berry.
DESCARRY, Louise, [JEAN-MARIE IV. b 1740 ; s 20 oct. 1767, au Bout-de-l'Ile, M.

MAUGITS. — *Variation et surnoms :* MAUGIN — LAUNAIS—LYONNAIS.

1727, (25 nov.) Montréal. [7]

I.—MAUGITS (4), FRANÇOIS, b 1706, sergent ; fils de Pierre et de Madeleine Galand, de St-Augustin-de-Charlelieu, diocèse de Lyon, Lyonnois.
DUDEVOIR, Marie-Angélique, [CLAUDE I. b 1708.
François, b [7] 2 mai et s [7] 9 nov. 1738. — *François*, b [7] 1er sept. 1739 ; s [7] 22 janvier 1745. — *Marguerite*, b [7] 30 juin 1741 ; s [7] 5 mai 1744. — *Marie-Charlotte*, b [7] 21 oct. 1743 ; s [7] 7 juin 1745. —*Jean-Baptiste*, b [7] 12 mars 1745.—*Marie-Louise*, b [7] 24 sept. 1747. — *Jean-Baptiste*, b [7] 29 sept. 1749.

MAUGRAIN.—Voy. LAFOND (DE).

I.—MAUGRAS (5), JACQUES, b 1639 ; de Deligny-le-château.
MORAL (6), Marie-Jeanne, [QUENTIN I. b 1653.
Marie-Jeanne, b 1668 ; m 8 janvier 1690, à Pierre GAMELIN, à St-François-du-Lac [5] ; s 26 oct. 1755, à Montréal. — *Marguerite*, b 22 août 1674, aux Trois-Rivières ; m [5] 19 mars 1699, à Jean-Baptiste GAMELIN ; s [5] 28 sept. 1746.—*Madeleine*, b 19 oct. 1685, à Sorel ; m [5] 7 janvier 1726, à Julien PÉREAU ; s [5] 12 déc. 1740. — *Marie-Françoise*, b [5] 27 et s [5] 28 sept. 1688.

1679, (24 oct.) Montréal. [6]

I.—MAUGUE (1), CLAUDE, b 1646 ; notaire-royal ; s [6] 9 nov. 1696.
JOUSSET-LALOIRE, Louise, [MATHURIN I. b 1662.
Marie-Anne, b [6] 23 nov. 1687 ; m [6] 13 février 1720, à Pierre GAREAU.—*Louise*, b 1693 ; m [6] 23 janvier 1719, à Jean BRUNET ; s [6] 2 avril 1755.

1761, (8 juin) Montréal.

I.—MAULÈRE, JOSEPH, b 1736 ; fils de Jacques et de Marie Geneberque, de St-Pierre-d'Humisque, diocèse de Strasbourg, Alsace.
MARTIN, Marie-Joseph, [LOUIS I. b 1745.

1701, (29 sept.) Québec.

I.—MAUNY, PIERRE, fils de Pierre (chirurgien du roi) et de Marie Ponsy, de St-Germain, Auxerre.
CRÉQUEIL (2), Angelique-Catherine, [LIÉNARD I. b 1681.

MAUPAS.—*Variations et surnom :* MAUREPAS—MEAUREPAS — MONPAR — MONPAS — ST. HILAIRE.

1698, (29 oct.) St-Jean, I. O.

I.—MAUPAS (1), NICOLAS, b 1674 ; fils de Pierre et de Chardine Fez, de St-Martin-de-Vaudry, diocèse de Bayeux, Normandie.
GUILLEMET, Agnès, [NICOLAS I. b 1680.
Nicolas, b 17 nov. 1699, à St-Michel [1] ; m 5 sept. 1723, à Jeanne MONMINY, à Beaumont [2] ; s 5 mars 1736, à Québec. — *Marie*, b [1] 23 sept. 1704 ; m [2] 8 nov. 1734, à Rene ADAM ; s [2] 28 mai 1770.—*Jacques*, b [2] 28 août 1707 ; m 9 nov. 1750, à Thérèse GODBOUT, à Lévis. [3] — *Joseph*, b [2] 1er mars 1710 ; m [1] 25 janvier 1740, à Marie-Joseph FORGUES ; s [1] 21 janvier 1760.—*Marie-Hélène*, b 8 sept. 1715, à St-Valier.—*Louis*, b [2] 25 août 1723 ; m [3] 21 juin 1751, à Marie-Joseph-Elisabeth JAHAN.

1723, (5 sept.) Beaumont. [4]

II.—MAUPAS (3), NICOLAS, [NICOLAS I. b 1699 ; s 5 mars 1736, à Québec.
MONMINY (4), Jeanne, [GUILLAUME II. b 1698.
Marie-Madeleine, b [4] 20 sept. 1724.—*Marguerite*, b 9 juin 1729, à St-François-du-Lac. — *Nicolas*, b [4] 26 oct. et s [4] 1er nov. 1730.—*Catherine*, b 1731 ; m 1753, à Hilaire DUMONT ; s 8 sept. 1761, à Kamouraska.

(1) Il était, en 1741, à Lachenaye.
(2) Lalande dit Maugé ; voy. vol. V, p. 98.
(3) Dit St. Orant.
(4) Dit Lyonnais—Launois.
(5) Voy. vol. I, p. 421.
(6) Elle épouse, le 9 déc. 1691, Gilles Couturier, à St-François-du-Lac.

(1) Voy. vol. I, p 422.
(2) Créquy.
(3) Et Monpar dit St. Hilaire.
(4) Voy. Montmesnil ; elle épouse, le 24 nov. 1738, Adrien Jouberge, à Québec.

1729, (10 janvier) Repentigny. [5]
II.—MAUPAS, PIERRE, [NICOLAS I.
b 1702.
TESSIER, Marie-Marguerite, [IGNACE II.
b 1712.
Marie-Amable (posthume), b [5] 1er et s [5] 10 août 1730.

1740, (25 janvier) St-Michel. [6]
II.—MAUPAS (1), JOSEPH, [NICOLAS I.
b 1710 ; s [6] 21 janvier 1760.
FORGUES (2), Marie-Joseph, [JOSEPH III.
b 1718.

1750, (9 nov.) Lévis. [8]
II.—MAUPAS (3), JACQUES, [NICOLAS I.
b 1707.
GODBOUT, Thérèse, [NICOLAS II.
b 1712 ; veuve de Louis Pichet.
Jacques-Charles, b [8] 25 oct. 1756.

1751, (21 juin) Lévis. [9]
II.—MAUPAS (3), LOUIS, [NICOLAS I.
b 1723.
JAHAN (4), Marie-Jos.-Elisabeth, [JACQUES III.
b 1731.
Marie-Anne, b [9] 30 juillet 1752. — *Louis-François*, b 1er février 1754, à St-Valier —*Marie-Madeleine*, b 8 et s 29 fevrier 1756, à la Rivière-Ouelle.[5] —*François-Ambroise*, b [5] 1er avril 1757. — *Suzanne*, b [5] 8 juin 1758. — *Jean-Louis*, b 19 nov. 1760, à St-Michel ; 1° m 14 février 1786, à Marie-Joseph GINGRAS, à Québec ; 2° m à Victoire ROIROUX.

1786, (14 fevrier) Québec.
III.—MAUPAS (5), JEAN-LOUIS, [LOUIS II.
b 1760.
1° GINGRAS, Marie-Joseph, [PIERRE III.
b 1747.
2° ROIROUX (6), Victoire.
Jean, b... m 10 fevrier 1823, à Nathalie CHARLAND, à St-Jean-Deschaillons. [3] — *Sophie*, b... m [3] 24 août 1824, à Isaac CHANDONNET.

1823, (10 février) St-Jean-Deschaillons.
IV.—MAUPAS, JEAN. [JEAN-LOUIS III.
CHARLAND, Nathalie. [AMABLE.

MAUPETIT.—*Variation et surnoms :* MONPETIT —LEPOITEVIN—POTVIN.

1683, (15 nov.) Lachine. [1]
I.—MAUPETIT, JEAN-PIERRE.
BEAUNE (7), Marie-Louise, [JEAN I.
b 1668.

(1) Dit St. Hilaire.
(2) Elle épouse, le 5 nov. 1760, Jean-Marie Ruelland, à St-Michel.
(3) Marié Maurepas dit St. Hilaire.
(4) Aussi appelée Janeau—Jéhan dit Laviolette.
(5) Et Maurepas—Monpas.
(6) Dit Laliberté.
(7) Elle épouse, le 16 juin 1698, Louis Lory, à Lachine.

Pierre, b [1] 15 nov. 1686 ; m 25 sept. 1718, à Angélique VILLERAY, au Bout-de-l'Ile, M. [2] ; s [2] 6 oct. 1759.

1718, (25 sept.) Bout-de-l'Ile, M. [2]
II.—MAUPETIT (1), PIERRE, [JEAN I.
b 1686 ; s [2] 6 oct. 1759.
VILLERAY, Angelique, [ANTOINE I.
b 1698.
Pierre, b 12 oct. et s 13 nov. 1719, à la Pointe-Claire. [4] — *Marie-Thérèse*, b [4] 28 sept. 1720.— *Pierre*, b [3] 25 mai 1722 ; 1° m [3] 7 février 1746, à Marie-Joseph DAOUT ; 2° m [3] 23 janvier 1764, à Marie-Charlotte FORTIER.—*Joseph*, b [3] 17 sept. 1724 ; m [3] 26 janvier 1756, à Marie-Anne HUNAUT; s [3] 4 avril 1768.—*Marie-Angélique*, b [3] 20 mai 1727; m [3] 7 fevrier 1746, à Albert LALONDE.—*Marie-Suzanne*, b [3] 18 mars 1730 ; m [3] 7 fevrier 1757, à François-Marie DAOUT.—*Marie-Thérèse*, b [3] 4 janvier 1733 ; m [3] 20 janvier 1755, à Jean-Noël LEFEBVRE.—*Etienne*, b [3] 21 mai 1735 ; m [3] 8 janvier 1757, à Angelique-Amable BOYER. — *Marie-Elisabeth*, b [3] 14 et s [3] 19 février 1738.— *Antoine*, b 1740 ; m [3] 23 janvier 1764, à Marie-Joseph LEFEBVRE.—*Michel*, b 1742 ; m [3] 4 nov. 1765, à Marie-Joseph HUNAUT.

1746, (7 février) Bout-de-l'Ile, M. [5]
III.—MAUPETIT (1), PIERRE, [PIERRE II.
b 1722.
1° DAOUT, Marie-Joseph, [CHARLES II.
b 1727 ; s [5] 11 juillet 1762.
Pierre, b [5] 12 janvier 1747.—*Marie-Joseph*, b 1748 ; m 7 nov. 1768, à Charles VALADE, à Soulanges.—*Marie-Thérèse*, b [5] 7 sept. et s [5] 15 oct. 1749.—*Joseph*, b [5] 20 août 1750.—*Pierre*, b [5] 28 mai 1752.—*Marie-Suzanne*, b [5] 17 juin 1754.— *Marie-Jeanne*, b [5] 29 juin 1755.—*Charles*, b [5] 13 et s [5] 30 dec. 1758.—*Thérèse*, b [5] 5 fevrier 1760. —*Julie*, b [5] 12 mai 1762.
1764, (23 janvier). [5]
2° FORTIER, Marie-Charlotte, [JOSEPH II.
b 1742.
Marie-Angélique, b [5] 16 et s [5] 23 nov. 1764.— *Jean-Baptiste*, b [5] 7 février 1767.—*Etienne*, b... s [5] 25 mai 1768.

1756, (26 janvier) Bout-de-l'Ile, M. [6]
III.—MAUPETIT (1), JOSEPH, [PIERRE II.
b 1724 ; s [6] 4 avril 1768.
HUNAUT (2), Marie-Anne, [ANTOINE III.
b 1729.
Joseph-Marie, b [6] 16 déc. 1756 ; s [6] 30 nov. 1761. —*Jean-Baptiste*, b [6] 17 janvier 1759.—*Pierre*, b [6] 17 mars 1760.—*François*, b [6] 12 fevrier 1762.— *Antoine*, b [6] 4 août 1763 ; s [6] 25 août 1765.— *Marie-Agathe*, b [6] 4 août 1763 : s [6] 25 juin 1764. — .... (3), b... s [6] 19 sept. 1766.— *Barthélemi* (posthume), b [6] 24 août 1768.

(1) Dit Poitevin.
(2) Et Hénaud.
(3) Le nom manque au registre.

1757, (8 janvier) Bout-de-l'Ile, M. [7]
III.—MAUPETIT (1), ETIENNE, [PIERRE II.
b 1735.
BOYER, Angélique-Amable, [CLAUDE III.
b 1743.
Rosalie, b [7] 29 mars 1759.—*Hyacinthe*, b [7] 31 juillet et s [7] 20 août 1760.—*Marie-Angélique*, b 12 oct. 1761, à Soulanges.

1761, (7 sept.) Varennes. [8]
I.—MAUPETIT, GASPARD, fils de Joseph et de Françoise Salot, de Belleville, diocèse de Lion, Beaujolais.
1° JODOIN, Marie-Anne. [JACQUES-CHARLES II.
1770, (12 juin). [8]
2° PANISE (2), Marie-Anne.

1764, (23 janvier) Bout-de-l'Ile, M.
III.—MAUPETIT, ANTOINE, [PIERRE II.
b 1740.
LEFEBVRE, Marie-Joseph, [NOEL III.
b 1740.
Antoine, b 1767; s 13 déc. 1792, au Detroit.

1765, (4 nov.) Bout-de-l'Ile, M.
III.—MAUPETIT, MICHEL, [PIERRE II.
b 1742.
HUNAUT, Marie-Joseph, [MICHEL IV.
b 1746.

MAUR.—Voy. MOORE

MAURA.—Voy. MORAIS.

I.—MAURAIGAU (3), ..., b 1688; s 27 février 1758, à l'Hôpital-General, M.

MAURAIS.—*Variations :* MOREL—MOREST.

I.—MAURAIS (4), LOUIS.
BOIS (5), Marie-Therèse-Catherine, [JACQUES II.
b 1705; s 7 mai 1780, à la Rivière-Ouelle. [1]
Louis, b 1730; s [1] 17 juin 1749.—*Alexis*, b 4 oct. 1732, à Ste-Anne-de-la-Pocatière [2]; m [1] 8 juin 1761, à Catherine GAGNON.—*Marie-Louise*, b [2] 11 juillet 1734; m [1] 3 nov. 1756, à Joseph-François LÉVESQUE.—*Pierre*, b [1] 31 mars 1736.—*Jacques*, b [1] 4 nov. 1738.—*Jean-François*, b [1] 24 sept. 1740, 1° m [1] 30 janvier 1758, à Marie-Ursule PLOURDE; 2° m [1] 5 août 1782, à Marie-Joseph HUDON.—*Antoine*, b [1] 4 mars 1743.

1758, (30 janvier) Rivière-Ouelle. [3]
II.—MAURAIS (6), JEAN-FRANÇOIS, [LOUIS I.
b 1740.
1° PLOURDE, Marie-Ursule, [PIERRE II.
b 1721; s [3] 17 dec. 1781.

(1) Dit Poitevin.
(2) Sauvagesse élevée chez M. Bailly.
(3) Né en la Nouvelle-Angleterre et marié là pour la cinquième fois.
(4) Et Morel—Morest.
(5) Aussi appelée Lebel, du nom du second mari de sa mère.
(6) Et Morest.

Jean-Marie, b [3] 8 nov. 1758.—*Joseph-François*, b [3] 30 janvier 1760.
1782, (5 août). [3]
2° HUDON, Marie-Joseph, [JOSEPH III.
b 1759.

1761, (8 juin) Rivière-Ouelle.
II.—MAURAIS, ALEXIS, [LOUIS I.
b 1732.
GAGNON, Catherine, [JEAN-BTE III.
b 1742.

MAURAR.—Voy. MOURAND.

1782, (4 fevrier) Montréal.
I.—MAURAY, JEAN-BTE, b 1744; fils de Robert et d'Elisabeth Leroux, de N.-D.-de-la-Chapelle-Yvon, diocèse de Lisieux, Normandie.
MONTY, Angelique, [JEAN I.
b 1742; veuve de Louis Courtin.

MAURE.—Voy. MOORE.

1717, (15 nov.) Québec. [1]
I.—MAURÉ, FRANÇOIS, fils de Louis et de Renée Duvivier, de St-Innocent, Paris.
AMARITON, Françoise, [FRANÇOIS I.
b 1698; s [1] 6 juin 1733.

MAUREAU.—Voy. MOREAU.

MAUREL.—Voy. MOREL.

MAUREPAS.—Voy. MAUPAS.

MAURIAY.—Voy. MORIER.

MAURICE.—*Surnoms :* ARRIVÉ—CHAPUT—HERY—JEAN—LAFANTAISIE—LARRIVÉ—MORIER.

1699, (18 mai) Montréal. [6]
I.—MAURICE (1), CLAUDE,
b 1668; s [6] 1er avril 1728.
DUMOUCHEL, Madeleine, [BERNARD I.
s [6] 14 nov. 1749.
Charles-Marie, b [6] 31 janvier 1700; m [6] 3 nov. 1723, à Catherine CARDINAL. — *Joseph*, b [6] 23 février 1705; 1° m 1726, à Angelique CHEVALIER; 2° m à Marie-Françoise-Anne DEVIN. — *Claude*, b [6] 4 janvier 1707; m 1736, à Jeanne CARDINAL; s 13 fevrier 1769, à l'Hôpital-General, M. — *Jacques-Urbain*, b [6] 9 déc. 1708; m [6] 1er mars 1745, à Marie-Louise HEURTEBISE. — *Marie-Joseph*, b [6] 23 déc. 1710; s [6] 28 dec. 1713. — *Jean-François*, b [6] 3 dec. 1712; m [6] 30 sept. 1737, à Madeleine LEDUC; s [6] 3 fevrier 1756. — *René*, b [6] 24 nov. 1714; m [6] 29 avril 1737, à Marie-Anne HEURTEBISE; s [6] 17 mars 1750.—*Jean-Baptiste*, b [6] 4 et s [6] 16 déc. 1716.—*Bernard-Marie*, b [6] 22 déc. 1717; m [6] 23 nov. 1744, à Marie-Joseph DESCARY; s [6] 24 août 1756.—*Jean-Baptiste*, b [6] 6 août 1720; s [6] 25 mars 1743.—*Pierre-Louis*, b [6] 16 avril 1722; s [6] 21 nov. 1738.— *Marie-Joseph*, b... m à Jean DEGRÉ.

(1) Dit Lafantaisie; voy. vol. I, p. 422.

1723, (3 nov.) Montréal. [6]

II.—MAURICE (1), CHARLES-MARIE, [CLAUDE I.
b 1700.

CARDINAL, Catherine, [JACQUES II.
b 1707 ; s [6] 30 mars 1750.

Madeleine, b [6] 29 juillet 1724 ; s 9 avril 1731, à Laprairie. [7] — *Marie-Jeanne-Joachim*, b [6] 16 mai 1726 ; m [6] 22 janvier 1748, à Jean DEFOYE. — *Charles-Claude*, b [6] 28 sept. 1727 ; s [7] 4 janvier 1730.—*Louis*, b [7] 21 mars 1730. — *Marie-Madeleine*, b [6] 30 avril 1734 ; m 15 nov. 1756, à Jean-Baptiste ROBIDOU, au Bout-de-l'Ile, M. [8] — *Marie-Amable*, b 1736 ; m [8] 26 janvier 1761, à Pierre-Amable DUROCHER. — *Bernard-Marie*, b [6] 4 février et s [6] 9 août 1739.—*Marie-Catherine*, b [6] 16 juin 1741 ; m [6] 30 janvier 1764, à Ferréol COULON. — *Scholastique*, b [6] 22 juin 1744. —*Paul-Joseph*, b [6] 6 juin 1747. — *Marie-Joseph*, b [6] 21 mars et s [6] 22 mai 1750.

1726.

II.—MAURICE (1), JOSEPH, [CLAUDE I.
b 1705.

1° CHEVALIER, Angélique, [JACQUES-FRANÇOIS I.
b 1696.

Joseph, b 23 nov. 1726, à Montréal [6] ; m 1757, à Marie-Amable RODIER. —*Jean-François*, b [6] 31 mai 1728 ; m 1754, à Marie-Joseph CORBEIL. — *Jacques*, b 1730 ; m 8 janvier 1759, à Marie-Joseph ROBIN, à Terrebonne. [7] — *Pierre*, b 1733 ; s [6] 30 janvier 1743. — *Madeleine*, b 1735 ; m [6] 12 février 1759, à Joseph FRANÇOIS. — *Claude-Amable*, b 19 sept. 1737, au Sault-au-Récollet ; m [7] 19 août 1766, à Marie-Joseph CHALIFOUR. — *Marie-Angélique*, b [6] 6 janvier 1739. —*Marie-Charlotte*, b [6] 6 mai 1740 ; m [7] 25 mai 1772, à François DOMPIERRE. — *Thérèse-Amable*, b [6] 17 oct. et s [6] 7 nov. 1741. — *Marie-Marguerite*, b [6] 8 fevrier et s [6] 2 avril 1743. — *Charles*, b [6] 8 et s [6] 25 mars 1744. — *Joseph-Paschal*, b [6] 18 avril et s [6] 5 mai 1745.

2° DEVIN, Marie-Françoise-Anne, [RENÉ I.
b 1734.

Jean, b 1753 ; m 30 juin 1778, à Charlotte DUMESNIL, à Ste-Foye.

1736.

II.—MAURICE (1), CLAUDE, [CLAUDE I.
b 1707 ; s 13 fevrier 1769, à l'Hôpital-Général, M.

CARDINAL, Jeanne, [JACQUES II.
b 1709.

Bonaventure, b 18 juin 1737, à Montréal ; m 1767, à Elisabeth LÉVESQUE.

1737, (29 avril) Montréal. [3]

II.—MAURICE (1), RENÉ, [CLAUDE I.
b 1714 ; s [3] 17 mars 1750.

HEURTEBISE, Marie-Anne, [PIERRE II.
b 1704 ; veuve de Joseph Ménard ; s [3] 3 juillet 1756.

Marie-Madeleine, b [3] 10 mai 1739 ; m [3] 4 nov. 1760, à Pierre HOTTE. — *Marie-Anne*, b [3] 1er mai 1741 ; s 20 déc. 1755, à St-Vincent-de-Paul. — *Joseph-Urbain*, b [3] 18 avril 1743. — *François*, b [3] 8 et s [3] 15 juin 1746.—*Joseph*, b [3] 8 et s [3] 28 juin 1746. — *Marie-Catherine*, b [3] 11 sept. 1747. — *Joseph*, b [3] 5 janvier et s [3] 2 mai 1750.

(1) Dit Lafantaisie.

1737, (30 sept.) Montréal. [3]

II.—MAURICE (1), JEAN-FRANÇOIS, [CLAUDE I.
b 1712 ; s [3] 3 février 1756.

LEDUC, Madeleine, [CHARLES II.
b 1710.

François, b [3] 17 août 1738. — *Jacques*, b [3] 27 juillet et s [3] 27 nov. 1740.—*Pierre*, b [3] 5 et s [3] 18 nov. 1741. — *Claude*, b [3] 22 août 1743. — *Didier*, b [3] 19 sept. 1744. — *Jacques*, b [3] 11 et s [3] 25 juin 1746. — *Marie-Elisabeth*, b [3] 11 et s [3] 20 juillet 1747.—*Joseph*, b [3] 10 août 1748 ; m 7 nov. 1768, à Marie-Louise PETIT, à Varennes.

MAURICE, BERNARD, b... s 16 sept. 1743, à St-Joachim.

1742, (1er août) St-François-du-Sud.

III.—MAURICE (2), JEAN. [FRANÇOIS II.

PARÉ, Marie-Joseph, [JOSEPH II.
b 1689 ; veuve de Pierre Guignard ; s 18 août 1775, à St-Cuthbert.

MAURICE, FRANÇOIS.

DENIS, Marie-Charlotte.

Marie-Charlotte, b 8 février 1742, aux-Trois-Rivières.

1744, (23 nov.) Montréal. [2]

II.—MAURICE (1), BERNARD-MARIE, [CLAUDE I.
b 1717 ; s [2] 24 août 1756.

DESCARY (3), Marie-Joseph, [LOUIS III.
b 1726.

Marie-Joseph, b [2] 9 juillet et s [2] 26 août 1746. —*Bernard*, b [2] 30 mars et s [2] 7 sept. 1748.— *Marie-Marguerite*, b [2] 22 oct. 1749 ; m [2] 7 janvier 1771, à Jacques-Amable LÉCUYER.

1745, (1er mars) Montréal. [3]

II.—MAURICE (1), JACQUES-URBAIN, [CLAUDE I.
b 1708.

HEURTEBISE, Marie-Louise, [LOUIS III.
b 1718.

Jacques-Urbain, b [3] 30 mai 1746.

1752, (24 juillet) Lac-des-Deux-Montagnes.

II.—MAURICE (4), JOSEPH, [JACQUES I.
b 1732 ; s 8 avril 1760, au Bout-de-l'Ile, M.

CADIEUX (5), Louise-Amable, [PIERRE III.
b 1736.

Thérèse, b 1759 ; m 22 oct. 1781, à Louis SENÉCAL, à Montréal.

(1) Dit Lafantaisie.

(2) Voy. Larrivé, vol. V, p. 177—Rivet, 1742.

(3) Elle épouse, le 6 février 1758, Henri Martinet, à Montréal.

(4) Pour Maurice Héry, voy. vol. IV, p. 502.

(5) Elle épouse, le 6 avril 1761, François Préjean, au Bout-de-l'Ile, M.

1754.

III.—MAURICE (1), JEAN-FRANÇOIS, [JOSEPH II. b 1728.
CORBEIL, Marie-Joseph.
Marie-Joseph, b 1756 ; m 25 août 1777, à Antoine TAVERNIER, à Montréal. [2] — *Marie-Louise*, b 1762 ; m [2] 13 nov. 1780, à Paul TATOUL.

1757.

III.—MAURICE (1), JOSEPH, [JOSEPH II. b 1726.
RODIER, Marie-Amable.
Joseph, b 2 janvier 1758, à Terrebonne.

1759, (8 janvier) Terrebonne. [4]

III.—MAURICE (1), JACQUES, [JOS.-CLAUDE II. b 1730.
ROBIN (2), Marie-Joseph, [PIERRE III. b 1739.
Marie-Thérèse, b [4] 15 nov. 1759.—*Jacques*, b 1762; m 20 fevrier 1786, à Therèse LORIOT, à Repentigny.

1766, (19 août) Terrebonne.

III.—MAURICE (1), CLAUDE-AMABLE, [JOSEPH II. b 1737.
CHALIFOUR, Marie-Joseph, [GERMAIN III. b 1734 ; veuve d'Etienne DeLessard.

1767.

III.—MAURICE (1), BONAVENTURE, [CLAUDE II. b 1737.
LÉVESQUE (3), Barbe-Elisabeth, [MICHEL II. b 1738.
Bonaventure, b 9 mars 1768, à Repentigny. [5]—*Bonaventure*, b [5] 18 fevrier 1769.—*François*, b [5] 27 avril et s [5] 17 mai 1770.

1768, (7 nov.) Varennes.

III.—MAURICE, JOSEPH, [JEAN-FRANÇOIS II. b 1748.
PETIT, Marie-Louise, [PAUL IV. b 1747.

1778, (30 juin) Ste-Foye. [6]

III.—MAURICE (4), JEAN, [JOSEPH II. b 1753.
DUMESNIL, Charlotte, [NICOLAS II. b 1745.
Charlotte-Françoise, b [6] 7 nov. 1780.

1780.

MAURICE, ...
GABOURY, Elisabeth, [JEAN-BTE III. b 1755 ; s 1er juillet 1785, à St-Augustin. [7]
Anonyme, b [7] et s [7] 10 nov. 1781.—*Anonyme*, b [7] et s [7] 20 juin 1785.

(1) Dit Lafantaisie.
(2) Dit Lapointe.
(3) Dit Sanssoucy.
(4) Larrivé, 1780.

1786, (20 fevrier) Repentigny.

IV.—MAURICE (1), JACQUES, [JACQUES III. b 1762.
LORIOT, Thérèse, [MICHEL III. b 1758.

MAURICEAU.—Voy. MORISSEAU—ROCHEREAU.

MAURICET.—Voy. MORISSET.

MAURIER.—Voy. MANSEAU—MORIER.

1758, (21 déc.) Montréal.

I.—MAURIN (2), FRANÇOIS, b 1726 ; fils de Philippe et de Marguerite Monier, de St-Pierre-du-Jarnac, diocèse de Xaintes, Saintonge.
DAIGNAU, Marie-Anne, [LOUIS-CÉSAIRE II. b 1739.

MAURINGEAU.—Voy. FORGUES.

MAURISSET.—Voy. MORISSET.

MAUROIS. — *Variation et surnom :* MAROIS — ST. QUENTIN.

1743, (18 nov.) Montréal. [9]

I.—MAUROIS (3), QUENTIN, b 1718 ; fils de Florent et de Madeleine Lenain, de St-Martin-de-St-Quentin, diocèse de Noyon, Ile-de-France.
PEPIN, Marie, [ROBERT II. b 1723.
Laurent, b [9] 10 août 1744 · s [9] 24 août 1745. — *Marie-Charlotte*, b [9] 15 dec. 1745 ; s [9] 4 sept. 1746. —*François*, b [9] 11 déc. 1746 ; s [9] 15 avril 1749.

MAURY.—Voy. AMAURY.

1733.

I.—MAUVIDE (4), JEAN, chirurgien.
GENEST, Marie-Anne, [CHARLES II. b 1707.
Philippe, b 30 août 1734, à St-Jean, I. O. [8] — *Anne*, b [8] 12 déc. 1736.—*Marguerite*, b [8] 8 sept. 1738.—*Laurent*, b [8] 7 mai 1740.

MAYER.—*Surnom :* ST. LOUIS.

1740, (12 sept.) Montréal. [7]

I.—MAYER (5), PIERRE-LOUIS, b 1713, soldat ; fils de Jean-Baptiste et de Louise Bernard de St-Nizier, diocèse de Lyon, Lyonnois.
CHEVREUIL (6), Marie-Charlotte, [GUILLAUME I. b 1710.
Hypolite-Antoine, b [7] 3 juillet 1741 ; m [7] 10 janvier 1763, à Louise-Angelique DUMERGUE, à

(1) Dit Lafantaisie.
(2) Aide munitionnaire général des vivres, en Canada.
(3) Dit St-Quentin ; soldat de la compagnie de Leperanche.
(4) Il était, en 1732, à St-Jean, I. O.
(5) Dit St. Louis.
(6) Dit Duval.

Beauport. — *Jean-Baptiste*, b [7] 6 mars 1743. — *Marie-Charlotte*, b [7] 24 janvier 1745 ; m [7] 20 janvier 1761, à Christophe-Nicolas POLONCEAUX. — *Louis-Toussaint*, b [7] 20 février et s 16 août 1747, à Longueuil. — *Jean-Nicolas-Marie*, b [7] 29 sept. 1748.—*Marie-Renée*, b [7] 14 sept. 1749.

1757, (24 oct.) Boucherville.

I.—MAYER, CHRÉTIEN, fils de Jean-Chrétien et de Dorothee Heschlin, de Wesse-Casse, Allemagne.

BABIN, Marie-Joseph, [PIERRE II. b 1739.

1760, (17 nov.) Québec. [5]

I.—MAYER (1), JEAN, b 1713 ; fils de Thomas et de Catherine Menardy, de Pade, diocèse de Strasbourg, Alsace ; s [5] 2 dec. 1778.

DROUIN, Marie-Charlotte, [JOSEPH III. s [5] 2 juillet 1763.

Marie-Madeleine, b [5] 19 sept. 1761. — *Marie-Angélique*, b [5] 9 sept. 1762.

1763, (10 janvier) Beauport.

II.—MAYER, HYPOLITE-ANT., [PIERRE-LOUIS I. b 1741.

DUMERGUE, Louise-Angélique, [FRANÇOIS I. b 1743.

Suzanne-Angélique, b 18 oct. 1763, à Québec.[5]; m [5] 26 oct. 1779, à Charles RICHOUX. — *Marie-Louise*, b 1765 ; m [5] 7 oct. 1783, à Jean GOETZE.

I.—MAYER (2), RICHARD, b 1739 ; de St-Jean, Ile-de-Jersey.

I.—MAYER (3), NICOLAS.

1° AUDET (4), Geneviève, [JEAN III. b 1744 ; s 11 mars 1788, à Québec.

1790, (3 mai) St-Cuthbert.

2° GLADU, Marie-Marguerite, [JOSEPH V. b 1775.

MAYET.—*Variation :* MAILLET.

1746, (22 janvier) Château-Richer. [7]

I.—MAYET, MICHEL, fils de Philippe et de Marie-Françoise Clement, de St-Nicolas-de-Grouvelle, diocèse de Coutances, Normandie.

DOYON, Catherine, [PRISQUE III. b 1728.

Marie, b [7] 18 janvier 1747 ; m [7] 21 sept. 1773, à Pierre DETRÉPAGNY. — *Julien-Michel*, b [7] 6 oct. 1748.—*Charles*, b [7] 11 sept. 1751.—*Marie-Joseph*, b [7] 15 nov. 1756.

(1) Appelé Roy ; affirme que Joseph Frédéric n'est point marié, 1764 (Procès-verbaux).

(2) Venu en 1761 (Procès-verbaux).

(3) Frère de Chrétien Mayer de 1757.

(4) Dit Lapointe.

1757, (2 mai) Rivière-Ouelle. [1]

I.—MAYET, PIERRE, fils de Pierre et de Françoise Roselin, de Ducé, diocèse d'Avranches, Normandie.

RICHARD, Marie-Anne, [JEAN-BTE III. b 1742.

Pierre, b [1] 3 oct. 1757. — *Jean-Baptiste*, b [1] 14 déc. 1759.—*Marie-Anne*, b 1761 ; m [1] 2 mai 1783, à Jean-Aristobule HUDON.—*Michel*, b 1764 ; m 15 août 1797, à Marie-Joseph DECHAVIGNY, à Deschambault.

1797, (15 août) Deschambault.

II.—MAYET, MICHEL, [PIERRE I. b 1764.

DECHAVIGNY, Marie-Joseph, [LOUIS-MARIE IV. b 1772.

1720, (3 juillet) Québec. [9]

I.—MAYEU, NICOLAS, fils de François et de Marie Lemaire, de St-Sauveur, Beauvais.

PLASSAN, Françoise, [PIERRE I. b 1702.

Marie-Louise, b [9] 1er et s [9] 31 mai 1721.—*Françoise-Louise*, b [9] 29 sept. 1723 ; s [9] 19 sept. 1727. —*Angélique*, b [9] 17 août 1724.

MAYNARD.—Voy. MENARD.

MAYOT.—Voy. MAILLOT.

MAYRAND.—*Variation :* MÉRAND.

1767, (12 mai) Montréal.

I.—MAYRAND (1), HENRI-GUILLAUME, b 1740 ; fils de Léger et de Catherine Collevet, de N.-D.-de-Maringues, diocèse de Clermont, Auvergne.

LACELLE, Catherine, [JACQUES II. b 1736.

I.—MAYRAND (2), JEAN-BTE, b 1733.

1° SÉTAU, Marie.

1772, (23 juillet) Montréal.

2° ROY, Agathe, [JACQUES III. b 1753.

MAZEAU.—*Surnom :* LAROSE.

I.—MAZEAU (3), JEAN, b 1666, sergent ; du diocèse des Cornouailles, Bretagne ; s 12 avril 1733, à la Longue-Pointe.

1756, (22 nov.) Montréal.

I.—MAZÈRES, LOUIS, b 1716 ; fils de Louis et de Marguerite Beranger, de St-Denis-d'Amboise, Tours, en Touraine.

BROCHARD, Marthe-Denise, [THOMAS I. b 1740.

(1) Il était, le 23 juillet 1773, au Détroit.

(2) Frère du précédent.—A son 2nd mariage il est dit fils de Leger et de Claudine Cauvet, de Riom, en Auvergne.

(3) Dit Larose.

1776, (12 nov.) Québec.

I.—MAZEROL, Pierre, fils de Joseph et d'Anne Daigle, de Ste-Anne, rivière St-Jean, Acadie.
Trahan, Brigitte, fille de Paul et de Marie Boudreau, de l'Acadie.

MAZEROS.—Voy. Mazureau.

1754, (27 mai) Montréal.

I.—MAZIE, Jacques, fils de Pierre et de Marie Dardenne, de St-Nicolas, Namur, Belgique.
Gaudry, Madeleine, [André II.
b 1725.

MAZUREAU.—*Variation et surnom :* Mazeros —Labarre.

1748, (24 juin) St-Laurent, I. O.

I.—MAZUREAU (1), François, corroyeur; fils de Gaspard et de Marie Royer, de Bussière, diocèse de Poitiers, en Poitou.
Roberge, Marie-Louise, [Pierre II.
b 1715.
François-Marie, b 9 et s 30 mai 1749, à Québec.[7] —*Jean-François,* b [7] 5 et s [7] 7 sept. 1751.—*Marie-Ursule,* b [7] 4 mars 1754; m 25 oct. 1773, à Jacques Goulet, à St-Joseph, Beauce.

MAZURÉ.—*Variation et surnom :* Mazuret — Lapierre.

1718.

I.—MAZURÉ (2), Pierre.
Végiard, Angelique, [Raymond I.
b 1700.
André, b 1720; m 4 juin 1742, à Elisabeth Pion, à Verchères; s 17 avril 1784, à Repentigny. —*Angélique,* b... m à Maurice Guertin.

1742, (4 juin) Verchères.

II.—MAZURÉ (2), André, [Pierre I.
b 1720; s 17 avril 1784, à Repentigny.
Pion, Elisabeth, [Maurice II.
b 1723.

1780.

MAZURÉ (2), François.
Marion, Marie-Charlotte.
Marie-Louise, b 12 fevrier 1781, à Lachenaye.[8] —*Marie-Archange,* b [8] 9 juin 1786.

1782.

MAZURÉ (2), Amable.
Hunaut (3), Agathe.
Agathe-Antoinette, b 29 avril 1783, à Lachenaye.—*Angélique,* b et s 20 mai 1784, à Repentigny.[9]—*Marie-Joseph,* b[9] 5 avril 1787.—*Antoine,* b [9] 6 fevrier 1795.

(1) Et Mazeros dit Labarre.
(2) Dit Lapierre.
(3) Dit Deschamps.

1783.

MAZURÉ (1), Joseph.
Perrault, Madeleine.
Marie-Louise, b... s 17 août 1784, à Repentigny.[2] — *Hélène,* b [2] 4 août 1787.—*André,* b [2] 18 août 1789.

1790.

MAZURÉ (2), André.
Fagnan, Agathe.
Joseph, b 27 janvier 1791, à Repentigny.

MAZURET.—Voy. Mazuré.

1761, (1er juin) Montréal.

I.—MAZURIER, Etienne-Simon, b 1733; fils de François et de Marguerite Lequin, de St-Martin, diocèse de Laon, Picardie.
Coursel, Marie-Françoise, [François I.
b 1734.

I —McBEAN (3), Jean.

McCARTHY.—Voy. Macarty.

McCARTY.—Voy. Macarty.

1766.

I.—McCARTY (4), Richard.
Benoit, Ursule.
Ursule, b 1767; m 7 janvier 1783, à Joseph-François Perrault, à Montréal.

1818, (2 avril) Cahokia.

I.—McCRACKEN, Robert, fils d'André et de Marie Brown, d'Irlande.
Jarrot, Hortense, fille de Nicolas et de Julie Beauvais.

McCUTCHON.—*Variations :* MacKaume — MacKenen.

1766, (7 janvier) St-Michel-d'Yamaska.

I.—McCUTCHON (5), Jean, aubergiste; fils de Daniel et de Catherine McCutchon, de Derby, Ecosse.
Salouer (6), Marguerite, [Ignace III.
b 1747; s 27 dec. 1772, à la Baie-du-Febvre.[3]
Alexandre, b [3] 21 dec. 1766.—*Marie-Marguerite,* b [3] 26 janvier 1769; s[3] 12 août 1770.—*Marie-Thérèse,* b [3] 28 avril 1771.

McDONALD.—Voy. MacDonald.

McDONELL.—Voy. MacDonald.

(1) Et Mazuret dit Lapierre.
(2) Dit Lapierre.
(3) Il signe, le 22 mai 1775, à Ste-Anne-de-la-Pérade.
(4) Et Macarty; voy. p. 446.
(5) Et MacKaume—MacKenen.
(6) Et Joyelle, du nom de sa mère.

I.—McFERLAND, ...
Anglais.
......, Esther,
b 1751; s 25 avril 1778, à l'Hôpital-Général, M.

1781, (7 août) Québec.

I.—McGEE, Eustache, fils d'Eustache et de Marie Potan, de Glasgow, Ecosse.
Parant, Marie, [Louis IV.
b 1763.

1784, (2 février) Lachenaye.

I.—McGILLIS, Daniel, fils de Daniel et de Marie McDonald, d'Ecosse.
McDonald, Elisabeth, fille de Jean et de Véronique McDonald, d'Ecosse.

I.—McGLAMEY, Jean,
Ecossais; s 25 oct. 1760, à St-François-du-Sud.

1788, (23 janvier) Québec. [1]

I.—McGRAW, Jacques, b 1763; fils de Thomas et d'Eléonore Ryan, de Whitechurch, Irlande; s [1] 1er août 1793.
Santerre, Marie. [Jean-Bte.

I.—McGREGOR, Gregoire.
Robert, Suzanne.
Robert, b 29 sept. et s 1er oct. 1794, au Détroit.

McHUTCHEON.—Voy. MacCutcho.

McINTOSH.—*Variation :* MacIntosh.

1767.

I.—McINTOSH, Jacques,
Ecossais.
MacKenzie, Marie,
Ecossaise.
Marie-Claire, b 3 janvier 1768, à Kamouraska.

I.—McINTOSH (1), Angus.

I.—McINTYRE, Rodrigue,
b 1741; Ecossais; s 11 août 1776, à Berthier.
McNeil (2), Marie, de Carra, Ecosse.
Jean-Augustin, b... m 9 nov. 1790, à Marie Charland, à Québec.

I.—McINTYRE (3), Ignace.

I.—McINTYRE, Malcolm.
Macdonell (4), Marguerite, du comté d'Inverness, Ecosse.

(1) Il était, le 5 janvier 1784, au Détroit.

(2) Elle épouse, le 23 février 1778, Daniel Kennady, à Berthier.

(3) Frère de Rodrigue.

(4) Certificat de liberté, 8 janvier 1793; elle épouse, le 14 janvier 1793, Ignace McDonald, à Québec.

1790, (9 nov.) Québec.

II.—McINTYRE, Jean-Augustin. [Rodrigue I.
Charland, Marie, [Charles V.
b 1768.

McKADAIN, ...
....
Marie, b 1718, en Irlande; m à Jean Farrell; s 15 dec. 1780, à Quebec.

I.—McKALPEN, Patrice.
Aide-Créqui, Madeleine, [Jean-Bte III.
b 1764.
Marie, b 20 juillet 1784, au Detroit.

McKARTY.—Voy. Macarty.

I.—McKAY, Alexandre.
Desmoliers (1), Angélique, [Joachim II.
b 1750.

McKENNA.—Voy. McKinal.

I.—McKENZIE, Duncan.
Landrevie, Marie-Joseph, [Jean I.
b 1751; s 23 avril 1792, à Québec.

I.—McKENZIE, Murdoch.
Paille, Elisabeth.
Murdoch, b... m 20 avril 1807, à Marie-Charlotte-Angelique Miot-Girard, à Beaumont.

1807, (20 avril) Beaumont.

II.—McKENZIE, Murdoch. [Murdoch I.
Miot-Girard, Charlotte-Angélique. [Joseph II.

McKINAL.—*Variations :* McKenna —McKinon.

1768.

I.—McKINAL (2), Daniel,
s 26 mai 1791, à Matane. [1]
Malouin, Marie-Angelique,
s [1] 10 oct. 1790.
Marie-Angélique, b 21 mars 1769, à Berthier. [9] — *Madeleine,* b [9] 10 août 1770. — *Françoise,* b 1772; s [9] 17 janvier 1773. — *Joseph,* b [9] 23 sept. 1773.—*Louis-Charles,* b [9] 21 juillet 1775.—*Angélique,* b... m [9] 10 nov. 1795, à François Lefebvre. — *Marie-Geneviève,* b [9] 31 juillet et s [9] 17 août 1777. — *Marie-Geneviève,* b [9] 8 sept. 1778. — *Daniel,* b [9] 27 mai 1781.

McKINON.—*Variations :* Mackinon— McKinal.

(1) Elle épouse, le 5 nov. 1782, René McDonell, à Québec.

(2) Dans les registres de Rimouski, nous lisons la note suivante sur la mission de Matane : "Le 9 août 1792, j'ai fait une mission de quatre jours à Matane; j'ai béni un cimetière, et ensuite j'ai béni les fosses dans lesquelles ont été enterrés, le 26 mai 1791, sieur Daniel McKinon (pour McKinal), seigneur, et le 10 octobre 1790, sa dame, tous deux Ecossais catholiques.
"Signé, Jos. Paquet."

1765, (26 avril) Montréal.
I.—McKINON (1), DONALD, b 1739; fils d'Augustin et de Christine McDonald, de Killdonnen, Ecosse.
TALON, Françoise, [GERMAIN II.
b 1739.

1783.
I.—McLAUGHLIN, ALEXANDRE,
Ecossais.
McDONALD, Flore,
Ecossaise.
Marie-Catherine, b 13 mars 1784, à Lachenaye.

McLEOD.—Voy. MACLEOD.

McMALEM.—*Variations :* MAGDELAINE—MALEM.

1754.
I.—McMALEM, JEAN,
Ecossais.
McINTYRE, Marie,
Ecossaise.
Jean, b 1755; s 10 sept. 1777, à Berthier.

1771.
I.—McMALEM, JEAN,
Ecossais.
GILLIS (2), Reine,
Ecossaise.
Geneviève, b 1772; s 18 juin 1780, à Berthier.[8] — *Louise*, b [8] 12 nov. 1775; m 17 sept. 1805, à Emmanuel CHOUINARD, à Rimouski.[9]— *Marie*, b [8] 17 février 1776.— *Jean-Baptiste*, b [8] 28 mai 1778. —*Alexandre*, b 1783; s [9] 7 avril 1792.

1785.
I.—McMURRAY, SAMUEL.
NARMAY, Marie.
Marie-Louise, b 17 avril 1786, à Repentigny[1]; s[1] 17 mars 1788.

1771.
I.— McNABB, ARCHIBALD, b 1724; de Perth, Ecosse; s 20 sept. 1792, à Kaskakia.[7]
BRAUNER, Elisabeth,
s[7] 6 mai 1793.
Marie-Anne, b 1772; s [7] 23 sept. 1792. — *Edouard*, b 1779; s [7] 21 dec. 1792.—*Jeanne*, b... m à Guillaume ST. CLAIR.

I.—McNAILY, MATHIEU.
McNAILY, Françoise,
b 1749; s 9 juin 1791, à Québec.

I.—McNAUGHTON (3), ...
....
Elisabeth, b... s 10 oct. 1762, à St-Frs-du-Lac.

(1) Marié Mackinon.
(2) Et Glisse.
(3) Caporal au 78e régiment.

1765.
I.—McNEIL, FRANÇOIS,
Anglais.
McNEIL, Catherine,
Anglaise.
Catherine, b 15 juin 1766, à la Baie-St-Paul.[9] —*Madeleine*, b [9] 24 fevrier 1774.

1779, (15 février) Québec.
I.—McNEIL, RORY, fils de Jean et de Marguerite McIntyre, de Bara, Ecosse.
HAMEL, Thérèse, [CHARLES-ANDRÉ IV.
b 1757.

McNER.—*Variation :* MAKNER.

1791.
I.—McNER (1), CHRISTI.
MANÈGRE, Marguerite, [JOSEPH I.
b 1773.
Michel et *Charles*, b 24 avril 1792, à Repentigny.

1776.
I.—McPHERSON, ...
marchand.
SAUVAGESSE.
Jacques, né 1777; b 19 déc. 1779, au Détroit.[8] —*Jean-Baptiste*, né 1783; b [8] 2 janvier 1785.

1783.
I.—McPHERSON, ALEXIS.
McKAY, Catherine.
Ignace, b 14 janvier 1784, à Lachenaye.

I.—MEASON, GUILLAUME.
TURGEON (2), Emilie. [LOUIS IV.
Jeanne, b... m 23 oct. 1839, à Louis-de-Gonzague BERTHELOT, à Québec.

MEAUREPAS.—Voy. MAUPAS.

1756.
I.—MEAUX, JEAN,
Anglais.
SPELMAN, Catherine,
Anglaise.
Marie-Catherine, b 7 août 1757, à Québec.

MEÇAN.—Voy. MOISAN.

1748, (23 sept.) Québec.
I.—MÉCHERVÉ, BERTRAND, fils de Pierre et de Jeanne Dichevery, de Legrisare, diocèse de Bayonne, Gascogne.
MILLET, Geneviève, [LOUIS I.
b 1703; veuve de Pierre Roy.

MÉCHIN.—Voy. FRONTIGNY.

MECTEAU.—Voy. VALENTIN.

(1) Et Makner.
(2) Sœur de l'archevêque.

MEDEC.—Voy. LEMÉDÈQUE.

MÉGNIOT.—Voy. MIGNAU.

MEIGNIER.—Voy. MIGNIER.

MEIGNIN.—Voy. MIGNIER.

MEIGNOT.—*Variation :* MIGNAU.

1760, (24 sept.) Beauport.

I.—MEIGNOT (1), ANTOINE-FLORENT, b 1727; fils d'Antoine et de Marguerite Lartizieu, de St-Michel-d'Etaple, diocèse de Boulogne, Picardie; s 19 avril 1775, à Quebec [8]

1° DUBEAU, Marie-Julie, [CHARLES I. b 1741; s [8] 5 mai 1764.

1765.

2° FOURNEL, Françoise, [LOUIS II. b 1735.

MEILLEUR.—Voy. LEMEILLEUR.

MEILLIER.—Voy. ST. FRANÇOIS.

1787, (27 nov.) Québec.

I.—MEINEKEY, JEAN-FRÉDÉRIC, menuisier; fils de Henri et de Barbe Horteloff, de Magdebourg, Allemagne.

LAVILLE, Marguerite, [PIERRE I. b 1764.

MELAIN.—*Variation :* MELINE.

1685.

I.—MELAIN, LOUIS.

MASSARD (2), Marie-Anne, [NICOLAS I. b 1667.

Marie-Jeanne, b 17 janvier 1686, à Lévis [1]; m 9 juin 1706, à Blaise FONDUROSE, à Montreal. [5] — *Marie-Françoise-Angélique,* b [1] 19 fevrier 1687; 1° m [5] 29 nov. 1705, à Pierre MOREAU; 2° m [5] 1er nov. 1711, à Antoine BRULE.

I.—MELAINE (3), PIERRE.

1701.

I.—MELANÇON, CHARLES, Acadien; s 1er janvier 1758, à St-Charles.

BOURG (4), Anne, Acadienne; fille de Bernard et de Françoise Brun.

Charles, b 1702; m 18 février 1727, à Anne GRANGER, à Annapolis, Acadie. [6] — *Anne,* b [6] 24 sept. 1703.—*Marie,* b [6] 5 août 1708.—*Jean,* ne [6] 26 mars et b [6] 10 juin 1712. — *Anne,* b [6] 1er nov. 1715.—*Joseph,* b [6] 20 nov. 1718. — *Claude,* b [6] 20 avril 1731.

(1) Et Mignau.

(2) Elle épouse, le 28 juin 1683, Marin Varin, à Québec.

(3) Charpentier (5 avril 1664, régistre du Conseil Souverain).

(4) Elle épouse, le 20 nov. 1758, Charles Gautiot, à St-Charles.

1705, (10 nov.) Annapolis, Acadie. [7]

I.—MELANÇON, AMBROISE, fils de Charles et de Marie Dugas.

1° BOURG, Françoise, fille de Bernard et de Françoise Brun.

Anonyme, b [7] et s [7] 29 déc. 1706.—*Charles,* b [7] 29 déc. 1706.—*Joseph,* b [7] 23 sept. 1708.—*Jean,* b [7] 22 oct. 1710.—*Madeleine* et *Ambroise,* b [7] 28 janvier 1714.—*Marie,* b [7] 28 janvier 1714.—*Marguerite,* née 22 nov. 1715; b [7] 14 mars 1716.—*Elisabeth,* née 22 nov. 1715; b [7] 12 avril 1716.

1720, (7 janvier) Port-Royal.

2° JOSEPH, Catherine. [FRANÇOIS.

1714, (22 janvier) Annapolis, Acadie. [8]

I.—MELANÇON, CLAUDE, fils de Charles et de Marie Dugas.

BABINEAU, Marguerite, fille de Jean et de Marguerite Boudrot.

Joseph, b [8] 1er août 1716.—*Charles,* b [8] 4 sept. 1718.—*Marie-Marguerite,* née 21 oct. et b [8] 7 dec. 1721. — *Jean-Baptiste,* b [8] 22 déc. 1727; m 1759, à Marie-Anne ROBICHAUD; s 15 nov. 1785, à Québec.—*Anne,* b [8] 26 mars 1731; m 27 juillet 1761, à Pierre SAVOIE, à Charlesbourg.

1719.

I.—MELANÇON, AMBROISE, Acadien.

COMEAU, Marguerite, Acadienne.

Anne, b 20 avril 1720, à Annapolis, Acadie. [2] — *Cécile,* b [2] 29 juin 1723.—*Marie-Joseph,* b [2] 15 janvier 1725.—*Pierre,* b [2] 9 mai 1727.—*Jean,* né 1729; b [2] 3 janvier 1730.—*Brigitte,* b [2] 13 février 1732.—*Félicité,* b 1742; m 1er fevrier 1761, à Michel RIVARD, à Yamachiche [3]; s [3] 31 mars 1768.

1727, (18 février) Annapolis, Acadie.

II.—MELANÇON, CHARLES, [CHARLES I. b 1702.

GRANGER, Anne, b 1705; fille de Claude et de Jeanne Guilbaut.

1750.

I.—MELANÇON, JEAN-BTE, Acadien.

RICHARD, Anne, Acadienne.

Anne, b 1751; s 4 mai 1768, à Yamachiche.

1759.

II.—MELANÇON, JEAN, [CLAUDE I. b 1727; s 15 nov 1785, à Québec. [4]

ROBICHAUD, Marie-Anne, b 1731; Acadienne; s [4] 19 janvier 1783.

Jean-Baptiste, b 6 fevrier 1760, à Charlesbourg. [5] —*Marguerite,* b [5] 27 sept. 1761; m [4] 15 sept. 1795, à Antoine CHAMARRE.

1760.

I.—MELANÇON, PIERRE,
b 1735 ; Acadien ; s 7 sept. 1763, à Kamouraska. [1]
BOURG, Marguerite,
Acadienne.
Marie-Joseph, b [1] 28 juin 1761 ; s [1] 26 mai 1762.—*Jean-Baptiste*, b [1] 23 janvier 1763.

1766.

I.—MELANÇON, BENOIT-JEAN,
Acadien.
BENOIT, Marie-Françoise,
Acadienne.
Etienne, b 4 oct. 1767, à Yamachiche. [2]—*Jean-Baptiste*, b [2] 15 août 1768.

1766.

I—MELANÇON, PIERRE,
Acadien.
RICHARD, Elisabeth,
Acadienne.
Pierre, b 9 août 1767, à Yamachiche. [3] — *Marie-Louise*, b [3] 16 août 1767.

MELINE.—Voy. MELAIN.

I.—MELLIS (1), ANTOINE.

1752.

I.—MELLIS (2), ANTOINE.
CHAPDELAINE, Marie-Reine.
Antoine, b 20 avril 1753, à St-Ours. [4] ; s [4] 12 mai 1754. — *Antoine* et *Marie-Reine*, b [4] 14 avril 1755.—*François-Antoine*, b [4] 6 avril et s [4] 27 déc. 1757.—*Marie-Charlotte*, b [4] 13 oct. 1758.

1700, (25 oct.) Montréal. [5]

I.—MELOCHE (3), FRANÇOIS,
b 1674.
MOUFLET (4), Marie, [JEAN I.
b 1687 ; s 28 sept. 1757, à Lachine. [6]
Pierre, b [5] 1er sept. 1701 ; m [6] 16 août 1729, à Jeanne CARON ; s 23 août 1760, au Detroit. — *Marie-Anne*, b [6] 24 sept. 1710 ; 1e m à Jean GUITARD ; 2e m 9 fevrier 1756, à Jean-Baptiste RENAUD, à Ste-Geneviève, M. [7]—*François*, b [6] 2 avril 1717 ; 1e m [7] 13 fevrier 1747, à Barbe JÉROME ; 2e m [7] 22 fevrier 1751, à Marie-Joseph BRUNET ; s [7] 8 juin 1758. — *Joseph-Marie*, b 1720 ; m 1743, à Marguerite PICARD. — *Simon*, b 1722 ; 1e m [6] 27 avril 1750, à Françoise SARRAZIN ; 2e m [6] 26 fevrier 1759, à Marie-Louise PARANT. — *Antoine*, b 1725 ; 1e m 1751, à Marguerite MARTEL ; 2e m [7] 17 janvier 1757, à Marie-Anne LANIEL.

1729, (16 août) Lachine.

II.—MELOCHE, PIERRE, [FRANÇOIS I.
b 1701 ; bourgeois ; s 23 août 1760, au Detroit. [7]
CARON, Jeanne, [VITAL II.
b 1709.
Pierre, b [7] 2 nov. 1730 ; m 1754, à Marie-Catherine GUIGNARD.—*Thérèse*, b [7] 25 février 1732 ; m [7] 23 août 1745, à François JANIS. — *François*, b [7] 19 mai 1733 ; m [7] 4 nov. 1755, à Marie-Françoise LAUZON. — *Marie-Madeleine*, b [7] 30 août 1735.—*Marie-Catherine*, b [7] 3 mars 1737 ; 1e m [7] 21 août 1752, à Jean-Baptiste SAPPÉ-POLIGNY ; 2e m [7] 11 fevrier 1755, à Pierre-Louis MALLET ; 3e m [7] 7 février 1764, à Andre PELLETIER. — *Marie-Joseph*, b [7] 1er juillet 1739 ; m [7] 13 janvier 1755, à François ROCHELEAU. — *Jean-Baptiste*, b [7] 19 fevrier 1741 ; m [7] 11 nov. 1760, à Marie-Louise ROBERT.—*Jeanne*, b [7] 9 juin 1742 ; m [7] 13 sept. 1756, à Noël CHAUVIN.—*Antoine-Jean*, b [7] 16 sept. 1744 ; m [7] 27 avril 1767, à Marie-Louise CAMPEAU. —*Simon*, b [7] 5 mai 1746 ; s [7] 9 oct. 1747.—*Pierre-Simon*, b [7] 24 juillet 1748 ; m [7] 28 janvier 1771, à Angélique BOYER.—*Catherine*, b [7] 5 mars 1750.

1743.

II.—MELOCHE, JOSEPH-MARIE, [FRANÇOIS I.
b 1720.
PICARD, Marguerite.
Marie-Joseph, b 14 février 1744, à Ste-Geneviève, M. [8]— *Marie-Madeleine*, b [8] 21 nov. 1745. — *Marguerite-Françoise*, b [8] 19 nov. 1747. — *Joseph*, b [8] 4 avril 1750. — *François*, b [8] 21 juin 1752.

1747, (13 février) Ste-Geneviève, M. [4]

II.—MELOCHE, FRANÇOIS, [FRANÇOIS I.
b 1717; s [4] 8 juin 1758.
1e JÉROME, Barbe, [FRANÇOIS I.
b 1727.
François, b [4] et s [4] 20 février 1748.

1751, (22 février). [4]

2e BRUNET, Marie-Joseph, [PHILIPPE III.
b 1730.
Jacques-François, b [4] 8 janvier 1752.—*Joseph-Marie*, b [4] 5 janvier 1754.—*Albert-Eustache*, b [4] 2 sept. 1755.—*Marie-Suzanne*, b [4] 11 mars 1757.—*Louis-Marie* (posthume), b [4] 7 nov. 1758.

1750, (27 avril) Lachine. [9]

II.—MELOCHE, SIMON, [FRANÇOIS I.
b 1722.
1e SARRAZIN, Françoise, [PIERRE III.
b 1726 ; s [9] 27 sept. 1758.
Simon, b [9] 1er sept. 1752. — *Marguerite*, b [9] 1er février 1754.—*Françoise-Amable*, b [9] 31 janvier 1756.—*Paul*, b [9] 6 dec. 1757.

1759, (26 fevrier). [9]

2e PARANT, Marie-Louise. [JEAN-BTE III.

1751.

II.—MELOCHE, ANTOINE, [FRANÇOIS I.
b 1725.
1e MARTEL, Marguerite,
b 1727 ; s 29 dec. 1754, à Lachine. [6]
Antoine, b [6] 24 fevrier et s [6] 6 sept. 1752. — *Marie-Joseph*, b [6] 5 mai 1753 ; m [6] 12 fevrier 1770, à Philippe-Amable DELISLE. — *Marguerite*, b [6] 7 nov. 1754.

(1) Ecrivain employé à la construction des vaisseaux du Roy ; il était, le 31 janvier 1752, à Beauport.
(2) Et Mellier.
(3) Voy. vol. I, p. 422.
(4) Aussi appelée Rousset, 1747.

1757, (17 janvier) Ste-Geneviève, M.
2° Laniel (1), Marie-Anne, [Antoine II.
b 1736.
Marie-Anne, b [6] 5 déc. 1757.—*Marie-Suzanne*, b [6] 22 juin 1759.—*Antoine*, b [6] 13 dec. 1760.

1754.
III.—MELOCHE, Pierre, [Pierre II.
b 1730.
Guignard (2), Marie-Catherine, [Pierre I.
b 1734.
Pierre, b 9 mars 1755, au Détroit[3]; m [3] 27 août 1781, à Marie-Catherine Campeau. — *Madeleine*, b [3] 4 nov. 1756. — *Thérèse*, b [3] 19 janvier 1761. — *Jeanne*, b [3] 19 janvier 1761 ; m [3] 8 oct. 1781, à Joseph Douaire.—*François*, b 1764 ; m [3] 17 février 1794, à Françoise Aide-Créqui.

1755, (4 nov.) Détroit. [3]
III.—MELOCHE, François, [Pierre II.
b 1733 ; marchand.
Lauzon, Marie-Françoise, [Nicolas III.
b 1739.
Marie-Françoise, b [3] 11 sept. 1756 ; m [3] 24 juillet 1775, à Pierre Berthelet ; s [3] 4 juillet 1776. — *François*, b [3] 3 et s [3] 5 mai 1758. — *Jacques*, b [3] 11 fevrier 1759 ; m [3] 12 juillet 1784, à Marie-Joseph Bernard. — *Marie-Thérèse*, b [3] 7 janvier 1761 ; m [3] 2 sept. 1780, à Joseph Livernois.—*François*, b [3] 13 oct. 1763.—*Pierre*, b [3] 16 et s [3] 17 août 1765.—*Suzanne*, b [3] 12 mars 1767. —*Pierre*, b [3] 6 avril 1769. — *Marie-Louise*, b [3] 2 mars 1771. — *Jean-Baptiste*, b [3] 1er oct. 1773. — *Archange*, b [3] 2 janvier 1776. — *Joseph*, b [3] 20 juillet 1779.

1760, (11 nov.) Détroit. [9]
III.—MELOCHE, Jean-Bte, [Pierre II.
b 1741.
Robert, Marie-Louise. [Antoine IV.
Marie-Louise, b... m [9] 12 juillet 1784, à Joseph Basinet.—*Marie-Catherine*, b [9] 9 fevrier 1765 ; m [9] 26 fevrier 1783, à Louis-Alexis Chapoton.—*Marguerite*, b [9] 16 avril 1767.—*Thérèse*, b [9] 11 mars 1769.—*Marie-Desanges*, b [9] 25 août 1771 ; m [9] 25 sept. 1792, à Nicolas Langlois.—*Jean-Baptiste*, b [9] 9 sept. 1773.—*Isabelle*, b [9] 23 fevrier 1776.—*Marie-Françoise*, b [9] 28 oct. 1778. — *Félicité*, b [9] 5 janvier 1782.

1767, (27 avril) Détroit.
III.—MELOCHE, Antoine-Jean, [Pierre II.
b 1744.
Campeau, Marie-Louise, [Charles III.
b 1752.

1771, (28 janvier) Détroit. [1]
III.—MELOCHE, Pierre-Simon, [Pierre II.
b 1748.
Boyer, Angélique, [Pierre III.
b 1753.
Pierre, b [1] 5 juillet 1771.—*Simon*, b [1] 15 août 1773.—*Suzanne*, b [1] 7 juillet 1775.—*Alexis*, b [1] 22 oct. 1778.—*Angélique*, b [1] 13 juin 1784.

(1) Dit Desrosiers.
(2) Dit St. Etienne.

1781, (27 août) Détroit.
IV.—MELOCHE, Pierre, [Pierre III.
b 1755.
Campeau, Marie-Catherine, [Charles III.
b 1762.

1784, (12 juillet) Détroit.
IV.—MELOCHE, Jacques, [François III.
b 1759.
Bernard, Marie-Joseph. [Guillaume.

1794, (17 fevrier) Détroit.
IV.—MELOCHE, François, [Pierre III.
b 1764.
Aide-Créqui, Françoise, [Jean-Bte III.
b 1774.

MELON, Yvon.
Petit, Marie-Louise.
Yvon, b 14 fevrier 1761, à St-Michel.

MELVIN, Jean,
marchand.
Rousseau, Marie-Anne.
Jean, b 1768 ; s 9 (1) avril 1776, à Québec.

I.—MÉLY, Thomas, b 1668 ; soldat ; s 30 oct. 1708, à Montreal.

MENAGE.—Voy. Haussman—Menager.

MENAGER.—*Variation et surnom :* Menage—DeCourbuisson.

1730, (22 mai) Québec.
I.—MENAGER (2), Charles-Antoine, fils de Nicolas (seigneur de Courbuisson) et de Marguerite LePrevost, de St-Paul, Paris.
Foubert, Marie-Joseph, veuve de Charles Foubert (chirurgien et major des armees), de St-Paul, Cambray, Hainaut.

MENANÇON.—Voy. Meunson, 1706.

MENANTEAU.—*Surnoms :* Laframboise—Larose.

1677, (9 fevrier) Québec.
I.—MENANTEAU (3), Nicolas,
b 1649.
Jousselot, Jeanne, [Pierre I.
b 1649 ; veuve de Jacques Masson.
Pierre, b 29 avril 1678, à Ste-Famille, I. O. ; m 21 nov. 1701, à Thérèse Carbonneau, à St-François, I. O. [3] ; s [3] 5 janvier 1703.—*Nicolas*, b [3] 31 juillet 1682 ; 1° m 1707, à Marguerite Bonneau ; 2° m 6 août 1708, à Marie-Jeanne Garant,

(1) Tué le 7 par un boulet des ennemis.
(2) Sieur de Courbuisson, chevalier ; capitaine au régiment de Bourbon ; il était à Ste-Famille, I. O., le 1er février 1731.
(3) Voy. vol. I, pp. 422-423.

à St-Thomas.—*Joseph*, b [8] 25 mars 1684; s [8] 31 juillet 1703.

1701, (21 nov.) St-François, I. O. [4]
II.—MENANTEAU, PIERRE, [NICOLAS I.
b 1678; s [4] 5 janvier 1703.
CARBONNEAU (1), Thérèse, [ESPRIT I.
b 1684.
Marie-Thérèse (posthume), b [4] 8 et s [4] 17 février 1703.

1707.
II.—MENANTEAU, NICOLAS, [NICOLAS I.
b 1682.
1° BONNEAU, Marguerite, [PIERRE I.
b 1682.
Jean, b 1707; s 13 janvier 1727, à St-Ours.
1708, (6 août) St-Thomas.
2° GARANT (2), Marie-Jeanne, [PIERRE I.
b 1688.
Marie-Joseph, b 1712; m 2 oct. 1730, à Pierre VÉRONNEAU, à Boucherville. [5] — *Geneviève*, b 1714; m [5] 7 nov. 1735, à Charles LANGEVIN.—*René*, b [5] 12 et s [5] 29 déc. 1717.—*François*, b [5] 5 février 1719; m [5] 8 sept. 1738, à Marie-Joseph LANGEVIN.—*Joseph*, b [5] 10 janvier 1721; s [5] 23 juin 1724.—*Nicolas*, b [5] 12 avril 1723; m 1757, à Geneviève BISSONNET.—*Pierre*, b... s [5] 19 dec. 1724.

1721, (10 oct.) Ste-Foye. [6]
I.—MENANTEAU (3), PIERRE, b 1670; fils de Pierre et de Françoise More, de St-Martin-Ile-Rhé, diocèse de LaRochelle, Aunis; s [6] 23 mars 1724.
BERTHIAUME, Agnès, [JACQUES I.
b 1671; veuve de René Bertaud.

1738, (8 sept.) Boucherville. [7]
III.—MENANTEAU (4), FRANÇOIS, [NICOLAS II.
b 1719.
LANGEVIN, Marie-Joseph, [CHARLES II.
b 1718.
Marie-Amable, b 1739; 1° m [7] 18 nov. 1754, à Pierre PLANTE; 2° m [7] 29 avril 1765, à Pierre DUCLOS.—*François*, b 1741; m [7] 4 nov. 1771, à Marie-Anne FAVREAU.—*Charlotte*, b... m [7] 18 juin 1770, à Pierre GAUTIER.

1757.
III.—MENANTEAU, NICOLAS, [NICOLAS II.
b 1723.
BISSONNET, Geneviève, [LOUIS III.
b 1732.
Geneviève, b 29 sept. 1758, à Lachine.

(1) Elle épouse, en 1711, François Quenneville.
(2) Elle épouse, le 17 avril 1730, Charles Langevin, à Boucherville.
(3) Dit Larose.
(4) Dit Laframboise.

1771, (4 nov.) Boucherville.
IV.—MENANTEAU (1), FRANÇOIS, [FRANÇOIS III.
b 1741.
FAVREAU, Marie-Anne, [JOSEPH III.
b 1742.

MÉNARD.—*Variations et surnoms :* BESNARD—MAYNARD—MESNARD—BELLEROSE—BRINDAMOUR—CARIGNAN—DESLAURIERS—LAFONTAINE—LEMAY—MONTOUR—PARTENAIS—PARTHENAY—ST. NICOLAS—ST. ONGE.

1657, (19 nov.) Trois-Rivières. [1]
I.—MÉNARD (2), JACQUES,
b 1629.
FORTIER, Catherine,
b 1637; s 31 mars 1694, à Boucherville. [2]
Jean-Baptiste, b [1] 27 nov. 1660; m [2] 14 oct. 1681, à Louise-Marguerite ETIENNE; s 29 oct. 1728, à Montréal. [3] — *Maurice*, b [1] 7 juin 1664; m à Madeleine COUC-LEFEBVRE.—*Jean*, b [1] 16 mars 1666; m [2] 13 mars 1690, à Marie-Elisabeth VALIQUET; s [3] 8 mai 1702.—*Jeanne-Françoise*, b [1] 24 mai 1669; 1° m [2] 25 nov. 1686, à Etienne DEMERS; 2° m [2] 6 dec. 1706, à Jean-Baptiste LACHAISE; 3° m [2] 22 août 1735, à Charles BRAZEAU. —*Catherine*, b [2] 29 sept. 1673; m [2] 1er février 1699, à Jacques RIVIÈRE; s [3] 2 janvier 1727.

1670.
I.—MÉNARD (3), PIERRE,
b 1636; cordonnier.
DESHAYES, Marguerite,
b 1646.
Geneviève, b 23 juillet 1677, à Boucherville; m 11 janvier 1700, à Guillaume PAYET, à la Pte-aux-Trembles, M.—*Adrien*, b 8 nov. 1682, à Contrecœur; m à Elisabeth SAJOLLE; s 17 sept. 1714, à Montreal.

1680, (28 nov.) Beauport. [6]
I.—MÉNARD (4), JACQUES,
b 1638; s [6] 28 nov. 1716.
BAUGY, Madeleine, [MICHEL II.
b 1656; s [6] 23 mars 1743.
Jean, b [6] 5 mars 1684; m [6] 11 janvier 1712, à Françoise VACHON; s [6] 15 déc. 1770.—*Marie-Anne*, b [6] 18 avril 1686; m [6] 4 juin 1715, à Noel DUPRAC; s [6] 20 juillet 1770.—*Jacques*, b [6] 23 sept. 1688; m 13 février 1719, à Angelique DELISLE, à la Pte-aux-Trembles, Q.; s 13 mai 1754, à Québec. —*Charles*, b [6] 17 août 1702; m [6] 5 nov. 1736, à Geneviève BÉLANGER.

1681, (14 oct.) Boucherville [7]
II.—MÉNARD (3), JEAN-BTE, [JACQUES I.
b 1660; s 29 oct. 1728, à Montréal [8]
ETIENNE, Louise-Marguerite, [PHILIPPE I.
b 1661; s [8] 1er février 1737.

(1) Dit Laframboise.
(2) Dit Lafontaine; voy. vol. I, p. 423.
(3) Voy. vol. I, p. 423.
(4) Dit Deslauriers; voy. vol. I, p. 423.

Marguerite, b[7] 7 janvier 1689; m[8] 28 déc. 1707, à Lambert Cuillerier.—*Jean-Baptiste*, b[7] 27 avril 1690; 1° m[8] 17 janvier 1712, à Thérèse Provost; 2° m[8] 24 avril 1731, à Marie Cardinal. —*Madeleine*, b[7] 29 août 1692; m à Joseph-Jean-Baptiste Renaudet; s 22 nov. 1756, à Chambly. —*Marie-Catherine*, b[7] 5 juillet 1694; m[8] 17 janvier 1712, à Gilles Lecours.—*Joseph*, b[8] 11 janvier 1701; m[8] 25 oct. 1723, à Marie-Anne Heurtebise. — *Jeanne-Françoise*, b[8] 10 juin 1703; s[8] 23 mars 1717. — *Jacques-Marie*, b[8] 16 fevrier 1706; m 4 juillet 1729, à Suzanne Préjean, à Lachine.

II.—MÉNARD (1), Maurice, [Jacques I.
b 1664.
Couc (2), Madeleine.
Marguerite, b... m 5 juillet 1706, à Pierre Boileau, à Boucherville.[5] — *Antoine*, b 28 avril 1695, à Michillimakinac; m[5] 7 janvier 1723, à Marie Huet. — *Marie-Madeleine*, b... m 11 nov. 1714, à Carle Pavy, à Chambly.—*Louis*, b 1697; m 5 février 1725, à Françoise Robidou, à Longueuil —*François*, b... m 13 août 1736, à Marie-Charlotte Sauvé, à Laprairie.

1690, (13 mars) Boucherville [4]
II.—MÉNARD (3), Jean, [Jacques I.
b 1666; s 8 mai 1702, à Montréal.[5]
Valiquet (4), Marie-Elisabeth, [Jean I.
b 1665; veuve d'Antoine Dupré.
Catherine, b[4] 14 fevrier 1694; 1° m[4] 25 nov. 1715, à Pierre Renaud; 2° m 26 avril 1728, à Jean-Baptiste Létourneau, à Chambly; 3° m 1733, à Pierre-Antoine Martin.—*Charles*, b[4] 14 juin 1696; 1° m[4] 3 déc. 1728, à Madeleine Lamoureux; 2° m 7 janvier 1756, à Marie Petit, à Varennes. — *Jean-Baptiste*, b[5] 14 juillet 1698; 1° m[4] 5 janvier 1722, à Marguerite Tournois; 2° m 29 janvier 1748, à Elisabeth Monet, à St-Vincent-de-Paul. — *Rose*, b[4] 31 mars 1700; m[4] 13 juillet 1722, à François Bardet — *François*, b 10 déc. 1701, à Longueuil; m[4] 17 nov. 1727, à Elisabeth Lamoureux.

1691, (12 déc.) Boucherville [4]
II.—MÉNARD (5), Louis, [Jacques I.
b 1662.
Février (6), Marie-Anne, [Christophe I.
b 1676.
Louis, b[4] 24 sept. 1692. — *Marie-Anne*, b[4] 29 dec. 1693; m[4] 29 oct. 1738, à Jean-Baptiste Forget. — *Marie*, b 1695; m[4] 9 fevrier 1719, à Antoine Duquet.—*Geneviève*, b[4] 15 janvier 1696; 1° m[4] 4 juin 1714, à Antoine Vautour; 2° m[4] 3 fevrier 1722, à François Picard; s 20 août 1759, à Chambly.[5] — *Marie-Rose*, b[4] 30 mai 1698; m[4] 29 oct. 1738, à Nicolas Robert. — *Jean-Baptiste*, b[4] 1er oct. 1699; 1° m[4] 3 fevrier 1722, à Françoise Bau; 2° m[5] 25 janvier 1761, à Marguerite Sansoucy.— *Joseph*, b[4] 20 nov. 1701; m 1728, à Marie-Anne Lecours. — *Marie-Jeanne*, b 1706; m[4] 17 avril 1731, à Pierre Monbron. — *Marie-Charlotte*, b 1710; m[4] 15 sept. 1732, à Michel Lamoureux. — *Marie-Renée*, b[4] 14 mars 1719; m[4] 24 oct. 1740, à Gabriel Forget.—*René*, b[4] 2 mai 1721; m[5] 3 août 1750, à Therèse Létourneau. — *Antoine*, b 1722; m 17 juin 1743, à Jeanne-Françoise Marsil, à Longueuil.

(1) Dit Lafontaine; interprète à Michillimakinac.
(2) Aussi appelée Lefebvre.
(3) Dit Bellerose; voy. vol. I, p. 423.
(4) Elle épouse, le 22 juillet 1703, Charles François, à Boucherville.
(5) Dit Lafontaine; voy. vol. I, p. 423.
(6) Dit Lacroix.

1699.
II.—MÉNARD (1), Pierre, [Pierre I.
b 1672.
LaPorte, Suzanne, [Jacques-Georges I.
b 1676.
Pierre, b 10 août 1704, à Contrecœur[1]; m 26 février 1726, à Catherine Dalaire, à St-Ours.— *Marie-Louise*, b[1] 25 février 1709; m 1730, à Jean-Baptiste Chaillé.

MÉNARD, Jean-Bte.
Gautier (2), Marie, [Mathurin I.
b 1679; s 31 déc. 1728, à Montréal.

II.—MÉNARD, Adrien, [Pierre I.
b 1682; s 17 sept. 1714, à Montréal.
Sajolle (3), Elisabeth. [Jean I.

1712, (11 janvier) Beauport. [4]
II.—MÉNARD, Jean, [Jacques I.
b 1684; s[4] 15 déc. 1770.
Vachon, Françoise, [Vincent II.
b 1689; s[4] 27 déc. 1749.
Marie-Françoise, b[4] 2 et s[4] 3 oct. 1712.—*Jean*, b 6 février 1714, à Charlesbourg.[5] — *François-Marie*, b[5] 7 déc. 1715.—*Marie-Françoise*, b[5] 28 février 1718; m[4] 3 nov. 1737, à Rene Guillot.— *Jacques*, b[4] 22 mai 1721; m[4] 29 sept. 1749, à Marie-Madeleine Clouet.—*Louis*, b[4] 12 mars 1724; 1° m[4] 21 février 1746, à Elisabeth Toupin; 2° m[4] 29 juillet 1765, à Marie-Madeleine Lavallée. —*Joseph-Marie*, b[4] 2 fevrier 1727.—*Marguerite*, b[4] 13 sept. 1730; m[4] 8 février 1751, à Louis Giroux.—*Pierre*, b 1732; m 21 août 1752, à Louise Lamotte, à Quebec.

1712, (17 janvier) Montréal. [9]
III.—MÉNARD, Jean-Bte, [Jean-Bte II.
b 1690.
1° Provost, Therèse, [Jean II.
b 1684; s[9] 17 janvier 1722.
Marguerite, b[9] 2 oct. 1712; s[9] 20 janvier 1713. —*Jean-Baptiste*, b[9] 28 janvier 1714.—*Marie-Anne*, b[9] 22 nov. 1715.—*Marguerite*, b 1716; m[9] 25 nov. 1737, à Robert-Antoine Mossion; s[9] 20 mars 1756.—*Anonyme*, b[9] et s[9] 4 avril 1717.—*Anonyme*, b[9] et s[9] 20 février 1719.—*Anonyme*, b[9] et s[9] 4 janvier 1722.

(1) Voy. vol. I, pp. 423-424.
(2) Dit Landreville.
(3) Elle épouse, le 25 mars 1718, Mathurin Grégoire, à St-Ours.

1731, (24 avril). [9]
2° CARDINAL (1), Marie, [JACQUES II.
b 1686; veuve de Jacques Hubert-Lacroix; s 17 avril 1744, à Longueuil.

1712, (18 janvier) Repentigny.
II.—MÉNARD, FRANÇOIS-MARIE, [PIERRE I.
b 1685.
CHARPENTIER, Marie-Jeanne, [JACQUES II.
b 1690.
Jean-Adrien, b 1717; m à Elisabeth BOURGAUT; s 12 nov. 1757, à St-Antoine-de-Chambly. [3] — *Marie-Antoinette*, b 21 mars 1718, à St-Ours. [4] — *Marie-Françoise*, b [4] 25 février 1720.—*Pierre*, b [4] 10 mars 1724; m [4] 1er oct. 1753, à Marie-Charlotte VELLE.—*Jean-Baptiste*, b [4] 10 mars 1724; m [4] 24 nov. 1760, à Marie-Françoise BRIEN.—*Joseph*, b [4] 15 oct. 1725; m [3] 12 sept. 1763, à Agathe LAPORTE. —*Marie*, b [4] 2 août 1727.

1712, (27 nov.) Montréal. [3]
I.—MÉNARD (2), LOUIS, b 1688, cordonnier; fils de Jean et de Marthe Moulize, de St-Pierre, diocèse de Xaintes, Saintonge; s 8 juillet 1761, à Longueuil.
1° HANDGRAVE, Geneviève, [PIERRE I.
b 1689; s [3] 7 sept. 1714.
Antoine, b [3] 9 sept. 1713; s [3] 29 juillet 1714.
1715, (22 avril). [3]
2° GOURNAY, Marie-Anne, [GUILLAUME I.
b 1689; s [3] 3 mai 1716.
Louis, b [3] 26 avril 1716.
1719, (31 mai). [3]
3° DEMERS (3), Ursule, [CHARLES II.
b 1691.
Joseph-Raymond, b [3] 8 mai 1721; 1° m [3] 4 février 1754, à Charlotte HAGUENIER; 2° m [3] 19 sept. 1768, à Geneviève DE LA ROCHE; s 5 avril 1803, à Batiscan.—*Marie-Catherine*, b [3] 4 mai 1723; 1° m [3] 12 fevrier 1748, à Joseph TRUTEAU; 2° m [3] 24 nov. 1757, à Louis-Hypolite PHILIPEAU (pour Philippe).—*Thérèse-Ursule*, b [3] 14 nov. 1724; m [3] 1er février 1762, à Jacques BENOIT. — *Marie-Geneviève*, b [3] 23 nov. 1725.—*Marie-Amable*, b [3] 20 avril 1729; m [3] 30 juin 1761, à Eustache PARANT.—*René-Joseph*, b [3] 9 mai et s [3] 18 dec. 1730.—*Louis*, b 1731; s [3] 12 nov. 1734. — *Marie-Elisabeth*, b [3] 17 juin 1734.

1714, (22 janvier) Varennes.
III.—MÉNARD (4), LOUIS, [JEAN II.
b 1691.
BRIEN, Marie-Madeleine, [LOUIS I.
b 1695.
François, b 1715; m 27 mai 1742, à Catherine DELIERRES, à Longueuil. [4] — *Pierre*, b 13 sept. 1717, à Boucherville [5]; s [5] 25 mars 1718.—*Louise*, b [5] 17 août 1718; s [5] 17 janvier 1721.—*Véronique*, b [5] 15 oct. 1720; s [4] 28 sept. 1741.—*Marie-Catherine*, b [5] 12 nov. 1722.—*Marie*, b... m [4] 16 janvier 1747, à Pierre VIAU.—*Charles*, b [5] 4 mars 1724. —*Joseph*, b [5] 15 avril 1726; s [4] 5 février 1744.—*Louis*, b... m [4] 9 juin 1748, à Marie-Joseph PATENOTE.—*Paul*, b 1728; m [5] 7 mai 1764, à Marie-Anne DENOYON.—*Marie-Jeanne-Amable*, b [4] 13 et s [4] 27 mars 1732.—*Antoine*, b 1733; m 1752, à Marie DENEAU.—*Jean*, b [4] 23 avril 1735; m [5] 13 janvier 1755, à Françoise DAVID.—*Louis-Antoine-Gabriel*, b [4] 5 sept. 1737; s [4] 23 mars 1738.—*Marie-Anne*, b [4] 13 mai 1739; s [4] 6 oct. 1754.—*Michel*, b [4] 26 août et s [4] 24 déc. 1740.

(1) Noyée le 12 nov. 1743 et trouvée au rivage du fleuve St-Laurent.
(2) Dit St. Onge; soldat de la compagnie de Montigny.
(3) Dit Dessermonts.
(4) Dit Bellerose.

1717, (8 nov.) Beauport. [5]
II.—MÉNARD, PIERRE, [JACQUES I.
b 1691; s 4 août 1766, à Lévis.
GIROUX, Marie-Thérèse, [TOUSSAINT II.
b 1694.
Marie-Marguerite, b [5] 29 sept. 1718.—*Pierre*, b [5] 18 août 1720; m [5] 10 fevrier 1749, à Madeleine GRENIER; s [5] 7 oct. 1770.—*Jacques*, b [5] 27 oct. 1723.—*Marie-Angélique*, b [5] 23 nov. 1725; m [5] 11 janvier 1751, à Jacques DUBOIS; s 1er déc. 1798, à Québec.—*Marie*, b... m [5] 30 juin 1744, à Jacques DUBOIS.—*Charles*, b [5] 23 février 1728; m [5] 15 nov. 1756, à Therèse GARNEAU; s [5] 20 nov. 1758. —*Marie-Reine*, b [5] 12 nov. 1729.—*André*, b [5] 24 oct. 1736.

1719, (13 février) Pte-aux-Trembles, Q. [6]
II.—MÉNARD, JACQUES, [JACQUES I.
b 1688; maître-maçon; s 13 mai 1754, à Québec. [7]
DELISLE (1), Marie-Angélique, [ANTOINE II.
b 1696.
Jacques, b [6] 12 janvier 1720.—*Marie*, b [7] 15 déc. 1722.—*Jean*, b [7] 13 mars et s [7] 29 juillet 1725.—*Angélique-Charlotte*, b [7] 30 oct. 1726; m [7] 17 oct. 1752, à Louis-Charles LAMBERT. — *Marie-Anne*, b 1728; s [7] 6 mars 1783.—*Augustin-Barthélemi*, b [7] 11 sept. 1729. — *Antoine*, b 1730; s [7] 22 mai 1733.—*François-Xavier*, b [7] 4 février 1732. —*Jean-Baptiste*, b [7] 14 sept. 1734; m 18 août 1762, à Pélagie-Angélique SIMARD, à la Baie-St-Paul.—*Geneviève*, b [7] 5 août 1736; s [7] 2 avril 1789.—*Marie-Catherine*, b [7] 9 avril 1739.—*Marie-Marguerite*, b [7] 15 et s [7] 21 avril 1741.—*Jacques-François* et *Marie-Louise*, b [7] 10 et s [7] 12 juillet 1749. — *Anonyme*, b [7] et s [7] 28 sept. 1750. — *Charles*, b [7] 4 nov. 1751; s 17 janvier 1753, à Lévis. [8] — *Marie-Félicité*, b [7] 8 oct. 1752. — *Jacques*, b [7] 6 dec. 1753.—*Marie-Louise* (posthume), b [7] 30 janvier et s [8] 25 avril 1755.

1721, (28 juillet) Montréal. [1]
I.—MÉNARD (2), FRANÇOIS, b 1697; fils de René et d'Anne Faucher, de St-Aubin de Partenay, diocèse de Poitiers, Poitou; s [1] 18 août 1738.
ROULEAU, Marie, [LOUIS I.
b 1700; s [1] 6 mars 1730.
Françoise, b [1] 19 août 1721; s [1] 12 sept. 1722. — *Marie-Joseph*, b [1] 14 janvier 1723; m 10 août

(1) Et Lambert.
(2) Dit Partenais; soldat de Tonty.

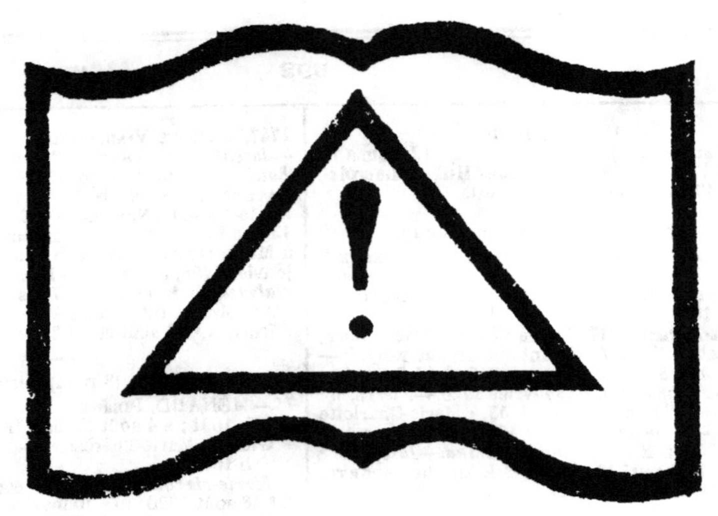

Manque les pages
593 à 604

Marie, b [3] 15 sept. et s [3] 5 oct. 1720. — *Apolline*, b [1] 10 février 1723; m [1] 24 nov. 1748, à Jean-Baptiste MARCOU. — *Geneviève*, b [1] 16 mars 1726. —*Marie-Joseph*, b [1] 25 avril 1728; m [1] 21 janvier 1754, à Pierre PICARD-DESTROISMAISONS.—*Joseph*, b [1] 10 juin 1730; m 10 janvier 1754, à Marie-Joseph BERNIER, à l'Islet.[4] —*Marie-Isabelle*, b [1] 20 juin 1732.—*Isabelle*, b [1] 18 juillet 1734. — *Madeleine-Anastasie*, b [1] 27 avril 1736.—*Louis*, b [1] 26 août 1738. —*Joachim-Hypolite*, b [1] 14 août 1739; m [4] 30 mars 1761, à Madeleine GAUDREAU; 2° m [1] 7 oct. 1764, à Suzanne BILODEAU. — *Marie-Angélique*, b [1] 18 et s [1] 23 juillet 1741. — *Marie-Charlotte*, b [1] 7 sept. et s [1] 3 oct. 1742. — *Marie*, b... m [1] 29 mai 1760, à François DUPUIS.

III.—MERCIER, JEAN, [PASCHAL II.
b 1686; s 14 juillet 1764, à Lorette.
1° CARON, Catherine.

1715, (4 nov.) St-François, I. O.

2° ASSELIN, Geneviève, [THOMAS II.
b 1700; s 17 oct. 1763, à Berthier.[4]

Paschal, b 30 avril et s 25 mai 1718, à St-Valier.[5] — *Jean*, b [5] 27 août et s [5] 9 sept. 1719.— *Joseph*, b [4] 1er déc. 1722. — *Jean-Baptiste*, b [4] 14 déc. 1724; m [4] 30 janvier 1748, à Marguerite MARCOU.—*Joseph-Louis*, b [4] 29 déc. 1726; m [4] 23 nov. 1750, à Marie-Joseph DION. — *Marie-Geneviève*, b [4] 22 février 1729. — *François*, b [4] 13 février 1731; m [4] 20 février 1754, à Agnès BLONDEAU.—*Nicolas*, b [4] 20 janvier 1733; m 23 février 1756, à Charlotte FOURNIER, à St-Thomas. — *Marie-Angélique*, b [4] 21 février 1734; s [4] 16 déc. 1753.—*Marie-Isabelle*, b [4] 28 fevrier et s [4] 3 mars 1736. — *Joseph-Marie*, b [4] 2 et s [4] 14 oct. 1737. — *Pierre-Joseph*, b [4] 29 déc. 1738; m 4 février 1760, à Cécile COUTURE, à St-Charles; s [4] 13 juin 1778.

1714, (29 janvier) St-Thomas.

II.—MERCIER, ALEXANDRE. [PIERRE I.
GAUDIN, Marie-Joseph. [LAURENT II.

Marie, b 1720; m 3 février 1749, à Jean HARNOIS, à St-Pierre-du-Sud.[5] — *Simon*, b 1724; m [5] 1er février 1751, à Marie-Madeleine PICARD-DESTROISMAISONS; s [5] 1er déc. 1759. — *Ursule*, b... m [5] 23 janvier 1758, à Ignace GAUDREAU.

MERCIER, ...
CHORET, Jeanne,
s 27 sept. 1718, à Ste-Famille, I. O.

1717, (5 avril) Ste-Famille, I. O.

II.—MERCIER, PIERRE, [JULIEN I.
b 1671; s 16 déc. 1729, à Ste-Anne.[3]
CHAMBERLAN, Marie. [GABRIEL II.

Pierre, b [3] 10 janvier 1718; 1° m [3] 22 sept. 1745, à Marie-Anne SIMARD; 2° m [3] 16 août 1757, à Scholastique GUIMOMD; s [3] 26 dec. 1772. — *Madeleine*, b [3] 7 mars 1720; m [3] 25 février 1737, à Joseph BLOUIN.— *Angélique*, b [3] 21 sept. 1722; m 22 nov. 1736, à Jean TIBERT, au Cap-St-Ignace. —*Joseph-Marie*, b [3] 8 sept. 1725; 1° m [3] 22 janvier 1748, à Marie-Joseph CARON; 2° m 4 février 1765, à Marguerite BOUCHER, à St-Joachim.—*Elisabeth*, b [3] 15 février 1728; m à Louis GAGNÉ.

II.—MERCIER, PIERRE, [PIERRE I.
b 1693; s 7 nov. 1769, à l'Hôpital-Général, M.
LEDOUX-LATREILLE, Louise,
b 1695; s 2 déc. 1755, à St-Vincent-de-Paul.[3]

Madeleine, b... m à Jean BEZIER; s [3] 15 juillet 1763. — *Marie-Françoise*, b 1er déc. 1718, à la Baie-St-Paul.[4] — *Pierre*, b 17 oct. 1720, à Charlesbourg; s [4] 24 sept. 1727.—*Madeleine*, b... 1° m à Joseph GUYON; 2° m 11 février 1754, à Jean-Baptiste VALOIS, à Montréal.—*Marie-Catherine*, b [4] 9 janvier 1724. — *Marie-Geneviève*, b [4] 27 mai 1730. — *André-Louis*, b 30 nov. 1734, à St-Thomas.— *Elisabeth-Reine* b 10 janvier 1737, au Cap-St-Ignace.

1718, (16 mai) Ste-Anne.

III.—MERCIER, JEAN. [JEAN II.
BARETTE, Marie. [PIERRE II.

Jean-Baptiste, b 23 juillet 1719, à Kaskakia.[8] —*Marie*, b 1721; s [8] 18 oct. 1722.

1718, (30 mai) Ste-Anne.

III.—MERCIER, JULIEN, [JEAN II.
b 1694; s 19 oct. 1763, à St-Thomas.[1]
MEUNIER, Agnès, [FRANÇOIS II.
b 1696; s 20 avril 1756, à St-Frs-du-Sud.[2]

Agnès, b 1721; m [2] 13 oct. 1738, à Jean-Baptiste MORIN; s [2] 21 oct. 1754.—*François*, b 1724, m 7 nov. 1757, à Louise-Françoise MERCIER, à Berthier[3]; s [2] 21 avril 1760. — *Marie-Geneviève*, b [3] 19 oct. 1727; m [2] 28 avril 1750, à Jean-François MALBOEUF; s [3] 10 mai 1752. — *Joseph*, b [3] 7 oct. 1729. — *Marie-Thècle*, b [3] 23 sept. 1731; s [3] 20 juillet 1732.—*Julien*, b [3] 7 janvier 1734; m 11 janvier 1755, à Marie-Marthe-Marguerite ROY, à St-Valier.—*Marie-Geneviève*, b [3] 13 juin 1736.— *Marie-Joseph*, b [2] 14 mai 1738; m [2] 18 janvier 1757, à Jean-Valier ROY.

MERCIER, JEAN.
BOUTIN, Geneviève, [JEAN-BTE II.
b 1697.

François, b 3 déc. 1720, à Berthier.

MERCIER, FRANÇOIS.
LAFORTUNE, Ursule, [JEAN-FRANÇOIS.
s 11 mars 1755, à Cahokia.

Marie-Ursule, b 30 sept. et s 8 oct. 1727, à Quebec.

1727.

III.—MERCIER, PIERRE-SIMON, [LOUIS II.
s 29 mai 1740, à Verchères.[8]
PINEAU, Marie-Therèse.

Pierre-Simon, b... m [8] 6 fevrier 1747, à Marguerite GUILLET.—*Marie*, b 27 juin 1730, à l'Ile-Dupas.—*Marie-Renée*, b... m [8] 30 août 1751, à Pierre SYLVAIN.—*Marie-Louise*, b 1737; s 9 fevrier 1789, à l'Hôpital-Général, M.

1729, (31 janvier) St-Valier.

IV.—MERCIER, JOSEPH, [PASCHAL III.
b 1709; capitaine; s 20 juillet 1769, à Berthier.[4]
CARRIER-LEBUN, Elisabeth, [NOEL I.
b 1705; s [4] 23 avril 1795.

Marie-Joseph, b [4] 21 nov. 1729; m [4] 11 février

1754, à Jean-Valier Brodeau. — *Angélique*, b... m [4] 14 février 1751, à Louis Bolduc. — *Joseph*, b [4] 27 sept. 1731 ; m 19 juillet 1751, à Marie-Geneviève Asselin, à St-François-du-Sud. — *Marie*, b... m [4] 12 nov. 1753, à Alexandre Marcou. — *Marie-Angélique*, b [4] 26 février 1733 ; s [4] 11 mai 1734. — *Jean-Baptiste-Joseph*, b [4] 18 sept. 1734 ; m [4] 7 nov. 1757, à Marie-Elisabeth Blais. —*Marie-Brigitte*, b [4] 15 janvier 1736.—*Marie-Isabelle*, b [4] 20 oct. 1737 ; m [4] 7 nov. 1757, à Louis Boutin ; s [4] 29 mai 1780.—*Louise-Françoise*, b [4] 12 avril 1739 ; m [4] 7 nov. 1757, à François Mercier.—*Elisabeth*, b [4] 29 déc. 1740.—*Augustin*, b [4] 24 janvier 1742 ; m 1764, à Marie-Louise Paré. —*Thérèse*, b [4] 24 janvier et s [4] 8 mai 1742.—*Paschal*, b [4] 31 mars 1743.—*Jean-François*, b [4] 23 février 1745.—*Germain-Alexandre*, b [4] 5 et s [4] 16 dec. 1746.—*Marie-Geneviève*, b... m [4] 31 janvier 1763, à Gabriel Blouin. —*François-Noel*, b [4] 11 déc. 1748 ; s [4] 6 sept. 1749.

1729, (13 mars) Longueuil. [8]

III.—MERCIER, Louis, [Louis II.
b 1708.
Roy, Marie-Anne, [Yves I.
b 1706.

Marie-Louise, b 5 août 1729, à Montréal [7] ; s [8] 19 août 1731. — *Louise-Françoise*, b... s [7] 16 février 1730.

1729, (1er oct.) Québec. [5]

III.—MERCIER, Joseph-François, [Louis II.
b 1706.
Duprat, Elisabeth, [Jean I.
b 1708.

Nicolas, b [5] 14 oct. 1730 ; s 24 mai 1731, à St-Augustin.

1735, (24 oct.) Montréal. [9]

III.—MERCIER, Joseph-Marie, [Louis II.
b 1713.
1° Mailhot, Suzanne, [Jean I.
b 1709 ; s 8 nov. 1739, à Cahokia. [4]

Joseph, b [9] 30 avril 1736.

1744.

2° Desgagnés, Marie-Catherine.

Marie-Catherine, b [4] 28 fevrier et s [4] 16 avril 1745.

1736, (12 nov.) Berthier. [7]

IV.—MERCIER, Paschal. [Paschal (1) III.
Noel, Louise. [Pierre.

Paschal, b 1er août, à St-Valier et s 11 sept. 1737, à St-Michel. [9] — *Marie-Louise*, b [9] 6 avril 1739.—*Marie-Françoise*, b [7] 23 mai 1743. — *Paschal*, b [9] 9 janvier 1745 ; s [9] 4 mars 1752.—*René*, b [9] 22 janvier 1747.—*Marie-Anne*, b [9] 14 juillet 1748.—*Thérèse*, b [9] 24 mars et s [9] 8 août 1750.—*Joseph-Paul*, b [9] 11 et s [9] 23 juillet 1751.—*Pierre*, b [9] 19 août 1753.

(1) Aussi appelé Jacques.

1741, (25 mai) Quebec. [1]

I.—MERCIER, Charles, maître-boucher; fils de Nicolas et de Françoise Nodet, de Montigny, diocèse de Sens, Champagne.
Audet, Marguerite, [Jean-Bte II.
b 1714.

Charles, b [1] 9 avril et s [1] 11 sept. 1742.—*Charles-Antoine*, b [1] 25 sept. 1743; s [1] 26 juillet 1744.

MERCIER, Pierre, b 1717 ; forgeron ; s 11 août 1747, à Montreal.

I.—MERCIER, François, b 1713 ; de St-Germain, diocèse du Mans, Maine ; s 2 janvier 1745, à Montréal.

1744, (9 nov.) St-Valier.

IV.—MERCIER, Pierre. [Pierre III.
Tanguay, Marie-Louise, [Jean-Bte II.
b 1723.

Pierre, b 20 février 1746, à Berthier [2] ; m 8 janvier 1770, à Marguerite Fortin, à St-Jean-Port-Joli.—*Marie-Anne*, b [2] 9 mai et s [2] 27 juillet 1747.—*François-Michel*, b [2] 29 sept. 1748 ; s [2] 23 février 1771.—*Augustin-Michel*, b [2] 26 sept. 1750. —*Joseph-Marie*, b [2] 6 juillet 1752.—*Marie-Louise*, b [2] 18 juin 1754.—*Marie-Louise*, b [2] 14 déc. 1756. —*Marie*, b [2] 14 juin 1757.—*Marie-Joseph*, b 10 juin 1759, à St-Frs-du-Sud ; s [2] 13 avril 1760.—*Françoise-Apolline*, b [2] 9 février 1764.

1745, (12 juillet) St-Joachim. [8]

III.—MERCIER, Louis, [Charles II.
b 1718 ; s 24 juin 1792, à Québec.
Labranche (1), Catherine. [Thomas.

Marie-Catherine, b [8] 4 avril 1746. — *Pierre-Louis*, b [8] 26 janvier 1748 ; m à Marie-Joseph Simard. — *Joseph*, b [8] 27 sept. 1749.— *Joseph-Marie*, b 28 août 1751, à Ste-Anne.—*Jean-Marie*, b [8] 12 août 1753. — *Agathe-Rose*, b [8] 13 juin 1757.— *Marguerite-Euphrosie*, b [8] 6 déc. 1759.

1745, (22 sept.) Ste-Anne. [9]

III.—MERCIER, Pierre, [Pierre II.
b 1718 ; s [9] 26 dec. 1772.
1° Simard, Marie-Anne, [Ange III.
b 1727 ; s [9] 1er oct. 1755.

Joachim, b [9] 20 août 1746 ; s [9] 4 août 1747.—*Marie-Joseph*, b [9] 23 mai 1748.—*Henri-Marie*, b [9] 3 nov. 1749 ; m [9] 4 fevrier 1771, à Angélique Racine.—*Michel*, b [9] 9 avril 1751.

1757, (16 août). [9]

2° Guimond, Scholastique, [Louis III.
b 1731 ; s [9] 20 avril 1763.

Louis, b [9] 20 juin 1758.—*Marie-Madeleine*, b [9] 10 mars 1760.—*Marie-Thérèse*, b [9] 25 août 1762 ; s [9] 21 mars 1763.

(1) Dit Laforest.

1745, (11 oct.) St-Augustin. [1]
III.—MERCIER, PIERRE, [ANTOINE II.
b 1719.
BEAUCHAMP, Marie-Anne, [FRANÇOIS I.
b 1721.
Antoine, b [1] 27 nov. 1755.—*Marie-Thérèse*, b [1] 4 mars 1759.—*Joseph*, b [1] 11 mars 1761.

1747, (6 février) Verchères. [2]
IV.—MERCIER, PIERRE-SIM. [PIERRE-SIMON III.
GUILLET, Marguerite. [LOUIS III.
Marie-Catherine, b [2] 1er nov. 1752; s [2] 17 janvier 1754.—*Joseph*, b [2] 12 avril 1760.—*Charles*, b... m 9 février 1789, à Marie-Anne LALANDE, à St-Louis, Mo.

1747, (11 avril) Québec.
IV.—MERCIER, AUGUSTIN, [PIERRE III.
b 1718; s 4 sept. 1776, à Berthier. [8]
JOLY, Marie-Anne, [VITAL I.
b 1709.
Angélique, b... m [8] 7 oct. 1765, à Augustin BLAIS.—*Marie*, b [8] 4 juin 1749.—*Marie-Anne*, b [8] 28 nov. et s [8] 16 déc. 1750. — *Marie-Anne*, b [8] 14 oct. 1752; m [8] 7 janvier 1771, à Jean-Baptiste BLAIS.

1747, (3 juillet) St-Jean, I. O.
IV.—MERCIER, FRANÇOIS, [PASCHAL III.
b 1721.
FORTIER, Marie-Madeleine, [JOSEPH II.
b 1724.
Marie-Madeleine, b 3 avril 1748, à St-Michel [3]; s [3] 3 nov. 1749.—*Jean-François*, b [3] 15 août 1750. —*Joseph-Marie*, b [3] 6 juillet 1752.— *Marie-Anne*, b [3] 10 février 1754. — *Paul-Antoine*, b [3] 16 mars 1756.—*Pierre-Noël*, b [3] 25 déc. 1757; m 22 août 1785, à Marie-Joseph NADEAU, à Beaumont. — *Jean-Baptiste*, b [3] 27 mai 1759.—*Marie-Madeleine*, b [3] 8 juillet 1761.

1748, (22 janvier) Ste-Anne. [2]
III.—MERCIER, JOSEPH-MARIE, [PIERRE II.
b 1725.
1° CARON, Marie-Joseph, [AUGUSTIN III.
b 1725; s [2] 18 janvier 1764.
Marie-Joseph, b [2] 21 janvier et s [2] 10 février 1749. — *Augustin*, b [2] 4 fevrier 1750. — *Etienne*, b... m 22 sept. 1778, à Marie-Louise LEFRANÇOIS, au Château-Richer. — *Pierre*, b [2] 5 avril 1756.— *Marie-Dorothée*, b [2] 17 fevrier 1758. — *Marie-Joseph*, b [2] 11 oct. 1760. — *Marie-Madeleine*, b [2] 4 mai 1763.

1765, (4 février) St-Joachim.
2° BOUCHER, Marguerite. [NOEL II.

MERCIER (1), JACQUES.

1748, (30 janvier) Berthier. [5]
IV.—MERCIER, JEAN-BTE, [JEAN III.
b 1724.
MARCOU, Marguerite. [FRANÇOIS III.
Anonyme, b [5] et s [5] 18 fevrier 1749.—*Jean*, b 7 février 1750, à St-Charles. [4] — *Joseph*, b [4] 12 déc. 1751.—*Marguerite*, b [4] 9 nov. 1753.—*Louis*, b [4] 7 sept. 1755. — *Elisabeth*, b [4] 15 janvier 1758. — *Alexandre*, b [4] 1er fevrier 1760.

(1) Chirurgien ; il était, le 5 février 1748, à Lorette.

1750, (23 nov.) Berthier. [7]
IV.—MERCIER, JOSEPH-LOUIS, [JEAN III.
b 1726.
DION, Marie-Joseph, [JOSEPH IV.
b 1732; s [7] 15 mars 1775.
Marie-Joseph, b [7] 24 avril 1773.

1751, (1er février) St-Pierre-du-Sud. [9]
III.—MERCIER (1), SIMON, [ALEXANDRE II.
b 1724; s [9] 1er déc. 1759.
DESTROISMAISONS (2), Marie-Madel., [LOUIS III.
b 1727.
Marie-Joseph, b 15 nov. 1751, à St-François-du-Sud.—*Simon*, b [9] 4 nov. 1753.—*Joseph*, b [9] 15 et s [9] 23 février 1756. — *Antoine*, b [9] 17 janvier 1757.—*Marie-Louise*, b [9] 26 oct. 1759.

1751, (19 juillet) St-Frs-du-Sud. [5]
V.—MERCIER, JOSEPH, [JOSEPH IV.
b 1731.
ASSELIN, Marie-Geneviève. [MICHEL III.
Marie, b [5] 1er mai 1752.—*Marie-Anne*, b [5] 14 avril 1754.—*Louise-Julienne*, b [5] 28 février 1755. —*Marguerite-Ursule*, b [5] 16 janvier 1758.—*Marie-Joseph*, b [5] 3 oct. 1760.

1752, (1er mai) Québec. [6]
I.—MERCIER (3), JOSEPH, soldat; fils de Jean et de Claudine Bernard, de St-Genest, ville de Clermont, Auvergne.
PROTEAU, Marie-Louise, [JEAN II.
veuve de Charles Loiseau.
Geneviève, b [6] 25 février et s [6] 13 juin 1753.— *Elisabeth*, b 5 et s 18 sept. 1759, à Charlesbourg.

1754, (10 janvier) Islet. [7]
IV.—MERCIER, JOSEPH-PASCHAL, [PIERRE III.
b 1730.
BERNIER, Marie-Joseph, [JEAN-BTE III.
b 1736.
Marie-Joseph, b [7] 20 nov. 1754; m [7] 15 juillet 1782, à Julien FORTIN.—*Marie-Elisabeth*, b [7] 2 nov. 1757.—*Basile-Paschal*, b 14 avril 1762, au Cap-St-Ignace. [8] — *Joseph-Gabriel*, b [8] 9 fevrier 1764. — *Joseph-Paschal*, b [7] 11 avril 1774.

1754, (11 janvier) St-Valier.
IV.—MERCIER (4), JULIEN, [JULIEN III.
b 1734.
ROY, Marie-Marthe-Marguerite. [JEAN-NOEL III.
Marie-Marthe, b 2 et s 3 nov. 1755, à St-Frs-du-Sud. [1] — *Julien*, b [1] 26 fevrier et s [1] 28 avril 1757.—*Marcellin*, b 26 avril et s 21 mai 1758, à St-Charles. [2]—*Marie-Marthe*, b [2] 27 nov. 1759.

(1) Dit Colbec.
(2) Dit Picard ; elle épouse, le 9 nov. 1761, Louis Gagnon, à S -Pierre-du-Sud.
(3) Dit Laviolette.
(4) Marié sous le nom de Marceau.

1754, (20 février) Berthier. [9]

IV.—MERCIER, François, [Jean III.
b 1731.

Blondeau, Marie-Agnès-Agathe, [Germain III.
b 1735.

Geneviève-Agathe, b [9] 12 déc. 1754. — *Jean-François*, b [9] 17 déc. 1756.—*Joseph-Marie*, b [9] 23 oct. 1758.—*Marie-Anne-Joseph*, b [9] 21 juin et s [9] 25 juillet 1760.—*Germain*, b [9] 7 juin 1761.—*Augustin*, b [9] 26 mars 1763.—*Marie-Agathe*, b [9] 28 mars 1765; m [9] 7 juin 1783, à Ignace Gagnon.—*Sylvestre*, b [9] 1er janvier 1767.—*Angélique*, b [9] 14 fevrier 1768.—*Marie-Françoise*, b [9] 20 août 1770. —*Jean*, b [9] 14 mai 1772; m 28 nov. 1797, à Angélique Carrier, à Québec. — *Pierre-Joseph*, b [9] 15 juillet 1779.

1755, (14 janvier) Pte-aux-Trembles, Q.

III.—MERCIER, Jean-Marie, [Antoine II.
s 28 juin 1755 (noyé), aux Ecureuils. [2]

Auger, Marie-Louise. [Louis-Joseph.

Jean-Marie (posthume), b [2] 1er nov. 1755.

1755, (24 nov.) St-Michel. [3]

IV.—MERCIER, Jean-Bte, [Paschal III.
b 1727.

Roy, Marie-Anne, [François III.
b 1738.

Jean-Baptiste, b [3] 10 janvier 1757. — *Eloi-Urbain*, b [3] 22 février 1762.

1756, (23 fevrier) St-Thomas.

IV.—MERCIER, Nicolas, [Jean III.
b 1733.

Fournier, Charlotte, [Jean III.
b 1736.

1757, (7 nov.) Berthier. [4]

V.—MERCIER, Jean-Bte-Joseph, [Joseph IV.
b 1734.

Blais, Marie-Elisabeth, [Augustin III.
b 1737.

Jean-Baptiste-Simon, b [4] 30 oct. 1758.

1757, (7 nov.) Berthier.

IV.—MERCIER, François, [Julien III.
b 1724; s 21 avril 1760, à St-Frs-du-Sud. [5]

Mercier, Louise-Françoise, [Joseph IV.
b 1739.

Jean-François, b [5] 23 sept. 1758.—*Marie-Françoise* (posthume), b [5] 26 nov. 1760.

1760, (4 février) St-Charles.

IV.—MERCIER, Pierre-Joseph (1), [Jean III.
b 1738; s 13 juin 1778, à Berthier. [1]

Couture (2), Cecile, [Jean-Bte III.
b 1739.

(1) Lilois, 1764 et Eloy, 1778.

(2) Elle épouse, le 31 janvier 1780, Charles Fournier, à Berthier.

1760, (10 nov.) St-Antoine-Tilly.

I.—MERCIER (1), Pierre, fils de Michel et de Louise Goupil, de Laval, diocèse d'Angers, Anjou.

1° Coté, Marie-Françoise, [Jean-Bte IV.
b 1737; s 19 avril 1763, à Lévis. [8]

1763, (10 oct.) [8]

2° Fontaine, Marie-Anne, [Etienne II.
veuve de Jean-Baptiste Boucher.

1761, (30 mars) Islet. [6]

IV.—MERCIER, Joachim-Hypolite, [Pierre III.
b 1739.

1° Gaudreau, Madeleine, [Jean III.
b 1736; veuve de Louis-Athanase Cloutier.

Joachim, b [6] 7 janvier 1762.

1764, (7 oct.) Berthier.

2° Bilodeau, Suzanne, [Gabriel III.
b 1746.

1766.

MERCIER, Charles.

Lahaize, Marie-Anne.

Marie-Joseph, b 20 janvier 1770, à Repentigny [8]; m [8] 25 sept. 1786, à Jean-Baptiste Longpré.

1770, (8 janvier) St-Jean-Port-Joli.

V.—MERCIER, Pierre, [Pierre IV.
b 1746.

Fortin, Marguerite. [Joseph IV.

1771, (4 fevrier) Ste-Anne.

IV.—MERCIER, Henri-Marie. [Pierre III.

Racine, Angelique. [Etienne IV.

1773.

IV.—MERCIER, Pierre-Louis, [Louis III.
b 1748.

Simard, Marie-Joseph.

Marie-Charlotte, b... m 9 février 1796, à Pierre Elot, à Québec.

1778, (22 sept.) Château-Richer.

IV.—MERCIER, Etienne. [Joseph-Marie III.

Lefrançois, Marie-Louise, [Louis IV.
b 1758.

1785, (22 août) Beaumont.

V.—MERCIER, Pierre-Noel, [François IV.
b 1757.

Nadeau, Marie-Joseph. [Denis III.

1789, (9 février) St-Louis, Mo. [8]

V.—MERCIER, Charles. [Pierre-Simon IV.

Lalande, Marie-Anne. [Etienne.

1797, (28 nov.) Québec.

V.—MERCIER, Jean, [François IV.
b 1772.

Carrier, Angélique. [Louis IV.

(1) Meunier à Ste-Croix.

FIN DU CINQUIÈME VOLUME.

E. SENÉCAL & FILS, IMPRIMEURS-ÉDITEURS, RUE ST-VINCENT, No 20, MONTRÉAL.

www.ingramcontent.com/pod-product-compliance
Lightning Source LLC
Chambersburg PA
CBHW071142270326
41929CB00012B/1852

9782012538306